D1619406

Marienlexikon

Fünfter Band: Orante – Scherer

Marienlexikon

herausgegeben im Auftrag des

INSTITUTUM MARIANUM REGENSBURG E. V.

von

Professor Dr. Remigius Bäumer

und

Professor Dr. Leo Scheffczyk

FÜNFTER BAND

ORANTE – SCHERER

EOS VERLAG ERZABTEI ST. OTTILIEN

Titelbild: Hinterglasbild, Krönung Mariae, 18. Jh.
Regensburg, Privatbesitz

CIP-Titelaufnahme der Deutschen Bibliothek

Marienlexikon / hrsg. im Auftrag des Institutum Marianum Regensburg e.V. von Remigius Bäumer und Leo Scheffczyk. – St. Ottilien: EOS Verlag, 1993.
NE: Bäumer, Remigius [Hrsg.]
Bd. 5: Orante – Scherer. — 1993
  ISBN 3-88096-895-0

© EOS Verlag Erzabtei St. Ottilien — 1993
Gesamtherstellung: EOS Druckerei, D-86941 St. Ottilien
Schrift: 9/9 und 7/7 Punkt Palacio

HAUPTSCHRIFTLEITER

Prof. Dr. Remigius Bäumer, Freiburg im Breisgau
Prof. Dr. Leo Scheffczyk, München

Fachleiter

Exegese Altes Testament	Prof. Dr. Josef Scharbert, München
Exegese Neues Testament	Weihbischof Prof. Dr. Alois Stöger, St. Pölten
	Prof. Dr. Ferdinand Staudinger, St. Pölten
Theologie- und Dogmengeschichte	Prof. Dr. Leo Scheffczyk, München
Dogmatik	Prof. Dr. Dr. Anton Ziegenaus, Augsburg
Religionsgeschichte	Bischof Prof. Dr. Kurt Krenn, St. Pölten
Christlicher Orient	Prof. Dr. Julius Aßfalg, München
Orthodoxe Theologie	Prof. Dr. Dr. Theodor Nikolaou, München
Nichtkatholische Bekenntnisse	Prof. Dr. Horst Bürkle, München
Liturgie West	Prof. Dr. Theodor Maas-Ewerd, Eichstätt
Liturgie Ost	Prof. Dr. Johannes Madey, Paderborn
Lateinische Hymnologie	Prof. Dr. Franz Brunhölzl, München
Musik	Dr. Dietmar von Huebner, München
Alte Kirchengeschichte und Patrologie	Prof. Dr. Ernst Dassmann, Bonn
Kirchengeschichte des Mittelalters und der Neuzeit	Prof. Dr. Remigius Bäumer, Freiburg im Breisgau
Hagiographie	Prof. Dr. Walter Baier, Augsburg
Orden und religiöse Gemeinschaften	Prof. Dr. Franz Courth, SAC, Vallendar
	Prof. Dr. Heinrich M. Köster, SAC (†)
Missionswissenschaft	Prof. Dr. Horst Rzepkowski, SVD, Rom
Frömmigkeitsgeschichte	Prof. Dr. Walter Pötzl, Eichstätt
Kunstgeschichte	Prof. Dr. Achim Hubel, Bamberg
	Dr. Norbert Jocher, München
	Dr. Genoveva Nitz, Regensburg
Literaturgeschichte	Prof. Dr. Wolfgang Brückner, Würzburg
Germanische Sprachen	Prof. Dr. Hans Pörnbacher, Wildsteig
	Dr. Margot Schmidt, Eichstätt
Romanische Sprachen	Prof. Dr. Winfried Kreutzer, Würzburg
	Dr. German Rovira, Essen

Redaktion: Dr. Florian Trenner, St. Ottilien

Mitarbeiter des fünften Bandes

Algermissen, Prof. Dr. Konrad (†)
Altmann, Dr. Lothar, München
Andreas, Kirsten, Würzburg
Anel, Emilio, SJ, Rom
Ardura, Bernard, OPraem, Rom

Bach, Dr. Hedwig, SCB, Boppard
Back, Birgit, München
Bäumer, Prof. Dr. Remigius, Freiburg i. B.
Baier, Prof. Dr. Walter, Augsburg
Barlea, Dr. Octavian, München
Bauer, Prof. Dr. Johann Baptist, Graz
Baumeister, Dipl.-Theol. Franz, Eichstätt
Baumgärtl, Renate, Bamberg
Bayer, M.A. Elke, Eichstätt
Becker, Constantin, SJ, Koblenz
Beilner, Prof. Dr. Wolfgang, Wien
Berger, Lioba, München
Bergmann, Prof. Dr. Rolf, Bamberg
Bernardino de Armellada, Prof. Dr., OFMCap, Rom
Bernt, Dr. Günter, München
Bettinzoli, Dario, F.N., Brescia/Italien
Bialas, Dr. Martin, C.P., Schwarzenfeld
Biegger Schwarz, Dr. Kathrin, Berlin
Biewer, Dr. Ludwig, Bonn
Bitterli, Dr. Dieter, Luzern/Schweiz
Blom, Dr. Joannes Maria, Nijmegen/Niederlande
Boër, Dr. Ludwig (†)
Böhm, Petra, Regensburg
Borengässer, Norbert Maria, Bonn
Brakmann, Heinzgerd, Bonn
Braun, M.A. Andreas Chr., Würzburg
Braun, M.A. Rainer von, Berlin
Breuer, Dr. Wilhelm, Swisttal-Buschhoven
Brisson, Dr. Marie, SCI, London
Brock, Prof. Dr. Sebastian, Oxford
Brosch, Bernhard, München
Brunner, M.A. Alois, Reisbach
Buckl, Dr. Walter, Eichstätt
Bukowicz, Dr. Jan, MIC, Warschau

Cabra, Pier Giordano, F.N., Brescia/Italien
Calufetti, Dr. Abele, OFM, Rom
Carlen, Prof. Dr. Louis, Freiburg/Schweiz
Chavannes, Dr. Henry, La Tour-de-Peilz/Schweiz
Cichor, Dariusz, OSPPE, Warschau
Civiero, Dr. Tiziano, OSM, Rom
Clark, Dr. John, Longframlington/Northumberland
Costard, M.A. Monika, Berlin
Courth, Prof. Dr. Franz, SAC, Vallendar

Daentler, Dr. Barbara, Trier
Deichstetter, Georg, SJ, Nürnberg
Deininger, Martin, C.O., Wien
Demel, Dr. Bernhard, OT, Wien
Devaux, Augustin, OCart, Ceyzeriat/Frankreich
Dovere, Prof. Dr. Ugo, Neapel
Ducay, D. Antonio, Rom
Dürig, Prof. Dr. Walter (†)
Dunkel, Engelbert, FSC, Illertissen

Ebel, Dr. Uda, Würzburg
Egbers, M.A. Silke, Regensburg
Esbroeck, Prof. Dr. Michel van, SJ, München

Falkenau, M.A. Karsten, Berlin
Faltermeier, Hans, Bruck
Ferrero, Prof. Dr. Fabriciano, CSSR, Rom
Finkenstaedt, Prof. Dr. Thomas, Wildsteig
Fischer, Dr. Susanne, München
Fleckenstein, Msgr. Franz, Würzburg
Freitag, Dr. Werner, Bielefeld
Fuchs, Andreas, München
Fuchs, Dr. Friedrich, Regensburg

Galmart, Aimé, FDM, Mechelen/Belgien
Gansweidt, Dr. Birgit, München
Garrido-Bonaño, Prof. Dr. Manuel, OSB, Madrid
Gatzhammer, M.A. Stefan, Regensburg
Gemert, Dr. Guillaume van, Nijmegen/Niederlande
Gerstl, M.A. Doris, Regensburg
Gessel, Prof. Dr. Wilhelm, Augsburg
Gluderer, Dr. Michael, München
Grehl, Otmar, FMS, Cham
Greiner, Dr. Susanne, Freiburg i. B.
Grohe, Dr. Johannes, Augsburg
Gugitz, Prof. Dr. Gustav (†)

Haacke, Dr. Rhabanus, OSB, Siegburg
Haering, Dr. Stephan, OSB, Metten
Hahn, M.A. Waltraud, Würzburg
Hamans, Prof. Dr. P. W. F. M., Gronsveld/Niederlande
Harrer, M.A. Cornelia A., Schäftlarn
Hartinger, Prof. Dr. Walter, Passau
Hartmann, Dr. Michael, München
Hauke, Dr. Manfred, Augsburg
Heinz, Prof. Dr. Andreas, Trier
Heiser, Dr. Lothar, Münster
Heller, Dr. Birgit, Wien
Henschel, Johann, CSSp, Köln
Henze, Dr. Clemens, CSSR (†)
Hernández-Mercedes, Maria del Pilar, Salamanca/Spanien
Herrán, Dr. Laurentino María, Valladolid/Spanien
Heym, Dr. Sabine, München
Hoffmann, Werner J., Eichstätt
Hohmann, Dr. Gregor, OSA, Maria Eich
Horn, Prof. Dr. Stephan Otto, SDS, Passau
Huebner, Dr. Dietmar von, München

Ibañez, Prof. Dr. Javier, Saragossa/Spanien

Jähring, Dr. Bernhart, Berlin
Janin, Prof. Dr. Raymond, AA (†)
Janota, Prof. Dr. Johannes, Augsburg
Jöckle, Clemens, Speyer
John, Sabine, München
Jonita, Prof. Dr. Viorel, Bukarest/Rumänien
Jünemann, Hermann Josef, SMM, Elsbethen-Glasenbach/Österreich

Kallinikos, Prof. Dr. Konstantinos, Athen
Kapitanovic, Prof. Dr. Vicko, OFM, Makarska/Kroatien
Karlinger, Prof. Dr. Felix, Kritzendorf/Österreich
Keaney, Nora, RGS, Rom
Kleinhans, Dr. Martha, Würzburg
Knapiński, Dr. hab. Ryszard, Lublin/Polen
Knapp, Dr. Éva, Budapest
Koch, Laurentius, OSB, Ettal
Koder, Prof. Dr. Johannes, Wien
Körndle, Dr. Franz, München
Köster, Prof. Dr. Heinrich Maria, SAC (†)
Kopf, Dr. Paul, Ludwigsburg
Kothgasser, Prof. Dr. Alois M., SDB, Benediktbeuern
Krämer, Dr. Gode, Augsburg
Kreutzer, Prof. Dr. Winfried, Würzburg
Krüger, Bernd-Ulrich, Puch
Kuch, M.A. Marlene, Würzburg
Küppers, Prof. Dr. Kurt, Augsburg
Kuhn, Klaus Peter, Pfaffenhofen an der Roth
Kupferschmied, M.A. Thomas, Mühldorf

Laurentin, Prof. Dr. René, Evry/Frankreich
Lechner, Dr. Gregor Martin, OSB, Göttweig/Österreich
Leibold, Univ.-Dozent Dr. Dr. Gerhard, München
Lemmer, Prof. Dr. Manfred, Halle
Lenzen, Gregor, CP, München
Leudemann, Dr. Norbert, Schwabmünchen
Liebl, M.A. Ulrike, Heimstetten
Lizarraga, Carlos, CP, Rom
Llamas, Román, OCD, Toledo/Spanien
Lochbrunner, Dr. Manfred, Augsburg
Löwe, Emmanuel, OSB, St. Ottilien
Luber, Gerhard, Miltenberg

Maas-Ewerd, Prof. Dr. Theodor, Eichstätt
Madey, Prof. Dr. Johannes, Paderborn
Maier, Franz, Altenerding
Majdak, Ks. Boleslaw, FDP, Warschau
Majorano, Sabatino, CSSR, Rom
Masser, Prof. Dr. Achim, Innsbruck
Matzelt, Peter, Regensburg
Meier, Dr. Bertram, Neu-Ulm
Mendoza, Prof. Dr. Fernando, Saragossa/Spanien
Metallinos, Prof. Dr. Dr. Georgios, Athen
Mittelbach, Otto, Illertissen
Möde, Dr. habil. Erwin, Regensburg
Monsch, Charles, AA, Rom
Morsbach, Dr. Peter, Regensburg
Moschos, Dimitrios, Athen
Müller, Prof. Dr. Wolfgang (†)

Nadler, Dr. Stefan, München
Neroni, Sr. Ivana, Rom
Nikolakopoulos, Dr. Konstantinos, München
Nitz, Dr. Genoveva, Regensburg

O'Carroll, Prof. Dr. Michael, CSSp, Dublin/Irland
Ochsenbein, Prof. Dr. Peter, St. Gallen/Schweiz
Ophelders-van Neerven, Patricia, Rotterdam/Niederlande

Ortmeier, Dr. Martin, Passau
Otto, Dr. Kornelius, Konstanz

Palacios, Miguel A., Rom
Parello, Dr. Daniel, Freiburg i. B.
Pathikulangara, Prof. Dr. Varghese, Bangalore/Indien
Paula, Dr. Georg, München
Pelleschi, Anne-Christine, P.M., Bron/Frankreich
Petri, Prof. Dr. Heinrich, Regensburg
Philippen, Jos, Diest/Belgien
Pörnbacher, Prof. Dr. Hans, Wildsteig
Pörnbacher, M.A. Mechthild, München
Poser und Groß-Naedlitz, Dr. Hasso von, Hannover
Pujana, Juan, OTrin, Rom

Raff, Dr. Thomas, München
Reiter, Prof. Dr. Ernst, Eichstätt
Ritter, Emmeram H., Regensburg
Roos, Dr. Anton, CMM, Altdorf/Schweiz
Roten, Dr. Johannes G., SM, Dayton/USA
Rovira, Dr. German, Essen
Rzepkowski, Prof. Dr. Horst, SVD, Rom

Sánchez Miret, Fernando María, Saragossa/Spanien
Savvidis, Kyriakos, Soest
Schanze, Dr. Frieder, Tübingen
Scharbert, Prof. Dr. Josef, München
Schawe, Dr. Martin, München
Scheffczyk, Prof. Dr. Leo, München
Schenk, Prof. Dr. Richard, OP, Hannover
Schießl, Johannes, München
Schiewer, Dr. Hans-Jochen, Berlin
Schipflinger, Thomas, Fürstenfeldbruck
Schmidt, Dr. Margot, Eichstätt
Schmidt-Sommer, Dr. Irmgard, Stuttgart
Schmidtke, Prof. Dr. Dietrich, Heidelberg
Schmiedl, Dr. Joachim, I.Sch., Stuttgart
Schmuck, Dr. Norbert, Rott am Lech
Schneeweiß, Dr. Gerhart A.B., Geltendorf
Schneeweiß, Gudrun, Geltendorf
Schneider, Dr. Johannes, München
Schneider, Dr. Maria Roswitha, OP, Niederviehbach
Schneiders, Maria Barbara, SMMP, Kassel
Schönfelder-Wittmann, Gabriele, Pfeffenhausen
Schopf, Horst, Würzburg
Schottmann, Prof. Dr. Hans, Münster
Schweitzer, Dr. Franz Josef, Eichstätt
Seegrün, Dr. Wolfgang, Georgsmarienhütte
Seidel, Dr. Kurt Otto, Bielefeld
Seifert, Dr. Siegfried, Bautzen
Sieben, Prof. Dr. Hermann-Josef, SJ, Frankfurt a. M.
Sievernich, Prof. Dr. Michael, SJ, Frankfurt a. M.
Śliwa, Tadeusz, Przemysl/Polen
Śliwińska, Barbara Gerarda, SCS, Allenstein/Polen
Soder von Güldenstubbe, Erik, Würzburg
Söll, Prof. Dr. Georg, SDB, Benediktbeuern
Spechtler, Prof. Dr. Franz Victor, Salzburg

Stark, Marcus, Rheinbreitbach
Stauch, Maria Veronika, CSR, Würzburg
Staudinger, Prof. Dr. Ferdinand, St. Pölten/ Österreich
Still, Josef, Neu-Ulm
Stöhr, Prof. Dr. Johannes, Bamberg
Swastek, Prof. Dr. Josef, Breslau
Switek, Prof. Dr. Günther, SJ, Frankfurt a. M.
Szabó, Dr. Ferenc, SJ, Rom

Tebel, Sabine, Freiburg i. B.
Telesko, M.A. Werner, Göttweig/Österreich
Tenhaef, Dr. Peter, Bebra
Terrero Torrecilla José Manuel, Karlsruhe
Tinnefeld, Prof. Dr. Franz, München
Trapp, Prof. Dr. Erich, St. Augustin
Trapp, Dr. Eugen Georg, Regensburg
Treiber, Dr. Adolfine, Regensburg
Trenner, Dr. Florian, München
Tschochner, Dr. Friederike, Krailling
Tüskés, Dr. Gabor, Budapest

Urban, Dr. Josef, Bamberg

Valabek, Redemptus Maria, OCarm, Rom

Valasek, Dr. Emil, Kevelaer
Vennebusch, Dr. Joachim, Köln
Viciano, Prof. Dr. Alberto, Pamplona/Spanien

Wahle, Hedwig, NDS, Wien
Walter, Prof. Dr. Peter, Freiburg i. B.
Weber, Prof. Dr. Josef, SDB, Benediktbeuern
Wedler, Cornelia, Faistenhaar
Weicht, Dr. Werner, SAC, München
Weigand, Dr. Rudolf, Eichstätt
Weiser, Prof. Dr. Alfons, SAC, Vallendar
Wendtner, M.A. Gabriele, München
Wiegand, Dr. Hermann, Mannheim
Winter, Prof. Dr. Alois, Fulda
Wintersteller, Dr. Benno, OSB, Kremsmünster/ Österreich
Wisniewski, Prof. Dr. Roswitha, MdB, Heidelberg
Witkowska, Prof. Dr. Aleksandra, OSU, Lublin/ Polen
Wurster, Dr. Herbert W., Passau

Ziegenaus, Prof. Dr. Dr. Anton, Augsburg
Zinnhobler, Prof. Dr. Rudolf, Linz/Österreich
Zumkeller, Dr. Dr. Adolar, OSA, Würzburg

Rabbula-Codex, Himmelfahrt Christi mit Maria Orante, 586, Florenz, Biblioteca Laurenziana

Orante (Maria Orans). Der Orantengestus bei der betenden ᛗ leitet sich vom allgemeinen Orantengestus der Antike ab, wie ihn die häufig zitierten frühchristl. Quellen tradieren (Tertullian, De Oratione 14 und 29 [PL 1, 1272, 1286—88], Klemens v. Alexandrien, Stromata VII, 7 [PG 9, 449—472] und Origenes, De Oratione 21 [PG 11, 479—482]). Danach ist der Blick betend zum Himmel erhoben, und beide Arme werden seitlich ausgestreckt oder mit der offenen Handfläche nach oben erhoben (nur in selteneren Fällen nach liturg. Gepflogenheit vor die Brust gehoben). Die Väter sehen in der Orantenhaltung eine Imitation Christi mit ausgestreckten Armen am Kreuzbalken. Die Gesten sind aber paganen Ursprungs und finden sich bevorzugt in der frühchristl. →Katakombenmalerei und der zeitlich zugehörigen Sarkophagreliefplastik auf atl. Errettungsszenen, etwa bei Daniel in der Löwengrube (Dan 6,2—25), Noah in der Arche (Gen 8,6—14), Susannas Gebet (Dan 13,35—44) und den drei babylonischen Jünglingen im Feuerofen (Dan 3,51—90), im NT oftmals als Leidens- oder Schmerzensausdruck der Mütter beim Betlehemitischen Kindermord durch Herodes (Mt

2,16—18). Nicht in jedem Fall ist eine betende Frauengestalt als M zu identifizieren, vielmehr kann es sich in der frühchristl. Kunst um die Darstellung der christl. Anima oder Ekklesia oder einer urchristl. Heiligen handeln (z.B. Kanonheilige Agnes). Lediglich durch die Hereinnahme des Logosknaben im oder ohne Clipeus oder einer Inschrift — wie häufig auf Goldgläsern — läßt sich Eindeutigkeit erzielen (J. Hoppenot, La Sainte Vierge, Lille-Paris 1904, 85f.). Für die Verbreitung des Orantentypus sorgten sicherlich → Pilgerampullen, etwa solche zu Bobbio, Bonn (Dölger-Institut) und Monza (Nr. 1, 2, 10 aus Palästina, um 600), Enkolpien, wie das sog. Beresford Hope Cross (London, Victoria & Albert-Mus., Rückseite in Email, 2. Viertel 9. Jh.) oder das in die Rückseite des Einbanddeckels eingelassene emaillierte Kreuzstück vom Ende des 9. Jh.s im Ms. lat. Cl. 1, Nr. 101 (Venedig, Bibl. Marziana) und Siegelabdrucke, z.B. solche der Familie Skleroi (Romanos, 2. Hälfte 10. Jh. und ca. 1030; Maria Skleraina, 1. Drittel 11. Jh.; Leon, 2. Hälfte 11. Jh. und Johannes, 2. Hälfte 11. Jh.) oder Goldarmbänder im 6. Jh. aus Syrien (London, British Mus.).

Der vorikonoklastische Mbildtypus von interzessorischem Charakter ließe sich durch sein bevorzugtes Vorkommen in der Apsis unter Christus in der Kalotte als Isolierung aus einer Himmelfahrtsdarstellung Christi (etwa in der Art am Innendeckel der Reliquienkassette im Vatikan [Bibl., 6. Jh.] oder der Freskenausstattung des 12. Jh.s im Baptisterium von San Marco/Venedig oder auch im Mosaikdiptychon von 1354 im Dommuseum zu Florenz) leicht ableiten, jedoch sind schlüssige Exempla hierfür zu wenig. Das Mosaik der Sophienkathedrale zu Kiew (11. Jh.), M als Repräsentantin für Ekklesia zeigend, ist zu spät oder aus dem Zusammenhang isoliert wie die Orantin im Oratorium des hl. Venantius zu Rom (Baptisterium im Lateran, um 642), ebenso das Mosaikfragment in Alt-St.-Peter (Rom) »Mater Misericordiae« aus dem Oratorium Johannes' VII. (705—707) in Florenz (San Marco) und das aus der Basilika Ursiana im Erzbischöflichen Museum zu Ravenna (12. Jh.), ebenso das Platytera-Kalkrelief des 11. Jh.s (Venedig, Museo Correr).

Eine der frühesten M orans in der Nachfolge der Goldgläser ist das Fresko des 4. Jh.s in der Katakombe an der Via Nomentana (Rom) oder noch vom Ende des 3. Jh.s in S. Callisto, dann das Holzrelief im Türfeld von S. Sabina (nach 430) zu Rom und 586 die Himmelfahrtsminiatur im Rabbula-Codex (fol. 13) oder die Fresken im Saal 20 des Apollonklosters von Bawit und ebendort in der Kapelle 17 Christi Himmelfahrt (5./6. Jh.), was ein palästinensisches Urbild postulieren würde.

Die →Blacherniotissa übernimmt in ihren Varianten die Orantenhaltung und verweist damit auf die Lokalisierung eines solchen Mbildtypus' als Relief im Blachernenpalast zu Konstantinopel (Istanbul, Archäol. Mus.). Erst die nachikonoklastische Zeit (881, Basilika des Basilios I.) isoliert die O. zunehmend aus dem biblischen Kontext als eigenständiges Mbild (Photios, In Dedicatione Novae Basilicae, Hom III = PG 102, 563—574) in der Apsis: z.B. Kiew, Sophienkathedrale; S. Angelo in Formis (Capua, Ende 11. Jh./Anfang 12. Jh.), Cefalù/Sizilien (1148), Nerezi (Sv. Panteleimon, 1164), Studenica (Nemanja-Kirche, 1209), Fresko der Dreifaltigkeitskapelle (Anfang 13. Jh.) zu Chilandar/Athos, Prizren (Sv. Bogorodica Lieviška, Anfang 14. Jh.), Berende/Bulgarien (Ende 13. Jh.), Vatra Moldovitei (16. Jh.) und Arbanasi (Bulgarien, Georgskirche, 17. Jh.), noch 1806 im jugoslawischen Sv. Naum oder als Kuppelfresko (Anfang 19. Jh. nach älteren Vorlagen) im Katholikon von Hagia Anna/Athos. Meist sind diese Orantendarstellungen mit dem Emmanuel im oder ohne Clipeus als sog. →Platytera bezeichnet, halbfigurig, seltener thronend in Ganzfigur. Im Sumelas-Kloster bei Trapezunt (ca. 1710 überarbeitet) findet sich das Fresko an der Felsendecke der Hauptkirche aufgemalt, wie auch schon im 16. Jh. in der Kuppel zu Vatra Moldovitei, nicht selten auch über dem Narthexeingang, z.B. in der Kathedrale zu Torcello (12. Jh.), in der Chora-Kirche (1315—21) zu Istanbul und zu Studenica in der Nemanjakirche. Seltener aber ist die venezianische Variante mit vor der Brust gehaltenen Armen in Orantenstellung, so in mittelbyz. Zeit etwa im Apsismosaik (ca. 1150) zu Murano, S.S. Maria e Donato, in der Himmelfahrtskuppel als Mosaik in Venedig, San Marco, im Fresko des Beinhauses im bulgarischen Kloster Bačowo (12. Jh., ohne Kind), in Email auf dem rückseitigen Buchdeckel des Cod. lat. Cl. 1, Nr. 100 der Bibl. Marziana (Venedig, letztes Viertel 10. Jh.) und ebendort am Cod. lat. 3, Nr. 111 (um 1200, wieder ein Rückseitenemail eines Buchdeckels). Lediglich die O. in feinem Email an der Pala d'Oro in San Marco zu Venedig (1105/1204) zeigt die ausgebreiteten Arme. Auch die Reliefikonen zu San Marco/Venedig, so an der Nordfassade (nördliches Querschiff, Fries über dem Manin-Grab) und im Bogen über der Porta dei Fiori (3. Viertel 13. Jh.) bringen die Hände vor der Brust. Die restlichen Reliefs hingegen zeigen die traditionell ausgebreiteten Arme: auf der Steinikone um 1200 in S. Maria Mater Domini (Venedig), die Westfassadenreliefs von San Marco als Kopie des 19. Jh.s nach der Orans im nördlichen Querhaus und aus dem 2. Drittel des 13. Jh.s nach dem Vorbild der Orans vom Manganakloster zu Istanbul (St. Georgskirche 1042—54) im dortigen Archäol. Mus. (Nezih Firatli, La Sculpture byzantine figurée au Musée Archéologique d'Istanbul, 1990, Nr. 365f.). In Venedig sind damit beide Orantenformen geläufig.

Beide Varianten wiederholen sich auch als oberer Abschluß vieler ital. Croci Dipinti als verkürzte Himmelfahrtsthematik: wie bei Enrico di Tedice (1254) zu Pisa (S. Martino), einem

Aretiner Meister des ausgehenden 13. Jh.s im Museo Civico zu Castiglionfiorentino (Arezzo), beim Meister von S. Francesco in Perugia (R. Pinacoteca Vannucci, Nr. 26) und dessen Schüler am Kruzifix in S. Chiara zu Assisi.

Der Orantengestus im biblischen Kontext wird daneben unvermindert weitertradiert auf sog. Festtagsikonen bei der Himmelfahrt Christi, etwa auf einer Ikonostasenwand-Tafel (1341) der Nowgoroder Schule (Moskau, Tretjakow-Galerie), einer konstantinopolitanischen Festtagsikone (Mitte 14. Jh.) in der Eremitage (St. Petersburg) oder schon Ende des 15. Jh.s auf einer griech. Tafel (Nr. 3877) der Tretjakow-Galerie. Beispiele für isolierte Himmelfahrt-Christi-Darstellungen sind die Fresken (1491) im Metochion Orlica beim bulgarischen Rila-Kloster, in der Klosterkirche zu Decani (Christi-Himmelfahrt-Kirche; Vierung, Mitte 14. Jh.), dem Fresko der Nikolauskapelle im Athoskloster Chilandar (16. Jh.), im Presbyterium der ⋒kirche von Gelati/Georgien (Mitte 17. Jh.), im Kuppelkranz des Katholikons von Iwiron (16. Jh.) oder bereits Anfang des 13. Jh.s auf einer Ikone als ⋒ Schutz im Ukrainischen Museum zu Kiew. Eine weitere Ikone derselben Thematik aus der Mitte des 14. Jh.s aus Nowgorod befindet sich in der Tretjakow-Galerie (Moskau). Eine seltene biblische Kombination ist die O. mit Logosknaben in Büstenform im Himmelssegment über der Jakobsleiter (Gen 28, 10—22) im Fresko (Anfang 17. Jh.) des Melitios-Klosters bei Athen.

Außerbiblisch erscheint ⋒ als O. bevorzugt im Hymnos →Akathistos, hier in Strophe 4 mit der Darstellung der Empfängnis *(Δύναμις θεοῦ)*, nicht selten auch in der venezianischen Variante mit den Händen vor der Brust, in Strophe 19 ⋒ als Mauer der Jungfrauen, 21 ⋒ als die Fackel und 24 bei der Darbringung des Hymnus. Freskenbeispiele wären hierfür in der Olympiotissa von Elasson (1330/40), in der Theotokoskirche des Klosters Metejča (1355/60), im Kuppelrund der Vorhalle der Portaitissa-Kapelle zu Iwiron (1683), die Nordfassade von Sv. Kliment zu Ohrid (1365) bis hin zum Exonarthex des Katholikons in Iwiron (1795) und Watopedi (14. Jh., 1819 überarbeitet) auf dem Athos, in Rumänien die Außenfresken der Kirchen von Vatra Moldovitei (15. Jh.) und im selben Jh. die zu Humor. Dieselbe Häufigkeit in meist denselben Strophen kommt auch in den Akathistos-Miniaturen (Moskau, Hist. Mus., Anfang 13. Jh., griech.) und den Akathistos-Ikonen vor (z. B. Schule von Nowgorod, Moskau, Tretjakow-Galerie, Ende 14. / Anfang 15. Jh.; balkanischer Meister, Moskau, Kreml-Mus., Mitte 14. Jh.; Prag, Narodní-Galerie, griech., Anfang 15. Jh.). In der Nähe zum Akathistos-Hymnus steht auch der Ikonentypus der GM »Schutz und Schirm« (Ikone der Nowgoroder Schule, Moskau, Tretjakow-Galerie, Anfang 15. Jh.) mit mehr ekklesiol. Charakter der Interzession.

In der Ikonenmalerei hat sich in erster Linie die Variante mit dem Emmanuel-Clipeus vor ⋒s Brust erhalten, in Rußland als Znamenie (GM des Zeichens) bezeichnet, benannt nach der Weissagung des Jesaia (Jes 7,14): »Darum wird der Herr euch selbst ein Zeichen geben ...« (Beispiele aus Nowgorod, Moskau, Sammlung Korin, 13. Jh.; Kreta, bezeichnet Panagia, 17. Jh., oder Rundikone, beide in Schweizer Privatbesitz, 17. Jh.; ukrainische Tafel, München, Alte Pinakothek, Ende 18. Jh.; im georgischen Lichni die abchasische Theotokos, 19. Jh.; Fresken in der Pantanassakirche zu Mistra, ca. 1428, in der Georgskapelle von Hagio Pavlou/Athos, 1555, oder noch zu Ende des 18. Jh.s über dem Trapezaeingang der Megisti Lawra [überarbeitet]). Dieser Typus kehrt auf narrativen oder »historischen« Ikonen wieder mit der Darstellung der legendären wunderbaren Befreiung Nowgorods anläßlich der Belagerung durch Fürst Andrej Bogolubskij (1170) von Wladimir-Susdal. Von ⋒, der »Unerschütterlichen Mauer«, prallen die Geschosse des Gegners ab, wenn das Tafelbild in einer Prozession auf der Stadtmauer der bedrängten Stadt erscheint (z. B. Nowgorod, Kunsthist. Mus., und Moskau, Tretjakow-Galerie, Kampf der Susdaler mit den Nowgorodern, 15. Jh.; Wunder der Ikone des Zeichens der GM, Ende 15. Jh.; dasselbe Thema St. Petersburg, Staatl. Russ. Mus., 1. Hälfte 15. Jh.).

Seltene, aber frühe Beispiele einer lebensgroßen ganzfigurigen Znamenie sind die Orantin oder Große Panhagia (1220) vom Spasso-Preobrazhenskykloster zu Jaroslawl (Moskau, Tretjakow-Galerie) und die Pskower Panhagia (16. Jh.) im Museum zu Pskow. Die in der Kunstgeschichte übliche Bezeichnung »Blacherniotissa/Blachernoissa« ist hier nicht beibehalten. Gerade der Orantentypus zeigt wie kaum ein anderer die terminologischen Schwierigkeiten bei der Bezeichnung einzelner ⋒bildtypen. Bei der Blacherniotissa handelt es sich zunächst um eine Herkunftsbezeichnung aus dem Blachernenpalast in Konstantinopel (Photinoskapelle, 29.2.1434 abgebrannt); hier ist wenigstens gegenüber anderen ⋒bildtypen einigermaßen die Provenienz des Typus geklärt. Oftmals aber sind Bezeichnungen auch marian. Ehrentitel (Panhagia, Eleousa, Platytera usw.; vgl. Paul Huber, Athos — Wundertätige Ikonen, 1966), welche die Kunstgeschichte als Typenzeichnungen in Anwendung bringt. Ehrentitel sind Titelbeischriften, nicht Typenbezeichnungen, ausgenommen Eponyma für einmalige, unverwechselbare Gnadenbilder (etwa die Wladimirskaja, Portaitissa usw.). Freilich können solche Eponyma auch Epitheta ornantia sein, häufiger aber sind es Toponyma.

Die Pulcheriaschale aus Steatit (Anfang 14. Jh.) im Athoskloster Xeropotamou umgibt die Panhagia u. a. mit weihrauchfaßschwingenden Engeln und stellt damit einen liturg.-eucharistischen Konnex her. Cherubime (sechs Flügel) sind es auch, welche mit roten Feuerschwingen die GM des Zeichens auf einer Ikone der Dionissi-Schule (Moskau, Tretjakow-Galerie, Ende 15.Jh.) flankieren, die der Thematik entsprechend als Zentrum einer Prophetenreihe in der vorletzten oberen Bildreihe in Ikonostasenwänden diente. Solche Wesen erscheinen bis ins 19.Jh. auch in den vier Ecken von Kelchvelen um die zentrale Znamenie (ehem. St.Petersburg, Palastkapelle; heute München, Privatbesitz) in der Göttlichen Liturgie. Dies impliziert neben einem inkarnatorischen Charakter den der Gottmenschlichkeit Christi in der Eucharistie.

Ein weiterer M-bildtypus mit Orans in mittelbyz. Zeit ist der der →Zoodochos Pigi, der GM vom lebenspendenden Brunnen oder die lebenspendende Quelle von Balikli. Aus den im Orantengestus ausgestreckten Armen entfließt mitunter den Händen Ms das lebendige Wasser und greift damit die Funktion der durchbrochenen Hände Ms vom Gnadenbild der Photinoskapelle im Blachernenpalast auf mit dem Brauch des rituellen kaiserlichen Bades vor dem Kimesisfest. Neben vereinzelt vorkommenden späten Ikonen, z.B. die Balikliotissa auf einer makedonischen Ikone (Schweizer Privatbesitz, Anfang 19.Jh.) sind es hauptsächlich Deckenfresken in den Brunnenhäusern der Athosklöster Watopedi (Ende 18.Jh.), Chilandar (Mitte 18.Jh.), Megisti Lawra (Mitte 19.Jh., überarbeitet) und Dochiariou (Mitte 18.Jh.) oder auch im Katholikon des Klosters Karakallou (1.Hälfte 18.Jh.), die diese Variante wiedergeben. Im endenden 18.Jh. erscheint die thronende Panhagia ohne Kind auch häufig als Wandfresko über der Darstellung des Athosgartens als dessen Herrin schwebend: Exonarthex im Katholikon der Megisti Lawra (1796).

Auch im Westen ist M Orans nicht selten anzutreffen, wenn auch nicht in der Dichte ostkirchlicher Kunst. Auch hier sind es die Themen wie Christi Himmelfahrt und die Aufnahme Ms in den Himmel. Elfenbeinschnitzereien können dabei eine Mittlerrolle gespielt haben, etwa nach der Art der mutmaßlichen koptischen Himmelfahrt Christi als Teil eines Olifanten (New York, Sammlung J.P. Morgan, Met.-Mus., 8./9.Jh.) oder vergleichbare Stücke im Cluny-Museum zu Paris, bis hin zum Tafelbild A.Mantegnas in den Uffizien (Florenz). Aus dem 12.Jh. stammt als rückseitiger Buchdeckel ein Email in Venedig (Marciana Cl.3, Nr.111), dann in Florenz (Opera del Duomo) als Miniaturmosaik der rechte Flügel eines Diptychons des 14.Jh.s. Als Nachzeichnung ist M als Königin der Apostel in Orantenhaltung auf dem Fragment eines Banners zu Straßburg überliefert (Anfang 13.Jh.), das mit einer Vorlage in der Auferstehungskirche am Ölberg zu Jerusalem und so im Zusammenhang mit Kreuzzügen gestanden haben soll.

Wesentlich häufiger aufgegriffen aber wird die Orantenhaltung bei der Darstellung der leiblichen Aufnahme Ms in den Himmel, angefangen und durch Inschrift belegt am Elfenbeinrückendeckel des Cod. 53 der St.Galler Stiftsbibliothek (um 900), im Vierungsfresko der M-kirche zu Gelati/Georgien (Mitte 16.Jh.), bis hin zu Tizian mit seiner Frari-Assunta (Venedig, Frarikirche Hochaltar, 1518), der damit eine sog. Assumptio-Phase einleitet, und dessen Orantenhaltung vielfach aufgegriffen wird, z.B. in direkter Anlehnung an Tizian am Hochaltarbild der Stiftskirche Hohenfurt (Vyšši Brod, unbekannter Maler, 1646) oder immer freier gestaltet bei Beibehaltung des Orantengestus durch Tintoretto (Venedig, Accademia, um 1549/50), Juan Carreño de Miranda (Immaculata unter Guido Renis Einfluß, Bilbao, Museo de Bellas Artes, 1660/70), Taller de los Zuccaro, Luca Giordano und Mariano Salvador de Maella (1739—1819), (sämtlich Madrid, Prado), bis hin zu Johann Andreas Wolff (1652—1716) im Hochaltarbild der Stiftskirche Göttweig/Niederösterreich (1694), Giovanni Battista Piazetta (1683—1754) für die Deutschordenskirche Frankfurt/Main (Paris, Louvre, 1735) oder als freischwebende Stuckfigurengruppe in der Benediktinerabtei Rohr von Agid Quirin Asam (1722/23). Im Assumptiokontext wird das Interzessorische der Orantengestik in einen Gruß- oder Begrüßungsgestus umgesetzt, mit dem sich M in die Herrlichkeit ihres Sohnes geradezu tanzend hineinzudrehen scheint. In der oberital. Barockmalerei findet sich der Orantengestus auch als Pathosformel für Schmerz in Szenen der Beweinung Christi nach der Kreuzabnahme, etwa bei Costantino Pasqualotto, gen. il Costantini (Bassano del Grappa/Vicenza, Museo Civico, um 1740/50).

Die Beuroner Kunst griff den Orantengestus ob seiner Hieratik und Antiquitas wieder auf bei M unterm Kreuz in der XII. Kreuzwegstation der M-kirche zu Stuttgart, vereinfacht wiederholt durch P.Paulus Krebs in der Klosterkirche St.Hildegard zu Eibingen bei Rüdesheim und ebendort in der Pfingstfest-Madonna und als Skulptur der M-Ecclesia orans für Maria Laach von Br. Reinhold Teutenberg.

Lit.: H.F.J. Liell, Die Darstellungen der allerseligsten Jungfrau und Gottesgebärerin Maria auf den Kunstdenkmälern der Katakomben, Freiburg i.B. 1887. — D.Lathond, La Vièrge Orante »Episkepis« des Blachernes, In: Union des Eglises 2 (1923) 166ff. — W.Neuß, Die Orante in der christl. Kunst, In: FS für P.Clemen, 1926, 130—149. — S.Gébélev, Apropos de l'origine du type, In: Seminarium Kondakovianum 1 (1927). — V.Vatašianu, Considérations sur l'origine et la signification de l'orante, In: Actes VIe Congr. Intern. Et. Byz. II, 1951, 397—401. — K.Wessel, Ecclesia Orans, In: Archäol. Anzeiger 70 (1955) 315—334. — Th.Klauser, Studien zur Entstehungsgeschichte der christl. Kunst, In: JAC 2 (1959) 115—145; 3 (1960) 112—133; 4 (1961) 128—145; 7 (1964) 67—76. — A.Hermann, Die Beter-Stelen von Torenuthis in Ägypten. Zur Vorgeschichte der christl. Oransdarstellung, ebd. 6 (1963) 112—128. — R.Lange, Das Marienbild der frühen Jh., 1969, 39—47. — Th.Klauser, Rom und der Kult der Gottesmutter Maria, In: JAC 15 (1972) 120—135. — J.Engemann, Palästinensische Pilgerampullen im F.J. Dölger-Institut in Bonn, ebd. 16 (1973) 5—27. — G.M. Lechner, Zur Ikonographie der »Gottesmutter des Zeichens«, In: Ausst.-Kat., Kunst der Ostkirche, Stift Herzogenburg 1977, 77—90. — G.Spitzing, Lexikon byz. christl. Symbole, 1989, 250f. — LCI III 159. 166—168. 178—180, 352—354 (Lit.).

G.M.Lechner

Orarion, Bezeichnung der Stola des Diakons in den Kirchen des byz. Ritus. Sie ist ein langes, schmales Band aus Seide, Brokat oder Samt und mit drei Kreuzen und dem Wort »*ΑΓΙΟΣ*« geschmückt. Griechen und Slawen tragen es auf unterschiedliche Weise. Während der Proklamationen hält der Diakon ein Ende des O. zwischen drei Fingern seiner rechten Hand und weist z. B. bei der Erwähnung Christi oder der GM auf ihre Ikone hin. Vor der Kommunion des Volkes gürtet er sich mit dem O., so daß es auf Brust und Rücken überkreuzt ist. Das O. der Subdiakone ist kürzer. Im westsyr. Ritus heißt die Stola des Diakons urōrō, im ostsyr. Ritus urārā (auch die des Priesters). Die Armenier nennen sie urar oder phoruar. Die »große Stola« (urōrō rābō) des Bischofs im westsyr. Ritus entspricht dem byz. → Omophorion (armen. emip'oron) bzw. dem abendländischen Pallium.

Lit.: A. A. King, Liturgie d'Antioche. Rite syrien et rite chaldéen, 1967, 58f. 193. — G. Amadouni, The Divine Liturgy or Canon of Ministration of the Church According to the Armenian Rite, In: J. Madey (Hrsg.), The Eucharistic Liturgy in the Christian East, 1982, 329. — N. D. Patrinacos, A Dictionary of Greek Orthodoxy, 1987, 269. *J. Madey*

Oratorium. Das O. ist eine Gemeinschaft von Weltpriestern päpstlichen Rechtes, deren Zusammenhalt einzig im Band der Liebe besteht, nicht in Gelübden. Aus dem Jüngerkreis um den hl. Philipp → Neri (1515—1595) entstanden, wurde es 1575 von Gregor XIII. kanonisch errichtet. »Ad instar Congregationis in Urbe« entstanden Häuser in aller Welt, voneinander unabhängig in Ursprung und Leben. Sie widmen sich verschiedenen Formen des Apostolates sowie wissenschaftlicher und lit. Tätigkeit.

Nach dem Beispiel des Gründers und vieler seiner geistlichen Söhne ist echte MV im Sinne der Kirche der Boden oratorianischer Berufung, Frömmigkeit und Seelsorge. Philipp Neri, der sich gegen den Titel »Gründer« wehrte, sah in der »Muttergottes, der Baumeisterin des Paradieses, auch die Gründerin der Kongregation des Oratoriums auf Erden«. Bevorzugte Stoßgebete Philipps waren: »Jungfrau Maria, Mutter Gottes, bitte Jesus für mich« — »Jungfrau und Mutter« — »Wenn Maria mir nicht hilft, was tut sie dann?« Er betete den Rosenkranz mit 63 Ave Maria und lehrte so auch seine Jünger, verschweigend, daß er damit die — nach einer Tradition — 63 Lebensjahre Ms ehrte. Oft sagte er »Siate devoti della madonna« (Verehrt die Mutter Gottes). Beim Neubau der dem O. übergebenen Pfarrkirche »S. Maria in Vallicella«, dem Geheimnis Me Geburt geweiht, wurde er visionär der wunderbaren Hilfe Ms gewahr. Alle Altäre dieser Kirche weihte er einem Geheimnis aus dem Leben Ms. Die erste theol.-wissenschaftliche Untersuchung der MV des Heiligen stammt von Venturoli (Lit.).

Die Biographien der oratorianischen Seligen und Gründer betonen stets deren besondere Liebe zu M, so beim sel. Giovenale Ancina (1545—1604), Oratorianer in Rom und Neapel, dann Bischof von Saluzzo. Der sel. Antonio Grassi (1592—1671) vom O. in Fermo, oftmaliger Pilger nach Loreto, schrieb seine Unversehrtheit, nachdem er dort 1621 von einem Blitz getroffen worden war, und die dabei empfangenen Gnaden der GM zu. Seitdem pilgerte er zum Dank jedes Jahr nach Loreto. 1631 fand er, durch einen feurigen Schein darauf hingewiesen, bei S. Maria a Mare ein altes Mbild, wodurch die dortige Wallfahrt einen neuen Aufschwung erfuhr. Sein Vertrauen zu M war grenzenlos: »Ein echter Verehrer Mariens kann nicht untergehen«. Der sel. Sebastian Valfré (1629—1710) vom O. in Turin hatte sich der GM als Eigentum übergeben. Das O. der Laien unterstellte er dem Geheimnis der UE. Sobald es ihm als Novizenmeister geglückt war, den ihm Anvertrauten die Liebe zu M ins Herz zu pflanzen, sah er die Schlacht als gewonnen an. Johann Georg Seidenbusch (1641—1729) aus München gründete die Oratorien von Aufhausen bei Regensburg (1692), Wien (1701) und München (1707). Er hat sich als Kleriker in niederen Weihen mit der GM »geistlich vermählt« und führt alle später empfangenen Gnaden darauf zurück. Nachdem er 1667 zum Pfarrer von Aufhausen ernannt worden war, entwickelte sich dort nach bescheidenen Anfängen (abendliche Andachten in einem Holzverschlag mit einer Mstatue) allmählich die vor allem im 18. Jh. berühmte Wallfahrt zu »Maria Schnee«. 1675 führte Seidenbusch dort die Rosenkranzbruderschaft ein. Nach eigenem Urteil brachte ihm seine Liebe zu M den Segen seiner Unternehmungen sowie Gelassenheit im Glück und im Unglück. Der sel. Luigi Scrosoppi (1804—84) vom O. in Udine, Gründer der Schwestern von der Vorsehung, nannte M »la mia mamma«. Seine zärtliche Hingabe an sie manifestierte sich in unausgesetzten Initiativen zur Förderung ihrer Feste und Vereinigungen. Er stellte den Schwestern »die drei Herzen« (Jesu, Ms und des hl. Joseph, den er »papà« nannte) als Gegenstand der Verehrung und Nachahmung vor Augen. Er versandte an alle Oratorien die Geschichte der Erscheinungen von Lourdes. In Orzano baute er eine Kopie des Hl. Hauses von Loreto. Die Mariol. von John Henry → Newman (1801—90), des Gründers von Birmingham (1848) und London (1849), beruht auf der Lehre der Kirchenväter und dem kath. Dogma, mit dem er noch als Anglikaner seine Konfessionsgenossen zu versöhnen versuchte. Volksnaher predigte und schrieb Frederick William Faber (1814—63), Newmans Nachfolger in London über M. Die Kirche seines O.s ist dem Unbefleckten Herzen Ms geweiht. Er förderte die Lehre des hl. → Grignion v. Montfort und schrieb 1863 das Vorwort zur ersten engl. Ausgabe seiner Schriften. Von Anfang an sind Oratorien an Mwallfahrtsorten tätig: In San Severino in den Marken (gegründet 1579) begann die Wallfahrt am 16. 1. 1584 mit einer Lichterscheinung um das dortige Gnadenbild, in der Folge »Madonna dei Lumi« genannt. Heute werden von Oratorianern betreut: das Heiligtum der Assumpta in Guardiasanframondi (Italien), Gostyń in Polen (1655) und Maria Lanzendorf bei Wien, 1990 vom O. Wien übernommen, das — 1978 nach den Plänen des der Schule → Bérulles und Grignions nahestehenden Weltpriesters Friedrich Wessely (1901—70) entstanden — sein Ideal im Leben als »treue Zeugen der allerheiligsten Dreifaltigkeit im Herzen Jesu und Mariens« hat.

Lit.: F. W. Faber, Notes on Doctrinal and Spiritual Subjects, London 1866. — C. H. Bowden, The Life of B. John Juvenal Ancina, London 1891. — A. Ebner, Propst Johann Georg Seidenbusch und die Einführung der Congregation des hl. Philipp Neri in Baiern und Oesterreich, Köln 1891. — A. Richard, Leben des Sel. Johann Juvenal Ancina, Mainz 1891. — A. Kerr, The Life of Blessed Sebastian Valfré, London 1896. — Ders., A Saint of the Oratory: the Life of Blessed Anthony Grassi, London 1901. — L. Ponnelle und L. Bordet, S. Philippe Neri et la Société Romaine de son temps, ³1929. — Positiones et articuli postulatoris causae super virtutibus et miraculis in specie probandi in processu apost. beatificationis et canonizationis servi Dei Aloysii D. Scrosopri sac. Oratorii fundatoris Congregationis Sororum a Providentia sub patrocinio S. Caetani, 1964. — R. Addington, The Idea of the Oratory, 1966. — L. Govaert, Kardinal Newmans Mariol. und sein persönlicher Werdegang, 1975. — J. Gruber, Das O. der Nerianer in Aufhausen, In: Beiträge zur Geschichte des Bistums Regensburg 14 (1980) 89—136. — A. Türks, Philipp Neri oder das Feuer der Freude, 1986. — A. Venturoli, S. Filippo Neri. Vita, contesto storico e dimensione mariana, 1988. — A. Cistellini, S. Filippo Neri. L'Oratorio e la congregazione oratoriana. Storia e spiritualità, 1989. — M. Deininger, Friedrich Wessely und das O. Sanctissimae Trinitatis: Servitium Pietatis, FS für H. H. Groer, 1989, 241—278. — Constitutiones et Statuta Generalia Confoederationis Oratorii S. Philippi Nerii, 1990. *M. Deininger*

Oratorium. Die liturg. Reformbestrebungen des Konzils von Trient einerseits und das immer stärker nach künstlerischem Ausdruck strebende subjektive Frömmigkeitsgefühl des 16. Jh.s andererseits führten — vor allem durch die Jesuiten gefördert — zu neuen Andachtsformen. Seit 1552 trafen sich Gläubige im Oratorio (Betsaal) des hl. Filippo →Neri (1515—95) zu Gebet und Predigt. Die Musik nahm dabei breiten Raum ein, und so ging schließlich der Name des Ortes auf die neue musikalische Kunstform »Oratorium« über. Darunter ist — bei der Vielzahl der Entwicklungslinien und Erscheinungsweisen — verallgemeinernd »die auf mehrere Personen, gegebenenfalls unter Verwendung von Chor, verteilte Vertonung einer vorwiegend geistlichen Handlung (im weitesten Sinne) zu vorwiegend nichtszenischer Aufführung« (MGG) zu verstehen. Weltliche Oratorien haben sich später aus dem geistlichen O. herausgebildet.

Zu unterscheiden ist zwischen dem »oratorio volgare« mit freiem dichterischen Text in der Umgangssprache und dem »oratorio latino« mit biblischem Prosatext in lat. Sprache. Ersteres nahm seinen Ausgang von den philippinischen Lauden, die an den Wintersonntagen in S. Girolamo della Carità und in St. Maria in Vallicella gesungen wurden: von allen Gläubigen, nach Gebet und Predigt. Letzteres in der hauptsächlich vom Adel und noblen Leuten besuchten Bruderschaft von SS. Crocifisso in Rom. Hier gab es jeden Freitag in der Fastenzeit nach Gebet und Predigt den »Concentus musicus«, wobei lat. →Motetten gesungen wurden, deren Texte Zusammenhänge mit Predigt und Tagesevangelium aufwiesen.

Die musikalischen Grundlagen des O.s sind zum einen in den Gattungen der Laude (lauda spirituale: einfache Strophenlieder oder ausgedehnte kunstvolle Gebilde mit gelegentlich dialogischem Text) und Motette, wesentlicher jedoch in der Ausbildung des monodischen Stils um 1600 zu suchen. Richtungsweisend wurde hier die »Rappresentazione di' Anima e di Corpo« von E. de'Cavalieri, aufgeführt im Februar 1600 im Oratorio della Vallicella. Das Werk ist zwar noch Nachklang der florentinischen Sacre Rappresentazioni, deren Blütezeit im 15. Jh. lag — allerdings umgebildet durch den Geist Philipp Neris; doch sind die von volkstümlichen Liedern hergeleiteten mehrstimmigen Partien oder die ausdrucksstarken einstimmigen Teile sowie die aufführungspraktischen Details zukunftsorientiert. Unmittelbare Vorläufer des O.s liegen auf dem Gebiet des generalbaßbegleiteten geistlichen Madrigals zu Beginn des 17. Jh.s. Deren Text ist nicht betrachtend, sondern bietet eine festumrissene Handlung, zumeist aus dem AT; einzelne Personen (-gruppen) treten hervor, erzählende Partien wechseln mit direkter Rede, mehrstimmige, stilistisch den alten a-cappella-Madrigalen verwandte Stellen alternieren mit solistischen, monodischen Partien. Diese Art von Madrigalen wurde gerne als Dialogo bezeichnet. Die umfangreichste Sammlung von Dialoghi stammt aus der Feder von G. F. Anerio, erschienen 1619 in Rom im Umkreis des Oratio della Vallicella.

Die eigentliche Geschichte des O.s beginnt um 1640 mit den Werken von G. Carissimi, die auch die Nähe von Motette und dramatischem O. beweisen. Aufgeführt vornehmlich im röm. Oratorio S. Marcello — wie auch die Werke der Zeitgenossen F. Foggia und B. Graziani —, überzeugt v. a. die Variabilität des formalen Aufbaus. Neben einteiligen Stücken in der Nachfolge Anerios stehen solche mit mehreren geschlossenen Teilen, die z. T. solistische Abschnitte Partien a due, a tre usw. gegenüberstellen, Refrain- und Strophenbildung kennen. Neuartig ist auch die Verwendung von Instrumenten (gewöhnlich 2 Violinen). Einfache Melodik und Harmonik, eine der lat. Sprache angepaßte Rhythmik und zahlreiche Chorsätze prägen Carissimis Stil. Von Rom aus ergingen starke Impulse durch die Oratorientexte A. Spagnas, der 1663 auch erstmals die Heiligengeschichte als Sujet aufgriff.

Der Unterschied zu den zeitgleichen spezifisch mitteldt.-prot. Gattungen der Historia (z. B. H. Schütz) und des Actus musicus, die ihrerseits enge Beziehungen zur prot. Passionskomposition zeigen, liegt vorrangig in der unterschiedlichen Haltung gegenüber dem Bibeltext. Denn: »Für den Historien- und Passionskomponisten war dieser unantastbar — für den Oratorienkomponisten oder seinen Textdichter war er das Material, das dem Zweck der geistlichen Übung entsprechend umgeformt ... werden konnte ... Für das 17. Jahrhundert ... ein fundamentaler Unterschied, hinter dem nichts geringeres als die Verschiedenheit des damaligen evangelischen und katholischen Schriftverständnisses deutlich wird« (Massenkeil 9).

Die Wende vom 17. zum 18. Jh. bringt den neapolitanischen Stil: Trennung von Rezitativ und Arie, da-capo-Arie, die »ital. Ouvertüre«. A. Scarlatti hatte entscheidenden Anteil an dessen Ausprägung. Zu den wichtigsten Musikern zählen: L. Vinci, L. Leo, G. B. Pergolesi (Stabat mater, 1736; trotz Verzicht auf Chöre und instrumentale Zwischenspiele gelingt dem Komponisten eine tief bewegende Darstellung der GMklage mittels starker rhetorischer Figuren und affektgeladener Harmonik), N. Jommelli, N. Porpora, Padre Martini, B. Galuppi; vor allen aber G. F. Händel, der 1708 (»La Resurrezione«) mit Werken in ital. Sprache begann und später zum Schöpfer des O.s in engl. Sprache wurde. Sein »Messias« (1742) ist ein Höhepunkt der gesamten Oratoriumsgeschichte. Besonders die kraftvollen, dramatischen Chorsätze dominieren seinen Stil. In Deutschland war J. A. Hasse ein hochgeschätzter Komponist, der in Neapel studierte, doch in der Verschmelzung von empfindsamen mit barocken Elementen oder in der intensiven Textausdeutung einen eigenen Personalstil zeitigte.

In Wien wirkten A. Caldara, J. J. Fux und A. Lotti, z. T. noch der venezianischen Tradition verpflichtet. Von Wien aus stellten die Dichtungen P. Metastasios die Weichen neu: Die Bibel verdrängte die Heiligenlegenden mehr und mehr, v. a. aber wurde der Oratorientext weitgehend dem Opernlibretto angeglichen. Auch die musikalische Struktur nimmt Elemente der →Oper auf: von Rondosätzen bis zu Tanz- und Marschrhythmen; eine Verflachung der ursprünglichen rel. Tiefendimension, die wohl auch mit dem Wandel der Aufführungsorte zusammenhängt. Man beschränkt sich nicht mehr auf Betsäle und Kirchen; Aufführungen in Akademien oder als Konzerte lassen — als Ausdruck bürgerlichen Selbstbewußtseins — die Musikgesellschaft als neuen Träger der Oratorienpflege erwachsen. Zwar schreiben auch W. A. Mozart und J. Haydn noch ital. Oratorien, doch geht im frühen 19. Jh. mit D. Cimarosa, G. Paisiello, K. Ditters v. Dittersdorf, S. Mayr die Geschichte des lyrischen oratorio volgare zu Ende. Schon kurz nach 1700 war als eigener Typus das O. in dt. Sprache im Bereich der prot. KM entstanden (Keiser, Telemann, Händel); J. S. Bach schuf mit seinen oratorischen Passionen und den von ihm so bezeichneten Weihnachts-, Oster- und Himmelfahrtsoratorien Werke, die in ihrer musikalischen Dramatik, theol. Reflexion und Spekulation sowie kompositorischen Fülle unerreicht sind. Im kath. Salzburg zeigten die Oratorien J. E. Eberlins noch die Nähe zum ital. O. Wiener Prägung. Die 2. Hälfte des 18. Jh.s wird in Deutschland beherrscht vom »empfindsamen« O. (im Gegensatz zum biblisch-historischen): Telemann, C. Ph. E. Bach, J. Chr. Fr. Bach, v. a. jedoch C. H. Graun (»Der Tod Jesu«).

Singulärer Höhepunkt des ausgehenden 18. Jh.s sind J. Haydns dt. Oratorien »Die Schöpfung« (1798) und die »Jahreszeiten« (1801), wo lied- und opernmäßige Ausdrucksmittel mit den Elementen des klassischen Instrumentalstils verschmolzen werden. Bereits 1767 hatte Haydn das Stabat mater vertont. Durch die Einbeziehung des Chores sowie solistischer Männerstimmen wird der Schmerz GMs gleichsam universalisiert, durch die aus barockem Gestus abgeleitete Melodik bzw. Harmonik in die musikalische Tradition eingereiht. Nach der Orchesterfassung von 1786 schrieb Haydn eine Vokalfassung der »Sieben letzten Worte unseres Erlösers am Kreuze«, die 1796 in Wien uraufgeführt wurde. Das dritte Herrenwort »Frau, hier siehe deinen Sohn« vertonte er in einer wunderbar zärtlichen Weise, die zugleich den Schmerz der GM zum Ausdruck bringt wie auch die Zuversicht der Gläubigen, in der GM eine Fürsprecherin bei ihrem Sohne gefunden zu haben.

Die Entwicklung im 19. Jh. wird dominiert von dt. Komponisten. L. v. Beethoven (»Christus am Ölberg«, 1803) läßt den »Fidelio« erahnen, L. Spohr bereichert das O. erstmals mit romantischen Klangvorstellungen. Überstrahlt werden sie dennoch alle von F. Mendelssohn-Bartholdy, dessen »Paulus« (1836) und »Elias« (1846) in den Chorpartien an Händel geschult ist, während die Soli vom romantischen Lied durchdrungen sind.

Franz Liszt steht mit seiner »Legende von der hl. Elisabeth« (1862) noch in der älteren Oratorientradition. Im »Christus« (1872) demonstriert Liszt eine eigene Konzeption des O.s. Die ausschließlich lat. Texte aus der Hl. Schrift und der kath. Liturgie werden zumeist a-cappella vertont, dazwischen sind aber Instrumentalsätze eingeschoben, die seine Technik der symphonischen Dichtung zeigen. Im als »Weihnachtsoratorium« bezeichneten 1. Teil findet sich als 3. Satz die Hymne »Stabat mater speciosa«, von deren 24 Terzinen Liszt bis auf eine alle vertont. Der harmonisch schlichte, von einfachen Orgelakkorden begleitete Chorsatz verbreitet eine pastorale Grundstimmung, die den denkbar größten Kontrast zum »Stabat mater dolorosa« des 3. Teils »Passion und Auferstehung« ergibt. Dieser gewaltige, reich orchestrierte Satz ist eine Variationsreihe über die liturg. bekannte Melodie. Die an Bach gemahnende bohrende Chromatik, der Wechsel von zarter Mystik zu ekstatischem Aufschwung und die großartige formale Ordnung hinterlassen einen überwältigenden Eindruck, der durch den anschließenden schlichten Oster-Hymnus »O filii et filiae« noch gesteigert scheint.

Von den gewichtigen 24 lat. Oratorien M. A. Charpentiers aus dem 17. Jh. abgesehen, konnte das O. in Frankreich sich kaum Geltung verschaffen. Dagegen brachte das 19.Jh. eine wahre Blütezeit, mit einer erstaunlichen stilistischen Vielfalt: H.Berlioz (La damnation de Faust, 1846; L'enface du Christ, trilogie sacrée, 1854); Ch.Gounod (Tobie, 1866; Mors et Vita, trilogie sacrée, 1881); C.Franck (Ruth, 1846; Rédemption, 1873; Les béatitudes, 1879); Th.Dubois (Les sept paroles du Christ, 1867; Notre-Dame de la mer, 1897); C.Saint-Saëns (Oratorio de Noël, 1869); J.Massenet (La vierge, 1879). Das bedeutendste einschlägige Werk Osteuropas schuf A.Dvořak mit seinem Oratorium von der hl. Ludmilla (1886).

Das 20.Jh. kennt neben Oratorien, die sich auf biblische Texte, historische Szenen oder rel. Meditation beziehen, auch zunehmend Werke, in denen die politischen, sozialen oder weltanschaulichen Probleme und Katastrophen ihren Niederschlag finden. Die stilistisch-formale Spannweite markieren einerseits an die Tradition anknüpfende Kompositionen wie J. Haas' »Die hl. Elisabeth« (1931) oder wie O. Respighis »Lauda per la natività del Signore« (1930), nach einem Jacopone da Todi zugeschriebenen Text. M steht zentral als ihren Sohn Verherrlichende unter den Hirten und Engeln. Der Tonfall der Musik stellt den ihr Kind wiegende Mutter dar, verweist aber auch in den ariosen, von impressionistischen Klängen begleiteten Rezitativen auf die Glorie des Gottessohnes. Den Gegenpol bilden andererseits A.Schönberg »Ein Überlebender aus Warschau« (1947) oder K.Penderecki (»Dies irae. Oratorium zum Gedächtnis der Ermordeten in Auschwitz«, 1967). Dazwischen stehen etwa: Fr.Schmidt (»Das Buch mit sieben Siegeln«, 1938); A.Honegger (Le Roi David, 1921); F.Martin (Golgatha, 1948; Le mystère de la Nativité, 1959); L.Dallapiccola (Job. Rappresentazione sacra, 1950); E.Krenek (Spiritus Intelligentiae Sanctus. Pfingstoratorium, 1956); C.Orff (Comoedia de Christi Resurrectione, 1957); B.Britten (A War Requiem, 1962); C.Bresgen (Vita Mariae, 1950). Marian. Themen klingen an z.B. bei M.Bruch (Die Flucht der hl. Familie, 1864); Niels Gade (Die Flucht nach Ägypten, 1860); K.Kempter (Maria, die Mutter des Herrn, 1862); A.Knab (Mariae Geburt, 1923).

Lit.: G.Massenkeil, Das O., 1970. — K.G. Fellerer (Hrsg.), Geschichte der kath. Kirchenmusik II, 1976, passim. — H.E. Smither, A History of the Oratorio, 1977. — MGG X 120—168. — Grove XIII 656—678. *M.Hartmann*

Orbis totus gratuletur. Sequenz zweiter Epoche an Mfesten, Strophen zu je 4 Achtsilbern mit fallendem Schluß, Reim aaaa. — »Der Erdkreis lobt den Schöpfer in den heiligen Zeichen«, einer dichten Folge von Bildern, Typen und → Ehrentiteln, die M bezeichnen. Auf M — das wird wiederum in Bildern gesagt — soll man den Sinn richten, um selig zu leben. Die Sequenz war vorwiegend im süddt.-österr. Raum in Handschriften seit dem 14. Jh. verbreitet.

Ausg.: AHMA 54, 373. — Kehrein 209. — Mone II 72.
Lit.: Chevalier 14248. *G.Bernt*

J.Orcagna, Umiltà, Florenz, Accademia

Orcagna. Andrea di Cione (gen. O.; † 1378) und seine Brüder Nardo (tätig 1343—66), Matteo († 1390) und Jacopo di Cione (gen. Robiccia; nachweisbar 1365—98) bestimmen auf weite Strecken die Florentiner Kunst um die Mitte und in der 2.Hälfte des Trecento. Ihre Werke, die z.T. in Werkstattgemeinschaft entstanden, sind geprägt durch den Ernst und die Strenge des Stils der Zeit nach der großen Pest in Florenz. Fußend auf dem Vorbild Giottos kennzeichnen die orcagneske Kunst ein Rückgriff auf altertümliche Formen und Goldgrund unter Verzicht auf Körperlichkeit und räumliche Tiefe sowie eine Vorliebe für symmetrischen, hierarchischen Bildaufbau und strenge Linien, wobei Nardo noch am ehesten lyrische Züge zeigt. Andrea O. erreicht in seinem Strozzi-Altar einen deutlichen Fortschritt bezüglich der Vereinheitlichung der einzelnen Kompartimente des Polyptychons zu einer Bildfläche.

Andrea, die bestimmende Gestalt der Werkstatt, arbeitet als Architekt, Bildhauer und Maler. Er ist beteiligt am Bau des Doms und der Loggia dei Lanzi sowie am Dombau in Orvieto. Um 1352 schafft er für Or San Michele den Altartabernakel mit Reliefs zahlreicher Szenen aus dem Leben Jesu und Me. Von seinen Fresken in S.Croce und S.Maria Novella haben sich nur Fragmente erhalten. 1357 ist das Altarretabel in der Strozzi-Kapelle dieser Kirche von ihm namentlich bezeichnet. Zusammen mit seinem Bruder Nardo malt er die Fresken dieser Kapelle, wobei ihm der Triumph des Todes und die Höllendarstellung, Nardo das Jüngste Gericht und die Reihen der Heiligen im Paradies zugeschrieben werden, über denen Christus und an seiner Seite ⓜ thronen. Da von Nardo keine bezeichneten Werke überliefert sind, ist es schwierig, die jeweiligen Anteile zu bestimmen. Offner weist ihm mehrere kleine Kreuzigungs- und ⓜ-Altärchen zu (z. B. Washington, Nat. Gallery, Kress Collection, Nr. 13 und 14) sowie Tafeln mit der ⓜkrönung (London, Victoria & Albert-Mus.; München, Alte Pinakothek; New Haven, Yale Univ., Jarves Collection), während er die Fresken mit Szenen des ⓜlebens im Chiostro dei Morti von S. Maria Novella einem Nachfolger Nardos gibt. Auch für das orcagneske Triptychon für SS. Apostoli mit der Herabkunft des Hl. Geistes, auf dem ⓜ auffallend hervorgehoben dargestellt ist, nimmt er einen eigenen »Pfingstbildmeister« an.

Matteo ist als Bildhauer mit Andrea und Nardo zusammen tätig. Der jüngste Bruder Jacopo arbeitet zuerst ebenfalls in der O.-Werkstatt, ehe er eine Werkstattgemeinschaft mit Niccolo di Pietrò Gerini eingeht. Zu seinen Werken zählen die stark flächig stilisierten Darstellungen der ⓜkrönung für die Zecca und den Altar in S. Pier Maggiore (Florenz, Akademie und London, Nat. Gallery, Nr. 569/78), der Madonna del' Umiltà (Florenz, Akademie, und Washington, Nat. Gallery, Kress Collection, Nr. 814) sowie das Verkündigungsfresko im Palazzo dei Priori in Volterra (1383).

Lit.: R. van Marle, The developement of the Italian Schools of painting III, 1924, 454—508. — R. Offner, Studies in Florentine Painting, 1927, 97f. — Ders., A Critical and Historical Corpus of Florentine Painting Sect. 4, Vol. 1—3, 1960—65. — K. Steinweg, Andrea O., 1929. — H. D. Gronau, Andrea O. und Nardo di Cione, 1937. — M. Meiss, Painting in Florence and Siena after the Black Death, 1951. — A. M. Gealt, Nardo di Cione's standing Madonna with the Child, In: The Minneapolis Institute of Arts Bulletin 64 (1978—80) 69—79. — B. Cole, Some Thoughts on O. and the Black Death Style, In: Antichità viva 22 (1982/83) 27—37. — Thieme-Becker XXVI 38—40.
F. Tschochner

Ordensliteratur. Im weiteren Sinne ist O. jede geistliche Literatur, die von Angehörigen eines (Mönchs-)Ordens verfaßt worden ist. Eine solche Umschreibung ist jedoch kaum distinktiv. Daher ist es sinnvoll, O. enger zu fassen, und zwar als die Literatur, die sich ausdrücklich in den Dienst der spezifischen Aufgaben des jeweiligen Ordens stellt. Sie dient somit wesentlich auch der Selbstprofilierung des Ordens. O. ist v. a. Gebrauchsliteratur und bes. auf Breitenwirkung angelegt: die →Predigt und das geistliche (Schul-)Drama sind ihr deswegen eher zuzuordnen als die Lyrik, die sich wesensgemäß primär an den einzelnen wendet. Die Hagiographie, bes. wo sie das Leben ordenseigener Heiliger darstellt, und das mit ihr verwandte → Mirakelbuch, wo es für einen vom Orden betreuten Wallfahrtsort wirbt, sowie das Kirchenlied und das Geistliche Lied, gehören ebenfalls hierher. Bereits das dt. MA kannte O. im engeren Sinne: zu denken wäre hier etwa an die Schriften im Gefolge der von Cluny und Gorze ausgehenden Reformbewegungen, an die Predigten der Franziskaner, die Mystik der Dominikaner und an die geistliche Literatur aus dem Umfeld der Brüder vom Gemeinsamen Leben, doch ist ein solches Schrifttum bei der damals selbstverständlichen Katholizität insgesamt noch zu wenig ausdifferenziert, um als O. im engeren Sinne gelten zu können. Erst mit der Konsolidierungsphase nach der Glaubensspaltung beginnt in den dt. Landen die große Zeit der O.: im Zuge der nachtridentinischen kath. Reformbewegung übernehmen einzelne Orden spezifische Aufgaben im Bereich der propaganda fidei nach außen, zu den Andersgläubigen hin, wie nach innen, zwecks innerkath. Glaubensfestigung. Dabei treten bes. der junge Jesuitenorden, der sich, nicht zuletzt über seinen vielfältigen Einsatz im Schul- und Hochschulwesen, an eine gebildete Oberschicht wendet, sowie Franziskaner und Kapuziner hervor, die durch ihre Volksmission und ihre Predigttätigkeit eher in die Breite wirken. Als bes. beliebt innerhalb der O. erwies sich die von den Jesuiten entwickelte Variante des Schuldramas, das sog. Jesuitendrama, das mittels Massenszenen, wirkungsvoller Effekte, insbesondere spektakulärer Bekehrungsgeschichten, auf den Zuschauer einzuwirken versuchte. Zunächst in lat., später auch in dt. Sprache abgefaßt, war es bis weit ins 18. Jh. hinein in den Landen dt. Zunge sehr verbreitet (→ Jesuitentheater). Die → Benediktiner, die sich ebenfalls auf dem Gebiet des Schuldramas betätigen, taten sich hier nie derart hervor wie die Jesuiten. Als sich um 1750 die Aufklärung auch in den kath. Gebieten der dt. Lande durchsetzt, geht die große Zeit der O. zu Ende. Mit der Aufhebung des Jesuitenordens 1773 erlischt auch das Jesuitendrama. Für das 19. und 20. Jh. im dt. Sprachraum noch eine O. zu reklamieren, hieße wohl den Begriff überstrapazieren.

In der marian. O. bilden die einschlägigen Jesuitendramen zweifellos die bedeutendste Gruppe. Hier dürfte auch die größte thematische Vielfalt anzutreffen sein. K. Büse unterscheidet drei Kategorien: zum einen das Heils- und Erlösungsdrama, das das mächtige Wirken der Himmelskönigin im Rahmen des göttlichen Heilsplans verherrlicht und das bes. Legendenstoffe wie die von Theophilus v. Cilicien (etwa Georg Bernardt [1595—1660]: »Theophilus«, 1621) oder Udo v. Magdeburg (so z. B. Jacob Gretser [1562—1625]: »Dialogus de Udone Archiepiscopo«, 1587/98), zum andern das Bekehrungs- und Heiligendrama, in dem das helfende Eingreifen der GM in der menschlichen Zeitlichkeit gezeigt wird, so im »Drama Psalterium Marianum« (1605) von Gottfried Lemius (1562—1632), und schließlich das Weihe- und Festspiel, das schlechthin ⓜs Lob verkündet, wie etwa Georg Stengels (1585—1651) »Deiparae Virginis triumphus« (1617) oder Michael Digisers (1627-?) »Maria Mulier amicta sole« (1654). Andere bekannte Verfasser von marian. Ordensdramen aus der Gesellschaft Jesu sind Jacob Bidermann (1577—1639; »Jacobus Usurarius«, 1617) und Nicolaus Avancini (1611—86; Pietas Victris«, 1659). Ein weiterer spezifischer Beitrag der Jesuiten zur geistlichen Gebrauchsliteratur, und somit ebenfalls als O. einzustufen, sind die zahlreichen Schriften, die verfaßt wurden für die Mitglieder der Marian. → Kongregationen oder Sodalitäten. Sie wurden zumeist als Streniae oder Xenien bezeichnet und erschienen zu bestimmten feierlichen Anlässen oder wurden als Jahresgabe verteilt. Zum Teil sind sie lat., zum Teil, v. a. später, auch dt. abgefaßt. Lit. Qualität wird ihnen sicher nicht durchweg abzusprechen sein, allerdings sind sie gerade in dieser Hinsicht bislang kaum noch erforscht. Fest steht aber, daß die geistliche Publizistik für die Sodalitäten, von deren Gründung durch Johannes → Leunis SJ im Jahre 1563 bis zur Aufhebung des Ordens 1773 eine exklusive Angelegenheit der Jesuiten bleibt. Neben diesem mehr oder weniger institutionalisierten, da vom Schulbetrieb bzw. der pastoralen Arbeit in den Sodalitäten vorgegebenen Rahmen, in dem innerhalb der Gesellschaft Jesu marian. O. entstand, haben zahlreiche Jesuiten von sich aus Mdichtungen verfaßt. Zu nennen wären etwa Friedrich → Spee, in dessen »Trutz-Nachtigall« einzelne Mgedichte enthalten sind, Bartholomaeus Christellius (1624—1700), der die GM in seinem »Seraphischen Liebjahr« (1678) besang, aber v. a. lat. Dichter wie Jacob → Balde, Jacob Bidermann, Johannes → Bisselius (1601—82), Jacob → Pontanus (1542—1626) und Nicolaus Avancini. Zu erwähnen wäre unter den lat.sprachigen Autoren dt. Provenienz aus dem Jesuitenorden auch Wilhelm v. → Gumppenberg, der Verfasser des »Atlas Marianus« (1655). Bekannte Kanzelredner aus dem Orden, die marian. Predigten bzw. Predigtzyklen veröffentlichen, waren etwa Wolfgang → Rauscher, Franz →Neumayr und noch Franz →Hunolt. Auch Jeremias → Drexel wäre hier zu nennen, der seine Predigten zu Traktaten umarbeitete und so einer der meistgelesenen geistlichen Autoren der Zeit wurde.

Prononzierter traten auf dem Gebiet der Predigt die einzelnen franziskanischen Ordenszweige hervor. Zahlreiche Franziskaner und Kapuziner verfaßten zyklisch angeordnete Predigtsammlungen, in denen auch Mpredigten anzutreffen sind oder traten mit einem eigenen marian. Predigtwerk hervor. Nahezu alle bekannten dt. Prediger aus der franziskanischen Familie im 17. und 18. Jh., Geminianus Monacensis (1602—72), Lucianus Montifontanus (etwa 1630—1716), Athanasius v. Dillingen (1633/34—1714), Heribert v. Salurn (1637—1700), Leo Wolf (1640—1708), Marcellinus Dalhover (etwa 1655—1707), Jordan v. Wasserburg (1670—1739) und Clemens v. Burghausen (1693—1732/34), um nur einige zu nennen, haben sich irgendwie auch als Mprediger hervorgetan, oft sogar mit einem eigenen »Mariale«, einer spezifisch marian. Predigtsammlung. Marian. Liedersammlungen sind von mehreren Kapuzinern überliefert: nicht weniger als vier (Chorus Marianus Oder Marianischer Reyen, Überlingen 1694; Schmertzhaffte Marianische Einöde, Konstanz 1698; Petra deserti/Das ist: Felsen der schmertzhaften Marianischen Einöde, ebd. 1700; Marianischer Baumgarten, ebd. 1704) veröffentlichte Theobaldus v. Konstanz († 1723), Mauritius v. Menzingen (1654—1713) wurde auf diesem Gebiet durch seine »Philomela Mariana. Die Marianische Nachtigall« (Zug 1713) bekannt und bes. Isaac v. Ochsenfurt (1648—1708) erfreute sich mit seiner dichterischen Paraphrase der → Lauretanischen Litanei in der Sammlung »Marianische Ehren-Titel« (Würzburg 1703) einer gewissen Beliebtheit. Als Volksmissionare betätigten sich gerade die Angehörigen der franziskanischen Ordenszweige in der Wallfahrtsseelsorge, auch an marian. Gnadenstätten. Im Rahmen dieser Tätigkeit veröffentlichten sie mehrfach Mirakelbücher einer hohen lit. Qualität, so etwa Fortunat → Hueber für Neukirchen bei Heiligblut und → Prokop v. Templin für Passau. Als Dichter von marian. Liedgut nimmt letzterer in der O. franziskanischer Prägung eine herausragende Stellung ein wie sein Mitbruder → Laurentius v. Schnüffis, der zudem geistliche Romane schrieb.

Mirakelbücher für marian. Gnadenstätten brachten auch Angehörige anderer Orden heraus, so etwa die Augustiner Anselm → Manhardt für den → Hohenpeißenberg und → Abraham a Sancta Clara, der v. a. als Prediger bekannt geblieben ist, für Taxa. Unter den Augustiner-Eremiten wären als Prediger noch zu nennen: Ignatius Ertl (1645—1713) und Gelasius → Hieber. Für den Benediktinerorden wäre hinzuweisen auf Prediger wie Carl Stengel (1581—1663) und Placidius Taller (1655—1721) sowie auf das Benediktinerdrama, eine ordensspezifische Variante des Schuldramas. Es ist aber, abgesehen vom Werk Simon → Rettenpachers (1634—1706) aus Kremsmünster und Ferdinand → Rosners (1709—78) aus Ettal, des Verfassers des Oberammergauer Passionsspiels von 1750, noch kaum erforscht. Klammert man das Jesuitendrama aus, so gilt für die O. schlechthin, daß bisher nicht einmal, weder insgesamt, noch im einzelnen, eine zuverlässige Bestandsaufnahme vorliegt.

Lit.: J. N. Brischar, Die Kanzelredner Deutschlands seit den letzten drei Jh.en, 5 Bde., 1867—71. — J. Müller, Das Jesuitendrama in den Ländern dt. Zunge vom Anfang (1555) bis zum Hochbarock (1665), 2 Bde., 1930. — C. Menze, Studien zur spätbarocken Kapuzinerdichtung, Diss. masch., Köln 1953. — Ders., Grundzüge und Grundlagen der spätbarocken Kapuzinerdichtung in Deutschland, In: CFr 28 (1958) 272—305. — K. Büse, Das Marienbild in der dt. Barockdichtung, 1956. — E. Moser-Rath, Predigtmärlein der Barockzeit, 1964. — J.-M. Valentin, Le théâtre des Jésuites dans les pays de langue allemande: 1554—1680, 3 Bde., 1978. — Ders., Le théâtre des Jésuites dans les pays de langue allemande. Répertoire bibliographique, 2 Bde., 1984. — E. M. Szarota, Das Jesuitendrama im dt. Sprachgebiet. Eine Periochen-Edition, 7 Bde.,1979—87. — W. Welzig, Katalog gedruckter deutschsprachiger kath. Predigtsammlungen, 2 Bde., 1984—87. — Ders., Lobrede. Katalog deutschsprachiger Heiligenpredigten in Einzeldrucken, 1989. — RDL II 786—816. — BB II. G. van Gemert

Ordines Romani. Unter O.R. versteht man die im MA (7.—14. Jh.) entstandenen Bücher, die den Vollzug eines Gottesdienstes (Messe, Sakramentenspendung, Stundenliturgie, Kirchweihe, Prozessionen) in der stadtröm. Liturgie beschreiben. Die ältesten röm. Liturgiebücher (Sakramentare, Antiphonarien) enthalten fast nur liturg. Texte, aber keine Beschreibungen des gottesdienstlichen Ablaufs (»Rubriken«). Als die Zeremonien und liturg. Formen immer reicher und komplexer wurden und besonders als in der Karolingerzeit das Frankenreich die stadtröm. Liturgie annahm, wurde die Kodifizierung der bisher mündlich überlieferten Gewohnheiten nötig. Die wohl zuerst von privater Hand zusammengestellten Libelli wurden nördlich der Alpen der neuen Mischliturgie angepaßt und vielfach um die nötigen (gallisch-fränkischen) Gebetstexte vermehrt. Große Bedeutung erlangte der um 950 in Mainz zusammengestellte »Ordo Romanus vulgatus« (das »Römisch-Germanische Pontifikale«), der für die verschiedenen Funktionen nach der Ordnung des liturg. Jahres Rubriken und Gebetstexte aus den entsprechenden Einzelheften zusammenfaßte. Er gelangte unter den Ottonen nach Rom und wurde bis heute zur Grundlage des Pontificale Romanum und des Caeremoniale Episcoporum. Jean Mabillon OSB (1632—1707) hat als erster die O.R. gesammelt und herausgegeben (15 Ordines in chronologischer Reihenfolge). Die jetzt allgemein gebrauchte kritische Ausgabe von Michel Andrieu (1886—1956) umfaßt 50 Ordines, die nach dem behandelten Stoffgebiet geordnet sind.

Die speziell den Gottesdienstverlauf an M-festen wiedergebenden Ordines sind hier die Nr. 13B (Kap. 22: In Purificatione S.Mariae; Kap. 24: In Annuntiatione S.Mariae), Nr. 20 (»Ordo qualiter in Purificatione S.Mariae agendum est«) und Nr. 50 (Kap. 8: In Purificatione S.Mariae; Kap. 17: In Annuntiatione S.Mariae; Kap. 49: In Assumptione S.Mariae und Nr. 51: In Nativitate S.Mariae) und beschreiben vor allem die an diesen Tagen stattfindenden Prozessionen der damaligen vier großen M-feste (2. Februar, 25. März, 15. August, 8. September). Stationskirche (S. Maria Maggiore) und Prozessionsweg dorthin (von St. Hadrian im Forum aus) waren jeweils identisch und wurden durch Sergius I. (687—701) festgelegt.

Lit.: M.Andrieu, Les Ordines Romani du haut Moyen-Âge, 5 Bde., 1931—61. — Beinert-Petri 413—439. — A. Adam und R. Berger, Pastoralliturgisches Handlexikon, [4]1988, 365f. — LThK[2] VII 1224f. F. Baumeister

Orejon y Aparicio, José de, * 1706 in Huacho, † zwischen 7. und 21.5.1765 in Lima, peruanischer Komponist und Organist. Schon als Neunjähriger wurde O. als Sänger mit 100 Pesos Jahresgehalt an der Kathedrale von Lima angestellt und noch 1724 als Contraaltist auf der Lohnliste geführt. 1742 übernahm er die Stelle des 1.Organisten und stieg 1760 zum maestro de capilla auf. Von der Universität Lima bekam er den Titel »licenciado« verliehen. Wegen seines großen Könnens, seines Fleißes und seiner Zuverlässigkeit erfreute er sich bei Dienstherren und Kollegen eines guten Rufes. Unter seinen zahlreichen sakralen Vokalkompositionen finden sich etliche marian., so z.B. Ha del gozo BMV, Litania BMV, Tres razionales BMV und Luminosas esferas BMV.

Lit.: R.Stevenson, The Music of Peru, 1960. — Grove XIII 705f. C. Wedler

Orff, Carl, * 10. 7. 1895 in München, † 29. 3. 1982 ebd., beigesetzt im Benediktinerkloster Andechs, Sproß einer alten musik- und kulturliebenden Offiziersfamilie, erhielt eine gründliche humanistische Schulbildung. Nach kurzem Studium an der Akademie der Tonkunst in München (1913/14) wirkte er als Kapellmeister an den Kammerspielen (1915—17) — das Theater, nicht die Oper wurde eine wesentliche Quelle seines späteren Schaffens —, sowie in Mannheim und Darmstadt (1917/18). Zurückgekehrt in seine Heimatstadt, studierte er bei H. Kaminski, wodurch die Beschäftigung mit alter Musik angestoßen wurde (eine Frucht war seine Monteverdi-Bearbeitung »L'Orfeo«, 1925). Die in Schwabing beheimatete neue Tanzbewegung um Rudolf Laban und Mary Wigman initiierte eine lebenslange Faszination. 1924 gründete O. mit der Tänzerin Dorothee Günther die Günther-Schule für Gymnastik, Musik und Tanz. Aus dieser Arbeit entstand ab 1930 in Zusammenarbeit mit Gunild Keetman und Hans Bergese das »Orff-Schulwerk«, das weltweite Verbreitung fand. Die eigens entwickelten Schlaginstrumente fanden bald auch Eingang in das typische O.-Schlagwerkorchester seiner großen Bühnenwerke. Mit den »Carmina Burana« (1937; 1953 mit »Catulli Carmina« [1943] und »Trionfo di Afrodite« [1953] zu »Trionfi« zusammengestellt) gelang ihm der Durchbruch zur ureigenen Tonsprache und anhaltendem Welterfolg. Alle vorher entstandenen Werke verwarf er. »Der Mond. Ein kleines Welttheater« (1939) schlägt einen ironisch gebrochenen romantischen Ton an. »Die Kluge« (1943) greift einen Weltmärchenstoff auf, musikalisch in einfachstem Gewand, doch zugleich raffiniert. Mit der Tragödie der »Bernauerin« (1947) und dem Satyrspiel »Astutuli« (1953) schreibt O. Sprechstücke mit Musik, erstmals in bayer. Mundart. Ein neuer Themenkreis wird mit »Antigonae« (nach Sophokles, 1949) beschritten, dem mit »Oedipus der Tyrann« (Fr. Hölderlin nach Sophokles, 1959) sowie »Prometheus« (nach Aischylos, 1968) weitere Griechen-Dramen folgen. Die Musik wird hier radikal reduziert zum dramaturgischen Mittel und Klangkörper der Sprache. Die Jahre nach dem Zweiten Weltkrieg waren voller internat. Anerkennung. 1950—60 leitete O. auch eine Meisterklasse für Komposition an der Musikhochschule in München.

Auch die Form des ma. Mysterienspiels greift er nun auf: 1957 wird seine »Comoedia de Christi Resurrectione. Ein Osterspiel« uraufgeführt; bayer. Dialekt steht neben lat. und griech. Chören. Dem korrespondiert der »Ludus de nato Infante mirificus. Ein Weihnachtsspiel« (1961). Die Geburt des göttlichen Kindes ist als kosmisches Ereignis begriffen, das sich — wie schon im Osterspiel — im großen Ringen der dämonischen und göttlichen Mächte abspielt: Das Weihnachtsgeheimnis als echtes Welttheater.

Sein Gesamtwerk beschließt O. mit »De Temporum fine Comoedia. Das Spiel vom Ende der Zeiten. Vigilia« (1973, Neufassung 1981). Hier wird die Antwort gesucht auf die Fragen nach dem Ziel des Kosmos und dem Sinn des menschlichen Lebens. Den Schreckensvisionen der Sibyllen stellen die Anachoreten die Überzeugung des Origenes von der $\mathring{α}ποκατάστασις$ $πάντων$ gegenüber. Nach der Reinigung Lucifers verkünden die voces caelestes die neue Seinsweise: $Τά\ πάντα\ Νοῦς$. »Die drei Dimensionen des bisherigen Kosmos: Erdtiefe, Welt und Jenseits werden, gegeneinander und ineinander erklingend, darin aufgehoben ... Orffs ›Lösung‹ geht nicht über die Christologie, sondern führt an ihr vorbei in die Anfänge griechischen Denkens« (W. Thomas). So bestätigt auch dieses opus ultimum O.s eigene Aussage: »In allem geht es mir schließlich nicht um musikalische, sondern um geistige Auseinandersetzungen«. Die daraus erwachsende Musik »hat die Macht magischer Beschwörung. In aller Unmittelbarkeit macht seine Kunst die elementaren und ursakralen Bezüge wiederum sichtbar und erlebbar« (A. Liess). Schöpferische Zentralidee des O.schen Welttheaters, in dessen Prisma Weltmärchen, christl. Mysterienspiele, griech. Tragödien und derb-erotische bayer. Komödien aufscheinen, ist die authentisch griech. $μουσική$: Die Einheit von Sprache, Bewegung und Musik.

Geistliche Musik hat O. nur marginal komponiert. Neben frühen 2-4-stimmigen Cantusfirmus-Sätzen stehen der in seiner ostinaten Rhythmik und Fauxbourdontechnik ekstatische Sonnengesang des hl. Franziskus (1954, 4-6-stimmig, Chor a capella) »Laudes creaturarum«, sowie ein für den Autor untypisches »Ave Maria« (4-stimmig, a capella) von 1920: ein syllabisch-ruhiger, chromatisch getönter Satz mit der mehrfach wiederholten Bitte »Ora pro nobis«.

Lit.: H.H. Stuckenschmidt, In: Die großen Komponisten unseres Jh.s, 1971, 139—147. — W. Thomas, De Temporum fine Comoedia, 1973. — C.O. und sein Werk. Dokumentation I—VIII, 1975—83. — A. Liess, C.O., 1977. — C.O. Ein Gedenkbuch, hrsg. von H. Leuchtmann, 1985. *M. Hartmann*

Origenes, * um 185 in Alexandrien, † 253/254 in Tyrus. Die origeneische Mariol. ergibt sich aus der Bibelexegese des Alexandriners und seinen apologetischen Bemühungen, teils aus der Polemik gegen Gnostiker, teils aus der Abwehr seines lit. Gegners Kelsos. Es geht O. darum, daß sich jeder Leser selbst im Evangelium finden und sein Dasein mit Hilfe des Evangeliums verstehen und auch verändern kann. Die Hinführung zum Verständnis des Schrifttextes wird durch Allegorisieren (= Tropologisieren) gewonnen. Unter dieser methodischen Prämisse stehen alle Äußerungen des O. über ⟨M⟩.

Der Logos, der einen wahren Leib angenommen hat, ist $θεάνθρωπος$ (das Wort ist erstmals bei O. nachweisbar) geworden. Von diesem Ansatz aus wäre der Weg zur $θεοτόκος$ problemlos, doch das erhaltene Werk O.' bietet diesen Begriff nicht. Das kann Zufall sein. Es wäre aber auch denkbar, daß O. diesen Titel vermied, weil er an der konkreten Leiblichkeit ⟨M⟩s kaum interessiert war, zumal das Leibliche und Leibhaftige für O. nur die Bedeutung eines verzichtbaren Schattens hat. Lk 1, 35: »Der Heilige Geist wird über dich kommen und die Kraft des Höchsten wird dich überschatten« bedeutet nicht nur den Anfang der Geburt Christi in ⟨M⟩, sondern auch die Geburt des Wortes Gottes im Gläubigen. In diesem Sinn ist die Mutterschaft ⟨M⟩s exemplarisch aufzufassen, die von jedem Christen nachzuvollziehen ist. Die irdische Geburt Jesu in der Jungfrau ist Vorbild der Geburt Jesu im einzelnen Christen. Die Auffassung der Valentinianer und einer Teilgruppe der Ebioniten, Jesus sei wie jeder Mensch geboren, wird durch die dezidierte Betonung der Jungfrauenschaft ⟨M⟩s zurückgewiesen. Die jüdische und heidnische Behauptung, Jesus sei aus einer ehebrecherischen Verbindung hervorgegangen, widerlegt O. mit einem Rückgriff auf seine Lehre von der Präexistenz der Seelen. ⟨M⟩ hat die präexistente Seele Jesu, den Schatten des Wortes Gottes empfangen. Es ist das göttliche Wort, das sich in ihr mit Fleisch »bekleidet« hat. Das Herabsteigen des Wortes und des Hl. Geistes zu ⟨M⟩ begründet ihre Heiligkeit und ihre apostelgleiche Stellung. Die Ehe ⟨M⟩s mit Joseph hatte nur den Sinn, vor Satan die jungfräuliche Geburt Jesu zu verbergen und eine drohende Steinigung ⟨M⟩s zu verhindern. Wer Gott erkennt und in die himmlischen Geheimnisse eingedrungen ist, also der spirituelle Mensch, weiß um die charismatische Jungfrauenschaft ⟨M⟩s. Die Jungfräulichkeit ⟨M⟩s ist eine zweifache: im Augenblick der Geburt und immerwährend. Die immerwährende Jungfräulichkeit ist integraler Bestandteil des christl. Glaubens. Sie beruht auf der Herabkunft des Hl. Geistes und der Macht des Allerhöchsten, d.h. des Logos. Wie Jesus zeitlebens jungfräulich blieb, so auch ⟨M⟩. Gerade durch die Tugend der Jungfräulichkeit blieb ⟨M⟩ zuinnerst mit ihrem Sohn vereint. Die virginitas in partu ergibt sich aus der Tatsache, daß der Erlöser im Gegensatz zu allen anderen Menschen zuerst aus dem Schoß des Vaters auf ⟨M⟩ herabkam. Der physische Vorgang wird von O. nicht untersucht, er spielt im origeneischen Denken keine Rolle.

ℳ ist der Grundtypus des geistlichen Menschen. In der Reihe der geistlichen Menschen (drei Patriarchen, Mose, Josua, David, Johannes der Täufer, die drei Apostel, die Jesus auf den Berg der Verklärung begleiten durften, und Paulus) ist ℳ die einzige Frau. Der Gruß Elisabeths an ℳ beweist ihre Heiligkeit. Elisabeth gebar einen Sohn, ℳ *den* Sohn. ℳ bestätigt dies durch das Magnifikat. Die hier ausgesprochene Demut ℳs bezeugt das göttliche Geschenk ihrer charismatischen Persönlichkeit. ℳ selbst ist nicht fehlerfrei. Ihr Glaube weist Mängel auf, die sich in bestimmten Zweifeln geäußert haben. Damit ist nach O. ersichtlich, daß ℳ wie alle anderen Menschen erlösungsbedürftig war. Doch ist in ihrem Lebensgang ein geistlicher Aufstieg erkennbar, der sie wie die Apostel Petrus, Johannes und Jakobus zum Berg der Verklärung führt. Andererseits erkennt O. ℳ ein Mitwirken bei der Erlösung zu, die dem Wirken der Apostel vergleichbar ist: der Besuch ℳs bei Elisabeth, die Hochzeit zu Kana und die Worte Jesu am Kreuz an Johannes und ℳ. Der Besuch ermöglicht die Begegnung des Logos und des Hl. Geistes mit dem Vorläufer Jesu. ℳ trug das Wort und den Hl. Geist in sich zum Täufer. Am Kreuz wird die universelle Mutterschaft ℳs verkündet. Jedoch die universelle Mutterschaft erschöpft sich in einem spirituellen Imperativ. Wer Christus ganz ähnlich wird, ist Sohn ℳs. Die Grundsicht des O. zielt nicht auf die Jungfrau und Mutter ℳ, sondern auf die Imitatio und Assimilatio Christi. Die origeneische Logoschristol. nährt die ℳmystik des O., der wohl gerade deshalb keinen eigenen Traktat über ℳ hinterlassen hat und doch im lat. Westen des 12. Jh.s als »doctor marianus« apostrophiert wurde.

QQ und Lit.: Verzeichnis der Werke des O., ihrer Ausgaben und dt. Übersetzungen, In: BGL 30 (1990) 328—341. — A. Agius, The Blesses Virgin in Origen and St. Ambrose, In: Downside Review 50 (1932) 126—137. — C. Vagaggini, Maria nelle opere di Origene, 1942. — H. Crouzel, Mariologie d'Origène, In: SC 87 (1962) 11—64.   *W. Gessel*

Origo (Orricus) **Scaccabarozzi,** Archipresbyter in Mailand und Inhaber zahlreicher Pfründen und Würden, † 1293, verfaßte u. a. Reimmessen zu ℳe Himmelfahrt und ℳe Geburt im Mailänder Ritus.

Ausg.: AHMA 14b, 248f. — Dreves-Blume I 379f.
Lit.: Dreves-Blume I 377f. — LThK² VII 1241.   *G. Bernt*

Orione, Luigi, sel. Ordensgründer, * 23. 6. 1872 in Pontecurone (Diözese Tortona), † 12. 3. 1940 in San Remo, war Schüler des hl. Johannes → Bosco, der sein Beichtvater war und von dessen ersten Mitarbeitern er die erste geistliche Formung empfing: der sel. Michael → Rua gestattete O., daß er mit 14 Jahren in S. Maria Ausiliatrice 1886 das Gelübde der Jungfräulichkeit ablegte. 1889 trat er in das Priesterseminar von Tortona ein, gründete als einfacher Kleriker eine Konviktschule für arme Kinder — Ausgangspunkt seiner Gründung »Kleines Werk der Göttlichen Vorsehung« (Piccola Opera della Divina Provvidenza) —, wurde am 13. 4. 1895 zum Priester geweiht und 1908 von Pius X. zum Generalvikar von Messina ernannt. O. gründete 1892 den Klerikerorden der Figli della Divina Provvidenza (Söhne der Göttlichen Vorsehung), 1898 die kontemplativen Eremiti della Divina Provvidenza und 1915 die Piccole Suore Missionarie della Carità (Kleine Missionsschwestern der Liebe) mit dem kontemplativen Zweig der Suore Sacramentine Cieche (Blinde Sakramentsschwestern). 1912 legte O. in die Hände Pius X. die ewigen Ordensgelübde ab und gab die Verfassung für seinen Orden heraus. Noch zu Lebzeiten O.s breitete sich der Orden in Süd- und Nordamerika (1913—34), Polen (1923), England und Spanien (1936) aus; heute zählt er ca. 900 Schwestern und 1100 Männer. O. wurde am 26. 11. 1980 seliggesprochen.

O. verbreitete im Volk die MV, förderte die ℳheiligtümer und organisierte ℳwallfahrten, v. a. in Tortona. Neben seiner Predigttätigkeit veröffentlichte er volkstümliche Beiträge in Zeitschriften und entfaltete ein Briefapostolat. Hier finden wir die Themen: Kirche, Papst, ℳ, Ordensleben, -gelübde, Beten, Buße. Seine Tätigkeit war von den Motiven bestimmt: Jesus, Papst, Seelen, ℳ, Arme. — O. wurde im ℳheiligtum der Madonna della Guardia di Tortona, dem Herzen seines Werkes, bestattet.

Die ℳfrömmigkeit O.s ist eingebunden in eine aktive und tiefe Passionsfrömmigkeit, Christusliebe und Christusnachfolge. Sie ist geprägt von der Familie und Pfarrei in Pontecurone, J. Bosco und L. → Grignion de Montfort, nach dem er die volle Hingabe an ℳ vollzog. O. predigte oft über ℳ und beging die ℳfeste feierlich. Der liebste ℳtitel war ihm der der GM. O.s Lebensweg war bestimmt vom »Per Mariam ad Jesum«, »Ein Ave Maria und voran!«.

WW: Bibliographie: Don O. 1872—1893, I, 1958; 1893—1900, II, 1984; 1901—03, III, 1986. — Pensieri di Don O., 1955. — Lo spirito di Don O., mit einer Einleitung von D. Sparpaglione, ²1963. — La Parola del Padre, 1966. — In cammino con Don O., 1972. — Per un cammino sicuro e fecondo con Don O., 1973. — La scelta dei poveri più poveri, 1979. — Lettere di Don O., 2 Vol., ²1980. — Beiträge in Zeitschriften: La Madonna, Tortona 1904—05. — La Madonna della Guardia di Tortona, Tortona 1918—22, 1926—46. — Mater Dei, Venezia 1926—36. — L'Opera della Provvidenza, Tortona 1902—20; Fortsetzung: La Piccola Opera della Divina Provvidenza, ebd. 1924—70, heute als »Don Orione« hrsg.
Lit.: D. Hyde, God's Bandit, 1952. — Don O. nella luce di Maria Madre di Dio, 4 Vol., 1965—69. — G. Papasogli, Vita di Don O., 1979. — D. Sparpaglione, Il Beato L. O., ⁷1980. — F. Peloso, La devozione popolare mariana nel beato Don L. O., masch., Tortona 1983. — B. Majdak, Matka Boza w zyciu bl. Alojzego O. (Mutter Gottes im Leben des sel. Alois O.), In: Rycerz Niepokalanej 3 (Niepokalanow 1987) 75f. — AAS 72 (1980) 1086ff. — BSS IX 1234—37. — DIP VI 825—828 (Bild). — DSp XI 962ff. (Lit.).   *B. Majdak/W. Baier*

Orley, Bernart von, flämischer Maler, * um 1488 in Brüssel, † 6. 1. 1541 ebd. Der führende und fähigste Brüsseler Künstler des frühen 16. Jh.s lernte bei seinem Vater Valentin. Eine Italienreise um 1510 ist anzunehmen, jedoch nicht

B. van Orley, Beweinung Christi, Brüssel, Musees Royaux

nachweisbar. Seit 1518 stand er als Hofmaler im Dienst der Statthalterin der Niederlande, Margarete v. Österreich, was ihn zu einem reichen Unternehmer mit großem Werkstattbetrieb machte. Diese Stellung behielt er trotz einer Anklage wegen Häresie bis zu seinem Tod. 1521 besuchte ihn Dürer in seinem Atelier und machte den an den malerischen Vorbildern des 15. Jh.s geschulten O. mit der Formenwelt der ital. Kunst bekannt. O. gehörte zu den großen Bewunderern Raffaels, dessen Kunst er spätestens bei der Ausführung der Raffael-Teppiche durch Pieter Coeck van Aelst in Brüssel kennengelernt haben wird. Von Raffael lernte er die strenge Bildkomposition und die monumentale Figurenkomposition, die er bei seinen eigenen Teppich- und Glasfensterentwürfen verwirklichte, während seine Tafelbilder überwiegend an den Vorbildern des 15. Jh.s orientiert blieben. Kennzeichnend für O. sind die realistische Wiedergabe von Details, reicher Dekor, klassische Kompositionsmuster und eine hervorragende Bewältigung von Massenszenen. Aus seinen rel. Bildern, in denen er marian. Themen anschnitt, sei eine Auswahl getroffen.

Eines der bekanntesten Werke O.s ist die Beweinung Christi auf dem Triptychon des Philippe de Haneton (Brüssel, Mus. Royal): M beugt sich über den nur im Ausschnitt gezeigten Leichnam Christi in einer dicht gedrängten Figurengruppe vor Goldgrund mit detailfreudigen physiognomischen Studien. — Eine 1522 datierte Madonna mit Kind (Madrid, Prado) ist durch eine starke Bewegung der von links hereneilenden beiden Engel und des zur Mutter strebenden Jesusknaben gekennzeichnet. Hierin sind deutliche Anklänge an die Florentiner Frührenaissance zu spüren. Eine weitere Madonna mit Kind in Pommersfelden (Schönborn'sche Gemäldesammlung) zeigt eine innige Zuwendung von Mutter und Kind, ähnlich auf einer Tafel in Donaueschingen, auf der O. die Lieblichkeit Ms noch deutlicher herausstellt. Auf einer einst im engl. Kunsthandel befindlichen Tafel des gleichen Themas blättert die jugendlichere M in einem Buch. — Bei einer »Hl. Familie (Brüssel, Mus. Royal) sitzt M mit dem Kind auf einer Stufe zwischen zwei Säulen, dahinter nachdenklich Joseph. Den Hintergrund bildet eine überreiche italienisierende Architekturszenerie. — Ehemals in Wiener Privatbesitz befand sich eine »Maria lactans«. — Ein M-zyklus findet sich auf einem in altniederländischer Tradition stehenden Altar in Brüssel (Hospital St. Jean, um 1520): das Mittelstück zeigt den M-tod und die Aufnahme ihrer Seele in den Himmel, beiderseits des schmaleren Oberteils Tempelgang und Verkündigung, auf den Flügeln Heimsuchung, Geburt Christi, Anbetung der Könige und die Darbringung im Tempel. — Zum Thema der »Kreuzigung« schuf O. sowohl Tafelbilder als auch Handzeichnungen: eine Berliner Tafel lebt von starken Lichtkontrasten und -wirkungen. Vor dunklem Landschaftshintergrund sitzt M als blockhafte Figur trauernd vor dem Kreuz. Eine weitere im Privatbesitz befindliche Tafel überwindet die verhaltenen Formen der Berliner Tafel: M, niedergesunken am äußeren Bildrand, blickt starr aus dem Bild. Die Schächer und die Personen unter dem Kreuz befinden sich in heftiger Bewegung, Gestik und Körperverrenkung. Auch hier zeigt die Körperbewegung die innere höchste Erregung. In einer Handzeichnung zum Thema (Berlin, Kupferstichkabinett) tritt die Heftigkeit der Einzelform deutlicher als bei den Gemälden hervor. M ist wieder am unteren Bildrand zusammengesunken, Johannes und eine Frau beugen sich über sie. Gleiches gilt für eine weitere Berliner Handzeichnung des »Abschiedes Christi von seiner Mutter«, die ihn flehentlich am Arm packend zurückzuhalten sucht, während er sich sanft, aber bestimmt von ihr löst. — Eine miniaturhaft feine Darstellung eines einst im Wiener Kunsthandel befindlichen Bildes zeigt den Tempelgang M-s. — Bei einer »Beschneidung Christi« (Wien, Kunsthist. Mus., 1525/30) steht M als Nebenfigur im Hintergrund. — Schließlich ist noch eine 1970 in München nachweisbare Tafel mit der »Anbetung der Könige« (1533) zu erwähnen, die in eine antike Ruinen- und Säulenarchitektur versetzt ist. Die heftigen Bewegungen der äußeren Figuren streben auf die Mittelgruppe zu, die dadurch zum ruhenden, zugleich dramatischen Zentrum wird.

Lit.: J. de la Ruvière, Flämische Malerei des 15. und 16. Jh.s, 1960, 94 ff. — D. Heinz, Europäische Wandteppiche I, 1963, 180 ff. — L. van Puyvelde, Die Welt von Bosch und Brueghel, 1963. — M. Whinney, Early Flemish Painting, 1968. — Kindler IV 624—628 (Lit.). *P. Morsbach*

Oropa, Dorf 10 km nördlich von Biella, Provinz Piemont, eine der ältesten marian. Stätten Europas, malerisch auf einem künstlich terrassierten Hang in 1180 m Höhe gelegen. Das Gnadenbild ist eine schwarze GM mit Kind (um 1300).

Nach der Überlieferung gehen die Anfänge des Heiligtums auf den hl. Eusebius v. Vercelli und das Jahr 369 zurück; 1294 wird O. zum erstenmal urkundlich erwähnt. Eine kleine, mit Darstellungen aus dem M-leben (14. Jh.) freskierte Kapelle birgt das Gnadenbild und steht inmitten einer größeren Kirche, deren Bau 1599 anläßlich einer Pestepidemie gelobt worden war (vollendet um 1620); außenherum sind Pilgerherbergen angeordnet. Den oberen Abschluß der Anlage bildet die barocke Kirche »Regina Montium« (1775 entworfen, 1879—85 ausgeführt, bis 1960 ergänzt). Westlich des Heiligtums stehen an einem Prozessionsweg mehrere Kapellen (etwa seit 1620), wovon zwölf mit Terracotta-Gruppen bzw. Fresken den einzelnen Szenen des M-lebens gewidmet sind. Seit 1918 wird O. von Redemptoristenpatres betreut; die »Figlie della Madonna d'Oropa« sorgen für die Pilger.

Inschriften von 1661 und 1720 berichten, daß in zwei Fällen eine abgeschnittene Zunge plötzlich wieder im Munde war. Seit 1620 findet alle 100 Jahre eine feierliche Krönung des Gnadenbildes statt; die letzte 1920 im Beisein von 3 Kardinälen, 16 Bischöfen, 200 Priestern und ca. 150 000 Gläubigen. 1949 wurde die Madonna von O. durch die 123 Pfarreien der Diözese Biella getragen, um neues rel. Leben zu wecken. Papst Pius X. gestattete 1910, in O. der Lauretanischen Litanei »Regina Montis Oropae, ora pro nobis« beizufügen. Ein eigenes Festoffizium war bereits am 11. 7. 1857 von der Ritenkongregation gutgeheißen worden. Der hl. J. B. Cottolengo weihte der Madonna von O. in seinem »Kleinen Haus der Vorsehung« eine Kapelle. Im herzoglichen bzw. königlichen Hause Savoyen ist die Andacht zur Madonna Nera d'O. traditionell. Die reichsten Geschenke aber lieferten die Bürger Biellas zum Dank an die GM von O. für die Errettung aus Pest- und Kriegsgefahren.

Lit.: G. Avogadro, Storia del Santuario d'O., Turin 1846. — B. Buscaglia, Il Santuario d'O., 1933. — S. P. Caligaris, Considerazioni sui Sacri Monti (Oropa), In: Arte Cristiana 60 (1972) 143—152. — P. Cannon-Brookes, The Sacri Monti of Lombardy and Piemont, In: The Connoisseur 186 (1974) 284—295. — S. Stefani Perrone, I Sacri Monti come »Citta ideale«, In: Atti del XXIV Congresso internazionale di storia dell'arte IX, 1982 55—66. *C. Henze*

Orozco, Alonso de → Alonso de O.

Ortenberg, Ortenaukreis, Erzdiözese Freiburg. Die Kapelle »Mariä Ruh« liegt, umgeben von einem Friedhof, am Bühlweg zwischen dem »Dorf« O. und dem Offenburger Ortsteil Käfersberg auf einer Anhöhe. Für das Jahr 1144 findet sich der erste schriftliche Beleg für eine Kirche an diesem Standort. Die heutige Bühlwegkapelle ist auf das Jahr 1497 als Filialkirche der Offenburger Pfarrkirche zu datieren. Die reichen Wandfresken sind wahrscheinlich um 1500 entstanden. 1787/88 erhielt die Bühlwegkapelle den Status der Pfarrkirche, den sie allerdings wieder verlor, als das starke Bevölkerungswachstum den Bau einer neuen Kirche (1824 im klassizistischen »Scheunenstil«) im Dorf O. erforderlich machte. Als Gnadenbild wird eine Pietà (Holz, um 1470) verehrt. Ihren Tiefpunkt erlebte die Wallfahrt nach dem Bau der neuen Kirche, konnte ihn aber schon in der Mitte des 19. Jh.s wieder überwinden.

Lit.: F. Vollmer, Geschichte der Bühlwegkapelle bis zum Jahre 1824, In: Ders., Burg O. und Bühlwegkapelle, o. J.,

117—123. — E. Mandel, Die Bühlwegkapelle im 19. und 20. Jh. Wallfahrtsort und Kunstdenkmal, ebd. 125—145. — Kunstdenkmäler des Großherzogtums Baden VII 523—526. — L. Heizmann, Der Amtsbezirk Offenburg in der Geschichte, 1934, 50. — Die Stadt- und Landgemeinden des Kreises Offenburg, hrsg. vom Hist. Verein für Mittelbaden, 1964, 93. 95. — F. Isenmann und H. Schnell, Die Kirchen von O. und Käfersberg, 1974. — A. Ehrenfried, Die Ortenauer auf Wallfahrt, In: K. Klein (Hrsg.), Land um Rhein und Schwarzwald, ²1978, 507—521, bes. 515. — R. Metten, K. Welker und H. Brommer, Wallfahrten im Erzbistum Freiburg, 1990, 93f. (Lit.).
W. Müller (S. Tebel)

Orthodoxie → Sonntag der O.

Orthros ist der Morgengottesdienst der byz. Kirche und entspricht der Matutin und den Laudes des röm. Ritus. Man feiert diesen Gottesdienst zur Zeit des Übergangs von der Nacht zum Tage (für die ost- und westsyr. Riten → Ṣaprā).

Man kann dieses Offizium in fünfzehn Abschnitte einteilen. Die Einleitung endet mit einem → Theotokion. Ein zweites Gedächtnis der GM findet sich im zweiten Teil nach der Psalmenlesung in der Synapte (→ Litaneien), ebenso am Ende der ersten Stichologie des dritten Teils in der kleinen Ektenie. Im fünften Teil, der an Sonn- und Festtagen auf die Lesung des Morgenevangeliums folgt, betet man Ps 50 und die entsprechenden Troparien. Nach dem »Jetzt und allezeit« der kleinen Doxologie folgt: »Auf die Gebete der Theotokos, Erbarmer, tilge die Menge unserer Verfehlungen« (vom Sonntag des Pharisäers und Zöllners [10. Sonntag vor Ostern] bis zum 5. Sonntag der Großen Fastenzeit: »Öffne mir die Pforte des Heils, Gottesgebärerin, denn mit schändlichen Sünden habe ich meine Seele befleckt, da leichten Sinnes ich mein ganzes Leben vergeudet. Durch deine Fürbitte befreie mich von aller Unreinheit«). An Sonn- und Festtagen sowie während der Großen Fastenzeit folgt das feierliche Gebet mit einem Gedächtnis der GM im Apolytikion. Während des Kanon betet man vor einem Theotokion, wenn es nicht am Schluß einer Ode steht: »Allheilige Gottesgebärerin, rette uns!« Am Ende des Kanons wird Weihrauch aufgelegt und der Diakon räuchert rund um den Altar, geht dann durch die nördliche Tür und inzensiert die Christusikone. Vor der Ikone der GM angekommen, ruft er zur Einleitung des Magnificat, das im Gegensatz zum röm. Ritus seinen Platz im O. hat: »Die Gottesgebärerin und Mutter des Lichtes besingen und erheben wir in Hymnen.« Der Chor antwortet mit dem Theotokion »Geehrter als die Cherubim und unvergleichlich herrlicher als die Seraphim«, das nach jedem Vers wiederholt wird. An den höchsten Festen singt man an Stelle des Magnificat die Troparien der neunten Ode mit besonderen Versen, den Megalynarien. An den Tagen, an denen man anschließend keine Katavasien singt, singt man: »Wahrhaft würdig ist es, dich selig zu preisen, Gottesgebärerin, allzeit Selige und Makellose und Mutter unseres Gottes! Geehrter als die Cherubim ...« Als Exapostilarien singt man in der Regel ebenfalls täglich ein Theotokion. Es folgt nun der achte Teil mit den Laudespsalmen. An Sonntagen beendet man sie mit dem Theotokion: »Allgepriesen bist du, jungfräuliche Mutter Gottes, denn der von dir Fleisch angenommen hat, er hat den Hades in Ketten gelegt, Adam zurückgerufen, den Iuch vernichtet, Eva befreit, den Tod getötet und uns hat er das Leben geschenkt. Darum erheben wir unsere Stimmen und singen: Gepriesen sei Christus, unser Gott, der es so gewollt hat. Ehre sei dir!« Es folgen nun die große Doxologie und das feierliche Gebet, das aus der Großen Ektenie mit Aitesis besteht. Der GM gedenkt man vor der Ekphonese des Priesters (im Zusammenhang mit der Tendenz zur Verkürzung der langen Gottesdienste beginnt man in den Kirchen griech. Überlieferung vielfach hier schon mit den Anfangssegen der Göttlichen Liturgie: »Gepriesen sei das Reich des Vaters ...«). Ein letztes Mal wird der GM bei der Entlassung gedacht. Häufig betet man sofort im Anschluß an den O. die Erste Stunde (Prim).

Lit.: A. Couturier, Cours de liturgie Grecque-Melkite, II Office Divin, 1914, 132—173. — E. Mercenier und F. Paris, La Prière des Eglises de rite byzantin, I L'Office Divin, la Liturgie, les Sacrements, ²1948, 91—148. — J. Raya und J. de Vinck, Byzantine Daily Worship: with Byzantine Breviary, the three Liturgies, Propers of the day and various offices, 1969, 150—204. — R. Taft, Liturgy of the Hours in the Christian East, 1983, 208—221. — S. Heitz (Hrsg.), Mysterium der Anbetung. Göttliche Liturgie und Stundengebet der Orth. Kirche, 1986, 57—182.
J. Madey

Orto, Marbrianus de, Komponist, * ca. 1460, † 1529 in Nivelles, ist 1484—94 fast zeitgleich mit Josquin des Prez in der päpstlichen Kapelle in Rom genannt und erhält von Papst Innozenz VIII. regelmäßige Einkünfte auf Lebenszeit zugewiesen. 1487 wird er als Kanonikus von Comines erwähnt. Ungewiß bleibt, ob O. nach 1494 in der päpstlichen Kapelle verblieben ist. Erst 1505 ist er wieder als Sänger und »ierste cappelaen« in der Kapelle Philipps des Schönen nachweisbar.

O. war zeitlebens ein außerordentlich geschätzter Sänger und Komponist. Seine geistlichen Werke sind inspiriert von bekannten Chançon-Melodien seiner Zeit und gregorianischen Choralvorlagen, so z.B. das 4-stimmige Kyrie in honorem beatissime virginis (1505) sowie die Motetten »Ave Maria gratia plena« (4-stimmig), »Ave Maria mater gracie« (5-stimmig) und »Salve regis mater« (5-stimmig).

Lit.: A. Dunning, Die Staatsmotette, 1970. — MGG IX 424—27. — Grove XIII 877f.
B. Brosch

Osbert v. Clare, OSB, engl. Theologe und Hagiograph des 12. Jh.s. Der Beiname läßt Clare (Grafschaft Suffolk) als seine Heimat erkennen. Er war Mönch und ca. 1136 Prior der Westminster-Abtei. Mariol. ist er als engagierter Verteidiger des Festes der UE hervorgetreten. Das möglicherweise bereits vor der Normanneninvasion (1066) eingeführte Fest, für das sich dann 1129 auch die Synode von London ausgesprochen hatte, war teilweise auf bischöflichen Widerstand gestoßen, so bei dem normannischen Bischof Roger v. Salisbury und bei Bischof Bernhard v. St. David. In seinem Sermo de Conceptione (Eadmeri monachi Cantuariensis Tractatus de conceptione Sanctae Mariae, hrsg. von H. Thurston und T. Slater, Freiburg i. B. 1904, 65—83) sowie in einem Brief an Anselm v. Bury, einem Neffen des gleichnamigen Erzbischofs von Canterbury (Letters of Osbert of Clare, hrsg. von E. W. Williamson, 1929) verteidigt er das Fest. Seine Begründung ist, daß mit der Empfängnis ⟨M⟩s die Erlösung beginnt, ohne daß mit dieser Sicht die Inkarnation selbst in ihrer zentralen Bedeutung angetastet würde; in ihr hat O.s ⟨M⟩verständnis ihren tragenden theol. Grund. Im Zusammenhang mit O.s ⟨M⟩lob sind zwei Hymnen sowie andere spirituelle Texte auf die hl. Anna erwähnenswert (AHMA 15,186; 33,36; Les compositions de Osbert de Clare en l'honneur de Ste Anne, von A. Willmart, In: Annales de Bretagne [1926] 1—33).

Lit.: H. Thurston, The Irish Origins of our's Lady Conception Feast, In: Month 103 (1904) 449—465. — Ders., Abbot Anselm of Bury and the Immac. Conception, ebd. 561—573. — A. W. Burridge, L'Immaculée Conception dans la théologie de l'Angleterre médiévale, In: RHE 32 (1936) 572—579. — EC IX 398 f. — NCE X 804. — Theotokos 276 f.   *F. Courth*

Osbertus Anglicus oder Bickenham, OCarm, † um 1350 in London, eigenständiger engl. Theol. des 14. Jh.s, lehrte in Oxford und London. Bemerkenswert ist sein Kommentar der Sentenzen des → Petrus Lombardus. In phil. Fragen suchte er Aristoteles mit Augustinus zu vereinigen. In der Theol. folgte er mehr Augustinus als Thomas, dessen Denken er gleichwohl sehr verbunden war. Aber auch Duns Scotus zeigt sich O. zugetan, ist jedoch kein Nominalist. Nach → Johannes v. Basel († 1392) hat O. eine Schrift »Super Mariae conceptione« verfaßt; sie wurde aber → Osbert v. Clare zugewiesen (hrsg. von H. Thurston und T. Slater, Eadmeri monachi Cantauriensis Tractatus de conceptione Sanctae Mariae, Freiburg 1904).

Lit.: B. M. Xiberta, De Osberto Anglico, In: Analecta ordinis Camelitarum 6 (1928) 177—243. — DThC XI 1627—29. — LThK VII 794.   *F. Courth*

Osiander, Andreas und Lukas, prot. Theologen.

1. Andreas, * 19.12.1498 in Gunzenhausen bei Nürnberg, † 17.10.1552 in Königsberg, studierte in Ingolstadt, wurde 1520 Priester, vertrat seit 1522 als Prädikant an St. Lorenz in Nürnberg luth. Ansichten, gewann Herzog Albrecht von Brandenburg-Ansbach d. Ä. für die neue Lehre, war Vertreter der Stadt Nürnberg beim Marburger Religionsgespräch, löste den sog. Osiandrischen Streit um das Verständnis der Rechtfertigung aus.

O. versuchte 1524 die Abschaffung der Salve-Andachten zu begründen und bezeichnete sie in seiner Schrift »Grund und Ursach« als gotteslästerlich. Denn im »Salve Regina« werde ⟨M⟩ als unser Leben, unsere Süßigkeit und unsere Hoffnung bezeichnet. Er behauptete: Wer ⟨M⟩ das Leben nenne, mache einen Gott aus ihr. Durch ⟨M⟩ würden Gott und Christus verdrängt. Die Schrift löste heftige Reaktionen kath. Theologen aus. K. Schatzgeyer, J. Dietenberger, H. Emser, Bartholomäus v. Usingen und Augustin v. Alfeld begründeten gegen O. die Berechtigung und Bedeutung des Salve-Regina.

Ausg.: Gesamtausgabe, 8 Bde., 1975—90, bes. I, Nr. 20, 191 f.
Lit.: G. Seebaß, Das reformatorische Werk des A.O., 1967. — H. Düfel, Luthers Stellung zur Marienverehrung, 1968. — R. Wünsch, Evangelienharmonien im Reformationszeitalter, 1983. — H. Smolinsky, Augustin v. Alveldt, 1983, 151. — Ders., Kath. Theologen der Reformationszeit I², 1991. — B. Hägler, Die Christen und die »Judenfrage«. Am Beispiel der Schriften O.s, 1992.

2. Lukas, Sohn von Andreas, * 16.12.1534 in Nürnberg, † 17.9.1604 in Stuttgart, war an den Religionsgesprächen von Maulbronn (1564), Heidelberg (1579), Mömpelgard (1586), Stuttgart (1591) und Regensburg (1594) beteiligt und gehört zu den Mitverfassern der Konkordienformel.

O. bezeichnet ⟨M⟩ als hochgelobte Jungfrau, die allerheiligste, seligste und würdigste Jungfrau. Er lehnt aber das Ave Maria als Gebet ab und wendet sich gegen den Rosenkranz. Im Zusammenhang mit dem verlorenen Jesus im Tempel spricht er von der Fahrlässigkeit und dem Unverstand der Eltern Jesu.

Lit.: H. Wolter, Die Kirche im Religionsgespräch zwischen Gregor v. Valencia und L.O., In: Sentire Ecclesiam, FS für H. Rahner, 1961, 350—370. — F. Courth, In: De cultu Mariano Saeculo XVI, 1985, III 147. 151. 156 f.   *R. Bäumer*

Osmotherly (Yorkshire). Das Kartäuserpriorat von Mount Grace in der Nähe von O. wurde 1398 von Thomas Holland, dem Herzog von Surrey, errichtet. Es sollte das letzte Kloster werden, das in Yorkshire gegründet wurde. Es war sowohl der Jungfrau ⟨M⟩ wie auch dem hl. Nikolaus geweiht, doch geriet letzterer bald in Vergessenheit; danach war das Priorat als Haus der Aufnahme der Seligsten Jungfrau in den Himmel in Mount Grace bekannt. Im Testament des Sir Thomas Strangway von 1522 wurde eine ⟨M⟩kapelle in Mount Grace erwähnt und es werden deren Priester Anweisungen gegeben. Bei der Aufhebung der Klöster unter Heinrich VIII. wurde dem letzten Prior, John Wilson, diese Kapelle als Wohnung zugewiesen und eine Zeit lang wurde sie in Erinnerung an ihre Verwendung in vorref. Zeit zu einer Pilgerstätte.

Lit.: The Victoria History of the Counties of England. Yorkshire, London 1913.   *J. M. Blom*

Osnabrück, Suffraganbistum von Köln (1824—1929 exemt), zählt etwa 893000 Katholiken unter 5790000 Nicht-Katholiken. Im Bischöflichen Amt Schwerin leben weitere 61250 Katholiken.

1. Geschichte. O. entstand seit 780 aus mehreren Missionszellen. Seit 1252 gehörten große Teile zum Niederstift Münster, 1668—1821 auch kirchlich. Nach der Reformation (1543—48) wechselten die Konfessionen. Der Westfälische Friede und die Capitulatio Perpetua (1648/50) legten eine abwechselnde Bischofsfolge (ev. aus dem Hause Braunschweig-Lüneburg, kath. frei wählbar) und die Konfession der Pfarrstellen auf den Stand des Normaljahres 1624 fest. 1802 wurde O. Provinz des Königreichs Hannover, 1703—61 und wieder seit 1841 waren die (Weih-)Bischöfe von O. zugleich Apost. Vikare der sog. Nordischen Missionen. 1857/58 erfolgte die Ausstattung durch das Land Hannover für Bischof, Domkapitel, Priesterseminar; 1930 im Preußischen Konkordat der Anschluß des ehemaligen Vikariats. Ein Gebietsaustausch mit →Hildesheim fand 1965 statt (Niedersächsisches Konkordat).

Nach den (Ur-?)Pfarrkirchen (Bad) Laer (Me Geburt), Großenkneten und vielleicht Ankum (M von Nikolaus verdrängt?) sowie der ältesten Stadtpfarrkirche (Ende 9.Jh.) wurden Mpatrozinien einmal im 11. und seit dem zweiten Ausbau der Pfarrorganisation im 12./13. Jh. elfmal, im 14./15. Jh. sechsmal gewählt. In der ehemaligen Grafschaft Lingen und der Herrschaft Rietberg gab es keine Mkirche. Die 6 Zisterzienserinnenklöster scheinen keinen Einfluß auf die marian. Prägung der Diözese gehabt zu haben, zumal sie sich seit dem 14.Jh. mehr der Verehrung des Leidens Christi zuwandten.

1280 erhielten der Dom und St.Marien in O. eine Stiftung, um den Oktavtag von Me Geburt mit gleicher Feierlichkeit zu begehen wie das Fest selber. Um die gleiche Zeit statteten zwei Domherren das Fest der Empfängis Ms aus. Die beiden genannten Feste erhielten zusammen mit Assumptio durch Bischof Franz Wilhelm v.Wartenberg 1628/32 zusätzliche Feierelemente. Das Fest M Schnee (5.August) scheint nur in Stift und Pfarrei St.Johann begangen worden zu sein. Die Feier der Schmerzen Ms übernahm vom Kölner Provinzialkonzil (1423) erst Bischof Konrad III. 1457. Zugleich ordnete er das Marien-Mitleids-Läuten am Morgen entsprechend dem gebräuchlichen Ave-Geläut des Abends an. Um die gleiche Zeit finden sich Stiftungen zugunsten des abendlichen Salve-Regina-Singens, welches für Haselünne schon 1364 als Sonntagsbrauch bezeugt ist.

Die 1473 für den Dom und 1501 für St.Johann gestiftete tägliche Frühmesse war de BMV zu lesen. Auch wurde Ende des 15.Jh.s im Kapitel und in Klöstern nach dem Hochamt die Antiphon »Haec est praeclarum vas« angestimmt zur Abwendung der Pest. Eigentliche Marien-Laudes sind erst um 1600 im Dom erwähnt.

Gewallfahrtet wurde zu den Mbildern in den Benediktinerinnenklöstern Klus (bei Bad Essen), Wiedenbrück (St.Marien), Herzebrock, Oesede, Gertrudenberg bei O. Zum Gertrudenberger Bild »ULF zur Not« kamen Pilger z.B. aus Lübeck. Die Handschriften (Nr.3, Nr.5 im Bistumsarchiv) enthalten Mirakel von und ein Preisgedicht auf M. Die große Prozession mit dem Bild »Mariens Kindbett« zu Kloster Oesede am Sonntag nach Fronleichnam (vermutlich älter als Fronleichnam) wurde 1784 gesetzlich eingeschränkt und nach 1802 aufgegeben. Den im O.er Nordland verbreiteten Brauch, an den Bittagen eine Mstatue umzutragen und in jedes Ehebett zu setzen, verbot Generalvikar Lucenius 1625. Von der Kirche zu Steinbild aus grüßte die »Madonna der Fahrensleute« die aus- und heimfahrenden Emsschiffer (heutiges Bild Mitte 15.Jh.). Mbruderschaften finden sich seit dem 13.Jh. in St.Johann und in den folgenden Jh.en u.a. in Haselünne, Goldenstedt, Riemsloh, Quakenbrück und Ostercappeln (auch Kaland), am Dom (Bäckerzunft) und bei den Dominikanern. Hier wurde 1492 die Rosenkranzbruderschaft gegründet. Auch am Dom bestand eine derartige Gilde und hatte einen eigenen Altar (→Heinrich v.Dissen). In Glane und Iburg wurden die Mbruderschaften zugunsten der Armenkasse 1785 aufgehoben. Mitte des 17.Jh.s gründeten die Jesuiten zu Meppen und O. marian. Männer- und Schülersodalitäten sowie in O. die Herz-Me-Bruderschaft. Von Ostercappeln zog seit Mitte des 18. Jh.s eine Pilgergruppe nach →Telgte.

Bis zur Reformation sind die vom 19.Jh. an mit O. verbundenen Gebiete marian. unterschiedlich geprägt:

Ostfriesland, überwiegend davor zum münsterschen Archidiakonat Friesland gehörig, hat anscheinend nur einen einzigen Mwallfahrtsort in Oldekloster bei Esens gehabt. Die Patrozinien sind nur von gut der Hälfte aller Pfarreien bekannt, und von denen (67) sind nur 8 M geweiht, hauptsächlich spätma. Gründungen. Ref. Tilgungen gelten als möglich.

In dem Teil Holsteins, der dem Hamburger Dompropst unterstand, wurden nach dem Hamburger Dom (um 810) an Pfarreien nur Heiligenstedten (durch Erzbischof Ansgar um 834) und das Augustiner-Chorherrnstift Neumünster (um 1135, verlegt nach Bordesholm 1332, bekannt durch die →Bordesholmer Marienklage des Propstes Reborch von 1476) sowie 4 Gründungen des 12. bis 14.Jh.s M geweiht. Eine Sonderstellung in der MV nimmt Dithmarschen (Ende des 8.Jh.s missioniert) ein, dessen Landesherr der Bremer Erzbischof war, das kirchlich aber dem Hamburger Dompropst unterstand. Von den 1281—1428 erwähnten 14 Pfarrkirchen sind 5 der GM geweiht. Vor allem verstand es sich spätestens seit der Reklamation durch Holstein gegen Ende des 15.Jh.s derart als »Marien-Land«, daß es dem Bekenntnis zu Jesus Christus und M, der höchsten Fürbitterin, die eigene Freiheitsgeschichte zuschrieb und den Reformator Heinrich v.Zütphen 1524, weil er gegen M gepredigt hatte, mit dem Feuertod bestrafte. Aus der Stadt Hamburg sind Nachrichten über Mbruderschaften seit 1356 bekannt. Von 99 Bruderschaften waren 14 unter Mpatronat, davon 6 beruflich geprägt, 2 Elendenbruderschaften. 1478 wurden an St.Petri Mtiden mit einer hl.Messe sowie das Schnitzbild der »Schönen Madonna« gestiftet. Die letzte Messe der ausfahrenden Schiffsleute fand zu St. Maria tom Schare (ursprünglich St. Clemens) statt.

Das 948 gegründete Bistum Schleswig gehört heute zu etwa zwei Dritteln zur Diözese O. In der Ostsee-Landschaft Angeln weist es eine überdurchschnittliche Dichte an Ⓜpatrozinien auf, nämlich von 21 bis 1200 gegründeten Pfarrkirchen 1 Hardeskirche und 5 weitere, dazu noch zwei spätere Gründungen. Dagegen kommt in den übrigen Propsteien nach der Hardeskirche Breklum nur vereinzelt Ⓜ als Patronin vor, z. B. Flensburg (13. Jh.).

Die östlich von Holstein im Missionsgebiet der Ostseewenden gegründeten Bistümer Oldenburg (nach 968) — Lübeck (1160), Ratzeburg (um 1062) sowie Mecklenburg (um 1062) — Schwerin (1160) haben erst ab 1145 Pfarreien gründen können. Im Bistum Lübeck sind Ⓜ geweiht: das 1137 begonnene Augustiner-Chorherrenstift Segeberg, dann um 1200 Preetz (1212 mit einem Benediktinerinnenkloster verbunden), Mitte des 13. Jh.s Kirchnüchel, das bald ein Wallfahrtsort wurde und dessen elfenbeinerne Sitzmadonna seit 1963 wieder einen Altar ziert, und aus der gleichen Zeit die 1328 zur Pfarrei erhobene Kapelle Ahrensbök, zu der man wegen eines Ⓜbildes, welches in einer Buche aufgefunden worden war, wallfahrtete. 1397 wurde hier das Kartäuserkloster Marientempel errichtet. In der Stadt Lübeck ist eine der beiden ältesten Pfarrkirchen die Ⓜkirche. Bei ihr wurden 1462 Ⓜtiden (am Dom 1420) sogar mit eigener Sängerschule gestiftet, deren Träger sich 1497 zur Bruderschaft Ⓜe Verkündigung zusammenschlossen. Die Kalande der Pfarrer (1305) wie der niederen Kleriker (1342) nannten sich nach Ⓜ. Eine Ⓜbruderschaft aus Klerikern und Laien bestand vor 1380, 7 weitere wurden von Berufsständen in der ersten Hälfte des 15. Jh.s gegründet. Zwei Rosenkranzbruderschaften bildeten sich 1490/1500, dazu im 15. Jh. noch Marien-Mitleid, Marien Berggang und Marien Losinge.

Die Ratzeburger Patrozinien sind nur für den Lauenburgischen Teil erforscht. Von den hier bis Ende des 12. Jh.s gegründeten Pfarreien ist eine Ⓜ geweiht. Bis 1230 entstanden 6 Sprengel, davon sind unter Ⓜpatronat Büchen, wo, wie in Ahrenböck, ein in der Höhlung einer Buche entdecktes Ⓜbild verehrt wurde, und Kuddewörde, wo Ende des 15. Jh.s ein Kloster der Augustiner-Eremiten entstand. Bis 1335 errichtete man 12 Kirchspiele, davon 4 unter dem Namen Ⓜs. Aus dem mecklenburgischen Teil dieses Bistums ist die Ⓜkirche zu Wismar zu erwähnen. Der Dom zu Ratzeburg, dessen Kapitel bis 1504 zum Prämonstratenserorden gehörte, ist, wie der zu Schwerin, Ⓜ und Johannes dem Evangelisten gewidmet. Dieses Patrozinium, welches die kirchenpolitische Sonderstellung Heinrichs des Löwen, Herzog von Sachsen und Bayern, in den Slavenländern versinnbilden sollte, gewann im Frömmigkeitsleben dieser Landschaften große Bedeutung.

Über die Schweriner Patrozinien läßt sich einstweilen keine Aussage machen. Die jüngste der Rostocker Pfarrkirchen war Ⓜ geweiht. Hier verehrte man ein wundertätiges Vesperbild, ebenso in der Pfarrkirche Zurow. Für die Zeit ab 1480 ist die Rede von einer starken marian. Bewegung in Mecklenburg, zumal der Verkünder des Rosenkranzes, → Alanus de Rupe, 1471 in Rostock für Gebet und Bruderschaft geworben hatte. In welchem Ausmaß die Klöster Zentren der MV waren, ist nur etwa an Sonnenkamp (gegründet 1211 Benediktinerinnen, 1245 Zisterzienserinnen) zu vermuten. Eine Bruderschaft der Vikare zu Ⓜ und Gertrud wird für Wismar genannt, eine allgemeine unter Ⓜ zu Parchim. Ⓜtiden seien »in fast allen Stadtkirchen«, aber auch in der Schloßkirche zu Schwerin gesungen worden (Schmaltz I 282).

2. *Zur Gegenwart* hin ist der 1848 gegründete Piusverein Träger der neuen marian. Ausrichtung der Diözese O. Seit 1852 wallfahrten die O.er und die Pfarreien des südlichen Kreises zur Schmerzensmutter nach → Telgte (Diözese →Münster) am zweiten Samstag/Sonntag nach Ⓜe Heimsuchung (bis 1965 »äußere Feier«). Nach 1950 schlossen sich auch Hamburger Gruppen an. Folgten damals 25 Personen, so heute über 5000 dem Aufruf. Zum 50. Wallfahrtstag stifteten 1902 die O.er Pilger die Kommunionbank in der Gnadenkapelle. Das 1906 von A. Buchholz gedichtete Abschiedslied brachte Cl. Bringemeier in Noten. Ebenfalls 1852 regte der Piusverein die erste Maiandacht an, die in der Pfarrkirche St. Johann stattfand. Vom Dom aus (1854) verbreitete sie sich im Stammbistum und, ausgehend wohl von Hamburg (1862), im Gebiet der norddt. Diaspora (Flensburg 1864, Schwerin 1871). Während des Zweiten Weltkrieges rief Bischof Berning bes. zu ihrer Feier auf und weihte am 29. 9. 1940 die ganze Diözese der GM. Seit 1951 weihen sich die Familien in der letzten Andacht im Mai dem Unbefleckten Herzen Ⓜs.

Das Dogma von der UE Ⓜe wurde am 13. 5. 1855 in der Diözese O. verkündigt, als nach dem Tod von Weihbischof Karl Anton Lüpke in O. der Hildesheimer Bischof Eduard Jakob Wedekin Apost. Administrator war. Die das Dogma ablehnende Haltung Hildesheims (Gruber 29) dürfte der O.er Klerus allerdings nicht geteilt haben, weil die Bindung an Münster stark war. Auf Grund eines Gutachtens von Dr. Franz Demann gab Bischof Berning 1947 dem Papst die Überzeugung kund, das Dogma von der leiblichen Aufnahme Ⓜs in den Himmel werde in der Diözese, die seit 1940 der GM geweiht ist, freudig aufgenommen werden, und beurteilte die Definibilität wie die Opportunität positiv. Am 16. 6. 1950 übergab er Papst Pius XII. eine entsprechende Eingabe der Diözesansynode vom April. Bischof Helmut Hermann Wittler (1957—87) nahm das Ⓜsymbol Meeresstern in sein Wappen auf.

Im heutigen Bistum O. sind von 369 Gemeindekirchen 69 ⓜ geweiht, im Bischöflichen Amt Schwerin 15 von 60, dazu noch 5 Filialkapellen. Von den 69 ⓜpatrozinien bestanden 8 im Jahre 1858, 13 wurden bis 1899 gewählt, 18 zwischen 1900 und 1934 vergeben, 30 in den Jahren 1945 bis 1962. In Mecklenburg sind 4 ⓜkirchen vor 1945 benannt, die anderen danach.

Die marian. Schülersodalität bestand noch 1848. Bischof Berning gab ihr eine neue Form im Jahre 1920. Bruderschaften zum Heiligsten und Unbefleckten Herzen ⓜs wurden an der Domkirche 1858 gegründet, die bis 1916 noch Mitglieder aufnahm. Das Pactum Marianum der Priester verbreitete sich um 1870. Vom Schönstatt-Werk sind ab etwa 1925 Ansätze vorhanden. Es bekam 1966 den ersten Diözesanpräses.

Die Legio Mariae wurde 1953 zu St. Johann in O. und in Hamburg gegründet. Die Marian. Kongregation, 1954 als Diözesanverband erneuert, bildet die Brücke von der »Katholischen Aktion« her über die »Mitarbeitergemeinschaft« zum Anfang der nachkonziliaren Räte (seit 1967 GCL).

3. *Wallfahrten*. Die kontinuierlichste Wallfahrt ist die nach Rulle (1247—1802 Zisterzienserinnen). Ältestes Ziel ist der heilende ⓜbrunnen, der dem Kloster den Namen gab. Seit dem Hostienwunder von 1347 ist eine Heilig-Blut-Verehrung bezeugt. Der Hauptwallfahrtstag ist seit 1538 der 1. Mai, Tag der Kirchweihe von 1344. Die von Meppen ausgehende Fußprozession hat seit dem 17. Jh. keine Unterbrechung erfahren. Ziel ist heute vor allem das barocke Bild der Schmerzensmutter aus dem Anfang des 18. Jh.s in der Gnadenkapelle, die bis 1802 als Pfarrkirche gedient hat. Über dem Eingang ist dargestellt, wie Bischof Berning 1940 die Diözese der GM weiht. Seit 1932 wallfahrten die Männer und Jungmänner des O.er Landes am Sonntag vor Pfingsten nach Rulle, nach 1946 auch die aus Schlesien Vertriebenen. — Wietmarschen (Benediktiner-Doppelkloster 1152—1252, dann nur Frauen, 1675—1811 Damenstift) weist ein Gnadenbild aus der Zeit um 1220 auf. ⓜ hält im Sitzen das Kind auf ihrem Schoß. Die hölzerne Statue (50 cm) ist mit Silber überzogen. Wallfahrten sind bezeugt aus der ersten Hälfte des 17. Jh.s; nach dem Erlöschen im 19. Jh. wurden sie im Ersten Weltkrieg wieder belebt. 1921 fand die erste Umtracht statt. — Der ⓜe-Himmelfahrtstag ist seit 1741 für den Hümmling und das Emsland mit Clemenswerth (Gem. Sögel) verbunden. Am 15. August dieses Jahres weihte der Bischof von Münster, Clemens August von Bayern, die Kapuziner-Kapelle des von ihm erbauten Jagdschlosses ein, genehmigte zum Andenken einen freien Markt und schenkte der Kapelle 1745 eine Nachbildung der Altöttinger Madonna. Den Besuch der Kapelle stattete Papst Pius VI. 1783 mit einem Ablaß aus. Die Pilger kommen zu Hochamt, Predigt und Prozession. Alle drei Wallfahrtsziele wurden Zeugen eindrucksvoller Glaubenskundgebungen während der nationalsozialistischen Diktatur. — 1937 wollen Kinder in →Heede Muttergottes-Erscheinungen gehabt haben. Obwohl die Zahl der Pilger wächst, ist der Ort als Wallfahrtsziel nicht anerkannt. — Jüngere Wallfahrtsorte sind seit 1952 Hamburg-Billstedt (St. Paul) mit der Statue »Jungfrau der Armen« aus Banneux, welche Bischof Kerkhoff von Lüttich der Gemeinde geschenkt hat. — In Mecklenburg bildeten sich Ansätze zu kleinräumigen Wallfahrten heraus nach Burg Stargard, der Kirche der Rosenkranzkönigin, und zur ⓜkapelle nach Dreilützow. — Die Pilgerfahrt nach (Bad) Doberan 1948 blieb ein einmaliges Ereignis.

Lit.: Acta Synodalia Osnabrugensis Ecclesiae, Coloniae 1653. — R. Haupt, Beitrag aus der Nordmark zur Patrozinienforschung, 1928. — Ch. Schreiber (Hrsg.), Wallfahrten durchs dt. Land, 1928, 320—326. — G. Brandes, Die geistlichen Bruderschaften in Hamburg während des MA, 3 Bde., 1934—37. — M.E. Schlichting, Rel. und gesellschaftliche Anschauungen in den Hansestädten des späten MA, 1935. — K. Schmaltz, Kirchengeschichte Mecklenburgs I, 1935. — F. Bösken, Musikgeschichte der Stadt O., 1937, 20—54. — W. Berning, Das Bistum O. vor Einführung der Reformation, 1940. — E. Schnitzler, Das geistliche und rel. Leben Rostocks am Ausgang des MA, 1940. — E. Keyser, Die Verehrung der Heiligen in den Hamburger Kirchen im späten MA, In: Hamburgische Geschichts- und Heimatblätter 17 (1958) 107—115. — H. Reincke, Die schöne Madonna, Marientiden und Marienlob in der Hamburger Petrikirche, ebd. 18 (1960) 206—210. — E. Hennecke und W. Krumwiede, Die ma. Kirchen- und Altarpatrozinien Niedersachsens, 2 Bde., 1960, 1988. — C. Gerlach, Clemenswerth, ³1963. — J. Schreiner, Zu ULF, In: Marianisches Jahrbuch 2 (1966) 109—111. — S. Gruber, Mariologie und kath. Selbstbewußtsein, 1970, 29—39. — H. Beckers, Mittelniederdeutsche und mittelniederländische Handschriften des Bischöflichen Archivs zu O., In: Osnabrücker Mitteilungen 78 (1971) 55—80. — M. Smid, Ostfriesische Kirchengeschichte, 1974. — M. Zender, Heiligenverehrung im Hanseraum, In: Hansische Geschichtsblätter 92 (1974) 1—15. — Monasticon Windeshemense II, 1979, 78—94 (Bordesholm), 279—283 (Marienkamp), 390—407 (Segeberg). — Schleswig-Holsteinische Kirchengeschichte, 2 Bde., 1977f. — J. Lorenz, Wallfahrtsziel Rulle, In: Osnabrücker Mitteilungen 85 (1979) 49—88. — J. Petersohn, Der südliche Ostseeraum im kirchlich-politischen Kräftespiel des Reichs, Polens und Dänemarks vom 10.—13. Jh., 1979. — J. Traeger, St. Maria im Sonnenkamp, ²1979. — E. Ahlmer (Hrsg.), Marienwallfahrt Telgte, 1980. — W. D. Hauschild, Kirchengeschichte Lübecks, 1981. — N. Ohler, Zur Seligkeit und zum Troste meiner Seele. Lübecker unterwegs zu ma. Wallfahrtsstätten, In: Zeitschrift für Lübeckische Geschichte 63 (1983) 3—103. — H. Kohl, Wietmarschen, In: Germania Benedictina XI, 1984, 487—496. — W. Seegrün, Oesede, ebd. 459—471. — Ausst.-Kat., Clemens August, Fürstbischof, Jagdherr, Mäzen, Meppen/Sögel 1987, 298—311. — K. Küppers, Marienfrömmigkeit zwischen Barock und Industriezeitalter, 1987, 173—177. — Handbuch des Bistums Osnabrück, 1991, 68—71. — 250 Jahre Kapuzinerkloster Clemenswerth, 1991. — W. Del Banco, Rulle, In: Germania Benedictina XII, 1992. — W. Freitag, Volks- und Elitefrömmigkeit in der frühen Neuzeit. Marienwallfahrten im Fürstbistum Münster, 1991, 254. 258. 348. 357.

W. Seegrün

Osnabrücker Osterspiele und Passionsspiele
→ Spiele

Osorio, Augustinus, OSA, * 1554 in Lissabon, † 15. 11. 1646, trat mit 40 Jahren (1594) in Barcelona in den Augustinerorden ein, angesehener Prediger und Theologe, Prof. an der Universität Lérida, Provinzial. Neben anderen theol. Schriften erschien von ihm eine Predigt über die UE ⓜs im Druck, die er 1618 in Barcelona für die Mitglieder der Bruderschaft der Immaculata gehalten hatte. Zahlreiche Mpredigten finden sich auch in seinen »Sermones del Adviento, Festividades y Santos, que ocurren en este tiempo hasta la Purification de la Virgen« (Barcelona 1635, ital.: Venedig 1643 und 1648). Eingefügt in dieses Werk ist auch eine gründliche theol. Abhandlung, in der ital. Ausgabe von 1643 betitelt: »Trattato della Concettione della Vergine e Immaculata« (61—87). Mit Begründungen aus Schrift, Vätern und Theologen legt O. darin dar, »daß die allerseligste Jungfrau Maria bei ihrer Empfängnis vor der Erbsünde bewahrt blieb ... durch eine einzigartige Gnade ihres Sohnes« (65). Dem fügt er drei »resolutioni« an: 1. Durch das Naturgesetz war M von der Erbschuld ausgenommen. — 2. Das geschriebene Gesetz stellte bei M keine Schuld fest. — 3. Daß M nach dem Gesetz der Gnade erlöst ist, besagt, daß sie ohne die Erbschuld war.

Lit.: Petrus de Alva, Militia Imm. Conc., Löwen 1663, 144. — Ossinger 647f. — G. Santiago Vela, Biblioteca Ibero-Americana de la Orden de San Agustin VI, 1922, 202—205.

A. Zumkeller

Ostendorfer, Michael, *um 1492, †14.12.1559 in Regensburg, arbeitete zwischen 1515 und 1519 in der Werkstatt Albrecht Altdorfers, von dem er in seiner frühen Schaffenszeit sehr geprägt wurde. Seit ca. 1520 war er als Meister in Regensburg tätig. 1536—49 arbeitete er in Neumarkt/Oberpfalz und in Amberg für den pfalzgräflichen Hof, darüber hinaus für eine Reihe von süddt. Buchdruckern. Die letzten 10 Jahre seines Lebens verbrachte er wieder in Regensburg.

Sein Frühwerk ist noch nachhaltig durch den Einfluß Altdorfers geprägt, wie z.B. die großen Holzschnitte zur Wallfahrt zur »Schönen Maria«, ein Mzyklus u.a. zeigen. In einer späteren Schaffensepoche (ca. 1536—49) schuf er in einem wesentlich schlichteren Stil zahlreiche Adelsportraits und Illustrationen zu wissenschaftlichen (astronomischen), zeitgeschichtlichen und topographischen Arbeiten. Sein bedeutendstes Werk ist der 1553/55 für die ev. Neupfarrkirche geschaffene, deutlich dogm. ausgerichtete sog. »Reformations-Altar«.

O. hinterließ ein reiches und vielfältiges Werk, in dem die marian. Themen einen nicht unbedeutenden Raum einnehmen. Die Schwierigkeit der Beurteilung seines Schaffens liegt in den zahlreichen Verlusten seit dem 19.Jh. und der völlig unzulänglichen Publikation. So haben als verschollen zu gelten eine M mit Kind, Joseph und Johannes (um 1520—39), eine Verkündigung an M (1529), eine M mit Kind in einer Landschaft (um 1535—40), eine Beweinung (um 1520) und eine Geburt Ms (1. Hälfte 16.Jh.). Auch ist ein Holzschnitt zum Thema Mgeburt nicht mehr nachweisbar. Von den erhaltenen Tafelbildern sind zu erwähnen: Christus am Kreuz mit den drei Marien, eine Verkündigung im »Reformations-Altar« (1553/55),

M. Ostendorfer, Wallfahrt zur »schönen Maria« zu Regensburg, Holzschnitt, um 1520

die Verkündigung an M, Geburt Christi und Anbetung im Fronleichnamsaltar (alle Regensburg, Mus., 1517). Ein jüngst aus amerikanischem Privatbesitz bekanntgewordenes Mbild ist weitgehend übermalt, trägt aber O.s Signatur.

In seinen frühen Holzschnitten beschäftigte sich O. mit der in Regensburg florierenden Wallfahrt zur »Schönen Maria«, die nach der Vertreibung der Regensburger Juden 1519 aufgeblüht war. So stammen von O. ein Holzschnitt, der die Wallfahrt zur »Schönen Maria« zeigt, und ein weiterer mit Hans Hiebers Entwurf für die Wallfahrtskapelle (beide 1519). Wichtig im Werk O.s sind seine Buchholzschnitte. 1519 schuf er für den Drucker Hieronymus Hölzel in Nürnberg ein Bild mit M auf der Mondsichel in einer Glorie, umgeben von vier Engeln. Gleichfalls bei Hölzel erschien um 1520 die »Schöne Maria« auf den Stadtschlüsseln von Regensburg. Eine M mit Kind und dem Regensburger Stadtwappen sowie eine Darstellung des Standbildes der GM vor der Holzkapelle zur »Schönen Maria« erschienen 1522 bei Paul Kohl in Regensburg. Für die Evangelienauslegung des Johann Eck (Ingolstadt 1530) schuf O. einen Christus am Kreuz mit M und Johannes. Für eine astronomische Schrift des Peter Apian (Ingolstadt 1532) fertigte er einen kleinen Mkopf.

Lit.: A.Wynen, M.O. (um 1492—1559). Ein Regensburger Maler der Reformationszeit, Diss., Freiburg i. B., 1961. — W.Pfeiffer, O., In: Ausst.-Kat., Albrecht Altdorfer. Zeichnungen, Deckfarbenmalerei, Druckgraphik, Regensburg 1988. 312f.

P. Morsbach

Ostern. Das höchste aller christl. Feste (sollemnitatum sollemnitas) feiert, entfaltet und vergegenwärtigt im Triduum paschale (vom Abend des Gründonnerstag bis zur Vesper am Ostersonntag einschließlich) das Pascha-Mysterium des Herrn. Die »Drei Österlichen Tage« vom Leiden, vom Tod und von der Auferstehung des Herrn zeigen die enge Verknüpfung ⋒s mit dem Heilswerk ihres Sohnes (vgl. SC 103). Vor allem in dieser Feier begegnet die Kirche der Mutter, die ihrem Sohn durch ein unzerreißbares Band verbunden ist, da sie bei seinem Leiden »heftig mit ihrem Eingeborenen litt und sich mit seinem Opfer in mütterlichem Geist verband, indem sie der Darbringung des Schlachtopfers, das sie geboren hatte, liebevoll zustimmte« (LG 58); durch seine Auferstehung wurde sie »mit Freude erfüllt« (Stundenliturgie, Commune für die Marienfeste, I. und II. Vesper: Fürbitten). In der Passion der Karfreitagsliturgie (vgl. Joh 19,25—27) und in der Marian. Antiphon »O Himmelskönigin« (Regina coeli) tritt dies ausdrücklich hervor, wird aber in der Volksfrömmigkeit (z. B. Kreuzweg, 4. und 13. Station) betrachtend vertieft. Ein Bild der schmerzhaften Mutter (Mater dolorosa, Pietà, Vesperbild) kann gemäß Art. 74 des Rundschreibens der Kongregation für den Gottesdienst vom 16.1.1988 (über die Feier von Ostern und ihre Vorbereitung) am Karsamstag in den Kirchen zur Verehrung aufgestellt werden. Das Gedächtnis der Schmerzen ⋒s (15. September), das in der Passion Christi seinen Ursprung hat, verweist am Tage nach Kreuzerhöhung (14. September) auf den in SC 103 ausgesprochenen Zusammenhang.

Lit.: MCu 2.15. — Beinert-Petri 404. 418f. 430. 436. — A. Heinz, Die marian. Schlußantiphonen im Stundengebet, In: M. Klöckener und H. Rennigs (Hrsg.), Lebendiges Stundengebet, 1989, 342—367, bes. 351—353: Regina coeli.
Th. Maas-Ewerd

Osterspiele → Spiele

Ostsyrische Liturgien. Die O. sind eine Fortentwicklung der alten Liturgie von Edessa in der Kirche des Orients im persischen Reich. Die älteste O. ist bezeugt in einem Ms. des Brit. Museums aus dem 6. Jh. Manche halten ihre ursprüngliche Form für ebenso alt wie die Liturgie des Hippolyt v. Rom. Sie trägt den Namen der hll. Apostel Mar Addai und Mar Mari, Kirchenlehrer des Ostens. Zahlreiche Redewendungen und Zeremonien weisen auf ihr hohes Alter hin: 1. Entlassungen der Katechumenen und auch der Nichtkommunikanten nach dem Evangelium; 2. Anspielung auf die Eucharistie, ohne daß diese genannt wird: »Wer es nicht empfängt, gehe hinaus!«; 3. der Singular »sanctum sanctis« vor der Komunion; 4. das Küssen der konsekrierten Hostie durch den Zelebranten bei der Erhebung; 5. die Handkommunion (immer bei den Nestorianern praktiziert; bei den Chaldäern und Malabaren infolge der späteren Latinisierungen aufgegeben). Die Liturgie von Addai und Mari wurde durch den Katholikos Īšōʿyahb III. ca. 650 gekürzt; sie entwickelte sich noch weiter bis ins 9. Jh., wobei vor allem Anleihen beim byz. Ritus gemacht wurden. Außer der Liturgie der Apostel Addai und Mari, die echtes ostsyr. Erbgut ist, werden noch zwei weitere Liturgien verwendet, die Katholikos Mār Ābā (540—552) eingeführt hat und nach Theodoros v. Mopsuestia und Nestorios v. Konstantinopel bezeichnet werden. Es handelt sich um griech. Anaphoren, die Mār Ābā mit Unterstützung des Thomas v. Edessa übersetzt hat. Bei den Chaldäern werden diese Liturgien einfach »Zweite« bzw. »Dritte Heiligung« (Quddāšā) genannt. In ihrer Struktur wurden sie der Liturgie von Addai und Mari angeglichen. — Zur ostsyr. liturg. Tradition gehört auch die dritte Petrus Anaphora der Maroniten, die man »Šarar« nennt. Sie wird ausschließlich in der maronitischen Kirche verwendet und bildet somit hier ein Bindeglied zwischen der ostsyr. und westsyr. Tradition.

Als die Malabaren der lat. Jurisdiktion unterstellt wurden, wurde die Liturgie der Apostel Addai und Mari von Bischof Roz SJ (17. Jh.) stark durch lat. Elemente verfremdet; die zwei weiteren Liturgien wurden wegen ihrer Benennung nach Theodoros und Nestorios ganz unterdrückt. Auf Beschluß von Papst Pius XI. und seiner Nachfolger wurde sie jedoch von fremden Elementen gereinigt und auf ihre ursprüngliche Form zurückgebracht. Von Pius XII. approbiert, wurde die erneuerte Liturgie 1962 eingeführt; 1968 jedoch kam es zu einem Rückschlag, als wiederum eine Form der Liturgie »ad experimentum« genehmigt wurde, die gegen den Geist der ostsyr. Liturgie verstieß und zahlreiche latinisierende Elemente enthielt. Die Genehmigung wurde zurückgezogen, und 1985 erhielt der endgültige Text die röm. Approbation. Papst Johannes Paul II. führte die reine ostsyr. Liturgie persönlich ein, als er bei der Seligsprechung der Malabaren Kuriakos Elias Chavara und Alphonsa Muttathupadathu Anfang 1986 selbst die feierlichste Form (Rāzā) der Liturgie feierte. In der Antiphon der Mysterien (Offertorium) ist jedoch ⋒ als »Mutter Gottes« geblieben anstelle von »Mutter Christi«, wie es in den Originalhandschriften steht; auch im Credo finden wir in Klammern die »Filioque«-Formel. Die beiden anderen Liturgien sind noch nicht wieder in Gebrauch genommen worden. Das soll jedoch nach dem Wunsch der Kongregation für die Ostkirchen bald geschehen. Anstelle der ostsyr. liturg. Sprache verwenden die Malabaren heute in der Regel die Landessprache Malayalam.

Wie oben erwähnt, ging die Entwicklung der O. bis Anfang des 9. Jh.s. Damals reduzierte der Patriarch-Katholikos Timotheos I. die Zahl der verwendeten Liturgien auf die drei bis heute geltenden und schrieb die gegenwärtige Struktur bindend vor. Sie hat drei Teile: Enarxis, Liturgie der Katechumenen und Liturgie der

Gläubigen. Die Präanaphora reicht bis in die Liturgie der Gläubigen hinein. Die Enarxis hat dieselbe Struktur wie die übrigen Offizien. Sie beginnt mit dem »Ehre sei Gott« (Tešboḥtā l-Ālāhā; Lk 2,14) und dem Vaterunser, in das das Sanctus (Jes 6,3) eingeschoben ist. Auf die Marmītā, die in der Regel aus drei Psalmen besteht, folgt die Antiphon des Heiligtums, die Beräucherung des Heiligtums und der frühchristl. Hymnus auf den Auferstandenen (Lāḵū Mārā). Die Liturgie der Katechumenen beginnt mit dem trinitarisch aufgefaßten Trisagion und den Lesungen (2 aus dem AT und 1 aus den Paulusbriefen). Nach den Lesungen aus dem AT und aus Paulus singt man Zwischengesänge, wobei der letzte mit einem dreifachen Alleluja abgeschlossen wird. Der Priester singt nun feierlich das Evangelium, und der Diakon trägt anschließend die Bitten des Volkes (kārōzwāṯā) vor. In dieser Zeit bereitet der Priester bzw. der Archidiakon (= assistierende Priester) die Gaben vor. Nach den kārōzwāṯā werden die Katechumenen entlassen. Die Liturgie der Gläubigen beginnt in der feierlichen Liturgie mit dem Ritus der Prostration, der Handwaschung und der Übertragung der Gaben zum Altar. Unterdessen singt man die Antiphon der Mysterien, in deren zweitem Teil ₥ und der Heiligen gedacht wird. Es folgt nun das Glaubensbekenntnis von Nikaia, nach dem der Diakon eine Kārōzūṯā anstimmt. Der Zelebrant vollzieht in dieser Zeit unter dreimaligen Verneigungen den Einzug zum Altar. Bis dahin hatte er sich auf dem Bēmā aufgehalten. Er küßt in Verehrung den Altar mehrmals, der für die Ostsyrer den Thron der Dreieinigkeit und das Grab Christi symbolisch darstellt. Nun beginnt die Anaphora mit einem G'hāntā-Gebet des Lobpreises und der Danksagung, das an die jüdische Běrāḵā erinnert. Darauf folgt der Friedenskuß. Der Diakon trägt jetzt die Diptychen und eine Ermahnung vor, während der Priester das Velum von den Gaben entfernt, um das Große Eucharistische Gebet mit dem traditionellen Dialog, der auf Abraham, Isaak und Jakob Bezug nimmt, anzustimmen. Immer wieder wird das Gebet der Danksagung durch Gebete der Unwürdigkeit und Buße unterbrochen, die der Zelebrant still spricht (kuššāpē). Das eucharistische Gebet hat daher folgenden Aufbau: Einleitungsdialog, Kūššāpā, G'hāntā I und Sanctus, Fortführung des Sanctus, Bußpsalm, Orate fratres mit Antwort des Diakons, G'hāntā II, Einsetzungsbericht (fehlt in den Handschriften der Liturgie der Apostel Addai und Mari), Anamnese (G'hāntā III), Fürbitten für die Lebenden und Verstorbenen, Orate fratres, G'hāntā IV mit Gedächtnis der Mutter Gottes (Christi) und aller Heiligen des Alten und des Neuen Bundes sowie aller Getauften, Epiklese. Während der Ekphonese, die diese abschließt, segnet der Zelebrant zum letzten Mal die Mysterien. Die Postanaphora beginnt mit einem an Christus gerichteten Gebet, auf welches einige Verse aus den Psalmen 50 (51) und 123 (122) gebetet werden. Zum Zeichen der Reinigung werden die Hände des Priesters, das Volk und der Altar beräuchert. Jetzt erhebt der Priester die konsekrierte Hostie und küßt sie symbolisch, d.h. ohne sie mit den Lippen zu berühren, um anschließend die Brechung und Bezeichnung zu vollziehen. Nach diesem Ritus wird das Velum, das um die Mysterien herum gelegen hatte, entfernt. Die Vorbereitung auf die Kommunion beginnt, wie das eucharistische Gebet, mit dem paulinischen Gruß (2 Kor 13,13) und dem Ritus der Versöhnung, der in einer vom Diakon geleiteten Kārōzūṯā und dem Eingeständnis der Schuld seitens des Volkes zum Ausdruck kommt. Der Zelebrant betet still ein Gebet mit derselben Thematik, das er laut mit der Einleitung zum Gebet des Herrn beschließt. Nach dem gemeinsamen Vaterunser und dem Embolismus erteilt der Zelebrant den Segen und fährt mit dem Sancta sanctis fort, das mit einer trinitarischen Doxologie beantwortet wird. Während der Kommunion des Zelebranten und der Diakone im Heiligtum singt man vom Bēmā die Antiphon »Furchterregend bist du«. Es schließt sich die Kommunion der Gläubigen an, während der die Kommunionantiphon (d-bēm) gesungen wird. Während der gemeinsamen Danksagung des Volkes reinigt der Priester die Gefäße und beschließt die Danksagung mit zwei Gebeten. Es folgt das Vaterunser in derselben Form wie am Anfang der Liturgie. Danach erteilt der Priester am Ende des Entlassungsgebets (huttāmā) den Segen und nimmt Abschied vom Altar mit einem der maronitischen Liturgie entliehenen Gebet.

In den O. wird ₥ nur an zwei Stellen gedacht: im zweiten Teil der Antiphon der Mysterien sowie in dem G'hāntā-Gebet, das der Epiklese vorausgeht. Die Nestorianer erwähnen ₥ an dieser Stelle nicht; die Chaldäer erwähnen sie in den vorausgehenden Fürbitten vor den kirchlichen Oberen. Dies geht zweifelsohne auf unterschiedliche Handschriften-Befunde zurück.

Die maronitische Liturgie Šarar (3. Petrus Anaphora) weist frappierende Ähnlichkeiten mit der Liturgie der Apostel Addai und Mari auf. Nach dem Zeugnis verschiedener Handschriften (Par. syr. 71 und Bkerké syr. 118, 15./16. Jh.) wurde diese Liturgie vor allem am 15. August gefeiert, da sie »erstmals vom hl. Petrus beim Hinübergang der Jungfrau verkündet worden ist« (Par. syr. 71f. 14a). Leider ist dieses authentische Zeugnis maronitischer liturg. Tradition von den westsyr. Liturgien immer mehr verdrängt worden. Im ersten gedruckten maronitischen Missale (Rom 1592/94) finden wir die Liturgie Šarar noch als letzte der Anaphoren, während sie in späteren Ausgaben überhaupt nicht mehr erscheint. Ihre Erneuerung wird anläßlich der grundlegenden Reform der maronitischen Liturgie, die noch im Gange ist, allseits gewünscht. Wir geben hier in Kürze ihre Struktur wieder: Präanaphora: 1. Bereitung der Gaben, 2. Bußgottesdienst (Ps 50 und Hymnus der Vergebung; mittwochs und samstags zu Ehren M̄e); 3. Liturgie der Katechumenen: a) Trisagion, b) Lobpsalm, c) Paulus-Lesung mit Halleluja, d) Auflegung von Weihrauch und Evangelium, e) Entlassung der Katechumenen: »Geht in Frieden, Hörer (2mal). Getaufte, tretet näher zum Frieden, schließt die Türen, damit der Priester den Hymnus ('onīt̄ō) verkündet«; 4. Liturgie der Gläubigen: a) Übertragung der Gaben, b) Glaubensbekenntnis, c) Gebet des Friedens, d) Verkündigung des Diakons, e) Abnahme des Velums — hiermit endet die Präanaphora; f) Anaphora: Doxologien, Gedächtnis der Lebenden und Verstorbenen, Danksagung an den Vater, Gedächtnis des Sohnes: Einsetzungsbericht und an Christus gerichtete Anamnese mit Anrufung der Mutter Gottes um ihre Fürbitte, Epiklese; 5. Postanaphora: a) Brechung und Bezeichnung, b) diakonale Verkündigung, c) Gebet des Herrn mit Embolismus, d) Segen und Sancta sanctis mit trinitarischer Antwort, e) Lobpreis vor der Kommunion, f) Kommunion, g) Danksagung, h) Segen und Entlassungsgebet (huttōmō).

Häufig wird in dieser Liturgie M̄s gedacht und ihre Fürbitte erfleht: bei der Auflegung des Brotes auf die Patene, im Hymnus der Vergebung, in der Verkündigung des Diakons nach dem Frieden, im Gedächtnis der Lebenden und Verstorbenen, in der Danksagung an den Vater, im Gedächtnis des Sohnes vor der Epiklese sowohl im stillen Priestergebet als auch in der Einladung des Diakons, schließlich in der diakonalen Verkündigung vor dem Vaterunser.

Im Stundengebet kommen, wie im westsyr. Ritus, vor allem die Väter, die in der Tradition des hl. Ephräm stehen, zu Wort. Die Rolle M̄s in der Heilsökonomie wird vor allem am Mittwoch herausgestellt, aber auch in den Offizien an ihren Festtagen und zu Weihnachten. Es werden mehr Psalmen gebetet als bei den Westsyrern.

Lit.: M. Hayek, Liturgie Maronite. Histoire et textes eucharistiques, 1964. — K. A. Paul und G. Mooken, The Liturgy of the Holy Apostles Adai and Mari together with the Liturgies of Mar Theodorus and Mar Nestorius and the Order of Baptism, 1967. — J. Madey und G. Vavanikunnel, Qurbana oder Die Eucharistiefeier der Thomaschristen Indiens, 1968. — G. Vavanikunnel, Die eucharistische Katechese vor der Anaphora des Apostel Mar Addai und Mar Mari in der syro-malabarischen Kirche gestern und heute, 1967. — S. Y. H. Jammo, La Structure de la Messe Chaldéenne du Début jusqu'à l'Anaphore, 1979. — F. Y. Allichoran, Missel Chaldéen. L'Ordre des Mystères avec les trois anaphores selon le rite de la Sainte Eglise de l'Orient, en usage chez les Chaldéens catholiques du patriarcat de Chaldée-Babylone (franz.-syr.), 1982. — V. Pathikulangara, Chaldeo-Indian Liturgy, 1982. — P. Yousif, The Divine Liturgy according to the rite of the Assyro-Chaldean Church, In: J. Madey, The Eucharistic Liturgy in the Christian East, 1982, 173—237. — V. Pathikulangara und J. Vellian, The Eucharistic Liturgy of the Chaldeo-Indian Church, ebd. 239—272. — E. Khoury, Genesis and Development of the Maronite Divine Liturgy, ebd. 99—131. — P. J. Podipara, Reflections on Liturgy, 1983. — R. Taft, The Liturgy of the Hours in the Christian East, Cochin o. J. (1984). — P. Yousif (Hrsg.), A Classified Bibliography on the East Syrian Liturgy, 1990. *J. Madey*

Oswald, Johannes Heinrich, * 3. 6. 1817 in Dorsten, † 7. 8. 1903 in Braunsberg, wurde nach Studien in Münster und Bonn 1840 zum Priester geweiht, 1845 Privatdozent und 1846 Professor für Dogm. in Paderborn. 1875 wechselte er nach Braunsberg. O. publizierte Bücher zu allen dogm. Themen. Seine »Dogmatische Mariologie« von 1850 ist die erste deutschsprachige Mariol. des 19. Jh.s, vom Verfasser selbst als Versuch gewertet. Wenige Jahre nach ihrem Erscheinen wurde sie wegen darin enthaltener mariol. Übertreibungen auf den Index der verbotenen Bücher gesetzt.

Das Buch ist in drei Abschnitte gegliedert: Im ersten Teil wird die Stellung M̄s innerhalb der Menschheit und ihre Hervorhebung durch die Gnade der UE behandelt. Der zweite Abschnitt geht auf die Mitwirkung M̄s bei der Menschwerdung Christi und dem Erlösungswerk ein. O. hebt dabei bes. die Jungfräulichkeit M̄s und ihre Mitwirkung an der Erlösung der Welt hervor. Dabei ordnet er M̄ eine miterlösende Tätigkeit zu, in Zusammenhang mit und in Abhängigkeit von der erlösenden Tat Jesu Christi. Er begründet dies mit der prototypischen Stellung M̄s als positives Gegenbild zur gefallenen Eva sowie mit ihrem Glauben und ihrem Mitleiden mit ihrem Sohn. Der dritte Abschnitt der Mariol. setzt sich mit dem Verhältnis M̄s zur Kirche auseinander. Neben der marian. Eschatologie, bei der O. ihre leibliche Aufnahme in den Himmel vertritt, steht eine marian. Deutung der Sakramente der Kirche sowie eine Betrachtung der priesterlichen Stellvertretung M̄s für die Frau im Unterschied zu der Repräsentierung der ganzen Menschheit durch das Weihepriestertum des Mannes.

O.s Mariol. fand in der öffentlichen Diskussion wenig Beachtung. Als Anhänger der Konklusionstheol. machte er ungewollt deren Gefahren deutlich. So trug sein Buch dazu bei, in den Reihen der dt. Theol. des 19. Jh.s die Abneigung gegen eine Definition der UE M̄s zu verstärken.

WW: Dogmatische Mariologie, das ist: Systematische Darstellung sämtlicher die allerseligste Jungfrau betreffenden Lehrstücke, Paderborn 1850.
Lit.: E. Raßmann, Nachrichten von dem Leben und den Schriften Münsterländischer Schriftsteller, Münster 1866 (N.F. 1881). — W. Liese, Necrologium Paderbornense, 1934. — E. Hocedez, Histoire de la Théologie au XIXe siècle III, 1954, 412. — S. Gruber, Mariologie und kath. Selbstbewußtsein. Ein Beitrag zur Vorgeschichte des Dogmas von 1854 in Deutschland, 1970. — J. Schmiedl, Marian. Religiosität in Aachen. Frömmigkeitsformen einer kath. Industriestadt des 19. Jh.s, Diss., Münster 1987. — LThK^2 VII 1297 (WW). *J. Schmiedl*

Oswald v. Wolkenstein, * um 1376/78 in Südtirol, † 2. 8. 1445 in Meran, entstammt dem Südtiroler Adelsgeschlecht der Herren von Villanders und Wolkenstein (väterlicher Sitz: Burg Wolkenstein im Grödnertal/Südtirol).

I. LEBEN. O.s Eltern sind Friedrich v. Wolkenstein und Katharina v. Trostberg. Ob ein Schaden am rechten Auge, den Bildnisse zeigen und Lieder erwähnen, angeboren oder früh erworben war, ist unbekannt. Er erhält eine Erziehung, wie sie in adeligen Kreisen dieser Zeit üblich ist. Zehn Jahre alt, dient er als Knappe eines Ritters und nimmt an einem Kriegszug des Dt. Ordens gegen die heidnischen Preußen teil. O. beteiligt sich 1401 am Italienfeldzug König Ruprechts. Als Kaufmann versucht er 1402/03 zu Geld zu kommen. Indes läßt ein Schiffbruch auf dem Schwarzen Meer, bei dem O. seine Habe verliert, den Versuch scheitern. O. reist durch Europa und Vorderasien und kennt als 15-jähriger beinahe die ganze damals erforschte Welt.

O.s Sitz ist zunächst die Trostburg nahe Waidbruck, später Burg Hauenstein nahe Bozen. 1406 wird er Gründungsmitglied des Elefantenbundes Tiroler Adeliger. Bei der Erbteilung mit seinen Brüdern Michael und Leonhard erwirbt O. 1407 ein Drittel des Anrechts auf Burg Hauenstein und wird somit 1409 Hauptmann des Gotteshauses Brixen (d.h. weltlicher Stellvertreter des Bischofs während seiner Abwesenheit). Als Lehensträger des Bischofs von Brixen pfründet er sich 1411 mit einem Wohn- und Unterhaltungsrecht für sich und zwei Knechte im Kloster Neustift ein.

In jahrelanger Auseinandersetzung mit der Familie Jäger (Verwalter des Bischofs) spielt ein Minnedienst-Verhältnis eine gewichtige Rolle. Am 25.5.1409 beglaubigt O. mit seinem Siegel eine fromme Stiftung der Anna Hausmann, der Tochter des verstorbenen Brixener Schulmeisters Hans Hausmann; ihr widmet er zahlreiche Liebeslieder. Es ist jene Hausmannin, die später im Streit um Hauenstein auf seiten der Gegner O.s agiert.

Ein Aufstieg O.s am bischöflichen Hof ist begrenzt und überdies kommt es 1413 zu einer Kontroverse über die Besoldung. König Sigismund nimmt ihn 1415 für einen Jahressold von 300 ungarischen Gulden in seine Dienste. In einer Zeit wachsender Spannung mit Herzog Friedrich von Österreich will der König mit Hilfe O.s auch die Verbindung zum Tiroler Adelsbund festigen. Als diplomatischer Gesandter auf seiten König Sigismunds beteiligt sich O. an verschiedenen Feldzügen und erscheint auf den Konzilien zu Konstanz (1414–18) und Basel (1431–49) sowie auf dem Nürnberger Reichstag (1431). Im Auftrag Sigismunds reist er 1415 nach Perpignan; er erlebt den festlichen Einzug, den Brand in der Nähe des Königsquartiers und das Ende des Schismas; er begleitet den König nach Narbonne und Paris.

In dieser unruhigen Zeit heiratet O. 1417 die schwäbische Adelige Margarete v. Schwangau, die er in vielen Liebesliedern seine »Gret« oder die »stolze Schwäbin« nennt. Auch nach der Heirat bleibt O.s Leben unruhig: 1419 ist er beim König in Ungarn, 1420 unter Südtiroler Rittern; sie unterstützen den König im Kampf gegen die Hussiten und werden auf dem Wischehrad vor Prag belagert. Infolge des Erbschaftsstreites und landespolitischer Aktivitäten (Sendbote beim Tiroler Adelsbund) sitzt er in der Zeit von 1421–27 wiederholt im Gefängnis. Von neuem zeigt sich die Nähe des Königs: Sigismund nimmt O. in den von ihm gestifteten Drachenorden und ruft ihn 1432 nach Piacenza. Zwei Jahre später reist O. zum Ulmer Reichstag. Dort begegnet er König Sigismund zum letztenmal. Der König ernennt ihn zum Beschützer und Eintreiber von Strafgeldern für Kloster Neustift und belehnt ihn mit dem Schwangauer Reichslehen aus Margaretens Erbe. Für 100 Dukaten Jahressold läßt sich O. zum Rat und Diener des Grafen Heinrich v. Görz ernennen. Von da an bleibt O. bis zu seinem Tode im Tiroler und Görzer Gebiet. Sein Leichnam wird nach Neustift überführt und in der Klosterkirche der Regulierten Augustiner-Chorherren beigesetzt.

O.s Leben bezeugen in reichem Maße Archivalien (Wolkenstein-Archiv, Nürnberg, Germ. Nat. Mus., seine Lieder (Robertshaw) und einige Bildnisse (Delbono, Mück u.a.).

G. Schönfelder-Wittmann/D. v. Huebner

II. LITERATURWISSENSCHAFT. In der Geschichte der dt. →Lyrik ist der streitbare (Süd-)Tiroler Politiker vor allem durch seine neuartigen autobiographischen Lieder bekannt. Ferner hat er die Mehrstimmigkeit weiterentwickelt und selbst für die Aufzeichnung seiner Lieder in zwei großen Handschriften gesorgt.

Von seinen 132 Liedern können 28 als geistliche Lieder bezeichnet werden, die allerdings noch wenig Beachtung gefunden haben. Gliedert man nach Personen, die im Mittelpunkt der Texte stehen (Gott/Trinität/Christus; Heilige; ꟽ), so ergibt sich folgendes Bild: Zur ersten Gruppe zählen Klein 1—9,14/15 (Tischsegen), 29, 31, 32, 35, 36, 38, 39 (»Beichtlied«); den Heiligen gelten die beiden Cisiojani (Kalenderlieder für das ganze Jahr) 28 und 67.

ꟽ sind die folgenden Lieder gewidmet: 12, 13, 34, 36, 78, 109, 114, 130. Von diesen schließen sich das lat. 109 sowie 114 und 130 eng an die Tradition der lat. geistlichen Lyrik an. Das einzige lat. Lied 109 ist ein sog. ꟽgruß (→Grüße), in dem jede Halbstrophe mit einem Wort des Engelsgrußes (Lk 1,28 kombiniert mit dem Gruß Elisabeths Lk 1,42) beginnt. Zwei anschließende dt. Strophen loben die GM und Himmelskönigin, die uns Sündern am Lebensende zur Seligkeit verhelfen möge. 130 ist eine Übersetzung des bekannten »Mittit ad virginem« zum Fest ꟽe Verkündigung und erinnert an den →Mönch von Salzburg und →Heinrich Laufenberg (ca. 1390—31.3.1460). Die »Compassio beate virginis Marie« (114) ist dem Osterfestkreis zuzuordnen, wobei besonders der Schmerz ꟽe beschrieben wird, den sie durch den Tod ihres Sohnes erlitten hat.

Von ganz anderer Art in Thematik und Stil sind die restlichen ꟽlieder, die von der weltlichen Lyrik O.s, den Liebesliedern mit dem Lob der »Angebeteten«, nicht zu trennen sind. 13 besingt als ᛘpreislied die Gottesgebärerin, doch ohne ihren Namen zu nennen; 34 ist ein geistliches Tagelied, das mit den Bildern der »weltlichen« Tagelieder ᛘ beschreibt. 36 hat O. ebenfalls auf die Melodie eines Tagelieds geschrieben und spricht ᛘ, ohne sie zu nennen, als Mittlerin zwischen Gott und dem elenden Sünder an. 78 ist ebenfalls ein ᛘpreis; 12 nützt raffiniert die Bildersprache der Liebeslyrik, so daß sogar vermutet worden ist, es handle sich um ein Liebeslied auf O.s Frau Margarethe v. Schwangau.

Der Preis ᛘe und ihre Funktion als Retterin der Sünder und auch des Sänger-Ichs stehen im Mittelpunkt dieser Lieder, die einerseits nicht von der lat. Lyrik, andererseits nicht von der Liebeslyrik des Sängers zu trennen sind.

Ausg.: Die Lieder O.s v. W., hrsg. von K. K. Klein, ²1975. — Bibl. vgl. B. Wachinger, In: VL² VII 134–163.
Lit.: W. Kersken, Genner beschnaid. Die Kalendergedichte und der Neumondkalender des O. v. W., 1875. — S. P. Appelhans, Untersuchungen zur spätma. Mariendichtung. Die rhythmischen mhd. Mariengrüße, 1970. — F. V. Spechtler, Beiträge zum dt. geistlichen Lied des MA I, In: ZfdPh 90 (1979) Sonderheft 169–190. — Ders., In: E. Kühlbacher (Hrsg.), O. v. W. Beiträge zur phil.-musikwissenschaftlichen Tagung in Neustift bei Brixen 1973, 1974, 272–284. — A. Schwob, O. v. W., 1977. — F. V. Spechtler, In: H.-D. Mück und U. Müller (Hrsg.), Liedtraditionen in den Marienliedern O.s v. W., Gesammelte Vorträge der 600-Jahrfeier O.s v. W. Seis am Schlern 1977, 1978, 179–203. — VL² VII 134–169 (Bibl.). *F. V. Spechtler*

III. MUSIKWISSENSCHAFT. Ein Leben für drei Leben: Fahrender Ritter und bäuerlicher Edelmann, Politiker und Diplomat sowie Dichter, Komponist und Sänger, dabei so virtuos, reich und vielseitig wie kaum ein anderer in seinem Land und zu seiner Zeit. Ein sperriger, ichbewußter, beinahe barockpompöser Mensch in einer verfallenden spätma. Welt. Kaum ein Dichter dt. Zunge hat so bewußt und ausdauernd »Ich« gesagt und überdies den eigenen Namen in sein Werk einbezogen wie O. Er ist der erste, von dem wir ein authentisches Bild haben.

Um diese Zeit — etwa um 1400 — stehen zwei in ihrem Ursprung verwandte und doch unterschiedliche Genera melodischer Praxis und Notation europäischer Musik gegenüber: Der einstimmige, in diastematischen und auch in adiastematischen Neumen notierte sog. Gregorianische Choral und die Mensuralnotation, ein hochdifferenziertes, vor allem in Italien und Frankreich gepflegtes System polyphoner Musik der Ars Nova. Während der Choral wortbezogen und rhythmisch frei ist, verwendet die Mensuralmusik zumindest sechs Notenwerte: Maxima, Longa, Brevis, Semibrevis, Minima und Semiminima. Dabei ordnet die Mensur das komplizierte, die Relation dieser Werte bestimmende System.

In den Liedern O. s. — sie sind im C- und F-Schlüssel notiert — beginnen ma. Formen und Bindungen als Orientierungsschemata ihren Wandel von innen. Der Bogen reicht von Liebeslyrik und Minnesang über meistersingerliche »lere«, Schlacht- und Siegesgeschrei, Satire und volkstümliches Genrebild bis hin zur Paraliturgik. Konstruktiv umgedeutete Typen werden strukturbildendes Prinzip. Künstlichkeit erfährt dabei eine Steigerung zum Spiel. Adaptation der Tradition bis zum Archaisch-Bodenständigen und verschmelzendes Umdeuten des Fremden bestimmen Text und Musik. Syntaktisches und sinngemäßes Gefüge — verbunden mit Akzent und Melismatik — gliedern das Wort-Ton-Verhältnis. Etwa in einem Drittel der Lieder verlangen alternierende Breven und Semibreven einen relativ strengen Dreierrhythmus. In Breven notierte Melodien nähern sich mit Hilfe von Melismen und in konsequentem Gebrauch der Ligatur der rhapsodischen Freiheit des Vortrags auf der Basis eines Zweierrhythmus. Persönlichkeitsstil wird in Weitschrittmelodik faßbar. Dabei fallen formal auf: Übergang von Kanzonenform zu symmetrischer Blockbildung und Häufigkeit einer Repetition mit Wechsel zum Dreierrhythmus. Volkstümlich-usuelle Praktiken (Quintparallelen, schematische Gegenbewegung, Kreisen im Mehrklang, Liedkanon) sind Ausgang des noch systematisch zu erforschenden mehrstimmigen Werkes, das für die Frühentwicklung der Mehrstimmigkeit in Deutschland von zentralem Gewicht ist.

O. beschreibt auch seine musikalischen Fertigkeiten und nennt das Instrumentarium seiner Zeit: Fiedel, Drehleier, Schellen, Trommeln, Pauken, Flöte, Schalmei, Pommer und Dudelsack sowie Harfe, Dulcimer, Scheitholz und Laute. In den Liedern verstärkt sehr wahrscheinlich eines der Instrumente die Melodie der Singstimme und übernimmt zugleich Vor- und Zwischenspiel. Einstimmigen Gesängen kann das Begleitinstrument im Oktav-, Quint- oder Quartabstand der Singstimme folgen; es kann aber auch auf einem Ton, einem Quart- oder Quintklang liegenbleiben oder eine Gegenstimme frei improvisieren.

An marian. Liedern sind vor allem hervorzuheben: »Wer ist da durchleuchtet« (13; besingt die GM), »Hört zu was ellentleiches mer« (114; gehört zur Compassio beate virginis Marie; 15. September und Freitag nach dem Passionssonntag), »Frew dich durchlawchtig iunckfraw« (126; Weihnachtslied), und »Ave mutter« (109), eine ursprünglich ital. Lauda, der O. zum Teil eine Translation von vier Strophen anfügt. Das 4-stimmige Original dürfte die Parodie eines weltlichen Satzes sein. Die ersten Worte jeder Strophe ergeben hintereinander gelesen den Englischen Gruß, wobei die zweite und dritte Strophe vertauscht worden sind. Der cantus firmus liegt im Tenor (Tenorlied), die Oberstimmen sind instrumental ausgeführt (Organum und strenge Satzregeln). — Mit O. beginnt die Epoche eines neuen Kunstliedes.

Ausg.: O. v. W., Die Lieder mhd.-dt., in Text und Melodien neu übertragen und kommentiert von K. J. Schönmetzler, 1979. — I. Pelnar, Die mehrstimmigen Lieder O.s v. W., 1981.
Lit.: W. Salmen, Werdegang und Lebensfülle des O. v. W., In: MD 7 (1953) 147–173. — K. K. Klein und W. Salmen, Die

Lieder O. s v. W., 1962. — F. V. Spechtler, Der Mönch v. Salzburg und O. v. W. in den Handschriften, In: DVfLG 40 (1966) 80–89. — W. Salmen, O. v. W. als Komponist?, In: LWJ NF 19 (1978) 179–187. — K. J. Schönmetzler, O. v. W., Die Lieder, 1979, passim. — A. Robertshaw, O. v. W. als Minnesänger, Minnesang in Österreich, hrsg. von H. Birkhan, 1983, 153–175. — H. D. Mück, O. v. W.s Liedpropaganda gegen die hoffärtigen Bauern, In: Der Schlern 60 (1986) 330–343. — F. Delbono, Zum Brixener Gedenkstein O. s v. W., In: Konferenzblatt 97 (1986) 125–129. — A. Schwob, Die Edition der Lebenszeugnisse O.s v. W. und neue Funde zum realen Erlebnishintergrund seiner Lieder, In: K. Herbers (Hrsg.), Ex ipsis rerum documentis, FS für H. Zimmermann, 1991. — MGG XIV 830–834. — Grove XIV 15–19. — VL² VII 134–160.

G. Schönfelder-Wittmann/D. v. Huebner

Otaño y Eugenio, Nemesio, *19.12.1880 in Azcoitia (Guipúzcua), † 29.4.1956 in S. Sebastián, span. Komponist. Nach der Ausbildung bei verschiedenen Organisten in Guipúzcua trat O. 1896 in die SJ ein und wurde Organist an der Basilika von Loyola. 1903—07 studierte er Komposition und Musikwissenschaft. 1907 rief er die Zeitschrift »Música Sacro-Hispania« ins Leben, die er 15 Jahre lang leitete; 1911 gründete er die Schola Cantorum de Comillas. 1937 wurde O. musikalischer Direktor des Radio Nacional, und ab 1940 leitete er das Real Conservatorio in Madrid, dessen Neuorganisation er sich in den folgenden Jahren widmete. O. beschäftigte sich intensiv mit der span. Volksmusik und reformierte die Sakralmusik seines Landes. Seine Werke reichen von einfachen Volksliedsätzen, die in Spanien sehr populär wurden, bis zu dick besetzten Kompositionen für Singstimmen und Orchester, wie der Marcha Real Española und dem Gran himno a S. Ignacio de Loyola. Zu dem umfangreichen Oeuvre O.s gehören 8 Cánticos a la Sma. Virgen, 21 Canciones a Maria Santissima und 8 Letanias. Außerdem ergeben sich marian. Bezüge in seinen Liedern zum Weihnachts- und Passionzyklus.

WW: Obras completas: I. Ciclo Navidad, hrsg. von V. Larrañaga; II. Canciones marianas, hrsg. von V. Ruiz Aznar; III. Canciones eucarísticas, hrsg. von L. Urteaga, 1956—59; VI. Semana santa, hrsg. von V. Larrañaga, 1971.
Lit.: P. N. O. 19.XI.1880—29.IV.1956, In: Tesoro sacro musical (1957) 2, 21—44. — J. Subirá, P. N. O. y E., In: Academia. Anales y boletín de la Real Academia de bellas artes de S. Fernando 5 (1955—57) 35–38. — MGG X 464f. — Grove XIV 19f.

C. Wedler/H. Rzepkowski

Otfrid v. Weißenburg, Mönch des elsässischen Klosters Weißenburg, exegetisch gebildeter Theologe und Bibelkommentator, schließt seine im südrheinfränkischen Dialekt verfaßte Evangelienharmonie, die er selbst »Liber Evangeliorum« nennt, zwischen 863 und 871 ab. Die Tatsache, daß man ihn als den »ersten deutschen Mariendichter« (H. Schneider, Heldendichtung, ²1943, 99) bezeichnet hat, belegt, daß sich O. nicht darauf beschränkt, die marian. Szenen der biblischen Vorlage in die Volkssprache zu übersetzen, sondern daß sein poetisch gestaltetes ⋔bild auf einer mariol. Konzeption fußt, deren Traditionsgebundenheit bzw. Eigenständigkeit im Spiegel der Theol. der → Karolingerzeit abzulesen ist.

1. Stationen des irdischen Lebens Mariens. a) Verkündigung. Die christol. Erzähltendenz des lukanischen Berichts wird zugunsten einer »höheren Bewertung der Mitwirkung Mariens an der Menschwerdung Gottes« (W. Haubrichs, Ordo als Form, 1969, 174) zurückgenommen. Zu Beginn des Verkündigungskapitels charakterisiert O. die Gestalt ⋔s, die »itis frono« und »edile frouwe« — ihre Vorfahren »warun chuninga alle« — (I, 5, 6ff.), vielleicht in Anspielung auf Alkuins Auseinandersetzungen mit dem Adoptianismus (PL 101,201 C) als königlich geadelte Jungfrau. Als der Engel kommt, ist sie »drurenta« und mit dem Lesen des Psalters beschäftigt (I, 5, 9f.). Durch das Motiv der Trauer, das nur als eine Vorahnung in bezug auf das Leiden Christi (eventuell durch die Lektüre von Ps 21 ausgelöst) gedeutet werden kann, spricht der ahd. Dichter seiner ⋔gestalt, die er bereits vor der Realisierung der Empfängnis und Geburt Christi »druhtines muater« nennt (I, 5, 14), ein Wissen zu, das Ausdruck eines Gnadenstandes vor der Conceptio ist. In diesen Zusammenhang muß auch das der augustinischen Mariol. entlehnte Jungfräulichkeitsgelübde (I, 5, 39f.) gestellt werden, dessen Sinn Beda Venerabilis (PL 92,318 C) für die karolingische Theol. dahingehend konkretisiert, daß ⋔s Kenntnis von Jes 7,14 nicht nur ihre freigewählte Virginität begründet, sondern zugleich ihre »quomodo«-Frage (Lk 1,34) gegenüber dem »unde« des Zacharias (Lk 1,18) legitimiert. Die Mutter Christi kennt also bereits vor dem Vernehmen der Botschaft (»thu scalt beran ...« I, 5, 23ff.) Gottes Erlösungsplan, auch wenn dieses Wissen insofern nur ein partielles ist, als ⋔ keine Vorstellung vom Auftrag des Sohnes auf Erden und der ihr zukommenden Sendung hat. Die Anrede des Engels »fol bistu gotes ensti« (I, 5, 18b) spiegelt also die Begnadung der GM vor der Empfängnis (vgl. Paschasius Radbertus, PL 30,127 B), die mit der Verkündigung der göttlichen »arunti« in eine neue Wachstumsphase tritt: Die Jungfrau begegnet dem Engel »mit suazera giwurti« (I, 5, 34b); sie begreift also die messianische Botschaft plötzlich als ein über die Passion Christi hinausweisendes Freudenereignis. Ihr Fiat, das die Zustimmung zum Tod des Erlösers zu implizieren scheint und Ausdruck eines neuen Gnadenstandes entsprechend der Mariol. des Paschasius Radbertus ist, preist O. im Anschluß an Ambrosius Autpertus (PL 39,2133) und Paschasius Radbertus (PL 96,245 B/C) als einen Akt der Demut, die in der Karolingerzeit als die höchste aller marian. Qualitäten angesehen wird.

b) Der Zwölfjährige im Tempel. In diesem Kapitel — es handelt sich um die erste »Marienklage« (→ Klagen) auf dt. Boden — zeichnet O. durch die beiden die Erzählung stimmungsmäßig entscheidend prägenden Verspassagen (I, 22, 23—30. 43—52) das Bild der sich in Trauer verzehrenden Mutter Christi, für das die karolingische ⋔lehre keine Entsprechungen kennt. Die

Erregung und den Schmerz M̃s bei der Suche des vermißten Sohnes gibt der Dichter durch die Gebärde des Brustschlagens wieder, die als ein Element der Totenklage bereits der syr.-griech. M̃klage vertraut ist, der das Motiv entlehnt zu sein scheint. Mit dem Bild des marian. Mutterschmerzes, der mit einem »ni wizan« um die Sendung des Sohnes begründet wird (I, 22, 43. 48), akzentuiert O. den Abstand zwischen M̃, »thera einigun muater« (I, 22, 46b) und Christus, der an seiner »deitas«, des »fater erbe« (I, 22, 54b) festhält, um auf diese Weise — in relativer Selbständigkeit gemessen an der Theol. seiner Zeit — den Gedanken einer wachsenden Reifung und Begnadung der Mutter auf den Sohn hin zum Ausdruck zu bringen.

c) Die Hochzeit zu Kana. Der Darstellung eines neuen marian. Gnadenstandes dient O.s Erzählung »Nuptiae factae sunt«, in der der Dichter den ontologisch bedingten Abstand zwischen dem Sohn Gottes und der Mutter Christi insofern auf ein Minimalmaß zu reduzieren sucht, als M̃ jetzt durch ihr »wizan« in die messianische Sendung hineingenommen ist. Wie die Verse II, 8, 23—26 belegen, deutet O. Joh 2,3 in Anlehnung an die Exegese der Väter dergestalt, daß sich M̃ mit der Bitte um ein Wunder an den Sohn wendet. Mit der Antwort Christi »waz drifit sulih zi uns zuein?« (II, 8, 17b) — die Replik der Vulgata (Joh 2,4a) vermittelt den Gedanken einer personalen Gegenüberstellung — wird durch die Verschmelzung von »tibi« und »mihi« zu »uns zuein« die Vorstellung einer bestehenden Gemeinschaft zwischen Mutter und Sohn zum Ausdruck gebracht, die in der gemeinsamen Stunde am Kreuz, in der die Menschheit Jesu »irscinit« (vgl. II, 8, 19), gipfelt. M̃ hört diese Worte und weiß dennoch, daß der Sohn ihr in seiner »guati« nicht das abschlägt, worum sie ihn bittet. Im »wizan« um die Stunde der göttlichen Offenbarung, das O. im Anschluß an die entsprechenden Ausführungen Alkuins (PL 100,767B) bzw. Ps.-Bedas (PL 92,658A) hervorhebt, ist die Mutter dem Sohn gleichgestellt und hat so teil an der göttlichen Weisheit (vgl. I, 16, 26). — Auch innerhalb dieser »lectio« läßt sich die Idee eines Gnadenwachstums M̃s festmachen: Zunächst bedenkt (»bihugita«) die GM den Weinmangel, wobei dieser Überlegungsakt sicher die Frage impliziert, ob die »zit« des Wirkens Christi »mit gotkundlichen rachon« (II, 8, 22a) nun wohl gekommen sei; schließlich weiß (»wessa«) sie um die Stunde der Offenbarung seiner »guallichi« (vgl. II, 8, 55) und wirkt insofern am Weinwunder mit, als sie die Diener instruiert.

d) Maria unter dem Kreuz. Mit dem »Stabat mater«-Kapitel verknüpft O. das Ziel, die GM am Auftrag ihres Sohnes in der Form teilhaben zu lassen, daß der »passio in carne«, der Offenbarung der Menschheit Christi, die »passio in anima«, das marian. Mitleiden, zu entsprechen scheint. Auch wenn der Dichter im Gegensatz zu Joh 19,25 die unter dem Kreuz stehenden Frauen zugunsten der Hervorhebung der »mater Jesu« nicht erwähnt und der Präsenz des Apostels, dessen Christusbezogenheit sich (nur!) im visuellen Bereich, im Blick auf »thaz jamar« (IV, 32, 6b) spiegelt, eine geringere Bedeutung beimißt als der M̃s, die »thiz allaz scowota« und die »theso selbun quisti« durchdringen (IV, 32, 1f.), so bleibt dennoch die Frage: Wird der marian. »compassio«, der im »uns zuein« (II, 8, 17b) verheißenen (Leidens-)Gemeinschaft mit dem Sohn, eine soteriol. Bedeutung unterlegt und ihr Leiden, das die karolingische Theol. als eine der ganzen Menschheit zugute kommende Tat charakterisiert, als eine Hilfeleistung bzw. Beteiligung am Erlösungswerk Christi bewertet? Wie der Kontext es nahelegt, kann der heilsgeschichtliche Aussagegehalt von Vers IV, 32, 2b — »joh ward uns iz zi guate« — nur in der Weise sinnvoll gedeutet werden, daß ein Rückbezug von »iz« auf »allaz«, was »muater sin thiu guata (...) scowota« (IV, 32, 1), also die Qualen des Sohnes, erstellt wird. O. spricht also M̃ unter dem Kreuz keine unmittelbare Beteiligung am Erlösungswerk Christi zu. Auch die Doppelverfügung Jesu (Joh 19,26f.), durch die der marian. Mutterschaft ein übernatürlicher Rang zugesprochen wird, verkürzt der ahd. Dichter zu einem Akt liebender Fürsorge: Indem die Mutter Christi nur der Obhut des Jüngers anvertraut wird, ist für ein typologisch-ekklesiologisches Verständnis der M̃gestalt kein Raum gelassen.

2. Heilsgeschichtliche Bedeutung. a) Maria als »typus ecclesiae«? Mit dem Kapitel IV, 29, der mystischen Deutung des nahtlosen Gewandes Christi, läßt sich ein »Verwandtschaftsverhältnis« zwischen M̃, die beim Erscheinen des Verkündigungsengels aus kostbaren Garnen ein »werk« herstellt (vgl. I, 5, 11f.) und der Gestalt der Caritas, die nach mystischer Auslegung die »tunica inconsutilis« webt, konstruieren. Im Gegensatz zur augustinischen Interpretation, die dem 9. Jh. durch Ps.-Beda (PL 92, 287 B/C), Rhabanus Maurus (PL 107, 1137 B), Haimo v. Auxerre (PL 118,413D) u. a. vertraut ist, zielt O.s Charakterisierung der Caritas verstärkt auf ihre lebendige Fruchtbarkeit (»spinnan«); indem sie die »tunicha« webt, »gibt« sie die Fäden (IV, 29, 23f.), d. h. sie gebiert geistig die »drutthegana«, die als die »communio sanctorum« die Ecclesia bilden. Die »lectio« IV, 29 sieht also in der Gestalt der Caritas sowohl die Einheit der Kirchenglieder als auch die Personalität der »mater ecclesia« verkörpert. Wenn nun im Verkündigungskapitel der GM auch ein »werk« zugesprochen wird, so rechtfertigt es sowohl in diesem Zusammenhang signifikante Wortrepetition (I, 5, 11f.; IV, 29,33) als auch die im Ahd. allgemein übliche Umschreibung der Tunika als »werk«, diese in der O.-Forschung umstrittenen Verse dahingehend zu deuten, daß M̃ den Leibrock Christi webt; in dieser Funktion weist der mit seiner Verehrung als Reliquie tradierte Legendenstoff die Mutter Jesu aus. Da O. nun aber

M das »frono gifank« zeitlich vor der in der Gestalt der Caritas personal gefaßten Ecclesia wirken läßt, findet damit die bereits von Paschasius Radbertus auf das Verhältnis M — Kirche angewandte hermeneutische Regel »De specie et genere« (PL 96, 256 C) erneute Anwendung: Indem der Dichter der Mutter Christi als »species« das »werk« zuspricht, das sich dann später im Wirken der Kirche als »genus« ereignet, stellt er seine Mgestalt als Urbild der ntl. Kirche über alle Glieder des »genus ecclesiae« und erklärt sie damit als die Kirche »vor der Kirche« (vgl. Scheffczyk 407).

b) *Maria als himmlische Fürsprecherin.* Diese Vorrangstellung der Mutter Gottes als ursprünglichstes und darum auch höchstes Glied der Kirche legitimiert u. a. ihre Verherrlichung im Himmel und ihre überzeitliche Heilsstellung. Als »sancta Mariun, kunigin thia richun« (I, 3, 31) verehren sie die Engel, die sie als »muater« und »gotes drutthiarna« (I, 3, 28) ontologisch überragt. Als Mutter Christi — die Auserwählung zu dieser Würde ist ihr größtes Privileg — tritt sie am Thron Gottes als Fürsprecherin, nicht als Miterlöserin, für das Heil der Menschen ein (I, 3, 33 f.). Diesen der karolingischen Theol. sehr vertrauten Gedanken der fürbittenden Tätigkeit Ms begründet O. nicht nur mit der Annahme ihrer Mutterschaft, sondern auch durch die ethische Vollkommenheit der Himmelskönigin, deren »guati«, so verdeutlicht O. ihre Stellung im göttlichen Heilsplan, die Qualitäten aller Geschöpfe umfaßt und überbietet.

Ausg.: O. Erdmann (Hrsg.), O.s Evangelienbuch, besorgt von L. Wolff, [6]1973.
Übers.: J. Kelle, Christi Leben und Lehre besungen von O., 1870; Neudr. 1966.
Lit.: F. P. Pickering, Christl. Erzählstoff bei O. und im Heliand, In: ZfdA 85 (1954/55) 262—291. — W. Haubrichs, O.s Verkündigungsszene, In: ZfdA 97 (1968) 176—189. — A. Masser, Bibel, Apokryphen und Legenden. Geburt und Kindheit Jesu in der rel. Epik des dt. MA, 1969. — M. Schmidt, Otfrid I 5, 56, Gidúat er imo frémidi thaz hoha hímilrichi. Zu O.s Verkündigungsszene, In: PBB 94 (1972) 26—51. — U. Ernst, Poesie als Kerygma. Christi Geburt im ›Evangelienbuch‹ O.s v. W., In: PBB 95 (1973) 126—161. — G. Vollmann-Profe, Kommentar zu O.s Evangelienbuch, Teil 1: Widmungen. Buch I, 1—11, 1976. — S. Greiner, Das Marienbild O.s v. W., 1986.

S. Greiner

Otloh v. St. Emmeram, OSB, an Johannes →Cassian anknüpfender Lehrer geistlich-monastischen Lebens, Hagiograph, den artes liberales zugetan, * um 1010 im Bistum →Freising, † 1070/73; Studien in den OSB-Klöstern Tegernsee und Hersfeld; 1032 Eintritt in die OSB-Abtei St. Emmeram (Regensburg); dort Lehrer und Dekan (1052—56) der Klosterschule. Wegen interner Differenzen hielt er sich in Montecassino und →Fulda auf. 1066 kehrte er nach St. Emmeram zurück. Unter dem geistlichen Schrifttum O.s finden sich keine ausdrücklichen marian. Texte. Von M ist aber im Zusammenhang der Inkarnation die Rede; hier besingt O. Ms Mutterschaft ebenso wie ihre bleibende Jungfräulichkeit (De doctr. spirit. Lib. met. cap. II). Erforschenswert ist die Frage, wie weit O.s Lehre von der geistlichen Erfahrung, von den Versuchungen, vom Leben in der Gegenwart Gottes marian. rezipiert und fruchtbar geworden ist (Delius 158).

QQ: PL 146, 23—428. — O. v. St. E., Liber Visionum, hrsg. von P. G. Schmidt (MGH Quellen zur Geistesgeschichte des MA 13) 1989. — O. v. St. E., Das Buch von seinen Versuchungen, eingeleitet und übers. von W. Blum, 1977. — DSp XI 1060f.
Lit.: Manitius II 83—103. — H. Schauwecker, O. v. St. E. Ein Beitrag zur Bildungs- und Frömmigkeitsgeschichte des 11. Jh.s, In: SMGB 74 (1963) 5—240. — DThC XI 1566—1669. — LThK[2] VII 1298f. — DSp IV/1, 183—187; VII/1, 966f. 969; XI 1060f. (Lit.).

F. Courth

Ottersweier, Lkr. Rastatt, Erzdiözese Freiburg, Wallfahrtskirche »Maria Linden« (1497 in einer Urkunde »zuo der Linden« genannt).

Die Anfänge der Wallfahrt liegen im Dunkeln. 1148 übergab Berthold v. Eberstein für die Gründung des Zisterzienserklosters Herrenalb Liegenschaften, zu denen auch Besitzungen in O. gehörten, u. a. das Grundstück, auf dem sich heute die Wallfahrtskirche befindet. Schutzherren der Wallfahrt in den folgenden Jh.en und Erbauer der ersten Kapelle waren die Herren v. Windeck. Da diese Kapelle für die zahlreichen Wallfahrer nicht mehr genügend Platz bot, gab der zuständige Bischof Albert v. Straßburg (1478—1506) die Erlaubnis zum Bau einer neuen Kirche (Errichtungsurkunde von 1484).

Als Gnadenbild wird eine aus Lindenholz geschnitzte sitzende Madonna mit Krone und Zepter (13./14. Jh.), auf deren Schoß das Jesuskind mit Krone und Reichsapfel steht, verehrt. Der Legende zufolge habe dieses Gnadenbild in einer Nische des Stammes einer nahe der jetzigen Wallfahrtskirche wachsenden Linde gestanden und sei in kriegerischen Zeiten zugewachsen. In der Friedenszeit habe ein Mädchen einen anscheinend aus der Linde klingenden lieblichen Gesang vernommen. Als der Vater die Linde fällen wollte, seien die über das Bild gewachsenen Teile des Baumes abgefallen, und das Mbild habe hervorgelächelt. Die sich rasch verbreitende »Wundermär« habe viele Menschen zu diesem Bild strömen lassen.

Die seelsorgliche Betreuung übernahmen neben den offiziell zuständigen Bischöfen von Straßburg oft auch Benediktiner von Kloster Schwarzach (Lkr. Rastatt) oder Prämonstratenser von Kloster Allerheiligen (bei Oberkirch). Magister Jakob Schneider wurde nach Stiftung der Pfründe (1497) erster Kaplan der Wallfahrtskirche.

Nach einem Rückgang in der Zeit der Reformation erfuhr die Wallfahrt seit 1622 unter Markgraf Ludwig Wilhelm v. Baden (1622—77) einen erneuten Aufschwung, insbesondere durch das seelsorgliche Wirken der 1639 oder 1641 von ihm nach O. gerufenen Jesuiten. Um die große Zahl von Pilgern, die zu den Prozessionen an Wallfahrtstagen kamen, aufnehmen zu können, erweiterte man die Empore (1666). 1720 gelangte die Innenrenovation der Kapelle (Ausmalung des Chores mit marian. und atl.

Ottersweier, Gnadenbild (Foto: Bild- und Filmstelle der Erzdiözese Freiburg, Chr. Hoppe)

Szenen) zum Abschluß. Als 1756 die morsche Bausubstanz der Kirche einen Neubau erforderlich machte, riß man das Langhaus ab und erstellte eine Halle mit freitragender Decke, das jetzige Langhaus, im sog. Jesuitenstil. Die Deckengemälde von 1764 wurden 1884, dem Vorbild der alten entsprechend, neu gemalt. Von der alten Kirche blieben bis heute der Chor mit den gotischen Netzgewölben sowie fünf spätgotischen Fenstern, der Sakristeianbau und das gotische Reitertürmchen (über dem Hauptportal) stehen. Nicht mehr erhalten sind allerdings die Freskomalereien des Chorgewölbes, die 1729, als der Chor ausbrannte, den Flammen zum Opfer fielen, und die Zwölf-Apostel-Darstellung der Glasfenster. Ablaßbewilligungen erhielt die Wallfahrtskirche 1502 und 1648; 1702 und 1727 konnte ein vollkommener Ablaß gewonnen werden.

Berühmt wurde der Wallfahrtsort durch die Wunder und Gebetserhörungen, die hier geschehen sein sollen und in einem eigenen, aber verschollenen Mirakelbuch und den Visitationsprotokollen von 1666 und 1692 verzeichnet sind. Die ursprünglich hieran erinnernden Dankgaben und Voltivtafeln wurden in der Zeit der Aufklärung entfernt und wahrscheinlich zerstört.

Zum erneuten Niedergang der Wallfahrt kam es nach der Aufhebung des Jesuitenordens (1773), dessen Haus in O. 1774 endgültig offiziell aufgelöst wurde, im Zuge von Aufklärung und Säkularisation, als man zunächst den 1783 verordneten Abriß der Lindenkirche nur durch ihre Erklärung zur Filialkirche mit dem Recht der Taufsteinaufstellung verhindern und später den vom Konstanzer Generalvikar I. H. v. Wessenberg (1802—27) angestrebten Abbruch der Kirche durch den Widerstand der Ortsgemeinde abwenden konnte. Wiederbelebt wurde die Wallfahrt erst gegen Ausgang des 19. Jh.s durch eine zehntägige Mission der vom Papst wieder zugelassenen Jesuiten (1868) und durch die Seelsorger Pfarrer F. X. Burkhar(d)t (1889—1911) und Pfarrer O. Buttenmüller (1912—35). Restaurierungen und Renovierungen der Kirche und ihres Inventars erfolgten nach und nach 1874, 1909, 1914—18 und 1961—65. Seit ihrer Berufung durch Erzbischof Conrad Gröber (1936) wirken Kapuziner der Rheinisch-Westfälischen Ordensprovinz als Wallfahrtsseelsorger.

Neben der Lindenkirche steht eine 1752 erbaute Kapelle aus rotem Sandstein mit einer M statue (stehende M mit Kind), die 1646 von Eggenstein bei Karlsruhe mit Erlaubnis des Markgrafen Wilhelm Ludwig v. Baden nach O. gebracht und zunächst auf dem Strunk einer alten Linde, wo nach der Tradition zunächst das Gnadenbild gestanden haben soll, gestellt worden ist.

QQ: Mein Gott und mein alles — Christliche Gedanken auf jeden Tag des Jahrs, nebst einer monatlichen Gewissenserforschung, zusammengesetzt zu O. 1772 von Petrus Schommartz. — P. Schommartz, O.er Gebetbuch nebst einem kurzen Bericht von der alten Wallfahrt zu Maria bey der Linden ohnweit Ottersweyer in der Ortenau, 1775. — St. Müller, Unsere liebe Frau Maria bei den Linden, 1911.

Lit.: C. Reinfried, Die Maria-Lindenkirche bei O., In: FDA 18 (1886) 1—19 (QQ und Lit.). — O. Buttenmüller, Maria Linden bei O., 1934. — Das Muttergottesheiligtum in Maria Linden, hrsg. vom Kapuzinerkloster Maria Linden, 1970. — A. Ehrenfried, Maria Linden bei O., In: Die Ortenau 51 (1971) 46—52 (QQ und Lit.). — R. Metten, K. Welker und H. Brommer, Wallfahrten im Erzbistum Freiburg, 1990, 67—69 (Lit.).

L. Böer (S. Tebel)

Otto, Georg, * um 1550 in Torgau, † 1618 in Kassel, dt. Komponist. Nach erstem Unterricht in Torgau wurde O. 1561 Sänger an der Dresdener Hofkantorei und setzte nach dem Stimmbruch 1564 seine Ausbildung als Stipendiat an der Fürstenschule Pforta bei Naumburg und der Universität Leipzig fort. 1569 bekam er eine Anstellung als Kantor in Langensalza und ging 1586, nach zwei erfolglosen Bewerbungen in Dresden, als Hofkapellmeister nach Kassel. Dort trat 1592 der musikliebende Landgraf Moritz die Regierung an. Ihn, wie auch für kurze Zeit H. Schütz, unterrichtete O. Als Komponist pflegte er einen traditionell-polyphonen Stil und folgte nicht den Einflüssen der damals modernen Venezianischen Schule. O. verfaßte zahlreiche Motetten und Introiten, »Geistliche und deutsche Gesenge Martini Lutheri«, 65 bemerkenswerte Bicinien im Opusculum BMV (1599) und Magnificat (1607).

Lit.: H. Grösseli, G. O., ein Motettenkomponist des 16. Jh.s. Kassel 1935. — C. Engelbrecht, Die Kasseler Hofkapelle im 17. Jh., 1958. — MGG X 478ff. — Grove XIV 26. C. Wedler

Otto I. der Große, * 23.10.912, † 7.5.973 in Memleben, Sohn von Heinrich I. und Mathilde, am 7.8.936 in Aachen zum König erhoben, am 2.2.962 in Rom zum Kaiser gekrönt. Sein Grab befindet sich im Magdeburger Dom. O. behauptete die Königshoheit über die Bistümer und übertrug ihnen staatl. Hoheitsrechte. Am 10.8.955 besiegte er die Ungarn auf dem Lechfeld. Am 13.2.962 erneuerte er die karolingischen Privilegien für die röm. Kirche (Ottonianum) und die kaiserliche Schutzhoheit über Rom.

O. war von einer großen Liebe zu ℳ erfüllt. Er förderte in den Jahren 947 und 952 die zu Ehren ℳs und des hl. Mauritius in → Einsiedeln erbaute Kirche. In großzügiger Weise unterstützte er auch die ℳkirche in Nordhausen, die seine Mutter Mathilde 962 gegründet hatte, eine Stiftung für Gott und die hl. Jungfrau ℳ sowie für das Heil ihres verstorbenen Gemahls und ihres Sohnes Otto. 972 wallfahrtete O. mit seinem Sohn und seiner Gemahlin Adelheid nach Einsiedeln. In über 450 unter seinem Namen ausgestellten Urkunden werden 100 ℳ geweihte Kirchen und Kapellen genannt.

Lit.: BeisselMA 133, 151. — H. Zimmermann, O.d.Gr.. 1976. — H. Hiller, O.d.Gr. und seine Zeit, 1980. — G. Althoff und H. Keller, Heinrich I. und Otto d.Gr., 1985. *R. Bäumer*

Otto III., * Juli 980 als Sohn von Kaiser Otto II. und der byz. Prinzessin Theophanu, † 23./24. 1. 1002 in Paterno, begraben in Aachen an der Seite Karls d.Gr., wurde Weihnachten 983 in Aachen zum König gekrönt. 994 übernahm O. die Regierung; 996 begab er sich nach Rom zur Kaiserkrönung, die sein Vetter Brun vornahm, den er selbst als Gregor V. zum Papst erhoben hatte.

Seine MV kommt in dem Evangelienbuch O.s III. zum Ausdruck, in dem sich verschiedene Darstellungen aus dem Leben ℳs finden. Auch in den in der Hildesheimer Münzstätte hergestellten Münzen O.s finden sich zahlreiche ℳdarstellungen.

Lit.: BeisselMA 161. — M. de Fernandy, Der hl. Kaiser O. und seine Ahnen, 1969. — J.Fried, O. und B. Chrobry, 1989. *R. Bäumer*

Otto v. Passau, OFM, † nicht vor 1386, Schriftsteller mystischer Provenienz, der zwischen 1362 und 1385 in verschiedenen Funktionen des Basler Franziskanerklosters bezeugt ist, der Verfasser des »allen Gottesfreunden« gewidmeten Werkes »Die 24 Alten oder der güldene Thron der minnenden Seele«. Über 100 Handschriften (darunter illuminierte) und zahlreiche Drucke erweisen die Beliebtheit und Wirkung dieser christl. Lebenslehre bis in den Anfang des 17.Jh.s

Durch den Mund der 24 Ältesten (Offb 4,4) werden der »minnenden Seele« fromme Ermahnungen und Richtlinien für das rel.-geistliche Leben erteilt. Das Werk stellt eine Sammlung von Sentenzen dar, die aus 104 Quellen (die genannt werden) kompiliert ist. Jede Rede behandelt ein eigenes Thema (Glaube, Gewissen, Reue, Beichte, Buße, Gnade etc.). Die in den Mittelpunkt gerückten Reden XI und XII nehmen nach Inhalt, Umfang und Anlage eine Sonderstellung ein. Sie behandeln die zwei höchsten Beweise göttlicher Gnade: daß Christus das Sakrament des Altars gestiftet und daß Gott das Menschenkind ℳ zur Mutter Christi erkoren hat. So ist die XI.Rede eine katechetischdogm. Belehrung über die Corpus Christi und die XII. ein weit ausholendes, mit Elementen des ℳpreises angereichertes und nach verschiedenen Quellen erzähltes ℳ-→Leben. Dabei beruft sich der Verfasser auf die »alten Historien« (XII 2), die Offenbarungen der → Elisabeth v.Schönau (XII 3/4), auf »der Römer Buch« und das »Buch von unser Frauen Leben das heißt Marial« (XII 5). — Eine wissenschaftliche Edition fehlt. »Die Krone der Ältesten« oder »Die göttliche Weisheit und Kraft der kath. Glaubens- und Sittenlehre. Dargestellt und zusammengetragen ... von dem ehrwürdigen Otto von Passau«, Regensburg und Landshut 1836 (Text ins Nhd. umgesetzt).

Lit.: W. Schmidt, Die 24 Alten des O. v. P., 1938, Neudruck 1967. — F.-W. Wentzlaff-Eggebert, Dt. Mystik zwischen MA und Neuzeit, 1944, 143—149. — G. J. Jaspers, O. v. P. in den Niederlanden, In: Neophilologus 69 (1985) 90—100. — Kosch[2] XI 805f. — ADB XXIV 741—744. — VL[2] VII 229—234. *M. Lemmer*

Ottonische Kunst. Die Zeit der Ottonen im engeren Sinne umfaßt die Periode von → Otto I. (Kaiserkrönung 962) bis zum Tod → Ottos III. (1002). Seit H. Jantzen (1947) wird der Begriff auch auf das fruchtbare Schaffen unter der Regentschaft Heinrichs II. († 1024) ausgedehnt. Kunstzentren wie die Reichenau und Köln setzen auch nach 1030 ihre tragende Rolle fort. Die Hauptzentren ottonischer Kunst sind neben dem Inselkloster im Bodensee und der rheinischen Metropole Hildesheim, Fulda, Bamberg und Regensburg; Hauptträger der Produktion sind die Klöster im Auftrag der weltlichen und geistlichen Fürsten. Im Gegensatz zur karolingischen Hofkunst ist die ottonische Zeit durch vornehmliche Aktivität der Klöster gekennzeichnet. Jede »Schule« der ottonischen Buchmalerei zeichnet sich durch eine besondere Ausrichtung aus. So wie den späten Reichenauer Handschriften Spiritualität und Abstraktheit eigen sind, so ist etwa eine betonte Farbigkeit charakteristisch für die Kölner Produktion. Die Tendenz zur Zweidimensionalität der Darstellungen ist grundsätzlich für alle ottonischen Skriptorien bindend (Ausnahme: Codex Egberti, Trier, Stadtbibl., cod. 24). Neben ausgesprochen erzählerischen Zyklen (Codex Egberti) treten früh Handschriften (Uta-Codex, München, Bayer. Staatsbibl., Clm 13601; Perikopenbuch Heinrichs II., Clm 4452), die durch abstrakte Gliederungsschemata v. a. theol. Zusammenhänge veranschaulichen wollen. In der ottonischen Buchmalerei konzentriert sich das Geschehen primär auf die handelnden Perso-

Sakramentar von St. Gereon, Verkündigung, Paris

nen, die in einer ausgeprägten Gestik (Jantzen: »Gebärdefigur«) ihre Aktivität entfalten.

Aufgabenstellungen für die Buchkunst bilden liturg. Handschriften wie Evangeliare, Evangelistare und Perikopenbücher, welche die Bibelproduktion der karolingischen Zeit (Alkuin-Bibel; Grandval-Bibel, 9. Jh.) ablösen.

Skulptur und Wandmalerei sind durch ihre spärliche Überlieferung nur begrenzt von Bedeutung. Eine Ausnahme bilden hier die thronenden Madonnen (→ Essener Goldmadonna, Köln um 980; Mainzer Elfenbeinmadonna, um 1000). Ein Buchdeckel (Echternach, Mitte 11. Jh., Antwerpen, Sammlung Mayer van den Bergh) antizipiert bereits romanische Ikonographie (Vierge de Dom Rupert, Lüttich, um 1170). Über die karolingische Kunst (Elfenbeindeckel, London, Victoria & Albert Mus., frühes 9. Jh.; Harrachscher Buchdeckel, 9. Jh., Privatbesitz) werden ältere Typen (Epiphanie, Verkündigung) der frühchristl. Kunst (Ravenna, S. Apollinare nuovo, 6. Jh.; Diptychon, Manchester, John Rylands Library, 6. Jh.; Paris, Bibl. Nat., lat. 9384, Diptychon ehem. Lupicin, 6. Jh.; Parenzo, Basilica Euphrasiana, um 540) für die ottonische Kunst (z.B. Elfenbein, Paris, Louvre, 9./10. Jh., Kat. 1896, Nr. 11) fruchtbar gemacht. Christuszyklen mit Wunderszenen dominieren in der Wandmalerei (Reichenau, Oberzell, St. Georg, spätes 10. Jh.) und Buchkunst (Evangeliar Ottos III., München, Bayer. Staatsbibl., Clm 4453; Hitda Codex, Darmstadt, Hess. Landesbibl., cod. 1640). Nur wenig Apokryphes gelangt zur Darstellung.

Sitzmadonnen sind weit verbreitet (neben den erhaltenen Beispielen vgl. auch Madonna des Bischofs Stephan II. von Clermont-Ferrand [973—984] als Zeichnung in Clermont-Ferrand, Bibl. mun., Ms. 143; Wesenberg, fig. 285). Zumeist sind diese Madonnen als Reliquiare konzipiert. Wesentlich für die ottonische Zeit ist der Import byz. Typen (z.B. Goldener Buchdeckel, Elfenbein mit Hodegetria, Fulda, um 1020; byz. Elfenbeintafel: M mit Kind, Utrecht, Erzbischöfliches Mus., 10./11. Jh.). In der ottonischen Mikonographie dominieren Verkündigung und Epiphanie, die in Christus-Zyklen integriert sind (z.B. Hildesheim, Bernwardtür, um 1015; Gotha, Landesbibl., I. 19, Echternach 983—991; Fuldaer Sakramentar, Rom, Vaticana, lat. 3548, fol. 8, 2. Viertel 11. Jh.; Elfenbeinplatte, Berlin, ehem. Staatl. Mus., Inv. Nr. 596, 11. Jh.). Mikonographie existiert nur im Zusammenhang der Verbildlichung der Lebensgeschichte Christi.

Assumptio (Hildesheim, Beverina, cod. 688, um 1018), Visitatio (Elfenbein, München, Bayer. Nat. Mus., um 970) oder die Vermählung Josephs mit M (München, Bayer. Staatsbibl., lat. 4453, 28ʳ) gelangen kaum zur Darstellung. In den Darstellungen der Verkündigung an M findet ein stereotypes Schema der Gestik von Engel und M Anwendung (Codex Egberti, Trier, Stadtbibl., cod. 24, um 980; Aachener Evangeliar Kaiser Ottos, Würzburg, Univ. Bibl., Mp. theol. qu. 4; Variation: Hitda-Codex). Nur selten ist dabei M sitzend gegeben (Elfenbein aus Trier, heute: Manchester, John Rylands Libr., 2. Hälfte 10. Jh.; Elfenbein, Berlin, ehem. Staatl. Mus., um 1000). Die thronende Madonna als bevorzugter Mtypus ottonischer Kunst ist zumeist streng axial konzipiert (Mainzer Elfenbeinmadonna; Gotfredus-Situla, Mailand, spätes 10. Jh.; Hildesheim, Domschatz, um 1010; sog. Kostbares Evangeliar, Widmungsbild, Hildesheim, Anfang 11. Jh.; 2. Mathildenkreuz, Essen, Münsterschatz, spätes 10. Jh.). Als Variation dieser strengen Hieratik ist oft der Epiphanietyp anzusehen (Codex Egberti; Evangeliar Ottos III., München, Bayer. Staatsbibl.; Perikopenbuch Heinrichs II., München, Bayer. Staatsbibl., lat. 4452, 1007—12; Wolfenbüttel, Landesbibl., 16.1 Aug. fol. Heinemann Nr. 2187, fol. 18ᵛ; Fuldaer Sakramentar; Hitda-Codex, fol. 22ʳ). Oft bleibt dabei die Axialität der thronenden M erhalten (Perikopenbuch Heinrichs II.). Im Poussay-Evangeliar (Paris, Bibl. Nat., 10514, um 980) hingegen ist das Geschehen auf den Moment der Übergabe der Gaben konzentriert. In der Dedikation (z.B. Äbtissin Uta v. Niedermünster [1002—25] überreicht M eine Handschrift, Uta-Codex, München, Bayer. Staatsbibl., lat. 13601, fol. 2) wird ebenfalls der Typ der Epiphaniemadonna verwendet. Allegorisch als »ecclesia« ist M im »Petershausener Sakramentar« (Heidelberg, Univ. Bibl., cod. Sal. IX b, Reichenau, 980/990, fol. 40) dargestellt. Der Mtod zeigt eine durchgehend einheitliche Ikonographie mit den Aposteln am Lager und Christus als Empfänger des Brustbildes ⋔e (Perikopenbuch Heinrichs II.; Antiphonar aus Prüm, Paris, Bibl. Nat., lat. 9448, fol. 52ᵛ, um 1000; Bamberg, Staatsbibl., cod. lit. 5, Köln [?], 10. Jh.; Bernulph-Evangelistar, Utrecht, Erzbischöfliches Mus., cod. 1502, Mitte 11. Jh.). Das Geschehen der häufig dargestellten Darbringung Christi ist nicht selten zu einer spannungsvollen Szene zwischen Priester, ⋔ und Jesus erweitert (Wolfenbüttel, Herzog-August-Bibl., cod. Guelf. 16.I. Aug. fol., 3. Viertel 10. Jh.; Hitda-Codex; Codex Egberti; Evangeliar aus Prüm). In der Szene der Geburt Christi liegt ⋔ und blickt zu Joseph (Elfenbein aus Trier, John Rylands Library, 2. Hälfte 10. Jh.; Sakramentar aus St. Gereon in Köln, Paris, Bibl. Nat., lat. 817, um 1000), scheint zu schlafen (Fragment eines Reliquienschreins, Susteren, Pfarrkirche, 10. Jh.) oder blickt wie Joseph nachdenklich (Hitda-Codex, fol. 21ʳ). Im Buchdeckel des Evangeliars der Äbtissin Theophanu (Essen, Münsterschatz, westdeutsch, 2. Viertel 11. Jh. nach dem Vorbild einer Elfenbeintafel in Brüssel, Musées Royaux, maasländisch, 1. Hälfte 11. Jh.) ist die thronende Madonna (unten) in die »christologische« Achse des zentralen Elfenbeins mit Geburt, Kreuzigung und Himmelfahrt Christi eingebunden. Symptomatisch zeigt dies das Ende narrativ bestimmter ottonischer Ikonographie und den Beginn neuer Intentionen an.

Lit.: A. Goldschmidt, Die dt. Buchmalerei, 2 Bde., 1928. — H. Jantzen, Ottonische Kunst, 1947. — H. Swarzenski, Monuments of Romanesque Art, 1954. — Ausst.-Kat., Das erste Jahrtausend, 3 Bde., Düsseldorf 1962. — A. Goldschmidt, Elfenbeinskulpturen, 4 Bde., Neudr. 1969. — H. Fillitz, Das MA I, 1969. — R. Wesenberg, Frühe ma. Bildwerke, 1972. — L. Grodecki u.a., Die Zeit der Ottonen und Salier, 1973. — R. L. Freytag, Die autonome Theotokosdarstellung der frühen Jh.e, 2 Bde., 1985. — Schiller IV/2. — Ausst.-Kat., Vor dem Jahr 1000, Köln 1991.   *W. Telesko*

Overbeck, Johann Friedrich, dt. Maler und Kupferstecher, * 3.7.1789 in Lübeck, † 4.12.1869 in Rom (Grab in S. Bernardo alle Terme). O. stammte aus dem begüterten Lübecker Patriziat, woher er zunächst auch stark geprägt war. Im Alter von fünfzehn Jahren erhielt er, dessen Begabung vom Vater frühzeitig erkannt wurde, Mal- und Zeichenunterricht bei dem klassizistischen Maler J. N. Peroux; Anregungen übernahm er von Ph. O. Runge und W. Tischbein; maßgebliche Impulse kamen von ital. Quattrocentozeichnungen, die er in Kopien durch August Kestner kennenlernte. 1806 kam O. an die von F. H. Füger geführte Wiener Akademie, die ganz vom Klassizismus Mengs'scher Prägung beherrscht war. Zu dieser Richtung und zum routinierten Akademiebetrieb geriet er bald in Gegensatz. Zunächst selbständig sich weiterbildend, schloß er sich eng an Franz Pforr an, der von ähnlicher Grundhaltung getragen war. Am 10.7.1809 schlossen sich die beiden mit einigen anderen Kollegen zum sog. »Lukasbund« — die Bezeichnung ein Programm! — zusammen, der zunächst starke Prägungen durch Eberhard Wächter, einen Schüler und Freund A. J. Carstens', empfing. Erstrebt wurde von dieser Gruppe die Schaffung und Erneuerung einer »reinen Kunst« auf rel. und nat. Grundlage, einer damit konzentriert romantischen Idee. Im Oktober 1809 ging diese Gruppe nach Rom, wo sie erst in der Villa Malta und dann in dem ehem. Kloster San Isidoro hauste. Hier schlossen sich bald P. v. Cornelius und J. Schnorr v. Carolsfeld an. Einer modischen dt. Strömung folgend trugen die jungen Künstler langes Haar und »altdeutsche« Kleidung und wurden, auch wegen ihres stark rel. bestimmten und zurückgezogenen Lebens → »Nazarener« genannt. Unter ihnen wurde O. sehr bald zur menschlich-moralischen und künstlerischen Führungsgestalt, auch wenn sich Cornelius und Schnorr etwa ein starkes Eigengepräge bewahrten. Kein dt. Künstler hat in den folgenden Jahren eine solche Führungskraft entwickeln können, wie O. Orientierung suchten die Nazarener an der ital. (Früh-)Renaissance einerseits, vor allem an Fra Angelico, Pinturicchio, Perugino und dem frühen Raffael — daran richtete sich O. vor allem aus — und an den altdt. Meistern, hier vor allem den Altkölnern, dem Meister des Marienlebens und Hans Memling andererseits. In einem zunftähnlichen Selbstverständnis gestaltete die Gruppe gemeinsam künstlerische Unternehmungen, wie die Ausmalung der Casa Bartholdy (1816/17) und des Casino Massimo (1817—27) — beide in Rom, freilich unter der künstlerischen Führung von O. und Cornelius. Dazu gestoßen waren neben den Genannten u. a. noch Joseph v. Führich, Leopold Kuppelwieser, Edward v. Steinle und Philipp Veit.

O. konvertierte, wie nicht wenige seiner Kollegen, am 13.4.1813 zur kath. Kirche; 1818 heiratete er die Wienerin Anna Schiffbauer-Hartl († 1853). Nicht zuletzt unter ihrem Einfluß widmete er sich fortan ausschließlich rel. Themen und war in den zwanziger und dreißiger Jahren in den Augen seiner Zeit ihr führender und unbestrittener Meister. Er strebte, im Unterschied etwa zum dramatischeren Cornelius, eine eher lyrische Grundhaltung an, die in Kolorit und bildlicher Disposition sich zunehmend an Perugino und dem frühen Raffael anlehnte. Verehrung und Klientel fand O. kaum in Italien (hier etwa »Rosenwunder des hl. Franziskus«, Assisi, Fresko an der Portiuncula-Kapelle), sehr stark jedoch nördlich der Alpen und in den USA. In Rom ergaben sich auch künstlerische Wechselbeziehungen zu B. Thorvaldsen. Fortschreitend verschrieb sich O. einer strengen kirchlichen Ausrichtung und damit der seit den dreißiger Jahren aufkommenden und sich verstärkenden kath. Reaktion und wurde so zum künstlerischen Programmatiker strenger Katholizität. Zum höchsten Ausdruck dieser Haltung wurde das Kollossalgemälde »Der Triumph der Religion in den Künsten« (Frankfurt, 1831—40). Mehr und mehr verlor O.s Kunst an individuel-

F. Overbeck, Der Triumph der Religion in den Künsten, 1840, Frankfurt, Städel

lem Zuschnitt; die Farbpalette reduzierte sich zunehmend, das zeichnerische Moment dominierte vor dem malerischen. Repräsentierte O. in seiner frühen Zeit eine maßgebliche Geistesströmung seiner Zeit, so wurde er allmählich zum — wenn auch verehrten — Außenseiter und steht damit kennzeichnend für manche kirchliche Entwicklungen im zweiten Jh.drittel. O. blieb Rom eng verbunden, ohne dort freilich gewichtigere Aufträge zu erhalten; mehrere ehrenvolle Berufungen nach Deutschland, nicht zuletzt durch den ihn sehr verehrenden König Ludwig I. von Bayern nach München schlug er aus. Er vereinsamte denn auch mehr und mehr menschlich und künstlerisch, zuletzt nur noch von einem kleinen Kreis konservativer Katholiken geschätzt. In der letzten Lebenszeit beschäftigten ihn die Kartons für eine Folge von Wandteppichen »Die Sieben Sakramente«, ein Auftrag von Papst Pius IX. Sein direkter bzw. indirekter Einfluß auf die Andachtsbildchen-Produktion seiner Zeit bis über die Wende des 20. Jh.s ist nicht zu unterschätzen. Künstlerisch aber berühren bei O. heute vor allem die Zeichnungen und Porträts der Frühzeit, geistesgeschichtlich für die Romantik »Italia und Germania« (München, Neue Pinakothek) als Versuch der romantisch historisierenden Vereinigung von Geistigkeit und Kunst nördlich und südlich der Alpen. Die rel. Bilder O.s dürften heute vor allem geistes- und frömmigkeitsgeschichtlich interessieren.

Marian. Themen, ⴹbilder an sich oder im Zusammenhang mit der Schilderung ntl. Begebenheiten, nehmen in O.s Gesamtwerk einen gewichtigen Platz ein. Aus der Fülle seien herausgegriffen: Madonna vor der Mauer (Lübeck, 1811), typisiert nach Perugino; M und Elisabeth mit dem Jesuskind und dem Johannesknaben (München, 1825), stark orientiert an Raffael; Vermählung Me (Posen, 1834—36), eng angelehnt an Raffaels Mailänder »Sposalizio«; Madonna im Grünen, tondoförmig in der Art Fra Filippo Lippis (Lübeck); Himmelfahrt Ms (Köln, Dom, 1846—53), das die Assumpta- mit der Immaculata-Darstellung integriert und damit programmatisch für die Jahre der Verkündigung des Dogmas ist.

Lit.: F. O., Sein Leben und Schaffen, 2 Bde., 1886. — Ausst.-Kat., J. F. O., Lübeck 1989. — Thieme-Becker XXVI 104—106. — ADB XXV 7—14. *L. Koch*

Ozeanien. Die Mfrömmigkeit im Pazifischen-/Ozeanischen Raum ist durch die Missionare und die marian. Sonderheit ihrer Orden gekennzeichnet. Die ersten Missionare in O. waren die Picpusmissionare (SSCC). Sie kamen 1827 unter der Leitung von Alexis (Jean-Augste) Bachelot (* 22. 2. 1796 in St.-Cyr-Orne/Séez, 1813 SSCC, 1820 Priester, 1825 Apost. Präfekt der Sandwich-Inseln, die der Stützpunkt der Ozeanischen Mission sein sollten; reiste mit P. Abraham Armand, P. Patrick Short und drei Missionsbrüdern 1826 von Bordeaux ab, kam 1827 in Honolulu an; Ende 1827, 1831 und 1837 ausgewiesen, † 5. 12. 1837 auf dem Meer) nach Hawaii. Die erste Kirche, die spätere Kathedrale, konnte erst 1840 nach seinen Plänen in Honolulu errichtet werden. Sie wurde »ND de Paix de Picpus« geweiht. 1892 wurde im Garten der Kathedrale eine Statue der Friedenskönigin eingeweiht, wo jährlich am 9. Juli ein großes Fest zu Ehren »ND de Paix de Picpus« gefeiert wurde. Während der Verfolgungen wich Bachelot auf die Gambiere-Inseln aus, wo er die erste Mgrotte in O. errichtete. Durch Papst Gregor XVI. wurde den Maristen die Evangelisierung von Zentral- (1842) und West-O. (1836) anvertraut, die den marian. Geist ihres Stifters Jean-Claude →Colin (1790—1875) und insbesondere die Verehrung ULF von Fourvière (Lyon) nach O. brachten. Unter den Missionaren sind im Zusammenhang mit der MV und ihrer Förderung besonders Pierre-Marie Bataillon (1810—77) und der hl. Pierre-Louis-Marie (1802/03—41) hervorzuheben. Auf Samoa wurden die Mfrömmigkeit und v. a. das Rosenkranzgebet durch den Häuptling Joseph Mataafa († 1912) gefördert. Auch Jean-Baptist Bréheret (* 14. 6. 1815 in La Chapelle-Aubry/Angers, 1842 SM, 1842 Priester, 1843 auf die Fidschi-Inseln, † 12. 8. 1898 in Leouka) der Missionar der Fidschi-Inseln, pflegte das Rosenkranzgebet besonders. Die Insel Lo Mary wurde immer mehr zum Wallfahrtszentrum der ganzen Inselgruppe. Auf der Insel Rotuma wurde eine Lourdesgrotte (um 1870 errichtet) zu einem Pilgerzentrum. Die Insel sei durch die Fürsprache der GM vor den früher häufigen und schrecklichen Springfluten bewahrt geblieben.

Auf Port Sandwich (Neu Hebriden) gewinnt eine durch Jean-Nestor Pionnier (* 26. 2. 1841 in Bouxieres-sous-Froudmont/Grenoble, 1850 SM, 1865 Priester, 1869 nach Ozeanien, † 11. 5. 1930 in La Concepción) errichtete Lourdesgrotte immer mehr an Bedeutung.

Die Mission auf Neukaledonien hatte bei ihrer Gründung ungeheure Schwierigkeiten zu überwinden, was bei den Missionaren ein großes Vertrauen in die Fürsprache der GM weckte und auch in dem Beinamen von Guillaume M. Douarre (* 16. 12. 1810 in La Forie, Puy-de-Dôme/Clermont, 1842 SM, 1834 Priester, 1842 Koadjutor von Bischof Bataillon, 1847 Apost. Vikar von Neukaledonien, † 27. 6. 1853 in Puebo) zum Ausdruck kommt, den man den »kleinen Bischof der allerseligsten Jungfrau« nannte.

Pierre Rougeyron (* 1. 4. 1817 in Cebazat/Clermont, 1841 SM, 1843 Priester, 1843 nach Neukaledonien, † 14. 11. 1902 in Balda) faßte die Christen, die einer blutigen Verfolgung entronnen waren in dem Dorf »La Concepción« zusammen, das heute der eigentliche Mwallfahrtsort der Insel ist. Die Kathedrale in Numéa wurde 1893 der Immaculata geweiht; das Gnadenbild ULF von Lourdes wurde gekrönt und mit kostbaren Weihegaben bedacht. Zahlreichen Votivgaben bezeugen die Hilfe Ms in Krankheiten und Seenot. Auch ULF von La Salette wurde in Neukaledonien viel verehrt, namentlich auf den Loyauté- und Belepinseln. Durch Bischof Joseph →Leray erhielten die Gilbert-Inseln der Beinamen »Rosenkranzinseln«. Auf Apajag wurde einen Kirche ULF vom Rosenkranz errichtet und auf Majana eine Lourdeskirche.

Die Marianen sind nicht nach der GM benannt, sondern nach Mariana de Austria (María Ana Teresia de Austria; 1634—96). Die Evangelisierung der Inseln wurde durch Diego Luis de Sanvítores (* 12. 11. 1627 in Burgos, 1640 SJ, 1651 Priester, 1660 nach Mexiko, 1665 in Madrid, 1668 beginnt er mit 5 Gefährten die Mission auf Guam, † 2. 4. 1672 als Märtyrer auf der Saipan) begonnen. Besonders verbreitet ist dort die Verehrung der Immaculata. Jede Marianen-Insel wurde unter einen besonderen marian. Titel gestellt. Es gibt auf den Inseln auch einige bekanntere Pilgerstätten zu Ehren Ms: Auf Guam ist eine Immaculatastatue aus Korallen das Ziel vieler Pilger. In Garapan, dem Hauptort der Insel Saipan, wird ULF vom Berge Karmel verehrt und etwa 7 km entfernt davon in Tarnapag das Gnadenbild »NS de Remdios«. Auf der Insel Rota beten die Gläubigen besonders zu »ULF vom Licht«, deren Bild, das D. L. Sanvítores aus Mexiko mitgebracht haben soll, angeblich von einem Taifun vernichtet wurde. Das jetzige einfache Ölbild (50 x 30 cm) hat wohl der Augustinermönch Crisógono Ortín del Sagrado Corazón de Jesús nach einer Kupferstichvorlage aus Manila gemalt. Es zeigt M mit einer brennenden Kerze in der Hand auf einer lichten Wolke von Engeln umgeben; auf ihrem linken Arm trägt sie das segnende Jesuskind. Der Fürbitte

Ms wird die Errettung der Insel aus dem Erdbeben von 1762 zugeschrieben. Mit Liedern, einer jährlichen Danknovene und einem ewigen Licht vor dem Gnadenbild danken die Gläubigen für die Hilfe Ms. Am Ende der Novene (22. Mai) werden Freudenfeuer auf der Insel angezündet. Das Öl für die Ewige-Licht-Lampe kommt von einem 14 Hektar großen Hain mit Kokospalmen, der »Kokosplantage ULF«.

Ein Specificum der marian. Frömmigkeit im ozeanischen Bereich, ist v. a. die Vertrauenshaltung der Gläubigen zu M. Vielfach tragen sie Mmedaillen als äußeres Zeichen ihres Christseins und ihres Bekenntnisses zur kath. Kirche.

Die Evangelisierung in O. war immer aufs engste mit dem Rosenkranzgebet verbunden. Das Eindringen in die christl. Botschaft erfolgte über den Rosenkranz und vielfach wurde der Familienrosenkranz eingeführt. Marian. Frömmigkeit führten im Ozeanischen Raum zur Auseinandersetzung zwischen kath. und ev. Christen, die auch starke apologetische Züge trägt. Ein herausragendes Zeugnis dafür ist der Große Katechismus von Georg →Eich, dem Begründer der Mission auf den Cookinseln.

Auffallend ist, daß bei der Vielfalt des künstlerischen Ausdruckes in O., das in anderer Ethnokunst schnelle Aufgreifen marian. Themen, nur vereinzelt, spärlich und spät erfolgt, zumal gerade europäische Künstler dort Anregungen und Quellen für ihr eigenes Schaffen suchten und fanden (z. B. Paul → Gauguin). Dabei ist zu bedenken, daß Figuren und Schnitzwerke eine enge Verbindung zu überlieferten Mythen und rel. Inhalten haben. Die Verbindung von Kunst und Religion bezieht sich aber keineswegs auf die künstlerische Gesamtdarstellung der mythischen Kerngedanken. Einzelne Merkmale der rel. Gedanken, archetypische Szenen der mythischen Handlungen und Kennzeichen der verschiedenen mythischen Heroen werden hier in Symbole umgesetzt. Und diese Symbole erscheinen als Ornamentformen und Stilmerkmale an den Skulpturen und anderen Kunstwerken. Ihre wahllose Zusammensetzung an einem Kunstwerk unterliegt nicht Gestaltungsprinzipien und logischen Gesetzen. So erscheinen die Symbole auch nicht nur an Kult- und Ahnenfiguren, sondern ebenso als Ornamente an Gebrauchsgegenständen. Also nicht die Gesamtheit eines Kunstwerkes ist auf einen mythischen Hintergrund zurückzuführen, sondern nur die Einzelteile, aus denen es zusammengesetzt ist. Dieses Phänomen läßt dem Eingeborenen-Künstler die Freiheit zur individuellen Gestaltung und bindet ihn nicht an den Überlieferungskanon. Es ermöglicht den Übergang von der überlieferten zur christl. Kunst und schafft eine Rückbindung an die überlieferte rel. Welt.

Ordensgründungen mit marian. Namen: Fidschi-Inseln: Sisters of Our Lady of Nazareth (Diözese Suva), 1891 durch Julien Vidal (* 12. 1846 in Villeconital/Rodez, 1868 SM, 1871 Priester, 1872 nach Samoa, 1887 Apost. Vikar der Fidschi-Insel, † 2.4.1922 in Cawaci) gegründet. — Brothers of St. Joseph of Suva, 1958 in Cawaci auf der Insel Ovalau begonnen, am 11.2.1959 von den Bischöfen von Tonga, Samoa und Fidschi gutgeheißen. — Pazifik-Inseln: Daughters of Mary Immaculate of Visale (Diözese Honiara/Salomon-Inseln), 1932 zunächst als »Pia Unio« von Louis Raucaz (* 1.2.1878 in Varrens/Chambéry, 1910 SM, 1902 Priester, 1903 nach Ozeanien, 1920 Apost. Vikar der Süd-Salomonen, † 22.7.1934 in Sydney) gegründet, 1946 dann als Orden. — Petites Filles de Marie (Diözese Nouméa, Neukaledonien), 1875 von Ferdinand Vitte (* 4.11.1824 in Cornoz, Ain/Belley, 1845 SM, 1873—80 Apost. Vikar von Neukaledonien, † 9.12.1883 in Cornoz) gegründet. — Frères de Notre Dame Auxiliatrice (Diözese Nouméa, Neukaledonien) 1930 von Joseph Pochon (* 19.3.1870 in Le Bodeo/St-Brieuc, 1895 SM, 1897 Priester, 1897 nach Ozeanien) als »Pia Unio« unter dem Namen »Petits Frères Auxiliaires de Marie« gegründet, 1962 als Orden.

Marian. Literatur: Guam (in Chamorro): Román María de Vera, Novena de NS de los Dolores, 1920. — Novena a la Purísima, 1922/23. — Novena de NS de la Paz y del Buen Viaje, 1923. — Novena de NS de Guadalupe, 1929. — Novena de NS de Lourdes, 1929. — Novena de NS de la Asunción, 1929. — El Mes de María, 1929. — Novena al dulce Nombre de María, 1929. — Archicofradía de las Hijas de María, 1929. — Novena de Animas y Triduo a la Santísima Virgen, 1934. — Novena al Niño Jesús, 1928. — Novena a S. José, 1928. — Los siete Domingos de S. José, 1928. — Fidschi (in Fidji): Ai kadua ni novena me vakarautaka na siga ni tubu imakulata (Erste Novene zur Immaculata). — Na Rosario I Maria. Sa Tabaki Mai Levuka, Viti 1896. — Gilbertsprache: Alexandre-Marie Cochet und Etienne van de Zande, Karakin Kaotin Nei Maria I Lourdes (Geschichte ULF von Lourdes), Gilbert Islands 1912. — Samoa (in Samoa): Amand Lamaze, O le masina o Malia (Mmonat), 1887. — Neu-Pommern (in Tuna): Bernhard Bley, Maimonat (Andachten für jeden Tag; Ms.). — Lurde (Erscheinungen in Lourdes; Ms.), 1920. — Joseph Bender, A quai kai Ia Maria, 1918 (Maimonat). — Otto Meyer, A niarig bugbug u tai na Imakulata, Vunapope 1918. — Karolinen: Juan de Torres Díaz, Nobenan NS de la Konsolacion, Hongkong 1917.

Lit.: C. V(imal), Mgr Douarre, évêque d'Amata. Essai de sa vie et de son apostolat à la Nouvelle-Calédonie, Grangier 1859. — Le Saint Rosaire dans les familes canaques catholiques aux îles Sandwich, In: L'Oeuvre du Père Damine 5 (1898/99) 179—187. — A. Deniau, Notice sur le R. P. Jean-Baptiste Bréhéret SM, préfet apostolique des Fidji (1844—98), Chartres 1900. — P. Chatelus, ND de Fourvière et la Piété lyonniase, Lyon 1902. — J.-N. Pionnier, Une page de l'Histoire des Temps Héroiques de la Mission de Calédonie et le Sanctuaire de l'Immaculée-Conception. Ouvrage Couronné par l'Académie de Lyon (Séance du 30 mai 1911), Lyon 1911. — Father Bachelot Memorial Review. Published for The Benneft of The Bachelot Memorial Hall Building Fund, 1922. — L. Robert, La Choix du Missionnaire & le Drapeau de la France Monsiegneur Douarre. Premier Vicaire Apostolique de la Nouvelle-Calédonie. Grâce à son influence se donne à la France, 1922. — I. Alzard, Origine de nos missions polynésiennes. La part de Marie et de l'Eucharistie, In: Annales des Sacrés-Coeurs (1929) 116—124. 160—164. — G. Deyrieux, La Sainte Vierge et les Missions, 1946. — A. Freitag, Dich preisen die Völker, 1954. — Manoir V 483—493. — C. Lopinot, Die Karolinenmission der span. und dt. Kapuziner, 1886—1919. Zusammengestellt nach den Jahresberichten, 1964. — F. X. Hezel, Catholic Missions in the Caroline and Marshall Islands. A Survey of Historical Materials, In: Journal of Pacific History 5 (1970) 213—227. — A. Cools (Hrsg.), Hilarion Lucas, Histoire de la Mission des Iles Sandwich ou Hawaii, 1979. — M. C. de Mijolla (Hrsg.), Les Pionnièrs Maristes en Océanie aux origines des soeurs missionnaires de Société de Marie 1845—1931, 1980. — Ch. W. Forman, The Island Churches of the South Pacific. Emergence in the Twentieth Century, 1982.

H. Rzepkowski

P

Pacchioni, Antonio Maria, getauft 5.7.1654 in Modena, † 15.7.1738 ebd., ital. Komponist, erhielt eine umfassende theoretische und praktische musikalische Ausbildung. 1677 zum Priester geweiht, wurde er zwei Jahre später zur mensa communis von S. Carlo, dem Verband der Priester-Musiker in Modena, zugelassen. 1694 trat er die Stelle des Domkapellmeisters in seiner Heimatstadt an. Zusätzlich übernahm er 1699 den Posten des Vize-Kapellmeisters und 1722 des Kapellmeisters am Hof der d'Este, was ihm in der Folge einige Probleme mit dem Domkapitel eintrug.

P.s a cappella-Werke weisen ihn als Meister des Kontrapunktes aus, aber auch im stile concertato war er zu Hause. Padre Martini lobte ihn als Experten der kunstvollen Modulation. Seine Oratorien, darunter Sant-Antonio abbate und la gran Matilde d'Este, gehören zu den frühesten in Modena aufgeführten Beispielen dieser Gattung. P. verfaßte Motetten, Hymnen, Meß-Sätze, ein Requiem, weltliche Vokalmusik und 1713 ein Magnificat.

Lit.: G. Roncaglia, La cappella musicale del duomo di Modena, 1957. — MGG X 537f. — Grove XIV 43f. *C. Wedler*

Pace, Pietro, * 1559 in Loreto, † 15.4.1622 ebd., ital. Komponist und Organist. P. war 1591/92 und wieder 1611—22 Organist an der S. Casa in Loreto. Seine Aktivitäten in der Zeit dazwischen sind weitgehend unbekannt. 1597 wirkte er als Organist in Pesaro, er hielt sich zeitweise in Rom auf und stand in Diensten des Giuliano della Rovere von Urbino. Die engen Kontakte zu dessen Familie dokumentiert auch das Intermedium L'Ilarocosmo, das zur Hochzeit des Federico Feltrino della Rovere mit Claudia de' Medici 1621 entstand.

P. verfaßte seine Werke, von denen viele verloren sind, zunächst im Stil der prima prattica, später dann der seconda prattica, wobei eine ad-libitum-Behandlung der Stimmzahl und des Einsatzes instrumentaler Vor- und Zwischenspiele charakteristisch ist. Aus seiner Feder stammen 11 Motetten-Bücher, Psalmen, Madrigale sowie (nicht erhalten) ein Magnificat und Litanie.

Lit.: G. Tebaldini, P. P., In: Rassegna marchigiana 1 (1922) 61. — A. Einstein, The Italian Madrigal, ²1971. — MGG X 538f. — Grove XIV 44f. *C. Wedler*

Pacelli, Aspirilio, * 1570 in Vascanio bei Narni, † 4.5.1623 in Warschau, ital. Komponist. Die frühesten Zeugnisse über P. belegen seine Anstellung an der Kirche S. Maria de Monserrato in Rom von September 1589 bis September 1593. Ab 1594 wirkte er an Trinità dei Pellegrini, ab 1595 als maestro di capella am Collegio Germanico, 1602 bekam er einen Kapellmeisterposten an der Peterskirche. Danach verließ er Italien und trat 1603 in die Dienste des poln. Königs Sigismund III. als Leiter der damals in Europa hoch geschätzten Königlichen Kapelle in Warschau. Diese Position behielt er bis zu seinem Tode. P. wurde in S. Jan, der heutigen Kathedrale Warschaus, beigesetzt und mit Marmorepitaph und -büste vom König geehrt.

In P.s Werken sind Einflüsse der Venezianischen und Röm. Schulen spürbar, strenge Polyphonie wird durch lebhafte Rhythmik aufgelockert. Zahlreiche zeitgenössische Drucklegungen und Kopien seiner Kompositionen in Deutschland und Nordeuropa beweisen seine Beliebtheit. Neben Motetten, Psalmen, Messen und Madrigalen verfaßte er ein Magnificat (1600).

Lit.: G. Vecchi, La »Dota schola« di A. P., primo incontro con la musica italiana in Polonia: dal Rinascimento al Barocco, 1969. — MGG X 539f. — Grove XIV 45f. *C. Wedler*

Pacheco, Francisco (eigentlich F. Perez), getauft 3.11.1564 in Sanlúcar de Barrameda, † 1654 in Sevilla, span. Maler, Kunstschriftsteller und Dichter der Spätrenaissance und des Manierismus. Früh verwaist lebt er bei seinem Onkel F. Pacheco, dessen Namen er annimmt. Der Pflegevater führt ein reges kulturelles Leben, was dem jungen P. Kontakte zu den führenden Künstlern und Gelehrten Sevillas ermöglicht. Die Malerlehre erhält er ab 1580 bei Luis Fernández; dort kopiert er vor allem Pedro de Campaña und Luis de Vargas. Gleichzeitig treibt P. intensive lit. Studien. In seiner Kunst orientiert er sich besonders an Italien und den Niederlanden — ein Studienaufenthalt in diesen Ländern ist allerdings nicht nachweisbar. Die Kenntnis der Werke dürfte er sich jedenfalls über Stiche und Zeichnungen verschafft haben, die er auch selbst rege sammelt. 1610 tritt Diego Velazquez in seine Werkstatt ein, der 1618 die Tochter des Meisters heiratet. 1611 reist P. wahrscheinlich das erstemal nach Madrid und Toledo — ein Besuch der Hauptstadt im Jahre 1585 bleibt fraglich — wo er mit El Greco zusammentrifft. Seine traditionalistische Haltung und die allseits bekannte umfassende Kenntnis der Heiligendarstellungen bringen ihm 1618 die Ernennung zum Gemäldezensor der Inquisition ein. 1623 begibt sich P. zusammen mit dem inzwischen selbständigen Velazquez erneut nach Madrid. Philipp IV. ernennt noch im selben Jahr beide zu Hofmalern. P. kehrt 1625 nach Sevilla zurück, das er bis zu seinem Tod nicht mehr verläßt.

Das künstlerische Oeuvre umfaßt Altarretabeln und Einzelbilder mit atl., ntl., marian. und profanen (myth.) Themen sowie die Darstellung von Heiligen. P. arbeitet auch etliche farbige Fassungen für Plastiken Sevillaner Zeitgenossen. Besonders in der Gattung des Porträts weist er seine größten Leistungen auf, die auch in eines seiner wichtigsten lit. Werke, dem »Libro de los Retratos« (Buch der Bildnisse) von 1599 — eine Zusammenstellung von Lebensbeschreibungen berühmter Zeitgenossen mit 170 Porträtzeichnungen — eingingen. Eine Summe seines Denkens und Lebens veröffentlicht er 1649 in »El Arte de la Pintura«.

P. gilt als einer der letzten sog. Romanisten, d.h. der an der ital. Hochrenaissance geschulten span. Maler. Seine Stilentwicklung verläuft relativ homogen mit wenigen größeren Umbrüchen. In der Lehrzeit hält er sich an die spätmanieristische ital.-flämisch beeinflußte Grundströmung der span. Romanisten, die durch monumentale Gestalten mit solider anatomischer Struktur gekennzeichnet ist, welche jedoch Divergenzen im Zusammenhang der Gesten und des Ausdrucks aufweist. In der Zeit bis zu seiner ersten Madridreise sind die Werke in der Farbgebung konventionell und im formalen Aufbau typische Beispiele der Kunst der Gegenreformation in Spanien.

Nach dem Kontakt mit den königlichen Sammlungen in der Hauptstadt und den Treffen mit Greco werden die Bilder freier, lebendiger und in der Technik weniger penibel. Der internat. Tendenz folgend tritt ein starker Hell-Dunkel-Aufbau in der Lichtführung in den Vordergrund. Die schärfere Kontrastierung der Lichtwerte geht parallel zu einem größeren Realismus in der Figurenschilderung. Die volle Reife seines Stiles erreicht P. gegen 1624: Er malt jetzt farblich noch intensiver und im Figurenaufbau bewegter. Diese Barockisierung der Kompositionen beginnt aber ab 1630 in expressiven Formeln und trockener manieristischer Farbgebung zu verharren. Die letzte Stilphase scheint eine traditionalistische Gegenposition zu den dynamisierten Erfindungen der gleichzeitigen hohen Sevillaner Malschule darzustellen.

Marian. Themen hat P. ungleichmäßig gearbeitet. Neben einigen Szenen aus dem Leben Ms (Verkündigung, Anbetung der Könige, Kalvarienberg) und Heiligenvisionen schuf er v.a. Bilder der Jungfrau mit Kind und das typische Mbild des span. Barock, die »Immaculada Concepción«.

Die frühe Verkündigung (Sevilla, Santiago, 1602) ist lehrbuchhaft gebaut und zeigt die Gestalten eckig, im Gesichtsausdruck kühl reserviert mit theatralischer Gestik. Der gleiche Inhalt 1623 behandelt (Sevilla, Rektorat der Universität) markiert den weiten Weg P.s bis zu seinem Höhepunkt: Sowohl M als auch Gabriel erscheinen glaubwürdiger im Sentiment wie der verhaltenen Gestik in diesem stillen Thema. Licht, Konturen und Figurenvolumen sind um etliches weicher vorgetragen als zur Zeit vor der ersten Madridreise.

Beim Bildtyp der UE läßt sich Entsprechendes beobachten. Wirkt die Immaculata von 1610

F. Pacheco, Immaculata, 1624, Sevilla, San Lorenzo

(Pamplona, Universität von Navarra) noch distinguiert hieratisch in schulmäßig zusammengestellten Formen, die die Volumina steif erscheinen lassen, so tritt nach 1611 eine Tendenz auf, die die Mfiguren geschmeidiger, obzwar weiterhin im konventionellen Gewandrahmen, und auch ausdrucksstärker zeigt (Sevilla, Erzbischöflicher Palast, 1615/20). Die knapp spätere Immaculata mit Vázquez de Leca (Sevilla, Sammlung Marqués de la Reunión, 1621) bringt schließlich letztmals diesen herkömmlichen Typ: M überragt mit dem Umhang wie in einer Gewandhülle schlank die Szenerie. Die manieristisch geprägte Gegenbewegung von Kopfwendung und gefalteten Händen wirkt immer noch künstlich im Verhältnis zum intensiveren Gesichtsausdruck der Jungfrau.

Dieser Bildaufbau hat keine Zukunft, so daß P. während seines zweiten Madridaufenthalts den Anschluß an die neuartige Auffassung der demütig sich ergebenden mädchenhaften Jungfrau sucht. Die Immaculata von San Lorenzo in Sevilla (1624) gibt diesen Neuansatz des Künstlers. M ist gedrungener gebaut und füllt ihr Gewand besser aus. Die durchscheinenden Knie unterstreichen die Demutshaltung der GM, deren verinnerlichte Empfindung stärker durch die gleiche Richtung des gesenkten Blicks und der vor der Brust gekreuzten Arme zum Ausdruck kommt. Jede manieristische Drehung ist aufgegeben zugunsten einer bewegteren und expressiveren Gestalt, die den sie umgebenden Raum auch voluminöser mitbestimmt. Die sich in diesem Bild ankündigende barocke Immaculata der Sevillaner Malerschule des 17. Jh.s dürfte jedoch P. nicht gelegen haben. Ab 1630 ist keine Behandlung dieses Themas durch den Meister mehr bekannt. P. hat in seinen späten Jahren letztlich den Anschluß an die neu auftretenden Tendenzen nicht mehr vollzogen.

Lit.: J.M. de Asensio y Toledo, F.P. Sus obras artisticas y literarias, Sevilla 1867. — C. Justi, D. Velazquez und sein Jh., Bonn 1888. — A.L. Mayer, Die Sevillaner Malerschule, Leipzig 1911. — Ders., Geschichte der span. Malerei, Leipzig 1913. — I. Rodriques Marin, F.P. Maestro del Velazquez, 1923. — E. Valdivieso und J.M. Serrera, Historia de la Pintura Español V, 1985. *N. Schmuck*

Pachelbel, Johann, * 1.9.1653 (Taufe) in Nürnberg, † 9.3.1706 (Beerdigung) ebd., Komponist und Organist. Ersten Unterricht erhält der begabte P. bei den besten Musikern seiner Heimatstadt. 1669 studiert er knapp ein Jahr an der Universität in Altdorf, wo er auch den Organistendienst in St. Lorenz versieht. Wegen Geldnöten der Eltern geht P. als Alumnus nach Regensburg, wo er bei Kaspar Pretz Unterricht nimmt. 1677 wird er als Hoforganist nach Eisenach berufen, wo er mit Mitgliedern der Familie Bach befreundet war. Im Jahr darauf wird er Organist an der Predigerkirche in Erfurt. Hier unterrichtet er Johann Christoph Bach, den ältesten Bruder und Lehrer Johann Sebastians. Seine erste Frau und ein Sohn sterben an der Pest. Aus der zweiten Ehe stammen sieben Kinder, unter ihnen die beiden musikalisch begabten Söhne Wilhelm Hieronymus und Carl Theodorus, der später nach Amerika auswandert. 1690 geht P. als Hoforganist an den Württembergischen Hof nach Stuttgart. Wegen kriegerischer Unruhen flieht er schon im nächsten Jahr in seine Heimatstadt. 1692 wird er Stadtorganist in Gotha. Trotz verschiedener Angebote (bis aus England) geht P. 1695 wieder nach Nürnberg und wird Organist an der Sebalduskirche. Seine zahlreichen Schüler verbreiten sein Ansehen durch ganz Deutschland.

Die größte Bedeutung P.s liegt auf dem Gebiet der Orgelmusik. Neben unzähligen choralgebundenen und freien Orgelstücken hat P. an die 100 Magnifikat-Fugen als Vorspiele für das ₥lob bei den Vespergottesdiensten in der Sebalduskirche komponiert. Einige orientieren sich an der jeweiligen Psalmodie, andere sind frei gestaltet. Von P. sind außerdem Kammermusik und Vokalmusik erhalten, darunter 13 Magnifikat, in denen er den Gipfel seines Schaffens erreicht. In frischer unkomplizierter Weise sind imitatorischer Stil und Homophonie aufs engste miteinander verbunden.

Lit.: K. Mattaei, J.P. zu seinem 300. Geburtstag, In: Musik und Gottesdienst 7 (1953) 129 ff. — H. J. Moser, J.P. zur 300. Wiederkehr seines Geburtstags, In: Musik und Kirche 23 (1953) 82 ff. — F. Krummacher, Kantate und Konzert im Werk J.P.s, In: Mf 20 (1967) 365 ff. — Ders., Die Choralbearbeitung in der prot. Figuralmusik ..., 1978. — MGG X 540—552. — Grove XIV 46—55. *J. Schießl*

Pacher, Friedrich, Tiroler Maler der Spätgotik, * um 1440/45 bei Brixen, † (nach) 1508 wohl in Bruneck. Sein Wirken ist eng mit dem seines Lehrers Michael →Pacher verbunden, doch ist eine Verwandtschaft der beiden Künstler nicht zu belegen. Als Maler ist P. erstmals in den vermutlich 1468 entstandenen Fresken von St. Paul im Lavanttal (Vierpässe und Schlußsteine) faßbar. Zu Beginn der siebziger und Anfang der achtziger Jahre sind Italienreisen anzunehmen. 1474 ist P. erstmals als Bürger von Bruneck genannt. Um 1478 dürfte er eine eigene Werkstatt gegründet haben. 1489—92 war er in Bruneck Kirchenpropst, 1503—08 Stadtrichter.

Die Stärke P.s lag in der Freskomalerei. Geprägt war seine Kunst von Michael P., mit dem er auch über die Lehrzeit hinaus in Kontakt blieb (vgl. die Zusammenarbeit am Altar in St. Wolfgang), von den Stichen des →Meisters E. S., die ihm oft als eindeutige Vorlage dienten, und von der oberital. Malerei. Die Neuerungen der Renaissance blieben ihm letztlich fremd. Viele Werke P.s entstanden in Zusammenarbeit mit dem aus seiner Werkstatt hervorgegangenen sog. Meister des Neustifter Barbaraaltars.

Das einzige durch Inschrift signierte und datierte Werk P.s ist der heute in Einzelteile zerstreute, an Ostern 1483 vollendete Johannesaltar der Heiliggeist-Spitalkirche in Brixen. Die Flügel eines aus den frühen 1790er Jahren stammenden ₥altars befinden sich im Tiroler Landesmuseum Ferdinandeum, Innsbruck. Ein wenig später entstandenes Fresko an der Fassade der Bozener Pfarrkirche zeigt ₥ mit Kind auf schmuckvollem Thron vor freier Landschaft. Gegen 1500 schuf P. als sein letztes Hauptwerk die Fresken im Kreuzgang des Dominikanerklosters in Bozen. Sie zeigen u.a. Szenen aus dem ₥leben: Verkündigung (in Form der mystischen Einhornjagd), Heimsuchung und Geburt Christi. Weitere P. zugeschriebene ₥darstellungen sind: ₥ mit Kind und hl. Anna Selbdritt (St. Paul im Lavanttal, Stiftskirche, wohl 1468), Schlußstein mit ₥ mit Kind (Neustift bei Brixen, alte Sakristei, um 1475), ₥ mit Kind (Montal, St. Margaretha, 1482) sowie ₥ und Johannes unter dem Kreuz vor Landschaft (unter Mitarbeit des Barbarameister; La Val/Wengen, St. Barbara, wohl kurz nach 1490).

Lit.: R. Stiassny, Urkundliches über F.P., In: Repertorium für Kunstwissenschaft 23 (1900) 38 ff. — R. Salvini, Una nuova opera di F.P. e alcune conclusioni sulla cronologia del pittore, In: Le Arti 17 (1938/39) 187. — N. Rasmo, Michael P., 1969, passim. — E. Herzig, F.P. und sein Kreis, Diss., Wien 1973. — E. Oberhaidacher-Herzig, Ein neuentdeckter Freskenzyklus F.P.s und sein Zusammenhang mit der rheinisch-elsässischen Glasmalerei, In: Österr. Zeitschrift für Kunst und Denkmalpflege 40 (1986) Heft 3/4, 189 ff. *E. G. Trapp*

Pacher, Michael, Tiroler Maler und Bildhauer der Spätgotik, * gegen 1435 wohl im Raum Bruneck (Pustertal), † 1498 in Salzburg. Nach einer ersten Ausbildung in der Heimat müssen zwischen 1450 und 1455 Lehrjahre in Padua, dem damals wichtigsten Kunstzentrum Oberitaliens,

M. Pacher, Tod Marias, 1471—81, Tafel des Wolfgangaltars

angenommen werden. Als frühestes gesichertes Werk gilt ein bemalter Schlußstein der Kirche von Issing bei Bruneck. 1467 ist P. erstmals als Bürger und Werkstattinhaber in Bruneck erwähnt. Um 1470 unternahm er vermutlich eine Reise an den Niederrhein. Seit 1495 lebte er in Salzburg.

Auf Grund seiner Doppelbegabung als Maler und Bildschnitzer war P. prädestiniert zur Schaffung von Flügelaltären. Stilistische Einflüsse der ital. Renaissance verraten bereits die beiden kleinen, wohl noch in den fünfziger Jahren entstandenen Tafeln eines Thomas-Becket-Altars (Graz, Joanneum). Das erste Hauptwerk ist der Altar von St. Lorenzen, an dem P. 1462 gearbeitet haben muß (heute verstreut, Schreinfigur der thronenden GM noch am Ort). 1471 unterzeichnete P. die Verträge zum Bau der Flügelaltäre von Gries bei Bozen und St. Wolfgang im Salzkammergut. Letzterer ist der einzige vollständig am ursprünglichen Ort erhaltene Flügelaltar P.s. Zentrales Thema dieser beiden Altäre ist die Ⓜ︎krönung. P. wählte dabei den Typus der knienden Madonna, wodurch der Gedanke der Intercessio betont wird. Stilistisch war P. bemüht, die Figuren zu einer Gruppe verschmelzen zu lassen. Am Altar von St. Wolfgang ist die Szene von einem von Engeln gehaltenen Tuch hinterfangen. Die Flügelreliefs des Grieser Altars zeigen Verkündigung und Anbetung des Kindes durch die Könige in genau definierten Räumen (Säulenhalle bzw. Stall). Wohl gegen Ende der siebziger Jahre entstand der sog. Kirchenväteraltar als Höhepunkt im malerischen Schaffen P.s (ursprünglich Neustift bei Brixen, heute München, Alte Pinakothek). 1484 begann P. sein größtes Werk, den Hochaltar für die Salzburger Pfarrkirche (heute Franziskanerkirche). Erhalten sind davon nur wenige Stücke, so die thronende GM mit dem Kind auf dem Schoß. Sie entspricht, wie schon die Madonna in St. Lorenzen, dem Typus der Trauben-Madonna. Stilistisch beeindruckt sie durch die Klarheit der Komposition und die großzügige Faltenführung. P.s Verdienst war es, die Tiroler Spätgotik mit den Errungenschaften der Renaissance zu verknüpfen.

Von P. sind folgende Tafelbilder mit marian. Thematik erhalten: Verkündigung und Tod Ⓜ︎s vom ehem. Altar von St. Lorenzen (München, Alte Pinakothek, um 1452), Krönung Ⓜ︎s (die kniende Ⓜ︎ wird von der Trinität gekrönt, ebd., 1470—80), Szenen aus dem Ⓜ︎leben am Altar in St. Wolfgang (1471—81), Vermählung Ⓜ︎s (Fragment vom Salzburger Altar, Wien, Österr. Galerie, 1484—97).

Lit.: J. v. Allesch, M. P., 1931. — N. Rasmo, M. P., 1969. — E. Egg, In: Ders., Kunst in Tirol. Baukunst und Plastik, 1970, 286 ff. — G. Goldberg, Zu M. P.s Kirchenväteraltar in der Alten Pinakothek, In: Pantheon 3 (1979) 263 ff. — H. Stampfer und H. Walder, M. P. in Bozen-Gries, 1980. — M. Koller und N. Wibiral, Der Pacher-Altar in St. Wolfgang, 1981. *E. G. Trapp*

Pachschmidt, Carolomannus, OSB, * 28. 8. 1700 in Eisenstadt, † 8. 3. 1734 in Wien, österr. Komponist. 1721 trat P. in das Schottenkloster in Wien ein. Aus demselben Jahr stammt ein Introitus zum Ostersonntag, sein erstes bekanntes Werk. Zwei Jahre später erhielt er die Priesterweihe und wurde in der Nachfolge von Fux, den er bewunderte, Organist und Leiter des Chores. Besonders nach 1728 entfaltete er eine rege Tätigkeit als Komponist, u. a. verfaßte er 1729 eine Serenade zum Geburtstag des Abts, 1730 und 1733 die Musik zu Dramen für die Lateinschule sowie drei Wochen vor seinem Tod ein Ave Regina Coelorum für Sopran und Orgel. Weitere marian. Werke sind der Introitus De Immaculata Conceptione und die Motetten Alma Redemptoris Mater, Regina coeli, Ave Regina, Stabat Mater.

P.s sehr persönlicher Stil zeichnet sich durch die Fähigkeit aus, volkstümliche Melodien zu erfinden und tiefe Gefühle auszudrücken. Sechs seiner zwölf Messen sind noch in traditioneller polyphoner Technik verfaßt, die übrigen schrieb er im moderneren homophonen Stil.

Lit.: G. Reichert, Zur Geschichte der Wiener Messenkomposition in der ersten Hälfte des 18. Jh.s, Diss., Wien 1935. — MGG X 552 f. — Grove XIV 55 f. *C. Wedler*

Pacianus, Bischof von Barcelona, † vor 392; wird von Hieronymus (Vir. ill. 106) als eifriger Seelsorger und angesehener, auch klassisch gebildeter Schriftsteller charakterisiert, was die erhaltenen Werke bestätigen. Es sind drei Briefe gegen Sympronianus, einen Novatianer erhalten; diese Briefe und die kurze Abhandlung »Paraenesis sive exhortatorius libellus ad paenitentiam« sind wertvolle Quellen für die Bußgeschichte.

Die Predigt »De baptismo« spricht von der Erneuerung und Reinigung der Menschen in Glauben und Taufe und bezeugt die Erbsündenlehre.

P. erwähnt ᛦ bei drei Gelegenheiten. Die erste ist sehr kurz und findet sich in seinem Werk über die »Ermahnung zur Buße«. P. stellt die Reue Davids dar und nennt ihn in diesem Zusammenhang Vater ᛦs: »Hier ist das Bistouri des Propheten: Auch jetzt noch — Spruch des Herrn:/ Kehrt um zu mir von ganzem Herzen/ mit Fasten, Weinen und Klagen.// Zerreißt eure Herzen, nicht eure Kleider,/ und kehrt um zum Herrn, eurem Gott. (Joël 2,12—13). Fürchtet diese Wunde nicht, Geliebte: David hat ihr widerstanden; er fiel nieder in der gemeinen Asche, erniedrigt mit einem rauhen Sack ... Der Vater Mariens erkannte sein Mißgeschick und sein Elend« (Paraenesis ad paenitentiam 9).

Die zweite Stelle befindet sich in seiner Abhandlung über die Taufe (De baptism 3) und konzentriert sich auf die Geburt Christi aus der Jungfrau, so wie sie Jesaja prophezeit (Jes 7,14). Schließlich stellt P. im selben Werk eine interessante theol. Überlegung über die Menschwerdung an: »Am Ende der Zeiten erhielt Christus eine Seele und zugleich einen Körper von Maria; er kam, um diese Welt zu retten, er erlöste sie aus der Macht der Sünde, er begrub sie nicht in der Hölle, er vereinte sie mit dem Geist und machte sie sich zu eigen. Das ist die Vermählung des Herrn, die ihn in einem Fleisch verband, damit sie nach jenem großen Sakrament (= Geheimnis) zwei in einem einzigen Fleisch seien, Christus und die Kirche. Aus dieser Vermählung wird das Christenvolk geboren« (De baptismo 6). Den Schlüssel zu diesen feinsinnigen Überlegungen liefert der hl. Paulus in Eph 5,23—26: »Denn der Mann ist das Haupt der Frau, wie auch Christus das Haupt der Kirche ist; er hat sie gerettet, denn sie ist sein Leib. Wie aber die Kirche sich Christus unterordnet, sollen sich die Frauen in allem den Männern unterordnen. Ihr Männer liebt eure Frauen, wie Christus die Kirche geliebt und sich für sie hingegeben hat, um sie im Wasser und durch das Wort rein und heilig zu machen«. Da also die Kirche »Körper Christi« ist, d.h. Vereinigung von Christus und der menschlichen Natur, ist diese Verbindung gleichbedeutend mit der von Christus im Leib seiner Mutter ᛦ und mit der Christi und seiner Braut, der Kirche.

Ausg.: PL 13,1051—1094. — L. Rubio-Fernández (Hrsg.), San Paciano. Obras. Edición crítica y traducción española, 1958.
Lit.: L. Rubio-Fernández, El texto de San Paciano, In: Emerita 25 (1957) 327—368. — Altaner 369f. — A. Anglada, Consideraciones sobre el ritmo de la prosa de Paciano, In: J. Oroz-Reta (Hrsg.), Actas del I Simposio de latín christiano, 1990, 21—43. — LThK VII 1332f. *A. Viciano*

Pacini, Giovanni, ital. Komponist, * 17.2.1796 in Catania, † 6.12.1867 in Pescia. Als Sohn des berühmten Tenors Luigi P. erhielt Giovanni schon als 12-jähriger Gesangs- und Kompositionsunterricht im Konservatorium zu Bologna, den er in Venedig bei B. Furlanetto fortsetzte. Nachdem seine ersten Opern sehr erfolgreich aufgeführt wurden, wechselte P. ins Ausland, zunächst 1827 nach Wien und 1830 nach Paris, ohne jedoch neue Opernaufträge zu erhalten. Nach einigen Mißerfolgen zog er sich bis 1839 als Opernkomponist zurück und wurde Pädagoge und Musiktheoretiker. 1837 ging er als herzoglicher Kapellmeister nach Lucca und widmete sich in der Folgezeit verstärkt der KM. Bis zu seinem Lebensende wirkte er in verschiedenen Positionen noch in Viaveggio, Florenz und Pescia.

Vom Geschmack seiner Zeit geprägt, schuf P. zahlreiche KM, teils mit kleiner Besetzung, teils mit symphonischem Orchester, darunter das Oratorium »Il trionfo della religione« (1838), eine Messe für die Madonna del Castello (8-stimmig, 1822) und vier Magnificat.

Lit.: M. Cavini, Il maestro G.P., 1927. — Grove XIV 66—70. — DMM V 492—494. *B. Brosch*

Paciuchelli, Angelo, OP, * 1594 in Montepulciano, † 7.3.1660 in Rom, trat mit jungen Jahren in seiner Heimatstadt dem Orden der Predigerbrüder bei, in dem er nach seinem Studium in Bologna (dort 1625 Lektor) wichtige Ämter bekleidete (Studienregent in Rom, Prior in Prato [1646] und Perugia [1633; 1653], Provinzial der röm. Provinz [1649]). Sein Hauptanliegen galt der Seelsorge, die er als Beichtvater in Klöstern und als Prediger an vielen Orten Italiens mit großem Eifer betrieb. Diese seine Wirksamkeit brachte ihm seitens seiner Zeitgenossen den Titel des »beredtesten und glühendsten Verkünders des Wortes Gottes« ein.

P. betätigte sich auch als geistlicher Schriftsteller in voluminösen Werken moralisch-aszetischer Ausrichtung, die z.T. aus seinen Predigten erwuchsen, aber auch von theol. Gelehrsamkeit geprägt waren. Als bedeutsamstes Werk gelten die »Lezioni morali sopra Giona profeta« (3 Bde., Florenz 1646), welche das moraltheol. und spirituelle Grundanliegen des Autors entfalten. Einflußreich waren auch der »Trattato della pazienza necessaria ad ogni stato di persone« (Perugia 1657) und die »Discorsi morali sopra la Passione di N. S. G. Cristo« (Venedig 1664), welche Werke auch Übersetzungen ins Lat. und Dt. erlebten (Trostquell [über die Geduld], Köln 1682; Discorsi, Linz 1743).

Als ᛦverehrer verfaßte P. auch eine marian. Enzyklopädie, welche faktisch das aus der Tradition und der Theologiegeschichte erhobene Wissen seiner Zeit zusammenfaßte: »Excitationes dormitantis animae circa Ps 86, Canticum Magnificat, Salutationem Angelicam et antiphonam Salve Regina« (Venedig 1659 u.ö.; München 1677). Die von glühender Verehrung und von der Begeisterung des Barock getragenen Anmutungen und predigtähnlichen Abhandlungen, die in der bewußten Verbindung von geistlicher Erquickung und theol. Belehrung trotz des rhetorischen Überschwangs die Grenzen des Schicklichen nicht überschreiten, gründen in der Anerkennung einer einzigartigen Einheit von Mutter und Sohn, zu der ⓜ prädestiniert war. Diese Einheit bringt die Mutter auch in eine besondere Verbindung zur Trinität, so daß gilt: »ne dum filius, sed et tota sanctissima Trinitas est cum ea« (Salut. angelica; exc. XVI). So ist sie in ihrer Gestalt ein einzigartiges Wunder (miraculorum omnium miraculum [Cant. BMV, exc. IV 5]), in ihrem heilsgeschichtlichen Wirken als »causa vitae« zugleich die »regina misericordiae«, deren Gnadenfülle für uns zur »Überfülle« wird (... gratia plena sibi et superplena nobis: Salut. angelica, exc. XV). Ihre Mittlerschaft hat einen allumfassenden Charakter, insofern Gott alle heilshaften Gaben durch ihre Hände gehen läßt (Salut. angelica, exc. IV). Das Vertrauen auf ihre Fürbittkraft ist so stark entwickelt, daß es in Anspielung an das Bibelwort (Röm 8,31) heißen kann: »Wenn Maria für uns ist, wer ist dann gegen uns?« (Salut. angelica, exc. XXII). So befürwortet P. auch die leibliche Aufnahme ⓜs in den Himmel, die er einmal mit ihrer jungfräulichen Unversehrtheit, zum anderen mit ihrem Mitleiden begründet, das auch die Verherrlichung mit dem Sohn verdiente (Ps 86, exc. XV,2). Auch in der Fage der Erbsündenfreiheit nähert sich P., entsprechend der damaligen Entwicklung in seinem Orden, einer positiven Sicht, wenn er ⓜ als gänzlich frei von jeder irdischen Befleckung (semotissima a qualibet terrea labe) und als leuchtend in Reinheit und ursprünglicher Unschuld (nitens tanta puritate et innocentia originali: Ps 86, exc. V,8) preist.

WW: Lezioni morali sopra Giona profeta, 3 Bde., Florenz 1646, Venedig 1720. — Trattato della pazienza necessaria ad ogni stato di persone, Perugia 1657, Venedig 1661 u.ö., dt. Trostquell, Köln 1682. — Discorsi morali sopra la Passione di N. S. G. Cristo, Venedig 1664 (dt.: Sittliche Discurs ... Linz 1743. — Excitationes dormitantis animae circa Ps 86, Canticum Magnificat, Salutationem Angelicam et antiphonam Salve Regina, Venedig 1659, München 1677.
Lit.: P.Th. Masetti, Monumenta et Antiquitates veteris disciplinae OP II, Rom 1864, 147–149. 183. — V.Zanotto, Storia della predicazione, Modena 1899. — DSp XII/1, 23–26. — Hurter III 1066. *L. Scheffczyk*

Paderborn. Das Erzbistum P. zählt als eines der größten dt. Bistümer 1825000 Katholiken (1991, 39% der Wohnbevölkerung) in 566 Pfarreien, 210 Pfarrvikarien und 17 Filialen (Westteil).

Die MV setzte mit der Gründung des Bistums 800 ein. Das 822 erstmals belegte Doppelpatrozinium der Domkirche »Maria und Kilian« zeigt den Würzburger Missionseinfluß. Auch andere P.er Urkirchen könnten dieses Doppelpatrozinium besessen haben (z.B. Steinheim). Daneben kann das Patrozinium früher Kloster- und Stiftsgründungen genannt werden, so 868 das von Neuenheerse. Die ⓜkapelle Gerolds (ca. 795), die von Karl dem Großen dem Domschatz zugeeigneten Haare ⓜs und der erste überlieferte ⓜaltar im karolingischen Dom (ca. 800) belegen ebenfalls die MV in der Frühzeit des Bistums. Der Bericht von der Herforder ⓜvision um die Mitte des 10. Jh.s, die sich im Patrozinium der Stiftskirche auf dem Berge niederschlug, gehört zu den frühesten schriftlichen Zeugnissen für eine allmähliche Verbreitung marian. geprägter Frömmigkeit im ehemals heidnischen Sachsenland. Zwar war das Bild von ⓜ schon das der wundertätigen GM, deren Fürbittfunktion explizit im Text der Vision genannt wird, doch ist die Deutung ⓜs insgesamt noch geprägt von einem herrschaftlichen Bild. Die sog. Imad-Madonna (1060/75) steht für diese »majestas sanctae Mariae«. Die Plastik zeigt ⓜ mit ihrem Sohn als Herrscherin, deren Geheimnis es ist, Mutter des göttlichen Erlösers und Weltenrichters zu sein.

Vom eigentlichen Durchbruch der MV im rel. Alltagsleben von Klerikern und Laien kann man erst für das 13. und 14. Jh. sprechen. Diese ⓜfrömmigkeit schlug sich in einer Vielzahl von Kirchenpatrozinien, Altarstiftungen, liturg. Festen und Kunstwerken nieder. Das 15. Jh. erlebte eine weitere Intensivierung.

Von den 199 Pfarreien, die das Bistum vor der Reformation zählte, besaßen 33 das Patrozinium ⓜs, davon 10 aus dem 13. Jh. und 14 aus dem 14. Jh. Von den 46 Altarstiftungen und Benefizien des P.er Doms im 13. und 14. Jh. waren allein 7 ⓜ zugeeignet. Am Beginn stand dabei die ⓜkapelle im Dom (vor 1215), 1383 wurde explizit eine zweite ⓜkapelle im Dom fundiert. Die Beliebtheit des marian. Patroziniums entsprang der zunehmenden MV des städt. Bürgertums, des Adels, der neuen Ordensgemeinschaften und der Landesherren. In der Lemgoer Neustadt war die ⓜkirche mit bes. Unterstützung des Edelherrn Simon I. zur Lippe gegründet worden; in Bielefeld bauten 1292/93 Graf Otto III. v. Ravensberg und seine Frau Hedwig die Neustädter ⓜkirche und bestimmten diese als Grablege. In die Lemgoer ⓜkirche zogen 1306 Dominikanerinnen ein, die von der Stadtbevölkerung und vom Adel der Umgebung große Unterstützung erfuhren. Von den zwölf ma. Altären dieser ⓜkirche waren zwei der GM geweiht; eine weitere Kirche Lemgos, St. Johannes vor dem Tore, besaß im SpätMA von vier Altären immerhin zwei zu Ehren der GM. Es existierte zudem im 14. Jh. eine ⓜkapelle mit einem Madonnenbild, das zum Mittelpunkt eines Kultes aufstieg, denn die Dominikanerinnen Lemgos feierten seit 1481 mit der Bürgerschaft eine Umtracht mit der Plastik. Auch in der Stadt Höxter wurde die MV intensiv praktiziert. In der Kilianskirche befand sich seit 1391 ein Altar der GM, ebenso in der Nikolaikirche, wo 1427 ein ⓜaltar auf dem Chor fundiert wurde. Von den 21 Altären des Stiftes St. Petri waren vier ⓜ gewidmet (vor 1357–1493). Die Franziskaner der Stadt, deren Pfarrkirche ⓜ geweiht war, pflegten die marian. Predigt. Daneben gab es noch zwei ⓜkapellen, eine davon auf einer Brücke. Der Reliquienschatz des Klosters Corvey war für die Höxteraner alljährlich Mittelpunkt einer Heiltumsschau, dazu zählten auch Sekundärreliquien ℳs, der Rock ULF und Steine von der Stätte, darauf ℳ geboren war. Bedeutsam für Zünfte und Bruderschaften war aber auch der Kult der hl. Anna, der gegen Ende des 15. Jh.s der Verehrung ℳs nicht nachstand. Sieben Altäre waren in Höxter der Mutter ℳs geweiht. Die städt. Bevölkerung stellte sich bevorzugt unter den Schutz ℳs. Im Huldigungseid der Bürgerschaft P.s von 1415 heißt es deshalb: »Wir sollen treu und hold sein unserer lieben Frauen und St. Libori, unserem Patron.«

Die Intensivierung der marian. Frömmigkeit beruhte auf einem neuen Bild ℳs, nämlich der Vermenschlichung ℳs sowie der Betonung ihrer Fürbitte für alle diesseitigen und jenseitigen Anliegen. Die Plastiken zeigen u. a. ein inniges Verhältnis zwischen Mutter und Kind beim Typus der thronenden ℳ des sog. weichen Stils und ℳ als ULF (Atteln, Hellmern, Hagenboele, Gaukirche St. Ulrich, Paderborn, Völsen). Dies wird auch an der Retabel des ehemaligen ℳaltars aus der Nikolaikirche in Lemgo (um 1300) und der ℳdarstellung des ehemaligen Tympanon der Kirche (um 1230/40) deutlich. In der Liturgie nahmen die ℳfeste im 13. und 14. Jh. einen immer größeren Platz ein. Hierfür steht u. a. die Aufnahme des Festes ℳe Heimsuchung im Festkalender des P.er Doms 1368.

Die bildlichen Darstellungen des 15. Jh.s lösen sich von den üblichen Motiven, v. a. der thronenden ℳ mit Kind, und führen immer mehr zur persönlichen Andacht und Meditation vor dem Bild. ℳ wird dabei als Gestalt der Heilsgeschichte verstanden (ℳe Verkündigung, Geburt Christi, Darbringung im Tempel und Pfingstereignis), der auf der anderen Seite die eigenständige Erzählung ihres Lebens und ihres Todes sowie die Darstellung ihrer Stellung bei Gott gegenüberstehen. Für die westfälische Tafelmalerei ist bes. der um 1410 entstandene Altar in der Bielefelder ℳkirche wichtig, der dem Leben ℳs nachgeht, beginnend bei der Begegnung von Joachim und Anna an der Goldenen Pforte bis zum Tod der GM. Im Umkreis des → Meisters v. Liesborn entstand der Herzebrocker Altar (früher Bistum Osnabrück), der in der Mitte ein ℳbildnis und den Stifter des Altars zeigt, während die Flügel Szenen aus dem ℳleben enthalten (u. a. ℳtod und -krönung). Der aus Geseke im Bistum P. stammende Maler Gerd van Loon malte einen Sippenaltar, der neben der Hl. Sippe die Begegnung Annas und Joachims an der Goldenen Pforte und die GM im Strahlenkranz zeigt. Der Flügelaltar befand sich entweder im P.er Dom oder in der Corveyer Abteikirche. Der ebenfalls von Loon angefertigte Margaretenaltar des Doms (um 1500) zeigt u. a. die Deesis vor dem Weltenrichter. An Schnitzaltären ist jener des Konrad Borgentrik (um 1501) in der Schildescher Stiftskirche zu nennen, der auf 18 geschnitzten Tafeln Szenen des ℳlebens, des Lebens Jesu und Johannes' des Täufers zeigt.

Die Nöte der Menschen im 14. und 15. Jh. verschafften sich Ausdruck in den Andachtsbildern, die den Schmerz ℳs betonen. Vesperbilder aus dem 15. Jh. sehen ℳ auch als diejenige, die das Leiden und Sterben der Menschen verständlich und ertragbar machte. Eine eigenständige marian. Wallfahrt hat es hingegen bis zum Ende des MA in der Diözese P. nicht gegeben. Werner → Rolevinck berichtet in seinem Westfalenbuch zwar von einer bes. Verehrung in Herford und spricht offensichtlich das ℳstift an, doch gebraucht er hierfür die Bezeichnung Wallfahrt nicht, ganz im Gegensatz zu anderen von ihm genannten Andachtsstätten, etwa der des Hostienkultes von Blomberg im lippischen Teil der Diözese.

Werkfrömmigkeit, Bilder- und Heiligenverehrung gehörten im Bistum P. zu den häufigsten Kritikpunkten der Reformatoren. Hermann Hamelmann etwa, in Bielefeld und Lemgo tätig, griff die MV v. a. deshalb an, weil die Fürbittfunktion der Heiligen nicht schriftgemäß sei und weil die Forderung der kath. Kirche, Heilige zu verehren und nicht anzubeten, in der alltäglichen Frömmigkeit nicht durchgehalten werde. Bes. zu verurteilen sei die volksfromme Verehrung ℳs als Mutter der Gnade und Barmherzigkeit, als Beistand in Todesgefahr, als »sancta domina«: »Haec est horrenda in Deum blasphemia et in Christum filium eius«. MV geriet also in das Umfeld der Gotteslästerung, denn die Gefahr des Übergangs in den »Aberglauben« wurde von den Reformatoren als zu hoch eingeschätzt, wenn sie auch die Vorbildfunktion ℳs anerkannten und sie als zentrale Person des NT zur Kenntnis nehmen mußten. Fast alle 115 außerhalb der Landeshoheit des Bischofs stehenden Pfarreien wandten sich dem Protestantismus zu. In Städten, etwa in Herford, kam es zu Bilderstürmen; Landesherren, die die calvinistische »zweite« Reformation durchführten, ließen in ihren Territorien sämtliche ℳbilder im Rahmen von Purifizierungen aus den Kirchen entfernen. In den luth. Gemeinden überlebten gelegentlich marian. Darstellungen bzw. wurden neue geschaffen, wenn auch in einem anderen Bedeutungszusammenhang. In der Bielefelder ℳkirche kam die ev.-luth. Gemeinde zu ihrem Gottesdienst vor dem spätgotischen ℳaltar zusammen. Im lippischen Lemgo, das der zweiten Reformation des Landesherrn trotzte, wurde seit ungefähr 1600 die Kanzel der Nikolaikirche von einer Figur ℳs gekrönt. Das dortige Epitaph der Familie Donop bezog ℳe Verkündigung in das Heilswerk ein. Demgegenüber versuchten die lippischen Landesherrn, ihre Superintendenten und auch ein Großteil der Stände sowohl in der luth. als auch in der reformierten Konfessionalisierung die MV zurückzudrängen. Die luth. Kirchenordnungen von 1538 und 1571 wurden nicht müde, ℳ- und Heiligenverehrung sowie die Bilderverehrung als Aberglauben zu brandmarken und sie den Gläubigen zu verbieten. Darüberhinaus kam es zur Abschaffung marian. Feiertage bzw. ihrer Umdefinition: So wurde das nicht biblisch belegte Fest Ⓜe Himmelfahrt 1571 durch den Michaelistag als viertes Hochfest ersetzt, der verbliebene Festtag Ⓜe Heimsuchung 1684 in der reformierten Kirchenordnung abgeschafft. Bezeichnend ist auch die Umdeutung kath. Brauchtums am Beispiel des Angelus-Läutens, das 1571 in Lippe nicht etwa abgeschafft, sondern als Friedensläuten umdefiniert wurde.

Während es im prot. Bereich also zu einer allmählichen Überformung bzw. zum Verbot marian. Frömmigkeit kam, begann um 1600 im Rest des Bistums, das nun identisch mit dem Hochstift P. war, der Aufstieg der MV zu einer alle anderen Heiligenkulte — Ausnahme war der hl. Liborius — überragenden Bedeutung. Volksfromme Dispositionen und tiefe Ⓜfrömmigkeit der Träger kath. Reformen gingen im Zeitalter der kath. Konfessionalisierung eine fruchtbare Wechselbeziehung ein. Ausgangspunkt war der Versuch von Fürstbischöfen, Ordensgemeinschaften und tridentinisch geprägtem Klerus, die MV zu propagieren mit dem Ziel, einerseits die als berechtigt angesehen Vorwürfe des Protestantismus in der volksfrommen MV auszuschalten, andererseits die neue, gereinigte MV als Zeichen der konfessionellen Abgrenzung und somit als Mittel zur Festigung des konfessionellen Staates einzusetzen. Für die Intensivierung des marian. Kults seitens der Führung des Bistums sprechen auch die marian. Patrozinien, die für neue Pfarreien gewählt wurden: Bosseborn vor 1620, Fürstenberg und Neuenbeken vor 1656.

In der ersten Phase der kath. Konfessionalisierung förderten in P. bes. die Jesuiten und Fürstbischof Dietrich v. Fürstenberg marian. Frömmigkeit. Das Jesuitengymnasium in P., die Prozessionen der Stadt, nun gestaltet mit barocker Pracht, und die neu eingerichteten marian. Sodalitäten (1588, 1597, 1621) sind zu nennen. Charakteristisches Beispiel für die obrigkeitliche Instrumentalisierung marian. Verehrung ist der von Dietrich v. Fürstenberg 1605 unternommene Wiederaufbau der Romskapelle zu P., deren marian. Bildnis einstmals Ziel lokaler Prozessionen war. Charakteristisch für die Lenkung von Frömmigkeit ist, daß der Kult an der Romskapelle nun von Jesuiten betreut wurde und sechs Bildstöcke mit marian. Motiven und Gebeten die Frömmigkeit der Prozessionsteilnehmer leiteten. Die Katechese schied seit Beginn des 17. Jh.s (die neue Agende des Bistums von 1602 enthielt und der Katechismus des Canisius) die Bilderverehrung von der Idolatria und schärfte die Fürbittfunktion Ⓜs ein. Auch in den Predigten wurde die MV gefördert. Die Warburger Dominikaner empfahlen Ende des 17. Jh.s den Rosenkranz und huldigten Ⓜ, indem sie ihr neben dem Titel der Königin auch noch den der Kaiserin zulegten. Sie sei als schmerzhafte Mutter in der Lage, Gott um einen guten Tod anzuflehen, was dieser ihr nicht abschlagen könne. Die Warburger Dominikaner propagierten auch die Verehrung der → Reliquien Ⓜs.

Das Kunstschaffen des 17. Jh.s ist Ausdruck dieser ostentativen marian. Frömmigkeit, verweist also über die individuelle Frömmigkeit hinaus auf die neue didaktische Funktion. Zunächst erlebten die Kirchen des P.er Raums eine Neuorientierung des ikonographischen Programms. Die Blicke der Gläubigen sollten sich auf Altar und Tabernakel richten. Gleichzeitig verwies das Bildprogramm auf die ecclesia militans und die ecclesia triumphans. In diesem Zusammenhang kam den Ⓜdarstellungen eine wichtige Aufgabe zu, nämlich die Heilsbedeutung der Kirche herauszustellen und auf Christus und den eucharistischen Kult zu verweisen. Typisch ist die Barockisierung des P.er Doms, bei der viele Altäre, u. a. auch Ⓜaltäre, verschwanden zugunsten des Hauptaltars und der beiden Nebenaltäre im Chor, von denen einer Ⓜ gewidmet war. Der Blick des Besuchers richtete sich auf den Ⓜaltar, der auch auf den marian. geprägten Hochaltar verwies. Auch der Ⓜe Himmelfahrt geweihte Altar von 1705 in der romanischen Stiftskirche von Neuenheerse erfuhr eine Umgestaltung, er verbindet Ⓜ mit der Hl. Dreifaltigkeit und dem eucharistischen Opfer. Höhepunkt der barocken Heilsgewißheit ist die Jesuitenkirche Ⓜ Immaculata in Büren. Endgültig fertiggestellt 1771, präsentiert sie Ⓜ dem Laien als Gestalt der Heilsgeschichte und als Verweis auf die Kirche mit ihren gnadenspendenden Wirkungen. Im Fürstenberger Barock (um 1650—75) beherrschten Ⓜdarstellungen das Bildprogramm der Altäre. Der bedeutendste Künstler dieser Zeit, Georg Rudolphi, hat verschiedenste Szenen des Ⓜlebens für die Kirchen des Hochstiftes im Auftrag des P.er Fürstbischofs Ferdinand v. Fürstenberg gemalt, so eine Madonna mit Kind für das P.er Franziskanerkloster, die Darbringung Jesu im Tempel für die Kirche von Wünnenberg, die Hl. Familie in Beverungen, die Himmelfahrt Ⓜs in Brenkhausen und die Ⓜkrönung in Borgentreich, Brenkhausen und Vinsebeck.

Das Kunstschaffen macht aber auch deutlich, daß für die Akteure der kath. Konfessionalisierung Liborius, dessen Reliquien das Bistum seit 836 besaß, eine bedeutende Stellung einnahm, ja zum Teil Ⓜ Konkurrenz machen konnte. Im Gegensatz etwa zum Bistum → Münster, wo Ⓜ de facto den Rang einer Bistumspatronin einnahm, blieb Liborius für das konfessionelle Staatswesen des Hochstiftes zentrale Gestalt, denn er vereinte die Geschichte des Bistums seit der Sachsenmission mit der Gegenwart des tridentinischen Fürstbistums. Der Liboriusschrein des Goldschmiedes Hans Krakow von 1637 zeigt den Bistumspatron, dem inzwischen auch das Patrozinium des Doms galt, daneben eine Ⓜfigur. Georg Rudolphi malte für eine P.er Kirche ein großes Gemälde, das den hl. Liborius ebenfalls in Beziehung zu Ⓜ und dem Jesuskind setzte (heute Höxter, St. Nikolai). Bezeich-

G. Rudolphi, St. Liborius vor der Gottesmutter, Höxter, St. Nikolai

nenderweise fand das größte Wallfahrtsfest des Bistums im 17. und 18. Jh. nicht etwa an einem Ort marian. Verehrung statt, sondern 1736 in P. als Erinnerung an die Translation der Liboriusreliquien.

Für die marian. Volksfrömmigkeit des Bistums sind die Einflüsse der konfessionellen Prägung nicht zu unterschätzen. Wichtig war, daß marian. Verehrung nun im Zusammenhang mit dem Sakramentenempfang stand. Die P.er Kirchenordnung von 1686 propagierte den häufigen Sakramentenempfang, und zwar nicht nur an den vier Hochfesten, sondern auch an den Ⓜfesten über Ⓜe Himmelfahrt hinaus. Die Wallfahrtsorte des Bistums sind ausnahmslos in der Epoche kath. Konfessionalisierung im Zusammenspiel zwischen Gläubigen und tridentinisch gesonnenen Pfarrern entstanden. Aus lokalen Kulten um ein Ⓜbildnis, so in Dahlhausen, Kleinenberg, Marienloh und Verne, entwickelten sich Wallfahrten mit kleinerem Einzugsbereich, bei der die lokalen Prozessionen zum Mittelpunkt des Zustroms von Gläubigen wurden. Zunehmend kam es auch zum Besuch auswärtiger Wallfahrtsprozessionen (in Verne etwa seit 1763 aus P.). Dorfpfarrer versuchten an den Wallfahrtsorten, die Legitimität der Wallfahrt und die Berechtigung des Bildes entsprechend den Bestimmungen der P.er Synoden und der P.er Kirchenordnung von 1686 mit dem Argument Jh.e umfassender Verehrung zu begründen. In Dahlhausen war es der örtliche Pfarrer Bernhard Heimstede, der den Ort auf Grund verschiedener Ablaßurkunden als maⒷwallfahrtsort kennzeichnete. Für alle Orte existierten Bemühungen, die Frömmigkeit der Pilger und Wallfahrt zu lenken, etwa durch Andachtsbücher, aber auch durch Prozessionsstationen mit marian. Bezügen. In Kleinenberg führte die Intiative eines lokalen Pfarrers im Zusammenspiel mit seiner Gemeinde zu einem Anwachsen der Verehrung einer Ⓜstatue, die sich in einer der GM geweihten Bergkapelle befindet. Mirakelbücher zeugen von dem gläubigen Vertrauen der Pilger; der Festtag Ⓜe Heimsuchung sah die Ankunft von Wallfahrtsprozessionen aus den benachbarten Gemeinden. Ein Stationsweg leitete die Frömmigkeit der Pilger und Wallfahrer. Anziehungspunkt für die P.er Gläubigen war im 17. und 18. Jh. wie auch bis in die heutige Zeit die sog. »weinende Gottesmutter« (um 1370) im Dom. Die bedeutendste Wallfahrt für das P.er Bistum befand sich jedoch bis zur Neuordnung des Bistums 1821 außerhalb des Sprengels: → Werl im Herzogtum Westfalen, das dem Erzbischof von Köln unterstand. Intensive Wallfahrtsbeziehungen wurden sowohl von den P.er Fürstbischöfen, Domherren, Ordensgemeinschaften und dem Klerus als auch in zunehmendem Maße von den Gläubigen gepflegt. Der P.er Domherr Johann Heinrich v. Sintzig stiftete 1680 die Kapelle auf der Gänsevöhde in Werl mitsamt einem Ⓜaltar, die dann als Station für eine Umtracht fungierte. Für die Liboriuskapelle in P. beschaffte der Kleriker Johannes Büssen 1746 eine Nachbildung des Werler Gnadenbildes, das er neben dem Ⓜaltar anbringen ließ. Das von den Werler Franziskanern geführte Mirakelbuch zeigt die Wunderheilungen an Klerikern und Gläubigen des Bistums P. auf. Für die Kleriker, aber erst recht für die Laien, war das Wallfahrtsbild in Werl und an den anderen marian. Wallfahrtsstätten Signal für die Anwesenheit Ⓜs auf Erden, Garant ihrer bes. wirkungsvollen Fürbitte. Votivgaben an den Stätten zeigten die Hilfen Ⓜs in Vergangenheit, Gegenwart und für die Zukunft an.

An den zahlreichen barocken Bildstöcken fällt dabei das Motiv des Leidens der GM in Gestalt der Pietà ins Auge. In Gehrden führt ein Kreuzweg zu einer Bergkapelle, neben der sich ein Bildstock mit einem Vesperbild von 1683 befindet. Die von den Ordensgemeinschaften propagierten Bruderschaften und Sodalitäten stießen auf lebhafte Resonanz. Die Jesuiten pflegten in P. die MV und brachten sie den Führungsgruppen der Stadt nahe. Fürstbischof Dietrich Adolf v. d. Recke (1650—61) förderte die Rosenkranzbruderschaften und die öffentliche Übung des Rosenkranzgebetes mit nachhaltigem Erfolg:

1656—67 traten allein in Delbrück 1356 Mitglieder der Bruderschaft bei.

Die Zeit der kath. Aufklärung (ca. 1750/70—1820/30) scheint im Gegensatz zum benachbarten Fürstbistum Münster oder zum Erzbistum → Köln nicht die starke Distanz der Kleriker zu der tridentinisch geprägten MV gebracht zu haben. M wird zwar als Vorbild für ein gottgefälliges, »tugendhaftes« und arbeitsames Leben präsentiert; daneben blieben aber die überkommenen Deutungsmuster präsent, etwa wenn die Fürbitte für Hilfen im Diesseits betont wird. Kritisiert wurde v. a. das Wallfahrts- und Prozessionswesen wegen angeblicher Mißstände. Das merkantilistische Argument, Wallfahrten in auswärtige Territorien würden die Wirtschaftskraft des Hochstifts schwächen, führte 1763 zur Umdirigierung der P.er Wallfahrtsprozession von Werl nach Verne. 1784/85 verloren die regionalen Wallfahrten entscheidend an Bedeutung, da mehrtägige Prozessionen verboten und andere Prozessionen eingeschränkt wurden. MV wurde für aufgeklärte Kreise im Bistum und auch außerhalb zum Signum für die Rückständigkeit des P.er Bistums in ökonomischer und kultureller Hinsicht. So heißt es in Weddigens »Magazin für Westfalen« (1797), daß das marian. Wallfahrtswesen im P.er Land in höchstem Maße »übertrieben sei«. Nicht damit zufrieden, die »Gnadenörter des Hochstifts Paderborn zu besuchen, gehen sie (die Bewohner des Bistums), auch ins Kölnische, Münsterische, nach Werl und Telgte, und verlassen durch dergleichen entfernte Wallfahrten ihre Haushaltungen ... ohne Verstand«. Einzelne künstlerische Zeugnisse belegen jedoch, daß für einen Teil der Kleriker die MV weiterhin in hohem Ansehen stand. 1760 stiftete ein P.er Domherr einen Immaculata-Altar für die Mkapelle, 1790 der letzte Abt von Corvey, Theodor v. Brabeck, eine Mkapelle in der Klosterkirche als Grablege, deren Bildprogramm ebenfalls M verherrlicht. Erst recht gilt die Kontinuität marian. Verehrung, trotz gelegentlicher obrigkeitlicher Einschränkungen, für die Volksfrömmigkeit.

Die Neuordnung der kirchlichen Verhältnisse 1821 in den preußischen Gebieten hatte zur Folge, daß mit der päpstlichen Bulle »De salute animarum« das alte Bistum in seiner Ausdehnung vergrößert wurde. Marian. Andachtsstätten wie Werl gelangten ebenso zum Bistum wie die prot. Regionen Minden-Ravensberg und Lippe sowie Teile der Grafschaft Mark. Die Auflösung der alten Bindung zwischen Kirche und Staat und der beschleunigte gesellschaftliche Wandel führten zu neuen Funktionen marian. Frömmigkeit, während sich die Bedeutung Ms in den überkommenen Bahnen der kath. Konfessionsbildung ausdrückte. Nachdem die Hoffnungen auf Friedrich Wilhelms IV. »christlichen Staat« zerstoben waren und die Koordination von Kirche und Staat problematisch erschien, stellte sich für die Bistumsführung das Problem, wie man die Gläubigen vor den »Gefahren der Moderne« schützen könne. Ein bevorzugtes Mittel hierzu stellte die Rückbesinnung auf die MV dar. Volksfromme Beharrung traf sich nun mit den Bemühungen der Kirche, auf innerkirchliche Autorität zu setzen und den Primat des Papstes zu betonen. Ein Anschwellen marian. Literatur ist ebenso festzuhalten wie die Einführung der Maiandacht 1852. Ein Druckverzeichnis der Bonifatiusdruckerei (1866—1909) zählt allein 22 Andachts-, Bruderschafts- oder Gebetbücher mit marian. Bezügen auf. Auch die Gesangbücher der Zeit, so das 1874 erstmals erschienene »Sursum Corda«, enthielten einen reichhaltigen marian. Liederschatz.

Überaus häufig erhielten die in der 2. Hälfte des 19. Jh.s errichteten Pfarrkirchen und Kapellen ein marian. Patrozinium. Der Schematismus nennt 12 Pfarrkirchen mit einem Mpatrozinium, davon zwei mit dem der UE, und 34 Mkapellen, davon fünf, die der UE, und sieben, die den Schmerzen Ms geweiht sind.

In dem Wirken des Bischofs Konrad Martin (1856—79) werden konservativ-marian. Züge deutlich. Bereits bei seiner Konsekration in der Oktav des Festes Me Himmelfahrt gab er sein besonderes Vertrauen »auf die mächtige Fürbitterin des Himmels und der Erde, deren glorreiche Himmelfahrt wir heute feiern und unter deren Schutz und Schirm ich mich mit meiner ganzen Diözese heute und für immer begebe«, kund. Nach seinem Tode fand man bei ihm das kleine Skapulier vom Berg Karmel, und in seiner Lebensbeschreibung heißt es: »Die Mutter Gottes, welche am Skapulierfeste besondere Gnaden zu spenden pflegt, hatte auch diesem treuen Seelenhirten, dieses mutigen Streiters für die Wahrheit ... nicht vergessen und ihm eine glückselige Sterbestunde verliehen.« In vielfältigen Schriften und in seinen Predigten verteidigte er die überkommene MV wie auch das Dogma der UE von 1854 und stellte den engen Zusammenhang zwischen kirchlicher Zugehörigkeit und MV heraus. Wer M nicht verehre und die kirchlichen Aussagen zu ihr nicht verinnerlicht habe, der habe auch mit Christus und der Kirche gebrochen, falle dem »Fanatismus der Irreligion« und deren »Vertilgungskampf gegen die Religion und die Kirche Jesu Christi« anheim. Deshalb: »Wer Maria nicht ehrt, mag in anderen Punkten noch so kirchlich und katholisch denken, er ist dennoch kein ächtes Glied der Kirche.« Mit der Einweihung der Msäule in P. wollte Martin 1861 an die Dogmatisierung der UE Ms erinnern. In seiner Predigt führte er aus, daß die Stadt P. »ein bleibendes Denkmal ihrer Freude und Verehrung der unbefleckt empfangenen Gottesmutter gründen« wolle. Daneben förderte er den Herz-Me-Kult und propagierte den Beitritt zu den entsprechenden Bruderschaften. Eine Schrift über die Schönheiten des Herzens Me belegt dieses Engagement.

Die Propagierung marian. Frömmigkeit mit dem Ziel, das kath. Milieu zu konstituieren bzw. zu festigen, stieß auf fruchtbare Resonanz in den kath. Regionen. Ein Beispiel dafür ist das marian. Wallfahrtswesen, das seit den 1840er Jahren die erneute Förderung durch kirchliche Instanzen erlebte. Der Wiederaufbau der Marienloher Kapelle um 1850 für das Loreto-Bildnis ist ebenso zu nennen wie der Bau einer Kapelle auf dem Feldberg bei Stahle/Höxter und vielfältige Aktivitäten am Wallfahrtsort Verne in der Nähe von P. Im Mittelpunkt stand aber die jetzt zur Bistumswallfahrt aufgestiegene M-wallfahrt Werl, die nach der Rückkehr der Franziskaner und einer Vergrößerung der Kirche einen neuen Aufschwung erlebte, deren Höhepunkt die Jubiläumsfeierlichkeiten 1861 waren. Weihbischof Josef Freusberg machte bei dieser Gelegenheit den Wallfahrern und Pilgern die Aufgabe marian. Verehrung deutlich, denn die Wallfahrt nach Werl sei »in diesen verhängnisvollen Zeiten« ein Zeichen, zur Kirche und zum Papst zu stehen und den »Verlockungen« von Liberalismus und Materialismus sowie Atheismus standzuhalten. Der Festbericht vermeldet, daß das Jubiläum dafür gesorgt habe, daß die Verfolger der kath. Kirche »mit ewiger Schande« bedeckt seien, dagegen strahle »der Glanz Mariä um so herrlicher ... Darum fürchtet nichts für die Zukunft! Gottes Feinde werden nicht siegen. Die Feinde der Kirche werden zu Schanden werden.« Der nachhaltige Erfolg der Jubiläumswallfahrt 1861 — immerhin hatten mehr als 100000 Menschen das Ereignis besucht —, die Zunahme der Herz-M-Bruderschaften und anderer marian. Sodalitäten und Bruderschaften bezeugen, wie sehr die obrigkeitliche Förderung mit der im Volk verankerten marian. Verehrung im Einklang stand. Einige Beispiele: In Rietberg zählte die marian. Männersodalität kurz nach ihrer Gründung 1849 128 Sodalen; in Verne die 1884 vom Pfarrer gegründete überörtliche Herz-M-Bruderschaft 2000 Mitglieder. Rel. Bildung, Frömmigkeit und Caritas sowie Geselligkeit vereinten sich unter dem Dach der MV. Derart in der Frömmigkeit des Volkes verankert, erwuchs die MV auch zur Protestform gegenüber den Anmaßungen des prot. preußischen Staates im Rahmen des Kulturkampfes. Darauf konnte Bischof Martin bauen, als er kompromißlos sowohl gegen »innerkirchliche Abweichler« (Altkatholiken) als auch die preußische Bürokratie vorging. Als die Franziskanerkirche in P. 1875 geschlossen werden sollte, strömten die Menschen in die Kirche, um dort abwechselnd mit dem Rosenkranz zu beten und M-lieder zu singen und auf diese Weise die Schließung zu verhindern. Ähnliches geschah in Wiedenbrick, als eine unübersehbare Menschenmenge zusammenkam, um bei der Ausweisung der Franziskaner mit einem M-gruß ihre Verbundenheit mit den Patres zu demonstrieren.

Die Zeit der »inneren Reichsfeinde« war zu Beginn des 20. Jh.s vorbei; es begann eine Annäherung zwischen Staat und Kirche, was sich auch bei den Wallfahrtsjubiläen zu Beginn des 20. Jh.s zeigte. 1911 kam es zur großen Krönung des M-bildes in Werl durch den Kölner Kardinal Fischer im Auftrag des Papstes. 1913 krönte Bischof Karl-Josef Schulte das Verner Gnadenbild, das nun ebenfalls die päpstliche Anerkennung erfuhr. Die Mobilisierungskraft des kath. Milieus zeigte sich bei der Feier in Werl 1911, bei der 50000 Menschen anwesend waren. Kardinal Fischer sprach dabei ein Hoch auf Papst und Kaiser aus. Und doch blieb man weiterhin dem Milieu verhaftet, denn der Kardinal präsentierte M als diejenige, die den Menschen anleite, »nicht dem Mammon«, sondern Gott zu dienen und damit den irdischen Gütern zu entsagen. So konnte man 1911 in Werl noch zu Recht formulieren, daß das kath. Volk noch einen »zu starken Schutz in felsenfester Glaubensüberzeugung (habe), als daß eine rationalistische Zeitrichtung sie hinwegfegen könnte«.

Dieses Beharrungsvermögen bewährte sich in der Zeit des Nationalsozialismus. Obwohl es Bereiche gab, in denen die Bevölkerung mit Ideologien des Nationalsozialismus konform ging, gilt auch für das Bistum P., daß sich mit kath. Milieu und Nationalsozialismus zwei unterschiedliche Weltbilder gegenüberstanden. In diesem Spannungsverhältnis erwuchs marian. Frömmigkeit zu einer charakteristischen Ausdrucksform kath. Identität, auf die einerseits die Kleriker bauen konnten, wenn sie Protest gegen einzelne Maßnahmen der Nationalsozialisten artikulieren wollten, und in der sich andererseits die Resistenz der kath. Bevölkerung Ausdruck verschaffen konnte.

Am Beginn der nationalsozialistischen Machtergreifung erlebte der »Tag von Potsdam« (21.3.1933) in P. nicht die erhoffte Resonanz; vier Tage später hingegen verkündete die Zeitung und zelebrierte der Klerus das Fest M Verkündigung. Der kath. Festkalender mit seinem Verweis auf den Beginn der Heilsgeschichte besaß also eine höhere Bedeutung als der »Tag von Potsdam«, als Tag der »nationalen Wiedergeburt« und Beginn eines »neuen deutschen Reiches«. Für den Demonstrationskatholizismus der Zeit steht die Jubiläumswallfahrt 1936 nach Werl, bei der allein die Kolpingwallfahrt — der Werler Ortsverein hatte gleichzeitig 75-jähriges Jubiläum — 7000 Teilnehmer zählte. Erzbischof Kaspar Klein, dessen Politik gegenüber dem Nationalsozialismus zwar nicht die Schärfe eines Clemens August v. → Galen in Münster besaß, aber auch nicht die anpasserische Linie des Bischofs von Osnabrück, wies die Kolpingsöhne in seiner Predigt darauf hin, daß die MV »eng mit der Frömmigkeit des katholischen Volkes verbunden ist, wie auch unser Vater Kolping ein großer Marienverehrer war. Aber auch ernste Worte sprach er zu uns, daß nämlich zum wahren Christen auch das Kreuz gehöre.« Klein gab den Wallfahrern Mut »für den Weg ins alltägliche Leben«, und der gemeinsame Gesang des Liedes »Ein Haus voll

Glorie schauet« zeigte den Machthabern, daß man an einer Institution Kirche, aber auch an dem reichhaltigen kath. Vereinswesen, das trotz des Konkordats gefährdet war, festhalten wollte. Bischof Klein präsentierte den Gläubigen M als Ideal, wie in einem Leben »der Tat und des Glaubens« christl. Ideale verwirklicht werden könnten. Damit stellte er sich dem »Neuheidentum« Rosenbergs und dessen Versuch, eine nationalsozialistische Religion zu stiften, entgegen. Großer Andrang herrschte auch bei der Mprozession in Verne.

In dem Jahrzehnt nach dem Zweiten Weltkrieg erfolgten nochmals großangelegte marian. Manifestationen. Sie standen im Zusammenhang mit der Verkündigung des Dogmas der Himmelfahrt Ms (1950) und dem marian. Jahr 1954. 1954 wurden in Verne allein 100 000 Wallfahrer und Pilger gezählt; das 300-jährige Wallfahrtsjubiläum in Werl 1961 sah 500 000 Menschen. Eine wichtige Bedeutung hatte die Wallfahrt auch für die Integration der Vertriebenen. Als Beispiel ist hier die Schlesierwallfahrt nach Werl zu nennen, an der 1953 70 000 Menschen teilnahmen. Die → Schönstatt-Bewegung erlebte in den 50er Jahren eine Blüte.

Mit dem allmählichen Verfall des kath. Milieus verlor die MV auch in P. an Bedeutung. Neue Sichtweisen und Ortsbestimmungen sind abseits unfruchtbarer Kontroversen nötig. Sie könnten einer Deutung Ms gerecht werden, wie sie sich schon im SpätMA im Bildungsanspruch der Frauen und ihrer Teilhabe am rel.-kirchlichen Leben manifestierte.

Lit.: Chr. Stamm, Kanzelvorträge des hochwürdigsten Bischof von P. Dr. Conrad Martin II–V, Paderborn 1884ff. — Ders., Dr. Conrad Martin. Bischof von P., Ein biographischer Versuch, Paderborn 1892. — R. Boving, Erinnerungsblätter an die 250-jährige Jubelfeier der Wallfahrten nach Werl, Werl 1912. — P. Simon, St. Liborius. Sein Dom und sein Bistum. Zum 1100-jährigen Jubiläum der Reliquienübertragung, 1936. — Chr. Völker, Aus dem rel. Volksleben im Fürstbistum P. während des 17. und 18. Jh,s, 1937. — W. Stüwer, Das Bistum P. in der Reformbewegung des 16. und 17. Jh,s, In: G. Schreiber (Hrsg.), Das Weltkonzil von Trient. Sein Werden und Wirken II, 1951, 387–450. — Adolf Kolping. 100 Jahre in Werl 1861–1961, Werl 1961. — L. Intorp, Westfälische Barockpredigten in volkskundlicher Sicht, 1964. — W. Leesch, Die Pfarrorganisation der Diözese P. am Ausgang des MA, In: H. Stoob (Hrsg.), Ostwestfälisch-weserländische Forschungen zur geschichtlichen Landeskunde, 1970. — P. Pieper, Die dt., niederländischen und ital. Tafelbilder bis um 1530, 1986. — H.-J. Brandt und K. Hengst (Hrsg.), Felix Paderae Civitas. Der hl. Liborius 836–1986, 1986. — H. Rüthing, Höxter um 1500. Analyse einer Stadtgesellschaft, 1986. — A. Schröer, Die Kirche in Westfalen vor der Reformation, 2 Bde., ²1987. — W. Freitag, Konfessionelle Kulturen und innere Staatsbildung — zur Konfessionalisierung in westfälischen Territorien, In: Westfälische Forschungen 42 (1992). — C. Prast, Kath. Kirche und Moderne. Das Wallfahrtsjubiläum in Werl 1861, Manuskript, Universität Bielefeld 1992. *W. Freitag*

Padilla, Juan Gutiérrez de, * ca. 1590 in Málaga (Spanien), † April 1664 in Puebla (Mexiko), mexikanischer Komponist. Seine Ausbildung erhielt P. an der Kathedrale von Málaga. Vermutlich 1613 wurde er Kapellmeister in Jérez de la Frontera und 1616, mittlerweile zum Priester geweiht, in Cádiz. Anfang der Zwanziger Jahre des 17. Jh.s übersiedelte er nach Puebla, dem damals wichtigsten Musikzentrum Nordamerikas. 1622 wurde er dort als Sänger und coadjutor-maestro genannt und avancierte 1629 zum Kapellmeister. Quantitativ wie qualitativ war seine Kapelle sehr hoch besetzt und gehörte daher zu den teuersten des Kontinents.

Als Komponist folgte P. der Schule der prima pratica, seinen Stil zeichneten souveräne Beherrschung von polyphoner Technik bei kühner Verwendung von Dissonanzen, origineller Textbehandlung und wirkungsvollem Einsatz von Wechselchören aus. Er verfaßte 5 Messen, darunter ein »Ave Regina« als Parodie auf eine eigene 8-stimmige Motette, eine Matthäus-Passion, Lamentationes, 2 Litaniae, 6 Psalmen und zahlreiche Motetten, zu denen die marian. »Felix namque es sacra virgo«, »Salve regina«, »Sancta immaculata« und »Stabat mater« gehören. Bemerkenswert auf dem Sektor der weltlichen Musik sind seine Villancicos mit umgangssprachlichen Texten.

Lit.: A. Ray, The Double-Choir Music of J. d. P., Diss., Southern California 1953. — R. Stevenson, The »Distinguished maestro« of New Spain: J. G. de P., In: Hispanic American Historical Review 35 (1955) 363. — MGG X 564f. — Grove XIV 76f. *C. Wedler*

Padilla, Pedro de, 16. Jh., Geburts- und Todesjahr unbekannt, Sohn einer adeligen Familie aus Linares (Provinz Jaén), dessen Werke große Beachtung in zeitgenössischen Dichterkreisen fand. Kurz mit Erscheinen des »Romancero en el que se contienen sucesos que hicieron los españoles en las jornadas de Flandes« (Madrid 1583) trat er in der Überzeugung, daß »todo lo que el mundo nos ofrece/ son hojas que arrebata el veloz viento« (Prolog seiner Mdichtung) in vorgerücktem Alter in den Orden der beschuhten Karmeliter ein.

»Jardín espiritual« (Madrid 1585) besteht aus meist marian. Gedichten, eingeleitet durch ein Preis- und Widmungsgedicht von Cervantes. Auf das Gedicht »Canción a Nuestra Señora« (in 100 Stanzen) folgt die Lobrede »Discurso en alabanza a la Santísima Virgen Nuestra Señora«, worin die GM als Mittlerin aller Gnaden und sichere Fürsprecherin hyperbolisch gepriesen wird. Ferner sind enthalten: »Canción a la Inmaculada«, ein Rosenkranzgebet in Versform, eine Glosse auf die Miterlöserschaft Ms, »La Preciosísima Corona de la Virgen Nuestra Señora« (eine Erklärung der 12 Sterne der Frau in der Offenbarung des Johannes, in denen der Autor Zeichen königlicher Würde, der Begrüßung des hl. Gabriel, ihrer Demut, ihres Gehorsams, ihrer göttlichen Mutterschaft etc., sieht), ein Himmelfahrtsgedicht, ein Weihnachtslied über die Geburt Jesu Christi und ein weiteres über die Verkündigung, in welchem der Dichter, wie in der Apostrophe des hl. Bernhard, die Jungfrau um das Ja zur »Verbindung des Wortes mit der menschlichen Natur« anfleht.

Die zweite marian. Gedichtsammlung »Grandezas y excelencias de la Virgen Nuestra

Señora« (Madrid 1587, mit einem Lobgedicht von Cervantes und der Widmung an die Infantin Margarita, die das Ordensgelübde abgelegt hatte) enthält 9 Gedichte, ebenfalls in Stanzenform, worin der Dichter kunstvoll dem Mysterium der Jungfrau M huldigt. Er preist die Reinheit und Erhabenheit der Empfängnis Me, die wundervolle Geburt Jesu Christi, den Namen »Maria« (aus dessen 5 Buchstaben, nach verbreitetem Brauch, er die Beinamen Ms ableitet), ihr Erscheinen im Tempel, die Verkündigung und Fleischwerdung des Wortes etc. Bekannt sind noch andere Gedichte, wie z. B. »Glosa a la Salve Regina« oder »Poesías espirituales« (Madrid 1779).

WW: Bisher keine Neuausgaben.
Lit.: Miguel de Cervantes, Viaje al Parnaso, 1614. — Lope de Vega, Laurel de Apolo, 1631. — Diccionario de la literatura española, Revista de Occidente, ³1965. — M. Darborg, La poésie religieuse espagnole des Rois Catholiques à Philippe II, 1965. — B. Mostaza, Panorama de la poesía española en castellano II, 1981. *L. M. Herrán*

Padua. Als Hauptstadt der gleichnamigen Provinz und Bischofssitz spielte P. (250000 Einwohner) seit seiner Gründung im 4. Jh. n. Chr. eine Schlüsselrolle im wirtschaftlichen und kulturellen Leben Norditaliens. Mit der Gründung der Universität 1222 wurde die Stadt zudem für Jh.e einer der Sammelpunkte der geistigen Kräfte des Abendlandes. Etwa um die gleiche Zeit trat in Gestalt des des Franziskanermönchs Antonius († 1231) eine Person auf, die durch ihre gewaltigen Bußpredigten und die bedingungslose Parteinahme für die Armen und Notleidenden zu den wichtigen Initiatoren der ma. geistigen Reformbewegungen zählt. Mit seinem Namen wird die Stadt heute noch in erster Linie in Verbindung gebracht.

Neben der erfolgreichen Gründung der theol. Fakultät an der Universität (1363), den theol. Schulen der verschiedenen, v. a. auf den Mkult ausgerichteten Ordensgemeinschaften (z. B. → Serviten) zeugen vornehmlich die zahlreichen M geweihten Wallfahrtsorte, Patrozinien und Werke der bildenden Kunst in fast jeder Kirche von der Bedeutung, welche die MV bis in unsere Tage für Stadt und Bistum P. spielt.

1. Wichtige Marienkirchen im Stadtgebiet. Von den am Ende der venezianischen Republik 1797 (zu der P. seit 1405 gehörte) bestehenden 120 Kirchen sind mittlerweile über 100 aus dem Stadtbild verschwunden. Von diesen hatten allein 24 ein Mpatrozinium. Bedingt durch das starke Wachstum P.s sind bis 1975 mehrere neue Kirchen erbaut worden, von denen 17 M geweiht sind.

Zentrum und Sammelpunkt der Stadt ist der Me Himmelfahrt geweihte Dom, dessen Vorgängerbau in der 2. Hälfte des 9. Jh.s errichtet, 1117 durch ein Erdbeben völlig zerstört, wieder aufgebaut wurde und im 16. Jh. (vollendet 1582) sein heutiges Erscheinungsbild erhielt. Das Mbild in der Apsis des Querarmes könnte auf Grund seines byzantinisierenden Stils ein Importwerk des 13. Jh.s sein, bzw. das eines im Veneto schaffenden griech. Künstlers des 14. Jh.s.

Ein wichtiges Zentrum der MV bildet seit dem 14. Jh. die Kirche S. Maria dei Servi. Auf eine Stiftung (1372) der Fina Buzzaccarini († 1378), Gemahlin des Francesco il Vecchio da Carrara († 1393), aus der Herrscherfamilie der Stadt zurückgehend, wurde die 1392 vollendete Kirche von ihrem Sohn, Francesco Novello, dem Servitenorden übergeben. Am alten röm. Decumanus, der im MA wichtigen Verbindungsachse zwischen Flußhafen und Zentrum (heute via Roma) gelegen, bildete der gesamte Klosterkomplex ein wichtiges Element in der Entwicklung der einzelnen Stadtviertel. An der inneren Fassadenwand des hohen Backsteinbaus zeigen zwei großformatige Bilder von Matteo de' Pitocchi Darstellungen von Wundern Ms. Neben einer kleinen Pietà aus dem 15. Jh. fällt v. a. der pompöse Aufbau des 1710—30 errichteten »Altare dell' Addolorata« von Giovanni Bonazza auf. Die Mstatue aus der Mittelnische stammt aus dem 2. Viertel des 15. Jh.s.

Mit der Stiftung der sog. Arenakapelle (Cappella degli Scrovegni; 1303) und Widmung an die »Madonna della Carità« gab Enrico Scrovegni den Auftrag zu einem Bau, dessen malerische Ausstattung zu den wichtigsten Stationen der abendländischen Kunstgeschichte gehört. Bei den 1305—10 durch den schon zu seiner Zeit berühmten Maler → Giotto da Bondone entstandenen Fresken handelt es sich u. a. um Szenen aus dem Leben Ms.

2. Marienwallfahrtsorte im Stadtgebiet. Von den heute noch bestehenden Mkirchen ist zweifellos S. Maria del Carmine die bedeutendste. Um 1292 erfolgte nach mehreren vergeblichen Ansiedlungsversuchen, die Niederlassung des Karmeliterordens in der Stadt, die 1298 durch Papst Bonifaz VIII. bestätigt wurde. Eine jährliche Prozession am 2. Februar (sie wurde bis 1868 durchgeführt) zu der sich im Bau befindlichen Kirche zeugt von der tiefen Verehrung für die GM vom Berg Karmel durch die Obrigkeit und die Bevölkerung, welche auch für die gesamten Baukosten aufkam. Als der Bau 1491 durch ein Erdbeben zerstört wurde, entstand zwischen 1494 und 1523 der heute noch bestehende Neubau. Begünstigt u. a. durch zahlreiche mit dem Besuch verbundene Ablässe wurde die Kirche bald zu einem Zentrum der MV. Über dem Giebel des Hauptportals befinden sich die drei Kardinaltugenden, von denen die mittlere in der Person Ms die Liebe darstellt (1736). Über dem klassizistischen Hauptaltar erhebt sich das von Engelstatuen gehaltene Freskobild der GM von Stefano dell' Arzere. Dieses während der Pestepidemie in den 70er Jahren des 16. Jh.s als wundertätig verehrte Bild wurde 1576 von seinem Ursprungsort, der »Corte Capitaniato«, in die Kirche übertragen. Dieses Ereignis mit der zweimaligen Merscheinung und der Aufforderung zur Translatio schildern an den Brüstungen der Orgelempore die Bilder von Giambattista Bissoni (1613). Alljährlich gedenken die Bewohner in der Nacht vom 11. auf den 12. Oktober der wunderbaren Erlösung von der Pest. 1914 erklärte Papst Pius X. die Kirche offiziell zum M wallfahrtsort. Gleich neben der Kirche befindet sich die durch die 1377 gegründete Laienbruderschaft (1810 aufgelöst) errichtete kleine Scuola del Carmine. Den gesamten Innenraum schmücken Fresken mit Szenen aus dem Mleben (1. Hälfte 16. Jh.). Die spirituell wichtigste Leistung der Karmeliter war die fast gleichzeitige Gründung einer eigenen »scuola teologica« aus der bedeutende Vertreter kamen, die teilweise an den theol. Lehrstühlen der bekanntesten europäischen Hochschulen des MA dozierten.

Die Kirche S. Maria del Torresino wurde 1718—26 zu Ehren eines wundertätigen M bildes, der »vergine addolorata« errichtet. Der Name »del Torresino« weist darauf hin, daß das Gnadenbild ursprünglich in die Mauer eines früher an dieser Stelle stehenden Stadtturmes eingelassen war. Bereits Anfang des 15. Jh.s soll eine Bruderschaft zu Ehren der »Schmerzhaften Mutter Gottes« gegründet worden sein, auf deren Veranlassung hin eine Kapelle um das Gnadenbild am Befestigungsturm gebaut worden war. Diese wurde aber schon bald darauf im Zuge der Schleifung der Stadtmauer nach dem Sturz der Carraresen niedergerissen. Ein Neubau erfolgte 1479, der im 18. Jh. dem noch bestehenden Barockbau weichen mußte. Neben den Gnadenbild aus dem 13. Jh. finden sich in den acht Wandnischen Personifikationen der marian. Tugenden: Geduld, Klugheit, Jungfräulichkeit, Reinheit, Bescheidenheit, Keuschheit, Unschuld und Barmherzigkeit (A. Bonazza zugeschrieben, 1741).

Der dritte sehr viel besuchte M gnadenort »Madonna Pellegrina«, dem Unbefleckten Herzen Ms geweiht, entstand erst nach dem Zweiten Weltkrieg. Anlaß war das Gelöbnis des Paduaner Bischofs Carlo Agostini 1943, einen M wallfahrtsort zu errichten, sollte P. von Luftangriffen verschont bleiben. Sie bildet den letzten der sieben Kirchenbauten des 20. Jh.s in den neuen Vororten P.s. Eine moderne MV betreibt die mit dem Wallfahrtsort verbundene Pfarrei mit ihrem eigenen Radiosender, über den täglich der Rosenkranz, sowie die hl. Messe und kirchliche Nachrichten übertragen werden, was v. a. kranken und alten Leuten zugute kommt.

3. Marienwallfahrtsorte im Bistum Padua. a) *Beata Vergine delle Grazie in Piove di Sacco.* Der durch den Franziskanerorden 1484 gegründete und von ihm bis 1769 betreute M wallfahrtsort beherbergt ein Gnadenbild aus der Hand Giovanni Bellinis (um 1478). Der Ort ist jährlich am 6. Mai Ziel großer Prozessionen, deren Abhaltung 1631 als Dank für die Erlösung von der Pest, gelobt worden ist.

b) *Madonna dell'Olmo in Thiene.* Bei dem bereits in Richtung venezianische Voralpen gelegenen Wallfahrtsort, berichtet die Legende von M erscheinungen in einer der zahlreichen Ulmen, die heute noch in dieser Gegend wachsen. An drei aufeinanderfolgenden Samstagen (dreißiger Jahre des 16. Jh.s) soll M drei Hirtinnen erschienen sein, mit dem Auftrag den Stadtoberen auszurichten, sie sollten als Sühne für das sündige Leben der Bürger eine M kirche erbauen. Da die Stadtoberen den Botschaften der Hirtinnen keinen Glauben schenkten, ließ M bei der dritten Erscheinung, eine Ulme sich entrinden, ohne daß der Baum Schaden nahm. Da auch dies keine Wirkung zeigte, erschien M einem Mann namens Simon der Bucklige, der als unheilbar krank galt. Erst als sie dessen wunderbare Heilung bewirkte, ging die Bevölkerung daran, eine M kapelle zu errichten, An dem inzwischen bei der Bevölkerung beliebten Gnadenort erbauten die Kapuziner, in deren Obhut sich der Wallfahrtsort seit 1610, von geringen poltisch bedingten Unterbrechungen (1769—98, 1810—13, 1866—1900), abgesehen, heute noch befindet, ein Kloster und eine Kirche, die die Erscheinungskapelle ummantelte. Die grundlegenden baulichen Veränderungen der Jahre 1945—60 bestimmen heute das Erscheinungsbild der Kirche, wobei u. a. die alte Erscheinungskapelle entfernt werden mußte. Das Gnadenbild von Gian Giacomo Gavo (1530) ist auf eine Ulmenholztafel gemalt, die der Tradition nach vom Baum, in dem M erschienen war, geschnitten sein soll. Dem Wallfahrtsort angeschlossen ist heute ein Seminar für die Nachwuchsausbildung des Kapuzinerordens.

c) *S. Maria delle Grazie in Este.* Die 1468 als Wallfahrtskirche entstandene und um 1700 zur mächtigen barocken Basilika (Kuppel, 1886—89) umgebaute Kirche erfuhr im Laufe der Zeit zahlreiche Umbauten. Anläßlich der Erhebung der Kirche zur »basilica minor« folgten 1924 die letzten grundlegenden Erweiterungsbauten, im Zuge derer auch das wundertätige Gnadenbild seinen heutigen Standort erhielt. Dabei handelt es sich um eine von venezianischen Händlern wohl aus Konstantinopel 1408 mitgebrachte byz. Ikone (Ende 13. Jh.), die Taddeo d'Este den Dominikanern schenkte, mit dem Auftrag eine Kirche zu ihrer Verehrung zu errichten (dargestellt in einem monumentalen Gemälde an der inneren Fassadenwand). Das Patronatsfest feiert die Kirche am 8. September, v. a. im Mai ist der Ort Ziel zahlreicher Wallfahrten.

d) *Madonna del Covolo in Crespano del Grappa.* Um 1200 soll einer taubstummen Hirtin die GM erschienen sein und sie mit dem Auftrag geheilt haben, sie wolle, daß gerade am Ort der wunderbaren Heilung eine Kapelle zu ihren Ehren errichtet werde. So entstand der erste Bau an den Hängen des Grappagebirges. Die gleichzeitig gegründete Kongregation zu Ehren der S. Maria del covolo (Höhle) förderte die heute noch zahlreichen Pilgerfahrten zum Heiligtum, dessen Hauptfest am 8. September gefeiert wird. 1809 entwarf der bekannteste klassizistische Bildhauer Italiens Antonio Canova die heutige Kirche in formaler Anlehnung an das Pantheon in Rom.

e) Beata Vergine della Salute in Monteortone. Nur 1 km von den berühmten Thermen von Abano entfernt, zu Füßen der Euganëischen Berge, erhebt sich die mächtige Klosteranlage von Monteortone (Erbauungszeit ab 1435, Weihe 1497). 1428, als gerade die Pest im Paduaner Gebiet grassierte, soll sich ein alter Soldat, namens Pietro Falco, in diese einsame Gegend zwischen Wäldern, Weiden und heilsamen Quellen zur Heilung und zum Gebet zurückgezogen haben. Als er eines Tages gerade in solch eine Heilquelle tauchen wollte, soll ihm die GM in gleißendem Glanze erschienen sein und ihm wunderbare Heilung seiner Kriegsverletzungen nach dem Bade verheißen haben, mit dem Hinweis auf das Mbildnis, das er unter der Wasseroberfläche eben dieser Quelle finden würde, für das ihr, der Beschützerin dieses Ortes, eine Kapelle errichtet werden solle. Um eben dieses Bild, M mit den hll. Christophorus und Antonius (Ende 13. Jh.), soll es sich beim heute verehrten Gnadenbild handeln, das hinter dem Hauptaltar aufgestellt ist. Die bedeutenden Fresken von Jacopo da Montagnana (1497) im Presbyterium zeigen Szenen aus dem Mleben sowie die Gründungslegende. Das Gnadenbild und die mit ihm in Verbindung gebrachten zahlreichen Heilungen und Wunder sind heute noch Anlaß für zahlreiche Pilgerfahrten zum Gnadenort, der heute vom Augustinerorden betreut wird und am 15. Augsut sein jährliches Hauptfest feiert.

f) S. Maria della Misericordia in Terrassa Padovana. Die um 1490 erbaute Kirche geht wie die meisten Mheiligtümer auf eine Erscheinung der GM zurück, die hier einem stummen Knaben erschienen sein soll. Nach dessen Heilung veranlaßte die Bürgerschaft den Bau der ersten Kapelle, die 1646 ihre heutige Form im Übergangsstil zwischen Renaissance und Barock erhielt. Das zugehörige Klostergebäude ist eine Stiftung des vornehmen Venezianers Giovanni Luigi Bragadin (1499). Der heute von Weltpriestern betreute Wallfahrtsort feiert sein Hauptfest am 8. September; seit 1886 wird auch, als Dank an die UE Ms für die Befreiung von der Cholera, der 8. Dezember feierlich begangen.

g) Beata Vergine di Tessara in Curtarolo. Die 1288 erstmals erwähnte einfache Kirche beherbergt ein Gnadenbild (Terracotta, 15./16. Jh.), das von der Bevölkerung der umliegenden Ortschaften sehr verehrt wird. Der Sage nach (Mitte des 15. Jh.s) soll M einem behinderten Kind erschienen sein, das gerade seinem Vater, der in den Reisfeldern längs des Brentaflusses arbeitete, eine Jause bringen wollte. M versprach ihm Heilung, wenn in der Ortskirche (S. Egidius) ihr Bildnis aufgestellt würde. Heute noch findet zu Ehren Ms jährlich zum 2. Sonntag im Oktober ein feierliches Triduum statt, an dem zahlreiche Pilger teilnehmen.

h) Beata Vergine addolorata in Torresino. Der heute auch als Pfarrsitz fungierende Wallfahrtsort beherbergt ein seit dem 14. Jh. verehrtes Gnadenbild der Schmerzhaften GM, das sich ursprünglich an einem Turm der Befestigungsanlage befand. Anfang des 16. Jh.s soll auch hier eine Merscheinung stattgefunden haben und die durch sie verheißene Befreiung von der Pest.

i) Madonna del Tresto in Ospedaletto Euganeo. Die Legende erzählt, daß am 21. 9. 1468 die GM dem Bootsmann Giovanni Zello da Ponso erschienen sei und ihm die Stelle gezeigt habe, auf der nach ihrem Entwurf eine Kapelle errichtet werden sollte. Der Ort gehört heute zu den beliebtesten Wallfahrtsorten im Veneto und ist jährlich v. a. am jeweiligen Sonntag nach dem 21. September Ziel zahlreicher Pilger, deren bekanntesten wohl der hl. Gregor Barbarigo, Bischof von P., gewesen sein dürfte, der an die Kirche ab 1669 neben den Konventsgebäuden ein Kolleg für die Kinder vornehmer Familien, und die Seminaristen des Paduaner Priesterseminars errichten ließ. Das künstlerisch sehr wertvolle Gnadenbild wird neuerdings Iacopo da Montagna zugeschrieben. Bemerkenswert ist auch die weitum größte Sammlung von Votivgaben (15.—19. Jh.) als Zeichen der dankbaren Verehrung der GM durch die Bevölkerung.

j) Monte della Madonna in Teolo. Der auf den Euganëischen Hügeln errichtete Wallfahrtsort gilt als einer der ältesten des gesamten Bistums. Der Ort wird erstmals durch die testamentarische Stiftung eines reichen Paduaner, namens Wirixolo, 1253 erwähnt. Weitere Schenkungen 1300 und 1305 ermöglichten den Bau einer kleinen Kapelle mit eigenem Benefizium (ab 1359). Ab 1508 wurde die Kirche dem zu Füßen des Hügels gelegenen mächtigen Benediktinerkloster von Praglia einverleibt, das die Obhut des Pilgerortes jeweils einem Eremiten überließ — der letzte starb 1965 —, während die Benediktiner die pastoralen Aufgaben erfüllten. Heute lebt eine kleine Gruppe von ihnen in den Konventsgebäuden nahe der Kirche. Diese beherbergt das Gnadenbild aus dem 14. Jh.

k) Madonna delle Grazie in Piove di Sacco. Der große Kirchenbau ist einer der zahlreichen im Veneto des 15. Jh.s gegründeten Mwallfahrtsorte des Franziskanerordens. Von der ursprünglichen Klosteranlage (Bauzeit 1484—89) hat sich lediglich die mächtige Klosterkirche erhalten, nachdem die Konventsgebäude nach der Vertreibung der Mönche (1769) niedergerissen und erst 1960/62 teilweise wiederaufgebaut wurden. Ziel der jährlich am 6. Mai zum Dank für die Befreiung von der Pest 1631 gelobten Prozession ist das Gnadenbild der GM mit dem Jesuskind. Bei der Darstellung handelt es sich um ein vorzügliches Werk, das dem venezianischen Maler Giovanni Bellini zugeschrieben wird und um 1478 entstanden sein dürfte.

Lit.: C. Gasparotto, S. Maria del Carmine in Padova, 1955. — A. Carmignano, La Madonna dell'Olmo in Thiene, 1972. — N. N., Cismon. Il comune — la parrocchia — la madonna,

1974. — C. Bellinati und L. Puppi (Hrsg.), Padova. Basiliche e chiese, 2 Bde., 1975. — C. Gasparotto, La madonna dei lumini, 1976. — A. Riccoboni und A. Limena, La basilica di S. Maria delle Grazie in Este, 1976. — G. Ambrosini, Il santuario di Monteortone, 1977. — L. Bertazzo und D. M. Montagna, Santa Maria dei Servi a Padova, 1981/82. — D. Marcucci, Santuari mariani d'Italia, 1982. — N. N., La madonna del Covolo e il suo Santuario, 1983. — Ders., L' Abbazia di S. Maria di Praglia, 1985. — P. M. Candeo, I santuari Mariani della diocesi di Padova, 1986. — G. Toffanin, Cento chiese padovane scomparse, 1988.
M. Gluderer

Paër, Ferdinando, * 1.7.1771 in Parma, † 3.5.1839 in Paris, ital. Komponist, erhielt seine musikalische Ausbildung durch Giacomo Ghiretti am Hoftheater in Parma, war Kapellmeister in Venedig, Wien, Dresden, Warschau, Posen und Paris, schrieb v. a. Opern (u. a. ein Jahr vor Beethovens »Fidelio« nach dem gleichen Libretto »Leonore«) zwischen Wiener klassischem Stil und franz. »Schreckensoper«. An geistlichen Kompositionen sind neben zwei Messen drei Oratorien (Il trionfo della Chiesa, 1804; La passione di Gesù Cristo, 1810; Il Santo Sepulcro, 1818), ein Magnificat für 4 Stimmen und Instrumente und ein Salve Regina für Solotenor, vierstimmigen Chor und Instrumente überliefert.

Lit.: T. Massé e A. Deschamps, P. e Rossini, Paris, 1820. — R. Engländer, F. P. als sächsischer Hofkapellmeister, In: Neues Archiv für sächsische Geschichte (1929) 204 ff. — MGG X 622—626. — Grove XIV 81—84. *G. Schneeweiß*

Pärt, Arvo, estnischer Komponist, * 11.9.1935 in Paide (Estland), arbeitete zunächst 1958—67 als Tonmeister am Estnischen Rundfunk und absolvierte gleichzeitig das Musikstudium bei Heino Eller in Tallinn am dortigen Konservatorium, lebt seit 1981 in Berlin. Zentraler Gedanke seiner Kompositionen ist eine Absage an jeglichen Aktionismus und auftrumpfender Aktualität und die Hinwendung zu Stille und Demut der musikalischen Ausdrucksmittel. P. versucht dabei, Brücken zwischen Gregorianik, früher Mehrstimmigkeit und musikalischer »minimal art« zu schlagen. Zwei marian. Kompositionen sind in seinem wichtigen Beitrag zur Musikentwicklung im 20. Jh. zu verzeichnen, ein Magnifikat und das »Stabat Mater« von 1985.

Lit.: W. Mellers, Notizen zum Werk A. P.s, In: Beiheft zur CD-Aufnahme »Arbos«, 1987. — Riemann, Ergänzungsband II 320 f. *B. Brosch*

Pagani, ital. Stadt (30000 Einwohner) südlich von Neapel, beherbergt das Heiligtum der S. Maria delle Galline, das im 15. Jh. nach der Entdeckung eines Mbildes errichtet worden ist. Im Laufe der Jh.e führte das Sanktuarium etliche Namen. Um nicht mit der Kirche S. Maria dell' Annunziata (später del Carmine) verwechselt zu werden, wurde die erste Kirche »Annunziatella e Spogliaturo« genannt. Als sich allmählich der Name S. Maria del Carmine durchsetzte, wurde das neue Heiligtum in Hinsicht darauf und in Bezug auf den Standort »S. Maria del Carmine alla Piazza« genannt, gelegentlich erscheint es auch als »S. Maria della Disciplina«. Erst seit Mitte des 18. Jh.s findet sich die Bezeichnung »Madonna delle Galline«, die möglicherweise entweder auf das wiedergefundene Bildnis der GM del Carmine oder auf das Opfern von Geflügel anläßlich des Mfestes zurückzuführen ist. Die zahlreichen Wunder, die sich in dem Heiligtum der GM in P. ereignet haben sollen, führten 1787 zur Krönung des Bildes.

Das Hauptfest der »Madonna delle Galline« wird eine Woche nach Ostern gefeiert, als Erinnerung an die sog. Rückkehr des Heiligenbildes um 1500. Weitere Feste waren der 16. Juli, der bis zur Aufhebung des Klosters durch die Napoleonischen Gesetze 1806 von Karmelitermönchen gefeiert wurde, der letzte Sonntag im Juli und der letzte Sonntag im September, anläßlich der feierlichen Krönung des Gnadenbildes 1787. Die Prozession im Dezember erinnert an die Rettung beim Vesuvausbruch von 1631.

U. a. werden heute noch folgende Andachten und Feste in P. gefeiert: neuntägige Andacht zu Ehren des hl. Antonius Abate, Fest der hl. Agate, Novene für den hl. Joseph, 15 Donnerstage der hl. Rita in Verbindung mit einem dreitägigen Fest (eingeführt vom derzeitigen Prior Don Gerardo Desiderio), Predigtwoche anläßlich der Krönung des Gnadenbildes Ende September, Triduum zu Me Verkündigung, alle Samstage zu Ehren der Madonna di Pompei, die Monate Mai und Juni zu Ehren der hll. Herzen Me und Jesu sowie eine Novene zur Immaculata.

Lit.: L. Villani, Florilegio storico della ven. Effigie di Maria SS. del Carmelo — vulgo delle Galline in P., 1887. — M. Vasalluzzo, La chiesa di Nocera e Sarno dalle origini ai giorni nostri, 1985. — L. Longobardi, La Madonna delle galline a P. — Storia, leggenda e folclore, 1986. — M. Vasalluzzo, La Madonna delle Galline ai raggi X, 1987. *T. Civiero*

Pagano, Tommaso, * ca. 1635 in Neapel, † 27.6.1690 ebd., ital. Organist und Komponist. Nach der Ausbildung bei G. M. Sabiano wurde P. 1659 Organist der viceregal cappella in Neapel und stieg 1684 zum maestro di cappella onorario auf. Für drei Monate übernahm er 1688 die Hofkapellmeisterstelle von A. Scarlatti, der wegen eines Streites mit F. Provenzale entlassen worden war. Als Scarlatti wieder eingesetzt wurde, erhielt P. seinen vorherigen Posten zurück, den er bis zu seinem Tode innehatte.

Zu P.s Werken, die er in traditionellem Stil, aber offen für neue Strömungen, verfaßte, gehören Oratorien, darunter »La vergine«, »Maria avvocata«, »Morte di Maria SS« und »Oratorio per l' Assunta della BV«, Dialoge für Solostimmen und Kantaten.

Lit.: U. Prota-Giurleo, T. P., Archivi 25 (1958) 65. — Grove XIV 91. *C. Wedler*

Painā (westsyr. p̄ainō), in allen Kirchen syr. Überlieferung das liturg. Obergewand (paenula), das der westlichen Kasel bzw. dem byz. Phelonion entspricht. Es ist jedoch vorne offen und mehr einem abendländischen Chormantel

(Pluviale) ohne Kaupze ähnlich. Im ostsyr. Ritus werden dafür auch die Begriffe pakīlā und ma'prā verwendet.

Lit.: A. A. King, Liturgie d'Antioche. Rite syrien et rite chaldéen, 1967, 59. 194. — P. K. Meagher u. a. (Hrsg.), Encyclopedic Dictionary of Religon, 1979, 2761. *J. Madey*

Paisiello, Giovanni, * 9. 5. 1740 nahe Tarent, † 5. 6. 1816 in Neapel, ital. Komponist, erhielt nach erstem Unterricht am Jesuitengymnasium in Tarent seine musikalische Ausbildung 1754—63 am Conservatorio di S. Onofrio in Neapel, u. a. von Durante. Hier entstanden seine ersten Kompositionen und Opern, die den Grund zu seinem Ruhm als Opernkomponist legten. Erste Erfolge feierte er in Norditalien, anschließend festigte sich sein Ruf durch seine Tätigkeit in Neapel (1766—76), bis ihn die Zarin Katharina II. 1776 als Hofkomponist an den Hof nach St. Petersburg berief. Dort schuf er neben vielen anderen Opern auch die noch heute gern gespielten »La serva padrona« (1781) und »Il barbiere di Siviglia« (1782). 1784 gewann ihn Neapel mit der Stelle eines Hofkapellmeisters und -komponisten zurück; 1801—03 arbeitete er auf Drängen seines Bewunderers Napoleon in Paris, kehrte aber bald nach Neapel zurück, wo er in die politischen Wirren der Zeit geriet und sich aus dem Berufsleben zurückziehen mußte. Nun wandte er sich verstärkt der KM zu, die ihn sein ganzes Leben begleitet hatte, wie seine »La passione di Gésu Cristo« (1783 für die röm.-kath. Kirche in St. Petersburg), zahlreiche Messen, Ordinariums- und Propriumsgesänge beweisen. ℳ gewidmet waren »La Concezione di Maria Vergine«, ein Oratorium für 4 Stimmen und Orchester, ein Magnificat zu 4 Stimmen und ein Regina coeli für 2 Soprane, Baß und Orchester (1787); dem Stabat Mater → Pergolesis fügte er für die Aufführung im Dom von Neapel 1810 Holzblasinstrumente hinzu.

Lit.: A. Mazzarella da Certo, G. P., Neapel 1816. — A. Ghislanzoni, G. P.: valutazioni critiche rettificate, 1969. — D. Foresio, P.: nella vita, nell'arte, nelle storia, 1985. — MGG X 639—649. — Grove XIV 97—102. *G. Schneeweiß*

Pakistan. In P. ist der Islam Staatsreligion; die christl. Minderheit versucht, wenigstens einen kleinen Freiraum für ihre eigene Verkündigung und Tätigkeit gegen eine totale Islamisierung zu sichern. Bei einer Bevölkerung von 82,4 Millionen bekennen sich 96,8% zum Islam, 1,3% sind Hindus und 1,4% Christen.

Will man über MV und marian. Frömmigkeitsformen in P. sprechen, so muß man alles einbeziehen, was heute zum Gebiet und Bereich von P. gehört. 1840—45 schickte der Apost. Vikar von Agra, Giuseppe Antonio Borghi (* 2. 2. 1802 in Livorno, 1822 OFMCap nach Georgien, 1839 Bischof und Koadjutor von Agra, 1841 Apost. Vikar von Agra, resigniert 1849 und Bischof von Cortona/Toscana, † 31. 7. 1851 in Cortona), Missionare zur Seelsorge der irischen Soldaten im britischen Heer in die Provinz Punjab; daneben wurden eigene Seelsorger für die indischen Arbeiter, die meist Katholiken aus Goa waren, eingesetzt. So kamen im 19. Jh. zwei unterschiedliche Frömmigkeitsrichtungen in die Kirche P.s. Die Unterschiede zeigten sich nicht nur in der Sprache (Englisch bei den Soldaten, Portugiesisch und Konkani bei den Goa-Katholiken), sondern in den Formen der Verehrung.

Bischof Emmanuel Alphons van den Bosch (* 18. 6. 1854 in Antwerpen, OFMCap, 1890 Bischof von Lahore, 1892 Erzbischof von Agra, 1897 Titularerzbischof von Parsium, † 15. 10. 1921 in Brügge) begann mit einer neuen Methode, die den einheimischen Christen einen größeren Zusammenhalt und Schutz der Neuchristen bieten sollte: Christendörfer. Als erste wurde 1892 die Siedlung Maryabad (oder Maryamabad) im Punjab gegründet. Diese Gruppierung der Katholiken in eigenen Siedlungen hatte in manchem Ähnlichkeiten mit den Reduktionen in Südamerika. In Maryabad wurde der 8. September als Jahresfest und Danksagung für die Gründung des Dorfes begangen. Weitere Siedlungen folgten.

Unter dem volkstümlichen Namen »Schwestern von Maryabad« wurde 1921 in Maryabad mit einer einheimischen Schwesterngemeinschaft begonnen. Der eigentliche Name lautet »Franciscan Tertiary Sisters of Lahore«; die kirchliche Gründung erfolgte 1922 durch Bischof Fabian Eestermans (* 24. 4. 1858 in Meerle, Diözese Mecheln, 1878 OFMCap, 1888 nach Lahore, 1905 Bischof von Lahore, 1926 resigniert, † 29. 1. 1931 in Löwen). Im Rawalpindi-Gebiet wurde 1897 das erste Christendorf Yusufpur genannt. 1948 wurde dort diese Methode nochmals aufgegriffen und Josephabad (1948) und Mariakhel (1949) gegründet.

Zur Mitarbeit der Christgläubigen bestanden z. B. in der Diözese Lahore 1966 drei Vereine, unter ihnen die »Legio Mariae«, und fünf Bruderschaften, u. a. die »Marian. Kongregation«, die schon 1985 nicht mehr bestanden. Die MV nimmt in der Kirche P.s allerdings einen besonderen Platz ein; denn der Koran mißt ℳ (Maryam) eine hohe Bedeutung zu (Sure 19 und 3).

Marian. Schrifttum: Novena aur Du'aen. Hazrat Kunari Mariyam kepas Pompei ki Wali men, Bettiah 1900 (Urdu in persischen Buchstaben — Novene zu Ehren ULF von Pompei). — Meditationes breves de vita BMV, Lahore 1905 (Urdu in persischen Buchstaben). — Th. J. Crowley, Dhanya Kumari Janani (The Blessed Virgin Mother), 1939. — Gaur Chandra Saha und Toomilia Convent, Borodiner Natak (Christmas Plays), 1952. — Mariar Senasangher Sahachar (Handbook of the Legion of Mary, translated by Ritchill), 1964.

Lit.: Thomas und Emmerich (Georgius) (Blondeel), In het Land der vijf rivieren, 1888—1938, 1938. — H. Held, Christendörfer, 1964. — L. Vemmelund, The Christian Minority in the North West Frontier Province of P., 1972. — J. v. d. Klugt und M. Conroy, The Opening Door. Mill Hill Mission to Afghanistan, 1879—82, 1979. — T. J. Walsh, Nano Nagle and the Presentation Sisters, 1980. — F. Brown, The Contribution of the Catholic Church towards the Future of the People in P., Diss., Rom 1982. — J. Rooney, On heels of battles. A History of the Catholic Church in P., 1986. — Ders., Into Deserts. A History of the Catholic Diocese of Lahore, 1886—1986, 1986. — Ders., On Rocky Ground. The Catholic Church in the North West Territories (1887—1987), 1987. *H. Rzepkowski*

Paladilhe, Emile, * 3.6.1844 bei Montpellier, † 8.1.1926 in Paris, franz. Komponist. Nach erstem Unterricht bei dem Organisten der Kathedrale von Montpellier wurde P. schon als Neunjähriger am Pariser Konservatorium aufgenommen, wo er bei Halévy Komposition, bei Marmontel Klavier und bei Benoist Orgel studierte. 1857 errang er den ersten Preis des Conservatoire für Klavier, und 1860 wurde ihm für die Kantate »Le Czar Ivan IV.« der Rom-Preis verliehen. 1892 wurde er Nachfolger E. Guirauds an der Akademie. Sein Kompositionsstil ist geprägt durch einfache Melodien und Harmonien. Seine populärste Komposition, das Lied »Mandolinata«, nahm er in die opéra comique »Le passant« (1872), sein erstes Bühnenwerk, auf. Zwei weitere komische Opern gefielen weniger, erst mit der grand opéra »Patrie« (1886), die nach Paris auch in Rom und Hamburg aufgeführt wurde, konnte P. wieder einen Erfolg verbuchen. Seine wichtigsten späteren Werke gehören in den Bereich der Sakralmusik, so die Messe solenelle (1889), Les Saintes Maries de la mer (1892), Messe de St. François d'Assise (1895) und das Stabat mater (1905).

Lit.: H. Busser, E.P., In: Le ménestrel, 83/3 (1926) 32. — Grove XIV 112f. — MGG X 649ff. *C. Wedler*

Palästina. Die Evangelisten verbinden den Namen ⍟s selten mit konkreten Orten P.s. Ergiebiger hierzu sin die Apokryphen, die altchristl. Pilgerberichte und die Ergebnisse der archäol. Spurensuche.

In Betlehem kennt Hieronymus »die heilige Herberge der Jungfrau« (Ep. 108,10). Der Bischof und Abt Arkulf berichtet: »oberhalb der genauen Stätte, wo der Herr nach der Überlieferung geboren wurde, ist eine Kirche der hl. Maria von großartiger Bauart errichtet« (Adamnani, de locis sanctis libri tres 2,2). Die Geburtsbasilika wurde von Konstantin I. errichtet und um 530 unter Justinian I. erweitert. Als einzige altchristl. Kirche P.s blieb diese Basilika im Persersturm des Jahres 614 unversehrt. Um die Geburtsgrotte war ein Oktogon errichtet worden, über welches das justinianische Presbyterium gelegt wurde. Zwei repräsentative Abgänge bzw. Zugänge ermöglichen weiterhin den Weg zur Geburtsgrotte. Am östlichen Ende der Geburtsgrotte ist eine Nische ausgetieft, die einen Altar birgt. Darüber ist noch ein ma. Mosaik »Geburt Christi« erkennbar, dessen Reste möglicherweise auch eine ⍟darstellung andeuten. Unter dem Altar ist auf weißen Marmorplatten ein Stern aus Silber angebracht mit der Inschrift: »Hier wurde von Maria der Jungfrau Jesus Christus geboren«. Die meisten Pilgerberichte aus der Kreuzfahrerzeit erwähnen die Mosaike, mit denen die Innenwände der konstantinischen Basilika im MA geschmückt worden waren. Der Franziskaner Guardian Quaresmius dürfte seiner Beschreibung nach die schon vom Verfall bedrohten Mosaike noch vollständig gesehen haben. Unterhalb der Darstellung der sieben ersten ökumen. Konzilien findet sich der Stammbaum Jesu. Das letzte Bild, Joseph, ist nicht mehr erhalten. Doch wird dieses Bild gesichert durch die noch lesbare Inschrift: (J)oseph — (V)irum — (M)ariae. Der seit Konstantin I. als Geburtskirche bekannte Komplex besteht aus drei miteinander verbundenen Baugliedern: das Oktogon, die Basilika mit einem Narthex und das Atrium. Nach dem Pilgerbericht Arkulfs um das Jahr 680 werden die genannten Bauglieder namentlich unterschieden. Das Oktogon birgt die Höhle von Betlehem mit der Krippe des Herrn. Die fünfschiffige Basilika konstantinisch-justinianischer Zeit mit ihrem weit ausladenden Sanktuarium über der Geburtsgrotte ist die Kirche der hl. ⍟, nicht die Geburtskirche, so Arkulf.

Der Pilger von Piacenza zieht auf dem Weg von Jerusalem nach Betlehem an Rama vorbei. Dort stößt er auf eine Wasserstelle, die er so schildert: »Ihr Wohlgeschmack ist unbeschreiblich. Man erzählt, das komme davon her, daß die hl. Maria auf der Flucht nach Ägypten dort saß und Durst empfand. Da sei dieses Wasser hervorgebrochen. Dort ist jetzt auch eine Kirche errichtet worden« (Antonini Placentini Itinerarium 29). Den Rastplatz der GM markiert eine Zisterne Bir el-Qadisma, etwa 500 m vor dem Eliaskloster. Diese Stelle wird erstmals um 150 im → Jakobusevangelium (17,2f.) erwähnt. Spätestens um 450 wurde also dort eine Gedächtnisbasilika errichtet. Der Pilger um 570 identifiziert allerdings das Rachelgrab mit der ⍟gedächtnisstätte. Die Kathisma-Basilika selbst ist ihm unbekannt geblieben.

Auf dem Gipfel des Garizim ließ Kaiser Zeno (474—491) eine ⍟kirche errichten, die der Theotokos geweiht wurde. Der oktogonale Bau (37 x 30 m) wurde von Justinian I. mit einer rechteckigen Festung umgeben. Vermutlich bezeugen die Überreste der Anlage die erste nachweisbare Theotokos-Basilika, also vor der Hypatios-Inschrift von → Ephesos, die erst der justinianischen Zeit zugehört.

Für Jerusalem bezeugt die Spätantike vier gesicherte ⍟gedächtnisstätten. Seit dem Patriarchen Sophronios († 638) wird auf dem Zionshügel der Heimgang ⍟s (Dormitio Mariae) geehrt. Im 5. Jh. war zur Erinnerung an die Heilung des Gelähmten am Schafsteich beim Stephanstor eine Basilika erbaut worden, die im Persersturm unterging. Patriarch Modestos († 630 oder 634), dem das altchristl. Jerusalem viel verdankt, ließ die Basilika wieder errichten und gab ihr ein Doppelpatrozinium: Geburt ⍟s und Heilung des Gelähmten. Durch Ausgrabungen wurde die Lage der »Nea« auf dem Jerusalemer Stadtplan der Madabakarte bestätigt. Prokop v. Caesarea (De aedificiis V 6) benennt das Bauwerk: »Und in Jerusalem weihte er (Justinian I.) der Mutter Gottes ein Heiligtum, mit dem kein anderes verglichen werden kann. Es wird von den Einheimischen die neue Kirche genannt.« Die Pilgerberichte beschreiben die Lage des ⍟heiligtums gegenüber der Südwestecke der Tempelmauer am östlichen Rand des Hügels der Oberstadt von Jerusalem. In der Substruktur der »Nea« wurde eine Bauinschrift aus dem Jahre 543 entdeckt: »Auch dieses Werk förderte unser allerfrömmster Kaiser Flavius Justinianus mit dem Einsatz des heiligsten Presbyters und Hegoumen Konstantinos im 13. Jahr der Indiktion«. Mit Hilfe von Johannes Moschos († 619) kann Konstantinos Abt und Hegoumen der Kirche der hl. M, der GM, der »Nea« identifiziert werden. Im Gegensatz zur der neuesten Zeit zugehörigen Mtradition bei Ephesos, kommt der Jerusalemer Mtradition beträchtliche Bedeutung zu. Nach B. Bagatti hatte Patriarch Juvenal um 450 über dem sog. Mgrab im Kidrontal eine Basilika errichten lassen. Das Grab Ms sei im Besitz einer judenchristl. Gruppe gewesen, die zur Zeit Kaiser Theodosius' I. der Jerusalemer Kirche übereignet werden mußte. Diese judenchristl. Gemeinschaft habe bis dahin jährlich ein Fest am Mgrab gefeiert. Dies würde das Schweigen der Kirchenväter (z. B. Hieronymus und Augustinus) einschließlich der frühen Pilgerberichte erklären. Denn, Gedächtnisstätten von Häretikern wurden von der Großkirche nicht zur Kenntnis genommen. Als erster Pilger erwähnt der Archidiakon Theodosios zwischen 518 und 530 das Mgrab. Arkulf ist in der Lage, dieses Mheiligtum ausführlich zu beschreiben und zugleich auf ein Problem hinzuweisen (Adamnani, de locis sanctis libri tes 12,1—3): »Als eifriger Besucher der heiligen Orte hat der heilige Arkulf die Kirche der heiligen Maria im Tal Josaphat besucht, die doppelt gebaut und deren niedrigerer Teil unterhalb eines steinernen Stockwerkes in wunderbarer Rotundengestalt errichtet ist. In ihrem östlichen Teil befindet sich ein Altar, an dessen rechter Seite das leere Felsengrab der Maria liegt, in welchem sie eine Zeit lang bestattet war. Aber auf welche Weise und wann und von welchen Leuten ihr heiliger Leichnam aus diesem Grabe weggenommen wurde und an welchem Ort sie die Auferstehung erwartet, darüber weiß dem Vernehmen nach niemand etwas Sicheres.« Arkulf kennt zwar die Assumptio Me nicht, doch schildert er als erster die Anlage des Heiligtums nach dessen Restaurierung um 614. Die apokryphe Schrift »Dormitio Mariae« (Vatican. grec. Nr. 1982) wirft auf die Jerusalemer Mtradition ein neues Licht. Dieses Apokryphon, vor 325 verfaßt, kreist um das Thema: Tod und Aufnahme Ms in den Himmel. Danach geleitet der verklärte Christus M mit zahlreichen Engeln in den Himmel. Die »Dormitio Mariae« diente judenchristl. Häretikern von Jerusalem als Haggada für ihr Anniversarium am Mgrab, bis sie die Gedächtnisstätte abzugeben hatten. Der Kern dieser Haggada könnte sich in Dtn 34,6b finden, der mit der Mosetradition auf dem Berg Nebo verbunden wurde (Peregrinatio Etheriae 12,2).

Das biblische Kana, die Stätte des Weinwunders (Joh 2), das M erbat, wurde mit dem Ruinenhügel Ḫirbet Qānā, etwa 14 km nördlich von Nazaret identifiziert. Während in der Spätantike und im MA die Pilger dorthin zogen, bahnte sich im 17. Jh. ein Wechsel an. 1566 hatten griech.-orth. Christen in Kafr Kenna, etwa 7 km nordöstlich von Nazaret, eine Kirche als Ort des denkwürdigen Hochzeitsfestes erbaut. Seitdem gilt Kafr Kenna als das biblische Kana, Ḫirbet Qānā verödete und geriet in Vergessenheit.

Die 1960—69 auf den Fundamenten einer im Jahr 1100 errichteten Kreuzfahrerkirche erbaute Basilika der Verkündigung in Nazaret birgt die spärlichen Reste eines byz. Kirchenbaus aus dem 5. Jh. und zwei Heiligtümer: ein Martyrion und die Verkündigungsgrotte. Der Martyrergedächtnisstätte ist ein kleiner Raum vorgelagert. Die Verkündigungsgrotte (= Engelskapelle) besitzt eine Ostapsis und enthält den Altar der Verkündigung, ferner die Säule Gabriels sowie die Säule Ms. Dem Grottenbereich war eine Synagoge/Kirche vorgelagert. Graffiti und Kleinfunde führten zu dem Schluß, daß die Kultstätten in das 3., möglicherweise in das 2. Jh. datiert werden können und im Besitz einer judenchristl. Gruppe aus Nazaret waren. An das südliche Seitenschiff der byz. Kirche lehnte sich ein zeitgleiches Kloster an. Unter dem Mosaikfußboden des byz. Konvents fand sich eine Säulenbasis mit dem Graffito: XE MAPIA. Dieses Graffito ließe sich ergänzen zu XAIPE MAPIA (Ave Maria). Wenn diese Anrufung den Gruß des Engels an M wiederholt, dann wäre dies die erste epigraphische Bezeugung des Namens der Mutter Jesu. Eine solche Schlußfolgerung muß eine Mutmaßung bleiben; denn der Gruß XAIPE in Verbindung mit einen Namen findet sich auch auf Grabmonumenten (z. B. Durres/Albanien, Archäol. Mus.). Der Säulensockel mit der Einritzung könnte Bestandteil eines Grabmonuments gewesen sein, das mit anderem Füllmaterial unter den Boden des Klosters kam. Seit dem 11. Jh. trägt eine Quelle den Namen Ms. In der Nähe des Mbrunnens erhebt sich eine griech.-orth. Kirche (Gabrielskirche), in deren Krypta das Wasser der Quelle geleitet wurde. Im Anschluß an das apokryphe → Jakobusevangelium lokalisieren die orth. Griechen die Erscheinung des Erzengels Gabriel an diesem Brunnen.

QQ und Lit.: F. Quaresmius, Elucidatio Terrae Sanctae, 1639. — NTApo. — C. Kopp, Das Mariengrab, 1955. — B. Bagatti, Gli Scavi di Nazaret I: Dalle Origini al Secolo XII, 1967. — G. Kroll, Auf den Spuren Jesu, [5]1974. — B. Bagatti, M. Piccirillo und A. Prodomo, New discoveries at the tomb of Virgin Mary in Gethsemane, 1975. — N. Avigad, Die Entdeckung der »Nea« genannten Marienkirche in Jerusalem, In: Antike Welt 10,3 (1979) 31—35. — H. Donner, Pilgerfahrt ins Hl. Land. Die ältesten Berichte christl. Palästinapilger (4.—7. Jh.), 1979. — F. Manns, Le récit de la Dormition de Marie (Vatican. grec. 1982), 1989.
W. Gessel

Palaia Petra (Θεοτόκος ἐν τῇ Παλαιᾷ Πέτρᾳ: GM in Alt-Petra), Mkirche vor → Konstantinopel, einst im Vorort Petra nordöstlich vor dem Charisiostor (heute Edirne Kapı) gelegen. Die dort heute noch stehende neue griech. Mkirche *Κυρία τῶν Οὐρανῶν* (= Himmelsherrin) dürfte ihre Nachfolgerin an gleicher Stelle sein. Zusammen mit den beiden anderen Hauptschreinen der GM außerhalb der Stadtmauern, der Blachernen- und → Pegekirche, bildete die P. einen »mystischen Ring« von Stationskirchen (→ Stationalliturgie) um die Stadt, in dessen spiritueller Kraft das gläubige Volk einen stärkeren Schutz sah als in irdischen Befestigungen und Waffen. Das Hauptfest der P. (Kirchweihe) fand am 21. September statt; auch am 2. Sonntag nach Pfingsten (= Allerheiligen) und am darauffolgenden Mittwoch wurde hier vom Patriarchen und dem ganzen Volk eine → Stationalliturgie gefeiert. Zu dieser führte jeweils eine große Prozession über eine Strecke von 5 km, die zur neunten Stunde der Nacht in der → Sophienkirche aufbrach und Zwischenstationen sowohl auf dem Forum wie auch an den Stadtbefestigungen machte.

QQ: A. Dmitgriewskij, Opisanie liturgičeskikh rukopisej I: Typika, Kiew 1895, I 151 n.2. — M. I. Gédéon, *Βυζαντινὸν ἑορτολόγιον*, Konstantinopel 1899, 171. — J. Mateos, Le Typicon de Grande Eglise, In: OrChrA 166 (1963) II 146.
Lit.: R. Janin, Constantinople byzantine, 1950, 375. — Ders., La géographie ecclesiastique de l'Empire Byzantin I/3, ²1969, 232. — T. F. Mathews, The early churches of Constantinople, 1971. — J. F. Baldovin, The urban character of Christian worship, 1987. *G. A. B. Schneeweiß*

Palamismus → Hesychasmus

Palastkirchen in →Konstantinopel. Im ältesten Teil des Großen Kaiserpalastes, der Daphne, am Hippodrom befand sich die sog. »alte« Kirche *(Πρωτόκτιστος Θεοτόκος Δάφνη)*. Sie hatte ihre Bedeutung im Rahmen des kaiserlichen Zeremoniells (Konstantin VII. Porphyrogennetos, 913—959, De caerimoniis, I 1 und 9, Bonn 7—10 und 71, PG 112, 117—120 A; 268 A): Hierhin zog sich der Kaiser zur Vorbereitung zurück. Bevor er zum Gottesdienst in die Hagia Sophia zog, empfing er eine Kerze und verehrte die hier aufbewahrten Reliquien sowie drei silberne Krüge. Beim Zusammentreffen des Osterfestes mit dem Fest Me Verkündigung (25. März) machte der Kaiser hier eine besondere Statio.

Eine Wende von der bislang als Konzession an die Volks- und Klosterfrömmigkeit öffentlich demonstrierten und staatsideologisch überhöhten MV der Kaiser zu einer persönlich intimen bekundet in der letzten Zwischenphase des →Bildersturmes die von Kaiser Theophilos (829—842) im Palast errichtete Mkapelle »Die Allheilige beim Schlafgemach« *(Πανάγια κατὰ τὸν κοιτῶνα)*. Sie hatte zwei Altäre *(βήματα)*, einen davon für die GM. Im gleichen Sinn ließ Kaiser Basileios I. Makedon (867—886) ein weiteres Oratorium der GM *(Εὐκτήριον τῆς Θεομήτορος)* neben dem Speisesaal einrichten, welches den Beinamen »Adler« *(Ἀετός)* hatte; gelegentlich wurde es später fälschlicherweise dem hl. Märtyrer Demetrios zugeschrieben (so auch von Kaiserin Anna Komnena, 12. Jh.).

Wahrscheinlich auch um eine Palastkapelle handelt es sich bei der Ausgrabung (1921/22) beim ebenfalls von Basileios erbauten Manganenpalast (am Akropolishang in Richtung zum Georgskloster); möglicherweise hat sie aber auch zum nahen Kloster der Theotokos →Pammakaristos gehört. Zutage kam ein in der Länge dreigeteiltes Gebäude mit einem Mittelraum, der durch starke Mauern abgeteilt ist und in eine Apsis mündet; ein Gang im Westen (Vorhalle?) verbindet die drei Gebäudeteile (Schiffe?). Unter dem Gewölbe des Mittelteiles fand man 23 Bruchstücke einer Relief-Ikone der M orans (»M der Manganen«), welches daher auch »Gewölbe der Jungfrau« genannt wird. Diese Ikone aus Marmor ist 201×99 cm groß und stellt trotz ihres fragmentarischen Zustandes ein feinempfundenes Werk höchster Kunst des 11. Jh.s dar (Istanbul, Archäol. Mus.).

Ebenfalls Basileios ließ den »Palast bei den Quellen« *(Παλάτιον τῶν Πηγῶν)* als Sommerresidenz am Nordufer des Goldenen Horns mit zwei Betsälen zu Ehren der GM bauen und stattete auch den Palast unterhalb der Peterskirche mit einer prächtigen Mkirche *(Θεοτόκος ἐν τῷ Παλατίῳ)* aus.

Zugleich repräsentative Bedeutung hatte der Mkult in der »neuen« Kirche des Basileios im Großen Kaiserpalast (→Nea) und in der bereits von Michael III. (842—867) als Mheiligtum ausgestalteten → Pharos-Kirche (auf der Südwestterrasse). Der kaiserliche Blachernen-Palast, der nordwestlich in exponierter Lage am Rand der Stadt von Manuel I. Komnenos (1143—80) errichtet und seitdem Ersatz für den immer mehr verfallenden Großen Palast wurde, baute, den rel. Überzeugungen der Zeit entsprechend, auf den Schutz der »siegschaffenden GM« *(Θεοτόκος Νικηποιός)*, deren Kapelle er in sich barg.

Lit.: Ch. F. Du Cange, Historia Byzantina, 1680—82; Nachdr. 1964, II 4, 15. 29. 49. — J. Ebersolt, Le Grand Palais de Constantinople et le Livre des Cérémonies, 1910. — T. Wiegand, Die Kaiserpaläste von Konstantinopel zwischen Hippodrom und Marmarameer, 1934. — R. Janin, La Géographie de l'Empire Byzantin, 1953, I/3: Eglises et Monastères de Constantinople 164,2; 181,22; 217,76; 234,94. — F. Dirimtekin, Les Palais Imperiaux Byzantins, In: Corsi Ravenna 12 (1965). — S. Miranda, Les Palais des Empéreurs Byzantins, 1965. — W. Müller-Wiener, Bildlexikon zur Topographie Istanbuls, 1977, 223—237. — W. Hotz, Byzanz — Konstantinopel — Istanbul, 1978, Nr. 90, 96—106. *G. A. B. Schneeweiß*

Palau y Quer, Francisco, sel. Karmelit (OCD) und Ordensstifter, * 29. 12. 1811 in Aytona bei Lerida, † 20. 3. 1872 in Tarragona, trat 1832 ins Noviziat der Unbeschuhten Karmeliten ein, wurde 1836 Priester, ging bei politischen Wirren nach Frankreich ins Exil und gründete nach der Rückkehr 1851 in Barcelona die Escuela de la virtud (Tugendschule), eine damals originelle Einrichtung für die Erwachsenenbildung. Nach Auflösung dieser Schule und seiner ungerechtfertigten Verbannung nach Ibiza (1854—60) lebte er dort in der Einsamkeit von El Vedrá, ganz vertieft ins Geheimnis der Kirche. Auf den Balearen gründete er die Kongregationen der Brüder und Schwestern ULF vom Karmel (1860—61), die kontemplativ-aktiv ausgerichtet sind, hielt viele Volksmissionen und förderte überall die MV. Von seinem Wirken geben bis heute am deutlichsten die beiden auch von ihm gegründeten Schwesternkongregationen Zeugnis: Carmelitas Misioneras (Barcelona) und Carmelitas Misioneras Teresianas (Tarragona). Am 24.4.1988 wurde P. seliggesprochen.

P. hat sein ganzes apost. Wirken unter den Schutz Ms gestellt: seine Escuela de virtud (1852), bei der M den Vorsitz führte, seine Missionsarbeit auf Ibiza und auch seine Tätigkeit als Exorzist durch die Auflegung des Skapuliers. Diese Begeisterung für M findet auch in seinen Schriften ihren Ausdruck, so in »Mes de Maria« (1862), in der er die verschiedenen marian. Titel betrachtet, in »Lucha del alma con Dios« (1869), in der er von der Teilhabe Ms am Erlösungswerk Jesu Christi spricht, und auch in »Mis relaciones con la Iglesia« (1861), seinem mystischen Hauptwerk, das weitgehend seine mystische Autobiographie ist. Hier stellt er M als »Ikone« dar, die in vollkommenster Weise die Kirche repräsentiert. M ist seit Ewigkeit für die Kirche erwählt, ist aber Glied der Kirche. Zentrale Themen der Mariol. P.s sind die UE und Jungfräulichkeit Ms, ihre Miterlöserschaft und Gnadenvermittlung und MV als Nachahmung Ms.

QQ: Positio super introductione causae, 1979; ed. und nicht ed. WW: ebd. 799—833.
WW: P.s wichtigste WW sind ed. in: Textos Palautianos, 8 Vol., 1976—81. — Briefe: Cartas, ed. C. Pérez Milla, 1982.
Lit.: Alejo de la Virgen del Carmen, Vida de R. P. Fr. P. y Q., 1933. — N.N., Una figura carismática del siglo XIX. El P. Fr. P. y Q. OCD, apóstol y fundador, 1973 (WW), bes. 373—411: J. Bengoechea, Mariología y espiritualidad mariana del p. Fr. P. y Q. — Ders., María y el misterio de la Iglesia en la espiritualidad del p. Fr. P. y Q., In: EstMar 37 (1973) 146—170. — J. Pastor, María tipo perfecto y acabado de la Iglesias en le pensamiento y experiencia de Fr. P., 1978. — M.D. Sánchez, Bibliografía del P. Fr. P., 1984. — R. Llamas, La biblia del P. Fr. P., 1986. — E. Pacho, P. y Q. Una pasión eclesial, 1986. — Ders., Die Kirche — »Leidenschaft« des sel. Fr. P., In: Christl. Innerlichkeit 24 (1989) 76—87. — AAS 79 (1987) 467—473; 80 (1988) 1395 ff. — DIP VI 1083—86 (WW, Lit., Bild).
R. Llamas (W. Baier)

Palermo, Giuseppe, OSA, hervorragender Prediger und Theologe, * 10.2.1801 in Semelli (Sizilien), † 27.10.1856 in Palermo, trat 1818 in Rom in den Augustinerorden ein. Nach Abschluß seiner Studien wirkte er zunächst als Präfekt der Biblioteca Angelica. 1850—1855 hatte er — zuerst als Generalvikar, seit 1853 als Generalprior — die Leitung des Ordens inne. 1848 wurde er von Pius IX. in die Kongregation berufen, die die Dogmatisierung der IC vorbereiten sollte, und 1855 zum Präfekten der Apost. Sakristei und Titularbischof von Porphyrium erhoben.

Sein »Votum pro sententia Immaculatae Beatae Mariae Virginis Conceptionis ab Apostolica Sede dogmatice definienda« geht von der Begriffsbestimmung der »conceptio« und dem Nachweis der rel.-dogm. Bedeutung der Frage aus. Dann weist er in gründlicher Untersuchung die Argumente zurück, die aus der Schrift, den Konzilien und den Vätern gegen die UE geltend gemacht wurden. P. sucht nun positiv die Definibilität des Dogmas darzutun und zeigt, wie es in der Schrift — wenn auch nur »implicite« —, in den Verlautbarungen der Päpste und Konzilien, in der Liturgie, in den Schriften der Väter und in der Überzeugung des gläubigen Volkes begründet ist. In den weiteren Beratungen arbeitete P. ein zweites Votum aus, das die Beweisgründe für die UE Ms aus den älteren liturg. Quellen beibringen sollte. Die Voten sind abgedruckt in »La solenne definizione del Dogma dell'Immacolato Concepimento di Maria Santissima. Atti e documenti publicati da V. Sardi« I, 1904, 128—157, 590—607; II, 1905, Anhang 315—394.

Lit.: J. Lanteri, Postrema saecula sex Religionis Augustinianae III, Rom 1860, 294—298. — AAug 1 (1906/07) 242—246. — D.A. Perini, Bibliographia Augustiniana III, 1935, 43ff. — A.M. Giacomini, L'Ordine Agostiniano e la devozione alla Madonna, In: S. Augustinus vitae spiritualis Magister II, 1959, 77—124, hier 123. — J. Gavigan, Die Augustiner von der Franz. Revolution bis zur Gegenwart, 1988, 79—81, 316 und passim. — LThK² VIII 3.
A. Zumkeller

Palestrina, Giovanni Pierluigi da (Familienname: Pierluigi; er nennt sich auf eigenhändigen Briefen und Quittungen auch Giovanni Petraloysio Prenestino usw., nur einmal unterzeichnet er: il Palestrina; auf seinen Musik-Autographen hat er seinen Namen nie vermerkt), * wohl um 1525 in Palestrina, dem uralten Praeneste in den Sabiner Bergen, † 2.2.1594 in Rom. Eine etwa 1525 geschriebene röm. Volkszählungsliste führt einen Santo de Prenestina mitsamt seinem Hausstand von 12 Personen auf. P. könnte also auch in Rom geboren worden sein. Die Familie stammt aber aus Palestrina. Großvater Pierluisci wird hier 1513 erstmals erwähnt; 1677 erlischt die Familie mit P.s Urenkel.

Seine musikalische Ausbildung hat P. sicherlich in Rom erhalten. Im Oktober 1537 wird nämlich ein Giovanni da P. als Sängerknabe an S. Maria Maggiore genannt. Unter den damaligen Kapellmeistern waren auch R. Malapert (1538 f.) und F. le Bel (1540). Diese oder Francesco Rosello — dem P. als einzigem Musiker jemals ein Huldigungslied (in seiner ersten Madrigalsammlung von 1555) widmete — dürften seine Lehrer gewesen sein. Im Oktober 1544 ging P. als Domorganist und Gesangslehrer der Kanoniker nach Palestrina; im Sommer 1547 heiratete er dort Lucrezia Gori, die Tochter eines wohlhabenden Bürgers. Drei Söhne gingen aus dieser Ehe hervor: Rodolfo, Angelo, Iginio.

Seit 1543 war Giovanni Maria del Monte Kardinal-Bischof von Palestrina. 1550 wurde er als Julius III. zum Papst gewählt. Seiner Protektion verdankt P. wohl die Anstellung als Kapellmeister an der Cappella Giulia zum 1.9.1551. Diese nach ihrem Reformer Papst Julius II. benannte Musik-Stiftung war eine Art Schulungszentrum für einheimische Musiker, während in der Cappella Sistina Ausländer dominierten. Am 13.1.1555 wurde er, obwohl verheiratet, als Sänger in die Sistina aufgenommen — auf ausdrücklichen Wunsch des Papstes. Im Jahr zuvor hatte P. sein erstes Messenbuch veröffentlicht. Er dedizierte es Julius III. und eröffnete die Sammlung mit einer Huldigungsmesse »Ecce Sacerdos magnus«. Schon im September 1555 wurde P. mit zwei ebenfalls verheirateten Sängern von Papst Paul IV. unter Gewährung einer angemessenen Pension seines Sängeramtes enthoben. Mit dem im gleichen Jahr erschienenen 1. Buch der 4-stimmigen Madrigale wandte sich P. auch der weltlichen Musik zu. Von Oktober 1555 bis August 1560 wirkte er dann als Kapellmeister der Laterankirche. Doch die hier waltenden ungünstigen Umstände — ständig drohende Kürzung des Musiketats, gespanntes persönliches Verhältnis zu den Kirchenbehörden — veranlaßten P. zur Amtsaufgabe. Zum 1.3.1561 finden wir ihn als Kapellmeister an S. Maria Maggiore in Rom wieder, wo er wahrscheinlich bis 1566 blieb, um dann am Seminario Romano zu unterrichten; seine Söhne Rodolfo und Angelo kamen dort als Schüler kostenfrei unter.

Neue Aufgaben erschlossen sich im Dienste des reichen Kirchenfürsten Kardinal Ippolito d'Este II., der sich als dessen Gouverneur in Tivoli seine berühmte Villa d'Este hatte bauen lassen. P. wirkte hier von August 1567 bis April 1571, führte dennoch im Herbst 1567 Verhandlungen mit dem Kaiserhof zu Wien, die aber an seinen Gehaltsvorstellungen scheiterten. Am 1.4.1571 kehrte er wieder als Kapellmeister der Cappella Giulia nach St. Pietro zurück. Die 23 Jahre bis zu seinem Tode blieb er hier, wenn er auch 1583 in Verhandlungen mit Herzog Guglielmo Gonzaga um die Hofkapellmeisterstelle in Mantua stand: erneut waren seine Forderungen zu hoch. Gegen Ende seines Lebens wollte P. wieder an die Kathedrale in Palestrina zurückkehren. Dies erklärt sich vielleicht aus seinem auch sein Künstlertum bestimmenden retrospektiven Charakter einerseits, zum anderen aus dem Umstand, daß er unterdessen ein wohlhabender Mann geworden war, der seinen Familienbesitz in Palestrina ordentlich vermehrt hatte. Kurz vor dem Vertragsabschluß aber ist P. gestorben. In der Peterskirche, wo schon seine erste Frau Lucrezia († 1580), seine beiden Söhne Rodolfo und Angelo († 1572 bzw. 1581) sowie sein Bruder Silla († 1573) ruhten, wurde er unter großer Anteilnahme beigesetzt.

P. genoß schon zu seinen Lebzeiten — erst recht gesteigert nach seinem Tod — internat. Ruhm, was nicht zuletzt mit der Vorrangstellung seiner Werke im Repertoire der Päpstlichen Kapelle zusammenhing, aber auch durch die kirchengeschichtliche Zeitsituation bedingt war. Denn P.s Schaffenszeit korreliert den nachtridentinischen Reformbestrebungen der Kirche auf liturg. und musikalischem Gebiet. Den Forderungen des Konzils (1545—63) nach Textverständlichkeit (»omnia clare matureque prolata«), Vermeidung allzu weicher Musik und subjektiven Affektausdrucks (»musica troppo molle«), ausschließlicher Verwendung geistlicher Melodien (»hymni tantum et divinae laudes«) sowie Verzicht auf vordergründige Effekte (»inanem aurium oblectationem«) entspricht P.s Musik. Legendenumwoben ist dabei die 6-stimmige »Missa Papae Marcelli«, mit der P. zum »Retter« der KM geworden sei. Zum historischen Hintergrund: Nach einer Mitteilung des Jesuiten Cresollius (er schrieb dies 1629 unter Berufung auf einen Mitbruder, der wiederum diese Information von P. persönlich erhalten haben will) erwog Papst Pius IV. — nach Rücksprache mit einigen Konzilsvätern — den Antrag auf Beseitigung der mehrstimmigen KM. P. habe jedoch durch die Komposition einiger Messen dem Papst die Vereinbarkeit kunstvoller Strukturen mit Textverständlichkeit und liturg. Würde demonstrieren können. Die Mitteilung L. Guidiccionis (1637), die Gegner der KM seien durch von Kardinal Rodolfo Pio vorgelegte Kompositionen P.s bekehrt worden, geht in die gleiche Richtung; hat doch P. 1563 das 1. Buch seiner 4-stimmigen Motetten Kardinal Pio gewidmet. Die Vermutung liegt also nahe, daß die Marcellus-Messe 1562/63 in Zusammenhang mit dem Konzil entstand. Doch haben sich mehrere Komponisten große Verdienste um die KM erworben. So hatte Jacobus de →Kerle schon 1561 auf Anregung der Kardinäle Otto v. Waldburg, Vitellius Vitellozzo und Carlo Borromeo die bei den wöchentlichen Prozessionen der Kirchenversammlung öfters gesungenen Preces speciales für das Konzil komponiert. Weiter ließ die unter Leitung der Kardinäle C. Borromeo und V. Vitellozzo mit der Umsetzung der Konzilsbeschlüsse beauftragte Kardinalskommission 1565 Probesingen veranstalten, wofür z. B. auch der Mailänder Domkapellmeister V. Ruffo auf Anordnung Borromeos eine Messe schrieb, die neben P.s Werken aufgeführt wurde.

Völlig zurecht aber darf P. unstreitig hinsichtlich Qualität und Quantität als der größte Messenkomponist aller Zeiten gelten. Für 104 Messen ist seine Autorschaft gesichert, von denen etwa die Hälfte von ihm selbst herausgegeben wurde. Die 4- bis 8-stimmigen Messen gliedern sich in freie und an Melodievorlagen gebundene Kompositionen. Nur 11 Messen haben nichtliturg. Vorlagen (bei O. di Lasso trifft dies mindestens für die Hälfte seiner Messen zu). 34 Messen arbeiten mit gregorianischen Themen, 16 davon sind vollständige Choralmessen, also den ältesten musikalischen Messenform zuzurechnen. Die erste derartige Messe trägt den Titel »De Beata Virgine« und leitet das 2. Messenbuch (1567) ein. Die 4-stimmig durchimitierten Themen entstammen der 9. und 17. Messe und dem 1. Credo des Graduale Romanum. Das 3. Messenbuch (1570) enthält eine prächtige 6-stimmige Messe »De Beata Virgine vel Dominicalis«. Während hier im Gloria und Credo die beiden Oberstimmen führen — die gregorianische Melodie wird meist rhythmisch und melodisch variiert —, beteiligen sich im Kyrie sämtliche Stimmen an der Durchführung; Sanctus und Agnus Dei weisen eine in »Pfundnoten« den Choral tragende Cantus-firmus-Stimme auf. Unter den neun für den Herzog Guglielmo von Mantua 1578/79 geschriebenen Messen finden sich drei »Beata Marie Virg«. Sie sind 5-stimmig als Alternatim-Messen angelegt; d. h., nur der halbe Text wurde in Musik gesetzt, der übrige Text durch einstimmigen Choralgesang oder liturg. Orgelspiel ergänzt. Die zugrundeliegenden Ordinarienmelodien wurden vom Herzog für sein eigenes Kyriale persönlich redigiert; dem Auftragswunsch entsprechend, wird alles durchimitiert. Diese Messen sind zudem die einzigen von P. nicht speziell für die musikalisch röm. Liturgie geschriebenen. Von den Mantua-Messen sagt K. Jeppesen, sie bildeten »sozusagen Palestrinas ›Kunst der Fuge‹ und sind durch die hohe und strenge Schönheit, die ihnen als letztes Resultat der überwundenen technischen Probleme bleibt, bemerkenswert« (MGG X 694). Hingegen dürfte die altertümlich wirkende 6-stimmige Messe »Ave Maria« — eine der wenigen Tenormessen P.s, die den ursprünglichen Text des Cantusfirmus beibehält — unter die allerfrühesten Arbeiten des Meisters eingereiht werden.

Unglaublich produktiv zeigte sich P. auch auf dem Gebiet der Motette; mindestens 375 Stücke dieser Gattung entstammen seiner Feder. Die erste Sammlung mit 4-stimmigen Motetten erschien bereits 1563 in Rom. Sie wurde neben den »Cantica canticorum« (hierin u. a.: Nigra sum, sed formosa; Tota pulchra es) im Blick auf die buchhändlerische Verbreitung zu den größten Erfolgen P.s. Das erste Buch der 5- bis 7-stimmigen Motetten von 1569 enthält »Suscipe verbum virgo Maria«; »Hodie nata est beata virgo Maria«; »Pulchra es, o Maria« für 6 Stimmen und das 7-stimmige »Virgo prudentissima«. Das Motettenbuch von 1572 bietet ein 5-stimmiges »O virgo simul et mater« und das 6-stimmige »Sancta et immaculata«.

Von seinen Antiphonen verdient das 6-stimmige »Salve Regina« hervorgehoben zu werden. Faszinierend die erkennbar vom Text gezeugten Stellen; so wenn sich die sekundweise aufsteigenden Stimmen bei »gementes« flehend aneinander hochziehen; auffällig auch das homophon in überlangen Noten gesetzte »et Jesum«; deutlich erkennbar dabei die Deklamationsrhythmik, da die Notenlängen den Silbenlängen angepaßt werden, jedoch in verschiedenen Stimmen zu unterschiedlichen Zeiten, zumal dies keine strenge Metrik erlaubt und dadurch zu dem eigentümlich schwebenden Musikstil P.s beiträgt.

Das 1. Buch der »Magnificat«-Sätze (1591 veröffentlicht; hinzu kommen noch handschriftlich hinterlassene Sammlungen) für 4 Stimmen in den acht Tönen basiert auf dem Choral. Die ersten 8 Magnificat bieten nur die ungeraden, die 8 folgenden nur die geraden Verse; die jeweils fehlenden wurden choraliter ausgeführt. P. nimmt hier gleichermaßen Bezug auf eine gewaltige Tradition wie auf seine eigenen früheren Arbeiten.

Zu seinen bedeutendsten wie wirkungsvollsten Kompositionen gehören die »Lamentationes«, welche in 5 Büchern überliefert sind (mit je 3x3 Lektionen für die Karwoche). Die einleitenden hebräischen Buchstaben sind breit melismatisch und imitatorisch behandelt, bei überwiegend homophoner Gestaltung der eigentlichen Verse. Diese Vertonungen prägen, wie die Improperien und das berühmte 8-stimmige »Stabat mater«, den P.-Stil am reinsten aus: die natürliche, sprachbezogene Deklamation und die Verbindung von einfacher und zugleich phantasievoll-erlesener Harmonik. Der Stellung zum Wort scheint die treibende Kraft bei der Entstehung des P.-Stils zuzukommen. In kontrapunktischer Hinsicht geht P. von den Linien aus und gelangt so zu den Akkorden (hierin von Bach unterschieden, der bei aller Kühnheit rigoroser Stimmführung doch stets eine vorgängig harmonisch bestimmte Satzstruktur verfolgt). Sequenz- und Ostinatotechnik war P. verpönt. Stilbildend wirkt auch das fundamentale Kontrastverhältnis zwischen Konsonanz und Dissonanz. Polyphonie und Homophonie sind zu einem bewundernswerten Gleichgewicht austariert. In der Melodik werden übermäßige und verminderte Intervalle ausgespart, stufenweise Bewegung überwiegt, Sprünge werden nachträglich aufgefüllt. Im späten 16. Jh. drängte das Harmonische das lineare Denken immer stärker zurück. »Der Palestrinastil kann als der praktisch gesehen vollkommene Gleichgewichtszustand zwischen den beiden Dimensionen bezeichnet werden, wobei in innerster Konzentration das Ideal des Vertikalen: Vollständiger Dreiklang in möglichst klangschöner Disposition, das des Horizontalen: Stufenweise diatonische Bewegung heißt« (K. Jeppesen, In: MGG X 701 f.).

Lit.: G. Baini, Memorie storico-critiche della vita e delle opere di Giovanni Pierluigi da P., Rom 1828; Neudr. 1966. — K. Jeppesen, Der Palestrinastil und die Dissonanz, 1925. — M. N. Rousseau, Les influences grégoriennes dans l'art palestrien, In: Revue Grégorienne 11 (1926). — K. G. Fellerer, Palestrina, 1930. — H. Coates, Palestrina, 1938. — H. Rahe, Thema und Melodiebildung der Motette P.s, In: KMJ 34 (1950) 62—81. — Ders., Der Aufbau der Motetten P.s, ebd. 35 (1951) 54—83. — E. Apfel, Zur Entstehungsgeschichte des Palestrinasatzes, In: AMw 14 (1957) 30. — E. Paccagnella, P. Il linguaggio melodico e armonico, 1957. — J. Roth, Zum Litaneischaffen G. P. da P.s und O. di Lassos, In: KMJ 44 (1960) 44—49. — K. Jeppesen, Kontrapunkt. Lehrbuch der klassischen Vokalpolyphonie, 1975. — MGG X 658—706 — Grove XIV 118—137.

M. Hartmann

Palko, Franz Xaver Karl, *3.12.1724 in Breslau, † 1767 (1768?) in München. Der in der Literatur oft mit seinem Bruder, dem Porträtmaler Franz Anton (1717—66) verwechselte Maler Franz Xaver P. lernte nach Studien bei den Jesuiten in

Preßburg bei Antonio Galli Bibiena. Sein größter Studienerfolg war die erste Stelle im Wiener Akademiewettbewerb (Judith und Holofernes, 1745), die ihm zum Auftrag für das Altarblatt der »Ermordung des hl. Wenzel« für die Schloßkapelle in Třeboň (Wittingau, Dezember 1745) verhalf. Es folgten Altarblätter für die Kapuzinerkirche in Tata (Hauptaltar: hl. Stephan, mit Sohn Emerich, 1746), die seine künstlerische Orientierung an den Italienern Giovanni Battista Piazetta († 1754) und Giuseppe Maria Crespi († 1747) dokumentieren. Auf Vermittlung von Karl Heinrich v. Heinecken († 1791) erhielt er eine Berufung nach Dresden, wo er 1749/50 für den Grafen Heinrich v. Brühl († 1763) arbeitete (Werke verloren). Auf seine Ernennung zum Dresdner Hofmaler (11.3.1752) folgte 1754 mit der Glorifikation des hl. Johannes Nepomuk in der Nepomuk-Kapelle der Dresdner Hofkirche sein erstes Hauptwerk als Freskant (im Zweiten Weltkrieg zerstört). Mit der durch Jesuiten vermittelten Berufung nach Prag begann P.s fruchtbarste Schaffensperiode. Trotz des Widerstandes der ortsansässigen Prager Künstler konnte er 1754 mit Joseph Hager († 1781) das Kuppelfresko der St. Nikolaus-Kirche auf der Prager Kleinseite zum größten Teil fertigstellen. In der Folge war er vor allem für den böhmischen Klerus tätig. 1754 freskierte P. das Refektorium des Prämonstratenserklosters Doksany mit dem Gastmahl des ägyptischen Joseph. Das Hauptwerk als Freskant leistete P. um 1760 im »Königssaal« des Zisterzienserklosters Zbraslav bei Prag, wo er das Gleichnis vom königlichen Hochzeitsmahl (Mt 22,11—14) in sehr zurückhaltendem Kolorit und in Anlehnung an den Stil von Wenzel Lorenz Reiner († 1743) darstellte. Für die Theatinerkirche auf der Prager Kleinseite malte er das Altarbild mit der hl. Thekla; 1762 folgte eine »Enthauptung des hl. Jakobus« für den Hauptaltar der St. Jakobs-Kirche in Kuttenberg. Ein Auftrag für ein Altarbild in der Jesuitenkirche zu Amberg führte ihn 1762 nach Bayern, wo er wenige Jahre später in München als kurfürstlich-bayer. Hofmaler starb.

Die Themen der Tafelbilder des Künstlers bestehen fast zur Gänze in der Heiligenikonographie (v.a. böhmische Heilige Johannes Nepomuk und Wenzel). Neben dem Hauptaltarbild (Me Himmelfahrt) für die Kirche in Nebelschitz (1744) treten marian. Themen vor allem im graphischen Schaffen des Künstlers auf. Hier wäre eine Federzeichnung im Amsterdamer Rijksprintenkabinett (Nr. 69:62) mit der Erziehung Ms zu nennen, die in der Proportionierung der »neomanieristischen« langgezogenen Gestalten deutlich die Beeinflussung durch Paul Troger († 1762) verrät. Eine Federzeichnung (Privatbesitz) zu dem im 20. Jh. zerstörten Fresko am Gewölbe der Bibliothek des Zisterzienserklosters Zbraslav zeigt die hll. Benedikt und Bernhard, die M mit dem Jesuskind verehren. Für die Darstellung der Heiligen, die vor M knien, verwendet P. den traditionellen Typus einer Epiphanie.

Im Stilistischen verrät sich der Einfluß von Pietro Testa († 1650) und Paul Troger († 1762). Eine Federzeichnung (Wien, Albertina, Nr. 4434), welche die sieben Gründer des Servitenordens zeigt, denen M das Skapulier überreicht, steht in der Tradition des barocken → »Legitimationsbildes«. Die entwicklungsgeschichtliche Stellung Franz Xaver P.s besteht im wesentlichen in seinem Beitrag zur Verbreitung des »virtuosen, skizzenhaften Malstils« (E. Hubala) Trogerscher Prägung in Böhmen.

Lit.: K. Garas, Zu einigen Problemen der Malerei des 18. Jh.s. Die Malerfamilie P., In: Acta Historiae Artium 7 (1961) 229—250. — E. Hubala, Die Malerei, In: K.M. Swoboda (Hrsg.), Barock in Böhmen, 1964, 222—225. — Ausst.-Kat., F. X. P.s — Ölskizzen, Zeichnungen und Druckgraphik, bearb. von P. Preiss, Salzburg 1989 (Lit.). *W. Telesko*

Pallota, Maria Assunta, * 20.8.1878 in Force (Ascoli Piceno), † 7.4.1905 in Tung-eul-keu (Shansi, China), trat 1898 bei den »Suore Francescane Missionarie di Maria« als Laienschwester in Rom ein. Sie bot sich für die Pflege von Leprakranken in China an. Seit 1904 wirkte sie im Waisenhaus in Tung-eul-keu, wo sie an Typhus starb. P. wurde am 7.11.1954 seliggesprochen, ihr Fest ist am 7. April (AAS 47 [1955] 28—33). Neben der besonderen Verehrung des Leidens Christi liebte sie den Rosenkranz. Bei der Arbeit wickelte sie ihn um den Arm. Besonders betete sie den franziskanischen Rosenkranz als Gedenken der sieben Freuden Ms, wobei jede mit einer Missionstugend in Verbindung gebracht wird. Es ist über sie berichtet: »Einzig in ihrer Art waren die Frömmigkeit und das Vertrauen zur allerseligsten Jungfrau Maria.«

Lit.: B. Bazzocchini, Vita di Suor M.A. delle Francescane Missionarie di Maria, 1915; [2]1918 (Übers. ins Franz., Niederländische, Dt.: Ein duftiges Veilchen aus dem Klostergarten. Leben und Tugend der Sr. M.A.P., Franziskaner-Missionärin Mariens 1878—1905, 1922; [2]1931). — B. Bazzocchini, Sour M.A. delle Francescane Missionarie di Maria. Sunto della secunda edizione sua vita, 1922; [2]1924 (Übers. ins Franz., Span.). — Gr. de Loppinot, Adveniat regnum tum. Soeur M.A. Franciscaine Missionnaire de Marie, 1924 (flämische Übers.). — C. Salotti, Suor M.A.P. delle Francescane Missionarie di Maria, 1925; [2]1929 (Übers. ins Franz., Engl. [2], Span. [zwei Aufl.], Ungarische, Chinesische; Dt.: Schwester M.A.P. Franziskanerin — Missionärin Mariens. Lebensbeschreibung, 1926). — Soeur M.A. Franciscaine Missionnaire de Marie, o. J. (Übers. ins Flämische, Spanische, Ungarische, Maltesische, Madagassische, Birmanische). — E. Federici, Beata M.A., 1954. *H. Rzepkowski*

Pallotti, Vinzenz, Gründer apost. Gemeinschaften, * 21.4.1795 in Rom, † 22.1.1850 ebd., wurde am 16.5.1818 zum Priester geweiht, an seinem 100. Todestag selig- und am 20.1.1963 heiliggesprochen.

I. LEBEN UND WERK. P.s Spiritualität trägt apost. und mystische Züge. Ihre bes. Themen sind der trinitarische Gott und dessen unendliche Liebe. Im Wollen P.s wirkt sich die an Gott erlebte Unendlichkeit als Universalismus und Unbegrenztheit der apost. Pläne sowie als Geringschätzung seiner selbst (»Nichts und Sünde«) aus. Die unendliche Liebe Gottes drängt P. zur Hochherzigkeit, die ihn persönlich das jeweils höchste Mögliche in seinem vielfältigen priesterlichen Wirken erstreben ließ. Nach seinem Wunsche soll sie auch die bewegende Kraft der ihm vorschwebenden und von ihm gegründeten »Vereinigung des Katholischen Apostolates« (UAC) sein. Ein weiteres Thema ist eine alles durchdringende Nachfolge des armen, gehorsamen und opferbereiten Christus, des Apostels des ewigen Vaters, dessen Leben er selbst zum Vorbild heroischer Heiligkeit und Buße wählte und auch den Seinen in »33 Punkten« als Grundregel vor Augen stellte. Ein drittes Thema schließlich ist eine betont marian. Note. Das von P., vorausgesetzte Bild M̄s ist das der kath. Kirche: die unbefleckt empfangene, jungfräuliche GM, die überaus Heilige, die Mutter und Miterlöserin der Menschheit, die Mittlerin aller Gnaden und die Königin der Apostel. Die so gesehene Gestalt M̄s macht er zum Gegenstand einer innigen persönlichen Verehrung, worin die auf den 31.12.1832 datierte, von M̄ mit ihm geschlossene »mystische Vermählung«, die in der Geschichte der Mystik ohne ernsthaftes Beispiel ist, bes. Erwähnung verdient. Aus dieser Verehrung wiederum wurde ihm M̄ ein bevorzugtes und fruchtbares Mittel seiner Pastoral. Darin spielen Vorbild und Nachahmung, die M̄monate Mai und August, M̄bilder und der M̄samstag sowie marian. Bruderschaften eine bes. Rolle. Wollte jemand seine Hand küssen, reichte P. ihm ein kleines Bild der GM zum Kuß, das er immer im Rockärmel mit sich trug. Für den Monat Mai schrieb er eine dreißigtägige Andacht, je eine für Ordensleute, Kleriker und Laien.

WW: V.P., Opere Complete, ed. F. Moccia, 12 Vol., 1964—65. — B. Bayer und J. Zweifel (Hrsg.), V.P. Ausgew. Schriften, 1986.
Lit.: E. Weber, V.P., 1927, ²1961. — J. Lucas, V.P., 1931. — J. Frank, V.P., 2 Bde., 1952—63. — A.P. Walkenbach, Der unendliche Gott und das »Nichts und Sünde«, 1953. — H.M. Köster, Die Mutter Jesu bei V.P. nach seinen gedruckten Schriften, In: Glauben, Wissen, Wirken II, 1964. — Ders., V.P.s Marienbild und -kult in der mariol. Landschaft seiner Zeit, In: dokumentation '87 pallottiner intern, 1987, 145—164. — H.M. Köster, W. Weicht und J. Zweifel (Hrsg.), Die Spiritualität V.P.s und seiner Gründung im deutschsprachigen Schrifttum der Gliedgemeinschaften des Kath. Apostolates seit 1945. Bibliographie, Dokumentation, Auswertende Übersicht, 1985. — F. Amoroso, Dal Nulla al Tutto. Il Cammino spirituale di V.P., 1981; dt.: Griff ins Grenzenlose, 1986. — F. Holböck, Geführt von Maria, 1987, 466—477. — Baumann 235—240. — BSS XII 1181—86. — DSp XII 128ff. *H. M. Köster*

II. REL. GEMEINSCHAFTEN. Die »Vereinigung des kath. Apostolates« (Unio Apostolatus Catholici [UAC]) ist der förmliche oder faktische Zusammenschluß aller Katholiken, die mit dem röm. Weltpriester P. ein universelles (= kath.) Apostolat hinsichtlich des Trägers, des Zieles und der Mittel anstreben. Die Erweckung des Laien zum Bewußtsein seiner apost. Mitverantwortung für den kath. Glauben und der erstrebte Zusammenschluß aller sind dabei das Neue und Originelle.

In einem langen Prozeß entstanden: 1. 1835 ein Kreis von Priestern und Laien, aus denen sich die Pallottiner (Patres und Brüder), genannt »Gesellschaft des kath. Apostolates« — mit den Pallottinerinnen — als »zentraler und bewegender Teil« der geistigen Gesamtbewegung herausschälten (heute weltweit 2221 Mitglieder); 2. 1838 die Kongregation der Pallottinerinnen, woraus sich die Röm. Pallottinerinnen und 1895 die Limburger Pallottinerinnen entwickelten, letztere 1990 mit ca. 700 Profeß-Schwestern; 3. ab 1919 das (1920 der pallottischen Gründung aggregierte, 1964 davon getrennte) → Schönstattwerk; 4. ferner als aggregierte Gemeinschaften die Hildegardis-Schwestern (1921) und Theresienschwestern (1928) vom Kath. Apostolat; in der Schweiz die Gemeinschaft berufstätiger alleinstehender Frauen »Apis« (1934); die (aus den Röm. Pallottinerinnen abgezweigte) Kongregation der Eucharistinerinnen des hl. V.P. (1948); die Schwesternschaft der Mutter der göttlichen Liebe (Queenstown/Südafrika 1958); weiterhin das aus der Zusammenarbeit mit den Pallottinern erwachsene »Mariana Institute« Australien (1958); das »Instituto Mariano del Apostolado Católico« (Monteagudo/Bolivien 1963); das indische Säkularinstitut der Kristševikas (d.h. »Dienerinnen Christi«), Schwestern des Kath. Apostolates V.P.s (1966); der Laienverband des Kath. Apostolates V.P.s (1966); Quinta Dimensione Rom (1970); schließlich der als Glied der pallottischen Gründung anerkannte »Ancilla-Kreis« (1983; → Ancillae). Weitere Gruppen sind in Bildung begriffen.

Alle diese Gemeinschaften sind rechtlich selbständig, halten aber in wechselseitiger Initiative untereinander enge Gemeinschaft. Gemeinsam ist ihnen die für V.P. gezeichnete Spiritualität, wobei in diesem Rahmen die marian. bes. genannt sei. Patronin ist die »Königin der Apostel«, deren biblisches Bild die in der Erwartung des Hl. Geistes im Coenaculum betende Mutter Jesu (Apg 1,12—14) ist, mit einem liturg. Fest und eigenem Brevier wie Meßtext am Samstag nach Christi Himmelfahrt.

QQ: V.P., Die Grundregeln der Gesellschaft des Kath. Apostolates, eingeleitet und übers. v. A. Faller, 1987. — Gesetz der Gesellschaft des Kath. Apostolates (mit Präambel für die Gesamtvereinigung des Kath. Apostolates), 1980/81. — Beim Namen gerufen. Handbuch für die Ausbildung der Vereinigung des kath. Apostolates, 1990 (engl. und ital.; dt.: 1991).
Lit.: H. Schulte, V.P.s »Katholisches Apostolat«, 1947. — Ders., Das Werk des Kath. Apostolates I: Der Beginn, 1966; II: Priesterbildner und Künder des Laienapostolates, 1967; III: Gestalt und Geschichte des »Katholischen Apostolates« V.P.s, 1. Teil (1835—1850), 1971; IV: 2. Teil (1850—1890), 1986. — Zu den einzelnen Gemeinschaften: zu 1) H. Skolaster, P.S.M. (Pallottiner) in Limburg a.d. Lahn, 1935. — J.S. Gaynor, The English-Speaking Pallottines, 1962. — Analecta PSM (ab 1910 bis 1947). — Acta SAC (ab 1947). — zu 2) Lebensform der Pallottinerinnen, hrsg. vom Dt. Provinzialat der Pallottinerinnen, 1987. — Abriß über Werden und Entwicklung der Schwesternschaft vom kath. Apostolat, ihr Standort im Gesamtwerk P.s, hrsg. vom Generalat der Kongregation der Missionsschwestern vom Kath. Apostolat, Viale delle Mura Aurelie 7/C, Rom 1970/71. — Programm der Schwestern der Kongregation der Kath. Apostolates (Pallottinerinnen) der ital. Provinz »Königin der Apostel«, 1975. — M.B. Nori, La Congregazione delle Suore dell' Apostolato Cattolico, 1980. — zu 3) → Schönstattwerk. — zu 4): A. Walkenbach, Gründung und Entfaltung der Vereinigung des Kath. Apostolates, Kath. Apostolat daheim und draußen, 1985, Heft 1, 10—13. — Zu »Ancilla-Kreis«: dokumentation '87 pallottiner intern, 112. *H. M. Köster*

Pallu, François, * 30.8.1626 in Tours, † 29.10.1684 in Mo-yang (Fukien); 1910 überführte man ihn nach Hongkong, seit dem 4.3.1954 ist er in der Krypta des Pariser Seminars beigesetzt.

1669 wurde P. Apost. Vikar von Tonkin und Administrator für Südwestchina und Laos, 1680 Administrator für ganz China und Apost. Vikar von Fukien. Er war ein eifriger Verteidiger der päpstlichen Rechte gegen das Patronat. Bis 1662 war er wesentlich an der Gründung des Pariser Missionsseminars (La Société des Missions Etrangères de Paris, MEP; als Gründungsjahr gilt 1659, am 7.9.1663 erhielt es die königliche Anerkennung und am 10.8.1664 die päpstliche durch den päpstlichen Legaten) beteiligt. Dabei waren für P. drei Aspekte bestimmend: der Wunsch der Christgläubigen und des Klerus von Frankreich nach Beteiligung am Missionswerk, die Notwendigkeit der Heranbildung des einheimischen Klerus für Indochina, die besonders Alexandre de → Rhodes SJ (1591—1660) förderte, und der Wunsch der Propaganda nach wachsendem Einfluß auf die Missionsarbeit, um den Einfluß der Patronatsmission von Spanien und Portugal zurückzudrängen. Direkt wirkte sich auf die Gründung des Missionsseminars der Vorschlag aus dem Jahre 1644 von Henri de Lévis, duc de Ventadour, dem Begründer der »Compagnie du Saint Sacrament«, an die Propaganda in Rom aus, das Seminar in Paris zu errichten. Außerdem war von unmittelbarem Einfluß die marian. Vereinigung →»AA« von Jean Bagot SJ (1591—1664), der A. de Rhodes und P. angehörten. Die marian. Ausrichtung von P. kam nicht nur in seinem persönlichen Leben zum Durchbruch, sondern beeinflußte stark die MEP und darüber hinaus die ganzen asiatischen Missionen. Die ersten Missionare und Bischöfe der MEP erarbeiteten unter P. aufgrund der Instruktion der Kongregation »de Propaganda Fide« von 1659 auf der ersten Synode von Indochina in Ajuthia (1665) die »Instructiones ad munera Apostolica rite obeunda pertiles« oder »Monita ad Missionarios«, wie sie seit 1840 gemeinhin heißen, einen Leitfaden für die Missionare, der zum offiziellen Handbuch aller Missionare wurde und heute noch in vieler Hinsicht gültig ist.

Das sechste und längste Kapitel behandelt die Katechumenen (De Catechumenorum institutione). Im Anschluß an die Anweisungen über die Aufnahme in die Kirche wird genau angegeben, in welcher Reihenfolge die Katechumenen in der christl. Lehre zu unterrichten sind und wie auf etwaige Fragen und Schwierigkeiten zu antworten ist. Das Kapitel ist gleichsam ein kleiner Katechismus mit praktischen Richtlinien für die katechetische Unterweisung. Im Artikel fünf wird besonders betont, daß das Geheimnis der Jungfrauengeburt zu erklären sei, um daraus sowohl die Gottheit wie die Menschheit Jesu Christi entsprechend zu beleuchten. Bei der Verkündigung des Herrn (Annutiatio) sollte man die Tugenden der GM behandeln, besonders ihre Jungfräulichkeit und Demut, so daß die MV verankert werde. Für die Neuchristen wird gesagt, daß sie zum Erlangen der Beharrlichkeit auf die Eucharistie und die hl. Messe zu verweisen sind und ihnen eine spezifische MV empfohlen werden solle.

Schon Kyrillos v. Jerusalem (um 313—387) führt die Katechumenen im Anschluß an den Glaubensartikel von der Jungfrauengeburt in die MV ein (12. Katechese). Ebenso läßt Augustinus (354—430) seine marian. Leitsätze diesem Glaubensartikel folgen, woran sich die feierliche »Wiedergabe des Glaubensbekenntnisses« anschließt (Sermo 215).

Lit.: R. de Voyer d'Argenson, Annales de la Compagnie de Saint-Sacrement, Marseille 1900. — F. Cavallera, Aux origines de la Société des Missions Etrangères. L'A.A. de Paris, In: Bulletin de littérature ecclésiastique de Toulouse 34 (1933) 173—186. 206—226; 35 (1934) 17—31. 71—96. — L. Baudiment, F.P., principal fondateur de la Société des Missions Etrangères (1626—84), 1934. — C. Costantini, Mons. F.P., un grande precursore (1626—84), In: I grandi Missionari, Seconda Seria, 1940, 171—202. — F. Combaluzier, F.P. évêque d'Héliopolis, In: NZM 4 (1948) 33—44. — Manoir IV 1015—33. — G. de Vaumas, L'éveil missionnaire de la France au XVII siècle, 1959. — J. Gunennou, Les Missions-Etrangères, 1963. — Ders., Monseigneur Pallu et la liturgie chinois, In: RHE 61 (1966) 820—836. — Ders., La fondation de la Société des Missions Etrangères de Paris, In: J. Metzler (Hrsg.), Sacrae Congregationis de Propaganda Fide Memoria Rerum. 350 Anni a Servizio delle Missioni, 1622—1972, Bd. 1/1: 1611—1700, 1971, 523—537. — J. Metzler, Die Synoden in Indochina 1675—1934, 1984. — G.-M. Oury, Mgr. F.P. ou les missions étrangères en Asie au XVIIe s. France-Empire, 1985. *H. Rzepkowski*

Palma, Luis de la, * 1560 (?) in Toledo, † 20.4.1641 in Madrid, trat schon mit 15 Jahren in die Gesellschaft Jesu ein, wo er wichtige Ämter bekleiden mußte, z.B. zwei Mal als Provinzial. Dabei widmete er sich stets der geistlichen Betreuung seiner Ordensbrüder und bestärkte sie in ihrem Streben nach einem vollkommeneren Leben. Wegen seiner kränklichen Natur konnte er die Aufgaben als Lehrer, für die er besondere Begabungen aufzuweisen schien, nicht wahrnehmen, und trotz seiner Beredsamkeit und Überzeugungskraft auch nicht als Volksprediger eingesetzt werden; selbst seine Tätigkeit als Prediger in Madrid mußte er, wie seine Tätigkeit als Lehrer, nach zwei Jahren abbrechen.

Sein lit. Werk zählt zwar nicht zu den großen Klassikern der span. Sprache — derer gab es im Spanien seiner Zeit zu viele bedeutende —, aber er ist dennoch den großen Schriftstellern geistlicher Werke zuzurechnen, neben den vielen aus seiner Ordensfamilie und den großen span. Mystikern. Auch als Übersetzer war er geachtet.

Seine Betrachtungen über die GM in seiner »Leidensgeschichte Christi« findet man dort, wo auch das Evangelium von GM spricht, sowie in seinen »Erläuterungen zum Geistlichen Weg«, wo er ausdrücklich von der Verehrung ULF redet (»de la devoción a Nuestra Señora«). In sehr plastischer Weise beschreibt P. die Schmerzen GMs beim Abschied von ihrem Sohn im Wissen darum, was ihr Sohn leiden wird, so daß sie diese Leiden »standhaft« für die Sünder aufopfern konnte. Sie bleibt dann die Mutter, die uns ihren Sohn schenkt, da sie uns vom sterbenden Christus am Kreuz zur Mutter gegeben wurde. Des weiteren erklärt P., wie M bei der Verurteilung, bei der Begegnung auf der Via dolorosa mit den anderen Frauen, unter dem Kreuz und als sie den Leichnam ihres Sohnes auf ihrem Schoß hielt, die Stärke all jener ist, die mit Christus leiden; sie sammelte danach die Apostel und ermunterte sie, in Jerusalem zu bleiben und mit ihr die Auferstehung ihres Sohnes zu erwarten.

Die Verehrung ULF beseht nach P. in der Hochschätzung der Person und der Verdienste Ms, in der Nachahmung ihrer Tugenden und im Vertrauen auf ihre Fürsprache. Dies erfordert von den Verehrern die Betrachtung ihrer Gnadenvorzüge, der Geheimnisse ihres Leidens im Leben Jesu Christi und darin, sich häufig zu fragen, wie M hic et nunc handeln würde; gleichzeitig soll der Verehrer Ms darum bemüht sein, den Unterschied zwischen sich selber und seiner Mutter zu erkennen: die Erkenntnis der eigenen Sünden, der Unordnung im Handeln und seiner Weltbegierlichkeit. Als Praxis der MV empfielt er das Beten des kleinen marian. Offiziums, des Rosenkranzes und — nicht nur in der Not — ihre häufige Anrufung im Sinne einer »zärtlichen« Zwiesprache mit der Mutter.

Mariol. und Frömmigkeit P.s ruhen auf den beiden Säulen der Heiligkeit Ms: ihrer UE als Ausdruck ihrer Gnadenfülle und ihrer geistigen Mutterschaft als Vermittlerin der Gnade und Miterlöserin durch die Hingabe an den Vater mit ihrem Sohn.

WW: Vida del Señor Gonzalo de la Palma. — Historia de la Sagrada Pasión. — Camino Espiritual. — Práctica y breve declaración del camino espiritual. — Übers. des Médico religioso von C. Scribani. — Opusculum aus dem Werk von Bonaventura: Piissima erga Dei genitricem devotio ad impetrandam gratiam pro articulo mortis. — Ihm werden von einigen Autoren auch andere Werke zugeschrieben, z. B. Meditaciones de la Virgen Nuestra Señora und andere unedierte Manuskripte, die als engl. oder niederländische Übersetzungen ohne das span. Original gefunden wurden.
Lit.: Sommervogel VI 150—155. — A. Astrain, Historia de la Compañía de Jesús V, Madrid 1916, 94—96. — Enciclopedia Universal Ilustrada, 1920, 387f. — Koch. — L. Gonzalez, Introducción, In: Camino espiritual, 1962. — F. Rodriguez Molero, Introducción zu den Obras del Padre L. de la P., 1967.
G. Rovira

Palma Vecchio, * um 1480 in Serina bei Bergamo, † 30.7.1528, eigentlich Jacopo d'Antonio Negretti, seit etwa 1510 in Venedig tätig und Hauptvertreter der sog. »klassischen Periode« der venezianischen Malerei, die von Tizian und Giorgione ausgeht. Über seine Ausbildung besteht keine Klarheit, doch wird er zunächst in der bergamaskischen Malerkolonie in Venedig tätig gewesen sein, die sich um Simone da Santacroce gruppierte. Die Chronologie und die Zuschreibung von Gemälden an P. ist oftmals ungewiß und nur über Vergleiche mit Werken seiner Zeitgenossen erreichbar. Die Frage nach dem Anteil von P.s Werkstatt an der Ausführung seiner Gemälde ist bislang nicht geklärt.

Ob P. in der Schule G. →Bellinis gelernt hat, ist nicht nachweisbar, zumindest aber empfing er von ihm Anregungen für sein Frühwerk: Die lesende M mit Kind (Berlin-Dahlem, Gemäldegalerie, 1502/04) zeigt P.s frühen Stil (kantige Zeichnung und kühle Farben), der in der Tradition venezianischer Malerei des späten 15. Jh.s steht. Die Bildidee der lesenden M dürfte von Giorgione abgeleitet worden sein, in dessen Bann P. immer stärker geriet. In stimmungsvolle, weich gezeichnete Landschaften eingebundene arkadische Szenen sind für P. im zweiten Jahrzehnt des 16. Jh.s typisch (M mit Kind und den hll. Rochus und Aurea, München, Alte Pinakothek).

Um 1520 wendet sich P. der Malerei Tizians zu. Nun charakterisieren P.s Gemälde majestätische Formen, dynamische Kompositionen und malerische, warme Intensität. Hauptwerk dieser Phase ist der Altar der hl. Barbara in S. Maria Formosa, Venedig (um 1522). Seit 1525 wird P.s Formensprache schwerer und die Bewegungen der Figuren graziöser (Jakob und Rahel, Dresden, Gemäldegalerie). Neben diesen pastoralen Themen malte P. vereinzelt allegorische und mythol. Inhalte, aber auch Porträts — äußerst zahlreich sind halbfigurige Frauenbildnisse, die stets dem damals idealen Typ entsprechen: teils träumerisch-versonnen, teils leidenschaftlich wirken diese blond gebleichten, breit in die Fläche gehenden, füllig-behäbigen Frauen, die kostbar gekleidet sind.

Die wichtigste Leistung vollbrachte P. jedoch beim Typus der »Sacra conversazione«, der hochrechteckigen Darstellung der ganzfigurigen M mit dem Jesuskind, umgeben von stehenden Heiligen als andächtigen Assistenzfiguren. P. wandelt das Thema insofern ab, als er die Versammlung der hll. Gestalten entweder vor eine weite Landschaft lagert (z. B. Wien, Kunsthist. Mus.) oder sie nur halbfigurig wiedergibt (z. B. Prag, Nationalgalerie). P. zeigt, nun im horizontalen Format, freie Figurenkompositionen in ausgeruhtem Rhythmus. Diese Gemälde waren, wie aus ihrem meist geringen Format zu schließen ist, Stücke für private Haushalte und dienten der Erbauung des Besitzers.

P. hinterließ laut Testament 62 von ihm unvollendet zurückgelassene Gemälde, die von seinen Schülern dann abgeschlossen wurden.

Lit.: M. v. Boehm, Giorgione und P. V., Bielefeld-Leipzig 1908. — A. M. Spahn, P. V., 1932. — G. Gombosi, P. V., 1937. — G. Mariacher, P. il V., 1968. — P. Rylands, P. V.s Assumption of the Virgin, In: Burlington Magazine 119 (1977) 245 ff. — P. Rylands, P. il V. - L'opera completa, 1988. *K. Falkenau*

Palmzweiglegende. Der Palmzweig, allgemein Zeichen des himmlischen Sieges und des Paradieses, spielt eine wichtige Rolle in der Ikonographie des →Todes Me. Nach den apokryphen Berichten aus dem 6./7. Jh. im →»Liber de transitu« und der Homilie des →Johannes v. Thessalonike über die →Koimesis Me erscheint M, die sich nach ihrem Sohne sehnt, der Engel Gabriel (manchmal auch Michael), um ihr mit einem P. die bevorstehende Aufnahme ins Paradies anzukündigen. Diesen Paradieszweig übergibt ℳ dem Apostel Johannes, der damit die Nachstellungen der Dämonen und der ungläubigen Juden von ihrem Leichnam abwehrt. Die P. verbreitet sich durch das »Speculum historale« des Vinzenz v. Beauvais und die »Legenda Aurea« des →Jacobus de Voragine im 13. Jh. auch im Westen und wird noch in nachtridentinischer Zeit in den Heiligenleben von Surius und Ribadeneira tradiert. Als ab dem 13. Jh. die ℳzyklen umfangreicher werden, findet die P. auch Eingang in die bildende Kunst.

Die älteste Darstellung des Engels mit Palmzweig befand sich möglicherweise in der Kirche am Sion über dem Grab ℳe. Auch auf einer Wandmalerei des 11. Jh.s in der kappadokischen Höhlenkirche Ağaç Altı Kilise bei Ihlara könnte die stehende Figur beim Tod ℳe als Engel oder Johannes mit dem Palmzweig zu deuten sein, ebenso auf einem südital. Elfenbeinkästchen (um 1070) in der Benediktinerabtei Farfa (Abteischatz). In Rom zeigt ein Fresko um etwa 880 im sog. Tempel der Fortuna Virilis die Todesverkündigung an ℳ durch Christus selbst. Frühe westliche Beispiele der P. sind eine engl. Miniatur (um 1170) im York-Psalter in Glasgow (Hunterian Mus., Ms. V 3,2, fol. 17^v) und ein leider nur bruchstückhaft erhaltenes Tympanon mit Beischrift aus St.-Pierre-le-Pullier (Bourges, Mus., vor 1185). Ab dem 14. Jh. gehört die P. zum Bestand der ℳ-Tod-Ikonographie in der Ost- und Westkirche. Größere Zyklen zeigen außer der P. auch das Gebet ℳs am →Ölberg, die Schenkung des →Mantels an die Frauen und den →Abschied von Johannes und den anderen Aposteln. Der Palmzweig kann dem Legendentext entsprechend mit strahlenden Sternen besetzt sein. Die westlichen Darstellungen nehmen die Legendentradition von der Todesverkündigung im Haus des Johannes am Sion auf, die östlichen zeigen bisweilen die Szene im Garten Gethsemane am Ölberg. Die ausführlichen Szenenfolgen an den Westwänden des Naos serbischer und mazedonischer Kirchen enthalten oft die P., z. B. in Gračanica oder in der Peribleptos-Kirche in Ochrid. Mehrfach tritt sie in ital. ℳzyklen des Trecento auf, bes. im sienesischen Bereich und in der Toskana: Duccios Maestà im Dom von Siena; Chorfresken von Ugolino d'Ilario im Dom von Orvieto; als Einzelszene in der Predella von Filippo Lippis Barbadori-Altar (Florenz, Uffizien). Auch Deutschland kennt das Thema, wie ein rheinisches Buchsbaumdiptychon (Köln, Diözesanmus.) aus der Mitte des 14. Jh.s belegt. Das Tympanon der »Puerta Preciosa« (1325) am Kreuzgang der Kathedrale von Pamplona und eine Skulptur des Meisters Aloy am Retabel der Capillo de los Sastres in der Kathedrale von Tarragona sind Beispiele aus Spanien und die Wandmalereien der ℳkirche in Chalgrove (Oxford, um 1330) aus England; der Miraflores-Altar des Rogier van der Weyden (Berlin, Staatl. Mus.), wo die P. im Architekturrahmen wiedergegeben ist, belegt die Szene in der niederländischen Malerei. Häufig tritt sie auch in der Miniaturmalerei auf: ungarisches Legendar aus dem 14. Jh. (Rom, Bibl. Vat., Ms. 17) u. a. Im 16. Jh. erscheint die P. als eigene Szene noch vereinzelt (Flügelaltar in St. Savine in Troyes, 1533; Christgartner-Altar von H. Schäufelein, München, Alte Pinakothek; Gemälde von M. Coxie, Brüssel, Mus.), danach verschwindet sie mit der Ablehnung der apokryphen Legenden allmählich.

Auch wo die P. nicht explizit dargestellt wird, ist sie vom 13. bis 16. Jh. bei Tod, Grabtragung und Himmelfahrt ℳe oft mitangedeutet. Johannes oder ein anderer Apostel halten an der Bahre oder am Grab der GM den Palmzweig in der Hand, z. B. am Tympanon der Kathedrale von Laon, am Polyptychon von Paolo Veneziano in Vicenza (Museo Civico), auf den Tafelbildern des Konrad v. Soest (Dortmund, ℳkirche, um 1420) und A. Mantegnas (Madrid, Prado), in den Miniaturen des Stundenbuchs des E. Chevalier von J. Fouquet (um 1460), am Triptychon des A. Bouts (Brüssel, Anfang 16. Jh.) und am Hochaltar aus der Frankfurter Dominikanerkirche (Basel, Kunstsammlungen) von H. Holbein d. Ä. In spätma. Darstellungen des ℳtodes verdrängt allmählich der liturg. Weihwasserwedel den Zweig in der Hand des Apostels.

Bisweilen hält ℳ selbst den Palmzweig bei ihrer Erhebung in den Himmel. Hier vermischt sich das Legendenmotiv mit der allgemeinen Symbolik des Palmzweiges als Zeichen des Sieges, wie ihn Heilige und Martyrer tragen. In diesem Sinne erscheint er bis in den späten Barock hinein, als das Thema der Himmelfahrt ℳe längst die Darstellungen um ihren Tod abgelöst hat: Assunta mit palmenschwenkendem Engel von P. P. Rubens (Antwerpen, Kathedrale). Der Engel Gabriel wird vom Verkünder des Todes zum Geleiter ℳs zum Himmel, z. B. in den Fresken C. D. Asams in Weingarten (1718) oder B. Altomontes in Spital am Phyrn (1739). In seltenen Fällen trägt auf Gemälden im ital. Trecento und Quattrocento — evtl. angeregt durch Dantes »Paradiso« — auch der Engel der Verkündigung einen Palmzweig (A. Lorenzetti, Siena, Pinacoteca Naz.; Andrea di Nerio Arezzo, Diözesanmus.; G. Cozzarelli, Washington, Nat. Gallery). Jedesmal ist jedoch durch die Taube als Zeichen der Überschattung durch den Hl. Geist das Thema eindeutig als Empfängnis Jesu und nicht als P. gekennzeichnet.

Lit.: Jugie 113f. — Mâle I 435. — T. Borenius und E. W. Tristram, Engl. Malerei des MA, 1927, Tafel 53. — Künstle I 571—574. — V. R. Petkovic, La peinture serbe du moyen âge, 1930. — L. Wlatislaw-Mitrovic und N. Okunev, La dormition de la Sainte Vierge dans la peinture médiévale orthodoxe, In: Byzantinoslavica III/1 (1931) 134—176. — V. Vatasianu, La »Dormitio Virginis«, In: Ephemeris Dacoromana 6 (1935) 1—49. — B. Knipping, De iconografie van de Contrareformatie in de Nederlanden, 1939, 252f. — Réau II/2 601ff. — Hamann-McLean-Hallensleben, Die Monumentalmalerei in Serbien und Makedonien vom 11. bis zum frühen 14. Jh., 1963. — Schiller IV 84. 86f. 118. 122. 124f. — RDK I 791. — LCI III 215; IV 333—336. — RBK IV 140ff.

F. Tschochner

Paltz, Johannes → Johannes v. Paltz

Pammakaristoskirche in →Konstantinopel *(Μονή τῆς Θεοτόκου τῆς Παμμακαρίστου).* Auf einem Vorgängerbau des 8. Jh.s (in der Zisterne unter der jetzigen Moschee sind wohl Reste von dessen Krypta) wurden Anfang/Mitte des 11. Jh.s (lt. einstiger Inschrift im Bema) unter dem Patronat des Kuropalates (Hofmarschalls) Johannes Komnenos (†1067) und seiner Gattin Anna Dukike Kirche und Kloster der »Allerseligsten Gottesgebärerin« in der Nähe der →Blachernen-Kirche auf einer Terrasse mit Blick zum Goldenen Horn gebaut. Die Namensgebung entspricht wie die der gleichzeitigen Widmungen an ⋒ (Euergetes = Wohltäterin, →Eleousa = Barmherzige, Psychosostis = Seelenretterin) einer mehr persönlichen MV, die sich auch im Aufkommen individueller Züge in der ⋒darstel- lung der Kunst um die Mitte des 11. Jh.s widerspiegelt.

Es handelte sich dabei um eine dreischiffige Ambulatorienkirche (18x13 m) mit einem fast quadratischen Zentralraum unter einer 4-Säulen-Tambour-Kuppel. Nach dem Niedergang unter der lat. Herrschaft (1204—61) erfuhr das Kloster 1290—1305 eine völlige Neustiftung durch den Berater und späteren Feldmarschall (Protostrator) des Kaisers Andronikos II., Michael Glabas, und seiner aus beiden Kaiserfamilien stammenden Gemahlin Maria Dukaina. Dem Kloster ließen die Stifter ein Armen-Hospital angliedern. Auf ihren Porträts im Ornat von Erzherzögen samt dazugehörigen Beischriften verewigten sie sich in den Kirchen und brachten dort auch Mosaikdarstellungen des Kaisers Andronikos und dessen Gemahlin Anna an. Mit dem vom Kaiser verliehenen Recht zur Bestellung des Abtes ernannte Glabas den Mönch Kosmas zum Hegonmenos (Vorsteher) des P.-Klosters, der dann vom Kaiser als Johannes XII. (1294—1303) zum Patriarchen berufen wurde, jedoch wegen sozialer und moralischer Kritik am Kaiser wiederholt resignierend und neuberufen, immer wieder ins P.-Kloster zurückkehrte. Nach dem Tode des Stifters Glabas (1315) wurde seine Gattin im P.-Kloster unter dem Namen Martha Nonne und ließ für ihren Mann an Stelle der ursprünglichen Südgalerie als Grabeskirche ein reich dekoriertes, »Christus Logos« geweihtes Parekklesion anbauen und eine Widmungsinschrift in Versen des Dichters Manuel Philas (1275—1346) anbringen, in denen ihre liebende Verbundenheit mit ihrem Mann und ihre große Frömmigkeit zum Ausdruck kommen (Carmina Philae 223 und 229, ed. Miller I 115—118). Später diente dieses Parekklesion der Überlieferung nach auch als Grablege des Kaisers Johannes V. Palaiologos (†1376). 1418 war das P.-Kloster Zufluchtsort für den türkischen Rebellen (gegen Mehmed I.) Zinet und zehn seiner Gefolgsleute.

Das Kloster P. überdauerte die Eroberung durch die Türken, doch mußten die Nonnen 1454 nach dem nahegelegenen St. Johannes in Trullo weichen, als Patriarch Gennadios II. Scholarios (1453—56) nach dem Auszug aus dem Hagia-Sophia-Palast nun auch seine Ausweichresidenz bei der baufällig gewordenen Apostelkirche, um die sich Türken angesiedelt hatten, auf Betreiben Sultan Mehmeds II., der mit dem Patriarchen im rel. Dialog verbunden war, mit dem in griech. Umgebung gelegenen P.-Kloster vertauschte.

Als Patriarchatskirche der Orthodoxie (1454—1586 unter 17 Patriarchen) blühte dieses ⋒heiligtum zu bislang nicht gekannter Pracht auf: »Selbst bei Nacht, wenn die Lampen nicht brennen, leuchtet es wie die Sonne« (geflügeltes zeitgenössisches Wort). Die Klostergebäude wurden erheblich erweitert. Aus allen aufgelösten Kirchen, v. a. wohl aus der Apostelkirche, wurden Kunstwerke, Ikonen und Reliquien hierhergebracht. Das Gnadenbild der ⋒-P. und seine Verehrung standen im Mittelpunkt der Religiosität der Griechen. Als Hauptkirche wurde die P. auch Hort des byz. Reichs- und griech. Nationalbewußtseins, nachdem die Gebeine Kaiser Alexios' I. (1081—1118) aus der in eine Moschee umgewandelten Pantokrator-Kirche hierhergebracht wurden, und bevorzugte Begräbnisstätte des Adels. Um so schwerer war der Schlag für die Griechen, als 1580 Sultan Murach III. (1574—95) die P. beschlagnahmte und das weithin strahlende goldene Kreuz über der Kuppel, das den Sitz des Oberhauptes der Orthodoxie kennzeichnete, entfernen ließ. Bis 1614 mußte die einfache Kirche St. Demetrios Kanabon im Distrikt Balat als Patriarchatssitz dienen, bis der Patriarch in seine bis heute existierende Residenz St. Georg in Phanar ziehen konnte.

1591 wurde die P. in eine Moschee umgebaut (Fethiye Canii = Siegesmoschee, zum Gedächtnis an die Eroberung Georgiens und Aserbeidschans). 1640 beschädigte ein ausgedehnter Stadtbrand auch die Moschee stark; sie wurde 1856/46 restauriert. Seit 1938 erfolgten weitere Restaurierungen und ab 1950 folgte die Freilegung der Mosaiken im Parekklesion. Zutage kam eines der reizendsten Bauwerke der gesamten byz. Architektur in graziös-eleganter Kleinform, in der sich Tektonik und Ornamentik zu feingegliederter malerischer Wirkung mit spiritueller Ausdruckskraft verbinden: In einer vollständigen dreischiffigen Kreuzkuppelkirche auf 4 Säulen wiederholt sich das griech. Kreuz des Grundrisses im Tonnengewölbe der Decke rings um die Kuppel. Drei Apsiden schließen im Osten, ein Narthex und darüber die von zwei Kuppeltürmchen überragte Frauenempore im Westen den Raum ein. Von besonderem Wert sind die Mosaiken oberhalb der Marmorvertäfelung, neben denen der Chora-Kirche die bedeutendsten Zeugnisse des Wiederauflebens der byz. Kunst im 14. Jh.: Ein menschenfreundlich mitfühlend gezeichneter Pantokrator in der Kuppelwölbung, strahlenförmig umgeben von

12 Propheten in den Kuppelsegmenten, in der Apsis hier Christus »Hyperagathos« (der »überaus Gute«), vor ihm an den Wänden die GM und Johannes d.T. (als →Deesis) mit vier Engeln; an sie schließt sich als geistliches Leitbild der gesamten Kirche, mit Christus als ihr Haupt, eine große Versammlung von Heiligen in den Gewölbefeldern an. In der Südwand befindet sich eine Darstellung der Taufe Jesu, in den Freskenresten der Vorhalle sind noch die drei Magier zu erkennen. Wohl aus der P. stammt die äußerst seltene Form einer Portativ-Mosaik-Ikone der ⋒ Hodegetria (82×52 cm) aus dem 11.Jh., die heute in der Patriarchatskirche Hagios Georgios im Phanar steht.

Lit.: Ch. F. Du Cange, Historia Byzantina, pars II: Constantinopolis Christiana, 1680—82; Nachdr. 1964, 4,30. — J. P. Richter, Quellen zur byz. Kunstgeschichte, 1897, 250. — X. A. Siderides, Περὶ τῆς ἐν Κωνσταντινουπόλει μονῆς τῆς Παμμακαρίστου, In: Ὁ ἐν Κωνσταντινουπόλει Ἑλληνικὸς Φιλολογικὸς Σύλλογος, Parartema 20—22 (1892) 19—32; 29 (1907) 265—279. — A. v. Millingen, Byzantine Churches in Constantinople, 1912, 138—163. — J. Ebersolt und A. Thiers, Les églises de Constantinople, 1913, 225—247. — A. M. Schneider, Byzanz, 1936, 66ff. — Ders., Arbeiten an der P., In: Annal of Archaeological Museum of Istanbul (1939) 188—196. — A. Ogan, Aya Maria Pammakaristos (Fethiye Camii), In: Belleten 13 (1949) 271—308. — R. Janin, La géographie de l'Empire Byzantin I/3: Eglises et monastères de Constantinople, 1953, 77,217—222. — H. Hallensleben, Untersuchungen zur Baugeschichte der ehemaligen P., der heutigen Fethiye Camii in Istanbul, In: Istanbuler Mitteilungen 13/14 (1963/64) 128—193. — P. Schreiner, Eine unbekannte Beschreibung der P., In: Dumbarton Oaks Papers 25 (1971) 219—241. — J. Freely und H. Sumner-Boyd, Istanbul, 1972, 323ff. 569f. — C. Mango, Architettura Bizantina, 1975, 266—269. — W. Müller-Wiener, Bildlexikon zur Topographie Istanbuls, 1977, 132—135. — W. Hotz, Byzanz — Konstantinopel — Istanbul, 1978, 137. 132—134. — A. Nezerites, Βυζαντινὴ ἐκκλησιαστικὴ ἀρχιτεκτονική, 1983. — M. Maurides, Βυζαντινοὶ ναοὶ στὴν Πολί, 1986. — J. Odenthal, Istanbul, 1990, 47. 239ff. 282ff.   *G. A. B. Schneeweiß*

Pampani, Antonio Gaetano, * ca. 1705 in Modena, † Dezember 1775 in Urbino, ital. Komponist, absolvierte seine Ausbildung bei Salviati in Urbino und wurde anschließend an die dortige Oper engagiert. 1726—34 war er Kapellmeister an der Kathedrale von Fano und übernahm zusätzlich bis 1737 das Orchester des Teatro del Sole in Pesaro. In diese Zeit fallen zwei Oratorien für Fermo und Macerata. Ab 1747 sind keine Kompositionen überliefert, doch danach schrieb er jährlich eine Oper für wichtige Häuser wie Venedig, Rom, Mailand und Turin sowie Sakralmusik für das Ospedaletto in Venedig, dessen Chor und Orchester er bis 1766 leitete. Im Jahr danach übernahm er die Kapellmeisterstelle an der Kathedrale von Urbino, die er bis zu seinem Tod versorgte.

Zu P.s Oeuvre gehören neben den Bühnenwerken einzelne Arien, Oratorien (u. a. Pro solemni die BMV), Motetten, Messen, Psalmen, Hymnen, Antiphonen, darunter 8 Salve Regina, und Instrumentalmusik.

Lit.: A. Schering, Geschichte des Oratoriums, Leipzig 1911/66. — Grove XIV 148ff. — MGG X 717f.   *C. Wedler*

Panachrantos-Kirchen *(Πανάχραντος* = ganz unbefleckt), drei ⋒kirchen mit dem gemeinsamen Namen P. in → Konstantinopel:

1. die →Lips-Klosterkirche, bei der es zweifelhaft ist, ob das ⋒ in der teilweise erhaltenen Weiheinschrift gegebene Epitheton »Panachrantos« ein Hinweis auf die Stiftung ausdrücklich zu ⋒ P., der unbefleckten GM, ist;

2. die Panachrantos-Kirche *(Θεοτόκου Πανάχραντος*), die im 13./14.Jh., vermutlich im Westen der Stadt, vom Patriarchen Athanasios (1289—93; 1303—09), errichtet und mit dem vom selben Patriarchen gestifteten Athanasios-Doppelkloster verbunden wurde. Über die weitere Geschichte dieser Kirche ist nichts bekannt.

3. Die Panachrantos-Klosterkirche *(Μονὴ τῆς Θεοτόκου τῆς Παναχράντου)*, die in der Nähe der Hagia Sophia, rechts vom Weg zum Manganengebiet, lag, ist möglicherweise mit dem sog. »Gewölbe der Jungfrau« (→Palastkirchen) identisch. Das Kloster P. ist erstmals 1073 als Besitzung von Patmos bezeugt. Während der lat. Herrschaft (1204—61) wurde es ein Kollegiatshaus, danach zogen wieder griech. Mönche ein. Der Patriarch Johannes XI. Bekkos (1275—82) zog sich zwischendurch (1279) und nach seiner Abdankung endgültig hierher zurück. Seit der 1. Hälfte des 14.Jh. (spätestens 1393) bis zum Ende des ostrm. Reiches 1453 war das P.-Kloster ein Nonnenkonvent. Zwei Reliquien wurden hier besonders verehrt: das Haupt des Kirchenvaters Basileios v. Caesarea und der »Abdruck der Füße des hl. Paulus«, auf den der Dichter Manuel Philas ein Epigramm verfaßte.

QQ: C. F. Du Cange, Constantinopolis Christiana, Paris. — B. de Khitrowo, Itinéraires russes en Orient, Genf 1889, 162. 202. 230. — F. Miklosich und J. Müller, Manuelis Philae carmina I, Paris 1855, 198—202. — J. Pomjalowskij, Zitie iže vo svjatich otsa našego Gregoria Sinaita, 1894, 37. — C. Riant, Exuviae sacrae Constantinopolitanae II, 1877—78, 131f.

Lit.: A. Papadopoulos-Kerameus, Leben Athanasios' I., 1905, 48. — R. Demangel und E. Mamboury, Le Quartier des Manganes et la Première Région de Constantinople, 1939, I. II. — T. F. Mathews, The early churches of Constantinople, 1971.   *G. A. B. Schneeweiß*

Panama. Die MV in Zentralamerika und P. geht in die Zeit der Conquista zurück. Legenden und überlieferte Erzählungen marian. Inhaltes belegen die Ursprünge der MV in diesem Gebiet. Martín Fernández de Enciso und Vasco Núñez de Balboa stießen auf Widerstand der einheimischen Bevölkerung bei der Durchquerung der Landenge, um die pazifische Küste zu erkunden. M. Fernández de Enciso gelobte im Fall des Sieges Gold- und Silberschätze als Votivgabe nach Sevilla zur Kirche »NS de la Antigua« zu senden. Weiterhin wollte er eine Kirche zu Ehren »ULF vom Haus des Kaziken« errichten. Vasco Núñez de Balboa riet dann zur Gründung des Ortes S. María de la Antigua (Gómora). In der dortigen Kirche wurde eine Kopie des Bildes »NS de la Antigua« in Sevilla aufgestellt. Die Kirche wurde 1513 errichtet und ist die erste Kirche auf dem amerikanischen Festland. Dieses Bild wird in ganz P. sehr verehrt. Weiterhin gilt die Verehrung des Landes »NS de la Consolación«: Die Statue wurde an einem 8. September des frühen 19. Jh.s am Strand aufgefunden; von daher nennt man den Auffindungsort »Strand der Jungfrau«. Das Bild wird in der kleinen Pfarrkirche von Palenque im Distrikt Portobelo verehrt.

Die Patronin der Stadt P. ist die Rosenkranzkönigin, deren Statue in der Kirche zum hl. Dominikus steht. Am weitesten verbreitet ist die Verehrung »NS de la Capilla«, ein Gemälde »NS de la Merced«. Das Bild wurde bei der Brandschatzung durch den Seeräuber Morgan im letzten Drittel des 17. Jh.s vor dem Feuer bewahrt. Das gegenwärtige Heiligtum wurde von einem reichen Kaufmann erbaut, der seine Errettung beim Schiffbruch der Fürsprache M̄s zuschrieb. Besonders ausgeprägt ist in P. die Verehrung ULF vom Berge Karmel. Das Fest (16. Juli) wurde nachweislich schon 1520 besonders festlich gefeiert.

Lit.: E. J. Arce und J. B. Sosa, Compendium de l'Histoire de P., 1934. — P. Mega, Notices historiques de l'église de la Merci, 1946. — Vargas Ugarte I. — Manoir V 295—304. — C.E. Mesa, La Diócesis de S. María del Darién. Primera de Tierra Firme. 1513—24, In: Medellín 11 (1985) 525—542. — A. Morin, S. María y P., ebd. 12 (1986) 411—425.   *H. Rzepkowski*

Panero, Leopoldo, * 19. 10. 1909 in Astorga (León), † September 1962 ebd., span. Lyriker, hatte in Cambridge, Tours und Poitiers studiert, arbeitete als Kunstkritiker und Mitorganisator bedeutender Kunstausstellungen sowie am Instituto de Cultura Hispánica. Seine bekanntesten Werke sind das umfangreiche Gedicht »La estancia vacía« (1944) und »Escrito a cada instante« (1949). Eine kritische Auseinandersetzung mit Pablo Neruda brachte ihm die Gegnerschaft antifaschistischer Dichterkollegen und der linken Kritik ein. Nichtsdestoweniger gilt seine Dichtung mit ihrem verhaltenen, gelegentlich schwierigen Stil als eine der bedeutendsten dieses Jh.s; seine Sonette werden gelegentlich denen der Klassiker des Siglo de Oro an die Seite gestellt.

L. ist einer der herausragenden rel. Dichter Spaniens. Der Schlüssel seines Dichtens ist seine Verwurzelung im Spirituellen. Hinter der Thematik von Landschaft, menschlicher Liebe, Einsamkeit etc. steht die sehr persönliche, vom Ich ausgehende Auseinandersetzung mit Gott, dessen Begriff als Kontur umrissen und bestimmt ist, aber kaum mit konkreten Inhalten gefüllt wird. Gott erscheint dabei als unerläßliche, den Menschen allerorten begleitende und ihm Einheit verleihende Größe, und das sowohl in der Präsenz als (momentan) gefunden geglaubter als auch als abwesender, aber gesuchter Gott, der in beiden Modalitäten in gewissem Sinn notwendigerweise mit der Existenz des Individuums verbunden ist.

In diesem weitgehend von seiner »Legende« abstrahierten Glaubensverständnis ist der Stellenwert M̄s verständlicherweise gering. Ein einziges Gedicht, »Virgen que el sol más pura« (OC I 498—500), bezeichnenderweise bei einem Dichtungswettbewerb in León 1951, also durch den Öffentlichkeitscharakter in gewissem Kontakt mit der »offiziellen« Kirche eingereicht und prämiert, ist ihr gewidmet. Unter dem mehrfach wiederkehrenden Leitsatz »Todo es recuerdo en el amor« (Alles ist Erinnerung in der Liebe) erscheint M̄ in der Situation der Himmelfahrt, begleitet von der Seele des Dichters, zwischen dem konkreten dörflichen Leben Galileas und der »transparencia« des Himmels. Zu den traditionellen Funktionen M̄s (Mutter, Trösterin) treten als besonders notierte Attribute ihre Schönheit und ihre Herrschaft über die Natur. Die Liebe des Dichters zu ihr nährt sich aus einer nicht näher definierten »Erinnerung« und, wie der letzte Vers den Leitsatz erweitert, der Erwartung (»espera«). Das Gedicht darf als eindrucksvoller Versuch gedeutet werden, einer modernen Mentalität den ontologischen »Ort« M̄s zwischen einer formelhaft postulierten Transzendentalität und der weitgehenden Reduzierung M̄s auf ihre irdische Existenz (vgl. z. B. Darstellungen bei G. → Miró oder → Pemán) faßbar und kommensurabel zu machen.

WW: L. Panero, Obras completas I: Poesías (1928—1962), 1973.
Lit.: C. García Hirschfeld, Valor religioso en la obra de L. P., In: Cuadernos Hispanoamericanos 39 (1959) 46—61. — J. García Nieto, La poesía de L. P., 1963. — Homenaje a L. P., In: Cuadernos Hispanoamericanos 187—188 (1965). — G. Diego, La tela delicada de L. P., ebd. 192 (XII/1965) 467—488. — H. Giovannoni, El silencio y la palabra en L. P., ebd. 77, 229—231 (1969) 681—694. — E. Connolly, L. P., la poesía de la esperanza, 1969. — L. de Luis, Poesía de L. P., In: Ders., La poesía aprendida I, 1975, 173—175. — C. Aller, La poesía personal de L. P., 1976. — M. Camandone de Cohen, La poesía de L. P., In: Cuadernos Hispanoamericanos 109, 325 (1977) 76—100. — M. J. Rodríguez, Dios en la poesía española de posguerra, 1977, 64—94. — J. Sardo, El Dios de L. P., 1978   *W. Kreutzer*

Pange lingua gloriosae Diei praeconium. Spätma. Hymnus zum Fest M̄e Heimsuchung aus sechs sechszeiligen rhythmischen gereimten (abab) Strophen. Inhalt des Liedes ist der Besuch M̄s bei Elisabeth. Mit »Sacris solemnis dat virgo gaudia« und »Verbum supernum prodiens« (AHMA 4,52 f.) gehört der Hymnus zum Festoffizium, das am 1. 7. 1441 vom Basler Konzil approbiert wurde. Wie schon der Beginn zu erkennen gibt, enthält der Hymnus zahlreiche Anklänge an den Fronleichnamshymnus »Pange, lingua, gloriosi corporis mysterium« (AHMA 50,586) des Thomas v. Aquin. Strophenzahl und -bau stimmen überein. Überliefert ist der Hymnus in Handschriften des 15. Jh.s

Ausg.: AHMA 52,55. — Mone II 125.
Lit.: Chevalier 14442. — Szövérffy II 394.   *B. Gansweidt*

Panhagia, παναγία, Allheilige, ist im griech. Sprachraum die Ehrenbezeichnung für M̄ neben θεοτόκος (Gottesgebärerin) und ἀειπάρθενος (immerwährende Jungfrau). Eingeleitet durch patristische Predigt und Hymnik und begünstigt durch die nachikonoklastische Ikonographie wird sie von den Griechen synonym für und anstelle von M̄ verwendet.

I. ORTH. THEOL. Bereits → Proklos v. Konstantinopel († 446) redet in seiner Predigt »zur Verkündigung an die allheilige Gottesgebärerin« (PG 85,425—452, fälschlich als 39. Predigt des Basileios v. Seleukeia [† um 468] überliefert) ⲘⲀ als »allheilige Jungfrau« (PG 85,452) an. Der → Akathistos-Hymnus, Romanos dem Meloden († um 560) zugeschrieben, preist sie als »allheiligen Thronwagen dessen, der über den Cherubim thront« (15. Strophe). Die Darstellung ⲘⲀs als allheiligen Thron Christi, in der Variante der Orantin auch Platytera genannt, in den Apsiden der Kirchen bringt diesen Lobpreis, der seine bleibende liturg. Form in dem Johannes v. Damaskos († um 750) zugesprochenen → Megalynarion der Basiliusliturgie (→ Byz. Gottesdienst) gefunden hat, ins Bild: »Deinen Schoß machte Gott zu seinem Thron/ und deinen Leib gestaltete er weiter (platytera) als die Himmel;/ über dich, Gnadenvolle,/ freut sich die ganze Schöpfung.«

Begründet und inhaltlich bestimmt wird die Ehrenbezeichnung P. durch die ntl. Aussage von der jungfräulichen Mutterschaft ⲘⲀs und den Gruß des Engels, der sie als Gnadenvolle (κεχαριτωμένη; Lk 1,28; Perfekt) angeredet hat (→ Sündenlosigkeit). Doch anders als das Dogma der kath. Kirche von der UE (1954), nach dem ⲘⲀ im Hinblick auf Christi Erlösungstat im voraus von der Erbsünde bewahrt blieb, feiert die Orthodoxie in der Liturgie ⲘⲀs Heiligkeit als Geschenk des Hl. Geistes, jedoch ohne die Annahme, ⲘⲀ sei von der Erbsünde frei gewesen, denn die Erbsündentheologie ist der Orthodoxie fremd geblieben. Sie spricht vielmehr davon, daß ⲘⲀ als die neue Eva seit ihrer Geburt und bes. der Empfängnis Christi unversehrtes Abbild Gottes ist. Durch ihr vom Gottesgeist gewirktes tugendhaftes Leben wurde sie zur Gnadenvollen, zur P., so daß sie kraft des Hl. Geistes Mutter des göttlichen Logos werden konnte, wenn auch die Fülle der Heiligkeit selbst ihr erst bei der Vollendung der Welt zuteil wird. Deswegen singt der Priester in der Chrysostomosliturgie nach der Epiklese auch in den Diptychen:

| Ἔτι προσφέρομέν σοι τὴν λογικὴν ταύτην λατρείαν ὑπὲρ τῶν ἐν πίστει ἀναπαυσαμένων προπατόρων, ... προφητῶν, ἀποστόλων, κηρύκων, ... καὶ παντὸς πνεύματος δικαίου ἐν πίστει τετελειωμένου, ἐξαιρέτως τῆς παναγίας ... Θεοτόκου καὶ ἀειπαρθένου Μαρίας. | »Ferner bringen wir Dir diesen geistigen Gottesdienst dar für die im Glauben ruhenden Vorfahren ... Propheten, Apostel, Verkündiger, ... für jeden gerechten Geist, der im Glauben sein Leben vollendet hat, insbesondere für unsere heilige ... Gottesgebärerin und Immerjungfrau Maria.« |

QQ und Lit.: I. Kalogirou, Μαρία ἡ ἀειπάρθενος Θεοτόκος κατὰ τὴν ὀρθόδοξαν πίστιν, 1957. — L. Heiser, Maria in der Christusverkündigung des orth. Kirchenjahres, 1981, 76—93. 326 f.

L. Heiser

II. LITURGIE — OST. In der byz. Kirche wird P. in verschiedener Hinsicht gebraucht: 1. als Titel für die GM, 2. für das zu Ehren ⲘⲀs gesegnete Brot in der Eucharistiefeier und im Tischoffizium, 3. für das → Enkolpion eines Bischofs, das eine Ikone der GM enthält.

Lit.: La Prière des Heures, 1975, 514.

J. Madey

Panhagia-Kirchen in → Konstantinopel

1. Παναγία τοῦ Μπαλίνου, nach 1453 entstanden, gehörte zu den 47 christl. Kirchen, die 1597 der Abgesandte des russ. Zaren, Tryphon Karabeinikoff, erfaßte, um ihnen die Unterstützung des Zaren als des Schirmherrn der Orthodoxie nach dem Untergang des oström. Reiches zukommen zu lassen. Aus ihr stammt eine durchbohrte ⲘⲀikone, die sich jetzt in der Παναγία τοῦ Χαντζερλί befindet. Der heute noch bestehende Bau der Kirche wurde 1730 errichtet.

2. Παναγία τῶν Μπελγραδίων ist nach dem Stadtteil »Belgrad« benannt, den seit 1521 nach Istanbul umgesiedelte Serben bewohnt hatten; sie weihten ihre Kirche ⲘⲀ als Schutzpatronin.

3. Παναγία Γοργοεπήκοος, die wie die Gorgo schnell hinhörende P. Ein Kloster dieses Namens in der Nähe der Mocius-Zisterne und der ⲘⲀkirche der Theotokos Bebaias Elpidos (»der beständigen Hoffnung«) ist schon 1340 bezeugt; es war nach einer ⲘⲀikone benannt, welche in der Kirche des Parthenons in Athen mit ihrem Ort auch die Kultnachfolge der Pallas Athene mitsamt deren Attribut, dem Gorgonenhaupt, übernommen hatte. Wahrscheinlich wurde diese Ikone (oder eine Kopie) schon von der Kaiserin Irene (797—802), der »Athenerin«, nach Konstantinopel gebracht. Ein entsprechendes ⲘⲀbildnis wird jetzt noch auf dem Berg Athos im Docharioukloster als wundertätig verehrt.

4. Παναγία τοῦ Χαντζερλί. Die 1837 gebaute Kirche birgt eine von einem Schwert durchbohrte ⲘⲀikone aus der P. tou Balinou. Der hl. Brunnen (Hagiasma) hinter der Kirche stammt wohl noch aus byz. Zeit.

5. Παναγία Καμαριώτισσα auf der Prinzeninsel Chalkitis (heute Heybeliada), dem Ort des 1970 durch die türkische Regierung geschlossenen Theol. Seminars der griech.-orth. Kirche (in Überresten des ehemaligen Klosters der Hl. Dreifaltigkeit). Diese einzige auf den Prinzeninseln erhaltene byz. Kirche zeigt den seltenen Grundriß in Kleeblattform (Tetrakonchos) mit zentraler Kuppel und vier Halbkuppeln über Exedren (→ Muchliotissakirche). Als letzte byz. Kirche im Umkreis von Konstantinopel wurde sie 1427—39 wahrscheinlich von Maria Komnena, der dritten Gemahlin des Kaisers Johannes VIII. Palaiologos (1425—48) errichtet. Sie war bis 1942 im Besitz der örtlichen griech. Gemeinde und befindet sich jetzt im Areal der türkischen Ma- rine-Akademie.

6. Παναγία Κυρία τῶν Οὐρανῶν (Herrin der Himmel). Die heute noch bestehende ⲘⲀkirche wurde nach 1453 gebaut.

7. *Παναγία Κυριώτισσα* (allheilige Herrscherin), auch *Θεοτόκος Διακονίσσης* (Gottesgebärerin der Diakonisse) oder *Διακονίσσα* (Dienerin) genannt. Früher wurde die Kirche auch als *Μονὴ τοῦ Χριστοῦ Ἀκαταλήπτου* (Klosterkirche des Unfaßbaren Christus) gedeutet. Heute befindet sich an ihrer Stelle die Kalenderhane Camii. Dort entdeckten 1877 Paspates und 1880 Freshfield noch raumbestimmende Elemente der ⋈kirche aus dem 12. Jh. (etwa 1180—1200), was seit 1966 durch eindrucksvolle Freilegungs- und Wiederherstellungsarbeiten gesichert wurde: Es handelt sich um eine fünfschiffige Kreuzkuppelkirche mit der Zentralkuppel auf polygonaler Pfeilerbasis. Die originale Ostwand mit drei Apsiden fiel dem späteren Umbau in eine Moschee fast völlig zum Opfer und wurde durch einen geraden Abschluß ersetzt; Überreste der ursprünglichen Pastophorien sind die kleine gewölbten Ecknebenräume. Im Wesen ist der Kirche ein doppelter, tonnengewölbter Narthex mit zwei Geschoßen vorgelagert; im Innern ist die alte, mehrfarbige, feingearbeitete Marmorverkkleidung bis zum Ansatz der Gewölbebögen weithin erhalten, darin in äußerst kunstvoller Steinmetzornamentik gearbeitete Ikoneneinrahmungen, zwei Reliefs mit der Darstellung einer Türe unter säulengetragenem Gebälk, welche wohl Christus und ⋈ als Pforte zum Heil (vgl. Joh 10,4 und → Akathistos-Hymnus T) versinnbildlichen, und Reste der Ikonostase, welche nach deren Abbruch in türkischer Zeit beiderseits des Choreingangs angebracht wurden: Unter einem Architrav mit einem Fries aus Palmetten und großen Akanthusblättern befinden sich je zwischen zwei Säulen Halbfiguren einer Darstellung der → Deesis mit Christus in der Mitte, ⋈ und Johannes zu seinen Seiten, und die der Hetoimasie, des vorbereiteten Richterstuhles Christi, zwischen zwei Engeln. Im Durchgang zum ursprünglichen Diakonikon befinden sich Reste eines Mosaikbildes des hl. Michael, und ein Fresko der ⋈ »Kyriotissa« (Aufschrift); ein ebensolches Bild am Nartexportal stammt aus der späteren Restaurierung der Kirche unter den Palaiologen, nachdem diese 1204—61 dem lat. Kult, zeitweilig unter Franziskanern, gedient hatte.

Aus der lat. Zeit stammt die Ausmalung der Apsis im Diakonikon und der südlichen Seitenkapelle (ursprünglich wohl auch des Südschiffes) mit dem frühesten Zyklus der Franziskuslegende (1250/60, vor den Fresken Giottos in Assisi); die erhaltenen 10 Wandbilder stellen das einzige Kulturdenkmal der lat. Herrschaft in Konstantinopel dar. Bei der Wiederherstellung des griech. Kultes ist die Franziskuskapelle zugemauert und das Diakonikon neu ausgemalt worden.

Die ⋈ der Herrscherin geweihte Kirche des 12. Jh.s gründet auf einem Vorgängerbau, den der Patriarch Kyriakos (595—606) um 598 der »Theotokos Diakonissa« geweiht hatte, nach der Tradition (Theophanes, Zonaras) zum Gedächtnis daran, daß er selbst vor seiner Wahl zum Patriarchen als Diakon und ebenso seine Schwester als Diakonisse hier gewirkt hätten. Die dienende Funktion des Diakons bzw. der Diakonisse wurde so mit dieser Namensgebung auf das Beispiel ⋈s als »Magd des Herrn« (Lk 1,38) zurückgeführt; die Weihe des 12. (und 13.) Jh.s an ⋈ als »Herrscherin« ist für den inzwischen eingetretenen Wandel des ⋈bildes in Konstantinopel symptomatisch. Die Diakonissakirche (Ende 6. Jh.) war an das Ostende des Valens-Aquäduktes (368 erbaut) angebaut. Um 700 erfolgte eine weitere Umgestaltung in eine fünfschiffige Kreuzkuppelkirche, die sich nicht wesentlich vom späteren Bau des 12. Jh.s unterschied. Das hier aus dieser Zeit gefundene Mosaik der → Hypapante ist das einzige erhalten gebliebene vorikonoklastische Mosaik Konstantinopels (heute Istanbul, Archäol. Mus.); es gab diesem Bau den wissenschaftlichen Namen »Presentation Church«.

Die Diakonissa- bzw. P.klosterkirche war dank ihrer Lage in einem vielbesuchten Stadtviertel ein wichtiger Platz für den kirchlich-staatlichen ⋈kult der byz. Reichshauptstadt: Am 13./14. Mai wurde das Gedächtnis ⋈s als »unserer unbefleckten Herrin, der Gottesgebärerin im Gebiet der Diakonisse« *(μνήμη τῆς ἀχράντου δεσποίνης ἡμῶν θεοτόκου ἐν τοῖς Διακονίσσης)* gefeiert, am 28. Juli das Weihefest »der Erneuerung des Tempels der überaus heiligen Gottesgebärerin im Bereich der Diakonisse« *(ἡ ἀνάμνησις τῶν ἐγκαινίων τοῦ ναοῦ τῆς ὑπεραγίας θεοτόκου ἐν τοῖς Διακονίσσης).* Diese doppelten Kirchweihfeste weisen auf die völlige Umgestaltung der ursprünglichen ⋈-Diakonissa des 6. Jh.s in die nachfolgende ⋈-Kyriotissa des 12. Jh.s hin. Im Sinne der Funktion der GM als Mutter der Kirche ist das weitere Hochfest dieser ⋈kirche am 15. Februar zu Ehren des Apostels und Evangelisten Johannes zu verstehen (vgl. Joh 19,26f.); dies wird zusätzlich unterstrichen durch das besondere Festgedenken der P.-Kirche am 19. November an die weiteren Grundpfeiler der Kirche im Bewußtsein der alten Patriarchate, die Apostel Petrus und Paulus, Andreas und Jakobus. Seit dem 8./10. Jh. war diese Kirche am Ostermontag Ziel festlicher → Prozessionen des Kaisers und des Patriarchen.

Bald nach der Eroberung Konstantinopels durch die Türken wurde die P.-Klosterkirche von Sultan Mehmed II. (1451—81) in die Kalenderhane-Moschee umgewandelt. Nach der Restaurierung in unserer Zeit ist die weitgehend ursprüngliche Gestalt der P.-Klosterkirche wieder eines der bedeutendsten Zeugnisse des byz. Christentums in Konstantinopel.

Lit.: Ch. F. Du Cange, Historia Byzantina II: Constantinopolis Christiana, 1680—82; Nachdr. 1964, 4. 16. — F. Mühlmann, Kalender—Khane—Dschamissi zu Konstantinopel — eine byz. Kirche, In: Zeitschrift Bild-Kunst 21 (1886) 49ff. — E. Freshfiled, Notes on the Church now called the Mosque of the Kalenders at Constantinople, In: Archaeologia 55 (1897)

431—438. — J. Ebersolt und A. Thiers, Les églises de Constantinople, 1913, 93—110. — J. Kollwitz, In: RQ 42 (1934) 233—250. — R. Janin, La géographie de l'Empire Byzantin I/3: Eglises et Monastères de Constantinople, 1953, 21, 180f. 504ff. — C. L. Striker und J. D. Kuban, Work at Kalenderhane Camii in Istanbul, In: DOP 21 (1967) 267—71; 22 (1968) 185—193; 25 (1971) 251—258. — J. Feely und H. Sumner-Boyd, Istanbul, 1972, 254f. 372. 477. — W. Müller-Wiener, Bildlexikon zur Topographie Istanbuls, 1977, 153—158. — W. Hotz, Byzanz — Konstantinopel — Istanbul, 1978, 92. 107ff. 134. 138ff. — A. Nezerites, Βυζαντινὴ ἐκκλησιαστικὴ ἀρχιτεκτονική, 1983. — M. Maurides, Βυζαντινοὶ ναοὶ στὴν Πόλι, 1986. — J. Odenthal, Istanbul, 1990, 224f. 263.   G. A. B. Schneeweiß

Panhagia Soumela heißen — nach der gleichnamigen ᛏikone — ein Kloster im Pontos nördlich von Trapezunt in der heutigen Türkei auf dem Berg Mela *(Σουμελᾶ › 'ς [= geschwundenes εἰς] ‹τ› οὖ Μελᾶ)* sowie eine Neugründung des Klosters in Griechenland.

Über die Gründung des Klosters gibt es zwei verschiedene Überlieferungen. Nach der ersten wurde das Kloster im Jahre 386 zur Zeit des Augustalius Corticius, des Statthalters von Trapezunt errichtet. Zwei athenische Mönche, Sophronios und sein Neffe Barnabas, sollen nach einer Vision die wundertätige, entsprechend einer apokryphen Tradition von dem Evangelisten Lukas gamalte Ikone der GM aus Athen *(Παναγία 'Αθηνιώτισσα)*, auf abenteuerlicher Reise in den Pontos gebracht und in einer großen und schwer zugänglichen Grotte das P.-Kloster zu Ehren der mitgebrachten ᛏikone gegründet haben. Es wurde alsbald zum wichtigsten Pilgerzentrum des Pontos, ganz Kleinasiens, später Südrußlands und der Moldau-Walachei.

Die zweite Überlieferung setzt die Gründungszeit für das 10. Jh. fest. Die ᛏikone sei demnach in den Besitz des Hosios Loukas v. Phokis gelangt und nach dessen Tod (953) seinem Schüler Ananias übergeben worden, der sie nach Athen gebracht habe. Andererseits sollen die Mönche Barnabas und Sophronios schon nach einem Überfall der Sarazenen auf die Stadt (wahrscheinlich um 896) die Ikone von Athen in den Pontos gebracht haben. Diese zeitlichen Unstimmigkeiten lassen die Anfänge des P. im Dunkeln.

Im 6. Jh. wurde das Kloster nach der völligen Zerstörung durch Räuber von den Mönchen verlassen und 644 wiederaufgebaut. Unter dem kaiserlichen Geschlecht der Komnenen von Trapezunt gelangte das Kloster zu großer Blüte und wurde bes. von Kaiser Alexios III. (1349—1390) großzügig gefördert, der Kellien errichten ließ, das Kloster mit einer starken Mauer sicherte und es mit einem Chrysobull (1364) von Abgaben befreite. Bis zur Mitte des 17. Jh.s zeugte ein jambisches Epigramm von der großzügigen Hilfe des Alexios. Sein Sohn und Thronfolger, Manuel II. (1390—1417), bedachte das Kloster mit Geschenken aus seiner Schatzkammer. Nach der Einnahme von Trapezunt durch die Osmanen tasteten auch diese Herrscher die durch die Komnenen erhaltene Immunität nicht an. Selim I. gewährte dem Kloster durch Ferman (Erlaß) das Recht, weitere Gotteshäuser zu bauen, und veranlaßte Restaurationsarbeiten.

Nach der sog. Kleinasiatischen Katastrophe (1923) konnte ein ehemaliger Priestermönch des Klosters, Ambrosios, das zerstörte P. wieder aufsuchen und die dort zuvor versteckte ᛏikone und andere Gegenstände des Klosters mit Erlaubnis der türkischen Behörden nach Griechenland bringen. Von 1931 bis 1951 beherbergte das Byz. Museum von Athen die Stifterikone des P.-Klosters. Auf Initiative von Philon Ktenidis sollte bei Kastania, nahe der Stadt Berhoia in Griechenland, ein gleichnamiges Kloster zur Erinnerung an das zerstörte und verlassene P. im Pontos entstehen: 1951 wurde eine Kapelle gebaut, in der die Stifterikone des P.-Klosters ihren endgültigen Platz fand, sowie eine Herberge für die Pilger. Dieser Ort wurde in den letzten Jahren zunehmend zu einem bedeutenden Pilgerzentrum v. a. für die aus Pontos stammenden Griechen, die am Fest des Heimgangs ᛏs (15. August) zum neuen P.-Kloster pilgern, um die berühmte Ikone zu verehren und der früheren Stätte des P. zu gedenken.

Lit.: J. Ph. Fallmerayer, Original-Fragmente, Chroniken, Inschriften und anderes Material zur Geschichte des Kaiserthums Trapezunt, München 1843. — E. Th. Kyriakides, Ἱστορία τῆς παρὰ τὴν Τραπεζοῦντα ἱερᾶς μονῆς τῆς Ὑπεραγίας Θεοτόκου τῆς Σουμελᾶ, Athen 1898. — E. v. Hoffmeister, Durch Armenien. Eine Wanderung. Und: Der Zug Xenophons bis zum Schwarzen Meere. Eine militärgeographische Studie, Leipzig und Berlin 1911. — R. Freiherr von und zu Eisenstein, Reise nach Konstantinopel, Kleinasien, Rumänien, Bulgarien und Serbien, Wien 1912. — D. Talbot Rice, Notice on Some Religious Buildings in the City and Village of Trepizont, In: Byzantion 5 (1929/30) 47—81. — D. Kampouroglou, Ἀναδρομάρης, Βαρνάβας καὶ Σωφρόνιος, In: Ἑστία (1931) 1ff.
                K. Savvidis

Panhagiotissa →Muchliotissa

Panizza, (Leopold Hermann) Oskar, * 12. 11. 1853 in Bad Kissingen, † 28. 9. 1921 in Bayreuth, Schriftsteller und Polemiker. Aus einer konfessionell gemischten Ehe geboren, wurde P. nach dem frühen Tod seines kath. Vaters von der Mutter, die auch als pietistische Erbauungsschriftstellerin in Erscheinung trat und den Sohn für die geistliche Laufbahn vorgesehen hatte, trotz äußerer Widerstände ev. erzogen. Diese Eindrücke der jungen Jahre dürften bei P. die reizbare Empfindsamkeit für kirchliche Machtpositionen, bes. auf kath. Seite, für die Verflechtung von Staats- und Kircheninteressen und seine spöttische Bloßstellung von theol. Lehrmeinungen, kirchlichen Dogmen und kath. Volksfrömmigkeit ausgelöst haben, die von den Zeitgenossen nicht selten als gotteslästerlich eingestuft wurde. 1877 begann P. in München ein Studium der Medizin, das er 1880 mit der Promotion abschloß. Nur wenige Jahre war er als Arzt tätig, dann entschloß er sich 1884, sich fortan ganz der Literatur zu widmen. Für sein bekanntestes Werk, die »Himmelstragödie« mit dem Titel »Das Liebeskonzil«, die

1894 erschien und aus himmlischer Perspektive die Syphilis als Strafe für die Ausschweifungen der Menschen, exemplifiziert am Treiben am Hofe Papst Alexanders VI., schildert, wurde P. wegen »Vergehens wider die Religion« zu einer einjährigen Haftstrafe verurteilt. In den folgenden Jahren, die P. zum Teil in Zürich und Paris verbrachte, verschlechterte sich sein Geisteszustand zunehmend. Von 1905 an lebte er bis zu seinem Tode in einer Nervenheilanstalt bei Bayreuth.

In P.s Polemik gegen den Katholizismus sind ⋔ und bes. die volkstümliche MV ein wichtiger Angriffspunkt; letztere soll mit dazu herhalten, die vermeintliche Rückständigkeit des Katholizismus anzuprangern. Die offizielle kirchliche Lehre in diesem Punkt spart P. aber genausowenig aus. So geht er in der 1893 erschienenen Satire »Die Unbefleckte Empfängnis der Päpste« mit dem ⋔dogma ins Gericht, das Papst Pius IX. 1854 feierlich verkündet hatte. Im »Liebeskonzil« tritt ⋔ als eine der handelnden Personen auf. Sie ist in der hier als schwächlich dargestellten himmlischen Gesellschaft die Überlegene, die mit dem Teufel verhandelt und so im Grunde die Intrige einfädelt. Nichts Menschliches ist ihr fremd. In der Skizze »Die Wallfahrt nach Andechs« aus dem gleichen Jahr wie das »Liebeskonzil« geht es P. zwar in erster Linie um das einträgliche Geschäft, das die Kirche mit Wallfahrten, Reliquien und Ablässen unter Ausnutzung der Unwissenheit der einfachen Leute treiben würde, sowie um die Mißstände bzw. Exzesse, die bei Wallfahrten zu beobachten wären, er zieht aber auch über einzelne Aspekte der MV mit beißendem Spott her: das Rosenkranzgebet wäre ein mechanistisches Ritual, das eine »autohypnotische Wirkung« erziele, der Rosenkranz als »(Ge-)Betholz« den »indischen und chinesischen Gebetsmaschinen« vergleichbar und das Ave Maria ein »sexuelles« Gebet. ⋔ selber würde, so heißt es hier, von den Katholiken als »Göttin«., ja als »vierte Person der Drei-Einigkeit« angesehen. Ähnliche Bezeichnungen finden sich in der Schrift, in der P. sich wohl am ausführlichsten mit der GM auseinandersetzt, in »Der deutsche Michel und der römische Papst«, ebenfalls aus dem Jahre 1894. Sie enthält in »666 Thesen«, wie der Untertitel verspricht, »Altes und Neues aus dem Kampfe des Deutschtums gegen die römisch-welsche Überlistung und Bevormundung«. Schon die Zahl 666, nach dem Volksglauben des Antichrists, zeigt provokativ, welche Position P. insgesamt bezieht. Die kath. Lehren von der UE und von ⋔s immerwährender Jungfräulichkeit, aber auch manche Ehrentitel, die für die GM im Laufe der Zeit üblich wurden, stellt P. als Ausgeburten einer verdrängten Sexualität hin. Für ihn ist ⋔ die »einfache Jüdin«, die von den Katholiken über Gebühr erhöht wurde. Daß in dieser, gerade im »Deutschen Michel« häufig wiederkehrenden Bezeichnung durchaus auch ein antisemitisches Moment mitschwang, bestätigt eine Erzählung wie »Das Wirtshaus zur Dreifaltigkeit«. Eben dieses Moment und P.s relativ kurzfristige dt.-nationale Unterbauung seiner antikath. Grundhaltung ermöglichten es den Nationalsozialisten, sein Werk zu vereinnahmen: noch 1940 erschien in Berlin unter dem Titel »Deutsche Thesen gegen den Papst und seine Dunkelmänner« eine Auswahl aus dem »Deutschen Michel«, die belegen sollte, wie »ein leidenschaftlich für sein Volk empfindender Deutscher sich gegen die politischen und sittlichen Gefahren einer orientalischen Religion und einer Priesterschaft wendet«.

Lit.: P. D. G. Brown, O. P. His Life and Works, 1983. — M. Bauer, O. P. Ein literarisches Porträt, 1984. — M. Bauer und R. Düsterberg, O. P. Eine Bibliographie, 1988. G. van Gemert

Pantanassa-Klosterkirche in → Konstantinopel *(Μονὴ τῆς Θεοτόκου τῆς Παντανάσσης)*, zwischen Hagia Sophia und → Panachrantosklosterkirche gelegen. In der 2. Hälfte des 12. Jh.s begann die Kaiserin Xene (Maria v. Antiochien), die Witwe des Kaisers Manuel Komnenos (1143—80), das Haus eines gewissen Michelitzes in das P.-Frauenkloster umzubauen, bevor sie 1183 der Usurpator Andronikos I. Komnenos (1183—85) töten ließ. Isaak II. Angelos, »der Engel«, (1185—95) vollendete das Projekt und schickte die älteste seiner Töchter in dieses Kloster.

Hauptfest der dazugehörigen Kirche war ⋔e Heimgang (→ Koimesis) am 15. August, zu dem der Kaiser prunkvoll mit seinem Gefolge über das Forum gezogen kam. Die Verbindung von Religion mit machtpolitischen Interessen wird bei einer solchen Gelegenheit gleich für den Onkel Isaaks II., Theodoros Kastamonites, bezeugt, der als mächtiger Logothetes (Ministerpräsident) praktisch das Reich regierte, auch an Stelle des Kaisers zur P. zog und sich durch Zurufe als »Kaiser« huldigen ließ (Niketas).

In der P. fand eine Reihe von »Reliquien« große Verehrung, ein Teil der Marterwerkzeuge der Passion Christi und die Haare ⋔s (nach dem Zeugnis russ. Pilger um 1350 und des Diakons Zosimos um 1420).

Lit.: Ch. F. Du Cange, Historia Byzantina II: Constantinopolis Christiana 1680—82; Nachdr. 1964, 4, 32. — R. Janin, La géographie de l'Empire Byzantin I: Eglises et monastères de Constantinople, 1953, 81. 225. — → Konstantinopel. G. A. B. Schneeweiß

Pantheon, Rundtempel in Rom, 24 v. Chr. von M. Vespasian Agrippa erbaut, brannte 80 n. Chr. ab. Ein Neubau von Domitian wurde 110 durch Blitzschlag zerstört. Unter Kaiser Hadrian (117—138) wurde das P. überkuppelt und von Septimius Severus (193—211) und Karakalla (211—217) erneuert. Der byz. Kaiser Phokas (602—610) schenkte es 608 Papst Bonifaz III. Er ließ das P. in eine christl. Kirche umwandeln. Papst Bonifaz IV. weihte 609 das P. der Jungfrau ⋔: S. Maria ad Martyres. Das Kirchweihfest wurde am 13. Mai gefeiert (vgl. Liber Pontificalis, ed. Duchesne I 317). Das P. ist das einzige antike Bauwerk in Rom, das trotz einiger Eingriffe in den hadrianischen Bestand im wesentlichen erhalten blieb.

Lit.: V. Bartocetti, Santa Maria ad martyres, 1958. — E. Mâle, Rome et ses vieilles églises, 1965. — K. de Fine Licht, The Rotunda in Rom, 1966. — H. A. Stützer, Das alte Rom, ³1971, 170ff. — B. Andreae, Röm. Kunst, ²1974, 513f., 527ff. — H. A. A. P. Gaertmann, More veterum. Il Liber Pontificalis e gli edifici ecclesiastici di Roma, 1975. — G. P. Tesei, Le chiese di Roma, 1986. — S. Paeschel und D. Jensen, Röm. Kunst und Geschichte, 1990. *R. Bäumer*

Panzau, Octavian, can. reg. S. A., * 16. 6. 1684 in Augsburg, † 23. 2. 1761 ebd., trat am 28. 10. 1699 in das Kloster Hl. Kreuz zu Augsburg ein, studierte in Dillingen, wurde zum Priester geweiht, war Prof. und 31 Jahre lang Dekan in seinem Kloster. Aus seinen Schriften (u. a. Theologia Scholastica, 5 Bde., Augsburg 1719; Geistliche Übungen, ebd., 1735; Leben der lieben Heiligen, ebd. 1735) ist hier v. a. zu nennen »Marianischer Gnaden- und Wunder-Schatz« von P. »zur Vermehrung der Liebe, und Andacht, bey denen Marianischen Liebhabern, und Aufmunterung auch großer Sünder, zu einer wohl gegründeten Hoffnung, und Vertrauen auf Mariam, Der Mutter der Barmhertzigkeit« aus dem Ital. (P. Johannes Rho, SJ, und P. Carl Bovius, SJ), übersetzt und 1737 in Augsburg mit eigenen Zutaten veröffentlicht. Der Band ist eine Fundgrube marian. Exempla und bringt eine Vielzahl von marian. Legenden und Wunderberichten, z. B. die Gründung von Kloster Ettal durch Ludwig den Bayern (I, Nr. 5), die Geschichte →Marikens von Nieumeghen (I, Nr. 28), von Genovefa (I, Nr. 37, und II, Nr. 25) oder Wundererhörungen in Altötting (z. B. IV, Nr. 3). P.s Übersetzung und eigene Sammlung gehört zu den wichtigen marian. Predigtvorlagen des 18. Jh.s in Süddeutschland.

Lit.: Franciscus Töpsl, Scriptores Ordinis Can. Reg. S. Augustini, clm. 26412, fol. 38. — Paul v. Stetten, Kunst-, Gewerbe- und Handelsgeschichte der Reichsstadt Augsburg, 1779, 545 (rühmt ihn als Komponisten). — F. A. Veith, Bibliotheca Augustana II, Augsburg 1786, 77f. *H. Pörnbacher*

Paolo Veneziano, venezianischer Maler, tätig um 1330 bis 1358, † vor September 1362, erster namentlich bekannter und durch Werke faßbarer Meister der venezianischen Schule. Noch stark der byz. Tradition verbunden, verarbeitete er jedoch bereits auch Eindrücke der mittelital. Trecentomalerei. Wohl auf ihn zu beziehen ist ein Dokument vom 16. 10. 1342 (Venedig, Archivio di Stato, Ufficiali allo Estraordinario, cod. 131), das einen »Ser Paulus Pictor« als »constitutus et positus cum salario et provisione« nennt.

Sein frühestes datiertes Werk, eine fragmentarisch erhaltene, 1333 signierte Ancona, zeigt auf der von den hll. Franziskus und Antonius flankierten Mitteltafel den Ⓜtod (Vicenza, Mus. Civico). Die Ansätze von Körpergefühl setzen diese Arbeit bereits etwas von den byz. Vorbildern ab. Hetzer zeigte Bezüge zur Malerei →Duccios auf.

Paolo Veneziano, Tod Mariae, 1333, Vicenza, Museo Civico

Die bedeutendsten an P. gerichteten offiziellen Aufträge waren die Bemalung der Vorsatztafel (Pala feriale) der Pala d'Oro von S. Marco (in der oberen Tafelreihe Ⓜ und Heilige zu seiten des Gekreuzigten; von P. mit seinen Söhnen Luca und Giovanni 1343 signiert und datiert; Venedig, Mus. Marciano) und die Bemalung der Tafel in der Lünette über dem Grab des Dogen Francesco Dandolo (Ⓜ mit Kind, flankiert von den hll. Franziskus und Elisabeth v. Ungarn, die ihr den Dogen und die Dogaressa zuführen; Venedig, S. Maria dei Frari, wohl 1339).

Hauptwerke sind ferner eine Madonna mit zwei Stiftern (Ⓜ hält in Anlehnung an den syr. Platytera-Typus mit der Linken den Clipeus Christi, während sie ein Stifterpaar zu ihrer Rechten mit ihrem Mantel zu umfassen im Begriff ist und darin dem westlichen Typus der Schutzmantelmadonna folgt; Venedig, Accademia, um 1330), eine Ⓜkrönung (Christus und Ⓜ im Synthronoi-Motiv; starke sienesische Stileinflüsse; mit Sohn Giovanni ausgeführt; New York, Frick Collection, 1358) und eine thronende Ⓜ (das vom linken Arm der GM umfaßte stehende Kind greift nach einer Birne in der Rechten Ⓜe; Carpineta di Cesena, Chiesa di S. Maria, signiert und datiert 1347).

Weitere Ⓜdarstellungen zeigen die thronende Madonna (verschiedene Fassungen in Mailand, Collezione Crespi; Padua, Casa del Clero; Venedig, Convento delle Canossiane a S. Alvise);

die Madonna mit segnendem Kind (Verona, Privatsammlung); die Madonna mit der Rose (das auf dem rechten Arm gehaltene Kind greift nach einer Rose in der Linken der GM; Mailand, Collezione Mina Malabarba) sowie die Ⓜkrönung (Mitteltafel eines Polyptychons mit Szenen aus dem Leben Jesu; Venedig, Accademia, um 1358).

Lit.: E. Sandberg Vavala, Maestro P.V., In: Burlington Magazine 57 (1930) 160—163. — H.R. Hahnloser (Hrsg.), Il tesoro di San Marco. La Pala d'Oro, 1965, 115—119. — M.Muraro, P. da Venezia, 1969 (Lit.). — Ausst.-Kat., Venezia e Bisanzio, Venedig 1974, Nr. 87. — Th. Hetzer, Venezianische Malerei, 1985, 116ff.   E.G.Trapp

Paolo Veronese → Veronese

Papagei. Die als Naturwunder angeführte Erkennungs- und Sprechfähigkeit von P.en wird im → Defensorium inviolatae virginitatis beatae Mariae als Gleichnis für das Wunder der jungfräulichen Mutterschaft Ⓜs verwendet: »Psittacus a natura si ›Ave‹ dicere valet, quare virgo per ›Ave‹ non generaret?«. Illustrationen dazu finden sich in der 1459 erstellten Handschrift (München, Bayer. Staatsbibl., Clm. 18077), in Blockbüchern von 1470 und 1471 und in Wiegendrucken des späten 15. Jh.s. Das Defensorium nennt Isidor v. Sevilla (Etymologiae XII, 7, 92: PL 82,462) als Quelle für die Geschichte des den Kaiser mit »Ave« bzw. »Χαῖρε« grüßenden Vogels. Isidor zitiert dabei seinerseits ein Epigramm von Martial: »Psittacus a vobis aliorum nomina discam;/ Hoc didici per me dicere: Caesar Have« (Epigrammata 14,73, 2). Auch Plinius (Nat. Hist. X, LVIII) berichtet, daß P.en die Herrscher begrüßen. (Eine verwandte Geschichte von einem dressierten Raben, der dem Kaiser Augustus nach der Schlacht von Actium gratuliert [überliefert bei Macrobius, Saturnalia 2, 4, 29.30], begegnet als Illustration zur Anrufung »Mater Salvatoris« in der Lauretanischen Litanei: Asma poeticum/ Litanarium Lauretanarum ..., 1636; Kupferstich von Martin Engelbrecht, 1. Hälfte 18. Jh.).

Auf der reichen antiken Überlieferung fußt die im MA tradierte Vorstellung, daß der P. die Fähigkeit besitzt, den König zu erkennen. So erzählt Wernher der Schweizer in seinem vor 1382 verfaßten Ⓜleben, einer Bearbeitung der lat. »Vita B. V. Mariae et Salvatoris rhythmica«, von der Verehrung des Jesuskindes durch die Vögel während der Flucht nach Ägypten: »Och ainerhande vogel sint/ Sittekosten genant/ Die von nature an in hant/ Wer künec ist und werden sol/ Das erkennen su vil wol/ Und sprachent grüssze imme/ Mit menschlicher stimme/ Ave rex, ave rex/ (Das gibet in naturen lex)« (vgl. M. Päpke und A. Hübner, Das Marienleben des Schweizers Wernher, ²1969, Vers 3941ff. Zur Parallelstelle beim Ⓜleben des Walther v. Rheinau vgl. Roth-Bojadzhiev 20).

Im Rahmen des Defensoriums zeigt das P.exemplum — anders als viele der recht hergesuchten Analogien — mindestens assoziativ

H. Baldung, Maria mit zwei Papageien, 1527/28, Nürnberg, Germ. Nat. Mus.

eine Verbindung zur Geschichte der Menschwerdung Christi: Der Gruß »Ave« des Vogels klingt an den Gruß des Engels bei der Verkündigung an. Wohl in diesem Sinne ist der prächtige grüne P. in der Hand von van Eycks Madonna des Kanonikus van der Paele (Brügge, 1436) zu verstehen. Die gemalten Reliefs am Thronsitz der GM unterstreichen den heilsgeschichtlichen Bezug: Adam und Eva und als atl. Präfigurationen des Erlösungswerks der Brudermord (Gen 4,8) sowie Simson und der Löwe (Ri 14,6). Als Kupferstich verbreitet war die Darstellung der GM mit P. (Martin Schongauer, um 1470/75). Hans Baldung Grien zeigt Ⓜ mit dem Kind und Engeln und zwei P.en im Gemach (Nürnberg, Germ. Nat. Mus., 1527/28).

Trotz derartig qualitativer Darstellungen kann der P. nicht als eindeutig marian. Sinnbild gelten. Man hat im sprechenden Vogel ein Wesen des »Wortes« gesehen (vgl. Purtle 92). Die Interpretation der ihm nachgesagten Eigenschaften bleibt aber im MA widersprüchlich. → Konrad v. Würzburg deutet die Vorstellung, daß der P. kein Regenwasser verträgt und deshalb in den Bergen von Gilboa nistet, wo es nur selten regnet (vgl. Albertus Magnus, De animalibus XXIII 102), als eine Analogie zum unbenetzten Vlies → Gideons, einer der geläufigsten atl. Sinnbilder der unverletzten Jungfräulichkeit Ⓜs (Goldene Schmiede, Vers 1850ff.). → Konrad v. Megenberg dagegen zitiert in seinem »Buch der Natur« die Behauptung des Aristoteles, der P. sei nicht keusch.

Mit den Entdeckungsreisen der Neuzeit kommen aus Ländern, »so dē Alten unbekannt gewesen« (Gesner), vermehrt Berichte, die sich sowohl in naturwissenschaftlichen Abhandlungen wie auch in der Emblematik niederschlagen. Von dem P. wird erzählt, er baue sein Nest auf sehr hohen, dünnen Ästen mit solcher Kunstfertigkeit, daß er vor der Schlange sicher bleibt (Gesneri Redivivi, aucti et emendati/ Tomus II/ Oder Vollkommenes Vogelbuch ... gezieret und vermehret durch Georgium Horstium, Frankfurt 1669, 88 ff.). Der für den Angriff der Schlange unerreichbare P. im Nest geht in die marian. Emblematik ein: Fresko im Fürstentrakt des Klosters Wessobrunn, nach 1712.

Lit.: →Defensorium. — Salzer 58. — H. Suolahti, Die dt. Vogelnamen, Straßburg 1909. — L. Naftulin, A Note on the Iconography of the Van der Paele Madonna, In: Oud Holland 86 (1971) 3—8. — C. Purtle, The Marian Paintings of Jan van Eyck, 1982, 91 ff. — J. M. C. Toynbee, Tierwelt der Antike, 1978; dt.: 1983. — G. Roth-Bojadzhiev, Studien zur Bedeutung der Vögel in der ma. Tafelmalerei, 1985. *G. Nitz*

Papczynski, Stanislaw a Jesu Maria (Taufname: Jan), Gründer des Ordens der →Marianer, * 18. 5. 1631 in Podegrodziek (Polen), † 17. 9. 1701 in Góra Kalwaria, studierte 1646—54 in den Jesuitenkollegien zu Jaroslaw, Lemberg und Rawa Mazowiecka und trat am 2. 7. 1654 in den Piaristenorden ein. Seine marian. Frömmigkeit bewegte ihn, diesen ₥orden zu wählen. Am 12. 3. 1661 wurde er zum Priester geweiht. 1658—68 war er als Lehrer der Rhetorik, Prediger und Beichtvater tätig. 1670 verließ P. mit päpstlicher Erlaubnis die Piaristen, denn er hatte nach seinen eigenen Aussagen in seiner Seele das Bild eines neuen marian. Ordens, den er gründen sollte. Damals legte er vor dem Gnadenbild ₥s bei den Karmelitern zu Krakau die Gelübde ab, die UE ₥s auch mit dem eigenen Blut zu verteidigen. In den nächsten Jahren erarbeitete P. die Regel des neuen Ordens. Er war der erste Orden, der in Polen gegründet und nicht vom Westen eingeführt wurde. Das Hauptziel des Ordens war die Verehrung und Verteidigung der UE ₥s. Zeichen dieses Zieles waren der Name des Ordens (Ordo Patrum Marianorum ab Immaculata Conceptione BMV), das weiße Ordenskleid und die spezielle Frömmigkeitspraxis. Das zweite Ziel, das dem Gründer sehr teuer war, war die Hilfe für die Armen Seelen und das dritte die Katechisierung des einfachen Volkes. P. verpflichtete seine Jünger zur Abstinenz, um auch für das Volk Beispiel zu sein. Das erste Marianerkloster in Korabiew (Mittelpolen) wurde vom Bischof am 24. 10. 1673 anerkannt. Die päpstliche Anerkennung erfolgte 1699. P. war Beichtvater des Königs Johannes III. Sobieski und seines Hofes sowie Autor asketischer Bücher, bes. für Laien, die das geistliche Leben vertiefen wollten. Seine Bücher sind in barockem Latein geschrieben.

Der 1767 eröffnete Seligsprechungsprozeß steht, nachdem er 200 Jahre aus politischen Gründen unterbrochen war, jetzt vor dem Abschluß. Am 13. 6. 1992 wurde das Dekret über die heroischen Tugenden P.s erlassen.

WW (Auswahl): Prodromus reginae artium, Varsaviae 1663, ³1665; Cracoviae 1670. — Doctor angelicus, Varsaviae 1664. — Triumphus sine originali macula conceptae magnae Virgini, In: D. Kochanowski, Novus asserendae Immaculatae Conceptionis Deiparae Virginis Modus, Casimiriae ad Cracoviam ²1669, XVIIIIf. — Christus patiens, Varsaviae 1669, 1690. — Orator Crucifixus, Cracoviae 1670. — Templum Dei mysticum, ebd. 1675; Varsaviae 1741, 1747. — Norma vitae religiosae, ebd. 1687.
QQ: Akten zur Seligsprechung: Informatio super dubio ... Summarium, Romae 1771. — S. Papczynski, Protestatio Romam abeuntis; Apologia; Origo fundationis, In: G. Nikevicius, S. di G. M. Papczynski, 1960, Appendice, 1—67. — Positio super introductione Causae et super virtutibus, 1977. — Relatio et vota ... del Ufficio Storico, 1977.
Lit.: S. Sydry, Czcigodny ... P., 1937. — G. Navikevicius, Stanislao ... P., 1960. — C. Krzyzanowski, St. P. magister studii perfectionis, 1963. — R. Gustaw (Hrsg.), Hagiografia Polska II, 1972, 192—208 (WW, QQ, Lit.). — LThK² VII 49. — Polski Slownik biograficzny 25. Bd., 1980, 159—161. — DIP VI 1171—75 (Lit., Bild). *J. Bukowicz*

Papsttum. Das P. hat in der Geschichte auf die Entwicklung der Mariol. und ₥frömmigkeit einen bedeutenden Einfluß genommen. Das zeigt sich bereits in der alten Kirche. Hinweise auf diesen Einfluß bieten die ersten röm. ₥bilder der Väterzeit, z. B. in der Priscillakatakombe, die von der Verehrung der GM in Rom Zeugnis geben. Im 3. Jh. haben die röm. Bischöfe die Glaubenslehre über ₥ gegen ein frühchristl. Rationalismus verteidigt. So wandte sich Papst Viktor I. gegen Theodotos v. Byzanz, weil er die Gottheit des aus der Jungfrau ₥ geborenen Christus leugnete, und schloß ihn aus der kirchlichen Gemeinschaft aus. Die Lehre der röm. Kirche über ₥ wird auch in der Mariol. von →Hippolyt v. Rom sichtbar. Kallistus I. betonte, daß der Logos aus der Jungfrau ₥ Fleisch angenommen habe. Dionysius vertrat in seinem Lehrschreiben nach Alexandrien die Glaubenslehre über ₥. Im 4. Jh. verteidigten die Päpste die nizänische Christol. gegen den Arianismus. In den damaligen Auseinandersetzungen zeigte sich, daß das Christusdogma mit der Mariol. unlösbar verbunden ist. Papst →Julius I. schritt gegen Markellos v. Ankyra ein, der die Ansicht vertrat, Christus werde den aus ₥ angenommenen Menschenleib am Ende der Tage wieder ablegen. Papst →Damasus betonte, daß Christus aus ₥ der Jungfrau geboren wurde. Die röm. Synode von 382 unter Damasus verurteilte die Irrlehre des Photinus, Christus sei nur ein Mensch. Gegen →Bonosus verteidigte Papst Siricius die immerwährende Jungfräulichkeit ₥s. Auf der Synode von Rom 430 begründete Papst →Coelestin den Glauben der Kirche an die GMschaft ₥s.

Unter Papst →Leo I. d. Gr. erlebte die Mariol. einen ersten Höhepunkt. Die Lehre von →Chalkedon über Christus bedeutete auch eine Stärkung der Mariol. →Johannes II. verteidigte die GMschaft ₥s und ihre immerwährende

Jungfräulichkeit. →Gregor d.Gr. förderte nachhaltig die Ⓜfrömmigkeit. Papst →Pelagius I. vertrat gegenüber dem Frankenkönig Childebert I. die GMschaft Ⓜs und ihre immerwährende Jungfräulichkeit. Das →Laterankonzil von 649 unter Papst →Martin I. bestätigte den Glauben an die GMschaft Ⓜs und bezeichnete sie als die Immaculata. Papst Agatho I. vertrat gegenüber dem Konzil von Konstantinopel von 680/681 die Geburt des Herrn aus der Jungfrau Ⓜ und bezeichnete sie als Gottesgebärerin. Papst Johannes VII. nannte sich »Servus sanctae Mariae«. Papst →Hadrian I. erklärte in einem Brief an das zweite Konzil von →Nikaia: Die Bilder der GM dürfen verehrt werden. Das Konzil stimmte seiner Ansicht zu und förderte so nachhaltig die MV. Papst Nikolaus I. bezeugte die Aufnahme Ⓜs in den Himmel. Papst →Gregor VII. war von einer tiefen Ⓜliebe erfüllt. →Innozenz III. gab seiner MV in seinen »Sermones« lebendigen Ausdruck. Auch Papst →Honorius III. förderte durch seine Ⓜpredigten die Ⓜfrömmigkeit. Papst Bonifaz VIII. gewährte 1295 Ablässe für die Festfeier der UE Ⓜs. Das Fest der UE Ⓜs ist seit ca. 1340 an der Kurie belegt. Papst Sixtus IV. bestätigte 1476 offiziell die Festfeier der UE. Papst →Leo X. wiederholte 1515 die Erlaubnis, das Fest der UE Ⓜs zu feiern.

Die Päpste nach dem Konzil von Trient zeichneten sich durch eine entschiedene Förderung der Mariol. und der MV aus. Papst →Pius V. gab der Lehre von der Aufnahme Ⓜs in den Himmel starke Anregungen. → Paul IV. und →Alexander VII. verteidigten die Lehre von der UE Ⓜs. Die Päpste seit →Pius VI. empfahlen nachdrücklich die MV. Die Dogmatisierung der Lehre von der UE Ⓜs 1854 durch Pius IX. löste eine vertiefte MV aus. Papst →Leo XIII. erwarb sich große Verdienste um die Verbreitung des Rosenkranzgebetes. →Pius X. hob 1904 in einem Rundschreiben die Bedeutung der Lehrentscheidung von 1854 hervor. Papst →Pius XI. würdigte 1931 die Ausage des Konzils von Ephesus von 431 über die GMschaft Ⓜs. →Pius XII. dogmatisierte 1950 die Aufnahme Ⓜs in den Himmel und ging als der »marianische Papst« in die Geschichte ein. Sein Nachfolger →Johannes XXIII. war von einer tiefen Liebe zu Ⓜ erfüllt. Papst →Paul VI. würdigte Ⓜ als die Mutter der Kirche und gab der MV durch seine marian. Rundschreiben neue Anregungen. Papst →Johannes Paul II. ist ein großer Ⓜverehrer und gab durch seine Ⓜpredigten und Ⓜenzykliken, nicht zuletzt durch seine Besuche der Ⓜwallfahrtsorte, der MV fruchtbare Impulse. Der Überblick läßt erkennen, daß sich die Päpste in der MV als Hüter des Glaubens erwiesen und der MV in der Geschichte starke Förderungen gegeben haben.

Lit.: Pastor. — J.Schmidlin, Papstgeschichte der neuesten Zeit, 4 Bde., 1933. — Graber. — Sträter I und II. — F.X. Seppelt, Geschichte der Päpste, 5 Bde., 1954—59. — Ch.Sericoli, De praecipuis Sedis Apostolicae documentis in favorem Immaculatae BMV conceptionis editis, In: Anton. 29 (1954) 373—408. — Ders., Ordo Franciscanis et Romanorum Pontificum Acta de Immaculata B.M.V. Conceptione, In: VirgoImmac II, 1956, 99—152. — R.Laurentin, L'action du Saint Siège par rapport au problème de l'Immaculée conception, In: VirgoImmac II, 1956. — Ders., The Role of the Papal Magisterium in the Development of the Dogma of the Immaculate Conception, In: O'Connor 270—324. — Seppelt-Schwaiger. — G.Söll, HDG III/4. — A.Franzen und R.Bäumer, Papstgeschichte, ⁴1988. — Testi Mariani del primo millenio, ed. G.Gharib, 3 Bde., 1988—90.
R. Bäumer

Paracelsus (eigentlich: Theophrastus v. Hohenheim), * 1493/94 in Einsiedeln, † 24.9.1541 in Salzburg, Sohn des verarmten süddt. Adeligen Wilhelm Bombast v. Hohenheim und einer ortsansässigen Klosterhörigen. Nach 1500 trat der Vater in Villach (Kärnten) die Stelle eines Stadtarztes an. P. wurde von ihm und gelehrten Klerikern unterrichtet, absolvierte danach ein Medizinstudium, das er vermutlich 1515 in Ferrara mit dem Doktorexamen abschloß. Die Wanderjahre führten ihn, z. T. als Wundarzt in Kriegsdiensten, quer durch Europa. 1524/25 praktizierte P. als Arzt in Salzburg. Möglicherweise wegen Verwicklung in rel.-politische Unruhen verließ er das Erzbistum. Am 4.12.1526 erwarb er in Straßburg das Bürgerrecht. Seinen Heilerfolgen als Arzt verdankte er 1527 den Ruf nach Basel, wo er zum Stadtarzt ernannt wurde und an der Universität Vorlesungen über Medizin hielt. Infolge eines Honorarstreits überwarf sich P. mit einflußreichen Kreisen und verließ Basel fluchtartig im Winter 1528. Fast bis an sein Lebensende blieb er von da an auf der Wanderschaft (Süddeutschland, Bayern, Mähren, schweizerischer und österr. Alpenraum). Immer wieder kam er wegen seiner unkonventionellen Heilmethoden, seines standesunüblichen Auftretens und seines jähen Naturells in Konflikt mit Berufskollegen, weltlichen und geistlichen Autoritäten. 1540 ließ er sich, früh gealtert, in Salzburg nieder.

Sein außerordentlich umfangreiches, deutsch geschriebenes Werk erstreckt sich inhaltlich von der Medizin über Naturkunde, Astrologie, Alchemie und Phil. bis zur Theol. Vor seinem Tod wurden nur einzelne medizinische Traktate, eine »Große Wundarznei« (1536) und einige prognostische Flugschriften veröffentlicht. Ab 1560 setzte unter seinen Anhängern eine rege Sammler- und Publikationstätigkeit ein, die 1589—91 in einer ersten Gesamtausgabe des medizinisch-naturphil. Werks durch den schlesischen Arzt Johannes Huser gipfelte. Das rel.-theol.-sozialethische Schrifttum blieb dagegen, von der (hauptsächlich prot.) Orthodoxie als ketzerisch gebrandmarkt, fast ausschließlich handschriftlich überliefert. Es wurde zwischen 1560 und 1620 halb im Verborgenen verbreitet und beeinflußte dt. Schwärmer, Theosophen und Mystiker des späten 16. und 17. Jh.s, z.B. Valentin Weigel und Jacob → Böhme.

Angeregt wohl durch die lebhaften Debatten der Reformationszeit, hat sich P. immer wieder mit rel., theol. und sozialethischen Fragen auseinandergesetzt. Im Mittelpunkt seines Interesses stand der Mensch mit seiner Aufgabe und seinem Leben im Diesseits. P. war sich gewiß, daß dem gläubig Suchenden in der Erforschung der Natur und der Erleuchtung durch den Hl. Geist Gottes Kraft und Herrlichkeit offenbar werden. Die Perspektiven des Arztes und des Laientheologen wirkten wechselseitig und nicht immer widerspruchsfrei aufeinander.

Der Großteil des rel. Schrifttums von P. besteht in Kommentaren zur Bibel, sei es in Form eines fortlaufenden Textes (z. B. des Psalters) oder einzelner, thematisch gruppierter Schriftstellen (z. B. zur Eucharistie). Zahlreich sind Schriften, die sich mit dem praktischen, christl. Leben auseinandersetzen und eine Art Anleitung zur »vita beata« versuchen. P. war von der Notwendigkeit einer Erneuerung des Christentums und der christl. Gesellschaft zutiefst durchdrungen. Seine Lehren sind mit Ideen zeitgenössischer Gruppierungen (Bauernbewegung, Spiritualisten, Täufern) in einzelnen Punkten verwandt (Fussler, 1986), insgesamt aber blieb er in den Konfessionsstreitigkeiten ein allseits kritischer, eigenständiger Außenseiter (Goldammer, 1953). Mit auffallender Intensität widmete sich P. dem Mysterium der Eucharistie; immer wieder kreisten seine Überlegungen um die Fleischwerdung des Wortes und die »neue Geburt« des Kommunizierenden durch den Empfang von Fleisch und Blut Christi, wobei eine eigentümliche Leibhaftigkeit der spirituellen Vorgänge seine Vorstellung charakterisierte. Auch die Beschäftigung mit ⒨ resultierte u. a. aus dem Ringen, die Leiblichkeit des Gottessohnes zu verstehen und zu erklären (Brunners, 1961, 94f.).

In mehreren Schriften hat sich P. ausführlich mit ⒨ befaßt: »De virgine sancta theotoca«, »Vorredt in das Salue regina«, »Von der geburt Maria und Christi«, »Liber de sancta trinitate« (vermutlich alle um 1524/25); »De genealogia Christi«, »De invocatione beatae Mariae virginis« (um 1535?). Seine Auffassungen zeigen im Laufe der Jahre einige Veränderungen. Vor allem im Frühwerk bekannte sich P. zu einer eigenwilligen und extremen Mariol.: Gott schuf sich ⒨ noch vor Himmel, Erde und Mensch aus sich selbst heraus zur Gemahlin. Als Teil Gottvaters ist sie in die Trinität integriert. Ihr Leib besteht aus himmlischem, jungfräulichem Fleisch, das Blut, Fleisch und Geist zugleich, unvergänglich und unbefleckt ist. Für ihr Erdendasein wurde sie mit einer sterblichen irdischen Hülle umkleidet und aus dem »Gefäß« Anna auf die Erde geboren. Sie stammt nicht von Joachim ab und gehört nicht zu den »Töchtern Evas«. Vielmehr gleicht sie ihrem Sohn Jesus Christus, und ihr Leben war für die Erlösung der Gläubigen notwendig wie das seine. In späteren Werken wird ⒨ ihrem Schöpfer und ihrem Sohn deutlicher untergeordnet, ihr Vermögen gegenüber dem Göttlichen weiter eingeschränkt. Ausdrücklich hält P. jedoch daran fest, daß ⒨ himmlischen Ursprungs, ewig, rein und jungfräulich sei (Biegger, 1990). Über die Verehrung ⒨s verliert P. kaum Worte; anderen Abhandlungen zur institutionalisierten Frömmigkeit und Heiligenproblematik (»De septem punctis idolatriae christianae«, »De venerandis sanctis«, »De sanctorum auctoritate beneficiis, signis et blasphemiis«) ist seine kritische, zumeist ablehnende Haltung gegenüber frommen Werken und Übungen zu entnehmen, die sich wohl auch auf den ⒨dienst bezog. Auslegungen zu »Ave Maria«, »Salve Regina« und »Regina Coeli« bezeugen andererseits, daß er jedenfalls zeit- und teilweise der GM speziell gewidmete Gebets- und Liedformen gelten ließ.

Ausg.: P., Bücher und Schriften, hrsg. von J. Huser, Basel 1589—1591, Neudr.: 1971—77. — Theophrast v. Hohenheim, gen. P.: Sämtliche Werke, 1. Abteilung: Medizinische, naturwissenschaftliche und phil. Schriften, hrsg. von K. Sudhoff, 14 Bde., 1922—33; 2. Abteilung: Theol. und religionsphil. Schriften, hrsg. von K. Goldammer, 1955f.; Supplement: Rel. und sozialphil. Schriften in Kurzfassungen, 1973. — Sozialethische und sozialpolitische Schriften, hrsg. von K. Goldammer, 1952. — Das Buch der Erkanntnus des Theophrast v. Hohenheim gen. P., hrsg. von K. Goldammer, 1964. — Vom Licht der Natur und des Geistes; eine Auswahl. In Verbindung mit K.-H. Weimann, hrsg. von K. Goldammer, 1979.

Bibl.: K. Sudhoff, Versuch einer Kritik der Echtheit der Paracelsischen Schriften. 1. Teil: Bibliographia paracelsica; Besprechung der unter Hohenheims Namen 1527—1893 erschienenen Druckschriften. 2. Teil: P.-Handschriften, Berlin 1894—99. — K.-H. Weimann, P.-Bibliographie 1932—60, 1963.

Lit.: W. Matthießen, Die Form des rel. Verhaltens bei Theophrast v. Hohenheim, genannt P., Düsseldorf 1917. — S. Török, Die Religionsphil. des P. und ihr zeitgeschichtlicher Hintergrund, Diss., Wien 1946. — R. H. Blaser, P. et sa conception de la nature, 1950. — K. Goldammer, P.; Natur und Offenbarung, 1953. — M. Bunners, Die Abendmahlsschriften und das medizinisch naturphil. Werk des P., Diss., Berlin 1961. — E. Kaiser, P. in Selbstzeugnissen und Bilddokumenten, 1969. — G. Reiter, Heiligenverehrung und Wallfahrtswesen im Schrifttum von Reformation und kath. Restauration, 1970. — E. W. Kämmerer, Das Leib-Seele-Geist-Problem bei P. und einigen Autoren des 17. Jh.s, 1971. — H. Rudolph, Theophrast v. Hohenheim (P.). Arzt und Apostel der neuen Kreatur, In: H.-J. Goertz (Hrsg.), Radikale Reformatoren, 1978, 231—242. — Miller-Guinsburg, Von P. zu Böhme. Auf dem Weg zu neuen Bestandsaufnahmen in der Beeinflussung Böhmes durch P., In: P. in der Tradition, 1980. — H. Rudolph, Kosmosspekulation und Trinitätslehre. Ein Beitrag zur Beziehung zwischen Weltbild und Theol. bei P., ebd. — H.-J. Goertz, Einige Gesichtspunkte zum Thema »P. und Luther«, In: Archiv für Reformationsgeschichte 72 (1981) 34—53. — R. Dilg-Frank (Hrsg.), Kreatur und Kosmos, FS für K. Goldammer, 1981. — J.-P. Fussler, Les idées éthiques, sociales et politiques de Paracelse (1493—1541), et leur fondement, 1986. — K. Goldammer, P. in neuen Horizonten. Gesammelte Aufsätze, 1986. — K. Biegger, »De invocatione beatae Mariae virginis«. P. und die Marienverehrung, 1990. — Periodika: Nova Acta Paracelsica, hrsg. von der Schweizerischen P.-Gesellschaft, 1944ff. — Salzburger Beiträge zur P.forschung, hrsg. von der Internat. P.-Gesellschaft, 1960ff. *K. Biegger Schwarz*

Paradeiser, Carl Marian, Priester und Komponist, *11.10.1747 in Riedental (Niederösterr.), †16.11.1775 in Melk, bekam als Sängerknabe im Stift Melk seinen ersten Musikunterricht von Robert Kimmerling. Nach einem kurzen Philosophiestudium in Wien trat er als 19-jähriger in das Noviziat des Stiftes Melk ein und wurde dort 1771 zum Priester geweiht. Anschließend lehrte er bis zu seinem frühen Tod als Prof. am Stiftsgymnasium. Seine Werke zeichnen sich vor allem durch ihre kammermusikalische Anlage aus, so auch sein »Alma Redemptoris«,

»Ave Regina« und »Salve Regina« (alle 4-stimmig mit zwei Violinen und Orgel).

Lit.: R.N. Freeman, The Practice of Music at Melk Monastery in the Eighteenth Century, Diss., Los Angeles 1971. — DMM V 572. *B. Brosch*

Paradies. Das Wort »Paradies«, ursprünglich einen Lustgarten bezeichnend, bedeutet im christl. Sprachgebrauch das leidlose, selige Dasein in der Gegenwart Gottes. Dabei ist zu unterscheiden zwischen dem P.garten Eden als Ort des ersten Daseins des Menschen nach der Schöpfung, den er durch den Sündenfall verloren hat (Gen), und dem Aufenthalt der Engel und erlösten Menschen bei Gott, welcher in verschiedenen Bildern umschrieben wird: als Garten, Stadt, Himmelssphären mit Gestirnen und Wolken und andere P.-Visionen wie z.B. die Mystische Rose Dantes. Bildliche Darstellungen des P.es finden sich außer in Illustrationen zum Buch Gen und zur Offb in mehreren Themen im Zusammenhang mit dem Erlösungsgedanken. Der durch Evas Sünde verlorene P.garten wird dem durch Jesu und ⋒s Gehorsam wiedergewonnenen P. gegenübergestellt; bei Christi Höllenfahrt und dem →Jüngsten Gericht wird es bisweilen als Ziel der Erlösten anschaulich wiedergegeben (Altarbild der Salviati-Kapelle in S. Marco in Florenz von A. Allori um 1583; Tafel von Giovanni di Paolo, Siena, Pinakothek, 1465). In Bildern der →Geburt ⋒e und v.a. der →Verkündigung können Hinweise auf das P. auftauchen (Miniatur zur Homilie des →Jacobus Monachus, Par. gr. 1208, fol. 66ᵛ, frühes 12. Jh.; Altar von Fra Angelico, Madrid, Prado). In vielfacher Weise erscheinen P. und himmlische Herrlichkeit bei →Tod, ⋒s Himmelfahrt und →Krönung der GM. Dabei bedient sich die bildende Kunst all der in den Quellen vorgegebenen Bilder und Metaphern. Gemeinsam sind diesen die Nähe Gottes, Licht, Glanz und Schönheit. Der P.garten, wie er in der Genesis beschrieben ist, entspricht in seiner idyllischen Lieblichkeit und Fruchtbarkeit außerchristl. Jenseitsvorstellungen wie dem Elysium. Neben blumigen Wiesen und Fruchtbäumen kennzeichnen ihn der Baum der Erkenntnis und der Baum des Lebens, welche in Darstellungen oft hervorgehoben sind. In seiner Mitte entspringt das Wasser des Lebens, das sich in vier P.-Flüsse teilt. In spätma. Bildern ist diese Quelle bisweilen in einem kunstvollen Brunnen gefaßt. Mauern umschließen den Garten, die Pforte bewacht ein Cherub mit einem Flammenschwert. Auch Motive aus dem Hohenlied fließen in das Bild des P.gartens ein: der →Hortus conclusus, die →Quelle, die P.blumen →Rose und Lilie. Die häufig als P.pflanze auftretende →Erdbeere dagegen entstammt dem antiken Mythos vom Goldenen Zeitalter.

Die Beschreibungen des wiedergewonnenen, zukünftigen P.s vermengen die Vorstellung vom P.garten mit Bildern aus der Schau der Johannes-Apokalypse. Es erscheinen der Berg Zion, aus dem das Wasser des Lebens entspringt und auf dem das Lamm steht, der Thron Gottes, die Scharen der Heiligen wie z.B. auf dem Genter Altar der Brüder van Eyck. Besonders in nachma. Zeit bestimmen diese Heiligenchöre mit Palmzweigen, auch goldenen →Kronen oder Kränzen als Siegeszeichen, das Bild vom himmlischen P. Dazu gehören auch Harfenspiel und Lobgesang zur Ehre Gottes, meist aus Engelsmund.

Daneben tritt als weitere Metapher für die anbrechende Gottesherrschaft die zwölftorige Gottesstadt, das himmlische →Jerusalem, glänzend von Gold und →Edelsteinen und erleuchtet durch die Gegenwart Gottes. Sowohl Garten- als auch Stadtmotive kennzeichnen seit frühchristl. Zeit auf Darstellungen das himmlische P., z.B. in Apsismosaiken röm. Kirchen (Stadt in S. Pudenziana, Anfang 5. Jh., Garten in SS. Cosma e Damiano, 6. Jh., beides verbunden in S. Prassede, 9. Jh.). Die Fresken der Gurker Domvorhalle aus dem 13. Jh. stellen das durch den Sündenfall verlorene P. und das himmlische Jerusalem einander gegenüber, dazwischen ⋒ mit dem Erlöser auf dem Thron Salomos. Bisweilen erscheint der Garten als vorläufiger Aufenthalt der Seligen vor dem endgültigen Einzug in die himmlischen Wohnungen. In ihm weilen nach Aussagen Jesu bereits →Abraham (Lk 16,19ff.), manchmal auch Isaak und Jakob oder Abel, die Gerechten des AT, und der gute Schächer Dismas (Lk 23,43), ehe nach dem →Jüngsten Gericht sich die Tore für die Seligen öffnen. Engel führen sie durch die blühenden Wiesen zur Himmelsstadt auf den Gerichtstafeln von Fra Angelico (Florenz, S. Marco) oder Stefan Lochner (Köln, Wallraf-Richartz Mus.). Seit jeher gilt als Sitz Gottes der Himmel mit Gestirnen und Wolken: »Der Herr blickt herab vom Himmel ..., von seinem Thronsitz schaut er nieder auf die Bewohner der Erde« (Ps 33). Von daher ist er auch Ziel des erlösten Menschen, P. im weiteren Sinne. Diese Himmelsvorstellung wandelt sich mit dem allgemeinen Weltbild. Vom 7.—16. Jh. dachte man sich die Wohnstatt Gottes und der Engel über der äußersten gewölbten Kristallschale der himmlischen Sphären, dem gläsernen Meer der Apokalypse, im Empyreum angesiedelt, und das Bild des über den gestirnten Schalen des Firmaments thronenden Gottes ging auch in die Kunst ein (z. B. ⋒-Krönungspolyptychon Lorenzo Monacos, Florenz, S. Maria degli Angeli, 1414). Himmels- und Gartenmotive verschmilzt das Apsismosaik (Ende 13. Jh.) in S. Maria Maggiore in Rom zum Bild des P.es, einen Garten mit geöffneten Wolken des Himmels stellt D. Bouts als P. dar (Lille, Mus. des Beaux Arts). Mit der Abkehr vom ptolemäischen Weltbild zu Beginn der Neuzeit verschwinden die Sphärenschalen, dennoch bleibt das himmlische P. auf Wolken in strahlendem Licht Ort Gottes, der Engel und Heiligen, wie es unzählige Deckenmalereien des 17. und 18. Jh.s zeigen.

In all den verschiedenen Bildern des P.es steht ⟨M⟩ als Ersterlöste an hervorragender Stelle. In ihren →Ehrentiteln wird sie selbst dem P. verglichen; in der →Concordantia Caritatis heißt es: »... in der Mitte des Gartens, das ist im Schoß der seligen Jungfrau, pflanzte Gott der Herr das Holz des Lebens«; denselben Vergleich bringt Heinrich Seuse im »Büchlein der Ewigen Weisheit«. Ihr »Fiat« öffnet die Pforte des P.es, die durch die Sünde →Evas verschlossen war: Das besagen die Umschriften im Evangeliar des Bischofs →Bernward v. Hildesheim im 10. Jh., ein franz. Diptychon (um 1460) gibt den Gedanken anschaulich wieder (Karlsruhe, Kunsthalle). Dasselbe drücken Darstellungen der beiden Frauen am Baum des P.es aus oder auch Gegenüberstellungen der Vertreibung aus dem P. und der Verkündigung.

Vor allen anderen Heiligen hat ⟨M⟩ ihren Platz im P. Östliche Legenden beschreiben, wie nach ihrem Tod Engel ihren Leib im P. unter dem Baum des Lebens niederlegen; in P.-Darstellungen der Ostkirche thront sie, von zwei Engeln flankiert, im P.garten, verehrt von Adam und Eva (Homilie des Jacobus Monachus, s.o.). Seit dem späten 12. Jh. zeigt die westliche Kunst sie zur Rechten ihres Sohnes im Himmel thronend (z.B. S. Maria Maggiore, s.o.; Fresko von Nardo di Cione, Florenz, S. Maria Novella). Fouquet stellt in seiner Miniatur des himmlischen P.es ihren Thron nur wenig unterhalb zur Rechten der Trinität, umgeben von Engelschören (Stundenbuch des E. Chevalier, Cantilly, Mus. Condé). Engel und Jesus empfangen sie bei ihrer Himmelfahrt, in goldglänzendem Licht oder auf Wolken assistieren die Scharen der Heiligen ihrer →Krönung oder sie führt im nachma. →Allerheiligenbild den Zug der Erlösten an (Dürer, Wien, Kunsthist. Mus.). Im Kuppelfresko in Forli von Gignani überreichen die Heiligenchöre ihr Kränze und Kronen.

Auf Bildern des Jüngsten Gerichts findet ⟨M⟩ sich nicht unter den Seligen, die ins P. geführt werden, sondern wie die Apostel zu Seiten des Richters, wo sie für die Menschheit →Fürbitte leistet; ausnahmsweise sitzt sie sogar Christus gleichgestellt auf dem Regenbogen (Fresken von Traini im Camposanto, Pisa). Auch unzählige Darstellungen ⟨M⟩s mit dem Kind zeigen sie in paradiesischer Umgebung. Neben den Heiligen und musizierenden Engeln sind es hier v.a. Gartenmotive, die auf das P. hinweisen. Viele sind dabei von ambivalenter Bedeutung, Hinweise auf das wiedergewonnene P. wie auf ⟨M⟩s gnadenvolle Erwählung. Die Umfriedung des P.gartens wird zugleich Zeichen ihrer unversehrten Jungfräulichkeit, der Brunnen deutet auf das Wasser des Lebens im P. wie auf den versiegelten Quell. Ihr Sitzen auf der blumigen Wiese oder Rasenbank bezeugt ihre Demut. Ähnlich mehrdeutig sind der →Apfel in der Hand vieler ⟨M⟩figuren oder der Perlenschmuck, der gleichermaßen an die Tore der Himmelsstadt wie an ⟨M⟩s Jungfräulichkeit erinnert. Besonders im Bildtypus des Hortus conclusus gehen P.-Symbolik und Brautsymbolik des Hohenliedes eine enge Verbindung ein. Eine Schöpfung der oberrheinischen Kunst des 15. Jh.s sind das P.gärtlein sowie der Rosenhag, der in himmlischer Lieblichkeit die GM umgibt. Hier verschmilzt die paradiesische Natur mit dem Glanz des Goldes und der Edelsteine des Himmlischen Jerusalem (Stefan Lochner, Köln, Wallraf-Richartz Mus.), ein Bild der vom Fluch der Erbsünde unberührten Natur ⟨M⟩s wie auch des wiedergewonnenen P.es.

Lit.: C. Stornajolo, Miniature della Omilie de G. Monaco, 1910. — E.M. Vetter, Maria im Rosenhag, 1956. — E. Guldan, Eva und Maria, 1966. — H. Schade, Das P. und die imago Dei, In: Probleme der Kunstwissenschaft 2 (1966) 79—182. — R. Hughes, Heaven and Hell, 1968, 45—150. — Schiller IV/2 168. 185. 201 ff. — H.M. v. Erffa, Iconologie der Genesis I, 1989, 91—135. — LCI II 77—81. 258—267; III 375—384. *F. Tschochner*

Paradis, Marie-Léonie (Alodia Virginia), sel. Ordensstifterin, * 12.5.1840 in L' Acadie (Québec, Kanada), † 3.5.1912 in Sherbrooke (Québec), wurde am 11.9.1984 in Montreal seliggesprochen. Sie ist im Mutterhaus in Sherbrooke bestattet. P. legte am 22.8.1857 in Anwesenheit des Gründers der Kongregation vom Hl. Kreuz, B.-A.-M. →Moreau, bei den »Marianistinnen vom Hl. Kreuz« die Gelübde ab. Nach der Ausbildung in verschiedenen Häusern in Kanada wurde sie in ein neu eröffnetes Waisenhaus in der Nähe von New York (USA) gesandt (1862—70). 1869 trennte sich ein Teil des von amerikanischen Schwestern gegründeten Institutes vom Mutterhaus in Frankreich und nannte sich »Schwestern vom Hl. Kreuz«. Im Gegensatz zur Absicht des Gründers wollten sie sich nicht auf die Haushaltsführung der Kleriker vom Hl. Kreuz beschränken, sondern sich ausschließlich dem Unterricht widmen. Da die Schwestern der Provinz Notre-Dame (Indiana) die ursprüngliche Aufgabe z.T. beibehalten wollten, wechselte P. dorthin über und setzte hier den häuslichen Dienst für die Ordensmänner vom Hl. Kreuz fort. Auf Wunsch C. Lefèbvres, des Gründers des Kollegs St. Joseph von Memramcook (Kanada), begann sie 1874, die Mädchen, die er für verschiedene Dienste im Kolleg gewonnen hatte, im rel. Leben zu bilden. Die Kongregation der »Kleinen Schwestern von der Hl. Familie« war damit ins Leben gerufen (30.5.1880). Um die Leitung des neuen Instituts fortzusetzen, führte sie es noch bis 1904 rechtlich als Teil der Marianistinnen vom Hl. Kreuz. Am 2.10.1904 nahm sie das Ordenskleid des von ihr gegründeten Instituts. Am 1.5.1905 bestätigte Pius X. mit dem Apost. Segen ihre Inkorporation in die »Kleinen Schwestern der Hl. Familie«, die sie bis zu ihrem Tode als Generaloberin leitete. Sie zählten 1992 ca. 650 Mitglieder. Außer dem Mutterhaus in Sherbrooke haben sie keine eigenen Häuser, da sie gemäß ihrer Zielsetzung bei anderen Ordensinstituten, bes. männlichen Seminarien und Kollegien, wohnen und hier die häuslichen Arbeiten verrichten.

P. pflegte eine kindliche Liebe zur Jungfrau M vom Rosenkranz. Von der Kongregation vom Hl. Kreuz hatte sie eine tiefe Verehrung der Schmerzhaften GM geerbt, die ein grundlegendes Element der Spiritualität ihrer Gründung wurde: Das Fest der Sieben Schmerzen Ms wurde mit großer Feierlichkeit begangen, auch noch an den drei folgenden Tagen. Ihren Schwestern empfahl sie die Übung aller traditionellen Gebräuche der MV.

WW: Hss. im Mutterhaus: Lettres di M.-L. P., 6 Vol. — Constitutiones, Québec 1880.
QQ: Positio, 1954.
Lit.: E. Nadeau, Mère Léonie, 1952. — M. G. Perras, Message de mère M.-L. P., 1953, bes. 102 f. — E. Nadeau, Montre-moi tes chemins, 1974. — F. Holböck, Die neuen Heiligen der kath. Kirche II, 1992, 17 ff. — AAS 77 (1985) 397—405; 78 (1986) 13 ff. — DIP VI 1178. — BSS XIV 1019 f.   *T. Civiero*

Paradisus anime intelligentis. Beim P. handelt es sich um 64 → Predigten zwölf verschiedener, mit einer Ausnahme namentlich genannter Autoren (10 Dominikaner, 1 Karmelit, 1 ungenannter Franziskaner), die in zwei thüringischen Schwesternhandschriften (Oxford, Bodleian Library, cod. Laud. Misc. 479; Hamburg, Städt. Bibl. und Universitätsbibl., cod. theol. 2057) aus der Mitte des 14. Jh.s überliefert werden (zur Einzelüberlieferung vgl. VL^2). Die Struktur der Sammlung folgt dem Temporale (Nr. 1—31) und dem Sanktorale (Nr. 32—64). Die strukturelle und inhaltliche Verbindung mit dem liturg. Anlaß ist bei den meisten Predigten nur schwach ausgeprägt. Dominanter Autor innerhalb der Sammlung ist Meister →Eckhart mit 31 Predigten, die anderen dominikanischen Autoren sind Angehörige oder Gäste von Eckharts Erfurter Heimatkonvent. Die Sammlung gilt daher als Dokumentation der intellektuellen Blüte des Erfurter Dominikanerklosters zur Zeit des Provinzialats Eckharts (1303—11). Es ist ein einzigartiger Versuch, die phil. und theol. Diskussion im Dominikanerorden in dt. Sprache zu führen und zu dokumentieren, und zwar anhand der dominikanischen Lehre von der »anima intelligentis« zur Erkenntnis des Göttlichen. In der überlieferten Form handelt es sich um eine redigierte und gekürzte Fassung aus dem 4. Jahrzehnt des 14. Jh.s, der eine noch nicht präzise beschriebene Ursprungssammlung aus dem frühen 14. Jh. zugrundeliegt.

Das Sanktorale enthält drei Mpredigten (»De beata virgine«): par. an. 35 wird im Register Johannes Franke (VL^2 II 800—802) zugewiesen, par. an. 36 (Quint III, Pr. 60, S. 10, 2 ff.) und 37 Meister Eckhart. M steht im Mittelpunkt der Predigt par. an. 37 (Eckhart). Zugleich fehlen dort Bezüge zum Leitthema der Sammlung, so daß deren Zugehörigkeit zur Ursprungssammlung einer Überprüfung bedarf, die erst nach der im IV. Band der dt. Werke Eckharts geplanten kritischen Edition erfolgen kann (zur Überlieferungsproblematik s. Steer, Löser). In der zweiten Predigt Meister Eckharts (par. an. 36 [Quint III, Pr. 60]) wird Sir 24 auf die »ewige wiseit« und die »sele« hin gedeutet. Zentrales Thema ist die »ruwe« unter dem Aspekt der Vereinigung der Seele mit Gott; M bleibt unerwähnt.

Die vorausgehende Predigt Johannes Frankes (Nr. 35) zu demselben Bibelwort behandelt diese Thematik ebenfalls. M entspricht hier »einer iclichin heiligin sele«, so daß damit M für den Inhalt der weiteren Predigt keine Rolle mehr spielt.

Ausg.: Ph. Strauch (Hrsg.), Paradisus anime intelligentis (Paradis der fornuftigen sele), 1919. — Meister Eckhart, Die dt. Werke, hrsg. von J. Quint, DW I—III (Predigten), 1958 ff.
Lit.: L. Seppänen, Studien zur Terminologie des »Paradisus anime«, 1964. — Morvay-Grube, T 92—T 103. — K. Ruh, Dt. Predigtbücher des MA, In: Vestigia Bibliae 3 (1981) 11—30. — Kaeppeli II 424—426. — F. Löser, »Als ich mê gesprochen han«. Bekannte und bisher unbekannte Predigten Meister Eckharts im Lichte eines Handschriftenfundes, In: ZfdA 115 (1986) 206—227. — G. Steer, Geistliche Prosa, In: I. Glier (Hrsg.), Die dt. Lit. im späten MA 1250—1370, Teil 2, 1987, 329—332. — Ders., Predigten und Predigtsammlungen Meister Eckharts in Handschriften des 14. Jh.s, In: V. Honemann und N. F. Palmer (Hrsg.), Dt. Handschriften 1100—1400, 1988, 399—407. — K. Ruh, Meister Eckhart, ^{2}1989. — F. Löser, Nachlese. Unbekannte Texte Meister Eckharts in bekannten Handschriften, In: V. Mertens und H.-J. Schiewer (Hrsg.), Die dt. Predigt im MA, 1992, 125—149. — VL^2 VII 298—303 (Lit.).   *H.-J. Schiewer*

Paraguay. Die Patronin von P., dessen Hauptstadt nach der Aufnahme Mariens in den Himmel (→Asunción) benannt ist, ist die »Virgen de los Milagros« in Caacupé und daher auch »Virgen de Caacupé« genannt. Caacupé liegt etwa 50 km von Asunción entfernt. Die Holzstatue der Immaculata wurde 1603 von José, einem christl. Guaraní, auf dem See, den der Franziskaner Luiz Bolaños (1550—1624) wegen der wunderbaren Entdeckung und nach der Beruhigung eines Sturmes »Ypacaraí« (gesegnetes Wasser) nannte, treibend aufgefunden. L. Bolaños hatte José die »doctrina« Atyrá anvertraut. Die Statue wurde jahrzehntelang von den Indios in dem Dorf Tobatí aufbewahrt und verehrt, ehe sie 1750 ihren endgültigen Ort in Caacupé fand, wo ein Heiligtum errichtet wurde. Die Auffindung der Statue auf dem größten See P.s verweist, wie öfter in Lateinamerika, auf die überlieferte Religion der Indios (→ Copacabana/Bolivien, Virgen de →Guadalupe). Im Glauben der Guaraní ist das Wasser eine Lebensquelle und Muttergottheit. Die Statue ist etwas über 50 cm hoch, ihr Fuß steht auf einer kleinen Kugel, und sie ist mit einem weißen Seidenband gegürtet. 1770 wurde die erste Kapelle errichtet. Caacupé wurde 1844 eine eigene Pfarrei; 1852 wurde die Kirche während eines Unwetters vom Blitz getroffen; 1855 wurde das Bild durch den Künstler Manuel Marecos restauriert, 1885 das Heiligtum erneuert und erweitert, 1979 begann man mit dem Bau der neuen Basilika. Seit 1967 ist Caacupé Bistum und Bischofssitz und gehört zur Erzdiözese Asunción.

Eine starke Förderung erfuhr die Verehrung durch Bischof Basilio Antonio López OFM (1845—59), der das Heiligtum wieder errichten ließ. Bischof Juan Sinforiano Bogarín (1863—[1894]—1949), der im Heiligtum ein Symbol und

Zeichen der kirchlichen wie auch der nationalen Einheit P.s sah und von daher Dokumente und die Überlieferung über die »Virgen de los Milagros« in Caacupé sammeln ließ. Er veranlaßte die Herausgabe des Büchleins von Fidel Maiz über das Gnadenbild und beauftragte Antonio Scarella, ein größeres Buch über den Wallfahrtsort zu erarbeiten, das drei Jahre nach dem Auftrag des Bischofs veröffentlicht wurde.

In Capiatá wird seit vielen Jahren eine weitere Immaculata-Statue verehrt. Der Volksglaube spricht von ihr als der Zwillingsschwester der NS de Itatí in Argentinien. (Itatí soll 1615 von L. Bolaños, dem Nachfolger von Francisco Solano [1549—1616] in diesem Gebiet, gegründet worden sein. Das Immaculatabild ist 126 cm hoch, soll eine Kopie des Bildes NS de Copacabana sein und von L. Bolaños nach Itatí gebracht worden sein.) Das Bild in Capiatá geht ebenfalls in die erste Zeit der Evangelisierung zurück.

Durch die Salesianer Don Boscos (SDB), die im Chaco 1920 mit der Missionsarbeit in Fuerte Olimpo (Apost. Vikariat Chaco Paraguayo) begannen, erfuhr die Verehrung ULF »Hilfe der Christen« (Auxilium Christianorum) eine starke Förderung und Verbreitung. Im blutigen Chacokrieg P.s gegen Bolivien (1932—35) verteilte der Militärseelsorger über 30 000 Medaillen an die Soldaten mit dem Bild der Muttergottes »Hilfe der Christen« und forderte sie zur M weihe auf. Überleben und Sieg wurde der Fürsprache M s zugeschrieben. Eine eigene Form der MV stellt die Begegnung der M statue mit einer Statue des Auferstandenen am Ostermorgen dar (→Encuentre).

Lit. F. Maiz, La Virgen de los Milagros, Asunción 1892. — Un sacerdote de la misión (A Scarella), La Virgen de los Milagros de Caacupé, su origen, su santuario y su pueblo, Asunción 1898; Neudr. 1933. — S. Barticiolo y E. F. Baraj, La Virgen de Itatí, Corrintes 1900. — Vargas Ugarte II. — Manoir V 433—440. — M. A. Guillen Roa, La Virgen de Caacupé, su historia su leyenda, 1966. — M. Samaniego, Textos míticos Guaraníes. Algunos conceptos y mitología de los Abá de Ibypté, In: Separata del Suplemento Antropológico de la Revista del Ateneo Paraguayo 3 (1968) 373—423. — L. Cano u. a. (Hrsg.), La Evangelización en el Paraguay. Cuatro siglos de historia, 1979. — M. Parada Cardemil. NS de Maipú y otros Santurios Marianos, In: CELAM II 277—299. — A. Acha Duarte, NS de Caacupé Patrona de P., ebd. 321—345. *H. Rzepkowski*

Paráklesis (Παράκλησις oder Παρακλητικός Κανών) ist ein Bittgottesdienst, der sich an die GM richtet. Er kann sowohl in Kirchen als auch in Privathäusern gehalten werden, um göttliche Hilfe bei geistigen oder körperlichen Leiden oder sonstigen persönlichen Schwierigkeiten auf die Fürsprache M s zu erflehen. Während des Gottesdienstes nennt der Priester die Namen jener, in deren Anliegen gebetet wird. Es gibt zwei Formen der P. Der Kleine parakletische Kanon ist in der Regel das, was P. genannt. wird; der Große parakletische Kanon wird meist in Kirchen gelesen. Für den Verfasser des Kleinen Kanons hält man den Hymnographen Theophanes bzw. Theosteriktos Monachos (wahrscheinlich 9. Jh.), über den sonst nichts bekannt ist. Der Verfasser des Großen Kanons ist Kaiser Theodoros II. Laskaris in Nikaia (etwa Mitte des 13. Jh.s). Es scheint, daß der Kern, aus dem beide Kanones erwachsen sind, bis ins 5. Jh. zurückgeht. Beide Kanones werden abwechselnd an den Abenden des → Muttergottesfastens (1.—15. August) gesungen, nicht jedoch an den Festen Christi Verklärung und Entschlafung der GM (Aufnahme M s in den Himmel) (→ Litaneien).

Lit.: J. Raya und J. de Vinck, Byzantine Daily Worship, 1969, 937—955. — K. Kirchhoff, Hymnen der Ostkirche. Dreifaltigkeits-, Marien- und Totenhymnen, ²1979, 176—188. — N. A. Patrinacos, A Dictionary of Greek Orthodoxy, 1987, 276. *J. Madey*

Parathronion. Vor der Ikonostase, an einem Ehrenplatz, im allgemeinen an einen der rechten Pfeiler angelehnt, der die mittlere Kuppel einer byz. Kirche stützt, befindet sich der Chorstuhl des Bischofs, P. genannt; zu ihm führen einige Stufen hinauf. Diesem entspricht am linken Pfeiler der Chorstuhl des Klosteroberen.

Lit.: E. Mercenier und F. Paris, La Prière des Eglises de rite byzantin, ²1948, XIX. *J. Madey*

Paray-le-Monial, Diözese Autun, Département Saône et Loire, liegt im Süden Burgunds zwischen Mâcon und Nevers und ist weltweit als Zentrum der Verehrung des »Heiligsten Herzen Jesu«, als »Cité du Sacré-Coeur« — von Leo XIII. sogar mit dem Titel »ville chérie du ciel« bedacht —, mit jährlich etwa 350 000 Pilgern und Touristen, bekannt.

Der dem Herzen Jesu geweihte Wallfahrtsort geht auf die Gründung eines benediktinischen Priorats (973) von Cluny aus zurück; die erweiterte erste Kirche des Klosters (976) wurde am 9. 12. 1004, zur damaligen Zeit das Fest der UE M e, geweiht und unter das Patronat »Sancta Maria de Pareda«, »Notre-Dame de Paray«, gestellt. Die ab Ende des 11. Jh.s nach dem Vorbild von Cluny errichtete Kathedrale, ein herausragendes Beispiel der burgundischen Romanik, 1875 von Pius IX. unter das Herz-Jesu-Patronat gestellt und in den Rang einer Basilika erhoben, war ursprünglich Notre-Dame und Johannes dem Täufer zugedacht. Nur 1,5 km von P. entfernt wird in der im 11. Jh. von Benediktinern erbauten Kapelle die Gnadenstatue »Notre-Dame de Romay« (13. Jh.) 1897 gekrönt, aktiv verehrt; zu ihr flehte man zu Beginn des Ersten Weltkrieges um ein rasches Ende der Feindseligkeiten und den Schutz der aus P. einberufenen Soldaten.

P. erreichte seinen Bekanntheitsgrad erst durch die hl. Marguerite-Marie →Alacoque (am gleichen Tag [3. 5. 1920] wie →Johanna v. Orléans kanonisiert), die mit ihrem zeitweiligen Beichtvater Claude la →Colombière die Devotion des Sacré-Coeur de Jésus verbreitete.

Die Devotion des hl. Herzens Jesu weist eine lange Tradition auf und entwickelte sich über das Johannesevangelium (19,31—38), den hl.

Augustinus, die Mystiker des MA und besonders die Spiritualität der »Ecole Française« (Bérulle, Olier, François de Sales, Jean Eudes) des Reformkatholizismus des frühen 17.Jh.s, die Christus und ⟨H⟩ unauflöslich in der Menschwerdung Christi, der »Incarnatio« verband und posttridentinischen Glaubensforderungen entsprach.

Zwischen 1673 und 1675 erfuhr M.-M. Alacoque die wichtigsten Botschaften und Versprechungen Christi, die z.B. die Devotion der Sühnekommunion (Communion réparatrice) und das Gedenken an das Leiden Christi (Heure Sainte) entstehen ließen.

Im Geiste der kath. Wiedererneuerung des 19. Jh.s fand eine besonders stark ausgeprägte Entwicklung der Herz-Jesu-Frömmigkeit statt; für P. zeichnete der Jesuit Victor Drevon (1820—80) verantwortlich, der 1854 eine Herz-Jesu-Novene in P. abhielt und den Anstoß zu Wallfahrten gab. Propagiert, popularisiert und trivialisiert wurde die Devotion zusätzlich mittels einer »süßlichen«, zu Unrecht gescholtenen Andachtsgraphik (auch Statuen und Medaillen), die zwei ikonographische Motive aufwies: das »Coeur sacré« oder »Coeur symbole«, wenn das Herz Jesu nach der Vision der M.-M. Alacoque mit Dornenkrone und Kreuz ausgewiesen war; das »Sacré-Coeur«, wenn die Person Christi mit dem »Coeur sacré« in der Mitte des Oberkörpers versehen war, eine Darstellung des Ingres-Schülers Hyppolite Flandrin (1808—64).

Daß die bedeutenden »Nationalwallfahrten« zwischen 1873 und 1878 entstanden, hatte zwei Gründe: die sog. »Botschaft an den König« (Message pour le roi, 1689), nach der sich König Ludwig XIV. dem Herzen Jesu hätte weihen sollen, was nicht befolgt worden war (sehr wahrscheinlich hat Ludwig XVI. 1792 diese Weihe in höchster Gefahr vollzogen) und schwierige politische Verhältnisse (verlorener Krieg, Verlust der weltlichen Macht des Papstes, Antiklerikalismus der noch nicht fest etablierten laizistischen Republik) ließen eine Sühnementalität und ein Klima der Unsicherheit entstehen. Im kurzlebigen Aufwind konservativer Monarchisten billigte das franz. Parlament am 25.7.1873 mit 393 gegen 164 Stimmen das Gesetz für den Bau der Sacré-Coeur-Basilika auf dem Montmartre in Paris als »Voeu National«, als nat. Gelübde und zum Dank für überstandene Gefahren. Ein »Renouveau des prières« erfolgte ab 1975 anläßlich des 300-jährigen Gedenkens an die durch M.-M. Alacoque übermittelten Hauptbotschaften Christi.

Zum feierlichen Gedächtnis des 300.Todestages M.-M. Alacoques wies Papst Johannes Paul II. am 22.6.1990 (Herz-Jesu-Fest) in einem Schreiben an den Bischof von Autun auf den Modellcharakter des Herzens Jesu hin; während seines Frankreichaufenthaltes hatte der Papst am 5.10.1986 P. aufgesucht, das er bereits als Erzbischof von Krakau aus dem Jahre 1978 kannte. Am 14.10.1990 hielt Kardinal Decourtray, Erzbischof von Lyon, eine Ansprache. Im Juli 1988 weilte der Generalobere der Jesuiten, Pater Kolvenbach, in P.: Am Fest der »Visitatio« 1688 hatte M.-M. Alacoque die Botschaft und den Auftrag erfahren, daß Visitandinerinnen und Jesuiten die Herz-Jesu-Verehrung verbreiten sollen.

Zu den zahlreichen von P. ausgehenden Devotionen (auch das 1925 in die Universalkirche eingeführte Christkönigsfest) gehören Notre-Dame du Sacré-Coeur in →Issoudun (1857) und Mas-Rillier (1938/42; vgl. ML II 504), wie auch die von Père Mateo († 1960) seit 1907 verbreitete »Intronisation« des Herzens Jesu in den Familien. Aus der Vielfalt der zahlreichen Bruderschaften werden nur zwei benannt: der Beitritt in die seit 1693 in P. bestehenden »Confrérie de l'Adoration du Sacré-Coeur de Jésus« ist im Kloster der »Visitation de Sainte Marie« in P. jederzeit möglich; 1982 erfolgte die Gründung des »Cor Christi«, die 1989 vom Bischof von Autun gebilligt wurde. — Seit 1925 erscheint die Zeitschrift »Le Sacré-Coeur« viermal jährlich.

Lit.: J. Ladame, Vatican II et le culte du Coeur de Jésus, 1967. — Ders., Les faits de P., 1970. — Ders., La Sainte de Paray, Marguerite-Marie, 1977, — Ders., Doctrine et spiritualité de Sainte Marguerite-Marie, 1977. — J.Simard, Une iconographie du clergé français au XVIIe siècle. Les dévotions de l'Ecole française et les sources de l'imagerie religieuse en France et au Québec, 1976. — H. Montaigu, P. ou le ciel intérieur, 1979. — M. Cinquin, P., In: Deux Pèlerinages au XIXe siècle. Ars et P., 1980, 171—305. — N.Hofmann, Herz-Jesu. Frömmigkeit und Sühne, in: L. Scheffczyk (Hrsg.), Christusglaube und Christusverehrung, 1982, 176—259. — Mgr. Gaidon und J. Ladame, Honneur, Amour et Gloire au Coeur de Jésus, 1989. — Vie et Oeuvres de Sainte Marguerite-Marie, 2 Bde., 1991. — Broschüren: La tradition vivante, cité de la miséricorde, 1981. — Bienheureux Claude La Colombière, 1982. — Le Sacré-Coeur, Nr. 2, 1987; Nrs. 3 und 4, 1990; Nr. 1, 1991. — P., autrefois-aujourd'hui, Guide du touriste et du pèlerin, o.J. — DSp II 1023—46; XIII 369—413. *W. Hahn*

Pardos, Gregorios, mit weltlichem Namen Georgios, Metropolit von Korinth, Theologe und Gelehrter, lebte etwa 1070—1156. Er wurde wohl in Konstantinopel geboren, wo er eine bedeutsame christl. und klassische Bildung erhielt. Möglicherweise arbeitete er auch als Lehrer. G. zählt zu den großen gelehrten Hierarchen des 12. Jh.s. Er schrieb in der Gelehrtensprache mit Einfachheit, Ernst und ohne, wie es in seiner Zeit üblich war, dem Hofe zu schmeicheln. Seine Werke zeigen eine gute Kenntnis der Schrift und der Väter. Er gehörte zu den Bewunderern des hl. Gregor des Theologen.

Seine Werke unterteilen sich in grammatikalische und theol. Von mariol. Bedeutung sind die Erläuterungen zu den Herren- und GMkanones des Kosmas Melodos und des → Johannes v. Damaskos. Er erläutert insgesamt 23 Kanones, dabei bewegt er sich mühelos in der Tradition der Väter.

Lit.: S. Athanasios D. Kominis, G. P., Metropolit von Korinth und sein Werk, 1960. *G. D. Metallinos*

Paris, Erzdiözese, Département Seine, wurde gegen Mitte des 3.Jh.s von St.Denis, dem ersten

Bischof der Stadt, evangelisiert und ist politisches, geistiges, kulturelles wie kath. Zentrum Frankreichs; z.B. gründete hier (15.8.1534) Ignatius v. Loyola die 1540 vom Papst bestätigte Societas Jesu. Nach den Glaubenskriegen der 2. Hälfte des 16. Jh.s schufen Vertreter der »Ecole de Spiritualité Française, wie →Berulle (Oratorianer), →Olier (Sulpizianer) und der hl. Vincent de Paul die Grundlage für eine Wiedererneuerung des kath. Glaubens, die mit der politischen Einheit unter dem ersten Bourbonenkönig Henri IV. einherging. — Zu den bedeutendsten Stätten der MV gehören:

1. Notre-Dame de Paris, auf der Ile de la Cité, der Gründungsinsel von Lutetia (Lutèce), dem späteren P., gelegen, wo die mächtige gotische Kathedrale, vom linken Seineufer aus betrachtet, gleich einem gewaltigen Schiff (Charles Péguy: »Double vaisseau de charge aux deux rives de Seine« und »Etoile de la mer, voici la lourde nef — Où nous ramons tout nuds sous vos commandements — Voici notre détresse et nos désarmements«) den Wahlspruch der Stadt verkörpert: »Fluctuat nec mergitur.« Das 1163 unter Bischof Maurice de Sully begonnene und 1350 fertiggestellte Bauwerk geht auf eine galloröm. Kultstätte, — etwa an gleicher Stelle —, zwei Mkirchen aus dem 4. und 9. Jh. und eine dem hl. Stephanus geweihte Kirche aus dem 6. Jh. zurück. Das 12. Jh. war die Blütezeit der MV, die idealisierende höfische Minne noch vergeistigend. Die außerordentlich zahlreichen Mdarstellungen außer- wie innerhalb der Kathedrale dienten dem Ruhm, der Ehre und dem Lobpreis Ms: M als GM, Mediatrix und Fürsprecherin und gekrönte Himmelskönigin; besonders die erste Darstellung kann als programmatische Bilderpredigt gegen die im 12. Jh. den Glauben bedrohende Ketzerei der Albigenser (→Katharer) interpretiert werden, die die Inkarnation Christi verneinten und so die göttliche, nicht aber die menschliche Natur Christi anerkannten. Die Beendigung des Kreuzzuges gegen die Albigenser wurde 1229 im »Traité de Meaux« besiegelt, eine Inquisition folgte.

Die Kathedrale wurde Mitte des 19. Jh.s (1845—64) von Viollet-le-Duc (1814—79) in den vermeintlichen Originalzustand versetzt; das allgemeine Interesse am MA war v.a. von Victor Hugo's Roman »Notre-Dame de Paris« (1831) geweckt worden; der Schriftsteller gab somit den Anstoß zur Restaurierung der Kathedrale.

a) *Mariendarstellungen innerhalb der Kathedrale.* »ND de Paris«, eine Mstatue gleichen Namens wie die Kathedrale, aus dem 14. Jh., im rechten Kreuzarm des Querschiffs (Südostpfeiler), kommt ursprünglich aus der Kirche St. Aignan-au-cloître auf der Ile de la Cité, wo im 13. Jh. siebzehn kleine Kirchen oder Kapellen standen, von denen die letzten vier unter Haussmann (Napoleon III.) bei neuer Straßenführung zerstört wurden. Die genannte Statue ersetzte 1818 die in den Revolutionswirren 1793 zerstörte Pfeilermadonna des Mportals und erhielt erst 1855 auf Anraten von Viollet-le-Duc ihren jetzigen Platz, der seinerseits eine lange Tradition der MV aufweist. Anne d'Autriche, Gemahlin von →Ludwig XIII., ließ 1628 zu Ehren von ND de →Liesse, Patronin der sich Kinder wünschenden Fauen mit entsprechenden Anliegen, einen Barockaltar errichten. Die gotische Mstatue zeigt ein lächelndes und zum Weinen bereites Antlitz, je nach Standort des Betrachters: einmal als heitere Mutter mit Jesuskind, dann als Präfiguration der Leiden Christi. →Huysmans beschrieb in seinem Werk »La Cathédrale« die Mstatue: »Aperçue d'un certain côté, elle sourit à Jésus ... Regardée d'un autre point ... ce sourire, si prêt à s'épanouir, s'efface. La bouche se contracte en une apparence de moue et prédit les pleurs.« An dieser Stelle fand Paul →Claudel (1868—1955) am 25.12.1886 zum Glauben zurück, wie es eine Inschrift im Boden belegt: »25 décembre 1886. Conversion de Paul Claudel. Magnificat.« Der Schriftsteller berichtete darüber: »En un instant. mon coeur fut touché et je crus« (1913). 1955 wurde in der Kathedrale ein Requiem zu Ehren von Paul Claudel abgehalten. Auch die barocke Mstatue mit Jesuskind »ND de Bonne Garde« von Antoine Vassé (1727), links vom Haupteingang, wird viel verehrt; ursprünglich stand sie an der Stelle der gerade beschriebenen Statue »ND d' Aignan«, der »ND de Paris«. Zu beiden Statuen gehört auch das Mosaik mit dem Abbild von ND de Guadelupe, das erst 1963 auf Bitten der im Lande lebenden Mexikaner in einer Kapelle links vom Hauptschiff angebracht wurde, sowie auch M in der »Chapelle de ND des Sept-Douleurs« am Ende des Chors, wo eine Statue gleichen Namens steht.

Hinter dem Hochaltar im Chor, dem ältesten Teil der Kathedrale, steht die Pietà des Nicolas Cousteau (1723), rechts davon eine Statue Ludwigs XIII., der M seine Krone und sein Zepter überreicht (Guillaume Cousteau, 1715), links eine Statue Ludwigs XIV. (Antoine Coysevox, 1715, Onkel der beiden Cousteau), der seines Vaters bedingungslose Weihe an M (seiner Person, seiner Untertanen und seines Landes), visuell faßbar, so wie dies Ludwig XIII. schriftlich festgelegt hatte, ausführen ließ.

Auf dem nördlichen Chorabschluß befinden sich die zwischen 1300 und 1318 von Pierre de Chelles geschaffenen Skulpturen mit Szenen aus der Kindheit Jesu. Die unter Viollet-le-Duc vorgenommene Restaurierung ersetzte die vormals wohl frische Vielfarbigkeit mit einer dick aufgetragenen nicht nuancierten Farbschicht. Das 1711/15 geschnitzte Chorgestühl zeigt vorwiegend Szenen aus dem Mleben, z.B. auf der Nordseite Me Verkündigung, Geburt Christi, Anbetung der Hl. Drei Könige, auf der Südseite M unter dem Kreuz, M bei der Kreuzabnahme, M mit den Jüngern an Pfingsten, Aufnahme Ms in den Himmel. Im Kranz der Kapellen um den Chor und das Hauptschiff befinden sich drei Mgemälde: im Chor rechts in der »Chapelle St.

Georges« eine »Visitatio« (Jouvenet, 1716), im Hauptschiff, links, in der Taufkapelle, eine »Nativité« (Jérôme Franck, 1585) und in der »Chapelle de St. Charles« eine »Vierge de Piété« (Lubin Baugin, um 1650).

Die Mystik und Spiritualität der Kathedrale wird v. a. von den Rosetten (die Rose als Symbol Ms wie auch der höfischen Liebe: Roman de la Rose, 1236) vermittelt. Über dem Hauptportal an der West-(Haupt-)fassade befindet sich die älteste Rosette (1220, Durchmesser 9,60 m), im Zentralmedaillon sitzt M als Sedes Sapientiae mit dem Jesuskind auf den Knien. Die Nordrosette zeigt im Mittelpunkt ebenfalls M mit dem Jesuskind, die südliche Christus, wie ihn die Apokalypse beschrieben hat (beide 1270, Durchmesser 12,90 m). Diese »Rose du midi« wurde unter Viollet-le-Duc um 15 Grad gedreht, um die Südfassade zu konsolidieren, ein Zentralkreuz ist sichtbar. Im Osten befinden sich in der bereits erwähnten »Chapelle ND des Sept-Douleurs« ein Glasfenster von 1855: links die Ahnen Ms, in der Mitte Mszenen, rechts Merscheinungen und marian. Wallfahrtsorte.

b) Mariendarstellungen am Äußeren der Kathedrale. Die Skulpturen an den reich ausgestatteten Fronten zeigen nicht nur marian. Themen der Evangelien, sondern auch der Apokryphen, der Legenda aurea oder sie setzen lit. Bezüge aus der Zeit der Erbauung in die Bildsprache um (z. B. das Mirakelspiel des Théophile von → Rutebeuf [† 1280] an der »Porte du cloître«). Weithin sichtbar steht M mit dem Jesuskind auf der »Etage de la Vierge« der Hauptfassade, von zwei Engeln umgeben. Von einem bestimmten Blickpunkt des nach dem Abriß vieler Gebäude im 19. Jh. dreimal größeren Vorplatzes aus bildet die Westrosette den Glorienschein der GM. Die Gruppe wurde zweimal im 19. Jh. erneuert; das Original war im 17. Jh. noch vorhanden, mußte jedoch wegen großer Brüchigkeit im 18. Jh. entfernt werden. Rechts und links vom Hauptportal »Portail du jugement«, wo M als Fürsprecherin gezeigt wird, sind zwei ausschließlich M gewidmete Portale: rechts das »Portail de Sainte Anne« (1223—30) mit M als Sedes Sapientiae, eine Huldigung an M als Mutter des Erlösers, Bilder aus dem Leben der Eltern Ms, Anna und Joachim, und Szenen aus dem Mleben (Hochzeit Me, Verkündigung, Visitatio, Geburt Jesu und Hirtenverkündigung); links vom Hauptportal befindet sich das eigentliche Mportal »Portail de la Vierge« (1210—20). Steht im Annenportal die Menschwerdung Christi im Mittelpunkt, so hier die Verherrlichung Ms. Die Pfeilermadonna aus dem 19. Jh. steht da, wo zwischen 1818 und 1855 die jetzt als ND de P. im Innern der Kathedrale verehrte Mstatue stand, darüber die »dormitio« und die feierliche Krönung der GM zur Königin des Himmels.

Am Portal zum ehemaligen Klosterhof an der Nordfassade, dem »Portail du cloître«, steht die älteste noch erhaltene Mskulptur der Kathedrale, eine Pfeilermadonna aus dem 13. Jh. (das Jesuskind ist nicht mehr vorhanden); darüber befinden sich Szenen aus der Kindheit Jesu (auch am nördlichen Chorabschluß, 14. Jh., und am Annenportal, 12. Jh.) und Szenen aus dem Mirakelspiel »Théophile« von Rutebeuf (3. Viertel 13. Jh.). Links davon wiederholt sich an der »Porte Rouge« (1250—70) die Krönung Ms, wie sie auch am »Portail de la Vierge« zu sehen ist, mit dem Unterschied, daß hier der die GM krönende Engel waagrecht schwebt, während er am Mportal buchstäblich aus dem Himmel stößt. An der Außenwand der Chorapsis sind Reliefgruppen (1320) vom Tod Me, ihrer Grablegung und Aufnahme in den Himmel und nochmals Szenen aus »Théophile«, dann noch stark beschädigte Reliefs der Krönung Me, ihrer Verherrlichung im Himmel und M als Mittlerin beim Jüngsten Gericht.

c) Religiöse und politische Ereignisse mit Bezug zur Kathedrale. Von der Kathedrale ND de P. nehmen die Nationalstraßen Frankreichs mit Kilometerstand Null ihren Ausgang. Die Kathedrale war einst auch Halte- und Ausgangspunkt für Pilgerfahrten nach Compostela, Rom und Jerusalem.

Hier bestätigte der Bischof von P. im Jahr 1200 den Ritus der Elevation, der die Präsenz Christi auf dem Altar nach der Wandlung von Brot und Wein versinnbildlicht. Auch das Fest Fronleichnam, »Fête Dieu«, volkstümlich »Voir Dieu« genannt, wurde hier 1246 zum ersten Mal begangen. Am 10. 4. 1239 übergab →Ludwig IX. (1215—70) der Kathedrale die Dornenkrone Christi, bevor er eigens die »Sainte-Chapelle« für die wertvolle Reliquie errichten ließ. 1963 waren die Gedenkfeierlichkeiten anläßlich der 800-jährigen Gründung der Kathedrale; Ende Mai 1980 hielt Papst Johannes Paul II. dort ein feierliches Hochamt mit Predigt.

Der neunjährige Henry VI. Plantagênet, bereits König von England, wurde in ND de P. am 16. 12. 1430 zum König von Frankreich gekrönt, während →Johanna v. Orleans zur gleichen Zeit in Rouen auf ihren Prozeß wartete; ihr Rehabilitationsprozeß wurde 1455 auf Ersuchen ihrer Mutter und ihres Bruders in der Kathedrale aufgenommen. Als herausragendes Ereignis gilt nach wie vor die Weihe Ludwigs XIII. (1638) seiner selbst und Frankreichs an M, deren jährlich am 15. August mit der vom Monarchen gewünschten Prozession gedacht wird. Zwar entsprach dieses Gelöbnis durchaus dem rel. Empfinden Ludwigs XIII., es kann jedoch ebenso in Bezug zum politischen Umfeld gesehen werden. Am 15. 7. 1789 wurde die Einnahme der Bastille mit einem Te Deum gefeiert, am 7. 11. 1793 die Kathedrale für den Gottesdienst geschlossen, und drei Tage später die Göttin Vernunft (Déesse Raison) auf einem der Phil. geweihten künstlichen Felsen beweihräuchert; 1795 folgte die Wiedereröffnung für die Feierlichkeiten des 15. August, jedoch nur für den »konstitutionellen« Katholizismus, d. h. für den auf die neue Revolutionsregierung eingeschworenen Klerus.

Nach dem Konkordat zwischen Napoleon und Pius VII. wurde die Kathedrale am 18.4.1802 wieder offiziell der röm. Kirche übergeben, und am 2.12.1804 krönte sich dort Napoleon I. selbst, trotz und in Anwsenheit des Papstes (von David in einem pompösen Gemälde [Louvre] festgehalten). Am 17.11.1918 und am 9.5.1945 wurden das Ende des Ersten und Zweiten Weltkriegs mit einem Te Deum feierlich begangen. Am 26.8.1944 sangen de Gaulle und Leclerc in der Vierung der Kathedrale das Magnificat und dankten für die Befreiung der Stadt.

Lit.: Viollet-le-Duc, Dictionnaire raisonné de l'architecture française du XIe au XVIe, 10 Bde., 1854—68. — Abbé Hamon, ND de France I, 1861, 2—132. — A. Gabourd, Les Pèlerinages de P., 1862. — Abbé F.-R. Salmon, Les Pèlerinages de P., 2 Bde., 1874—1875.. — J.-E. Drochon, Pèlerinages Français, Paris 1890, 3—34. — M. Aubert, La Cathédrale ND de P., 1909. — Mgr. Batifolla, ND de P. dans l'histoire et dans la dévotion de la France, 1917. — M. Vloberg, ND de P. et le Voeu de Louis XIII., 1930. — Abbé A. David, Stations aux ND de P., 1936. — A. Garreau, Le Pèlerin de P. 1936. — Mâle I und II. — P.-M. Auzas, Les Grandes Heures de ND de P., 1951. — I. Couturier de Chefdubois, Mille Pèlerinages de ND, 1953, A 80—81. — Manoir IV 346—347. — M. Aubert, L. Grodecki, J. Lafond et J. Verrier, Les Vitraux de ND de P. et la Sainte-Chapelle, 1959. — P. du Colombier, ND de P., Mémorial de la France, 1966. — M. Colinon, Guide de la France religieuse et mystique, 1969, 520—521. — B. Mahieu, Cathédrale ND de P., 1977. — B. Chevalier et B. Gouley, Je vous salue, Marie, 1981, 278—280. — A. Trintignac et M.-J. Coloni, Découvrir ND de P., 1984. — A. Ponsar, L' Art de visiter ND de P. Le Mystère dévoilé, 1986. — J. Ladame, ND de toute la France, 1987, 43—45.

2. Rue du Bac und die »Wundertätige Medaille«. In der Kapelle des Mutterhauses der »Filles de la Charité« in der Rue du Bac 140 beten jährlich über eine Million Gläubige zu »ND de la Médaille Miraculeuse« (Fest am 26.11.; 1897 gekrönt), wo 1830 die Novizin Catherine →Labouré (* 2.5.1806, † 31.12.1876; 1947 kanonisiert) die Vision der UE erfuhr. Die täglichen Gottesdienste und ⋈andachten sind überfüllt; viele kommen außerhalb offiziell angesetzter rel. Übungen, so daß die Stätte als herausragender Ort marian. Gläubigkeit bezeichnet werden kann. Am 31.5.1980 suchte Papst Johannes Paul II. die Kirche auf, machte mit seinem Besuch auf die Bedeutung marian. Frömmigkeit aufmerksam und ehrte indirekt auch den Gründer St. Vincent de Paul und dessen tätiges Apostolat der Inneren- und Fremdenmission und in den Werken christl. Nächstenliebe.

In der Kirche der »Rue de Bac« ruht Louise de → Marillac, die unter Anleitung von Vincent de Paul (1581—1660; 1737 kanonisiert) 1633 die »Compagnie des Filles de la Charité« (auch »Soeurs de Saint-Vincent« genannt) gründete, als Pendant zu der von diesem errichteten »Congrégation des Prêtres de la Mission«, den »Lazaristes« (1625). Einzubinden sind diese Bewegungen in die sich zu dieser Zeit entwickelnde Spiritualität der »Ecole Française«. St. Vincent de Paul kam wiederholt mit Bérulle, Olier, St. François de Sales zusammen; sein Herz befindet sich auf einem eigenen Altar in der »Rue du Bac«, sein Leichnam in der Kirche der »Lazaristen« in der Rue de Sèvres 95, Paris 6e.

In einem zweiten Schrein ruht Catherina → Labouré (Fest am 28.11), deren ⋈visionen wesentlich und ausschlaggebend das Wiedererwachen und die Weiterentwicklung der Volksfrömmigkeit des 19.Jh.s beeinflußten und der Akzeptanz der ⋈erscheinungen in →La Salette (1846), →Lourdes (1858) und Pontmain (1871), wie auch des von Pius XI. 1854 verkündeten Dogmas der UE, dienlich waren. Die entscheidende Vision fand am 27.11.1830 statt; Catherine Labouré schaute das Bildnis ⋈s in drei verschiedenen Gestalten, bis sich schließlich dieses Bild in einer ovalen Medaille verfestigte, auf der in goldenen Buchstaben zu lesen war: »O Marie, conçue sans péché, priez pous nous qui avons recours à vous« (Oh, Maria, ohne Sünde empfangen, bitte für uns, die wir unsere Zuflucht zu Dir nehmen). Folgende Botschaft sollte Catherine Labouré weitergeben: alle, die diese Medaille trügen, erhielten große Gnadenerweise, um die die Gläubigen aber auch bitten sollten.

Der Erfolg der von ihrem Beichtvater Aladel veranlaßten Prägungen, möglicherweise vom Auftreten und den Auswirkungen der Cholera im März 1832 in Paris bedingt, war überwältigend. Die Produktion der ersten Medaillen aus dem Jahre 1832 steigerte sich von 1500 auf 15 Millionen im Jahre 1835; 1837 wurden 21 Millionen, 1842 gar 100 Millionen hergestellt. Erste Heilungen und Bekehrungen wurden zwischen 1833 und 1834 bekannt; die Zahl der Heilungen stieg von zwei im Jahre 1832 auf 146 im Jahre 1835 an. Offenbar übernahm die »Wundertätige Medaille« die Funktion eines Heilmittels bei Krankheit, des Trostes bei geistiger und materieller Bedrängnis. Aufsehen erregte die am 20.1.1842 in der Kirche S.Andrea delle Fratte in Rom erfolgte Bekehrung des 28-jährigen Sohnes eines jüdischen Bankiers in Straßburg, Alphonse Ratisbonne, dessen Bruder Theodore bereits konvertiert hatte und Vikar der Pfarrei ND de Victoires war. Nach Taufe und Ordination zum Priester gründete Alphonse zusammen mit seinem Bruder 1843 die Kongregation der »Religieuses« und 1855 die der »Prêtres de ND de Sion« zur Bekehrung Israels. Auch der Pfarrer von Ars verehrte die Medaille und weihte seine Pfarrei am 1.5.1836 der UE, wie es auf einer Gedenktafel festgehalten ist. Die Tabernakeltür der Kirche von Ars trägt die Embleme der Rückseite der Medaille. Die »Wundertätige Medaille« war Anlaß von Neugründungen von Vereinen zu Ehren ⋈s, wie z.B. die »Association des Enfants de Marie Immaculée« für die weibliche Jugend mit ersten Gruppierungen ab 1835 und besonders feierlichem Begehen des Monats Mai als »mois de Marie«, den Pius IX. 1847 offiziell als »mouvement d'Eglise« anerkannte. 1835 begann auch die Produktion entsprechender Andachtsgraphik. 1968 nahm die »association« den Namen »Jeunesses Mariales« (J.M.) an, seit 1981 arbeitet sie mit anderen christl. Jugendbewegungen zusammen. Die

»Association de la Médaille Miraculeuse« wurde 1909 unter Pius X. gegründet; ihr Ziel ist, die UE durch ein christl. geführtes Leben und die Verbreitung der Wundertätigen Medaille zu ehren wie für Priester- und Missionarsberufungen zu beten. Diesen Zielen dient auch die Zeitschrift »Message et Messagers (Les Missions des Lazaristes et des Filles de la Charité) / La Medaille Miraculeuse«.

Lit.: J. Aladel, Notice Historique sur l'Origine et les Effets d'une nouvelle médaille en l'honneur de l'Immaculée Conception de la Très Sainte Vierge et généralement connue sous le nom de Médaille Miraculeuse, 1834, [8]1842, [11]1895. — C.M. Le Guillou, Neuvaines à Marie, pour implorer son assistance spéciale en portant sur soi la médaille nouvellement frappée en l'honneur de son Immaculée Conception, et généralement connue sous le nom de Médaille Miraculeuse, 1834. — R. Laurentin, Catherine Labouré et la Médaille Miraculeuse, 2 Bde., 1976. — Ders., Vie authentique de Catherine Labouré, 2 Bde., 1980. — Ders., Le 20.1.1842. Marie apparaît à Alphonse Ratisbonne, 2 Bde., 1991. — Broschüren: La Sainte du Silence et le Message de ND, o.J. — Catherine Labouré, Fille de la Charité de Saint Vincent de Paul, 1806—76, o.J.

3. *Notre-Dame des Victoires* im II. Arrondissement nahe dem Palais Royal, seit 1927 Basilika, ist eng mit der Entwicklung der »Wundertätigen Medaille« verbunden. Den Grundstein der ursprünglich königlichen Abtei des Augustinerordens legte 1629 Ludwig XIII. nach der Kapitulation der »ketzerischen« Stadt La Rochelle. Eine zweite Verbindung zum Königshaus ergab sich im November 1637: Dem Laienbruder Frère Fiacre wurde in einer Vision Ms die bevorstehende Geburt des langersehnten Thronfolgers Louis Dieudonné, des späteren Ludwig XIV. (5.9.1638) versprochen (→Cotignac).
Aktualität und Kontinuität der heutigen MV gehen auf Abbé Dufriche-→Desgenettes (1778—1860) und die von ihm gegründete »Archiconfrérie de ND des Victoires« zurück. Am 12.1. 1837 errichtete er in der Tradition von →Eudes (1601—80) die »Confrérie du Saint et Immaculé Coeur de Marie pour la Conversion des pécheurs« (Fest am 16.1.). Die Mitglieder trugen die »Wundertätige Medaille« und beteten regelmäßig: O Marie conçue sans péché, priez pour nous qui avons recours à vous.« Bereits 1838 erhob Gregor XVI. die Bruderschaft in den Rang einer universellen Bruderschaft, die weltweit eine unvorhersehbare Popularität erlangte und neue Zeichen der Volksfrömmigkeit setzte. Die einzigartige Verbreitung und Rezeption der »Wundertätigen Medaille« stellte die Möglichkeit des Übernatürlichen gegenüber einer materialistischen und positivistischen Welt unter Beweis: 1840 gab es in Frankreich 152 Filialbruderschaften; 1849 5902; 1860 13265 mit 20 Millionen Mitgliedern; 1895 18850 mit 30 Millionen; 1914 20000 mit 40 Millionen. Zu den ersten Eintragungen am 12.1.1837 zählten die Unterschriften von Dom →Gueranger (1805—75), der den Benediktinerorden und die Liturgie wiedererneuerte, und von Henri Lacordaire (1802—61), der 1835 und 1836 berühmte Fastenpredigten in ND de P. hielt und den Dominikanerorden in Frankreich wiedereinführte; 1844 gründete er hier den Dritten Orden des hl. Dominikus. 1848 rief in diesem marian. Heiligtum Herman →Cohen die weltweit verbreitete nächtliche Anbetung des Altarsakramentes ins Leben. Die hl. Theresia v. Lisieux schrieb ND des Victoires ihre Genesung von schwerer Krankheit zu und suchte das Heiligtum am 4.11. 1887 auf. Der künftige Papst Pius XI. kam 1903; 1952 trug sich Kardinal Roncalli (Johannes XXIII.) in das Goldene Buch ein.
Nach wie vor verbreitet die Pfarrei marian. Frömmigkeit: Anläßlich der 150-jährigen Wiederkehr der Weihe an das »Unbefleckte Herz Mariens, Zuflucht der Sünder« fanden zwischen dem 5.12.1985 und dem 4.12.1986 zahlreiche Vorträge statt, z. B. von Père Bernard Mollat du Jourdin, Rektor der Basilika, oder Kardinal Suenens. Zwischen dem 15.1. und dem 25.3.1988 wurde in der Basilika eine vom Dominikanerpater Michel Albaric ausgerichtete Ausstellung mit folgenden Themen gezeigt: L'Enfance de la Vierge, La Maternité de la Vierge, La Glorification de la Vierge. Heute wird die Erzbruderschaft »Association universelle de prière mariale« genannt. Viermal jährlich erscheinen die »Annales de ND des Victoires«. Die verehrte Gnadenstatue (die dritte seit der Gründung) stammt aus dem Jahre 1822; ihr Bild wird als kleines Andachtsbild und als Postkarte vertrieben.

Lit.: Abbés E. Lambert et A. Buirette, Histoire de l'église de ND des Victoires depuis sa fondation jusqu'à nos jours, 1872. — Abbé G. de Bessonies, ND des Victoires, In: Revue ND (August 1911) 200—209; (Oktober 1913) 295—311. — Abbé G. Breffy, ND des Victoires, 1926. — F. Veuillot, Un siècle à ND des Victoires, 1936. — Abbé L. Blond, ND des Victoires, 1937. — Ders., Le Centenaire de ND des Victoires, 1937. — Ders., ND des Victoires et le Voeu de Louis XIII., 1938. — R. Laurentin et P. Roche, Catherine Labouré et la Médaille Miraculeuse, 1976. — Conférences mariales données à ND des Victoires du 5.12.1985 au 4.12.1986. — M. Albaric, Sources Littéraires de la Vie de la Vierge, In: Ausst.-Kat., 15.1.—25.3.1988. — B. Mollat du Jourdin, ND des Victoires, In: La Règn de Jésus par Marie (Oktober 1988) 227—331. — Broschüre: ND des Victoires, o.J.

4. *Notre-Dame-de-Vertus in Aubervilliers*, der nordöstlichen »banlieu« von P., geht auf folgendes Wunder zurück: Am 14.5.1336 betete ein junges Mädchen bei großer Trockenheit vor der Mstatue der damaligen Kapelle um Regen; sie sah, wie sich das Antlitz Ms mit Wassertropfen bedeckte, und ein einsetzender Regen rettete die Ernte und die Menschen vor einer Hungersnot. Der Name »ND des Vertus« könnte auf zweifache Weise eine Erklärung finden: einmal von »virtus«, Macht und Stärke Ms, die sich in Wundern zu äußern vermag, oder in Anspielung marian. Tugenden, »Vertus«, z. B. ihr Gehorsam gegenüber Gott, ihr Mitleiden am Tode Christi.
In der heutigen Kirche (Mitte 15.Jh., Barockfassade, 1628) steht links vom Hochaltar in Nachfolge der 1793 verbrannten Mstatue mit Kind seit dem 13.5.1873 (Patronatsfest am zweiten Dienstag im Mai) eine Mfigur nach dem Modell derjenigen in Saint-Julien-le-Pauvre (ih-

rerseits eine Kopie von ND-des-Vertus). Dort hatte die »Confrérie de ND-des-Vertus« von 1590 bis zur Revolution von 1789 ihren Sitz. Aus dem 14. Jh. werden zahlreiche Wunder, bes. die Wiedererweckung verstorbener Kinder, und die Gründung der »Confrérie des Merciers« berichtet. 1452 wurde ein Ablaß von 100 Tagen gewährt. 1529 fand eine Prozession aller P.er Pfarrgemeinden von ND de P. nach ND-des-Vertus mit dem Anliegen statt, daß die in Deutschland sich ausbreitende Reformation in Frankreich eingedämmt werde. Neben Johanna v. Orléans (1429) suchten Ludwig XI. und Ludwig XIII. wiederholt den Wallfahrtsort auf. Eine in den siebziger Jahren des 19. Jh.s angebrachte Gedenktafel macht darauf aufmerksam, daß ND-des-Victoires in P. die »Tochter« von ND-des-Vertus ist. Ludwig XIII. hat dort das Gelübde abgelegt, ⒨ zu Ehren eine Kirche bauen zu lassen, wenn er seine Feinde besiegte und insbesondere die ketzerische Stadt La Rochelle einnähme. Der Sieg traf mit der Bitte der Unbeschuhten Augustiner, der »Petits Pères«, um den Bau einer Kirche ihres Konvents zusammen. Im 17. und 19. Jh. blühte die Wallfahrt: ND-des-Vertus war geistiges Zentrum der Wiedererneuerer des kath. Glaubens, der »Ecole de Spiritualité Française«. Zwischen 1623 und der Franz. Revolution wurde die Pfarrgemeinde den Oratorianern (1611 von Kardinal de Bérulle nach dem Vorbild von Philipp Neri gegründet, betreut. François de Sales, Vincent de Paul, Jean-Jacques Olier und Jean Eudes hielten sich dort auf und beteten vor der ⒨statue, wie auch Jean-Baptiste de la Salle aus Reims. Die Errichtung der »Confrérie de Saint-Fiacre« (Patron der Gärtner) im Jahre 1850 belebte die Wallfahrt neu. Erst 1866 wurde ND-des-Vertus offiziell zur Hauptpatronin der Pfarrgemeinde erhoben; bis dahin stand die Kapelle und dann die Kirche unter dem Patronat des hl. Christopherus, dem im 18. Jh. Jakobus der Ältere hinzugefügt worden war (beider Fest am 25.7.). 1872 wurde Abbé Amodru, ehemaliger Direktor der »Archiconfrérie de ND-des-Victoires«, zum Pfarrer in ND-des-Vertus ernannt, 1873 folgte die Weihe der bereits erwähnten ⒨statue, 1874 die Gewährung eines vollkommenen Ablasses. Zwischen 1865 und 1920 entstanden Glasfenster, u. a. mit den fünf ⒨erscheinungen des 19. Jh.s (Rue du Bac, 1830; ND-des-Victoires, 1838; La Salette, 1846; Lourdes, 1858; Pontmaint, 1871), den von ⒨ am Ort bewirkten Wundern und mit den Symbolen der Lauretanischen Litanei. Der Wallfahrtsort war bis in die fünfziger Jahre dieses Jh.s belebt (1949 Besuch von Nuntius Roncalli). Im Hl. Jahr 1950 war die Kirche Station für alle, die nicht nach Rom pilgern konnten.

Lit.: J. du Breul, Le Théâtre des Antiquités de Paris, 1612. — Abbé Cottin, Notice sur le pèlerinage et l'église de ND-des Vertus à Aubervilliers, 1865. — Abbé L. Amodru, ND-des Vertus, ancien pèlerinage du diocèse de Paris, manuel des pèlerins, 1875. — G. Massart, Un pèlerinage célèbre à ND-des-Vertus, 1889. — G. Poisson, Aubervilliers, notes sur l'histoire et la ville et sur l'église ND-des-Vertus, 1958. — R. Labois, ND-des-Vertus d'Aubervilliers à l'origine de ND-des-Victoires à P., In: Bulletin de la Société de l'Histoire et de la Vie à Aubervilliers 5 (1986). — R. Labois, Aubervilliers-les-Vertus, 1000 ans d'histoire civile et religieuse, 1987. — H. Cabezas, La politique »nationaliste« de l'Église catholique française sous la IIIe Republique. L'exemple de ND-des-Vertus d'Aubervilliers, In: Revue d'Archéologie Moderne et d'Archéologie Générale 5 (1987). — J.-M. Dabin und J.-P. Decavele, L'église ND-des-Vertus, Aubervilliers, 1990. *W. Hahn*

Parker, Horatio William, * 15. 9. 1863 in Auburndale (Massachusettes), † 18. 12. 1919 in Cedarburst, Long Island, amerikanischer Pianist und Komponist, interessierte sich erst mit 14 Jahren für Musik, wurde als 16-jähriger Organist in Dedham, wo er auch mit der Komposition von Hymnen und Anthems begann. In Boston studierte er Klavier und Komposition; 1882—85 war er Schüler von Rheinberger in München. Nach seiner Rückkehr nach Amerika lehrte er als Dozent in New York.

Durch die Uraufführung seines Oratoriums »Hora novissima« 1892 wurde er auch als Komponist bekannt. Bis 1899 war er Organist in der Dreifaltigkeitskirche in Boston; ab 1894 leitete er auch die Musikabteilung der Yale-Universität. In dieser Zeit baute er als Dirigent das New Haven Symphony Orchestra auf.

Weiteren Kreisen wurde er als Komponist v. a. durch seine Opern »Mona« (1911) und »Fairyland« (1914) bekannt. Aus der Oper »Fairyland« stammt auch das Stück »Ave virgo gloriosa« für Frauenchor und Klavier. Unter marian. Aspekt seien hier ferner das »Salve Regina« (1895) für Solostimme und Klavier sowie das »Magnificat« (1890) für Chor, Solostimmen und Orgel erwähnt.

Lit.: G. W. Chadwick, H.P., 1921. — D. S. Smith, A study of H.P., In: Musical Quarterly 16 (1930) 153ff. (mit Werkverzeichnis). — W. K. Kern, H.P. 1863—1919: a study of his life and music, Diss., University of Illinois 1965. *F. Maier*

Parler, Baumeister- und Bildhauerfamilie. Mitte des 14. Jh.s ist in Mitteleuropa ein tiefgreifender Stilwandel zu beobachten. Während seit der Mitte des 13. Jh.s die bildhauerischen Arbeiten vielfach geprägt waren von mystischer Verklärung und Verinnerlichung, zeigte sich nun in der plastischen Gestaltung eine immer stärker werdende Betonung der natürlich-realistischen Ausdruckskraft. Ebenso erhielt die Architektur neuartige Impulse durch die intensive Auseinandersetzung mit den technischen und konstruktiven Möglichkeiten. Dieser neuartige künstlerische Ansatz erfuhr eine erstaunlich rasche Verbreitung in Deutschland und den benachbarten Regionen. Ausgelöst, getragen und verbreitet wurde diese Entwicklung von der weitverzweigten Baumeister- und Bildhauerfamilie P.

Heinrich P. gilt als der Stammvater der P. Er war — zumindest für eine gewisse Zeit — Baumeister an der Heiligkreuzkirche in Schwäbisch Gmünd, die von der Forschung als Schlüsselwerk der P. angesehen wird. Der 1351 begonnene neuartige Hallenumgangschor mit den flach zwischen den Strebepfeilern eingefügten Kapellen ist eine freizügige Weiterentwicklung der Chorlösungen von Zwettl und Notre-Dame in Paris. Zentrales und gleichzeitig neuartiges Element der Architektur hier und auch in den nachfolgenden P.bauten ist die Kontrastierung und Verbindung von Flächen und Kuben (W. Groß). P.sche Züge zeigt auch die Plastik der Heiligkreuzkirche. Während die Langhausplastik noch weitgehend der oberrheinisch-fränkischen Tradition verpflichtet ist, sind die beiden Jeremias und Jesaias genannten Figuren bereits gekennzeichnet von der neuartigen Auffassung, die in den realistisch gestalteten Gesichtszügen und in der natürlich geformten Körperlichkeit faßbar wird.

Gelegentlich wird für den Schwäbisch Gmünder Chor auch schon Heinrich P.s Sohn Peter mit in Anspruch genommen. Ist dies wegen des jugendlichen Alters (*1330/33) wohl zweifelhaft, so ist eine Lehrzeit beim Vater durchaus anzunehmen. Seine Wanderschaft führte ihn nach den derzeitigen Erkenntnissen an den Oberrhein und sicherlich nach Köln. Bevor er im Alter von 23 Jahren von Karl IV. nach Prag berufen wurde, hat er vermutlich in Nürnberg gewirkt; dort ließ der Kaiser ab 1350 die Frauenkirche errichten »zu Lob und Ruhm seines Kaisertums, zu Ehren der glorreichen Jungfrau Maria, der Mutter Gottes, zu seinen und seiner Vorfahren Seelenheil«. Seine künstlerische Vollendung zeigte Peter P. dann jedenfalls in der genialen Bauausführung des Prager Veitsdomes. Zunächst war es Matthias v. Arras (†1352), der seit der Grundsteinlegung (1344) mit der Planung und Bauausführung betraut war. Peter P. übernahm die von seinem Vorgänger erstellten Teile, entwickelte aber den Bau in der ihm eigenen Genialität und Schaffensfreude weiter. Hervorzuheben ist die 1367 geweihte Wenzelskapelle, deren Bedeutung durch die in Goldgrund eingelassenen Edelsteine, den Freskenzyklus und die reiche Gewölbefiguration unterstrichen wird. Das Hochschiff des Domes wölbte P. um 1385 mit einem »Parallelrippengewölbe«, es gilt gemeinhin als erstes Netzrippengewölbe überhaupt. Der noch in der Gotik fertiggestellte Südturm ist erst unter Peters Sohn Wenzel begonnen worden.

Neben dem Veitsdom baute Peter P. nachweislich den Chor der Bartholomäuskirche in Kolin. Vom Formenreichtum des Prager Veitsdomes ist nicht mehr viel zu spüren; P. arbeitete hier mit sparsamsten architektonischen Mitteln. Als Neuerung, die vielfach Nachahmung fand, konstruierte er als Binnenchorabschluß einen Mittelpfeiler in der Hauptachse. Für P. belegt ist ebenfalls der Chor der Allerheiligenkapelle auf dem Hradschin, eine höfische Palastkapelle nach dem Muster der Ste. Chapelle. Der Altstädter Brückenturm zeigt im Gewölbe der Tordurchfahrt wiederum die Experimentierfreudigkeit P.s. Zusammenfassend läßt sich feststellen, daß Peter P. überkommene Formen und Typen geschickt und phantasiereich zu variieren verstand. R. Suckale weist darauf hin, daß es für Peter P. charakteristisch sei, jede Bauaufgabe entsprechend ihrer Tradition zu lösen.

Peter P.s Kunstfertigkeit als Architekt hat insbesondere durch dessen weitverzweigte Verwandtschaft rasche Verbreitung in den wichtigen Bauzentren gefunden. So wissen wir aus den Quellen, daß sein Sohn Wenzel um 1400 bis 1404 als Kirchenbaumeister in Wien tätig gewesen sein dürfte. Johannes P. übernahm 1398 die Dombaumeisterstelle seines Vaters. Man sieht in ihm den Erbauer des Südturmes und den Architekten des Chores der Kuttenberger Barbarakirche. Im Oberrheingebiet wirkte Johann v. Gmünd, ein Bruder Peter P.s. Er wurde 1354 Werkmeister am Freiburger Münster und arbeitete ab 1356 gleichzeitig an dem durch ein Erdbeben teilweise zerstörten Basler Münster. Dessen Sohn Michael v. Freiburg wurde 1383 als Baumeister nach Straßburg berufen. In weiterer Sohn, Heinrich v. Gmünd, wurde 1381 durch den Markgrafen Jodok v. Mähren als Baumeister berufen. Schließlich tauchen Mitglieder der P.familie in Ulm auf, ohne daß hier ein Name fixiert werden könnte. Rasch verbreitete sich von diesen Zentren die Parlerkunst in ganz Mitteleuropa aus.

Peter P. war aber nicht nur ein genialer und findiger Baumeister, sondern seine Bildhauerkunst setzte ebensolche herausragende Maßstäbe. Die Quellen lassen nämlich den Schluß zu, daß er auch die plastische Ausgestaltung seiner Bauten selbst entwarf, ja teilweise selber ausführte in enger Zusammenarbeit mit seiner Bauhütte. Seine Vorbilder sind sicherlich in der zeitgenössischen franz. Skulptur zu suchen; jedoch im Gegensatz zu dieser eher »asketischen« Bildhauerei in der Tradition des vorangegangenen 14. Jh.s gestaltete er massige und realistische Figuren. Frühe Zeugnisse seiner bildnerischen Kunst werden in den Prophetenfiguren von Schwäbisch Gmünd und in einem Teil der Plastiken der Nürnberger Frauenkirche gesehen; dort zeigt sich bereits die neuartige Auffassung in den realistisch gestalteten Gesichtszügen und in der natürlich geformten Körperlichkeit. Urkundlich faßbar ist bislang nur ein einziges Werk, das Grabmal des Przemysliden Ottokar I. Daran anknüpfend versucht A. Schädler über zahlreiche mutmaßliche Spätwerke Peter P.s die stilistische Entwicklung zur Schönen Madonna von Thorn herzustellen, die er als eigenhändiges Werk Peter P.s und damit als eines der Inkunabelwerke des Schönen Stils betrachtet. Demgegenüber sieht die traditionelle Forschung um G. Schmidt erst im Werk Heinrich P.s, Neffe von Peter P., die Anfänge des Schönen Stils begründet (z.B. Wenzelsfigur im Veitsdom und Pietà der Brünner Thomaskirche). Deutlich treten hier die Grenzen der Stilkritik zutage. Möglicherweise haben auch die Söhne Peter P.s bildhauerisch an den Frühwerken des Schönen Stils mitgewirkt.

P. Parler (?), Thorner Madonna, ehemals Thorn, St. Johannis

Die seit der Wende vom 13. zum 14. Jh. zu beobachtende Herauslösung von Andachtsbildern aus Bildzyklen erfuhr einen Höhepunkt in den Vesperbildern und →Schönen Madonnen der letztlich aus der Prager P.hütte hervorgegangenen Variante des »Internationalen Stils«. Zu verdanken ist dies sicherlich maßgeblich →Johann v. Jenzenstein, dem dritten Prager Erzbischof, der durch seine tiefe MV entscheidende Impulse dafür gegeben hat.

Es ist aufgrund fehlender Quellen und der begrenzten stilkritischen Möglichkeiten nur bedingt möglich, die einzelnen Objekte bestimmten Künstlern oder Werkstätten der weithin tätigen P.familie zuzuordnen. Es verwundert daher nicht, daß der Begriff »parlerisch« sehr häufig und großzügig in der kunstgeschichtlichen Literatur verwendet wird. Die folgende Auflistung marian. Bildwerke kann deshalb nur eine kleine Auswahl der Werke sein, die parlerische Stilmerkmale tragen.

Böhmen und Mähren: Die Nationalgalerie in Prag verwahrt zwei um 1380 entstandene M darstellungen, die in enger Verbindung mit der Prager Hüttenplastik gesehen werden: Die aus Saraz stammende M mit Kind (Lindenholz) verweist in ihrer Gesichtsgestaltung auf eine enge Beziehung zu den weiblichen Triforiumsbüsten des Prager Veitsdomes, ebenso zeigt sich der Einfluß der Hütte in der »Betonung und Steigerung des konvexen Volumens«; die M lactans zeigt sich in ihrer raffinierten Konzeption, in der markanten Betonung der Körperlichkeit, auch in der Gestaltung des Gesichtes und der Feinheit der Haarlocken in enger Verwandtschaft mit dem Schaffen Peter P.s. — Die aus Sandstein gearbeitete GM (um 1381) des Altstädter Rathauses greift franz. Vorbilder auf, setzt aber ebenso die plastischen Gestaltungselemente der Prager Hütte voraus. — Heinrich, der Neffe Peter P.s, war seit 1381 im Dienste des Markgrafen Jost v. Mähren in Brünn. In der dortigen Thomaskirche hat sich eine Pietà, gearbeitet in Pläner Kalk, aus der Zeit um 1385 erhalten, die ihm zugeschrieben wird. In der formalen Gestaltung ist dieses Andachtsbild als Bindeglied anzusehen zwischen den älteren parlerischen horizontalen Vesperbildern und denen des Schönen Stils. — Die aus Pläner Kalk gearbeitete Schöne Madonna (um 1385) in der Pilsener Bartholomäuskirche gilt als eines der bedeutendsten Werke des Meisters der Krumauer Madonna. Besonders in der ausgeprägten Körperlichkeit und in der Steigerung der Volumina zeigt sich deutlich die Vorbildwirkung der Prager Hütte. — Die 1380/90 geschnitzte Madonna aus Zebrak, das Werk eines bedeutenden Prager Bildhauers, ist gekennzeichnet durch die starken formalen Parallelen zu den Malereien des Wittingauer Meisters, ist aber ebenso inspiriert von der monumentalen P.plastik. — Die Sternberger Madonna (1390/1400) ist als Werkstattarbeit des Meisters der Thorner Madonna einzuordnen, da deren Qualität und Perfektion nicht mehr erreicht werden.

Oberrhein: Das Freiburger Münster verwahrt zwei marian. Darstellungen, die der ganz frühen P.skulptur angehören: eine kleine Madonna und eine Verkündigungsgruppe. Der seit 1359 nachweislich am Münster beschäftigte Johann v. Gmünd errichtete auch die beiden Chorportale, wovon das südliche an den Tympanonreliefs Szenen aus dem M leben zeigt. Die figürlichen Darstellungen zeigen enge stilistische Verwandtschaft zur frühen P.plastik in Schwäbisch Gmünd und Augsburg. Die seitlich im Portal angebrachte gekrönte M mit Kind spiegelt in ihrem ausgeprägten Realismus und ihrer Ausdruckskraft überzeugend die neuartigen Intentionen der P.kunst wider.— Das Augustinermuseum in Freiburg besitzt ein Antependium aus der Zeit um 1400, das aber stilistisch auf Merkmale der frühen P.zeit zurückgreift. Als Hauptszenen sind dargestellt Verkündigung, Heimsuchung und Anbetung der Könige.

Schwaben: Das dem 𝔐leben gewidmete Südwestportal des Ulmer Münsters — es soll in seinen ältesten Teilen um 1377/83 von Heinrich P. d. Ä. geplant worden sein — wurde nach einer Hypothese von S. Schultz zunächst für das Hauptportal geplant. Nach einer Planänderung seien aber die bereits fertiggestellten Teile des Tympanons als zu klein erachtet und zur Ausgestaltung des Südwestportals benutzt worden. In Anbetracht dessen, daß die Kirche ursprünglich der GM geweiht war, klingt dies durchaus überzeugend. Der obere Teil der Reliefdarstellungen zeigt in siebzehn Szenen das Leben 𝔐s, beginnend mit der Zurückweisung Joachims im Tempel und gipfelnd in der 𝔐krönung. Die unteren drei Felder zeigen die Geburt Christi, den wundersamen Aufbruch der Hl. Drei Könige und die Anbetung des Kindes. Sowohl die Gestaltung der Figuren als auch die Komposition der Reliefszenen deuten, auch im Hinblick auf die gestalterische Nähe zum Augsburger 𝔐portal, auf eine frühe Entstehung in der P.zeit hin. — Gemeinhin gilt das Südportal des Augsburger Domes als parlerische Arbeit in Abhängigkeit von den Chorportalen in Schwäbisch Gmünd, mit Quellen läßt sich dies jedoch nicht belegen. Das dem 𝔐leben gewidmete Tympanon ist dadurch charakterisiert, daß grob gestaltete Elemente mit fein gearbeiteten Partien wechseln. Als besonders qualitätsvolles Objekt sei noch die Muttergottes am Mittelpfeiler des Portals erwähnt.

Franken: Neben Nürnberg ist es v. a. Bamberg, das mit parlerischer Kunstfertigkeit in Berührung gekommen ist. Zu nennen ist hier eine vorzüglich gearbeitete Verkündigungsgruppe (Bamberg, Diözesanmus.).

Altbayern: Zweifellos ist das herausragende gotische Bauwerk Altbayerns der Dom zu Regensburg. Sein Westportal mit seinem reich und differenziert gestalteten 𝔐zyklus zeigt stilistisch einen allmählichen Wandel vom späten P.stil zum entwickelten Weichen Stil, die Entstehungszeit ist zwischen 1385/1410 anzusetzen. — Der P.plastik um 1380 ist außerdem ein 1963 gefundenes Kopffragment einer GM aus Regensburger Privatbesitz zuzuordnen.

Österreich: Die um 1393 entstandene Madonna von Altenmarkt gehört zu den Frühwerken der böhmischen Schönen Madonnen und ist zugleich Urtypus derselben Salzburger Prägung. Stilistisch ist die Madonna abhängig von der Malerei des Wittingauer Meisters, der auch die Prager Hüttenplastik mannigfaltige Impulse zu verdanken hatte. — Etwa zeitgleich ist die Pietà des Klosterneuburger Stiftsmuseums entstanden; sie zeigt vielerlei Übereinstimmungen mit dem Heinrich P. d. J. zugeschriebenen Vesperbild der Thomaskirche in Brünn und wird deshalb in der Forschung als Werkstattarbeit desselben angesehen.

Ungarn: Die aus Kalkstein gearbeitete 𝔐 mit Kind (Budapest, Szépművészti Mús., Ende 14. Jh.) deutet auf franz. Einflüsse hin (Burgund). Gleichwohl ist die Figur von der Hand eines Meisters gefertigt, der wohl in der Prager P.hütte gelernt hatte und möglicherweise über die Werkstatt Heinrich P.s d. J. mit franz. Elementen in Berührung gekommen war.

Polen: Die Madonna aus der Johanniskirche in Thorn nimmt als Frühwerk der Schönen Madonnen einen besonderen Stellenwert ein. Aufgrund ihrer Monumentalität, der sensiblen Gestaltung der Gesichter und der ausgeprägten Plastizität des Faltenwurfes ist sie aufs engste mit der P.hütte in Prag verbunden. Die mit außergewöhnlicher Perfektion hergestellte Plastik wird sowohl Peter P. selbst als auch dessen Neffen Heinrich P. d. J. zugeschrieben. — Zur Ausstattung des Karmeliterinnenklosters in Krakau gehört eine aus Eichenholz gefertigte Stehende Madonna mit Kind (um 1380/90). Neben anderweitigen stilistischen Bezügen (z. B. erinnern die Proportionen an die Madonna aus Zebrak) sind parlerische Einflüsse nachvollziehbar in der charakteristischen Gestaltung der Gesichtszüge. — Die aus Liegnitz stammende, heute in Warschau ausgestellte GM mit Kind rückt vor allem dadurch in parlerische Nähe, daß das Jesuskind verblüffende Ähnlichkeit zeigt mit dem Kind der 𝔐statue am Südportal des Ostchores des Augsburger Domes.

Niederrhein: In Köln waren es Heinrich P. d. J. und Michael II v. Savoyen, der Schwiegersohn von Peter P., die durch die Gestaltung des Petersportales an der Westseite des Domes entscheidende Impulse einbrachten. Insbesondere drei Vesperbilder aus der nächsten Umgebung (Köln, St. Alban und St. Kolumba; Düsseldorf, St. Lambertus) zeigen enge stilistische Übereinstimmungen mit der Brünner Gruppe aus der Werkstatt Heinrich P.s.

Luxemburg: In der Luxemburger Pfarrkirche St. Johann wird eine aus Nußbaumholz geschnitzte Madonna mit Kind (Ende 14. Jh.) als Gnadenbild verehrt, deren Entstehung in Köln im künstlerischen Einflußbereich der Parler gesehen wird.

Mittelrhein: Am Südportal der Liebfrauenkirche in Oberwesel hat sich eine aus Sandstein gearbeitete 𝔐 mit Kind erhalten (1370/80), die sowohl in der Gesichtsbildung als auch in der Drapierung des Gewandes deutliche Abhängigkeit von der Augsburger Chorportalmadonna zeigt. — Die Pietà aus der Marburger Elisabethkirche ist nach Kutal das »Schöpfungswerk der Schönen Vesperbilder«. Zahlreiche Merkmale verweisen auf die parlerischen horizontalen Vesperbilder, wie z. B. die breite Dornenkrone Christi oder das abstehende Kopftuch.

Lothringen und Elsaß: Nur wenige Objekte geben in Lothringen Zeugnis von parlerischem Einfluß, so etwa vier Schlußsteine aus der abgerissenen Coelestinerkirche von Metz. Darauf sind zu sehen Darstellungen der mystischen

MV mit der Szene der Weissagung der Tiburtinischen Sibylle an Kaiser Augustus und auf den weiteren Steinen die apokalyptische M mit Kind im Strahlenkranz und die Mkrönung. — Das große Tympanon des Westportals der St. Theobaldkirche in Thann (1360/1400) zeigt einen ausführlichen Mzyklus, der einen Bogen spannt vom Opfer Joachims bis zur Mkrönung. Die ikonographischen und stilistischen Vorbilder sind zu suchen in Freiburg, Schwäbisch Gmünd, Augsburg, Ulm und im Kölner Petersportal.

Thüringen und Sachsen: Diese Region zeigt ein vielfältiges Bild von parlerisch beeinflußter Kunst. Der sog. Saalfelder Meister hat typische Stilmerkmale der P. übernommen. In seinem bedeutendsten Werk, dem Saalfelder Jüngsten Gericht, wird M zwischen den Seligen und Verdammten dargestellt. — Die Pietà im Magdeburger Dom aus der Werkstatt des Düsseldorfer Vesperbildes gehört einer Stilstufe an, die zwischen den parlerischen horizontalen und den Schönen Vesperbildern anzusiedeln ist. — Den Abschluß soll bilden der Hinweis auf ein Werk des Conrad v.Einbeck. Seine klagende M der Moritzkirche in Halle/Saale vermag in ungewöhnlicher Eindringlichkeit den Kummer Ms darzustellen. Mit großer Wahrscheinlichkeit hat Conrad v.Einbeck seine Ausbildung in der Prager Dombauhütte erfahren, sein Personalstil läßt davon jedoch nur wenig spüren.

Lit. (in Auswahl): J.Neuwirth, Die Wochenrechnungen und der Betrieb des Prager Dombaues in den Jahren 1372—1378, Prag 1890. — Ders., Peter P. von Gmünd, Prag 1891. — E.L. Fischel, Die mittelrheinische Plastik im 14.Jh., 1923. — E.Wiese, Schlesische Plastik vom Beginn des 14. bis zur Mitte des 15.Jh.s, 1923. — W.Passarge, Das Vesperbild des MA, 1924. — W.Pinder, Die dt. Plastik des ausgehenden MA und der Frührenaissance, 1924. — H.Kunze, Die Plastik des 14.Jh.s in Sachsen und Thüringen, 1925. — H.Beenken, Bildhauer des 14.Jh.s am Rhein und in Schwaben, 1927. — H.Reinhold, Der Chor des Münsters zu Freiburg i.B. und die Baukunst der P. Familie, 1929. — J.Opitz, Die Plastik in Böhmen zur Zeit der Luxemburger, 1936. — W.Quincke, Das Petersportal am Dom zu Köln, 1938. — K.M. Swoboda, Peter P., 1940. — H.Engel, Das Westportal des Thanner St.Theobald-Münsters und sein Einfluß auf die rheinisch-schwäbische Skulptur, Diss., Freiburg 1942. — A.Huppertz, Die Künstlersippe der P. und der Dom zu Köln, In: FS »Der Kölner Dom«, 1948. — W.Schadendorf, Conrad v.Einbeck. Die Architektur und Plastik von St.Moritz in Halle an der Saale, Diss., Göttingen 1953. — I.F. Schultz, Die P.-Plastik am Ulmer Münster, Diss. masch., Freiburg 1954. — W.Paatz, Prolegomena zu einer Geschichte der dt. spätgotischen Skulptur im 15.Jh., 1956. — I.Geisler, Oberrheinische Plastik um 1400, 1957. — G.Bräutigam, Gmünd-Prag-Nürnberg. Die Nürnberger Frauenkirche und der Prager P.stil vor 1360, In: Jahrbuch der Berliner Museen 3 (1961) 38—75. — H.Kortan, Ein neuentdecktes gotisches Vesperbild, In: Jahrbuch des Stiftes Klosterneuburg, N.F. 1 (1961) 171—173. — A.Schädler, Dt. Plastik der Spätgotik, 1962. — G.Himmelheber, Der Ostchor des Augsburger Doms, 1963. — H.Neumann, Der Saalfelder Meister, In: Wissenschaftliche Zeitschrift der Martin-Luther-Universität Halle-Wittenberg 13 (1964) Heft 6. — Ausst.-Kat., Schöne Madonnen 1350—1450, Salzburg 1965. — G.Schmitt, La sculpture romane et la sculpture gothique, In: L'Art au Luxembourg, 1966. — W.Krönig, Rheinische Vesperbilder, 1967. — E.Adam, Das Freiburger Münster, 1968. — K.M. Swoboda, Gotik in Böhmen, 1969. — Ausst.-Kat., Stabat Mater, Salzburg 1970. — G.Schmidt, Peter P. und Heinrich IV. P. als Bildhauer, In: Wiener Jahrbuch für Kunstgeschichte 23 (1970) 108—153. — Ausst.-Kat., Kunstepochen der Stadt Freiburg, Freiburg 1970. — R.Haussherr, Zu Auftrag, Programm und Bystenzyklus des Prager Domchores, In: ZfKG 34 (1971) 21—46. — K.H. Clasen, Der Meister der Schönen Madonnen, 1974. — A.Wolff, Der Kölner Dom, 1974. — J.Balogh, Katalog der ausländischen Bildwerke des Museums der Bildenden Künste, Budapest 1975. — W.Hart, Die Skulpturen des Freiburger Münsters, 1975. — H.Kissling, Das Münster in Schwäbisch-Gmünd, 1975. — S.Schürmannová, Vlivy české plastiky v sochařství Porýní kolem roku 1400, Diss. masch., Brünn 1976. — M.Hasse, Studien zur Skulptur des ausgehenden 14.Jh.s, In: Städel Jahrbuch 6 (1977) 99—128. — G.Schmidt, Vesperbilder um 1400 und der »Meister der Schönen Madonnen«, In: Österr. Zeitschrift für Kunst und Denkmalpflege 31 (1977) 3/4. — Die P. und der Schöne Stil 1350—1400. 5 Begleitbände zur Ausstellung, Köln 1978—80 (Lit.). — N.Nußbaum, Dt. Kirchenbaukunst der Gotik, 1985. — F.Fuchs, Das Hauptportal des Regensburger Domes, 1990. — G.Pochat und B.Wagner, Internat.Gotik in Mitteleuropa, 1990. — Ausst.-Kat., Prag um 1400, Wien 1990.

A.Brunner

Parmigianino, Girolamo Francesco Maria Mazzola, genannt P. * 11.1.1503 in Parma, † 28.8.1540 in Casalmaggiore, nach Correggio der bedeutendste Maler des 16.Jh.s in der Emilia; ausgebildet nach dem Tod des Vaters durch Pier Ilario Mazzola und Michele Mazzola, deren Neffe P. war, lebte in Parma bis 1523, in Rom bis 1527, in Bologna bis 1531 und anschließend in Parma.

Unter Einfluß Michelangelo Anselmis (1491—1554) und Correggios kam P. zu einem gemäßigten Illusionismus. Seine Suche nach neuen Lösungen unter Bewahrung der traditionellen Ikonographie und der für die Manieristen seiner Zeit charakteristischen Eigenheit für den langgestreckten Figurentypus führte u.a. zu ungewöhnlichen Mbildern. Bereits in den Gemälden »Maria mit Kind und die hll.Johannes d.T. und Hieronymus« (London, Nat. Gallery, um 1526/27), der »Maria mit Kind und hl.Margaretha« (Bologna, Pinacoteca naz., vor 1530), der »Rosenmadonna« (Dresden, Gemäldegalerie, vor 1530) und dem an eine Niello-Arbeit gemahnenden Werk »Madonna mit dem hl.Zacharias« (Florenz, Uffizien) setzt sich die künstlerische Selbständigkeit durch, die in der Konzentrierung von Charme und Anmut malerisches Raffinement aufbietet und jeden realistischen Formausdruck vermeidet. Zu höchster Perfektion gelangte P. in der »Madonna mit dem langen Hals« (Florenz, Uffizien, um 1535/40). Die Figur der GM ist in der figura serpentinata dargestellt, der alle anderen Figuren und Staffagen gegenüber untergeordnet sind. In den feinen Formen des zierlichen Hauptes mit niedergeschlagenen Augen und reizender Frisur erinnert M eher an eine große Dame mit zarten, gepflegten Händen und schlanken Gliedern, der anstelle des Jesusknaben ein indolenter, nackter Putto in den Schoß gelegt zu sein scheint. Seitlich drängen die überschlanken, im Hohenlied erwähnten Adulescentulae heran und führen dem Jesusknaben ein ovales Salbgefäß als Attribut und Hinweis auf die fleischgewordene Göttlichkeit, also die Geburt Christi, vor Augen. Ursprünglich befand sich auf diesem Gefäß ein Kreuz, das nach den ma. Kommentaren zum Hohenlied andeuten soll, daß mit dem Kreuzestod nach dem Vers des Hohenliedes »Oleum

Parmigianino, »Madonna mit dem langen Hals«, um 1535/40, Florenz, Uffizien

effusum nomen tuum« Balsam über die ganze Welt ausgeschüttet werden soll. So verbinden sich in P.s »Madonna mit dem langen Hals« weltliche und theol. Inhalte zu einem komplizierten Beziehungsgeflecht.

Lit.: A. E. Popham, Catalogue of the Drawings by P., New-Haven-London o. J. — L. Fröhlich-Bum, P. und der Manierismus, 1921. — S. J. Freeberg, P., 1950. — A. C. Quintavalle, Gli affreschi giovaneli de P., 1968. — M. Fagiolo dell'Arco, P. un saggio sull ermetismo nel Cinquecento, 1970. — A. C. Quintavalle, Gli ultimi affreschi del P., 1971. *C. Jöckle*

Parry, Charles Hubert Hastings, * 27. 2. 1848 in Bournemouth, † 7. 10. 1918 in Rustington, engl. Komponist, erhielt seine ersten musikalischen Eindrücke v. a. durch Samuel Sebastian Wesley. Bereits 1861—67 zeichnete er sich in Eton als Komponist, Sänger und Pianist aus. In London studierte er Komposition bei St. Bennett und G. A. Macfarren, anschließend bei H. H. Pierson in Stuttgart. Bes. die Freundschaft mit Eduard Dannreuther sollte sich für P. befruchtend auswirken. Die Aufführung der Ode »Blest Pair of Sirens« (1887) brachte ihm schließlich den Ruf eines führenden Komponisten seiner Generation ein. Bis 1908 war er Inhaber des Lehrstuhls für Musik an der Oxford University, 1894 wurde er Direktor des Royal College of Music. Auch als Schriftsteller fand P. Beachtung.

P.s Musik, stilistisch an Bach, Händel und Mendelssohn orientiert, schafft die Vorbedingungen für einen spezifisch engl. Musikstil, der dann u. a. von Elgar weitergeführt wurde. An marian. Kompositionen sind zu erwähnen: ein Magnificat (zusammen mit Nunc dimittis) in A-Dur (1864) sowie eine größere Magnificatvertonung in F-Dur für Sopran, Baß Chor und Orchester von 1897.

Lit.: J. A. Fuller Maitland, The Music of P. and Standford, 1934. — W. H. Hadow, Sir H. P., In: Ders., Collected Essays, 1928. *F. Maier*

Parsons, Robert, * um 1530 in Exeter (?), † 25. 1. 1570 in Newark-upon-Trent, engl. Komponist. Nur wenig ist über P.s Leben bekannt. 1563 wurde er zum Gentleman der Chapel Royal in London ernannt. Vier Jahre später bekam er von der Krone drei Pfarren für 21 Jahre zugesprochen, deren eine vermutlich Lincoln war. Dort wirkte seit 1563 W. Byrd als Organist, woraus sich der Einfluß P.s auf Byrds Frühstil erklären ließe, der sich bes. in beider Vertonung des »Libera me, Domine« zeigt. Als P. 1570 in der Trent ertrunken war, wurde Byrd sein Nachfolger. P.s Werke bilden die Verbindung zwischen dem Marian. Motettenstil und dem Elisabethanischen Stil. Er bevorzugt durchgehende Imitation und kraftvolle Rhythmen.

Unter seinen Motetten findet sich ein 5-stimmiges Ave Maria. Eine technisch virtuose Magnificat-Komposition ist gesichert, bei einer zweiten steht P. als Autor nicht fest, wie auch nur der First Service, nicht aber der Second Service unzweifelhaft von ihm stammt.

Lit.: A. Smith, The Gentlemen and Children of the Chapel Royal: an annotated Register, In: Royal Musical Association Research Chronicle 5 (1965) 13—46. — Grove XIV 248f. — MGG X 843. *C. Wedler*

Parsons, William, engl. Komponist, wirkte 1545—63; 1555 sind im Register of vicars-choral in Wells Zahlungen an P. vermerkt, die seine Anstellung als Komponist und Kopist an der dortigen Kathedrale nahelegen. Nur wenige seiner Werke sind erhalten, viele davon unvollständig. Er verfaßte Motetten und Antiphone, darunter das »Salve regina mater misericordiae«. Vermutlich stammt der Flatt Service von »Mr. P. of Wells« von ihm.

Lit.: W. K. Ford, Concerning W. P., In: Music and Letters 37 (1956) 33. — Grove XIV 249f. *C. Wedler*

Parthenogenese (Jungfrauengeburt). Die Vorstellung der P. ist universal und transkulturell: sie findet sich in der ganzen Menschheit in unterschiedlichsten Mythen und Legenden. Letztlich geht sie auf die Grundidee zurück, daß die Zeugung nicht durch den natürlichen Geschlechtsakt erfolgt, sondern auf übernatürliche Weise. Religionsgeschichtlich eröffnet sich eine unabsehbare Variationsbreite und Vielgestaltigkeit der Arten weiblicher »Empfängnis« und Geburt, aus der ein Gott, Heros oder Dämon hervorgeht. Jenseitige Wesen, Tiere, leblose Dinge erscheinen häufig als göttliche Mittel, sich mit einem Weibe im Traum oder in Wachwirklichkeit zu verbinden, ohne seine Jungfräulichkeit zu verletzen.

Das Wunder der Jungfrauenempfängnis (virginitas ante partum) wird noch gesteigert durch das der Jungfrauengeburt (virginitas in partu). Im weitverzweigten und kulturell bunten hellenischen Kulturraum und besonders in den gnostischen Erlösungsreligionen kommt der P. zentraler Wert zu. Im gnostischen Doketismus wird der Geburtsakt verneint. Postuliert wird, Jesus ging durch den Schoß seiner Mutter wie der Auferstandene durch verschlossene Türen, wie der Sonnenstrahl durch Glas. In der Erzählung des apokryphen Jakobusevangeliums gebiert ₥ Jesus ohne Verletzung des Mutterschoßes.

Die kirchliche Lehre von der Jungfrauengeburt verknüpfte sich bald schon mit der Logos-Lehre (Mt 1,18—25; Lk 1,34f.). Im Hebräerbrief (7,3) wird Christus nach dem Vorbild des Melchisedek als »vaterlos, mutterlos, ohne Stammbaum« bezeichnet. Schon im Urchristentum wird die Jungfrauengeburt Jesu Christi geglaubt und 694 auf dem Laterankonzil zum Dogma erhoben.

Es gibt wenige ntl. Motive, zu denen so zahlreiche außerchristl. Parallelen vorhanden sind wie zur P. Aus religionswissenschaftlicher Sicht gibt es dazu drei Erklärungsschemata religionsgeschichtlicher, parapsychologischer und dogmatisch-pneumatologischer Art: die geläufige religionsgeschichtliche Erklärung besagt, daß es sich bei der Jungfrauengeburt um ein rel. Menschheitssymbol handle, das insbesondere in der hellenistischen Welt verbreitet war. Daher wurde es mit einer gewissen Zwangsläufigkeit auf Jesus als Inkarnationsschema angewandt. Die parapsychologische Erklärungsvariante zielt darauf ab, daß eine psychische Kraft die Funktion des männlichen Sperma übernimmt. Die dogmatisch-pneumatologische Interpretation argumentiert in nuce folgendermaßen: die zahllosen Mythen und Legenden von P. sind präkonzeptive Vorahnungen jenes Ereignisses, das sich einmal als außerordentliches Wunder im Schoße ₥s vollzog und von dem das Nicänische Glaubensbekenntnis bezeugt: »et incarnatus est de spiritu sancto ex Maria virgine et homo factus est«.

Lit.: A. Steinmann, Die Jungfrauengeburt und die Religionsgeschichte, 1919. — A. Anwander, Gloria Dei. Die rel. Werte in religionsvergleichender Schau, 1946. — F. Heiler, Die Absolutheit des Christentums im Lichte der Religionsgeschichte, 1938. — K. Kerényi, Das göttliche Kind in mythol. und psychol. Beleuchtung, 1940. — G. Guthknecht, Das Motiv der Jungfrauengeburt in religionsgeschichtlicher Beleuchtung, Diss., Greifswald 1952. — H. v. Campenhausen, Die Jungfrauengeburt in der Theol. der alten Kirche, 1962.

E. Möde

Partsch, Franz Xaver, * 30. 1. 1760 in Dux (heute Duchcov), † 6. 4. 1822 in Prag, böhmischer Komponist, erhielt den ersten Musikunterricht von seinem Vater, der Kantor und Organist in Dux war. Nachdem er zunächst Jura und Phil. studiert hatte, wechselte er zur Musik über. Seine berufliche Laufbahn begann er als Musiklehrer, u. a. beim Fürsten Auersperg, und war ab 1793 als Assistent bei der Spenglerschen Gesellschaft am Dt. Nationaltheater in Prag tätig. Hier wurde auch sein Singspiel »Victor und Heloise« aufgeführt. Von 1796 an wandte er sich der Sakralmusik zu und bekam 1807 die Chorregentenstelle an der Teinkirche in Prag, die er bis zu seinem Tode innehatte.

Zu seinen Werken, die er im »galanten Stil«, manchmal schon mit Vorgriffen auf romantische Expressivität, gemischt mit folkloristischen, tanzartigen Elementen, schrieb, gehören die 12 Lieder für das schöne Geschlecht, eine Messe, ein Salve regina und Instrumentalmusik.

Lit.: O. Teuber, Geschichte des Prager Theaters II, Prag 1885. — MGG X 854f. — Grove XIV 257.

C. Wedler

Parusie. *1. Das Verständnis von Parusie.* P. bedeutet das Kommen des erhöhten Herrn am Ende der Zeiten mit Macht und Herrlichkeit. Im Hellenismus verwies παρουσία auf den Besuch eines Herrschers bzw. die festliche Ankunft des Kaisers. Im NT wird das Wort unter Bezugnahme auf die atl. Theophanien gebraucht, manchmal auch mit Epiphanie ersetzt. Bei den Synoptikern wie auch in der paulinischen Briefliteratur, v. a. aber in der Offenbarung wird die P. in der behutsam zu interpretierenden apokalyptischen Bildersprache behandelt. Sie wird vielfach mit dem Gedanken der Naherwartung und entsprechenden Mahnung zur Wachsamkeit und Bereitschaft verbunden, wenngleich den »Tag Jahwes« bzw. den »Letzten (Jüngsten) Tag« als Tag der P. außer Gott niemand kennt (vgl. Mk 13,32).

In der kirchlichen Tradition, in den altkirchlichen Glaubensbekenntnissen und in den ma. Lehrentscheiden begegnet die Hoffnung auf die P. meist in der Lehre von der Auferstehung der Toten, dem sog. Jüngsten Gericht in der Vollendung der Welt. Das Schreiben der Kongregation für die Glaubenslehre vom 17. 5. 1979 »Zu einigen Fragen der Eschatologie« unterscheidet eindeutig zwischen der Erscheinung Jesu Christi in der Herrlichkeit und der Situation des Menschen unmittelbar nach dem Tode (AAS 71 [1979] 941).

Die im Deutschen häufig vorkommende Redeweise von der »Wiederkunft Christi« erscheint mißverständlich, weil die Unterscheidung zwischen der ersten Ankunft Christi im »Fleisch« und dem Erscheinen in Macht und Herrlichkeit nicht deutlich wird und zudem der Eindruck entsteht, es handle sich um ein Ereignis, das schon einmal stattgefunden hat.

2. Maria und die Parusie. Biblisch kommt gewiß zunächst der Text der Offb 12,1 in Erinnerung: »Dann erschien ein großes Zeichen am Himmel: eine Frau, mit der Sonne bekleidet; der Mond war unter ihren Füßen und ein Kranz von zwölf Sternen auf ihrem Haupt.« Die Interpretation des Textes über die Auseinandersetzung der Frau mit dem Drachen ist kontrovers. Die Frau wird vielfach als Sinnbild des Gottesvolkes verstanden, nicht selten aber auch in kirchlicher Tradition auf M gedeutet und heute von gewissen marian. Richtungen erneut auf die endzeitliche Entscheidungszeit hin ausgelegt (vgl. schon L.Grignon de Montfort, aber auch die Marian. Priesterbewegung von Stefano Gobbi u.a.; →Apokalyptische Frau). In den Glaubensbekenntnissen und lehramtlichen Aussagen kommt das Thema P. und M nicht vor.

Aus christol.-mariol. Sicht läßt sich auf die Einheit Ms mit dem Herrn und Erlöser des Menschengeschlechtes verweisen, die in den marian. Dogmen grundgelegt und gewiß auch im Blick auf die P. durchzuhalten ist. Wenn P. das Kommen des erhöhten Herrn am Ende der Zeit mit Macht und Herrlichkeit bedeutet, dann läßt sich theol. bzw. eschatol. unschwer auch die Beteiligung Ms am Offenbarwerden der Herrlichkeit denken, die sich an ihr verwirklicht und vollendet hat. Wenn der Glaube das Erscheinen Christi in Herrlichkeit »mit all seinen Heiligen« erwartet, dann ist auch in bevorzugter Weise gemäß ihrer Stellung in der Heilsgeschichte das Mit-Erscheinen Ms zu denken. Wenn der neue und eigentliche »Adam« als Kyrios und Pantokrator erscheint, dann mit ihm auch die »neue Eva«. Dies dürfte mitausgesagt sein in den Anrufungen und künstlerischen Darstellungen christl. Frömmigkeit, wenn M als »Königin und Herrscherin« bezeichnet wird. (Zu der Frage, ob M bei der Endvollendung und im Gericht als Fürsprecherin auftreten wird, →Eschatologie und →Gericht.) M scheint auch an der P. beteiligt, insofern diese die endgültige Auswirkung und →Offenbarung allen Heilhandelns Gottes durch Christus im Hl. Geist und der Kirche darstellt, an dem sie jungfräulichmütterlich dienend Anteil nahm. Als erst- und vollerlöste Mithelferin am Erlösungswerk Jesu Christi, als Fürsprecherin des Gottesvolkes auf seinem Pilgerweg und als auserwähltes Organ (→»Braut«) des Vollendungswirkens des Hl. Geistes sowie als Urbild und eminentes Glied der Kirche, wird M die P. als Kommen Christi in Herrlichkeit und Endvollendung der Welt in ihrer Art mitvollziehen. Wo und wann Christi Herrlichkeit im Lichtglanz der Lebensfülle des Geistes Gottes erscheint, fällt diese Doxa auch auf seine Mutter, einzig wiederum zum Lob der Herrlichkeit der Gnade Gottes. Sie erweist sich darin nochmals als die Braut, die mit dem Geist das Kommen Christi nicht nur herbeigesehnt hat, sondern auch im Angesicht der gesamten verherrlichten Schöpfung und Heilsvollendung der Menschen feiert. Damit wird das Thema P. und M erneut zum Zeichen der sicheren Hoffnung, wie dies im Zweiten Vatikanischen Konzil zum Ausdruck kommt: »Wie die Mutter Jesu, im Himmel schon mit Leib und Seele verherrlicht, Bild und Anfang der in der kommenden Weltzeit zu vollendenden Kirche ist, so leuchtet sie auch hier auf Erden in der Zwischenzeit bis zur Ankunft des Tages des Herrn (2 Petr 3,10) als Zeichen der sicheren Hoffnung und des Trostes dem wandernden Gottesvolk voran« (LG 68).

Lit.: G.T. Montague, Eschatology and Our Lady, In: MarSt 17 (1966) 65—85. — H.M. McElwain, Christian Eschatology and the Assumption, ebd. 18 (1967) 64—102. — D.Flanagan, Eschatologie und Aufnahme Marias in den Himmel, In: Conc(D) 5 (1969) 60—66. — D.M. Montagna, L'icona escatologica della Chiesa, In: G.M. Morreale, Maria unita indissolubilmente a Cristo nel domma e nel culto, In: Palestra del Clero 50 (1971) 966—977. — C.Pozo, El dogma de la Asunción en la nueva escatología, In: Mariología en Crisis? Los dogmas Marianos y su Revisión Teológica, In: EstMar 42 (1978) 173—188. — A.Ziegenaus, Die leibliche Aufnahme Mariens in den Himmel im Spannungsfeld heutiger theol. Strömungen, In: FKTh 1 (1985) 1—19. — ThWNT V 856—869. — LThK VIII 120—124.
A. M. Kothgasser

Pascal, Blaise, * 19.6.1623 in Clermont-Ferrand/Auvergne, † 19.8.1662 in Paris, Mathematiker, Physiker und christl. Apologet jansenistischer Prägung, stammte aus einer gebildeten Familie des höheren Beamtentums. Die Mutter starb früh. 1632 zieht die Familie nach Paris um. Schwere Krankheiten machten P. seit seiner Kindheit mit dem Gedanken des jederzeit möglichen Todes vertraut. Seine großartige mathematische Begabung stellte er schon 1640 mit der Entwicklung des Satzes vom Pascalschen Sechseck im »Essai sur les coniques« unter Beweis. Der Versuch, eine mechanische Rechenmaschine zu konstruieren (ab 1642, um seinem Vater bei dessen Arbeit zu helfen) bzw. sie zu verbessern, beschäftigt ihn ein Jahrzehnt.

Trotz einer ersten »conversion« (1643) auf Grund der Lektüre von Arnaulds »De la fréquente communion« führt er seine wissenschaftliche und mathematische Forschung fort. 1647 entdeckt er das Gesetz der kommunizierenden Röhren und weist die Abnahme des Luftdrucks in zunehmender Höhe durch Höhenmessung mit einen Barometer nach (»Traité du vide«). 1652 stellt er seine »machine arithmétique« fertig. Einen entscheidenden Beitrag zur Wahrscheinlichkeitsrechnung stellt der »Traité du triangle arithmétique« (posthum 1665) dar. Als 1651 sein Vater stirbt und 1652 Jacqueline P. ins Kloster Port-Royal wechselt, beginnt P.s sog. »mondäne Phase«, sein Leben in der Gesellschaft (»Discours sur les passions de l'amour«). Bald erfaßt P. eine starke Abneigung gegen diese Lebensform. Bereits 1653 schreibt er »Sur la Conversion du pécheur«. Er strebt nun danach, seine innere Leere und Gottferne zu überwinden. Am 23.11.1654 hat P. ein mystisches Erlebnis, das er im »Mémorial« notiert. Diese plötzliche Erfahrung eines persönlichen biblischen Gottes, den P. vom deistischen »Gott der Philosophen und Gelehrten« unterscheidet, bringt die Hinwendung zum jansenistischen Lebensideal von Port-Royal, dem P. von nun an eng verbunden bleibt. P.s innere Bewegung läßt sich in der Form erkennen, wie er in »Mémorial« über Weltverzicht, Hingabe an Gott, Reue über die Trennung und Freude über die wiedergewonnene Glaubensgewißheit schreibt. In dieser Nacht vom 23./24. 11. 1654 unterwirft er sich Christus völlig als seinem »Beichtvater für immer«. Er zieht sich 1655 nach Port-Royal zurück. Trotz schwerer Krankheit praktiziert er harte Bußübungen und widmet sich theol. Studien und rel. Meditationen, aber auch weiteren mathematischen Arbeiten.

Ab Januar 1656 erscheinen in vierzehntäglicher bzw. monatlicher Folge die 19 »Lettres à un Provincial«, die in den Streit zwischen bestimmten kirchlichen Kreisen und den Jansenisten eingreifen und zur Verteidigung Arnaulds, dessen kirchliche Maßregelung bzw. Ausschluß aus der Sorbonne bevorstanden, gedacht waren. In diesen fiktiven Briefen ergreift P. Partei für eine auf dem Augustinismus des C. Jansenius basierende Gnadenlehre und attackiert die Sorbonne, die Jesuiten und bes. die Kasuisten. Die Briefe gelten als ein Höhepunkt der klassischen franz. Prosa auf Grund ihrer stilistischen Schärfe (Ironie, Hohn und Scharfsinn). Die »Lettres« wurden 1657 auf den Index gesetzt und später öffentlich verbrannt. P.s Glaubensgewißheit wird noch verstärkt durch das »Miracle de la Sainte Épine« am 8.6.1656, durch das seine Nichte, die siebenjährige Marguerite Périer, von einem schweren Augenleiden geheilt wurde.

Seit 1654 etwa arbeitet P. an seinem Hauptwerk, einer »Apologie de la Religion Chrétienne«, die auf Grund seiner schweren Krankheit jedoch unvollendet bleibt und nur als Fragment, »Pensées«, 1669 posthum veröffentlicht wird. Erst die Ausgabe von L. Brunschvicg (1904) bot einen verhältnismäßig zuverlässigen Text. Die von P. intendierte Anordnung blieb aber umstritten. Die »Pensées« bestehen aus Einzelgedanken und Gesprächen mit einem fiktiven »mondänen« und ungläubigen Gesprächspartner. Als Hauptgeanken zur Gliederung der »Pensées« formuliert P. »Première partie. Misère de l'homme sans Dieu. Deuxième partie. Félicité de l'homme avec Dieu./ autrement/ Première partie. Que la nature est corrompue, par la nature même. Deuxième partie. Qu'il y a un Réparateur, par l'Ecriture« (Sellier, Nr. 40). Apologetisch präsentiert er den Glauben als eine Wette; es ist laut P. vernünftiger, auf die Existenz als auf die Nicht-Existenz Gottes zu setzen. Die Vernunft hat dem Menschen bewiesen, daß der Glaube notwendig ist. Nur das Christentum erfaßt die paradoxe menschliche Situation in ihrem Elend und ihrer Größe; Christus kam als Retter und als Überbrücker dieses Gegensatzes. Es geht aber nicht nur darum, Gott zu erkennen, sondern ihn und nur ihn allein zu lieben, gestützt vom Gefühl und der »logique du coeur«, denn »das Herz hat Gründe, die die Vernunft nicht kennt.« P. spricht in den »Pensées« die Sprache der Vernunft und argumentiert rationalistisch im Stile geometrischer Axiomatik und der Wahrscheinlichkeitsrechnung. Er versucht, die göttliche Existenz Christi aus der Bibel und der Geschichte zu beweisen. Die »Pensées« können als Bericht von P.s eigener Bekehrung verstanden werden. Züge dieser Glaubenslehre, die auch Dialektik und Paradoxie Raum gibt und in deren Zentrum die Erlösung steht, kehren später bei S. Kierkegaard und M. Scheler wieder.

Bezüge zu 🅜 sind bei P. selten. Im 9. Brief der »Lettres Provinciales« attackiert er u. a. die Form der MV und die in sie gesetzten Heilserwartungen, die P. Barry SJ in seinem Buch »Le Paradis ouvert à Philagie, par cent dévotions à la mère de Dieu, aisées à pratiquer« propagiert, Praktiken, die weitehend nur formalistisch sind, keinerlei ethische Haltung implizieren und 🅜 als aus dem Heilskontext völlig gelöste, eigenständig das Heil bewirkende Person erscheinen lassen. — Erwähnt wird 🅜 im »Abrégé de la Vie de Jésus-Christ« (1655/56) in den Zusammenhängen, in denen sie auch im Evangelium erscheint. — In den »Pensées« erscheint sie zwei Mal kurz im Zusammenhang mit dem Versuch, die Möglichkeiten der Jungfrauengeburt und Auferstehung auch für Ungläubige plausibel zu machen (Sellier, Nr. 295 und 444), und einmal als Beispiel des Gehorsams und des Vertrauens in Gottes Führung (Sellier, Nr. 751). Die aufschlußreichste Erwähnung, die gleichzeitig wohl die geringe Aufmerksamkeit für 🅜 bzw. die kritische Stellungnahme in Provinciale IX erklärt, stellt 🅜 explizit in den Heilskontext: »L'Evangile ne parle de la virginité de la Vierge que jusques à la naissance de Jésus-Christ. Tout par rapport à Jésus-Christ« (Sellier, Nr. 330).

P.s Reserviertheit muß wohl zum einen vor dem Hintergrund seines apologetischen Interesses gesehen werden, dem es v. a. galt, die Gesamtheit der kath. Religion gegenüber Libertins und Atheisten als schlüssige Erklärung der menschlichen Befindlichkeit zwischen Größe und Elend zu präsentieren und dabei nebensächliche oder gar mentalitätsmäßig hinderliche Aspekte möglichst wenig zu betonen (vgl. die Konzentration der marian. Thematik in den »Pensées« auf den apologetisch unumgänglichen Sachverhalt der Jungfrauengeburt). Andererseits ist P.s Haltung wohl vor dem Hintergrund des Konflikts zwischen einer v. a. von den Jesuiten geförderten, auf das MA zurückgehenden volkstümlichen 🅜frömmigkeit mit häufigen rein äußerlichen und abergläubischen Praktiken, namentlich aber einer die Christuszentriertheit der Religion in Frage stellenden Betonung der Heilswirksamkeit 🅜s, und andererseits einer v. a. durch Bérulle und das Oratoire vertretenen sprituelleren Sicht 🅜s, die ihren Mittelpunkt im Mysterium der Fleischwerdung fand, zu sehen. Seitens der Jansenisten, denen seit den zeitgenössischen Polemiken bis zu Ch. Flachaire eine grundsätzliche »unterminierende« Gegnerschaft zum 🅜kult angelastet wurde — wogegen etwa H. Brémond auf die MV Saint-Cyrans hinweist —, scheint spätestens seit P.s Provinciale IX eine gewisse kritische Reserve gegenüber dem 🅜kult bzw. die

Neigung, überall Mißbräuche zu sehen, bestanden zu haben, die sicherlich durch ihre weitergespannte Gegnerschaft zu den Jesuiten noch verstärkt wurde. 1658 unterstützt Nicole (Wendrock) in seiner »Note sur la neuvième lettre où l'on distingue la vraie dévotion à la Sainte Vierge de la dévotion fausse ou mal réglée« die Position P.s, sein gemäßigter Ton wie auch der Hinweis auf ebenfalls vorhandene, den Mkult durchaus korrekt situierende Stellungnahmen aus den Reihen der Jesuiten (z. B. die »Diptyca mariana« des P. Reynaud) deutet allerdings auf keine grundsätzliche Gegnerschaft zur MV hin (ähnliche Positionen vertreten — nach H. Brémond — auch so prominente Vertreter der zeitgenössischen franz. Kirche wie Gilbert de Choiseul und sogar Bossuet). Belastend wirkten die »Mißbräuche« der »dévots indiscrets« freilich insofern, als sie eine gerade zu diesem Zeitpunkt in größerem Umfang möglich erscheinende Bekehrung von Protestanten erschwerten bzw. auch den libertinistischen Gegnern der Kirche handliche Argumente lieferten. Wiederum jansenistisch inspiriert dürften die »Monita salutaria B. V. Mariae ad cultores suos indiscretos« (Gent 1673; 1674 franz.) des Adam v. →Widenfeld gewesen sein. Obwohl auch ihre theol. Aussage durchaus orth. Positionen entsprach, führte sie zu heftigen polemischen Reaktionen. Für 1693 notiert H. Brémond erneut jansenistische Attacken gegen angeblich mißbräuchliche Formen der MV.

Wie auch immer man die Situation der MV in der 2. Hälfte des 17. Jh.s einschätzen mag — als Abgleiten in volkstümlichen Aberglauben (Ch. Flachaire) oder im Gegenteil als allmähliche Zurückdrängung von Mißbräuchen und zunehmende Spiritualisierung (H. Brémond) —, darf P.s Provinciale IX wohl als eine entscheidende Etappe im Prozeß der Abstandnahme der nichtklerikalen Intelligenz Frankreichs von der MV, die in zunehmendem Maße in den Bereich der volkstümlichen Frömmigkeit verwiesen wird, gewertet werden.

WW: Oeuvres complètes, hrsg. von L. Brunschvicg und P. Boutroux, 14 Bde., 1904—14. — L' Oeuvre de P., hrsg. von J. Chevalier, 1915 (Pléiade). — Oeuvres complètes. Editions du Seuil, 1963. — Pensées, hrsg. von Ph. Sellier, 1976.
Lit.: Sainte-Beuve, Port-Royal, Paris 1888. — F. Strowski, P. et son temps, 3 Bde., Paris 1907 f. — H. Brémond, Histoire littéraire du sentiment religieux en France IV, 1923; ²1967. — Ders., ebd. IX, 1932; ²1968. — L. Brunschvicg, P., 1932. — R. Guardini, Christl. Bewußtsein. Versuche über P., 1935; 1956. — R. Pintard, Le libertinage érudit en France dans la première moitié de XVIIe siècle, 1943. — L. Lafuma, Trois Pensées inédites de P., 1945. — Ders., Recherches pascaliennes, 1949. — J. Russier, La foi selon P., 1949. — J. Laporte, Le Coeur et la Raison selon P., 1950. — A. Adam, Histoire de la littérature française au XVIIe siècle II: L' Epoque de P., 1951. — A. Béguin, P. par lui-même, 1952 (dt. 1959). — H. Flasche, Stand, Methoden und Aufgaben der Pascalforschung, In: DVfLG 27 (1953) 611—635. — L. Goldmann, Le Dieu caché. Etude sur la vision tragique dans les »Pensées« de P. et dans le théâtre de Racine, 1955. — Ch. Flachaire, La dévotion à la Vierge dans la littérature du XVIIe siècle, 1957. — R.-E. Lacombe, L' Apologétique de P., 1958. — E. Morot-Sir, La métaphysique de P., 1973. — M. Heeß, B. P. Wissenschaftliches Denken und christl. Glaube, 1977. — F. X. J. Coleman, Neither Angel nor Beast. The Life and Work of B. P., 1986. *K. Andreas*

Pascha, Pascha-Mysterium → Ostern

Paschalis I., Papst vom 25.1.817 bis 11.2.824, stammte aus Rom und wurde Abt des Stephanusklosters bei St. Peter. Nach seiner Wahl zum Papst erneuerte König Ludwig I., der Fromme, 817 das Freundschaftsbündnis mit der röm. Kirche (Pactum Ludovicianum). 823 krönte P. den Sohn Ludwigs, Lothar I., in Rom zum Kaiser. Im Osten unterstützte der Papst die von Kaiser Leo V. verfolgten Bilderverehrer. 817 ließ er in der Kirche S. Maria in Domenica in Rom ein Mosaik anbringen, auf dem M in einer Engelschar dargestellt ist und ihr göttliches Kind in den Händen trägt. Die Inschrift lautet: »Virgo Maria Tibi Paschalis condidit aulam«. Seit P. wurde der Name »Assumptio« für die Aufnahme Ms in den Himmel gebräuchlich. Für das Fest der Assumptio ordnete der Papst einen reichen Paramentenschmuck an.

Lit.: Manoir I 643. 832; II 496. — W. N. Schumacher, In: G. Rovira (Hrsg.), Der Widerschein des Ewigen Lichtes, 1984, 154. — A. Franzen und R. Bäumer, Papstgeschichte, ⁴1988, 123 f. — DThC XI 2054—57. *R. Bäumer*

Paschasius Radbertus, OSB, * um 785, † um 865 in Corbie, Mönch von Corbie, nach 842 für etwa 10 Jahre Abt dieses Klosters. »Der gelehrteste und am weitesten blickende fränkische Theologe des 9. Jahrhunderts« (Manitius I 406). Als Biograph (Vita Adalhardi, ed. Mabillon, ActaSS IV/1,308; PL 120,1507—56. Epitaphium Arsenii, ed. Mabillon, ActaSS IV/1,453; PL 120, 1559—1650; Dümmler, Phil. und historische Abhandlungen der Königlichen Akademie der Wissenschaften zu Berlin 1900, II 18—98), Exeget (Matthäus-Kommentar, PL 120,31—994. Expositio in psalmum XLIV und In Lamentationes Jeremiae, PL 120,994—1256) und theol. Denker (De fide, spe et caritate, PL 120,1387—1490. De corpore et sanguine domini, PL 120, 1267—1350) gleich bedeutsam und seine Zeitgenossen überragend, steuerte er auch wichtige Gedanken zur Mariol. des Zeitalters bei. Das von ihm herausgearbeitete Mbild ist das der »beata et gloriosa Genitrix« (PL 120,1367 B), der »Deigenitrix speciosa« (ebd. 96,241 D), das er bereits auch in die Nähe der UE rückt (ebd. 120,1371 C). In die zu seiner Zeit neu aufgebrochene Kontroverse um die »virginitas in partu« griff er mit seiner Schrift »de partu virginis« kraftvoll ein und verteidigte darin, unter Verwertung der traditionellen Zeugnisse bei Hieronymus, Gregor d. Großen und Augustinus, aber doch auch in eigenständiger Vertiefung der christol. und mariol. Argumente dieses einzigartige Privileg der GM. Er kommt so zu dem Ergebnis: »Nam quod nascitur Deus homo ex Virgine non est consuetudo, sed mysterium« (PL 120,1373 B), und »non sicut ceteri, sed novo et admirabili ordine Deus et homo natus est in mundo« (ebd. 1374 B). M gebar »clauso utero« (ebd. 1375 C) und ohne Wehen, weil sie nicht dem Gesetz und den Folgen des Fluches unterstand. Damit wird er (im

Gegensatz zu seinem in dieser Schrift wahrscheinlich gemeinten Mitbruder Ratramnus, vgl. »quorumdam fratrum temeritas«, praefatio ebd., 1367) zum Verteidiger einer marian. Auffassung, die mit der Einzigartigkeit Ms und mit der übernatürlichen Beurteilung ihrer Gestalt Ernst macht, ohne dabei in doketische Irrtümer zu verfallen (ebd. 1374 C). Die göttlichen Gesetze, die sich an M auswirken, sind nach P. nicht von den Naturgesetzen abhängig, sondern diese fließen aus jenen (PL 120.1368 D). Genauso bewahrte M ihre Jungfräulichkeit nach der Geburt. Jetzt ist sie wegen der ihr zuteil gewordenen Gnade über alle Engelchöre erhöht (ebd. 440 C—D) und tritt mit ihrer Fürbitte bei Gott für die Menschen ein (ebd. 1009 D).

Heute gilt P. auch als der Verfasser einiger Sermones des → Ps.-Ildefons »De Assumptione BMV« (PL 96,236—284) und des für die Entwicklung der Assumpta-Frage bedeutsamen → Ps.-Hieronymus (Epistola IX ad Paulam et Eustochium, PL 30,122—142). Die von Peltier und Roschini versuchte Zuweisung des → Ps.-Augustinus »De Assumptione BMV« (PL 40,1141—1148) an P. hat sich dagegen nicht durchgesetzt. C. Lambot schreibt ihm auch die »Historia de ortu sanctae Mariae« zu, eine lat. Umarbeitung des »Protoevangeliums Jacobi«. (RBen 46 [1934] 265—382).

WW: s. o. und Sirmond, S. Paschasii Radberti abb. Corb. opera, Paris 1618. — Gedichte: MGPoetLat aevi Carol. III 38ff., ed. Traube. — Briefe: MGEpist VI 132—149.

Lit.: E. Amann, Le Protévangile de Jacques et ses remaniements latin, 1910. — C. Lambot, Ps.-Jérôme et la Nativité de Marie, In: RBen 46 (1934) 265—282. — H. Peltier, Paschase Radbert, abbé de Corbie, 1938. — G. Quadrio, Il trattato »de Assumptione B. M. V.« ..., 1951, 86—90. — J. Weisweiler, Das Marienbild der Westkirche, in: Schol. 28 (1953) 336ff. — A. Ripberger, der Ps.-Hieronymus-Brief IX »Cogitis me«. Ein erster marian. Traktat des MA von P. R., 1962. — Delius 154f. — Graef 162f. — Söll 158f. — Brunhölzl I 374f. — DThC XIII 1626—39. — RE XVI 394—402. — LThK VII 998f. *L. Scheffczyk*

Pasquini, Bernardo, * 7. 12. 1637 in Massa di Valdinievole (Massa e Cozzili, Lucca), † 21. 11. 1710 in Rom, ital. Komponist, soll seinen ersten Unterricht von seinem Onkel Don G. P. erhalten haben, bevor er nach Rom ging und dort seine Studien bei L. Vittori und M. A. Cesti weiterführte. Die Kompositionen Palestrinas und Frescobaldis dienten ihm als Lehrbeispiele. Um 1663 wurde P. Organist an S. Maria Maggiore und ab 1664 auch an S. Maria in Aracoeli. Einige Jahre später wird er als Cembalist und Kapellmeister an den Hof des Fürsten Borghese berufen. Im Konzertleben Roms zählte P. zu den begehrtesten Persönlichkeiten. Ebenso bedeutsam ist seine Rolle als Lehrer von J. K. Kerll, J. Ph. Krieger und G. Muffat.

Im kompositorischen Schaffen stellen Oratorien, Opern, Kantaten und Werke für Tasteninstrumente neben theoretischen Werken den gewichtigsten Beitrag dar. Bei den Kompositionen für Cembalo oder Orgel liegt die Bedeutung P.s darin, die Form der Toccata weiterentwickelt zu haben, wie sie später auch J. S. Bach benutzt.

Unter den Oratorien findet sich eines mit marian. Thematik »Salutazione Angelica«, das die Verkündigung Ms behandelt. Leider ist davon nur das Textbuch, 1681 gedruckt, erhalten.

Lit.: G. Bastianelli, Girolamo Frescobaldi e B. P., In: Musicisti d'oggi e di ieri, Mailand 1914. — A. Bonaventura, B. P., 1923. — E. J. Luin, B. P. e il suo tricentario, 1939. — W. Heimrich, Die Orgel- und Cembalo-Werke B. P.s, Diss., Berlin 1958. — B. Haynes, The Keyboard Works of B. P., 1960. — MGG X 861—867. — Grove XIV 263—266. *H. Faltermeier*

Passaglia, Carlo, Theol. der SJ, * 2. 5. 1812 in Lucca, † 12. 3. 1887 in Turin, wurde 1827 Jesuit, war 1845—48 sowie 1850—57 Prof. für Dogm. am Röm. Kolleg, gab wegen Streitigkeiten mit den Oberen um seine theol. Methode (Widerstand gegen die offiziell geforderte Neuscholastik) wie um die Ordensdisziplin (Protest gegen die Abberufung seines engsten Mitarbeiters Clemens Schrader SJ nach Wien) seine Lehrtätigkeit auf und trat 1859 aus dem Orden aus. Auf Geheiß Pius' IX., der ihn wegen seiner Mitarbeit bei der Vorbereitung der Definition der IC schätzte, wurde er 1859 Prof. für Phil. an der röm. Universität »Sapienza«. 1860/61 versuchte P. zwischen Graf Camillo Cavour, dem führenden Politiker der ital. Einigungsbewegung, und der röm. Kurie zu vermitteln. Seine Initiative für einen freiwilligen Verzicht des Papstes auf den Kirchenstaat brachte ihm 1861 die Indizierung der entsprechenden Schriften sowie die Exkommunikation ein, die trotz verschiedener Versuche von beiden Seiten erst auf dem Sterbebett rückgängig gemacht wurde. Von 1861 bis zu seinem Tod lehrte P., der zeitweilig auch journalistisch tätig war, an der Universität Turin Moralphil.

Die theol. Bedeutung P.s, eines der führenden Theol. des 19. Jh.s, liegt auf dem Gebiet der Methodenlehre, der Ekklesiol. wie der Mariol. Seine große Kenntnis der Kirchenväter wie v. a. seine Reflexionen über das Verhältnis von Schrift und Tradition wurden im Zusammenhang mit der Definition der IC 1854, an deren Vorbereitung P. seit 1851 maßgeblich beteiligt war, unmittelbar für die marian. Lehre der Kirche und für die Mariol. fruchtbar. Von den insgesamt acht Entwürfen für die Definitionsbulle stammt der dritte von P. (vgl. Sardi II 76—89). Bei dem zweiten, von Abt Guéranger von Solesmes verfaßten Schema, das bei der weiteren Erarbeitung des Textes kaum mehr eine Rolle spielte, hat P. mitgearbeitet (vgl. Frénaud). Von entscheidender Bedeutung sind P.s Klärungen im Hinblick auf die theol. Begründung des Dogmas, die er in den vorbereitenden Kommissionen (vgl. Sardi I 971—838; II 46—60. 93—101 u. ö.) sowie in seinem später erschienenen Werk »De immaculato Deiparae semper virginis conceptu« vorgetragen hat. Nach P. handelt es sich bei dem Dogma nicht um eine theol. Konklusion, sondern um eine Glaubenswahrheit, deren Enthaltensein im Wort Gottes freilich nicht in einem lückenlosen Schrift- und Traditionsbeweis nachgewiesen werden muß, sondern im Lichte des gegenwärtig in der Kirche gelehrten und liturg. gefeierten Glaubens — gleichsam regressiv — aus Schrift und Tradition erhellt. Diese Argumentationsstruktur war auch bei der Definition der Assumptio 1950 leitend.

Die Bedeutung P.s für die Mariol. besteht weniger in seiner eigenen mariol. Konzeption als in der Bereitstellung reichen, heute noch wertvollen Materials, v. a. aus den Schriften der Kirchenväter, sowie auch ganz bes. in der Reflexion auf den Ort von Schrift und Tradition bei der theol. Begründung des Dogmas von 1854.

WW: Eine vollständige Biographie fehlt; bis 1858 vgl. Sommervogel VI 332—336. Hauptwerke: De praerogativis Beati Petri apostolorum principis auctoritate divinarum litterarum comprobatis, Ratisbonae 1850. — Commentariorum theologicorum pars prima, altera, tertia, 3 Bde., Romae 1850—51 (Trinitätslehre). — De Ecclesia Christi commentariorum libri quinque (erschienen sind 3 Bücher in 2 Bänden), Ratisbonae 1853—56. — De immaculato Deiparae semper virginis conceptu commentarius, 3 Bde., Romae 1854—55; Napoli ²1855.

QQ: V. Sardi (Hrsg.), La solenne definizione del dogma dell'immacolato concepimento di Maria Santissima. Atti e documenti, 2 Bde., Roma 1904—05.

Lit.: Zur Mitarbeit an der Definition der IC vgl. VirgoImmac II, passim, bes. G. Frénaud, Dom Guéranger et le projet de Bulle »Quemadmodum Ecclesia« pour la définition de l'Immaculée conception, 337—386. — W. Kasper, Die Lehre von der Tradition in der Römischen Schule (Giovanni Perrone, C. P., Clemens Schrader), 1962 (Lit.). — A. Giovagnoli, Dalla teologia alla politica. L'itinerario di C. P. negli anni di Pio IX e Cavour, 1984 (ohne Bibliographie!). — G. Rambaldi, I due tempi della riconciliazione con la chiesa di C. P. Con documenti inediti, In: AHSJ 55 (1986) 87—128. — J. Schumacher, Das mariologische Konzept in der Theologie der Römischen Schule, In: TThZ 98 (1989) 207—226. — DThC XI 2207—10. — LThK² VIII 133. — NCE X 1051 f. *P. Walter*

Passau, Suffraganbistum von München und Freising, eines der kleinsten dt. Bistümer mit 500000 Katholiken (1991, ca. 90% der Bevölkerung) in 306 Pfarreien; bis ins 18. Jh. Suffraganbistum von Salzburg und größtes dt. Bistum, dessen Sprengel Teile Niederbayerns sowie die beiden Erzherzogtümer Österreich ob und unter der Enns abdeckte.

Im Raum des späteren Bistums P. spielte die MV während der christl. Antike wohl die der GM gebührende Rolle, es kam aber nicht zur Ausprägung einer regional zu charakterisierenden Kultentwicklung, die »vita sancti Severini« spricht nicht von ihr. Auch in der Zeit der Christianisierung der Bajuwaren wie des Entstehens des kanonischen Bistums (vor 739) blieb die MV ohne erkennbare örtliche Elemente. Ähnliches gilt für die Geschichte des Bistums im frühen MA. Der Tassilo-Kelch des Klosters Kremsmünster mit Christus und ⟨M⟩ zeigt jedoch die hohe Wertschätzung der GM. Des weiteren erhielten bereits alle Frauenklöster im 8. Jh. das ⟨M⟩patrozinium (Kirchbach-Rottalmünster, ca. 727/737, gemeinsam mit dem hl. Michael; ein nicht präzis zu lokalisierendes Frauenkloster im heute österr. Mattigau, ca. 738; Niedernburg zu P., evtl. vor 740). Für die Zeit vom 8. bis 10. Jh. ist für den heutigen Sprengel des Bistums die Entstehung von 56 Kirchen schriftlich oder archäologisch bezeugt bzw. mit großer Sicherheit erschließbar. Von diesen Kirchen haben neun ⟨M⟩patrozinien; es dominieren die Apostel und die alten Heiligen. Im heutigen → Oberösterreich entstanden in dieser Epoche sieben ⟨M⟩kirchen. Im frühen 12. Jh. wird das ⟨M⟩patrozinium erstmals zur Ortsnamenbildung herangezogen (Mariakirchen, Lkr. Rottal-Inn); wenngleich die Häufigkeit gering ist, bleibt das Patrozinium noch im SpätMA produktiv für die Ortsnamensbildung.

Im HochMA ist die MV in der Diözese v. a. Anliegen der Orden gewesen. Schon seit dem ausgehenden 11. Jh. entstanden marian. Stätten (z. B. Wallfahrtskirche Maria am Sand des Klosters Vornbach bei P.), v. a. in den Klöstern Österreichs, wo sich die MV selbst in den Landkirchen schon ausbreitete. Aus dem Stift Melk stammt das älteste deutsche ⟨M⟩lied (vor 1130), in Göttweig verehrte man wohl bereits im 12. Jh. ein ⟨M⟩bild. In Niederösterreich liegen schließlich die ⟨M⟩wallfahrtsorte, die höchstes Alter beanspruchen: Kleinmariazell (1136) und → Maria Lanzendorf (legendarisch bis ins 6. Jh.). An → Gerhoh v. Reichersberg, dem bedeutenden Theologen seiner Epoche zeigt sich, daß noch keine eigene Mariol. ausgebildet war; Christus bestimmte das theol. Denken, und ⟨M⟩ wurde über ihn wegen ihrer Stellung im Heilswerk hochgeschätzt. Eine Intensivierung der MV im Bistum brachte die monastische Reformbewegung des 12. Jh.s. Mit der Ansiedlung von Zisterziensern zu Heiligenkreuz (1134), Zwettl (1138), Baumgartenberg (1141), Wilhering (vor 1146), → Raitenhaslach (damals Erzbistum Salzburg; 1143/46) und Aldersbach (1146) gab es Ausstrahlungsorte für das rel. Brauchtum rund um die bes. intensive Hinwendung zur GM als Gnadenvermittlerin. Bald schlug sich dieses vermehrte Interesse an der GM in der Literatur nieder: Der Minnesänger und Ministeriale der P.er Bischöfe, Albrecht v. Johansdorf, verteidigte in seiner Kreuzzugsdichtung v. a. das Dogma von der unberührten Jungfräulichkeit ⟨M⟩s. Ebenfalls in den Umkreis des P.er Bischofshofes um 1200 gehört → Konrad v. Fußesbrunnen, der Verfasser der »Kindheit Jesu«, der bedeutendsten geistlichen Dichtung der mhd. Literatur. In seinem Werk bietet Konrad eine ausführliche und lebendig realistische ⟨M⟩geschichte, die auch theol. Fragen der Zeit reflektiert. Im Kloster Niedernburg zu P. findet sich das älteste ⟨M⟩fresko Bayerns (um 1200), das die bes. intensive Hinwendung der Diözese zur GM in eindrucksvoller Weise vor Augen stellt. Infolge der Vertiefung der MV hatte sich in der Liturgie bis um die Mitte des 13. Jh.s ein breiter ⟨M⟩festkreis entwickelt: ⟨M⟩e Lichtmeß, ⟨M⟩e Verkündigung, ⟨M⟩ ad martyres (13. Mai), ⟨M⟩e Himmelfahrt, ⟨M⟩e Geburt und Tricesimus BMV (13. September, der Frauendreißiger — erheblich früher als sonst in der Literatur angenommen).

Das frühe 14. Jh. erlebte die Entwicklung neuer marian. Gebete und Gebetsformen (beim Ave Maria, beim Angelus); es entstanden die er-

Passau, Niedernburg, Marienfresko, um 1200

sten marian. Vereinigungen. Das Bistum hatte auch Anteil an der intensiven mariol. Diskussion. Als herausragender Vertreter erwies sich → Konrad v. Megenberg, der 1342—48 Rektor der Stephansschule zu Wien und ab 1361 Kanonikus am Domstift zu P. war; er schrieb von M in eigenen Mtraktaten genauso wie in den naturgeschichtlichen Werken, die schon während des MA breite Schichten erreichten. Erst seit diesem Jh. prägt die MV die Kirchenlandschaft und die Formen des rel. Lebens im heutigen Sprengel des Bistums entscheidend. Es entstanden die ersten Mwallfahrten: Frauenau (1331), → Kößlarn (1364). Auch die ältesten Mplastiken der Diözese, eine M mit Kind (früher im Dom, heute Nürnberg, Germ. Nat. Mus., um 1300) sowie die Gnadenmutter von → Altötting, gehören in diese Epoche. Plastische Darstellungen gaben seither der MV lebendigen Ausdruck, v. a. Statuen der Mutter mit Kind sowie der Pietà. Weniger häufig finden sich die → »Schönen Madonnen« (z. B. Feichten, um 1400).

1365 gründete Herzog Rudolf IV. (1339—65) die Universität Wien, aber erst 1384 verschaffte ihr Herzog Albrecht III. (1365—95) die theol. Fakultät, deren bedeutendste Gelehrte sich intensiv mit der Mariol., bes. mit der UE Ms, befaßten. Die wachsende MV führte dazu, daß man an der Wende vom 14. zum 15. Jh. in der Diözese P. mehrere Mfeste feierte: Me Lichtmeß, Me Verkündigung, Me Heimsuchung, Me Himmelfahrt mit einer Oktav und Me Geburt mit einer Oktav.

V. a. im 15. Jh. nahmen die Mwallfahrten immer mehr zu, so daß sie zur beherrschenden Form der Wallfahrt wurden. Neben die großen Wallfahrtsorte traten viele Lokalwallfahrten, die im Rahmen des rel. Lebens am Ort und der näheren Umgebung, aber auch durch die Einbindung in die Wallfahrtswege der Fernwallfahrten ihren Sinn fanden. Herausragende Gnadenstätten, die, obwohl außerhalb der Diözese gelegen, von den Gläubigen des bayer. Anteils des Bistums P. ebenfalls gern besucht wurden, waren die GM auf dem → Bogenberg (z. B. »Kerzenwallfahrt« der Pfarrei Holzkirchen seit ca. 1492) sowie die Schwarze Madonna von Altötting (seit 1489). Im oberösterr. Teil der Diözese gab es eine ständig wachsende Zahl von Wallfahrten, in → Niederösterreich entstanden ebenfalls einige neue Zentren, etwa Maria Laach am Jauerling (um 1450), Maria Ellend und Maria Enzersdorf. Die große Wallfahrt Österreichs lag aber nicht im P.er Diözesansprengel, sondern diese war (seit 1157) → Mariazell in der steiermärkischen Berglandschaft.

Im späten 15. Jh. feierte man in der Diözese folgende Mfeste: Me Lichtmeß, Me Verkündigung, M ad martyres, Me Heimsuchung, Me Himmelfahrt mit Vigil und Oktav, Me Geburt mit Oktav, Commemoratio Assumptionis (23. September, der Frauenvierziger) sowie Me Empfängnis.

Die MV wurde auch in dieser Epoche bes. von den Klöstern geprägt; sie betreuten die meisten Wallfahrten, die Konventualen schufen viele der Mhymnen und sonstigen liturg. wie außerliturg. mariol. Texte. Die MV erlebte bis zum Einbruch der Reformation eine Hochblüte; die Wallfahrtskirche Hilkering z. B. erstand erst 1514. Bei der Wirkung der ref. Kritik an der MV ist wieder die Aufteilung des P.er Diözsansprengels auf mehrere Territorien zu berücksichtigen; während die Reformation im bayer. Anteil keine größeren Auswirkungen zeitigte, wurde der österr. Diözesananteil bis zum Ende des 16. Jh.s zu einem sehr hohen Maß ev.; das Hochstift P. schließlich spürte die Reformation nur in geringerem Maße. Trotzdem ist selbst für die bayer. und hochstiftischen Gebiete bis etwa 1570 mit einem drastischen Rückgang der MV zu rechnen. Die wohl älteste nachref. Wallfahrt der Diözese ist Maria Schutz im P.er Kloster Niedernburg (legendarisch 1567), der bereits um 1570 der Neuanfang der Wallfahrt Altötting folgte; kleinere Wallfahrtsstätten zogen nach (z. B. Handlab 1596). Die große Wende im bayer. Raum geschah aber erst in der Zeit um 1600. In den habsburgischen Anteilen des Bistums dauerte der Wiederbeginn der MV noch länger, obwohl das Kaiserhaus, bes. seit Ferdinand II. (Kaiser 1619—37) mit Unterstützung der SJ die Gegenreformation vorantrieb (ab 1595). Seither wurde M Loreto Kennzeichen der MV in Österreich; auf Grund der Propagierung durch die SJ strahlte sie auch auf das Hochstift P. (1622 Thyrnau) und nach Bayern aus.

Das entscheidende Ereignis der MV in der alten Diözese P. ist in den Anfang des Dreißigjährigen Krieges zu datieren. Der P.er Fürstbischof Erzherzog Leopold (1598—1625) hatte ein

Gemälde von Lukas Cranach, »Maria mit dem Kind«, nach P. gebracht. Der P.er Bistumsadministrator und Domdekan Marquard v. Schwendi ließ es kopieren und stellte es in seiner Kapelle zur Privatandacht auf. Nach einer M-erscheinung ersetzte er die Kapelle durch einen prächtigen Kirchenbau, woraufhin eine rege Wallfahrt zu dem nun so genannten Mariahilfberg einsetzte. Die Betreuung der Wallfahrer wurde den Kapuzinern (1630) übertragen, die die Verehrung der → »Mariahilf« binnen weniger Jahre im ganzen kath. Mittel- und Südosteuropa verbreiteten. Dabei erwies sich das Haus Habsburg als besonderer Förderer. In den ersten Jahrzehnten der M-Hilf-Verehrung besetzten nämlich Angehörige des österr. Erzhauses den P.er Bischofsthron. Mit der Benennung »Mariahilf« hob man die siegreiche Rolle des Hauses Habsburg im Kampf gegen die Türken hervor, denn mit dem Schlachtruf »Maria, hilf« hatten die christl. Flotten unter Don Juan d'Austria im Jahre 1561 bei → Lepanto die osmanische Seemacht im Mittelmeer ausgeschaltet. Bei der Schlacht am Weißen Berg bei Prag 1620 hatte »Mariahilf« als kath. Kampfruf gegen die reformierten aufständischen Böhmen und ihren pfälzischen König gegolten.

1629 erhob Schwendi das Fest Me Empfängnis zu einem gebotenen Feiertag für das Bistum. In dieser Epoche wurde die MV wieder zur lebendigen Kraft des Glaubens der Diözese. Selbst kriegsbedingte Gnadenbildflüchtungen, wie die von Neukirchen beim Hl. Blut, das u. a. nach P. kam, konnten infolge der Notzeiten sofort wallfahrtsähnlichen Zulauf auslösen. V. a. aber entstanden noch im Verlauf des Dreißigjährigen Krieges eine Reihe von Tochterwallfahrten oder eigenständigen örtlichen M-kulten: Schloßkapelle Fürstenstein (1629, nach dem Vorbild der Gnadenkapelle in Altötting), → Sammarei (1629—31, vom Kloster Aldersbach betreut), die Frauenkapelle des Klosters Osterhofen (1632, nach dem Schwedeneinfall), Halbmeile (1637), Langwinkl (1639), Wies-Wallfahrtskapelle zu Rotthalmünster (1644) und Landau-Steinfelskirche (1647). Im österr. Anteil der Diözese vollzog sich der gleiche Prozeß, z. B. → Adlwang, die vom Kloster Kremsmünster betreute und bedeutendste Wallfahrt Oberösterreichs, Maria Langegg (1600), Mariabrunn (seit 1610 wieder aufblühend), Hoheneich (1621), → Maria Anzbach (1629), → Lauffen (1634).

Nach den Katastrophen der ersten Hälfte des 17. Jh.s mit Krieg und Pest wandten sich die Menschen überall M zu, deswegen erlebte das Bistum wie das gesamte kath. Süddeutschland und Österreich eine überreale Blüte der MV. Seit dieser Zeit entstanden die zahlreichen M-kapellen und -kirchen, die als besondere Orte der Verehrung neben die Seelsorgskirchen traten. Z. T. wurden diese Kirchen und Kapellen nur Stätten des Gebets, ein anderer Teil gewann Bedeutung für das Glaubensleben ihrer Gemeinden, ein weiterer Teil wurde mit einbezogen in die Wallfahrtswege zu den großen Wallfahrtsorten oder gewann sogar Gewicht für einen größeren Raum: Vilshofen (1657; 1691), → Gartlberg bei Pfarrkirchen (1659), Kronberg bei Griesbach im Rottal (1686), Zwiesel (1673; 1682 — auch für böhmische Wallfahrer), Forsthart (1685), Wegscheid an der Böhmischen Straße (wohl 1686).

Wieder war für Österreich ähnliches festzuhalten: Attersee (1652), Brunnental (1656), → Maria Taferl (1659), Gutenstein (1665), Maria Schutz am Semmering (1679). Mit der »Via Sacra« von Wien nach Mariazell entwickelte sich eine das ganze habsburgische Land erfassende und prägende Wallfahrt; hier war, wie bei Altötting in Bayern, das Herrscherhaus selbst entscheidend mitbeteiligt. Die Jesuiten pflegten die Marian. Kongregationen, mit denen sie v. a. das Bürgertum erfaßten, die breitere Bevölkerung dagegen wurde nicht sehr oft in Bruderschaften zum Zwecke der MV gesammelt.

Als am 12. 9. 1683 die christl. Truppen vor Wien mit dem Schlachtruf »Mariahilf« antraten, Kaiser Leopold in P. die GM auf dem Mariahilfberg verehrte, und die Türken geschlagen wurden, bestimmte Papst Innozenz XI. diesen Tag zum Fest Me Namen, weil Ms Hilfe der Sieg zugeschrieben wurde. Nun erreichte die MV, v. a. die der Mariahilf, einen Gipfelpunkt, sie wurde Ausdruck der kath. Lebensfreude und Zuversicht. Wallfahrt, Festfeier, Predigt, Gebet und Andacht, Musik und Literatur machten die MV zur herausragenden Form rel. Lebens. Aus diesem Lebensgefühl heraus wurde die MV bestimmend für die Barockzeit. Das 18. Jh. intensivierte die MV nochmals: 1727 Votivoffizium von der Empfängnis Ms als Fest duplex, 1734/35 Fest der Sieben Schmerzen Ms als Fest Duplex. Weitere Wallfahrtsorte zogen die Pilger an, etwa Helfenberg (1716), Linz-Pöstlingberg (1720), → Maria Enzersdorf (1730), Büchlberg bei Passau (1735), → Maria Schmolln (1735).

Eine Trendwende deutet sich aber schon um die Mitte des Jh.s an: Aus einer Kopie des Gnadenbilds des Doms von → Györ/Ungarn, »Maria vor dem schlafenden Kind«, etwa wurde in der neuen Pfarrkirche Ringelai/Bayer. Wald (1747) das »Christkindl von Ringelai«. Einen massiven Einbruch der MV brachten aber erst Aufklärung und Säkularisation. Sie trafen bes. die Wallfahrten zu den M-orten. Es handelte sich dabei nicht um eine aus der gläubigen Praxis erwachsene Veränderung, sondern um die durch den Einsatz staatl. Gewalt herbeigeführte Beseitigung obrigkeitlich nicht mehr akzeptierter Glaubensvorstellungen und Lebensweisen. Wichtig dabei war v. a. die Ausschaltung der Orden, die mit ihren Mönchen an vielen Wallfahrtsorten ein reiches seelsorgliches Wirken ermöglicht hatten. Nach dem Abzug der Mönche lag das rel. Leben zumeist darnieder. Des weiteren verlor die MV durch die Beseitigung und Vernachlässigung der kleineren, nicht für die ordentliche Pfarrseelsorge notwendigen Kirchen viele ihrer

Stätten. Die obrigkeitlichen Eingriffe konnten die MV im Volke allerdings nicht beseitigen, vielerorts übernahmen Laien die Führung im Wallfahrtswesen und sorgten so für den Fortbestand auch der Mwallfahrten. Nach dem Ende der obrigkeitlichen Bevormundung konnte das pfarrliche rel. Leben auf breiter Basis hier wieder anknüpfen.

Seit der Abtrennung der österr. Diözesananteile 1783/85 war das Bistum P. ein kleines Bistum geworden. Hier brachte die Zerschlagung des alten Erzbistums Salzburg und die Verteilung der bayer. Pfarreien auf die Diözesen Freising bzw. P. für die Diözese P. reichen Gewinn, nämlich die große bayer. Wallfahrt Altötting (1822). Sie wurde neben der Bischofsstadt zweiter geistlicher Mittelpunkt der Diözese. Andererseits wurden früher bedeutsame Wallfahrten wie etwa Kößlarn, Sammarei und St. Anna bei Ering zu Orten nur mehr lokaler Anziehungskraft, die allenfalls auf dem Weg nach Altötting besucht wurden.

Das Werk des Bischofs Karl Josef Freiherr v. Riccabona (1826—39) war die institutionelle Reorganisation der infolge der Säkularisation darniederliegenden Diözese. Sein Nachfolger, Bischof Dr. Heinrich Hofstätter (1839—75), konnte sich anderen Aufgaben, u. a. der MV, zuwenden. Die Dogmatisierung der UE 1854 führte zu Neuansätzen, Bischof Heinrich ließ eine umfassende Bestandsaufnahme der MV in der Diözese durchführen und baute zu Ehren des Dogmas die marian. Votivkirche Me UE zu P. (1857) mit der für das zeittypische Empfinden in Kunst und MV kennzeichnenden Figurengruppe »Mariae Krönung« von Joseph Knabl (München). Gegen das Dogma erhob der wissenschaftlich engagierte Kooperator Thomas Braun Widerspruch, der angesichts der langen und unbestrittenen Feier der UE in der Diözese unerklärbar bleibt. Braun wurde schließlich exkommuniziert und kehrte erst nach der Entstehung der Altkath. Kirche in die Diözese zurück. Des weiteren förderte Bischof Heinrich gemäß der Anordnung Papst Gregors XVI. die Gründung von Herz-Me-Bruderschaften, mit denen gerade die ländliche Bevölkerung erstmals umfassend in Bruderschaften mit dem Ziel der MV organisiert wurde. Für die Innigkeit der MV in der Diözese während des 19. Jh.s steht der hl. Bruder → Konrad v. Parzham, der als Kapuzinerlaienbruder von 1849 bis zu seinem Tod 1894 in Altötting wirkte. Er schöpfte aus der im bäuerlichen Zuhause gepflegten Mfrömmigkeit.

Aus Anlaß der Dogmatisierung wurde 1855 die → Maiandacht, zunächst in Form einer Novene in der Wallfahrtskirche Mariahilf ob P., eingeführt. Dabei lag das Bistum im allgemeinen Trend. In der liturg. Lit. der Diözese nahm sie in den folgenden Jahrzehnten einen breiten Raum ein. Nach der Enzyklika über den Rosenkranz von 1883 ordnete Bischof Franz v. Weckert eine Rosenkranzandacht für Oktober 1883 an, daraus entwickelte sich der Oktoberrosenkranz.

Die MV nahm immer vielfältigere Formen an: In der zweiten Hälfte des 19. Jh.s entstanden zahlreiche Privatkapellen und Dorfkirchen. Sie waren in der Regel das Resultat persönlichen Engagements einzelner Gläubiger oder von Ortsgemeinschaften. Ein erheblicher Teil dieser Sakralbauten wurde der GM geweiht. Die Verehrung der M Lourdes fand in zahlreichen Grotten, die gern an die Pfarrkirche angebaut wurden, Ausdruck. Herz-Me-Statuen erhielten (gemeinsam mit Herz-Jesu-Statuen) in vielen Kirchen einen hochgeschätzten Platz. Die Mfeste wurden vermehrt: 1892 wurden dem Proprium die Feste der Erscheinung Ms in Lourdes, M vom Guten Rat, der Mutterschaft Ms und der Reinheit Ms eingefügt.

In wohl zu scharfer Ausführung der päpstlichen Reformbestrebungen von 1911/12 wurde das P.er Proprium 1914 von allen Mfesten purgiert, zugunsten der Einheitlichkeit wollte man auf alle traditionellen liturg. Besonderheiten verzichten. Diese Vereinheitlichungstendenz wurde gefördert durch die Erhebung Ms zur → Patrona Bavariae im Jahr 1916. Andererseits nahm man 1935 das nur kurzzeitig populäre Fest M Mittlerin der Gnaden, das nicht diözesanspezifisch war, in das Proprium auf. Auch bei der Weihe der Diözese an M im Mai 1943 folgte man der generellen Entwicklung. Seit dem Ende des Zweiten Weltkriegs gewann M Fatima größere Bedeutung in der MV der Diözese; Wallfahrten nach Lourdes wurden häufiger, während die Lourdes-Grotten im Zuge der Ausstattungsveränderungen nach dem II. Vaticanum allmählich wieder verschwanden. Seit dem Proprium von 1964 feiert die Diözese nur mehr die Schutzfrau Bayerns als Eigenfest. Die MV ist in der jüngeren Vergangenheit wieder stärker hervorgetreten; daher gewannen auch die Erscheinungen von → Medjugore Aufmerksamkeit. V. a. die Neubelebung der Wallfahrten ist hier jedoch zu nennen; Altötting zählt derzeit jährlich etwa 1000000 Pilger und Besucher, andere Wallfahrten, v. a. Sammarei, nehmen einen unübersehbaren Aufschwung.

Lit.: Die Forschung hat sich bisher nur Einzelaspekten gewidmet. Zusammenschauende Darstellungen fehlen. — A. Lechner, Ma. Kirchenfeste und Kalendarien in Bayern, Freiburg 1891, 161—204. — M. Heuwieser, Geschichte des Bistums P. I: Die Frühgeschichte. Von der Gründung bis zum Ende der Karolingerzeit, 1939. — F. X. Zacher, Heinrich v. Hofstätter utr. Iuris Doctor, Bischof von P. (1839—75), 1940. — J. Puchner, Die Ortsnamen auf -kirchen in Bayern, In: Blätter für oberdt. Namenforschung 3/4 (1960/61) 16—27; 6 (1965) 15—25; 12 (1971) 1—11. — G.-H. Karnowka, Die liturg. Sonderfeste des Bistum (!) P. in ihrer geschichtlichen Entwicklung (Proprium Passaviense), In: Ostbairische Grenzmarken 11 (1969) 377—390. — Konrad v. Megenberg, Werke V: Ökonomik, 3 Bde., hrsg. von S. Krüger, 1973—84. — K. Baumgartner, Die Seelsorge im Bistum P. zwischen barocker Tradition, Aufklärung und Restauration, 1975. — G.-H. Karnowka, Breviarium Passaviense. Das P.er Brevier im MA und die Breviere der altbayer. Kirchenprovinz, 1983. — F. Mader, Wallfahrten im Bistum P., 1984. — R. Wisniewski, Kreuzzugsdichtung: Realität in der Wirklichkeit, 1984, 95—98. — O. Rutz, Obrigkeitliche Seelsorge. Die Pastoral im Bistum P. von 1800 bis 1918, 1984. — W. Hartinger, Mariahilf ob P., 1985. — H. W. Wurster, Das Bistum P. und seine Geschichte I: Von den Anfängen bis zur Jahrtausendwende, 1993 (im Druck).
H. W. Wurster

Passion. I. KUNSTGESCHICHTE. Die P. umfaßt nach heutiger Auffassung 15 Szenen vom »Einzug in Jerusalem« bis zur »Grablegung«: 1. Einzug in Jerusalem; bevorzugte Eingangsszene für P.s-Zyklen des 11.—14. Jh.s. — 2. Fußwaschung; eigentlicher Beginn der P.s-Folge. — 3. Abendmahl; stets in Verbindung mit der »Ankündigung des Verrats«. — 4. Ölberggruppe; fester Bestandteil der P. seit dem 14. Jh., ein Jh. später bereits Isolierung aus dem Zyklus als Andachtsbild. — 5. Verrat und Gefangennahme in Gethsemane. — 6. Jesus vor Kaiphas und dem Hohen Rat. — 7. Verleugnung Petri; fand Verwendung für die Bußdarstellungen der altchristl. Plastik. — 8. Bestrafung des Judas. — 9. Verhör Christi vor Pilatus; vorrangig behandelt in altchristl. Plastik und ma. Kunst, wo diese Szene, zumal vereinfacht als Handwaschung des Pilatus, die P.s-Szenen 5—8 zusammenfaßt. — 10. Geißelung Christi, die erst mit dem Ende des 10. Jh.s auftaucht, mit dem 15. Jh. und dem Aufkommen von Mysterien- und P.s-Spielen realistische Tendenzen in der Darstellung zeitigte (vgl. P.s-Säule). — 11. Dornenkrönung und Verspottung Christi; avanciert — durch Duccio und Giotto angeregt — im 15. Jh. zum Devotionsbild. — 12. Ecce homo; als zeitlich letztes und jüngstes Bild in die P.s-Folge aufgenommen. — 13. Kreuztragung; unter Vernachlässigung der biblischen Grundlage Ausweitung auf mehrere, oft figurenreiche Szenen in der spätma. und neueren Kunst; besonders die P.s-Spiele und die aszetische Literatur beeinflußten seit dem 15. Jh. diese Entwicklung; im Zusammenhang damit stehen die sog. Kreuzwegstationen auf Grundlage des Lukas-Evangeliums (Lk 23,26—31) sowie das Einfügen der Veronika mit dem Schweißtuch. — 14. Kreuzigung; die Ergänzung des historischen Kreuzbildes, wie es bereits das frühe 5. Jh. zu vermitteln suchte, durch die Assistenz Ms und des Johannes hält mit der Darstellung in S. Maria Antiqua (Rom) Einzug in die abendländische Kunst. — 15. Kreuzabnahme und Grablegung; das hohe MA bildete gerade zu dieser Thematik drei figurale Programme aus, die in Form von Andachtsbildern sich besonderer Beliebtheit erfreuten: die »Schmerzensmutter«, die »Erbärmdebilder« sowie den »Schmerzensmann«. Die Mater Dolorosa tritt sowohl in der westlichen als auch in der östlichen Kunst als betont inniges Andachtsmotiv in der Kreuzigung Christi, der Beweinung und dem Vesperbild heraus. Eine Gegenüberstellung von Mater Dolorosa und Schmerzensmann gibt es bereits seit dem 14. Jh., während die Isolierung der Schmerzensmutter erst mit dem Ende des 15. Jh.s einsetzt (ganzfigurig mit 7 Schwertern oder sitzend mit einem Schwert in der Brust; nach Lk 2,35). Entstanden ist diese Form des Andachtsbildes mit der Schmerzensmutter M aus dem Bestreben heraus, Ms Schmerzen unabhängig vom Passionsgeschehen zu würdigen (s. Burgkmair, Dürer, Baldung, Tizian). Auch in Variation als trauernder Kopf Ms, entwickelt aus der niederländischen Kunst des 15. Jh.s, wird diese dem Christus der P. gegenübergestellt. Der Barock bevorzugt geradezu diesen Typus in Form der Büste der Schmerzensmutter. Zum Pendant avanciert das Ecce-homo-Bild. — Das 11.—13. Jh. kennt für Handschriften und Psalterien außerdem eine 16. Szene — die »Höllenfahrt Christi« —, die gemeinsam mit dem »Abendmahl« eine Einordnung der P. in die Heilsgeschichte erlaubt.

Die P. wird zum ersten Mal auf röm. Sakophagen des 4. Jh.s bildlich dargestellt (vgl. »Brüdersarkophag« Lateran Nr. 55, um 330/40; Sarkophag Garrucci Nr. 334/2; Sarkophag von Servanne, 378/395). Erste zyklische Ansätze zeigt die Sepulcralplastik des FrühMA seit 350 mit szenischen Erweiterungen wie dem Einzug in Jerusalem, Christus in Gethsemane, Christus vor Pilatus, Dornenkrönung, Selbstmord des Judas u.a. Den ersten monumentalen P.s-Zyklus und zugleich eine der wichtigsten Erweiterungen — die Kreuzigung Christi — bieten die Reliefs auf den Holztüren von S. Sabina in Rom (um 431). Die Mosaiken auf der Südseite des Langhauses von S. Apollinare Nuovo (Anfang 6. Jh.) geben erstmals 13 Szenen, die, mit dem Abendmahl einsetzend, in einem sinnvollen, gedanklich geschlossenen Zusammenhang stehen. Unter Verzicht von Darstellungen des eigentlichen Leidens Christi wurde für die altchristl. Kunst das Hervorheben der heroischen Züge innerhalb des P.s-Geschehens charakteristisch. Erst um 1000 gewinnt das leidbetonte Bild in Form von Geißelung Christi, Annagelung und Beweinung Vorrang. Einzelne Szenen aus der P. sind sowohl im Osten (vgl. Chludov-Psalter, Moskau, Hist. Mus., Ms. gr. 129; Codex 61 des Athosklosters Pantokrator, 2. Hälfte 9. Jh.) als auch im Westen (vgl. ottonische und salische Buchmalerei) in den Bilderkreis der Buchmalerei eingegangen, zunächst begrenzt auf wenige Figuren, die in narrativer Erzählweise die Ränder und Zwischenräume der Texte besetzten. Ganzseitige Bilder übernehmen in Folge die Ausschmückung der Bibeln, Evangeliare, Evangelistare, Antiphonare, Missale und Psalterien. Theol., bisweilen liturg. Aspekte stehen vermehrt im Vordergrund und verdrängen weitgehend einen typologischen oder illustrativen Charakter aus den Anfängen der Buchmalerei (vgl. »Breviari d' Amor« von Matfre Ermengaud, um 1250—1322; »Biblia pauperum«, 14. Jh.; »Speculum humanae salvationis« des Vinzenz v. Beauvais, Ende 13. Jh.). Das 12. Jh. kennt für die Kapitellplastik der Kreuzgänge eine Vielfalt von Motiven aus der P. — insbesondere die südfranz. und katalanischen Klöster (Moissac, Monreale) —, die bereits eine theol. Reflexion voraussetzen. Lettner (vgl. Naumburg) und Glasfenster (vgl. rechtes Westfenster in Chartres) bieten gleichfalls Gelegenheit für umfangreiche Bildprogramme (vgl. auch Programm der Ziboriumssäulen in S. Marco). Von unvergleichlicher Bedeutung nicht nur für die Darstellung des P.s-Zyklus erweisen sich die Fresken Giottos in der Arenakapelle zu Padua (1305/06), während die Kanzel G. Pisanos im Pisaner Dom (1302—11) einzig die Kreuzigung Christi zeigt. Unter Einfluß von Mystik und Mysterienspielen erfährt die P. im SpätMA erneut künstlerische Hinwendung mit einer Vielzahl an Altären (Haldener Altar des Kölner Domes; Kaisheimer Altar von Holbein, 1502; P.s-Altar der Nikolaikirche in Kalkar, 1488—1508; Bordesholmer Altar von Hans Brüggemann, 1521). Der Zyklencharakter bleibt für die P. ohne zeitlichen Einfluß bis in die Gegenwart erhalten (vgl. Dürers Große und Kleine P., 1510; Rembrandts P.s-Bilder, München, Alte Pinakothek, 1633—39; P.s-Reliefs von Melchior Paulus im Kölner Domschatz, 1703—26; »Miserere« von G. Rouault, 1927 ff.).

Lit.: Künstle I 408—500. — H. M. Biedermann, Die P., 1958. — W. Fries, P., 1976. — H. Möbius, P. und Auferstehung in der Kunst des MA, 1979. — K. Onasch, Kunst und Liturgie der Ostkirche in Stichworten unter Berücksichtigung der Alten Kirche, 1981, 297—299. — LThK² VII 1009—14. — LCI III 39—85. 197 ff.; IV 85—87.   G. Wendtner

II. MUSIKWISSENSCHAFT. Die Berichte der Evangelisten vom Leiden und Sterben Jesu Christi nehmen innerhalb der liturg. Perikopenordnung von alters her einen herausragenden Platz ein. Demgemäß war auch die Vortragsart gestaltet: So beschreibt schon Augustinus diese als »solemniter legere« (Sermo 218,1). Seit dem 11. Jh. bezeichnen Buchstaben die den einzelnen Rollen spezifischen Tonhöhen und Modalitäten der Rezitation. Laut Notker Labeo († 1022) steht c = celeriter für den Vortrag des Evangelisten, t = tenere oder trahere für Jesus, s = sursum für die übrigen Personen und turbae. Wohl spätestens im 13. Jh. übernahmen Sänger diese Rollen. Bald darauf ist die mehrstimmige Wiedergabe der turbae nach Art des hochma. Organum belegbar (z. B. im sog. »Füssener Traktat«). Daraus entstanden die responsorialen P.en (früher Choral- oder dramatische P.en genannt) und die durchkomponierten (figuralen oder motettischen P.en) andererseits.

Erstere stellen dem einstimmigen Gesang des Erzählers die Mehrstimmigkeit der turbae und Soliloquenten gegenüber. Die figurale P. zeichnet sich durch die gleichfalls mehrstimmige Vertonung des Evangelistenberichtes aus. Oberitalien, bes. Modena, bildet im 16. Jh. einen Schwerpunkt der kath. P.s-Vertonungen. In Bergamo wirkte G. de Alberti richtungsweisend, da er alle direkten Reden, einschließlich der Christusworte, mehrstimmig setzte. Über A. Scandello wurde dieses Prinzip auch in die dt. P.s-Komposition hineingetragen. Von den vier lat. responsorialen P.en (ca. 1570—82) des am kath. Hof in München wirkenden O. di Lasso führt die Linie zu der dt. luth. P. L. Lechners (1594). Ohne Nachfolge blieb H. Schütz mit seinen drei dt. responsorischen P.en (nach Lukas, nach Matthäus, dorisch, nach Johannes, phrygisch) von 1665/66. Hier fand die Dramatisierung sowie die ausdrucksstarke Realistik einen großartigen Höhepunkt. P.s-Musiken entstehen aber auch in den iberischen Ländern (die beiden P.en von T. L. de Victoria von 1585 wurden beispielsweise noch bis in das 19. Jh. in der Sixtinischen Kapelle gesungen), in England (W. Byrd 1607) und Prag (Gallus), kaum jedoch in Frankreich.

Infolge der kirchenmusikalischen Reformforderungen des Tridentinums sind liturg. P.s-Vertonungen praktisch bedeutungslos geworden. Aus der an Qualität wie Quantität geringen Produktion ragt die Johannes-P., von A. Scarlatti (um 1700) heraus. Hingegen kam die aus dem → Oratorium des Philipp Neri erwachsene neue Musikgattung gleichen Namens (um 1600) in Form des außerliturg. P.s-Oratoriums rasch zu eminenter Bedeutung. Dieses konnte einerseits anknüpfen an die seit dem 15. Jh. gebräuchlichen P.s-Laudes und andererseits an die in Italien und Wien beliebten sog. Sepolcri, d. h. Heiliggrabfeiern. Letztere sind oft wesentlich geprägt von den »Marienklagen« (→ Klagen). Schon 1627 wurde in Mantua der »Lamento di Maria Vergine ... per la morte di Gesù Cristo« von M. Capollini aufgeführt; um 1643 schrieb L. Rossi sein »Oratorio per la Settimana Santa«, das auch eine ⟨M⟩klage enthält. In Bologna entwickelt sich im Umfeld G. A. Pertis das P.s-Oratorium neapolitanischer Art (1721). Konstitutiv hierfür sind die aus der Oper übernommenen Rezitativ, Arioso und Arie sowie eine eigene P.s-Dichtung.

In Wien gab P. Metastasio mit seiner für Kaiser Karl VI. verfaßten »La Passione di Jesù Cristo« für zahllose Komponisten eine neue Text- und Formgrundlage, derer sich erstmals A. Caldara 1730 bediente. Bis ins 19. Jh. hinein wurde Metastasios Text, der unter weitestgehender Handlungsreduktion das Miterleben der Gläubigen am Erlösertod evoziert, vertont; so v. a. von N. Jommelli (1742), G. Paisiello (1784), A. Salieri (1777), G. Mysliveček (1777) u. a. Einen gewichtigen eigenständigen Beitrag leistete J. A. Hasse in Dresden (z. B. »I Pellegrini al Sepolcro«, 1742); beachtenswert ist in seiner Verquickung von Opern- und Choralelementen »Der blutschwitzende Jesus« (1750) von J. E. Eberlin in Salzburg.

Als Sonderform ist dem P.s-Oratorium die Vertonung der »Sieben Worte Jesu« zuzurechnen. Nachdem bereits H. Schütz (um 1645) und Chr. Graupner (1743) solche Kompositionen geliefert hatten, wurde bes. J. Haydns Werk »Die sieben Worte des Erlösers am Kreuz« (1796) berühmt. Hier kommen zahlreiche aus der barocken musikalischen Rhetorik bekannte Figuren und Motive zur Anwendung: Kreuzmotive, Seufzer, ausdrucksstarke Pausen (Suspiratio), Passus duriusculus, Exclamatio und dgl. Ganz im Dienst der Textausdeutung steht auch die Chromatik. Die textlichen Erweiterungen stellen Anrufungen dar, mit denen ⟨M⟩ als Mutter aller Gläubigen um ihre Fürbitte angegangen wird, v. a. als Beistand im letzten Streit, dem irdischen

Sterbenmüssen: »empfiehl uns Deinem Sohn, o Mutter«, wobei das einleitende Seufzermotiv wieder im Orchester erscheint und den Satz zu Ende bringt.

Die sog. oratorische P. gelangte in den luth. Städten zu höchster Bedeutung, beginnend in Hamburg um 1640 mit Th. Selle. Hervorgegangen aus der responsorialen P., zunächst unter Beibehaltung des P.s-Tones, ging sie zwar vom P.s-Bericht der Evangelisten aus, erweiterte diesen aber um andere biblische Texte sowie mit Gesangbuchstrophen und betrachtender geistlicher Lyrik. Aufführungen solcher oratorischer P.en gehörten alsbald zum festen städt. Musikrepertoire. Allein von G. Ph. Telemann sind 46 P.s-Musiken dieser Art bekannt (1716—65). Auch G. F. Händel (1704), R. Keiser (1717), G. Böhm, V. Lübeck, J. Ph. Krieger (13 Werke) sind mit einschlägigen Kompositionen vertreten. Überstrahlt werden sie jedoch alle von den unübertrefflichen Schöpfungen Johann Sebastian Bachs: Johannes-P. (1724), Matthäus-P. (1727) und die nur teilweise erhaltene Markus-P. (1731).

Ende des 18. Jh.s fand die Gattung P.s-Oratorium sowohl ev. wie kath. Provenienz weite Verbreitung. Als nichtliturg. Musik verlor sie bald ihren Platz im Gottesdienst. Gab es anfänglich noch Aufführungen in Kirchen — häufig wurden eigens Textbücher gedruckt —, so verlagerten sich diese Sonderveranstaltungen letztendlich in (Konzert-)Säle. Die Entstehung des P.s-Oratoriums wäre ohne die ausnahmslos freien dichterischen Texte des von E. Neumeister seit 1700 geschaffenen Kantatentyps undenkbar. Dieser weist neben dem Fehlen des Bibeltextes auch die Einführung allegorisch verstandener Personen auf, etwa Zion oder ℳ. Mit opernhaften Einflüssen erklärt sich auch die betrachtend lyrische, nicht selten in pathetisch weinerlichen Ton abgleitende Art der Textausdeutung. Charakteristisch sind z. B. »Die gekreuzigte Liebe oder Tränen über das Leiden und Sterben unseres Heilands« (1731) von G. Ph. Telemann, »Der sterbende Jesus« (1796) von C. Ph. E. Bach, die gleichnamige Komposition von F. A. Rosetti (= Rößler) von 1786, bes. aber »Der Tod Jesu« (1760) von C. H. Graun. Auf Grund seiner musikalischen Substanz dominiert hier L. van Beethovens »Christus am Ölberge« (1803).

Mitte des 19. Jh.s entstehen Werke, die sowohl den Rückgriff auf ältere Stilmittel belegen als auch die puristischen Tendenzen kath. KM. Bei dem Oratorium »Christus« (1872) von F. Liszt — darin eine ergreifende ℳklage — und der Trilogie »La Rédemption« (1882) von Ch. Gounod überwiegen dennoch die hochromantischen Stilmittel. Später ging L. Perosi mit »La Passione di Cristo secondo S. Marco« (1897) wieder auf den geschlossenen biblischen P.s-Text und sogar auf den Choral zurück.

Das 20. Jh. brachte wichtige P.s-Kompositionen z. B. von H. Distler, H. F. Micheelsen (responsoriale P.), durchkomponierte P. von K. Thomas, E. Pepping und S. Reda, oratorische von G. Migot (»La Passion«, 1942). Herausragend ist dabei »Golgatha« (1948) von F. Martin, nach Texten der Evangelisten und Meditationen des Augustinus: Vor dem abschließenden grandiosen Chor- und Orchestersatz über das österliche Exsultet wirkt das Wort Jesu an seine Mutter und Johannes (Joh 29,17) in seiner kompositorischen Schlichtheit und spannungsvollen Ruhe tief beeindruckend.

Der vielleicht bedeutenste kath. Beitrag der jüngsten Zeit dürfte »Passio et mors Domini nostri Jesu Christi secundum Lucam« (1965) von K. Penderecki sein. Das darin eingearbeitete »Stabat Mater« gibt gewissermaßen einen Abriß der abendländischen Musikgeschichte, indem hier das Klang- und Satzbild von Gregorianik und Dur-moll-Tonalität ebenso bestimmt wird wie von Dodekaphonie und Clustertechnik.

Neben diesen für die österliche Bußzeit, bes. die Karwoche, komponierten Werken innerhalb und außerhalb des Gottesdienstes hat die Musikgeschichte eine Fülle von Kompositionen unterschiedlichster Art und Funktion hervorgebracht, die in einem mehr oder weniger engen Verhältnis zum Gedanken der P. stehen. Der Sitz im Leben war für diese Musik wesentlich bestimmt durch die Volksfrömmigkeit. Schon im MA nimmt dabei die MV einen besonderen Rang ein. Die ℳmystik der Zisterzienser beispielsweise, v. a. Bernhard v. Clairvaux, doch auch die devotio moderna allgemein, schufen wirkmächtige ikonographische wie lit. Beiträge. Hinzu kommt das über Jh.e weithin blühende Wallfahrtswesen als Nährboden für marian. Gesänge; nicht zuletzt sind die Rosenkranzandachten hier zu nennen. Letztere wurden und werden vorangig im Monat Oktober gepflegt. MV im Frühling — erst in der Zeit des Biedermeier als Maiandacht monatlich fixiert — ist ebenfalls im MA nachweisbar.

In der symbolisch-allegorischen Schriftdeutung der ma. Theol. wurde bes. das Hohelied auf ℳ bezogen: ℳ als »Blume des Feldes und Lilie im Talgrund«. Der »geistliche Mai« erlebte seine Blütezeit im 14. und 15. Jh. in den von der Mystik stark beeinflußten Frauenklöstern. Die dadurch entstandenen Lieder, Predigten und Gebetbücher nehmen nicht ℳ als Brennpunkt sondern das Kreuz, welches schon die Kirchenväter als Lebens- und neuen Paradiesbaum deuteten. Diese Verbindung des Monats Mai mit dem Kreuzgedanken, mithin der P., legt auch der liturg. Kalender nahe: 1. Mai als Fest des durch das Kreuzesmartyrium gestorbenen Apostels Philippus, und das Fest der Kreuzauffindung am 3. Mai.

Weitere Förderung erhielt die Feier eines speziellen ℳmonats durch die Gebetsübungen zur Heiligung ganzer Monate, wie sie die Jesuiten im Barock ausbildeten, oder durch das sog. Maigebet, das als Reaktion auf verheerende Mißernten in den fränkischen und rheinischen Bistümern heimisch wurde, woraus sich letztlich auch die Bittage um Christi Himmelfahrt entwickelten.

Für all diese Orte und Zeiten entstanden vielfältige und zahlreiche Kompositionen, die M als Mutter des Herrn unter dem Kreuz zeigen, um ihren Beistand in der je eigenen Sterbestunde anflehen, sie als Teilhaberin und Mittlerin der Erlösungsfrüchte des Opfertodes ihres Göttlichen Sohnes rühmen, und an ihrer Person die untrennbare Einheit von P.s-Wirklichkeit und Auferstehungsglauben bekennen. Geistliches (Volks-)Lied, kunstvoller Cappellgesang, Instrumentalsätze und groß angelegte Werke für Chor und Orchester zeugen von der tiefen Verwurzelung der MV im musikalischen Leben.

Um 1495 entstand in Wien das bis heute in den Gemeinden lebendige geistliche Lied »Da Jesus an dem Kreuze stund« (Gotteslob, Nr. 187), das die »Sieben Worte« besingt. Schon L. Senfl schrieb darüber 9 zyklisch durchkomponierte Strophen. Auch die einzigartige Johannes-P. von L. Lechner fügt die Sieben Worte ein. 1604 gibt der Augsburger Domkapellmeister B. Klingenstein (1545–1614) sein »Rosetum Marianum« heraus: 33 Komponisten aus dem Umkreis habsburgischer und süddt. Höfe verfaßten mit dieser Sammlung dt.sprachiger Mmotetten ein herausragendes Zeugnis kath. MV auf dem Hintergrund der Trienter Konzilsbeschlüsse. Zu den beliebtesten Mliedern zählt bis heute die dt. Version (1847) des → Stabat Mater von →Jacopone da Todi (vor 1306) »Christi Mutter stand mit Schmerzen« (Gotteslob, Nr. 584). Fr. Schubert schuf gleich zwei Kompositionen. Die erste (1815) für Chor und Orchester bedient sich noch 4 Strophen der lat. Fassung, die zweite (1816) für Soli, Chor und Orchester verarbeitet den Text von F. G. Klopstock. Fr. → Lachner wiederum vertont den lat. Text. Im 20. Jh. greift F. Martin ebenfalls auf das Stabat Mater zurück im Mittelsatz seines Marian. Triptychons (vgl. auch → Rosenkranz).

Lit.: P. Spitta, Die Passionsmusiken von J. S. Bach und H. Schütz, 1893. — B. Smallman, The Background of Passion Music: J. S. Bach and his Predecessors, 1970. — K. Küppers, Marienfrömmigkeit zwischen Barock und Industriezeitalter, 1987. — Ders., Diözesan-Gesang- und Gebetbücher des dt. Sprachgebiets im 19. und 20. Jh., 1987. — Passionsmusik: Quellen, musikalische Elemente und Funktionen, hrsg. von F. Markmiller, 1987. — Das Passionsspiel, einst und jetzt, hrsg. von der Kath. Akademie Augsburg, 1988. — MGG X 886–933. — Grove XIV 276–286. *M. Hartmann*

Passional, mhd. Verslegendar (ca. 110 000 Verse) vom Ende des 13. Jh.s. Der Autor bleibt anonym; das einzige, was er über seine Person mitteilt, ist der Hinweis, daß er Priester war (Köpke 319,6). Neben dem P. verfaßte er auch das »Väterbuch« (über 40 000 Verse), eine Bearbeitung der »Vitas patrum«. Seine beiden umfangreichen Versdichtungen gehören zweifellos zu den bedeutendsten Werken der mhd. geistlichen Epik. Immer wieder wurde von der Forschung ihr flüssiger Erzählstil hervorgehoben; als besonders gelungen gelten die Mmirakel (→ Mirakel) aus dem 1. Buch des P. Man vermutet, daß der Dichter entweder dem → Deutschen Orden angehörte oder in dessen Auftrag arbeitete. Der einzige Anhaltspunkt, der sich dafür aus den Werken selbst ergibt, ist ein Abschnitt innerhalb der Darstellung des Jüngsten Gerichts im »Väterbuch« (40 757–76), in dem die Deutschordensritter (»Marie ritter«) ausführlicher als die anderen Orden gepriesen werden. Weitere Argumente, die auf nähere Beziehung des Autors zum Deutschen Orden hindeuten, sind der ostmitteldeutsche Wortschatz, die Verbreitung seiner Werke vor allem im ostmitteldeutschen Raum, schließlich auch die große Rolle, welche die MV im P. spielt.

Die Hauptquelle für das P. ist die »Legenda aurea« des → Jacobus a Voragine. Während Jacobus den Stoff nach dem Fest- und Heiligenkalender ordnet, ist das P. in drei Bücher gegliedert, von denen die ersten beiden den Gestalten des NT gewidmet sind: Buch I (ca. 19 000 Verse) behandelt das → Leben Ms und Jesu, abgeschlossen durch eine Mmirakelsammlung und ein Mlob; Buch II (ca. 23 600 Verse) enthält die → Legenden zu den einzelnen Aposteln sowie zu Barnabas, Lukas, Markus, St. Michael und den Engeln, Johannes dem Täufer und Maria Magdalena; Buch III (ca. 66 400 Verse) 75 Heiligenlegenden — wie bei Jacobus — in der Reihenfolge des Kirchenjahres.

Buch I, nach des Dichters Aussage eine Kombination von M- und Jesus-Vita (vgl. Hahn 4,49–68; 120,1–33; 154,59–81 und Köpke 4,90–5,21), besteht aus 15 in sich weitgehend abgeschlossenen Kapiteln, die in der Hauptsache auf den »Legenda aurea«-Abschnitten zu den M- und Herrenfesten basieren, aus denen der Autor zumeist nur die erzählenden Partien auswählt, die gerade in diesen Abschnitten seiner Hauptquelle dominierenden theol. Erörterungen dagegen weitgehend ausspart (zum Verfahren seiner Quellenbearbeitung vgl. Hahn, 4,69–78).

Das Werk beginnt mit — den jeweiligen Festen zugeordneten — Kapiteln über Me Geburt, Verkündigung, Christi Geburt, die Anbetung der Könige und Me Lichtmeß (Hahn 5,13–27,85); es folgen ausführliche Erzählungen von der Flucht der Hl. Familie nach Ägypten und ihrem Aufenthalt in Nazaret (Hahn 27,86–56,19), für die der Autor die »Kindheit Jesu« → Konrads v. Fußesbrunnen (V. 1325–3004) als Quelle benutzte (»ein buchelin das mir seit von vnsers herren kintheit«, Hahn 28,46 f.).

Im Kapitel über die Passion Christi (Hahn 56,78–81,46) beschreibt er eindringlich den Schmerz Ms unter dem Kreuz, betont dabei vor allem die übermenschliche Stärke Ms im Leiden (»wer gehorte ie von wibe sulche craft an sterke«, Hahn 75,1 f.), die nicht, »als andere lute in noten plegen« (Hahn, 72,57), in laute → Klagen ausbricht, sondern schweigt (Hahn 72, 58–69). Er läßt sie daher ihren Schmerz zum einen in einem Monolog äußern, den nur Christus vernimmt (Hahn 72, 70—73, 49), zum andern läßt er sie als Himmelskönigin rückblickend ihre Gefühle bei der Kreuzigung schildern, mit Hilfe des Bildes vom bis zum Zerbersten gedehnten, kochenden und von einem Schwert durchbohrten Herzen (Hahn 75,26—76,37).

In den Abschnitten über Auferstehung, Himmelfahrt Christi und die Pfingstereignisse (Hahn 89,83—119,90) tritt M weitgehend in den Hintergrund; es wird begründet, warum sie nicht mit den anderen Frauen zum Grab ging (Hahn, 90,44—96) und warum Christus ihr vor allen anderen nach seiner Auferstehung erschien (Hahn 96,34—97,36); kurz erwähnt wird schließlich noch ihre Anwesenheit bei der Himmelfahrt Jesu (Hahn 104,9—29).

Das Kapitel »Von unser vrowen ende« (Hahn 120,1—136,2) behandelt in gut 1500 Versen Tod, Begräbnis und Assumptio der GM. Für dessen erzählenden Teil (Hahn 120, 34—134,64) hat der Autor aus dem Me-Himmelfahrt-Abschnitt der »Legenda aurea« nur die zwei wichtigsten Transitus-Berichte, die hauptsächlich auf → Ps.-Melito basierende Hauptlegende (Graesse 504—509) und den Transitus des Ps.-Cosmas (Graesse 517—522) benutzt und miteinander harmonisiert. Mit einer eingehenden Verteidigung der Assumptio (Hahn 134,65—136,2), die jedoch nur eine Auswahl der in der »Legenda aurea« bereitstehenden Argumente bietet, schließt er das Kapitel ab.

Dem Kapitel von der Himmelfahrt Me folgt ein Kranz von 25 Mmirakeln (»vnser vrowen wundere«, ca. 5300 Verse), Wundererzählungen von ganz unterschiedlichem Umfang (zwischen 62 und 646 Versen), die von der Hilfe Ms für ihr besonders eifrig dienende Menschen handeln, darunter die bekanntesten und ältesten Stücke der Gattung Mmirakel: → Theophilus (Nr. 23) und die Legende vom Judenknaben (Nr. 25). Als Quellen benutzte der Verfasser neben den Mirakeln aus den Mfest-Kapiteln der »Legenda aurea« eine lat. Mmirakelsammlung sowie (für Nr. 25) die zu Beginn des 13. Jh.s entstandene Verspaardichtung → »Jüdel«. Er will mit seinen Erzählungen das Vertrauen auf die »genade« der Himmelskönigin wecken und bestimmte Formen der MV fördern (z. B. in Nr. 4, 8, 13 die Votiv- und Wochenmessen, in Nr. 21 und 22 den Rosenkranz). Mit bes. Nachdruck weist er in einem Epilog (Paränese zum Mgruß) auf die Wirksamkeit eines häufig gebeteten Ave Maria hin; in insgesamt 10 der 25 Mirakel ist die wunderbare Kraft des Ave Maria das Hauptthema, oft deutlicher akzentuiert als in den Quellen.

Den Abschluß von Buch I bildet ein großes lyrisches Mlob mit ca. 900 Versen, »das lob der kuninginnen marien« (Hahn 145,12—154,58). Es lassen sich drei Teile unterscheiden: Im 1. Teil (Hahn 145,12—150,57) preist der Dichter — unter Heranziehung einer Fülle von Msymbolen und atl. Präfigurationen — die Rolle Ms bei der Inkarnation und ihre heilsgeschichtliche Bedeutung, rühmt ihre übergroße Barmherzigkeit, erwähnt die Sehnsucht der Patriarchen und Propheten »in der alten ee« nach M und schildert die Verehrung, die der neben ihrem Sohn thronenden Königin im Himmel von den Engeln und Heiligen entgegengebracht werde. Im Mittelteil (Hahn 150,58—152,36) läßt er M selbst ihren Aufstieg durch die neun Engelschöre schildern, in Anlehnung an den Beginn der Lectio des Me-Himmelfahrt-Festes (Sir 24,11): »In omnibus requiem quaesivi, et in hereditate Domini morabor.« Im Schlußteil (Hahn 152,37—154,58) ruft er die »muter der barmherzicheit« um Beistand für die sündenbeladene Menschheit an; sie solle den Zorn ihres Sohnes besänftigen, dessen strafende Schläge, die er mit der »iserinen rute« vorbereite, abwenden und die Menschen als Mutter unter ihre »hute« bzw. in ihren »schoz« aufnehmen.

Auch in Buch II und III kommt M an einigen Stellen vor: Mindestens 7 Mmirakel (insgesamt über 1000 Verse) — alle nach der »Legenda aurea« — sind in verschiedenen Heiligenlegenden enthalten (vgl. Richert, Ausg., S. IX, Anm. 10). Ohne Vorbild in der »Legenda aurea« ist die Behandlung Ms in den beiden Kapiteln »Von den engeln« und »Von allen heiligen«: Nach einer Beschreibung der neun Engelschöre fügt der P.-Dichter einen Abschnitt über die zur Rechten ihres Sohnes über den Engeln und Heiligen thronende Königin ein (Hahn 342,24—74). Im Kapitel zu Allerheiligen versäumt er es nicht, bei der Aufzählung der Gruppen von Heiligen, die an diesem Tag anzurufen seien, darauf hinzuweisen, daß man zuerst M als mächtigste Fürsprecherin um Hilfe anflehen solle (Köpke 577,26—45).

Das P. gehörte zu den meistgelesenen dt. Erzählwerken des MA, wie fast 100 (allerdings überwiegend nur fragmentarisch) erhaltene Handschriften, die die P.-Bücher vollständig oder in Auszügen überliefern, eindrucksvoll dokumentieren. Die meisten Handschriften stammen aus der 1. Hälfte des 14. Jh.s; der Überlieferungsschwerpunkt liegt im ostmitteldeutschen Sprachraum (Gebiet des Deutschen Ordens?). Eine Gesamthandschrift des Werkes existiert nicht; wegen seines enormen Umfangs wurde es zumeist in zwei Teilen überliefert, Teil 1 mit Buch I/II, Teil 2 mit Buch III. Besonderer Beliebtheit erfreuten sich die Mmirakel, die in einer Anzahl von Sammelhandschriften separat überliefert sind.

Ausg.: Buch I und II: Das Alte Passional, hrsg. von K. A. Hahn, 1857 (nach einer unvollständigen Hs., in der u. a. die Mmirakel 6—25 fehlen); Buch III: Das Passional. Eine Legenden-Sammlung des dreizehnten Jh.s, hrsg. von F. K. Köpke, 1852, Nachdr. 1966. — Mmirakel aus Buch I: Marienlegenden aus dem Alten Passional, hrsg. von H.-G. Richert, 1965. — Nhd. Übersetzung der Mmirakel: M. Lemmer, Mutter der Barmherzigkeit. Ma. dt. Mirakelerzählungen von der Gottesmutter, 1987, 5—94.101—110. 233f.

Lit.: K. Bartsch, Die Kindheit Jesu und das P., In: Germania 5 (1860) 432—444. — R. Sprenger, Die Legende vom Judenknaben, ebd. 27 (1882) 129—144, bes. 139—144. — Th. Esser, Geschichte des englischen Grußes, In: HJb 5 (1884) 88—116, bes.

96—100. — E. Tiedemann, P. und Legenda aurea, 1909. — R. Stroppel, Liturgie und geistliche Dichtung zwischen 1050 und 1300. Mit besonderer Berücksichtigung der Meß- und Tagzeitenliturgie, 1927, 70—74. 105—109. 139—143. 164—170. — M. Haibach-Reinisch, Ein neuer »Transitus Mariae« des Ps.-Melito (...), 1962, 290—294. — H.-G. Richert, Wege und Formen der P.-Überlieferung, 1978. — C. Minis, »leit« in »Die Kindheit Jesu« von Konrad v. Fussesbrunnen und dem »Alten P.«, In: Amsterdamer Beiträge zur älteren Germanistik 12 (1977) 137—144. — Ders., Das Begriffsfeld von »leit« in den Marienlegenden des »Alten P.«, In: ZfdPh 97 (1978) 394—403. — Ders., Das Wortfeld »leit« im Alten P., In: Studien zur dt. Literatur des MA. In Verbindung mit U. Fellmann hrsg. von R. Schützeichel, 1979, 530—540. — Ders., »daz leit« und »diu leide« in der Bedeutung »Zorn« besonders im »P.«, In: FS für F. Stoks, 1983, 113—115. — K. Gärtner, Zur Überlieferungsgeschichte des P., In: ZfdPh 104 (1985) 35—69. — E. Büttner, Fragmente eines Prosa-Legendars im Staatsarchiv Bamberg, In: ZfdA 119 (1990) 37—60. — VL² IV 891—893; V 1279; VI 29 f.; VII 332—340 (Lit.). — LL IX 86 f. *W. J. Hoffmann*

Passionisten (C. P., Congregatio Passionis), eine vom hl. → Paul vom Kreuz (1694—1775; Fest 19. Oktober) 1720 gegründete Ordensgemeinschaft. Wie der Name schon andeutet, bildet bei den P. das Leiden und Sterben Jesu das Zentrum ihrer Spiritualität. Sie legen neben den drei Gelübden ein viertes ab, »das Gedächtnis des Leidens Christi durch Wort und Tat zu verbreiten«. Die von Paul vom Kreuz geschriebenen Ordensregeln wurden 1741 von Papst Benedikt XIV. zum ersten Mal bestätigt. 1769 wurde die Ordensgemeinschaft als Kongregation päpstlichen Rechts durch eine Bulle feierlich anerkannt.

Die Mitglieder des Ordens leben in klösterlichen Gemeinschaften zusammen. Das kontemplative Element ist — nach dem Willen des Gründers — in der Lebensweise stark ausgeprägt. Das Apostolat gehört aber wesentlich zum Geist des Ordens. Exerzitien, Volksmissionen und andere Intensivkurse geistlichen Lebens sind bevorzugte Formen des Apostolats. Nach dem 2. Vaticanum wird der »Einsatz für die Armen« stark betont. Die P. sind auch in zahlreichen Missionsgebieten in Übersee tätig.

Der marian. Aspekt ist deutlich ausgeprägt. Das geht auf den Ordensgründer selbst zurück. In der von ihm geschriebenen Ordensregel heißt es: »Der allerseligsten, immer jungfräulichen Gottesmutter Maria sollen sie die gebührende Ehrfurcht erweisen und sie als ihre einzigartige Schutzfrau betrachten. Die bittern Schmerzen, die sie beim Leiden und Sterben ihres Sohnes durchlitten hat, sollen sie immerfort vor Augen haben. Durch Wort und Beispiel sollen sie ihre Verehrung fördern« (Regeln von 1741). Häufig spricht der Heilige in seinen zahlreichen Briefen, die er zum Zweck der Seelenführung geschrieben hat, von der Betrachtung des Leidens und Sterbens Jesu und zugleich von den »Schmerzen der seligsten Jungfrau Maria«. Auch in der neuen Fassung der Ordenssatzungen werden die Mitglieder aufgefordert, ℳ einen »besonderen Platz in ihrem Gebetsleben zu geben« (Nr. 53).

Die Tagesordnung der P. sieht vor, den Rosenkranz möglichst täglich in Gemeinschaft zu beten und den Samstag durch besondere Frömmigkeitsübungen der Verehrung der GM zu widmen. Paul vom Kreuz hatte eine Vorliebe für das Fest Darstellung ℳs. So trägt das erste Kloster den Namen »Presentazione«. Die Ordensgemeinschaft verehrt ℳ bes. als »Mutter der hl. Hoffnung« (Fest 9. Juli). ℳ wird unter dem Titel »Königin unserer Kongregation« angerufen.

Heute (1991) besteht die Ordensgemeinschaft aus ca. 2700 Mitgliedern. Diese leben in über 400 Niederlassungen in 50 Ländern. Der Orden ist in 24 Provinzen (sechs in Italien) und 26 Regionalvikariate aufgeteilt. Zur süddt.-österr. Ordensprovinz gehören vier Niederlassungen (Schwarzenfeld/Oberpfalz, Regensburg, München, Maria Schutz/Niederösterreich), Marienmünster/Westfalen und Dinslaken dagegen gehört zur holländischen Provinz.

QQ: Regulae et Constitutiones Congr. SS.mae Crucis et Passionis D. N. I. C., hrsg. von F. Giorgini, 1958. — Consuetudines Congr. SS.mae Crucis et Passionis D. N. I. C., hrsg. von F. Giorgini, 1958. — Regel und Konstitutionen der Kongregation vom Leiden Jesu Christi, 1984.

Lit.: Gaétan du S. Nom de Marie, Saint Paul de la Croix et l'institute des passionistes, 1933. — E. Zoffoli, I Passionisti, spiritualità e apostolato, 1955. — M. Bialas, Das Leiden Christi beim hl. Paul vom Kreuz, ²1985 (Lit.). *M. Bialas*

Passionistinnen. *1. Klausurierte Passionistinnen,* vom hl. → Paul vom Kreuz als rein kontemplative Ordensgemeinschaft gegründet. Die Ordensregeln (1770 von Papst Clemens XIV. bestätigt) sind denen der → Passionisten sehr ähnlich. Das erste Kloster wurde 1771 in Tarquinia (Italien) gegründet. Schwester Maria Crocifissa di Gesù (Constantini) war Mitgründerin und erste Oberin. Ihr Seligsprechungsprozeß ist eingeleitet (1985: Dienerin Gottes). Heute (1991) leben ca. 500 Schwestern in 34 Klöstern. In den meisten Kommunitäten, die über alle fünf Kontinente verbreitet sind, ist die ursprüngliche Regel des Paul vom Kreuz — mit notwendigen Anpassungen — Lebensgrundlage. Die MV hat einen hervorragenden Stellenwert.

2. Verschiedene neuere Genossenschaften, die im Geist Pauls vom Kreuz leben:

a) Passionistenschwestern vom hl. Paul vom Kreuz, 1815 zu Florenz von Marquise Maria Magdalena Frescobaldi nach der Regel des hl. Paul vom Kreuz gegründet. Das bes. Apostolat war, Prostituierten menschlich und rel. zu helfen. Nach dem Tod der Gründerin 1839 kam die neue Gründung in wirtschaftliche Schwierigkeiten. 1872 wurde die Gemeinschaft durch Msgr. Fiammetti von Signa (Mittelitalien) neu belebt (in Italien als »Signa-Schwestern« bekannt). Die apost. Zielsetzung ist nunmehr die Erziehung weiblicher Jugend, vor allem gefährdeter Mädchen. Die Ordensgemeinschaft hat sich bald über die Grenzen Italiens hinaus verbreitet (1919 Brasilien). Insgesamt zählt der Orden in seinen sieben Provinzen etwa 700 Schwestern, die in 18 Ländern der Welt wirken.

b) Schwestern vom hl. Kreuz und Leiden unseres Herrn Jesus Christus, Mitte des 19. Jh.s in England von Mary Joseph Prout gegründet. Als bes.

Apostolat galt anfänglich die Sorge für die weibliche Arbeiterjugend. Heute sind die Schwestern auch in Missionsgebieten und Pfarreien tätig. Zu der Gemeinschaft gehören etwa 350 Schwestern, die in 70 Niederlassungen leben.

c) Töchter vom Leiden Jesu Christi und der schmerzhaften Mutter Maria, Ende des 19. Jh.s in Mexiko von dem Passionistenpater Diego Alberici und Frau Dolores Medina gegründet. Die Ordensgemeinschaft sieht ihre apost. Aufgabe in der christl. Erziehung der Jugend, in Hilfeleistungen in Seminarien und Exerzitienhäusern sowie im Einsatz in Missionsgebieten. Die Gemeinschaft zählt heute ca. 250 Mitglieder, die in sieben Ländern wirken.

d) Missionarinnen von der Passion (Säkularinstitut). Die Anfänge dieser Gründung liegen in Norditalien (1958). In späteren Jahren ging die Initiative der Gründung nach Catania (Sizilien) über. 1980 wurde die Gemeinschaft vom Erzbischof von Catania als Säkularinstitut approbiert. Neben den Mitgliedern gehören der Gemeinschaft Verheiratete (Mitarbeiter) und auch Kranke an, denn sie haben durch ihre Leiden »besonderen Anteil an der Passion Christi«. Das Säkularinstitut versucht, das geistige Erbe des hl. Paul vom Kreuz in der heutigen Zeit in der Welt zu leben. Die Mitglieder helfen aktiv bei Volksmissionen und ähnlichen Apostolatsformen in der Seelsorge mit (vorwiegend mit Passionistenpatres).

Das Säkularinstitut zählt heute ca. 250 Mitglieder, von denen 100 »Mitarbeiter« sind. Diese wirken in Italien, Mexiko, Brasilien, Venezuela, Österreich und in den USA.

Lit.: P. Gaétan du S. Nom de Marie, Saint Paul de la Croix et la fondation des religieuses Passionistes, 1936. — M. Bialas und P. García, Predicamos a Cristo crucificado y resuscitado, 1989, 133—158. *M. Bialas*

Passionsbruderschaften (in der Spiritualität des hl. → Paul vom Kreuz), Mitte des 18. Jh.s von Laien in Mittelitalien gegründet, »damit die kirchlichen Feste im religiösen Geist gehalten werden«. Ende des 18. Jh.s erfolgte eine starke Ausrichtung nach der Spiritualität des Paul vom Kreuz. Die Bruderschaften wurden jedoch nicht direkt von den → Passionisten errichtet; diese hatten als Kongregation nicht das Recht, Bruderschaften oder Dritte Orden zu gründen. 1861 gewährte Papst Pius IX. die Vollmacht, P. zu errichten. Von da an wurden von vielen Passionistenklöstern aus P. errichtet (3.5.1867 in Rom vom Passionistenkloster »Heilige Stiege«). In der Folgezeit waren die P. Laienvereinigungen, die die Arbeit der Passionisten unterstützten. Heute existieren noch P., in angepaßter Form in verschiedenen Ländern der Welt, vor allem in Italien, Spanien, Deutschland und in den USA.

Lit.: P. Filippo della S. Famiglia, S. Paolo della Croce e la Provincia di Maria SS.ma Addolorata nella Congregazione dei Passionisti, 1967, 260—267. — F. Giorgini, Storia della Congregazione della Passione di Gesù Cristo I, 1981, 464—468. *M. Bialas*

Passionsfreitage. Nach GOK 31 dient die Karwoche dem Gedächtnis des Leidens Christi, das mit seinem messianischen Einzug in Jerusalem beginnt. Da die Schriftlesungen der Meßfeier bereits ab dem 5. Fastensonntag die Person des in seinem Leiden sich selbst entäußernden Gottesknechts vor Augen stellen, war im alten Röm. Kalender die Zeit vom Passionssonntag (5. Fastensonntag) bis Karsamstag als Passionszeit dem Gedächtnis des Todesleidens Jesu gewidmet. Im Hinblick auf das in der Schrift (Lk 2,35: »Dir selbst aber wird ein Schwert durch die Seele dringen«; Maria unter dem Kreuz: Joh 19,25 ff.) grundgelegte Mitleiden (→Compassio) Ms in der Sendung ihres Sohnes werden im Osten seit dem 4. Jh., im Westen seit dem 9. Jh. die »mater dolorosa« und ihre Schmerzen verehrt. Nach zunächst nur partikulärer Feier dehnte Benedikt XIII. das liturg. Gedächtnis unter dem Titel »Fest der sieben Schmerzen der seligen Jungfrau Maria« (→Sieben Schmerzen Ms) 1727 auf die ganze Kirche aus und legte es auf den Freitag vor dem Palmsonntag (»Schmerzensfreitag«). Parallel hierzu entwickelte sich ein ähnliches Fest des Servitenordens am 3. Sonntag im September (Innozenz IX., 1668), das Pius VII. zum Dank für seine Rückkehr aus franz. Gefangenschaft (1814) für die gesamte Kirche vorschrieb und Pius X. auf den 15. September verlegte (→Oktav vom Fest Me Geburt und Tag nach Kreuzerhöhung). Im neuen Röm. Kalender wurde dieser Termin als Gedächtnis der Schmerzen Ms beibehalten und die Doppelung gestrichen (→Gedenktage, marian.).

Unter dem Einfluß des Franziskanerordens wurde das Gedächtnis des Leidens Jesu und seiner Mutter M in der Volksfrömmigkeit auf die ganze (Vorfasten- und) Fastenzeit ausgedehnt, so daß die 7 Freitage vor den beiden (früheren) Sieben-Schmerzen-Festen vor allem in Kirchen mit besonderer Verehrung des Hl. Kreuzes als Passionsfreitag begangen wurden.

Lit.: H.J. Schulz, L. Scheffcyk und G. Voss, Gedächtnis der Schmerzen Mariens (15. September), In: W. Beinert (Hrsg.), Maria heute ehren, 1977, 201—209. — Beinert-Petri 438—431. — A. Adam und R. Berger, Pastoralliturgisches Handlexikon, [4]1988, 333—337. — LThK[2] VIII 153f.; IX 429f. *F. Baumeister*

Passionsmadonna ist ein byz. Madonnenbildtyp, der lange als italo-byz. Neuschöpfung nach dem berühmtesten neuzeitlichen Beispiel des italo-kretischen Malers Andrea Rico (Ritzos) aus Candia (Heraklion/Kreta) angesehen worden ist. M trägt hier den Christusknaben auf ihrem linken Arm, neigt den Kopf dem Kind zu und blickt aus dem Bild heraus. In den oberen Ecken befinden sich je ein halbfiguriger Engel, der linke (Michael) hält mit verhüllten Händen die Lanze und den Essigstab, der rechte (Gabriel) das Kreuz auf die Mitte zu. Christus ist der Mutter zugeneigt, wendet sich aber mit dem Kopf zu Gabriel um und faßt mit beiden Händen den Daumen der rechten Hand Ms.

Der rechte Fuß des Knaben ist untergeschlagen und hat die Sandale verloren, die am Senkel vom Fuß herabhängt.

Die Herkunft des Bildtypus aus dem spätbyz. Kunstraum belegt sein Auftreten v. a. im 14. Jh. in Serbien. Das früheste Beispiel der P. findet sich allerdings als Fresko auf Zypern (*Παναγία τοῦ 'Αρακοῦ*, Lagoudera, 1192). Dort steht die GM in ganzfiguriger Version vor einem Thron und hält das Kind mehr liegend mit beiden Armen linksgerichtet vor der Brust. Die die Passionswerkzeuge vorweisenden Engel, ebenso ganzfigurig in den oberen Ecken dargestellt, beugen sich Christus zu, der segnend sich nach rechts orientiert. Hier fehlen die Sandalen des Jungen. Die Beschriftung H APAKEOTHCCA weist das Fresko als Wiedergabe der Hauptikone der Kirche aus, die den Urtyp der P. wiedergeben könnte. Ansonsten vermutet man auch einen Archetyp auf Kreta (Kloster Arkádi, Rhéthymnon), der einer Ikone in Venedig (San Fantin, Ende 14. Jh.) entsprechen soll.

Der Bildtyp wird fernerhin als Erweiterung der älteren → Eleüsa durch die Passionsmotive interpretiert, wobei eine Ikone auf dem Sinai das Bindeglied abgeben soll. Auf der Tafel vom Anfang des 12. Jh.s thront ⓜ und drückt den auf dem linken Arm sitzenden aber rechts gewendeten Knaben an die Wange, der sich mit der Linken ans Kopftuch klammert. ⓜ hält mit ihrer rechten Hand die Rechte Christi, der aus dem Bild herausblickt und mit den Beinen strampelt. In den oberen Ecken schließlich erkennt man je einen kleinen Tondo mit einem halbfigurigen mit verhüllten Händen adorierenden Engel. Zur Umwandlung in die P. fehlen nur noch die Passionsgeräte und der Blickkontakt des erschreckten und furchtsamen Kindes zu einem der beiden Engel. Der reine Typ taucht Anfang des 14. Jh.s in Serbien auf. Hier findet sich auch der meist mitgegebene Vierzeiler unter Gabriel, der die plötzliche Verwirrung des Kindes, unterstrichen durch den untergeschlagenen Fuß, auf dessen Sohle man schaut und an dem die Sandale baumelt, die bei einer raschen unachtsamen Bewegung gelöst wurde, motiviert (»Bevor er der ganz Reinen den Gruß anbietet, zeigt er die Leidenswerkzeuge, Christus, aber, sterbliches Fleisch geworden, sieht sie furchtsam in Todesangst«).

Das erste Beispiel existiert als Fresko in der Erlöserkirche von Žiča (um 1310/25), das eine hochgestreckte ⓜstatue mit erhobenem Haupt zeigt. Auch das Kind ist aufgerichtet, von ⓜ mit beiden Händen vor der Brust gehalten, und überragt die linke Schulter der Mutter. Christus blickt ängstlich nach links zurück auf einen ebenso ganzfigurig daneben gestellten Gabriel mit den Leidenswerkzeugen, der gleichgroß und entsprechend statuarisch dargestellt ist.

Weitere P.n finden sich in der Erzengel-Michael-Kirche von Lesnovo (1349) und der Stephanuskirche von Konče (1366). In Lesnovo sind es zwei halbfigurige Engel, die die Leidensgeräte zeigen. In Konče ist nur einer rechts oben angegeben, außerdem ist das Bild »Mati Bišija Hilandarini« (GM von Chilandar) betitelt. Die Inschrift legt ein Urbild nahe, das frühestens nach der Gründung des serbischen Athosklosters Chilandar (1197/98) entstanden sein kann, vielleicht auch erst anläßlich der Stiftung des Katholikons zur Zeit König Milutins (1293), da die beiden ältesten erhaltenen Ikonen Darstellungen der Hodegetria sind, der das Kloster geweiht war. Der Bildtyp der P. war hauptsächlich im ausgehenden 14. und bis ins 17. Jh. hinein beliebt, wozu in postbyz. Zeit v. a. eine Gruppe italo-byz. Maler beitrug. Kretische Künstler wie Andrea Rico, Emmanuel Lampardas, Emmanuel Tzanfurnaris und andere schufen im 15. Jh. Tafeln, die vielmals kopiert worden und nicht selten inschriftlich als Amolyntos (Immaculata) betitelt sind. Durch diese Arbeiten fand der Typ als »Mater de perpetuo succusu /Mutter von der immerwährenden Hilfe« in der röm.-kath. Kirche große Verbreitung.

So muß auch eine oder mehrere dieser Ikonen nach → Rußland gekommen sein, wo die P. »Strastnaja« (Leidende) genannt wird. Dieser vor Ort späte ikonographische Typ ist bekannt durch ein Gnadenbild im Strastnoj-Frauenkloster von Moskau, dessen Original bzw. Kopie zwischen 1642 und 1645 von Zar Michail Feodorowitsch aus dem Dorf Paliza dorthin geholt wurde. Ursprünglich befand sich das Bild in Nishnij Novgorod, bis es nach einem ersten Wunder (ⓜvision der späteren Nonne Ekaterina) nach Paliza kam.

Bei den russ. Exemplaren ist ein typisches Merkmal der P., die gelöste Sandale Christi, weggelassen. Auch werden ⓜ und das Kind oft gekrönt gezeigt.

Lit.: C. Henze, Mater de perpetuo succursu, 1926. — P. Schweinfurth, Geschichte der russ. Malerei im MA, 1930. — V. Petković, La peinture serbe du Moyen âge I/II, 1930/34. — C. Henze, Das Gnadenbild von der Mutter der immerwährenden Hilfe, 1933. — S. Bettini, La pittura di icone cretese-veneziana e i madonneri, 1933. — P. Schweinfurth, Maniera greca und italo-byz. Schule, In: Atti V Congr. Int. di Studi Biz. Roma 1936, 1940, 387—396. — L. Mirković, Die italo-byz. Ikonenmalerfamilie Rico, In: Actes IVe Congr. Int. des Ét. Byz. Sofia 1936, o. J., 129—134. — C. Henze, Ausführliche Geschichte des Muttergottesbildes von der immerwährenden Hilfe, 1939. — G. Soteriou, Die Gottesmutter Arakiotissa von Zypern, In: Arch. Ephemeris 1953/54 (1955) 87—91. — V. Djurić, Icônes de Yougoslavie, 1961. — H. Skrobucha, Meisterwerke der Ikonenmalerei, 1975. — V. Djurić, Byz. Fresken in Jugoslawien, 1976. — R. Hamann-McLean, Grundlegung zu einer Geschichte der ma. Monumentalmalerei in Serbien und Makedonien, 1976. — I. Bentchev, Handbuch der Muttergottesikonen Rußlands, 1985. — I. Sirota, Die Ikonographie der GM in der russ.-orth. Kirche, 1992.   *N. Schmuck*

Passionsspiele des dt. MA. *1. Allgemeines.* Die als P. bezeichneten ma. rel. →Spiele enthalten im Mittelpunkt die Darstellung der Passion Jesu und reichen etwa vom Gründonnerstagsgeschehen (Abendmahl, Fußwaschung, Verrat, Gefangennahme) über Verhöre, Geißelung, Dornenkrönung, Pilatusurteil und Kreuzigung bis zur Grablegung, Höllenfahrt und Auferstehung (z. B. Sterzinger Passionsspiel, 1486 »Pfarrkirchers Passion«). Den Passionsszenen gehen häufig Szenen aus dem Leben Jesu voraus, beginnend z.B. mit der Jüngerberufung (Frankfurter Passionsspiel), der Hochzeit zu Kana (St. Galler Passionsspiel). Manche P. greifen noch sehr viel weiter aus und stellen das Erlösungswerk Jesu in den heilsgeschichtlichen Zusammenhang mit dem Sündenfall (Maastrichter Ribuarisches Passionsspiel, Egerer Passionsspiel). Die Bezeichnung P. ist daher anders zu verstehen als die Begriffe Weihnachtsspiel oder Osterspiel, die im Hinblick auf den behandelten Stoff ausschließenden Charakter haben. Dagegen decken sich vielfach die Inhalte von P.n und Fronleichnamsspielen, wobei für letztere der Charakter des Prozessionsspiels bestimmend ist.

P., in denen neben dem Lat. auch die dt. Sprache verwendet wird, sind seit der 1. Hälfte des 13. Jh.s bis ins 17. Jh. mit dem Schwergewicht auf dem alemannischen, südbairischen und rheinfränkischen Dialektgebiet überliefert (Luzern, Tirol, Frankfurt, Alsfeld u.a.). Die erhaltenen etwa fünfzig Texthandschriften und -fragmente werden allerdings durch eine außerordentliche Fülle von zusätzlichen Quellen, insbesondere Nachrichten von Aufführungen, ergänzt.

2. Maria im Passionsspiel. a) Vorgegebene Inhalte. Mit der biblischen Überlieferung ist für viele Szenen der P. das Auftreten ℳs vorgegeben. Für die Kreuzigung selbst ist durch Joh 19,25ff. die Anwesenheit ℳs bezeugt sowie im Rahmen der Kreuzesworte die ℳ und Johannes verbindende Anrede, die in vielen P. enthalten ist (z.B. Alsfelder Passionsspiel, V. 6108ff.). Soweit den Passionsszenen Darstellungen aus dem Leben Jesu vorangehen, gilt dasselbe. So ist mit der Darstellung der Hochzeit zu Kana die Anwesenheit ℳs nach Joh 2 gegeben und somit auch die schon dem MA befremdliche Anrede durch Jesus (Joh 2,4), die z.B. im St. Galler Passionsspiel (V. 29ff.) stark abgemildert wird. In den Weihnachtsteilen von P.n spielt ℳ die ihr zukommende Rolle. Gelegentlich (im Egerer Passionsspiel) werden auch ℳs Verkündigung, Geburt und Vermählung dargestellt, womit bereits über die Kanonischen Evangelien hinausgegangen wird.

b) Besondere Ausgestaltungen. Einzelne Szenen erfahren besondere, im NT nicht vorgegebene Ausgestaltungen, bes. die ℳklage, die auch als eigene Gattung überliefert ist (→Klagen). In sehr vielen P. sind eigene ℳklagen enthalten oder vorgesehen. So folgt z.B. im St. Galler Passionsspiel unmittelbar nach dem Tod Jesu und dem Zeugnis des Centurio eine im Text nicht bestimmte »lamentatio marie« (→Planctus). Im Donaueschinger Passionsspiel beginnt ℳ mit ihrer Klage während der Kreuztragung (V. 3209ff.) und setzt sie nach dem Tod Jesu und der Heilung des Longinus fort (V. 3548ff.).

Eine besondere Steigerung erfährt der Verrat des Judas durch die in einigen Spielen an Judas gerichtete Bitte ℳs, Jesus zu schützen, die wiederum durch eine Leidensankündigung Jesu motiviert sein kann. So kündigt z.B. Jesus im Brixener Passionsspiel ℳ und den Jüngern seine Passion und die Auferstehung im einzelnen an (V. 115—238). ℳs Bitte, die Erlösung auf andere Weise zu bewirken, muß er ablehnen. Der Erzengel Gabriel, dem ℳ vorhält, er habe ihr verkündigt, vor allen Frauen gesegnet zu sein, erklärt ihr die Notwendigkeit ihres Schmerzes und erinnert sie an Simeons Weissagung. ℳ fordert schließlich in einem längeren Gespräch von Jesus die Erfüllung des Gebotes, Vater und Mutter zu ehren, worauf Jesus ihr erklärt, auf welche Weise er dem Vater gehorchen muß (V. 287ff.). Nachdem Judas sich den Juden als Verräter angeboten hat (V. 369ff.), empfiehlt ℳ in tragischer Verkennung Jesus seinem besonderen Schutz.

Eine besondere Rolle spielt ℳ auch in den Osterteilen von P.n, in denen es neben den biblisch überlieferten Erscheinungen des Auferstandenen vor Maria Magdalena, in Emmaus, in Galiläa und vor Thomas auch Erscheinungen vor ℳ gibt. Im Alsfelder Passionsspiel z.B. wird ihr diese Erscheinung vom Erzengel Gabriel angekündigt (V. 7706ff.), wobei ausdrücklich der Zusammenhang zwischen der Verkündigung der Menschwerdung und der Auferstehung hergestellt wird.

Insgesamt spielt ℳ im ma. dt. Passionsspiel eine wichtige Rolle, deren einzelne Elemente aus NT, →Apokryphen und →Legenden gespeist sind. ℳ ist auch dann durchgehend als anwesend zu denken, wenn sie nicht eigens erwähnt wird. Die Ausgestaltung der Rolle im einzelnen ist von der allgemeinen Entwicklung der Frömmigkeitsgeschichte vom 13. bis 16. Jh. mitbestimmt.

Lit.: Th. Meier, Die Gestalt Marias im geistlichen Schauspiel des dt. MA, Diss., Freiburg i.Ü., 1959 (bes. zu Quellen der nichtbiblischen Szenen). — Bergmann, Katalog. — H. Linke, Drama und Theater, In: I. Glier (Hrsg.), Die dt. Literatur im späten MA II, 1987, 153—233. — B. Neumann, Geistliches Schauspiel im Zeugnis der Zeit, 2 Bde., 1989. — R. Bergmann, Geistliche Spiele, In: G.E. Grimm und F.R. Max (Hrsg.), Dt. Dichter I, 1989, 416—429. — RDL[2] VI 64—100.

R. Bergmann

Pasterwiz, Georg v., *7.6.1730 in Bierhütten bei Passau, †26.1.1803 in Kremsmünster (Oberösterreich). Nach dem frühen Tod des Vaters wurde P. in der niederbayer. Benediktinerabtei Niederaltaich aufgenommen. 1745 kam er ins Stift Kremsmünster. Bereits aus dieser Zeit können Kompositionen von ihm nachgewiesen werden. 1750 legte er die Profeß ab und begann das Theologiestudium in Salzburg, wo er mit Hofkapellmeister Eberlin in Kontakt stand. 1755 wurde er zum Priester geweiht. Als Prof. an der Ritterakademie in Kremsmünster lehrte er Phil., Mathematik und Experimentalphil. Als Regenschori (Kirchenmusiker) des Stifts ab 1767 schuf er zahlreiche Kompositionen. Die aufklärerischen Bestrebungen Kaiser Josephs II., durch die 1783 das Kloster so gut wie aufgehoben wurde, verlangten von P. die Niederlegung des kirchenmusikalischen Amtes. 1785—95 vertrat er in Wien die Interessen des Stifts. Nach dieser

Zeit wirkte er bis zu seinem Tod wieder in Kremsmünster als Dekan der höheren Schule.

Neben Kammermusik, Orgelwerken und einigen symphonischen Werken bildet die KM den weitaus größten Teil des Kompositionsschaffens: 14 Messen, 83 Gradualien, 85 Offertorien, 11 Vespern, 4 Te Deum, 16 Adventarien und 24 Passionsarien. An marian. Kompositionen von P. finden sich im Musikarchiv der Stiftsbibliothek Kremsmünster 4 Gradualien, 6 Offertorien (darunter 3 »Ave Maria«), 5 Vespern De Beata, 50 Magnificat, 1 Litanei »De Beata«, 16 Dt. Arien, 2 »Motetti«, 5 Alma Redemptoris mater, 2 Ave Regina coelorum, 36 Salve Regina, 10 Regina coeli und 55 Sub tuum praesidium.

Lit.: W. Kaas-Cornelius, G. v. P. als Kirchenkomponist, Diss., Wien 1925. — A. Kellner, Musikgeschichte des Stiftes Kremsmünster, 1965. — MGG X 936f. — Grove XIV 287f. — Freundliche Auskünfte von Regenschori P. Alfons Mandorfer, Kremsmünster. *J. Still*

Pastora bona → Gute Hirtin

Pastrana, Pedro de, * ca. 1480, † nach 1559, span. Komponist, wurde 1500 Kaplan und Sänger in der aragonischen Kapelle Ferdinands des Kath., 1527—41 diente er als capellán in der Kapelle Kaiser Karls V. und ab 1533 zusätzlich als Kapellmeister bei dem Herzog von Kalabrien in Valencia. Hier wurde er auch Abt des Klosters San Bernardo (später S. Miguel del los Reyes de Valencia). Ab 1547 leitete er die Kapelle Philipps II. Zu seinen homophonen, meist einfach konstruierten Werken gehören Messen, Motetten, Psalmen, sakrale und säkulare Villancicos und vier Magnificat.

Lit.: H. Anglés, La musica en la corte de Carlos V, In: Monumentos de la música espanola, 2/1 (1944, ²1965) 26, 98. — MGG X 942f. — Grove XIV 297. *C. Wedler*

Paternosterer → Rosenkranz

Patinir, Joachim, flämischer Maler, * um 1480 in (oder bei) Dinant, † vor dem 5.10.1524 in Antwerpen. P.s Leben ist weitgehend unbekannt: 1515 wird er als Freimeister in die Antwerpener Lukasgilde aufgenommen. A. Dürer nennt P. einen guten Landschaftsmaler und berichtet in seinem Tagebuch, daß er an P.s zweiter Hochzeit am 5.5.1521 teilgenommen habe.

In seinem Werk, das v. a. der Landschaftsmalerei verpflichtet ist, ist P. von G.→ David beeinflußt, er ist befreundet mit Quentin → Massys, der ihm auch die Figurengruppe zur »Versuchung des hl. Antonius« (Madrid, Prado) malt, zu seinen Schülern gehören Lucas Gossel, Herry Met de Bles und Cornelis Massys. Von den zahlreichen zugeschriebenen Werken gelten allgemein wenigstens 19 als eigenhändig: fünf Variationen des Hieronymus-Themas (z. B. Madrid, Prado; New York, Met. Mus. [auf der Außenseite des linken Flügels in Grisaille-Malerei: Hl. Anna Selbdritt]), das Martyrium der hl. Katharina (Wien, Kunsthist. Mus.), Sodom und Gomorrha (Rotterdam, Mus. Boymans-van Beuningen), Taufe Christi (Wien, Kunsthist. Mus.), Überfahrt in die Unterwelt (Madrid, Prado), Predigt Johannes' des Täufers (Brüssel, Mus. des Beaux Arts), Hl. Christophorus (Madrid, Escorial), Himmelfahrt der hl. Maria Magdalena (Zürich, Sammlung Prof. Ruzicka). Unter marian. Aspekt sind vier Darstellungen der »Flucht nach Ägypten« (Berlin, Staatl. Mus.; Antwerpen, Mus. royal; Madrid, Prado; Lugano, Sammlung Thyssen; Frankfurt am Main, Sammlung W. Kaus) und die Aufnahme Ms in den Himmel (Philadelphia, Sammlung Johnson) zu nennen.

P. gestaltet das in der flämischen Malerei seltene Motiv der Aufnahme Ms in den Himmel als Simultandarstellung: während der strahlende Leib Ms von einem Engelreigen zur Trinität emporgehoben wird, versammeln sich die Apostel — u. a. Thomas mit dem Gürtel Ms, den er als Erweis ihrer Himmelfahrt erhalten haben soll (Legenda aurea, übers. von R. Benz, 1925, 588) — am leeren Grab der GM. Im Mittelgrund erkennt man die Grabtragung Ms sowie das in der Legenda aurea (ebd. 584 ff.) erwähnte Freudenfeuer, das die Juden angezündet hatten, um den Leib Ms zu verbrennen.

Mit legendären und apokryphen Elementen sind auch P.s Versionen der »Flucht nach Ägypten« angereichert, beispielsweise die Madrider Fassung im Prado: M, die das Kind stillt, sitzt überdimensional und beherrschend im Zentrum des Bildes. Alle übrigen Menschen (auch Joseph) werden klein gegenüber der Größe des Universums und der Würde der GM. Wie in der Zeitraffung — nach Ps.-Mt 22,1 habe die Hl. Familie den 30-Tage-Weg von Betlehem nach Ägypten auf wunderbare Weise an einem einzigen Tag überwunden — schildert P. im Mittelgrund von rechts nach links die Begebenheiten während der Flucht: den betlehemitischen Kindermord; das leere und das in einem Tag gereifte Kornfeld, das die Bauern vor einer Lüge bewahrt, wenn sie den Häschern antworten, seit das Korn stehe sei niemand vorbeigekommen; Joseph mit einem Getränk; schließlich — in der Form einer romanischen Basilika — das »Kapitol« Ägyptens (Ps.-Mt 22,2) mit seinen Götzenbildern, denen die Menschen opfern, die aber beim Einzug der Hl. Familie zu Boden stürzen. Zu seiten der zentralen Mfigur stehen ein → Feigenbaum und verschiedene Pflanzen (Königskerze, Glockenblume, Rosenstrauch, Efeu) mit marian. Symbolik. Hinter dem Geschehen öffnet sich ein vielgestaltiges, weites Panorama, das etwas zeitlos Umfassendes und universal Gültiges vermitteln möchte. Diesem Aspekt dient auch eine steinerne Weltkugel mit einem zerbrochenen Götzenbild, das Christus als den eigentlichen Herrscher dieser Welt erweist.

P. verbindet in seinen Bildern die Horizontale des Panoramas mit der Vertikalen der Felsen und Bäume; die Farben verleihen ihnen fast

J. Patinir, Ruhe auf der Flucht, Madrid, Prado

greifbare Körperlichkeit. Im Vordergrund bevorzugt er meist Brauntöne, im Mittelgrund Grün, und im Hintergrund leuchten seine unvergleichlichen kühlen Blauschattierungen. Dabei spürt man seine Lust zur Landschaftsgestaltung. Aber diese Landschaft ist nicht Selbstzweck, sondern sie ist unbeeinflußt von der ital. Renaissance eingebunden in P.s christl. Weltbild.

Lit.: L. van Puyvelde, Die Welt von Bosch und Breughel, 1963, 223—227. — G. Künstler, P., In: Jahrbuch der Kunsthist. Sammlungen in Wien 62 (1966) 103—156. — R. A. Koch, J. P., 1968. — Katalog der J. G. Johnson Collection, Philadelphia 1972. — M. Pons und A. Barret, P. oder die Harmonie der Welt, 1981. — R. L. Falkenburg, J. P. het landschap als beeld van de levenspelgrimage, Diss., Nijmegen 1985. *F. Trenner*

Patriarchen. IKONOGRAPHIE. Innerhalb der bildenden Kunst erscheinen die drei P. Abraham, Isaak und Jakob im Zusammenhang mit ⋈ fast ausschließlich in typologischen Gegenüberstellungen mit Szenen des NT. In der überragenden Mehrzahl der Fälle sind sie jedoch auf Christus bezogen und mit ⋈ nur insofern verbunden, als diese in den durch die Episoden aus dem Leben der P. präfigurierten christol. Szenen anwesend ist. Nur in wenigen Ausnahmen sind sie direkt auf ⋈ bezogen. Dabei kann es vorkommen, daß sich mariol. und ekklesiol. Bedeutung überdecken.

Höhepunkte der typologischen und symbolischen Ausdeutung finden sich im Klosterneuburger Altar des Nikolaus v. Verdun (Klosterneuburg, Augustinerchorherren-Stiftskirche ULF, geweiht 1181), den Glasfenstern des 13. Jh.s und in den Konkordantien des 14. Jh.s wie den Biblia pauperum-, den Speculum- und Bible moralisée-Handschriften.

Als Vorfahren ⋈s und Christi erscheinen die drei P. häufig im Zusammenhang mit Wurzel-Jesse-Darstellungen, die sich seit dem 10. Jh. zunächst in der Buchmalerei nachweisen lassen. Besondere Bedeutung ist den drei P. dabei in einem Evangeliar aus St. Bertin in St. Omer (Boulogne-sur-Mer, Bibl. Municipale, ms. 11) vom Ende des 10. Jh.s beigemessen, wo dem Autorenbild zu Matthäus Abraham, Isaak und Jakob sowie ein König, wohl David, beigegeben sind. Auf zwei weiteren Blättern folgen weitere Vorfahren Christi sowie Verkündigung, Heimsuchung und Geburt.

Nicht immer vollzählig finden sich die drei Erzväter als Gewändefiguren an den ⋈krönungsportalen der franz. →Kathedralskulptur. Meist sind sie in erster Linie als Präfigurationen des Opfertodes Christi verstanden, gleichzeitig aber auch durch die Einbeziehung von Wurzel-Jesse-Darstellungen in das Programm als Vorfahren ⋈s und Christi gedeutet. Frühe Beispiele hierfür sind das Westportal der Kathedrale Notre Dame in Senlis (um 1165—70) oder ähnlich auch das Mittelportal der Westfassade der Kollegiatskirche Notre Dame in Nantes (um 1170/80).

Zahlreiche Szenen aus dem Leben der P. sind typologisch auf das ⋈leben und die Kindheit

Jesu bezogen (im folgenden chronologisch nach den Antitypen aufgeführt). So bezeichnen auf dem Klosterneuburger Altar u. a. Geburt, Beschneidung, Entwöhnung und Opferung Isaaks die Geburt und Beschneidung Christi sowie seine Darbringung im Tempel und seine Passion. Die Geburt Christi kann auch durch Jakob, der seinem Sohn Joseph einen bunten Rock schenkt (Concordantia caritatis), die Beschneidung auch durch die Beschneidung Abrahams (Fresko, Emmauskloster, Prag, 3. Viertel 14. Jh.) vorgebildet sein. Die Anbetung der Könige wird durch die Begegnung Abrahams und Melchisedeks präfiguriert (Klosterneuburger Altar). In den Concordantia-caritatis-Handschriften werden Abrahams Reise nach Ägypten und seine Rückkehr auf die Flucht der Hl. Familie nach Ägypten und ihre Rückkehr gedeutet. In ähnlicher Weise werden die Flucht Jakobs zu Laban oder Jakobs Zug nach Ägypten in den Handschriften der Biblia pauperum auf die Flucht nach Ägypten bezogen.

Die Geburt ᛗs kann in dem Kampf Jakobs mit dem Engel präfiguriert sein (Teppich, Reims, Kathedrale, um 1500). In den Handschriften des Speculum humanae salvationis und der Biblia pauperum bezeichnen die Brautwerbung Isaaks um Rebekka und ihre Heirat sowohl das Sposalizio als auch die Vereinigung von Christus und Kirche. Typologisch auf ᛗ bezogen sind innerhalb dieser Handschriftengruppe auch die Begegnung des als Brautwerber ausgesandten Eliezers mit Rebekka am Brunnen, die auf die Verkündigung an ᛗ vorausweist. Dieselbe Bedeutung hat die Darstellung der Philoxenie Abrahams am Klosterneuburger Altar, ist jedoch in dieser Interpretation auf den Westen beschränkt (vgl. Gewölbefresko, St. Maria in Lyskirchen, Köln, um 1230).

Im Rahmen der östlichen Kunst kann der Traum Jakobs von der Leiter ᛗ präfigurieren: in den Homilien des Mönches Jakobus (z. B. Rom, Bibl. Vaticana, cod. vat. gr. 1162, fol. 22ᵛ) aus dem 12. Jh. wird die erste Predigt zur Empfängnis ᛗs u. a. mit der Darstellung der →Jakobsleiter illustriert.

Lit.: P. Heitz und W. L. Schreiber, Biblia Pauperum, 1903. — C. Stornajolo, Miniature delle Omilie di Giacomo Monaco (Cod. Vat. Gr. 1162) e dell'Evangelario greco Urbinate (Cod. Vat. Urbin. gr. 2), 1910. — Künstle I 282—288. — Molsdorf 137—157. — J. Lutz und P. Perdrizet, Speculum humanae salvationis. Eine typengeschichtliche Untersuchung, 2 Bde., 1930. — Réau I 126—155. — LCI I 19—35; II 352—354. 370—383; IV 549—558. — F. Röhrig, Der Verduner Altar, ⁵1979. — H. Buschhausen, Der Verduner Altar, 1980. *U. Liebl*

Patrizi, Francesco v. Siena, sel. Servit (Fest am 12. Mai), * 1266 in Siena, † 1328 ebd., war beseelt vom Verlangen, der Königin der Jungfrauen zu dienen, und erwählte sich seit Kindheit ᛗ zu seiner Mutter und Herrin. Nach dem Tod seiner blinden Mutter trat er 1288 in den OSM ein und wurde 1291 Priester. In dieser Zeit lebte er im Konvent in Siena zusammen mit dem sel. Gioacchino da Siena und dem hl. Pellegrino Laziosi. Tiefe eucharistische Frömmigkeit, vom Geiste Gottes getragene Verkündigung des Wortes Gottes, verzehrende Hingabe in der Verwaltung des Bußsakramentes und der Seelenführung sowie karitative Tätigkeit an den Armen, Kranken und Gefangenen prägten sein priesterliches Leben. Treu hütete er die eigene Unschuld, Demut und Jungfräulichkeit mit aller Härte und mit Gebeten, bes. zu ᛗ. Das ganze Leben P.s war von einer kindlichen MV geprägt. Täglich betete er das Ave Maria und andere ᛗgebete. Im eigenen Orden gilt er als Beispiel der Verehrung der GM, deren ergebener und treuer Diener er sein wollte und der er sein Leben gleich zu gestalten versuchte.

Cristoforo da Parma schrieb um 1350 die Biographie. Benedikt XIV. bestätigte am 11. 9. 1743 den Kult. Der Beiname Patrizi wurde ihm erst anfangs des 17. Jh.s beigefügt.

Lit.: P. Suarez, Spritualità mariana dei frati Servi di Maria nei documenti agiografici del sec. XIV, In: Studi storici O.S.M. 9 (1959) 121—157; 10 (1960) 1—41. — L. De Candido und D. Montagna (Hrsg.), I Servi di Maria ieri e oggi, 1975, 30. — LThK² VIII 181. — BSS 1186—88. *T. Civiero*

Patrona Bavariae. Die Verehrung und Proklamation ᛗs als Patronin Bayerns geht auf 1615/16 zurück. Zu dieser Zeit ließ der bayer. Herzog (ab 1623 Kurfürst) →Maximilian I. der Große (1573—1651), als Herzstück seiner neuen Residenz in München, die prächtige, von Hans Krumper modellierte und von Bartholomäus Wenglein in Bronze gegossene ᛗstatue mit dem Christuskind anbringen. Mit der auf dem Sockel angebrachten Inschrift »PATRONA BOIARIAE« (= humanistische Form für »Bavariae«) proklamierte er ᛗ als Schutzherrin seines Hauses, als die himmlische Herrscherin über Volk und Vaterland der Bayern. Als kath. Fürst, Jesuitenschüler in Ingolstadt und Mitglied der marian. Sodalität, besaß Maximilian von Jugend an grenzenloses Vertrauen zu ᛗ, eine Haltung, die er zeitlebens durch zahlreiche rel. Akte und Anweisungen dokumentierte. Zum Dank für die Rettung der Städte München und Landshut vor Zerstörung durch die Schweden im Dreißigjährigen Krieg gelobte er die Errichtung der ᛗsäule auf dem Hauptplatz (seit 1854 Marienplatz) seiner Residenzstadt. Das mit der überlebensgroßen vergoldeten Statue Madonna mit Kind — von Hubert Gerhard vor 1598 ursprünglich für die Lieb-Frauen-Kirche geschaffen — gekrönte Säulenmonument wurde am 7. 11. 1638 durch den Freisinger Fürstbischof Veit Adam v. Gebeck in Anwesenheit des Kurfürsten, seiner Familie, des Hofstaates und Vertretern aller Stände, feierlich eingeweiht. In seinem Weihegebet empfahl Maximilian erneut Volk und Land dem Schutz und Schirm der GM als P. B. Die Verehrung ᛗs unter diesem Titel verbreitete sich rasch im ganzen Land. Die ᛗsäule zu München wurde fortan, neben dem bayer. Nationalheiligtum Altötting, Mittelpunkt und Hort der marian. Frömmigkeit Bayerns. Die P. B. ver-

H. Krumper, Patrona Boiariae, 1616

sinnbildlicht die Endgültigkeit des Sieges und Triumphes Ms über alle Heimsuchungen, wie Seuchen, Hunger, Krieg und Häresie, dargestellt durch den Kampf der vier Heldenputten (von Rubens inspiriert und Ferdinand Murmann zugeschrieben) von 1639 am Fuße der Säule. Auf dem zentralen Platz der Stadt markiert die Msäule zugleich den Mittelpunkt des Landes, dient als metrischer Nullpunkt der von München ausstrahlenden Straßen. Höfische und bürgerliche Bestrebungen kommen in diesem Monument zum völligen Einklang, weshalb es auch mehr als jedes andere bis heute volkstümlich geblieben ist. Nicht nur barocke Frömmigkeit mit Andachten, Prozessionen und Wallfahrten entfalteten sich nun zu Füßen der P.B. Die Msäule wurde zugleich zum Zentralisationspunkt historisch bedeutsamer Ereignisse, und vor allem in Zeiten der Not scharen sich Beter um sie: 1683 beten Kurfürst Max Emanuel und sein Heer, bevor sie gegen die Türken vor Wien aufbrechen; 1704 versammeln sich Kurfürstin und Volk hier, um den Abzug der österr. Besatzungsmacht zu erflehen; 1738 wird die Säkularfeier mit barocker Prachtentfaltung begangen; 1753 läßt Kurfürst Max III. Joseph erstmals Mtaler mit der Aufschrift »Patrona Bavariae« prägen; 1782 segnet Papst Pius VI. von den Stufen der Säule aus das bayer. Volk; 1806 wird Max I. Joseph zu Füßen der P.B. unter Jubel des Volkes zum ersten König Bayerns ausgerufen; 1838 wird trotz Verbotes des aufgeklärten Staates des 200. Jubiläums der Msäule in feierlicher Andacht gedacht; 1854 wird das Erlöschen der Choleraepidemie der Fürsprache der P.B. zugesprochen, worauf die öffentliche Verehrung wieder begann; 1938 muß das 300-jährige Jubiläum auf Grund strengen Verbotes der nationalsozialistischen Stadtverwaltung in die Pfarrkirche St. Peter verlegt werden, wo Tausende Gläubige ihr Bekenntnis zur P.B. ablegen; ab 1942, als die Statue der P.B. infolge der Luftangriffe auf München in den Südturm der Lieb-Frauen-Kirche geborgen wird, betet das kath. Volk dort unablässig den Rosenkranz um den Frieden; 1945 kehrt die P.B. inmitten der zerstörten Stadt auf ihren angestammten Platz zurück, wobei Michael Kardinal v. Faulhaber im Namen des bayer. Volkes die Proklamation und das Weihegebet sprach; 1957 wird nach Wiederherstellung der im Zweiten Weltkrieg fast völlig zerstörten Königlichen Residenz die Statue der P.B. in einem feierlichen Staatsakt enthüllt und das Ewige Licht zu ihren Füßen wieder entzündet; 1967 muß mit Rücksicht auf den U-Bahnbau die Msäule abgetragen und die P.B. in die Lieb-Frauen-Kirche gebracht werden; 1970 folgen die Wiederenthüllung der neu errichteten Msäule und die Rückkehr der P.B.; seither findet jeden Samstag an der Msäule eine öffentliche Rosenkranz-Andacht statt; 1980 betet Papst Johannes Paul II. anläßlich seines Bayern-Besuches an der Msäule; 1988 wird die 350-Jahrfeier ihrer Errichtung festlich begangen.

Nachdem der bayer. König →Ludwig III. und seine Gemahlin, Königin Maria Theresia, sich mitten im Ersten Weltkrieg an den Papst gewandt hatten, er möge die GM offiziell zur Patronin Bayerns erklären, gewährte Benedikt XV. die Bitte. Durch Dekret der Ritenkongregation vom 26.4.1916 erklärte und erhob der Papst »suprema auctoritate sua« M zur Hauptpatronin des ganzen Königreiches Bayern, das in dem Dokument als »Reich Mariens« genannt wird. Zugleich bewilligte er der P.B. zu Ehren ein eigenes Fest mit Oktav. Festoffizium des Breviers und liturg. Texte für das Missale wurden dem Welt- und Ordensklerus Bayerns vorgeschrieben. Am 14.5.1917 — die äußeren Feiern wurden auf Sonntag, den 20. Mai, verschoben — wurde zum erstenmal in allen Bistümern Bayerns das Fest feierlich begangen. Durch Beschluß der Bayer. Bischofskonferenz von 1970 wurde das Hochfest P.B. jeweils auf den 1. Mai verlegt.

Lit.: Fr. W. Bruckbräu, Geschichte der Mariensäule in München, 1638—1855, München 1855. — Bavariae Regni. Te titulo, festo et officio B.V.Mariae, Patrona Bavariae, In: AAS 8 (1916) 181f. — Cl. Blume, Fest und Festgebete, Liturg. Tagzeiten und

Messe in Urtext und Übersetzung nebst Lieder zur Feier Mariens als Schutzfrau Bayerns ..., Regensburg 1917. — M.Hartig, Patrona Bavariae, Die Schutzfrau Bayerns, 1948. — E.Scharl (Hrsg.), Patronin Bayerns — das große Zeichen, 1957. — R.Graber, 50 Jahre Fest der Patrona Bavariae, In: Regensburger Bistumsblatt Nr.19 (1967). — G. Schwaiger, Maria, Patrona Bavariae, In: Bavaria Sancta I, 1970, 28—37. — M. Schattenhofer, Die Mariensäule in München, ²1971. — E.H. Ritter und A. Treiber, 60 Jahre Fest Patrona Bavariae 1917—1977, 1977. — P.E. Rattelmüller, Patrona Bavariae — die Schutzfrau Bayerns, In: Bairisches Brauchtum im Jahreslauf, 1985, 176—192. — E.H. Ritter, Patrona Bavariae! Unter Deinem Schutz und Schirm ..., ²1987. — G.P. Woeckel, Pietas Bavarica, 1992.

E.H. Ritter

Patronat. Das P. (lat. patronatus = Schutzherrschaft) besaß bereits im altröm. Recht die Bedeutung eines gegenseitigen Treueverhältnisses und zwar zwischen dem Patron (lat. patronus bzw. patrona = Vater, Herr bzw. Mutter, Herrin) und dem Schutzbefohlenen. Im Christentum werden auf Grund des Glaubensartikels von der Gemeinschaft der Heiligen, insbesondere der paulinischen Lehre von der Fortdauer der besonderen Liebe im Jenseits (1 Kor 12. 18. 28ff.) bedeutende Gestalten der Hl. Schrift, Engel, Martyrer und Bekenner als Patrone bezeichnet, unter deren Schutz man bestimmte Kirchen (→Patrozinien Ms), Klöster, Personen (Namenspatron), Stände, Berufe, Bistümer, Länder, Städte oder auch spezifische Anliegen anvertraut. Der Ausdruck »Patronus« in diesem Sinn findet sich erstmals bei Ambrosius († 397) von Mailand (Ep. 22,11).

Die Bezeichnung Ms als Königin führte bereits im 3./4. Jh. zum P. Ms über Kirchen und Klöster. Es umfaßte neben der Huldigung Ms ein Unterstellungs- und Schutzverhältnis. Nicht nur die Orden des HochMA, wie z.B. Zisterzienser, Prämonstratenser und Dominikaner, sondern auch fast alle später entstandenen Orden, Kongregationen und ebenso Bruderschaften wählten M als Patronin. Aus gleicher Motivation unterstellte König Stephan († 1038) von Ungarn sein Land der GM. Damit sollte nächst besonderer Bindung an Gott auch eine Übereignung an M zum Ausdruck kommen, ganz im Sinne des ma. Lehens- und Gefolgschaftsverständnisses. Ihr wird über die vergangene geschichtsimmanente Wirksamkeit als Mutter Jesu hinaus nun eine gegenwartsaktuelle, transzendente Rolle als Herrin und Königin mit fürbittender Allwirksamkeit zugesprochen. Im Weltbild der kath. Fürsten der Gegenreformation regierte M, die Siegerin in allen Auseinandersetzungen, als Mutter und Patronin. Sie verehrten die GM wie Söhne ihre Mutter, wie Schutzbefohlene ihre Schutzherrin, und das P. Ms wurde gleichsam zum politischen Leitbild fürstlichen Handelns. So unterstellten sich und ihre Länder unter das P. Ms: König → Ludwig XIII. von Frankreich am 10.2. 1638; Kurfürst → Maximilian I. von Bayern am 7.11. 1638 (→Patrona Bavariae); der Röm.-Dt. Kaiser Ferdinand III. unterstellte, dem Beispiel seines Vetters Maximilian von Bayern folgend, am 18.5. 1647 in Wien seine Kronländer feierlich dem P. Ms; 1648 legte König Johann IV. von Portugal seine Krone zu Füßen der »Nossa senhora da Conceicao« in Vila Vicosa nieder und erhob M in einem Staatsakt zur Königin seines Landes; König Jan Kasimir von Polen erwählte am 1.4. 1656 M zur Regina Poloniae. Auch kleinere Fürstentümer, wie z. B. das Fürstbistum Würzburg, verehrten M als »Patrona Francorum«, was durch die Statue der Immaculata an der Alten Mainbrücke in Würzbutg um 1725 dokumentiert wurde. 1895 erklärte Albanien auf dem »Dritten Albanischen Konzil« M als Patronin des Landes.

Seitdem das Konzil von Ephesus 431 M den Titel »Gottesgebärerin« zugesprochen hatte, wurde sie zur bevorzugten Patronin der Frauen und Mütter, die sich bei gynäkologischen Erkrankungen, Unfruchtbarkeit, Schwangerschaftsbeschwerden, Geburtsnöten an sie wenden. Der Titel »Mutter der Kirche« beinhaltet auch das P. Ms.

Durch das marian. Beispiel von Persönlichkeiten in Kirche und Staat veranlaßt, wendet sich das kath. Volk in allen Anliegen an die GM. In besonderer Weise unterstellten sich folgende Berufe dem P. Ms: Bäcker, Bandwirker, Destillateure, Essigerzeuger, Faßbinder, Färber, Fischhändler, Fransenmacher, Gastwirte, Köche, Lebkuchenhersteller, Limonadenverkäufer, Metzger, Nadler, Postboten, Restaurateure, Sattler, Schiffsleute, Schreiner, Seidenarbeiter, Stickerinnen, Strumpfwirker, Tapezierer, Töpfer, Tuchmacher, Wachszieher, Weber, Zeitungsausträger (Kerler 455).

Während man bis ca. 1500 bei der Taufe aus ehrfurchtsvoller Scheu nur in Ausnahmefällen M als Namenspatronin wählte, wurde von da an die Namensgebung überaus häufig.

Der staats- und kirchenrechtliche Begriff »Patronat« ist vom P. im Sinne der »geistlichen Schutzherrschaft« streng zu unterscheiden. Er besagt herrschaftlichen Besitz geistlicher Pfründe oder Kirchen mit dem Recht der Pfründeverleihung durch Vorschlag eines Bewerbers, schließt aber auch die Pflicht der Erhaltung eines Bauwerks (Baulast) ein.

Lit.: St. Beissel, Die Verehrung der Heiligen und ihrer Reliquien in Deutschland im MA, In: StML Erg.-H. 47 (1890); Erg.-H. 54 (1892). — D.H. Kerler, Die Patronate der Heiligen, Ulm 1905. — A. Coreth, Pietas Austriaca, 1959, ²1978. — Fr. Matsche, Die Pietas Mariana — Maria als Staatspatronin und Generalissima der Habsburger, In: Die Kunst im Dienste der Staatsidee Kaiser Karls VI., Bd. 1, 1981, 142—182. — K.Kolb, Maria, Patronin Frankens, 1982.

E.H. Ritter

Patronatsbild. Das klassische P. der Mikonographie ist das Titelblatt Raphael → Sadelers d. Ä. nach Matthias →Kager (Abb.) und Peter Candid (de Witte) zu Matthäus Raders SJ (1561—1634) »Bavaria Sancta« (3 Bde., München 1615—27; 1704, 1714 [deutsch]), eine Vitensammlung bayer. Heiliger im Auftrag → Maximilians I. M als Patrona Boiariae erscheint in den Wolken über der Stadtvedute Münchens, um ihrem Kind auf dem Schoß zu ermöglichen, das bayer.

Land in Form einer Landkarte zu segnen, die ihnen als gravierte Platte von Engeln entgegengehalten wird. Der Erzengel Michael trägt das Goldene Vlies über dem herzoglichen Wappenbrustpanzer, die 4 weiteren Assistenzengel tragen ebenfalls Wappenbrustpanzer. Im P. erscheint M im Gegensatz zum örtlich gebundenen Gnadenbild als Patronin eines Ortes, eines Landes, eines überregional bedeutsamen Ereignisses (z. B. Konzil), einer Dynastie, Bruderschaft, Kongregation oder von Ordensgemeinschaften. Aus theol. Gründen, aber auch wegen volksgläubiger Anliegen um Schutz und Schirm wird ihr dieser Status übertragen, um so der marian. Fürsprache und des göttlichen Segens gewiß zu sein. Das kanonische P. ist demnach die Schutzmantelfunktion Ms, doch ist dieser Mbildtypus im 17. und 18. Jh. immer weniger verbreitet. Die barocke Bildersprache erfindet als Ersatz von Mantelschutz Ms stellvertretende Bildschöpfungen. In diesem Zusammenhang entstehen reichlich Msäulen (→ Säule), die äußeres Zeichen sind für die Weihe eines Landes, Ortes oder Sieges an M zum Dank oder um ihre Fürbitte. Bekanntestes Beispiel hierfür ist die Msäule (1638) auf dem Marienplatz zu München mit Hubert Gerhards (vor 1606) Bronzestatue Ms als → Patrona Bavariae von unermeßlicher Breitenwirkung über Bayern hinaus. Die Säulenmadonna (1593/1606) entstand wenige Jahre vor der Patrona Boiariae des Hans Krumper an der Residenzfassade (1616) Münchens. Viele Prägungen des sog. Mtalers sorgten für die weitere Verbreitung der Patrona Bavariae, die bekanntesten 1623 unter Kurfürst Maximilian I., dann 1736, 1760, 1870, 1871 und 1885 (Woeckel, Abb. 24—26. 62 f.) anläßlich der Wiederherstellung der Msäule. Auch für die Magna Mater Styriae in → Mariazell gilt Vergleichbares. Erzherzog Karl II. (1564—90) nennt die Mariazellerin »Schutz und Schanz von Österreich«, sein Sohn Ferdinand II. (1590—1619/37) prägt die »Magna Mater Austriae« und Kaiser Leopold I. (1657—1705) läßt 1683 als Dank für die Errettung aus Türkennot die Mariazellerin auf einer Gedenkmünze als »Patronin von Wien« prägen, ebenso gilt sie als »Magna Domina Hungarorum«, so als »Patrona Hungariae« auf dem Madonnentaler 1741 unter Maria Theresia (Ausst.-Kat., 900 Jahre Stift Göttweig, Bad Vöslau 1983, 210, Nr. 358). Weitere Wallfahrtsmedaillen sind der Gnadenpfennig (18. Jh.) mit dem Mariazeller Schatzkammerbild (ebd. 227, Nr. 490) und der sog. Freiheitstaler anläßlich des Abzuges der Besatzungsmächte (1955) und der 800-Jahrfeier von 1957 (ebd. 227 f., Nr. 491). Das Säulenmonument Ms in Mariazell (1682) steht hinter dem Gnadenaltar und vor Johann Bernhard Fischers v. Erlach Hochaltar (ab 1692).

Von den Patronatsmedaillen sei die Jubiläumsmedaille 1907 (Alteri Nr. 241) zum 750-jährigen Translationsgedächnis der Mariazeller Gnadenmadonna erwähnt. Gerade die Kunst der → Medaille verwendet gerne den Begriff »Patrona«; für Polen das Gnadenbild von → Czenstochau von 1925 unter Pius XI. (Alteri Nr. 245), das Gnadenbild der NS del Carmen zu Maipù als Patrona de Chile (Alteri Nr. 238). Bekannter ist das Verkündigungsgnadenbild von SS. Annunziata zu Florenz als »Celeste Patrona di Firenze« (1957) unter Pius XII. (Alteri Nr. 184) oder anläßlich des Erlöschens der Cholera (1837) zu Chiavari die Medaille mit der M Patrona Incomparabilis, die Nostra Signora dell'Orto als Darstellung im Hortus conclusus (Alteri Nr. 169); als Nuestra Señora de Europa gilt die Madonna von Gibraltar (Alteri Nr. 123).

Das M-Hilf-Gnadenbild von Innsbruck/Dom von Lucas Cranach ist nicht nur Patronin Tirols und Innsbrucks, z. B. auf dem Thesenblatt des Jahres 1674 von Egid Schor (1627—1701) und Bartholomäus Kilian (1630—96) mit Kaiser Leopold und seiner zweiten Gemahlin Claudia Felicitas, sondern mit dem Text »Auxilium Austriacorum« (Aurenhammer, Tafel IX, Abb. 21), auch von ganz Österreich. Auf Ordenshäuser beschränkt bleibt das Patronat etwa bei den Piaristen mit dem Gnadenbild nach S. Pantaleone in Rom beim Gnadenbild in Maria Treu (Wien, ab 1713) oder bei den Minoriten die Gnadenbildkopie Maria Schnee (Kopie 1784) in der ital. Nationalkirche bei den Minoriten in Wien. Hier wird sie zum Palladium nat.-rel. Bruderschaften. Als Palladium erscheint M auch auf dem Huldigungsbild (1630) des Göttweiger Abtes Georg Falb (1612—31) von Fr. Georg Bergmann mit der Göttweigvedute und der zugehörigen Gründungslegende nach der Rotelbuchvorlage (G. M. Lechner, Stift Göttweig, 1988, 8, Abb.).

Das Patronat über ganz Griechenland übt die Ikone → Axion-Estin aus, aufgestellt hinter der Ikonostase des Protaton in Karyes/Athos im Typus einer Glykophilousa; in ihrer Schutzfunktion wurde sie auch an das Sterbebett des griech. Königs Paulos I. († 6. 3. 1964) gebracht und zur Tausendjahrfeier des Athos wie ein regierendes Oberhaupt in Athen empfangen. Ursprünglich sei sie als im Bilderstreit unter Leo III. (717—741) verletzte Ikone über das Meer zum → Athos gekommen, erst danach habe sich die Säbelwunde geschlossen und der Blutfluß aufgehört. Bis heute ist die Axion-Estin die Patronin des Athos und das dort am meisten verehrte Gnadenbild. Eine weitere griech. Patronin ist das Gnadenbild der Wallfahrt von Tinos. Die → Herzogspitalmuttergottes wurde in gleicher Weise auch an das Sterbebett von → Maximilian III. Joseph († 30. 12. 1777) gebracht (anonyme Lithographie; Woeckel, Abb. 398 f.).

Die Weihe an die GM als Landespatronin vollzog mit eigener Blutschrift Kurfürst Maximilian I. von Bayern (1518) bei der Gnadenmadonna von Altötting, deren Abbild Feldherr Johann Tserklaes v. Tilly († 1632) auf Seiten der Kath. Liga als Fahnenbild mit in die Schlacht führte. Ein Kupferstich von Josef Anton Zimmermann (nach 1745) schildert die Personalweihe des Kurfürsten Maximilian III. Joseph vor dem Altöttinger Gnadenbild (Woeckel, Abb. 309). Weitere Verlöbnisse finden sich an die Gnadenmutter von Wessobrunn durch den Kurfürsten Max Emanuel im Kupferstich von Johann Anton Friedrich d. Ä. (ca. 1723; Woeckel, Abb. 203), und als Miniatur von Franz Matthias Schettler († 1757) das Gelöbnis des Kurfürsten Karl Albrecht im Großmeisterornat der St.-Georgs-Ritter (Woeckel, Abb. 205). Auch für Frankreich ist eine solche Votivation belegt, nämlich im Gelöbnis Ludwigs XIII. (1610—43) an die Madonna im Gemälde J.-D. Ingres' (1824) in der Kathedrale ND zu Montauban in Anlehnung an Raffaels Sixtina-Madonna; Entwürfe (ohne Jesuskind) datieren bereits ab 1821 (D. Ternois, Ingres, 1980, 99, Nr. 169. 170), um nur einige derartige Ⓜweihen hervorzuheben.

Lit.: M. Hartig, Patrona Bavariae, Die Schutzfrau Bayerns, 1948. — H. Aurenhammer, Marian. Gnadenbilder Wiens und Niederösterreichs in der Barockzeit, 1956. — K. Diemann und P. Philipp, Magna Mater Styriae, 1977. — W. Schmitt-Lieb, Das Marienbild im Wandel von 1300 bis 1800, 1987. — K. Küppers, Marienfrömmigkeit zwischen Barock und Industriezeitalter, 1987. — G. Alteri, Maria nelle collezioni numismatiche del medagliere Vaticano, 1988. — G. P. Woeckel, Pietas Bavarica, 1992.
G. M. Lechner

Patrozinien. P. Ⓜs sind immer Zeichen für ihre Verehrung, die aber andererseits dadurch wiederum gefördert wurde. Patrozinium (lat. patrocinium = Schutz), ursprünglich ein röm. Rechtsbegriff des Eigentumsrechts, das der Familienvater zu schützen verpflichtet ist, wurde vom Christentum übernommen für die Schutzherrschaft über ein Kirchengebäude durch eine göttliche Person, durch Ⓜ, einen Engel, einen Martyrer oder Bekenner. Nach kath. Auffassung ist selbstverständlich jede Kirche grundsätzlich Gott geweiht, aber als Bewahrungsstätte eines Heiligengrabes oder von Reliquien wurden ihr seit dem christl. Altertum der bzw. die Namen der betreffenden Heiligen gegeben. Gotteshaus und die sich dort zur Liturgie versammelte Gemeinde wurden damit unter den Schutz des Patrons bzw. der Patronin gestellt. Ambrosius († 397) hat den Ausdruck »Patrozinium« als Bezeichnung für Eigentumsrecht und Schutzherrschaft eingeführt. Beide Funktionen — Besitz und Schutz — haben das ma. Leben stark beeinflußt. Den jenseitigen Inhabern der P. wurden viele Besitzungen überantwortet, deren Verwaltung Bischöfen, Adeligen, Stiften, Vögten aber auch Privatpersonen oblag. Diese wiederum nahmen oft Einfluß auf die P., so daß Wechsel in der Verwaltung auch Wechsel der P. mit sich bringen konnten. Die Sitte, einen bestimmten Martyrer, dessen Reliquien in einer Stadt ruhten, das Patrozinium zu übergeben, war im vorkarolingischen Frankenreich so verbreitet, daß Reliquien oft als »Patrocinia« bezeichnet wurden. Das Fest des Kirchenpatrons wird unterschiedlich Patroziniums-Fest, Kirchweih oder Kirmes genannt.

Die Wahl des Patroziniums verläuft parallel mit den Wandlungen der Heiligenverehrung. Anlaß zur Wahl gaben im frühen MA die Mission (maßgeblich war z. B. das Patrozinium der Mutterkirche), Reliquienerhebung oder Übertragung, im HochMA das Patrozinium des Eigenkirchenherrn, der Schutzheilige des Landesherrn oder auch die Anhänglichkeit an bestimmte Wallfahrtszentren. Während der Prot. mit der Heiligenverehrung auch das P.-Wesen verwarf, ordnete die nachtridentinische kath. Kirche die P. durch rechtliche Bestimmungen.

P. Ⓜs sind seit dem 4. Jh. nachweisbar. Die älteste Ⓜkirche ist die von → Ephesos. Seit dem Konzil von Ephesos 431 (Ⓜ wird als Theotokos dogmatisiert) vermehrten sich rasch die P. Ⓜs, wobei besonders dem christl. Osten als Ausgangszentrum des Ⓜkultes große Bedeutung zukommt. Allein in → Konstantinopel besaßen 32 Kirchen, Klöster und Kapellen P. Ⓜs. In Rom entstand 432—440 S. Maria Maggiore, die aber zunächst wegen Einbeziehung einer Nachbildung der Geburtsgrotte von Betlehem aus dem 4. Jh. S. Maria ad praesepe genannt wurde. Kaiserin Pulcheria († 453) errichtete in Konstantinopel drei Ⓜkirchen mit bedeutenden Ⓜreliquien. Im bayer. Kulturraum entstanden noch in der Römerzeit mehrere Kirchen mit P. Ⓜs, die mit Johannes-Taufkirchen verbunden waren, so in Chieming, Ising, Prien und Tacherting. Die Agilolfinger Herzöge in Regensburg weihten ihre Hofkapelle (»Alte kapelle«), das Frauenstift Niedermünster und zahlreiche andere Kirchen der GM. Der hl. Korbinian fand um 720 eine von ihnen errichtete Ⓜkapelle in Freising vor und auf Rupert († 716/718) gehen die Ⓜkirchen auf dem Nonnberg in Salzburg, in Altötting und Dorfen zurück. Weitere Ⓜkirchen mit P. Ⓜs aus dem 8. Jh. sind in Brixen, Augsburg, Altomünster und Benediktbeuern faßbar. Die Pfalzkapelle in Aachen, dem Zentrum des Karolingerreiches, wurde mit dem Patrozinium Ⓜs, neben dem des Erlösers (Salvator), Ausgangspunkt für die P. der GM in den Kathedralen zu Paderborn, Hildesheim, Verden und Bremen. Nicht weniger Verbreitung fanden P. Ⓜs in Frankreich. Von den ältesten Kathedralen, die noch heute Ⓜ geweiht sind, müssen genannt werden: Amiens, Bayeux, Arras, Cambrai, Chartres, Clermont-Ferrand, Coutances, Die, Embrun, Evreux, Fréius, Gap, Antibes-Grasse, Nimes, Noyon, Oleron, Orange, Paris, Le Puy-en-Velay, Reims, Rodez, Rouen, Séez, Senez, Senlis, Sisteron, Toulon und Vence (über die ältesten P. Ⓜs vgl. BeisselMA 19—42).

Die Verbreitung von P. Ⓜs, von den iroschottischen und engl. Missionaren auf dem Kontinent in merowingischer und frühkarolingischer Zeit begonnen, wurde von den Benediktinern intensiviert. Prämonstratenser und vor allem Zisterzienser weihten alle ihre Kirchen der GM. Auch Franziskaner, Dominikaner, Karmeliter, Serviten und Jesuiten wählten häufig für ihre Gotteshäuser P. Ⓜs. In nordosteuropäischen Ländern errichtete der Deutsche Ritterorden zahlreiche Ⓜkirchen.

Adel, Fürsten, Bischöfe und Orden förderten im Verlauf des ganzen MA die P. Ms. Erst zu Ausgang dieser Periode begann auch das aufstrebende Bürgertum der Städte zu Ehren Ms Kirchen zu erbauen. Die Zunahme der Mwallfahrtsorte, bereits im 14. und 15. Jh., vor allem aber im Zeitalter des Barock (17. und 18. Jh.), führte nicht nur zum Erstarken der MV, sondern zugleich auch zu einer Ausweitung der P. Ms, ganz im Sinne der kath. Erneuerung, die in der GM die große Fürsprecherin in der Überwindung aller Häresien sah. Nach vorläufiger Überwindung der Aufklärung setzte sich diese Entwicklung im 19. und 20. Jh. fort.

Die im Laufe der Kirchengeschichte erfolgte Spezifizierung des Mkultes auf einzelne Mgeheimnisse hängt eng mit der zunehmenden Zahl von Mfesten zusammen, die vor allem von den Orden unterschiedlich gefeiert wurden. Infolge dessen haben die Zisterzienser z. B. für ihre Kirchen meist das Patrozinium »Assumptio BMV« vorgezogen, wie später ebenso die Jesuiten. Das »Immaculata«-Patrozinium wurde von den Minoriten infolge der Lehre des → Duns Scotus verbreitet. Das auf der Kölner Provinzialsynode 1423 zuerst eingeführte Fest der »Sieben Schmerzen Marias« förderte den Kult der »Mater dolorosa«, oft in Verbindung mit der Verehrung des leidenden Heilands oder auch der »Sieben Freuden Marias«. Das Patrozinium »U. L. Frau« war eine Frucht der Frühmystik; durch Heimsuchungen, wie Pest und Krieg, entwickelten sich die P. → »Maria Hilf« von Passau ausgehend über Innsbruck und München bis nach Köln; als Folge der zunehmenden Mwallfahrten entstanden die P. »Mariae Heimsuchung«, »Maria auf der Flucht« sowie »Maria Rast«. Der Kult von Loreto löste in fast allen Teilen der Erde den Bau von Loretokapellen aus. Der neuesten Zeit gehören die P. »U. L. Frau von Lourdes« bzw. »U. L. Frau von Fatima« an. Die Liste könnte beliebig fortgesetzt werden.

Die P.-Kunde (seit dem 19. Jh.) ist als wissenschaftliche Erforschung der P. ein wichtiges Arbeitsgebiet im Dienste der Kirchen-, Frömmigkeits-, Siedlungs- und Landesgeschichte. Was die P. Ms anbelangt, so sind sie bisher meist nur lokal wissenschaftlich bearbeitet und ausgewertet.

Lit.: M. Fastlinger, Die Kirchenpatrozinien in ihrer Bedeutung für Altbayerns ältestes Kirchenwesen, In: Oberbayer. Archiv für Vaterländische Geschichte 50 (1897) 449—440. — BeisselMA bes. 19—42. 132—143. — J. Dorn, Beiträge zur Patrozinien-Forschung, In: AKuG 18 (1917) 9—49. 220—255 (ältere Lit.). — E. Tidick, Kirchen-Patrozinien im Deutschordenslande Preußen bis 1525, In: Zeitschrift für Geschichte und Altertumskunde des Ermlandes 22 (1926) 343—464. — H. Fink, Die Kirchen-Patrozinien Tirols, 1928. — J. B. Lehner, Die ma. Kirchenpatrozinien des Bistums Regensburg, In: VHO 94 (1953) 5—22. — J. Vincke, Volkskundliche Voraussetzungen der Patrozinienforschung, In: HJb 72 (1953) 56—76. — A. Ph. Brück, Patrozinienkunde, In: AMRhKG 9 (1957) 313ff. — Fr. Zarl, Die Besiedelung und Christianisierung des Viertels o. d. Wienerwald von Niederösterreich im Lichte der Volkskunde, Patrozinienforschung und Ortsnamenkunde, Diss. (masch.), Wien 1963. *E. H. Ritter*

Patta, Serafino, * in Mailand, wirkte zwischen 1606 und 1619, ital. Komponist und Organist, lebte als Benediktinermönch im Kloster Monte Cassino bei Neapel. 1606—09 war er Organist an S. Maria del Monte in Cesena, wohin er 1619 zurückkehrte. In der Zeit dazwischen wirkte er in gleicher Funktion in Reggio Emilia und Pavia.

P. komponierte ausschließlich KM in teilweise innovativen Stil. So finden sich in einem Band von 1613 Motetten in Refrain- und Dialogform und in einem Band von 1614 früheste Beispiele für sakrale Monodie; ferner: Missa psalmi motecta ac litaniae in honorem deiparae virginis, Sacra cantica concinenda cum litaniis BMV, Psalmi integri cum 2 canticis BMV ad vesperas totius anni und ein Magnificat.

Lit.: J. L. A. Roche, North Italian Liturgical Music in the Early 17th Century, Diss., Cambridge, 1968. — MGG X 952f. — Grove XIV 302. *C. Wedler*

Paul II. (Pietro Barbo), Papst vom 30. 8. 1464 bis 26. 7. 1471, Neffe von Papst Eugen IV. * 1418 in Venedig, 1435 Bischof von Cervia, 1440 Kardinal. Im August 1464 begleitete er Pius II. nach Ancona. Hier erkrankte er an der Pest und ließ sich nach Loreto bringen. Dort wurde er geheilt und faßte den Entschluß, zum Dank über dem hl. Hause von Loreto eine Kirche zu erbauen. 1468 wurde der Bau begonnen. In zwei Bullen erwähnte er die in Loreto geschehenen Wunder, die er persönlich erfahren habe. 1470 gewährte er Ablässe für Loreto. Auf Bitten von Herzog Wilhelm v. Sachsen erhob er dort das Fest Me Opferung zum gebotenen Feiertag.

Lit.: Pastor II^7 291—474. — Manoir IV 87ff. — R. Weiss, Un umanista Veneziano: Papa Paolo II, 1967. — A. Franzen und R. Bäumer, Papstgeschichte, ^{4}1988, 274f. — DThC XII 3—9. *R. Bäumer*

Paul III. (Alexander Farnese), Papst vom 13. 10. 1534 bis 10. 11. 1549, * 1468. Nach seiner humanistischen Ausbildung wurde er bereits 1494 zum Kardinal ernannt, 1494 Bischof von Corneto, 1509 Bischof von Parma, 1524 Kardinalbischof von Ostia. Als Papst förderte er die innerkirchliche Reform, bestätigte 1540 die SJ und berief 1545 das Konzil von Trient.

Für die Mariol. waren die Aussagen des Konzils über die UE im Erbsündendekret vom 17. 6. 1546 bedeutsam. Es betonte ausdrücklich, es sei nicht die Ansicht des Konzils, die GM in die Aussagen der Allgemeinheit der Erbsünde einzuschließen. Am 9. 1. 1547 verabschiedete das Konzil in der Sessio VI c. 23 das Rechtfertigungsdekret. Darin heißt es über M., daß sie durch ein spezielles Privileg Gottes von allen läßlichen Sünden frei geblieben sei. Ausdruck von P.s Mfrömmigkeit ist auch seine Förderung der Wallfahrt nach Loreto.

Lit.: Pastor V^7 1—891, bes. 550ff. — O'Connor 264. — H. Jedin, Geschichte des Konzils von Trient I, 1949, 232f.; II, 1957, 111—136. 238—264; IV, 1975. — M. Tognetti, L'Immaculata nelle controversie Tridentine, 1954. — G. Söll, In: HDG III/4, 191ff. — A. Franzen und R. Bäumer, Papstgeschichte ^{4}1988, 294—297. — DThC XII 9—20. *R. Bäumer*

Paul IV. (Giampietro Caraffa), Papst vom 23.5.1555 bis 18.8.1559, * 1476 in Capriglio, 1505 Bischof von Chieti, 1513 Nuntius in England, 1518 Erzbischof von Brindisi, 1520 Mitglied des Oratoriums der Göttlichen Liebe, 1524 Mitbegründer des Theatiner-Ordens, 1536 Kardinal, 1549 Erzbischof von Neapel. Seine Wahl zum Papst wurde von den Reformern sehr begrüßt. Entschieden bemühte er sich um die Durchführung der Kirchenreform, ging scharf gegen häretische Ansichten vor. Er verhalf der Kath. Reform an der Kurie endgültig zum Durchbruch. Seine Härte führte auch in der Kirchenpolitik zu Fehlschlägen.

In der Mariol. betonte er in der Bulle »Cum quorundam« vom 7.8.1555 die immerwährende Jungfräulichkeit 𝔐s. Sein Grab ist in S. Maria sopra Minerva.

Lit.: Pastor VI [7] 357—626. — Sträter II 89. — K. Repgen, Die röm. Kurie und der Westfälische Frieden I/1, 1962. — H. Jedin, Geschichte des Konzils von Trient III, 1970; IV, 1975. — Im Zeichen des Allmächtigen, hrsg. von G. Rovira, 1981, 19. — A. Franzen und R. Bäumer, Papstgeschichte, [4]1988, 297 ff.
R. Bäumer

Paul V. (Camillo Borghese), Papst vom 16.5.1605 bis 28.1.1621, * 1552 in Rom, 1596 Kardinal, 1597 Bischof von Jesi, 1603 Generalvikar in Rom. Als Papst führte er die Reformarbeit an der Kurie weiter, förderte die Missionsarbeit und vollendete den Neubau der Peterskirche.

In der Mariol. übernahm er die Ansichten von Sixtus IV. und Pius V. Er bestätigte 1609 die Aussagen Pius' V. und verbot 1616 die öffentliche Bekämpfung der »frommen Ansicht« der UE 𝔐s, nahm aber in der Frage der Dogmatisierung eine abwartende Haltung ein. 1615 bezeichnete er 𝔐 als Königin des Himmels und der Erde. 1617 verfügte er, daß in Zukunft niemand gegen die Lehre von der UE 𝔐s Stellung nehmen solle. Er beendete auch die Streitigkeiten über das Tragen des Skapuliers und dessen Wirksamkeit.

Lit.: BeisselD 208. — Pastor XII[7] 22—680. — O'Connor 296 u.ö. — K. Repgen, Die röm. Kurie und der Westfälische Frieden I/1, 1962. — Manoir I—IV. — W. Reinhard, Papstfinanz und Nepotismus in der Zeit Pauls V., 1974. — J. Semmler, Das päpstliche Staatssekretariat in den Pontifikaten Pauls V. und Gregors XV., 1969. — G. Söll, In: HDG III/4, 203 ff. — A. Franzen und R. Bäumer, Papstgeschichte, [4]1988, 306 f. — DThC VII 1179 f.; XII 23—37.
R. Bäumer

Paul VI. (Giovanni Battista Montini), Papst vom 21.6.1963 bis 6.8.1978, * 26.9.1897 in Consesio bei Brescia, empfing 1920 die Priesterweihe. Seit 1937 war er Substitut unter Kardinalstaatssekretär Eugenio Pacelli, mit dem er in täglichem Kontakt stand. 1952 wurde er Prostaatssekretär, 1954 Erzbischof von Mailand und 1958 Kardinal. Nach seiner Wahl zum Papst setzte er das Zweite Vatikanische Konzil fort und eröffnete am 29.9.1963 die zweite Sitzungsperiode des Konzils, die bis zum 4.12.1963 dauerte. Am 14.9.1964 begann die 3. Sitzungsperiode, die am 21.11.1964 beendet wurde. Auf dem Konzil lösten die Aussagen über »Maria im Geheimnis der Kirche« eine Diskussion aus. Einzelne Konzilsväter widersprachen der Eingliederung des Kapitels in das Kirchenschema, anderen erschien es zu minimalistisch. In der letzten Sessio vom 21.11.1964 wurde das Kirchenschema angenommen, in dem es heißt: Die Mutter des Herrn steht kraft ihrer einzigartigen Stellung in der Heilsgeschichte auch in einem einzigartigen Verhältnis zur Kirche. Am Ende des Konzils verkündete der Papst: »Wir erklären Maria zur Mutter der Kirche«, eine Aussage, für die er sich bereits als Kardinal in den Konzilsberatungen eingesetzt hatte.

Bereits in seiner Antrittsenzyklika »Ecclesiam suam« vom 6.8.1964 würdigte der Papst 𝔐 als das heiligste, demütigste und unbefleckte Geschöpf. 1965 bezeichnete er in dem Rundschreiben »Mense Majo« 𝔐 als die Königin des Himmels und erbat ihren besonderen Schutz für den Frieden der Welt. Gott habe 𝔐 zur hochherzigen Verwalterin der Gaben seiner Barmherzigkeit eingesetzt. In der Enzyklika »Christi Matri Rosarii« (15.9.1966) empfahl P. das Rosenkranzgebet angesichts des Krieges in Asien und der Angst der Menschen vor den Atomwaffen. In seiner Adhortatio »Signum Magnum« erklärte P., daß die Mutterschaft 𝔐s durch die Teilnahme am Kreuzesgeschehen Bedeutung für die ganze Menschheit erlangt habe und kündigte die Erneuerung der 𝔐weihe an. Am 13.5.1967 machte er eine Wallfahrt nach Fatima. 1968 erließ er eine Adhortatio über den Rosenkranz.

Von besonderer Bedeutung für die Mariol. war die »Adhortatio Apostolica« »Marialis Cultus« vom 2.2.1974 über die rechte Pflege und Entfaltung der MV. Der Papst erinnerte daran, daß die Kirche 𝔐 als die Mutter der Gnaden anruft. Weil 𝔐 ihren Platz in der Erlösung hat, darum hat sie auch ihren Platz in der christl. Verehrung. Der Papst ermunterte zum Gebet des »Engel des Herrn« und des Rosenkranzes. Er nannte den Rosenkranz einen Abriß des ganzen Evangeliums. Bedeutsam für die Mariol. war auch das Meßbuch P.s mit den neuen 𝔐präfationen. So erwies sich P. in seinem Pontifikat als überzeugter und anregender 𝔐verehrer. Als P. am 6.8.1978 im Alter von achtzig Jahren starb, wurde er als der Friedenspapst gewürdigt, der in einer Zeit des Umbruchs die Kirche mit großer Umsicht geleitet habe. In seinem 15-jährigen Pontifikat hat P. dem Petrusamt ein verstärktes Ansehen gegeben.

Lit.: Manoir III; VII. — A. Lazzarini, Papst P., [3]1965. — G. Huber, P. VI., 1964. — G. Söll: HDG III/4. — D. Bertetto, La madonna nella parola di Paolo VI, [2]1980. — A. Cosmedeo do Amaral, Fatima und die Päpste: Der Widerschein des Ewigen Lichtes, hrsg. von G. Rovira, 1984, 222—225. — A. Franzen und R. Bäumer, Papstgeschichte, [4]1988, 419—430. — G.B. Montini, Sulla Madonna. Discorsi e scritti, ed. R. Laurentin. 1988. — R. Laurentin, La proclamation de Marie »Mater ecclesiae«: Paolo VI e i problemi ecclesiologici al concilio, In: Colloquio internationale di Studio Brescia, 1989, 310—375. — Ders., Marie Mère de l'église, ebd. 699 ff. — L.M. Herran, María en la espiritualidad sacerdotal según la doctrina del Vaticano II, In: Annales Theologici 3 (1989) 347—370. — G.B. Montini, Rossetti M.V. Lettere 1934—1978, ed. E. Ghini, 1990.
R. Bäumer

Paul vom Kreuz (Paul Franz Danei), hl. Ordensgründer der → Passionisten, * 3.1.1694 in Ovada (Italien), † 18.10.1775 in Rom, wurde 1867 heiliggesprochen (Fest: 19. Oktober).

P. wuchs im Klima einer tief rel. Familie auf und hatte eine harte Kindheit. 11 von 15 Geschwistern starben im Kindesalter. Für seine Mutter war der leidende und gekreuzigte Herr die bevorzugte Zufluchtstätte. So wurde bei P. der Boden für das bes. Charisma einer tiefen Beziehung zum »Christus crucifixus« bereitet. Mit 19 Jahren erlebte er seine »erste Bekehrung«, wie er es selbst nennt. Er hatte »von Gott die Eingebung« erhalten, eine Ordensgemeinschaft zu gründen. Am 23.11.1720 zog er sich für 40 Tage in »Gebet und Einsamkeit« zurück, um sich darauf vorzubereiten. In dieser Zeit schrieb er auch die Ordensregeln. Von 1725 bis 1727 war er in Rom, wo er zusammen mit seinem Bruder von Papst Benedikt XIII. zum Priester geweiht wurde. 1737 erfolgte die erste Klostergründung auf dem Monte Argentario bei Orbetello. Während seines Lebens gründete er noch 12 weitere Klöster. 1770 wurden die Ordensregeln der kontemplativen Passionistinnen bestätigt. P. hielt über 200 Volksmissionen. Viele Menschen wählten ihn zu ihrem geistlichen Begleiter. Von den Tausenden von Briefen zur Seelenführung sind 2000 erhalten, die ihn als »einen der bedeutendsten Lehrer des geistlichen Lebens« (J. de Guibert) und »den größten Mystiker im 18. Jahrhundert« (M. Viller) ausweisen.

Mittelpunkt der geistlichen Lehre P.s ist der leidende und gekreuzigte Herr, und häufig spricht er im selben Atemzug von den »Schmerzen der allerseligsten Jungfrau Maria« (z. B. Briefe I 528; III 421). Das Sich-Versenken in die Leiden Jesu und in die Schmerzen ⋔s umschreibt er gern mit dem Ausdruck »im Meer der Leiden Jesu fischen«: »Ich lege Ihnen ans Herz, geistigerweise oft im heiligsten Meer der Leiden Jesu Christi und der Schmerzen der seligsten Jungfrau Maria zum Fischen zu gehen. In diesem weiten Meer werden Sie die Tugenden des guten Jesus finden« (Briefe II 717; ähnlich II 447). P. ist aber auch darauf bedacht, in der MV keine Einseitigkeiten oder Übertreibungen aufkommen zu lassen: »In einem Ihrer Briefe lese ich, ›Ich habe die heiligste Jungfrau, die Heiligste Dreifaltigkeit und den guten Himmel gebeten ...‹ Welche Unwissenheit, welche Blindheit! Wie kann man zuerst die seligste Jungfrau bitten und dann die Heiligste Dreifaltigkeit. Die Hl. Dreifaltigkeit ist Gott, die seligste Jungfrau ist reinste und heiligste Kreatur. Deshalb muß man die seligste Jungfrau bitten, daß sie für uns Ärmste bei der Heiligsten Dreifaltigkeit Fürsprache einlegt« (Briefe I 212). — P. spricht häufig in Bildern und Symbolen. So nennt er unter dem Einfluß der ma. Mystik die Leiden Jesu und die Schmerzen ⋔s »ein Sträußchen von Myrrhe und duftenden Kräutern« (Briefe II 461; vgl. Bernhard v. Clairvaux, Serm. Cant. Cant. 43, 2—5, ed. J. Leclercq u. a. II 42f.).

P. verpflichtet seine geistlichen Söhne und Töchter in seiner Ordensregel, daß sie selbst die »bitteren Schmerzen Mariens« betrachten und unter den Gläubigen eine echte MV »durch Wort und Beispiel« fördern (Regeln von 1746). Im Laufe des Kirchenjahres beging er die liturg. Feste der GM mit bes. Innigkeit. Zum Fest der Aufnahme ⋔s in den Himmel pflegte er eine vierzigtägige »Fastenzeit« zu halten, indem er auf das Essen von Obst verzichtete. Das Fest der Darstellung ⋔s war ihm bes. lieb und teuer. Er verehrte ⋔ auch als »Mutter der hl. Hoffnung«. Noch heute wird dieses Fest im Passionistenorden am 9. Juli gefeiert.

QQ: E. Zoffoli, S. Paolo della Croce, Storia Critica, 3 Vol., 1963—68.
WW: Lettere di S. Paolo della Croce, ed. Amedeo della Madre del Buon Pastore, 4 Vol., 1924; Vol. 5, ed. C. Chiari, 1977. — Regulae et Constitutiones Congr. Ss.mae Crucis et Passionis D. N. I. C., ed. F. Giorgini, 1958. — Diario Spirituale di S. Paolo della Croce. Testo Critico, Introduzione e Note, ed. E. Zoffoli, 1964; dt.: Das geistliche Tagebuch des hl. P. vom K., hrsg. von M. Bialas, 1976. — I Processi di Beatificazione e Canonizzazione di S. Paolo della Croce, ed. Gaetano dell' Addolorata, 5 Vol., 1969—79.
Lit.: Gaétan du S. Nom de Marie, Doctrine de S. Paul de la Croix, 1930. — Basilio de S. Pablo, Mariologia en el marianismo de S. Pablo de la Cruz, In: EphMar 8 (1957) 125—138. — S. Breton, La Mystique de la Passion. Etude sur la Doctrine sprituelle de S. Paul de la Croix, 1962. — N. García Garcés, Vivencia del misterio de Maria en S. Pablo de la Cruz, In: Teologia Espiritual (1975) 451—473. — M. Bialas, Im Zeichen des Kreuzes. Leben und Werk des P. v. K., 1974; port. 1975, span. 1980. — Ders., Das Leiden Christi beim hl. P. v. K., 1978; ital. 1981, span. 1982, engl. 1990. — Ders., P. v. K., Im Kreuz ist Heil. Auswahl aus seinen Schriften, 1979; span. 1983, engl. 1984. — C. Brovetto, Pietà e spiritualità mariana di S. Paolo della Croce e tra i Passionisti del Settecento, In: De Cultu Mariano saec. XVII—XVIII. Acta congr. mariol.-mariani intern. a. 1983, V, 1987, 489—519. — BSS X 232—257 (Bilder). — DIP VI 1101—05. — DSp XII 540—560 (Lit.). — Wimmer-Melzer, ⁶1988, 647f.
M. Bialas

Paul v. Samosata (nach seinem Geburtsort), † nach 272, seit etwa 260 Bischof von Antiochien; von einer Synode zu Antiochien 268/69 wegen trinitarischer und christol. Irrtümer verurteilt, abgesetzt und exkommuniziert, konnte er sich noch einige Jahre halten, bis ihn 272 Kaiser Aurelian zwang, sich dem Urteil zu fügen.

Leben und Lehre P.s sind weitgehend unbekannt; eigene Schriften sind nicht erhalten. Fragmentarische Belege bei späteren Theologen werden entweder gefärbt oder fälschlich ihm zugeschrieben oder ergeben ein sehr widersprüchliches Bild; jedenfalls reichen sie nicht aus, eine Lehre des P. zu entwerfen. Auch die von Eusebius auszugsweise wiedergegebenen Prozeßakten sind nicht nur hinsichtlich der verurteilten Lehre sehr lückenhaft, sondern auch in ihrer Echtheit umstritten. Die Kenntnis seiner tatsächlichen Lehre war bereits im 4. Jh. so gering, daß er »zum Erzvater faktisch aller seit dem vierten Jahrhundert auftretenden Ketzereien« gemacht wurde (Brennecke 271) und als Häresiarch auf dem Gebiet der Christol. galt, als der er später von → Nestorius abgelöst wurde.

Gemeinhin wird, die Echtheit der wenigen Angaben bei Eusebius voraussetzend, P. als

Adoptianist (»dynamistischer Monarchianismus« → Theodotus) bezeichnet. Danach lehnt er den Glauben, Jesus sei Gottes Sohn, als Zweigötterei und Gefährdung des Monotheismus ab. Jesus ist Mensch, dem Gott seit der Geistmitteilung bei der Taufe einwohnt und ihn damit in sein Gottsein hebt. Mariologisch ergibt sich hieraus, daß ⒨ nur einen Menschen gebar. — Mit dem Erweis der Unechtheit auch der Synodalakten sind angesichts der nun letztlich unbekannten christol. Lehre des P. weitere mariol. Aussagen rein spekulativ.

QQ: Eusebius, Kirchengeschichte VII, 27—30.
Lit.: A. Grillmeier, Jesus der Christus im Glauben der Kirche I, ²1982, bes. 296f. mit Anm. 43 (Lit.). — R. Hübner, Die Hauptquelle des Epiphanius über P. v. S., In: ZKG 90 (1979) 201—220. — H. Ch. Brennecke, Zum Prozeß gegen P. v. S.: Die Frage nach der Verurteilung des Homoousios, In: ZNW 75 (1984) 270—290. N. M. Borengässer

Paulaner → Piaristen

Pauli, Matthias, OSA, * 1580 in Hasselt, † 14. 1. 1651 in Maastricht, trat 1595 ins Augustinerkloster seiner Vaterstadt ein. Nach Studien in Löwen wirkte er 1605 als junger Priester in Hasselt, 1609 als Subprior in Löwen und danach als Prior in verschiedenen niederländischen Augustinerklöstern. Der angesehene Prediger war wegen seiner Gelehrsamkeit, Frömmigkeit und Demut berühmt. Er ist der Verfasser von 24, zumeist hagiographischen und erbaulichen Schriften. Ein besonderes Anliegen war ihm die Verteidigung der kath. Lehren über Messe, Fegefeuer und Heiligenverehrung.

Von seiner MV zeugen nachstehende Werke: »Bruylofts-Liedt van Jesus en Maria« (Löwen 1630). Die umfangreiche Schrift ist eine Auslegung des Hohenliedes, die über »de gheestelycke Const der Minnen« belehren will. Bräutigam und Braut des Hohenliedes werden auf Jesus und ⒨ bzw. die christl. Seele gedeutet, die sich gerade bei der Vereinigung mit Jesus in der Kommunion ⒨ zum Vorbild nehmen soll. In seiner wörtlichen und geistlichen Ausdeutung des Hohenliedes stützt sich P. auf die Kommentare des Luis de León, Martin del Rio und Ludwig de Ponte. — »De Poorte des Hemels. Dat is de Glorieuse Maghet Maria, Verciert met twelf costelijcke Ghesteenten der wtghelesen Deuchden. Aenlockende door haer schone Leeringhen, Mirakelen en Exempelen alle Gheloovighe te comen in 't Hemelsch Jerusalem« (Antwerpen 1634 und Lüttich 1635). Das Werk umfaßt 543 Seiten in Oktav. — »Het kleyn getydeken vande seven Wee-en onser Liever Vrouwen« (Lüttich 1639, 1641, 1646). Wie es in der dritten Auflage ausdrücklich heißt, sollte man das Büchlein mit seinen »schoone Meditatien ende leeringhen« bes. beim Besuch der sieben Stationen der Schmerzhaften Mutter benutzen.

Lit.: Ossinger 675f. — J. Lanteri, Postrema saecula sex Religionis Augustinianae II, Tolentino 1859, 341f. — N. Teeuwen, P. M. Pauli O. E. S. A. 1580—1651, In: OGE 20 (1946) 235—292. — A. Kunzelmann, Geschichte der dt. Augustiner-Eremiten VII, 1976, 133f. — DSp XII 582—584 (Lit.). A. Zumkeller

Pauliner (OSPPE), ein zu Beginn des 13. Jh.s in Ungarn entstandener Zusammenschluß von Eremiten. 1262 erreichte der sel. Eusebius († 20. 1. 1270) eine erste zeitliche Approbation. Leitspruch war »solus cum Deo solo«, Patron der hl. Eremit Paul v. Theben (228—351). Die endgültige Anerkennung durch den Hl. Stuhl kam 1308; sie war verbunden mit der Übernahme der Augustinusregel.

1. Geschichte. Die Ausbreitung des Ordens ging über Ungarn hinaus nach Mittel- und Südeuropa: Kroatien, Istrien, Dalmatien, Böhmen, Slowakei, Deutschland und Polen. Überall spielte er eine wichtige Rolle in der Gestaltung des rel., kulturellen und politischen Lebens. Die aufblühende Entwicklung wurde 1526 durch den türkischen Vormarsch in Ungarn gehemmt. Aus dem Reformationszeitalter ging der Orden äußerlich geschwächt hervor, aber doch innerlich erneuert als bewährter Verfechter des kath. Glaubens. So lag denn auch die geistige und materielle Blüte der P. im 17. und 18. Jh. Die 1786 von Kaiser Joseph II. veranlaßte Aufhebung der Klöster zerstörte alle Provinzen des Ordens im weiten Raum der Donaumonarchie. Die dt. Provinz erlosch 1807. Damals übernahm die sog. Congregatio Polona Paulina als von der Gesamtheit des Ordens abgesonderte, selbständige Einheit die schwere Aufgabe, die zukünftige Existenz des Ordens zu sichern. Infolge der Teilungen Polens (die letze 1795) fielen bis auf Krakau alle Klöster unter russ. Herrschaft. Hier beraubten weitere Aufhebungen (1819, 1864) die P. fast aller Konvente; als einzige blieben Czenstochau und Krakau erhalten.

Nach dem Ersten Weltkrieg setzte eine allmähliche Erneuerung des Ordens ein, zunächst in Polen und danach auch im Ausland. Gegenwärtig gibt es P. außer in Polen in Ungarn, Kroatien, in der Slowakei, in Deutschland, Italien, in den USA, in Südafrika und Australien.

2. Pastoral. So sehr die P., ihrer Tradition als Eremiten gemäß, eine kontemplative Spiritualität pflegen, sind sie aber auch apostolisch ausgerichtet. In ihrer Pastoral am Haupt-⒨wallfahrtsort Polens wie auch in ihren weiteren Klöstern bemühen sie sich um eine intensive Pilgerseelsorge. Das hat im öffentlichen Bewußtsein zu der Überzeugung geführt, die P. hätten einen eigenen marian. Charakter. Die Seelsorge an ⒨wallfahrtsorten spielt in der Geschichte der P. eine herausragende Rolle. In den einzelnen Provinzen entstanden rege marian. Zentren. Viele dieser Pilgerorte gibt es heute nicht mehr, oder sie haben ihre Bedeutung verloren. Weltweit bekannt ist das Mutterkloster in → Czenstochau, die bedeutendste Wallfahrtsstätte des Ordens. Ähnlich sind die übrigen von den P. betreuten Heiligtümer, die der Pfarrseelsorge dienenden Konvente eingeschlossen, marian. Strahlungszentren für ihre Umgebung. Es entspricht ihrer Pastoral, daß die P. über die ihnen anvertrauten Stätten hinaus auch Pilgerfahrten zu anderen Wallfahrtsorten geistlich gestalten.

3. *Theologie.* Für die P. ist, die Mariol. ausgenommen, thomistisches Denken kennzeichnend. Dort haben sie sich für die Sicht des → Duns Scotus ausgesprochen, bes. für die IC. Dies spiegelt nicht zuletzt ihre frühe und nachfolgende Predigtlit. wider. Die Ordensliturgie, sowohl vor als auch nach dem Tridentinum, zeigt einen differenzierten Umgang mit den marian. Verehrungsformen. Dies gilt auch für die von den P.n in verschiedenen rel. Vereinen betreuten Laien. Zahlreiche aus P.-Kreisen stammende Schriftsteller, Maler, Bildhauer und Komponisten haben sich marian. Themen gewidmet und Ms Tugenden und Privilegien zum Leitmotiv ihres Kunstschaffens gemacht. Die Konstitutionen des Ordens von 1986 bestätigen die sich im Laufe der Geschichte vollziehende Entwicklung vom Einsiedlertum zur Seelsorge; sie nennen die MV als eines der Hauptkennzeichen des Ordens und weisen so die Richtung für seine weitere geistliche Entfaltung.

Lit.: F. Pasternak, Powstanie Zakonu Paulinów i jego najstarsze reguły, In: Prawo zakonne R. 10 (1967) nr 1/2, 193—220. — Ders., Historia kodyfikacji zakonu paulinów od 1308 do 1930, In: Nasza Przeszł. 31 (1969) 11—74. — E. Malyasz, Zakon paulinów i devotio moderna, In: Medievalia (1960) 263—284. — L. Szabo, Geneza kultu maryjnego paulinów węgierskich w XIII i XIV wieku, In: Studia Clarom. 3 (1982) 232—253. — Heimbucher I 588—590. — DIP VI 25—43 (Lit.). — L. Holtz (Hrsg.), Männerorden in der Bundesrepublik Deutschland, 1984, 363—364. *D. Cichor*

Paulinus v. Aquileja, Hl., * vor 750, † 11.1.802 in Aquileja, vermutlich Langobarde.

I. DOGMENGESCHICHTE. Von Karl d. Gr. nach der Unterwerfung der Lombardei an den Hof als grammaticae magister gerufen, wo er in Freundschaft zu → Alkuin trat, wurde P. 787 durch die Gunst des Königs zum Patriarchen von Aquileja erhoben, blieb aber mit dem Hof in Verbindung, wodurch er die theol. und kirchenpolitischen Initiativen Karls literarisch unterstützen konnte. Trotz seiner wissenschaftlichen Interessen und seines damaligen hohen Ansehens als Theologe war er doch vornehmlich ein auf die Praxis ausgerichteter Kirchenmann (der u. a. die Christianisierung Kärntens und der Steiermark vorantrieb), welcher durch die Erfordernisse des rel.-kirchlichen Lebens literarisch tätig wurde. Das geschah u. a. aus Anlaß der adoptianischen Wirren (→ Adoptianismus), zu deren Bekämpfung er den Libellus sacrosyllabus contra Elipandum verfaßte, der den Beratungen der von Karl d. Gr. einberufenen Frankfurter Synode (794) zur Grundlage diente. In diesem kurzen Traktat, einer »bewundernswerten geistigen Leistung« (F. Brunhölzl) geht es dem Autor, auf den Bahnen der Tradition und des Konzils von Chalkedon wandelnd, um eine Bekräftigung der Zwei-Naturen- und Ein-Personenlehre, welche die Behauptung von einer bloßen Adoptiv-Sohnschaft Jesu Christi als »sophistica disputatio saecularium litterarum« (MGH Conc. II 137) entlarvt. Im Lichte der »vox simplicitatis« der altchristl. Konzilien und der Tradition gewinnt auch M, die »inviolata Virgo«, ihre Bedeutung als Mutter des menschgewordenen Sohnes, deren Mutterwerden nicht als Adoption des Sohnes verstanden werden kann. P. führt zur Begründung ein relativ neues trinitätstheol. Argument ins Feld, indem er fragt: »Wer von den drei Personen hat ihn (Christus) dann adoptiert, wenn die ganze Dreifaltigkeit ihn im Schoß der Jungfrau gebildet hat?« (ebd. 134). M wird damit gleichsam als Materialursache in die Stellung eines Koprinzips eines Werkes der Trinität ad extra gesetzt, das eine nachfolgende Annahme des Menschgewordenen als Adoptivsohn unnötig und widersprüchlich macht, wodurch auch der Titel der GM erst seine volle Bedeutung empfängt. Diese Argumentation wird in den umfangreichen drei Büchern Contra Felicem Urgellitanum (PL 99,343—468) unter Heranziehung eines umfänglichen Schriftbeweises und zahlreicher Väteraussagen noch erweitert und vertieft. Hier wendet sich P. besonders entschieden gegen die Behauptung der »geminae generationes« (der doppelten Geburt Christi), wonach die »zweite Geburt« »per adoptionem« bei der Taufe Jesu anzunehmen sei. Diese Annahme führe zu dem Trugschluß, daß Christus als Mensch der Taufe zur Sündentilgung bedurft hätte, was auch M mit dem odium einer Geburt in der Sünde behaften würde, wo doch M als »immaculata virgo« gebar. In einer für P. charakteristischen Weise sind die theol. Argumente mit Bekundungen der Verehrung der GM und Ausdrücken der Mfrömmigkeit verwoben und mit Erhebungen der »dei genitrix gloriosa«, der »venerabilis virgo«, des »dulce mihi nomen« und des »glorreichen Geheimnisses der Geburt«, in welchem der Sohn als Schöpfer seiner Mutter aus dem Geschöpf M als Mensch hervorgeht (PL 99,367 C). Karolingischer Eigenart entsprechend, wird das geheimnishafte Verhältnis zwischen Mutter und Sohn in den hymnischen Aussagen besonders nach der menschlich-mütterlichen Seite hin gefühlvoll ausgestaltet. So wird M zum Bild der »seligen Mutter«, die »mit ihren festen Lippen süße Küsse auf den Mund dessen preßte, der wahrer Gott und Mensch war, durch dessen Wort die Welt erschaffen ward« (MGH poet. lat. I 139). Diese Sichtweise, die sich von der objektiv-heilsgeschichtlichen Auffassung der Mgestalt durch die Väter genauso unterscheidet wie von der majestätischen Perspektive griech. MV, weist bereits auf die ma. Mfrömmigkeit voraus.

WW: PL 199. — MGH Epist. IV, ed. Dümmler, 1895, 522. — MGH Poetae I, 1881, 126—148. — AHMA 50, 127—151.
Lit.: C. Giannoni, Paulinus II. Patriarch v. Aquileja, Wien 1896. — K. Neff, Die Gedichte des Paulus Diaconus, München 1908. — D. Norberg, La poesie latine rhythmique du haut moyen âge, 1954, 87—97. — Scheffczyk 80—85. 280—281. — Graef 161. — Brunhölzl I 250—257. *L. Scheffczyk*

II. HYMNOLOGIE. Unter den vier P. zugeschriebenen Hymnen ist ein Hymnus »in purificatione sancte Marie« aus 12 Strophen zu je 5 rhythmischen Senaren (»Refulget alme dies lucis candidus«). Er folgt nach einem Hinweis auf den Festtag und die »goldene Geburt« des Gottessohnes erzählend und betrachtend dem Geschehen des Festanlasses und schließt mit einer Doxologie.

Ausg.: AHMA 50,132. — MGH, Poetae aevi Carolini I 138ff. — L'oeuvre poétique de Paulin d'Aquilée, Ed. crit. ... de D. Norberg, 1979.

Lit.: D. Norberg (s. Ausg.) 12, 66f. *G. Bernt*

Paulus Diaconus, * um 720/730 im langobardischen Friaul, † um 799 in Montecassino. Als Grammatiker (Epitome des Festus de verborum significatu), Geschichtsschreiber (Geschichte der Metzer Bischöfe: MGScript. 2,260—270; Historia Langobardorum: MGScript. rer. Lang. Saec. VI—IX, p. 45—187), Dichter (Epitaphien, Hymnen) und theol. Schriftsteller wurde er zu einer bedeutenden Gestalt der Karolingischen Renaissance. Am Hofe König Ratchis' in Pavia erzogen, wurde er erst 774 nach dem Ende des Langobardenreiches Mönch, zunächst vermutlich im Kloster Civitate am Comersee, dann im Stammkloster Monte Cassino. Als er 782 ins Frankenreich reiste, um die Freilassung seines Bruders zu erreichen, wurde er vom König an den fränkischen Hof geholt, wo er bis 787 seinen lit. Arbeiten lebte.

Auf Bitten Karls d.Gr. verfaßt P. u.a. eine Sammlung von Homilien aus der Väterzeit, das berühmte Homiliarium Karls d.Gr. An ᛞfesten enthält das ursprüngliche Homiliar nur die »Purificatio« (2. Februar), die »Assumptio« (15. August), die »Nativitas sanctae Mariae« (8. September), wogegen merkwürdigerweise die »radix omnium festorum«, die Verkündigung ᛞe fehlt (Fr. Wiegand, Das Homiliarium Karls d.Großen, 1897, 73). Die dazugehörigen Homilien stammen u.a. aus Ambrosius, Augustinus und von unbekannten Verfassern. Für den Assumpta-Gedanken ist die anonyme homilia XLV, deren Entstehung in das 9. Jh. verlegt wird, von bes. Bedeutung. Der unbekannte Autor preist darin die unvergleichliche Erhöhung ᛞs, der u.a. auch der Titel der mediatrix zukommt, über alle Menschen und Engel (PL 95,1490D), wofür als Gründe GMschaft (1491D), die Pietät des Sohnes seiner Mutter gegenüber (1491C) wie deren überragende Heiligkeit (PL 95,1495C) und ihr vollständiger Sieg über die Schlange (ebd. 1496A) angegeben werden. Diese Argumentation berührt sich mit den Konvenienzgründen des ps.-augustinischen Traktates »de Assumptione BMV« für die corporalis Assumptio. In der Homilie XLV werden sie aber nicht für die leibliche Aufnahme ausgewertet. In dieser speziellen Frage folgt der Autor dem anderen ps.-augustinischen Sermo 208 und drückt seine unentschiedene Haltung ähnlich wie dieser (in Anlehnung an 2 Kor 12,2) aus: Ascendit, inquam, et exaltata est, sive in corpore sive extra corpus nescimus, Deus scit« (PL 95,1491C; vgl. Sermo 208, PL 39,2130). Für das ᛞbild des P. selbst, das der feinsinnige Poet mit königlichem Glanz und mütterlicher Innigkeit (wohl nicht ohne griech. Einfluß) zeichnet (weshalb ihm auch die Übersetzung der → Theophiluslegende zugeschrieben wird, in welcher der Titel »mediatrix« auftaucht), sind zwei von ihm erhaltene Homilien auf das Fest der Assumptio bedeutsam. Die erste (PL 95,1565D—1569C) stellt einen allgemeinen Lobpreis auf die GM dar, der wegen ihrer einzigartigen Gnadenfülle unter den Menschen auch eine einzigartige Erhöhung über alle Engel im Himmel zukomme. In der zweiten Homilie (PL 95,1569D—1574A) geht P. nach einer längeren Betrachtung über das aktive und kontemplative Leben am Beispiel der Bethanischen Schwestern näher auf den Festgegenstand ein (Der Text zeigt in PL 75,1573C eine größere Lücke; der vollständige Text im Florilegium Casinense II 52a—55b) und fragt nach der Art und Weise, wie ᛞ ihrem Sohn jetzt im Himmel nahe sei. Die Tatsache, daß der Leichnam ᛞs auf Erden nicht zu finden ist, wie auch der Glaube an die Auferweckung vieler Leiber bei der Auferstehung des Herrn, macht es ihm wahrscheinlich, daß auch an ᛞ (»omnibus terrigenis sanctiore«) Ähnliches und sogar Höheres geschehen sei. Mit diesen Argumenten will P. aber die Frage bezüglich der corporalis assumptio nicht entscheiden. »Nobis satis sit quod ita fieri potuerit rationis seriem pertulisse« (Floril. cas. II 55a). Immerhin zeigt er sich in diesen Ausführungen der proassumptionistischen Stellung näher als der agnostizistischen. Lobsprüche auf die GM enthalten auch einige seiner Gedichte (»O una ante omnes felix pulcherrima virgo«; K. Neff, Die Gedichte des Paulus Diakonus, München 1908, 21). Nach G. M. Dreves wird der »Hymnus in Assumptione BMV«, beginnend mit den Worten »quis possit amplo famine praepotens«, nicht ohne Grund dem P. zugeschrieben (vgl. AHMA 14a, 107f.; 50, 123f.). Dagegen ist die gelegentliche Zuweisung des Hymnus → »Ave maris stella« an P. unsicher (AHMA 51, 140—142).

LIt.: C. Balić, Testimonia de Assumptione BVM I, 1948, 177f. — Jugie, 272ff. — Manitius I 257—272. — G. Quadrio, Il trattato »de Assumptione GMV« ..., 1951, 78—82. — Scheffczyk 243—245. 320—322. — Brunhölzl I 257—268. — Graef 159. — DThC XII 40ff. — LThK VIII 44f. *L. Scheffczyk*

Paulus (Coleri) **a Sancta Catharina,** OSA (disc.), 17. Jh., aus Avignon. 1656—58 ist er in Lyon bezeugt, das Todesjahr ist unbekannt. U.a. schrieb er eine ausführliche Darstellung zur Begründung und Verteidigung der Lehre von der UE: »Victricis Mariae Deiparae Epinicia de peccato, de serpente et de morte in verba de ea evangelica« (Lyon 1658 und 1660).

Lit.: Petrus de Alva, Militia Imm. Conc., Löwen 1663, 1131 (hier fälschlich als P. a S. Maria bezeichnet). — I. Maracci, Appendix ad Bibliothecam Marianam, Köln 1683, 86. — Ossinger 223. — E. Ypma, Les auteurs augustins français, In: Augustiniana 18—24 (1968—1974), hier: 21 (1971) 622. *A. Zumkeller*

Paulus (Nicoletti) **v. Venedig,** OSA, * um 1368 in Udine, † 1429 in Padua, trat in jungen Jahren in das Augustinerkloster von Venedig ein. Nach Studien in Oxford (1390—93) und anderswo lehrte er seit 1408 bis zu seinem Tod vor allem in Padua und Siena. Wegen seiner zahlreichen Aristoteles-Kommentare, seiner »Logica parva« und seiner »Logica magna«, auch wegen seiner »Summa totius philosophiae naturalis« — Schriften, die weiteste Verbreitung fanden, — pries ihn seine Grabinschrift als »philosophorum monarcha«. Vor allem in der Geschichte der abendländischen Logik gebührt ihm ein angesehener Platz.

Von P. ist in einigen Handschriften auch ein kurzer »Tractatus de conceptione beatae Mariae virginis« erhalten, den Petrus de Alva 1664 in seinen »Monumenta antiqua immaculatae conceptionis ... ex variis authoribus antiquis ...« (258—267) ediert hat. P. beginnt seine Untersuchung mit der Unterscheidung einer Empfängnis »secundum carnem« und »secundum animam« und teilt die biologische Auffassung seiner Zeit, daß die Ausbildung der »caro« im Mutterleib der »inductio« der Geistseele vorausgeht (258). Was ᛗ betrifft, so vertritt er die These: »... secundum carnem concepta fuit in peccato originali, sed non secundum animam«; denn unmittelbar vor der Eingießung der Geistseele sei ihre »caro« durch göttliche Kraft gereinigt worden (259). Im Augenblick der Mitteilung der Geistseele habe der Herr ihr die »plenitudo gratiae« verliehen (262); auf Grund eines besonderen Privilegs sei sie dadurch in der Gnade so gefestigt worden, »quod numquam peccavit nec peccare potuit« (263).

P. glaubt mit dieser Theorie der Lehre, daß ᛗ nicht in der Erbsünde empfangen wurde, voll Rechnung zu tragen: »absolute est concedendum«. Denn alles, so lautet seine phil. Begründung, müsse von der Form, nicht von der Materie her bezeichnet werden (261). Für seine These, daß ᛗs »caro« »in fomite peccati« empfangen wurde, beruft er sich auf das Wort Augustins (De nupt. et conc. I 12. 13): »... omnem, quae de concubitu nascitur, carnem esse peccati« (264). Als Gegner der Lehre von der IC nennt und kritisiert er vor allem Bonaventura und Thomas v. Aquin. Thomas, dem er den Titel des »beatus« gibt, sei zwar hinsichtlich seines Lebens, aber nicht hinsichtlich seiner Lehre von der Kirche approbiert worden. Das sei zumal für seine Stellungnahme zur Empfängnis ᛗs zu beachten. Die Pariser Universität habe seine Ansicht zurückgewiesen, »quia offendebat pias aures« (260).

Lit.: D. A. Perini, Bibliographia Augustiniana IV, 1938, 39—46. — G. Tumminello, L'immaculata concezione di Maria e la scuola agostiniana del secolo XIV, 1942, 60f. — B. Nardi, Sigieri di Brabante nel pensiero del Rinascimento italiano, 1945, 115—132. — E. D. Carretero, Tradición Inmaculista Agustiniana, In: La Ciudad de Dios 166 (1954) 343—386, bes. 364. — A. Zumkeller, Die Augustinerschule des MA, In: AAug 27 (1964) 167—262, bes. 244—246. — ZumkellerMss 343—346. 613. — Ch. H. Lohr, A note on manuscripts of P. V., Logica, In: Manuscripta 17 (1973) 35f. — DThC VII/1, 1093f. — EC VIII 747.
A. Zumkeller

Pausatio (lat. Ruhe, Ruhestätte, Tod), liturg. Fachausdruck (u. a. in →Missale Gothicum 294) für die im Herrn verschiedenen Christgläubigen. Im Hinblick auf ᛗ ist P. eine Bezeichnung ihrer Entschlafung und des →Hochfestes der Aufnahme ᛗs in den Himmel (15. August) und damit gleichbedeutend mit →Assumptio BMV.
Lit.: A. Sleumer, Kirchenlat. Wörterbuch, 1926. — A. Blaise, Le Vocabulaire latin des principaux thèmes liturgiques, 1966.
F. Baumeister

Pausch, Eugen (Michael Joseph), * 19. 3. 1758 in Neumarkt, † 22. 2. 1838 ebd., dt. Komponist, zeichnete sich bereits mit drei Jahren durch sein musikalisches Talent aus. 1769 findet sich P. als Schüler am Seminar in Neuburg an der Donau, 1772—74 ist er am Jesuitengymnasium in Eichstätt nachweisbar. Sein Studium finanzierte er zu dieser Zeit als Chorsänger oder Instrumentalist im Augustinerchorherrenstift Rebdorf. 1774 immatrikuliert er sich an der Universität Ingolstadt, 1775 wechselt er an das Seminar nach Amberg. Hier entstanden auch seine ersten Kompositionen zu Schuldramen. 1777 bittet P. um Aufnahme in das Zisterzienserkloster Walderbach. Nach Noviziat, feierlicher Profeß und Beendigung seines theol. Studiums wird er 1783 zum Priester geweiht und für ein Jahr an der Klosterschule als Lehrer und als Leiter des Chores eingesetzt. 1784 wird P. als Lehrer an das ehemalige Jesuitengymnasium Burghausen, das von den Zisterziensern weitergeführt wurde, versetzt. Dort wirkt er mit Geschick und pädagogischem Eifer. Um 1790 holt ihn Abt Alberich Eisenhut ins Kloster zurück und übergibt ihm die Leitung der Stiftsschule. Nach der Säkularisation übernimmt P. für ein Jahr die Direktion des Amberger Seminars, 1804 bittet er um Aufnahme in die Diözese Eichstätt, zieht in seine Heimat Neumarkt und wirkt dort als Seelsorger und Musiklehrer.

P. vertritt den Typus des Klosterkomponisten, der für die kirchenmusikalischen Bedürfnisse seiner Zeit schreibt. Von seinen ersten Kompositionen, Musik zu Schuldramen (1776), ist nichts erhalten. Neben drei Sammelwerken mit Messen (op. I, 1790; op. IV, 1799; op. V, 1802) erschien 1797 sein op. III mit Vesperpsalmen und vier marian. Antiphonen, das P. selbst als sein bestes Werk bezeichnet. Sein gesamtes Schaffen umfaßt 37 Messen, 7 Requiem, 4 Te Deum und verschiedene Offertorien. In den marian. Antiphonen für Solostimme und Orchester offenbart sich der musikalische Stil am klarsten in eingängigen Melodien, galanten Figuren und gefälligen Wendungen. Seine Technik orientiert sich an der orchesterbegleiteten Musik der frühen Klassik. Die sängerischen Solopartien zeichnen sich sehr häufig durch enorme technische Schwierigkeiten aus. In den Vespern finden sich des weiteren noch 10 Magnificat. Eine Lauretanische Litanei ist handschriftlich überliefert.

Lit.: F. J. Lipowsky, Baierisches Musik-Lexikon, München 1811. — MGG X 973.
H. Faltermeier

Pavao v. Šibenik, OFM, lebte im 14. Jh., war Lektor und Kustos der Slawischen Franziskanerprovinz (Provincia Sclavoniae). Vermutlich ist er der Autor eines Ⓜlobes unter dem Titel »Oratio pulchra et devota ad beatam Virginem Mariam«, die in der Literaturgeschichte unter dem Namen »Šibenska molitva« bekannt ist. Das Gebet ist in rhythmischer Prosa, im Stil der vorlauretanischen Litaneien und Lauden, die vom franziskanischen Geist inspiriert sind, geschrieben. Es gehört zu den ältesten marian. Texten in kroatischer Sprache. Ⓜ wird mit zahlreichen Ehrentiteln gepriesen. Ihre Würde und Erhabenheit erheben sie über alle anderen Geschöpfe. Ihre Güte gegenüber allen Menschen in jedem Stand wird gelobt. Im Gebet werden die Bewunderung über den Sohn Ⓜs und der Glaube, daß Christus mit seiner Menschwerdung die Gläubigen rettet, ausgedrückt.

Lit.: I. Milčetić und J. Milošević, Šibenska molitva (Starine JAZU, knj. 33), Zagreb 1912. — *V. Kapitanović*

Pázmány, Peter, SJ, Erzbischof von Gran (Esztergom) und Kardinal, * 4. 10. 1570 in Großwardein (Siebenbürgen), † 19. 3. 1637 in Preßburg, aus kalvinistischer Adelsfamilie stammend, wurde mit 13 Jahren kath., 1588 Jesuit, 1596 Priester (Rom), 1597 Dr. phil., 1606 Dr. theol. In seinen phil. und theol. Vorlesungen (1597—1600, 1603—1607) an der Universität Graz erwies er sich als scharfer Denker. Seit 1607 in Oberungarn, übte P. eine fruchtbare missionarische und schriftstellerische Tätigkeit aus. Von seinen 40 Werken sind 22 in ungarischer Sprache verfaßt, darunter das apologetisch-polemisch-dogm. Hauptwerk »Wegweiser zur göttlichen Wahrheit« (= Kalauz = Hodegus, 1613). 1616 wurde P. Erzbischof von Esztergom, 1629 Kardinal und gründete 1635 die Universität zu Tyrnau (heute in Budapest).

Schon in seinem ersten ungarischen Werk, im »Felelet« (Antwort, Graz 1603), verteidigt P. gegen den kalvinistischen Pastor Magyari den Kult Ⓜs und der Heiligen. Er nimmt seine Argumente aus den Kirchenvätern (Augustinus, Hieronymus), von den ma. Kirchenlehrern (Bernhard v. Clairvaux, Thomas v. Aquin), sowie von den zeitgenössischen Theol. (→ Bellarmin, → Gregor v. Valencia) und den Konzilien (Chalkedon, Trient). Er hebt bes. die Unterscheidung zwischen Latria und Dulia hervor. Die gleiche Lehre entfaltet er in seiner lat. Abhandlung »De Religione« (V 320—322) und ausführlicher im 3. Buch des »Kalauz« (1613; UW IV 557—591), wo er auf die Angriffe der Reformatoren antwortet. — In seinem ungarischen Gebetbuch »Imádságos könyv« (Graz 1606) wird das liturg. und theol. Denken P.s deutlich (Erklärung des Ave Maria, die Einleitungen zu Litaneien, von ihm selbst verfaßte Gebete). Seine Predigt (UW VII 780—799) über die Würde und Empfängnis Ⓜs ist eine dogm. Zusammenfassung der Lehre von der UE, wobei P. die Argumente neben der Hl. Schrift aus folgenden Autoren schöpft: Augustinus, Bernhard, Thomas v. Aquin, Duns Scotus, Canisius usw., und aus dem Dekret über die Erbsünde des Konzils von Trient. Er zitiert Thomas v. Aquin gern auch hier, wie schon in der 2. Weihnachtspredigt (Cur Deus homo?: UW VI 143): Von den drei Geschöpfen, von denen bessere Gott keine mehr schaffen kann, ist das eine Ⓜ. »Humanitas Christi, ex hoc quod est unita Deo; beatitudo creata, ex hoc quod est fruitio Dei; Virgo Maria, ex hoc quod Mater Dei, habent dignitatem infinitam, ex Bono infinito, quod est Deus« (S. Th. I 25 6 4). Die theol. Gründe der Würde Ⓜs erläutert P. mit dichterischem Pathos in der 1. und 3. Predigt am Karfreitag (UW VI 666—667. 705—708). Bei letzterer wurde P. wohl vom hl. Bernhard inspiriert (De passione c. 11). Stabat mater: Ⓜ stand neben dem Kreuz, sie ist nicht zusammengebrochen, »sie stand neben dem Kreuz; sie umarmte und küßte das Kreuz; das vergossene Blut ihres Sohnes sammelte sie verehrungsvoll; im vollkommenen Glauben betrachtete sie das tiefe Geheimnis des heiligen Kreuzes. Die Liebe Frau wußte wohl, daß es nicht so sehr die eisernen Nägel, als vielmehr die große Liebe war, die Christus ans Kreuz schlug. Sie wußte, daß das Kreuz Altar für den Hohenpriester war, wo er Gott versöhnte, den Teufel besiegte; den Tod tötete ...« (UW VI 708).

WW: Op. om., Series Latina, 6 Bde., Budapest 1894—1904 (= I ...); Ungar. Serie, 7 Bde., ebd. 1894—1905 (= UW ...); Epistolae, 2 Bde., ebd. 1910—11.

Lit.: N. Öry, Doctrina P. Card. de notis Ecclesiae 1952. — L. Polgár, Bibliographia de historia SJ in regnis olim Corona Hungarica unitis (1560—1773), 1957, nn. 1150—1416. — Ders., P.-bibliográfia (ung.), In: L. Lukács und F. Szabó (Hrsg.), P. Péter emlékezete, 1987, 449—480. — F. Szabó, A teológus P. (= P. als Theologe, ungar.), 1990. — LThK² VIII 239f. *F. Szabó*

Pecci, Desiderio, * ca. 1587 in Siena, † 1632, ital. Komponist, entstammte einer adeligen Familie und war vermutlich Mitglied der Sieneser Accademia degli Intronati. Er schrieb Arien im leichten Liedstil der 1620er Jahre und Motetten in der Nachfolge der Concertato-Motette Viadanas, darunter das 3-stimmige marian. Werk → »Sub tuum praesidium«.

Lit.: MGG X 984f. — Grove XIV 323. *C. Wedler*

Péchon, Andre, * ca. 1600 in der Picardie, † nach 1683, franz. Komponist. Als Kapellmeister von St. Germain l' Auxerrois in Paris war er bereits 1640 sehr angesehen. 1652 wurde er in Meaux Kantor, später grand chapelain der Kathedrale.

Seine Werke, in strengem Kontrapunkt und cantus-firmus-Technik verfaßt, wurden zu seinen Lebzeiten nie gedruckt. Unter den Motetten finden sich ein Ave regina caelorum und ein Stabat mater.

Lit.: P. A. Anjubault, La Sainte Cécile au Mans après 1633, Le Mans 1862. — MGG X 986f. — Grove XIV 324. *C. Wedler*

Pe(de)r Ræff. Eine 1470/80 aus buntem Material zusammengewachsene dänische Sammelhandschrift enthält einige stilistisch nahe verwandte Lieder, die als einzige die ausgebildeten Strophenformen, den Sprachgestus und die innrere Haltung des späten Minnesangs auch für das dänische SpätMA bezeugen und zum Ausdruck einer persönlich akzentuierten MV machen (→ Dänemark). Kirchliche Preis- und Deutungsformen, die wohl großenteils auf das → »Speculum humanae salvationis« und den daraus abgeleiteten »Seelentrost« zurückgehen, werden diesem Schönheitspreis und Liebesbekenntnis eingeschmolzen. Das Lied Frandsen Nr. 18 preist ⓜ, »die edelste Blüte am Zweig des Himmels«, als die schönste aller Frauen; ihr Name wird in einem Akrostichon verschlüsselt und erst am Ende genannt, aber ihre Verehrungswürdigkeit durch die Aufzählung von Szenen aus dem NT und Hinweis auf die kirchliche Praxis auch ausdrücklich bewiesen. In einer Nachtragsstrophe nennt sich als Dichter »per reff lyllæ«. Über Frandsen Nr. 19 stehen die Initialen F. P., die man gern als frater Petrus deutet. Dieses Lied entfaltet das in Nr. 18 Angelegte in ausholender Geste. Die leidenschaftlich verehrte Frau ist »die edelste Kaiserin«, deren Kleidung und Gestalt beschrieben werden. In dieser Beschreibung wird die Typologie zum Teil des Namensrätsels, der Hörer muß sie in Bedeutung umsetzen: die Frau hat »die Augen einer Turteltaube und Haare wie Palmenzweige, ihr Hals ist weißer und schöner als der Turm Davids« usw. Der zweite Teil preist die »mediatrix« in breiter entfalteten Typologien, die aber auch gern in einen übersteigerten Preis verwandelt werden: Judit mit ⓜ vergleichen, heißt Wasser mit Wein vergleichen. Das Lied Nr. 20 nimmt bei gleicher Grundhaltung die Übersteigerungen etwas zurück und hebt mehr ⓜs Bedeutung für die Erlösung heraus: Ihre Schönheit weckte die Liebe Gottes, so daß sie unbefleckt seinen Sohn gebären durfte.

Dem gleichen Dichter werden meist noch zwei bis vier weitere Lieder dieser Handschrift zugeschrieben. Frandsen Nr. 5 und 9 stehen in ihrer innigen Schlichtheit aber weit ab; das auch aus isländischer mündlicher Überlieferung aufgezeichnete makkaronische ⓜlob Nr. 17 verzichtet auf den sinnlich tingierten Schönheitspreis und Nr. 21 ist allen interpretatorischen Bemühungen zum Trotz ein weltlicher Frauenpreis, als den ihn auch eine Adelshandschrift aus der Mitte des 16. Jh.s auffaßte. Die breitere Überlieferung der letzten beiden Lieder trennt sie von Nr. 18—20, die stilistische Nähe ist als Zeitstil erklärbar. Es ist darum müßig, aus der Überlieferung eine Entwicklung des völlig unbekannten Dichters zu rekonstruieren.

Ausg.: M. Kristensen (Hrsg.), En klosterbog fra midelalderens slutning, 1933, 1. 11. 26. 30. 47. 50. 146. — H. Grüner-Nielsen (Hrsg.), Danske viser fra adelsvisebøger og flyveblade 1530—1630, 1978/79, Nr. 290.

Lit.: E. Hjärne, Tvä gammalsvenska andliga dikter, 1915. — P. D. Steidl, Vor Frues sange fra Danmarks middelalder, 1918. — E. Frandsen, Mariaviserne, 1926, 182 ff. — Ders., Folkevisen, 1935, ²1969, 40 ff. — H. Brix, Analyser og problemer II, 1935, 33 ff.; IV, 1938, 201 ff. — O. Friis, Den danske litteraturs historie I, 1945, 168 ff. — H. Toldberg, Lidt om Hr Michaels og Per Ræff Lilles kilder, Danske Studier 1961, 17 ff. — F. J. Billeskov Jansen, Danmarks digtekunst I, ²1969, 45 ff. — Dansk litteraturhistorie I, 1984, 588 ff. *H. Schottmann*

Pedro de San José, OSA (recoll.), * 1596 in Benabarre/Spanien, † 7. 5. 1651 in Alcalá, 1617 Profeß im Kloster der Unbeschuhten Augustiner zu Saragossa, hervorragender Prediger, auch geschätzt als Kunstmaler, Prior in Barcelona, seit 1644 Rektor des Kollegs seines Ordens in Huesca.

Neben anderen Predigtwerken gab er heraus: »Glorias de María Santísima, en sermones duplicados para todas sus festividades, consagradas a la misma Reina de los Angeles María, Santísima Señora nuestra« (Huesca 1644, 1645, Alcalá 1651, Coimbra 1658). Das Werk bietet 21 sehr umfangreiche Sermones, die jeweils 4 Einzelpredigten (discursos) enthalten. Die behandelten Themen betreffen ⓜe UE, ⓜe Geburt, ⓜe Opferung, ⓜe Verkündigung, ⓜe Heimsuchung, ⓜ unter dem Kreuz, ihre Einsamkeit (soledad) und ihre Assumptio, sowie das Fest ⓜSchnee und das Rosenkranzfest. Erstes Ziel des Predigtbuches ist es, ⓜs Ehre zu fördern durch den Lobpreis auf die ihr geschenkten Gnaden und Privilegien und im Zuhörer ⓜliebe zu wecken. Die Predigten sind theol. fundiert. P. erweist sich als guter Kenner der Hl. Schrift und der Väter. Seine Lehren über ⓜe UE und Assumptio entsprechen den heutigen Glaubenssätzen. Er nennt ⓜ ein »Abbild Gottes« (»molde de Dios«); ihre Gottähnlichkeit tue sich kund in ihrer Bewahrung vor der Erbschuld und in ihrer Vollkommenheit auf Grund von Gnade und Heiligkeit (serm. 1 disc. 1). Die Zustimmung ⓜs zum Heilsplan Gottes erscheint ihm »de tal modo necesario y tan forzoso«, daß bei ihrer Weigerung das Geheimnis der Inkarnation nicht geschehen wäre (serm. 2 disc. 2). Eine unmittelbare Beteiligung ⓜs am Erlösungswerk ihres Sohnes im Sinne einer »corredemptio« sieht P. in ihrem Ausharren unter dem Kreuz: »Ein Wille beseelte den Sohn und die Mutter und ein Opfer war das der beiden. In gleicher Weise opferten sie sich Gott: Maria im Blute ihres Herzens, Christus im Blute seines Fleisches ... Beide wirkten zusammen zu unserer Rettung und unserem Heil« (entrambos cooparon en nuestro remedio y salud; serm. 1 del Martirio y Soledad, disc. 1).

Lit.: Ossinger 485. — G. Santiago Vela, Ensayo de una Biblioteca Ibero-americana de la Orden de San Agustín VII, 1925, 193—197. — S. Gutiérrez, La aportación de los teólogos Agustinos españoles, In: EstMar 16 (1955) 199—232, bes. 218. — E. San Martín de la Inmaculada, Maria en la sagrada escritura, segun los escritores Agustinos españoles, ebd. 24 (1963) 31—66, bes. 42. 56. — B. Monsegú, La doctrina mariológica del Agustino Recoleto Fray P. d. S. J. (1596—1651), ebd. 49 (1984) 251—298. — Ders., La doctrina mariológica del Ag. Rec. Fray P. d. S. J., 1984. *A. Zumkeller*

Peeters, Flor, belgischer Komponist, * 4.7.1903 in Tielen, Provinz Antwerpen, † 4.7.1986, war als Organist und Lehrer eine internat. hochgeachtete Persönlichkeit. P. studierte 1919—23 am Lemmensinstitut in Mecheln bei J. van Nuffel (Gregorianik), L. Mortelmans (Kontrapunkt und Fuge) und bei O. Depuydt (Orgel). Mit höchsten Auszeichnungen bedacht, vollendete er seine Studien in Paris bei M. Dupré und Ch. Tournemire — mit dem ihn eine lebenslange Freundschaft verband. Seit 1925 war er Domorganist zu Mecheln bis April 1986 und Orgelprofessor am Lemmensinstitut. 1931—48 hatte er eine Orgelprofessur am Königlichen Konservatorium in Gent, 1935—48 gab er zudem Meisterkurse für Orgel und Komposition am Konservatorium in Tilburg (Niederlande). 1948—68 lehrte er Orgel am Konservatorium in Antwerpen, dessen Direktor er seit 1952 auch war. Zahlreiche Ehrungen wurden ihm zuteil: Die kath. Universitäten von Amerika (1962) und Lourain (1971) verliehen ihm die Ehrendoktorwürde; der belgische König Baudoin erhob ihn 1971 in den Adelsstand mit dem persönlichen Titel Baron.

P. war ein in Europa wie in den USA gesuchter Lehrer. Als Konzertorganist mit dem Ruf eines glänzenden Improvisators bereiste er fast die ganze Welt. Unter dem Titel »Ars organi« veröffentlichte er eine Zusammenfassung seiner Lehrmethode; seine »Praktische Methode für gregorianische Begleitung« (1939) basiert auf der Editio Vaticana. P. komponierte Klavier- und Kammermusik, Lieder und KM. Seine stilistische Entwicklung sowie sein Einfallsreichtum spiegeln sich aber am gelungensten in seinen Orgelwerken. Die fließende Melodik wird vom gregorianischen Choral beeinflußt und von den alten niederländisch-flämischen Meistern des 16. Jh.s. Seine »Toccata, Fuge und Hymne über ›Ave maris stella‹« (op. 28 [1931]) zeigt eine Verwandtschaft zu Dupré. Die drei Sätze dokumentieren Meisterschaft in der Anlage einer symmetrischen Ordnung; sie unterscheiden sich in Struktur, Metrum und Tempo, gewinnen aber ihre innere Einheit durch das Choralthema. Im 1. Satz stellen aufsteigende und fallende Triolen über dem Cantus firmus in langen Noten im Pedal Wellen dar. Der Mittelteil bringt sequenzierende Modulationen und rhythmische Transformationen. Die klar gegliederte Fuge hat Gigue-Charakter. Über Vergrößerung bei gleichzeitiger Imitation und Engführung wird die Hymne erreicht, die jetzt über Pedaldiminutionen den Hymnus vollständig bringt. »Alma redemptoris mater« (op. 73 [1951]) erscheint im Stil einer Orgelmotette der Frührenaissance. Die »Paraphrasen über ›Salve regina‹« (op. 123 [1973]) sind ein außergewöhnlich freudiges Werk mit wunderbar variablen Stilelementen in Form eines altital. Ricercars. Den diversen Melodiezitaten ist der lat. Text beigefügt. Dem Doppelpedal-Beginn folgen akkordgeprägte und fugierte Teile, die von der zwingenden Schlußkadenz gekrönt werden. Die »Partita über das Lied ›Unsere liebe Frau vom Kempenland‹« (op. 135 [1982]) zeigt nochmals die in den zahlreichen Choralvariationen bzw. -vorspielen entwickelten harmonisch-rhythmischen Eigenheiten des Komponisten. Ein frühes »Ave Maria« für gemischten Chor und Orgel (op. 9/II) wird von der Harmonik bestimmt, aufgelockert durch thematische Arbeit. Das »Ave Maria« (op. 63/II) sowie das »Sub tuum praesidium« (op. 64/II) sind für gemischten Chor a cappella geschrieben. Das »Ave Maria« (op. 104c) für Solo und Orgel besteht in einem schlichten 4-stimmigen Orgelsatz, dessen Oberstimme syllabisch textiert wird.

Unter dem Titel »Ivory Tower« (op. 47/I) hat P. 6 ⋔lieder nach Gedichten von Albe für Singstimme und Klavier oder Orgel vertont. Eine herrlich abwechslungsreiche Musik: Ritornellartig gegliederte Stücke stehen neben akkordisch geprägten mit einem konstitutiven Intervall; klassische aba-Form in blockhaften Schichtungen neben 2-stimmig begleitetem Pastoral-Idiom. Bedeutend und von großer Wirkung ist die »Missa Festiva« (op. 62) für 5-stimmigen Chor und Orgel. In der Gegenüberstellung von linearer Stimmführung des Chores und archaisch anmutenden massiven Orgelakkorden oder von zart-verklärender mit wuchtig-affirmativer Textausdeutung eine originale Arbeit. Von kleinerem Zuschnitt, doch liturg. bestens geeignet, ist die »Missa in honorem reginae pacis« (op. 30) für zwei gleiche Stimmen und Orgel. Auch ein »Magnificat« (op. 108) für gemischten Chor und Orgel (1962) verdient Beachtung.

P. beherrscht die Kunst der Variation hervorragend; besonderes Geschick beweist er im Umgang mit den kleinen Formen; häufig experimentierte er mit Polyrhythmik, Polytonalität und komplexen kontrapunktischen Aufgaben. Seine KM vereint künstlerischen Anspruch mit liturg. Geist.

Lit.: E. Paccagnella, F. P. e la musica sacra moderna, In: Ecclesiae 17 (1959). — J. Hofmann, F.P.: his Life and his Organ Works, 1978. — Grove XIV 336f. *M. Hartmann*

Pege-Klosterkirche (Μονὴ τῆς Θεοτόκου τῆς Πηγῆς = »Kloster der Gottesmutter an der Quelle«, heute Balıklı Rum Kilise, Βαλουκλῆ Μονή = »Fischteichkirche«), großes ⋔heiligtum vor → Konstantinopel.

Außerhalb der Landmauer vor dem Selymbria-, Rhegion- oder auch Pegetor (heute Silivri Kapı) im Freien gelegen, bildete die P. zusammen mit den beiden anderen ⋔heiligtümern vor der Reichsstadt, der Blachernen- und → Palaia-Petra-Kirche, um diese gleichsam einen spirituellen Ring, der nach damaligem Glauben die entscheidende Abwehr von Feinden und Unheil dank dem beständigen Schutz der GM gewährte. Um die dortige heilkräftige Quelle (Hagiasma) hatte sich schon bald ein volkstümlicher Kult entwickelt, der sich in christl.-marian. Transformation über das Ende des byz. Reiches hinaus als Wallfahrtsort heilsuchender Kranker erhalten hat. Seit spätestens

Anfang des 14. Jh.s wurde dem Heiligtum in symbolischer Deutung seiner Örtlichkeit der Name Ζωοδόχος Πηγή, d. h. »Quelle, die das Leben empfangen hat« (daneben auch Ζωοφόρς Πηρή = »Quelle, die das Leben trägt«) zugelegt. Mit diesem Beinamen hatte schon im 9. Jh. der Hymnograph → Joseph die GM gepriesen. In der Folgezeit wurden mehr als 100 Kirchen und Klöster zu Ehren ᙏs als »lebenempfangender Quelle« erbaut, darunter bes. ein Kloster auf dem Kithairon (11./12. Jh.), ebenso auf Andros (1577), Kephallenia, Kerkyra, Paros, Samos und in neuerer Zeit die Kirche in Athen/Akademiestraße, die meisten davon allerdings erst nach dem Untergang des byz. Reiches. Entsprechendes gilt für die Beliebtheit der Ikone ᙏs als → Zoodochos Pege, die im 14./15. Jh. als Gnadenbild für die P. geschaffen und danach oftmals kopiert wurde.

Bes. gefeiert wurde in der P. der Tag der Hochzeit von Kana (8. Januar) und v. a. das Himmelfahrtsfest, zu dem der Kaiser mit seinem Hofstaat eigens hierher kam, um in der ᙏquelle ein Zeremonialbad zu nehmen und zusammen mit dem Patriarchen die Festtagsliturgie zu feiern. Weitere besondere Feiertage der P. waren das Kirchweihfest (9. Juli) und am 16. August ein Fest zur Erinnerung an das ursprüngliche Quellwunder unter Kaiser Leon I. (457—474) und andere Heilungen durch die ᙏquelle. Als eines der neuesten Feste der orth. Kirche wurde ein Feiertag zu ᙏ als Ζωοδόχος (oder Ζωοφόρς) Πηγή wohl anläßlich des Neubaus der P. im vorigen Jh. am Freitag der Osterwoche mit der P. als Station festgesetzt, das weltweit mitgefeiert wird. Dieses Fest ist in früheren Typika und liturg. Büchern nicht verzeichnet, doch strömten seit ältesten Zeiten an diesem Tage (vielleicht zum Gedächtnis von Wunderheilungen) zahlreiche Pilger zum Hagiasma der P. Ab dem 14. Jh. wurde an diesem Tage zum → Orthros ein akrostichisches Preisgedicht des Nikephoros Kallistos auf ᙏ als Ζωοδόχος Πηγή gesungen.

Nach der Gründungslegende (aus dem 14. Jh., ebenfalls bei Nikephoros Kallistos, PG 147,72—77B) begegnete hier der spätere Kaiser Leon I. bei seiner ersten Ankunft vor Konstantinopel noch als einfacher Soldat einem Blinden, der ihn um Wasser bat. Eine Stimme von oben wies Leon zur Quelle ᙏs und befahl ihm die Augen des Blinden mit dem Wasser zu benetzen, wodurch dieser sogleich sehend geworden sei. Nach seiner Krönung zum Kaiser (7. 2. 457) habe Leon hier der GM eine prächtige Kirche erbauen lassen. Derselbe Gewährsmann zählt noch 63 weitere Wunder an diesem Hagiasma ᙏs auf, von denen allein 50 zu seiner Zeit (13./14. Jh.) geschehen seien. Lediglich während der Lateinerherrschaft (1204—61) habe die GM ihrer Quelle die Wunderkraft versagt und erst nach der Wiederherstellung des griech. Reiches erneut gegeben. Nach anderen Quellen sei auch Kaiser Justinian (527—565) von einer verzehrenden Krankheit durch die ᙏquelle geheilt worden und habe daraufhin eine sehr große Kirche zu Ehren der GM erbaut (PG 157,592). Ebenso habe der schwerkranke Kaiser Andronikos III. Palaiologos (1328—41) sich Wasser aus diesem Hagiasma kommen lassen, habe darin gebadet und sei geheilt worden (PG 148,636A).

Geschichtlich ist der Ursprung der P. nicht genau festzustellen. Im Gegensatz zu der Gründungslegende schreibt der Historiker Prokop die Erbauung dieses ᙏheiligtum dem Kaiser Justinian um 559 zu (de aed. I 3). Prokop schildert dabei auch die Lage der P. an einem idyllischen, numinosen Platz. Von der P. Justinians ist hier nur zu erfahren, daß sie »an Schönheit und Größe die meisten anderen Heiligtümer überragt«. Nach anderer Quelle (Kedrenos, PG 157,592A) verwendete Justinian zur Errichtung der P. das nach Vollendung der Hagia Sophia noch übrige Baumaterial. Daß der P. Justinians aber tatsächlich ein Kapellen- oder kleiner Klosterbau vorausging, ist aus der Legende zu erschließen, wonach Justinian auf der Jagd auf eine kleine Kapelle und zur »Quelle der Wunder« stieß, welche von einem Mönch versorgt wurde, und von der her eine große Menge von Menschen strömten; dieser Hinweis läßt sich mit der Tatsache erhärten, daß ein Priester Zenon als Vorsteher des »Klosters der heiligen, ruhmreichen Jungfrau und Gottesgebärerin an der Quelle« mehrfach unter den Teilnehmern an einem unter Patriarch Menas im Jahre 536 abgehaltenen Konzil erwähnt wird (E. Schwarz, Acta Conc. Oecum. III 128. 142. 157. 164. 172).

Die P. wurde bald ein beliebter Versammlungsort, doch hatte sie wegen ihrer Lage außerhalb der Stadtmauern oftmals unter den Schlägen feindlicher Angriffe zu leiden. 626 wehrten die Byzantiner an der P. einen Angriff der Awaren ab (PG 92,1357B). Gegen 790 machte ein Erdbeben umfangreiche Restaurierungsarbeiten nötig, welche die Kaiserin Irene die Athenerin (797—802) ausführen ließ (PG 157,592A). Ein weiteres Erdbeben war 869 für Kaiser Basilieos I. (867—886) Anlaß für den Plan zu einer prächtigen Neugestaltung der P., der aber nicht völlig zur Ausführung kam (PG 109,340A; 121,1125A). Am 7.9.924 ließ der Bulgarenzar Symeon die P. brandschatzen, doch offensichtlich wurde diese bald wieder instandgesetzt, da hier 927 im Zeichen der Beilegung der griech.-bulgarischen Feindseligkeiten die festliche Hochzeit des neuen Bulgarenzaren Peter mit Maria, der Enkelin des Kaisers Romanos I. stattfand (PG 109, 424B. 432A. 797C. 804A). 966 nahm Kaiser Nikephoros Phokas an der Himmelfahrtsliturgie des Patriarchen in der P. teil und begründete damit für die Folgezeit ein feststehendes kaiserliches Zeremoniell für diesen Feiertag. Während der lat. Besetzung im 13. Jh. unterstand das ᙏheiligtum dem röm. Klerus, der den Altarraum in abendländischer Form umbaute; so blieb dieser offensichtlich bis zum Ende des byz. Reiches bestehen (Nikephoros). 1328 schlug Andronikos III. vor seiner Thronergreifung bei der P. sein Feldlager auf, war auch danach der »Theotokos Zoodochos« bis zu seinem Tode dankbar verbunden und machte ihre Kirche dem Patriarchen zum Geschenk; dieser übereignete das Heiligtum mitsamt allen Einkünften dem Lavra-Kloster des Berges Athos (PG 148,636 A). Während der Belagerung Konstantinopels durch die Türken 1422 richtete Sultan Muhrad II. sein Hauptquartier in der P. ein. Es ist unsicher, ob diese danach nochmals instandgesetzt wurde. Jedenfalls berichtet 1547 der gasconische Reisende Pierre Gyllius, daß es von der P. keine Spur mehr gebe, die hl. Quelle aber immer noch von Kranken besucht werde (De topographia Constantinopoleos IV 7,214, Lyon 1561).

Nikephoros Kallistos hinterließ im 14. Jh. eine Monographie über die P. (PG 147,76 ff.) und gab darin eine Beschreibung ihres Aussehens, wohl zu seiner Zeit, nicht — wie er behauptet — zu der Leons I.: Sie befand sich zur Hälfte unter der Erde, war von rechteckiger Form um ein Drittel länger als breit. Vier Säulenhallen mit Vorhof umgaben sie. Den Kirchenraum überragte eine weithin glänzende Kuppel, die Decke war mit reinem Gold überzogen. Alles Licht fiel auf das Hagiasma, die heilige Quelle, inmitten der Kirche; zu ihr stieg man auf zwei Treppen von 25 Stufen mit Marmorgeländern hinab. Das Quellwasser floß in ein viereckiges Becken, bei dem sich eine Schale mit Abflußlöchern befand. Ein Kanalsystem führte das Wasser durch die ganze Kirche, so daß man es überall leicht schöpfen konnte. Malereien und Mosaiken an den Kirchenwänden stellten Szenen aus dem Evangelium dar, u. a. die Darstellung im Tempel, Verklärung, Kreuzigung, das Erscheinen des Auferstandenen vor den hll. Frauen, die Himmelfahrt und Pfingsten. Genau über dem Hagiasma befand sich ein Fresko der GM »einer Wolke gleich, die das Wasser wie Regen herabströmen läßt ... und ihm wirkende Wunderkraft verleiht«. Drei Kapellen umgaben das Katholikon der Kirche, die der GM, der hl. Anna und dem hl. Eustratios geweiht waren. Die Mönche versammelten sich zum Orthros in der Anna-Kapelle und beteten dort zu M bes. für den Frieden der ganzen Welt. Bei der Kirche befanden sich Gebäude für die kaiserliche Hofhaltung, bes. anläßlich des Aufenthaltes des Kaisers beim Himmelfahrtsfest.

Nach der Zerstörung der P. durch die Türken (angeblich wurde aus ihrem Baumaterial die Sultan-Beyazit-Moschee erbaut) konnte trotz ununterbrochener Wallfahrten von Pilgern zum M hagiasma erst 1727 vom Metropoliten Nikodemos an dieser Stelle, an der kurz zuvor die seit der Türkenherrschaft verlorengegangene Gnadenikone Ms als »lebenempfangender Quelle« wiedergefunden worden war, eine kleine Kapelle errichtet werden. Versuche der Armenier, sich dieses Heiligtum anzueignen, konnten die Griechen durch Bekräftigung ihrer Eigentumsrechte vonseiten des Sultans vereiteln; die türkischen Wachen erhoben aber von den Pilgern eine Abgabe zur Finanzierung der Gefängnisse. 1794 unterstellte Metropolit Dirkon die Kapelle mit dem Hagiasma dem Ökumen. Patriarchat. Im Zusammenhang mit dem griech. Unabhängigkeitskampf zerstörten am 24. 3. 1821 Janitscharen die Kapelle und verschütteten die Quelle. 1833 erwirkte Patriarch Konstantios I. beim Sultan Mahmed II. die Erlaubnis zum Wiederaufbau, der schließlich in größeren Dimensionen (einschließlich Krankenhaus und Altersheim) erfolgte. Der Sultan steuerte persönlich für die Ikonographie der Kirche einen ansehnlichen Geldbetrag bei. Am 2.2.1835 fand durch Patriarch Konstantios II. die Weihe der neuen P. »zu Ehre der Gottesmutter und zum Ruhme ihres Volkes« statt, woran alljährlich am Freitag der Osterwoche mit dem »Fest der Gottesmutter von der lebenempfangenden Quelle« erinnert wird. Das vielbesuchte Mheiligtum wird heute von mehreren Priestern, an ihrer Spitze einem Titularbischof, versehen. Seine große Halle ist durch Säulen in drei Schiffe geteilt. Im Außenhof stehen Grabsteine von Griechen mit türkischen Inschriften (= Karamanlı); im Innenhof viele reich bearbeitete Epitaphe orth. Bischöfe und Patriarchen. Zwischen beiden Höfen befindet sich der Eingang zum Heiligtum; über eine lange Treppenflucht gelangt man in eine kryptaähnliche Kapelle, an deren Westseite die Quelle hervorströmt und sich in ein großes Marmorbecken ergießt, in dem legendenumwobene kleine Fische schwimmen.

QQ: Anna Komnene, Alexias I, 16. V, 8 (Leipzig I 55. 179). — Anthologia Palatina I, 109—114. — P. Gyllius, De topographia Constantinopoleos IV, Lyon 1561, 7. 214. — B. de Khitrowo, Itinéraires russes en Orient, Genf 1889, 138. 206. — Konstantinos Porphyrogennetos, De caerimoniis Aulae Byzantinae I, 27. — E. Miller, Manuelis Philae Carmina, Paris 1855, I 67; II 25. 66 f. 73. 390. 399. — Mansi VIII. — Prokopios, De aedificiis I 3, ed. J. Haury, Leipzig 1905—13. — J. P. Richter (Hrsg.), Quellen zur byz. Kunstgeschichte, Wien 1897, 178—183. — E. Schwarz (Hrsg.), Acta conciliorum oecumenicorum III, 128. 142. 157. 164. 172.

Lit.: S. Byzantios, Ἡ Κωνσταντινούπολις, Athen 1851, I 335J—339. — M. Gedeon, Ἡ Ζωοδόχος Πηγή, Athen 1886. — S. Bénay, Le monastère de la Source, In: EOR 3 (1899) 223—226. 295—300. — MEE XII 141 C. — A.-M. Schneider, Byzanz: Vorarbeiten zur Topographie und Archäologie der Stadt, In: Istanbuler Forschungen 8 (1936) 69. — Misn (Nomidou), Ἡ Ζωοδόχος Πηγή, 1937. — R. Janin, La géographie ecclesiastique l'Empire Byzantin, 1953, ²1969, I/3: Eglises et monastères de Constantinople, 232—237. — TEE III 573—576. — Ἐγκυκλοπαιδεία XXVI, 1978, 172 CD. — W. Hotz, Byzanz — Konstantinopel — Istanbul, 1978, 140 (Nr. 150).

R. Janin/G. A. B. Schneeweiß

Péguy, Charles, * 7. 1. 1873 in Orléans, gefallen 5. 9. 1914 bei Villeroy, einer der bedeutendsten und markantesten Vertreter des franz. → Renouveau Catholique und der franz. Lit. des beginnenden 20. Jh.s, stammte aus einfachsten Verhältnissen und besuchte mit Hilfe von Stipendien das Gymnasium in Orléans, später die École Normale Supérieure in Paris. Er verließ sie 1897, gründete 1898 eine sozialistische Buchhandlung und trat in der Dreyfusaffaire entschieden für Dreyfus ein. Er scheiterte bei der Agrégation für Phil. und gründete 1900 die »Cahiers de la Quinzaine«, die bis zu seinem Tod eine wesentliche Stimme des intellektuellen Frankreich bleiben sollten. Er nimmt eine zunehmend kritische Haltung gegenüber der modernen Welt ein, die, von Intellektualismus, Politik und Geld beherrscht, den Menschen erniedrige. P. selbst lebte in ständigen finanziellen Schwierigkeiten. Um 1908 wendet er sich als Ergebnis eines längeren geistigen Entwicklungsprozesses dem kath. Glauben zu. Seine bedeutendsten lit. Werke entstehen in den Jahren 1909—14: die »Mystères« (Le Mystère de la Charité de Jeanne Arc, 1910; Le Porche du Mystère de la deuxième Vertu, 1911; Le Mystère des Saints Innocents, 1912); die »Tapisseries« (La Tapisserie de Sainte Geneviève et de Jeanne d'Arc, 1912; La Tapisserie de Notre Dame, 1913); das Versepos »Eve« (1913); »Notre jeunesse« (1910); »Victor-Marie, comte Hugo« (1910); »L'argent« (1913); »Note sur M. Bergson et la philosophie bergsonienne« (1914), und die »Note conjointe sur M. Descartes«.

P., dessen Christentum sich weitgehend mit seinem Nationalismus identifizierte — ein immer wiederkehrendes Thema ist Jeanne d'Arc, deren Ende er als die sich ankündigende Entchristlichung Frankreichs deutete und die ihm gleichzeitig als Vertreterin des Volkes die wahre Repräsentantin der franz. Nation ist —, schrieb Frankreich eine besondere göttliche Bestimmung und Auserwähltheit zu. Deutschland und Rußland sah er als Bedrohungen der westeuropäischen Zivilisation; so bezog er auch heftig gegen die Ausbreitung und den Einfluß des dt. Geistes an den franz. Universitäten Stellung.

P. entwickelte einen spezifischen lyrischen Stil. In freien Versen, aber auch Alexandrinern, entfaltete sich eine litaneienhafte, gewissermaßen liturg. Dichtung, in die mit endlosen Wiederholungen in breit ausschwingendem Rhythmus Gebete, hymnische Anrufungen, das Inventar der M-topoi, Allegorien, Personifikationen von Tugenden etc. und Archaismen verarbeitet sind und die, Bildteppichen (»tapisseries«) vergleichbar, die Themen wie Fäden laufen und sich zu Mustern verbinden.

In P.s dichterischem Werk erscheint M in Erwähnungen und Anspielungen häufig. V. a. drei umfangreichere zusammenhängende Texte zeigen Annäherungen an die M-thematik.

In »Le Mystère de la Charité de Jeanne d'Arc«, wo in langen Dialogsequenzen die angesichts der Leiden des Krieges zur konkreten Aktion neigende Haltung Jeannettes anderen Positionen, v. a. der Haltung der eher im Sinn des allgemeinen Gottesreichs orientierten und engagierten und sich letztlich ganz Gott anheimgebenden Klosterfrau Madame Gervaise gegenübergestellt wird, erscheint M in einer langen von Madame Gervaise gesprochenen Sequenz (OPC 88—117), in der, ausgehend von der Reflexion über den Todesschrei Jesu die Passion und rückgreifend die Existenz Jesu rekapituliert wird. Die Darstellung der Passion erfolgt zunächst aus der Perspektive eines reflektierenden Erzählers, dann vorwiegend in erlebter Rede aus der Perspektive der die Passion begleitenden M und des leidenden und sterbenden Jesus selbst. M erscheint als die weinende, durch den Schmerz entstellte und für den Rest ihres irdischen Lebens gezeichnete Mitleidende auf dem Weg nach Golgatha, wobei das menschlich-kreatürliche Empfinden nur selten das Wissen um die Göttlichkeit des Sohnes und den Heilsplan Gottes durchscheinen läßt. M erscheint überwiegend als Mutter und Frau aus dem Volk, die sich mit Elementen der etwas beschränkten Alltags-Phil. einfacher Menschen das Geschehen begreiflich zu machen versucht, ganz menschlich Fehler und Schuldige sucht und nur einen gewissen Trost darin empfindet, daß immerhin ein angesehener und reicher Mann sein eigenes Grab für Jesus zur Verfügung gestellt habe. Als die Bitterkeit ihre Klimax in der Überlegung erreicht, daß Jesus eigentlich gegen das Gebot, Vater und Mutter zu ehren, verstoßen habe, erscheint als Abschluß der Passage der Hinweis auf das »ewige Geschenk« des Sohnes, M zur Königin und Mutter der Sieben Schmerzen gemacht zu haben.

Im zweiten »Mystère«, »Le Porche du Mystère de la deuxième Vertu«, das die Hoffnung (»Espérance«) als die selbst für Gott erstaunlichste »göttliche Tugend« im immer wiederkehrenden Bild eines kleinen Mädchens, das zwischen seinen beiden älteren Schwestern hüpft, präsentiert und ein Netz von Bezügen aufbaut, in deren Zentrum das Kind als Hoffnungsträger steht, stellt ein ratloser und völlig verzweifelter Vater seine todkranken Kinder direkt unter den Schutz der Jungfrau M (wie dies P. selbst getan hatte), lädt sie ihr im Gebet in sehr konkreter Formulierung unter Ablehnung jeder weiteren Verantwortung (»Prenez-les. Je vous les donne. Faites-en ce que vous voudrez. J'en ai assez.«; OPC 196) als Geschwister des Jesuskindes auf den Arm und fühlt sich nun aller Verantwortung ledig, erleichtert, ja sogar im geheimen stolz auf »die gute Idee«. M erscheint im weiteren nochmals als das einzige Wesen, das »charnel« und doch rein war (OPC 212f.) — die Erfahrung der geheimnisvollen Verbindung von Körper und Seele ist den Engeln versagt, der menschlichen Natur gibt die Verbindung des Wertvollen und des weniger Wertvollen ihre charakteristische Dynamik, ihre »espérance« und ihren hohen Rang im Heilsprogramm.

In »Le Mystère des Saints Innocents« erscheint M v. a. im Zusammenhang mit dem »Ave Maria«, das nach der mächtigen Kriegsflotte der »Vater unser« eine zweite Flotte leichterer Schiffe darstellt, wobei beide das Allerheiligste bestürmen (OPC 341f.), oder das, wie eine »bescheidene Frau«, dem »Vater der Gebete« (OPC 344) folgt, und hinter ihnen kommen die anderen Gebete, »wie die Kinder«.

»La Tapisserie de Notre Dame« (OPC 673—704) ist eine Folge von Gedichten, die an ⓜ gerichtet sind. »Présentation de Paris à Notre Dame« sowie die drei Sonette »Paris vaisseau de charge«, »Paris double galère« und »Paris vaisseau de guerrre« wenden sich mit der metaphorischen Deutung der Stadt Paris als Schiff (vgl. Stadtwappen mit der Devise »Fluctuat nec mergitur«) an die Jungfrau und unterstellen ihr das »Schiff Paris«, in dem die Gläubigen wie ihre Väter als Ruderer oder Galerensklaven sitzen und als Ladung ihre Tugenden, v. a. aber ihre Sünden und ihre Leiden befördern oder als »Soldaten» dienen. »Présentation de la Beauce à notre Dame des Chartres«, eines der bekanntesten Gedichte P.s und ⓜgedichte der neueren franz. Literatur zeigt die Kathedrale von Chartres als Symbol und Heiligtum, das Landschaft, nat. Geschichte und Religion in vielfältigen metonymischen Beziehungen verbindet. Biographischer Hintergrund ist eine Wallfahrt P.s nach →Chartres als Dank für die Genesung seines Sohnes Pierre. Der Sprecher, ein Wallfahrer, der als »wir« für alle spricht, stilisiert sich als Vertreter des seit Jh.en nach Chartres pilgernden gläubigen Frankreich und des wandernden Gottesvolkes; andererseits gibt die Notierung der Mühen des Marsches und psychischer Einzelheiten (Müdigkeit, Dankbarkeit, Genugtuung nach der Ankunft; Gedanken an einen plötzlich verstorbenen Kollegen) dieser Stilisierung Konkretheit und Lebensnähe. Es folgen — anläßlich des Besuches der Kathedrale am Morgen nach der Ankunft »Les Cinq Prières dans la Cathédrale de Chartres«: Die »Prière de la Résidence« zeigt die Kathedrale als den Ort, »wo alles leicht wird«, alles an Elend und Bedrückung, das sich im Laufe eines Lebens ansammelt, seine Bedeutung verliert (»Voici le lieu du monde où tout devient enfant,/Et surtout ce vieil homme avec sa barbe grise, /Et ses cheveux mêlés au souffle de brise,/Et son regard modeste et jadis triomphant.«; OPC 693). Die »Prière de demande« bittet nicht um eine leichte, dem Gang der Dinge zuwiderlaufende Lösung all unserer Probleme, sondern darum, unter dem Befehl der »Régente de la mer et de l'illustre port« weiterhin die Treue bewahren zu können. Die »Prière de confidence« bittet, in der Schwierigkeit ständig zu treffender Entscheidungen die Ehre bewahren zu können. »Prière de report« erbittet nichts für ihn selbst, sondern »Vos grâces de bonheur et de prospérité« für seine Kinder. »Prière de déférence« formuliert schließlich den Wunsch, alle Menschen, v. a. die ihm nahestehenden, mögen ⓜ untertan sein.

P.s MV ist eng mit seiner Biographie verbunden, die ihn weitgehend als Einzelgänger zwischen sich ausschließenden Richtungen ausweist. Aus Achtung der freien Entscheidung und vor der Würde des Anderen, in der bei ihm vorliegenden Ausprägung wohl Erbe seiner früheren laizistisch-sozialistischen Orientierung, hatte er aus Rücksicht auf seine Frau, die Atheistin war, bei seiner Zuwendung zum Glauben die Verpflichtung, die Kinder taufen zu lassen und im kath. Glauben zu erziehen, zurückgewiesen. Eine kirchliche Eheschließung war somit nicht möglich gewesen. Er stand bis zu seinem Tod außerhalb der Kirche. So gewannen Gebet und Identifizierung mit dem naiven und ungezwungenen ma. Gottesvolk Frankreichs, aber auch die Hinwendung zu ⓜ, die auch gegen die Gerechtigkeit für Gnade plädiert (OPC 429) und für die sich der Dichter gern in der Stellung des Ritters oder Kämpfers sieht und Ideale wie Treue und Ehre unterstreicht, aber auch traditionelle bürgerliche Ideale wie Kind und Familie, einen umso höheren Stellenwert.

P. war gerade in seiner Randstellung zu den ideologisch herrschenden Gruppen der Sozialisten, der Nationalisten und der Kirche ein trotz gewisser Borniertheit, für die er freilich bewußt einstand, umfassender Geist. Seine rel. Dichtung ist modern in der Verschmelzung von Heilsgedanken und konkretester, auch niedriger Alltagswirklichkeit und der Originalität ihres Stils (u. a. der unbefangen authentischen Integrierung liturg. Sprachformen), traditionell in ihrem Rückgriff auf das Ideal eines spontanen ma. Christentums, das die Sakralität Frankreichs und seines Königs einschloß.

WW: Oeuvres poétiques complètes. Avant-propos de F. Porché, 1941. — Oeuvres en prose, T. 2, (1909—14), Introduction et notes par M. Péguy, 1957. — Oeuvres en prose, T. 1 (1898—1909). Introduction et notes par M. Péguy, 1959.
Lit.: E. Mounier, M. Péguy und G. Izard, La pensée de C. P., 1931. — A. Beguin, La prière de P., 1942. — J. Delaporte, Connaissance de P., 2 Bde., 1944. — R. Rolland, P., 2 Bde., 1944. — B. Guyon, L'art de P., 1948. — M. Reclus, Le P. que j'ai connu, 1951. — E. R. Curtis, Franz. Geist im 20. Jh., 1952. — J. Onimus, Incarnation. Essai sur la pensée de P., Diss., Paris 1952. — L. Perche, P., 1957. — B. Guyon, P., 1960. — J. Onimus, Introduction aux Trois Mystères, 1962. — Ders., La route de P., 1962. — P. Duployé, La religion de P., 1965. — P. Gregor, P. und die christl. Revolution, 1969. — A. Galli, P., contestataire total, 1972. — E. Cahm, P. et le nationalisme français. De l'affaire Dreyfus à la grande guerre, 1972. — B. Guyon, P. devant Dieu, 1974. — J. Bastaire (Hrsg.), C. P., 1977. — F. Gerbod, De la situation faite à P. par la critique contemporaine, 1973—89, In: Esprit 22 (1978) 53—59. — S. Fraisse, P., 1979. — P. I. Vergine, Studi su C. P. Bibliografia critica ed analitica, 1893—1978, 2 Bde., 1982. — B. Baumann-Weiland, C. P., In: W.-D. Lange, Franz. Lit. des 20. Jh.s, 1986, 185—199. *W. Kreutzer*

Peiris, Edmund Emmanuel, * 27. 12. 1897 in Chilaw/Sri Lanka, † 4. 9. 1989 ebd., 1921 OMI, 1924 Priester, 1940 Bischof von Chilaw, 1972 Resignation, Kirchenhistoriker, Historiker und Übersetzer (u. a. Matthäus-Evangelium), Verfasser einer Reihe rel. Schriften, veröffentlichte marian. Lit. und historische Arbeiten zur Mariol.

WW: Centenary of St. Anne's Church, 1943. — Fatima Darsanalankaraya (The Glory of the Apparitions at Fatima), 1944. — Meksikove Maria (Mary of Mexiko), 1946. — Sinhalese christian literature of the XVIIth and XVIIIth century, 1947. — Marian Devotion in Ceylon or A Historical Survey of the Devotion of the Catholics of Ceylon to the Blessed Virgin Mary, 1948. — St. Anne of Talavila. A Historical Sketch of the Shrine, 1950 (ebenfalls in Sinhala und Tamil, 1950). — Visit of the Pilgrim Virgin (Image of Our Lady of Fatima), 1950. — Centenary Celebrations of St. Anne's Church, 1950. — St. Anne's Church, 1968.

Lit.: A. Fernando, Pastor and Scholar. A tribute to Dr. E. P. on Completing 25 Years as Bishop of Chilaw, In: Missions OMI 92 (1965) 619-626. *H. Rzepkowski*

Pekiel, Bartolomiej, * 1670 (?) in Krakau, wirkte dort als Kapellmeister der vokal-instrumentalen Kathedralkapelle auf dem Wawel. Als Komponist geistlicher Musik folgte P. vorwiegend dem venezianischen konzertierenden Stil (bedeutend das »Audite mortales« in der Form des Oratoriums), schrieb aber nach der Begegnung mit dem Rorantisten Maciej Arnulf Miskiewicz auch a capella, wie die »Missa pulcherrima« für gemischten Chor und die »Missa brevis« für Männerchor, sowie weitere Vertonungen des Ordinariums und marian. Antiphonen wie »Assumpta est Maria«, »Sub tuum praesidium« und »Ave Maria« jeweils für Alt, 2 Tenöre und Baß.

Lit.: H. Feicht, An Outline of the History of Polish Religious Music, 1969, 526f. — MGG X 1001. — Grove XIV 340—342. *E. Löwe*

Peking. 1601 kam Matteo Ricci (1552—1610) nach P. Am 8.9.1609 errichtete er dort mit 40 Neuchristen, zumeist aus der Literatenklasse, die erste marian. Kongregation für Männer unter dem Titel »Muttergottes« (T'ien-chu sheng-mu hui, kürzer: Sheng-mu hui). 1945 wurde die → Legio ⅏e in → China eingeführt. Das erste Präsidium kam an der kath. Universität Fu Jen in P. zustande.

Die Südkirche (Nantang) ist die älteste Kirche von P. (Bejing) und wurde 1650 von Johann Adam v. Schall (1591-1666) in Stein erbaut. Das Grundstück war von Kaiser Shun Chih geschenkt worden, der auch eine besondere Erlaubnis zum Bau der Kirche gegeben hatte. Die Kirche mit einem Grundriß von 25,5 m x 14,5 m war der Immaculata geweiht. Als 1690 P. unter der Leitung des Franziskaners Bernardino della Chiesa (1680 Bischof, 1684 Ankunft in China) Bistum wurde, wurde die Kirche zur Kathedrale erhoben. 1775 wurde sie durch zwei Erdbeben und Feuer gänzlich zerstört, mit Hilfe des Kaisers Ch'ien Lung 1776 aber wieder errichtet. Der Jesuitenmaler Giuseppe Panzi (1734—1814, SJ als Bruder, 1770 nach China) malte für die neue Kirche ein großes Immaculata-Bild (3,60 m x 2,60 m). Die Kirche überlebte alle Verfolgung und wurde erst unter Kaiser Tao Kuang 1827 geschlossen. Nach der Wiederoffnung und Restaurierung (1860) war sie nicht mehr Bischofssitz. Sie wurde aber mehr und mehr ein Pilgerort ULF von P. 1900 wurde sie in den Boxeraufständen völlig vernichtet, 1904 wieder aufgebaut, während der Kulturrevolution geschlossen, seit 1971 als Gottesdienstraum für Ausländer verwendet, im März 1979 wieder offiziell geöffnet.

Die dem Berge Karmel geweihte Westkirche (Hsitang) wurde 1723 vom ital. Lazaristen Teodorico Pedrini (1670—1746) erbaut. Nach der Zerstörung unter Kaiser Chia Ch'ing (1814) wurde sie 1867 von Bischof Joseph Martial Mouly (1807—[1840]—1868) mit gleichem Patrozinium neuerrichtet, 1900 aber wieder zerstört und 1911 erneut aufgebaut.

In der Kapelle der kath. Universität Fu Jen erinnerte das Altarbild »Die chinesischen Märtyrer« von (Georg) Wan Su-ta aus dem Jahre 1942 (auf Seide, 185 cm hoch) an die Christen, die 1900 in P. in den Boxerwirren zu Tode kamen.

An dieser Universität hatte sich auf Anregung des Apost. Delegaten Celso Costantini (1876—1958, 1922—33 als Erzbischof Apost. Delegat von China) und des Kunst-Prof. Br. Berchmans [Franz] Brückner (1891—1985; SVD 1919; 1923 nach China, 1933 nach P., 1949 ausgewiesen) ein Künstlerkreis gebildet, dem es um die Schaffung einer chinesischen christl. Malerei ging, die vielfach unter dem Sammelnamen »Ars Sacra Pekinensis« bekannt ist. Die Hauptvertreter waren (Lukas) Ch'en Yüan Tu (1903—?), (Georg) Wang Su-ta (1907—?) und (Johannes Evangelista) Lu Hung Nien (1914—?). Ein Großteil ihres künstlerischen Werkes galt der Darstellung ⅏s. Unter den 133 bekannten Werken von Lukas Ch'en sind 37 ⅏darstellungen und 27 haben die Kindheitsgeschichte Jesu zum Motiv. Bei Wang Su-ta zeigen von seinen 137 Bildern 19 die GM und 37 das Weihnachtsgeschehen. Bei Lu Hung-nien sind von den 104 Werken 35 ⅏- und 26 Weihnachtsmotive.

Lit.: H. Cordier, Giuseppe Panzi, peintre italien à P. (XVIIIe siècle), In: Mélanges offerts à M.É.Picot I, Paris 1913, 429—443. — C. Gómez Rodeles, Las antiguas Congregaciones marianas en P., In: Siglo de las Misiones 10 (1923) 348—351. — A. Thomas, Histoire de la Mission de P., 2 Bde., 1923—26. — W. Devine, The four churches of P., 1930. — J. C. Ferguson, Painters among catholic missionaries and their helpers in P. In: Journal of the North China Branch of Royal Asiatic Society NS 65 (1934) 21—35; 67 (1936) 331. — J. A. Sandhaas, Catholic Peking!, 1937. — L. C. Arlington und W. Lewisohn, In search of old P., 1939. — A. Hubrecht, La Mission de P. et les Lazaristes, 1939. — P. Bornet, Les anciennes églises de P., In: Bulletin catholique de P. 31 (1944) 490—504. 527—545; 32 (1945) 22—31. 66—74. 118—132. 172—187. 239—251. 293—300. 339—349. 391—401. — F. Bornemann, Ars Sacra Pekinensis. Die Chinesisch-Christl. Malerei an der Kath. Universität (Fu Jen) in P., 1950. — Manoir IV 951—980. — F. Margiotti, Congregazioni mariane della antica missione cinese, In: J.Specker und W.Bühlmann (Hrsg.), Das Laienapostolat in den Missionen, FS für J.Beckmann, 1961, 131—153. — B. F. Brückner, Die Sammlung chinesisch-christl. Bilder in 12 Holzmappen, In: Verbum SVD 7 (1965) 247—254. — J. Charbonnier, Guide to the Catholic Church in China, 1989. — H. Rzepkowski, Ars Sacra Pekinensis. Geschichte und Diskussion eines Versuchs, In: J. Assmann und Th. Sundermeier, Den Fremden wahrnehmen, Studien zum Verstehen fremder Religionen, 1992, 119—162. *H. Rzepkowski*

Pelagius I., Papst vom 16.4.556 bis 3.3.561, stammte aus röm. Adel. wurde Diakon der röm. Kirche und Apokrisiar von Papst Vigilius in Konstantinopel. Er verteidigte im Dreikapitelstreit die röm. Haltung und stärkte Papst Vigilius in seinem Widerstand gegen den Kaiser und seiner Verurteilung der »Drei Kapitel«. Er ließ sich aber nach dem Tod des Papstes ebenfalls zur Verurteilung der »Drei Kapitel« bewegen und erkannte das Konzil von 553 an. Daraufhin wurde er vom Kaiser zum Papst erhoben. Er fand in der Kirche nur langsam Anerkennung. Seit P. mußten die Päpste vor ihrer Weihe die kaiserliche Bestätigung einholen. Als Papst entfaltete er eine bedeutende karitative Wirksamkeit. In der Mariol. betonte er die GMschaft ᙢs und ihre immerwährende Jungfräulichkeit, so im April 557 gegenüber dem Frankenkönig Childebert I.

Lit.: J. B. Terrien, La mère de Dieu d'après les pères et la théologie II, 1902. — Th. Livius, Die allerseligste Jungfrau bei den Vätern der ersten sechs Jh.e II, 1907. — P. M. Gasso, Pelagii I papae epistolae, 1956. — A. Franzen und R. Bäumer, Papstgeschichte, ⁴1988, 83. — DThC XII 660—669.

R. Bäumer

Pelagonitissa ist ein byz. Madonnenbildtyp, in dem ᙢ das Kind mit beiden Armen trägt und leicht nach schräg links gewendet ist. Das Kind steht mehr in den Armen der Mutter, als daß es sitzt und reckt sich hoch nach hinten über. Mit dem rechten Arm drückt der Knabe gegen die Brust ᙢs, greift mit der linken Hand an deren rechte Wange und legt sein Köpfchen, in den Nacken geworfen, an den Mund der Mutter. Sowohl ᙢ als auch Christus blicken auf den Bildbetrachter. Durch die eigentümliche Stellung des Kindes ist es fast frontal von hinten gezeigt.

Diese Variante der GM mit dem spielenden Kind, auch als Abart der → Glykophilousa (des »drastischen« Typs) bezeichnet, mit ihrem komplizierten Bewegungsschematismus kommt im 14. Jh. im Balkan auf und hat ihren Namen von einem verlorengegangenen Gnadenbild in Palagonia (Bitolij oder Manastir) bei Prilep, dem Zentrum des nordmakedonischen Gebietes.

Der Bildtyp scheint eine spezifisch serbische Erfindung bzw. Weiterentwicklung darzustellen, die aber nicht auf diesen Bereich beschränkt blieb (Ikonen auf dem Sinai, Katharinenkloster; Ikone im Byz. Mus. Athen; Fresken und Ikonen auf dem Athos). Motivisch geht das Bild wohl auf das Stammland der Zärtlichkeitsmomente, Ägypten, zurück, da Vorläufer in einem koptischen Manuskript (2. Hälfte 7. Jh.) ausfindig gemacht wurden. Von da wird die Bildform in den syr. Raum gelangt sein, wie eine Miniatur in London (British Mus., MS Add. 7154 f1v, 1203) belegt.

Andererseits betrachtet man die P. auch als Verschmelzung zweier Ausprägungen der zärtlichen Mutter, die einmal das Kind wie in der Ikone von Wladimir (→ Eleúsa) dem Gesicht der Mutter zugewendet, zum anderen die strampelnde und abwehrende Haltung des Kindes (Gnadenbild von Kykkos, dem bedeutendsten und 1082 von Alexios Komnenos an das → Kykkoskloster gestifteten ᙢbild Zyperns) zeigt. Als Entstehungsgrund des Ikonentyps wird u. a. ein kirchengeschichtlicher Umstand genannt. Mit der Entwicklung dieser neuen Bildform hätte die serbische Großkirche auf die Ablehnung der Mariol. (GMdogma) durch die neumanichäischen Bogomilen geantwortet, die, nachdem sie Ende des 11. und Anfang des 12. Jh.s nach Aufständen aus Thrakien vertrieben worden, nach Serbien und Kroatien ausgewi-

Pelagonitissa, Skopje, 1421/22

chen waren. Nach deren Verfolgung durch Stephan Nemanja konnte sich die Sekte noch in Bosnien bis ins 15. Jh. hinein halten.

Die älteste Darstellung der P. in Serbien befindet sich auf einem freskierten Ikonostasbild in der Georgskirche von Staro Nagoričino (1317), das das Bild mit der Inschrift *ΠΕΛΑΓΟΝΙΤΙCΑ* ebenso als Wiedergabe der in Pelagonien hochverehrten Urikone charakterisiert wie die Abbildung im Prizrener Evangeliar (Belgrad, Nationalbibl., cod. 297/3 fol. 71, 14. Jh., zerstört), die die Muttergottesgruppe in einen Bilderrahmen setzt. Die in Staro später (zwischen 1380 und 1420) angebrachte Inschruch mag vom gestiegenen politischen Anspruch Pelagoniens herrühren, der auch durch ein berichtetes Heilungswunder einer solchen Ikone untermauert erscheint.

Die zunehmende Beliebtheit des Themas unterstreicht sodann die Anbringung des Typs in der Grabkammer des Nemanjidenzars Vojihna im serbischen Athoskloster Chilandar (Mitte 14. Jh., in den 1360er Jahren in der Grabnische des Uglješa Despotović ebd. wiederholt).

Neben weiteren Beispielen in der Nikolauskirche von Stara Varoš/Prilep, dem Pantokratorkloster von Dečani, einer Ikone im Chilandarkloster (alle 14. Jh.) und einer Sinaiikone (14./15. Jh.) ist das bekannteste Bild des P.-Typs die von einem Makarije signierte Ikone für die Verklärungskirche von Zrze/Prilep (Skopje, Kunstgalerie, 1421/22).

Die Zeit ihrer höchsten Beliebtheit hatte die P. im späten 14. und 15. Jh., danach erlangte sie v. a. im Rußland des 17. und 18. Jh.s als Zielpunkt eines Wallfahrtsortes Bedeutung.

Lit.: N. Běljeav, L'image de la Ste-Viérge P., In: Byzantinoslavica 2 (1930) 386—394. — A. Grabar, Deux images de la vièrge dans un Manuscript serbe, In: Orient et Byzance 4 (1930) 29—42. — L. Mirković, Die Ikonen der griech. Maler in Jugoslawien und in den serbischen Kirchen außerhalb Jugoslawiens, In: Pepragmena IXe Congr. Int. des Et. Byz. I, 1955, 300—328. — P. Miljković-Pepek, L'importance des inscriptions de l'icône la Vièrge P. du monastère Zrze pour l'activité de Makarié Zographe, In: Glasnik Musées 74.1 Nr. 10 (1955) 143—149. — S. Radojcić, Die serbische Ikonenmalerei vom 12. Jh. bis zum Jahr 1455, In: Jahrbuch der Österr. Byz. Gesellschaft 5 (1956) 61—83. — P. Miljković-Pepek, Les motifs délicats de l'art byzantin des Balkans et le probleme de la Vièrge P., In: Zbornik — Recueil des Traveaux Mus. Skopje II, 1958, 1—30. — V. Djurić, Icônes de Yougoslavie, 1961. — S. Radojčić, Ikonen aus Serbien und Makedonien, 1962. — K. Balabanov, Icônes de Macedoine, 1969. — V. Djurić, Byz. Fresken in Jugoslawien, 1976. — R. Hamann-McLean, Grundlegung zu einer Geschichte der ma. Monumentalmalerei in Serbien und Makedonien, 1976. — G. Babić, Icônes, 1980. — L. Hadermann-Misguick, P. et Kardiotissa, In: Byzantion 53 (1983) 9—16. — G. Babić, Il modello e la replica nell'arte bizantina delle icone, In: Arte Cristiana 724 (1988) 61—78. *N. Schmuck*

Pelbárt v. Temesvár, OFM, Prediger und angesehener Predigtschriftsteller, * um 1435, vermutlich in Temesvár/Temeschburg (Ungarn, heute Timisoara, Rumänien), † 22.1. 1504 in Buda/ Ofen, studierte ab 1458 Phil. und Theol. in Krakau, kehrte um 1471 als Doktor der Theol. nach Ungarn zurück, wo er 1483 an der Ordenshochschule in Buda unterrichtete und 1496 in Esztergom/Gran als Prior tätig war. Später wurde er Provinzial der observanten Ordensprovinz.

Seine lat. Predigten, in denen er die Ansprüche des einfachen Volkes berücksichtigt, verbreiteten sich zuerst in Manuskripten. Später wurde er beauftragt, für die homiletische Praxis des Klerus Predigtsammlungen zu verfassen (Stellarium, Sermones). Diese M-, Heiligen-, Fasten- und Feiertagspredigten erschienen ab 1498 in Hagenau, bald auch in Augsburg, Nürnberg, Paris, Straßburg und Lyon, bis 1521 in 20 Ausgaben. In seinen mehr als 500 →Predigten kämpft er gegen den Sittenverfall und die Irrlehren seiner Zeit; sie tragen zugleich zur Verbreitung einer rel. Variante des →Humanismus bei. Seine Werke haben insgesamt etwa 120 Auflagen erlebt. Die ungarische Kodexliteratur, die um 1500 einen großen Aufschwung nimmt, schöpft bes. viel aus ihnen. Sie beweisen auch enge Beziehungen des Autors zu der früheren und zeitgenössischen dt. Lit., v. a. zu den Werken des Wiener Universitätskreises. Sein theol. System ist von scholastischem skotistischem Charakter. Seine Quellen, unter denen die theol., geistliche Lit., enzyklopädische Werke, Predigt-, Legenden- und Exempelsammlungen an der ersten Stelle stehen, beweisen seine große Belesenheit. Neben seinen Predigten hat er auch einen Psalmenkommentar (Expositio) und eine theol. Enzyklopädie (Aureum rosarium) geschrieben.

Von den Predigtsammlungen ist das Stellarium das am meisten poetische Werk P.s. Es stellt eine komplette Mariol. dar: P. bietet die allegorische Deutung der Krone von zwölf Sternen der Mulier amicta Sole der Apokalypse (Offb 12,1). Im Zentrum der Predigten, die zum Teil mit den M-festen zusammenhängen, stehen Leben, Tugenden und heilsgeschichtliche Rolle Me. Die Themen der 12 Bücher mit 2 bis 7 Teilen sind: 1. Englischer Gruß und Geheimnis der Inkarnation, 2. Heimsuchung, 3. Reinigung, 4. Unbefleckte Empfängnis, 5. Geburt, 6. Name, 7. Leben und Taten, 8. Jungfräulichkeit, 9. Liebe, 10. Himmelfahrt, 11. Privilegien und Würde, 12. Verehrung Me. Im 12. Buch sind zahlreiche Mmirakel zu finden, die vereinzelt auch in anderen Werken P.s vorkommen.

Das indirekte Vorbild des Werkes ist der Traktat »De duodecim gemmis« des →Epiphanios v. Salamis über die zwölf Edelsteine des hohenpriesterlichen Brustschildes. Unmittelbare Anregungen gaben die im 14.Jh. populärste alphabetische Beispielsammlung Scala coeli von Joannes Junior (Gobii) bzw. das dem Stellarium ähnlich aufgebaute Werk unter dem Titel Corona beate Marie virginis des Joannes Dulmania. Neben der Bibel werden meistens bekannte ma. Legenden- und Exempelsammlungen zitiert: Mariale magnum des Anselm v. Canterbury, Promptuarium exemplorum des Johannes Herolt und die Legenda aurea. Häufige Verwendung fanden bei ihm Anselm v. Canterbury, Tractatus miraculorum; Vincent de Beauvais, Speculum historiale; Hieronymus, Cronica; die Zusammenstellungen: Vitae patrum, Legenda communis nativitatis Beatae Mariae und Speculum exemplorum; die Disciplina clericalis des Petrus Alfonsi; das Werk Vita sociorum beati Francisci und die apokryphen Evangelien.

In den zu einem monumentalen M-Panegyrikon zusammengefügten, mit dramatischen Elementen und legendenhaften Zügen durchwebten Musterpredigten geht die Charakterisierung Me überwiegend auf Epiphanios zurück. P. verwendet aber auch das Mbild von Albertus Magnus und Petrus Aureus. Er bemüht sich, sein Mporträt durch die scholastische Methode plastisch zu gestalten, man kann aber auch die Wirkung seiner Zeit erkennen. Das Ergebnis ist das Porträt eines mit eklektischer Selbständigkeit ausgearbeiteten Frauenideals der Renaissance, dessen Übergangszüge man mit der allgemeinen Ausrichtung der Minterpretationen der europäischen Bildkunst am Ende des 15.Jh.s in eine Parallele stellen kann. Die Struktur der Predigten baut er auf die konsequente, mit Beispielen gegliederte, sorgfältig ausgearbeitete Auslegung der Glaubenssätze auf. In der Beweisführung stützt er sich neben den Bibel- und Autoritätenzitaten auch auf die historischen und naturphil. Kenntnisse seiner Zeit. M spielt auch in anderen Predigtsammlungen P.s eine wichtige Rolle. In der ersten Karfreitagspredigt (Sermones ... de sanctis) wird z.B. die Passion Christi im Spiegel der Leiden Me dargestellt.

Das Stellarium ist vermutlich das meistzitierte Werk P.s überhaupt. Es spielt eine wichtige Rolle in der Vermittlung der Mlegenden für die spätma. ungarische Kodexlit. und in der ma. Mariol. für die barocke Mlit. Das Werk ist z.B. eine der Hauptquellen der zweibändigen marian. Predigtsammlung in ungarischer Sprache des populären Franziskanerschriftstellers József Telek aus dem 18.Jh. P. ist einer der meistzitierten spätma. Autoren im 17. und 18.Jh. Die Erschließung seiner breiten Rezeptionsgeschichte in Europa steht noch aus.

WW: Stellarium corone benedicte Marie virginis, Hagenau 1498. — Sermones Pomerii ... de tempore, ebd. 1498. — Sermones Pomerii ... de sanctis, ebd. 1499. — Sermones quadragesimales, ebd. 1499. — Aureum rosarium, 4 Vol., ebd. 1503—08. — Exposito compendiosa et familiaris, ebd. 1504. — Die weiteren Ausgaben s. K. Szabó und Á. Hellebrant, Régi Magyar Könyvtár, III/2, Budapest 1898, 832ff.

Lit.: Á. Szilády, Temesvári Pelbárt élete és munkái, Budapest 1880. — C. Horváth, Temesvári Pelbárt és beszédei, In: Egyetemes Philologiai Közlöny 1889 (Ergänzungsband), 145—233. — Ders., Pelbárt és codexeink, In: Budapesti Szemle 1891, Bd.65, 382—400.; Bd.66, 21—43. — Ders., Pomerius (Temesvári Pelbárt), Budapest 1894. — L. Katona, Temesvári Pelbárt Stellariuma és a »Scala coeli«, In: Irodalomtörténeti Közlemények 1900, 158—164. — Ders., Temesvári Pelbárt példái. Székfoglaló értekezés, Budapest 1902. — T. Thienemann, Temesvári Pelbárt és német kortársai, In: Egyetemes Philologiai Közlöny 1920, 54—61. — B.M.K. Hoszták, Temesvári Pelbárt és irodalmi munkássága, 1941. — J. Horváth, A magyar irodalmi müveltség kezdetei, ²1944. — P. Tamás, Telek József és müve, 1948. — L. Tóth, Hungarica in Johann Feigenbaums Bücherei, In: Zentralblatt für Bibliothekswesen 66 (1952), H. 11/12, 456—458. — Die weitere Literatur bis 1970 s. B. Stoll, I. Varga und S. V. Kovács, A magyar irodalomtörténet bibliográfiája 1772-ig, 1972, 228—239. — T. Vida, Temesvári Pelbárt kapcsolata kora társadalmával, In: Vigilia 41 (1976) 10, 671—679. — S. V. Kovács, Temesvári Pelbárt egy korszakváltás sodában, In: Ders. (Hrsg.), Temesvári Pelbárt válogatott irásai, 1982, 411—442. — LThK² VIII 252. *G. Tüskés/E. Knapp*

Pelczar, Jósef Sebastian, sel. Bischof von Przemyśl (Polen), *17.1.1842 in Korczyna (Bistum Przemyśl), † 28.3.1924, widmete sich nach der Priesterweihe (17.7.1864) weiteren Studien in Rom (1866—68), wo er die Doktorate der Theol. und des Kirchenrechtes erwarb. Nach kurzer Seelsorgsarbeit wurde er Präfekt und nachher Dozent für Pastoraltheol. im Priesterseminar in Przemyśl und 1877 zuerst Professor für Kirchengeschichte und Kirchenrecht und dann für Pastoraltheol. an der Jagiellonischen Universität Krakau. Neben der wissenschaftlichen und schriftstellerischen entfaltete er auch eine rege seelsorgliche und soziale Tätigkeit. 1894 gründete er die Ordenskongregation der Dienerinnen des Hl. Herzens Jesu. Die 625 Schwestern der Congregatio Servularum Sacratissimi Cordis wirkten 1991 in Polen, Frankreich, Italien, USA, Libyen und Bolivien. Seit 1899 Bischof in Przemyśl, gründete P. 1906 den Kath.-Sozialen Bund für soziale, wirtschaftliche und bildende Arbeit. Er ist im Dom zu Przemyśl beerdigt und wurde am 2.6.1991 in Rzeszów seliggesprochen.

In der Familie erhielt P. eine tiefe rel. Erziehung mit starker marian. Prägung, die in der Schule und im Priesterseminar vertieft wurde. Die politische Lage brachte eine Symbiose der polnisch-patriotischen Gefühle mit der Verehrung der GM als Königin Polens und besonderer Behüterin des poln. Volkes in der Czenstochauer Ikone. Während der röm. Studienjahre erfolgte eine Erweiterung dieses Kultes in Richtung der UE. In seinem geistlichen Leben jedoch nahm den ersten Platz die Verehrung zum Allerheiligsten Sakrament und zum Hl. Herzen Jesu ein. Das fand auch in seinem theol. Schrifttum Ausdruck.

Die Grundlage der Mariol. P.s bildet das Dogma der GMschaft. In M sah er das Vorbild der christl. Vollkommenheit, nannte sie Mittlerin zwischen Gott und den Menschen, Mutter und Königin und wies auf die Analogie der Mutterschaft Ms und der Kirche hin, ferner auf die Verbundenheit zwischen M und der Eucharistie dank der Menschwerdung Christi. Seine Mariol. hängt von Pius IX. und vom hl. Franz v. Sales ab. Die marian. Frömmigkeit P.s äußerte sich im täglichen Leben: zu Hause sang er tagsüber marian. Lieder; betete täglich den Rosenkranz, gern vor Mbildern; wallfahrtete zu den bekanntesten Heiligtümern Europas und bes. nach Czenstochau. Die MV verbreitete er in Predigten, von denen 50 veröffentlicht sind, sowie in fünf Hirtenbriefen. Er prägte mit ihr auch die Schwesternkongregation. Im ersten Hirtenbrief weihte er sein Bistum und sich selbst der Obhut Ms. Die Diözesansynode 1902 empfahl, in den Pfarreien Marian. Kongregationen und Rosenkranzbruderschaften zu gründen. Er führte in der Diözese die Bruderschaft von M Königin von Polen ein und verband sie mit seinem Kath.-Sozialen Bund. Er krönte vier Mgnadenbilder. Sehr feierlich wurden im Bistum alle marian. Jubiläen begangen: der 50.Jahrestag des Dogmas der UE (1904), das 250.Jahresgedächtnis der Verteidigung Czenstochaus vor den Schweden (1905) und des Gelöbnisses Königs Johann Kasimir (1906). In der Diözese führte er neue Mfeste ein: der Erscheinung in Lourdes (11.2.), der Mutter des Guten Rates (26.4.) und der Immerwährenden Hilfe (27.6.). Der Sieg der poln. Armee am 15.8.1920 über die Rote Armee (»das Wunder an der Weichsel«) war für P. ein Beweis der besonderen Obhut Ms für das poln. Volk. In der MV sah er auch ein Mittel zur Wahrung der poln. Traditionen und ein Bindeglied des Volkes, das die Teilmächte in drei Teile getrennt haben.

WW: Kazania na uroczystości i niektóre święta Najśw. Maryi Panny, 2 Vol., Kraków ²1897. — Czytania duchowne o Najśw. Pannie Maryi, Przemyśl 1904. — Statut Bractwa Najśw. Panny Maryi Królowej Korony Polskiej i połączonego z nim Związku Katolicko-Społecznego, ebd. 1911. — Krótkie wskazówki jak w odmawianiu Różańca modlitwę ustna łączyć z rozmyślaniem, 1918. — Życie duchowe czyli doskonałość chrześcijańska, 3 Vol., ⁸1924.

QQ: Autobiografia Józefa Sebastiana Pelczara, ed. J.Bar, In: Prawo Kanoniczne 9 (1966) Nr. 1, 213—312; Nr. 2, 216—265. — Wybór pism. Krótka kronika mojego życia. Listy, In: Nasza Przesłość 29 (1968) 5—243.

Lit.: J.Ataman und O.R. Gustaw, P.J.S., In: O.R. Gustaw (Hrsg.), Hagiografia Polska II, 1972, 209—233 (WW, Lit.). — K.Kasperkiewicz, J.S.P. Szkic biograficzny, 1972. — Biskup Pelczar. Materiały z sesji naukowej poświeconej życiu i

działalności, Kraków 21 III 1974, ed. B. Przybylszewski und K. Kasperkiewicz (Ein Symposium in Krakau), 1975. — T. Śliwa, P.J.S., In: Polski Słownik Biograficzny, t. 25, 1980, 547—550. — C. Niezgoda, J.S.P., czciciel Maryi Niepokalanie Poczętej, In: Studia Franciszkańskie 2 (1986) 181—204. — C. Niezgoda, Wierny ideałom. Życie, działność i duchowość Józefa Sebastiana Pelczara, 1988. — C. Niezgoda, Mary in the life and activity of Bishop J. S. P. (1842—1924) and of Father Bronislaus Markiewicz (1842—1912), In: De Cultu mariano saeculis XIX—XX. Acta Congressus mariol.-mariani internat., Kevelaer 1987, 1991, IV 119—142. — AAS 81 (1989) 884—888; 84 (1992) 192 f. — OR (dt.) 21 (1991) Nr. 26, 12 f. — DIP VI 1330 f. — DSp XII 883 f.
T. Śliwa

Pelikan. Zur Brutzeit werden beim Krauskopf-P. (pelecanus crispus) ein rötlicher Kropffleck und der rötliche Kehlsack sichtbar, und beim Rosa-P. (pelecanus onocratalus) das Gefieder rosafarben. Auf diese Erscheinungen ist wohl die Fabel, der P. reiße sich die Brust bzw. die Flanke auf, um die Brut mit seinem eigenen Blut zu ernähren, zurückzuführen. Der → Physiologus zieht einen Vergleich zwischen dem Selbstopfer des Vogels und dem Erlösungswerk: Der P., der sein Blut auf die totgeschlagenen Jungvögel vergießt und sie damit nach drei Tagen wieder zum Leben erweckt, wird zum Christussymbol. Diesen Bezug übernimmt die bildende Kunst in der seit dem MA geläufigen Darstellung des sitzenden P.s auf dem Kreuz Christi. Angewandt auf das eucharistische Opfer ziert der P. Altargerät und Tabernakel. Liegt die Betonung auf der Erweckung der toten Vögel nach drei Tagen, ist der P. Auferstehungssinnbild.

Während → Albertus Magnus die Fabelüberlieferung zum »pelicanus« ablehnt (De animalibus XXIII 93), wiederholt → Konrad v. Megenberg in seinem »Buch der natürlichen Dinge« die durch die ma. Bestiarien tradierte Selbstopferungsgeschichte mit Christusbezug. Die Symbolik verselbständigt sich, die Darstellungen des sinnbildlichen P.s zeigen durchgehend einen eleganten Vogel, der kaum der gedrungenen Gestalt des wirklichen P.s mit seinem charakteristischen langen Schnabel mit Hautsack ähnelt. Eine Bemerkung zum »Pelecan« in Georg Horsts 1669 erschienener Bearbeitung von Conrad Gesners »Historia animalium« bezeugt die Gängigkeit des Sinnbilds und zugleich die entstandene Verwirrung bei der Identifizierung des real existierenden Vogels, der in die Nähe eins Fabelwesens rückt: »Von dem Pelecan/ welcher fremd und unbekannt ist/ hält man gemeiniglich/ daß er seine Jungen mit dem Blut/ auß seiner Brust gelassen/ speise/ welchen auch die Mahler bißher nach ihrem Gutdüncken und Wohlgefallen gemahlet haben …« (Gesneri/ Redivivi, aucti & emendati/ Tomus II/ oder Vollkommenes/ Vogel-Buch …, Frankfurt 1669, 338 ff.) Die dazugehörige Illustration folgt der sinnbildlichen Darstellungart; der eigentliche P. wird unter dem Stichwort »Onvogel. Onocratalus. Truo« abgebildet (359 ff.).

Wie andere Christussymbole wird der P. im späteren MA zur marian. Thematik herangezogen. Der christol. Bezug bleibt aber zunächst eindeutig. In der geistlichen Dichtung steht der P. für Christus selbst, während die marian.

Pelikan, Holzschnitt, Speyer um 1485, Illustration aus dem »Defensorium inviolatae virginitatis«

Sinnverbindung sekundär erfolgt. M ist das Nest des P.s (→ Konrad v. Würzburg, Goldene Schmiede, 468), das Blut des P.s (→ Frauenlob, Marienleich, 12. 18), in M verbarg sich der makellose P. (Sequenz → Ave virginalis forma), sie hat den einsamen P. (vgl. Ps 101,7: »Similis factus sum pelicano solitudinis«) gefangen (→ Speculum humanae salvationis, Abschnitt zur 6. Freude Ms, s. u.). In den Bildzeugnissen bezieht sich der P. oberhalb der Imago pietatis und des Lebensbaums immer auf Christus auch bei Darstellungen, die Ms Anteil am Opfer (→ Compassio) hervorheben: Simone dei Crocefissi, Mtriptychon-Reliquiar (Paris, Louvre, um 1360/70); Tafelbild des Lignum vitae aus der Dominikanerkirche in Frankfurt a. M. (Frankfurt, Hist. Mus., nach 1450).

Die marian. Anwendung des P.-Symbols veranschaulichen spätma. typologische Darstellungen ab dem 15. Jh. in der Wand- und Tafelmalerei wie in der Textilkunst und Skulptur, die in stark formelhaften Bildprägungen die unversehrte Jungfräulichkeit Ms verherrlichen. Ein Grundmuster solcher Darstellungen der perpetua virginitas zeigt 8 kleine Bildfelder mit 4 atl. Präfigurationen der Jungfrauengeburt (vgl. → Aaronstab) und den 4 Physiologus-Tieren → Einhorn, → Löwe, → Phönix und P., gruppiert in schematischer Anordnung um ein größeres Mittelbild der stehenden GM (gesticktes Antependium, Hildesheim, Roemer-Pelizaeus-Mus., um 1410/20), der GM mit musizierenden Engeln und hll. Jungfrauen (Tafel des Hochaltars der Zisterzienserklosterkirche zum Hl. Kreuz in Rostock, 3. Viertel 15. Jh.), der Himmelfahrt Me (Kalkmalerei, Gewölbe der Kirche zu Risinge, Schweden, um 1480), und häufig der Geburt Christi (geschnitztes Chorgestühl-Dorsale der Zisterzienserkirche zu Pelplin, um 1500). Spruchbänder umreißen die einzelnen Bildfelder, wobei die Texte zu den Tiersinnbildern zuweilen deren ursprüngliche christol. Deutung noch erkennen lassen; so heißt es zum P. in einer Mtafel (Bonn, Rheinisches Landesmus., um 1420/30): »Pellicanus sum taliter, quia sanguine prosum, dum cruor ex vino, de pane fit caro verbo«.

Die genannten 8 Sinnbilder umgeben die zentrale Symbolgruppe zweier Tafelbilder in Stams (datiert 1426) und Ottobeuren (Mitte 15. Jh.), die das → »Defensorium inviolatae virginitatis beatae Mariae« illustrieren. Während die atl. Exempel in einigen späteren Druckfassungen des Defensoriums zugunsten weitausgreifender Vermehrung der Naturexempel verschwinden, bleibt die Tiergruppe als fester Bestandteil aller illustrierten Handschriften und Drucke. Im Defensoriumsschema erfährt die P.-Fabel eine neue Umdeutung als Naturwunder, welches das Wunder der Jungfrauengeburt analogisch beweisen soll. Der Text dazu: »Pellicanus, si sanguine animare fetus apparet, cur Christum puro sanguine virgo non generaret?« Bestimmte Tiersymbole (Löwe, Phönix und P., seltener → Bärin und → Strauß) können auch bei der allegorischen Formulierung der Verkündigung Me als mystischer Einhornjagd, im → hortus conclusus auftreten (Lindenholzrelief, Klagenfurt, Landesmus., um 1510; Fresko von Giovanni Maria Falconetto, Verona, S. Pietro Martire, um 1509/16).

In den Fresken im Kreuzgang des Brixener Domes wird der P. bei zwei verschiedenen typologischen Komplexen aufgeführt: bezogen auf die Jungfrauengeburt in einem Defensoriumszyklus (7. Arkade, gegen Ende des 15. Jh.s) und auf die Anziehungskraft der Liebe Ms zu Gott in einem Zyklus der → Sieben Freuden (14. Arkade, um 1460/65). Die Inschrift zur 6. Freude, der Auffindung des zwölfjährigen Jesus im Tempel, aus dem »Speculum humanae salvationis« umschreibt die Rückkehr nach Nazaret (Lk 2,51) in mehreren aneinander gereihten Gleichnissen aus dem AT und der Natur: M hat Jesus heimgeführt; durch ihre Liebe hat sie den Helden (Simson, Salomo) bezwungen, das wilde Tier (Einhorn, Löwe, Adler, P., Salamander, Panther, Elefant) gefangen und gezähmt.

Jan van → Eycks Stilisierung sinnbildlicher Tiere zu Dekorationsmotiven des Throns (P. und Phönix) und des Brokatbaldachins (Löwe und Einhorn) der Madonna des Dresdner Triptychons von 1437 setzt eine allgemeine Vertrautheit mit symbolischen Bezügen voraus.

Eine Abbreviatur der Eyck'schen Anlage zeigt der valenzianische Meister von Portiuncula mit P. und Phönix als Zierde des Throns in einer Tafel der GM mit dem hl. Franziskus und Engeln (Barcelona, Museo de Arte de Cataluña, um 1460).

Die marian. Deutung des P.s berührt im MA die Beziehung Ms zu Gott, im Barock dagegen ihre Beziehung zu den Menschen. Mit dem Titel »Misericordissima« oder der Litaneianrufung »virgo clemens« versinnbildlicht der P. die Barmherzigkeit der GM in der Kupferstichillustration der Gebrüder Klauber zur Lauretanischen Litanei (1750) und den emblematischen Gewölbemalereien des 18. Jh.s in der Bürgersaalkirche in München und in den Kirchen von Hohenbrunn und Walkersaich (C. Kemp, Angewandte Emblematik in südd. Barockkirchen, 1981, 252f. 211f. 310).

Lit.: Salzer 58ff. — Der Physiologus, übertragen und erläutert von O. Seel, 1960. — V. E. Graham, The Pelican as Image and Symbol, In: Revue de Littérature comparée 36 (1962) 235—243. — C. Gerhardt, Die Metamorphosen des P.s, 1979. — L. Portier, Le Pélican. Histoire d'un symbole, 1984. — LCI III 390—392. *G. Nitz*

Pellegrini, Vincenco, ital. Priester und Komponist, * im 16. Jh. in Pesaro, † wahrscheinlich 1631 in Mailand. Über P.s Leben ist nur wenig bekannt. Sicher ist, daß er 1594 erstmals als Kanonikus am Dom zu Pesaro genannt wird. Von 1611 bis zu seinem Tod versieht er als Nachfolger G. C. Gabussis das Amt des Domkapellmeisters zu Mailand. In dieser Zeit gibt er unter seinem und Gabussis Namen zwei Bände mit ausschließlich liturg. Kompositionen heraus. Darunter befindet sich die 5-stimmige »Missa in nativitate Mariae«, ein »Regina celi« und das »Magnificat decem«.

Lit.: F. Mompellio, La musica di Milano, In: G. Treccani (Hrsg.), Storia di Milano, 1962. — Grove XIV 345f. *B. Brosch*

Pelletier, Maria von der hl. Euphrasia, hl. Ordensstifterin, * 31.7.1796 in Noirmoutier (Vendée) als Rose-Virgenie, † 24.4.1868 in Angers, trat 1814 in Tours in den Orden «Unserer Frau von der Liebe« ein. 1829 gründete sie in Angers ein Haus ihres Ordens und formte ebd. 1831 eine kontemplative Gemeinschaft, die Schwestern von der hl. Maria Magdalena, nun bekannt als kontemplative Schwestern vom Guten Hirten. Ebenfalls in Angers führte sie 1835 zur größeren Einheit und apost. Wirksamkeit die Idee eines Generalates ein: Von nun an sollten alle von Angers gegründeten Häuser unter einer Generaloberin stehen. Dem von hl. Johannes → Eudes ins Leben gerufenen Werk zu Gunsten von Mädchen und Frauen, deren Lebensbedingungen nach Heilung durch Jesus verlangten, verlieh sie damit eine universale Dimension und begründete eine neue, 1835 von Gregor XVI. anerkannte Kongregation der Soeurs de ND de Charité du Bon-Pasteur (Schwestern Unserer Frau von der Liebe des guten Hirten; in Deutschland meist abgekürzt nach dem engl. Namen »Religious of the Good Shepherd« = RGS). In der ganzen Welt verbreitet, zählte sie 1992 in 47 Provinzen 6539 Mitglieder. In der großen missionarischen Bewegung des 19. Jh.s nimmt P. ihren Platz ein. Sie wurde am 30.4.1933 selig- und am 2.5.1940 heiliggesprochen (Fest: 24. April).

Während ihres Lebens und bes. in den Jahren als Generaloberin bezeugt P. eine liebevolle Verehrung Ms. In den Konferenzen und Briefen betrachtet sie M als Mutter, Freundin und Vertraute, Modell und Leitbild. »Du erkennst, daß Du in den Fußspuren Mariens, unseres Vorbildes, folgen mußt. Nun, das Herz der Gottesmutter war ein Heiligtum des Gebetes ... Sie betete unablässig Gott an und dankte ihm« (Conferences 110). P. praktizierte und förderte die verschiedenen Formen der für das 19. Jh. typischen MV. »Es besteht kein Zweifel: Wir können keine zu große Verehrung der Heiligen Jungfrau haben, noch sie zu viel lieben. Ihre Hilfe wird uns nie fehlen, und unser Herr ist grenzenlos erfreut, die demütigen Gebete anzunehmen, die wir ihm durch die Hände dieser guten Mutter vortragen« (ebd. 92). Es fehlt kaum ein Titel, unter dem M im Mutterhaus in Angers nicht verehrt wurde: ULF von den Schmerzen, ULF vom Siege, ULF vom Rosenkranz, ULF von der UE. Die Ordensgründerin ersann eigene Formen der Verehrung: M wurde feierlich als Gründerin und Oberin der Kongregation erklärt und bes. des Mutterhauses und von da an jedes Jahr mit einem Fest am 1. Januar gefeiert.

P. lebte 17 Jahre im Orden ND de Charité und wurde tief erfüllt von der Herz-Me-Verehrung des Gründers, des hl. J. Eudes. Das Herz Ms ist für sie Zuflucht und Quelle des Segens. Sie lebte das Pascha-Mysterium in der Gemeinschaft mit M. Hier verstand sie auch den engen Zusammenhang der Verehrung des Herzens Christi, der Eucharistie und Ms — drei für sie untrennbaren Frömmigkeitsformen. »Je mehr wir Jesus Christus im Heiligen Sakrament lieben, um so mehr lieben wir die Heilige Jungfrau; und je mehr wir die Heilige Jungfrau lieben, um so mehr lieben wir das Heilige Sakrament« (ebd. 92).

Im Vertrauen zu M verband P. auch auf dem Sterbebett ihre Leiden mit ihr, um sie in Geduld zu ertragen. Das marian. Element war in ihrer Spiritualität so tief verankert, daß sie einer ihrer ersten Biographen zu den größten Dienerinnen Ms zählte, die eine praktische MV eifrig förderte.

WW: Entretiens et instructions de la vén. mère Marie de ste Euphrasia P., Angers ²1907; engl.: Conferences and Instructions, 1943 (zit.).

Lit.: Soeurs de ND de Ch. du Bon-Pasteur, Angers (ed.), Ad lucem per crucem, 1968. — M.-D. Poinsenet, Rien n'est impossible à l'Amour, 1968. — G. Barra, Una donna per tutti i tempi, 1969. — R.-V. Warnig, Our Sheppard's Heart, 1987. — Congregatione di Nostra Signora della Carità del Buon Pastore, Roma (ed.), Our Heritage, 1990. — R.-V. Warnig, A Rose Unfolding, 1991. — Baumann 17—21. — BSS VIII 1140—44. — DSp X 531 ff. — DIP V 970 ff. (Bild). N. Keaney

Pemán y Pemartín, José-María, * 8.5.1897 in Cádiz, † 19.7.1981 ebd. Der Erfolg seines ersten Gedichtbandes »De la vida sencilla« (1923) öffnete ihm die Spalten der kath. Tageszeitung »El Debate«. Seine Beiträge, ironische und populärphil. Artikel sowie epigrammatische Erzählungen, wurden in den Bänden »Cuentos sin importancia« (1927) und »Volaterías« gesammelt. Für seine lebenslange journalistische Tätigkeit erhielt er 1935 den auf diesem Gebiet bedeutendsten Mariano-de-Cavia-Preis. In späteren Jahren erschien er als »Séneca« in »ABC« und im Fernsehen. Er war zweimal Präsident der »Real Academia de la Lengua«. Unter seinen Romanen und Erzählungen sind vor allem »El romance del fantasma«, »Doña Juanita« (1927) und »Vuelo inmóvil« (1936) erwähnenswert. In »La monja« bearbeitet er die Legende von der Nonne, die aus dem Kloster flieht und deren Stelle die Jungfrau M einnimmt (Dramatisierung »La atareada del Paraíso«, 1964).

Ein wesentlicher Teil seines umfangreichen lyrischen Werkes ist marian. Dichtung. In »Meditación de la Soledad de María« bittet er um die völlige Selbstentäußerung, um der »großen Gesellschaft« würdig zu sein. In »Romance de los cargadores de la Isla« tröstet er die Träger der Mstatue der Soledad angesichts der Verhinderung der Prozession durch die politischen Umstände. Zwei kleine Gedichte richtet er an die »Inmaculada«: Das ernste »Stabat mater dolorosa« und »Salmo de las campanas en la mañana de la Inmaculada«, wo die Glocken der Dorfkirchen »piropos« (galante Komplimente) im Stile des Hohenlieds an die Jungfrau richten.

M erscheint auch in seinem groß angelegten Bürgerkriegsepos »El poema de la Bestia y el Ángel«. Spanien, in Anspielung auf die Apokalypse als achter Leuchter erscheinend, ist in besonderer Weise dem Mdogma verbunden. P. deutet den Krieg als Kreuzzug und neuerlichen Waffengang in dem im Protoevangelium angekündigten ewigen Kampf des »Tieres«, nun als Lamm verkleidet, gegen den jahrhundertealten Katholizismus Spaniens. Im unmittelbaren Zusammenstoß des »Tieres« und des Engels erscheint letzterer als ein Bursche aus Navarra, der »den Katechismus, was man wissen muß und drei › Jotas a nuestra Señora del Pilar ‹« von Zaragossa, Patronin Spaniens und der Hispanität, kennt. Dem siegreichen Kampf folgt ein Frieden, in dem sich in Brüderlichkeit der Graben zwischen beiden Spanien schließt.

Einen gewaltigen Theatererfolg errang P. mit »El Divino Impaciente« (1933), ein Werk über die Mission des hl. Francisco Javier, die ihre Wurzeln in der tief empfundenen Mfrömmigkeit des Protagonisten hat. Dem schließen sich eine Reihe rel.-patriotischer Dramen an, die ihren Höhepunkt in »La Santa Virreina« (1939) finden, der Darstellung einer Begebenheit aus der Missionierung Amerikas durch die Spanier. Unter marian. Perspektive hervorzuheben ist »Por la Virgen Capitana« (1940), die Darstellung einer legendären Episode aus den napoleonischen Kriegen, in der die Jungfrau als »die Geheimnisvolle« helfend und heilend und selbst die kämpfenden Soldaten anfeuernd in dem von franz. Truppen belagerten Zaragossa erschienen sein soll. Schon sein Prolog kann als marian. »auto sacramental«, das in nichts den klassischen nachsteht, gelten.

In seinem Prosawerk entfaltet und erklärt P. seine Mfrömmigkeit, fast eine Mariol., vor allem in den kurzen Essays in »Las mujeres de la Pasión«. Er meditiert über das menschlich-theol. Profil Ms als Mutter. Für den Spanier und Andalusier P. ist M die »allerreinste Jungfrau«, Sehnsucht der »ungeduldigen Kirche« und die »Soledad« der aufrüttelnden Prozessionen am Karfreitagnachmittag. Doch ist sie auch die Fürsprecherin, an die er sich in einem

»Gebet an die Immergeschäftige des Paradieses« wendet: »Herrin, du kommst und gehst, um Gnaden und Hilfen zu erbitten, wende deine Augen auf dieses dein Land Spanien, welches leidet wie du in schweigendem Schmerz ...«. In diesen Essays folgt er »mit der Seele schnuppernd« den Schritten ℳs und schreibt einen kurzen Kreuzweg des »Schweigens und der Ahnungen«. Am explizitesten erscheint der Marianismus P.s in dem Buch »Lo que María guardaba en su corazón« (Madrid 1967). Mit der Sorgfalt eines Restaurators, der behutsam spätere Hinzufügungen entfernt, versucht P., stets mit seiner leichten Ironie auf die nüchternen Angaben des Evangeliums zurückgehend, herauszufinden, was ℳ wirklich »in ihrem Herzen bewahrte«. Ein gewagter und wiederum durch Subjektivismus gefährdeter Versuch, der Innerlichkeit der GM nahezukommen, die vor dem Hintergrund der Prophezeiungen des AT zu verarbeiten versuchte, was ihr geschah. Dabei scheint P. gelegentlich außer acht zu lassen, daß göttliche Weisungen und der Hl. Geist, der sie erfüllte, sie notwendigerweise von ihrer Umgebung unterschieden. In fast minimalistischer Perspektive stellt er ℳ nur als Frau und ohne tieferes Wissen dar, eine Position, die die fortschreitende Entfaltung von Dogma und Theol. außer acht läßt. So befremdet es, daß sie nur von der Messianität ihres Sohnes spricht, dessen Wandeln sie bis zu seiner Erfüllung am Kreuz in »Perplexitäten« erfährt, die er »Versuchungen« nennt. In Anlehnung an das span. Motiv der »Virgen de la Soledad« (Jungfrau der Einsamkeit) sieht P. die psychische Situation ℳs gekennzeichnet durch die Einsamkeit aufgrund ihres Wissens um ihre Ausnahmesituation, das sie als Zweifel, Beklemmung und Widersprüchlichkeit erfuhr, ohne jene Sicherheit des Christentums, die aus unserem Wissen a posteriori resultiert. Was ℳ von ihrer Bestimmung genau wußte, erschließt P. aus dem Magnifikat. Neben diesem Minimalismus, der ℳs Wissen auf das reduziert, was sie nach menschlichem Maß wissen konnte, steht bei P. insofern eine maximalistische Position, als er psychol. und biographische Fakten annimmt, die aus den Schriften oder traditionellen ℳleben nicht bekannt sind (Leben ℳs in engstem Kontakt mit dem Sohn nach der Vertreibung aus dem Tempel; die »Villa« der Familie des Markus etc.; ihr Begreifen, als sie unter dem Kreuz steht). P. selbst stellt sich am Ende seines Buches in die Reihe derer, die seit ℳs Jahren in Ephesus aus dem stets anschwellenden »Fluß« der MV getrunken haben.

WW: Obras completas, 7 Bde., 1947—65. — Obras selectas, 6 Bde., 1971—75. — Lo que María guardaba en su corazón, 1967.
Lit.: N. González Ruiz, Prólogo al t. II de Obras Completas, 1947. — J. de Entrambasaguas, Prólogo al t. IV, 1967. — G. Torrente Ballester, Teatro español contemporáneo, 1967. — J.J. Perlado, J.M.P. articulista, In: Punto Europa 54 (1960). — J. Lechner, El compromiso en la poesía española del siglo XX, 1968. — Gran Enciclopedia Rialp, 1974; suplemento, 1987.
L. M. Herrán

Peñalosa, Francisco de, * 1470 in Talavera de la Reina (Toledo), † 1. 4. 1528 in Sevilla, war Sänger der Kapelle König Ferdinands des Kath. (1498), Domherr der Kathedrale zu Sevilla (seit 1506), »maestro de capilla« des Infanten Don Fernando de Aragón (1511) und stand ab 1517 in den Diensten Papst Leos X. Zu seinem reichen kirchenmusikalischen Schaffen gehören u.a. die Messen »Ave Maria peregrina« und »Missa de beata virgine«, die Motetten »Sancta Maria« für 3 Stimmen, »Sancta Mater«, »O Domina Sanctissima«, »Ave Regina coelorum«, sowie mehrere Vertonungen des Magnifikat.

Lit.: R. Gerber, Span. Hymnensätze um 1500, In: AMW 10 (1953) 166. 171f. 181. — R. Stevenson, Spanish Music in the Age of Columbus, 1960, 145ff. — MGG X 1015. — Grove XIV 347f.
E. Löwe

Penderecki, Krzysztof, * 23.11.1933 in Debica (Polen), betrieb Kompositionsstudien bei F. Skolyszewski, 1955—58 bei A. Malawski und St. Wiechowicz an der Musikhochschule in Krakau, deren Direktor er 1972 wurde. 1966—68 war er Lehrer an der Folkwang-Hochschule in Essen. 1959 gewann er mit drei anonym eingereichten Werken (»Strophen«, »Emanationen«, »Psalmen Davids«) alle drei Preise eines poln. Kompositionswettbewerbs. Zahlreiche internat. Auszeichnungen folgten.

P.s Kompositionsstil hat sich im Laufe der Jahrzehnte mehrfach entschieden gewandelt; als Signum blieb aber stets die Experimentierfreude am Klang, die Ausdruckskraft seiner Musik, die bei aller Innovation doch den Hörer zu fesseln und zu gefallen vermag. Die »Psalmen Davids« (1958) für gemischten Chor und Instrumente sind sein erstes Chorwerk. Hier begegnen noch ausgeprägte dodekaphonische Partien, eine an Strawinsky erinnernde Rhythmik, aber auch von der Gregorianik sowie der Chorbehandlung der Venezianischen Schule inspirierte Abschnitte. Durch die verschiedenartigsten Schlaginstrumente definierter wie undefinierter Tonhöhe wird eine Tendenz zum Geräuschhaften offenkundig. Mit den folgenden Cluster- und Geräuschkompositionen setzt sich P. an die Spitze der avantgardistischen Materialentwicklung. In »Anaklesis« (1959/60) kontrastieren blockhafte Klangbänder den punktuellen Geräuschebenen der Schlagwerke. »Threnos« (auf die Opfer von Hiroshima) und »Polymorphia« für 52 bzw. 48 Streicher bilden eine Steigerung der Clustertechniken in polyphone Schichtungen hinein. Nachdem die brutuistischen Tendenzen in der phonetischen Chorkomposition »Dimensionen der Zeit und der Stille« (1959/61) und dem Orchesterwerk »Fluorescences« (1961/62) ausgereizt waren, wandte er sich mit dem »Stabat Mater« (1962) für drei gemischte Chöre a cappella der geistlichen Musik zu. Neben Dodekaphonie und Clustern greift er hier auf Dur-Moll-Tonalität und Gregorianik zurück. Das Anfangsthema erklingt ausschließlich in Sekundschritten, der Text wird komplettiert durch silbenweises Aufteilen auf die versetzt auf einem Zentralton einsetzenden Baßstimmen, der später wandert und von Sekund- und Quartschichtungen umlagert wird. Eine faszinierende Wirkung erzielt die Mischung aus normalem Singen, Falsett, Sprechgesang, Flüstern, Zischen; alles jedoch streng rhythmisiert. Nach einem polyphonen Teil wird der Chor bis zu einem 48-stimmigen chromatischen Christe-Ruf aufgefüllt. Das »Stabat Mater« wird später eingefügt in die »Passio et mors Domini nostri Jesu Christi secundum Lucam« (1963—65), mit der P. ein Hauptwerk der geistlichen Musik unseres Jh.s gelang. Die Lukas-Passion stellt sich mit den Mitteln der neuen Klangkomposition ganz in den Dienst der durch die Gattungstradition vorgegebenen musikalischen Dramaturgie. Cluster und boccachiusa-Gesang mindern nicht die Textverständlichkeit, sondern sind Klangillustration.

Als Auftragskomposition zur 1200-Jahrfeier des Salzburger Domes entstand 1974 das »Magnificat« für 7 solistische Männerstimmen, Knaben- und gemischten Chor und großes Orchester. Bachs Magnificat-Tonart D-Dur durchzieht verschleiernd das ganze Werk. P. schreibt hier eine großartige polyphone Mehrstimmigkeit, die sich zu einer gewaltigen Tripelfuge weitet. Es finden sich rhythmisch verschobene Vierteltonchromatik, eine Passacaglia, oder eine vom Zentralton d ausgehende, in Harmonik und Rhythmik symmetrisch versetzte Passage. Das abschließende Gloria erhebt sich nach tastendem Beginn aus einzelnen Tönen und Silben zum strahlenden, vom Blechbläserchoral gekrönten Fortissimo. Das Werk endet im einstimmigen »Amen«. Mit Arbeiten wie seinem Violinkonzert (1976) änderte P. wiederum die Grundlagen seines Komponierens radikal und schrieb eine in Melodik und Harmonik traditionelle tonale Musik. Weithin Beachtung findet P. auch als Opernkomponist. Nach »Die Teufel von Loudun« (Uraufführung Hamburg 1969) und »Paradise Lost« (Uraufführung Chicago 1978) entdeckte P. mit »Ubu Rex« (Uraufführung München 1991) auch die Groteske und Satire für sich. P. versteht es, die Errungenschaften der Musikgeschichte in seine Werke zu integrieren, dabei aber immer individuell schöpferisch zu sein und zukunftsweisende formale und klangliche Muster zu gestalten.

Lit.: K.J. Müller, K.P. Aus den Psalmen Davids für gemischten Chor und Instrumentalensemble, In: D.Zimmerschied (Hrsg.), Perspektiven neuer Musik 1974. — W.Schwinger, P. Begegnungen, Lebensdaten, Werkkommentare, 1979. — H.Danuser, Die Musik des 20.Jh.s, 1984. — Grove XIV 349f.
M. Hartmann

Penet, Hilaire, franz. Komponist, lebte zu Beginn des 16. Jh.s, war Geistlicher der Diözese Poitiers, Mitglied der Kapellen Ludwigs XII. und Leos X. Palestrina benutzte einige seiner Werke, so die Motette »Descendit angelus«, als kompositorische Vorlage. Zu seinen wichtigsten Werken zählen die Motetten »Descendit angelus Domini« und »Virgo prudentissima« (1534) sowie Vertonungen des Magnificat.

Lit.: H. W. Frey, Regesten zur päpstlichen Kapelle unter Leo X., In: Mf 8 (1955) 420f. — MGG X 420f. — Grove XIV 350f.
E. Löwe

Penqīṭō, westsyr. liturg. Buch, das die Eigenteile des Stundengebetes der Sonntage, der großen Feste des Herrn, der GM und der Heiligen, der Fastenzeit, der Großen Hl. Woche und der Auferstehung des Herrn enthält. Es wurde erstmals in der Duckerei der Dominikaner von Mossul in 7 großformatigen (24x16 cm) Bänden (1886—1898) gedruckt; eine dreibändige Ausgabe erschien in Pampakuda (Indien). In Indien wurde für das Stundengebet des monastischen Zentrums »Kurisumala Ashram« das P. in engl. Sprache veröffentlicht (Prayer with the Harp of the Spirit, II—IV); es stützt sich im wesentlichen auf die syr. Ausgabe von Mossul; ebenso haben die Maroniten eine dreibändige franz. und engl. Ausgabe für den Gebrauch in den Gemeinden der Emigration veröffentlicht, die auch die Elemente aus dem P. enthält. Wir finden hier die Eigentexte auch der ⟨M⟩feste für den → Ramšō und den → Ṣap̄rō. Aus der Fülle der Texte zitieren wir aus dem Ṣap̄rō des 15. August das → Prumyōn: »Preis, Ruhm und Ehre dem himmlischen Lichte, das vor den Äonen war und zu gegebener Zeit aus der seligen Jungfrau Maria schien. Er erhob das Gedächtnis seiner Mutter auf Erden und im Himmel und hat sie über alle Geschöpfe gestellt. Dem Gütigen gebühren Ruhm und Ehre an diesem Morgen und an allen Tagen unseres Lebens jetzt und immerdar. Amen.« Der P. entspricht in etwa dem byz. → Oktoīchos.

Lit.: J.Puyade, Composition interne de l'Office syrien, In: L'Orient Syrien 2 (1957) 77—92; 3 (1958) 25—62. — A. A. King, Liturgie d'Antioche. Rite syrien et rite chaldéen, 1967, 74. — E.-P. Siman, L'Expérience de l'Esprit par l'Eglise d'après la tradition syrienne d'Antioche, 1971, 28. — B. Gemayel (Hrsg.), Prière du Croyant selon l'année liturgique maronite (engl.: The Prayer of the Faithful according to the Maronite Liturgical Year I—III), 1982—85. — Kurisumala Ashram (Hrsg.), Prayer with the Harp of the Spirit II—IV, 1982—86.
J. Madey

Pentekostarion, ein liturg. Buch der byz. Kirche, das die Eigenteile (Gebete, Hymnen, Lesungen) von der Feier der Auferstehung des Herrn am Ostersonntag bis zum Sonntag aller Heiligen (Sonntag nach Pfingsten) enthält. Man nennt auch die österliche Zeit P. Sie schließt sich zeitlich an die Zeit des → Triodion an. Alle orth. Kirchen des byz. Ritus begehen die Zeiten des Triodion und des P. nach julianischem Kalender (mit Ausnahme der Kirche in Finnland).

Lit.: A. Couturier, Cours de Liturgie grecque-melkite II, 1914, 284—326. — P. de Meester, Riti e particolarità del Triodio e del Pentecostario, 1943. — N.D. Patrinacos, A Dictionary of Greek Orthodoxy, 1987, 297. — K.Kirchhoff, Osterjubel der Ostkriche. Hymnen aus der fünfzigtägigen Osterfeier der byz. Kriche, ³1988. — LThK² VIII 266.
J. Madey

Pentelikloster. Das der Entschlafung ⟨M⟩e (Koimesis) geweihte Kloster liegt im Wald des Pentelikon (früher Vrilissos, d.h. »Berg der Tadellosen«, wegen der dort wohnenden Mönche), etwa 18 km von Athen entfernt. Es wurde 1578 von Bischof Timotheos († 1590 auf Kea) neben einer älteren Kirche an der Stelle errichtet, wo er in der Wurzel eines Olivenbaumes eine ⟨M⟩ikone gefunden hatte (1966 gestohlen). Hier wurde er auch beigesetzt, sein Gedenktag ist der 16. August. Durch die Bemühungen von Timotheos und seinen Nachfolgern konnte das P. reichen Besitz in ganz Attika erwerben und viele Mönche um sich sammeln. Während der Türkenherrschaft gehörte es zu den wichtigsten und berühmtesten geistigen Zentren Attikas. Im 16./17. Jh. zählte es ca. 150 Mönche, hatte viele Vorrechte und wurde vom Ökumen. Patriarchat durch Sigilien zum Stavropigion erhoben. Die Vorsteher des Klosters erhielten sogar von den türkischen Behörden eine steuerliche Entlastung. Sie stellten das P. unter den Schutz der Mutter des Sultans und verpflichteten sich, ihr Honig zu liefern, der an die Armen Konstantinopels verteilt wurde. Die erste Renovierung erfolgte 1768, während der griech. Revolution litt das P. sehr und wurde 1858 erneuert.

Das Kloster war ein Koinobion. Berühmt sind die »geheime Schule« des Klosters (κρυφό σχολείο, bis zum 18. Jh.) und seine reiche Bibliothek, die aber heute nur noch 3000 Bände zählt. Unter den letzten Lehrern ist Neophytos Metaxas hervorzuheben, der später Metropolit von Attika und Athen wurde. Heute sind 72 Mönche in P. eingeschrieben, im Kloster selbst wohnen aber nur noch 15. Metochien existieren in Athen, Chalandri, Aegaleo, N. Makri und Attika, ein Asketirion in der alten Penteli und verschiedene Parekklissia. Viele Brüder des Klosters sind Bischöfe geworden. Der gegenwärtige Prior Chrysostomos ist zugleich Bischof von Dodoni.

In den ausgegrabenen unterirdischen Hallen des alten Klosters befindet sich eine ständige Ausstellung über die Bildungssituation und die »geheime Schule« während der Türkenherrschaft. Die Klosterkirche war ursprünglich mit Fresken geschmückt, die ältesten erhaltenen im inneren Narthex stammen von 1233 und stellen mehrere Heilige mit Gebetsrollen (εἰλητάρια) frontal dar. ⟨M⟩ erscheint dabei u. a. als typologische Deutung des brennenden → Dornbuschs. In die heutige neubyz. Kreuzkuppelkirche sind die Fundamente der alten Klosterkirche, deren Südwand und innerer Narthex integriert. Im neubyz. äußeren Narthex schildern Inschriften in homerischem Stil die Klostergeschichte.

Lit.: TEE X 278—284 (Lit.). *K. B. Kallinikos*

Pepusch, Johann Christoph, * 1667 in Berlin, † 20. 7. 1752 in London, Komponist und Musikwissenschaftler. Der Sohn eines ev. Pastors wurde in Musiktheorie von dem Stettiner Organisten Gottfried Klingenberg und in praktischer Musik von dem sächsischen Organisten Grosse unterrichtet. Als Vierzehnjähriger erhielt er eine Stellung am preußischen Hof, die er bis kurz vor 1700 ausübte. Nachdem er Zeuge einer standrechtlichen Erschießung geworden war, floh er über Holland nach London, wo er Bratscher und später Cembalist am Drury Lane Theater wurde. Ab 1707 komponierte und bearbeitete er Opern im ital. Stil. Nebenbei studierte er alte Musik, auch die der Antike. 1710 gründete er mit anderen die Academy of Ancient Music. Zwei Jahre später wurde er Musikdirektor des Duke of Chandos in Cannons, für dessen Kapelle er ein Magnifikat und weitere kirchenmusikalische Werke komponierte, für die ein Alternieren von Soli und Chor charakteristisch ist. 1713 wurde er auch Musikkdirektor am Theater in Lincoln's Inn Fields. P. heiratete 1718 eine begüterte Opernsängerin, deren in die Ehe mitgebrachtes Vermögen die editorische Arbeit und die antiquarische Leidenschaft P.s begünstigte. Zeitweilig plante er, eine Universität in Westindien zu gründen. Den größten Ruhm der Nachwelt brachte ihm ein, daß er 1728 die »Beggar's Opera« musikalisch einrichtete. 1737 wurde er Organist des Charterhouse. Aus seiner umfangreichen Bibliothek ist das Fitzwilliam Virginal Book erhalten. Der Exildeutsche P. hat großen Einfluß auf das britische Musikleben genommen.

Lit.: H. W. Fred, The Instrumental Music of J. C. P., 2 Bde., Diss., North Carolina 1961. — J. G. Williams, The Life, Work and Influence of J. C. P., Diss., New York 1976. — MGG X 1026—30. — Grove XIV 357—360. *J. Schießl*

Perboyre, Jean-Gabriel, * 5. 1. 1802 in Mongesty, † 11. 9. 1840 erdrosselt in Wuchangfu (Hupeh), 1818 CM, 1825 Priester, 1835 nach China, 1836 Missionar in Ho-nan, 1838 in Hupeh, 1839 in Ch'a-yüan-k'ou verhaftet und in Wuchangfu eingekerkert. Die sterblichen Überreste kamen 1860 nach Paris. P. wurde am 10. 11. 1889 seliggesprochen.

Nach seiner Priesterweihe wirkte er als Lehrer und Spiritual in verschiedenen Seminarien der Lazaristen. In diese Zeit (um 1830) fallen die Ereignisse um die »Wundertätige Medaille« und um Katharina → Labouré sowie die Geschehnisse um die steinerne ⟨M⟩statue »ND des Miracles« in der Kirche St. Lazaire, die bei den Vinzentinerinnen und Lazaristen einen großen Einfluß ausgeübt haben. All dies stand im Zusammenhang mit der Erneuerung des Ordens in Europa, der Neueröffnung des Mutterhauses in Paris und eines starken neuen missionarischen Aufbruches.

QQ: ASS 21 (1888/89) 502—504; 22 (1889/90) 405—410.
Lit.: Bibliotheca Missionum XII 122—142. — A. Chatelet, J.-G. P. de la Congrégation de la Mission (Lazaristes) martyr, 1943. — F. Combaluzier, Martyre du bienheueux J.-G. P. (11. 9. 1840), In: NZM 9 (1953) 201—213. 252—268.
H. Rzepkowski

Perdolens. Memoria BMV Perdolentis (Gedächtnis der Schmerzen ⟨M⟩s [15. September]) →Gedenktage, marian.; →Sieben Schmerzen ⟨M⟩s.

Perea, Pedro de, OSA, * in Briones/Logroño, † 1630, Prior, Provinzvisitator, Assistent des Generaloberen, 1617 (nach anderen 1619) bis 1630 Bischof von Arequipa (Peru), das 1577 von Cuzco abgetrennt wurde. Erst P. gelang es, die Diözese gegen den zahlreichen Widerstand von Klerus und Bürgerschaft, die sich an die Unabhängigkeit gewöhnt hatten, aufzubauen. P. ist der Verfasser von »Certeza de la pureza de la Virgen en su Concepción« (Lima 1629).

Lit.: M. A. Cateriano, Memorias de los obispos de Arequipa, Arequipa 1908. — M. Noel, En la Arequipa indohispánica, 1957. — El Ilmo. D. Fr. P. de P., Obispo de Arequipa, In: Archivo Histórico Hispano-Agustiniano 19 (1923) 166—178. — A. Villarejo, Los Agustinos en el Perú y Bolivia, 1965.
H. Rzepkowski

Peregrinatio Mariae, eine während des Zweiten Weltkrieges und unmittelbar danach beliebte, pastoral sehr wirksame marian. Veranstaltung. Eine Statue Ms nimmt nach verabredetem Plan ihren Weg durch Pfarreien, Städte, Diözesen und Länder, wird von den jeweiligen Einwohnern wie eine »Pilgermadonna« empfangen, begrüßt und gefeiert. Eine Ansprache interpretiert die (Fatima-)»Botschaft« Ms mit dem Appell zur Sinnesänderung, zu Gebet, eucharistischer Anbetung und Sakramentenempfang. Eine besondere Form davon war der Wanderweg Le Grand → Retour, sowie die verabredet durchgeführte Wanderschaft einer Mstatue durch einzelne Familien, die einen solchen Besuch Ms wünschen. In klösterlichen Konventen ist, vor allem im Advent, die Wanderschaft einer Mstatue durch die Zellen der Hausbewohner in Übung.

Lit.: Enciclopedia Mariana Theotócos, 1954. — Marianum, Bibliographia 1948—51, 1952—57 (Register). *H. M. Köster*

Perez, Antonio, * 2. 5. 1559 in Santo Domingo de Silos, † 1. 5. 1637 in Madrid, trat mit 18 Jahren in das Benediktinerkloster seiner Heimatstadt ein, das bis heute durch seine gepflegte Liturgie berühmt ist. Seine theol. Studien absolvierte er in Oña und Salamanca, wo er 1599 in Theol. promovierte. Er lehrte am benediktinischen Kolleg von S. Vincente und wurde dort 1604 zum Abt gewählt. Dem Geist und der Spiritualität der Kongregation von Valladolid gab er auch als General (1607) ihr Gepräge. Zu dieser Zeit gründete → Alvarado die »Bruderschaft der Verehrer und Sklaven des Allerheiligsten Sakramentes und der Jungfrau in der Verbannung«, die 1621 vom Generalkapitel der genannten Kongregation approbiert wurde. Sie wurde in den Klöstern eingeführt, als P. Abt des Klosters S. Martin in Madrid war. P. galt als kluger, tugendhafter und frommer Verwalter, den man wegen seiner theol. Bildung und Redegewandtheit gern als Prediger bestellte. Wie seine span. Schriften sind auch die lat. Werke von seinem akkuraten Stil gekennzeichnet. Als ausgezeichneter Kenner der Regel des hl. Benedikt schrieb er zu ihr einen ausführlichen Kommentar.

König Philipp IV. berief P. in die → »Real Junta de la Inmaculada Concepción«, in der er aktiv zur Förderung der Dogmatisierung der UE beitrug. Daneben war P. auch Begutachter und Berater der Inquisition. Obwohl er die Ernennung zum Erzbischof von Bogotá/Kolumbien abgelehnt hatte, wurde er 1627 Bischof von Seo de Urgel, dann von Lérida und später Metropolit von Tarragona. Nach dem Verzicht auf dieses Erzbistum wurde er zum Bischof von Avila ernannt, starb aber noch vor Einführung in das Amt. Seinem Wunsch entsprechend wurde er im Kloster von Silos begraben.

P.' marian. Aussagen, die sich in seinen »Predigtnotizen für Sonntage und Heiligenfeste« finden, sind eher erbaulicher Natur: der moralische und exemplarische Aspekt der Mgestalt ist seiner Verkündigung wichtiger als der dogmatische. Bis heute sind seine Ausführungen über die GM bes. wertvoll durch das tiefgehende biblische Wissen.

WW: Apuntes de todos los sermones dominicales y santorales..., Medina del Campo 1603. — Apuntamientos Cuadragesimales I, Barcelona 1608; II—III, Valladolid 1610. — Commentaria in Regulam SS. Benedicti, Colonia 1625 (2 Bde. Barcelona 1632). — Pentateuchum fidei, Madrid 1620. — Tractatus de Sacra Scriptura (Gesamtausgabe verschiedener biblischer Kommentare, die an verschiedenen Orten erschienen), Burgos Casa de Cultura.
Lit.: M. Garrido, Aportación de los benedictinos españoles de ... Valladolid al dogma de la Inmaculada Concepción, In: EstMar 4 (1945) 9 ff. — J. Pérez de Urgel, Varones insignes de la Congregación de Valladolid, 1967. — E. Zaragoza Pascual, Los generales de la Congregación de San Benito de Valladolid, 1979.
G. Rovira

Pérez, Juan Ginés, * 7. 10. 1548 (Taufe) in Orihuela (Alicante), † um 1612, span. Komponist. Gerade erst 14 Jahre alt gewinnt P. den Wettbewerb um den Posten des Kapellmeisters an der Kathedrale seiner Heimatstadt. An dieser Stelle bleibt er bis 1581. Bis 1595 wirkt er als Kapellmeister an der Kathedrale zu Valencia, dann fünf Jahre als Geistlicher wieder in Orihuela. P. muß ein sehr undisziplinierter Mensch gewesen sein, der viele Verpflichtungen versäumte. Sein Leben ab 1600 liegt im dunklen. Nach Aussagen von Zeitgenossen war P. ein außerordentlich guter Komponist. Die meisten seiner Werke sind aus dem Archiv der Kathedrale seiner Heimatstadt gestohlen worden. Ein fünfstimmiges Magnifikat ist erhalten. Die Vorliebe des Komponisten galt chromatischer Homophonie.

Lit.: R. Stevenson, Spanish Cathedral Music, 1961, 322 f. — MGG X 1044. — Grove XIV 368. *J. Schießl*

Pérez, Nazario, * 1. 1. 1877 in Palencia, † 26. 4. 1952 in Carrión, trat am 23. 9. 1893 in die Gesellschaft Jesu ein. Nach der Priesterweihe (1909) wurde er Redakteur von »El Mensajero del Corazón de Jesús« in Bilbao, bis er 1917 nach Comillas an das Studienkolleg der Jesuiten kam. Ein Jahr später ging er als Spiritual zuerst nach Carrión, dann für ein knappes Jahr nach Comillas. Ab 1930 übernahm er als beliebter Beichtvater in Valladolid die geistliche Führung zahlreicher Gläubiger.

Seine Leidenschaft fürs Schreiben — in Comillas betätigte er sich auch als Lehrer der Grammatik — stellte er ganz in den Dienst seines apost. Wirkens, v. a. zur Förderung der MV. Sein angenehm lesbarer Stil schöpft aus der Lektüre von Lit. und Dichtung. Da P. in seinem umfangreichen historischen Schrifttum über Ⓜ seine Quellen recht unkritisch gebrauchte, bieten die darin enthaltenen, nur selten belegten Aussagen zu verschiedenen Autoren keine zuverlässige wissenschaftliche Gewähr.

P. war ein kindlicher Verehrer der GM. Schon in jungen Jahren hatte er sein Epitaph verfaßt: »Diener und Sänger Mariens. Sein ganzes Leben lang wollte er nichts anderes als sie besingen«. In der Tat schrieb er viel über Ⓜ und blieb seiner Maxime treu. Ungezählte geistliche Kinder führte er zur Weihe an die GM. Anders als die span. Tradition der ritterlichen Weihe an Ⓜ nach Bartolomé de los Rios folgte er der marian. »esclavage« nach → Grignion de Montfort; dessen Werke übersetzte er ins Span., und in diesem Geist verfaßte er auch sein Werk »Marianisches Leben«. Durch seine ignatianische Spiritualität angeregt, gestaltete P. die monatliche Vorbereitung der grignonschen Weihe nach Art von Exerzitien. Er verfaßte auch marian. Betrachtungen für diejenigen, die er geistlich führte. Als aktives Miglied der Span. Gesellschaft für Mariol. publizierte er mitunter in deren Estudios Marianos.

WW: Vida Mariana, Bilbao 1910. — Magnificat meditado, Bilbao 1916. — Historia Mariana de España, 2 Bde., 1940—49. — Mariología popular, 1949. — La Inmaculada y España, 1954. — La Asunción de Nuestra Señora en el Arte, In: EstMar 4 (1947) 457—466. — La maternidad espiritual en la teología y literatura española, ebd. 7 (1948) 287—298. — Historia de la fiesta litúrgica de la divina maternidad, ebd. 8 (1949) 392—395. — La esclavitud de amor, perfectísima devoción a la Santísima Virgen, ebd. 396—403.
Lit.: C. M. Abad, El reverendo P. ..., 1954. — G. M. Roschini, Diccionario Mariano, 1964, 486. *G. Rovira*

Pérez de Ayala, Martin, span. (Kontrovers-) Theologie und Bischof, * 11. 11. 1503 oder 1504 in Segura de la Sierra (Jaén), † 5. 8. 1566 in Valencia, studierte in Alcalá, Salamanca und Löwen, lehrte 1532—40 Phil. und Theol. in Toledo und Granada; 1540 war er als Beichtvater und Lektor des Bischofs Fernando de Mendoza in Jaén, 1545 beim Reichstag zu Worms; 1549 wurde er Bischof von Cádiz, 1560 von Segovia, 1564 Erzbischof von Valencia. P. hielt viele Visitationen, meist sogleich nach dem jeweiligen Amtsantritt, außerdem 3 Diözesansynoden und ein Provinzialkonzil (1565). Mehrfach war er auf dem Trienter Konzil (1546 als Theologe Karls V., 1551—52, 1562). Gleich nach dem Konzil hielt er eine Diözesansynode. 1556—58 legte er das AT aus, bes. die Propheten. Er suchte Erneuerung durch Betonung des Literalsinnes der Hl. Schrift und kann als Vorläufer der positiven Theol. von Petavius und Thomassin gelten.

In seinem Hauptwerk wollte er erstmals einen vollständigen Traktat über die Tradition bieten und stellte darin deren Priorität im Gegensatz zum ref. Sola-Scriptura-Prinzip fest; die Schrift lege sich nicht immer selbst aus und auch die private Interpretation sei insuffizient; er verweist auf den notwendigen Bezug der Schrift zum sensus ecclesiae und zum Lehramt. Über Ⓜ handelt er nur relativ knapp — im Zusammenhang mit einer allgemeinen Apologetik der Heiligenverehrung: wegen ihrer GMschaft und anderer Prärogativen gebühre ihr zwar keine Anbetung (wie schon Epiphanius gegen die Kollyridianer festgestellt habe), aber dennoch im Gegensatz zu anderen Heiligen »quasiservitutes« (ed. Köln 1649, 96. 103). Ihre Fürbittmacht begründet er mit Zitaten von Ephrem, Ambrosius und Chrysostomus.

WW: De divinis, apostolicis atque ecclesiasticis traditionibus deque auctoritate ac vi earum sacrosancta, Köln 1549, 1560, Venedig 1551, Paris 1562 etc. — Dilucidarium Quaest. super quinque universalia Porphyrii, Granada 1537. — In ep. ad Romanos commentaria, Antwerpen, 1550. — Catecismo, Pavia 1552. — Breve tratado para bien confesar: Aviso de buen morir, Pavia 1552. — Doctrina Cristiana para que entienden algo más de lo que a los niños se les suele enseñar comunamente, por modo de diálogo, Mailand 1554. — Concilium Valentiae cel. 1565, Valencia 1566. — Doctrina Christiana en lengua Arabiga y Castellana, ebd. 1566. — Confesionario, ebd. 1582 u. ö. — Catecismo en forma de diálogos, ebd. 1599. — Compendio y declaración de lo que son obligados a guardar los caballeros de la Orden de Santiago, Pavia 1551. — Konzilsvoten, In: ConcTrid VIII, 640 ff.; IX 73—77. 137—141. 928 ff.; XI, 613 f. (Brief an Karl V.). — Autobiographie, In: M. Serrano y Saenz, Nueva Bibl. de Autores Españoles, 1927, 211—238.
Lit.: F. Caro de Torres, Historia de los ord. militares de Santiago, 1629. — I. Valls, M. P. de A., Autobiografía, 1950. — M. Solana, Estudios sobre el Concilio de Trento, 1946. — C. Gutiérrez, Españoles en Trento, 1951, 774—792. — H. Jedin, Die Autobiographie des Don M. P. A., In: Span. Forschungen der Görresgesellschaft 11 (1955) 122—164. — M. Andrés, La teologia española en el siglo XVI, Bd. II, 1977, 329. 370. 405—407. 551 etc. — A. Miralles, El concepto de tradición en M. P. de A., 1980. *J. Stöhr*

Pérez de Guzmán, Fernán, * 1377 (?), † 1460 in Batres (?), war der Onkel des Marqués de Santillana und nahm an den Parteienkämpfen unter Enrique III. und Juan II. teil; als Folge seiner Niederlagen und sogar seiner Verhaftung, zog er sich auf seine Herrschaft von Batres (in der Nähe von Madrid) zurück, wo er bis zu seinem Tod geistig tätig war. Er unterhielt eine umfangreiche Korrespondenz mit berühmten Zeitgenossen und übersetzte phil. Werke, die er in »Floresta de los Filósofos« sammelte. Er ragt wegen seiner historischen Schriften hervor (»Mar de historias«), in denen er, dem Leitbild G. de Colonnas folgend, mit knappen Pinselstrichen Persönlichkeiten vergangener Zeiten darstellt. Sein wichtigstes Werk ist »Generaciones y semblanzas«, mit Skizzen und Porträts von Personen, die der Autor kannte.

Er pflegte die Lyrik der Cancioneros sowie die phil.-moralisierende Lyrik, aus der die autobiographisch bedeutsame »Requesta fecha al Marqués de Santillana«, und die »Coplas a la muerte del Obispo de Burgos« (Alonso de Cartagena, einer seiner engen Freunde) hervorragen. Auf dem Gebiet der Phil. bzw. Theol. der Geschichte, schrieb er »Loores a los claros varones de España«, in denen er in Lob und Verurteilung der Personen den Grund ihrer Größe oder ihres Untergangs angibt. Unter marian. Aspekt ist festzuhalten, daß er häufig auf die MV hinweist: So bei San Ildefonso, wegen seines Buches über die immerwährende Jungfräulichkeit M̃s, bei Don Gil de Albornoz, beim Sieg bei Navas de Tolosa, der dem Schutz des Hl. Kreuzes und M̃ zugeschrieben wird, sowie bei S. Fernando und seinem Sohn Alfonso el Sabio.

Wie fast alle span. Schriftsteller nutzt P. jede Gelegenheit, um die Privilegien M̃s zu feiern oder zu verteidigen. In seinem Kommentar zu »Planetas«, einem Werk des Kanzlers Diego de Campo, verteidigt er energisch die leibliche Aufnahme M̃s in den Himmel: »Wo sind jene Elenden, Schamlosen und Taktlosen (...), die sagen, daß jener heiligste und himmlische Körper nicht zusammen mit der heiligen und wunderschönen Seele in den Himmel emporstieg, sondern in Asche verwandelt zur Erde zurückkehrte, und die damit behaupten, daß sich der Tempel Gottes selbst in Staub verwandelt habe? Gegen diese kann man gut sagen: Wehe dir, der Du den Tempel des Herrn zerstörst (Mt 27,40) und sagst, daß die reine Rose Nahrung der Würmer geworden sei!«

Auch im rein poetischen Bereich, im »Himno a los gozos de Nuestra Señora«, wiederholt er die Angriffe auf die Leugner der leiblichen und seelischen Aufnahme M̃s in den Himmel, obwohl er in einem anderen Gedicht, neben großen Persönlichkeiten, die ein »grausamer Tod dahinraffte«, auch M̃ nennt, die »der Tod mit seinen dunklen Schmerzen überkam.«

In der Gruppe der moralisierenden Dichtung, im Gedicht »Vicios y Virtudes«, beschreibt er, im Zusammenhang mit Gnade und Freiheit, daß die Jungfrau »mit freiem und liebendem Willen / sehr demütig« auf den Vorschlag des Engels antwortete. Im Gedicht »De loores divinos a los mytines«, einer Art Tagesplan, nach dem der Dichter lebte, sagt er nur, daß er das »Ave, Regina coelorum« zur »herrlichen Maria« betete. In »De los siete Pecados mortales«, stellt er uns beim Thema Hochmut das hervorragende Beispiel der Demut der GM vor. In der »Relación a las señoras y grandes dueñas de la doctrina que dieron a Sara« stellt er dem Laster des »Herumziehens« der Frauen die Zurückgezogenheit der hl. M̃ entgegen, »Ursprung und Erstlingsgabe und Form der Jungfräulichkeit«, die den Engel in ihrem Haus empfängt. In seiner »Confesión« bittet er nach der Aufzählung seiner Sünden um Vergebung durch die Fürsprache des »wunderbaren Leibes«.

Ein hochinteressantes Gedicht ist »A la singular virginidad de Nuestra Señora«, denn es lobt nicht nur die biologische Jungfräulichkeit der GM, sondern auch ihre völlige Keuschheit, da sie, anders als die hll. Jungfrauen, von dem die Kalender voll sind, und die sehr wohl Versuchungen ausgesetzt waren, in Gefühlen und Gedanken, schlafend und wachend, und Tun und Reden immer Jungfrau war, so daß sie, weit entfernt, die leiseste Versuchung zu erwecken, in denjenigen, die sie ansahen, das »fleischliche Feuer« löschte. Und nachdem der Dichter unterstrichen hat, daß M̃ die Erfinderin der Jungfräulichkeit war, betont er, daß sein größter Wunsch stets war, M̃ zu lobpreisen, soweit seine Kräfte reichten.

In allen M̃gedichten läßt der Dichter neben dem Lob für die Vortrefflichkeit des Mysteriums, welches M̃s Leben darstellte, die verschiedenen Aspekte seiner Verehrung einfließen: die Gewißheit ihrer allmächtigen Fürsprache, den Dank für ihre Gnadenerweise oder die Bitte um Heilung einer Krankheit. In allen Aspekten übermittelt er seine tiefe M̃frömmigkeit mit dem sicheren Vertrauen auf M̃s stetige Hilfe, v. a. in der schweren Stunde des Todes, da er sie von ganzem Herzen liebt. Diese Haltung der Verehrung erscheint bes. im Gedicht »Cien trinadas a loor de la Virgen Maria« (in Strophen aus drei kurzen Versen, die dem Gedicht wunderbare Leichtigkeit geben): »Dich liebe ich, / Dich rufe ich / weil Du der wahre Ölzweig bist / wo die Blüte / unserer Liebe / ohne menschlichen Saft Frucht brachte.« Darüber hinaus schuf P. eine Paraphrase des Ave Maria, des Ave, maris stella und des Te Deum. Er schließt sein lyrisches Werk mit einer Paraphrase des Gebets, das Dante in der »Divina comedia« dem hl. Bernhard in den Mund legt.

Interessant ist die Betonung des Vertrauens auf die himmlische Fürsprache der Jungfrau in »Himno a Nuestro Señora, enviado al prior de Lupiana fray Esteban de León«. P. betont in diesem Gedicht die Würde der göttlichen Mutterschaft und hält dann inne, um ihre Tätigkeit als Fürsprecherin zu bekräftigen. Der Dichter wendet sich an die Jungfrau: »Zeige, daß Du Mutter bist, befiehl Deinem Sohn, der befahl, die Eltern zu ehren, drücke, dränge, beharre und sei sogar lästig, und ohne Zweifel wird Deine Kühnheit Wirkung haben.« Er führt den Grund für diesen Appell um die Fürsprache an: wenn die Kanaaniterin, obwohl sie keine Israelitin war, durch ihre Beharrlichkeit nicht nur das erreichte, was sie erbat, sondern sogar von Gott gelobt wurde für ihren Glauben und ihr Vertrauen, wieviel mehr Aufmerksamkeit werde dann wohl der GM geschenkt. Die Jungfrau habe besondere Macht als die Auserwählte Gottes und solle in dieser Fürsprache nicht ermüden. Das Gedicht endet mit der Erinnerung an Worte, mit denen der hl. Bernhard alle auffordert, in den mächtigen Schutz der gnadenreichen Jungfrau zu flüchten.

WW: Cancionero, In: Cancionero castellano del siglo XV, ordenado por R. Foulché-Delbosc, 1912. — Obras. Generaciones y Semblanzas, ed. Domínguez Bordona, 1941.

Lit.: Menéndez Pelayo, Antología de poetas líricos castellanos desde la formación de la lengua hasta nuestros días X., Madrid 1900. — R. Foulché-Delbosc, Etude bibliographique sur F. P. de G., In: Revue hispanique 10 (1970) 26—55. — R. Tate B., Ensayos sobre historiografía peninsular del s. XV, 1970. — A. Deyermond, Edad Media, 1979. — F. Rico, Historia y crítica de la literatura española I, 1980. — L. M. Herrán, Mariología poética española, 1988.

L. M. Herrán

Pergolesi, Giovanni Battista, *4.1.1710 in Jesi (Marche), begraben am 17.3.1736 in Pozzuoli bei Neapel. Eine gründliche Ausbildung erfuhr P. im Konservatorium »dei Poveri di Gesù Christo« in Neapel. Dieses Musikstudium dauerte von 1722 bis 1731 und umfaßte Unterricht in Streichinstrumenten, Gesang und Komposition. So bildete die Aufführung seines Dramma sacra »La conversione di San Guglielmo« 1731 am Ende seines Studiums zugleich den Beginn eines ruhelosen Kompositionsschaffens bis zu seinem frühen Tod bereits fünf Jahre später. 1734 wurde P. zum Vertreter des neapolitanischen städt. Kapellmeisters mit Recht auf dessen Nachfolge ernannt.

Bei P.s Werken stehen eine Vielzahl gesicherter Werke einer großen Zahl von Kompositionen gegenüber, deren Echtheit zweifelhaft ist. Im folgenden soll nur auf die gesicherten Werke eingegangen werden. Das Gesamtwerk umfaßt sechs große Opern, viele weltliche Kantaten, Arien und Duette, Instrumentalmusik und zwei Oratorien. Die vergleichsweise wenigen liturg. KM-Werke (Messen, Meßsätze, Psalmenkompositionen) entstanden überwiegend im Jahr 1732, als nach einem heftigen Erdbeben in Neapel die Theater geschlossen und in allen Kirchen Bitt- und Sühnegottesdienste abgehalten wurden.

An gesicherten marian. Werken sind nachzuweisen ein »Salve Regina« in a (Marian. Antiphon für Sopransolo, Streicher und Basso continuo), ein »Salve Regina« in c mit gleicher Besetzung und das berühmte »Stabat Mater« für Sopran, Alt, Streicher und Basso continuo, von dem berichtet wird, es sei als letztes Werk wenige Tage vor P.s Tod vollendet worden.

Lit.: G.Radiciotti, P., 1954. — A.-E. Cherbuliez, G.B.P. Leben und Werk, 1954. — M.E. Paymers, P., Opera omnia, 1977. — Ders., P., A guide to research, 1989. — MGG X 1048–64. — Grove XIV 394–400. *J. Still*

Peribleptos-Kloster (Μονὴ τῆς Θεοτόκου τῆς Περιβλέπτου, türkisch: Sulu-Manastir = »Kloster, in dem es Wasser gibt«), ⓜkirche und eines der bedeutensten Klöster in → Konstantinopel, deren Nachfolgekirche St. Georg heute noch von armenischen Christen benutzt wird.

Der Name Theotokos Peribleptos (»die von allen Seiten sichtbare GM«) wurde der Kirche zunächst wegen ihrer Lage auf einem Plateau des 7. Stadthügels (Stadtteil Psamatheia) über dem Marmarameer (Propontis) gegeben und dann im übertragenen Sinn (»die Erhabene, von allen Bewunderte und Geehrte«) als Beiname auf die GM selbst übertragen. Später entstanden dementsprechend weitere ⓜkirchen mit dieser Bezeichnung, z.B. die Frauenklosterkirche auf Euböa (im 11./12. Jh. als Kreuzkuppelkirche erbaut, 1668 wiederhergestellt), die (nicht mehr erhaltene) ⓜklosterkirche in Thessaloniki und die wegen ihrer Fresken berühmte Peribleptoskirche in → Mistra.

Die P.-Kirche in Konstantinopel wurde 1031 von Kaiser Romanos III. (1028–34) über einem Vorgängerbau (Οἶκος τοῦ Τριακονταφύλλου, = »Rosenblätterhaus«) aus der Zeit Romanos' I. (920–944) errichtet und mit reichem Grundbesitz versehen. Die schönste Kirche der Reichshauptstadt sollte der großen MV des Kaisers Ausdruck geben und die Bauten Justinians in den Schatten stellen. Von den byz. Historikern wird der Bau dieser Kirche als bloßer Vorwand für die Verschwendungssucht dieses Kaisers mit dem bezeichnenden Beinamen Argyros (»Silber«) und für die Knechtung seiner Untertanen ausgelegt. Mit angefangenen Bauten stets unzufrieden, habe er diese, ohne Aufwand zu sparen, wiederholt abreißen und nach neuen Plänen bauen lassen, wobei er jeglichen Prunk angewandt habe. Das Volk sei durch Hand- und Spanndienste beim Heranschaffen des umfangreichen Baumaterials schwer geschunden worden. In der prunkvoll fertiggestellten Kirche fand Romanos dann nach seiner Ermordung auch sein Grab (Psellos, Chronographia, ed. Renault, 1926, 41–46; Zonaras XVII 12, IV 131f.; Skylitzes PG 122,229 BC; Glykas PG 158 AB; Sathas VII 159). Kaiser Nikephoros III. Botaneiates (1078–81) baute das P. weiter aus und galt als dessen »zweiter Gründer«; von Alexios Komnenos vom Thron verdrängt, wurde er gezwungen, in das P. als Mönch einzutreten, worauf er bald starb und ebenfalls in der P.-Kirche bestattet wurde (Zonaras XVIII 20, VI 234; Sathas VII 173; Anna Komnene, Alexias III 1).

Während der Lateinerherrschaft wurde das P. zwar geplündert, doch verblieb es zunächst beim griech. Klerus und ging erst später als Lehen der Venezianer in den Besitz von Benediktinern über, die sich aber mit den verbliebenen griech. Mönchen arrangierten. Die Franken raubten die Hauptreliquie des Martyrerpapstes Clemens und brachten sie nach Cluny; ebenso wurde damals von der Reliquie des ersten Eremiten Paulus zunächst (1240) der Kopf nach Rom gebracht, dann der verbliebene Leib nach Venedig (St. Julian) verkauft (Riaut, Exuviae sacrae Constantinopolitanae, 1877 I 147f. 187f.) Michael VIII. Palaiologos (1261–82) erneuerte den Konvent und wurde deshalb an der Westwand der P.-Kirche in voller Lebensgröße zusammen mit seiner Frau Theodora und seinem Sohn Konstantin in einem Mosaik dargestellt, welches bis 1782 erhalten blieb (Leunclavius, Pandekt. turc. XV). Nachdem 1315 der abgesetzte Patriarch Niphon hier seinen Alterssitz gefunden und sich 1354 Kaiser Johann VI. Kantakoutzenos (1341–54) nach seiner Resignation als Mönch in das P. zurückgezogen hatte, blieb dieses ein bevorzugter Zufluchtsort für geistliche und weltliche Würdenträger.

Das gute Einvernehmen der griech. Mönche des P.s mit dem westlichen Klerus in der Lateinerzeit scheint sich weiterhin in einer Aufgeschlossenheit gegenüber den späteren Unionsbestrebungen ausgewirkt zu haben. So nahm der Vorsteher des P.s am Konzil von Florenz (1431–45) teil, unterzeichnete dessen Dekerete und wohnte der Verkündigung der Union zwischen Ost- und Westkirche am 12.12.1452 in der Hagia Sophia bei (Mansi XXXI 1040BC; A. Elssen, Ubertini Pusculi Brixiensis Constantinopoleos libri IV, 1957, 56). Der Kaiser würdigte diese positive Haltung zu seiner Verständigungspolitik mit dem Westen offenbar durch besondere Beachtung des P.s; so begab er sich mit seinem Hofstaat regelmäßig am Fest der Darstellung des Herrn (2. Februar) zu einer feierlichen Liturgie in die P.-Kirche (Kodinus, Off. XV, PG 157,96 C).

1422 nahm Kaiser Manuel II. (1391—1425) während der Belagerung der Stadt durch Sultan Muhrad II. Quartier im P. Dieses blieb über die türkische Eroberung hinaus erhalten und war bis 1643 von griech. Mönchen bewohnt. Danach erreichte eine Armenierin dank ihrer Gunst bei Sultan Ibrahim (1640—48), daß das P. nun als St. Georg (Surp Kevork) an die bereits 1458 dort angesiedelten Armenier übereignet und Sitz des armenischen Patriarchen (bis 1643/44) wurde; zu diesem Zweck wurde das P. zu einer Anlage mit mehreren Kirchen erweitert und 1722 erneuert. Durch einen Brand 1782 beschädigt, wurde der Komplex 1804 neu aufgebaut, ebenso nach dem großen Stadtbrand 1866. Nach der vollständigen Zerstörung durch einen weiteren Brand 1872 erstand 1877 die heutige armenische Kirche »St. Georg von Psamatheia (Samatya)« nach völlig neuen Plänen, doch z. T. auf byz. Substruktionen als stattliches Gebäude mit dreigliedriger Fassade. In einem Nebenbau dieser Kirche befindet sich eine auch heute noch stark sprudelnde Quelle, die ursprünglich für die dortige Stephanuskirche (Ende 5. Jh.) bezeugt ist. Eindrucksvolle byz. Ruinen in der unmittelbaren Umgebung sind die verbliebenen Überreste des von Romanos III. gegründeten P.s. Dazu kommen ein mit Figuren des lehrenden Christus zwischen Aposteln geschmückter (»Sidamar«-)Sarkophag (ursprünglich um 400) und zwei Reliefikonen (Berlin, Staatl. Mus., 12. Jh.); letztere stellen ⓜ orans im langen Gewand (Metaphorion) und den Erzengel Michael in kaiserlicher Zeremonialtracht dar; eine dazu gehörige dritte Ikone mit der entsprechenden Darstellung des Erzengels Gabriel ging verloren.

Die Pracht der byz. P.kirche spiegelt sich in überlieferten Reiseberichten verschiedener Besucher. Um 1200 zeigt sich der russ. Pilger Anton v. Nowgorod überrascht vom großen Reichtum des Klosters. Andere russ. Wallfahrer sind v. a. beeindruckt von kostbaren Reliquien (von der rechten Hand Johannes' »des Vorläufers«, »mit der er Christus taufte«, von der rechten Hand Simeons des Gerechten, sowie von den Häuptern der hll. Gregor v. Nazianz und Tatiana u. a.). Um 1350 spricht Stephan v. Nowgorod von einer wundertätigen Ikone Christi im P., »welche ein Gottloser mit dem Messer traf, wobei Blut aus ihr floß«. 40 Jahre später erzählt der Schreiber Alexander eine ähnliche Legende von einer ⓜikone dieser Kirche, »die ein Jude beim Schachspiel durchbohrte und aus der Blut floß, welches man heute noch sieht« (Khitrowo 104. 122. 138. 163. 204. 239). Eine ausführliche Beschreibung von Kirche und Klostergebäuden des P.s hinterließ 1402 der Gesandte Heinrichs III. von Kastilien, Ruy Gonzales de Clavigo (Historia del gran Tamorlan ..., 1582, 32—35): Vor dem Kircheneingang befand sich ein Hof mit Zypressen, Nußbäumen, Ulmen und vielen anderen Bäumen. Das Äußere der Kirche war vollständig mit Bildern und Figuren aller Art »in Gold, Blau und anderen Farben« geschmückt (wohl eine Seltenheit auch für Konstantinopel). Beim Eintritt in das Gotteshaus fiel sofort eine ⓜikone auf, der zu Füßen 30 zum Kloster gehörige Burgen und Ortschaften abgebildet waren, daneben die Darstellung Kaiser Michaels VIII. und Kaiserin Theodoras. Der Bau umschloß eine sehr große, hohe, von verschiedenfarbigen Jaspispfeilern getragene zentrale Rundhalle, in der Fußboden und Wände mit Jaspisfliesen ausgelegt waren. Diese Rundhalle säumten drei Schiffe. Über dem Gesamtbau spannte sich eine Kuppel mit reichem Mosaik. Der Kreuzgang außerhalb der Kirche war »ein schönes Werk«, ausgeschmückt mit vielen Darstellungen, darunter dem »Sproß Jesse, aus dem die heilige Jungfrau Maria hervorging«, »wundervoll reich und kunstvoll gearbeitet, das Herrlichste, was der Betrachter je gesehen hat«. Im Refektorium des Klosters fielen die Mosaiken an der Decke und an den Wänden auf mit Begebenheiten aus der Heilsgeschichte, »vom Gruß des Engels an die Jungfrau Maria bis zur Geburt Christi«, dann »die ganze Folge« des Lebens Jesu bis zur Kreuzigung. Zum Kloster gehörten noch mehrere Wohnhäuser für die Mönche, Gärten und Weinberge in einer Ausdehnung, die »Platz für eine große Stadt« geboten hätte. Bedeutend war die Klosterbibliothek, deren Codices z. T. nach Oxford, an den Vatikan und auf den Athos gelangten.

QQ: Anna Komnene, Alexias II,1 (Leipzig I,93). — C. F. Du Cange, Constantinopolis Christiana, Paris 1682, IV, II, 36. — R. Gonzales de Clavijo, Historia del Gran Tamerlan, Madrid 1582, 32—35. — A. Elessen, Ubertini Pusculi Brixiensis Constantinopoleos libri IV, Leipzig 1857, 56. — B. de Khitrowo, Itineraires russes en Orient, Genf 1889. — Mansi XXXI, 597—601, 1040 BC. — M. Psellos, Chronographia, ed. E. Renauld, 41—46. — C. Riant, Exuviae sacrae Constantinopolitanae 1877—78, I, 147f. — J. P. Richter (Hrsg.), Quellen zur byz. Kunstgeschichte, Wien 1897, 234—236. — K. N. Sathas, Μεσαιωνικὴ Βιβλιοθήκη VII, 1872—94, 159. 173. — J. Zonaras XVII 12 (Leipzig IV 131—132).

Lit.: (Patriarch Konstantios), Constantiniade ou déscription de Constantinople ancienne et moderne par un Philologue et Archéologue, Konstantinopel 1846, 116—118. — S. D. Byzantios, Ἡ Κωνσταντινούπολις I, Athen 1851, 300—302. — A. G. Paspates, Βυζαντιναὶ Μελέται, Konstantinopel 1877, 379. 400 f. — J. Ebersolt und A. Thiers, Les églises de Constantinople, Paris 1913, 76 (No. 8). — G. Sotiriou, Recueil d'Etudes dédiés à la memoire de N. P. Kondakov, 1926, 125—138. — A.-M. Schneider, Byzanz: Vorarbeiten zur Topographie und Archäologie der Stadt, In: Istanbuler Forschungen 8 (1936) 70. — R. Janin, Le monastère de la Théotocos Péribleptos à Constantinople, In: Académie Roumaine Bulletin de la section historique 26 (1945) 192—201. — Ders., Constantinople byzantine, 1950, 413. — Ders., La géographie de l'Empire Byzantin, ²1969, 227—231. — F. Babinger, Ein Besitzstreit um Sū Manastir unter Mehmed II., In: Charisteria Orientalia, FS für

A. Rypka, 1956, 29—37. — H. Berberian, Materialien zur Geschichte der Armenier in Konstantinopel, 1965, 112—140. — S. Brock, A medieval Armenian pilgrim's description of Constantinople, In: Revue des Etudes Armeniennes NS 4 (1967) 81—99. — H. Berberian, Le monastère byzantin de Péribleptos dit Soulou Manastir, siège du Patrarcat arménien de Constantinople, ebd. (1968), 145—149. — V. Tiftixoglou, Die Heleniai: Studien zur Frühgeschichte Konstantinopels, 1977, 200. — W. Hotz, Byzanz — Konstantinopel — Istanbul, 1978, 140 (Nr. 151). — A. Nezerites, Βυζαντινὴ ἐκκλησιαστικὴ ἀρχιτεκτονική, 1983. — M. Maurides, Βυζαντινοὶ ναοὶ στὴν Πόλι, 1986. — J. Odenthal, Istanbul, 1990, 293.

R. Janin / G. A. B. Schneeweiß

Perikopenordnung. Für die marian. liturg. Feiern werden in den P.en der Messe wie der Stundenliturgie (→Antiphonen, →Ave Maria) an zwei Stellen biblische Textabschnitte (Lesungen) bereitgehalten: 1. im Eigenteil für die Hochfeste, Feste und Gedenktage ᛗs, wo in der Regel eigene Lesungen vorgesehen sind oder auf geeignete Texte aus dem Commune hingewiesen wird; 2. in den Commune-Texten für das Gedächtnis der sel. Jungfrau ᛗ am Samstag und marian. Votivmessen; dort ist das größere Angebot, aus dem frei ausgewählt werden kann (auch wenn bei 1 auf das Commune verwiesen wird). Zusätzliche Möglichkeiten der Auswahl bietet das Lektionar zur Sammlung von ᛗmessen (1990), die mit ihren 46 Formularen (und sieben Eigenmessen aus dem dt. Sprachgebiet) eine Art Anhang zum Röm. Meßbuch darstellt und zum Großteil aus Formularen für ᛗmessen besteht, die bereits in den Proprien von Teilkirchen, Ordensgemeinschaften oder im Röm. Meßbuch vorlagen (→Messe).

Lit.: Ordo lectionum Missae (ed. typ. altera), 1981. — Liturgia horarum iuxta ritum Romanum, 4 Bde., 1971ff. — Stundenbuch für die kath. Bistümer des dt. Sprachgebiets, 3 Bde., 1978/79 mit 16 Lektionarsfaszikel (1978ff.). — Meßlektionar, Commune-Text für Marienmessen: Meßlektionar IV 625—629. 651—673; V 775—779. 802—826; VI 773—777. 800—815. — Meßbuch. Auth. Ausgabe marian. Votivmessen mit dazugehörigem Lektionar (Sammlung von Marienmessen), 1990. — E. J. Lengeling, Liturgia horarum, In: LJ 20 (1970) 231—249; 24 (1974) 181—188. — Th. Maas-Ewerd, Collectio Missarum de BMV, In: KlBl 71 (1991) 75—78. — F. Courth, Die Socia Christi im Jahreskreis der Liturgie. Zur neuen Sammlung von Mariamessen, In: LJ 41 (1991) 195—209. — MCu 12 und 13.

Th. Maas-Ewerd

Pernet, Étienne (Stephan), Assumptionist, Ordensgründer, * 23.7. 1824 in Vellexon (Diözese Besançon), † 3.4. 1899 in Paris, wurde nach den Studien im kleinen Seminar von Besançon durch die sel. A. E. →Milleret du Brou mit Emmanuel d'→Alzon, dem Gründer der Augustiner von ᛗe Himmelfahrt (Assumptionisten), in Verbindung gebracht. Nach seinem Eintritt in diese Kongregation (1850) wurde er 1858 Priester und war 1849—63 Lehrer in den Gymnasien von Nîmes und Clichy. Tief beeindruckt vom Elend der Pariser Arbeiterfamilien, gründete er 1864 eine kleine Gruppe von Krankenpflegerinnen, die sich dem Hausbesuch der armen Arbeiterfamilien widmeten. Die Gemeinschaft verwandelte er 1865 mit Hilfe von Marie-Antoinette Fage (1824—83; Mère Marie de Jésus) in die Kongregation der »Kleinen Schwestern von Mariä Himmelfahrt«. Sie widmet sich heute (1991) mit 1788 Mitgliedern dem häuslichen Krankenbesuch und sozialen Hilfswerken in armen Gegenden, u. a. in der dritten Welt. — Zur Ausweitung und Unterstützung seines Vorhabens gründete P. auch Laienverbände für Männer und Frauen.

In P.s Frömmigkeit zu den Mysterien des Lebens Christi ist auch seine MV eingebaut. Als wesentliche. Haltung lehrte er die Liebe zu ᛗ, weil sie uns Jesus geschenkt hat und uns lehrt, ihn den Menschen zu schenken. Er verehrte ᛗ bes. als Dienerin des Heilsplanes Gottes in ihrer Mutterschaft, Reinheit und in ihrem Mitleiden. Die MV prägte auch sein apost. Wirken und das seiner Gemeinschaften: »Die Kleine Schwester von Mariä Himmelfahrt ist dazu berufen, das Heil den Kranken und Armen zu künden. Für sie ist Maria die Zuflucht der Sünder und Hilfe der Christen. Daraus folgt, daß die Kleine Schwester nicht nur die Mutter Gottes als ein Vorbild nachzuahmen hat, sondern daß es ihre Aufgabe sein soll, die Muttergottesverehrung zu verbreiten. Die zwei Hauptmerkmale der Liebe der Kleinen Schwestern zur Mutter Gottes sind die unbefleckte Reinheit Mariae sowie ihr Mitleiden am Fuße des Kreuzes« (Directoire I c. 3).

P. hinterließ 3629 Briefe und 11 Bände von Predigten, geistlichen Schriften und Unterweisungen, die nur zum Teil zugänglich sind und z. Zt. durch Computer erfaßt werden. Seine heroischen Tugenden wurden 1983 anerkannt.

WW: Hs. im Archiv der Kongregation in Paris: Directoire des Petites-Soeurs de l'Assomption (1897). — 3629 lettres. — Commentaires des Constitutions (1877—96). Instructions de notre vén. Père, 11 Vol., Paris 1901. — Méditations, 1929. — Directoire des Petites Soeurs de l'Assomption, 1930. — Auszüge aus der schriftlichen Nachlassenschaft P.s, geordnet nach Themen, sind greifbar in: M. Humberte, Approches d'une spiritualité, 5 Vol., 1959—67.

Lit.: M. Lombard, Le P.E.P., Paris 1911, Abbeville ²1931. — G. Bernoville, Le Père P., 1944. — N.N., Un cinquantenaire 1899—1949, 1949. — M. Legoet, Un précurseur du service social, 1944. — A. Richomme, Le P.P. et les Petites Soeurs de l'Assomption, 1958. — R. Kokel, E. P., 1962. — P. Touveneraud, Le P.P. Hier et aujourd'hui, 1966. — M. Humberte, De la famille humaine à la famille de Dieu, 1968. — AAS 75 (1983) 1059—63. — DIP VI 1518ff. (Bild). — DSp XII 1169ff. (Lit., Übers.).

C. Monsch / W. Baier

Perosi, Lorenzo, * 21.12.1872 in Tortona, südwestlich von Mailand, als zweiter Sohn des dortigen Organisten und Domkapellmeisters, † 12.12. 1956 in Rom. P.s musikalische Begabung wird von frühester Jugend an im elterlichen Haus intensiv gefördert. Seit seinem 6. Lebensjahr erhält er Klavierunterricht, als 11-jähriger vertritt er den Vater bereits an der Orgel. 1890 geht er als Klavierlehrer nach Montecassino und betreibt nebenher Choralstudien. Ab 1891 studiert er am Konservatorium Mailand, 1893 an der KMschule Regensburg. Man will ihn dort als Orgellehrer behalten, bietet ihm für später auch die Domorganistenstelle in Regensburg an. P. kehrt aber nach Italien zurück und wird Kapellmeister in Imola. 1894 beruft ihn Kardinal Sarto, der spätere Papst

Pius X., nach Venedig als Kapellmeister von S. Marco. Vor Antritt seiner Stelle reist P. nochmals nach Österreich, Deutschland und Frankreich. Vor allem der Besuch der Abteien Seckau, Beuron und Solesmes hinterläßt in ihm Eindrücke. In Venedig wohnt er im Haus Kardinal Sartos, der ihm 1895 die Priesterweihe erteilt. Anläßlich einer Privataudienz im Dezember 1898 wurde P. von Papst Leo XIII. zum Sixtinischen Kapellmeister auf Lebenszeit ernannt. 1902 tritt er sein Amt an, das er bis zu seinem Tod innehatte.

P.s reiches kompositorisches Schaffen umfaßt mehrere große Oratorien nach biblischen Vorlagen mit zahlreichen marian. Akzenten, ein Stabat Mater und 13 Magnificat, ferner Orchesterwerke, darunter ein Klavierkonzert, zwei Violinkonzerte und ein Klarinettenkonzert, Kammermusik, Orgelkompositionen sowie geistliche und liturg. Chorwerke.

Leben, Persönlichkeit und Werk P.s wurden entscheidend geprägt von seiner Begegnung mit dem Gregorianischen Choral, zuerst in Montecassino, dann in Seckau, Beuron und Solesmes, von seinem Studium an der KMschule Regensburg, wo er mit der dt. kirchenmusikalischen Erneuerungsbewegung in Berührung kam, besonders von der Begegnung mit Kardinal Sarto, der später als Pius X. viele kirchliche Reformen in Angriff nahm.

P. stellte sein Schaffen in den Dienst der rel., kirchenmusikalischen und liturg. Erneuerung seiner Zeit. Schon in Venedig wies er die Wünsche seiner Freunde Puccini und Mascagni, die ihn gern als Opernkomponist gesehen hätten, zurück und entschloß sich, Oratorien zu komponieren, um dem Volk durch seine Musik die Bibel zu erschließen.

Als Sixtinischer Kapellmeister führte er eine durchgreifende Reform der Sixtinischen Kapelle durch, setzte sich erfolgreich für die Solesmer Choralausgaben ein und war einer der Initiatoren für die Errichtung des Istituto Pontificio di Musica Sacra in Rom nach dem Vorbild der Regensburger KMschule.

Am meisten aber wirkte P. in die Breite durch seine liturg. Kompositionen (Messen und Motetten). Dabei überrascht immer wieder die Frische des musikalischen Einfalls. In der »Spontaneitá«, im augenblicklichen Einfall, in der Inspiration sieht Toscanini den Wert der Musik P.s. Die Begabung ist bei P. gepaart mit der sicheren Beherrschung der Satztechnik. Als Leitsterne seines musikalischen Schaffens gelten ihm: der Gregorianische Choral, Palestrina und Johann Sebastian Bach. P. ahmt aber seine Vorbilder nicht nur nach, er bleibt originell, spricht durchaus eine zeitgemäße Tonsprache und führt über die Vorbilder hinaus, ohne ein neues System zu schaffen. Der Meister und Komponist P. ist zugleich Priester, der sich nicht scheut, seinen Glauben begeistert zu bekennen und seine rel. Empfindungen in den Kompositionen auszudrücken.

Lit.: G. Torti, L. P., 1959. — T. Onofri, L. P. nei giorni imolesi, 1977. — S. Martinotti, La musica sacra di L. P., 1984. — MGG X 1076—78. — DMM V 647 f. — Grove XIV 539 f.   *F. Fleckenstein*

Perotinus (Perotinus Magnus), bedeutsamer namentlich bekannter Komponist der Notre-Dame-Epoche, und zwar der ersten Hälfte des 13. Jh.s. Magister P., der wohl mit dem Succentor Petrus gleichzusetzen ist, wirkte vermutlich seit ca. 1207 bis zu seinem Tode 1238 (oder wenig später) an der Kathedrale ND in Paris. Er war Nachfolger des Leoninus, dessen »Magnus liber organi« er bearbeitete und kürzte. Außerdem fertigte er sog. Discantus-Partien (»Optimus discantor«) und schuf 3- bis 4-stimmige Organa und zahlreiche → Conductus. Unter seinen Kompositionen, von denen sieben mit Sicherheit nach den erhaltenen Quellen identifiziert werden konnten, finden sich einige mit marian. Inhalt, darunter das 3-stimmige Organum »Alleluia. Nativitas« und der Conductus »Beata viscera« auf einen Text des Kanzlers → Philipp.

Lit.: J. Handschin, Zur Geschichte von Notre Dame, In: AcM 4 (1932) 5—17. 49—55. — C. Wright, Music and Ceremony at Notre Dame of Paris 500—1550, 1989 (Lit.). — Grove XIV 540—543.   *F. Körndle*

Perpetuo succursu → Redemptoristen

Perrone, Giovanni, SJ, Theol., * 11. 3. 1794 in Chieri (Piemont), † 28. 8. 1876 in Rom, wurde 1815 Jesuit, 1816 Lehrer der Theol. in Orvieto und war 1824—53 Prof. für Dogm. am Röm. Kolleg (Unterbrechungen: 1830—34 Rektor des Jesuitenkollegs zu Ferrara, 1848—51 auf Grund der Vertreibung der Jesuiten aus Rom in England). P. war dann 1853—55 zunächst Rektor und von 1855 bis zu seinem Tod Studienpräfekt des Röm. Kollegs. Er war einflußreicher Mitarbeiter zahlreicher vatikanischer Kongregationen und maßgeblich an den Vorarbeiten zur Definition der IC und zum Vaticanum I beteiligt.

P., der durch seine zahlreichen Schüler wie seine fruchtbare lit. Produktion großen Einfluß erlangte, trug durch seine umfassende, apologetisch orientierte Darstellung der gesamten Dogm. zur Erneuerung der Schultheol. im 19. Jh. bei. Seine Bedeutung für die Mariol. gründet v. a. in seinem Beitrag zur Definition der IC. Er sprach sich 1847 für die Definierbarkeit dieser Lehre aus, da sie implizit im Wort Gottes offenbart, d. h. in der Hl. Schrift angedeutet, durch die Kirchenväter bezeugt, durch das lebendige Lehramt vorgelegt und vom Glaubenssinn der Gläubigen angenommen sei, und — noch vor der Befragung Pius' IX. — da ihre Definition von den meisten Bischöfen, Orden und theol. Fakultäten erbeten werde. Allerdings plädierte er für eine indirekte Festlegung, in der gesagt wird, daß die Kirche nicht irrt, wenn sie die Freiheit ᙏs von jeglicher Sünde vertritt. Die Diskussion der Difinierbarkeit der IC vollzog sich hauptsächlich in Annahme oder Ablehnung der von P. vorgelegten Argumente. P., der erst 1851 in die Theol. Kommission zur Vorbereitung der Dogmatisierung der IC berufen wurde, hatte bereits 1850 einen ersten Entwurf für die Definitionsbulle geliefert (vgl. Sardi II 22—38), der zwar nicht akzeptiert wurde, in dem aber zahlreiche Elemente des endgültigen Textes enthalten sind. Bei den weiteren Beratungen spielte P. neben C. → Passaglia eine wichtige Rolle.

QQ: V. Sardi (Hrsg.), La solenne definizione del dogma dell'immacolato concepimento di Maria Santissima. Atti e documenti, 2 Vol., Roma 1904—05.
WW: Bibliographie bei Sommervogel VI 558—571. — Hauptwerk: Praelectiones theologicae quas in Collegio Romano S. J. habebat, 9 Vol., Romae 1835—42 (über 30 Aufl.). — Mariol. WW: De immaculato B. V. Mariae conceptu an dogmatico decreto definiri possit. Disquisitio theologica, ebd. 1847 u. ö; dt.: Ist die Unbefleckte Empfängnis der seligsten Jungfrau Maria dogmatisch definierbar? Eine theol. Untersuchung, Regensburg 1849; 2. Aufl. unter dem Titel: Abhandlung über die dogm. Definition der unbefleckten Empfängnis der selgisten Jungfrau Maria, ebd. 1855. — Thesis dogmatica de immaculata B. V. M. conceptione addenda praelectionibus theologicis, Romae 1855.
Lit.: VirgoImmac II, passim. — G. da Nembro, La definibilità dell'Immacolata Concezione negli scritti e nell'attività di G. P., S. J., 1961. — W. Kasper, Die Lehre von der Tradition in der Röm. Schule (G. P., Carlo Passaglia, Clemens Schrader), 1962 (Lit.). — G. Müller, Pius IX. und die Entwicklung der röm.-kath. Mariologie, In: Neue Zeitschrift für systematische Theol. 10 (1968) 111—130. — J. Schumacher, Das mariol. Konzept in der Theol. der Röm. Schule, In: TThZ 98 (1989) 207—226. — DThC XII 1255f. — EC IX 1197f. — LThK² VIII 282.
P. Walter

Personalcharakter → Charakter

Peru. In P. gibt es kein zentrales Heiligtum, das für die marian. Frömmigkeit des ganzes Landes bestimmend und vorherschend ist wie in anderen lateinamerikanischen Staaten z. B. NS de Guadalupe in Mexiko, die »Jungfrau der Wunder von Caacupé« in Paraguay oder ULF von Luján in Argentinien. Der Grund dafür ist in der geographischen Gestalt P.s und seiner schwierigen verkehrsmäßigen Erschließung zu suchen, so daß jede Gegend ihr Heiligtum hat, an dem sich die Verehrung der GM bekundet. Das zeigt sich auch in der Sprache, die M mit dem für den jeweiligen Ort typischen Namen bezeichnet. Über ganz P. verbreitet ist die Verehrung des Gnadenbildes aus dem Andenhochland, der »Jungfrau von → Copacabana« am Titicaca-See, das auf Merscheinungen des Inka Tito Yupanqui anfang der achziger Jahre des 16. Jh.s zurückgeht. Früher lag das Heiligtum in Hoch-P., heute im Staat → Bolivien. Die Verehrung ist über ganz Süd-P. bis Lima verbreitet.

Ein weiteres Kennzeichen der marian. Frömmigkeit P.s ist ihre Prägung durch eine Reihe großer Gestalten der peruanischen Kirchengeschichte: Der erste Erzbischof P.s Jerónimo de Loaisa (1548—75) verehrte bes. die Rosenkranzkönigin, sein Nachfolger Toribio Alonso → Mogrovejo (1580—1606) »NS de Copacabana«, der Missionar Francisco Solano (1549—1610) »NS de los Angeles«, Rosa de Lima (1586—1616) und Martín de Porres die Rosenkranzmadonna; Juan Macías (1585—1645) war v. a. »NS de Belén« zugetan, Francisco Camacho »NS de la Antigua«, Francisco del Castillo und viele der Jesuitenmissionare in Lima sowie der Indio Nicolás de Dios, der wesentlich die MV in P. mitgeprägt hatte, verehrten »NS de los Desmarados« (der Schutzlosen). Hervorgehoben sei der Jesuit Jerónimo Ruíz del Portillo (1520—92), der sein Apostolat in Lima ganz marian. verstand. Ein wahrer Apostel der MV war auch der Franziskaner Mateo de Jumilla.

Ein bedeutendes Mheiligtum in der Hauptstadt Lima ist die Dominikanerkirche mit einem Bild der Rosenkranzmadonna, das Kaiser Karl V. Pizarro geschenkt haben soll. Die Rosenkranzkönigin wird bes. verehrt in Pomata und im Tale Chicama (Trujillo), wo ein Kazike ein Mbild gemalt hat.

Die Verehrung der Rosenkranzmadonna wie auch der »Virgen de las Mercedes« in Lima (seit 1615), die bes. durch den Merzedarier Miguel de Orenes gefördert wurde, ist eng mit dem politischen Geschick des Landes verbunden und spielte bei der »geistigen Eroberung« (Conquista espiritual) in P. und ganz Lateinamerika eine wichtige Rolle. In der Republik P. wurde die »Virgen de las Mercedes« am 22. 11. 1823 zur Patronin des Heeres ausgerufen; die Rosenkranzmadonna erhielt nach 100 Jahren der Unabhängigkeit vom Präsidenten der Republik (1921) ein goldenes, mit Edelsteinen besetztes Zepter.

Eine Kopie des Bildes »NS de la Antigua« aus Sevilla ist seit 1627 durch seine Verehrung bes. mit der Universität verbunden. Es wurde in der Kathedrale verehrt und von hier nach dem Erdbeben 1746 in die sog. Königskapelle übertragen. 1636 wurde auf dem kleinen Platz hinter dem Palast des Vice-Königs, wo der Galgen stand, eine kleine Kapelle errichtet, die der Beerdigung der Hingerichteten diente. Bald wurde diese Kapelle von allen besucht, die an ihr vorbei zum Markte gingen. Als Francisco del Castillo zum Kaplan ernannt wurde, besorgte er als erstes ein Bild von »NS de los Desamparados«, wie sie in Valencia in Spanien verehrt wird. 1591 kam die Kopie der GM von Copacabana durch Erzbischof T. A. Mogrovejo in die Kathedrale der Stadt Lima und später in die Kapelle einer Indio-Bruderschaft. Die Indios verehrten sie mit der gleichen Hingabe wie der Bischof und hielten sein Andenken lebendig; 1633 wurde sie dann in eine neue Kirche des Stadtteiles San Lazaro vebracht.

In Cajamarca wird in einer kleinen Kapelle der Franziskuskirche die Schmerzensmutter verehrt, zu der bes. während der Passionswoche viele Pilger kommen. In S. Miguel de Pallasques (Cajmarca) wird ein Mbild verehrt, das den Namen »ULF vom Bogen« trägt. Der Name und die Verehrung, die weit verbreitet ist, gehen wohl auf ein altes überliefertes Fest der Indios zurück. Das Hauptfest wird am 8. Dezember gefeiert. Dazu kommen große Pilgerscharen und es wird ein Markt abgehalten, der farbenreichste von ganz Nord-P.

In der Provinz La Libertad befindet sich in der Pfarrkirche von Huanchaco in der Nähe von Trujillo ein Bild ULF von der Immerwährenden Hilfe. Seit 1674 wird es alle fünf Jahre in einem feierlichen Zug nach Trujillo getragen, wo es vom 30. November an von Kirche zu Kirche geleitet wird, so daß es am 8. Dezember die Pilgerfahrt in der Kathedrale beendet. Darauf kehrt es nach Huanchaco zurück, wo am 25. Dezember der marian. Festzyklus mit der Feier der Geburt des Herrn endet. In Otuzo (La Libertad) beherbergt die Pfarrkirche in einer kleinen Nische das vielverehrte Bild »ULF von der Pforte« und in Callao, der Hafenstadt von Lima, wird seit dem 17. Jh. ein Bild ULF vom Berge Karmel verehrt, das sich ursprünglich in einer Eremitage befand. Alljährlich wird es in einer riesigen Prozession einmal durch die Stadt getragen. Die von den Augustinern erbauten Kirche NS de Guadalupe de Pasamayo bei Turjillo besitzt ein Bild ULF von Guadalupe (Extremadura), das 1560 von Spanien nach Lateinamerika kam. Der Kult ging im 18. Jh. zurück, erlebte aber im 20. Jh. wieder eine Erneuerung.

Das Bild der Jungfrau der Barmherzigkeit in der Mkirche von Ica, dem viele wunderbare Ereignisse zugeschrieben werden, ist die Kopie eines Gemäldes aus Lima, das auf den Augustiner Nicolas de la Encina, einen Indio, zurückgeht. In der Provinz Ayacucho genießen zwei Mbilder besondere Verehrung: das eine in Huambalpa, das andere in der Kathedrale von Ayacucho mit einem reich verzeiterten und geschmückten Rahmen mit Symbolen der Immaculata.

In Apurimac befindet sich das in P. wegen seines Alters sehr gefeierte großräumige Heiligtum »NS de Cocharas«. Es enthält eine Replik des Bildes »NS de Copacabana«, die sicherlich von einem Indio geschnitzt wurde. Als der junge Indio Sebastián Quimichi schwer krank war und von heftigen Schmerzen geplagt wurde, gelobte er eine Pilgerfahrt zum Heiligtum von Copacabana, wo er wunderbare Heilung fand. Zum Dank brachte er im September 1598 eine Statue ULF in sein Dorf mit. Am 20. 8. 1623 begannen die Einweihungsfeierlichkeiten für ein neues Heiligtum, die bis zum 8. September, dem Hauptfest, dauerten. Mit einem der ersten Siedler von Caima soll ein Mbild »NS de la Candelaria« nach Arequipa gekommen sein, das auch »NS de Caima« genannt wird. Der Ort, an dem im 17. Jh. zahlreiche Wunder bezeugt sind, wurde 1540 am Fest der Aufnahme Ms in den Himmel gegründet. Südöstlich von Arequipa erhebt sich der Wallfahrtsort zur Ehren »ULF von Chapi«, deren Verehrung auf die Indio-Bevölkerung zurückgeht. Um 1884 wurde die Mstatue von einer Höhlung in einem Weidenbaum in eine strohgedeckte Kapelle verbracht. Ein Merzedarier errichtete dann eine Kirche (1897 vollendet) und begann mit Pilgerfahrten von Arequipa. Der Wallfahrtsort wird wegen seiner vielen wunderbaren Heilungen das »kleine Lourdes« genannt. Etwa 10 km von Arequipa entfernt befindet sich der Wallfahrtsort »NS de Characato«. Die Statue stammt wohl aus dem Jahr 1590 und kam 1686 von Copacabana nach Characato.

Die alte Inka-Hauptstadt Cuzco ist nicht nur reich an frühen Kirchen, sondern auch an Gnadenbildern der GM. Das erste marian. Heiligtum dort war die Kapelle zu Ehren »ULF vom Siege«, das die Indios »Pacha Tacctacc« nannten. Cuzco war auch der erste Bischofssitz P.s. Die dortige Kathedrale ist der Aufnahme Ms in den Himmel geweiht. Weit verbreitet ist auch die Verehrung »NS de Belén« in Cuzco, bes. seit ihr wunderbare Hilfe bei einer Pest im Jahre 1726 zugeschrieben wurde.

In der Provinz Puno wird in Pomata auf einem Plateau nahe beim Titicaca-See sowie in der ganzen Gegend um den See »ULF vom Rosenkranz« verehrt. Die Holzstatue ist in Silber gefaßt, das Heiligtum im Stil der span. Renaissance, innen und außen mit typischen Indio-Ornamenten verziert. Südlich des Titicaca-Sees bestand von 1576 bis zur Vertreibung der Jesuiten (1767), die Reduktion bzw. »doctrina de Julí«, die zum Modell anderer Missionsniederlassungen unter den Indios in Lateinamerika wurde. Das Zentrum bildete die reich geschmückte und kunstvolle Kirche zu Ehren »NS de la Asunción de Julí«. Das Bild selber ist ein gewaltiges Gemälde von hohem künstlerischen Wert. Das Hauptfest wurde mit Prozessionen, Blumenteppichen und Musikdarbietungen sowie mit Pilgern aus der ganzen Gegend gefeiert. Heute erinnert die Kirche mit dem Bild an die früheren Feiern. In Julí gab es drei Marian. Kongregationen. Die Frauengruppe hatte 600 Mitglieder. In der Provinz Carabaya ist auf das Bild der Rosenkranzkönigin zu verweisen und auf »NS de Presentación« in Coata.

Feierlich gekrönt wurden die Mbilder »NS de las Mercedes« (Lima 1924), »NS del Rosario« (Lima 1927), »NS de Belén« (Cuzco 1933), »NS Dolorosa« (Arequipa 1940), »NS de la Porta« (Otuzco 1943), »NS de Cocharcas« (Apurimac 1947), »NS de la Candelaria« (Arequipa [de Caima] 1947), »NS de Carmen de la Legua« (Callao 1951), »NS de Milagro« (Lima 1953) und »NS de Guadalupe« (Pacasmayo 1954).

Durch den Inka Garcilaso de la Vega sind die Beinamen und Bezeichnungen für M aus der ersten Evangelisierungsperiode überliefert, die die marian. Grundhaltung zeigen. So wurde M »Mamanchic« (Unsere Herrin, Unsere Mutter), »Goya« (Königin), »Nusta« (Prinzessin von königlichem Geblüt), »Huc-hanac« (Sündlose), »Diospa Maman« (Muttergottes), »Zapai« (Einzige), »Jurac Amancay« (reine weiße Lilie), »Chasca« (leuchtendes Morgenrot), »Citoccoylior« (hellglänzender Morgenstern), »Huarcrapaña« (Markellose), »Mana Chancasca« (Unberührte), »Tazque« (reinste Jungfrau), »Pachacamacpa Maman« (Mutter des Schöpfers und Erhalters der Weltalls) und »Maria Chacuya« (M Helferin der Armen) genannt.

Eine andere From der MV, die bis in die frühe Zeit der Evangelisierung zurückgeht, sind die Tänze zu Ehren der GM, die zu den Ⓜfesten getanzt werden, aber oft auch mit Pilgerfahrten und Prozessionen eng verbunden sind.

In Lima wurde 1598 die erste Marian. Kongregation unter dem Titel »ULF von → O« gegründet, die dort eine bedeutende soziale Rolle spielte. Schließlich sei auf die Legende von der »Hierbamama« (Kräutermutter) hingewiesen, in der erzählt wird, wie Ⓜ, als sie in den Wehen lag, Coca mit Llipt'a (eine Paste aus der Asche von Chenopodium Quinoa) kaute. Da die coca auf die »Pachamama« verweist, wird man kaum fehlgehen, wenn man annimmt, daß durch die Legende die »Pachamama« mit der Fruchtbarkeit Ⓜs in Verbindung gebracht wird. In den Hochanden ist es zu einer Verschmelzung Ⓜs mit der »Pachamama« (»Erdmutter«), einer ausgesprochenen Muttergottheit, gekommen. Sie wird von der Bevölkerung zärtlich mit »Diminutiva« angerufen, womit auch die leibliche Mutter angeredet wird. Entsprechend der der Erde anhangenden Mütterlichkeit und Fruchtbarkeit ist auch der Glaube verbreitet, die Urahnen bestimmter Sippen seien der Erde entsprossen. Möglicherweise hat Pachamama auch als Mutter aller Dinge gegolten. Das Tier der Pachamama ist die Kröte, und man verbindet sie zugleich symbolisch mit dem weiblichen Prinzip der landwirtschaftlichen Tätigkeit, der fruchtbaren Feuchte. Eine solche Verbindung zwischen Pachamama und Ⓜ wird auch in Anrufungen deutlich, wie sie im Andenhochland heute noch verwendet werden, wo der Name Ⓜs mit dem der Kröte, dem Symbol der Pachamama, verbunden ist: »María toka-toka«, »María sapo« (sapo: Kröte). Phänomenologisch gesehen erklärt sich die Verknüpfung der Mutter Erde mit der GM aus dem betont Mütterlichen im Wesen beider Gestalten. Zum anderen hat zu dieser Vermischung auch die zeitliche Nähe der Feste beigetragen. Das große Jahresfest der Pachamama wird am 1. August von der Landbevölkerung gefeiert, dem Beginn des landwirtschaftlichen Jahres. Zwei Wochen später liegt das Fest der leiblichen Aufnahme Ⓜs in den Himmel, das mit dem Ende des Festes der Erdmutter zusammenfällt. Das zeigt sich deutlich in der Gestaltung des Festes der Aufnahme Ⓜs in den Himmel. Die Dorfbewohner pilgern am 12. August zu einer Kapelle in der Umgebung und bringen in feierlicher Prozession am 13. August eine Ⓜstatue ins Dorf. An der Spitze der Prozession ist die Trage mit der Statue, es folgen Flötenspieler und dann die Dorfbewohner. Der Zug macht an vier Stellen halt, wo es eine Vorrichtung zum Ablegen der Trage gibt und zugleich »mojones« aus weißen Steinen, also Kultstätten der Pachamama. Am 14. und 15. August wird das kirchliche Fest mit der eingeholten Ⓜstatue gefeiert. Es werden zwei hl. Messen gefeiert und eine Prozession zieht ums Dorf, wobei Maskierte Pantomimen teils span., teils indianischer Herkunft aufführen. Das Fest endet am 16. August abends, wenn die Ⓜstatue wieder zu ihrer Kapelle gebracht worden ist. Eine Gruppe, angeführt von drei Musikanten begibt sich in ärmlicher ländlicher Kleidung zur ersten Raststelle der Trage mit der Madonna, kniet dort neben dem Steinhaufen (mojones) für die Pachamama nieder, murmelt eine Mischung von Gebeten aus Vaterunser, Ave Maria und weiteren Anrufungen, bringt Rauchopfer dar, besprengt die Steine mit alkoholischen Getränken, streut Kakaoblätter und Konfetti darüber und verabschiedet sich bis zum nächsten Jahr von der Pachamama.

Eine solche Vermischung wird schon im 17. Jh. greifbar, wo der Chronist Pablo José Arriaga (* 1564 in Vergara/Biscaya, 1579 SJ, 1581 nach Peru, Priesterweihe, 1601 im Auftrag des Ordens nach Europa, 1612—15 Rektor des Kollegs in Arequipa, 1622 zweite Europareise, † bei einem Schiffbruch bei Kuba; als Begleiter seines Mitbruders Fernando de Avendaño auf dessen Visitationsreise zur Bekämpfung der alten, nichtchristl. Gebräuche der Indios schreibt er »Extripación de l'Idolatría en el Perú« [Lima 1621]) berichtet, daß die Indios unter dem Mantel des Christentums weiter ihren überlieferten rel. Bräuchen nachgehen. So werde im Hinterland von Lima immer noch das Bild mit der Darstellung der Aufnahme Ⓜs in den Himmel verehrt und besucht, um Chupixamor zu verehren, die lokale Personifizierung der Mutter Erde.

Lit.: H. Marrcci, De diva Virgine Copacabana in Peruano Novi Mundi Regno celeberrima, Romae 1656. — M. García Irigoyen, Historia de la Catedral de Lima 1535—1898, Lima 1898. — Album mariano, Lima 1904. — C. Garcia Irigoyen, Santo. Nuevos estudios I, Lima 1906. — P. J. de Arriaga, Extirpación de la idolatría del Perú (Ed. fascimilar), Buenos Aires 1910. — C. García Irigoyen, Monografia de la Diósis de Trujillo, 1930. — C. Bayle, S. Maria en Indias. La Devoción á NS y los Descubridores, Conquistadores y Pobladores de América, 1928. — L. A. Eguiguren, Alma Mater. Orígenes de la Universidad de San Marcos (1551—79), 1939. — R. Vargas Ugarte, Método de la Compañía de Jesús en la educación del indígena (La doctrina de Julí), In: Mercurio peruano 22 (1940) 554—566. — D. Angulo, La Metropolitana de la Ciudad de los Reyes, 1935. — V. A. Belaunde, Perunidad, 1942. — V. de Barriga, El templo de la Merced de Lima, 1944. — E. Anglo Iñiguez-Marco Dorta, Historia del Arte Hispanoamericano, 1945. — H. Velarde, Arquitectura Peruana, 1946. — Actas del Congreso Asuncionistas Franciscano de América Latina, 1949, 129—144. — H. E. Wethey, Colonial architecture and sculpture in P., 1949. — J. G. Gutiérrez, El santuario de NS de Cocharcas, Revista del Instituto Americano de arte 2 (1954) 75—90. — Vargas Ugarte II. — M. Noel, En la Arequipa indohispánica, 1957. — H. Vidal, Visión del Cuzco. Monografía sintética, 1958. — Manoir V 441—462. — H. A. Ugarteche, Copacabana y sus Tradiciones Religiosas, 1967. — R. Barton, A short history of the Republic of Bolivia. Beinig an account of all that has taken place in Upper Peru from earliest times to the present, 1968. — J. A. Pinto Ferreira, NS de Copacabana, In: Revista de Etnografía 13/1 (1969) 137—164. — L. Kill, Pachamama. Die Erdgöttin in der altandine Religion, 1969. — F. F. Crowley, Garcilaso de la Vega, el Inca and his sources in »Comentarios reales de los Incas«, 1971. — P. Duviols, La lutte contre les religions autochtones dans le Pérou colonial, 1971. — A. M. Mariscotti de Görlitz, El culto de Pachamama y la religión aldeana de los Andes Centrales, 1975. — R. Vargas Ugarte, Historia de la ilustre Congregación de seglare de NS de la O, 1973. — F. Allaga Rojas, La Organización de la Iglesia en el P., In: E. Dussel u. a. (Hrsg.), Historia General de la Iglesia en America Latina VIII: Peru, Bolivia y Ecuador, 1987, 59—83. — F. Allaga Rojas, La vida cotidiana en el P., ebd. 111—136.   *H. Rzepkowski*

Perugino, Vision des hl. Bernhard, 1489, München, Alte Pinakothek

Perugino (eigentlich Pietro di Cristoforo Vannucci), * 1445/48 in Città della Pieve/Perugia, † Februar/März 1523 in Fontignano bei Città della Pieve, Hauptmeister der umbrischen Schule der ital. Malerei des Quattrocento. Aus der Jugend- und Lehrzeit sind keine sicheren Daten überliefert, erst 1472 ist P. in Florenz als Künstler verzeichnet. Laut Giorgio Vasari soll er zunächst bei Piero della Francesca gelernt haben, um anschließend, eventuell gleichzeitig mit Leonardo, in der Werkstatt Verrocchios zu arbeiten. Der Kontakt zu Verrocchio wird von anderen auch einer Ausbildung bei Fiorenzo di Lorenzo in Perugia zugeschrieben. Relativ sicher ist eine Zusammenarbeit mit Verrocchios Schüler Pinturicchio um 1473.

Erste eindeutig seiner Hand zuzuweisende Arbeiten finden sich ab 1478, als er mit anderen Malern zur Ausmalung der Sixtina nach Rom berufen wird. Die dort entstandenen Werke begründen seinen Ruhm, der P. in den achtziger Jahren zu den berühmtesten Malern Italiens macht. 1481/82 in die Malerzunft Roms aufgenommen wird er vom Rat der Stadt nach Florenz gerufen. Es folgen rasch wechselnd Aufträge in Perugia, Rom, Florenz und Orvieto, bis er 1493—1500 hauptsächlich in Florenz tätig ist. In dieser Zeit geht P. endgültig von der Tempera- zur Ölmalerei über. Um 1500 tritt Raffael als Gehilfe in seine Werkstatt ein, in der er bis 1504 bleibt. In diesen Jahren arbeitet P. auch mit Luca Signorelli zusammen, ansonsten übernehmen immer mehr seine Gehilfen die Hauptproduktion der beiden Großwerkstätten in Florenz und Perugia. Einhergehend mit dieser Massenherstellung eingespielter Bildtypen versäumt der Meister den Anschluß an die neue Entwicklung des frühen 16. Jh.s. Die Jahre nach 1510 bis zum Pesttod sind v. a. gekennzeichnet durch umbrische Auftragswerke, die P. auch an kleineren Orten verfertigt.

Mit P. erlebt die Peruginer Malerei ihren Höhepunkt — er ist nach Raffael der einflußreichste Maler Umbriens. In den Frühwerken demonstriert er seine im Umfeld Verrocchios aufgenommenen Anatomiekenntnisse. Die Figuren sind klar farbig gefaßt und elegant gebaut mit einer gewissen kostbaren Überladenheit und Geziertheit. Den Rahmen und Hintergrund geben aufwendige sowie prachtvolle Architekturen in einer weiten, feinen Landschaft. In den ersten röm. Jahren entwickelt der Maler ernstere und strengere Formen in ausgewogeneren und auch klareren Kompositionen. Die neunziger Jahre zeigen ihn in seiner größten Reife. Ohne tiefere Dramatik haben seine Gestalten eine große Wirkung durch eine voll durchdachte Raumkomposition, die fein kalkulierte Figurenzusammenstellung und eine atmosphärisch-lyrisch belebte Landschaft, in der Architekturen streng symmetrisch eingefügt auftreten. Die feierlichen Szenen werden getragen von scharfer psychologischer Beobachtung.

Die letzten beiden Jahrzehnte zeigen ein Erschlaffen, da P. über den erarbeiteten Formenschatz nicht mehr hinausgeht — gerade im Vergleich mit seinem Schüler Raffael, der in Fortsetzung der hohen Werke P.s den Schritt zur Renaissance-Klassik realisiert.

Die vielfältige Werkliste P.s weist hauptsächlich vier Typen an Ⓜ︎darstellungen auf: Halbfigurige Madonnen mit dem Christuskind alleine oder zwischen Engeln, Heiligen bzw. zusätzlich mit dem Johannesknaben; vereinzelt dazu ganzfigurige Darstellungen intimeren Charakters, als es die Beispiele der großen Repräsentationen sind; großformatige Einzelbilder oder kleinformatige Predellentafeln mit Szenen aus dem Leben Ⓜ︎s, desgleichen mit Ⓜ︎ in Passionsszenen und in Heiligenviten; der Doppelgruppe stellen letztlich die großen repräsentativen Szenerien mit Ⓜ︎ in der Glorie sowie die Thronbilder mit Ⓜ︎ zwischen Heiligen dar.

Die beiden ersten laut Signatur sicher von P. stammenden Ⓜ︎bilder im halbfigurigen Format sind die Tafeln in Wien und Paris (Ⓜ︎ mit Kind zwischen zwei weiblichen Heiligen, Kunsthist. Mus.; Ⓜ︎ mit Kind zwischen Johannes dem Täufer [?] und einer weiblichen Heiligen, Louvre). Erst gegen 1493 entstanden, zeigen sie die beiden Arten des Meisters, die Figuren vor hellen oder dunklen Grund zu stellen. Das Bild im Louvre läßt die hellen Partien durch die Dunkelhinterlegung deutlicher erscheinen. Das etwas fülligere Gesicht der Madonna wie auch die konturauflösende Lichtführung verraten gewisse venezianische Einflüsse. Das vom Aufbau her gleich behandelte Thema in Wien taucht, bedingt durch den hellen Hintergrund und die gesamte Lichtregie, die Szenerie in helle, klare Töne. Die deutlichen Konturen und die diffuseren Grenzen nur an den lichtabgewandten Stellen markieren hier die florentinische Schule.

Die um 1497 gemalte Madonna mit Kind und dem Johannesknaben (Frankfurt, Städel) bringt eine Mischform der beiden früheren Werke, in dem einmal der Hintergrund von der helleren Horizontebene aus nach oben zu dunkel verdämmert und zum anderen die vordem sehr zurückhaltend geschilderte Ⓜ︎ noch abgeklärter erscheint.

Im Vergleich zu diesen frontal gegebenen Madonnen, die P. ähnlich um 1500 (Ⓜ︎ mit Kind, Detroit, Sammlung Ford) wiederholt, wird 1501 (Ⓜ︎ mit Kind, Washington, Nat. Gallery) das Schema verändert. Ⓜ︎ blickt nicht mehr auf den Betrachter, sondern schaut, nun leicht in Dreiviertelwendung gerückt, den in gleicher Richtung nach links agierenden Christusknaben an. Die intime Bezogenheit der Figurengruppe gibt P. in seinem letzten Ⓜ︎bild dieser Art in London (Madonna mit Kind und Johannesknaben, Nat. Gallery, 1505—10) wieder auf, als er die Dreierkomposition hinter einen Fensterausschnitt mit leonardesker Flußtallandschaft stellt. Die Personen sind zwar durch die Blickführung zueinander oder auf sich selbst bezogen, doch gleicht die Inszenierung eher einer Zurschaustellung denn der Schilderung familiärer Intimität.

Bei den ganzfigurigen Darstellungen des ersten Typs ragt die der »Madonna del Sacco« (Florenz, Palazzo Pitti, 1495/1500) heraus, die unter Zufügung dreier musizierender Engel über Ⓜ︎ aber ohne Johannesknaben im Altarpolyptychon der ehemaligen Kartause von Pavia (London, Nat. Gallery) wiederholt wird. Die fein gezeichnete Ⓜ︎ mit schmalerem Gesicht bleibt kühl distanziert. Die intime Szene wirkt offiziell inszeniert.

Ähnliches läßt sich beim Bild der das Kind kniend zwischen zwei Heiligen anbetenden Madonna beobachten (New York, Pierpont Morgan Library, 1503). Mit gleicher Kopfhaltung und in der Körperwendung wie Handstellung kaum variiert, sind die anbetenden Gestalten auf das Kind am Boden ausgerichtet. Die Verehrung bleibt trotz einiger Andeutungen intimer Reflexe sachlich. Es wird jedoch eine Gefühlswelt angezeigt, die P. in einem 1504/05 gefertigten Werk (Ⓜ︎ mit Kind und Johannesknaben zwischen zwei anbetenden Engeln, Nancy, Mus.) ins Zentrum rückt, da hier die Gruppe in landschaftlichem Idyll familiärer gegeben ist. Ⓜ︎ betet nicht an, sondern bewacht mütterlich die beiden Kinder.

In der zweiten Gruppe der Ⓜ︎themen läßt sich eine Entwicklung feststellen, die v. a. kompositorischer Natur ist und von den großen repräsentativen Arbeiten beeinflußt ist. So versammelt P. in der Anbetung der Könige (Perugia, Nat. Galerie, um 1476) alle Figuren im Vordergrund, der im rechten Bilddrittel ein baldachinartiges Stallgebäude für Ⓜ︎ und das Kind aufweist. Bei der über ein Triptychon verteilten

Anbetung des Kindes von 1491 (Rom, Sammlung Albani-Torlonia) führt P. eine Zwischengrundarchitektur ein, die streng punktperspektivisch den Raum gliedert und die Vermittlung zum weiten Hintergrund leistet.

Thematisch bedingt setzt P. bei seinen Beweinungen (Pietà) die Madonna ins Bildzentrum (Florenz, Uffizien, 1494/95; Palazzo Pitti, 1495, u. a.). Das Bild der Uffizien plaziert die sitzende Madonna monumental unter den Hauptbogen der Bildarchitektur, der tote Körper des Sohnes liegt quer über ihren Knien. Entgegen dieser Präsentation des Toten beweint M Christus im Palazzo Pitti in einer Gruppe eingebettet. Die GM befindet sich zwar im Bildzentrum, doch agiert sie eingehüllt von den sie Umstehenden. Der Sohn wird weniger von ihr getragen als von den Begleitern gestützt.

P. geht bei der Schilderung von Szenen aus dem Mleben kaum mehr von dem einmal gefundenen Schema ab, die Beteiligten durch Mittel- und Hintergrundarchitektur zu gliedern und die Mittelstelle der Jungfrau oder dem Kern der Handlung zu reservieren. Bei Verkündigungsszenen kann M unter dem Mittelbogen der Halle ruhen (Fano, S. Maria Nuova, 1497) oder an die Seite rücken (ebd. 1498). Die Anbetungen des Kindes folgen generell der Erstfindung, die Mutter dem Kind ziemlich nahe zuzugesellen (Perugia, Collegio del Cambio, 1496/1500; Perugia, Nat. Galerie, 1500; Montefalco, S. Francesco, 1515 u. a.).

Eindeutig vom Bildschema der großen repräsentativen Bilder geprägt zeigt P. die Anbetung der Könige in Pieve (Oratorium S. Maria dei Bianchi, 1504), bei der er die vielfigurige Szene im Vordergrund konzentriert, der thronenden M mit dem Kind in der Mitte aber viel Freiraum gewährt. Die überhöhende Vierpfeilerarchitektur als Art Thronbaldachin steht frei dahinter als Element, das die räumliche Verbindung zur Landschaftsperspektive im Hintergrund schafft.

Im wohl berühmtesten Bild P.s dieser Gruppe, der Verlobung Ms (Caen, Mus., 1500/04), ist das Kompositionsgerüst extremer zerlegt. Im Vordergrund stehen die Zuschauer dichtgedrängt um das Zentrum der Ringübergabe durch Joseph. Die Handlungsmitte besetzt der Priester. Mittel- und Hintergrund werden von einer oktogonalen tempelartigen Großarchitektur dominiert, die die ganze obere Hälfte des Bildes einnimmt. Dahinter erstreckt sich wenig tief der Horizont einer flachen Landschaft.

Die kleinste Gruppe von Mbildern stellen die Heiligenvisionen, die letztlich nur durch das Münchner Bild von 1493 (Alte Pinakothek) vertreten ist. M tritt hier als Gesprächspartnerin dem hl. Bernhard gegenüber, wobei die Begegnung wiederum in eine dreischiffige offene Pfeilerhalle verlegt wird. Die Szenerie gibt sich feierlich in einer Raumordnung, die immer die perspektivisch angedeutete Unendlichkeit enthält.

Sein eigentliches Mbild schuf P. neben den intimen Arbeiten der ersten Gruppe in der vierten Gruppe der zumeist großformatigen repräsentativen Darstellungen. In den frühen Thronbildern mit zwei Heiligen (Florenz, Uffizien, 1492 und 1493) ruht M mit dem Kind auf einem relativ niedrigen Podest mehr vor als in einer offenen Pfeilerhalle, die Heiligen blicken wie die Madonna schräg aus dem Bild, das Kind in Gegenrichtung. Es ist kaum ein innerer Bezug von Mutter und Kind spürbar. In den beiden gleichzeitigen Beispielen (Paris, Louvre, 1492; Wien, Kunsthist. Mus., 1493) experimentiert P. mit größerem Personal und anderer Hintergrundgestaltung: im Pariser Bild schließt eine niedrige Mauer die Gruppe von der Landschaft ab, in der Wiener Tafel ereignet sich das Ganze in einer Mauereinfriedung, die durch das fehlende Dach den Blick in den Himmel freigibt. Außerdem greift der Maler hier ein beliebtes Florentiner Thronmotiv auf, die M-Kind-Gruppe durch einen rückwärtigen schmalen Vorhang und eine quadratische daran anschließende Dachbekrönung zu überhöhen. Das Altarbild in Rom (Vatikanische Mus., 1495/96) treibt das Motiv weiter, wobei die Muttergruppe auf einem hohen Podest in eine Steinbogenarchitektur als Thron gesetzt wird, die den Blick in die Landschaft verstellt. Die Figuren zeigen mehr innere Beteiligung, v. a. M trägt ihre Demutshaltung deutlicher vor.

Im Altar von Fano (S. Maria Nuova, 1497; Replik in Senigallia, Palazzo Comunale, 1497) nimmt P. diese Abschrankung zum Hintergrund hin wieder zurück. Die GM sitzt nach wie vor höher als die sie umgebenden Heiligen. Die Begleitfiguren treten tiefer gestaffelt und in abwechslungsreicheren Haltungen auf. M hält das Kind beschützend und neigt ihren Kopf leicht nach links, wogegen das Kind in die andere Richtung gewendet blickt. Das Bild in Marseille (Mus., 1500/02) gibt eine neue Variante dieses Typs. M thront hoch auf einem Podest über den seitlichen Begleitfiguren. Hinter ihr steht den ganzen Raum des Thronbaldachins ausfüllend ihre Mutter und legt die Hände auf Ms Schultern. Alles spielt sich in einem tonnengewölbten Raum ab, der nach hinten zu die Landschaft geöffnet ist. Diese feierliche Inszenierung der thronenden GM hat P. nicht wiederholt. Noch die letzte Arbeit dieses Typs (Spello, S. Maria Maggiore, 1521) bleibt im einmal fixierten Muster, hier in der Variante mit dem Vorhangstreifen hinter und der quadratischen Dachscheibe über der Mittelgruppe. Diese Sacra Conversazione scheint frei in die Landschaft gesetzt, doch schrankt ein niedriges Mäuerchen nach hinten zu ab.

Lit.: G. Ch. Williamson, P. Vannucci called P., London 1900. — F. Knapp, P., Bielefeld 1907. — W. Bombe, Geschichte der Peruginer Malerei bis zu P. und Pinturicchio, Berlin 1912. — Ders., P., Des Meisters Gemälde, Stuttgart 1914. — U. Gnoli, P., 1923. — G. Urbini, P., 1924. — J. Alazard, P., 1927. — F. Canuti, Il P., 1931. — C. Gamba, Pittura umbra del Rinascimento, 1949. — L. Venturi, Il P., 1955. — E. Camesasca, Tutta la Pittura del P., 1959. — C. Castellaseta, L'opera completa di P., 1969.

N. Schmuck

Peruzzi, Baldassare, ital. Maler, Architekt und Bühnenbildner der Hochrenaissance, getauft 7.3.1481 in Siena, †6.1.1536 in Rom.

Laut Vasari erhielt P. erste künstlerische Anregungen von Goldschmieden. Eine Ausbildung bei dem in Siena ansässigen Francesco di Giorgio (1439—1501) ist nicht gesichert. 1503 übersiedelte er nach Rom, wo er in die Werkstatt Bramantes (um 1444—1514) eintrat. Unter der Protektion des Agostino Chigi gelangte er rasch zu einer gewissen Popularität, die ihm u.a. die Aufträge zur Ausmalung des Chigi-Palastes (um 1505/06), von S.Onofrio (1504/06) und S.Pietro in Montorio (zwischen 1503 und 1507) sowie zum Bau und zur Ausstattung der späteren Villa Farnesina (erste Phase: 1509/11, zweite Phase: um 1517/18) sicherte. Von Bedeutung sind ferner seine Tätigkeit als Leiter der Ausmalung der Rocca in Ostia (seit ca. 1508), eines bevorzugten Aufenthaltsortes Julius' II., sowie die Übernahme der Bauleitung von St. Peter nach dem Tod Raffaels (1483—1520). Während ihn in seiner röm. Zeit in erster Linie Arbeiten auf den Gebieten der Theaterdekoration, der Fassadenmalerei und der Wandmalerei beschäftigten, war er nach seiner Übersiedlung nach Siena 1527 vor allem als Stadtbaumeister und Militärarchitekt tätig.

P.s künstlerisches Schaffen als Maler und Zeichner gliedert sich im wesentlichen in vier Perioden. Die erste Phase umfaßt die Jahre seiner Ausbildung bis 1508, während der er vor allem unter dem Einfluß der sienesischen und der umbrischen Schule mit ihrer Vorliebe für eine schlichte Erzählweise sowie für lineare, reliefartige Flächengebundenheit und Lieblichkeit der Figuren stand. Die Jahre 1508—16 sind durch seine Auseinandersetzung mit den Hauptvertretern der röm. Hochrenaissance, so zunächst Signorelli (1445/46—1523), später dann Michelangelo (1475—1564) und zunehmend Raffael geprägt. Von Signorelli übernahm er ein neues, unmittelbares Verhältnis zur Anatomie und Plastizität des menschlichen Körpers und seiner Vielfalt verschiedenster, z.T. extrem verkürzter Stellungen. Unter dem Einfluß Michelangelos und Raffaels hingegen wandelten sich die Physiognomien und Körperhaltungen ins Lebhafte, und seine Werke gewannen an Monumentalität. Die dritte Phase zwischen 1517 und 1525 stand ganz unter dem beherrschenden Einfluß Raffaels, während sein Spätstil nach 1526 deutlich antiklassische, manieristische Tendenzen verarbeitete, die sich vor allem in der Proportionierung und Torsion der Figuren sowie der Vorliebe für Pathos und auf Kontraste abgestellte Licht- und Schattenwirkung bemerkbar machen. Trotz all dieser verschiedenen Einflüsse, denen sich P. ausgesetzt sah, zeigt sein gesamtes Schaffen durch all die Jahre hindurch eine Reihe konstanter, ihm eigener Formphänomene. Hierzu gehört in erster Linie die in der sienesischen Tradition wurzelnde und durch Antikenstudium vertiefte, durch den bildparallelen Aufbau und die meist friesartige Anordnung seiner Figuren erreichte Flächenbindung seiner Kompositionen, in denen die Grenze zwischen dem Vordergrundrelief und der Raumtiefe niemals wirklich aufgehoben erscheint. Eine weitere Konstante bildet der zumeist marionettenhafte, passiv bewegte Charakter seiner Figuren. Ebenso charakteristisch ist sein Verhältnis zum Licht, das in erster Linie den Stimmungsgehalt einer in mystisches Halbdunkel getauchten Szene sowie die plastischmodellierende Wirkung seiner Pinselführung unterstreicht, ohne daß die eigentliche Lichtquelle je sichtbar wird. Alles in allem bemühte sich P. stets, mit den neuesten Fortschritten in der Kunst seiner Zeit Schritt zu halten, ohne daß er selbst einen entscheidenden Beitrag zu ihrer Entwicklung geleistet hätte.

Innerhalb seines rund 150 Fresken, Tafelbilder und Zeichnungen umfassenden Oeuvres spielen neben der Antike entlehnten Motiven auch rel. Themen eine wichtige Rolle. Auffallend häufig im Vergleich mit anderen Künstlern der Hochrenaissance gestaltete er das Thema der Anbetung des Kindes, insbesondere durch die Hll. Drei Könige. Hauptwerk dieser Thematik ist die lavierte Federzeichnung der Anbetung der Könige für den Grafen Bentivogli (London, Nat. Gallery, 1521/23), die ihn auf der Höhe seiner Kunst zeigt und wie kein zweites seiner Werke Figuren, Landschaft und Architektur zu einer Einheit zusammenschließt: den Kern der Komposition bilden die Hl. Familie und die anbetenden Könige im Innern einer gewaltigen Triumphbogenruine, umgeben von dem eng gruppierten Gefolge. Weniger häufig sind Darstellungen der Madonna mit Kind, die seiner Vorliebe für erzählerische Vielfalt nicht entgegenkommen. Das früheste überlieferte Beispiel hierfür ist ein noch heute als wundertätiges ᛘbild verehrtes Tafelgemälde der Madonna mit Kind (Canonica von S.Ansano a Dofano/Toscana, um 1510), das im Typus auf eine Kompositionsform des röm. 15.Jh.s zurückgreift. P.s Madonnentypus steht dabei in der Frühzeit unmittelbar unter dem Einfluß der sienesischumbrischen Tradition, später dann v. a. Raffaels.

Lit.: Ch.L. Frommel, B.P. als Maler und Zeichner, 1967/68. — L. Zental, Drei Kupferstiche des »Meisters mit dem Würfel«. Überlegungen zu Bildthemen von B.P., In: Sitzungsberichte, Kunstgeschichtliche Gesellschaft zu Berlin N.F. 32 (1983/84) 16—18. *U. Liebl*

Pestbild bezeichnet eine heterogene Gruppe rel. Bilder vorwiegend des 14. bis 18. Jh.s, die entweder durch eine ausgeprägte Ikonographie (z.T. erweitert durch bestimmte Heilige oder erkrankte Menschen) oder durch Inschriften, zugehörige Texte, Gebete oder Dokumente ihren Zusammenhang mit der Pest kundtun. Anzutreffen sind sie in der Wand- und Tafelmalerei oder Graphik, als Altar- und Votivbilder, Epitaphe oder Gebetszettel.

Die Entstehung der Thematik ist nicht allein mit der Pandemie von 1348 ff. zu erklären, da wesentliche Motive bereits früher in Illustrationen des AT, des Heilsspiegels oder in der Todesikonographie (z.B. in Lavaudieu, Auvergne, 1315) auftreten und es andererseits zur Ausbildung der klassischen Bildtypen erst im 15. Jh. kommt. Sofern eindeutige Hinweise auf Pest (Krankheitsbild, Inschriften, Dokumente) fehlen, sind die Bilder in einem allgemeineren Sinne als Plagenbilder, als Exempel für Gottesstrafe und -gericht und Fürbitte zu verstehen.

Ikonographische und geistige Grundlage der Pest- und Plagenbilder ist das AT, das an zahlreichen Stellen den zürnenden Gott schildert, der sein Volk bestraft — die Trias Pest, Hunger, Krieg (Schwert) ist wohl am häufigsten anzutreffen (2 Sam 24,13; 2 Chr 20,9; Jer 14,12 u. a.), nicht nur ein Topos, sondern historisch durchaus im Zusammenhang nachweisbar. Zugehörige Illustrationen symbolisieren die Strafen durch Pfeile, Blitze oder das Schwert; auch dies hat eine atl. Grundlage (Dtn 32,23; Ez 5,16 oder in apokryphen 4 Esra 15/16; dargestellt im Utrecht-Psalter, Univ.-Bibl., Hs. 32, fol. 22^r. 4^r. 41^v. 11^v, um 820/40; in der Bible moralisée, Wien, Österr. Nat. Bibl. cod. vind. 2554, fol. 3^v. 31. 43; Paris, Bibl. Nat., ms. lat. 11560, fol. 162. 169^v, 1. Hälfte 13. Jh.; im Psalter, Paris, Bibl. Nat, lat. 8846, fol. 66, Ende 12. Jh.). Da im MA — wie auch später — Krankheit und anderes Unglück als Strafe Gottes galten, war man zwangsläufig auf den atl. Motivschatz angewiesen; viele P.er bestätigen dies durch entsprechende Zitate (z.B. Landplagenbild in Graz, s. u.). Im Unterschied zu den »gnadenlosen« atl. Darstellungen zeigen sie aber immer eine fürbittende Instanz. Das Fürbitten kann unterschiedliche Ausprägung haben, vom Beten bis zum aktiven Eingreifen, das aber in der Regel nur ⋒ zugestanden wird.

Viele Darstellungen greifen auf die populären Fürbittemodelle zurück, die das »Speculum humanae salvationis« (Heilsspiegel) seit dem frühen 14. Jh. anbot (siehe Lutz/Perdrizet); besonders nach Erfindung des Buchdrucks verfestigte sich die Ikonographie. Das 37. Kapitel schildert die Legende, die als Vision des hl. Dominikus überliefert ist: ⋒ sieht, daß ihr Sohn, wie der Gott des AT, zornig über Hochmut, Habsucht und Wollust, die Menschheit mit Lanzen bedroht; sie besänftigt ihn, indem sie ihm die hll. Franziskus und Dominikus (die Personen sind austauschbar) als Menschheitsverbesserer vorstellt (»Mediatrix«). Im 38. Kapitel bewahrt ⋒ die Menschheit mit ihrem Mantel vor Sünde und Gottes Zorn (»Defensatrix«). Aus der Verbindung beider Motive, dem drohenden Gott und der Schutzmantelmadonna, entstand das wohl am weitesten verbreitete P.motiv. Frühestes Beispiel ist die fragmentarische »Madonna della Misericordia« des Barnaba da Modena, die mit ihrem Mantel die Menschen vor den Zornespfeilen schützt (Genua, Servitenkirche, letztes Viertel 14. Jh.). Zahlreiche Beispiele, besonders in Italien und Deutschland, schließen sich an (siehe Perdrizet). Im Detail und in der Anordnung gibt es Varianten: vertikale (in Italien bevorzugt) oder diagonale Komposition (wie in Gerlamoos, Kärnten, um 1480; Höfler, Abb. 147), Menschen außerhalb des Mantels, die von den Pfeilen/Strafen Gottes getroffen werden (selten auch unter dem Mantel: Fresko in Atella, um 1425; Perdrizet 119), zusätzliche Heilige, die die Fürbitte unterstützen. Auf Einblattdrucken begegnet dieses Motiv häufig (siehe Heitz II). Eine bedeutende Gruppe hat sich in umbrischen Pestbannern erhalten (siehe Santi): Die Exemplare zeigen oft unter der durch Heilige erweiterten Schutzmantelgruppe eine Stadtansicht mit Geißlerzügen, flüchtenden Menschen, Toten usw., neben dem pfeilewerfenden Christus oft Personifikationen der »Iustitia« mit gezücktem Schwert und der »Misericordia«, die das Schwert in die Scheide senkt (z.B. Bonfigli-Werkstatt, Banner in San Francesco al Prato in Perugia, mit Bezug auf die Pest von 1464).

Ein weiteres Motiv ist die sog. Heilstreppe, die sich aus dem 39. Kapitel des Heilsspiegels (und aus der Legenda aurea, Kapitel »Von der Himmelfahrt des Herrn«; siehe Ronen 1988) ableitet: ⋒ stimmt Christus milde, indem sie ihm ihre Brust zeigt, an der er als Kind genährt wurde, Christus den zornigen Gottvater, indem er ihm seine Wunden zeigt, durch die er die Menschheit erlöste. Besonders P.er des frühen 16. Jh.s nördlich der Alpen bedienen sich dieses Motivs unter Einschluß des zornigen Gottvaters mit Schwert oder Pfeilen (Jan Pollack, München, St. Peter, 1517). Geläufig ist auch die Kombination von Schutzmantelmadonna und Heilstreppe (Martin Schaffner, Nürnberg, Germ. Nat. Mus., um 1510/14). Schutzmantelbilder und andere Fürbitteformen werden seit dem späten 15. Jh. in die Ikonographie der Syphilistraktate übernommen (Conrad Reiter, Mortilogus, Augsburg 1508).

Neben diesen vom Speculum humanae salvationis geprägten Bildtypen gibt es freiere Gestaltungen wie das P. des Göttinger Barfüßeraltares, das zeigt, wie ⋒, im Gebet unterstützt von den hll. Franziskus, Antonius v. Padua und Klara, einen Teil der von Christus gesandten Pfeile in ihrem Kleid auffängt, während der größte Teil auf die sündige Menschheit herabprasselt; die Verwundungen lassen auf Pest, Hunger und Krieg schließen. Die Darstellung, das früheste Altarbild dieses Themas nördlich der Alpen, demonstriert mit seinem durchdachten Handlungsablauf die Grenzen der Macht ⋒s; nur denen kann sie helfen, die bereuen. Eine darunter erscheinende Pietà ist mit dem P. thematisch durch Verse der Allerheiligenlitanei verbunden (Hannover, Landesmuseum, 1424). Das »Landplagenbild« am Dom zu Graz stellt ebenfalls Pest, Hunger (in Gestalt einer Heuschreckenplage) und Krieg (als Türkeneinfall) dar, vor denen ⋒ mit einem langen Schleier schützt (Thomas v. Villach, 1485).

Nicht selten verwenden P.er geläufige ⋒themen: Ein Gedenkblatt der Sebastiansbruder-

Pestbild

J. B. Zimmermann, Vilgertshofen, Fresko, 1734

schaft mit einem Gebet, für das Papst Sixtus Ablaß gewährte, zeigt eine halbfigurige ⒨ mit Kind und den hl. Sebastian mit sterbenden, von Gott bedrohten Menschen (kurz vor 1500; Heitz VIII 20); auf einem Florentiner Pestblatt steht die Madonna mit Kind zwischen Sebastian und Katharina; nur das Gebet weist auf den Kontext (um 1480/90; Hind I 2 pl. 110). Auf Dürers Dresdner Altar mit ⒨, die das Kind anbetet, sind es u.a die hll. Sebastian und Antonius auf den Flügeln, die an die Pest gemahnen (1496/97; 1502/04). Auf den genannten umbrischen Pestbannern sieht man ⒨ oft unter dem Kreuz Christi; der Erlösungsaspekt des Kreuzesopfers macht diese Szene für das Thema bedeutsam (siehe Santi). Eine Pietà (mit Sebastian, Rochus, dem Weltenrichter und dem Sensenmann) ist Illustration in einer Pestschrift (Philipp Culmacher, Pestregimen, Leipzig, um 1495; Klebs/Sudhoff, 1926, Tafel XXIII); in einer anderen erscheint ⒨ zusammen mit dem Schmerzensmann am Himmel: sie hält das Schwert fest, das dieser gegen die Menschen am Boden richtet (H. Brunschwig, Straßburg 1500; Kunze 221). Wie in der Deesis des Jüngsten Gerichts beten ⒨ und Johannes zu seiten des pfeilewerfenden Gottvaters in einer Illustration eines Gebetes gegen Erdbeben und Pest, während Christus und Moses mit dem apotropäisch zu verstehenden Tau-Zeichen die Strafpfeile von der Menschheit abzuhalten versuchen (Oratio deuotissima de S. Anselmo ..., Venedig, Ende 15. Jh.; Prince d'Essling II 619).

Die Pestthematik wurde auch zur Propagierung neuer Gebetsformen und Glaubenslehren benutzt: Ein Einblattdruck der Zeit um 1500 zeigt ⒨ mit Franziskus und Dominikus in Anlehnung an Kapitel 37 des Heilsspiegels, umgeben von einem Rosenkranz; Gottes Pfeile sind mit Pest, Teuerung und Krieg bezeichnet; über dem Kranz schwebt eine Mandorla mit dem richtenden Christus (vgl. Heitz II). Ein Pestgebet zu Ehren der UE ⒨s findet man auf einem Kupferstich des Giovanni Antonio da Brescia (1. Viertel 16. Jh.; siehe Schröter).

Sebastiansbruderschaften ließen für ihre Kapellen oft pestbildartige Altarbilder anfertigen: Auf Lukas Cranachs d.Ä. Bild für die Leipziger Bruderschaft knien ⒨ und Sebastian neben sterbenden Menschen vor der Dreifaltigkeit (Leipzig, Mus., um 1515; siehe auch Correggios Sebastiansmadonna, Dresden, Gemäldegalerie, um 1525/26, für die Bruderschaft in Modena).

Nicht immer ist ⒨ eine Aufgabe auf P.ern zugedacht, und häufig sind es andere Heilige, die Fürbitte leisten: allen voran Sebastian und Rochus, denen seit dem späten 15. Jh. viele Retabel gewidmet werden und die oft auf Einblattdrucken mit Pestgebeten erscheinen (Wien, Hofbibl., 1437). Weitere Nothelfer können hinzutreten: Antonius Eremita, Nikolaus v. Tolentino, Anna, Namens- und Stadtpatrone oder — im Barock — Rosalia, Franz Xaver, Carlo Borromeo usw., auch Stadtpersonifikationen. Die Marter der Zehntausend wird nicht selten als Pestthema dargestellt, wohl als Exempel für ein Massenmartyrium, mit dem man sich in Pestnot identifizieren konnte (Pestblatt, Augsburg: G. Zainer, um 1472; Kunze II 81). In Benozzo Gozzolis Fresko übernimmt der hl. Sebastian die Schutzmantelschaft, während ⒨ und Christus am Himmel vor Gottvater Fürbitte leisten (San Gimignano, Sant' Agostino 1464; vgl. Ronen).

Sonderformen des Barocks sind die sog. Pestkruzifixe, die Pestsäulen zu Ehren der Hl. Dreifaltigkeit und die plastisch-architektonischen Kalvarienberge, die aus Anlaß der Pest errichtet wurden (Mollaret/Brossollet).

Die Kunst des 16. bis 18. Jh.s greift gelegentlich auf die alten Fürbittekonzepte (mit Ausnahme der Schutzmantelschaft) zurück, dramatisiert die Fassungen, bevorzugt aber geläufige ⒨themen, die entsprechend akzentuiert werden (siehe Ausst.-Kat., Venezia e la peste). Altertümlich wirkt Giorgio Vasaris »Madonna mit sechs Heiligen«, über der Gottvater mit Pfeilen droht (Arezzo, Museo Statale, 1535). Die Grenzziehung zwischen Votivbildern in allgemeinem Sinn und P.ern bleibt schwierig: So konkretisiert Rubens' Gemälde mit dem hl. Franziskus, der sich schützend auf die in den Klauen des Bösen gefangene Welt wirft, während ⒨ mit Hinweis auf ihre Brust den blitzeschleudernden Christus zu besänftigen sucht, allein die Schrecken des Krieges (Brüssel, Musées Royaux des Beaux-Arts, 1630er Jahre); Pietro da Cortona beläßt das Thema des Gotteszornes und der Intercessio

Ms eher im Allgemeinen (Rom, Chiesa nuova, 1647—51). Auf Guido Renis »Pala della peste« sitzt M mit dem Kind auf Wolken über der Stadt Bologna, aus der Tote hinausgetragen werden (Bologna, Pinacoteca, 1631/32). Domenico Tintoretto läßt M und »Venezia« gemeinsam vor Christus um das Ende der Pest bitten (Venedig, S. Francesco della Vigna, 1631). Bei Antonio Giarola hindert M Christus daran, Blitzbündel auf Verona zu werfen (Verona, S. Fermo, Cappella della Concezione, 1636). Mattia Preti zeigt am Himmel hoch über Pestopfern eine stehende Madonna und einen Engel mit Schwert (Neapel, Museo Nazionale, 1656). Auf dem Gemälde Francesco Onoratis beten die Personifikation der Stadt Padua und der hl. Rochus vor einer Pietà um die Befreiung der Stadt während der Pest 1500 (Padua, Chiesa del Torresino, 1691). Im Fresko in Vilgertshofen zerbricht Gottvater die Pfeile des Zornes oberhalb eines Vesperbildes (J.B. Zimmermann, Wallfahrtskirche zur Schmerzhaften Muttergottes, 1734).

Lit., Bildnachweise: P. Heitz (Hrsg.), Einblattdrucke des 15. Jh.s, Straßburg 1901ff. — J. Lutz und P. Perdrizet, Speculum humanae salvationis, 2 Bde., Mülhausen 1907. — V.M. Prince d'Essling, Les livres à figures vénetiens, Florence und Paris 1907—14. — A.M. Hind, Early Italian Engraving, 1938—48. — H. Kunze, Geschichte der Buchillustration in Deutschland. Das 15. Jh., 2 Bde., 1975. — F. Santi, Gonfaloni umbri del Rinascimento, 1976. — J. Höfler, Die gotische Malerei Villachs, 2 Bde., 1981/82. — Zum Thema: P. Perdrizet, La vierge de miséricorde, Paris 1908. — BeisselMA. — R. Crawfurd, Plague and Pestilence in Literature and Art, Oxford 1914. — A. Klebs und K. Sudhoff, Die ersten gedruckten Pestschriften, 1926. — B. Kleinschmidt, Franziskus v. Assisi auf altdt. Pestbildern, In: FS 13 (1926) 83—95. — V. Sussmann, Maria mit dem Schutzmantel, In: Marburger Jahrbuch für Kunstwissenschaft 5 (1929) 285—351. — M. Vloberg, La vierge, la notre mediatrice, 1938. — H.H. Mollaret und J. Brossollet, La peste, source méconnue d'inspiration artistique, In: Jaarboek, Koninklijk Museum voor Schone Kunsten, Antwerpen (1965) 3—112. — M.-Th. Schmitz-Eichhoff, St. Rochus. Ikonographische und medizinhistorische Studien, Diss., Köln 1977. — Ausst.-Kat., Venezia e la Peste 1348/1797, Venedig 1979,²1980. — L. Kretzenbacher, Schutz- und Bittgebärden der Gottesmutter, 1981. — J. Polzer, Aspects of the Fourteenth-Century Iconography of Death and the Plague, In: The Black Death. The Impact of the Fourteenth-Century Plague, 1982, 107—130. — E. Hagemann, Der göttliche Pfeilschütze. Zur Genealogie eines Pestbildtypus, St. Michael 1982. — Ausst.-Kat., Saint Sébastien, Rituels et figures, Paris 1983/84. — H. Dormeier, St. Rochus, die Pest und die Imhoffs in Nürnberg vor 1424, Im und während der Reformation, In: Anzeiger des Germ. Nat.Mus. 1985, 7—72. — R. Seiler, Zur Ikonographie der rel. Pestdenkmäler des Kantons Graubünden, Diss., Zürich 1985. — P. Dinzelbacher, Die tötende Gottheit. P. und Todesikonographie …, In: Analecta Cartusiana 117 (1986) 5—138. — E. Schröter, Raffaels Madonna di Foligno — Ein Pestbild?, In: ZfKG 50 (1987) 46—87. — G. Loose, Zur Thematisierung der Pest in den Wandmalereien des Tessin 1440—1520, In: Unsere Kunstdenkmäler 39 (1988) 81—92. — A. Ronen, Gozzoli's St. Sebastian altarpiece in San Gimignano, In: Mitteilungen des Kunsthistorischen Institutes in Florenz 32 (1988) 77—126. — M. Schawe, Zur »Alltagsseite« des Göttinger Barfüßeraltares von 1424, In: Niederdt. Beiträge zur Kunstgeschichte 27 (1988) 63—84. — M. Schawe, Ikonographische Untersuchungen zum Göttinger Barfüßeraltar von 1424. Der geschlossene Zustand, Diss., Göttingen (1987) 1989, 140—193. — A. Ronen, Divine Wrath and Intercession in Pietro da Cortona's Frescoes in the Chiesa Nuova, In: Röm. Jahrbuch für Kunstgeschichte 25 (1989) 179—205. — LCI II 346—352; III 407—409; IV 128—133; VIII 275—278. 318—324.
M. Schawe

Petavius, Dionysius (Petau, Denys), SJ (seit 1605), * 21.8. 1583 in Orléans, † 11.12. 1652 in Paris, Vater der Dogmengeschichtsschreibung genannt. In Reims, La Flèche, Paris (Collège de Clermont) wirkt er als Lehrer für Rhetorik, Griech. und S. Scriptura. 1621—44 doziert er in Paris positive Theol.; gibt dies auf, um sich ganz seinem Hauptwerk »Theologica dogmata« zu widmen. Erschienen sind davon nur die Traktate: De Deo, De Trinitate, De Angelis, De Mundi opificio, De incarnatione. Schon frühe, auch herausgeberische Beschäftigung mit Lit. der klassischen Antike und der Kirchenväter verschaffen ihm eine profunde unmittelbare Textkenntnis. Dies wiederum ermöglicht ihm, den kirchlichen Glauben ausführlicher als je zuvor mit patristischen Zeugnissen zu interpretieren. Das gilt auch für seine Mlehre. P. entfaltet sie, wie vor allem seit →Petrus Lombardus üblich, innerhalb der Inkarnationslehre. Über die Theotokos spricht er mit reichen patristischen Bezügen im Zusammenhang der zwei Naturen Christi (Inc. V, XIV—XIX; tom. V 642—680). Nach der Lehre von dessen Abstieg in das Reich des Todes spricht P. breiter als in der Hochscholastik üblich, darin eher seinen Ordensbrüdern →Francisco de Suarez und Juan M. de Ripalda vergleichbar, von Ms Heiligkeit, von ihrem Freisein von persönlicher wie von Erbschuld, von ihrer Jungfräulichkeit, von ihrem Mittlertum und dem der Heiligen, von der ihr und den Heiligen gebührenden Verehrung, wobei die ref. Kritik zurückgewiesen wird (Inc. XIV, I—XIV; tom. VII 25—145). Ms Himmelaufnahme findet keine ausdrückliche Behandlung. Die UE gilt ihm nicht als formelles Dogma. So will er keinen, der anders denkt, verurteilen. Was ihn selbst bewegt, dieser Lehre zuzustimmen, ist der allgemeine Konsens der Gläubigen, in dem sich die Führung des Hl. Geistes konkretisiere. Ferner stützt er sich auf die Liturgie als »locus theologicus«. Dies läßt ihn gegenüber Thomas und Bonaventura die Vermutung äußern, sie würden, wenn sie heute lebten, wo das Fest der Immaculata in der Kirche eingeführt ist, nicht zögern, Ms ursprüngliche Heiligung zu verteidigen (Inc. XIV, II, 13; tom. VII 51). Des weiteren beruft sich P. auf die Arbeit der Theologen; besondere Autorität mißt er Paulin v. Nola und John Fisher zu. Die damals engagiert diskutierte Frage nach der Erlösungsbedürftigkeit Ms beantwortet er im skotischen Sinne, wonach Bewahrung vor der Erbsünde Erlösung sei. Bemerkenswert ist, daß P. ganz im Unterschied zum Theotokos-Titel hier wenig Mühe zeigt, die Immaculata-Lehre in ihren biblischen Wurzeln und patristischen Aspekten zu ermitteln. Unter Bezug auf Augustinus und Johannes →Gerson fordert er für den Mkult Besonnenheit und rechtes Maß (Inc. XIV, VII, 9—11; tom. VII 85—87). Darauf wird J.H. →Newman (Die hl. Maria, Regensburg 1911, 97f.) Bezug nehmen. Das rel. und theol. Mbild des P. sind monographischer Bearbeitung bedürftig.

QQ: Dogmata theologica, ed. J.-B. Fournial, 8 Bde., 1865—67. — Carmina de Beatissima Virgine Matre, 1700.

Lit.: Manior II 946f. — J.M. Tshiamalenga, La méthode théologique chez Denys Petau, In: EThL 48 (1972) 427–478. — M. Hofmann, Theologie, Dogma und Dogmenentwicklung im theol. Werk Denis Petau's, 1976. — E. Llamas, Culto y piedad mariana en los grandes teólogos de los siglos XVII y XVIII, In: De cultu mariano saeculis XVII—XVIII. Acta Congr. mariol.-mariani internat. in Republica Melitessi anno 1983 celebrati II 1987, 143–178. — Theotokos 280. *F. Courth*

Petel (Petle, Petele, Betle), Georg (Jörg, Jerg), Bildhauer, * 1601/02 in Weilheim als Sohn des Kistlers und Bildhauers Clemens Petel, † 1634 in Augsburg an der Pest.

Eine erste Ausbildung hat P. wohl in Weilheim erhalten, dem damaligen Zentrum bayer. Bildschnitzerei. Vor 1620 war er möglicherweise bei Christoph Angermair in München tätig, wo er die Kunst des Elfenbeinschnitzens erlernt haben könnte. Nach mehrjähriger Wanderschaft, die ihn nach Paris, Rom, Genua, Antwerpen und verschiedene dt. Fürstenhöfe führte, ließ er sich 1625 in Augsburg nieder, wo er das Bürger- und Meisterrecht erhielt. Bereits während seines Italienaufenthaltes, wo er eingehend antike Skulpturen studierte und den beginnenden röm. Hochbarock kennenlernte, wurden durch den persönlichen Kontakt zu dem Bildhauer François Duquesnoy und seine Freundschaft mit dem Maler Anthonis van Dyck flämische Einflüsse für sein weiteres künstlerisches Schaffen entscheidend. Als einer der ersten dt. Bildhauer wandte er sich bereits damals vom formelhaft gewordenen Manierismus ab. Seit seiner Antwerpenreise 1624 verband ihn eine dauernde Freundschaft mit Peter Paul Rubens. Verschiedene seiner bedeutenden Elfenbeinwerke, wie das Salzfaß mit dem Relief des Triumphs der Venus (Stockholm, Schloß, 1628), schuf P. nach Entwürfen von Rubens in dessen Auftrag.

In der Kleinplastik entwickelte P. eine virtuose Meisterschaft in der Beherrschung der Anatomie des menschlichen Körpers und der naturalistischen Oberflächenbehandlung. Bei aller Feinheit der Durchbildung gelangte er aber auch hier, wie bei seinen großplastischen Werken, zur Schaffung eines einheitlichen Bewegungsmotivs von barockem Ausdruck. Auf den persönlichen Kontakt und die künstlerische Affinität zu Rubens gehen verschiedene Werke der Kleinplastik mit mythol. Themen zurück. Bereits 1624 schuf P. für Rubens die Elfenbeinstatuette »Venus mit Cupido« (Oxford, Ashmolean Mus.) nach antikem Vorbild und das Bronzerelief »Die drei Grazien« (Boston, Mus. of Fine Arts) nach einer Rubens'schen Bildvorlage. P.s Elfenbeingruppe »Herkules und der nemäische Löwe« (München, Bayer. Nat. Mus.) und eine kleinformatige Lindenholzgruppe »Herkules im Kampf mit der Hydra« (Augsburg, Städt. Kunstsammlungen), beide um 1625/30 entstanden, gehen noch auf manieristische Bildwerke aus der Zeit um 1600 zurück, werden von P. aber neu interpretiert. Sein Elfenbeinpokal mit der Darstellung eines Bacchanals (Augsburg, Städt. Kunstsammlungen, um 1630/33), zeigt schließlich seine künstlerische Meisterschaft in der Beherrschung der Details und der Gestaltung einer kontinuierlichen Bewegung in der Projizierung der barocken Bildkomposition auf die kreisrunde Wandung des Gefäßes. Nach der lebensgroßen Bronzestatue des Neptun (München, Residenz), zu der P. das Modell 1627—30 schuf, entstand 1632 die Bildnisbüste König Gustavs II. Adolf von Schweden (Stockholm, Schloß), sein letztes profanes Werk.

Ein Großteil von P.s Schaffen galt sakralen Themen. Mit der Darstellung des gekreuzigten Christus setzte er sich sein ganzes Werk hindurch auseinander. Nach seinem ersten Kruzifix (München, Bayer. Nat. Mus., 1618/20) hatte er 1623 unter dem Einfluß von François Duquesnoy ein weiteres Elfenbeinkruzifix geschaffen (Genua, Marchese Ludovico Pallavicino); 1623/24 suchte er mit jenem in der Schatzkammer der Residenz München nach einer eigenen, gültigen Formulierung. Die späteren, meisterlichen Elfenbeinkruzifixe schuf P. zwischen 1625 und 1631 nach dem von Rubens geprägten Typus des sog. Jansenistenkreuzes mit steil nach oben gestreckten Armen und schmerzerfüllten, emporgewandten Gesichtszügen (Frederiksborg, Schloß; München, Schatzkammer der Residenz). Auch ein Elfenbein- und Birnbaumholzrelief der Geißelung Christi (München, Bayer. Nat. Mus., 1625/26), zeigt P.s subtile Meisterschaft und eindringlichen Naturalismus in der Darstellung des Schmerzes und des seelischen Ausdrucks.

P.s sakrale Großplastiken sind überwiegend in Augsburg zwischen 1628 und 1633 entstanden. Aus den Pestjahren 1627/28 stammt die ausdrucksvolle Sebastiansfigur der kath. Stadtpfarrkirche St. Moritz in Augsburg. Bei der wenig später 1629/30 geschaffenen lebensgroßen Figur eines hl. Sebastian aus Lindenholz (Aislingen, Sebastianskapelle) ist die Plastizität und Bewegtheit im barocken Sinne gesteigert. In diese Zeit gehören auch die monumentale Figur des hl. Christopherus (Augsburg, kath. Stadtpfarrkirche St. Moritz, um 1630), der Ecce Homo (Augsburg, Dom, um 1630/31) und das Christuskind (Augsburg, Barfüßerkirche, 1632). P.s lebensgroßer Christus Salvator (Augsburg, kath. Stadtpfarrkirche St. Moritz, 1632/33) ist mit seiner großen dynamischen Geste bereits dem Barock zuzurechnen.

Die Darstellung des Gekreuzigten spielt auch in P.s großplastischem Werk eine wesentliche Rolle. Um 1627 entstand das Kruzifix der Augsburger Hl. Kreuz-Kirche; um 1629/30 das Kruzifix für den Grafen Paul Pàlffy (Marchegg, Christkönig-Kirche). Besonders ausdrucksstark ist die um 1630 entstandene Kreuzigungsgruppe aus Bronze (Regensburg, kath. Stadtpfarrkirche Niedermünster); die wehklagende Maria Magdalena am Kreuzesstamm ist in ihrer reich bewegten, plastisch modellierten Gewandung angeregt durch die Malerei des Rubenskreises und als Gegenstück zu den barocken röm. Hauptwerken von Bernini (hl. Bibiana) und von Duquesnoy (hl. Susanna) zu sehen. P.s vollplastische, aus Lindenholz geschnitzte, lebensgroße klagende M der Kreuzigungsgruppe aus dem Augsburger Heiliggeist-Spital (Augsburg, Städt. Kunstsammlungen, 1631) ist seine einzige erhaltene Darstellung der GM. Im Gegensatz zu der beruhigten Gestaltung des Kruzifix, ist die Gewandfigur der M wie die des Johannes dramatisch bewegt.

Lit.: K. Feuchtmayr und A. Schädler (mit Beiträgen von N. Lieb und Th. Müller), G. P. 1601/2—1634, 1973 (Lit.). — A. Schädler, G. P. Barockbildhauer zu Augsburg, 1985. — H.-J. Sauermost, Die Weilheimer, 1988. *S. Heym*

Peter v. Dusburg. Von P. wissen wir nur, was seinem »Chronicon terre Prussie« zu entnehmen ist. Demnach war er ein Deutschordensgeistlicher, der 1326 dem Hochmeister Werner v. Ursel seine Landeschronik zur Begutachtung vorlegte. Ein bis 1330 reichendes Supplementum zur Chronik dürfte auch von ihm stammen. Benannt ist P. wahrscheinlich nach seinem Herkunftsort: Duisburg am Rhein oder Doesburg/Ijssel. Sein Hauptwirkungsort in Preußen ist umstritten; man hat an die Marienburg, an Königsberg und sogar an Ragnit gedacht.

Das »Chronicon«, das bedeutendste Denkmal der Deutschordensgeschichtsschreibung, ist in 4 Teile gegliedert: Gründungsgeschichte des →Deutschen Ordens, Einzug der Deutschordensbrüder ins Preußenland, Etablieruing im Deutschordensland, Marginalien mit Daten zur Geschichte von Päpsten und Kaisern. An Umfang und Bedeutung dominiert Teil III, in dem die Unterwerfung der Prussen, die 1283 ihren Abschluß fand, und die anschließenden Kämpfe gegen die Litauer geschildert werden. Das, was einem heutigen Leser als eine trostlose Reihung von verderbenbringenden kleineren und größeren Kämpfen erscheinen kann, wird von P. als gottgewolltes Kreuzzugsgeschehen interpretiert.

Der Überhöhung des Geschehens dienen auch die — insgesamt gesehen — seltenen Stellen, in denen M als Handelnde auftritt, deren Tun von visionär Begnadeten wahrgenommen wird. Eine walkürenähnliche Rolle spielt dabei M im Kontext von Schlachten und Gefechten. Am deutlichsten zeigt sich dies in III 87, wo über die Niederlage der Deutschordensbrüder in der Schlacht am Fluß Durbe in Kurland gegen die Litauer im Jahre 1260 berichtet wird. Die hl. Jungfrau M, hll. Jungfrauen und Engel Gottes führen die Seelen der gefallenen Deutschordensbrüder (mit Ausnahme von zweien) in den Himmel (vgl. auch III 41, Schlacht am Rensen bei Kulm 1244 gegen Herzog Swantopolk von Pomerellen und Prussengefolgschaft: M inzensiert mit einem Weihrauchgefäß die Gefallenen, verspricht einem Schwerverletzten, daß seine Seele, wie die Seelen der übrigen Gefallenen, bald zur ewigen Seligkeit emporfliegen werde).

Hierher gehört wohl auch, daß M 1330, als König Lokietek von Polen mit ungarischen Hilfstruppen ins Kulmerland eingefallen war, den Führer des Ungarnaufgebots mit einem »üblen Tod« bedrohte (Supplementum, c. 18). Bei einem Kampf der Ordensbrüder von Christburg während des 2. Prussenaufstandes 1260—74 trug eine wohl mit M zu identifizierende Jungfrau in der Luft die Fahne der Brüder und entschied so den Kampf (III 41). Daß M nicht direkt genannt wird, ist wohl nicht ganz zufällig, denn hier werden die sonst beachteten Handlungsgrenzen Ms überschritten. Obgleich das Preußenland einmal (Supplementum, c. 19) das »Land Christi, seiner Mutter und der dort lebenden Brüder« genannt wird, ist für das Geschick des Ordens (speziell für Schicksalswenden) sonst nach P. allein Gott (Christus) zuständig. Ms Handlungsmöglichkeiten beschränken sich auf den Einzelmenschen.

Berichte, in denen M zu Einzelnen, meist Ordensbrüdern, in eine hilfreiche Beziehung tritt, bilden die Hauptmasse der marian. Szenen bei P. Die dem Dt. Orden besonders aus den sog. Mlegenden (→Legenden) des »Alten →Passionals« geläufige Erzählform des Mmirakels (→Mirakel) wird hier aufgegriffen und abgewandelt. Als Übergangsform mögen die Mirakelerzählungen gelten, in denen sich das Handeln Ms zwar auf einen Einzelnen bezieht, aber dem ganzen Orden eine Botschaft übermittelt werden soll. So läßt M dem Bischof Heidenreich v. Kulm, der ein wichtiger Parteigänger des Dt. Ordens war, im Zeitraum 1260—63 die Nachricht übermitteln, daß die Prussen den Christen im Preußenland noch viele Plagen bereiten werden (III 152); so beklagt sie sich bei dem Ordensbruder Hermann, genannt Sarracenus, über die geänderten Tischlesungssitten der Deutschordensbrüder (III 81; die Klage bezieht sich auf Vorgänge um 1250/60, polemisiert wird dagegen, daß neuerdings die Taten weltlicher Herrscher vorgetragen werden).

Als erste marian. Szene des Werkes auffällig plaziert ist eine dem Jahre 1234 zugeordnete Traumvision eines Deutschordensritters der Burg Rehden, der daran zweifelte, daß man im Orden vom Dt. Hause seine Seele erretten könne, und deshalb in einen anderen Orden eintreten wollte. Die Ordensgründer Bernhardus, Dominikus, Franziskus und Augustinus weisen ihn ab, M schließlich überzeugt ihn durch einen drastischen Hinweis auf die tödlichen Wunden, die Deutschordensbrüder bei der Verteidigung des Glaubens erlitten haben, und er vermittelt darauf die Erkenntnis seinen Ordensbrüdern (III 12).

Wie auch sonst in Mmirakeln richtet sich das Handeln Ms auf große Sünder, die einen positiven Zug aufweisen: Der Prussenhäuptling Scumand, Häuptling der Sudauer, wandelt sich von einem Christenverfolger zu einem vorbildlichen Christen; positiver Zug: er hat noch als Heide ein Bild der hl. Jungfrau und ihres Sohnes gerettet (III 224); Bruder Johannes v. Ilbenstedt († 1324 in Königsberg) war in seiner Jugend ein Vergewaltiger; positiver Zug: er ruft, als er schon von Teufeln fortgeschleppt wird, M an und gelobt, Deutschordensbruder zu werden (III 350); M erhält das Haupt eines geköpften Räubers (Perugia 1302) so lange am Leben, bis er seine Sünden gebeichtet hat, weil dieser zu M zu beten pflegte.

Zum anderen tritt M auszeichnend, helfend, heilend in Beziehung zu vorbildlich Frommen. Als ausgesprochener Mritter wird der aus Schwaben stammende Deutschordensritter Hermannus, genannt Sarracenus, aus dem Deutschordenshaus Königsberg, der 1260 den Schlachtentod erlitt, bezeichnet (III 79. 80. 81. 85. 87). Hermann v. Lichtenburg aus dem Ordenshaus Brandenburg heilt M die Wunden, die er sich durch seine Askese zugezogen hatte (um 1267, III 131). Während eines Litauerzuges im Jahre 1317 errettet M einen schwerverletzten Deutschordensbruder namens Albert vor den verfolgenden Litauern (III 333).

Ms Namen begegnet auch sonst in vielen, oft formelhaften Zusammenhängen bei P. Erwähnt sei nur noch, daß der volle Name des Dt. Ordens (Theutonicorum ordo sancte Marie Ierosolimitanus o. ä.) häufig erscheint.

Ausg.: M. Toeppen, In: Scriptores rerum Prussicarum I, Leipzig 1861, 3—219. — K. Scholz und D. Wojtecki, 1984 (lat. Text nach Toeppen, mit nhd. Übersetzung).
Lit.: Ph. Funk, Zur Geschichte der Frömmigkeit und Mystik im Ordensland Preußen, In: Kultur- und Universalgeschichte, FS für W. Goetz, 1922, 67ff. — H. Bauer, P. v. D. und die Geschichtsschreibung des Dt. Ordens im 14. Jh. in Preußen, 1935. — M. Pollaková, Kronika Piotra z. Dusburga, 1968.
D. Schmidtke

Peter v. Reichenbach → Sangspruchdichtung

Peter v. Sachsen, Lieddichter, zweite Hälfte des 14. Jh.s. Von P. stammt das zuerst in der »Kolmarer Liederhandschrift« (um 1460) überlieferte Mlied »Maria gnuchtig/ fruchtig«, das auf den Ton eines älteren Minneliedes (»Man sicht leuber/ teuber«, ed. Röll 79f.) gedichtet ist, der in der Handschrift den Namen Barantton trägt und sich durch Häufung zahlreicher Reime auszeichnet. Das Mlied reiht nach Art des bilderreichen geblümten Stils preisende Titulierungen und Prädikationen aneinander, die Ms Würde als Himmelskönigin und GM betreffen. Das Frühlings- und Tanzmotiv des Schlusses — Gott führt mit M einen ewigen Reigen — läßt den weltlichen Hintergrund durchschimmern. In der Handschrift folgt diesem Lied ein lat. Mpreis des →Mönchs v. Salzburg im selben Ton. Dazu wird in der Überschrift mitgeteilt, P. habe sein Lied dem Mönch geschickt, und dieser habe mit seinem lat. Lied geantwortet.

Ausg.: Th. Cramer (Hrsg.), Die kleineren Liederdichter des 14. und 15. Jh.s II, 1979, 480—487.
Lit.: W. Röll, Vom Hof zur Singschule. Überlieferung und Rezeption eines Tones im 14.—17. Jh., 1976 (Text und Melodie 30—35). — Repertorium der Sangsprüche und Meisterlieder, hrsg. von H. Brunner und B. Wachinger, IV, 1988, 491—494. — VL² VII 452—454.
F. Schanze

Petit, Adolphe, Priester, SJ, * 22. 5. 1822 in Gent, † 20. 5. 1914 in Tronchiennes, verlor früh seine Eltern, wurde 1842 Jesuit, 1855 nach den ordensüblichen Studien Priester und war 1865—1885 Instruktor im Tertiat in Trochiennes. Er gilt als der erfolgreichste Seelsorger aller Stände Belgiens in der Neuzeit. Welche Rolle M im Leben dieses rastlos als Exerzitienmeister, Seelenführer und Beichtvater für Priester, Ordensleute und Laien tätigen Seelsorgers spielte, der außerdem auch noch bedeutende karitative Werke begleitete, belegt treffend sein Selbstzeugnis: »Nächst Gott ist Maria für mich alles. Wenn ich meine Vergangenheit betrachte, sehe ich meine liebe Mutter Maria, wie sie mich, das kleine Waisenkind, das ich war, bei der Hand nahm ... Sie hat bei der wichtigen Frage meines Berufes sichtbar eingegriffen, wie sie ja alle Geschehnisse meines armseligen Lebens geleitet hat« (Haggeney 213f.). Es ist nur natürlich, daß die GM auch in der geistlichen Unterweisung P.s einen wichtigen Platz einnahm. Beleg dafür sind die zahlreichen M gewidmeten Betrachtungspunkte seines Hauptwerkes, die teils die verschiedenen Geheimnisse des Mlebens von der Empfängnis bis zur Himmelfahrt (Sacerdos I 106. 179; II 170; III 353; VI 206. 254; V 148. 171. 212. 225), teils ihre Titel und Namen (I 142. 147; IV 330; V 132. 141. 183. 198) zum Gegenstand haben. Mehrere der ebd. vorgelegten Betrachtungen und Gewissenserforschungen haben die Entwicklung einer spezifisch marian. Priesterfrömmigkeit zum Ziel (I 100. 108. 239. 241; V 195. 221; VI 115). Der Seligsprechungsprozeß wurde 1937 eingeleitet.

WW: Hauptwerk: Sacerdos rite institutus, 5 Vol., Brügge 1880—98, ⁸1932.
Lit.: E. Laveille, Un semeur de joie, le Père P., 1935. — C. Haggeney, A. P., Triumph priesterlicher Güte, 1940. — L. Endrödy, Das lächelnde Leben des Pater P., 1950. — LThK² VIII 322. — BSS X 506—509. — DSp XII 1198f. (WW, Lit.). — Cath. XI 58.
H. J. Sieben

Petitjean, Bernard-Thadée, * 14. 6. 1829 in Blanzy-sur-Bourbince/Saône-et-Loire, † 7. 10. 1884 in Nagasaki, 1859 MEP, 1860 nach Japan, zunächst nach Riu-kiu, dann 1860 nach Nagasaki, 1865 Apost. Vikar von Japan, nach der Zweiteilung Japans 1876 Apost. Vikar von Süd-Japan. 1863 ging er nach Yokohama und dann mit Louis-Théodore Furet (1816—1910) nach Nagasaki. In der von ihm erbauten Kirche fand er dann am 17. 3. 1865 die Nachkommen der japanischen Christen aus der alten Mission. Er hatte mit solchen Christen gerechnet und deshalb auch sogleich mit der Suche begonnen. Bei der Entdeckung kam eine Christengruppe zur Kirche, die sich erst nach einer Reihe von Fragen zu erkennen gab. Dabei spielte eine Mstatue eine zentrale Rolle. Denn auf die Frage der Christen aus Urakami: »Santa Maria no go-zô wa doko?« (Wo ist das Bild der hl. M?) offenbarten sich die Krypto-Christen. Zum Gedenken daran feiert die Diözese Nagasaki am 17. März das Fest »Beata Maria Virgo de Inventione Christianorum«.

Auf der Grundlage der Schriften und Bücher der ersten Missionsperiode veröffentlichte P. eine Reihe christl. Schriften u. a. auch zum Rosenkranzgebet.

WW: Rozario Kiroko, Manila 1869 (16 Illustrationen; Grundsätzliches zum Rosenkranz, über die Rosenkranzbruderschaft, die Vorzüge des Rosenkranzgebetes, die Weise ihn zu beten; entspricht in den Hauptteilen Juan Rueda de los Angeles, Rozario no Kyo, Manila 1623). — Rozario ju-go no Misuterio Zukai, 1871 (Erklärung der 15 Geheimnisse des Rosenkranzes).
Lit.: F. Marnas, La »Religion de Jésus« resuscitée au Japon dans la secondo moitié du XIXe siècle, 2 Bde., Paris 1896. — Mandement de Mgr. Perraud, Evêque d'Autun, sur la mort de Mgr. P., (Amiens 1884). — J.-B. Chaillet, Mgr. P. 1829—84 et la Résurrection Catholique du Japon au XIX siècle, (1919). — E. Papinont, La Résurrection du Catholicisme au Japon au XIXe siècle, In: RHMiss 5 (1928) 1—22. — J.-M. Martin, The Discoverer of the Urakami Christians, Bishop P. (1828—84), In: The Missionary Bulletin 2 (1948) 67—69. *H. Rzepkowski*

Petrarca, Francesco, * 20.7.1304 in Arezzo, † 18.7.1374 in Arquà bei Padua, einer der bedeutendsten Dichter Italiens.

Mit seiner Familie zog P. in jungen Jahren nach Carpentras in der Provence, da sein Vater nach seiner Vertreibung aus Florenz am Papsthof in Avignon eine Stellung gefunden hatte. P. erhielt nach Studien in Montpellier und Bologna die niedrigen kirchlichen Weihen und arbeitete für zahlreiche verschiedene geistliche und weltliche Herren in Frankreich und Italien. Die erwünschte Ruhe fand er immer wieder in der südfranz. Landschaft von Vaucluse, die letzten Lebensjahre verbrachte er schließlich in seinem Haus in Arquà in den Euganeischen Bergen. Als Dichter, Schriftsteller und humanistischer Gelehrter schrieb P. herausragende Texte in Versen und Prosa. Die hohe Wertschätzung, die P. und sein Werk bereits zu seinen Lebzeiten erfuhren, gipfelte in der — von ihm selbst immer wieder erwähnten — Dichterkrönung auf dem Kapitol am 8.4.1341. Von seinen Schriften sind in lat. Sprache bes. die »Epistolae metricae« (1331—54) und das »Bucolicum Carmen«, eine Sammlung von 12 Eklogen (1346—48/49), das Trostbuch »De remediis utriusque fortunae« (1366), die moralphil. Schriften »De otio religiosorum« (1346/47), »De secreto conflictu curarum mearum« (1342/43) und »De vita solitaria« (1346/47) sowie die »Psalmi penitentiales« (1348?), die Streitschrift »De sui ipsius et multorum ignorantia« (1367), die Biographien berühmter Gestalten der Antike »De viris illustribus« (1338 ff.), die Exemplasammlung »De rerum memorandarum libri« (1343 ff.), das Epos »Africa« (1338—43) und die unter den Titeln »Rerum Familiarium libri« (1325—61), »Epistolae sine nomine«, »Seniles« (ab 1361) und »Variae« zusammengestellten Briefe zu nennen; in ital. Sprache schließlich die »Trionfi«, ein allegorisch-didaktisches Epos in Terzinen (ab 1352), und die »Rerum vulgarium fragmenta« (ab ca. 1338 — kurz vor seinem Tod), für die sich der Titel »Canzoniere« einbürgerte. Auffällig breiten Raum erhält in P.s Gesamtwerk die Selbstdarstellung, die Zeichnung seiner zwischen christl.-asketischem Ideal und sündiger Diesseitshingabe schwankenden Persönlichkeit. Aufgrund seiner künstlerischen Meisterschaft und seiner umfassenden intellektuellen Fähigkeiten, die antikes und ma. Wissen verarbeiten, nimmt P., in dessen Gesamtwerk viele ein neues Verhältnis zur Natur und zur eigenen Dichterpersönlichkeit zu erkennen glauben, innerhalb der ital. Literatur des Trecento eine Sonderstellung ein und markiert deutlich die Epochenschwelle vom MA zur Neuzeit.

Unbestreitbar zählt heute P.s »Canzoniere« (317 Sonette, 29 Kanzonen, 9 Sestinen, 7 Ballate und 4 Madrigale) zu den wichtigsten Beiträgen ital. Sprache zur Weltliteratur. In der Darstellung seiner unerfüllten Liebe zu Laura, der er, wie er in seinem Vergil-Kodex notierte, am 6.4.1327 in der Kirche S. Chiara in Avignon erstmals begegnet sein will, und die am 6.4.1348 an der Pest verstorben sein soll, gibt P. ein lit. eindrucksvolles Zeugnis seiner lebenslangen Auseinandersetzung mit seinem als problematisch und sündhaft empfundenen Ich. Der Gedichtzyklus des »Canzoniere« läßt sich in zwei Teile »in vita di madonna Laura« (1—263) und in »in morte di madonna Laura« (264—366) gliedern und weist eine wohlkalkulierte Struktur auf. So spielt die Gesamtzahl der Gedichte (366) auf das Todesjahr Lauras, ein Schaltjahr mit 366 Tagen, an.

Abgesehen von der den »Canzoniere« abschließenden großartigen ⓂKanzone »Vergine bella, che di sol vestita« — ihr Entstehungsdatum ist unbekannt, Rabuse [245] vermutet jedoch eine Abfassung in den letzten Lebensjahren P.s — finden sich in P.s Schriften kaum Zeugnisse, die auf eine ausgeprägte Mariol. bzw. eine besondere Ⓜfrömmigkeit hinweisen könnten (vgl. lediglich die verstreuten, zumeist wenig aussagekräftigen Verweise auf Ⓜ, z. B. in »De vita solitaria« 2,25, Rerum Memorandarum libri IV 30, 12—13; Familiares X 4,24; XIII 1,16; XVI 4,14; XIX 18,2; XXI 8,4 und Variae XIII 15). Keineswegs ungewöhnlich für einen gläubigen Menschen des 14. Jh.s erscheint es, daß sich P. gegen Ende seines Lebens verstärkt der Jungfrau Ⓜ zuwendet (vgl. der von Wilkins [298] erwähnte Brief [Variae 15], in dem er seine Absicht äußert, eine Ⓜkapelle zu errichten) und daß er Ⓜ auch in seinem Testament aufführt.

Mit der Ⓜkanzone, die sowohl durch ihre Schlußposition (Canz. 366) als auch durch ihre inhaltlichen Entsprechungen zum Einleitungssonett besondere Akzentuierung gewinnt, gelingt P. eine einzigartige dichterische Umsetzung seiner lebensweltlichen und poetologischen Konflikte und Bestrebungen: Ringen um die Bewältigung seiner Liebesleidenschaft, Überbietung der bisherigen Dichtungen und Ausdruck seiner Ruhmsucht.

Im Kontext von P.s lyrischer Darstellung der Frau repräsentiert Ⓜ in Canz. 366 die ideale donna, die immer wieder bis nahe an eine Erotisierung der Ⓜgestalt zur Lauraliebe in Bezug gesetzt wird und die dank ihrer überirdischen

Qualitäten die irdische Laura zu übertreffen vermag. Unter den intertextuellen Verweisen kommt dem Gebet des hl. Berhard an die Jungfrau M, »Vergine, madre, figlia del tuo figlio« (Div. Com. XXXIII, vv. 1—39) eine herausragende Bedeutung zu. Es ist durchaus wahrscheinlich, daß der gebildete und um Dichterruhm bemühte P. danach strebte, Dantes »Santa orazione« aus dem abschließenden 33. Gesang des »Paradiso« ein ebenbürtiges Pendant im »Canzoniere« entgegenzustellen, wenn nicht gar das große Modell zu überbieten (vgl. v. a. vv. 1; 28). Ihm genügt es nämlich nicht, sich auf ein Genus, das Gebet, zu beschränken, sondern er versucht, antike und ma., christl. und profane Genera in seiner Kanzone, deren Form vorher im »Canzoniere« primär der Liebe (Laura) und politischen Themen (etwa Kirchenkritik) vorbehalten war, zu verschmelzen und seiner Gedichtsammlung die rel. Wendung zu verleihen, die er in seinem bekenntnishaften Einleitungssonett bereits angedeutet hatte.

Mit gutem Recht darf das Gedicht »Kanzone und Lauda, Hymnus und Elegie« (Carducci/Ferrari) genannt werden, da sich sowohl Einflüsse spätantiker Hymnen mit ihrer charakteristischen Dreiteilung nachweisen lassen als auch deutliche Anlehnungen an ma. Ausdrucksformen der MV, wie Litaneien, Mgebete und Mlieder (vgl. z. B. Ave Maria in vv. 40 ff. oder Ave maris stella in vv. 67 ff.). So kann etwa die beständige Anrufung »Vergine«, die sich in v. 1 und 9 jeder Strophe wiederholt, auf christl. Liturgietraditionen zurückgeführt werden. Die 10 Strophen mit abschließendem Geleit weisen eine streng durchdachte Kompositionsstruktur auf: Während sich v. a. in den ersten acht Versen der Strophe jeweils der Lobpreis Ms findet, enthalten die folgenden fünf Verse, die durch die erneute Apostrophe »Vergine« eingeleitet werden, die Bitten an die Jungfrau M. Im Mlob strömen alle für P. denkbaren Qualitäten des Weiblichen zusammen: In den litaneiartigen Anrufungen preist er M als »bella« (v. 1), »saggia« (v. 14), »pura« (v. 27), »benedetta« (v. 35), »santa« (v. 40), »gloriosa« (v. 48), »sola al mondo« (v. 53), »dolce e pia« (v. 61), »chiara e stabile in eterno« (v. 66), »sacra ed alma« (v. 87), »d'alti sensi« (v. 100), »umana e nemica d'orgoglio« (v. 118), »unica e sola« (v. 133). Damit verkörpert sie die vollkommene Frau schlechthin und stellt eine nochmalige Steigerung der in den vorhergehenden Gedichten besungenen Lauragestalt, die alle irdisch mögliche Schönheit und Sinnlichkeit in sich vereinte, dar. M wird für P. aber auch zu einer zweiten Beatrice, ja zur »vera beatrice« (v. 52) — zur wahren Glücksbringerin —, da sie allein es vermag, ihn zur ersehnten augustinischen Ruhe in Gott zu geleiten. Durch ihre Rolle, Tochter und Mutter Christi, »sposa« Gottes und »regina caeli« zu sein, erhält sie sogar gleichsam göttliche Züge, wenn sie P. mit »nostra dea« (v. 98) apostrophiert und damit in stubiler Weise antik-heidnische Analogien zur Mfigur schafft (vgl. den Brief an Gherardus, in dem P. die 1. Ekloge der Bucolica deutet und differenziert: »Pales enim est pastorum dea, posset apud nos intelligi Maria, non dea sed Dei mater est.« [Familiares X, 4]).

Anders als das Mgebet Bernhards bei Dante stellt P. in der Mkanzone sein Ich deutlich ins Zentrum. Strophe 7 und 8 zeigen im Geständnis seiner Eitelkeiten und irdischen Liebe und seiner Bitte um Frieden vor solcher Leidenschaft P. nochmals in seiner Schuldhaftigkeit und seinem Schmerz über die tote Laura.

Bis zum Ende hin artikuliert P. immer häufiger seine Überzeugung, in Kürze sterben zu müssen und verleiht dem in den vorausgehenden Gedichten des Canzoniere bereits präsenten Vergänglichkeitsmotiv eine nochmalige dramatische Zuspitzung. Als gläubiger Christ hofft er auf Barmherzigkeit, ruft M als Mittlerin bei Gott an und trägt seine flehenden Bitten vor.

Die Mkanzone, die unbestritten zu den eindrucksvollsten Lobpreisungen Ms in der europäischen Lyrik zählt und auch Komponisten wie Guillaume Dufay im 15. Jh. oder Giovanni Pierluigi da → Palestrina im 16. Jh. zu Vertonungen inspirierte, ist mehr als ein rel. Mhymnus, und mehr als ein formvollendeter Schlußstein von P.s streng komponierter Lyriksammlung. Mgebet, Liebesgedicht — »amor mi spinge a dir di te parole« (v. 4) oder »che 'l ciel di tue bellezze innamorasti« (v. 54) heißt es über sie — und Selbstbekenntnis, spiegelt sie ein dichterisches Selbstbewußtsein, das nicht nur mit Dante und der bisherigen kirchlichen Mliteratur zu wetteifern wagt, sondern sich selbst bei der Darstellung äußerster Zerknirschung und Todesfurcht den Hinweis auf die eigene dichterische Leistungskraft nicht versagt.

WW: Le familiari, hrsg. von V. Rossi, III, 1937. — Rerum memorandum libri, hrsg. von G. Billanovich, 1943. — Le Rime, hrsg. von G. Carducci und S. Ferrari, neu hrsg. von G. Contini, 1965. — Canzoniere nach einer Interlinearübers. von G. Gabor, in dt. Verse gebracht von E.-J. Dreyer, 1989. — De vita solitaria. Buch I, hrsg. von K. A. E. Enenkel, 1990.

Lit.: U. Marvardi, La poesia religiosa del P. volgare, 1961. — H. Friedrich, Epochen der ital. Lyrik, 1964. — E. H. Wilkins, Vita del P. e La formazione del »Canzoniere«, hrsg. von R. Ceserani, 1970. — R. Amaturo, Petrarca, ²1974. — A. Noyer-Weidner, Zur Mythologieverwendung in P.s »Canzoniere«, In: Petrarca, 1304—74, Beiträge zu Werk und Wirkung, hrsg. von F. Schalk, 1975, 221—242. — G. Rabuse, P.s Marienkanzone im Licht der »Santa orazione«, ebd. 243—254. — J. Tilden, Spiritual Conflict in Petrarch's Canzoniere, ebd. 287—319. — Petrarca, hrsg. von A. Buck, 1976. *M. Kleinhans*

Petrelli, Fulgenzio, OSA, * in Sigilio (Umbrien), † 16. 5. 1648 in Venedig, hervorragender Prediger, Magister der Theol., war 16 Jahre im Lehramt tätig; seit 1640 wirkte er als Provinzial der umbrischen Ordensprovinz und 1645—48 als Generalprior.

Neben anderen theol. Werken veröffentlichte er 1639 in Perugia die Schrift »Mulier, in qua varia ex eiusdem hexagrammaticis nominis ›Mulier‹ referantur mysteria, e Sacra Scriptura, matre Ecclesia et Doctoribus hausta, de eadem Domina Christipara Maria, ab eius sacerrima

Conceptione usque ad Assumptionem«. Nachdrücklich tritt er für die UE ♏s ein. Ein zweites umfangreiches Werk, das er als Ordensgeneral herausgab, ist betitelt: »De Intercessione B. Deiparae Mariae Virginis, qua salvari gravissimos peccatores eidem devotos probatur« (2 Bde., Rom 1647). Wie er im Vorwort berichtet, wurde er zur Abfassung dieses Werkes durch einen Mitbruder veranlaßt, der auf der Kanzel eine derartige These geäußert hatte und deshalb von einem Prälaten des Irrtums bezichtigt und zum Widerruf gemahnt wurde. P. hat den im Titel angegebenen Gegenstand in viele Einzelfragen aufgegliedert, die er mit großer Ausführlichkeit nach streng scholatischer Methode erörtert. Seine Ausführungen belegt er jeweils mit Vernunftargumenten, mit Väterstellen und Worten der Hl. Schrift und sucht sie auch mit Beispielen aus dem Leben zu stützen. Unter anderem handelt er von ♏s Stellung als GM, als Herrin und Königin. Auch sucht er aus Schrift und Vätern nachzuweisen, daß und in welchem Sinn man ♏ als »salvatrix«, »redemptrix seu reparatrix mundi« bezeichnen könne. Ausführlich geht er auf die Frage ein, ob, von wem und in welcher Weise sie um ihre Fürsprache angerufen werden dürfe. Er ist überzeugt, daß ♏ eine »iurisdictio omnimoda« besitzt, auch größte Sünder, die sie verehren, zu retten, — eine »Jurisdiktion«, die ihr nicht genommen werden könne.

Lit.: Maracci 459. — Petrus de Alva, Militia Imm. Conc., Löwen 1663, 479. — Ossinger 689. — J. Lanteri, Postrema saecula sex Relig. Aug. III, 1860, 56. — D. A. Perini, Bibliographia Augustiniana III, 1935, 86f. — A. M. Giacomini, L'Ordine Augostiniano e la devozione alla Madonna, In: S. Augustinus vitae spiritualis Magister II, 1959, 77—124, hier 121. — D. Gutiérrez, Die Augustiner vom Beginn der Reformation bis zur kath. Restauration 1518—1648; 1975, passim. *A. Zumkeller*

Petrilli, Savina, sel. Stifterin der »Schwestern der Armen von der hl. Katharina v. Siena«, * 29. 8. 1851 in Siena, † 18. 4. 1923 ebd., war von Kindheit an kränklich, schrieb sich 1866 bei der Vereinigung der »Töchter Mariens« ein, deren Vorsitzende sie bald wurde, und gab nun Katechismusunterricht in den Pfarreien, Familien und auch den Straßenjungen. Mit Erlaubnis des Bischofs legte sie mit ihren Freundinnen am 15. 8. 1873 die Gelübde ab. Als sie ab 7. 12. 1873 mit drei Gefährtinnen das Ideal der Brüderlichkeit und des Dienstes teilte, war die Kongregation der »Schwestern der Armen« geboren. 1875 wurden sie kirchlich anerkannt. Die Erwerbung in der Via Baroncelli zu Siena wurde das Mutterhaus der Kongregation. 1901 wurde die Kirche von der Heimsuchung ♏s (Visitazione) eingeweiht. Sie wurde zum Dank an ♏ für die wunderbare Heilung einer Schwester, einer Novizin und eines Kindes errichtet. P. ist hier bestattet. 1909 gründete sie eine Mission in Brasilien, der weitere u. a. in Argentinien folgten. 1912 besuchte sie die Häuser in Südamerika. Bei ihrem Tode zählte die Kongregation 42 Niederlassungen. Am 24. 4. 1988 wurde P. in Rom von Johannes Paul II. seliggesprochen.

Das geistliche Leben der Seligen schöpft aus einer tiefen MV: »Zu dieser guten Mutter ... muß jedes Mitglied eine sehr lebhafte Zuneigung haben. Die Nachahmung ihrer Tugenden muß das Zusammenleben der Schwestern formen — Gegenstand eines heiligen Wettstreites« (Direttorio 32). Die marian. Frömmigkeit ist ein ganz bes. Merkmal P.s und der »Schwestern der Armen«. Die marian. Gedenk- und Festtage werden in der Familie der Savina als Hauptfesttage begangen: Darstellung Jesu im Tempel. ♏e Aufnahme in den Himmel, ♏e Geburt, UE. Der Monat Mai ist ganz der GM geweiht. In der Korrespondenz mit ihren geistlichen Töchtern legt ihnen P. nachdrücklich die kindliche Liebe und Dankbarkeit gegenüber der Jungfrau ♏ ans Herz und drängt sie dazu, aus zwei Gründen sollen sie ♏ im Gedächtnis behalten: weil sie Christinnen sind und dann weil sie als Mitglieder einer Religiosenfamilie am Fest der UE »empfangen« worden sind. »Die Schwester der Armen« soll ♏, dem Modell des Lebens, einen bevorzugten Platz in ihrem Herzen geben: »Meine Töchter, jede trage Sorge, in ihrem Herzen Maria einen Tempel zu errichten, von dem die Demut der unerschütterliche Grund sei; Gehorsam, Arbeitsamkeit, Opfergeist und Armut die stärkste Mauer seien; die Liebe der Altar sei; die Tugendakte und die kleinen täglichen Opfer die Ornamente seien« (Lett. Circ. 21).

Das Fest der UE ist darüber hinaus an eine bes. geistliche Erfahrung P.s gebunden, als sie wählte, zur Nachahmung ♏s immer volle Verfügbarkeit, Gehorsam und Gleichförmigkeit gegenüber dem Plane Gottes zu leben und zu üben: »Es geschah durch die Eingebung dieser gepriesenen Jungfrau ..., daß wir uns im Vorsatz, uns Jesus und seinen Armen zu weihen, vereinten. Es geschah durch den Schutz Marias, daß der ausgestreute Samen nun ein Sprößling mit Bereitwilligkeit ist und reich an zahlreichen Früchten wurde« (ebd. 28).

WW: Lettere Circolari, Ms. in Casa Madre, Via Baroncelli 1, Siena. — Direttorio delle Sorelle dei Poveri di S. Caterina da Siena, Siena 1917.
Lit.: G. Bardi, Madre, S. P., fondatrice delle Sorelle dei Poveri ..., 1959 (Lit.). — R. De Roma, Una povertà che si chiama Cristo. Profilo spirituale di Madre S. P., 1979 (Lit.). — C. Laudizi, La spiritualità di S. P., masch., 1988. — AAS 78 (1986) 121—125; 79 (1987) 1120f.; 81 (1989) 268—273. — DIP VI 1528f.
I. Neroni/W. Baier

Petrov, Stanko, OFM, * 8. 1. 1887 in Metković, † 13. 3. 1963 in Sinj, war Professor, Schriftsteller, Übersetzer und Verbreiter der marian. Frömmigkeit. Im Jahr 1922 begann er, die Zeitschrift »Gispa Sinjska« (Muttergottes von Sinj) zu publizieren, die er bis 1933 redigierte. Einige seiner Schriften, die der Madonna gewidmet sind, haben mehrere Auflagen erlebt und werden noch heute gedruckt und gerne benützt.

WW: Gospa Sinjska, 1921. — Vjenčić Gospe Sinjske, 1929. — Zrcalo bez ljage, 1938. — Zdravo Kraljice, 1941.
Lit.: Mp.o.dr. fra Stanku Petrovu in memoriam, 1963.
V. Kapitanović

Petrucci, Brizio, ital. Komponist, *12.1.1737 in Massalombarda, † 15.6.1828 in Ferrara, studierte zunächst in Ferrara Jura (1758 Doktorexamen), begann aber daneben seine musikalische Ausbildung bei P. Beretta. 1784 wurde er zum Kapellmeister am Dom zu Ferrara ernannt, wo er bis zu seinem Lebensende wirkte. P. komponierte Opern, ein Oratorium und zahlreiche geistliche Werke, darunter Litaneien und ein »Stabat Mater« (im Archiv der Kathedrale von Ferrara).

Lit.: MGG IX 1137 f. — DMM V 677 f. *B. Brosch*

Petrus (Apg 1,12—14). Der »Marienmaler« →Lukas zeichnet mit wenigen Strichen ein eindrucksvolles Bild vom »Coenaculum«, das in der christl. Theol., der Volksfrömmigkeit und bildenden Kunst weiterlebt: »Die Apostel mit Maria in betender Erwartung des Heiligen Geistes« (Weiser, Apg I 58). Wie weit Lukas überliefertes Gut (so R. Pesch) oder völlig selbständig im Anschluß an sein Evangelium (so G. Schneider) redigiert, ist nicht ausdiskutiert. Nach der Himmelfahrtsdarstellung (vgl. Lk 24,50—53 und Apg 1,4—11) leiten 1,12—14 (Schille zählt V.12 zur Himmelfahrtsperikope) über zur Geistsendung, 2,1ff.; eingeschoben ist 1,15—26: Zuwahl des Matthias. Anders als Lk 24,52f. (Tempel!) kehren 1,12 die Apostel vom Ölberg zurück und gehen (1,13) ins »Obergemach« (εἰς τὸ ὑπερῷον; vgl. Dan 6,10; Apg 20,8). Lukas schaut am Schluß seines Evangeliums lobpreisend zurück, am Beginn der Apg erwartet er die Zukunft der Kirche. Ob Lukas das »Obergemach« mit dem Ort des Abendmahls (Lk 22,12) und dem der Geistsendung (Apg 2,1ff.) identifiziert, ist im Text nicht eindeutig gesagt.

Die Apostelliste in 1,13 (bewußt mit 11 Namen) unterscheidet sich von Lk 6,14—16 und Mk 3,16—19. Immer aber steht P. an der Spitze. Er wird 1,13 nur mehr mit seinem Beinamen genannt (Lk 6,14: Simon Petrus, ebenso Mk 3,16). P. begegnet in der Apg 56mal in Kap. 1—5. 8—12,15; der Name Simon, immer mit dem Beinamen P., steht 10,5.18.32; 11,13; 15,14 gebraucht Jakobus die hebraisierende Namensform Συμεών.

Den Kern der Jerusalemer Urkirche beschreibt 1,14: »Diese alle verharrten einmütig beim Gebet mit Frauen und Maria, der Mutter Jesu, und mit seinen Brüdern.« Die »Frauen« erinnern an Lk 8,2f.; 23,49.55f.; 24,10.22—24.33. ⟨M⟩ wurde Lk 1—2 häufig mit Namen erwähnt, dann nur noch Lk 8,19—21 als Mutter Jesu ohne Namen. Dies gehört zur Hervorhebung und Verehrung ⟨M⟩s bei Lukas. Die ausdrückliche Erwähnung der →»Brüder« Jesu entspricht den Verhältnissen, ihrer Bezeugung (Gal 1,19; 1 Kor 15,7) und der lukanischen Absicht im Unterschied zu Mk 3,20; Joh 7,3—10. Den Grundvollzug urchristl. Gemeindelebens, hier in der Vorbereitung auf →Pfingsten (2,1ff.), umschreibt die Apg mehrfach mit »einmütigem« (ὁμοθυμαδόν 2,46; 4,24; 5,12; 8,6; 15,25; vgl. Lk 12,32) »verharren« (προσκαρτερεῖν, noch 2,42.46; 6,4 — Summarien!) im Gebet. Es geht um ein Ausharren in Geduld, ständige Bereitschaft zum Neubeginn und das Durchhalten in entmutigender Situation, vgl. Lk 9,51—19,28 (Reisebericht). Das beharrliche Beten (2,42; 3,1; 6,4; vgl. auch 1,24; 6,6) ist der Urgemeinde von Jesus selbst vorgelebt, Lk 3,21; 6,16; 6,12; 9,18.28f.; 11,1; 22,45.

Summarisch narrativ setzt Apg 1,12—14 folgende Akzente: Die Ur-Geschichte der Kirche ist an einen bestimmten Ort (Jerusalem!) gebunden; Gemeinde wird durch bestimmte Personen gebildet; »Gemeinde existiert in der Einmütigkeit der Versammlung, die sich im Gebet einstellt« (R. Pesch); ⟨M⟩, die Mutter Jesu, gilt Lukas als »Vertreterin der Sache Jesu« (G. Schille).

Lit.: Kommentare: G. Schneider, 1980. — A. Weiser, 1981. — G. Schille, ²1984. — F. Mussner, 1984. — R. Pesch, 1986. — W. Thiele, Eine Bemerkung zu Act 1,14, In: ZNW 53 (1962) 110—112. — G. Schille, Anfänge der Kirche. Erwägungen zur apost. Frühgeschichte, 1966. — R. Riesner, Essener und Urkirche in Jerusalem, In: BiKi 40 (1985) 64—76. — A. Weiser, Die betende Urgemeinde, In: Ders., Studien zu Christsein und Kirche, 1990, 175—184. — EWNT I 67—72. *F. Staudinger*

Petrus v. Ailly → Ailly, Pierre de

Petrus I. v. Alexandrien, seit etwa 300 Bischof der ägyptischen Hauptstadt, als »der letzte Martyrer« † 25.11.311. Seine echten Schriften sind nur in Fragmenten erhalten. Alles Koptische unter seinem Namen, die Homilien (Clavis PG 1659f.) wie auch das Briefcorpus (ebd. 1650—53 + 1658), ist sicher unecht. Als berühmten Zeugen des christl. Glaubens zitiert ihn u.a. das Konzil von Ephesus. In seinem Hauptwerk »De deitate« (Clavis PG 1635) verwendet P. den Engelsgruß (Lk 1,28. 35) zum Beleg seiner Überzeugung, daß Gottes Wort ohne Zutun eines Mannes im Schoß der vom Hl. Geist überschatteten Jungfrau ⟨M⟩ Fleisch geworden ist (ACO 1, 1, 2, 39).

Lit.: S. Alvarez Campos, Corpus Marianum Patristicum I, 1970, 129f., Nr. 311. — T. Vivian, St. Peter of Alexandria. Bishop and Martyr, 1988. *H. Brakmann*

Petrus v. Argos, hl. Bischof, † nach 920. In Konstantinopel geboren, sah er seine Berufung im monastischen Leben, lehnte deshalb den Bischofsstuhl von Korinth ab, wurde aber zur Annahme desjenigen von Argos überredet. Für die Mariol. sind folgende Predigten wichtig: Zu ⟨M⟩e Empfängnis durch Anna (BHG 132; PG 104,1351—66), ⟨M⟩e Tempelgang (BHG 1111b) und ⟨M⟩e Verkündigung (BHG 1159g).

Die Homilie zu ⟨M⟩e Empfängnis ist ein ausführlicher Lobpreis der Eltern ⟨M⟩s. Wie viele byz. Theologen nahm P. an, daß Anna unfruchtbar war, die Empfängnis also eine wunderbare Erhörung ihrer Gebete darstellte. Die so Empfangene erfüllt die Eltern mit Freude, denn sie ist die »allduftende Rose, in unfruchtbaren Grund gepflanzt, welche die Welt mit ihrem Wohlgeruch erfüllen soll ...« (PG 104,1352A). Die Natur hallt von ihrer Freude wider und jubelt über das Glück, das einer Frau widerfahren ist. Die Empfängnis ist das erste Zeichen »unserer Versöhnung mit Gott«. M ist für uns »der Urgrund aller Freude und diejenige, die uns unaussprechliche Freude gewinnt« (PG 104, 1353 A).

Die umfangreiche Predigt zu Me Tempelgang beschäftigt sich mit M als Braut Gottes, der von Gott höchst Geliebten. Dabei wird der Eintritt Ms in den Tempel in Gegensatz zu Evas Verlust des Paradieses gesetzt, wobei P. reichlich aus dem AT und den Prophetien zitiert. P. besteht auf der Mittlerschaft Ms; erwählt als »Mittlerin der Sünder«, »wissen wir von ihr, daß der Sohn die Mittlerschaft der Mutter nicht zurückweisen wird, er, der uns befohlen hat, sie nach ihm zu verehren. Er hat uns Dir anvertraut. Wir nennen uns Dein Eigentum und Dein Volk wie das Deines Sohnes. Wir wurden durch das Blut erlöst, das er von Dir genommen hat. Durch Dich sind wir das erwählte Volk des Herrn geworden, ein heiliges Volk, ein königliches Priestertum« (ebd.). Wiederum nennt sie P. »nach Gott die Zuflucht unseres Volkes, die immerwährende Hilfe, den friedlichen Hafen, den Anker der Sicherheit in unserem Elend, das unüberwindliche und unbesiegbare Bollwerk« (Toniolo 47).

Dieser Ausdruck der Freude kehrt in der Homilie zu Me Verkündigung wieder (Toniolo 29). In der Litanei »Chaire« nennt er M wiederum »Mittlerin des ganzen Menschengeschlechts« (ebd.). Hier ist sie »die einzig völlig Unverdorbene«, wie sie in der Predigt zu Me Tempelgang »die Allerreinste« ist, frei von der Verderbnis in der Predigt zu Me Empfängnis (PG 104, 1360). Dies alles unterstützt M. Jugie's Meinung, daß P. M für sündelos hielt.

WW: PG 104, 1352—66. — BHG 132. 1111b. 1159g. — E. Toniolo (Hrsg.), Alcune Omelie mariane dei sec. X—XIV, In: Mar. (1971, Sonderheft) 18—46. — Ders., L' omelia di Pietro d' Argo sull' Annunciazione, In: Mar. (1973, Sonderheft) 25—37.
Lit.: Jugie 183—185. — A. Vasiliev, The »Life« of St. Peter of Argos and his Significance, In: Traditio 5 (1947) 163—185. — F. Halkin, In: AnBoll 69 (1951) 166 ff. — DThC VII 931. — DSp XII 1503—05. — Theotokos 280 f. *M. O'Carroll*

Petrus Aureoli, OFM, um 1280 in Quercy-Gourdon (Südfrankreich), † 1322 in Avignon, war Schüler des → Duns Scotus, lehrte Theol. in Toulouse, Bologna und Paris, wurde von Papst Johannes XXII. zum Erzbischof von Aix ernannt, starb aber kurz nach der Weihe. Mit seinem Traktat »Quaestiones disputatae de immaculata conceptione beatae Mariae Virginis« (1314/15) begründete er maßgeblich die Tradition der Lehre von der UE mit. Auch sein »Repercussorium editum contra adversarium innocentiae Matris Dei« widmet sich diesem Thema, wie auch der Kommentar zu den Sentenzen, die 1318 in Paris diskutiert wurden.

Wiewohl Schüler von Duns Scotus und beeinflußt von → Ps.-Augustinus, dessen Argumente er klug auf seine eigenen Thesen anwendet, entwickelt P. doch eine eigene Mariol.: Eine Person kann der Erbsünde de iure verfallen sein, wie sie durch die Notwendigkeit der Natur bestimmt ist, aber nicht de facto auf Grund der Wirkung einer besonderen Gnade. P. untermauert diese Annahme mit dem Hinweis auf die göttliche Allmacht, entsprechend dem skotistischen Argument vom vollkommenen Erlöser, und mit besonderem Hinweis auf die GMschaft, die dieses Privileg beinhaltet. Grundlage dieses Gedankengebäudes ist das Prinzip der Konvenienz, in dem er durch Ps.-Augustinus bestärkt wurde: »Augustinus beweist, daß ihr Körper nicht zu Staub zerfallen war, weil dies nicht angemessen war. Und was war noch weniger angemessen, als daß sie von der Erbsünde befleckt sein sollte?« (In Sent. Dist. 3 q. 1).

Denselben Grundsatz der Konvenienz wendet P. auf die läßliche Sünde an: »Wiederum — nach den Aussagen aller Heiligen — machte sie sich keiner läßlichen Sünde schuldig, denn es war nicht angemessen, daß sie von läßlicher Sünde befleckt sein sollte; die Erbsünde ist gewiß ein größerer Makel«, — als Hinweis auf ihre Verschonung auch von dieser (ebd.). »Deswegen hat er sie vollkommener erlöst, wenn er sie vor der Sünde bewahrte, als wenn er ihr erlaubt hätte, in Sünde zu fallen, und sie anschließend gereinigt hätte« (ebd.), entsprechend der skotistischen Theorie der bewahrenden Erlösung.

WW: Quaestiones disputatae de immaculata conceptione beatae Mariae Virginis, In: Bibl. franc. scholastica medii aevi III, Quaracchi 1904, 23—94. — Repercussorium ..., ebd., 95—153. — E. Buytaert, Aureoli's Unpublished Reportatio II, Dist. 3 p. 1—2, In: FrS 15 (1955) 159—174.
Lit.: A. di Lelia, The Immaculate Conception in the Writings of P. A., In: FrS 15 (1955) 146—159. — L. Rosato, Doctrina de Immaculata Conceptione secundum Petrum Aureoli, 1959. — S. M. Manelli, Pietro Aureoli e la questione del »debitum peccati«, 1961. — DThC XII 1810—81, bes. 1873—75. — DSp XII 1505—08. — Graef 302—304. *M. O'Carroll*

Petrus v. Blois, * um 1135 in Blois (Frankreich), nach 1204 in London, genannt nach seinem Geburtsort. Nach dem Studium der Rechte und der Theol. in Bologna und Paris, vielen Wechselfällen und Aufträgen bei Hof in Sizilien und England ließ er sich erst sehr spät zum Priester weihen und war Archidiakon in Bath und London. Seine Mariol. findet sich in einer Reihe von Predigten besonders zu den damals gefeierten marian. Festen Me Reinigung (2), Me Aufnahme in den Himmel (4) und Me Geburt.

Mit Schwung und Wortgewalt preist P. die GM, dabei liebt er Doppelungen wie »elegit et praeelegit«, »exaltavit et superexaltavit«, »superbenedicta, superelecta, superspeciosa« und Reihungen wie »Sie wurde die Herrin der Welt, die Erneuerin (reparatrix) der Zeit, die Zerstörerin der Hölle, der Ruhm der Märtyrer, die Ehre der Jungfrauen, die Stärke der Gerechten, die Zuversicht der Gefallenen, die Hoffnung der Kämpfenden, die Freude der Engel« (In Nativ., PL 207, 674 A). P. bewegte sich häufig in der Bilderwelt der Eva-M-Parallele, um damit eine

Reihe von Mlobpreisungen einzuführen oder in traditioneller Weise den Gegensatz herauszuarbeiten. »Laßt Adam und Eva, unsere Eltern oder eher unsere Zerstörer, heute jubeln, denn, wie heute M den Himmel betritt, so ist er für ihre Nachkommenschaft geöffnet. Eva führte uns ins Verderben, sie erhebt uns in die Glorie.« (In Assumpt., PL 207,665 A). Eva ist die Mutter des Verderbens, M die Mutter der Gnade. M ist die starke Frau, welche das Haupt der alten Schlange zertrat, was P. in Verbindung zu ihrer Rolle bringt, »die Kirche ohne Falten und Flecken vor ihrem Sohn zu vertreten« (In Assumpt., PL 207,662AB; cf. 665 A).

M erhielt nach P. die Fülle der Gnade im Schoß ihrer Mutter, was auf das Fehlen eines Glaubens an die UE schließen läßt. Gleichzeitig aber stellt er fest: Als der »hl. Geist auf sie herabkam bei der Empfängnis des Wortes, so goß er in ihr die Fülle der himmlischen Gnade aus« (PL 207,675 C). Sie war von aller Sünde befreit; ihr Leib war geheiligt, der Leib Christi heilig und heiligend.

Niemand solle sich wundern, daß M Königin und Herrin der Engel war, weil sie viel inniger mit ihrem Sohn verbunden und sie zwei in einem Fleische gewesen seien. Sie ist eines Wesens mit ihm, wie er es mit dem Vater ist. Deswegen schlug P. eine neue Sicht der leiblichen Aufnahme in den Himmel vor: Nach der Himmelfahrt »wurde es Christus klar, daß er erst dann ganz in den Himmel aufgefahren sei, wenn er die zu sich gezogen habe, von der er Fleisch und Blut angenommen hatte. Mit Sehnsucht ersehnte er die Anwesenheit des Gefäßes der Erwählung, ich meine den Leib der Jungfrau ... Kein Engel soll sich wundern, daß die Gottesmutter, seine Magd, seine Schwester und Braut, seine Mutter und Tochter, in Pracht und Glorie aufgenommen werden sollte« (PL 207,662 B. 663 A).

Aus dieser Sicht entwickelt sich natürlich Ms Macht zugunsten der Menschheit. Sie wird »uns vorgestellt zu unserer Hilfe als aufmerksame Schützerin und gnädige Mittlerin bei ihrem Sohn« (PL 207,665 D). P. ist überzeugt, daß Gott ihre Bitten erhöre. »Entferne M aus dem Himmel, und unter den Menschen herrscht nur Blindheit in der Dunkelheit, Irrweg in der Kälte und allumfassende Finsternis« (PL 207,661A).

WW: PL 207,592—599. 660—669. 672—677.
Lit.: DThC XII 14—19. — LThK² VIII 351 f. — NCE XI 212. — DSp XII 1510—1517. — Theotokos 21 f.   M. O'Carroll

Petrus Canisius → Canisius, Petrus

Petrus Cantor, * um 1130 in Gerberoy, † 22. 9. 1197 in Longpont, studierte und lehrte in Reims, war seit etwa 1170 Cantor des Domkapitels von Notre-Dame in Paris. Obwohl im 12. Jh. die Verehrung der allerseligsten Jungfrau M blühte, vermißt man zwar bei P. (wie auch bei vielen anderen Autoren seiner Zeit) eine umfassende theol. Behandlung von Fragen der Mariol., doch stößt man in seinem bislang ungedruckten Werk »De tropis loquendi« auf Ausführungen über die Aufnahme Ms in den Himmel, in denen er sich für die leibliche Aufnahme der ohne Erbsünde empfangenen Jungfrau ausspricht. Hierfür beruft er sich auf die Autorität des hl. Augustinus, da die Hl. Schrift nach seiner Meinung die Wahrheit der Assumptio nur »dunkel« enthält. Bemerkenswert ist dabei, daß P. keinen Zweifel am leiblichen Tod Ms hegt.

Lit.: F. S. Gutjahr, P. C. Parisiensis, Graz 1899. — Landgraf II/2, 359—367. — EC IX 1429 f. — NCE XI 213.   G. Leibold

Petrus v. Celle, OSB, * um 1115 in der Champagne, † 20. 2. 1183 wahrscheinlich in Chartres, ein Freund des hl. Bernhard, war zuerst Abt von Montier la Celle, dann von St. Rémi de Reims, schließlich Bischof von Chartres. P. beeinflußte die Spiritualität und Reformbewegung seiner Zeit wesentlich. Er verteidigte die Lehrmeinung des hl. Bernhard über die UE in zwei Briefen gegen → Nikolaus v. St. Alban und verfaßte zahlreiche Predigten zu Mfesten.

Obwohl er seine Einwände gegen Nikolaus deutlich aussprach, auf die letzterer antwortete, pries er M hoch — er »wollte eher keine Zunge haben, als etwas gegen ULF zu sagen« (PL 202,616 C). Er suchte M zu erhöhen, obwohl er die UE leugnete: »Tolle victoriam, tolles et coronam; tolle coronam, tolles et gloriam« (PL 202,616 C). Er versuchte, eine Parallele zwischen der Versuchung Christi und dem Sieg Ms über die Erbsünde aufzuzeigen. »Wer von uns ehrt die Jungfrau am meisten, der, welcher predigt, daß sie ohne jeden Kampf gesegnet war, oder der, der (predigt), daß sie im Kampf stark war?« (PL 202,630 C). Verschwenderisch preist P. die »Heilige der Heiligen«. »Du sagst, daß sie die Mutter Gottes sei, Du ernennst sie zur unserer Mittlerin vor Gott; ich tue dasselbe« (PL 202,632 A). Obwohl er überzeugt war, daß sein Glaube auf dem Evangelium beruhte und nicht auf Träumen, war er doch bereit, eine künftige Offenbarung Gottes anzunehmen. Beispielhaft glaubte er an die Größe ULF. »Ich glaube und bekenne, daß mehr Dinge über die allerheiligste Jungfrau uns unbekannt sind als bekannt, weil sie in Gnade und Ruhm gestärkt wurde und wir uns mit ihr nicht messen können« (PL 202,632 A). Zur Stützung seiner Thesen zieht er das AT und NT heran.

In den Predigten spricht P. als Mann seiner Zeit ohne große Eigenständigkeit. Als Stern des Meeres ist M die illuminatrix, die »Herrin«, die für ihn eintreten werde (interveniat), so hofft er in seinem Gebet; aus ihm »erschien der Welt das wahre Licht, ewige Heilung, umfassende Erlösung« (PL 202, 715 CD). Obwohl er davon spricht, daß Jesus nach der Himmelfahrt sich beeilt habe, die Bande zu brechen, die M von ihm fern hielten, bleibt er hinsichtlich der leiblichen Aufnahme Ms in den Himmel Agnostiker. »Ob sie im Leibe aufgenommen worden ist, ist wahrhaftig unbekannt, obwohl es Gegenstand frommen Glaubens ist« (PL 202,849B).

Wenn P. von Ⓜs Nähe zur Trinität spricht, bewegt er sich an der Grenze des theol. Denkens: »Auf einzigartigem und unfaßbarem Weg näherst Du dich der Dreifaltigkeit fast unmittelbar auf eine solche Weise, daß Du allein, falls die Dreifaltigkeit eine Vierfaltigkeit von außen zuließe, die Vierfaltigkeit erreichtest; aber es gibt nur eine Dreifaltigkeit und es hat nie eine Vierfaltigkeit gegeben und wird nie eine solche geben« (PL 202,675D). Diese Äußerung zeugt von P.s rechtem Glauben obwohl die Formulierung riskant ist.

WW: PL 202,397—1146.
Lit.: J. Leclercq, La spiritualité de Pierre de Celle, 1946. — LThK² VIII 355. — DSp XII/2 1526—31. — Theotokos 23f. — DThC XII 1896—1901.   M. O'Carroll

Petrus Christus, niederländischer Maler, * um 1410 in Baerle/Brabant, † 1472/73 in Brügge, war Schüler des Jan van Eyck, dessen Werkstatt er nach van Eycks Tod (1441) weiterführte, erwarb 1444 das Bürgerrecht in Brügge. P. galt in der Forschung lange Zeit zu Unrecht als reiner Epigone der Brüder van Eyck, wird heute jedoch differenzierter beurteilt. Er lehnte sich verständlich eng an seinen Lehrer an und vollendete auch unfertige Werke, aber läßt doch eine deutliche Eigenständigkeit erkennen. Er führte die Prinzipien der Perspektive folgerichtig weiter. Als erster nordischer Maler setzte er sich mit dem Gesetz des Fluchtpunktes und des einheitlichen Horizontes auseinander. Nach dem Tode van Eycks traten weitere Einflüsse Rogier van der Weydens und Robert Campins hinzu. Charakteristika der Werke P.' sind eine stille Verhaltenheit seiner Figuren, die sich ohne Übersteigerung des Gefühlsausdrukes in eine vereinheitlichte Raumwirkung und geschlossene Bildkomposition einfügen. Seine Hauptschaffenszeit lag in den Jahren zwischen etwa 1444 und 1460, jedoch verloren auch die späten Werke nichts von ihrer klaren und schlichten Schönheit. P. führte das Halbfigurenbildnis in die niederländische Malerei ein.

P. schuf eine Reihe von Bildern mit marian. Themen, die ikonographisch meist in traditionellen Bahnen verblieben. Eine »Verkündigung (Altarflügel, Berlin, Staatl. Mus., 1452; Friedländer Tafel 77b) bleibt ganz und gar konventionell. Hingegen ist eine weitere Behandlung des Themas (New York, Metropolitan Mus.) erwähnenswert, dessen Autorschaft in der Forschung zwischen Jan van Eyck und P. umstritten ist. Doch ist es wichtig genug, hier angeführt zu werden: der Engel tritt Ⓜ entgegen, die unter dem Portal einer Kirche steht. Über Ⓜ schwebt die Hl.-Geist-Taube. Die Architektursymbolik zielt auf die Darstellung des Gegensatzes Judentum — Christentum durch ein Portal, das zur Linken Ⓜs in romanischen Formen mit der negativ zu verstehenden Figur eines →Affen gestaltet ist. Die dunklen Säulen darüber beziehen

Petrus Christus, Madonna im dürren Baum, Lugano

sich auf 1 Kön 7,21; die andere Seite des Portals ist in zeitgemäßen gotischen Formen gehalten. Ⓜ steht zwischen AT und NT. Die halb zerstörte Gartenmauer, die die Kirche umgibt, ist als negative Auffassung der →Gartensymbolik zu verstehen. Auf der Schwelle zur Kirche sind die Worte »REGINA COELI LAETARE« eingeschrieben. Sicher spielt in die Darstellung auch die Vorstellung der verschlossenen, nun geöffneten Pforte und der Himmelspforte als marian. Symbol mit hinein.

Auf dem bereits erwähnten Berliner Altarflügel behandelte P. auch die Geburt Jesu: Ⓜ, drei kleine Engel, Joseph und Ⓜ gegenüber eine Frau in zeitgenössischer Tracht, beten das Kind an. In einer ähnlichen Version dieses Themas, jedoch einheitlicher in der Gesamtwirkung (New York, Privatbesitz, Friedländer Tafel 82) umfängt der Stall, in dem Ⓜ, Joseph und die Stifterin (?) das auf dem Boden liegende Kind anbeten, das gesamte Bild. Ein Hauptwerk P.' das unter dem sehr deutlichen Einfluß van Eycks steht, enthält gleichfalls ein Weihnachtsbild (Washington, Nat. Gallery, Andrew-Mellon-Collection; Friedländer Tafel 102): eine Zentralkomposition zeigt im Stall Ⓜ und Joseph mit zwei Engelspaaren. Die Schuhe im Vordergrund verweisen auf die Heiligkeit des Ortes nach Ex 3,5. Im Hintergrund hinter der halbhohen Stallmauer nähern sich die Hirten. Das Bild wird von einem typisch Eyckschen Grisaille-

Rundbogen überfangen. Adam und Eva auf den Säulen im Portal stellen den typologischen Bezug zum AT her, in den Archivoltenfiguren sind Szenen seit der Vertreibung aus dem Paradies bis Kain und Abel dargestellt.

Auf einem frühen Bild P.' (zerstört, früher im Schloß Dessau; Friedländer Tafel 92), einer »Kreuzigung«, zeigte sich die für den Maler typische Stille der Gemütsbewegungen, innere Aufgewühltheit wird durch Gesten angedeutet. Johannes und eine Frau fangen die ohnmächtige ᛜ auf. — Noch deutlicher wird dieser Zug in P.' Bildern in seiner Behandlung der Beweinung. In einem um 1460 datierten Bild (New York, Metropolitan Mus.; Friedländer Tafel 84) beruht die Bildwirkung auf dem Kontrast zwischen dem hell beleuchteten Leichnam Christi im Vordergrund und der dunklen Beweinungsgruppe. Wieder ist ᛜ zusammengebrochen und wird von Johannes gehalten. Maria Magdalena eilt zur Hilfe. Diesem Bild ähnlich komponiert ist eine Tafel in Brüssel (Mus. Royal, um 1465; Friedländer Tafel 93). Die Gruppe mit ᛜ, Johannes und der Frau ist ähnlich der der Dessauer Kreuzigung, die Gestalt der niedersinkenden ᛜ gibt es bei Rogier van der Weyden (Kreuzabnahme, Escorial). Ungewöhnlich ist die vom Geschehen abgewandte Maria Magdalena. Der Szene ist noch ein zeitgenössisches Paar hinzugefügt. Auf einer Tafel in Paris (Louvre, um 1460; Friedländer Tafel 85) wirkt die Darstellung flüssiger, da ᛜ hier den toten und steifen Leichnam mühsam hochhält, indem sie die Hände unter seinem Oberkörper verschränkt. — Eine gleichfalls in Berlin aufbewahrte und zu der bereits erwähnten Altartafel gehörige Darstellung des »Jüngsten Gerichtes« (Friedländer Tafel 77a) ist eine vereinfachende Kopie nach Jan van Eyck (New York, Metropolitan Mus.). Sie zeigt deutlicher als ihr Vorbild ᛜ unter den Heiligen und Seligen zu Füßen des Richterthrones. — Ein Halbfigurenbild stellt die »Maria lactans« (Paris, Bentinck-Thyssen-Sammlung, 1449; Friedländer Tafel 76) dar. — Im Stil einer Sacra Conversatione thront ᛜ mit dem Kind zwischen den hll. Hieronymus und Franziskus auf einem Bild von 1457 (Frankfurt, Städel; Friedländer Tafel 78) auf einem aufwendig gestalteten Thron mit den kleinen Figuren von Adam und Eva auf den Wangenstirnen.

Das Thema der Madonna mit dem Kind behandelte P. mehrmals. Zu erwähnen ist eine Tafel in Kansas City (Nelson Gallery-Atkins Mus.; Friedländer Tafel 109): ᛜ und das Kind mit Globus, das sie vor sich stehend hält, befinden sich in einem reich gestalteten zeitgenössischen Wohnraum. Es ist eine fast genrehafte, mit großer Liebe zum Detail gestaltete Szenerie. Zwei identische Tafeln (Madrid, Prado und Privatbesitz, um 1460; Friedländer Tafeln 88f.) zeigen ᛜ und das Kind in einer offenen Bogenhalle. Ein Engel hält eine Krone über ᛜ. Das Motiv der offenen Bogenhalle, nur zweigeschossig und reicher, verwendete P. schon um 1444 bei der sog.

»Exeter-Madonna« (Berlin, Staatl. Mus.; Friedländer Tafel 86). Vor der ᛜgruppe kniet in der Art eines Stifters ein Kartäuser-Mönch, der von van Eycks Rothschild-Madonna, die P. vollendete, übernommen ist. Ihn empfiehlt die hl. Barbara. Ansonsten bestehen zwischen diesem Bild und der Rothschild-Madonna keinerlei Ähnlichkeiten.

Eines der bemerkenswertesten Werke P.' ist die »Madonna im dürren Baum« (Lugano, Sammlung Thyssen, um 1444; Friedländer Tafel 87), die P. für eine Bruderschaft malte, in der er mit seiner Frau gleichfalls Mitglied war. ᛜ und das Kind stehen auf der Astgabel eines verdorrten Baumes, der sich wie eine Dornenkrone um sie schließt. 15 gotische »a« sind an den Ästen aufgehängt und stehen für 15 Ave-Maria. Die Madonna ist der Exeter-Madonna sehr ähnlich. — Schließlich schuf P. auch eine Darstellung des ᛜtodes (San Diego, The Putnam Foundation; Friedländer Tafel 111): die Seele ᛜs, zu deren Totenbett die Apostel eilen, wird von Engeln in den Himmel getragen. Im Gegensatz zu den üblichen Darstellungen sind die Apostel jedoch nicht trauernd um ᛜ versammelt. Nur vier stehen dabei, während die anderen herbeieilen, einer aus dem Fenster blickt, einer schläft, zwei mit Weihwassereimer und Weichrauchfaß usw. kommen.

Lit.: W. Schöne, Dierk Bouts und seine Schule, 1938, 55f. — E. Panofsky, Early Netherlandish Painting, 1953, 308ff. — M.J. Friedländer, Early Netherlandish Painting I, 1967, 81ff. — Schiller I 60. — Kindler I 744f. *P. Morsbach*

Petrus Chrysologus, hl. Kirchenlehrer, * um 380 im Forum Cornelii bei Imola, † 3.12.450 ebd. Die Biographie des Agnellus aus dem 9. Jh. ist teilweise unzuverlässig. Von P. sind ca. 180 echte Predigten (Sermones) überliefert, vor allem in der Sammlung des Bischofs Felix v. Ravenna (Collectio Feliciana, um 715); daneben gibt es etwa 15 weitere echte Texte. Die Predigten erklären meist biblische Textabschnitte, das Vaterunser und das Glaubensbekenntnis; es gibt ferner Festpredigten und Gelegenheitsansprachen. Ihr Inhalt ist moralisch-praktisch, aber es fehlt nicht an Gedankentiefe und Originalität. Der Stil der Reden ist sehr rhetorisch, vielfach überladen. Der Beiname Chrysologus (»Goldredner«), den P. schon bei Agnellus trägt, ist ihm wohl gegeben worden, um für das Abendland ein Gegenstück zu Johannes »Chrysostomos« zu haben.

P. spricht sehr häufig in seinen Predigten über ᛜ; einige von ihnen behandeln ausschließlich mariol. Abschnitte des NT: über die Verkündigung (Sermones 140, 140 bis, 140 ter und 142—144), über die Menschwerdung Gottes und die Geburt Christi (Sermones 141, 145—148 und 148 bis). Diese und weitere mariol. Themen tauchen an verschiedenen Stellen seiner übrigen Predigten auf; wichtig sind u.a. die Predigten über das Glaubensbekenntnis (Sermones 57—62).

Die göttliche Mutterschaft Ms wird von P. nachdrücklich betont, als er die lat. Zuhörer auf die christol. Auseinandersetzungen seiner Zeit im griechischsprachigen Bereich aufmerksam macht: »Kommen mögen sie und hören, die mit griechischer Verwirrung die lateinische Klarheit zu umnebeln sich bemühten und sie schmähten als › Mensch- und Christusgebärerin ‹, um ihr den Namen › Gottesgebärerin ‹ zu rauben« (Sermo 145). Dies taten die Anhänger des Theodor v. Mopsuestia und des Nestorius, die zur Schule von Antiochien gehörten. P. beschäftigt sich auch mit dem Monophysitismus, der anderen Extremform der Christol. und einer Irrlehre der Schule von Alexandrien, in seinem bekannten Brief an Eutyches, dem Urheber des Monophysitismus. In diesem versöhnlichen Brief an Eutyches, der sich um ein Urteil an ihn wandte, verlangte P. Unterordnung unter den röm. Bischof Leo (Epist. 25 unter den Briefen Leos: PL 54,739—744. 52,24f.; ACO II/1, 2, 45f.).

Die Jungfräulichkeit Ms spielt eine sehr wichtige Rolle in der Mariol. des P. Wie Augustin in seinen Predigten (vgl. Aug., Sermo 51, 11,18) verwendet auch er eine dreiteilige Formel, um sich auf die immerwährende Jungfräulichkeit zu beziehen: »Virgo concipit, virgo parit, virgo permanet« (Sermones 117 und 148); »virgo concipit, virgo parturit, permanet virgo post partum« (Sermones 62 und 148 bis).

Die Empfängnis Jesu ist immer ein Geheimnis für die menschliche Vernunft: »Der Geist erzeugt, eine Jungfrau empfängt, Gott wird Mensch, der Mensch wird verwandelt in Gott« (Sermo 62). Es handelt sich nach P. um eine »göttliche Kunst« und kein »menschliches Werk« (Sermo 142), um ein »Zeichen der Gottheit« und kein »Merkmal der Menschheit« (Sermo 142), um eine »Wundertat« und keine »gewöhnliche Sitte« (Sermo 153). Dieses himmlische Wunder (Sermo 103) ist zugleich ein himmlisches Geheimnis: »› Der geboren ist vom Heiligen Geist aus der Jungfrau Maria ‹. Der Geist und die Jungfrau machen keine irdische Begattung aus: Es ist ein himmlisches Geheimnis. Das Geborene ist göttlich. Man muß also daran glauben, daß er geboren wurde, aber verschweigen, wie er geboren wurde, denn es ist unmöglich zu wissen, was heimlich ist« (Sermo 61 zum Glaubensbekenntnis). Auf diese Weise »ist unser Gott und König aus dem Tempel einer Jungfrau hervorgegangen« (Sermo 103). P. betrachtet das Geheimnis der Empfängnis Jesu nicht nur mit frommer und rhetorischer Bewunderung, sondern auch unter einem theol. Gesichtspunkt. Gott, der Schöpfer, nähert sich dem Geschöpf, seinem Werk, um es zu rehabilitieren; deshalb sucht er eine Jungfrau, denn »je schöner der Stoff unserer Genugtuung ist, desto größer wird die Ehre sein« (Sermo 143). M genießt schon diese Ehre bei der Empfängnis ihres Sohnes: »Die Jungfrau besinnt sich, weil schnell Antworten ein Zeichen menschlichen Leichtsinns ist, Besinnen aber ein Zeichen hohen Ernstes und reifen Urteils. Wie groß Gott ist, weiß der nicht, der vor dem Geist dieser Jungfrau nicht staunt, der ihre Seele nicht bewundert! Der Himmel bebt, die Engel zittern, die Schöpfung hält nicht stand, die Natur erträgt es nicht, und eine einzige Jungfrau empfängt, nimmt auf, entzückt diesen Gott in der Wohnung ihres Herzens« (Sermo 140). In einem einzigen Satz versammelt P. die verschiedenen Personen und Wesen, die an der Verkündigung und Empfängnis Jesu teilnahmen: »Das, was Gott anordnet, befolgt der Engel, der Geist erfüllt es, die (göttliche) Tugend verwirklicht es, die Jungfrau glaubt daran, die Natur nimmt es auf, die Himmel erzählen es« (Sermo 141).

Die Geburt des Herrn ist auch himmlisch (Sermo 175). Die Jungfrau gebiert nicht einen irdischen Menschen, sondern einen himmlischen (Sermo 142). Der Würde der jungfräulichen Empfängnis entspricht die einer Mutterschaft, welche voll unversehrt ist; M wird bei der Geburt ihres Kindes, die ohne Leid und Schmerz geschah (Sermones 87 und 117), zur Königin aller Keuschheit (Sermo 143). P. stellt sich die Frage, warum Christus aus einer unversehrten Jungfrau geboren wurde; der Grund dieser »jungfräulichen Geburt« (Sermo 87) liegt darin, daß »es nicht angebracht ist, daß die Tugend aus dem Genuß, die Reinheit aus der Unkeuschheit, und die Unverweslichkeit aus der Verderbnis geboren wird« (Sermo 148 bis). Die Unversehrtheit des Leibes Ms wird durch die Geburt noch mehr vergrößert, weil er keine Einbuße seiner Schamhaftigkeit erleidet: »Maria ist vielmehr selbst Zeugin ihrer (jungfräulichen) Geburt, da sie keine Geburtswehen kennt. Als eine ganz neue Mutter staunt sie ob ihrer Teilnahme an den himmlischen Geheimnissen, sie, die in sich nichts sieht, was einer menschlichen Geburt entspricht. Wenn eine solche Geburt Gottes der Magier bekennt durch sein Geschenk (Mt 2,11), sie bekennt durch seine Anbetung, so erwäge, was der Christ denken und glauben muß!« (Sermo 117).

M bleibt also Jungfrau nach der Geburt Jesu. Die Brüder und Schwestern Jesu, welche Mt 13,16 erwähnt werden, sind nahe Verwandte Ms, und zwar Kinder der Schwester des Kleophas, die auch Maria hieß; hätte die Mutter Jesu andere Kinder gehabt, so wäre sie während des Todes des Herrn am Kreuz nicht dem Apostel Johannes überantwortet worden, der sie als Mutter zu sich nahm (Sermo 48).

P. nimmt an M eine Reihe von Tugenden wahr, als sie die Botschaft des Engels vernahm (Lk 1,26—38): »Da ist die Heiligkeit, die Ehrlichkeit, die Reinheit, die Keuschheit, die Unversehrtheit, der Glaube, und auch dabei waren alle Tugenden, damit eine unerschrockene Magd den Schöpfer in ihrem Schoß tragen konnte« (Sermo 140 ter). Diese Tugenden sind nicht nur menschlich, sondern vor allem eine Wirkung der göttlichen Gnade in M, denn ohne die Macht Gottes könnte die menschliche Kraft, die ganz zerbrechlich ist, den Schöpfer nicht tragen (Sermo 142). Der Prediger lobt ebenso die Demut der Magd des Herrn (Lk 1,38) und ihren Glauben, der größer war als der des Zacharias; beide haben dem Engel eine ähnliche Frage gestellt (Lk 1,18. 34), aber »sie glaubte gegen die Natur, er zweifelte für die Natur« (Sermo 142).

Nicht nur die jungfräuliche Geburt des Herrn, sondern auch die Jungfräulichkeit M̴s birgt selbst für das Menschengeschlecht heilbringende Wirkungen in sich: »Heute, Brüder, hat die Gottheit nicht begonnen, sondern sich die Menschheit erneuert; heute ist Christus nicht für sich geboren, sondern für mich« (Sermo 140 ter). P. konzentriert sich auch nur auf die Heiligkeit M̴s: »›Sei gegrüßt, du Begnadete‹ (Lk 1,28). Es ist die Gnade, die den Himmeln die Ehre, der Erde Gott, den Völkern den Glauben, den Lastern das Ende, dem Leben die Ordnung, den Gewohnheiten die Disziplin erteilt« (Sermo 143). Gott nimmt »im ehrwürdigen Schoß« M̴s die unverdorbene Qualität der menschlichen Natur an, um diese zu erneuern und rein zu machen (Sermo 141), so daß sie den Tod besiegen kann (Sermo 87). Wegen dieses Sieges über den Tod ist eine Ähnlichkeit zwischen dem Schoß M̴s vor der Geburt und dem Grab Jesu vor der Auferstehung zu sehen: »Deshalb, Brüder, wird Christus von einem Weibe geboren ... Deshalb wird Martha (Joh 11,33—35), sobald sie Christo ihr Bekenntnis abgelegt hat und als Vertreterin des weiblichen Geschlechtes durch dieses fromme Bekenntnis jegliche Schuld getilgt hat, gesandt zu Maria, weil ohne Maria weder der Tod gebannt noch das Leben wieder erworben werden kann. So komme denn Maria, so erscheine denn die Trägerin dieses mütterlichen Namens, damit die Menschheit sehe, daß Christus bewohnt habe das geheimnisvolle Innere dieses jungfräulichen Schoßes, damit die Toten sich erheben aus den Gräbern und aus der Unterwelt die Verstorbenen erstehen!« (Sermo 64). Das Grab des Herrn wird von P. »Schoß der Auferstehung« und »Geburt des Lebens« genannt; so verwirklicht die geschlossene Jungfräulichkeit M̴s (clausa virginitas) ein auch geschlossenes, ewiges Leben (Sermo 75). Diese geschlossene Jungfräulichkeit erweckt den Glauben an die Gottheit Jesu, der weggewälzte Stein am Grab regt dagegen den Glauben an die Auferstehung des Herrn an (Sermo 84).

Häufig hebt P. die Eva-M̴-Parallele hervor: »›Der Herr ist mit dir‹ (Lk 1,28). Was heißt das: ›Der Herr ist mit dir‹? Nicht bloß in Huld dich heimzusuchen kommt er zu dir, sondern auf dich läßt er sich hernieder in dem unerhörten Geheimnis einer Geburt! Und bezeichnend fügte er noch hinzu: ›Du bist gebenedeit unter den Frauen‹ (Lk 1,28). Denn denen, deren Mutterschoß die Verurteilung der Eva bestrafte, gibt die Lobpreisung der Maria Freude, Ehre und Ruhm! Und so wurde das Weib (jetzt) in Wahrheit zur Mutter des Lebens durch Gnade, während es vorher war die Mutter des Todes durch die Natur« (Sermo 140; vgl. Sermo 99). »Ein Engel ist zu einer Jungfrau gekommen, noch ein Engel kommt zu Maria, damit der gute Engel alles, was der Schlechte vernichtet hat, tilgen kann. Dieser führte zur Tücke, jener zum Glauben; Eva glaubte dem Betrüger, Maria dem Schöpfer« (Sermo 148; vgl. Sermo 142). Nach Paulus (1 Kor 15,45—50) gibt es zwei Menschen, die dem Menschengeschlecht den Ursprung verliehen haben: Adam nämlich und Christus; »jener wird gebildet aus wertlosem Erdenstaub, dieser ging hervor aus dem kostbaren Schoße einer Jungfrau. In jenem wurde die Erde verwandelt in einen Menschen, in diesem wird das Fleisch erhoben zu Gott!« (Sermo 117). P. interessiert sich für den hebräischen Namen Maria, der »Herrin«, Domina, bedeutet (Sermo 142). Er macht auch ein Wortspiel mit dem Eigennamen Maria und dem Plural maria — Meere; Das Wasser der Meere ist jedenfalls die Quelle des irdischen Lebens und der Gnade durch die Taufe, so daß Maria ein »mütterlicher Name« ist (Sermo 146). Es handelt sich also um die Mutterschaft M̴s über die Menschen, die von ihr die göttliche Gnade empfangen, denn sie wird Mutter aller Lebendigen: »›Spät am Sabbat‹, heißt es, ›in der Frühe des ersten Wochentages, kamen Maria Magdalena und die andere Maria, das Grab zu sehen‹ (Mt 28,1). Spät eilt das Weib zur Verzeihung, das so schnell eilte zur Schuld. Am Abend sucht sie Christum, sie die am frühen Morgen den Adam, wie sie erkannte für sich verloren hatte ... ›Es kam Maria‹. Das ist der Name der Mutter Christi. Es kam also die Mutter, wenn wir auf den Namen sehen; es kam das Weib, damit sie würde die Mutter der Lebendigen, sie, die geworden war die Mutter der Sterbenden, damit erfüllt würde, was geschrieben steht: ›Das ist: Mutter aller Lebendigen‹ (Gen 3,20)« (Sermo 74; vgl. Sermo 77).

P. nennt M̴ entweder Gottesbraut oder Braut Christi: »Zu einer Jungfrau wird von Gott ein beflügelter Bote gesandt (Lk 1,26—29): er soll überbringen der Verlobung Preis und mitnehmen die Mitgift, weil er die Gnade bringt; er soll das Jawort entgegennehmen und die Geschenke übergeben für ihre Tugend, indem er gleich das Gelöbnis der jungfräulichen Zustimmung wieder löst. Schnell fliegt zur Braut hinab der Vermittler, um von der Gottesbraut abzuhalten die Neigung zu einer menschlichen Verlobung, nicht um sie Christo wiederzugeben, dem sie schon im Mutterschoße vom Beginn ihres Daseins verpfändet war« (Sermo 140). An dieser und anderen Stellen (s. o.) kann man Ansätze und Beweise für die UE M̴s erblicken.

Die Persönlichkeit des hl. Joseph und seine Bedeutung in der Heilsgeschichte werden von P. aufmerksam berücksichtigt. Der Redner vergleicht ihn mit dem Joseph des AT, dem Sohn Jakobs: »Joseph wird als Bräutigam genommen, damit er erfülle das Vorbild des Leidens Christi, das in jenem Joseph vorgebildet war. Joseph zog sich den Haß (seiner Brüder) zu durch seine prophetischen Träume: Christus lud den Neid (der Juden) auf sich durch seine prophetische Geschichte; Joseph wurde in die Zisterne des Todes geworfen, stieg aber lebendig aus ihr hervor: Christus wurde dem Graben des Todes übergeben, ging aber lebendig aus dem Grabe hervor; Joseph wurde verkauft: Christus wurde nach Geldwert eingeschätzt; Joseph wurde auch nach Ägypten verbannt; Joseph verteilte unter das hungernde Volk in reichlicher Fülle Brot: Christus sättigt durch das Brot des Himmels die Völker, die auf der ganzen Erde weilen. So ist es klar, warum dieser Joseph das Vorbild des himmlischen Bräutigams bedeutete, sein Bild an sich trug, ihn vorbedeutend wandelte« (Sermo 146).

Obwohl P. an dieser Stelle den hl. Joseph Bräutigam nennt — mindestens mit folgender Nuancierung: »als Bräutigam genommen« —, ist es ihm zugleich deutlich, daß Joseph in Wirklichkeit nicht der Bräutigam (maritus) M̃s, sondern der Beschützer (custos) ihrer Jungfräulichkeit und so Zeuge ihrer Unschuld war (Sermo 145); er war »Beschützer und nicht Bräutigam« (Sermo 140 bis). Als Beschützer und auch als »genommener Bräutigam« hat Joseph den Sohn M̃s vor der mörderischen Wut des Herodes bewahrt: »Das ist der Grund, warum ein Bräutigam genommen wurde, warum der Schein einer ehelichen Verbindung gewahrt wurde, damit das Wunder verheimlicht, das Zeichen verdeckt, die Geburt aus einer Jungfrau verhüllt würde, damit dem Verbrechen kein Raum gegeben würde, die Nachstellungen der Wütenden vereitelt würden. Wenn Christus, der zwar dem Tode geweiht war, schon im Mutterleibe getötet worden wäre, würde der Tod zu schnell hinweggenommen haben, was gekommen war, uns zu retten« (Sermo 146; vgl. Ignatius, Ep. ad Eph. 19; Hieronymus, Contra Helv. 4). Und als Zeugen der Unschuld seiner Braut wurde ihm das Geheimnis der Menschwerdung Gottes persönlich geoffenbart: »›Joseph, Sohn Davids, fürchte dich nicht!‹ (Mt 1,20): wenn du sicher bist über ihre Unschuld, unterliege nicht ob der Erkennntnis dieses Geheimnisses (sacramentum)!« (Sermo 145).

QQ: PL 52,183—666. — PLS 3,153—183. — CChr. SL 24, 24A, 24B, hrsg. von A. Olivar.
Übers.: G. Böhmer, Des hl. Kirchenlehrers P. C. ausgewählte Predigten, 1923. — M. Spinelli, Pier Crisologo. Omelie per la vita quotidiana, Città Nuova ed., 1978.
Lit.: R. H. McGlynn, The Incarnation in the Sermons of s. P. Chrysologus, 1956. — A. Olivar, Los Sermones de San Pedro Crisólogo. Estudio crítico, 1962. — L. Bieler, Some Remarks on the Text of St. Peter Chrysologus, In: Oikumene. Studi paleocristiani pubblicati in onore del Concilio Ecumenico Vaticano II, 1964. — J. P. Barrios, La naturaleza del vínculo matrimonial entre María y José según San Pedro Crisólogo, In: EphMar 16 (1966) 322—335. — M. Spinelli, La simbologia ecclesiologica di Pier Crisologo, In: Atti della Settimana Sangue e Antropologia Biblica nella Patristica, 1982, 547—562. — J. Speigl, P. C. über die Auferstehung der Toten, In: Jenseitsvorstellungen in Antike und Christentum. Gedenkschrift für A. Stuiber, 1982, 140—153. — Altaner 458. 648. — LThK VIII 356. · *A. Viciano*

Petrus Comestor, * zwischen 1100 und 1110 (?) in Troyes/Frankreich, † 1178 in Paris. An der Kathedralschule in Troyes hat P. seine Ausbildung empfangen und soll von 1147 bis 1167 Dekan der Kirche ULF gewesen sein; unter Beibehaltung dieser heimatlichen Pfründe war er 1167—1178 in Paris Lehrer und Kanzler der Domschule. Eine neuere Deutung der geschichtlichen Spuren läßt ihn schon als Schüler von Petrus Lombardus in Paris beginnen. Jedenfalls erfreute er sich — auch als Kenner der Phil., als Historiker und Meister der lat. Sprache — großen Ansehens. Mit zehn anderen Namen stand 1178 auch der seine auf der Liste für die neu zu ernennenden Kardinäle — eine Ehrung, die noch im gleichen Jahr der Tod vereitelte. Der Beiname (Comestor, Mangeur) beschreibt seinen Fleiß: er habe (im Hunger nach Wissen und Fortschritt) Bücher »verschlungen« wie andere ihre Nahrung.

Er zeichnet sein M̃bild nicht in themenzentrierten Traktaten, sondern anläßlich von M̃-festen in liturg. Predigten, die mit Vorliebe biblische Texte meditieren und allegorisch deuten. Von seinen rund 150 Predigten sind ungefähr 50 gedruckt, doch ist auch der nur handschriftlich erhaltene Bestand weithin aufgehellt. In sicher authentischen, gedruckten wie ungedruckten Predigten zeichnet er dies M̃bild: Formal liebt er mit Berufung (PL 198,1723B) auf paulinisches Symboldenken (1 Kor 10,6.11) M̃ in das Licht biblischer Personen und Ereignisse zu rücken. Sie ist der Binsenkorb, wohinein Christus, der neue Mose, gelegt wurde (Ex 2,5), Rut, weil sie die Kontemplation (Etymologie dieses Namens) liebte, die Sunamitin Abisag (1 Kön 1,1—4), die Gott in der Fülle der Zeit für sein Volk wieder erwärmte (PL 198,1733B), Ester, die den Zorn des Königs besänftigte und für ihr Volk eintrat, Judit die Keusche (Jdt 8,4.7—8), die starke Frau (Spr 31,10), die den bösen Feind besiegte (PL 198,1723D), der Schafsteich (vgl. Joh 5,2ff.), zu dem der Engel des Herrn herabstieg, damit den Bresthaften Heilung werde (PL 198,1723B). Als Propheten M̃s wertet er David (Ps 44,11), Jesaia (16,1), Jeremia (31,22), Ezechiel (44,1) (allesamt PL 198,1733BC).

Der Sache nach ist sein Bild dies: M̃ ist Mutter des Gottmenschen in zwei Naturen und GM, dabei Jungfrau »vor, in und nach der Geburt« PL 171,628B; 198,1726 ACD). Die jungfräuliche Empfängnis und Geburt Christi durch M̃ ist der Höhepunkt einer sich steigernden Suchbewegung Gottes: alle, die eine solche Geburt vorausgesagt haben, waren gleichsam gesandt, M̃ zu suchen, vor allem David, Jesaja, Jeremia und Ezechiel. Nachdem niemand von ihnen sie gefunden hatte, ward schließlich der Engel Gabriel gesandt, eine Grußadresse an die Jungfrau in der Hand, und spürte sie in Nazaret auf: als er sie gegrüßt hatte, fand sich, daß sie durch das Wirken des Hl. Geistes (vgl. Mt 1,18; PL 198, 1733BC) ein Kind erwartete. All dies macht — und redete einer auch mit Menschen- und Engelszungen — ein hinreichendes Lob Ms unmöglich (PL 198,1772D). Die genannten Titel sind schon je für sich bewundernswert, doch ganz einmalig (sed maius per omnem modum) in ihrem Zusammentreffen von Jungfräulichkeit und Mutterschaft (PL 171,628B).

Sie war ein Lamm, voll Einfalt und Unschuld, weshalb sie auch das Lamm geboren, das die Sünde der Welt hinwegnahm. Sie war frei von den ungeregelten spontanen Regungen der Natur, über die wir keine Gewalt haben. Nicht berührt von Stolz und Sinnlichkeit, warf sie durch ihre Demut und durch das Gelübde der Jungfräulichkeit den zwiegehörnten Versucher zu Boden und zertrat ihm den Kopf (Gen 3,15) (PL 198,1723B—D). Nicht nur ihr Leib, auch ihr Geist erfreute sich voller Integrität, welch letztere P. als Freiheit von aktueller Sünder versteht (PL 171, 632C). Hierin ist M allen übrigen überlegen. Deshalb wird sie in Apg 1,14 auch von den übrigen Frauen abgehoben: sie ist frei von der Schwäche (mollities), die — nach P.' Ableitung — der lat. Vokabel »mulier« zu Grunde liegt (PL 198,1649B. 1723C). Die Entzündbarkeit der Natur, aus der die ungeregelten Regungen aufbrechen, erlosch (nicht schon bei ihrer eigenen Empfängnis, sondern erst) bei der Empfängnis Christi in ihrem Schoß durch den Hl. Geist (PL 198,1723C).

Daß M an ihrem Ende nach Seele und Leib in die Herrlichkeit ihres Sohnes aufgenommen wurde, ist ihm über jeden Zweifel erhaben (PL 171,630A). Er findet dafür u. a. diesen Konvenienzgrund: Da M von dem Fluch über die Frauen, in Schmerzen gebären zu müssen, frei war, warum nicht auch von dem über Mann und Frau gemeinsamen Fluch »Staub bist du, und zum Staub mußt du zurück« (PL 171,630C)? Die Aufnahme in den Himmel schließt ihre Erhebung zur Königin (Ps 44,10) an der Seite Christi (Ps 109,1), den Beginn ihres Amtes als himmlische Fürbitterin, deren Macht — wie alles an M — einmalig (singularis) ist, ein. Darum pflegt die Kirche, sie inniger um Fürsprache anzugehen als andere (Heilige). Wenn nur ihr Name aufklingt, geht die Kirche in die Knie; so hoch ist das Vertrauen, das M genießt. Erheben die Völker gemeinsam ihre Stimme, hallen ihre Gebete wie das Rauschen vieler Wasser. Die Gründe für diese Überzeugung will er nicht wiederholen; er habe sie anderswo genannt. »Werfen wir uns also der Jungfrau, die heute an Glanz über die Sterne, an Rang und Würde über die Engel rückt, zu Füßen. Tun wir es einzeln, tun wir es gemeinsam, auf daß wir durch ihre Fürbitte sie als die Mutter mit dem Kinde sehen, den Sohn und den Vater, der geehrt sei in Ewigkeit. Amen.« (PL 171,631A).

QQ und Lit.: Mariol. ergiebig sind nur die Sermones. Von den rund 150 hs. bekannten sind nur 51 gedruckt in PL 171 und PL 198 (unter dem Namen des Hildebert Conomanensis v. Lavardin). Zu Detailfragen der Echtheit dieser Predigten wie über Leben und Lehre: Manitius III 156—159. — DThC XII 1918—22. — LThK[2] VIII 357f. — DSp XII 1614—26. *H. M. Köster*

Petrus Damiani, OSB, * 1007 in Ravenna, † 22./23. 2. 1072 in Faenza, Kirchenlehrer (seit 1828); wird als Heiliger verehrt, sein Gedächtnis ist am 23. Februar.

I. LEBEN UND WERK. 1035 wird P. Mönch in Fonte Avellana und 1043 Prior. Papst Stephan II. ernennt ihn 1057 zum Kardinal und Bischof von Ostia. Als solcher hat er sich in vielfältiger Weise um die geistliche Erneuerung des Klerus und des kirchlichen Lebens verdient gemacht. Er kämpfte gegen Simonie und setzte sich zugleich für einen Ausgleich zwischen Papst und Kaiser ein. Häufig trat er als Vermittler und Friedensstifter auf. Die inneren wie äußeren Reformen jener Jahre sind in seinem Schrifttum aufs ausführlichste dokumentiert.

Mit Fulbert v. Chartres und → Anselm v. Canterbury gehört er zu den marian. anregendsten Gestalten des 11. Jh.s; seine marian. Initiativen haben weit über seine Zeit hinaus Beachtung gefunden; das gilt vor allem für die von ihm eingebrachten Gebetsübungen. Diese wie auch seine geistlichen Texte atmen eine tief empfundene Liebe zur Mutter Jesu. Einschlägig sind hier die unter seinem Namen überlieferten 75 Predigten (PL 144,506—924), wovon aber nicht alle authentisch sind; 19 werden → Nikolaus v. Clairvaux zugeschrieben. Mariol. beachtenswert sind ferner seine Hymnen Nr. 44—61 und 65; Nr. 62 ist in seiner Authentizität umstritten (PL 145,933—941). P. wendet sich gegen ungesunde Erzählungen über M; er weiß sich durch die Hl. Schrift gebunden (Serm. 61; PL 144, 754f.). Für ihn lautet die alles Mlob tragende Grundaussage: M ist jungfräuliche GM, in ihr hat durch das Wirken des Hl. Geistes der ewige Sohn in vollkommener Weise unsere sterbliche Natur angenommen (Serm. 61: PL 144,847).

Dieser Dienst bedeutet für M selbst Heiligung und Begnadung; sie wird zum Gegenbild Evas: »Ille, dum te salutat — Evae nomen commutat;/ Reduc nos, Virgo sancta, unde est nequam lapsa« (Carm. 61: PL 145,939B). Weil aus ihr Christus, das Heil der Welt, geboren wurde, grüßt P. M als »Königin der Welt, Fenster des Himmels, Tor des Paradieses, Zelt Gottes, Stern des Meeres, als Himmelsleiter, auf der der höchste König sich erniedrigend zur Erde wandte« (Serm. 41: PL 144,753C). Sie ist für ihn »Mutter des Lebensspenders (parens parientis), Aufgang der aufgehenden Sonne, die Quelle der lebendigen Quelle, der Ursprung des Anfangs« (ebd.). Mit solchen zugeordneten Wendungen bestimmt er Ms heilsmittlerischen Dienst als Mutter des Erlösers, ohne dabei dessen einzigartige Mittlerschaft anzutasten. Diese inkarnatorische Betrachtung Ms weitet P. auf ihre geistliche Mutterschaft zu Gunsten aller Christen aus: wie aus ihr Christus dem Fleisch nach geboren wurde, aus dem die Kirche durch Wasser und Blut hervorgegangen ist, so läßt sich indirekt auch sagen, daß am Anfang der Kirche M steht (Serm. 63: PL 144,861B). Im Hinblick auf das Glaubensleben des einzelnen

Christen sieht P. die Mittlerstellung Ⓜs so: Weil sie der Weg Christi in die Zeit hinein ist, verläuft auch der Weg zu Christus über sie (Serm. 47: PL 144,761 B). In der späteren Mariol. hat dieser Gedanke eine große Bedeutung erlangt. Zur Aneignung seines Ⓜbildes regt P. zum Gebet des Parvum Officium BMV an (Carm. 48: PL 145,935 B—937 C) sowie zur Feier des Ⓜsamstags (Opusc. 33,4: PL 145,565 D—567 B). P. sieht in Ⓜ einen Kristallisationspunkt des Glaubensbekenntnisses; sie ist seinem gläubigen Herzen gegenwärtig als tief empfundene Wirklichkeit, die seine Verkündigung, sein Gebetsleben wie auch seine rel. Praxis prägt. (Vgl. → Aurora velut fulgida, → Ave David filia, → Beata Dei genetrix, → Gaudium mundi).

Lit.: S. Baldassari, La Mariologia in S. Pier Damiano, In: La Scuola Cattolica 41 (1933) 304—312. — RoschiniMariol I 213—217. — G. M. Roschini, La Mariologia di S. Pier Damiano, In: San Pier Damiano nel IX centenario della morte I, 1972, 195—292. — R. Laurentin, Court traité de théologie mariale, 1953, 144 f. — Graef 190—192. — R. Grégoire, La piété mariale en Italie de s. Pierre Damien à s. Bernard (1007—1153), In: Annali Canossiani 1 (1981) 30—44. — L.-A. Lassus, Essai sur la mariologie de saint Pierre Damien, précurseur de s. Bernard, In: Collectanea Cisterciensia 45 (1983) 37—56. — DSp XII/2 1551—73. — Theotokos 285 f.   *F. Courth*

II. MITTELHOCHDEUTSCHE TRADITION. Ein Reflex mariol. Aussagen des P. findet sich in mhd. Sprache lediglich im → Melker Marienlied. Hier erscheinen in der 6. Strophe sowie in der 11. und 13. Strophe atl. Metaphern für Ⓜ, die auf P.' »Lectiones ad matutinam«, v. a. auf die »Lectio prima« und die »Lectio secunda (PL 145, 935), zurückgehen könnte.

Zwar ist Honemann zuzustimmen, wenn er auf einen unverbindlichen gemeinsamen »Traditionshorizont« verweist. Reihenfolge und Dichte der Metaphern, die wie das gesamte Lied Ⓜ eher distanziert in ihrer heilsgeschichtlichen Bedeutung hervorheben, entsprechen aber einander (vgl. PL 145, 935 C »Tu virga de radice Jesse . . . cedrus in Libano . . . rosa purpurea in Jericho« mit Strophe 6, V. 38 f. und Strophe 11, V. 71 f. sowie PL 145, 935 D »Tu lux oriens Nazareth, tu gloria Hierusalem, tu laetitia Israel . . .« mit Strophe 13, V. 87—90, des Melker Marienliedes; V. 87 ff.: »du bist glich deme sunnen von Nazareth irrunnen./Hierusalem gloria, Israhel leticia./. . .).

Lit.: F. Maurer, Die rel. Dichtungen des 11 und 12. Jh.s I, 1964, 360—363. — VL² VI 374—377; VII 501—504.
F. J. Schweitzer

Petrus Lombardus, * um 1095 in Novara-Lumellongo in der Lombardei, † 21./22. 7. 1160 in Paris, auch Magister sententiarum, Sentenzenmeister, genannt; Studien in Bologna, Reims, Paris, St. Victor; um 1140 Lehrer an der Kathedralschule Notre-Dame in Paris. 1148 nimmt er am päpstlichen Konsistorium in Reims teil, das die Lehre des Gilbert v. Poitiers prüft; P. steht hier auf der Seite des → Bernhard v. Clairvaux, der Klage gegen den Bischof v. Poitiers erhebt. 1159 wird P. Bischof von Paris, stirbt aber im Jahr darauf.

Zum Frühwerk des P. gehören die Glossen zu den Psalmen (PL 191,55—1296) und sein Pauluskommentar (PL 191,1297—1696; 192,9—520). Beide Schriften erfahren eine rasche Verbreitung. Schon 1142 erwähnt → Gerhoh v. Reichersberg P. unter den angesehensten Pauluskommentatoren seiner Zeit, übt aber zugleich Kritik an dessen Christol. (Adoptianismus). Sein bedeutendstes Werk sind die in vier Bücher eingeteilten Sentenzen (ed. Quaracchi 1971/81). Sie haben insofern gewaltigen Einfluß ausgeübt, als sie zu *dem* theol. Leitfaden des Hoch- und SpätMA werden. Das traditionelle Schulbuch der Theol. war bis dahin die Bibel, die man in beigefügten Glossen erläuterte. Nach dem IV. Laterankonzil (1215) wurde sie langsam durch das Sentenzenbuch verdrängt. Nach Roger Bacon (Opus minus; ed. Brewer 329) hat → Alexander v. Hales als erster auf dem Katheder die Bibel durch die Sentenzen ersetzt. Bis zum 16. Jh. blieben sie *das* Schulbuch, das immer neu kommentiert wurde (Fr. Stegmüller, Repertorium comment. in Sent. Petri Lombardi I—II, 1947). Zur großen Reichweite der Sentenzen haben beigetragen: ihre didaktischen Vorzüge, ihr Maßhalten in der Anwendung der Dialektik, die Bindung an die Überlieferung; vor allem aber war es die kirchenamtliche Verteidigung ihrer Trinitätslehre auf dem IV. Laterankonzil gegenüber Angriffen des Joachim v. Fiore (DS 804). Eine besondere Wirksamkeit kommt der in den Sentenzen entfalteten Sakramentenlehre zu: P. zählt sieben, er beschreibt jeweils ihre Wesenselemente (res et verba) und wendet als einer der ersten den Ursachenbegriff auf sie an.

Die geistige Gestalt des P. ist nicht so sehr durch einen neuen originellen Gesprächsbeitrag gekennzeichnet. Ihn bestimmt vielmehr das Bemühen, die Vätertheologie ausgiebig zur Sprache zu bringen wie auch die zeitgenössische Diskussion behutsam aufzugreifen. Von den kritischen Zeitgenossen gehören Abaelard und Gilbert v. Poitiers zu den Hauptgesprächspartnern; von den mehr spirituell heilsgeschichtlich arbeitenden Theol. jener Zeit ist vor allem der Einfluß des Hugo v. St. Victor spürbar. Die Sentenzen versuchen eine Synthese des gesamten theol. Wissens jener Epoche.

Bei aller positiven Rezeption blieb auch Kritik nicht aus. In der Christol. sprach 1170 der Abaelard-Schüler Papst Alexander III. (Roland Bandinelli) von der »parva doctrina« des ehemaligen Bischofs von Paris, da er die Menschheit Christi unterbewertet habe (Nihilianismus; DS 749); er wiederholte seine Vorbehalte 1177, als sich herausstellte, daß man in Paris immer noch die von ihm nur als Meinung erwähnte Lehre vortrug (Sent. III 10,1; DS 750). In der Pneumatologie hat die Identifizierung des Hl. Geistes mit der Gottes- und Nächstenliebe des Menschen dazu geführt, die Lehre von der geschaffenen Gnade zu enwickeln, um die Einwohnung des Hl. Geistes nicht unmittelbar mit einer geschaffenen Seelenkraft zu verknüpfen.

Wenngleich von einer ausgebildeten Mariol. bei P. noch nicht die Rede sein kann, muß man doch seine knappen, systematisch zutreffend innerhalb der Christol. abgeordneten Ausführungen zu M (Sent. III, dist. 3) als richtungweisend für die Scholastik bezeichnen. Ausgehend von der richtigen Einsicht, daß über M bezüglich ihrer zentralen Stellung in der Heilsgeschichte nur von Jesus Christus her etwas gewußt werden kann, beginnt P. seine Überlegungen zum Problem der Sündenlosigkeit Ms mit der Frage der Menschwerdung Christi, nämlich ob das aus der Jungfrau angenommene Fleisch des Ewigen Wortes der Sünde unterworfen gewesen sei. Seine Antwort lautet: Tatsächlich war dieses Fleisch der Sünde untertan »ebenso wie das übrige Fleisch der Jungfrau« (c. 1, n. 1). Aber es sei derart vom Hl. Geist gereinigt worden, »daß es ohne Ansteckung der Sünde mit dem Wort vereinigt wurde« (ebd.). Der auf M herabgekommene Hl. Geist habe sie vollkommen von der Sünde gereinigt und von der Wurzel der Sünde (fomes peccati) befreit, so daß von dieser Zeit an bei M keine Möglichkeit zu sündigen mehr bestand (c. 1, n. 2). Die Freiheit von jeder persönlichen Sünde war nach P. also erst nach (ex tunc) der Herabkunft des Hl. Geistes gegeben (c. 2). Empfangen ist M hingegen wie alle anderen Menschen behaftet mit der Erbsünde. Unter Anwendung der für die Erbsündenlehre wichtigen Unterscheidung von »caro peccati« und »similitudo carnis peccati« aus Röm 8,3 begründet P. seine Auffassung, daß einzig Christus von der Sünde ausgenommen war (c. 4). In der Leugnung der UE Ms steht P., gestützt auf Augustinus, mit Bernhard v. Clairvaux u. a. in einer für das 13. Jh. weithin maßgeblichen Tradition. An der Glaubenswahrheit der fortdauernden Jungfräulichkeit Ms hält P. dagegen fest, wie neben den »Sentenzen« (Lib. III, dist. 3, c.1) auch zwei unter den Predigten des Hildebert v. Le Mans edierte »Sermones« (PL 171, 605—610. 615—627) belegen.

WW: P. L., Sententiae in IV libris distinctae, T. II, ed. Collegii S. Bonaventurae Ad Claras Aquas, 1981. — Hildebert v. Le Mans, Sermones: PL 171.
Lit.: L. Ott, P. L. Persönlichkeit und Werk, In: MThZ 5 (1954) 99—113. — Delius 179 ff. — Graef 242 f. — Köster I 79. — Theotokos 286 f. — DSp XII/2, 1604—12 (Lit)
F. Courth / G. Leibold

Petrus Olavi (Olovsson), Magister, † 1378, Beichtiger in Vadstena (nicht der Zisterzienser P. O., † 1390), verfaßte 28 Hymnen für den »Cantus sororum«, ein Wochenritual der Schwestern des Salvatorordens (Birgittenorden) zur Verehrung der hl. Jungfrau mit verschiedenen Singweisen je nach den Zeiten des Kirchenjahres. Die Hymnen sind in jeweils 2—6 rhythmischen ambrosianischen Strophen mit verschieden gestellten, meist einsilbig reinen Reimen verfaßt. Wie das Offizium stehen sie jeden Tag der Woche unter einem anderen marian. Thema.

Ausg.: AHMA 48,411—420 (dazu Moberg, Hymnen, 259 f.).
Lit.: Moberg, Hymnen, 256—260.
G. Bernt

Petrus v. Siunien lebte in der zweiten Hälfte des 6. Jh.s und war Bischof der Provinz Siunien in Ost-Armenien. Die späteren armenischen Schriftsteller bezeichnen ihn als Schüler von Movses Khorenatsi. Nach Stephanos Orbeliani (Ende 13. Jh.) hat er einen anti-chalkedonischen Traktat geschrieben. Berühmt wurde sein »Panegyrikon« für die Theotokos (hrsg. 1902).

Nach dem Muster der → Gregorios dem Wundertäter zugeschriebenen marian. Homilien ordnet er M geistlich Jerusalem und Sion zu. Er listet 24 Attribute Ms auf und kommentiert sie: durch Gott gepflanztes Paradies, preiswürdiger Weinstock, wunderbarer Dornbusch, hl. Berg, Fels, blühender Ast, goldene Urne, duftende Ölflasche, schwebende Bundeslade, Haus des lebendigen Wassers, gute Pflanze, Stadt Gottes, Ort des Saphirs, besiegelter Springbrunnen, geschlossener Garten, unbesätes Tal, Weihrauchhügel, dürstender Boden, leichte Wolke, unzugängliche Wüste, verschlossene Tür, unlesbares Büchlein, Erde der Erkenntnis, schöne Morgenröte. Das Panegyrikon des P. hat die Mpredigt des Gregor v. Narek beeinflußt. Eine andere wenig bekannte Mpredigt des P. findet sich im Codex Yerevan 3791, fol. 50—53.

Ausg.: Eraneloyn Petrosi Siwneac' episkoposi Gorest i sourb Astovacacinn, ed. G. Ter-Mkrttschean, In: Ararat 35 (1902) 88—98.
Lit.: K. Zarbhanalean, Geschichte der altarmenischen Literatur, Wien 1897, 409—413 (armenisch).
M. van Esbroeck

Petrus Thomas, hl. Karmelit, * 1305 in Périgord/Salles, Bistum Périgueux, † 6. 1. 1366 in Famagusta/Zypern, wurde in seiner Armut von Karmeliten gefördert, 1321 Karmelit und 1331 Priester. In seiner Sorge um Mittel für seine Studien erschien ihm nachts M und sicherte ihm ihren Schutz und ihre Hilfe zu, die durch einen wohlhabenden Ritter eintrat. Auch in seiner Seelsorge und bei der Dürre von 1339 erfuhr sein bedingungsloses Vertrauen in die Fürsprache der GM wunderbare Erhörung.

1345 wurde P. Generalprokurator des Ordens am päpstlichen Hof in Avignon, wo seine Wissenschaftlichkeit, Rednergabe und sein Rat in der Beichte geschätzt waren. Nach Abschluß seiner Studien in Paris, wurde er in Avignon Studienleiter. In einer zweiten Erscheinung, festgehalten von seinem dt. Assistenten Johannes v. Hildesheim, versprach M P., der wegen der Pest von 1348 um den Bestand seines Ordens besorgt war, daß der Karmelitenorden bis zum Ende der Zeiten bestehen bleibe. Die marian. Ausrichtung des Ordens wurde dadurch noch verstärkt. Diese Erscheinung wurde zu einem »locus communis« in allen marian. Schriften und Verkündigungen der Karmeliten. Während seiner wissenschaftlichen Laufbahn schrieb P. eine Abhandlung über die UE Ms (vgl. Cosmas de Villiers, Bibliotheca Carmelitana, nova ed. Romae, II, 1927, 609).

Beim Begräbnis von Clemens VI. 1353 begleitete P. als Prediger den Trauerzug an allen zwölf Stationen. Als ihm an einer Station die Stimme versagte, habe er sie nach eigener Aussage auf die Fürsprache Ms wiedererlangt. Innozenz VI. ernannte ihn zu seinem Legaten und sandte ihn zur Friedensstiftung nach Mailand und Neapel. 1354 zum Bischof geweiht, leitete P. die Delegation zur Versöhnung des serbischen Königs Dusan mit Rom. Unterwegs erledigte er in Pisa päpstliche Angelegenheiten mit Kaiser Karl IV. In Konstantinopel nahm er die Wiedervereinigung der Orthodoxen mit Rom durch Johannes Paleologus entgegen und warb auf Zypern um Militärhilfe für das belagerte byz. Reich. 1359 wurde P. zum päpstlichen Legaten für das Ostreich ernannt. Urban V. berief ihn zum Erzbischof von Kreta; 1363 proklamierte er einen Kreuzzug und ernannte P. zum röm. Patriarchen von Konstantinopel sowie zum päpstlichen Legaten des Kreuzzuges.

Von seinem Schüler wird P. als Vorbild karmelitanischer MV gerühmt: Bei allen seinen Betätigungen betete er zur GM und wurde in den schwierigsten und aussichtslosesten Situationen erhört (Philippe de M. 120). Auf dem Sterbebett war er überzeugt, daß M ihn vor den ihn umgebenden Dämonen, die ihn am Ende vom Glauben abzubringen suchten, schützen werde (ebd. 147). Spätere Biographen fügten hinzu: P. begegnete M immer mit Ehrfurcht, leitete seine Ausführungen immer mit einer Bemerkung über die GM ein, gedachte vor dem Essen der Größe Ms, beschwor bei seinen schwierigen Aufträgen den Namen Ms als seinen Schutzschild gegen die Angriffe des Bösen und erfuhr ihren beständigen Beistand und Schutz. Er sprach so viel über die GM, daß ihr Name fest in sein Herz eingeschrieben war. Diese glühende Beschreibung der MV von P. hatte tiefgehende Auswirkungen auf die nachfolgenden karmelitanischen Generationen im Sinne eines Lebens im Karmel als »totus marianus«.

QQ: ActaSS III 605—638. — L. Wadding, Vita et res gestae B. Petri Thomae Aquitani ..., Lyon 1637. — J. Carmesson, Vita sancti Petri Thomae ..., Antwerpen 1666. — Philippe de Mézières, The Life of Saint Peter Thomas, ed. J. Smet, 1954.
Lit.: V. Hoppenbrouwers, Devotio Mariana in Ordine Fratrum B. Mariae Virginis de Monte Carmelo, 1960. — F. J. Boehlke, Pierre de Thomas, Scholar, Diplomat and Crusader, 1966. — D. Stiernon, Pier Tommaso, In: L. Saggi (Hrsg.), Santi del Carmelo, 1972, 301—309. — N. Geagea, Maria Madre e Decoro del Carmelo. La pietà mariana dei Carmelitani durante i primi tre secoli della lora storia, 1988. — LThK² VIII 382. — BSS X 577—587 (Lit., Bilder). *R. M. Valabek*

Petrus Venerabilis (Ordensname: Mauritius), * um 1094 aus der Cluny verbundenen Familie der de Montboisier, † 25.12.1156 in Cluny, 9. Abt von → Cluny, eine der herausragendsten Gestalten des 12. Jh.s.

I. LEBEN UND WERK. P. wird als Heiliger verehrt und sein Gedächtnis am 25. Dezember begangen. 1109 Mönch in Cluny, wirkt er zunächst als Lehrer und Prior in Vézelay; 1120 leitet er das Priorat von Domène; am 22.8.1122 wird er zum Abt von Cluny gewählt; er übernimmt sein Amt in einer kritischen Phase des Klosters. Von → Bernhard v. Clairvaux wegen seiner Nachsicht kritisiert, führt er mit diesem einen engagierten und wohlmeinenden Briefwechsel, u.a. auch über die Ordensreform (Epp. I 28; II 17: PL 189,112—159, 321—344). Es gelingt ihm auch, → Abaelard, den er in Cluny aufgenommen hatte, mit Bernhard zu versöhnen und bittet zugleich Innozenz II. um die Aufheben des päpstlichen Urteils gegen jenen (Ep. IV 4: PL 189,305 C—306 C). Milde war ein Grundzug seines Wesens (Manitius III 136). Das zeigt sich auch in seiner lit. Auseinandersetzung mit dem Judentum und dem Islam.

Theologisch kennzeichnet ihn ein trinitarisches wie christol. Denken; davon ist auch sein mariol. Beitrag geprägt. Hier ist ihm der Hinweis wichtig, die Glaubensregel nicht zu überschreiten (Ep. III 7: PL 189,292D); damit meint er das Zeugnis der Hl. Schrift und der Väter. Solches geschehe etwa dort, wo man M Allwissenheit oder sonstige Charismen zuschreibe. Die sie auszeichnende Gnade ist ihre jungfräuliche GMschaft. Diese begründet eine besondere Verehrung Ms. Durch das heiligende Wirken des Hl. Geistes ist M Mutter des Sohnes Gottes. Zu ihrer Verehrung führt P. in Cluny bestimmte Übungen ein: täglich ist an ihrem Altar eine Mmesse zu feiern (Stat. 54: PL 187,1040B); ebenfalls ist täglich in der M geweihten Krankenkapelle das kleine Marian. Offizium zu beten (Stat. 60: PL 189,1041D); bei der von dort zur Hauptkirche führenden Prozession am Fest der Aufnahme Ms in den Himmel sollen die Mönche das Salve Regina singen (Stat. 76: PL 189,1048A). Zu diesen Bräuchen kommen eine Reihe liturg. Texte, Antiphonen und Hymnen, mit denen P. die Verehrung Ms, die er vor allem als Verherrlichte grüßt, zum Ausdruck bringt. Die zentrale Bedeutung des Mutterklosters bedingt, daß das hier geübte Brauchtum eine weite Verbreitung erfährt.

Lit.: Manitius II 136—144. — Graef 221f. — B. Billet, La dévotion mariale de Pierre le Vénérable, In: De cultu mariano saeculis XII—XV. Acta Congressus Mariol.-Mariani intern. Romae 1975 celebrati IV, 1980, 181—214 (QQ und Lit.). — DThC XII 2065—81. — DSp XII/2, 1669—76 (Lit.). *F. Courth*

II. HYMNOLOGIE. Zumindest eine Msequenz sowie das Responsorium »Christe Dei splendor« sind durch P. selbst als sein Werk bezeugt (Epist. 178, 420 Constable; PL 189, 444). Seine metrischen und rhythmischen Dichtungen verraten große Kunstfertigkeit; geradezu virtuos ist die Ostersequenz »Mortis portis Fortis vim intulit«. Die Weihnachtssequenzen »Caelum gaude, terra plaude« und »Voce iucunditatis« (AHMA 48, 234f.) sind fast durchwegs marian. Drei Sequenzen feiern M, ohne einem bestimmten Fest zugeordnet zu sein. »Orbis totus Unda lotus Christiani lavacri Ad Mariam, Matrem piam, Voce clamat alacri« (AHMA 48, 237, in 12 gleichgebauten Strophenpaaren mit einer Schlußstrophe) schlägt einen hochgestimmten, freudigen Ton an. Nach den Anrufungen des ersten Teiles folgen liebreiche bittende Worte der GM an ihren Sohn. Aus sechs verschieden gebauten Strophenpaaren mit Einleitungs- und Schlußstrophe mit weniger ausgefeilten Reimen besteht »Gabrieli, caelesti nuntio, Iungatur haec contio« (ebd. 238). Eher altertümlich in der Form ist »Benedicta sit beata Maria« (ebd. 239, aus acht verschieden gebauten Strophenpaaren mit Einleitungsstrophe). Diese beiden → Sequenzen folgen den Melodien älterer Prosen und bilden deren Form nach. In allen Sequenzen wird das Stillen der GM betrachtet, z.T. mit ausgesprochener Rührung. Außerdem hat P. zwei marian. Responsorien in gereimten Hexametern (AHMA 48, 243 und Wawrzyniak 45) verfaßt. Die Zuschreibung der Antiphon zum Magnifikat »Ave stella matutina« an P. hat sich bis jetzt nicht erweisen lassen.

Ausg.: AHMA 48, 234—243. — PL 189, 1005—24. — The Letters of Peter the Venerable, ed. G. Constable, 1967. — U. Wawryzniak, Philol. Untersuchungen zum Rithmus in laude salvatoris' des P. V., Edition und Kommentar, 1985. *G. Bernt*

Petti, Paolo, * 1. Hälfte 17. Jh. in Rom, † 1678 ebd., ital. Komponist, Schüler Silvestro Durantes, Kapellmeister an S. Maria Maggiore und Musiker am Castel S. Angelo in Rom, wichtiger Vertreter der röm. Mehrchörigkeit, die bes. in seiner Messe »in honorem S. Cecilae« meisterhaft angewendet wird. Die kontrapunktische Ausarbeitung hat in seinen Werken die beherrschende Rolle. Neben Vertonungen des Ordinariums und verschiedener Psalmen schrieb er ein Magnifikat für 3 Stimmen und Basso continuo.

Lit.: L. Feininger, La scuola policorale romana del sei e settecento, In: Collectanea historiae musicae 2 (1957) 193ff. — MGG X 1146. — Grove XIV 602. *E. Löwe*

Petyt, Maria → Maria von der hl. Theresia

Pez (Petz, Betz, Beez), Johann Christoph, * 9.9.1664 in München, † 25.9.1716 in Stuttgart, dt. Komponist. In die kinderreiche Familie des Stadttürmers von St. Peter in München hineingeboren, erhielt er seinen ersten — auch musikalischen — Unterricht in der Pfarrschule von St. Peter, bevor er 1675/75—82 erfolgreich das kurfürstliche Jesuitengymnasium besuchte. Hier sang er im Chor, spielte im Orchester und war als Sänger maßgeblich an den jährlichen Schulspielen beteiligt, hier trat er auch der Marian. Kongregation bei. Zur selben Zeit war er bereits als Türmer und Tenor bei St. Peter tätig. 1687 wurde er zum Chormeister von St. Peter bestellt, suchte aber 1688 aus Protest gegen die dortige traditionelle KM in der Hofkapelle als Kammermusiker eine Anstellung. Kurfürst Max Emanuel schickte ihn erst einmal für drei Jahre zu weiteren Studien nach Rom (1689—92), wo P. die Musik Corellis und Carissimis in sich aufnahm und mit den volksmusikalischen Erfahrungen seiner Türmerzeit glücklich verband.

Da das musikalische Leben Münchens darniederlag, wechselte P. 1694 nach Bonn, wo er im Dienste des Erzbischofs und Kurfürsten Joseph Clemens von Köln als Kapellmeister dessen Hofkapelle reorganisierte und leitete. Der Ausbruch des span. Erbfolgekrieges 1701 beendete diese fruchtbare Periode. P. kehrte nun nach München zurück, ernährte sich und seine Familie mühsam als Orchestermusiker, Organist, Lehrer und Komponist auf Wartegeld in der Hofkapelle, bis diese 1706 endgültig aufgelöst wurde. P. nahm daraufhin die Stelle eines Kapellmeisters am Württembergischen Hof in Stuttgart an, wo er alle musikalischen Aktivitäten zu verantworten hatte und auch reichlich Gelegenheit zur Komposition fand. Sein Gesamtwerk (zumeist verloren) umfaßt geistliche und weltliche Dramen, Kammermusik, Messen und KM.

Eine Sonderstellung nimmt seine Huldigung an M, »Corona stellarum duodecim ...« für Alt, 2 Violinen und Basso continuo ein. 1706 in Stuttgart als Jahresgabe für die Marian. Kongregationen im fernen München geschrieben, ist das Werk lebendiger Ausdruck seiner MV in Widmung an die »augusta coelorum Regina Maria«, deren segensreiches Wirken in sein Leben hinein er in einem langen Vorwort bezeugt. Anmutige Vor- und Zwischenspiele, begleitete Rezitative und kolorierte Arien reihen sich zu einem Blütenkranz der Verehrung, deren Grund schon in P.' Erziehung am Jesuitengymnasium gelegt war. Dabei stellt er als »Sterne« leuchtende Eigenschaften Ms, wie etwa die Jungfräulichkeit (4. Stern), die Mutterschaft (5. Stern) und die Barmherzigkeit (12. Stern), heraus.

Ausg.: J.C.P., Ausgewählte Werke, hrsg. von B.A. Wallner, In: Denkmäler der Tonkunst in Bayern 27/28 (1928).

Lit.: B.A. Wallner (Hrsg.), J.C.P., Ausgewählte Werke, In: Denkmäler der Tonkunst in Bayern, 27/28 (1928) XIII—LXII. — MGG X 1165—68. — Grove XIV 606f. *G. Schneeweiß*

Pfaffenhofen an der Roth, Lkr. Neu-Ulm, Diözese Augsburg, Pfarrei St. Martin (Kirche um 1500 erbaut, 1958/59 erweitert und erneuert). Zu dieser Pfarrei gehört das etwas außerhalb P.s gelegene Marienfried, eine vom Bistum anerkannte Gebetsstätte mit Schönstattheiligtum, deren Gründungsgeschichte mit einer angeblichen Merscheinung verknüpft ist. Während des Zweiten Weltkrieges war P. wegen seiner Lage sehr bedroht. Im Mai 1944 legte die Pfarrei ein Gelübde ab: Wenn sie von Kriegszerstörungen verschont bliebe, würde sie zu Ehren der GM eine Kapelle erbauen. Lediglich drei Bomben fielen außerhalb der Ortsgrenze, so daß sich die Pfarrei verpflichtet sah, das Gelübde einzulösen. Die Kapelle wurde als Filialheiligtum der Dreimal Wunderbaren Mutter von Schönstatt 1947 eingeweiht, der Flecken und diese Gebetsstätte »Marienfried« genannt.

Während der Rodungsarbeiten soll die 22jährige Bärbel Rueß dreimal Erscheinungen der GM gehabt haben (am 25. April, 25 Mai und 25. Juni). Der Inhalt der Botschaften habe sich darauf bezogen, die Mweihe zu leben und die

GM als die große Gnadenvermittlerin anzuerkennen. 1947—50 untersuchte P. Roman Bleistein SJ im Auftrag des Bischofs von Augsburg diese Angelegenheit. 1974 wurde dann ein bischöflicher Bescheid erlassen, in dem es heißt: »Das seit 1950 vorliegende Ergebnis und die späterhin gesammelten Beobachtungen erlauben es nicht, den ›Erscheinungen‹ oder der ›Botschaft‹ einen übernatürlichen Charakter zuzuerkennen. ... Ein ›Wunder‹, so wie es zum Echtheitsbeweis solcher Erscheinungen verlangt werden müßte, ist niemals geschehen. Mit dieser Feststellung soll weder die moralische Integrität der an den Vorgängen von 1946 beteiligten Personen in Zweifel gezogen noch behauptet werden, die ›Botschaft‹ verstoße gegen Glaubens- und Sittenlehren.«

Mit der Erklärung, daß mangels eines äußeren Wunders die Übernatürlichkeit nicht festgestellt werden könne, ist keine endgültige Ablehnung ausgesprochen, vielmehr ist das Urteil über die Erscheinungen noch offen. Gleichzeitig wurde Marienfried als Gebetsstätte von der Diözese Augsburg anerkannt. Entsprechend dem bischöflichen Dekret hat sich Marienfried »allen marianischen Bewegungen« gegenüber »in steter Offenheit« gezeigt und ihnen eine rel. Heimat gewährt. Zahlreiche Pilger kommen regelmäßig nach Marienfried (1992 ca. 100000).

Lit.: L. Dorn, Die Marienwallfahrten des Bistums Augsburg, 1983, 181 f. — J. F. Künzli, Die Erscheinungen in Marienfried, 1985. — F. J. Brems, Wir sind unterwegs ..., 1992, 57 f.

K. P. *Kuhn*

Pfaffen-Schwabenheim, Lkr. Bad Kreuznach, Diözese Mainz, Filialkirche »Zur Maria Friedenskönigin«.

1040 gründeten Gräfin Hedwig und ihr Sohn Graf Eberhard v. d. Nellenburg ein Kloster. Ob schon zu dieser Zeit eine Kirche gebaut wurde, ist nicht bekannt. Die gräflichen Nachfolger unterstellten ihr Kloster dem Erzbischof von Mainz. 1130 übernahmen es Augustiner-Chorherren unter dem Namen »Sancta Maria von Schwabenheim«. Die Kloster- und Pfarrkirche St. Georg bestand zunächst weiter. Vom Kirchenneubau, begonnen um 1220/25, geweiht 1308, ist nur der Chor bis heute erhalten. 1388 entstanden an Stelle der alten Kirche die Sakristei, der Kreuzgang und der Friedhof. Die Bedeutung des Klosters schwand, 1468 hob es der Mainzer Bischof Adolf v. Nassau auf. Das Stift war darauf Chorherren von der Windesheimer Kongregation anvertraut. 1566 lösten es Friedrich III. von Kurpfalz und Markgraf Johann v. Baden erneut auf. 1566—1730 bestand er als weltliche Schaffnerei. 1636 wurde es den Jesuiten übergeben, 1648 wieder den Augustiner-Chorherren, die es 1652 verließen, um 1697 erneut einzuziehen. Damals erhielt die Kirche durch verschiedene Baumaßnahmen (neue Kirchenschiffe 1712, 1745, 1762—66) ihr heutiges Aussehen. 1802 wurde das Kloster endgültig aufgehoben. Die Gebäude dienten 1811—21 als Altersheim für Priester. Pius VIII. löste die Kanonie P. 1821 kirchlich auf, 1833 wurden die Gebäude verkauft. Die Kirche und ein Teil des Kreuzgangs blieben für den Gottesdienst erhalten. 1908 endete das Simultaneum. Nach einer Renovierung wurde 1912 die Kirche geweiht. Schwere Schäden erforderten eine weitere Erneuerung 1959— 63.

Die Wallfahrt geht angeblich auf das 11. Jh. zurück. Am Haupttag, Ⲙe Himmelfahrt, wird eine Dekanatswallfahrt von 10 Pfarreien gehalten. Die frühere große Teilnahme flaute nach dem Zweiten Weltkrieg ab. Die Prozession führte ehemals durch das Kloster, jetzt geht sie durchs Dorf. Prozessionen kommen von Fürfeld und Sieversheim. Seit ca. 1970 finden Lichterprozessionen statt. In die Nische des Hauptaltars (1714), der früher in der Apsis stand und seit 1912 inmitten des Neuchors aufgestellt ist, ist die Skulptur einer stehenden Ⲙ (Holz, gefaßt, 18. Jh.) eingefügt, die bei den Prozessionen mitgetragen wird. Das Gemälde darüber zeigt die Krönung Ⲙs. Bis 1926 war ein Kruzifix (1510) das Hauptbild des Hochaltars, das jetzt an der Südwand hängt. In der vordersten Nische der Südwand hängt das Gnadenbild, ein Gemälde der Schwarzen GM von Köln mit der Überschrift »Sancta Maria de Pace«. Unter dem Bild sind Marmor-Votivtäfelchen an die Wand gelehnt.

Lit.: SchreiberW 239. — J. Jakob, Augustiner-Chorherrenstift und Marienkirche zu P., 1946. — Kurzkataloge 4.081.

H. *Schopf*

Pfalzer, Marcellinus, * 1706 in Augsburg, † 6. 5. 1793 in Rottenbuch. P. ist 1723 in Rottenbuch als Augustinerchorherr eingetreten, wo er sich als Seelsorger in den inkorporierten Pfarreien bewährte und die Ämter des Novizenmeisters und des Dechanten im Stift betreute. Mehrere Predigtwerke sind im Druck erschienen, darunter vor allem Exempel-Predigten, deren Zweck er wiederholt rechtfertigt. Von seinen Theaterstücken hat sich keines erhalten. Gemäß der Tradition seines Stiftes, das die GM besonders verehrte (A. → Manhardt), finden sich unter seinen Predigten zahlreiche marian. Themen, vor allem auch für die marian. Bruderschaften Rottenbuchs. Den Band »Außerordentliches Lob Gottes in seinen Heiligen« (Augsburg 1750) widmet er der GM; den Band »Verschiedene Lob- und Ehren-Predigten« (Augsburg 1750) leitet er ein mit einem Gedicht an die GM: »O Frau! Dich komme ich zu grüßen«. P.s Sprache ist schlicht, wenn auch die Predigten der barocken Art und dem barocken Muster verpflichtet sind. Zusammen mit A. Manhardt ist P. ein gutes Beispiel für die wichtige Rolle marian. Themen im Predigtrepertoire eines altbayer. Prälatenklosters im 18. Jh.

Lit.: C. A. Baader, Lexikon verstorbener Bairischer Schriftsteller II/1, Augsburg u. a. 1825, 247 f. — H. Pörnbacher, Parnassus Rottenbuchensis. Zur Pflege der schönen Literatur im Kloster Rottenbuch, In: Rottenbuch, ²1980, 126 f. — BB II 581 ff.

H. *Pörnbacher*

Pfanner, Franz Wendelin, OCR, * 21.9.1825 in Langen bei Bregenz, † 24.5.1909 in Emaus/Südafrika, wurde nach der Priesterweihe 1850 Pfarrer in Haselstauden/Vorarlberg. Den Altarraum der Kirche versah er mit Farbfenstern, ℳe Verkündigung und ℳe Heimsuchung darstellend. Er gewann viele Pfarrkinder für die Vereinigung vom lebendigen Rosenkranz. Vergeblich bewarb er sich um den Posten des Wallfahrtspriesters in Maria Bildstein, wo er die Wallfahrt zu neuer Blüte bringen wollte. 1863 trat er in Mariawald in den Trappistenorden ein, weil dieser sehr streng war und ℳ bes. verehrte. 1870 gründete P. Mariastern in Banjaluka/Bosnien und 1882 Mariannhill in Natal/Südafrika. Ab 1885 Abt dieses Klosters, überzog er Natal mit einem Netz von Missionsstationen, die er nach europäischen ℳwallfahrtsorten benannte, und gründete die Kongregation der Missionsschwestern vom Kostbaren Blut. Seine kernige Frömmigkeit und MV kamen in vielen Ansprachen zum Ausdruck und in Artikeln in »Missionskalender« und »Vergißmeinnicht aus Mariannhill« sowie im »St.Josefsblättchen«. Seine Verehrung galt auch den Personen, die ℳ in ihrem Erdenleben nahe standen: Joseph und Mutter Anna.

Von seinem Amt 1893 abgesetzt, zog sich P. 1894 von seiner Missionstätigkeit zurück. In Emaus, einer Außenstation von Lourdes, baute er einen Kreuzweg in den 70 m hohen Felsen. Betend ging er täglich die 174 Stufen hinauf und machte besinnliche Rast in der Lourdesgrotte. Ab Ende 1903 feierte er wegen Augenschwäche täglich die ℳmesse, da er sie auswendig kannte. Als er zu schwach dazu wurde, betete er unablässig den Rosenkranz. 1963 wurde in Mariannhill der Informativprozeß eröffnet.

WW: Lebenserinnerungen (Ms.) und Originalakten in Generalatsarchiven von SOCist, OCR und CMM in Rom. — Beiträge in: Missionskalender von Mariannhill 1889—1910; Vergißmeinnicht aus Mariannhill 1885—1909; St.Josefsblättchen aus Mariannhill 1885—1900. — T.Kempf (Hrsg.), Der Geist des Gründers. Gesammelte Predigten, Vorträge, Artikel und Aussprüche des Dieners Gottes Abt F.P., Mariannhill, Südafrika, I, 1967.

Lit.: A.Roos, Mariannhill zwischen zwei Idealen, 1964. — A.L.Balling, Er war für Nägel mit Köpfen, 1979. — Ders., Der Trommler Gottes, 1981. — A.Roos, Abt F.P., 1987. — LThK² VIII 397. — DIP VI 1530ff. (Lit.). *A. Roos*

Pfendner, Heinrich, * um 1590 in Hollfeld (Oberfranken), † wohl 1631 bei der Erstürmung der Feste Marienburg durch die Schweden, studiert bei Aichinger und Erbach in Augsburg sowie bei A.Cifra in Italien. 1614 ist er Organist des Bischofs von Gurk, 1615 Hoforganist des Erzherzogs Ferdinand II. in Graz, seit 1618 Hoforganist und Kapellmeister in Würzburg.

Als einer der bedeutenderen kath. KM-Komponisten Österreichs und Süddeutschlands seiner Zeit hat er zahlreiche Messen und Motetten komponiert, v.a. eucharistische und marian. Werke, z.B. Mariale in omnes festivitates BMV.

Lit.: M.Sack, Leben und Werk H. P.s, Diss., Berlin 1954. — O.Kaul, Musica Herbipolensis, 1980, 15. — MGG X 1169f. *F. Fleckenstein*

Pfingsten. I. Exegese. Das Pfingstfest *(πεντηκοστή* = »der fünfzigste« [Tag]) wird im NT dreimal erwähnt: Apg 2,1; 20,16; 1 Kor 16,8. An allen Stellen ist das jüdische »Wochenfest« gemeint. Es war ursprünglich ein Erntefest, das sieben Wochen nach Erntebeginn, im Frühjudentum sieben Wochen nach Pascha, gefeiert wurde. Als man nach der Zerstörung des Tempels (70 n. Chr.) die Gaben nicht mehr dorthin bringen konnte, trat ein anderer, schon im Buch der Jubiläen (Jub 6) bezeugter Festinhalt, in den Vordergrund: die Gesetzgebung am Sinai (Billerbeck II 601). P. war z.Zt. Jesu und der Urkirche ein großes Wallfahrtsfest.

Wichtig für das christl. Verständnis von P. ist Apg 2: »Als der Tag des Pfingstfestes sich erfüllte«, ereignete sich in Jerusalem unter kosmischen Begleiterscheinungen die Herabkunft des →Hl. Geistes und infolge davon ein Fremdsprachenwunder sowie die erste öffentliche urchristl. Verkündigung in Form einer Petrusrede und die anschließende Taufe vieler Juden. Die Darstellung ist »wegen ihrer literarischen Eigenart nicht als Berichterstattung, sondern als Ausdruck eines bestimmten Glaubensverständnisses zu beurteilen« (Kremer 126). Sie ist »als gezielte theologische Aussage verfaßt« (Weiser, Apg, 87.). Die Geistgabe gilt als Erfüllung göttlicher Verheißung: »Brausen wie ein gewaltiger Sturm«, »Zungen wie von Feuer« sind Vergleiche, die in apokalyptischer Bildersprache die theophanieartige Herkunft des Hl. Geistes von Gott kennzeichnen; das Fremdsprachenwunder weist auf die Wirkung des Hl. Geistes hin, die u.a. in der Befähigung zu weltweiter Bezeugung des Evangeliums besteht. Zugrunde liegen Geschehnisse, in denen Urchristen die Gegenwart und Wirkmächtigkeit des Hl. Geistes erfuhren. Sie werden im NT vielfältig bezeugt und äußerten sich z.B. in Glossolalie, Prophetie, Heilungsgaben sowie überhaupt im Zustandekommen und in den Lebensvollzügen christl. Gemeinde (vgl. Apg 2,42). Ob der lukanischen Darstellung darüber hinaus ein Einzelgeschehen am jüdischen Pfingsttag in Jerusalem zugrunde liegt, ist umstritten (bejaht u.a. von Kremer, Pfingstbericht 261—263; zurückhaltender u.a. Schneider, Apg, 245—248; Weiser, Apg, 80; abgelehnt u.a. von Dömer 152 f.).

Zu denen, die nach Apg 2 in Jerusalem »an einem Ort versammelt waren« (V. 1) und die nach der Auferweckung und Erhöhung Jesu (V. 32f.) als erste »mit Hl.Geist erfüllt wurden« (V. 4), gehörte im Sinne der lukanischen Aussagen auch ℳ. Die Bezeichnung »alle« (Apg 2,1.4) meint vermutlich nicht nur die vorher (1,26) und nachher (2,14) erwähnten Zwölf, sondern gemäß 1,14f. einen größeren Kreis, in dem »Maria, die Mutter Jesu« eigens genannt wird (so die meisten Exegeten; anders Roloff, Apg, 41; zur Diskussion vgl. Kremer 95f.; Weiser, Apg, 82f.). Nach Lukas gehörte ℳ zu denen, die den Hl. Geist erwarteten und sich betend für den Empfang bereiteten (vgl. 1, 13f. inmitten von 1,4f. und 2,1—4).

Lit.: Kommentare zur Apg, außerdem: N. Adler, Das erste christl. Pfingstfest, 1938. — J. Kremer, Pfingstbericht und Pfingstgeschehen, 1973. — F. Bovon, Luc le théologien, 1978, 235—244. — M. Dömer, Das Heil Gottes, 1978, 139—159. — R.E. Brown u. a. (Hrsg.), Maria im NT, 1981, 138—141. — M.-A. Chevallier, »Pentecôtes« lucaniennes et »Pentecôtes« johanniques, In: RSR 69 (1981) 301—313. — C. Schedl, Als sich der Pfingsttag erfüllte, 1982. — A. Weiser, Die betende Urgemeinde, In: J. Schreiner (Hrsg.), Freude am Gottesdienst, 1983, 67—75. — J. Dupont, La nouvelle Pentecôte, In: Ders., Nouvelles études sur les Actes des Apôtres, 1984, 193—198. — J.A. Fitzmyer, The Ascension of Christ and Pentecost, In: TS 45 (1984) 409—440. — M. Riebel, Pfingsten mit Lukas, In: BiLi 60 (1987) 29—35. — ThWNT VI 44—53; 387—453. — LThK² VIII 421—423. — DBS VII 858—879. — EWNT III 165 f.   *A. Weiser*

II. IKONOGRAPHIE. Das Pfingstwunder, als wichtigstes Exempel für die Wirksamkeit der göttlichen Weisheit in der biblischen Geschichte, ist seit dem 6.Jh. häufig in der Kunst dargestellt worden. Die lit. Grundlage für die Verbildlichung ist bes. die Erzählung in Apg 2,1—13. Danach sind grundsätzlich zwei Typen vorgegeben: 1. ikonischer Typus — die Gemeinschaft der Apostel sitzt in einem geschlossenen Raum zusammen, über ihnen ergießt sich der Hl. Geist als eine Lichterscheinung sowie in Form von Feuerzungen, die sich auf den Apostelköpfen niedersetzen (z.B. Giotto, Padua, Arenakapelle, um 1305); 2. narrativer Typus — das Sprachenwunder (s.u.) wird in die Komposition eingefügt, dann spielen die erstaunten, gottesfürchtigen Völkerschaften aus Apg 2,5— 13 eine wichtige Rolle (z.B. Andrea da Firenze, Florenz, S. Maria Novella, Span. Kapelle, 1365—67). Im Einzelfall aber ist der genaue Darstellungsmoment, die Komposition und Funktion der Szene zu analysieren, um ikonographische Sonderfälle unterscheiden zu können, die jeweils auf bezüglichen Bibelstellen beruhen.

Das älteste erhaltene Pfingstbild in der Evangelienhandschrift des Mönchs Rabula (Mesopotamien, Florenz, Bibl. Laurenziana, Plut. I 56, fol. 19ᵛ, um 586) zeigt die frontal stehende Figurenreihe der Apostel mit ⒨. Obwohl in dieser Darstellung ⒨ dominierend auftritt, zeigen sie manche Pfingstbilder nicht, da sie im Pfingstbericht der Apg nicht ausdrücklich als anwesend erwähnt wird. Weil sie aber seit der Bekehrung der Apostel unter ihnen weilte (Apg 1,14), ist ihre Gegenwart doch anzunehmen. So empfängt ⒨ den Hl. Geist zu P. das zweite Mal, wie schon bei der Verkündigung.

Der Sonderfall der Kombination von Pfingstbild (mit der Hand Gottvaters in einem Himmelssegment und der Taube als Symbol des Hl. Geistes) und der Himmelfahrt Christi ist auf der syr. Ölampulle Nr.10 im Domschatz zu Monza dargestellt: ein solcher Hinweis auf die Dreieinigkeit ist mit der Tatsache zu begründen, daß die christl. Ostkirche P. bis zum 4.Jh. am gleichen Tag wie Christi Himmelfahrt und auch als Fest der Trinität beging.

Das Titelbild zur Apg in der Bibel von San Paolo fuori le Mura in Rom (Paris, Bibl. Nat., grec. 510, fol. 308ᵛ, um 870) zeigt das Pfingstgeschehen in einer Architekturkulisse, d.h. innerhalb Jerusalems. Über ⒨, die in der Mitte der im Kreise sitzenden Apostel thront, vollzieht sich die Himmelfahrt Christi, was als Hinweis auf ⒨s kommende Himmelfahrt zu verstehen ist, die in der Bildtradition ebenfalls im Kreise der Apostel geschieht. Im Vordergrund der Illustration sind die »gentes« aus Apg 2,5 ff. zu sehen — Vertreter der verschiedenen Völkerschaften der Erde, in deren Sprachen die Apostel dank der Wunderkraft des Hl. Geistes predigen konnten und diese zu Buße und Taufe aufriefen. In byz. Tradition wird der zu bekehrende Erdkreis oft auch durch die gekrönte Personifikation des Cosmos angegeben. Die Mosaiken der Apostelkirche zu Istanbul sind zwar verloren, doch meint man mit dem westlichen Kuppelmosaik in S. Marco zu Venedig (letztes Drittel 12.Jh.) eine Anlehnung daran zu besitzen. Dort sind zu Füßen der Apostel die zu bekehrenden, im Mosaik auch inschriftlich benannten 16 Völkerschaften jeweils mit zwei Vertretern angeordnet. Hier trifft man auch auf eine Sonderform des byz. Typs, bei der die Hl. Geist-Taube auf dem für Christus als Weltenrichter vorbereiteten Thron mit Evangelienbuch (= Etimasie) sitzt.

Während ⒨ in der frühma. Kunst Westeuropas selten dargestellt wird, nimmt sie in westlichen Darstellungen seit dem 12.Jh. fast immer die herausragende Position inmitten der Apostel ein. Als Möglichkeiten der Hervorhebung ⒨s und zur Differenzierung neben dem einfachen Empfangen des Hl. Geistes können folgende Varianten aufgefaßt werden: ⒨ thront (Wandteppich aus Halberstadt, Berlin, Kunstgewerbemus., um 1170), ist kniend gezeigt (Anton van Dyck, Potsdam, Bildergalerie, um 1617), kreuzt die Hände in einem Demutsgestus vor der Brust (Nachfolger des Orcagna, Florenz,

Pfingsten, Rabula-Codex, um 586

Accademia, 3. Viertel 14. Jh.), liest in einem Buch (Dürer, Kleine Holzschnittpassion, 1509/11) oder betet gemeinsam mit Petrus (Veit Stoß, Medaillon im Rosenkranz des »Englischen Grußes«, Nürnberg, St. Lorenz, 1517). Derartige Betonungen verweisen auf die Vorstellung von ₥ als dem Sinnbild der Kirche, auf →Ekklesia, die zu P., dem Beginn der Kirche Christi auf Erden, erhöht wird.

Die flächengebundene Reihung der Apostel nebeneinander wird schon im MA zugunsten einer kreis- oder halbkreisförmigen Anordnung aufgegeben (Klosterneuburger Ambo, 1181), und Künstler der Spätgotik nutzen die Versammlung zur Schaffung eines Tiefenraumes (u.a. Hans Multscher, Wurzacher Altar, Berlin, Gemäldegalerie Dahlem, 1437). Unter ihnen kann Petrus als Erster der apost. Gründergemeinschaft (Mt 16,18) und Sprecher der Apostel (Apg 2,38) hervorgehoben sein. Dies geschieht durch seine erhobene oder zentrale Position (Reichenauer Perikopenbuch, München, Bayer. Staatsbibl., Cod. lat. 23.338, fol. 104ᵛ, um 1020/40) oder den Predigtgestus (Sakramentar aus St. Gereon in Köln, Paris, Bibl. Nat., Cod. lat. 817, fol 77ʳ, Ende 10. Jh.). Eine Miniatur in dem ottonischen Sakramentar aus Fulda (Göttingen, Universitätsbibl., Cod. theol. 231, fol. 82ʳ) stellt die Apostelfürsten Petrus und Paulus gemeinsam vor die übrigen Apostel.

Als eine seltene Besonderheit hat die Einführung Christi in das Pfingstgeschehen zu gelten, die vom Text der Apg her nicht zu begründen ist, sich aber aus den Evangelien ableitet. Nach Joh 15,16 und 20,19—23 war der Auferstandene den Jüngern erschienen und hatte ihnen den Hl. Geist eingehaucht. Dies wird nur selten wörtlich ins Bild umgesetzt (Taddeo di Bartolo, Perugia, Gal. Naz., 1403). Vorherrschend tritt Christus als Spender des Hl. Geistes zwischen die Apostel (Holztür, St. Maria im Kapitol, Köln, um 1030; Hauptportal der Schiffsfassade der ehem. Benediktinerkirche von Vézelay/Burgund, um 1145—51), oder er wird als Halbfigur in ein Himmelssegment über die Apostel gestellt, wie beim sog. Koblenzer Retabel (Paris, Mus. Cluny, 1169/70), wo die sieben die Apostelpaare trennenden Säulen für die sieben Gaben des Hl. Geistes stehen (vgl. Jes 11,2). Ebenso sind im Evangeliar Heinrichs des Löwen (Hildesheim, Herzog-August-Bibl., fol. 65ᵛ, um 1188), die sieben von der Taube ausgehenden Strahlenbahnen zu verstehen, die in Medaillons mit Tauben enden.

V.a. in der ital. Kunst ist der Typus verbreitet, der die Apostel in ihrem »Obergemach«, dem Abendmahlssaal, im Sinne von Apg 1,13 zeigt (Florenz, Span. Kapelle; Lorenzo Ghiberti, erste Tür des Florentiner Baptisteriums, 1404—24).

Unter den vielfältigen Sondermotiven erscheinen die Variante der Einbeziehung eines Gefäßes in Form des Lebensbrunnens in das Pfingstbild (Egbert-Codex, Trier, Stadtbibl., Cod. 24, fol. 103ʳ, um 980) und, wie bei Hans Baldung Grien (Hochaltar des Freiburger Münsters, 1512—16), die Hinzufügung der Krönung ₥s durch Christus und Gottvater.

Die ma. Typologie (z.B. in Armenbibeln) stellt Sinnbeziehungen zwischen dem ntl. Pfingstgeschehen und folgenden Vorbildern des AT her: die Rückkehr der von Noah ausgesandten Taube (Gen 8,8—12), der Turm zu Babel (Gen 11,1—9; in Bezug zum Sprachenwunder), die Gesetzgebung an Mose (Ex 19,16—25), das Gottesurteil am Berge Karmel (1 Kön 18,38) und das Ölwunder des Elija (2 Kön 4,1—7).

Im Prot. sind Porträts Martin Luthers mit der über ihm schwebenden Taube (z.B. Kupferstich von Hans Baldung Grien, 1521) als Darstellung der innerlichen Geisterfüllung im Sinne des Pfingstbildes aufzufassen.

In der Barockzeit wird das Pfingstbild wieder verstärkt als Bildgegenstand gewählt, ließ sich doch mit ihm der Triumph der Kirche ausdrücken. Cornelius a Lapides Ablehnung von Pfingstbildern ohne ₥ könnte eine Ursache dafür sein, daß ₥ auf Pfingstgemälden seit der Mitte des 16. Jh.s nicht mehr fehlt. Gemälden, die ma. Typen folgen (z.B. Januarius Zick, Deckenbild der Gemeindekirche in Zell/Donau, 1780), stehen individuelle Bildfindungen gegenüber, die den Ausdruck der Verzückung der vom Hl. Geist begnadeten Apostel betonen. Dazu gesellen sich nun weitere Frauen neben ₥. Ein Altarflügel aus der Rubens-Werkstatt für die Jesuitenkirche zu Neuburg/Donau (jetzt München, Alte Pinakothek, 1611) zeigt eine zweite weibliche Figur; Tizians Gemälde für S. Maria della Salute in Venedig (um 1530) gibt drei Frauen im Bildmittelpunkt wieder (so auch Giorgio Vasari, Potsdam, Bildergalerie, 1557). Sehr wahrscheinlich handelt es sich bei den Hinzukommenden um Maria Magdalena und die »andere« Maria, die Mutter des Jacobus (Mk 16,1), weil die Stelle Apg 1,14 keine genaue Zahl von »Frauen« neben ₥ nennt. Eine wohl einzigartige Lösung ist Jacopo Zucchis Ausmalung der Apsis in S. Spirito in Sassia, Rom (1583/84), in einem illusionistischen Säulenraum die auf dem Ölberg zusammengekommenen »120 Personen« (Apg 1,15) in das Pfingstbild aufgenommen werden, auch wenn es aus Platzgründen nur 72 sind.

Im 19. Jh. gibt es Pfingstbilder nur noch im Zusammenhang von Passionszyklen, wie in der Altlerchenfelder Kirche, Wien (Karl Mayer nach dem Programm von Joseph v. Führich, vollendet 1861).

Bemerkenswert ist die architektonische Umsetzung der Pfingstikonographie bei Borrominis röm. Universitätskirche S. Ivo alla Sapienza (1642—50). Dort verlaufen von der Taube im Innern der Kuppellaterne Strahlenbahnen zu den bis 1741 vorhandenen Apostelfiguren aus Stuck in 12 Wandnischen. Der Kuppelturm hat die Erscheinung des Turmbaus zu Babel und ruht auf zwölf Säulen, die für die Apostel als Stützen der Kirche und der göttlichen Weisheit stehen (H. Ost).

Lit.: Künstle I 517ff. — Mâle I 326ff. — Réau II 591ff. — S. Seeliger, Die Ikonographie des Pfingstwunders unter besonderer Berücksichtigung der dt. Buchmalerei des MA, 1956. — Ders., P., 1958. — Pigler I 377ff. — H. Ost, Borrominis röm. Universitätskirche S.Ivo alla Sapienza, In: ZfKG 30 (1967) 101ff. — C. Walter, L'iconographie des conciles dans la tradition byzantine, 1970, 199ff. — C. Gardner v. Teufel, Ikonographie und Archäologie — Das Pfingsttriptychon in der Florentiner Akademie ..., In: ZfKG 41 (1978) 16ff. — Schiller IV/1, 11ff. — P. Diemer, Das Pfingstbild in Vézelay ..., In: Jahrbuch des Zentralinstituts für Kunstgeschichte 1 (1985) 7ff. — LCI III 415ff. *K. Falkenau*

Pfister, Barbara, Franziskanertertiarin, * 1.9. 1867 in Wattenheim (Pfalz), † 9.3.1909 in Speyer, bereits als Kind mystisch veranlagt, war in visionärer Freundschaft mit Anna Katharina → Emmerick verbunden. 1883 trat sie in das Dominikanerinnenkloster in Speyer ein, das sie wegen Krankheit bald wieder verlassen mußte. 1890 zeigten sich bei ihr die ersten Anzeichen einer Stigmatisation, die bis zu ihrem Lebensende an den kirchlichen Festtagen wiederkehrte. Seit 1897 lebte P. bei den Barmherzigen Schwestern in Speyer. In ihren Visionen nahm die Kindheit Jesu einen breiten Raum ein. Ein kindliches Verhältnis verband sie mit ⏶: In Visionen erhielt sie Aufschluß über die Stellung ⏶s bei der Passion, bei der Hl. Messe, zu den Verstorbenen und Priestern.
Lit.: F. Molz, B.P., 1928, ⁴1929. — N. Lauer, B.P., 1939, ⁴1964. — LThK² VIII 423. *J. Schmiedl*

Pflanzen → Akelei, →Bäume, → Blumen, →Lilie, → Rose

Pforte. I. EXEGESE. *1. AT.* In Ez 44,1—3, den Schlußversen der Visionserzählung des Ezechiel-Buches über die neue Tempelanlage, wird dargestellt, wie der Prophet »zum äußersten Osttor des Heiligtums« (44,1) geführt wird. Er findet es verschlossen vor und erfährt: »Dieses Tor soll geschlossen bleiben.« Die Begründung dafür: »Denn der Herr, der Gott Israels, ist durch dieses Tor eingezogen« (44,2, vgl. Ez 43,1—4). Das nach dem Einzug der Herrlichkeit Jahwes geschlossen bleibende Tor erinnert die Gemeinde daran, daß Gott in Zukunft nicht mehr aus dem Tempel, dem Ort seiner Gegenwart, ausziehen (vgl. Ez 10,18f.; 11,23), sondern für immer bei seiner Gemeinde bleiben wird. Die verschlossene P. ist »das für immer aufgerichtete Zeichen für die ein für allemal geschehene neue Zuwendung Gottes zu seinem Volk ..., die stete Erinnerung daran, daß Gott in seinem Volk Wohnung genommen hat« (Zimmerli 1112).
2. NT. Im »Gleichnis von den klugen und törichten Jungfrauen« (Mt 25,1—13) finden die fünf klugen Jungfrauen die P. in den Hochzeitssaal geöffnet, die fünf törichten die P. verschlossen vor.
Lit.: W. Zimmerli, Ezechiel 2. Teilbd., Kap. 25—48, 1969 (Lit. zu 44,1—3: 1107). — W. Eichrodt, Der Prophet Hesekiel Kap. 19—48, ³1984. — H.F. Fuhs, Ezechiel II. 25—48, 1988. — A. Sand, Das Evangelium nach Matthäus, 1986. *J. Scharbert*

Maria als »Ianua coeli«, Stich der Gebrüder Klauber zur Lauretanischen Litanei

II. IKONOGRAPHIE. »Porta clausa«, »porta coeli« und »Ianua coeli« (Tür, P., Eingang und Zugang des Himmels), diese und andere Bezeichnungen für ⏶ sind im gesamten MA geläufige und durchaus häufige Titel (Salzer 541—545). Sie stehen für ⏶s Jungfräulichkeit und Auserwählung, für die zweite, andere Eva und ⏶s Mittler- und Fürbittrolle im göttlichen Heilswerk, beginnend im → Protoevangelium, bis hin zur Apokalypse.
Am deutlichsten ist die Aussage im sog. Evangelismos (Verkündigung ⏶s) auf den Ikonostasen- oder Königstüren. Die Mitteltüre enthält nahezu immer die Darstellung der Verkündigung an ⏶ und die 4 Evangelisten (z. B. Moskau, Tretjakow-Galerie Nr. 2772, um 1425—27; ebd. Nr. 12024 a, 1. Hälfte 15. Jh. [Ikonenkatalog, Moskau 1991, Tretjakow-Galerie Nr. 100, 102] und Rußland, 16. Jh. [Th. Meyer (Hrsg.), 1000 Jahre Christliches Rußland, 1988, 152, Nr. 69]). Auch im griech.-orth. Bereich gehört der Evangelismos an der Königs-P. zum Kanon, so bereits um 1380 die Türe in der Ikonensammlung von Simonospetra auf Athos (St. Papadopoulos, Simonospetra/Mount Athos, 1991, Fig. 105), die Tür des 15. Jh.s der Sammlung Ekonomopoulos in Thessaloniki (Chrysanthi Baltoyanni, Icons Demetrios Ekonomopoulos

Collection, 1986, 25f., Nr. 13, Tafel 10f.) und vom 18. Jh. (ebd. 112, Nr. 266) aus Makedonien, sowie im Benaki-Museum zu Athen aus Epirus vom 17. Jh. (Ausst.-Kat., Ikonen-Bilder in Gold, Sakrale Kunst aus Griechenland, Krems-Graz 1993, Nr. 124). Die Lokalisierung der Königstür in der Mittel-P. der Ikonostase, Durchgangs-P. im liturg. Einzug ins Bema, zeigt im Evangelismos auch die eucharistische Dimension der göttlichen Fleischwerdung in und aus ᛞ. Wie die Tore zum Trishagion geschlossen werden, um das Geheimnis der Transsubstantiation Gottes den Blicken entziehend anzuzeigen, so ist ᛞ als Theotokos P., Eingang und Tür des Göttlichen in den irdischen Bereich. Dies kommt auch im → Akathistos-Hymnos zum Ausdruck, wenn ᛞ im 15. Oikos gegrüßt wird als »Pforte des erhabenen Geheimnisses« und im 19. als »Pforte des Heiles« oder im 7. Oikos als »Schlüssel der Paradiesespforten«. Noch dichter wird die P.-Symbolik im zweiten Athoskloster Vatopediou, das ᛞe Verkündigung geweiht ist. Hier führt die reliefierte Metalltüre, die aus Konstantinopel stammen soll und z. T. noch dem 12. Jh. angehört, in den Esonarthex. Das Zentrum der Ornamentplatten bilden die Treibarbeiten des Evangelismos, der sich in Form von Laibungsmosaiken des 12. Jh.s noch einmal am Portal zum Katholikon findet, das der Pilger beim Eintritt durchschreitet. Ein drittes Mal wiederholt sich der Evangelismos über der Ikonostase in den Jochbögen der Kuppel, wobei die Mosaikreliefs über den Raum hinweg die Grenze zum Bema bilden (Anfang 13. Jh.). Diese Anhäufung ist keine Tautologie, vielmehr eine Steigerung des Bedeutungsinhaltes vom bloßen Portal mit der Anzeige des Kirchenpatronats, über den Hinweis auf die Fleischwerdung Gottes am Katholikoneingang, bis hin zum eucharistischen Mysterium an den Ikonostasenflanken in derselben Ebene wie die Königstür als Schwelle zum Allerheiligsten des Altares. Daß dieser Gedanke auch im Westen nicht unbekannt war, belegt die Kirchenportaltür mit dem Heimsuchungsrelief der beiden schwangeren Frauen (G. M. Lechner, Maria Gravida, zum Schwangerschaftsmotiv in der bildenden Kunst, 1981, 349, Nr. 38) in der Filialkirche zu Irrsdorf im Salzburgischen (1408). In der Renaissancemalerei findet häufig die Verkündigungsdarstellung vor einem Portal oder in einer Pfortenanlage statt, oftmals unter Einbeziehung perspektivischer Wirkung und im Charakter einer Predella, so bei Domenico Veneciano (Cambridge, Fitzwilliam Mus., um 1450), bei Fra Filippo Lippi im Verkündigungsfresko (1468) des Domes zu Spoleto und in der Verkündigung in München (Alte Pinakothek), bei Leonardo da Vinci (Florenz, Uffizien, um 1472), bei Carlo Crivelli zusammen mit St. Emidius (London, Nat. Gallery, 1486) und bei Francesco Francia (Mailand, Brera, 1506).

Daß die Theotokos direkt den Namen Portaitissa übernehmen kann, zeigt das Gnadenbild ᛞ als Pförtnerin als eine der drei Schutzpatroninnen des → Athos im Kloster Iviron in der gesonderten Pfortenkapelle von 1683. Die Ikone ist eine Hodegetria mit einer Wangenwunde und gilt seit dem Ende des 13. Jh.s als die Pförtnerin des Theophanouklosters (gegründet 976). Die Malereien von 1714 entfalten das P.-Thema, zeigen aber auch völlig neue ikonographische Sonderformen wie ᛞ als Thron Ezechiels usw. Gerade die eschatol. Ausrichtung des Freskenprogramms zeigt nicht nur die marian. »Berufsbezeichnung«, vielmehr übernimmt ᛞ als Himmelspförtnerin mitunter auch die apost. Rolle Petri. ᛞ ist für den Pilger und Mönch die P. zum ewigen Leben, denn aus ihr kam hervor der neue Adam, um uns die Paradieses-P. wieder aufzutun. Als solche ist ᛞ auch im Paradies des Weltgerichts, zusammen mit dem guten Schächer Dismas (Ikone des 15. Jh.s mit Letztem Gericht in der Sammlung Georgiadis zu Thessaloniki). Im Westen kann ᛞ direkt unter oder vor dem Portal stehen, etwa bei dem Tafelbild »Maria, Porta coeli« eines niederrheinischen Meisters um 1460 im Wallraf-Richartz-Museum zu Köln (Ausst.-Kat., Marienbild in Rheinland und Westfalen, Essen, 1968, 90f., Nr. 82). Das Portal öffnet sich in eine ma. Kirchenarchitektur und zeigt ᛞ auch als Ekklesia; die Kirche ist außerdem eine Anspielung auf das eschatol. Jerusalem (vgl. Ez 44,1—3).

Im Kontext mit dem Bild der UE ᛞs erscheint ᛞ häufig von Attributen der → Lauretanischen Litanei in den Wolken umgeben, darunter auch die Ianua coeli und die verschlossene P. mit dem → Hortus conclusus (z. B. Francisco Zurbarán, Collection von Barbara Piasecka Johnson [J. Grabski, Opus sacrum, Catalogue of the Exhibition from the Collection of B. Piasecka Johnson, Warschau 1990, 224f., Nr. 38]; Valdes Leal, Immaculata mit den Aposteln Philippus und Jakobus, Paris, Louvre, 1654; Virgen de los Plateros, Cordoba, Mus. der Schönen Künste, 1654—56; UE, Sevilla Magdalenenkirche, 1659/60 und ebd. Mus. der Schönen Künste, 1670—72 [E. Valdivieso, Valdes Leal. Museo del Prado, Madrid 1991, Nr. 6. 7. 38. 66]).

In der Emblematik verselbständigen sich die einzelnen Symbole und Attribute der Lauretanischen Litanei und werden lediglich auf ein ᛞpatrozinium hin ausgerichtet, etwa in Biberachzell ᛞe Himmelfahrt die Fresken von 1772 mit dem Portal als Ianua coeli an der Decke des Presbyteriums mit dem Portal über dem Triumphbogen (Kemp Nr. 33), in der ᛞe Heimsuchungskirche zu Haupeltshofen/Günzburg als »Felix Coeli Porta« in der Rotunde mit Fresken von Jakob Fröschle 1767 (Kemp Nr. 81), die Himmels-P. mit dem Lemma »Pandet ave, quod Clausit Eva«, in der ᛞ-Loretokapelle zu Oberstdorf von 1740/41 (Kemp Nr. 158), als ᛞ »Du Porten des Himmels« mit den Monogrammen ᛞ-Eva in der Kapelle ᛞ vom Guten Rat in Beilenberg, gemalt von Franz Anton Weiß 1779 (Kemp Nr. 25), im Jesuitenkolleg zu Dillingen

(Naturwissenschaftliche Sammlung) im Stuck um 1737 (Kemp Nr. 49 a), in der Pfarrkirche Ѡe Heimsuchung zu Hohenpolding um 1752 mit Portal und geöffnetem Tor, darüber das Ѡmonogramm: »Das man in Himmel gehe ein, mues diese Thür eröffnet sein« (Kemp Nr. 90) oder mit Ѡbüste als »Porta coeli, Genesis 28,17« in der Ѡe-Himmelfahrt-Pfarrkirche (1726) in Schönau/Lkr. Rosenheim (Kemp Nr. 188), in der Wallfahrt Ѡe Brünnlein zu Wemding die Fresken von J. B. Zimmermann (1750—52) unter dem Einfluß der Lauretanischen Litanei-Stiche der Gebrüder Klauber als »Ianua Caeli. Ps. 77« (= Ps 77,23) mit dem Lemma »Wan kein Himels-Thor mehr offen/ kanst noch disen Einlas hoffen« (Kemp Nr. 234). In Kirchwald/Lkr. Rosenheim erscheint das Jesusmonogramm im offenen Portal (Fresken von 1722): »O himmblische Porten/ so offen thuet stehen/ die Marien lieben/ da könen eingehen« (Kemp Nr. 102) mit Patrozinium Visitatio Ѡe, in Siegsdorf 1781 von Franz Joseph Soll die Fresken in der Pfarrkirche der UE Ѡe (Kemp Nr. 193); hier hat das Portal als P. des Herrn nur einen Türflügel geöffnet, ebenso in der Kapelle Ѡ vom Guten Rat zu Beilenberg/Altstädten 1779 bei den Fresken von Franz Anton Weiß, welcher, wieder auf Klauber basierend, die »Porten des Himmels« als halb geöffnet mit Ѡmonogramm auf dem Giebel, Eva aber auf dem geschlossenen Türflügel stehen hat (Kemp Nr. 25). Die Lauretanischen Symbole an der Stuckdecke der Benediktuskapelle im Kreuzgang des Freisinger Domes sind einfach und textlos gestaltet, das goldene Portal ist geöffnet (Wessobrunner Arbeiten um 1716). Ein Augsburger Thesenblatt von 1693, gestochen von Gabriel Ehinger (1652—1736) nach Johann Georg Knappich (1637—1704) zeigt das Altöttinger Gnadenbild über der Wallfahrtskapelle in der Art des Loreto- oder Nazarethauses als Porta Coeli (Gen 28,17), umgeben von weiteren 4 Portalkartuschen, welche anspielen auf die darunter abgebildete Altöttinger Ortsansicht mit 4 Toren: Porta Templi (Neh 9, 14, jedoch 3,21), Porta Fontis (Neh 3,15), Porta Castrorum (Ex 32,26) und Porta Judicii (Dtn 21,19; Woekkel, Abb. 284).

Die Vielfalt an Portalvarianten zeigt allein im bayer. Raum bereits die diversen Abhängigkeiten von Vorlagen, aber auch die theol. Interpretation in ihrem Reichtum auf, angefangen vom Protoevangelium bis hin zur moralisch-didaktischen Aussage christl. Eschatologie.

In der Lauretanischen Litanei eignen sich zwei Anrufungen zur Gestaltung der P. für Ѡ: »mater inviolata« und »Ianua Caeli«. Die seltene Radierungsfolge von 1636 »Asma Poeticum Litaniarum Lauretanarum« aus Linz/Donau vom Abt Georg v. Wilhering zeigt als Blatt 18 bei der Mater inviolata die GM inmitten des Hortus conclusus mit dem Monogramm Ѡs in Blütenbewuchs und dem Jesusknaben in der Christi-Geburt-Ikonographie, während wilde und unreine Tiere von den Gartenhecken zurückgehalten werden. Der eschatol. Bezug zeigt sich am göttlichen Lamm im Himmelssegment mit der Inschrift: »Nunc formosissimus annus«. Die Ianua coeli (Bl. 41) zeigt eine von zwei Engeln bewachte verschlossene Tür, im Tympanon die leuchtende Sonne, darüber im Bogen die Inschrift: »Hac itur ad astra«, im darüberliegenden Supraportenbogen in den Wolken Ѡ mit dem Jesuskind, das den Portalschlüssel zum Öffnen hält, darüber Gottvater. Hier ist eschatol. Motivik angesprochen; wenn der Sohn die P. öffnet, ist der neue Äon angebrochen, Anklänge an die byz. Hetimasia-Ikonographie. Die Gebrüder Klauber lassen dieses eschatol. Moment nicht anklingen, ihr Kupferstich (ca. 1750) aus der Lauretanischen Litanei zeigt ein riesiges Barockportal mit Ѡ in Orantenhaltung als Supraportenfigur. Die Tür in den Hortus conclusus ist weit geöffnet, aus ihr kommen der hl. Erzengel Michael mit Flammenschwert und der Inschrift: »Ianua coeli aperuit« (Ps 77), rechts aus dem AT die Darstellung der Jakobsleiter mit: »Non est hic aliud nisi porta coeli. Gen. 28«. Die Bildunterschrift lautet: »Attollite portas Principes vestras. Psalm 23«. Hier ist das Portal offen für den Einzug des Königs Christus, den Ѡ mit ausgebreiteten Armen empfängt, also ein Hinweis auf Ѡs einmalige Auserwähltheit und unversehrte Jungfräulichkeit. Diese Deutung erfährt auch Berninis goldfarbener Baldachin mit der Immaculata-Statue Paolo Gerolamo Piolas nach Pierre Puget im Gemälde von Domenico Piola (um 1668) in einer Privatsammlung (Ausst.-Kat., Kunst in der Republik Genua 1528—1815, Frankfurt a. M. 1992, 164 f. Tafel 83, Nr. 82).

Lit.: P. Picinelli, Mundus symbolicus, Köln 1715, II 16, Nr. 132. — Salzer 541—545. — BeisselMA 104. 106. 114. 127. 173. 213. 232. 302. 341.468. 475. 645. — C. Kemp, Angewandte Emblematik in süddt. Barockkirchen, 1981, 68 ff. — L. Kretzenbacher, Wortlose Bilder- und Zeichen-Litaneien im Volksbarock, In: Sitzungsberichte der Bayer. Akademie der Wissenschaften, Heft 5, 1991, 16 ff. — G. P. Woeckel, Pietas Bavarica, 1992.

G. M. Lechner

Pforte des Himmels (ianua caeli). Die Akten des Konzils von Ephesos vom Jahre 431 enthalten auch eine Predigt auf ein »Jungfrauenfest« (wohl auf das Fest Ѡe Verkündigung), die der damalige Titularbischof Proklus v. Cyzikus 428 oder 429 in der Hauptkirche zu Konstantinopel vorgetragen hat. Darin heißt es u. a.: »Ich schaue die Wunder und preise die Gottheit; ich sehe die Leiden und leugne nicht die Menschheit. Der Emmanuel hat zwar als Mensch die Pforte der Natur geöffnet, aber als Gott die Siegel der Jungfrauenschaft nicht verletzt … Gemäß Ezechiel, dem Propheten, der da sagt: › Der Herr führte mich zurück in die Richtung auf das äußere Tor des Heiligtums, das nach Osten schaut; das aber war verschlossen und der Herr sprach zu mir: Menschensohn, dieses Tor wird geschlossen bleiben, es soll nicht geöffnet werden, niemand darf durch dasselbe eintreten, nur der Herr, der Gott Israels; er allein wird eingehen und ausgehen, und das Tor wird verschlossen bleiben‹ (Ez 44,1—3). Siehe da, eine sprechende Darstellung der heiligen Gottesgebärerin Maria« (Schwartz, Acta Conc. Oecum. tom. I, vol. I, 1927, p. 1,107).

M ist die Pforte, durch die Christus bei der Empfängnis eingeht und bei der Geburt aus ihr heraustritt. Sie ist P., weil ihr Ja-Wort zur Botschaft des Engels (Lk 1,38) die Bedingung ist für das (insbesondere eschatol.) Heil der Menschen, deren keiner einen Weg vorbei an M finden kann. In der liturg. Dichtung des Abendlandes begegnet der Mtitel »caeli porta« erstmals in dem im 8. Jh. entstandenen, im 9. Jh. schon bezeugten (St. Gallen, Stiftsbibl. 95) und zum Teil von Venantius Fortunatus (Carm. spur. app. 1,206—208) beeinflußten Hymnus → »Ave maris stella«, wo es im 4. Vers der ersten Strophe heißt: »felix caeli porta«. Als Quellen für die Anrufung »Pforte des Himmels« standen den späteren Bearbeitern der →Lauretanischen Litanei weiterhin das schon im 12. Jh. als Antiphon zur Sext von Assumptio benutzte »Alma redemptoris mater« (die du des Himmels offene Pforte bliebst) und das ebenfalls im 12. Jh. als Antiphon zur Non bezeugte »Ave regina caelorum« (Sei gegrüßt du Wurzel, gegrüßt du Pforte, aus der der Welt das Heil gekommen) zur Verfügung. Die Pariser Fassung der Litanei hat »Ianua caelica«, die Padovaner Fassung »Ianua regni celorum«, die Mainzer Reimlitanei (Mainz 354, 12. Jh., fol. 139^r—146^v) »porta celi«.

Lit.: → Lauretanische Litanei. *W. Dürig*

Pfullendorf, Lkr. Sigmaringen, Erzdiözese Freiburg, Mwallfahrt »Maria Schray« (Ad Immaculatam Conceptionem BMV, St. Maria extra muros), etwa 0,3 km außerhalb der Stadt P. auf einer Anhöhe.

Die Herkunft des Namens »Maria Schray« ist trotz einiger Ableitungsvorschläge bis heute nicht geklärt: Erwogen wird »Schray« als alten Flurnamen zu interpretieren, es von mhd. »schrege« (»Stangeneinfriedung, Zaun«) abzuleiten oder es mit dem ahd. Wort für »Schandsäule, Pranger« zu identifizieren.

Die Nennung von Maria Schray im Liber marcarum, dem zweiten Teil des Liber taxationis der Diözese Konstanz, der 1353 angelegt und um 1500 geschrieben worden ist, läßt die Datierung auf 1360 nicht mit Sicherheit annehmen, aber das Bestehen für diese Zeit oder sogar noch früher auch nicht ausschließen. 1479 wurde ein Altar-Benefizium errichtet und der Altar zu Ehren der allerseligsten Jungfrau M, des hl. Kreuzes und des hl. Andreas geweiht. Seit 1493 (oder bereits 1465?) ist eine samstägliche Wallfahrtsmesse bezeugt, die ursprünglich mit einer Prozession von der Stadtkirche aus verbunden war und nach Bischof Hugo v. Hohenlandenberg (Konstanz) »ewig« beibehalten werden sollte. Als eine der wenigen Städte des Bodenseeraumes schloß sich P. in der Reformationszeit nicht dem reformierten Bekenntnis an.

Am 6. 7. 1632 fiel die Wallfahrtskapelle (der jetzige Chor) beim Einfall der Schweden den Flammen zum Opfer. An diese Begebenheit knüpfte sich die in zwei Versionen erzählte Legende, das Gnadenbild der GM habe sich während des Brandes in die Luft erhoben; als ein Schwede auf die Mstatue geschossen habe, seien drei gellende Schreie gehört worden — eine weitere Herkunftserklärung des Namens »Maria Schray«. Die Statue sei in den Wald Neidling in der Nähe der Wallfahrtskirche geflogen und habe sich dort in einer Eiche, der »Muttergotteseiche«, niedergelassen. Tatsächlich steht eine über 500 Jahre alte Eiche in Neidling zwischen P. und Zell a. A. mit einem durch einen verglasten Kasten geschützten Mbild.

Spätestens um 1666 wurde an den Chor ein Langhaus angebaut und 1751 von Mainrad v. Au mit Deckenfresken ausgeschmückt (im Chor: Immaculata; im Schiff: »ad te clamamus«). Das Wallfahrtswesen erhielt durch die 1748 in der Kapelle von Maria Schray errichtete Bruderschaft der UE Ms großen Aufschwung, die bis 1926 erhalten blieb, kurz während der Seelsorgszeit der Weißen Väter wiederbelebt wurde und ab 1952 ganz in Vergessenheit geriet.

Als Gnadenbild wird eine etwa 60 cm hohe vergoldete Mstatue (vermutlich 17. Jh.) mit Kind sowie Szepter und Krone verehrt, die auf dem Tabernakelaufbau des Hochaltares steht.

QQ: Liber taxationis ecclesiarum et beneficiorum in Dioecesi Constantiensi de anno 1353, hrsg. von W. Haid, in: FDA 5 (1870) 5—118, hier 113. — Sacra Juliomagus. Ein Beitrag zur Geschichte der weiland heiligen Römischen freien Reichsstadt P. Nach Quellen, Inschriften, Wappen und Gemälden bearb. von L. Heizmann, 1899, 111—135. — Unsere Liebe Frau Maria zu Schray. Ein Wallfahrts- und Gebetbuch, hrsg. von L. Heizmann, ³1911. — Die Chroniken der Stadt P., hrsg. und bearb. von J. Groner, 1982, 180—187.

Lit.: SchreiberW 149. — J. Schupp, Kulturchronik der Wallfahrtskirche Maria Schray bei P., 1952. — P. Hommers, Stadt P. im Linzgau am Bodensee, 1970, 43—46. — J. Groner, Maria Schray P., 1983. — R. Metten, K. Welker und H. Brommer, Wallfahrten im Erzbistum Freiburg, 1990, 227f. (Lit.). — Dokumentation in der Abteilung Rel. Volkskunde des Instituts für Biblische und Historische Theol. der Albert-Ludwigs-Universität Freiburg i. B. *W. Müller (S. Tebel)*

Pharos-Palast-Kirche (ἐκκλησία [ναός, εὐκτήριον] τοῦ Φάρου). Die P. befand sich im Bereich des Großen Kaiserpalastes in → Konstantinopel auf der »Pharosterrasse« (ἡλιακὸς/ἡλιακὸν τοῦ Φάρου) unmittelbar vor dem Leuchtturm mit direktem Zugang vom kaiserlichen Chryso-Triklinion (Goldenen Speisesaal) neben der Elias- und Demetrioskirche. Sie fungierte als Pfarrkirche des Kaiserhofes (Οἰκοκουρά) und war die offizielle Festkirche des kaiserlichen Hofes für eine Vielzahl von Feiertagen. Hier fanden häufig Verlobungen und Hochzeiten des Kaisers, seiner Familie und des Hofes statt (Theophanes, Pachymeres). Ihre rel. Bedeutung hatte sie als Schrein des → Acheiropoieten, der Christus-Ikone von Edessa.

Zwar handelt es sich beim Namen der P. zunächst nur um einen Ortsnamen nach dem nahegelegenen Leuchtturm »Pharos« (benannt nach dem berühmten antiken Leuchtturm auf der Insel Pharos an der Nilmündung) — wie ja auch der ganze hier gelegene Palastteil »Pharospalast« genannt wurde —, doch wurde der Name der Kirche bald symbolisch verstanden als Ausdruck der Pracht, die wie ein Leuchtturm strahlte (Konstantin Porphyrogennetos) und mariol. überhöht, weil ⓜ den Gläubigen in ihrer Schiffahrt zum ewigen Leben ein Leuchtturm sei, »ihnen allen ein Licht aufsteckt und sie durch die Nächte zu sicheren Häfen führt« (Continuator Theophanis), entsprechend dem → Akathistos-Hymnos: »Sei gegrüßt, aus dir leuchtet das Heil hervor« (Proömium).

Gründer der P. ist wohl (entgegen der Überlieferung) der Ikonoklastenkaiser Konstantin V. (741—775), weil schon zu seiner Zeit die »Theotokos vom Pharos« bezeugt ist. Die orth. Überlieferung war bestrebt, die Erinnerung an diesen »Kopronymos« (etwa: Mistkerl) zu tilgen, statt dessen wurde die Gründung Michael III. (842—867) zugeschrieben, welcher die Kirche sicher nach Beendigung des Bilderstreites 843 verschönern, wahrscheinlich sogar umbauen ließ. Bezeichnenderweise soll er veranlaßt haben, aus dem grünen Marmor vom Grabdenkmal des »Kopronymos« den Ambo der neuen P. zu fertigen (Leon Grammaticus und Symeon Logothetes). Diese neue P. übernahm dann im kirchlichen Hofzeremoniell einen Teil der Funktionen der Stephans-Kirche im »Daphne-Palast«, war der Aufbewahrungsort für berühmte Christusikonen (→ Blachernenkirche) und Reliquien, zugleich der Ort großer politischer Verbrechen und Bündnisse. Während der fränkischen Besatzung wurde wahrscheinlich noch 1204 in ihr Balduin I. von Flandern zum lat. Kaiser gewählt, viele ihrer Schätze aber geplündert; sie selbst ist danach nicht mehr nachweisbar.

Von einem großen Atrium gelangte man durch einen Narthex mit der Königspforte aus Silber in die kleine Kreuzkuppelkirche mit drei Apsiden (Anton v. Nowgorod), weshalb die P. verschiedentlich nur als Bethaus (εὐκτήριος οἶκος) bezeichnet wurde. Das Innere war mit Mosaikdarstellungen der Hauptereignisse aus den Evangelien geschmückt. (2. Hälfte 9. Jh., vielleicht unter Michael III. entstanden), den Altar überragte ein von vier kleinen silbernen Säulen getragener Tabernakel in Form einer Pyramide aus Silber. Über dem Altar schwebten Tauben aus Mattgold, die in ihren Schnäbeln Perlenschnüre trugen.

Auch die Schatzkammer war bes. reich ausgestattet. Konstantin Porphyrogennetos hatte ein großes, kostbares Kreuz gestiftet; silberne Tauben, Kronen und Lüster an Ketten für Feste mit ausländischen Gesandten im Chryso-Triklinion lagen neben zahlreichen »Reliquien« von der Passion Christi, verschiedenen Kleidungsstücken ⓜs und dem Haupt Johannes des Täufers (Nikolaos Mesarites, Anton v. Nowgorod und Inventarverzeichnisse des 12. Jh.s, vgl. Janin).

Das kaiserliche Zeremonienbuch setzte für bestimmte Festtage (Neujahr, Gründonnerstag, Karsamstag, Ostersonntag, Donnerstag der Osterwoche, 1. Mai als Weihetag der → Nea, 20. Juli zum Fest des Elias) die Teilnahme des Kaisers und des gesamten Hofes an bestimmten Gottesdiensten in der P. fest, die dann gewöhnlich vom Patriarchen zelebriert wurden; am 3. Fastensonntag, dem »Fest der Kreuzesverehrung«, am Palmsonntag und am 1. August, dem Fest des Kreuzganges, verehrte der Kaiser das in der P. ausgestellte »wahrhafte Kreuz«.

QQ: Anna Komnene, Alexias XII, 6 (Leipzig II, 160). — C. F. Du Cange, Constantinopolis Christiana, Paris 1682, IV, II, 37. — A. Dmitriewskij, Opisanie liturgičeskikh rukopisej I: Typika I, Kiew 1895, 676. — B. de Khitrowo, Itinéraires russes en Orient, Genf 1889, 97f. — C. Rian, Exuviae sacrae Constantinopolitanae II, Genf 1877—78. — J. P. Richter, Quellen zur byz. Kunstgeschichte, Wien 1897, 337—341. — K. N. Sathas, Μεσαιωνική Βιβλιοθήκη VII, 1872—94, 307. — Theophanes, Chronographia I, 414.

Lit.: J. Ebersolt, Le Grand Palais et le livre des cérémonies, Paris, 1910, 104—109. — R. Janin, La géographie ecclésiastique de empire Byzantin I/3, ²1969, 241—245. — T. F. Mathews, The early churches of Constantinople: Architecture and Liturgy, 1971. — → Konstantinopel. *G. A. B. Schneeweiß*

Philipp IV., König von Spanien von 1621 bis 1665, * 1605 in Valladolid, † 12. 9. 1665 in Madrid, heiratete 1615 Isabella v. Bourbon, die Tochter Heinrichs IV. von Frankreich. P. war ein großer ⓜverehrer und setzte sich entschieden für die Anerkennung der Lehre von der UE ⓜs ein. Seit 1643 bis zu seinem Tod führte er einen Briefwechsel mit der span. Franziskanerin M. de → Agreda. Er intervenierte 1655 gegen die Indizierung ihres Werkes »Mystische Stadt Gottes« durch Innozenz X. Am 6. 10. 1644 verlor er seine Gemahlin, heiratete 1649 Anna von Österreich.

Nach der Übernahme des Pontifikates von → Alexander VII. bat er durch seinen Botschafter um die Dogmatisierung der UE ⓜs. 1661 gab der Papst eine dogm. Erklärung über die UE ⓜs ab, die weithin die Definitionsbulle von 1854 vorwegnahm.

Lit.: Pastor XIV/2, 1216 (Reg.). — R. Bauvier, Philippe IV. et Marie d'Agreda, 1939. — R. Laurentin, In: VirgoImmac II, 1956, 47ff. 50ff. — J. Alfaro, ebd. 207—210. — O'Connor 641 (Reg.) — A. Dominguez Ortiz, Politica de Felipe IV, 1960. — J. Deleito y Pinuela, La vida religiosa Española bajo el cuarto Felipe Santos y Pecadores, ²1963. — L. Villasante, Sor M. de J. de Agreda Consejera espiritual del Rey Filipe IV, In: Verdad y Vida 23 (1965) 683—699. — La España de Felipe IV: Historia de España XXV, ed. J. M. Jover Zamora, 1982. — R. A. Stradling, Philip IV and the government of Spain 1621—1665, 1988. — St. N. Orso, Art and death at the Spanish Habsburg court, 1988. *R. Bäumer*

Philipp v. Harvengt, OPraem, * um 1100 in Harvengt (?), † 13. 4. 1183 in Bonne-Espérance, Mönch der Prämonstratenserabtei Bonne-Espérance/Hennegau, 1130 Prior, 1157/58—1182 Abt. Sein bedeutendstes Werk, das auch mariol. als bemerkenswert zu gelten hat, ist seine Auslegung des Hohenliedes »Commentaria in Cantica Canticorum« (PL 203, 181—490). Hinzu kommt eine ungedruckte Predigt zur Aufnahme

Ms in den Himmel (Valenciènnes 161; XIIe s., St-Amand, fol. 202—203: H. Barré, La royauté de Marie au XIIe siècle, en Orient, In: MeE V 93—119, bes. 118). Die geistige Gestalt P.s ist gekennzeichnet durch eine gute Kenntnis der antiken Schriftsteller; der Schule von Laon verdankt er Impulse; die Spiritualität der Viktoriner hat ihn stark geprägt; den Zisterziensern ist er trotz eines Konfliktes mit → Bernhard v. Clairvaux in Sympathie verbunden. Diesen Anregungen, dann vor allem auch denen des → Rupert v. Deutz, verpflichtet, entwirft P. seinen Kommentar zum Hohenlied. Dieses bezieht er wie Rupert nicht nur auf die Brautschaft Christi mit der Kirche und den Gläubigen, sondern auch auf die mit M.

In diesem Zusammenhang zeichnet er ein Mbild, das in der Grundstruktur nicht über seine Zeit hinausreicht; ihm eignet gleichwohl in der Sprache wie in den verwendeten Bildern eine spezifische Inbrust und Zärtlichkeit. Die Linien der höfischen Minne kommen bei P. deutlich zu Ausdruck (vgl. In Cant. II 11: PL 203,270f.). Sein liebender Blick auf M hindert ihn nicht, sie bis zur Empfängnis Christi vom Makel der Erbsünde versehrt zu sehen; diese haftet fest an der menschlichen Natur. Für die Zeit vor ihrer Heiligung will er für M einzelne leichte Tatsünden nicht ausschließen (In Cant. I 17, IV 13: PL 203,227B; 459A). Die mit der Inkarnation verbundene Reinigung und Begnadung Ms bezeichnet P. als »ungeheuerliches Wunder« (In cant. VI 39: PL 203,478f.). Nunmehr besingt er auch ihre Sündlosigkeit (In Cant. IV 1: PL 203,353—356). P. lehrt die leibliche Aufnahme Ms in den Himmel, auch wenn diese die Hl. Schrift nicht unmittelbar zum Ausdruck bringe. Er hält hier den Verweis auf den Glauben der Kirche für ein tragfähiges Argument. Als seinen Gewährsmann nennt er (Ps.-)Augustinus (In Cant. VI 50: PL 203, 483CD). Ms geistliche Mutterschaft entfaltet P. sehr breit. Wie bei der Menschwerdung des Sohnes so ist sie auch bei der geistlichen Zeugung, dem Heranwachsen und bei der Vollendung des Gläubigen als sorgende Mutter, Erzieherin und Fürbitterin beteiligt. Der aus jener Zeit bekannte Vergleich mit dem »Hals«, der das Haupt mit dem Leib verbindet, begegnet auch hier. Als mediatrix steht M der separatrix Eva gegenüber (In Cant. II: PL 203,260). Nicht nur mit diesem Bild, sondern auch ausdrücklich bringt P. die Christus zugeordnete, durch Gott gnadenhaft ermöglichte Mittlerfunktion Ms zum Ausdruck (In Cant. III 19: PL 203,343A). Christus allein ist das wahre Licht und die leuchtende Sonne, wodurch die kranke Welt heil wird (In Cant. I 18: PL 203,229).

Lit.: J. B. Valvekens, De Immaculata Conceptione apud Philippum de Harveng et Adamum Scotum, OPraem, In: VirgoImmac VII/3, 1—18. — H. Riedlinger, Die Makellosigkeit der Kirche in den lat. Hoheliedkommentaren des MA, 1958, 216—220. — Graef 232—234. — DSp XII/1, 1297—1302. — Theotokos 288.   *F. Courth*

Philipp der Kanzler, † 1236, bedeutender Theologe, Prediger und Dichter; nicht mit Philipp de Grève identisch, war seit 1217 cancellarius von Notre-Dame de Paris. Seine Lyrik — etwa 80 Dichtungen werden ihm zugeschrieben — zeigt bei großer Sprach- und Formgewandtheit zugleich die Kraft zu heftigem und leidenschaftlichem Ausdruck. Die meisten der Gedichte wenden sich mahnend, beschwörend, drohend an den Christenmenschen, um ihn zur Einsicht und Einkehr zu bewegen, oder prangern Mißbräuche und Korruption vor allem der kirchlichen Obrigkeit mit großer Schärfe an. Ähnliche Eindringlichkeit lassen P.s Mdichtungen erkennen, wenn sie in verschiedenen musikalisch-poetischen Formen Ms Ehrentitel aneinanderfügen, mit Paradoxa die Jungfrauengeburt paraphrasieren (»Centrum capit«, »Sol oritur«) oder sich mit dem Unglauben der Juden auseinandersetzen (»Beata viscera«). Unter diesen Dichtungen waren die Conductus »Beata viscera« (AHMA 20, 148; von →Perotin komponiert, Dronke 37) und »Ave gloriosa virginum regina« (AHMA 20, 170, in Sequenzform, Dronke 1) sowie der Dialog »Crux de te volo conqueri« (→Planctus; Sequenz, Dronke 54) besonders verbreitet. Weitere Mdichtungen P.s sind: »Centrum capit circulus« (AHMA 20, 88; Conductus, Dronke 55), »In salvatoris nomine« (AHMA 21, 189; Motette, Dronke 25), »O Maria, virginei flos honoris« (AHMA 20, 141; Sequenz, Dronke 2), »Sol oritur in sidere« (AHMA 20, 82f.; Conductus, Dronke 51), vielleicht auch »Lignum vite querimus« (Dreves-Blume II 282; Sequenz, Dronke 84), »Sol est in meridie« (AHMA 20, 212; Rondeau, Dronke 21), wohl kaum »Angelus ad virginem« (Dronke p und 584), »Ave Dei genitrix et immaculata« (Dronke h), »Ave virgo virginum« (Dronke m), »Virgo templum trinitatis« (Dronke e). Ohne ausreichende Begründung wurden P. u. a. zugeschrieben: »Ave Maria virgo virginum« (Dreves in AHMA 50, 529), »In hoc statu gratie« (ebd. 530) und →»Missus Gabriel de celis«.

Lit.: P. Dronke, The Lyrical Compositions of Philip the Chancellor, In: Studi Medievali, ser. 3ª, 28 (1987) 563—592. — N. Wicki (Hrsg.), Philippi Cancellarii Parisiensis summa de bono, 1985, 11*—28*   *G. Bernt*

Philipp Neri → Neri, Philipp

Philipp v. Rathsamhausen, OCist, * vermutlich zwischen 1240 und 1245 auf Burg Kinzheim im Elsaß (bei Schlettstadt), † 25. 2. 1322 in Eichstätt.

I. LEBEN UND WERK. P. trat um 1260 in das Zisterzienserkloster Pairis (Vogesen) ein, wurde nach dem Studium der Theol. in Paris 1301 zum Abt gewählt und im Februar 1306 — wohl gegen den Willen des Eichstätter Domkapitels — durch Papst Clemens V. zum Bischof von Eichstätt berufen (1306—22). Er war ein guter Seelsorger, eifriger Prediger, Förderer der Verehrung der Diözesan-Heiligen Willibald und Walburga und unentwegter Ratgeber der dt. Könige. P. war auch als Bischof schriftstellerisch tätig. Außer zwei Heiligen-Viten (Willibald und Walburga) verfaßte er mehrere aszetische Schriften, die vor allem das Gebet zum Gegenstand hatten (s. Bauch, 1948, und VL).

Als Zisterzienser pflegte P. eine innige MV. Von ihr zeugen vor allem sein Magnifikat-Kommentar und seine Homilie zum Fest »Mariä Himmelfahrt«. M ist für ihn Stern des Meeres, Morgenröte der Welt, lichterfüllte Lichtbringerin, unversehrte Gottesgebärerin, immerwährende, von jeder bösen Begierde freie und wahrhaft demütige Jungfrau, durch ihren Sohn Mutter aller Glaubenden, Tochter des himmlischen Vaters, Mutter des Herrn und Braut des Hl. Geistes, Patronin der Gläubigen, die ihren Verehrern die Erlangung des Guten und die Beseitigung des Bösen verspricht. P. behauptet ihre vorgeburtliche Heiligkeit, wenn er sie »prius sancta quam nata« nennt (Bauch 210,18) und von ihrer »sanctificatio in utero« spricht (ebd. 218,30f.).

Die »Expositio super Magnificat« (Bauch 178—250) will vorwiegend moralisch-aszetisch wirken und dazu hinführen, wie M tätiges und beschauliches Leben miteinander zu verbinden. Die GM ist Rahel und Lea des Alten, Maria und Martha des Neuen Bundes zugleich. Im Verhalten Ms ist die Zielsetzung jeden Menschenlebens vorgegeben: der Anstieg zum himmlischen Jerusalem. Nach einer Einführung zu Lk 1,39—45 (Me Heimsuchung) behandelt der erste Teil Ms Freude über ihre eigene Auserwählung (VV 46—49), der zweite die Freude über die Ausdehnung der Gnade auf alle Menschen (VV 50—53), der dritte Ms Freude über die Menschwerdung Christi (VV 54—56).

Die Homilie zu Lk 10,38—42 (Maria und Martha) ist in Briefform gehalten und an den Bischof Heinrich v. Trient († 1330) gerichtet. Im Anschluß an die Worterklärung und die Würdigung von Maria und Martha erläutert P., warum dieser Text am Fest Me Himmelfahrt verwendet wurde: M ist die Stadt, die Jesus betrat bei der Verkündigung; sie ist das Haus, in dem der Herr bereitwillig aufgenommen wurde; sie hat den Messias nicht nur bewirtet, sondern mit ihrem eigenen Fleisch und Blut genährt; sie ist die Vollendung der Innerlichkeit, da sie alles in ihrem Herzen erwog; sie hat den besten Teil erwählt: den Mächtigsten, den Weisesten, den Mildesten, »den lebendigen und wahren, gütigen und ewigen Gott, der auf ewig von ihr wird nicht genommen werden« (Bauch 262,39f.). — P. stützt sich inhaltlich und teilweise wörtlich auf die »Postilla in Lucam« des → Hugo v. St. Cher († 1264).

WW: »Vita s. Willibaldi« und »Vita s. Walburgis«, ed. bei: J. Gretser, Philippi Ecclesiae Eystettensis XXXIX. Episcopi de eiusdem ecclesiae divis Tutelaribus: S. Richardo, S. Willibaldo, S. Wunibaldo, S. Walpurga Commentarius, Ingolstadii 1617 = Ders., Op. om. X, Ratisbonae 1737, 710—742. — H. Canisius, Lectiones antiquae IV/2, Ingolstadtii 1603, 563—601. — ActaSS VI (1865) 553—563. — Die übrigen WW: Expositio super Magnificat; Homilia super Evangelium: »Intravit Jesus in quoddam castellum«; Expositio super psalmum quartum »Cum invocarem«; Tractatus de postulando Deum; Bipartita dominicae orationis expositio; Dt. Predigttexte, hrsg. von A. Bauch, Das theol.-aszetische Schrifttum des Eichstätter Bischofs P. v. R. (1306—22). Untersuchung und Textausg., 1948, 173f., 178—490 (WW, Mss., Lit.). — Das »Pontifikale Gundekarianum«. Faksimile-Ausg. des Cod. B 4 im Diözesanarchiv Eichstätt. Faksimilebd. (fol. 22ᵛ—23ʳ: Miniatur und Vita P.s v. R.) und Kommentarbd., hrsg. von A. Bauch (†) und E. Reiter, 1987.

Lit.: M. Grabmann, Der Eichstätter Bischof P. v. R., Beilage Nr. 40, 41 und 42 zur: »Augsburger Postzeitung« 1904, 314f. 322ff. 330f. — F. Heidingsfelder, Die Regesten der Bischöfe von Eichstätt, 1938. — M. Barth, In: Archives de l'Eglise d'Alsace 22 (1975) 79—129. — A. Bauch, P. v. R., In: Fränkische Lebensbilder VII, 1977, 1—11 (Lit.). — St. Weinfurter, Von der Bistumsreform zur Parteinahme für Kaiser Ludwig den Bayern, In: Blätter für dt. Landesgeschichte 123 (1987) 137—184. — H. Flachenecker, Eine geistliche Stadt. Eichstätt vom 13. bis zum 16. Jh., 1988. — Dictionnaire des auteures cisterciens, ed. E. Brouette u. a., II, 1978, 558f. — DSp XII 1317—21. — VL² VII 606—610 (WW, Lit.).

E. Reiter

II. MITTELHOCHDEUTSCHE TRADITION. Die »dem von Ratzenhusen . . .« zugeschriebenen Predigtsprüche in mhd. Sprache weisen lediglich auf mystische, allenfalls visionsmystische Vorstellungen hin. Über P.s MV geht aus ihnen nichts hervor.

Lit.: W. Stammler, Studien zur dt. Musik, In: ZfdPh 55 (1930) 291—300.

F. J. Schweitzer

Philipp v. Seitz (Bruder Philipp), Verfasser eines mhd. »Marienlebens« (über 10 000 Verse; → Leben). P. schrieb sein Werk als Mönch der Kartause Seitz in der Südsteiermark (heute Žiže in Slowenien), wie er im Epilog mitteilt: »bruoder Philipp bin ich genant,/ got ist mir leider unerkant./ in dem orden von Carthûs/ geschriben hân ich in dem hûs/ ze Seitz ditz selbe büechelîn« (10 122—26). Wahrscheinlich gehörte er zu den sieben Mönchen, die 1316 von Seitz aus die neugegründete Kartause Mauerbach bei Wien besiedelten; 1346 erscheint nämlich in der Charta des Generalkapitels der Kartäuser ein »Domnus Philippus« der Kartause Mauerbach unter den 1345/46 Verstorbenen, der wohl mit dem Dichter P. zu identifizieren ist. Demnach hätte P. sein »Marienleben« vor 1316 (vielleicht schon um 1300) verfaßt, eine Annahme, die durch die älteste datierte Handschrift von 1324 gestützt wird. Bisher ist es nicht gelungen, P.s genaue Heimat zu bestimmen; fest steht jedenfalls auf Grund seiner Sprache (Reime), daß er nicht aus dem österr. Raum stammte, sondern wohl aus dem mitteldt.-niederdt. Grenzgebiet. P. stand offensichtlich in näherer Beziehung zu den Deutschordensrittern, denen er sein Werk widmet: »Ditz pûchelin han ich gesant/ Den brûdern die da sint genant/ Von dem dæutschen haus vnd sint/ Marien rîtter« (22,1—4; zit. nach Hs. P); »ouch ditz büchelîn ich sende/ den bruodern von dem diutschen hûs,/ die hân ich lange erkorn ûz,/ wan sî gern Marîen êrent/ und den gelouben Christes mêrent« (10 089—93).

P. behandelt in seiner Dichtung den vollständigen Zyklus des Lebens der GM, verbunden mit den wichtigsten Stationen des Lebens Jesu. Beginnend mit der Geschichte der Eltern Ms erzählt er von der Geburt Ms, ihrem Tempeldienst und ihrer Vermählung mit Joseph, von der Verkündigung und Geburt Jesu, der Flucht der Hl. Familie nach Ägypten und ihrem Aufenthalt in Nazaret, von dem öffentlichen Wirken Jesu, seiner — von den → Klagen ⊕s begleiteten — Passion und Kreuzigung, seiner Auferstehung und Himmelfahrt, sowie von dem vorbildlichen Leben ⊕s nach der Himmelfahrt ihres Sohnes, ihrem Tod und ihrer Aufnahme in den Himmel. Die Erzählung endet mit dem Empfang ⊕s im Himmel durch die Engelschöre, alle Heiligen und die Trinität. Eingeteilt ist das Werk in viele, zumeist recht kurze, jeweils mit Überschriften versehene Kapitel (Kapitelüberschriften in den Lesarten bei Rückert, 287—323).

Quelle für P.s »Marienleben« war die → »Vita beate virginis Marie et salvatoris rhythmica«, die in der 1. Hälfte des 13. Jh.s (um 1230) in Süddeutschland von einem anonymen Autor aus verschiedenen apokryphen Schriften und den Evangelien kompiliert wurde. P. lag die »Vita« in einer Handschrift mit Randglossen vor, von denen er allerdings nur sparsam Gebrauch machte. Er ergänzt den Stoff seiner Quelle v. a. bei der Behandlung des öffentlichen Wirkens Jesu aus den Evangelien (5824—5971 und 242 daran anschließende Verse nur in P).

Anders als → Walter v. Rheinau und der Schweizer → Wernher, die auf die gleiche Quelle zurückgreifen, hat P. die »Vita« mit großer Selbständigkeit bearbeitet. Am auffälligsten sind die zahlreichen Kürzungen und Auslassungen, die er vornimmt: so reduziert er rhetorisch aufwendige Schönheitsbeschreibungen der »Vita« auf das Wesentliche, läßt hymnische Partien wie die Lobgesänge Joachims und Annas bei der Geburt ⊕s oder den Lobgesang Josephs bei der Geburt Jesu aus und verringert die Anzahl von Wundererzählungen. Ganz im Gegensatz zu seiner Vorlage, in der rhetorischer Schmuck eine große Rolle spielt, folgt P. dem Stilideal der Einfachheit. Mit besonderer Liebe hat er die Szenen aus der Kindheit Jesu behandelt, in denen er mit weit stärkerem Realitätssinn als die »Vita« die Mitglieder der Hl. Familie als »normale« Menschen in ihren alltäglichen Sorgen und Nöten zu zeichnen versucht (vgl. z. B. 3096—3211). Durch Vor- und Rückverweise sowie redaktionelle Übergänge versteht er es, die in der »Vita« oft beziehungslos aneinandergereihten Szenen enger miteinander zu verknüpfen und einen epischen Zusammenhang herzustellen: Rückblenden bieten die breit ausgeführten Klagen ⊕s bei Josephs (5622—5713) und Jesu Tod (7609—7689), in denen sie auf ihr gemeinsames Leben mit ihrem Mann bzw. ihrem Sohn zurückblickt. Eine weitere große Rückblende enthält das Kapitel über ⊕s ordensmäßiges Leben nach der Himmelfahrt Christi, in dem beschrieben wird, wie ⊕ täglich in einer von Matutin bis zum Tagesanbruch währenden Meditation alle Stationen der Passion ihres Sohnes wieder neu durchlebt (8508—8659). Vorgriffe auf das Ende des Werks, die Aufnahme der GM in den Himmel, finden sich an mehreren Stellen, an denen ⊕ über die himmlischen Freuden (→ Sieben Freuden) reflektiert (936—1015; 8662—8727).

Die schlichte, leicht verständliche Erzählweise P.s wie auch der erzählte Stoff selber waren wohl ausschlaggebend für den großen Erfolg des Werks. P.s »Marienleben« ist in über 100 Handschriften des 14. und 15. Jh.s überliefert, eine Zahl, die von keiner anderen dt. Reimpaardichtung des MA erreicht wird. Maßgeblich an der Verbreitung beteiligt war der → Deutsche Orden, wie aus einer veränderten Prologpassage einer Handschriftengruppe hervorgeht: »Ein bůch habent die tevtschen herren/ daz wart in gesant von verren/ Dar ab wart geschriben ditze«. Das »Marienleben« erfuhr mehrere Bearbeitungen, in denen vor allem die vielen unreinen Reime P.s beseitigt sind. Immer wieder wurde es mit anderen thematisch verwandten Werken kompiliert. Ab dem Beginn des 15. Jh.s war es auch in mehreren Prosafassungen verbreitet, u. a. innerhalb einer ntl. Historienbibel, die unter dem Titel »Neue Ee« in zahlreichen Handschriften und Drucken bis zur Reformationszeit überliefert wurde.

Ausg.: Bruder P.s des Carthäusers Marienleben, zum ersten Mal hrsg. von H. Rückert, 1853, Nachdr. 1966. — Neuausg. durch K. Gärtner in Vorbereitung (nach P. = Pommersfelden, Gräfl. Schönbornsche Schloßbibl., Cod. 46).
Lit.: M. Päpke, Das Marienleben des Schweizers Wernher, 1913, 8—43. 174f. — K. Gärtner, Die Überlieferungsgeschichte von Bruder P.s »Marienleben«, masch., 1978. — Ders., P. v. S: Marienleben, In: ACar 83 (1981) 117—129. — Ders., Regulierter Tageslauf im »Marienleben« P.s v. S., ebd. 113,1 (1984) 47—60. — J. Mlinarič, Das Epos »Vita Mariae metrica« als Unterlage für das Marienlied des Kartäusers P. v. S., ebd. 116,1 (1988) 29—39. — VL[2] VII 588—597 (Lit.). — LL IX 152f. *W. J. Hoffmann*

Philippe de Mézières, * 1326/27 in Mézières/Picardie, † 29.5.1405 in Paris, »diplomat, soldier, writer, traveller, crusader, and religious enthousiast« (K. Young); vgl. Frater →Rostagnus.

1. Leben. Nach dem Studium in Amiens leistete der junge Edelmann um 1345 ersten Waffendienst in der Lombardei und im Königreich Neapel. 1346 brach er in den Orient auf und kam 1347 nach Jerusalem; seit dieser Zeit war der Kreuzzugsgedanke das Hauptanliegen seines Wirkens. Nach seiner Rückkehr studierte P. wahrscheinlich zwischen 1349 und 1354 in Paris und diente als Diplomat am Hof von Zypern und bei anderen westlichen Herrschern, bis er 1360/61 Kanzler Peters I. v. Lusignan, König von Zypern und Jerusalem, wurde; ab 1361 reiste er mit dem päpstlichen Legaten →Petrus Thomas OCarm durch Europa, um für den Kreuzzug zu werben. 1365 nahm er an der Schlacht gegen Alexandrien teil. Nach dem Tod des Petrus Thomas am 6.1.1366, mit dem er sich verbunden fühlte »wie Barnabas mit Paulus« (Smet 165) und dessen Lebensbeschreibung er in der Fastenzeit 1366 verfaßte (ed. J. Smet, Textus et studia historica Carmelitana II, 1954), scheint er Zypern verlassen zu haben; seit 1369, dem Jahr, in dem Peter I. v. Lusignan ermordet wurde, lebte er in Venedig, wo er seit 1365 Bürger war und Mitglied der Scuola Grande di S. Giovanni Evangelista wurde. Aus dieser Zeit ist ein Brief Petrarcas (Sen. 13,2) an P. zum Tod ihres gemeinsamen Freundes Iacobus de Rubeis erhalten. 1371 begab sich P. als Gesandter Peters II. v. Lusignan an den päpstlichen Hof in Avignon, um an der Krönung Gregors XI. teilzunehmen; er blieb bis Mai 1373. Von dort ging er nach Paris, wo er 1376 Kanzler und Ratgeber Karls V. von Frankreich und Erzieher des späteren Karls VI. wurde. Nach dem Tod Karls V. zog er sich 1380 in den Konvent der Coelestiner in Paris zurück — wo er bereits eine M-kapelle hatte errichten lassen —, ohne dem Orden beizutreten, nahm aber weiterhin Anteil am politischen Geschehen, zumal an der Entwicklung der Beziehungen zwischen Frankreich und England. In der Zeit zwischen 1381 und 1397 entstanden die meisten seiner Werke (Liste und Chronologie bei O. Caudron in DSp); sie haben kaum Verbreitung gefunden, geben aber Aufschluß über die Persönlichkeit dieses Mannes, der durch Wirken in der Öffentlichkeit seiner christl. Berufung zu entsprechen suchte.

In seiner Frömmigkeit war P. geprägt durch den Karmeliter Petrus Thomas, durch die Franziskaner und die Kartäuser, zu denen er in Venedig Kontakt hatte, bes. aber durch die Spiritualität des hl. Bernhard (O. Caudron, La spiritualité d'un chrétien du XIVe siècle: P. de M. (1327?—1405), In: Positions de Thèses de l'École des Chartes, 1983, 35—45).

2. *Das Fest Praesentatio BMV,* eines der wichtigsten der griech. Kirche, hatte P. in Zypern kennengelernt. In Venedig erreichte er, unterstützt von Freunden, daß das Fest von den Franziskanern der Stadt begangen wurde; seit 1372 setzte er sich beim Papst dafür ein, daß es von der röm. Kirche anerkannt und eingeführt werde; zugrunde lag wohl der Gedanke der Ökumene, aber auch, wie es P. in seinem Empfehlungsbrief sagt, der Wunsch, den Glauben zu erneuern und dem Sittenverfall zu begegnen. Am 21.11.1372 wurde das Fest in Avignon gefeiert, ein Jahr später am Hof König Karls V. in Paris; Karl V. war es selbst ein Anliegen, das Fest weiter zu verbreiten, das 1385 von Clemens VII. bestätigt wurde. In einem Textcorpus (vollständig überliefert in Paris, Bibl. Nat., ms. lat. 17330, teilweise in ms. lat. 14454), das P. zwischen 1372 und 1373 herausgegeben hat, sind die wichtigsten Dokumente für die erste Feier des Festes am 21.11.1372 in Avignon zusammengestellt, darunter die liturg. Stücke, die P. womöglich zum Verfasser haben (Beschreibung der Hss.: Coleman 18—21; Beschreibung der einzelnen Stücke: Coleman 11—14): die Festpredigt zum 21.11.1372 ist Franciscus de Fabrica OFM, dem Provinzial von Assisi, zuzuschreiben (Coleman 13), incipit »Exit ab Oriente et paret usque in Occidentem« (ed. Coleman 26—40); der Brief P.s über das Fest, incipit »Uniuersis in Domine fidelibus, maxime Christianis occidentalibus, Philippus de Maserijs, Picardie miles infimus, regni Cypri indignus cancellarius uocatus, ac Gloriose Virginis Marie zelator abortiuus« (ed. Young 1911, 189—198; Young 1933/51, 473—478; mit Übers. Haller 51—65; Coleman 41—52); ein Wunderbericht über die Bekehrung zweier span. Juden mit Einleitung von P. selbst, incipit »Ad confirmandum cor sincerum fidelium in amore V.M.« (ed. Coleman 53f.); das Reimoffizium, incipit »Fons hortorum redundans gratia« (ed. AHMA 24, Nr. 25, 76—80, jedoch nach anderen Hss. als Coleman 55—78), mit den Hymnen »Omnes fideles plaudite« (AHMA 4, 51), »Sacrae parentes virginis« (AHMA 4, 72), →»O Dei sapientia« und →»Aeterni patris ordine«; Wortlaut für die Messe (ed. Lippe 251—253; Coleman 79—83) mit der Sequenz »Altissima providente,/ cuncta recte disponente Dei sapientia«, eine Paraphrase von Ps.-Hieronymus, Evangelium de nativitate Marie (vgl. PL 30, 298—304. — Ed. AHMA 54, 291—292, Anm. 292—294; Lippe 252; Coleman 80—82); das Spiel, das P. zumindest adaptiert hat, incipit »Quibusdam deuotis personis Matris illius qui dat sapientiam sapientibus et scientiam scientibus disciplinam«, mit »Regieanweisungen« (ed. Young 1911, 202—228; Young 1933/51, 227—242 mit 1 Abb. der Hs.; mit Übers. Haller 5—46; Coleman 84—107); Brief Karls V. an die Kollegiatskirche B. Mariae in Melun betreffs der Einführung des Festes (ed. Coleman 108f.; Beschreibung der Aufführung des Spiels 1385 in Avignon (ed. Young 1911, 200f.; Young 1933/51, 478f.; mit Übers. Haller 67—70; Coleman 110f.).

3. *Weitere marianische Texte.* In der Handschrift Paris, Bibl. Nat., ms. lat. 14454, fol. 19^r—30^v, ist ein traktatartiger Brief von 1382 an Jean Roland, Bischof von Amiens, überliefert, »De laudibus beate Marie Virginis super ›Salve sancta parens‹« (vgl. AHMA 20, 176 = 43, 58), in dem P. empfiehlt, die Coelestiner in die Stadt zu rufen (Lit.: Iorga S. VIII; 453. — Coleman 21).

Nach den apokryphen Berichten beschreibt P. das Leben M-s in seinem »Livre de la vertu du Sacrement de Mariage et du réconfort des dames mariées« (um 1385—89; Paris, Bibl. Nat., ms. fr. 1175, fol. 42^r—45^r; die Passage, die die Praesentatio M-e betrifft, mit engl. Übers. hrsg. bei Haller 75—87).

Zwei Officia BMV und Gebetsreihen zu den Sieben Schmerzen und Sieben Freuden M-s nach dem Zusatz zum »Speculum humanae salvationis« (Straßburg 1324), welche »pro sua consolacione fratrumque celestinorum, colligendo pie composuit Philippus de Maseriis« (cf. A. Molinier, Catalogue des manuscrits de la Bibliothèque Mazarine I, Paris 1885, 203 f. = Catalogue Général des Manuscrits des Bibliothèques Publiques de France II), teilweise wiedergegeben bei Wilmart 522—536 (Lit. 359; 519—522), kein eigenständiges Werk, stehen in der Handschrift Paris, Mazarine 516 (wohl Abschrift nach dem Autograph des P.).

Ausg.: Gebetsstexte: Wilmart 522—536. — Reimoffizium, Hymnen und Sequenz: U. Chevalier, Poésie liturgique traditionnelle de l'Eglise catholique en Occident, Tournai 1894,

260—266. — AHMA Bde. 4, 5, 24, 52, 54. — Sequenz und Messe: R. Lippe, Missale Romanum Mediolani II, 1474, London 1907, 251—253. — Spiel: Schütz II, 330—344. — Spiel und Briefe: K. Young, P. de M.' Dramatic Office for the Presentation of the Virgin, In: PMLA 26 (1911) 181—234. — Ders., The Drama of the Medieval Church II, 1933, Nachdr. 1951, 225—245 (Ausg. 227—242); 472—478. — A. Weiner, P. de M.' Description of the Dramatic Office for the Feast of the Presentation of the Virgin Mary in the Temple, 1958. — P. de M., Figurative Representation of the Presentation of the Virgin Mary in the Temple. Translated and ed. (nach Young) by R. S. Haller, Introduction by M. C. Rupp, 1971. — W. E. Coleman, P. de M.' Campaign for the Feast of Mary's Presentation ed. from Bibl. Nat. Mss. Latin 17330 and 14454, 1981. — Ältere Ausgaben bei Coleman 23—24; Nachweis der Ausgabe von M. Meurisse bei J. Smet, The Life of Saint Peter Thomas by P. de M., 1954, 30 Anm. 4.

Lit.: Allgemein zu P. de M.: N. Jorga, P. de M. (1326—1405) et la croisade au XIVe siècle, Paris 1896, Nachdr. 1973. — DSp XII/1, 1309—16. — Zu den Kreuzzügen: A. Suruyal Atiya, The Crusade in the Later Middle Ages, 1938, Kap. 8. — Ders., The Crusade of Nicopolis, 1934, Kap. 2, 3. — K. M. Setton, The Papacy and the Levant (1204—1571) I, The Thirteenth and Fourteenth Centuries, 1976, Kap. 11, 12. — N. Housley, The Avignon Papacy and the Crusades, 1305—1378, 1986. — Zum Fest: Iorga 411—415. — M. J. Kishpaugh, The Feast of the Presentation of the Virgin Mary in the Temple: An Historical and Literary Study, 1941, 92—104. — Zu den geistlichen Dichtungen: AHMA 29,7—9; 52,44—45. — Moberg Hymnen I 25 f. — Moberg Sequenzen I 122. — Szövérffy II 384—385.

M. Pörnbacher

Philippinen. Als ein wesentlicher Punkt für die schnelle Christianisierung der P. wird das Marian. bei der Evangelisierung angeführt. Die Geschichte der Evangelisierung zeigt nicht nur eine enge Bindung an die GM, sondern diese Idee ist zu einem Bestandteil des Filipino-Erbes und der Filipino-Identität geworden. Die P. sind sowohl historisch wie kulturell durch die marian. Frömmigkeit geprägt. Gefördert und begünstigt wurde diese Entwicklung durch die mutterrechtliche Kultur und das Vorverständnis der Frau in der philippinischen Tradition. Die Hochschätzung der Frau und Mutter fand in der Mutter M ein Entsprechen, das bedeutete aber auch das Eingehen der »Kirche als Mutter« in die philippinische Kultur. Was in der Kolonisierungsperiode auch zu einer Identifizierung von »La Madre Iglesia« mit »La Madre España« führte, die für das Volk die Verantwortung und Sorge trugen: die Kirche spirituell, Spanien materiell, was sich bis heute im Kirchenverständnis zeigt. Die Kirche ist eher »sila« (sie) als »tayo« (wir alle).

»Ang Mahal na Birhen« ist der bezeichnendste Name für M auf den P. »Mahal« bedeutet zunächst »kostbar, edel«, und M wird so genannt, weil sie das Edelste und Kostbarste der ganzen Schöpfung ist. »Mahal« bedeutet aber auch »unserem Herzen nahe, uns lieb und teuer«, und aus diesem Grunde wird M so genannt. Dieser Titel faßt in kürzester Form die Tradition der P. zusammen und spricht zugleich die Ehrfurcht vor M als GM und das kindliche Vertrauen aus, das sie Mutter nennt.

1935 wurde überraschend ULF von Guadalupe zur Hauptpatronin der P. erklärt. Das Dekrekt von Papst Pius XI. (1857—[1922]—1939) erinnert an die alten Traditionen der Verbindung zwischen Mexiko und den P. und an die Wege der Evangelisierung (AAS 28 [1936] 63 f.). Einzig in der Stadt Pagsanjan und in dem Dorf Makati wird die »Morena« von Guadalupe verehrt, sonst ist ULF von Guadalupe, die Jungfrau der Indios praktisch unbekannt. Das Patronat wurde zwar verkündet, aber die Tatsache selber fand in der philippinischen Kirche keinen Widerhall. Nach dem Zweiten Weltkrieg wurde dieser Titel geändert und die Immaculata wurde der besondere Patronatstitel der P. Das hatte auch praktische Gründe. Bei der Neuordnung der Feiertage blieben nur drei besondere Feiertage erhalten, einer war die 8. Dezember, dieses ist auch der Tag an dem in früheren Zeiten die erste Kommunion gefeiert wurde.

Das älteste Mbild auf den P. dürfte »NS de Guía« sein. Am 24. 6. 1571 fand ein span. Soldat in einem nichtchristl. Hause ein Mbild, das wie eine Fruchtbarkeitsgottheit mit Reisopfern verehrt wurde. Das Bild soll ursprünglich durch den China-Missionar Odorico da Pordenone (um 1286—1331) nach Asien gekommen sein. Da viele durch das Bild den Weg zum Christentum fanden erhielt es seinen Titel »Our Lady of Guide«. »Our Lady of the Lodge« hängt geschichtlich eng mit der Franziskaner-Mission auf den P. zusammen. 1578 wurde die erste Kapelle zu Ehren der GM im Konvent in Intramuros in Manila eingerichtet. Juan Clemente, der erste Pförtner des Konvents half allen, die Hilfe suchten. In der Pforte war das Bild »Our Lady of the Lodge«, vor dem die Gläubigen beteten. Das Bild wurde 1945 mit dem Mutterhaus der Franziskaner bei einem Bombenangriff zerstört. 1604 kam eine Kopie des Bildes ULF von Guadalupe (Mexiko) auf einer tilma gemalt zu den P. Es wurde in der Kirche von Makati verehrt. Ein kleines Bild ULF vom Rosenkranz wurde von einer Gruppe von Missionaren aus Manila 1602 mit nach Japan genommen. Zu dieser Gruppe gehörte auch Lorenzo → Ruiz. Man landete auf der kleinen Insel Koshiki. Das Bild der Rosenkranzkönigin wurde in einer verlassenen Pagode aufgestellt und verblieb während des 17. Jh.s in Japan. Nach seiner Rückkehr zu den P. wurde es als NS »La Japonesa« bekannt. Von den Augustiner-Rekollekten wurde 1606 ein Bild »NS de la Salud« von Mexiko zu den P. gebracht. Seit 1620 wird »Our Lady of Badoc« in dem Dorf Taal verehrt. Das Bild erhielt den Namen »Badoc« weil es in einem Fischernetz aus dem Wasser gezogen wurde. »Our Lady of Rosary«, auch »Our Lady of Piat« genannt, in Piat in der Provinz Cagayan kam durch die Dominikanermissionare in diese Gegend. Es ist in China geschnitzt worden. Seine besondere Verehrung beginnt um 1622. Die Entdeckung des Bildes »Our Lady of (Good) Success« geht in das Jahr 1625 zurück als der Augustiner-Missionar Juan de Guevara in Parañaque (Palañac, Palañaque, Parañaca; in der Nähe von Manila) zu dem Kranken Catig gerufen wurde. In seiner

Hütte sah er das Bild. Als der Mann nach acht Tagen starb, erbat es sich Guevara. Der Provinzial Alonso de Méntrida (1559—1637, 1598 nach den P.) ließ es dann in feierlicher Prozession am 10.8.1625 auf den Hauptaltar der Kirche von Parañaque bringen.

Am 26.3.1626 kam der neue Gouverneur Juan Niño de Tavora (Tabora; 1616—32) von Acapulco (Mexiko) in Manila an. Er brachte eine M-statue mit, die den Titel »Reina y Gobernadora de Nave Almirante« trug. Nach seinem Tode (1632) ging die Statue an die Jesuiten über, und der neuernannte Pfarrer von Taytay (auf Luzón, nicht Taytay in Paraguay) Pedro Chirino (1557—1635; 1590 nach den P., 1603—05 Missionsprokurator in Europa, 1606 wieder nach den P.) nahm sie in seine Pfarrei mit. Das Bild kam dann für 14 Jahre nach Cavite (Cavite la Punta, der Hafen von Manila). Am 8.9.1653 änderten der Erzbischof von Manila, Miguel Millán de Poblete (1648—67), und der Gouverneur Sabiniano Manriue de Lara (1653—63) den Titel des Bildes in »Our Lady of Peace and Good Voyage«. Es wurde auf wunderbare Weise vor dem Feuer während der chinesischen Revolte 1639 bewahrt.

Am 12.12.1712 wurde die Erzbruderschaft Maria vom Trost (Gürtelbruderschaft) kanonisch durch die Augustiner-Rekollekten in Manila an ihrer Mutter-Kirche S. Agustin (Intramuros) errichtet. Das Hauptfest »Our Lady of Consolation« in S. Agustin wurde am ersten Sonntag im September gefeiert. Auch in der Kapelle des Colegio de la Consolación war die mit den Augustinern verbundene Verehrung ULF vom Trost beheimatet. Nach dem Krieg nahm aber diese Form marian. Frömmigkeit ständig ab.

Durch den Jesuiten José Juan Delgado (1697—1755, 1718 nach den P.) kam 1718 von Acapulco »Our Lady of the Rose« zu den P. in die S. Pedro-Kirche in Makati. In Brusthöhe hat das Bild ein Reliquiar mit einem Haarbüschel, von dem man annimmt, es stamme von der GM. Neben Novene und Prozession wird hier an den Festtagen ein überlieferter Opfer-Tanz gestaltet. Neun Mädchen von Familien aus der Pfarrei, die gelobt haben als Dank an dem Fest teilzunehmen, tanzen dieses festgelegte Ritual, das nur bei dieser Gelegenheit vollzogen wird.

Der Franziskaner Vicente Inglés brachte von Spanien das Bild »ULF von Abandoned« auf die P. Es wurde in der St. Anna-Kirche in Sta. Ana de Sapa aufgestellt, einer der neun Krichen, die die Franziskaner außerhalb Intramuros gegründet hatten. Am 11. und 12. Mai finden Prozessionen zu Ehren »Our Lady of the Forlorn and Abandoned« statt. Jesuiten brachten 1732 ein Bild mit der Darstellung der Auffindung des Gnadenbildes »ULF von Aranzazú« in den Bergen von Alona/Guiposcoa (Spanien) in die Kapelle des Colegio de S. Juan de Letran Intramuros. »Our Lady of Aranzazú«, zu deren Fest eine → Novene erhalten ist, wird als Patronin von S. Matteo (Rizal) verehrt. Die Verehrung ULF von Loreto auf den P. reicht bis 1813 zurück und ist mit der Geschichte der Kirche von Sampaloc, einer Vorstadt von Manila, verbunden. Zwei Mal (1939 und 1945) wurde das Bild vor dem Feuer gerettet, das die Kirche niederbrannte. In Obando wird »ULF von Salambao« verehrt. Nach der Überlieferung gingen 1855 die beiden Brüder Juan und Julian de la Cruz von Malabon (auf Luzón) an die Küste von Obando, um dort »salambao« zu fischen. Plötzlich fühlte sich das Wurfnetz schwer und ließ einen großen Fang erhoffen, doch als sie es herauszogen, war darin nur ein kleines M-bild. Sie nahmen das Bild nach Malabon mit, aber es bewegte sich nach Obando. Man beließ es dort und noch heute wird dort bes. um Fruchtbarkeit des Meeres, der Erde und der Menschen gebetet. So pilgern am Festtag der Jungfrau von Salambao (17.—19. Mai) kinderlose Paare nach Obando, um Kindersegen zu erbitten. Die Hoffnung des Volkes wird in traditionellen Volksgesängen und Tänzen in den Straßen von Obando wie auch vor dem Hochaltar der Kirche ausgedrückt.

Um 1920 kamen span. Benediktiner auf die P. und brachten das Bild ULF von Monserrat mit, dessen Verehrung mit ihren Niederlassungen eng verbunden ist. Durch die Kapuziner wurde die Verehrung ULF von Lourdes auf den P. heimisch. 1930—40 war die Feier des Erscheinungstages (11. Februar) eines der Jahresereignisse in Intramuros. Aus Sicherheitsgründen wurde die Statue während des Zweiten Weltkrieges in die Kirche S. Agustin verbracht. Am 15.8.1951 kam sie dann endgültig in die Lourdes-Kirche von Retiro/Quezon City.

Der älteste Wallfahrtsort auf den P. ist »NS de los Remedios« in der Taufkapelle der Kathedrale von → Cebu. In der Kathedrale von Manila wird seit der Gründung der Diozese (1574) »La Purissima« verehrt. Sicher gehört »Our Lady of Charity« zu den ältesten Wallfahrtsorten der P., da erwiesen ist, daß die Franziskaner das dortige M-bild 1578 in der ersten Pfarrkirche von Agoo aufstellten. Woher es kommt und wer es brachte, ist unbekannt. Von Anfang an beteten hier die Ilocanos bes. um Regen, aber auch darum, gegen Ende der Trockenzeit den Platzregen abzuwenden. Die Verehrung »Our Lady of Charity«, die in der Bantay/Ilocos Sur bis ins 18. Jh. zurückreicht, hat im ganzen Ilocano-Gebiet kleine Pilgerstätten hervorgebracht. Das Hauptfest wird am ersten Sonntag im September gefeiert, wozu Pilger aus dem ganzen Ilocano-Gebiet kommen. Eine Rosenkranzmadonna wurde 1588 in Manila in der Kirche S. Domingo aufgestellt. Die Statue selber wurde in Macao geschaffen, von den Dominikanern nach Manila gebracht und später bei Beginn der Missionsarbeit in der Provinz Cagayan dorthin mitgenommen.

Die Wallfahrt und Verehrung »Our Lady of Candles« (Candelaria) in Jaro/Ilongos reicht noch in die Zeit vor der Errichtung der Diözese Jaro zurück. Nach der Legende wurde das Gnadenbild, das später »gewachsen« sein soll, durch Fischer aus dem Iloilo-Fluß gezogen. Das Hauptfest ist der 2. Februar. Ein weiterer Wallfahrtsort mit dem gleichen Titel befindet sich in Mabitac/Laguna (Luzón). In Manaoag/Pangasinan (Luzón) wird seit 1605 die Rosenkranzkönigin (Our Lady of Manaog) verehrt. Die Errichtung des Wallfahrtsortes geht auf die Dominikaner zurück. In früherer Zeit war in allen Orten in der Provinz Pangasinan ein ewiger Rosenkranz (Ehrenwache Ms) eingerichtet, so daß in jeder Stadt zu jeder Stunde der Rosenkranz gebetet wurde. Vor dem Bild wurde Sultan Ali Mudi getauft, der später Mindanao für die Evangelisierung öffnete.

Das Bild, das heute als »Our Lady of La Naval« verehrt wird, wurde von einem chinesischen Bildhauer geschaffen, der später Christ wurde. Den Auftrag dazu erteilte der Gouverneur Luiz Pérez Dasmariñas (1593—96). Er übergab das Bild den Dominikanern, die es in S. Domingo aufstellten. Hände und Gesicht sind aus Elfenbein gefertigt, das Bild in Seide gekleidet und mit Edelsteinen und Perlen geschmückt. S. Domingo, das in den folgenden Jahren immer mehr das Zentrum für die Oberschicht im ganzen Lande wurde, ist kein eigentlicher Wallfahrtsort aber ein Zentrum der MV und des Geschichtsbewußtseins auf den P. »Our Lady of La Naval« wird die wunderbare Errettung der ganzen Inselwelt und Stadt Manila im Jahre 1646 in fünf Seeschlachten vom März bis Oktober vor den Niederländern zugeschrieben. Zum Gedenken daran wird alljährlich ein Fest gefeiert. Bei Kriegsende wurde das Bild aus den Ruinen der zerstörten Kirche unversehrt geborgen und in die Universitätskirche verbracht.

Das Gnadenbild »NS del Carmel« kam 1621 in die Kirche von S. Sebastián (Manila) und 1625 wurde die Bruderschaft ULF vom Berge Carmel errichtet.

Das Bild der »braunen Jungfrau« in → Antipolo kam 1626 aus Acapulco auf die P. Das Hauptfest »NS de Peñafrancia« in Naga am Bícol-Fluß findet am dritten Wochenende im September statt. Herausragend dabei ist die Prozession mit Schiffen auf dem Fluß mit dem Gnadenbild in der Hauptbarke. An der Prozession nehmen nur Männer in den Schiffen teil, weil man meint, daß die Teilnahme von Frauen die Prozession verhindere oder die Barke mit dem Gnadenbild zum Sinken brächte. Das Bild, dessen Verehrung bis ins Jahr 1710 zurückgeht, wurde von Miguel de Covarrubias von Manila nach Naga gebracht als er zum Pfarrer ernannt wurde. In Zamboanga, wo die MV bereits im Jahr 1719 bezeugt ist, wurde 1960 »NS del Pilar« als Patronin der Erzdözese verkündet. Das Gnadenbild zeigt, wie die GM dem Apostel Jakobus erscheint. Es ist eines der wenigen Gnadenbilder, die sich nicht in der Kirche, sondern im Freien, an der Stadtmauer, befinden. Am Samstag kommen viele Pilger und entzünden ihre Kerzen vor dem Mbild. Auch in der Kirche S. Cruz in einem Vorort von Manila wird »Our Lady of Pilar« verehrt. Das Fest wird hier am 12. Oktober (Dia de la Raza), dem Aufbruchstag der Spanier in die Neue Welt, gefeiert. In Luna/La Union befindet sich der Wallfahrtsort »Our Lady of Namacpacan«. Allgemein nimmt man an, daß das Bild 1822 von Spanien auf die P. gebracht wurde. Durch die Lazaristen, die 1864 auf die P. kamen und sich der Heranbildung des einheimischen Klerus widmeten, wurden die Verehrung der »Wunderbaren Jungfrau« und die »Wunderbare Medaille« verbreitet. Am 8. 12. 1868 wurde die erste Vereinigung von der »Wunderbaren Medaille« am Colegio de la Concordia begründet. Ein Zentrum fand diese Art der MV in der Kirche S. Marcelino von Manila, wo »NS de la Milagrosa (Medalla)« verehrt wird.

Das Bild ULF von der Immerwährenden Hilfe ist seit der span. Zeit bekannt, aber zu einer nat. Frömmigkeitsbewegung wurde seine Verehrung erst, als in den Dreißiger Jahren die Redemptoristen in Baclaran, einem Vorort von Manila, eine Kirche mit diesem Bild errichteten. Seit etwa 1940 wird an jeden Mittwoch die ewige Novene gehalten. Die Verehrung ULF von der Immerwährenden Hilfe hat sich über die ganze Inselwelt ausgebreitet und in vielen Pfarrkirchen wird ebenfalls die Novene am Mittwoch gehalten. ULF von Fatima hat als Zentrum die Kirche ULF vom Berge Karmel in Manila. Die Statue, die am 13. 5. 1976 aufgestellt wurde, ist eine vergrößerte Replik der kleinen Statue in der Basilika von Fatima und wurde von dem gleichen Bildhauer geschaffen, der auch das Bild in Fatima schnitzte. An viele Orten der P. wird der erste Samstag im Monat mit einer Prozession zu Ehren ULF von Fatima gefeiert.

Als besonderer marian. Brauch ist die Aguinaldo Messe zu nennen, eine vor Weihnachten als Novene verstandene Feier der Messe in der Frühe zu Ehren der GM. Eine andere Form vor Weihnachten ist die Herbergsuche (Posada oder panunuluyan), die in szenischer Form gestaltet wird mit M als Zentralfigur. Ein zweiter Konzentrationspunkt marian. Brauchtums ist die Karwoche (Pabasa ng Pasyon). Die Pasyon, die Lesung über das Leiden und Sterben Jesu, wird mit einem Mgebet eröffnet und beendet. Die Feier selber findet zu Hause statt, wobei oft ein Bild des leidenden Herrn und der Schmerzensmutter aufgestellt wird. Die bekannteste Version ist die Tagolog Pasyon. Obgleich in allen Sprachen solche Lesungen vorliegen, beginnt sie mit einen Gebet zu Gott und zur GM; dann folgen ausgewählte Teile des Lebens Jesu: Man beginnt mit der Geburt Jesu, es folgen ausgewählte Erzählungen über das Leben, bes. über das Leiden, die Auferstehung und Himmelfahrt. Es schließen sich Berichte über den Tod, die Beerdigung und Aufnahme Ms in den Himmel an. Der Abschluß ist die Krönung Ms als Königin des Himmels. Am Ostermorgen werden in Prozessionen die Statuen des Auferstandenen und

Ms zum Zentrum des Ortes getragen, wo sie einander unter Jubel der Gemeinde begegenen (Encuentro oder Salubong).

Das Rosenkranzgebet wurde zur allgemeinen Gebetsform auf den P. 1588 wurde die Rosenkranzbruderschaft an der Dominikus-Kirche in Manila errichtet und darauf in fast allen Pfarreien eingeführt. Die Mitglieder verpflichteten sich, in jeder Woche an drei Tagen den Rosenkranz gemeinsam zu beten, in der Kirche oder Familie. Eine zweite Form des Rosenkranzgebetes wurde erst 1872 allgemein eingeführt: der immerwährende Rosenkranz oder die »Ehrenwache Mariens«. Die Mitglieder verteilen die Stunden des Tages und der Nacht untereinander, so daß ununterbrochen irgendwo der Rosenkranz gebetet wird. Bes. stark breitete sich diese Bewegung während des Zweiten Weltkrieges aus. In neuerer Zeit hat sich in einigen Teilen der P. der »Block-Rosenkranz« verbreitet. Dabei wird eine Mstatute tagweise oder wochenweise von Familie zu Familie getragen. Bei der Familie, wo die Mstatue weilt, versammelt man sich dann abends zum Rosenkranzgebet.

Die Bischofskonferenz der P. erklärte die Zeit vom 8.12.1984 bis zum 8.12.1985 zum nat. Marian. Jahr. Dabei wurde auch das Pastoralrundschreiben der Konferenz veröffentlicht »A Pilgrimage of Hope with Our Blessed Mother«, ein pastoraler Aufruf zur christl. Erneuerung während des Marian. Jahres. Außerdem wurde das »Marian Handbook Catechism for Filipinos« (1985) erarbeitet und veröffentlicht.

Auf Babuyan Claro, einer der vuklanischen Babuyan-Inseln nördlich von Luzon, wurde eine kleine Gruppe (etwa 300 Personen) von kath. Christen entdeckt, die 150 Jahre ohne Priester ihr Christentum bewahrt hatten. Sie spendeten die Taufe und beteten zusammen am Sonntag lateinisch den glorreichen Rosenkranz (den freudenreichen und schmerzhaften hatten sie vergessen) und die Lauretanische Litanei. Um 1800 war die Insel durch Schiffbrüchige bevölkert worden.

Marian. Literatur (ältere): H. Casinao Gómez OSA (1658—1725), Los trabajos de Jesús y María, en lengua Panayana. — P. Clain (P. Clein, Klein) SJ (1652—1717), Historia Lauretana. Sa macatovid ang daming manga pahayag nang Panginoong Dios nang daquiland camahalan nang bohay na pinanganacan cay Ginoong Santa Maria, na doon din siya binati nang Angel San Gabriel..., Manila 1714 (Tagalog). — M. del la Villa OP (1662—1725), Explicación de la Letanía de la Santisima Virgen en lengua ibanag, 1725. — A. Lobato de Santo Tomás OP (1724—94), Esplicación de la doctrina cristina, (del S. Rosario y otras devociones (Ms., Ibanag). — Ders., Catorce sermones de los patronos de Cagayán; cinco de NS y otros Dominicas (Ms., Ibanag). — Ders., La Palma ó sea Consideraciónes sobre pasión de Nuestro Señor, Jesucristo, y compasión de su Santisima Madre (Ms., Ibanag). — Ders., Meditaciones sobre los misterios del S. Rosario (Ms., Ibanag). — L. de León OSA (um 1558—1623), Estrella de mar en lengua Tagala (Ms.). — J. Oliver OFM (1526—99), Explicación de los 15 Misterios del SS. Rosario (Ms., Tagalog und Bicol). — L. Marzán OSA (um 1670-1723), Via Crucis y misterios del Rosario en idioma Ilocano (Ms.). — V. del Riesgo OP (um 1668—1724), Letrillas en honor de la pureza virginal de Maria Santíssima en lengua ibanag (Ms.). — J. de Aragon OFM († 1653) schrieb eine Reihe von Büchern über die Immaculata (Ms. verloren). — J. Osca OFM († 1735), veröffentlichte ein achtbändiges Werk über das Leben Ms (verloren). — T. Mascaros (bis 1644 auf den P.), veröffentlichte ein Buch über die Wunder ULF de Remedios (Ms. verloren). — M. de Talavera OFM (1558—1622), Fünf Mpredigten (Tagalog, verloren). — Ders., Marial, o Sermones para todas las festividades de NS en Tagalo (Ms.). — M. de Ribadeneira, Libro de las Excelencias admirabiles de Corona de la Virgen Santissima Madre de Dios y Señora de todo la Criado, 2 Teile, Neapel 1605f. — R. del Prado (Rámon Prat) SJ (1557—1605), Reglas, instrucciones y modos de obsequiar a Maria Santissima en su Congregación, (mehrere Ausg.). — F. I. Alcina SJ (1610—74), Manual de Devoción y Exercicios Cristianos para Instrucción de los Hermanos Bisayas Congregantes de las Congregaciones de la Virgen Maria NS, Manila 1662; Neudr. 1703 (in Bisayan). — M. Ruiz OP, Libro de Santo Rosario, Manila vor 1630. — T. de Quirós (de la Madre de Dios) OP (1599—1662), Modo de rezar y ofrecer el Rosario, Manila 1645, ²1652 (in Tagalog). — Ders., Vida del alma en el Rosario, Manila, (vor 1660; Tagalog). — S. Castillo (del Castillo) OP (um 1638—1718), Origen del Ssmo. Rosario con sus indulgencias. Ofrecimientos y muchos milagros del Rosario, vor 1690 (Pangasinan). — F. Marquez OP, Compendio Historial, de la Excelencias del Santissimo Rosario y su Archicofradia Devoción, Reco Gracias, privilegios y Indulgencias, 1706. — I. de Jesus Maria OSA, Marial Predicado, Salamanca 1741. — J. F. de Encarnación OSA (um 1650—1722), Misterios y Ofrecimientos del S. Rosario de la Virgen Maria concebida sin pecado Original. En los unos se habla con la dicha NS, con la Letanía que se dice en Loreto..., vor 1751, ²1798; Neudr. Sampaloc 1810, Manila 1854. — B. de San Pablo OSA (1685—1768), La Salud communicada por Maria NS, 1737. — F. Blancas (de S. José) OP (um 1560—1614), Libro de NS del Rosario en lengua y letra Tagala, Manila 1602.

Lit.: J. Fayol, Epytome y Relación General de Varios Sucesos de Mar y Tierra en las Islas Philipinas, Manila 1647. — G. de San Agustin, Conquistas de las Islas Filipinas, Madrid 1698. — V. Salazar, Histoira del Santissimo Rosario, 3 Bde., Manila 1870—72. — J. Martinez de Zuñiga, Invención de la milagrosa imagen de NS del Buen Suceso de Parañaque, Memorables Svcesos que Ha Obrado Dios, (Manila) En el Real Colegio y Unversidad de S. Tomas 1798. — C. Diaz, Conquistas de las Islas Filipinas, Valladolid 1890. — J. de Medina, Historia de los Sucesos de la Orden de N. Gran P.S. Agustin de Estas Islas Filipinas, Manila 1893. — Los Congregantes Marianos, La Virgen Maria venerada en sus imágenes filipinas, Manila 1904. — M. Rodriguez, NS del Rosario, Manila 1907. — Ders., Crónica de la Coronación Canónica de NS del Rosario de Manila, Manila 1908. — F. J. Montalbán, El Patronato español y la conquista de Filipinas, 1930. — R. C. Bañas, Brief Historical Sketches of Philippine Catholic Churches, 1937. — E. Bazaco, The Church in the Philippines, 1938. — F. Castanon, The Faith survives in Babuyan, In: Worldmission 6 (1955) 34—40. — Manoir V 661—674. — P. O. Armengol, Intramuros de Manila, 1958. — P. Fernandez, Domicanos donde nace el Sol, 1958. — P. Ortiz Armengol, Intramuros de Manila. De 1571 hasta su destrucción en 1945, 1958. — M. Habig, The role of Our Lady in the Missionary Conquests of Spanish and Portuguese World Empires, In: Acta Congressus Mariologici-Mariani Lourdes, 1959—61, XI 139—163. — D. Aduarte, Historia de la Provincia del S. Rosario de la Orden de Predicadores en Filipinas, Japon y China I, 1962. — A. M. L. Coseteng, Spanish Churches in the Philippines, 1972. — M. Mercado, Antipolo: A Shrine to Our Lady, 1980. — Intramuros Administration, Venerated Virgins of Intramuros, 1982. — L. Mendoza Santos, Mary in the Philippines, 1982. — T. Bacani, Mary and the Filipino, 1983. — Catholic Bishops' Conference of the Philippines, A Pilgrimage of Hope with Our Blessed Mother. A Pastoral Exhortation on Marian Year in the Philippines, 1985. — Episcopal Commission on Education and Religious Instruction, Marian Handbook Catechism. Catechism and Historical Hints on Marian Prayers and Shrines in the Philippines, 1985. — T. Bacani, Mary and the Filipinos, 1985. — L. Legaspi, Mary Our Mother, 1985. — T. Bacani, Mary and the Filipinos, In: Ministery Today 17 (1985) 2, 16—26. — M. C. B. Alvino, Pueblo amante de María, ebd. 17 (1985) 2, 32—35. — T. Cabestrero und C. Barredo, Mary in the Word of God: A Marian Novena, In: Maria and the Struggles for Liberation: The Immaculate Heart of Mary, 1985, 59—60. — Ch. Belmonte, Aba Ginoong Maria. The Virgen Mary in Philippine Art, 1990. — R. Pesongco, Marian Devotion and Catechesis in the Philippine Culture, Diss., Pontificia Università Lateranense 1990. — L. M. Mercado, The Filipino Face of Christ, In: Philippiniana Sacra 27 (1992) 91—103.

H. Rzepkowski

Philippsdorf (Filippsdorf, tschechisch Filipov), im westlichen Zipfel Nordböhmens genannt Niederland, nahe Schluckenau und Rumburg, in der Diözese Leitmeritz und der Pfarrei Georgswalde, unmittelbar an der (auch rel.) Grenze zu Sachsen gelegen, ist der größte Wallfahrtsort der Sudetenländer, als das »böhmische Lourdes« bezeichnet, nachdem in der Nacht vom 12. auf den 13. 1. 1866 die GM der von den Ärzten für unheilbar erklärten 30jährigen Magdalena Kade (1835—1905) erschienen war mit den Worten: »Mein Kind, von jetzt an heilt's«, wonach die Genesung sofort erfolgte. Die Krankheit hatte nicht die geringsten Folgen hinterlassen. Sie lebte noch 40 Jahre und diente aus Dankbarkeit den Alten, Kranken und Behinderten.

Zunächst versuchten Gottesleugner und glaubensfeindliche Menschen mit allen Mitteln die Entstehung einer Gnadenstätte zu verhindern. Durch lügenhafte Zeitungsartikel aufgehetzt, schreckten sie selbst vor Tätlichkeiten nicht zurück. Noch im Erscheinungsjahr 1866 versuchte man das Gnadenhäuschen zu vernichten. Ein schwerer Stein, der durch das Fenster flog, galt dem Leben der Magdalena Kade. Die gläubigen Bewohner des Dorfes bildeten eine Gemeinschaft zum Schutze des Mkindes und des Gnadenhäuschens, worauf die gröbsten Roheiten unterblieben.

Nach der gründlichen Untersuchung durch eine bischöfliche Kommission vom 7. bis 14. 3. 1866 stand dem Bau eines großen Gotteshauses kein Hindernis mehr entgegen. Das größte Verdienst um die Beschaffung der Baukosten erwarb sich der Kaplan von Georgswalde, Franz Storch. Magdalena Kade verkaufte einen ihrer geerbten Äcker für den Neubau der Kirche.

1870—85 wurde das imposante neuromanische Gotteshaus »Hilfe der Christen« mit zwei Türmen erbaut; der Hochaltar ist von einem gewaltigen Baldachin überwölbt, der von acht schlanken Doppelsäulen getragen wird. Die »Hilfe der Christen«, eine überlebensgroße gekrönte Statue der GM, mit kräftig blauen und roten Gewändern und Zepter, trägt auf dem linken Arm das weißgekleidete göttliche Kind, das in der einen Hand das königliche Symbol der Erdkugel mit dem Kranz hält und mit der andern auf das Zepter in der Linken Ms weist. Im Stil des Hochaltars sind auch die Seitenaltäre gebaut, die dem hl. Alfons v. Liguori und dem hl. Clemens Maria Hofbauer geweiht sind. Ein anderer Seitenaltar ist der »Mater dolorosa« gewidmet.

Auf der linken Seite des Altarraumes, gegenüber der Sakristei, führt eine Tür zur P.er Weihnachtsgrippe, die von zwei Volkskünstlern aus dem benachbarten Geoergswalde geschaffen wurde. Im gleichen Raum steht am Eingang das Bett, in dem Magdalena Kade während ihrer Krankheit lag und geheilt wurde. Die Echtheit wird von Dokumenten beglaubigt, deren Abschriften mit ausgestellt sind. In der Gnadenkapelle, die am Ort der wunderbaren Heilung steht und etwas tiefer als die Kirche liegt, informiert eine Inschrift an der Wand über Ursprung und Geschichte des Wallfahrtsortes. 1307 Glühlichter lassen das Heiligtum im Glanz erstrahlen. 1926 erfolgte unter Papst Pius XI. die Erhebung zur Basilika minor.

Die Wallfahrtsseelsorge für die seit den Anfängen ständig anwachsende Pilgerzahl übernahmen die Redemptoristenpatres. Jährlich kamen über 100000 Pilger, darunter viele Wenden aus der Oberlausitz. An der Erscheinungsstelle berührte Leinwandstückchen (»P.er Leinwand«) wurden an Kranke versandt. Auch in Deutschland feiern die P.er jährlich das Erscheinungsfest am 13. Januar, wie es seit der politischen Wende 1989 wieder in der angestammten Heimat möglich ist. In den Gottesdiensten werden nicht nur tschechische, sondern auch dt. Kirchenlieder gesungen.

Lit.: F. Storch, Maria — das Heil der Kranken, 11 Hefte, Georgswalde 1867—87. — J. Polifka, Maria-Filippsdorf. Ein Wallfahrtsbuch zu Ehren der allerseeligsten Jungfrau »Maria, Heil der Kranken und Hilfe der Christen«, Münster/Westfalen, 1898. — F. Endler, Diözese Leitmeritz, Leitmeritz 1903, 42f. — K. Dilgskron, Maria — das Heil der Kranken. Wallfahrtsberichte aus dem Gnadenorte Filippsdorf in Böhmen, Filippsdorf 1910. — A. Hoppe, Die Gnadenstätte Maria-Filippsdorf in Nordböhmen. Separatabdruck aus dem Werke »Des Österreichers Wallfahrtsorte«, Filippsdorf 1913. — Hoppe 120—149. — Ders., Zum fünfzigjährigen Jubiläum der marian. Gnadenstätte Filippsdorf in Nordböhmen, 13. Jänner 1866—1916, Separatabdruck aus »Des Österreichers Wallfahrtsorte«, 1915. — R. Matig, Filippsdorf im 60jährigen Jubelkranze, 1926. — R. Sitka, Die Gnadenorte der Sudetenländer, 1954, 10—21. — J. Blumrich und J. Zackl, Sudetenland — Marianisches Land II, 1954, Neudr. 1986, 48—56. 94. — J. v. Herzogenberg und W. Neumeister, Gnadenstätten in Böhmen und Mähren, 1965—66, 4. — R. Hemmerle, Sudetenland-Lexikon für alle, die das Sudetenland lieben, ²1985, 343. — J. Lieball, Ave Maria Benedicta, 1987, 91—94. — J. Jarschel, Die Festfeiern zum P.er Erscheinungstag nach der Vertreibung, in: Mitteilungen des Sudetendeutschen Priesterwerkes 4 (1990) 8f. — E. Bschoch, Die 125. Wiederkehr der Wunderheilung Magdalena Kades zu P. in Nordböhmen war ein Festtag in Freiheit, ebd. 1 (1991) 22f.
E. Valasek

Philips, Peter, * 1560/61 in London (?), † 1628 in Brüssel, erhielt seine erste musikalische Ausbildung wahrscheinlich als Sänger an St. Paul's Cathedral, blieb Katholik und verließ deshalb 1582 England, um sich in Rom niederzulassen. Dort wurde er Musiker bei Lord Thomas Paget, ebenfalls einem engl. Flüchtling. Nach Reisen durch Spanien, Frankreich und die Niederlande hielt er sich bis 1597 in Antwerpen auf und war bis zu seinem Tod als Organist in Brüssel tätig.

Seine Vokalwerke weisen vornehmlich ital.-venezianische Einflüsse auf, die durch Elemente der engl. Musik expressive Wirkungen erzielen. Als Vermittler des engl. Stils an die Musik des Kontinents nimmt P. eine wichtige Stellung in der Musikgeschichte ein, bes. durch die Veröffentlichung 69 ital. Madrigale von über 30 ital. und flämischen Komponisten (Melodia Olympica, 1591). Neben Instrumentalkompositionen schrieb P. 4 Litaniae BMV, zahlreiche Motetten und Madrigale, darunter viele mit marian. Thematik, z. B. Alma redemptoris mater (1612), Assumpta est Maria (1612), Ave Maria (1612), Ave regina (16113), Beata Dei genitrix (1613 und 1628), Deus qui beatam Mariam (1612), Exsurgens Maria (1618), Haec est virgo sapiens (1616, 1628), Hodie nata est Beata Virgo Maria (1616), Laetamini cum Maria (1628), Ne timeas Maria (1612, 1628), O beata Maria (1628), O Maria mater et Joannes (1612), O virgo dulcissima (1628), Regina coeli (1612, 1619), Salve regina (1612, 1613), Sancta Maria (1628), Virgo prudentissima (1628).

Lit.: P. S. Lyder, The Latin Sacred Music of P. P., Diss., New York 1955. — A. G. Petti, P.P., Composer and Organist, In: Recusant History 4 (1957/58) 48 ff. — F. C. Pearson, The Madrigals of P.P., Diss., Michigan 1961. — Grove XIV 654—659.
E. Löwe

Philo v. Alexandrien, jüdischer Philosoph und Theologe, * 13 v. Chr., † 45/50 n. Chr., lebte in dem von Alexander d. G. in Ägypten gegründeten und nach ihm benannten Alexandria. In der damaligen Weltmetropole, in welcher die hellenistische Phil. und die ägyptische Kultur eine Synthese von großer Ausstrahlungskraft eingegangen waren, wuchs P. als Sohn wohlhabender jüdischer Eltern heran. Obwohl gläubiger Jude, lernte er auch die griech. Phil. und die damaligen rel. und gnostischen Strömungen des ägyptophilen Hellenismus kennen. Dies führte zu einer Vertiefung und universalen Schau des jüdischen Glaubens. In über 30 kleineren und größeren Schriften legte P. die Früchte seiner Studien und Erkenntnisse nieder. Die bekanntesten davon sind: De vita contemplativa, Apologia pro Iudaeis, De Providentia und Legum allegoriae. Er schrieb auch mehrere Kommentare zum Pentateuch und einige Traktate, wie z.B. De ebrietate (Über die Nüchternheit), De fuga (Flucht und Finden), Quis rerum divinarum heres sit (Wer ist der Erbe der göttlichen Dinge?), Quaestiones in Genesim (Fragen zur Genesis) und De somniis (Über die Träume).

In der Geschichte der Beziehungen zwischen Judentum, Hellenismus und Christentum nimmt P. eine herausragende Stellung ein. Er steht — im Horizont der christl. Geistesgeschichte betrachtet — zwischen den Weisheitsbüchern und dem Prolog zum Johannes-Evangelium. Auf Grund seiner hauptsächlich in den Kommentaren zu den Weisheitsbüchern vorgelegten Logos- und Sophia-Lehre übte er maßgeblichen Einfluß auf die patristische Ausformung der christl. Lehre vom Logos aus, dessen Begriff dort — sicher auch durch die Rezeption der P. zugeschriebenen Identität von Sophia und Logos — größtenteils mit der biblischen Sophia identifizert wurde. Darauf basierte die spätere Verbindung von Sophia und ℳ (→ Sophiologie).

Diesbezüglich fand er in den Weisheitsbüchern relevante Stellen, so u.a.: »Jahwe schuf mich (die Sophia) als Anfang (reschit, $\dot{\alpha}\rho\chi\eta$) seiner Wege, vor seinen Werken in der Urzeit« (Spr 8,22); »Ich war bei ihm als er die Welt erschuf. Als seine Amon = Vertraute, Geliebte war ich bei ihm« (Spr 8,30); »Die Weisheit ist die Künstlerin ($\tau \varepsilon \chi \nu i \tau \eta \varsigma$) des Alls« (Weish 7,22); »Die Weisheit erstreckt sich von einem Ende zum anderen und durchwaltet das All vortrefflich« (Weish 8,1); »Sie (die Weisheit) ist nur eine und vermag doch alles, ohne sich zu ändern, erneuert sie alles« (Weish 7,27).

P. kommentiert diese Texte näher: Jahwe schafft die → Hokma ($\sigma o \phi i \alpha$). Sie ist die Reschit ($\dot{\alpha} \rho \chi \eta$) der Schöpfung. Mit Sophia, seiner Vertrauten und Mitarbeiterin, erschafft er das All, den Kosmos. »Den Demiourgos, der unser Weltall erschaffen hat, werden wir mit Recht zugleich auch als Vater alles Erschaffenen bezeichnen, als Mutter aber die Weisheit, denn ihr hat Gott beigewohnt und die Schöpfung, den Kosmos erzeugt« (De ebrietate 30—32). Der Kosmos ist also der Sohn, dessen Vater ist Jahwe und dessen Mutter die Sophia. Jahwe hat der Sophia, seiner Vertrauten und Mitwirkerin bei der Schöpfung, die Muttersorge um diese Schöpfung übergeben. P. nennt sie deshalb Mutter, Ernährerin und Amme der Welt (Quis rerum 191, De ebrietate 31). Die Weisheitsbücher preisen die Sorge Sophias für die Welt und den Menschen in ergreifenden Bildern. P. nennt sie deshalb immer wieder auch Mutter, Gattin, Lehrerin und Führerin der Weisen (De fuga 52). Die Beziehung zwischen dem $\lambda \acute{o} \gamma o \varsigma \, \kappa o \sigma \mu \iota \kappa \acute{o} \varsigma$ (Demiourgos), dem $\lambda \acute{o} \gamma o \varsigma \, \nu o \eta \tau \acute{o} \varsigma$ (Idee der Ideen, Weltseele, Sophia) und dem $\lambda \acute{o} \gamma o \varsigma \, \alpha \iota \sigma \theta \eta \tau \acute{o} \varsigma$ (Kosmos, Welt, Natur) sieht P. in diesen Texten mythologisiert personal. Der Kosmos wird als der Sohn-Logos verstanden. Als solcher ist er natürlich dem Vater und der Mutter ähnlich, ist er Jahwes und Sophias Abbild. Die Eigenschaften Jahwes und Sophias gehen so auf ihn über. Darum kann eine Verwandtschaft der Gestalten von Sophia und Logos nicht bezweifelt werden, aber Ähnlichkeit und Verwandtschaft besagen noch keine Identität.

Die Aussagen P.s über das Verhältnis Jahwes zur Sophia, über ihre Mitwirkung bei der Schöpfung und deren Erklärung durch platonische und stoische Begriffe haben die Theologen der patristischen Zeit aufgegriffen. Sie nahmen sie auf, um anfallende theol. Probleme — wie die christol. und trinitarischen — zu erörtern. Allerdings rezipierten sie dabei mehr die Aussagen P.s, die für eine Identität zwischen $\lambda \acute{o} \gamma o \varsigma$ und $\sigma o \phi i \alpha$ sprachen (so u.a. → Klemens v. Alexandrien und → Origenes). Arius griff die Identitätsaussagen auf. Augustinus (354—430), dem das Ungenügen dieser Identifikation auffiel, machte die wichtige Unterscheidung zwischen der Sophia increata, der ungeschaffenen Sophia, die auch er als den Logos ansah, und der Sophia creata, der erschaffenen Sophia, die er als »mater nostra Jerusalem desursum« (unsere himmlische Mutter Jerusalem) deutete (nach Offb 21,2. 10; 12,1f.). Auf dieser wichtigen und inhaltsträchtigen Unterscheidung aufbauend, kamen Theologen und Mystiker des

MA, wie → Hildegard v. Bingen (1098—1179), → Bonaventura (1217—74) und → Heinrich Seuse (1293—1366), zu einer eigenständigen personalen Sophia-Gestalt. Auch in der Kunst, bes. in der Malerei, kommt eine solche Deutung zum Ausdruck, etwa beim Isenheimer Altar, dessen Tabernakelbild erst sophianisch-marianisch gesehen, voll verstanden werden kann.

Damit war auch die Verbindung Sophias zu Ⓜ und zur Mariol. angebahnt. Die augustinische Sicht der Sophia als »himmlische Mutter Jerusalem«, als Mutter Kirche von oben, als »das große Zeichen« (Offb 12,1) eröffnete den Weg zu einer auch marian. Deutung. Hildegard v. Bingen läßt diese Seite Sophias in ihren sophianischen Visionen und Bildern schauen. Jakob → Böhme (1575—1624) sieht schon deutlich die innere Verbindung zwischen Sophia und Ⓜ, nach ihm erscheint Sophia in Ⓜ, ist sie in Ⓜ inkarniert, ist Ⓜ die inkarnierte, menschgewordene Sophia. Diese neue Schau Sophias wird später von den russ. Religionsphilosophen Solowjew, Florenskij und → Bugalkow aufgenommen und — in Verbindung mit der Alleinheitslehre — zur spezifisch russ. Sophiologie ausgebaut, die als sophianische Mariol. bzw. marian. Sophiologie bezeichnet wird und die dem russ. Volk bes. zu entsprechen scheint, die aber auch auf westliche Probleme der heutigen Zeit Antwort geben kann.

Ausg.: I. Cohn, Dt. Übers. der Werke P.s v. A., 7 Bde., 1962. Lit.: I. Leisegang, Index ad Philonis opera, 2 Bde., 1926. — M. Pohlenz, Stoa und Stoiker, Selbstzeugnisse und Berichte, 1950. — E. Brehier, Les idees philosophiques et religieuses de Philo, 1950. — K. Bormann, Die Ideen- und Logoslehre P.s v. A., 1955. — E. R. Goodenough, An Introduction to Philo, 1962. — U. Früchtel, Die kosmologischen Vorstellungen bei P. v. A., 1968. — L. M. Burton, Logos und Sophia, Untersuchungen zur Weisheitslehre im hellenistischen Judentum, 1975. — T. Schipflinger, Sophia Maria. Eine ganzheitliche Vision der Schöpfung, 1988. *T. Schipflinger*

Philomarianiten. Mit diesem Namen (»Marienfreunde«, »Marienverehrer«) bezeichnen → Nestorianer in der ersten Hälfte des 6. Jh.s die Mitglieder einer Sekte, die auf den Namen Ⓜs Brote darbringen (Leontius v. Byzanz, Contra Nestorianos et Eutychianos 3,6: PG 86/1,1364 B). Die P. sind wahrscheinlich gleichzusetzen mit den von Epiphanius (4. Jh.) angegriffenen → Kollyridianern: in Arabien (Arabia Petraea, das Gebiet östlich von Palästina) brachten, von Thrakien und den skythischen Gegenden her beeinflußt, Frauen auf den Namen Ⓜs eine Art Fladenbrot (kollyrís) zum Opfer dar. Der → Koran (Anfang 7. Jh.) wendet sich gegen die Auffassung, Jesus und Ⓜ seien zwei Götter neben Allah (die islamische Schilderung von »Dreifaltigkeit«, s. Sure 5,116 u. a.). Da die Bezeichnung Ⓜs als »Göttin« dem orth. Christentum fremd ist, vertreten manche Forscher die These, Mohammed habe seine Informationen von den P. bezogen (Dölger u. a.). Das Milieu, das die von Leontius erwähnte Sekte bezeugt, findet sich bereits in einigen exotischen Synkretismen des 4. Jh.s. Die Annalen des Patriarchen Eutychius v. Alexandrien (10. Jh.) behaupten, auf dem Konzil von Nikaia (325) hätten einige Bischöfe Ⓜ und Jesus als zwei Götter neben Gott bezeichnet; »das waren Barbaren, und man nannte sie Marianiten« (Annales 440: PG 111,1006 B/C). Den Namen »Marianiten« bekommt in der arabischen Überlieferung eines syr. Ketzerkataloges auch eine degenerierte Gruppe von Montanisten, die Ⓜ als Göttin verehrt haben soll.

All diese Hinweise bezeugen die synkretistische Tendenz einiger Randgruppen im Christentum, auf Ⓜ die Funktionen heidnischer Göttinnen zu übertragen, denen fast überall in der Antike Brot- und Kuchenopfer dargebracht wurden. Ein Mißverständnis des »Theotokos«-Titels (→ Gottesmutter) mag dabei eine Rolle gespielt haben, ist von den Quellen her aber nicht eindeutig auszumachen.

Lit.: J. A. Wensinck, Artikel »Maryam«, In: M. Th. Houtsma u. a. (Hrsg.), E. J. Brill's First Encyclopaedia of Islam V, 1987 (= 1927), 310—313. — F. J. Dölger, »Die eigenartige Marienverehrung der Philomarianiten und Kollyridianer in Arabien«, In: AuC 1 (1929) 107—142. — Der Koran, übers. von R. Paret, 1962. — O. H. Schumann, Der Christus der Muslime, 1975, 27. — LThK² VI 382 f. *M. Hauke*

Phinot, Dominique, *um 1510, † um 1555, franz.-flämischer Komponist. Seine ersten Werke erscheinen 1538 in Venedig. Über sein Leben bis dahin ist nichts bekannt, ein Aufenthalt in Norditalien ist sehr wahrscheinlich. Für 1547/48 ist seine Anwesenheit in Lyon sicher. Danach verliert sich seine Spur wieder im Dunklen.

Die besondere Stellung P.s in der Musikgeschichte bedarf einer besonderen Würdigung. Noch vor Adrian Willaert war er der erste, der Musik für zwei 4-stimmige Chöre schuf. Die Doppelchörigkeit der fünf Motetten von 1548 zeichnet sich zum einen bes. durch spannende Kontraste zwischen homophonen und polyphonen Abschnitten und zum anderen durch mit hohen oder tiefen Stimmen besetzte Teile aus. Diese Musik hat Orlando di Lasso und Giovanni Pierluigi da Palestrina beeindruckt. Auch im weltlichen Lied benutzte P. die Technik der Doppelchörigkeit.

Von P. sind zwei 4-stimmige Magnifikat und zwei 4-stimmige Messen erhalten, eine mit dem Titel »Quam pulchra es«. Unter den Motetten finden sich mehrere mit marian. Texten, darunter ein »Ave Maria« und ein »Salve Regina«.

Lit.: R. Jacob, D. P., Cultural Aspects of the Renaissance, 1976, 354 ff. — MGG X 1210—13. — Grove XIV 662. *J. Schieß*

Phönix. Der sagenhafte Vogel P. verkörpert orient. Sonnensymbolik und Ewigkeitsglauben. Aus dem fernen Osten herstammend, erfährt der P.mythos eine Ausgestaltung in der griech. und röm. Antike zuerst bei Herodot (Historien II 73 ff.). Ovid betont die Einmaligkeit des P. (Metamorphosen XV 391 ff.), Plinius nennt ihn mehrmals (Nat. hist. VII 153; X 3 ff.; XI 121; XII 85; XXIX 29) und auch Tacitus erwähnt ihn (Annalen VI 28 ff.). Kernpunkt der Sage — bei allen

Phönix, Holzschnitt, Speyer, um 1485, Illustration aus dem »Defensorium inviolatae virginitatis«

Variationen im Detail — ist die Selbsterneuerung. Alle 500 Jahre fliegt der Vogel P. von seiner Heimat in Indien (nach anderer Version in Arabien) nach Heliopolis in Ägypten. Wohlgerüche von den Wäldern des Libanon mitbringend, erscheint er in der Sonnenstadt einem Priester, der ihm Holz auf einen Altar hochschichtet, in einer anderen Version baut der P. sich ein Nest mit Spezereien auf einer hohen Palme. Dorthin begibt sich der P., die Glut der Sonne entzündet das Holz und der Vogel selbst entfacht durch Flügelschlag das Feuer, das ihn verbrennt. Am folgenden Tag findet sich in der Asche ein Wurm, der zum Jungvogel wächst, und am dritten Tag ist der P. »wieder so geworden wie ehedem. Und er grüßt feierlich den Priester und fliegt hoch und zieht von dannen nach seiner alten Stätte« (→ Physiologus, Kap. 7).

Entsprechend anderen Sonnensymbolen wie Adler und → Löwe wird der P. im frühen Christentum und MA auf den auferstandenen Christus, den sol invictus, gedeutet. Die Selbstverbrennung des P. versinnbildlicht das Opfer Christi am Kreuz.

Wie viele Christussymbole wird der P. im späteren MA auch marian. gedeutet (vgl. → Einhorn, → Elefant, → Pelikan). Die Umdeutung bedingt verschiedene Motivverquickungen. Die Schönheit des goldenen Gefieders, die Höhe und der Wohlgeruch des P.-Nestes bieten Vergleiche für die Erhabenheit ⱲMs (Salzer 60). In der »Perle«, einer anonymen engl. Dichtung des späten 14. Jh.s heißt es: »Now, for synglerty o hyr dousour/ We calle hyr Fenyx of Arraby/ That freles freye of hyr fasor/ Lyk to the quen of cortayse« (Fourteenth Century Verse & Prose, ed. K. Sisam, ³1962, 61).

Im Kapitel »Vom Phönix« im »Buch der Natur« erinnert → Konrad v. Megenberg daran, daß ⱲM mit dem Jesuskind während des Aufenthaltes in Ägypten oft in der Stadt Heliopolis gewesen sei.

Mit Bezug auf die Inkarnation Christi ist ⱲM das Feuer, in dem sich der P. (Gott) erneuert (→ Konrad v. Würzburg, Goldene Schmiede, 361; → Frauenlob, Marienleich, 12. 16). Bei einer anderen Auslegung ist der P. Christus, das Nest ⱲM und das Feuer die himmlische Minne (Hugo v. Langenstein, vgl. Stammler 127). Im Gebet wird ⱲM angerufen, auch uns wie den P. in der Glut zu erneuern (→ Mönch v. Salzburg, Goldenes Abecedarium, 17,2). Als Zeichen der Erneuerung nimmt der P. den betonten Mittelpunkt einer norditaliein. Miniatur der Verkündigung an ⱲM ein: zur linken bzw. rechten Seite der Erzengel Gabriel bzw. ⱲM, unten der Sündenfall, oben Gottvater, der seinen Sohn auf Erden sendet (Stundenbuch des Galeotto Pico della Mirandola, London. Brit. Library, Ms. add. 50002, fol. 13ʳ, um 1500).

Auf die unversehrte Jungfräulichkeit ⱲMs bezogen, bildet der P. eine Entsprechung zum atl. Vorbild des → Dornbusches, der brennt und nicht zerstört wird. Er erscheint im typologischen Verband zusammen mit Einhorn, Löwe und Pelikan in Darstellungen der perpetua virginitas (Tafel aus St. Maria ad Gradus in Köln, Rheinisches Landesmus., Bonn, um 1420/30; Epitaphien von Friedrich Schön, 1464, und Linhart Tetzel, um 1480, in den Nürnberger Kirchen St. Lorenz und St. Egidien) und bei der Verkündigungsallegorie der mystischen Einhornjagd (gewirkter Behang aus der Kreuzkapelle in Lachen, Zürich, Schweiz. Landesmus., 1480; gemalte Tafel eines Flügelaltares der Wallfahrtskirche Maria Gail bei Villach, um 1510). Als Analogie zum Wunder der jungfräulichen Empfängnis und Geburt zitiert das → »Defensorium inviolatae virginitatis beatae Mariae« die wundervolle Erneuerung des P. aus sich selbst (»Fenix si in igne se reformare valet, cur mater Dei digne non generaret?«) mit Abbildungen in allen illustrierten Hauptquellen des Defensoriums aus dem 15. Jh. und nochmals in einem Freskenzyklus von 1655/57 mit sechs Defensoriumsexempeln in der Gnadenkapelle der Pfarrkirche von Weihenlinden. Zu dieser späten Zeit ist allerdings das Defensoriumsschema schon ungewöhnlich. Als Hinweis auf die jungfräuliche Mutterschaft ⱲMs kennt der Barock emblematische Darstellungen des P. mit der Inschrift »Sine coniuge mater« (Kartusche zur Verkündigungsdarstellung, Stich von Klauber nach Entwurf von G. B. Göz [Abb. ML II 304]; Freskokartusche von Martin Heigel in der Wallfahrtskirche ⱲMe Himmelfahrt, Marienberg, 1764).

Im 18. Jh. vorherrschend ist aber die Vorstellung der Einzigartigkeit des P. als Sinnbild der einzigartigen Erhöhung und Auserwählung ⱲMs, oft mit Inschrift »Unica viva« bzw. »Nur einer, sonst keiner« (Stich von J. H. Störcklin in Joseph Zollers »Conceptus Chronographicus de concepta Sacra Deipara«, Augsburg 1712, auf die UE bezogen; Gewölbemalereien in der Wallfahrtskirche St. Maria von Loreto auf dem Kobel bei Augsburg, um 1728, und in der Pfarrkirche ⱲMe Himmelfahrt, Möckenlohe, 1735). Insbesondere gilt der aufliegende P., der »jungfräulich« aus dem Feuer ersteht, als Sinnbild der

Himmelfahrt ℳs (Kemp 55). Ein emblematischer Freskenzyklus zur → Lauretanischen Litanei ordnet den P. der Anrufung »Mater Christi« zu mit der Inschrift »Was keinen Ursprung kennet, mich seine Mutter nennet« (Gewölbemalerei in der Pfarrkirche ℳe Heimsuchung, Hohenpolding, um 1752).

Lit.: Salzer 60f. 545. — F. J. Dölger, Die P.-Sage, In: ThRv 11 (1912) 191ff. — J. Hubaux und M. Leroy, Le mythe du Phénix dans les littératures grecque et latine, 1939. — C. M. Edsman, Ignis divinus. Le feu comme moyen de rajeunissement et d'immortalité, 1949. — Der Physiologus, übertragen und erläutert von O. Seel, 1960. — W. Stammler (Hrsg.), Spätlese des MA II. Rel. Schrifttum, 1965, 125—128. — F. Klingender, Animals in art and thought to the end of the Middle Ages, 1971. — R. van den Broek, The myth of the Phoenix. According to classical und early Christian traditions, 1972. — C. Kemp, Angewandte Emblematik in südd. Barockkirchen, 1981. — D. Forstner, Die Welt der christl. Symbole, [5]1986, 232f. — H. Schöpf, Fabeltiere, 1988, 120—133. — PRE XX 414ff. — LCI III 430f.   G. Nitz

Phos ilaron *(Φῶς ἱλαρόν)*, ein sehr alter Abendhymnus, den bereits der hl. →Basilius v. Caesarea als alt bezeichnete (PG 32, 205). Nach Auffassung der Liturgieforscher geht er ins 3., wenn nicht sogar ins 2. Jh. zurück. Möglicherweise gehörte er bereits zu jener Lichtdanksagung am Abend, auf die das »Testamentum Domini nostri Jesu Christi« anspielt. Er bildet das Herzstück des →Hesperinos und wird im byz. Ritus als Eingangshymnus am Samstag und an den Vorabenden großer Feste gesungen (sonst nur vom Abt oder Priester gesprochen). Im armenischen Ritus wird die Übersetzung dieses Hymnus nur am Samstagabend rezitiert. Das P. i. besteht aus drei Strophen mit Danksagungscharakter. Früher wurden während seines Gesangs die Lampen in der Kirche angezündet. Die erste Strophe ist ein Lobpreis auf den Vater und den Sohn, die zweite ein trinitarischer Lobpreis, die dritte ein Lobpreis des lebensspendenden Sohnes Gottes: »Mildes Licht des heiligen Glanzes des unsterblichen Vaters, des himmlischen, heiligen, seligen Jesus Christus. — Gelangt bis an der Sonne Untergang, schauend das abendliche Licht, lobsingen wir dem Vater und dem Sohn und Gottes heiligem Geist. — Würdig bist du zu jeder Zeit, mit heiligen Stimmen gepriesen zu werden, Sohn Gottes, der das Leben du gabst. Darum preist dich das All.« Manche Autoren glauben, das P. i. beziehe sich auf das Licht der Auferstehung, das den Gläubigen in der Auferstehungsbasilika in Jerusalem im mitternächtlichen Auferstehungsgottesdienst angeboten wird. Wie im ostsyr. Hymnus →Lākū Mārā wird ℳ nicht namentlich erwähnt. Dies weist gleichfalls auf einen sehr frühen Ursprung des P. i., lange vor dem Konzil von Ephesos (431), hin.

Lit.: I. E. Rahmani, Testamentum Domini nostri Jesu Christi, 1899. — F. X. Funk, Didascalia et Constitutiones Apostolorum, 2 Bde., 1905. — A. Baumstark, Liturgie comparée, [2]1953, 149. — K. Onasch, Liturgie und Kunst der Ostkirche in Stichworten unter Berücksichtigung der Alten Kirche, 1981, 15f. — N. D. Uspensky, Evening Worship in the Orthodox Church, 1985, 16—27. — N. D. Patrinacos, A Dictionary of Greek Orthodoxy, 1987, 303.   J. Madey

Photin (Photeinos), †376, Diakon bei Marcellus, ab 343 Bischof von Sirmium in Galatien, vertrat einen strengen Monarchianismus sowie die Auffassung, Christus sei »bloßer Mensch« gewesen. Damit waren die GMschaft ℳs und eine ℳlehre hinfällig. P. wurde mehrmals verurteilt, schließlich 351 abgesetzt und verbannt. Von seinen Schriften sind nur die Titel bekannt. Auch die Gegenschriften sind verloren.

Seine Anhänger, die Photinianer, auch Homuncionisten genannt (Christus nur Mensch) wurden folgerichtig ebenfalls verurteilt und verbannt und endlich von Theodoret unter die ausgestorbenen Häresien gerechnet (PG 83, 397). Ihr christol.- mariol. Grundirrtum ist allerdings nicht ganz tot.

Lit.: LThK[2] VIII 483. — RGG V 362f. — DPAC I 1391f.   G. Söll

Photios, Patriarch von Konstantinopel (858—867 und 877—886), verbunden mit der ersten Blüte der klassischen Studien in Byzanz, *um 810 in Konstantinopel, †6.2.891 (?) im Kloster Armeniakon. Der aus einem vornehmen Elternhaus stammende P. wurde 858 nach Lehrtätigkeit in verschiedenen Fächern an der Universität von Konstantinopel — die aber von P. Lemerle (Le premier humanisme byzantine, 1971, 183—185) bestritten wird — und Teilnahme am politischen Dienst unter dem Kaiser nach der Beseitigung des Patriarchen Ignatios zum Patriarchen von Konstantinopel gewählt. Die Einmischung von Papst Nikolaus I. in den Konflikt zwischen Photianern und Ignatianern führte zum Schisma zwischen dem Papsttum und der Ostkirche, dessen Hauptstationen die Synoden von 863 und 867 (mit gegenseitigen Verurteilungen) sind. Nach dem Dynastiewechsel und der Thronbesteigung des Makedonischen Kaisers Basileios I. wurde P. abgesetzt und 869/870 von einer Synode verurteilt. Nach der Aussöhnung zwischen Ignatios und P. (877) konnte letzterer durch die universal anerkannte Synode von 879/880 einen Höhepunkt seines Amtes feiern. Seiner kirchlichen Politik verdankt man das Missionsprojekt der Slaven, Chazaren und Bulgaren. P. wurde nach dem Tod von Basileios I. (886) erneut abgesetzt und bald nach seinem Tod heiliggesprochen.

Von seinen theol. Werken sind folgende von Bedeutung: Rede *Περὶ τῆς τοῦ Ἁγίου Πνεύματος Μυσταγωγίας*, (über die filioque-Frage, die erst damals in den Vordergrund trat), Enzyklika (Mitteilungen über das Schisma an die übrigen Patriarchen des Ostens), die *Συναγωγαὶ καὶ ἀποδείξεις ἀκριβεῖς ... περὶ ἐπισκόπων καὶ μητροπολιτῶν*, ein Sammelwerk gegen die Paulikaner, Exegetische Kommentare (die wichtigsten zu Röm und Mt), eine Sammlung von kleinen theol. Traktaten unter dem Namen Amphilochia, kanonistische Briefe und die Kanones der Synoden von 861 und 879/880. Sein Werk enthält auch Gelegenheitsreden, liturg. Dichtung, die berühmte Bibliothek (Exzerpte von 279

Werken profaner und kirchlicher Autoren), sein Lexikon und Briefe.

Hinsichtlich der MV sind folgende Reden zu erwähnen: zwei Reden über die Verkündigung an ⋔ (gehalten zwischen 859 und 867), eine über ⋔e Geburt und eine Rede über die hl. Ikone der GM (gehalten am 29.3.867 und bezogen vermutlich auf die Hodegetria-Ikone; diese Rede ist auch für die Kunstgeschichte wichtig). Die Behauptung von Jugie (Photius et l'immaculée conception, In: EOr 13 [1910] 198—201), daß P. in seiner zweiten Rede über die Verkündigung an ⋔ (Laourdas-Ausgabe Nr. 7,4, S. 76, 27—77,24) und über ⋔e Geburt (Nr. 9,7 S. 94, 27—32; S. 97,16—27) die UE lehrte, wird vom Text nicht unterstützt.

Lit.: P.G. 101—103. — J. Hergenröther, P., Patriarch von Constantinopel, sein Leben, seine Schriften und das griech. Schisma, 3 Bde., Regensburg 1867—69. — F. Dvornik, The Photian schism, history and legend, 1948. — B. Laourdas, Φωτίου Ὁμιλίαι, 1959. — L. Henry, P.: Bibliothèque, 1962. — Ch. Theodoridis, Photii Patriarchae Lexicon, 1982. — B. Laourdas und L. B. Westerink, Photii Patriarchae Constantinopolitani Epistulae et Amphilochia I—VI, 1983. — E. Bolognese, La X Omelia di Fozio quale ekphrasis della chiesa di S. Maria Hodegetria, In: Studi medievali III 28 (1987) 381—398.

D. Moschos

Phu Nhai, ULF von P. in China. Unter Hông Nhâm, der sich als Herrscher Tu-Duc nannte, brach 1848 eine furchtbare Verfolgung über die Kirche in Tonking herein, die mit dem Verfolgungsedikt vom Juli 1861 ihren Höhepunkt erreichte. Dieses Edikt zeigte die Entschlossenheit, das Christentum bis in die Wurzeln auszurotten. In der Schreckenszeit fanden sich der Apost. Vikar Valentín Bérrio-Ochoa (*14.11.1827 in Elorrio/Vizacaya, 1854 OP, 1857 nach den Philippinen, 1858 nach Mittel-Tonking, 1858 Apost. Vikar von Mittel-Tonking, am 1.11.1861 zusammen mit Bischof Jerómimo Hermosilla [1800—61] von Ost-Tonking und Pedro José Almató [1830—61] in Hai-Duong enthauptet, 20.5.1906 seliggesprochen) und der Provinzialvikar Manuel Ignacio Riaño (*21.7.1829 in Cóo/Santander, 1847 OP, 1852 nach Manila, 1855 nach Tonking, 1868 Bischof und Koadjutor, 1879 Apost. Vikar von Mittel-Tonking, † 26.11.1884 in Avila) zusammen, erwählten die Immaculata zur Patronin der bedrängten Mission und gelobten den Bau einer Votivkirche, wenn die Mission gerettet würde. Am 1.11.1861 starb Bischof Bérrio-Ochoa als Martyrer. Im Vertrag vom 5. Juni mußte Tu-Duc wegen seiner Niederlage gegen die Frankreich für sein Reich die Religionsfreiheit zugestehen. Am Rosenkranzfest 1869 wurde eine Kirche zur Erfüllung des Gelübdes der GM geweiht. Die Kirche stürzte aber bald ein, da man nicht die Mittel zu einem stabilen Steinbau hatte. 1880 entstand eine weitere Kirche, zu der alljährlich am Feste des hl. Dominikus und der Immaculata viele Pilger kamen, um der Rosenkranzkönigin ihren Dank zu beweisen.

Am 8.12.1916 wiederholte der Apost. Vikar Pedro Muñagorri y Obyneta (*28.6. [oder 22.7.] 1865 in Berástegui/Guipúzcoa, 1880 OP, 1888 nach Mittel-Tonking, 1907 Apost. Vikar von Mittel-Tonking, † 17.6.1937 in Bui-Chu) mit den Priestern und Gläubigen das Gelübde, eine neue Kirche zu errichten, als Zeichen des Dankes und der Liebe sowie als Bitte um Schutz in den gegenwärtigen Nöten. Am 1.3.1917 wurde der Grundstein gelegt und am 6.—8.12.1923 die neue dreischiffige Kirche konsekriert: eine Backsteinkirche im gotischen Stil (80 m x 28 m x 30 m), wohl eine der größten Ostasiens, überaus reich und prachtvoll ausgestaltet. Sie wurde durch einen verheerenden Zyklon am 30.7.1929 zerstört, nur ein Turm und eine Apsis blieben stehen. Danach wurde die vierte Kirche zu Ehren der Rosenkranzkönigin, ULF von P. erbaut.

Lit.: J. M. Arrieta Mascarua, Vida del Venerable Martir Fr. Valentín de Bérrio-Ochoa Obispo de Centuria y Vicario Apostólico del Tunquin, Bilbao 1865. — E. Vo duc Hanh, La Place du Catholicisme dans les Relations entre la France et le Viet-Nam de 1851 à 1870, Tome II: Les Documents, 1969, Troisième Partie: Édits de Persécution, 281—339. — P. Terres, Le culte de la Sainte Vierge au Tonkin Oriental, In: Compte rendu du Congrès Marial de Fribourg, Fribourg 1902, 141—165.

H. Rzepkowski

Physiologus, anonyme frühchristl. Naturlehre in griech. Sprache, die um 200 (oder schon kurz nach 150) wohl in Alexandrien aus antiken Quellen (u. a. Aristoteles, Plinius, Plutarch, Aelian und Tatian) kompiliert wurde. Darin werden Pflanzen, Steine und v. a. Tiere für eine christl. Gemeinde allegorisch auf das Heilsgeschehen hin ausgedeutet, um so eine Synthese von Natur- und Heilwissen, von Sachkunde und Dinginterpretation zu präsentieren.

Das schmale Werk umfaßte ursprünglich 48 (meist stereotyp aufgebaute und von Formeln umrahmte) Kapitel, wurde aber im Laufe seiner tausendjährigen Wirkungsgeschichte aufgrund der Makrostruktur seiner additiven (daher offenen) Kapitelfolge vielfach erweitert oder gekürzt. Neben der Bibel ist der P. die Haupt-Quelle patristischer Dingexegese: Es begegnen zahlreiche Deutungen auf Christus, den Teufel, den Menschen, auch auf ⋔.

Neben dem griech. Text in 4 Redaktionen (in denen das theol. Beiwerk anschwoll) gab es bald Übersetzungen in sämtl. Sprachen des griech. Orients, u. a. Äthiopisch, Syrisch, Armenisch, Koptisch oder Arabisch; dazu entstanden mehrere lat. Fassungen (Versionen y, c, b, Dicta Chrysostomi, metrische Physiologi Theobaldi) mit reicher Nachfolge in den romanisch-germanischen Volkssprachen. Im dt. Bereich kam es vom 11.—15. Jh. vereinzelt zu Übersetzungen aus dem Lat.: zu einer ahd. (alemannischen) und zwei frühmhd. Übertragungen des 11./12. Jh.s, dem Wiener Prosa-P. (27 Kap.) um 1200 und dem Millstätter P. um 1200, der bewußte Modernisierungen in Vorrede, Sprachform und Wortgebrauch aufweist. Erhalten sind auch ein Schäftlarner Fragment aus dem 12. Jh. und drei dt. Physiologi Theobaldi des 15. Jh.s (P. Theobaldi, dt.; Indersdorfer P.; P. Theobaldi in Reimpaaren).

Die gesamte Überlieferung stellt ein unentwirrbares Geflecht von sich überkreuzenden Traditionsfäden dar, was sich auch im Übergang zu anderen Werkformen zeigt, etwa im sog. Melker P., vor 1419 von Lienhard Peuger verfaßt, im tosco-venetianischen Bestiarius oder im Bestiaire d'amour. Die Nachwirkungen des P. sind immens, im Einzelfall aber nur schwer nachweisbar — etwa in ma. oder neuzeitlicher Literatur, Illustration, sakraler und profaner Architektur. Als Zwischenvermittler haben hier sicher die großen ma. Natur-Enzyklopädien (etwa eines →Thomas v. Cantimpré, eines Bartholomäus Anglicus und eines →Vinzenz v. Beauvais nebst ihren volkssprachlichen Übertragungen) gewirkt.

Das ᛘbild des ursprünglichen P. ist ausschließlich auf Christus bezogen, ᛘ spielt eine Rolle allein als Gottesgebärerin: So wird im Eingangskapitel »Vom →Löwen« nach Offb 5,5 daran erinnert, daß »unsir herre, Christ der heilige (...) chom in den buosem der magede, do geheilt er mennisclich chunne« (Maurer 3; vgl. Seel 3; lat.: »... descendensque in uterum virginis salvavit errans genus humanum«, Maurer 75), wobei andere Fassungen vom »Schoß« ᛘs sprechen und in griech. und orient. Versionen ᛘ ausdrücklich »Mutter« genannt wird (Peters 17).

Analog dazu findet sich als Illustration der jungfräulichen Geburt eine wirkmächtige Allegorese im Kapitel »Vom →Einhorn«, dessen Fang im Schoß einer Jungfrau mit dem Lobpreis ᛘs als Zuflucht des spiritalis unicornis Christus ausgelegt wird: »Also tet unsir trohtin der haltunde Christ, der ein geistlich Einhurn ist. (...) Mit dem willen sines vater in die wamben chom er der unberuorten magede: / do wart daz wort ze vleisce getan alsus unde wonet ze genaden in uns« (Maurer 13—15; nach ahd. Text: Christus, der »uon der magede libe mennesgen lihhamin finc, dar er unsih mite losta« [ebd. 92], entsprechend lat. »Sed sola voluntate patris descendit in uterum virginis et verbum caro factum est et habitavit in nobis« [ebd. 77]).

Die jungfräuliche Geburt ᛘs wird im Kapitel »Vom →Geier«, das in den altdt. Fassungen fehlt, durch die Allegorese der (eigentlich aus der Adler-Motivik herrührenden) Legende vom nußförmigen »Gebärstein« angesprochen, der einen weiteren Stein in sich birgt und dem Geierweibchen die Geburt erleichtert: »Denn wahrhaft helfend zu guter Geburt ist dieser Stein des heiligen Geistes, unser Herr Jesus Christus, behauen ohne menschlicher Hände Werk, das heißt ohne menschlichen Samen geboren aus der Jungfrau« (Seel 19f., vgl. Peters 50).

Weitere Auslegungen werden in den altdt. Fassungen nicht tradiert, wohl aber im griech. Original: so das Kapitel »Von der Schwalbe«, worin ᛘ nach Eph 4,5—6 indirekt angesprochen und das Faktum des einmaligen Schwalben-Nachwuchses allegorisiert wird: »Mein Heiland ist einmal im Mutterleib getragen, einmal geboren, einmal begraben, einmal von den Toten auferstanden« (Seel 31). Ähnliches gilt für den »Baum Peridexion«, der nach Lk 1,35 insofern als »ein Gleichnis des All-Vaters« gilt, als sein Schatten die Taube vor dem Drachen schützt — »gleichwie Gabriel zu ᛘ sprach: Der heilige Geist wird über dich kommen, und die Kraft des Höchsten wird dich überschatten« (Seel 32, vgl. Treu 67).

Auch das Kapitel »Von der Taube« bietet eine ᛘ-Allegorese: In Bezug auf Hld 4,3 erinnert es an die Legende, daß ᛘ im Tempel an den hll. Gewändern gearbeitet habe: »Und Maria, die Gottesgebärerin, nahm es auf sich, das Scharlachkleid und den wahrhaftigen Purpur zu arbeiten, da das Los sie dazu bestimmt hatte« (Treu 70; vgl. Seel 34; nicht bei Peters 60—62).

Während in der ältesten Fassung naheliegende allegorische Züge zunächst ungenützt bleiben, werden sie in späteren Redaktionen eifrig nachgeholt (vgl. Seel 69): etwa in der von einer alten Handschriftengruppe bezeugten Sonderversion, daß im Roten Meer die Zeugung der Perle aus dem Einschlag von Blitzen in offenstehende »Pinai«-Muscheln auf die Jungfräulichkeit ᛘs hin allegorisiert wird. In dieser Version, deren jüngerer Charakter sich aus dem darin enthaltenen Zitat des →Johannes v. Damaskos (um 650—750) erschließen läßt, wird der in der Muschel gefangene Blitz, der die Augäpfel der Muschel zu Perlen macht, indem er sich um sie dreht, in Bezug zur UE gesetzt: »Wie dort in dieser Weise Perlen gemacht werden, so auch die hochheilige unbefleckte Maria, die vor allem Schmutz rein war. Denn der göttliche Blitz aus dem Himmel, der Sohn und Logos Gottes, ist in die ganz reine Muschel, die Gottesgebärerin Maria, eingegangen, eine überaus kostbare Perle ist aus ihr geworden, worüber geschrieben steht: ›Sie hat die Perle, den Christus, aus dem göttlichen Blitz geboren.‹« (Treu 86, vgl. Kommentar 142 [Zitat-Nachweis]).

Im Kapitel »Vom Basilisken«, eines der vier nach Ps 90,13 unter Christi Füßen zertretenen Tiere, das zusammen mit sechs anderen aus der sog. byz. Tradition stammt, heißt es von Christus: »...wie in einem Spiegel leuchtet er durch das Fleisch hindurch in die Welt, das er empfangen hatte von dem heiligen Gotteskind, der Gottesgebärerin Maria« (Treu 96). Schließlich wird im Kapitel »Vom Greif« von zwei Vögeln dieser Art berichtet, deren einer die Flügel gegen die aufgehende Sonne ausbreitet, während der andere mit ihm gegen Sonnenuntergang fliegt. »In gleicher Weise stellen die beiden Greife die Gottheit vor, d.h. Michael den Erzengel und die heilige Mutter Gottes, und sie nimmt deinen Geist an, damit sie nicht allen sage: ›Ich kenne euch nicht.‹« (Peters 76).

Ausg.: E. Peters, Der griech. P. und seine orient. Übersetzungen, 1898 (Neudr. 1976). — Der P., Übertragen und erläutert von O. Seel, [4]1983. — Der altdt. P. Die Millstätter Reimfassung und die Wiener Prosa (nebst dem lat. Text und dem ahd. P.), hrsg. von F. Maurer, 1967. — Physiologus. Naturkunde in frühchristl. Deutung, aus dem Griech. übersetzt und hrsg. von U. Treu, 1981.

Lit.: D. Schmidtke, Geistl. Tierinterpretation in der dt. sprachigen Lit. des MA (1100—1500), 1968. — N. Henkel, Studien zum »P.« im MA. 1976. — T.-M. Nischik, Das volkssprachliche Naturbuch im späten MA (…), 1986, 10—16 (dazu Rezension von W. Buckl, In: PBB 111 [1989] 138—146). — VL² VII 620—634.   *W. Buckl*

Piamarta, Giovanni Battista, Ordensstifter, *26.11.1841 in Brescia, † 25.4.1913 in Remedello Sopra (Brescia), wurde mit neun Jahren Waise, arbeitete nach Schulabschluß in einem Laden für Tapeten und Matratzen und wurde nach vielen Schwierigkeiten am 23.12.1865 Priester. Mit Eifer und einem bes. Charisma für das Apostolat unter der Jugend organisierte er in Carzago Riviera, Bedizzole und schließlich in der großen Pfarrei S. Alesandro zu Brescia ein blühendes Leben nach Art eines Oratoriums. Im Kontakt mit einer großen Anzahl armer Jugendlicher, die der Gefahr der Straße und industrieller Ausbeutung ausgesetzt war, reifte sein Vorhaben, ein »beständiges Oratorium« zu gründen, um sie durch menschliche, technische und christl. Bildung in das gesellschaftliche Leben einzugliedern. Nach einem Zwischenaufenthalt als Pfarrer von Pavone Mella (1883—86) rief P. am 3.12.1886 mit Rat und Hilfe von Mons. Pietro Capretti (1842—90) ein Institut für Kunst und Handwerk (Istituto Artigianelli) für verwaiste Jungen ins Leben. Zehn Jahre später gründete er eine Landwirtschaftssiedlung und -schule, Colonia Agricola und Scuola pratica di agricoltura, zu Remedello Sopra bei Brescia für die Bauernsöhne.

Um dem Fortbestand seiner Werke über den Tod hinaus zu sichern, scharte P. Priester und Laien als Mitarbeiter um sich und vereinte sie in der Kongregation »Heilige Familie von Nazareth« (Sacra Famiglia di Nazareth). Mit Hilfe der Witwe Elisa Baldo-Foresti di Gavardo von Brescia rief er auch eine Kongregation für Frauen ins Leben: die »Demütigen Dienerinnen des Herrn« (Umili Serve del Signore). Sie sollten in der Erziehung mitarbeiten. Die Mitglieder der Werke P.s sind in der Betreuung der Waisen und Pfarreien in Italien, Brasilien und Chile tätig. — Am 22.3.1986 wurde das Dekret über die heroischen Tugenden P.s erlassen.

P. wurde von seinen Jugendlichen ein »Verliebter« der Madonna genannt. Er war ein Apostel der MV: Berühmt und geachtet waren seine »Maimonate«, Novenen und ℳfeste, die er mit großer Feierlichkeit zelebrierte. — Die Verkündigung des Dogmas der UE ℳs und die Erscheinungen von Lourdes, die die MV der 2. Hälfte des 18. Jh.s prägten, bejahte P. nachdrücklich. Seine Besonderheit ist die Zentralisierung der UE in sein Erziehungssystem: Zur konkreten Motivation der Jugendlichen zeigte er »den Weg der himmlischen Schönheit«, verkörpert in der Immaculata. Er wollte, daß sie in ℳ »verliebt« seien, um das Aufrührerische ihres Alters zu überwinden. Für sie sang er unermüdlich das Lob auf die Schönheit und Größe ℳs, sprach mit Begeisterung von ihrer erhabenen Liebe, und führte das Herz seiner Jungen durch die beständige, liebevolle und anziehende Gegenwart der »Tota pulchra«, um diese in den höheren Idealen zu stützen. Mit ℳ wird ein intensiver christl. Einsatz anziehend. Einige seiner Schüler erlebten entsprechend ihrer Aufnahmefähigkeit im Leben P.s eine mystische und wahrnehmbare Erfahrung der unbefleckten Jungfrau.

WW: P.s. hs. Hinterlassenschaft befindet sich im Archiv der Kongregation in Brescia.
QQ: L. Fossati, P. G. P., documenti e testimonianze, 4 Vol., 1972—84.
Lit.: J. Camelli, P. G. P., apostolo dei giovani operai, 1914. — J. Felici, Volo tra le fiamme. Il Servo di Dio Padre G. P., 1939. — G. Barra, Don argento vivo, 1961. — P. Serioli, P. P. e la suo Opera, 1961. — N.N., G. P. nelle memorie di Illemo Camelli e di Elisa Baldo, 1986. — N.N., G. P. e il suo tempo. 1841—1913 (verschiedene Beiträge mehrerer Autoren), 1987. — M. Trebeschi, Madre Elisa Baldo, la gioia della carità, 1986. — AAS 78 (1986) 787—793. — BSS X 537—544 (Lit.) (Bild). — Zeitschrift: La Famiglia de Padre Piamarta 1ff. (1926ff.).   *D. Bettinzoli / P. G. Cabra / W. Baier*

Piaristen, »Arme Regularkleriker der Gottesmutter der frommen Schulen« (Ordo clericorum Regularium Pauperum Matris Dei Scholarum Piarum, SP, ital. Scolopi, span. Escolapios). Vom hl. →Joseph v. Calasanza gegründeter Orden zur Erziehung und Unterrichtung der Jugend; 1617 erste päpstliche Anerkennung als Kongregation mit einfachen Gelübden; 1621 zum rel. Orden mit feierlichen Gelübden erhoben; als 4. Gelübde das der Jugenderziehung. Nach Zeiten der Krise 1669 erneute Bekräftigung der alten Rechte des Ordens. Entsprechend der tiefen marian. Prägung des Gründers ist auch sein ganzes Werk geformt. ℳ gilt den P. gemäß dem Magnificat als jungfräuliche Mutter der Armen. Sie ist in einem doppelten Sinne ihr Vorbild: 1. als Erzieherin Jesu, der kam, unsere Armut zu teilen, ist sie Urbild jeder Art erzieherischer Hinwendung zur Jugend; 2. sie ermutigt die Mitglieder zu einem armen Leben und zur Erziehung gerade der armen Kinder.

Lit.: → Joseph v. Calasanza. — LThK² VIII 490f. — DIP II 927—945 (Lit.); IV 1343—51 (Lit.).   *F. Courth*

Piazzetta, Giovanni Battista, * 13.2.1682 in Venedig, † 28.4.1754 ebd., ital. Maler und Zeichner, war nach einer ersten Ausbildung bei seinem Vater, einem Bildhauer, und der Lehre bei Antonio Molinari, der ihn mit dem naturalistischen »chiaroscuro« der sog. »tenebrosi« vertraut machte, nach Bologna gegangen, wo er 1703 Giuseppe Maria Crespi kennenlernte und bei ihm in die Werkstatt eintrat; größten Einfluß auf P. sollten Crespis lebhaftes Kolorit sowie seine naturalistischen und teilweise eigenwilligen Kompositionen gewinnen, die dem Werk P.s innerhalb der venezianischen Malerei des 18. Jh.s im Vergleich mit der eleganteren und geschliffeneren Malerei der Zeitgenossen Pellegrini, Ricci, Pittoni und Amigoni eine gewisse Sonderstellung verschaffen sollten. 1711 kehrte P. wieder nach Venedig zurück, wo er sein restliches Leben verbringen sollte. Zwar wurde er auch wegen seiner Porträt- und Genremalerei sowie wegen seiner Qualitäten als Zeichner und Buchillustrator in seiner Vaterstadt u. a. 1750 mit der Ernennung zum Direktor der Akademie geehrt als auch im Ausland sehr geschätzt (so malt er z. B. 1735 für Fürstbischof Clemens August eine Himmelfahrt ⟨M⟩s für den Dt. Orden in Frankfurt), er stirbt jedoch 1754 völlig verarmt.

Zeugnisse seiner früheren Phase (gesicherte Werke vor 1725 scheinen sich nicht erhalten zu haben), die noch ganz unter dem Einfluß Crespis und der bolognesischen Malerei steht, sind etwa die wohl kurz nach 1725 entstandene »Madonna und der Schutzengel« (Detroit, Institute of Arts; Modelletto in der Kasseler Gemäldegalerie) sowie bes. das Hauptwerk dieser Zeit, die »Erscheinung Mariens vor dem hl. Philippus Neri« (Venedig, Maria della Fava, 1725/27), die Tiepolo 15 Jahre später zu einer für die stilistische Differenz zwischen den beiden Künstlern äußerst aufschlußreichen Darstellung des gleichen Themas inspirierte (Camerino/Marche, Museo Diocesano). In die spätere Zeit, die unter dem Einfluß Sebastiano Riccis zu einer etwas helleren Farbigkeit und aufgelockerteren Kompositionen führt, gehören unter den Gemälden mit marian. Themen z. B. eine »Himmelfahrt ⟨M⟩s« (Paris, Louvre, 1732), eine »Immaculata« (Parma, Pinacoteca Naz., nach 1740) sowie die »Madonna mit den hll. Johannes Ev. und Matthäus« (Longarone/Veneto, Chiesa Arcipretale).

Lit.: A Ravà, G. B. P., 1921. — R. Pallucchini, G. B. P., 1956. — Ders., La pittura veneziana del Settecento, 1960. — U. Ruggeri, Disegni piazetteschi, 1968. — D. M. White und A. C. Sewter, I disegni di G. B. P. nella Biblioteca Reale di Torino, 1969. — R. Zampetti, G. B. P., In: Ausst.-Kat., Dal Ricci al Tiepolo, Venedig 1969 (Bibl.). *S. Nadler*

Picasso, Pablo Ruiz, * 25. 10. 1881 in Malaga, † 8. 4. 1973 in Mougins, studierte 1895—97 an der Kunstakademie La Lonja in Barcelona und an der San Fernando-Akademie in Madrid, wurde 1899 Mitglied der Gruppe Els Quatre Gats. 1901—04 schuf er die Werke der »Blauen Periode«, 1904/05 Bilder der »Rosa Periode«, 1907 entsteht unter dem prägenden Einfluß Cézannes und afrikanischer Skulpturen »Demoiselles d'Avignon«; die Jahre 1909—12 sind geprägt vom analytischen Kubismus, 1912—17 vom synthetischen Kubismus, Collagen, Assemblagen, Papiers collés; nach 1918 ist keine Periodengliederung mehr möglich, da P. in allen Arten gegenständlich-realistischer, neoklassizistischer, symbolistischer, surrealistischer und abstrakter Darstellungsweise arbeitet.

Auseinandersetzungen mit ⟨M⟩darstellungen tauchen erstmals in der Blauen Periode auf, etwa »Maternité« (ehem. Los Angeles, Sammlung Goetz, 1901), ein stark emotionalisiertes Frühwerk, das durch intensive Studien rel. Gemälde geprägt ist. Ausgehend von dem Typus der → Glykophilousa und Darstellungen der sog. »Unterweisung Mariens durch ihre Mutter Anna« schafft P. eine in einem kahlen Raum auf einem Stuhl sitzende in faltenreiches Gewand gehüllte Frau, die das langgewandete, mit gefal-

P. Picasso, Mutter und Kind, 1921, Paris

teten Händen vor ihr stehende Kind auf die Stirne küßt. Weitere Mutter-Kind-Darstellungen entstanden 1902—04: »Mutter und Kind« (Harvard University, Fogg Art Mus., Sammlung Maurice Wertheim, 1902), »Mutter und Kind am Strand« (New York, Privatbesitz, 1902). Bei diesem Bild führt P. als Attribut eine rote Nelke ein, die häufig bei ma. ⟨M⟩darstellungen als Hinweis auf den Opfertod Jesu wegen der als Nägel geformten Frucht gilt. Eine sitzende Mutter mit schlafendem Kind in satten, kräftigen Farben entstand 1904 (Paris, Privatbesitz).

Das Mutter-Kind-Thema mit deutlichen mariol. Anklängen wird im Sommer 1907 unmittelbar nach den »Demoiselles d'Avignon« erneut aufgegriffen: »Mutter und Kind« (Paris, Mus. Picasso) erweist sich in heftigen Farbkontrasten von Rot, Grün und Blau, in der schraffierten Gestaltung der stilisierten Gesichter und in den monolithischen Körperformen als ungewöhnliches Werk. Die Haltung des frontal und axial vor dem Körper seiner Mutter sitzenden Kindes und dessen gealterte Gesichtszüge sind deutliche Verweise auf P.s Auseinandersetzung mit byz. ⟨M⟩darstellungen aus dem hohen MA, etwa dem → Nikopoiatypus, ohne daß deswegen eine klare Scheidung von rel. und profanem Thema zu treffen wäre.

Als private Mythologie anläßlich der Geburt von P.s Sohn Paolo müssen die Mutterschaftsdarstellungen der Jahre 1921 und 1922 verstanden werden. Das ikonographische Vorbild der Madonna mit dem Knaben auf dem Schoß bleibt in dem idealisierten Gesichtsausdruck und dem Gestus der Hände spürbar, obwohl in die Darstellung Stilelemente aus der röm. Antike, etwa von Venus- und Amor-Darstellungen in der Villa dei Misteri in Pompeji, einbezogen werden: »Maternité« (München, Bayer. Staatsgemäldesammlungen, 1921) und »Maternité au rideau rouge« (Sammlung Marina Picasso, 1922).

Letztmals beschäftigt sich P. mit dem Themenkreis der Mutterschaft am 30.8.1971 in dem Bild »Maternité« (Paris, Mus. Picasso).

Die antiklerikale Tendenz der Surrealisten beherrscht die M-darstellung in der »Kreuzigung« (Paris, Mus. Picasso, 1930). P. deutet die Kreuzigung als rituelles Opfer. Blutrote und gelbe Farbtöne stehen im Gegensatz zu den schwarz konturierten, farblosen, schemenhaften Körpern des Gekreuzigten und der sich an seinen Körper anlehnenden Mutter, deren gezähnter Mund bei anderen Werken P.s bereits verwendet wurde (etwa bei der großen Aktfigur im roten Sessel, Mus. Picasso, 1929) und deren Beine von Akrobatendarstellungen P.s her bekannt sind. M stößt einen wilden Schrei aus und drückt so wie die gesamte Kreuzigung mit ihren zerrissenen und verschlungenen Menschenleibern die Gewaltsamkeit einer Katastrophe von apokalyptischer Dimension aus.

Lit.(Auswahl): Daix-Boudaille, P. 1900—06, systematischer Katalog des malerischen Werkes, 1966. — H. Kay, P.s Welt der Kinder, 1966. — R. Kaufmann, P.s Crucifixion of 1930, In: Burlington Magazine 111 (1969) 553 ff.; Wiederabdruck in: Ausst.-Kat., P.s Todesthemen, Bielefeld 1984, 95—106. — Ausst.-Kat., P. P., Retrospektive im Mus. of Modern Art New York, hrsg. von W. Rubin, München 1980, bes. Nr. 903. — Ausst.-Kat., P. P., zum 100. Geburtstag, Werke aus der Sammlung Marina Picasso, hrsg. von W. Spiess, München 1981. — Picasso Museum, Bestandskatalog der Gemälde ..., München 1985.

C. Jöckle

Picco, Anna Eugenia (Taufname: Maria Angela), Generalsuperiorin, * 8.12.1867 in Crescegnago/Mailand, † 7.9.1921 in Parma, wurde bei der Taufe vom Pfarrer spontan der GM geweiht mit der Bitte, aus dem Kind eine Heilige zu machen. Nach weltlich verbrachter Jugend rückte ihre Bekehrung im Alter von 19 Jahren Jesus und M, zu deren Ehren P. dann jeden Samstag fastete, in den Mittelpunkt ihres Lebens. Der Gründer der Kongregation der »Kleinen Töchter der Heiligen Herzen Jesu und Mariä«, der Diener Gottes Pfarrer Agostino Chieppi, ließ sie zu seiner jungen Gemeinschaft zu, förderte bei P. die Andacht zum Herrn im Sakrament und zur GM, bes. als Mutter des Trostes und der Vorsehung, und verhalf ihr zu den Gelübden. Vor der ewigen Profeß (1.6.1894) erneuerte P. ihre Selbsthingabe als eine »Sklavin« M's und übergab ihr ganzes Leben dem Schutz und der Führung der GM.

Nachdem sie die Mädchen der Schwesternschule bis 1905 in Musik, Gesang und Französisch unterrichtet hatte, wurde sie zur Novizenmeisterin berufen. Aus der Erfahrung betrüblicher Jugend heraus konnte sie Novizinnen in einer Krise mitfühlend verstehen, erbat ihnen mehrmals von der GM die Rückkehr zum Herzensfrieden und lehrte sie das Vorbild M's, denn sie war der Überzeugung: »Hingabe an Maria wird der Grund für das Wohlbefinden und den Ruhm unserer Kongregation sein« (P. Aloysia, Vita, 207 f.). So waren auch die 40 Tage des ambrosianischen Adventsritus für sie Tage der Vorbereitung auf Weihnachten in der Gesinnung, wie sich die GM auf die Ankunft des Herrn vorbereitet hatte. 1910 ernannte der Generalsuperior P. zur Generalsekretärin und 1911 zur Generalsuperiorin. Als solche förderte sie das geistliche Leben und die berufliche Ausbildung der Schwestern. Als Pius X. eine Erneuerung des Gregorianischen Chorals forderte, unterwies sie ihre Schwestern selbst darin. In den Kriegswirren von 1915—18 versuchte sie, den Leidenden und Armen zu helfen.

Nach dem Motto »Zu Jesus durch Maria« vertraute sie sich der GM an. So wünschte sie zum 50. Jahrestag der Gründung der Kongregation die Restaurierung des Schreins der GM in der Kapelle, da alle wichtigen Ereignisse in der Geschichte der Gemeinschaft unter dem Schutz der GM gestanden hätten, und sie selbst zahllose Gnadengaben, ja sogar ihre Heilung auf die Fürsprache M's erhalten habe. Deswegen wurde die Statue der GM des Trostes und der Vorsehung, die Chieppi dem Mutterhaus geschenkt hatte, in einer Marmornische über einem Marmoraltar aufgestellt. Am 21.11.1917, dem Fest der Darstellung M's im Tempel, erneuerte die ganze Kongregation auf Betreiben von P. die Weihe an das unbefleckte Herz M's, zugleich sollte sie sich mit den Friedensbemühungen Benedikts XV. vereinen und M als Königin des Friedens und Mutter der Kirche und Patronin seines Pontifikats anrufen.

Zur Vertiefung der MV in Liebe und Nachahmung organisierte P. wöchentlich Seminare zu Ehren ULF, die jeden Samstag im Mutterhaus in Parma abgehalten wurden. Sie bat alle Häuser, ihre Termine so zu planen, daß alle Schwestern nacheinander daran teilnehmen konnten.

Ihre christozentrische MV wurde im Laufe der Jahre immer tiefer: »Ich habe immer eine tiefe Liebe für unsere liebe Madonna verspürt. Aber nun empfinde ich diese Liebe in Verbindung mit Jesus. Tatsächlich spüre ich, daß meine Liebe zu ihr gestärkt, tiefer verwurzelt und grundlegender ist. Früher war es vielleicht eine Liebe, die mehr auf dem Gefühle basiert ... Welche Erleichterung ist es, was ich oft erfahren durfte, sich in bestimmten Augenblicken an Maria zu wenden, häufig zu ihr die Zuflucht zu nehmen, sie danach zu fragen, wie sie gehandelt hätte oder wie sie sich in einzelnen schwierigen Situationen verhalten hätte ... Die ständige Gegenwart Mariens hilft, die Gegenwart und immerwährende Einheit mit Jesus zu erreichen« (ebd.). — Die Piccole Figlie dei Ss. Cuori di Gesù e Maria mit Mutterhaus in Parma (Piazzale S. Giovanni 7) zählten 1992 472 Schwestern in 61 Häusern.

QQ: G. M. Conforti, Le Piccole Figlie dei Sacri Cuori di Gesù e Maria ... Le figure dei Servi di Dio ... Madre A. E. P. ...Lettere e documenti, 1980.
Lit.: G. Parma, Anima candida. Lineamenti biografici e di vita interiore della madre A. E. P., 1926. — P. Aloysia, Vita della Serva di Dio A. E. P., 1946. — AAS 81 (1989) 795—798.

R. M. Valabek

Piekar (Piekary Slaskie), vor 1922 Deutsch-Piekar, auch Groß-Piekar, ab 1922 bis 1939 und seit 1945 Polen, Diözese Kattowitz, Stadt mit dem größten Mheiligtum in Oberschlesien, im Zentrum der oberschlesischen Industrie.

An Stelle einer Holzkirche von 1303 wurde 1842—49 eine dreischiffige Kirche mit zwei hohen Türmen (Architekt Daniel Gritsch) erbaut, die am 22. 8. 1849 durch den Erzbischof von Breslau, Kardinal Melchior Diepenbrock, auf Me Namen und den hl. Bartholomäus geweiht wurde. Ende des 19. Jh.s und 1925 wurde sie vergrößert; 1962 bekam sie den Ehrentitel einer »Basilica minor«. 1987—89 wurde sie prächtig restauriert. Vor der Kirche ist der sog. »Paradiesplatz« mit einer Kapelle zu Ehren des hl. Raphael und dem Aufgang zum »Kalvarienberg«. Auf dem Hochaltar von 1862 steht die Barockkopie des Mgnadenbildes von P., dessen Original (15. Jh.) sich in der Kreuzkirche in →Oppeln befindet. Am 15. 8. 1925 wurde es mit Genehmigung Papst Pius' XI. durch Nuntius Laurenze Lauri feierlich gekrönt. Die Kronen wurden am 7./8. 12. 1940 (Neukrönung am 13. 6. 1965 durch Kardinal St. Wyszyński) und erneut am 1. 3. 1984 gestohlen. An der Neukrönung durch Bischof Herbert Bednorz von Kattowitz am 15. 9. 1985 nahmen rund 500 000 Pilger teil.

Der Kult der Muttergottes zu P. war schon Mitte des 17. Jh.s bekannt. 1659 ließ Pfarrer Jakob Roczkowski das Bild Ms mit dem Jesuskind vom Seitenaltar auf den Hochaltar übertragen. Bald entstand eine MV, die sogar mit dem Mkult in Czenstochau konkurrieren konnte. Die Gnadenstätte wurde seit 1679 durch die Jesuiten aus Oppeln verwaltet. 1680 wurde das Gnadenbild wegen der Pest auf Wunsch Kaiser Leopolds I. nach Prag gebracht. Dort wurde es aufgrund vieler Gnadenerweise von Erzbischof Johann Friedrich Wallstein als wundertätig anerkannt. In Hradec Kràlove wurden damals zwei Votivbilder gemalt und verehrt: eines davon ist jetzt im historischen Museum in Hradec Kràlove, das zweite in P.

Ab 1681 nahm der Kult des Bildes in P. weiter zu: viele Wallfahrer kamen aus Schlesien und der Tschechei, u. a. der poln. König Jan Sobieski mit Frau und Söhnen vor der Schlacht gegen die Türken bei Wien (1683); viele Gläubige wurden bekehrt, u. a. Friedrich August II. (der »Sachse«) vor der Übernahme des poln. Königsthrons (1697). 1702 kam das Bild nach Oppeln; in P. blieb eine Kopie. Nach der Aufhebung des Jesuitenordens wurde P. wieder durch die Geistlichen der Kattowitzer Diözese verwaltet. Ein herausragender Pfarrer war J. A. Fiecek (Fietzek, 1826—62), der aus P. eine Hochburg des wiederbelebten Katholizismus im stark industrialisierten Oberschlesien gemacht hat, u. a. durch Volksmissionen, Verlagswesen, Abstinenz- und Nüchternheitsbewegung. 1862—96 wurde ein Kalvarienberg (Architekt E. Schneider; geweiht durch Kardinal Georg v. Kopp am 21. 6. 1896) mit 39 Wegkapellen und einer Kirche am Gipfel errichtet.

Zwischen den Weltkriegen war P. das bekannteste Mheiligtum Oberschlesiens. Zu jedem Mfest kamen Tausende Pilger. Während des Zweiten Weltkrieges wurden die Wallfahrten sehr beschränkt. Seit 1947 finden an jedem letzten Sonntag im Mai große Männer-Wallfahrten in P. statt, an denen bis zu 100 000 Männer teilnehmen, darunter auch zahlreiche Bischöfe, wie Kardinal Wyszyński und der spätere Papst, der Krakauer Erzbischof Karol Wojtyła. Zur Tradition wurden auch die jährlichen Wallfahrten von Frauen und Mädchen aus ganz Oberschlesien am Sonntag nach dem 15. August.

In den achtziger Jahren bekam die Muttergottes zu P. den Titel »Mutter der sozialen Gerechtigkeit und Liebe«, bestätigt durch den Apost. Stuhl, 1983 eingereiht in die Litanei für die Kattowitzer Diözese; für den 12. September wurde ein besonderes Fest der Muttergottes zu P. festgesetzt und in den liturg. Kalender der Diözese aufgenommen. Die größten Ablaßfeste sind Kreuzerhöhung (14. September), das Fest der GM zu P. gleichzeitig mit dem Fest Me Namen (12. September), Auffindung des hl. Kreuzes (4. Mai) sowie der Sonntag nach Bartholomäus (24. August). Jährlich kommen Hunderttausende von Pilgern. An allen Mfesten ziehen seit dem 17. Jh. zahlreiche Wallfahrer aus vielen Ortschaften Oberschlesiens als Dank für die Rettung von der Pest nach P.

In P. befinden sich viele Weihegeschenke, u. a. eine Stola und ein goldener Rosenkranz von Papst Johannes Paul II. Eigene Lieder und Kalvarienandachtsbücher bezeugen die große Verehrung der GM von P. Zahlreiche Kopien des P.er Gnadenbildes sind seit dem 15. Jh. bes. in Oberschlesien und Galizien verbreitet.

Lit.: Historia residentiae et templi Societatis Jesu Piekarii, hrsg. von E. Szramek, In: Fontes I. Tow. Przyj. Nauk na Śląsku, 1932. — Matka przedziwna w Piekarach., Sandomierz 1726. — J. A. Fiecek, Kurze Erzählung über Ursprung und Entstehung der neu erbauten Marienkirche zu Deutsch-P. bei Beuthen in Oberschlesien, Breslau 1849. — W. Apoloni, Das wundertätige Muttergottesbild von P., In: Schlesisches Kirchenblatt 1866, 3, 4, 5. — H. Schindler, Quellen und Forschungen zur Geschichte von Deutsch-P., Deutsch-Piekar 1912. — H. Hoffmann, Die Jesuiten in Oppeln, 1934. — A. Nowack, Schlesische Wallfahrtsorte älterer und neuerer Zeit im Erzbistum Breslau, 1937, 92—100. — H. Holzapfel, Festliche Tage in Polen, 1972. — J. Pawlik, Miejsca patnicze i ruch pielgrzymkowy w diecezji katowickiej, In: Nasza Przeszłość 44 (1975) 162—168. — St. Baldy, Matka Boska Opolska. Opis obrazu i dzieje kultu, 1983. — J. Pawlik, Przewodnik piekarski, 1985.

A. Witkowska

Piero della Francesca (dei Franceschi), * 1410/20 in Sansepolcro, † 1492 ebd., ital. Maler. Die Überlieferung gesicherter biographischer Fakten über einen der überragenden Maler und Wissenschaftler des 15. Jh.s, der zu den größten Gestalten der ital. Kunst schlechthin zählt, ist überraschend sparsam, obwohl P. zu seinen Lebzeiten hohe Ehren genoß. Seine Verbundenheit mit seinem Geburtsort Borgo San Sepolcro (heute Sansepolcro), damals einem bedeutenden Handelszentrum an der Grenze des florentinischen Staates, dokumentiert sich in Hauptwerken, die hier in Auftrag gegeben wurden (Polyptychon der Schutzmantelmadonna, Fresko der Auferstehung Christi, beide heute in Sansepolcro, Museo Civico), sowie in Teilansichten der Stadt und ihrer Umgebung, die in mehreren seiner Werke identifiziert werden konnten. Urkundlich bekannt ist P.s Mitarbeit als Gehilfe Domenico Venezianos bei Fresken im Chor von S. Egidio in Florenz (1439). Damit fällt seine Ausbildungszeit in die ungemein anregenden, fruchtbaren Jahre des Aufblühens der Renaissance in Florenz. Die innovativen Erkenntnisse von Fra → Angelico, → Masaccio, Paolo → Uccello und dem humanistisch gebildeten Theoretiker und Architekten Leon Battista Alberti sollten sein Werk nachhaltig bestimmen. Von den von Vasari erwähnten Werken P.s am Hof der d'Este in Ferrara, vermutlich um 1450, ist nichts erhalten geblieben; seine Anwesenheit hat aber deutliche Spuren in der Ferrareser Kunst (→ Cossa, → Tura) hinterlassen. Möglicherweise hat er bei seinem Aufenthalt an diesem weltoffenen Hofe, der zu einem Zentrum künstlerischen und kulturellen Austausches geworden war, durch Rogier van der Weyden die niederländische Malerei kennengelernt. P.s lebenslanges Interesse an ihr, die zunächst so weit entfernt von seinem eigenen monumentalen Stil erscheint, entspringt seiner Auffassung der Kunst als einer Manifestation der Wissenschaft, wie Clarke (15ff.) treffend bemerkt: »Sein Temperament zog ihn zur abstrakten Wissenschaft der Mathematik hin, aber er war ebenso sehr Maler, daß er die empirische Kenntnis der Anschauung schätze, und er erkannte, daß in diesem Zweig die flämischen Maler jene Italiens überflügelt hatten.« Äußert sich sein Kontakt mit der niederländischen Kunst vornehmlich bei der Behandlung des Lichts, so ist die Klarheit seiner Formen charakteristisch italienisch. Sein unverkennbar persönlicher Stil ist von jener Beschäftigung mit der Mathematik und Kunsttheorie geprägt, die ihn das ganze Leben lang angeregt hat und, über seine Kunstwerke hinausgehend, in seinen Abhandlungen »Trattato dell'Abaco«, »De Prospettiva Pingendi« und »De Quinque Corporibus Regularibus« schriftlich fixiert wurde. Aus diesem Ansatz schuf P. eine Kunst, die durch geometrisch festgefügte Formen, klares, frisches Kolorit und Erhabenheit der Figurenkonzeption eine vollendete Harmonie erreicht. Anekdotisches und Ornamentales sind verbannt. Seine Gestalten sind von herber, strenger Schönheit und majestätischer Vornehmheit, würdevoll distanziert, doch zugleich von gewaltiger innerer Intensität bewegt. Jede Geste zählt, jede Farbnuance und jede Bewegung auch der Nebenfiguren — z.B. in den großen Narrativszenen der Kreuzlegendenfresken in Arezzo — fügen sich in den kompositorischen Aufbau des Ganzen.

Eine genaue Chronologie der erhaltenen Werke P.s läßt sich kaum erstellen. Beginn und Vollendung einzelner Arbeiten liegen bisweilen so weit auseinander, »daß es kaum möglich ist, den Verlauf der gleichsam unmerklichen stilistischen Veränderungen in seiner Kunst wahrzunehmen« (Bertelli 26). In der Forschung umstritten sind die Datierungen sogar zentraler Werke wie der Fresken von Arezzo; Schätzungen der Entstehungsphase dieses Zyklus variieren von einer Zeitspanne innerhalb der 1450er Jahre bis zum Extremfall um 1148—60.

P.s ⋒darstellungen, die einen beträchtlichen Teil seines erhaltenen Werkes ausmachen, umfassen Themen, die im ital. Quattrocento gängig waren: die Madonna della Misericordia, die Madonna del Parto (hoheitsvolle Darstellung der schwangeren ⋒), Madonna mit Engeln und Heiligen, Anbetung des Kindes und Verkündigung (letztere die einzige biblische Darstellung innerhalb des Kreuzlegendenzyklus und damit stellvertretend für die ganze Geschichte der Menschwerdung und Erlösung). Bekannt sind Datum und Bedingungen eines Auftrages für ein ⋒polyptychon, den P. 1444 von der Compagnia della Misericordia in Sansepolcro erhielt. Unbekannt ist die Dauer der Arbeit bis zur Fertigstellung; möglicherweise wurde sie erst nach den Fresken von Arezzo vollendet. Das jetzt nicht mehr im ursprünglichen Rahmenwerk aufgestellte Polyptychon zeigt die → Schutzmantelmadonna als Mitteltafel, flankiert von gleich großen Figuren der hll. Sebastian, Johannes der Täufer, Johannes Evangelist und Bernhardin v. Siena, darüber eine Kreuzigungsgruppe und, seitlich, der Erzengel Gabriel und die Annunziata; weitere kleine Heiligendarstellungen und eine Predella mit Szenen der Passion und Auferstehung Christi, die wahrscheinlich von P.s Schüler Giuliano Amadei ausgeführt wurden, bilden den äußeren Abschluß. Die Gesamtanlage wurde oft mit dem jetzt zerstreuten Altarwerk Masaccios für S. Maria del Carmine in Pisa (1426) verglichen. Die Figuren erscheinen vor Goldgrund, der Eindruck räumlicher Tiefe im Hauptregister des Polyptychons entsteht allein durch die subtil ausgewogene Haltung der einzelnen Figuren. Akzente werden durch die Modellierung des nackten Körpers (Sebastian) und die differenzierte Stofflichkeit der Gewandung (Johannes und Bernhardin) gesetzt. Durch strenge Frontalität wird die zentrale Gestalt der Madonna betont, die ihren schweren, zeltähnlichen Mantel über ihre Schützlinge hebt. Nach alter Tradition gilt der nach oben blickende Mann der Gruppe zur rechten Seite ⋒s als ein Selbstporträt von P. Die ungewöhnliche Anlage eines späteren, wahrscheinlich 1470 entstandenen Polyptychons für das Kloster S. Antonio delle Monache in Perugia (jetzt Perugia, Galleria Naz.) wurde zeitweilig als disparat empfunden: Das Alternieren zwischen kleinen Narrativszenen (Predella), Renaissancedekor und Medaillons darüber, einem Hauptregister mit Figuren vor Goldgrund, und einem oberen Register mit einer großangelegten Verkündigung in einer Arkadenarchitektur hat zu Vermutungen geführt, das Polyptychon sei aus zwei verschiedenen Altarwerken zusammengefügt worden. Vasaris Beschreibung (»Le vite ...«, 1550) entspricht aber dem heutigen Zustand, und Restaurierungsarbeiten in den Jahren 1951/53 und 1990 haben die Einheit der Struktur bestätigt. Von im Franziskanerorden verehrten Heiligen (Antonius v. Padua, Johannes der Täufer, Franz v. Assisi und Elisabeth v. Thüringen) flankiert, thront die GM mit dem segnenden Kind in einer renaissancehaften Nische vor einem mit → Granatäpfeln gemusterten Grund. Der Rundbogen der Nische wiederholt den Umriß der Madonna, deren bergende, statuarische Gestalt wiederum das Kind schreinähnlich umfaßt; die Kostbarkeit des mit Kassetten und Einlegearbeiten verzierten Marmorthrons ist Hinweis auf die königliche Würde Ms. Die Verkündigung im Giebelregister bricht mit der traditionellen Art der Darstellung dieses Themas innerhalb eines Polyptychons: Statt in den bisher üblichen getrennten kleinen Bildfeldern — wie noch bei dem Polyptychon der Madonna della Misericordia — erscheinen Gabriel und M hier in einem vereinheitlichten, durch Arkadenflucht perspektivisch gestalteten Bildraum. Die Figuren sind nur wenig kleiner als diejenigen des Mittelregisters. Die Schönheit des Engels und die Beschaffenheit des Raumes haben schon die Bewunderung Vasaris erregt.

Das Fresko der Madonna del Parto (Madonna der Entbindung) in der Friedhofskapelle von Monterchi wird allgemein in zeitlicher Nähe zu den Fresken von Arezzo datiert. Den charakteristischen ital. Typus dieser Darstellung der Maria gravida ohne Einbindung in einem narrativen Zusammenhang wie z.B. → Heimsuchung oder → Zweifel Josephs, kannte schon das Trecento (Taddeo Gaddi, Bernardo Daddi u.a.); typisch ist die würdevolle Haltung der in einer Nischenarchitektur stehenden bzw. halbfigurigen Madonna, manchmal mit einem Buch in der Hand. Aus der Anwesenheit von Stiftern in mehreren Beispielen schließt man, daß die Darstellungen der Madonna del Parto auch als Votivbilder dienten (G. M. Lechner, Maria Gravida. Zum Schwangerschaftsmotiv in der Bildenden Kunst, 1981, 68. 95f.). Möglicherweise ging P.s Fresko in Monterchi eine Darstellung verwandten Inhalts am gleichen Ort voraus (C. Feudale, The Iconography of the madonna del parto, In: Marsyas 7 [1954–57] 8–24). Bezeichnend für P.s Behandlung des Themas ist die Rolle der Szenensetzung als Bedeutungsträger. Die Gesten der zwei assistierenden Engel, die einen schweren Brokatvorhang öffnen, um den Blick in ein mit kostbarem Pelzwerk ausgeschlagenes Zelt freizugeben, nehmen die Geste Ms vorweg, die auf die Öffnung ihres Obergewandes über ihrem hohen Leib hinzeigt. Dieser Konzeption wohnt der Charakter einer doppelten Epiphanie inne: die Engel offenbaren dem Betrachter die Erhabenheit der GM; M weist ihrerseits auf das nahende Heil durch die Menschwerdung Gottes hin. Der Zeltraum impliziert die Elogie Ms als Tabernakel Gottes. Die strenge Symmetrie der Komposition unter Verwendung desselben Kartons für die zwei Engel, die nur durch kontrapostische Farbe unterschieden werden, unterstreicht die Feierlichkeit der Darstellung.

Eine 1980/81 durchgeführte Restaurierung der Pala Montefeltro, die die GM mit Engeln und Heiligen und dem Stifter Federico da Montefeltro, Herzog von Urbino, zeigt, hat die ursprüngliche frische Farbigkeit und die subtile Differenzierung der Textilien der Gewandung wieder sichtbar gemacht (jetzt Mailand, Brera). Clarke (49 ff.) bemerkt in Bezug auf dieses Gemälde eine zunehmende, für das Spätwerk P.s typische Beschäftigung mit Problemen der Architektur. Der vom Licht durchflutete Raum mit verschiedenfarbiger Marmortäfelung, Pilastern und Tonnengewölbe mit Kassetten, ist von klassischer Vornehmheit und wurde mit antiken Triumphbögen verglichen (E. Battisti, P. della F., 1971, 351). Gleichwohl ist er zweifellos als Kirchenraum intendiert, auf dessen Sakralität die Symbolik des Straußeneis (→ Ei) hinweist, das von der Muschel unmittelbar über M hängt. Während Einzelheiten wie der Teppich zu Füßen Ms und der Juwelenschmuck der Engel an die niederländische Malerei erinnern, offenbart sich in der Ausgewogenheit der Figuren — in ihrem Verhältnis zueinander, wie auch zum Raum — das Formgefühl der ital. Renaissance. P.s Rezeption niederländischer Kunstanschauung spiegelt eher die schwer datierbare Tafel der Geburt Christi (London, Nat. Gallery), doch auch hier steht die Gruppe der musizierenden Engel einem florentinischen Vorbild nahe, der »Cantoria« von Luca della Robbia. Eine späte, vermutlich um 1475 entstandene und in Ölmalerei auf Holz ausgeführte Madonnentafel aus der Kirche S. Maria delle Grazie in Senigallia (jetzt, Urbino, Galleria Naz.) ist unterschiedlich bewertet worden. Clarke (47 f.) sieht in diesem geheimnisvoll zurückhaltenden Bild Ansätze zu einem neuen Manierismus; Bertelli (224 f.) führt die Darstellungsweise, bes. die Behandlung des Lichtes, auf die Erkenntnisse der großen Florentiner (Fra Angelico, Masaccio usw.) zurück. Feierliche Strenge kennzeichnet die von geometrischer Gesetzmäßigkeit bestimmte Darstellung. Zwingend behauptet sich der konstruktive Ansatz in allen Einzelheiten des zunächst schlicht anmutenden, in neutralem Grauton gehaltenen Hausraums — in den perspektivisch nach innen führenden Deckenbalken des hinteren Zimmers, den fein abgestuften Profilen der Tür links

Piero della Francesca, Madonna mit Kind und zwei Engeln, um 1475, Urbino, Galleria Nationale

von ᛗ und dem klassischen Ornament des Pilasters am Schrankraum rechts. Charakteristisch für P. ist die Einbindung der ohnehin äußerst sparsam eingesetzten sinnbildlichen Gegenstände in die räumliche Gesamtkonzeption: Der Werkkorb auf dem Regal ist nicht allein Symbol der vita activa ᛗs — die vita contemplativa wird durch ihren nach innen gekehrten Blick suggeriert — sondern trägt gleich zur Definition der Tiefe der Schranknische bei. Das Säulenornament am Pilaster ist nicht als dekorativer Zusatz zu verstehen, sondern dient zur Markierung des unteren Anfangs der Nische. In diesem Raumgefüge erscheint die Madonna mit dem segnenden Kind gleichsam in Nahansicht, eine blockhaft statuarische Gestalt, die die beiden Engel überschneidet.

Die Zuordnung einer thronenden GM (jetzt in Williamstown/Massachusetts) bleibt problematisch: Handelt es sich um ein Werk P.s, muß man von einer starken Werkstatt- und Gehilfenbeteiligung bei der Ausführung ausgehen.

Lit.: R. Longhi, P. della F., 1927. — K. Clarke, P. della F., 1951. — C. Ginzburg, Indagini su P., 1981. — C. Bertelli, P. della F.: Leben und Werk des Meisters der Frührenaissance, dt. Ausg. 1992 (mit ausführlicher Bibl.). — Ausst.-Kat., Piero e Urbino. Piero e le Corti rinascimentali, Urbino 1992. *G. Nitz*

Piero di Cosimo, Madonna mit Kind und Taube, Paris

Piero di Cosimo, eigentlich Piero di Lorenzo, * 1461 oder 1462 in Florenz, † 1521 (?) ebd. P. begann seine Malerkarriere als Schüler und Gehilfe des Cosimo →Rosselli, dessen Namen er daraufhin annahm. Die Ateliergemeinschaft zwischen beiden ist an den Wandfresken Rossellis in der Sixtinischen Kapelle im Vatikan nachweisbar: Die Landschaftshintergründe bei der »Bergpredigt« (1482—84) stammen von P. Später war er nur noch in Florenz tätig und hinterließ ausnahmslos Arbeiten, die weder signiert noch datiert sind; es existieren kaum Dokumente, und die wenigen bekannten Daten aus dem Leben P.s sind ohne Bezug zu seinem Werk. Sein Oeuvre ist nur über den Künstlerbiographen Giorgio Vasari zu identifizieren, der im dritten Band seiner Lebensbeschreibungen ital. Künstler einige Gemälde P.s erwähnt, von denen heute noch neun bestehen. Vasari schildert P. als menschenscheuen Sonderling, der eine exzentrische Persönlichkeit besaß; damit werden gern seine unakademischen und originellen Bildmotive erklärt. Bei Gemälden mit mythol. Thematik interpretierte P. antike Mythen sehr eigenwillig. Er ließ sich von Sagen des Altertums inspirieren und formte sie phantasievoll um, so daß ihre Inhalte manchmal nicht mehr klar zu entschlüsseln sind (z.B. »Mythologisches Thema«, London, Nat. Gallery); diese Bilder dürften für Privathäuser entstanden sein, und wegen der in ihnen hervortretenden phantastisch-bizarren Vorstellungkraft P.s beeindruckten sie im 20.Jh. die Surrealisten.

Porträts von seiner Hand sind äußerst selten (z.B. G. da Sangallo, Den Haag, Maurithuis); den Großteil seines Werkes machen Andachtsbilder aus, in denen P. die Akteure psychologisch interpretiert, detailfreudig erzählt und in den Hintergründen oft zeitlich vorher- oder nachherliegende Nebenszenen einfügt (z.B. UE mit Verkündigung, Anbetung des Kindes, Flucht nach Ägypten, Florenz, Uffizien). Neben zahlreichen Darstellungen der Madonna mit Kind und Heiligen, der Hl. Familie, Anbetungen des Kindes sind die Themen UE, Pietà (Perugia, Galleria Naz. dell'Umbria) und Aufnahme ⋒s in den Himmel (Fiesole, S.Francesco) nur jeweils einmal in seinem Werk anzutreffen; stets kommt ⋒ dabei eine herausragende Rolle zu.

Datierungsprobleme lassen kaum eine einheitliche Stilentwicklung bei P. erkennen. Charakteristisch für P. und ungewöhnlich für die florentinische Malerei des Quattrocento ist aber die intensive, kristallklare Farbigkeit seiner Bilder (Einflüsse durch Filippino Lippi, D. Ghirlandaio) und die große Detailgenauigkeit und Naturfreude, die von flämischen Gemälden, bes. dem »Portinari-Altar« des Hugo van der →Goes, ableitbar sind. Seit etwa 1500 fühlte sich P. von Leonardo da Vinci angeregt, was zurückhaltende, dunklere Farbtöne bewirkte. Hierin folgten ihm dann auch seine Schüler, von denen A. del Sarto und Pontormo die bedeutendsten sind.

Lit.: F.Knapp, P.d.C., ein Übergangsmeister vom Florentiner Quattrocento zum Cinquecento, Halle/Saale 1899. — R. Langton-Douglas, P.d.C., 1946. — P.Morselli, Ragioni di un pittore fiorentino – P.d.C., 1963. — M.Bacci, P.d.C., 1966. — Dies., P.d.C., 1976. — E.Panofsky, Die Frühgeschichte des Menschen in zwei Bildzyklen von P.d.C., In: Ders., Studien zur Ikonologie, 1980, 62ff. *K.Falkenau*

Pietà. *1. Definition.* Eine P. (oder ein Vesperbild) im engeren kunsthistorischen Sinn ist eine Darstellung der GM, die ihren vom Kreuz abgenommenen Sohn auf dem Schoß hält bzw. umarmt und betrachtet. »Pietà« beschreibt Darstellungsgegenstand und theol. Implikation, »Vesperbild« bezieht sich auf das Tageszeitengebet. Das MA nennt die Darstellung »ymago beate virginis de pietate« (Michael Franciscus de Insulis, spätes 15.Jh.), ULF »Ternoyt« (1373; vgl. Kroos 508), »tristis imago Beatae virginis«, »trawriges mariabild« (1404; vgl. Kobler 41 ff.) oder »Maria addonarata« (1414/15; vgl. Körte 133). Der Name »Vesperbild« ist bereits im frühen 16.Jh. nachweisbar (Murner, ca. 1510). Ältere Quellen umschreiben die Situation: Eine Stiftungsurkunde spricht von einem Bild mit Christus »sicut de cruce depositus in virginis gremium repositus« (1384; vgl. Stabat Mater 40).

2. Quellen. Die Bibel nennt das Ereignis nicht; legitimiert wird es durch die bezeugte Anwesenheit Ms unter dem Kreuz (Joh 19,25—27) und die Leidensankündigung des Simeon (Lk 2,35). Schon Bonaventura macht auf den nichtbiblischen Ursprung aufmerksam und fügt »ut pie creditur« ein, als er im Passionsoffizium die Situation beschreibt (»in tuae Matris manibus ... recipi voluisti«; 13. Jh.; vgl. Reiners-Ernst 45); ähnlich Vinzenz Ferrer in einer Karfreitagspredigt (Ende 14./Anfang 15. Jh.; vgl. Dobrzeniecki 13). Entsprechend herrscht Erklärungszwang in frühen Schriften, die sich mit der bildlichen Darstellung auseinandersetzen (Michael Franciscus de Insulis, Ende 15. Jh.); Molanus spricht von Volksfrömmigkeit (»popularis ... pietas«), die sich an dem Bild erfreue (1570).

Ursprung wie auch Entstehungsmilieu des Bildthemas liegen nach wie vor im dunkeln. Das Motiv hat sich zunächst literarisch entwickelt: Vom Wunsch Ms, den Gekreuzigten zu umarmen (Nikodemus-Evangelium), über dessen Erfüllung (Gregor v. Nikomedien, 9. Jh.; Simeon Metaphrastes, 10. Jh.) zur Ausweitung dieses Gedankens (Umarmung Christi durch die gesamte Christenheit im →»Planctus ante nescia«, 2. Hälfte 12. Jh.) und schließlich zur Schoßnahme (zunächst nur des Hauptes Christi im sog. Anselm-Dialog, in den Meditationes vitae Christi; vollständig ausgeprägt dann bei Mechtild v. Hackeborn, 13. Jh.; vgl. Meier, Wimmer, Belting). Parallel zur lit. Ausformung gibt es eine ähnliche Entwicklung in Darstellungen des Threnos, die im Westen fortwirken (vgl. G. Swarzenski, Weitzmann, Maguire). Auch in Texten außerhalb des Passionszusammenhanges sowie allgemein in der Totenklage kann es zu einer P.-Situation kommen (s. Swarzenski 1934, Dobrzeniecki, Bertau). Im 15. Jh. ist das Motiv allgemein geläufig: Lit. →Klagen knüpfen oft an die Situation an. Bereits zu dieser Zeit begegnet man dem Ereignis mit archäologischem Interesse und kann im Hl. Land die Stelle besichtigen, an der M »leydig sass, do yr der todt lychnam yres lieben kyndes vom crutz benommen, alsbald uff yren schoss ward gelegt« (Breydenbach 1486).

3. Funktionen. Die Denkmäler hatten vermutlich von Anfang an unterschiedliche Aufgaben zu erfüllen, die noch zu erforschen wären; keines ist im ursprünglichen Zusammenhang erhalten. Die undifferenzierte Vereinnahmung als »Andachtsbild« ist nicht gerechtfertigt, wenngleich alle Darstellungen für eine solche Nutzung offen sind (Beispiel: ML III 562). Die kleineren Bildwerke sind durchaus im privaten Bereich denkbar, die frühen überlebensgroßen Exemplare standen wahrscheinlich auf einem Altar und hatten einen Altartitel zu verbildlichen; die Abstraktion vom Szenischen würde sich so erklären: ein mariol. (das »Officium de Compassione« entstand wohl im 14. Jh.; das Fest in Köln 1423), christol. (z. B. Kreuzaltar; Beweinungsgruppe im Dom von Triest, um 1420/30; vgl. Swarzenski, 1965, 116) oder gar eucharistischer Altartitel (z. B. Fronleichnamsaltar, das Fest seit 1317; vgl. Kobler 42) sind denkbar wie auch Doppelpatrozinien Christi und Me. Eine Aufstellung der P. im Schrein von Flügelaltären (zumindest seit dem späteren 14. Jh.; vgl. P. aus der Danziger Mkirche, heute Mus., Anfang 15. Jh.) wie auch eine Ausstattung mit Kreuz und Arma Christi (vgl. Malerei und Graphik) sind nicht auszuschließen. Viele Bildwerke dienten als Reliquiendepositorien (München, Bayer. Nat. Mus., um 1360). Denkbar sind Vesperbilder auch als Ausstattung eines Opferstocks (um zur »pietas« in Form einer Geldgabe anzuregen); überliefert ist der Fall, daß Spendern eine kleine P. über den Kopf gehalten wurde (1373; vgl. Kroos 508), wovon man sich wohl besonderen Gnadenerwerb versprach. Im Straßburger Münster stand seit 1404 ein Vesperbild — vielleicht als eine Art Wegweiser? — an einem Pfeiler außerhalb der Mkapelle (vgl. Kobler 42). Eine Verwendung von Bildwerken oder eines Teiles davon (z. B. eines abnehmbaren Christuskörpers) in der Liturgie oder im außerliturg. Spiel wäre näher zu untersuchen. Im späten 15. Jh. weist Michael Franciscus de Insulis auf die Bedeutung der Darstellung für Bruderschaften zu den »Sieben Schmerzen« hin (ersatzweise seien auch andere Mbilder recht, fügt er hinzu). (Weiteres unter 5, c und d).

4. Bedeutungen. Mit dem Motiv der Betrachtung und Umarmung des Gekreuzigten durch M sind vielschichtige Bedeutungen verknüpft worden. M führt Passionsmeditation vor; ihr Mitleiden, das sie physiognomisch mitteilt, erleichtert dem Betrachter den Einstieg in eine Passionsbetrachtung, die als Voraussetzung für die »Nachfolge Christi« angesehen wird — das beherrschende Ziel spätma. Frömmigkeit. Erst mit der Kreuzabnahme wird eine Verbindung von M und Gekreuzigtem überzeugend und eine intensive optisch-nahe Betrachtung aller Wunden Christi möglich; auf den historischen Ort weisen oft Totenschädel, Nägel oder die Dornenkrone am Boden, Blutspuren am Gewand Ms wie auch vermutlich ursprünglich ein Kreuz im Hintergrund. Umarmen und Schoßhalten sind in der Mystik Topoi, die für die »Unio mystica« stehen (s. z. B. Seuse, Büchlein der Ew. Weisheit, Kap. 19; Leben Seuses, Kap. 5, ed. Bihlmeyer 20 und 276). Manche Werke betonen die Präsentation Christi und die Vermittlung durch M. In Deutungen von Hld 1,12, als Antiphon im »Officium de Compassione« gesungen, erscheint die Braut mit dem Myrrhenbündel an der Brust als Präfiguration Ms mit dem vom Kreuz abgenommenen Sohn, ferner Ecclesias und der Seele des Gläubigen, die das Leiden Christi betrachten und in Erinnerung halten. Die mystische Ebene ist eine Konstante des Themas, unabhängig von seiner tatsächlichen Funktion; Ausgangspunkt für das ma. Verständnis ist jedoch stets die historische Ebene, also die Passion.

5. Werke des Mittelalters. a) Plastik. Die P. gibt es in allen Gattungen der bildenden Kunst, in der

Pietà, um 1340, Salmdorf bei München

Plastik kaum vor dem 2. Drittel des 14. Jh.s, überwiegend im deutschsprachigen Gebiet (zu den Denkmälern siehe Schiller und LCI). Bemerkenswert ist der Materialreichtum, bes. im 15. Jh.: neben Holz verschiedene Steinsorten, Ton, Gußstein, Leder. Die Werke sind zumeist auf eine Hauptansicht hin gearbeitet, die Rückseiten flach, oft ausgehöhlt; die Farbfassung unterstreicht stets die Aussage. Eine Denkmälergruppe entstand in der Nachfolge des Vesperbildes aus Scheuerfeld (Veste Coburg, um 1330; Salmdorf; Erfurt, Ursulinenkloster; Leubus, Nat. Mus. Warschau u. a.): die Denkmäler sind zumeist überlebensgroß und zeichnen sich durch Drastik in der Darstellung von Leid und Schmerz aus. ℳ sitzt stets auf einem Kastenthron und hält den Leichnam des Sohnes fast aufrecht. Eine Starrheit der Körperbildung ist den Werken gemein, die Wunden Christi, besonders die Seitenwunde, sind betont. Daneben gibt es kleinformatige Bildwerke wie jenes aus der Sammlung Röttgen (Bonn, Landesmus., Mitte 14. Jh.) mit ähnlichen Merkmalen. Die P. im Freiburger Augustinermuseum weint blutige Tränen (um 1330/40). Im Vesperbild des Erfurter Städt. Museums hält ein Engel einen Kelch unter die Seitenwunde Christi als Hinweis auf den Erlösungsaspekt der Passion und die Eucharistie (um 1360/70). Das Exemplar im Frankfurter Liebighaus verzichtet auf den Thron: ℳ sitzt auf Golgatha, der Schädelstätte, die durch Totenschädel und Knochen angedeutet wird (um 1420).

Nicht alle Exemplare offenbaren die Trauer ℳs physiognomisch (»Freudvolle Pietà«, Sammlung Bührle, Kunsthaus Zürich, 2. Viertel 14. Jh.). Theologisch ist ein Lächeln als Freude über das vollzogene Erlösungswerk »erklärbar« (vgl. Reiners-Ernst); fraglich ist aber, ob der moderne Betrachter den Gesichtsausdruck richtig liest, ob überhaupt physiognomischer Gefühlsausdruck angestrebt wurde oder nur Stilkonventionen vorliegen. Ähnlich problematisch ist die »Pietà corpusculum« mit kleinem Christuskörper (Erfurt, Dom-Mus., um 1360/70); sie wurde sowohl als Verbildlichung einer Rückschau ℳe von Golgatha nach Betlehem (vgl. Witte 47) wie auch als Vorausschau von Betlehem nach Golgatha (vgl. Kalinowski 234) gedeutet — beides lit. nachweisbar; fraglich bleibt aber, ob wirklich ein nennenswerter Bedarf nach Verbildlichung visionärer Gedanken bestand (die Möglichkeiten von Texten sind nicht beliebig auf Bilder übertragbar) oder ob nur mangelndes Interesse an proportional korrekter Wiedergabe vorliegt. (Dem Assoziationsvermögen des Betrachters stand es jedoch in beiden Fällen frei, mehr zu erkennen.)

Auch in der Portalplastik ist das Thema anzutreffen: In Schwäbisch-Gmünd sieht man eine am Boden sitzende ℳ, der Leichnam des Sohnes in den Schoß gelegt wird, eine von den hierarchischen Formulierungen offenbar völlig unbeeinflußte Darstellung (Heiligkreuzkirche, nördliches Chorportal, um 1351); im Tympanon der Lorenzkirche in Nürnberg dagegen eine thronende P. (um 1355/60).

Um 1400 verbreiteten sich im Zuge des »Schönen Stils« Bildwerke von idealer Gestaltung (vgl. Kat. »Stabat mater«): Im Ganzen erscheint gemildert, was bei den älteren Werken entsprechend Zeit- und Regionalstil drastisch veranschaulicht wurde. ℳ hält den Oberkörper des Sohnes fast waagerecht. Sie trägt oft ein weißes Kopftuch mit Blutspritzern (Legitimation des Bildwerks aus dem »Stabat mater« unter dem Kreuz; Joh 19,25). Blutige Tränen als Zeichen extremen Mitleidens sind nun häufiger zu sehen. Die Ansicht, erst dieser als »beruhigt« bezeichnete Typus (in Gegensatz zum älteren, »mystisch aufgewühlten«) habe auf die Altäre gestellt werden können (vgl. Körte 107; Ausst.-Kat., Kunst um 1400, 74) ist überprüfungsbedürftig.

Im späteren 14. und frühen 15. Jh. findet man neben den Haupttypen auch einen mit schräg in den Armen der Mutter liegenden Christus (aus Unna; Münster, Landesmus.). Im späteren 15. Jh. läßt man — vermutlich im Zuge wachsender realistischer Tendenzen der Kunst — Christus immer mehr zu Boden sinken; ℳ wird schließlich in Anbetung gezeigt (Anfang 16. Jh., Peter Breuer, Zwickau, ℳkirche).

In Frankreich war die älteste plastische P. ein heute verschwundenes Werk Claus Sluters

(1388/90; vgl. Mâle III 122). In England brachte die Alabasterproduktion zahlreiche Reliefs hervor (Paris, Cluny-Mus.; London, Victoria & Albert-Mus.; vgl. Hildburgh). Italien kennt Importe aus dem Norden (vgl. Körte), gibt aber in der eigenen Produktion Gruppenbeweinungen den Vorzug (Pietàgruppe im Schrein, Pordenone, Raccolta comunale, um 1508/09; vgl. Mostra di Crocifissi 176). In Skandinavien haben sich aus dem 15. Jh. bemerkenswerte Exemplare mitsamt Schreinen erhalten (z. B. Askeby, um 1400, ehemals mit Flügeln; vgl. Tångeberg 135).

b) Tafel- und Wandmalerei. Zahlreiche Beispiele gibt es in der ma. Malerei: Im Zentrum, dem »Schrein« des Flügelaltars, finden wir die P. bei Cecco di Pietro (Pisa, Mus., 1377) oder im Retabel in Landshut (Burg Trausnitz, um 1430—40; mit groß herausgestellter Hl. Lanze aus den Reichskleinodien, dazu seit 1353 das »Festum lanceae et clavorum«); mehrfach auch in Zyklen des 13./14. Jh.s und später in der Tradition ital. Beispiele, wohl unbeeinflußt von der Plastik (Tafel aus San Francesco, Perugia, Galleria Naz., um 1260—80; Hohenfurther Altar, Prag, Nationalgalerie, um 1350; Passionsretabel, Graz, Landesmus., um 1360/70). Ein Reflex plastischer Werke befindet sich am Thorner Altar (heute Pelplin, Diözesanmus., um 1390). Auf der Westwand der Kirche in Tensta erscheint eine P. mit zwei weihrauchspendenden Engeln (Schweden; Johannes Rosenrod, 1437).

c) Buchmalerei. Viele Beispiele enthalten die Stundenbücher des MA: Häufig illustriert die Darstellung Mgebete: das »Obsecro te«, das »O intemerata« oder — in franz. Exemplaren — das »Douce dame de miséricorde« (die keinen passionsspezifischen Inhalt haben und bemerkenswerterweise ebenso häufig von einer Madonna mit Kind illustriert werden) oder das »Stabat Mater«. In Stundenzyklen seit dem Ende des 14. Jh.s erscheint die P. zur Vesper oft zusammen mit der Kreuzabnahme (Officium Passionis, Très-Belles Heures, Paris, Bibl. Nat., nouv. acq. lat. 3093, fol. 216, um 1385 / Anfang 15. Jh.). Sie kann das Mofficium einleiten (Privatbesitz, fol. 68ᵛ, Utrecht, ca. 1405—10; vgl. Ausst.-Kat., Andachtsbücher, Köln 1987, Nr. 48) oder das »Officium de Compassione BMV« (Paris, Bibl. Nat., lat. 10527, fol. 110, gegen 1385; siehe hierzu und zum Folgenden jeweils Leroquais). In einem franziskanischen Stundenbuch und Missale vom Ende des 14. Jh.s illustriert sie eine lange Mklage (Paris, Bibl. Nat., lat. 1352, fol. 198) im Rohan-Stundenbuch die »Fünf Schmerzen« (Paris, Bibl. Nat., lat. 9471, fol. 41, frühes 15. Jh.). Mit einer Klage des Gekreuzigten ist das Thema verbunden in den »Petites Heures« des Duc de Berry (Paris, Bibl. Nat., lat. 18014, fol. 286ʳ, Ende 14. Jh.); zu Beginn der Passionserzählung nach Johannes erscheint es in einem franz. Exemplar des 15. Jh.s (Paris, Bibl. Nat., lat. 13263, fol. 19). In einem Breviarium Romanum leitet das Motiv das Kirchenjahr ein (Paris, Bibl. Nat., lat. 1314, fol. 113ʳ, 2. Hälfte 15. Jh.), in einem span. Franziskaner-Brevier die »Vigilia transfixionis sanctae Mariae« (Paris, Bibl. Nat., lat. 1064, fol. 450ᵛ, 2. Hälfte 15. Jh.), in einem franziskanischen Missale den Kanon (Troyes, Bibl. municipale, ms. 1945, fol. 103, 2. Hälfte 15. Jh.). Im Speculum humanae salvationis kann es seit dem späten 14. Jh. in der Folge der »Sieben Schmerzen« den »Sechsten Schmerz« illustrieren (anstelle der Beweinung/Salbung — der Text beschreibt allerdings immer die P.-Situation; Berlin Staatsbibl., ms. theol. lat. fol. 734, fol. 39); eine dt. Biblia pauperum zeigt die P. im Bildzyklus (Wolfenbüttel, Herzog-August-Bibl., cod. 69.6a Aug. 2°11, 2. Viertel 15. Jh.). Einer Abschrift von Ludolfs v. Sachsen »Vita Christi« geht das Motiv voran (Paris, Bibl. Geneviève, Ms. 544, fol. 1ʳ, spätes 15. Jh.). Die Bildseite zu Beginn der Handschrift »Somme le roi« (»Livre des vices et des vertus«), zeigt eine P. als Gegenstand eines Gebetes der Herzogin Isabella Stuart, die von Franziskus begleitet wird: dessen Stigmata stehen in betonter Verbindung zu Christi Wunden als Hinweis auf die »Imitatio Christi«, die aus der Leidensbetrachtung folgen soll (Paris, Bibl. Nat., fr. 958, fol. F verso, 1464 datiert).

d) Frühe Drucke. In ähnlichen Zusammenhängen erscheint die P. in Frühdrucken, in den »Fünf« bzw. »Sieben Schmerzen Mariae«, in Passionszyklen oder im Stundengebet (siehe dazu Schramm und Prince d'Essling). In einem Breviarium Romanum leitet sie das »Officium BMV« ein (Paris 1517). Vielfach steht sie auf der Titelseite von Andachsbüchern (Die gulden letanie vanden passien ons Heeren, Antwerpen 1494; »Spiegel der Einkehr zu Gott«, Magdeburg: Simon Koch o. J.; Ps.-Bonaventura, »Devotissime meditationes«, Venedig 1497; engl. Ausgaben der »Imitatio Christi« des Thomas v. Kempen, Oxford: Wynkyn de Worde, um 1515; R. Pynson, 1503). In einer venezianischen Ausgabe (o. J.) der »Ars moriendi« finden wir sie als Annex zum Bilderzyklus; in der »Auslegung der Hl. Messe« (Leipzig 1495, fol. 77ᵛ) zum Abschluß des Kanons. Eine P. als Altarbild zeigt eine Illustration von Thomas Murners »History von den fier ketzeren« (ca. 1510; hier im Kapitel über ein angeblich sprechendes Bildwerk). Einblattdrucke verbinden das Thema oft mit Ablaßgewinn (»Sechs Rufe Mariae«, Straßburg: Johann Prüss, nach 1483; Schramm 20, 1075; engl. Einblattdruck mit Leidenswerkzeugen Christi, die als Memorierhilfe um das Vesperbild angeordnet sind; Heitz 88, 13). Ein Einblattdruck mit einer Eucharistieerklärung erschien in Leipzig bei Melchior Lotter (Anfang 16. Jh.; Heitz 64, 5).

e) Kunsthandwerk. Ma. Medaillen und Wallfahrtsdevotionalien des 15. und 16. Jh.s weisen mit dem Motiv auf verehrte Gnadenbilder hin (siehe Köster). Auf Reliquiaren (Strick-, Ruten- und Geißelreliquiar im Wittenberger Heiltumsbuch, 1509), Kaselstäben (Köln, St. Johann Baptist, um 1500) und Bildteppichen (Antependium, Glasgow, The Burrell Collection, um 1460/70) ist das Thema anzutreffen.

6. *Werke des Nachmittelalters.* Die Darstellungen greifen oft einzelne Bedeutungsaspekte der älteren auf bzw. betonen sie. Michelangelos P. zeigt den nördlichen Typus (Rom, St. Peter, 1498/1500), die spätere Fassung die Entstehung aus der Kreuzabnahme (Florenz, Dom, 1550/56). Bereits seit dem späten 15. Jh. begegnet das Motiv häufig in der Sepulkralkunst (Epitaph, Kloster Scheyern, 1464); in der Barockplastik erlebte es eine neue Blüte (G. R. Donner, Gurk, Dom, 1740/41).

Zahlreicher als in der Skulptur sind die Beispiele der Malerei: Giovanni Bellini stellt die P. einsam in eine Landschaft in der Absicht, meditative Atmosphäre zu erzeugen (Venedig, Akademie, um 1500). Bronzino überhöht das Thema durch das memorative Motiv der Arma-Christi-Engel am Himmel (Florenz, Palazzo Vecchio, 1545—53). Tintoretto zeigt, wie der Leichnam in den Schoß der ohnmächtigen Mutter gelegt wird (Venedig, Akademie, um 1559). Tizian schuf eine P. für seine Grabstätte in der Cappella del Crocifisso der Frarikirche (Venedig, Akademie, 1576). Arma Christi liegen als memorativer Appell in vielen Beispielen scheinbar zufällig-nachlässig am Boden (Anton van Dyck, München, Bayer. Staatsgemäldesammlungen, 1634); oft ist auch das Salbgefäß mit Myrrhe groß herausgestellt — vielleicht in Anspielung auf Hld 1,12 aus dem »Officium de Compassione«.

Vielfache Verwendung fand die P. im gegenref. Andachtsbild (Brüder Wierix, Ende 16. / Anfang 17. Jh.; vgl. Spamer) und in Votivbildern zu allen Anlässen bis ins 19. Jh.

In Darstellungen des 19. und 20. Jh.s werden die Grenzen zwischen rel. und profan fließend (G. Minne, Bronze, 1886; W. Lehmbruck, Studien, 1918—19; K. Kollwitz, Bronze, 1938); zahlreiche Beispiele finden sich auf Kriegerdenkmälern.

Lit., Nachweise von Denkmälern: P. Heitz (Hrsg.), Einblattdrucke des 15. Jh.s, Straßburg 1901ff. — V. M. Prince d'Essling, Les livres à figures vénetians, Florence/Paris 1907—14. — A. Schramm, Der Bilderschmuck der Frühdrucke, 23 Bde., 1920—43. — V. Leroquais, Les sacramentaires et les missels manuscrits des bibliothèques publiques de France, 1924. — V. Leroquais, Les livres d'heures manuscrits de la Bibl. Nat., Paris 1927—43. — V. Leroquais, Les bréviaires manuscrits des bibliothèques publiques de France, 1934. — E. Hodnett, English Woodcuts 1480—1535, 1935. — Ausst.-Kat., Andachtsbücher des MA aus Privatbesitz, hrsg. von J. M. Plotzek, Köln 1987. — Zur Pietà: B. v. Breydenbach, Reise nach Jerusalem, Mainz 1486. — Michael Franciscus de Insulis, Quodlibetica decisio perpulchra et devota de septem doloribus Christifere virginis marie, Antwerpen Ende 15. Jh. — Th. Murner, Von den fier ketzeren, Straßburg ca. 1510. — J. Molanus, De picturis et imaginibus sacris liber unus: tractans de vitandis circa eas abusibus, & de earundem significationibus, Lovanium 1570. — Mâle III. — F. Witte, Die Skulpturen der Sammlung Schnütgen in Cöln, Berlin 1912. — W. Pinder, Die dichterische Wurzel der P., In: Repertorium für Kunstwissenschaft 42 (1920) 145—163. — W. Pinder, Die dt. Plastik vom ausgehenden MA bis zum Ende der Renaissance I, 1924. — W. Passarge, Das dt. Vesperbild im MA, 1924. — G. Swarzenski, Ital. Quellen der dt. P., In: FS für H. Wölfflin, 1924, 127—134. — E. Panofsky, Imago Pietatis, In: FS für M. J. Friedländer, 1927, 261—308. — A. Spamer, Das kleine Andachtsbild vom XIV. bis zum XX. Jh., 1930, Nachdr. 1980. — F. K. Schneider, Die ma. Typen und die Vorformen des Vesperbildes, Diss., Kiel 1931. — H. Swarzenski, Quellen zum dt. Andachtsbild, In: ZfKG 4 (1935) 141—144. — W. Körte, Dt. Vesperbilder in Italien, In: Kunstgeschichtliches Jahrbuch der Bibliotheca Hertziana 1 (1937) 1—138. — E. Reiners-Ernst, Das freudvolle Vesperbild und die Anfänge der P.-Vorstellung, 1939. — L. Kalinowski, Geneza piety średniowiecznej, In: Polska akademia umiejętności. Prace komisji historii sztuki 10 (Krakow 1952) 153—260. — Th. Meier, Die Gestalt Marias im geistlichen Schauspiel des dt. MA, 1959. — W. L. Hildburgh, English alabaster representations of the Lamentation over the dead Christ, In: The Journal of the British Archaeological Association ser. III 19 (1956) 14—19. — R. Berliner, Bemerkungen zu einigen Darstellungen des Erlösers als Schmerzensmann, In: Mün. 9 (1956) 97—117. — Mostra di Crocifissi et pietà medioevali del Friuli, Udine 1958. — E. M. Vetter, Mulier amicta sole und Mater Salvatoris, In: MJbK 3. Folge, 9/10 (1958/59) 32—71, bes. 56. — K. Weitzmann, The Origin of the Threnos, In: De artibus opuscula XL. Essays in honor of E. Panofsky, 1961, 476—490. — W. Krönig, Rheinische Vesperbilder aus Leder und ihr Umkreis, In: Wallraf-Richatz-Jahrbuch 24 (1962) 97—192. — K. Köster, Rel. Medaillen und Wallfahrts-Devotionalien in der flämischen Buchmalerei des 15. und frühen 16. Jh.s, In: FS für G. Hofmann, 1965, 459—504. — H. Swarzenski, Eine Beweinungsgruppe des Weichen Stils in Boston, In: FS für Th. Müller, 1965, 113—117. — T. Dobrzeniecki, Mediaeval sources of the Pietà, In: Bulletin du Musée National de Varsovie 8 (1967) 5—24. — Schiller II 192—195. — E. Wimmer, Maria im Leid. Die Mater dolorosa insbesondere in der dt. Literatur und Frömmigkeit des MA, Diss., Würzburg 1968. — Ausst.-Kat., Stabat Mater, Salzburg 1970. — T. Buser, The Pietà in Spain, Diss., New York 1974. — J. Boccador, Statuaire médiévale en France de 1400 à 1530, 1974. — Ausst.-Kat., Kunst um 1400 am Mittelrhein, Frankfurt a. M. 1975, 72—79. — R. Suckale, Arma Christi. Überlegungen zur Zeichenhaftigkeit ma. Andachtsbilder, In: Städel-Jahrbuch, N. F. 6 (1977) 177—208. — H. Maguire, The Depiction of Sorrow in Middle Byzantine Art, In: Dumbarton Oaks Papers 31 (1977) 123—174. — H. Körner, Der früheste dt. Einblattholzschnitt, 1979. — F. Kobler, »man nente es das trawrige Mariabild«, In: Die Parler und der Schöne Stil, Resultatband zur Ausst., Köln 1980, 41—44. — H. Belting, Das Bild und sein Publikum im MA, 1981. — K. Bertau, Wolfram v. Eschenbach, 1983, 259ff. — F. O. Büttner, Imitatio pietatis, 1983. — R. Kroos, Opfer, Spende und Geld im ma. Gottesdienst, In: Frühma. Studien 19 (1985) 502—519. — G. Minkenberg, Die plastische Marienklage, Diss., Aachen 1986. — V. G. Probst, Bilder vom Tode. Eine Studie zum dt. Kriegerdenkmal in der Weimarer Republik am Beispiel des P.-Motives und seiner profanierten Varianten, 1986. — P. Tångeberg, Ma. Holzskulpturen und Altarschreine, 1986. — M. Schawe, Fasciculus myrrhae. P. und Hoheslied, In: Jahrbuch des Zentralinstituts für Kunstgeschichte 5/6 (1989/90) 161—212. — J. Micheler, Neue Funde und Beiträge zur Entstehung der P. am Bodensee, In: Jahrbuch der Staatl. Kunstsammlungen in Baden-Württemberg 29 (1992) 29—49. — LCI IV 450—546. *M. Schawe*

Pietro da Cortona, eigentlich Pietro Berrettini da Cortona, *1.11.1596 in Cortona, † 16.5.1669 in Rom, Fresko- und Tafelbildmaler, Dekorateur und Architekt, von größter Bedeutung für die Entwicklung der röm. und gesamtital. Barockkunst, ein uomo universale, der in seiner Bedeutung direkt neben die Carracci, Bernini und Borromini zu stellen ist.

P. entstammt einer alten Steinmetz- und Baumeisterfamilie aus Cortona. Früh wird er in die Lehre zum Maler Andrea Commodi nach Florenz gegeben. 1612 folgt er dem Meister nach Rom. Ab 1614 begibt er sich hier unter die Leitung des Baccio Ciarpi. P. schult sich vor allem durch Kopieren älterer Werke (des Raffael, Polidoro da Caravaggio und Michelangelo). Genauso wichtig wird ihm das Zeichnen nach Antiken. Von der Familie Sacchetti bei Kardinal Francesco Barberini, dem Nepoten des Papstes Urban VIII., eingeführt, kommt es ca. 1633—39 zur Freskierung des großen Saales im Palazzo

Barberini, die ihn zu einem der bevorzugten Maler Roms macht. Immer wieder erhält er nun Aufträge für den päpstlichen Hof. 1634 wird P. zum Principe der Accademia di S. Luca ernannt. 1640—47 hält er sich meist in Florenz auf (Ausmalung des Palazzo Pitti). Die Jahre 1647—69 werden als seine zweite röm. Periode bezeichnet. Hauptwerke dieses Zeitraums sind die Dekorationen der Chiesa Nuova, der Galerien im Palazzo Pamfili und Palazzo Quirinale und die Arbeiten für die Kirchenfassaden von S. Maria della Pace und S. Maria in Via Lata. 1652 gibt P. zusammen mit Giovanni Domenico Ottonelli unter den anagrammierten Pseudonymen Odomenigico Lelonotti da Fanano und Britio Prenetteri den »Trattato della pittura e scultura, uso, et abuso loro« heraus, der disziplinierende Regeln aufstellt in bezug auf Sujets und deren Darstellungsmodi. 1656 wird P. vom Papst zum Cavaliere ernannt. Die Zahl der Schüler P.s ist sehr groß. Zu den bekannteren zählen Luca Giordano, Pietro Testa und Carlo Cesio. Stilistisch sehr nahe steht ihm Ciro Ferri.

Bei seinen Fresken ist P., ausgehend von Guercino, Domenichino und Lafranco, auf die Darstellung eines konsequenten Illusionismus bedacht. Die dynamisch bewegten, figurenreichen Kompositionen mit starken Licht-Schatten-Kontrasten ordnen sich zugleich ohne Schwierigkeiten in einen größeren Dekorationszusammenhang ein. Die Reihe der Fresken mit marian. Themen beginnt in der Kapelle der Villa Saccetti-Chigi in Castel Fusano. 1626/29 malt P. hier und stellt in einem größeren Zyklus auch die »Anbetung der Hirten« und die »Flucht nach Ägypten« dar. In den Fresken der Kapelle des Palazzo Barberini in Rom (1631/32) finden sich fünf marian. Szenen, die als quadri riportati gegeben sind: »Verkündigung«, »Hl. Familie«, »Anbetung der Hirten«, »Flucht nach Ägypten«, »Kreuzigung«. In der Kapelle des Appartamento Vecchio des Vatikanpalastes ist die »Grablegung Christi« gezeigt (1635). Von größerer Bedeutung sind die Fresken in S. Maria in Vallicella (Chiesa Nuova) in Rom. In eine dominierende Stuckdekoration sind marian. Szenen eingebunden. Im Chor ist die »Himmelfahrt ⓜs« dargestellt (1655/60), die mit der Kuppelausmalung (»Dreifaltigkeit«) inhaltlich verbunden ist, im Langhaus die »Vision des hl. Filippo Neri während der Erbauung der Kirche« (1662/65): durch eine ⓜerscheinung wird ein Unglück auf der Baustelle verhindert.

Bei den Tafelbildern ist ein starker Einfluß von Correggio festzustellen. Einzelne Figurentypen gehen auf Domenichino zurück. Eine einmal gefundene Kompositionslösung wird oft nur wenig variiert. Das Thema »ⓜ mit dem Kind und die hl. Martina« beispielsweise gestaltet P. siebenmal. Der Aufbau bleibt jedesmal gleich. Im Querrechteck vor Naturhintergrund erscheint die Heilige von links oder rechts kniend vor ⓜ mit dem Kind, mit welchem sie durch Gesten innig verbunden ist (Paris, Louvre, 1643; London, Privatsammlung, Replik, 1643; New York, Met. Mus., 1645; Perugia, Accademia di Belle Arti, 1645; London, Earl of Westminster, 1645/50; Paris, Louvre, 1647; Rom, S. Maria in Vallicella, Stanze di S. Filippo, 1647). Ein anderes Beispiel sind Sacre Conversazioni der ⓜ mit zwei oder mehr Heiligen. Sie orientieren sich an venezianischen Vorbildern. Eine erste Fassung ist als Kopie nach Tizian bekannt (Rom, Palazzo Senatorio, 1622). Exemplare aus Cortona (S. Agostino, 1626/28) und Mailand (Brera, 1631) zeigen im pyramidalen Aufbau vor Architekturkulisse ⓜ mit dem Kind zentral angeordnet, flankiert von den Heiligen in Seiten- oder Schrägansicht links und rechts unterhalb (andere Beispiele: Cortona, Monastero di S. Girolamo delle Oblate Salesiane, 1659; Boston, Mus. of Fine Arts, undatiert).

Als Architekt scheint P. Autodidakt gewesen zu sein. Gleich Borromini strebt er die Entwicklung eines neuen Stils der Verlebendigung der Mauermassen durch den Wechsel konkaver und konvexer Bauteile und das Spiel mit Licht und Schatten an. Heute zerstört ist die Cappella dell' Imagine di Maria Vergine della Concezione in S. Lorenzo in Damaso (Rom), deren Umbau und Ausmalung ca. 1635 anzusetzen ist. Wichtigstes Projekt P.s war die Neugestaltung der Fassade von S. Maria della Pace in Rom und die Erweiterung des Platzes vor der Kirche (1655/57). Die Basis des Umbaus bildete die Kenntnis der Architekturen Bramantes, Peruzzis und antiker Beispiele (Diokletiansthermen). In der Horizontalen wirkt die Schaufassade dreiteilig: ein exedraartiger Körper bildet die Rückfront, in die die eigentliche Kirchenfassade gesetzt ist, deren Eingangsbereich sich tempiettoartig vorwölbt. Konvexe und konkave Formen sowie der Einschluß zweier Durchgänge in die Front lassen die Kirche mit dem Platz organisch in Beziehung treten. Um 1658—68 ist P. für den Fassadenbau der Kirche S. Maria in Via Lata (Rom) verantwortlich. Die relativ schlichte, flache Front lebt von der Licht-Schattenwirkung zweier übereinandergesetzter rhythmischer Säulenordnungen, deren obere als Serliana ausgebildet ist und von einem Giebel überfangen wird.

Weitere WW mit marian. Thematik: Geburt ⓜs: Rom, Privatsammlung, 1620/24; Perugia, Pinacoteca, 1643; Rom, Palazzo Quirinale (Replik), 1643; Paris, Louvre (Replik), 1643. — Verkündigung: Perugia, Chiesa dei Filippini, 1657/62; Carrara, Dom (Replik), 1657/62; Cortona, S. Francesco, 1665. — ⓜ mit dem Kinde (und Engeln): Rom, Pinacoteca Capitolina, 1625/30; Rom, Palazzo Sacchetti, 1630; Rom, Palazzo Rospigliosi, 1630/35; England, Privatsammlung (Replik), 1625/30; Bordeaux, Mus., 1641. — Anbetung der Hirten: Ascoli Piceno, Privatsammlung, 1628/30; Providence, Rhode Island School of Design Mus. of Art, 1630; Rom, Palazzo Mattei, 1625/26; Madrid, Prado, 1660; Aversa, S. Francesco, undatiert; Cortona, Cattedrale (Replik), 1663. — Kreuzigung: Castel Gandolfo, S. Tommaso da Villanova, 1661; Mailand, Pinacoteca Ambrosiana, undatiert. — ⓜ mit Kind und hl. Franziskus: Arezzo, Chiesa della SS. Annunziata, 1641; Rom, Pinacoteca Vaticana (Replik), 1641; St. Petersburg, Eremitage, 1641. — ⓜ mit Kind und hl. Johannes: Florenz, Privatsammlung, 1643. — ⓜ mit Kind und hl. Bernhard: Toledo/Ohio, Mus., 1626. — ⓜ mit Kind und hl. Katharina: London, Sammlung Earl of Westminster, 1645/50.

Verschollene, undatierbare Tafelbilder (mit ehem. Standort): Geburt Ms: Ferrara, Sammlung Costabili; Paris, Versteigerung 1883; Rom, S. Giovanni Decollato (Ausstellung). — Vermählung Ms: Florenz, Sammlung Gerini; Paris, Versteigerung 1774. — Verkündigung: Rom, Kardinal Imperiale; Turin, Palazzo Reale. — Geburt Christi (?): Capua, Cattedrale; Florenz, Sammlung Borri; Perugia, Casa Veracchi; Rom, S. Giovanni Decollato (Ausstellung); Rom, M. N. Giudicci. — M mit dem Kind: Cortona, Palazzo Quintani; Düsseldorf, Kurfürstliche Sammlung. — Hl. Familie: Longfort Castle, Sammlung Lord Folkstone. — Anbetung der Hirten: Bergamo, Sammlung G. Carrara; Florenz, Uffizien; England, Sammlung Duke of Hamilton; London, Osterley Park; Neapel, Sammlung G. Capece Zurlo; Paris, Versteigerung 1809; Sammlung J. Barnard. — Flucht nach Ägypten: Florenz, Palazzo Pitti; Neapel, Palazzo della Torre; Perugia, Casa Veracchi. — Kreuzigung: Rom, Il Gesù. — Schmerzhafte M: Florenz, Sammlung Arnaldo. — Die Marien am Grabe: Serravezza, Compagnia della Misericordia. — Himmelfahrt Ms: Neapel, Palazzo Ruffo. — Krönung Ms: Ferrara, Sammlung Costabili. — Mglorie: Sarzana; Rom, S.Maria in Vallicella; Florenz, Sammlung Canevaro. — M: Florenz, Sammlung Ginori; Florenz (für Carlo de'Medici); Paris, Versteigerung 1821; Perugia, Casa Cenci; Perugia, Casa Penna. — M mit dem Kind und dem hl. Franziskus: Rom, Palazzo Albani; Rom, Palazzo Colonna. — M mit dem Kind und dem hl. Januarius: Granada, Convento dell' Angelo Custode. — M mit dem Kind und dem hl. Johannes: Madrid, Sammlung Graf von Salamanca; Paris, Versteigerung 1868; Parma, Galleria; Rom, Palazzo Barberini; Rom, Casa di Ciro Ferri; Rom, Palazzo Silvestri; Venedig, Sammlung Doge Pesaro; Wien, Belvedere. — M mit dem Kind und dem hl. Karl Borromäus: Mailand, Palazzo Omodei. — M mit dem Kind und der hl. Katharina: Sammlung Taylor. — M erscheint der hl. Margaretha v. Cortona: Rom, Palazzo Rondanini. — M mit dem Kind und der hl. Martina: Cortona, Palazzo Ridolfini Corazzi; St.Petersburg, Eremitage; Rom, Palazzo Barberini. — Hl.Philippus vor M: Pisa, Dom. — M mit dem Kinde und ein(e) heilige(r): Florenz, Galleria Rinuccini; Perugia, Sammlung Antonini. — Sacra Conversazione: Florenz, Palazzo del Rosso; Florenz, Sammlung Gerini; Florenz, Sammlung Guadagni. — Standarte mit Mbild: Rom, S.Maria Maggiore, 1632.

Zeichnungen mit marian. Themen: Vermählung Ms: Florenz, Uffizien. — Verkündigung: München, Staatl. Graphische Sammlung; Paris, Louvre; Wien, Albertina; Florenz, Uffizien. — Anbetung der Hirten: Florenz, Uffizien (3 Exemplare); London, British Mus.; München, Staatl. Graphische Sammlung; Rom, Gabinetto Nazionale delle Stampe. — Kreuzigung: Holkham Hall; London, British Mus. — Himmelfahrt Ms: London, British Mus. — M: Cambridge/USA, Fogg Mus.; Florenz, Uffizien; Haarlem, Teylers Mus. — M und die hl. Katharina (Margarethe ?): Florenz, Uffizien. — M und die hl. Martina: Florenz, Uffizien. — M und die hl. Margaretha v. Cortona: Florenz, Uffizien. — M und ein Heiliger: Windsor Castle, Royal Library. — Thronende M und Heilige: Florenz, Uffizien. — Mglorie: Paris, Louvre.

Lit.: N. Fabbrini, Vita dell cavaliere P., pittore ed architetto, 1896. — A. Muñoz, P., 1923. — S.v.Below, Beiträge zur Kenntnis P.s, Diss., München 1932. — Ausst.-Kat., Mostra di P. Cortona, Rom 1956. — G. Briganti, P. o della pittura barocca, 1962, ²1982. — K. Noehles, Architekturprojekte Cortonas, In: MJbK 3.Folge, 20 (1969) 171—206. — H. Ost, Studien zu P.s Umbau von S. Maria della Pace, In: Röm. Jahrbuch für Kunstgeschichte 13 (1971) 231ff. — C. Brandi, La prima architettura barocca. P., Borromini, Bernini, 1972. — P. Architetto. Atti del convegno di studio promosso nella ricorrenza del III centenario della morte. Cortona Settembre 1969, Cortona 1978. — F. Abbate, P., 1978. — L. Kugler, Studien zur Malerei und Architektur von Pietro Berrettini da Cortona, Diss., Bochum 1985.

Th. J. Kupferschmied

Pighius (Pigge) Albertus, * um 1490 in Campen, Provinz Overijssel, † 29. 12. 1542 in Utrecht. 1507 wurde er an der Universität Löwen immatrikuliert. Hier wurde er Schüler von Adrian v. Utrecht und 1509 Magister. 1518—1522 studierte er in Paris. Nach der Papstwahl Hadrians VI. (1522) kam er nach Rom und wurde dort Kammerherr. Um 1534 kehrte er in die Heimat zurück, wirkte als Propst von St. Johann in Utrecht unermüdlich als Verteidiger der Kirche und bemühte sich um die Erhaltung des Glaubens (u. a. in Köln, Brüssel, Genf und Löwen). Papst Paul III. berief ihn zur Teilnahme am Religionsgespräch in Worms 1540. Am Religionsgespräch in Regensburg (1541) durfte er nicht teilnehmen, konnte aber nach Abbruch des Regensburger Colloquiums die prot. Artikel beraten und seine theol. Ansichten vortragen.

P. war lit. äußerst produktiv. Er verfaßte Schriften gegen Heinrich VIII., verteidigte die kirchliche Hierarchie und die päpstliche Unfehlbarkeit in seinem einflußreichen Werk »Hierarchiae ecclesiasticae assertio« (1538). Sein Konzilsverständnis ist papalistisch. Das Konzil besitzt nur in Verbindung mit dem Papst Unfehlbarkeit. In der ungedruckten Schrift »De nostrae salutis et redemptionis mysterio« (Vat. Ottob. lat. 774) wandte er sich gegen das Augsburger Bekenntnis und erörterte u. a. die Frage der Rechtfertigung. Einflußreich war auch sein Werk »Controversiarum«, das 1541 zum ersten Mal gedruckt wurde und mehrere Auflagen erlebte mit wichtigen Aussagen über Erbsünde und Rechtfertigung. 1542 veröffentlichte P. seine Schrift über die Willensfreiheit »De libero hominis arbitrio et divina gratia«. Seine letzte Schrift war die »Apologia adversus Martini Buceri Calumnia« (1543), die erst nach seinem Tode erschien. Durch seine Ansichten über Papst und Konzil, Erbsünde und die doppelte Gerechtigkeit hat P. stark nachgewirkt.

Die Mariol. steht bei P. nicht im Vordergrund. Er hat keine Monographie darüber verfaßt, aber sowohl in seiner »Hierarchia« als auch in seinen Schriften über Rechtfertigung und Erbsünde finden sich mariol. Aussagen. So verweist er im ersten Buch der »Hierarchia« auf Gal 4,4 und spricht von der Fülle der Zeiten, als Gott seinen Sohn sandte, geboren von einem Weibe, geboren unter dem Gesetz. In den Controversiae betont P. die Jungfräulichkeit Ms: Christus wurde ohne Mitwirkung eines Mannes von Hl. Geist empfangen und von der Jungfrau M ohne Verletzung der Jungfräulichkeit geboren. Auch im Kapitel 13 finden sich Aussagen über M bei der Erörterung der Verehrung und Anrufung der Heiligen. Hier druckt P. auch Gebete an die sel.Jungfrau M ab. M bezeichnet er als die von Ewigkeit her erkorene Jungfrau aus der Wurzel Jesse, dem Stamme David und dem Samen Abrahams. In ihr sollte der Sohn Gottes Menschennatur annehmen.

Lit.: H. Jedin, Studien über die Schriftstellertätigkeit A. Pigges, 1931. — L. Pfeiffer, Ursprung der kath. Kirche und Zugehörigkeit zur Kirche nach Albert Pigge, 1938. — J. Feiner, Die Erbsündenlehre A. Pigges, 1940. — R. Bäumer, Das Kirchenverständnis A. Pigges, In: Volk Gottes, Festgabe für J. Höfer, 1964, 306—322. — Ders., A. Pigge, In: Kath. Theologen der Reformationszeit I², 1990, 98—106. *R. Bäumer*

Pignatelli, José, hl.Jesuit, * 27.12.1737 in Zaragoza, † 15.11.1811 in Rom, war Sohn des Fürsten Antonio Pignatelli von Aragón und der

Franzisca Moncayo, Markgräfin de Coscojuela y de Mora, wurde früh verwaist und von seinem ältesten Bruder auf das Jesuiten-Kolleg de la Concepción in Zaragoza geschickt. Hier wurde er Präfekt der MC »von der Verkündigung«, entfaltete mit den Sodalen karitative Tätigkeiten und beteiligte sich an lit. Übungen. Hieraus entstand sein späteres Apostolat. Als Kind des Landes Aragón war er ein großer Verehrer der GM del Pilar (Zaragoza).

Die Unterlagen des Kanonisationsverfahrens bezeugen, daß er sein Leben lang eine innige und vertraute Liebe zu M hegte und »zur allerseligsten Jungfrau Maria vom Guten Rat eine besondere Verehrung pflegte: Zu ihr nahm er Zuflucht, um seine Berufung in der Gesellschaft Jesu zu erkennen; ihr war er immer dankbar ergeben für sein Leben als Jesuit« (Proc. Apost. Napol., fol. 332)

Seit 8. 5. 1753 Novize der Gesellschaft Jesu, organisierte er mit den Novizen eine Wallfahrt zum GM-Heiligtum auf dem Montserrat. 1762 wurde P. Priester und dann Lehrer am Kolleg in Zaragoza. In Wort und Beispiel förderte er die Liebe und Verehrung zur GM. Von ihr erzählte er täglich den kleineren Schülern ein Beispiel, die älteren ermunterte er zum Beitritt in die MC. Er widmete sich außerdem der Seelsorge und nahm sich der zum Tode Verurteilten an, so daß man ihn bald den »Vater der Gehenkten« nannte. Am 3. 4. 1767 traf auch ihn die Vertreibung der Jeuiten aus Spanien. Vom Provinzial wurde er mit der Sorge für seine vertriebenen Mitbrüder betraut, da er auf Grund seiner adeligen Abstammung einen gewissen Einfluß hatte. Unter größten Schwierigkeiten erfüllte er mit vortrefflicher Liebe diesen Auftrag zu Wasser und zu Lande und in verschiedenen Städten Korsikas und Italiens. Mit einigen Gefährten ließ er sich in Ferrara nieder und nach der Aufhebung der Gesellschaft Jesu (27. 7. 1773) in Bologna, wo er sich dem Studium, der Betreuung ehemaliger Jesuiten und franz. Flüchtlingen widmete. Auf seine Bitte hin wurde er der noch in Rußland weiterbestehenden Gesellschaft Jesu eingegliedert. Seit 1803 Provinzial der Gesellschaft in Italien, bemühte er sich, deren authentischen Geist an die neue Generation der Jesuiten weiterzugeben. Zu ihm gehört als ein typisches Merkmal seit ihren Anfängen die Liebe zur Jungfrau M.

Wegen der Besetzung Neapels durch die Franzosen (1806) mußte er die Stadt verlassen und wurde in Rom von Pius VII. aufgenommen. In der Kapelle vom »Guten Rat« feierte er im Monat Mai und an den Hauptfesten Ms öffentlich die hl. Messe und sorgte dafür, daß an jedem Samstag eine kleine Predigt bei den Besuchern eine solide MV weckte.

P., ein Leben lang gehetzt und auf der Flucht und doch unerschüttert im Ideal der Nachfolge Jesu in Apostolat und tätiger Liebe, wurde am 25. 2. 1933 selig- und am 12. 7. 1954 heiliggesprochen.

Lit.: A. Monzón, Vita del Servo di Dio P. Giuseppe P., Rom 1833. — G. Boero, Istoria della vita del V. P. Giuseppe P., ebd. 1856. — J. Nonell, El V. P. J. P. y la Compañía de Jesús en su extinción y restablecimiento, 3 Vol., Manresa 1893/94. — C. Beccari und C. Miccinelli, Il Beato Giuseppe P., 1933. — J. March, El Restaurador de la Compañía de Jesús, Beato J. P. y su tiempo, 2 Vol., 1935/36; ital. Ausg. von A. Tesio, 1938. — C. Testore, Il Restauratore della Compagnia di Gesú in Italia, S. Giuseppe P., 1954. — H. Marín, S. J. P., 1954. — Baumann 163—169. — LThK² VIII 503. — BSS VI 1333—37.

E. Anel/W. Baier

Pilar, ULF von El Pilar. Die Diözese → Saragossa feiert am 12. Oktober den Gedenktag der Erscheinung der GM im Jahre 40 vor dem Apostel Jakobus, dem Bruder des Johannes, am Ufer des Flusses Ebro. Andere Überlieferungen nennen den 2. Januar als den Tag der Erscheinung und des Festes von El P., sowie den 12. Oktober als den Weihetag der Kirche. Nach der Legende kam M noch zu Lebzeiten, von Engeln getragen, nach Saragossa, weil ihr göttlicher Sohn dies der Mutter aufgetragen hatte: sie sollte dem Apostel Jakobus, der in Spanien predige, wegen der Schwierigkeiten seiner Missionsarbeit Trost bringen. M erschien auf einer Säule, von singenden Engeln umgeben, und empfahl dem Apostel, an dieser Stelle eine Kapelle zu bauen. Als sie verschwand, fand sich am Ort der Erscheinung eine Säule (Pilar), die noch heute eine Statue der GM trägt und von vielen wie eine Reliquie verehrt wird. Nach einer anderen Version trugen die Engel auch ein Bild Ms mit, das vom hl. Lukas gemalt worden war und das eigentliche Gnadenbild gewesen sein soll, bis es in den Wirren der maurischen Invasion verloren ging. Das älteste Zeugnis dieser Tradition enthält der Kodex der »Moralia in Job« von Gregor dem Großen (Archiv der Basilika von El Pilar, 13. Jh.). Gleichzeitig entstand auch ein anderes Dokument, das zum ersten Mal die Anrufung »Virgen del Pilar« enthält; es handelt sich um einen Erlaß vom 27. 5. 1299, der die Gläubigen von Steuern befreit, wenn sie diese Kirche besuchen. An diesem Dokument hängt das älteste erhaltene Siegel des Stadtrates von Saragossa.

Allerdings gab es schon wesentlich früher in Caesaraugusta (heute Saragossa) eine Mkirche, die von »vielen Gläubigen« besucht wurde. In der »Historia translationis sancti Vincentii« des Mönchs Aimoinus aus dem Kloster S. Germain des Pres in Paris (um 870; PL 126, 1016), wird diese Mkirche (»ecclesia Beatae Mariae semper Virginis«) als der Ort bestimmt, in dem der Bischof Senior von Saragossa die Reliquien des hl. Vinzenz um die Mitte des 9. Jh.s aufbewahren ließ. Die Tatsache, daß die islamischen Herrscher nur wenige Kirchen für den Kult der mozarabischen Christen zuließen und keinen Neubau erlaubten, führt zu der Annahme, daß die erwähnte Kirche schon während der westgotischen Herrschaft existiert haben muß. Eine weitere frühe Mkirche erwähnt das Testament (Barcelona, Diözesanarchiv) eines ansonsten unbekannten Gefangenen der Mauren in Córdoba, namens Moción († 986), der den Ⓜkirchen »ad Sancta Maria qui est sita in Caragotia et ad Sanctas Massas qui sunt foris muros« 100 Sueldos vermachte. Auch diese Kirche muß schon vor der Eroberung Saragossas durch die Mauren bestanden haben.

Die Ⓜkirche, die in der Geschichte des Aimoinus als »Mater ecclesiarum eiusdem urbis« bezeichnet wird, war die Bischofskirche der mozarabischen Christen, wie aus anderen Dokumenten hervorgeht. Wahrscheinlich ist sie mit jener westgotischen Kirche »St. Marien« in Saragossa identisch, mit der das Grab des Bischofs Braulius immer wieder in Verbindung gebracht wurde. Daneben gab es auch große Kathedralen, wie Toledo und Mérida, die nach der Bekehrung der Westgoten der GM geweiht waren. Die gotische Kathedrale Seo von Saragossa wurde erst nach der Wiedereroberung der Stadt von den Christen gebaut, wobei zwei Dokumente in Hinblick auf ihre »Würde« und ihr »Alter« wichtig sind. Durch die Bulle »Litteras devotionis« gewährte Papst Gelasius II. am 10.12.1118 denen verschiedene Ablässe, die bei der Befreiung der Stadt gestorben waren, sowie jenen, »qui praefatae urbis ecclesiae ... aliquid donent vel donaverint«. Daß damit die Ⓜkirche gemeint ist, geht aus einem Schreiben hervor, das Petrus, der erste Bischof nach der Wiedereroberung, am 18.12.1118 an die Gläubigen, Erzbischöfe, Bischöfe, Äbte usw. »aller christlichen Reiche« unter Berufung auf die Bulle des Papstes richtete, damit sie für die Kirche »Beatae et gloriosae Mariae in urbe Caesaraugustana« spenden sollten. Das setzt wiederum voraus, daß diese Kirche den Adressaten bekannt und für sie von Bedeutung war.

Aus dem 12., 13. und 14. Jh. gibt es weitere päpstliche Bullen und königliche Erlasse, in denen der Ⓜkirche, dem betreuenden Klerus sowie den Gläubigen, die zu dieser Kirche pilgern, Ablässe und Privilegien gewährt werden, wobei immer häufiger der name »El Pilar« vorkommt.

Die span. Habsburger wurden — vielleicht weil der Entdeckungstag Amerikas mit dem Patroziniumsfest von El P. (12. Oktober) zusammenfällt — die mächtigsten Förderer der Kirche von El P., der sie gewaltige Schätze vermachten, die noch heute in der Schatzkammer der Basilika aufbewahrt werden. 1640 ereignete sich das weitbekannte Wunder von Calanda: Ein junger Arbeiter (später Bettler) gewann sein vor Monaten amputiertes und begrabenes Bein zurück, nachdem er sich in seiner Not hilfesuchend täglich an Ⓜ gewandt hatte. Die Umstände dieses Wunders, die sowohl von den zivilen als auch kirchlichen Behörden intensiv geprüft wurden, wurden in Latein und fast allen Sprachen Europas veröffentlicht und trugen zur Verbreitung der Verehrung ULF von El P. bei.

Zu Beginn des 16. Jh.s wurde die Gnadenkapelle im gotischen Stil neu gestaltet. 1754—65 wurde die Kirche neu gebaut, deren vier Türme erst in diesem Jh. mit Spenden aus dem Volk vollendet wurden. 1863 wurde sie nach Plänen des Architekten Ventura Rodriguez, der den Bau der barocken Kirche im 18. Jh. geleitet hatte, erweitert. Rom gewährte der Kirche El P. nicht nur unzählige Privilegien, sondern unter Innozenz XIII. (1723) auch ein eigenes Festoffizium mit Meßformular, das Clemens II. 1739 in allen span. Gebieten zuließ. Die kanonische Krönung der Statue fand 1905 statt; das span. Volk und viele südamerikanischen Bürger finanzierten die wertvollen Kronen für Mutter und Kind, Papst Pius X. weihte sie. Am 24.6.1948 erhob Pius XII. die Kirche zur »Basilica Maior«.

Von seiten des span. Staates wurde die Kirche zum Nationaldenkmal erklärt und die Hispanische Nation, die »Hispanidad« — die iberoamerikanischen Nationen eingeschlossen, die der Ⓜkirche ihre Fahnen schenkten — ULF von El P. geweiht.

Anläßlich der 19. Jahrhundertfeier der Erscheinung (1940) pilgerten alle span. Diözesen mit ihren Bischöfen sowie unzählige Städte aus Spanien und Südamerika mit ihren Bürgermeistern zum P. um der GM die Gaben ihrer Ortschaft zu bringen. Johannes Paul II. würdigte die Verbindung der Kirche von El P. mit Amerika und besuchte sie 1984 zum zweiten Mal, um dort die Jahrnovene zum Dank für die Evangelisierung Amerikas vor seinem Besuch in S. Domingo zu eröffnen. Im marian. Jahr 1954 fand in Saragossa der nat. marian. Kongreß und 1979 der VIII. Mariol. und XV. Marian. Weltkongreß statt. Die Gläubigen Saragossas besuchen »ihre Mutter« in El P. täglich; die Zahl der Pilger während eines Jahres übersteigt die 8 Millionen.

Lit.: Z. García Villada, Historia Eclesiástica de España I, 1929. — L. Aina, El P. La Tradición y la historia, 1939. — P. Galindo, La virgen del P. y España, 1940. — R. del Arco, El templo di NS del P. en la Edad Media, In: Estudios de la Edad media de la Corona de Aragón I, 1945, 9—145. — L. Aina, El Milagro de Calanda a Nivel Histórico, 1972. — J. A. Gracia, El P. Historia, Arte, Espíritu, 1978.   *J. Ibañez/ F. Mendoza/ G. Rovira*

Pilgerampullen sind Devotionalien, die vorwiegend in den frühchristl. Wallfahrtsstätten des östlichen Mittelmeerraums hergestellt und von den Pilgern in Form kleiner Fläschchen als gesegnete Andenken (eulogiae, benedictiones) erworben werden konnten. Sie wurden häufig mit Bildreliefs heilsgeschichtlicher Begebenheiten oder wundertätiger Heiliger geschmückt, die zugleich das Ereignis der Heiligung einer besuchten Stätte in Erinnerung riefen. Reger Pilgerverkehr führte zur Verbreitung dieser Massenware in die gesamte damals bekannte Welt. Sinnfällig bildet die äußere Gestalt der P. den sehr alten Typus der Feldflasche im Kleinformat nach, die für den Reisenden das wichtigste Utensil war.

Man unterscheidet hauptsächlich, je nach verwendetem Material, Ton- und Metallampullen: Neben einer Fülle von meist doppelhenkeligen Tonampullen (5.—7. Jh.) aus der großen

Wallfahrtsstadt des ägyptischen Märtyrers und Nationalheiligen Menas († 296) von Abi Mina sind mehrere Tonfläschchen aus dem nordsyr. Qal'at Sim'an erhalten geblieben, wo die Säule des hoch verehrten Styliten Simeon d. Ä. († 459) Ziel von Pilgerscharen war. Ihr reliefverzierter Bauch stellt häufig Menas als Orans-Interzessor mit der typischen Soldatenkleidung von Kamelen flankiert oder den Anachoreten Simeon auf einer Säule sitzend dar. Stets ist den Fläschchen die griech. Aufschrift »Segen des heiligen Menas (bzw. Simeon u. a.) Amen« hinzugefügt.

Aus rotem Ton ist auch eine 13 cm hohe M͡flasche mit der Jesaiaweissagung (London, British Mus.; Ch. Dalton, Catalogue of Christian Antiquity of the British Mus., London 1901, Nr. 903). Unter einer zweibogigen architravierten Arkade sitzt links M͡ mit dem Kind auf dem Schoß, rechts der lesende Jesaia. Hinter ihm steht auf einer Säule ein Hahn, ebenso im Bogenzwickel, als Sinnbild des praeco Christi. Im unteren Bildfeld ist wohl ein Hahnenkampf dargestellt, ein aus der Antike übernommenes Motiv. Eine weitere Ampulle aus Nazaret (Israel exploration journal 16 [1966] 71—74; Department of Antiquities and Museums, Israel, 6. Jh.) zeigt auf beiden Seiten die Verkündigung. M͡ sitzt auf einem geflochtenen Sessel und hält den Spinnrocken, während von rechts der Erzengel mit erhobener Hand zur Begrüßung herbeieilt. Das Bild umrahmt die erläuternde griech. Inschrift von Lk 1,28: »Sei gegrüßt, du Auserwählte, der Herr ist mit dir«.

Ikonographisch bedeutender und von besserer Qualität sind die rund drei Dutzend erhaltenen P. aus →Palästina, von denen ein Großteil heute im Domschatz von Monza und Bobbio aufbewahrt wird. Die henkellosen Fläschchen (5—8,5 cm hoch) bestehen aus dem Blech einer Zinn-Blei-Legierung. Aufgrund der rationellen Fertigungsweise wird man sich für die Bildreliefs ein Prägeverfahren vorstellen müssen. Ein in das 6.—7. Jh. datierbarer Prägestempel aus Syrien für solche M͡medaillons wird im Louvre aufbewahrt. Die Wiedergabe M͡s in Halbfigur mit dem Kind auf ihrem linken Arm verweist hier bereits auf die →Hodegetria byz. Ikonen.

Auf beiden Seiten finden in der Regel je eine, manchmal zwei Szenen aus einer Spanne von ntl. Ereignissen, mit apokryphen Elementen bereichert, Platz. In wenigen Fällen ordnet sich ein Zyklus von 6 oder 8 Szenen — liturg. und theol. aufeinander bezogen — in Medaillons um die zentrale Geburt-Christi- bzw. Himmelfahrtsszene. Die Vorderseite zeichnet sich stets durch den Verweis des umlaufenden Schriftzugs auf Herkunft und Inhalt des Fläschchens aus: »Eulogie von den heiligen Stätten«. Neben erläuternden Bildlegenden sind immer wieder die Prophetenworte des Jesaia 7,14 (Mt 1,23) »Emmanuel, Gott mit uns« wiedergegeben.

Der Aussagegehalt der Umschriften, die Wiedergabe topographischer Einzelheiten auf den Reliefs wie auch verwandte Bildkompositionen in der mesopotamischen Handschrift des Rabula-Evangeliars (586) machen eine Entstehung im Hl. Land und eine Datierung von der Mitte des 6. Jh.s bis in das frühe 7. Jh. sehr wahrscheinlich. Für jene Zeit ist es gerade die Kleinkunst, welche die im byz. Osten der nachfolgenden Jh.e maßgeblich werdenden Bildauffassungen mit ihren zahlreichen Besonderheiten überliefert. So ist etwa auf den P. in dogm.-symbolischer Ausdeutung der Kreuzigung ein Palmschuppenkreuz als Lebensbaummotiv abgebildet (Monza 9, Bobbio 3—6); die Frauen am Grabe (die GM hier als Trägerin der Salbenflasche wie im Rabula-Codex ist eine spezifisch östliche Darstellung) stehen vor einem überwölbten Rundbau, der möglicherweise die Ädikula der Grabeskirche in Jerusalem in ihrer konstantinischen Form wiedergibt (Monza 3 und 10—13, Bobbio 3—6). Darüber hinaus begegnet man vermehrt Szenen der Hirtenverkündigung, Anbetung der Könige, Himmelfahrt Christi, Verkündigung, Heimsuchung, Geburt, Taufe, des Wasserganges Christi auf dem Meer, außerdem dem frühesten östlichen Beispiel des ungläubigen Thomas, jeweils mit weiteren ikonographischen Charakteristika. Eine Monzeser Ampulle (Inv. Nr. 1) zeigt auf dem Avers eine symmetrische Komposition der Theotokos zusammen mit der Anbetung der Magier und der Hirtenverkündigung. Wie bei Huldigungsszenen röm. Kaiser thront die mit einem Maphorion bekleidete, nimbierte GM zentral auf einem mit Perlen geschmückten Herrschersessel. Mit beiden Händen hält sie das auf ihrem Schoß ruhende Kind, das durch Kreuznimbus und Herrscherinsignien ausgezeichnet ist. Seine rechte Hand ist zum Segen erhoben. In Entsprechung zu den drei Weisen auf der einen Seite, die dem Christuskind Geschenke darbringen, sind die drei Hirten gegenüber angeordnet. Sie sind im Begriff, von ihrem Lager aufzubrechen, während der Engel noch auf den Stern weist. Lediglich zwei Engel flankieren die Theotokos auf einer weiteren Monzeser Ampulle (4, Avers), wobei Christus hier nur mit seinem kreuznimbierten Haupt vor ihrem Oberkörper angedeutet ist.

Eine Neugestaltung des Geburtsbildes Christi, das mit apokryphen Elementen (Protoevangelium des Jakobus, Evangelium des Ps.-Matthäus) bereichert wird, läßt sich im 6. Jh. im palästinischen Raum beobachten: Das P.fragment aus dem Dölger Institut in Bonn mit Geburt und Taufe Christi gibt zur Linken den nachdenklichen Joseph wieder. Ihm gegenüber liegt M͡ als Wöchnerin erschöpft auf einer Matratze. Sie wendet den Kopf zurück zu der vor ihr knienden Hebamme → Salome, die wegen ihrer Zweifel an der Jungfrauengeburt M͡s mit einer verdorrten Hand bestraft wurde. Zwischen den Eltern ragt die mit Gittern verschlossene Geburtshöhle empor, auf der das Kind gebettet liegt.

Ganz im Gegensatz zu den Darstellungen im Westen ist die Himmelfahrt (Monza 14—16) auf den P. dogmatisch streng in zwei Zonen gegliedert: Inmitten des bewegt gestikulierenden Apostelkollegiums befindet sich die betende ⋔, manchmal auch im Profil mit hoch erhobenen Armen (Monza 1. 10), unter dem von Engeln in einer Aureole emporgetragenen Christus-Pantokrator. Eine hinzugefügte Taube, von der göttlichen Hand ausgesandt, verknüpft die Szenen mit dem Pfingstereignis (Monza 10). Parallelen hierzu erkennt man auf Majestas-Darstellungen in den Apsiden des ägyptischen Apollonklosters in Bawit (Kapelle 46). Derselben ikonographischen Tradition folgt die Enkaustikmalerei auf dem Deckel eines palästinensischen Holzkästchens des ausgehenden 6. Jh.s aus der Kapelle von Sancta Sanctorum im Vatikan, das noch heute Steine und Erde von den verschiedenen Wallfahrtsorten im Hl. Land birgt.

An all diesen Darstellungen wird im Wandel deutlich, der sich bereits in nachephesianischer Zeit abzeichnet: Wurde der Person ⋔s in den zeitlich vorausgehenden Bildgestaltungen dieses Themenkreises noch ein untergeordneter Platz zugewiesen, so rückt in der Folge der christol. Lehrauseinandersetzungen des 4./5. Jh.s die Theotokos in den Vordergrund. Der Akzent liegt jetzt auf der Präsentation der GM und der in ihr erfüllten Epiphanie des Gottessohnes.

Es ist vermutet worden, daß ein Großteil der Bildkompositionen verschollene Apsismosaiken von Kirchen der palästinensischen Pilgerstationen wiedergibt. Allerdings sind auf den P. mehrmals von einem Thema verschiedene Fassungen überliefert, die zum Teil beträchtlich voneinander abweichen.

Mit den Eroberungszügen der Araber versiegten die bis in das 7. Jh. ständig wachsenden Pilgerströme. Erst im 10. Jh. setzt eine spürbare Wiederbelebung des Wallfahrtswesens ein, die mit der erneuten Aufnahme der Ampullenproduktion einhergeht.

Bereits in der heidnischen Antike war es üblich, an den großen Zentren des paganen Kults Erinnerungsstücke zu erwerben. Dem Verlangen der Pilger in frühchristl. Zeit, echte Reliquien der verehrten Heiligen mit nach Hause zu nehmen, kam man durch die Vergabe von Eulogien (zu den verschiedenen Arten von Eulogien siehe: A. Stuiber, In: RAC VI, bes. 925—928) entgegen. Diese konnten in unbeschränkt verfügbaren Mengen gewonnen werden: Durch Berührung mit der Reliquie übertrug sich die Kraft der göttlichen Gnade auf das Material, das aus Erde, Wasser, Öl oder Tüchern bestand. Die Inschriften mehrerer Metallampullen bezeugen unmißverständlich ihre Herkunft von der Kapelle des hl. Kreuzes an der Grabeskirche: »Öl vom Holz des Lebens, von den heiligen Stätten Christi«. Ebenso konnte das Öl von Lampen, die am Heiligtum der geweihten Stätten brannten, entnommen werden. Beide Vorgänge schildert anschaulich der Pilgerbericht des Anonymus von Piacenza, der um 570 das Hl. Land bereiste und dabei auch die Grabeskirche besuchte: »Da wird Öl in halb gefüllten Flaschen dargebracht, damit es gesegnet werde. Sobald das Holz des Kreuzes den Rand einer Flasche berührt, wallt das Öl auf, und wenn es nicht schnell geschlossen wird, fließt es ganz heraus« (Antonini Placentini Itinerarium, 20, CSEL 39; Übersetzung nach H. Donner, Pilgerfahrt ins Hl. Land, 1979). Manchmal soll auch die Reliquie selbst kostbares Öl ausgeschieden haben, wie es beispielsweise von einer Kreuzreliquie Petrus' des Iberers berichtet wird. Seit der 1. Hälfte des 5. Jh.s findet man in syr. Kirchen südlich des Altarraums Reliquiensarkophage, die je eine Öffnung für den Einguß und Abfluß von Öl haben, um Öleulogien herzustellen (J. Lassus, In: DACL 15/2, 1878f.). Dagegen waren die zur Aufnahme von Flüssigkeit wenig geeigneten Tonampullen als Gefäß ohne Inhalt bereits Eulogien, da ihnen Staub oder Erde beigegeben wurde, die der Heilige einst berührt hatte.

Den Besitzer, der das Fläschchen mit einem Trageriemen versehen um den Hals oder am Gürtel trug, schützte es vor den ständig drohenden Gefahren seiner Pilgerreise (Die Inschrift auf der P. von Bobbio 11 lautet: »Öl vom Holz des Lebens, das uns zu Land und zur See schützt«, aber auch vor bösen Geistern in der Heimat (Theodoreti episcopi cyrensis religiosa historie, PG 21, 1243f.). Es beugte Krankheiten vor oder beschleunigte die Heilung. Das Abbild des Heiligen konnte darüber hinaus seine Anwesenheit am Krankenbett evozieren, um die wunderwirksame, von Gott übermittelte Kraft auch in weiter Entfernung vom hl. Ort zu entfalten (Wunderberichte Simeon Stylites d. Ä.: Wunder 118, 231). Daß sowohl Bild als auch Inschrift magischen Charakter hatten, zeigen verschiedene Amulette, die neben populären Amulettphrasen ebenso christol. Szenen und die Emmanuel-Inschrift aufgreifen (z. B.: Armband in Kairo, P. Testini, In: Rivista di archeologia cristiana 48 [1972] 271 ff.).

Die Verbindung von Öl und Baum des Lebens (Offb 22,2) findet sich schon in den Adamslegenden. In der Erwählung des Seth im zweiten Teil des Nicodemusevangeliums wird Seth von Adam ausgeschickt, Öl vom Baum der Barmherzigkeit im Paradies zur Heilung seiner tödlichen Krankheit zu holen. Der Engel Gottes schickte Seth jedoch zurück, verhieß ihm aber, daß der menschgewordene eingeborene Sohn Gottes unter die Erde steigen und mit solchem Öl salben werde. Den Höhepunkt einer Pilgerreise zu den loca sancta bildete die Verehrung des Kreuzes in der Grabeskirche. Das Öl vom Kreuzesholz diente über eine prophylaktische und apotropäische Wirkung hinaus als Heilmittel zur Erlangung des ewigen Lebens nach dem Tod, weshalb es wohl öfter den Verstorbenen mit ins Grab gegeben wurde (Kötzsch-Breitenbruch). So verweist die gelegentliche Wiedergabe des

Kreuzes Christi als crux florida unmittelbar auf den lebenspendenden Inhalt.

Lit.: C.M. Kaufmann, Zur Ikonographie der Menasampullen, Kairo 1910. — A. Grabar, Ampoules de Terre Sainte, 1958. — J. Engemann, Palästinensische P. im F.J. Dölger Institut in Bonn, In: JAC 16 (1973) 55ff. — M.E. Frazer, Holy Site Representations, In: Age of Spirituality, 1979. — C. Metzger, Les ampoules à eulogie du musée du Louvre, 1981. — G. Vikan, Byzantine Pilgrimage Art, 1982. — L. Kötzsch-Breitenbruch, Pilgerandenken aus dem Hl. Land, In: Vivarium, FS für Th. Klauser, 1984, 229—246. — Z. Kiss, Les ampoules de Saint Ménas découvertes à Kôm el-Dikka, 1989. — DACL I 1722—47.

D. Parello

Pilgerfahrt des träumenden Mönchs. Die Traumallegorie »Pèlerinage de vie humaine« des → Guillaume de Deguilleville erfuhr mehrere mhd. Bearbeitungen, die unter dem Titel P. überliefert sind. Anonym ist die Versübertragung der Berleburger Handschrift; sie war offensichtlich Vorlage für die in zwei Handschriften erhaltene Prosaauflösung. Nur aus einer Kölner Handschrift ist die gereimte Übersetzung des ansonsten nicht weiter bezeugten Peter v. Merode bekannt.

Die eher beiläufige Erwähnung Ms an insgesamt fünf Stellen (Bömer, V. 2324, 3286, 3602f., 10601 und 11026) ist unbedeutend; einen besonderen Höhepunkt des Gedichtes bildet hingegen das eingebaute ABC (Bömer, V. 11052—11358; Meijboom, V. 10888—11199; → Abecedarien).

In 23 Strophen, deren Anfangsbuchstaben nach dem Alphabet geordnet sind und die in der franz. Vorlage je 12 Zeilen umfassen, bittet der Pilger den leuchtenden Karfunkel seines Pilgerstabes (Bömer, V. 11396), die »mutter und maget« (Bömer, V. 11134) um ihren Beistand und ihre Fürbitte auf seinem Weg zum himmlischen Jerusalem. Der Übersetzer der Berleburger Handschrift versucht, die Inhalte des franz. Textes möglichst genau wiederzugeben und kommt dadurch auf variierende Strophenlängen von 12 bis 15 Zeilen; diese unregelmäßige, gleichwohl gereimte Form ist auch in den Prosaauflösungen beibehalten. Peter v. Merode hingegen hat die Passage völlig neu gedichtet und so eine gefälligere und flüssigere Version geschaffen. Auch wenn die mhd. Übersetzungen bei weitem nicht die poetische Qualität der engl. Fassung des G. → Chaucer erreichen, geben sie doch ein gutes Bild von Gestaltungsmöglichkeiten mhd. Mlyrik (→ Lyrik).

Ausg.: A. Bömer (Hrsg.), Die Pilgerfahrt des träumenden Mönchs. Aus der Berleburger Hs., 1915. — A. Meijboom (Hrsg.), Die Pilgerfahrt des träumenden Mönchs. Nach der Kölner Hs., 1926.

Lit.: VL² VII 683—687. *R. Weigand*

Pilgerzeichen (auch Wallfahrtszeichen; engl. pilgrim badges; franz. enseignes de pèlerinage; ital. insegne di pellegrinaggio). Der Begriff wird meist in einem eingeschränkten Sinne gebraucht: Er bezeichnet nicht die vielen verschiedenen »Souvenirs«, die Pilger an den Wallfahrtsorten erwarben und an ihrer Kleidung befestigten (Muscheln in Santiago de Compostela, Miniaturschlüssel oder »Vera-Icon«-Bildchen in Rom usw.), sondern nur jene kleinen aus Blei- oder Zinnlegierungen gegossenen Abzeichen, die vom 12. bis zum 16. Jh. an vielen Pilgerzielen verkauft wurden. Originale P. haben sich verhältnismäßig wenige erhalten, da sie wegen ihres empfindlichen Materials leicht zerbrachen und wegen ihrer Wertlosigkeit kaum als aufbewahrenswert galten. Die meisten originalen P. stammen aus Flüssen (Seine, Themse, Tiber) oder aus Stadtkerngrabungen neuerer Zeit. Da es beliebt war, P. auf Glocken oder sonstigem kirchlichen Gerät aufzubringen, haben sich zahlreiche Exemplare auf diese Weise indirekt erhalten. Auch aus Schriftquellen und aus bildlichen Pilgerdarstellungen läßt sich manches über Aussehen und Funktion der P. erschließen.

Im Gegensatz zu den Wallfahrts- → Medaillen besitzen die P. immer nur eine Schauseite; im 12. und 13. Jh. sind sie meist plakettenartig mit verschiedenen Umrißformen, seit dem 14. Jh. vorwiegend aufwendiger als durchbrochene »Gittergüsse« gestaltet. Die meisten P. haben zwei bis vier Ösen zum Annähen an die Kleidung, v.a. an den Pilgerhut, wo oftmals verschiedene P. und sonstige Devotionalien befestigt waren.

Die P. hatten verschiedene Funktionen: Einmal wiesen sie den Träger als »peregrinus« aus und erleichterten ihm seine Reise, da Pilger an vielen Orten beherbergt und verköstigt wurden; dann dienten sie als Beleg dafür, welche Stätten der Pilger besucht hatte (wenn sie auch — im Gegensatz zu den am Wallfahrtsort ausgestellten Zertifikaten — nicht als juristische Beweismittel anerkannt waren). Durch das »Anrühren« an den Heiltümern der Gnadenorte galten die P. als Berührungsreliquien, die auch als Amulette verwendet oder als Apotropaia an Häusern, Schiffen oder anderen Gegenständen befestigt wurden. Wegen dieser apotropäischen Wirkung wurden die P. vermutlich auf spätma. → Glocken mitgegossen.

Der Vertrieb dieses billigen Massenartikels war fast immer ein Monopol der geistlichen oder weltlichen Obrigkeit, die auch sorgsam darüber wachte, in diesem Recht nicht geschmälert zu werden. Die eigentliche Herstellung übernahmen zwar Handwerker, einzelne Familien oder Zünfte, die aber lediglich im Auftrag der Obrigkeit produzierten. An bedeutenderen Wallfahrtsorten war die Zeichenherstellung ein erheblicher Wirtschaftsfaktor. Die Produktionsmengen kann man sich kaum groß genug vorstellen, so wurden allein im September 1466 in Maria Einsiedeln 130000 Zeichen verkauft, in Regensburg 1520 immerhin 110000 Stück.

Meist stellen die P. den an einem Wallfahrtsort verehrten Heiligen oder Kultgegenstand dar. In der Frühzeit sind Inschriften sehr selten, auch später nicht gerade häufig, so daß, namentlich bei Mdarstellungen, die Zuordnung der Zeichen zu einem bestimmten Wallfahrtsort schwierig sein kann. Auch die Datierung ist meist problematisch: Wegen der Konservativität der Darstellungen und Schriftformen lassen sich Anhaltspunkte meistens eher durch die Wallfahrtsgeschichte oder die Fundumstände gewinnen.

Die frühesten P. stammen vermutlich von franz. Wallfahrtsorten an den Santiago-Wegen (Saint-Léonard-de-Noblat, Saint-Gilles-du-Gard, Tours, Vézelay usw.). Bald übernahmen aber auch die meisten anderen Gnadenorte die Ausgabe von P. (Liste bei Köster 1984).

An P. von ᛖwallfahrtsorten seien genannt: Rocamadour (Form eines spitzovalen Siegels mit Darstellung des Gnadenbildes, Inschrift: SIGILLUM BEATE MARIE DE ROCAMADOR, 12. Jh. ?); Le Puy (hausförmig mit Darstellung des Gnadenbildes, Inschrift: SIGILLUM BEATE MARIE DE PODIO, 14. Jh. ?); Loreto (runder Gitterguß, Loretobild, Inschrift: SANCTA MARIA DE LORETO ORA PRO N., 14. Jh. ?); Einsiedeln (hausförmiger Gitterguß, Szene der Engelweihe, Inschrift: »dis ist vnser vrawen cabell zeichen von neisidelen die wiet gott selb mit engell«, 15. Jh.); Altötting (Gitterguß mit Darstellung des Gnadenbildes, Inschrift: »altnoting 1490«); Regensburg (Darstellung der »Schönen Maria«, Inschrift: TO. PVLCHRA ES AMICA MEA REGENSPURG 1519). Es gibt Gebilde, die wie P. wirken, aber auch andere Funktion gehabt haben könnten, z. B. eine Darstellung der Verkündigung ᛖe (wohl franz., Inschrift: AVE M. GRA. PLENA DNS TECV. BENEDICTA TV IN MULIERIB. BENEDICT. FRVCT. VENTRIS TVI, 13. Jh.).

Lit.: K. Köster, P.-Studien. Neue Beiträge zur Kenntnis eines ma. Massenartikels und seiner Überlieferungsformen, In: Bibliotheca docet, FS für C. Wehmer, 1963, 77—100. — L. Hansmann, Pilgerabzeichen des 13. und 14. Jh.s, Formgebung im rel. Brauchtum, In: Gebrauchsgraphik 38/5 (1967) 48—53 (45 Abb.). — C. Lamy-Lassalle, Recherches sur un ensemble de plombs trouvés dans la Seine. Musée des Antiquités de Rouen et Collection Bossard de Lucerne, In: Revue des Sociétés savantes de Haute Normandie, Lettres et sciences humaines 49 (1968) 5—24. — B. W. Spencer, Medieval pilgrim badges. Some general observations illustrated mainly from English sources, In: Rotterdam papers, a contribution to medieval archeology, 1968, 137—147. — K. Köster, Ma. P. und Wallfahrtsdevotionalien, In: Ausst.-Kat., Rhein und Maas. Kunst und Kultur 800—1400, Köln 1972, 146—160. — E. Cohen, In haec signa. Pilgrim-badge-trade in southern France, In: Journal of medieval history 2 (1976) 193—214. — K. Köster, P. und Pilgermuscheln, In: Ausst.-Kat., St. Elisabeth. Fürstin, Dienerin, Heilige, Marburg 1981, 452—459. — Ders., P. und Pilgermuscheln von ma. Santiago-Straßen: Saint-Léonard — Rocamadour — Saint-Gilles — Santiago de Compostela, 1983. — Ders., Ma. P., In: Wallfahrt, 1984, 203—223. *Th. Raff*

Pillat, Ion, * 31. 3. 1891 in Bukarest, † 17. 4. 1945 ebd., rumän. Lyriker. Im dichterischen Werk von P. waren schon früh rel. Motive vertreten. In seinem Band »Biserică de altădată« (Kirche von einst) gibt es einen eigenen Zyklus von ᛖgedichten, den wir als eine Parallele zu Rilkes »Marienleben« betrachten können, und der den Titel »Povestea Maicii Domnului« (Geschichte der Mutter des Herrn) trägt. Mit den Stilmitteln der Vision und der Meditation gestaltet P. in 18 jeweils in sich abgeschlossenen Gedichten Stationen aus dem Leben der GM: Rugă ca să încep (Gebet, um beginnen zu können), Nașterea (Geburt), Copilăria (Kindheit), Juruirea (Verlöbnis), Bunavestire (Frohe Botschaft), Iosif Teslarul (Joseph der Zimmermann), Nașterea Domnului (Geburt des Herrn), Steaua (Der Stern), Închinarea magilor (Anbetung der Weisen), Maica și pruncul (Die Mutter und der Knabe), Bejenia (Die Flucht), Despărțirea (Der Abschied), Rusalii (Pfingsten), Jalea (Wehmut), Bocetul (Totenklage), Adormirea (Entschlafung), Înălțarea (Himmelfahrt), Mreaja (Wunder). In einem schlichten und volkstümlichen Ton hat P. das Leben der GM in legendenhaften Bildern dargestellt und in seine rumän. Umwelt übertragen. Zwischen der hohen Lyrik idyllischer und elegischer Verse und dem Volkslied wird eine Brücke geschlagen, frei von rel. Kitsch und süßlichen rel. Bildern, und in demutsvoller Bereitschaft christl. Überlieferung verkündet. Viele Gedichte des Zyklus — und nicht nur das erste, das bereits im Titel seine Absicht darlegt — sind als Gebete zu verstehen. Dabei bleiben die Verse stets rhythmisch beschwingt und melodisch, manchmal ist der hymnische Zug ernster, manchmal — wie bei der Besingung der Geburt Christi — wird die Wortmusik fröhlicher. Durch den Wechsel in der Form bei jedem Gedicht vermeidet P. die Gefahr einer Eintönigkeit.

Der Zyklus wird zugleich zum Lied, zu einem Zeugnis und zu einem Bekenntnis der Verehrung ᛖs und ist wohl in seiner Breite und Tiefe eines der bedeutendsten Dokumente dieses Genres in romanischer Zunge.

Ausg.: Poezii, 1967 (Biserică de altădată, 1926).
Lit.: F. Karlinger, Fragmente zur rumän. rel. Lyrik, 1980, 21—29. 84—86. *F. Karlinger*

Pilon, Germain, * um 1525 in Paris, † 3. 2. 1590 ebd., gilt als der bedeutendste franz. Bildhauer der 2. Hälfte des 16. Jh.s. Viele seiner Werke, die er seit der Ausbildung bei seinem Vater André, dann beim Bildhauer Pierre Bontemps schuf, sind heute oft nur noch schriftlich belegt. Die erhaltenen Arbeiten vermitteln dennoch einen Eindruck von P.s künstlerischer Entwicklung, in der sich Stilelemente der Antike und der Gotik mit solchen mischen, die bereits auf den Barock weisen.

Seit Anfang der sechziger Jahre des 16. Jh.s arbeitete P. im Umkreis der von Franz I. nach Fontainebleau berufenen ital. Künstler, so mit Francesco Primaticcio für das Monument des Herzens Heinrichs II. (Paris, Louvre, 1560/63). Drei als Grazien und theol. Tugenden bezeichnete, antikisch gekleidete Frauen stehen im Dreieck beieinander und tragen auf ihren Köpfen die vergoldete Herzurne. In der Grabeskirche der franz. Herrscher (St.-Denis bei Paris) schuf P. sein Hauptwerk: das Grabmal für Heinrich II. Valois und seine Gemahlin Katharina v. Medici

(1563–70). Unter der Leitung Primaticcios zunächst für einen rotundenförmigen Mausoleumsanbau der Kirche geplant, steht das Grabmal heute dort im nordöstlichen Querhaus. Die vier Kardinaltugenden an den Ecken des Aufbaus gelten als eigenhändiges Werk P.s, ebenso die unbekleideten Liegefiguren der Toten unter der Deckplatte, auf der nochmals die Verstorbenen zu sehen sind, diesmal in königlichem Gewand, kniend und betend. 1583 ergeht der Auftrag für weitere Skulpturen zu diesem Ensemble, die aber nie dort aufgestellt wurden: eine Gruppe der Auferstehung Christi, die Stigmatisation des hl. Franziskus und eine auf Felsen sitzende Schmerzensmutter. Zu dieser existiert noch ein farbig gefaßter Terrakotta-Entwurf (Paris, Louvre) von der Hand P.s, während die Marmorausführung (heute Paris, St.-Paul-St.-Louis) als Werkstattarbeit anzusehen ist. Zwar leitet sich ihre spätma. Erscheinung von Beweinungs- oder Pietàgruppen ab, doch ist sie als selbständige Figur zu verstehen, die sich mit ihrem geneigten Kopf und ihren zurückweichenden Händen hinter dem monumentalen, erregt-knittrigen Gewand verbirgt und sich so an das Gefühlserlebnis des Betrachters richtet. Ganz anders dagegen die zierliche Madonna mit Kind in Le Mans (ND-de-la-Couture, Marmor, 1570), die eine manieristisch überlängte Figur mit lebendigem Bewegungsmotiv ist. Ein Bronzerelief der Grablegung Christi (Paris, Louvre, um 1587) ist durchdringend pathetisch, bes. die ℳ im Mittelgrund, die schmerzerfüllt zurücksinkt. Von der Schmerzensmutter im Louvre existieren zahlreiche Repliken (u.a. Orléans, Kathedrale), andere, eigenhändige ℳdarstellungen sind verloren (hl. Anna Selbdritt, Verkündigungsgruppe, Kreuzigung mit ℳ und Johannes für die Schloßkapelle in Tigéry bei Corbeil).

Darüber hinaus schuf P. Porträtbüsten franz. Könige (Heinrich II., Franz II., Karl IX.) und seit 1572 Medaillen der königlichen Münze zu Paris.

Lit.: L.Palustre, G.P., In: Gazette des Beaux-Arts 74 (1894) 5ff. 273ff.; 75 (1894) 281ff. — J.Babelon, G.P., 1927. — I.Bezzi, G.P., Diss., München 1932. — J.Dupont, La restauration de la Vierge de Pitié à l'église Saint-Paul, In: Revue des Beaux-Arts (1943) 247ff. — T.W. Gaehtgens, Zum frühen und reifen Werk des G.P., Diss., Bonn 1967. — J.Thirion, Observations sur les sculptures de la chapelle des Valois, In: ZfKG 36 (1973) 266ff.

K. Falkenau

Pinamonti, Giovanni Pietro, * 27.12.1632 in Pistoja (Toskana), † 25.6.1703 in Orta (Novara), trat 1647 in die Gesellschaft Jesu ein und war 40 Jahre lang ein unermüdlicher Volksmissionar und Mitarbeiter von Paolo Segneri, dessen Werke er vorbereitete und korrigierte; so wurde z.B. »La vera sapienza« mit Auszügen aus Texten des Schrifttums P.s ohne Hinweise auf die Verfasserschaft P.s Segneri zugeschrieben; textkritische Untersuchungen legen die Vermutung nahe, daß zahlreiche Passagen im Werk Segneris auf P. zurückgehen.

Als Resümee seiner marian. Frömmigkeit kann man unter den vielen Ausführungen über ℳ, die sich in nahezu jedem seiner zahlreichen Werke (17 waren es bereits in der ersten Gesamtausgabe, Parma 1706) finden, folgende Abschnitte in seinen »Exerzitien« betrachten: die Hinweise auf ℳ in der Gewissenserforschung am 9. Tag und in »die Art von Beweisen, um die Berufung zu erkennen« (»La vocazione vittoriosa«, 3. Kap.) sowie die marian. Stellen in seiner »Betrachtung für den Samstag« (ebd. 11. Kap.).

In den Exerzitien stellt P. als Fundament der MV ℳs wesenhafte Vollkommenheit dar, auf Grund derer sie höchste Wertschätzung verdiene. Ihre Vollkommenheit entspricht der Würde der GMschaft und übertrifft die aller Heiligen; sie ist die Wirkung der Gnadenfülle und spiegelt sich in ihrer Herrlichkeit wider. Akzidenteller Grund ihrer Verehrung ist ihre Liebenswürdigkeit und Zärtlichkeit, in der sie wiederum alle Heiligen übertreffe. Jeder Christ solle neben der Verehrung ℳs ihr auch sein ganzes Vertauen schenken, zumal sie ja als Wächterin über den Schatz der Gnadengaben Gottes gestellt ist. Den ℳverehrern empfiehlt P. nichts anzufangen, ohne zuvor ℳ angerufen zu haben, dreimal am Tag den Angelus und häufig das kleine marian. Offizium zu beten. Als Gaben (ossequj) sollen die ℳverehrer »der Königin des Paradieses« zwei Arten von Opfern bringen: den Verzicht auf angenehme Dinge, die zwar erlaubt, aber nicht nötig sind, und die Unterlassung von allem, was schlecht ist.

In seiner »Abhandlung über die siegreiche Berufung« (bei Mädchen solle sie schon mit 12, bei Jungen mit 14 Jahren gefördert werden und könne möglicherweise sogar schon entschieden werden) hebt er die Bedeutung der häufigen Kommunion und der MV hervor und empfiehlt, die Entscheidung der Frage der Mutter des Guten Rates anzuvertrauen, wie es Aloysius v. Gonzaga in Madrid tat. Im selben Werk unterstreicht er das Gebet zu ℳ als sicheres Unterpfand der ewigen Seligkeit, auch wenn man auf die ständigen Verführungen der Welt achtgeben müsse. ℳ ist die Schatzmeisterin der Barmherzigkeit Gottes für die Kinder Gottes; zu ihr solle man besonders um Beharrlichkeit beten. Für P. gründet die Vollkommenheit ℳs in ihrer »Verwandtschaft mit den drei göttlichen Personen«: mit Gott Vater als »einzigartige Schönheit des Universums«, mit Gott Sohn als »Ehre des Menschengeschlechts« und mit dem Hl. Geist als die »erhabene Königin des Himmels«.

P.s marian. Hauptwerk ist »Il Sacro Cuore di Maria Virgine onorato per ciascun giorno della settimana, con la considerazione dei suoi meriti e con l'offerta di varj ossequj« (1. Auflage 1699). Es enthält Betrachtungen für jeden Tag und ermuntert zu großherzigen Geschenken (ossequj) an ℳ; neben den genannten Beispielen hebt P. das Wohlgefallen ℳs am Streben nach der Tugend der Reinheit hervor. P. rät, ihr die Seelen der verstorbenen anzuempfehlen. Für den

Sonntag schlägt er beispielsweise die Betrachtung Ms als makellosen Spiegel vor, als »Tochter des ewigen Vaters«, »Mutter des Sohnes« und »Braut des Heiligen Geistes«; sie solle geehrt werden mit häufigen Anrufungen, Mitfeier ihrer Feste, Besuchen der ihr geweihten Kirchen, marian. Apostolat etc. An drei Tagen der Woche betrachtet er das Herz Ms: am Mittwoch als »das Herz, das gebildet wurde nach dem Herzen Christi«, denn sie sei die erste Erlöste und die erste Jüngerin Christi; am Donnerstag vergleicht er das Herz Ms mit einem Brandherd des Feuers des Hl. Geistes, am Samstag betrachtete er es als »Ort der Seligkeit des Herzens Gottes«. Neben den erwähnten und weiteren, bis heute üblichen marian. Frömmigkeitsübungen empfiehlt P. eine Andachtsform, die er auf eine Eingebung der hl. Gertrud zurückführt: in der Oktav von Mfesten täglich 35 Mal das Ave Maria zur Ehre Jesu im Schoße Ms beten — also insgesamt 280 Mal entsprechend der Zahl der Tage, die Jesus im Schoß Ms und M im Schoß Annas war.

WW: Opere del Padre G.P.P., Pezzana 1762 (u.a.: Esersizi Spirituali di San Ignazio, La Via del cielo appionata, La religiosa in solitudine, Il sacro cuore di Maria).

Lit.: Raggenaglio sulla sua vita, In: Opere, Parma 1718. — Sommervogel VI 763—792. — LThK VIII 281. — EC IX 1482. — Enciclopedia Universal Ilustrada 44, 1989, 975. *G. Rovira*

Pinturicchio, eigentlich Bernardino di Betto di Biagio, genannt Il P., * um 1454 in Perugia, † 11.12.1513 in Siena, ital. Maler der Renaissance und einer der Hauptmeister der umbrischen Schule. Über seine Jugend ist nichts weiter bekannt, als daß er um 1473 zusammen mit Perugino in der Werkstatt des Fiorenzo di Lorenzo tätig war und dort wohl seine Lehre erhalten hat. 1481/83 ist er als Mitarbeiter Peruginos bei der Ausmalung der Sixtinischen Kapelle in Rom verbürgt. Daß er da bloß als Gehilfe fungierte, ist unwahrscheinlich, da er 1481 in Perugia in die Malerzunft Aufnahme gefunden hat. Ab 1484 war P. mit wechselnden Aufträgen in Rom beschäftigt, unter anderem 1487 im vatikanischen Belvedere für Innozenz XIII. Nach Kurzaufenthalten in Perugia und Orvieto malte er für Alexander VI. 1492—95 die Borgiazimmer des Vatikans aus. Es folgten Aufträge in Orvieto, Spoleto und Perugia, bis er 1502—09 hauptsächlich zwischen Perugia und Siena pendelte, wo er zeitweise mit Girolamo Genga, Luca Signorelli, Baldassare Peruzzi und eventuell auch Raffael zusammenarbeitete. Nach einer letzten Romreise 1509/10 kehrte er endgültig nach Siena zurück, das seit 1505 sein Hauptwohnsitz war. Letzte Arbeiten brachten P. nur noch nach Perugia und San Gimignano.

P. ist nach →Perugino der bedeutendste Maler der umbrischen Schule der ital. Renaissance. Die Zugehörigkeit zu dieser Schule wird v.a. in der Behandlung der Architektur, der leuchtenden Hintergründe und der Perspektive deutlich. Die ersten Anregungen durch A. Mantegna und G. Ferrara führten P. zu einer dekorativen Darstellungsweise, die anfangs eng mit Peruginos Werk verbunden war.

Mit seiner Detailtreue und überreichen Ornamentik ist er der Vertreter eines festlichen und erzählerischen Stils, der sich bes. in vielfigurigen Szenen entfaltete und der sein ganzes Schaffen charakterisiert. Trotz öfters handwerksmäßiger Kompositionen und zahlreicher eklektizistischer Übernahmen gründet sich die außerordentliche Beliebtheit P.s gerade auf seine ornamentale Dekoration und die nie versiegende Erzählfreude.

Mthemen gestaltete P. in zwei inhaltlich unterschiedenen Gruppen. Die größte Gruppe bilden die Madonnen mit Kind, die er etliche Male als halbfigurige Variante ohne Begleitung arbeitete. Daneben malte er einige stehende sowie thronende Madonnen mit dem Kind zwischen Engeln oder Heiligen. Die zweite Gruppe besteht aus Szenen aus dem Mleben, die in drei kleinen Zyklen verwirklicht worden sind. Hier sind noch eine Hl. Familie mit Johannesknaben (Siena, Pinakothek, um 1500) und eine Verkündigung im Altar von S. Maria dei Fossi, Perugia (ebd., Galleria, 1495) dazuzurechnen.

Der erste Zyklus sind Fresken in der 1489/92 ausgemalten Lorenzo-Kapelle von S. Maria del Popolo in Rom. In der Lünette mit der »Verkündigung« ist das Geschehen in einen antikischen Raum gesetzt. M sitzt vor einem Lesepult und liest. Mehrere Engel treten mit verschränkten Armen in das Gemach und neigen sich kaum merklich nach vorne. Eine eigentliche Ansprache an M findet nicht statt.

Das »Geburtsfresko« sammelt die beteiligten verehrenden Personen im unteren Bilddrittel ganz in der vorderen Ebene. Die rechte Hälfte ist durch eine eigentümliche Stallarchitektur mit Mauerung und Baumstammstützen belegt. Die linke Hälfte wie den Mittelgrund gibt P. als belebte Landschaft, die im tiefen Durchblick des Bildzentrums die vordere geschlossene Gruppe nach hinten öffnet.

Im Fresko mit der »Himmelfahrt« zerlegt P. das Geschehen in zwei Teile. Der untere irdische Bereich ist mit den den Sarkophag umstehenden Aposteln in der Landschaft besetzt, von denen keiner nach oben zu M blickt. Über den Köpfen der Zeugen verliert sich der Horizont hinter flachen Hügeln. M in der Engelskopfgloriole steht auf einer Wolke und wird von musizierenden Engeln begleitet. Sie blickt schräg nach unten auf Petrus, der ganz links am Rand zu stehen kommt.

Der zweite Zyklus (Fresko) schließt unmittelbar an den ersten an und befindet sich in den Borgiaräumen des Vatikans (1492—95). Neben einer »Heimsuchung« vor prächtigst verzierter und frei in die Landschaft gesetzter Architektur, die reich bevölkert ist, schuf P. eine »Verkündigung«, in der Gabriel links vor einer Bogenarchitektur kniet und die zurückhaltend kniende M rechts grüßt. Zwischen beiden steht eine aufwendige Vase mit Rosen. Auch hier sind die Schauarchitektur wie die Gewänder wertvollst dekoriert. In der zugehörigen Anbetung der Könige ist ℳ mit dem Kind auf die linke Seite gerückt, so daß der Hauptraum des Bildes vor der opulent geschmückten Ruine den Königen mit ihrem Gefolge bleibt. Der weite Blick in die Landschaft eröffnet auch hier den Hintergrund, der nicht mehr so einschichtig wie im ersten Zyklus durch die Versammlung der Personen an der vorderen Bildebene abgeschirmt erscheint.

Eine der frühesten Arbeiten des Themas »Madonna mit Kind« dürfte die halbfigurige Version in Perugia (Galleria Naz., 1473/78) sein. ℳ hält vor einer tiefen Landschaft mit der rechten Hand den auf einem Steinquader sitzenden Knaben, der auf einer Steinschranke liegt. Die Mutter neigt ihren Kopf Christus zu und blickt leicht schräg nach unten aus dem Bild heraus.

Im gleichzeitigen Bild von Spello (S. Maria Maggiore) thront die GM in einer marmorverzierten kleinen Kammer und hält den nackten Knaben auf dem linken Knie.

Die Variante, das Kind auf der Steinbank vor der Madonna stehen zu lassen, wiederholt P. in den Tafeln von Monaco (Sammlung Tucker, um 1480) und London (Nat. Gallery, um 1475). In der »Madonna dei Terremoti« (Rom, Galleria Capitolina, 1478/89) sitzt ℳ auf einem Thron, der als rückwärtigen Lehnenteil einen wertvollen Brokatstoff aufweist. Die sanfte Zuneigung, bei scheinbarer Selbstversunkenheit, bleibt auch erhalten, wenn ℳ den Sohn präsentiert. In San Severino (»Madonna delle Pace«, Dom, um 1488) hält sie den segnenden, auf einem Kissen über den Knien der Mutter stehenden Christus dem Stifter Bartelli im rechten unteren Eck vor. Auch im großen repräsentativen Thronbild mit dem Johannesknaben (Perugia, Galleria Naz., 1495), in dem ℳ im weit ausladenden blauen Mantel auf einem über und über goldverzierten Steinthron sitzt, der fast die fein gezeichnete oberital. Landschaft verdeckt, fällt die verhaltene Gestik der Mutter auf, die kaum das Kind zu berühren wagt.

Fehlt die Prachtarchitektur, dann wird der Stimmungsgehalt der Mutter-Kind-Beziehungen durch den landschaftlichen Hintergrund adäquat hinterfangen (Madonna mit Kind zwischen Johannes d. T. und dem hl. Lorenzo, Spoleto, Dom, Eroli-Kapelle, 1497; New York, Sammlung Kress, um 1495; Cambridge, Fitzwilliam Mus., um 1499, u. a.).

1506/07 ist eine weitere aufwendige Thronszene entstanden (Madonna mit Kind zwischen 4 Heiligen, Spello, S. Andrea), die das Verhältnis von Architektur und Landschaft ausgewogener gestaltet. In der Hl. Familie in Siena (Pinakothek, um 1510) ist das Geschehen wie ein Landausflug geschildert. Die beiden Kinder Johannes und Christus bewegen sich nach rechts, in der linken Bildhälfte sitzt, Joseph überschneidend, ℳ und scheint aus einem Buch heraus etwas zu erklären. Wie so oft hat P. auch hier die Gruppe kompositorisch durch gleiche Kopfneigungen zusammengebunden.

Das etwa gleichzeitige und wohl letzte Bild dieses Themenkreises ist die Madonna in der Glorie mit den Heiligen Papst Gregor und Bernhard (San Gimignano, Museo Civico). In eine weitschweifige oberital. Landschaft eingebettet thront ℳ, von einer Engelsgloriole umfangen, auf einer Wolkenbank. Im feinen Stimmungsgehalt, verbunden mit feierlicher Gestik in einer märchenhaft unwirklichen Atmosphäre, aber ohne die sonst prunkvoll rahmende Architektur, stellt dies den Schlußpunkt der Kunst P.s als Madonnenmaler dar.

Lit.: E. Steinmann, P., Leipzig 1898. — E. March Phillipps, P., London 1901. — W. Bombe, Geschichte der Peruginer Malerei bis zu Perugino und P., Berlin 1912. — C. Ricci, P., Perugia 1912. — B. Berenson, Italian Pictures of the Renaissance, 1932. — C. Gamba, Pittura Umbria del Rinascimento, 1949. — C. Brandi, Il linguaggio figurativo del P., 1955. — E. Carli, Il P., 1969.

N. Schmuck

Pio da Pietrelcina (Francesco Forgione, »Pater Pio«), OFMCap, * 25. 5. 1887 in Pietrelcina (Benevento), † 23. 9. 1968 in San Giovanni Rotondo, wurde 1909 eingekleidet und am 10. 8. 1910 in Benevent zum Priester geweiht. Von 1918 bis zu seinem Tod lebte er in San Giovanni Rotondo (Foggia). Seit 1918 bis zu seinem Tod traten mystische Phänomene auf, doch wurden die Stigmen erst am 20. 8. 1918 äußerlich sichtbar. Er stellte sein Leben völlig in den Dienst der Beschauung und des Beichtapostolates, wobei er zahllose ihm in völligem Vertrauen ergebene Menschen an sich zog, eine Bewegung, die auch nach seinem Hinscheiden in Form von Pilgern zu seinem Grab und der auf seine Anregung in der ganzen Welt verbreiteten Gebetsgruppen andauert. Zur Zeit wird in Rom der apost. Prozeß seiner Seligsprechung geführt.

Seine Verlebendigung der Christusmysterien steht in einem zugleich bergenden und fördernden marian. Rahmen. ℳ wirkte derart stark auf seine mystischen Erfahrungen, daß ihm marian. Visionen nahezu natürlich erschienen. Seit Kindestagen empfand er eine unwiderstehliche Liebe zu ℳ und betete darum öfter vor ihrem Bildnis in der Pfarrkirche (Madonna della Libera). Seine Zwiesprache mit ihr lebt in seinen Briefen weiter, woraus man — nebst seiner Intimität mit der GM — die sie stützenden theol. Fundamente erkennt: 1. ℳs Mission als Mutter des Gottessohnes wurde von ihrer UE vorbereitet, vollzieht sich in jungfräulicher Weise durch die Menschwerdung des Gotteswortes und die Geburt in Betlehem, erhält die Belohnung in ihrer leibseelischen Verherrlichung. — 2. Dieses Wirken Gottes löste eine einzigartige Entsprechung im Leben ℳs aus. P. betont zunächst ihre Intimität mit Jesus, deren Höhepunkt er im Schmerz auf Kalvaria erkennt. Unter ℳs Tugenden erwähnt er mit bes. Freude ihre jungfräuliche Reinheit und Demut. ℳ, »mit dem Grad, mit dem in ihr die himmlischen Gaben wuchsen, versenkte sich in eine immer tiefere Demut, so sehr, daß sie vom selben Moment an, als sie vom Hl. Geist überschattet wurde, wodurch sie zur Mutter des Sohnes Gottes wurde, singen konnte: ›Siehe ich bin die Magd des Herrn‹« (Epistolario II 419). — 3. Die Erhöhung M?s stellte nicht bloß für sie eine Belohnung dar, sondern war zugleich eine außerordentliche Gnade für die Kirche und jeden Einzelmenschen. Die Kraft ihrer Fürbitte bei Gott für ihre Söhne kennt keine Grenzen. Mehrfach verwendet P. das Bild des »Piloten« und des »Sterns«, um das Vorgehen Jesu Christi und M?s bei der Geleitung von Seelen durch das stürmische Meer der Welt bis zum Hafen der Rettung auszudrücken (vgl. Epistolario II 364. 373. 509; III 55). — 4. Seine Andacht zur Jungfrau konzentriert P. — für sein Leben wie in den anderen erteilten Ratschlägen — in M?s Nachahmung; so wenn er schreibt: »Bemühen wir uns — ähnlich wie so viele auserwählte Seelen —, ständig in der Nähe dieser gesegneten Mutter zu verbleiben, stets neben ihr zu wandeln; denn es besteht ja kein anderer Weg, der zum Leben führt, außer dem, der von unserer Mutter begangen wurde. Entziehen wir uns diesem Weg nicht, wir, die wir zum Ziel gelangen wollen! Schließen wir uns dieser lieben Mutter an« (Epistolario I 602). — 5. Das Wandeln mit M bedeutet für P. ebenso Verkündigung ihrer Größe und innigen Dialog mit ihr. Er empfiehlt den Ausruf: »Es lebe die unbefleckte Jungfrau Maria!« als Losung, um den Versucher zu entlarven, der sich als Lichtengel vorstellt. P. wünschte, seine Stimme so laut erschallen zu lassen, daß sie zu allen Sündern der Welt dringe, und um sie einzuladen, M zu lieben. Die Jungfrau geliebt zu sehen war für ihn Grund herzlicher Freude (Epistolario III 57. 93). Bewohnern von Pietrelcina, die ihn vor der Festfeier zu Ehren M?s im Dorf besucht hatten, sagte er nicht ohne ein gewisses Heimweh: »Ihr Glücklichen, geht hin, das Fest unserer Madonna zu feiern!« (Massa 84). — 6. P. drückte große Zärtlichkeit und volles Vertrauen zu M aus. Er hieß sie »Mammina« und bekannte ungezählte Male, daß er ihr die Ängste seines unruhigen Herzens anvertraute und dabei immer Trost fand. Dieses Zutrauen empfahl er ständig allen, die sich an seine Seelenführung wandten oder an die er Worte richtete. In Übereinstimmung mit seiner franziskanisch affektiven Psychologie kennzeichnet er sein Verhältnis zu M?, indem er es mit Formen von Zärtlichkeit einer irdischen Mutter veranschaulicht (s. Epistolario II 462; III 82. 540). — 7. Hier sei auch seine marian. Frömmigkeit in ihren volkstümlichen Ausdrucksformen von Novenen und Pilgerfahrten erwähnt. In den ersten Lebensjahren pilgerte P. nach →Pompei, um sein Vertrauen zu M und deren Verehrung auszudrücken. Die Empfehlung, Pompei und →Lourdes aufzusuchen, kehrt in seinen Briefen immer wieder. Einer Adressatin legt er nahe: »Ich halte es für den Willen Gottes, daß Sie sich aufmachen, die schöne Jungfrau von Lourdes aufzusuchen …auch ich sehne mich seit vielen Jahren nach einem solchen Besuch, auch wenn ich wahrnehme, daß dies für immer ein frommer Wunsch bleiben wird … Ja, gehen Sie — ich bitte Sie —, die weiße Frau von Lourdes zu besuchen und bitten Sie diese für alle Bedürfnisse der heiligen Kirche und in bes. Weise beten Sie für meine arme Seele …« (Epistolario II 141).

WW: Epistolario, ed. Melchiorre da Pobladura e Alessandro da Ripabottoni, I: Corrispondenza con i direttori spirituali (1910—1922), ^{2}1973; II: Corrispondenza con la nobildonna Rafaelina Cerase (1914—1915), 1975; III: Corrispondenza con le figlie spirituali (1915—1923), 1977; IV: Corrispondenza con diverse categorie di persone, 1984. — F. Ritzel, P. P.s geistiger Weg. Eine Auswahl aus seinen Briefen, 1974.

Lit.: P.D. Sessa, P.P. v. P., ^{2}1951. — Alessandro da Ripabottoni, Molti hanno scritto di lui, 2 Vol, 1986 (Lit. bis 1986). — Ders., P. da P., 1974, engl. 1987. — Melchiorre da Pobladura, Alla scuola spirituale di P.P. da P., 1978. — B. Massa, »Maria Pyle«. Alla Scuola di P.P., 1980. — M. Winowska, Das wahre Gesicht des Paters P., 1984. — J. M. Höcht, Träger der Wundmale Christi, hrsg. von A. Guillet, ^{4}1986, 490—496. — G. Curci P.P. e il santuario di Pompei, 1987. — Fernando da Riese Pio X, Padre P. da P., ^{3}1987. — DSp XII 1443ff. — BgF 15 (1981—85) Nr. 7012—37 (Lit.). *Bernardino de Armellada*

Piombo, Sebastiano del, eigentlich Sebastiano Luciano, ital. Maler der Renaissance * 1485 (?) in Venedig, † 1547 in Rom. Über seine Frühzeit in Venedig ist wenig bekannt. Nach Vasari lernte er zunächst bei Giovanni Bellini, dann bei Giorgione. Vermutlich vollendete er dessen »Drei Philosophen«. 1511 geht er auf Einladung Agostino Chigis nach Rom; dort hat er Kontakt zu Raffael und dann zu Michelangelo. Mit diesem verbindet ihn eine lange Freundschaft. Nach dem Sacco di Roma 1527 verläßt er vorübergehend die Stadt; im Frühjahr 1529 kehrt er zurück. 1531 wird er Plombator der Päpstlichen Bullen (daher der Beiname »del Piombo«). In seiner düsteren und kraftvollen Malerei verbindet er venezianische und röm. Elemente. Seine Portraits sind stark modellierte Bildnisse vor meist dunklem Grund.

Als sein erstes bekanntes Werk gilt eine M mit Kind und zwei Heiligen (Venedig, Accademia, um 1505; Zuschreibung 1935 durch Pallucchini): Die sitzende M mit dem auf ihrem Schoß liegenden Kind nimmt die rechte Hälfte des Querformats ein, die hll. Katharina v. Alexandrien und Johannes d. T. bilden links das Gegengewicht. Erste Hauptwerke sind die Orgelflügel für S. Bartolomeo al Rialto (hll. Ludwig, Sebaldus, Sebastian, Bartholomäus, um 1509) und das von Caterina Contarini 1509 in Auftrag gegebene Altarbild von S. Giovanni Crisostomo, an dem Vasari das »gran rilievo« lobt. In Rom arbeitet P. zunächst für A. Chigi mit Raffael und Peruzzi an der Ausmalung der Villa Farnesina (mythol. Szenen). Im Auftrag von Giovanni Botoni entsteht die berühmte Pietà für S. Francesco in Viterbo (heute Viterbo, Mus. Civico, 1516) nach Vorzeichnungen von Michelangelo: In einer öden Nachtlandschaft liegt der tote Christus bildparallel vor der mächtigen Gestalt

S. del Piombo, Hl. Familie mit dem Johannesknaben, um 1525, Prag, Narodní Galerie

der hinter ihm sitzenden ⋒. Ebenfalls im Einvernehmen mit Michelangelo beginnt P. im März 1517 die Ausmalung der Privatkapelle des Pier Francesco Borgherini in S. Pietro in Montorio (1524 vollendet; Geißelung Christi, Verklärung Christi, zwei Propheten). Ab 1517 entsteht, wiederum unter Einflußnahme Michelangelos, die »Auferweckung des Lazarus« für Kardinal Giulio de' Medici (London, Nat. Gallery). 1518/19 folgen eine Heimsuchung für die Königin von Frankreich (Paris, Louvre) und das Martyrium der hl. Agatha (Florenz, Palazzo Pitti), zwei in der Monumentalität der nahgesehenen Szenen bereits für den Stil der zwanziger Jahre typische Werke. Um 1526 zu datieren ist die von Raffaels Disputa stilistisch abhängige Vorzeichnung für eine nie ausgeführte Himmelfahrt ⋒s (Amsterdam, Rijksprentenkabinet; ⋒ auf der Mondsichel über dem leeren Grab, von zwei Engeln gekrönt), vermutlich für die Cappella Chigi in S. Maria del Popolo gedacht, für die P. dann die Geburt ⋒s malt. 1529/30 entsteht als interessantestes seiner Papstportraits die Doppelportraitzeichnung Clemens' VII. mit Karl V. (London, Nat. Gallery): Der Papst dominiert — propagandistisch bedeutsam — das Geschehen. Eines der letzten Werke P.s ist die gegen 1540 für S. Maria della Pace gemalte, nur fragmentarisch erhaltene Heimsuchung (jedoch Kopie in Rom, Galleria Borghese).

Weitere wichtige ⋒darstellungen sind: Beweinung Christi (St. Petersburg, Eremitage, 1516; vielfigurige Szene mit ohnmächtiger ⋒; Hl. Familie mit Stifter (London, Nat. Gallery, 1519/20; ⋒ umfaßt den Stifter mit ihrem rechten Arm); Hl. Familie mit dem Johannesknaben (Prag, Národní Galerie, um 1525; Typus der Madonna del Velo); ⋒ mit Kind, von zwei Engeln gekrönt (Burgos, Kathedrale, um 1526; war lange Zeit Michelangelo zugeschrieben); Pietà (Sevilla, Casa de Pilatos, um 1530; der Leichnam Christi nach Vorzeichnung Michelangelos).

Lit.: P. Biagi, Memorie storiche-critiche intorno alla vita ed alle opere di F. Sebastiano Luciano, Venezia 1826. — R. Pallucchini, La formazione di S. del P., In: Critica d' Arte 1 (1935) 41 ff. — L. Dussler, S. del P., 1942. — R. Pallucchini, Sebastian Viniziano, 1944. — A. E. Safarik, Contributi all'opera di S. del P., In: Arte veneta 17 (1963) 64 ff. — M. Hirst, S. del P., 1981.
E. G. Trapp

Pir(c)kheimer, Caritas, Klarissin, * 21. 3. 1467 in Eichstätt, † 19. 8. 1532 in Nürnberg, wurde 1483 Klarissin in St. Klara in Nürnberg und am 20. 12. 1503 hier für 29 Jahre Äbtissin. Ihr Grab wurde 1959 entdeckt, ihre Gebeine ruhen heute in der St.-Klara-Kirche in Nürnberg. Sie war von ihren Schwestern und auch außerhalb des Klosters hochgeschätzt, was sich u. a. darin zeigte, daß Gebildete und Angesehene ihrer Zeit sie aufsuchten. In schwieriger Zeit verteidigte sie die Kirche und ihre Gemeinschaft gegen Versuche, die Reformation anzunehmen. Der Seligsprechungsprozeß wurde 1962 eingeleitet.

Die MV war in ihrer Zeit noch unangefochten: 1517 hat Veit Stoß für die St.-Lorenz-Kirche in Nürnberg den »Englischen Gruß« geschnitzt. C. P.s MV läßt sich aus ihren erhaltenen Schriften erschließen, aus den »Denkwürdigkeiten des Klosters«, einer Art Tagebuch der Ereignisse der Jahre 1524—28, aus ihren Briefen mit bedeutenden Persönlichkeiten der Stadt Nürnberg und aus dem Gebetbuch des Klosters, das zwar nicht von ihr stammt, aber Gebete dieser Zeit enthält; auch widmete Albrecht Dürer der Äbtissin 1511 die Buchausgabe seiner Holzschnitte »Marienleben«.

Inhalte der MV C. P.s sind die Menschwerdung des Sohnes Gottes aus ⋒, ⋒ als Schmerzensmutter unter dem Kreuz und v. a. ⋒ als Fürbitterin bei ihrem göttlichen Sohn. Sie bemühte sich, ⋒ nachzuahmen, und verehrte sie als die »Mutter der schönen Liebe« in der Ausdeutung ihres Ordensnamens »Caritas«.

Die Briefe der C. P. spiegeln ihre MV und die ihrer Zeit wider: Dem Nürnberger Ratsbaumeister Michael Behaim dankt sie um 1507: »Wir können nur die gebenedeite Kindbetterin Maria bitten, daß sie durch alle die Freude, die sie leiblich und geistlich mit dem edlen Dominus tecum je gehabt hat, Euch und all den Euren alles erwerbe, was Ihr bedürft und was euch nützt für Seele und Leib. Darum haben wir ihrem jungfräulichen Kindbett zum Neuen Jahr für Eure Weisheit 5000 Avemaria geopfert, damit sie Euch im Leben und im Sterben Freude schenke« (Briefe 18 f.) Ähnlich schreibt sie am 15. 12. 1514 dem Klosterpfleger Caspar Nützel, daß sie und die Schwestern zum Dank

10000 Ave-Maria für ihn beten werden (ebd. 56), und am 28.11.1521, daß sie für ihn »die schöne Muttergottes mit 7000 Avemaria« gegrüßt haben (ebd. 73). Im Brief vom 12.9.1518 an denselben stellt sie sehr anschaulich ⟨M⟩ als Schutzmantelmadonna vor Augen: Sie, als »liebes altes Mütterlein mit dem ganzen Convent«, hat für ihn »der hochgelobten Mutter Gottes einen Mantel gebetet aus vielen Psalmen« und darunter ihn mit der anbefohlenen Angelegenheit verborgen, »denn die Mutter weiß besser, was für die Kinder gut ist, als die Kinder selbst« (ebd. 64). Anton Tucher versichert sie am 2.1.1518, daß sie mit 7000 Ave-Maria »von der jungfräulichen Kindbetterin Maria« erbeten haben, »daß sie an unserer Statt Eurer Weisheit die schuldige Dankbarkeit erweise für das Gute« des verflossenen Jahres (ebd. 53f.)

Im »Gebetbuch des Klosters« dürfte die in alter Tradition verwurzelte MV dieser Klarissinnen sichtbar werden: »O du schöne Maria, sei eine ständige Fürbitterin für uns und hilf uns. Erwirb uns, du große Mutter in der guten Hoffnung, daß wir in dieser Zeit deinen Sohn täglich in unserer Seele neu gebären und den alten Menschen ablegen, daß wir mit deinem lieben Sohn neu geboren werden« (Gebetbuch 70). Für eine Mitschwester wird gebetet: »O Jungfrau Maria, du süßeste Mutter, deine Dienerin werde froh in deiner Barmherzigkeit. Du bist ja die allersüßeste Fürsprecherin, darum sei deine Dienerin voll Freude in dir. O Jungfrau Maria, du Trägerin froher Botschaft, sieh die Pein, die deine Dienerin leidet. Überlaß sie nicht dem bösen Geist, der trübsinnig macht, sondern geleite sie auf den rechten Weg, damit sich der Satan nicht ihrer rühme. Zu dir, mildigliche Frau der frohen Botschaft, rufen wir für die Seele deiner Dienerin, damit sie durch deine milde, sanfte Hilfe gestützt werde« (ebd. 79; vgl. 103). Wir finden darin auch eine Form des Salve Regina (ebd. 81). In der »2. Beichtandacht« erinnert die Beterin ⟨M⟩, die »Mutter Gottes« und »Mutter der Barmherzigkeit«, wie sie unter dem Kreuz stand, an »das Elend deines Herzens« und erfleht ihren Beistand im ganzen Leben. »Maria, du Mutter der Gnaden, durch dich wird dem Gerechten Gnade, dem Schuldigen Nachlaß gegeben, denn du bist die barmherzige Trösterin all derer, die da betrübt sind, und die große Hoffnung aller Sünder. Maria, auf dich hoffen wir, sei eine getreue Mittlerin zwischen uns und deinem lieben Kind und versöhne uns mit ihm« (ebd. 16). Im Schlußteil eines Dankgebetes findet sich die eigenartige Formulierung: »Aus mir, durch mich und mir sollen dich jetzt und in Ewigkeit die Jungfrau Maria und alle lieben Heiligen loben und würdig ehren ...« (ebd. 108).

WW: Die »Denkwürdigkeiten« der C.P. (aus den Jahren 1524—28), hrsg. von J. Pfanner, 1962. — Die Denkwürdigkeiten der Äbtissin C.P. des St. Klara-Klosters zu Nürnberg, nach der Erstveröffentlichung von J. Pfanner übertr. von B. Schrott, hrsg. von G. Deichstetter, 1984 (zit.). — Gebetbuch aus dem St. Klara-Kloster zu Nürnberg zur Zeit der Äbtissin C.P. 1467—1532, nach der Erstveröffentlichung von J. Pfanner übertr. von B. Schroth, hrsg. von G. Deichstetter, 1984 (zit.); vgl. Ausst.-Kat., C.P. 1467—1532, hrsg. von L. Kurras und F. Machilek, 1982, 87 Nr. 68.

Lit.: G. Krabbel, C.P., [5]1982. — G. Deichstetter (Hrsg.), C.P. Ordensfrau und Humanistin — ein Vorbild für die Ökumene, FS zum 450. Todestag, 1982. — C. v. Imhoff und G. Deichstetter, C.P. und die Reformation in Nürnberg, 1982. — P. Imhof (Hrsg.), Frauen des Glaubens, [2]1985, 103—116. — LThK[2] VIII 516. — VL[2] VIII 697—701 (WW, QQ, Lit.).

G. Deichstetter/W. Baier

Pirmin (Priminius), OSB, Klosterbischof aus dem westgotischen Aquitanien oder aus Spanien, wirkte Anfang des 8. Jh.s zunächst im westlichen Frankenreich, dann in Alemannien, gründete Reichenau, Murbach und Hornbach. Sein Missionsbüchlein »Scarapsus« (d. h. »excarptus« = »excerptus« [liber]) benützt u. a. Martin v. Bracara. In einem Abschnitt, den der Scarapsus mit der Homilie Nr. 17 des Ps.-Caesarius (PL 67,1079; Clavis patristica pseudepigraphorum medii aevi, cur. I. Machielsen, 1990, nr. 4390) gemeinsam hat, steht der Passus »Discendere dignatus est filius dei de sino patris, hoc est verbum, in utero sanctae Mariae semper virginis« (Jecker 37, vgl. 95).

Ausg.: G. Jecker, Die Heimat des hl. Pirmin, Apostels der Alamannen, 1927, 34—43.
Lit.: LThK[2] VIII 517f. — Brunhölzl I 233ff. 543.   *G. Bernt*

Pisanello (Antonio Pisano), ital. Maler und Medaillist, * wohl 1395 in Pisa, † um 1455. Nach Gentile da Fabriano und Stefano da Verona, die ihn entscheidend beeinflußten, war P. der herausragende Vertreter der Internat. Gotik in Italien. Seinen Stil bestimmt eine sichere und zugleich subtile Linienführung, die er im Dienste äußerster Verfeinerung im Sinne gotischer Schönheitsideale einerseits und präziser Schilderung der Natur- und Tierwelt andererseits einsetzt. Wirklichkeitsnähe und ein genaues Beobachtungsvermögen, die in seiner Porträtkunst, v. a. in den in seinen späteren Jahren geschaffenen Medaillen (Porträts von Filippo Maria Visconti, Lionello d'Este, Vittorino da Feltre u. a.) sichtbar werden, verbinden sich mit einem Sinn für das Ornamentale, der sich in phantastischen Maßwerkformen, juwelenhaften Farben und dekorativen Kostümdetails äußert. Eine reizvolle Spannung entsteht zwischen märchenhafter Idealisierung und dokumentarisch genauer Erfassung — beispielsweise zwischen der irreal schönen Gestalt der Prinzessin und den scharf beobachteten Charakterstudien von Gefolgsleuten verschiedener Herkunft in der Georgslegende (Fresko in S. Anastasia, Verona, um 1436—38), oder dem legendenhaft-eleganten Ritter im Zauberwald und den genau bestimmbaren Tieren (Tafelbild, Vision des hl. Eustachius, London, Nat. Gallery, um 1436—38).

Betrachtet man das Volumen des erhaltenen zeichnerischen Oeuvres, muß man daraus schließen, daß von der Malerei P.s nur wenig auf uns gekommen ist. Urkundlich bezeugt

Pisanello, Maria erscheint den hll. Antonius und Georg, um 1440, London, Nat. Gallery

sind u. a. Freskoarbeiten in der Nachfolge des Gentile da Fabriano im Dogenpalast in Venedig und in der Lateranbasilika in Rom. Diese wurden im späteren 15. bzw. im 17. Jh. zerstört. Ebenso problematisch ist der Bestand bei der Tafelmalerei. Wenig ist erhalten geblieben, Zuordnung und Datierung einzelner Werke sind nicht immer gesichert. So werden einige Tafeln, darunter die als »Madonna mit der Wachtel« bekannte Rosenhagdarstellung im Museo di Castelvecchio (Verona) von der Forschung verschiedentlich P. oder Stefano da Verona zugeschrieben.

Das früheste gesicherte Werk P.s ist das signierte (»Pisanus pinxit«) und um 1424—26 datierbare Fresko der Verkündigung ⒨e in San Fermo Maggiore (Verona), das dem vom Bildhauer Nanni di Bartolo geschaffenen Denkmal für N. Brenzoni integriert ist. Die Anlage mit dem Erzengel Gabriel zur linken und ⒨ zur rechten Seite eines spitz zulaufenden plastischen Baldachins geht auf Verkündigungsdarstellungen in den Zwickeln des Triumphbogens in Kirchenausstattungen zurück, erweitert diese aber durch einen gemalten Dekorationsrahmen nach unten und, ikonographisch interessant, nach oben durch die Bekrönung mit den Erzen- geln Raphael und Michael, beide in Ritterrüstung und umgeben von kosmischen Zeichen. Gegenüber der stillen, verinnerlichten Figur der betenden ⒨ bringt der Verkündigungsengel einen starken Bewegungszug, Hineilen und Verneigung in einem einzigen fließenden Duktus, der fast ungestüm wirken würde, wäre die Gestalt Gabriels nicht von solcher Vornehmheit geprägt. Figuren und Anlage erregten die Bewunderung Vasaris (»Le vite ...«, 1568). Insbesondere darf der Engel als eines der schönsten und überaus charakteristischen Beispiele für P.s lineare Gestaltunsweise gelten. Die Ikonographie der signierten Tafel der Madonna mit den hll. Antonius Abbas und Georg konnte bisher nicht eindeutig geklärt werden (London, Nat. Gallery, wohl um 1440). Bei der Erscheinung der GM (Halbfigur) im Sonnenkreis hat man eine mögliche Verbindung zur apokalyptischen Vison der mulier amicta sole (Offb 12,1), zur Prophezeiung der Tiburtinischen Sibylle an Kaiser → Augustus, oder, wenig überzeugend, eine Anspielung auf die UE gesehen (zu den verschiedenen Interpretationen vgl. M. Davies, The Earlier Italian Schools, ²1961, 439 f.).

Lit.: G. F. Hill, P., 1905. — B. Degenhart, P., 1941. — L. Coletti, P., 1953. — M. Fossi Todorow, I designi del P. e della sua cerchia, 1966. — G. A. Dell' Acqua und R. Chiarelli, L' opera completa del P., 1972. — Ausst.-Kat., Il polittico degli Zavattari in Castel Sant' Angelo: contribuiti per la pittura tardogotica lombarda, 1984.
G. Nitz

Pisano, ital. Bildhauer-, Maler- und Baumeisterfamilie.

1. Andrea, * um 1290, † 1348/49 in Orvieto, Bildhauer, kam als Goldschmied aus Pisa nach Florenz, wo er 1330—36 eine der Bronzetüren für das Baptisterium schuf. Die Reliefs in den Vierpässen enthalten biblische Szenen. Der harmonische Aufbau, der mit wenigen Figuren bestritten wird, ist streng und zugleich rhythmisch. P. arbeitete außerdem auch an der skulpturalen Ausstattung des Campanile neben dem Florentiner Dom. Von P. und dessen Sohn Nino stammt eine ⒨ lactans (Pisa, Museo Naz.), die ursprünglich in der Kirche S. Maria della Spina stand. Sanfte Linien, Grazie und Anmut kennzeichnen das Werk dieser Meister.

2. Antonio → Pisanello.

3. Giovanni, ital. Bidlhauer und Baumeister, Sohn und Schüler des Niccolò P., * um 1250, † nach 1314, kann nur bedingt als Vollzieher der Wende zur Gotik in Italien bezeichnet werden. Der Bogen zwischen der Skulptur der Pisani bis zu Ghiberti verläuft linear und wird nicht durch die Gotik aus dem Norden unterbrochen, sondern lediglich beeinflußt. Er brach die bisherige Überlieferung der ital. Bildhauertradition und eröffnete somit eine neue Art der skulpturalen Gestaltung. Einen dramaturgisch-realistischen Höhepunkt erreichte er in seiner Vergegenwärtigung der christl. Heilsgeschichte an der Pisaner Domkanzel, in der das biblische Geschehen in einem monumentalen Spannungsbogen, sowohl im körperlichen als auch im geistigen Ausdruck dargestellt wird. Im Gegensatz zur Strenge im Werk seines Vaters Niccoló läßt Giovanni seine belebten und zugleich standfesten Figuren und beseelten Gestalten in einem vollkommenen Rhythmus ohne majestätische Starrheit, dafür jedoch als dramatische Geschöpfe erscheinen. Die Reliefs der Kanzel bilden den Träger für ein didaktisch hochwertiges, scholastisches Anschauungsgprogramm, welches für die Gläubigen im MA, die zumeist des Lesens und Schreibens nicht mächtig waren, von großer Bedeutung gewesen sind.

Die Pisaner Domkanzel, ein Spätwerk G. P.s (1302—11 entstanden, 1595 teilweise durch einen Brand zerstört und abgebrochen, 1926 rekonstruiert), stellt eine Theol. in Stein dar, ein Lehrgebäude in Carraramarmor gemeißelt. Die theol. Inhalte der ma. Welt werden zusammengefaßt, das Leben Christi und das Jüngste Gericht auf den Reliefs der Kanzel in anschaulicher Weise dargestellt. Getragen wird sie von drei Frauen, welche die drei christl. Tugenden Glaube, Liebe und Hoffnung verkörpern. Diese stehen ihrerseits auf einem Podest mit Reliefs, deren figürliche Darstellungen die sieben artes liberales versinnbildlichen, die das MA von der Antike übernommen hatte. Eine weitere Säule in übertragenem Sinne bildet Christus als Garant der Gerechtigkeit, die durch Spruchband und Waage bezeugt wird. Ebenfalls im übertragenen Sinne kommt die Gerechtigkeit vom Himmel, die Wahrheit von der Erde. Die vier Evangelisten flankieren das Podest, auf dem Christus steht. Auf der Seite der Gerechtigkeit, also auf der Seite Christi, steht der hl. Michael und gegenüber der heidnische Herkules. Antikes und christl. Gedankengut stehen sich hier, wie im gesamten Werk, einander gegenüber und verbinden sich: Christus als Sohn Gottes, Herkules als Sohn des Zeus, beide als Wohltäter der Menschheit. Jesus stirbt am Kreuz und fährt auf in den Himmel, Herkules wird auf dem Scheiterhaufen verbrannt und wird Olympier. Ecclesia (Kirche und Braut Christi) mit zwei Kindern, bildet eine weitere Säule unter dem Kanzelkorb. Sie kann gleichgesetzt werden mit ꟿ, aus deren Schoß Christus, die Wahrheit, entsproß. Politisch gesehen stellt Ecclesia mit dem Adler, dem Wappentier Pisas, die Mutter der Stadt dar. Sie steht auf den vier Kardinaltugenden, wobei temperantia hier als Keuschheit verstanden ist. Die Löwen unter den Säulen symbolisieren die Stärke und den Sieg über den Antichristen, der als Pferd erscheint. Auf diesen Säulen ruht die christl. Heilsgeschichte als Krönung, welche durch die bewegt erzählten biblischen Szenen auf den Reliefs, die von Sibyllen und Propheten getragen und flankiert werden, lebendig geschildert wird: die Geburt Johannes des Täufers, die Verkündigung ꟿe, die Heimsuchung und Zacharias sind zu erkennen. ꟿ wird stets mit leicht nach vorne geneigtem Haupte gezeigt. Die Geburt Christi spielt sich in einer Höhle ab, in der die beiden Hebammen das Kind baden. → Salome streckt hierbei ihren Arm aus. Der Verkündigung an die Hirten folgend sind auf einem weiteren Relief die Hl. Drei Könige zu sehen. Die Anreise, die Verehrung

G. Pisano, Elfenbeinmadonna, 1298, Pisa, Dom

Christi und der Traum der Könige, in dem Gott ihnen befahl, sich nicht von Herodes lenken zu lassen, werden in einer Simultandarstellung dem Betrachter mitgeteilt. Jesus im Tempel, die Flucht nach Ägypten und der betlehemitische Kindermord folgen der Szenerie. Zwei weitere Reliefs schildern die Passionsszenen und das Weltgericht.

Weitere Werke mit ⋒darstellungen G.P.s: »Madonna mit Kind« (Pisa, Camposanto), »Madonna mit Kind zwischen Johannes dem Täufer und einem Erzengel« (ebd.), Elfenbeinmadonna (Pisa, Dom 1298), Marmorkanzel in S. Andrea, (Pistoia, 1298—1301) mit Freifiguren und Reliefs, Madonna in der Arenakapelle in Padua; gemeinsame Werke mit seinem Vater: Sieneser Domkanzel und der untere Teil der Fassade des Domes in Siena.

4. *Niccolò oder Nicola*, ital. Bildhauer, * um 1225, † zwischen 1278 und 1284, stammte aus Apulien. Zu seiner Zeit residierte dort der Hohenstaufenkaiser Friedrich II., an dessen Hofe sich die humanistische Kultur entfaltete und von dessen künstlerisch-kultureller Beeinflussung N.P. angeregt wurde. N.P. ist der erste Künstler des MA, dessen Daten z. T. überliefert sind. Er beschäftigte sich mit antiken Vorbildern, die er sowohl in Technik als auch in der Komposition nachahmte. Ein Vergleich mit den Reliefs der röm. Porträtplastik und Sarkophagreliefs ist durchaus zu vertreten. Erwähnenswert ist allerdings auch der Einfluß Benedetto Antelamis auf die Pisani. Bei der Betrachtung der Statuen Antelamis im Baptisterium von San Giovanni in Parma (Ende 12. Jh.) wird dieser Bezug deutlich. Nur durch Antelami, der durch die gotische Skulptur Frankreichs beeinflußt wurde und die Zisterziensermönche in Süditalien, wurde P. ein Hauch der Kunst aus dem Norden mitgeteilt. Ausdrucksstärke und Monumentalität N.P.s beeinflußten auch das Werk seines Sohnes Giovanni. Der Realismus der Pisani löst die formelhaften Körper der byz. Tradition ab und schafft eine Brücke von der Antike zur Frührenaissance in Italien.

Mit der von Säulen getragenen Marmorkanzel im Pisaner Baptisterium (1255—60) mit ihren Reliefs erfand er einen neuen Kanzeltypus. Er vereinte auf jedem der Reliefs mehrere Szenen. Die unterschiedlichen Schauplätze spielten hierbei keine Rolle. So sind beispielsweise auf ein und demselben Relief die Verkündigung durch den Engel an ⋒, die Geburt Christi und die Verkündigung an die Hirten dargestellt. Trotz der zahlreichen Figuren auf engstem Raum herrscht eine gewisse Ordnung, jedoch ohne festes Schema. Jeder Figur oder Figurengruppe wird ein gewisser Handlungsspielraum gegeben. Die Geburtsszene mit ⋒ bildet den Mittelpunkt, links und rechts von ihr spielen sich die beiden Verkündigungsszenen ab, vor ihr baden zwei Mägde das Kind. Joseph sitzt links unten, etwas abseits des Geschehens. Diese Darstellung entspricht zwar weithin der byz. Weihnachtsikone, Gesichter und Gewänder erinnern aber an antike Skulpturen. N.P. stellt ⋒ immer leicht erhobenen Hauptes mit weitblickenden Augen dar. In der Gestalt der Jungfrau bietet er eine neue Dimension der ⋒darstellung. Für seine ⋒ muß er den Sakrophag der Phädra in Pisa gekannt haben, denn Phädra wurde zum gestalterischen Urbild für P.s GM.

Die Sieneser Domkanzel (1268) zeigt eine der Pisaner Baptisteriumskanzel ähnliche Thematik. Wieder wird eine Geburt Christi auf einem Relief dargestellt, in deren Mittelpunkt die GM lagert. Das Szenarium ist dasselbe, lediglich die Verkündigung an ⋒ wird ersetzt durch eine Heimsuchung ⋒e. Die zahlreichen Figuren sind von großer Lebendigkeit. Während die ⋒ in Pisa erhaben aus dem Geschehen herausblickt, wendet sie ihren Kopf im Relief der Sieneser Kanzel nach rechts unten. Wohin ihre Blicke genau schweifen, ist nicht zu erkennen.

Weitere Werke: Dekoration der Bauteile des Baptisteriums von Pisa mit Heiligen und Propheten, gemeinsam mit seinem Sohn Giovanni; ⋒ mit Kind (Pisa, Museo Naz.), eine kleine Statue mit weichen Gesichtszügen und leicht geschwungenen Gewandfalten, die die aufkommende Gotik erahnen lassen; Brunnen vor dem Dom von Perugia (1273—80, unter der Mitarbeit anderer Künstler).

5. *Nino*, ital. Bildhauer, Goldschmied und Baumeister, Sohn des Andrea P., * um 1315, war einer der Vertreter des »Weichen Stils«, des »Schönen Stils« in Italien, der um 1400 ganz Europa erfaßt hatte. Seine Werke sind in Florenz und Pisa zu finden. Eines der schönsten Beispiele ist die Madonna einer Verkündigungsgruppe (Paris, Louvre, 1. Viertel 15. Jh.). Ihr weicher, von Zartheit geprägter Gesichtsausdruck und die klare Form des Kopfes weisen bereits auf das Schönheitsideal der Frührenaissance hin, während der anschmiegsame Linienfluß der Gewänder mit seinem Faltenstil noch von der »Internat. Gotik« geprägt wird. Die leicht nach vorne gebeugte Haltung der Madonnengestalt weist auf die Szenerie der Verkündigung hin, in der ⋒ demütig ihre Aufgabe als GM annimmt.

Lit.: E. Carli, Il Problema di Nino P., 1934. — H. Keller, Giovanni P., 1942. — G. L. Mellini, Giovanni P., 1970. — J. Poeschke, Die Sieneser Domkanzel des Niccolò P., 1973. — E. Carli, Giovanni P., 1976.   *C. A. Harrer*

Pisides, Georgios, der bedeutende Dichter an der Grenze zwischen spätantiker und eigentlich byz. Verskunst, lebte in der ersten Hälfte des 7. Jh.s. Als Kleriker an der Hagia Sophia in Konstantinopel und als Referendarius (»Nuntius« des Patriarchen beim Kaiser) stand er zu Kaiser Herakleios (610—641) und zu Patriarch Sergios I. (610—638) in enger freundschaftlicher Verbindung. Er verfaßte episch-enkomiastische, theol.-moralische Dichtungen und Epigramme in dem von ihm entwickelten und bereits zu erster Vollendung geführten Zwölfsilber-Versmaß.

Für die ₥thematik sind v. a. sein Gedicht auf die Rettung Konstantinopels im Jahr 626 vor den angreifenden Avaren (»Bellum Avaricum«) und einige Epigramme von Bedeutung. Gegenwärtig besteht eine Kontroverse darüber, ob das »Bellum Avaricum« eher ein Panegyrikus auf den Patriarchen Sergios oder auf ₥ ist. Die erstere Meinung wurde von Speck unter Berufung auch auf frühere Literatur vertreten. Dagegen wandte sich van Dieten unter Hinweis auf die ersten Zeilen des Gedichts, in denen ₥, die Theotokos der Blachernenkirche, als doppelte Siegerin besungen wird: Bei der Geburt Christi besiegte sie die Natur »ohne Samen«, im Kampf gegen die Avaren aber »ohne Waffen«. Doch scheinen andererseits Speck vor allem die VV 125—171 recht zu geben, in denen Patriarch Sergios als der Retter der Stadt, freilich mit Hilfe der GM, verherrlicht wird. Tatsächlich sollte man das Lob auf ₥ und den Patriarchen in dem Gedicht in enger Verbindung sehen, wie es Speck (48) bereits angedeutet hat. An einer Stelle wird der Patriarch sogar mit Worten gepriesen, die sonst nur ₥ zukommen: Er sei Jungfrau und (sc. in der Sorge um eine Stadt) noch mehr Mutter (VV. 130—135). Jedenfalls erweist das Gedicht die Rettung Konstantinopels als das gemeinsame Werk ₥s und des Sergios, und der Erfolg der einen ist von dem des anderen nicht zu trennen.

Einige der von Sternbach edierten Epigramme sind auf eine ₥kapelle im Patriarchenpalast verfaßt. Das ₥bild in diesem Gotteshaus vergleicht der Dichter mit dem Himmel (Nr. 37). Er läßt den Patriarchen ₥ die ganze Welt darbringen (Nr. 39) und preist die von Sergios gestiftete Kapelle als Gnadenstätte und anderes Betlehem (Nr. 41). Epigramm Nr. 63 ist auf die Kirche des Pegeklosters verfaßt, die zum Andenken an ₥s Sieg über die Perser errichtet wurde, Nr. 64 vergleicht die Entstehung Evas aus Adam mit der Christi aus ₥.

Zwei in der Anthologia Graeca überlieferte anonyme Epigramme auf das Bild ₥s in der Blachernenkirche, das die Barbaren in die Flucht schlug, sind in der Anthologia Graeca (Nr. 120 und 121) überliefert. Beckby nimmt an, daß sie als Aufschriften auf den Eingangstoren zur Blachernenkirche dienten. In einer Handschrift werden sie dem Pisides zugewiesen.

Schließlich sei noch vermerkt, daß in dem enkomiastischen Epos auf Kaiser Herakleios sein Sieg über den Usurpator Phokas, seinen Vorgänger, auf die Hilfe eines ₥bildes zurückgeführt wird (Herakleios, Buch II, VV. 12—16).

Ausg.: Größere Dichtungen: G. di P., Poemi I, Panegirci epici, Ediz. crit., traduz. e commento a cura di A. Pertusi, 1959. — Epigramme: Georgii Pisidae carmina inedita, ed. L. Sternbach, In: Wiener Studien 13 (1891) 1—62; 14 (1892) 51—68. — Anthologia Graeca, Griech.-Deutsch, ed. H. Beckby, I, 21964.
Lit.: P. Speck, Zufälliges zum Bellum Avaricum des G. P., 1980. — J.-L. van Dieten, Zum »Bellum Avaricum« des G. B. Bemerkungen zu einer Studie von P. Speck, In: Byz. Forschungen 9 (1985) 149—178. — A. Hohlweg, In: Tusculum-Lexikon, ³1982, 279—280. *F. Tinnefeld*

Pistoia. Am 31. 7. 1786 schrieb der Bischof von Pistoia-Prato, Scipione de' Ricci, eine Diözesansynode aus, die unter Beteiligung von 234 Priestern in 6 Sitzungen vom 18. bis 28. 9. 1786 stattfand. Vorausgegangen war ein Rundschreiben des Großherzogs Peter Leopold I. von Toscana, der ein jüngerer Bruder Kaiser Josephs II. war und ihm 1790 als Leopold II. auf dem Kaiserthron nachfolgte. Es war am 26. 1. 1786 an die drei Erzbischöfe und 15 Bischöfe der Toscana mit der Bitte um Stellungnahme gerichtet worden und enthielt in 57 Artikeln neben manchen positiven Ansätzen jansenistisch-febronianische, regalistische und gallikanistische Ideen, die aber als Reformansätze zu verstehen sein sollten. Diese Vorlage war nicht nur an der Schrift »L'ecclésiastique citoyen, ou lettres sur les moyens de rendre les personnes, les établissements et les biens de l'Église encore plus utiles à l'Etat et même à la religion« (London [= Paris] 1775; Paris 1785) orientiert, sondern sie läßt auch sonstige franz. und holländische Einflüsse erkennen; sie enthält mehrere heterogene Blöcke und spiegelt außerdem sehr deutlich eine Reihe von kirchlichen Vorgängen im Verhältnis zur röm. Kurie wider, die auch an de' Riccis Miturheberschaft denken lassen, der dem Großherzog seine 1780 erfolgte Ernennung verdankte und schon 1784 neben anderen einen ersten Entwurf vom Großherzog erhalten hatte. Während die meisten Bischöfe diesen sog. Reformplänen ablehnend gegenüberstanden (außer de' Ricci stimmten nur die Bischöfe von Chiusi-Pienza und Colle zu), wurde die Diözesansynode von P. einberufen, um ihnen (auch gegen Rom) zum Durchbruch zu verhelfen. Zum Teil sollte die Synode nur noch sanktionieren, was Bischof de' Ricci in seinem Bistum bereits durchgesetzt hatte. Großherzog Leopolds Versuch, die Beschlüsse der Synode auf einer am 17. 3. 1787 nach Florenz einberufenen Versammlung der toscanischen Bischöfe (23. 4.— 5. 6. 1787) bestätigen zu lassen, scheiterte am Willen der Mehrheit, so daß er seinen Plan eines Nationalkonzils aufgab und von sich aus seine Reformvorstellungen durch verschiedene Neuerungen zu verwirklichen suchte, die von seinem Nachfolger Ferdinand II. später z. T. wieder rückgängig gemacht wurden. Bischof de' Ricci mußte am 8. 6. 1791 sein Amt niederlegen und Pius VI. hat durch die Bulle »Auctorem Fidei« vom 28. 8. 1794 85 Sätze der Synode von P. verworfen (DS 2600—2700).

Das Rundschreiben des Großherzogs findet sich in den Synodenakten zur 2. Session. Zum Thema der Heiligen- und ₥verehrung verlangt Artikel 28, ungehörige oder mehrfache (duplicate) Andachtsbilder zu entfernen, und solche, die zur Steigerung der Verehrung bedeckt gehalten wurden, offen zu zeigen. Am Hochaltar, auf dem das Allerheiligste zu verwahren sei, dürfe sich nur ein Kreuz befinden und keinerlei Heiligenbild. Alle Bilder oder Reliquien, die von den Magistraturen verwahrt würden, sollten den zuständigen Bischöfen ausgehändigt werden, Reliquien von zweifelhafter Echtheit seien zu beseitigen, während besonders verehrungswürdige Reliquien unter der Mensa der betreffenden Altäre aufbewahrt werden sollten. Artikel 37 fordert außerdem, in den Kirchen auf dem Lande nur einen Altar mit dem Kruzifix darauf zu belassen und im übrigen nur das Bild des Titelheiligen und »vielleicht« noch ein Bild der Heiligsten Jungfrau zuzugestehen. Alle Hinweise auf empfangene Gnaden und Wunder seien zu entfernen. Der Mißbrauch, Bilder des Gekreuzigten oder der Hl. Jungfrau normalerweise verhüllt zu halten, führe nur zu Aberglauben. Artikel 38 verlangt die Abschaffung solcher Prozessionen, die zum Besuch einer »Madonna« oder eines anderen Bildes veranstaltet werden, weil sie angeblich zu nichts anderem führen als zu »Festmählern und ungehörigen Versammlungen«. Artikel 50 empfiehlt den Bischöfen, neben den gebotenen Festtagen keine weiteren »kleinen Heiligenfeste«, keine »kleinen Andachten« und keine »Ausstellungen von Reliquien« zu erlauben. Auch könnten alle Lobreden (Panegirici) für die Heiligen »absolut verboten« werden, weil sie lediglich eitlen rednerischen Pomp ohne jede Frucht darstellten.

Im Rahmen der breitgestreuten Thematik der Synode von P. soll hier nur auf die Beschlüsse eingegangen werden, die die Heiligen- und M-verehrung betreffen oder damit in Zusammenhang stehen. Die Synode spricht mit Respekt von der Menschwerdung Gottes »im Schoß einer Jungfrau« »durch das Wirken des Heiligen Geistes« (3. Session, Art. III) und erlaubt den Pfarrern, den Müttern nach der Geburt den üblichen Segen zu erteilen, wenn sie sich dem Vorbild der allzeit jungfräulichen (Mutter) M entsprechend der Kirche vorstellen, wobei die Geistlichen jedoch Sorge tragen sollten, daß kein Aberglaube oder Irrtum daraus erwachse (4. Session, Art. XXIV). Unbeschadet der einzigen Mittlerschaft Jesu Christi empfiehlt die Synode im Rahmen der Heiligenverehrung die besondere Verehrung der »Seligen Jungfrau«, die die gemeinsame Mutter der Christen sei. Dies dürfe aber nur im Geist der Kirche geschehen unter Wahrung der Distanz zwischen Geschöpf und Schöpfer. Wer diese Grenzen überschreite, mache sich eines äußerst schwerwiegenden Deliktes schuldig. Die Ehre, die man den Heiligen erweise, solle mehr zu ihrer Nachahmung als zu steriler und eitler Bewunderung führen (6. Session, Art. XIII). Die äußeren Andachtsformen bei der Verehrung der »Seligen Jungfrau« und der anderen Heiligen sollten frei von jedem Schatten des Aberglaubens sein, was etwa der Fall sein würde, wenn man sich von einer bestimmten Anzahl von Gebeten oder Begrüßungen oder auch von anderen Akten oder äußeren und materiellen Objekten eine besondere Wirkung verspräche (Art. XIV). Den Reliquien der Heiligen wohne keinerlei Kraft inne, sie sollten uns lediglich Anlaß sein, den Glauben an die künftige Auferstehung zu vertiefen, die wir allein von Gott erhoffen (Art. XV). Auch die hll. Bilder seien mit keiner göttlichen Kraft ausgestattet, wie es die Heiden von ihren Idolen glauben, sondern durch die ihnen erwiesene Ehre sei Jesus Christus selbst und in seinen Heiligen anzubeten. Der Nutzen solcher Bilder bestehe in erster Linie darin, den Unwissenden als Buch zu dienen, um zu lernen, was sie durch Lesen nicht begreifen können: die Wundertaten, die Gott in seinen Heiligen gewirkt hat und die Beispiele, die er uns dadurch gegeben hat (Art. XVI). Darum seien alle Bilder aus den Kirchen zu entfernen, die entweder »falsche Dogmen« darstellen (wie z. B. das leibliche Herz Jesu oder Darstellungen der unbegreiflichen Trinität) oder Anlaß zu irgendwelchen Ärgernissen geben. Ebenso sollten jene Bilder entfernt werden, auf die das Volk ein besonderes Vertrauen setze oder denen es eine besondere Kraft zuschreibe, so als ob Gott oder die Heiligen die Gebete, die vor ihnen verrichtet werden, eher als an anderen Orten erhören würden. Darum verbot die Synode den »verderblichen Brauch«, gewisse Bilder, besonders der »Jungfrau«, mit besonderen Titeln und Namen zu unterscheiden, die »meistens eitel oder kindisch« seien. Nur solche Bezeichnungen sollten erlaubt sein, die zu den in der Hl. Schrift ausdrücklich genannten Geheimnissen in Beziehung stünden. Damit griff die Synode eine Weisung auf, die schon der Fürsterzbischof von Salzburg, mit dem de' Ricci in Verbindung stand, in seiner Pastoralinstruktion vom 29. 6. 1782 erlassen hatte, damit die »Unbelehrten« nicht auf weniger wahre Ideen verfallen sollten, die Gottes unwürdig seien und schädlich für die Reinheit der Religion. Die Synode verbot weiterhin den »Mißbrauch«, gewisse Bilder zu bedecken. Das sei ein Anlaß für das Volk, in ihnen eine besondere Kraft zu vermuten, und außerdem sei es dem Zweck der Bilder und ihrem Nutzen zuwider. Schließlich beschloß die Synode, daß sich in den Kirchen vor allem Bilder befinden sollten, die die »Geheimnisse des Erlösers« darstellen, und darüber hinaus sollten die Bilder der »Seligen Jungfrau« und anderer Heiligen nicht mehrfach vorhanden sein. Eher sollten erbauliche Szenen aus dem AT und NT die Kirchen schmücken (Art. XVII). Um das gläubige Volk nicht von den eigentlichen Übungen der Religion zu entfremden und um so einer »Vielzahl von Skandalen und Unordnungen« vorzubeugen, solle ohne Erlaubnis des Bischofs keine Novene mehr gehalten werden. Die Prozessionen sollten auf die liturg. vorgesehenen beschränkt werden. »Alle anderen Prozessionen, besonders jene, die dazu bestimmt sind, irgendein Bild oder eine Reliquie herumzutragen, und mehr noch jene, die den Besuch eines Bildes der Seligen Jungfrau oder eines anderen Heiligen zum Ziel haben und in Gastmähler, ungehörige und stürmische (tumultuose) Versammlungen auszuarten pflegen, werden unbedingt (assolutamente) abgeschafft.« (Art. XXV). Richtungsweisend für diese Bestimmung war wohl ein Verbot des Salzburger Erzbischofs gewesen, Bilder oder Statuen Mariens oder anderer Heiliger bei Prozessionen mitzuführen, das sich aber nicht hatte durchsetzen lassen. In der »Promemoria zur Reform der Feste« wird unter Bezugnahme auf den hl. Bernhard, der sich anläßlich des neuen Festes Mariä Empfängnis gegen die Vermehrung der Feste ausgesprochen habe (Epist. 174), beklagt, daß die Vielzahl der Feste zu Schlemmereien, zu Spiel und Trunkenheit führe, wobei die Reichen ihrer Eitelkeit und ihrem Stolz frönen, ohne ihre armen Brüder zu bemerken, so daß der Mißbrauch der Feste nur dazu beitrage, »die Sünden unter den Menschen zu vermehren und das Gewicht ihrer Verfehlungen zu vergrößern«. Darum sollten die Bischöfe von ihrer Vollmacht Gebrauch machen und die Feste, die nicht auf einen Sonntag fallen oder als Herrenfeste auf den Sonntag verlegt werden können, abschaffen (Sess. VI, Prom. Art. II und VIII).

In der zehnten Sitzung der Versammlung zu Florenz, die am 14.5.1787 stattfand, sprachen die toscanischen Bischöfe ebenfalls den Art. 28 des großherzoglichen Rundschreibens an. Die Frage der Authentizität der Reliquien wurde nicht weiter verfolgt, während die Mehrheit sich nach lebhaften Diskussionen dafür aussprach, die alten und besonders verehrten Bilder weiterhin (mit mantellini) zu umhüllen und die Gläubigen über den rechten Sinn dieses Brauches zu belehren, während andere Bilder unbedeckt gelassen werden sollten. Im Einzelfall aber solle jeder Bischof mit Klugheit entscheiden, was jeweils am angemessensten sei. Die Art. 37 und 38 fanden in der zwölften Sitzung am 18. Mai größere Zustimmung: die bereits vorhandenen Votivtafeln sollten zur Erbauung belassen werden, neue nur mit bischöflicher Erlaubnis angebracht werden dürfen; die Zahl der Novenen und neuen Feste solle reduziert werden, während die Prozessionen, die dem Besuch eines Bildes dienen, deutlicher beanstandet wurden. Im übrigen erklärte man sich (in der 13. Sitzung) bereit, weiterhin allen Mißbräuchen zu wehren und die Gläubigen über die wahre Frömmigkeit zu belehren.

Bischof de'Ricci hatte inzwischen in seiner Diözese verboten, daß mit dem in der Kathedrale von Prato seit dem 13. Jh. in einem silbernen Altar aufbewahrten → »Gürtel der heiligen Jungfrau« bei bestimmten Gelegenheiten der Segen gespendet würde, so wie das mit dem Leib Christi zu geschehen pflegt, wobei er sich vorbehielt, die Reliquie selbst zu entfernen. Daraufhin kam es in der Nacht des 20.5.1787 zum Aufruhr. Die Menge brach in die Kathedrale ein, stellte eine Wache an den silbernen Altar und zerstörte den bischöflichen Thron, dessen Überreste man auf dem Platz verbrannte. Dann drang man in den bischöflichen Palast ein und entfernte aus der Bibliothek die jansenistischen Bücher, die man gleichfalls den Flammen überantwortete. In den anderen Kirchen sorgte man dafür, daß die aufgedeckten Bilder wieder umhüllt wurden; man holte sich die Bilder der aufgelösten Konvente aus ihrem staatlich verordneten Aufbewahrungsort und trug sie »in Prozession« in die Kathedrale. Das Sturmgeläute während der ganzen Nacht ließ die Landbevölkerung aus der Umgebung am 21. Mai herbeieilen, so daß schließlich der »Madonnenaufstand« mit Militärgewalt niedergeschlagen werden mußte; es wurden ungefähr 200 »Aufwiegler« festgenommen und später zu unterschiedlichen Strafen verurteilt.

Die Synode von P. fand in jansenistisch und rationalistisch orientierten Kreisen Europas viel Sympathie, bes. in Frankreich, Belgien und den Niederlanden, hier vor allem in Utrecht als der letzten Hochburg des Jansenismus, mit der de'Ricci ebenfalls in Verbindung stand, sodann in Österreich, besonders in Wien und Salzburg. Auch in Deutschland wurde die Synode nicht ungern zur Kenntnis genommen, so in Würzburg und wohl auch in Passau, vor allem aber in Mainz. In der dort erscheinenden »Mainzer Monatsschrift von geistlichen Sachen« wurden die Einladungsschreiben ganz und die Texte der Synode auszugsweise und in Fortsetzungen in dt. Übersetzung abgedruckt. Hier war auch ernstlich eine Diözesansynode in Aussicht genommen worden, die sich, soweit man feststellen kann, an der Synode von P. orientieren sollte. Man wollte den Prunk in den Kirchen beseitigen, die Nebenaltäre reduzieren oder ganz abschaffen, die sog. wundertätigen Bilder unter Aufsicht stellen, Andachten, Prozessionen und Wallfahrten reduzieren oder abschaffen und gegenüber der Einführung des Herz-Jesu-Festes Vorbehalte geltend machen. Die Mainzer Diözesansynode wurde zwar am 18.7.1789 vom Fürsterzbischof einberufen, kam aber dann aus kirchlichen und vor allem politischen Gründen nicht zustande.

Die Apost. Konstitution »Auctorem Fidei« verwarf viele Sätze der Synode von P., unter jeweiliger Bezugnahme auf ihren meist etwas abgewandelten Wortlaut mit unterschiedlichen Qualifikationen (DS 2600—2700). Daß nur ein Altar in einer Kirche sein dürfe, daß auf den Altären keine Reliquien und Blumen stehen dürften, daß die Liturgie vereinfacht werden und in der Volkssprache laut vorgetragen werden solle, wird als »unbesonnen« (temeraria) und dem bewährten Brauch zuwider abgelehnt (Nr. 31—33); die Volkssprache in der Liturgie zu fordern, weil man sonst »gegen die apostolische Praxis und Gottes Anraten« verstoße, sei »falsch« (Nr. 66). Das Verbot der Anbetung der Menschheit Christi in der Herz-Jesu-Verehrung wird ebenfalls als »falsch« bezeichnet (Nr. 61—63). Es als Aberglauben anzusehen, von einer bestimmten Anzahl von Gebeten eine besondere Wirksamkeit zu erwarten, wenn die Kirche selbst ein solche Zahl festgesetzt habe, sei »falsch, unbesonnen, skandalös, gefährlich, ein Unrecht gegenüber der Frömmigkeit der Gläubigen, der kirchlichen Autorität abträglich und irrig« (Nr. 64). Die Vorbehalte bezüglich der Bilder der Hlst. Dreifaltigkeit, die Warnungen vor der Verehrung von hll. Bildern, die Abschaffung der Verhüllungen bestimmter Bilder und das Verbot, hll. Bildern, besonders Mbildern, andere Bezeichnungen zu geben, als sich aus der Hl. Schrift ergeben, wird als »unbesonnen« bezeichnet; mit der letzten Bestimmung würde man vor allem der angemessenen MV Unrecht tun (Nr. 69—72). Durch dieses päpstliche Eingreifen war der Jansenismus endgültig zum Scheitern verurteilt, nachdem die rationistische Vernunfteuphorie radikaler »Reformer« (→ Aufklärung) ohnehin beim gläubigen Volk kaum hatte Gehör finden können.

QQ und Lit.: Istoria del sinodo diocesano adunato in P. da monsignore Scipione dei Ricci vescovo di Pistoja, e prato in Toscana nel mese di settembre 1786 (Pistoia 1787). — Punti ecclesiastici compilati e trasmessi da sua altezza reale a tutti gli arcivescovi e vescovi della Toscana e loro respettive risposte, Firenze 1787. — Atti dell'assemblea degli arcivescovi e vescovi della Toscana tenuta in Firenze nell'anno 1787, T. I—IV, Firenze 1787. — (R. Tanzini), Istoria dell'assemblea degli arcivescovi e vescovi della Toscana, tenuta in Firenze l'anno MDCCLXXXVII, Firenze 1788. — L. J. A. De Potter, Vie de Scipion de Ricci évêque de Pistoie et Prato, et réformateur du catholicisme en Toscane sous le règne de Léopold..., Vol. 1—3, Bruxelles 1825. — B. Matteucci, Scipione de' Ricci. Saggio storico-teologico sul giansenismo italiano, 1941. — A. Wandruszka, Leopold II. Erzherzog von Österreich, Großherzog von Toscana, König von Ungarn und Böhmen, röm. Kaiser, 2 Bde., 1963—65. — Ch. A. Bolton, Church Reform in 18th Century Italy (The Synod of P., 1786), 1969. — A. Salvestrini (Hrsg.), Pietro Leopoldo. Relazioni sul governo della Toscana, 3 Bde., 1969—74. — Sc. de' Ricci, Memorie di Scipione de' Ricci vescovo di Prato e P. scritte da lui medesimo e pubblicate con documenti da Agenore Gelli, 2 Bde., Nachdr. mit Einleitung von D. Maselli, 1980. — C. Fantappiè, Alle radici del fallimento riciciano. I. Il tumulto di Prato del 20—21 maggio 1787, 1980. — Atti e decreti del concilio diocesano di P. dell'anno 1786, Vol. I: Ristampa dell'Edizione Bracali, Vol. II: Introduzione storica e documenti inediti a cura di P. Stella, 1986. — H. Peham, Leopold II. Herrscher mit weiser Hand, 1987. — P. Hersche, Die Auswirkungen der Synode von P. (1786) auf Deutschland, insbesondere auf das Erzbistum Mainz, In: AMRhKG 41 (1989) 275—94. — DS 2600—2700. — DThC XII 2134—2230. — LThK VIII 296f. — LThK² VIII 524f. *A. Winter*

Pittoni, Giovanni Battista, * 6. 6. 1687 in Venedig, † 16. 11. 1767 ebd., einer der charakteristischsten Vertreter der venezianischen Rokokomalerei. Die erste Anleitung in der Malerei erhielt er von seinem wenig bedeutenden Onkel Francesco P. (Zusammenarbeit bei der »Hirtenanbetung« in Borgo S. Marco di Montagnana bei Padua), entwickelt seinen eigenen Stil aber unter dem Einfluß S. Riccis, G. B. Piazettas, G. B. Tiepolos und anderer. Zu Lebzeiten war er ein so hoch geschätzter Künstler, daß er Aufträge nicht nur in Venedig, das er nie verließ, sondern auch in Neapel, Mailand und Turin erhielt und sogar für den span., franz., sächsisch-poln. (Krakau, Mkirche, vor 1730) und russ. Hof tätig war.

Sein Oeuvre ist thematisch weit gefächert: Überwiegend schuf er großformatige Altarbilder mit rel. Historien, aber auch Tafelbilder mit mythol. und antikischen Szenen; Fresken schuf er hingegen kaum (Venedig, S. Cassiano, Decke der Sakristei). Auffällig ist, daß zahlreiche seiner Werke in mehreren Repliken existieren, die sich nur in Kleinigkeiten unterscheiden. Sorgfältig durchgearbeitete Ölskizzen, weniger Zeichnungen, dienten P. als Vorlagen für die großen Ausführungen, die oft durch die Werkstatt hergestellt wurden.

Stilistisch sind in seinem Werk vier Phasen erkennbar: Seine Frühwerke der 20er Jahre zeigen starke Kontraste heller Farben (z. B. Madonna mit Kind, Petrus, Paulus und Pius V., Vicenza, S. Corona, 1723). Seit etwa 1730 modellierte er in schneller Malweise mit Hell-Dunkel-Kontrasten und verband die Figuren im Raum mit heftigen Gesten (z. B. Madonna mit Kind und hl. Carl Borromäus, Brescia, S. Maria della Pace, 1738). Im folgenden Jahrzehnt beruhigten sich unter dem Einfluß Tiepolos die Kompositionen in wieder heller Malweise, und es kam ein akademisch rokokohafter Zug in die Gemälde mit theatralischem Szenenaufbau (z. B. Anbetung der Hirten, Brescia, S. Nazaro e S. Celso, 1740). Danach kehrte er zu zurückhaltender Farbgebung, aber kräftigen Formen zurück (z. B. Verkündigung, Venedig, Akademie, 1757). P. übte einen starken Einfluß auf die nordalpine Barockmalerei aus (A. Kern, F. A. Maulpertsch).

Mdarstellungen finden sich in seinem Werk außerordentlich häufig. Neben Brustbildern der Madonna (z. B. Berlin, Dahlem) enthält P.s Repertoire u. a. die Themen »Madonna mit Kind und Heiligen«, »Himmelfahrt Me«, »Anbetung der Könige« und die besonders oft gemalte »Geburt Christi«, die sog. »Krippenbilder« (Goering).

Lit.: L. Coggiola-Pittoni, G.B.P., 1921. — M. Goering, Zur Kritik und Datierung der Werke des G.B.P., In: Mitteilungen des Kunsthistorischen Instituts in Florenz 4 (1934) 201ff. — R. Pallucchini, I disegni di G.B.P., 1945. — I. Fenyö, Zur Kunst G.B.P.s, In: Acta Historia Artium 1 (1954) 279ff. — R. Pallucchini, La venezianische Malerei des 18. Jh.s, 1961, 117ff. — Ausst.-Kat., Venise au dix-huitième siècle, Paris 1971, 129ff. — F. Zava Boccazzi, P. — L'opera completa, 1979. — I disegni di G.B.P., hrsg. von A. Binion, 1983. — Thieme-Becker XXVII 119ff. *K. Falkenau*

Pius II. (Enea Silvio Piccolomini), Papst vom 19. 8. 1458 bis 15. 8. 1464, * 18. 10. 1405 in Corsignano, nahm am Konzil von Basel teil, wo er sich gegen Papst Eugen IV. wandte und sich für die Wahl des Gegenpapstes Felix V. einsetzte. 1445 wurde er zum Priester geweiht. Er war ein eifriger Mverehrer, verfaßte u. a. Mgedichte. Deutschland rühmte er wegen der vielen Kirchen, die der GM geweiht sind. Als Papst bestätigte er die Privilegien von Einsiedeln. Herzog Wilhelm v. Sachsen versprach er, das Fest »Opferung Mariens im Tempel« für die sächsischen Länder zum gebotenen Feiertag zu erheben. 1464 wollte er sich an die Spitze eines Kreuzzugs gegen die Türken stellen. Wegen einer Erkrankung konnte er seine geplante Wallfahrt nach Loreto nicht durchführen. Er sandte einen wertvollen Kelch mit eingravierter Widmung nach Loreto und bat die GM um Heilung. Nach seiner Genesung besuchte er im Juli 1464 den

Wallfahrtsort. In Ancona wurde er erneut vom Fieber befallen und starb dort in der Nacht zum Fest ℳe Himmelfahrt.

Lit.: BeisselMA 306, 430f. — Pastor II 1—289. — L.M.Veit, Pensiero e vita religiosa di E. S. Piccolomini, 1964. — G. Paparelli, E. Silvio Piccolomini, ²1978. — R. Bäumer, Nachwirkungen des konziliaren Gedankens, 1971. — R. Kemper, Gregor v. Heimburgs Manifest in der Auseinandersetzung mit Pius II., 1984. — J. Helmrath, Das Basler Konzil, 1987. — A. Franzen und R. Bäumer, Papstgeschichte, ⁴1988, 272ff. — DThC XII 1613—32. *R. Bäumer*

Pius IV. (Giovanni Angelo Medici), Papst vom 25.12.1559 bis 9.12.1565, * 31.3.1499 in Mailand. Unter Paul III. begann sein Aufstieg in Rom, 1545 wurde er Erzbischof von Ragusa, 1549 Kardinal. P.' größtes Verdienst besteht in der Wiederberufung und dem glücklichen Abschluß des Trienter Konzils. Er bestätigte die Konzilsbeschlüsse, u. a. über die Heiligenverehrung und förderte die Wallfahrt nach Loreto.

Lit.: Pastor VII 1—706. — H. Jedin, Geschichte des Konzils von Trient IV, 1975. — A. Franzen und R. Bäumer, Papstgeschichte, ⁴1988, 299 f. — DThC XII 1634—47. *R. Bäumer*

Pius VI. (Giovanni Angelo Braschi), Papst vom 15.2.1775 bis 29.8.1799, * 25.12.1717 in Cesena, 1758 Priester und 1773 Kardinal. Sein Pontifikat war eines der längsten in der Papstgeschichte. Es war geprägt durch die Jesuitenfrage, die Franz. Revolution und die Gefangennahme und Verschleppung des Papstes nach Frankreich. P. wandte sich gegen den Jansenismus, Febronianismus, die kirchenfeindliche Aufklärung und den Absolutismus. Die staatskirchlichen Maßnahmen Josephs II. versuchte er durch eine persönliche Begegnung in Wien 1782 zu mildern. In Deutschland kam es zum Nuntiaturstreit. Die Erzbischöfe von Köln, Trier, Mainz und Salzburg beschlossen am 25.8.1786 in der Emser Punktation, die Verhältnisse der dt. Kirche zu Rom neu zu ordnen. Die Synode von → Pistoia (1786) und ihre antimarian. Tendenzen verurteilte der Papst 1794 in der Bulle »Auctorem fidei«. 1791 wandte er sich gegen die Franz. Revolution. Der Beitritt des Papstes zur Koalition gegen Frankreich brachte nach dem ital. Feldzug Napoleons I. im Frieden von Tolentino 1797 den Verlust großer Gebiete des Kirchenstaates. 1798 besetzten franz. Truppen Rom. P. wurde als Gefangener nach Frankreich gebracht, wo er 1799 in Valence starb. Seine marian. Frömmigkeit zeigte sich u. a. 1782, als er nach Altötting wallfahrtete, wo er in der Gnadenkapelle die GM um ihre Fürbitte in den großen Anliegen der Kirche bat. Bei seiner Rückreise nach Rom verabschiedete er sich bei der Wallfahrtskirche Mariabrunn von Joseph II.

Lit.: Pastor XVI/3 (Reg.). — G. Soranzo, Peregrinus Apostolicus, 1937. — Manoir I—VI. — E. Kovács, Der Pabst in Teutschland. Die Reise Pius' VI. im Jahre 1782, 1983. — A. Franzen und R. Bäumer, Papstgeschichte, ⁴1988, 333ff. *R. Bäumer*

Pius VII. (Luigi Barnaba Chiaramonti), Papst vom 14.3.1800 bis 20.8.1823, * 14.8.1742 in Cesena, trat 1758 in den Benediktinerorden ein und lehrte 1766—75 Theol. in Parma, 1775—81 in Rom, wurde 1782 Bischof von Tivoli, 1785 Bischof von Imola und Kardinal. Nach seiner Wahl zum Papst bemühte er sich um eine Annäherung an Frankreich und unterzeichnete 1801 ein Konkordat mit Frankreich. 1804 ging er zur Salbung Napoleons nach Paris. Seit 1806 leistete P. entschiedenen Widerstand gegen Napoleon, der 1808 Rom besetzte und den Kirchenstaat mit Frankreich vereinigte. P. exkommunizierte deswegen Napoleon. Daraufhin ließ dieser ihn in der Nacht vom 5./6.7.1809 verhaften und nach Grenoble, später nach Savona bringen. 1813 unterschrieb der Papst das sog. Konkordat von Fontainebleau, widerrief aber bereits am 23.3.1813 seine Zugeständnisse. Nach dem Sturz Napoleons konnte P. nach Rom zurückkehren. Durch den Wiener Kongreß wurde der Kirchenstaat wiederhergestellt und von Kardinalstaatssekretär E. Consalvi reorganisiert.

Für die Mariol. wurde bedeutsam, daß der Papst am 17.5.1806 den Franziskanern die Verwendung des Begriffs »Immaculata conceptio« erlaubte. Nach seiner Rückkehr aus der Gefangenschaft setzte der Papst 1814 das Fest der Sieben Schmerzen ℳs auf den dritten Sonntag im September fest und dehnte es auf die Gesamtkirche aus. Zum Dank für seine Befreiung aus der napoleonischen Gefangenschaft führte er 1815 das Fest »Auxilium Christianorum« für den Kirchenstaat ein. Er förderte die Maiandacht und sprach 1815 eine Empfehlung aus. Seine ℳfrömmigkeit wird auch in der Krönung der Madonnen von Savona (1814), Gallero (1816) und Karmel (1816) sichtbar.

Lit.: J. Schmidlin, Papstgeschichte der neuesten Zeit I, 1933, 16—366, bes. 354f. — O'Connor 291. — Manoir I—IV. — VirgoImmac 22ff. 50—53. — E. E. Y. Hales, Revolution and papacy 1769—1849, 1960. — Ders., Napoleon and the pope. The story of Napoleon and Pius VII, 1962. — D. Bertetto, Pio VII e la festa liturgica di Maria »Auxilium christianorum«, In: Salesianum 28 (1966) 130—149. — M. M. O'Dwyer, The papacy in the age of Napoleon and the restoration. Pius VII, 1985. — K. Küppers, Marienfrömmigkeit zwischen Barock und Industriezeitalter, 1987, 327 (Reg.). — A. Franzen und R. Bäumer, Papstgeschichte, ⁴1988, 342ff. — DThC VII 1189; XII/2, 1670—83. *R. Bäumer*

Pius VIII. (Francesco Saverio Castiglioni), Papst vom 31.3.1829 bis 30.11.1830, * 20.11.1761 in Cingoli (Ancona), studierte Kirchenrecht in Bologna, wurde 1785 Priester und 1800 Bischof von Montalto. 1808 setzte ihn Napoleon gefangen. →Pius VII. ernannte ihn 1816 zum Bischof von Cesena und 1821 zum Bischof von Frascati. Bedeutsam war seine Entscheidung im preußischen Mischehenstreit. Er richtete 1830 an die westdt. Bischöfe ein Breve über die gemischten Ehen und forderte für sie die kath. Kindererziehung. P. verband Gelehrsamkeit mit Frömmigkeit und war ein großer ℳverehrer. Er förderte marian. Orden und sprach in der Bulle »Praestantissimus sane« vom 3.3.1830 sein großes Vertrauen auf die Fürsprache ℳs aus. Darin bezeichnete er ℳ als unsere Mutter, als die Mutter der Frömmigkeit und der Gnade, als die Mutter der Barmherzigkeit, die uns Christus am Kreuz übergeben habe. Im Mai 1830 kanonisierte er →Alfons Maria Liguori und erhob im August 1830 den großen Ⓜverehrer →Bernhard v. Clairvaux zum Kirchenlehrer.

Lit.: Bullarii Romani Continuatio t. XVIII, Rom 1856, 96. — J. Schmidlin, Papstgeschichte der neuesten Zeit I, 1933, 474—510. — VirgoImmac II 22 ff. 50—53. — Manoir I 838; VI 557. 566; VIII 172 (Reg.). — DThC XII/2, 1683—86. *R. Bäumer*

Pius IX. (Giovanni Maria Mastai-Ferretti), Papst vom 16.6.1846 bis 7.2.1878, * 13.5.1792 in Sinigaglia, 1819 Priester, wirkte 1823—25 als Uditore in Südamerika, wurde 1827 Erzbischof von Spoleto, 1832 von Imola, 1840 Kardinal. Nach seiner Wahl zum Papst erlangte er zunächst große Popularität. Als er sich aber weigerte, am Krieg Italiens gegen Österreich teilzunehmen, wandte sich die Stimmung der Italiener gegen ihn. Am 24.11.1848 mußte P. vor den Revolutionären nach Gaeta fliehen. Erst am 12.4.1850 konnte er unter dem Schutz der Franzosen wieder in Rom einziehen, aber das Ende des Kirchenstaates war abzusehen. Der Papst konnte sich zwar mit Hilfe franz. Truppen noch bis 1870 in Rom halten, aber nach Ausbruch des dt.-franz. Krieges und dem Abzug der franz. Truppen besetzten ital. Soldaten am 20.9.1870 Rom.

Die bedeutendsten Ereignisse während seines Pontifikates waren die Definition der UE Ⓜs und die Einberufung des Ersten Vatikanischen Konzils, das u.a. den Primat und die Unfehlbarkeit des Papstes definierte.

P. war von einer starken MV erfüllt. Einer Definition des Dogmas von der UE Ⓜs stand er positiv gegenüber. Die Petitionen um die Definierung des Dogmas, die bereits vor seinem Pontifikatsbeginn eingesetzt hatten, steigerten sich seit 1846. 1848 setzte P. eine Theologenkommission ein, die die Möglichkeit der Definition prüfen sollte. In der Enzyklika »Ubi primum« vom 11.2.1849 befragte er von Gaeta aus die Bischöfe des Erdkreises über ihre Ansicht einer Definition und forderte die Bischöfe auf, die Frage zu klären, ob Klerus und Gläubigen dem Wunsch erfüllt seien, daß die Frage der UE Ⓜs vom Apost. Stuhl entschieden werden solle. Neun Zehntel der Bischöfe befürworteten die Dogmatisierung. Am 10.5.1852 berief P. eine Sonderkommission von zwanzig Theologen und am 2.12.1852 eine Kardinalskommission, die die endgültige Fassung der Definitionsbulle formulierte. Am 8.12.1854 erfolgte durch die Bulle »Ineffabilis Deus« die Dogmatisierung. Die Glaubensentscheidung begründete P. mit dem Hinweis auf die Tradition und auf den übereinstimmenden Glauben der Kirche. Die kath. Welt nahm die Entscheidung des Papstes weithin mit großer Zustimmung auf.

Bereits 1846 hatte der Papst dem einstimmigen Wunsch der nordamerikanischen Bischöfe entsprochen und Ⓜ als die Unbefleckt Empfangene zur Patronin der USA erhoben. 1847 hatte P. ein Offizium zu Ehren der UE Ⓜs mit Oktav genehmigt. Für P. war Ⓜ die Mittlerin des Heiles, wie er 1849 in der Enzyklika »Ubi primum« betonte. Er war überzeugt, daß sein Leben, besonders bei seiner Flucht aus Rom 1848, unter dem besonderen Schutz der GM gestanden habe. Er betonte 1849 das gnadenmittlerische Wirken Ⓜs. Es sei Gottes Wille, daß wir alles durch Ⓜ haben sollten. Diesen Gedanken wiederholte der Papst 1864 und 1867. Am 8.12.1870 gab P. dem hl. Joseph, dem Bräutigam der GM, den Ehrentitel »Patron der Universalkirche«.

Den Wunsch verschiedener Theologen, das Erste Vatikanische Konzil möge nicht nur die Unfehlbarkeit des Papstes, sondern auch die Aufnahme Ⓜs in den Himmel erörtern, fand nicht die Unterstützung des Papstes. Er war zwar von der Wahrheit der Assumptio überzeugt und sah einen engen Zusammenhang zwischen dem Dogma von der UE Ⓜs und der Aufnahme Ⓜs in den Himmel, stand jedoch einer Dogmatisierung reserviert gegenüber. P. leitete das »Marianische Jahrhundert« ein. Seine Bedeutung für die Mariol. und die Förderung der Ⓜfrömmigkeit ist beachtlich.

Lit.: J. Schmidlin, Papstgeschichte der neuesten Zeit II, 1934, 1—330. — G. Frénaud, VirgoImmac II, 1956, 337—386. — J. Alfaro, ebd. 201—275. — O'Connor 308 ff. — Graber. — D. Bertetto, La devozione mariana di Pio IX, In: Salesianum 26 (1964) 334—349. — G. Müller, Die Unbefleckte Empfängnis im Urteil päpstlicher Ratgeber, In: ZKG 78 (1967) 300—339. — Ders., Die Immaculata Conceptio im Urteil der mitteleuropäischen Bischöfe, In: Kerygma und Dogma 14 (1968) 46—70. — Ders., Pius IX. und die Entwicklung der röm. Mariologie, In: Neue Zeitschrift für systematische Theologie 10 (1968) 111—130. — D. Bertetto, Il titulo »Auxilium Christianorum« nel magistero pontificio da Pio IX a Paolo VI, In: Salesianum 30 (1968) 696—709. — Ders., Il papa dell'Immacolata, 1972. — S. Gruber, Mariologie und kath. Selbstbewußtsein. Ein Beitrag zur Vorgeschichte des Dogmas von 1854, 1970. — G. Martina, Pio IX, 3 Bde., 1974—90. — G. Söll, HDG III/4, 193 ff. 207—215. — D. Bertetto, Pio IX e la definizione del domma dell' Immacolata, In: Pio IX 12 (1982) 231—261. — Ders., La Devozione all' Immacolata nei discorsi del Ven. Pio IX, ebd. 17 (1988) 7—33. — G. Quadrio, L'Immacolata e la chiesa nel l'insegnamento di Pio IX, ebd. 55—78. — A. Piolanti, L'Immacolata stella del pontificato di Pio IX, ebd. 34—37. — G. M. Mastai-Ferretti, Tre discorsi mariani, ebd. 93—107. — Ders., Discorso inedito sulla madonna addolorata, ebd. 19 (1990) 190 ff. — J. Martin, Pio IX e l'Immacolata di Lourdes, ebd. 103—108. *R. Bäumer*

Pius X. (Giuseppe Sarto), Papst vom 4.8.1903 bis 20.8.1914, Heiliger, Fest 3. September, * 2.6.1835 in Riese bei Treviso, 1858 Priester, 1884 Bischof von Mantua, 1893 Patriarch von Venedig und Kardinal. Nachdem Österreich gegen die Wahl von Kardinal Rampolla im Konklave ein Veto eingelegt hatte, wurde Sarto zum Papst gewählt. Im Gegensatz zu Leo XIII. stand er der Politik reserviert gegenüber und konzentrierte seine Wirksamkeit auf innerkirchliche Anliegen. Er bemühte sich um eine rel. Vertiefung der Gläubigen, förderte durch seine Kommuniondekrete die tägliche hl. Kommunion und setzte bei den Kindern das Alter für den Empfang der ersten hl. Kommunion herab. Sein Anliegen war die Erneuerung der christl. Gesellschaft unter der Losung »Alles in Christus erneuern«, wie er in seiner Enzyklika vom 4.10. 1903 betonte. Er bemühte sich auch um eine Reform des Kirchenrechts und der Verwaltung.

Die Mlehre des Papstes stand ganz im Dienste des Programms »Alles in Christus erneuern«. Er begünstigte die Ansicht, daß M Mittlerin der Gnade sei. Am 2.2.1904 erließ er die Jubiläumsenzyklika »Ad diem illum« aus Anlaß des 50. Jahrestages der Dogmatisierung der UE Ms. Er bezeichnete M als Mutter Gottes und Mutter der Menschen, die Wiederherstellerin der verlorenen Menschheit, als die Mittlerin des Heiles und Spenderin aller Gnadenschätze. M hilft zur lebenspendenden Kenntnis Christi vorzudringen: »Durch Maria zu Christus«. M ist die sicherste Zuflucht aller Gefährdeten und ihre treueste Helferin. »Wir sind in geistlicher Weise Kinder Mariens und sie ist unser aller Mutter«. P. zeigte die Bedeutung der UE Ms für das christl. und kirchliche Leben auf. M ist die Austeilerin aller Gaben, die uns Christus durch seinen Tod und sein Blut erworben hat. Durch die Leidens- und Willensgemeinschaft von M mit Christus wurde sie zur Wiederherstellerin der verlorenen Menschheit und Austeilerin aller Gaben. M ist die Königin des Himmels und sitzt zur Rechten Gottes.

1907 führte P. das Fest der Erscheinung der Unbefleckten Jungfrau M in Lourdes ein. In der Enzyklika »Pascendi« nahm 1907 der Papst auch zu den Erscheinungen in Lourdes und La Salette Stellung und bezeichnete es als erlaubt, sie mit menschlichem Glauben anzunehmen. 1913 setzte er das Fest der Sieben Schmerzen Ms auf den 15. September fest. P. zählt zu den großen Reformpäpsten der Geschichte, 1951 wurde er selig- und 1954 heiliggesprochen.

Lit.: J. Schmidlin, Papstgeschichte der neuesten Zeit III, 1936, 1—177. — Sträter II 281 ff. — Graber. — A. Basso, Il B. Pio X grande anima mariana, 1951. — Manoir VIII 172 (Reg.). — VirgoImmac II, 1956, 505. — C. Snider, I tempi di Pio X, 1982. — Pio X. Un papa e il suo tempo, ed. G. Romanato, 1987. — Maria Sanctissima nel magistero della Chiesa. I documenti da Pio IX a Giovanni Paolo II, 1987. — G. Romanato, Pio X: profilo storico, In: Human 42 (1987) 60— 76. — A. Franzen und R. Bäumer, Papstgeschichte, ⁴1988, 373—378. — G. Romanato, Pio X, 1992. *R. Bäumer*

Pius XI. (Achille Ratti), Papst vom 6.2.1922 bis 10.2.1939, * 31.5.1857 in Desio bei Monza. 1879 empfing er die Priesterweihe, bereits 1882 wurde er Prof. am Priesterseminar in Mailand, 1888 Bibliothekar an der Biblioteca Ambrosiana, 1907 ebd. Präfekt, 1912 Propräfekt der Vatikanischen Bibliothek, 1914 Nachfolger von Kardinal F. Ehrle als Präfekt der Vaticana, 1918 Apost. Visitator in Polen, 1919 Nuntius ebd., 1921 ernannte ihn Papst Benedikt XV. zum Erzbischof von Mailand und Kardinal. Nach seiner Wahl zum Papst verkündete er in der Enzyklika »Ubi arcano« vom 23.12.1922 als sein Regierungsprogramm: »Pax Christi in regno Christi«. P. bemühte sich um ein gutes Verhältnis zu den verschiedenen Staaten. In zahlreichen Konkordaten fand dieses Bemühen einen sichtbaren Ausdruck. Die »Römische Frage« löste er durch den Abschluß der Lateranverträge. Innerkirchlich bedeutsam wurde seine Förderung der kath. Aktion. In mehreren wichtigen Enzykliken nahm er Stellung zu aktuellen Fragen. P. war von einer traditionellen MV geprägt und gab der Mfrömmigkeit seiner Zeit neue Impulse. In verschiedenen Rundschreiben nahm er zu mariol. Fragen Stellung. Bereits am 22.3.1922 machte er »Unsere Liebe Frau von der Aufnahme in den Himmel« zur Patronin Frankreichs. Im Hl. Jahr 1925 äußerte er sich mehrmals zur Mariol. 1930 entsandte er einen päpstlichen Gesandten nach Loreto. Am 25.12.1931 veröffentlichte er die Jubiläumsenzyklika »Lux veritatis« zur 1500-Jahrfeier des Konzils von Ephesos. Darin rief er u.a. die Orthodoxen auf, »mit uns zusammen eines Herzens und eines Glaubens der Gottesmutter ihre Verehrung darzubringen« (AAS 23 [1931] 516). Unter seinem Pontifikat wurde 1931 das Fest der Mutterschaft Ms eingeführt. In verschiedenen Rundschreiben empfahl er das Gebet des Rosenkranzes.

In seiner Regierungszeit erfolgten die Merscheinungen in Beauraing (1932/33) und Banneux (1933). Am 26.9.1937 rief er in der Enzyklika »Ingravescentibus malis« mit deutlicher Anspielung auf den Nationalsozialismus und Kommunismus angesichts der bedrohlichen Weltlage zum Rosenkranzgebet auf. Er bezeichnete das Rosenkranzgebet als Zuflucht der Kirche, mächtige Waffe und friedenstiftendes Werk. Er verwies auf das Wort des hl. Bernhard v. Clairvaux, daß wir alles durch M haben. Den Erscheinungen von Fatima stand P. positiv gegenüber. Er erteilte den Fatimapilgern verschiedentlich seinen Segen und beauftragte 1938 seinen Staatssekretär Eugenio Pacelli mit der Aufgabe, das Mosaik der Krönung ULF von Fatima zu segnen.

P. starb kurz vor Ausbruch des Zweiten Weltkrieges und zählt zu den großen Päpsten der Neuzeit.

Lit.: J. Schmidlin, Papstgeschichte der neuesten Zeit IV, 1939. — Graber. — G. M. Roschini, La mariologia di Pio XI, In: Mar. 1 (1939) 121—172. — D. Bertetto, Maria nel insegnamento di Pio XI, In: Salesianum 20 (1958) 596—647. — Ders., La devozione mariana di Pio XI, ebd. 26 (1964) 334—349. — A. Franzen und R. Bäumer, Papstgeschichte, ⁴1988, 383—399. *R. Bäumer*

Pius XII. (Eugenio Pacelli), Papst vom 2.3.1939 bis 9.10.1958, * 2.3.1876 in Rom, wurde 1899 zum Priester geweiht, war seit 1904 enger Mitarbeiter von Kardinal Gasparri, 1909—14 Prof. für kirchliche Diplomatie. 1917 wurde er zum Bischof geweiht und wirkte als Apost. Nuntius in München, 1920 wurde er Nuntius beim Dt. Reich. Am Abschluß des Bayer. (1924) und des Preußischen Konkordats (1929) hatte er großen Anteil. 1929 ernannte ihn Pius XI. zum Kardinal, 1930 zu seinem Staatssekretär. An den Konkordatsverhandlungen mit Baden (1932), mit Österreich (1933) und mit dem Dt. Reich (1933) war er entscheidend beteiligt. Gegenüber dem Nationalsozialismus zeigte er sich als entschiedener Gegner. Nach seiner Wahl zum Papst bemühte er sich intensiv um die Erhaltung des Friedens. Während des Zweiten Weltkrieges legte er in vier Weihnachtsbotschaften Grundsätze für einen gerechten Frieden dar. P. war klassisch gebildet und besaß umfassendes geschichtliches Wissen. Das Ansehen des Papsttums steigerte sich in seiner Regierungszeit in der ganzen Welt.

In der Mariol. setzte P. die Linie seiner Vorgänger fort. Seine tiefe Frömmigkeit war marian. geprägt. Bereits als Student wurde er Mitglied der Marian. Kongregation. Seine Primiz feierte er in S. Maria Maggiore vor dem Bilde »Maria — Heil des röm. Volkes«. Seine Bischofsweihe in Rom fiel mit der ersten M erscheinung in Fatima (13.5.1917) zusammen. Deswegen hatte P. ein besonders Nahverhältnis zu Fatima. Auf seiner Reise nach München 1917 besuchte er den M wallfahrtsort Einsiedeln. Von München aus wallfahrtete er verschiedentlich nach Altötting. Bei seiner Krönung zum Papst erklärte er 1939: »Voll Vertrauen auf den Schutz der Mutter vom guten Rat legen wir die Hand an das Steuer des Schiffleins Petri«. 1942 vollzog er die Weihe der Menschheit an das Unbefleckte Herz M e (AAS 34 [1942] 1345f.).

In seiner Enzyklika »Mystici Corporis« erinnerte P. 1943 an die Beziehung zwischen M und der Kirche. M habe sich unter dem Kreuze Christi dem Vater dargebracht als neue Eva für alle Kinder Adams. Sie wurde so zur Mutter aller. 1944 führte der Papst das Fest des Unbefleckten Herzens der allerseligsten Jungfrau ein. Am 15.4.1945 rief er in seiner Enzyklika »Communium Interpretes« zum Gebet zu M im Monat Mai um den Frieden auf. Am 1.5.1946 richtete der Papst an die Bischöfe das Rundschreiben »Deiparae Virginis Mariae« und wünschte zu erfahren, ob sie einer Definition der Lehre von der leiblichen Aufnahme M s in den Himmel zustimmen würden. Das Ergebnis der Befragung war positiv. Von 1191 befragten Bischöfen stimmten 1169 zu. Am 1.11.1950 erfolgte daraufhin die Verkündigung des Glaubenssatzes, daß die unbefleckte, immerwährende und jungfräuliche GM M mit Leib und Seele in die himmlische Herrlichkeit aufgenommen wurde. In der Definitionsbulle »Munificentissimus Deus« wies der Papst auf die Gnadenvorzüge M s und ihre UE hin und sprach von dem Verlangen der Kirche nach der Definition. Er erinnerte an die Übereinstimmung der Bischöfe mit den Gläubigen, verwies auf die Liturgie, die Lehre der Väter und Theologen und bezeichnete abschließend die Definition als einen Segen für die Menschheit. Die Wahrheit von der Aufnahme M s in den Himmel solle zeigen, zu welchem erhabenen Ziel die Menschen berufen sind. Der Papst sprach die Hoffnung aus, daß durch die Betrachtung des Vorbilds M s mehr und mehr die Einsicht wachse vom hohen Wert menschlichen Lebens, wenn es für das Wohl der Mitmenschen eingesetzt werde. Der Glaube an die leibliche Aufnahme M s werde den Glauben an die eigene Auferstehung stärken.

Die Definition der Aufnahme M s in den Himmel fand in der kath. Welt große Zustimmung. Sie zeigte sich auch in der wachsenden mariol. und marian. Literatur und einer verstärkten Wallfahrtsbewegung zu den Gnadenstätten M s.

Von den marian. Verlautbarungen des Papstes seien noch erwähnt: In der Enzyklika »Auspicia quaedam« forderte P. am 1.5.1948 die Katholiken auf, die Weihe an M — angesichts der betrüblichen Auseinandersetzungen in Palästina — nachzuvollziehen. Die Veröffentlichung der Apost. Konstitution »Bis saeculari« vom 27.9.1948 beschäftigt sich mit den marian. Kongregationen. In der Enzyklika »Ingruentium malorum« rief P. am 15.9.1951 wegen der schlimmen Zeitverhältnisse zum Rosenkranzgebet auf. Am 7.7.1952 richtete er das Rundschreiben »Sacro vergente Anno« an alle Völker Rußlands und weihte Rußland dem Unbefleckten Herzen M s (AAS 44 [1952] 505ff.).

Anläßlich der 100-Jahrfeier der Dogmatisierung der UE M s lud der Papst am 8.9.1953 zur Mitfeier des Marian. Jahres durch die Enzyklika »Fulgens corona« ein und rief am 11.10.1953 ein Marian. Jahr aus. Ein Höhepunkt dieses Jahres war die Einsetzung eines eigenen Festes M Königin, das am 31. Mai gefeiert werden soll. In der Enzyklika »Ad caeli reginam« vom 11.10.1954 begründete der Papst diesen Titel aus den Zeugnissen der Tradition und sprach die Hoffnung aus, daß das neue Fest eine Stärkung des Glaubens und des Friedens bringen werde. Der zweite Höhepunkt der Feierlichkeiten war die Krönung des M bildes von S. Maria Maggiore. 1958 feierte der Papst die M erscheinung von Lourdes. P. ging als *der* marian. Papst in die Kirchengeschichte ein.

Lit.: D. Bertetto, La mediazione celeste di Maria nel magistero di Pio XII, In: Euntes docete 9 (1956) 134—159. — A. M. Rathgeber, Pastor Angelicus. Ein Lebensbild des Papstes P., 1958. — Graber. — C. Balic, De mariologia Pii papae XII, In: Div. 3 (1959) 670—700. — J. Fabrega, Doctrina mariologica de P., In: EphMar 9 (1959) 9—90. — D. Bertetto, Il magistero Mariano di P., ²1960. — H. M. Köster, Die Mariologie im 20. Jh., In: Bilanz der Theologie 3 (1970) 126—147. — O'Connor 316ff. — H. Schambeck, Pius XII. Friede durch Gerechtigkeit, 1986. — Maria Sanctissima nel magistero della chiesa da Pio IX a Giovanni Paolo II, 1987. — B. Kraus, Das Dogma der Aufnahme Mariens in den Himmel und die Rezeption des Dogmas, 1987. — Der Widerschein des Ewigen Lichtes, hrsg. von G. Rovira, 1984, 194ff. 218—221 u. ö. — A. Franzen und R. Bäumer, Papstgeschichte, ⁴1988, 399—408.   *R. Bäumer*

Planctus. 1. *Lateinische Tradition.* M ist in den →Klagen Vorbild und zugleich Gegenstand des Mitleidens, das in der Frömmigkeit des späteren MA in zunehmendem Maße Äußerung in Dichtungen findet. Die lat. M klage setzt um 1150 mit dem Hauptwerk der Gattung, der Sequenz »Planctus ante nescia« des →Gottfried v. St. Victor ein. Die lit. — und musikalische — Gattung der Klage (planctus) hatte bis dahin allerdings bereits eine lange Vorgeschichte, in der nicht nur der Volksbrauch und einige Stellen der röm. Literatur wirksam geworden waren, sondern auch Bibel und Liturgie, z.B. mit der Klage Davids über Saul und Jonathan (2 Sam 1,17ff.; Hesbert 4298, 3807 u. ö.; Antiphon in Sabb. ante Dom. V. post Pentecosten) oder dem Bericht über die Rachelklage (Mt 2,18, Hesbert 5508). Bereits unter den frühen Sequenzen finden sich — obwohl die Sequenz ihrer Natur nach ein Freudengesang ist — auch Klagen: die Schwanenklage AHMA 53,155 (Schaller-Königsen 2330), die Rachelklage →Notkers. →Abaelard dichtete Klagen biblischer Personen in der Form der nichtliturg. Sequenz. Von dieser Art ist auch »Planctus ante nescia«. Hier sind bereits die meisten Züge der späteren Mklagen vorgeprägt: M spricht selbst; sie redet ihren Sohn an, beschreibt klagend sein Leiden und ihr eigenes Leid, stellt dieses den früheren Freuden gegenüber, möchte vor Leid und anstelle ihres Sohnes sterben, betrachtet die Liebe Christi, klagt die Juden an, erinnert sich an die Weissagung des Simeon, bittet um den Leichnam, ruft zum Mitklagen und zum liebenden Umfangen des Heilands auf. Keine Mklage fand so weite Verbreitung wie diese: sie ist in 17 Handschriften erhalten und wird vielfach zitiert und bearbeitet.

Ebenfalls in der ersten Person als Klage der M, mit weitgehend denselben Motiven, jedoch mit einer Anrede an Johannes, steht die etwas jüngere Sequenz →»Flete fideles animae«, die aus sieben Handschriften bekannt ist. Beide Stücke wurden in anderen Mklagen verwendet, z.B. in »Heu, heu, virgineus flos« (Young I 699), »Qui per viam pergitis« (AHMA 10,79, Young I 500), und in Passionsspiele aufgenommen — mit ausführlichen Anweisungen zur mimischen und gestischen Ausführung in dem Spiel von Cividale aus dem 14.Jh. (Young I 506ff. und Abb.). Der irrtümlich →Bernhard v. Clairvaux zugeschriebene Traktat »Liber de passione Christi et doloribus et planctibus matris eius« (PL 182,1134—42) diente →Heinrich Seuse als Vorlage für seine große Mklage im »Büchlein der ewigen Weisheit« (cap. 17—20), teils monologisch, teils dialogisch. Die Klage gipfelt in der Frage: »Wer trägt das größte Leid? Beiderseits ist es so unergründlich, daß es seinesgleichen nie gegeben hat« (cap. 17). Später kommen solche »reinen« Mklagen, die ausschließlich die GM sprechen lassen, nicht mehr vor.

Der nächst »Planctus ante nescia« verbreitetste Text ist der von →Philipp dem Kanzler verfaßte Conductus »Crux de te volo conqueri«, dessen erste Hälfte eine Anklage Me an das Kreuz darstellt, während in der zweiten Hälfte das Kreuz seine milde Antwort gibt. Der Text ist in mindestens 14 Handschriften überliefert (AHMA 21,20; Strophen 9 und 10 sind sicher, Strophen 4 und 7 vielleicht spätere Zutat). Klagen, die Teile von Gedichten bilden, in denen sie neben anderen Elementen stehen, z.B. Hinweisen auf die Situation, Betrachtungen über das Leid Me, Anreden an M oder an den Leser und Hörer, Dialogen mit weiteren Personen, sind vorwiegend aus dem 14., 15. und frühem 16.Jh. überliefert: »Contemplor crucifixum« (AHMA 46,131), »Heu, heu, Christe Deus« (AHMA 46,130) und das eng verwandte »Ante crucem Virgo stabat« (AHMA 15,76), »Dic Maria quid vidisti« (AHMA 31,168, Young I 496), »Eia virgo gloriosa« (AHMA 15,78), »Maestae parentis Christi« (AHMA 54,318), »O dulcis virgo Maria« (AHMA 15,80), »O filii ecclesiae« (AHMA 1,78). Gelegentlich kommen Klageworte Me auch in Reimoffizien (»historiae«) vor: »Non me formosam Noemi« (AHMA 24, Nr. 42 »Eia, nunc fideles Christi«, S.133 Ad Magnificat), »Fili dulcis et amande« (AHMA 24, Nr. 47 »Omnis aetas defleat«, S.150 in laudibus antiphonae 2—5).

In zahlreichen anderen Dichtungen des späten MA, darunter auch Reimoffizien (AHMA 24, Nr. 39—48), ist das Leiden Me der Gegenstand der Betrachtung und des Mitleidens. Die meisten dieser Dichtungen waren nur in einem sehr begrenzten Raum in Gebrauch — im Gegensatz zum →Stabat mater, das allgemeinste Verbreitung fand.

Lit.: K. Young, The Drama of the Medieval Church I, 1933, 492ff. — J. Yearley, A bibliography of planctus, In: Journal of the Plainsong & Mediaeval Music Society 4 (1981) 12—52 (mit Angabe der hs. Überlieferung auch der Melodien). — LThK² VII 69f. — VL² VI 7ff. G. Bernt

2. *Byzantinische Tradition.* Als lit. Form ist die Klage Ms um Leiden und Tod ihres Sohnes eine längere Variante der als Ethopoiie (lat. sermocinatio) bezeichneten rhetorischen Figur, welche die fingierte Rede einer historischen Person in einem bedeutsamen Augenblick zum Inhalt hat. Gedanklich knüpft sie an die rhetorische Totenklage (Monodie) an. Nach Pallas (52f.) findet sich die früheste Mklage in der griech. Rezension B der Pilatusakten, die nach R. McLachlan Wilson (TRE III 337) zwar nicht vor 431, aber möglicherweise in beträchtlich späterer Zeit verfaßt wurde. Ebenso unsicher ist die Datierung einer →Ephräm dem Syrer (4.Jh.) zugeschriebenen Mklage. So bleibt die Frage nach den Quellen des ersten sicher datierbaren einschlägigen Textes, des Kontakions von →Romanos Melodos (6.Jh.) »Auf das Leiden des Herrn und die Klage der Gottesmutter« offen. Romanos gestaltet die Mklage im Rahmen eines Dialoges zwischen Jesus und seiner Mutter auf dem Kreuzweg. Als biblische Basis ist Joh 19, 25—27 (M unter dem Kreuz) in Kombination mit Lk 23,27—31 (Jesus begegnet auf dem Kreuzweg den klagenden Frauen) zu denken. Ein Grundzug der späteren Mklage, das Problem des plötzlichen Umschwunges von der beglückenden Vergangenheit (hier: das Hosanna beim Einzug Jesu in Jerusalem) zur traurigen Gegenwart der Passion wird hier bereits erkennbar. In seiner Antwort weist Jesus seine Mutter auf die Notwendigkeit des Abstieges zu dem heilungsbedürftigen Adam in der Unterwelt hin und tröstet sie mit der Verheißung seiner Aufer-

stehung. Wohl das älteste Zeugnis einer Mklage nach Romanos findet sich in einer anonymen Predigt auf die Begegnung Ms im Tempel mit Symeon (PG 86, 237—252, hier 249 A; Clavis Patrum Graecorum, Nr. 7405), verfaßt zwischen dem 6. und 8. Jh., die allerdings den Verlust des zwölfjährigen Sohnes im Tempel (Lk 2,41—50) zum Gegenstand hat. In einer Predigt des Georgios v. Nikomedien (9. Jh.) auf dieselbe Begegnung beklagt M prospektiv den Tod ihres Sohnes (PG 28, 973—1000; vgl. dazu H. Maguire, DOP 34 [1980] 264, A.28). Demselben Verfasser gehört auch eine Predigt über Kreuzigung und Begräbnis Christi (PG 100, 1457—1489), in der sich M in langen Klagen über den toten Sohn am Kreuz ergeht (1469C-1473D), doch bei dem Gedanken Trost findet, daß Jesus nun in seine Herrlichkeit zurückkehrt. Im 9. Jh. erscheint auch in der Liturgie des Karfreitags erstmals die Mklage (Pallas 63). Einige Troparien →Leons VI. (Regierungszeit 886—912) und →Josephs des Hymnographen († ca. 886) enthalten gefühlsbetonte Mklagen (Alexiou 116), ebenso die um 940 verfaßte Beschreibung der Apostelkirche durch Konstantinos Rhodios (in der Ekphrase eines Kreuzigungs-Mosaiks; vgl. Maguire 101). Wohl nicht von →Symeon Metaphrastes, sondern wahrscheinlich von Nikephoros Basilakes (12. Jh.) stammt eine Ethopoiie auf M unter dem Kreuz, in der das Schema der drei Zeitdimensionen vorherrscht (Gegenwart: Passion, Vergangenheit: Glück bei der Verkündigung und Geburt, Zukunft: trostlose Einsamkeit) und der Leichnam Jesu meditierend beschrieben wird. In engem inhaltlichem Zusammenhang mit diesem Text steht ein Karfreitagshymnus, der allerdings bereits seit dem 11. Jh. bezeugt ist (Maguire 100). Die Verlegung der Klage um das Leiden und Sterben Christi (Threnos) auf den Karsamstag setzt eine Predigt des Patriarchen Germanos II. (1222—40) auf das Begräbnis des Herrn (PG 98, 244—289) voraus, die eine lange Mklage (269C-277B) auf den vom Kreuz abgenommenen Leichnam Christi enthält; zum gleichen Thema liegt eine Predigt des Maximos Planudes (um 1300) vor (PG 147, 985—1016; Mklage: 989C—1000B). Im 14. Jh. verdient die Ethopoiie auf M unter dem Kreuz von Georgios →Lapithes Erwähnung, die einen breiten Rückblick auf das Leben Jesu vor der Passion als die glückliche Vergangenheit enthält und die trostlose Gegenwart beklagt. Der Ausblick auf die Auferstehung am Schluß ist äußerst knapp gehalten; dieser Gedanke und andere längere Passagen am Schluß sind der erwähnten Predigt des Planudes entnommen (vgl. die Lapithes-Edition, 52 f. mit PG 147, 997 B—1000 B). Weitere Mklagen der Spätzeit wurden von Neilos Diassorenos (um 1360, unediert) und Joseph Bryennios (um 1400, ed. E. Bulgaris II, 1768, 66—91) verfaßt. Vgl. ferner die Hinweise auf noch spätere Texte zum Thema bei Tinnefeld (42, A.31) und Alexiou (129—134) sowie auf den Threnos in der Liturgie bei Alexiou (119—121). Auch in einem in seiner Datierung bis heute umstrittenen Werk, dem in Form eines Cento aus Zitaten von antiken Dramen zusammengesetzten Lesedrama »Christus patiens« nimmt die Mklage einen breiten Raum ein. Gegenwärtig scheinen sich die Argumente für eine frühe Datierung (Gregor v. Nazianz, dem es die handschriftliche Tradition zuschreibt) und eine späte (12. Jh.) in etwa die Waage zu halten. Für die Mklage in der bildenden Kunst sei auf Maguire (101—108, Lit.) hingewiesen.

Ausg. (soweit nicht im Text zit.): Romanos le Mélode, Hymnes, ed. J. Grosdidier de Matons IV, 1967, 143—187 (Kontakion »Auf das Leiden …«). — Ethopoiie des Basilakes: W. Hörandner, Der Prosarhythmus in der rhetorischen Literatur der Byzantiner, 1981, 98—104. — F. Tinnefeld, Georgios Lapithes: Eine Ethopoiie auf Maria unter dem Kreuz Christi, In: OFo 1 (1987) 33—59; dazu W. Hörandner, In: OFo 4 (1990) 9—17. — Christus patiens: Grégoire de Nazianze, La passion du Christ. Tragédie, ed. A. Tuilier, 1969.

Lit.: D. I. Pallas, Die Passion und Bestattung Christi in Byzanz. Der Ritus — das Bild, Diss., 1965, bes. 52—66. — M. Alexiou, The Lament of the Virgin in Byz. Literature and Modern Greek Folk-Song, In: Byz. Modern Greek Studies 1 (1975) 111—140. — H. Maguire, Art and Eloquence in Byzantium, 1981, hier V, Lament (91—108). — Zum Christus patiens: Oxford Dictionary of Byz.: I 442 f.; A. Garzya, In: ByZ 82 (1989) 110—113 (Lit.).   *F. Tinnefeld*

3. Syrische Tradition. Unter den zahlreichen M gewidmeten syr. Gedichten gibt es vereinzelt auch Mklagen. Eine findet sich in »Fenqitho«: Im Rahmen der Karfreitagsliturgie erscheint sie als Bittgebet (bōʿūtō) im siebensilbigen Metrum nach →Ephräm beginnend mit den Worten: »Lob sei dir, O Morgen-Christus (Ṣafrō-Mšiḥō), der mich zu deinem Morgen eingeladen hat …«. Wie der Morgen der Beginn des Tages, so ist Christus der Beginn unseres geistlichen Lebens. In einer der Strophen tritt M als Weinende auf, die »am Morgen« ihren geliebten Sohn beklagt, da das Todesurteil gesprochen war. Mit ihr vereinen sich die »Jungfrauen aus dem Haus Israel, um zu seufzen wie die Frauen, wenn sie ihren Oberpriester (Christus) am Kreuz sehen (Fenqitho V 232; Khouri-Sarkis 201).

Das Offizium am Karsamstag enthält zur Vesper ein anderes »bōʿūtō« im »Ephräm Metrum«. M, ihr Haupt ans Kreuz gelehnt, erhebt in Hebräisch ihre Klagen (Fenqitho V 276; Khouri-Sarkis 203 f.). In ergreifenden Worten läßt sie die ganze Welt an ihrem Schmerz teilhaben. Der Dichtertheologe inszeniert ihre Klage wie ein großes Weltschauspiel mit den eröffnenden Worten: »Wer verwandelt mich in einen Adler, damit ich zu den Enden der Welt fliegen kann, um alle Völker einzuladen, um deinen Tod als Hochzeit zu feiern.« Darauf folgen die antithetischen Rufe: »Du hast sie aus Ägypten befreit, durch deine Macht durchschritten sie das Rote Meer, du hast die Gebrechlichen geheilt, die Kranken ganz gesund gemacht. Ist das der Lohn der Menge? Verachtung, Vernichtung und das Kreuz!« Wie eine Fluchrede beklagt M dieses Unrecht: »Der Untergang der Stadt ist nahe, da das Kreuz ihre Fundamente zerschnitten und sie in alle Winde zerstreuen wird.« Das Thema wechselt in der Sprache des Hohenliedes: Das Grab erscheint als Brautgemach, der gekreuzigte Sohn wird gleichsam zum Geliebten, die Toten gleichen Hochzeitsgästen, die vor dem Angesichte der Engel herabsteigen. Die Sonne verbirgt ihre Strahlen, um die dem Herrn zugefügte Schande zu verhüllen, damit die Toten der Scheol ihn sehen und sagen: »Er ist es, der uns auferwecken wird.« Dann erhebt sich wie eine größere Brandung M̄s erneute Klage, sie ruft die Erde um Hilfe, die dem Herrn zugefügte Schande zu rächen, sie soll »erbeben, erzittern und ihren Mund öffnen«. Verzweifelt werden die Engel Michael und Gabriel angerufen, warum sie nicht mit Schwert und Flamme zur Stelle waren. Den fassungslosen Schmerz kennzeichnet als Höhepunkt der Ausruf: »Selbst der Hl. Geist hat dich verlassen.« Es folgt sofort in Antithese der Ruf: »Tote, versammelt euch vor meinem einzigen Sohn, denn er wird eure Leiber auferwecken.« In antithetischer Raffung verbindet sich hier unsäglicher Schmerz mit höchster Zuversicht des ewigen Lebens als Ausdruck starker Gefühls- und Glaubenskraft, Texte, die bis heute in der syr. Karwochen-Liturgie weiterleben.

Die frappierende Thematik der »Hochzeit« und der »Brautkammer« als Kreuzigung wird häufiger mit der Kirche als Braut verbunden (speziell in den Versen der Homilien des Jacob v. Sarugh, † 521; vgl. Brock). Diese Klage aus der Vesper vom Karsamstag wurde irrtümlich von der modernen Forschung Ephräm zugeschrieben († 373), bei den Untersuchungen des Kontakion »Maria am Kreuz« von Romanos, das aus einem Dialog zwischen M̄ und Christus besteht (Grosdidier de Matons 144; Alexiou 63). Die syr. Klage ist in Wirklichkeit jünger als Ephräm, wahrscheinlich aus dem 5./6. Jh. Sie steht unverbunden zur lat. Klage, die Ephräm zugesprochen wird (CPG 4085; Assemani III 574), die mit den Worten beginnt: »Stans juxta crucem pura et immaculata virgo ... dicens, Mi fili dulcissime, fili mi carissime, quo modo crucem istam portas ...«.

Ausg.: Syr. Klagen, In: Fenqitho V, 1892, 276f. — Lat. Klagen: J. Assemani, S.P.N. Ephraem Syri Opera Omnia quae supersunt III, Rom 1746, 574. — Übersetzungen syr. Klagen, franz.: G. Khouri-Sarkis, In: L'Orient Syrien 2 (1957) 203—204; engl. (Auswahl): R. Beshara, Mary, Ship of Treasures, 1988, 43f.

Lit.: J. Grosdidier de Matons, Romanos de Mélodes IV, 1967, 142—187. — M. Alexiou, The Ritual Lament in Greek Tradition, 1974, 62—78. — S.P. Brock, La festa nuziale di sangue sul'Golgota. Un insolito aspetto di Gv 19,34 nella tradizione siriaca, Atti della V Settimana di Studi »Sangue e antropologia nella Teologia«, 1987, 971—984. — Allgemeine Lit.: Kleines Wörterbuch des christl. Orients, hrsg von J. Aßfalg und P. Krüger, 1975, 251—254. — J. Madey, Marienlob aus dem Orient, 1982. — P. Yousif, Marie mère du Christ, dans la liturgie chaldéenne, In: EtMar 30 (1982) 57—85.   *S. Brock*

4. Tradition anderer orientalischer Sprachen. Als selbständiger handlungsorientierter Text besteht die Homilie des Cyriacus v. Behnesa, einer höchst problematischen Persönlichkeit der Kopt. Kirche, die wahrscheinlich nur erfunden wurde, um ein Gleichgewicht in Ägypten gegenüber dem syr. M̄e-Himmelfahrtzyklus herzustellen. Die arabische Fassung existiert in der Karsamstags-Liturgie mit dem Titel: »Das Weinen der seligen Jungfrau am Grab ihres eingeborenen Sohnes« (Ed. Girgis 95—115). Ohne liturg. Angabe existiert mit kleineren Varianten derselbe Text in einer Karshūnī Fassung (Mingana 163—240). Dieselben M̄klagen liegen äthiopisch vor (Ed. Oudenrijn 2—110). Der Titel weist schon auf das Weinen am Grab hin. Dieses Motiv wurde von den meisten M̄e-Himmelfahrtsgeschichten übernommen, auch in syr. Fassung, wo die Klagen wenig entwickelt sind. Hier wird eine Art Dialog zwischen Christus und M̄ vorgeschaltet. Andere Texte sind mit dem »Nicodemus Evangelium« verwandt, und schließen sich an das »Martyrium Pilati« an. Als unselbständiger handlungsorientierter Text findet man eine typische M̄klage im nur georgisch überlieferten »Marienleben« des →Maximus Confessor (cap. 80—86).

Ausg.: Girgis, Mayāmir wa 'aǧā'ib as-Sayyidat al-'aḏra' (Reden und Wunder der seligen Jungfrau Maria), ²1927, 95—115. — A. Mingana, Woodbrooks Studies II, 1928, 163—240. — M. A. van den Oudenrijn, Gamaliel, Äthiopische Texte zur Pilatusliteratur, 1959, 2—110. — Maximus Confessor, »Marienleben«, In: CSCO, 1986, 478.

Lit.: G. Graf, Geschichte der christl. arabischen Literatur I, 1944, 241 f.   *M. van Esbroeck*

Planudes, Manuel (Mönchsname: Maximos), *um 1255 in Nikomedeia, † 1305 oder kurz davor, einer der größten Philologen und Gelehrten der Palaiologenzeit. Zunächst Handschriftenschreiber und kaiserlicher Beamter in Konstantinopel, wurde er wahrscheinlich 1283 Mönch, zunächst am Auxentiosberg, dann jedoch wieder in der Hauptstadt, wo er (1299—1301 im Akataleptoskloster) Grammatik, Dichtkunst, Rhetorik, Mathematik, Astronomie und Musik lehrte. 1297 begab er sich auf eine kaiserliche Gesandtschaft nach Venedig. Als Schriftsteller ist P. sowohl durch eigene Werke (Briefe, Reden, Gedichte, Kapitel über den Hl. Geist, Rechenbuch u.a.) als auch durch Übertragungen aus dem Lat. bekannt (Ovid, Boethius, Augustinus u.a.). Außerdem edierte und kommentierte er antike Autoren und erstellte eine Epigrammsammlung (»Anthologia Planudea«).

Für die Mariol. bedeutsam ist seine »Rede auf das Begräbnis des göttlichen Leibes unseres Herrn Jesus Christus und auf die Klage der überaus heiligen Gottesgebärerin, unserer Herrin«. P. beginnt diese Karfreitagspredigt mit Hinweisen auf die Wunder beim Tod Christi sowie auf die Bedeutung dieses Ereignisses für die Menschheit, um dann auf die Klage M̄s an seinem Grab überzuleiten. Den ganzen Leidensweg ihres Sohnes habe sie mitverfolgen müssen, während seine Freunde und Schüler sich der Gefahr durch Flucht entzogen hätten. Ach, wäre sie doch in Ägypten geblieben! Obwohl sie mit Recht von besonderem Stolz auf einen solchen Sohn erfüllt ist, vermag sie auch in der ständigen Klage keinen wirklichen Trost zu finden. Leider habe sie nicht mit ihm sterben können. Sehr erschwert sei ihr Los dadurch, daß sie im Unterschied zu den meisten Müttern kein weiteres Kind besitze. Weiters betont die GM, daß Neid und Habgier, bes. der Juden, die Ursache für den Tod Christi gewesen seien. Somit habe sich die Weissagung Symeons erfüllt, ein »Schwert werde ihre Seele durchdringen« (Lk 2,35). Im weiteren führt P. den Hades als Klagenden ein, der sein Reich nunmehr bedroht sieht, preist dann Christus für die Erlösung vom Tod, übt nochmals harte Kritik an den Juden und führt die Engel als Zeugen an, um schließlich alle diejenigen glücklich zu schätzen, die Christus persönlich gesehen hatten.

QQ: PG 141,1277—1308; 147,985—1130. — Epistulae, ed. Leone, 1991.
Lit.: PRE XX/2, 2202—53. — Prosopographisches Lexikon der Palaiologenzeit, Nr. 23308. — Cath. XI 488—490. — Tusculum-Lexikon 647—650. — Beck 686f.   *E. Trapp*

Platytera ist kein eigenständiger M bildtypus, vielmehr eine Variante oder Sonderform der → Blacherniotissa. Die Blacherniotissa-P. zeigt M als → Orante mit Christus Emanuel im Clipeus vor ihrer Brust, wobei die halbfigurige Wiedergabe den Clipeus auch weglassen kann. Die Art des Clipeus reicht in der Darstellung von einem Diskos über Blütenkelchform (Exonarthextympanon von St. Panteleimon, im russ. Athoskloster Panteleimon, 19. Jh.) bis zur diaphanen Weltkugel mit kosmischer Bedeutung, kann auch Wolkensäume beinhalten, Regenbogenfarben zeigen, mit Sternen bestückt und als Strahlenmandorla aufgefaßt sein. Der Clipeus ist bildlicher Ausdruck für die geheimnisvolle, wunderbare und unsichtbare Anwesenheit des in M innewohnenden Emanuel. In der russ.-orth. Kirche wird die P.-Znamenie, GM des Zeichens, genannt (nach Jes 7,14 und Mt 1,23). Die griech. Bezeichnung entstammt der Basileios-Liturgie (Komparativ von πλατύς = weit: ἡ πλατυτέρα τῶν οὐρανῶν [Er hat dein Inneres weiter geschaffen als die Himmel]; vgl. auch den Hymnos → Akathistos, Vers 11: Χαῖρε, σκέπη τοῦ κόσμου πλατυτέρα νεφέλης [Sei gegrüßt Du, der Welt Schirm, breiter als eine Wolke]). Die Bezeichnung selbst ist jedoch nicht ausschließlich, obwohl sie des öfteren in Apsiskonchen anzutreffen ist. M wird auch »Haus des Unfaßbaren« genannt ('Η Χώρα τοῦ 'Αχωρήτου«), so die Inschrift um die P. über dem Eingang des Exonarthex der Chora-Kirche in Istanbul. Vergleichbar plaziert ist z. B. das P.-Relief über dem Südportal der Georgskathedrale in Jurjew-Polski (um 1230/40). Der halbfigurige Typus ist auch deshalb nicht eindeutig, da er im Madonnentypus der → »Zoodochos Pege«, dem lebenspendenden Quell, oder in den diversen Arten der sog. Brunnenmadonnen bis hin zu der von der → Pege-Kirche in Istanbul auftreten kann. Eindeutigkeit herrscht lediglich bei der ganzfigurig abgebildeten P. im russ. Sprachgebrauch, wenn sie als »Große Panagia« (russ.: Panagija velikaja, z. B. Pskower Panagia, Moskau, Tretjakow-Galerie, 1114) bezeichnet wird. Dieselbe Bezeichnung findet sich auch auf der sog. Pulcheria-Schale im Athos-Kloster Xeropotamou vom Anfang des 14. Jh.s (I. Kalavrezou-Maxeiner, Byzantine Icons in Steatite, In: Byzantina Vindobonensia XV/2, 1985, Nr. 131, Pl. 64).

Die zusätzliche Bezeichnung der P. mit Blacherniotissa verweist auf die Madonnenbilder im konstantinopolitanischen Blachernenpalast, ohne jedoch eine genaue Spezifizierung geben zu können; immerhin kann vorikonoklastische Provenienz angenommen werden, denn bereits unter Kaiser Maurikios (582—602) sind Exempla nachgewiesen und bei der Restaurierung der Palastkirche 1031 kam eine Darstellung M s mit Kind zum Vorschein, beschrieben mit »in gremio gestans« (im Schoße tragend). Eine solcherart thronende M darstellung ist seit 473 in den Blachernen bezeugt. Gerade das Blachernenheiligtum, insbesondere als Zufluchts- und Schutzstätte frequentiert, muß v. a. in kritischen militärischen Auseinandersetzungen bedeutende Gebetsstätte gewesen sein, was vermutlich dem als wirkmächtig, angesehenen P.typus zuzuschreiben ist. In diesem Zusammenhang muß im Clipeus tatsächlich auch die Bedeutung des schutzgebenden Schildes gesehen werden, so z. B. 924 bei der Bedrohung → Konstantinopels durch den bulgarischen Zaren Symeon, während Romanos I. Lakapenos M s Schleier »gleichsam zum Schilde« in die erfolgreichen Verhandlungen mitgeführt hat (Kedrenos). Die unzählig aufgeführten Wunder- und Heilstaten M s dienten als beste Propaganda für die Verbreitung und Beliebtheit dieses M bildtypus'; nicht selten kann ihm gar apotropäische Bedeutung zuwachsen. In diesem Zusammenhang soll auch in Venedig durch Bischof Christophorus I. der Akathistos-Hymnos ins Lat. übertragen worden sein, um ihn zur Erinnerung an die Befreiung Konstantinopels 626 von den Avaren am 25. März (M e Verkündigung) singen zu lassen. Um 800 ist diese jährliche Akathistosfeier in ganz See-Venetien belegt. Im Russ. wird innerhalb der Novgoroder Ikonenmalerei bevorzugt der Sieg über die Susdaler (1169/70) durch das siegbringende Eingreifen der hll. Alexander Newsky mit Boris und Gleb, angeführt vom hl. Georg und dem Erzengel Michael, tradiert. Dabei kommt auch an den Wehrmauern des Novgoroder Kremls die P.-Ikone als Schutzpanier zum Einsatz (Ikone um 1700, GM des Zeichens [München, Galerie Ilas Neufert], mit gesprächigen 14 Einzelszenen). Frühe Ikonen schildern dasselbe Ereignis weniger narrativ auf drei Bildzeilen verteilt (Novgorod, Kunsthist. Mus., um 1460; 2 Ikonen, Moskau, Tretjakow-Galerie, Ende 15. Jh., eine davon aus dem Dorf Kurizkoje stammend). M s wiederholtes tatkräftiges

Eingreifen bringt ihr vom Patriarchen Photios den Beinamen »unerschütterliche Mauer« ein. In Rußland kann die Znamenie je nach Verehrungsort zusätzliche Namen tragen, wobei auch die Feste zu verschiedenen Zeiten anberaumt sind: »Mirožkaja« (24. September) im Spaso-Mirožkij-Kloster in Pskow nach einer Erscheinung im Jahr 1198, »Novgorodskaja« (27. November) als Palladium Novgorods, erschienen 1170, »Kurskaja-Korennaja« (8. März, 8. September, 27. November) beim späteren Kursk am Ufer der Tuskara (gefunden 1295 an einer Baumwurzel [Beiname!]; der falsche Dimitrj entführte die Ikone nach Moskau, von wo sie 1615 nach Kursk ins Znamenskij-Kloster zurückkehrte), »Serafimo-Ponetaevskaja« (27. November) im Nonnenkloster bei Arsamas (Nižnij Novgorod) mit Sternen im Emanuelclipeus und bei ₥ mit nach außen abgewinkelten Händen (erschienen 1879), »Abalackaja« (20. Juli, 27. November) aus dem Abalackija-Kloster in Tobolsk (erschienen 1636, ₥ mit einer hl. Nonne und Nikolaus v. Myra) und »Carskoselskaja«, erschienen 1645, (27. November) aus dem Besitz des Zaren Aleksej Michajlovič, durch Peter den Großen nach St. Petersburg gebracht und 1747 nach Carskoe Selo überführt, wo sie 1831 die Cholera und 1820/63 Feuersbrünste abgehalten haben soll. Auf sog. Jahreskalenderikonen (z. B. vor der Ikonostase der Moskauer Patriarchatskirche, Mitte 19. Jh.) erscheinen auf deren Rahmen bis zu 148 Madonnenbilder, darunter 9 bis 15 Znamenietypen. Zu den obigen gehören noch die »Zirovskaja«, die »Tervanskaja«, die »Cto v Sibire«, die »Volgodskaja«, die »Pavlovskaja« und die »Neopalimaja kupina«, um nur die bekanntesten zu nennen.

Die russ.-orth. Kirche kennt auch Analogiebildungen zur P., indem der Emanuelclipeus in die Darstellung der göttlichen Weisheit, der Hagia Sophia, übernommen wird (Spr 8,1 ff.; z. B. Ikone, Moskau, Tretjakow-Galerie, Nr. 1413, 2. Hälfte 15. Jh.), wobei die ganzfigurige ₥ deutlich im Haltegestus des Clipeus wiedergegeben ist; weiters im Typus ₥s als der brennende → Dornbusch (Θεοτόκος ἡ Βάτος) nach Ex 3,1—8. Der in Flammen stehende Dornbusch dient der P. häufig als Mandorla.

Daß auch im Abendland der P.typus Verbreitung fand, bezeugen Exempla der Buch- und Freskomalerei, so im verlorenen Wandfresko zu St. Pantaleon in Köln (Nordkapelle, Anfang 13. Jh.), im Weltgerichtsfresko der Kirche S. Maria Donna Regina in Neapel (Giebelzone, Anfang 14. Jh.) als Apokalyptische Frau und die Miniatur des Widmungsblattes im sog. Welfenevangeliar (Wolfenbüttel, Herzog-August-Bibl.) vom Mönch Herimann aus Helmarshausen (1188), bis hin zum Barockzeitalter mit den → Platyteramonstranzen oder der Stuckmarmor-Intarsie des 17. Jh.s am Antependium von San Francesco zu Palermo (Weis, Abb. 115).

Einer von mehreren Rezeptionswegen in den Westen ist der Umlauf von Siegel- und Münzprägungen der P. Im 11. Jh. wird ein Typus bes. dominant, der das kreisförmige Medaillon mit der Emanuelbüste mit beiden Händen sichtbar vor die Brust hält, eine Form, die bis in die Freskomalerei des 5.–7. Jh.s im Apollonkloster zu Bawit zurückreicht. Weitere Zeugen dieses Typus sind das Freskenpalimpsest (8. Jh.) in der Höhlenkirche von Subiaco (Sacro Speco), etwas früher aber noch (757—776) die P. von S. Maria Antiqua am Forum Romanum zu Rom, aus dem 6. Jh. die Epiphanie-Miniatur im Etschmiadzin-Evangeliar (fol. 229ʳ) in Erevan (Matenadaran, Nr. 2374) und ₥ mit dem Erstgeborenen der Schöpfung im Ms. syr. 341 (fol. 118ʳ, col. 1/2) aus dem beginnenden 7. Jh. (Paris, Bibl. Nat.). Die thronende Theotokos in der Apsiskonche der Sophienkirche von Ohrid wiederholt um 1037 diesen Typus; Christus erscheint hier ganzfigurig im Hochovalmedaillon.

Goldmünzen bringen diesen Clipeus-Haltetypus bereits unter Romanos III. Argyros (1028—34), z. B. ein silbernes Miliarèsion (um 1030/40; Kat., Byzance, Nr. 315), häufiger unter Romanos IV. Diogenes (1068—71) und Michael VII. Dukas (1071—78). Bei Alexios I. Komnenos (1081— 1118) sind nur mehr Bronzeprägungen belegt. Das Cabinet des Médailles (Paris, Bibl. Nat.) verwahrt ein Panagiarion des 15. Jh.s mit einer P. ohne Clipeus (Kat., Byzance, Nr. 333). Die westliche Numismatik kennt vergleichbare Stücke als sog. »Mariengeld«, das unter Konrad II. und Heinrich III. zwischen 1027 und 1039 zu Speyer als dt. Denar geprägt wird. Spätes Zeugnis ist noch ein Magdeburger Silber-Brakteat unter Albrecht dem Bären und Erzbischof Wichmann (1152—92). Siegelprägungen hingegen aus dem 6–8. Jh. bringen die Büste der GM mit Emanuel nur mit Nimbus, jedoch ohne Clipeus. Erst die Siegel der armenischen Familie Skleroi greifen ab den 2. Drittel des 11. Jh.s erneut auf den Clipeus zurück, was mit der Wiederentdeckung der P. 1031 durch Romanos II. im Blachernenpalast zusammenhängen dürfte.

An dem Blachernenpalastvorbild orientieren sich auch die byz. P.-Reliefs in Venedig — selber wieder Anregung für die Madonna della Misericordia — , da sie sämtlich die Orantenhaltung bei Ganzfigurigkeit aufweisen (z. B. Venedig, S. Maria Mater Domini, Anfang 13. Jh.; Reliefs in Venedig, S. Marco und in Ravenna, Erzbischöfliches Mus.; Makrinitsa/Pelion ist identisch mit der riesigen Znamenie-Ikone aus der Erlöserkirche von Jaroslav, heute: Moskau, Tretjakow-Galerie, Ende 12. Jh., bezeichnet als Große Panagia). Halbfigurig oder thronend erscheinen diese monumentalen P.typen bevorzugt in den Apsidenkonchen schon in Bawit und Sakkara vom 7. Jh. an bis ins 14./15. Jh., so in Nerediza bei Novgorod (Ende 12. Jh.), Studenica (₥kirche), Prizren (Bogorodica Ljeviška), Peć (Demetrioskirche), Arbanasi (St. Georg), Kastoria, Trikomou/Zypern, Athoskloster Prodromou (Kuppelfresko, Anfang 19. Jh.), um nur einen Querschnitt durch die Jh.e zu geben. Für die Geburtskirche in Betlehem bezeugt die Beschreibung des Phokas 1177 die Mosaikdarstellung einer P. in der Apsis, datiert auf 1169, durch den Auftraggeber Kaiser Manuel I. Komnenos (1143—80).

Wie in Arbanasi, dem alten Nicopolis ad Istrum in Bulgarien, im Kloster St. Nikola-Philanthropinon (Apsismalerei vor 1540) zu Jannina und im Météorakloster St. Nikola-Anapavsas (vom Meister Théophanes, 1527) setzt sich oftmals die Thematik der Apsismalerei mit der eucharistischen Darstellung der Apostelkommunion fort, was auf die eucharistischen Gaben am Altar hinter der Ikonostase verweist. Nicht selten findet sich deshalb auch die P. auf dem liturg. Diskos eingraviert, angefangen von der Pulcheria-Schale in Xeropotamou bis hin zum russ. Diskos (1686—89) der Ikonensammlung im Stift Kremsmünster/Oberösterreich (Sammlung E. Sauser). Selbst bis ins 19. Jh. reichen gestickte Kelchvelen über dem Asteriskos mit der P. zwischen Cherubimen in den Eckzwickeln (Kat., Kunst der Ostkirche, Nr. 1192).

Westliche Beispiele lassen sich durchaus auf den Kupferstich des litauischen Gnadenbildes von Czera im → »Atlas Marianus« (Ingolstadt 1657) von Wilhelm → Gumppenberg SJ zurückführen (z. B. Fresko im M̄zyklus im Kreuzgang von Schlierbach/Oberösterreich, kurz vor 1700), während das Rotmarmorrelief im Lapidarium des Stiftes Göttweig von 1645 unter Abt David Gregor Corner (1631—48) mit der Inschrift »Sub Tuum Praesidium« den ursprünglichen Schutzcharakter der P. als stiftisches Schutzpanier wieder aufgreift. Diese Schutzfunktion scheint über den 19. Vers des Akathistos-Hymnos »Eine Mauer bist Du für die Jungfrauen, Gottesmutter, und für alle, die sich zu Dir flüchten« wach geblieben zu sein, gemalt z. B. im Exonarthex des Katholikons von Vatopedi/Athos, nach Resten des 14. Jh.s, 1819 überarbeitet, ebenso in den Narthexfresken der Megisti Lavra und in Philoteou/Athos.

Lit.: S. H. Steinberg, Abendländische Darstellungen der Maria P., In: ZKG 3,II,51 (1932) 512—516. — C. Ihm, Die Programme der christl. Apsismalerei vom 4. Jh. bis zur Mitte des 8. Jh.s, 1960. — H. Skrobucha, Maria, Russ. Gnadenbilder, 1967. — R. Lange, Das Marienbild der frühen Jh.e, 1969. — G. M. Lechner, Zur Ikonographie der »Gottesmutter des Zeichens«, In: Ausst.-Kat., Kunst der Ostkirche, Ikonen, Handschriften, Kultgeräte, Herzogenburg ²1977, 77—90 (Lit.). — Ders., Maria gravida, Zum Schwangerschaftsmotiv in der bildenden Kunst, 1981. — A. Weis, Die Madonna P., Entwurf für ein Christentum als Bildoffenbarung anhand der Geschichte eines Madonnenthemas, 1985 (Lit.). — R. Freytag, Die autonome Theotokosdarstellung der frühen Jh.e, 1985. — G. Gharib, Le Icone mariane, Storia e culto, 1987. — G. Spitzing, Lexikon byz. christl. Symbole, 1989, 229f. — RBK III 353—369. — I. B. Sirota, Die Ikonographie der Gottesmutter in der Russ.-Orth. Kirche, In: Das östliche Christentum NF 38 (1992). — Ausst.-Kat., Byzance, L' art byzantin dans les collections publiques françaises, Paris 1992. *G. M. Lechner*

Platyteramonstranzen. Neben den bekannten Wurzel-Jesse-Monstranzen (nach Mt 1,1—17) entstehen im 17. Jh. die sog. P. als Sonderform eucharistischer Expositorien. Die Custodia als hochovales, rundes oder herzförmiges Hostienbehältnis ist in den Leib der M̄gestalt eingeschrieben, entweder in der Schoß- oder auch in der Brustgegend M̄s, wobei M̄ bevorzugt halbfigurig als Zentrum einer Sonnenmonstranz erscheint. An erhaltenen Exemplaren lassen sich hierfür nahezu 40 Zeugen anführen, was auf die Beliebtheit dieses Sujets schließen läßt. Die theol. Deutung der P. wurde jedoch nicht immer unkritisch hingenommen (vgl. J. Braun). Lit. Quellen finden sich im HochMA, etwa in → Muskatblüts »Liedern« (34,61; 76,11), in den »Marienliedern« des Bruders → Hans (4124, 14. Jh.) und bei → Hermann v. Sachsenheim (146; Salzer 90). Am Beginn der plastischen Darstellungen im deutschsprachigen Raum steht ein unausgeführt gebliebener Entwurf für den sog. Mariä-End-Chor des Konstanzer Münsters im Jahr 1628, wonach in eine Madonna des Caspar Gras (ca. 1590—1674) zur Aussetzung die → Monstranz »under die Brust in den Leib hinein reponirt werden khönde« (M̄ als Tabernakel Christi). Ausgeführte Beispiele hierfür sind bekannt auf Mallorca, in S. Marie in Pornic zu Nantes, im span. Valencia und Sevillia. Das Konstanzer Beispiel von 1628/32 scheint somit im Vergleich zur Pornic-Madonna (2. Hälfte 14. Jh.) sogar ein später Vertreter dieses Typs zu sein, der eher auf romanische Länder beschränkt blieb.

Das 17. Jh. greift diese Intention ausschließlich in den diversen Monstranzen auf und je nach individuell gestalteter Thematik lassen sich insgesamt 6 Aussagen solcher Ostensorien festhalten: 1. das eucharistische Moment, 2. das marian., 3. das genealogische, 4. das inkarnatorische, 5. das trinitarische und 6. das apokalyptische. Zentrum des Ostensoriums ist die gläserne oder kristallene Custodia in M̄, in welche die eucharistische Brotgestalt Christi mittels Lunula reponiert wird, wobei durchaus auch die bildhafte Hostienprägung thematischen Beitrag liefern kann. Die eucharistische Deutung (1) bezieht sich auf M̄ als Oblateisen, in dem Christus zur Prägung und Formung verborgen lag (Konrad v. Würzburg, Goldene Schmiede 496; Frauenlob 223,16; Bruder Hans, Marienlieder 3660) oder als Backofen Gottes zum Fest M̄e Verkündigung (Ps.-Bonaventura, 2. Hälfte 13. Jh., in den Meditationes Vitae Christi IV), die marian. Deutung (2) verweist auf M̄ als UE im aktiven Sinn als die ohne Erbschuld Empfangende, etwa bei der Monstranz der Salzburger Kollegienkirche um 1720 von Joseph Anton Zwickhel, die das M̄patronat der Österr. Benediktinerkongregation von 1625 thematisch aufgreift und M̄ mit maphorionartig ausgebreitetem Velum (gleich einer Veronika oder dem späten russ. Typus der GM von Port Arthur »Maria Schutz — Bogomater' Port-Arturskaja«) darstellt, in das die Lunula-Öffnung hochoval eingeschnitten ist. Die Paderborner Monstranz (Diözesanmus., 2. Viertel 18. Jh.) zeigt ebenfalls ganzfigurig die gekrönte Immaculata über dem

Platyteramonstranz, Wien, Geistliche Schatzkammer

schlangenumwundenen Erdball. Hier liegt die Betonung mehr auf Gottes Ewigem Ratschluß in der Erwählung M̅s gemäß dem → Protoevangelium. Die genealogische Deutung (3) erfährt das Ostensorium häufig durch den Stammbaum Jesse, am Monstranzfuß wachsend, im Weinlaub des Baumes die davidischen Ahnen Christi um M̅ als Zentrum gruppiert, etwa die Heinrichauer (Schlesien) Monstranz von Christian Mentzel d. Ä. von 1671, die in der Stadtpfarrkirche St. Jakob zu Straubing um 1690/1700 vom Augsburger Goldschmied Ludwig Schneider und die von Johann Anton Kipfinger von 1698 in der Stadtpfarrkirche zu Weilheim. Das inkarnatorische Element (4) entsteht aus vertikaler Leseweise des liturg. Geräts: zuoberst im Auszug Gottvater, gefolgt von der Taube des Hl. Geistes, im Schoß oder der Brust M̅s einwohnend der Sohn Gottes in eucharistischer Gestalt, so bei den Monstranzen in Kelheim und in der Geistlichen Schatzkammer des Kunsthistorischen Museums in Wien (um 1704), in der Pfarrkirche St. Peter und Paul in Weyarn vom Augsburger Georg Ernst (1651) und auf einer Augsburger Meistermonstranz in der Pfarrkirche zu Eresing/Lkr. Landsberg (um 1720). Wenn auf der Schauseite die Eltern M̅s, Joachim und Anna, zu sehen sind und zudem auf der Monstranzrückseite die Verkündigungsszene erscheint, wie auf der Monstranz aus Rottenbuch von Anton Kuprian, heute in der Pfarrkirche von Taisten/Südtirol, dann ist das inkarnatorische Prinzip überdeutlich. Das trinitarische (5) Element ist dem inkarnatorischen kongruent und legt lediglich auf die Darstellung der drei göttlichen Personen in ihrer Wesenheit Wert, so etwa bei der Heinrichauer Monstranz. Eine letzte Interpretationsmöglichkeit (6) ist die der → Apokalyptischen Frau (Offb 12). M̅ erhält hier zu ihrem Strahlenhof, die Sonne symbolisierend, die Mondsichel, aus welcher sich die M̅büste entwickelt. Als Beispiel möge hierzu die Weyarner Monstranz von Georg Ernst dienen, die M̅ zudem in Orantenhaltung zeigt. Um 1950 entstand für St. Engelbert zu Essen eine moderne Fassung dieses Themas.

Einzelne Elemente, wie die der Weintrauben, Ähren, Könige, Propheten und Vorläufer Christi, Paradiesesschlange oder Drache über Erdkugel, M̅ als Königin, als Orante, mit Maphorion und unter Baldachin, mit der Trinität, mit Sonne und Mond, im Jesse-Baum oder Sonnennimbus, bestimmen in ihrer Auswahl und Kombination die vorherrschende Thematik. Selten lassen sich einzelne Attribute klar voneinander trennen, so daß immer nur Trends zu den einzelnen Dominanten feststellbar sind. Weitere P. sind jeweils nach dem Vorherrschen ihrer Elemente einzuordnen, wie die aus dem schlesischen Frankenberg (1631), aus den mittelfränkischen Orten Hilpoltstein (von Joachim Lutz aus Augsburg, 1700/10) und Heideck (1755), von Kottenlust (1718), von Freystadt (1751/53), in Buchdorf, im württembergischen Oberkirchberg, in Flums/Schweiz, zu Grammannsdorf, in Eichstätt (Dom), in München (Bayer. Nat. Mus.) in Hauzenberg/Niederbayern und in Pottenstein/Niederösterreich.

Daß Christus aus der Jungfrau M̅ seinen irdischen Leib angenommen hat, rückt M̅ in unmittelbare Beziehung zum Hl. Altarsakrament, in dem Christus als wahrer Mensch und Gott gegenwärtig ist. Im eucharistischen Kontext wird M̅ zur dienenden Nebenfigur. Die Berechtigung liegt allein in der Idee, daß Jesus dem Fleisch nach Frucht des Leibes M̅s, seiner Göttlichkeit nach Frucht des Hl. Geistes nach Gottes Ewigem Ratschluß ist. Nur ein Außerachtlassen solch realen Hintergrundes oder verkürzte Sichtweisen der realen Gegenwart des Gottessohnes im Herzen M̅s vermögen zu einer Beurteilung als »wenig dezent« für die dichte Ikonologie der P. führen. Inschriftenbänder wie in Heinrichau und Essen geben interpretatorische Hilfestellung.

Gleichzeitig mit dem eucharistischen Kultgerät entwickeln sich thematische Parallelen in der

Wandmalerei und Druckgraphik, so in Darstellungen der Lauretanischen Litanei (z. B. Fresko der Presbyteriumsdecke in der Wallfahrtskirche → Altenburg, 1710/11: ₥ stellvertretend für Jesse), sowie als »Vas spirituale« und »Vas honorabile« in den → Stichfolgen der Gebrüder Klauber (um 1750). Hier zeigt ₥, das »geistliche Gefäß«, die Eucharistie in einem gläsernen Deckelpokal aufleuchtend, als zusätzlichen Hinweis auf die unversehrte Jungfräulichkeit ₥s durch die Funktion des Glases oder Kristalls als Custodiawandung, vergleichbar der gläsernen Schnabelkanne auf dem Geburtsbild am Isenheimer Altar zu Colmar.

Lit.: G. de Wismes, Notre-Dame du Tabernacle, Notice archéologique et religieuse sur Sainte-Marie de Pornic, Nantes 1904, 23—25. — J. Braun, Das christl. Altargerät in seinem Sein und seiner Entwicklung, 1932, 410. — Ausst.-Kat., La madonna e l'eucaristia, Rom 1954. — F. X. Noppenberger, Die eucharistische Monstranz des Barockzeitalters, 1958. — G. M. Lechner, Maria gravida. Zum Schwangerschaftsmotiv in der bildenden Kunst, 1981, 149—155, Abb. 247—256 (Lit.). — A. Weis, Die Madonna Platytera, 1985, 133, Abb. 116. — Ausst.-Kat., Welt des Barock, St. Florian 1986, 282, Nr. 27. 31.
G. M. Lechner

Platzer (Plazer), Johann Georg, Südtiroler Maler, * 24.6.1704 in St. Michael in Eppan, † 10.12.1761 ebd. Sohn des Malers Johann Victor P. († 1708), mit dem er in der Literatur oft verwechselt wurde. Zunächst ist er Schüler seines Stiefvaters J. A. Kößler, dann seines Onkels, des fürstbischöflich passauischen Hofmalers Jakob Christoph P. Seit 1728 ist P. hauptsächlich in Wien, wo er mit dem Maler Franz Christoph Janneck zusammenarbeitet. Stilistisch geprägt wurde P. von seinem Wiener Akademielehrer Jakob van Schuppen, einem in Paris ausgebildeten Niederländer. So erklärt sich die für P. typische Verbindung von Elementen des franz. Rokoko mit solchen der niederländisch-manieristischen Hofkunst um 1600. Vor allem als Maler kleinformatiger, meist auf Kupfer gemalter Historienbilder und höfischer Konversationsstücke war P. sehr begehrt.

Charakteristisch für P.s Kompositionsweise und Stil ist seine Anbetung der Hirten im Tiroler Landesmus. Ferdinandeum Innsbruck; ₥ umfaßt das in der Krippe liegende Kind in gezierter Manier. Der architektonische Umraum ist sowohl als Stall als auch als barocker Palast definiert. Nicht das Ereignis, sondern seine glanzvolle Inszenierung steht im Vordergrund. Außerdem malte P. die Himmelfahrt ₥e (großer Figurenreichtum bei relativ kleinem Format; Karlsruhe, Kunsthalle) und die Anbetung der Könige (Schloß Ostankino bei Moskau).

Lit.: Wurzbach XXII, 1870, 410 f. — G. Agath, Das dt. Gesellschaftsbild 1650—1750. J. G. P., ein Gesellschaftsmaler des Wiener Barock, Diss., Breslau 1923. — F. Tessmann, J. G. P. und die Eppaner Malerfamilie P.-Kößler, In: Der Schlern 27 (1953) 296—309. — E. Egg, Kunst in Tirol. Malerei und Kunsthandwerk, 1972, 186 f. — V. Grabmayr, Zum Werk des Südtiroler Malers J. G. P. 1704—1761, In: FS für H. Machowitz, hrsg. von S. K. Moser und Chr. Bertsch, 1985, 94—103. — K. Plunger, J. G. P., 1986. — B. Mahlknecht, Eppan. Geschichte und Gegenwart, 1990, 346—355. — Thieme-Becker XXVII 145 f.
E. G. Trapp

Plazza, Benedetto, SJ, * 28.10.1677 in Syrakus, † 6.3.1761 in Palermo, SJ am 26.11.1693, seit 1709 Prof. für Phil. in Syrakus und Messina, seit 1721 für Dogmatik und Moral in Messina und Palermo, 1738—41 Provinzial, Studienpräfekt in Palermo.

P. wandte sich gegen jansenistischen Rigorismus und verteidigte in einer lit. Kontroverse gegen →Muratoris Restriktionismus in der Mariol. einen Freiheitsraum des Ausdrucks auch für den Glauben der Einfachen und die Berechtigung einer gesunden Volksfrömmigkeit, die manchmal einen besseren Instinkt zeige als gelehrte Deduktionen. Nach einem Entwurf von 1747 (gedruckt: Idea d'un opera, Palermo 1750) erschien 1751 die kritische Widerlegung der Thesen Muratoris (nach dessen Tod; S. Maurici SJ wiederholte 1753 diese Kritik). Es handelt sich um ein umfangreiches Werk (4 Bde.) über die UE und die Heiligenverehrung. Bekannt wurde P. vor allem auch durch seine eucharistische Frömmigkeit, die sich in manchem an D. Alvarez de Paz anschloß.

P. zeigt sich ungewöhnlich belesen in der patristischen und zeitgenössischen Literatur, und zitiert u. a. öfter: Basilius, Hieronymus, Germanus, Anselm, Petrus Damiani, R. Jordani, Eadmer, Bernhard, Bernardin v. Siena, Gertrud, Katharina v. Siena, Joseph a s. Benedicto, Andreas a Castro Regali OCarm, Suarez, Gretser, Salazar, Gerson u. a.

Christus und ₥ seien über alle Heiligen vollkommen (p. 320). Nicht bei Moses und Paulus, wohl aber bei ₥ könne man vorübergehende Momente der Gottesschau annehmen, z. B. bei der Menschwerdung, Geburt, oder Auferstehung Christi (p. 175 n. 150). ₥ sei Königin der Heiligen und Engel, die große Helferin für alle, besonders für die Sterbenden und die Sünder, und mächtig, die Gnade der Vergebung für alle Verbrechen zu erlangen. Doch wendet er sich auch gegen Übertreibungen: Er warnt vor möglicher Unechtheit von Erscheinungen und Reliquien und erinnert an Echtheitskriterien bei Augustinus (p. 699). ₥ sei nicht erste Ursache des Heiles, nur sekundäre Mittlerin (nicht quoad substantiam wie Christus allein, sondern nur quoad munus), habe kein Würdigkeitsverdienst (de condigno). Doch sei sie nach vielen Zeugnissen wirklich und nicht nur analog oder uneigentlich Mittlerin; es sei auch wahrscheinlich, daß alle Gnaden durch sie vermittelt werden. Er empfiehlt angelegentlich eine besondere Ehrfurcht vor ihrem Namen; die Verehrung des Bildes sei aber nicht absolut, sondern relative sive respective gemeint. Die MV sei zugleich mit der Kirche und den Evangelien entstanden, schon in der apost. Zeit, vor dem Ephesinum und bes. danach gewachsen. Die Lauretanische Litanei dürfe auch vor dem Allerheiligsten gebetet werden. Die besondere MV gehöre trotz der Heilsungewißheit nach den Zeugnissen der Tradition unter bestimmten Bedingungen zu den Zeichen der Auserwählung.

WW: Mensis eucharisticus, hoc est praeparationes, aspirationes et gratiarum actiones pro sumptione ss. Eucharistiae per singulos mensis dies distributae, Palermo 1737 (schließt sich bes. an Alvarez de Paz an; bringt jedoch Texte für einen Monat der Vorbereitung und Danksagung für eine gute Kommunion. Mit Erweiterungen, Vereinfachungen und neuen Anregungen edierte B. Plazza von A. de Paz, De vita religiose instituenda (Lyon 1612, 1620): die ed. von Palermo 1758 nennt ihn als Herausgeber; das Werk erlebte sehr viele Aufl., z. B. noch Milano 1932, Roma 1969. — Christianorum in sanctos sanctorumque reginam eorumque festa, imagines, reliquios propensa devotio, a praepostera cuiusdam scriptoris reformatione ... monumentis ac documentis vindicata simul et illustrata, Palermo 1751 (4 vol.). (Darin: Causa immaculatae conceptionis Sanctissimae Matris Dei Mariae Dominae Nostrae, sacris testimoniis ordine chronologico utrinque allegatis et ad examen theologico-criticam revocatis, agitata et conclusa, Palermo 1751. — Dissertatio biblio-physica de litterali S. Scripturae sensu, praesertim a Patribus unanimiter recepto, Palermo 1734. — Lettera al M. R. P. F. Daniello Concina dell'Ordine dei predicatori in risposta a due impugnazione da Lui fatte nell'Opera contra gli Ateisti etc., Palermo 1755. — Lettera critica di B. P. SJ al M. R. P. M. N. N. dell'Ordine dei predicatori impugnatore di altra sua Lettera etc. coll'aggiunta di un caritatevole Avviso di L. A. Muratori del Mondo della verità all'Autor dell'Epistola paranetica di Lamindo Pritanio redivivo, Messina 1757. — Dissertatio anagogica, theologica, paraenetica de paradiso, opus posthumum, Palermo 1762.

Lit.: Gegenschriften von A. L. Muratori bzw. dessen Verteidigern: Lettere del redivivo Lamindo Pritanio apologetiche della regolata divozione di Lamindo Pritanio cioè di L. Muratori ..., Venezia 1760 (Lettera 1—6, p. 1—152) sind an B. P. gerichtet; Epistola Paraenetica, Venezia 1755. — Sommervogel V 886—890; IV 1706—09; XII 2007. 5153. — DSp XII 1812f.
J. Stöhr

Pleydenwurff, Hans, * um 1425/30 vielleicht in Bamberg, † Januar 1472 in Nürnberg. Ob der 1435—66 in Bamberg tätige Maler Conrad P. ein Verwandter war, ist nicht festzustellen, 1457 wird P. Bürger in Nürnberg; nach seinem Tod übernimmt Michael Wolgemut durch die Heirat der Witwe P.s dessen Werkstatt, in der auch P.s um 1460 geborener Sohn Wilhelm tätig war.

In schriftlichen Quellen lassen sich nur wenige Arbeiten P.s fassen. Nachdem er die Tafel für den großen Altar, d. h. das Hochaltarretabel der Elisabethenkirche zu Breslau fertiggestellt hatte, bestätigte der Maler im Juni 1462 vor dem Breslauer Rat, daß er vollkommen entlohnt worden sei. Deshalb muß eine weitere Zahlung in Höhe von 200 Gulden, die der Maler 1465 von den Kirchenpflegern der gleichen Kirche erhielt, ein zweites, nicht mehr nachweisbares Werk P.s für die Elisabethenkirche betreffen. 1466 lieferte er zwei Rundscheiben für den Kreuzgang des mittelfränkischen Zisterzienserklosters Heilsbronn.

Erhalten sind von diesen archivalisch gesicherten Werken nur Teile des Hochaltarretabels der Breslauer Elisabethenkirche: ein Fragment der Darbringung im Tempel (Warschau, Nat. Mus.), die Kreuzabnahme Christi (Nürnberg, Germ. Nat. Mus.) und die obere Hälfte der Kreuzigung (bis 1945 Breslau, Mus., seitdem verschollen). Fraglich ist, ob die beiden bereits im 19. Jh. verlorengegangenen Tafeln mit den hll. Hieronymus und Vinzenz Ferrer wirklich zu dem gleichen Altar gehörten. Kreuzigung und Kreuzabnahme haben ihre Quellen nicht in der fränkischen Malerei des mittleren 15. Jh.s, sondern in der gleichzeitigen niederländischen Malerei. P. kannte die Werke Rogiers van der Weyden und Dirk Bouts', was für einen Aufenthalt des Malers in den Niederlanden spricht. Besonders eng sind die Übereinstimmungen der Breslauer Kreuzigung mit der um 1445 entstandenen Kreuzigung des Dirk Bouts in Granada, vor allem in der Einbindung der Figurengruppen in die Landschaft und in der Gestaltung einzelner Köpfe. Bei der Kreuzigung wie auch bei der Kreuzabnahme zeigt P. links vom Kreuz die Gruppe der trauernden Frauen um ⋒.

Für die Zuweisung weiterer Arbeiten an P. ist die stark überarbeitete Kreuzabnahme in Nürnberg nur bedingt geeignet. Trotzdem wird das Diptychon des Bamberger Domherrn Graf Georg v. Löwenstein († 1464) einhellig als sein Werk angesehen, wobei die Qualität des bis in die Einzelheiten genauen Porträts des etwa achtzigjährigen Domherrn (Nürnberg, Germ. Nat. Mus.) die des Schmerzensmannes im Wolkenkranz (Basel, Hist. Mus.) bei weitem übertrifft. Die P. ebenfalls zugeschriebene, um 1470 zu datierende Kreuzigung in München (Alte Pinakothek), die im Aufbau der Gruppen zu beiden Seiten des Kreuzes und in der Auffassung des Gekreuzigten mit der Breslauer Kreuzigung eng verwandt ist, ist anzuschließen, wobei wiederum links vom Kreuz die Gruppe der trauernden Frauen erscheint, in deren Mittelpunkt die in sich zusammengesunkene ⋒ von Johannes gestützt wird.

P. stand einer bedeutenden Werkstatt vor, die nicht nur für Nürnberger Kirchen arbeitete, sondern ihre Werke auch in weit entlegene Städte, wie z. B. Breslau, lieferte. Noch heute zeugen zahlreiche Gemälde der zweiten Hälfte des 15. Jh.s, sowohl nürnbergischer als auch bambergischer Provenienz, von seinem Einfluß, d. h., daß er auch eine große Zahl von Schülern hatte. Sein Verdienst ist es, daß er als erster in Franken Kenntnisse der niederländischen Malerei aus dem Umkreis des Rogier van der Weyden und des Dirk Bouts vermittelte.

Lit.: H. Thode, Die Malerschule von Nürnberg im XIV. und XV. Jh., 1891, 105 ff. — E. Abraham, Nürnberger Malerei der zweiten Hälfte des XV. Jh.s, 1912, 13 ff. — H. Buchheit, Das Bildnis des sog. Kanonikus Schönborn im Germ. Nat. Mus. zu Nürnberg, In: Jahrbuch des Vereins für christl. Kunst 4 (1919) 26 ff. — M. Weinberger, Nürnberger Malerei an der Wende zur Renaissance und die Anfänge der Dürerschule, 1921, 11 ff. — A. Stange, Dt. Malerei der Gotik IX, 1958, 41 ff. — Ders., Kritisches Verzeichnis der dt. Tafelbilder vor Dürer III, Franken, 1978, 57 ff. — R. Suckale, H. P. in Bamberg, In: 120. Bericht des Historischen Vereins Bamberg (1984) 423 ff.
R. Baumgärtel

Ploeg, Petrus van der, * 23. 3. 1815 in Wassenaar bei Den Haag, † 26. 9. 1881 in Bovenkarspel, niederländischer geistlicher Dichter und Verfasser von Andachts- und Erbauungsbüchern. 1840 zum Priester geweiht, war P. nach einer kurzen seelsorgerischen Tätigkeit in Raamburg und Amsterdam, seit 1842 Lehrer am Knabenseminar Hageveld der Diözese Haarlem. 1854 wurde er als Prof. für Exegese und biblische Hermeneutik an das Priesterseminar Warmond berufen, welches Amt er bis zu seinem Tode bekleidete.

P. entfaltete schon in seiner Hagevelder Zeit eine rege schriftstellerische Tätigkeit. Hier liegen die Anfänge seiner lebenslangen Mitarbeit an der Zeitschrift »De Katholiek«, die in den Niederlanden einen wesentlichen Beitrag zur kath. Emanzipation leistete. Seine Aufsätze aus den Jahren 1844—48 über den Ablauf und die Höhepunkte des Kirchenjahres erschienen 1859 auch als Buchveröffentlichung unter dem Titel »Het kerkelijk jaar«. Zu P.s anderen selbständig erschienenen Schriften zählen Gedichte, Gebete und Betrachtungen zur Fünfhundertjahrfeier des Amsterdamer Hostienwunders (1845), zu Ehren der Martyrer von Gorkum (1868) oder aus Anlaß der Heiligsprechung (1862) der 26 japanischen Martyrer von 1597, weiter eine Übersetzung von Gebeten von Thomas a Kempis, Passionsmeditationen, Lieder für die Karwoche und Übersetzungen von Offizien. Das eigentliche Kernstück von P.s Oeuvre bilden jedoch seine marian. Werke. Er verfaßte u. a. Pilgerbüchlein für die Wallfahrten nach → Kevelaer und → Scherpenheuvel. Als 1854 das Dogma von der UE verkündet wurde, war er mit seinem Dichterfreund, dem Amsterdamer Priester Cornelis Broere (1803—60), wie P. Prof. in Warmond, einer der großen Propagandisten in den Niederlanden: er dichtete aus diesem Anlaß u. a. ein »Jubellied« (»Lieve Moeder van den Heer«), das noch heute zum marian. Liederschatz der niederländischen Katholiken gehört. In den sechziger Jahren setzte er sich sehr für die Verbreitung der → Maiandacht ein, wozu er einen Band mit großenteils eigenen Mliedern und -betrachtungen (»De Moedergodsmaand«, Leiden 1864) veröffentlichte. In den gleichen Zusammenhang gehören auch seine »Gezangen voor de Meimaand«, Leiden ²1868), die teilweise einen Auszug aus »De Moedergodsmaand« darstellen, und »Het Maria-kind« (Leiden 1860), die erweiterte Neufassung eines älteren Gebetbuchs von P. Hesseveld. Obwohl P.s Werke bis ins 20. Jh. hinein neu aufgelegt wurden, und v. a. seine Mlieder, von anderen gesammelt (»Marialiederen«, Leiden 1887) bzw. von ihm selbst teilweise in sein Kirchenliedbuch (»Kerkliederen«, Leiden 1872) aufgenommen, sehr beliebt waren, ist P. heute als Dichter vergessen; einzelne Mlieder aber, nicht zuletzt seine »Stabat Mater«-Nachdichtung (»Naast het kruis, met schreijende oogen,/ Stond de Moeder, diep bewogen,/ Daar de Zoon te sterven hing ...«), leben nach wie vor fort.

Lit.: (M. Lans), Monseigneur P. v. d. P., In: Katholieke Illustratie 15 (1881/82) 93—95. 102 f. 110 f. (Porträtstich ebd. 92). — (Th. Borret), Lijkrede bij de uitvaart van Mgr. P. v. d. P. in het Seminarium te Warmond, In: De Katholiek 81 (1882) 1—20. — J. G. Frederiks und F. Jos. van den Branden, Biographisch Woordenboek der Noord- en Zuidnederlandsche Letterkunde, Amsterdam ²1891, 614f. (Bibl.). *G. van Gemert*

Pögl, Peregrinus, * 1. 3. 1711 in Sandau bei Magdeburg, † 15. 11. 1788 in Neustadt am Main, dt. Komponist, gehört in die Reihe von Klosterkomponisten, die bestimmend für das musikalische Leben in den Stiften und auf dem Land waren. 1735 tritt er in das Benediktinerkloster in Neustadt am Main ein, wo er bis zu seinem Tode bleibt. Ab 1747 erschienen im Druck Vespern, Offertorien, Messen, 1758 als op. VII das »Antiphonale Marianum« mit 32 marian. Antiphonen für das ganze Kirchenjahr.

Lit.: F. Lederer, Untersuchungen zur formalen Struktur instrumentalbegleiteter Ordinarium-Missae-Vertonungen südtt. Kirchenkomponisten des 18. Jhs, In: KMJ 71 (1987) 23—54. — G. Krombach, Gedruckte Kirchenmusikwerke des 18. Jh.s von fränkischen Komponisten, In: Geistliches Leben und geistliche Musik im fränkischen Raum am Ende des alten Reiches, hrsg. von Fr. W. Riedel, 1990. — Grove XV 18f. *H. Faltermeier*

Pöllauberg, Steiermark, Diözese Seckau, Pfarr- und Wallfahrtskirche zur hl. M (Festtag Me Geburt), erbaut zwischen 1339 (Schenkung der Katharina v. Stubenberg) und 1374 (Stiftung einer Kaplanei), seit 1504 dem Stift Pöllau einverleibt und bis 1785 von den dortigen Augustinerchorherren betreut. Seit 1418 findet sich auch der Name »Samstagberg«, wohl wegen der der GM geweihten Samstagswallfahrten. Gnadenbild ist die Holzstatue einer gekrönten M mit Kind (um 1400) mit spätbarocker Bekleidung im Hochaltar von 1705.

Nach der Legende sei die Kirche von einer mährischen Markgräfin als Dank für ihr wiedererhaltenes Augenlicht gegründet worden. Deshalb wird P. v. a. bei Augenleiden aufgesucht, früher auch bei Pest und bäuerlichen Belangen. Die Pilger kommen hauptsächlich aus der Oststeiermark; Hauptwallfahrtstag ist der 17. März; Andachtsbilder gibt es seit dem 18. Jh. Die Wallfahrt ist auch heute noch lebending.

Lit.: Gugitz IV 222 f. (Lit.). — F. Posch, Wallfahrtskirche P., 1971. — Dehio-Steiermark, 1982, 370—372. *G. Gugitz*

Pöstlingberg, Oberösterreich, Diözese Linz, Pfarr- (seit 1785) und Wallfahrtskirche zu den Sieben Schmerzen Ms. 1716 ließ der Knecht Franz Obermayr ein Vesperbild auf dem Grund des Bauern Pöstlinger aufstellen. Joseph Gundomar Graf Starhemberg, der dem Bild seine Genesung zuschrieb, gelobte eine Kirche und begann den Bau 1738, den sein Sohn Heinrich 1747 beendete. Das Hauptfresko in der Kuppel (A. Groll, 1899) zeigt die Krönung Ms durch die Hlst. Dreifaltigkeit. Gnadenbild ist eine Pieta (1716) von Ignaz Jopst.

Nach der Legende erschien die GM dem Knecht Obermayr im Traum auf Wolken über Linz und segnete die Stadt. Er sammelte Gaben, ließ das Vesperbild schnitzen und stellte es am ersten Adventssonntag 1716 zur Verehrung auf. Nach einer anderen Version sei ein Mbild von holzfällenden Knechten an einem Baum gefunden und mitgenommen worden, sei jedoch immer wieder an die Fundstelle zurückgekehrt. Die einst sehr reiche sog. Schatzkammer wurde 1896 ausgeraubt. Vorhanden sind noch Votivbilder des 19. Jh.s, Totengedenkbilder, Kerzen, Andachtsbilder (18.—20. Jh.) und ein Gnadenpfennig. Die Wallfahrt gehört noch heute zu den bedeutendsten Oberösterreichs. Haupttage sind der Schmerzensfreitag und der 15. September.

Lit.: Gugitz V 94—96 (Lit.). — »Wahrhafte Beschreibung des ... Gnadenorths Pöstlingberg«, In: Kunstjahrbuch der Stadt Linz (1962) 48—55. — A. Hahnl, P. bei Linz, 1969. *G. Gugitz*

Poglietti, Alessandro (de), † Juli 1683 in Wien während der Belagerung durch die Türken. Über P.s Jugend in Italien ist nichts bekannt. 1661 wurde er Hof- und Kammerorganist der kaiserlichen Kapelle in Wien. Mehrheitlich sind von ihm Kompositionen für Tasteninstrumente überliefert. An Vokalwerken haben sich nur in Kremsier (Kroměříž, CSFR) elf Stücke erhalten: drei Messen, ein Requiem, von den sieben weiteren Werken sind fünf marian. Inhalts: »Ave regina« (Breitenbacher VIII 4, ein Werk ohne obligate Instrumente, das altertümlich-esoterisch ausschließlich in schwarzen Noten geschrieben ist; Abb. des Anfangs s. MGG X 1396 f.), »Magnificat« für zwei Soprane, Tenor, Violine und Basso continuo (III 111), Litaniae Lauretanae für zwei vierstimmige Chöre mit Instrumenten (V 17), zwei Rorate-Lieder mit dt. Text: »Ein garden schön eröfne ich« und »Mariam, dich verlange ich« für Sopran und Basso continuo (II 139 und 142), das zweite mit vier zusätzlichen Stimmen »zum singen undt geigen« ad libitum.

Lit.: A. Koczirz, Zur Lebensgeschichte A. de P.s, In: SMw 4 (1916) 116 ff. — F. W. Riedel, Neue Mitteilungen zur Lebensgeschichte von A. P. und Johann Kaspar Kerll, In: AMw 19/20 (1962/63) 124 ff. *P. Tenhaef*

Poirters, Adriaen, SJ, getauft am 2. 11. 1605 in Oisterwijk (bei Herzogenbusch), † 4. 7. 1674 in Mechelen, niederländischer geistlicher Dichter und Erbauungsschriftsteller.

Nach seinem Studium am Jesuitenkolleg in Herzogenbusch und nach dem Philosophicum in Douai wurde P. 1625 in die SJ aufgenommen. 1628—34 lehrte er an den Kollegien in Mechelen und Maastricht. Anschließend studierte er Theol. in Löwen und wurde 1638 zum Priester geweiht. 1641—46 war er Studienpräfekt in Roermond, dann bekleidete er fast dreißig Jahre lang das Amt eines Predigers, u. a. in Antwerpen, Brügge, Lier und, von 1662 bis zu seinem Tode, in Mechelen.

Zum Volksschriftsteller wurde P. v. a. durch sein geistliches Emblembuch in Prosa mit umfangreichen Verseinlagen »Het Masker van de Wereldt afgetrocken«, das 1644 erstmals, ursprünglich unter dem Titel »Ydelheydt des Wereldts« erschien und zahlreiche Auflagen erlebte. Von der Beliebtheit und der Verbreitung her konnte es mit den emblematischen Schriften und den Versepen des populären prot. Lehrdichters Jacob Cats (1577—1660) wetteifern, als dessen kath. Gegenstück P. von den Zeitgenossen und der späteren literaturwissenschaftlichen Forschung betrachtet wurde. P. behandelt hier die unterschiedlichsten menschlichen Unzulänglichkeiten, um so die Eitelkeit alles Irdischen, ja die Eitelkeit der Welt schlechthin zu »entlarven«, wie dies ja schon im Titel anklang. Da es eigentlich die gottliebende Seele ist, die der Welt die Maske abzieht, ist jedes Kapitel im Grunde eine Rede an sie, die hier personifiziert als die Philothea erscheint. Beliebt waren ebenfalls P.' Passionsbetrachtungen »Het Duyfken in de Steen-Rotse« (Antwerpen 1657 u. ö.) und »Den Spieghel van Philagie« (Antwerpen 1673; zunächst unter dem Titel »Het Daeghelycks Nieuwe-Jaer Spieghelken van Philagie«), ebenfalls ein geistliches Emblembuch und angelegt wie die ältere Sammlung »Het Masker«, nur daß diesmal statt der Philothea die Philagie angeredet wird, die nach Heiligkeit strebende Seele. Zentrales Thema ist hier denn auch nicht mehr die Weltabsage, sondern die liebende Annäherung der Seele an Gott. P. verfaßte weiter hagiographische Schriften, Viten der hl. Rosalia (1658) und des hl. Franz Borgia (1671) sowie den vierteiligen Heiligenkalender »Het kleyn Prieeltjen van de Heylighen« (Antwerpen 1660—66) und übersetzte William Stanihursts Betrachtungen über die vier letzten Dinge (»Nieuwe Afbeeldinghe van de Vier Uyterste«, Antwerpen 1662) sowie für die niederländische Fassung der Festschrift zur Jh.feier des Jesuitenordens (»Afbeeldinghe van d'eerste eeuwe der Societeyt Jesu«, Antwerpen 1640) die ursprünglich lat. Verse.

P.' marian. Frömmigkeit spricht aus fast all seinen Werken. »Den Spieghel van Philagie« etwa widmete er der GM. Die Dedicatio enthält neben einem überschwenglichen MlLob drei z. T. längere, offensichtlich aus eigener Feder stammende Mgedichte. Zwei Schriften P.' stehen ganz im Dienste der MV. Es handelt sich um ein Pilgerbüchlein für niederländische Wallfahrer nach → Kevelaer und um ein → Mirakelbuch der marian. Gnadenstätte → Halle (Hall) im heutigen Belgien. »Het Pelgrimken van Kevelaer« (Roermond 1655) umfaßt nur vierzig Seiten und ist ein handliches Gebet- und Gesangbüchlein, das der Pilger unterwegs benutzen kann. Die Wallfahrt steht im Zeichen der Weltabsage. Geistliche Lieder und Gebete wechseln sich ab. Der Pilger zieht aus mit einem Morgenlied, dann folgen lat. (M-)Hymnen, teilweise mit niederländischen Nachdichtungen. Die → Lauretanische Litanei fehlt selbstverständlich nicht. Hier findet sich auch erstmals das bekannte Wallfahrerlied »Komt Pilgrim, komt, volgt mij naar«, das somit von P. stammen dürfte und noch bis ins 19. Jh. in vielen Pilgerbüchlein, nicht nur für Kevelaer, anzutreffen war. Bezeichnend ist ein Lied in der Tradition der Hirtendichtung der Zeit, in dem P. sogar die Hirtin Phyllis nach Kevelaer pilgern läßt. Enthalten ist hier ebenfalls bereits das schöne Mlied »O klaer, o schoon', o Maeghet rein«, das P. später erneut in die Widmungsvorrede zum »Spieghel van Philagie« einfügen sollte. Spezifisch auf die Kevelaerer Gnadenstätte bezogen ist das Lied auf das »Hagelkreuz«, den Ort, wo die GM Hendrick Busman befohlen haben soll, eine Kapelle zu bauen. P.' zweites marian. Werk, »Den Pelgrim van Halle ofte Historie van Onse Lieve Vrouwe van Halle« (Brüssel 1657) ist die niederländische Bearbeitung der »Histoire de Nostre Dame de Hale« (Brüssel 1651) von P.' Mitbruder Claude Maillard (1585—1655). Es ist eher ein Mirakelbuch als ein Pilgerbüchlein, und dies nicht nur vom Umfang (über 250 Seiten) her. Nach einer Einleitung, die wie das »Pelgrimken« ℳlieder in der Tradition der zeitgenössischen Hirtendichtung enthält, folgen drei Teile: der erste beschreibt die Stadt Halle, erzählt die Entstehungsgeschichte der Wallfahrt und hebt bes. das Wirken der Jesuiten in Halle hervor, der zweite berichtet von den Wundern, die durch die Fürspache der GM dort geschehen sind, der dritte von den Bruderschaften zu Ehren ℳs in Halle und von den Votivgaben, die ihr dargebracht wurden. »Den Pelgrim van Halle« erlebte offensichtlich keine weiteren Auflagen

WW: Het Masker van de Wereldt afgetrocken, 1935. — Den Spieghel van Philagie, 1937.
Lit.: H. J. Allard, Pater A. P., SJ Een historisch-letterkundige schets, Amsterdam 1878. — E. Rombauts, Leven en werken van Pater A. P. SJ (1605—74), 1930. — Ders., A. P. Volksredenaar en volksschrijver, 1937. — NBW III 981—984. — BNBelg XVII 889—894. — Sommervogel VI 927—935. — DSp XII 1836—38.   G. van Gemert

Polack, Jan, Tafel- und Freskomaler, † 1519 in München. Sein Name deutet entweder auf seine Herkunft oder seine Abstammung, der Familienname ist unbekannt. P., der vermutlich aus Polen (Krakau?) nach München zuwanderte, ist mit den 1479 datierten zugeschriebenen Fresken in der St. Wolfgangskirche in Pipping stilistisch erstmals in München faßbar. 1482 taucht er in den Steuerlisten der Stadt auf, er wohnte in der »Inneren Stadt Petri«, seit 1486 in der Äußeren Schwabinger Gasse. Insgesamt dreizehn Jahre lang war er Vierer (Vorsteher) der Malerzunft. Seit 1485 war er als Stadtmaler mit zahlreichen nicht mehr erhaltenen öffentlichen Aufträgen betraut, so der Bemalung der vier Haupttore (1489/91), einem Fresko am Herrentor (1485), aber auch gewöhnlichen Anstricharbeiten am Rathaus und der Veste. Erhalten sind zahlreiche Aufträge für Kirchen, Klöster in und um München sowie Arbeiten für den herzoglichen Hof.

P.s künstlerische Persönlichkeit wurde erst 1908 durch Michael Hartig bekannt, der die Weihenstephaner Archivalien fand, in denen P. als der Meister des Hochaltares genannt wird. Bis dahin galten seine Gemälde als »bayerisch«, »Münchner Schule« oder wurden, wie die Altäre der Blutenburg, Hans Ostendorfer zugeschrieben.

Bereits Buchner stellte die Stilverwandtschaft der Münchner Arbeiten P.s mit den Flügelgemälden aus der ehemaligen Dominikanerkirche und weiteren Krakauer Altartafeln (Kathedrale, Katharinenkirche) fest, ohne daraus eine Herkunft P.s ableiten zu wollen. Laut Stange hat P. dort wahrscheinlich nur kurzfristig gelernt. Seine stilistische Herkunft dagegen vermutet er einerseits in der Prager Werkstatt, die den Altar aus der alten St. Georgskirche (Prag, Nationalgalerie) geschaffen hat, andererseits sei P. mit der niederländischen Malerei, etwa der des Rogier van der Weyden, in Berührung gekommen. Er verweist zudem auf die Stiche des Monogrammisten J. A. (M) von Zwolle, die seinen Hang zu dramatisch bewegter Bildgestaltung beeinflußt haben dürften. Endlich seien auch Einflüsse der fränkischen Kunst festzustellen; nicht zu überprüfen sei ein Einfluß Veit Stoß' vor seinem Krakauaufenthalt. Bestimmend für das Pathos seiner Malerei sei weiterhin die Kunst des in Bamberg ansässigen Meisters von Hersbruck gewesen, die P. aus eigener Anschauung gekannt haben müsse.

Die frühen Münchner Werke, der Freskenzyklus in Pipping (1479 datiert) und sein einziges archivalisch gesichertes Werk, die Flügelgemälde des ehemaligen Weihenstephaner Hochaltares (1484 geweiht, München, Alte Pinakothek und Freising, Diözesanmus.), zeigen ausgeprägten individuellen Stil, der einerseits für München etwas unerhört Neues war, zugleich aber auf die einheimische Tradition aufbaute: dekorative, schlagkräftige Komposition und Kolorit, dramatische Zuspitzung der Aktion, jähe Bewegtheit, ungebärdige, grimassierende Charakterisierung der Gestalten in einer ornamental gefügten dichten Konfiguration. Oft summarisch strähnige Malweise und Trockenheit weisen auf die Arbeit als Freskomaler hin. In den 90er Jahren wird sein Stil reicher, voller, wuchtiger. Die Tafeln der Altäre der Blutenburg (1491), des Franziskaneraltares (München, Bayer. Nat. Mus., 1492), des Hochaltares der St. Peterskirche (ab ca. 1495) und das Schutzmantelbild in Schliersee bilden den Höhepunkt der Kunst P.s. Sie sind ein Wiederaufleben und zugleich der krönende Abschluß der nach ungestümer Ausdrucksdrastik strebenden spätgotischen Malerei Münchens um die Jahrhundertmitte, als deren letzter Hauptvertreter P. gilt.

Um der Fülle der anfallenden Aufträge Herr werden zu können, beschäftigte P. zahlreiche Gesellen. Durch Infrarotuntersuchungen wurde an den Altären der Blutenburg bereits bei der Vorzeichnung die Hand mehrerer Gesellen nachgewiesen. Am Petersaltar lassen sich stilkritisch eindeutig mehrere Hände scheiden, Buchner vermutete die Beteiligung des Mair v. Landshut, allerdings ist dessen für 1491 in München verbürgter Aufenthalt nicht mit der Entstehungszeit des Petersaltares in Einklang zu bringen.

In P.s Spätwerk, beispielsweise den Altartafeln in Ilmmünster oder den Flügelgemälden in Lenggries, erlahmt seine schöpferische Kraft.

Die Spannung der Komposition lockert sich, die Malerei wird flauer, dumpfer. Sein Spätwerk wird weitgehend Gesellenhänden zugeschrieben.

Von seinen zahlreichen erhaltenen Werken seien hier diejenigen erwähnt, auf denen sich eine Darstellung der GM findet. Zyklen aus dem M leben sind von seiner Hand nicht bekannt. M erscheint zumeist in den Passionszyklen, beispielsweise auf dem Petersaltar oder in der Kreuzigungsszene auf dem Altar der Franziskanerkirche als Assistenzfigur.

In seinem ersten Münchner Werk, den 1479 datierten Fresken mit dem Passionszyklus, den Propheten und den klugen und törichten Jungfrauen in Pipping, steht unvermittelt die Szene des Todes Ms. Die Altäre der Blutenburg zeigen die GM mehrfach. Die zentrale Darstellung des Gnadenstuhles auf dem Hochaltar flankieren auf den Flügeln die Taufe Christi und die Krönung Ms durch die in drei gleichen Königen verkörperte Dreifaltigkeit. Taufe und Krönung stehen so für die im Heilsprozeß notwendige Erniedrigung und Erhöhung des Menschen. Die Verkündigung der Menschwerdung Christi an M auf dem rechten Seitenaltar steht Christus als dem Erlöser der Welt inmitten von Heiligen gegenüber und verbildlicht so Anfang und Ende des göttlichen Heilsplanes. Auf der Predella des Verkündigungsaltares ist M nochmals zusammen mit der Sippe Jesu dargestellt.

1494 datiert das früheste der Schutzmantelbilder P.s in der Pfarrkirche St. Sixtus in Schliersee, auf dem M unterstützt von Engeln ihren Mantel über die geistlichen und weltlichen Stände der Christenheit breitet. Aus dem Jahre 1503 stammt ein Schutzmantelbild in St. Maria in Ramersdorf, um 1510 ist das Votivbild der Familie Sänftl in der Münchner Frauenkirche datiert, das dasselbe Thema in einem breiten Querformat zeigt. Mehrere P. zugeschriebene Werke zeigen die Verkündigung an M, z.B. die Außenseiten der Flügel des Andreasaltares in der Frauenkirche (1513), der aus der früheren St. Nikolauskirche im Haberfeld stammen soll, und der Georgsaltar in Milbertshofen, angeblich aus Schäftlarn (Werkstatt).

Lit.: H. Buchheit, Katalog der Ausstellung Altmünchner Tafelgemälde des 15. Jh.,s, München 1909. — Ders., Der ehemalige Hochaltar der Peterskirche, In: Kalender Bayer. und Schwäbischer Kunst VII, 1910, 8ff. — E. Buchner, Die Werke J. P.s, Diss. hs., München 1921. — A. Elsen, J. P., der Münchner Stadtmaler, In: Pantheon 10 (1937) 33f. — A. Stange, Dt. Malerei der Gotik X, 1960, 81–89. — C. Grimm, Der handwerkliche Hintergrund der Blutenburger Altäre, In: Blutenburg, Beiträge zur Geschichte von Schloß und Hofmark Menzing, 1983, 183–201. — H. Bösl, J.P., 1988. — K. Otto, J.P.s Hochaltar von St. Peter in München, In: Münchner Jahrbuch der bildenden Kunst, 1988, 73–88. — Thieme-Becker XXVII 200ff. (ältere Lit.). *K. Otto*

Polen. I. KIRCHEN- UND FRÖMMIGKEITSGESCHICHTE. In seinen neuen Staatsgrenzen nach 1945 ist P. 312 700 km² groß und hat 38 038 000 Bewohner (Statistik 1990), wovon 94,6% Katholiken sind. Die röm.-kath. Kirche P.s umfaßt seit dem 25. 3. 1992 13 Metropolien und 39 Diözesen.

Mit der Entwicklung des Christentums auf poln. Boden wuchs auch der Mkult, zuerst bei der kirchlichen und höfischen Elite (10.—12. Jh.), seit dem 13. Jh. auch in immer breiteren Kreisen. Die ältesten Zeugnisse dafür sind der Liturg. Kalender (11./12. Jh.) mit vier Mfesten (Me Lichtmeß, Me Verkündigung, Me Himmelfahrt, Me Geburt) und die Titel Ms: »Sancta Maria«, »Sancta Virgo«, »Dei Genetrix« in den Kathedralen (Gnesen, Kamień, Krakau, Lemberg, Plock, Wloclawek), in den Kollegiumskirchen (Kalisz, Opatów, Sandomierz) und Klöstern (Czerwińsk, Koprzywnica, Łęczyca, Mogila, Sulejów, Trzemeszno); außerdem ist die MV im Gebetbuch der poln. Königin Gertrud (11. Jh.) und in Hagiographien des hl. Adalbert (11. Jh.) zu finden. Der Anfang der MV ist mit der Adalbertmission und mit den ihr nahestehenden Benediktinern verbunden. Ab dem 11. Jh. verbreitete sich die MV in Kanonikerkreisen, ab dem 12. Jh. in Zisterzienserklöstern, ab dem 13. Jh. dann bei den Mendikanten-Orden, v. a. bei Dominikanern und Franziskanern.

Neben den aus dem Westen übernommenen Kultformen kamen über Großrußland byz. Einflüsse zum Tragen, wie die Betonung des Theotokostitels und die Verehrung der Hodegetria-Ikone. Das älteste Mlied P.s (»Bogurodzica«; 13. Jh.) vereint in sich mehrere marian. Ehrentitel (Göttliche Mutterschaft, Jungfräulichkeit, Mittlerin, Königin), die durch das Zusammentreffen der östlichen und westlichen Traditionen entstanden sind.

In den folgenden Jh.en bereicherten weitere kulturelle Einflüsse die MV P.s. Zur Verehrung Ms als GM im 10.—12. Jh. kommen im 13./14. Jh. der Me-Himmelfahrtskult und die Feier der UE, sowie im 14./15. Jh. die MV unter dem Aspekt der Gnadenmittlerschaft und der Mitwirkung Ms am Erlösungswerk.

Durch die Dominikaner verbreiteten sich das Rosenkranzgebet und die Rosenkranzbruderschaften, die Karmeliten förderten den Skapulierkult, bei den Augustiner-Eremiten stand M als Mutter voll der Gnaden, des Guten Rates, des Trostes und Beistands im Vordergrund; die Franziskaner verbreiteten die UE sowie die Verehrung Ms als Mater Dolorosa; die Lateranenser (Chorherren) haben die MV nach dem Muster der Devotio Moderna propagiert. Im 16. Jh. vermehrte sich bei den Theologen das Interesse an der Mariol. Es kam zu theol. Konfrontationen, wodurch das dogm. Mbild vertieft wurde. Die Zeit der Kath. Reform wird als »Goldenes Jahrhundert« der poln. Mariol. bezeichnet (Fabian Birkowski, Abraham Bzowski, Kasper Druzbicki, Stanislaw Hozjusz, Jan z Szamotul, Mikolaj Leczycki, Stanislaw Szymon Makowski, Justy Zapartowicz Miechowita, Piotr Skarga, Stanislaw Sokolowski, Szymon Starowolski).

Im 16. und 17. Jh. dominieren Ideen der Miterlösung Ms, ihrer Fürsprache und seelischen Mutterschaft sowie Ms als Königin. In der zweiten Hälfte des 16. Jh.s verbindet sich infolge der

Bedrohung von innen (Reformation) und außen (Verteidigungskriege gegen Kosaken, Moskoviter, Türken, Schweden) die MV mit dem poln. Nationalbewußtsein. Im Barock korrespondiert die Überzeugung des bes. Schutzes M̃s mit der Vorstellung P.s als Vormauer der Christenheit (antemurale christianitatis). Über mehrere Jh.e entwickelte sich das Bild von »Maria als Königin«, von der königlichen Hoheit der GM über Himmel und Erde bis hin zu M̃ als Patrona Poloniae, wie sie in den Königsgelübden König Jan Kasimirs (1656) in Lemberg genannt wird. Seit dem 17. Jh. wurde die Verehrung M̃s als Königin P.s mit dem Bild der Schwarzen Madonna in → Czenstochau identifiziert. Die schon im MA bekannten Dienerschaftsschwüre, Vormundschafts- und Gefangenenakte wurden im 17. Jh. durch die Jesuiten Franciszek Fenicki und Jan Chomentowski theol. untermauert, die so die »Gefangenschaftsidee« des Ludwig → Grignion de Monfort vorwegnahmen. Zahlreiche entsprechende Bruderschaften entstanden und es verbreitet sich das Tragen des bes. Zeichens »Ego mancipium Mariae«. 1717 wurde das Gnadenbild in Czenstochau als erstes vieler anderer M̃bilder gekrönt. In Zeiten politischer und wirtschaftlicher Sorgen verstärkte sich die MV und vermischte sich oft mit dem poln. Nationalbewußtsein, bes. im 19. und 20. Jh., als P. seine Souveränität verlor. Während der Teilung P.s und den Freiheitskämpfen (19. Jh.) wurde M̃ zur Freiheitskämpferin P.s ausgerufen; sie galt als Mutter des Sieges und der Freiheit, und die Schwarze Madonna wandelte sich zur »seelischen Hauptstadt« des staatenlosen Volkes.

Im 19. Jh., das auch die heutigen Formen der MV geprägt hat, folgten eine Wiederbelebung alter und die Entstehung neuer Andachtsformen (u. a. Renaissance des Rosenkranzes, der Marian. Kongregationen, der Maiandacht). Nach dem Wiedererlangen der Souveränität riefen die poln. Bischöfe am 27. 6. 1920 in Czenstochau, M̃ als Königin P.s aus; 1923 wurde der 3. Mai als liturg. Feiertag »Mutter Gottes — Königin Polens« festgelegt. Neben der Verehrung der »Jasna Góra«, der Schwarzen Madonna von Czenstochau, verbreitete sich die Apost. Bewegung »Miliz der Immaculata«, die von P. Maximilian → Kolbe initiiert wurde und 1927 mit der Gründung von Niepokalanow, d. h. »Ort der Unbefleckten« ihren Höhepunkt erreichte.

Die Zeit nach dem Zweiten Weltkrieg hat in P. einen ungewöhnlichen Jasna-Góra-Kult hervorgebracht, da dieser Schwerpunkt im Seelsorgeprogramm von Stefan → Wyszyński, Primas P.s, darstellte. Nach der Weihe des poln. Volkes an das Unbefleckte Herz M̃e durch Primas Kardinal August Hlond am 8. 9. 1946 in Czenstochau folgten das Jasna-Góra-Volksgelübde am 26. 8. 1956, die Hingabe des poln. Volkes an die mütterliche Gefangenschaft M̃s, die Mutter der Kirche für die Freiheit der Kirche in der Welt am 3. 5. 1966 sowie die Weihe der Welt an M̃ als Mutter der Kirche am 12. 9. 1971. Während der Vorbereitungen zum Millennium der Taufe P.s (→ Millennium-Novene) wurde die »Große Andacht« durchgeführt (1956—66), die mit einer Peregrinatio des Bildes der »Schwarzen Madonna« zu allen poln. Pfarreien, auch jenen in Deutschland, z. B. in München 1978, verbunden war.

Auf Initiative Kardinals Wyszyńskis wurden das »Primas-Volksgelübde-Institut« (1957) sowie die »Bewegung der Muttergotteshelfer« (1969) gegründet; außerdem fanden seelsorgerische Volksaktionen statt: z. B. der Volkskreuzzug der Liebe (1966), die Königin-Samstage oder die Konzilswache der Schwarzen Madonna vor dem 2. Vatikanischen Konzil. Seit dem Millennium (1966) wurde die nat. MV mit einem Programm der Verantwortung für die weltweite Freiheit der Kirche erweitert. Das Patronat M̃s über das poln. Volk stellt einen autonomen Wert in der Gesamtheit der poln. Glaubenskultur dar.

Seit dem MA ist die MV fest in der Kultur und im Brauchtum P.s verankert. Der älteste poln. Ave-Maria-Text stammt aus dem 15. Jh. Zu poln. Bräuchen gehören seit dem 14. Jh. das dreimalige Klingeln beim Angelus Domini, ab dem 15. Jh. das gemeinsame Singen des »Sub tuum praesidium« auf Poln. nach jeder Messe sowie die Tradition der »Rorate«-Adventsmessen, die im 15. Jh. durch Roratistenmissionare begründet wurde. Bei diesen Messen brannten sieben Kerzen, wovon eine M̃ symbolisierte. M̃bruderschaften führten im 15. Jh. den Samstag als M̃tag ein; die Rosenkranzbruderschaften verbreiteten im 16. Jh. das gemeinsame Rosenkranzgebet. Im 17. Jh. breiteten sich M̃lieder von der UE, den sieben Schmerzen M̃s (in der Fastenzeit) aus. Anfang des 16. Jh.s war es Brauch, auf der Ritterrüstung das Bild der Immaculata, die als Heerführerin des poln. Ritterstandes ausgerufen wurde, zu befestigen. Im Barock waren — v. a. vor wichtigen historischen Ereignissen — Prozessionen zu bes. verehrten M̃bildern üblich. Aus Ehrfurcht vor M̃ wurde bis zum Ende des 16. Jh.s niemand mit dem Namen »Maria« getauft.

Das Brauchtum ist auf besondere Weise an sieben M̃feiertage gebunden, denn zu den M̃festen Lichtmeß, Verkündigung, Heimsuchung, Himmelfahrt, Geburt, Opfergang und UE liegen besondere Gebete in lat. und poln. Gebetbüchern aus dem 16. Jh. vor (z. B. »Seelenharfe« von Marcin Laterna SJ, 1592). An diesen Tagen, auf die man sich durch Fasten und Buße vorbereitete, wurden bes. Ablässe gewährt. Manche dieser Feiertage bekamen eigene Namen, die mit dem volkstümlichen Kalender verbunden sind: M̃e Lichtmeß (2. Februar) mit der Kerzenweihe, »Mutter Gottes der Blumen oder Beeren« (2. Juli) mit einer Blumenweihe, »Mutter Gottes der Kräuter« (15. August) mit der Weihe der Kräuter, denen heilende Kräfte zugeschrieben wurden und »Mutter der Samen« mit der Weihe von Getreidesamen (8. September). Mit diesen Feiertagen sind viele

Bräuche und Sprichwörter verbunden. Die volkstümliche MV drückt sich auch in vielen Pflanzennamen aus.

Die ältesten poln. Wallfahrtsorte entstanden zwischen dem 12. und 14. Jh. (Plock, Wiślica, → Krakau, Czenstochau). Im 17./18. Jh. kamen zahlreiche (ca. 400) neue marian. Gnadenstätten hinzu und es bildete sich eine stabile, lokale und regionale Pilgertradition heraus. Die Wallfahrtsorte im Osten wurden von Katholiken aller Riten, auch von russ.- und griech.-orth., besucht (Weißrußland, Litauen, Ukraine), die in Westpreußen und Pommern auch von Protestanten. Die Zahl der marian. Gnadenstätten (v. a. in Süd- und Ost-P.) stieg zu Beginn des 19. Jh.s auf etwa 1100 an; ein Teil davon in Ostpolen wurde von orth. Christen übernommen (z. B. Poczajów). Nach der Wiedererlangung der Souveränität P.s 1918 blühten viele Wallfahten erneut auf, bes. jene zu den regionalen und nat. Orten (Jasna Góra, Ostra Brama in Wilna), ebenso nach dem Zweiten Weltkrieg und bes. seit den 70er Jahren bis heute.

Gegenwärtig gibt es in P. etwa 400 marian. Wallfahrtsorte mit einem breiten Wirkungsfeld. Darunter werden am stärksten die aufgesucht, deren Bildnis mit dem Segen des Apost. Stuhls gekrönt wurde. Nach der ersten Krönung (Jasna Góra in Czenstochau [1717]) wurden bis Ende des 18. Jh.s 28 Bildnisse gekrönt, 1900—30 weitere 33 und 1945—91 schon 91, darunter einige persönlich durch Papst → Johannes Paul II. während seiner Pilgerfahrten nach P. (1979: Maków Podhalański; 1983: Brdów, Międzygórze, Oppeln, Stoczek Warmiński, Zielenice; 1987: Trąbki Wielkie; 1991: Kielce).

Einige der gekrönten Bilder befinden sich außerhalb des heutigen Staatsgebiets, z. B. in Wilna, Berdyczów, Bialynicze, Międzyrzec Ostrogski, Sambor, Szydłów, Troki oder Żyrowice. Um die von den Umsiedlern aus dem Osten mitgebrachten Bilder bildeten sich neue Wallfahrtsorte in Westpreußen, Schlesien und Pommern; so finden sich etwa Bildnisse aus Stanislawów und Lemberg in Danzig, aus Kochawina in Gleiwitz. Kultgegenstände an poln. Wallfahrtsorten sind hauptsächlich Bilder, selten Skulpturen, was mit den Einflüssen des östlichen Christentums zusammenhängt. Seit dem 17. Jh. werden die Gnadenbilder nach östlicher Tradition mit einem Metallkleid geschmückt. Die an poln. Wallfahrtsorten verehrten Mbilder repräsentiern meistens den Typus der Hodegetria und den des röm. Bildes »Salus populi Romani«. Beide Typen sind christol. geprägt und deuten M als Mutter, Vermittlerin und Führerin. An einigen Wallfahrtsorten befinden sich »Rosenkranzwege« oder Kreuzwege sowie mit einer Merscheinung verbundene Quellen, Steine (sog. »Marienfüßchen«) oder Bäume.

Der zentrale Pilgerort P.s ist seit sechs Jh.en Jasna Góra in Czenstochau (gegenwärtig etwa 4 Millionen Pilger jährlich, darunter etwa 100 000 Ausländer). Nat. Bedeutung haben ferner → Kalwaria Zebrzydowska, Licheń, → Piekar und → Annaberg. Bis zum Zweiten Weltkrieg gehörten dazu die Ostra Brama in Wilna (Litauen) und Berdyczów in der Ukraine. Gegenwärtig sind die wichtigsten der ca. 160 Wallfahrtsorte in Klein-Polen: Bochnia, Borek Stary, Chelm, Gidle, Hyżne, Janów Lubelski, Kalwaria Paclawska, Krasnobród, Leśniów, Leszajsk, Limanowa, Ludźmierz, Maków Podhalański, Myślenice, Okulice, Piekoszów, Ploki, Rzeszów, Staniątki, Stara Wieś, Tarnobrzeg, Tuchów, Tuligłowy, Wąwolnica, Zawada; in Groß-Polen: Borek Wielkopolski, Charlupia Mala, Dąbrówka Kościelna, Gostyń, Górka Klasztorna, Osieczna, Tulce; in Pommern: Schrotz (Skrzatusz), Swarzewo, Groß-Trampken (Trąbki Wielkie), Wejherowo; in Ermland: Dietrichswalde (Giertrzwald), Springborn (Stoczek Warmiński), Heiligelinde (Święta Lipka); in Masowien: Czerwińsk, Obory, Przasnysz, Sierpc, Skępe; in Schlesien: Wartha (Bardo Śląskie), Oppeln, Wölfelsgrund (Mierzygórze), Pszów, Albendorf (Wambierzyce); in der Nord-Ost-Region: Hodyszewo, Kodeń, Krypno, Leśna Podlaska, Orchówek, Plonka Kościelna, Różanystok, Sejny. Zu diesen Gnadenstätten pilgern jährlich etwa 8 Millionen Menschen (vor 1939 etwa 1 500 000).

Lit.: S. Baracz, Cudowne obrazy Matki Najświętszej w Polsce, Lemberg 1891. — A. Fridrich, Historie cudownych obrazów Najświętszej Maryi Panny w Polsce, 4 Bde., Krakau 1903—11. — J. Fijalek, Historia kultu Matki Boskiej w Polsce średniowiecznej w zarysie, In: Przegląd kościelny 1 (1901) 409—418; 2 (1902) 108—125. 255—286. 422—447; 4 (1903) 23—41. 81—93. — Wacław z Sulgustowa, O cudownych obrazach w Polsce Przenajświętszej Matki Bożej. Wiadomości historyczne, bibliograficzne i ikonograficzne, Krakau 1902. — W. Bruchnalski, Bibliografia mariologii polskiej od wynalezienia sztuki drukarskiej do r 1902, In: Księga Pamiątkowa mariańska, Lemberg 1905. — R. Frydrychowicz, Chwała Najświętszej Maryi Panny w diecezji chełmińskiej, 1916. — A. Nowack, Schlesische Wallfahrtsorte älterer und neuerer Zeit im Erzbistum Breslau, 1937. — J. Neumann, Die Entstehung der Marienbild-Wallfahrt in der Grafschaft Glatz, 1938. — W. Malej, Z. Szostkiewicz und S. Wesoły, Polska bibliografia maryjna 1903—55, 1955. — Manoir IV 683—708. — J. Kwolek, Z dziejów kultu maryjnego w diecezji przemyskiej, In: Kronika Diecezji Przemyskiej 43 (1957) 171—177. — W. Malej, Bibliographia polonorum 1958—66, 1967. — F. Kryszak, Sanktuaria maryjne w archidiecezji gnieźnieńskiej, In: Wiadomości Archidiecezji Gnieźnieńskiej 14 (1959) 463—472; 15 (1960) 35—43. 75—91. 234—255. — M. Jasińska (Hrsg.), Matka Boska w poezji polskiej. Studies o dziejach motywu, 1959. — B. Przybylski, Etudes mariales en Pologne, In: Mar. 21 (1959) 231—252. — Miejsca pielgrzymkowe Archidiecezji Wrocławskiej, In: Wrocławskie Wiadomości kościelna 15 (1960) 109—113. 348—363; 16 (1961) 76 f. 170—177. 212—215. 267—271. 324—326. — Cz. Deptula, Z zagadnień historii kultu maryjnego w Polsce, In: Ateneum kapłańskie 52 (1960) 392—419. — W. Malej, Reginae Poloniae maiestas in iconibus observata, In: Mar. 23 (1961) 309—325. — J. Wojtkowski, De culto BMV in literatura Polonorum Medii Aevi, In: EphMar 14 (1964) 363—376. 483—515. — B. Przybylski (Hrsg.), Gratia plena. Studia teologiczne o Bogurodzicy, 1965. — F. Chwedoruk, Kult maryjny w diecezji podlaskiej, In: Wiadomości deicezjalne podlaskie 35 (1966) 21—216. — W. Malej, Sanktuaria maryjne archidiecezji warszawskiej, In: Szkice do dziejów Archidiecezji Waszawskiej, 1966, 224—247. — J. Wojtkowski, Quomodo Polonia saeculi IX—XI cultu Mariano Ecclesiae occidentalis participabat, In: Acta Congressus Mariologici-Mariani internationalis in Croatia anno 1971 celebrati VI, 1972, 307—316. — J. Zwiazek, Sanktuaria Matki Bożej w diecezji czestochowskiej, In: Czestochowskie Studia Teologiczne 9—10 (1981/82) 225—237. — J. Kopeć, Uwarunkowania historyczno-kulturowe czci Bogarodzicy w polskiej religijności, In: Religijność ludowa. Ciągłość i zmiana, hrsg. von W. Piwowarski, 1983, 21—64. —

Czenstochau, Gnadenbild

Ders., Współczesna maryjność polska i jej związki z modelami religijności XV i XVI wieku, In: Roczniki teologicznokanioniczne 30 (1983) 125—144. — A. Witkowska, The cult of the Virgin Mary in Polish religiosity from the 15th to the 17th century, In: The Common Christian roots of the European Nations II, 1982, 467—478. — J. Kania, Miejsca szczególnej czci Matki Bożej na Lubelszczyźnie, In: Wiadomości podlaskie 52 (1983) 144—157; 54 (1985) 50—64. — Ders., Sanktuaria diecezji tarnowskiej, In: Tarnowskie Studia Teologiczne 9 (1983) 137—316. — J. Kopeć, Marian Customs and folklore in 16th Century Poland, In: Acta Congressus Mariologici-Mariani internationalis Caesaraugustae anno 1979 celebrati VII, 1986, 481—496. — A. Witkowska, Le culte marial dans la vie religieuse polonaise au XVI siècle, ebd. 421—436. — W. Zaleski, Sanktuaria polskie, 1988. — B. Pylak und C. Krakowiak (Hrsg.), Niepokalana. Kult Matki Bożej na ziemiach polskich w XIX wieku, 1988. — A. Witkowska, Sanktuaria z koronowanymi wizerunkami maryjnymi. Stan na 1. IX. 1986, Lublin 1986. — Dies., Kult maryjny w Kościele rzymsko-katolickim w Polsce i rosyjskim Kościele prawosławnym, 1988. — L. Adamczuk und W. Zdaniewicz (Hrsg.), Kościół katolicki w Polsce 1918—90, 1991. *A. Witkowska*

II. KUNSTGESCHICHTE. Die ältesten Mdarstellungen P.s waren fast durchwegs Importe. Sie kamen aus Byzanz oder aus dem Westen. Nur einige Skulpturen entstanden im Land selber — allerdings meist von ausländischen Künstlern. Die Ikonographie dieser Periode zeigt Grundbezüge der Mariol., wie Jungfräulichkeit, göttliche Mutterschaft oder Compassio. Auch mehrere Codices, die von ausländischen Künstlern geschaffen wurden und heute in P. aufbewahrt werden, enthalten Mdarstellungen: M orans im Codex Emmeramensis (Regensburg, heute Krakau, Dombibl., 11./12. Jh.), Kindheit Jesu im Codex aureus (Böhmen oder Bayern, heute Gnesen, Kapitelbibl., 11. Jh.), Evangeliar Kruszwica (Helmarshausen, heute Gnesen, Kapitelbibl., 1160—70), Evangeliar aus Plock (Böhmen, heute Krakau, Nat. Mus., 2. Hälfte 12. Jh.) und Graduale des Klarissinnenordens (Stary Sącz, 2 Hälfte 12. Jh.).

Neue ikonographische Themen mit typologischem Gehalt, wie die Wurzel Jesse, zeigt das Psalterium nocturnum aus Trebnitz (Lubiąż, heute Breslau, Universitätsbibl., um 1240). Zum ausländischen Import gehört auch die byz. Mosaikikone der GM mit Fürbittgeste zu Christus, die sog. → Hagiosoritissa (Kontantinopel, heute Krakau, St. Andreas, 12./13. Jh.). In der Monumentalmalerei wiederholten sich die Themen der Miniaturen (z. B. Verkündigung, Gnesen, Johannes-Kirche, 2. Hälfte 14. Jh.).

Mdarstellungen in der Holzplastik gehören zum Typus der Sedes Sapientiae oder der Thronenden Madonna, z. B. die Madonna aus Oloblok (franz. Herkunft, heute Warschau, Nat. Mus., 12. Jh.), M mit Kind (Bardo Śląskie, 13. Jh.), sowie zwei Mfiguren mit Kind in der Zisterzienserkirche in Gardno (2. Hälfte 13. Jh.). Bei den Werken aus Stein seien genannt: ein Portalrelief mit der Verkündigung an M (Einfluß von Wiligelm aus Modena, Czerwińsk, um 1158), ein Tympanon mit der sog. »Passionsmadonna« mit Kind und Engeln, deren einer eine Lilie, der andere ein Kreuz trägt (Tum bei Łęczyca, Kollegiatskirche, um 1150—60), eine Sedes sapientiae im Tympanon der Mkirche in Breslau (um 1150—60), ein Verkündigungsrelief und ein Tympanon mit dem Tod Ms nach byz. Vorbild von Benediktinern in Olbin (heute Breslau, Schlesisches Mus., um 1180), sowie Sandsteinstatuen der thronenden GM in Wysocice (um 1220), Gozlice (heute Sandomierz, Diözesanmus., 1. Hälfte 13. Jh.) und in Stary Zamek bei Breslau (um 1260). Ferner erscheint M in Zyklen der Kindheit Jesu am Kelch des Fürsten Konrad Mazowiecki (Czerwinsk?, heute Plock, Domschatzkammer, 1238); am Tor in Plock wird sie als Mater-Ecclesiae-Mater-Apostolorum dargestellt, wie ihr der Gekreuzigte die Hand reicht (Magdeburg, Nowogrod Wielki, 1152/54); das Evangeliar der Anastasja (Warschau, Nat. Bibl., um 1180) zeigt sie schließlich unter dem Kreuz und betont dadurch das Motiv der Compassio.

Die Entwicklung der gotischen Mikonographie stand größtenteils unter dem Einfluß der Bettelorden und deren Mystik. Typisch dafür sind etwa Krippenspielfiguren aus dem Klarissinnenkloster in Krakau (1370—75) und die ergreifende Darstellung der → Sieben Freuden und Schmerzen Ms. Diese Thematik kommt oft in der Malerei Kleinpolens und der sog. Sącz-Schule vor, die von böhmischem und ungarischem Einfluß geprägt ist und auf den Osten (Lemberg) sowie den Norden (Großpolen) ausstrahlte. Weit verbreitet waren das Verkündigungsthema und Darstellungen der Geburt Jesu sowie der Anbetung der Hirten und Weisen. Bes. zahlreich sind Mdarstellungen in folgenden drei Varianten: 1. Stehende M, z. B. Immaculata (mit oder ohne Kind), den Drachen zertretend (Stary Sącz, Klarissinnenkloster, um 1420), und Miniatur im Antiphonenbuch des Adam v. Będkow (Krakau, Kapitularbibl., 1. Hälfte 15. Jh.). Etwa um diese Zeit verbreitete sich in Malerei und Graphik ein Typus der apokalyptischen Frau (allegorisch als Abbild der Kirche) mit Kind, Zwölfsternenkrone und dem Mond unter den Füßen. In der Malerei Kleinpolens — wie auch in der böhmischen Malerei — hat sie als Hintergrund einen Hain, der auf den Hl. Hain und das Himmelsparadies verweist. Manchmal trägt sie auch Königsattribute (Mantel, Szepter, Krone, Apfel), die sie als Regina Coeli charakterisieren, oder es wurden Lilie, Rose oder ein Kranz von Rosen hinzugefügt als Insignien der Rosenkranzkönigin. Ferner gibt es Bildwerke mit ⱳ und Heiligen im Typus der Sacra conversatione, z. B. ⱳ mit den hll. Michael und Johannes (Żeleźnikowa, Pfarrkirche, um 1470), ⱳ mit den hll. Philipp und Jakobus (Sącz-Krakauer Schule, Warschau, Nat. Mus., um 1470), ⱳ mit Johannes dem Täufer und Johannes dem Evangelisten auf dem Polyptychon aus Dobczyce (Schüler des Triptychonmeisters aus Dębno, Krakau, Nat. Mus., 1490), ⱳ mit den hll. Felicitas und Perpetua (Meister der Himmelfahrt aus Warta, Warschau, Nat. Mus., um 1520) oder Sacra conversatione aus Szczepanów (Krakauer Maler, Tarnów, Diözesanmus., um 1518). — 2. Thronende GM mit Kind, z. B. Bildnis aus dem Bischofspalast in Włocławek (um 1460), oft von adorierenden Personen umgeben, etwa ⱳ mit den hll. Jakobus und Matthäus aus Tuchów (Krakau, Nat. Mus., um 1460) oder Triptychon der GM mit Heiligen (Krakau, Nat. Mus., um 1520). Zahlreiche Varianten brachten die Darstellungen ⱳs mit einem Heiligenchor und Engeln; Stifterbilder und Epitaphien zeigen ⱳ mit dem Stifter und dessen Schutzheiligen, z. B. Epitaph des Doktor Adam (Schüler von Marcin Czarny, Tarnów, Diözesanmus., um 1514). Abgeleitet davon war der Typ des Epitaphs, auf dem sich der Verstorbene selbst hilfesuchend an ⱳ wendet (z. B. Epitaph des Jan v. Ujazd, Krakau, Wawelschloss, um 1450) oder aber sein Patron ihn an ⱳ vermittelt (z. B. Epitaph des Wierzbięta aus Branice, Krakau, Nat. Mus., um 1425; Epitaph des Jan aus Ausschwitz, Krakau, Missionarskirche, um 1527). Ähnlich waren Votivbilder, etwa das Bild der Familie Wieniawity mit ⱳ (Drzeczkowo, um 1450) oder das Epitaph des Jan Borek (Kórnik, um 1520/30). — 3. Büste der GM mit Kind: Dieser Typus, der vielfach dem Bild »Salus populi Romani« und der Hodegetria nachgebildet ist, knüpft an die byz. und ital. Malerei an (z. B. Bildnis eines unbekannten Malers unter böhmischem Einfluß, Krakau, Leib-Christi-Kirche, um 1420). Einen außerordentlichen Rang in der MV P.s nimmt die Hodegetria von Jasna Gora ein (Czenstochau, um 1430/34). Sie galt als → Lukasbild und diente als Vorbild für zahlreiche Kopien, ebenso die ital.-byz. »Mutter Gottes aus Piekar« und das Bild aus der Basilika S. Maria Maggiore in Rom, das nach dem Sieg von Lepanto (1571) in P. den Titel »Mutter Gottes des Sieges« bekam (Krakau, Dom, 16. Jh., dann auch in den Dominikanerkirchen in Krakau und Łuck, in der St. Anna-Kirche in Warschau sowie in der Jesuitenkirche in Lemberg). Stilverwandtschaft mit der russ.-byz. Kunst zeigte das nur in Kopien überlieferte Bild »Mutter Gottes des Sanften Todes« (Warschau, Karmelitenkirche, 16./17. Jh.).

Die franziskanische Mystik bereicherte die Ikonographie um das Bild der Mater Dolorosa. Seit der Festsetzung des Festes der Mater Dolorosa auf der Kölner Synode (1423) entwickelte sich der Kult des Schmerzes und der Compassio ⱳs, womit auch entsprechende Bilder entstanden, u. a. jene aus Brzeg (Warschau, Nat. Mus.), aus der Kujawy-Schule (ebd., um 1530), das Triptychon in Maciejowice (15. Jh.) mit den »Arma Christi« sowie das Bild des Malers Georg in der Franziskanerkirche in Krakau (1501—20). Ein besonderes Beispiel dieses Typus stellt die »Misericordia Domini« dar, wo neben dem »Vir dolorum« auch Simeon vorkommt wie auch ⱳ, die in der Rolle der Fürbitterin erscheint (z. B. Zbylikowska Góra, um 1450; Iwanowice, 1460; Schüler des Triptychonmeisters aus Żerniki, Stary Sącz, Klarissinnenkirche, um 1480). Ein seltenes Thema ist dagegen die Pietà in der poln. Malerei (z. B. Sieradz, Sącz-Schule, Warschau, Nat. Mus., 1. Hälfte 15. Jh.). Häufiger kommt die Pietà aber als Skulptur vor, und zwar in Kleinpolen, Schlesien und Pommern.

Die Dominikaner, die die bildhafte Darstellung des Glaubensbekenntnisses förderten, führten in die marian. Ikonographie viele apokryphe Elemente ein, die in der Legenda aurea des → Jacobus de Voragine ihren Ursprung haben. So zeigen die aus dem Polyptychon von Thorn erhaltenen Tafeln neben den Kindheitsszenen Jesu, der passio und der Apotheose der Dreifaltigkeit auch apokryphe Bilder aus dem ⱳleben (Thorner Malerschule, Warschau, Nat. Mus., um 1390).

Als vollständiger Bildzyklus sind Szenen aus dem ⱳleben nur selten zu finden. Einziges Beispiel dafür sind die Triptychonflügel von Ptaszkowa (um 1440). Häufiger kommen einzelne Szenen aus dem ⱳleben vor, wie ⱳe Geburt (Krakauer Schule, Polyptychon in Olkusz, Pfarrkirche, 1480), Heimsuchung (Meister Marcin Czarny, Kielce, Dom, Anfang 16. Jh.), Hl. Familie (Marcin Czarny Bodzentyn, 1508), Tod ⱳe (Marcin Czarny, Bodzentyn, Pfarrkirche) und Himmelfahrt ⱳe (Meister aus Warta, Warta, Pfarrkirche, um 1520). Die Krönung ⱳs durch die Hl. Dreifaltigkeit erscheint zum ersten Mal auf dem Triptychon in Lopuszna (nach 1450) und wurde im 15. und 16. Jh. mehrfach wiederholt.

Ähnlich wie in der Romanik, so finden sich auch in der gotischen Bauplastik P.s marian. Themen, z. B. die Krönung ⱳs am Chorportal der St. Hedwigs-Kapelle in Trebnitz (nach 1270) oder das reiche marian. Programm am sog. Goldenen Tor in Malbork (um 1280). Ferner erscheint M auf Gründertafeln, z. B. von Dobieslaw Olesnicki aus Sienno (1432) und von Zbigniew Olesnicki (Krakau, Collegium Maius, 1453). Kultskulpturen sind häufig die stehenden Madonnen mit Kind oder die Pietà, wobei der Stil regional verschieden ist.

Um 1400 verbreiten sich in weiten Teilen Europas die sog. »Schönen Madonnen«, die durch ihre äußere Schönheit auch die innere Schönheit Ms versinnbildlichen. »Schöne Madonnen« gibt es in P. z. B. in der Elisabeth-Kirche in Breslau (1390/1400) oder aus Krużlowa (Krakau, Nat. Mus., 1410). Dazu gehören auch mehrere Pietàs, z. B. die sog. »fröhliche« Pietà aus der Allerheiligenkirche in Jeżewo (Posen, Nat. Mus., 15. Jh.), die Pietà aus Wojnicz (Tarnów, Diözesanmus., 1370), die »mystische Pietà« vom Kloster Lubiąż, (Warschau, Nat. Mus., um 1370) sowie die »Schöne Pietà« in der Krakauer Barbara-Kirche (um 1400).

Häufig erhielt M den zentralen Platz in der Mitte der Schreinaltäre, die seit etwa 1360 in P. vorkommen, z. B. die »Löwenmadonna« in Breslau (Martins-Kirche), Skarbimierz und Łuków, oder die Krönung Ms in Bąkow, Pełcznica, Zielenice und Strzelce. Andere Varianten einer Schreinmadonna zeigen M als Braut, als Fürbitterin oder als Schutzmantelmadonna. Beispiele dafür befinden sich in Paris (Musée de Cluny), Nürnberg (Germ. Nat. Mus.), Klonówka und Pelplin (Diözesanmus.). Die Flügel der Schreinaltäre waren oft einzelnen Szenen des Mlebens vorbehalten. So zeigt z. B. der Altar in Ptaszkowa (um 1440) in geschlossenem Zustand schmerzhafte, geöffnet aber freudenreiche Mgeheimnisse.

Das größte Meisterwerk der Hochgotik ist der Maltar des Veit → Stoß in der Krakauer Mkirche (1477—89), der im Mittelfeld den Tod Me darstellt, darüber die Himmelfahrt und die Krönung der GM durch die Dreifaltigkeit; die Flügel zeigen Szenen aus dem Leben Jesu und Me und bieten auf dem Rahmen und in der Predella atl. auf M bezogene Typologien.

Gegen Ende des 15. Jh. erschien als neues Thema der Mikonographie die GM als Consolatrix, z. B. als Wandmalerei im Augustinerkloster in Krakau.

In der Übergangszeit von der Gotik zur Renaissance entstanden das Mbild in Gostyń Wielkopolski (Philippinenkirche, 1540) und dessen Kopie in Korbia (Pfarrkirche, 1542). Landschaftselemente, spielende Putten und symbolische Blumen bereichern die »Mutter Gottes mit Kind« von Lucas Cranach d. Ä. in Krakau (Leib-Christi-Kloster, um 1530). Marian. Themen wurden im 16. Jh. auch von ausländischen Meistern in P. behandelt, z. B. von Hans Dürer, Michael Lenz, Hans Suess, Georg Pencz, Giovanni Battista Ferro oder Pietro Veneziano. In der Skulptur herrschten die klassischen Formen der ital. Renaissance vor: der Tondo (z. B. Grabmal der Barbara v. Tęczyn Tarnowska von Bartolomeo Berrecci, Tarnów, Dom, um 1527/30) oder das Relief (z. B. GM mit Kind im Grabmal des Bischofs Piotr Tomicki ebenfalls von Bartolomeo Berrecci, Krakau, Dom, um 1533).

Als Folge des Konzils von Trient und der Synoden in Piotrków (1577) und Krakau (1621) wurden apokryphe Themen verboten und die Madonna aus Jasna Góra als Vorbild für neue Mdarstellungen empfohlen. Es entstanden aber auch noch traditionelle Bildzyklen, wie z. B. der von Tomasz Dolabella im Kollegiat von Łowicz (1. Hälfte 17. Jh.). Der Maler Herman Han verband mit seinem Bild der Himmelfahrt Ms auch ihre UE (Pelplin, Kathedrale, 1619) und in seiner Mkrönung verweist er mit der Anbetung des Lammes und der Darstellung der triumphierenden und kämpfenden Kirche auf die Apokalypse (Oliwa, Kathedrale, um 1623).

Einen wichtigen Platz in der poln. Mfrömmigkeit nimmt das Mbild aus Ostra Brama in Wilna ein (1620/30). Es entstand in einer unbekannten Meisterwerkstatt in Wilna unter dem Einfluß der holländischen Graphik des Marten de Vos (um 1580) und gehört zum Typus der Immaculata. Lange vor der Verkündigung des Dogmas der UE (1854) war dieses Mthema in P. gegenwärtig. K. Boguszewski etwa stellte die UE vor dem Hintergrund zahlreicher Heiliger dar (Posen, Dom, um 1628). Manche Bilder zeigen die UE in Verbindung mit dem Sündenfall im Paradies (z. B. Sieraków, Pfarrkirche, um 1640). Später wandelte sich das Motiv zur apokalyptischen Frau mit den Attributen von Keuschheit, Auserwähltsein und Königtum (Lilie, Szepter, Krone, Engelschöre).

In Barock und Klassizismus entstanden für Rosenkranzbruderschaften und Skapuliervereine zahlreiche Mdarstellungen nach dem Vorbild der Rosenkranzmadonna des Giovanni Salvi Sassoferrato. Ein frühes Beispiel dafür ist die Rosenkranzmadonna in der Jakobskirche zu Sandomierz (1599). Ferner wird M als Fürbittende dargestellt (z. B. Lublin, Dominikanerkirche, 17. Jh.; B. Plersch, Warschau, Bernardinerkirche, 18. Jh.), als »Refugium Peccatorum« (Monogrammist F. I. B., Krakau, Augustinerkirche, 18. Jh.), als apokalyptische Frau über dem himmlischen Jerusalem (K. Boguszewski, Posen, Dom, um 1628) oder als Retterin vor dem »Zorn Gottes« (Krakau, Dominikanerkloster, 1. Hälfte 18. Jh.). In den Bildern der »Mutter Gottes voll der Gnade« (z. B. Krakau, Marienkirche, frühes 18. Jh.) hält M die zerbrochenen Pfeile als Symbole des Zornes Gottes in der Hand. In der 2. Hälfte des 17. Jh.s malte ein unbekannter Ordensmaler im Jasna-Góra-Kloster eine Reihe allegorischer Bilder, welche die beständige Intervention Ms als Königin der Jungfrauen, M in Rosen, Gebet der hl. Jungfrau beschreiben. Mit marian. Themen befaßten sich in P. im 18./19. Jh. u. a. folgende Künstler: Szymon Czechowicz (1689—1775), Andrzej Radwański (um 1709—

62), Tadeusz Kunste-Konicz (um 1731—93), Lukasz Orłowski (um 1715—65), Franciszek Smuglewicz (1745—1807), Jan Bogumił Plersch (1732—1817), Kazimierz Wojniakowski (1771—1812), Aleksander Kokular (1795—1846), Wojciech Korneli Stattler (1800—75), Rafał Hadziewicz (1803—86), Walenty Wańkowicz (1800—42), Józef Simmler (1823—68), Władysław Łuszczkiewicz (1828—1900), Wojciech Gerson (1831—1901), Zdzisław Suchodolski (1835f—1908), Jan Matejko (1838—93).

Die ᛘikonographie des 19. und 20. Jh.s führt die traditionellen Themen fort. Nach dem gescheiterten Nationalaufstand im Januar 1863 schuf Artur Grottger einen Zyklus von Lithographien mit dem Titel »Lituania« (1864—66). Dabei ist auch eine Darstellung der GM von Czenstochau, die die Gefangenen in die Verbannung nach Sibirien begleitet. Während der Teilung P.s entstanden Bilder der GM als Königin der poln. Krone (J. Matejko, W. Drajewski). Um das Nationalgefühl zu stärken, wurde ᛘ dargestellt, wie sie während der Schwedenbelagerung die Czenstochauer Jasna Góra verteidigt. Sie erscheint dabei über den Schlachtfeldern entweder als Schwarze Madonna, als UE, als Palladium, in Bildern mit Themen aus der Geschichte P.s (J. Matejko, J. Balukiewicz) oder auch als diskrete Staffage in Kompositionen von J. Malczewski. Die Spuren aus Jasna Góra sind überall in P. zu finden, so auch im impressionistischen Bild von Józef Chełmoński »Unter deinem Schutz« (Warschau, Nat. Mus., 1906). Das alte Thema der Schutzmantelmadonna wurde in neuer Form als Adoratio der Vertreter aller Volksschichten dargeboten. Auch verbreitete sich das Thema »St. Anna lehrt Maria«, dessen ursprüngliche Idee die allegorische Darstellung der Kirchenlehre war. Gegen Ende des 19. Jh.s wird auch in der ᛘikonographie ein historischer Manierismus sichtbar, der Pathos und künstliche Idylle mit realistischen und volkstümlichen Elementen verbindet. Als Beispiel hierfür seien die Bilderzyklen von Piotr Stachiewicz »Muttergotteslegende« und »Himmelskönigin« (1892—93) genannt, die von akademischen Konventionen, Naivität und sentimentalem Realismus geprägt sind.

Die Wendung von der traditionellen Ikonographie hin zu neuen Ausdrucksformen charakterisiert die Malerei von Stanisław Wyspiański. Seine Vitragenkartons für die Franziskanerkirche in Krakau (1895—97) sind Beispiele für die Verbindung von Volkskunst und stilisierter Sezessionsornamentik. In seinem Stil malten u. a. auch Włodzimierz Tetmajer, Henryk Uziemblo, Jan Bukowski, Edward Trojanowski und Karol Myszkowski. J. Mehoffer (1895—1935) schuf die Sezessions-Vitragenkartons »Muttergottes des Sieges« (Freiburg/Schweiz, St. Michael-Kollegiate), sowie die Schmerzensmutter in der Wawel-Kathedrale zu Krakau. Wyspiański und Mehoffer waren durch die Volkskunst des Krakauer Landes und des Vorkarpatenlandes (Podhale) inspiriert; die Maler Kazimierz Sichulski, Fryderyk Pautsch und Władyslaw Jarocki nahmen Volkskunstmotive der Karpatenhuzulen, einem Volk am Nordabhang der Ostkarpaten, als Anregung. Ähnlich malte der nach P. eingewanderte Tscheche Vlastimil Hofman. Die Veränderungen in der Malerei des 20. Jh.s führten zur Konfrontation zwischen traditioneller Konvention (Felicjan Szczęsny Kowarski, [1890—1948]) und Neuerungsbestrebungen (Władysław Rogulski [1890—1940], Leonard Pękalski [1896—1944], Tytus Czyżewski [1895—1945], Jan Wydra [1902—37], Waldemar Cwenarski [1926—53]). Um 1970/80 wandelte sich das Bild der GM von Czenstochau zur Arbeiterpatronin und Pilgermutter. Im Zusammenhang mit der Wahl eines poln. Papstes sowie zum 600. Jahrestag des Jasna-Gora-Bildes sind rel.-patriotische Themen in der ᛘikonographie hervorgetreten. Bemerkenswert sind die Pietàs von Antoni Rząsa in der ᛘkirche in Nowa Huta bei Krakau.

Lit.: L. Kalinowski, Geneza piety średniowiecznej, In: Prace Komisji Historii Sztuki 10 (1952) 153—260. — T. Dobrzeniecki u. a., Sztuka sakralna w Polsce. Malarstwo, 1958. — M. Walicki, Malarstwo polskie. Gotyk. Renesans. Wczesny manieryzm, 1961. — T. Dobrzeniecki, Średniowieczne źródła Piety, In: Treści dzieła sztuki, 1969. — M. Walicki (Hrsg.), Sztuka polska przedromańska i romańska do schyłku XIII wieku I, 1971. — T. Dobrzeniecki, Rzeźba średniowieczna w Polsce, 1980. — J. Gadomski, Gotyckie malarstwo tablicowe Małopolski 1420—70, 1981. — Z. Białłowicz-Krygierowa, Studia nad snycerstwem XIV wieku w Polsce, 1981. — W. Smoleń, Ilustracje świat kościelnych w polskiej sztuce, 1987. — A. Sieradzka, Nowa ikonografia maryjna w sztuce polskiego modernizmu, In: Studia Claromontana 7 (1987) 134—140. — J. Kębłowski, Dzieje sztuki polskiej. Panorama zjawisk od zarania do współczesności, 1987. — J. Pasierb u. a. (Hrsg.), Ikonografia nowożytnej sztuki kościelnej w Polsce, 2 Bde., 1987. — K. S. Moisan, Ikonografia maryjna w polskiej sztuce XIX wieku, In: Niepokalana. Kult Matki Bożej na ziemiach polskich w XIX w., 1988, 699—712. — J. Gadomski, Gotyckie malarstwo tablicowe Małopolski 1460—1500, 1988. — M. Kałamajska-Saeed, Ostra Brama w Wilnie, 1990. — A. Wojciechowski, Czas smutka czas nadziei, 1992. *R. Knapiński*

Pollaiuolo, Antonio und Piero del, eigentlich Antonio und Piero di Jacopo D'Antonio Benci, ital. Künstlerbrüder, Goldschmiede, Maler, Bildhauer und Kupferstecher, die immer wieder gemeinsam an zahlreichen Aufträgen arbeiteten. Die in der älteren Lit. begegnende Beurteilung von Piero als bloßem Gehilfen und Handlanger seines erfolgreicheren Bruders wird seinen tatsächlichen Fähigkeiten keineswegs gerecht. Auch wenn sich in vielen Fällen der Grad der Beteiligung nicht eindeutig ermessen läßt, so darf ihm insbesondere in den Werken der Malerei ein nicht unbedeutender schöpferischer Anteil zugeschrieben werden.

1. Antonio, * 1431/32 in Florenz, † 4.2.1498 in Rom, erlernte die Goldschmiedekunst bei seinem Vater Jacopo (um 1399—1480). Er unterhielt seit 1459 eine eigene Goldschmiedewerkstatt, wo er zusammen mit Pietro di Bartolomeo Sali und Paolo di Giovanni Sogliani (seit 1480) arbeitete. In den sechziger Jahren machte ihn sein Bruder auch mit der Malerei vertraut. Charakteristische Merkmale seines künstlerischen Ausdrucks zeigt bereits das 1457—59 entstandene

Kreuzreliquiar für S. Giovanni (heute Florenz, Mus. dell'Opera del Duomo). An den Tugendallegorien beweist er ein sicheres Verständnis für den menschlichen Körper und ein beachtliches Gefühl für Körperhaftigkeit. Ihre bewegte Mimik und Gestik lassen auf den Einfluß Donatellos schließen. Das Relief mit der Geburt Johannes des Täufers (1478—80) für den Silberaltar des Baptisteriums (ebd.) vereint Stilelemente der internat. Gotik und der Renaissance in einem Rhythmus bewegter Figuren, wie ihn schon Ghibertis Paradiestür auszeichnete.

Einzigartig für jene Zeit ist Antonios aktives Bemühen um korrekte Wiedergabe des muskulösen Männeraktes in angespannter Bewegung (Bronzestatuette des Herkules und Antäus, Florenz, Bargello, um 1475; Kupferstich mit dem Kampf der zehn Nackten, Berlin, Kupferstichkabinett). Eine Großzahl seiner für spätere Generationen mustergültig werdenden Bilder vielfach mythol. Inhalts verrät eine detaillierte Kenntnis der menschlichen Anatomie, die er sich durch intensives Studium, u. a. durch Teilnahme an Nekropsien, erwarb.

Antonio P. lieferte für Stickereiarbeiten, die auf Paramente appliziert wurden, mehrmals Entwürfe für einen groß angelegten Zyklus mit Szenen aus dem Leben Johannes' des Täufers (Opera del Duomo). Die bewegten Figurenkompositionen sind abwechselnd in perspektivisch durchdachte und wirkungsvolle Innenräume bzw. vor felsige Umgebung oder großartige Landschaftspanoramen mit der für Piero P. charakteristisch hochgelegten Horizontallinie gesetzt. Bei der ausgewogen disponierten Darstellung der Heimsuchung verzichtet Antonio auf das übliche architektonische Beiwerk und setzt statt dessen die sich begrüßenden M und Elisabeth, von der reichen Draperie ihrer schweren Mäntel gänzlich eingehüllt, vor eine Felskulisse. Joseph und eine Magd sind an den Bildrand gedrängt. Darüber erscheint der Hl. Geist umgeben von Seraphim und Engelsgestalten. Narzissen, Veilchen und Rohrkolben gedeihen auf der Rasenfläche. Sie versinnbildlichen die Eigenschaften Ms und des kommenden Erlösers. An der Ausführung seiner Entwürfe zeigt sich Antonios Sinn für angemessene Charakterisierung der Gestalten und eine ausschmückende Erzählung.

2. *Piero,* * 1441 in Florenz, † 1496 in Rom, war v. a. Maler. Er zählte zwar nicht zu den führenden Florentiner Künstlern, und Antonio war zweifelsohne angesehener, dennoch wurden ihm bedeutende Aufträge erteilt. Er unterhielt eine eigene Werkstatt, arbeitete nach eigenen Entwürfen oder nach Zeichnungen seines Bruders. Glaubwürdig ist der Hinweis Vasaris, wonach sich Antonio in Gebrauch und Handhabe von Farben von seinem Bruder unterrichten ließ.

Nachdem er 1466 mit Antonio in San Miniato die Kapelle des Kardinals von Portugal ausgeschmückt hatte (Drei Heilige, Uffizien), betraute ihn die Mercanzia von Florenz eigenhändig mit Darstellungen der Tugenden für ihren Ratssaal (1469/70). Die Gemälde sind schlecht erhalten und restauriert, so daß sie keine Aussage über Pieros künstlerische Qualitäten erlauben. Alle weiblichen Personifikationen kennzeichnen jedoch schmale überlängte Körpermaße, ovale, etwas ausdruckslose Gesichter und eine weite Draperie. Diese Eigenschaften finden sich ähnlich wieder an der ihm zugesprochenen Verkündigungs-M (Berlin, Dahlem, Staatl. Mus., um 1470). Inmitten eines prächtigen Palastinterieurs begrüßt der Erzengel im Kniefall die sitzende Jungfrau, ist aber, aus gebotener Ehrfurcht, in betonter Distanz einem zweiten Raumkompartiment zugeordnet. Ruhiger Gleichklang bestimmt die Gebärden und die Ausgewogenheit der anmutigen Figuren. Die minuziöse Wiedergabe des perspektivisch konstruierten Innenraums zeigt hingegen Parallelen zu den Stickereientwürfen Antonios (Darbringung des Hauptes, Geburt Johannes' des Täufers).

Sein Hauptwerk, die Krönung Ms (1483 datiert und signiert), schuf Piero für die Kirche S. Agostino in San Gimignano (heute Collegiata). In der oberen Bildhälfte sitzen sich auf einer Wolkenbank Christus und seine Mutter gegenüber. Die Geste demutsvollen Empfangens und das behutsame Aufsetzen der Krone durch Christus, durch die auffallend schlanken Körperproportionen zusätzlich akzentuiert, heben das Krönungsereignis aus der Gesamtkomposition hervor. Auf dem Erdboden kniend sind darunter, in zwei Dreiergruppen symmetrisch angeordnet, die hll. Fina, Augustinus, Nikolaus v. Bari, Gimignano, Nikolaus v. Tolentino und der büßende Hieronymus versammelt. Die vielfältig bewegte Gestik und ausdrucksstark individualisierte Gesichtszüge der andächtig Fürbittenden spiegeln ihre seelische Verfaßtheit wider, eine Vorgehensweise, die bereits L. B. Alberti in seinem Traktat über die Malerei forderte. Zu Unrecht hat man Piero auf Grund dieses Bildes als mittelmäßigen Künstler abgeurteilt (Berenson). Auch wenn der zweizonige Aufbau der Tradition verhaftet bleibt und etwas konstruiert in der Anordnung der Heiligen erscheint, wie sie sich ähnlich in den Schergen des Sebastiansmartyriums (London, Nat. Gallery) wiederfindet, so ist innerhalb dieses sorgfältig balancierten Gruppengefüges doch die Freude an bewegter und variationsreicher Gestaltung bemerkenswert.

Ein mehrmals Piero zugeschriebenes Bild der thronenden Madonna mit Kind wurde 1950 in Straßburg zerstört (ehemals Mus. des Beaux-Arts, Nr. 219). Formal und stilistisch lehnt es sich eng an die Mercanzia-Tugenden an (Abb. bei W. Bode, In: Burlington Magazine 11 [1907] 180).

Lit.: G. Vasari, Florenz 1878. — M. Cruttwell, Antonio P., London 1907. — S. Schwabacher, Die Stickereien nach Entwürfen des Antonio P., Straßburg, 1911. — S. Ortolani, Il P., 1948. — B. Berenson, Italian pictures of the Renaissance, Florentine School, 1963. — L. Becherucci, Il museo dell' Opera del Duomo di Firenze II, 1971, 259–266. — L. D. Ettlinger, Antonio and Piero P., 1978. — Thieme-Becker XXVII 210–215.   *D. Parello*

Polykarp v. Smyrna, Märtyrer, † 156 (oder 167), war Schüler der Apostel und wurde von diesen zum Bischof von Smyrna bestellt. Nach → Irenäus v. Lyon (adv. haer. 3,3,4; SC 211, 38—45), hat P. während eines Romaufenthaltes, bei dem er mit Papst Anicet über den Osterfesttermin verhandelte, viele Valentinianer und Markioniten bekehrt. Von seinen Briefen ist lediglich einer an die Gemeinde in Philippi erhalten. Ebenso wie in diesem Brief wird ᚕ weder in dem an P. gerichteten Brief des → Ignatius v. Antiochien noch in dem kurz nach dem Tod des P. verfaßten »Martyrium Polycarpi« erwähnt. Die wahrscheinlich um 400 entstandene legendäre »Vita Polycarpi« von Pionius führt zweimal die Jungfrauengeburt als Bestandteil der Lehre des P. an (13,2; 32,2). Außerdem nennt → Hieronymus P. (adv. Helv. 17; PL 23,211—212) zusammen mit → Ignatius v. Antiochien, Irenäus v. Lyon und → Justin als Gegner antimarianischer Häresien.

Ausg.: F. X. Funk und F. Diekamp, Patres apostolici II, ³1913, 402—450 (Vita Polycarpi des Pionius). — F. X. Funk, K. Bihlmeyer und M Whittaker, Die Apost. Väter. Griech.-dt. Parallelausgabe, 1992, 241—257 (Philipperbrief); 258—285 (Martyrium Polycarpi). — P. Th. Camelot, SC 10, ⁴1964, 176—192 (Philipperbrief); 241—274 (Martyrium Polycarpi). — J. A. Fischer, Die apostolischen Väter, ⁹1986, 246—265 (Philipperbrief mit dt. Übersetzung).

Lit.: Altaner 50—52. 552 (Lit.). — Spiazzi 336 f. — Sträter 167 f. — DSp XII 1902—08 (Lit.). *M. Stark*

Pompei, vielbesuchter ᚕwallfahrtsort Italiens am Fuße des Vesuv, neben der antiken Ruinenstadt, wurde vom sel. Bartolo → Longo (1841—1926) gegründet. Am 13. 11. 1875 kam das heute mit Edelsteinen übersäte Gnadenbild der Rosenkranzkönigin nach P., das Bartolos Beichtvater, P. Alberto Radente OP, für 3,40 Lire bei einem Trödler in Venedig gekauft und einer Tertiarin in Neapel geschenkt hatte, die es an B. Longo weiterschenkte. Die Geistlichen weigerten sich anfangs, das Bild öffentlich auszustellen, weil es zu beschädigt und häßlich war. Nach Restaurierungen zeigte es aber eine »himmlische Schönheit«, die nach der Überzeugung Longos und anderer nicht nur von Menschenhand herrühren konnte.

Am 13. 2. 1876 wurde das Bild als »Bruderschaftsbild« in der kleinen Pfarrkirche aufgestellt und am 8. 5. 1876 der Grundstein zu einem neuen Gotteshaus gelegt. Nach Zeichen und Wundern folgte der Bau eines prunkvollen Heiligtums, das 1891 durch Kardinal Monaco La Valetta im Beisein von 74 anderen Kardinälen, Erzbischöfen und Bischöfen sowie einer ungeheuren Menschenmenge eingeweiht wurde. 34 Prediger verkündeten dabei das Lob ᚕs.

Neben dem Heiligtum ist eine Schatzkammer mit zahlreichen Votivgaben, die von den Gebetserhöhrungen in P. zeugen. Charakteristisch für P. sind die Werke der Caritas, die Don Bartolo geschaffen hat: das Waisenhaus für Mädchen (1887), das Hospiz für Knaben, Söhne von Sträflingen (1891) und ein entsprechendes Hospiz für Mädchen (1922). Für die geistliche Betreuung der Pilger und die Ordnung des Gottesdienstes wurden 1934 die Redemptoristen berufen. Das Heiligtum, ursprünglich Privateigentum des Gründers und seiner Gattin, der Gräfin Marianna de Fusco, wurde nach deren Willen am 13. 3. 1894 Eigentum des Hl. Stuhles, der seither seine Rechte dort durch seine Delegaten ausübt. Seit dem 20. 3. 1926 bildet es eine sog. Praelatura nullius (dioeceseos), die seit dem 8. 5. 1935 auch die Gemeinde von P. umfaßt und seit dem 8. 5. 1951 den Titel »Pompeiana seu Beatissimae Virginis Mariae a SSmo Rosario« führt.

Lit.: O. Scotto di Pagliara, Bartolo Longo e il santuario di P., 1943. — I. Lüthold-Minder, Die Rosenkranzkönigin von P. und ihr Advokat Bartolo Longo, 1981. — D. Marcucci, Santuari mariani d'Italia, 1982, 23 f. *C. Henze*

Ponce de León, Basilius, OSA (seit 1592), * 1570 in Granada, † 28. 8. 1629 in Salamanca, Neffe und Schüler des → Luis de León, gefeierter Theologe, Kanonist und Prediger, wirkte als Theologieprofessor an den Universitäten von Alcalá (seit 1602) und Salamanca (seit 1607), zuletzt als Primarius, 1622 verteidigte er die Werke des hl. Johannes v. Kreuz vor der Inquisition.

Neben anderen theol. Traktaten und Predigten gab er zwei Universitätssermones über die UE ᚕs in Druck: »Sermón de la Concepción« (Salamanca 1616) und »Sermón de la Purissima Concepción de la Virgen« (Salamanca 1620; gedruckt zusammen mit einer Predigt auf die hl. Theresia de Jesus und einer auf den hl. Thomas v. Villanova). Vor allem auf seine Veranlassung hin verpflichtete sich die theol. Fakultät der Universität Salamanca 1618 eidlich zur Verteidigung der Lehre von der UE, auch hatte die Universität den Konvent der Augustiner beauftragt, die jährliche Predigt am Fest der UE ᚕs zu halten.

Lit.: Petrus de Alva, Militia Imm. Conc., Löwen 1663, 173 f. — G. Santiago Vela, Biblioteca Ibero-Americana de la Orden de San Agustin VI, 1922, 339—381. — I. Monasterio, Misticos agustinos españoles, ²1929, II 25—42. — S. Ardito, La dottrina matrimoniale di B. P. de L. ..., In: Salesianum 43 (1981) 757—815. — H. D. Smith, Some Preachers of the Augustinian Order in Spain 1570—1630, In: AAug. 45 (1982) 269—292, hier 288—292 (Lit.). — LThK² VIII 607. — DSp XII 1914 f. (Lit.). *A. Zumkeller*

Pondicherry. Die ganze Kirchenprovinz P. (Indien) ist durch die Missionare des Pariser Missionsseminars (MEP) von der Verehrung ULF von Lourdes bestimmt. Zum marian. Zentrum des Gebietes wurde das Heiligtum ULF von Lourdes in Villenour, etwa 10 km von P. entfernt.

Als Dank für die vielen Gunsterweise wurde hier 1885 ein Wallfahrtsort ULF von Lourdes von Bischof Francois Jean Marie Laouenan (* 19. 11. 1822 in Lannion/Côtes-du-Nord, 1843 MEP, 1846 nach P., 1868 Apost. Vikar von P., 1886 Erzbischof von P., † 29. 9. 1892 in Montbeton) errichtet und das Gnadenbild im Auftrag von Papst Leo XII. gekrönt. Der eigentliche Förderer der MV in diesem Gebiet war der Generalvikar Jean Francois Darras (* 16. 3. 1835 in Capelle/Diözese Cambrai, MEP, 1859 nach P., †30.10.1916 in P.), der durch das Buch von Henry Lasserre »Histoire de Notre Dame de Lourdes« und das Beispiel von Diogènes Ligeon (* 12.4.1819 in Chapelle/Savoyen, 1843 MEP, 1846 nach P., †23.3.1889 in P.) beeinflußt war. Er weihte seine Missionsarbeit M, dem Stern des Meeres und schrieb seinen Erfolg ULF von Lourdes zu.

Lit.: P.-L.-M. Revenier, Notice sur l'Origine des Fêtes et l'inauguration de la Chapelle de ND de Lorudes à Villenour, Pondichéry 1877. — J.F.M. Darras, Cinquante ans d'Apostolat dans les Indies sous les Auspices de ND de Lourdes, Pondichéry 1907. — P.M. Compagnon, Le culte de ND de Lourdes dans la Société des Missions Étrangères, Paris 1910. — Ch. Cesselin, La Société des Missions-Étrangères et le Culte de la Très Sainte Vierge, In: Bulletin MEP 2e Série (1951) 450—477. 601—607. 741—747. — Manoir IV 1015—33.

H. Rzepkowski

Pontanus, Jacobus, SJ, * 1542 in Brüx/Böhmen, † 25.11.1626 in Augsburg, eigentlich Jakob Spanmüller, der sich nach seinem Geburtsort in der Art des älteren → Humanismus latinisierend P. nannte, besuchte gegen den Willen des Vaters das 1556 gegründete Jesuitenkolleg in Prag, wo er mit der Aufführungspraxis der wichtigsten neulat. Dramen seiner Zeit in Berührung kam. Nach dem Eintritt in die SJ (1562) studierte er an der Universität Dillingen und lehrte nach Erwerb des Magistergrades Rhetorik. 1581 war er führend an der Gründung des Augsburger Jesuitenkollegs beteiligt und wirkte, — gegen die Gepflogenheiten des Ordens — lange Jahre als Lehrer der klassischen Sprachen in den unteren Gymnasialklassen. Der erfahrene Pädagoge, der sich an der Pädagogik des älteren Humanismus, auch der Protestanten Johannes Sturm und Philipp Melanchthon, orientierte, wurde bei der Ausarbeitung des Studienplans für die höheren Lehranstalten der SJ herangezogen und äußerte sich gutachterlich zum Sprach- und Literaturunterricht, an dessen grundlegender Bedeutung er gegenüber jüngeren Kollegen, die dem Philosophieunterricht einen größeren Platz einräumen wollten, festhielt. Als Lehrbuchverfasser und Herausgeber antiker Autoren (Ovid, Vergil), als Literaturtheoretiker im Gefolge der ital. Renaissancepoetiker (Poeticarum institutionum libri tres, Ingolstadt ^{1}1594 u.ö.) und Theaterpraktiker (u.a. »Stratokles« vgl. Rädle 1979, »Dialogus de connubii miseriis«, vgl. Rädle 1983) wirkte P. bahnbrechend in der lat. Literatur der dt. Jesuiten.

Ganz im Sinne der eifrigen MV, die der Ordensgründer der SJ seinen Mitbrüdern zur Pflicht gemacht hatte, äußerte sich P. theoretisch zur Mdichtung und verfaßte selbst zahlreiche Mgedichte. In seiner Poetik gibt er in Buch II, Kapitel 34 ausführliche Hinweise zur Mdichtung (»De hymnis in Virginem Dei matrem«), in der neue Gewöhnliches noch etwas auf gewöhnliche Weise gesagt werden dürfe und unter der die Assumptionshymnen den höchsten Rang einnähmen. In seiner eigenen Mdichtung, v.a. den Büchern IV und V der Sammlung »Floridorum libri octo« (Ingolstadt 1595 u.ö.) versucht er programmatisch in Abwandlung der Position der Ars poetica des Horaz »pietas« und »delectatio« zu verbinden und die jungen Sodalen der marian. Kongregationen zu einem »frommen und keuschen Vergnügen des Geistes« zu führen. Von der »immaculata conceptio et sanctificatio« bis zur »coronatio & maiestas Mariae« thematisiert P. im Buch V die einzelnen Stationen des Mlebens in zahlreichen antiken Formen und Metren, in denen biblische Bilder (Hoheslied) und antike Motive zur hymnischen Überhöhung der Mittlerin und Herrscherin (mediatrix und imperatrix) vereinigt werden. Wie in einigen seiner Prosaschriften ist P. auch in dieser Dichtung von seinem ital. Namensvetter Giovanni Pontano (1429—1503) beeinflußt, aus dessen Elegienbüchern »De amore coniugali« er die »naeniae« (Wiegenlieder) in geistlicher Kontrafaktur auf den Jesusknaben überträgt. Auch die zahlreichen Diminutivbildungen (u.a. cunula, plumula, medullula, pulchellula u.v.a.) zeigen den sprachlichen Einfluß des ital. Humanistendichters. Das Buch VI besingt in der ma. Tradition u.a. → Bernhard v. Clairvaux' die »miracula«, den »Amor & cultus Mariae«, reiht → Grüße, und → Gebete, preist die Macht Ms und wendet sich gegen ihre Feinde. Die Anrufung der gebenedeiten Glieder Ms, die den Gottessohn getragen haben, betont in barocker Paradoxie die Tatsache, daß das Geschöpf M den Schöpfergott gebären durfte. Der späthumanistische Charakter der Mgedichte des P. zeigt sich darin, daß mit dem Verfahren der parodia Christiana nicht nur Gedichte Pontanos, sondern auch Liebesgedichte des diesem wesensverwandten Römers Catull in geistlicher Kontrafaktur auf den »Amor marianus« gewendet werden. Aus der Sapphoübertragung Catulls (c. 51: »Ille mi par esse deo videtur«) wird in steigernder Überbietung die dreifache Glückseligpreisung des Mverehrers (Amor & cultus Mariae): »Ille ter felix pote nuncupari/ Qui tuam Virgo, ô bona Virgo prolem/ corde sincero colit, & flagranti/ Ambit amore ...« (Floridorum ..., Ingolstadt ^{4}1602, 173). Daß der »Hymnorum in ordines caelestium Liber singularis«, der den Band der Florida beschließt, mit einem hexametrischen Hymnus auf die »Virgo Dei mater Regina caeli & terrae« eröffnet wird, unterstreicht deren herausragende Bedeutung für den jesuitischen Poeten, der, in seiner Orientierung an den Mustern der röm. Klassik und des ital. Quatrocento auf den älteren Humanismus zurückweisend, doch zugleich die lat. Mdichtung der Jesuiten in Deutschland, deren Höhepunkt Jakob → Balde bildet, inauguriert. Für die studierenden Angehörigen der Augsburger marian. Kongregation gab P. eine Sammlung griech. Mgebete und Meditationen unter dem Titel Παρθενομήτρκα (Augsburg 1606) heraus.

Ausg. (Auswahl): Progymnasmata Latinitatis, 4 Bde., Ingolstadt ^{1}1588—94. — Attica bellaria, 3 Bde., ebd. ^{1}1615—20. —

Ex P. Ovidi Nasonis Metamorphoseon libris XV electarum libri totidem ..., Antwerpen 1618. — Philokalia sive excerptorvm e sacris, et externis auctoribvs ..., Augsburg 1626. — F. Rädle (Hrsg.), Lat. Ordensdrama des 16. Jh.s, 1979, 299—365. — Ders., J. P.: »Dialogus de connubii miseriis«, In: Virtus et Fortuna, FS für H.-G. Roloff, 1983, 290—314.

Lit. (Auswahl): Sommervogel VI 1007—19. — J. Bielmann, Die Lyrik des J. P., In: LWJ 4 (1929) 83—102. — K. Büse, Das Marienbild in der dt. Barockdichtung, Diss., Münster, Düsseldorf 1955, 93—103, sowie 198ff. (Teilabdr.). — F. Rädle, Aus der Frühzeit des Jesuitentheaters, In: Daphnis 8 (1978) 403—462 (hier 448—462). — B. Bauer, J. P. SJ, ein oberdeutscher Lipsius, In: ZBLG 47 (1984) 77—120. — Dies., Jesuitische ›ars rhetorica‹ im Zeitalter der Glaubenskämpfe, 1986, 241—318 (Lit.). *H. Wiegand*

Ponte, Ludwig de → Puente, Luis de

Pontificale, Rollenbuch der → Röm. Liturgie, das die Texte und Rubriken der dem Bischof vorbehaltenen Sakramente, Weihen und Segnungen enthält. Ursprünglich waren alle für den Vorsteher der Liturgie bestimmten Texte — nicht nur die der Meßfeier — im → Sakramentar enthalten nach der Reihenfolge des liturg. Jahres. Der rituelle Ablauf dagegen war im jeweiligen Ordo Romanus (→ Ordines Romani) niedergelegt. Jene Riten nun, die keinen festen Platz im Jahresablauf hatten, wurden einfach an das Ende des Buches angehängt. Daraus entwickelte sich allmählich der Brauch, die dem Bischof vorbehaltenen Weihehandlungen im Schlußteil des Sakramentars zu sammeln. Mitte des 10. Jh.s wurde in Mainz ein »Ordo« mit den entsprechenden euchologischen Texten zum »Römisch-Deutschen Pontificale« zusammengefügt (Ordo L nach der Zählung M. Andrieus). Es gelangte durch den Kaiser nach Rom und wurde an die Bedürfnisse der Kurie angepaßt (Pontificale Curiae). Durandus v. Mende (→ Durantis, [Durandus], Wilhelm d. Ä.) stellte es Ende des 13. Jh.s neu zusammen unter Zuziehung außer-röm. Traditionen. Dieses P. des Durandus diente wiederum als Grundlage für das nach dem Auftrag des Konzils von Trient 1596 hrsg. »Pontificale Romanum« mit der bis zum Zweiten Vaticanum gültigen Einteilung (Weihen und Segnungen von Personen — Sachweihen [1961 neu bearbeitet, v. a. der Kirchweiheritus]— Funktionen im Laufe des Jahres).

Im Gefolge der Liturgiereform des Zweiten Vaticanums wird das P. in einzelnen Faszikeln veröffentlicht: Ordo benedictionis abbatis et abbatissae, 1970. — Ordo consecrationis virginum 1970/78 (dt.: Die Feier der Abts-, Äbtissinnen- und Jungfrauenweihe, 1975). — Ordo Confirmationis 1971 (²1973; dt.: Die Feier der Firmung, 1973). — Ordo benedicendi oleum catechumenorum et infirmorum et conficiendi chrisma, 1971. — De institutione lectorum et acolytorum; De admissione inter candidatos ad diaconatum et presbyteratum; De sacro caelibatu amplectendo, 1974 (dt.: Die Beauftragung von Lektoren, Akolythen und Kommunionhelfern. Die Aufnahme unter die Kandidaten für Diakonat und Presbyterat. Das Zölibatsversprechen, 1974). — Ordo dedicationis ecclesiae et altaris, 1977 (dt.: Die Feier der Kirch- und Altarweihe. Die Feier der Ölweihen. Studienausgabe, 1981). — De ordinatione Episcopi, presbyterorum et diaconorum, ²1990.

Die Anweisungen für den rituellen Ablauf (»Rubriken«) dieser Feiern sowie der anderen sakramentlichen Feiern und Segnungen sind — soweit es den Gottesdienst unter Vorsitz des Bischofs betrifft — in etwas abgewandelter Form zusammengefaßt im »Caeremoniale Episcoporum« (CE, 1984). Ausdrücklich von Ⓜ ist darin die Rede in Kaptel II (»De festo praesentationis Domini«, → Darbringung): »Puer de Maria natus«.

Die Abts- bzw. Äbtissinnenweihe soll stattfinden an einem Sonntag oder (Hoch-)Fest (CE 669. 696) — darunter fallen sicher alle marian. → Feste und → Hochfeste. Die Jungfrauenweihe sowie die Ewige Profeß männlicher Ordensangehöriger soll bei Feiern zu Ehren BMV stattfinden (CE 717. 750), die weiblicher Angehöriger an einem marian. Hochfest (CE 771). Bei den Feiern der Ordinationen, der Profeß, der Abts-/Äbtissinnenweihe, der Eröffnung einer Synode und der Kirch- und Altarweihe wird die → Allerheiligenlitanei gesungen. Caput IX »De Dedicatione Ecclesiae« (CE 865) bestimmt: »Omnis ecclesia Titulum habere debet ... vel beatae Mariae Virginis item sub aliqua appellatione in s. liturgiam iam assumpta«. Der »Ordo coronandi imaginem beatae Mariae Virginis« (Caput XVIII) verfügt, daß diese Benediktion (Praenotanda: CE 1033—38; → Rituale) innerhalb einer Meßfeier (CE 1039—43), einer Vesper (CE 1044—49) oder innerhalb eines Wortgottesdienstes (CE 1044—49) erfolgen soll. Darüberhinaus soll der Bischof an besonderen Hochfesten der (öffentlichen und feierlichen) Vesper (in der Kathedralkirche) vorstehen (CE 103; → Stundenliturgie; → Magnificat).

Lit.: A. Adam und R. Berger, Pastoralliturgisches Handlexikon, ⁵1990, 80f. 413. *F. Baumeister*

Pontormo (Jacopo Carucci), ital. Maler, * 24./25. 5. 1494 in Pontormo bei Empoli, † 31. 12. 1556 oder 1. 1. 1557 in Florenz; begraben am 2. 1. 1557 im Chiostro de' Voti der Santissima Annunziata, Florenz; umgebettet am 24. 5. 1562 in die Cappella della Santissima Trinità im Chiostro de' Morti; neben Rosso Fiorentino bedeutendster Vertreter des Manierismus in Florenz, Lehrer Bronzinos. Seit frühester Jugend war P. ein exzentrischer Einzelgänger, dessen Leben gekennzeichnet war von Misanthropie und Melancholie, die sich im Alter zu Zurückgezogenheit und manischer Todesfurcht steigerten. Wie sehr P. am Leben und an der Arbeit litt, geht aus seinem Tagebuch hervor, das er im Januar 1554 anlegte und bis wenige Wochen vor seinem Tode führte (Diario, Il libro mio).

P.s Lebens- und Schaffenszeit fiel in eine der bewegtesten Epochen der Florentiner Geschichte: geboren im Jahr der Vertreibung der Medici aus Florenz, zu künstlerischer Reife gelangt kurz nach ihrer Rückkehr (1512), fand seine produktivste Phase ihren Abschluß mit

J. Pontormo, Grablegung, 1525/28, Florenz, S. Felicità

den letzten Jahren der Republik (1527—30). Nach der endgültigen Wiedereinsetzung der Medici (1531) arbeitete sich P. in eine immer größere Isolierung hinein. Mit den politischen Verhältnissen wechselten auch Mäzene und Auftraggeber. Die Mehrzahl der Werke P.s in den ersten beiden Jahrzehnten des 16. Jh.s entstand im Auftrag wohlhabender Bürger für Kirchen und Klöster. Nach 1531 arbeitete P. fast ausschließlich im Dienste der Medici.

P. kam 1507 in die Kunstmetropole Florenz und erhielt hier seine künstlerische Ausbildung in der Werkstatt Fra Bartolomeos und Mariotto Albertinellis. 1512 wechselte er in die damals modernste Werkstatt zu Andrea del Sarto. Berührungen mit Leonardo da Vinci und Piero di Cosimo blieben Episode. P.s erste selbständige Werke stammen von 1513 und zeigen seine Vertrautheit mit den Traditionen des Quattrocento und der Hochrenaissance. Das Fresko der »Heimsuchung« (Florenz, Santissima Annunziata, 1514—16) zeigt neben Einflüssen seiner Lehrer bereits wichtige Stilmerkmale P.s. Ikonographisch ungewöhnlich ist das ntl. Thema der »Heimsuchung« ins Zentrum eines Sacra-Conversazione-Schemas gestellt; vier Stufen führen zu einer apsisähnlichen Nische empor, wo auf einem niederen Podest Elisabeth vor M grüßend das Knie beugt. Dreizehn weitere Figuren, sechs zur Linken, sieben zur Rechten, gruppieren sich in dichtgedrängter Anordnung um die beiden Frauen. Im oberen Rundbogenabschluß über dem Gesims ist zwischen zwei Putten, die Marmortafeln halten, die Opferung Isaaks dargestellt.

Mit dem sog. Visdomini-Altar (Florenz, S. Michele Visdomini, 1518) hat P. endgültig mit der traditionellen klassischen Raumkomposition gebrochen. Kennzeichen seines neuen Stils sind die abstrakte Raumlosigkeit, die dicht aneinander gedrängten Figuren, ihre betonte Plastizität und ihr äußerst eindrucksvoller Gesichtsausdruck. Statuengleich sitzt M in einer Wandnische, flankiert von zwei Putten, die spielerisch den Vorhang eines Baldachins zur Seite raffen. Der Wand entlang führt von links eine Treppe zur Nische empor. Joseph, der das Jesuskind mit beiden Händen vor sich hält, lehnt sich gegen die Stufen, auf denen auch Ms Füße ruhen. Zu Füßen Josephs sitzt der Evangelist Johannes auf einem Steinblock; seine Linke hält ein aufgeschlagenes Buch, mit der anderen Hand stützt er sich auf, während er mit starker Kopfdrehung über die rechte Schulter nach oben blickt. Rechts vorne kniet, in andächtiger Anbetung des Jesuskinds, mit unter dem Kinn gefalteten Händen, der hl. Franziskus. Zwischen ihm und Johannes deutet der sitzende Johannes der Täufer nach links aus dem Bild, wohin auch die Blicke der übrigen gerichtet sind. Rechts außen am Bildrand steht der Apostel Jakobus.

1525 wurde P. von Ludovico Capponi mit der Ausmalung der Familienkapelle in S. Felicita in Florenz beauftragt. P. arbeitete drei Jahre lang unter Ausschluß der Öffentlichkeit. Die Kuppel der Kapelle zeigte Gottvater mit vier Patriarchen (zerstört); in den Pendentifs befinden sich vier auf Holz gemalte Evangelisten-Tondi; die Westwand schmückt eine »Verkündigung an Maria«. Höhepunkt der Kapelle ist die Altartafel mit der »Grablegung Christi« (»Kreuzabnahme«) — P.s besterhaltenes Werk und eines der Glanzlichter des Florentiner Manierismus. Elemente der Kreuzabnahme, der Grablegung und der Pietà verbinden sich zu einer innovativen Ikonographie. Anregungen boten P. Raphaels »Grabtragung« (Rom, Galleria Borghese, 1507) sowie antike Meleagersarkophage. Es handelt sich um eine stumme, in der Ausdrucksdifferenzierung übersteigerte Pantomime. P. verzichtet auf jegliche Angabe des historischen Schauplatzes; er konzipiert das Gemälde ohne die geometrischen Hilfen des Kreuzes und der Leitern nur aus den Leibern des toten Christus — einer Paraphrase des Christus der vatikanischen Pietà Michelangelos — und der um ihn Trauernden. Elf Personen sind zu einer wie von selbst sich in das Bildformat einfügenden, dichten Figuration zusammengeordnet. Die zu einem einheitlichen flächenwirksamen Bildmotiv ornamental verschmolzenen Bewegungen und Gebärden der Figuren kreisen um das Bildzentrum, um den nur von Handgesten belebten leeren Raum vor und über ℳs Schoß. Dieses Vakuum zwischen den Hauptfiguren, durch das ℳ auf den vom Kreuz genommenen Leichnam blickt, läßt eindrucksvoll die Stimmung des Abschiednehmens, der Trauer und Verzweiflung über das unwiederbringlich Verlorene deutlich werden. P. hat sich bei der Darstellung und Zuordnung von Mutter und Sohn zweifellos von den Bewegungsmotiven und Ausdrucksnuancen der Pietà Michelangelos in St. Peter inspirieren lassen, nur daß er den innigen Kontakt zwischen beiden löst und sie durch einen in seiner Leere und Ausdehnung betonten Distanzraum trennt. Die Übersteigerung und Überfeinerung des Mimischen, die bisweilen zur Disproportionierung der Körper und zu einer Verfremdung ihrer organischen Struktur führen, bewirken den Eindruck des traumhaft Unwirklichen. Das Kolorit, vor allem die durch die enganliegenden Gewänder erzielten raffinierten Farbbrechungen, denen das Inkarnat bei ein und derselben Figur unterworfen scheint, unterstreicht noch diese visionäre Wirkung.

Die »Heimsuchung« von Carmignano (Pieve, um 1528) stellt die Begegnung von ℳ und Elisabeth mit ihren beiden Begleiterinnen Maria Jacobi und Maria Salome auf einer Straße dar. Dieser Typus geht über Domenico Ghirlandaio und Fra Angelico auf italo-byz. Vorbilder zurück. Unverkennbar sind die Bezüge zur »Grablegung« in der Capponi-Kapelle. Die Gruppe entspringt P.s Auseinandersetzung mit Dürers Stich der »Vier Hexen«. Ein schwerer Block aus vier Figuren nimmt beinahe das gesamte Bild ein. Die graue Architektur unterstreicht die Raumlosigkeit des Bildes. Die beiden gequält gewundenen Männergestalten auf der Steinbank links in der Tiefe steigern die Irrealität des Raumes, ähnlich dem Propheten am Fuß der Säulenreihe im Hintergrund von Parmigianinos »Madonna del collo lungho« (Florenz, Uffizien, ca. 1535).

Weitere Werke zur ℳikonographie sind zwei Darstellungen ℳs mit dem Jesuskind (Florenz, Galleria Corsini, um 1523/25; bzw. Sammlung Capponi, 1527/28), ℳ mit dem Jesuskind und dem Johannesknaben (Florenz, Uffizien, 1527/28) sowie die Hl. Familie mit hl. Anna und anderen Heiligen (Paris, Louvre, 1529).

QQ: Pontormo, Il Libro mio. Aufzeichnungen 1554—56, bearbeitet und kommentiert von S.S. Nigro, übers. von M. Schneider, 1988.
Lit.: F.M. Clapp, Jacopo Carucci da P. His Life and Work, 1916. — L. Berti, P., 1964. — K.W. Forster, P. Monographie mit kritischem Katalog, 1966. — J. Shearman, P.'s Altarpiece in S. Felicita, 1971. — L. Berti, L'opera completa del P., 1973. — J. Cox-Rearick, The Drawings of P., 2 Bde., ²1981. — M. Apa, La Visitazione Carmignano, 1984. — Thieme-Becker XXVII 250—252. *P. Matzelt*

Ponzio (Pontio), Pietro, * 25. 3. 1532 in Parma, † 27. 12. 1595 ebd., war Priester und wirkte ab 1565 als Kirchenmusiker in S. Maria Maggiore in Bergamo, danach als Kapellmeister in Madonna della Steccata in Parma. Nach einer Tätigkeit für Girolamo Cornazzano war er wieder Kapellmeister in Mailand und Parma, wo er sich große Verdienste bei der Leitung der dortigen Gesangsschule erwarb. Als Komponist fast ausschließlich geistlicher Musik (u. a. Magnificat liber primus, 1584, verschollen) gehört P. zum Kreis gegenref. Kirchenmusiker, die sich an den Bestimmungen des Trienter Konzils orientierten. Als einzige weltliche Komposition ist ein 5-stimmiges Madrigal in der Sammlung »Vittoria amorosa« von 1596 bekannt.

Lit.: J. Armstrong, How to Compose a Psalm: Ponzio and Cerone Compared, In: Studii musicali 7 (1978) 103—139. — MGG X 1446. — Grove XV 82f. *E. Löwe*

Poppe, Edward Johannes Maria, * 18. 12. 1890 in Temse/Belgien, † 10. 6. 1924 in Moerzeke, entstammte einer kinderreichen Bäckerfamilie. Nach dem Studium der Theol. in Löwen (Dr. theol.) wurde er am 1. 5. 1916 zum Priester geweiht, wirkte zwei Jahre als Onderpastoor in Gent, vier Jahre als Rektor der Vinzentinerinnen in Moerzeke und die letzten zwei Jahre seines Lebens als Spiritual der zum Militärdienst eingezogenen Seminaristen. Trotz seiner schwachen Gesundheit entfaltete er ein reiches Wirken, bes. in der Katechese, als Mitinitiator des Eucharistischen Kreuzzugs in Flandern (eucharistische und marian. Erziehung der Jugend), als Spiritual und geistlicher Begleiter. Der Seligsprechungsprozeß wurde am 6. 4. 1960 eröffnet und am 30. 6. 1986 der heroische Tugendgrad festgestellt.

P.s Spiritualität und Apostolat sind eucharistisch und marian. ausgerichtet. In seiner MV ist er geprägt von → Grignion v. Montforts »wahrer Marienverehrung«, deren Praxis er sich völlig zu eigen macht und aus ihr eine spontane, kindlich-innige Beziehung zu ℳ lebt, die in der völligen Hingabe in der Weihe ihren Ausdruck findet. Nicht aus dogm.-spekulativen Überlegungen, sondern aus der Praxis der montfortanischen MV erkennt er, daß ℳ eine bedeutende Rolle in der Heilsordnung und bei der Heiligung der Seelen hat. Für P. hängt Heiligung und Erziehung formal ab von der Menschheit Christi, deren moralische und physische Ursache ℳ ist. Er möchte daher begreifbar machen, was die Vereinigung von Jesus und ℳ in der Heilsordnung und im geistlichen Leben bedeutet, und spricht von der »mediatio unionis«. ℳ vermittelt die Vereinigung mit Jesus; diese ihre Mittlerschaft ist begründet in ihrer GMschaft. Die Mittlerschaft ℳs, deren Verkündigung als Glaubenssatz er erhofft, ist ihm ein besonderes Anliegen. Seine Frömmigkeit, die sich ganz auf die Vermittlung ℳs stützt, nennt er die »Lebens-Form aller Beziehungen zu Christus«. Sakramente, Opfer, Priestertum Christi und der Kirche erscheinen ihm in inniger Verbindung mit der Menschwerdung, der Mutterschaft und Mittlerschaft ℳs. Daraus ergibt sich auch ℳs bes. Bedeutung für das priesterliche Leben. Sie ist »mater sacerdos«, weil sie die universelle und aktuelle Mittlerin der Gnade ist und deshalb auch die Fülle der sacerdotalen Gnade besitzt. Sie ist universelle Ausspenderin der Gnaden an die Geweihten. Für P. besteht die christl. Vollkommenheit in der Weihe an Gott als den Schöpfer, an Christus als Erlöser, an ⓜ als Mittlerin aller Gnaden.

WW: Geestlijke Leiding voor Kinderen, 1920. — Bij den Kindervriend, 1921. — Sauvons nos ouvriers, 1923. — La Methode Eucharistique, 1923. — Sicuti fratres, 1936. — Catechese en Opvoeding, 1945. — Zahlreiche Zeitschriften-Artikel. — Geistliche Tagebücher und Briefe (unveröffentlicht) liegen im Poppe Archiv, Moerzeke.
Lit.: O. Jacobs, Dr. E. J. M. P., 1934. — M. van Haute, Ein glückstrahlender Mensch. Das innerliche Leben des Priesters Eduard P., 1956. — F. Van de Velde, Priester P., I—IV, 1983—87 (Lit.; ausführliche Zitate aus Tagebüchern und Briefen). — AAS 59 (1967) 230—233; 78 (1986) 1188—92. *H. J. Jünemann*

Pordenone (eigentlich Giovanni Antonio de' Sacchis), friaulisch-venezianischer Maler, * 1483/84 in Pordenone, † 13. 1. 1539 in Ferrara (vergiftet?). Nach kurzer Lehrzeit in Ferrara 1508 zunächst in der oberital. Quattrocento-Tradition stehend, wurde er während seines Romaufenthalts um 1515 nachhaltig von Michelangelos Sixtinischer Decke beeindruckt. Dazu kamen Einflüsse Tizians und der nordischen Graphik (v. a. Dürers Passionsholzschnitte). Spätestens mit der gemeinsamen Arbeit in der Cappella Malchiostro im Dom zu Treviso 1520 ist die Rivalität mit Tizian nachweisbar. Beide suchten die Auseinandersetzung mit der mittelital.-michelangelesken Kunst, wobei in formaler Hinsicht P. Tizian keinesfalls nachstand. Ludovico Dolce nennt 1536 P. den einzigen Maler, der mit Michelangelo konkurrieren könne. Als Meister dramatischer Szenen, heftiger Bewegungen und starker Verkürzungen entwickelte er einen virtuosen, aber nicht sehr gefälligen Figurenstil, der zur manieristischen Malerei Tintorettos überleitet. P. war Schwiegervater und Lehrer des Malers Pomponio Amalteo (1505—88).

Dem vorröm. Stil P.s entspricht eine gegen 1515 entstandene Schutzmantel-Madonna mit den hll. Christophorus und Joseph (Pordenone, Dom). Sie zeigt noch gotische Gestaltungsprinzipien: Die drei Hauptfiguren stehen wie auf einer Bühne vor einer Landschaftskulisse, kein wirkliches Raumkontinuum, noch kein einheitlicher Figurenmaßstab für Heilige und Stifter, das Christkind erscheint zweimal im Bild. — Seine 1520—22 entstandenen Cremoneser Arbeiten (Passionsfresken im Dom u. a.) zeigen in den Bewegungsmotiven von z. T. »tumultuöser Dramatik« (Heydenreich/Passavant) den Einfluß der Sixtinischen Decke. In seiner nachröm. Zeit schuf P. ferner großartige Deckenfresken, so in der Kuppel der Cappella Pallavicini von S. Francesco in Cortemaggiore (1530): Gottvater zwischen Engeln, in den Lünetten Propheten, Sibyllen und Kirchenlehrer. — Besonders gut ist P.s Streben nach originellen Bewegungsmotiven

Pordenone, Schutzmantelmadonna, Pordenone, Dom

im 1532 für die Cappella Renier in der Kirche der Madonna dell'Orto (Venedig) gemalten Altarbild zu sehen (Der sel. Lorenzo Giustiniani mit sechs Heiligen; heute Venedig, Accademia). — Am 5. 3. 1538 erhielt P. den Auftrag, für die Scuola Grande della Carità (Venedig) als Pendant zu Tizians »Tempelgang Mariae« eine »Himmelfahrt Mariae« zu malen. Dies lehnte er aus inhaltlichen und formalen Gründen (kein zeitlicher Zusammenhang, Querformat ungeeignet) ab. Man einigte sich daher auf die »Vermählung Mariae«, ausgeführt nach P.s Tod von G. P. Silvio (heute Mason Vicentino, Pfarrkirche).

Weitere ⓜdarstellungen: Thronende Madonna mit Kind, flankiert von den hll. Agnes und Katharina v. Alexandrien, darüber Gottvater und der Hl. Geist (Rorai Piccolo bei Pordenone, vor 1516); Madonna mit Kind (Udine, Schloß, ehemals Loggia del Lionello, 1516); Madonna mit Heiligen (Cremona, Dom, 1520/22); Geburt Christi (Valeriano/Friaul, S. Maria dei Battuti, nach 1525); Geburt ⓜs, Anbetung des Kindes, Flucht nach Ägypten u. a. (Piacenza, S. Maria di Campagna, um 1530); Verkündigung (Murano, S. Maria degli Angeli, um 1537) sowie ein Karton für das ⓜtod-Mosaik im Atrium von S. Marco, Venedig.

Lit.: J. Schulz, P.s Cupolas, In: Studies in Renaissance and Baroque Art presented to Anthony Blunt, 1967, 44—50. — L. Heydenreich und G. Passavant, Ital. Renaissance. Die großen Meister in der Zeit von 1500 bis 1540, 1975, 326ff. — M. Muraro, Del Pordenone, In: Arte Veneta 9 (1971). — Ausst.Kat., Il P., hrsg. von C. Furlan, Mailand 1984 (Besprechung dazu von L. Larcher Crosato, In: Kunstchronik 38/5 [Mai 1985], 166—173). — F. Venuto, Un artista rivisitato. Il P., In: Arte in Friuli-Arte a Trieste 8 (1985) 185—194. — N. Huse und W. Wolters, Venedig. Die Kunst der Renaissance, 1986, passim. — Thieme-Becker XXVII 271f. *E. G. Trapp*

Porras y Ayllón, Rafaela vom Hlst. Herzen Jesu, hl. Ordensgründerin, * 1.3.1850 in Pedro Abad bei Córdoba (Spanien), † 6.1.1925 in Rom, entstammte einer begüterten Familie, legte bereits im Alter von 15 Jahren ein privates Gelübde der Jungfräulichkeit ab und trat mit 19 Jahren nach dem Tode der Eltern gegen den Widerstand der übrigen Angehörigen zusammen mit ihrer Schwester Dolores (späterer Ordensname María del Pilar) in den Franziskanerinnenkonvent von Córdoba ein. 1875 erfolgte unter Einfluß des guatemaltekischen Priesters José Antonio Ortiz Urruela die Eröffnung eines Klosters des erst 1857 in Frankreich gegründeten franz. Instituts »Sociète de Marie Reparatrice« in Cordoba, für das die beiden Schwestern mit dem elterlichen Vermögen aufkamen und dort eintraten. Nach anfänglichem guten Erfolg trennten sich die franz. Ordensfrauen wieder von der Kommunität. 1877 verlegte P. ihre Gründung zunächst nach Andújar (Diözese Jaen), dann nach Madrid, wo Kardinal Moreno 1887 die Approbation des Ordens unter dem Namen »Esclavas del Sagrado Corazón de Jesús« vom Hl. Stuhl erwirkte. Die Gemeinschaft orientierte sich an ignatianischer Spiritualität. Charakteristisch wurde für sie die Betonung der eucharistischen Anbetung. Es folgten Jahre der Blüte und Ausbreitung für die Gemeinschaft, an der die Schwester der Gründerin besonderen Anteil hatte. Interne Querelen und Mißverständnisse veranlaßten P. jedoch 1893 von der Ordensleitung zurückzutreten und bis zu ihrem Tod als einfache Schwester im mittlerweilen in Rom errichteten Zentralhaus zu leben. Das Institut hat derzeit 144 Niederlassungen mit 1822 Schwestern.

Rafaelas geistliches Profil wird in den hinterlassenen Briefen sowie den geistlichen Aufzeichnungen deutlich, die ein Leben tiefer Verbundenheit mit Gott manifestieren. Dabei ist ihr das Vorbild ⒨s Orientierung und Halt, gerade auch in den letzten Jahrzehnten ihres Lebens, da sie sich wegen der Zwistigkeiten in ihrem Orden ganz zurückgezogen hatte. »Mein Herr und mein Gott! In jedem Augenblick der Zeit und der Ewigkeit wünsche und verlange ich dich zu lieben, wie dich die seligste Jungfrau, meine liebe Mutter und Herrin, geliebt hat« (Baumann 321) war ihr ständig wiederholtes Gebet in dieser Zeit. Der Seligsprechungsprozeß für P. wurde 1936 eröffnet; 1952 erfolgte die Seligsprechung, 1977 die Heiligsprechung.

WW: Pensamientos de la beata R. M. del Sagrado Corazón, I—II serie, 1933—53. — Cartas de la beata R. M. del Sagrado Corazón, ed. E. Roig y Pascual, 1957. — Lettere de S. R. M., fondatrice delle Ancelle del S. Cuore di Gesu, 1978.

QQ: Positio super causae introductione, 1939. — Positio super virtutibus I—IV, 1943—51. — Positio super Tuto, 1952. — AAS 44 (1952) 456—460; 69 (1977) 21f.; 70 (1978) 41.

Lit.: W. Lawson, Blessed R. M. P., foundress of the handmaids of the sacred heart of Jesus, 1963. — M. Aguado, Anotaciones sobre la espiritualidad, se Santa R.M. del Sagrado Corazón, 1977. — I. Ynaz, Cimientos para un edificio. Santa R.M. del Sagrado Corazón, 1979. — Baumann 316—321. — Diccionario de Historia Eclesiástica de España III, 1973, 1995f. — DIP I 599ff.; VII 100f. 1190 (Lit.). — AnPont 1991, 1538. *J. Grohe*

Port Said, ULF von P. Neben der Kathedrale ULF von Lourdes in Heliopolis ist die Basilika Maria Regina Mundi in P. die bedeutendste Kirche des lat. Ritus in Ägypten. Das Heiligtum selber entstand zwischen den beiden Weltkriegen (1937), und wegen seines Titels »Königin der Welt« wird ihm eine weit über Ägypten hinausgehende universale Bedeutung beigemessen. Es liegt am Schnittpunkt von drei Erdteilen und Kulturen und wurde als Pforte zur ganzen Welt bezeichnet. Ange-Marie (Paul-Joseph) Hiral (* 29.6.1871 in Mèze/Montpellier, 1887 OFM, 1894 Priester, 1929 Apost. Vikar von Suez-Kanal, † 1952) weihte sein Apost. Vikariat Suez-Kanal 1930 ⒨, der Königin der Welt. Seine Bemühungen um die Errichtung eines entsprechenden ⒨heiligtums fanden 1937 mit der Weihe der Kathedralkirche unter dem Titel »Maria, Königin der Welt« durch Kardinal Dennis Dougherty von Philadelphia (1865—1951), dem Kardinallegaten für den Eucharistischen Kongreß auf den Philippinen, ihren Abschluß. In einer kleinen Kapelle auf einer Säule steht dort die Statue ULF von P., eine weiße Marmorstatute der Immaculata, die in ihren Händen den Erdball trägt und vom Kreuz überragt wird. 1935 wurde für das Vikariat die Anrufung »Maria, Königin der Welt« in der Lauretanischen Litanei gestattet.

Lit.: S. Chauleur, Le ciel de ND dans la Cathédrale de P., o. J. — A.-M. Hiral, La Royauté Universelle de Marie et la Consécration du Vicariat Apostolique à la Très Sainte Vierge reine du Monde (Lettre Pastoral), 1930 (auch ital.). — Lettre, A l'occasion de la Bénédiction de la Pro-Cathédrale, dédiée à Marie Reine du Monde, et Mandement de Carême de l' an de Grâce 1937 (Lettre Pastoral), 1937 (auch ital.). — Bénédiction de la Cathédrale de P., In: La Terre Sainte 17 (1937) 28—32. — Bénédiction de la Cathédrale de P., In: Les Missiones Franciscaines 4 (1937) 243—246. — S. Chauleur, Cathédrale Maria Reine du Monde, 1949. *H. Rzepkowski*

Porta, Constanzo, * um 1529 in Cremona, † 19.5.1601 in Padua, war Mitglied des Franziskanerordens und erhielt seine musikalische Ausbildung bei A. Willaerts in Venedig. Ab 1551 wirkte er als Kirchenmusiker in Osimo, Padua, Loreto und Ravenna. In seinen Werken zeigt sich die Entwicklung vom niederländischen zum venezianischen Stil, der sich Ende des 16. Jh.s bes. durch große mehrchörige Besetzung auszeichnet, wobei der kunstvoll angewandte Kontrapunkt dominiert. Zentrale Stellung in P.s Schaffen nehmen seine 52 Motetten von 1580 (darunter »Ave Regina«, »Regina coeli«), die Litaniae deiparae virginis Mariae (1575) sowie zahlreiche Vertonungen des Ordinariums ein, wobei der Gregorianische Choral als thematisches Material dient.

Lit.: L. Pibernik Pruett, The Masses and Hymnes of C. P., Diss., University of North Carolina, 1960. — MGG X 1464. — Grove XV 129—132.
E. Löwe

Porta aurea (→ Goldene Pforte; → Pforte). Neben der traditionellen Symbolik der »clausa porta« nach Ez 44,1 f., die das Bild des »verschlossenen Tores« als Weissagung der Jungfrauengeburt deutet, kennt → Hildegard v. Bingen (vgl. Lieder 218. 280. 286) auch die Vorstellung vom »golden Tor« (per auream portam virginis [Lib. div. operum II V, n. 18, PL 918 A]) in Verbindung mit ⋈s »clausura puditiae«. In solcher Verknüpfung und unter Berücksichtigung ihrer bewußt eingesetzten Farbensymbolik, betont Hildegard neben der Jungfrauengeburt die Herausgehobenheit der gnadenhaften Reinheit und Jungfräulichkeit ⋈s als einzigartige Himmelspforte, so daß ⋈ unter dem Titel »aurea porta« in ihrer erlösenden Funktion als »Mittlerin« der Gnaden, speziell der Reinheit, verstanden werden kann (→ Sequenzen). Dieser ⋈titel ist bei Salzer (26—28) nicht verzeichnet. Erst ab dem 13./14. Jh. bietet er mhd. Übersetzungen: → Frauenlob (Spr. 288,6) »kam ûz der porten golt«; → Konrad v. Fußesbrunnen, »Kindheit Jesu« (1,12): »dô von des engels worten dîn muoter kintbaere wart, und beleip iedoch verspart dar nâch als dâ vor der magede güldînez tor«; → Konrad v. Würzburg, »Die goldene Schmiede« (V. 1786): »du bist daz künicliche tor, von dem Ezechiêl uns seit, durch daz got mit gewalte schreit, und ez doch vant beslozzen«; der → Mönch v. Salzburg (136,8): »das guldein tor sich ny entslozz«; Ave Maria aus dem 14. Jh.: »ave du pist der engel hort, Ezechiêles guldin port verslossen ganz« (WackernagelKl II 435); → Wernher v. Niederrhein (44,9): »Ezechiêl eine porten sach, von golde liths dán der dach ...si stuont bislózin aleine«. Die mhd. Version des → Speculum humanae salvationis des Konrad v. Helmsdorf kennt das gleiche Bild: »Du bist das guldin beschlossen tor« (4452—54). Wie alt der Titel »porta aurea« ist, müßte noch geklärt werden.

Lit.: Salzer 26—28. — Ch. Meier, Die Bedeutung der Farben im Werk Hildegards v. Bingen, In: Frühma. Studien 6 (1972) 245—355. — M. Schmidt, Maria, »die weibliche Gestalt der Schönheit des Allerhöchsten«. Zum Marienbild in Texten der Mystiker im MA, In: Theologisches 21, Nr. 4 (1991) 183—194.
M. Schmidt

Portugal. I. FRÖMMIGKEITSGESCHICHTE. Die MV in P. geht vielfach Hand in Hand mit der politischen Geschichte einer europäischen Nation, die auf einzigartige Weise wichtige Etappen ihrer staatlichen Entwicklung mit der rel. Grundhaltung ihrer Führungsschichten und tief im port. Volk verankerter marian. Frömmigkeit verbindet. Die Quellenbezeichnung P.s als »Terra de Santa Maria« bildet das Leitmotiv der historischen Beschäftigung mit der Geschichte der MV im Südwesten der Iberischen Halbinsel.

1. Mittelalter. Die Kathedrale von Mérida, Hauptstadt der röm. Provinz Lusitania, wird in der 1. Hälfte des 7. Jh.s mit einem ⋈-patrozinium erwähnt: »Ecclesiam Sanctae Mariae, quae Sancta Hierusalem nunc usque vocatur« (Paulus Diaconus). Ende des 10. Jh.s erhält das Territorium zwischen den Flüssen Douro und Vouga im Norden P.s bereits die Bezeichnung »Terra de S. Maria«, die sich später auf ganz P. ausdehnt. Im 11. Jh. tragen im Gebiet unter maurischer Herrschaft Städte Namen wie S. Maria do Oriente/Albarracín oder S. Maria do Ocidente/Faro. Faro in der südport. Provinz Algarve ist eine westgotische Gründung um ein ⋈heiligtum; Kreuzritterquellen erwähnen S. Maria de Faron. Die kirchliche Organisation in der alten Grafschaft Portucale, seit 1095 unter Heinrich v. Burgund († 1112), weist zwei Hauptkirchen auf: in der Provinz Minho S. Maria de Braga, an der Südgrenze der Grafschaft (bei Coimbra) S. Maria Colimbriense. Das Metropolitan-Erzbistum Braga wurde 1104 von Graf Heinrich v. Burgund errichtet zu Ehren »à gloriosissima Mâe de Deus, à sempre Virgem Maria« (Documentos medievais portugueses, Régios I, Nr. 30). Marian. Festtage im Erzbistum Braga sind zu Beginn der port. Monarchie: Purificatio (2. Februar), Annuntiatio (25. März), Dormitio (15. August, auch S. Maria de Agosto), Nativitas 8. September) sowie am 18. Dezember »Nossa Senhora do O«, so genannt nach den großen Antiphonen oder → O-Antiphonen im Advent, bekannt auch als »S. Maria de ante Natal«. Das Stadtwappen von Porto zeigt die GM mit dem Jesuskind zwischen zwei Türmen sowie die Beschriftung »Civitas Virginis«.

Der erste port. König Afonso Henriques (1112/28—85) dotiert 1153 das Zisterzienserkloster → Alcobaça »por amor e para glória de Deus e da Santissima Virgem Maria do mosteiro de Claraval«. Unter seinem Nachfolger Sancho I. (1185—1211) förderten Faktoren wie Hunger, Pest und Kriege gegen die Mauren die Ausbreitung der MV. Typisch für diese Zeit werden Anrufungen der GM als »S. Maria dos Mártires«. 1218 stiftet Afonso II. (1211—23) in Coimbra das Augustiner-Chorherren-Kloster S. Cruz »por devoçâo de Nossa Senhora«. Aus den Jh.en der Reconquista, der Wiedereroberung des Landes aus maurischen Herrschaftsstrukturen, ist der Schlachtruf »Santiago e Virgem Santa Maria, valei« bekannt, ebenso »Mariam bonam, bonam Mariam«, um der GM für den ihr zugeschriebenen erfolgreichen Ausgang entscheidender Schlachten der Reconquista zu danken. Quellen aus der Zeit erwähnen einen Friedhof zur Bestattung gefallener Kreuzritter aus England; über dem Taufstein der dazugehörigen Kirche S. Maria dos Mártires ist nach der Überlieferung 1147 die erste christl. Taufe im wiedereroberten Lissabon gespendet worden. Tempelritter gründeten S. Maria de Alcáçova.

Als ⋈wallfahrtsorte in P. erwähnen die »Cantigas de Santa Maria« des kastilischen Dichterkönigs → Alfons X. des Weisen (1252—84) Evora, Estremoz, Odemira, Elvas, Monsaráz, Faro, Santarém, Alenquer und S. Maria de Terena. Im Erzbistum Evora wird seit 1372 ein eigenes Fest »S. Maria do Milagre da Cera« begangen, das an die wunderbare Rettung der Getreideernte vor heftigen Regenfällen anknüpft und an ein Kerzenwunder während des Dankgottesdienstes erinnert. S. Maria de Terena geht unter dem Namen »Nossa Senhora da Boa Nova« zurück auf eine Beistandszusage des port. Königs Afonso IV. (1325—57) an seinen Schwiegersohn Alfons XI. († 1350) v. Kastilien, die zum Sieg in der Schlacht vom 30. 10. 1340 am Fluß Salado gegen den Emir von Marokko, Abul Hassan wesentlich beitrug. Im nordport. Guimarâes, der »Wiege der port. Nation«, besteht nach einem am 8. 9. 1342 eingetretenen Wunder (trockener Olivenbaum wird wieder grün) der Gnadenort Nossa Senhora da Oliveira, Ziel einer Fußwallfahrt von König Joâo I. (1385—1433), Begründer der Avis-Dynastie, nach der siegreichen Schlacht von Aljubarrota am 14. 8. 1385 gegen span.-franz. Truppen unter Juan v. Kastilien. Am 2. 2. 1387 (Purificatio) kommt es mit der Vermählung von König Joâo I. mit Filipa v. Lancaster zur politisch wichtigen Allianz zwischen England und Portugal. In → Batalha wird 1388 der Grundstein zu Kirche und Kloster von S. Maria da Vitória gelegt. Der in der Schlacht militärisch erfolgreiche Feldherr Nuno Alvares Pereira (1360—1431) unternimmt einen Tag später, an Me Himmelfahrt, eine Dankwallfahrt zur GM von Seiça in der nahen Grafschaft Ourém. Nuno begründet 1389 in Lissabon den Karmel (Nossa Senhora do Vencimento do Monte do Carmo), den 1397 Karmeliten aus dem Konvent Moura besiedeln. Weitere der GM geweihte Kirchen in Estremoz, Monsaraz, Portel, Sousel und Vila Viçosa gehen ebenfalls auf den Feldherrn zurück. Als Frei Nuno de Santa Maria zieht er sich nach dem Tod seiner Tochter Beatriz am 15. 8. 1423 in den Karmel von Lissabon zurück, wo er am Ostersonntag 1431 stirbt.

Die Frühzeit der Monarchie in P. ist von einer verstärkten Entwicklung der MV gekennzeichnet. Vor Heinrich v. Burgund zählte die Grafschaft Portucale etwa 50 marian. Gnadenstätten. Im SpätMA kommt es zu einer gewaltigen Zunahme der Mheiligtümer: bis zum Ende des 15. Jh.s bestehen mehr als tausend Kirchen und der GM geweihte Stätten im Königreich P. Der historische Prozeß der Nationbildung P.s im Zuge der Reconquista-Bewegung von Norden nach Süden und die rel. Entwicklung aufstrebender MV verlaufen in P. parallel. Mkapellen verdrängen in diesem Prozeß andere Heiligenpatronate, z. B. wird Nossa Senhora da Saúde mehr gegen Pest angerufen als Sebastian und Rochus, Nossa Senhora da Ajuda ist häufiger Patronin von Fischerorten als der hl. Petrus, Nossa Senhora da Vitória gilt mehr als der hl. Georg. Unter dem Einfluß der devotio moderna wird in P. die ältere Bezeichnung »Santa Maria« ersetzt durch »Nossa Senhora«, dies als Ausdruck der Gegenüberstellung von Christus und M (Nosso Senhor — Nossa Senhora).

2. Frühe Neuzeit. Zur Zeit der port. Expansion ab dem frühen 15. Jh. stellen Mwallfahrtsorte und -kapellen aus der rel. Motivstrang der Conquista herleitbare Bezugspunkte dar. Im ersten Ausgriff auf den afrikanischen Kontinent unter Infant Dom Henrique (Heinrich der Seefahrer, 1394—1460) erhält der sichtbare Audruck von Mfrömmigkeit mitunter auch symbolischen Charakter. Nach der Einnahme von Ceuta 1415 wird die Moschee durch eine Me-Himmelfahrt-Kirche ersetzt. Daß in Ceuta eine Pietà-Darstellung als »S. Maria de Africa« verehrt wird, ist auch vor entdeckungsgeschichtlichem Hintergrund zu sehen. Nach einem von König Duarte (1433—38) in Ceuta abgelegten Gelübde entsteht in P. zwischen Azambuja und Cartaxo die Kirche S. Maria das Virtudes. Unter Afonso V. († 1481) wird 1458 auf afrikanischem Boden, in Alcácer-Cequer, erneut eine bedeutende Moschee in die Kirche S. Maria da Misericórdia umgewandelt. Hauptziele der Seefahrer vor und nach Afrika-Unternehmungen werden S. Maria da Escada und S. Maria de Belém bei Lissabon, dessen Gnadenbild Vasco da Gama (1467—1524) am 8. 7. 1497 vor seiner Abreise nach Indien aufsucht. Die Bedeutung des Gnadenbildes von → Belém in der Expansion P.s spiegelt die Übergabe der Kapelle an den port. Orden der Christusritter 1460 wider. Pedro Alvares Cabral (1467—1520/26) wohnt am 8. 3. 1500 vor der ihm zugeschriebenen Entdeckung von Brasilien einer Messe in der Mkapelle von Belém bei. Das von König Manuel (1495—1521) begründete Hieronymuskloster von Belém ist als Klosterkirche »S. Maria de Belém« größtes Baudenkmal mit Mpatrozinium und Niederschlag der rel. Komponente im Entdeckungszeitalter. Als Gnadenbild wird die GM auf Entdeckungs- und Handelsfahrten mitgeführt, taucht in Schiffsnamen auf und wird als Herrscherin über die Weltmeere (S. Maria do Mar/do Mundo) angerufen.

1484 wird im Dominikanerkonvent zu Lissabon eine Rosenkranzbruderschaft ins Leben gerufen. Am 15. 8. 1498 gründet Königin Leonor, Witwe von Joâo II. († 1495), unter dem Patronat der »Senhora da Misericórdia« die gleichnamige Confraria (Bruderschaft) mit Sitz in der Kapelle Nossa Senhora da Piedade im Kreuzgang der Kathedrale von Lissabon. Das von König Manuel für die Bruderschaft errichtete Gebäude am Tejo wird am 25. 3. 1534 bezogen, durch das Erdbeben von 1755 jedoch zerstört. Eine seit 1597 bestehende Einsiedelei trägt den Namen »Nossa Senhora da Penha de França«, heute eine Pfarrei Lissabons. Ab dem 16. Jh. bleibt »S. Maria« nur in früheren topographischen Namen erhalten; vorherrschend werden »Senhora da Agonia/ da Piedade/ do Desterro/ das Dores/ das Almas«. Bereits ab dem 14. Jh., verstärkt nach dem Pestjahr 1559, erfreut sich die

Anrufung ⟨M⟩s als »Nossa Senhora dos Prazeres« (Fest am 1. Montag nach der Osteroktav) zunehmender Beliebtheit; der Titel ist Ausdruck der Freude der GM über die Auferstehung ihres Sohnes. Rosenkranzbruderschaften treten im Verlauf des 17. und 18. Jh.s vielerorts an die Stelle von bestehenden Bruderschaften »da Alma/ da Cera/ do Subsino«. Im ländlichen Raum wird in der frühen Neuzeit die GM angerufen als »Nossa Senhora dos Verdes/ da Goma/ da Seiva/ do Campo/ de Campanhâ/ do Terreiro/ de Aguas Santas«.

Das 17. wie 18. Jh. ist in P. von der wissenschaftlich-theol. Auseinandersetzung mit mariol. Aussagen geprägt. 1618 ließ der Senat von Lissabon Schilder an den Haupttoren der Stadt anbringen, die eine Bestätigung der Lehre von der UE enthielten: »A Virgem Maria foi concebida sem pecado original«. Die Diözesansynoden von Guarda (30.9.1634), Braga (14.6.1637) und Coimbra (8.5.1639) leisten den Schwur auf die Verteidigung dieser Lehre. An der Universität Coimbra wird v. a. seit der Reform unter João III. die Lehre von der UE verbreitet und wissenschaftlich behandelt. Politische Veränderungen, v. a. die Beendigung des span. Interregnums (1580—1640), und die anschließende Restauration in P. führten zur allgemeinen Annahme der theol. Aussage und zu ihrer Manifestation mit politischer Tragweite. Am 8.12.1640, acht Tage nach der Akklamation des Königs João IV. (1640—56), fordert der Franziskaner João de São Bernardino in einer Predigt, die unbefleckt empfangene GM als »eterno monumento da restauração de Portugal« zu verehren. Die von Dezember 1645 bis März 1646 tagenden port. Cortes (Ständeversammlung) wählen ULF von der UE zum Verteidiger und Protektor des Königreiches P. und seiner Kolonien. Am 25.3.1646 erfolgt die offizielle Proklamation der Patronin P.s und die feierliche Eideszeremonie durch König João IV. in der Hauskapelle des Ribeira-Palastes in Lissabon (Dekret im port. Staatsarchiv: Livro IV. de Leis, fol. 181ᵛ—182ᵛ). Seit der Ausrufung ⟨M⟩s als Schutzherrin P.s tragen die port. Könige keine Krone mehr; sie wurde bei offiziellen Anlässen zur Rechten des Königs niedergelegt. 1648 geprägte Gold- und Silbermünzen zeigen die GM auf Globus und Halbmond mit der Legende »Tutelaris regni«.

Die am 8.12.1720 erfolgte Gründung der Academia Real da História Portuguesa durch König João V. (1706—50) stand unter der Schirmherrschaft ULF von der UE.

Bedeutendstes wissenschaftliches Werk dieser Zeit ist die monumentale Ausgabe von Frei Agostinho de S. Maria (Manuel Gomes Freire aus Estremoz) unter dem Titel »Sanctuário Mariano«, eine Inventarisierung marian. Gnadenstätten und -bilder in den Diözesen P.s und seiner Kolonien in Afrika, Asien und Brasilien in zehn Bänden (Lissabon 1707—22). Ein beachtliches Projekt verfolgte João V. mit der Einrichtung einer Bibliotheca Mariana im Oratorianerkloster von Lissabon. Der König überläßt die marian. Büchersammlung aus der Palastbibliothek der Stiftung und stellt einen Bücherfond von 30000 Reis jährlich zur Erweiterung der marian. Fachbibliothek zur Verfügung, die dem Erdbeben von 1755 zum Opfer gefallen ist. Seine Gattin, Maria Anna v. Habsburg, spendet nach dem Tod von João V. 1750 Ehering und Hochzeitskleid an Nossa Senhora das Necessidades und Nossa Senhora da Saúde.

Durch das verheerende Erdbeben von 1755 verursachte Zerstörungen wurden mittels Neugründungen von Wallfahrtsorten teilweise ausgeglichen. So entstanden 1754 in der Nähe von Porto, 1757 in der Nähe von Braga Gnadenstätten zu Ehren der »Nossa Senhora da Lapa«. Auf die zweite Hälfte des 18. Jh.s geht auch die kunsthistorisch wertvolle Anlage des Wallfahrtsortes »Nossa Senhora dos Remédios« bei Lamego zurück. Ein fehlgeschlagenes Attentat auf König José (1750—77) vom 3.9.1758 führte am Ort des Geschehens bei Lissabon zur Errichtung einer Gedenkstätte mit dem Doppelpatrozinium der »Nossa Senhora do Livramento« und des hl. Joseph als Namenspatron des Königs.

Im Rahmen der europäischen Akademiebewegung im 18. Jh. verdient die wenngleich kurzlebige Existenz einer eigenen Academia Mariana Erwähnung: 1756 vom Franziskaner (und ersten Bischof der neugeschaffenen Diözese Beja) Manuel do Cenáculo Villas Boas ins Leben gerufen, bestand deren Zielsetzung in der Förderung und Verbreitung der MV in P. Gelehrte Abhandlungen beschäftigten sich wissenschaftlich mit mariol. Themen. Der Franziskaner Frei António dos Remédios erörterte 1755 die Lehre von der UE in seiner »Dissertação histórico-crítica, principalmente sobre a chamada fábula do glorioso triumpho que Escoto conseguiu em Paris, defendendo a Immaculada Conceição da Mâe de Deus«. Manuel do Cenáculo veröffentlichte 1758 eine »Dissertação theológica, histórica, crítica sobre a definibilidade do mystério da Conceição Immaculada de Maria Santissima«, eine Ableitung dieser Lehre aus der Hl. Schrift und der Tradition der Kirchenväter, eine Streitschrift als Antwort auf die Predigt des Dominikaners P. José Malachias am 15.12.1753 vor der Academia Real da História Portuguesa gegen die Lehre. 1755 erschien in Lissabon der »Escudo marianno crítico e theológico« von Frei José de S. Gualter Lamatide. Die 1756 gegründete Akademie Arcádia Ulyssiponense wählte die Lilie zum Emblem und die reinste Jungfrau ⟨M⟩ zur Protektorin der Akademie, deren Mitglieder verschiedene lit. Werke mit marian. Themen verfaßten.

3. Neueste Zeit. Königin Maria I. (1777—92) war Mitglied der Bruderschaft »dos Escravos de Nossa Senhora da Conceição de Villa Viçosa«. König João VI. (1792—1826), ebenfalls Mitglied, schafft am 6.2.1818 von Rio de Janeiro aus den gleichnamigen Militärorden, dessen Statuten am 10.9.1819 approbiert wurden. Der Orden besteht aus einem neunzackigen Stern, trägt in der Mitte den Engelsgruß und außen den Schriftzug »Padroeira do reino«. In P. rief man nach Veröffentlichung der Bulle Leos XII. zur Freimaurerei (Quo graviora mala, 13.3.1825) zum Rosenkranzgebet an den Sonntagnachmittagen auf, »por meio deles tem a Igreja triunfado de seos maiores inimigos« (Kapitelsvikar P. Manuel Ramos de Sá, Braga, Februar 1829). Das am 8.12.1854 durch Papst Pius IX. verkündete Dogma von der UE ⋒s wird zuerst von der Stadt Braga am 6./7.1.1855 feierlich begangen. Die Regierung in Lissabon authorisierte das Dogma nach dem Plazet der Cortes erst am 9.3.1855 und stimmte mit Schreiben vom 19. März an die port. Bischöfe der öffentlichen Bekanntgabe zu. Am 16.4.1855 fand in der Kathedrale von Lissabon in Anwesenheit von König Fernando ein feierlicher Dankesgottesdienst statt. Im selben Jahr veröffentlichte der port. Jesuit Carlos Joâo Rademaker sein Werk »O triumpho da Igreja Romana na definição do dogma da Immaculada Conceição de Maria« (Lisboa 1855). Zuzustimmen ist dem port. Historiker Sebastiâo Martins dos Reis mit dem Hinweis darauf, daß Verehrung sowie Protektion der GM über das Land tief in Geschichte und Seele P.s verwurzelt sind. Im Gruß des port. Volkes »Salve nobre Padroeira« kommt die vertrauensvolle Hinwendung P.s an seine Schutzherrin zum Ausdruck. Nach der Untersuchung politischer, geistes- und kulturgeschichtlicher Zusammenhänge in P. unter dem Aspekt marian. Frömmigkeit erweist sich die in Erinnerung an die Dogmenverkündigung 1854 von P. Silveira Malhâo komponierte Hymne zu allen Zeiten historisch voll berechtigt: »O glória da nossa terra, que tens salvado mil vezes, enquanto houver Portugueses, Tu serás o seu amor.« (»O Ehre unseres Landes, das Du schon tausend Mal gerettest hast; solange es Portugiesen gibt, wirst Du, Patronin Portugals, ihre Liebe sein.«)

4. Portugiesische Marienwallfahrtsorte. Größter Wallfahrtsort von internat. Bedeutung ist → Fátima in Mittelportugal. Seine Ausstrahlung als rel. Mittelpunkt der Nation trägt seit den dreißiger Jahren zur herausragenden geistlichen Erneuerung P.s bei. Im Zuge weltpolitischer Vorgänge am Ausgang des 20. Jh.s stellt Fátima seine politisch-rel. Sprengkraft in verstärktem Ausmaß unter Beweis. Der Dank für die Verschonung P.s als unmittelbaren Schauplatz des Zweiten Weltkriegs kommt in der 1959 errichteten Fatima-Kapelle im Sockel der Christkönigs-Statue von Lissabon zum Ausdruck.

a) Nazaré, der traditionsreichste Wallfahrtsort P.s, liegt an der mittelport. Atlantikküste. Auf dem über der Bucht von Nazaré liegenden Steilhang Sítio, wird mit der Nossa Senhora da Nazaré das älteste Gnadenbild P.s verehrt. Nach der Überlieferung wurde das Gnadenbild vom hl. Joseph geschnitzt, vom hl. Lukas bemalt und kam im 4. Jh. über den hl. Hieronymus an den hl. Augustinus, der es dem Kloster Cauliniana bei Mérida schenkte. Der letzte Westgotenkönig Rodrigo flüchtet nach der Niederlage bei Guadalete 713 gegen die Mauren nach Mérida und führt anschließend ein Anachoretenleben auf dem Sítio über Nazaré. Das Bild bleibt bis zur Wiederentdeckung 1179 verborgen. Der Adelige Fuas Roupinho läßt 1182 eine Einsiedelei errichten. König Dom Fernando legt 1377 den Grundstein zu einer größeren Kirche. Die heutige Wallfahrtskirche geht auf das 17. Jh. zurück. Hauptfeste sind ⋒e Himmelfahrt und ⋒e Geburt.

b) Sameiro. Der zweitgrößte ⋒wallfahrtsort des Landes, Nossa Senhora da Conceição do Sameiro, besteht im Norden auf dem Monte Sameiro oberhalb Bragas. Die Stadt Braga, das port. Rom, hatte die Approbation des Dogmas von der UE durch die port. Regierung nicht erst abgewartet und beging den Anlaß bereits am 6./7.1.1855 mit großen Feierlichkeiten. P. Martinho da Silva (1812–75), Priester der Erzdiözese Braga, regte daraufhin 1861 die Errichtung eines Denkmals zur Erinnerung an das Dogma an. Mit dem Bau begann man 1863, eingeweiht wurde das Denkmal im August 1869. Nach einem Anschlag auf die Marmorstatue 1883 erfolgte im August 1890 die Grundsteinlegung für das heutige Gotteshaus, einen mächtigen Kuppelbau im Rang einer Basilika. Die Statue wurde als »Virgem Imaculada do Sameiro« 1876 durch Papst Pius IX. geweiht. Auf Sameiro fanden 1926 und 1954 zwei Nat. Marian. Kongresse statt. Eine Bronzestatue beim Missionsseminar der Karmeliten erinnert an den Besuch Papst Johannes Pauls II. im Mai 1982. Die großen Jahreswallfahrten finden am ersten Sonntag im Juni und letzten Sonntag im August statt.

5. In Portugal entstandene Marianische Orden, Kongregationen und Laienbewegungen. Congregação das Irmâs Franciscanas Hospitaleiras da Imaculada Conceição, gegründet am 3.5.1871 von P. Raimundo dos Anjos Beirão und Madre Maria Clara do Menino Jesus; Ziel: Dienst am Nächsten, v. a. an Verlassenen. — Congregação de Jesus, Maria e José, gegründet 1880 von Rita Lopes de Almeida. — Irmâs Franciscanas de Nossa Senhora das Vitórias, gegründet am 15.1.1884 von Sr. Maria de Sâo Francisco Wilson; Ziel: Armenhilfe, Mitarbeit in der Pastoral, Krankenpflege. — Congregação das Servas de Nossa Senhora de Fátima, gegründet am 15.10.1923 von Luisa Andaluz; Ziel: Apostolat und Mitarbeit in der Pastoral; Mitarbeit am Wallfahrtsort Fátima. — Associação dos Servitas de Nossa Senhora de Fátima, gegründet 1924 durch Bischof José Alves Correia da Silva; ab 1926 weiblicher Zweig Pia Uniâo dos Servitas de Nossa Senhora de Fátima; Ziel: Laienapostolat; Mitarbeit in Pastoral. — Religiosas Reparadoras de Nossa Senhora das Dores de Fátima, gegründet am 6.1.1926 von Domkapitular Dr. Manuel Formigâo; Ziel: Anbetung und Sühne. — Pia Uniâo dos Cruzados de Fátima, gegründet am

20. 4. 1934; heutiger Name: Movimento dos Cruzados de Fátima mit von der Port. Bischofskonferenz im Juli 1984 approbierten Statuten; geistlicher Direktor ist der Bischof von Leiria-Fátima. Ziel: Verbreitung und Leben der Botschaft von Fátima durch Gebet, Wallfahrten und Krankenpflege. — Congregaçâo das Irmâs Concepcionistas ao serviço dos pobres, gegründet am 20. 3. 1936 von Madre Maria Isabel da Santissima Trindade; Ziel: Armenfürsorge. — Congregaçâo das Servas Franciscanas de Nossa Senhora das Graças; gegründet am 8. 12. 1967 von Sr. Maria das Graças Rosa; Ziel: Verehrung ₥s als Mittlerin aller Gnaden. — Franciscanas da Imaculada Conceição e Sâo Miguel Arcanjo. — Servas da Divina Providência de Maria Auxiliadora e do Próximo.

QQ: Anuário Católico de P., Lissabon 1991.
Lit.: A. Pimentel, História do culto de Nossa Senhora em P., Lissabon 1899. — S. M. dos Reis, As catedrais portuguesas e a dedicação a Santa Maria, 1954. — Avelino de Jesus da Costa, A Virgem Maria Padroeira de P. na Idade Média, In: Lusitania Sacra 2 (1957) 7—98. — F. Leite, História do Sameiro, 1964. — M. de Oliveira, Santa Maria na história e na tradição portuguesa, 1967. — J. O. Bragança, A devoção dos portugueses a Nossa Senhora, In: Communio. Revista Internacional Católica 4 (1987) 54—70. — G. J. A. C. Dias, A devoção do povo português a Nossa Senhora nos tempos modernos, 1987.
St. Gatzhammer

II. LITERATURWISSENSCHAFT. Sieht man von dem in Lat. oder Span. geschriebenen im eigentlichen Sinn theol. oder devotionalen Schrifttum (Predigtsammlungen etc.) ab, so sind die über 400 Gedichte der »Cantigas de Santa Maria« → Alfons' X. des Weisen (1221—84) das erste ausschließlich der Jungfrau ₥ gewidmete Werk der port. Literatur, das in Galaico-Port. geschrieben wurde, der vom 12. bis zum Ende des 14. Jh.s für die Lyrik der iberischen Halbinsel bestimmenden Sprache. Auch in der Troubadourdichtung war der Bezug auf ₥ häufig (Cancioneiro da Ajuda, Cancioneiro da Biblioteca Nacional, Cancioneiro da Vaticana).

Bei der führenden Stellung und dem großen Gewicht, das die Monarchie in P. besaß, hatte ihre stets enge Verbundenheit mit Religion und Kirche prägende Bedeutung. Der erste König der Aviz-Dynastie, João I. (1365—1433), übersetzte ein lat. ₥-Stundenbuch (Horas de Nossa Senhora) ins Port. Sein Sohn und Nachfolger, D. Duarte (1391—1438), eine Gelehrtennatur, widmet das Kapitel 35 seines »Leal conselheiro« der UE, die er gegen Zweifler verteidigt. Auch sein gelehrter und weitgereister Bruder D. Pedro, nach dem Tode D. Duartes Regent, soll ₥dichtungen verfaßt haben.

In den etwa gleichzeitig entstandenen »Laudes e Cantiguas Espirituais« des Mestre André Dias (ca. 1348—1440) erscheint eine Reihe von Lobgedichten auf die GM. Der »Cancioneiro Geral« des Garcia de Resende (1470?—1536) enthält ₥gedichte von D. João Manuel († ca. 1500), dem Großkämmerer und Ratgeber Manuels I., Luís Anriques, Diogo Brandão († ca. 1530) u. a.

Bedeutende ₥gedichte, die sich z. T. deutlich an liturg. Vorlagen orientieren und diese lyrisierend umformen, stammen aus der Feder Gil Vicentes (»O gloriosa dómina, rezado a versos pelos clérigos ...«), der in der Literaturgeschichte als Begründer des port. Theaters einen prominenten Platz hat. Entgegen seinem sonst eher populären und satirischen Duktus zeigt seine ₥dichtung bemerkenswerte theol. Kenntnisse und, etwa in den personifizierten Tugenden, die im »Auto de Mofina Mendes« die Geburt Jesu kommentieren, Zartheit und Feingefühl.

Die Renaissance, die in P. weit weniger pagan und traditionskritisch geprägt war als in Italien oder den der Reformation näherstehenden Ländern, brachte kein Zurücktreten des ₥themas in der Literatur. Schon voll in der europäischen Renaissance stehend, schrieb Sá de → Miranda, eine bedeutende und originelle Dichtergestalt (1481?—1558?) — er hatte nach einem längeren Italienaufenthalt die lit. Formen der ital. Renaissance in P. eingeführt — die an Petrarca geformte Kanzone »Virgem formosa que achastes a graça«. — Aus der großen Schar derer, die ₥ im 16. und 17. Jh. lit. huldigten, wären v. a. Frei Agostinho da Cruz († 1619) und sein Bruder Diogo Bernardes (1530—96) hervorzuheben. Ein Schwerpunkt der ₥dichtung des Diogo Bernardes liegt in den »Várias Rimas ao Bom Jesús« (1594). In seiner »Canção a Nossa Senhora que o Autor fez estando cativo«, entstanden in maurischer Gefangenschaft, in die er nach der Schlacht von Alcácer Quibir (1578) geraten war, und in einem Sonett, in dem er ein Boot, das man »Nossa Senhora da Boa Viagem« getauft hatte, dem besonderen Schutz der Jungfrau anempfiehlt, hat er bewegende Zeugnisse über die Rolle der MV in existenziellen Bedrängnissen des Einzelnen und der damaligen port. Lebensrealität hinterlassen. Sein Bruder, der sich mit zwanzig Jahren als Kapuziner in die Einsamkeit eines Klosters in der Serra d'Arrábida zurückzog und der als Agostinho da Cruz einer der größten rel. Dichter P.s wurde, begegnet der Jungfrau in seiner Dichtung mit starker, zweifellos von seinen Lebensumständen geprägten Verinnerlichung, aber auch jener für die port. MV so charakteristischen Familiarität, wenn er sie »Himmelskönigin«, aber zugleich »unsere Nachbarin« nennt, »so besorgt um uns, daß die Medizin schon kommt, noch ehe wir nach Euch rufen« (»Redondilhas a Nossa Senhora«). Frei Tomás de Jesús (1529—82) schrieb unter Umständen, von deren Härte er selbst berichtet hat, in maurischer Gefangenschaft »Trabalhos de Jesús«, in denen ₥ einen bedeutenden Platz einnimmt.

Camões (1524?—80) erwähnt ₥ an verschiedenen Stellen in seinem Nationalepos »Os Lusíades«, aber auch in zahlreichen Gedichten; in der 9. Elegie begleitet der Dichter mit Trost und liebevollem Zuspruch ₥ auf ihrem schweren Weg zum Kalvarienberg. Weitere lit. Zeugnisse der ₥thematik stammen aus der Feder Andrade Caminhas, António Ferreiras, Baltasar Dias' und des Fernão Alvares do Oriente.

So künstlerisch fragwürdig die M dichtung des 17. und 18. Jh.s heute erscheinen mag, folgt sie doch stilistisch dem die iberische Barocklyrik weitgehend prägenden »Gongorismus«, muß doch ihre Quantität als bemerkenswert notiert werden, nicht zuletzt im Hinblick auf die Vielfalt und gelegentliche Originalität der Formen und Gattungen.

Frei Luís de Souza (1555—1632), dessen bewegendes menschliches Schicksal Almeida Garrett als Vorbild zu einer romantischen Tragödie nahm, schrieb »Considerações das lágrimas que a Virgem Nossa Senhora derramou« (Lissabon 1645). Francisco Matos de Sá verfaßte ein »Livro de Nossa Senhora do Desterro« (1620; im gleichen Jahr erschien auch sein »Tratado da Pura Conceição da Virgem«), Manuel Mendes Barbuda e Vasconcelos veröffentlichte ein langes Gedicht über das Leben M s, »Virgínidos« (1667). Francisco Rodrigues Lobo (1580—1622) ruft zu Beginn seines epischen Gedichtes »O Condestabre de Portugal« (1610), das von Nuno Álvares Pereira, dem Sieger von Aljubarrota und großen M verehrer handelt, die Jungfrau um Inspiration an. José Correia de Brito schrieb eine »glosa«, eine im iberischen Raum beliebte profane Gedichtart, über das Salve Regina (1677). P. André Nunes da Silva (1630—1705) verfaßte, einem Gelübde folgend, jedes Jahr des ihm verbleibenden Lebens ein Sonett zu Ehren M s (»Voto Métrico e Aniversário à Conceição da Virgem Nossa Senhora«, 1695). Miguel Leitão de Andrade (1555—1630), nach der Niederlage von Alcáçer Quibir in Fez gefangen, dann aber nach P. entkommen, schrieb historische Notizen über ein M heiligtum seines Geburtsortes, »Miscelánea do Sítio de Nossa Senhora da Luz do Pedrógão Grande«. Die Ordensschwester Soror Violante do Ceu (1601—93), ob ihrer kunstvollen konzeptistischen Dichtung von den Zeitgenossen als »zehnte Muse« und »Phönix der lusitanischen Genies« gefeiert, schrieb »Oitavas a Nossa Senhora da Conceição« (1665). Francisco Manuel de Melo (1608—66) gewann in einem Dichterwettbewerb über die UE mit einem von ihm eingereichten Sonett den ersten Preis. Von den weiteren Dichtern, die marian. Themen bearbeiteten, seien noch Domingos dos Reis Quita (1728—70) und Frei José do Coração de Jesus († 1795) genannt.

Seit dem 16. Jh.s entstehen in Prosa Lebensgeschichten der Jungfrau M, Betrachtungen und Meditationen, etwa auch zum Rosenkranz, die auf eine intensive individuelle M frömmigkeit schließen lassen. Zu nennen wären Fr. Amador Arrais (1530—1600; »Diálogo da invocação de Nossa Senhora«) oder Fr. Nicolau Dias († 1596; »Livro do Rosário de Nossa Senhora«, Lissabon 1573), Fr. António Rosado (»Tratados em louvor do Santíssimo Rosário«, Porto 1622), Fr. Tomé de Jesus († 1582; »Oratório Sacro [...] e várias Devoções a Nossa Senhora«, Madrid 1628), António Vaz de Souza (»História da vida da Virgem Maria«, Lissabon 1626), António de Macedo (1606—82; »Eva e Ave«), D. Fernando da Cruz († 1710; »Amores de Maria Santíssima«, Lissabon 1682, und »Escola de amor de Maria Santíssima«, Lissabon 1689). 1652 war in Goa ein in äthiopischer Sprache von António Fernandez verfaßtes M leben, das der Patriarch von Äthiopien, D. Afonso Mendes, ins Port. übersetzt hatte, erschienen.

Wirklich lit. Wert erreichen die »Meditações sobre os principais mistérios da Virgem Santíssima« (Lissabon 1706) des Oratorianers P. Manuel Bernardes (1644—1710). António Vieira (1608—97), einer der bedeutendsten und originellsten Vertreter des port. und brasilianischen Klerus im 17. Jh., dessen Predigten zum klassischen Bestand der port. Literatur gehören, hat zahlreiche von ihnen der Jungfrau M gewidmet (u. a. »Sermão da Conceição da Virgem Nossa Senhora«; »Sermão de Nossa Senhora da Graça«). Der in Brasilien erzogene Jesuitenpater Alexandre de Gusmao schrieb in Brasilien »Rosa de Nazaré« (Lissabon 1715).

Das aufklärerische Denken gewann im P. des 18. Jh.s weniger Raum und Verwurzelung als im übrigen Europa. König João V., ein hochgebildeter Herrscher, der unter äußerst starkem kirchlichen Einfluß stand und dessen Frömmigkeit auch deutliche Züge von Aberglauben und Bigotterie zeigte, hatte von Benedikt XIV. sogar den Titel »Fidelíssimo« verliehen bekommen. Er entsprach damit freilich weitgehend einer unveränderten rel. Grundstimmung, in der z.B. auch die Dichterakademien rel. Embleme als Symbole wählten, so die Arcádia Ulyssiponense die Lilie, als Zeichen der UE. Daß die in diesen Akademien verbundenen Dichter auch der Jungfrau huldigten — im genannten Fall etwa einer der Gründer, António Dinis da Cruz e Silva (1731—99) — war selbstverständlich. Doch auch den Idealen der Arcádia weniger verbundene Dichter behandelten marian. Themen. Selbst ein erklärter Bewunderer der franz. Revolution, der nach dem Abzug der Truppen Junots des Jakobinertums angeklagte und dann im Gefängnis gestorbene Domingos Torres (1748—1810), hatte eine Kantate zu Ehren der Jungfrau gedichtet. Ähnliches galt für den bitteren Spötter, Satiriker und Bohémien Manuel Maria de Barbosa du Bocage (1765—1803), der der Jungfrau zahlreiche Gedichte widmete.

In der ersten Hälfte des 18. Jh.s erscheint dann v. a. die Verehrung der Hll. Herzen Jesu und M e als neues rel.-lit. Thema, wie etwa bei Fr. Jerónimo de Belém (»Saudações Angélicas aos Santíssimos corações de Jesús, Maria e José«, Lissabon 1738) und P. Hipólito Moreira, ein Jesuit, mit seiner »Devoção e culto do Sacrossanto Coração de Maria santíssima« (Lissabon 1731). Als Betrachtungsbuch wurde auch in unserem Jh. noch das Werk des P. Teodoro de Almeida (1722—1804) »Estímulos do amor da Virgem Maria« (Lissabon 1759) gelesen.

Die intensive und extensive Tradition der MV im 17. und 18. Jh. bzw. ihre Manifestationen regten bald zu wissenschaftlich-historischer Beschäftigung mit ihr an: Manuel de Brito Alão veröffentlichte 1628 »Antiguidade da Sagrada Imagem de Nossa Senhora de Nazaré, grandezas do seu sítio«, einen idyllische Erzählung, die durch die Darstellung zeitgenössischer Frömmigkeits- und Verehrungsformen heute einen gewissen dokumentarischen Wert besitzt. Dem Mkult in der port. Welt und seinen Ausdrucksformen, nicht zuletzt in bildender Kunst und Architektur, ist das voluminöse Werk »Santuário Mariano« (10 Bde., Lissabon 1707—23) des Fr. Agostinho de Santa Maria gewidmet, eine für die Epoche und den port. Raum beeindruckende historische Arbeit.

Das 19. Jh. bringt, zumindest im Bereich der Dichtung, keine Abschwächung des Interesses für das Mthema, wenn auch in der Regel der eigentlich theol. Gehalt abnimmt. So findet M Erwähnung im Werk des liberalen, aber auch eine Rückführung der Lit. zu port. Themen und Motiven anstrebenden Romantikers Almeida Garrett (1799—1854), bei Vertretern der zweiten romantischen Generation wie António Feliciano de Castilho (1800—75), António Augusto Soares de Passos (1826—60) und João de Lemos (1819—90), dann Tomaz Ribeiro (1831—1901). M erscheint aber auch in der Dichtung des hochbedeutenden, aber einem orth. Katholizismus sehr fernstehenden Antero de → Quental (1842—91), des phil. Kopfs und bedeutenden Wortführers der eher antiklerikal progressistisch und »philosophisch« eingestellten Generation von 1870; er wendet sich an M als Zuflucht und Ruhepunkt in weltanschaulicher Erschütterung. Die Verkündigung des Dogmas von der UE — seit dem 15. Jh. ein ständiges Thema der port. Dichtung — findet natürlich ihr dichterisches Echo. 1886 übersetzt der Dichter Mendes Leal (1818—96) das Ave von Lourdes. Der Symbolismus und insgesamt die Dichtung des Jh.endes begegnen dem Mthema in einer Haltung, in der Frömmigkeit nur schwer von Ästhetizismus zu trennen ist; im letzteren Fall wäre M ein Stimmungselement, das Heiliges, Mystik, Erlesenheit, oder aber heimelige und »echte« Volkstümlichkeit konnotiert. In diesem Rahmen wären Dichter wie João de Deus (1830—96), Eugénio de Castro (1869—1940), António → Nobre (1866—1900) und Gomes Leal (1849—1921) zu nennen, dazu der Conde de Monsaraz (1852—1913) und António Correia de Oliveira (1879—1960), in dessen Dichtung das Mthema nicht zuletzt zum Ausdruck des Patriotismus (z.B. in »Hino a Nossa Senhora da Conceição de Vila Viçosa«) wird.

Bei all den Genannten entsprach M wohl nicht zuletzt einem tief verinnerlichten poetischen Frauenbild in P. Charakteristisch ist im Zusammenhang mit ihr die häufige Evokation einer heilen Kindheit, der Mutter etc. Einige Dichter schrieben ausschließlich ihr gewidmete Werke, z.B. Augusto Gil (1873—1929); »Alba Plena«, Lissabon 1916), Moreira das Neves, (»As Sete Palavras de nossa Senhora«, Lissabon 1938, und »Cantares de Santa Maria«, Lissabon 1954), schließlich auch der skandal- und klatschumwitterte António Botto (»Fátima«, Rio de Janeiro 1955). Die meisten dieser Dichter folgen traditionellen Stilformen, benützen z.T. sogar noch immer das seit dem Barock überkommene Bilder- und Metapherninventar. Entschieden modernere Behandlungen erfährt das Mthema in der Dichtung etwa bei Vitorino Nemésio (z.B. in »Nem Toda a Noite a Vida«, 1953) und Rui → Cinatti.

Im 20. Jh. ist nicht zuletzt die lit. Verarbeitung des Fatima-Themas von Interesse. Ein Höhepunkt der zahlreichen lit. Werke, von denen auch einige übesetzt wurden, ist Antero de Figueiredos »Fátima«, (Lissabon 1936). Afonso López Vieira schrieb den Text zu dem Oratorium »Fátima« von Ruy Coelho. Eine weitere lit. Verarbeitung des Mthemas liefert der Romancier Nuno de Montemor mit dem Buch »A Virgem« (Lissabon 1931).

Ein eigenes Kapitel wäre schließlich der Mdichtung in der port. Folklore zu widmen. Charakteristisch ist auch für sie die volkstümliche Form der »quadra« (siebensilbige Vierzeiler, z.T. gesammelt bei Pires de Lima, 1942). Typisch ist in ihnen die Vorliebe für eine bestimmte Statue, eine bestimmte Kapelle etc., die Familiarität und Intimität signalisieren, aber auch gewisse pagane Züge. Bemerkenswert ist weiter ein oft erstaunliches theol. Wissen bzw. die Faszination durch bestimmte schwierige theol. Sachverhalte. Neben ihnen sind auch in reichem Maße kirchlich-liturg. Bilder und Vergleiche in diese Dichtung eingegangen.

WW: Neben den o.a. Werken auch Oliveira Dias, Florilégio Fátima, ²1945. — A.P.Moreira, Cancioneiro da Virgem, 1926. — A.Augusto da Fonseca Pinto, Parnasso mariano, 1926. — C.de Frias, Cem das melhores poesias religiosas da língua portuguesa, 1932.

Lit.: A.Pimentel, História do Culto de Nossa Senhora em P., Lissabon 1899. — M.Anaquim, O Génio português em pés de Maria, Lissabon 1904. — A.Pires de Lima, A poesia religiosa na literatura portuguesa, 1942. — A.Pina, Nossa Senhora na poesia portuguesa, In: Mensageiro de Maria V—XI (1940). — A.Pares, Gil Vicente, poeta de Nossa Senhora, 1941. — F.Pires de Lima, O simbolismo cristão na cantiga popular, 1941. — A.Proença, Como o povo reza, 1941. — A.de Figueiredo, Fátima, 1943. — J.A.Pires de Lima, Nossa Senhora em P., 1946. — M.Dulce Leão, Notre Dame dans la littérature portugaise, In: Manoir II 239—272. — A.Cortez Pinto, A presença da virgem na literatura portuguesa, In: Fátima, Altar do Mundo I, 1953, 145f. — J.F.Nunes Barata, O culto de Nossa Senhora na poesia lírica portuguesa, In: Estudos 32 (1954); 33 (1955). — S.Martins dos Reis, Cancioneiro de Fátima, 1957. — M.Martins, Ladainhas de Nossa Senhora em Portugal (Idade Média e Século XVI), 1961. — P.Miguel de Oliveira, S.Maria na história e na tradição portuguesas, 1968. — M.Martins, Nossa Senhora (Na literatura portuguesa), In: Dicionário de literatura II, ³1976, 737—740. *W. Kreutzer*

Posilovic, Pavao, OFM, * um 1600 in Glamoc, † um 1653, war Lektor und Erzieher auf der kleinen Insel Visovac in Kroatien. 1646 wurde er Bischof des Bistums Skradin, wirkte auch im Bistum Makarska und wurde 1647 Apost. Vikar für Slawonien. Als 1650 Kaiser Ferdinand III. einen neuen Bischof in Slawonien einsetzte, zog er sich ins Kloster des Mwallfahrtsortes Olovo in

Bosnien zurück, schrieb und ließ in kroatisch »Bolsančica« drucken, zwei Werke, die hauptsächlich aus ital. Schriftstellern kompiliert sind. Im Unterschied zu ihnen vertritt P. die UE ⓜs und fügt bes. Gebete hinzu. Im Buch »Nasladienje« bringt er zwei längere Lieder auf die Herrlichkeit der unbefleckten Jungfrau und glorreichen himmlischen Königin, der Madonna von Visovac (226 Verse) und der übermächtigen Jungfrau ⓜ von Olovo, die auf der ganzen Welt denen, die sich ihr mit ganzem Herzen empfehlen, viele Wunder wirkt (440 Verse). Sie haben mehrere Auflagen erlebt. P. wurde so ein bedeutender Verbreiter der MV bei den Christen, die in ⓜ ein Vorbild sahen und von ihr Trost in den schwierigen Zeiten der türkischen Herrschaft suchten.

WW: Nasladienje duhovno, Venezia 1639. — Cviet od kriposti duhovni i tielsnie, ebd. 1647.
Lit.: P. Kolendic, Fra P. P. i njegovo »Nasladienje«, In: Rad JAZU 205 (Zagreb 1914) 168—217. — J. Ravlic, Zbornik poze XVI. i XVII. stoljeca (Pet stoljeca hrvatske knjizevnosti, 11), 1972, 241—264.
V. Kapitanović

Possenti, Francesco (Gabriele dell' Addolorata), hl. Passionist, * 1.3.1838 in Assisi, † 27.2.1862 zu Isola del Gran Sasso (Abruzzen), war das elfte Kind des päpstlichen Gouverneurs Sante Possenti und seiner Frau Agnese. Schon früh verlor er seine Mutter (1842). Zunächst von den Christl. Schulbrüdern in Spoleto unterrichtet, besuchte er dann 1850—56 das dortige Jesuitenkolleg. Seine Begabung für Dichtung und Rhetorik fand damals allgemeine Bewunderung. Trotz eines gewissen Hangs zu Leichtsinn und Eitelkeit entschloß er sich, in das Passionistennoviziat Morrovalle einzutreten. Als Ordensstudent zeichnete er sich durch vorbildliche Regeltreue und großen Gebetsgeist aus. An Tuberkulose erkrankt, erlag er im 24. Lebensjahr seinem geduldig ertragenen Leiden. 1908 erfolgte die Selig-, 1920 die Heiligsprechung. Er ist Mitpatron der kath. Jugend Italiens.

Das hervorstechendste Charakteristikum seines geistlichen Lebens war die tiefe Liebe zu ⓜ, die er bes. als Schmerzensmutter verehrte. Grundgelegt in der Familie, erhielt diese Hingabe an die Selige Jungfrau weitere Impulse durch die Mitgliedschaft in rel. Vereinigungen, wie der Skapulierbruderschaft oder der Marian. Kongregation. Der Anblick ihres hochverehrten Gnadenbildes, der »Hl. Ikone«, das bei einer Prozession durch Spoleto getragen wurde, ließ ihn schließlich seiner Ordensberufung folgen. Der neue Ordensname Gabriel von der schmerzhaften Mutter hatte für ihn programmatische Bedeutung. Später legte er sogar das Privatgelübde ab, die Verehrung der Schmerzen ⓜs zu fördern. Zu einem Mitbruder sagte er einmal: »Mein Paradies sind die Schmerzen meiner Mutter« (Fonti 136). Unter dem Einfluß des Buches »Die Herrlichkeiten Mariens« von → Alfons v. Liguori verfaßte P. als Theologiestudent ein marian. Glaubensbekenntnis (1860/61). Dieses »Simbolo della Madonna« stellt die Summe seiner ⓜfrömmigkeit dar. Es fügt in einer bekenntnishaften Form Aussprüche von Kirchenvätern und Heiligen über die Vorzüge ⓜs aneinander. Die Briefe P.s sind voll von Hinweisen auf die wichtige Stellung ⓜs im Erlösungsplan Gottes. Er vertraute fest der Macht ihrer Mittlerschaft zur Erlangung des ewigen Heils: »Wie kann ich fürchten, daß die Madonna mich nicht ins Paradies bringt, wenn sie mir schon so viele weniger bedeutende Gnaden erwiesen hat?« (Fonti 201). Diese Macht durfte er noch in seiner Todesstunde durch eine Vision sichtbar erfahren.

QQ: Fonti storico-biografiche di S. Gabriele dell' Addolorata, ed. N. Cavatassi und F. Giorgini, 1969.
WW: Germano di S. Stanislao, Leben und Briefe des hl. G. P., 1923. — Scritti di S. Gabriele dell' Addolorata, Studente Passionista, ed. B. Ceci, 1963. — Lettere familiari ed altri scritti, ed. T. Zecca, 1981.
Lit.: E. Burke, Happy was my youth, 1961. — T. Zecca (Hrsg.), S. Gabriele dell' Addolorata ed il suo tempo, 3 Vol., 1983—89. — F. D'Anastasio, Vita e risveglio di S. Gabriele dell' Addolorata, 1985. — F. Holböck, Geführt von Maria, 1987, 486—490. — J. C. Delion, Un visage de lumière, 1988. — G. Cingolani, Gabriele dell' Addolorata, 1988. — G. Lenzen, G. P., 1988. — BSS V 1336—39 (Bild). — DSp VI 1ff. (Lit.).
G. Lenzen

Post partum virgo Maria. Sequenz der 1. Epoche aus sechs streng parallel gebauten Strophenpaaren mit Eingangs- und Schlußstrophe: Alle Strophen und innerhalb dieser auch die meisten Zeilen enden auf -a. Auf einen besonderen Festanlaß ist nicht hingewiesen. Im Verein mit den Heiligen, der Erde, den Flüssen und Wäldern preist die Sequenz die GM; die Bitte um Fürsprache und Erbarmen bildet den Schluß. Die Sprache ist lebhaft und gewandt. Melodie: Post partum. Die Sequenz ist seit dem 10. Jh. in zahlreichen Handschriften, auch in Drucken, belegt; die Herkunft ist unbekannt.

Ausg.: AHMA 53, 190. — Kehrein 237.
Lit.: Chevalier 15178. — Schaller-Könsgen 12222.
B. Gansweidt

Postel, Maria Magdalena, hl. Ordensgründerin, * 28.11.1756 in Barfleur/Normandie, † 16.7.1846 in St-Sauveur-le-Vicomte (Diözese Coutances), unterrichtete schon als Mädchen die Kinder und Jugendlichen der kleinen Hafenstadt. In der Franz. Revolution übernahm P. seelsorgliche Aufgaben und trug Sorge für die verwahrloste Jugend. Die vielfältige Not der nachrevolutionären Zeit drängte sie schließlich zur Gründung einer klösterlichen Gemeinschaft, die am 8.9.1807 in Cherbourg entstand und der sie den Namen »Arme Töchter der Barmherzigkeit« gab. Nach langen Jahren, in denen die kleine Gemeinschaft mehrmals den Ort ihres Wirkens wechseln mußte, zog P. am 15.10.1832 mit ihren Schwestern in die Ruinen der ehemaligen Benediktinerabtei St-Sauveur-Le-Vicomte, die sie unter großen Schwierigkeiten zum Mutterhaus der Gemeinschaft aufbaute. Von Papst Pius X. wurde sie am 17.5.1908 selig- und von Papst Pius XI. am 24.5.1925 heiliggesprochen (Fest: 17. Juli). — Nach dem Zweiten Vaticanum nannte sich die Gemeinschaft »Schwestern der hl. M. M. Postel«. Sie umfaßt heute einen franz. und einen dt. Zweig mit Niederlassungen in Holland, England, Italien und Übersee und hat ca. 1200 Mitglieder.

In der Spiritualität der hl. M. Magdalena nahm M einen wichtigen Platz ein. Schon als Kind fühlte sie sich hingezogen zum Bild der Schmerzensmutter in der heimatlichen Pfarrkirche. M war für sie der Schlüssel zur unendlichen Liebe Gottes, weil durch sie in Jesus Christus die Barmherzigkeit Gottes den Menschen nahegekommen ist. Sie verehrte sie bes. unter dem Titel »Mutter der Barmherzigkeit«. Nicht von ungefähr erfolgte die Gründung ihrer klösterlichen Gemeinschaft am Fest Me Geburt, das zugleich das Fest ULF von der Barmherzigkeit ist. Ihr weihte P. ihr Institut; auf diesen Titel ließ sie an allen Orten, wo sie mit ihren Schwestern wohnte, die Hauskapelle weihen. Auch die Mutterhauskirche von St-Sauveur-le-Vicomte ist neben der Hlst. Dreifaltigkeit ULF von der Barmherzigkeit geweiht. In den fast zwei Jashrzehnten, in denen die junge Schwesterngemeinschaft sechs Mal den Ort wechseln mußte, bis sie endlich eine feste Heimat fand, trug P. auf den Wegen von Ort zu Ort eine kleine steinerne Pietà in den Armen. Sie bildete später den einzigen Schmuck ihrer ärmlichen Zelle. Immer wieder sagte sie ihren Schwestern: »Rufen wir die liebe Gottesmutter oft unter dem Titel ›Mutter der Barmherzigkeit‹ an!« (Dröder 297). Beim Aufenthalt der Schwestern in Tamerville führte sie die tägliche Maiandacht in der dortigen Pfarrkirche ein. Bei diesen Andachten sprach sie zu den Gläubigen von der Macht und Güte der GM. Wo sie nur konnte, regte sie ihre Verehrung an. Die »Wunderbare Medaille« der K. →Labouré verbreitete sie mit großem Eifer unter den Schülerinnen ihres Instituts. Die Mfeste waren immer hervorgehobene Tage im Leben der Heiligen und ihrer Schwestern. Am Fest Me Heimsuchung 1846 kündigte sie an, daß sie nur noch ein Mfest erleben werde. Es war das Fest ULF vom Berge Karmel (16. Juli).

QQ: F.-G. Delamare, Vie édifiante de la très honorée Superieure Marie-Madeleine née Julie Postel, Coutances 1852, ²1880. — J. Dröder, Die sel. M. M. P., Einsiedeln 1909 (Das Werk fußt auf der zweibändigen Biographie von Msgr. Legoux, 1906, der bei den Verhandlungen der Seligsprechung als Richter tätig war.). — Causa Beatificationis et canonizationis Mariae Magdalenae..., Rom 1897–1924.
Lit.: H. G. Wink, M. M. P., 1938. — W. Hünermann, Die Seilerstochter von Barfleur, 1956, ⁵1988. — D. Voß, Ein Leben für Gott — Mutter M. M. P., 1959. — J. Gautier, La véritable vie héroique de ste. M.-M. P., 1971. — BSS VII 1131–35 (Bild). — DIP V 963 f.
M. B. Schneiders

Potosí. Die reiche Minenstadt im damaligen Hochperu zählte 14 Gnadenbilder Ms. Sie ist bedeutend für die Verbreitung der Verehrung von »NS de Guadalupe« (von Villuercas, Extramadura) in Südamerika. Angeregt und gefördert wurde diese Form der MV durch Bischof Alonso Ramírez de Vergara von Chuquisaca (Ciudad de la Plata de Nueva Toledo), der aus Extremadura stammte und eine bes. enge Beziehung zum Gnadenbild seiner Heimat hatte. Der Hieronymit Diego de Ocaña, der aus einem Kloster in Extremadura stammte, malte ein Bild ULF von Guadalupe für den Franzisanerkonvent in P. und veranstaltete im September 1601 eine große Festlichkeit zu Ehren der GM, wobei auch ein Schauspiel aufgeführt wurde, das von Diego Ocaña verfaßt war und die Geschichte des Guadalupebildes zum Inhalt hatte. Er richtete weitere Kapellen ein und regte Festfeiern zu Ehren ULF von Guadalupe an (La Plata, Tumina, La Laguna, La Paz und Chuquisaca). V. a errichtete er die Bruderschaften »NS de Guadalupe«, die wegen ihres Glanzes und Reichtums herausragten. Sie waren den Spaniern vorbehalten und einer ihrer Hauptzwecke war die Kollekte von Geldern für das span. Kloster. P. galt als vorbildlich für das Bruderschaftswesen im südlichen Amerika. Es gab dort 14 Bruderschaften, die jeweils für einzelene Berufsgruppen und Stände eingerichtet waren. Die Einschriebung wurde sehr strikt gehandhabt. So war die Bruderschaft »NS de Aranzazu« den Basken vorbehalten, »NS de la Soledad« den Kaufleuten und Händlern und »NS de la Asunción« den Indios, die Zwangsarbeit verrichten mußten.

Lit.: C. G. Villacampa, La Virgen de la Hispanidad o Santa María de Guadalupe en América, 1942. — L. Hanke, The 1608 Fiestas in Potosí, In: Boletín del Instituto Riva Agüero 3 (1956/57) 107–128. — A. Alvarez, Guadalupe, Pila Bautismal del Nuevo Mundo, In: Revista de Indias 20 (1960) nos. 7–9. 113–124. — J. Gracía Quintanilla, Historia de la Iglesia en La Plata I, 1964. - B. Arzans de Orsua y Vela, Historia de la Villa Imperila de P. III, 1965. — A. Alvarez, Guadalupe en la América Andina, 1969. — D. D. Ocaña, Un viaje fascinante por la Amèrica hispana del siglo XVI, 1969. — W. L. Lofstrom, The Promise and Problem of Reform, 1972. — M. Chacón, Arte virreinal en P.: Fuente para su historia, 1973. — J. M. Barnadas, La vida cotidiana en Bolivia, In: E. Dussel u. a. (Hrsg.), Historia General de la Iglesia en America Latina VIII: Peru, Bolivia y Ecuador, 1987, 137–145. — S. García (Hrsg.), Extremadura en la Evangelización del Nuevo Mundo. Actas y Estudios (Congreso celebrado en Guadalupe durante los días 24.–29. 10. 1988), 1990. — R. Nebel, S. María Tonantzin Virgen de Gudalupe. Rel. Kontinuität und Transformation in Mexiko, 1992.
H. Rzepkowski

Poulenc, Francis, * 7. 1. 1899 in Paris, † 30. 1. 1963 ebd., erhielt im Alter von fünf Jahren von seiner Mutter Klavierunterricht. Als Fünfzehnjähriger wurde er Klavierschüler des Ravel- und Debussy-Interpreten Ricardo Viñes, der ihn mit E. Satie und G. Auric bekannt machte. P. war bereits Mitglied der »Groupe des Six«, als er 1921–24 bei Ch. Koechlin studierte. Zwar ging seine Beschäftigung mit dem Kontrapunkt nicht über Bach-Choräle hinaus, doch reiste er 1921 mit Milhaud nach Wien zu Schönberg und dessen Schülern. 1924 gelang ihm mit seinem von Diaghilew aufgeführten Ballett »Les Biches« ein internat. beachteter Erfolg. Zu neuer Reife gelangte er um 1935, veranlaßt v. a. durch den tragischen Unfalltod seines Freundes Ferroud sowie den darauf erfolgenden Besuch in Notre Dame de Rocamadour. Die daraus erwachsende neuerliche Zuwendung zu seinem ererbten röm.-kath. Glauben zeitigte kompositorische Früchte in seinem ersten Chor- und Kirchenmusikwerk, der »Litanies à la vierge noire« (1936) für 3-stimmigen Frauenchor und Orgel, geschrieben in der Woche nach seinem Besuch in Rocamadour. Der Text ist syllabisch, in abwechslungsreicher Harmonik vertont; der Orgelsatz wirkt mit seinen Quintparallelen in Fauxbourdon-Manier archaisch. Die »Litanies« ist im modalen Stil gesetzt und vermeidet die üblichen Kadenzen; die Orgel unterbricht den Gesang durch inbrünstige chromatische Akkorde. Während seine »Messe in G-Dur« (1937) für bis zu 8-stimmigen gemischten Chor a cappella bei aller Diffizilität einen nüchtern herben Charakter bewahrt, ist das »Stabat mater« (1950) für Sopran-Solo, gemischten Chor und Orchester ein ungemein ausdrucksstarkes und bewegendes Werk. Starke Kontraste prägen die Komposition, so zwischen dem dahinjagenden »Cuius animam gementem« und dem statischen »O quam tristis«, oder den peitschenden Rhythmen des »Quis est homo« und dem geradezu pastoralen »Eia mater«. Die Farbigkeit der Orchestrierung wie der harmonische Reichtum bleiben dabei stets dem theol. Skopus der Texte untergeordnet. Zu welch zarten, ja ätherischen Klangwirkungen P. fähig war, zeigt das »Salve Regina« (1941) für gemischten Chor a cappella, ein homophoner, von typischen Klauseln gegliederter Satz, in einfacher Rhythmik und sparsam verwendeten Dissonanzen. Zu P.s bekanntesten Werken zählt sein »Konzert in g-moll für Orgel, Streicher und Pauken« (1938), das in seiner subtilen Streicherbehandlung, der virtuosen Solostimme und Formvollendung zu den bedeutendsten Schöpfungen dieses Genres gerechnet zu werden verdient. Auch für die Oper schrieb P., u. a. die »Dialogues des carmèlites« (1953—56) nach Texten von G. Bernanos. P.s Musik zeichnet sich aus durch ihren melodischen Reichtum, ihre klare musikalische Diktion, die Eleganz in Form und Ausdruck. Sein kirchenmusikalisches Oeuvre gehört zweifellos zu den Höhepunkten franz. KM überhaupt.

Lit.: W. K. Werner, The Harmonic Style of F. P., Diss., Ann Arbor/Michigan, 1966. — P. Bernac, F. P., 1977. — R. Brandt, Die rel. Musik von F. P. Eine Werkübersicht, In: KMJ 73 (1989) 97—117. — Grove XV 163—169. *M. Hartmann*

Poulhart des Places, Claude-Françoise, Ordensgründer, * 26. 2. 1679 in Rennes, † 2. 10. 1709 in Paris, trat nach Phil.- und Jura-Studium 1700 in das Jesuitenkolleg Louis le Grand in Paris ein, um Priester zu werden. Noch Student, erkannte er die katastrophale spirituelle und soziale Not der Pariser Arbeiter und v. a. der jungen Menschen aus Savoyen, die Priester werden wollten. Für ihre Betreuung konnte er Mitstudenten gewinnen, mit denen er am Pfingstsonntag (27. 5. 1703) — selber noch nicht Priester — die »Gemeinschaft vom Hl. Geist und der unbefleckt empfangenen Gottesmutter« gründete. Gemeinsam errichteten sie das »Seminar vom Hl. Geist« in Paris. P. wurde erst am 17. 12. 1707 in Rennes Priester, knapp zwei Jahre später starb er schon, weil er nie auf seine Gesundheit geachtet hatte.

In seinen 1705 geschriebenen »Regeln« (Règlements) für das »Seminar vom Hl. Geist« nannte P. als Aufnahmebedingungen für Seminaristen: tatsächlich gegebene Armut, Bereitschaft, sich später den am meisten Vernachlässigten und Ärmsten zu widmen, und die für die harte Ausbildung erforderlichen geistigen Voraussetzungen. Für Priester aus dem Hl.-Geist-Seminar verbot er die Annahme akademischer Ehrentitel und die Übernahme von Anstellungen, die mit Pfründen verbunden waren. Die »Regeln« bezeugen auch P.s Mfrömmigkeit: Die dem Hl. Geist Geweihten pflegen eine einzigartige Verehrung der UE Ms. Durch die Immaculata sind sie dem Hl. Geist übergeben. L. → Grignion v. Montfort, sein persönlicher Freund, regte P.s MV an.

Mit diesen Grundbedingungen eröffnet P. den Priestern des »Hl.-Geist-Seminars« den Weg auch in den Missionseinsatz. Das führte 1848 zur Vereinigung seiner »Gemeinschaft vom Hl. Geist« mit der von F. M. P. → Libermann 1842 gegründeten »Kongregation vom Heiligen Herzen Mariens«. Sie wurde nun genannt: »Kongregation vom Heiligen Geist unter dem Schutz des Unbefleckten Herzens Mariens«, kurz → Spiritaner (CSSp).

WW: Les écrits de M. C.-F. P. des P., ed. H. J. Koren, 1959 (franz.-engl.).

Lit.: H. Le Floch, Une vocation et une fondation au Siècle de Louis XIV. — C. F. P. des P., 1915. — J. Michel, C. F. P. des P., Fondateur de la Congrégation du St. Ésprit, 1962. — J. Th. Rath, Geschichte der Kongregation vom Hl. Geist. Bd. I: Das Pariser Seminar vom Hl. Geist für arme Kleriker, 1972. — H. J. Koren, To the Ends of the Earth. General History of the Congregation of the Holy Ghost, 1983. — J. Daly, Spiritan Wellsprings. The Original Rules of the Holy Ghost Congregation, 1986. — The Catholic Church in Moshi. Centenary Memorial, 1990. — NCE XI 639f. — DSp XII 2027—35 (Lit.). — DIP VII 192f. — Zs.: Cahiers Spiritains (engl.: Spiritan Papers), Rom 1960ff. *J. Henschel (W. Baier)*

Poussin, Nicolas, * Juni 1594 in Villers-en-Vexin bei Les Andelys, † 19. 11. 1665 in Rom, bedeutendster Vertreter des Klassizismus in der europäischen Barockmalerei mit eigentümlich franz. Note. Der zeichnerisch früh Begabte erhielt kaum regelmäßigen Unterricht, sondern entwickelte sich weitgehend autodidaktisch. Den ersten Kontakt zur Kunst fand P. durch den Provinzmaler Quentin Varin († 1634), der 1611/12 in Les Andelys Aufträge wahrnahm.

1612 ging P. nach Paris, wo er bis 1621 zwischen verschiedenen Malern (Noël Jouvenet, Ferdinand Elle, Georges Lallemand) wechselnd studierte. Auch ein Aufenthalt 1621 auf dem Schloß eines ihn fördernden Edelmanns aus dem Poitou blieb unbefriedigend, so daß P. für ein Jahr zu seinen Eltern zurückkehrte. Zweimal hat er in diesen Jahren vergeblich versucht, nach Rom zu gelangen. 1622 lernte P. neben Philippe de Champaigne Giovanni Battista Marino, den Hofpoeten der Maria v. Medici, kennen, der ihm den Zugang zur höfischen Gesellschaft eröffnete. Beide Gelehrte unterstützten als Kenner der Kunst Italiens eine Reise nach Rom. Im März 1624 in Rom angelangt, konnte der Maler seine Vorbilder (Antike, Raffael, Giulio Romano) im Original studieren.

Sein Gönner aus Paris vermittelte P. die Bekanntschaft mit Kardinal Francesco Barberini, dem Neffen Papst Urbans VIII., die ab 1625/26 zu ersten großen Aufträgen führte. 1627 lernte er schließlich den Sekretär des Kardinals Barberini Cassiano dal Pozzo kennen, der später sein größter Mäzen werden sollte. In Rom pflegte P. intensiv Umgang mit François Duquesnoy, Pietro da Cortona und Claude Lorrain. Malerisch ist er in dieser Zeit v. a. Einflüssen von Domenico Zampieri (Domenichino) und Annibale Carracci gegenüber offen.

Die rasch anwachsende Bekanntheit des Malers drang bis nach Paris, so daß ab 1638 die Kardinäle Richelieu und Mazarin versuchten, ihn ins Land zu ziehen. Erst Ende 1640 beugte sich P. dem Druck und reiste nach Paris. Bereits Ende 1642 wich der Künstler aber den künstlerisch beengenden Verhältnissen vor Ort aus und kehrte nach Rom zurück, das er bis zu seinem Tode nicht mehr verließ.

Die Entstehungsfolge der Werke P.s ist mit stilkritischen Mitteln nicht genau feststellbar, da seine Kunst keine großen Umbrüche und deutlichen Entwicklungsschübe erlebte. Sein Klassizismus entstand auf Grund gewissenhafter archäologischer Studien in Konkurrenz zur herrschenden röm.-barocken Auffassung Pietro da Cortonas und Guido Renis. Die Auseinandersetzung mit der Malerei Andrea Sacchis und bes. Domenichinos sowie die ausgiebige Lektüre antiker Autoren ließ bei P. eine Malerei für Gebildete erwachsen, die zum Verständnis der Bildinhalte eine vertiefte Kenntnis der griech.-röm. Mythologie erforderte.

Erst nach der Rückkehr nach Rom 1642 beschäftigte er sich vermehrt mit rel. Themen, deren Empfindungsgehalt durch die leidenschaftlich bewegte Handlungsführung und Gestik geäußert wird. Die ernsten und strengen Werke dieses Genres unterliegen einer ausgewogenen Komposition. Die Bilder profaner Themen sind nach der Lektüre antiker Quellen von Grund auf »erdacht«. Die Werke insgesamt zeigen eine außergewöhnliche Vielfalt und Fülle von Wirklichkeitsbeobachtungen, die antikisch-heroisch gewendet umgesetzt werden.

Die frühen Arbeiten des ersten Romaufenthalts verraten ihre Vorbildnähe zu röm.-hellenistischen Reliefs. In ihnen tritt eine starke Betonung des rhythmischen und kompositionell variierten Aufbaus zu Tage, die das Bildgeschehen auf wenige Figuren konzentriert und die Handlung als einzelne Aktionen isoliert. In den dreißiger Jahren werden die Figurengruppen vor antike Architekturhintergünde gesetzt. Diese Jahre zeichnen sich durch ein ausgewogenes Verhältnis von bewegtem Freiraum und Leerraum aus, das außerdem mit den bildparallelen Architekturgerüsten stabilisiert ist.

Nach der Parisreise bettet P. die Handlung in ruhige und heitere arkadische Örtlichkeiten, jedoch behandelt er die beiden Bildelemente getrennt, so daß das bewegte Figurenrelief wie auch der Bildgrund verselbständigt erscheinen. Während seines zweiten Romaufenthaltes hat P. somit seine Kompositionstechnik mit wechselnden Kulissen und austauschbaren Akteuren gewonnen. Die bildnerische Ordnung wirkt da wie die Entfaltung dekorativer Prinzipien, die die Angemessenheit von formendem Aufwand und inhaltlicher Aussage fordern.

M themen nehmen im Werk P.s einen bedeutenden Platz ein. Von der Mitte der dreißiger Jahre bis spät in die fünfziger hat er sich mit diesem Genre beschäftigt. Neben wenigen Szenen des Mlebens (Verkündigung, Anbetung der Magier und Hirten, Ruhe auf der Flucht, Kreuzigung, Grablegung, Himmelfahrt) malte er v. a. die Hl. Familie. Madonnen mit dem Kind alleine hat er nie gefertigt. Zu den frühesten Werken mit Szenen des Mlebens gehört die 1628/30 anzusetzende Rückkehr der Hl. Familie aus Ägypten (London, Dulwich College Picture Gallery). M ist hier als Einleitungsfigur an den linken Bildrand gesetzt und scheint durch ihre locker herabhängende rechte Hand den vom im Fährboot knienden Joseph gehaltenen Knaben voranschieben zu wollen. In ein blaßblaues Gewand gehüllt, das mit dem verschatteten Blau des Fährmannmantels korrespondiert, gibt sie sich zurückhaltend in sich versenkt. Einzig der Knabe bewegt sich lebhaft und sieht auch als einziger das in den Wolken von Engeln vorgezeigte Kreuz.

In der »Ruhe auf der Flucht« in der Schweiz (Winterthur, Samlung Oskar Reinhart, um 1632) ist das Ganze in eine friedvolle Landschaft verlegt. Den Rahmen geben zwei Säulen eines Tempels ab, die durch ein großes Tuch schräg durch die Bildfläche verbunden scheinen. Die Eltern sind im heiteren Spiel der Engel mit dem Christusknaben nur begleitende Figuren.

In der viel späteren »Ruhe auf der Flucht« (St. Petersburg, Eremitage, 1655—57) gibt P. die sich verstecken de Famlie eng gedrängt neben einem Gebäude. M umfängt das auf ihrem rechten Oberschenkel stehende Kind schützend mit beiden Armen und blickt auf die vor ihr kniende Elisabeth.

Von den wenigen Himmelfahrtsszenen ist die in Washington (Nat. Gallery, um 1631) die früheste. Sie folgt noch stark der röm. Malerei eines Carracci. Aus einem quer zur Bildfläche gestellten einfachen Sarkophag zwischen zwei Säulen entschwebt M von Engelskindern getragen in eine Wolkenzone, die ihr eine lichterfüllte Öffnung frei läßt. Die GM ist fast im Profil gegeben und weist noch nicht die antikische Festigkeit der Gestalt späterer Werke auf. So verfügt die himmelfahrende M von 1650 (Paris, Louvre)

N. Poussin, Anbetung der Könige, 1633, Dresden, Gemäldegalerie

trotz der sie stürmisch hochschiebenden Engel im freien Luftraum über eine eigene Kraft des Aufschwebens, die in der bewegten Haltung und dem deutlich unter dem fliegenden Gewand spürbaren Körper begründet liegt. Allein ein dünner Landschaftsstreifen am unteren Bildrand gibt noch den Anflug irdischer Festigkeit.

Passionsszenen hat P. äußerst selten gemalt. Eine Kreuzigung von 1645/46 (Hartford/Conn., Wadsworth Atheneum), die er volkreich und mit der entsetzt von rechts unter dem Schächerkreuz zu Christus aufblickenden Mutter gestaltet, wie die Grablegung von Dublin (Nat. Gallery of Ireland, 1654/56) und München (Beweinung, Alte Pinakothek, um 1626) sind die einzigen Werke hierzu. In der Münchener Version liegt der tote Sohn quer über den ausgestreckten Beinen der seitwärts wegsinkenden Mutter. Das Bild ist in einen grau durchsetzten Braunton getaucht, der die eigentümliche Farbe des Leichnams ins Braun gebrochen in die Landschaft überträgt. Signalfarbenhaft leuchten nur der unter dem Oberkörper Christi liegende blaue Mantel M's sowie ihr rotes Kleid hervor, das im roten Tuch unter dem Sarkophagdeckel rechts einen Widerhall findet. Im Dubliner Bild ist das Geschehen abgeklärter — nicht im Ausdruck der Emotionen, sondern in der Zuordnung der Figuren zueinander.

Zweimal hat P. Anbetungsszenen gemalt. In der frühen Anbetung der Könige (Dresden, Gemäldegalerie, 1633) sitzt M links vor einer antikischen Ruine und hält das Kind schützend auf ihrem Schoß. Von rechts, um die weit über die Bildmitte reichende Ruine strömend, drängt das Gefolge der vor dem Kind knienden Könige heran.

Den weitaus größten Teil von M bildern hat P. im Themenkreis der Hl. Familie gestaltet. Relativ spät liegt die Hl. Familie in Detroit (sog. Madonna Roccatagliata, Institute of Arts, um 1642). M sitzt im vorderen Bildteil links und hält das Kind vor ihren Knien. Das gegenseitige Umgehen miteinander ist jedoch nicht intim genug, um die ernste Stimmungslage der Szenerie überdecken zu können.

Das wohl auffälligste Bild dieser Gruppe ist die sog. Madonna auf der Treppe (Washington,

Nat. Gallery, 1648). Die gesamte figurale Gruppe ist hier mit tektonischen Elementen zusammen komponiert. Auf einem die ganze Bildbreite durchlaufenden Treppenabsatz baut sich die Hl. Familie mit Elisabeth und Johannes links, ⋒ mit dem Kind in der Mitte und dem im Schatten ausgestreckten Joseph rechts pyramidal auf. Der architektonische Hintergrund ist zweigeteilt: links in großen Sprüngen mit Vasen, Säulen und Architraven Würdeformen zeigend, die über ⋒ enden, rechts hinter Joseph die besagte Treppe ansteigend, die genau über dem Haupt Josephs abschließt. Das Zentrum des Bildes ist die GM, deren würdevolle Gestik und Haltung Abwesenheit ausdrückt. Sie hält den spielerisch nach dem von Johannes gereichten Apfel greifenden Knaben auf ihrem rechten Oberschenkel. Die intensive Verflechtung des Figurenaufbaus mit der Architekturkomposition gibt der Mittelgruppe eine unerschütterliche Basis, die als Ausdruck von Feierlichkeit P. so nicht mehr verwirklicht hat.

In der Hl. Familie mit dem Badebecken (Cambridge/Mass., Harvard University, Fogg Art Mus., 1650/51), abgewandelt 1651 in Chatsworth (Derbyshire, Sammlung Duke of Devonshire), ist das Personal zwar auch pyramidisch gebaut, aber in Untergruppen zerlegt und vor ein isoliertes Architekturstück gesetzt, das eine vollkommen andere Funktion erfüllt als im vorigen Bild. Keine Feierlichkeit und Würde trägt hier mehr den Bildinhalt, sondern familiäre Heiterkeit im landschaftlichen Idyll.

Die letzten Bilder mit der Hl. Familie schuf P. verhaltener und im Figurenaufwand reduzierter. Das Beispiel in Sarasota/Florida (sog. Madonna Yarborough, Ringling Mus. of Art, um 1654) zeigt eine rechts auf einem thronartigen Stuhl sitzende ⋒, die den den Johannesknaben segnenden Christus auf dem Schoß trägt. Joseph steht säulenhaft ruhig in der Bildmitte hinter der Mutter-Kind-Gruppe. Auffällig ist, daß bei P. die Gesichter zunehmend reservierter werden und keine deutlich ablesbaren individuellen Regungen mehr aufweisen. Auch in der Hl. Familie mit Elisabeth und Johannes (Paris, Louvre, 1655/56) sind die Gesichter der vor einer Baumgruppe versammelten Gestalten ausdrucksarm. Die über ein Dreieck konzipierte Gruppe ruht vor einer tiefen Landschaft, die das Schutzfeld unter den Bäumen hinterfüttert. ⋒ sitzt lässig nach links gewendet und dreht sich zu Elisabeth um. Jesus liegt über ihrem Schoß und greift verspielt an das von Johannes zugereichte Schriftband mit der Passionsprophezeiung. Dieses »Welthafte« der Schilderungsweise P.s hat letztlich alles christl. Göttliche aus den Bildinhalten vertrieben und durch eine antik heidnische Gottesempfindung ersetzt.

Lit.: W. Friedländer, N.P., München 1914. — E. Magne, N.P., Paris 1914. — U. Christoffel, P. und C. Lorrain, 1942. — P. Jamot, P., 1948. — A. Chastel, N.P., 1960. — H. Ebert, N.P., 1964. — A. Blunt, N.P., 1967. — K. Badt, Die Kunst des N.P., 1969. — U. Fest, N.P., 1973. — J. Thuillier, Tout l'oeuvre peint de P., 1974. — D. Wild, N.P., 1980.   *N. Schmuck*

Pozzo, Andrea (laut Taufregister auch Pozzi, in Archivalien vereinzelt Andreas Puteus), * 30. 11. 1642 in Trient, † 31. 8. 1709 in Wien, einer der einflußreichsten Vertreter des späten 17. Jh.s im Bereich der Wand- und Deckenmalerei, bekannt auch als Architekt und Kunstschriftsteller. P. steht symbolhaft für das Illusionsstreben des Barock. Auf dem Gebiet der Konstruktion von Scheinarchitekturen vor allem durch seine Schrift »Perspectiva pictorum et architectorum« (2 Teile, Rom 1693 und 1700), die mannigfache Ausgaben und Übersetzungen sogar ins Neugriechische (1720) und Chinesische (1729) erfuhr, war er von größter Nachwirkung.

Die Familie P.s ist nicht wie vermutet deutscher, sondern lombardischer Herkunft. Der Vater stammte vom Comersee. Andrea P. besuchte bis zum 17. Lebensjahr in seiner Geburtsstadt Trient die Schule der Jesuiten und begab sich dann in die Malerlehre zu einem namentlich nicht bekannten Schüler Palma Giovanes. Nach drei Jahren wechselte er zu einem ebenfalls unbekannten Maler der Schule Sacchis, Poussins und Molas. Diesem folgte er von Trient zuerst nach Como, dann nach Mailand. 1644 wurde er hier als Selbständiger ansässig. Ein Jahr später sollen ihn eine Predigt über die Eitelkeit alles Irdischen und der Einfluß eines Freundes veranlaßt haben, ins Kloster zu gehen. Er trat bei den Carmelitani Scalzi ein, wechselte aber bald auf Grund seiner geschwächten Konstitution zu den Jesuiten. Für den Jesuitenorden, der nach einer Talentprobe die weitere Ausbildung P.s als Maler bestimmte, schuf er den größten Teil seines Werkes. Studienreisen führten ihn von Mailand nach Genua, Venedig und Rom. Ende 1681 wurde P. vom Ordensgeneral nach Rom befohlen, wo er bis 1702 blieb. Die meisten seiner Arbeiten als Öl- und Freskomaler, als Dekorateur von Schaugerüsten und Architekt, sowie das theoretische Werk der »Perspectiva ...« entstanden in dieser Zeit. Ab 1702 hielt er sich mit Genehmigung der Ordensoberen am Hofe Kaiser Leopolds in Wien auf. Bis zu seinem Tod blieb P. in Wien, wo er in der Profeßhauskirche beigesetzt wurde.

Auf Grund der fast ausschließlichen Tätigkeit P.s als Freskant in Kirchen des Jesuitenordens treten marian. Darstellungen meist nur im Rahmen der üblichen christol. oder auf St. Ignatius bezogenen Programme auf. 1681 und 1684 war P. im Gesù in Frascati tätig. »Verkündigung«, »Heimsuchung«, »Beschneidung«, »Anbetung der Könige«, »Flucht nach Ägypten« und die »Hl. Familie in der Zimmermannswerkstatt« sind hier als Supraporten ausgeführt. In der rechten Altarnische des Langhauses ist die Szene »Christus bei Maria und Martha« freskiert. Zerstört sind heute die malerischen Ausstattungen P.s für drei weitere Sakralräume in Frascati: die »Himmelfahrt Mariens« soll die Gewölbe des Oratorio dei Nobili und der Kirche S. Maria delle Scuole Pie geschmückt haben; ebenso befanden sich in der Cappella del Rosario des Santuario di SS. Maria di Capocroce wohl marian. Fresken. Zwischen 1682 und 1686 setzt P. im Korridor des Collegio Romano in Rom einen von Jacques Courtois gen. Borgognone 1661 begonnenen St.-Ignatius-Zyklus fort. Er malt hier u. a. die Szene »Ignatius betet vor dem Marienbild« und »Ignatius vor Maria«. Aus der berühmten Ausmalung von S. Ignazio in Rom (ab 1684) sind marienkundlich nur die antetypische Figur der Judith in einem Kuppelzwickel und ein Lünettenfresko im rechten Querhaus heranzuziehen (»Maria und der hl. Ignatius erscheinen Aloysius Gonzaga«). Verloren ist die Ausstattung von S. Orsola (S. Giuseppe in via Vittoria) in Rom, wo sich ein Altarfresko mit dem »Hl. Joseph, Maria und dem Kinde« befunden haben soll. Auch ein M-fresko im Speisesaal des Wiener Jesuitenkollegs ist heute zerstört. In der Wiener Universitätskirche arbeitete P. nach 1703 und gestaltete u. a. eine Kartusche mit der »Ruhe auf der Flucht« (Fresken 1832—34 erneuert).

Obwohl als erster Lehrer P.s wie erwähnt ein Schüler Palma Giovanes bekannt ist, tragen seine frühen Tafelbilder keine venezianischmanieristischen Züge. Linien- und Lichtführung verleihen den frühen Kompositionen fast ornamentalen Charakter. Raum wird als Ordnungsfaktor negiert. Seinem zweiten Lehrer verdankt P. die Hinführung zu hochbarocken Vorbildern. Die Bilder der frühen 1670er Jahre sind von der Auseinandersetzung mit dem Caravaggismus geprägt. In der röm. Phase hellt sich die Palette auf, und die Lichtregie wird realitätsnäher. Die Wiener Bilder schließlich sind geprägt vom »informativen Realismus, (der) ... jede ästhetische Distanz aufheben und zur religiösen Intensivierung hinführen (soll)« (Kerber, 1971). Bildthemata werden bei P. oft zu Bildtypen. Eine einmal gefundene Lösung wird oft nur variiert.

Tafelbilder mit marian. Bezug: Geburt M̅s (Wien, Profeßhauskirche, zerstört; Wien, Universitätskirche, 1702/05); Darstellung M̅s (Alessandria della Paglia, Chiesa di S. Ignazio, verschollen); Anna, Joachim, M̅ und Engel (Wien, Universitätskirche, 1702/05); Anna lehrt M̅ lesen (Wien, Universitätskirche, 1702/05); Verkündigung (Mondovi, Sakristei der Kathedrale, 1676/79, verschollen; Turin, Seminarkirche, verschollen; Rom, Collegio Romano, verschollen); Anbetung der Hirten (Turin, Madonna Santissima della Fede, 1701); Anbetung der Könige (Turin, Madonna Santissima della Fede, 1694; München, Schloß Schleißheim, verschollen; Wien, Hauskapelle der Kaiserin Eleonora, verschollen); Hl. Familie (Trient, Karmeliterkloster, 1665, verschollen; Fassungen derselben Komposition in Levico/Valsugana, Canonica; Sarche, Pfarrkirche; Cavareno-Sarnonico, Privatsammlung; Lodrone, S. Maria dell' Aiuto; Lasino, Pfarrkirche; Rovereto, Chiesa di S. Carlo, verschollen; Rovereto, Galleria communale; Rom, Galleria Barberini, verschollen; Innsbruck, Ursulinerinnenkirche, vor 1705; Wien, Jesuitenkirche, 1702/05); Flucht nach Ägypten (nahezu identische Fassungen in Frascati, Gesù, 1680/85; Turin, Congregazione, 1701; Wien, Jesuitenkirche, 1702/05, zerstört); Kreuzigung (Montepulciano, Gesù, verschollen; Trient, S. Lorenzo, 1677/79; Wien, Universitätskirche, 1702/05); Himmelfahrt M̅s (Wien, Universitätskirche, 1702/05); Immaculata (Genua, SS. Ambrogio e Andrea [S. Nome del Gesù], 1671; Montepulciano, S. Maria dei Servi, verschollen; Trient, Seminario Maggiore, verschollen); Immaculata, Stanislaus Kostka und Francesca de Regis (Rom, S. Ignazio); M̅ Regina Angelorum (Wien, Hofkirche, teilweise zerstört); Sacra Conversazione (Cuneo, Cattedrale, 1683/85; Rom, Collegio Romano, verschollen; Wien, für Kaiserin Eleonora gefertigt, verschollen; Stanislaus Kostka verehrt das Jesuskind (Nantes, Musée de Beaux-Arts, vor 1685); Francesco Borgia und hl. Anna-Selbdritt (Genua, SS. Ambrogio e Andrea [S. Nome del Gesù], 1672); M̅bilder (Wien, St. Anna, verschollen; London, Kunsthandel, 1961; Trient, S. Maria alle Laste, verschollen; Mailand, Sakristei der Chiesa di S. Fedele, verschollen).

Aufsehen erregte P. mit gemalten Schaugerüsten für kirchliche oder profane Zwecke. Lehrbeispiele finden sich auch in seinem Traktat. Im Museo Diocesano in Trient ist ein derartiges Dekorationsstück mit der »Darstellung Jesu im Tempel« erhalten, das aus der dortigen Seminarkirche stammt und sich an deren Architektur orientiert. Verschollen ist eine ähnliche Dekoration mit dem Thema »Christus wird von Maria und Martha empfangen«. In der »Perspectiva ...« ist der Entwurf eines Hl. Grabes für S. Ignazio in Rom gezeigt (Fig. I 65 f.), das im tempiettoartigen Aufbau eine Figur der schmerzhaften M̅ birgt. Andere Hl.-Grab-Entwürfe sind für die Jesuitenkirche in Innsbruck und die Profeßhauskirche in Wien bekannt.

Den Entwürfen für Festdekorationen verwandt sind die Vorschläge P.s für Altäre, wie er sie in seinem Traktat wiedergibt. In Fig. II/67,68 zeigt er den gemalten Altar von S. Ignazio in Rom, der der »Verkündigung« geweiht ist. Fig. II 69 f. gibt den gemalten Altar »zu Frascati« wieder, in dem die »Darbringung Jesu« gezeigt wird. Im Projekt für den Hochaltar im Gesù in Rom (Fig. II 73 f.) ist dasselbe ikonographische Sujet gegenwärtig. Der Entwurf für einen gemalten Altar mit dem Bild der von einem Heiligen verehrten M̅ mit Kind befindet sich in Ann Arbor/USA (Mus.). Dreidimensional gedacht dagegen ist der berühmte Altar mit »sitzenden Säulen«, die eine Art Tabernakel bilden, in dem Platz für eine Immaculata-Statue ist (Traktat, Fig. II 75 f.). Geplant war er für eine der Hauptkirchen Roms, ausgeführt wurde er in abgeänderter Form und mit Christuspatrozinium in Lucignano d'Arezzo (Collegiata di S. Michele Arcangelo). Ein Entwurf für S. Sebastiano in Verona (Traktat, Fig. II 77 f.) wurde in der Pfarrkirche von Cellore d'Illasi aufgenommen und mit einer Immaculata-Statue versehen. In reduzierter Form wurde der Plan P.s für den Ⓜaltar von S. Maria delle Grazie in Arco/Trient ausgeführt. Auch der Entwurf für den Altar der Ⓜ addolorata in Mondovi, Chiesa della Missione, stammt von P.

Von den durch P. ausgeführten Kirchenbauten trägt keiner das Ⓜpatrozinium. Die Fig. 88—91 aus dem zweiten Teil des Traktats wurden identifiziert mit Plänen für die Kirche Madonna delle Fornaci in Rom. Der Bau der Kirche wurde möglicherweise 1691 von P. begonnen, bereits eine Ansicht von 1694 zeigt aber keine Übereinstimmungen mehr mit den Zeichnungen des Traktats. Die Pläne der »Perspectiva ...« zeigen eine im Untergeschoß von einem Arkadengang umstellte Rotunde, die nach innen acht paarweise alternierende Abseiten ausbildet, von denen zwei sich zu Eingang und rechteckigem Chor öffnen. Gedeckt ist der Rundbau mit einer Faltkuppel. An den Chor schließt ein Kollegiengebäude an. Die Eingangsfront bildet ein Triumphbogenmotiv, vor das eine komplizierte mehrläufige Freitreppe gelagert ist. Um 1702 korrigierte P. die Innenraumgestaltung der gotischen Kirche S. Maria dei Servi in Montepulciano nach seinen Vorstellungen. Ebenso beeinflußte er den Innenbau der Universitätskirche in Wien (Ⓜpatrozinium).

Lit.: R. Marini, A. P. Pittura (1642—1709), 1959. — N. Carboneri, A. P. Architetto (1642—1709), 1961. — B. Kerber, Bibliographie zu A. P., In: Archivum Historicum Societatis Jesu 34 (1965) 96—134. — Ders., A. P., 1971. — V. de Feo, A. P. Architettura e illusione, 1988. *Th. J. Kupferschmied*

Praeclara custos virginum. Vesperhymnus zum Fest der UE in sechs ambrosianischen Strophen. Die metrische Dichtung besingt, Anrufung und Preis mischend, die Jungfrau und ihre UE mit schönen alten Bildern (→ Ehrentitel) und läßt Vorstellungen aus dem Hymnus → »Ave maris stella« anklingen. Neu (oder selten) ist »turris draconi impervia«. Verfaßt ist der Hymnus im 18. Jh., die Doxologie ist neu.

Ausg.: Officium divinum ..., Liturgia horarum I, 1971ff. 934. — Te decet hymnus. L'Innario della › Liturgia horarum ‹ a cura di A. Lentini, 1984, Nr. 235. — AR, Liber hymnarius, 475.

Lit.: A. Cuva, Le dossologie con riferimenti Mariani negli inni della »Liturgia horarum«, In: Salesianum 47 (1985) 832. — Ders., Maria SS. nella storia della salvezza ..., In: Virgo fidelis, hrsg. von F. Bergamelli und M. Cimosa, 1988. *G. Bernt*

Prädestination → Auserwählung, → Befestigung in der Gnade, → Beharrlichkeit

Präfation. Die Vorsilbe prae in P. ist räumlich zu verstehen. Vor Gott und der versammelten Gemeinde »preist der Priester den Vater und dankt ihm für das gesamte Werk der Erlösung oder, entsprechend dem Tag, dem Fest oder der Zeit, für ein bestimmtes Geheimnis des Heilswerkes« (AEM 55a). In liturg. Verwendung bedeutet P. nicht Vorwort oder Vorrede, sondern bezeichnet den ersten Teil des Eucharistischen Hochgebetes, der (mit Ausnahme von Hochgebet IV) variabel ist, durch einen dreigliedrigen Dialog zwischen Priester und Gemeinde eingeleitet wird, das Hauptmotiv der Danksagung aufgreift, dieses fest- oder anlaßorientiert in rühmender Preisung der Heilstaten Gottes in Schöpfung und Erlösung entfaltet und regelmäßig in das → Sanctus einmündet. Trotz ihrer Variabilität bleibt die P. Teil einer Ganzheit, des Eucharistischen Hochgebetes.

Das älteste Sakramentar der abendländischen Kirche (Leonianum) kannte für jede Meßfeier eine eigene P. (insgesamt 267). Gegen Ende des 6. Jh.s kam es zu einer radikalen Reduzierung bei der nur mehr 14 P.en erhalten blieben, von denen in der Karolingerzeit noch einmal 7 aufgegeben wurden. Noch vor der Jahrtausendwende wurden 3 P.en neu eingeführt (Kreuz-, Fasten- und Dreifaltigkeits-P.); Ende des 11. Jh.s entstand die marian. P., so daß das Missale Romanum von 1570 insgesamt 11 P.en kennt, die in der ersten Hälfte des 20. Jh.s um 5 weitere ergänzt worden sind (Toten-P. 1919, Josephs-P. 1919, Christkönigs-P. 1925, Herz-Jesu-P. 1928, P. für die Chrisam-Messe am Gründonnerstag 1955). Die Ritenkongregation führte 1968 mit den drei neuen Hochgebeten 8 neue P.en ein, das Missale Romanum 1970 (²1975) kennt über 80 P.en. Unter ihnen findet man zwei P.en für Ⓜmessen: Ⓜ, die Mutter des Erlösers (De maternitate BMV) und das Magnificat der Kirche (Ecclesia, verbis Mariae, laudes Deo persolvit), außerdem Eigen-P.en für die marian. Hochfeste vom 1. Januar, 15. August und 8. Dezember sowie für den Gedenktag der Schmerzen Mariens (15. September). Zu beachten sind aber auch die marian. Aspekte in den P.en der Herrenfeste vom 2. Februar und 25. März. Viele weitere marian. P.en sind in der Sammlung von Ⓜmessen greifbar, die das Missale ergänzt.

Die mittleren Teile der marian. P.en mit ihrer Rühmung des Heilswirkens Gottes lassen sich leicht zu einer Kurzdarstellung der Mariol. zusammenfassen, die den Glauben der Kirche im liturg. Vollzug vergegenwärtigend bezeugen und verkünden.

Lit.: A. Dumas, Les préfaces du nouveau Missel, In: EL 85 (1971) 16—28. — K. Küppers, Wie neu sind die »neuen« P.en im Missale Romanum 1970 und im Dt. Meßbuch 1974 ?, In: LJ 36 (1986) 75—91. — F. Courth, Die Socia Christi im Jahreskreis der Liturgie. Zur neuen Sammlung von Marienmessen, In: LJ 41 (1991) 195—209.— J. Baumgartner, Die P.en: Das eine Mysterium Christi im Spiegel der vielen Mysterien, In: Gratias agamus, FS für B. Fischer, 1992, 23—43. *Th. Maas-Ewerd*

Prämonstratenser. Die P. pflegen gleichzeitig eine liturg. wie eine private Frömmigkeit. Die in diesen Kontext eingewobene Ⓜfrömmigkeit ist durch die Jh.e hin ein beständiges Element des Ordens.

1. Die Marienfrömmigkeit der Prämonstratenser vom 12. bis 15. Jh. → Norbert v. Xanten (1082 [?]—1134) schwebte bei seiner Gründung (1120) im Sinne der gregorianischen Reform als Ziel eine erneuerte »apostolische Lebensweise« vor. Es sollte die Gemeinschaft der Apostel wiedererstehen, symbolisiert durch ein Priesterkollegium, umgeben von Männern und Frauen des geweihten Lebens wie auch von Laien, wie ähnlich die Urgemeinde die zwölf Apostel umgeben hatte, als sie den Hl. Geist erwarteten. Diese erste Gemeinschaft aber »verharrte im Gebete mit Maria, der Mutter Jesu« (Apg 1,14).

a) Die Chorherren. Norbert hat nicht so sehr Schriften hinterlassen als Fakten gesetzt. Von Anfang an drückte er seine marian. Haltung durch die Meßfeier »De Beata« aus. Er baute die Kirche von Prémontré, weihte sie ⓜ und bestimmte, daß dies auch bei allen weiteren Kirchen seines Ordens so gehalten werden sollte. Er nahm oft seine Zuflucht zu ⓜ, so z. B. beim Exorzismus eines Besessenen in Vivier/Diözese Soissons. Im Gästehaus von Prémontré wurden die großen Speisungen der Bedürftigen immer auf ⓜfeste gelegt. Schließlich, als Norbert Erzbischof von Magdeburg wurde (1126), siedelte er seine Mitbrüder bei der Kirche ULF in dieser Stadt an. 1475 behauptete man allgemein, es sei die Jungfrau ⓜ gewesen, die Norbert den Ort der ersten Gründung angewiesen und ihm die weiße Tracht des neuen Ordens gezeigt habe.

Friedrich Feikone († 1175) hatte in jungen Jahren zu Ehren der Jungfrau ⓜ Jungfräulichkeit gelobt. Er wurde Gründer des Klosters »Hortus conclusus« (Hld 4,12) in der Diözese Utrecht. Von Erfahrung belehrt, hatte er dabei das Kloster der Mönche von dem der Schwestern getrennt und letzteres zu Ehren der Jungfräulichkeit ⓜs »Bethlehem« genannt. Man zelebrierte dort jeden Samstag ein feierliches Amt.

→ Hermann-Joseph (ca. 1152—1241) ist unter den P.n die am meisten marian. geprägte Gestalt. Mit zwölf Jahren war er als Chorherr in die Abtei → Steinfeld (heute Diözese Aachen) eingetreten. Sein geistliches Leben trägt außergewöhnliche Züge: Erscheinungen, Ekstasen, die mystische Vermählung mit der hl. Jungfrau. Vor allem zeigt es eine ununterbrochene Vereinigung seines Gemütes mit ⓜ, weshalb er der Verfasser zahlreicher Gebete, Hymnen und Gedichte zu ihrer Ehre wurde. Anselm, Schüler Norberts, Bischof von Havelberg, 1159 als Exarch von Ravenna gestorben, ein gefeierter ⓜprediger, wetteiferte mit ihm darin.

b) Schwestern. Die selige Bronislawa (um 1200—59), Prämonstratenserin im Kloster Zwierzinieck bei Krakau war mit Ekstasen begnadet; so soll ihr für ⓜe Himmelfahrt (15. 8. 1257) der Tod und der himmlische Triumph ihres Bruders, des Polenmissionars Hyazint OP, geoffenbart worden sein. Die selige Christina zeichnete sich durch eine ganz an den liturg. Festen und Zeiten orientierte Kontemplation sowie durch eine Teilnahme am Leiden Christi und an den Freuden ⓜs aus. Sie starb, erst 22 Jahre alt am 22. 11. 1292 bei Königstein (Diözese Limburg).

c) Schriftsteller. Vorzüge und Barmherzigkeit ⓜs waren unter Predigern, Dichtern, Theol. und geistlichen Lehrern der P. ein unerschöpfliches Thema. Luc du Mont-Cornillon (1121—78) veröffentlichte einen marian. Kommentar zum Hohenlied (»Moralitates in Cantica«). → Adam Scotus (ca. 1126/40—1212), Mönch und dann (seit 1180) Abt von Dryburgh (Schottland) entwarf eine erste marian. Spiritualität aus Sicht der P. Er gründet seine Wertung ⓜs ganz auf ihre heilsgeschichtliche Rolle: Sie war es, die uns Christus schenkte und nicht aufhört, ihn uns zu schenken, indem sie uns seine Gnade erwirbt. Er ist wie der hl. Bernhard kritisch gegen ihre (zu seiner Zeit noch nicht definierte) Aufnahme in den Himmel.

→ Philipp v. Harvengt (ca. 1100—83), Abt von Bonne-Espérence (Hennegau/Belgien), widmete ⓜ einen Kommentar über das Hohelied, das er geradezu als Handbuch der ⓜlehre ansah. Er betrachtete ⓜ mit den Augen eines Minnesängers. Sie erscheint ihm ausgezeichnet durch alle menschlichen Eigenschaften, die einer Frau Liebreiz verleihen. Dazu gehört als krönender Abschluß intellektueller Reichtum. Dabei spricht Philipp ein neues Thema an: ⓜ und der Hl. Geist. Als Königin im Reich der Mystik, ist sie das Maßbild kontemplativer Vollendung. Daß ⓜ von der Erbsünde frei ist, wagt er nicht zu behaupten. Doch unvorstellbar an ⓜ findet er eine persönliche Sünde. Blickt er auf ⓜ inmitten der Apostel (Apg 1), sieht er sie verzehrt von Sorge für alle Gläubigen. Er umschreibt ihre Rolle im mystischen Leibe als aktive und vielvermögende Mittlerschaft. Sie ist der Hals zwischen Haupt und Gliedern, die Brücke zwischen der Menschheit und ihrem Erlöser, eine gottgeschenkte Burg, ein Bollwerk gegen den Feind.

d) Liturgie. Entsprechend der geistesgeschichtlichen Allgemeinentwicklung des MA zeichnet sich im Laufe des 12.—15. Jh.s auch bei den P.n eine gewisse Entwicklung ab. Von der ursprünglichen Liturgie oder von dem der Liturgie eng verbundenen Gebet ging man, unter dem Einfluß des klösterlichen Gemeinschaftslebens, dazu über, alle christl. Tätigkeiten als liturg. Tätigkeiten anzusehen. Das ist einer der Gründe, weshalb die Liturgie des Ordens so vielfältige Überlieferungen hat und die ⓜfrömmigkeit darin einen so unverhältnismäßig starken Ausdruck findet.

e) Kalender. Im Anfang erfreuten sich, jeweils als festum duplex zweiter Klasse gewertet, drei ⓜfeste besonderer Ehre: ⓜe Reinigung, ⓜe Aufnahme in den Himmel, ⓜe Geburt, die beiden letzteren erweitert um eine Oktav, mit feierlicher Prozession vor dem Hochamt. Ein viertes Fest, die Verkündigung, galt immer schon mehr als Herrenfest denn als Fest seiner Mutter (Annuntiatio Domini), und wurde auf den 13. Mai gelegt (Fest: S. Maria a martyribus; Weihegedächtnis des in eine christl. Kirche umgewandelten Pantheons). Der liturg. Kalender war auf diese Weise nicht überladen, doch feierte man jeden Samstag eine Messe »De Beata«. Erst im 14. Jh. erhielt die UE ⓜs bei den P.n ein Fest. Das Kloster Tepl (Diözese Prag) besaß zu dieser

Zeit für dieses (mit den Texten des 8. September begangene) Fest einen eigenen Hymnus. Der Festkalender des Ordens nahm dann 1389 am 3. Juli das Fest der »Heimsuchung« an, welches Ereignis bis dahin am Quatemberfreitag des Advent kommemoriert wurde.

f) Stundengebet und Messen. Nicht wenige Regelungen gaben der Liturgie der P. einen marian. Charakter. Man beging das Gedächtnis Ms bei allen Konventsmessen; es geschah durch eine Oration, eine Sekret und eine Postkommunio. Die M-Messen erhielten zahlreiche Sequenzen: »Salve Porta« für das Fest der Verkündigung, »Hac clara die« für den Tag der Aufnahme in den Himmel, »Concentu parili« für den Lichtmeßtag, »Psallat Ecclesia« für die Samstage, »Ave Verbi« für das Fest der Heimsuchung, »Virgini Mariae Laudes« für die Samstage in der Osterzeit. Im 14. Jh. entstanden für die Samstage »Post partum« und »Mariae praeconia«. Für den 8. September blieben die P. bei den Responsorien des Fulbert v. Chartres: »Ad nutum Stirps Jesse«, »Solem Justitiae«, und für die Messe ULF von den Schmerzen bei »Salve Virgo generosa«. Die Prozession am Sonntag schloß mit einer Antiphon zu Ehren Ms als Figur der Kirche, die dem Auferstandenen entgegengeht. Das Processionale der P. scheint sofort die marian. Antiphonen »Alma Redemptoris Mater« und »Salve Regina« übernommen zu haben, hat aber zwei weitere hinzugefügt: »Ibo mihi ad montem« und »Quam pulchra est«, und das seit der ersten Ausgabe des (Liber) Ordinarius.

g) Officium Parvum. Es hat sich bei den P.n bis in die 2. Hälfte des 20. Jh.s erhalten und reicht bestimmt bis vor 1158 (vielleicht bis 1126) zurück, denn Honorius II. machte ihnen das Brevier zur Pflicht nach der Gewohnheit der anderen Mönche. Die Brüder und Tertiaren waren zum kleinen marian. Offizium bis zum Zweiten Vaticanum verpflichtet.

h) Messe »De Beata«. Da das Tages-Offizium in der Eucharistiefeier gipfelte und diese oft ein Requiem war, kam während der Woche bald die Gewohnheit einer täglichen Messe »De Beata« auf, was dazu führte, in den (Liber) Ordinarius ein Kapitel »De duabus missis in conventu« einzuführen (Manuskript aus dem 14. Jh.). Neben der Gewohnheit, neue Kirchen M zu weihen, mehrten sich in den Abteien der P. auch künstlerische Darstellungen, um Leben und Tugenden Ms zu verherrlichen.

2. Die Marienfrömmigkeit der Prämonstratenser vom 16. bis 20. Jh. In der → Kath. Reform besann sich diese Frömmigkeit auf ihre geschichtliche Vergangenheit, um gegenüber den Protestanten, die darin nur eine spätere Entartung sahen, ihre traditionelle Wurzel aufzuzeigen. Auch die Orden fühlten sich angeeifert, ihre MV zu rechtfertigen. Dies taten, gestützt auf Schrift, Tradition und Theol., auch die P. Für sie zielte Mfrömmigkeit darauf ab, gelebt und fruchtbar zu werden: als Gegenthese gegen das prot. »Glauben allein«. M wurde das christl. Vorbild für die Annahme der Gnade. Geistliche Anstrengungen, Nachahmung Ms, liturg. Frömmigkeitsformen, Abtötungen waren Zeichen und Zeugen dieser nachtridentinischen Mfrömmigkeit. Die P. der Kath. Reform verteidigten in ungezählten Schriften die UE, vor allem in Spanien, wo es seit 1522 in der Abtei de la Vid (bei Osma, Altkastilien) eine Bruderschaft der UE gab. Unter den Autoren dieser Zeit seien Augustin de Fellaris, Abt von Bonne-Espérance, und Augustin Wichmans, Abt von Tongerlo (Belgien) erwähnt. Letzterer schrieb über den Msamstag (Sabbatismus Marianus, 1618) und die MV in Brabant (Brabantia Mariana, 1632). Servais le Lairuelz (1560—1631), Abt von Sainte-Marie-Majeure de Pont-à-Mousson und der Reformator des Ordens, verfaßte, um dem Nachwuchs des Ordens eine tiefe MV einzupflanzen, dazu eine Einführung (Catechismus Novitiorum, 1623). Dionysius Albrecht gab 1762 ein Handbuch (Manuale Canonicorum Praemonstratensium) heraus, in dem er an Gedanken von Servais, ja auch an die Monita Salutaria des hl. Norbert erinnert. Gérard van Herdegom veröffentlichte eine systematische Darstellung »Diva Virgo candida, ordinis Praemonstratensis mater Tutelaris et domina« (1653). Von da an erscheinen Bücher zur Mfrömmigkeit der P. in rascher Folge, so eines von Gottfried Kabsberger (Psalterium Marianum, 1666). Epiphane Louys entwickelte seine marian. Gedanken für die Benediktinerinnen vom Hl. Sakrament: er zeichnet M als Modell für die Hingabe der Schwestern an Gott und die Aszese als Aufstieg zum Gebet der Vereinigung. Marian. Werke schrieben ferner Benedikt Fischer, Sebastian → Sailer und besonders Leonard Goffiné (1648—1719), der als fruchtbarer Volksschriftsteller auch zahlreiche marian. Bücher mit hohen, in vielen Sprachen übersetzten Ausgaben verfaßte, einer der besten Verteidiger des kath. Mbildes im Gespräch mit den Protestanten. Jean Baptiste Lecuy (1740—1834), der letzte Abt von Prémontré, veröffentlichte 1827 für die weibliche Jugend seine »Lectures Chrétiennes«. Hierhin gehören auch die von P.n betreuten Mwallfahrten in Brabant und bes. in Frankreich, wo vor der Franz. Revolution mehr als ein Drittel ihrer Niederlassungen lag. Zu nennen sind unter den franz. Wallfahrtsorten: Benoite-Vaux (Departement de la Meuse) und Sarrance (Departement Pyrenées-Atlantiques); unter den span.: ULF de la Vid (Alt-Kastilien), ULF de Villa Pedro (Diözese Burgos); weitere sind ULF von Lautenbach (bei Schaffhausen/Schwarzwald), ULF von →Sossau (Niederbayern) und vor allem der → Heilige Berg Prémontré (bei Olmütz CSFR); nicht zuletzt der Wallfahrtsort ULF von Wilten (bei Innsbruck).

Die Mfrömmigkeit der P. mag durch Innigkeit und Glut ein eigenes Gesicht haben; sie bleibt ganz im Rahmen der kath. Kirche, ohne Besonderheit in Lehre oder Praxis, wie es einem

Orden entspricht, der sein Apostolat vor allem in der Verwaltung von Pfarreien ausübt. Wenn auch die kleinen marian. Tagzeiten (Offizium parvum) und die »Missa de Beata« nicht mehr wie früher zu den Pflichtübungen gehören, die 1968—70 erneuerten Konstitutionen der P. fordern unter den Merkmalen des »apostolischen Lebens« nach wie vor, »im Gebet mit Maria, der Mutter Jesu« zu verharren.

Lit.: Manoir II 713—720 (Lit.). — B. Ardura, Dans la prière avec Marie: Vita Apostolica et dévotion mariale de Prémontré, In: Miles Immaculatae, fasc. 3—4 (1988) 479—484. — DThC XIII 2—31. — Cath. XI 829—833. — DSp XI 412—424. — DIP XII 720—750.
B. Ardura

Präraffaeliten. Aus der 1848 in London gegründeten »Pre-Raphaelite Brotherhood«, einer siebenköpfigen Künstler- und Literatengruppe, deren Hauptmitglieder William Holman Hunt (1827—1910), Dante Gabriel Rossetti (1828—82) und John Everett Millais (1829—96) waren, ging bald eine umfassendere präraffaelitische Bewegung hervor, der auch Ford Madox Brown (1821—93) nahestand. Mit Edward Burne-Jones (1833—98) und William Morris (1834—96) als bedeutendsten Vertretern der sog. »Oxforder« P. beeinflußte die Bewegung nachhaltig die engl. Kunst der 2. Hälfte des 19. Jh.s. Der selbstgewählte Name »Pre-Raphaelite Brotherhood« sollte programmatisch die ästhetische Gesinnung, Ziele und Zusammengehörigkeit der Gruppe demonstrieren. Die Verbindung der Mitglieder blieb aber viel lockerer als diejenige des von einer gemeinsamen christl. Basis getragenen Bundes der → Nazarener. Bei den P. handelte es sich um Maler und Dichter, die z. T. sehr verschiedene Gedankenrichtungen vertraten. Alle waren sich einig in ihrer Suche nach einer künstlerischen »Wahrheit«, die, wie es der Kritiker F. G. Stephens, ein Gründungsmitglied der Bruderschaft, formulierte, sich in der »engen Verbundenheit mit der Natur«, der »geduldigen Ergebenheit« und »Bewußtheit eines klar umrissenen und erhebenden Zwecks« bei den Malern des Trecento und Quattrocento — eben den ital. Meistern *vor* der Zeit Raffaels — vorzüglich äußerte. Alle begeisterten sich für Lit. und bezogen ihre Bildthemen weitgehend aus lit. Stoffen, vornehmlich der Dichtung von Keats und Tennyson, Dante und ma. Ritterlegenden; Rossetti war selbst nicht nur Dichter sondern auch Übersetzer ital. Dichtung des ausgehenden 13. und 14. Jh.s (Guido Calvacanti, Dante, Cino da Pistoia u. a.). Allen gemeinsam war der Abscheu vor der Häßlichkeit und dem Elend des Industriezeitalters in England. Über die Mittel, Abhilfe zu schaffen, waren die Mitglieder der Bewegung allerdings uneinig. Schließlich kristallisierten sich aus den Zielsetzungen der P. zwei Hauptströmungen heraus: einerseits eine aktive sozialkritische Reaktion auf die zeitgenössischen Mißstände und andererseits eine Abkehr von der Wirklichkeit durch Flucht in die idealisierte Formen- und Gedankenwelt eines vermeintlich reinen und schönen »Mittelalters«. Hauptexponenten der sozialkritischen und moralistischen Gesinnung waren Madox Brown, der Probleme wie die durch Armut erzwungene Auswanderungswelle der 1850er Jahre realistisch schilderte (The Last of England, 1855), und der von einer prot. Ethik stark geprägte Holman Hunt (The awakening Conscience, 1852; The Hireling Shepherd, 1852), später William Morris, der tatkräftig versuchte, ein Gegengewicht zur allgemeinen Trostlosigkeit des Massenzeitalters durch die Aufwertung des Handwerks zu schaffen. Mit der Gründung einer Firma im Jahre 1861 konnte Morris ein bemerkenswertes Aufleben des Kunstgewerbes in den Bereichen des Buchdrucks, der Glasmalerei, Raumausstattung und Möbelfabrikation herbeiführen. Aus einer idealisierten Vergangenheit schöpften Rossetti und Burne-Jones. Bezeichnenderweise wählten beide bei öffentlichen Kirchenaufträgen für Altarwerke die Form des Triptychons mit einem Mittelbild der Anbetung der Könige, flankiert von David als Hirt und David als König (Rossetti, Kathedrale von Llandaff, 1858/65) bzw. dem Erzengel Gabriel und der Annunziata (Burne-Jones, St. Paul's, Brighton, jetzt im Mus. von Brighton, 1861). Millais nimmt eine Mittelstellung ein: Neben romantischen Darstellungen nach Shakespeare (»Mariana«, 1851; »Ophelia«, 1852) stieß seine Darstellung der Hl. Familie in der ärmlichen Werkstatt Josephs (1850) auf empörte Ablehnung wegen ihrer »blasphemischen Häßlichkeit« (→ Arbeit der hl. Familie).

Bei zum Teil scheinbar gleichartigen Grundsätzen bestanden zwischen den dt. Nazarenern und den engl. P. mehr Unterschiede als Ähnlichkeiten. »Wahrheit war das zentrale Ziel beider Gruppen. Die Nazarener deuteten Wahrheit als den Bedeutungskern und Inhalt jedes Kunstwerks, das, wie sie glaubten, aus dem christlichen Erbe abgeleitet werden mußte. Für die englischen Künstler hatte die Wahrheit keinerlei religiöse Bedeutung ... Die beständige und offene Ablehnung einer christlichen Basis für die Kunst ist um so überraschender, als viele präraffaelitischen Werke hauptsächlich religiöse Themen behandelten« (K. Andrews, Nazarener und P., In: Ausst.-Kat., Präraffaeliten, 1973, 67f.). Allerdings konnten die rel. Kontroversen im England des 19. Jh.s nicht ohne Wirkung auf die Kunst bleiben: Bei der Auswahl und Behandlung ihrer Themen waren die Künstler allgemein bestrebt, dem Vorwurf einer »papistischen« oder »romanisierenden« Gesinnung zu entgehen. Dies galt bes. für die Darstellungen Ms. So zeigte sich Madox Brown, der → Overbeck in Rom besucht hatte und die Nazarener sehr bewunderte, bei der Beschreibung seines Bildes »Our Ladye of Good Children«, einer orientalisierenden Umsetzung des Bades des Jesuskinds (London, Tate Gallery, 1847) bemüht, eine etwaige Absicht des Tractarianismus von sich zu weisen: »To look at it too seriously would

D. G. Rossetti, Ecce Ancilla Domini, 1850, London

be a mistake. It was neither Romish nor Tractarian, nor Christian Art ... in intention, about all these I knew and cared little« (Ausst.-Kat., The Pre-Raphaelites, 1984, 240f.). Selbst Rossetti, dessen früheren Darstellungen und Dichtungen eine echte, wenn auch sehr individualistisch aufgefaßte Spiritualität bezeugen, findet es nötig, den ursprünglichen Titel seines Gemäldes »Ecce Ancilla Domini« (1850) in den allgemeineren und biblisch legitimierten Begriff »Annunciation« (Verkündigung) umzuändern (London, Tate Gallery).

Hinsichtlich der Anzahl und der Thematik präraffelitischer M̄bilder nimmt Rossetti eine Sonderstellung ein. Seinem unruhigen Temperament, seiner ausgeprägten Vorliebe für das Ungewöhnliche und Ausgesuchte kam der Gedanke des sehr angesehenen Kunsttheoretikers John Ruskin (1819—1900) entgegen, man solle M̄ nicht als Himmelskönigin, sondern als schlichte jüdische Frau darstellen (Ruskin, Modern Painters III, 1856; vgl. Ausst.-Kat., 1984, 276f.). In diesem Sinne erfand Rossetti in den 1850er Jahren eine Anzahl eigenartiger, keiner traditionellen Ikonographie verpflichteter Bilder aus einem imaginären Alltagsleben M̄s: u. a. »The Passover in the Holy Family: Gathering bitter herbs« und »The Eating ot the Passover« (um 1855); »Mary Nazarene« (M̄ als Gärtnerin beim Pflanzen eines Rosenstocks und einer Lilie, 1858); »Mary in the House of St. John« (1858). Das Thema des Lebens M̄s nach der Himmelfahrt Christi hatte Rossetti schon lange interessiert und sollte möglicherweise Teil eines geplanten Triptychons bilden, das »The Girlhood of Mary Virgin« (1849) inkorporierte. Bezeichnend für Rossettis lit. Ansatz sind die detaillierten Erläuterungen, die er in auf spezifische Bilder bezogenen Sonnetten (Mary's Girlhood, The Passover) und anderen Dichtungen (vgl. »Ave« [Z. 104—181] zum Thema M̄ im Hause des hl. Johannes) liefert (Rossetti, Poems and Translations 1850—70, Oxford 1913, Neudr., 1968, 144. 145. 25).

Schon durch seine Kenntnisse der Trecento-Dichtung war Rossetti mit ma. sinnbildlichen Bezügen vertraut. Eine solche Vertrautheit konnte er aber bei seinem Publikum keineswegs voraussetzen. Das Vorherrschen puritanischer Tendenzen nach der Reformation hatte zu einem Bruch mit ikonographischen Traditionen in der engl. Kunst geführt, der erst im 19. Jh. überwunden werden konnte. Zu Recht wird das Verdienst der P. in dieser Hinsicht betont: »The recovery of the full iconography of Christian art, much of which had been virtually extinct for at least two hundred and fifty years, was in itself a major achievement of Victorian art ...« (Sewter 87f.)

Von größter Bedeutung dabei war der Beitrag der Firma Morris, die durch das Schaffen hochwertiger Glasmalerei für Kirchen im ganzen Land eine beträchtliche Breitenwirkung erzielen konnte. Morris selbst entwarf zwischen 1861 und 1873 etwa 150 Kompositionen für Glasfenster, Madox Brown lieferte ca. 130 Kartons, Rossetti ungefähr 30 und Burne-Jones einige Hundert, die einen Höhepunkt in dem exquisiten Manierismus einer Kreuzigung und Geburt Christi vom Jahre 1887 erreichten. Bei vorwiegend biblischer Thematik wird M̄ dargestellt bei der Verkündigung (sehr häufig als Anfang der Erlösungsgeschichte) und bei Szenen der Kindheit Christi (Geburt Christi, Anbetung der Könige, Darbringung im Tempel, Flucht nach Ägypten), des öffentlichen Lebens und der Passion Christi (Hochzeit zu Kana, Kreuzigung). Zuweilen erscheint sie auch bei Ereignissen, wo ihre Anwesenheit nicht biblisch belegt ist, die sich aber innerhalb ihrer Lebenszeit zugetragen haben: Bergpredigt (Rossetti, 1861), Christi Himmelfahrt (Burne-Jones, 1874). Nach anglikanischem (High Church) Verständnis, zählt M̄ zu Gottes Geheiligten und tritt demnach oft in Heiligengruppen auf, ohne bes. hervorgehoben zu werden (Burne-Jones, 1880).

Lit.: A. Ironside und J. Gere, Pre-Raphaelite Painters, 1948. — W. E. Fredeman, Pre-Raphaelitism — A Bibliographical Study, 1965 (Lit.). — J. D. Hunt, The Pre-Raphaelite Imagination 1849—1900, 1968. — J. Nicoll, The Pre-Raphaelites, 1970. — V. Surtees, The Paintings and Drawings of Dante Gabriel Rossetti. A Catalogue Raisonée, 1971. — Pre-Raphaelite Writing.

An Anthology, edited by D. Stanford, 1973. — C. Sewter, The stained glass of William Morris and his circle, 1973. — Ausst.-Kat., Präraffaeliten, Baden-Baden 1974. — Ausst.-Kat., Cento acquarelli preraffaeliti e neogotici inglesi per vetrate, Mailand 1984. — D. T. Heffner, Additional symbolism in Dante Gabriel Rossetti's The Girlhood of Mary Virgin, In: Journal of Pre-Raphaelite Studies V/2 (1985) 68—80. G. Nitz

Praet, Jan, Verfasser eines ma. Lehrgedichts von knapp 5000 Versen, das erst vom Herausgeber mit »Speghel der Wijsheit of Leeringhe der Zalichede« (Spiegel der Weisheit oder Lehre der Seligkeit) betitelt wurde. Anfang und Schluß der Handschrift und etliche Blätter im Mittelteil fehlen; da in V. 1682 der Name »Jan Praet« erscheint, wird der ansonsten unbekannte Dichter so genannt. Die Handschrift stammt nach Bormans aus dem Kloster der schwarzen Nonnen (Benediktinerinnen) zu Brügge. Weil P. zu den drei wichtigsten Werkzeugen des Seemanns auf hoher See nicht den um 1300 bereits erfundenen Seekompaß rechnet (V. 635), möchte Bormans die Abfassungszeit des Werkes ins 13. Jh. verlegen, die Handschrift stamme demnach aus dem 14. Jh. Ohne in die Geschichte des Kompasses weiter eindringen zu wollen, ist mit »naelde« sicher eine Magnetnadel gemeint; technische Differenzierungen lagen wohl nicht in der Intention des Autors. Unterdessen soll das Werk irgendwann im 14. Jh. entstanden sein. Innere Gründe, nämlich die Furcht vor dem Teufel und der Hölle, Angst vor dem Jüngsten Gericht als Zentralmotive des Werkes, dazu das Spiel mit Strophenformen, Vers- und Reimvariationen, wie sie unter den Rederijkers, einer niederländischen Variante der dt. Meistersinger beliebt war, machen deshalb eine Abfassung im 15. Jh. eher wahrscheinlich.

Das Werk hat, wenn man aus den Fragmenten auf das Ganze schließen darf, zwei Schwerpunkte, die Angst vor der Hölle und ein dezidiertes ℳlob: Das erste Drittel ist ausschließlich »ein Loblied auf Maria« (van Mierlo), besser ein Lobgebet an ℳ: Zunächst werden die Tugenden ℳs mit fünf Blumen verglichen, mit Maßliebchen, → Akelei, Ringelblume, → Rose und → Lilie. ℳ trägt einen Blumenkranz der Tugenden, der Gottes Zorn besänftigt und die Menschen vor dem Teufel bewahrt. Die Rose ohne Dornen steht für die äußere, aber noch mehr die innere Schönheit ℳs. Gott verschönte den Saal, in dem er wohnen wollte. In der Geburt ohne Schmerzen blieb ℳ die reine Jungfrau als Mutter eines Sohnes, dessen Tochter sie war (V. 31). Wie alle Frauen badete auch ℳ nach der Geburt Jesu, sie aber badete in der Quelle der hl. Gnade, »die euch reinigte in jeder Hinsicht« (V. 44). Mit diesem Wasser möge ℳ auch uns waschen, damit wir dem Teufel entgehen. Reinheit und Demut haben ℳ zur Liebe der Dreifaltigkeit gebracht, so daß sie des Himmels Königin wurde. Die fünf Buchstaben des Namens werden ausgedeutet; jedem Buchstaben wird eine Blume zugewiesen. »M« bedeutet mediatrix. Wie man das Maßliebchen jeden Tag findet, so steht auch ℳ allen jederzeit bei (V. 205). »A« steht für auxiliatrix: so wie die Akelei demütig im Verborgenen blüht, so schafft ℳ durch ihre Demut dem reuigen Sünder Frieden mit Gott (V. 237). »R« heißt reconciliatrix: ℳ bewahrt den Menschen vor der Verzweiflung, der Vogelfängerin des Teufels (V. 269). ℳ ist Herrin der Hoffnung; ihr Sohn befreite uns am Kreuz aus der Gewalt des Teufels. Ihre Blume ist die Rose, deren süßer Duft den höllischen Gestank vertreibt. Negatives Beispiel ist Judas, positive Beispiele sind Longinus, der Hauptmann unter dem Kreuz Jesu, und → Theophilus. Das »I« bedeutet illuminatrix gratiae (V. 405). ℳ erleuchtet den Menschen, der in der Allegorie des Schiffes dargestellt wird: Die Welt ist die See voller Sünden; Das Schiff ist des Menschen Leib, der Schiffer das Herz. Das Bild nimmt den Autor offensichtlich so in Anspruch, daß er immer mehr das ursprüngliche Thema aus den Augen verliert und nun erörtert, wie die Seele (die »vrouwe«) vor Hölle und Teufel gerettet werden kann. Erst V. 1640 kommt P. auf sein Thema zurück: ℳ ist als Leitstern die Mutter der Barmherzigkeit, die das Schiff aus den Wirren herausführen soll zu Gott, die zugeordnete Blume ist die weiße Lilie. Obwohl noch die Ausdeutung des letzten Buchstabens fehlt, bricht das ℳlob ab (V. 1680). Das Folgende ist ein Gespräch zwischen dem Ich und der Sapientia über Laster und Tugenden. Es schließt sich ein Streitgespräch (»parlament«) zwischen der Hoffahrt und der Demut (V. 2877 ff.) an. Unvermittelt wird V. 3955 das ℳlob fortgesetzt. Der Buchstabe »A« steht für amatrix Dei verissima. ℳ ist der Spiegel der Minne: Welcher Liebende hineinschaut, dem sind die fünf Sinne erhellt. Durch ℳ wollte uns Jesus durch seinen Tod aus höllischem Leiden erlösen. Das Gedicht endet mit dem wiederholten Hinweis auf die Barmherzigkeit Gottes, mit der Warnung vor der Verzweiflung und mit der immer wiederkehrenden Drohung mit dem höllischen Feuer.

Zu Recht wird P. als Meister der (westflämischen) Sprache, der Vers- und Strophenformen bezeichnet; eine Stringenz des Aufbaus erschließt sich kaum.

Ausg.: Speghel der wijsheit of Leeringhe der zalichede van J. P., hrsg. von J.-H. Bormans, Brüssel 1872. — J. P.s »Parlament van omoed ende hoverdije«, hrsg. von J. Reynaert, 1983 (Teilausgabe).
Lit.: S. C. Holleman-Stevens, J. P.: »Leeringhe der zalichede«, In: Nieuwe Taalgids 57 (1964) 231—235. — G. P. M. Knuvelder, Handboek tot de geschiedenis der nederlandse Letterkunde I, [7]1978. W. Breuer

Praetorius, Hieronymus, * 10. 8. 1560 in Hamburg, † 27. 1. 1629 ebd., entstammte einer dt. Organistenfamilie, war Schüler seines Vaters Jakob und erhielt später in Köln eine musikalische Ausbildung. 1580 wurde er Stadtkantor in Erfurt, anschließend Organist an St. Jakob in Hamburg. P. gehört zu den Musikern, die den mehrchörigen venezianischen Stil in Deutschland eingeführt haben. Den Schwerpunkt seines Schaffens bildet die Motette, wobei P. den Text bes. geistvoll musikalisch zum Ausdruck bringt, so in »Decantabat populos Israel«, und »Exsultate justi«. Als Organist hat er sich durch seinen vollständigen Zyklus von Magnifikatsätzen einen Namen gemacht, der die spätere norddt. Orgelmusik ankündigt. Unter seinen zahlreichen marian. Werken seien erwähnt: mehrere Magnificat-Vertonungen sowie die Motetten »Ecce Maria genuit« (1618), »O quam pulchra« (1618) und »Tota pulchra es« (1618).

Lit.: L. Schierning, Die Überlieferung der dt. Orgel- und Klaviermusik aus der 1. Hälfte des 17. Jh.s, 1962. — F. K. Gable, the Polychoral Motets of H. P., Diss., Iwoa 1966. — MGG X 1556. — Grove XV 184—186. *E. Löwe*

Prag hatte bereits im 10. Jh. auf dem Hradschin, dem Sitz der herrschenden Przemysliden, eine Mkapelle, nach der später im weiteren Verlauf der Geschichte zahlreiche Kirchen der böhmischen Hauptstadt M geweiht wurden, wie z. B. St. Maria unter der Kette, St. Maria an der Lake, St. Maria auf dem Wasen (auch St. Maria auf der Säule), St. Maria Schnee, St. Maria Teyn, St. Maria de Victoria und St. Maria Loretto. Eine nach dem 30-jährigen Krieg aus Dankbarkeit für den Frieden errichtete Msäule am Altstädter Ring wurde am 3.11.1918 gestürzt. Die Hauptinitiatoren dieser Kulturschande und Freveltat waren der Schriftsteller Jaroslav Hašek und die »typische Prager Figur« von damals, der Genosse Franta Sauer aus P.-Žižkov.

In zahlreichen P.er Kirchen findet man verschiedene zur Verehrung aufgestellte Mbilder, namentlich in den alten Ordenskirchen; so bei den Augustinern in St. Thomas das Bild der »Mutter Gottes vom guten Rat«; bei den Jesuiten ein Bild vom Holz der Eiche von Foy; bei den Kapuzinern aus dem Rottenburg stammendes Mbildnis; bei den Karmeliten das 1620 in der Schlacht am Weißen Berg (8.11.1620) mitgetragene Bild des P. Dominikus a Jesu Maria. Zu den wertvollsten Schätzen der St.-Peter-und-Paul-Basilika auf Wyschehrad (Oberburg) gehört die »Wyschehrader Madonna«, die auch »Regenmadonna« genannt wird, weil die Legende erzählt, daß sie die Gebete um Regen erhöre. Auf dem Weißen Berg bei P. ist zur Erinnerung an die Schlacht vom 8.11.1620 eine Wallfahrtskirche errichtet worden, deren Umgänge mit den 39 bekanntesten Wallfahrtsorten von damals ausgemalt sind. Den Hauptaltar schmückt eine Kopie des wundertätigen Bildes »Maria de Victoria«, welches in der Schlacht am Weißen Berg den kaiserlichen Truppen vorangetragen wurde: ein kleines spätgotisches Tafelbild der Geburt Christi. Das Original war Besitz der Deutsch-Ordenskommende von Strakonitz, wo es die Soldateska der prot. Union geschändet hatte als sie Joseph, M und den Hirten die Augen ausstach.

Lit.: O. Schürer, Prag. Kultur-Kunst-Geschichte. [4]1940, bes. 22. 175. 182. 225. 230f. 240. 208f. 384. 395f. — J. v. Herzogenberg und W. Neumeister, Gnadenstätten in Böhmen und Mähren, 1965/66. — Dies., Prag. Ein Führer, [3]1968, 89. 94. 126—128. 163. 287f. 322—325. — J. Urzidil und A. Jaenicke, P. — Glanz und Mystik einer Stadt, 1966, bes. 79f. — E. Poche, K. Neubert und A. Srch, Prag, [3]1977, bes. Abb. 29. — J. Kadlec, Přehled církevních dějin českých II, 1987, bes. 126—129. —H. Pleticha, Wanderer, kommst du nach P., 1988, bes. 63—66. 79f. 229—231. — H. Pleticha und W. Müller, Unvergängliches P. Die Goldene Stadt in Geschichte und Gegenwart, 1989, 19—28. *E. Valasek*

Prager Marienklage (→ Klagen). In einer aus Eger stammenden Prager Hs. der 2. Hälfte des 15. Jh.s ist ein bisher als Mklage bezeichnetes Fragment eines Spiels (→ Spiele, geistliche) über M in der Passion überliefert. Dabei handelt es sich wohl um eine Sammlung von Ausschnitten aus → Passionsspielen, die im Hinblick auf die GM ausgewählt wurden (Unterredung Ms mit Judas, Abschied Jesu von M, Mklage u. a.).

Ausg.: L. Jessel, Die Egerer Marienklage der Prager Handschrift XVI G 33. Edition und Untersuchung, 1987, 15—24. Lit.: VL[2] VII 805f. — Bergmann, Katalog Nr. M 113. *R. Bergmann*

Prato. Die im MA bereits bedeutende Stadt, kam 1351 zum Herrschaftsbereich von Florenz und spielte ab dieser Zeit bis heute v. a. für diese Stadt eine wichtige wirtschaftliche Rolle (Messen, Tuchhandel und -produktion). Religionsgeschichtlich ist in der Geschichte P.s v. a. die Bedeutung des Mkultes zu erwähnen, der über mehrere Jh.e, etwa durch Auffindung wunderwirkender Mbildnisse und der durch die über die Grenzen bekannten Mgürtelreliquie, immer wieder neue Impulse erfuhr.

Als geistliches Zentrum der ma. Stadt im 10. Jh. gegründet (ab 1211 erneuert, im 14. Jh. teilweise umgebaut) pflegt man im Dom S. Stefano seit Ende des 14. Jh.s den Reliquienkult des → Gürtels Me. Ursprünglich im Hochaltar verwahrt, wurde die → Reliquie wegen andauernder Streitigkeiten zwischen dem Domklerus und den Stadtoberen über das Zuständigkeitsprivileg ab 1346 in einen Behelfsaltar verlegt, bis die für sie neu errichtete Kapelle (1385—95) fertiggestellt und mit Fresken durch Agnolo Gaddi ausgestattet worden war. Der Mgürtel soll der Legende nach von der GM während ihrer Himmelfahrt dem Apostel Thomas als Erinnerung überreicht worden sein. Als die Apostel sich aufmachten, um in fernen Landen die frohe Botschaft zu verbreiten, überließen sie den Gürtel einem ihnen befreundeten Wirt zur Aufbewahrung. Als sich viele Jh.e später ein Händler aus P. namens Michele Dagomari in Jerusalem aufhielt, verliebte er sich in ein Mädchen namens Maria und heiratete sie. Diese brachte als Mitgift den von ihrer Mutter geerbten Gürtel mit in die Ehe. 1141 nach P. zurückgekehrt — die Frau war auf der Reise gestorben —, bewahrte er im Geheimen den kostbaren Schatz in einer Truhe auf und schlief aus Angst vor Dieben sogar auf ihr. Engel wiesen ihm im Schlaf mehrere Male auf den respektlosen Umgang mit der Reliquie hin und legten den Schlafenden, ohne daß er aufwachte, auf den Boden. Erst kurz vor seinem Tod berichtete der Händler dem Kirchenvorstand von Pieve von der Wichtigkeit seines Schatzes. Dieser ließ ihn 1174 feierlich in die Hauptkirche übertragen und ihn für den unmittelbar einsetzenden Kult freigeben. Heute wird die Reliquie in einem Kristallgefäß (1638) hinter einem Relief, die Translatio in die Kirche darstellend, aufbewahrt. Im Zentrum des Barockaltars (1748) steht die berühmte Madonna della cintola, ein Werk Giovanni Pisanos von 1317. An den Wänden sind Szenen aus dem M leben sowie die Geschichte des M-gürtels dargestellt.

Die Kirche S. Maria delle carceri, ein Bau von überragender kunsthistorischer Bedeutung in der Geschichte der ital. Renaissance, spielte neben dem Dom ebenso eine wichtige Rolle in der Geschichte der MV in P. Um den Bau rankt sich die Legende von einem Jüngling, der 1484 in den Ruinen des ehemaligen Gefängnisses vor dem heute noch bestehenden Kastell der Stadtherren einen Bildstock mit einer M darstellung entdeckt haben soll, nachdem ihm die GM selbst an dieser Stelle erschienen war. Diese Erscheinung und zahlreiche mit der Darstellung in Verbindung gebrachte wundersame Heilungen gaben den Anlaß für die Errichtung einer Kirche. Der Zentralbau auf dem Grundriß eines griech. Kreuzes wurde 1484—95 gemäß dem Willen Giulianos de Medici nach Plänen seines Architekten Giuliano da Sangallo errichtet. Die zahlreichen Votivgaben hinter dem Hochaltar zeugen heute noch von der innigen Verehrung, die die Bevölkerung an diesem Ort der GM darbrachte.

Einen weiteren Aufschwung erlebte der M kult 1570 im Zusammenhang mit einem Bildstock in der Gegend von Gelli vor der porta S. Trinità, auf dem sich eine vom Maler Piero oder Antonio di Miniato gemalte M darstellung befand. Dieser Bildstock, von dem zahlreiche wunderbare Begebenheiten ausgegangen sein sollen, war der Ausgangspunkt für das 1575—84 errichtete M heiligtum S. Maria del Soccorso.

Von ebensolchen wunderbaren Begebenheiten in Zusammenhang mit dem Bildstock (14. Jh.) der Madonna del Pesce, kurz vor dem ma. P. beim ponte mercatale, wird im März 1615 berichtet. Sie bilden den Ausgang für die Schaffung des M heiligtums S. Maria della Pietà. Von der über die Stadtgrenzen sich verbreitenden Bedeutung des Wallfahrtsortes zeugen allein schon die bereits ein Jahr später geopferten 35000 Messen zu Ehren der GM. Die inzwischen erbaute Kirche kam 1697 in die Obhut des Karmeliterordens mit dem Auftrag, Konventsgebäude um den Gnadenort zu errichten. 1786 wurden die Karmeliter als Folge aufklärerischer Reformen vertrieben, ein Jahr später ging man sogar daran, das Gnadenbild und sämtliche Seitenaltäre aus der Kirche zu entfernen, was u. a. im Mai 1787 zu einem regelrechten Volksaufstand führte. 1792 wieder an den Orden restituiert, wurde die Verwaltung des Wallfahrtsortes 1810 im Zuge der allgemeinen Säkularisation dem Weltklerus übergeben, die Klostergebäude ab 1838 zu einem Waisenhaus umfunktioniert.

Im letzten bedeutsamen M heiligtum P.s, der chiesa di S. Maria del Giglio befindet sich in einer Nische im Zentrum des Hochaltars ein Gefäß (15. Jh.), in dem sich eine wundersame Lilie befindet. Der Legende nach soll diese von einer Gläubigen 1664 über dem Tabernakel aufgehängt worden sein und plötzlich, als sie nach vielen Tagen schon völlig vertrocknet war, wieder frisch erblüht sein.

Lit.: G. Marchini, Guida artistica, 1975. — S. Bardazzi und E. Castellani, La chiesa di S. Maria della Pietà in P., 1975. — P. Moselli und G. Corti, La chiesa di S. Maria delle carceri in P., 1982.
M. Gluderer

Predella, ursprünglich Bezeichnung für die oberste Altarstufe, seit dem 14. Jh. unterster Teil der Bildaufsätze auf der Altarmensa.

Anfang des 14. Jh.s entsteht in Italien die P. zur Aufstellung der großen Tafeln und Polyptychen auf der Mensa. Die ersten ausgeprägten Predellen finden sich in Siena an →Duccios Maesta 1310 für den Dom, Simone →Martinis Pisaner Altar 1319 und an seiner Tafel des hl. Ludwig v. Toulouse in Neapel (Mus. Capodimonte), in der florentinischen Kunst am Stefaneschi-Altar der Giotto-Werkstatt um 1330 für St. Peter in Rom (Mus. Vat.). Nördlich der Alpen entwickelt sich aus den auf dem Altar stehenden Reliquienkästchen die P. der Flügelaltäre. In verschiedenster Aufteilung und Gestaltung, in Italien in mehrere Kompartimente mit Rahmung unterteilt, bei Schreinaltären bisweilen auch mit Flügeln zum Öffnen, bemalt oder geschnitzt, gehört die P. bis ins 17. Jh. generell zum Aufbau der großen Bild- und Schnitzaltäre, wobei die Proportionen vom relativ niedrigen Sockelstreifen in Italien bis zur fast gleichwertigen Bildzone an span. Altarwänden stark variieren können. Bald entwickelt sich ein typisches ikonologisches Programm für die P. Einerseits nimmt sie untergeordnete Darstellungen auf, vorzugsweise Halbfiguren von Heiligen oder attributive Szenen zu den Figuren in den Haupttafeln. Bereits frühe Madonnen- und Vitaretabeln ohne P. benutzen den Sockelstreifen der Tafel in ähnlicher Weise: →Cimabue setzt in seiner Hochaltartafel von S. Trinità um 1290 Prophetenbüsten unter den Thron der Madonna (Florenz, Uffizien), Coppo di Marcovaldo fügt um 1250 unter seiner Madonna del Carmine die Szenen der Verkündigung und der Frauen am Grabe bei (Florenz, S. Maria Maggiore). Meist zeigt die P. theol. weniger bedeutsame Szenen. Die älteste erhaltene P. mit szenischen Darstellungen am M polyptychon von Ugolino da Siena in S. Croce zeigt die Passion vom Abendmahl bis zur Auferstehung, die Kreuzigung jedoch ist im Giebel herausgehoben. Von der Kindheit Jesu sind P.-Themen oft die Heimsuchung, die Flucht nach Ägypten oder der 12-jährige Jesus im Tempel, aus dem M leben Ereignisse der Kindheit bis zur Vermählung oder das Geschehen um ihren Tod. In

Altären mit der Hl. Sippe oder der Wurzel Jesse nimmt oft die liegende Figur →Isais die P. ein.

Als die dem Altar als Stätte des eucharistischen Opfers am nächsten stehende Partie des Retabels bietet die P. aber auch den genuinen Ort für Darstellungen des menschgewordenen und geopferten Leibes Jesu. Anbetung des Kindes und Anbetung durch die Könige gehören zu diesem Themenkreis. Häufig findet sich auch Christus zwischen den Aposteln in Halbfigur oder die Gruppe der Anna Selbdritt. Der Schmerzensmann zwischen ℳ und Johannes, Pietà oder Engelspietà, Veronikon, Grablegung oder der Leichnam Christi werden hauptsächlich für den Mittelteil der P. bevorzugt. Folgerichtig nimmt ab dem 17. Jh. an Hauptaltären der Tabernakelaufbau immer häufiger die Stelle der P. ein. An Nebenaltären wird sie durch Reliquiare oder eigene Bilder abgelöst, während das Altarbild mit Rahmung über den Altartisch an die Wand hochrückt.

Lit.: R. Hoffmann, Bayer. Altarbaukunst, 1923. — J. Braun, Der christl. Altar in seiner geschichtlichen Entwicklung II, 1924, (Reg.). — A. Preiser, Das Entstehen und die Entwicklung der P. in der ital. Malerei, 1973. — J. Berg Sobré, Behind the Altar Table, The Developement of the Painted Retable in Spain 1350—1500, 1989. — LThK² VIII 704. *F. Tschochner*

Predieri, Giacomo Cesare und Luca Antonio, ital. Komponisten.

1. Giacomo Cesare, * 26.3.1671 in Bologna, † 1753 ebd., erhielt seinen ersten Musikunterricht bei seinem Onkel Giacomo P. und bei G.P. Colonna. Am 13.5.1688 wurde er als Sänger in die Accademia Filarmonica in Bologna aufgenommen. In den Rang eines Komponisten stieg er am 29.11.1690 auf. 1698, 1707 und 1711 führen ihn die Listen der Accademia als principe. An sechs Kirchen Bolognas amtierte er als maestro di cappella. Von seinem Werk sind 11 Oratorien überliefert, teilweise nur dem Titel nach, darunter auch »Maria e Giuseppe in traccia di Gesu«, aufgeführt in Bologna am 30.3.1713 und »La purificazione di Maria Vergine« vom 28.3.1715. Die Musik dazu ist verloren.

2. Luca Antonio, * 13.9.1688 in Bologna, † 1767 ebd., erhielt seinen ersten Unterricht auf der Violine bei Abondio Bini und Tommaso Vitali. Kontrapunkt studierte er bei seinem Onkel G.C.P., bei Angelo P. und G.A. Perti. 1704—11 musizierte er in Bologna beim Patronatsfest von S. Petronio. Am 25.6.1716 wurde er als Komponist in die Accademia Filarmonica aufgenommen, 1723 sogar zu deren Leiter gewählt. In verschiedenen Kirchen Bolognas hatte er das Amt des Kapellmeisters inne. Ende 1737 wechselte er als Vizekapellmeister an den Kaiserhof nach Wien. Nach dem Tode von J.J. Fux (1741) übernahm P. die Leitung der Hofkapelle. 1751 zog er sich vom Amt zurück und kehrte 1765 in seine Heimatstadt zurück. Das weltliche kompositorische Schaffen besteht zum größten Teil aus Opern, von denen die Mehrzahl verloren ist, Kantaten und Instrumentalwerken. Unter den geistlichen Stücken, Messesätzen, Antiphonen, Litaneien, Psalmen und Motetten findet sich auch ein Stabat Mater für 4 Vokalstimmen im polyphonen Stil.

Lit.: N. Morini, La R. accademia filarmonica di Bologna, 1930. — MGG X 1603—06. — Grove XV 207. *H. Faltermeier*

Predigten. *1. Allgemein. a) Forschungslage.* Eine systematische Untersuchung zu ℳ in der dt. sprachigen P. fehlt. Erste Orientierung bieten lediglich die älteren P.-Geschichten von Cruel und Linsenmayer, die Bibliographie der gedruckten P. von Morvay-Grube (die dort verwendeten T-Nummern dienen zur abgekürzten Sammlungsbezeichnung) sowie systematische Untersuchungen zu ℳ (BeisselMA, Salzer, Gössmann). Dies entspricht der grundsätzlichen Forschungslage zur ma. P.: Eine kontingente Gesamtsicht fehlt, neuere Untersuchungen liegen lediglich für einzelne Prediger und Sammlungen vor. Das Hervorgehen der dt. P. aus der lat. Tradition kann aus den genannten Gründen und wegen der Vielzahl der überlieferten lat. Texte nicht angemessen berücksichtigt werden.

Das »Repertorium der lat. Sermones des MA« (5 Bde.) verzeichnet für den Zeitraum von 1150—1350 über 2800 ℳ-P., davon 591 zu ℳe Lichtmeß, 627 zu ℳe Verkündigung, 716 zu ℳe Himmelfahrt und 598 zu ℳe Geburt. 48 P. werden ℳe Empfängnis zugewiesen (früheste: → Richard v. St. Viktor über Hld 4,7 [V 162] und Bartholomaeus de Exeter [† 1184; I 425], breitere Überlieferung erst im 14. Jh., früheste dt. P. bei → Hermann v. Fritzlar, s. u. 4 und 5). Unter den 240 P., deren Anlässe nicht über Siglen erfaßt werden, finden sich neben den allgemeinen ℳ-P. und solchen zu de-tempore-Anlässen (I 168. 308—311) acht P. in visitatione BMV (II 451; III 100. 787; IV 349. 541; V 544; dt. P. s. u.), eine in praesentatione BMV (IV 544) und eine de desponsatione BMV (V 714). Reihen-P. zu ℳ sind mit dem »Mariale« des → Jakobus a Voragine (161 ℳ-P. mit alphabetisch geordneten Anfangswörtern; II 273—283) und des Robertus de Ware OM (25 P.; V 330—333) sowie mit den 15 P. BMV in Sabbato zu überwiegend den Psalmen entnommenen Themen des Guilelmus Bernardi OP (III 434) erhalten.

Als P.-Themen liegt eine Vielzahl von Bibelstellen zu Grunde. Wenn auch einzelne Themen häufiger für P. zu einem bestimmten Anlaß verwendet werden (Ps 45,5 zu ℳe Empfängnis; Ps 47,10, Mal 3,1 und Lk 2,22 zu ℳe Lichtmeß; Lk 1,26 und 28 zu ℳe Verkündigung sowie Num 24,17 und Jes 11,1 zu ℳe Geburt), erscheint ein Rückschluß vom Thema auf den Anlaß nicht möglich. Im Rahmen einer Gesamtsicht sind keine zeitlichen oder ordensspezifischen Unterschiede in der Themenwahl zu erkennen.

Die Träger der lat. ℳ-P. sind von der zweiten Hälfte des 13. Jh.s an Bettelordensangehörige und Weltgeistliche, wobei die größte Anzahl der überlieferten P. von Dominikanern stammt.

Eine durchgängige Überlieferung von ℳ-P. findet sich sowohl bei den Weltgeistlichen als auch bei Autoren des Zisterzienserordens (großräumiger Schwerpunkt um 1200, danach Rückgang, Anstieg der Überlieferung erst wieder im 14. Jh.), während von Augustinern und Benediktinern einige frühe P., nach dem Einsetzen der Bettelordens-P. jedoch kaum noch ℳ-P. überliefert sind. Von Augustinereremiten sind lediglich gegen Ende des Untersuchungszeitraums einzelne ℳ-P. erhalten.

b) Gegenstand. Die folgende Darstellung beschränkt sich weitgehend auf P. zu ℳ und zu den ℳfesten. Diese werden nach den Schneyerschen Siglen zitiert (S 5 = ℳe Empfängnis, S 21 = ℳe Lichtmeß, S 28 = ℳe Verkündigung, S 59 = ℳe Himmelfahrt, S 65 = ℳe Geburt), die übrigen ℳfeste werden jeweils benannt. Weitere Anlässe, die Gelegenheit bieten, ℳ zu thematisieren, konnten nur von Fall zu Fall berücksichtigt werden; hierzu zählen u. a. Herrenfeste, P. auf Johannes den Evangelisten und Advents-P. Grundlage sind die gedruckten P.; ungedrucktes Material konnte nur für das 12. und 13. Jh. systematisch ausgewertet werden. Für die späteren Jh.e wird die handschriftliche Überlieferung ohne Anspruch auf Vollständigkeit verzeichnet. Als P. gelten alle bei Morvay-Grube verzeichneten und in den Handschriftenkatalogen entsprechend gekennzeichneten Texte, da eine verbindliche Definition der Gattung fehlt.

2. *Frühe deutsche Predigt (12./13. Jh.). a) Überlieferung.* Die frühe dt. P., überwiegend entstanden und überliefert in der 2. Hälfte des 12. Jh.s und dem frühen 13. Jh., besteht fast ausschließlich aus Musterpredigtsammlungen für die Hand des Seelsorgers. Die Mehrzahl der Sammlungen ist miteinander durch partielle Überlieferungsgemeinschaften verknüpft. Die P. werden in Zyklen überliefert, die — charakteristisch für die frühe dt. P. — mit wenigen Ausnahmen Temporale und Sanctorale blockweise miteinander verschachteln. Die »Basler« und die → »Züricher Predigten« gehören in der überlieferten Form nicht zu diesem Sammlungstyp: die »Züricher Predigten« (13 Nrn.) stehen in der privaten Textsammlung eines Klerikers, und die »Basler Predigten« (10 Nrn.) bilden einen separaten Block innerhalb einer Sammelhandschrift, die P. unterschiedlichster Provenienz vereint. Eine summenartige Kompilation der frühen dt. P. bieten die → »Leipziger Predigten« aus dem frühen 14. Jh. (Leipzig, Universitätsbibl., Cod. 760), die 262 P. aus 7 älteren Einzelsammlungen überliefern: Diese Sammlungen gingen wiederum meist aus verschiedenen anderen P.-Zyklen hervor (vgl. Mertens, Studien 265 f. mit Stemma).

Von den ca. 21 erhaltenen frühen P.-Sammlungen überliefern 10 ℳ-P.: Es handelt sich um die »Basler Predigten«, die »Hoffmannsche Sammlung«, die Kompilation des Priesters → Konrad, die → Kuppitsch'sche Predigtsammlung«, die »Leipziger Predigten«, die »Mitteldeutschen Predigten«, die → »Roth'sche Sammlung«, die »St. Pauler Predigten«, das → »Speculum ecclesiae« und die »Züricher Predigten«. Hinzu kommt fragmentarische Überlieferung in fünf Fällen (Morvay-Grube T 8 [S 21], T 37 [2 x S 21, 1 x S 59], T 46 [S 65]), die noch keiner Sammlung zugeordnet werden kann, sowie das Fragment Donaueschingen (Fürstlich Fürstenbergische Hofbibl., B IV/3) mit einer unvollständigen P. zu S 59. Ungedruckt sind die P. zu S 59 und S 65 der »Kuppitsch'schen Predigtsammlung« und die P. zu S 21 und S 65 der »Mitteldeutschen Predigten«; die P. zu S 28 und S 59 derselben Sammlung sind nur nach Bruchstücken des 12./13. Jh.s herausgegeben. Die Gesamtzahl der überlieferten ℳ-P. beläuft sich auf 48 Stücke (Sammlung I der »Leipziger Predigten« mit fünf ℳ-P. gehört in das späte 13. Jh.; vgl. 3.).

Die Überlieferung ist insgesamt schmal, die Mehrzahl der P. wird unikal überliefert. Die handschriftliche Tradierung endet in der 1. Hälfte des 14. Jh.s, nur die »Mitteldeutschen Predigten« werden, reduziert auf das Sanctorale, im 15. Jh. (3 x), Teile der Kompilation des Priesters Konrad unter Einschluß der ℳ-P. im späten 14. und 15. Jh. überliefert, und die einzige Handschrift der »Basler Predigten« stammt aus der 2. Hälfte des 14. Jh.s.

b) Träger. Mit einer Ausnahme, der Sammlung des Priesters Konrad, wird die frühe dt. P. anonym überliefert. Dies ist gattungstypisch bis zu den dt. P., die → Berthold v. Regensburg (vgl. 3.) zugeschrieben werden, und zur mystischen P. dominikanischer Provenienz (vgl. 4.). Die wenigen Hinweise sprechen dafür, daß die P. im Benediktinerorden und bei den Augustinerchorherren entstanden, also denjenigen Orden oder Gruppen, die wesentlichen Teil an der Seelsorge im 12. Jh. hatten. Dieser Befund gilt für die im bayer.-österr. Raum überlieferten Sammlungen, zu denen auch die »Rothsche Sammlung« und die »Hoffmannsche Sammlung« zählen. Die Überlieferung im alemannischen Raum (»Basler Predigten«, »Züricher Predigten«) erlaubt solche Rückschlüsse nicht ohne weiteres, doch spricht Parallelüberlieferung zwischen den »Züricher Predigten« und den »Klosterneuburger Bußpredigten« für die Tradierung dieser Texte bei den Augustinerchorherren (Palmer). Bei den »Mitteldeutschen Predigten« und der »Kuppitsch'schen Sammlung« ist die Frage der Trägerschaft noch nicht befriedigend diskutiert worden: Im letztgenannten Fall — einer vermutlich für männliche und/oder weibliche Religiose bestimmten Sammlung — wäre eine Verbindung zu den Zisterziensern zu prüfen.

c) Inhalt und Form. »Mine vil liben, so uns mer genaden cůmen ist von unser vrowen sente Merien danne von keineme andern heilgen, so bege wir ir hochzit inme jare dicker danne keines andern heilgen. wir begen inme jare vir stunt ir hochzit« (Schönbach I, Nr. 120, S. 220 [S

65]). Dieses Zitat charakterisiert die Situation im 12. Jh. zutreffend: Thematisiert wird durchgehend die Vermittler- und Helferfunktion Ms und ihre Unvergleichbarkeit mit den anderen Heiligen. Überliefert werden ausschließlich P. zu Me Lichtmeß, Me Verkündigung, Me Himmelfahrt und Me Geburt; M-P. ohne Anbindung an das Kirchenjahr fehlen. Eine Vorliebe für bestimmte themagebende Bibelstellen ist nicht zu beobachten. In P. zu S 21 und S 28 tritt der marian. Aspekt im Vergleich zu S 59 und S 65 oft weit in den Hintergrund. Autoritätenberufungen bzw. -nennungen tauchen auffällig selten auf: Je ein Mal genannt werden Augustinus, Boethius, Gregorius und Hieronymus. Vollständige P. zu S 21 bieten das »Speculum ecclesiae« (T 9 zu Lk 2,22 [Nr. 15]), die »Mitteldeutschen Predigten« (T 11—14 zu Lk 2,22; Berlin, Staatsbibl., mgq 2025, 260^v—262^v), die »Leipziger Predigten« (T 17/18 zu 1 Kor 3,17 [Nr. 30]; Mt 11,10 [Nr. 77]; themalos [Nr. 78]; Lk 2,22 [Nr. 97]; T 18 zu Ps 47,10), Priester Konrad (T 25 zu Mt 11,10 [Nr. 9]; Lev 12,2 [Nr. 10]; Ps 148,12 [Nr. 11]), die »Kuppitsch'sche Predigtsammlung« (T 34 zum Prozessionsgesang »Adorna thalamum tuum Syon« [Nr. 5]) und die »St. Pauler Predigten« (T 39 zu Mt 11,10; Antiphon »Rubum, quem viderat Moyses«; Whisnant 84—96). Bruchstücke liegen in vier Fällen vor (T 8; T 16 zu Lk 2,22 [Nr. 8]; 2 x T 37 in einem Fall zu Lk 2,22). Dominant ist das biblische Geschehen. Die Auslegung knüpft an das Taubenopfer, an Simeon oder die Kerze an. Als biblische Exempelfigur für die geforderte Reue im Rahmen der allegorischen Opferdeutung steht Maria Magdalena (T 9, Nr. 15; T 34, Nr. 5). Auffällig ist die später geläufige, aber nur hier früh überlieferte Herleitung des Lichterbrauchs aus antiker Tradition in T 17 (Nr. 78) und ein Exkurs zu jüdischen Herrschern in T 25 (Nr. 11). Die P. in T 34 und T 39 fallen aus dem skizzierten Rahmen heraus: T 34 (Nr. 5) setzt mit dem Lobpreis Christi ein, thematisiert anfangs die »visio beatifica« und kehrt mit der Gleichsetzung M — Tor des Himmels zum oben skizzierten thematischen Rahmen zurück. Die beiden Texte in T 39 stellen M als einzige klar in den Mittelpunkt, indem sie M zum Leitbild der Frauen machen, »wand alle frowen an ir einer sint geert«. Die zweite P. schließt mit typologischen Vorausdeutungen, die vom brennenden Dornbusch bis zur Rute Aarons reichen. Vollständige P. zu S 28 bieten die »Mitteldeutschen Predigten« (T 11—14 zu Jer 31,22 [T 12/Nr. 3]; Berlin, Staatsbibl., mgq 2025, 265^r—266^v), die »Leipziger Predigten« (T 17 zu Lk 11,28 [Nr. 214]), die »Hoffmannsche Sammlung« (T 30 zu Ez 44,2 [Nr. 11]), die »Züricher Predigten« (T 32 zu Lk 2,26 [Nr. 5]) und die »Kuppitsch'sche Predigtsammlung« (T 34 zu »Descendit de coelis missus ab arce patris« [Nr. 6]). Ein Bruchstück liegt vor (T 16 [Nr. 30]). Thematisch kreisen die Texte um die Menschwerdung Christi, die Demut Ms und die Gnade: In T 11—14 dominiert der typologische Aspekt, in T 32 die allegorische Deutung des Themas und in T 30 und 34 die Verbindung zu Weihnachten und die Konzentration heilsgeschichtlich bedeutsamer Ereignisse an diesem Tag.

Die letztgenannten P. schließen beide mit exemplarischen Mmirakeln: das Ave Maria rettet den Menschen vor der Verdammnis. Vollständige P. zu S 59 bieten das »Speculum ecclesiae« (T 9 zu Hld 3,6 [Nr. 39]; themalos [Nr. 40]), die »Mitteldeutschen Predigten« (T 11—14 zur Antiphon »Exalta est sancta Dei genitrix« [T 11]; Berlin, Staatsbibl., mgq 2025, 296^r—298^v), die »Leipziger Predigten« (T 17 zur Antiphon »Hodie beata virgo Maria« [Nr. 84]; themalos [Nr. 119]; »Assumpta est Maria in celum« [Nr. 223]), der Priester Konrad (T 25 zu Hld 1,2 [Nr. 88]; Ez 44,2 [Nr. 89]), die »Basler Predigten« (T 29 zu Lk 10,38 [Nr. 32]; themalos [Nr. 33]), die »Züricher Predigten« (T 32 zu Lk 10,38 [Nr. 8], Sir 24,14 [Nr. 9]) und die »Kuppitsch'sche Predigtsammlung« (T 34 zu Hld 3,6; Krakau, Biblioteca Jagiellońska, mgq 484, 66^v—68^r). Ein Bruchstück liegt vor (T 37). In allen P. spielt zu diesem Anlaß die Vermittler- und Helferfunktion Ms (häufig mittels der etymologischen Deutung »stella maris«) eine große Rolle: Ausgehend von diesem Aspekt werden das Verhältnis zu Christus und der Kontrast zu Eva (T 9, Nr. 39; T 25, Nr. 88; T 29, Nr. 33) betont. Die Beziehung zwischen Christus und M wird unter Rückgriff auf die sponsus/sponsa-Thematik des Hohenlieds (T 9, Nr. 39), den Vergleich M/Mond—Christus/Sonne (T 9, Nr. 39; T 17, Nr. 84) und die Ineinssetzung Ms mit allen Bezugspersonen Christi — »muter vrundinne swester brut« — (zitiert nach T 17, Nr. 84; Nr. 119) beschrieben. Die allegorische Deutung von Martha (»vita activa«) und Maria (»vita contemplativa«) im Rückgriff auf die Tagesperikope nimmt großen Raum in einigen P. ein (T 17, Nr. 84; T 29, Nr. 32 und 33; T 32, Nr. 8; T 34). Zweifel an der leiblichen »assumptio« äußert nur T 17, Nr. 84. Ms Teilhabe am Erlösungswerk wird in T 25, Nr. 88 und 89 sowie in T 29, Nr. 32 und 33 betont. Eine erzählerische Komponente haben T 17, Nr. 84, und bes. deutlich T 11—14: Die P. schildert breit Ms Vorbereitung auf den Tod, die Versammlung der Apostel am Grab, die Wunder an Ms Bahre in der Nachfolge jüdischer Schmähungen und die persönliche Einholung Ms durch Christus: »vnd furt sie do in syn riche mit libe vnd mit sele«. Vollständige P. zu S 65 bieten das »Speculum ecclesiae« (T 9 zu → Anselm v. Canterbury, PL 158,962D »Quando nata est virgo« [Nr. 41]), die »Mitteldeutschen Predigten« (T 11—14 zur Antiphon »Adest nobis sacratissime virginis que ex regali progenie«, Berlin, Staatsbibl., mgq 2025, 302^r—303^v), die »Leipziger Predigten« (T 17/18 zur Antiphon »Regali ex progenie Maria« [Nr. 85]; zum Responsorium »Nativitas tua dei genitrix virgo« [Nr. 120]; zu Hld 3,11 [Nr. 226]), der Priester Konrad (T 25 zu Hld 6,9 [Nr. 93]; Jer 18,2 [Nr.

94]), die »Basler Predigten« (T 29 zur Auslegung des Throns Salomonis, vgl. 1 Kön 10,18—20 [Nr. 34]) und die »Kuppitsch'sche Predigtsammlung« (T 34 zu Hld 6,9; Krakau, Bibliotca Jagiellońska, mgq 484, 68ʳ—69ʳ). Ein Bruchstück liegt vor (T 46). Verbindendes Thema ist die Betonung der königlichen Abstammung Ms. Gelegentlich werden Hinweise auf die älteren Geburtsfeste Christi und Johannis Baptistae gegeben (T 25, Nr. 93, und T 34) und die legendarische Einführung des Geburtsfestes berichtet (T 17, Nr. 226, und T 34). M wird zur Beschützerin der sozial-kirchlichen Ordnung, bezeichnet mit »drî ordenunge« in T 9, Nr. 41 (Eheleute, Jungfrauen, Witwen) und T 25, Nr. 93 (Eheleute, »alle gaistliche vatere unde alle gaistliche richtaere, elliu gaistliche lute«). Ihre Gnadenwirkung wird ähnlich wie zu S 28 in → Mirakeln exemplifiziert, und zwar an Maria Aegyptiaca (T 9, Nr. 41; T 17, Nr. 85) und an einem »vicetûme«, der einen Bund mit dem Teufel hat (T 9, Nr. 17). Breit erzählend angelegt ist wiederum die P. in T 11—14 mit Schwerpunkt auf der Geschichte von Joachim und Anna, deren sozialer Abstieg mit dem atl. Makel der Kinderlosigkeit begründet wird. Die einzige emblematische P. auf M im gesamten Zeitraum bietet T 29, Nr. 34, die ausschließlich aus der mariol. Auslegung von Salomons Thron besteht. Die Präsentation Ms in der frühen dt. P. beschränkt sich auf ihre heilsgeschichtliche Stellung, ihre gnadenvermittelnde Wirkung und ihre Sonderstellung in der Hierarchie der Heiligen. Die These Schreiners, daß M »der Inbegriff einer bücherhungrigen, lesefreudigen und wissenschaftlich gebildeten Frau« (317) im MA war, findet in der P. dieses Zeitraums, in dem die adelige Frau zu einem Angelpunkt der lit. Hofkultur wurde, keine Bestätigung.

d) *Rezeption.* Die Überlieferung der frühen dt. P. bis zur summenartigen Kompilation der »Leipziger Predigten« im frühen 14. Jh. spricht für eine durchgehende Nutzung der Texte zur P.-Vorbereitung. Ein Funktionswechsel im Laufe der Tradierung einer Handschrift ist nicht ausgeschlossen. Wenige frühe Handschriften bieten Anhaltspunkte für eine andere Nutzung der Texte bzw. für einen anderen Rezipientenkreis. Zu ihnen zählt die fragmentarische Überlieferung der »Rothschen Sammlung« auf hohem kalligraphischen Niveau in der breitrandigen und großformatigen Handschrift der Bayer. Staatsbibl. München (Cgm 5256). Dies entspricht nicht dem meist kleinformatigen Erscheinungsbild der früh überlieferten P.-Sammlungen und könnte als Indiz für laikale Auftraggeber gewertet werden. Als erbauliche Lese- und Vorlesetexte werden die »Mitteldeutschen Predigten«, beschränkt auf das Sanktorale, und Teile der P.-Kompilation des Priesters Konrad im 14./15. Jh. überliefert. Dieser Wechsel im Gebrauch wird in der Berliner Handschrift (Berlin, Staatsbibl., Ms. germ 4° 2025, 251ʳ—329ᵛ) der »Mitteldeutschen Predigten« dadurch unterstrichen, daß — wie häufig auch in Legendaren — den P. ein Bild vorausgeht.

3. *Ordenspredigt (13. Jh.). a) Überlieferung.* Alle bekannten dt.sprachigen P.-Sammlungen des 13. Jh.s, die mit Ausnahme der Berthold-Überlieferung ohne Verfasserrennung tradiert und nach Herausgebern bzw. Fundorten benannt sind, enthalten M-P. Außerdem sind einige dt.-lat. Misch-P. (Graz, Universitätsbibl., cod. 951 [olim 38/37], 15. Jh., 2ʳ—3ʳ/S 59 [T 74]; die Handschrift enthält drei weitere M-P.) und einzelne M-P. in Handschriftenfragmenten überliefert (Neuzeller Bruchstücke [T 73d], darin: Bruchstücke zu S 21 und S 28). Davon sind lediglich die M-P. zu S 28, S 59 I und S 65 in den → »Schwarzwälder Predigten«, die M-P. in »Schmids bairischer Predigtsammlung« und die P. zu S 59 der »Kölner Klosterpredigten« nicht ediert.

Die Überlieferungsgeschichte der M-P. ist mit der der Sammlungen verknüpft: Während die erst aus dem 13. Jh. stammenden M-P. der Gruppe I der »Leipziger Predigten« (T 17, Mertens, Studien, 248; Leipzig, Universitätsbibl., cod. 760, 1. Hälfte 14. Jh.; Nr. 2/S 28, Nr. 6/S 21, Gr. 1, Nr. 12/S 59 [Exzerpt], Nr. 17/S 59 und 18/S 65, Gr. 2) lediglich in einer jüngeren Handschrift faßbar sind, die als Musterpredigtsammlung der Vorbereitung der Pfarr-P. diente und in ihrem Rückgriff auf ältere Texte (vgl. 2.) ein Einzelstück blieb, erlangten die → »St. Georgener Predigten« (T 57) die weiteste räumliche und zeitliche Verbreitung in nahezu 30 Handschriften aus dem 14. und 15. Jh. (älteste Handschrift: Karlsruhe, Landesbibl., cod. St. Georgen germ. 36, um 1300). In dieser 39 P. umfassenden Sammlung sind 7 M-P. enthalten, die M weitgehend ohne Kirchenjahrsbezug thematisieren (Rieder 38. 47. 48. 49. 55. 64. 69). Die Handschrift 464 der Freiburger Universitätsbibl., die Rieder seiner Ausgabe der »St. Georgener Predigten« zu Grunde legte, enthält unabhängig von der »St. Georgener Sammlung« außerdem 46 P., die als → »Schweizer Predigten« (T 56) bezeichnet werden (Rieder 1—35. 67. 76—86). Darunter sind 5 M-P., die ebenfalls überwiegend keinen Bezug auf Mfeste nehmen (Rieder Nr. 16. 20. 32. 33. 79/S 65). Von diesen M-P. ist bisher keine Streuüberlieferung bekannt.

Im Gegensatz zum Temporale der »Schwarzwälder Predigten« (T 62), ebenfalls »eine der beliebtesten Predigtsammlungen des dt. MA«, ist das Sanctorale in nur 4 Corpushandschriften und wenigen Handschriften mit Streuüberlieferung erhalten. In der Handschrift 687 der Leipziger Universitätsbibl. (1415/16) schließen sich dem Schwarzwälder Temporale die bisher nur aus dieser Handschrift vollständig bekannten »Buchwaldschen Heiligenpredigten« (T 63, Nr. 4/S 21, Nr. 7/S 28, Nr. 19/S 65, Bruchstück) an, die jedoch jünger und unabhängig von der Schwarzwälder Sammlung sind. Die Überlieferung der P. Bertholds v. Regensburg (T 48), der als Prediger unter den Zeitgenossen größten

Ruhm genoß, geht in ihrer Gesamtheit nur wenig über das zuletzt genannte hinaus: Die Überlieferungsgruppe X enthält unter 62 P. 2 zu S 65 (Pfeiffer, Nr. 18 und 28), außerdem sind dt.-lat. Misch-P. zu S 21 und S 28 erhalten (T 48, 142). Eine vergleichbare Überlieferungsbreite erreichte »Schmids bairische Predigtsammlung« von 55 Heiligen- und Sonntags-P. in 5 Handschriften aus dem 14. und 15. Jh., die zu Beginn der Heiligen-P. je eine P. zu S 21 und zum Quatembermittwoch im Advent enthält. Die »Kölner Klosterpredigten« (T 64), eine dem → »Paradisus animae intelligentis« vergleichbare Sammlung, enthielten unter 40 Sermones von Kölner Predigern des späten 13. Jh.s je eine P. zu S 59 und S 65 (Nr. 30 und 35), wobei der Bezug zum Anlaß nur schwach ausgeprägt ist. Die einzige Corpushandschrift ist heute verschollen.

b) Träger. Die dt. P.-Sammlungen des 13. Jh.s entstammen weitgehend klösterlichem Umfeld; die »St. Georgener Predigten« sind hinsichtlich Entstehung und Rezeption geradezu als »klösterliches Standardwerk« bezeichnet worden (Ruh). Indizien für den lange angenommenen zisterziensischen Ursprung bedürften einer erneuten Untersuchung; Träger der Überlieferung sind vornehmlich Zisterzienserinnenklöster. Die zur klösterlichen Lektüre geschaffene Sammlung enthält neben den »Schweizer Predigten« den größten Anteil von ⚹-P. im Verhältnis zur Gesamtzahl der überlieferten P. Für die Entstehung weiterer großer Sammlungen mit unauffälligem (Ausnahme: T 62/S 59 [2 x]) bzw. geringem ⚹-P.-Anteil sind insbesondere Minoriten verantwortlich: Bei den P. Bertholds v. Regensburg Augsburger und Regensburger Franziskaner, die — wahrscheinlich im Einvernehmen mit dem Prediger — auf Grundlage seiner lat. Sermones und in Erinnerung an seine spezifische Predigtweise Lese-P. von hohem lit. Niveau für ein Laienpublikum schufen. Das Musterpredigtkompendium der »Schwarzwälder Predigten« verweist in der Verwendung der zu Grunde gelegten Perikopen ebenfalls auf franziskanische Provenienz (Schiewer). Als Verfasser von »Schmids bairischer Predigtsammlung« wird ein Weltgeistlicher angenommen; eine Untersuchung der Überlieferung steht noch aus. Ebenso ist die genaue Herkunft der Vorlagen für die Texte der Gruppe I der »Leipziger Predigten« unbekannt. Da die Nr. 6 auf eine lat. Vorlage oder deren Übersetzung zurückgeht (vgl. 3 c), ist eine klösterliche Herkunft wegen der dort verfügbaren Quellen wahrscheinlich. Beide Sammlungen bzw. Sammlungsfragmente sind Zeugnisse einer offensichtlich durchgängigen Tradition der Evangelienperikopen-P. für ein laikales, unterschiedlich anspruchsvolles Publikum im Rahmen der Pfarrseelsorge. Die um 1300 nach älteren Vorlagen entstandene Sammlung der »Kölner Klosterpredigten« zählt zur frühesten Überlieferung dt. P. der Dominikaner und verweist auf dominikanische P.-Sammlungen des 14. Jh.s.

c) Inhalt und Form. Inhaltlich und formal bilden die »Leipziger Predigten« der Gruppe I das Scharnier zwischen der frühen dt. P. und der Ordens-P. späterer Zeit. Die heilsgeschichtliche Perspektive, die insbesondere die früheren P. prägt, ist noch in Nr. 2/S 28 (Lk 1,26) und Nr. 6/S 21 (Lk 2,22) von Bedeutung; P. Nr. 6 geht auf dieselbe lat. Vorlage zurück wie die P. 37/S 21 des »Speculum ecclesiae« (zum Inhalt vgl. 2 c). Das Aufscheinen ⚹s als Tugendvorbild sowie der Bild- und Metapherngebrauch in Nr. 17/S 59 (Hld 6,9) und 18/S 65 (»Hodie nata est beata virgo Maria«, Responsorium zu S 65, Brev. Rom. IV 391), die jeweils das zu Grunde gelegte Thema bzw. den Anlaß erläutern, gehen dagegen mit Merkmalen der Ordens-P. des 13. Jh.s einher.

In keiner der übrigen genannten P.-Sammlungen haben die ⚹-P. eine einheitliche Form, insgesamt werden jedoch gängige P.-Muster verwendet. Die »St. Georgener Predigten« vereinigen ohnehin Texte unterschiedlicher Prägung, während bei den »Schwarzwälder Predigten« der Rückgriff auf atl. Stoffe (»urkunden«) zur Stützung des P.-Inhalts sammlungstypisches Charakteristikum ist, das auch einzelne P. kennzeichnet, die der Form nach von den übrigen abweichen. In der Mehrzahl der ⚹-P. werden nacheinander Abschnitte des Textworts ausgelegt (»an disem tag/ got trophet uf si/ den anvanc siner erbarmherzekait«, T 48, lat.-dt. Misch-P.), wobei eine Reihe von P. durch die Verwendung bildhaltiger Themata einen emblematischen Zug erhalten (»Erunt signa in sole [Gott] et luna [⚹] et stellis«, T 57/Rieder 38). In einer weiteren Gruppe wird ein im Textwort enthaltener Begriff auf mehreren Ebenen ausgelegt (zu Jes 7,14: »Got wil [vns] geben ain zaichen (1.) daz wir sein versuent mit seinem vater vom himel, (62.) . . . daz wir sein erledigt vnd erlost von dem ewigen tode vnd von dem leidigen tewfel, (63.) . . . daz wir sein wider pracht vnd auch wider geladen von dem ellend zu vnsers rechten vater lande« T 62/S 28), während eine kleine Gruppe von emblematischen P. die Merkmale einer Königin (T 62/S 59 [Ps 44,10]) und einer Rebe (T 57/Rieder 64. 69 [beide: Sir 24,23]) auf ⚹ deutet, sowie ⚹s Herz mit einem verschlossenen Garten vergleicht (T 57/Rieder 49 [Gen 2,8]). Neben einigen Ausnahmen kommen auch Mischformen der genannten P.weisen vor. Für die verwendeten Themata wird auf die Liturgie des Tages und/oder auf ihre mariol. Deutung verwiesen; in T 57 und T 56 (ohne Festbezug) kommen auch direkte Zuweisungen an ⚹ vor.

⚹-P. sind mit Ausnahme der o. a. P. zum Quatembermittwoch im Advent (Inhalt unter S 28) zu den vier ⚹festen Lichtmeß, Verkündigung, Himmelfahrt und Geburt sowie ohne direkten Festbezug erhalten. Inhaltliches Charakteristikum der P. zu S 21 ist der starke Bezug auf die Tagesfeier; der Bericht über die Entstehung des Festes sowie über eine die Feier stützende

Merscheinung (vgl. Legenda aurea) ist mehrfach enthalten (T 62 [ähnlich Jes 2,5], T 63 [Lk 2,22], T 73 d [Bruchstück]), in T 62/S 21 ist das Licht (Christus), das aus fünferlei Gründen in Händen getragen werden soll, konstitutiv für den P.aufbau. Mehrfach enthalten ist auch der Hinweis auf die drei Bezeichnungen des Festes (in T63/S21 Gliederungsprinzip) und damit einhergehend eine Erläuterung der Mosaischen Gesetze (T 17, Nr.6; »Schmids bairische Sammlung«, darin: Polemik gegen das Verhalten zeitgenössischer Mütter) sowie der Reinigung Ms (T 17, Nr. 6; T 63). Das Verhalten Simeons wird ausgedeutet und als vorbildlich empfohlen (T 62, T 63). Etwas anders ist eine lat.-dt. Misch-P. Bertholds konzipiert (Ps 47,10), die die Darstellung Jesu im Tempel durch M anhand vier Deutungen ihres Namens auf vier Ebenen überträgt. Die P. zu S 28 sprechen in hohem Maße die damit verbundene Heilstatsache an (vgl. die o. a. Disposition zu T 62), mehrfach wird der Tag der Verkündigung in Bezug zu anderen diesem Tag zugeordneten biblischen Ereignissen gesetzt (bes. zum Sündenfall; T 48 [2 Makk 8,27], T 62 [Jes 7,14], »Schmids bairische Sammlung« [Lk 1,26]) und der »Erlösungsratschluß« erwähnt (T 48, T 63 [Lk 1,28]). M ist ein Abschnitt gewidmet oder sie wird mit erwähnt; T 17, Nr. 2 (Lk 1,26) weist neben Metaphern und typologischen Bezügen (Pforte des Himmels, verschlossene Pforte, unverbrannter Dornbusch, Mutter der Liebe, auch Gegenüberstellung zu Eva) auf Ms Gnadenfülle hin und erläutert die Empfängnis Christi, Berthold nennt als Qualitäten der Empfangenden ihre hohe Abkunft und ihre Ergebenheit zum Dienst, T 62 Keuschheit und Jungfräulichkeit sowie weitere Tugenden, während T 63 M als »wunderlich« (jungfräuliche Geburt) »eynveldig« (Niedrigkeit, humilitas) und »schöne in der sele« (Heiligung vor der Geburt) »und an dem libe« bezeichnet und damit in ein allgemeines Mlob übergeht. In dieser P. wird außerdem das tägliche Beten des »Ave Maria« empfohlen. P. zu S 59 zeigen ein breites formales wie inhaltliches Spektrum: Die P. T 17/Nr. 12 enthält im wesentlichen Thema (Hld 6,9) und Schlußformel zu S 59, T 17/Nr. 17 deutet Hld 6,9 (Thema), Gen 8,9, »die archen die her Moyses machte ... von einer hande holz daz heizet sendalyn« (Quellenangabe: Samuel) und 1 Kön 10,18 als Aussagen über die → Aufnahme Ms in den Himmel (darin: Frage nach der Sündlosigkeit als unentscheidbar bezeichnet, die leib-seelische Aufnahme in den Himmel wird vertreten). Der erzählenden und weitgehend der »Legenda aurea« folgenden P. in T 62 (ohne Bibelthema) folgt eine weitere emblematische, die M ausgehend von den Attributen einer Königin (Ps 44, 10) beschreibt, während eine anonym und vielleicht unvollständig überlieferte lat.-dt. Misch-P. in der o. a. Grazer Handschrift (Anfang fehlt möglicherweise) eine dreifache Auffahrt Ms benennt und mit Konvenienzargumenten für eine leib-seelische Aufnahme in den Himmel plädiert. Das Exzerpt aus T 64 (Sir 24,25. 27—29) läßt keine Aussagen zum Thema erkennen. Die P. zu S 65 schließlich sind mehr oder weniger an der Figur selbst interessiert; Berthold in den beiden in der Überlieferungsgruppe X enthaltenen P. weniger (ohne Bibelthema), indem er die 42 vornehmen Vorfahren Ms auf 42 Tugenden deutet, die M hatte und die zur Erlangung des Himmelreichs notwendig seien, und damit das Mthema in eine allgemeine Tugendlehre einordnet. Die P. 18 der »Leipziger Predigten« erwähnt M v. a. als Christusgebärerin in heilsgeschichtlicher Perspektive, nennt jedoch auch etliche Tugendsymbole Ms. In T56/Rieder 79 (Est 8,16) wird M selbst deutlicher thematisiert, indem sie als »neues Licht« dargestellt, ihre Mittlerstellung als Grund zur Freude der Menschen genannt und ihre Ehre gepriesen wird, außerdem in T 62 (1 Sam 4,5): Hier wird nach der Erzählung von Kindheit und Geburt Ms nach der »Legenda aurea« die »arche« aus dem Textwort auf M gedeutet, die mit der Niederwerfung des Teufels, der Bekehrung des Sünders, dem Segen des Gerechten und mit der Überführung des Erlösten verbunden wird und somit den Heilsweg begleitet. In T 64 (Spr 8,22f.) wird M nur insofern erwähnt, als sich das Geschaffensein nach dem Bilde Gottes in besonderer Weise an ihr zeige, die P. insgesamt jedoch letzteres behandelt.

Daneben finden sich unter den »St. Georgener« und »Schweizer Predigten« fast ausschließlich Sermones ohne expliziten Festbezug. Der größte Teil preist M als Vorbild in geistlichen Tugenden (Ms Herz als verschlossener Garten, T56/Rieder 16 [Hld 4,12]; Ms Dienst vor Gott und ihr hl. Leben, T57/Rieder 47 [Sir 24,14]; Ms Einladung, die mit geistlichen Tugenden verbunden wird, T57/Rieder 48 [Sir 24,26]; Sieben Tugenden Ms, T57/Rieder 55 [Lk 1,27] und die sieben Worte Ms, T 57/Rieder 69 [Sir 24,23]; an T 57/Rieder 64 [Sir 24,23] schließen sich ebenfalls fünf geistliche Tugenden an). Einige P. sind Einzelaspekten gewidmet: T 56/Rieder 32 (Jes 45,8) der (zweifach) begnadeten und Christus empfangenden und T56/ Rieder 33 (Offb 12,1) der erhöhten M, die als mit der Sonne bekleidete Frau als »goettin« bezeichnet, und deren mit 12 Sternen besetzte Krone im Anschluß an Bernhard v. Clairvaux auf ihre Eigenschaften gedeutet wird (weitere Deutung der 12 Sterne: T 62/S59 vgl. 4 c). Drei weitere P. könnten Versuche einer Gesamtsicht sein: T56/Rieder 20 (Sir 24,12) beschreibt M als Ruhestätte Gottes, Kämpferin mit der Welt, ewig Gott Schauende und als Erbarmende, T57/ Rieder 38 (Lk 21,25) konzipiert die beiden Abschnitte zu Gott und M gleich, während T57/ Rieder 49 (Gen 2,8) nach einem Abschnitt zu Gott M als Paradies und von Gott erwählte Mutter beschreibt und mit einem Abschnitt zu Christus schließt.

Neben etlichen anonymen Lehrer-Zitaten stehen zur Begründung des Vorgebrachten weitgehend konventionelle Autoritätenzitate. Zitiert wird erstmals in hohem Maße Bernhard v. Clairvaux (darunter ein Zitat in T 17, Nr. 2), daneben → Augustinus, → Gregor und → Hieronymus, aber auch → Dionysius Areopagita, → Origenes, → Beda, → Johannes Damascenus und Seneca; die »Schwarzwälder Predigten« zitieren außerdem Flavius Josephus und Anselm v. Canterbury, Berthold zitiert in einer lat.-dt. P. Innozenz, und die lat.-dt. Misch-P. zu S 59 zusätzlich Remigius, → Alexander (v. Hales?) und »ansbertus«. Tendenziell konzentrieren sich die P. darauf, ihrem Publikum ℳ als Tugendvorbild oder als wirkmächtige Fürsprecherin nahezubringen, der nachzueifern oder die es zu verehren gilt, und vermitteln dazu das notwendige Heilswissen. Die dahinter stehenden theol. Positionen, etwa zur Heiligung ℳs, zum Zeitpunkt der Empfängnis, zu ihrem Beitrag zur Erlösung oder ihrer Stellung im Verhältnis zu den Engeln und der Trinität, müssen in den meisten Fällen anhand der Anlage der P., ihrem Bildgebrauch und eingestreuten Bemerkungen erschlossen werden. Ausnahmen bilden T 17/ Nr. 2, Abschnitte in der lat.-dt. Misch-P. zu S 59 und in T 63/S 21, wo die Heiligung ℳs im Mutterleib und bei der Empfängnis Christi angesprochen wird.

d) Rezeption. Charakteristisch für die Rezeption der ℳ-P. ist der Umstand, daß sie nie allein, sondern immer (auch wenn die Handschrift nur wenige P. überliefert) im Kontext weiterer P. der entsprechenden Sammlung stehen. Charakteristische Rezeptionsform ist die erbauliche Lektüre entweder durch Laien oder Laienbrüder und -schwestern, zur Tischlesung in den Klöstern und zur P.-Vorbereitung, die die Textgestalt und -präsentation in den dazu angelegten Handschriften mitbestimmt. Die P. Bertholds und die »Schwarzwälder Predigten« sind z. T. in äußerst repräsentativen Handschriften erhalten (14. Jh.), die vermutlich (weibliche) Mitglieder des hohen Adels und der städt. Oberschichten in Auftrag gaben. Die ursprünglich für den klösterlichen Gebrauch bestimmten und dort weit verbreiteten und auch verstreut überlieferten »St. Georgener Predigten« wurden ebenfalls in Laienkreisen rezipiert. Die o. a. Freiburger Handschrift, die auch die »Schweizer Predigten« enthält, wurde 1386 durch einen Leutpriester für die Frau des Feldkirchener Stadtammans Johann Stöckli angelegt. In diesen Sammlungen wie auch bei den von Berthold v. Regensburg überlieferten P. wirkt sich das Interesse an geistlicher Lektüre in der Vernachlässigung des Kirchenjahrsbezugs zugunsten von Themenangaben aus. Auffällig ist die fortgesetzte Nutzung als homiletisches Handbuch (T 62) und die Umwandlung zum Plenar (»Schmids bairische Sammlung«).

4. Mystische Predigt (14. Jh.). a) Überlieferung. Die bekannten ℳ-P. stammen von bedeutenden Theologen und Predigern, aus ihrem Umfeld oder aus P.-Sammlungen, wobei die Sammlungsabsicht, der Erhaltungsgrad und der Grad der Fertigstellung der Sammlungen für den Anteil an ℳ-P. mitverantwortlich sind. Zwei Handschriften vom Ende des 14. Jh.s bzw. jeweils mit Teilen aus dem 14. und 15. Jh. enthalten je eine bisher unbekannte ℳ-P. (Graz, Universitätsbibl., cod. 726, Bl. 11/S 59; Basel, Universitätsbibl., A.X. 130, 184^{r-v}, 11. S. n. Tr.). Ein Gesamtüberblick über die aus dem 14. Jh. stammende P.-Überlieferung wird durch etliche Forschungsdesiderate erschwert. So sind auf Grund der unzureichenden Erforschung der P.-Überlieferung des 15. Jh.s ältere, erst in einer Überlieferungsstufe jüngerer Zeit faßbare Texte bisher kaum bekannt (z. B. »Rheinauer Predigtsammlung«). Außerdem verringert sich ab dem 14. Jh. der Anteil der edierten P. im Verhältnis zu den erhaltenen: Während fast alle P.-Sammlungen des 12. und 13. Jh.s in neuzeitlichen Editionen vorliegen, fehlen ab dem 14. Jh. vollständige Ausgaben wichtiger Sammlungen wie die der P. → Marquards v. Lindau (erscheint demnächst), Nikolaus' v. Landau, Hartwigs v. Erfurt (erscheint demnächst), des »Engelberger Predigers« (wird vorbereitet) und der »Prager Predigtsammlung«. Eine Gesamtsicht wird darüber hinaus durch die nicht erwiesene Echtheit einiger → Eckhart zugewiesener P. sowie das Fehlen einer Überlieferungsgeschichte für die P. Eckharts und → Taulers erschwert.

Die P.-Sammlung »Paradisus animae intelligentis« (T 92—103), deren Anlage und Intention der noch aus dem 13. Jh. stammenden »Kölner Klosterpredigten« vergleichbar ist (vgl. 3), stellt die P. von Mitgliedern des Kölner oder Erfurter Dominikanerkonvents, darunter 32 P. Meister Eckharts, die eines Karmeliters und die eines Franziskaners zusammen. Ziel der 64 P. umfassenden Sammlung war die Präsentation dominikanischer P., die erstmals theol. Fragen zum Hauptinhalt dt.sprachiger P. macht. Die für den Gebrauch unter den Dominikanern selbst bestimmte Sammlung ist in zwei Handschriften überliefert und enthält drei ℳ-P. ohne Festbezug (Nr. 35, Johannes Franke und Nr. 36 und 37, Meister Eckhart), die ℳ jedoch in unterschiedlichem Ausmaß thematisieren. Unter den 86 bisher als echt erwiesenen P. Eckharts (T 75) entstammt das Thema von 12 P. einer Lesung zu einem ℳfest (Quint Nr. 2/S 59 [»burgelin«-P.]), 12/S 5 oder S 65 oder zu Johannes, Nr. 22/S 28, Nr. 31/S 21, S 65 oder de angelis, Nr. 38/in commemoratione BMV in adventu, Nr. 44/S 21, Nr. 49/in vigilia S 59, Nr. 60/S 59, Nr. 77/S 21 od. de angelis, Nr. 78/S 28, Nr. 86/S 59 und »Paradisus animae« Nr. 36 und 37). Unter den über 60 P. fraglicher Echtheit thematisieren 4 weitere ℳ (Pfeiffer II Nr. 44. 101. 105. 106); eine darüber hinaus für Eckhart in Anspruch genommene, »Als Maria uber daz birg gieng« überschriebene P. (Jundt Nr. 13) könnte auch von Heinrich v. Ekkewint stammen. Überliefert sind die P. Eckharts in einigen jüngeren Corpora; mindestens 90% der Eckhart überliefernden Handschriften

(302) enthalten z. T. kleinste Exzerpte ohne namentliche Zuweisung innerhalb von Spruchsammlungen oder Mosaiktraktaten, so daß die Überlieferungsbreite der P. generell als schmal bezeichnet werden muß (Ruh). Von → Johannes v. Sterngassen OP (T 109) ist unter Exzerpten aus fünf P. auch das einer P. zu S 28 erhalten. Unter den über 80 P. des Eckhart-Schülers Johannes Tauler (T 113), die während des 14. und 15. Jh.s weit verbreitet waren und den seltenen Sprung in die Drucküberlieferung schafften, sind drei ⓜ-P. (Vetter Nr. 46/S 59, Nr. 49/S 65 und Nr. 50/Oktav von S 65) erhalten, aus seinem Umkreis (T 114) wurde eine weitere zu S 59 ediert (Lieftinck 234—238). Unter den 41 dt. P. Marquards v. Lindau OFM (T 119) schließlich, die in 7 Corpushandschriften und einigen weiteren mit Streuüberlieferung erhalten sind, sind 4 P. zu den ⓜfesten (Nr. 4/S 21, Nr. 5/S 28, Nr. 11/S 65, ediert, Nr. 12/S 59) und eine zu ⓜs Leiden unter dem Kreuz (Nr. 21) enthalten.

Daneben enthalten die entsprechend ihrer intendierten Verwendung im Rahmen der P.-Vorbereitung und kirchenjahrsbegleitenden Laienlektüre erstellten P.-Sammlungen P. zu den ⓜfesten. In der Sammlung des Nikolaus v. Landau OCist (T 84), der in einem auf vier Bände angelegten Kompendium Muster-P. für junge Prediger schaffen wollte und dazu in hohem Maße volkssprachliche P.-Sammlungen kompilierte, waren gemäß eines erhaltenen Verzeichnisses drei P. zu jedem ⓜfest geplant. Überliefert sind nur P. der ersten beiden Bände, die drei P. zu S 21 (davon eine ediert) enthalten, und in zwei Handschriften überliefert sind. In der umfangreichen, bisher unedierten und ebenfalls als Musterpredigtsammlung konzipierten lat.-dt. »Prager Predigtsammlung« dürften sich ebenfalls P. zu den ⓜfesten befinden (de-Sanctis-Teil: Prag, Staats- und Universitätsbibl., cod. VIII E 20, 222ᵛ — 396ʳ, 14. Jh.; Linz, Studienbibl., cod. 218, 1ʳ–317ʳ, 14. Jh.). Als weitere große Sammlung ist das »Heiligenleben« → Hermanns v. Fritzlar (T 112) zu nennen, der auf der Grundlage von größtenteils unbekannten volkssprachigen Vorlagen eine P.-Sammlung für den Eigenbedarf kompilierte. Die nach Monaten gegliederte Sammlung mit 86 P. zu den Heiligen- und Herrenfesten enthält 5 P. zu ⓜfesten (Pfeiffer 17—20/S 5, 79—83/S 21, 109—112/S 28, 177—180/S 59 und 195—197/S 65). P. zu den ⓜfesten enthalten auch die »Elsässischen Predigten« (T 127), 88 nicht vollständig ausgeführte P., die sich an ein Laienpublikum richten (Nr. LXXI/S 21, LXXII/S 28, LXXIII »Sermo de beata virgine Maria«, LXXIV/S 65 und LXXIX/S 59), daneben findet sich unter Grienbergers P.-Bruchstücken aus Salzburg (T 134, Salzburg, Universitätsbibl., cod. M II 273, 14. Jh.) eines einer P. zu S 21.

Einen Sonderfall bildet die mit den Worten »Disiu wort prediete unser vrowe von himelrîche in der glîchnisse bruoder Heinrîches persône von Leven ûf der bredier hove zuo Köl-

len ...« eingeleitete P. Heinrichs v. Löwen († 1302/03, T 125), die als einzige von ihm überlieferte P. mit mehr als 12 Handschriften eine mittlere Überlieferungsbreite erreichte. Sie enthält einen Lobpreis der Demut, Christus zugewiesene Aussagen über seine Einheit mit der Seele in Zeit und Ewigkeit und einen Appell zur Umkehr.

b) Träger. Die Träger der ⓜ-P. im 14. Jh. sind nicht leicht zu bestimmen, weder hinsichtlich der Ordensprovenienz noch hinsichtlich des Interessentenkreises. Unter den P.-Sammlungen, die zur allgemeinen P.-Vorbereitung und Laienlektüre bestimmt waren, enthalten die desanctis-Sammlungen die erwarteten ⓜ-P. (T 84 unter Berücksichtigung der Konzeption, T 112, T 127). Hingegen ist nicht erkennbar, daß — etwa bei Autoren des Dominikanerordens oder in den von Benediktinerinnen zur Tischlesung verwendeten »Engelberger Predigten« — ein spezifischer Anteil von ⓜ-P. im Rahmen der cura monialium entstanden wäre, wo möglicherweise die weiter tradierten ⓜ-P. der »St. Georgener Predigten« oder die neu entstehenden Legendare den Bedarf an geistlicher Lektüre deckten oder P. entstanden, die erst in der Überlieferung des 15. Jh.s faßbar sind. Die von der Rezeption her bedeutendste Sammlung, die »Postille« des Hartwig v. Erfurt mit P. auf die Sonn- und Festtage des Kirchenjahres sowie auf die Stationsfasttage erwähnt ⓜ in der P. zum Mittwoch nach dem dritten Advent nur am Rande. Innerhalb des Dominikanerordens scheint das Interesse an der ⓜ-P. unterschiedlich gewesen zu sein und sich nicht in Zahlen bemessen zu lassen. Unter den 15 dt.sprachigen P. des → Nikolaus v. Straßburg, der wichtigstes Glied innerhalb der phil. Sonderbewegung in den dt. Provinzen des Dominikanerordens war, sind keine ⓜ-P. enthalten. Aus dem Eckhart-Umkreis und dem »Paradisus animae« (T 76 — T 103) ist als einzige ⓜ-P. die P. des Johannes Franko erhalten. Von Eckhart selbst sind zwar zahlreiche P. zu Themen erhalten, die einer Lesung zu einem ⓜfest entstammen, ⓜ wird jedoch nur am Rande erwähnt, so daß die P. nicht als eigentliche ⓜ-P. bezeichnet werden können. Ähnlich verfährt Johannes Tauler. Deutlicher zeichnet sich in der zweiten Hälfte des Jh.s der Anteil von ⓜ-P. unter den 41 dt. P. Marquards v. Lindau zu Fest- und Heiligentagen ab, unter denen sich P. zu den vier ⓜfesten und eine zu ⓜs Leiden unter dem Kreuz finden.

c) Inhalt und Form. Im 14. Jh. verbreitet sich das Spektrum der ⓜ-P. in vielerlei Hinsicht, so daß es nicht mehr möglich erscheint, die inhaltliche Darstellung anhand der P.-Anlässe zu gliedern. Neben den P. zu S 21, S 28, S 59 und S 65 werden erstmals P. zu S 5 (Quint 12 mit mehrfacher Zuordnung, T 112), zum Quatembermittwoch im Advent (Quint 38, Hartwig v. Erfurt) sowie zur Vigil und Oktav von ⓜfesten (Quint 49/V—S 59, T 112/V—S 21, jedoch die Tagesheiligen betreffend, T 113, Vetter Nr. 50/Oktav von

S 65) überliefert, die P. »Als Maria uber daz birg gieng« dürfte Ⓜe Heimsuchung zuzuordnen sein. Unter den Ⓜ-P., die keinem Fest zugeordnet werden, fällt die P. des Marquard v. Lindau auf, die den Schmerzen Ⓜs unter dem Kreuz gewidmet ist. Neben den P.-Anlässen verbreitert sich auch das formale und inhaltliche Spektrum der P. zu Beginn des 14. Jh.s dahingehend, daß theol. Themen und Grundfragen mystischen Interesses zum Hauptinhalt der P. werden; eine Entwicklung, für die bereits die noch im 13. Jh. entstandenen »Kölner Klosterpredigten« ein erstes Beispiel sind. Daneben besteht die Tradition der Perikopen-P. fort; in den wenigen erhaltenen Sammlungen, die sich hauptsächlich an ein Laienpublikum richten und von der mystischen P. unbeeinflußt sind, werden in den Ⓜ-P. bekannte Inhalte und Verfahren (Auslegung von Evangeliumsbericht oder Legende, allegorische Schriftdeutungen, Verweise auf die Tugendhaftigkeit sowie die Barmherzigkeit Ⓜs, Bezüge darüber hinaus: Tagesbezüge zu S 28 vgl. 3c, T 112; Frage nach dem Verbleib des von den drei Königen geschenkten Goldes T 112, T 119/S 21; Deutung der Sternenkrone in Offb 12,1 auf Ⓜtugenden s. 3c und Pfeiffer II 105) weiter verwendet.

Unter dem Einfluß der mystischen P. ändert sich der Inhalt der Ⓜ-P. dahingehend, daß entweder der explizite Bezug auf Ⓜ zugunsten des theol. bzw. mystischen P.-Themas zurücktritt, was in der Mehrzahl der P. der Fall ist, oder, daß die Verkündigung an Ⓜ auf der Grundlage der im Anschluß an Augustinus (PL 40,389) formulierten Auffassung, daß Ⓜs leiblicher Gottesgeburt die geistliche vorangegangen sei, die im Rahmen der mystischen Theol. gewonnenen Erträge zur Gottesgeburt in der Seele mit einbezieht. Prägnantes Beispiel für die durch die Mystik beeinflußte inhaltliche Erweiterung ist das P.-Exzerpt des Johannes v. Sterngassen, der 21 Merkmale Ⓜs zum Zeitpunkt der Verkündigung nennt: »... Si sas in der zit vnzitlich. Si sas ein creature vncreaturlich ... Ir sele was gotformig. Ir geist was gotschowig ...« etc., und unter den bekannten Tugenden und unter Anspielungen auf ihr klösterliches Leben weitere Merkmale mystischer Prägung einstreut. Im »Paradisus animae« finden sich Ⓜ-P. sowohl mit als auch ohne Ⓜbezug: Nr. 35 (Johannes Franko v. Köln) und Nr. 36 (Eckhart) zu Sir 24,11 erwähnen Ⓜ kaum bzw. gar nicht, Nr. 37 (Thema: Hld 6,9) hingegen, Eckhart zugewiesen, preist ausgehend von einer allegorischen Deutung drei Würden Ⓜs (Eckhart, »Paradisus animae«). Der Form nach lassen sich die P. den bekannten Grundmustern (vgl. 3c) zuordnen. Dabei zeichnet sich schon die Tendenz ab, daß der P.inhalt die Form dominiert, was für die meisten mystischen P. charakteristisch ist.

In den bisher in der kritischen Ausgabe vorliegenden dt. P. Eckharts, deren Thema aus einer Lesung zu einem Ⓜfest stammt, wird Ⓜ nur in einem Teil der P. erwähnt. Wertschätzung erfährt Ⓜ auf Grund ihrer geistlichen Gottesgeburt, die der leiblichen vorausging (Quint 22. 49. 78); insofern ist sie Vollenderin des mystischen Frömmigkeitsideals und wird zum Vorbild für jede Seele. Ähnlich wie Eckhart verfährt Hartwig v. Erfurt, der in seiner P. zum Mittwoch nach dem dritten Advent Ⓜ zwar erwähnt, sie jedoch nicht zum Thema seiner P. macht. Die Ⓜ-P. innerhalb der Eckhartüberlieferung verfahren inhaltlich unterschiedlich, legen im Aufbau jedoch traditionelle Formprinzipien zu Grunde. Ein Teil der P. (Pfeiffer II 44 und 101 jeweils über Sir 24,11) erwähnt, aber verfolgt den Ⓜbezug nicht bis zum Schluß: 44 preist eingangs Ⓜs Heiligkeit (= Sündlosigkeit) und Vollkommenheit (darin: genaue Erklärung der Gottesgeburt im Rahmen mystischen Denkens) und geht dann zur Beschreibung der Gottesgeburt in der Seele über; 101 behandelt die Bildlehre und den Vorrang der Ruhe des inneren Menschen in Gott gegenüber den Werken. Ähnlich verfährt auch die P. »Als Maria uber daz birg gieng«, die Ⓜ auf eine in der Erkenntnis erleuchtete Seele und die Freiheit von allem Dinglichen, das Gebirge auf die göttliche Majestät und die Dreifaltigkeit deutet und hauptsächlich Trinitätsspekulation beinhaltet. Hingegen ist für Pfeiffer II 105 (Jes 60,1) und 106 (Lk 1,26) der marian. Bezug durchgehend konstitutiv. P. 105 nennt dreierlei Aufstehen Ⓜs (1. im Willen, Gottes in ihre Seele eingesprochenen Willen zu genügen, 2. in der Begierde, alle Menschen zu Gott zu bringen, 3. in Demut und im Nichtachten alles Kreatürlichen, dreierlei Erleuchtung Ⓜs (1. in der Erkenntnis des göttlichen Willens [Bezug auf S 21], 2. indem sie sich in »rehter minne« zu Gott erhob, weshalb sie von Gott die Freiheit von Sünden empfing, 3. als sie in das göttliche Licht erhoben wurde, in dem sie ihr Verständnisvermögen gebrauchte, als ob sie in diesem Punkt gestorben sei) und deutet Jerusalem als »stat des frides« und »stat des gesihtes« auf Werke und Gottesschau Ⓜs. P. 106 (S 28) deutet Ⓜ als »stat der einikeit« (hinsichtlich ihrer Begnadung und dahingehend, daß sie durch den gnadenhaften Empfang der höchsten Tugend, der Liebe [!] mit Gott vereint wurde), »gratia plena« darauf, daß Ⓜs größte Ehre die Vereinigung ihres Willens mit dem göttlichen Willen sei, während die Deutung von »ave« auf die Beständigkeit (»einen man«) und auf Ⓜ zum Anlaß für Aussagen über beginnende und voranschreitende Menschen genommen wird. Beide P. erscheinen als Versuche, die Lehre von der Gottesgeburt in der Seele in der Verkündigung zu Ⓜ anzuwenden, sicherlich schöpfen sie nicht allein aus Eckharts Theol.

In den meisten Ⓜ-P. späterer Sammlungen wird die mystische Theol. rezipiert, bildet jedoch einen P.inhalt unter anderen und verliert an fundamentaler Bedeutung. Nikolaus v. Landau, der in der edierten Lichtmeß-P. (Gen 33,11) eckhartisches P.-Gut verwendet, kann inhaltlich, indem er ℳs Opfergang lediglich als Einleitung zu einer Christus-P. nutzt, sowohl in die Linie eckhartischer P. zu ℳfesten, als auch in die ältere Tradition der Christus-P. zu S 21 eingeordnet werden. In den P. Hermanns v. Fritzlar korrespondiert der kompilatorische Charakter mit der spezifischen Form: Ausgelegt wird nicht mehr ein eingangs genanntes P.-Thema, sondern Schritt für Schritt die gesamte Tagesperikope, wobei sich an die jeweils zitierten Textabschnitte Auslegungen unterschiedlicher Ebenen und die Diskussion von Fragen anschließen. Abweichend davon knüpfen die P. zu S 65 an die entsprechende Legende und die P. zu S 5 an die theol. Diskussion an, so daß der Text den Charakter einer Abhandlung zum Für und Wider der UE erhält. Inhaltlich bleiben die P. zu S 21, S 28 und S 65 weitgehend konventionell. In die P. zu S 59 über Lk 10,38–42 werden mystische Predigtinhalte aufgenommen: Nach dem eingangs hergestellten ℳbezug durch ein Plädoyer für die leib-seelische Aufnahme in den Himmel und dem Hinweis, daß ℳ den Menschen den Weg dorthin lehren möge, wird das »burgelin« sowohl auf die Seele als auch auf den Grund der Seele (vgl. Quint 2) gedeutet und damit ein zentrales Thema mystischer Theol. angeschlagen.

Eine größere inhaltliche Bedeutung hat die mystische Theol. für Johannes Tauler, der in seinen P. zu ℳfesten auch über die unio mystica spricht, dazu jedoch in weit stärkerem Maße praktische Aspekte des geistlichen Lebens im Rahmen der »cura animarum«, etwa die Beichte betreffend, mit einbezieht, so daß der von der mystischen Theol. avisierte Höhepunkt geistlichen Lebens weniger profiliert zutage tritt. Auch bei Tauler treten allgemeine P.anliegen stärker als prägende Momente des Textes hervor, als der Bezug auf das zugrundegelegte Thema und die Verkündigung an ℳ, die nie die ganze P. durchzieht, jedoch öfter aufgenommen wird, als in den P. Eckharts. Dabei betreffen die angesprochenen Themen ihre Vorbildhaftigkeit (im Gehorsam, Vetter 49/S 65 [Sir 24,26], dort werden auch ihre Eltern als Vorbild erwähnt), die Verehrung ℳs (Vetter Nr. 46/S 59 [Sir 24,7], Nr. 50/S 65—8 [Sir 24, 26]) und allgemeine Aussagen über ℳ, die sowohl von mystischen Grundthemen inspiriert sind (»... denne das ir gemûte ane underlos uf gieng und über gieng in das gôtlich abgrunde; in dem allein was ir rûwe ...« Vetter Nr. 46/S 59, ℳ als »wider gebererin mit dem vatter« Nr. 49/S 65) als auch ihre Würde und ihre historische Stellung innerhalb der Heilsgeschichte betreffen (Vetter Nr. 46/S 59, Nr. 49/S 65). In Lieftincks P. aus dem Tauler-Umkreis (Lk 10,38f./S 59) wird ℳs Vorzugsstellung dahingehend gepriesen, daß sie Christus nicht nur empfing, sondern ihm auch das menschliche Leben gab, daß sie ihm nicht nur mit dem Herzen, sondern mit sich selbst diente und daß sie beim Gruß des Engels aufs höchste mit Gnade erfüllt war. Ein letzter Abschnitt nennt als Voraussetzung für den Gottesempfang die Demut. Die Aussagen zu ℳ sind in allgemeine Aussagen zum Gottesempfang und das Wirken daraus eingebettet.

In den P. Marquards v. Lindau, die in der 2. Hälfte des Jh.s im Rahmen der »cura monialium« entstanden, nehmen die Aussagen zu ℳ einen weitaus größeren Raum ein. Im Rahmen eines einheitlichen Bauprinzips — dreigliedrige Disposition mit lockerem Bezug zum Bibelthema und je sechs Unterpunkten, an die sich gegebenenfalls eine oder mehrere Fragen anschließen — geben sich die Ausführungen detailkundig in der Wiedergabe biblischer Szenen (Nr. 4/S 21 [Lk 2,30] Opfergang, Nr. 5/S 28 [Lk 1,38] Verkündigung und Empfängnis Christi) und beziehen in der Beschreibung der Mutter-Kind-Beziehung (Nr. 5/S 28, Nr. 21 [Hld 2,2] »von ůnser frôwen liden vnder dem crůcz«), aber auch in den übrigen Auslegungen (Simeons Arme = Freude und Leid) in hohem Maße mentale Aspekte mit ein. Den Adressaten wird ℳ bes. als Vorbild nahegebracht (P. 4/S 21 hinsichtlich Opferung und Reinigung, P. 5/S 28 Tugendkatalog, P. 12/S 59 [Hld 1,3] als Sterbende, P. 21 als Glaubende, jedoch ohne expliziten Hinweis auf den Vorbildcharakter); thematisiert wird außerdem ihre Begnadung (P. 11/S 65 [Hld 6,8]) und ihre Aufnahme in den Himmel (P. 12/S 59), wodurch ℳ teils als erreichbares Vorbild, teils von den übrigen Gläubigen abgehoben erscheint; ihre UE und leib-seelische Aufnahme in den Himmel werden kommentarlos erwähnt. In den P. werden mystische Themen mit aufgenommen (Nr. 4/S 21 Bildlehre), haben jedoch in der Beschreibung ℳs nur sehr geringe Bedeutung (Nr. 11/S 65).

Im Rahmen der Pfarr-P. werden dagegen ausschließlich traditionelle Inhalte weitergeführt. Die »Elsässischen Predigten«, die sich an ein Laienpublikum richten (S 21 [»Adorna thalamum tuum syon ...«, Prozessionsgesang], S 28 [Lk 1,26], »Sermo de beata virgine Maria« [Sir 24, 23], S 65 [Num 24,17], S 59 [1 Kön 2,19]), sind nicht vollständig ausgeführte Homilien, deren nicht allzu umfangreicher Kern, die Auslegung von Bestandteilen des Textworts auf verschiedenen Ebenen, überliefert ist, während Einleitung, Disposition (vorhanden hauptsächlich bei den P. zu Hauptfesten) und Schluß zumeist fehlen. Häufig werden P.-Märlein erzählt; P. LXXIV/S 59 und LXXIX/S 65 schließen mit ℳmirakeln. In ihrer Herangehensweise bieten die ℳ-P. einen Querschnitt der verschiedenen Möglichkeiten der P. zu ℳfesten abseits der Mystik und des explizit eingebrachten gelehrten Wissens und sind insofern den früheren Musterpredigtsammlungen vergleichbar: P. LXXI/S 21 deutet Merkmale der Ankunft eines Fürsten auf den Empfang Christi und stellt den ℳbezug lediglich durch die Identifizierung der Demut als ℳtugend her, P. LXXII/S 28 enthält den Verkündigungsbericht (wobei die Nacherzählung der Tagesperikope Sammlungscharakteristikum ist) und benennt die Ⓜ︎tugenden Scham, Jungfräulichkeit, Beständigkeit (hier: »sterke«) und Schönheit; P. LXXIII deutet Ⓜ︎ als Buch (→Liber) und als Rebe, P. LXXIV/S 59 als Meerstern und als Orientierung in der unbeständigen, als Meer gefaßten Welt, während P. LXXIX/S 65 die Ehren benennt, die Christus Ⓜ︎ gab. Immer wieder wird Ⓜ︎s Tugendhaftigkeit und Sündlosigkeit betont, aber auch ihre Hilfe für den Sünder, der sie darum bittet. Im Rahmen der zahlreichen Appelle, die Sünden zu meiden und Gutes zu tun, werden in P. LXXII/S 28 insbesondere Frauen angesprochen. In Grienbergers P.-Bruchstück zu S 21 (»Adorna thalamvm tuum syon ...«), das im wesentlichen Bezug auf die Tagesperikope nimmt, wird Ⓜ︎ ebenfalls als Tugendvorbild (Demut und Gehorsam), aber auch als Christusgebärerin erwähnt.

Ausmaß sowie Art und Weise der Quellenberufungen variieren stark. Eckhart und Tauler berufen sich nur in geringem Maße auf Autoritäten. In der weitaus zitatreicheren P. Pfeiffer II 101 werden neben bekannten Autoritäten »Meister Thomas« und Aristoteles und in II 106 »Meister Linconiensis«, Origenes, Hugo und Gilbertus zitiert. In der Sammlung Hermanns v. Fritzlar gibt es mehr oder weniger zitatreiche Passagen, in denen Augustinus und Bernhard, aber auch Hieronymus, Thomas, Anselm, Ambrosius, Origenes und Meister Johannes »in der tugende buche« genannt werden, während die »Elsässischen Predigten« mit Augustinus als einziger benannter Autorität auskommen. Dagegen führt Marquard v. Lindau neben bekannten Autoritäten wie »Richard« und →Alexander Neckham (P. 12,21) eine Reihe jüngerer Lehrer seines Ordens wie →Bonaventura, →Franz v. Meyronnes und Jakob v. Ascoli an. Neben den genannten Mirakeln in den »Elsässischen Predigten« ist lediglich in den S-5- und S-21-P. bei Hermann v. Fritzlar ein weiteres Ⓜ︎mirakel enthalten, der Text zu S 5 erwähnt außerdem die Vision eines Zisterziensers, dem Bernhard wegen seiner Ablehnung der UE mit einem schwarzen Fleck auf der Wange erscheint.

d) Rezeption. In einigen P. wird eine Rezeptionssteuerung versucht, indem die Erwartungshaltung der Adressaten angesprochen wird: »Etlîche liute die hôrten gerne von unser vrouwen zeichen sagen. Gelêrte liute unde guote vollekomen liute die hoerent lieber von irre heilekeit unde vollekommenheit ...« (Pfeiffer II 44) oder Eckhart in Quint 49 zu Lk 11,27: »Haete ich diz gesprochen und waere ez mîn eigen wort, daz der mensche saeliger waere, der daz wort gotes hoeret und es behelt, dan Marîâ sî von der geburt daz si Kristî muoter lîpliche ist, ... die liute möhte ez wundern.« Beide Beispiele stammen aus dem Bereich der mystischen P. und können als Versuche gelten, vor dem Hintergrund bestehender Ⓜ︎frömmigkeit mystische P.-Inhalte zu etablieren.

Die Ⓜ︎predigten der genannten Sammlungen erlangten, abgesehen von Einzelfällen wie Eckharts P. Quint 2, insgesamt eine nur schmale Verbreitung. Dieser Umstand könnte damit in Zusammenhang stehen, daß der Lektürebedarf zunehmend durch Legendare abgedeckt wurde (»Der Heiligen Leben«, »Elsässische Legenda aurea« und weitere Legenda-aurea-Übersetzungen). Rezipiert wurden die P. von Klosterinsassen zur Tischlesung und zur privaten Lektüre, wobei in Zusammenhang mit der mystischen P. ein Anwachsen der Anzahl der im Rahmen der »cura monialium« entstandenen Texte zu erkennen ist. Daneben gehören die Prediger selbst zu den potentiellen Rezipienten, wofür die zum Gebrauch unter den Dominikanern bestimmte Sammlung des »Paradisus animae« ein signifikantes Beispiel ist. Außerdem tritt im 14. Jh. ein profilierteres Laieninteresse zutage, was sich bes. in der Sammlung des Hermann v. Fritzlar zeigt, aber auch in der Überlieferung der älteren »St. Georgener« und »Schweizer Predigten«, der P. Bertholds v. Regensburg (vgl. 3) sowie der Reim-P. Ein Novum im Rahmen der schriftlichen Rezeption ist die ordensübergreifende Verarbeitung dt.sprachiger P. durch Prediger bei der Anlage neuer Sammlungen: So verwendete Nikolaus v. Landau in seiner Musterpredigtsammlung, die in Darstellungsart und Wirkung neue (= thematische) P. zur Verfügung stellen wollte, Textblöcke mit nur geringen Abweichungen aus dem »Paradisus animae«. Hartwig v. Erfurt benutzte u.a. Texte von Hane dem Karmeliter, Nikolaus v. Straßburg OP und Giselher v. Slatheim OP, während Hermann v. Fritzlar — mit geringerer Eigenständigkeit — seine Sammlung aus verschiedenen Quellen zusammenstellte und dabei namentlich Gerhard v. Sterngassen OP, → Hermann v. Schildesche OP und Eckhart Rube CanAug erwähnt. Mit der lit. Rezeption von P. geht ihre Zersetzung einher; zitiert werden bestenfalls Textblöcke, häufig jedoch weit kürzere Stücke. Exemplarische Beispiele dafür sind die um 1400 entstandene Handschrift Berlin, Staatsbibl., mgq 191, die zahlreiche P.-Exzerpte enthält, oder, im Bereich der Ⓜ︎-P., das Johannes v. Sterngassen zugewiesene Stück.

5. 15. Jahrhundert. a) Überlieferung. Die handschriftliche Überlieferung ist weder komplett überschaubar noch systematisierbar. Tendenzen werden aber erkennbar: In Handschrift und Druck gut dokumentiert, präsentiert sich Johannes →Geiler v. Kaysersberg als die herausragende Predigerpersönlichkeit. Abgesehen von den Evangelien mit der Glosse bzw. den Plenarien entstehen keine Sammlungen mehr, deren Überlieferung quantitativ und nach ihrer geographischen Verbreitung neben die großen P.-Corpora der vorausgehenden Jh.e gestellt werden könnte. Neue Heiligenpredigtsammlungen mit geringer Resonanz nach Ausweis der Überlieferung sind die »Schwäbischen Heiligenpredigten« (spätes 14. Jh.; 2 Handschriften vgl. Williams, 1986) und die »Mittelfränkischen Heiligenpredigten« (14./15. Jh.; 1 Handschrift vgl. Williams, 1986). Ein dt.sprachiges Mariale von allgemeiner Geltung hat sich nicht herausgebildet; auf M-P. bzw. -texte konzentrierte Sammlungen sind selten: z.B. Bamberg, Staatsbibl., Cod. Hist. 157; Berlin, Staatsbibl., mgq 1500; München, Bayer. Staatsbibl., cgm 371 und cgm 4340; Salzburg, St. Peter, cod. b VII 17 (vgl. Hilg 53—58. 391. 397. 401). Dominant ist hingegen anonyme Überlieferung, häufig ohne Sammlungskontext, in einem oder nur wenigen Textzeugen. Mit einer Ausnahme (T 203) sind anonym überlieferte M-P. außerhalb von Plenarien ungedruckt. Das Mißverhältnis zwischen den überlieferten P. und den durch neue Ausgaben zugänglich gemachten Texten dokumentieren Zahlen am eindrucksvollsten. Im Anhang wird ein auf bestimmte Bestände beschränkter Überblick zur handschriftlichen Überlieferung gegeben, der einen proportional zutreffenden Eindruck von der Überlieferungssituation gibt. Dort werden 68 Handschriften mit 188 M-P. genannt. Dem stehen 9 vollständig und ca. 11 auszugsweise gedruckte P. gegenüber. Neben der Neuproduktion werden die Ordens-P. des 13. Jh.s und die mystische P. des 14. Jh.s weiter tradiert; dies gilt auch für ursprünglich handbuchartige Sammlungen wie das Sanctorale der »Mitteldeutschen Predigten«, »Schmids bairische Predigtsammlung« und das Sanctorale der »Schwarzwälder Predigten«.

b) Träger. Zwei historische Phänomene prägen die Produktion der P. nachhaltig: die Observanzbewegung und die Einrichtung städt. Prädikaturen mit hohem Prestigewert. Die Ordensreform hinterließ in der Überlieferung die deutlichsten Spuren. Die meisten Handschriften stammen aus den Bibliotheken reformierter Klöster; dominant scheinen dominikanische Autoren (u.a. →Johannes Nider, Gerhard v. Straßburg, Hans der Bekehrer, Johannes → Zierer, Jakob Sprenger, Peter Kirchschlag, Johannes Lock, Johannes Zolner, Petrus Gundelvinger, Konrad Schlatter, Hugo v. Ehenheim) und dominikanische Konvente zu sein. Es folgen Franziskaner (Johannes Einzlinger, Oliverius Maillard) und Klarissen. Andere Orden wie Benediktiner, Kartäuser und Zisterzienser entziehen sich vorläufig noch einer Beurteilung; dies gilt auch für den Bereich der Devotio moderna und der Windesheimer Kongregation. Gute Gründe (Benedikt im Sanctorale, Tradierung im Orden) sprechen für eine Entstehung der »Rheinauer Predigtsammlung« bei den Benediktinern. Diese Sammlung gehört allerdings nicht zum Bereich der »cura monialium«, sondern ursprünglich zur Pfarr-P. Die Hochkonjunktur der Prädikaturen fand im schriftliterarischen Bereich zwar keinen geringen Niederschlag, bietet aber für die M-P. wenig Material (s.u.).

c) Inhalt und Form. Systematische Aussagen sind nicht möglich, so daß hier nur Einzelaspekte vorgestellt werden können. Berücksichtigt werden die gedruckten P. der Dominikaner und Franziskaner, Geiler v. Kaysersberg, die »Rheinauer Predigtsammlung« und Konrad Schlatter OP. Die vier klassischen Mfeste werden gemeinsam nur noch in den wenigen Sammlungen des 15. Jh.s und den Plenarien (mit Sanctorale) abgehandelt. Sie finden sich in den »Schwäbischen Heiligenpredigten« (S 21, S 28, S 59, S 65) und den »Mittelfränkischen Heiligenpredigten« (S 21 [2 x], S 28, S 59 [2 x], S 65, darüber hinaus noch zwei P. auf die UE und eine P. auf Me Heimsuchung). Stellvertretend kann hier die »Rheinauer Predigtsammlung« herangezogen werden: Sie bietet P. zu S 21, 28, 59 und 65 mit stark erzählerischer Komponente (u.a. Inserat von Exempel, Legende und Bispel), Rückgriff auf Tagesperikope und Festgeheimnis sowie der Präsentation Ms in den klassischen Rollen als Vorbild, Helferin und Vermittlerin zu Gott. Diese Nähe zur frühen P. bzw. Legende ist auch charakteristisch für die kurze Homilie-Übersetzung des Kartäusers Nikolaus v. Nürnberg II (T 188, ohne Festbezug) und die mehrfach überlieferte anonyme »Heidelberger Predigt auf Me Himmelfahrt« (T 203), die in weitem erzählerischen Bogen den Tod, das Begräbnis und die (leib-)seelische Himmelfahrt behandelt. Im editorisch kaum erschlossenen, dt.sprachigen Werk Geilers v. Kaysersberg bieten seine »Evangelia mit vßlegung« eine geschlossene Behandlung der Mfeste unter Einschluß von UE und der Visitatio Me. Damit vertritt er den Plenartyp. Im Mittelpunkt steht dabei die Rolle Ms als mediatrix. Insgesamt spielt die P. zu M in seinem Werk eine geringe Rolle. In Überlieferungsgemeinschaft mit Geiler tritt der Weltgeistliche Jakob v. Augsburg (T 184) auf, der anknüpfend an die legendarische Erzählung von der dreijährigen M, die ihre Jungfräulichkeit nach der Überwindung von 15 Stufen auf dem Altar Gottes opfert, die 15 Stufen auf christl. Tugenden auslegt. Die Bettelordens-P., in ihrer schriftliterarischen Form ausnahmslos im Rahmen der »cura« für observante Frauenklöster entstanden, bedient sich der Mfeste hauptsächlich, um die Vorbildhaftigkeit Ms zu betonen und um zu belehren. Die auszugsweise publizierten Texte von Jakob Sprenger OP (T 149, S 28), Johannes Lock OP (T 155, S 28), Johannes Zolner OP (T 156, S 65), Petrus Gundelvinger OP (T 158, Karfreitag) und Johannes Einzlinger OFM (T 167) bieten keine Anknüpfungspunkte für allgemeine Aussagen. Bemerkenswert ist die emblematische P. Zolners (T 156), die in traditioneller Form den Thron Salomonis auf M auslegt. Die qualitativ herausragende P. von Oliverius Maillard OFM (T 168, S 65) in der dt. Übersetzung Stephan Fridolins gehört in ihrem marian. Teil ebenfalls zu diesem P.-Typ und bietet eine Allegorie Ms als Buch; ihr Hauptteil besteht hingegen aus Anweisungen für den Empfang der Eucharistie und einer wortgewaltigen Meßerklärung. Hans der Bekehrer OP (T 144) wählt auch ein allegorisches Verfahren in seiner Neujahrspredigt, indem er eine Buchstabenauslegung der Namen Jesu und Me bietet (**m**ediatrix, **a**uxiliatrix, **r**eparatrix, imperatrix, **a**duocatrix). Den traditionellen Sinnbildern bleibt die P. Peter Kirchschlags OP verpflichtet (T 153, S 59), die — stark systematisierend und numerisch gliedernd — ihre Subpartitiones von den drei Bildbereichen »Morgenrot«, »Mond« und »Sonne« ableitet. Hinweise auf eine Auseinandersetzung mit der Position des Basler Konzils zur UE bieten die Stellungnahmen Gerhards v. Straßburg OP (T 141; Identität mit Gerhard Comitis zweifelhaft), die zusammen mit einer P. Johannes Zierers OP (T 145) auf die UE überliefert werden und die Festlegung auf eine Lehrmeinung problematisieren. Ein Bild der zeitgenössischen Diskussion dieses Themas in der »cura monialium« kann aber erst nach einer systematischen Auswertung der überlieferten P. zu S 5 gewonnen werden. Hinweise auf die zunehmende Berücksichtigung Ms in P., die unabhängig von ihren eigentlichen Festtagen sind, bieten nicht nur die Karfreitags-P. Peter Gundelvingers (T 158), sondern auch die ungedruckten P. Konrad Schlatters (u. a. Berlin, Staatsbibl., mgq 208): In der genannten Handschrift werden Schlatters P. mit einer Reihe von 12 Texten zur Adventszeit über Ex 3,8 eröffnet (2^r—68^v), deren thematische Klammer neun Würden und Tugenden Ms bilden. In einem später folgenden Block von de-sanctis-P. verzichtete Schlatter hingegen auf eine Thematisierung Ms. Ein weiteres Beispiel für dieses Phänomen bietet eine andere Handschrift der Berliner Staatsbibl. (mgf 1347); sie überliefert neben einer P. auf S 65 insgesamt 20 Passions-P., die alle um das Mitleiden und die Schmerzen Ms kreisen. Voraussetzung für eine angemessene Würdigung Ms in der P. des 15. Jh.s und nicht nur dort ist es, das überlieferte Material systematisch zu sammeln und inhaltlich zu erschließen.

d) *Rezeption.* Auch im Bereich der P. markiert die Erfindung des Buchdrucks eine deutliche Zäsur. Die in der handschriftlichen Überlieferung dominante Bettelordens-P. wechselt nicht das Medium; sie wird bis weit ins 16. Jh. in Abschriften weitertradiert (z. B. im Pütrich-Regelhaus der Klarissen in München). Anders sieht die Sachlage bei dem bes. im Bereich der Laienkatechese dominanten Texttyp der Evangelien mit der Glosse bzw. den Plenarien aus. Sie erscheinen schon frühzeitig im Druck (erstmals 1473 bei Günther Zainer in Augsburg) ebenso wie die P. Taulers und Geilers v. Kaysersberg.

Handschriften: Für die folgende Zusammenstellung der hsl. Überlieferung wurden die Bestände der Staatsbibl. Berlin Preußischer Kulturbesitz und der Stammler-Nachlaß in der Universität Würzburg ausgewertet. Darüber hinaus wurden die Handschriftenkataloge folgender Bibliotheken ergänzend und vergleichend herangezogen: Basel, Freiburg i. Br., Hannover, München (Bayer. Staatsbibl.), Nürnberg (Stadtbibl., Germ. Nat. Mus.), Salzburg (St. Peter), Stuttgart und Zürich. Die Berücksichtigung anderer Bestände erfolgt zufällig.

In annuntiatione BMV: Augsburg, Universitätsbibl., III. 1. 4⁰ 30, 1^r—9^r (Lk 1,26); III. 1. 4⁰ 40. — Bamberg, Staatsbibl., Cod. hist. 157, 28^v—34^v. — Basel, Universitätsbibl., A X 59, 250^r—256^v (Lk 1,28). — Berlin, Staatsbibl., mgf 741, 101va—105va (= mgo 137, 47^r—66^r) 105va—109rb; mgf 1033, 18va—23rb (Lk 1,30); mgq 561, 71^r—76^v (Lk 1,26), 76^r—79^v (Lk 1,26); mgq 1121, 210^r—215^r (Lk 1,28); mgq 1395, 48v-57r (Lk 1,26); mgq 1500, 29^r—36^v (Lk 1,26), 38^r—45^v (Lk 1,28), 47^r—54^v (Lk 1,26); mgo 137, 47^r—66^r (= mgf 741, 101va—105va). — Dresden, Sächs. Landesbibl., Ms. M 244, 51^r—57^r. — Karlsruhe, Badische Landesbibl., Cod. pap. germ. 75, 72^r—83^v (Joël 3,18). — München, Bayer. Staatsbibl., cgm 230, 165^r—169^r; cgm 371, 12^v—15^r (Ambrosius Autpertus?); cgm 750, 185^r—194^v (Jes 7,14); cgm 837, 15^r—25^r (Lk 1,28). — Nürnberg, Stadtbibl., cod. Cent. IV, 16, 96ra—102ra (Lk 1,38); cod. Cent. VII, 91, 9^r—11^r (Jes 7,14), 12^r—14^v (Hld 1,1) 17^r—21^r (2 Kön 7,9), 43^r—48^r (Lk 1,38). — Ottobeuren, Bibl. der Abtei, Ms. O. 29 (II 288), 86^v—94^r (Lk 1,26). — Salzburg, St. Peter, b VIII 31, 235ra—237ra. — St. Gallen, Vadiana, Ms. 351, 21ra. — Überlingen, Leopolds-Sophien-Bibl., Ms. 26, 15rb—33vb. — Wien, Österr. Nat. Bibl., cod. 3599, 137^v—138^r (Lk 1,26).

In conceptione BMV: Augsburg, Universitätsbibl., III. 1. 4⁰ 41, 104^r—108^r. — Berlin, Staatsbibl., mgf 741, 278ra—285ra (Num, 24,17, Johannes Himmel oder Johannes v. Brandenturn OP); mgf 1056, 69vb—34vb (!) (Ps 45,5, Heinrich Jäck); mgq 22, 295^v—305^v (Lk 21,25, Peter v. Breslau OP); mgq 206, 74^v—81^v (Offb 2, Hugo v. Ehenheim OP); mgq 762, 50^r—70^v (Spr 8,34—35 [?], Johann v. Paltz OSA); mgq 1395, 1^r—8^r (Spr 9,1); mgq 1500, 1^r—5^v (Ps 45,5), 12^r—16^r (1 Sam 2,21). — Hannover, Landesbibl., Ms. I 84 a, 199^r—202^v (Gen 1,1); 202^v—205^r. (Hld 4,7). — München, Bayer. Staatsbibl., cgm 4340, 146^r—180^v (Spr 8,24). — Stuttgart, Landesbibl., cod. theol. et philos. Q 88, 226^r—233^v.

In visitatione BMV: Augsburg, Universitätsbibl., III. 1. 4⁰ 41, 2^v—5^r (Lk 1,39). — Berlin, Staatsbibl., mgf 741, 181ra—189ra (Heinrich Kalteisen OP); mgf 1033, 23rb—26rb (Lk 1,39); mgq 189, 387^r—399^r (Lk 1,44); mgq 1121, 215^r—224^r (Lk 1,39); mgq 1395, 96^r—102^v (Sir 24,23ff.); mgq 1500, 56^r—59^r (Lk 1,39), 128^r—134^r (Lk 1,39), 135^r—139^r (Job 10,12), 140^r—144^v (Lk 1,48); mgo 704, 204^r—217^v. — München, Bayer. Staatsbibl., cgm 837, 26^r—47^v (Lk 1,28); cgm 4340, 270^r—276^v. — Straßburg, Bibl. Nat., cod. 2795 (olim L. germ. 662 4⁰), 246^r—255^r. — Überlingen, Leopold-Sophien-Bibl., Ms. 26, 34ra—45rb.

In nativitate BMV: Augsburg, Universitätsbibl., III. 1. 4⁰ 41, 30^v—32^v. — Bamberg, Staatsbibl., Cod. hist. 157, 8^v—13^r. — Berlin, Staatsbibl., mgf 741, 229rb—237ra; mgf 1033, 34rb—37va (Jes 1,11); mgf 1347, 17^r—22^v (1 Kön 10,18); mgq 206, 70^r—74^r (Mt 6,28, Hugo v. Ehenheim OP), 144^v—154^v (Mt 1,1f., Hugo v. Ehenheim); mgq 561, 179^v—181^v (Num 24,17); mgq 1111, 57^v—59^v; mgq 1130, 91^v—93^v (Ps 96,11); mgq 1395, 114^v—121^r; mgq 1500, 17^r—23^v (1 Kön 10,18), 23^r—27^v (Spr 9,1), 115^r—120^v (Gen 19,23), 121^r—127^v (Gen 2,6); mgq 1976, 117^v—120^v (Sir 24,11); mgo 605, 172^v—177^r (Jes 11,1). — Karlsruhe, Badische Landesbibl., cod. pap. germ. 75, 158^v—161^v (Gen 1,31), 161^v—165^v (Gen 49,23), 165^v—170^r (Nummer 24,17. — München, Bayer. Staatsbibl., cgm 371, 1^r—12^r (Hld 4,7); cgm 837, 26^r—47^v (Est 8,16); cgm 855, 126^r—130^v (Mt 1,1). — Nürnberg, Stadtbibl., cod. Cent. IV, 16, 151ra—156ra (Jes 11,1), 156ra—165rb (Sir 24,24). — St. Gallen, Vadiana, Ms. 351, 49ra. — Überlingen, Leopold-Sophien-Bibl., Ms. 26, 11va—15vb. — Vorau, Stiftsbibl., ms. 389, 154^r f.

In purificatione BMV: Augsburg, Universitätsbibl., III. 1. 4⁰ 40; III. 1. 4⁰ 41, 116^v—118^v; Berlin, Staatsbibl., mgf 741, 43ra—48ra (Lk 2,22); mgf 1033, 15va—18va (Esra 6,10); mgq 35, 128^r—131^v (= mgq 206, 31^r—36^v; Lk 2,28); 128^r—131^r (Lk 2,28); mgq 171, 117^v—123^v (Mal 3,1), mgq 206, 31^r—36^v (Lk 2,28, Hugo v. Ehenheim OP; — mgq 35, 128^r—131^r); mgq 561, 55^v—57^v (Mal 3,1), 57^v—60^v (Lk 2,22); mgq 1133, 20^r—30^v (Joh 4,16); mgq 1395, 41^r—48^v (Lk 22,1—2); mgq 1500, 6^r—11^v (1 Kön 9,3), 60^r—67^r (Mal 3,1). — Bremen, Stadtbibl., ms 39, 162rb—163va (Lk 2,22). — Hannover, Landesbibl., Ms. I 84 a, 205^r—224^r (Joh 13,15). — München, Bayer. Staatsbibl., cgm 243, 29vb—30vb (Jes 2,5), cgm 4340, 236^v—241^v (3 × Bernhard v. Clairvaux); 241^r—242^r. — St. Gallen, Vadiana, Ms. 351, 16rb. — Überlingen, Leopold-Sophien-Bibl., Ms. 26, 64va—78vb.

In praesentatione BMV: Berlin, Staatsbibl., mgf 1033, 37va—40rb. — München, Bayer. Staatsbibl., cgm 371, 16^r—35^v (Hld 6,9). — Nürnberg, Stadtbibl., cod. Cent. VI, 60, 330^v—332^r (Hld 6,9), 332^r—334^r (Ps 44,11), 334^r—335^v.

In assumptione BMV: Augsburg, Universitätsbibl., III. 1. 4⁰ 41, 15va—18^v. — Bamberg, Staatsbibl., Cod. hist. 157, 96^r—108^v (Konrad v. Brundelsheim OCist.). — Berlin, Staatsbibl., mgf 741, 226ra—229rb; mgf 1033, 29ra—34rb; mgq 191, 154^v—159^v (Hld 3,6), mgq 561, 173^v—177^v (Num 24,17), 177^v—179^v (Hld 6,9), mgq 762, 109ra—124rb; mgq 1395, 102^v—109^v, 109^v—114^v; mgq 1500, 68^v—74^r (Offb 12,1), 75^r—82^v, 83^r—90^r (Ps 109,1),

91r—105v (1 Kön 10,1—2), 106r—114v (1 Kön 11,37); mgo 65, 159r—162v; mgo 137, 67ᵛ—110ʳ; mgo 563, 493ᵛ—504ᵛ; mgo 605, 159ʳ—162ᵛ, 163ʳ—165ᵛ (Hld 2,5), 166ʳ—171ʳ. — Dresden, Sächs. Landesbibl., M 244, 74ᵛ—76ᵛ. — Eichstätt, Stiftsbibl., cod. 349, 257ʳ—287ᵛ (2 Predigten). — Karlsruhe, Badische Landesbibl., pap. germ. 75, 135ᵛ—150ᵛ, 150ᵛ—153ᵛ (Bernhard v. Clairvaux), 153ᵛ—158ʳ (Offb 12,1). — Mainz, Stadtbibl., Hs. II 232, 83ᵛ—84ʳ. — München, Bayer. Staatsbibl., cgm 244, 165ᵛᵃ—169ᵛᵃ (Num 9, 17), 169ᵛᵃ—ᵛᵇ, 169ᵛᵇ—172ᵛᵇ; cgm 837, 197ʳ—202ᵛ; cgm 4340, 186ʳ—193ʳ (Ps.-Augustinus, PL 39,2129—34, Sermo CCVIII Appendix), 194ʳ—211ʳ, 276ᵛ—288ᵛ (4 Predigten, Bernhard v. Clairvaux, PL 183,415—430), 288ᵛ—294ᵛ (Ps.-Bernhard v. Clairvaux, PL 184,1001—10), 302ʳ—308ᵛ (Ps.-Hieronymus, PL 30,122—142). — Nürnberg, Stadtbibl., cod. Cent. VI, 60, 328ᵛ—329ʳ, 329ᵛ—330ᵛ. — St. Gallen, Vadiana, Ms. 351, 51ʳᵇ. — Überlingen, Leopold-Sophien-Bibl., Ms. 26, 243ᵛᵃ—259ʳᵃ. — Vorau, Stiftsbibl., ms. 389, 8ʳf. — Wien, Österr. Nat. Bibl., cod 13671, 52ʳ—68ᵛ(Est 4,14).

De BMV: Augsburg, Universitätsbibl., III. 1. 2⁰ 32, 106ᵛ—111ʳ (Joh 19,25); III. 1. 4⁰ 9, 18ʳ—22ᵛ (Lk 2,21); III. 1. 8⁰ 42, 196ᵛ—202ᵛ (Lk 10,42). — Bamberg, Staatsbibl., Cod. hist. 157, 50ᵛ—73ʳ. — Berlin, Staatsbibl., mgf 741, 124ʳᵃ—132ʳᵃ (Ps.-Bernhard v. Clairvaux); mgf 1396, 181ʳᵃ—182ʳᵇ; mgq 90, 322ʳ—325ᵛ, 336ᵛ—342ᵛ; mgq 199, 383ᵛ—385ʳ (Sir 24,23); mgq 762, 10ᵛᵃ—20ʳᵃ; mgq 1121, 215ʳ—224ʳ (Lk 1,39); mgq 1131, 78ʳ—80ʳ (1 Kön 10,18); mgo 329, 349ʳ—354ᵛ. — Dresden, Sächs. Landesbibl., M 244, 74ᵛ—75ᵛ. — Hannover, Landesbibl., Ms. I 84a, 224ʳ—226ᵛ (Jes 9,6). — Heidelberg, Universitätsbibl., cpg 537, 77ʳᵇ—83ᵛᵇ, 134ᵛᵇ—136ʳᵃ. — Köln, Hist. Stadtarchiv, W. 4⁰ 206 a, 111ʳ—135ʳ (Hld 1,2). — London, BM, Add. 15103, 1ʳᵃ—32ʳᵃ (Bernhard v. Clairvaux). — München, Bayer. Staatsbibl., cgm 371, 189ʳ—198ᵛ; cgm 531, 100ʳᵃ—101ᵛᵇ (Joh 19,26); cgm 4340, 294ᵛ—302ʳ (sermo de aquaeductu, Bernhard v. Clairvaux, PL 183, 437—448). — Nürnberg, Stadtbibl., cod. Cent. VI, 86, 2ʳ—4ᵛ (Lk 1,38). — St. Gallen, Vadiana, Ms. 351, 52ʳᵇ—55ʳᵃ. — Straßburg, Bibl. Nat., cod. 1997 (olim L. germ. 80 8⁰), 124ʳ—131ʳ. — Wien, Österr. Nat. Bibl., cod. 3559, 38ʳf. (Lk 1,28); cod. 13671, 79ʳ—85ʳ. — Wien, Schottenkloster, cod. 234, 171ʳ—174ʳ.

Ausg.: s. Morvay-Grube. — N. E. Whisnant (Hrsg.), The St. Pauler Predigten (St. Paul Ms. 27.5.26), Univ. of North Carolina, Ph. D., 1978. — P. Schmitt u. a. (Hrsg.), Fest- und Heiligenpredigten des »Schwarzwälder Predigers«, 1982. — K. Ruh (Hrsg.), Franziskanisches Schrifttum im MA II, 1985. — V. Mertens und H.-J. Schiewer (Hrsg.), Die Postille Hartwigs v. Erfurt, 1993. — R. Blumrich, Marquard v. Lindau, Dt. Predigten. Untersuchung und Edition, 1993.

Bibl.: Mar. — MarSt. — Medieval Sermon Studies Newsletter, hrsg. vom Department of History, University of Leeds UK (ab 1977).

Lit. (allgemein): ADB. — BeisselMA. — A. Zarwat, The History of Franciscan Preaching and of Franciscan Preachers (1209—1927), In: FrS 7 (1928). — DSp. — NDB. — VL. — J. Beumer, Die mariol. Deutung des Hohenliedes in der Frühscholastik, In: ZkTh 76 (1954) 411—439. — Gössmann. — ZumkellerMss. — J. B. Schneyer, Repertorium der lat. Sermones des MA für die Zeit von 1150—1350, 10 Bde., 1969—89. — Ders., Wegweiser zu lat. Predigtreihen des MA, 1969. — Kaeppeli. — K. E. Boerresen, Anthropologie Médiévale et Theologie Mariale, 1971. — TRE. — LexMA — VL². — HDG III 4. — Ferner: H. Kerker, Zur Geschichte des Predigtwesens in der letzten Hälfte des XV. Jh.s mit besonderer Rücksicht auf das südwestliche Deutschland II, In: ThQ 44/1 (1862) 267—301. — J. Alzog, Die dt. Plenarien (Handpostillen) im 15. und zu Anfang des 16. Jh.s (1470—1522), In: FDA 8 (1874) 255—330. — R. Cruel, Geschichte der dt. Predigt im MA, 1879, Neudr. 1966. — A. Linsenmeyer, Geschichte der Predigt in Deutschland von Karl dem Großen bis zum Ausgange des 14. Jh.s, 1886, Neudr. 1969. — Salzer. — A. E. Schönbach, Studien zur Geschichte der altdt. Predigt, 1896f., Neudr. 1968. — F. Landmann, Das Predigtwesen in Westfalen. Ein Beitrag zur Kirchen- und Kulturgeschichte, 1900. — H. Siebert, Die Heiligenpredigten des ausgehenden MA, In: ZkTh 30 (1906) 470—491. — P. Pietsch, Ewangely und Epistel Teutsch. Die gedruckten hochdt. Perikopenbücher (Plenarien) 1473 bis 1523, 1927. — F. Landmann, Die Unbefleckte Empfängnis Mariae in der Predigt zweier Straßburger Dominikaner, In: Archiv für elsässische Kirchengeschichte 6 (1931) 189—194. — K. Ruh, Bonaventura deutsch, 1956. — P. Kesting, Maria als Buch. In: Würzburger Prosastudien I. 1968, 122—147. — D. Richter, Die Allegorie der Pergamentbearbeitung. Beziehungen zwischen handwerklichen Vorgängen und der geistlichen Bildersprache des MA, In: Fachliteratur des MA, FS für G. Eis, 1968, 83—92. — K. Schreiner, »... wie Maria geleicht einem puch«. Beitrag zur Buchmetaphorik des hohen und späten MA, In: Börsenblatt für den dt. Buchhandel 26, I (1970) 651—664. — P. Kern, Maria — Trinität — Inkarnation, 1971. — H. Hilg, Das »Marienleben« des Heinrich von St. Gallen, 1981. — K. Ruh, Dt. Predigtbücher des MA, In: Vestigia Bibliae 3 (1981) 11—30. — J. Longère, La Prédication Médiévale, 1983. — D. D'Avray, The Preaching of the Friars. Sermons diffused from Paris before 1300, 1985. — V. Mertens, Studien zu den »Leipziger Predigten«, In: PBB 107 (1985) 240—266. — W. Williams-Krapp, Die dt. und niederländischen Legendare des MA, 1986. — A. Haas, Dt. Mystik, In: Die dt. Literatur im späten MA, Teil II, hrsg. von I. Glier, 1987, 234—305. — G. Steer, Geistliche Prosa, ebd. 306—370. — U. Horst, Die Diskussion um die Immaculata Conceptio im Dominikanerorden, 1987. — N. F. Palmer, Dt. Perikopenhandschriften mit der Glosse, In: Vestigia Bibliae 9/10 (1987/88) 273—296. — H. Martin, Le métier de prédicateur à la fin du Moyen Age 1350—1520, 1988. — N. F. Palmer, Die Klosterneuburger Bußpredigten, In: K. Kunze u. a. (Hrsg.), Überlieferungsgeschichtliche Editionen ..., 1989, 210—244. — K. Schreiner, Marienverehrung, Lesekultur, Schriftlichkeit, In: Frühmittelalterliche Studien 24 (1990) 314—368. — Ph. B. Roberts, »Ars praedicandi«, In: Hist. Wörterbuch der Rhetorik I, 1064—71. — M. Menzel, Predigt und Predigtorganisation im MA, In: HJb (1991) 337—384. — V. Mertens und H.-J. Schiewer (Hrsg.), Die dt. Predigt im MA. Internat. Symposium am Fachbereich Germanistik der Freien Universität Berlin vom 3.—6. 10. 1989, 1992, (u. a. zu »Schmids bairischer Sammlung«). — H.-J. Schiewer, Spuren von Mündlichkeit in der ma. Predigtüberlieferung, In: editio 6 (1992) 64—79.

M. Costard/H.-J. Schiewer

6. Mittelniederländische (mndl.) Predigten.

Mndl. P. von bekannten und unbekannten Predigern sind in Hunderten von Handschriften überliefert; die meisten sind bisher nicht ediert, so daß noch immer die Arbeiten Zielemans grundlegend sind. Zu unterscheiden sind zwei Gruppen. 1. Viele P. in mndl. Sprache sind Übersetzungen aus dem Lat. oder aus verschiedenen Volkssprachen. Diese P.-Sammlungen dienten als Lektüre für theol. Laien: Laienbrüder und Bürger; 2. P.-Lit. niederländischer Prediger findet sich in P.-Sammlungen, die dem »clerus simplex et illiteratus« ursprünglich als homiletisches Handbuch dienten.

Eine genaue Unterscheidung von P. und Traktat fällt oft schwer: Traktate dienten der Erbauung; P. sind nirgendwo Dokumente der Mündlichkeit, sondern Lese-P. und verfügen nach Zieleman über die Eigenschaft der »Prädikationalität« gemäß den ma. artes praedicandi. Die P.-Reihen lassen sich gliedern in P.-Sammlungen und P.-Zyklen. Der P.-Zyklus ist gekennzeichnet durch Einheitlichkeit und Geschlossenheit, entweder inhaltlich oder liturg. bedingt. Liturg. P.-Reihen sind geordnet nach der Abfolge des Kirchenjahres. Nach Zieleman sind bei den Jahreszyklen sechs Textgruppen zu unterscheiden: Berlin (konzipiert vor 1348), Gouda (1477), Kopenhagen (konzipiert vor 1370), Nijmwegen (konzipiert vor oder im Jahr 1421), Paris (konzipiert am Ende des 14. Jh.s) und Zwolle (konzipiert aller Wahrscheinlichkeit nach in Brügge oder Umgebung zwischen 1323 und 1347, älteste Handschrift um 1400), dazu eine Einzelhandschrift aus Brüssel (1524).

Die Textgruppe Zwolle wird als im ganzen einheitlicher Zyklus in zehn Handschriften überliefert, Einzel-P. finden sich in fünf weiteren Handschriften. Sie enthalten mehr oder weniger vollständig P. auf die Sonntagsepisteln und -evangelien, auf die Evangelienperikopen der bedeutendsten feriae hebdomadae und vigiliae. Unter den Heiligenfesten finden sich P. in purificatione, in annuntiatione, in assumptione und in nativitate BMV (allerdings nicht in allen Handschriften dieser Textgruppe). Der Archetypus war vermutlich ein P.-Buch für den clerus simplex et illiteratus.

Der Autor der Zwoller P.-Gruppe nimmt eine bibelkritische Haltung ein. Die Bibel ist für ihn Quelle und Richtlinie des Glaubens. Was jedoch im biblischen Kanon umstritten ist, verwirft er. So werden jene, die über die Wunder in der Kindheit Jesu geschrieben haben, als »ungläubige Leute« tituliert. Auch diejenigen werden kritisiert, die die Klage und die Äußerungen des Leidens ℳs unter dem Kreuz breit erörtern.

Die Theol. der P. ist christozentrisch und mystisch ausgerichtet, unter dem Einfluß der franz. mystischen Schule, namentlich Bernhards v. Clairvaux und Richards v. St. Viktor. Es finden sich aber auch Einflüsse der rheinischen Mystik, v. a. Meister Eckharts.

Der Autor stellt Christus als Vorbild für die Nachfolge vor Augen: Nachfolge geschieht durch Reue, Beichte und Buße. Folgerichtig wird auch die Mystik bestimmt als Bekehrung und Minne. Selbsterkenntnis ist die Voraussetzung für die Gotteserkenntnis. Die Mystik ist christozentrisch und affektiv: Durch Kontemplation, Meditation und das Hören des Wortes Gottes kann der Mensch sich auf die unio vorbereiten. Die Liebe ist Ausdruck der Gott-Mensch-Beziehung. ℳ wurde zur Mutter des Herrn auserkoren, weil sie das allerdemütigste Geschöpf war. Auf Grund ihrer Demut »machte Gott sich selbst in dem Tabernakel Mariens aus dem allersüßesten Blut, das sie in sich hatte, und so wurde der Sohn Gottes und der Sohn Mariens ein Christus«.

Obwohl eine ausführliche systematische Darstellung fehlt, kann doch geschlossen werden, daß der Autor an die UE ℳs ante partum, in partu et post partum glaubt. Die Geburt Jesu freilich geht für ihn über alles Verstehen hinaus.

Einige wenige P.-Texte des 14. und 15. Jh.s sind ediert; jedoch sind nicht alle Texte, die in den Handschriften zu den »Sermoenen« gerechnet werden, auch wirklich P. Die »Limburgsche Sermoenen« stammen aus dem Anfang des 14. Jh.s. Ein Mönch aus St. Truiden legte diese Sammlung von 48 geistlichen Texten an, von denen 31 oder 32 aus dem Dt. übersetzt wurden (nach Handschriften aus Villingen, Zürich, Wien und Kloster-Neuburg). Nicht alle sind P.; auch der mystische Traktat »Van seven manieren van minnen« (Nr. 42) der Beatrijs van Nazareth findet sich unter ihnen. Etwa 10 P. beziehen sich auf ℳ, ohne daß sie aber in jedem Fall im Mittelpunkt der Betrachtung steht.

ℳ ist die vorbildliche Dienerin Gottes (P. 6). ℳ als Mutter ist Vorbild in allen Tugenden (P. 7). Der Weg zu ℳ ist der Weg der Reinheit, der Liebe und der Gerechtigkeit. ℳ als das Paradies Gottes (P. 8) ist die Lilie unter den Dornen, der Trost der Sünder. Als Stab des Menschen (P. 11) kann sie in jeder Not des Leibes und der Seele angerufen werden. Mit den Worten der Verkündigung durch Gabriel (P. 14) wird ℳ in sieben Tugenden gepriesen: Keuschheit, Wohlbehütetheit, göttliche Gnade, Scham, Klugheit in der Antwort auf die Engelsbotschaft, Demut und Gehorsam. ℳ ist die Arche, die Jesus trug (P. 15). ℳ ist das reine Glas, das die Sonne, nämlich Christus, in der Inkarnation durchstrahlt. ℳ ist der Weingarten und die Rebe (P. 21), die dreifachen Wein hervorbringt: weiß (Keuschheit), rot (Liebe) und Kräuterwein (Menschheit Jesu). Die Rebe trägt sieben Blätter entsprechend den sieben Worten, die ℳ in ihrem irdischen Leben sprach: zum Engel, zu Elisabeth, im Tempel, auf der Hochzeit zu Kana und nach der Himmelfahrt Jesu.

Diese P. deutet eine Reihe von Bildern aus, die sich unkommentiert in mystischen Texten der Zeit (z. B. bei → Hadewijch) finden. P. 35 preist die Schönheit ℳs. ℳ ist als »hortus conclusus« (P. 46) Vorbild der Kirche in der Demut und der Jungfräulichkeit.

Der Franziskaner Johannes (oder: Jan) Brugman wurde am Ende des 14. Jh.s in Kempen/Niederrhein geboren. Er wirkte als bedeutender Prediger von etwa 1450 bis zu seinem Tode 1473 in den Niederlanden, Westfalen und dem Rheinland und hatte freundschaftliche Beziehungen zur »devotio moderna«. Nicht alle P. sind bis heute ediert; ein umfassendes Urteil ist deshalb noch nicht möglich.

In der Weihnachts-P. (Grootens, P. 3) steht nicht ℳ, sondern Jesus im Mittelpunkt; Zeit und Ort der Geburt werden ausführlich beschrieben. Erst am Ende seiner P. folgt der Lobpreis ℳs, wenn Brugman ihre unaussprechliche Freude über die Geburt Jesu in der Armut des Stalles beschreibt. ℳ ist Vorbild der Christen (Grootens, P. 4). Die Verkündigung des Engels und ℳe Heimsuchung sind durchaus Thema der P., ohne daß sie aber jeweils im Zentrum stehen (vgl. Grootens, P. 2, S. 28; P. 15, S. 178; P. 3, S. 47; van Dijk 37). Kein Ding kann die Seele sättigen, weder die Größe des Himmels und der Erde, noch alle Engel und Heiligen, auch nicht ℳ, sondern nur Gott allein (vgl. van Dijk 26. 33).

Brugman kannte auch die ℳlegenden und benutzte sie in seinen P. (vgl. van Dijk 78). Ebenso finden sich unter seinem Namen auch → Gebete an ℳ (van Dijk 120). Die Verkündigung an ℳ ist eher Anlaß zum Lob Gottes (vgl. van Dijk 134). Unter den Werken Brugmans erinnert ein Dialog sehr an den dt. mystischen Traktat »Schwester Katrei« (van Dijk 145). Sollte der Dialog wirklich von Brugman stammen, zeigen sich auch Verbindungen zur dt. Mystik.

Ausg.: De Limburgsche Sermoenen, hrsg. von J.H. Kern, 1895. — Jan Brugman, Verspreide Sermoenen, hrsg. von A. van Dijk, 1948. — Onuitgegeven Sermoenen van Jan Brugman, hrsg. von P. Grootens, 1948.
Lit.« G. Knuvelder, Handboek tot de geschiedenis der Nederlandse Letterkunde, 2 Bde., [7]1978. — G.C. Zieleman, Middelnederlandse epistel — en evangeliepreken, 1978. — Ders., Das Studium der dt. und niederländischen P. des MA, In: Sô predigent etelîche, hrsg. von K.O. Seidel, 1982, 5—48. — F. A. H. van den Hombergh, Brugman en de broeders, In: OGE 59 (1985) 357—370. *W. Breuer*

Preindl, Joseph, * 30. 1. 1756 in Marbach, † 26. 10. 1823 in Wien, österr. Komponist. Seine erste musikalische Wirkungsstätte war Mariazell in der Steiermark. Bereits mit sieben Jahren war P. dort einer der Sängerknaben. Mit 16 Jahren wurde er Organist am Waisenhaus in Wien. Hier vervollständigte er seine musikalische Ausbildung bei J. G. Albrechtsberger. Ab 1775 war er als Organist an der Kirche Maria-Stiegen und ab 1787 an St. Michael tätig. 1793 ernannte man ihn zum Kapellmeister an St. Peter. Nach dem Tode des Domkapellmeisters Albrechtsberger (1809) folgte ihm P. in diesem Amt nach, das er bis zu seinem Tode ausübte.

P. steht im musikalischen Schaffen in der Nachfolge Albrechtsbergers, mit dem Schwerpunkt auf dem Gebiet der KM. Erhalten haben sich 13 Messen, 2 Requiem und verschiedene Einzelwerke für die Anforderungen der Praxis, wie Offertorien, Gradualia, Arien und Motetten. P.s Bedeutung liegt im Melodischen, das seinen Ursprung aus dem Kirchengesang des Volkes nimmt. Noch Anton Bruckner sammelte und komponierte über Melodien von P. Unter seinen kleineren Kirchenwerken stehen auch einige Ave-Maria-, Salve-Regina- und Sub-tuum-praesidium-Vertonungen.

Lit.: R. Kralik, Zur Geschichte der Wiener Kirchenmusik, In: Musica Divina 6 (1908) 119ff.. — A. Weißenbäck, Sacra Musica, Lexikon der kath. Kirchenmusik, 1937. — H. Brunner, Die Kantorei bei St. Stephan in Wien, In: Beiträge zur Geschichte der Wiener Dommusik, 1948, 19 ff. — G. Krombach, Modelle der Offertoriumskomposition bei A. Caldara, J.G. Albrechtsberger und J.P., In: KMJ 72 (1988) 127—136. — MGG X 1607 f. *H. Faltermeier*

Previtali, Andrea, * um 1467 in Bergamo oder Umgebung, möglicherweise in Brembate Sopra, † 7.11.1528 in Bergamo, zusammen mit Giovanni Busi (gen. Cariani; um 1480—1547/48) und Lorenzo Lotto (um 1480—1556) einer der führenden Künstler Bergamos in der ersten Hälfte des 16. Jh.s.

Über die Jugendjahre P.s ist nichts bekannt. Stilistische Eigentümlichkeiten seiner frühen Werke lassen eine erste Ausbildung bei dem aus Bergamo stammenden und in Venedig wohnhaften Bellinischüler Francesco di Simone da Santacroce (um 1470/75—1508) möglich erscheinen. Weitere Anhaltspunkte für seine Biographie bieten bis etwa 1512 ausschließlich einige signierte Bilder, danach wird er auch in Dokumenten greifbar. Gegen 1494 trat er in die Werkstatt Giovanni Bellinis (um 1430—1516) ein, wo er bis 1505 verblieb. Nach 1505 ist er mit mehreren Werken im Veneto nachweisbar, hatte also Venedig möglicherweise bereits verlassen. Wie aus der Signatur seines ersten nachweislich dort entstandenen Werkes »Der hl. Sigismund« (Bergamo, S. Maria del Conventino, 1512) hervorgeht, ließ er sich gegen 1511/12 in Bergamo nieder, wo er in der dort ansässigen Familie Cassotti einflußreiche Mäzene fand. In der Folgezeit ist er in einer Reihe verschiedenster Dokumente als in Bergamo wohnhaft nachgewiesen, wo seine umfangreiche Produktion an Andachts- und Altarbildern auf einen größeren Werkstattbetrieb schließen läßt.

Für P. sind rund 100 Gemälde gesichert, während von den zahlreichen ihm zugeschriebenen Zeichnungen bisher keine mit Sicherheit für ihn belegt werden konnte. Seine künstlerische Entwicklung vermögen beispielhaft seine zahlreichen Madonnenbilder zu verdeutlichen. Ausgehend von stereotypen, nur geringfügig abgewandelten Wiederholungen von in der Werkstatt Bellinis geprägten Bildtypen gelangte er in seinem Frühwerk über die Zusammenstellung verschiedener Vorlagen erstmals mit einer Madonna mit Kind (Padua, Mus. Civico, 1502) zu einer relativ freien Variierung seiner Vorbilder. Neben dem beherrschenden Einfluß Bellinis verarbeitete er im Rahmen dieser für ihn typischen Arbeitsweise Anregungen von Antonello da Messina (um 1430—1479), Vittorio Carpaccio (1455 oder 1465—1526) und bedingt auch Giorgione (1477/78—1510). Die geringe Spannweite seiner frühen Kompositionen wird vor allem in seinen zahlreichen Darstellungen der Madonna mit Kind sichtbar, die letztendlich alle eine bereits vorhandene Komposition variieren: die Madonna ist sitzend dargestellt, ihre Frontalität ist einzig durch die Neigung des Kopfes unterbrochen. Varianten in der Körperhaltung ergeben sich lediglich aus der Lage des Kindes und der Gestik. Die Typik der M ist den Madonnen Bellinis verpflichtet, wird aber durch rundlichere und vollere Formen auf einen kindlichen Ausdruck hin vereinfacht. Erst in einer Madonna mit Kind und Johannesknaben (München, Verwaltung für Kulturgut, 1510) ändert sich die Typik erstmals in Richtung auf einen zarteren und weicheren Ausdruck, der nicht mehr durch die Einzelform bestimmt ist.

Mit seiner Niederlassung in Bergamo verlagerte sich der Schwerpunkt des künstlerischen Schaffens P.s von den halbfigurigen Andachtsbildern kleinen Formats hin zu großformatigen Altarbildern. Kontakte mit Ambrogio da Fossana, genannt Bergognone (tätig 1481—1522), und vor allem Lorenzo Lotto wirkten sich nur auf einzelne Darstellungen aus, so auf eine heute verlorene Madonna mit Kind (London, Sammlung Arthur Ruck, 1514): sie ist deutlich von der schwungvollen Gewandbehandlung Lottos geprägt, ohne die insgesamt konservative Grundanlage aufzugeben. Seit der 2. Hälfte des 2. Jahrzehnts trat die Auseinandersetzung mit Lotto in den Vordergrund und erreichte ihren Höhepunkt um 1520, wovon vor allem eine Madonna mit Kind (Bergamo, Accademia Carrara, um 1520) zeugt. Neu sind hier neben lebhaft bewegten Gewändern und der feineren, zarten Typik vor allem der lebendige, erstmals durch eine lockere Drehung der ⋒ bestimmte Bildaufbau und die natürlichere Wiedergabe des kindlichen Körpers Christi. Unter dem Einfluß Carianis vollzog P. mit seiner »Verkündigung« (Memphis/Tennessee, Brooks Memorial Art Gallery, Kress Collection, Anfang der 1520er Jahre) auch einen Wandel in der Farbgebung: an die Stelle leuchtender Farbkontraste treten gebrochene, in sich differenzierte Farben in harmonischer Zusammenstellung.

P.s Werk, wie es sich in diesen Gemälden darstellt, ist trotz enger Kontakte mit fortschrittlicheren Kräften des Cinquecento und ihrer Verarbeitung durch eine insgesamt konservative Grundhaltung und eine dem Quattrocento verhaftete Kunstauffassung charakterisiert und bis in sein Spätwerk hinein den handwerklichen Gepflogenheiten der Werkstatt Bellinis verhaftet. An den großen Neuerungen in der Kunst Venedigs zu Beginn des 16. Jh.s hatte P. keinen Anteil.

Lit.: J. Meyer zur Capellen, A. P., Diss., 1972. — P. Zampetti, A. P., In: I Pittori Bergameschi dal XIII al XIX Secolo. (3:) Il Cinquecento I, 1975, 87—167.   *U. Liebl*

Pribram-Heiliger Berg (tschechisch: Příbram-Svatá Hora) in Mittelböhmen im Erzbistum Prag, größter Wallfahrtsort Böhmens am Rande der alten Silberbergstadt P., wo bereits 1250 eine Kapelle bezeugt ist. Das Gnadenbild soll der Legende nach der Prager Erzbischof → Ernst v. Pardubitz (um 1300—64) geschnitzt haben. Die 50 cm hohe Statue mit dem Jesuskind aus Lindenholz stand einst im Schloß der Prager Erzbischöfe und wurde in den Hussitenkriegen auf den Hl. Berg gerettet. 1620 kann die erste Prozession nachgewiesen werden, 1632 die erste Wunderbezeugung, 1647 die Übernahme der Wallfahrt durch die Jesuiten. Vor den Schweden wurde das Gnadenbild 1648 geflüchtet. Nach dem 30-jährigen Krieg kam es zum Aufblühen der Wallfahrt und zum Bau der barocken Wallfahrtskirche mit Außen- und Innenhöfen; Ambiten umschließen die Kirche im Viereck. Gemälde in den Umgängen stellen die Geschichte der Wallfahrt dar. Durch Anfügung von Kapellen und durch offene Kapellen wurde die Kirche erweitert. 1658 erfolgte die Erbauung der von P. auf den Hl. Berg hinaufführenden Wallfahrtsstiege.

Die ganze Anlage mit einem Freialtar, dem Kalvarienberg, und dem überdachten, mit zahlreichen Votivgaben geschmückten Umgang entspricht so recht den Wünschen der frommen Beter. Das Prunkstück des Gotteshauses ist der stattliche Silberaltar, der das Gnadenbild umschließt und mit seinen Zierformen auf die Dreifaltigkeit und einige Märtyrer hinweist. Den Hochaltar schuf 1745 der Prager Silberschmied J. Seitz, das Antipendum aus vergoldetem Silber ist eine Stiftung der Grafenfamilie v. Sternberg (1686). Das Gotteshaus birgt zahlreiche Heiligenfiguren, Reliefs und Votivgaben, die von Bergleuten gestiftet wurden als Dank für die Errettung aus Gefahren. In der Schatzkammer wurde der goldene, reich mit Juwelen besetzte Mantel der GM, der später in das Prager Kunstgewerbemuseum kam, aufbewahrt.

Am 22. 6. 1732 erfolgte die feierliche Krönung des Gnadenbildes durch den Prager Weihbischof Rudolf Graf v. Spork. Die zwei Kronen, mit dem vatikanischen Wappen geziert, sind ein Geschenk des Papstes. Das Krönungsfest erstreckte sich über acht Tage; dabei wurden 500 698 Kommunikanten gezählt. Es war die erste Krönung im gesamten Röm.-dt. Reich. Der Gnadenort steht damit gleichrangig neben den mit gekrönten Gnadenbildern versehenen Wallfahrtsstätten wie Mariazell, Maria Plain bei Salzburg, Loreto, Monserrat und Czenstochau.

Nach Aufhebung des Jesuitenordens übernahmen Theatinerpriester die Betreuung der Wallfahrer. Der Hl. Berg wurde Propstei, der Propst erhielt das Recht der Pontifikalien. Seit 1861 verrichten Redemptoristen die seelsorgliche Betreuung, 1905 wurde das Gotteshaus zur Basilika minor erhoben. Bes. groß war der Zustrom der Pilger am Krönungsfest, dem dritten Sonntag nach Pfingsten; jährlich, bes. vor dem ersten Weltkrieg, kamen oft 300 Prozessionen und gegen 300 000 Pilger, darunter v. a. viele aus Bayern. Obwohl die Stadt in Mittelböhmen seit alters eine tschechische Mehrheit besaß, wirkte sie durch den lebhaften Fremdenverkehr, namentlich wegen der zahlreichen Besucher aus Bayern, wie zugehörig zum deutschsprachigen Sudetenland und seiner eigenständigen dt. Kultur. Seit 1930 kamen jährlich ca. 100 000 Wallfahrer. Dabei war der Brauch, wächserne Opfergaben darzubringen, sehr lebendig. Hauptfeste sind der dritte Sonntag nach Pfingsten und der Freitag nach Christi Himmelfahrt.

Lit.: B. Balbinus, Diva montis sancti, seu origines et miracula ... Mariae, quae in sancto monte regni Bohemiae et Argentifodinas Przibramenses ... collitur, Prag 1665. — Ders., Hl. Berg oder Ausführliche Beschreibung des Wunderthätigen Bildnuß Unser Lieben Frau ob dem Hl. Berg im Königreich Böheimb, Prag 1668. — I. Popp, Historia Divae Virginis in regni Bohemiae Monte sancto vaticano diademate primum omnium coronatae, Prag 1758. — J. Rullik, Der Hl. Berg oder historische Beschreibung des hl. Berges ob der Stadt Příbram im Königreich Böhmen, Příbram ²1856. — E. Krönes, Geistige Wallfahrt zu marian. Wallfahrtsorten der österr.-ungarischen Monarchie, Wien 1872. — K. Wlasak, Der Hl. Berg, FS, Pribram 1882. — P. Blaták, Der Hl. Berg bei P., Pribram 1894, ²1905. — J. Hlávka, Topographie der Historischen und Kunst-Denkmale im Königreich Böhmen. Der Bezirk Příbram, Prag 1902. — BeisselW. — Hoppe 74—90. — R. Kriß, Wallfahrtsorte Europas, 1950, 121—124. — H. Wagner, Die Wallfahrt nach P., In: Ostbairische Grenzmarken 5 (1961) 377—380. — J. v. Herzogenberg und W. Neumeister, Gnadenstätten in Böhmen und Mähren, 1965/66. — J. v. Herzogenberg, Marianische Geographie an böhmischen Wallfahrtsorten, In: Alte und moderne Kunst, 1971, Heft 114, 9—21. — R. Haller, Böhmische Madonnen aus Bayern, 1974. — Ders., ». . . und unser Geld bliebe im eigenen Lande!« Wallfahrtsantipropaganda, In: Wallfahrt 155—167. — F. Matsche, Wallfahrtsarchitektur — die Ambientenanlagen böhmischer Wallfahrtsstätten im Barock, ebd. 351—368, bes. 357—359. — J. Břicháček, Poutní místo Svatá Hora. Průvodce, 1990.   *E. Valasek*

Prierias, Sylvester, führender Theologe des frühen 16. Jh.s, * 1456 in Prierio, † Anfang 1523 in Rom, trat 1471 in den Dominikanerorden ein und wirkte als Prof. in Bologna, Padua, Mailand, Verona und Genua. 1514 wurde er zum Prof. am Gymnasium Romanum ernannt, 1515 zum Magister Sacri Palatii. Als solcher erstellte er ein theol. Gutachten über Luthers neue Lehren.

Das theol. Hauptwerk des P. ist die »Summa Silvestrina«, ein theol. Wörterbuch, das 1515 zum ersten Mal erschien und wenigstens 41 Auflagen erlebte. Es erörtert in alphabetischer Ordnung zentrale Fragen der Theol. Von seinen mariol. Werken sind zu erwähnen die Schrift »Trialogo ... de tre persone Christo Gesu e S. Maria« und das Werk »Aurea Rosa, id est preclarissima expositio super evangelia totius anni: de tempore et de Sanctis« (1503), das 14 Auflagen erlebte und Predigten zu folgenden Mfesten enthält: Vigil der Aufnahme Ms in den Himmel, Aufnahme Ms, Me Geburt, Me Reinigung und Me Verkündigung. Auch in den Weihnachtspredigten behandelt P. mariol. Fragen, u.a. Ms Empfängnis durch den Hl. Geist und ihre GMschaft.

1515 erschien ein weiteres Predigtwerk von P.: »Quadragesimale aureum«, das 54 Predigten enthält. P.' Theol. ist weithin noch unerforscht. Das teilweise abwertende Urteil über P. beruht nicht auf einer tieferen Kenntnis seiner Werke und bedarf einer Korrektur. P. wurde in der Kirche S. Maria sopra Minerva in Rom begraben.

Lit.: F. Lauchert, Die ital. Gegner Luthers, 1912, 7—30. — K. Honselmann, Urfassung und Drucke der Ablaßthesen Martin Luthers und ihre Veröffentlichung, 1966. — H. A. Oberman, Wittenbergs Zweifrontenkrieg gegen P. und Eck, In: ZKG 80 (1969) 331—358. — R. Bäumer, S. P. und seine Ansichten über das ökumen. Konzil, In: Konzil und Papst, FS für H. Tüchle, 1975, 277—301. — W. Klaiber (Hrsg.), Kath. Kontroverstheologen und Reformer des 16. Jh.s. Ein Werkverzeichnis, 1978, 238ff. — P. Fabisch, S. P., In: Kath. Theologen der Reformationszeit I, ²1990, 26—36. — P. Fabisch und E. Iserloh, Dokumente zur Causa Lutheri, 2 Bde., 1988—91. *R. Bäumer*

Priesterliche Gesellschaft vom Hl. Kreuz →Opus Dei

Priestertum. I. DOGMATIK. *1. Zum Bezugspunkt »Priestertum«.* P. im christl. Sinn ist stets Teilhabe am P. Jesu Christi, der sich für das Heil der Welt dem Vater hingegeben hat. Das Spezifikum des P.s zeigt sich in der Darbringung des → Opfers (zu Gott »aufsteigende«, anabatische Funktion), aus der sich die Vermittlung der gottgeschenkten Heilsgabe ergibt (von Gott her »absteigende«, katabatische Funktion). Diese funktionelle Bestimmung gründet in einer ontologischen Vollmacht (Berufung und Weihe). Eine allgemeinere Umschreibung kennzeichnet P. als Vermittlung zwischen Gott und den Menschen, der eine doppelte Stellvertretung zu Grunde liegt: Gottes gegenüber den Menschen und der Menschen vor Gott. Diese Mittlerschaft läßt sich aufgliedern mit dem Raster der drei »Ämter Christi«: Lehr-, Hirten- und Priesteramt. Die folgende Darlegung konzentriert sich auf den sakrifiziellen Aspekt des P.s, dem die Aufgabe der Heiligung zu integrieren ist.

Das NT spricht vom Hohepriestertum Christi, der sich ein für allemal am Kreuz für die Sünden der Menschen geopfert hat (Hebr 4,14—10,18; vgl. Eph 5,2 u. a.). Alle Christen gehören zu einer »heiligen«, »königlichen Priesterschaft«, die »durch Jesus Christus geistige Opfer« darbringt (1 Petr 2,5.9; vgl. Röm 12,1; Offb 1,6 u. a.). Die Lebenshingabe der Gläubigen wird innerlich ermöglicht und getragen vom einmaligen Opfer Jesu. Da dessen Vergegenwärtigung in der Eucharistie wesentliche Aufgabe der geweihten Amtsträger ist, der Episkopen und Presbyter, entwickelt sich der Name »Priester« seit dem 3. Jh. zum Fachterminus für das sakramental vermittelte Weihepriestertum, um heute v. a. den presbyteralen Dienst zu bezeichnen. Der Röm. Katechismus unterscheidet das »innere« P. aller Gläubigen vom »äußeren« der Amtsträger (II,7,23f.; vgl. Tridentinum: DS 1764; 1771), und das Zweite Vaticanum spricht vom allgemeinen oder gemeinsamen P. der Gläubigen (sacerdotium commune fidelium) im Unterschied zum hierarchischen P. des Amtes bzw. Dienstes (sacerdotium ministeriale seu hierarchicum). Beide Formen des P.s unterscheiden sich dem Wesen, nicht nur dem Grade nach (LG 10). Die sakramentale Weihe bezeichnet die Priester »mit einem besonderen Prägemal und macht sie auf diese Weise dem Priester Christus gleichförmig, so daß sie in der Person des Hauptes Christus handeln können ... Durch den Priester vollendet sich das geistige Opfer der Gläubigen in Einheit mit dem Opfer des einzigen Mittlers Christus, das sie mit ihren Händen im Namen der ganzen Kirche bei der Feier der Eucharistie auf unblutige und sakramentale Weise darbringen, bis der Herr selbst kommt« (PO 2).

2. Die Teilhabe Marias am Priestertum Christi. Als Mitglied des Gottesvolkes hat MAnteil am allgemeinen P. der Gläubigen, und zwar als GM auf hervorragende Weise. Anderseits ist M keine Priesterin im Sinne des sakramentalen Amtes. Über diese beiden Eckpunkte hinaus bleibt die Teilhabe Ms am P. Christi genauer zu bestimmen: Reicht eine Beschreibung vom allgemeinen P. allein her aus? Gibt es Ähnlichkeiten mit dem besonderen P.? Oder handelt es sich um ein P. eigener Art?

Schon in der Väterzeit wird deutlich, daß M als neue Eva und GM dem Heilswerk Jesu wesentlich zugeordnet ist (→ Opfer Ms). Anderseits begründet schon Epiphanius den Ausschluß der Frau vom Amtspriestertum mit dem Beispiel der GM: nicht einmal sie, deren Würde im Neuen Bund von niemand übertroffen werde, sei mit dieser Aufgabe betraut worden (Adv. haer. 79,3: GCS 37,477). Der erste Text, der M als »Priesterin« bezeichnet, entstammt griech. Homiletik: »Priesterin (ἱερέα) nenne die Jungfrau und gleichzeitig Altar; sie hat uns ge-

Priestertum

[...]mlische Brot, [...]ünden« (Ps.-[...]iae Deiparae: [...]cher 7./8. Jh.; [...] Mariani I 795. [...]ichnet M als [...] νεᾶνις: PG [...]nd außerge-[...] (Laurentin I [...]ndsätzlichen [...]n Leib ange-[...]euz geopfert [...] Eucharistie. [...]kabulars auf [...] M erscheint [...] Kirche (Am-[...]ie Heilsgabe [...]icht auf der [...]enwärtigen-[...]Hieronymus [...]el Johannes [...]hannes aber [...]). [...]rücklich auf [...]nd auf den [...]hehens be-[...] die oberen [...]e alle Gna-[...]ikontinenz-[...]Areopagiten [...]6; Vulgata: gratia plena) bildet nun gleichsam das Fundamentalprinzip der Mariol. im ps.-albertinischen Mariale: M, an Würde allen anderen Geschöpfen weit überlegen, trägt in sich auch in überragender Weise die Gnade des amtlichen P.s. Trotzdem hat sie nicht das Weihesakrament empfangen; sie war »Gefährtin«, nicht »Vertreterin« Christi (socia, non vicaria; q 42: ed. Borgnet 37,81b). Die Amtsgnade, so läßt sich im Anschluß an Thomas v. Aquin folgern, ist ein Besitz ohne Gebrauch (STh II q 27 a 5 ad 3). Der Gedanke des qualitativen Unterschieds zum hierarchischen P. tritt deutlich hinter der Logik des Omnikontinenzprinzips zurück, was in der Folgezeit zu erheblichen theol. Spannungen führt. M wird zu sehr »in sich« betrachtet und zu wenig in ihrem spezifischen Bezug auf Christus und die Kirche, deren Urbild sie darstellt.

Ausdrücklich behandelt wird das Problem der Teilhabe Ms am Erlösungswerk und ihres P.s im 17. Jh. durch F. C. de Salazar († 1646): M habe nicht nur im Einklang mit dem Willen des Vaters den Sohn der Welt gegeben, sondern Christus auch, mit ihm gleichförmig, für die Welt mit priesterlicher Frömmigkeit dargebracht. Dabei habe sie auf ihre mütterlichen Rechte verzichtet, welche die Grundlage des Opfers bilden (Laurentin I 232—304; MeE VII 39—79). Aufgenommen und weiterentwickelt werden diese Ansätze in der priesterlichen Spiritualität der »Franz. Schule«, bes. bei J. Eudes und J. J. Olier. Nach Olier besitzt M den Geist (esprit) und die Gnade des P.s, nicht aber dessen sakramentalen Charakter. Ihre priesterlichen Funktionen übt sie aus gemäß ihrer Eigenheit als Frau und als GM. Die deutlichste Parallele zum Amtspriestertum bilde die Aufopferung Jesu durch die Hände Ms im Tempel. Die Franz. Schule liebt den Vergleich zwischen dem Jawort Ms bei der Inkarnation und den Wandlungsworten des Priesters bei der Eucharistie: beide Male wird der Sohn Gottes in dieser Welt leibhaft präsent. Dieser Gedanke steht auch hinter dem Titel »Virgo Sacerdos«, der sich erstmals 1709 im liturg. Proprium des von Olier gegründeten Seminars von St. Sulpice findet (Praesentatio BMV [21. November], Vesper-Hymnus).

Einen größeren Widerhall gewinnt die Bezeichnung »Jungfrau-Priesterin« erst im 19. Jh. durch O. van den Berghe, dessen Werk über M und das P. in der 2. Auflage mit einem Belobigungsschreiben von Papst Pius IX. erscheint (Marie et le sacerdoce, Paris 1872; ²1875). Im Hintergrund steht die Spiritualität von S. M. Giraud SJ und M. Deluil-Martiny, der Gründerin der »Töchter vom Herzen Jesu«: dort betrachtet man das »mystische P.« der Ordensfrauen als Nachfolge Ms, die sich dem Kreuzesopfer mitsühnend verbunden hat. Die nun einsetzende Diskussion wird durch gegensätzliche Wertungen des allgemeinen P.s erschwert, das den einen als wahres und eigentliches P. gilt, den anderen aber als »uneigentliches« oder gar »metaphorisches« P. Nach E. Hugon kommt M der höchste Grad des »metaphorischen« P.s zu. Dessen Gnadenfülle übertrifft die des Weihepriestertums, ist aber von anderer Art (La Vierge-Prêtre, Paris 1911; ³1912). M. J. Scheeben spricht M den Titel »Priesterin« ab, weil sie nicht Christus als das Haupt der Kirche vertrete. Sie diene dem Erlösungsopfer neben und unter Christus in ähnlicher Weise wie der Diakon dem Preister bei der Meßfeier (Dogmatik V § 282 c, Nr. 1786—1806; → Diakonin). Auf Bitten der »Töchter vom Herzen Jesu« approbiert Papst Pius X. 1907 ein Mgebet mit der (ps.-) epiphanischen Anrufung »sacerdos pariter et altare« und der abschließenden Bitte »Maria Virgo Sacerdos, ora pro nobis«. M habe nicht das Weihesakrament empfangen, wohl aber dessen Gnade und Würde (ASS 40, 1909, 109 = MeE VII 7). Der neue Mtitel kann jedoch angesichts des gewöhnlichen Sprachgebrauches leicht mit dem hierarchischen P. verwechselt werden. 1913 sehen sich die Kardinäle der Inquisition veranlaßt, Bilder zu verbieten, die M mit den priesterlichen Gewändern bekleidet zeigen (AAS 8, 1916, 146 = DS 3632). 1927 untersagt das Hl. Offizium die Frömmigkeit um den Titel »Virgo-Sacerdos«, und das genannte Ablaßgebet wird zurückgezogen (zu den kirchlichen Äußerungen vgl. Laurentin I 509—537; MeE VII 1—19).

Dem jähen Ende des mißverständlichen Kultes folgt jedoch bald eine rege neue theol. Diskussion um das P. Ms, die in den 40er und 50er

Jahren ihren Höhepunkt erreicht. Manche Autoren, die das allgemeine P. als »uneigentlich« oder »metaphorisch« bezeichnen (z. B. García Garcés, Roschini, Doronzo), lehnen auch für ℳ ein »eigentliches« P. ab und sprechen von einer inneren Mitwirkung ℳs beim Opfer Jesu. Im Anschluß an den biblisch-patristischen Befund und die thomasische Theol. geht jedoch die Mehrzahl der Theologen von einem wahren und eigentlichen Opfer ℳs wie der Gläubigen aus, so daß auch der innere Mitvollzug der Kreuzeshingabe als Opfer benannt wird. Das P. ℳs erscheint dabei als spezifische Teilhabe am P. Christi, die sowohl vom hierarchischen wie vom allgemeinen P. zu unterscheiden ist (Sauras, Koser, Bertetto u. a.). Durch die bewußte Erschließung der symbolhaften Geschlechtertypologie (E. Krebs, G. v. le Fort u. a.), die den »bräutlich-mütterlichen« Aspekt des allgemeinen P.s neu herausstellt, sowie den Neuaufbruch der Ekklesiologie, die ℳ im Anschluß an die Patristik wieder bewußt als Urbild der Christus empfangenden und sich mit ihm verbindenden Kirche sieht (O. Semmelroth, H. Rahner u. a.), rückt ℳ sehr betont in die Linie des allgemeinen P.s, auch wenn ihr Wirken als neue Eva und GM dem der übrigen Gläubigen in einmaliger Weise vorangeht (Laurentin; später u. a. H. de Lubac, H. U. v. Balthasar, J. Ratzinger). Gefestigt werden diese Erkenntnisse durch die ekklesiotypische Mariol. des Zweiten Vaticanums: ℳ als Urbild der bräutlichen und mütterlichen Kirche, die sich der Heilstat Jesu öffnet, während das Weihepriestertum Christus als das Haupt der Kirche vertritt (LG 52—69; Presbyterorum ordinis 2; LG 28). Johannes Paul II. schließlich unterscheidet im Anschluß an Balthasar in der Kirche eine »hierarchische«, »apostolisch-petrinische« von einer »marian.« Komponente, die in ℳ als → Frau symbolhaft zum Audruck kommt (Mulieris dignitatem 27).

Der deutlichste Unterschied zwischen dem Weihepriestertum und dem P. ℳs zeigt sich in der Beziehung zum Kreuzesopfer, das der Priester als Stellvertreter Christi, des Hauptes, vergegenwärtigt, während ℳ sich der Erlösungstat innerlich verbindet, ähnlich wie die Gläubigen das Meßopfer mitvollziehen. Die unmittelbare Mitwirkung ℳs bei der Erlösung (→ Miterlöserin) übertrifft in ihrer Würde die nur repräsentierende Position des hierarchischen P.s, liegt aber auf einer anderen Ebene. Der beliebte Vergleich zwischen Inkarnation und Eucharistie ist darum nur von begrenztem Wert: bei der Menschwerdung gibt ℳ die Antwort anstelle der »bräutlichen« Menschheit (Thomas v. Aquin, STh III q 30 a 1), während der geweihte Priester den »Bräutigam«, das Haupt der Kirche, vertritt.

3. Die marianische Spiritualität des Amtspriesters. Die spezifische Christusrepräsentation des geweihten Amtes setzt die »marian.« Prägung voraus, das Empfangen und Weiterschenken der göttlichen Gnade kraft des allgemeinen P.s. Für das Christsein des Amtsträgers ist das »marian. Prinzip« »das Umfassendere und Umgreifendere«; »alles, was an ihm hoheitlich, autoritativ, hierarchisch ist, (muß) vom Geist und von der Haltung des marian. Fiat durchlebt und innerviert sein« (Scheffczyk, Petrus und Maria, 71 f.). Über dieses Band zum allgemeinen P. hinaus lassen sich jedoch auch Bezugspunkte zum Amtspriestertum aufweisen: beide, ℳ und der Priester, haben eine spezifische Berufung empfangen, sind dem Heilswerk Jesu besonders nahe, vermitteln zwischen Gott und den Menschen usw. Auch die Vertretung Christi besitzt eine »mütterliche« Komponente (vgl. Mt 23,37; Gal 4,19; 1 Thess 2,7). Die von der Franz. Schule grundgelegte Spiritualität, die diese Verbindung betont, ist freilich einzuordnen in die oben genannte ekklesiol. Gesamtperspektive.

Als Mutter Christi des Hohenpriesters ist ℳ auch den Priestern auf besondere Weise mütterlich zugewandt. Diese Beziehung sieht man seit dem 12. Jh. in der Sorge ℳs um den Apostel Johannes vorgezeichnet (Joh 19,26: »Frau, siehe dein Sohn!«). Umgekehrt ergeht an die Priester die besondere Aufforderung, ℳ in ihr Leben aufzunehmen (Joh 19,27: »Siehe deine Mutter!«), auf daß die objektive Nähe zur GM auch subjektiv eingeholt werde (Johannes Paul II., Schreiben an alle Bischöfe und Priester der Kirche zum Gründonnerstag 1979: Verlautbarungen des Apost. Stuhls 7; Stöhr 37 f.). Die Priester sollen »die Mutter des höchsten und ewigen Priesters, die Königin der Apostel und Schützerin ihres Dienstes, mit kindlicher Ergebung und Verehrung hochschätzen und lieben« (II. Vaticanum, Presbyterorum ordinis 18; vgl. CIC 1983, § 276,5). Wie die Apostel im »coenaculum« mit ℳ im Gebet verbunden waren (Apg 1,14), so weiß sich auch die Gemeinschaft der Priester mit der Fürbitte ℳs vereint. Schon die Priesterausbildung soll die MV fördern, insbesondere auch das Rosenkranzgebet (II. Vaticanum, Optatam totius 8; CIC 1983, § 246,3; Johannes Paul II., Pastores dabo vobis, Nr. 45. 82). Die MV ist keine »Sache des persönlichen Geschmacks«, sondern die Hinwendung zum Erlöserwirken Jesu, dem ℳ untrennbar verbunden ist. Der Umgang mit ℳ, der nichts mit »oberflächlichen Gefühlsergüssen« zu tun hat, »führt notwendig zu einer größeren Vertrautheit mit Christus und seinem Kreuz«. Die Spiritualität des hl. Ludwig Maria → Grignion de Montfort gilt dabei als Vorbild (Rundschreiben der Kongregation für das kath. Bildungswesen über die Einführung der Priesteramtskandidaten in das geistliche Leben, 1980, II,4: Verlautbarungen des Apost. Stuhls 19, 26 f.).

Da ℳ die größten Glaubensgeheimnisse in sich vereinigt und widerstahlt (LG 65), vermittelt sie den lebendigen »Sinn für die Kirche« (sensus ecclesiae). Sie verkörpert in sich das Bild des neuen Menschen, dessen Formung den Seelsorger beansprucht. Als frauliche Gefährtin steht sie dem Priester zur Seite. Als jungfräuliche GM hilft sie, die priesterliche Berufung und die Ehelosigkeit um Christi willen treu zu bewahren. Die Erfahrung der Kirche, besonders im Leben der Heiligen (Pfarrer v. Ars, Don Bosco u. a.), bezeugt, »daß gerade jene Priester ihren apostolischen Dienst an der Kirche am segensreichsten erfüllen, die all ihre Mühen unter Mariens Schutz gestellt haben« (Bacht 109).

Lit. zu 1.: Laurentin I 645—647; II 27—31. 91 f. — C. Koser, De notione sacerdotii eiusque applicatione ad BVM, In: MeE VII 114—179. — K. J. Becker, Wesen und Vollmachten des P.s nach dem Lehramt, 1970. — H. Schlier, Ntl. Grundelemente des Priesteramtes, In: Cath(M) 27 (1973) 209—233. — Zu 2. und 3.: N. García Garcés, La cooperación de María a nuestra redención a modo de sacrificio, In: EstMar 2 (1943) 195—247. — Ders., La Santisima Virgen y el sacerdocio, ebd. 10 (1950) 61—104. — E. Sauras, Fué sacerdotal la gracia de María?, ebd. 7 (1948) 387—424. — Ders., María y el sacerdote, ebd. 13 (1953) 143—172. — O. Semmelroth, Urbild der Kirche, 1950. — Ders., Der Priester und Maria, In: TThZ 67 (1958) 335—343. — B. de San Pablo, Los problemas del sacerdocio y del sacrificio de María. Conquistas de los veinte últimos años, In: EstMar 11 (1951) 141—220. — Sträter III 198—209. — R. Laurentin, Marie, l'Eglise et le sacerdoce I/II, 1952/53 (= Laurentin; grundlegend!). — Manoir III 73—93. 659—695. — G. Roschini, Maria SS. e il sacerdozio, In: G. Cacciatore (Hrsg.), Enciclopedia del sacerdozio, ²1957, 657—694. — E. Doronzo, De sacerdotali ministerio BVM, In: MeE II 149—167. — C. Koser, De sacerdotio BMV, ebd. 169—206. — MeE VII. Maria et sacerdotium, 15 Beiträge, u. a.: O. Mueller, Documenta magisterii circa sacerdotium marianum, 1—19; I. I. I. Lorscheiter, Doctrina Matthiae J. Scheeben de sacerdotio BVM, 93—111; D. Bertetto, De marialis sacerdotii natura, 181—189; G. de Becker, BVM et formatio apostolica sacerdotalis, 271—285. — H. Bacht, Maria und das Priestertum, In: GuL 34 (1961) 100—112. — J. Esquerda Bifet, Espiritualidad sacerdotal mariana, In: EstMar 34 (1970) 133—181. — M. García Miralles, La perseverancia en el sacerdocio y la devoción a María, ebd. 183—192. — L. M. Herrán, Sacerdocio y maternidad espiritual de María, In: Teología del sacerdocio VII, 1975, 527—542. — L. Scheffczyk, Petrus und Maria: Hindernisse oder Helfer auf dem Wege zur Einheit?, In: Cath(M) 34 (1980) 62—75. — J. Ratzinger und H. U. v. Balthasar, Maria — Kirche im Ursprung, 1980. — P. Y. Cardile, Mary as Priest: Mary's Sacerdotal Position in the Visual Arts, In: Arte Cristiana 72 (1984) 199—208. — J. Stöhr (Hrsg.), Papst Johannes Paul II. Marian. Texte 1978—85, 1985. — La dévotion a Marie dans l'enseignement des Papes, éd. des moines de Solesmes, 1987, 243—251. — F. Holböck, Geführt von Maria, 1987. — M. Hauke, Die Problematik um das Frauenpriestertum vor dem Hintergrund der Schöpfungs- und Erlösungsordnung, ³1991, 292—321. 502 f. — Testi mariani del primo millenio I—III, hrsg. von G. Gharib und L. Gambero, 1988—90. — H. de Lubac, Geheimnis, aus dem wir leben, ²1990, 114—129. — NDMar² 1229—42. — Johannes Paul II., Apost. Schreiben »Pastores dabo vobis«, 1992, dt. in: Verlautbarungen des Apost. Stuhls. *M. Hauke*

II. KUNSTGESCHICHTE. Zur Mitte des 19. Jh.s entsteht in Frankreich durch Jean Auguste Dominique → Ingres (1780—1867) ein auf diesen Künstler beschränkt bleibender neuer 𝔐bildtypus: die Jungfrau mit der Hostie. Der ikonographische Typus zeigt 𝔐 »versus populum« mit betend gefalteten Händen hinter einem Altarstipes stehend, in Anlehnung an Madonnentypen Raffaels (z. B. zwischen Kandelaber tragenden Engeln; fragliche Zuschreibung an Raffael [Baltimore]; vgl. Ingres' »La Vierge aux candélabres« [Montauban] und »La Vierge à l'hostie« [Paris, Louvre]). Vor 𝔐 in torsierter Körperbewegung mit betend gefalteten Händen steht der eucharistische Kelch mit (auch ohne) Patene, darüber aufgerichtet die leuchtende Hostienscheibe mit eingeschriebener IHS- und Kruzifixusprägung, lediglich die Altarassistenz

A.-D. Ingres, Hostienmadonna, 1840, Paris, Louvre

wird variiert, so 1841 zu Rom entstanden (Moskau, Puschkin-Mus.) mit Bischof St. Nikolaus und Alexander (Ternois, Nr. 249), in einer Londoner Privatsammlung (Ternois, Nr. 250) die franz. Nationalheiligen König Ludwig und Jeanne d'Arc. Weitere Variationen desselben Themas enthält die Sammlung Napoleons III. (1854; Ternois, Nr. 251; heute Paris, Musée d'Orsay; eine Replik von 1859 ist verloren, Ternois, Nr. 252). Kandelaber bedienende Putti vor einem Vorhang zeigt die Darstellung von 1860 (London, Privatsammlung; Ternois, Nr. 253), und auf Ingres' letztem Werk (Ende 1866) erscheinen mehr ausschnitthaft behandelte Engelministranten (Bayonne, Mus. Bonnat; Ternois, Nr. 254). Dieser in der marian. Ikonographie isoliert dargestellte Madonnentypus zeigt 𝔐 als Priesterin nicht im sakramentalen Sinn, vielmehr ist sie in ihrer »priesterlichen« Mittlerrolle zwischen Gott und Mensch zu sehen, begründet in ihrer außergewöhnlichen Lebenshingabe. Als von Anfang an auserwähltes Mitglied des Gottesvolkes hat 𝔐 überragenden Anteil am allgemeinen P. der Gläubigen. Ihre einmalige Auserwählung besteht darin, daß Christus seinen irdischen Leib aus 𝔐 angenommen hat, um sich am Kreuz zu opfern, und daß sich dieses Opfer ständig in jeder Eucharistie unblutig erneuert. 𝔐s Rolle ist damit die der → Ekklesia, welche die von ihr empfangene Heilsgabe den Gläubigen weiterschenkt. Vergleichbar ist in der russ.-orth. Kirche der sehr seltene barockzeitliche 𝔐bildtypus mit der GM Bogomater' Byst' črevo Tvoe (= »Dein Leib ist ein hl. Tisch«; Moskau, kirchliches archäologisches Kabinett, Mitte 18. Jh.). Dieser Typus zeigt 𝔐 als halbfigurige → Orante, vor ihrer Brust einen gedeckten Tisch mit großem eucharistischen Kelch, darin den segnenden Emanuel in Strahlenglorie vor dreiteiligem Architekturversatzstück, in der linken oberen Bildecke aus Wolken anfliegend die Taube des Hl. Geistes.

Auf der Suche nach theol. Quellen für Ingres' Darstellungen weist der Weg zur franz. Theol., bes. bei J.J. → Olier, welcher M͡s Jawort zur Verkündigung mit des Priesters Wandlungsworten der Eucharistiefeier gleichsetzte, was im Vesper-Hymnus zur Praesentatio BMV am 21.11.1709 im Seminar von St. Sulpice (Paris) den marian. Ehrentitel »Virgo Sacerdos« erbrachte, einen neuen Titel, den die gesamte M͡literatur bisher nicht kannte. Eventuell zitieren ließe sich nach Salzer (81 E) auch das marian. Sinnbild »Altar«, auf dem die Himmelsspeise lag, z. B. bei → Konrads v. Würzburg Goldener Schmiede (550) und in → Muskatblüts »Liedern« (34, 64). Unter Pius X. wird 1907 auf Bitten der »Töchter vom Herzen Jesu« ein M͡gebet approbiert mit der Anrufung »Maria Virgo, Sacerdos, ora pro nobis«. Diese Kongregation ging auf die Gründerin M. Deluil-Martiny zurück und erwuchs aus der Spiritualität des Jesuiten S. M. Giraud, dem Os van den → Berghe nahestand, der 1872 sein belobigtes Werk »Marie et le sacerdoce« in Paris edierte; danach habe M͡ zwar nicht das Sakrament der Priesterweihe empfangen, jedoch dessen Gnade und Würde. 1927 aber wird dieser Würdetitel samt Ablaßgebet zurückgenommen, denn bereits 1913 wurden Darstellungen verboten, die M͡ priesterlich gewandet wiedergeben.

Schon die ma. Tafelmalerei nimmt sich dieser Thematik verhältnismäßig selten an: Auf einem unpublizierten Tafelbildchen vom Anfang des 15. Jh.s (Paris, Mus. Cluny) spendet M͡ in priesterlicher Kleidung die Kommunion. Noch deutlicher ist das Thema beim Meister von Amiens (Paris, Louvre, 1437; LCI III 196, Abb. 22), ebenfalls im hochgotischen Kircheninterieur mit Stifterfigur und ministrierendem Engelgefolge. Der Stifter ist Jean du Bos, Maître der Gebets-Confrerie du Puy de ND d'Amiens mit dem Spruchband »Digne vesture au prestre souverain«, entsprechend dem Jahresmotto »Le Sacerdote de la Vierge«. M͡ erscheint, einem Hohenpriester ähnlich, überdimensioniert vor dem Altarretabel, trägt einen langen dalmatikähnlichen Ornat mit Außenzingulum und Innenstola, ihre Rechte hält einen kostbaren liturg. Kodex vor der Brust, der auch als der hohe priesterliche Brustschild (Ephod) aufgefaßt wird, ihre Linke greift nach der Rechten des Jesusknaben, der mit seiner Linken ihre Dalmatik erfaßt. Der Christusknabe trägt in Begleitung zweier Engelassistenten mit Tiara und Prozessionskreuz ungewöhnlicherweise die bischöfliche Mantillen-Robe. Damit ist weniger M͡s Priesterrolle als die der Kirche hervorgekehrt, welche die göttliche Heilsgabe als Logos empfängt und weitergibt, ohne jedoch ein Amtspriestertum zu vergegenwärtigen. Die Thematik der Kommunionspende ist dagegen ein mehrmals belegter priesterlicher Topos M͡s, so etwa im Codex M 1006 der Breslauer Stadtbibl. (fol. 3ᵛ, um 1420) und im Burgundischen Missale für Kaiser Maximilian (Jena, Universitätsbibl., Ms. Nr. 4, um 1513/15) oder im Missale des Salzburger Erzbischofs Bernhard v. Rohr (München, Bayer. Staatsbibl., Cod. lat. 15710, fol. 60ᵛ, um 1481) von Berthold Furtmeyr. M͡ reicht als neue Eva in Engelassistenz den Gläubigen vom Paradiesesbaum die lebenspendende Frucht der Eucharistie, Eva dagegen vermittelt mit ihrem Paradiesapfel den Tod. Die Hostie ist zusätzlich durch den eingeprägten Kruzifixus eucharistisch gedeutet, M͡ erscheint ohne liturg. Kleidung. Vor derartigem Hintergrund sind Ingres' Marien mit der Hostie weniger im hierarchischen Sinn in der Rolle des Priesters als vielmehr in der einer Ekklesia zu sehen.

Nimmt man Martin Engelbrechts aus 53 Symbolabbreviaturen bestehenden Kupferstich zur → Lauretanischen Litanei (Abb. S. 43) hinzu und zwar die Anrufung M͡s als »Vas insigne devotionis«, dargestellt durch einen eucharistischen Kelch mit Hostie, dann erläutern die Brüder Klauber zu Recht in ihrer Lauretanischen Litanei-Folge diese Stelle mit der biblischen Szene des Ölwunders durch den Propheten Elischa bei der Witwe (2 Kön 4) und mit M͡ als »Vas purissimum«, frei anspielend auf Spr 25. Danach ließen sich Ingres' marian. Tondi so deuten: M͡, das priesterliche Gefäß, steht für den eigentlichen und einzigen Hohenpriester Christus, der nach Hebr 7,27 ein für allemal das Opfer dargebracht hat, in dem er sich selbst hingegeben hat. Danach ist M͡ das wahre Zelt, das sich der Herr selbst und nicht ein Mensch (Hebr 8,2) aufgeschlagen hat.

Lit.: L. Réau, La peinture française du XIVᵉ au XVIᵉ siècle, 1939, Tafel VI. — G. Ring, La peinture française du XVᵉ siècle, 1949, Nr. 158. — E. Guldan, Eva und Maria. Eine Antithese als Bildmotiv, 1966. — D. Ternois, Ingres, 1980, 130–131. — Ausst.-Kat., Raphael et l'art français, Paris 1983. — Ausst.-Kat., Regensburger Buchmalerei, München 1987. — LCI III 194f. — I. B. Sirota, Die Ikonographie der Gottesmutter in der Russ.-Orth. Kirche, In: Das östliche Christentum NF 38 (1992) 253, Abb. 119.

G. M. Lechner

Prioris, Johannes, franz.-niederländischer Komponist, wurde um 1490 Organist an St. Peter in Rom, 1507 Kapellmeister am Hofe Ludwigs XII. und Mitglied der päpstlichen Kapelle unter Julius II., gehört zu den Komponisten, die im Schatten der Großmeister stehen und einen altertümlichen imitationsarmen Satz bevorzugten. Klanggruppenwechsel finden sich v. a. in den Magnifikatkompositionen. In einer Messensammlung von 1532 erschien sein 4-stimmiges Requiem, die Motette »Regina coeli« sowie zwei 4-stimmige Magnifikatvertonungen (heute im vatikanischen Archiv). Ferner schrieb P. die marian. Werke »Ave Marie«, »Benedicta es caelorum regina«, »Dei genitrix«, »Dulcis amica Dei« und »Quam pulchra es«.

Lit.: T. H. Keahey, The masses of J. P., Diss., Texas 1968. — C. Douglas, The Motets of J. P., Diss., Illionois 1969. — R. Wexler, The Complete Works of J. P., Diss., New York 1974. — MGG X 1634. — Grove XV 275f.

E. Löwe

Privatoffenbarungen. *1. Wesen.* P. sind im Gegensatz zur allgemeinen, heilsnotwendigen und alle verpflichtenden →Offenbarung, die mit Christus und der Verkündigung der Apostel abgeschlossen ist (relevatio publica), an Einzelne ergehende übernatürliche göttliche Kundgebungen (in der Form von sinnenhaften →Erscheinungen, bildhaft-eidetischen Vorstellungen oder intellektuellen Eingebungen) und Mitteilungen verborgener Wahrheiten und Inhalte zur rel.-praktischen Erweckung und Vertiefung des Glaubenslebens. Ihre Möglichkeit und Existenz wird von der Kirche im Gegensatz zur rationalistischen Ablehnung wie zur schwärmerischen Übersteigerung ihrer Bedeutung wie auch in Absetzung von parapsychologischen Phänomenen festgehalten. Die Begründung liegt in Grundbeständen der göttlichen Heilsordnung und der beständigen göttlichen Heilsführung, die sich auch nach Abschluß der Christusoffenbarung lebendig erweist und im besonderen durch das Wirken des Gottesgeistes auch ereignishaft in Erscheinung tritt. In der jungen Christengemeinde ist der Geist nach dem Pfingstereignis (vgl. Apg 2,1–13) als eschatologische Gabe Erwecker von prophetischen Kräften (Apg 2,17; 11,28; 21,9–11) und Spender der Charismen (vgl. 1 Kor 12,4–11; 14,1–25), wozu auch die P. als gratiae gratis datae gehören. Von seiten des empfangenden (glaubenden) Menschen ist die Disposition gegeben in der übernatürlich erhobenen Existenz und in der durch den Glauben erleuchteten Erkenntnisfähigkeit des Intellektes.

2. *Privatoffenbarungen und Kirche.* Da die P. nicht zum depositum fidei gehören und auch nicht als dessen Ergänzung oder Ausweitung verstanden werden können, sind sie auch nicht Gegenstand der kirchlichen Lehrverkündigung oder der authentischen Vorlage durch die Kirche. Trotzdem kommt der Autorität der Kirche grundsätzlich die allenfalls erforderliche Beurteilung und Approbation der P. zu, die besonders in Fällen notwendig werden kann, in denen es sich um Mitteilung von Wahrheiten und Tatsachen handelt, welche die Glaubens- und Sittenlehre der Kirche berühren und eine Explikation oder Applikation dieser Lehre für die Gegenwart erbringen. Aber auch dann übernimmt die Kirche nicht die Bürgschaft für den göttlichen Ursprung der P. Die Anerkennung oder Approbation durch die Kirche besagt nur, daß solche Kundgaben nichts gegen den Glauben und die Sitten Gerichtetes enthalten und ohne Gefahr genutzt werden können. So kommt den P. im allgemeinen nur der Wert und die Kraft des Zeugnisses des betreffenden Empfängers (Visionäre, Mystiker) zu. Eine größere Sicherheit ist gegeben, wenn die betreffenden P. verbunden mit →Wundern auftreten (die aber letztlich der Anerkennung durch die Kirche bedürfen [→Erscheinungen]).

3. *Bedeutung für das Glaubensleben.* Aus dem Wesen der P. ergibt sich, daß sie einen förmlichen Verpflichtungscharakter nur für den Empfänger selbst besitzen. Diesbezüglich ergibt weiter die theol. Frage, ob die Zustimmung des Empfängers unter Einsatz des übernatürlichen Heilsglaubens (fide divina) geschehen muß oder ob dafür ein menschlich-natürlicher Vertrauensglaube genügt. Wegen der Inhaltlichkeit der P. (die nicht zum depositum fidei gehören) und ihrer charismatischen Grundlage im Empfänger ist der zweiten Ansicht theol. der Vorzug zu geben. Eindeutig ist die Frage bezüglich dritter Personen zu beantworten, welche auf Grund des Zeugnisses des Empfänges der betreffenden P. ihre Zustimmung geben: diese Zustimmung kann nicht durch den Heilsglauben geschehen, selbst nicht nach kirchlicher Anerkennung der Echtheit der P. oder nach erteilter Erlaubnis zu ihrer Veröffentlichung. Sie sind nur mit menschlichem Glauben und aus Gehorsam und Pietät gegenüber der Kirche anzunehmen.

Wenn somit in allen Zusammenhängen der private Charakter dieser Offenbarungen Berücksichtigung verlangt und findet, so besagt er keineswegs einen Ausschluß des Bezuges zur Gesamtkirche und der Bedeutung für sie. Wichtige Neuansätze und Entwicklungen im geistlichen Leben und in der Frömmigkeit sind durch P. angestoßen worden (u. a. das Fronleichnamsfest durch →Juliane v. Lüttich oder die Herz-Jesu-Verehrung durch Maria Margarethe →Alacoque). Auch die für das Gesamtleben der Kirche bedeutsamen und rel. fruchtbaren Ordensgründungen sind in den meisten Fällen durch P. der Gründer ausgelöst worden (vgl. u. a. →Birgitta v. Schweden, Don →Bosco, →Dominikus, →Franz v. Assisi, →Ignatius v. Loyola). So bilden die P. im ganzen ein wichtiges Lebenselement der Kirche, das ihr neben der beständigen Gegenwart des Geistes als besonderes Geschenk gegeben ist zum Erweis des geschichtsmächtigen, ereignishaften Wirkens des Gottesgeistes in besonderen Impulsen für Herz und Willen der Gläubigen und damit der Kirche im ganzen. Es handelt sich bei ihnen um konkrete, lebensmäßige Anstöße zur Applizierung und Konkretisierung des Glaubens auf bestimmte geschichtliche Situationen und Verhältnisse.

4. *Kriterien.* Bezüglich der Wertschätzung der P. nimmt die Kirche eine Haltung ein, welche die Mitte hält zwischen übertriebener Sucht nach dem Außerordentlichen und rationalistischer Skepsis. Das zeigt sich an der Entwicklung einer Reihe von Kriterien seitens der geistlichen Theol., welche angesichts der hier immer möglichen Irrungen und Täuschungen die Echtheit verbürgen können. Es handelt sich bei dieser (niemals mechanisch fixierten und abgeschlossenen) Kriteriologie um eine Anwendung der »Regeln der Unterscheidung der Geister«, wie sie seit den Tagen des alten Mönchtums viele Klassiker des mystischen Lebens entwickelt haben. Als negative Kriterien (welche die Echtheit durch das Fehlen bestimmter negativer Elemente und Faktoren erweisen), werden genannt: die Nichtwidersprüchlichkeit zur

kath. Glaubens- und Sittenlehre, das Nichtverstoßen gegen die rechtmäßigen kirchlichen Autoritäten, das Nichtvorhandensein von psychischen Krankheiten und Anomalitäten aufseiten des Empfängers. Als positive Kriterien (die nicht zugleich und inklusiv gefordert werden) werden genannt: die Konformität mit dem Glauben, den Sitten und der Gesamtpraxis des rel.-kirchlichen Lebens (in die sich auch das Neue organisch einfügen lassen muß); das Überschreiten der geistigen Fähigkeiten des Empfängers bezüglich der Inhalte der betreffenden Offenbarung; das Hervortreten der »Früchte des Geistes« (vgl. Gal 5,22f.) im Leben des Empfängers; das Fruchtbarwerden der →Botschaften in weiteren Kreisen der Gläubigen; das Vorhandensein von Zukunftsprophezeiungen und Wundern. Die früher viel erörterte Frage nach der Möglichkeit auch dämonischer Verursachung solcher Offenbarungen kann durch die Inanspruchnahme v. a. der moralischen Kriterien gelöst werden. Was die Irrtumslosigkeit der P. angeht, so ist zu beachten, daß bei der starken Beanspruchung der menschlichen Dispositionen beim Empfang wie bei der Aussprache der Inhalte auch partielle Fehlformen auftreten können, welche jedoch die Echtheit im ganzen nicht antasten müssen.

5. Privatoffenbarungen und Maria. Gemäß der Weisung des Apostels »Verachtet prophetisches Reden nicht« (1 Thess 5,21) und entsprechend der Bedeutung der P. für das praktische Leben des Glaubens (S.th. II.II: q.174 a.6) darf den marian. P. eine besondere Bedeutung für die Zeit und die Weltsituation des Christentums zugesprochen werden. Das ergibt sich allgemein aus der Heilsstellung Ms und im besonderen aus ihrer Mutterschaft gegenüber der Kirche, aber auch aus ihrer prophetischen Berufung (→Prophetin) für das Volk Gottes. Es ist eine begründete Überzeugung, daß die marian. P. als Dokumentationen derjenigen, die in einer besonderen Heilssituation »an Stelle des ganzen Menschengeschlechtes« (S.th. III q.30 a.1) handelte und diese Stellung auf Dauer innehat, auch der weitergehenden Heilsgeschichte höchst angemessen sind, indem sie die Zeit deuten und im Lichte Gottes beurteilen (vgl. Lk 12,50f.) An dieser Bedeutung ist auch dann festzuhalten, wenn die Gehalte der P. vergleichsweise schlicht und unsensationell gehalten sind (vgl. A. K.→Emmerick, K.→Labouré, →La Salette, →Lourdes, →Fatima, →Banneux) und um dieselben, nur wenig variierenden Kerngedanken kreisen: Gebet (bes. des Rosenkranzes), Bekehrung, Buße und Sühne um der Gottlosigkeit willen, Vertiefung des christl. Lebens, Übung der Nächstenliebe und Vertrauen auf die Fürbittkraft Ms im Hinblick auf die Barmherzigkeit ihres Sohnes. Es handelt sich dabei nicht um neue Wahrheiten, wohl aber um ereignishafte übernatürliche Impulse zur Eingestaltung der christl. Wahrheit in das Leben einer eschatol. zu verstehenden Zeit.

Lit.: G. B. Scaramelli, Direttorio ascetico, 2 Bde., Venedig 1754; dt.: ⁶1923. — A.-A. Tankerey, Grundriß der aszetischen und mystischen Theol., 1935. — H. Lais, Eusebius Amort und seine Lehre über die P., 1941. — J. Lhermitte, Mystiques et faux mystiques, 1952. — K. Rahner, Visionen und Prophezeiungen, 1952. — R. Ernst, Eidetik und Erscheinungen, 1950. — L. Scheffczyk, Die theol. Grundlagen von Erscheinungen und Prophezeiungen, 1982.
L. Scheffczyk

Privilegien Mariens → Gnadenfülle, → Gottesmutterschaft, → UE

Priwitz (slowakisch Priewidza, ungarisch Privigye) im Bistum Neusohl, eine bereits 1358 erstmals genannte Stadt am Fluß Neutra, die 1382 das Ofener dt. Recht annahm, wo sich in der Me-Himmelfahrtskirche aus dem Jahr 1450 das P.er Mbild »Svatá Mara«, ein auf Holz gemaltes Bild der GM mit dem Jesuskind befindet, das schon unter der Regierung des hl. Königs Ladislaus (1040—95) zur öffentlichen Verehrung ausgesetzt worden sein soll. 1721 wurde es erneuert. Neben der Wallfahrtskirche stand früher ein Karmeliterkloster.

Die Karpatendeutschen aus der Deutschprobener Sprachinsel wallfahrteten gern »Zu pút« (zur Wallfahrt) »of de Svatá Mara« auf dem hl. Hügel bei P. Aus der ganzen Herrschaft Weinitz wurde eine große Prozession hierher geführt zur Erinnerung, daß 1666 die Piaristen den Orden der frommen Schulen in P. eingeführt haben. Es war das erste und älteste Piaristen-Kolleg im Lande. Viele dt. Schüler von → Deutschproben und Umgebung besuchten das Piaristengymnasium in P., wo bis 1918 die Unterrichtssprache Madjarisch, nachher Slowakisch war. Hauptfeste sind Me Heimsuchung und Aufnahme Ms in den Himmel.

Lit.: Ottův slovník naučný XX, Prag 1903, 679. — Masarykův slovník naučný V, 1931, 976. — F. Schmidt, Karpatendeutsche Wallfahrten, 1976, 25. — E. Tatarko, Die Bistümer der Slowakei. Unter besonderer Berücksichtigung der dt. Pfarrgemeinden, 1976, 140.
E. Valasek

Pro Juárez, Miguel Augustín, SJ, sel. mexikanischer Martyrer, * 13.1.1891 in Guadalupe (Zacatecas), † 23.11.1927 in Mexiko-Stadt, trat 1911 in das Noviziat der Gesellschaft Jesu in El Llano (Michoacán) ein, das wegen der Kirchenverfolgung unter Carranza in die USA verlegt werden mußte. Er studierte Phil. und Theol. in Spanien (Granada, Sarriá) und Belgien (Enghien) und empfing 1925 die Priesterweihe. 1926 kehrte er nach Mexiko zurück, wo er mit großem Mut sein Priesteramt so ausübte, daß gleich nach seinem gewaltsamen Tod die Verehrung beim Volk einsetzte. Der Kanonisationsprozeß wurde 1952 eingeleitet; am 25.9.1988 wurde er von Johannes Paul II. seliggesprochen. Sein Grab befindet sich in der Kirche »Sagrada Familia« in Mexiko-Stadt.

P.s kurzes Wirken fiel in die Zeit der gewaltsamen Verfolgung der kath. Kirche in Mexiko (1926—29) unter dem Präsidenten Plutarco Elías Calles. Wie viele andere Priester war auch P.

unter Lebensgefahr im Untergrund pastoral und karitativ tätig. Hervorzuheben sind seine Gabe der Seelenführung und seine Sorge für die Armen. Im Zusammenhang eines erfolglosen Attentats auf General Obregón festgenommen und der Tat mitbeschuldigt, wurde er, obwohl nachweislich unschuldig, auf Anweisung des Präsidenten ohne Strafprozeß und Urteil hingerichtet. Seine Spiritualität entsprach dem Stil seiner Zeit und seines Ordens, doch sind seine Bereitschaft zum Martyrium, seine Christkönigsfrömmigkeit und vor allem seine MV hervorzuheben. Als krankes Kind von seinem Vater ᛡ geweiht, sah er in der »Virgen de Guadalupe« seine Wegbegleiterin und Trösterin, die er als »madrecita« verehrte, gegen Angriffe verteidigte und bei seiner Festnahme anrief. Von seiner ausgeprägt marian. Spiritualität zeugen auch seine vielfältigen Gebete und Gedichte an ᛡ und seine Korrespondenz, die nicht veröffentlicht und teilweise in den Biographien zugänglich sind, eine Lourdes-Wallfahrt nach schwerer Krankheit (1925) und die Wandinschriften in seiner Todeszelle. Kurz vor der Verhaftung (13.11.1927) verfaßte P. ein längeres Gebet zu ᛡ (in ital. Übers. bei Molinari 140), daraus Anfang und Schluß: »Laß mich leben bei Dir, meine Mutter,/ um Anteil zu haben an Deiner Einsamkeit und Deinem tiefen Schmerz.../ Bei Dir will ich stehen, schmerzhafte Jungfrau/ um meinen Geist mit Deinen Tränen zu stärken,/ mein Opfer mit Deinem zu vollenden,/ mein Herz mit Deiner Einsamkeit zu stützen,/ meinen und Deinen Gott zu lieben in der Aufopferung meines ganzen Seins.«

QQ: Hs. Briefe, Gedichte und Gebete, ferner Dokumente und Kanonisationsakten befinden sich im Archivo della Postulazione generale SJ, Rom; s. unter Molinari.
Lit.: A. Dragon, Pour le Christ Roi. Le Père P. de la Compagnie de Jésus, 1928. — K. Riedel, Der Gottesstreiter Michael P., 1935. — A. Dragon, Vie intime du Père P., 1940; span.: Vida intima del Padre P., ³1988. — F. Royer, Padre P. Mexican hero, 1963. — R. Ramírez Torres, M.A.P. Memorias biográficas, 1976. — P. Molinari, Il Beato Michele Agostino Pro, Martire della fede, In: Civiltà Cattolica 139/4 (1988) 128—140 (mit Texten und Dokumenten). — L. Groppe, P. Michael P., S.J. Ein mexikanischer Schlingel wird Priester und Märtyrer, 1988. — M. Sievernich, Märtyrer im mexikanischen Kirchenkampf. Zur Seligsprechung von Pater M.A.P. SJ, In: GuL 61 (1988) 285—302. — Copia fotostática del »juicio« del Padre Pro. Einführung von A. Chávez Camacho, Mexico 1989. — AAS 79 (1987) 462—467; 81 (1989) 162—168. — BSS X 1128ff. (Lit.).
M. Sievernich

Prokimenon ($\pi\rho o\kappa\epsilon i\mu\epsilon\nu o\nu$), im byz. Ritus ein dem Psalm vorgelegter Vers, der als Responsorium dient; heute ist das P. auf zwei Verse reduziert. Es hat an Festen und in der Fastenzeit im → Hesperinos seinen Platz vor den biblischen Lesungen; im → Orthros geht es der Lesung des Evangeliums und in der eucharistischen Liturgie der Epistel voraus. Es wird nach den acht Kirchentönen gesungen. Das P. des Hesperinos wird aus dem Commune (Horologion) genommen. So lautet es, wenn z.B. das Fest der Entschlafung ᛡs auf einen Mittwoch fällt: »Dein Erbarmen, Herr, begleitet mich alle Tage meines Lebens. — Der Herr ist mein Hirte, mir wird nichts mangeln; auf grünen Auen läßt er mich weiden« (Ps 22,6 und 1). Im Orthros desselben Festes vor Lk 1,39—40 und 56: »Höre, Tochter, sieh und neige dein Ohr; vergiß dein Volk und das Haus deines Vaters! Nach deiner Schönheit verlanget den König« (Ps 44,1ff.). — »Meinem Herzen enströmet festlicher Sang: Ich weihe mein Lied dem König« (Ps 44,2). In der eucharistischen Liturgie vor Phil 2,5—11 (wie am 8. September): »Hochpreiset meine Seele den Herrn, und mein Geist frohlockt über Gott meinen Heiland. — Er schaute gnädig herab auf die Niedrigkeit seiner Magd, denn siehe von nun an werden mich seligpreisen alle Geschlechter« (Lk 1,46—48).

Lit.: E. Mercenier und G. Bainbridge, La Prière des Eglises de rite byzantin II/1, ²1953, 148. 154. 176. — N. Edelby, Liturgikon, Meßbuch der byz. Kirche, 1967, 596. — La Prière des Eglises de rite Byzantin I, La Prière des Heures ($\Omega\rho o\lambda\acute{o}\gamma\iota o\nu$), 1975, 398. — K. Onasch, Liturgie und Kunst der Ostkirche in Stichworten unter Berücksichtigung der Alten Kirche, 1981, 312.
J. Madey

Proklos, † 446, ab 434 Patriarch von Konstantinopel, 2. Nachfolger des Nestorius, in dessen Gegenwart er 429 dem Christotokos das Theotokos entgegensetzte und sogleich den Einspruch des Nestorius hervorrief (Ench. Patr. 2054, 640). Seine Predigt (Or. 1) »De laudibus sanctae Mariae« beginnt mit den Worten: »Zusammengerufen hat uns die heilige Maria, das unbefleckte Kleinod der Jungfräulichkeit, das geistige Paradies des zweiten Adam, die Werkstatt der Einigung der Naturen (Christi), der Schauplatz des heilbringenden Vertrags, das Brautgemach, in dem das Wort sich mit dem Fleisch vermählte, der beseelte Dornbusch der Natur, welchen das Feuer der göttlichen Geburt nicht verbrannte, welche den über den Cherubim Thronenden mitsamt dem Körper trug, das vom Tau des Himmels gereinigte Vlies, aus welchem der Hirt das Kleid des Schafes annahm, Magd und Mutter, Jungfrau und Himmel, die einzige Brücke Gottes zu den Menschen, der fruchtbare Webstuhl der Heilsveranstaltung, auf welchem in unaussprechlicher Weise das Gewand der Vereinigung gewebt ward, dessen Weber der Heilige Geist, die Spinnerin die überschattende Kraft aus der Höhe, die Wolle das alte Adamsvlies, der Einschlag das unbefleckte Fleisch der Jungfrau, das Weberschiff die unermeßliche Gnade des Trägers, der Künstler das durch das Ohr eindringende Wort war« (Or 1,11, In: ACO 103; Graef 97f.).

Die Mariol. des P. entspricht dem Stand des kirchlichen Bewußtseins z.Zt. des Konzils von → Ephesos (431). Vorherrschend sind die beiden biblisch begründeten Dogmen: GMschaft und jungfräuliche Empfängnis. Obwohl P. die physische virginitas in partu vertritt, erinnert die Wendung »Jungfrau und Mutter und wieder Jungfrau« (vgl. Lit.: Museon 20) sowie der Vergleich der Geburt mit dem Zug Israels durch das Rote Meer (engl. Übers. einer koptischen Version, s. Lit.) an andere Vätertheologen, die an eine natürliche Niederkunft dachten, das Wunderbare an ihr aber in der sofort folgenden Wiederherstellung der körperlichen Integrität der Mutter sahen. P. betont auch die heilsgeschichtliche Bedeutung der jungfräulichen GM-schaft und weist (wie oben) ⓂMarien verschiedene Titel zu.

Ausg.: PG 65,680—692; 704—708; 716—721 und Museon 54 (1941) 20—30. 40—48, ed. Ch. Martin, Un florilège grec d'homélies christologiques. Insgesamt 5 als echt anerkannte Ⓜpredigten, so nach R. Caro, Proclo de Constantinopola, Orador mariano del siglo V, In: Mar. 29 (1967) 377—492. — Or. 1 griech.: E. Schwartz, In: ACO 1,1,1 (1927) 103—107; dt.: O. Bardenhewer, Marienpredigten aus der Väterzeit, 1934, 98—107; G. Rovira, In: Das Zeichen des Allmächtigen, 1981, 229—233. — E. L. Lucchesi, L'Oratio I »De laudibus Mariae« de Proclus de Constantinople (Syrisch), In: Mémorial André Festugière, Antiquité paienne et chrétienne, 1984, 187—198.
Lit.: F. J. Leroy, Recherches sur l'Homilétique de Proclus de Constantinople, 1963. — J. A. de Aldama, Investigaciones recientes sobre las homilías de San Proclo, In: EstEcl 39 (1964) 239—244. — LThK² VIII 785f. — NCE XI 824f. G. Söll

Prokop (Procopius) **v. Templin** (bürgerlicher Vorname: Andreas) Kapuziner, Prediger und Schriftsteller, * 1. Jahreshälfte 1608 in Templin (Brandenburg), † 22. 11. 1680 in Linz, verbringt die Kindheit in seiner prot. Geburtsstadt, bevor er in der »Frembde« zum kath. Glauben konvertiert, 1627 Eintritt in den Kapuzinerorden (Raudnitz a. d. Elbe, Nordböhmen), Studium der Theol. und Phil. (Wien), 1635 Priesterweihe; wohl anschließend als Missionsprediger in den habsburgischen Erbländern (Böhmen, Mähren); 1642 in Passau als Wallfahrtsseelsorger und Prediger auf den Kanzeln von Mariahilf und St. Paul; seit 1666 vom Predigtamt entbunden, wirkte P. als angesehener Schriftsteller während seiner letzten vierzehn Lebensjahre in Salzburg.

P. ist als Liederdichter und Predigtschriftsteller gleichermaßen bedeutend, wobei Predigt und Lied bei ihm eine in der Zeit einzigartige Verbindung eingehen, indem P. einige seiner Predigten zu Liedern umschrieb und diese später dem gedruckten Predigttext hinzufügte. In der deutschsprachigen geistlichen Lieddichtung der kath. Gebiete ist er neben Friedrich Spee, Johann → Khuen und dem jüngeren → Laurentius v. Schnüffis die wohl frischeste und eigenständigste Stimme der Epoche. Als Predigtschriftsteller überragt der Kapuziner seine Zeitgenossen nicht allein hinsichtlich seiner immensen Produktivität, sondern mehr noch auf Grund seines sprachlichen Könnens, des stilistischen Reichtums und seines zurückhaltenden, von tiefer Frömmigkeit geprägten »liebenswürdigen« Tons. Auch P.s oftmaliger, doch nie überbordender Einbezug von Emblemen, Sprichwörtern, Liedern, Legenden, Fabeln und Predigtmärlein trägt zur lit. Qualität seiner Predigten bei und zeugt gleichzeitig von einer eigenständigen Verarbeitung der (zumeist ital. und lat.) Quellen und Muster.

Obwohl schon früh als Prediger tätig, konnte P. mangels finanzieller Mittel seine Predigten anfänglich nicht veröffentlichen und sah sich nach eigener Darstellung gezwungen, aus seinen Kanzelvorträgen Lieder zu machen. So erschien 1642 in Passau als P.s erstes Werk das »Mariae Hülff Ehren Kräntzel«, eine Sammlung von 36 Liedern zu Ehren der auf dem Mariahilfberg verehrten GM. Erst 1661, nach der Veröffentlichung der Liedersammlungen »Mariae Hülff Lob-Gesang« (1659) und »Hertzen-Frewd und Seelen-Trost« (1660/61), lag das »Eucharistiale« vor, P.s erstes Buch mit Predigten. Die geplante Veröffentlichung von achtzehn weiteren Predigtbänden verhinderte zwar vorerst der verheerende Passauer Stadtbrand von 1662, doch allein in der kurzen Zeit bis 1665 erschienen zehn neue Predigtsammlungen, nicht weniger als sechzehn weitere schließlich während der fruchtbaren Jahre in Salzburg, wo P. in dem Buchdrucker und Verleger Johann Baptist Mayr einen idealen Partner fand, der (wie der Münchner Verleger Jecklin) auch ältere Werke des Kapuziners als Neuauflagen oder erweiterte Folio-Bände herausbrachte.

P., der seine Herkunft gerne betonte (»Capucciner der Oesterreichischen Provintz, sonst aber von Templin auß der Marck Brandenburg gebürtig«), schrieb ausschließlich dt. Predigten und bediente sich dabei des sog. »Schriftbayerischen«. Zwar läßt sich bei einzelnen der insgesamt über 2200 gedruckten Predigten P.s vermuten, daß diese auch öffentlich vorgetragen wurden, doch handelt es sich bei der Mehrzahl der Texte um Musterpredigten, die P. ausdrücklich für andere Prediger zu »beyhülfflichen Diensten« abfaßte. In der Anlage von P.s Predigtwerk zeigt sich denn auch das Bestreben, möglichst viele Predigttypen und -anlässe zu berücksichtigen und modellhaft in separaten Sammlungen vorzuführen. So enthalten etwa das »Eucharistiale« (1661) und das »Poenitentiale« (1662) Predigten über das Altarsakrament bzw. die Buße und das »Orationale« (1663) solche über das Gebet, während das »Conjugale« (1663) vom »Ehe-Stand« und das »Juventutale« (1663) von der Jugend handelt, so wie das spätere »Catechismale« (1674/75) Kinderpredigten bringt. Im Zentrum der Bände »Decalogale« und »Threnale« (beide 1664) stehen die zehn Gebote bzw. das erste Klagelied Lam 1,1—22, während P. in den Fasten- und Osterpredigten des »Miserere« (1665) Ps 50,1ff. auslegt. Thematische Einheiten bilden auch jene Sammlungen, die zu P.s reifsten und originellsten Werken zählen: die Ⓜpredigten des »Mariale« (1665, erweitert 1667), die Heiligenpredigten des »Sanctorale« (1666, erweitert 1668), die Leichpredigten des »Funerale« (1670) sowie die Kirchweih- und Patroziniumspredigten des »Encaeniale« (1671) und »Patrociniale« (1674). Neben diesen Folgen von Fest- und Kasualpredigten veröffentlichte P. in seiner Salzburger Zeit auch mehrere, nach den Abschnitten im Kirchenjahr »geordnete« Bände mit Sonntagspredigten: das »Adventuale«, »Quadragesimale et Passionale« (beide 1666), »Dominicale Paschale et Pentecostale«

(1667/69) und das »Dominicale aestivale« (1667), deren »Discurse« P. und Mayr in der großen Sammelausgabe »Triennale dominicale primum« (1676) z.T. neu herausbrachten und die den Predigtschriftsteller auf der Höhe seines Könnens zeigen.

P.s Lieddichtung ist eng mit der Passauer Mariahilf-Wallfahrt verbunden und zu einem großen Teil der barocken Mdichtung zuzurechnen. Die Sammlungen »Mariae Hülff Ehren Kräntzel« (1642) und »Mariae Hülff Lob-Gesang« (1659), beide mit eingängigen Melodien des Passauer Domorganisten Georg Kopp († 1666), enthalten größtenteils »Lob- und EhrGesänger ... zur Vermehrung der Andacht in ihren (Ms) Liebhabern« (Vorrede zum »Ehren Kräntzel«), darunter speziell für den Gebrauch auf Mariahilf bestimmte Bitt- und Wallfahrtslieder, die man »betten (kann), wann man vor unser lieben Frawen Mariae Hülff Bildnus knyet«. Mit seinen 95 Stücken ist dabei der »Lob-Gesang« weit umfangreicher als das ältere »Ehren Kräntzel«, dessen achtzehn Mlieder P. fast vollständig in die neue Sammlung übernahm. Auch das anonym erschienene Mirakelbuch »Mariae Hülff ob Passaw Gnaden-Lust-Garten« (1661) redigierte der Kapuziner, wie überhaupt P.s Mfrömmigkeit sein ganzes Werk durchzieht. Noch 1667 begleiten seine frühen marian. Lieder die über 210 Mpredigten des »Mariale concionatorium rhythmo-melodicum«, das mit seinen vier Abteilungen — Mariale festivale, dominicale, processionale bzw. indifferentiale (Mpredigten für Fest- und Sonntage, Prozessionen und Wallfahrten sowie beliebige Gelegenheiten) — die Summe von P.s Mdichtung darstellt. Wie die Mlieder bestechen die z.T. stark von Johann Khuen beeinflußten, insgesamt 478 Perikopenlieder der zweiteiligen Sammlung »Hertzen-Frewd und Seelen-Trost« (1660/61) trotz des mitunter lehrhaften Charakters durch ihre predigtnahe Bildlichkeit, ihre volksliedhafte Poesie und die Vielfalt der Formen und Stilmittel.

P.s Wirkung als Predigtschriftsteller ist nicht zu unterschätzen, obgleich sich ein direkter Einfluß wohl nur bei wenigen Barockpredigern nachweisen läßt — allenfalls bei den jüngeren Mitbrüdern Athanasius v. Dillingen (1634—1714) und Donatus v. Passau (1626—94), dem Nachfolger P.s in der Innstadt. Eine größere Nachwirkung als Liederdichter blieb ihm allerdings genauso versagt, und als Clemens Brentano und Achim v. Arnim mehr als 200 Jahre nach P.s Tod einige seiner Lieder in »Des Knaben Wunderhorn« aufnahmen, war der Kapuziner längst »wie so manche andere vergessen«. Daß sich daran bis heute wenig geändert hat, liegt v.a. am Fehlen moderner Nachdrucke und Ausgaben der Werke P.s. In diesem Sinne ist auch der Mdichter P. erst noch wiederzuentdecken.

Ausg.: P.v.T., Encaeniale, Das ist: Hundert Kirch-Tag-Predigen (1671); photomech. Nachdr., mit Kommentar, Glossar, Nachwort und Bibl., hrsg. von D. Bitterli, 2 Bde., 1990. — P. v. T., Mariae Hülff Ehren Kräntzel (im Rahmen einer Neuausg. der Lieder in Vorbereitung). — BB II 463—481.

Lit.: V. Gadient, P.v.T. Sein Leben und seine Werke, 1912. — A. H. Kober, P.v.T., In: Die Kultur 14 (1913). — Ders., P.v.T., In: Euphorion 21/22 (1914/15). — Ders., Die Mariengedichte des P.v.T., Diss., Münster 1916. — S.Wieser, P.v.T. in den dt. Paulus im 17. Jh., 1916. — K. Eder, P.v.T. und seine Stellung zum Hexenwahn, In: ThPQ 92 (1939). — I. Schwamm, Die Hl. Schrift in den Predigten P.s v.T., Diss., Münster, 1941. — E. Kinsky, Das Predigtwerk des Paters P.v.T., Diss., Wien, 1962. — G. Dünnhaupt, Bibliographisches Handbuch der Barockliteratur, 1980/81 (Bibl.). — Ph. V. Brady, P.v.T., »Redner« und »Poet«, In: Literatur und Volk im 17. Jh., hrsg. von W. Brückner u. a., 1985, 527—541. — Ders., P.v.T.: A Seventeenth-Century German Capuchin and the Arts of Communication, In: CFr 55 (1985) 33—51. — U. Herzog, Der Roman auf der Kanzel. P. v. T., ein erster Leser von Grimmelshausens »Simplicissimus«, In: Simpliciana 6/7 (1985) 99—110. — Ders., »Der Beerin Ampt und Dienst«, geistlicherweise. Zur emblematischen Predigt des P.v.T., ebd. 11 (1989) 149—155. — F. Kemp, P. v. T. ein süddt. Barockprediger, In: Ders., »... das Ohr, das spricht«, 1989. *D. Bitterli*

Proksch, Georg, * 9. 2. 1904 in Schechowitz, Lkr. Gleiwtz, † 30. 4. 1986 in Wien, 1925 SVD, 1932 Priesterweihe, 1932 nach Indien, arbeitete in der Indore-Mission und in der St. Theresa-Pfarrei in Bombay, gründete 1955 in Andheri/Bombay den Gyan-Ashram. Dort wollte er künstlerisch begabte junge Christen zu einer Gemeinschaft sammeln, um indische Musik und indischen Tanz, die vollendetsten Formen indischer Gottesverehrung, für die christl. Verküdigung und für die Kirche Indiens fruchtbar zu machen. Nach entsprechenden Studien schuf er zahlreiche Texte, von Volksliedern bis zu großangelegten Dramen und auch die Musik dazu. Neben Meßkompositionen in Hindi, Umdichtung und Vertonung aller Psalmen und anderer liturg. Texte, schuf er Weihespiele, die neben den christol. Inhalten stets auch marian. Abschnitte enthielten: Die Frucht des Todes und das Brot des Lebens (1960), Anutam Prem; Keine größere Liebe (1964), Meshpal Bhagvan; Gott als guter Hirte (1970). Nach Art der Erzählungen über das Wirken der Hindu-Gottheiten schrieb er ein Leben Jesu (1952), daneben zahlreiche Mlieder sowie marian. Weihe- und Tanzspiele.

WW (marian.): Christagam (Das Kommen Christi, ein Weihnachtsspiel) 1944. — Shanti ka rasta (Das Geheimnis des Friedens, Geschichte von Fatima) 1953. — Prem upkar (Geschenk der Liebe, Mliedersammlung) 1954. — Rag parag (Indische Lieder, Liedersammlung mit Noten) 1957. — The Star of Peace. A pageant of Mary the Immaculate (Tanzspiel) 1959. — Die Geheimnisse des Rosenkranzes (Tanzspiel; nur als Filmaufzeichnung erhalten) 1960. — Shradhanjali (Rel. Gesänge) 1964. — Mangal prabhat (Glücklicher Morgen, Geburt Christi) 1964. — Salome (ein Passionsspiel) 1971. — Mata sada sahayani (Mutter der Immerwährenden Hilfe) 1973.
Lit.: H. Rzepkowski, Als Missionar in Indien. P.G.P. SVD (1904—86), In: ASKG 47/48 (1989/90) 183—203. — Ders., G. P. SVD (1904—86), In: J. Gröger, J. Köhler und W. Marschall (Hrsg.), Schlesische Kirche in Lebensbildern, 1992, 247—253. *H. Rzepkowski*

Propheten. Das griech. Wort προφήτης (bezeichnete ursprünglich eine Person, welche die einem normalen Menschen unverständliche Gottesoffenbarung einer Mantikerin (Pythia in Delphi) in verständliche Sprache überträgt, später jede Person, die im Auftrag eines anderen, vor allem einer Gottheit, zu einen Dritten spricht. In der Septuaginta ist es die übliche Wiedergabe für das hebr. »nābî'«, das in den ältesten Traditionen des AT vom Geist Gottes ergriffene Ekstatiker meint, die den Kult mit Gesang und Tanz begleiteten (vgl. 1 Sam 10,5f. 10f.), auch Seher und Gottesmänner wie Samuel (vgl. 1 Sam 9,9), Natan (2 Sam 7; 12,1—4), Gad (2 Sam 24,11—13), Elija (1 Kön 17—19; 21; 2 Kön 1f.), Elischa (1 Kön 19,19—21; 2 Kön 2; 4—8), die Gottesworte vorwiegend an Könige ihrer Zeit auszurichten hatten. Nach Ex 15,20f. (Mirjam, die Schwester Moses und Aarons), Ri 4,4 (Debora) und 2 Kön 22,14 = 2 Chr 34,22 (Hulda) hat es auch Prophetinnen gegeben (vgl. auch Jes 8,3). Von all diesen haben wir nur erzählende Nachrichten oder kurze führenden Männern Israels übermittelte Gottesworte. Seit dem 8. Jh. v. Chr. bezeichnet »nābîʾ« insbesondere die Schriftpropheten, von denen in der christl. Tradition Jesaja, Jeremia, Ezechiel und Daniel als die »großen Propheten«, die im Buch der Zwölf Propheten genannten als »Kleine Propheten« bezeichnet werden. Die Eigenart prophetischer Rede ist nicht die Ankündigung künftiger Ereignisse, obwohl auch das bei ihnen vorkommt, sondern die Weitergabe eines in einer Vision oder Audition empfangenen Gotteswortes, oft eingeleitet mit der »Botenformel« (»So spricht Jahwe«), das das Gottesgericht über das bundesbrüchige Israel oder einen Sünder, einen Umkehrruf, nach dem Gottesgericht aber auch Wiederbegnadigung und Heil ansagt.

Für die Mariol. bedeutsam sind vor allem die Ankündigungen des messianischen Heilsbringers in Jes 7, wo allerdings als die »ʿalmāh« in V. 14, die den »Immanuel« gebären wird, ursprünglich wahrscheinlich die junge Gemahlin des Königs Ahas ist, die aber der Septuaginta-Übersetzer als die jungfräuliche Messiasmutter (παρθένος) verstanden hat (→ Jesaja), sowie Mi 5,2, wonach eine »Gebärende« den aus Betlehem kommenden Retter-König gebiert (→ Micha); aber auch sonst sind Worte aus den Büchern → Jesaja, → Jeremia und → Ezechiel auf den Messias gedeutet und in der marian. Frömmigkeit auf M angewandt worden (→ Messias-Erwartung).

Im NT galten die P. des AT vorwiegend als Ankündiger des Messias und seines Geschicks. Mit Johannes dem Täufer tritt mit seinem Umkehrruf noch einmal ein P. im Sinne des AT auf (vgl. Lk 1,76). Der greise Simeon, der nach Lk 2,21—40 im Tempel das Jesus-Kind als den Messias bekennt und M ein durch ihr Herz dringendes Schwert ankündigt, wird zwar nicht als P. bezeichnet, tritt aber als vom »Geist« Erfüllter wie ein Prophet auf. Ausdrücklich als »Prophetin« (προφῆτις) wird Hanna, die Tochter Penuëls, bezeichnet (Lk 2,36—38). Sonst kennen Apg 11,27; 13,1; 15,22; 21,10; 1 Kor 12,28; 14,29. 32. 37; Eph 4,11 P., die als Ekstatiker neben den »Aposteln«, den »Lehrern« und den »Evangelisten« im Leben der christl. Gemeinden eine Rolle spielen, jedoch wissen wir über die Art ihres Auftretens und über ihre Aufgaben nichts Näheres.

Das → Magnifikat von Lk 1,46—55 und die vielen Merscheinungen haben, im Vergleich zu den Visionsberichten des AT, die marian. Frömmigkeit und die kath. Dogmatik dazu veranlaßt, M als →»Prophetin« zu verstehen. Das ist höchstens durch das Magnifikat zu begründen, nicht aber durch die → Botschaften Ms in Merscheinungen. Nach Ausweis der Bibel sind P. bzw. Prophetinnen nur lebende Personen, die auf Grund einer ihnen zuteil gewordenen Vision oder Audition eine Gottesbotschaft an jemanden überbringen, nie aber Verstorbene, von Gott bereits in seine Herrlichkeit aufgenommene Fromme. Man kann M in Merscheinungen höchstens mit dem »Engel Jahwes« vergleichen, der in einer Vision als eine besondere Erscheinungsform Jahwes eine göttliche Botschaft überbringt. M hat bei ihren Erscheinungen sozusagen die Rolle des biblischen »Engels Gottes« übernommen.

Lit.: J. Scharbert, Die Propheten Israels, 1965 und 1967. — G. Fohrer, Die Propheten des AT, 6 Bde., 1974—78. — T. Cavalcanti, O profetismo das mulheres no AT, In: RevBib 46 (1986) 38—59. — K. Koch, Die Propheten, 2 Bde., ²1988. — ThWAT V 140—163. — ThWNT VI 781—863. — A. Feuillet, De fundamento Mariologiae in Propheetiis Marianicis Vet. Testamenti, In: Ders., Etudes d' Exégèse et Théologie Bibliques, 1975, 205—221. — Zu Maria als Prophetin: SchmausKD V 218—220. — SchmausGK V 251—253. — J. Scharbert, »Gesichte« in der Bibel und die Marienerscheinungen seit 1830, In: Acta Congressus Mariologici-Mariani internationalis, Kevelaer 1987, II, 1991, 65—91.
J. Scharbert

Prophetin (prophetissa). Der Ehrentitel P. wird M seit der Zeit der Patristik beigegeben. Die Zuweisung steht unter dem Einfluß der biblisch-typologischen Denkweise, in der M als Typus der prophetischen Gestalten (nicht allein der weiblichen P.) gesehen wird. Die Übertragung des Titels zeigt nicht nur die hohe Wertschätzung des atl. Prophetentums (→Propheten), das seine Ausläufer auch im NT besitzt (vgl. u. a. Lk 1,5—2,40; Apg 11,27f.; 13,1), sondern auch die der GM zuerkannte Sonderstellung in der Heilsgeschichte. Obgleich der Titel, der im AT mit einem differenzierten Sinngehalt auftritt, (ekstatische Phänomene, Seher, Zukunftskundige, Gottgesandte), M nicht unter jeder Rücksicht zugeteilt werden konnte, traf er doch einen Kernbestand des Prophetischen, den die Tradition in noch immer verschiedenen Nuancierungen herauszuarbeiten suchte.

Das allgemeine Motiv für die Übertragung des Titels lag in dem biblischen Befund, daß das Prophetische im NT als Zeichen des Ausdrucks der messianischen Heils- und Endzeit (vgl. Apg 2,17 mit Verweis auf Joel 3,18) anerkannt bleibt und als Geistbegabung prinzipiell der ganzen Gemeinde verheißen ist, in der M eine hervorragende Stellung einnimmt. Freilich wird dieses Moment bei der Zuweisung des Titels nicht immer streng getroffen. Die erste direkte Bezeugung des Titels für M findet sich (abgesehen von der nicht ganz eindeutigen Stelle bei →Ignatius v. Antiochien, Eph 19,1) bei →Irenäus v. Lyon († 202), der vom »prophetischen Rufen«

Ms (»clamabat...prophetans«) im Hinblick auf das Magnifikat spricht (Adv. haer. III 10,2), wobei der Nachdruck auf einem charismatischen prophetischen Gestus liegt. Irenäus zieht zur Begründung aber auch die metaphorisch gedeutete Aussage Jes 8,3 heran (»Dann ging ich zu der Prophetin«), freilich ohne genauere Erklärung (Adv. haer. IV 55,2 [Harvey II 266]). Diese bietet später →Eusebius v. Caesarea († 337/341) mit dem Hinweis auf den Hl. Geist, der sowohl den Propheten inspirierte als auch auf M herabkam (Eclogae propheticae IV 5: PG 22,1206), worin ihm Epiphanius v. Salamis († 403) folgte. Das Jesaja-Motiv, das in der griech. Patristik besonderen Anklang fand, findet sich auch bei →Cyrill v. Alexandrien († 444; In Isaiam I or. V: PG 70,221). Ein relativ neues Moment gesellt sich bei →Theodotus v. Ankyra hinzu († 438/446), der Jes 8,3 in Richtung auf die Mutterschaft Ms interpretiert und auf die Empfängnis Christi im Hören als einem prophetischen Geschehen (Hom. 4 in Deiparam et Simeonem 2: PG 77,1392) hin deutet. Damit wird auch ein Zusammenhang zwischen dem Empfang des Logos und dem Prophetentum Ms hergestellt.

Ein anderer Traditions- und Interpretationsstrang beginnt bei →Origenes († 253/254), nach dem M (ähnlich wie Elisabeth) vor der Geburt ihres Sohens ein »vaticinium virginale« spricht (Hom. 7 in Luc: GCS IX 55,10–13), womit eine besondere Verbindung zwischen prophetentum und Jungfräulichkeit geknüpft wird, die sich auch bei Epiphanius findet (Panarion Haer. XXX 3: GCS I 376).

Im Abendland nimmt →Ambrosius († 397) eine Verbreiterung der Argumentationsbasis vor, indem er auch andere Geheimnisse des Mlebens (in sehr freier Exegese) zur Begründung des Titels heranzieht, so die Heimsuchung Ms (Exp. Evang. sec. Luc. II 28: CSEL 32/4, 56), ihr Leiden unter dem Kreuz, das von einem besonderen Wissen um die Bedeutung des Todes Christi und um ihre eigene Stellung im Heilsplan geprägt erscheint (lib. de institutione virginis 7, nr. 49: PL 16,333). Der Brennpunkt ist immer die Geistbegabung Ms als Äquivalent ihrer Heiligkeit. Ambrosius verbindet damit sogar eine Art von besonderem eingegossenem Wissen, so daß M »der himmlischen Geheimnisse nicht unkundig war« (Exp. Evang. sec. Luc I 61: CSEL 32,74), ein Gedanke, der in der ma. Theol. (ungebührlich) ausgeweitet wurde.

Von anderen Vätern wird zum Erweis des Prophetentums Ms auch ihr Auftreten beim Kana-Wunder herangezogen, so u. a. bei →Gaudentius v. Brescia († nach 408: CSEL 68,79) und →Maximus v. Turin († 408/423; PL 57,275). Auch Augustinus stellt M in die Reihe der Propheten als Ziel und Ende des Prophetentums wegen ihrer Bezeugung der Offenbarung (De civitate Dei XVII 24: CSEL 40/2, 265 f.). Während der Titel so eine allgemeine Hochschätzung erfährt, findet sich bei →Didymos († um 398) eine gewisse Zurückhaltung mit dem Hinweis, daß Prophetinnen niemals eine schriftliche Hinterlassenschaft besaßen, was er in Zusammenhang mit dem Lehrverbot für Frauen nach 1 Tim 2,12 bringt (De trinitate III 41: PG 39,987), eine Einschränkung, die jedoch keine Schule machte und die Tendenz zur Steigerung der Verehrung Ms als »regina prophetarum« nicht behinderte (→Lauretanische Litanei). Von der →Karolingerzeit gelangte der Titel durch →Ambrosius Autpertus († 874; PL 89,1293) und →Paschasius Radbertus († um 865; PL 96,253) in die ma. Theol., die ihn bes. für das übernatürlich erleuchtete Wissen Ms beanspruchte (→Eadmer, De quatuor virtutibus III: PL 159,582; Thomas, S. Th. III q. 27 a. 5). Im griech. Bereich wirkte die von Jes 8,9 abhängige Interpretation u. a. bei →Gregor Palamas († 1359) weiter.

Bei der Bestimmung der mariol. Valenz des Titels ist davon auszugehen, daß er zwar nicht als Gesamtbestimmung des Mgeheimnisses angesehen werden kann, daß in ihm aber wichtige Bezüge der Mgestalt aufscheinen. Die Einbeziehung Ms in die Sukzession der Propheten markiert ihre hervorgehobene heilsgeschichtliche Position, die sowohl die Kontinuität als auch den Neuansatz im Heilsgeschehen erkennen läßt. Die prophetische Aufgabe entzieht M einer rein subjekthaft-individuellen Betrachtung und Verehrung und verleiht ihr eine universale typische Bedeutung in der Heilsordnung. Die Rückführung des Titels auf den charismatisch-pneumatologischen Kern der einzigartigen Geistbegabung läßt den Wesenszug der Geistbeziehung und der Geisterfülltheit Ms bedeutsam hervortreten. Als Typus und Urbild der Kirche fällt vom Prophetentum Ms auch Licht auf die vom Geist erfüllte und auf das Prophetische verpflichtete Kirche wie ebenso auf die vom Geist bestimmte Existenz des einzelnen Christen. Zugleich wird damit die Differenz zu Christus fixiert, der als Ursache der Geistbegabung Ms Prophetentum überragt. Dem gesellt sich die Bedeutung zu, die M als prophetische Frau dem weiblichen Geschlecht verleiht, dessen charismatischer Beitrag in der Kirche von M her legitimiert wird, ohne daß damit ein Amt eingeführt werden müßte. Auch die später geknüpfte Verbindung Ms zur Mystik kann auf diesem Grunde ansetzen, wenn dabei die Rückbindung an das wesentlich Geschichtliche und Inkarnatorische gewahrt bleibt.

Lit.: Bourassé. — F. A. v. Lehner, Die Marienverehrung in den ersten Jh.en, Stuttgart ²1886. — Th. Livius, The Blessed Virgin in the Fathers of the first six Centuries, London 1896. — RoschiniMariol II 232f. — J. Huhn, Das Geheimnis der Jungfrau–Mutter Maria nach dem Kirchenvater Ambrosius, 1954. — A. Grillmeier, Maria Prophetin. Eine Studie zur patristischen Mariologie, In: GuL 30 (1957) 101–145. — A. Campos, Corpus Marianum Patristicum I–VIII, 1970ff. — J. Ratzinger, Tochter Zion, 1977. — A. Ziegenaus (Hrsg.), Maria und der Hl. Geist, 1991.
L. Scheffczyk

Prosa. Volkssprachliche geistliche Literatur bewegte sich von Anfang an im Spannungsfeld der Angemessenheitsfrage von Form und Inhalt. Während den frühma. Autor in erster Linie der Konflikt zwischen den begrenzten Möglichkeiten menschlicher Dichtkunst und dem transzendenten Charakter der rel. Thematik beschäftigte, geriet im Laufe der Zeit die bislang überwiegend und selbstverständlich verwendete gebundene Sprache selbst in den Mittelpunkt kritischen Interesses. Wo es sich nicht gerade um lobpreisende oder verehrende Literatur handelt, erscheint der Vers durch Reimzwang und ästhetisierende Füllwörter in zunehmendem Maße suspekt, während der direkten, sachlichen Sprache eines Prosatexts — vor allem angesichts ernstzunehmender rel. Gegenstandsbereiche — offensichtlich ein höherer Wahrheitsgehalt zuerkannt wird. So läßt sich seit dem 12. Jh. ein zögernd einsetzender, dann aber rasch und kontinuierlich fortschreitender Formwandel vom Vers zur P. konstatieren. In Abhängigkeit von der jeweiligen Seelsorgepraxis der verschiedenen Orden und den rel.-lit. Bedürfnissen der Adressatenschaft kristallisieren sich bestimmte M literaturtypen heraus, die sich allmählich immer häufiger der ungebundenen Sprachform bedienen: → Gebetsliteratur, → Legenden, → M-Leben und → -Mirakel, → Predigten, → Schwesternbücher, erbauliches, exegetisches, katechetisches, moraltheol. und mystisches (→ Mystik) Schrifttum.

Im 12. und 13. Jh. begegnet marian. P. vorwiegend im Rahmen der Predigttätigkeit, etwa → Bertholds v. Regensburg, Priester → Konrads, → Marquards v. Lindau, → Nikolaus' v. Straßburg, sowie in der volkssprachlichen Gebetsliteratur.

Mit dem Aufblühen der dt. Mystik eröffnet sich auch auf formalem Gebiet der Raum für kreative sprachliche Innovation: P. erscheint gegenüber dem Vers als adäquateres Medium für den schwierigen Versuch, mystisches Erleben in Worte zu kleiden.

Das 14. Jh. bringt eine beachtliche Formenvielfalt geistlicher P. hervor. Eine systematische Klassifizierung wird jedoch nicht nur durch die Stoffülle, sondern auch durch den Umstand, daß inhaltlich eng verwandte Texte je nach Zweckbestimmung unterschiedliche Intentionen verfolgen können, erschwert. Daher wird im folgenden versucht, ohne scharfe Grenzziehung oder literaturwissenschaftliche Kategorisierung unter den Begriff »Erbauliche und unterweisende Literatur« all jenes Schrifttum zu subsummieren, das moraltheol. Lehre, katechetische oder exegetische Wissensvermittlung sowie Material zur geistlichen Kontemplation in Form marian. P. bietet.

1. Erbauliches und lehrhaftes Schrifttum umfassender mariol. Thematik. Theol. als Wissenschaft wurde als Privileg der universitätsgelehrten Geistlichen kaum volkssprachlich rezipiert. Um die Diskrepanz zwischen streng scholastischer Lehre und den Alltagstypen christl. Frömmigkeit zu verringern, bemühte man sich jedoch immer wieder, das theol. Wissen für die Seelsorgepraxis fruchtbar zu machen. In der ersten Hälfte des 14. Jh.s versuchte z. B. der Dominikaner Nikolaus v. Straßburg mit seinem lat. abgefaßten Werk »Flores de gestis beatae Mariae Virginis« den Gläubigen die Ausführungen der Kirchenväter über Leben und Geheimnis M s in Form einer kontemplativ-erbaulichen Schrift zu vermitteln. Ebenfalls im Sinne geistlicher Nahrung für die tägliche MV ist der 1491 entstandene lat. Traktat »De septem foribus seu festis beatae virginis Mariae« des Augustinereremiten → Johannes v. Paltz konzipiert: die Besprechung und Erklärung der wichtigsten M feste soll dazu beitragen, die Verehrung der GM durch eine fundierte Glaubensgrundlage zu vertiefen.

Auf das Lat. greift auch → Konrad v. Megenberg zurück, um seine Mariol. zu entwickeln. Wahrscheinlich nach 1364 besprach er in den fünf Traktaten seines »Commentum de laudibus beate Virginis Marie« zwei von ihm selbst verfaßte marian. Lobgesänge, um auf diese Weise seine mariol. Einstellung und seine Verehrung der GM zum Ausdruck zu bringen. Eine sprachliche Mischform stellt dagegen die aus dem 15. Jh. stammende, in der Tradition biblischer Unterweisungsliteratur angelegte Mariol. des Gallus Kemli dar: die Überlieferung bietet einen zweisprachigen, je zur Hälfte dt. und lat. Text (St. Gallen, Stiftsbibl., cod. 605, 298—321 [lat.] und 324—346 [dt.]).

Dort, wo sich rel. Schrifttum in der Volkssprache etablieren kann, tritt die dialektisch-argumentierende Form der Vermittlung theol. Inhalte gänzlich hinter die praktische Glaubensunterweisung zurück. Als Adressatenschaft zeigt sich häufig eine adelige Laienschicht, die zwar des Lesens und Schreibens kundig, des Lat. aber nicht in ausreichendem Maße mächtig ist, um längere Texte zu rezipieren. Dezidiert als Handbuch für den christl. Laien begreift z. B. Dietrich → Kolde seinen »Kersten Spiegel«. Die auf drei Hauptlehren basierende Unterweisungsschrift zielt mit praktischen Verhaltensrichtlinien auf den christl. Alltag. Mehrere Kapitel marian. Thematik bilden den Abschluß des Werkes. Ein M gebet, das an das Mitleid und die Milde der »moder der aller hoechster goediecheit ind barmherzigkeit« (Drees 325) appelliert, weist hier den Weg zum Seelenheil: demjenigen, der »dit nageschreuen gebet .XXX.dage na eyn anderen spricht vp synem kneijen mit gantzer andacht ind ynnicheit ind mit gewaren ruwen syner sunden« (Drees 325) wird die Erfüllung seiner Bitten wie auch »syner selen selicheit« (Drees 325) in Aussicht gestellt.

Daß die spirituellen Bedürfnisse gehobener laikaler Schichten ihrerseits nicht ohne Einfluß auf die Entstehung volksprachlichen geistlichen Schrifttums blieben, zeigt das um 1400 entstandene dt. P.werk → Ulrichs v. Pottenstein. Auf Anregung Herzog Albrechts III. v. Österreich und seiner Gemahlin Beatrix konzipierte er ein umfangreiches Buch, das alle Bereiche katechetischen Wissens — inklusive einer Auslegung des Englischen Grußes — enthält.

Auf die eigenen wie auch auf die Frömmigkeitsvorstellungen ihrer Mitschwestern zugeschnitten ist das 1978 entdeckte Gebetbuch einer Klosterfrau des Erfurter Weißfrauenstiftes (Münnerstadt, Klosterbibl., Ms. 406). Aus eigenem rel. Erleben und erbaulichem Schrifttum ihrer Zeit kompilierte die Schreiberin ein sehr persönliches Dokument weiblicher Spiritualität, in dem die MV breiten Raum einnimmt: fol. 181^r–206^v der Handschrift enthalten Ⓜgebete, in denen die GM mit vielen Ehrentiteln — z.B. »reformatrix humanitatis nostre«, »inventrix omnis gracie«, »mater ecclesie« oder »medicina criminum« (Zumkeller 250f.) — bedacht und um Fürsprache gebeten wird.

Am eigenständigsten und schöpferischsten präsentiert sich die dt. Sprache allerdings in den mystischen P.texten. Bildhaft und gefühlsinnig, wie es sonst nur in lyrischen Formen begegnet, thematisiert etwa → Heinrich Seuse in seinem »Büchlein der ewigen Weisheit« die Nachfolge Christi im Leiden. Auf Grund dieser imitatio und der persönlichen, bewegenden Anrufungen, in denen Ⓜ als Himmelskönigin, als mütterliche Schutzherrin und Mittlerin aller Gnaden erscheint, avancierte das »Büchlein« zu einer der meistverbreiteten Erbauungsschriften des dt. SpätMA.

Mit einfachen, aber wohlgesetzten und anschaulichen Worten zeigt sich auch Johannes → Veghe in seinen aszetisch-mystischen Traktaten als glühender Ⓜverehrer. Im zweiten Teil seines Traktates »Wyngaerden der sele« (1486) begleitet Veghe seine Adressatenschaft in den Weingarten Ⓜs, der »allen sunders open, mer allen sunden ghesloten (ist), um dat maria reyne is unde ghenadich« (Rademacher, Wyngaerden, 192). Das hier anklingende Thema von Ⓜ als letzter Zufluchtsstätte für hoffnungslose, reuige Sünder ist auch das mariol. Anliegen der Tugendlehre, die im »Lectulus noster floridus« (1486) vermittelt wird: »de oick van all der werlt versmadet ist (...) de untfangestu um groetheit dyner ghenadicheit, du troestest em, du sterkest em, du helpest em« (Rademacher, Lectulus, 10). Veghes »Marientroest« betitelter Traktat aus dem Jahre 1481 gilt als verschollen.

2. Erbauliche und lehrhafte Schriften zu einzelnen Themenschwerpunkten. a) Ave-Maria-Auslegungen. Um die Wende vom 12. zum 13. Jh. tendierten kirchliche Bestrebungen dahin, das Ave Maria ebenso wie das Vaterunser zum Bestandteil theol. Unterweisung zu erheben und in den christl. Gebetskanon aufzunehmen. Da sich diese marian. Gebetsform als überaus populäres Element des rel. Gemeinguts erwies, griffen bald auch viele geistl. Schriftsteller das Ave Maria auf (→ Lyrik, → Legenden, → Sangspruchdichtung), um ihrer MV Ausdruck zu verleihen oder den Englischen Gruß im Rahmen rel. Lehre und Seelsorgepraxis zu erklären.

Im 13. Jh. konzipierte der Franziskanertheologe → Konrad v. Sachsen auf der Basis der Ave-Maria-Auslegung »Speculum Beatae Mariae Virginis« eine umfassende Mariol., deren Popularität eine Überlieferungsfülle von ca. 250 Handschriften dokumentiert. Ludwig → Moser machte das Lehre und Erbauung geschickt verbindende Werk Konrads schließlich im 15. Jh. in dt. Übesetzung einem größeren Publikum zugänglich.

Eine frühe volkssprachliche Ave-Maria-Auslegung bietet → David v. Augsburg im 13. Jh. Ähnlich wie sein Ordensbruder Konrad v. Sachsen beginnt er seine Interpretation bereits bei der Eingangsformel: »› Ave ‹, daz ist, wan dv bist gerainiget mit diner chint traht von dem we des alten flvchen, den wir alle von der ersten svnde geerbet haben ...« (Ruh 211).

In engem Zusammenhang mit der Auslegung von Paternoster, Credo und Magnifikat ist die dt. Ave-Maria-Auslegung Ulrichs v. Pottenstein zu verstehen: dem interessierten Laien wird hier ein umfangreiches Informationswerk über die wichtigsten Bereiche katechetischen Wissens in die Hand gegeben.

Ebenfalls um rel. Unterweisung für lateinunkundige Laienkreise geht es auch → Thomas Peuntner in seiner um 1435 entstandenen »Betrachtung über das Ave Maria«. In ausführlichen, leicht verständlichen Erklärungen legt er jede Sinneinheit des Gebetes in Anlehnung an anerkannte kirchliche Autoritäten aus. Indem Thomas nicht nur die Vorbildhaftigkeit sondern auch die bedeutende Stellung der GM als »gesegent uber all frawen, vnd nicht allain vber alles frewleichs geslecht, halt auch über all mannen, vber all engel, ja über all lautter gescheph« (Rainer 48) herausstellt, bestärkt er die Gläubigen in ihrem Vertrauen auf die Kraft der Gnadenmittlerschaft Ⓜs.

b) Hohelied-Kommentare. Die → Hohelied-Exegese bediente sich seit dem 4. Jh. dreier unterschiedlicher allegorischer Deutungsmöglichkeiten, die den verborgenen Sinn der atl. Verse erschließen sollten: der ekklesiol., der mariol. und der mystischen Interpretation. Im Zuge dieser Sinnsuche wurden die Symbole der Liebe entweder in bezug auf das Verhältnis zwischen Christus und der Kirche, zwischen Gott und menschlicher Seele oder aber zwischen Christus und Ⓜ ausgelegt.

Im 12. Jh. gewinnt die bislang eher untergeordnete mariol. Hld-Exegese an Bedeutung. Wegbereitend für diese Tendenz ist → Rupert v. Deutz, der in seiner Schrift »De incarnatione Domini« eine dezidiert auf Ⓜ angewandte Auslegung bietet: In der GM vollzieht sich symbolisch die Hochzeit zwischen Gott und Menschheit. Ebenfalls aus dem 12. Jh. stammt die mariol. Hld-Deutung des → Honorius Augustodunensis. Nachdem er bereits einen Hld-Kommentar traditionell ekklesiol. Ausrichtung verfaßt hatte, entwickelte Honorius in seinem »Sigillum beatae Mariae« anläßlich der liturg. Fragestellung, weshalb Hld-Passagen in die Lesungen zu Ⓜfesten integriert seien, auch noch einen rein mariol. Interpretationsansatz.

In der Betonung des persönlichen Brautverhältnisses eher erbaulich als lehrhaft, präsentiert sich das um 1160 entstandene → St. Trudperter Hohelied. In diesem M gewidmeten Werk gelingt in leicht nachvollziehbarem Analogieschluß die Integrierung klassischer exegetischer Ergebnisse in den Rahmen des mariol. Hld-Verständisses: in ihrer Vollkommenheit übernimmt M die Vorbildfunktion für die Einzelseele wie auch für die Kirchengemeinde und deren Verhältnis zum Göttlichen.

Für die Blütezeit mariol. Hld-Exegese, das 12. Jh., ist auch eine Auslegung → Hermann Josephs v. Steinfeld anzunehmen; Hermanns Vita bezeugt die Autorschaft für einen nicht unbedeutenden mariol. Hld-Kommentar, der Text selbst liegt allerdings noch in keiner Überlieferung vor.

Vom 13. Jh. an verliert die rein mariol. Hld-Interpretation wieder an Bedeutung. Die drei traditionellen exegetischen Ansätze treten gleichberechtigt nebeneinander oder einander ergänzend auf. Der engl. Augustinerchorherr → Alexander Neckam etwa thematisiert in seinen predigthaften Hld-Auslegungen Leben und Vorzüge Ms in enger Analogie zur Kirche.

Eine Zusammenschau wesentlicher Aspekte der ekklesiol., mystischen und mariol. Deutung bietet schließlich im 15. Jh. → Dionysius der Kartäuser. Er verzichtet dabei auf innovative Elemente, um gemäß seiner seelsorglichen Intention einen leicht verständlichen Überblick über die Interpretationsmöglichkeit der Braut auf M, die Einzelseele oder die Kirche zu geben.

c) Texte zur UE. Als der engl. Benediktiner → Eadmer v. Canterbury um die Wende vom 11. zum 12. Jh. eine Abhandlung zur Streitfrage der UE verfaßte, setzte er damit gleichzeitig intensive öffentliche Diskussionen in Gang. Als wesentliches Element der Volksfrömmigkeit mangelte es der Lehre von der UE nicht an gläubigen Anhängern. Doch solange man in der Tradition kirchlicher Autoritäten wie Augustinus und Thomas v. Aquin von einer Übertragung der Erbsünde durch den Zeugungsakt ausging, bereitete die Annahme einer UE Ms aus theol. Sicht z. T. erhebliche Schwierigkeiten. Zu behaupten, M sei vor Erbsünde bewahrt geblieben, hieße zwangsläufig, daß sie nicht aus einer normalen geschlechtlichen Beziehung hervorgegangen sei. So jedenfalls argumentierte → Bernhard v. Clairvaux, als er sich um 1140 in Lyon entschieden gegen die Institution eines Festes der UE Ms aussprach. Nach Bernhard kann man lediglich von einer »sanctificatio in utero« ausgehen, d. h. daß M zwar in Sünde empfangen, aber noch vor ihrer Geburt geheiligt worden sei.

Erneut wird diese dogm. Streitfrage ab dem 14. Jh. in vielen Einzeltraktaten abgehandelt. Eine ablehnende Position nimmt → Heinrich v. Herford in seiner lat., bislang unedierten Streitschrift »De conceptione virginis gloriosae« ein; Verteidiger findet die Lehre von der UE Ms dagegen in → Heinrich v. Werl, der im dritten Buch seines lat. Sentenzenkommentars aus dem 15. Jh. in Form eines Traktates erläutert, wie die Jungfrau vor der Erbsünde bewahrt geblieben sei, und in → Johannes Schiphower v. Meppen, dem Verfasser des »Tractatus de conceptione immaculatae virginis« aus dem gleichen Jh. Der Augustinereremit Johannes v. Paltz verficht schließlich nicht nur den Glaubenssatz von der UE Ms, sondern er schreibt dessen Verehrung in seinem Traktat »De conceptione sive praeservatione a peccato originali sanctissimae dei genetricis virginis Mariae« aus dem Jahre 1488 sogar heilbringende Wirkung zu.

Ausg.: H. Rademacher (Hrsg.), Lectulus noster floridus, Unser Blumenbettchen. Eine devot-mystische Schrift des 15. Jh.s, niederdeutsch von Johannes Veghe, 1938. — Ders., Wyngaerden der sele. Eine aszetisch-mystische Schrift aus dem 15. Jh., niederdeutsch von Johannes Veghe, 1940. — R. Rainer, Thomas Peuntners Betrachtungen über das Vater Unser und das Ave Maria. Nach österr. Handschriften hrsg. und untersucht, 1953. — C. Drees, Der Christenspiegel des Dietrich Kolde von Münster, 1954. — S. Clasen, Henrici de Werla, Opera omnia I, Tractatus de immaculata conceptione BMV, 1955. — David v. Augsburg, Ave-Maria-Auslegung, In: K. Ruh, Franziskanisches Schrifttum II, 1985, 283—289. — Konrad v. Sachsen, Aus dem »Speculum BMV« in der Übertragung Ludwig Mosers O.Carth., In: K. Ruh, Franziskanisches Schrifttum II, 1985, 211—231. — A. Zumkeller, Vom geistlichen Leben im Erfurter Weißfrauenkloster am Vorabend der Reformation. Nach einer neu aufgefundenen handschriftlichen Quelle, In: Reformatio ecclesiae, Festgabe für E. Iserloh, 1980. — C. Mundhenk, Konrad v. Megenberg, »Commentum de laudibus beate Virginis Marie«, Tractatus primus, 1990.
Lit.: F. Ohly, Hohelied-Studien, 1958. — D. Lorenz, Studien zum Marienbild in der dt. Dichtung des hohen und späten MA, 1970. — K. Ruh, Geistliche Prosa, In: Neues Handbuch der Literaturwissenschaft VII, 1978, 565—605. — G. Steer, Geistliche Prosa, In: H. de Boor und R. Newald, Geschichte der dt. Literatur III/3, 1987, 306—370. — VL IV 73ff. *E. Bayer*

Proskomedie, in verschiedenen orient. Kirchen die der eigentlichen Liturgie vorausgehende Gabenbereitung. Ursprünglich war es ein einfacher, vom Diakon vollzogener Ritus. Er hat sich jedoch im Laufe der Zeit zu einem symbolträchtigen, das Christusmysterium darstellenden Dienst entfaltet. Im byz. Ritus folgt auf die Bereitung des Lammes (→ Prosphora) sowie des Weins und Wassers vor der Verhüllung der Opfergaben das Gedächtnis der Heiligen, der Lebenden und der Verstorbenen. Der Priester betet (still): »Zur Ehre und zum Gedächtnis unserer hochgepriesenen und herrlichen Gebieterin, der Mutter Gottes und immerwährenden Jungfrau Maria. Auf ihre Gebete hin nimm dieses Opfer auf deinem Altar in der Höhe der Himmel an.« Beim Auflegen des der GM geweihten Partikels rechts vom »Lamm« sagt er: »Die Königin hielt sich zu deiner Rechten, geschmückt mit golddurchwirktem Mantel.«

In der westsyr. Liturgie findet die P. während des »Dienstes des Aaron« statt. Auch hier wird der ganzen Heilsökonomie gedacht. Besonders ausführlich ist das Gedächtnis Ms in einer zu ihrer Ehre dargebrachten Liturgie: »Wir gedenken besonders und namentlich der heiligen Gottesmutter Maria, zu deren Ehren und für die diese Opfergabe besonders und eigens dargebracht wird. Wir bitten, daß sie Fürsprecherin sei für uns alle, die wir in die Hilfe ihrer Gebete Zuflucht genommen haben. Guter und erbarmungsreicher Gott, durch ihre Gebete, die du hörst, und ihre Fürsprache, die du annimmst, erhöre gnädig die Bitten derer, die ihr Gedächtnis zu ehren gewählt haben. Halte fern von ihnen die Versuchungen und die Prüfungen sowie die Geißel des Zornes. Verzeih ihre Beleidigungen und ihre Sünden in deinem Erbarmen auf das Gebet deiner Mutter und deiner Heiligen. Amen.« Und beim Weihrauchopfer betet er: »Preist den Herrn, ihr Rechtschaffenen. Mit dem Weihrauch geschehe das Gedächtnis der Jungfrau und Gottesmutter Maria.«

In der koptischen Liturgie folgt auf die Darbringung der Gaben und ihre Bedeckung mit den Velen die »Absolution der (am Altar) Dienenden, danach legt der Priester Weihrauch auf. Das Weihrauchfaß stellt symbolisch M dar; die Fürbitten beginnen daher: »Dies (Maria) ist das Weihrauchgefäß aus reinem Gold, das den lieblichen Duft enthält, in der Hand des Priesters Aaron, der den Weihrauch über dem Altar emporhebt. Durch die Fürsprache der Gottesmutter, der heiligen Maria, gewähre uns, o Herr, die Vergebung unserer Sünden.«

Lit.: N. Edelby, Liturgikon, Meßbuch der byz. Kirche, 1967, 412. — J. Madey und G. Vavanikunnel, Qurbana oder die Eucharistiefeier der Thomaschristen Indiens, 1968, 140. — A. Kallis, (Hrsg.), Liturgie. Die Göttliche Liturgie der Orth. Kirche, 1989, 22—24. — O. und S. Hanna (Übers.), Die koptische Liturgie des hl. Basilios und des hl. Gregorios mit Abend- und Morgenweihrauch, 1990, 24f. — J. Madey, Anaphora. Die göttliche Liturgie im Ritus der Syro-Antiochenischen und der Malankarischen Kirche, 1992, 11.13.
J. Madey

Prosphora nennt man im byz. Ritus das für die eucharistische Liturgie verwendete Opferbrot. Es ist gesäuert und etwa cm 5 dick. In der Mitte ist ein quadratisches Siegel mit einem griech. Kreuz und der Inschrift IC XC NI KA. Manchmal ist der Stempel besser ausgearbeitet und man findet auch die Partikel für die Gedächtnisse: Ein größeres Dreieck links vom Siegel ist zu Ehren der Theotokos. Beim Herausschneiden sagt der Priester: »Zur Ehre und zum Gedächtnis unserer hochgepriesenen und herrlichen Gebieterin, der Mutter Gottes und immerwährenden Jungfrau Maria. Auf ihre Gebete hin nimm dieses Opfer auf deinem Altar in der Höhe der Himmel an.« Beim Auflegen auf den Diskos (Patene) rechts vom Siegel sagt er: »Die Königin hielt sich zu deiner Rechten, geschmückt mit golddurchwirktem Mantel.« Auf der rechten Seite befinden sich neun kleinere dreieckige Partikel zu Ehren der Engel und der Heiligen. Nach griech. Brauch verwendet man eine größere P., doch kann man die Partikel auch fünf (kleineren) P.en entnehmen. Was übrigbleibt, kann im Anschluß an die eucharistische Liturgie als Antidoron verteilt werden. — Die Syrer nennen das euchar. Opferbrot bukrō (»Erstgeborener«); es ist mit 13 Kreuzen versehen. Das Antidoron wird burktō genannt.

Lit.: N. Edelby, Liturgikon, Meßbuch der byz. Kirche, 1967, 412. — P. K. Meagher u. a. (Hrsg.), Encyclopedic Dictionary of Religion, 1979, 2906. — P. T. Givergis Paniker, The Holy Qurbono in the Syro-Malankara Church, In: J. Madey (Hrsg.), The Eucharistic Liturgy in the Christian East, 1982, 137—149 und nach 171 Appendix (Fraction Ceremony — Illustrations); Separatdruck, hrsg. von T. Paniker P. G., 1991. *J. Madey*

Protestantische Kunst. M in der prot. Kunst ist als in sich geschlossener Komplex und eigene Fragestellung nie bearbeitet worden. Dies gilt im übergeordneten Sinne aber auch weitgehend für die Kunst im Protestantismus überhaupt. Das liegt zum einen an den kraß divergierenden Meinungen der innerkonfessionellen Richtungen im allgemeinen und den regional äußerst unterschiedlichen Bedingungen im besonderen. Die prot. Kirche kennt keine Lehrautorität. So muß die Frage nach der Stellung Ms in der prot. Kunst zunächst unter die Prämisse gestellt werden: Wie verhält sich der Protestantismus zur Kunst im Gesamten und wie (oder ob) läßt sich M in dieses System einordnen oder gar gesondert sehen. Aussagen zur bildenden sakralen Kunst aus den Reihen der Reformatoren liegen in größerer Zahl vor, sind gut bearbeitet worden und lassen durchaus Konturen erkennen. Bei Martin Luther entwickelte sich seine Position zur »Bilderfrage« erst aus der Notwendigkeit heraus, in diesen für ihn an sich peripheren Bereich einzugreifen, als es in Wittenberg 1522 — ausgelöst von Andreas Bodenstein genannt Karlstadt — zu schweren Bilderstürmen gekommen war. Als Folge davon verließ er überraschend die Wartburg und hielt in Wittenberg seine berühmt gewordenen Invokavitpredigten (K. Bornkamm und G. Ebeling, Martin Luther, Ausgewählte Schriften II, 1982, 270ff.), in denen er am 11. und 12. 3. 1522 erstmalig die »Bilderfrage« ausführlich behandelte, als deren Quintessenz folgende acht Punkte gelten können.: 1. Luther hält eigentlich nichts von Bildern, aber er läßt sie in bestimmten Funktionen gelten. — 2. Im mosaischen Gebot sieht Luther nur das Verbot der Bilderanbetung, nicht das ihrer Herstellung, da Moses ja selber bewußt Bilder gemacht habe. — 3. Da Bilder zumeist Stiftungen sind, steckt in ihnen vornehmlich die Gefahr des Verdienstgedankens, den Luther dem Stifter prinzipiell erst einmal unterstellt. — 4. Es gibt Menschen, die brauchen Bilder! Hiermit meint Luther aus seiner Zeit heraus die sog. Einfältigen, die, wie er es später ausdrückte, Abbildungen zum besseren Einprägen im Sinne einer Laienbibel bedürften. — 5. Würde der Verdienstgedanke fortfallen und die Bedeutungslosigkeit der Bilder genügend propagiert, würden sie von selber zerfallen; es bedürfe keines Bildersturms. — 6. Man darf Werken — also auch Bildern — nicht ihre mißbräuchliche Nutzung vorwerfen. — 7. Es ist besser, den Armen zu helfen, als Bilder zu stiften. — 8. Erst der Zwang, Bilder zu beseitigen und zu zerstören, hebt das Ansehen der Bilder.

Luther setzt sich trotz erheblicher Bedenken für die Bilder ein, da er jeden Zwang ablehnt und zunächst auf die Einfältigen Rücksicht nehmen will. Dies ist seine Grundhaltung, die im Laufe der Zeit keineswegs stagnierte. Luthers Wandel in der »Bilderfrage« wird durch Hans v. Campenhausen treffend charakterisiert, wenn er bemerkt: »...anstelle der scharfen Kritik und zögernden Zulassung der Bilder tritt ihre Anerkennung und ihre Empfehlung für den kirchlichen Gebrauch«. Nicht zuletzt die Erkenntnis der großen publizistischen Wirkung, die die Propagandagraphik seiner Epoche auf weite Teile der Bevölkerung ausübte, mag ihn zu diesem Anschauungswandel geführt haben, aber auch die menschliche Rücksichtnahme auf Empfindungen, die durch die vereinzelt brutal durchgeführten Bilderstürme ausgelöst wurden.

Die Reformierten, zunächst die Zwinglianer, dann die von Johann Calvin geprägte Konfessionsrichtung verhält sich in der »Bilderfrage« anders. Wenngleich Zwingli das Bild an sich nicht grundsätzlich ablehnt, sondern nur die Bilder, die sich zur Anbetung eignen, wünscht er in der Praxis jedoch keine Bilder in den Kirchen und zählt die Duldung der Bilder durch Luther zu dessen großen Irrtümern. Calvin hält sich weitgehend an diese Schweizer Linie und begründet seine bilderfeindliche Haltung in der »Institutio« ausführlich. Indem er — gegensätzlich zu Luther — als zweites Gebot das Bilderverbot zählt, das Luther in seinen Katechismen als untergeordnet wegläßt, ergibt sich in der reformierten Praxis, daß in Kirchenräumen die Schrift das Bild ersetzt. Völlig streng wurde diese Haltung jedoch nicht befolgt. So kamen neben dem erlaubten Fensterschmuck allmählich auch szenische Elemente, meist allegorischer Natur, an Kanzeln oder Orgeln vor. Dennoch kann generell gesagt werden, daß dem Mbild im Rahmen der Gesamtanschauung der Reformierten keine Bedeutung zukommt, wenngleich es möglicherweise Ausnahmen gegeben haben mag.

Zwei große Fragen zu M in der prot. Kunst ergeben sich nun zwangsläufig: Was geschah mit den überkommenen kirchlichen Kunstwerken allgemein und bes. mit denen, die eine Mthematik beinhalteten, und wie stellte sich das »neue Marienbild« nach der vollzogenen Spaltung der Kirchen im Protestantismus dar?

In den reformiert beeinflußten Gebieten zwinglianischer und calvinistischer Prägung kam es teils zu radikalen Zerstörungen, teils zu obrigkeitlich angeordneten Bilderentfernungen, die wenig von den althergebrachten Kunstausstattungen in den Kirchen beließen.

Die nicht strikt eingehaltene Anordnung Herzog Ulrichs in Württemberg von 1540, »das alle Bülder und gemält in den Kirchen abgethon werden sollen«, führte zu einer weitgehenden Ausräumung der dortigen Gotteshäuser. Am radikalsten aber wüteten die Bilderstürmer 1566 in den Niederlanden.

Diesen Auswüchsen gegenüber hielten sich die Ausschreitungen im luth. Bereich in Grenzen, wenngleich es auch hier — wie in Wittenberg 1522 — zu vereinzelten Bilderstürmen kam. Dafür änderten sich hier die kirchlichen Ausstattungen situationsbedingt allmählich im Laufe der Zeit entsprechend den liturg. und gottesdienstlich bedingten Anforderungen, wobei namentlich das Gestühl und die Emporenanlagen hervorzuheben sind. Dennoch hat sich gerade im luth. Bereich ein großer Fundus vorref. Kirchenkunst erhalten, was eine gewisse Toleranz den Werken gegenüber, regionale Besonderheiten und nicht zuletzt örtliche Glücksfälle zum Hintergrund hatte. So berichtet H. C. v. Haebler von einem vorref. Flügelaltar in Zittau mit dem Bilde der Himmelskönigin, der 1619 restauriert und neu aufgestellt wurde. Als typisch prot. Beiwerk im luth. Sinne setzte man dabei die Überschrift hinzu: »Maria honoranda, non adoranda«. Dies war kein Einzelfall, wie u. a. das 1601 erneuerte spätgotische Wandbild einer Rosenkranzmadonna in Weilheim a. d. Teck oder der Maltar in Mulsum bei Bremerhaven unterstreichen, der 1621/22 erneuert und mit zeitentsprechender Bekrönungsdekoration und Predella versehen wurde. Den Hinweis auf das prot. Verständnis geben dabei die Sockelschriften, die Bezug auf das Abendmahl in beiderlei Gestalt nehmen. Groß ist noch heute die Anzahl vorref. Altäre mit oder ohne Mthematik, die sich in prot. Kirchen oftmals an ihrem angestammten Standort erhalten haben, fast unübersehbar sogar die Zahl an Altarfragmenten und Mdarstellungen, seien sie gemalt oder geschnitzt. Als häufiges Phänomen finden wir dabei die erhaltenen geschnitzten Schreine und Innenseiten der Flügel, während die bemalten Außenseiten abgebeizt sind. Beispiele erhaltener Maltäre finden wir so u. a. in Bardowick, Besigheim, Ehrenfriedersdorf, Gardeleben, Göttingen, Isenhagen, Kamenz, Lübeck, Northeim, Nürnberg (Paradebeispiel für vorref. Ausstattung in prot. Kirchen), Salzwedel, Werben und Zwickau, um nur einige zu nennen. Ähnliches läßt sich auch von Dänemark, das 1536 die Reformation einführte, sagen.

Noch 1522 glaubte Luther in seinen Invokavitpredigten, daß bei rechter theol. Unterweisung die Bilder sich von selber erübrigen würden, doch im Rahmen der Konsolidierung der Reformation wandelte sich seine Beurteilung zum Positiven. Wohl nicht zuletzt der publizistische Erfolg seiner mit Illustrationen versehenen Werke mag hierzu geführt haben, sah er doch auch die Bilderstürmer in seiner verdeutschten, mit Bildern versehenen Bibel lesen. In seiner Auseinandersetzung mit den Bilderstürmern im Sermon »Wider die himmlischen Propheten, von den Bildern und Sakrament« von 1525 bekennt er weiter: »Nu begeren wyr doch nicht mehr, denn das man uns eyn crucifix odder heyligen bilde lasse zum ansehen, zum zeugnis, zum gedechtnis, zum zeychen, wie des selben keysers bilde war, Sollte es uns nicht so viel on sunde seyn, eyn crucifix odder Marien bilde zu haben, als es den Juden und Christo selbs war, des Heyden und todten keysers, des teuffels glieds, bilde zu haben?« (WA 1883ff., XVIII 80). Überliefert ist auch aus den Tischreden, daß der Reformator ein M-bild in seiner Wohnung hängen hatte. Während die Calvinisten auf der Ablehnung der Bilder im Kirchenraum beharrten, äußerten sich die Kirchenordnungen im luth. Bereich eindeutig und positiv, sofern sie auf die »Bilderfrage« eingingen, so auch Johannes → Bugenhagen, der Wittenberger Mitstreiter Luthers in seiner frühen Braunschweiger Kirchenordnung von 1528, die für andere vorbildlich wurde: »Von den Bildern sind gute Bücher geschrieben, daß es nicht Unrecht oder Unchristlich sei, Bilder zu haben, besonders solche, auf denen man Geschichten und Ereignisse sehen kann. Wir bekennen freilich, daß wir in unseren Kirchen viele Lügenbilder und unnütze Sachen haben. Doch daß wir nicht Bilderstürmer sein wollen oder andere Leute, Bekannte oder Fremde, solches nicht ärgerlich ansehen, haben wir alleine mit ordentlicher Gewalt und Obrigkeit nur die Bilder weggetan, bei und vor denen besonders angebetet und Abgötterei getrieben wird und die besonders mit Lichtern und Leuchtern angerichtet sind. Die anderen alle, die in den Kirchen nicht hinderlich sind, lassen wir stehen, wenn aber bei etlichen Bildern nochmals solche Abgötterei oder vermeintlicher Gottesdienst durch abergläubische Leute sich vollzöge, so wollen wir mit ordentlicher Gewalt und Recht dieselbigen auch wegtuen, sofern es nötig sein wird, weil wir nur einen Gott alleine anbeten und anrufen, wie selbst Jesaja 42,8 sagt: Ich bin der Herr, das ist mein Name. Meine Ehre will ich keinem anderen geben, auch nicht meinen Ruhm den Bildern« (Übersetzung vom Niederdeutschen ins Hochdeutsche). Die Praxis entsprach auch weitgehend diesen Vorstellungen. Erlaubt sind demnach Bilder, die den Inhalt der Bibel korrekt wiedergeben. Entsprechend der ihnen zugebilligten Bedeutung als sog. »adiaphora«, also Mitteldinge, die nicht heilsnotwendig sind, gebrauchte man die Bilder zur Zier, zum Zeugnis, zur Gedächtnishilfe, zum Zeichen. Ihr pädagogischer Nutzen war gefragt, nicht ihre Qualität oder gar Originalität, die sich für prot. Zwecke eher kontraproduktiv auswirken konnte. So waren es vornehmlich Buch- und Bibelillustrationen, die für die künstlerische Ausstattung im Prot. die Vorlagen lieferten. Luth. Bibelillustrationen lieferten die Vorbilder, die, leicht verständlich, kopiert in den Kirchenräumen ihren Niederschlag fanden. Seit 1522, der ersten Ausgabe des sog. September-Testaments Luthers, steigerte sich die Zahl der Abbildungen ständig. Auch bedeutende Künstler waren an diesen Buchillustrationen beteiligt, so die Cranachs, E. Altdorfer, H. Schäufelein, H. Holbein d. J. etc. Mit fortschreitender Zeit wurden diese Bibelillustrationen auch vorab als Bildersammlung mit kurzer Textangabe und Sprüchen herausgegeben, wobei das Ziel, Vorlagen für die kirchliche Kunstausstattung zu liefern, durchaus hervorgehoben wird. So erläutert der Vorspann zur Frankfurter Bilderbibel (bei Georg Rab, Sigmund Feyerabend, Weigand Hans Erben in Frankfurt/Main 1564 verlegt): »NEuwe Biblische Figuren / deß Alten und Neuwen Testaments / geordnet und gestalt durch den fuertrefflichen und Kunstreichen Johann Bockspergern von Saltzburg / den juengern / vnd nach gerissen mit sondern Fleiß durch den Kunstverstendigen und wolerfarnen Joß Amman zu Zürich. Allen Kuenstlern / als Malern / Goltschmiden Bildhauwern / Steinmetzen / Schreinern / etc. fast dienstlich vnd nuetzlich.« Vergleichbares gilt für die Bilderbibel des Virgil Solis von 1560, der u. a. das Preiswerte dieser Vorlagensammlung für Künstler hervorhebt. Zum bedeutendsten Vorlagewerk für prot. Kirchenschmuck entwickelte sich im 17. Jh. die sog. Merianbibel, die mit weit über 200 Textabbildungen 1630 bei L. Zetzner in Straßburg erschien, nachdem Bildersammlungen vorausgegangen waren.

M erscheint in allen diesen Bibeln im Rahmen der Lebens- und speziell auch der Passionsgeschichte Christi. Sie ist dabei — von Ausnahmen abgesehen — ohne jegliche Hervorhebung dargestellt. Folgende Motive sind es im wesentlichen, die M ins Bild bringen: Verkündigung an M, Heimsuchung, Hl. Familie allein oder mit Anbetung der Hirten, Anbetung der drei Weisen, Flucht nach Ägypten, Darstellung im Tempel, Beschneidung, 12-jähriger Jesus im Tempel, Hochzeit zu Kana, Kreuzigung im Gedränge, Kreuzgruppe, Kreuzabnahme, Beweinung Christi, Grablegung, Himmelfahrt Christi, Pfingsten und Jüngstes Gericht. Im atl. Teil findet man M bei der Bebilderung der Prophezeiungen Joels und Michas mit den Hintergrunddarstellungen: Pfingsten und Christi Geburt.

Obwohl sich M in den Gesamtszenen mit Ausnahme der Verkündigung prinzipiell ein- bzw. unterordnet, gibt es durchaus unterschiedliche Behandlungen. So wird die Beigabe eines Heiligenscheines Ms ohne ersichtlichen Grund — auch innerhalb einer Bibel — unterschiedlich gehandhabt. Auch bei der zu erwartenden Beachtung des wörtlichen Bibeltextes wird nicht konsequent verfahren; so ist sie trotz namentlich fehlenden Bibelbelegs häufig im Kreise der Apostel bei der Himmelfahrt Christi anwesend und noch ausgeprägter im Rahmen der Pfingstszene, wo sie sogar weitgehend durch eine zentrale Position und den Nimbus bes. hervorgehoben wird. Hier hielt man sich demnach an vorgegebene Traditionen. Weniger auf Bibelvorlagen, als auf andere Drucke scheint die unterschiedliche Behandlung des Weltgerichtsthemas zurückführbar zu sein. Während Merian beim Jüngsten Gericht M zur Rechten Christi abbildet, wird sie häufig in Form der Deesis in Bildprogrammen aufgenommen.

Von Ausnahmen abgesehen, sind dies auch die ⟨M⟩darstellungen, die in die prot. Kirchen luth. Bekenntnisses aufgenommen wurden. Der Wunsch der Protestanten nach Schmuck und Bildern, gerade im 16. und 17. Jh., darf dabei keineswegs unterschätzt werden. Die Aufkärung hat nur vieles unwiederbringlich beseitigt, manches allerdings glücklicherweise nur unter Neuanstrichen verborgen, so daß einiges erst in jüngerer Zeit wiederentdeckt werden konnte. Ihre Verwendung fanden die Kunstwerke in den Kirchen überall: an Altären, Kanzeln, Taufbecken, Emporen, Decken, Wänden, Fenstern, Epithaphien, Gedenktafeln und Einzelbildern, wobei letztere in ausgeprägtem Stile bes. in Augsburg verwendet wurden. Als Beispiele von den wenigen erhaltenen frühref. Wand- und Deckenmalereien mit ⟨M⟩themen bzw. Darstellungen mögen Neuburg an der Donau (1543, Himmelfahrt Christi), Strechau/Steiermark (1579, Pfingsten), Dassel/Solling (1577, Anbetung der Hirten, Anbetung der drei Weisen, Beschneidung, Jüngstes Gericht), Hülsede (1577, Anbetung der Hirten, Pfingsten) und Meinbrexen an der Weser (ca. 1590, bislang Verkündigung an ⟨M⟩ aufgedeckt) gelten. Für das 17. Jh. kann die vollständige Ausmalung in Bissingen an der Enz hervorgehoben werden (Verkündigung an ⟨M⟩, Anbetung der Hirten und drei Weisen, Flucht nach Ägypten, Kreuzigung, Grablegung, Pfingsten, Jüngstes Gericht).

Die Themen der ⟨M⟩darstellungen auf Altären beschränken sich im wesentlichen auf die Kreuzigung oder Kreuzgruppe als häufiges Hauptbild des Altarretabels, sowie auf die Verkündigung an ⟨M⟩, Geburt Christi, Anbetung der drei Weisen, Darstellung im Tempel, Beschneidung, Kreuzabnahme und Grablegung zumeist als Nebenbilder. Auch hier läßt sich die unterschiedliche Nimbenverwendung bei ⟨M⟩, selbst innerhalb eines Altares, feststellen. So trägt sie ihn z. B. auf dem frühen Regensburger Reformationsaltar Michael → Ostendorfers (1554/55) im Rahmen der Verkündigung und Geburtsszene, nicht aber bei der Beschneidung, Kreuzigung und Grablegung. Im Neuburger Altar in Ostfriesland mit den Flügeldarstellungen Verkündigung an ⟨M⟩, Geburt Christi, Beschneidung und Anbetung der drei Weisen, trägt sie den Nimbus nur in der letzten Schilderung, was umso bemerkenswerter ist, weil sich dieser Altar in eine spezifisch ostfriesische Sondergruppe von Flügelaltären des 17. Jh.s eingliedert, bei der diese Hervorhebung sonst nicht erfolgt (z. B. Remels, Rhaude, Völlen, Amdorf, Collinghorst). Ebenfalls ungewöhnlich für eine prot. Kirche stellt sich der 1614 signierte Schnitzaltar in Wollershausen am Harz dar, dessen Hauptbild die Anbetung der drei Weisen zeigt. Als prot. Altäre mit singulärem Charakter gebührt den beiden Bilderpredigten des Gothaer und Mömpelgartner Altars (Gotha, Schloßmus. und Wien, Kunsthist. Mus.) besondere Beachtung. Die um 1540 entstandenen Riesenwerke mit jeweils ca. 160 Szenen fügen sich, auf ⟨M⟩ bezogen, in das Besprochene ein und dürften die bilderreichsten Werke der Reformation sein.

Vor allem die frühen prot. Kanzeln des 16. und 17. Jh.s bieten reiche Bilderprogramme. Eine Untersuchung P. Poscharskys ergab, daß 40% der Kanzeln szenischen Schmuck aufweisen, davon fallen wiederum auf Themen mit ⟨M⟩: 43 % auf die Geburt Christi, je 30 % auf Himmelfahrt Christi und Verkündigung an ⟨M⟩, 16% auf das Jüngste Gericht, 13% auf Pfingsten, 4,5% auf die Grablegung Christi und jeweils 3% auf die Anbetung der drei Weisen sowie die Beschneidung. Aber auch die Darstellung im Tempel, die Heimsuchung, die Flucht nach Ägypten und andere Motive begegnen vereinzelt. Nach Poscharsky entwickelt sich seit 1570 ein »Normalprogramm«, dem der 2. Artikel des Credo zu Grunde liegt: Sündenfall, Verkündigung an ⟨M⟩, Geburt, Kreuzigung, Auferstehung, Himmelfahrt und mitunter Jüngstes Gericht. Die Kanzeln dieser Zeit überbieten sich teilweise in der Aufwendigkeit ihrer Programme, die zumeist in Schnitzwerk gehalten sind. Im Küstenbereich bildet der »Bauerndom« in Lüdingworth (1. Viertel des 17. Jh.s) hierfür ein prägnantes Beispiel. Das zuvor erwähnte Phänomen der unterschiedlichen Gestaltung finden wir auch hier. So zeigt die Kanzel von Tondern/Dänemark (1586) ⟨M⟩ bei der Verkündigung, der Geburt Christi, der Kreuzigung, dem Jüngsten Gericht und der Pfingstszene, doch nur in letzterer wird sie pointiert zentral hervorgehoben und im Gegensatz zu den Aposteln mit einem Heiligenschein bedacht. Auch der von der Hl.-Geist-Taube ausgehende Strahl weist auf ⟨M⟩ und suggeriert damit eine Sonderstellung.

An den Taufsteinen finden wir der Grundthematik entsprechend ⟨M⟩darstellungen seltener, da hier vielfältig auf Taufbezüge und Präfigurationen zur Taufe Christi hingewiesen wird. Trotzdem gibt es auch genügend Taufen mit Reliefs der Geburt und Beschneidung Christi (z. B. Celle, Stadtkirche, 1610), zumal letztere auch als typologischer Hinweis zum Taufgeschehen gesehen wurde.

Die breitesten Schmuckmöglichkeiten boten in den prot. Kirchenräumen die Brüstungsfelder der neu geschaffenen Emporenanlagen. Sie bilden ein Charakteristikum prot. Kirchen, wobei betont werden muß, daß gerade hier zum überwiegenden Teil Stichvorlagen verwendet wurden, wie regionale Untersuchungen eindeutig belegen. Emporenanlagen mit Riesenprogrammen von mitunter hundert Abbildungen finden oder fanden sich z. B. in Glückstadt (1654 ff.), Frankfurt am Main (Katharinenkirche, 1678/81, im Zweiten Weltkrieg zerstört), Speyer (Dreifaltigkeitskirche, 1704 ff.), Worms (Dreifaltigkeitskirche, 1709 ff., im Zweiten Weltkrieg zerstört) und Celle (1695 ff.). Solche Emporenanlagen bieten den Rahmen für die weitaus meisten ⟨M⟩darstellungen in ev. Sakralräumen. Selbst in leicht calvinistisch beeinflußten Räumen können sie vorkommen (z. B. Weikersheim, Schloßkapelle, 1600). Voraussetzung war allerdings die gleiche weitgehende Anlehnung an die Bibeltexte, von den bereits erwähnten Ausnahmen und der divergierenden Verwendung des Nimbus abgesehen. Diese Emporengestaltungen basieren sicherlich auf Luthers Empfehlung, Häuser innen- und außenwändig mit biblischen Geschichten zu bemalen, wobei in Erinnerung zu rufen ist, daß zu Luthers Zeit der Großteil der Bevölkerung aus Analphabeten bestand, bei denen Bilder am besten das geschriebene Wort ersetzten.

Eine besondere Rolle, auch im Auftreten M̄s in der prot. Kunst, kommt den Einzelbildern, den Gedenktafeln und Epitaphien zu, deren Erforschung allerdings noch in den Anfängen steckt. Diese Werke sind zumeist Stiftungen wohlhabender Persönlichkeiten, die — ihrer Position entsprechend — durchaus zu qualitätvolleren Einzellösungen führen konnten, wenngleich auch hier die Übernahme graphischer Vorbilder überwiegt, die allerdings nicht so ausschließlich von Bilderbibelsammlungen inspiriert waren.

So finden wir M̄ im Rahmen der Kreuzabnahme nach Vorbildern Rembrandts und Rubens' in großformatigen Kopien (z. B. Fehmarn, 1674; Ratzeburg, ca. 1683; Hannoversch Münden, 1686; Bockenem, 19. Jh.; Osterholz-Scharmbeck, 1855; Leerhave/Ostfriesland, 1889). Die Thematik, v. a. bei den Epitaphien, ist breit gestreut und mag dem persönlichen Anliegen des Stifters entsprechend gewählt worden sein.

Bereits seit dem 16. Jh. nahmen diese Wanddenkmäler ungewöhnliche Dimensionen und altarähnliche Gestalt an, die auf Grund ihres Aufbaus und ihrer Pracht zu Recht als ev. Schmuckersatz anstelle der beseitigten Seiten- und Nebenaltäre angesehen wurden. Eine umfassende regionale Untersuchung der schleswig-holsteinischen Epitaphien dieser Zeit zeigt ein Spektrum der Vielfalt prot. Kunstgestaltung im norddt. Küstenbereich, das sich aber auch gebietsmäßig problemlos erweitern läßt. Bildthemen mit M̄ sind dabei vornehmlich Kreuzigung, Kreuzabnahme, Grablegung, Himmelfahrt Christi und, in geringerem Maße, Christi Geburt, Anbetung der drei Weisen und Jüngstes Gericht. Neben den Einzelpersönlichkeiten Rembrandt und Rubens wurden bevorzugt graphische Vorlagen des niederländischen und flämischen Kunstkreises herangezogen. Aber auch völlig eigenständige Lösungen bedeutender Qualität gab es, wie die sog. »Blaue Madonna« im Schlesiger Dom, ein Hauptwerk des Rembrandtschülers Jürgen Ovens von 1669. Die nicht streng bibeltextorientierte Darstellung zeigt in van Dyck'scher Manier M̄ mit Jesus und dem Johannesknaben. Aus der Inschrift geht der Stiftungszweck eindeutig hervor: »Ornamento aedi huic Cathedrali tabula sacra facta«. Für die luth. Hl.-Kreuz-Kirche in

Maria und Eva unter dem Baum des Sündenfalls, B. Furtmeyr, 1481, München, Bayer. Staatsbibl.

Augsburg malte 1665 J. H. Schönfeld u. a. das riesige Gemälde der Kreuzabnahme in starker Anlehnung an ital. Vorbilder mit der klagenden M̄ im Vordergrund. Überhaupt zeichnet die wichtigsten prot. Kirchengebäude Augsburgs, v. a. besagte Hl.-Kreuz-Kirche, ein Bilderreichtum aus, der in seiner zufällig wirkenden Anordnung verwirrt und der wahrscheinlich aus Konkurrenzdenken zur benachbarten kath. Kirche gleichen Namens zu verstehen ist. Unter den zahlreichen, an den Wänden verteilten Gemälden verdienen im Zusammenhang mit M̄ die Anbetung der Hirten (F. Sustris, um 1570), die Verkündigung an M̄ (J. Hess, 17. Jh.), die Hochzeit zu Kana (E. P. v. Hagelstein, um 1712) und überraschenderweise eine schmerzhafte M̄ Erwähnung. Hervorzuheben ist bei diesen Einzelbildern das Fehlen der sonst üblichen didaktisch erzieherischen Komponente, die zumindest nicht ins Auge fällt, v. a. in Hinblick auf die Verkündigung von Hess, die einen auffallend genremäßigen Charakter aufweist.

Ein Unikum unter den prot. Einzelbildern und eine der nicht so zahlreichen ikonographischen Neuschöpfungen luth. Kunst stellt das Dogmenbild »Gesetz und Evangelium« dar, das vielfältig variiert im ganzen luth.-prot. Raum vorkommt. Durch Stiche des älteren Cranach und Geofroy Tory verbreitet, wurde es auf Altäre, Kanzeln, Epitaphien und als Einzelwerk zum wichtigsten Unterweisungsbild luth.

Rechtfertigungslehre. Ein von Einzelelementen übersätes Bild ist im Grundschema in eine Gesetzes- und eine Evangeliumsseite aufgeteilt. Als Trennung dient zumeist der Baum des Todes und des Lebens, der halbseitig verdorrt, bzw. grünend die Mitte bildet, unter dem der Mensch (als häufigste Variante) sitzend als Sünder vor die Entscheidung gestellt wird. Moses oder die Propheten vertreten die Gesetzes-, Johannes der Täufer die Evangelistenseite. Dem Gesetz (oder AT) sind im allgemeinen der Sündenfall, Gesetzesempfang und die Errichtung der Ehernen Schlange zugeordnet. Dem entsprechen weitgehend typologisch aufgefaßt, auf der Evangliumsseite Empfängnis M̶e, Verkündigung an die Hirten, Opfertod Christi am Kreuz und Sieg über Tod und Teufel. In diesem optisch verwirrenden Bild wird die Empfängnis M̶s mit Bezug auf die Weissagung bei Jesaja 7,14 wiedergegeben: Das Christusknäblein mit dem Kreuz auf der Schulter schwebt vom Himmel kommend auf M̶ zu (Bilder z. B. in Schneeberg, Prag, Weimar, Königsberg, Nürnberg, Hamburg-Eppendorf und Tondern).

Im Rahmen der Fenster beschränkte sich die szenische Gestaltung der Frühzeit der Reformation vornehmlich auf Kabinettscheiben, wie die Kreuzigungsgruppe in der berühmten Oeser Passion (1577), ein von Cranach inspirierter Zyklus in einer Kirche nahe Bremervörde. Obwohl Glasmalerei auch im Calvinismus zugelassen war (z. B. Gouda, St. Janskerk, ca. 1560), beschränkte sich die M̶darstellung auch bei den Fenstern auf luth. Bereiche, die diese Kunstform vorwiegend im 19. Jh. wieder aufnahmen und ihr im Rahmen des Historismus zu blühendem Leben verhalfen. Einschränkend muß hinzugefügt werden, daß es sich dabei weitgehend um kunsthandwerkliche Fabrikware handelt, die katalogmäßig bei spezialisierten Werkstätten, wie F. Müller in Quedlinburg oder P. G. Heinersdorff in Berlin bestellt wurde. Da diese Bildfenster zumeist nur den Chorbereich schmücken, ergeben sich als gebräuchlichste Motive mit M̶darstellungen Christi Geburt und die Kreuzigung, zumeist in Form der Kreuzigungsgruppe.

Die Kreuzigungsgruppe für sich gesehen, d. h. der Gekreuzigte zwischen M̶ und Johannes, bedarf überhaupt einer besonderen Erwähnung. Als vorref. Kunstmotiv wurde es problemlos übernommen, wie z. B. in Halberstadt, Wechselburg, Naumburg, Bücken und Freiberg, um nur einige zu nennen, aber auch weiterhin als Altarmittelteil, Bekrönung oder Einzelgruppe neu geschaffen.

Als gesonderter kunstspezifischer Bereich von M̶darstellungen mit Identifikationscharakter darf die volkstümliche Kunstvariante der Weihnachtskrippe nicht unterschätzt werden. Ältere Krippen scheint es im prot. Bereich nicht zu geben, doch im Gefolge der Romantik bürgerte sich auch in luth. Kirchen die Weihnachtskrippe ein, ein Prozeß, der noch lange nicht abgeschlossen ist. Wenn es um die Jh.wende häufig nur Durchscheinbilder mit der Darstellung des Weihnachtsgeschehens gab, so änderte sich dies über serienmäßig hergestellte Großkrippen zu künstlerisch durchaus anspruchsvollen Einzelschöpfungen, die im größeren Rahmen oder nur als Hl. Familie in Auftrag gegeben wurden. Als jüngere Beispiele mögen Hildesheim-St. Andreas, Lüneburg-St. Johannes (afrikanisch) oder Molzen/Kreis Uelzen stehen, um nur einige zu benennen.

Zieht man nun ein Resümee aus den Untersuchungen zur Darstellung M̶s in der prot. Kunst, so ist grundsätzlich noch einmal in Erinnerung zu rufen, daß der Prot. als Ganzes keine systematische Lehre über M̶, die Mutter des Herrn, kennt. Dennoch überrascht das Ergebnis. Daß die Reformierten das M̶bild im Rahmen ihrer Gesamtvorstellung innerhalb des Kirchenraumes ablehnen, ist verständlich. Die Präsentation M̶s in der prot. Kunst luth. Bekenntnisses bleibt jedoch hinter den Erwartungen zurück, die man auf Grund der doch erkennbaren großen Zuwendung und Wertschätzung gegenüber M̶ vermuten dürfte.

Die Achtung der Jungfrau M̶ war zumindest bis zur Aufklärung ungewöhnlich hoch, was auch die regelmäßigen gottesdienstlichen Feiern der M̶feste belegen. Hierbei mag es als tradiertes örtliches Unikum gelten, daß in der Greifswalder M̶kirche bis 1831 bei der Kollekte anläßlich der M̶feste ein hölzernes M̶bild herumgetragen wurde, wozu sich der Chronist Augustin v. Balthasar im 18. Jh. äußerte: »Vormahlen war so gar gebräuchlich, daß ein jeder, wann ihm das Bild vorgehalten ward, aufstand. Dieweil aber bey allen diesen Ceremonien das Abergläubische abgeschaffet ist, wenigstens dieselbe dahin nicht abzielen, wie beym Papstthum geschicht: So bedarf es desfals eben keiner besondern Reformation unserer Kirchen, sondern man kan auch selbige als eine undifferente Sache bey behalten«. Ein bemerkenswertes Zeugnis damaliger prot. Umgangsformen mit M̶bildern! Daß in der gleichen Kirche die für prot. Verhältnisse ungewöhnliche Darstellung »M̶ im Rosenhag« in feiner Intarsienarbeit die Kanzeltür von 1587 schmückt, darf man wie P. Poscharsky als Traditionsfortführung, den Namenspatron an der Kanzel abzubilden, deuten. Nach der Reformation war es allerdings zu einer gewandelten Interpretation der Jungfrau M̶ gegenüber der herkömmlich röm.-kath. Sicht gekommen. So bemerkt Luther in seiner Auslegung des Magnificats: »Aber die Meister, die uns die selige Jungfrau so abmalen und vorbilden, daß nichts Verachtetes, sondern eitel große, hohe Dinge in ihr anzusehen sind, was tun sie anderes, als daß sie uns allein die Mutter Gottes gegenüberstellen und nicht sie Gott gegenüber. Damit machen sie uns scheu und verzagt und verhüllen das tröstliche Gnadenbild, wie man mit den Altarbildern tut in der Fastenzeit. Denn es bleibt kein Exempel da, dessen wir uns trösten können, sondern sie wird hochgehoben über alle Exempel, obwohl sie doch sollte und gerne wollte das allervornehmste Exempel der Gnade Gottes sein, alle Welt zu locken zur Zuversicht zur göttlichen Gnade, zu Liebe und Lob, daß alle Herzen von ihr eine solche Meinung zu Gott gewönnen, die mit aller Zuversicht sprechen könnte: Ei, du selige Jungfrau und Mutter Gottes, wie hat uns Gott in dir erzeigt einen so großen Trost, indem er diese Unwürdigkeit und Nichtigkeit so gnädig angesehen hat, wodurch wir von nun an erinnert werden, er werde uns arme, nichtige Menschen diesem Exempel nach auch nicht verachten, sondern gnädig ansehen« (K. Bornkamm und G. Ebeling, Martin Luther, Ausgewählte Schriften II, 1982, 150).

In anderem Zusammenhang (im Bezug auf die Textstelle Joh 2,3–5, in der M bei der Hochzeit zu Kana auf die Zurechtweisung Jesu, zu den Dienern hingewendet, mit den Worten reagiert: »Was er sagt, das tut«) bemerkt Luther: »Wo es also geht, da geht's auch recht. Siehst du anderen auf den Mund, so hast du das Ziel verfehlt, auf das doch die Mutter hinweist. Dies Wort soll man um ihr Bild malen. Solch ein trefflich feines Wort ist es! Ich will dich an solche Leute weisen, die da sprechen: siehe hin auf Christus!« (Zitiert nach: Kießig 56).

Setzt man dieses Lutherzitat in Relation zu einem anderen, in dem er auf die Frage nach Altarbildern die Abendmahlsszene mit den dazugehörigen Bibeltextstellen als mögliche und geeignete Retabelform sieht, und überprüft man im Überblick das Ergebnis, daß nämlich das Abendmahlsbild neben der Kreuzigung zu den beliebtesten Altargestaltungen im Luthertum zählt, so hätte man durchaus erwarten können, daß es — wenn auch keinesfalls auf dem Altar — zahlreiche Mbilder mit eben dieser Aufschrift »Was er sagt, das tut« in prot. Sakralräumen gäbe. Dies ist aber nicht der Fall. Im Gegenteil! Obwohl M unter den Heiligen, die auch nach der Apologie der Confessio Augustana gemäß Artikel XXI auf dreierlei Weise zu ehren seien (1. Dank für das Exempel, 2. Stärkung des Glaubens an ihrem Exempel, 3. Nachfolge ihres Exempels des Glaubens, der Liebe, der Geduld), eine eindeutig hervorgehobene Stellung einnimmt, wird sie in der bildlichen Kunst des Prot. nicht entsprechend gewürdigt, in dem sie *nur* als Mitwirkende eine untergeordnete Rolle im Heilsgeschehen Christi spielt, die gegenüber anderen Heiligen höchstens durch die Häufigkeit ihrer Darstellung hervorsticht. Einzeldarstellungen fehlen in der nachref. Kunst völlig, sieht man von einzelnen Ausnahmen ab (z. B. Mrelief am Kaufmannsgestühl der Jakobikirche in Stettin). Die mitunter erkennbare Herausstellung durch einen Nimbus erscheint durch den eher zufälligen uneinheitlichen Charakter kaum sinnvoll und fundiert interpretierbar zu sein. Das gleiche gilt für die uneinheitliche Einbeziehung Ms in das Himmelfahrtsgeschehen Christi oder in noch stärkerem Maße bei der traditionellen Motivübernahme der Deesis im Kontext mit dem Jüngsten Gericht. So erscheint M in dem Dasseler Weltgericht (1577), während sie im gleichzeitigen Gewölbebild in Hülsede nicht vertreten ist. Ähnliche Beobachtungen hierzu machte auch Mereth Lindgren in den prot. Kirchen Schwedens.

Wie nah sich prot. und kath. Mdarstellungen kommen konnten, belegt das seltene Beispiel der Simultankirche St. Martin und M in Biberach an der Riß. Für den Laien kaum erkennbar ist im frühen 18. Jh. das Chorgewölbe für die Katholiken mit der Himmelfahrt Ms ausgeschmückt worden, das Mittelschiff aber mit Themen, die auch den Protestanten genehm waren: Anbetung der Hirten, Anbetung der Weisen, 12-jähriger Jesus im Tempel, Pfingsten etc. Ein Bruch ist nicht erkennbar, den ev. Charakter belegen aber die Gesetzestafeln im Fresko, die nach luth. Unterteilung aufgezählt sind.

Wenn es auch bis in jüngere Zeit durchaus zu Streitigkeiten über Mdarstellungen in prot. Kirchen gekommen ist — M. Scharfe erinnert an die Beseitigung eines Heiligenscheins Ms bei einem 1959 geschaffenen Glasfenster mit der Geburt Christi in Aichelberg (Kreis Göppingen) — zeigte sich durchaus der Wunsch zu einer stärkeren Hervorhebung der Mutter des Herrn, wenn man an die »Blaue Madonna« in Schleswig erinnert. Aber auch andere Beispiele belegen dies, wie die Darstellung der Himmelfahrt Me am 1661 gestifteten Altar der Laurentiuskirche in Itzehoe, die Gemälde einer Schmerzhaften M in Hl. Geist/Augsburg oder an der Empore in der Schloßkapelle Stetten (Württemberg) mit der Unterschrift: »Das Schwerdt sich zwar ins Hertz mir senket; Doch allen Kummer JEsus lencket.« Nicht zuletzt ist auf den von Max Kahlke 1927 geschaffenen Maltar im Schleswiger Dom hinzuweisen. Diese wenigen Beispiele ließen sich gewiß vermehren und zeigen die mitunter unkomplizierte, undogm. Behandlung des Mbildes, die weite Facetten zuließ, sowie die Toleranz weiter Kreise des Prot. gegenüber dieser Thematik, konnte doch sogar die Lutherbibel von 1540, verlegt bei Hans Lufft in Wittenberg, einen Holzschnitt von Hans Brosamer aufnehmen, auf dem Lukas M mit dem Kind malt.

So zeigt sich nach dem Erkenntnisstand im allgemeinen ein klares, immer unter dem Primat Christi stehendes Mbild im Prot., der jedoch durchaus auch konfessionell angreifbare Darstellungen zuließ. Die allgemeine durchschnittliche Qualität der Kunstwerke ist, entsprechend dem Rang der Werke als adiaphora, sehr niedrig. Dies führte auch im Rahmen der Kunstwissenschaften dazu, daß prot. Kunstausstattungen, Phänomene oder Bildinterpretationen bis in jüngste Zeit wenig oder gar nicht beachtet wurden. Fehlende Angaben, vornehmlich in den älteren Inventarbänden, erschweren eine Aufarbeitung. Das Lutherjahr 1983 hat einige Veränderungen in der Grundanschauung bewirkt, doch liegt die Detailforschung bis auf wenige Ausnahmen noch in den Anfängen. Auch für die Auffassung des M bildes im Prot. mag es diesbezüglich noch manche Überraschungen geben.

Lit.: D. Martin Luthers Werke, Weimarer Ausgabe (= WA), Weimar 1883 ff. — O. Thulin, Cranach-Altäre der Reformation, 1955. — H. v. Campenhausen, Die Bilderfrage in der Reformationszeit, In: ZKG 68 (1957) 96–128. — H. C. v. Haebler, Das Bild in der ev. Kirche, 1957. — P. Brunner, Die Kunst im Gottesdienst, In: Leiturgia I, 1959, 313 ff. — R. Schimmelpfennig, Die Geschichte der Marienverehrung im dt. Protestantismus, 1959. — P. Schmidt, Die Illustration der Lutherbibel 1522–1700, 1962. — W. Tappolet (Hrsg.), Das Marienlob der Reformatoren, 1962. — P. Poscharsky, Die Kanzel, 1963. — M. Scharfe, Ev. Andachtsbilder, 1968. — R. Lieske, Prot. Frömmigkeit im Spiegel der kirchlichen Kunst des Herzogtums Württemberg, 1973. — M. Stirm, Die Bilderfrage in der Reformation, 1977. — H. Oertel, Die prot. Bildzyklen im niedersächsischen Raum und ihre Vorbilder, In: Niederdt. Beiträge zur Kunstgeschichte 17 (1978) 102—132. — H. Reinitzer, Biblia deutsch, Ausst.-Kat., Wolfenbüttel 1983. — R. Sörries, Die Evangelischen und die Bilder, 1983. — E. Ullmann (Hrsg.), Von der Macht der Bilder, 1983. — Ausst.-Kat., Kunst der Reformationszeit, Berlin 1983. — Ausst.-Kat., Luther und die Folgen für die Kunst, Hamburg 1983. — Ausst.-Kat., Martin Luther und die Reformation in Deutschland, Nürnberg 1983. — A.-D. Ketelsen-Volkhard, Schleswig-Holsteinische Epitaphien des 16. und 17. Jh.s, 1989. — M. Kießig, Maria, die Mutter unseres Herrn, 1991. *H. v. Poser und Groß-Naedlitz*

Protestantismus. Der Protest, den die ev. Stände in Speyer 1529 gegen den Reichstagsbeschluß einlegten, wonach die weitere Ausbreitung der →Reformation zu unterbleiben habe, brachte den Anhängern →Luthers den Namen »Protestanten« ein, den sie nach einiger Zeit auch als Selbstbezeichnung übernahmen. Bald schon wurden auch die anderen ev. Christen Protestanten genannt. »Protestantismus« läßt sich folglich als Sammelbezeichnung für alle Kirchen und Gemeinschaften verstehen, die ihren Ursprung auf eine der verschiedenen Richtungen der Reformation des 16. Jh.s zurückführen. Der Begriff umfaßt aber zudem auch die verschiedenen Ausformungen theol. geistiger und kultureller Art, die das spezifisch ref. Glaubensverständnis im Laufe der Geschichte gefunden hat und wodurch sich der P. z. B. vom Katholizismus unterscheidet.

Wenn mit der Reformation innerhalb der Christenheit auch etwas Neues, so vorher nicht Gekanntes in Erscheinung trat und wenn das von Anhängern wie Gegnern der Reformation auch schon bald so empfunden und verstanden wurde, so beteuerten die ev. Christen doch, daß ihr Protest und ihre Kritik an der kath. Kirche keine prinzipielle Abkehr von der Kirche bedeute. Vielmehr wollten sie die Kirche reformieren, d. h. in ihr wieder das Evangelium zur Geltung bringen und sie selber und die Verhältnisse in ihr so wiederherstellen, wie sie zu Zeiten der Apostel und der Kirchenväter gewesen sind. Diese Intention fand u. a. ihren Ausdruck darin, daß sie im Zusammenhang mit der Konsolidierung ihrer eigenen Gemeinschaften als Kirchen Bekenntnisschriften erstellten, in denen sie nicht nur die Irrtümer, falschen Lehren und Mißstände, die sich ihrer Meinung nach in der kath. Kirche breit gemacht hatten, anprangerten, kritisierten und verwarfen, sondern auch positiv ihren Glauben darlegten, und zwar unter Berufung auf die Hl. Schrift sowie im Rückgriff auf die altkirchlichen Glaubensbekenntnisse und die Entscheidungen der Konzilien der frühen Kirche. So gehören das Apostolische, das Nizäno-Konstantinopolitanische und das sog. Athanasianische Glaubensbekenntnis zu den Bekenntnisschriften der luth. Kirchen. Auch den reformierten Bekenntnisschriften liegt die Anerkennung der genannten Symbole und der vier ersten Konzilien zugrunde. Deshalb kann man trotz aller Unterschiede und gegenseitiger Verurteilungen von Gemeinsamkeiten aller Christen, die auch durch die Kirchenspaltungen und die sich verschärfenden Abgrenzungen von einander nicht aufgehoben wurden, ausgehen. Allerdings wird man bedenken müssen, daß die Bedeutung, Verbindlichkeit und Funktion der Aussagen der →Bekenntnisse, Bekenntnisschriften und Konzilsentscheidungen im Hinblick auf die Autorität der Hl. Schrift in den einzelnen Kirchen nicht einheitlich bestimmt werden.

Da sowohl in der Bibel als auch in den Glaubensbekenntnissen von M die Rede ist und das Konzil von Ephesos (431) die GMschaft Ms definiert hat, hat M auch im ev. Glaubensverständnis ihren Platz. Was in der alten Kirche bezüglich Ms geglaubt wurde, das gilt auch innerhalb des P. grundsätzlich jedenfalls als Glaubensinhalt. So hielten die Reformatoren (→ Luther, →Zwingli, →Calvin) daran fest, daß M Gottes Sohn zur Welt gebracht hat und deshalb selber Mutter Gottes ($\Theta\varepsilon o\tau o\kappa o\varsigma$) genannt werden muß. Mit der Hl. Schrift, den Glaubensbekenntnissen und der Tradition waren sie überzeugt, daß M ihren Sohn jungfräulich, ohne Zutun eines Mannes, empfangen hat und auch in partu Jungfrau geblieben ist. Die Jungfräulichkeit nach der Geburt steht für die Reformatoren ebenfalls fest. Obwohl das im NT nicht ausdrücklich gesagt wird, kann man der Schrift aber doch nicht entnehmen, daß M nicht Jungfrau geblieben sei. Auch die ref. Bekenntnisschriften lehren die Jungfräulichkeit und die GMschaft Ms. Insofern wird man sagen können, daß auch nach ref. Verständnis M ihren Platz im Heilsgeschehen hat. Gott selber hat sie erwählt, die Mutter seines Sohnes zu werden. In dieser Erwählung ist die Würde Ms begründet und nicht in eigenen Verdiensten. Was sie ist, verdankt sie ganz und gar der Gnade, der sie im Glauben antwortete. Die Reinheit und Sündenlosigkeit wird von den Reformatoren wie von den Bekenntnisschriften bezeugt. Die Frau, die Mutter des Sohnes Gottes war, mußte selber auch ohne Sünde sein. Aber das ist nicht ihr Verdienst, sondern das Werk der göttlichen Gnade an ihr. Luther hat ihre Sündenlosigkeit wohl auch als Freiheit von der Erbsünde verstanden. »Darumb war es not, das seine mutter were eine Jungfraw, Eine junge Jungfraw, Eine heilige Jungfraw, die, von der Erbsünde erlöset und gereiniget, durch den heiligen Geist nicht mehr denn einen Son, einen Jhesum, trüge« (WA 53, 640; vgl. auch 17/2, 288). Ob seine Äußerungen aber wirklich im Sinn des kath. Dogmas von 1854 zu verstehen sind, ist umstritten.

Es ist nicht verwunderlich, daß im Zusammenhang dieser Bezeugungen des Glaubens auch das M lob laut wird. Luther und die anderen Reformatoren preisen sie wegen ihres Glaubens und ihrer Demut, weil sie sich nicht selbst erhöht, sondern Gott die Ehre gegeben hat, der Großes an ihr getan hat. Nicht ihre Herrlichkeit, Größe und Macht sind Gegenstand ref. Lobpreises. Vielmehr muß auch im Lob M s Gott die Ehre gegeben und seine Gnade bewundert werden, der sie zur Mutter seines Sohnes gemacht hat. Und so ist das Lob auch im Sinne M s selber das rechte, das sie als Magd des Herrn preist und als diejenige lobt, die sich ganz und gar dem Willen Gottes unterstellt hat. Damit dürfte deutlich geworden sein, daß auch in den Auffassungen über M, so sehr sie der Tradition konform sein mögen, doch vom typisch Reformatorischen her die Akzente gesetzt werden. Aufgrund des »sola scriptura« wird immer wieder auf die Schrift verwiesen und gefragt, ob und wie sich bestimmte Überzeugungen von der Bibel herleiten lassen. Im Einklang mit der Betonung der Prinzipien »sola gratia« und »sola fide« bei der Rechtfertigung werden auch M und ihre Heiligkeit als Werk der Gnade, die im rechtfertigenden Glauben ergriffen wird, verstanden. Der Grundsatz »solus Deus« wirkt sich in den Mahnungen aus, nicht M für sich genommen zum Bezugspunkt des Lobes und der Verehrung zu machen, sondern in und mit M Gott zu preisen und ihm allein die Ehre zu geben.

So positiv man das (etwa aus kath. Sicht) auch finden mag, so klar wird nun aber doch auch, daß mit dem eben Gesagten das theol.-dogm. Fundament skizziert wurde, auf dem die z.T. polemische, scharfe und beißende Kritik aufruht, die schon von Luther und den anderen Reformatoren gegen die kath. Auffassungen und v.a. gegen die Praxis der MV in der damaligen Kirche vorgebracht wurde. Konkret wurde immer wieder die Befürchtung geäußert, daß eine Verehrung, die die Größe, Macht und Herrlichkeit M s in besonderer Weise herausstellt, ihre wahre Würde als die geringe, demütige Magd mindert und damit ihr Bild verfälscht. Manche Gebete und Hymnen, die in der Kirche allgemein verwandt werden (wie z.B. das »Salve regina«), wurden zurückgewiesen und abgelehnt, weil in ihnen M Titel und Funktionen zugesprochen werden, die nur Christus zustehen. Im Gebrauch solcher Texte zeige sich, daß zwischen der Verehrung M s, eines Geschöpfes also, und der Verehrung Gottes und Jesu Christi fast kein Unterschied mehr gemacht werde. Das Vertrauen, das die Menschen auf die Heiligen und in besonderer Weise auf M setzen, übersteige noch das Vertrauen zu Gott. M erscheine vielen als die Verkörperung der Barmherzigkeit, die die zu ihr Kommenden vor dem göttlichen Zorn und der göttlichen Gerechtigkeit in Schutz zu nehmen vermöge. In dieser Auffassung würden die Dinge auf den Kopf gestellt. Nicht M, sondern ihr Sohn Jesus hat uns erlöst; und weder die Heiligen noch M sind unsere Mittler zu Gott, sondern allein Jesus Christus. In dem Vertrauen zu den Heiligen und zu M, das sich auf ihre angenommenen Verdienste beruft, zeige sich ein Grundirrtum. Denn wir werden nicht aufgrund eigener Verdienste oder der Verdienste anderer Menschen erlöst und gerechtfertigt, sondern nur aufgrund der Verdienste Christi durch den Glauben.

So war im P. praktisch schon von Anfang an die Einstellung zu M zwiespältig. Man wollte — auch im Hinblick auf M — an der Lehre der Schrift und am Glauben der alten Kirche festhalten. Durch den Grundansatz des ref. Glaubensverständnisses erhielt das alles aber eine eigentümliche Akzentuierung, die von vorneherein als Kritik kath. Auffassungen und Praxis empfunden werden mußte und wohl auch so gemeint war. Deshalb konnten sich im P. aufgrund seiner eigenen Schwerpunkte, aber auch aufgrund der polemisch-kritischen Gegenüberstellung zum Katholizismus keine, der kath. vergleichbare Mariol. entwickeln und keine als selbstverständlich und unproblematisch empfundene MV entfalten. Wenn gilt, daß das, was in der Schrift von M gesagt wird, »alles nit umb jrent willen, sonder allein umb der einigen person Christi willen geschrieben« ist (Luther, WA 10 I/2, 429), dann erscheint eine eigenständige Mariol. illegitim zu sein; sie ist überflüssig. Wenn man befürchtet, Lob und Verehrung, die einem Geschöpf zuteil werden, täten notwendig der Ehre des Schöpfers Abbruch, dann wird man auch dessen nicht froh, was im Rahmen des eigenen Glaubensverständnisses immer noch möglich wäre; und das gilt erst recht, wenn auch das an sich Mögliche nicht als notwendig angesehen wird. Wenn man sich immer wieder mit einer Praxis konfrontiert sieht, in der sich der eigenen Meinung nach fundamentale Irrtümer spiegeln, falsche Einstellungen ihren Ausdruck finden und die man folglich nur als Entartung wahrer Frömmigkeit ansehen kann, dann wird man selbst noch kritisch betrachten, was einem an sich noch als tolerabel erscheinen könnte.

Luther selber war wohl zeitlebens ein M verehrer. Aber wie gravierend ihm die Mißstände, die er den Katholiken meinte vorhalten zu müssen, vorkamen, zeigen seine Reflexionen über seine eigene Einstellung und Frömmigkeit vor der R.; verweisen kann man hier aber auch auf die bekannte und häufig zitierte Bemerkung: »Ego velim, quod Mariae dinst werde gar auß gerot solum propter abusum« (WA 11, 61). Von Luther wurde ganz folgerichtig die direkte Anrufung Ms und der Heiligen um ihre Fürsprache bei Gott zurückgewiesen. Diese Position hat sich durchgehalten und wurde von fast allen prot. Autoren geteilt. Ein Grund für die Ablehnung liegt wohl darin, daß denen, die solches tun, unterstellt wird, sie hätten mehr Vertrauen zu den Heiligen als zu Gott. Als weiterer Grund für die Zurückweisung und Kritik gilt das Schweigen der Hl. Schrift; in ihr stehe nichts, was eine solche Praxis rechtfertigen könnte. Deshalb müsse man sie verdammen und die Menschen lehren, solches Tun aufzugeben, wie schwer es ihnen auch werden mag (vgl. WA 30, II, 643; 46, 638). Allerdings hat Luther zunächst nicht so streng geurteilt. Es gibt eine Reihe von Äußerungen, in denen von der Fürbitte Ms und der Heiligen für uns die Rede ist und in denen er selber sich an M wendet. So heißt es zu Beginn der Magnifikat-Auslegung: »Die selbige zarte mutter gottes wolt mir erwerbenn den geyst, der solchs yhr gesang muge nutzlichen und grundlich außlegen« (WA 7, 545). »Anruffen sol man sie (sc. M), das got durch yhren willen gebe unnd thu, was wir bitten, also auch alle andern heyligen antzuruffen sind, das das werck yhe gantz allein gottis bleybe« (WA 7, 575).

Von den vielen Mfesten, die die kath. Kirche kennt, wollte Luther einige beibehalten. Grundsätzlich sollte das danach entschieden werden, ob der Festinhalt in der Schrift bezeugt wird oder nicht. Biblisch fundiert und somit legitim sind die Feier von Me Verkündigung, Heimsuchung und Reinigung (Lichtmeß). Gemäß einer Äußerung von 1523 sollten die Feste Me Geburt und Himmelfahrt vorläufig noch gefeiert werden; Luther hatte mit ihnen aber gewisse Schwierigkeiten. An den Festtagen der Mutter Gottes hat er regelmäßig gepredigt und in diesen Predigten die Inhalte dieser Feste entsprechend seiner Theol. gedeutet und bes. akzentuiert. Zu Me Verkündigung stellt er v.a. den christol. Gehalt heraus. Me Heimsuchung zeige M als den in seiner Niedrigkeit von Gott angesehenen Menschen. Me Reinigung lehrt die Demut Ms, da sie ein Gebot befolgte, das für sie und ihren Sohn eigentlich keine Geltung hatte. Luther hielt es für einen guten Brauch, daß in der Kirche täglich das Magnifikat gebetet oder gesungen wird, denn es ist vom Hl. Geist verfaßt. Außerdem wird so gemäß der Weissagung Ms ihr Andenken lebendig gehalten. Auch das »Ave Maria« soll häufig gesprochen werden. Es ist zwar kein Gebet, kann aber doch dem Gedächtnis dienen und an die Menschwerdung des Sohnes Gottes erinnern. Kruzifixe, M- und Heiligenbilder hat Luther nicht verworfen. Ihre legitime Funktion besteht darin, Hilfe für das Gedächtnis und das Zeugnis zu sein.

Das »marianische Erbe«, das dem P. insgesamt von den Reformatoren und dem Luthertum im besonderen von Luther hinterlassen wurde, war so strukturiert, daß sich daraus keine eindeutigen Regeln und Prinzipien für den weiteren Umgang mit ihm ableiten ließen. Eine sich durchhaltende Konstante im prot. Umgang mit M und dem Marian. dürfte eine kritische Wachheit gegenüber allen wirklichen (und wohl auch nur vermeintlichen) Übertreibungen und Mißständen innerhalb der kath. Theol. und Kirche sein. In der Art und Weise, in der sich die kath. Mariol. und die marian. Frömmigkeit darstellten, sah man eher abschreckende Beispiele und fühlte sich deshalb auch keineswegs zur Entwicklung und Entfaltung des mariol. und marian. Elements veranlaßt. Dazu kommt noch, daß vom ref. Ansatz aus jede Ehrung Ms, die auch ihr selber gilt, verdächtig sein muß, weil immer die Gefahr gesehen wird, es könnte Gott und seinem Sohn etwas genommen und einem Geschöpf zugewiesen werden.

Das Beten zu M und den Heiligen erscheint als Umweg; denn im Glauben hat der Christ direkten Zugang zu Gott, und er bedarf keines Mittlers außer Christus. So ist es kein Wunder, daß das, was die Reformatoren zusammen mit der ungeteilten Kirche von M glaubten und was in den ref. Bekenntnisschriften seine Bestätigung gefunden hatte, weil und insoweit es mit der Schrift übereinstimmt, zwar beibehalten wurde, daß es aber aufs Ganze gesehen doch keine große Rolle spielen konnte. Da im Laufe der Geschichte noch andere Faktoren ins Spiel kamen, die den Vorstellungen und Idealen, die gewöhnlich mit M in Zusammenhang gebracht wurden, nicht günstig waren, trat das Marian. im P. noch mehr in den Hintergrund, und es bildete sich das heraus, was man heute den »marianischen Minimalismus« nennt. Dennoch hat es auch im ev. Bereich immer wieder Theologen gegeben, die die Stellung Ms im Heilsgeschehen ernst nahmen und die daraus sich ergebenden Konsequenzen bedacht haben. Einzelne prot. Christen pflegten zu allen Zeiten eine tiefe marian. Frömmigkeit, so daß das Lob Ms auch im P. nie ganz verstummt ist. Daß sich Zeiten einer relativen Blüte marian. Frömmigkeit mit Epochen abwechselten, in denen davon wenig zu spüren war, ergab sich aus den dargelegten Gründen.

Die luth. Orthodoxie, eine theol. Richtung, von der die Theol. vom Ende des 16.Jh.s bis ins 18.Jh. hinein weithin geprägt war, vertrat auch bezüglich Ms den Glauben der ungeteilten Kirche. Das Bekenntnis zur GMschaft und zur Jungfräulichkeit Ms begegnet einem in dieser Epoche immer wieder. Die Frage der UE Ms wurde zwar diskutiert, meist aber im negativen Sinn beantwortet. Die leibliche Aufnahme Ms in den Himmel spielte in der theol. Diskussion keine große Rolle. M ist zwar zu verehren, aber auf richtige Art und Weise. Die Einwände und Kritiken an der kath. Lehre und Praxis, die schon von den Reformatoren erhoben wurden, finden sich auch bei den der Orthodoxie zuzurechnenden Autoren. Die Anrufung der Heiligen und Ms um Fürbitte bei Gott wurde abgelehnt. Die Unterscheidung der kath. Theol. zwischen »Latreia« (Anbetung, die nur im Hinblick auf Gott legitim ist), »Douleia« (die den Heiligen) und »Hyperdouleia« (die M zu erweisende Verehrung) ließen die Protestanten nicht gelten. Bis heute haben viele ev. Christen und Theologen Schwierigkeiten, diese Unterscheidung als Antwort auf ihre kritischen Fragen zur kath. Heiligen- und Mverehrung zu verstehen.

Theologen und Seelsorger, die sich in dieser Zeit um eine ref. Auffassungen entsprechende Darlegung der M betreffenden Lehrstücke und um eine auch Protestanten mögliche MV bemüht haben, sind u.a. M.Moller (1547—1607), L.Osiander (1543—1604), V.Herberger (1562—1627), J.H. Heidegger (1633—98). Die pastorale Ausrichtung ihres Bemühens zeigt sich in der Bedeutung, die sie M als Vorbild für ein christl. Leben zusprechen. M darf ihrer Meinung nach nicht als die Himmelskönigin verehrt werden, man wird mit ihr auch keinen Kult treiben dürfen, wie man es den Katholiken meinte vorwerfen zu müssen. M war eine Christin wie wir auch und ein von der Gnade Gottes erlöster und glaubender Mensch; sie besitzt keine Sonderstellung in der Gemeinschaft der Glaubenden und hat uns in der Nähe zu Gott nichts voraus. Wenn wir dem Beispiel Ms folgen, das Wort Gottes hören und im Herzen bewahren, dann können wir der göttlichen Gnade gewiß sein wie sie. Wenn M so in eine Reihe mit allen Christen gestellt wurde, bedeutete das zwar nicht, daß man ihr jede Besonderheit abgesprochen hätte. Wenn darauf im Mlob aber abgehoben werden soll, dann ist das nur legitim, wenn das Mlob zum Lob Gottes wird, der aus reiner Gnade so Großes an ihr getan hat. Da M aber weithin nur als Beispiel des Gnadenwirkens Gottes und als Vorbild für christl. Lebensgestaltung gesehen wurde, schwand auch das Verständnis für ihre Stellung und Aufgabe im Heilsgeschehen. So trat bei der Beschäftigung mit M der praktisch-sittliche Aspekt immer mehr in den Vordergrund, und dem, was in den Herzen der Gläubigen geschieht, galt v.a. das Interesse. Insofern kündigte sich schon der Übergang zum Pietismus an.

Der Pietismus war eine Reformbewegung, die die Verinnerlichung des Glaubens fördern wollte und auf die Erfahrung seiner beseligenden und erleuchtenden Kraft hinwies. Das müsse sich auswirken in der aktiven Heiligung des Lebens, in einem tätigen Christentum und in der Vereinigung mit Christus. So wurden »für die Pietisten das gläubige Subjekt und seine persönliche Glaubensgewißheit zum letzten Wahrheitskriterium der Glaubenserkenntnis« (F.Courth). Das bedingte die Herabsetzung des Dogmas und die Kritik an einer Kirche, deren Verfall pietistischer Meinung mit der Ausbildung kirchlicher Satzungen und Dogmen begonnen hat. Das dem Christen aufgegebene ständige Ringen um Heiligung und Wiedergeburt, das Bemühen um Wachstum im geistlichen Leben und der Kampf gegen die Sünde zur Erneuerung zum Ebenbild Gottes, die im Pietismus bes. stark betont wurden, markieren die ethische Ausrichtung dieser Bewegung.

In diesen Kontext fügen sich dann auch die Äußerungen zu M und zur MV ein. In der pietistischen Literatur finden sich Aussagen, in denen M unter Berufung auf die christl. Tradition als GM bezeichnet wird. Nur F.Ch. Ötinger (1702—82) wendet sich gegen diesen Titel, weil Gott als Gott weder Anfang noch Ende hat. Wohl kann man sagen, daß M eine Person geboren hat, die Gott und Mensch ist, aber nicht, daß sie Gott geboren hat. M gilt auch den Pietisten als Jungfrau. Sie hat Christus ohne Zutun eines Mannes empfangen. Die alte Lehre von der virginitas in partu und post partum wird zwar von einigen Theologen (z.B. Ph.J. Spener [1635—1705]) noch vertreten; daran hänge aber nicht unsere Seligkeit. Sie gilt als nicht so wichtig, so daß eine abweichende Meinung auch nicht als Häresie gelten sollte. M ist von Gott zur Mutter seines Sohnes erwählt und »herrlich zubereitet« worden: sie besitzt viele Tugenden, bes. die Demut. Darin besteht ihre Ehre, und es ist rechtens, sie deshalb selig zu preisen. Aber sie wird am besten geehrt, wenn man ihretwegen Gott preist und wenn man ihre Tugenden nachahmt. Daß Gott M erwählt hat, bedeutet nicht ihre Freiheit von der Erbsünde. M ist in Sünde empfangen und geboren wie wir; sie kann nach Aussagen der Hl. Schrift auch nicht von allen persönlichen Schwachheiten und Sünden freigesprochen werden. Das Gebet zu M wurde strikt zurückgewiesen; das »Ave Maria« galt nicht als Gebet, sondern als Erinnerung an das, was mit ihr geschehen ist. Insofern werden die kath. Praxis kritisiert und der Brauch, Mfeste zu feiern, abgelehnt. Besonderer Nachdruck wird aber darauf gelegt, daß allein die Tatsache, daß M Gottes Sohn empfangen und geboren hat, niemandem nutzt, der sich nicht um die geistliche Aneignung dieses Geschehens bemüht. Die Geburt Christi aus M der Jungfrau ist wichtig als Zurückweisung aller Formen von Doketismus. Sie ist aber v.a. Vorbild für die geistliche Geburt des Herrn in den Seelen der Gläubigen. M hatte Christus schon im Glauben geistlich empfangen, bevor er in ihrem Leib Fleisch angenommen hat. Und wie in M, so soll auch in den anderen Menschen Christus geistlich Gestalt annehmen. Dies geschieht im Glauben an das Wort Gottes, im Gotteslob sowie im Ablegen des christl. Zeugnisses.

In der Religionsphilosophie bemühte man sich um die Entwicklung des Begriffs der Vernunftreligion; die Frage nach Sinn und Zweck der Religion führte zu einer Ethisierung. Religion ist nach I.Kant (1724—1804) nicht der Inbegriff gewisser Lehren als Offenbarungen, sondern der Inbegriff aller unserer Pflichten als göttlicher Gebote. Die Grundsätze, Anliegen und Ideale der Aufklärung fanden auch Eingang in die Kirchen und in die Theol. Diese Einflüsse zeigten sich in einer Abwertung und Zurückdrängung der Bedeutung des geschichtlichen Verständnisses des Christentums und in der Kritik an dem, was »übernatürlich« meinte und was als »Geheimnis« galt. Die Überführung der zufälligen Geschichtswahrheiten in die notwendige Vernunftwahrheit und ein die moralische Vollkommenheit der Menschen förderndes Christentum waren theol. und kirchliche Anliegen jener Zeit. So wollte z. B. J. S. Semler (1725—91) ein undogmatisches und geschichtsfreies Christentum. In der moralischen Vervollkommnung des Menschen sah er den Hauptinhalt des Christentums. Das ist etwas Allgemeines und Umfassendes und steht jeder nur denkbaren Ausfaltung und Konkretion offen. Daraus folgt aber, daß die einzelnen Ausformungen nicht das Wesen ausmachen. Auch das Dogma von der Gottheit Christi hat keinen wesentlichen Zusammenhang mit dem wirklichen Christentum, und deshalb ist es eine »leere Redensart«, M als GM zu bezeichnen. Das Ideal eines undogmatischen Christentums hat auch in den Predigten dieser Zeit seinen Niederschlag gefunden. Wenn M in der Predigt überhaupt noch vorkommt, dann dient sie zur Illustration allgemein menschlicher oder spezifisch weiblicher Tugenden. Daß M eine Gestalt der Offenbarungs- und Heilsgeschichte ist, konnte innerhalb dieses Kontextes nicht mehr angemessen ausgesagt und gewürdigt werden.

Die Romantik, die sich u. a. auch als Reaktion auf die Einseitigkeiten der Aufklärung darstellt, besann sich wieder auf das MA und dessen vom Katholizismus geprägte kulturelle, geistig spirituelle und rel. Gestaltungen. So konnte auch die MV nicht übersehen werden. Es waren v. a. Künstler und Dichter, auch zahlreiche prot., die sich zur Auseinandersetzung mit der Gestalt und dem Bild Ms herausfordern ließen. So wird M in vielen Gedichten gepriesen wegen ihrer Schönheit und Reinheit sowie wegen ihrer Milde und Barmherzigkeit. In manchen Texten wird sie auch ganz unbefangen angesprochen, ja sogar um ihre Hilfe und Fürsprache bei Gott und ihrem Sohn gebeten. Sie erscheint als herrliche und erhabene Himmelskönigin, als demütige Magd, als jungfräuliche Mutter und als die um ihren Sohn Trauernde. Sie wird aufgefaßt als Symbol und als typische Repräsentation des Weiblichen. Sie wird aber auch als diejenige dargestellt, von der Trost und Freude ausgehen und die auf ihre Bewunderer und Verehrer einen wohltuenden Einfluß ausübt (Belege vgl. Schimmelpfennig 98—114). Da sich hier künstlerische und rel. Motive und Intentionen mischen, werden diese Aussagen sicher nicht pauschal als Ausdruck theol.-dogm. Überzeugungen gewertet werden dürfen; sie zeigen aber eindrucksvoll, welche Anregungen von der Gestalt Ms ausgehen können und welche kulturellen und künstlerischen Ausformungen ihr Bild gefunden hat.

Die prot. Theol. des 19. Jh.s bietet kein einheitliches Bild. Feststellbar sind Einflüsse und Nachwirkungen sowohl der Aufklärung als auch des Pietismus. Bedeutsam für die biblische Exegese wie für die Theol. allgemein werden die Entwicklung und Rezeption der historisch-kritischen Methode und die Einbeziehung der Bibel in die religionswissenschaftliche Forschung. Trotz unbestreitbarer Erfolge, die mit Hilfe dieser Weisen der Schriftinterpretation erzielt werden konnten, muß aber doch konstatiert werden, daß diese Methoden eine Kritik der Bibel ermöglichten oder forderten, die vielen Glaubensinhalten den Boden entzog. Biblische Aussagen wurden zu mythischen Erzählungen degradiert oder als Übernahmen aus anderen Religionen erklärt. Es ist verständlich, daß in einer solchen Exegese und Theol. auch von M nicht mehr auf traditionelle Weise geredet werden kann. Die jungfräuliche Empfängnis wurde als eine Variante einer in vielen Religionen vorkommenden Vorstellung gedeutet. M wurde zu den weiblichen Gottheiten in Beziehung gesetzt, die man aus den Religionen im Umkreis Israels kennt. Wenn Jesus so zum Sohn Ms und Josephs wird, dann besteht auch kein Grund mehr, in den im NT erwähnten Brüdern Jesu etwas anderes zu sehen als Geschwister. Daß in den paulinischen und johanneischen Schriften von der Jungfrauengeburt nicht die Rede ist, zeige, daß diese Vorstellung erst später aufgekommen ist. Auch für die MV gibt es in diesem Kontext keinen Platz. Man meinte, M sei im Katholizismus vergöttlicht worden, und lehnte deshalb ihre Verehrung ab. Bei einigen Theologen dieser Richtung läßt sich dennoch ein gewisses Verständnis dafür feststellen; sie verweisen auf psychische Bedürfnisse, die so befriedigt werden könnten, und auf pädagogische Möglichkeiten, die mit der Propagierung des Mkults gegeben seien. Daneben gab es aber auch die an den Pietismus anknüpfende Erweckungsbewegung, der M als jungfräuliche Mutter Jesu gilt. Sie soll auch geehrt und gepriesen werden, weil Gott sie erwählt hat; anbeten darf man sie aber nicht.

Was für das 19. Jh. gilt, läßt sich auch für das 20. Jh. sagen. Einerseits zeigt sich eine große Skepsis bezüglich der überkommenen dogm. Positionen bis hin zu einer radikalen Infragestellung oder gar Leugnung bislang für zentral gehaltener Glaubensinhalte; andererseits gibt es Zeugnisse vom Festhalten an den altkirchlichen Dogmen, die ja auch von den Reformatoren anerkannt wurden und durch die Bekenntnisschriften Bestandteile der offiziellen Lehre der ev. Kirchen und kirchlichen Gemeinschaften geworden sind. Das gilt auch im Hinblick auf M. Aufs Ganze gesehen spielen M und die MV zwar keine große Rolle im P. Es gibt aber immer wieder einzelne Theologen, Seelsorger und engagierte Gläubige, die im Horizont ref. Glaubensverständnisses und nicht selten auch Anregungen aus dem Katholizismus aufgreifend versuchen, M den ihr zukommenden Platz in Lehre und Frömmigkeit zu sichern.

Die Beschäftigung mit der GM geschieht häufig in der kritischen Auseinandersetzung mit der kath. Mariol. und den Erscheinungsformen der MV. Das zeigte sich bes. deutlich 1950 anläßlich der Dogmatisierung der leiblichen Aufnahme Ms in den Himmel. Prot. Äußerungen zum Inhalt des neuen Dogmas und zur Dogmatisierung waren durchweg negativ, obwohl sich im Laufe der Geschichte hin und wieder auch ev. Theologen für diese Lehre ausgesprochen hatten. Hauptpunkte der Kritik waren, daß diese Lehre weder in der Schrift noch in der frühen Tradition bezeugt wird und daß auf diese Weise M noch mehr aus der Gemeinschaft der Menschen herausgelöst und somit entsprechend einer Tendenz der kath. Mariol. vergöttlicht werde. Bedenken wurden auch gegen ein Verständnis der Dogmenentwicklung und der Kirche erhoben, das die Definition einer relativ spät nachweislichen Lehre überhaupt erst ermöglicht. Hin und wieder wurden schon Befürchtungen laut, die Dogmatisierung könne sich negativ auf das Verhältnis der kath. Kirche zu den anderen Kirchen und Konfessionen auswirken.

Damit sind aber auch die Probleme genannt, die in der prot. Auseinandersetzung mit der kath. Mlehre immer wieder auftauchen. Es geht einmal um einzelne Inhalte, die man meint zurückweisen zu müssen. Es sind dies u.a. die UE Ms, ihre Sündenlosigkeit, die jungfräuliche Empfängnis und Geburt Jesu, die leibliche Aufnahme Ms in den Himmel und ihre Erhöhung zur Himmelskönigin sowie ihre Funktion als Mittlerin der Gnade. Man hat Schwierigkeiten mit der Verehrung und v.a. mit der Anrufung Ms um ihre Fürbitte. Daß M im Katholizismus mehr und mehr vergöttlicht werde, ist eine Befürchtung, die seit der Reformation immer wieder laut wurde. Sicher gab und gibt es im P. auch Äußerungen, die zu einzelnen Punkten der kath. Lehre konforme Auffassung erkennen lassen. Aufs Ganze gesehen dürfte aber die Kritik an der kath. Lehre überwiegen und die Zurückweisung spezifisch kath. Auffassungen weit verbreitet sein. Diese Auseinandersetzung hat aber gezeigt, daß die kath. Lehre eingebunden ist in ein spezifisch geprägtes und akzentuiertes Gesamtverständnis christl. Glaubens. Deshalb ist auch häufig vermerkt worden, daß die Auseinandersetzung nur dann theol. fruchtbar werden kann, wenn auch die unterschiedlichen Glaubensweisen zum Gegenstand der Erörterung gemacht werden. Das bedeutet aber, daß in die Diskussion über M fast alle theol. Sachgebiete einbezogen werden müßten. M bzw. die Mariol. ist zu bedenken im Zusammenhang mit der Christol., der theol. Anthropol., der Soteriol. und v.a. der Ekklesiol. Aber auch wissenschaftstheoretische Vorfragen, wie z.B. die Frage nach den Quellen theol. Erkenntnis und die hermeneutische Frage, wären in die Diskussion einzubeziehen.

Es kann hier nicht erörtert werden, ob die prot. Kritik berechtigt ist oder ob die kath. Position christlich legitim oder gar geboten ist. Hier ist nur festzustellen, daß diese Gespräche schon seit längerem in Gang sind. Das Erstarken der ökumen. Bewegung gab Anlaß zu einem umfassenden Bemühen, Differenzen, aber auch Konvergenzen und Übereinstimmungen im Glaubensverständnis der einzelnen Konfessionen festzustellen und ihre jeweilige Bedeutsamkeit zu erörtern. Auf diesem Weg ist v.a. seit der Teilnahme der kath. Kirche an der ökumen. Bewegung schon viel erreicht worden. Bislang sei aber, so eine häufig vertretene Auffassung, bezüglich der mariol. und marian. Divergenzen noch keine Annäherung der Standpunkte feststellbar. Dazu muß einmal bedacht werden, daß der ökumen. Dialog über M wohl noch nicht intensiv und umfassend genug geführt wurde. Zum anderen steht zu hoffen, daß die Verständigung über andere zentrale Fragen (z.B. die Rechtfertigungslehre und die Kirche) sich auch auf Gespräche über die Mutter des Herrn positiv auswirken wird. Wenn sie bislang eher auf indirekte Weise geführt werden, so kann man doch schon auf erste Ergebnisse verweisen. Seit einiger Zeit bemühen sich prot. Autoren in ihren Publikationen über die kath. Mlehre und MV erkennbar um Verständnis; sie enthalten sich trotz klarer Markierung der eigenen Position meist aller Polemik. Zudem zeigen sich Bemühungen, die deutlich machen wollen, daß M nicht per kath. ist, sondern auch ev. Eine Studie, die vom Catholica-Arbeitskreis der VELKD und dem Dt. Nationalkomitee des LWB erarbeitet und 1982 publiziert wurde, kann wohl als eine Besinnung auf die Möglichkeiten und Grenzen einer ev. möglichen Mlehre und -frömmigkeit verstanden werden. Auch auf kath. Seite hat das ökumen. Engagement Auswirkungen gehabt. So bedenkt man seit dem II. Vaticanum wohl stärker die möglichen Reaktionen der nichtkath. Christen auch bei geplanten offiziellen Äußerungen über M, und man bemüht sich so zu sprechen, daß keine Mißverständnisse aufkommen können. Schon das II. Vaticanum hat auch aus Rücksicht auf die ev. Kirchen und Gemeinschaften seine mariol. Aussagen mit der Lehre von der Kirche verbunden. Damit hat es deutlich gemacht, daß M nicht für sich gesehen Bezugspunkt der Verehrung, des Glaubens und der Hoffnung sein kann, sondern daß sie selber nur dann richtig verstanden und verehrt werden kann, wenn man sie im Geheimnis Christi und der Kirche sieht. M im Zusammenhang mit der Kirche zu sehen, wäre sicher auch für die ev. Theol. ein möglicher Ansatz. Eine Reihe von Äußerungen dieser Art gibt es schon. Die sind aber, wie die kath. ja auch, abhängig von dem zugrunde gelegten Bild der Kirche.

Lit.: R. Schimmelpfennig, Die Geschichte der Marienverehrung im dt. P., 1952. — G. Miegge, Die Jungfrau Maria, 1962. — W. Tappolet (Hrsg.), Das Marienlob der Reformatoren,

1962. — A. Brandenburg, Maria in der ev. Theol. der Gegenwart, 1965. — H. Düfel, Luthers Stellung zur Marienverehrung, 1968. — S. Benko, Protestanten, Katholiken und Maria, 1972. — Lutherisches Kirchenamt (Hrsg.), Maria — Evangelische Fragen und Gesichtspunkte, In: ÜS 37 (1982) 184—201. — Beinert-Petri. — F. Courth, Mariologie und Geschichte, In: A. Ziegenaus u. a. (Hrsg.), Veritati Catholicae, FS für L. Scheffczyk, 1985. — H. Gorski, Die Niedrigkeit seiner Magd, 1987. — H. Petri (Hrsg.), Divergenzen in der Mariologie, 1989.

H. Petri

Protmann (Brotmann), Regina, Dienerin Gottes, Gründerin des Ordens der Schwestern von der hl. Katharina v. Alexandrien, * 1552 in Braunsberg (Ermland), † 18.1.1613 ebd., erfuhr im Elternhaus trotz des prot. Drucks eine tiefe Grundlegung ihres kath. lebendigen Glaubens und eine Ausbildung ihrer reichen geistigen Veranlagung. Ihre Bekehrung zu einem vertieften rel. Leben vollzog sich während einer Pestepidemie in Braunsberg und Umgebung (1571/72): Sie verließ das Elternhaus und pflegte die Kranken und Obdachlosen. Dies wurde auch Aufgabe der von ihr gegründeten Gemeinschaft, die ohne päpstliche Klausur ihre Berufung ausüben sollte. Im Dienst an den Menschen wollte sie die marian. Tugenden in einem aktiven Ordensleben realisieren, an der tridentinischen Reform des Kardinal Stanislaus Hosius und seines Koadjutors Martin Kromer (1569—79) teilnehmen und durch Gebet und Werk die Erneuerungstätigkeiten der Jesuiten unterstützen. Deren Führung unterstellte sich P. und ihre Gemeinschaft und übernahm von ihnen viele geistig prägende Anregungen. In Braunsberg gründete sie (1600?) die erste Mädchenschule. Der Seligsprechungsprozeß wurde 1964 eröffnet und wird z. Zt. in Rom geführt.

Neben eucharistischer Frömmigkeit und der Herz-Jesu-Verehrung pflegte P. eine bes. MV. In der Pflege der liturg. Gewänder und Altäre sah sie eine weibliche Aufgabe im Leben der Kirche in Nachahmung der Haltung M.s. In der Regel verpflichtete P. ihre geistlichen Töchter zum täglichen Gebet der lauretanischen Litanei und zur Betrachtung der Geheimnisse des Lebens Jesu und M.s im Rosenkranz. An Sonn- und Feiertagen betete sie das Offizium BMV oder den ganzen Rosenkranz. Die M.feste bereitete sie durch Gebet und Fasten vor. Feierlich beging sie die Feste der UE, Geburt, Verkündigung, Heimsuchung und Reinigung M.s. Als ständige Verpflichtung nahm sie sich vor, in der Adventszeit für die Roratemesse sieben Kerzen vorzubereiten und zu opfern. Die 900 »Katharinen-Schwestern« waren 1992 in Polen, Litauen, Brasilien, Togo und Deutschland tätig.

QQ: (E. Keilert), Das Leben der Gottseeligen Jungfrawen Regin Brotmanns ... durch einen glaubwürdigen Priester geschrieben, Krakau 1623 (verschollen); Braunsberg 1727. — T. Clagius, Linda Mariana sive de beata Lindensi, Coloniae 1659, 326ff. — E. M. Wermter, Quellen zur Geschichte der ersten Katharinenschwestern und ihrer Gründerin Regina Protmann († 1613) (Zeitschrift für die Geschichte und Altertumskunde Ermlands, Beiheft 2), 1975.

Lit.: A. Boenigk, R. P. und die Kongregation der Schwestern von der hl. Katharina, 1933. — H. Hümmeler, R. P. und die Schwestern von der hl. Katharina, 1955. — R. Gustaw (Hrsg.), Hagiografia polska II, 1972, 251—257. — Polski Słownik Biograficzny, Bd. 28, 1985, 525f. — Słownik Biograficzny Warmii ... II, 1988, 94. — G. Beaugrand (Hrsg.), Die neuen Heiligen, 1991, 159—165. — LThK² VIII 831. — DIP VII 1056f. (Lit., Bild).

B. G. Sliwińska

Protoevangelium. I. EXEGESE. Das P., die »erste frohe Botschaft« ist für die christl. Tradition Gen 3, 15. Hier lautet das Strafurteil über die Schlange nach dem Fall des Menschen im Paradies: »Feindschaft setze ich zwischen dich und die Frau, zwischen deinen Nachwuchs und ihren Nachwuchs. Er trifft dich am Kopf, und du triffst ihn an der Ferse«. Das in der Einheitsübersetzung stehende Wort »treffen« gibt das hebr. »šup« wieder, das eine ruckartige schnelle Bewegung zum Schaden eines anderen bedeutet, und wird in der Septuaginta mit τηρεῖν (= auflauern [um anzugreifen]) übersetzt, für das die anderen Übersetzungen in den beiden Satzteilen verschiedene Wiedergaben haben (Vulgata: »conteret — insideraberis«; Luther: »zertretten — stechen«, andere dt. Übersetzungen in der Regel: »zertreten — schnappen nach« o. ä).

Die Gegenüberstellung von Kopf und Ferse schien eine Besiegung der das Böse symbolisierenden Schlange anzudeuten, so daß viele Ausleger in Gen 3, 15b eine endgültige Besiegung des Bösen bzw. des Teufels durch einen Nachkommen der Frau ausgesprochen fanden. Wahrscheinlich hat in diesem Text der sog. Jahwist eine alte ätiologische Fabel über den ständigen Kampf zwischen Menschen und Schlangen und über das Phänomen, daß die Schlange im Unterschied zu anderen Tieren auf dem Boden ohne Füße kriechen muß, für seinen Zusammenhang ausgewertet. Ob schon der Jahwist damit andeuten wollte, daß einmal das Böse durch einen Menschen, etwa durch David, Hiskija (so M. Görg), den Messias (so gelegentlich in der jüdischen Tradition) für immer überwunden werden soll, ist bei den heutigen Exegeten umstritten (→Eva). Wenn die Septuaginta das neutrische σπέρμα durch das maskuline αὐτός wieder aufnimmt, hat der im 3. Jh. v. Chr. tätige jüdische Übersetzer zweifellos den Messias als den Schlangenüberwinder im Auge, er hat aber in der jüdischen Tradition nur selten Nachfolger gefunden. →Philo v. Alexandrien hat in Gen 3, 15b nur den dauernden Kampf der Menschen gegen den Teufel gesehen (Leges all. III 67).

Röm 16, 20 spielt deutlich an Gen 3, 15 an, sagt aber nur, daß Gott den bereits unter den Füßen der Gläubigen liegenden Satan vollends vernichten wird. Auch Offb 12, 17 hat diese Stelle im Blick, spricht aber auch nicht deutlich vom Sieg des Messias, sondern eher vom Sieg Gottes über den Teufel. Die Vulgata übersetzt den »Samen der Frau« (semen) mit »ipsa« auf und denkt dabei sicher an M. Ob Hieronymus selbst so übersetzt hat oder ob »ipsa« erst später in die Handschriften eingedrungen ist, bleibt umstritten.

J. Scharbert

II. DOGMENGESCHICHTE. Die erste nachbiblische Anspielung auf das P. scheint bei → Justin († um 165) vorzuliegen, der auf dem Hintergrund der Eva-M-Parallele eine christol. Deutung des Textes nahelegt (Dialog. 100,4—5; 102,2—4). Im Rahmen der Rekapitulationstheorie deutet auch → Irenäus v. Lyon († um 202) auf den vom Weibe geborenen Schlangenzertreter Christus hin (Haer. IV 40,4), während → Cyprian v. Carthago († 258) die Stelle mehr kollektiv auf den Sieg der Christen über den Teufel auslegt (Epist. 39,2) und → Augustinus und → Gregor d. Gr. einen übertragenen moralisierenden Sinn vertreten. Die messianisch-christol. Deutung (die immer eine gewisse Affinität zur marian. Interpretation besitzt) erfährt im Osten durch → Epiphanius v. Salamis († 403) eine starke Hervorhebung, die auch insoweit auf M Bezug nimmt, als ihm der Ausdruck »der Same des Weibes« Hinweis auf die Jungfrauengeburt ist (Haer. 78,18,12: GCS 37,452—475). In die gleiche Richtung weisen Serapion v. Thmuis († nach 362) und → Isidor v. Pelusium († gegen 435). Im lat. Westen findet sich die ausdrücklichste messianisch-marian. Bezeugung in der »Epistula ad amicum aegrotum de viro perfecto« eines unbekannten Verfassers († um 400), wo das Weib M der Schlange gegenübergestellt wird (PL 30, 85—88). Bei dem Dichter → Prudentius († nach 404) findet sich auch schon die Vorstellung, daß die Christusgeburt Ms Fuß den Sieg verleiht (CSEL 61,17.104ff.). → Leo d. Gr. († 461) vertritt den messianischen Charakter in der Weise, daß Christus »aus der Jungfrau hervorgehen und den Verderber des Menschengeschlechtes durch seine unverdorbene Geburt vernichten soll« (PL 54,194). Im syr. Osten spricht → Ephräm († 373) Christus als den Schlangenzertreter an, bringt aber auch M damit in Verbindung (Hymnus de Nativitate 22,31). Am Ende der lat. Väterzeit referiert → Isidor v. Sevilla († 636) u. a. auch die messianische Auffassung (In Genesim: PL 83,291), die → Ildefons v. Toledo († 667) mit dem Verweis auf die »Ehre der Jungfrau« auch marian. deutet (Gen 3,17a), wobei aber Christus (trotz der Lesart »ipsa« [Gen 3,15c] der Schlangenzertreter bleibt (PL 96,114). Danach tritt im Westen die messianisch-marian. Deutung (wohl unter der Autorität Augustins) zurück (obgleich Isidor weiter zitiert wird), was nicht in gleicher Weise für den Osten gilt, wo → Johannes v. Euböa († um 750) an Me Verkündigung von Adam predigt: »Du wurdest von der Schlange durch ein Weib hintergangen, durch ein Weib wirst auch du die Schlange mit Füßen treten«, wobei aber der Sieg nicht unmittelbar M zukommt (PG 96,1495).

Einen neuen Auftrieb erfährt die messianischmariol. Deutung im Abendland mit → Bernhard v. Clairvaux († 1153), der nun auch, gestützt auf die Lesart »ipsa«, M im übertragenen Sinne als die Schlangenzertreterin ansieht (PL 183,62f.), eine Auffassung, die in den Mpredigten des MA vorherrschend wurde (vgl. T. Gallus, Interpretatio mariologica Protoevangelii tempore postpatristico usque ad Concilium Tridentinum, 88ff.). Im SpätMA gibt der angesehene Exeget → Nikolaus v. Lyra († 1349) die Erklärung, daß »durch sie (M), mittels ihres Sohnes, die Macht des Dämons zertreten ist« (Biblia Sacra cum Glossa Ordinaria et Postilla Nicolai Lyrani I, Duaci 1617, 103f.). Mit der Editio Clementina der Vulgata (1592), welche die Lesart »ipsa« beibehielt (aber nicht aus mariol. Gründen), kam unter den Exegeten vielfach die Forderung nach einer Korrektur auf, die bes. auch von ref. Exegeten vorgetragen wurde. Bemerkenswerterweise blieb aber hier (mit Ausnahme Calvins) bis hin zur Aufklärung die messianische Deutung des P. (ohne Bezugnahme auf M) lebendig und in Geltung. Erst mit dem Einsatz der historisch-kritischen Methode trat hier ein Wandel ein, der dazu führte, daß heute die Exegeten aller Konfessionen der marian. Deutung ablehnend gegenüberstehen und der messianischchristol. Interpretation gegenüber Vorbehalte anmelden.

Dem steht der dogmengeschichtliche Befund gegenüber, nach dem die kirchliche Lehrverkündigung bezüglich der Dogmen von der UE (Bulle »Ineffabilis Deus« Pius' IX. von 1854; Jubiläumsenzyklika Pius' XII. »Fulgens corona« von 1953) und der Assumptio corporalis (Constitutio Apostolica Pius' XII. »Munificentissimus Deus« von 1950) unabhängig von der Lesart »ipsa« und ohne Festlegung auf einen verbalen oder typologischen Sinn das P. als biblisches Argument anerkannten, allerdings unter Einfügung in den Väterbeweis und unter Berücksichtigung der vorwaltenden Glaubensüberzeugung (dem »factum ecclesiae«). Nach »Munificentissimus Deus« hat die Assumptio so ihr »fundamentum« in der Schrift, was nicht ein förmliches Enthaltensein besagen will, aber doch über eine bloße Stützfunktion hinausgeht. Es ist in diesem Sinne kein eigenständiger Schriftbeweis, sondern eine Erhebung des Sinnes des Textes im Lichte des integralen Glaubensbekenntnisses der Kirche, das die historisch-kritische Methode nicht zu repräsentieren vermag, wie sie auch grundsätzlich nicht über das zu Glaubende entscheiden kann. Zur Begründung dieser gläubig-kirchlichen Auslegung wird auf den »sensus plenior« (»Vollsinn«) und/oder den »sensus spiritualis« (vgl. Thomas, S. Th. I q. 1 a. 10) verwiesen. Diesbezüglich besteht aber zwischen Exegese und Dogmatik keine Übereinstimmung (→ Schriftsinn).

L. Scheffczyk

Lit.: F. Drewniak, Die mariol. Deutung von Gen 3,15 in der Väterzeit, 1934. — A. Schulz, Nachlese zu Gen 3,15, In: BZ 24 (1938/39) 343—356. — T. Gallus, Interpretatio mariologica Protoevangelii tempore postpatristico usque ad Concilium Tridentinum, 1949. — J. Coppens, Le Protévangile, In: EThL 26 (1950) 5—36. — J. Michl, Der Weibessame (Gen 3,15) in spätjüdischer und frühchristl. Auffassung, In: Bib. 33 (1952) 371—401. 475—505.— T. Gallus, Interpretatio mariologica Protoevangelii posttridentina usque ad definitionem dogmaticam Immaculatae Conceptionis, 2 Bde., 1953f. — B. Rigaux, La femme et son lignage dans Gen 3,14s, In: RB 61 (1954)

321—348. — M. Brunec, De sensu protoevangelii, In: VD 36 (1958) 193—220. 321—337. — J. Haspecker und N. Lohfink, »Weil du ihm nach der Ferse schnappst«, In: Schol. 36 (1961) 357—372. — J. Knackstedt, Das P. im ordentlichen Lehramt der Kirche in den letzten 100 Jahren, In: ThPQ 109 (1961) 277—291. — J. Schildenberger, Der dogm. Schriftbeweis aus dem AT, In: Hl. Schrift und Maria, 1963, 7—26. — K. Schwerdt, Der Schriftbeweis in den marian. Lehrschreiben der Päpste seit Pius IX., ebd. 95—141. — T. Gallus, Der Nachkomme der Frau in der altlutheranischen Schriftauslegung, 2 Bde., 1964, 1973. — R. Martin, The Earliest Messianic Interpretation of Genesis 3,15, In: JBL 84 (1966) 425—427. — O. da Spinetoli, La data e l'interpretazione del Protevangelo, In: Messianismo (1966) 35—56. — N. Füglister, Atl. Grundlagen der ntl. Christologie, In: MySal III, 1, 1970, 110 f. — E. Lipinski, Études sur les textes »messianiques« de l' Ancien Testament, In: Sem. 20 (1970) 41—58. — A. Orbe, Ipse tuum calcabit caput, In: Greg. 52 (1971) 95—150. 215—271. — W. S. Vorster, The Messianic Interpretation of Gen 3:15, In: Ou testamentiese werkgemeenskap in Suid-Afrika 15/16 (1972/73) 108—118. — C. A. Barrois, The Face of Christ in the Old Testament, 1974, 57—66. — A. H. J. Gunneweg, Urgeschichte und Protoevangelium, In: FS für E. Fuchs, 1974, 147—159; jetzt in: Ders., Sola Scriptura, 1983, 83—95.— W. Wilfall, Gen 3:15 — a Protoevangelium?, In: CBQ 36 (1974) 360—365. — A. Feuillet, Der Sieg der Frau nach dem P., In: IKZ-Com 7 (1978) 26—35. — T. Gallus, »Der Nachkomme der Frau« (Gen 3,15) in der ev. Schriftauslegung III: Von der Aufklärungszeit bis in die Gegenwart, 1976. — H. Riedlinger, Buchstabe und Geist, In: IKaZ 5 (1976) 393—405. — G. Söll: HDG III/4, 1978. — T. Gallus, Die »Frau« in Gen 3,15, 1979. — M. Görg, Das Wort zur Schlange (Gen 3,14 f.), In: BN 19 (1982) 121—140. — S. Herrmann, Das Protoevangelium in 1 Mose 3,15, In: FS für U. Fick, 1983, 63—69. — W. Vogels, Das sog. »Proto-Evangelium« (Gen 3,15), In: Theol. der Gegenwart 29 (1986) 195—203. — A. Feuillet, La connexion de la révélation divine avec histoire du salut dans l' annonce prophétique du Sauveur messianique et de sa Mére, In: Div. 32 (1988) 543—564. 643—665. — Ch. Dohmen, Schöpfung und Tod, 1988, 281—293. — U. Vanni, La Donna della Genesi (3,15) e la Donna del Apocalisse (12,1) nella »Redemptoris Mater«, In: Mar. 50 (1988) 422—435. — M. Peinador, El Protoevangelio (Gen III,15) en la exposición de Filón y en un poema de Prudencio, In: EphMar 39 (1989) 455—465. — J. Ratzinger (Hrsg.), Schriftauslegung im Widerstreit, 1989. — LThK² VIII 832—834. — ThWAT II 671 f. — ThWNT VII 539. — Vgl. auch Genesis-Kommentare.

J. Scharbert/L. Scheffczyk

Proussos, Kloster in Zentralgriechenland, der (M)-Hodegetria wegen der dort gefundenen Ikone (0,88 x 0,60 m) geweiht. Nach alter Tradition soll die Ikone auf die Zeit des Bilderstreites zurückgehen und aus Proussa (heute Bursa in Kleinasien) stammen, wovon sich nach älterer Darstellung der Name abgeleitet haben soll. Von Bursa sollte sie in der Zeit des byz. Kaisers Theophilos (829—842) an einen sicheren Ort gebracht werden, wurde aber unterwegs auf wunderbare Weise in Zentralgriechenland durch einen Lichtstrahl gefunden. Nach dieser Auffindungslegende soll das griech. Wort πυρσός (= Fackel) für die Namensgebung des Klosters verantwortlich sein.

Eine Inschrift in der Kirche berichtet, daß die Wandmalereien 1518 geschaffen wurden. Kirche und Kloster müssen aber älter sein, was Reste von Wandmalereien des 13. Jh.s (nach I. Papadopoulos) und der notwendige zeitliche Abstand für die eventuelle Umwandlung des Namens »Pyrsos« zu »Proussos« (K. Amantos) andeuten.

Die Geschichte des Klosters und der Ikone sind auch mit dem griech. Befreiungskampf (1821) verbunden, denn die unzugängliche Lage des Klosters bildete eine geeignete Zuflucht für die Bevölkerung. Der bis heute erhaltene Silberrahmen der Ikone stammt von dem sich dort 1824 wegen einer Krankheit aufhaltenden griech. Freiheitskämpfer Georgios Karaiskakis.

Die Ikone wird als wundertätig verehrt, was viele Inschriften und Votive bis heute bezeugen. Die Hauptfeier der Ikone wird am 23. August begangen (15.—23. August Wallfahrtszeit). Das Kloster war ein der Jurisdiktion des Patriarchats von Konstantinopel untergeordnetes Koinobion (bis zur Errichtung der Kirche Griechenlands), unter dessen Dach eine bedeutsame Bibliothek erhalten ist, und Ende des 18. Jh.s eine Gymnasialschule untergebracht war. Das Kloster besteht aus einer Kapelle, die in eine natürliche Felsenhöhle gebaut ist, und der sich anschließenden Hauptkirche (Katholikon), die 1587 ausbrannte und 1752 wieder aufgebaut wurde. Der ganze Komplex ist mit Wandmalereien des 14., 16. und 19. Jh.s geschmückt. 1944 wurde der äußere Komplex durch die dt. Besatzungsarmee niedergebrannt und um 1950 wieder aufgebaut. Die Ikone, die Reliquien und die Bibliothek wurden gerettet.

Lit.: I. Papadopoulos, Ἡ μονὴ Προυσοῦ. Τὰ ἱστορικά της ἔγγραφα, In: Γρηγόριος Παλαμᾶς 15 (1931) 30—33. — K. Amantos, Ἡ μονὴ Προυσοῦ, In: Ἑλληνικά 6 (1931) 237—259. — G. Ntabarinos und A. Tsiaperas, Ἱστορία τῆς ἐν Εὐρυτανίᾳ Ἱερᾶς Μονῆς Προυσοῦ καὶ τῆς ἐν αὐτῇ Θαυματουργοῦ Εἰκόνος Παναγίας τῆς Προυσσιωτίσσης, 1957. — P. Basileiou, Τό μοναστῆρι τοῦ Προυσσοῦ, 1965.

D. Moschos

Prozessionen sind Ausdruck elementarer Seelenstimmung. Menschliche Natur tut Freude, Sorge und Trauer nach außen und in Gemeinschaft mit anderen kund. Seelische Unruhe, die Herz und Gemüt aus freudigem oder traurigem Beweggrund erfaßt, will sich in Ortsveränderung offenbaren; sie will dabei auch auf Fernerstehende wirken und sie zu Zeugen und Teilhabern eigener Seelenstimmung machen. Auf dieser Grundlage spielen P. im rel. Leben vieler Völker eine bedeutsame Rolle. Im heidnischen Rom sind P. als rel. Festlichkeit so etabliert, daß Prozession und Feier notwendig zusammengehören (Tertullian, De praescriptione haereticorum c. 43; Ad uxorem II, 4). Auch AT und NT berichten von P. (Num 9 f.; Jos 6; Ps 23; 67; 104; 113; 117; 125; Jes 52, 12; 60; Esr 3; 1 Kön 8; 2 Chr 6; 40—42; Neh 12, 31—35; Offb 7; Hebr 12, 8—24). Ma. Symbolik erblickt in P. ein Abbild des Auszuges Israels aus Ägypten und ein Symbol der Wanderung der Kirche zur ewigen Heimat des Himmels (G. Durandus, Rationale divinorum officiorum, Lugduni 1592, 1, 4, c. 16, nr. 14). Christl. P. sind v. a. Gebet; sie stellen darüber hinaus eine rel. Wirklichkeit dar, die einzig der Glaube erfassen kann. Im Hinblick darauf sagt das Rituale Romanum (Editio post typicam [1952] 1954 Tit. X, cap. 1, Nr. 1): »Sie enthalten große und göttliche Geheimnisse, und wer mit Andacht an ihnen teilnimmt, erntet heilsame Früchte christlicher Frömmigkeit.« Die lat. Ausdrücke »procedere«, »processio« und »processus« (C. du Cange, Glossarium mediae et infimae Latinitatis 6, Niort 1886, 515—517) bedeuten bei den Römern: Aufmarsch des Heeres, feierlicher Einzug der Konsuln im Circus Maximus, Einzug kaiserlicher Statthalter in ihre Residenz. Die Kirche verwendet — bis ins MA — für den rel. Umzug das Wort »litania«. Christl. Sprachgebrauch kennt auch den Ausdruck »procedere«, er bezeichnet aber zunächst nicht Prozession in unserem Sinne, sondern Gang zur Kirche und Teilnahme am Gottesdienst (A. A. R. Bastiaensen, Observations sur le vocabulaire liturgique dans l'itinéraire d'Egérie, 1962, 26—39). Prozession setzt eine Ordnung (CIC, 1917, can. 1290, § 1; 1983, can. 944, § 2) — dies gehört mit zu ihrem Wesen — nach Rang und Stand voraus (RitRom 1954, Tit. X, cap. 1, nr. 4); sie ist nicht formlose Ansammlung von Klerus und Laien. Wer an einer Prozession teilnimmt, ist Glied einer geordneten Gemeinschaft, einer pilgernden liturg. Versammlung unter Führung ihrer Priester.

In der lat. Kirche gibt es P. seit der Wende vom 4. zum 5. Jh. Rel. Sehnsucht verlangt in so hohem Maße nach ihnen, daß die Kirche sie zuweilen an die Stelle heidnischer Umzüge treten läßt (L. Duchesne, Origines du culte chrétien, ⁵1925, 304 f.). In Zeiten der Verfolgung — vor Kaiser Konstantin d. Gr. (306—337) — können Christen einzig Leichenzüge als P. gestalten, weil sie zugleich bürgerlichen Charakter tragen. Älteste liturg. Prozession ist die Palmprozession; sie kommt — als feierliche Nachbildung der Wege des Herrn — von Jerusalem über Gallien in die abendländische Kirche (Silviae vel potius Aetheriae peregrinatio ad loca sancta [Itinerarium Egeriae], cap. 31, ed. W. Heraeus, ³1929, 38). Die Lichtmeßprozession (2. Februar) zum Feste Me Reinigung ist — als christl. Gegenstück einer heidnisch-röm. Sühneprozession (D. de Bruyne OSB, L'origine des processions de la Chandeleur et des Rogations à propos d'un sermon inédit, in: RBen 34 [1922] 14—26) — vielleicht seit dem 5. Jh. Gewohnheit (PL 90, 347—354; 105, 1160 f.), obschon sie der Liber Pontificalis im 7. Jh. erwähnt (L. Duchesne, Le Liber Pontificalis I, Paris 1886, 376). In ihrer heutigen Gestalt ist sie — wie die Palmprozession — Gedächtnisprozession; sie erinnert an die Wanderung der Hl. Familie von Betlehem nach Jerusalem.

Bei P. spielt meist die Bitte ($\lambda\iota\tau\eta$) eine wesentliche Rolle. Darum heißen bes. Bittgänge in der Sprache der alten Liturgie »litaniae«. Im 12. Jh. kommt dafür der Name »processio« auf. Bittage sind allen voran die 25. April und die drei ersten Tage der Kreuzwoche, d. h. die drei Tage vor Christi Himmelfahrt. Im Vergleich dazu kennt die Kirche seit 1246 zunehmend auch theophorische P.; bei ihnen wird — wie etwa an Fronleichnam — das Allerheiligste mitgetragen.

Allen voran stehen marian. P. v. a. seit dem 16. und 17. Jh. im Zeichen rel. Wärme und Kraft. In dem frommen Volksbrauch lebt ein starker Wille, seine innere Überzeugung und sein aufrichtiges Streben in eine Gott wohlgefällige, die Mitchristen erbauende Tat umzusetzen. Marian. P. geben der Bürgerschaft an Wallfahrtsorten und den herbeiströmenden Pilgerscharen ein gemeinsames Wollen. Dabei verbindet lat. Liturgie die Lehre der Väter mit nicht minder klarer Darstellung der lehrenden Kirche, wie sie in → Antiphonen, → Responsorien, → Hymnen und anderen kirchenmusikalischen Kompositionen ihren Ausdruck findet. Die liturg. Gesangsbücher der Kirche — seit dem 12. Jh. selbständige Bücher (Processionalia oder Processionaria) — verzeichnen die offiziellen, einstimmigen Melodien zu folgenden Mfesten: UE, Reinigung, Verkündigung, Heimsuchung, Aufnahme in den Himmel, Geburt, Namen, Sieben Schmerzen und Rosenkranz; darüber hinaus halten die Processionalia der Prämonstratenser und des Birgittenordens auch für das Fest Praesentatio BMV (Darstellung und Opferung Ms) Gesänge zur Prozession bereit. Die Melodien zu den Festen Me Verkündigung, Aufnahme in den Himmel, Geburt und Reinigung sind älteren Gesängen des Advents, der Jungfrauen- und Märtyrerfeste entnommen. Antiphonen und Responsorien bilden die Grundsubstanz des Buchtypus eines Processionale.

In der Monodie des MA und der Neuzeit haben Antiphonen in diesem Zusammenhang keine Differenzen; sie sind aus dem Verband der Psalmodie gelöst und zu selbständigen Gesängen geworden. Der Usus, liturg. Gesänge ohne Psalm oder Psalmvers mit dem Ausdruck »Antiphon« zu bezeichnen, ist jüngeren Datums; er leitet seinen Ursprung von der Kommemoration her. Dabei vertritt die Doxologia minor den Psalm; läßt man auch sie beiseite, gelangt die Antiphonie an die Grenze ihrer Entwicklung. Dieses Stadium repräsentieren die Antiphon → Regina caeli (um 1200, die jüngste von vier marian. Schlußantiphonen) und die übrigen Prozessionsantiphonen, die Antiphonae litaniales oder processionales. Einige sind weiträumig gebaut; sie reihen mehrere Sätze aneinander. Größere Abschnitte gliedern sie logisch; ihre Disposition stützen melodische Mittel.

Der Stil anderer Antiphonen ist frei, zieht aber Gruppenmelodik der Syllabik vor; er nähert sich dem Stil reicherer Offiziumsantiphonen. Vielen Antiphonae processionales kommt der Name Antiphon fälschlich zu; ihre Texte haben die Form einer Oration.

Responsorien — erheblich älter als Antiphonen — haben ihren liturg. Ort in den Nokturnen des Offiziums. Responsoriale Psalmodie — ältester Gesang der Liturgie — ist ursprüngliche Form der Psalmodie; er gestaltet v. a. hohe Feste feierlicher. Darum kommt Responsorien auch bei P. ein Ehrenplatz zu. Der Buchtypus des Processionale und jüngere Quellen zum Offizium notieren Psalmen in gekürzter Form. Die

Praxis — seit dem MA bekannt — wirkt allzu langer Ausdehnung des Gottesdienstes entgegen. Im allgemeinen folgen Responsorien des Processionale fränkischer Manier (auf einen oder höchstens drei versus treffen nicht das ganze Corpus des Responsoriums, sondern eine bis drei Repetenden). Die Gesänge sind wie Antiphonen mit reicherem — prosaischen oder poetischen — Text gebaut. Die Melodie ergänzt und betont die Gliederung des Wortgefüges. Dabei unterstreichen Zäsuren den Text melodisch auch da, wo einfache Aussprache hinweggingе; auch Versneumata sind deutlich gegliedert. Satzmelodie und Satzrhythmus heben den Sinn liturg. Aussage hervor. Melodische Kleinarbeit stützt logische Beziehungen größerer Abschnitte. Analog verlangt Melismatik melodische Zäsuren, selbst wenn kein Text die Melodie gliedert. Die Struktur der Melodien des Processionale — lat. Text gibt sie vor — vermittelt die künstlerische Erfahrung: Kongruenz des Wort- und Tongefüges in idealer Weise; sie gehört zum Wesen v. a. auch des sog. Gregorianischen Chorals.

Vom ausgehenden MA bis in die Neuzeit bereichern mehrstimmige Werke marian. P. (vgl. dazu Komponisten von den Anfängen der Mehrstimmigkeit, v. a. aber vom 14. bis in das 20. Jh).

Ausg.: Processionale Romanum, 1911, 4—7. 8*—10*. 18*—20*. — Processionale ad usum sacri et canonici ordinis Praemonstratensis, 1932, 138—147. 153—154. 165—167. 176—177. 182—185. 186—187. 189—190. 199. 38*—64*. — Processionale Monasticum, 1983, 120—121. 132—137. 146—148. 164—167. 178—182. 185—189. 192—193. 242—308.

Lit.: R. H. Conolly, Liturgical Prayers of Intercession, In: JThS 21 (1920) 219. — J. Lechner, Liturgik des Röm. Ritus. ⁶1953, passim. — J. Roth, Die mehrstimmigen lat. Litaneikompositionen des 16. Jh.s, 1959, passim. — J. Leclercq, Fragmenta Mariana, In: EL 72 (1958) 292—305. — Ders., Formes anciennes de l'Office marial, ebd. 74 (1960) 89—102. — Jungmann I—II, passim. — A. G. Martimort, Handbuch der Liturgiewissenschaft I—II, 1963—65, passim. — P. Radó, Enchiridion Liturgicum I—II, ²1966, passim. — J. A. Jungmann, Liturgie der christl. Frühzeit, 1967, 132—133. — D. v. Huebner, Zu Prozessionen und Gesängen eines Processionale des 15. Jh.s aus dem Birgittenorden, In: FS für Altomünster 1973, 83—113. — Grove XI 74—79; XV 278—281. *D. v. Huebner*

Prozessionen in → Konstantinopel gab es 68 feststehende große P. im Jahr. Sie waren ungleichmäßig jeweils nach dem Festanlaß verteilt und fanden unter großer Beteiligung des Volkes statt, z. T. mit dem Patriarchen (32, beschrieben im »Typikon der Großen Kirche«), z. T. mit dem Kaiser und seinem Hofstaat (17, davon 10 genau beschrieben im ersten, 7 bloß erwähnt im zweiten Buch von »De Caerimoniis aulae Byzantinae«). Sie bestimmten wesentlich das öffentliche kirchliche und gesellschaftliche Leben Konstantinopels.

Durch die Übertragung der Oberaufsicht über den Verlauf sämtlicher P. an den Stadteparchen durch den Kaiser (Anastasios I., 496) kam darin auch bei P. ohne den Kaiser selbst die enge Verflechtung von kirchlichen und staatl. Belangen im Sinne der rel. überhöhten byz. Staatsideologie zeremoniell sichtbar zum Ausdruck. In der historischen Genese wie auch im jeweiligen Verlauf war das Charakteristikum der P. in Konstantinopel (im Unterschied zur entsprechenden Praxis in den Patriarchaten Jerusalem und Rom) die gezielte propagandistische Bekundung dieser staatlich-kirchlichen Einheit. Entsprechend betrafen die Anlässe und Termine der P. Anliegen der Kaiserstadt selbst, ihren Schutz in Not und Gefahr durch die Hilfe des »menschenfreundlichen Gottes auf die Fürsprachen (πρεσβεῖαι = eigentlich »Gesandtschaftsfunktionen«) der allreinen Gottesmutter«, den Dank für die Rettung aus besonderen Bedrohungen während ihrer Geschichte (5 Belagerungen, 9 Erdbeben, Aschenregen vom 6. 11. 469 und das Große Feuer vom 1. 9. 461), die Feier der Stadtgründung (11. Mai, → Konstantinopel, Fest der Gründung) und das Indikations-(Neujahrs-)Fest (1. September).

Die elf P. zu Ehren ₥s an ihren Festen oder denen ihrer Hauptkirchen in Konstantinopel (Kirchweihen bzw. Reliquienübertragungen) verdeutlichen ₥s Rolle als Beschützerin der ihr eigenen Stadt (οἰκεία πόλις), so bes. am 2. Juli zur Feier der Niederlegung ihres Schleiers (→ Gewandniederlegung Mariens) in der Blachernen-Kirche und am 31. August zur Niederlegung ihres → Gürtels in der Chalkoprateia-Kirche. — Die große Prozession am 27. Januar zum Gedächtnis der Überführung der Reliquien des hl. → Johannes Chrysostomus (398 durch Kaiserin Eudoxia) steht im besonderen Zusammenhang mit der historischen Bedeutung dieses Heiligen für die Entstehung eigentlich kirchlicher P. in Konstantinopel.

Die architektonische Besonderheit eines repräsentativ gestalteten Stadtzentrums mit dem Kaiserpalast, der Hagia Sophia (→ Sophienkirche), dem Hippodrom und Augusteion als Volksversammlungsplätzen in unmittelbarer Nachbarschaft mit der breiten, kolonnadenumstandenen Prachtstraße der Mese (650 m) zum Konstantinsforum und in Fortsetzung dazu der Triumphalstraße zum Goldenen Tor (5 km) sowie die Konzentration der meisten und altehrwürdigsten Kirchen auf dieses innere Stadtgebiet waren die äußeren Voraussetzungen für die Ausbildung einer spezifischen Prozessionspraxis und → Stationalliturgie, bei der systematisch alle bedeutenden öffentlichen Plätze und Kirchen des Stadtzentrums einbezogen wurden. Wie einerseits die Hagia Sophia jeweils kirchlicher Ausgangspunkt der P. war, so diente andererseits als Zentrum der staatlichen Repräsentation das Konstantinsforum, auf dem 46 P. Station machten. Kultischer Mittelpunkt des Forums war dabei das Oratorium am Fuße der großen Porphyrsäule (als Rest erhalten heute nur noch die sog. Verbrannte Säule) mit dem (angeblich von Aeneas aus Troja nach Latium gebrachten) Palladium der Stadt Rom und Stücken des Kreuzes Christi als christl. Reliquien, wiederum als Ausdruck der ideologischen Dualität des byz. Selbstverständnisses.

Bei einem Großteil der P. (32) waren auch die ℳkirchen der Chalkoprateia und der Blachernen zusammen mit der Apostelkirche neben der jeweiligen Hauptkirche des betreffenden Festes eingeschlossen. 14 P. gingen zu Kirchen weiter außerhalb der Stadtmauern, zum ℳheiligtum → Pege oder zum Hebdomon, dem mit mehreren Kirchen ausgeschmückten Sammelplatz des Heeres vor den Triumphzügen in die Stadt.

Dem Doppelcharakter der P. in Konstantinopel entsprechend, lebte im Kaiserkult die altröm. Tradition der personorientierten pompa triumphalis als eigenständige kaiserliche Prozession zur Feier eines Triumphes über Feinde oder anläßlich der Wahl eines neuen Kaisers weiter; der altgriech. festtagsorientierten πομπή πανηγυρική mit vorausgehender Pannychis (»Ganznachtfeier«) blieben die P. zum Stadtgründungs- und Neujahrsfest, in deren Nachahmung dann aber auch die großen kirchlichen Festtagsprozessionen verpflichtet. Mehr auf unmittelbar altröm. Vorgaben gehen zunächst staatlich angesetzte P. mit betont rel. Einbindung ihrer politischen Zielrichtung (supplicationes) zurück, teils als Dankprozessionen (gratulationes) für erzielte Erfolge, teils als apotropäische Bittprozessionen (obsecrationes) in Zeiten der Bedrängnis, mit denen durch einen Umzug rings um die Stadt ein magischer Schutzring geschlossen werden sollte. Trotz der allmählichen kirchlichen Umfunktionierung dieses Erbes blieb die eigenständige kaiserliche Tradition erhalten, daß der Kaiser mit seinem Hofstaat auch an einigen kirchlichen Festen eine eigene Prozession abhielt, so z. B. am Mittwoch der Osterwoche zur Kirche der hll. Sergius und Bacchus (während der Patriarch in einer rein kirchlichen Prozession zur ℳkirche der Blachernen zog), aber auch darin, daß bei der Teilnahme des Kaisers an kirchlichen P. sein Weg teilweise getrennt von dem des Patriarchen verlief, und sich bloß zu Beginn in der Hagia Sophia, dann auf dem Forum, in der Stationskirche des betreffenden Festes und schließlich in der Apostelkirche die kaiserliche mit der kirchlichen Prozession traf. Der augenfälligste Unterschied im äußeren Ablauf bestand darin, daß die kaiserliche Prozession zu Pferd, die kirchliche dagegen zu Fuß erfolgte. Das von Kaiser Basileios I. Makedon (867—886) begründete, von Nikephoros II. Phokas (963—969) wieder aufgegriffene und von da an feststehende Zeremoniell christl. byz. Triumphzüge vereinigt in bezeichnender Weise beide Prozessionstypen: Von der Goldenen Pforte zog der triumphierende Kaiser mit Gefolge und Heer zu Pferde bis zum Forum. Nach den Siegesfeierlichkeiten dort wurde er vom Patriarchen in der (von Basileios I. in einem Portikus eingebauten kleinen, doch wegen ihre Schönheit vielgerühmten, ℳ geweihten) Forumskirche empfangen; dort wechselte er unter Danksagungen an die GM für den Sieg, der ihr zugeschrieben wurde, seine Feldherrnkleidung mit dem kaiserlichen Sakralgewand und zog dann zu Fuß in der Prozession des Patriarchen zur Hagia Sophia weiter. Damit wandelte sich an der Forumskirche der zunächst in altröm. Tradition begonnene kaiserliche Triumphzug gemäß dem sakralen byz. Reichsverständnis zu einer kirchlichen Dankprozession.

Die kirchliche Prozession im eigentlichen Sinn bildete sich in Konstantinopel vom Ende des 4. bis zum Anfang des 10. Jh.s aus. Bewußt unterschied sie sich im Namen (πρόσοδος = processio, später meist λιτή oder λιτανεία von der heidnischen πομπή, deren Bezeichnung fortan in einem metaphorisch peiorativen Sinn schlechthin für die »Werke des Bösen« verwendet wurde (vgl. die Taufformel: »Widersagst du dem Teufel und all seinem Pomp?«). Während sich die kirchlichen P. in ihrem äußeren Verlauf durchaus der herkömmlichen Form der πομπή anschloß, zeichnete sie sich inhaltlich durch das Singen von Psalmen mit Antiphonen und abschließender Doxologie sowie von Hymnen (Troparien und Kontakien) und Fürbitten (λιταί oder λιτανεῖαι im engeren Sinne) aus.

Diese Form der kirchlichen Prozession in Konstantinopel unterschied sich von der Jerusalemer Prozessionstradition, welche in ihrer Ausrichtung auf die historischen hll. Stätten durch die szenische oder zumindest symbolische Vergegenwärtigung der biblischen Begebenheiten charakterisiert war; lediglich für den Palmsonntag und für das Himmelfahrtsfest übernahm Konstantinopel (und nachfolgend auch Rom) den Jerusalemer Prozessionstypus. Die Zentrierung des Prozessionsverlaufs um die staatl. Repräsentationssphäre der Stadt steht im Gegensatz zur röm. Prozessionspraxis, die sich im Anschluß an die altröm. pompa funebris um den Martyrerkult und die Grabkirchen (ursprünglich am Rande der Stadt) entwickelte.

Der historische Ursprung der kirchlichen Prozession in Konstantinopel geht auf die Arianer zurück. Diese hatten nämlich mit dem Verlust ihrer Vormachtstellung auch das Recht auf Abhaltung ihrer Gottesdienste innerhalb der Stadt verloren, zogen jedoch an den Vorabenden ihrer Festtage in vielbeachteten P. durch die Prachtstraßen in die Reichsstadt ein und verließen diese am Morgen des Festes wieder ebenso zu ihrer Eucharistiefeier. Dabei sangen sie, eingeteilt in zwei Gruppen, abwechselnd Psalmen und Antiphonen (nach dem Vorbild des Ignatios v. Antiochien, 2. Jh.). Im Gegenzug war der orth. Patriarch der Stadt, Johannes Chrysostomus (398—404) bemüht, die arianischen P. durch prachtvollere und häufigere Gegen-P. in den Schatten zu stellen, welche die trinitarischnizäische Doxologie als Refrain am Ende jeder Psalmodie hervorhoben, um damit die Gefahr einer neuen Einflußnahme der Arianer zu bannen. Mit Hilfe der prunkvollen Ausstattung gewannen diese nizäischen P. größte Popularität. Bes. Übertragungen von Reliquien von den

Meereshäfen her zu ihrer Niederlegung in den Kirchen waren Anlässe für solche P., welche die Stadt entleerten, weil die ganze Bevölkerung samt Kaiser und Kaiserin daran teilnahmen, und mit ihren Fackeln die nächtlichen Straßen in Feuerbäche verwandelten (Sokrates, PG 67,688f.; Sozomen, PG 67,1536; 63,459; 50,699).

Auch in der Folgezeit dienten solche P. ähnlich propagandistischen Zwecken, dem Kampf verschiedener kirchlicher Richtungen um ihren Einfluß in der Stadt bzw. der Machtdemonstration in ihrem Besitz. Höhepunkt der Reliquien-P. war die triumphale Rückkehr des Kaisers Heraklios (610—641) nach seinem Sieg über die Perser 630 mit der »Reliquie des echten Kreuzes« als Siegestrophäe. Er überreichte sie in der Blachernenkirche dem Patriarchen Sergios I. (610—638). In diesem Triumphzug mit Dankeshymnen zum Preise Gottes und M̄s und mit Hymnen zur Verehrung des Kreuzes Christi verwandelte sich die kaiserliche Prozession endgültig aus ihrer altröm. Form in einen christl. Gottesdienst.

Gegenüber den bisherigen Gelegenheits-P. steht die Einrichtung regulärer P. in direktem Zusammenhang mit der zunehmenden MV. Die erste regelmäßig wiederholte Prozession begründete Patriarch Timotheus I. (511—518) und gab ihr den Namen »Panegyris«, »weil in ihr der Lobpreis der Gottesmutter gesungen wurde«; sie zog jeden Freitag zu Ehren M̄s von der Chalkoprateia- zur Blachernenkirche. Kaiser Maurikios (582—602) regelte ihr Zeremoniell neu, beteiligte sich allwöchentlich selbst an ihr und unterbrach diesen Brauch nicht einmal während eines Volksaufstandes (Theodorus Lector, PG 86,200 AB; Theophanes, Chronographia I 265f.; Simokathas I 291f.). Als eifriger Teilnehmer an diesen M̄-P. ist auch Kaiser Theophilos (829—842) bezeugt (Kedrenos II 101). — Nach seinem Sieg über den Perserkönig Chosroes I. richtete Kaiser Maurikios 588 zudem eine jährliche Prozession zur Blachernenkirche ein, ebenfalls unter der Bezeichnung »Panegyris« »zum Gedächtnis der hl. Gottesgebärerin in den Blachernen und zum Lobpreis der Herrin«.

Bei dem Bestreben, staatlich-politische Ereignisse rel. zu begründen, erhielt M̄ ihre besondere Rolle als Schutzherrin von Stadt und Reich; die Prozession wurde geeignetes Mittel, diese Verbindung propagandistisch zu verbreiten. So wurden beim Ansturm der Awaren auf die Stadt 626 und bei dem der Russen 860 nach Allnachtvigilien in P. unter Litaneien und Hymnen das Gewand M̄s aus der Blachernenkirche und ihre Ikonen als »Stadterhalterin« ($πολιοῦχος$), »Schatz der Rettung« ($θησαυρὸς\ τῆς\ σωτηρίας$), »Festung und Zuflucht« ($κραταίωμα\ καὶ\ καταφυγή$), »Hafen und Schutz« ($λιμὴν\ καὶ\ προτασία$), »unankämpfbares Bollwerk und uneinnehmbarer Wall« ($ἄμαχον\ ὀρύχωμα\ καὶ\ ἀνάλωτον\ χαράκωμα$) zur Abwehr der Belagerer und zum Schutz der Stadt um die Stadtmauern herumgetragen.

M̄ schrieb man dann auch die Befreiung aus der Gefahr zu, wie Patriarch Photios bezeugt (IV. Homilie, Mango 102). — Eine besondere Bedeutung in diesem Sinne wurde der M̄-Ikone → Hodegetria zugesprochen, die als → Lukasbild galt. Bereits während der Belagerung Konstantinopels durch die unter Mohammed vereinten Araber (August 717 bis August 718) unter dem (späteren Bilderstürmer-)Kaiser Leon dem Isaurier (717—741) zogen Patriarch Germanos I. (715—730) und die Bevölkerung der Stadt in einer Prozession mit der Hodegetria-Ikone und der Kreuzesreliquie um die Stadtmauer herum; der Sturm, dem dann die arabische Flotte zum Opfer fiel, und der dadurch bedingte Abzug der Feinde wurden der Erhörung durch M̄ zugeschrieben (Triodion; Andreas Daudalus). Ein ähnliches Zeremoniell wiederholte sich bei der Belagerung durch den aufständischen Alexios Branas, als Kaiser Isaak II. Angelos (1185—95) die Gnadenikone der Hodegetria als »geistliches Bollwerk« in einer Prozession um die Mauern der Stadt trug (Nikokles bei Du Cange). — Kaiser Johannes I. Tsimiskes (969—976) ließ nach seinem Sieg über die Bulgaren 971 das Bild der Hodegetria, das seit Kaiser Basileios I. regelmäßig (wohl in einer Kopie) auf den kaiserlichen Feldzügen als »unankämpfbare Mitfeldherrin« ($ἄμαχος\ συστρατηγίς$) mitgeführt wurde, auf dem Triumphwagen in die Stadt fahren; so zog die Hodegetria nun auch als eigentliche Siegerin und Triumphatorin in die Stadt ein (Skylitzes bei Du Cange). Diesem Beispiel folgte Kaiser Johannes II. Komnenos (1118—43) nach seinem Sieg über die Türken (1119) wie auch sein Sohn, Manuel I. Komnenos (1143—80), nach der Niederwerfung der Pannonen (Niketas und Kinnamos bei Du Cange), und ähnlich stellte Kaiser Michael VIII. Palaiologos (1258—82) nach Beendigung der Lateinerherrschaft bei seinem triumphalen Einzug in die Stadt am 15.8.1261 die Hodegetria-Ikone auf den Siegeswagen, dem er zu Fuß unter Dankgebeten und Hymnen an die GM folgte (Nikephoros Gregoras bei Du Cange). — Nach der Niederschlagung der Revolte des zum Gegenkaiser erhobenen Generals Alexios Philanthropenos im Jahr 1296 vollzog Kaiser Andronikos II. Palaiologos (1282—1328) vor der Hodegetria-Ikone feierlich mit den Vornehmsten und Prätorianern die Weihe von Königsherrschaft und Kirche an M̄ »nächst Gott« und ließ dieses Ereignis durch eine Prozession des ganzen Volkes vom Forum zur Hodegetria-Kirche besiegeln (Johannes Kantakuzenos bei Du Cange).

Über die situationsgebundenen Anlässe solcher P. hinaus wurden auch die Gedenktage an die Rettung der Stadt, die der wunderbaren Hilfe der GM in ausweglos scheinenden Gefahren zugeschrieben wurde, als alljährliche Dankfeste an M̄ mit großen P. aus der Hagia Sophia durch die Stadt zu der betreffenden Stationskirche gefeiert (so am 5. Juni zum Hebdomon wegen der Abwehr der Awaren 617, am 25. Juni zur Blachernenkirche wegen der Zurückschlagung der Sarazenen 677, v. a. am 7. August, am → »Akathistos-Fest«, wegen der erfolgreichen Verteidigung gegen den gemeinsamen Angriff der Awaren und Perser 626; ähnlich am 16. August zum »Jerusalem« genannten Theotokoskloster wegen der Befreiung von der Belagerung der Araber 717/718).

Dazu kamen Gedenktage an die Rettung der Stadt aus Erdbebenkatastrophen, am 25. September mit einer Prozession zum Hebdomon, am 7. Oktober zur Sergius- und Bacchus-Kirche, am 26. Oktober zum ⋔heiligtum der Blachernen, am 26. Januar zur ⋔kirche des Stadtviertels Helenianae und am 16. März mit einer Prozession über das Forum zurück in die Hagia Sophia. So wurde auch das Gedächtnis an den Aschenregen infolge des Vesuvausbruchs 472, der als göttliche Mahnung gedeutet wurde, am 6. November begangen.

Ähnlich begangen wurden die Gedenktage an die Niederlegung bedeutender Reliquien. Dabei wurde außer der Übertragung der Chrysostomus-Reliquien am 27. Januar, der Auffindung des Hauptes Johannes d. T. am 24. Februar und der Stephanusreliquien am 2. August v. a. das Fest der Gewandreliquie ⋔s am 2. Juli gefeiert, an dem eine Prozession zu der Blachernenkirche stattfand. Die 630 von Kaiser Heraklios triumphal eingebrachte Kreuzesreliquie wurde alljährlich vom 1. August bis zum Fest ⋔e Entschlafung (15. August) aus der kaiserlichen Schatzkammer in die Nea-Palastkirche gebracht und von dort in feierlichen P. über die Hagia Sophia, auf deren Altar sie zur allgemeinen Verehrung aufgestellt wurde, zur Heiligung der Stadt und Abwehr von Gefahren durch die Straßen und öffentlichen Plätze getragen.

An Prachtentfaltung standen die Kirchweihfeste nicht nach. So zog man am 18. Dezember in feierlicher Prozession zur ⋔kirche Chalkoprateia und am 9. Juli zur »Theotokos von der Quelle« (→ Pege). — Schließlich wurden auch die Feste bes. verehrter Heiliger (34) mit P. zu den jeweils betreffenden Kirchen begangen; die großen Feste ⋔s fielen in diesem Zusammenhang bes. ins Gewicht: Am 8. September wurde ⋔e Geburt mit einer Prozession zur Chalkoprateia begangen, wo die Festliturgie stattfand, am 21. November in gleicher Weise ⋔e Opferung (Eintritt in den Tempel), am 28. Dezember das weihnachtliche Fest der GM mit einer Prozession zur Blachernenkirche, ebenso am 2. Februar ⋔e Reinigung (Ἀπάντησις oder Ὑπαπάντη) und mit besonderer Feierlichkeit das Fest der Verkündigung (Εὐαγγελισμός) mit Vigil am 24./25. März, wobei an beiden Tagen P. zur Chalkoprateia gingen, ähnlich am 15. August das Fest der »Entschlafung« der GM (Κοίμησις) mit einer Prozession zur Blachernenkirche, zu der auch der Kaiser mit seinem Hofstaat zog.

Das so entstandene Prozessionswesen wurde als fester Bestandteil des byz. Kirchenjahres im 10. Jh. durch das → »Typikon der Großen Kirche« festgehalten, geregelt und systematisiert. Nicht darin enthalten ist der trotzdem heute noch in der Orthodoxie hochgefeierte → »Sonntag der Orthodoxie«. Dieses Fest wurde wahrscheinlich erst 1086 festgesetzt und geregelt. — Älteren Datums war jedenfalls die aus gleichem Anlaß bereits 843 von Kaiserin Theodora und dem Patriarchen Methodios I. (843—847) angeordnete allwöchentliche Prozession mit der Ikone der »Maria aus Rom« (Μαρία ἡ Ῥωμαία), offensichtlich einem Geschenk der röm. Kirche zum Zeichen der 843 durch die Entscheidung zu Gunsten des Bilderkultes verbesserten Beziehungen zwischen Ost- und Westkirche. Doch mit der erneuten Verschlechterung des gegenseitigen Verhältnisses wurde diese Prozession bald wieder aufgegeben, behielt aber ihre liturg. Erwähnung am 8. September in den → Menäen des Patriarchats von Konstantinopel.

Nach der offiziellen Fixierung des kirchlichen wie auch des kaiserlichen Zeremoniells entwickelten sich dennoch aus der gesteigerten MV zusätzliche, beim Volk überaus beliebte P. mit Ikonen der GM. Kaiser Johannes II. Komnenos (1119—43) hatte die Ikone der Hodegetria zum ständigen kaiserlichen Palladium gemacht und in den Blachernenpalast bringen lassen, wo sie fortan ständig aufbewahrt blieb. Dem Verlangen des Volkes, welches die bis dahin bes. verehrte Ikone vermißte, kam er dadurch entgegen, daß er dieses Bild ⋔s ersatzweise wenigstens jeden Freitag der Öffentlichkeit zugänglich machte, indem er es in einer von ihm gestifteten Prozession vom Klerus des Pantokratorklosters im Palast abholen ließ, welche dann, von Bannern und kaiserlichen Feldstandarten begleitet durch die Stadt zum Pantokratorkloster zurückkehrte. Mit dieser Stiftung verband er jedoch zugleich auch den kaiserlichen Ahnenkult, da er die Hodegetria-Ikone im Pantokratorkloster vor der dem hl. Michael geweihten Grabkapelle der Komnenen, dem sog. Heroon, aufstellen ließ. Die ganze Nacht zum Samstag war mit der Verehrung der Ikone in bes. geregelten Offizien ausgefüllt, die am Morgen mit der feierlichen Liturgie schlossen. Bevor die Ikone wieder zum kaiserlichen Palast zurückgebracht wurde, fand vor der Kirche eine Verteilung von Brot, Wein und Geld an die Armen statt (A. Dimitrewsky 677 f.).

Um 1200 erwähnt der russ. Pilger Anton v. Nowgorod eine Prozession mit der Hodegetria-Ikone vom Blachernenpalast zur Blachernenkirche (B. de Khitrow 99). Um diese Zeit kehrte aber die Ikone offensichtlich auch vom Blachernenpalast an ihren ursprünglichen Platz in der Hodegetria-Kirche zurück, wo sie ein engl. Pilger bezeugt. Im Anschluß an die alten, bis ins 5. Jh. zurückreichenden, nur während der Lateinerzeit (1204—61, als sich die Ikone in der Hagia Sophia und später im Pantokratorkloster befand) unterbrochenen allwöchentlichen Dienstagsfeierlichkeiten der Hodegetriakirche, wurde jetzt jeden Dienstag unter großem Menschenauflauf mit dieser Ⓜikone eine ganztägige Prozession um den Kirchplatz veranstaltet. Man glaubte, daß an diesem Tage immer eine besondere Wunder- und Heilkraft in der Ikone wirksam sei, da »der Heilige Geist auf sie herabsteige« (Diakon Zosimos und Anton v. Nowgorod bei Janin). Ein Priester berührte immer wieder das Gnadenbild mit Wattebäuschen, die er dann an die Heilung suchenden Kranken verteilte. Als Träger der Ikone dienten 20 ausgewählte, bes. kräftige Männer. Die Ikone sei »auf Stein gemalt« gewesen und habe mit ihrem schweren Gold- und Edelsteinrahmen »mehrere Doppelzentner gewogen«, so daß sie abwechselnd immer von sechs dieser Männer getragen werden mußte. Auf dem Platz vor der Kirche angekommen, wurden einem dieser Träger die Augen verbunden (wohl in Erinnerung an die ursprünglichen Wunderheilungen der Hodegetria an Blinden laut der Ursprungslegende); auf die Schultern und ausgestreckten Arme dieses einen Mannes habe man dann die Ikone gesetzt, die er wunderbarerweise »mit Leichtigkeit tragen konnte, als wöge sie nur eine Unze«. Dabei erschien die Ikone der Menge zudem »sehr hoch über der Erde erhoben und völlig verklärt«. Das habe sich während der P. um den Platz der Kirche während des ganzen Tages fünfzig Mal wiederholt, wobei sich die Träger abwechselten (nach Berichten russ. Pilger des 14./15. Jh.s und eines span. Reisenden von 1437; vgl. Janin).

Am Donnerstag der fünften vorösterlichen Fastenwoche wurde diese Ikone nun alljährlich zur gewohnten Verehrung des Kaisers aus der Zeit, als die Ikone sich ständig bei ihm befunden hatte, in einer feierlichen Prozession in den Blachernenpalast gebracht und ebenso am Ostermontag wieder zurückgeholt. Der Kaiser ging dem Bild Ⓜs bei dessen Ankunft bis zur Palastpforte entgegen, beim Wegzug begleitete er es bis zu den »Hohen Stufen« (nach Kodinos und Dukas bei Janin). Ein solcher »Besuch« der GM (ἐπιδημία genannt) erfolgte auf besonderen Wunsch des Kaisers auch bei wichtigen persönlichen Anliegen oder staatl. Notlagen (Gregoras a. a. O.), zuletzt bei der Belagerung Konstantinopels durch die Türken 1453. Als letzte Hoffnung in ausweglöser Situation wurde die Hodegetria-Ikone damals als »des Reiches uneinnehmbare Mauer« (Akathistos-Hymnus Ψ) aus dem Kaiserpalast noch in einer großen Bittprozession in die dem gefährdetsten Teil der Stadtmauer nahegelegene Chorakirche überführt, wo sie nach dem Fall der Stadt den plündernden Janitscharen zum Opfer fiel.

In der Spätzeit kommt gerade in den P. eine Verdinglichung der MV zum Ausdruck, vor der bereits Papst Innozenz III. (1198—1216) die Griechen warnte, indem er die echte MV durchaus anerkannte, jedoch von dem nicht zu billigenden »Aberglauben« des davon losgelösten Hodegetria-Kultes unterschied (Ep. IX 241).

Diese Auswüchse betreffen jedoch nur den außerliturg. Bereich. Die orth. Kirche war offiziell stets bemüht, die volksnahe MV, wie sie bes. in den äußerst beliebten P. zum Ausdruck kam, in Beziehung zu ihrer biblischen Grundlage zu bringen und in symbolträchtiger Metaphorik allgemein soteriol. zu deuten; das geschah vorzüglich durch die liturg. Einbindung der P. in die Stationalpraxis des offiziellen Kirchenjahres (→ Stationalliturgie).

QQ: A. Dmitriewskij, Opisanie liturgieceskikh rukoipisej I: Typika, Kiew 1895, 677 ff. — J.-H. Hanssens (Hrsg.), Institutiones liturgicae de ritibus orientalibus II, 1932, Nr. 885. — B. de Khitrowo, Itinéraires russes en Orient, Genf 1889, 99. 119 f. — V. Laurent (Hrsg.), Corpus des sceaux byzantins V/2, 1965, 118—125, Nr. 1200—06. — J. Mateos, Le Typicon de la Grande Eglise I—II, Orientalia Christiana Analecta. — Synaxarium Ecclesiae Constantinopolitanae, hrsg. von P. H. Delehaye, In: Acta Sanctorum, Propylaeum Novembris.

Lit.: M. P. Nilsson, Die Prozessionstypen im griech. Kult, In: Jahrbuch des kaiserlich deutschen archäologischen Instituts 31 (1916) 309—339. — G. Debruyne, L'origine des processions de la Chandeleur et des Rogations à propos d'un sermon inedit, In: RBen 34 (1922) 14—26. — A. Alföldi, Die Ausgestaltung des monarchischen Zeremoniells am röm. Kaiserhof, In: Mitteilungen des deutchen Archäologischen Instituts Rom 49 (1939) 1—118. — R. Janin, Constantinople byzantine, 1950, ²1964, 98. 177—180. 330. 334 f. 463. — R. Janin, La géographie ecclésiastique de l'Empire Byzantine, 1953. — P. Doncoeur, La sens humaine de la procession, In: La Maison-Dieu 43 (1955) 29—36. — R. Janin, Le palais patriarcal de Byzance, In: REB 20 (1962) 140 f. — G. Dwoney, From the pagan city to the Chrstian city, In: Greek Orthodox Theological Review 10 (1964) 121—139. — R. Janin, Les processions religieuses de Byzance, In: REB 24 (1966) 68—89. — H. Wegmann, »Procedere« und »Prozession«, eine Typologie, In: LJ 27 (1977) 28—39. — J. F. Baldovin, The urban character of Christian worship: The origins, development, and meaning of Stational Liturgy, In: OrChrA 228 (1987). — RAC I 422—429. — PRE XXI/2, 1878—1994.

G. A. B. *Schneeweiß*

Prozessionsstangen, meist 2—4 m hohe, oft reich mit Kerzen und Heiligenfiguren bekrönte Stäbe, dienen dem Schmuck von Prozessionen und Wallfahrten und repräsentieren Kirche, Zunft, Bruderschaft oder Wallfahrt. Sie sind im Zusammenhang mit Tragfiguren (Fercula), Fahnen und Labara, großen Kerzen, Tortschen und Laternen zu sehen, mit denen sie nicht selten ikonographisch und funktional eng verwandt sind. Als Bezeichnungen findet man auch Kerzenstange, Zunftstange, Stecken (in Bayern für Bruderschaftsstäbe — »Steckenprozessionen«), Lichterbaum (norddt.). P. tauchen zuerst im 13. Jh. auf und breiten sich über wohl alle Länder Europas aus. Ihr Ursprung ist in der Verehrung der Eucharistie zu suchen. Mit »gestabten« Kerzen am Altar wird das Allerheiligste verehrt, und es wird bald Pflicht und Recht der jetzt entstehenden Corpus-Christi-Bruderschaften, das Allerheiligste mit dem Licht (Laterne, Tortsche, Kerzenstange) zu begleiten. Eine zweite frühe Form der P. sind mit Engeln als »Altarwächter« bekrönte Kerzenstangen; sie können als Velenhalter dienen (Florenz, Or San Michele, mit marmornen »Engelstangen« des 14. Jh.s). Die aufkommenden Zünfte verehren ihren besonderen Patron durch die Kerze an seinem Altar. Die Rolle der Kerze wird u. a. aus der Wortbe-

Prozessionsstange der Schneider, 1670, Nesselwang

deutung »Kerze« = »Zunft« deutlich. Die Zunftkerze wird bei feierlichen Umzügen mitgeführt oder erscheint später als gestabte Kerze mit dem Bild des Zunftpatrons geschmückt. Figuren auf P., die keine Kerzen tragen, sind meist die Kirchenpatrone oder ₥; häufig gehören solche Stangen einer Bruderschaft. Seit der Barockzeit verwenden die Bruderschaften auch mit Emblemen oder Bildern geschmückte Stäbe oder kurze Kerzenstäbe mit Bildern v. a. des Rosenkranzes (Tortschen). Eine späte Sonderform sind die (meist fränkischen) Wallfahrerstandarten. Die Symbolik der P. erhellt aus zahlreichen Quellen: Recht und Pflicht sie zu tragen, sind genau und mit Strafangaben geregelt. Die Länder der Reformation beseitigen die Kerzenstangen als Symbol des Katholizismus (vgl. Finkenstaedt, 1968, und Büll).

₥ hat Anteil an allen oben genannten Elementen, an Patrozinium, Zunft, Bruderschaft und Wallfahrt. Daraus folgt, daß ₥stangen bei allen Stangentypen zu finden sind und daß sie bes. häufig auftreten. ₥stangen sind bisher an etwa 500 Orten nachzuweisen, d. h. an einem Drittel der Orte mit P. überhaupt.

In vielen Kirchen ist ₥ auf der einzig vorhandenen P. zu finden. Die P. trägt dann keine Kerze und kein Emblem eines Handwerks. Solche P. gehen häufig aus dem ₥patrozinium der Kirche hervor (z. B. Ingolstadt, Kat. 76); sie können aber auch einer Bruderschaft gehören. Ihr bes. häufiges Auftreten in der südlichen Diözese Augsburg ist wohl Audruck lokaler MV. In der Mehrzahl der Fälle treten P. als Stangenpaare auf und ₥ verbindet sich sehr oft mit den Ortspatronen zu einem solchen Paar (z. B. Tapfheim/Donau mit Petrus, Schwenningen bei Dillingen mit Ulrich, Untermeitingen mit Stephan).

Auf P. der Zünfte ist ₥ wohl die häufigste Figur. Sie ist entweder selbst Patronin der Zunft oder bildet mit dem eng verwandten Orts- oder Zunftpatron ein Stangenpaar (mit Joseph bei den Zimmerleuten z. B. in Wolfratshausen, Kat. 194; Neuhaus a. d. P., Kat. 340). Weil ₥ als oberste der Heiligen zu jedem anderen Heiligen paßt, tritt sie an manchen Orten mehrfach auf Zunftstangen auf (z. B. Ochsenfurt, Kat. 525, bei Bäckern und Schlossern; Kallmünz, Kat. 330, bei Bäckern, Maurern, Schneidern). Eigentliche Zunftpatronin ist ₥ v. a. bei den Bäckern und Müllern. An vielen Orten hat die Bäckerzunft das Recht, bei der Fronleichnamsprozession neben dem Allerheiligsten zu gehen (Hostienbäcker!), und der vornehmsten Zunft gehört der vornehmste Patron (z. B. Bad Tölz, Kat. 14; Grassau, Kat. 58; Ingolstadt, Kat. 75; Straubing, Kat. 283, u. a.).

Die Bruderschaften haben ein reiches Stangenbrauchtum und vielfältige Formen von P. entstehen lassen. Manche ₥stange läßt sich einer entsprechenden Bruderschaft zuordnen, wenn Nachweise oder Aufschriften vorliegen (z. B. ₥ als Patronin des Frauenbundes in Garmisch, Kat. 48, und Weilheim, Kat. 186, der Jungfrauen in Abenberg, Kat. 410, und mit Margaretha als Patrone der Jünglingsbruderschaft in Mittenwald, Kat. 104; Nachweise für Bruderschaften bei Krettner). Eindeutig und sehr häufig ist diese Verbindung bei den P. der ₥ im Rosenkranz, für die es über fünfzig Belege und ganz verschiedene künstlerische Gestaltungen gibt. Neben den großen P. mit ₥ im Rosenkranz finden sich bei den Bruderschaften häufig Stäbe (ca. 2 m hoch), die mit Emblemen aus Gürtlerarbeit (₥-Monogramm) oder aufwendigeren, bemalten Schildchen gekrönt sind. Zahlreiche Rosenkranzbruderschaften besitzen solche Stäbe. Neben der Zwölfzahl (Vorstand, Älteste der Bruderschaft) findet sich die Zahl der Geheimnisse des Rosenkranzes, wobei die Farbe der Stäbe und der abnehmbaren »Röckchen« unter dem Emblem den gnaden- und freudenreichen vom schmerzhaften Rosenkranz unterscheiden. In Indersdorf (Kat. 71) wird jeder Teil des Rosenkranzes durch eine eigene große P. repräsentiert. Bes. reich gestaltet ist manchmal der Vorsteherstab einer Bruderschaft (z. B. Füssen, Kat. 624).

Eine den Bruderschaftsstäben verwandte Form sind die Tortschen (zu lat. torca »gedreht« = Fackel), die auf kurzen Handgriffen eine Kerze tragen und mit Blechschildern verziert sind, auf denen meist die Geheimnisse des Rosenkranzes gemalt sind.

Eine weitgehend fränkische Form der P. sind die Wallfahrtsstandarten. Es sind dies hölzerne oder Blechtafeln auf meist einfachen Schäften, bemalt (selten geschnitzt) mit der Darstellung des Gnadenbildes, zu dem die Wallfahrt führt. Auf der Rückseite ist die Kirche oder ihr Patron abgebildet, deren Gemeinde die Wallfahrt gelobt hat. Vor dem Gnadenbild wird häufig ein Kerzenhalter angebracht. Bei der Wallfahrt »blicken« die Bilder jeweils auf ihr Urbild. Die schönsten Beispiele für Standarten finden sich in der ♏kapelle in Ebern bei Bamberg (Kat. 486). Die Übergänge zur Form eines kleinen Labarums (z. B. Waltenhausen, Kat. 771) sind fließend.

♏ als Einzelfigur erscheint v. a. als Immaculata auf der Weltkugel oder (seltener) der Mondsichel. Der zweite häufige Typ ist die gekrönte ♏ mit dem Kind. Eine Zuordnung zu bestimmten Vorbildern ist nur in seltenen Fällen möglich, während bei einigen Zunftstangen durchaus eine Abhängigkeit des Heiligen von einem Vorbild auf dem Altar der Kirche gezeigt werden kann. Die Altöttinger GM ist sieben Mal belegt, meist im direkten Einzugsbereich der Wallfahrt (z. B. Tittmoning, Kat. 169; Kühnham bei Griesbach, Kat. 236); ♏ vom guten Rat kommt zwei Mal auf einer Stange vor. Die Wessobrunner Mutter der schönen Liebe ist einmal in Bärnau/Oberpfalz belegt, vielleicht im Zusammenhang mit der dortigen Verehrung des Wiesheilands (Kat. 307). Das ♏-Schnee-Bild ist in Umhausen/Tirol als Patronatsstange belegt (Kat. 982). Selten ist die schmerzhafte GM dargestellt (z. B. Westenhofen, Kat. 190; Kleinhöbing, Kat. 447).

♏ ist häufig in enger Verbindung mit anderen Figuren zu finden. Ein beliebtes Motiv ist ♏e Verkündigung, dargestellt auf zwei Stangen. Künstlerisch herausragende Beispiele bieten Wasserburg (Kat. 184) und Kallmünz/Oberpfalz (Kat. 330). Zahlreiche P. werden von Figurengruppen bekrönt; ♏ kommt in solchen Gruppen vielfach vor, bei den Wallfahrtsstandarten bes. mit dem Gnadenbild von Gössweinstein (♏krönung) und Dettelbach (Pietà). Die Pietàdarstellung kommt aber auch auf der P. einer Bruderschaft zum guten Tod in Memmelsdorf bei Bamberg vor (Kat. 400). Bes. poetisch sind manche P. mit der Hl. Familie (10 Belege), sei es mit Joseph hinter ♏ und dem Kind wie in Niklasreuth (Kat. 128), sei es in der häufigen Darstellung des Hl. Wandels (14 Belege). Diese Trinitas terrestris an einigen Orten Gegenstück zu einer Dreifaltigkeitsstange (Trinitas coelestis), so bei den Zunftstangen der Bäcker und Schuster in Neustadt a. d. Waldnaab (Kat. 342). Volkstümlich sind Darstellungen der Anna Selbdritt (8 Belege, z. B. Ochsenfurt, Kat. 525, als Zunftstange der Müller) oder der ♏, die lesen lernt (Bourges, Kat. 1390).

Die gemalten Bekrönungen von Bruderschaftsstäben und Tortschen bieten bei den entsprechenden Szenen des Rosenkranzes manch rührende und liebenswerte Szene mit ♏. Bemerkenswert sind hier die geschnitzten Beispiele in Bartholomäberg/Vorarlberg (Kat. 985) oder Hergensweiler (Kat. 640). Die großen Rosenkranzstangen zeigen häufig den hl. Dominikus und die hl. Katharina als Assistenzfiguren.

Verbreitung und Überlieferung der P. sind stark von der Kirchengeschichte abhängig. Nur wenige ♏stangen haben — in Skandinavien! — die Reformation überlebt. Der quantitative Schwerpunkt des heutigen Bestandes liegt im kath. Bayern, v. a. in der Diözese Augsburg, doch sind Belege von ♏stangen überall zu finden, wo es größere Gruppen von P. gibt. Die bisherige Erfassung der P. bietet auch Belege von ♏stangen in Belgien und Frankreich. Tortschen und Bruderschaftsstäbe sind auch für Südamerika belegt. Eine gründliche Erforschung der Romania dürfte noch viele ♏stangen bekannt machen. Die Erfassung des Materials ist nicht leicht, weil lebendiger Brauch die P. nur zeigt, wenn sie ihre Funktion bei Prozession und Wallfahrt haben. Örtliche Schwerpunkte mögen kirchlichen Ursprung haben oder im Nachahmungstrieb wurzeln, wie bei P. mit dem Hl. Wandel in der Gegend von Landsberg oder bei den ♏stangen in der Umgebung von Kaufbeuren. Trotz großer Verluste durch Vernichtung bei der Abschaffung der Zünfte, Liturgiereform, Unachtsamkeit und Diebstahl, die bei Kleinkunst bes. wirksam sind, ist die Überlieferung der ♏stangen reich; ihre Lebendigkeit zeigen die im 20. Jh. neu geschaffenen P. (z. B. in Ebern, wo eine verbrannte Standarte sofort durch eine neue P. ersetzt wurde).

Aus der Spätgotik sind in Skandinavien einige Doppelmadonnen Lübecker Provenienz um 1480 erhalten (z. B. Tingvoll/Norwegen, Kat. 1240; Falun/Schweden, Kat. 1251). Figurenreiche spätgotische P. mit ♏ sind aus Lübeck, Ingolstadt und Südtirol überliefert. Die größte Zahl der ♏stangen stammt aus dem 18. Jh. Neben den frei stehenden Figuren findet man Figuren in Rahmen, die mit barocken Altaraufbauten verwandt sind. Strahlenkränze können den Rahmen ersetzen und der Figur einen Hintergrund geben. In ganz verschiedenen Ausprägungen findet sich der Rosenkranz als Rahmung; Perlen und stilisierte Blüten werden z. T. mit weiteren Elementen (Wundmale) verbunden. Einige ♏stangen lassen sich bekannten Schnitzern zuweisen (Leinbergerschule, Luidl); die Mehrzahl gehört sicher zur lokalen Volkskunst wie die Oberpfälzer Bauerngesichter und die Haferlschuhe der ♏ im Rosenkranz von Haselbach zeigen.

Lit.: H. und Th. Finkenstaedt, Stanglsitzerheilige und große Kerzen, 1968. — R. Brüll, Das große Buch vom Wachs, 1977. — J. Krettner und Th. Finkenstaedt, Erster Katalog von Bruderschaften in Bayern, 1980. — H. und Th. Finkenstaedt und B. Stolt, Prozessionsstangen. Ein Katalog, 1989 (= Kat.). — Th. Finkenstaedt, Bayer. Stanglsitzer, 1994.   *Th. Finkenstaedt*

Prudentius, Aurelius Clemens, * 348 in Calahorra (Saragossa), † nach 405 in Spanien, war der größte Dichter der frühen lat. Kirche.

Sein Leben ist nur umrißhaft aus Andeutungen in der Praefatio der von ihm selbst 404/405 gestalteten Gesamtausgabe seiner Werke zu erschließen: Nach den üblichen Studien der Rhetorik war er wohl kurze Zeit Anwalt, bevor er zweimal zum Statthalter einer röm. Provinz berufen und schließlich von Kaiser Theodosius (379—395) mit dem Proximat (einem hohen staatl. Ehrenamt) ausgezeichnet wurde. Bei einem Besuch Roms erkannte er in den Martyrer- und Apostelgräbern die Weihe der alten Reichshauptstadt zur Hl. Stadt des Christentums, gab unter diesem Eindruck seine politische Karriere auf und stellte sein Leben und v. a. seine an der antiken Literatur gründlich geschulten dichterischen Fähigkeiten ganz in den Dienst Gottes. Die so als Opfergabe aufgefaßten poetischen Werke sind zwar nach Überzeugung des Dichters den Werken der Nächstenliebe unterlegen, doch in Gott finde selbst der kleinste Dienst seinen Wert (Epil. 21—35).

In dieser Grundüberzeugung präsentiert P. inhaltlich eine genuin christl. Dichtung, verbindet mit ihr aber nicht nur formal das Erbe der klassischen röm. Lit. (bes. Vergil, Horaz, Lukrez, Catull, Ovid, Juvenal und Lucan) in Sprache, Metrik und der (nun allegorisch verstandenen) mythol. Bilderwelt, sondern teilt mit ihr die patriotische Begeisterung für die Vergangenheit und den Glauben an eine von Anfang an waltende (nun jedoch christl. verstandene) göttliche Sendung Roms. Damit steht er im Gegensatz zu den widerstreitenden Zeitströmungen sowohl eines weltflüchtigen und bildungsfeindlichen wie auch eines bloß nominell übernommenen Christentums (wie z. B. bei Ausonius), oder gar eines kämpferischen Neuheidentums (wie z. B. bei Symmachus).

P. zeigt bei der Darlegung der christl. Wahrheiten umfassende theol. Bildung und fühlt sich als Laie, entsprechend der damaligen Auffassung der Kirche als Volk Gottes, der Verkündigung verpflichtet, ohne funktional in ein besonderes kirchliches Lehramt eingebunden zu sein (Fabian 19). Als »schönster Ausdruck des christlichen Humanismus« (Rand 83, cf. Rodriguez-Herrera, fin.) ist dabei für P. das rechte Verständnis Gottes v. a. im Bezug auf den Menschen wichtig, das rechte Verständnis des Menschen in seinem Bezug zu Gott (Fabian 174); indem nämlich Gott Mensch geworden ist, ist der Mensch auf Gott hin erlöst.

Schon aus dieser Grundposition des P. läßt sich auf die Bedeutung M s für sein theol. Denken schließen, wie das auch an vielen Stellen seines 392—405 entstandenen Werkes zum Ausdruck kommt, ohne daß freilich die Mariol. zusammenhängend Gegenstand einer seiner Dichtungen wäre. Statt dessen stellt P. selbst in seiner Praefatio (37—42) als Ziele seiner Werke den hymnischen Lobpreis Gottes, den Kampf gegen Irrlehren und die Darlegung des kath. Glaubens, die Ausrottung des heidnischen Kultes und den Lobgesang auf die Martyrer und Apostel heraus. In der Anordnung entsprechend, steht am Anfang seiner Werke der »Liber Cathemerinon« (Lieder für die Tagzeiten) in lyrischen Versmaßen, ebenfalls in lyrischen und elegischen Versen am Ende der balladenartige »Liber Peristephanon« (Martyrerkronen). Von diesem Rahmen eingeschlossen stehen episch-didaktische Werke (in Hexametern, jeweils eingeleitet von lyrischen Vorworten): Die Apotheosis preist die »Vergöttlichung« der menschlichen Natur in der Fleischwerdung der zweiten Person des trinitarischen Gottes; die Hamartigenia beschäftigt sich mit dem »Ursprung der Sünde« in der Freiheit und eigenen Verantwortung des Menschen gegenüber den Versuchungen des Teufels (gegen den determinierenden Dualismus des Gnostikers Marcion); die Psychomachia schildert den »Kampf um die Seele« zwischen den allegorisch als Personen dargestellten Tugenden und heidnischen Lastern. Daran schließen sich die beiden polemisch-satirischen »Libri contra Symmachum« an, welcher 384 und wohl erneut 402/403 die Wiederaufstellung des heidnischen Victoria-Altars im röm. Senat beantragt hatte.

In Aussagen über die Selbstauffassung als christl. Dichter mit der Praefatio eng verbunden, rundet ein Epilog (in 17 Distichen) das Gesamtwerk des P. ab. Nicht in dieses eingeschlossen sind die 48 (bzw. 49) erklärenden »Aufschriften zu (biblischen) Geschichten« (Tituli Historiarum) zu dem ikonographischen Schmuck einer Basilika mit einem Zyklus von parallelen Bildern aus AT und NT (deshalb auch Dittochaeum = »doppelte Speise« genannt), darunter mariol. relevant, auch »die Entsendung des Engels Gabriel an Maria«, »die Stadt Bethlehem« und »die Geschenke der Magier«.

P. wurde im MA der meistverbreitete, -gelesene, -nachgeahmte und — nächst der Bibel — meistkommentierte Autor; seine Werke gehörten zur Pflichtlektüre in den Klosterschulen und wurden auch von den Humanisten weiter als solche (neben Vergil und Horaz) empfohlen, gerieten aber nach der Reformationszeit wegen der »kath.« Ansichten des P., nicht zuletzt wegen seiner mariol. Ausführungen, in Mißkredit und wurden erst im 19. Jh. wieder rehabilitiert. P. regte v. a. die Weiterentwicklung der christl. Hymnik an. Stücke aus seinen Hymnen (7 aus Cath. I, II, IX, eines aus Perist.) wurden, gekürzt und z. T. abgeändert, in das Röm. Brevier aufgenommen. Seine Nachwirkung ist feststellbar bei Walahfrid und → Hrotsvit v. Gandersheim, zudem bes. in der allegorischen Dichtung des MA bis hin zu Calderon und darüber hinaus in den allegorischen Darstellungen der bildenden Kunst, bes. des Barock. Seine anschauliche Schilderung der Hölle und des Paradieses (Ham. 213 ff.) beeinflußte Dante und Milton, sein Eulalia-Hymnus (Perist. III) die Entstehung des nordfranz. Epos.

Gegenüber den Themen einer christol. orientierten Trinitätslehre sowie einer teleologisch auf Gott ausgerichteten Anthropologie und Ethik spielt die Mariol. bei P. zwar eine sekundäre, doch im Hinblick auf das zentrale Mysterium der Inkarnation eine durchaus wichtige Rolle. Im übergeordneten Zusammenhang des Erlösungsgedankens ergeben sich immer neue Aspekte der Bedeutung M̄s, die sich gegenseitig zu einem vollständigen Bild der bei P. zu Grunde liegenden Mariol. ergänzen.

In seinem »Weihnachtshymnus« (Cath. XI) findet sich (in christl. Umformung von Vergils Ecl. 4,5—7) das älteste Preislied auf die GM: Die nach der Winterwende wieder aufsteigende Sonne ist Symbol der Geburt Christi und seiner Gnade (1—12). Ihm gilt der Gruß: »Komm hervor, du süßer Knabe,/ den die Keuschheit selbst gebar,/ als Mutter und doch ohne Mann,/ Mittler du in zwei Naturen!« (13—16). Seine göttliche Natur als Logos und Sophia des Vaters gründete den Himmel und alles Geschaffene (17—24). Um die sündig gewordene Menschheit nicht dem Verderben preiszugeben, nahm er einen sterblichen Körper an, brach die Kette des Todes und führte den Menschen zum Vater zurück (25—48). In der Geburt Christi »hauchte der Schöpfer ihn der Erde ein und vereinte das Fleisch mit seinem Wort« (49—52). Daraufhin erklingt der Preis der GM: »Du edle Jungfrau, spürst du es?/ Zur rechten Zeit warst spröde du;/ nun wächst der unberührten Reinheit Zier/ in ehrenvoller Mutterschaft./ Oh, wie freuet sich die Welt:/ Dein keuscher Leib birgt Ihn,/ den Ursprung einer neuen Zeit/ voll der Gnade goldnen Lichts« (53—60).

Diese Aussagen werden durch einen Reihe von Parallelstellen bei P. ergänzt und vertieft: Theol. bedeutet die Inkarnation der zweiten Person Gottes durch M̄ das Sichtbarwerden (die »Epiphanie«) des »unsichtbaren«, »unermeßlichen« und »unfaßbaren« Gottes in seiner Hinwendung zum Menschen (Apoth. 18—22). Die Annahme der Menschengestalt in seiner Geburt (ebd. 51 ff. 73. 103 f.), besiegelt in seinem Leiden und Tod und verklärt in seiner Auferstehung (ebd. 67 ff. 85 ff. 94 ff.), ist Ausdruck der Liebe des leidlosen und unsterblichen Gottes zu den Menschen und Grundlage von dessen Erlösung hin zu Leidlosigkeit, Unsterblichkeit und Unvergänglichkeit (nach Fabian 69—101), denn in der Gestalt Jesu Christi hat sich Göttliches und Menschliches wesenhaft miteinander verbunden (Apoth. 164 ff.). — Die Jungfrauengeburt ist bei P. zudem Argument gegen die Häretiker zur Verteidigung der doppelten, göttlichen und menschlichen Natur Christi (Apoth. 563 ff.).

Mariol. wird von P. die Jungfrauengeburt durch eine besondere »göttliche Intervention in menschliche Zeugungsvorgänge« erklärt (Fabian 69. 78. 171); so sind in M̄ die Verhältnisse des Paradieses wiederhergestellt, da Eva erst nach Sündenfall und Vertreibung im »Zwang einer traurigen Verbindung« »der Herrschaft des Mannes unterworfen« worden sei (Cath. 3,123 f.; vgl. Hieronymus, Ep. 22,19). Im Gegensatz zu Eva und ihren Kindern gebar M̄ als »unverletztes Mädchen« (Cath. 3,145), als »heilige Jungfrau« (Ditt. XXV, cf. Cath. 7,12, 11,14.98, 12,140; Apoth. 575 ff. 1013) den »anderen Menschen, der vom Himmel gezeugt war« (Cath. 3,136). Aus ihr »wird das Wort des Vaters lebendiges Fleisch« (ebd. 141, 3,3.135, 7,60; Apoth. 43 f. 571; Ditt. XXV); sie gebiert Christus, »Gott als Menschen und den höchsten König« (Ditt. XXVII), »unser Heil« (Cath. 9,19). Aus M̄ »geht ein neues Geschlecht hervor ... ohne die Makel des Leibes« (Cath. 3,136 ff.), mit ihr beginnt ein neues Zeitalter (ebd. 11,59 ff.).

Oft stehen für P. bei M̄ moralisch-asketische Aspekte im Mittelpunkt: M̄ blieb als Jungfrau frei vom »Laster der Liebe« (Apoth. 572). Sie gebar »nicht durch Beischlaf, nicht nach dem Recht des Ehelagers, nicht durch die Verlockungen der Hochzeit« (Cath. 3,143). Ihre GMschaft erfolgte zur »Ehre ihres keuschen Leibes« (Ditt. XXVII), da sie »keinen Man kannte« (Apoth. 575: Cath. 11,14). So zertritt M̄ den Kopf der Schlange, in der P. die Wollust personifiziert sieht, überwindet all deren Giftangriffe und beendet den uralten Kampf auf Leben und Tod zwischen dem Drachen und den Menschen (Cath. 3,145—155). In diesem Sinne präfiguriert im AT die Gestalt der → Judit als Sinnbild der Keuschheit M̄s (Psych. 7098); denn die Vollendung der Zeiten in M̄ bedeutet für P., daß die »schmutzige sinnliche Begierde besiegt darniederliegt, daß sie nach Maria nicht mehr Macht hat, die Rechte der Schamhaftigkeit zu brechen« (ebd.).

Die Kontrastierung der sündigen Eva und M̄s als reiner Jungfrau (bes. Cath. 3,143 ff.) bestimmt bei P. in Übernahme antiker Klischees der Misogynie ein Frauenbild zwischen Wollust, Ausschweifung, Verschwendungssucht, Unbeständigkeit und Schwachheit des »ingenium muliebre« (Ham. 738. 757 f.) einerseits und andererseits der Überwindung der weiblichen Natur in einem herben, asketisch-heroischen Jungfrauenideal, welches schon die »rauhe Judit« (Psych. 62) präfiguriert, christl. Martyrerinnen wie Agnes und Eulalia repräsentieren als »tapfere Mädchen« (Perist. 14,2), die »in ihrer ungestümen Kraft hartnäckig« sind (ebd. 18), und welches idealisiert wird in den allegorischen Gestalten des »kampfbereiten Glaubens« (Psych. 14,2) und der Schamhaftigkeit, die »in ansehnlichen Waffen blitzt« (Psych. 41). M̄ selbst, obwohl vollendetes Vorbild gerade dieser Tugenden trägt bei P. nicht kämpferische Charakterzüge, doch wird eine entsprechende Zeichnung der GM (etwa der in den Kampf ihrer Schutzbefohlenen direkt eingreifenden GM als Blacherniotissa in → Konstantinopel oder als Rosenkranzkönigin bei → Lepanto) eindeutig vorbereitet.

Darüberhinaus haben für P. die Aussagen über die Geburt des göttlichen Wortes aus der Jungfrau M̄ verallgemeinert eine grundlegende soteriol. Bedeutung für die spirituelle, sakramentale und ethische Existenz des Christen. Wie ⟨M⟩ durch die Empfängnis vom Hl. Geist den Heiland gebar, so ist nach P. der erdgeschaffene Mensch unfruchtbar, solange ihn nicht der »göttliche Hauch« durchströmt. »Doch sobald aus himmlischem Munde der heilige Geist die jungfräuliche Erde benetzt, erhält sie die Kraft zur Gesundung« (Apoth. 60—69). — Die Jungfrauengeburt ⟨M⟩s durch den Hl. Geist wird bei P. weiter allgemeine Allegorie für die christl. Ethik, in der die Christen sich nicht als Sünder und »Kinder des Teufels« aus dem »Ehelager mit dem Fleisch, welches nach Unrecht dürstet«, zeigen, sondern in der sie als Kinder des Vaters in Frömmigkeit, »nicht in Ehebruch«, sondern, »verlobt zu einer rechten Ehe«, den »Sproß Gottes, hervorgebracht aus einer Jungfrau Leib«, den »Kindern der Lust« vorziehen (Ham. 621—636, vgl. Joh 8,44). — Wie der Glaube ⟨M⟩s und ihre Zustimmung zum Heilsplan Gottes die Voraussetzung ihrer GMschaft war, so kommt Christus zu allen, die sich ihm gläubig öffnen (Apoth. 580ff.). Die statisch dogm. Aussage der GMschaft ⟨M⟩s auf Grund ihres Glaubens wird so bei P. für das Christsein eines jeden Menschen aktualisiert (vgl. Fabian 124ff.). Ebenso sieht P. die Heilstatsache der doppelten Natur Christi durch die Geburt aus ⟨M⟩ in ihrer umfassenden Bedeutung für die Erlösung als Vergöttlichung des Menschen: »Die unvermählte Frau empfing Gott als Christus, als Mensch aus der sterblichen Mutter, doch als göttliches Wesen in der Gemeinschaft mit dem Vater« (Psych. 74f.). Daraus folgt: »Alles Fleisch ist göttlich, welches Christus aufnimmt/ und Gottes Natur empfängt im Bund mit ihm, der annahm des Menschen Los« (ebd. 76f.). Die ungeschmälerte göttliche Majestät Christi »zieht uns aus dem Elend zu Edlerem« (ebd. 81); so »sind wir nicht mehr, was wir waren, sondern erhoben durch die Geburt zu Besserem« (ebd. 83f.); denn Gott »verlieh uns zu dem Unseren das Seine, führte uns so zu himmlischen Gaben« (ebd. 85f.).

⟨M⟩ ist bei P. letztlich Urbild des Glaubens und der Erlösung; ihr Mysterium wird existenziell im Gnadenleben eines jeden Erlösten neu realisiert. In dieser allgemeinen Aktualisierung der Mariol. verdient P. gewiß neue Beachtung über seine anerkannte Bedeutung hinaus als Repräsentant der frühen Inkulturation des Christentums in die röm. Tradition antiker Bildung und als Zeuge des Vorhandenseins einer ausgeprägten Mariol. in der alten lat. Kirche.

Lit.: H. Middeldorpf, De Prudentio et theologia Prudentiana, In: Zeitschrift für die historische Theologie 2 (1832) 127—190. — C. Brockhaus, A. P. C. in seiner Bedeutung für die Kirche seiner Zeit, nebst einem Anhange: Die Übersetzung des Gedichtes Apotheosis, 1872 (nachdr. 1970). — A. Rösler, Der kath. Dichter A. P. C.: Ein Beitrag zur Kirchen- und Dogmengeschichte des 4. und 5. Jh.s, 1886. — E. K. Rand, P. and Christian Humanism, In: Transactions and Proceedings of the American Philological Association 51 (1920) 71—83. — I. Rodriguez-Herrera, Poeta Christianus: P.' Auffassung vom Wesen und von der Aufgabe des christl. Dichters, 1936. — R. E. Messenger, A. P. C.: a biographical study, In: Folia 6 (1952) 78—99. — PRE XXV 1039—71 (Lit.). — J. Fontaine, La femme dans la poésie de Prudence, In: Mélanges Marcel Durry, 1970, 55—83. — G. Torti, Patriae sua gloria Christus: In: Rendiconti dell' Ist. Lombard. Acad. Di scienze e lett. 104 (1970) 337—368. — W. Ludwig, Die christl. Dichtung des P. und die Tansformation der klassischen Gattungen, In: Christianisme et formes litteraires de l'antiquité tardive en Occident, 1977, 303—372. — C. Magazù, Rassegno di studi prudenziani 1967—76, In: Bollettino di studi latini 7 (1977) 105—134. — L. Padovese, Linee di soteriologia nell' opera di Aurelio Clemente Prudenzio, In: Lauretanum 19 (1978) 360—390. — Ders., La Cristologia di Aurelio Clemente Prudenzio, 1980. — Ch. Gnilka, Chresis: die Methode der Kirchenväter im Umgang mit der antiken Literatur I: Der Begriff des »rechten Gebrauchs«, 1984. — S. G. Nugent, Allegory and Poetics. The structure and imaginery of P.' Psychomachia, 1985. — V. Buchheit, P. über Christus als duplex genus und conditor (Cath. 11, 13—24), In: Wiener Studien 101 (1988) 297—312. — Cl. Fabian, Dogma und Dichtung, 1988 (Lit.). — M. Kah, »Die Welt der Römer mit der Seele suchend...« Die Religiosiät des P. im Spannungsfeld zwischen »pietas Christiana« und »pietas Romana«, 1990 (dazu: Rezension von D. R. Shanzer, In: Gnomon 8 [1992] 676—680). — T. D. Barnes und R. W. Westall, The conversion of the Roman aristocracy in P.' Contra Symmachum, In: Phoenix 45 (1991) 50—61. *G. A. B. Schneeweiß*

Prud'hon, Pierre-Paul, franz. Maler des Klassizismus, * 4. 4. 1758 in Cluny, † 14. 2. 1823 in Paris. Nach dem frühen Tod der Eltern von Benediktinern erzogen, lernte er zunächst bei Devosge in Dijon. 1784 gewann er einen Preis der burgundischen Stände für einen dreijährigen Romaufenthalt. 1789 begab er sich nach Paris, wo er von Gelegenheitsaufträgen als Ornament- und Portraitmaler lebte. Als Anhänger der Revolution konnte er zwar kurzfristig politisch, nicht jedoch künstlerisch hervortreten, so daß er sich 1794 mit seiner Familie in die Franche-Comté zurückzog. Errst nach der Rückkehr nach Paris 1796 kann sich P. einen Namen machen. Nach der Ausstattung der Repräsentationsräume des (nicht erhaltenen) Hôtel Lannois erregte er 1799 Aufsehen mit dem im Salon ausgestellten allegorischen Tondo »Die Weisheit und die Wahrheit steigen zur Erde herab; die Schatten, die sie bedecken, lösen sich auf« (Paris, Louvre; Ölskizze in München, Neue Pinakothek). Von da an erhielt P., ein Bewunderer Napoleons, zahlreiche Staatsaufträge, 1808 vollendet er für den Pariser Justizpalast das großformatige Bild »Gerechtigkeit und Rache verfolgen das Verbrechen« (Paris, Louvre), nach Ansicht von Delacroix das Hauptwerk P.s. Das späte berufliche Glück wurde jedoch von tragischen Ereignissen im familiären Bereich überschattet. P. starb in der Obhut seines Malerfreundes Charles Boulanger de Boisfremont.

P. ist einer der wichtigsten Maler des franz. → Klassizismus, obwohl ihm die strenge, dem rechten Winkel verpflichtete politische Gesinnungskunst der großen Leitfigur Jacques-Louis David fremd war. Vielmehr wirken seine Gestalten durch weiche Modellierung und zarte Färbung gleichsam beseelt. Dieser an Correggio erinnernden Malweise entsprechen auch die Figurentypen und ihre fließenden Gesten. Die für den Klassizismus P.s charakteristische Verlagerung vom Ideal-Heroischen zum Sentimentalen bezeichnet die Hinwendung zur Romantik.

1810 stellte P. eine mehrfach graphisch reproduzierte Darstellung der Madonna aus: ⓜ hat das Haupt nach links geneigt, die Augen gesenkt und die Hände vor der Brust gekreuzt. Über rotem Gewand trägt sie einen blauen Mantel. Das Bild wurde von Kaiserin Marie-Louise erworben und nach Parma gebracht. P.s bekannteste Darstellung der GM ist seine 1819 im Salon ausgestellte Himmelfahrt ⓜs (Paris, Louvre). Das 1816 für die Kapelle der Tuilerien in Auftrag gegebene Bild, zu dem zahlreiche Skizzen erhalten sind, zeigt ⓜ frontal mit erhobenen Armen. Auch der Blick ist nach oben auf das göttliche Licht gerichtet. ⓜ trägt einen blauen Mantel über weißem Kleid und einem goldenen Gürtel. Fünf rotgekleidete Engel scheinen sie bei ihrer Aufwärtsbewegung zu stützen. Eine der Studien zeigt ⓜ im Profil nach links gewandt und die Arme zu Christus erhoben, der sich zu ihr herabbeugt. — Nach einer 1820 gemalten Mater dolorosa stellte P. 1824 im Salon ein 1822 entstandenes Bild des Gekreuzigten aus (Paris, Louvre): Während Christus und Magdalena hell beleuchtet sind, erscheint ⓜ dunkel im Hintergrund; sie wird von einer ihrer Begleiterinnen gestützt. — Die in der St. Petersburger Ermitage befindliche »Verkündigung« ist ein Beispiel für die Zusammenarbeit P.s mit der Malerin Constance Mayer († 1821).

Lit.: E. de Goncourt, Catalogue raisonné de l'oeuvre peint, dessiné et gravé de P.-P. P., Paris 1876, Neudr. 1971. — J. Guiffrey, L'oeuvre de P.-P. P., 1924. — F. Baumgart, Vom Klassizismus zur Romantik 1750—1832, 1974, 107 f. — S. Laveissière, P. à l'Hôtel de Lannoy, In: Antologia di Belle Arti 33/34 (1988) 12—23. — Thieme-Becker XXVII 431 f. *E. G. Trapp*

Prugger, Martin, *1667, † 12.11.1732 als Pfarrer von Aufkirchen bei Fürstenfeldbruck. Die zeitgenössischen Theologen in Ingolstadt lobten ihn als hervorragenden Catecheten, als Redner und Historiker. Sein »Lehr-Exempel-Buch« erlebte im 18. Jh. vierzehn, bis 1887 insgesamt 26 Auflagen, ein Zeichen für seine große Beliebtheit. Was er über ⓜ bringt, sind weniger dogm. Wahrheiten aus der Hl. Schrift, sondern Beispiele, die die GM als Helferin der Christen oder als Gegenstand der Andacht (Mitleid mit der schmerzhaften Mutter) vorstellen, ferner den Segen des »Ave Maria« und des Rosenkranzgebetes sowie Aussagen aus Privatoffenbarungen (hl. Birgitta) über ⓜ. P.s Exempelsammlung als Fundgrube für den Prediger ist nur ein Beispiel für viele ähnliche (z. B. Tobias Lohner), die alle für die ⓜfrömmigkeit im 17. und 18. Jh. aufschlußreich sind.

Ausg.: Lehr- und / Exempelbuch: / Worinnen nicht allein, zwar einfältig; jedoch klar und / gründlich, vorgetragen der völlige Catechismus, / Oder / Christ-Catholische Lehr; / Sondern auch mit allerhand schönen Exempeln, Gleich / -nussen, und Sprüchen aus Heil. Schrifft und HH. Vättern / erklärt / bekräftiget / und ausgezieret zu finden ist: …, Augsburg 1724 (1. Aufl.).
Lit.: L. Hofmann, Ein Exempel-Katechismus überlebt die Aufklärung, In: JBVk NF 9 (1968) 175—202. — Ders., ebd. NF 10 (1987) 165—178. — Ders., Exempelkatalog zu M. P.s Beispielkatechismus von 1724, 1987. — BB II 588—592. 1284. *H. Pörnbacher*

Prumyōn (abgeleitet von προοίμιον: Einleitung, Vorrede), im Ritus der westsyr. und maronitischen Kirche eine Art Gebetsaufforderung, die dem eigentlichen Gebet, dem → Sedrō vorausgeht. So beginnt z. B. das P. im → Ramšō des ⓜtages Mittwoch: »Lobpreis, Danksagung, Verherrlichung, Ehre und Erhebung seien wir würdig, jederzeit und ohne Unterlaß darzubringen dem immerwährenden Licht, das ausgegangen ist als Hoffnung des Lebens von der jungfräulichen Brust und aus dem Schoß seiner Mutter; ihm, der verherrlicht und erhoben hat das Gedächtnis seiner Mutter im Himmel und auf Erden, gebührt die Anbetung und die Ehre …«

Lit.: P. K. Meagher u. a. (Hrsg.), Encyclopedic Dictionary of Religion, 1979, 2900. — J. Madey, Marienlob aus dem Orient. Aus Stundengebet und Eucharistiefeier der Syrischen Kirche von Antiochien, ²1982, bes. 144—147. *J. Madey*

Psalmen. Das Buch der P. ist die Sammlung der 150 kanonischen P. des AT, das zur Zeit des Zweiten Tempels um 200 v. Chr. wohl schon abgeschlossen vorlag. Die Geschichte des Buches und die Datierung der einzelnen P. sind bisher noch ungelöste Probleme. Viele der »individuellen Klagelieder« und einige der »Königspsalmen« (2; 72; 110 u. a.) dürften bis in die frühe Königszeit zurückreichen, wenn sich auch bei keinem Psalm die Abfassung durch David nachweisen läßt. In der Zählung der P. unterscheiden sich Septuaginta und Vulgata vom hebr. Psalter, weil einige P. in den alten Übersetzungen auf zwei Lieder aufgeteilt oder umgekehrt zwei Lieder zu einem zusammengezogen wurden. Darum stimmt die Zählung im Hebr. und in alten Übersetzungen nur in Ps 1—8 und 148—150 überein; sonst bleibt die Zählung bei den Übersetzungen gegenüber dem Hebr. im allgemeinen um eins zurück, es entsprechen also die hebr. P. 11—113 und 117—146 den Übersetzungen 10—112 und 116—145; bei den hebr. P. 114—116 gibt es sogar eine doppelte Abweichung in Septuaginta und Vulgata um zwei also = 112—114.

Unter den 150 P. hat für die Mariol. Ps 45 (44) die größte Bedeutung bekommen. Ursprünglich gedichtet für eine Königshochzeit in Israel mit Lobpreis von Bräutigam und Braut, wurde das Lied bei den Kirchenvätern, in der Liturgie und in der marian. Frömmigkeit auf Christus und ⓜ bezogen. Die Schilderung der prächtigen Kleidung in Ps 45,10 (44,10) und der kostbaren Krone in 21,4 (20,4) haben die christl. Künstler veranlaßt, ⓜ in prächtigen Kleidern und mit einer goldenen Krone auf dem Haupt darzustellen, und die Wallfahrer an den ⓜheiligtümern dazu angeregt, die Gnadenbilder mit goldenen und silbernen Gewändern auszustatten und zu krönen. Ps 45 (44) und die Zionspsalmen 48 (47), 87 (86), 122 (121) und 147, 12—20 (147) (ⓜ als »Tochter Zion«) wurden in die Meßliturgie und in das kirchliche Stundengebet der ⓜfeste übernommen. Eine Reihe von P.-Stellen werden in der christl. Frömmigkeit als ehrende Bezeichnungen für ℳ verwendet: »vitis abundans« (Ps 128,3 [127,3]), »palma patientiae«, »cedrus castitatis« (vgl. Ps 92,13 [91,13] und »civitas altissimi« (vgl. Ps 87,3 [86,3]). Sie sind als »Akkomodationen« zu verstehen (→ Allegorie).

Lit.: Vgl. die Psalmen-Kommentare, ferner: J. Pascher, Der Psalm 44 im jungen Frauenofficium der röm. Liturgie, In: LJ 1 (1951) 152—157. — A. Klawek, Biblijne symbole Maryjne, In: RBL 9 (1956) 216—227. — B. Boschi, Maria nell' Antico Testamento, In: SacDot 69/70 (1973) 9—48. — M. Gh. Visitiu, Învățăstura despre Maica Domnului după Sfînta Scriptură, In: StTeol II/30 (1978) 181—192. — O. da Spinetoli, Maria nella Bibbia, 1988. — A. Rodríguez Carmona, Uso de la S. Escritura en la Mariología, In: EphMar 35 (1985) 143—159. *J. Scharbert*

Psalterium BMV. I. LAT. HYMNOLOGIE. *1. Allgemeine Begriffserklärung und Charakterisierung.* Das P. BMV ist eine beliebte und fruchtbare Form der lat. rel. Dichtung des MA (reiche Überlieferung der zahlreichen Texte), die sich im 12. Jh. aus dem liturg. und paraliturg. Gebrauch der Psalmen entwickelte, bis zum Ende des 15. Jh.s blühte und mit die besten poetischen Erzeugnisse jener Zeit hervorbrachte; außer den Psalteria BMV gibt es »Psalteria sanctae crucis«, »De Passione Domini« (dictum granum passionis), Iesu (AHMA 35, 36, 38). Das P. findet bei außerliturg. privaten und gemeinschaftlichen Andachtsübungen Verwendung. Es ist ein Reimgebet aus 150 Strophen — in Anlehnung an die 150 Psalmen des biblischen Buchs der Psalmen —, unterteilt in drei Quinquagenen (Gruppen zu je 50 Strophen); aus der Verselbständigung einer Quinquagene entstehen Rosarien (capelletum; →corona; sertum). Zu jeder (gebeteten oder gesungenen) Strophe wurde ein Psalm, ein Pater noster oder ein Ave Maria gebetet. Im Gegensatz zur liturg. Wir-Dichtung ist für das P. die Betonung des »Ich« charakteristisch. Gegenstand der Betrachtung sind »die Hauptereignisse der Heilsgeschichte im Anschluß an das Evangelium« (Meersseman). Die Texte sind geprägt von der Vertrautheit der Dichter »mit dem Wort und mit dem mystisch-liturgischen Sinn des Brevier-Psalters« (A. Manser in LThK VIII 546) und stehen im Dienst einer liturgieverbundenen Christus- und ℳminne.

2. Geschichtliche Entwicklung. Die Beliebtheit der Pariser »Salutatio sanctae Mariae« (Ausg.: Meersseman I 130—132), einer stark gekürzten Umdichtung der lat. Version des griech. Hymnos →Akathistos, zunächst als kurzes Leselied gedacht, später als Hymnus neumiert, förderte die Entstehung einer neuen Art der marian. Dichtung: des Grußhymnus (salutatio salutatorium, →Grüße; Meersseman I 67—98), in dem die griech. Anrede »χαῖρε« an die GM übersetzt wird mit: »ave«, »gaude«, »salve« oder »vale«, worauf eine Aneinanderreihung von ℳattributen folgt. Da zunächst jede der 150 Strophen des P. mit dem Grußwort des Engels beginnt, kann er als Abart des Grußhymnus verstanden werden. Außerdem findet sich in den Handschriften oft als Überschrift: »Salutationes Mariae« o. ä. (Betonung der Gattung des ℳlobs). Aus der marian. Umdeutung von einzelnen Psalmen (z. B. Ps 44) erwächst das Dichten von strophischen Psalterien: beim paraliturg. Beten des Psalters werden die jeweiligen Tagesantiphonen durch eine Strophe ersetzt, die ursprünglich eine gedankliche und lautliche Entsprechung zu dem biblischen Psalm aufweisen mußte (z. B.: Ps 79,2: »Qui sedes super Cherubim« — AHMA 35,267 = II 29,2: »Quae sedes ...«; vgl. Vorreden oder Texte des »Explicit« zu den einzelnen Psalteria, etwa zum »Psalterium minus«, Opera S. Bonaventurae XIII, Venedig 1756, 362). Die Expressivität der Texte und die bisweilen gewagten Bilder scheinen von der zeitgenössischen ℳfrömmigkeit und Mystik beeinflußt zu sein.

Bei Privatandachten, häufig in Klöstern als Suffragium für Verstorbene oder für eine fromme Stiftung, wurden zunehmend alle 150 Strophen des P. und statt dem Psalm zu jeder Strophe ein Ave Maria rezitiert (Erwähnung eines solchen Brauchs 1243 bei Johannes v. Mailly [Cod. Bern. 379, fol. 30] u.a.; Forderung des täglichen Gebets eines P. in der Regel der Beghinen zu Gent von 1242): der wörtliche Verband zwischen Grußantiphon und Psalm wird aufgegeben. Dies führt zu größerer inhaltlicher Freiheit: das P. wird zum Elogium ℳe (→Engelbert v. Admont; Anton v. Lantsee OCarth in Basel, 1492; s. u. 4 d).

Neben der Aufteilung des Buchs der Psalmen auf die Wochentage gab es für die Bußpraxis eine Einteilung in Fünfziger-Gruppen, die also auch auf die Psalteria überging. Aus der Abschwächung des wörtlichen Bezuges des Psalteria zu den Psalmen erklärt sich die Entstehung der Rosarien als eigenständige Dichtungen ab dem 13. Jh. (rosarium: Rosengarten; ℳ als rosa mystica; die zahlreichen Tugenden ℳs sind wie Rosen im Garten Gottes; ℳ als Rosengarten in der byz. Lit.). Ulrich Stöckl (s. u. 4e) schuf dann wieder Rosarien für die einzelnen Wochentage. Aus dem Brauch, statt der Psalterien und der Psalmen nur noch die entsprechende Anzahl von Ave Maria und Gloria Patri zu beten, entwickelt sich der →Rosenkranz (Rosenkranzgeheimnisse, Betrachtung des Lebens ℳe; vgl. hierzu Klinkhammer 77—113; 252—259; v.a. 80, 82, 85). Um der Gefahr des mechanischen Betens zu begegnen, entstanden ab dem 15. Jh. Rosenkranzklauseln, die z. T. die Gestalt eines strophischen P. haben, jedoch mit einer Form des Relativpronomens »qui« beginnen, das sich auf Jesus bezieht (s.u. 4e). Zu erwähnen sind die Rosenkranzklauseln eines →Heinrich v. Egher OCarth († 1408), →Heinrich v. Dissen OCarth († 1484) zuzuschreiben (Klinkhammer 82—85, 251—252; Ausg.: 252—259; VL² VI 47; III 712—717, bes. 715f.), →Adolf v. Essen OP († 1439) und →Dominikus v. Preußen OP († 1461; Ausg.: Th. Esser, In: Der Katholik 77/II [1897] 413—416, 526; Meersseman II 150—153, und Klinkhammer 193—246) sowie ein Beispiel für Zehnereinteilung (Ende 15. Jh., Cod. Zürich RH 161; Meersseman II 157—159).

In der Tradition dieser neuen Form des P. dichtete der kaiserliche Rat Jodok Beisseln aus Aachen (Beyssel, Beysselius; † 1514) ein Rosarium aus 50 elegischen Distichen mit der Überschrift »Rosaceum Marie coronamentum« (incipit: »Quem tibi virgineo vultu demissa pudore/ Spiratum affatu concipis angelico«) mit sieben Distichen als Einleitung (incipit: »Quisquis amat roseam genetrici offerre coronam«) und drei Distichen als Schluß, gedruckt in seinem Rosenkranzbuch »Rosacea augustissime cristifere Marie corona« (Antwerpen 1495, Lage B III–V; Hain 3026 = 5753; GW 4194; Ausg. auch: Mone II 266–267 nach einer Handschrift im Karlsruher Archiv; Lit.: BeisselMA 521–522). Nach einer »Elegiaca exhortatio in Rosarium intemerate virginis Marie« aus 16 elegischen Distichen (incipit: »Quisque es obsequio dulci cumulare Mariam«; Ausg.: Schütz II 273), mit der Empfehlung, dieses Gebet täglich zu verrichten (»serta roseti contexere«) — die mächtige GM werde es vergelten —, und der Erwähnung Sebastian → Brants († 1521) als Autor des folgenden Textes (»Vnica lapsorum reparans medicina Maria/ Una salus mundi, quam petimus fer opem/ Diua precor roseas cape mente tabellas/ Brant tibi quas lirico pectine virgo caput [zu verbessern in: canit]«), gibt Beisseln dessen Rosarium wieder (Lage F I–IV; incipit: »Stirpis humanae sator et redemptor« aus 50 sapphischen Strophen); nach jeder Strophe sollte ein Ave Maria, nach je 10 Strophen ein Pater noster gebetet werden. Brant selbst gab es heraus als »Rosarium ex floribus vite passionisque domini nostri Jesu Christi consertum: sanguinolentis quoque rosis compassionis quinque gladiorum virginis intemerate intertextum: cum singulis angelicis salutationibus continuandum. Carmen Dicolon Tetrastrophon. Ex sapphico Endecasyllabo. & Adonio dimetro« in den »Varia Sebastiani Brant Carmina« (s.l. 1498, Lage B III–V; Hain * 3731, * 3732; GW 5068, 5069) und in den »In laudem gloriosae virginis Marie multorumque sanctorum. varij generis carmina Sebastiani Brant. vtriusque juris doctoris famosissimi« (s.l.s.a., Lage A VIII^v – B IV^v; übers. bei WackernagelKL II Nr. 1334 nach: Der ewigen Wißheit betbüchlin, Basel 1518, fol. 93. — Hain * 3733, * 3734, 16171; GW 5067. — Ausg.: Schütz II 264–269, besser 297–302. — Lit.: Mone II 267; BeisselMA 521). — Auch der westfälische Humanist Hermann von dem Busche (Buschius, Pasiphilus; * 1468, † April 1534) verfaßte eine Art Rosenkranzklauseln (incipit: »Cum Deus astriferis olim venturus ab oris/ Vellet ouaturo nos reparare polo« aus drei Mal 50 elegischen Distichen, durch Pater noster in Zehnergruppen unterteilt; nach jedem Distichon Ave Maria) mit der Überschrift: »In augustissime virginis Marie *Sertum Rosaceum* Hermanni Buschii Monasteriensis meditationes in tres Hecatostichos partite feliciter incipiunt«, gedruckt mit dem Titel: »De saluberrimo fructuosissimoque diue virginis Marie psalterio Triplex Hecatostichon cum aliis ad eandem quibusdam carminibus elegantissimis Hermanni Buschii Monasteriensis (Hain * 4154: s.l.s.a., nach GW wohl Köln um 1506; Hain 4155: s.l. 1500, nach GW nicht nachweisbar; GW 5800, 5801; IA 128.170 — Leipzig 1503 —, 171, 177, 179, 182, 186, 202 — Leipzig 1516).

Bis ins 16. Jh. jedoch behielten die Mitglieder des Benediktiner- und Zisterzienserordens die Gewohnheit bei, als Rosenkranz auch 50 zu Ehren ᛖs gedichtete Strophen zu bezeichnen, die vor allem Tugenden und Vorzüge der GM behandeln, und zu denen häufig jeweils ein Ave Maria gebetet wurde. Erwähnenswert ist aus dem Gebetbuch des Klosters Selwerd bei Groningen (gedr. 1518) »die gulden rosecrans« (incipit: »Krachtige klaarheid, kristallen schijn« [»Machtvolle Klarheit, kristallener Glanz«]) zu 5 Strophen von je 20 Zeilen: zu jeder Strophe sollen 10 Ave gebetet werden, was ein Rosarium ergibt (J.A.F. Kronenburg, Maria's Heerlijkheid in Nederland III, Amsterdam 1905, 49). Ende des 16. Jh.s erscheinen in Tegernsee nochmals Sammlungen und Neuauflagen von früheren gereimten Rosenkranzgedichten: »Psalterium gloriosissimae Virginis Mariae in tria Rosaria dispertitum.« 1573 und ²1580, mit »Ave virgo vitae lignum/ Quae perenni laude dignum« (s.u. 4b: Psalterium minus des Bonaventura), »Ave virgo virginum,/ Per quam vir beatus« (s.u. 4c: Ps.-Thomas v. Aquin) und »Ave porta paradisi/ Lignum vitae quod amisi« (s.u. 4a) sowie 1579 »Psalterium divae Virginis Mariae rhythmice conscriptum a reverendissimo domino Stephano, olim archiepiscopo Cantuariensi, ex bibliotheca Tegrinseensi depromptum« mit Stephan Langton's »Ave virgo virginum,/ Parens absque pari« (s.u. 4b; zur Tradition des Rosenkranz-Betens in Tegernsee vgl. Klinkhammer 264–271). Anfang des 17. Jh.s verfaßte der Theologe und heiligmäßige Priester Jakob Merlo Horstius (* 24.7. 1597 in Horst, niederländische Provinz Limburg, † 20./21.4. 1644 in Köln) das Rosarium »Gaude, caelum et mirare« (Einleitungsstrophe: »Salve mater pietatis,/ Per aeternum trinitatis«) aus 50 Stabat-mater-Strophen, das durch vielfältige Entlehnungen aus älteren Texten seine Bindung an die ma. Tradition beweist (Ausg.: Ders., Paradisus animae christianae, Sectio VII. Du cultu & veneratione BVM Cap. IV., Köln 1644, 451ff.; 1670, 636ff.; 1675, 442ff.; AHMA 36, 263–267; für Ausg. und Übers. bis ins späte 19. Jh. cf. GV. — Chevalier 18040 und Add.).

Späte Sonderformen sind die lat. Dichtungen des blinden Priesters Giovanni Battista Agnesi (* 24.4. 1611 zu Calvi, Corsica, † nach 1667), seit 1657 Sekretär des Kardinals Giulio Rospigliosi, des späteren Clemens IX. Er verfaßte Hunderte von Anagrammen nach dem Englischen Gruß, die in zahlreichen Auflagen im späten 17. und zu Beginn des 18. Jh.s, z.T. in franz. Übersetzung (Paris 1733), verbreitet waren: »Psalterium Primum Anagrammaticum Marianum Immaculatum« (Wien 1660), »Psalterium Secundum ...« (Wien 1660), »Centum Anagrammata« (Rom 1661, Paris 1662, Toulouse-Limoges 1662 und öfter), »Psalterium Anagrammaticum« (Brüssel 1662), »Psalterium Anagrammaticum Marianum Immaculatum« (Rom 1662), »Marianae Puritatis Triumphus« ([= Psalterium Primum Anagrammaticum« und »Psalterium Secundum Anagrammaticum«], Venedig 1662; herausgegeben und mit vier Elogia versehen durch den venezianischen Theatiner Bernardino Benci; vgl. Mazzuchelli, Scrittori d'Italia II 2, Brescia 1760, 783), »Corona Anagrammatica Gemmarum XII« (Wien-Rom 1663), »Pentacrostichis Anagrammatica« (Rom 1664), »Immaculata Conceptio BVM, Anagrammatibus CCCCXLIV ... in duo Psalteria & Coronam XII. Gemmarum XII, multiplicatum distributis ...« (hrsg. von Philippe Labbe SJ, Paris 1663), »Conceptio Immaculata Deiparae V.M. Celebrata MCXV Anagrammatibus ... in *Psalteria, Coronam, Pentacrostichidem, Monile,* atque *Annum* distributis ...« (Rom 1665 und Venedig 1684), »Oraculum Parthenium« (hrsg. von Stanislaus Joseph Biezanowski, Krakau 1668), »Decacrostichis ex trecentis denis anagrammatibus« (Mainz 1664), »Epicinion gloriae Virgineae ([»Psalterium« aus 150 Anagrammen], Köln sine anno [1663 nach Chronogramm S. 41]; Auswahl von 250 Anagrammen durch Frater Johannes Thoynard, sine loco [Paris?] 1696, und nochmals von 40 und 34, Paris 1700). — Die beiden Psalterien und die »Corona Anagrammatica« bei Ippolito Marracci, »Trutina Mariana« (Wien 1663, Teil 2, 121—165; neuere Ausg.: einige Kostproben bei Schütz II, 1908, 256—264; ebd. 31—35 das 3. Elogium des Benci innerhalb der Vorrede von Ippolito Marracci. — Mazzuchelli, Scrittori d'Italia I 1, Brescia 1753, 198; L. Ferrari, Onomasticon, 1947,7).

Mone (II 267—268) teilt ohne Jahresangabe »ein italiänisches Rosenkranzlied aus einem fliegenden Blatt von Mailand« mit: »Lode bellissima alla b. v. Maria del rosario« (incipit: »Al rosario su venite«, aus 15 Strophen). Dt. Rosenkranzlieder zu je 50 Strophen stehen bei WackernagelKL II Nr. 199—201, 483—484, 727, 800, 1059—66; dt. Rosenkranzklauseln bei WackernagelKL II Nr. 1019, 1058.

Ende des 15. Jh.s veröffentlichte →Bernhardin v. Busti in ital. Sprache unter dem Titel »Tesauro spirituale« eine Corona BMV: nach den 63 Lebensjahren der GM 63 gereimte Gedichte unterschiedlicher Länge, die von den Typologien, Bildern und Ehrentiteln her ganz in der ma. Tradition stehen (Mailand: GW 5809: erschienen 1490, gibt nur die »Corona« wieder; GW 5810, 5811 = Hain 4168: erschienen 1492, druckt die »Corona« mit einem Vorspann eines Samuel Cassinensis; GW 5812 = Hain *4169: erschienen 1494: ist um zahlreiche Gebete erweitert und erwähnt im Inhaltsverzeichnis die »Corona virginis Marie in vulgari carmine continens sexaginta tres pulcherrimas laudes ipsius matris dei et ibi est aue maria [Nr. 7, 14, 18, 22, 25, 45: die einzelnen Worte des Ave Maria bilden jeweils den Anfang einer Zeile] et salue regina [Nr. 29] in vulgari«, welche abgedruckt ist Lage D VIII—L IV: zuvor: »Epistola fratris Samuelis de Casinis ordinis minorum scripta fratri Bernardino de Busti exhortans eum ad componendas laudes beatissime virginis Marie«: incipit: »Bella canant alii temerataque menia Troie ...« [14 eleg. Dist.] »Nel nome del nostro signore Iesu Christo. Incomencia la corona de la beatissima virgine Maria. E questa deuotione se distingue in sexanta trei capituli secondo li anni che viuete essa immaculata matre de Dio in questo mondo ... Capitulo primo. Ave Maria dignissima madona:/ Perche tu sei di gratia ripiena/ E benedeta sopra ognaltra dona/ Teco il signore habitar si degna./ ...«); spätere Ausgabe Mailand 1517 (IA 128.308. — Lit.: Wadding-Sbaralea I 133—134; L. Bracaloni, »Orgine, evoluzione ed affermazione della Corona Francescana Mariana«, In: StFr 29 [1932] 270—272).

In einer dt. Ausgabe des »Psalterium maius BMV« des Bonaventura (s.u. 3. Sonderformen; Ingolstadt 1595 [IA 121.880]) folgt nach anderen Gebeten »Das gülden Crongebett vnser lieben Frawen« (232—252): nach jedem der zehn kurzen Gebetstexte ist ein Ave Maria zu sprechen.

3. Inhalt und Form. Im Mittelpunkt der Betrachtung steht ⓜ als Mittlerin und Fürsprecherin der Menschheit; in persönlicher Anrede werden Lob und Bitte vorgebracht. Außer den entsprechenden Psalmworten werden atl. Typologien, Ehrentitel und oft phantasievolle und kühne Beinamen und Bilder verwendet. Als einer der ersten stellt Engelbert v. Admont Ereignisse des Lebens ⓜs und Christi in den Mittelpunkt der Betrachtung. Im Vordergrund stehen die Freuden ⓜs, Leidensthematik findet sich nur selten. In einleitenden Texten, Prologen oder abschließenden Bemerkungen zur Entstehung eines P. wird häufig auf das Erlangen besonderer Gnaden durch regelmäßiges Beten des Textes hingewiesen (Visionen des Dichter). Vor und nach dem Textcorpus, bisweilen für jede Quinquagene, stehen häufig Prologe/Parerga und Conclusiones, die sich zuweilen mit demselben Wortlaut für verschiedene Psalteria finden und die auch aus älteren Hymnen- oder Sequenzentexten (Auszüge, Umformungen) bestehen können (z.B. letzte Halbstrophe von →»Salve mater salvatoris« des Adam v. St. Victor als Prolog vor der 3. Quinquagene von »Ave de cuius gremio«; AHMA 35,263). Z.T. wechselt die Grußformel für jeden Fünfziger: »ave«, »salve« und »gaude«.

Die Psalteria weisen fast ausnahmslos eine kunstvolle Reimtechnik auf mit zweisilbigem Binnen-, Paar- oder Kreuzreim; Assonanz allein ist selten. Rhythmische Versmaße werden meist Metren vorgezogen; die beliebtesten Strophenformen sind: (rhythmische) ambrosianische Strophen; Stabat-mater-Strophen; Vagantenstrophen; Strophen aus Sieben- oder Zehnsilbern.

Sonderformen sind das sog. »Psalterium maius BMV« des →Bonaventura (incipit: »Aperi domina os meum ... Beatus vir qui diligit nomen tuum virgo Maria ...«), eine marian. Prosaparaphrase des Buchs der Psalmen, das als unechtes Werk des Bonaventura (Opera omnia X, Quaracchi 1902, 24 Anm. 36; vgl. auch Wadding-Sbaralea I 164—165, Nr. 69) vielleicht →Konrad v. Sachsen OFM († 1279) zuzuschreiben ist (Meersseman II 17; überliefert u.a. in Clm 11922, fol. 1—46. — Ausg.: Hain *3568, 3569 = GW 4798, 4799; dt. Übers. *3570, 3571 = GW 4800; im 16.Jh. lat., franz. und dt.: IA 121.735 — Paris 1509, 736, 766, 767, 792, 793, 796, 827, 845, 862, 880; Ingolstadt 1595 [s.o. 2]. — Opera Omnia 13, Venedig 1756, 232 ff. — Bis in das 19.Jh. eine ganze Reihe neuer Auflagen [vgl. GV]. — Lit.: Mone II 254; VL² I 944), das auch Andachtsbücher wie »Een suuerlic boexkyn van onser lieuer vrouwen croon ende horen souter. ende oec van horen mantel: welcke boexkyns seer deuoet ende soet te lesen« (Delft 1490: Hain 5750 = GW 7838; Deventer 1492: Hain 5751 = GW 7839) beeinflußt hat, sowie die freie (nicht strophische) Paraphrase des ganzen biblischen Psalters des Columba de Vinchio OP (Asti, Diözese Pavia), überliefert wohl als Autograph in der Hs. Novara, Capitolare 66 (117), fol. 14ʳ— 100ᵛ (»Incipit psalterium vel liber ymnorum glorie beate virginis. [Antiphona] Miranda genetrix. [Titulus] Psalmus Columbe spiritus sancti ...«; Meersseman II 18—20; teilweise Ausg.: ebd. 124—130; s.u. 4c).

Einige späte Psalteria wurden wegen ihrer unbesorgten Form (Mitte zwischen Reimprosa und Poesie) nicht in die Sammlung der AHMA aufgenommen: »Ave beatissima origo conditoris,/ Virgo fecundissima, praelata caeli thronis ...« (Krakau, Jagellonische Bibliothek, Cod. 554, fol. 146ᵛ [15.Jh.] und Utrecht, Universitätsbibl., Cod. 369, olim Eccl. 375 [anno 1477] — aus der Utrechter Karthause »Domus novae lucis«; AHMA 35,7f.; Mone II 254). »Ave virgo virginum, laus et lux iustorum« (»Psalterium« aus 150 Worten des Heinrich v.Egher; Ausg.: Hortulus devotionis, Köln 1541, fol. 74: Psalterium D. Henrici Kalcar, Carthusiani, in laudem christiferae virginis Mariae; AHMA 36, 5—6; J.A.F. Kronenburg, Maria's Heerlijkheid in Nederland, Amsterdam III, 1950, 421 ff., bes. 423—425. — Szöverffy II 364; Klinkhammer 85; VL² II 382; III 1f.). — »Quem concepisti de spiritu sancto non per carnis opera« (überliefert u.a. in den Hss. München, clm 695 anno 1513, fol. 6ᵛ [Vorbemerkung] bzw. 7ᵛ—13ᵛ [Text] als »rosarium aureum« und clm 11922, 15.Jh., fol. 57ᵛ, nach der Legende verfaßt von einem Trierer Karthäuser, bzw. 58ᵛ—61ʳ [Text], Hinweis in AHMA 36,7; Chevalier 40227).

4. Zu einzelnen Texten (bei den Literaturangaben sind zuerst die Ausgaben, dann die Sekundärliteratur verzeichnet).

a) Psalterien des 12.Jh.s. Keines der drei folgenden Psalterien kann einem bekannten Autor eindeutig zugeschrieben werden: »Ave, porta paradisi,/ Lignum vitae, quod amisi« (»Grußpsalter von Pontigny«; »Psalterium sanctae Mariae a quodam religioso Pontiniacensis ecclesiae monacho rhythmice [compositum]«; Cod. Ebroic. 96; nach Meersseman II 13 das erste und verbreitetste P.; Mone II 233—241; Anm. 242—245; AHMA 35, 189—196; Anm. 196—199; Meersseman II 79—96. — Chevalier 2037, 19948; Walther 1962; Szöverffy II 90). — Das P. des Theophilus Monachus v. Saint-Aubin (Pseudonym?) »Gaude, virgo, mater Christi« beginnt jede Strophe mit »Gaude« (AHMA 36, 57—70; Meersseman II 96—98 Prolog über Nutzen des Psalteria-Gebets und 1.Strophe. — Chevalier 7013, 27203; Walther 7080a; Meersseman II 13f.; H. Barré, Prières anciennes de l'Occident à la Mère du Sauveur, 1963, 185, Anm. 2; zur Legende der Fünf-Gaude-Antiphon vgl. Meersseman II 190f.). — Das →Anselm v. Canterbury zugeschriebene, in Form und Inhalt altertümlich-schlichte P. →»Ave, mater advocati,/ Qui beatus consilio« (A. Wilmart, Auteurs spirituels et textes dévots, 1932, 154, Anm.2, spricht das Werk Anselm ab; auch Thomas Becket, † 1170, zugeschrieben) hat drei inhaltliche Schwerpunkte: Jungfrauengeburt; Leiden Jesu — Erlösung; himmlische Fürsprache der GM (PL 158, 1038—48; AHMA 35, 254—262. — Chevalier 1926 und Add.; Meersseman II 16).

b) Psalterien des 13.Jh.s. Im Psalterium des →Alanus ab Insulis († 1203) »Ave lignum, quod suo tempore« wechseln die Rhythmen nicht mit dem Ende einer Quinquagene, sondern bei der 8. bzw. 11.Strophe der nächsten (AHMA 36, 11—26. — Chevalier 1862 und Add.; Meersseman II 16). Im Psalterium minus »Ave, virgo, vitae lignum,/ Quod perenni laude dignum« des →Bonaventura, das wohl John Peckham OFM († 1292) zuzuschreiben ist (Zuschreibung an Peckham AHMA 35, 171 und 188; als unechtes Werk des Bonaventura: Opera omnia X, Quaracchi 1902, 22, Anm. 14. Überlieferung u.a. in Clm 11922, fol. 47—56), beginnen alle Strophen einer Quinquagene jeweils mit »Ave«, »Salve« oder »Gaude« (AHMA 35, 172—179; Anm. 179—188. — Mone II 245—252; Chevalier 2276 und Add.; Walther 2021; Meersseman II 17; Wadding-Sbaralea I 164 Nr. 68). Das P. »Ave, virgo virginum, parens absque pari« des Stephan Langton (Linguatonus) v. Canterbury († 1228), das auch Albertus Magnus († 1280) zugeschrieben wird, wurde 1579 in Tegernsee gedruckt (s.o. 2. — AHMA 35, 153—166; Anm. 166—171. — Mone II 252—253; Chevalier 24021 und Add.; Meersseman II 16; Szöverffy II 185. 255). — Der hl. Edmund v. Canterbury (Abingdon, * 1180, † 1242; Studium in Paris; Prof. der Theol. in Oxford; Kanonikus der Kathedrale zu Salisbury; 1233—42 Erzbischof von Canterbury) ist Verfasser des P. →»Ave, virgo, lignum mite«, dessen rhythmisches Schema mit jedem Fünfziger wechselt; jede Strophe der 2. Quinquagene endet mit einem der 50 O-Grüße, welche

Meersseman druckt (I 185. — AHMA 35, 137—149; Anm. 149—152; 2. Fünfziger bei Meersseman II 98—105. — Mone II 254 f.; Chevalier 2221 und Add., 23687. 35860; Walther 2004; Meersseman II 14. 16).

Unbekannt sind die Verfasser der Psalterien »Ave, de cuius gremio/ Exivit vir eximio« (wahrscheinlich ital. Herkunft; AHMA 35, 236—270; Anm. 271—273. — Chevalier 23427 und Add.; Meersseman II 16) und »Ave, decus omnium virginum« (süddt.); AHMA 36, 42—55; Anm. 55 f. — Chevalier 35503; Meersseman II 16).

c) *Psalterien des 14. Jh.s.* Von Columba de Vinchio OP (s. o. 3.) stammt das P. »Ave [Salve], virgo, cathedra summe deitatis«, wohl eine Umdichtung nach Vorlage des 13. Jh.s, das die biblischen Allegorien stärker allegorisch ausdeutet als die ersten Psalterien, deren Strenge hier durch den persönlichen Ausdruck des Autors gebrochen ist (AHMA 35, 239—252; Anm. 252 f.; Meersseman II 105—123. — Chevalier 35781; Meersseman II 20 f.). → Engelbert v. Admont ist Verfasser von »Ave rosa, flos aestive« (»das große Rosenlied«), dessen Strophen alle mit »Ave, rosa« beginnen (AHMA 35, 123—133; Dreves-Blume I 405 f. in Auszügen; Schütz II 278—294; Meersseman II 133—145. — Mone II 253; Chevalier 2080 und Add.; Walther 1972; Szövérffy II 305 f.). — →Guillaume de Digulleville OCist dichtete »Beatus vir qui erigit/ Mentis vultum et dirigit«; statt des Grußwortes am Anfang klingt häufig der entsprechende Psalm an. Dieses P. enthält nicht nur ᛞlob, sondern auch Betrachtungen theol. Geheimnisse und Wahrheiten, Lob der Größe Gottes in seiner Schöpfung, sowie direkt an Gott gerichtetes Flehen (AHMA 36, 105—125; Ausdehnung auf die Cantica des Breviers: AHMA 36, 125—128. — Chevalier 2406 und Add.).

Unbekannt sind die Verfasser von »Ave lignum, excelsum gloriae« (ital. [?]; AHMA 36, 27—41. — Chevalier 23583; Meersseman II 17), »Ave, virgo virginum, ave, via morum« (Ps.-Bernhard, süddt. [?]; AHMA 35, 200—217. — Mone II 256 Nr. 14; Chevalier 2265 und Add.; Meersseman II 16) und »Ave, virgo virginum, per quam vir beatus«; hier beginnt jede Strophe einer Quinquagene jeweils mit »Ave«, »Salve« und »Gaude« (Ps.-Thomas v. Aquin; AHMA 35, 218—231; Anm. 231—238. — Mone II 254 Nr. 6; 257 Nr. 16; Chevalier 2269 und Add.; Walther 2017; Meersseman II 16).

d) *Psalterien des 15. Jh.s.* Acht der 17 Psalterien des Ulrich →Stöckl(in) OSB v. Wessobrunn († 1443) sind der GM gewidmet: das Psalterium triplex (AHMA 38, 137—168): »Ave virgo, Christi puerpera« (Einleitungshymnus: »O Nazareni floris radix inclita«); »Ave virgo, arbor fructifera« (Einleitungshymnus: »O virgo felix, o novella gloria«); »Ave, regis nostri pacifici« (Einleitungshymnus: »**M**atrem **A**ltissimi **R**egis **I**n Ani**m**u**M**«); das Psalterium triplex (AHMA 38, 171—210): »Tituli praeconiorum«: »Ave, virgo sanctissima/ Consulque fidelissima« (Einleitungshymnus: »Alma Deus trinitas, quae saecula cuncta gubernas«); »Iubilus BMV«: »Ave, radix gratiae,/ Ex qua crevit fructus« (Einleitungshymnus: »Tibi, mater eximia« — Acrostichon: THEOTOCA); »Hymnarius BMV«: »Ave, arbor optima/ Optimum dans fructum« (Einleitungshymnus: »Mater Christi, quem in imis«); das Psalterium duplex: »Theotoca«: »Ave, virgo, cathedra,/ Deus qua pausavit« (Einleitungshymnus: »Tibi, mater deifica« — Acrostichon THEOTOCA); »Ave, virgo, lignum fructiferum« (Einleitungshymnus: »O Maria, virgo pia«). (Mone II 254 Nr. 8; 255 Nr. 10 und 11; 256 Nr. 12 und 13; Szövérffy II 418 f.; s. u. 4 e).

Von Antonius v. Lantsee zu Basel stammt das P. »Ave plasma deitatis,/ Ab aeterno praeconcepta« (verfaßt 1492) ohne wörtlichen Bezug zu den Psalmen (AHMA 36, 100—104; Meersseman II 146—150. — Chevalier 35657, 35533, 35744; Meersseman II 31; Szövérffy II 425).

Unbekannt sind die Verfasser der Psalterien »Almiflua, pulcherrima/ Regina coeli gaude« (14./15. Jh.; kein wörtlicher Bezug zu den Psalmen; Akrostichon: AVE DOMINA NOSTRA VIRGO MARIA GRATIA PLENA DOMINVS TECVM BENEDICTA TV IN MVLIERIBVS ET BENEDICTVS FILIVS TVVS VNIGENITVS DOMINVS NOSTER IHESVS CHRISTVS VERVS DEVS ET HOMO [A I] AMEN; überliefert in Handschriften aus Kremsmünster und der Reichenau; AHMA 36, 92—99. — Chevalier 918 und Add.; Walther 825), »Beatus vir, qui in lege meditatur,/ De Maria quid dicatur« (die Strophen beginnen nicht mit einem Grußwort, sondern mit dem Anfang des entsprechenden Psalms; süddt. [?], 14./15. Jh.; AHMA 36, 83—91. — Mone II 253; Chevalier 2407 und Add.; Walther 2106; Meersseman II 17), »Ave, caeli lux Maria,/ Lignum vitae es, o pia« (15. Jh.; AHMA 36, 71—82. — Chevalier 35478; Meersseman II 17) und »Ave, sponsa Dei patris« (kurzes P. ohne Bezug zu den Psalmen aus 15 Strophen, von denen je 5 mit »Ave«, »Salve« und »Gaude« beginnen; süddt. 15. Jh.; AHMA 32, 52 f.; Meersseman II 145 f. — Chevalier 23875 und Add.).

e) *Rosarien.* Von Ulrich Stöckl(in) OSB stammen drei Rosarien ohne Bezug auf Psalmen aus jeweils 5 x 10 Strophen: »Ave, summi genitoris/ Nati mater inclita« (AHMA 6, 152—156. — Mone II 315; Chevalier 2143 und Add.; Meersseman II 25); »Ave, gaude, vale, plaude,/ Salve« (die Strophen der 5 Teile beginnen jeweils mit »Eja«, »O Maria«, »Audi nos«, »Euge«, »Gratulare«; AHMA 6, 156—159 und 38, 239—242. — Chevalier 1804 und Add.; Meersseman II 25) und »Eia, mater o Maria« (AHMA 6, 160—163. — Chevalier 37017; Meersseman II 25) sowie acht Reihen von »Rosenkranzklauseln« (AHMA 6, 163—202; vgl. BeisselMA 253; gedruckt Tegernsee 1580): »Qui rerum principium exstat singulare«; »Qui est verbum omnia pater quo creavit«; »Quem cum iam tricesimum annum inchoavit«; »Qui fines cum transiit Tyri et Sidonis«; »Quem sacra volumina signant prophetarum«; »Qui ab Anna mittitur Caiphae ligatus«; »Qui decrevit hominem potenter liberare«; »Cuius caro floruit incarnatione«. Außerdem schrieb U. Stöcklin das »Salutatorium« »Ave, mater aeterni numinis« (50 Strophen; je 10 beginnen mit »Ave«, »Salve«, »Gaude«, »Vale«, »O Maria«; AHMA 6, 51—53. — Chevalier 23638; Meersseman II 25) und das »Laudatorium« »Ave, Dei filia Christique conclave« (210 Strophen, d. h. zu jeder der 7 Tagzeiten 3 Teile zu je 10 Strophen, die jeweils mit »Ave«, »Salve«, »Gaude« beginnen; AHMA 6, 88—109. — Mone II 391; Chevalier 1759 und Add.; Klinkhammer 264—266).

Unbekannt sind die Verfasser des »Güldenen Rosenkranzes« »Quem virgo carens vitio de flamine concepisti« (Einleitungsstrophe: »Suscipe *rosarium*, virgo *deauratum*«); oder: »O Maria florens rosa«; 5 x 10 Strophen über das Leben Jesu bis zur Aufnahme ⋈s in den Himmel und zum Jüngsten Gericht; gedruckt im »Hortus animae« [z.B. Straßburg 1507, Lage I VI—VIII, oder Lyon 1546, fol. 152ᵛ—155]; WackernagelKL II Nr. 1094 gibt Teile der dt. Übersetzung des Ortulus anime, Straßburg 1501; vgl. auch VL² IV 147—154, bes. 148—149; Mone II 263—265; AHMA 36, 233—235; Meersseman II 153—156. Übers.: BeisselMA 519—521. — Chevalier 13185, 19951, 31356; Klinkhammer 262—263) des Rosariums »Gaude, virgo, fragrans rosa« (Einleitungsstrophe: »Salve, mater, virgo munda«; 5 Einleitungs- und 9 Schlußstrophen; 17 x 11 Strophen, die alle beginnen »Gaude«, nur jeweils die 11. beginnt »Pia mater«; gedruckt Bologna 1525; 15. Jh. [?]; AHMA 36, 247—256. — Chevalier 27189; s. u. 4 g) und des »Roseum crinale BMV« »Salve, caeli, terrae decus« (15. Jh., ital.; aus 50 Salve- Antiphonen [5 x 10 Strophen]; Mone II 275—278; AHMA 36, 237—240. — Chevalier 17856; Meersseman II 25).

f) Serta. →Konrad v. Haimburg († 1360) schrieb das »crinale BMV« →»Ave, salve, gaude, vale./ O Maria non vernale«, das in einigen Handschriften (u. a. Clm 11922, fol. 70) als »sertum rosaceum«, »sertum BMV« oder »sertum« bezeichnet wird. Jeweils 10 der 50 Strophen beginnen der Reihe nach mit einem der 5 Grüße, die in den ersten zwei Zeilen genannt sind (WackernagelKL 169—172; Mone II 268—271, Anm. 271—275; AHMA 3, 22—25, Anm. 25—26. — Chevalier 2098 und Add.; Walther 1979).

Unbekannt sind die Verfasser des Sertum »Ave, mitis oliva gratiae« (bestehend aus der zweiten Quinquagene von »Ave virgo, lignum mite«; überliefert in einem Ms. Coelest., 15. Jh.; AHMA 36, 241—246: vgl. AHMA 35, 140—145, 150. — Chevalier 23687 und Add.: vgl. Chevalier 2221) und der »Oratio de B.V. ad modum serti facta« »Ave signis figurata/ fide dignis approbata« (Berlin, Cod. 849 = theol. qu. 29, fol. 214ᵛ; Gebetbuch aus dem Zisterzienserkloster Lenin, anno 1518; 30 überlieferte Strophen, vielleicht unvollständig; jeweils 10 Strophen beginnen mit Ave, Gaude, Salve; AHMA 32, 50—52. — Chevalier 23866).

g) Coronae. Von → Guillaume de Digulleville stammt »Misericors mitissima« (5 Strophen zu je 12 Zeilen; alle Wörter und damit auch alle Zeilen einer Strophe beginnen mit demselben Buchstaben: Akrostichon MARIA; Aneinanderreihung von Attributen, z. B.: mater misericordiae, advocata admittenda, rhinoceros rebellium; AHMA 48, 322).

Anonym ist »Plange, mater, parvum Iesum« (Einleitungsstrophe: »Pia mater, tecum flere«; jeweils 5 Einleitungs- und Schlußstrophen; 10 x 11 Strophen, die alle beginnen »Plange, mater«, nur jeweils die 11. beginnt »Pia mater«; gedruckt Bologna 1525; 15. Jh.[?]; AHMA 36, 257—262. — Chevalier 31671; s.o. 4 e).

Ausg.: Mone II 233—280. — AHMA 3, 22—26; 6, 51—53; 88—109; 152—202; 32, 50—53; 35, 123—273; 36, 126—207. 233—236; 38, 135—228; 48, 322—323. — Meersseman II 79—159.

Lit.: L. Hain, Repertorium bibliographicum, 4 Bde., Stuttgart-Paris 1826—38, Nachdr. Frankfurt a.M. 1903. — Mone II 245—260. — AHMA 35, 36, 38: allgemeine Einleitungen und jeweils Bemerkungen nach den einzelnen Texten. — Meersseman I 80—87; II 3—28. — Th. Esser, In: Der Katholik 77/II (1897) 346—360. 409—422. 515—528; 84/II (1904) 98—114. 192—217. — BeisselMA 241—250. 511—530. — BeisselD 69f. — H. Bohatta, Bibliographie der Livres d'Heures (Horae B.M.V.). Officia, Hortuli Animae, Coronae B.M.V., Rosaria und Cursus B.M.V. des XV. und XVI. Jh.s, Wien 1909. — J. Leclercq, F. Vandenbroucke und L. Bouyer, Histoire de la spiritualité chrétienne II: La spiritualité du moyen âge, 1961, 309—311 (engl. Übers. 1968, Nachdr. 1977; ital. Übers. 1969). — Szövérffy II 208f. und passim. — Index Aureliensis (= IA), Catalogus Librorum Sedecimo Saeculo Impressorum, 1962ff. — K.J. Klinkhammer, Adolf v. Essen und seine Werke, 1972. — Gesamtverzeichnis des deutschsprachigen Schrifttums (= GV) 1700—1910, 161 Bde., 1979—87. — Gesamtkatalog der Wiegendrucke (= GW), 8 Bde., ²1968. — LThK VIII 546. — LThK² VIII 863. — VL²VI 42—50.   M. Pörnbacher

II. DEUTSCHSPRACHIGE TRADITION. Das dt. Wort Psalter (mhd. salter) bezeichnet verschiedene Inhalte, jedoch stehen diese in direktem wie übertragenem Sinn stets in Beziehung zum atl. Buch der Psalmen und veranschaulichen so einen wichtigen Bereich des christl., insbesondere des marian. Gebets in seiner Entwicklung, vornehmlich was die Laien- und Volksfrömmigkeit seit dem 13. Jh. betrifft:

1. *»Liber psalmorum«* ist das Buch der 150 Psalmen, lat. oder in volkssprachlicher Übersetzung, und je nach Funktion in verschiedener Gestalt (als Psalterium non feriatum, Psalterium cum ordinario officii, Psalterium feriatum).

2. *Marian. Psalterparaphrasen.* Dem »Liber psalmorum« exzerpierte und in marian. Sinne paraphrasierte Verse tauchen in lat. Form gegen Ende des 13. Jh.s auf. In volkssprachlicher Bearbeitung erscheinen solche ⋈psalter erst seit dem 15. Jh. Vorzüglich mittelniederländisch verbreitet ist das →Bonaventura bzw. →Bernhard v. Clairvaux zugeschriebene »Psalterium beatae Mariae Virginis«. Eine oberdt. Fassung ist erst für das Kloster Polling (?) von 1606 bezeugt (München, cgm 150, 176ʳ—216ʳ), jedoch geht sie auf eine ältere Vorlage zurück.

3. *Bücher bzw. Text(e) für das Stundengebet der Laien.* Da das »Officium parvum BMV« und weitere Kurzoffizien (z.B. »Cursus de sancta cru-

ce«), zumeist in Stundenbüchern (→Gebetbücher) überliefert, auch einzelne Psalmen enthalten, werden Buch wie einzelne Texte daraus zuweilen auch P. genannt.

4. Gebetstexte als Ersatz für die Psalmen. Seit dem 11. Jh. bezeugen einzelne Quellen, daß Kleriker, aber insbesondere leseunfähige Konversen und Laien als Bußvorschriften oder als tägliches Gebetspensum einen einzelnen Gebetstext (Psalm, Pater noster, in späterer Zeit das Ave Maria) in genau bestimmter Anzahl wiederholend zu rezitieren haben, wobei offensichtlich die Zahl der Psalmen (150, in Dreiergruppen zu je 50) das bestimmende Maß für das Ersatzgebet abgibt. Seit dem 13. Jh. werden Pater noster und Ave Maria zumeist als Einheit zum Wiederholungsgebet. Dieses paralitur. Psalmen- bzw. Ersatzbeten findet insbesondere in der oralen Volksfrömmigkeit, aber auch in den Klöstern (etwa in dominikanischen Frauenkonventen des 14. Jh.s als Privatandacht der einzelnen Schwester) weite Verbreitung und kann P. heißen (u. a. auch Fünfziger, Rosenkranz).

5. Zumeist zu 50 bzw. 150 Texteinheiten zusammengefaßte dt. Mariengrüße (→Grüße). Wohl vom psalmenersetzenden Reihenbeten, aber ebenso vom griech. Hymnos →Akathistos beeinflußt, sind seit dem 12. Jh. in lat. Sprache hymnologische Dichtungen zu Ehren 𝕸s überliefert, die größtenteils unter dem Begriff P. BMV gefaßt sind. Vom Gruß des Engels (»Ave Maria«) ausgehend, entstanden seit dem späteren 13. Jh., teils in der Nachfolge solcher lat. Grußhymnen und Grußorationen, zahlreiche dt. rhythmische Grüße verschiedenen Typs, aber auch Prosatexte. Einzelne 𝕸grüße — vornehmlich wenn sie in 50 bzw. 150 Texteinheiten (zumeist Strophen) gegliedert sind — werden in der Forschung P. oder Rosenkranz genannt. Appelhans, der erstmals einen Überblick über die dt. 𝕸grußdichtungen des SpätMA vermittelt, rechnet zu den Psaltern und Rosenkränzen insgesamt 6 Texte (Nr. 17—22). Allerdings ist beim ältesten erhaltenen dt. 𝕸gruß (Appelhans Nr. 17), wohl noch dem 13. Jh. zugehörig, der ursprünglich vermutete Umfang von 50 Strophen (die Handschriften bieten 63 bzw. 25 Strophen) sehr unsicher. Dieser 𝕸preis mit Strophenanapher »Ave Maria« wird in eder Rubrik der Breslauer Hs. I Q. 269,59^{rv} »ein hubsch gut bett« genannt. Drei 𝕸grüße (Appelhans Nr. 20—22) bestehen jeweils aus 50 Strophen. Der umfangreichste und lit. am bewußtesten durchgestaltete 𝕸gruß (Appelhans Nr. 18), wohl um 1300 entstanden, bietet mit Prolog (1—68), Zwischentexten (281—320, 521—590) und Epilog (791—836) dreimal 50 Strophen (zu je vier Versen) und den drei Strophenanaphern: »Wis gegrüezet — Vrewe dich — Hilf uns.« Zwischentexte und Epilog betonen die Fünfziger-Gliederung, bezeichnen aber den Gebetstext weder als Rosenkranz noch als Psalter; die Rubrik der Wiener Handschrift nennt ihn »Unser vrouwen gruez«. Daß diese Dichtung jedoch als private Andacht zur GM gedacht war, bezeugen im Epilog die genauen Angaben über die wechselnden Gebetshaltungen. Zwei 𝕸grüße (Appelhans Nr. 21 f.) mit 50 Strophen und jeweils wechselnder Anapher nach jeder zehnten Strophe (wohl den Gesätzen des Rosenkranzes entsprechend) erweisen sich als dt. Bearbeitungen des weitverbreiteten »Crinale« →Konrads v. Haimburg; sie stammen aus der Feder von →Heinrich Laufenberg (Nr. 21) bzw. Sebastian →Brant (Nr. 22). Als »Sant Bernharts Rosenkrantz« erschien Brants Gedicht erstmals 1497 in dem von Ludwig →Moser bearbeiteten Basler Druck »Der guldin Spiegel des Sünders«, weshalb dieser bis vor kurzem als Verfasser galt. Das »Crinale« Konrads v. Haimburg erfuhr zudem zwei weitere dt. Bearbeitungen in Strophenform (vgl. ²VL V 187, zu II.3.b und c) sowie zwei Prosaübersetzungen, die eine wohl von →Hermann Kremmeling. Während bei allen hier genannten 𝕸grußdichtungen das Wort P. weder im Titel, in einer Rubrik noch im eigentlichen Text auftaucht, erscheint es in mitteldt. Prosaübertragungen des zuweilen →Augustinus bzw. →Bonaventura zugeschriebenen »Psalterium minus«, als dessen Verfasser heute John Peckham OFM († 1292) zu gelten hat (AHMA 35, 172—179; Mone II 245—252) und dessen dreimal 50 Strophen dem Typus des Rosenkranzes zugehören: »Unser lieuer vrouwen gulden selter« (Darmstadt, LB und Hochschul-Bibl., Ms. 1933, 215^r—230^r), »Diß ist der gulden pselter der glorioser Jungffr Marien« (Berlin, germ. oct. 194, 369^r—386^v), »Hye begynt der gulden pselter van unsser leyver vrauwen« (ebd., germ. oct. 487, 13^r—46^r).

6. Eigentliche Rosenkränze, 150 Ave Maria-Kumulationen mit abschließenden bzw. eingeflochtenen Clausulae (Gesätzen). Bereits einer der frühesten dt. Rosenkränze, vielleicht von →Dominikus v. Preußen zwischen 1440 und 1450 verfaßt, heißt »salter der Jungfrauen Marie« bzw. »unser lieben Frauwen Marien salter« und enthält nach einer ausführlichen Rubrik dreimal fünfzig Klauseln, die in chronologischer Reihenfolge an Ereignisse der Heilsgeschichte erinnern. Verschiedenste Clausulae-Zyklen in dt. Sprache, zumeist in Gebetbüchern überliefert, können im Titel bzw. in der Rubrik P. genannt werden, da solche Rosenkränze offensichtlich mit dem Psalmengebet in Verbindung gebracht werden. So nennt auch → Hermann Nitzschewitz seine meditative Vergegenwärtigung der Wundertaten Gottes in 165 Abschnitten von der Erwählung und Geburt 𝕸s bis zu ihrer Krönung im Himmel (jeweils mit Pater noster und Ave Maria) »Novum beatae Mariae virginis psalterium«. Das Werk wurde um 1494 im Zisterzienserkloster Zinna (Mark Brandenburg) auf Kosten Kaiser Maximilians I. gedruckt, prachtvoll (mit 507 Abbildungen) illustriert und ist heute als »Marienpsalter von Zinna« bekannt. Die selbständige niederdt. Bearbeitung, in Lüneburg gedruckt, heißt ebenfalls »De gulden rosenkrans der soten gotliken leve«. Auch der seit dem 17. Jh. sich durchsetzende Marian. Rosenkranz wird bis in die Gegenwart — v. a. im alemannischen Raum — auch als P. bezeichnet, wobei dann meistens das Gesamt von freudenreichem, schmerzhaftem und glorreichem Rosenkranz, also von 15 Gesätzen = 150 Ave Maria gemeint ist.

7. Saiteninstrument von harfenähnlicher Gestalt. Das P. ist ein Zupfinstrument mit unterschiedlicher Form und Saitenzahl, das bereits von Augustinus, Cassiodor und Isidor v. Sevilla (allerdings ohne genaue Beschreibung) erwähnt wird. Ab dem 9. Jh. erscheint es auch in der abendländischen Ikonographie, meist als Attribut Davids oder musizierender Engel. Im marian. Kontext kommt es bei Tod, Himmelfahrt und Krönung Me vor. Der →Meister des Paradiesgärtleins verwendet es als Spielzeug des Jesusknaben.

Ausg.: Zu Appelhans Nr. 17: Mitteldt. Texte aus Breslauer Handschriften, hrsg. von J. Klapper, In: ZfdPh 47 (1918) 83—87; WackernagelKL II, Nr. 800. — Zu Nr. 18: Mariengrüße, hrsg. von F. Pfeiffer, In: ZfdA 8 (1851) 274—298; WackernagelKL II, Nr. 199—201 (Unvollständig). — Zu Nr. 19: Aus einem Marienpsalter, hrsg. von A. E. Schönbach, In: ZfdA 48 (1906) 365—370. — Zu Nr. 20: Marien rosengarten, hrsg. von K. Bartsch, In: Ders., Die Erlösung mit einer Auswahl geistlicher Dichtungen, 1858, Nr. 19; WackernagelKL II, Nr. 484. — Zu Nr. 21: Unser frowen krenczelin, hrsg. von WackernagelKL II, Nr. 727. — Zu Nr. 22: Sant Bernharts Rosenkrantz, hrsg. von WackernagelKL II, Nr. 1074. — Dt. Bearbeitung des »Crinale« in Cgm 858: hrsg. von B. Gillitzer, Die Tegernseer Hymnen des Cgm 858, Diss., München 1940, 35—43. — Salter der Jungfrauen Maria, hrsg. von K. J. Klinkhammer, Adolf v. Essen und seine Werke, 1972, 226—237. — Psalter Mariae (angeblich von Alanus de Rupe), hrsg. von J. H. Schütz, In: J. H. Schütz, Die Geschichte des Rosenkranzes unter Berücksichtigung der Rosenkranz-Geheimnisse und der Marien-Litaneien, 1909, 108—122. — Das goldene Rosenkränzlein der St. Anna-Bruderschaft (auch »Psalter Marie« genannt), ebd. 162—172.
Lit.: Zu den Bedeutungen von P.: J. und W. Grimm, Dt. Wörterbuch VI, 1889, 2199 f. — Schweizerisches Idiotikon. Wörterbuch der schweizerdt. Sprache V, 1905, 1046; VII, 1913, 879 f. — LThK² VIII 863. — Zu den Marian. Psalterparaphrasen: K. Ruh, Bonaventura deutsch, 1956, 279 f. — Meersseman II 17—21. — VL² I 944. — Zum Ersatzbeten: Meersseman II 6—12. — K. J. Klinkhammer, Adolf v. Essen, 1972, 98—106, 193 f. — P. Ochsenbein, Latein und Deutsch im Alltag oberrheinischer Dominikanerinnenklöster des SpätMA, In: Latein und Volkssprache im dt. MA, hrsg. von N. Henkel und N. F. Palmer, 1991. — VL² VI 44 f. 50 (Lit.). — Zu den Mariengrüßen: P. Appelhans, Untersuchungen zur spätma. Mariendichtung. Die rhythmischen mhd. Mariengrüße, 1970, 35—41. 70. — B. Gillitzer, Die Tegernseer Hymnen, Diss., München 1940, 4—8. 123—127. 130 f. — VL² VI 1—7; V 187 f. — Zu den Rosenkränzen: J. H. Schütz, Die Geschichte des Rosenkranzes, 1909. — BeisselD 35—38. — K. J. Klinkhammer, Die Entstehung des Rosenkranzes und seine ursprüngliche Geistigkeit, In: Ausst.-Kat., 500 Jahre Rosenkranz Köln 1475—1975, 1976, 30—50. — VL² VI 42—60. 1166—68 (Lit.). — Zum Saiteninstrument: W. Stauder, Alte Musikinstrumente, 1973, 82—89. — MGG X 1713—15. — LCI IV 607. *P. Ochsenbein*

Pschow (Pszów), Polen, Diözese Kattowitz. Schon 1265 ist in P. eine Kirche zu Me Geburt erwähnt; seit Mitte des 18. Jh.s besteht in P. eine Mwallfahrt. Das Gnadenbild, »Die lächelnde Muttergottes«, gilt als besondere Patronin der Gegend von Wodzisław in Oberschlesien. Eine hölzerne Kirche des 13. Jh.s wurde im 17. Jh. durch eine gemauerte ersetzt. Nach deren Zerstörung (1743) entstand der heutige einschiffige Bau mit Rosenkranzkapelle, der 1747 konsekriert und der Geburt Me geweiht wurde. Die Erweiterung des Baus und die beiden Türme stammen aus dem 19. Jh.

Im Hochaltar von 1750/90 befindet sich seit 1722 die Kopie der GM zu Czenstochau von Friedrich Siedlecki aus Wodzislau (1730) mit dem charakteristischen Lächeln. Schon bald wurde das Bild durch die Pilger aus Oberschlesien und Mähren verehrt, seit 1727 finden sich Wunderberichte in der Pfarrchronik, die zwei bischöfliche Komissionen im Auftrag des Breslauer Konsistoriums prüften. 1732 wurde das Bild mit Kronen und einem silbernen Gewand geschmückt; 1774 erklärte es der Breslauer Bischof Mauritius v. Strachwitz als wundertätig; 1795 bewilligte Papst Pius VI. den Verehrern der GM von P. einen vollkommenen Ablaß. Im 19. und 20. Jh. war der Kult weit verbreitet; es entstanden ein Rosenkranzverein und eine Nüchternheitsbewegung. Unterbrochen vom Zweiten Weltkrieg kommen seit vielen Jahren mehrere Wallfahrtsgruppen aus den umliegenden Orten (z. B. aus Kokoszyce und Wodzislau). 1972 feierte man das 250-Jahr-Jubiläum des Wallfahrtsortes mit ca. 80000 Pilgern. Nach dem Diebstahl der Kronen (1976) bewilligte Papst Johannes Paul II. eine Wiederkrönung, die am 9. 9. 1979 vor ca. 100000 Pilgern stattfand. Zur Gewinnung des Ablasses an den Festen Peter und Paul sowie am Sonntag nach dem Fest Me Geburt kommen tausende Pilger und 20 Wallfahrtgruppen aus Oberschlesien. 1980 wurden unter dem langjährigen Bischof von Kattowitz, Dr. Herbert Bednorz († 1988), einem eifrigen Verehrer der GM von P. und → Piekar, Wallfahrten aus der ganzen Diözese eingeführt. 1907—29 entstand unter Pfarrer Bruno Laski 2 km von der Kirche entfernt ein Kalvarienberg mit Kapellen und einer zweiten Kirche zu Ehren des Auferstandenen Herrn.

Lit.: P. Skwara, Chronik des Pfarr- und Wallfahrtsortes P., Rybnik 1861. — P. Skwara und A. Wollczyk, Kronika czyli historyczny wiadomości o Pszowie, farnym i p̨atnym miejscu, Rybnik 1862. — K. Kowol, Kronika Pszowa i Rydułtów oraz opis kopalni Anna, 1939. — J. Pawlik, Miejsca p̨atnicze i ruch pielgrzymkowy w diecezji katowickiej, In: Nasza przeszłość 44 (1975) 172—175. *A. Witkowska*

Psellos, Michael (Taufname Konstantinos), * 1018 bei Konstantinopel, † um 1078, studierte Rhetorik, Phil. und die Rechte, beschäftigte sich aber auch fast mit allen anderen Wissensgebieten. Zu seinen Lehrern zählten Johannes Mauropus und Johannes Xiphilinos. Zunächst Anwalt und Richter, wurde er danach kaiserlicher Sekretär und schließlich einflußreicher Berater mehrerer Kaiser. Von Konstantin IX. Monomachos (1042—55) mit dem Titel ὕπατος τῶν φιλοσόφων ausgezeichnet, förderte er die Wiederbelebung der platonischen und neuplatonischen Phil. 1054 zog er sich vorübergehend in ein Kloster auf dem bithynischen Olymp zurück.

In seinen zahlreichen Werken spiegeln sich alle Wissensgebiete wider, mit denen er sich beschäftigte (Schriften zu Theol., Phil., Medizin, Philol. und Musik, zu den Rechten und Naturwissenschaften), hinzu kommen ein Geschichtswerk für die Zeit von 976—1078, Leichenreden auf bedeutende Personen seiner Zeit, Briefe, Enkomien, Gedichte usw.

Im Gegensatz zur sonstigen lit. Produktion sind nur zwei Homilien zu Ehren Ms erhalten. In der Homilie auf Me Verkündigung wendet sich P. nach allgemeinen Überlegungen der Menschwerdung und dem göttlichen Heilsplan der Person Ms zu sowie ihrem Platz in der Schöpfung. Er gebraucht das Bild von der Jakobsleiter, um ihren erhabenen Charakter zu beschreiben und die Art und Weise, in der die menschliche Natur durch ihre Mutterschaft geadelt worden ist: »Durch sie stieg Gott zu uns herab und wir steigen mit ihm auf. O Leiter, die durch ihre Höhe den Himmel berührt und die Menschennatur übersteigt ... selbst die Engel erreichen sie nicht« (PO 16,521). Ihre Seele glänzte, Gott sehr ähnlich, in ihrem fleckenlosen Körper. Dieser Körper war aus den reinsten Elementen gebildet, um das Heiligtum ihrer Seele zu sein.

P. rückt nach seinen eigenen Aussagen M kühn in die Nähe der Dreifaltigkeit und nimmt an, daß sie Gott schon vor seiner Empfängnis deutlicher als selbst die Seraphim sah: »In unnachahmlicher Weise empfing, trug und gebar sie im Geiste, wie es ihr später gegeben war, in wesenhafter Wirklichkeit zu tun« (ebd.).

Innerhalb der Heilsökonomie benutzt P. die traditionelle Eva-M-Paralle. Der Titel »Gebenedeit unter den Frauen« antwortet dem Fluch, wie M die neue Eva und Christus der neue Adam ist: »Wie der Fluch dem Sündenfall folgte, so heftet sich Segen an die Befolgung der Gebote« (PO 5,522). M war der Angelpunkt im Geschick der Menschheit. Sie sollte Schild und Schutz sein, die uns vor der Sturmflut des Bösen rettet. Sie, die nicht vom Baum der Erkenntnis gegessen hatte, hat durch die eigene Vergöttlichung ihr Volk vergöttlicht.

Gott Vater und der Hl. Geist beteiligten sich selbst an der Menschwerdung, »der eine, indem er Maria ganz nahe kam und ihre Natur heiligte, damit sie noch mehr glänze und noch strahlender erscheine, um das Wort zu empfangen, der andere, indem er sie überschattete, um von ihr jeden Fallstrick abzuwenden, und das unverletzliche Heiligtum völlig schützte, dieses Paradies der Freuden vor Hitze behütete« (PO 7,524).

In der erst jüngst veröffentlichten Homilie auf Me Tempelgang verstärkt P. noch die Betonung von Ms Sündenlosigkeit. P. ist sich immer der Eva-M-Parallele bewußt und erinnert Eva daran, daß nun Vollkommenheit in einem Kinde erreicht worden sei (Toniolo 63,67). Er nimmt an, daß M die Tochter und Braut des Vaters ist, und entwickelt die Idee ihrer Schönheit, die vollkommen der »Vollkommenheit des Bildes, des Abglanzes Gottes« entspricht, einer Schönheit, die v. a. aus dem Innern komme. P. stützt die Theorie von Ms ursprünglicher Heiligkeit durch ihren bes. bevorzugten, einzigartigen Zugang zu dem innersten Heiligtum des Tempels. »O erstaunliche Neuerung! O Offenbarung künftiger Geheimnisse!« (Toniolo 67). Ihre Sündenlosigkeit stellt er folgendermaßen dar: »In uns offenbart sich in der Tat die Kraft der Seele dem Alter entsprechend, und dementsprechend ist der Wert der Gnade. Bei der hl. Jungfrau war das nicht so; gleich vom Anbeginn ihres Seins war ihre Seele sofort vollkommen« (ebd.). Mit diesen Gedanken ist P. ein weiterer Zeuge für die große byz. Liebe zu der Idee von Ms Tempelgang, indem er eigene Überlegungen hinzufügt.

WW (nur neue wichtige Editionen, zu den älteren vgl. Lit.): PO 16,517—525. — E. Toniolo, In: Mar. 33 (1971) 329—409 (auf Me Tempelgang). — Chronographie, ed. Impellizeri, 1984. — Oratoria minora, ed. A. Littlewood, 1985. — Theologica I, ed. Gautier, 1989. — Philosophica minora II, ed. O'Meara, 1989.

Lit.: H. Hunger, Die hochsprachliche profane Literatur der Byzantiner I, 1978, 372—382. — Tusculum-Lexikon 675—680. — Beck 538—542. — PRE Suppl. XI 1124—82.

M. O'Carroll/E. Trapp

Pseudo-Albert. In der Kölner Ausgabe der Werke → Alberts des Großen (Borgnet XXXVII 1—211) ist das »Mariale super evangelium Missus est« nicht mehr veröffentlicht, denn zwei unabhängig von einander arbeitende Wissenschaftler konnten seine Unechtheit nachweisen (A. Fries, In: RThAM 19 [1952] 342; Ders., Die unter dem Namen des Albertus Magnus überlieferten mariol. Schriften, In: BGPhMA 37 [1954] 4; B. Korošak, Mariologia Sancti Alberti Magni eiusque coaequalium, 1954). Fries datiert das Werk auf das Ende des 13. Jh.s, Korošak setzt es vor den Predigten des Bonaventura, also in der Mitte des 13. Jh.s, an. F. Pelster neigt zur zweiten Datierung und sieht in dem Autor einen Dominikaner in der Umgebung des hl. Albert. A. Kolping plädiert nach eingehenden Handschriftenstudien für die zweite Hälfte des 13. Jh.s, wobei er als Herkunftsland des Autors Österreich oder Böhmen angibt, wo der Autor vielleicht als Benediktiner oder Zisterzienser bei den Dominikanern in die Lehre ging.

Grundlegende Unterschiede zwischen dem Mariale und den echten Werken Alberts lassen auf die Unechtheit des P. schließen. Zwar beriefen sich gerade im 20. Jh. viele Mariologen besonders im Hinblick auf die Miterlösung auf das Mariale, weil M coadiutrix redemptionis per compassionem (Borgnet, q. 150, p. 219) genannt wird, doch borgte man sich nur die Autorität des hl. Albert und vermied die Zitation nach Bekanntwerden der Unechtheit.

Das Mariale nimmt ein eher selten angenommenes Grundprinzip für die Mlehre an: Nicht die GMschaft, sondern die Fülle der Gnade ist das bestimmende Moment. Daraus ergeben sich für den Autor eine erstaunliche Reihe von Ableitungen: M besaß jede Gabe, mit der je jemand aus irgendeinem Grunde ausgezeichnet war; sie erhielt alle Sakramente außer der Priesterweihe — obwohl ihr deren Gnade, Würde und Gewalt eignete; sie hatte Kenntnis allen Wissens, auch bezüglich der hl. Dreifaltigkeit; sie kannte das Geheimnis der Menschwerdung und ihrer eigenen Vorherbestimmung; sie beherrschte die Wissenschaften und Sprachen; sie wußte um ihre eigene Zukunft. Bei der Verkündigung beschäftigte sich der Autor sogar mit dem Geschlecht, Alter und den Kleidern des Engels wie auch mit dem Aussehen M̃s und der Stunde des Geschehens. M̃ besaß alle Gnaden (gratiae gratis datae) zur persönlichen Heiligung, und sie kam der visio beatifica nahe. Die UE wird nicht bestätigt — M̃ wurde im Mutterleib geheiligt; sie wurde mit Leib und Seele in den Himmel aufgenommen.

Der Titel M̃s »socia Christi«, den Pius XII. so schätzte, wurde entsprechend dem Gedanken der Miterlösung in einer Fülle entwickelt wie nie zuvor (q. 42, p. 81). M̃s Glaube blieb auch in der Passion standhaft. P. ist von der Mittlerschaft und der geistigen Mutterschaft M̃s und ihrer Teilhabe an der Gnade fest überzeugt.

Ausg.: P. Jammy, 21 Bde., Lyon 1651; Nachdr. von A. und E. Borgnet, 38 Bde., Paris 1890—99, hier Bd. XXXVII 1—211.
Lit.: A. Fries, In: RThAM 19 (1952) 342. — Ders., Die unter dem Namen des Albertus Magnus überlieferten mariol. Schriften, In: BGPhMA 37 (1954) 4ff. — B. Korošak, Mariologia S. Alberti M. eiusque coaequalium, 1954. — F. Pelster, Zwei Untersuchungen über die lit. Grundlagen für die Darstellung einer Mariol. des hl. Albert des Großen, In: Schol. 30 (1956) 388—402. — A. Kolping, Zur Frage der Textgeschichte, Herkunft und Entstehungszeit der anonymen Laus Virginis (bisher Mariale Albert des Großen), In: RThAM 25 (1958) 285—328. — Graef. — Theotokos 298. — M. O'Carroll, Socia: the word and idea in regard to Mary, In: EphMar 25 (1975) 339—340. *M. O'Carroll*

Pseudo-Alkuin. Unter dem Namen → Alkuins wurden eine Zeitlang geführt: die Homilie »de nativitate perpetuae Virginis Mariae« (PL 101,1300—08), die → Ambrosius Autpertus zugeschrieben werden konnte, die Schrift »Interpretationes Nominum Hebraicorum progenitorum Domini Nostri Jesu Christi. Expositio in capitulo I Evangelii S. Matthaei« (PL 100,725—734), die Laurentin einem unbekannten zeitgenössischen Autor zugewiesen hat, sowie »Commentarium in Apocalipsin libri quinque« (PL 100,1086—1156). Letzteres Werk stammt nach Glorieux von einem unbekannten Autor des 9. Jh.s mit gewissen Abhängigkeiten von Ambrosius Autpertus. Der Kommentar beginnt in der Auslegung von Kap. 12,1 mit dem Parallelismus Kirche — M̃, fährt aber dann ganz im ekklesiol. Sinn fort.

Lit.: P. Glorieux, Pour revaloiser Migne, 1952, 54. — R. Laurentin, Court traité de théologie mariale, 1953, 143. — Scheffczyk 48. 56. 130. *J. Grohe*

Pseudo-Athanasius, Sammelbezeichnung für zunächst unbekannte, Autoren, die sich entweder selbst mit dem berühmten Kirchenvater identifizierten oder deren Werke z. T. von anderen dem → Athanasius zugeschrieben wurden.

Die Urheberfrage ist heute noch nicht restlos für alle Schriften geklärt. Die Streitschrift »Gegen Apollinaris« (PG 26,1093—1166), die Abhandlung »De incarnatione et contra Arianos«, eine »4. Oratio contra Arianos«, »De Trinitate«, eine »Expositio Fidei«, ein »Sermo maior de Fide«, eine »Interpretatio in symbolum«, zwei »Dialogi contra Macedonianos«, »Osterfestbrief 36 Fragm. 1« gehören nicht dem Kirchenvater an (vgl. Altaner 273f.). Die Schrift »Über die Jungfräulichkeit«, die Ambrosius kannte, ist echt, ebenso einige der vielen Athanasius zugeschriebenen Predigten (vgl. M. Tetz, In: TRE IV 333—349, bes. 344). In seiner Homilie zur Geburt des Herrn erklärte ein P. bezüglich M̃s: »Wenn sie nicht Gottesgebärerin ist, dann auch nicht Jungfrau nach der Geburt« (PG 28,969 B). Im Sermo zur Verkündigung des Herrn erscheinen bei einem anderen P. mehrmals für M̃ die Bezeichnungen: Königin (Βασίλισσα). Gottesgebärerin (Θεοτόκος) und Herrin (Κυρία), einmal auch Neue Eva (Νέα Ἔυα), Mutter Gottes (Μήτηρ τοῦ θεοῦ), und Mutter des Lebens (Μήτηρ τῆς ζωῆς), sowie zweimal Allheilige Jungfrau (Παναγία Παρθένος) (5. Jh.; PG 28,937 A-D). Ein besonderes Problem bildet seit langem das sog. »Athanasianische Symbol«, das Collins (TRE IV 329) zwischen 430 und 589 datiert. Die Namensgebung eines Autors ist bislang gescheitert (ebd. 331). Das Fehlen von Namen und Daten macht die Beurteilung mariol. Texte aus Ps.-Schriften wenig sinnvoll.

Ausg.: PG 25—28. — H. G. Opitz, Athanasius' Werke 2.1; 3.1, 1934ff. (unvollendet).
Lit.: Altaner 273. — Delius 112f. — TRE IV 333—349 (Lit.). *G. Söll*

Pseudo-Augustinus, Sermo 208 »in festo Assumptionis B. Mariae«, ein dem hl. Augustinus zugeschriebener Sermon zum Fest der Assumptio M̃s, dessen Ursprung auf Grund innerer wie äußerer Kriterien (u. a. wird Isidor v. Sevilla zitiert; PL 39,2130) in der → Karolingerzeit zu suchen ist. Schon im Homiliar von Monte Cassino (11. Jh.) und in den Codices 1436 und 1455 von Cluny (Paris, Bibl. Nat., 11. und 12. Jh.) wird → Ambrosius Autpertus als Verfasser genannt. Obgleich die Schrift in einigen Codices auch ohne Namen auftritt (Chartres, Bibl., Cod. 162, 12. Jh.), in anderen wieder dem Hieronymus (Troyes, Cod. 154, 9. Jh.) oder Alkuin (Reims, Bibl., Cod. 117, 12. Jh.) zugewiesen wird, tritt die Forschung überwiegend für die Autorschaft des Ambrosius Autpertus ein (Ausnahmen M. Jugie und S. Alameda).

Der Autor hebt eingangs die Bedeutung des Tages hervor, »in qua e mundo migrasse creditur virgo Maria« (PL 39,2130) und geht dann näher auf den Glauben der Kirche an die Assumptio M̃e ein. Dabei hält er es für unbezweifelbar, daß M̃ »super angelos elevatam cum Christo regnare« (PL 39,2130), betont aber genau so stark das Nichtwissen in der Frage, »quo ordine hinc ad superna transierit regina«

(ebd. 39,2130). Ob die Assumptio »sive in corpore, sive extra corpus« erfolgt sei, hält er für unbeantwortbar und fügt die Mahnung an: »Restat ergo ut homo mendaciter non fingat apertum, quod deus voluit manere occultum« (PL 39,2130). Der Autor will damit dem Einfluß der Apokryphen entgegentreten. Trotz dieser agnostischen Grundhaltung bezüglich der Frage nach der leiblichen Aufnahme ⟨M⟩s liegt doch in der Art und Weise, wie der Autor im Verlauf seines Sermons ⟨M⟩ als glorreiche Königin erhebt und an die Seite Christi stellt, ein starker Impuls in Richtung auf den assumptionistischen Gedanken.

Ein charakteristischer Ausdruck der Frömmigkeitshaltung der Epoche findet sich gegen Ende des Sermons, wo ⟨M⟩ als Schutzmacht für alle Stände der Kirche angefleht wird (PL 39,2134, n. 11). Auch fällt die Unbekümmertheit auf, mit der ⟨M⟩s Beteiligung am Erlösungswerk im Gegensatz zu Evas Verfehlung angedeutet wird, so wenn es heißt, daß sie »den Sterblichen das Leben gab, den Himmel erneuerte, die Welt reinigte, das Paradies öffnete und die Seelen der Menschen von der Hölle befreite« (PL 39,2133, n. 10). Damit ist aber nur der instrumentale und ministerielle Charakter der Mittätigkeit ⟨M⟩s gemeint.

Aus inneren Gründen werden auch zwei Predigten »De annuntiatione« mit Autpert in Verbindung gebracht, die ps.-augustinischen Sermones 194 und 195 (PL 39,2104–2110). Während diese Zuweisung bezüglich des Sermo 195 berechtigt erscheint (P. Glorieux), ist sie bezüglich des Sermo 194 eher problematisch (R. Laurentin).

Ausg.: PL 39,2129–2134.
Lit.: Dom G. Morin, In: RBen 8 (1891) 298. — A. Deneffe, In: Scholastik 1 (1926) 177f. — C. Balic, Testimonia de Assumptione BMV I, 1948, 180f. — G. Quadria, Il trattato »De Assumptione BMV, 1951, 75–78. — P. Glorieux, Pour revaloriser Migne tables rectificatives, In: Mélanges de science religieuse 9 (1952) 26. — R. Laurentin, Court Traite de Théologie mariale, 1953, 129. — Scheffczyk 31. 371 u. ö. — C. Leonardi, Spiritualità di Ambrogio Autperto, In: Studi medievali 3 ser. 9 (1986) 1–131. — Theotokos 22f. — Brunhölzl I 64–66.

2. De Assumptione BMV. Ein in der Form eines Antwortschreibens an einen uns unbekannten Fragesteller (entweder eine hochgestellte Persönlichkeit oder eine rel. Gemeinschaft) gehaltener Traktat, der in eingehender Weise die Konvenienzgründe für die leibliche Aufnahme ⟨M⟩s in den Himmel entwickelt.

Die hs. Überlieferung stellt die Existenz des Traktates mindestens für den Anfang des 11. Jh.s sicher (Paris, Bibl. Nat., Cod. lat. 1987 u. a.) und läßt als Gebiet seiner größten Verbreitung im 11. und 12. Jh. Frankreich und England erkennen. Neben einigen Codices, die ihn ohne Nennung eines Autors anführen, weist ihn der größere Teil der Handschriften dem hl. Augustinus direkt zu oder reiht ihn wenigstens unter dessen Werke ein. Während die ersten Ausgaben der »Opuscula« Augustinus im 15. und 16. Jh. ebenfalls noch an der Autorschaft des Kirchenvaters festhalten, wird in den Gesamtausgaben seiner Werke vom Beginn des 16. Jh.s an mehr und mehr der apokryphe Charakter des Traktates erkannt (so andeutungsweise schon in der ersten Gesamtausgabe der Werke Augustins von J. Amerbach, Basel 1506). Erasmus v. Rotterdam hat ihm dann vollends jede Beziehung zu Augustinus aberkannt (»Ne pilum quidem habet Augustini«, In: Opera D. Aurelii Augustini IX, Basel 1529). In der Löwener Gesamtausgabe (1571–76) wird er darum unter den zweifelhaften Schriften im Anhang von Bd. IX aufgeführt. Die Mauriner versuchen darüber hinaus Zeit und Autor des Traktates zu bestimmen und verweisen ihn in die Epoche Karls d. Gr. (S. Aurelii Augustini Hip. Ep. operum tomus sextus, Appendix, Paris 1685).

In der theol. Literatur wird der Traktat unter dem Namen Augustins ausdrücklich erst gegen Ende des 12. Jh.s zitiert (Philipp v. Harvengt, † 1183). Als Autoren werden → Alkuin († 804; G. Quadrio), → Paschasius Radbertus († ca. 865), → Ratramnus († ca. 868) und → Rhabanus Maurus († 856) genannt. Manche Kriterien sprechen allerdings für einen späteren Ursprung. Die Bedeutung des P. liegt darin, daß in ihm der Glaube an die »assumptio corporalis« zum ersten Male auf dem Boden der abendländischen Theol. eine theol. begründete Rechtfertigung erfuhr. Bis dahin war die lat. Theol. — im Gegensatz zu den fruchtbaren Ansätzen der Griechen (vgl. u. a. → Modestus v. Jerusalem) — bezüglich der assumptio entweder in apokryphen Vorstellungen befangen oder verharrte in Ablehnung solcher Vorstellungen in einer Art von theol. Agnostizismus (Isidor v. Sevilla, Beda Venerabilis). P. gebührt das Verdienst, die unzulängliche historische Betrachtungsweise des Faktums der assumptio durch eine neue, theol.-dogm. ersetzt zu haben. Der Traktat geht von dem Gedanken aus, daß der Leib Christi dem Gesetz der Verwesung nicht unterworfen war. Dem schließt sich das Argument an, daß Christus die Jungfräulichkeit seiner Mutter unberührt bewahrte, so daß es ihm möglich war, auch ihren Leib vor der Auflösung im Tode zu bewahren, womit er das Gesetz der Verehrung der Mutter und die Verheißung »Wo ich bin, da soll auch mein Diener sein« (Joh 12,26) vorbildlich erfüllte. Der Gedankengang gipfelt in dem Nachweis, daß die Lehre von der assumptio — obwohl von der Offenbarung nicht direkt ausgesprochen — mit ihr doch in einem so innigen Zusammenhang steht, daß sie aus ihr sicher gefolgert werden kann. Die dogm. Argumente für diese Folgerung sind: die überragende Heiligkeit ⟨M⟩s (PL 40,1144 c. 3), ihre unversehrte Jungfräulichkeit (ebd. c. 4) und ihre GMschaft, aus der sich ein einzigartiges Verhältnis zu ihrem Sohn ergibt (»caro enim Jesu, caro est Mariae«, ebd. 1145 c. 5). Diese sicheren Gnadenvorzüge der GM, im Zusammenhang betrachtet mit der Allmacht und Weisheit ihres göttlichen Sohnes (ebd. 1147 c. 8), machen den Glauben an ihre leibliche Verherrlichung so konvenient, daß die Annahme des Gegenteils geradezu gegen dessen Allmacht und Weisheit verstieße. Das Erkenntnisprinzip und das Kriterium für die Sicherheit dieses theol. Schlußverfahrens ist für P. eine allgemeine Glaubensüberzeugung und ihre Übereinstimmung mit schon geoffenbarten Wahrheiten. Mit diesen Gedanken bereitete P. den späteren Grundsatz der skotistischen Mariol. vor: Potuit, decuit, fecit. Anlage und Gedankenführung des Traktats weisen auf einen Ursprung im Kreis um Anselm v. Canterbury.

Die Wirkung des P. war bis zum 12. Jh. wegen des entgegenstehenden Einflusses des → Ps.-Hieronymus gering. Seit dem 13. Jh. aber ist die lat. Assumpta-Theol. nach Inhalt und Methode von den Gedanken des P. bestimmt (Albert d. Gr., Quaestiones super Missus est qu. 132, ed. Vivès 37,184; Thomas, S. Th. III qu. 27 a. 1). Durch die Franziskanerschule wird dieser Einfluß sogar auf die Lehre von der UE ausgedehnt. »Die spätere Theologie ist, was Kern und Wesen solcher Argumentation anbelangt, nicht viel über diese, man kann sagen, klassische Darlegung hinausgekommen« (J. Ernst), was sich bis hin zur Definitionsbulle »Munificentissimus Deus« (1. 11. 1950) verfolgen läßt.

Ausg.: S. o. und PL 40,1141—48.
Lit.: J. Ernst, Der Pseudo-augustinische Traktat »De Assumptione BM« über die leibliche Himmelfahrt der seligsten Jungfrau, In: ThPQ 77 (1924) 449—454. — Jugie. — C. Balić, Testimonia de Assumptione BVM ex omnibus saeculis. Pars prior: Ex aetate ante Concilium Tridentinum, 1948. — H. Barré, La croyance à l'Assomption corporelle en Occident de 750 à 1150 environ, In: EtMar 7 (1949) 63—123. — J. Quadrio, Il trattato »De Assumptione BMV« dello Ps.-Agostino et il suo influsso nella Teologia Assunzionistica latina, 1951. — Scheffczyk 459—461. — Delius 153 — Graef 205. — Theotokos 299. — Beinert-Petri 152 f. *L. Scheffczyk*

Pseudo-Bonaventura. Wie viele andere Schriften, die → Bonaventura zugeschrieben wurden, so gilt heute auch der 6. Sermo auf Ms Himmelfahrt wegen seiner ungewöhnlichen marian. Aussagen im allgemeinen nicht als Bonaventuras Schrift. J. Beumer (FS 42 [1960] 1—26) meinte überzeugend feststellen zu können, daß nicht Bonaventura der Autor sein könne; A. Kolping (ZKTh 83 [1961] 190—207) nahm eine gemeinsame Quelle an, während C. Balić (FS 39 [1957] 218—287) die Schrift für echt hielt, da sie der Lehrmeinung des Heiligen nicht widerspräche: M wurde im Mutterschoß geheiligt (701), aber sie übersteigt die Natur des Menschen und der Engel (702); sie hatte die vollkommene Schau Gottes und Erkenntnis der Inkarnation, wobei sie die Propheten, Johannes den Täufer und die Engel übertraf (704); sie nimmt unmittelbar an der Erlösung teil; sie wurde zur Königin des Erbarmens, während ihr Sohn König der Gerechtigkeit blieb (703); es wird auch Ms Mittlerschaft bestätigt (706) und ihre universelle Mutterschaft (706).

WW: s. → Bonaventura.
Lit.: C. Balić, Die Corredemptrixfrage innerhalb der franziskanischen Theol., In: FS 39 (1957) 218—287. — J. Beumer, Eine dem hl. Bonaventura zu Unrecht zugeschriebene Marienpredigt? Literarkritische Untersuchung des Sermo IV, ›De assumptione B. Virginis Mariae‹, ebd. 42 (1960) 1—26. — Ders., Die lit. Beziehungen zwischen dem sermo IV de Assumptione B. M. V. (Ps.-Bonaventura) und dem Mariale oder Laus Virginis (Ps.-Albertus), ebd. 44 (1962) 455—460. — Ders., Die Predigten des hl. Bonaventura. Ihre Authentzität und ihr theol. Gehalt, In: S. Bonaventura, Volumen commemorativum Anni VII Centenarii a morte S. Bonaventurae II 447—467, 1974. — L. J. Bataillon, Sur quelques sermons de S. Bonaventure, ebd. 495—515. — A. Kolping, Das Verhältnis des ps.-bonaventurianischen Sermo VI de Assumptione B. V. M. zu dem ps.-albertinischen Mariale ›Laus Virginis‹, In: ZKTh 83 (1961) 190—207. — Graef 259 f. — Theotokos 299. *M. O'Carroll*

Pseudo-Ephräm. Ähnlich wie dem Goldmund der Griechen, Johannes Chrysostomus, sind auch dem syr. Dichter und Kirchenlehrer → Ephräm zahlreiche Werke unterschoben worden. Während das authentische Schriftgut durch die textkritische Edition von Edmund Beck OSB († 12. 6. 1991) als gesichert gelten kann, ist die Sichtung der Dubia und Spuria keineswegs abgeschlossen. Schon im 4. Jh. wurden Werke des Ephräm ins Griech. übersetzt (vgl. Sozomenus, Hist. eccl. III 16); diese haben sich im Laufe der Zeit immer mehr mit fremdem Gut vermischt (»Ephraem graecus«) und sind ihrerseits die Quelle der lat. Übersetzung geworden, die für die abendländische Wirkungsgeschichte im MA bedeutsam ist (»Ephraem latinus«). Den Forschungsstand von 1960 hat D. Hemmerdinger-Iliadou († 1976) zusammengefaßt und eine erste umfassende Materialsichtung vorgelegt (DSp IV 800—819. — Dies., Ephrem. Versions grecque, latine et slave. Addenda et corrigenda, In: Ἐπετηρὶς ἑταιρείας βυζαντινῶν σπουδῶν 42 [1977] 320—373).

Unter marian.-mariol. Hinsicht kommen folgende Werke in Betracht:

1. 20 Hymni de Beata Maria. Der Löwener Prof. Thomas-Joseph Lamy (1827—1907) hat im 2. Bd. seiner Ephräm-Ausgabe die Hymnen nach einem liturg. Codex des 10. Jh.s ägyptischer Provenienz (British Mus., Add. 14506) syrisch ediert und ins Lat. übersetzt. Sowohl E. Beck (Mariologie der echten Schriften Ephräms, In: OrChr 40 [1956] 22) als auch I. Ortiz de Urbina (Mariólogos sirios en la estela de s. Efrén, In: Mar. 41 [1979] 175—185) stellen eine ephrämische Verfasserschaft in Abrede. Doch sind Berührungspunkte mit dem echten Ephräm sehr zahlreich. Wie bei diesem werden die Erhabenheit Ms, das Wunder der jungfräulichen Geburt und die psychosomatische Realität ihrer GMschaft hervorgehoben. »Maria inclinata peperit gigantem saeculorum, gigantem robustissimum, in essentia Patris absconditum, in divinitate occultatum. Natum virgo cum amore fovebat, ei blandiebatur, oscula dabat, et ipse obviam ei exsiliebat; ipse eam cum risu aspiciebat, ut puerulus, in praesepio recumbens et fasciis involutus. Ubi flere incipiebat, surgens mater lac ei praebebat, cum blandimentis amplexabatur, super genua agitabat, et tunc ille tacebat« (Hym. 10, Strophe 3: Lamy II 554). An einer anderen Stelle (Hym. 4, Strophe 8) heißt es, daß

ℳ das Kind liebkoste, wenn Besucher anwesend waren, daß sie es aber als ihren Herrn anbetete, wenn sie allein war. Dem bei den Syrern verbreiteten Motiv der Empfängnis durch das Ohr begegnet man in der 6. Strophe des 11. Hymnus: »Ingressus est per aurem et secreto uterum inhabitavit, e ventre porro exiens, non solvit sigilla virginalia, sicut nec solvit exeundo sigilla sepulchri« (ebd. 570). Der 17. Hymnus mit seinen 54 Strophen dramatisiert in Dialogform die Verkündigungsszene zwischen ℳ und dem Engel Gabriel. Ungewöhnlich einfallsreich — und dabei im Auge des kritischen Lesers den Verdacht des Pseudonyms verschärfend — sind die atl. Typologien. Das verschlossene Tor in der Tempelvision des Ezechiel (44,2) deutet auf die virginitas in partu hin (Hym. 4, Strophe 14). Der Löwe aus dem Stamm Juda (Gen 49,9) wird im Schoß ℳs zum Lamm, das am Kreuz geopfert wird; der Baum, in dem Abraham den Widder erblickt (Gen 12,13), ist »figura« ℳs, die den Erlöser geboren hat (Hym. 9, Strophe 3; Hym. 5, Strophe 7). Wie ein Leitmotiv zieht sich die Eva-ℳ-Parallele durch die Hymnen (Hym. 1, Strophen 10 und 12; Hym. 2, Strophe 8; Hym. 4, Strophe 2; Hym. 9, Strophe 4; Hym. 16, Strophe 5; Hym. 17, Strophen 18 und 19; Hym. 18, Strophen 3. 22. 24—26. 42. 45; Hym. 19, Strophen 19—24). In der 13. Strophe des 11. Hymnus wird die apokryphe Abgar-Legende erwähnt. Der 20. Hymnus, in dem E. Beck Anklänge an → Jakob v. Sarug († 521) erkennt, thematisiert die Begegnung mit dem greisen Simeon bei der Darstellung des Herrn im Tempel. Sowohl inhaltlich wie formal stehen diese 20 syr. ℳhymnen in spürbarer Nähe zu Ephräm und weisen auf einen würdigen Nachfahren des großen Dichtertheologen hin.

2. Sermones de Genetrice Dei 1—2. In einem Nachtragsband der Ephräm-Edition hat E. Beck zwei syr. Sermones auf die Gottesgebärerin veröffentlicht. Die Kürze des zweiten Sermo erlaubt kaum ein Urteil über seine Authentizität, doch erinnert die lit. Form an die nachephrämische Gattung der »Sugitha«. Inhaltlich markant ist folgende Stelle: »Der Böse hatte durch die Schlange sein Gift/ in das Ohr Evas ausgeleert. Und der Gute senkte herab sein Erbarmen/ und trat vom Ohr Marias her ein. Durch das Tor, durch das der Tod eingetreten war,/ trat das Leben ein, das den Tod tötete« (Sermo II 159—164: Beck 54).

Die handschriftliche Überlieferung des ersten umfangreicheren Sermo ist sehr uneinheitlich. Die inhaltliche Abhängigkeit vom dritten Sermo de Nativitate des Jakob v. Sarug bis hin zu wörtlichen Übereinstimmungen verbieten eine Zuweisung an Ephräm. Die Rede beginnt mit dem Auftrag, den Gott dem Engel Gabriel erteilt. Bei der Verkündigungsszene bringt ℳ erst nach dem Jawort ihre Bedenken vor. Der Besuch bei Elisabeth soll die Einwände zerstreuen. Breit werden die Zweifel Josephs ausgemalt, der ℳ als Hure beschimpft (Zeilen 461—484). Unter dem Gespött der Menge wird sie den Priestern vorgeführt. Das Fluchwasser jedoch, von dem ℳ trinkt (vgl. Num 5,27) beweist ihre Unschuld.

3. Sermo In margaritam. Mit Sicherheit pseudo-ephrämisch ist der griech. überlieferte »Sermo adversus haereticos, in quo, tum ex margaritae tum ex aliorum claris argumentis, ostenditur credendum esse sanctam deiparam, praeter naturae leges, dominum ac deum nostrum pro mundi salute et concepisse et peperisse« (Incipit: *Φιλῶ σου τὸ εὐαγγέλιον, δέσποτα*). Schon Severus v. Antiochien († 538) streitet mit den Neuchalkedoniern, die sich auf die Rede »In margaritam« berufen, und erklärt sie für ein Pseudonym, da er ihren Text weder in einer Bibliothek Syriens noch in Mesopotamien und Edessa finden konnte (Liber contra impium Grammaticum: CSCO 102 syr. 51, 179). Der in diesem Sermo zur Erklärung der virginitas in partu herangezogene Mythos von der Entstehung der Perle aus der Befruchtung der Muschel durch den Blitz unterscheidet sich von den authentischen Hymnen über die Perle (= Hymni de Fide 81—85). Der echte Ephräm kennt den Mythos in dieser Form nicht und erwähnt nur nebenbei die Entstehung der Perle aus himmlischen Tautropfen (Hymni de Fide 84,14). Der unbekannte Verfasser lehrt auch eine Prokatharsis ℳs unmittelbar vor der Verkündigung. Marcel Richard datiert das griech. Werk ins 5. Jh.

4. Threni (id est: Lamentationes gloriosissimae virginis matris Mariae super passione domini). Unter den frühen Quellen der ma. ℳklagen (→ Klagen, → Planctus) wird dieses kurze Stück genannt, das die Editio Romana unter den Werken Ephräms publiziert hat. Das Opusculum ist nur lat. überliefert (Incipit: Stans iuxta crucem pura et immaculata virgo …). Es handelt sich um einen Monolog ℳs, die klagend neben dem Kreuz steht (Joh 19,25). Sie erinnert an die vielen Wunder ihres Sohnes und stellt ihnen den krassen Undank der Menschen gegenüber. Ihre Anrede richtet sie an den Erzengel Gabriel und an Simeon, der ihr die Durchbohrung des Herzens geweissagt hat (Lk 2,35). Das Kreuzesholz möge sich neigen, damit sie ihren Sohn umarmen und küssen kann. Sie verehrt die Werkzeuge seines heilbringenden Leidens und bittet um seine baldige Auferstehung. Den Abschluß bildet ein kurzes Gebet an ℳ. Auch wenn die Klage um ein großes Pathos bemüht ist, dem Vergleich mit der dichterischen Sprach- und Denkkraft des authentischen Ephräm vermag sie nicht standzuhalten.

5. Precationes ad sanctissimam dei matrem. Der griech. Ephräm enthält auch ein Corpus von ℳgebeten, die eindeutig mit nicht-ephrämischen Elementen vermischt sind und Spuren aus anderen griech. Vätern aufweisen. Eine kritische Sichtung und Untersuchung fehlt.

Ausg.: CPG 3905—4175. — CPL 1143—52. — J. S. Assemani, S. Ephraemi Syri opera omnia II, Romae 1743, 259—279 (griech.); III, 1746, 524—552 (griech.). 574f. (lat.). — Hymni de beata Maria, In: Sancti Ephraem Syri Hymni et Sermones, ed.

Th. J. Lamy, II, Mechliniae 1886, 517—642. — E. Beck, Des hl. Ephräm des Syrers Hymnen de Nativitate (Epiphania), In: CSCO 187 syr. 83, 178—198; Appendix III (dt. Übers. der Hymnen 18—20) — CSCO 363 syr. 159, 20—42. — CSCO 364 syr. 160, 26—55 (dt. Übers. von E. Beck). — G. Ricciotti, S. Efrem Siro: Inni alla Vergine, tradotti dal siriaco, 1940 (ital. Übers.). — S. Brock, The Harp of the Spirit, 1975, 60—62 (engl. Übers. des Hym. 7). — D. Casagrande, Enchiridion Marianum Biblicum Patristicum, 1974, 219—265, Nr. 338—422 (lat. Auswahlübers.). — S. Alvares Campos, Corpus Marianum Patristicum V, 1981, 157—180, Nr. 5497—5514 (Hymnen 1—19 in der lat. Übers. von Th. J. Lamy). — G. Gharib (Hrsg.), Testi mariani del primo millenio IV, 1991, 114—120. 204—215 (ital. Übers.).
Lit.: M. Richard, Bulletin patristique, In: Mélanges de science religieuse 6 (1949) 129f. — Ders., Les florilèges diphysites du Ve et du VIe siècle, In: Grillmeier-Bacht 747. — C. Vona, Alcune osservazioni sugli Inni alla Vergine di S. Efrem, In: Euntes docete 6 (1953) 381—384. — D. Hemmerdinger-Iliadou, Les doublets de l'édition de l'Ephrem grec, In: OrChrP 24 (1958) 371—382. — I. Ortiz de Urbina, PS, ²1965, 73—75: Dubia et Spuria. — N. El-Khoury, Die Interpretation der Welt bei Ephräm dem Syrer, 1976, 21—23. — HDG III/4, 54f. — I. Ortiz de Urbina, Mariólogos sirios en la estela de s. Efrén, In: Mar. 41 (1979) 175—185: Los himnos »Sobre la bienaventurada Maria«. — W. Baier, Quellenkritische und theol. Anmerkungen zur Aggsbacher Marienklage, In: ACar 83/2 (1981) 97f. — J. Madey, Marienlob aus dem Orient, ²1982, 11—42. — A. de Halleux, S. Ephrem le Syrien, In: RTL 14 (1983) 328—355, bes. 338—343. — E. Perniola, Sant'Efrem Siro. Dottore della chiesa e cantore di Maria, 1989, 183—352 (passim). — DSp IV 807f. 812. 814. 819—822; X 429. — RAC V 528. — DIP III 1071—73. — VL² II 360f. — LexMA III 2052—54. — → Ephräm. *M. Lochbrunner*

Pseudo-Epiphanius. Eine dem →Epiphanius v. Salamis (+ 403) fälschlich zugeschriebene Homilie »De laudibus sanctae Mariae Deiparae« (PG 43,485—502; Hom. 5) preist in stark ausgeprägter Rhetorik die einzigartige Würde und Erhabenheit der jungfräulichen GM. Der Art der nachephesinischen Ⓜpredigten entsprechend, folgt der hochgestimmte Lobpreis, in dessen Zentrum die Weihnachtsgeschichte (unter Einschluß der Huldigung der Sterndeuter) steht, einem heilsgeschichtlichen Konzept, in das unter Verwendung der allegorischen Methode und der Typologie die prophetischen Weissagungen (Jes 7,14; 11,2; Mich 5,2) und die atl. Sinnbilder (Ez 44,2; Hld 4,12; Dan 2,45) auf Ⓜ einbezogen werden, welche die »Mittlerin zwischen Himmel und Erde ist«. Die davidische Abstammung und den Adel der Eltern Ⓜs hervorhebend, wird der Name der GM in seiner mehrfachen Bedeutung entfaltet (domina; myrrha maris; illustrata), die Mutter und Braut Christi zugleich ist (490 B), die wegen ihrer GMschaft aber auch als »sponsa Trinitatis« bezeichnet wird (490 A). Besonderer Nachdruck liegt auf der Verkündigungsszene, bei deren Auswertung der Verfasser das »Ave« des Engelsgrußes wiederholt aufnimmt, um damit die in nachephesinischer Zeit üblichen schmückenden Beiworte zu verbinden: »mit vielen Tugenden geschmückte Jungfrau«; »goldener Krug des himmlischen Manna«; »Pforte des Himmels« (490—491). Mit der Gegenüberstellung von Adam und Christus (4994 A) tritt auch die Eva-Ⓜ-Parallele hervor: Ⓜ hat die gefallene Eva wieder aufgerichtet und den aus dem Paradies vertriebenen Adam in den Himmel geführt (502 A/B). Damit rückt auch der Gedanke einer Mittlerschaft Ⓜs (im allgemeinen Sinne) in die Nähe: durch Ⓜ ist der Welt der himmlische Friede geschenkt worden, wie durch sie auch die Menschen Vertrauen haben gegenüber dem Höchsten im Himmel (502 B). In der Mitte ihrer Tugenden steht die Reinheit (sancta puella; virgo pura; 494 A/B), die sie als »lilium immaculatum« (495 D) erstrahlen läßt. Die Jungfräulichkeit bewährt sich in der Geburt, da sie »ohne Beschwerden, nicht wie alle anderen Frauen, geboren hat« (498 A).

In der ebenfalls unechten Homilia 2 In Sabbato magno (PG 43,439—464) wird dieser Gedanke ergänzt durch den Vergleich des Hervorgangs Jesu aus dem ungeöffneten Mutterschoß mit dem Erstehen aus dem versiegelten Grab (443 B).

WW: PG 43,394—538. — G. Dindorf, Epiphanii opera IV/3, 100—105, Leipzig 1863.
Lit.: H. Martin, Fragments en onciales d'homélies grecques sur la Vierge attribuées à Epiphane de Chypre e à Hesychius, In: RHE 31 (1935) 355—359. — LaurentinKT 161. — Delius 116f. *L. Scheffczyk*

Pseudo-Gregor Thaumaturgus. Unter diesem Namen figurieren etliche Schriften, von denen fünf Ⓜpredigten hier Erwähnung verdienen. Thematisch handelt es sich um zwei Homilien zum Fest der Verkündigung (Homilia 1 in annuntiationem Virginis Mariae; Inc.: Σήμερον ἀγγελικῇ παρατάξει: PG 10,1145—56; CPG 1775 und Homilia 2 in annuntiationem Virginis Mariae; Inc.: Ἑορτὰς μὲν ἀπάσας καὶ ὑμνῳδίας: PG 10,1156—69; CPG 1776), eine noch nicht edierte Predigt zum Fest der Hypapante (Inc.: Οἱ τῶν ἁγίων καὶ θεοπνεύστων γραφῶν τὸ ἡδύ; CPG 1778), eine nur armenisch überlieferte Homilie auf die GM (Inc.: Quod ab hominibus nec inspici nec enarrari potest: J. B. Pitra, Analecta sacra IV, 159—162 [armen. Text], 406—408 [lat. Übers.]; CPG 1784) sowie eine altslawische Predigt »De dormitione Virginis« (Byzantino Bulgarica 6 [1980] 227—229; CPG 1792). CPG 1785 vermerkt noch ein armenisches Fragment »De incarnatione Domini«.

Eine dritte, in den Handschriften manchmal auch dem Wundertäter zugeschriebene Homilie zum Fest der Verkündigung (Inc.: Πάλιν χαρᾶς εὐαγγέλια: PG 10,1172—77 = PG 50,791—796) wird in der »Clavis Patrum Graecorum« unter den Spuria des Chrysostomus verbucht (CPG 4619).

Mit Sicherheit gehören diese Predigten nicht zum authentischen Corpus von → Gregor dem Wundertäter, dessen Umfang umstritten ist. Sie stammen aus einer späteren Zeit. Über mögliche Zuweisungen gehen die Meinungen weit auseinander. V. a. die beiden griech. Homilien zur Verkündigung, die schon im Altertum in mehrere Sprachen übersetzt worden sind, haben auch Interesse bei den modernen Forschern gefunden.

Ausg.: D. Casagrande, Enchiridion Marianum Biblicum Patristicum, 1974, Nr. 1980—84 (hom. 1 und 2 griech.-lat.). — G. Gharib (Hrsg.), Testi mariani dell primo millennio I, 1988, 745—758 (ital. Übers. hom. 1 und 2).
Lit.: M. Jugie, Les homélies mariales attribuées à S. Grégoire le Thaumaturge, In: AnBoll 43 (1925) 86—95. — Ch. Ma-

retin, Notes sur deux homélies attribuées à S. Grégoire, le Thaumaturge, In: RHE 24 (1928) 364—373. — D. del Fabbro, Le omelie mariane nei padri greci del V secolo, In: Mar. 8 (1946) 228—230. — R. Laurentin, Court traité de théologie mariale, 1953, 156 f. (Table rectificative). — F. Leroy, Une homélie mariale de Proclus de Constantinople et le Pseudo-Grégoire le Thaumaturge, In: Byzantion 33 (1963) 357—384. — R. Caro, La homilética mariana griega en el siglo V, 1972, II 353—359. 481—522. — DHGE XXII 39—42.   *M. Lochbrunner*

Pseudo-Hieronymus, Epistola IX ad Paulam et Eustochium, ein fälschlich dem hl. Hieronymus zugeschriebener Brief (»Cogitis me, o Paula et Eustochium«), der der Frage nach der Assumptio ℳe gewidmet ist und in der Geschichte der abendländischen Assumpta-Theol. eine bedeutsame Rolle spielte.

Die handschriftliche Überlieferung des Briefes reicht nahe an seinen Ursprung im 9. Jh. zurück (Cod. 5, McClean Collection of Manuscripts in the Fitzwilliam Mus., London, und Cod. 3340, Bibl. de S. Geneviève, Paris). Schon zu dieser Zeit war die Autorschaft des Hieronymus umstritten, wie besonders die heftige Verteidigung der Authentizität des Schreibens durch → Hinkmar v. Reims († 882) zeigt (Flodoardus, Historia Remensis Ecclesiae, t. III, c. 23). Als mutmaßlicher Verfasser galt → Paschasius Radbertus († ca. 865), Abt von Corbie, der auch heute noch allgemein als der Autor des P. angesehen wird (so G. Morin, T. A. Agius, C. Lambot, H. Peltier).

Die äußere Absicht des Briefes geht dahin, geeigneten Betrachtungsstoff für das Fest der Assumptio BMV darzureichen, der frei sei von den Übertreibungen der apokryphen → Transitus-Legende. So ergeht sich P. zwar im hohen Lobpreis ℳs mit Anklängen an griech. Elemente und mit dem rühmenden »cunctas haereses sola interemisti«, stellt aber die leibliche Aufnahme ℳs in den Himmel als Glaubenswahrheit in Abrede, wenngleich er sie doch als pium desiderium gelten läßt. Als immerhin berechtigte Motive für einen solchen frommen, privaten Galuben an die leibliche Verherrlichung der GM führt er an: die Tatsache des leeren ℳgrabes, ihre Vorrangstellung gegenüber dem jungfräulichen Lieblingsjünger Johannes, von dem ein ähnlicher Glaube existiert, wie auch gegenüber jenen Heiligen, die nach der Auferstehung Christi aus ihren Gräbern erstanden (Mt 27,52). Damit will P. die corporalis assumptio weder leugnen noch auch als gewiß annehmen, weil man nicht etwas definitiv bestimmen dürfe, was nicht durch sichere Zeugnisse beweisbar sei, zumal wenn ein solches Unwissen keine Beeinträchtigung des Glaubens bedeute. Ein apokryphes Buch und ein unsicherer Schluß aus der Tatsache des leeren ℳgrabes sind für ihn keine gültigen Argumente. Deshalb kommt er zu dem Schluß: »Quomodo autem, vel quo tempore, aut a quibus personis sanctissimum corpus inde ablatum fuerit, vel ubi transpositum utrumve resurrexerit, nescitur ... Melius tamen Deo totum, cui nihil impossibile est, committimus, quam ut aliquid temere definire velimus auctoritate nostra, quod non probemus ...« (PL 30, 127 ff.). Hierin zeigt P. jene agnostizistische Grundeinstellung, wie sie für die lat. Assumpta-Theol. bis zum Ende des 12. Jh.s maßgebend blieb. Der Zwiespalt zwischen den Erfordernissen eines auf historischen Zeugnissen gründenden Glaubens und den Impulsen eines lebendigen Glaubenssinns scheint ihm noch unüberbrückbar.

Der Brief gewann schon im 9. Jh. hohe Autorität (Hinkmar v. Reims) und weite Verbreitung, was auch an der reichen handschriftlichen Überlieferung sichtbar wird. In der Folgezeit fand er Aufnahme in die Liturgie, so in das Officium des Festes der Assumptio bei den Cluniazensern (Cluniacenses Consuetudines des Udalricus v. Cluny († 1086]) und in das röm. Brevier. Vom 13. Jh. an tritt die Autorität des P. in der Assumpta-Lehre mehr und mehr zurück, z. T. wird er sogar von den Theologen in einem den Absichten des Autors entgegenstehenden Sinne für die Assumptio ausgewertet. Durch die Reform von 1568 unter Pius V. wurde er bis auf wenige Teile aus dem Brevier ausgeschieden.

Ausg.: PL 30, 122—142. — A. Ripberger, Der Ps.-Hieronymus-Brief IX »Cogitis me«. Ein erster marian. Traktat des MA von Paschasius Radbertus, 1962.
Lit.: G. Morin, In: RBen 5 (1888) 350 ff.; 8 (1891) 275 ff. — T. A. Agius, In: JThS 24 (1923) 176—183. — C. Lambot, L'Evangile de la Nativité de Marie d'après une lettre inédite d'Hincmar, ebd. 35 (1934) 265—282. — H. Peltier, Paschase Radbert, abbé de Corbie, 1938. — Jugie. — G. Quadrio, Il trattato »De Assumptione BMV« dello Pseudo-Agostino, 175—180. — A. Emmen, »Cunctas haereses sola interemisti. Usus et sensus huius encomii BMV in liturgia, theologia et documentis pontificis«, In: MeE 9 (1961) 93—159. — Theotokos 300. — Brunnhölzl I 374—376.   *L. Scheffczyk*

Pseudo-Ildefons, De Assumptione BMV, eine bis ins 16. Jh. fälschlich dem hl.→Ildefons v. Toledo zugeschriebene Sammlung von 14 Predigten zum Fest der Assumptio ℳe, die wegen der inhaltlichen und stilistischen Verschiedenheiten die Annahme mehrerer Urheber notwendig macht.

Bereits der span. Jesuit Juan B. Poza (1588—1659) erkannte, daß die zum ersten Mal von François Feuardent (Paris 1577) herausgegebenen ℳpredigten nicht dem Ildefons v. Toledo zugeeignet werden konnten. Kardinal Lorenzana († 1814) verfolgte diese Linie weiter und ordnete diese Predigten in Gruppen, die er verschiedenen Verfassern zuschrieb. Dom Grenier entschied sich 1876 für die Verfasserschaft von →Paschasius Radbertus, welcher Meinung sich auch H. Peltier und Dom E. M. Llopart hinsichtlich der drei ersten Predigten anschlossen. Nach weiteren Untersuchungen (H. Weisweiler) bilden die ersten vier Predigten eine geschlossene Gruppe, deren Eigentümlichkeiten auf Paschasius Radbertus als Verfasser hinweisen, wobei sermo 4 einen stark kompilatorischen Charakter zeigt, was auch auf einen späteren Redaktor weisen könnte. Die Predigten 7—9 zeigen ebenfalls verwandte Züge, die sich mit dem ps.-augustinischen sermo 208 des →Ambrosius

Autpertus berühren. Sermo 12 ist gelegentlich wieder dem Ildefons zugeschrieben worden (J. F. Rivera und E. M. Llopart).

Während die meisten dieser Predigten den Festgegenstand nur im allgemeinen Sinn als Erhebung Ms zur Seligkeit erfassen (»natalitia beatae Mariae«: sermo 1, PL 96,239 A; »ascensus eius«: sermo 3, ebd. 254 C; »assumptio de corpore«: sermo 3, ebd. 256 D) und sich in hymnischer Hochgestimmtheit an der Tugendschönheit Ms (unter Heranziehung vieler atl. Vorbilder) und an ihrer einzigartigen Würde begeistern, geht sermo 6 auch auf den Glauben an die leibliche Aufnahme der GM ein. Der Autor gibt zu, daß viele an diesem Glauben festhielten, äußert aber von sich aus Zweifel an dieser Lehre. »Quod licet pium sit credere, a nobis tamen non debet affirmari, ne videamur dubia pro ceteris recipere« (PL 96,266 Cf.). In dieser Haltung zeigt sich der Autor abhängig von dem ps.-hieronymianischen Brief ad Paulam et Eustochium, den er auch ausgiebig zitiert (PL 96,266 C—267 B).

Ausg.: PL 96, S. Hildefonsi sermones dubii, 236—284.
Lit.: A. Deneffe, In: Scholastik 1 (1926) 177. — H. Peltier, Paschase Radbert, Abbé de Corbie, 1938. — A. Braegelmann, The life and writings of s. Jldefonsus of Toledo, 1942. — Jugie 280 ff. — E. M. Llopart, In: EstMar 6 (1947) 186. — C. Balic, Testimonia de Assumptione BMV I, 1948, 184 f. — G. Quadrio, Il trattato »de Assumptione BMV...«, 1951, 90—94. — H. Weisweiler, In: Scholastik 28 (1952) 352 ff. (Lit.). — Scheffczyk 54 f. — H. M. Köster, Ildefons v. Toledo, In: Acta Congressus Mariologici Mariani in Croatia III, 1971, 197—218. — Theotokos 177 f. — Brunhölzl I 376. *L. Scheffczyk*

Pseudo-Johannes. Der Name des Lieblingsjüngers begegnet als Autor einer der bekanntesten griech. Transitus-Mariae-Legenden: Joannis Liber de Dormitione sanctae Deiparae (ed. C. Tischendorf, 1866). Die Datierung weist ins 4. Jh. (Tischendorf, Balić); genannt wird auch 550—580 (Jugie 117); noch fehlen Hinweise auf das Entschlafungsfest, das unter Kaiser Mauritius (582—602) für die byz. Kirche auf den 15. August festgelegt wird. Der Text ist in zahlreichen (ca. 50) Handschriften unterschiedlicher Traditionen und Sprachen (syr., griech., lat., arabisch) überliefert; weitere Handschriften werden vermutet. Diese reiche Bezeugung rührt daher, daß P. die einzige Transitus-Apokrpyhe ist, die als liturg. Lesung in der griech. Kirche vorgetragen wurde. Ungeachtet der breiten lit. Überlieferung haben die Theologen wenig aus P. geschöpft. Die von P. erzählte Aufnahme Ms in den Himmel wird heute bezüglich ihrer Reichweite diskutiert: Ist von einer »doppelten« Entrückung die Rede, wonach die Seele in den Himmel erhoben wurde und der Leib im Paradies unverwest bis zum Jüngsten Tag ruht (Jugie 117), oder verweisen die verwendeten Bilder auf die aller irdischen Vorstellung sich entziehende totale Vollendung Ms (Balić 23)? Darüber hinaus belegt der Text ein in jener Zeit bemerkenswert ausgewogenes Verständis der trinitarisch eingeordneten Anrufung Ms. Motivzusammenhänge zum alexandrinischen Mgebet »Unter deinen Schutz« lassen sich aufzeigen.

QQ: C. Tischendorf, Apocalypses apocryphae Mosis, Esdrae, Pauli, Johannis. Item Mariae dormitio, additis evangeliorum et actuum apocryphorum supplementis, 1866, 95—112. — M. Enger, Johannis apostoli de transitu BMV liber, 1854 (arabische Ed. und lat. Übers. einer Bonner Hs.).
Lit.: Jugie. — C. Balić, Testimonia de Assumptione BMV ex omnibus saeculis I, 1948. — A. Wenger, L'assomption de la Très S. Vierge dans la tradition byzantine du VIe au Xe siècle, 1955. — E. Testa, Lo sviluppo della »Dormitio Mariae« nella letteratura, nella teologia e nell' archeologia, In: Mar. 45 (1982) 316—389. *F. Courth*

Pseudo-Matthäus-Evangelium. I. Das P. (De Nativitate sanctae Mariae), ist zwischen 550 und 700 entstanden. Matthäus soll es hebräisch verfaßt und Hieronymus ins Lat. übersetzt haben. Aber Hieronymus hatte die Legenden von den Hebammen und von Söhnen Josephs aus früherer Ehe als »apocryphorum deliramenta« abgelehnt (Helv. 8 und 19, PL 23,201 C. 213 A.). Kap. 1—17 folgen dem → Jakobusevangelium, 18—24 gehören wohl nicht zum ursprünglichen P. (20 f. ist die gekürzte Wiedergabe aus Liber Requiei 6—9 des → Liber de transitu Mariae), 25—42 berühren sich mit dem Kindheitsevangelium des Thomas und sind eine spätere Erweiterung. Verfasser könnte ein Mönch gewesen sein, da er die Tugenden Ms wie Klosterideale zeichnet (4). Marian. Frömmigkeit hat am Vorwurf, den Joseph im Jakobusevangelium macht, Anstoß genommen und ihn getilgt (10). Sein Zweifel läßt ihn nicht überlegen, M zu entlassen (Mt 1,19), sondern sie in nächtlicher Flucht zu verlassen (11); »verlassen« (Mt 1,19) heißt es seither im ahd. Tatian, im Heliand, bei Erasmus und Luther.

Ausg. und Lit.: J. C. Thilo, Codex Apocryphus N. T. I, Leipzig 1832, 339—400. — Tischendorf 51—112. — E. Amann, Le Protévangile de Jacques et ses remaniements latins, Paris 1910. — NTApo I 367—369. — J. Ziegler, Ochs und Esel an der Krippe, In: MThZ 3 (1952) 385—402. — G. Caravaggi, Vangeli Provenzali dell' Infancia, 1963. — L. Moraldi, Apocrifi del NT I, 1971, 195—239. — M. Erbetta, Gli Apocrifi del NT I/2, 1981, 44—70. — A. de Santos Otero, Los Evangelios Apócrifos, ⁴1984, 177—242. — J. Gijsel, Die unmittelbare Textüberlieferung der sog. Ps.-Matthäus, Verhandelingen der Akademie van Wetenschappen, Belg. Kl. Letteren 43, 1981. — M. Berthold, Zur Datierung des Ps.-Matthäus-Evangeliums, In: Wiener Studien 102 (1989) 247—249. — J. B. Bauer, Josef gedachte Maria heimlich zu verlassen (Mt 1,19; Asc. Is. 11,3), In: ThZ 48 (1992) 218—220. *J. B. Bauer*

II. Das Werk fand in rund 125 z. T erheblich voneinander abweichenden Handschriften und insofern in einer weithin offenen Textgestalt Verbreitung. Wird in diesen Erzählungen, die episodenhaft von allerlei Taten des Jesusknaben handeln, im übrigen Joseph als Familienoberhaupt neben Jesus deutlich vor M akzentuiert, so sind bes. vom ersten Teil des P. ganz entscheidende Impulse für die Mfrömmigkeit im abendländischen MA ausgegangen. Die apologetischen Aspekte, die für das → Jakobusevangelium von Bedeutung waren, spielen im P. keine Rolle mehr. Das gilt mit Einschränkung auch von den für das Jakobusevangelium wichtigen mariol. Positionen, insofern sie für die Rezipienten des P. unproblematisch geworden sind, so daß sich deren Interesse ganz auf das Erzählerische richten kann. Dem kommt das P.

insoweit entgegen, als hier narrative Ansätze des Jakobusevangeliums eine detaillierte Ausgestaltung erfahren haben, was als Niederschlag einer bereits gesteigerten MV zu werten ist. Auf diese Weise hat die Schrift einen außerordentlichen Einfluß auf die bildlichen Darstellungen einschlägiger Thematik gewonnen, zumal sie einzelne bis heute ganz geläufige Motive initiiert hat (etwa das von Ochs und Esel an der Krippe); sie ist von besonderer Bedeutung für die mhd. rel. Lit. (bes. Mleben [→ Leben] und Leben-Jesu-Dichtungen) geworden, und sie hat auf solchen Wegen die volksläufigen Vorstellungen dieses Umkreises bis in die Gegenwart hinein geprägt.

Von dem Bestreben, nicht mehr akzeptable Vorstellungen (wie insbesondere die von Joseph als eines Witwers) zu tilgen und die ausufernde Erzählung zurückzuschneiden zugunsten einer Wiederhervorhebung der mariol. Aspekte ist die »Historia de nativitate Mariae« gekennzeichnet, die eine im 9. Jh. abgefaßte straffende Bearbeitung des ersten Teiles des P. ist. Sie ist von → Jacobus a Voragine in die »Legenda aurea« aufgenommen worden und hat auf diesem Wege außerordentliche Breitenwirkung gehabt.

Ausg.: Tischendorf 51—112. — O. Schade, Liber de infantia Mariae et Christi salvatoris, 1869. — Ch. Michel. — P. Peeters, Evangiles apocryphes I, ²1924.
Lit.: W. Bauer, Das Leben Jesu im Zeitalter der ntl. Apokryphen, 1909, Nachdr. 1967. — A. Masser, Bibel, Apokryphen und Legenden. Geburt und Kindheit Jesu in der rel. Epik des dt. MA, 1969. — Ph. Vielhauer, Geschichte der urchristl. Literatur, 1975. — A. Masser, Bibel- und Legendenepik des dt. MA, 1976. — Schiller IV/2. — NTApo 330—372. — LThK² III 1223. *A. Masser*

Pseudo-Melito. I. LITERATURGESCHICHTE. Als »Pseudo-Melito« wird der unter dem Namen des Bischofs Melito v. Sardes († um 190) verbreitete apokryph-legendäre →»Liber de transitu Mariae« bezeichnet. Die wohl spätestens im frühen 5. Jh. im Raum der Ostkirche entstandene Schrift handelt von der letzten Lebenszeit Ms, ihrem Tod in Anwesenheit aller Apostel, ihrer von Wundern begleiteten Beisetzung sowie ihrer leiblichen Aufnahme in den Himmel (oder in das Paradies). Sie fußt auf älteren Geschichten und steht in Konkurrenz zu weiterer Literatur ähnlichen Inhalts, die insgesamt nicht nur das rege Interesse am Lebensende der GM zeigt, sondern v. a. als Niederschlag der frühausgebildeten Vorstellungen von der leiblichen Aufnahme Ms in den Himmel zu verstehen ist. Der unbekannte Autor gibt sich als Schüler des Apostels Johannes aus und behauptet von sich, allein wiederzugeben, was er von diesem erfahren habe (→Apokryphen).

Während man sich im Westen allgemein wesentlich zurückhaltender verhielt als in der Ostkirche, vermochte doch der »Transitus Mariae« hier frühzeitig in einer lat. Übersetzung Eingang zu finden. Obwohl bereits im frühen 6. Jh. im sog. »Decretum Gelasianum« (VI 28) als apokryph abgelehnt, fand dieser lat. »Transitus Mariae« in mehreren, teils erheblich voneinander abweichenden Versionen weite Verbreitung. Während sämtliche Apostel das Sterbelager Ms umstehen, erscheint Christus mit einer Vielzahl von Engeln, begrüßt die Apostel und führt ein letztes Gespräch mit seiner Mutter, die anschließend ihren Geist aufgibt. Christus befiehlt die Seele Ms dem Erzengel Michael und steigt so mit der Seele seiner Mutter wieder zum Himmel auf. Nachdem die Apostel den Leichnam Ms begraben haben, erscheint Christus am dritten Tag abermals mit einer großen Engelschar, vereinigt die Seele Ms wieder mit dem Körper, und die auferstandene GM fährt mit den Engeln zum Himmel. Neben der narrativen Ausgestaltung der leiblichen Himmelfahrt Ms und den allgemeinen Aussagen über ihre immerwährende Jungfräulichkeit sind eine Reihe hier bereits begegnender Prädikate beachtenswert (u. a. »tabernaculum gloriae«, »vasculum vitae«, »templum caeleste«). Der »Transitus Mariae« ist zur wichtigsten Grundlage der Darstellung von Me Himmelfahrt in der bildenden Kunst wie auch in der mhd. Literatur geworden, wozu in ganz entscheidendem Maße beigetragen hat, daß er Eingang in die »Legenda aurea« des →Jacobus de Voragine gefunden hat. Auf diesem Wege vermochte der »Transitus Mariae« die volksläufigen Vorstellungen im MA und darüber hinaus in nachhaltigster Weise zu prägen. In der dt. Literatur des MA ist er in einer Reihe von Me-Himmelfahrtsdichtungen wie auch in Me-Himmelfahrtsspielen gestaltet worden (→Himmelfahrt; →Himmelfahrtsspiele) und findet im übrigen seine entsprechende Berücksichtigung in den poetischen wie (im späten MA) prosaischen Mleben (→Leben).

Ausg.: Tischendorf 113—136. — W. Bauer, Das Leben Jesu im Zeitalter der ntl. Apokryphen, 1909; Nachdr. 1967. — E. v. Dobschütz, Das Decretum Gelasianum de libris recipiendis et non recipiendis, 1912. — M. Heibach-Reinisch, Ein neuer »Transitus Mariae« des Ps.-Melito, 1962.
Lit.: Altaner 63f. 139f. (Lit.). — A. Masser, Bibel- und Legendenepik des MA, 1976. — Schiller IV/2. — LThK² III 1224 (Lit.). *A. Masser*

II. DOGMENGESCHICHTE. Dogmengeschichtlich interessiert die Frage nach der Wirkungsgeschichte der in verschiedenen Varianten auftretenden Transituslegenden, von denen der Bericht des P. im Abendland den größten Einfluß ausübte. Dem schließt sich die Frage nach ihrer Bedeutung für das Entstehen und Werden des Dogmas von der →Aufnahme Ms in den Himmel an. Im Osten wird die Übernahme des apokryphen Stoffes greifbar bei →Johannes v. Thessaloniki (Erzbischof zwischen 610 und 649), der zwar verbal die von den Häretikern verbreiteten Legenden um den Tod Ms ablehnt, aber den Stoff in reduzierter Form doch aufnimmt (PO 19, 344–438; ed. Jugie). Apokryphes Material verarbeiten auch →Germanus v. Konstantinopel († 733; PG 98, 361–364), →Andreas v. Kreta († 740; PG 97, 1080–84) und spurhaft Johannes v. Damaskos († vor 754; PG 96, 716ff.). Im Abendland nahm →Gregor v. Tours († 594) in einer auf einem syr. Fragment beruhenden lat.

Fassung die Legende kritiklos auf (Miraculorum l. I 4; PL 71,708). Beachtlich ist die Aufnahme des Stoffes in der gallischen Kirche, wo im Sacramentarium Gallicanum und im Missale Gothicum Gebetstexte zum Fest der Assumptio (18. Januar) den Einfluß verraten. Dagegen warnt →Beda Venerabilis († 735) vor der Lektüre des Buches »De transitu sanctae Mariae«, dem er chronologische Unstimmigkeiten nachweist (Liber retractationis in Actus Apostolorum; PL 92,1914 f.), eine Warnung, die in der →Karolingerzeit Beachtung findet. Hier wandte sich die epistola 9 des →Ps.-Hieronymus (PL 30,122–142) gegen die Legende, was insofern folgenreich war, als der Brief im 12. Jh. in einzelne Lesungen des Festes und der Oktav vom 15. August aufgenommen wurde. Die Einwände vermochten allerdings den Einfluß in den volkstümlichen Predigten und Heiligenviten nicht zu mindern, was erst seit dem 13. Jh. durch die Kritik an der Legenda aurea seitens der Theologen (Bernardus Guidonis [† 1331], Melchior Cano [† 1560]) und später seitens der Humanisten geschah.

Einflüsse des Apokryphons auf die Gedächtnisfeiern zu Ehren ᙏs und auf die Namensänderung wie den »Objektwechsel« innerhalb des Festgedankens (von »Gedächtnis der GM« zur κοίμησις [Entschlafung] und ἀνάληψις [assumptio]) lassen sich so nicht leugnen. Aber es ist nicht begründet, daraufhin den Inhalt allein auf die betreffenden Legenden zurückzuführen und ihn so als Wildwuchs auszugeben (F. Heiler). Diesbezüglich verdienen jene Zeugnisse besondere Beachtung, in denen der Assumptio-Gedanke unter merklicher Distanzierung von den Legenden auf theol. Grundlage entwickelt wird, so im Osten bei dem (sonst unbekannten) Theoteknos v. Licias (A. Wenger) vermittels des Inkarnationsgeheimnisses, bei →Modestus v. Jerusalem († um 634; PG 86,3277–3312) vermittels des Grundsatzes der Angleichung ᙏs an Christus. Im Westen leisteten Ähnliches →Ps.-Augustinus (sermo 208) und der ps.-augustinische Traktat »De Assumptione BMV« (PL 39,2129–34; PL 40,1141–48). Wichtig ist auch der Hinweis, daß der Gedanke als solcher unter den von → Epiphanius v. Salamis erwogenen Möglichkeiten bezüglich des Endschicksals ᙏs ohne apokryphe Ausgestaltung auftaucht (Haereses, haer. 78, n. 24; PG 42,737).

Auch wenn sich danach die legendäre Ausschmückung des Gedankens bemächtigte, so ist diese mit der Idee nicht gleichzusetzen, die ja bald auch von der legendären Einkleidung abgelöst wurde.

Ausg.: S. o. — Jugie 215–218. — O. Faller, De priorum saeculorum silentio circa Assumptionem BMV, 1946. — C. Balic, Testimonia de Assumptione BMV ex omnibus saeculis I, 1948. — A. Wenger, L' assumption de la Très Ste. Vierge dans la tradition byzantine du VIe au Xe siecle, 1955. — A. Ripberger, Der Ps.-Hieronymus-Brief IX »Cogitis me«, 1962. — D. Casagrande, Enchiridion Marianum Biblicum Patristicum, 1974.
Lit.: F. Heiler, Das neue Mariendogma im Lichte der Geschichte und im Urteil der Oekumene, In: ÖE 2 (1951) Heft 2, 4–44. — Scheffczyk 440 f. — Delius 120–125. — Graef 124–128. — G. Söll, HDG III/4, 112–129. 158–164. — Beinert-Petri 125–129.

L. Scheffczyk

Pseudo-Modestus. In der mariol. Lit. begegnet unter dem Namen P. eine längere Festpredigt auf die Entschlafung der GM (Inc.: Ἄφατος ἡ πανίερος γυνῶσις), die als frühes Zeugnis für den Glauben an die Aufnahme ᙏs in den Himmel von dogmengeschichtlichem Interesse ist. Photius († um 891) hat die Schrift gelesen, scheint sie aber nicht hoch zu bewerten: »Longa quidem est oratio, sed nihil necessarium ... afferens« (Bibl. cod. 275: PG 104,243 C). Michelangelo Giacomelli (1695—1774), der Herausgeber der editio princeps, die 1760 in Rom erschienen und von J.-P. Migne (PG 86,3277–3312) später nachgedruckt worden ist, kannte noch keine Bedenken gegenüber der Verfasserschaft des Abtes und Patriarchen → Modestus v. Jerusalem († 634). Erst der Assumptionist Martin → Jugie (1878— 1954) hat die Authentizität angezweifelt und wollte das Werk nach dem 3. Konzil von Konstantinopel (680/681) um die Wende des 7. zum 8. Jh. datieren (Jugie 214—223). Ein expliziter Hinweis auf die beiden Willensvermögen in Christus gilt ihm als Indiz dafür, daß das Encomium die gegen die Monotheletismus getroffenen Entscheidungen des Konzils bereits voraussetze. Unter dem Gewicht der Autorität des namhaften Byzantinisten, der an den theol. Vorbereitungsarbeiten der Dogmatisierung der Assumpta beteiligt war, hat die Apost. Konstitution »Munificentissimus Deus« von Papst Pius XII. das im Rahmen des Väterbeweises aufgebotene Zitat aus der Predigt einem anonymen »scriptor antiquissimus« zugewiesen (AAS 42 [1950]761 f.). Doch sind die Argumente von M. Jugie keineswegs zwingend, so daß eine Verfasserschaft des Modestus, vorbehaltlich erneuter Forschungsbemühungen, weiterhin vertretbar erscheint. Die inhaltlichen Schwerpunkte der Festpredigt sind bereits unter Modestus v. Jerusalem besprochen worden.

Ausg.: PG 86,3277–3312. — M. De Rosa, La Madonna (Roma, Opera del Divino Amore) 19, 1971, n. 2, S. 2–13; n. 6, S. 2–8 (ital. Übers.). — D. Casagrande, Enchiridion Marianum Biblicum Patristicum, 1974, 1255–79 (griech.-lat.). — G. Gharib (Hrsg.), Testi mariani del primo millennio II, 1989, 121–137 (ital. Übers.).
Lit.: → Modestus v. Jerusalem. — D. Bertetto. S. Modesto di Gerusalemme († 634), dottore dell'Assunzione, In: Mater Ecclesiae 8 (1972) 154–162.

M. Lochbrunner

Pšīṭā (in der femininen Form pšīṭtā; westsyr.: pšīṭtō; wörtlich: einfach, allgemein). Gebraucht man das Wort in seiner maskulinen Form, dann ist der Vortrag der Psalmen in »einfacher« Melodie (recto tono) gemeint. In seiner femininen Form bezeichnet es die Hl. Schrift in ihrer allgemein rezipierten Fassung. Die Bedeutung der P. entspricht in allen Kirchen syr. Überlieferung der Stellung der Vulgata in der abendländischen Kirche. Die Zählung der Psalmen ist sowohl von der der hebräischen Bibel als auch von der der Septuaginta verschieden.

Lit.: J. Mateos, Lelya-Sapra. Essai d'interprétation des matines chaldéennes, 1959, 447. 493. — M. Hayek, Liturgie Maronite. Histoire et textes eucharistiques, 1964, 94f. — S. Pudichery, Ramsa. An Analysis and Interpretation of the Chaldean Vespers, 1972, 12f. — P. Kuruthukulangara, The Feast of the Nativity of Our Lord in the Chaldean and Malabar Liturgical Year. A Study of the Sources, 1989, 26f.   *J. Madey*

Pucci, Antonio Maria, hl. Servit, * 16. 4. 1819 in Poggiole di Vernio, Diözese Pistoia, † 12. 1. 1892 in Viareggio, trat am 10. 7. 1837 in Florenz bei den Serviten des Konvents SS. Annunziata ein und änderte dabei seinen Taufnamen Eustachio in Antonio. Am 24. 9. 1843 wurde er in Florenz zum Priester geweiht, 1847 Bakkalaureus und 1850 auf dem Provinzkapitel seiner Provinz Toskana Magister der Theol. Dem jungen Konvent S. Andrea in Viareggio zugewiesen, in dem er bis zum Lebensende blieb, war er hier Vikar, seit 1847 Pfarrer, 1859—83 Prior und 1883—90 Provinzial der Toskana-Provinz der Serviten. Am 22. 6. 1952 wurde er selig- und am 8. 12. 1962 als erster Ordenspfarrer heiliggesprochen.

Obwohl klein von Gestalt, ängstlichen Charakters, zögernd im Handeln und der Einsamkeit zugeneigt, entwickelte P. eine intensive pastorale und karitative Tätigkeit in der Verkündigung und rel. Unterweisung, in die er die Kleinsten einbezog, in der Feier der Eucharistie und in der Spendung des Sakramentes der Buße. Er gründete in seiner Pfarrei zahlreiche Gemeinschaften bzw. Bruderschaften: von der christl. Lehre, von der Schmerzhaften Mutter Gottes, vom Hlst. Sakrament, von der Barmherzigkeit und die Vinzenz-Konferenz. Er förderte die Volksschule, die Erholung kranker Kinder und sorgte für die Armen und Kranken.

P. war ein großer Verehrer der schmerzhaften Jungfrau ⓜ, ohne ein gelehrter Mariologe zu sein. Er war von der ⓜfrömmigkeit durchdrungen und setzte sie in die Praxis des Glaubenslebens um. Durch sein Beispiel förderte er die Verehrung der schmerzhaften Mutter und mahnte noch im Fieberdelirium der zum Tode führenden Lungenentzündung: »Ich empfehle euch die Schmerzensmutter« (Baumann 328).

WW: Nur hs.: Scripta servi Dei p. Antonii M. P., 4 Vol.: Provinzialarchiv, Konvent SS. Annunziata, Florenz. — Scritti autografi diversi di S. A. M. P., 1 Vol.: ebd. — Sezione agiografica, A. P. Lettere, 1 Vol.: Generalarchiv des OSM, Rom. — Andere Schriften sind aufbewahrt: zu Viareggio im Archiv der Gemeinde, der Confraternita della Misericordia und der Pfarrei S. Andrea; zu Lucca im erzbischöflichen Archiv und in verschiedenen Konventen der Provinz Toscana.
QQ: P. Pennoni, Il Santo Curatino di Viareggio. S. A. M. P. dei Servi di Maria, 1953. — U. Forconi, Piccola storia di Buon Pastore, 1978. — G. Lubich und P. Lazzarini, Il Curatino di Viareggio. A. P., 1984.
Lit.: G. Roschini, Un capitolo inedito nella vita del Beato A. M. P., O. S. M., ricavato dal suo epistolario, In: Studi Storici O. S. M. 5 (1953) 95—112. — R. Taucci, Gli anni giovanili della vita di S. A. M. P., ebd. 22 (1972) 25—66. — R. Fagioli, L'Epistolario di S. A. M. P., ebd. 130—187. — U. Forconi, Inventario degli scritti di S. A. M. P., ebd. 188—210. — Baumann 326—329.   *T. Civiero*

Puccini, Giacomo (Antonio Domenico Michele Secondo), * 23. 12. 1858 in Lucca, † 29. 11. 1924 in Brüssel. P., beim Tod seines Vaters fünf Jahre alt, wurde gemäß einer beeindruckenden Familientradition zum Kirchenkomponisten bestimmt. Als 10-jähriger wurde er Chorknabe an San Martino und San Michele; 14-jährig übernahm er Orgeldienste an diesen und anderen Kirchen in und um Lucca. Die ersten Kompositionen — zumeist für Orgel — stammen aus dieser Zeit. Das Erlebnis einer Aida-Aufführung in Pisa (1876) brachte den Entschluß, Opernkomponist werden zu wollen. Im Herbst 1880 begann P. sein dreijähriges Studium am Mailänder Conservatorio Reale, u. a. bei A. Bazzini und A. Ponchielli. Schon der sensationelle Erfolg seiner ersten Oper »Le Villi« (1884 uraufgeführt) rechtfertigte den Fachwechsel und brachte ihm den Kompositionsauftrag für »Edgar« ein. Seine Zeitgenossen feierten die Oper »Manon Lescaut« (1893) als sein größtes Werk, aber »La Bohème« (von Toscanini 1896 uraufgeführt), »Tosca« (Uraufführung 1900 in Rom), dem Verismo nahestehend, und »Madama Butterfly« (Uraufführung 1904 an der Scala) machen P.s Namen auch heute unsterblich. Während des Ersten Weltkrieges arbeitete er an drei Einaktern (»Il Trittico«). Die letzten vier Lebensjahre widmete er der Komposition von »Turandot«, die er nicht mehr vollenden konnte.

P.s KM datiert großenteils aus seiner Studienzeit, so das beachtenswerte Lied »Vexilla regis prodeunt« (für Sopran und Klavier) und die eher belanglose Motette »Per San Paolino« zu Ehren des luccesischen Stadtpatrons (für Bariton-Solo, gemischten Chor und großes Orchester). Die 1880 als Abschlußarbeit am Istituto Musicale komponierte Messe in As für Tenor-, Bariton- und Baß-Solo, gemischten Chor und großes Orchester wurde sein erster großer Erfolg überhaupt, ein über weite Strecken gut gelungenes Werk, das gelegentlich — v. a. in den lyrischen Passagen — starke Reize entfaltet, die schon den späteren Meister erahnen lassen, wobei die Orchesterbehandlung fortschrittlicher ist als der Umgang mit den Vokalstimmen. Einige Teile verwendete P. in »Tosca« und »Manon Lescaut« wieder. Als einzige marian. Komposition entstand 1883 das Lied »Salve del ciel Regina« nach eigenem Text, eine schlichte, lyrische Komposition für Sopran und Orgel, die ⓜ als Helferin der Bedrängten anruft. Für einen Gedenkgottesdienst zu Verdis Todestag komponierte P. am 14. 1. 1905 sein »Requiem« (für dreistimmigen Chor, Orgel oder Harmonium und Solo-Viola). Der knappe, einfache Satz enthält nur wenige Passagen des liturg. Textes und stellt die letzte kirchenmusikalische Arbeit P.s dar.

Lit.: A. Bonaccorsi, Le musiche sacre dei P., In: Bollettino Storico Luccese 1 (1934) 29. — D. Schickling, G. P., 1989. — MGG X 1731—40. — Grove XV 431—440.   *M. Hartmann*

Puebla. Im Gegensatz zur zweiten Generalversammlung des lateinamerikanischen Episkopates in Medellín (1968) enthält das Dokument der dritten Generalversammlung in P. (1979) einen expliziten ekklesiol. Abschnitt, in dem die Lehre über die Kirche als Teil der kirchlichen

Verkündigung entfaltet wird. Der Abschnitt über die GM bildet wie in »Lumen Gentium« den Abschluß des ekklesiol. Kapitels. Das Dokument legt eine Kurzform der Mariol. vor (282—303), die in die Theol. über die Kirche integiert ist (220—303), obgleich man nicht übersehen darf, daß die eigentliche Zielspitze des Dokumentes pastoral ist.

Um die marian. Aussagen des P.-Dokumentes richtig deuten zu können, ist es notwendig auch den Weg zum Abschlußdokument zu skizzieren. Das Beratungspapier (El Documento de Consulta) bringt die mariol. Aussagen im Bezug zur Kirche, deren Aufgabe die Evangelsierung ist, die aber selber immer aufs neue evangelisiert werden muß. ⋈ wird verstanden als die Mutter des Herrn und die Mutter der Kirche. Der erste Themenblock behandelt ⋈ in der Kirche, wobei ⋈ als die konkrete Verwirklichung des Geheimnisses Christi und der Kirche verstanden wird: das gesetzte Heil in Christus, das Mitwirken am Heil im Glauben, Licht in der Pilgerschaft des Glaubens, Gegenwart in der werdenden Kirche, Hoffnung und Trotz der pilgernden Kirche (693—699). Der zweite Abschnitt handelt von ⋈ in Lateinamerika — die Verkünderin für unser Volk: ihre Heiligtümer als Zeichen der Einheit mit Gott, als Stärke und Hoffnung für die Schwachen, als Ideal der Reinheit und österliche Verwirklichung sowie als Verwirklichung der frohen Botschaft (699—703). Der dritte Abschnitt beschreibt ⋈ und die Aufgabe des hl. Johannes des Verkünders: Hindernisse bei der Evangelisierung, Anstöße (704—705). Der vierte Abschnitt spricht vom »Stern der Evangelisierung« (707).

In dem Arbeitspapier (Documento de Trabajo) der Bischofskonfernz von (Februar/März) 1978 hatte die marian. Frage einen weitaus breiteren Umfang. In Kapitel IV 561—579 (die Jungfrau ⋈, Arche des Heils und Mutter der Kirche) wurde die Mariol. entfaltet. Die Einleitung spricht von der Gegenwart ⋈s in Lateinamerika (561) und ihrem Stellenwert im Dokument (562). In einem vierfachen Ansatz wurde die mariol. Frage dann weiter entwickelt. Abschnitt eins spricht von ⋈ als gegenwärtiger und zukünftiger Wirklichkeit — eine Wiederholung und Zusammenfassung der mariol. Aussagen (563—565). Abschnitt zwei behandelt das irdische Leben ⋈s: Begleiterin des Heilsgeheimnisses in der Dunkelheit des Glaubens, die Identifikation mit ihrer Sehnsucht nach Befreiung und ihrer Ehrfurcht vor dem Heiligen, Erste der Erlösten und Wunder des in Christus verwirklichten Heils (566—568). Der dritte Abschnitt spricht vom grundlegenden Modell der ev. Werte: konkreter Ausdruck des Evangeliums für Lateinamerika, Gegenwart der Gemeinschaft mit Gott und den Menschen in ihren Heiligtümern, Glaubensmodell, vollkommene Gemeinschaft mit Gott, Erhellung der lateinamerikanischen Wirklichkeit im Geiste des Magnifikat (569—574). Der vierte Abschnitt behandelt die Gegenwart von ⋈ in der Evangelisierung: Ausgangspunkt ist die Szene auf Klavaria, als Verkünderin in der Geschichte Lateinamerikas, bestimmendes Element in der kath. Frömmigkeit in Lateinamerika, Erneuerung der Ausdrucksformen marian. Frömmigkeit, die Evangelisierung trägt das Zeichen ⋈s (575—579). Die marian. Aussagen werden im Arbeitsdokument in Parallele gesehen zum Thema »Reich Gottes in Jesus Christus« (281—328), zur Kirche und der Ankündigung des Reiches (329—415) sowie in Beziehung zu Evangelisierung, Kultur und »promotio humana« (416—560). Somit ist die mariol. Frage in die Überlegungen über die Kirche einbezogen. Sie erhält eine klare Standortbestimmung in der theol. Reflexion und erscheint nicht länger wie ein notwendiger aber hinderlicher Anhang.

Das P.-Dokument greift eine Reihe der Ansätze aus den Vorarbeiten auf, setzt aber neue Akzente und theol. Grundlegungen. Wenngleich sich der Kern der mariol. Aussagen auf die Randnummern 282—303 zusammendrängt, ist das ganze Dokument durch seine mariol. Bezüge bestimmt. Bes. häufig wird auf »NS de Guadalupe, Patrona de América Latina« verwiesen. Weitere wesentliche Punkte sind: ⋈ ist die konkrete Gestalt der Befreiung und Erlösung (333), die neue Wertung und Würde des Menschen im Angesicht ⋈s (334), die wahre Volksfrömmigket und ⋈ (448), marian. Frömmigkeit und Volksfrömmigkeit (454. 700. 963), ⋈ als Vorbild eines gottgeweihten Lebens (745), ⋈ und das Heil der Armen (114), ⋈ und die Jugend in der Kirche (1184. 1195).

Die systhematische Entfaltung des marian. Gedankens setzt im P.-Dokument mit Überlegungen zur Bedeutung ⋈s im heutigen Lateinamerika ein.

⋈ ist gegenwärtig in der lateinamerikanischen Wirklichkeit: Sie ist zugegen in der Verkündigung des Evangeliums (282), in den Heiligtümern als ein Zeichen der Gemeinschaft (182), in der einen unverfälschten Religiosität (283) und im lateinamerikanischen Bewußtsein (284—285). Die theol. Reflexion gründet auf dem Grundsatz, daß das wesentliche Zentrum ⋈s die Inkarnation ist. Daraus folgt erstens: ⋈ ist Mutter der Kirche. Es geht darum, diese Mutterschaft kirchlich anzuerkennen (286), das christol. (287) und eklesiol. Fundament (288—290) dieser Wirklichkeit zu sehen. Wichtig ist dabei die Rolle der Frau in der Kirche (291), daraus folgt: ⋈ ist Vorbild der Kirche. Sie ist Vorbild in ihrer Beziehung zu Christus, in der umfassenden Gemeinschaft mit ihrem Sohn (292), in der höchsten Teilnahme am Werk Christi (293), in ihrer Beziehung mit den Menschen, sie ist ganz Gott und den Menschen zu eigen (294), sie weckt den Geist der Kindschaft und Brüderlichkeit in uns (295), sie ist in außerodentlicher Weise Vorbild auf der Glaubensebene (296), in dem Geist der Armen Jahwes (297) und in äußerster Dienstbereitschaft (300). Die dritte Folgerung daraus ist, daß M ein Zeichen für die Kirche ist. Sie ist das Zeichen des neuen, durch Christus erlösten Menschen (298), des Menschen in seiner endgültigen Verwirklichung (298), ein Zeichen der Würde der Frau (299). M ist letztlich der Entwurf für die Evangelisierung.

Nicht voll geklärt im Dokument ist das Verhältnis des Hl. Geistes zu M und zur Kirche. Zwar wird er im letzten Abschnitt (303) erwähnt, aber er scheint eher wie ein sekundäres dogm. Einsprengsel. Auffallend deutlich und stark ist von der Rolle Ms bei der Erlösung die Rede, die dem Ausdruck einer »Miterlöserin« sehr nahe kommt: »Maria, die zur umfassenden Teilhabe mit Christus geführt wird, ist die engste Mitarbeiterin (span.: colaboradora estrecha) seines Wirkens....Sie ist nicht nur wunderbares Ergebnis der Erlösung, sie ist auch aktive Mitarbeiterin« (span.: cooperadora activa; 293).

Lit.: Documentos de P., 1979; dt.: Die Evangelisierung Lateinamerikas in Gegenwart und Zukunft, 1979. — H. Schöpfer und E. L. Stehle (Hrsg.), Kontinent der Hoffnung. Die Evangelisierung Lateinamerikas heute und morgen, 1979. — L. J. Alliende, María en P., 1979. — Ders., P. y la Señora Santa María, 1979. — H.-J. Prien, Puebla, In: Ders. (Hrsg.), Lateinamerika. Gesellschaft — Kirche — Theol. II: Der Streit um die Theol. der Befreiung, 1981, 61–208. — A. Fassini, Maria na pastoral Latino-Americana, In: Convergencia 17 (1982) No. 153, 268–278. — J. de Jesús Herrera Aceves, La Virgen S. María en el documento de P., 1986. — Ders., La Virgen S. Maria en el Documento de P., In: CELAM I, 1988, 621–691. — R. Caro Mendoza, Maria en la Reflexion de la Iglesia Latinoamericana, ebd. 747–760. *H. Rzepkowski*

Puente, Luis de La (Ludovicus de Ponte), SJ, Theol., Diener Gottes, * 11.11.1554 in Valladolid, † 15.2.1624 ebd., wurde 1574 Jesuit, Schüler von Domino Bañez OP und Franz Suarez SJ, mußte früh wegen Krankheit sein Wirken als Professor, Novizenmeister, Rektor und Spiritual abbrechen und widmete sich in den letzten 20 Jahren seines Lebens der Abfassung theol. und aszetischer Bücher. Die Informativprozesse von 1625 und 1629 beurteilten diese positiv. Clemens XIII. stellte 1759 seine heroischen Tugenden fest. Die geplante Seligsprechung fiel der Ungunst der Zeit zum Opfer.

Die größte Wirkung erzielte P. mit der Schrift »Betrachtungen«, die streng nach der hl. Schrift ausgerichtet sind, in acht Sprachen übersetzt wurde und an die 400 Auflagen erlebte. Sie gilt bis heute als Muster aller Betrachtungsbücher. »Der geistliche Führer« und »Vom vollkommenen Christen« sind mehr themenbezogen verfaßt. Fast in Vergessenheit geriet sein Hauptwerk »Expositio ...«, ein Kommentar zum Hohenlied. Die 30 bis 40 Exhorten der je fünf Bücher können als Exerzitienvorträge verstanden werden. Sie wollen unter Heranziehen aller verfügbaren Hohelied-Kommentare den geistlichen Sinngehalt des Hohenliedes, die Beziehungen »zu allen Mysterien der christlichen Religion und der Tugenden« darstellen, wie aus dem Untertitel hervorgeht, weswegen sie noch M. J. Scheeben sehr geschätzt hat.

In den »Betrachtungen« behandelt P. in ca. 100 »Punkten« alle mariol. Aspekte, angefangen von der »Erwählung zur Muttergottes« bis zur Erhöhung »über alle Engel«, und in der Expositio v. a. die mariol. Bilder und Vergleiche. In »Geistlicher Führer« findet sich ein ausführliches Kapitel (1 c. 14,6) über Ms Fürbitte, auf die auch die Schrift »Vom vollkommenen Christen« eingeht, mit Verweis auf Augustinus, Bernhard und Anselm v. Canterbury: Sie übertrifft die aller Engel und Heiligen. M kommt zuweilen ungerufen zu ihren Verehrern wie bei der Heimsuchung, zuweilen will sie gerufen werden wie in Kana, um das Wasser in Wein, das kalte Herz in eine brennende Liebesglut zu wandeln; so sehr ist sie gütige Mutter bei ihrem Sohne. Dazu äußert sich P. auch in seiner Lebensbeschreibung des B. Alvarez, des Seelenführers der → Theresia v. Avila (dt. Übers., 185 f.): »Denn wie der Sohn Gottes seine Freunde zu der Verehrung seiner heiligsten Mutter anhält und diese für einen Beweis ihrer Liebe gegen ihn nimmt, ebenso auch flößt die göttliche Mutter denen, die sie lieben, die innige Andacht gegen ihren Bräutigam ein und sieht hierin einen Beweis ihrer Ehrfurcht und Liebe gegen sie selbst.« M ist ferner einzigartige Vorkämpferin der Ordensleute: Wenn in Kana, im Hause irdischer Hochzeit, M sechs große Krüge erlangte, was wird sie dann für die Ordensleute dort erreichen, wo immer geistige Hochzeit der Seelen mit Christus zu feiern ist? M als Anfang und Ende unseres Gebetslebens wird darin deutlich, daß der »Engel des Herrn« und das »Salve Regina« das Chorgebet einrahmen. Es ist dreifach begründet: Der Mutter unseres Erlösers müssen Ehrfurcht und Liebe erwiesen werden. Entsprechend dem »jetzt« im Ave hoffen wir auf ihre Fürbitte. M soll unseres Lobes teilhaft werden, dessen sie auf Grund so vieler Titel würdig ist (Wegweiser III 310). — Nach P. gab Christus M alle Gaben, die er anderen Heiligen einzeln zuteilt.

P. verteidigt die UE Ms: Nicht erst im Augenblick als sie Mutter wurde, sondern schon in ihrer Empfängnis ist ihr die ganze Gnadenfülle zuteil geworden. Gott beschloß von Ewigkeit her, in den Willen Adams, wenn dieser sündigte, außer M alle Nachkommen einzubeziehen. Sie hätte gesündigt, wenn sie nicht auf Grund der Verdienste Christi ausgenommen gewesen wäre, was genügt, daß sie Erlöste genannt werden kann. P. geht darin über F. → Suarez hinaus, der die Ausnahme später ansetzt. Als M »zur Welt kam«, empfing sie das Licht der Gnade und erkannte den Spender.

WW: Meditaciones de los misterios de nuestra santa fe, con la práctica de la oración sobre ellos, 2 Vol., Valladolid 1605; jüngere dt. Ausg.: Betrachtungen über die vorzüglichsten Geheimnisse unseres Glaubens, übers. von M. Schmidl, 6 Bde., 1930–32; von W. Kesting, 2 Bde., 1959. — Guía espiritual, Valladolid 1609, Madrid ²1614, dt.: Wegweiser für das innere Leben, übers. von G. Böhme, 4 Bde., Regensburg ²1913. — Tradato de la perfección en todos los estados de la vida del cristiano I–II, 2 Vol., Valladolid 1612/13; III–IV, 2 Vol., Pamplona 1615, dt.: Der Weg zur Vollkommenheit, übers. von C. Graf, Regensburg 1913. — Vida del P. Balthasar Alvarez, Madrid 1615; dt.: Das Leben des ..., übers. von G. Möller, Münster 1860. — Obras escogoidas del V. P. L. de la P., ed. C.M. Abad (BAE 111), 1958, 17–292 (Vida ...). — Expositio moralis et mystica in Canticum canticorum, 2 Vol., Paris 1622

= Nachdr. 1987 (vgl. Div. 34, [1990], 90f.); dt. im Erscheinen: Der geistige Sinn des Hohenliedes, übers. von H. Becker und R. Haacke, If f., 1990 ff.
Lit.: F. Hatheyer, P. de Pontes Mystik, In: ZAM 1 (1926) 367—375. — C. A. Kneller, Ludwig de Ponte, ebd. 14 (1939) 185—202. — M. J. Scheeben, Die Mysterien des Christentums, ed. J. Höfer, 1941, 138 f. — J. Beumer, Die Theologie der mystischen Betrachtung im Kommentar zum Hohen Lied des P. L. de la P., In: ZAM 17 (1942) 77—90. — L. Cura Pellicer, El V. P. L. de la P., Apologista de la Immaculata Concepción, In: Miscelánea Comillas 20 (1953) 65—107. — Ders., Santidad positiva de María en su Immaculata Concepción, según V. L. de La P., ebd. 23 (1955) 9—79. — R. Haacke, L. de P., Kommentar zum Hohenlied, In: Siegburger Studien 21 (1988) 11—27. — Sommervogel VI 1271—95; IX 786 f. — DThC XIII, 1150—61. — LThK² VIII 898. — DSp IX 265—276 (WW, Überss., Aufl., Lit.).
R. Haacke/W. Baier

Pürstinger, Berthold → Berthold v. Chiemsee

Pürten, Lkr. Mühldorf, Erzdiözese München und Freising. 1050 schenkte der Aribone Chadalhoh Besitz und Kirche zu P. an den Salzburger Erzbischof, dessen Nachfolger die Kirche nach langem Streit zwischen Gars und Au wohl 1177 dem Augustinerchorherrenstift Au am Inn inkorporierten. Im P.er Stiftergrab ruht möglicherweise Chadalhohs Gemahlin Irmingard, die auch das »Wunderbuch« hierher geschenkt haben dürfte. Ein gewisser Framegaudus hat dieses spätkarolingische Evangeliar um 900 in Reims geschrieben (München, Bayer. Staatsbibl., cod. lat. 5250). Die erstmals 1592 schriftlich zu fassende und im Barockfresko an der Langhauswand geschilderte Legende schreibt beides der franz. Königstochter Alta zu, die auf der Wallfahrt nach P. verstorben, wunderbarerweise von ihrem Eselsgespann hierher gebracht und im Gotteshaus bestattet worden sei. Der Schlaf auf den Evangelistenbildern galt als heilsam für geistig und seelisch Kranke, wie Einträge von 1621 bis 1781 in einem hs. Mirakelbuch belegen. Die MV dürfte den ursprünglich anzunehmenden Heiltums-Concurs dann im 15. Jh. überflügelt haben. Die sel. Alta erscheint aber auf mehreren der 18 noch erhaltenen, 1691—1924 entstandenen Votivtafeln als Mittlerin neben M.

Der gotische Kirchenneubau unter Propst Konrad von Au bezog Teile von Vorgängerbauten ein, darunter die spätere Gnadenkapelle. In seiner Regierungszeit (1398—1428) wurde um 1425 auch das jetzige, lebensgroße Gnadenbild geschnitzt. Diese Madonna mit Kind auf der Mondsichel wird dem Meister von Seeon zugeschrieben (D. Großmann). Sie ist Mittelpunkt des Gnadenaltars von 1693. Ihr Titel »S. Maria speciosa ad portam« gab der Kirche den Namen. Für die Erneuerung der Gnadenkapelle sorgte 1628 Kurfürst Maximilians I. Bruder Herzog Albrecht, der mit seiner Gattin mehrmals nach P. gewallfahrtet war.

Wie die gotische Ausstattung (erhalten Relieftafeln mit vier Szenen aus dem Mleben und eine bald nach 1500 geschaffene Gruppe der Mkrönung im Hochaltar von 1670) war der spätbarocke Umbau 1757 stark marian. bestimmt: Die locker bewegten Fresken des Josef Anton Seltenhorn aus Kraiburg zeigen die Vermählung und Himmelfahrt Ms sowie die Geburt Christi. Mehrfache Bezüge zu Stift Au (z. B. das Augustinusrelief an der Rokokokanzel oder der Seitenaltar der hl. Felicitas, deren Patrozinium 1668 von Au nach P. übertragen wurde) unterstreichen, daß es sich um eine typische Klosterwallfahrt handelte. Die Aufhebung des Stiftes entzog P., das 1805/07 zur Pfarrei erhoben wurde, das wirkmächtige Patronat. Von diesem Schlag erholte sich die Wallfahrt nicht mehr, v. a. fiel ein wichtiger Anziehungspunkt für die Gläubigen weg, als das Evangeliar der sel. Alta nach München gebracht wurde. Dagegen blieben drei fast lebensgroße Votivfiguren (um 1700), verschont, seltene Beispiele für die einst weit verbreiteten Wachsopfer im Gewicht der verlobenden Person. Auch das Bauensemble von Wallfahrtskirche, Michaelskapelle, Friedhof und staffelgiebeligem Pfarrhof überstand die Säkularisation unzerstört.

QQ: Evangeliar clm 5250. — Liber tripartitus (hs. Mirakelbuch im Pfarrarchiv P.).
Lit.: M. Hartig, Die »Schöne Madonna« von Salzburg als Gnadenbild und ihr Verbreitungsgebiet, In: Mün. 1 (1947/48) 273—287, bes. 281f. — M. Burger, Wallfahrtsstätten im Inn- und Salzachgebiet, 1960, 79—83. — H. K. Ramisch, Zur Salzburger Holzplastik im zweiten Drittel des 15. Jh.s, In: Mitteilungen der Salzburger Gesellschaft für Landeskunde 104 (1964) 49. — Ausst.-Kat., Schöne Madonnen, Salzburg 1965, Kat.-Nr. 56, S. 103. — D. Großmann, Der Meister von Seeon, In: Marburger Jahrbuch für Kunstwissenschaft 19 (1974) 85—138. — Ders., Pfarr- und Wallfahrtskirche Maria Speciosa ad portam, 1981 (Lit.).
S. John

Puerto Rico. Die kleinste Insel der Großen Antillen wurde im November 1493 von Chistoph → Kolumbus (1451—1506) entdeckt und San Juan Bautista genannt. Unter J. Ponce de León begann 1508 die span. Kolonisierung, 1511 wurde als Suffragan von Sevilla das Bistum San Juan de P. gegründet, das seit 1588 auch Trinidad und z. T. Venezuela (bis 1790) umfaßte. Alonso Manso († 1534) wurde der erste Bischof, der die Verehrung ULF von Belém bes. förderte. 1548 wurde für die Zuckerrohrkolonisten ein eigenes Heiligtum unter dem Titel ULF von Val Hermosa errichtet. In Arecibo wurde 1580 ein Rosenkranzheiligtum und um die gleiche Zeit ebenfalls in Coamo die Kirche sowie eine Reihe von Kapellen zu Ehren der »Virgen de Alta Gracia« erbaut. Anfang des 17. Jh.s begann die Verehrung NS de Guadalupe (Extremadura), deren Bild 1612 von Spanien nach San Juan in die Thomas-Kirche gebracht wurde. Damals gab es in San Juan fünf marian. Bruderschaften: ULF vom Berge Karmel, NS de Alta Gracia, NS del Rosario, NS de la Soledad und NS de la Concepción. 1628 erhielt ULF von der Dornenkrone (del Espinal) in Aguada ein Heiligtum. Das zentrale marian. Heiligtum in dem Ort Hormigueros (in den Bergen 9 km westlich von Mayaguez) ist ULF von Montserrat geweiht. Die Kirche ist bereits im 16. Jh. bezeugt.

Lit.: Bibliografía Puertoriqueña 1930—45, 1946. — S. Brau, La Colonización de P., San Juan 1907. — Vargas Ugarte I. — Manoir V 295—304.
H. Rzepkowski

Puget, Pierre, Maler, Bildhauer und Architekt, * 16.10.1620 in Marseille, † 2.12.1694 auf P.s Landsitz Fougette bei Marseille.

Während die zeitgenössische franz. Kunst unter dem Einfluß der 1648 gegründeten »Académie royale de Peinture et de Sculpture« und damit in Anlehnung zur klassischen Hofkunst stand, negierte P. diesen Stil gänzlich durch seine Hinwendung zu einer dramatisch-expressiven, vom ital. Barock eines Bernini oder Cortona beeinflußten Richtung. Zunächst gelernter Holzbildhauer für Schiffsdekorationen, prägten P. während einiger längerer Aufenthalte in Florenz und Rom (zwischen 1638 und 1647) die Frühwerke Berninis. Seine 1641 begonnene Lehrzeit in Rom als Malschüler bei Pietro da Cortona begründete seine malerische Ausbildung. Bereits 1649 wird er als »maistre sculteur« genannt (Portikus mit männlichen Karyatiden im Hôtel de Ville in Toulon, »Ruhender Herkules«, »Herkules im Kampf mit der Hydra« u. a.), kurze Zeit später betätigt er sich auch erfolgreich als »maistre peintre« in Marseille und Toulon (u. a. Altarbild für die Kathedrale in Toulon, »Hl. Cäcilie« für Marseille). In seiner genuesischen Zeit (1661—70), die ihm reichlich neue Auftraggeber auch außerhalb des kirchlichen Bereiches verschaffte, befaßte sich P. — obwohl nicht bes. rel. eingestellt, was in seiner Neigung zu gesteigerter naturalistischer Gestaltung zum Ausdruck kommt, die Pathos und Rhetorik einer mystischen Glaubenshaltung vorzieht — fast ausschließlich mit rel. Themen (Himmelfahrt Me für die Kapelle des Ospedale dei Poveri: UE für Stefano Lomellini; Mrelief für den Herzog von Mantua; Hochaltar für S. Siro in Genua). Das Mbild für Stefano Lomellini, auf den Verismus des span. Barock verweisend, zeichnet sich demgemäß wie die übrigen genuesischen Mdarstellungen P.s weniger durch eine verzehrende rel. Inbrunst als vielmehr durch ein gesteigertes menschliches Empfinden sowie veristische Bewegungsmotive aus. P.s Bestreben, die ihm eigene virtuose Technik der Marmorbearbeitung bis in eine anatomisch detaillierte Differenzierung seiner Gestalten zu übertragen, um ihnen so eine geistige Haltung und sein Verständnis von barockem Naturalismus abzuringen, ist den franz. Werken des 17. J.s fast gänzlich fremd, bringt ihm aber nicht zuletzt die Anerkennung als »Michel Angel provençal« innerhalb der franz. Kunstgeschichte ein. Mit P.s endgültiger Rückberufung 1668 nach Frankreich durch den König und der Übernahme der Toulone Werftschnitzerei gewinnen seine lang gehegten architektonischen und städtebaulichen Phantasien wieder an Bedeutung (gebaut, z. T. erst später nach seinen Entwürfen: Fischhallen in Marseille, Hôtel d'Aiguilles in Aix-en-Provence, Kapelle des Palazzo Lomellini in Genua). Seine Stadterweiterungspläne für Toulon und Marseille sowie die Aufträge von Aix und Marseille für monumentale Reiterstatuen für Ludwig XIV. scheitern schon im Entwurfsstadium wegen ihres megalomanischen Charakters. Da seit 1670 durch den Einfluß Colberts eine starke Einschränkung die Holzbildhauerei in der Toulone Schiffsdekorations-Werkstatt bedrohte, bemühte sich P., Aufträge für Versailles zu erhalten, die ihn ein Jahrzehnt lang beschäftigen sollten. Beauftragt mit kirchlichen Themen (»Hl. Borromäus« zur Abwendung der Pest in Mailand, »Hl. Hieronymus« für S. Maria in Carignano) und befaßt mit dem Bau eines Alterssitzes in Marseille, stirbt P. ohne größere Schülernachfolge.

Lit.: Ph. Auquier, Les grands artistes. Leur vie — Leur oeuvre. P. P., Paris o. J. — L. Lagrange, P. P. Peintre — sculpteur — architecte décorateur de Vaisseaux, Paris 1868. — Ph. Auquier, P. P. Son oeuvre a Marseille, Marseille 1908. — F.-P. Alibert, P. P., 1930. — M. Brion, P. P., 1930. — A. Gras-Mick, De la lumière sur P., 1934. — W. Trachsler, P. P., Diss., Zürich 1960. — K. Herding, P. P. Das bildnerische Werk, 1970. — Ders., Le prestige de P. P., 1970. — Provence historique, P. et son temps, In: Actes du Colloque tenu à l'université de Provence les 15—17 octobre 1971. — K. Herding, P. P.: L'état des recherches, 1974. — M. C. Gloton, Pierre et François P., peintres baroques, 1985.
G. Wendtner

Pujol, Juan Pablo, * 1573 in Barcelona, † Mai 1626 ebd., wirkte schon vor seiner Priesterweihe 1606 als Organist an den Kathedralen zu Tarragona und Zaragoza, ab 1612 als Kapellmeister in Barcelona. Hier mußte P. den ganzen Bedarf an liturg. Musik abdecken, woraus sich sein großes Gesamtwerk mit 18 Bänden erklärt. Mit ihm verbindet sich der Übergang vom 16. zum 17. Jh. Zweichörigkeit und kunstvolle Kontrapunkte charakterisieren seine geistliche Musik, zu der neben zahlreichen Vertonungen des Ordinariums, Hymnen und Psalmen auch die Motetten »Ave Regina coelorum«, »Regina coeli«, »Stabat mater«, sowie mehrere Magnifikatkompositionen und zwei Litaniae BMV zählen.

Lit.: H. Anglés, Catàley dels manuscripts musicals de la Collecció Pedrell, 1921. — P. Calahorra Martínez, J. P., maestro de capilla de música de la iglesia de S. Teresa la Mayor y del Pilar de Zaragoza, In: Tesoro sacro musical 51 (1978) 67ff. — MGG X 1752. — Grove XV 450.
E. Löwe

Pulcheria, * 399, † 453, seit 414 Augusta (Kaiserin), setzte die Berufung des Konzils von Chalkedon (451) durch, nahm zeitweise an ihm teil und verteidigte, auch in persönlichen Briefen, seine Beschlüsse. In ihrem Schreiben an revoltierende Mönche in Palästina betont sie die Übereinstimmung des Chalkedonense mit dem überkommenen Glaubensbekenntnis zu Christus, geboren aus dem Hl. Geist und der Jungfrau und GM M (ACO 2, 1, 3, 128). Die Frömmigkeit P.s charakterisieren Nachrichten und Legenden über zahlreiche Kirchenstiftungen. Als von ihr gegründet galten in Konstantinopel die berühmten Mheiligtümer im Kupferschmiede- und Blachernenviertel sowie jenes im Hodegon-Kloster (Theod. Lect. h. e. epit. § 363 [GCS Theod. Anagn. 102])

Lit.: S. Alvarez Campos, Corpus Marianum Patristicum IV/1, 1976, 505f., Nr. 3703. — H. Bacht, Die Rolle des orient. Mönchtums in den kirchenpolitischen Auseinandersetzun-

Purificatio BMV, Reinigung ℳs, bis zur Reform des liturg. Kalenders im Gefolge der Liturgiereform des Zweiten Vaticanums Bezeichnung des Festes vom 2. Februar; → Darbringung Jesu im Tempel; → Lichtmeß.

Lit.: H. Auf der Maur, Feiern im Rhythmus der Zeit I. Herrenfeste in Woche und Jahr, 1983, 176—179.

Puteanus, Erycius (Hendrik/Erik van [der] Putte[n]), *4.11.1574 in Venlo, †17.9.1646 in Löwen, (süd-)niederländischer Philologe und Historiker. Der Sproß eines Venloer Patriziergeschlechts oblag in Köln dem Studium der artes, das er 1595 mit der Magisterwürde abschloß. 1597 erlangte er in Löwen das Bakkalaureat der Rechte. Im gleichen Jahr zog er nach Mailand, wo er am Hofe von Kardinal Frederico Borromeo verkehrte und seine ersten wissenschaftlichen Werke veröffentlichte. Hier wurde er 1600 zum Prof. der Rhetorik ernannt. 1604 heiratete er Maria Magdalena de la Torre, die ihm 14 Kinder gebar. 1606 kehrte er nach Löwen zurück, wo er die Professur seines Lehrers Justus →Lipsius übernahm, die er bis zu seinem Tod innehatte. Unter seinen zahlreichen Ehrenämtern war das eines Staatsrats und des Gouverneurs der Zitadelle von Löwen. P. hinterließ eine umfangreiche Korrespondenz, die seine Beziehungen zu zahlreichen Gelehrten und Großen seiner Zeit dokumentiert.

P. verfaßte über 100 Schriften, hauptsächlich auf dem Gebiet der Altertumswissenschaft und der Geschichtsschreibung. Es finden sich unter ihnen aber auch zahlreiche Gelegenheitswerke, bes. Reden und Kasualpoesie, sowie halbernste rhetorische Fingerübungen. Mehrere Veröffentlichungen können als geistliches Schrifttum gelten, u. a. einige hagiographische Schriften, etwa Viten der hl. Genovefa (Löwen 1618) oder der Märtyrerin Flavia Domitilla (ebd. 1629), aber v. a. marian. Werke. Im ersten Viertel des 17. Jh.s hielt P. vor Sodalen der Marian. Kongregation drei Reden, die Höhepunkte aus dem Leben der GM zum Thema haben, wobei er, wie in anderen marian. Schriften auch, bes. die jungfräuliche Mutterschaft ℳs herausstellt: 1612 sprach er zu ℳe Lichtmeß (»De Purificatione Virginis Matris«, Löwen 1612), 1618 zu ℳe Verkündigung (»De Annunciatione Virginis Matris«, Antwerpen 1618) und 1620 zu ℳe Himmelfahrt (»De Assumptione Virginis Matris«, Löwen 1620). Im Umfeld seiner Tätigkeit für die Marian. Kongregation dürfte auch P.' »Bibliotheca Parthenica« (ebd. 1629) entstanden sein, die mit finanzieller Unterstützung durch (ehemalige) Angehörige der Löwener Sodalitas zustande kam, sowie die gelehrte Spielerei von Bernardinus Bauhusius SJ (1575—1629), der 1617 in seinem »Protheus Partenicus« 1022 Varianten des hexametrischen marian. Lobspruchs »Tot tibi sunt dotes, virgo, quot sidera coelo« vorlegte, zu der P. unter dem Titel »Thaumata« 24 kurze Betrachtungen beisteuerte, die er der GM von →Scherpenheuvel widmete. Für Scherpenheuvel verfaßte P. ein Mirakelbuch, das das seines Lehrers Lipsius aktualisierte und 1622 unter dem Titel »Diva Virgo Aspri-Collis. Beneficia eius et miracula novissima« in Löwen erschien. P.' besondere Beziehung zu Scherpenheuvel zeigt sich auch darin, daß er eine Kopie des dortigen Gnadenbildes nach Belle-Fontaine verschenkte, wo sich bald eine eigene MV herausbildete, deren Entstehung und Entwicklung P. selber beschrieb (»Diva Virgo Bellifontana in Sequanis«, Antwerpen 1631). Nur handschriftlich überliefert ist P.' Mirakelbuch der marian. Gnadenstätte Thienen: »Diva Virgo Thenensis in Lacu. Origo Sacelli et Societatis.«

Lit.: J.-P. Nicéron, Mémories pour servir à l'histoire des hommes illustres XVII, Paris 1732, 299—321. — J.-N. Paquot, Mémoires pour servir à l'histoire littéraire des dix-sept provinces des Pays-Bas III, Louvain 1770, 90—103. — Th. Simar, Étude sur E.P., Louvain u. a. 1909. — J.A.F. Kronenburg, Maria's heerlijkheid in Nederland VII, Amsterdam 1911, 211—212. — E.P., humanist en geleerde (1574—1646), 1974. — NBW VI 1153—54. — BNBelg XVIII 329—344. *G. van Gemert*

Puy(s) ist der ma. Name für Dichtervereinigungen und Sängerwettstreite, die seit dem 13. Jh. v. a. für nordfranz. Städte wie Arras, Lille, Valenciennes, Douai, Evreux, Tournai u. a. belegt sind. Der Name leitet sich von der Kapelle Notre Dame du Puy in Valenciennes her, wo 1229 der erste Sängerwettstreit von einer derartigen Vereinigung organisiert worden sein soll. Die P. und die auf ihnen vorgetragenen Gedichte standen zunächst in besonders enger Beziehung zu ℳ, aber auch Themen der weltlichen Liebe wurden behandelt und nahmen immer mehr Raum ein. Als »princes« bezeichnete Schiedsrichter vollzogen die Gedichtsprämierungen, »Krönungen«, und entschieden auch die oft spitzfindigen Fragen zum höfischen Liebesverhalten. Zunächst (bis etwa zur Mitte des 14. Jh.s) wurden die Gedichte von ihren Autoren selbst vorgetragen. P. als Sängervereinigungen lassen sich noch bis ins 18. Jh. nachweisen. Gedichte zu Ehren ℳs sind auch in ursprünglich weltlichen Formen wie Ballade, Rondeau, Serventois erhalten. Namentlich bekannte Autoren von ℳgedichten sind z. B. Guillaume und Jacques le Vinier aus Arras.

Seit dem 14. Jh. veranstalteten die P. mit dem Personal von Schülern (Basoches) oder Confréries (Handwerkergilden) auch dramatische Aufführungen geistlicher Stoffe (→ Spiele), v. a. aus dem Leben Jesu, ℳs und der Heiligen. So waren die P. ND für die Realisierung von → Mirakel-Spielen zuständig.

Lit.: G. Cohen, Histoire de la Mise en scène dans le théâtre religieux français du moyen âge, 1951. — H. Kindermann, Theatergeschichte Europas, 1959. — G. A. Runnals, Medieval French Trade Guilds and the Miracles de ND par personnages, In: Medium Aevum 39 (1970) 257—281. — Ders., The theatre in Paris at the end of the middle ages, In: Mel offerts à J. Wathelet-Willem, 1978, 619—635. *U. Ebel*

Q

Qālā (westsyr.: qōlō, wörtlich: Ton, Stimme, Gesang). Im allgemeinen bezeichnet man damit den Ton eines Hymnus, der als Muster für andere dient. Es kann damit aber auch die Strophe eines Liedes oder das ganze Strophenlied gemeint sein. Im ostsyr. Ritus gibt es verschiedene nähere Bezeichnungen: b-qālā heißt »nach einer bestimmten Melodie« (im Gegensatz zu → pšīṭā); qālā rabbā: feierlicher Ton; qālā d-gāwā: allgemeiner Hymnus, zusammengesetzt aus Strophen zu Ehren der jungfräulichen Mutter Christi ⚹, des hl. Kreuzes, der Heiligen usw. Der → Mawtḇā des Mittwochs enthält einen qālā d-gāwā; außerhalb der Fastenzeit gibt es einen solchen für die Mittwochsoffizien der geraden und der ungeraden Wochen. Der erste Q. in der ostsyr. liturg. Tradition verkündet ⚹ als die »Quelle, die Hilfe allen spendet, die in ihrem Namen Zuflucht suchen« (Bedjan I 5). In demselben Q. heißt es: »Die selige Mutter, die die Welt, die von der Sklaverei des Teufels erschlafft war, tröstete« (ebd. I 23), ist stets bereit, die zu schützen, die sich auf sie verlassen. Im zweiten Q. wird gesagt: »Die heilige Jungfrau, in der unser Geschlecht geheiligt wurde, das durch den Betrug der Eva befleckt war, ...« (ebd. I 31). Die elfte Q. bietet eine ziemlich ausführliche Erzählung über ⚹: »Herr, durch die mächtige Kraft, die in Maria wohnte und durch die sie jene einzigartige Stellung über allen Gerechten errang und wahrhaft Mutter für deine Menschheit war, in der auf ewig deine Kraft wohnt, möge uns diese im Himmel und auf Erden begleiten — uns, die wir zu allen Stunden Zuflucht unter ihren Armen suchen; und wie sie errette uns vor der Mißachtung der Ungläubigen und richte auf das Haupt unseres Glaubens, damit wir dich stets, wenn wir ihrer gedenken, mit ihr zusammen preisen und verherrlichen, und hab Erbarmen mit uns« (ebd. I 99f.). Der 28. Q. spricht über den Schutz, den ⚹ allen Christen schenkt: »Eine Wolke überschattete das Volk (Israel), und die Herrin Maria (überschattet) die Christen; möge ihr gutes Gedächtnis uns Güte, Erbarmen und Trost bringen« (ebd. I 210).

Qālā d-šahrā sind Vigilgesänge; qālē d-'udrānē sind eine Sammlung von 28 in Strophen gegliederten Hymnen, meistens mit Bußcharakter. Eine oder mehrere singt man im Mawtḇā der Sonn- und Wochentage.

Im westsyr. und maronitischen Ritus bedeutet Q. eine Reihe von grundsätzlich vier Strophen, die nach einer feststehenden Melodie gesungen werden. Ursprünglich handelte es sich um Einschübe, wie die Psalmen-Halbverse (peṯgōmē), die den ersten beiden vorausgehen, und die beiden Hälften der kleinen Doxologie vor den beiden letzten deutlich machen. → Ramšō und → Ṣaprō haben vor und nach dem Weihrauchgebet eine Reihe von Qōlē: zu Ehren Christi, zu Ehren der GM, zu Ehren der Heiligen, der Buße und für die Verstorbenen.

Lit,: P. Bedjan (Hrsg.), Breviarium juxta Ritum Syrorum Orientalium id est Chaldaeorum, 3 Bde. (syr.), 1938. — J. Mateos, Lelya-Sapra. Essai d'interprétation des matines chaldéennes, 1959, 494. — B. Griffiths, The Book of Common Prayer of the Syrian Church, o. J. — P. K. Meagher u. a. (Hrsg.), Encyclopedic Dictionary of Religion, 1979, 2946. — P. J. Podipara, Mariology of the Church of the East, 1980. — J. Madey, Marienlob aus dem Orient. Aus Stundengebet und Eucharistiefeier der Syrischen Kirche von Antiochien, ²1982. — V. Pathikulangara, Resurrection, Life and Renewal, 1982. — Ders., Mar Thomma Margam. A New Catechism for the Saint Thomas Christians of India, 1989, 161f.
J. Madey/V. Pathikulangara

Qaltā (Plural: qalyāṯā, wörtlich: kleiner Gesang) heißen alle Psalmen im ostsyr. → Lelyā des Sonntags, die mit einem eingeschobenen Alleluja zwischen den Hullālē (→ hullālā) und den 'Onyāṯā (→ 'Onīṯā) d-mawtḇā gesungen werden. Diesen Psalmen gehen ein oder mehrere Distichen von → Narsai voraus, die stärker oder geringer einen Bezug zur liturg. Zeit haben. Im allgmeinen bezeichnet Q. das oder die Disticha, die den Psalmen der → Marmīṯā vorausgehen.

Lit.: J. Mateos, Lelya-Sapra. Essai d'interprétation des matines chaldéennes, 1959, 494f. — P. C. Meagher u. a. (Hrsg.), Encyclopedic Dictionary of Religion.
J. Madey

Qanōnā → Kanon

Qāwmā (westsyr.: qāwmō, wörtlich: Stellung, statio). Im ostsyr. Ritus ist damit die stehende Stellung oder allgemein die körperliche Haltung während des Gebets gemeint. Im maronitischen und westsyr. Ritus bezeichnet Q. eine Nokturn (auch 'eddōnō genannt) im Lilyō (→ Lelyā) oder auch ein kurzes Offizium, das stehend, mit dem Gesicht nach Osten gekehrt, verrichtet wird. Die Maroniten haben vier, die Westsyrer drei Qāwmē. Der erste Q. ist in der Regel ⚹ geweiht, der zweite den Heiligen, der dritte den Verstorbenen. So heißt es etwa am Mittwoch, im → Qōlō: »Zum Gedächtnis der seligen Jungfrau, der Mutter Gottes (yoldat Alohō), jubelt die Schöpfung und singt Loblieder dem Sohne der Gütigen, der aus ihr hervorging und uns vom Fluche befreite, vor Gericht geschlagen wurde, das Urteil aufhob und Adam und seine Kinder wieder ins Paradies einsetzte, das jener verlassen hatte. Siehe, die Völker werden durch sein Blut erlöst, und die Kirche, seine Braut, frohlockt darüber, und die Mutter, die ihn gebar, singt Loblieder.«

Lit.: J. Mateos, Lelya-Sapra. Essai d'interprétation des matines chaldéennes, 1959, 495. — B. Griffiths, The Book of Common Prayer of the Syrian Church. o. J., passim. — P. K. Meagher u. a. (Hrsg.), Encyclopedic Dictionary of Religion, 1979, 2945f. — J. Madey, Marienlob aus dem Orient. Aus Stundengebet und Eucharistiefeier der Syr. Kirche von Antiochien, ²1982, passim. — F. Acharya, Prayer with the Harp of the Spirit. The Prayer of Asian Churches I, 1983, passim. *J. Madey*

Qayṭā (westsyr.: qoyṭō, wörtlich: Sommer), eine der liturg. Jahreszeiten sowohl bei den Ost- wie den Westsyrern (→ Hallelayn). *J. Madey*

Qesṭrōmā (vom griech. κατάστρωμα), war früher in ostsyr. Kirchen ein erhöhter Platz vor und entlang dem Heiligtum und stellte symbolisch das Paradies dar. Darauf hatten die Vorleser und die Kerzenträger ihren Platz. Der Q. war verbunden mit dem Bēmā, der seinerseits durch eine Art Korridor, bēṯ šqaqōnē, mit dem Heiligtum verbunden war. Die Männer hatten ihren Platz beiderseits des Bēmā bis hin zur Höhe des Heiligtums, während die Frauen den Teil der Kirche hinter dem Bēmā einnahmen. Später wurde der Q. zum Platz für den Chor, der normalerweise in zwei Gruppen eingeteilt ist: die eine hilft dem »himmlischen oder oberen Chor« (d. h. denen, die sich im Heiligtum aufhalten), die andere dem »irdischen oder unteren Chor« (d. h. dem Volk im Kirchenschiff). Der Chor hat kein Monopol für den Gesang, sondern stets eine stützende Rolle beim Vortrag der Hymnen und Lieder, die die liturg. Bücher vorschreiben.

Lit.: J. Mateos, Lelya-Sapra. Essai d'interprétation des matines chaldéennes, 1959, 486. 496. — V. Pathikulangara, Church and Celebration. The interior of a Church or Chapel in the Chaldeo-Indian Tradition, 1986, 23 f. *J. Madey*

Qonūnō → Kanon

Qṣāyā (westsyr.: qṣōyō) bezeichnet den Ritus der Brechung des konsekrierten Brotes und seiner Bezeichnung mit dem hl. Blut (fractio et consignatio) sowohl in der ost- als auch in der westsyr. eucharistischen Liturgie. Dieser Ritus findet im Gegensatz zur röm. Liturgie *vor* dem Gebet des Herrn statt. Auch die einzelne Parzelle für die hl. Kommunion heißt qṣāyā bzw. qṣōyō.

Lit.: J. Madey und G. Vavanikunnel. Qurbana oder die Eucharistiefeier der Thomaschristen Indiens, 1968, 82 f. 183 f. — P. K. Meagher u. a. (Hrsg.), Encyclopedic Dictionary of Religion, 1979, 2946. — J. Madey, Anaphora. Die göttliche Liturgie im Ritus der Syro-Antiochenischen und der Malankarischen Kirche, 1992, 74 f. *J. Madey*

Quadragesima, offizielle röm. Bezeichnung der vierzigtägigen Vorbereitung auf Ostern, auch »tempus quadragesimale« genannt (vgl. SC 110 und 111, Grundordnung des liturg. Jahres 27—30), hierzulande → Fastenzeit oder österliche Bußzeit. *Th. Maas-Ewerd*

Quae caritatis fulgidum. Hymnus zur Matutin des M-gedächtnisses an Samstagen in rhythmischen ambrosianischen Strophen. Der Inhalt gibt einen Teil des Gebets wieder, das Dante dem hl. Bernhard in den Mund legt (Divina commedia, Paradiso 33, 10—21). Die vorausgehenden Verse sind im Hymnus ad officium lectionis desselben Tages nachgedichtet: »O virgo mater, filia tui beati Filii, sublimis et humillima prae creaturis omnibus«. Verfasser ist Anselmo Lentini.

Ausg.: Officium divinum ..., Liturgia horarum III, 1971 ff., 1370. — Te decet hymnus. L'Innario della ›Liturgia horarum‹ a cura di A. Lentini, 1984, Nr. 252. — AR, Liber hymnarius, 264.

Lit.: A. Cuva, Le dossologie con riferimenti Mariani negli inni della »Liturgia horarum«, In: Salesianum 47 (1985) 833. *G. Bernt*

Quarton (Charonton), Enguerrand, provenzalischer Maler, Hauptmeister der Schule von Avignon, * um 1415 in der Diözese Laon, 1444 in Aix, 1446 in Arles und 1447—66 in Avignon nachweisbar. In seinem Werk verbinden sich Einflüsse der flämischen Malerei um R. Campin und Rogier van der Weyden mit den Anregungen der ital. Künstler am Hof von Avignon wie z. B. Simone Martini. Dokumentarisch belegt sind das Gemälde einer Schutzmantelmadonna für die Familie Cadart (Chantilly, Mus. Condé, 1452) und die Tafel für den Trinitäts-Altar der Kartause von Villeneuve-lès-Avignon (Mus. de l'Hospice, 1454): M, von der Dreifaltigkeit gekrönt, schwebt zwischen Engel- und Heiligenchören über der durch Christi Kreuz erlösten Welt mit Fegefeuer und Hölle. Weiter werden Q. zugeschrieben eine Tafel desselben Stifters für diese Kirche, die Pietà d'Avignon (Paris, Louvre, 1454/56) und der sog. Requin-Altar um 1447—50 (Avignon, Mus. Calvet, um 1447/50).

Lit.: Ch. Sterling, Le Couronnement de la Vierge par E. Q., 1939. — M. Laclotte, L'Ecole d'Avignon, La Peinture en Provence aux XIVe et XVe siècles, 1960, 86 ff. — Ch. Sterling, E. Q. Le Peintre de la Pietà d'Avignon, 1983. — LdK I 328. *F. Tschochner*

Quḏāš 'edṭā (westsyr.: quḏōš 'iḏṭō, wörtlich: Heiligung, Weihe der Kirche). Im ostsyr. Ritus ist dies die letzte, vier Sonntage umfassende liturg. Zeit des Kirchenjahres. Manchmal nennt man sie auch die Zeit d-ma'ltā (des Eingangs), da man während der Vesper des ersten Sonntags feierlich in die Kirche einzieht. Wegen der Hitze finden im Nahen Osten die Offizien und der Wortgottesdienst der Eucharistiefeier von Christi Himmelfahrt an bis zu diesem Sonntag im Vorhof der Kirche statt. Im westsyr. Ritus beginnt mit dieser zwei (in der Eparchie Mossul drei) Sonntage umfassenden Zeit das Kirchenjahr. Diese Zeit leitet über in die »Zeit der Verkündigung« (→ subbārā). Die Texte des ersten Sonntags laden den Christen ein, seine Hingabe an Christus und seine Braut, die Kirche, zu erneuern und danach zu streben, Gottes Reich auf Erden zu verwirklichen; die Texte des zweiten Sonntags erinnern daran, daß die irdische Kirche, die selbst fortwährend der Reinigung bedarf, alle falschen Lehren und Häresien überwunden hat. Sie, die »das Licht der Nationen« (LG 1) genannt wird, überwindet letztlich — »auf die Gebete deiner (Christi) Mutter und der Heiligen, die an dich geglaubt haben« (Entlassung im → Ramšō) — die Mächte der Finsternis und des Bösen, so daß durch sie die Heilssendung Christi in der Welt vollendet wird. Im

Bo'uṭo (Bitthymnus) des Ramšō des zweiten Sonntags heißt es u.a.: »O Sohn, durch deine Auferstehung hast du die Kirche vom Irrtum errettet; höre unser Flehen und erbarme dich unser. — Du hast Himmel und Erde versöhnt; gewähre deiner Kirche Frieden und erhalte ihre Kinder im Lichte des Kreuzes. — O Kirche, gepriesen ist, der dich als seine Braut erwählt und in dir den heiligen Altar für die Vergebung der Sünden errichtet hat. ... Erhebe, o Herr, das Gedächtnis deiner Mutter und deiner Heiligen: auf ihre Gebete gewähre uns und unseren Verstorbenen die Vergebung. Durch die Gebete deiner Mutter, der Propheten, Apostel und Martyrer wache über die Lebenden, und in deinem Erbarmen vergib jenen, die entschlafen sind.«

Lit.: P. Hindo, Disciplina Antiochena Antica. Siri. IV: Lieux et temps sacrés — culte divin — magistère ecclésiastique — bénéfices et biens temporels ecclésiastiques, 1943, 67—70. — F. Y. Alichoran, Missel Chaldéen. L'Ordre des Mystères avec les trois anaphores selon le rite de la sainte Eglise de l'Orient, 1982, 34. — B. Gemayel (Hrsg.), The Prayer of the Faithful according to the Maronite Liturgical Year I, 1982, 174—249.
J. Madey

Qudašā (westsyr.: Qudōšō, wörtlich: Heiligung, Konsekration). Im ostsyr. Ritus bezeichnet Q. die Anaphora oder auch die ganze Eucharistiefeier, beispielsweise: Q. qadmāyā bzw. d-Slīḥē (erster Q. bzw. Q. der Apostel Addai und Mari; → ostsyr. Liturgien).

Lit.: F. Y. Alichoran, Missel Chaldéen. L'Ordre des Mystères avec les trois Anaphores selon le rite de la Sainte Eglise de l'Orient, 1982, 34.
J. Madey

Queienberg, Lkr. Meiningen, Gemeinde Queienfeld/Thüringen, Bistum Würzburg, katholischerseits heute in der Pfarrei Wolfmannshausen. Im Bereich einer möglicherweise vorgeschichtlichen Wallanlage stand eine ⓂKirche, die vielleicht noch auf die Christianisierung des Gebietes im Rahmen der fränkischen Kolonisierung (8./9. Jh.) zurückgeht. Gelegentlich wird hier eine vorchristl. Kultstätte angenommen (germanische Göttin Hulda o.ä.). Das frühere Königsgut ging im 11. Jh. an das Hochstift Würzburg über und wurde 1542 an die Grafschaft Henneberg vertauscht. Laut den »Queyenbergischen Wallfahrtsannalen« war eine Wallfahrt zur ⓂKirche bereits z. Zt. Kaiser Friedrich Barabarossas (12. Jh.) im Schwung. 1323 wird der Besitz der ⓂKirche in Hochheim a. d. Milz durch Graf Berthold VII. von Henneberg als steuerfrei erklärt. Weitere Stiftungen durch benachbarte Adelsfamilen (v. Bibra, v. Stein, Voit v. Salzburg) folgten.

1448 wurde durch die Queienfelder ein Benefizium an der ⓂKapelle auf dem Q. gestiftet und durch den Bischof von Würzburg bestätigt; das Patronatsrecht lag beim Domkapitel. Den Gottesdienst besorgten neben den Benefiziaten die Geistlichen der Mutterpfarrei Bibra.

Heute noch sind Q.er Kirchwege bekannt, an denen ehemals Bildstöcke standen. Ein gotischer Kelch mit ⓂDarstellung ist in der ev. Pfarrei noch im Gebrauch. Das verschollene Gnadenbild war 1493 bekleidet. Noch im 19. Jh. war ein festlicher Zug der Schuljugend von Queienfeld zum Q. üblich, wohl eine Reminiszenz an ma. Gebräuche. Nach Einführung der luth. Reformation 1543 diente die ⓂKirche noch als Friedhofskapelle, die aber allmählich verfiel; im 17. und 18. Jh. wurden die Steine für Baumaßnahmen an der Dorfkirche (ehemals St. Kilian) verwendet.

Lit.: I. Gropp, Collectio scriptorum et rerum Wirceburg I, Frankfurt a. M. 1741, 189. — G. Brückner, Landeskunde des Herzogthums Meiningen II, 1853, 217 f. — P. Lehfeld und G. Voss, Bau- und Kunstdenkmäler Thüringens 34: Kreis Meiningen, Jena 1909, 468—472 (Abb.). — O. A. Fritz, Die ehem. Wallfahrtskapelle BMV auf dem Q., In: WDGB 26 (1964) 154—163. — H. Patze und W. Schlesinger (Hrsg.), Geschichte Thüringens II, 1973, 70 f. 130. — E. Henning, Die gefürstete Grafschaft Henneberg-Schleusingen im Zeitalter der Reformation, 1981, 162. — E. Soder v. Güldenstubbe, Beiträge zur Kirchengeschichte von Wolfmannshausen, In: WDGB, Sonderdruck ²1988, 26. — H. Patze und P. Aufgebauer (Hrsg.), Thüringen, ²1989, 344.
E. Soder v. Güldenstubbe

Quell, Quelle. Die Verehrung von Wasserquellen in Verbindung mit Muttergottheiten ist ein Grundmotiv vor- und nichtchristl. Kulturkreise (ausführlich dazu: Muthmann; zum Brauchtum vgl. →Brunnen).

1. Ikonographie. Seit dem Beginn des 14. Jh.s fand die byz. Kunst für die Vorstellung der GM als »Lebenspendende Quelle« (→Zoodochos Pege) einen eigenen Bildtypus, der die betende Ⓜ und — vor ihrer Körpermitte — das segnende Jesuskind zeigt, umfangen von einer großen Brunnenschale bzw. von Wasserwellen, (Wandmalereien im Brontochion-Kloster, Mistra, 14. Jh.; im Athoskloster, Ajiou Pavlou, 16. Jh. [Schiller IV 2,29]). Zur Darstellung in byz. Zyklen des ⓂLebens kam auch die dem →Jakobusevangelium entnommene Erzählung der Verkündigung des Engels an einer Q., aus der Ⓜ Wasser schöpft (Mosaiken in Daphni, Monreale, Venedig u.a. [Schiller I, 46]). Wegen der ablehnenden Haltung abendländischer Theologen gegenüber dem Legendenstoff erfuhr das Thema der Verkündigung am Brunnen keine Auslegung und keine Verbreitung in der Kunst des Westens.

Die Q. wird zum ⓂSinnbild in abendländischen Darstellungen aufgrund der marian. Auslegung von Hld 4,12. Ein frühes Beispiel, die gemalte Rückseite des Einbanddeckels eines Psalters vom Anfang des 13. Jh.s, zeigt die auf dem Regenbogen thronende GM umgeben von atl. Typologien: Aaron mit Stab, Jesse mit Rute, Ezechiel neben der geschlossenen Pforte und Salomo auf einen Miniaturgarten und einen Schalenbrunnen hinweisend (Bamberg, Staatl. Bibl. 48, A.D.47; vgl. Daley, Abb. 5). Der versiegelte Q. (fons signatus, Hld 4,12) symbolisiert Ⓜs unversehrte Jungfräulichkeit, der Brunnen lebendigen Wassers (puteus aquarum viventium; Hld 4,15) ihre Fruchtbarkeit und ihre Rolle als Mittlerin der göttlichen Gnade. Der gleiche Vers (Hld 4,15) bringt zwei weitere verwandte Metaphern, die ebenfalls als Elogien auf Ⓜ angewandt werden: Q. des Gartens, Wasser vom Libanon. Vom Hld ausgehend, mit Einbeziehung von Joel 4,18 (eine Q. entspringt im Haus des Herrn) und Est 10,3ᶜ (die kleine Quelle, die zum großen Strom mit viel Wasser wurde, als das Licht und die Sonne wieder schienen), sind mariol. gedeutete Q.n- und Brunnenvergleiche in Elogien, Homiletik und geistlicher Dichtung des MA außerordentlich häufig zu finden. ℳ ist der vom Hl. Geist versiegelte Q., der Brunnen, in dem sich die lebendige Sonne spiegelt, Brunnen des Paradieses, der Minne, des Lebens, der Weisheit, der Barmherzigkeit usw. (vgl. Salzer 9ff. 71. 520ff.; Meersseman II Register »fons«, »piscina«). Beginnend mit »fons« und »puteus« nennt →Richard v. St. Laurentius 21 Beispiele »De receptaculis aquarum, quae figurant Mariam« (De laudibus BMV IX, 1—21).

In der Bildkunst tritt das Q.symbol vermehrt im späteren MA im Zusammenhang mit Darstellungen des →hortus conclusus auf. Beide Elemente, Garten und Q., stehen nebeneinander in Hld 4,12 und Hld 4,15, beide werden als Sinnbilder der fruchtbaren Jungfräulichkeit ℳs verstanden. Die Verbindung zwischen beiden ergibt sich ferner auf einer anderen Bedeutungsebene, die den zeitgenössischen Gartenbau spiegelt: Der Q. oder Brunnen gehört zum Topos des locus amoenus, des Lustgartens, wie dieser in zahllosen profanen Darstellungen geschildert wird. Zum »Paradiesgärtlein« wird ein solcher locus amoenus in einer oberrheinischen Tafel des frühen 15. Jh.s; die schlichte viereckige Fassung der Q. entspricht dem weißen Stein der Gartenmauer (→Meister des Paradiesgärtleins, Frankfurt, Städel, um 1410). Anders wiederum ist die prachtvolle Gestaltung des goldenen Brunnens im Rosenhag einer Madonna des →Stefano da Verona; hier läßt das Aufgreifen der Formen kostbaren Kirchengeräts die Assoziation zwischen dem Brunnen lebendigen Wassers und anderen Gleichnissen für ℳ als hl. Gefäß (→Tabernakel, →Vase) wach werden (Verona, Museo di Castelvecchio, frühes 15. Jh.). Bedeutende Bildformulierungen von Hld 4,12 sind Jan van Eycks stehende Madonna am Brunnen (Antwerpen, Musée Royal, 1439 datiert, aber vielleicht etwas früher gemalt) und die in dessen Nachfolge entstandene Rosenhag-Madonna von Jan Provost (Piacenza, Museo Civico, Anfang 16. Jh.). Bernart van Orley zeigt als Abbreviatur des hortus conclusus ein von Stufen und einer Steinbank umgrenztes Rasenstück neben einem aufwendig verzierten Brunnen, dazu im rechten Mittelgrund einen Palastbau als domus aurea (→Goldenes Haus): GM mit lobpreisenden Engeln (New York, Met. Mus., um 1513). Mit dem gleichen symbolischen Bezug bildet eine geschlossene Gartenanlage mit Brunnen den landschaftlichen Hintergrund zu Darstellungen der Verkündigung in einer Hof- oder Palastarchitektur (Benvenuto di Giovanni, Altargemälde in S. Bernardino, Sinalunga, 1470; Meister von Seo de Urgel, Tafelbild, Barcelona, Museo de Arte de Cataluña, Anfang 16. Jh.). Die genannten Darstellungstypen verwerten die Sinnbilder der jungfräulichen Mutterschaft ℳs als harmonisch integrierte Elemente einer Gesamtkomposition. Anders dagegen die im Norden beliebte allegorische Darstellung der Verkündigung als Einhornjagd (→Einhorn), die eine auffällige Vermehrung der Sinnbilder in litaneiähnlicher Aufreihung — oft tragen die einzelnen Symbole eigene Beschriftung — bevorzugt. Neben Bildern des allegorischen Symbolgartens mit einem einzigen, meist als »fons signatus« bezeichneten Wasserquell (Tafelbild, Dom zu Erfurt, frühes 15. Jh.; niederrheinische Tapisserie, München, Bayer. Nat. Mus., um 1500), begegnen ausführlichere Darstellungen, die dann die beiden Hld-Metaphern »fons signatus« (bzw. »fons hortorum«) und »puteus aquarum viventium« getrennt aufführen (Wandbehang, sog. Lachener Antependium, Zürich, Schweiz. Landesmus., 1470). Beide erscheinen auch bei Federico Zuccaris lehrhaft-programmatischem Lünettenfresko der Verkündigung mit Propheten und Engeln für S. Maria Annunziata in Rom (1626 zerstört, bekannt durch Kupferstich von Cornelius Cort, 1571), auf dem Titelblatt zu Jacques Callots radierter Emblemfolge zum Leben ℳs (1629) und bei den Darstellungstypen der »Tota pulchra« (Mâle III 211—216) und der »Immaculata« (Gemälde von Francesco Vanni im Dom zu Montalcino, 1588, und von Juan de Juanes in der Jesuitenkirche von Valencia, gegen 1568; Kupferstiche von Wierix, gegen 1600); hier können die einzelnen Sinnbilder sowohl auf ℳs Jungfräulichkeit als auch nunmehr auf ihre UE gedeutet werden.

Der prächtig verzierte Brunnenbau, an dem die Hl. Familie bei Altdorfers Idylle der »Ruhe auf der →Flucht nach Ägypten« weilt (Berlin-Dahlem, 1510), assimiliert die Symbolik des Hld zu den apokryphen Erzählungen von durch Wunder sprießenden Q.n, die die Reisenden auf ihrem beschwerlichen Weg erquicken. Häufig dargestellt wird das zweifache Wunder der sich neigenden Palme und der unter ihren Wurzeln verborgenen Q., die die Hl. Familie labt (Evangelium des Ps.-Matthäus 20): Correggio, »Madonna della scodella« (Parma, Galleria Naz., 1530). Von einer anderen wundervollen Q., in der ℳ das Hemd des Jesuskindes wusch, berichtet das Arabische Kindheitsevangelium (→Matarija).

Im Barock tritt der Bezug zum Hld 4,12 hinter die Vorstellung der Q. als Sinnbild der Gnadenfülle zurück. Noch finden sich Litanei- und Emblemdarstellungen, die ausdrücklich auf die Keuschheit ℳs hinweisen — etwa das kleine, am Gnadenaltar angebrachte Bild eines Springbrunnens in einem Garten (Wallfahrtskirche Maria Feldblume bei Wattenweiler, um 1720/30) oder der fons signatus als eins von zwölf Kartuschenbildern biblischer Quellen (Wallfahrtskirche Maria Brünnlein, Wemding, Fresken von J.B. Zimmermann, 1750/52). Bezeichnenderweise handelt es sich aber bei diesen beiden (Kemp Nr. 222 und 234) um Rahmendarstellungen; das große Deckenfeld in Wemding ist dem triumphalen Bild der GM als Gnadenspenderin, auf einem monumentalen, mit ihrem Monogramm versehenen Brunnen stehend und von den Vier →Erdteilen verehrt, vorbehalten. Das Thema der Vier Erdteile vor einem mit einer 𝔐darstellung gekrönten Brunnenbau begegnet mehrmals (Kemp Nr. 28, 101). Auch Kranke suchen an der marian. Gnadenquelle Labung (Kemp Nr. 56). Klaubers Litanei-Illustration der »Mater Divinae Gratiae« als Gnadenquelle wurde noch im 19. Jh. von franz. Verlegern der Andachtsgraphik kopiert (Varin, 1849; Lithographie in gestanztem Papierrahmen, Abb. S. 20 in: Ausst.-Kat., L'image de piété en France 1814—1914, Paris 1984).

Lit.: Salzer 9 ff. 71. 520 ff. — Molsdorf 864. 941. — F. Muthmann, Mutter und Quelle. Studien zur Quellenverehrung im Altertum und im MA, 1975. — C. Kemp, Angewandte Emblematik in südt. Barockkirchen, 1981. — B. E. Daley, The »Closed Garden« and the »Sealed Fountain«: Song of Songs 4:12 in the Late Medieval Iconography of Mary, In: E. B. MacDougall (Hrsg.), Medieval Gardens, Dumbarton Oaks Colloquium, 1983, 253—278. — Schiller IV/2. — LCI I 330—336; III 486 f.   *G. Nitz*

2. *Defensorium inviolatae virginitatis.* Im →»Defensorium« werden unter anderen Naturwundern als Parallele zur wunderbaren Geburt Jesu aus der Jungfrau mehrere wundersame Q.n erwähnt: Q.n, die in Stein verwandeln, Fackeln entzünden, fruchtbar oder unfruchtbar machen können, sowie eine Q., deren Wasser durch Musik hervorgelockt wird. Auf einem Pergamentblatt (Wien, Kunsthist. Mus., 2. Hälfte 15. Jh.) lassen eine Lautenspielerin und ein Harfner das Wasser hervorsprudeln.

Lit.: J. v. Schlosser, Zur Kenntnis der künstlerischen Überlieferung im späten MA, In: Jahrbuch der Kunsthist. Sammlungen des Allerhöchsten Kaiserhauses 23 (1902) Tafeln 16 und 18 B2. — Molsdorf Nr. 896. 929. — RDK III 1217.   *F. Tschochner*

Quelle, lebenspendende → Zoodochos Pege

Quellenkirche → Pege-Klosterkirche

Quem terra pontus aethera. Hymnus an 𝔐festen in acht ambrosianischen Strophen (vielfach zusammen mit → »Ave maris stella« in Gebrauch) Der Gedanke kreist um das Wunder, daß die Jungfrau würdig war, den allgewaltigen Schöpfer und Herrn des Universums in ihrem Leib zu umschließen; 𝔐 hat »durch das Ohr empfangen« und der Welt wiedergegeben, was durch Eva verloren gegangen war, sie wurde zum Fenster des Himmels, durch das die Sterne eintreten konnten. Der Hymnus wurde zu Unrecht Venantius Fortunatus zugeschrieben. Er ist seit dem 9. Jh. überliefert und in sehr vielen Handschriften verbreitet.

Ausg.: AR Liber hymnarius 255. — AHMA 50,87. — Dreves-Blume I 41. — A. S. Walpole, Early Latin Hymns, 1972, 198. — Meersseman I 135.
Lit.: Chevalier 16347. — Mearns 70. — Schaller-Könsgen 13173. — Szövérffy I 139 f. — Moberg, Hymnen 383 (Index).
                                                              G. Bernt

Quental, Antero de, * 18. 4. 1842 in Ponta Delgada/Ilha de São Miguel (Azoren), † 11. 9. 1891 ebd., bedeutender port. Philosoph und Dichter der sog. »70er Generation«. Aus wohlhabender Familie stammend, studierte Q. 1858—64 in Coimbra, wo er mit revolutionären und lit. Aktivitäten und der Assimilierung des aus Frankreich und Deutschland eindringenden positivistischen und religionskritischen, weltanschaulich umwälzenden Gedankenguts eine studentische Führerfigur wurde, focht gegen den lit. Traditionalismus die Fehde der »Questão Coimbrã« (1865) aus und verbreitete die neuen Ideen in den einen lit. Skandal auslösenden »Odes Modernas« (1868; ²1875). Q. arbeitete im demokratisch-sozialistischen Sinn (u. a. einige Monate in einer Druckerei in Paris, um das Arbeitermilieu kennenzulernen, 1867) und war 1871 an der Organisation der »Conferências democráticas« in Lissabon mitbeteiligt. Q., der geistig stark, von Proudhon, Hegel und den zeitgenössischen Evolutionsdenken geprägt war und den seine phil. Schriften als den wohl bedeutendsten Denker Portugals im 19. Jh. ausweisen, erlebte in sehr persönlicher Weise die Geheimnisse um Leben und Tod, Welt und Universum, und erlitt denkerische Aporien, etwa die Frage nach dem Sinn der Evolution, den er schließlich in der Realisierung des Absoluten auf individueller Ebene zu sehen geneigt war. Er durchlebte Phasen von Depressivität und tiefem Pessimismus, in denen er eine deutliche Neigung zum Buddhismus zeigte. Die Jahre 1881—91, in denen er in scheinbarer weltanschaulicher Beruhigung und als Vormund der unmündigen Töchter eines verstorbenen Freundes im provinziellen Vila do Conde (Nordportugal) lebt und historische und phil. Arbeiten (u. a. Tendências Gerais da Filosofia na Segunda Metade do Século XIX) schreibt, bringen 1886 sein Hauptwerk mit den »Sonetos«, die in der Anordnung durch seinen Feund, den Historiker Oliveira Martins, die phil. Entwicklung Q.s nachzeichnen sollen. 1891 kehrt er auf die Azoren zurück und erschießt sich auf einer Parkbank in Ponta Delgada.

Q.s Sonette, die in der Regel phil. Themen und Bekenntnissen gewidmet sind, gelten neben denen Camões' als die meisterhaftesten in port. Sprache. 𝔐 erscheint darin in dem bekannten »A Virgem Santíssima«: Das Ich erinnert sich an eine Traumerscheinung, in der der mitfühlende und traurige Blick 𝔐s ihm das Gefühl von Vergebung, Sanftheit und »dem Frieden unserer letzten Stunde« vermittelte, was ihn zu der Bitte an 𝔐 veranlaßt, ihn unter diesem schweigenden und traurigen Blick immer und das ganze Leben träumen zu lassen. — Obwohl 1872 entstanden, wird das Gedicht den Sonetten der vorletzten Phase (1874—80), in denen der Dichter in tiefster Resignation Tod und Nirvana ersehnt, zugerechnet; es entspricht inhaltlich anderen Gedichten wie »Mãe« (Mutter) und »Na Mão de Deus« (In der Hand

Gottes), die die Sehnsucht nach Schlaf und Traum in mütterlicher Geborgenheit ausdrücken — eine Sehnsucht, die sich hier wohl in Gefühle und Gestalten einer behüteten gläubigen Kindheit kleidet, deren Glaube freilich in seinen konkreteren Inhalten für Q. nicht mehr nachvollziehbar war.

WW: Prosas, hrsg. von C. Martins, 3 Bde., 1923—31. — Cartas inéditas de A. de Q. a Wilhelm Storck (Vorwort H. Meier), 1935. — Odes Modernas, hrsg. von A. Sérgio, 1952. — Sonetos, hrsg. von A. Sérgio, 1962. — Odes Modernas, 1984.
Lit.: A. E. Beau, Die Sonette von A. de Q., In: Aufsätze zur port. Kulturgeschichte 2 (1961) 99—151. — H. Cidade, A. de Q. A obra e o homem, 1962; ²1978. — D. M. Atkinson, As imagens religiosas na poesia de A. de Q., In: Ocidente 71 (1966) 237—245. — K. Rumbucher, A. de Q., 1968. — J. C. Mota, A religião na obra e na personalidade de A. de Q., In: Rev. Letras 13 (1970/71) 67—99. — R. Hess, Die Anfänge der modernen Lyrik in Portugal (1865—90), 1978. — E. Lourenço, Poesia e metafísica, 1983, 119—153. *W. Kreutzer*

Quercia, Jacopo della, * 1371/75 in Siena (?), † 20. 10. 1438 ebd., bedeutendster Bildhauer Sienas in der Umbruchszeit von der Spätgotik zur Frührenaissance in Italien. Um 1390/91 oder 1394 dürfte er mit seinem Vater, dem Holzbildhauer Piero d'Angelo di Guarnieri, Siena aus politischen Gründen verlassen haben und nach Lucca gegangen sein. Ein Kurzaufenthalt vor 1400 in Bologna ist wahrscheinlich. Über die Lehrzeit ist nichts bekannt. 1401—03 nimmt er an der Ausschreibung für die Türen des Florentiner Baptisteriums teil, die Ghiberti gewann; 1403 arbeitet er am Silvestrialtar in Ferrara, bis 1406 in Lucca an einem Sarkophag (der Ilaria del Carratto, Dom). Nach einem nochmaligen Aufenthalt in Ferrara beginnt er 1409 eines seiner bekanntesten Werke, der Fonte Gaia auf der Piazza del Campo von Siena, das er erst 1419 vollendet. Es folgen Bestellungen, die ihn u. a. zurück nach Lucca bringen. Für die Sieneser Stadtregierung unternimmt Q. 1423 eine Inspektionsreise zu einigen Festungen der Kommune. Siena, deren Ratsmitglied er öfters ist, bleibt neben Bologna auch der Ort, an dem er ab diesem Zeitpunkt hauptsächlich tätig ist. Ansonsten führen ihn seine Aufträge nach Mailand, Ferrara und Venedig.

Q. arbeitete keine freistehenden Statuen, sondern fast ausschließlich Marmorreliefs oder Vollplastiken, die immer in einem architektonischen Zusammenhang aufgestellt waren. Das Material Holz verwendete er äußerst selten. In der Frühzeit bis ins erste Jahrzehnt des 15. Jh.s steht er mit der Feinheit der Materialbehandlung und den eleganten Figuren noch ganz im Stil der internat. Gotik, die viele franz. Einflüsse verrät. In der mittleren Schaffensperiode des zweiten Jahrzehnts löst er sich mehr und mehr von der gotischen Tradition und nimmt den Gestalten etliches mit ihrem vorherigen Volumen. Sein Gewandstil wird differenzierter und er setzt die Kleidungshülle zunehmend als Bedeutungsträger ein. Auch die Bewegungen der in den Proportionen nun schlankeren Figuren werden reicher.

Im letzten Schaffensjahrzehnt vervollkommnet er seine Formensprache; die empfindungsreicheren und auch heroischer angelegten Werke nähern sich immer mehr einer feierlich monumentalen Auffassung, in der er manchmal die Formen gewagt verallgemeinert und sogar expressive Motive einführt, die auf Michelangelo, der 1495/96 in Bologna arbeitete, einen wichtigen Einfluß ausübten.

Bildwerke mit M hat Q. in zwei Gruppen gearbeitet: thronende oder stehende Madonnen mit Kind und Szenen des Lebens der Jungfrau. Die kleinere Gruppe bildet die zweite, die sich in vollplastische Werke und Reliefs unterscheiden läßt. Vollplastische Madonnen der Verkündigung sind zwei bzw. drei erhalten. Die bemalte Holzfigur in Berlin (Staatl. Mus., um 1410) zeigt den Künstler noch stark der gotischen Tradition verhaftet. M steht, im Körper einem großen Bogen folgend und leicht in sich gedreht, fest mit überlangen Beinen, die auf Kniehöhe durch das von langgezogenen Vertikalfalten gegliederte Gewand durchscheinen. Die gleichzeitige Verkündigungsmadonna von Siena (S. Raimondo al Refugio) ist umstritten.

Die polychromen Holzfiguren Gabriels und Ms in S. Gimignano (Collagiata, 1424—26) führen einen Schritt weiter. Q. verstärkte hier die Körperschwingung derart, daß der zurückgenommene Oberkörper mit der nach innen geöffneten Hand vor der Brust das Zurückweichen vor Gabriel deutlich umsetzt. Gegenüber dem früheren Beispiel ist das Gesicht jugendlich süßer mit einem Anflug des Errötens als Ausdruck der Überraschung.

Etwa zur selben Zeit war Q. mit der Ausstattung der sog. Porta Magna von S. Petronio in Bologna (1425—28) beschäftigt. Auf dem Türsturz schuf er mit der Anbetung der Könige, der Darbringung im Tempel und der Flucht nach Ägypten seine einzigen erzählenden Bilder mit Mthemen. Die Anbetung der Madonna mit dem Kind in der Lünette des Casini-Altares im Dom in Siena (Museo dell'Opera del Duomo, um 1435) muß zur ersten Gruppe der thronenden Madonnen gezählt werden, zeigt aber als Relief in der Stilentwicklung viel Ähnlichkeit mit der Porta Magna. In Bologna fällt eine Tendenz in Q.s Altersstil auf, die auch in vollplastischen Figuren spürbar ist, dort jedoch nicht so deutlich durchschlägt. Die Gestalten gestikulieren nämlich heftiger und bewegen ihre Gelenke kräftiger, so daß öfters der Eindruck entsteht, als wolle der Künstler die Figuren zwanghaft auf die Handlungsmitte konzentrieren.

Die Madonnen aller drei Szenen folgen zwar einer schwungvollen Achse, doch biegt an den Umbruchstellen des Genicks und der Knie die Linie abrupter um. In der »Darbringung« scheint M dem übergebenen Kind mit dem Kopf folgen zu wollen, in der »Flucht« beugt sie ihren Kopf weit vor, um das schützende Umfangen von oben her überdeutlich werden zu lassen.

J. della Quercia, Trenta-Altar, 1410/12—22, Lucca

Die früheste Madonna-Kind-Plastik befindet sich im Dom zu Siena (vor 1397). Wohl für eine Nische gedacht, ist sie das »gotischste« Werk Q.s, in dem sich franz. und Pisaner Elemente ausmachen lassen. In großzügiger S-Linie aufgebaut, augenfällig durch die tiefen Längsfalten, steht die Gruppe blockhaft fest. In der sog. Silvestri-Madonna (Ferrara, Museo della Cattedrale, 1403—08) treibt Q. die Möglichkeiten der internat. Gotik weiter. Die kompliziertere Faltenführung und die durch das Gewand sichtbaren Körperteile beginnen ein reges Wechselspiel, das die Figur mit optischer Spannung erfüllt.

Mit Arbeitsbeginn am Hauptwerk, der Fonte Gaia von Siena (Originale ebd. im Palazzo Pubblico, 1409—19) kommt ein neuer Zug in Q.s M-darstellungen, der sich auch in der nachfolgenden Madonna-Kind-Gruppe des sog. Trenta-Altares in Lucca (S. Frediano, 1410/12—22) niederschlägt. In Siena ist M breit mit ihrem Gewand auf den Faltstuhl gelagert. Die Falten zerfließen ab der Brusthöhe über ihren Knien und korrespondieren kontrastreich mit den Längsfalten des rückwärtigen Umhangs. Das Kind sitzt heftig bewegt auf ihrem linken Unterarm und greift an ihren Halsausschnitt; M neigt den Kopf deutlich Jesus zu. Diese ekstatische Bewegtheit, die wohl schon auf Donatellos Einfluß zurückgeht, ergreift im Altarbild von Lucca das ganze Gewand. Der Mantel Ms kräuselt und schlängelt sich derart, daß sich die mitgeschilderte Körperlichkeit ins Ornamentale zu verlieren droht. In der oberen Partie hat allerdings die Darstellung von Mutter und Kind gegenüber der Fonte Gaia eine Beruhigung erfahren.

Etwas später ist die Holzgruppe von S. Martino (Siena, Opera del' Duomo, um 1423) einzuordnen, in der Q. die frühen Arbeiten mit ihren gotischen Motiven wiederholt. Einer eleganten S-Form eingepaßt, steht M wie vordem, nur die Gewanddraperie ist lebhafter und formenreicher geworden. Eine intime Zugabe ist die Art, wie M den sich von ihrem linken Unterarm vorbeugenden Knaben unter das Kinn faßt.

Im Vergleich zum Bisherigen zeigt sich das Tympanon der Porta Magna von Bologna (S. Petronio, 1425—38) abgeklärter. Die GM sitzt nach hinten gelehnt auf einer Steinbank und hält das Kind vor ihrer Brust mit beiden Händen. Das Spiel der Falten ist ruhiger und einfacher geworden. Im Vari-Bentivoglio-Denkmal (Bologna, S. Giacomo Maggiore, nach 1435), das Q. nicht mehr selbst vollendet, überträgt er die gewonnene Monumentalität auf eine Standgruppe, die die gotische Herkunft weitestgehend überdeckt. ⒨ steht kontrapostisch und trägt das Kind auf ihrem rechten Unterarm.

Lit.: C. Cornelius, J. d. Q., Halle a. d. Saale 1896. — J. P. Supino, J. d. Q., 1926. — P. Bacci, J. d. Q., 1929. — G. Nicco, J. d. Q., 1934. — L. Biagi, J. d. Q., 1946. — J. Pope-Hennessy, Italian Gothic Sculpture, 1955. — O. Morisani, Tutta la scultura di J. d. Q., 1962. — C. del Bravo, Scultura senese del Quattrocento, 1970. — Ch. Seymour, J. d. Q., 1973. — J. Beck, J. d. Q., 1991.
N. Schmuck

Quevedo y Villegas, Francisco de, * 1580 in Madrid, † 8. 9. 1645 in Villanueva de los Infantes. Aus einer adeligen Familie Madrids stammend, studierte er klassische Literatur im Colegio Imperial de los Jesuitas, Geisteswissenschaften an der Universität Alcalá de Henares sowie Theol. und Patristik in Valladolid. Er wurde so zu einem der gebildetsten span. Humanisten, der im Briefwechsel mit anderen großen Humanisten seiner Zeit stand. V. a. mit Joos Lips (Justus →Lipsius) pflegte er eine sehr persönlicche Korrespondenz und Freundschaft. Über Thomas →Mores »Utopia«, schrieb er »Noticia y recomendación« (1637). An rel. Bewegungen, auch außerhalb Spaniens, interessiert, wurde er der erste Übersetzer der »Introduction à la vie dévote« des →Franz v. Sales. Er wurde in Italien zum Vertrauten und Ratgeber des Herzogs von Osuna, Pedro de Girón; in Madrid wirkte er für die Ernennung seines Gönners zum Vizekönig in Neapel, wo er dann eine Vertrauensstellung innehatte. Bei der Aufdeckung einer span. Verschwörung gegen Venedig rettete sich Q. durch eine abenteuerliche Flucht. Nach Spanien zurückgekehrt und beim Herzog von Osuna in Ungnade gefallen, wurde er Günstling des Grafen und Herzogs von Olivares und sogar zum Sekretär Philipps IV. (1632) ernannt. 1639 wurde er aufgrund der Anzeige eines Freundes im Kloster San Marcos in León unter härtesten Bedingungen vier Jahre eingekerkert. Krank und gealtert freigelassen stirbt er. Auf seine tiefe MV weist in diesem Zusammenhang sein erster Biograph Pablo Antonio de Tarsia indirekt hin mit der Angabe, Q. habe des öfteren geäußert, er würde seinen Tod an diesem Tage als Zeichen der Hilfe und Fürsprache der Jungfrau ⒨ und des hl. Thomas v. Villanueva begrüßen.

Bis 1620 veröffentlichte er, wenngleich bereits bekannt durch seine in Werken anderer Autoren veröffentlichten Gedichte, nur »Epítome de la vida ejemplar y gloriosa muerte del Bienaventurado Fray Tomás de Villanueva« (eine größere Geschichte des Heiligen aus seiner Feder ist verlorengegangen) — ein kleines Werk zur Seligsprechung des Heiligen, in dem Q. neben der Mildtätigkeit des »limosnero« (Almosenspenders) dessen Verehrung für die GM hervorhebt.

Q. ein »Mann der Widersprüche«, doch von fester Frömmigkeit, hatte als Philosoph und Theologe, Bibelkenner und Humanist, Geschichtsschreiber und Politiker, Romancier und Dramaturg, außerordentlicher Dichter und Autor realistischer Sittenschilderungen einen weiteren geistigen Horizont als seine Zeitgenossen. Spott und bittere Satire, die sein Werk bekannt machten (v. a. der Schelmenroman »Historia de la Vida del Buscón«, 1626, und die satirischen »Sueños«, 1627, sechs Traumbilder in Dialogform), sind Ausdruck eines sehr kritischen Verhältnisses zu seiner Epoche, die er, in nostalgischer Erinnerung der einstigen Größe Spaniens, vornehmlich als Deformation erlebte, die keinen Raum für liebevolle Betrachtung ließ. Er war »vielleicht das universellste und vollständigste Talent der spanischen Literaturgeschichte« (A. Zamora Vicente).

Angesichts dieser Charakterisierung, die sich v. a. auf seine bekanntesten zeitkritischen Werke stützt, haben seine theol. wohl fundierten rel. Schriften, und in ihnen wiederum seine tiefe MV Gewicht.

Hinweise auf die Jungfrau sind über weite Bereiche seines Werkes verstreut und betreffen zahlreiche marian.-theol. Aspekte. In der »Política de Dios y gobierno de Cristo« die rel. Aufgaben eines christl. Herrschers darlegend, weist er bei der Behandlung der Diener, die ein kath. König haben sollte, auf das Vorbild Johannes' des Täufers und des Evangelisten Johannes hin und erwähnt im Zusammenhang mit letzterem die Szene unter dem Kreuz, in der Johannes und ⒨ einander als Mutter und Sohn anempfohlen werden. Im Fragment eines »Discurso sobre las palabras que dijo Cristo a su Santísima Madre en las bodas de Caná de Galilea«, verzichtet er auf die Explizierung der Geheimnisse um die Anwesenheit ⒨s auf einer Hochzeit, vertritt aber wie die Kirchenväter Augustinus und Hieronymus die Meinung, daß diese Hochzeit »die des heiligen Evangelisten Johannes mit einer der gottgeweihten Jungfrauen war, die später in Gemeinschaft mit der immer jungfräulichen Maria, der Mutter Christi lebte«. Als Beleg für diese besondere Meinung stützt er sich auf die Lehre von der Überlegenheit der Jungfrauschaft über die Ehe: Die Jungfrau und ihr Sohn »kamen auf diese Hochzeit, damit aus ihr die Jungfräulichkeit triumphiere, indem ihr auch der Ehemann (Johannes der Evangelist) und die Braut folgen sollten«. Bei dieser Gelegenheit preist er auch den hl. Joseph als »so außergewöhnlich bedeutsam, daß man von ihm sagen kann, er sei der Mann der Jungfrau, und die Jungfrau Christus sagen konnte, daß er sein Vater war«.

In der »Homilía a la Santísima Trinidad«, preist er im Exordium über Worte Leos des Großen die Macht der Taufe und schreibt diesem Sakrament, in dem der Mensch wiedergeboren wird, die gleiche Bedeutung zu, die der Leib der Jungfrau für Christus hatte, und in einem zweiten Exordium wiederholt er: »Heute brauche ich eine Fülle von Gnade: um sie zu erlangen, wende ich mich als Mittler an den heiligen Evangelisten Johannes und unsere Liebe Frau, die Jungfrau Maria, die Christus ihm als Mutter gegeben hat, damit sie uns, die wir sie mit den Worten des Engels anrufen, diese Gnade vom Vater erwirke, dessen Tochter sie ist, vom Sohn, dessen Mutter sie ist, vom Heiligen Geist, dessen Gemahlin sie ist. *Ave María.*« In der Homilie selbst spricht er bei der Behandlung der immerwährenden Anwesenheit des Sohnes in der Eucharistie davon »daß Christus unser Herr zum Sakrament wurde, weil sein Leib und Blut aus dem Leib der Königin der Engel, unserer Lieben Frau, der immerwährenden Jungfrau und Mutter Maria stammt«. Weiter zeigt sich für ihn, »daß diese unsere Liebe Frau das Buch ist, in dem dieses Mysterium (das der Dreifaltigkeit) zum ersten Mal sichtbar wurde.« Keine Ehre können wir ihr verweigern, der wir Christus verdanken. Da Gott in ihr lebte, kann sie keine Befleckung oder Schuld getragen haben. Im weiteren erklärt er das Prinzip der Wiederversöhnung. Wie wir alle durch den Biß Evas in die verbotene Frucht verloren gegangen sind, erlangen wir durch die Aufnahme der Hostie, Leibesfrucht einer anderen Frau, wieder das Leben. Der Unterschied zwischen ⍒ und Eva offenbart sich für Q. auch in der Gegenüberstellung der Wirkungen, der Entnahme einer Rippe Adams durch Gott und der Öffnung der Seite des gekreuzigten Christus, dessen Leib von ⍒ stammte. Origineller als diese Gedanken, die eine auch für Autoren dieser Zeit ungewöhnliche ekklesiol. Mariol. offenbaren, ist der Ausdruck zarter und starker Sohnesliebe Christi in der »Declaración de Jesucristo Hijo de Dios a su Eterno Padre en el Huerto«. Sowohl die Rede Christi an den Vater wie die Tröstung des Engels stellen einen kurzen Traktat über die schmerzensreiche Miterlöserschaft ⍒s dar. Der Gedanke an sein bevorstehendes Martyrium bedrückt Jesus v. a. um seiner Mutter willen, für die die Teilhabe am Leiden des Sohnes freilich die größte Ehre ist.

In »La cuna y la sepultura«, einem Betrachtungsbuch zur Befreiung von aller menschlichen Unreinheit und zur Vorbereitung auf ein gutes Sterben, beruft sich der Betrachtende auch vertrauensvoll auf den Schutz der GM.

In »Virtud militante contra las cuatro pestes del mundo, invidia ingratitud, soberbia, avaricia«, beziehet er sich bei der Behandlung der Undankbarkeit wieder auf die Antithese Adam/Eva und ⍒/Christus und faßt in scharfen konzeptistischen Gegensatzpaaren die Miterlöserschaft ⍒s — unter Hinweis auf die UE — zusammen. »Gott bat, um in Maria Fleisch zu werden, um ihr Einverständnis, seine Mutter zu werden. So sehr empfand er es als Ruhm, ihr Sohn zu sein, daß er, bevor er es durch die Empfängnis wurde, es schon in der ihr entgegengebrachten Ehrerbietung scheinen wollte«. Er spricht dann von der Hochzeit zu Kana und kommentiert die schwierigen Worte »Weib, was geht das dich und mich an?« (Joh. 2,4), indem er erklärt, daß dieser Beginn seines Erlösungswerkes ihn nicht betrifft, weil er Gott sei und sie nicht betrifft, weil sie ohne Sünde sei. »Meine Stunde ist noch nicht gekommen, in der ich, leidend im Fleisch, das du mir gegeben hast, dich mit dem Namen des Weibes nennen werde«. Er weist darauf hin, daß diese Bitte ⍒s auf der Hochzeit zu Kana die erste erfolgreiche Fürsprache ⍒s war. Und etwas weiter spricht er dankbar vom Wunder von Loreto als der Errettung des Hauses ⍒s vor den Türken. »Dieses allein war das Unterpfand, wo die gelebt hatte, die allein ohne Sünde war, und wo er empfangen worden war, der allein sie nicht von Natur aus hatte und gekommen war, die Sünden der Welt hinwegzunehmen.« Und natürlich spricht er bei der Behandlung des Hochmutes als Gegenbeispiel vom Besuch ⍒s bei Elisabeth und expliziert das Magnifikat. Auf das Magnifikat nimmt er auch in »La constancia y paciencia del Santo Job en sus pérdidas, enfermedades y persecuciones« Bezug, in dem er Hiob als einen Vorentwurf Christi bezeichnet und das Magnifikat als Antwort auf die Rede des Eliu deutet.

Wie sehr sich Q. die Verehrung und Verteidigung der Jungfrau ⍒ angelegen sein ließ, beweist am deutlichsten eine Stelle aus »La vida de San Pablo Apóstol«. Als Beweis, daß Paulus nach Spanien gekommen sei, führt er die Tatsache an, daß sich die Spanier immer in innigster Verehrung und kompromißlos für die UE ⍒s ausgesprochen hätten. Dem »omnes in Adam peccaverunt« (Röm 3,23), das keine Ausnahme zuzulassen scheint, stellt er aus dem gleichen Brief des Satz »Conclusit Deus omnia incredulitate, ut omnium misereatur« (Röm 11,32) entgegen, den er auf Thomas v. Aquin bezieht, dessen ablehnende Haltung, ähnlich der des Apostels Thomas, lediglich bestimmt gewesen sei, den allgemeinen Glauben an die UE zu fördern.

Auch in seinem dichterischen Werk bezieht er sich in zahlreichen Texten auf die Jungfrau ⍒. In dem Sonett »Por qué habiendo muchas madres muerto de lástima de ver muertos a sus hijos, amando Nuestro Señora más a su Hijo que todas, no murió de lástima« erklärt er, daß ⍒ am Tod Jesu nicht zugrunde gehen konnte, da dies ein Tod gewesen sei, der nur lebenspendend gewirkt habe. In dem Sonett »A la Concepción de Nuestra Señora con la comparación del Mar Bermejo« führt er aus, daß Christus von ⍒ geboren werden sollte da er ihr Sohn, und geboren werden konnte, da er Gott sei. In dem Sonett auf das Jesuswort am Kreuz, »Mich dürstet« bezieht er sich auf ⍒ als »die Taube ohne Galle die ihn begleitet« (d.h. ohne Erbsünde) und stellt ⍒ wiederum Eva gegenüber. In dem Sonett »Al Nacimiento«, das sich auf Metaphern der Tierkreiszeichen aufbaut, spricht er von der »Jungfrau im doppelten Sinn von Zeichen und Wirklichkeit«. In dem beeindruckenden Gedicht »Poema a Cristo Resucitado« mit seiner epischen Beschreibung des Abstiegs Christi in die Hölle bezieht sich Adam auf den Namen Evas, dem er das »Ave« des Engels an ℳ gegenüberstellt und weist darauf hin, daß die Mutter Christi der Schlange den Kopf zertreten habe. Auch Christus nennt im Zusammenhang mit seiner Fleischwerdung nochmals wesentliche Attribute der Jungfrau ℳ. In dem Romance »A Nuestra Señora, en su Nacimiento«, den er für die Bruderschaft der Kirche NS de la Antigua (Valladolid) schrieb, faßt er kurz das Mysterium der Jungfrau von ihrer Prädestination bis zu ihrer Krönung zusammen.

Verglichen mit dem Rest seines Werkes nehmen die mariol. Schriften nur geringen Raum bei Q. ein. Sie reichen jedoch aus, ihn unter die bedeutendsten Autoren der ℳfrömmigkeit einzuordnen, die ihn so weit erfüllte, daß sie auch immer wieder in Werken zum Ausdruck kam, die ihr thematisch fernstehen. Sie bieten insgesamt eine Mariol. oder einen deutlich umrissenen Bereich mariol. Denkens im Werk eines äußerst heterogenen und proteischen Geistes, der in der span. Literaturgeschichte hauptsächlich wegen seines politischen, satirischen und burlesken Werks behandelt wird.

WW: Obras Completas. Edición crítica de L. Astrana Marín, 1932. — Obras completas. Edición y notas de F. Buendía, ⁶1979. — Poesía Original Completa. Edición de J. Manuel Blecua, 1990.

Lit.: R. Bouvier, Q., homme du diable, homme de Dieu, 1919. — L. Spitzer, Die Kunst Q.s in seinem Buscón, In: Archivum Romanum (1927) 511—580. — L. Astrana Marín, La vida turbulenta de Q., 1945. — W. Kellermann, Denken und Dichten bei Q., In: Gedächtnisschrift für A. Hämel, 1953. — J. O. Crosby, Q.s alleged participation in the conspiracy of Venice, In: Hispanic Review 23 (1955) 259—273. — P. Laín Entralgo, La vida del hombre en la poesía de Q., In: La aventura de leer, 1956. — D. G. Castanien, Q.s A Cristo resucitado, In: Symposium 13 (1959) 96—101. — E. Diez-Echarri y J. M. Roca Franquesa, Historia general de la literatura española e hispanoamericana, 1960. — A. Rothe, Q. und Seneca: Untersuchungen zu den Frühschriften Q.s, 1965. — D. Alonso, El desgarrón afectivo en la poesía de Q., 1966. — K. A. Blüher, Seneca in Spanien: Untersuchungen zur Geschichte der Seneca-Rezeption in Spanien vom 13. bis 17. Jh., 1968. — F. Yndurain, El pensamiento de Q., 1969. — D. Baum, Traditionalism in the Works of F. de Q., 1970. — H. Ettinghausen, F. de Q. and the neostoic movement, 1972. — P. Jauralde Pou, Escribió Q. una biografía extensa de Santo Tomás de Villanueva?, In: Mayeútica 6 (1980) 71—77. — R. Lida, Q. y la Introducción a la vida devota, ²1982. — F. Rico, Historia y crítica de la literatura española III: B. W. Wardropper, Siglos de Oro. Barroco, 1983.
L. M. Herrán

Qui purgat animas. Sequenz der ersten Epoche an ℳe Reinigung aus acht Strophenpaaren, Einleitungs- und Schlußstrophe. Die Sequenz umschreibt und deutet das Reinigungsopfer und nennt typologische Bezüge. Aus der Hingabe an ℳ hofft die versammelte (Mönchs-)Gemeinschaft, Vergebung der Sünden zu finden und Christus in ihrem gereinigten Herzen empfangen zu können. Der letzte Teil (Strophe 8 ff.) wendet sich an die Dreifaltigkeit und wieder an ℳ. Dabei wird das Fortschreiten und Enden des Gesanges mit dem Lauf des Lebens in Beziehung gesetzt. In diesem Teil, der freilich nur in der einen für die AHMA benutzten Handschrift steht, nähert sich die Sprache einer freieren, nicht durch die Strophenparallelität gebundenen Form. In den übrigen Handschriften schließt der Text eigenartigerweise mit einer Doxologie. Die Sequenz ist in ital. Handschriften seit dem 11. Jh. überliefert.

Ausg.: AHMA 10,21. — H. M. Bannister, Una sequenza per la Purificazone di origine italiana, In: RGSL 2 (1903) 75 (mit Melodie).

Lit.: Chevalier 16492. — Bannister (s. Ausg.) 69—76. — L. Brunner, Catalogo delle sequenze in manoscritti di origine italiana anteriori al 1200, In: Rivista italiana di musicologia 20 (1985) 191—276.
G. Bernt

Quinau (auch Kwinau, tschechisch: Kvinov), in Nordwestböhmen im Erzgebirge, Diözese Leitmeritz. Nach der Legende soll die etwa 60 cm hohe Statue der GM ohne Kind angeblich von einem Hirtenknaben im Gebüsch gefunden worden sein. Die Wallfahrt, die schon beim Bau der Kapelle (1342) geblüht haben soll, gewann wohl erst im 17. Jh. größere Bedeutung. Jesuiten des Kollegs von Komotau betreuten die Wallfahrt bis zur Auflösung des Ordens 1773; danach wurde Q. von der Pfarrkirche in Bergstatt Platten mitbesorgt. Die Q.er Kirche ist eine einfache Barockkirche außerhalb des Ortes, zu der man 50 Stufen emporsteigt.

Lit.: J. Hansa, Zur Geschichte der Wallfahrt in Q., In: Erzgebirgszeitung 20 (1899) 161—163. — Hoppe 825. — R. Sitka, Die Gnadenorte der Sudetenländer, 1954, 43. — J. Blumrich und J. Zackl, Sudetenland-Marian. Land II, 1956, 56 f., Neudr. 1986. — Ackermann-Gemeinde, Mitteilungsblatt (München) 38/6 (1987) 8: Q. Wallfahrt der Komotauer in Trutzhain.
E. Valasek

Quinche (seit 1586) gehört mit Guápulo (seit 1581), Sicalpa und Cisne zu den ältesten und populärsten Wallfahrtsorten von Ekuador und wird auch heute noch stark besucht. Die Bilder für diese Heiligtümer wurden vom span. Künstler Diego de Robles auf Bitten der Bruderschaften für die einheimische Bevölkerung nach dem Gnadenbild ULF von Guadalupe von Villuercas/Extremadura geschnitzt. Wegen ihrer dunklen Hautfarbe wird ULF von Q. als Virgen Morena bezeichnet.

Schon bald wurde ULF von Guápulo als Schutzpatronin der ganzen Umgebung betrachtet. Ihrer Fürsprache wurde Hilfe bei Erdbeben und Seuchen zugeschrieben. Das Bild wurde auch in Prozessionen mitgeführt. Zahlreiche Kopien entstanden, die berühmteste davon, ebenfalls von Diego de Robles für Oyacachi. Diese Statue wurde dann an einen 21. November nach Q. gebracht und darum als NS de la Presentación (ULF von der Opferung) verehrt. Die 1630 dafür erbaute Wallfahrtskirche wurde durch ein Erdbeben zerstört, aber 1869 erneuert. Schon 1632 ist bezeugt, daß man das Gnadenbild öffentlich bei Prozessionen mitführte. 1943 wurde das Bild in das 40 km entfernte → Quito übertragen und dort feierlich gekrönt.

Lit.: C. Sono, Historia de la Imagen y del Santuario de Q., Quito 1883; ²1903. — R. Vásquez, El Romero del Q., Quito

1902. — J. M. Matovelle, Imágenes y Santuarios célebres de Virgen Santíssima en la América Española señaldalmente en el Ecuador, Quito 1910. — C. Bayle, S. Maria en Indias. La Devoción á NS y los Descubridores, Conquistadores y Pobladores de América, 1928. — J. G. Navarro, La Cultura en el Ecuador, 1929. — M. M. Pólit Moreno, Historia y Milagros de la Sma. Virgen del Q., 1941. — J. J. Considine, Across a World, 1946. — J. M. Vargas, María en el arte ecuatoriano, 1954. — Vargas Ugarte II. — Manoir V 417—431. — J. M. Vargas, Historia de la Iglesia en el Ecuador durante el Patronato español, 1957. — Ders., La organizacion de la Iglesia en Ecuador, In: E. Dussel u. a. (Hrsg.), Hstoria General de la Iglesia en America Latina VIII, 1987, 98—107. *H. Rzepkowski*

Quinn, Edel Mary, * 14. 9. 1907 in Greenane/Irland, * 12. 5. 1944 in Nairobi, beerdigt auf der Missionsstation S. Augustinus Nairobi. Am Anfang des Werkes der → Legio ⋔e in Afrika steht die heiligmäßige irische Laienmissionarin Edel Mary Q. Um ihren Eltern zu helfen, verzichtete sie in ihrer Jugend darauf in einen Orden einzutreten. Sie schloß sich 1927 der Legio ⋔e in Dublin an und setzte viel Zeit und Kraft ein, um im Sinne der Legio unter den Alten, Kranken und Armen zu wirken. Als sie nun an den Klostereintritt denken konnte, wurde sie durch ihre geschwächte Gesundheit davon abgehalten. Sie setzte ihre Arbeit in der Legio ⋔e fort und ging 1936 in deren Auftrag nach Afrika. Im September 1937 bereiste auf Empfehlung des Apost. Delegaten (seit 4. 11. 1934) Antonio Riberi (1897—1967) von Nairobi aus Tanganjika und gründete eine Reihe von Präsidien. 1939 unternahm sie eine zweite Reise durch afrikanische Staaten. Mit Ausdauer und apost. Eifer richtete sie in Kenia, Uganda, Tanganika und Nyassaland unter den einheimischen Christen die Legio ein. Nach ihrem frühen Tod war die Legio jedoch ihrer zielstrebigen Führung beraubt und es wurde um sie still. Erst in den Fünfziger Jahren erwachte sie wieder zu neuem Leben.

Lit.: L. J. Suenens, Une héroine de l'Apostolat: E.-M. Q., Déléguée de la Légion de Marie en Afrique (1907—44), 1952. — Manoir V 23—59. — S. Hertlein, Wege christl. Verkündigung II/1, 1976. *H. Rzepkowski*

Quintarelli, Giuseppe, OSA, * 25. 10. 1836 in Bagnoregio, † 28. 4. 1914 in Rom, trat 1855 in das Augustinerkloster Genazzano ein. 1878 wurde er Magister der Theol; 1864—86 wirkte er als Novizenmeister und Prior in Chile, 1895—1901 als Provinzial der röm. Augustinerprovinz und seit 1901 als Generalassistent. — Neben anderen Schriften gab er eine umfassende Mariol. heraus mit dem Titel: »Le glorie del Nome di Maria« (2 Bde., 1904 und 1909).

In 12 Kapiteln (ragionamenti) bietet er theol. tiefe Betrachtungen über die Herrlichkeit des Namens ⋔s, in denen alle mariol. Themen mit reichen Zitaten aus Schrift, Vätern und Theologen dem Leser nahegebracht werden. Ausführlich begründet er das Dogma der UE (I 108ff.) und behandelt die Gnadenprivilegien ⋔s, etwa ihre Sündenlosigkeit, ihre jungfräuliche Mutterschaft, ihre GMwürde, die ihr geschenkte Fülle an Gnade, Tugend und Verdienst, auch die außerordentliche Gesundheit und »himmlische Schönheit« ihres Leibes. Hinsichtlich der Assumptio ⋔s ist er mit Suarez der Überzeugung: »a nullo pio et catholico posse in dubium vocari« (I 184). Auch vertritt er die Ansicht, ⋔ habe es auf Grund der ihr von Gott verliehenen besonderen Gnade und Heiligkeit in gewissem Sinn verdient, dem göttlichen Wort das irdische Leben zu schenken (I 218). Weiter macht er sich die Lehre von der »omnipotentia supplex« ⋔s zu eigen und zitiert das Wort des hl. Bernhardin: Niemand empfange von Gott Gnade wenn nicht »secundum ... dispensationem« ⋔s (I 225). In seinem Leiden und Sterben habe der Erlöser sie für das Amt der »corredentrice« angenommen (II 86). Er zeigt ⋔ als »la madre spirituale di tutto il genere umano« (II 65) und zitiert das Wort des hl. Antoninus: »Ecce mater tua ..., o Ecclesia!«

Lit.: Bonaventura, vescovo di Rieti, u. a., Al Rev.mo ... G. M. Q. (zum goldenen Priesterjubiläum), 1909. — AAug 1 (1905/06) 65; 3 (1909/10) 193f. 216; 6 (1915/16) 317f. — D. A. Perini, Bibliographia Augustiniana III, 1935, 108f. *A. Zumkeller*

Quirinius → Census des Q.

Quirós (de la Madre de Dios), Teodoro de * 1599 in Vivero/Lugo, † 4. 12. 1662 in Nueva Segovia/Philippinen, OP 1618, 1637 nach den Philippinen, dort in der Schule tätig, wurde dann auf die Insel Formosa versetzt, wo er fünf Jahre als Missionar tätig war. Nach seiner Rückkehr auf die Philippinen verfaßte er eine »Arte y Vocabulario de lengua tagala« (ungedruckt) und einen »Catecismo de la doctrina cristina en Tagalog«, der in Manila und Mexiko gedruckt wurde, außerdem den »Tratado copioso de la Sagrada Escritura en forma de diálogo en Tagalog« (ungedruckt) und eine Hinführung zum Rosenkranzgebet »Modo de rezar y offrecer el Rosario« (in Tagalog, Manila 1645 und 1652; Wiederdruck Manila 1637 und 1833, In: M. Garrcía Serrano, Pangangadyi Na Pinagcasondoa, T, pinagrayarian sa catiponan nang maraming manga mahal na Pardreng Clerigo, at mangna Religiosong). Vor 1660 veröffentlichte er noch das Werk »Vida del alma en el Rosario«, das er auch in einer Tagalog-Version herausbrachte. Diese war umfassender als die ursprüngliche Fassung, da weitere Gebete und Frömmigkeitsübungen beigefügt sind. Es wird wegen seiner sprachlichen und inhaltlichen Qualität geschätzt.

Lit.: B. de S. Cruz, Historia de la Provincia del S. Rosario de Filipinas, Japon y China del Sagrado Orden de Predicatories, Zaragoza 1693. — Bibliotheca Missionum V, 1929. — D. Aduarte, Historia de la Provincia del S. Rosario de la Orden de Predicationes en Filipinas, Japon y China I, 1962. — R. Pesoncgo, Marian Devotion and Catechesis in the Philippine Culture, Diss., Rom 1990. *H. Rzepkowski*

Quis possit amplo famine. Hymnus zu ⋔e Himmelfahrt aus neun metrischen Strophen zu je vier alkäischen Elfsilbern nach dem Muster des Euphemia-Hymnus des Ennodius »Quae lingua possit« (MGH Auct. ant. VII 253). Der Hymnus rühmt die Jungfrau mit alten, seit der

Väterzeit gebräuchlichen → Ehrentiteln: dem Reis Jesse, dem Garten, dem versiegelten Quell (Strophe 2) und besonders der verschlossenen Tür (Strophe 7 und 8) als Symbol der Jungfräulichkeit. Die dazwischen stehenden Strophen betrachten Sündenfall, Erbarmen des Schöpfers, Verkündigung und Geburt mit Worten, die das Ungeheure und Unfaßbare des Geschehens in Paradoxien ausdrücken. Der Hymnus wurde dem → Paulus Diaconus zugeschrieben. Er ist ausschließlich in ital., vorwiegend beneventanischen Handschriften seit ca. 1000 überliefert.

Aus.: AHMA 50,123. — MGH Poetae latini aevi Carolini I 84.
Lit.: Chevalier 16754. — Mearns 71. — Schaller-Könsgen 13683.
G. Bernt

Quito. Neben seinen marian Heiligtümern ist Q. (→ Ekuador) auch durch die Kunst im 16. und 17. Jh. zu einem marian. Zentrum geworden. Die M̃statuen und -bilder nehmen dabei den ersten Platz ein. Als bedeutende Künstler sind Diego de Robles, der nach dem Bild ULF von Guadalupe in Villuercas/Extremadura das M̃-bild für → Quinche und für andere Orte schuf, sowie Luis de Rivera zu nennen, deren M̃bilder durchaus ihren eigenen Ausdruck haben.

Wegen seiner Kunst wurde Q. das »Florenz Amerikas« genannt. Die »Schule von Quito« bezeichnet im 17./18. Jh. einen Höhepunkt der span.-amerikanischen Kunst. Zwar wurde die Kunst von Spanien beeinflußt, aber dennoch hat die Schule von Q. ihren eigenen Typ der Immaculata und ihre eigene rel. und marian. Ikonographie hervorgebracht, die frauliche Vornehmheit betont und allen Schmerz, alle Strenge fern hält. Die Aufnahme M̃s in den Himmel wird in Q. nach dem kastilischen Typ gestaltet. Die entschlafene Jungfrau ruht auf einem Bett umringt von den Aposteln.

Der Dominikaner Pedro Bedón (* um 1555, † 27.2.1621) gilt als der Begründer der Schule von Q. Während seines Theologiestudiums im Lima nahm er Malunterricht beim Jesuitenbruder Bernardo Bitti (1548—1610). Seine Malerei ist durch den Manierismus beeinflußt.

Ferner ist Miguel de Santiago († 5.1.1706 in Q.; frühestes Bild von 1645) zu nennen, der Bilderserien zum Leben des hl. Augustinus, zum Credo und zum Katechismus schuf. Sein bevorzugtes Thema aber war die GM. In der Kirche von Guápulo malte er eine Reihe von Bildern über die Wunder ULF von Guadalupe. Für seine Bilder verwendete er europäische Vorbilder und Modelle. So auch für Bilder zum Leben des hl. Augustinus und zum M̃leben. In einem mehr eigenständigen Bild ist seine Technik fast impressionistisch. Seine Bilder sind ausdrucksstark und farbvoll. Als bekanntestes Bild gilt die Immaculata mit der Allerheiligsten Dreifaltigkeit in der Kirche S. Francisco in Q. Sein Schüler Nicolás Javier Goríbar (tätig im frühen 18. Jh.) malte u.a. Szenen aus dem AT. Von ihm ist auch ein Bild ULF von Pilar erhalten.

Lit.: J. G. Navarro, La cultura en el Ecuador, 1929. — J. G. Navarro, Artes plásticas ecuatorianas, México 1905. — J. M. Vargas, El venerable padre maestro fray Pedro Bedón OP, In: El Oriente Dominicano 8 (1935) 115—117. — D. Angulo, E. M. Dorta und M. Buschiazzo, Historia del arte hispanoamericano, 3 Bde., 1945—56. — J. M. Vargas, El arte quiteño en los siglos XVI, XVII y XVIII, 1949. — Manoir V 417—431. — G. Kubler und M. Soria, Art and Architecture in Spain and Portugal and Their American dominions, 1500-1800, 1959. — J. M. Vargas, El arte ecuatoriano, 1960. — J. de Velasco, Historia moderna de Q., 1961.
H. Rzepkowski

Quod chorus vatum venerandus olim. Hymnus des »Neuen Hymnars« zu M̃e Reinigung in fünf (metrischen) sapphischen Strophen (auch als Prozessionshymnus zur Lichterweihe, dann mit Refrain in einem Distichon). Der Hymnus kündet, wie sich in M̃ die Weissagungen der Propheten erfüllten, wie sie als Jungfrau Gott empfing und gebar und auch danach unversehrt blieb, wie Simeon das Christuskind im Tempel freudig auf seine Arme nahm. Eine Bitte um Fürsprache und eine Doxologie bilden den Schluß. Die reiche Überlieferung setzt im 10. Jh. ein, u.a. in Mainz. Trotzdem ist → Rhabanus Maurus als Autor nicht gesichert.

Ausg.: AHMA 2,39; 50,206. — Hermannus Hagenus, Carmina medii aevi maximam partem inedita, Bernae 1877, 46. — AR, Liber hymnarius 348.
Lit.: Chevalier 16881; 40316. — Mearns 71. — Schaller-Könsgen 13876. — Hesbert 8378. — H. Gneuss, Hymnar und Hymnen im engl. MA. 1968, 62.
G. Bernt

Qūqōyō (wörtlich: Töpfer) bezieht sich auf den Diakon aus der Dorfkirche des mesopotamischen Gesir, der zu seinem Lebensunterhalt den Beruf eines Töpfers ausübte. Er schuf Kirchenlieder nach einer volkstümlichen Melodie, die den Namen - qōlō qūqōyō (cantus kukaeus) erhielt. Bischof Jakob v. Sarūg, selbst Dichter und Kirchenschriftsteller († 521), ist auf den Dichter-Handwerker gestoßen und hat weitere Kreise mit den ersten Proben seiner Dichtung und Musik vertraut gemacht. Er gab diesen Liedern den Namen qūqōyṯō (Töpferlieder). Hymnen nach der Melodie Q. finden sich in vielen Gottesdiensten der westsyr. Kirche, auch bei der Spendung der Sakramente und beim Begräbnis von Männern, Frauen und Kindern. Bei der Feier der Eheschließung besingt der Qōlō qūqōyō die Schönheit der Braut Christi, der Kirche, mit Worten, die einen starken marian. Bezug haben: »Wie herrlich bist du, Tochter der Völker, und wie entzückend ist es, dich anzusehen! Solomon singt deine Lobpreisungen, o heilige Kirche, deine Lippen tropfen Honigseim, der Glanz deines Gewandes gleicht den Rosen im April, und du bist vollkommen schön und ohne Makel. Christus der König schützt dich, da du sein Kreuz verehrst. Halleluja, halleluja ... Wer ist das, des Königs Tochter, von der David so lautstark gesprochen hat, die mit großer Würde zur Rechten des Herrn steht! Größe ist ihr Kleid und Licht ihr Gewand. Hoch über den Wolken wohnt sie, und ihre Autorität reicht bis zu den Enden der Erde. Es ist die getreue Kirche, die in vollem Schmuck dasteht. Halleluja, halleluja.«

Lit.: A. Baumstark, Festbrevier und Kirchenjahr der syrischen Jakobiten, 1910, 86f. — M. Elenjikal. Baptism in the Malankara Church. A Study of the Baptismal Ritual of the Malankara Church, 1974, 65f. 204. — A. Y. Samuel, The Order of Solemnization of the Sacrament of Matrimony according to the ancient rite of the Syrian Orthodox Church of Antioch, 1974, 38.

J. Madey

Quqlyon. In diesem kurzen Offizium wird der Psalmvers unter Einschub von einem oder zwei »Halleluja« nach jedem Halbvers gesungen. Der Begriff Q. stammt vom griech. κύκλιον oder κουκόλιον und wird von Barhebraeus Abbā Qūqmā (Kosmas v. Maiuma, † 750) zugeschrieben. In der westsyr. eucharistischen Liturgie singt man für gewöhnlich auch ein Q. zu Ehren der GM (nach Ps 45,10—13), und zwar unmittelbar vor der Kommunion des Zelebranten. Es lautet: »Priester: Des Königs Tochter steht in Pracht, halleluja, halleluja, und die Königin zu deiner Rechten. Volk: Vergiß dein Volk und deines Vaters Haus, halleluja, halleluja, da der König nach deiner Schönheit schmachtet. P.: Ehre sei ... V.: von Geschlecht zu Geschlecht und in Ewigkeit. Amen. Bring Gebete dar für uns, du Stolz der Gäubigen, bei deinem Sohn, der aus dir hervorgegangen ist, damit er Erbarmen habe mit uns allen. — Stomen kalos. Kyrie eleison. — Der Erzengel brachte eine Friedensbotschaft der Tochter Davids, und er verkündete ihr eine frohe Botschaft mit den Worten: Der Herr ist mit dir und wird aus dir hervorgehen. Diakon: Barekmōr (Segne, Herr). P.: Ehre sei ... V.: von Geschlecht ... Amen. Einem Schiffe gleich trug, gebar, betete Maria ihn an, der der Lenker des Schiffes und der Herr über alle Schöpfung ist. Herr, hab Erbarmen mit uns und hilf uns. Durch dein Kreuz, Herr Jesus, und durch das Gebet deiner Mutter, die dich geboren hat, wende ab und halte fern von uns alle Betrübnisse und die Geißeln des Zorns.«

Lit.: J. Madey und G. Vavanikunnel, Qurbana oder die Eucharistiefeier der Thomaschristen Indiens, 1968, 188 f. — The Holy Qurbana of the Malankara Chatholic Church, 1980, 41.

J. Madey

Qurbānā (westsyr.: Qurbōnō) bezeichnet die Opfergabe(n), d. h. Brot und Wein, sowohl vor als auch nach der Konsekration. Q. dient auch zur Bezeichnung der ganzen eucharistischen Liturgie, vor allem bei den indischen Thomaschristen (→ Malabaren; → Malankaren).

Lit.: J. Madey und G. Vavanikunnel, Qurbana oder die Eucharistiefeier der Thomaschristen Indiens, 1968.

J. Madey

Qūrōbō bezeichnet in der → westsyr. Liturgie die »Darbringung der Opfergaben«; in Erweiterung wird der Ausdruck auch für die ganze eucharistische Liturgie verwendet, z. B. im Titel des gebräuchlichen »Meßbuches« (es enthält nur die nichtwechselnden Teile): Ktōbō d-Tekso d-Qūrōbō (Buch der Ordnung der Darbringung; → Qurbānā).

Lit.: J. Madey und G. Vavanikunnel, Qurbana oder die Eucharistiefeier der Thomaschristen Indiens, 1968. — P. K. Meagher u. a. (Hrsg.), Encyclopedic Dictionary of Religion, 1979, 2956. — J. Madey, The Eucharistic Liturgy in the Christian East, In: E. J. Mou-nayer, The Eucharistic Liturgy of the Syrian Church of Antioch, 1982, 72—98, bes. 75—81. — J. Madey, Anaphora. Die göttliche Liturgie im Ritus der Syro-Antiochenischen und der Malankarischen Kirche, 1992, 1.108 f.

J. Madey

R

Rabassa, Pedro, * 1683 in Barcelona, † 12.12. 1767 in Sevilla, katalanischer Komponist. Bevor er 1724 als Nachfolger von Gaspar de Ubeda an die Kathedrale von Sevilla berufen wurde, hatte R. in Vich und Valencia das Amt des Kapellmeisters inne. In Sevilla entstanden die meisten seiner Werke, Messen, Motetten und Psalmen, aber auch ein »tratado de composición« (im span. Bürgerkrieg verloren). Marian. Kompositionen sind ein Magnificat und ein Salve Regina.

Lit.: J. E. Ayarra Jarne, La musica en la Catedral de Sevilla, 1976. — Grove XV 522. — DMM VI 197.

L. Berger

Rabbūlā, * um 350 in Qanneŝrin, † 435/436 in Edessa, wurde um 400 Christ und Mönch, 411 Bischof von Edessa, bekämpfte Heiden, Juden und Reste gnostischer Strömungen. Als Anhänger des Cyrill v. Alexandrien wandte er sich auch gegen den → Nestorianismus, vor allem gegen die Schriften des → Theodoros v. Mopsuestia. Zur Verteidigung der Orthodoxie soll er den Text der Pŝiṭṭā des NT, der das Diatesseron Tatians ersetzte, vollendet haben. Auf ihn geht die Übersetzung von »De recta fide« des Cyrill zurück. R. ist auch der Verfasser zahlreicher Lehrbriefe, Hymnen sowie einer Rede gegen Nestorios.

Lit.: J. Aßfalg und P. Krüger (Hrsg.), Kleines Wörterbuch des Christl. Orients, 1975, bes. 307. — P. K. Meagher u. a. (Hrsg.), Encyclopedic Dictionary of Religion, 1979, 2958. — LThK² VIII 958f. (Lit.).

J. Madey

Racine, Jean, getauft am 22.12.1639 in La Ferté-Milon, † am 21.4.1699 in Paris, neben Pierre Corneille der bedeutendste Vertreter des klassischen franz. Theaters, entstammte einer Familie von mittleren Beamten. Er war bereits im Alter von drei Jahren Vollwaise und der Obhut von Verwandten anheimgegeben. Der Fürsorge einer Tante, Agnès de Saint-Thècle, Nonne in dem jansenistischen Kloster Port-Royal-des-Champs, verdankte R. seine Erziehung und Ausbildung durch hochqualifizierte Gelehrte im Bannkreis des Jansenismus und dessen geistigem Zentrum Port-Royal. Mit einem Phil.studium an dem ebenfalls dem Jansenismus nahestehenden Collège d'Harcourt in Paris (1658/59) schloß R. eine Ausbildung ab, die ihm nicht nur ausgezeichnete Kenntnisse in Latein und Griechisch vermittelt, sondern auch Geist und Wesen der Antike nahegebracht hatte. Homer, Euripides und Sophokles begleiteten ihn auch noch in den Jahren seines dramatischen Schaffens, das, nach minder bedeutenden Frühwerken, 1667 mit der meisterlichen Tragödie »Andromaque« seinen eigentlichen Anfang nahm und bereits zehn Jahre später nach der mißglückten Uraufführung der »Phèdre« (1677) ein vorläufiges Ende fand. Das Jahr 1677 stellt einen bedeutenden Einschnitt in R.s Leben dar: Er wird zum Historiographen Ludwigs XIV. ernannt, und sein Rückzug aus der von den kunstfeindlichen Jansenisten als verderblich angesehenen Welt des Theaters ins bürgerliche Leben — R. heiratet und gründet eine Familie — begünstigt eine schrittweise Wiederannäherung an Port-Royal, nachdem es in den Jahren zuvor zu Unstimmigkeiten und dem Austausch von Streitschriften gekommen war. R. kehrte später noch einmal zum Theater zurück, als er im Auftrag der frommen Marquise de Maintenon, der Maîtresse des Königs, zwei Dramen nach rel. Stoffen für das kath. Mädchenpensionat Saint-Cyr verfaßte: »Esther« (1689) und »Athalie« (1691). Von der Hinwendung des alternden Dichters zu geistlichen Themen zeugen darüberhinaus die 1694 verfaßten »Cantiques spirituels« (»Geistliche Gesänge«).

R., in Frankreich lange Zeit als »das Symbol nationaler Größe« betrachet, »gilt auch heute noch als ein Äquivalent für Englands Shakespeare und Deutschlands Goethe« (W. Theile). Die griech.-röm. Antike einerseits und die jansenistische Theol. andererseits bilden die beiden Pole, zwischen denen sich die Deutungen seiner Werke bewegen.

Im »Abrégé de l'histoire de Port-Royal« (1697) greift R. die fortwährenden Auseinandersetzungen zwischen Jansenisten und Jesuiten auf und nennt die Vorwürfe, die vonseiten der Jesuiten gegen Port-Royal erhoben wurden. Dort, so lautete einer dieser Vorwürfe, bete man weder zur Jungfrau ⓜ noch zu den Heiligen. Dem tritt R. entschieden entgegen: Es gebe keinen Gottesdienst, in dem die Heiligen und die Jungfrau nicht angerufen würden. Jeden Samstag hielten die Nonnen von Port-Royal eine Prozession zu Ehren ⓜs, der sie, »hierin würdige Töchter ihres Vaters, des heiligen Bernhard«, in ihrem Glauben bes. zugeneigt seien. Dafür spricht auch ein weiteres Argument, das R. wenig später anführt: Das »Office de la Vierge« im »Stundenbuch« von Port-Royal wurde, entgegen dem päpstlichen Verbot, ins Franz. übersetzt, was einen weiteren Stein des Anstoßes für die Widersacher des Klosters darstellte, zugleich aber als Indiz für die Präsenz des ⓜkultes in Port-Royal zu werten ist und somit den oben genannten Vorwurf der Jesuiten entkräftet.

In R.s lit. Werken, auch in den geistlichen, finden sich kaum nennenswerte Hinweise auf ⓜ. In den »Hymnes traduites du Bréviaire romain«, Jugendwerken, die um 1655/56 in Port-Royal entstanden, zwanzig Jahre später jedoch überarbeitet wurden, erscheint sie einmal als »humble vierge«, die Jesus, »fils éternel du redoutable Père«, in ihrem Schoß getragen hat

(»Le vendredi/ A Laudes«). Auch in den »Cantiques spirituels« wird ℳ nur beiläufig erwähnt. In der fünften Strophe des vierten Gesangs »Sur les vaines occupations des gens du siècle« heißt es: »Le Verbe, image du Père,/ Laissa son trône éternel,/ Et d'une mortelle mère/ Voulut naître homme et mortel (...).«

Die durch Louis R., den Sohn des Dichters, überlieferten »Frommen Gedanken über einige Abschitte der Heiligen Schrift« enthalten u. a. einen Kommentar zu Joh 19,25 (»Stabat [mater]«), in dem es heißt: »Die heilige Jungfrau stand aufrecht und lag nicht in Ohnmacht, wie die Maler sie darstellen. Sie erinnerte sich der Worte des Engels und wußte um die Göttlichkeit ihres Sohnes. Und weder im folgenden Kapitel, noch bei einem anderen Evangelisten wird sie als eine der heiligen Frauen genannt, die zum Grabmal gingen. Sie hatte die Gewißheit, daß Jesus Christus nicht mehr dort war.«

WW: J. R., Oeuvres complètes, hrsg. von R. Picard, 1950/52. — J. R., Oeuvres complètes, 1962.
Lit.: K. Vossler, J. R., 1926. — P. Bénichou, R., In: Ders., Morales du grand siecle, 1948, 214—256. — J. Pommier, Aspects de R., 1954. — L. Goldmann, Le dieu caché, 1955. — J. C. Lapp, Aspects of Racinian Tragedy, 1955. — R. Picard, La Carrière de J. R., 1956. — R. Barthes, Sur R., 1963. — W. Theile, R., 1974.   *M. Kuch*

Radix Iesse (iam) floruit. Teil des alten Weihnachtshymnus in jambischen Dimetern »Agnoscat omne saeculum« (Schaller-Köngsen 492; als Hymnus zu ℳe Verkündigung: Officium divinum..., Liturgia horarum II, 1971ff., 1306; AR, Liber hymnarius, 360). Im 11. Jh. in Silos zur Sext des Weihnachtsfestes gesungen, heute am Fest der GM in der Weihnachtsoktav; die Doxologie ist hinzugefügt.

Ausg.: MGH, Auctores antiquissimi IV 1, 384. — AHMA 50, 85 (Strophen 4—6. 8). — Officium divinum..., Liturgia horarum I, 1971ff., 387. — Te decet hymnus. L'Innario della ›Liturgia horarum‹ a cura di A. Lentini, 1984, 84. — AR, Liber hymnarius, 33.
Lit.: Chevalier 17003. — Hesbert 8378 bis. — A. Cuva, Le dossologie con riferimenti Mariani negli inni della »Liturgia horarum«, In: Salesianum 47 (1985) 831.   *G. Bernt*

Radulfus Ardens, scholastischer Theologe und Philosoph, * 1. Hälfte 12. Jh. in Beaulieu/Picardie, † 12. 9. 1200 (?) in der Kartause zu Liget/Tours, war Magister in Paris und ein berühmter Kanzelredner, der sein umfangreiches Wissen auf allen Gebieten sowohl in sein unvollendetes Speculum Universale, der wohl gründlichsten Summe und Ethik des 12. Jh.s, als auch in seine über 200 überlieferten Homilien einfließen ließ, wovon zwei Predigten ℳe Reinigung, zwei ℳe Verkündigung, zwei der Aufnahme in den Himmel und eine ℳe Geburt gewidmet sind, während er sich in seiner Weihnachtspredigt (PL 115, 1709—18) mit dem Logosbegriff auseinandersetzt und in der Predigt zur Hochzeit von Kana sich dem Verständnis des Ehesakraments widmet und den Neuvermählten das Gebet zu Jesus und ℳ empfiehlt.

In der Verkündigung an ℳ erkennt R., wie Gott sich der Demut bedient (PL 155, 1357 BD). ℳ nimmt diese Rolle willig an. So stellt sie R. als Gestalt von überfließender Gnade dar: »Es gibt keine Tugend, kein Verdienst, keine Ehre, die sie nicht im Überfluß besitzt, und die Gnadengaben, die den Heiligen einzeln zugeteilt sind, sind allesamt auf ihr vereint.« (PL 155, 1360 B).

R. sieht — entsprechend dem Konsens seiner Zeit im Abendland — ℳ als Mittlerin: »Maria führt uns durch ihr Beispiel, erleuchtet uns durch ihre Tugenden, hilft uns durch ihre vermittelnden Gebete« (PL 155, 1359 C). Sie kann uns mit ihrem Sohn versöhnen. »Wer anders«, so fragt R., »verkörpert Jerusalem als Friedensbringer als Maria, die Mittlerin zwischen Gott und Menschen?« (PL 155, 1423 B). Die Menschen sollen zu ihr aufschauen, zu ihr eilen, sie flehentlich anrufen, wenn sie von den Feinden ihrer Seelen bedrängt werden, damit die GM den ihr verfügbaren Strom der Gnade mit ihnen teile (PL 155, 1360 B.). R. lehrt das Königtum ℳs in Verbindung mit der Sorge für ihre Untertanen: »Sie erfreut sich und regiert mit ihrem Sohn für immer, indem sie immer bei ihm für uns eintritt« (PL 155, 1430 B).

WW: Predigten, In: PL 155, 1339—45. 1352—64. 1421—30. 1439—43.
Lit.: J. Longere, Oeuvres Oratoires de Maîtres parisiens au XIIe siècle. Etude historique et doctrinale, 2 Bde., 1975ff. — Ders., La prédication médiévale, 1983. — DSp XIII 97—106. — Theotokos 303.   *M. O'Carroll*

Raff, Joseph Joachim, * 27. 5. 1822 in Lachen/Zürich, † 24./25. 6. 1882 in Frankfurt a. M., dt. Komponist, zieht 1844 nach Deutschland, nachdem auf Empfehlung Mendelssohns seine ersten Werke (op. 2—6) erschienen waren. In Stuttgart lernt er seinen lebenslangen Freund und Mäzen H. v. Bülow kennen und in Franz Liszt findet er 1845 einen Förderer und Betreuer. 1850—56 ist er als Assistent Liszts in Weimar tätig; einen Namen macht er sich bes. durch die Mitarbeit an der Instrumentation von Liszts symphonischen Dichtungen; 1877 wird R. Direktor des Konservatoriums in Frankfurt. Zum Werk des in der 2. Hälfte des 19. Jh.s viel gespielten Komponisten (Opern, Symphonien, Kammermusik, Vokal- und Choralwerke) gehört auch ein Ave Maria für 8 Stimmen.

Lit.: A. Schäfer, Chronolog.—systemat. Verzeichnis der Werke J. J. R.s, Wiesbaden 1888/1974. — H. Raff, J. R., 1925. — MGG X 1861—64. — Grove XV 534—536.   *L. Berger*

Raffael (Raffaello Santi), * 24. 3. oder 6. 4. 1483 in Urbino, † 6. 4. 1520 in Rom, einer der bedeutendsten Künstler der ital. Hochrenaissance, der seine erste Ausbildung beim Vater Giovanni Santi erhalten hat. Seit 1495 ist er in der Werkstatt Peruginos nachweisbar, dem damals angesehensten Meister Umbriens. Großen Einfluß auf R. hatte zu jener Zeit der Humanisten- und Künstlerkreis um die Urbiner Residenz Federicos di Montefeltro. Malerische Schöpfungen von Piero della Francesca, Melozzo da Forli, Luca Signorelli, Justus van Gent und Hieronymus Bosch waren in seiner Frühzeit prägend.

In den ersten Jahren nach 1500, die ihn außer nach Perugia mit Auftragsarbeiten auch nach Siena führten, orientierte sich R. an Pinturicchio, bis er sich im Herbst 1504 selbständig machte und nach Florenz ging. Die Jahre bis zu seiner durch Bramante betriebenen Übersiedlung nach Rom 1508, unterbrochen durch Aufenthalte in Perugia und Bologna, waren bestimmt durch die künstlerische Auseinandersetzung mit Fra Bartolomeo, Leonardo und Michelangelo.

In Rom, das er bis zu seinem frühen Tod nicht mehr verließ, arbeitete R. für die großen Renaissancepäpste Julius II. und Leo X. hauptsächlich an der Ausstattung des Vatikans. Auch für die röm. Oberschicht (Bankier Chigi, Graf Castiglione) war er vorübergehend tätig. Der von Papst Leo zu einem prächtigen humanistischen Kulturzentrum umgestaltete Hof war zum Mittelpunkt der ital. Kunst geworden, der die Interessen des Künstlers auf das antik-klassische Rom lenkte.

In Nachfolge Bramantes wurde R. im August 1514 zum Bauleiter von St. Peter berufen, so daß er seitdem stärker als Architekt arbeitete. 1515 schließlich hat der Papst ihn zum Präfekten für die röm. Altertümer (Erfassung, Ausgrabungen) bestellt. Vor der Vollendung des letzten Werkes (Verklärung Christi, Rom, Pinacoteca Vaticana), eines Auftrages von Giulio de Medici, dem späteren Papst Clemens VII., starb der Meister und wurde in höchster Ehrenbezeugung im Pantheon beigesetzt.

R. ist der Künstler, bei dem das Ideal der Hochrenaissance am vollendetsten verwirklicht wurde. Schon früh verrät sein Werk das Streben nach eigener kanonischer und klarer Ordnung, in der alle Bildelemente in eine überall wirkende Rhythmik münden. Die Begegnung mit Leonardo und Michelangelo vermittelte ihm die Florentiner Tradition eines großzügigen plastischen Stils mit abwechslungsreicher Farbgebung.

Bes. die zahlreichen Madonnen erweisen die zu Beginn des 16. Jh.s gewonnene Variationsbreite an Charakterisierungsfähigkeit. Der kompositionelle Aufbau erhielt über geometrische Ordnungsprinzipien Geschlossenheit und Festigkeit. Die volle Entfaltung seiner synthetischen Bestrebungen ermöglichten endgültig erst die Großaufträge in Rom. Räumliche und plastische Werke dominierten hier, bis ab 1510/11 eine neue Lichtführung und wärmere Farbigkeit hinzukamen, die auch eine neue Art der bewegten Darstellung erbrachten.

In der Spätzeit steigerten sich die Komponenten zu dramatischen und erregten Kompositionen, die dadurch bereits den Weg zum Manierismus des 2. Viertels des 16. Jh.s eröffneten. Diese letzten Kompositionen zeigten einen wachsenden seelischen Reichtum bei beibehaltener Natürlichkeit.

Ein Großteil der Werke ist M.themen gewidmet, so daß R. einer der bedeutendsten Madonnenmaler der Hochrenaissance wurde. Die wichtigste Gruppe bilden halbfigurige Madonnen mit dem Kind, gefolgt von ganzfigurigen Versionen, bei denen zumeist der Johannesknabe oder Heilige beigegeben sind. Einige thronende Madonnen sowie das Thema der Hl. Familie gestaltete R. weniger oft. Schließlich schuf er auch ein paar Szenen aus dem M.leben als Altarbilder oder Predellentafeln.

Das früheste Beispiel der letzten Gruppe ist nach der Kreuzigung auf der Prozessionsfahne der Bruderschaft der Carità (Verso: Schutzmantelmadonna; Città di Castello, Pinacoteca Civica, um 1499) diejenige in London (sog. Kreuzigung Mond, Nat. Gallery, um 1501/03). R. wählte hier das Schema Peruginos, bei großen repräsentativen Szenen den Gesamtaufbau des Bildes in zwei übereinander stehende Geschehensräume zu zerlegen. Hoch über dem Horizont erhoben hängt Christus am Kreuz, wogegen links M. vor der Landschaftszone steht, die Horizontlinie zur Hälfte mit ihrem Kopf überragend.

In der Altartafel mit der Krönung M.e (auf den Predellen: Verkündigung, Anbetung der Könige, Darstellung im Tempel, alle Rom, Pinacoteca Vaticana, 1502/03) treibt er die Zweiteilung thematisch bedingt noch weiter. Im unteren Teil vor einer Landschaft mit leicht in der Mitte eingebogenem Horizont umstehen die Apostel den leeren Sarkophag. Ihre Köpfe durchstoßen die Landschaftsgrenze nur in der Mitte und auf der rechten Seite. Darüber thronen auf einer Wolkenbank M. und Christus, der seiner Mutter die Himmelskrone aufs Haupt setzt. Ein Reigen musizierender Engel umgibt die Hauptgruppe, darüber erscheinen geflügelte Engelsköpfchen.

In der Vermählung M.e (Mailand, Brera, 1504) setzt R. die Stilmittel Peruginos souverän um, indem er sie benützend zugleich überwindet. Ganz im Vordergrund des zweiteiligen Bildes steckt Joseph, vom Hohenpriester angeleitet, seiner Braut den Ring an den Finger, während er in seiner Linken als Zeichen seines Auserwähltseins den blühenden Stab hält. Die Mittelgruppe ist seitlich umgeben von enttäuschten Freiern (rechts) und Jungfrauen (links). Hinter der ganz vorne versammelten Hochzeitsgesellschaft erstreckt sich ein weiter plattenbelegter Platz, an dessen Ende auf Stufen erhöht ein zierlicher Rundbau als Idealform des Tempels von Jerusalem steht. Links und rechts davon ist der Blick in eine tiefe Landschaft frei.

Nach der zumindest im Figurentyp noch ganz Perugino verpflichteten Beweinung Christi in Boston (Isabella Steward Gardner Mus., um 1505) und der breit gelagerten Kreuztragung von 1505/06 (London, Nat. Gallery) malte R. 1507 eine Grablegung Christi (Rom, Galleria Borghese). In einer weiten Landschaft zwischen zwei Felsvorsprüngen tragen mehrere Personen den Leichnam in eine Höhle. M. ist rechts von drei Frauen gestützt in Ohnmacht gesunken und liegt, dem toten Sohn entsprechend, nach hinten gelehnt. Die letzten Arbeiten dieser Gruppe sind die ähnlich dichtgedrängt komponierte Kreuztragung (»Lo Spasimo di Sicilia«, Madrid, Prado, 1517) und die Heimsuchung in Madrid (Prado, um 1519).

Das Thema der Hl. Familie ist bei R. relativ selten vorhanden, außerdem ist die Grenzziehung zu repräsentativen ⋒darstellungen mit dieser Betitelung durch die Forschung manchmal verunklärt. In das Jahr 1507 gehört wohl die Hl. Familie mit dem bartlosen Joseph (St. Petersburg, Eremitage). Die ländlich wirkende ⋒ sitzt hier vor einer pilasterverzierten Mauer und hält das Kind auf dem rechten Oberschenkel. Joseph, wesentlich älter als ⋒, steht links auf seinen Stock gestützt und blickt auf den nackten Knaben herab. In der Hl. Familie unter dem Palmbaum (Edinburgh, Nat. Gallery, um 1507) ruht die ganzfigurig in einen Tondo plazierte ⋒ in der rechten Bildhälfte vor besagtem Baum und hält, im Oberkörper ins Profil gewendet, Christus dem links knienden und ebenso bartlosen Joseph hin. Die Hl. Familie mit dem Lamm (Madrid, Prado, um 1507/08) zeigt die Gruppenordnung gänzlich anders organisiert. Links in der unteren Ecke reitet das Kind auf einem Lamm, die Mutter neigt sich von der Bildmitte aus zu und faßt Jesus mit beiden Händen an den Schultern. Joseph, rechts im Bild, auf seinen Stock gestützt, blickt auf ihn herab. In der Hl. Familie mit der hl. Elisabeth und dem Johannesknaben (sog. »Madonna Canigiani«, München, Alte Pinakothek, 1507/08) ist am deutlichsten die Dreieckskomposition verwendet, die R. gerne in der Florentiner Zeit den Madonnenbildern zu Grunde legte. Die Gestalten sind mit der rechts im Bild auf einem Rasenstück sitzenden ⋒, der links gegenüber knienden Elisabeth und dem auf seinen Stab gestützten, die Gruppe überragenden Joseph in einer Pyramide aufgebaut, die selbst wieder aus zwei sich überschneidenden Dreiecken, den beiden Mutter-Kind-Gruppen, besteht. Hinzu kommt die Rautenform der Gestalt des Joseph. Die Knaben sind vom jeweiligen Mutterschoß aus agierend einander zugewandt, Jesus mit dem Schriftband, als wollte er es lesen.

In der »Hl. Familie Franz I.« (oder »Große Hl. Familie«, Paris, Louvre, 1518) ist obiges Schema, durch mehrere ineinander geschobene Teildreiecke differenziert, weitgehend verschleiert. ⋒ kniet vor dem nachdenklich auf das Kind herabblickenden Joseph nach links und nimmt das aus einer Krippe steigende und ihr zustrebende Kind auf. Diesem nach rechts verschobenen Grunddreieck ist ein weiteres links hinterschoben. Elisabeth hält Johannes beidhändig umfangen und wird schräg rechts über ihrem Kopf von einem seitwärts blickenden Engel begleitet. Ein weiterer Engel links bekrönt ⋒ mit einem Blumengebinde.

Bei der »Kleinen Hl. Familie« (Paris, Louvre, um 1518) ist die Kompositionsspitze unter Weglassung Josephs in den Kopf der rechts sitzenden Madonna verlegt, die den links zu Johannes greifenden Jesus links von sich stehend hält. Elisabeth unterstützt, links kniend, ihr Kind und markiert die linke Ecke der Dreieckskomposition. Die 1518/19 gefertigte Hl. Familie unter der Eiche (sog. »Madonna della Quercia«, Madrid, Prado) zeigt die Gruppe, diesmal mit dem Johannesknaben, aber ohne Elisabeth, vor einer Ruinenlandschaft unter einer Eiche. ⋒ sitzt in der Bildmitte an ein Architekturstück gelehnt, hinter der rechts Joseph den Kopf aufstützend in üblicher, nachdenklicher Haltung auf die Kinder herabblickt. Die Mutter hält mit der Rechten das zu ihr aufblickende Kind auf dem rechten Knie. Christus greift mit seiner linken Hand an die Schriftrolle, die ihm Johannes entgegenstreckt.

Die letzte Hl. Familie schuf R. 1518/19 (sog. »Madonna della Rosa«, Madrid, Prado), bei der die vier beteiligten Personen näher an den Bildbetrachter herangerückt scheinen. ⋒ sitzt nach links gewendet und blickt auf Johannes, der zu Jesus auf ihrer linken Seite greift. Diesem Grunddreieck ist, Johannes überragend, der in dunkleres Licht getauchte Joseph beigesellt.

Die früheste thronende Madonna befindet sich auf dem Altar der sog. »Pala Colonna« (New York, Met. Mus., um 1503/05). ⋒ thront, mit dem Kind auf dem rechten Knie, unter einem Baldachin auf einem Stufenpodest. Links von ihr tritt der Johannesknabe heran und blickt auf den ihn segnenden Christus. Auf gleicher Höhe stehen zu beiden Seiten die hl. Cäcilia und die hl. Katharina. Am vorderen Bildrand wird die Gruppe durch die Apostel Petrus und Paulus komplettiert.

In der sog. »Pala Ansidei« (London, Nat. Gallery, 1505) thront ⋒ gegenüber dieser in eine Landschaft gesetzten Gruppe auf ihrem Stufenpodest unter einem schmäler gehaltenen Baldachin in einem kleinen durch eine Kassettentonne gedeckten Raum, der nach hinten zu durch einen breiten Bogen geöffnet ist. Hier fehlt der Johannesknabe und nur zwei Heilige (Johannes d. T., Nikolaus v. Bari) begleiten die Zentralfiguren. In der »Madonna del Baldacchino« (Florenz, Galleria Pitti, 1508) thront ⋒ wieder zwischen vier Heiligen, die sich im Gespräch miteinander befinden oder auf die Mutter-Kind-Gruppe weisen. Vor der Stufenanlage stehen zwei Engelskinder, die ein Schriftband lesen. Der durch einen kreisförmigen Baldachin mit einem rückwärts abschließenden, von zwei Engeln seitwärts gehaltenen, geschwungenen Vorhang überhöhte Thron steht in einer apsidenartigen Nische mit kassettiertem Gewölbe, das nicht von R. selbst stammt. Die letzte Thronmadonna ist die sog. »Madonna del Pesce« (Madrid, Prado, 1514/15), in der die Szenerie gegenüber den bisherigen Gestaltungen stark vereinfacht erscheint. ⋒ thront auf einem Steinstuhl, der nur durch ein einstufiges Podest erhöht wird. Von links führt Erzengel Raphael Tobias mit dem Fisch heran, rechts

Raffael, »Madonna Conestabile«, um 1504, St. Petersburg, Eremitage

steht der hl. Hieronymus mit Buch und dem Löwen. Sowohl die GM als auch der von der Mutter über dem linken Oberschenkel schwebend gehaltene Knabe blicken auf Tobias. Die Mittelgruppe ist weniger repräsentativ nur mit einem schräg über die Hintergrundfläche gezogenen Vorhang nach hinten abgeschlossen.

Mit zu den wichtigsten Werken R.s gehören schließlich die halb- oder ganzfigurigen Madonnenbilder. In diesem Genre entwickelte der Künstler die meisten Variationen, so daß er zu den bedeutendsten Madonnenmalern überhaupt gehört. Das erste Bild dieser Art ist ein Fresko mit der stehenden Madonna und dem schlafenden Kind in Urbino (Casa Santi, um 1497). ₥ sitzt hier im Profil nach links und hält den auf ihrem Schoß schlafenden Knaben gegen ihre Brust gedrückt. Anstelle der derberen Frauengestalt im Fresko beginnt R. bei der lesenden Madonna mit Kind (»Madonna Solly«, Berlin, Staatl. Mus., um 1500/01) mit einem Frauentyp, der alle seine Schöpfungen prägt. ₥ ist da eine aristokratische Dame, die trotz ihrer distinguierten Haltung tiefe Empfindsamkeit erkennen läßt. Die Mutter, vor einer Landschaft plaziert, liest in einem Buch, nach dem das Kind das Köpfchen wendet, während es in der Linken einen Stieglitz hält, der an eine feine Schnur gebunden ist. Die Pose des Kindes, dessen Körper nach rechts gewandt ist, während der Kopf nach links schaut, hat R. von Perugino übernommen. Abgeschwächt wiederholt er das in der Madonna mit dem segnenden Kind zwischen dem hl. Hieronymus und dem hl. Franziskus (Berlin, Staatl. Mus., um 1500/01).

Bei der »Madonna Diotalevi« (Berlin, Staatl. Mus., um 1502/04) sitzt der segnende Knabe rechts auf dem Oberschenkel der Mutter, während ihm gegenüber der kreuztragende Johannes von ₥ herangeführt wird. Die »Madonna

Conestabile« trägt den nackten Sohn auf ihrer Hand, der in das Buch der Mutter schaut (ursprünglich mit Apfel, St. Petersburg, Eremitage, um 1504). Die gegen 1504 entstandene »Madonna del Granduca« (Florenz, Galleria Pitti) markiert den Beginn der Hochblüte R.s als Madonnenmaler. Ganz allmählich, mit sehr feinen Übergängen im Ton, treten die Gestalten aus dem Dunkel des Bildgrundes hervor. Wie eine Erscheinung mit doch greifbarer Realität ist ⓜ eine jungfräuliche Heilige, deren Blick mit gesenkten Lidern mild und sanft nach schräg unten fällt. Die feine runde Form des zarten Gesichtes entspricht im substantiellen Aufbau dem Körper des Knaben, den ⓜ auf der linken Hand trägt und mit der Rechten an der Brust stützt. Auch das Kind blickt, sich zurückwendend, nicht auf den Bildbetrachter, sondern schräg nach unten.

Die »Madonna Terranuova« (Berlin, Staatl. Mus., um 1504/05) transponiert die sich im Malstil ausdrückende Zärtlichkeit in eine pyramidal aufgebaute Gruppe, in der der Knabe quer über dem Schoß liegt und das vom Johannesknaben links gehaltene Schriftband aufnimmt. Rechts besetzt im Tondo ein Engel die andere Ecke des Dreiecks. Neu ist hier der Kontrast zwischen lebendig bewegtem Kind und ernstem ruhigen Blick der Mutter auf den Sohn.

In der »Madonna Northbrook« (London, Sammlung Earl of Northbrook, um 1507) sitzt ⓜ in einer weiten Landschaft; sie hält das nach links gewandte Kind vor ihrem Schoß und blickt auf den links knienden Johannesknaben. Die »Madonna del Cardellino« (»Madonna mit dem Stieglitz«, Florenz, Uffizien, 1507) bringt einen ähnlichen Gruppenaufbau, nur blickt ⓜ hier von ihrem Buch auf und erkennt die Passionssymbolik des von Johannes gereichten Vogels. In der Madonna »La Belle Jardinière« (»Die schöne Gärtnerin«, Paris, Louvre, 1507) ist die zwiespältige Empfindung der Mutter zwischen Liebe und Vorausahnung des Leids noch gesteigert. Sie ist hier dem links stehenden Knaben direkt zugewandt, wogegen Johannes rechts vor ⓜ kniend mit dem Kreuzstab auf Christus blickt.

Bei der »Madonna Colonna« (Berlin, Staatl. Mus., um 1507/08) führt R. eine Geste der Vertrautheit ein, die er variierend noch einmal wiederholt (»Große Madonna Cowper«, Washington, Nat. Gallery, 1508). Das Kind greift hier, auf dem linken Oberschenkel sitzend und aus dem Bild herausblickend, an den Halsausschnitt der Mutter, die ihn mit der rechten Hand an der Hüfte stützt.

Die »Madonna Tempi« (München, Alte Pinakothek, um 1508) schließlich gibt eine Variante, in der die Mutter das Kind eng an die Wange drückt und beidhändig an sich zieht. Trotz seitlich ausschwingendem Gewand, das der jungfräulichen Mutter eine ganz eigentümliche Mächtigkeit und Größe verleiht, trägt das Bild eine Zartheit der Beziehung vor, die bei ähnlichen Baumustern (»Madonna dell Torre«, London, Nat. Gallery, um 1510; »Madonna della Sedia«, Florenz, Galleria Pitti, um 1514) nicht mehr erreicht wird.

Bei der »Madonna mit Diadem« (Paris, Louvre, um 1510/11) schuf R. eine Mutter-Kind-Gruppe, die breiter gelagert beide Figuren — hier mit dem Johannesknaben — weiter auseinanderzieht. Das Kind liegt links schräg ins Bild gesetzt schlafend vor der am Boden knienden Mutter, die den Schleier über ihm hochhält (mit wachem Kind auf einem Bett vor dunklem Hintergrund früher in der »Madonna di Loretto«, Paris, Louvre, 1509).

Neben den Variationen bisher durchgespielter Kompositionsmuster (»Madonna d'Alba«, Washington, Nat. Gallery, um 1511; »Madonna della Tenda«, München, Alte Pinkothek, um 1514; »Madonna del Paseggio«, Edinburgh, Nat. Gallery, um 1517/18; »Madonna del Divino Amore«, Neapel, Museo Naz. di Capodimonte, um 1518/19) malte R. einige repräsentative Großbilder, die die Madonna ganzfigurig als Himmelserscheinung zwischen Heiligen zeigt. In den Wolken thronend über dem hl. Johannes d. T. und dem Stifter Sigismondo de' Conti hält ⓜ einmal das Kind links sitzend auf ihrem hochgestellten Oberschenkel (»Madonna di Foligno«, Rom, Pinacoteca Vaticana, um 1512). Das berühmteste Bild dieses Typs ist die sog. »Sixtinische Madonna« von etwa 1513 (Dresden, Staatl. Gemäldesammlung). Zwischen zur Seite gerafften Vorhängen schwebt ⓜ mit dem Kind auf den Armen über einer Brüstung, auf die sich zwei Kinderengel stützen. Seitlich unterhalb knien verehrend die hl. Barbara und der hl. Sixtus. Trotz deutlich fühlbarer realer Körperlichkeit ist die Zentralgruppe über alles Irdische erhoben. Alles Menschliche scheint hier bis zum Göttlichen gesteigert und eine Stufe in der Kunst erreicht, die als Klassik nicht mehr überboten werden kann.

Lit.: A. Gruyer, Les Vièrges de R. et l'iconographie de la Vièrge, Paris 1869. — J. A. Crowe, G. B. Cavalcaselle, R., London 1882. — A. Rosenberg, R., Stuttgart 1904. — A. Venturi, R., 1920. — G. Gronau, R., 1923. — D. Redig de Campos, R. e Michelangelo, 1946. — E. Camesasca, Tutta la pittura di R., 1962. — O. Fischel, R., 1962. — L. Dussler, R., 1966. — M. Salmi, R. — E. Ullmann, The Complete Works of R., 1979. — E. Ullmann, R., 1983.
N. Schmuck

Rahel. I. EXEGESE. R. bedeutet »Mutterschaf«. Nach Gen 29,6—30 ist sie eine Tochter des Aramäers Laban, dem Jakob um sie sieben Jahre dient. In der Hochzeitsnacht unterschiebt ihm aber Laban seine ältere Tochter Lea; Jakob muß um R. weitere sieben Jahre dienen. Jakob liebt R. mehr als Lea, doch bleibt sie lange kinderlos. Endlich gebiert sie Joseph, über den sie zur Stammutter der »Joseph-Stämme« Efraim und Manasse wird (Gen 29f.). Als sie mit Jakob unterwegs nach Kanaan ist, gebiert sie noch Benjamin und wird so die Stammutter des gleichnamigen Stammes, stirbt aber bei der Geburt und wird auf dem Weg zwischen Bet-El und Efrat im Gebiet von Benjamin begraben (Gen 35,16—19), was mit Jer 31,15 und 1 Sam 10,2 übereinstimmt. Ein Zusatz von Gen 35,19 identifiziert aber Efrat mit dem Wohnsitz eines Clanverbands Efrat bei Betlehem. Darum zitiert Mt 2,18 Jer 31,15 in Zusammenhang mit der Klage der Mütter von Betlehem über den Kindermord, und sucht die jüdische und christl. Tradition das R.-Grab bei Betlehem. Als die schöne, von Jakob bevorzugte Frau, als die nach Betlehem Wandernde und als die über ihre Kinder klagende Mutter wurde R. von den Kirchenvätern und von der christl. Kunst typologisch auf ℳ bezogen.

Lit.: J. Muilenburg, The Birth of Benjamin, In: JBL 75 (1956) 194–201. — M. Tsevat, Studies in the Book of Samuel: Interpretation of 1 Sam 10,2: Saul at Rachel's Tomb, In: HUCA 33 (1962) 107–118. — O. Eißfeldt, Jakob-Lea und Jakob-Rahel, In: FS für H.-W. Hertzberg, 1965, 50–55, jetzt, In: Ders., Kleine Schriften IV, 1968, 170–175. — G. Lombardi, H. Fārāh—W. Fārāh presso Anatot e la questione della Tomba di R̄ahel, In: SBFLA 20 (1970) 299–352. — Ders., La Tomba di R̄ahel, 1971. — G. Garbini, La tomba di Rachele ed ebr. *bĕrâ »ora doppia di cammino«, In: BibOr 19 (1977) 45–48. — I. G. Pančovski, Obrazy na bibleiskama Rachil (bulgarisch = Bilder von der biblischen R.), In: Duchovna Kultura 57 (1977) 13–21. — D. L. Barlett, Jeremiah 31,15–20, In: Interp. 32 (1978) 73–78. — B. Lindars, »Rachel Weeping for Her Children« — Jeremiah 31,15–22, In: JSOT 12 (1979) 47–62. — L. Landau, Rachel et Lea, In: Le Monde de la Bible 30/3 (1983) 50f. — C. Charlier, Les matriarches, 1985. — N. P. Lemche, Rachel and Lea, or: On the Survival of Outdated Paradigmas in the Study of Virgin of Israel, In: Scandinavian Journal for the Old Testament 1 (1987) 127–153; 2 (1988) 39–65. — B. Diebner, Rahels Niederkunft bei Bethlehem und die Vereinnahmung der israelitischen Königstradition, In: Dielheimer Blätter zum AT 26 (1989/90) 48–57. — H. Dase, Der hæsæd der mesopotamischen Frauen und seine Bedeutung für die Heilsgeschichte Israels, ebd. 162–172. — C. Naurerth, R. und Maria auf dem Weg nach Bethlehem, ebd. 58–69. — E. L. Fackenheim, The Lament of Rachel and the New Covenant, In: Cross Currents 40 (1990) 341–344. — T. Knopf, R.s Grab, In: Dielheimer Blätter zum AT 27 (1991) 73–137. — J. Zatelli, The Rachel's Lament in the Targum and Other Ancient Jewish Interpretations, In: RivBib 39 (1991) 477–490.   J. Scharbert

II. IKONOGRAPHIE. Als Typus der → Ekklesia steht R., die erwählte Braut, der ungeliebten Lea als Typus der Synagoge gegenüber. Diese im MA geläufige Deutung der zwei Frauen Jakobs (Glossa ordinaria, Lib. Gen. XXIX, PL 113, 156) erfährt in der → Concordantia Caritatis eine typologische Verbindung zum Lanzenstich bei der Kreuzigung Christi: Als atl. Präfiguration der Öffnung der Seitenwunde gelten die Erschaffung Evas aus Adams Rippe (Geburt der Ekklesia am Kreuz) und die Annahme R.s und Verstoßung Leas durch Jakob (Erwählung der Ekklesia und Abwendung von der Synagoge) (kolorierte Federzeichnung in Cod. 151 der Bibl. des Zisterzienserstiftes Lilienfeld, vgl. Guldan, Abb. 36).

Nach anderer Auslegung verkörpern Lea, die Jakob sechs Söhne gebar, und R., die lange unfruchtbar blieb und abwartend »zuschauen« mußte, die vita activa und vita contemplativa (Augustinus, Contra Faustum XXII, 54, CSEL 25,6438ff.; Richard v. St. Victor, Benjamin minor I–IV, PL 196,1ff.). Vita activa und vita contemplativa werden weniger als gegensätzliche denn als komplementäre Formen der sittlichen Lebensführung verstanden, die beispielhaft im Leben ℳs vereint werden: »Ave clemens o Maria,/ Mente Rachel, actu Lya,/ Hoc modo, non aliter:/ Rachel, quia contemplaris/ Lya, quia fecundaris,/ Tamen dissimiliter« (Leselied des 13. Jh.s, zitiert nach Meersseman I 213; vgl. Richard v. St. Laurentius, De laudibus Beatae Mariae Virginis IV 35: De actione et contemplatione Mariae). Im Traumbild des 27. Purgatorio-Gesanges der Göttlichen Komödie greift → Dante auf diese Interpretation von R. und Lea zurück. Als Repräsentantin der Kontemplation steht R. bei der Vision der Himmlischen Rose (Paradiso 35) ein Platz in unmittelbarer Nähe ℳs zu — gleich nach → Eva und vor → Sara, → Rebekka, → Judit und → Rut (Miniatur, Giovanni di Paolo zugeschrieben, in einem Sieneser Codex um 1445, London, Brit. Library, Ms. Yates Thomson 36, fol. 187r; vgl. C. Ricci, La Divina Commedia di Dante Alighieri nell' arte del Cinquecento, 1908).

R. und Lea, zusammen mit Eva, → Batseba, → Ester, Judit und zwei → Sibyllen, huldigen ℳ bei der Krönung im himmlischen Hofstaat (Filippo Lippi, Apsisfresko, Dom S. Maria Assunta, Spoleto, 1468). Unter mehreren atl. Präfigurationen ℳs im ausführlichen Programm der Guadalupe-Kapelle im Madrider Kloster der Descalzas Reales stellt Sebastian de Herrera Barnuevo 1653 R. als junge Frau mit ihren Söhnen Joseph und Benjamin dar. Das von Luca Giordano 1687 ausgeführte Programm in SS. Annunziata in Neapel umfaßte ursprünglich atl. ℳvorbilder in szenischer Gestaltung: Reise Rebekkas, Begegnung der Königin von Saba mit Salomo, Begegnung Jakobs und R.s am Brunnen usw. (1757 durch Feuer zerstört). Als Hirtin mit Stab wird R. dargestellt in der Reihe der »Vorbildlichen Frauen«, die der Geburt ℳs vorausgehen (Fresko von Carl Müller in der Apollinariskirche in Remagen, um 1845/50), als Typus der »Mater amabilis« (Litanei-Illustration von Klauber, 1750; der Begleitkommentar von Franz Xaver Dornn spielt auf ihre Schönheit an — »Rachel venusta facie«, Gen 29,17 — die noch von der Schönheit ℳs übertroffen wurde). Pierre Adolphe Varin fügt in seiner geschickten Umsetzung der Klauberschen Vorlage Brunnen und Schaf attributiv hinzu (Stichfolge der Lauretanischen Litanei, 1849).

Ein wiederkehrendes Motiv der Heilsgeschichte — von den Stammüttern Israels bis zur apokryphen Annalegende — ist die wunderbare Geburt eines Kindes nach langer Sterilität. Dies ist Thema eines Kupferstiches von Hendrick Goltzius, um 1580: ℳ thront inmitten sieben mit Namen bezeichneter Mütter: Eva, Sara, Lea, R., die Mutter Simsons, Hanna und Elisabeth. Von einem Gnadenbrunnen gleiten nackte Kindergestalten zu den Frauen hinunter, »die Empfängis der Söhne andeutend, die das Geschick des auserwählten Volkes bis zur Ankunft des Messias bestimmen sollten« (Guldan 84). Den Bezug erläutern emblematische Medaillons und Bibeltexte im kunstvollen Rahmenwerk.

Auf eine weit zurückreichende Tradition der typologischen Verknüpfung zwischen der trauernden R. (Jer 31,15; Mt 2,17f.) und der im → Jakobusvangelium des Jakobus geschilderten Trauer ⟨M⟩s auf dem Weg nach Betlehem (vgl. NTApo I 348) deutet die Erbauung einer ⟨M⟩kirche hin, die nach der Überlieferung um die Mitte des 5. Jh.s durch die vornehme Dame Hikelia an der Stätte Palaion Kathisma auf der Anhöhe Ramat Rahel südöstlich von Jerusalem gestiftet wurde (C. Nauerth, R. und Maria auf dem Wege nach Bethlehem, In: Dielheimer Blätter zum AT 26 [1989/90] 58ff.).

Lit.: Salzer 132. — E. Guldan, Eva und Maria. Eine Antithese als Bildmotiv, 1966. — M. Bocian, Lexikon der biblischen Personen, 1989, 434ff. — Réau II/1, 148ff. — Pigler I 64—73. — DACL XIII 25—30. — LCI III 491ff.   G. Nitz

Rahner, Hugo, SJ, *3.5.1900 in Pfullendorf/Baden, † 21.12.1968 in München, trat 1919 dem Jesuitenorden bei, studierte Phil. in Valkenburg/Holland (1920—23) und Theol. in Innsbruck (1926—31). Ab 1937 war er Ordinarius für Patristik und Alte Kirchengeschichte an der theol. Fakultät Innsbruck, 1945 Dekan der theol. Fakultät, 1949—50 Rektor der Universität Innsbruck und 1950—56 des internat. theol. Konvikts Canisianum; 1963 wurde er krankheitshalber emeritiert.

Neigung und Bildung machen R. zum ausgewiesenen Kenner der Antike, Alter Kirchengeschichte sowie der lat. und griech. Kirchenväter. Sein Werk ist von drei Hauptanliegen geprägt: 1. Er versteht als eine seiner Hauptaufgaben die zeitgenössische Vermittlung von Antike und Christentum und vertritt einen christl. Humanismus, der alles umfaßt, was wahr und gut ist, weil es seinen Ausgang von der Menschwerdung nimmt; 2. R. bestimmt die Eigenart und geschichtliche Verfassung der Kirche nach der Ekklesiologie der Kirchenväter und nach dem Verhältnis von Kirche und Staat durch die Jh.e; 3. R. versteht seine ignatianischen Studien als einen Beitrag zur Aufhellung der übergeschichtlichen Verwandtschaft zwischen moderner Spiritualität und altchristl. Frömmigkeit. Diese Themen spiegeln sich in seinem marian. Denken wider.

R.s marian. Schriften stellen nur einen Bruchteil seines Gesamtwerkes dar. Sie fallen in die Zeit von 1944 bis 1954. Auf dieses Jahrzehnt verteilen sich folgende Veröffentlichungen: über ⟨M⟩ als Mutter der Kirche (1944), die historische Entfaltung von ⟨M⟩kunde und -frömmigkeit (1947), Überlegungen zum marian. Dogma (bes. über die Assumptio; 1949—51), die Artikelsammlung über das geistliche Leben »Maria und die Kirche« (1951), ⟨M⟩s Stellung in den marian. Kongregationen (1952) und die Erörterungen zur marian. Frömmigkeit in der zeitgenössischen Kirche (1954). Obwohl überwiegend Gelegenheitsschriften und ohne übergreifende Systematik, lassen sich eine Reihe eindeutiger Akzente ablesen.

R.s marian. Denken ist durchgehend patristisch geprägt und bes. von Augustinus beeinflußt. Es weist entsprechend ekklesiotypische Züge auf. R. wird nicht müde, das Verhältnis von ⟨M⟩ und Kirche als Ineinanderschau, als gegenseitiges Spiegeln und als transparente Bilder zu bezeichnen. Indem er diese theol. Lesart der Urkirche neu mitanregt, wird er zum Wegbereiter einer ekklesiozentrischen Orientierung der Mariol. auf dem Zweiten Vaticanum.

R. arbeitet zahlreiche Berührungspunkte zwischen ⟨M⟩ und der Kirche heraus. ⟨M⟩ ist »Typos des Kommenden« und Vorbild, in dem sich die Kirche birgt und vollendet. Beide haben teil an der Gestaltung des ewigen Menschen und Mittlers Jesus Christus und leisten Geburtshilfe zum Glauben in der Taufe und Beihilfe im geistlichen Wachstum; beide sind sündenlos und immerwährend jungfräulich, beide tragen die Züge der starken Frau, des geistlichen Gefäßes und der apokalyptischen Frau; beider Vollendung und Vollkommenheit liegt im Jenseits. Die Unfehlbarkeit der Kirche »gründet in der nie wieder zurücknehmbaren Ewigkeit des Bundes, der in der Menschwerdung Gottes aus der Jungfrau begann«. Die Frau unter dem Kreuz und in der Apokalypse wird von R. mit Vorliebe zuerst auf die Kirche gemünzt.

In seiner Aufarbeitung der ⟨M⟩kunde in der lat. Patristik hebt R. den Einfluß der röm.-päpstlichen Mariol. hervor, deren Grundthemen von der GMschaft und ⟨M⟩s immerwährender Jungfräulichkeit handeln. Die außeröm. ⟨M⟩kunde von Tertullian bis Paschasius Radbert hebt daneben auch die Königinnenwürde, die Stellung der Immaculata im Heilswerk Gottes hervor und stellt ⟨M⟩ als ULF heraus, zugleich mütterlich und hehres Tugendvorbild.

R. begrüßt die Definition der Aufnahme ⟨M⟩s in den Himmel und hebt dabei v.a. deren kosmische, anthropol. und eschatol. Bedeutung hervor. An ⟨M⟩ erweist sich die endzeitliche Vollendung der Menschennatur an sich, die Würde von Leib und Geschlecht und das eschatol. Mysterium der Kirche. Als Assumpta bleibt ⟨M⟩ die apokalyptische Frau: sie ist zugleich verherrlicht und leidet mit an unserer Geburt zum Gottesreich. R. arbeitet den Parallelismus zwischen Assumptio und Priestertum heraus und zeigt ⟨M⟩ als Vorbild und Inbegriff priesterlicher Seelsorge. Er weist auf den engen Bezug zwischen Himmelfahrtsdogma und der Enzyklika »Mystici Corporis« hin.

R. glaubt an eine weitergehende Entwicklung des marian. Dogmas. Er findet dies bestätigt in der Definition der Assumptio, sieht kein Hindernis zur Definierung der mütterlichen Vermittlung aller Gnaden Christi (Mediatrix), lehnt es jedoch ab, im gegenwärtigen Zeitpunkt ⟨M⟩ »eine irgendwie unmittelbare Mitwirkung (aktiv oder rezeptiv) beim Erlösungsvollzug« (Corredemptrix) definitorisch zuzuschreiben.

⟨M⟩s Aufgabe und unsere Anteilnahme daran sieht R. in der marian. Kongregation verkörpert, welche die Wesenszüge der ignatianischen Übungen reflektieren. In Anlehnung daran sieht er ᚏ als grandioses Zeichen des Kampfes zwischen dem Wort und der Schlange. Sie erscheint vom Paradiesbericht bis zur Apokalypse als ULF von der Entscheidung. Königin der Selbstüberwindung und Selbstübersteigung ist sie zugleich ULF von der christl. Unruhe und der Demut im Dienst des gekreuzigten Heilandes.

Mit Verweis auf das Kana-Ereignis sieht R. in der Frau aller Frauen das Vorbild für den »feinen Blick der mütterlichen Frau«, durch den wahre Arbeitsfreude und wahre Muße erspürt und in Erinnerung gerufen werden.

Es ist R.s Überzeugung, daß das christl. Bewußtsein das marian. Element im Bezug zum Zentrum seines ganzen Systems, der Christol., situiert, und mit wachsender Klarheit seine Verwurzelung im Geheimnis der Kirche erkennt. Er entwirft eine kirchlich-marian. Spiritualität, in der das »Subjekt der Marienfrömmigkeit« mit der »Objektivität der Kirchenliebe« verbunden ist. Die beiden Frauengestalten ᚏ und Kirche sind eins in Christus dem Haupt und eins mit den Gläubigen.

WW: Mater Ecclesia, 1944. — Die Marienkunde in der lat. Patristik, In: Sträter I 137—182. — Noch ein neues Dogma. Das neue Wort über Maria, In: Orientierung 13 (1949) 13—15. 27—27. 41—43. — Maria und die Kirche, 1951. — Mariens Himmelfahrt und das Priestertum, 1951. — Die geistesgeschichtliche Bedeutung der marian. Kongregationen, 1952, 5—14. — Marian. Frömmigkeit in der Kirche der Gegenwart, In: Maria in Glaube und Frömmigkeit, hrsg. vom bischöflichen Seelsorgsamt Rottenburg, 1954, 129—146. — Ignatius v. Loyola, Briefwechsel mit Frauen, 1956. — Himmelfahrt der Kirche, 1961. — Kirche und Staat im frühen Christentum, 1961. — Ignatius v. Loyola als Mensch und Theologe, 1964. — Symbole der Kirche. Die Ekklesiologie der Väter, 1964. — Griechische Mythen in christl. Deutung, ³1966. — Abendland. Reden und Aufsätze, 1966. — Eine Theologie der Verkündigung, ³1970.

Lit.: J. A. Jungmann, In memoriam P. H. R., In: ZkTh 91 (1969) 76—78. — K. Rahner, Vorwort zu H. Rahner, Worte, die Licht sind, 1981, 7 —16. — H. Vorgrimler, Karl Rahner verstehen. Eine Einführung in sein Leben und Denken, 1988. — DThC, Tables III 3854. *J. Roten*

Rahner, Karl, SJ, * 5.3.1904 in Freiburg i. B., † 30.3.1984 in Innsbruck, studierte nach dem Eintritt in die Gesellschaft Jesu (1922) in Feldkirch/Vorarlberg, Pullach bei München, Valkenburg/Holland, Freiburg i. B. und Innsbruck (dort Promotion und Habilitation 1936/37). Es folgten das Tertiat in St. Andrä/Kärnten, die Jahre als Dozent in Innsbruck, Wien und Pullach sowie die Professuren in Innsbruck, München und Münster. Dr. h. c. mult. R. zählt zu den renommiertesten Theologen des 20. Jh.s.

Zur Transzendentaltheol., wie sie von R. maßgeblich entwickelt wurde, gehört eine beabsichtigte, aber oft übersehene Dialektik, die nicht zuletzt mit der Spannung zwischen den eigentümlich bestimmten Bewußtseinsschichten transzendental und kategorial zusammenhängt. So kann die phil. Anthropologie einerseits als Gottes- und Gnadenlehre sowie als Christol. erscheinen, während andererseits diese drei sich auch als Anthropologie auffassen lassen. Die Mariol. R.s steht von Anfang an in diesem umfassenderen, dialektisch geprägten und fundamentaltheol. konzipierten Kontext und nimmt an seiner Ambivalenz teil, selbst dort, wo die transzendentaltheol. Methode noch implizit ist. Dadurch verstärkt sich die dem Begriff der Exemplarizität wesentliche Spannung zwischen der Partikularität und der Gemeinsamkeit des Exemplars gegenüber den ihm sich asymptotisch Annähernden.

Wenn einerseits die Mariol. R.s stets im genannten Kontext stand, so hat er doch andererseits seine anthropologischen Grundpositionen sowie seine theol. Methodenlehre an den mariol. Kontroversen seiner Zeit in größtenteils noch unveröffentlichten Arbeiten entwickelt; dies gilt bes. für die Eschatologie und das Verhältnis Gnade — Freiheit bzw. Person — Natur (Leiblichkeit). Die Publikation der vor Ende 1950 verfaßten Monographie zu mariol. Fragen (überwiegend über »die Glaubenslehre von der Eschatologie der seligsten Jungfrau«, 165—423, in der Vervielfältigung von 1959) scheiterte 1950/51 und wieder 1954 (nach Modifizierungen in Antwort auf die Kritik und mit Ergänzungen in bezug auf das 100. Gedenkjahr der dogm. Definiton der UE) an den Veränderungswünschen der dt. und röm. Zensoren der Gesellschaft Jesu und am Vordringen neuer Aufgaben (vgl. Neufeld). 1967/68 überarbeitete R. seine Vorstudien für die Münsteraner Vorlesung »Theologie der personalen Heilsvermittlung (Mariologie)«. 1982 kam R. im Innsbrucker Kolloquien auf das Thema nochmals zurück. Inzwischen lag eine beträchtliche Zahl meist kleinerer Veröffentlichungen vor (1973 zählte man etwa 40 Originaltitel), nur selten in direkter Anwendung des ungedruckten Materials, dessen Erstveröffentlichung durch das R.-Archiv in Innsbruck vorbereitet wird.

Das mariol. »Fundamentalprinzip« im Frühwerk R.s, von dem aus alle Einzelaussagen der Mariol. im Rahmen des christl. Existenzverständnisses betrachtet und in ihrer anthropologischen Plausibilität gezeigt werden sollen, gilt ᚏ als »der in vollkommenster Weise Erlösten«. Was zur vollkommenen Erlösung gehört, wird an den Einzelthemen UE, Jungfrauengeburt und »Fiat« sowie Aufnahme ᚏs in den Himmel entfaltet (zum Wandel der Überlegungen R.s zur Jungfrauengeburt, vgl. Riesenhuber 99f., Anm. 197). Auch im späteren Werk, wo Jesus Christus selbst als das Paradigma der unüberbietbaren Vollendung und Erlösung der Menschheit stärker in den Vordergrund rückt (vgl. O'Connor und Johnson), wird das mariol. »Fundamentalprinzip« keineswegs aufgegeben, zumal die Menschwerdung Gottes und die menschliche Vollendung in größtmöglicher Transparenz zueinander bleiben. Die »Christologie von unten« zielt darauf, alle Menschen in die vollkommenste Weise der Erlösung miteinzubeziehen.

Wenn zum gegenwärtigen Zeitpunkt und im hier vorgesehenen Rahmen kein abschließendes

Urteil über R.s Mariol. möglich ist, so erscheint doch die von einigen Schülern wie Kritikern behauptete Nähe R.s zur ref. Theol. als fragwürdig, da nicht so sehr die erfahrene Notwendigkeit der Gnade als vielmehr die selbstverständlich gewordene Existenzverwandlung durch sie als anthropologisches Grunddatum betont wird. Ohne die Besonderheit Ms zu leugnen, liegt der Akzent eindeutig auf der Gemeinsamkeit des gnadenhaft verwandelten Exemplars (M oder Christus) mit der allgemein menschlichen Selbsterfahrung. So erscheinen bisweilen die Privilegien Ms als anthropologisch belanglos bzw. als ein »Elfenbeinturm«, der M von uns isoliere (Neufeld 437). Hingegen wäre kritisch zu fragen, ob nicht gerade eine qualifizierte Betonung des Privilegcharakters der leiblichen Aufnahme oder der UE potentiell die größere Sensibilität für den eschatol. und nicht selbstverständlichen Charakter christl. Hoffnung verspricht und jener verbleibenden Negativität der durch vorgängige Gottferne geprägten Existenz und Sterblichkeit eher Rechnung trägt, wie sie auch von der ref. Theol. wie vom zeitgenössischen Denken hervorgehoben wird.

WW: ungedruckt: Mariologie, Rahner-Archiv, Innsbruck, Rahn I, B, 13—20; hektographierte Fassung: I, E, 100. — Theologie der personalen Heilsvermittlung, Rahner-Archiv, Rahn I, E, 110. 112. 113. — Kolloquien von 1982, Rahner-Archiv, Rahn I, E 102—125. — gedruckt: vgl. R. Bleistein und E. Klinger, Bibliographie K. R. 1924—69, 1969, 111; Riesenhuber 122—124; Tello 356f. — Von den im wesentlichen ungedruckten Arbeiten sind einige Auszüge und Exkurse als eigenständige Arbeiten erschienen: Le principe fondamental de la théologie mariale, In: RSR 42 (2954) 481—522. — Zur Theologie des Todes, 1958. — Dogmatische Bemerkungen zur Jungfrauengeburt, In: K. S. Frank u. a. (Hrsg.), Zum Thema Jungfrauengeburt, 1970, 121—158.
Lit.: A. C. Cochrane, The Theological Basis of Liturgical Devotion to Mary Re-examined, In: MarSt 19 (1968) 49—69. — D. K. Correl, A Protestant Response to »The Theological Basis of Liturgical Devotion to Mary Re-examined«, ebd. 70—75. — K. Riesenhuber, Maria im theol. Verständnis von Karl Barth und K. R., 1973. — J. T. O'Connor, Modern Christologies and Mary's Place therein: Dogmatic Aspect, In: MarSt 32 (1981) 51—75. — E. A. Johnson, Mary and Contemporary Christology. R. and Schillebeeckx, In: Eglise et Théologie 15 (1984) 155—182. — N. Tello Ingelmo, In memoriam. K. R., un mariólogo en la memoria, In: EphMar 34 (1984) 353—357. — K. H. Neufeld, Zur Mariologie K. R.s: Materialien und Grundlinien, In: ZkTh 109 (1987) 431—439. — Zum Grundgefüge vgl. R. Schenk, Die Gnade vollendeter Endlichkeit. Zur transzendentaltheologischen Auslegung der thomanischen Anthropologie, 1989.
R. Schenk

Raimondi, Pietro, * 20. 12. 1786 in Rom, † 30. 10. 1853 ebd., ital. Komponist, studiert am Conservatorio della Pietà dei Turchini in Neapel, bevor er 1807 nach Genua übersiedelt und dort seine erste Oper aufführt. Seit 1810 ist er ständig auf Reisen und macht sich v. a. als Opernkomponist einen Namen. 1824 nimmt er die Stelle des Direktors der königlichen Theater in Neapel an, wird ein Jahr später Prof. für Kontrapunkt am königlichen Konservatorium und wechselt 1833 ans Konservatorium nach Palermo. 1852 erhält er das Amt des Kapellmeisters in St. Peter in Rom. Sein Werk, bedeutend durch eine herausragende Kontrapunktik, enthält Opern, aber in späterer Zeit auch viel geistliche Musik (Kantaten, Oratorien), darunter drei Stabat Mater.

Lit.: F. Florino, Cenno storico della scuola musicale di Napoli, Neapel 1869. — F. Cicconetti, Memorie intorno P. R., Rom 1867. — MGG X 1876. — Grove XV 543f. — DMM VI 211f.
L. Berger

Raimund v. Capua, sel. Dominikaner, * um 1330 in Capua aus der adeligen Familie de Vineis, † 5. 10. 1399 in Nürnberg, war Dominikaner seit 1347/48, 1358—62 Lektor in Rom und Bologna, 1367 und 1378 Prior der Minerva in Rom, 1374 Studienregens in Siena und Seelenführer der hl. → Katharina v. Siena, 1380—99 Ordensgeneral, der im Abendländischen Schisma auf der Seite des röm. Papstes Urban VI. stand, und bedeutender Ordensreformator. Leo XIII. bestätigte am 15. 5. 1899 seinen Kult (Fest: 5. Oktober).

R. war ein großer Mverehrer. Die Feste Ms beging er mit Hochamt und Predigt in der Volkssprache, wobei er jedesmal ein marian. Wunder erzählte. Er schrieb über das Magnificat (verschollen) und verfaßte für den Orden das Officium zum Fest Me Heimsuchung. Für ihn ist M die Mutter der Gnade und Barmherzigkeit, die freigiebig Gnaden austeilt und sie auch Sündern nicht versagt. Jedem Bedürftigen öffnet sie ihre Hand und hält sie ständig helfend allen Armen entgegen. Sie ist für alle ein unerschöpflicher Quell (vgl. Vita, 49); sie ist die Mutter der Barmherzigkeit, die immer bereit ist, die Betrübten zu trösten (ebd. 382). Ihr zu Ehren veranlaßte R., daß in die Hymnen des Officiums der Mfeste eine vorletzte Strophe eingefügt werde: »Maria mater gratiae, mater misericoriae, tu nos ab hoste protege, et hora mortis suscipe« (Acta cap. gen. O. P. III, In: Monumenta OP Hist. VIII 934). M soll R. die geistliche Führung der hl. Katharina v. Siena anvertraut haben. Er sei ihr schon seit Jahren von M versprochen worden als der von ihr erwählte Beichtvater. R. berichtet, daß er in Genua vor einem Mbild stand und betete, als er durch eine innere Stimme den Tod und die Verherrlichung Katharinas erfuhr (vgl. Vita, 381f.).

WW: Legenda S. Agnetis de Montepolitano, In: ActaSS XI 790—812; ital.: Sant'Agnese Poliziana, a cura di U. Boscaglia, 1954. — Legenda S. Catharinae Senensis, In: ActaSS XII 861—967; ital.: S. Caterina da Siena, vita scritta dal b. Raimondo da Capua ..., trad. dal P. G. Tinagli, 1982; engl.: G. Laub, The Life of St. Catherine of Siena by blessed Raymond of C., 1960. — Officium de Visitatione B. Mariae Virginis, In: AHMA 24, 94—98. — B. Raimundi Caperani Opusculae et litterae, ed. H. M. Cormier, Romae 1899; cf. AFP 30 (1960) 216. — Th. Kaeppeli, Registrum litterarum fratris Raymundi de Vinei Capuani, 1937.
QQ: H.-M. Cormier (ed.), Vita del B. Raimondo da C., Rom 1909. — A. Mortier, Histoire des Maîtres Géneraux de l'ordre des Frères Prêcheurs, III, Paris 1907, 491—686. — R. Fawtier, S. Catherine de Sienne I, 1921. — Fontes Vitae s. Catharinae Senensis historici, ed. H. M. Laurent und F. Valli, 1936.
Lit.: G. P. Lorgna, Cenni sulla vita del b. R. di C., Bologna 1900. — H.-M. Cormier, Le bienheureux Raymond de Capoue, Rom 1902. — M. H. Laurent, Il processo Castellano (Fontes vitae S. Caterinae Senensis historici, 9), 1942, 417f. — S. Caterina da Siena, Epistolario, ed. U. Meattini, ³1979, 1261—1350. — A. W. van Roe, Raymond de Capoue, Eléments biographiques, In: AFP 33 (1963) 159—241. — Kaeppeli III 288ff. — LThK² VIII 974. — BSS XI 8—11 (Bilder). — DSp XIII 167—171 (WW, Lit.).
M. R. Schneider (W. Baier)

Raimund v. Peñyafort, hl. Dominikaner, * um 1175 in Peñyafort (bei Villafranca/Barcelona), † 6.1.1275 in Barcelona, kam, zum geistlichen Stand bestimmt, zum Studium der »freien Künste« und der Theol. nach Barcelona und wurde dort zum Priester geweiht. 1210—18 studierte er Rechtswissenschaft in Bologna, wurde dort Doctor decretorum und Prof. des Kirchenrechts, das er hier bis 1221 lehrte. Dann kehrte er nach Barcelona zurück und wurde zum Kanoniker ernannt. 1222 trat er in den Dominikanerorden ein. 1223—29 war er Lehrer an der Ordenshochschule, 1230—38 in Rom Pönitentiar und Kaplan des Papstes Gregor IX., der ihn mit der Sammlung der päpstlichen Dekretalen beauftragte, 1238—40 Ordensgeneral. 1601 wurde er heiliggesprochen (Fest: 7. Januar).

Bestimmend für R. war ein Erlebnis während seiner Reise nach Bologna. Er wurde Zeuge eines Heilungswunders, das sich in der Nähe des Dorfes Dalbeza auf Grund des Gebets zu ᛘ an einem zu Tode verstümmelten Kind ereignet hatte und das er persönlich 1271 nach 60 Jahren aufgezeichnet hat. Das Erlebnis war so nachhaltig, daß schon der Name ᛘ ihn sichtlich bewegte und er unermüdlich bestrebt war, ihre Verehrung im Volk zu verbreiten und zu vertiefen. Als Kanoniker in Barcelona beging er mit großer Feierlichkeit das Fest ᛘe Verkündigung. ᛘ, die Mutter der Barmherzigkeit, gab ihm ein Herz für die Not der Armen und bes. für die von den Moslems gefangenen Christen. Auf ihre Anregung wurde er mit dem hl. Petrus Nolaskus, dessen Beichtvater er war, und König Jakob von Aragon Mitbegründer und Organisator der →Mercedarier, des Ordens »ULF von der Barmherzigkeit zur Erlösung der Gefangenen«. ᛘ war in der gleichen Nacht den Dreien erschienen und hatte sie gebeten, einen Orden zu gründen, deren Mitglieder sich bis zum Tod für den Loskauf von gefangenen Christen einsetzen sollten. Im Sinn und im Dienst der Königin der Apostel wurde R. Organisator der Mission zur Bekehrung der Juden und Mauren, ermunterte die Missionare die arabische Sprache zu lernen und den Koran zu studieren, und gründete Studienhäuser zur Schulung in den orient. Sprachen. In diesem Sinne regte R. den hl. Thomas v. Aquin an, die »Summe gegen die Heiden« zu schreiben.

WW: Les Constitutions des Frères Prêcheurs dans la rédaction de s. Raymond de P., In: AFP 18 (1948) 5—68. — S. Raymundi de Pennaforte op. om., ed. J. Rius-Serra, 3 Vol., 1949—54; III: Diplomatorio enthält die Akten des Diözesanprozesses von 1318 und einen großen Teil zeitgenössischer Zeugnisse über R. — Op. om., ed. Ochea und A. Diez, I: Summa de iure canonico, 1975; II: Summa de paenitentia, 1976; III: Summa de matrimonio, 1978.
QQ: ActaSS I 404—429. — Fr. Penia, Vita S. Raymundi ..., Romae 1601. — S. Pons, Histori von dem Leben und Wunderwercken deß heylichen Raimundi de Penyaforte ..., München 1602.
Lit.: L. Rockinger, Berthold v. Regensburg und R. v. Penifort im sog. Schwabenspiegel, München 1877. — L. Boitel, S. Raymond de Pennafort, Lille 1897. — A. Walz, S. Raymundi de P. auctoritas in re paenitentiali, 1935. — Ders., I Santi domenicani, 1968, 21—24. — Th. M. Schwertner, S. Raymondo da P., 1975. — F. Holböck, Geführt von Maria, 1987, 293. — Kaeppeli II 283—287. — LThK² VIII 977. — BSS XI 16—24 (Bild). — DSp XIII 190—194 (WW, Lit.). — DIP VII 1193 ff.

M. R. Schneider/W. Baier

Raimundus Lullus → Lullus, R.

Raimundus de Vineis → Raimund v. Capua

Raitenhaslach, Lkr. Altötting, seit 1821 Bistum Passau, vorher Salzburg, ehemalige Zisterzienserabteikirche St. Georg (bis 1803 ᛘe Himmelfahrt).

788 wird R. zum ersten Mal erwähnt, 1186 kommt der romanische Bau mit der Weihe des Hochaltars zu einem gewissen Abschluß; 1694/98 folgt der Umbau der romanischen Basilika zu einer tonnengewölbten Anlage; 1803 wird R. säkularisiert, 1806 als Pfarrkirche wiedereröffnet.

Unter marian. Aspekt bedeutsam ist das für Zisterzienserkirchen charakteristische Patrozinium ᛘe Himmelfahrt. Der Aufnahme ᛘs in den Himmel ist deshalb auch das Hochaltarblatt von Johann Zick gewidmet. Vom gleichen Künstler stammen die Deckenfresken mit Szenen aus dem Leben des hl. Bernhard, u. a. mit der →Lactatio Bernhardi. In der zweiten nördlichen Pfeilernische steht der ᛘaltar mit einer Kopie des Altöttinger Gnadenbildes, den Abt Emanuel I. Scholz 1704 für die Errettung R.s aus den Wirren des Span. Erbfolgekrieges gelobt hatte.

Wallfahrtskirche Marienberg. Zu R. gehört die ehemalige Pfarr- (1146—1814) und heutige Wallfahrtskirche Marienberg, die 1203 erstmals in den Quellen erscheint, als Erzbischof Eberhard II. von Salzburg mit Zustimmung von Papst Innozenz III. die Pfarrkirche von Marienberg ans Kloster R. übergab. Nach der Tradition aber habe an der Stelle der heutigen Kirche schon lange vor der Gründung R.s eine hölzerne Kirche mit einem ᛘbild gestanden. Von ihr wie auch von den nachfolgenden ma. Bauten ist nichts mehr vorhanden. Die Wallfahrt auf den Marienberg entstand wohl im Zusammenhang mit den kirchlichen Neuerungen nach dem Konzil von Trient. Abt Matthias Stoßberger gründete 1595 einen Rosenkranzbund und Abt Adam Rampold 1627 eine Rosenkranzbruderschaft, deren Mitgliederzahl bis 1797 auf 53 915 anstieg. Der »abbas Mariophilus« Emanuel II. Mayr ließ die für die zahlreichen Pilger zu klein gewordene ma. Kirche abreißen und legte 1760 den Grundstein für die heutige doppeltürmige Wallfahrtskirche, deren marian. Programm er selber mit entworfen hat.

Die gesamte von Alois Mayr († 1771) aus Trostberg erbaute Anlage ist ein »zu Stein gewordenes Rosenkranzgebet«: zunächst drei (als Symbol für die drei Anfangs-Ave Maria des Rosenkranzes), dann fünf mal zehn Stufen (Symbole für die fünf Gesätze des Rosenkranzes) führen zum Eingang der Kirche hinauf. Die Deckenfresken von Martin Heigel († 1776) entfalten ein geschlossenes marian. Programm: in den Altarnischen zeigen sie die Geheimnisse des freudenreichen Rosenkranzes sowie marian. Symbole, in der Kuppel ebenso marian. Symbole (Garten, Zeder, Brunnen, Turm Davids) und als zentrales Thema die »Kirche als Schiff«, an dessen Kurs ℳ entscheidenden Anteil hat. Auf dem Hochaltar von Georg Lindt († 1795) steht das frühbarocke Gnadenbild der GM als Königin des Rosenkranzes, das während der Bauarbeiten an der Kirche nach R. ausgelagert war und am 30. 9. 1764 in feierlicher Prozession auf den Marienberg zurückkehrte. Bürgerprotest verhinderte den Abbruch der Kirche in der Säkularisation; am 1. 11. 1811 folgte die Wiedereröffnung. Auf dem Weg von Burghausen nach Marienberg wurden 1726 15 Stationen mit den Rosenkranzgeheimnissen aufgestellt.

Lit.: E. Krausen, Zur Vollendung der Wallfahrtskirche Marienberg vor 200 Jahren, In: Ostbayerische Grenzmarken 7 (1964/65) 199—205. — E. Krausen und K. Kreilinger, Marienberg, [4]1988. — W. Hopfgartner, Raitenhaslach, [10]1992. — Dehio-Oberbayern, 1991, 618—620. 998—1002. *F. Trenner*

Ramon, Tomás de, * 1569 in Alcañiz (Provinz Teruel), † 3. 6. 1604 ebd., trat mit 16 Jahren dort in den Konvent der Dominikaner ein. Der angesehene Volksmissionar, begabte Rhetoriker und Theologe wurde zwei Mal zum Prior gewählt. Sein lit. Werk besteht zum größten Teil aus Sammlungen von Predigten, die wahrscheinlich alle von ihm selbst gehalten worden sind.

Seine marian. Aussagen sind v. a. in den »Flores escogidas« und »Puntos escriturales« zu finden, als Kommentare zu den Perikopen, die er auslegt, und oft mit Väterzitaten belegt. So deutet er z. B. im Kommentar zum 12. Kapitel der Offb, das er auf ℳ bezieht, die Sonne, die sie bekleidet, als die Heiligkeit im Sinne atl. Gerechtigkeit, die sie in der Fülle der Gnade empfing. Diese Heiligkeit habe der Schönheit ihres Angesichtes eine Ausstrahlung verliehen, die auch auf Joseph und Elisabeth wirkte. Auch in seinen Betrachtungen nach dem Dreifaltigkeitsfest bezeichnet er ℳ als Freude und Herrlichkeit des Himmels, da sie die besondere Wonne Gottes ist, dessen Freude es ist, bei den Menschen zu wohnen. Der Tradition des Predigerordens folgend, betrachtet er den Rosenkranz als Geschenk ℳs an den hl. Dominikus; seine Darlegungen wollen dieses Gebet, das zu früheren Zeiten bei der Bekehrung der Häretiker geholfen habe, fördern und so zur Überwindung der Häresie seiner Tage beitragen.

WW: Flores nuevas cogidas del vergel de las divinas ..., Barcelona 1614. — Cadena de oro, hecha de cinco eslabones y por diálogo ..., Barcelona 1610. — Puntos escriturales de la Sagrada Escritura y los SS. PP. ..., 2 Bde., Barcelona 1618.
Lit.: C. Fuentes, Dominicos del Reino de Aragón, 1932, 123 f. *G. Rovira*

Rampini, Giacomo, * in Rovigo, † 15. 11. 1811 in Udine, ital. Komponist und Organist. Nach dem Studium bei seinem Onkel gleichen Namens in Padua wird R. seit 1779 als Organist am Dom von Udine erwähnt. 1799 übernimmt er dort auch das Amt des Kapellmeisters. R. komponiert v. a. Orgelsonaten und geistliche Musik, darunter ein Regina Coeli für zwei Sopranstimmen und Orchester.

Lit.: G. Vale, La cappella musicale del duomo di Udine, 1930. — Grove XV 578. — DMM VI 228. *L. Berger*

Ramša (westsyr.: Ramšō), wörtlich: Dunkelwerdung, Abend; Abkürzung von těsmeštā d-ramsa, Abenddienst. Der R. entspricht in etwa der Vesper im röm. und dem → Hesperinos im byz. Ritus.

1. In der ostsyr. Kirche hat der R. eine auffallende Ähnlichkeit mit der Liturgie der Katechumenen bzw. des Wortes im → Qurbānā. Psalmen, Gebete und Hymnen sind harmonisch für diese Feier, die von anziehenden Riten, Weihrauch, Prozession mit dem Evangeliar, Stationsprozessionen usw. begleitet wird, angeordnet. Letztere führen oft um die Kirche herum oder zum großen Kreuz auf dem Vorplatz der Kirche. Es gibt sowohl Psalmen, Gebete und Hymnen für alle Tage als auch solche, die für einen besonderen Tag bestimmt sind. Die Hymnen und Gebete für alle Mittwoche sowie jene für die Festtage ℳs sind ausgezeichnete Beispiele dafür, wie die Ostsyrer die Mutter Jesu und ihre Vorzüge verherrlichen. In der ersten → Ōnîtā »vor« des Mittwochs singt man: »Das Gebet der Jungfrau Maria, der Mutter Jesu, unseres Erlösers, sei uns immerdar eine (Schutz-)Wand, am Tage wie in der Nacht.« In der zweiten Ōnîtā heißt es dann: »O Maria, die du den Kindern Adams die Arznei des Lebens gebracht hast, laß uns durch deine Bitte am Tage der Erquickung Erbarmen finden.«. Die 'Ōnîtā d-ramšā desselben Tages bietet einen anderen, sehr schönen mariol. Text: »Maria trug in ihrem Schoß mit großem Ruhm den Tempel Gottes des Wortes. Und sie war Jesus, dem Erlöser von allen, Mutter und Magd. Darum erfreuen sich alle Geschöpfe am Tage ihrer Festfeier und werden in das Brautgemach des Lichtes geladen zur endlosen Freude. Und wir alle werden sie mit allen Geschlechtern die Allerseligste nennen und ihre Ehre erweisen, der sie als Wohnstatt seiner glorreichen Helligkeit erwählt hat.« In der ersten Mittwochsantiphon »nach« singt die Kirche: »Der Schöpfer erwählte eine Jungfrau aus dem Haus Davids und Abrahams und ließ seine verborgene Macht in ihr wohnen. Durch die Kraft des Heiligen Geistes empfing und gebar sie den Erlöser, den Richter der Höhen und der Tiefen.« In der zweiten Antiphon dieses Tages wird ℳ »Mutter des Königs« genannt: »O Maria, Mutter des Königs der Könige, bringe mit uns dem Sohne eine Bitte dar, der aus dir ist, damit er seinen Frieden und seine Ruhe wohnen lasse in der Schöpfung und daß die Kirche und ihre Kinder von Schaden bewahrt werden.« Es gibt ein ℳlob auch in den liturg. Feiern an anderen Tagen, z. B.: »Bewaffne uns, unser Herr und unser Gott, mit der starken und unbezwingbaren Rüstung auf die Gebete der seligen Mutter. Und schenke uns mit ihr einen Anteil an deinem himmlischen Brautgemach ...«, »O Maria, Mutter des Königs, des Königs der Könige, flehe zu Christus, der aus deinem Schoße erstrahlte, daß er die Kriege in allen Teilen der Erde zunichte mache und die Krone des Jahres in seiner liebenden Freundlichkeit segne.«

Lit.: A. J. Maclean, East Syrian Daily Office, 1894. — Ktābā d-Tešmeštā Qasnōnāytā d-Yawmatā d-Ēdē (Das Buch der kanonischen Gebete für Festtage), 1930. — P. Bedjan (Hrsg.), Breviarium iuxta ritum Syrorum Orientalium id est Chaldaeorum (syr.), 3 Bde., 1938. — S. Pudichery, Ramsa, 1972. — E. Taft, The Liturgy of the Hours in East and West, 1986. — V. Pathikulangara, Mar Thomma Margam, 1989.

V. Pathikulangara

2. In der westsyr. Liturgie beginnt der R. mit einer kleinen Doxologie, einem Einleitungsgebet und einer Reihe von Psalmen, die mit den Worten »Dir gebührt der Lobpreis, o Gott,« beschlossen wird. Nach dem → Prumyōn → Sedrō folgt ein → Qōlō, der an allen Tagen der Woche eine Reihe von Strophen zum Lobe Gottes, zu Ehre der GM, der Heiligen usw. enhält. So heißt es z. B. im R. des Donnerstags u. a.: »Jeder Mund und jede Zunge von Feuer und Geist, die in den verborgenen Höhen droben ist, ruft: ›Gepriesen ist die Selige.‹ Und ebenso alle Geschlechter auf Erden, wie sie gesagt hat. Auf ihre Gebete, Herr aller Dinge, schenke in deinem Mitleid Vergebung der Beleidigungen und Sünden der Versammlung, die den Tag ihres Gedächtnisses ehrt. — ›Freude sei mit dir, Tochter Davids!‹, ruft die Schöpfung. ›Jungfräuliche Mutter Gottes, voll heiliger Schönheit, bringe für uns dar das Gebet zum Sohn, der aus dir hervorgekommen ist, daß auf deine Gebete der Herr aller Dinge in seinem Mitleid die Verzeihung der Beleidigungen und Sünden auf die Versammlung herabsende, die den Tag deines Gedächtnisses ehrt.‹« Nach der Darbringung des Weihrauchs folgt ein zweiter Qōlō, der dem ersten gleicht. Danach kommen u. a. ein dem Thema des Tages entsprechendes Prumyōn-Sedrō (am Mittwoch steht die GM im Mittelpunkt), ein Qōlō, die Boʿūtō und das Abschlußgebet, schließlich der allen kanonischen Stunden gemeinsame Abschluß (→ Qāwmō).

Lit.: B. Griffiths (Hrsg.), The Book of Common Prayer of the Syrian Church, Kurisumala Ashram, o. J. — J. Madey, Marienlob aus dem Orient. Aus Stundengebet und Eucharistiefeier der Syr. Kirche von Antiochien, ²1982. — F. Acharya, Prayer with the Harp of the Spirit, I. A Weekly Celebration of the Economy of Salvation, 1983.

J. Madey

Ramsey, Robert, engl. Komponist und Organist. Die genauen Lebensdaten R.s sind nicht bekannt, überliefert ist nur, daß er 1616 Bachelor of Music in Cambridge wurde und dort 1628—44 als Organist am Trinity College tätig war. Die von ihm in dieser Zeit bes. für Anlässe im College komponierten Werke zeigen Einflüsse der zeitgenössischen ital. Musik und des frühen engl. Barock H. Purcells. R. schreibt v. a. Lieder, geistliche und weltliche, und lat. und engl. KM, darunter ein Magnificat.

Lit.: E. Thompson, R. R., In: Musical Quarterly 49 (1963) 212 ff. — K. R. Long, The Music of the English Church, 1971, 196 ff. — MGG X 1914. — Grove XV 579.

L. Berger

Ranixe, Maria Leonarda (Taufname: Francesca), * 23. 6. 1796 in Porto Maurizio (Imperia), † 24. 5. 1875 in Diano Castello (Imperia), Gründerin der Klarissen von der heiligsten Verkündigung, lebte zunächst als Klarissin in Klausur, gründete jedoch bald eine neue Kongregation, wobei sie in vorbildlich-charismatischer Weise die Notwendigkeit der rel. und menschlichen Bildung der weiblichen Jugend wahrnahm. Die MV war für sie ein bevorzugtes Mittel für das Wirksamwerden ihrer Tätigkeit. Mehr als mit Worten suchte R. mit dem Beispiel ihren Töchtern und Zöglingen den marian. Geist zu vermitteln. Ihre marian. Frömmigkeit entstammte tiefsten theol. Wurzeln: ℳ war für sie v. a. der sichere Weg, um zu Christus zu gelangen (ad Iesum per Mariam), wie auch die Nachahmung ihrer Tugenden das grundlegende Ziel der Verehrung war. Vorschriften und allgemeine Ratschläge stimmte sie mit Einzelverpflichtungen ab. Deswegen schlug sie für jede Woche vor, sich an ℳ durch eine konkrete Tugend zu erinnern, um so das spirituelle Programm ihrer Nachahmung wirksamer zu gestalten. Ihre Beziehung zur GM bestand nicht in einem aus Distanz erfolgten Anschauen eines äußeren Beispiels, das es zu kopieren galt. Sie wußte zu gut, daß man eine Mutter — namentlich, wenn dieselbe ℳ ist — nachahmt, indem man an ihrem Innenleben teilnimmt und sich an die Wärme ihres mütterlichen Herzens hält. Darum kannte das Vertrauen von R. in die himmlische Mutter keine Grenzen: Sie stellte alles unter den Schutz der Jungfrau und empfahl es so der göttlichen Vorsehung, von der sie stets Hilfe empfangen hat. All ihr Sein, alle ihre Werke, alle ihre Sorgen für sich und die ihr Anempfohlenen vertraute sie dem Schutz ℳs an (Positio, 571). »Wenn ich eine Seele unter den Schutz Marias stelle, bin ich vollkommen ruhig« (ebd. 549). Hinsichtlich ihrer rel. Gründung bekennt sie: »Die heilige Gottesmutter ist die Patronin unseres Hauses, sie ist unsere Mutter, ist unsere Oberin, die (das Institut) leitet, nicht ich, die ich ein bloßer Rosmarinzweig bin« (ebd. 500). ℳ schrieb sie zu, daß ihre Gemeinschaft ohne Schaden die Choleraepedemie überstand, der 1854 in Porto Maurizio so viele Menschen zum Opfer gefallen waren. Zum Dank dafür verpflichtete sie die Schwestern, jeden Samstag die Lauretanische Litanei zu singen. Um ℳ als Begleiterin im Gebet zu besitzen, schrieb sie in den Satzungen als tägliches liturg. Gebet das kleine Offizium vor. Ihre Töchter nannte sie die »Benjamininnen Marias«, wobei sie diese aufforderte, sich einer solchen Mutter würdig zu machen, und dies bes. in der Nachahmung ihrer Reinheit. Mit bes. Eifer verrichtete sie den Rosenkranz, von dem sie bekannte, er sei ihre »Zuflucht und ihr Glück« (ebd. 610). Die marian.

Festfeiern waren Gelegenheiten, um ihre einzigartige Verehrung auszudrücken. In einem Leben, das bis zu diesem Ausmaß marian. geprägt war, konnten Früchte außerordentlicher Heiligkeit nicht ausbleiben. Ihre heroischen Tugenden wurden 1989 festgestellt.

QQ: Dokumente zum Leben der M. L. R., Satzungen ihrer Kongregation, Gebete und Stoßgebete, die von ihr verfaßt oder doch empfohlen wurden, sind zugänglich in der Positio, s. u.
Lit.: Memorie sulla vita della nostra sempre cara madre L. R. fondatrice dell' Istituto della SS. Annunziata in Portomaurizio .., Ms. (Ohne Kennzeichnung), das Sr. Maria Magdalena Arnaldi zugeschrieben wird und veröffentlicht ist, In: Positio, 480—501. — (M. A. Poma), M. L. R., 1930. — N. N., M. L. R. a cento anni dalla morte, 1975. — Albiganensis beatificationis et canonizationis S. D. M. L. R. in saeculo Mariae Franciscae ... († 1875). Positio super virtutibus, 1983. — AAS 81 (1989) 1051—55. — DIP VII 1211. *Bernardino de Armellada*

Rankweil, Vorarlberg, Generalvikariat Feldkirch. Die Kirche ⋔e Heimsuchung steht auf dem seit dem Spätneolithikum besiedelten Liebfrauenberg. Um 1300 erstmals erwähnt, wurde sie ab 1470 erneuert und vergößert. Die Gründungslegende verwendet das häufige Motiv, daß die Baumaterialien auf wunderbare Weise an die Stelle getragen werden, die das Gnadenbild als Ort der Verehrung wünscht. Das gotische Gotteshaus wurde 1657—82 von Michael Beer barockisiert und bekam eine Gnadenkapelle angebaut. 1982—85 gestaltete man den Innenraum erneut grundlegend um. Papst Johannes Paul II. erhob die Wallfahrtskirche zur Basilika. Ebenso mußte das Gnadenbild, eine ⋔ mit Kind des Johannes Rueland von 1470, mehrfach Neufassungen und Restaurierungen über sich ergehen lassen. 1785 wurden die barocken Prunkkleider entfernt.

Die Wallfahrer kamen aus Vorarlberg, der Schweiz und Schwaben. Die Votivgaben sind jetzt an der Seitenwand der Gnadenkapelle angeordnet. Hauptfeste waren das Fest ⋔e Heimsuchung, und der 1. Mai, an dessen Vorabend eine Lichterprozession mit mehreren tausend Menschen auf den Berg zog. Heute ist schwer zu trennen, wer als Wallfahrer und wer als Tourist in die imposante, umwehrte Kirchenanlage kommt, die unter anderem auch ein bedeutendes romanisches Kreuz birgt.

Lit.: Gugitz III (Lit.) — Fischer-Stoll II 166—168. — Dehio-Vorarlberg, 1983, 334—337. — P. M. Plechl, Wallfahrt in Österreich, 1988, 273 f. *G. Gugitz*

Ranoldsberg, Lkr. Mühldorf, Pfarrverband Buchbach, Erzdiözese München und Freising. Das Gnadenbild von R., eine lebensgroße GM mit Kind (Fassung und Ergänzungen 1883), hat zu Füßen einen Felsen, der vorne aufgeschnitten den Halbmond mit ausdrucksvollem Kopf zeigt, und wird dem Meister von Seeon um 1435 zugeschrieben. Sie gehört zur großen Gruppe »Schöner Madonnen« im Strahlbereich der alten Salzburger Diözese, von denen einige Wallfahrten ausbildeten. Unmittelbar konkurrierte die Madonna von R. mit der künstlerisch

Ranoldsberg, Gnadenbild

eng verwandten ⋔figur im nahen →Pürten, der Klosterwallfahrt von Au. Dies führte zur Legende, beide seien aus einem Lindenstamm geschnitzt. R. war bis zur Aufhebung des salzburgischen Archidiakonates und Stiftes Gars und zur Pfarrerhebung 1806 Filiale von Stephanskirchen, womit die Augustinerchorherren von Gars am Inn für das an Stift Au verlorene Pürten entschädigt wurden (Patronatsrecht ab 1204, Inkorporation 1503).

Ob in R. über Bruderschaftkonkurs (Allerseelenbruderschaft 1438, Sebastiansbruderschaft 1485 erstmals urkundlich genannt) und Kreuzgänge hinaus (1576 schon der Dorfener belegt, heute noch üblich die von Pürten und Treidlkofen) die ⋔wallfahrt bereits im SpätMA einsetzte, ist nach den bisher in der Literatur verwerteten Quellen nicht zu entscheiden. 1480 verlangte die Gemeinde vom Pfarrherrn einen zweiten Gesellpriester, für 1507 ist die Weihe des Chores und dreier Altäre bezeugt, 1514 stiftete Propst Johannes eine tägliche Messe.

Neben der bewußten Förderung (nach 1751 Auftrag für zehn, noch erhaltene Mirakelbilder mit Gebetserhörungen seit dem 30jährigen Krieg, Mirakelbuch mit 725 Einträgen [1768—82], Kupferstich des kostbar gekleideten Gnadenbildes) durch Stift Gars, das im Barock jeweils drei Chorherren zur Wallfahrtsseelsorge entsandte, trug 1710 Leonhard Franz Simpert Freiherr v. Mändl auf Steeg mit der Stiftung eines Benefiziums und großzügigen Schenkungen entscheidend zum Aufschwung im 18. Jh. bei. Das Mirakelbuch zeigt R. als lokale Klosterwallfahrt bes. bei Krankheiten von Mensch (70% der Gelöbnisse) und Vieh (20%) für alle Schichten der ländlichen Bevölkerung im Umkreis von etwa 25 km (Schwerpunkte die Pfarreien Stephanskirchen, Schönberg und Oberbergkirchen) und für die nahen Märkte (v. a. Handwerker) Buchbach und Velden. Die Grenzen markierten deutlich die Einzugsgebiete der Wallfahrten Pürten im Süden, Dorfen im Westen und Altötting im Osten. Ampelöl von R. und Andachtsbildchen wurden als geistliche Heilsmittel verwendet. Von den vielfältigen Votivgaben hat sich nichts erhalten außer Kerzen des 20. Jh.s. Noch bis 1860 geopferte Münzen und Rosenkränze wurden zugunsten der Regotisierung verkauft.

Die 1723 barockisierte spätgotische Kirche hatte bis 1863 eine Wallfahrergalerie und einen offenen Laubengang nach Altöttinger Vorbild. Der reiche Barockaltar wurde im Zug der (mittlerweile teils wieder entfernten) neugotischen Gesamtausstattung ab 1883 durch einen ganz christol. ausgerichteten Ziboriumsaltar ersetzt. Die GM verlor so den angestammten, zentralen Platz und ist nach mehrfachem Standortwechsel seit 1985 in einem baldachinüberwölbten Schrein neben dem Volksaltar aufgestellt. Dies spiegelt die geschichtliche Entwicklung: Die Säkularisation von Stift Gars entzog der Wallfahrt in R. und ihren barocken Frömmigkeitsformen den Rückhalt, dem 19. Jh. gelang angesichts veränderter sozialer und kirchlicher Voraussetzungen kein tragfähiger Neuansatz mehr.

QQ: Hs. Mirakelbuch (Pfarrarchiv Buchbach), ausgewertet in: I. Lippert, Die Marienwallfahrt R. und ihr Mirakelbuch, 1988 (hs. Zulassungsarbeit, Pfarrarchiv Buchbach)

Lit.: A. O., Kirche und Liebfrauenbild zu R., In: Kalender für kath. Christen 52 (1892) 56—60. — M. Hartig, Die »Schöne Madonna« von Salzburg als Gnadenbild und ihr Verbreitungsgebiet, In: Mün. 1 (1947/48) 273—287, bes. 282. — H. K. Ramisch, Zur Salzburger Holzplastik im 2. Drittel des 15. Jh.s, In: Mitteilungen der Salzburger Gesellschaft für Landeskunde 104 (1964) 2—87, bes. 49. — Ausst.-Kat., Schöne Madonnen 1350—1450, 1965, Kat.-Nr. 55, S. 102f. — D. Großmann, Der Meister von Seeon, In: Marburger Jahrbuch für Kunstwissenschaft 19 (1974) 85—138. — G. Brenninger, Pfarrkirche Mariae Himmelfahrt R., 1989 (Lit.). *S. John*

Raphael, Günter Albert Rudolf, * 30. 4. 1903 in Berlin, † 19. 10. 1960 in Herford, stammt aus einem musikalischen Elternhaus und studierte an der Berliner Musikhochschule. 1926 wurde er Dozent für Musiktheorie und Komposition am Konservatorium in Leipzig. Während des Nationalsozialismus mußte er sich aus dem öffentlichen Leben zurückziehen. 1948 erhielt der den Liszt-Preis für Komposition. 1949 ging er als Dozent an das Konservatorium in Duisburg, später nach Mainz. Von 1957 bis zu seinem Tod war er Prof. an der Kölner Musikhochschule.

R.s Werk ist außerordentlich vielseitig, insbesondere auf dem Gebiet der KM. Hier ist sein Requiem op. 20 hervorzuheben. Er selbst betrachtete die Chormusik als Zentrum seines Schaffens. Seine Stärke ist die musikalisch ausdrucksvolle Darstellung apokalyptischer Texte. In seine frühe, ganz von der Romantik bestimmte Schaffensperiode fallen die fünf »Marienlieder« (op. 15) für 3-stimmigen Frauenchor und das »Wiegenlied der Maria« für 4-stimmigen Chor und Streichtrio von 1930.

Lit.: M. Mezger, G. R.s Kirchenmusik, In: MuK 23 (1953) 150 ff. — Ders., G. R., ebd. 43 (1973). — W. Stockmeier, G. R., In: Beiträge zur Rheinischen Musikgeschichte 18 (1969). — MGG X 1925—28. — Grove XV 588 f. *J. Schießl*

Rasch, Johann, * um 1540 in Pöchlarn/Donau, † wohl 1612 in Wien, Schriftsteller und Komponist. Nach seiner musikalischen Ausbildung als Sängerknabe im Stift Mondsee studierte R. zwei Jahre in Wittenberg. In die Jahre nach 1563 fallen Studien verschiedener Wissenschaften wie Jura, Mathematik, Astronomie und Geschichte in Wien, Neustad an der Orala und München. Ab 1570 war R. Organist an der Kirche ULF zu den Schotten in Wien.

Der vielseitig interessierte R. verstand es, über die verschiedensten Gegenstände zu schreiben, so auch über den Weinbau. Unter seinen musikalischen Werken sind ein 6-stimmiges Salve Regina sowie die 4-stimmigen »Cantica quaedam ecclesiastica de nativitate Salvatoris nostri Jesu Christi« (beide 1572) zu erwähnen. Ferner bearbeitete er dt. Kirchenlieder und edierte sie.

Lit.: O. Wessely, J. R., In: Das Waldviertel 19 (1970). — MGG XI 1. — Grove XV 591. *J. Schießl*

Rasi, Francesco, * ca. 4. 5. 1574 in Arezzo, † um 1620, ital. Komponist, Sänger und Dichter, Sohn einer toscanischen Adelsfamilie, lebt seit 1593 am florentinischen Herzogshof und seit 1598 am Hof von Mantua, wo er bis 1620 bleibt. R. tritt dort bei Opernaufführungen als Sänger auf, 1608 sogar als Protagonist in Monteverdis »Orfeo«. Dazwischen komponiert er selbst, vornehmlich weltliche Werke (Opern, Madrigale, Lieder) und widmet auf einer Reise nach Salzburg um 1612 dem Erzbischof seine »Musiche da camera e chiesa«. Unter seinen wenigen geistlichen Kompositionen findet sich auch ein Rorate coeli für eine Stimme.

Lit.: A. Bertolotti, Musici alla corte dei Gonzaga in Mantova dal secolo XV al XVIII, Milano 1890/1969. — Grove XV 593 f. — DMM VI 236. *L. Berger*

Rastrelli, Joseph, * 13. 14. 1799 in Dresden, † 15. 11. 1842 ebd., dt. Komponist und Dirigent ital. Abstammung, tritt schon mit sechs Jahren als Wunderkind mit der Geige auf; 1816 wird in

Ancona die erste Oper »La distruzione di Gerusalemme« uraufgeführt. Nach seiner Rückkehr nach Dresden wird R. Mitglied der königlichen Kapelle, 1830 erhält er das Amt des Hofkapellmeisters — als Vorgänger R. Wagners. R.s Kompositionen sind vom ital. Stilideal beeinflußt, jedoch verbunden mit Merkmalen der dt. Romantik. Er schrieb bes. Opern, Arien, Lieder, Märsche, aber auch geistliche Musik, darunter zahlreiche marian. Werke: 4 Salve Regina, 2 Regina Coeli, 2 Ave Regina, 2 Alma Redemptoris Mater, 3 Magnificat.

Lit.: H. v. Brescius, Die Königl. Sächsische musikalische Kapelle von Rissiger bis Schuch, Dresden 1898. — MGG XI 13f. — Grove XV 595. — DMM VI 237. *L. Berger*

Ratgeb, Jerg, * um 1470/75 in Schwäbisch Gmünd, † 1526 in Pforzheim, Maler. Seine um 1485/90 begonnene Lehrzeit führte ihn zum Oberrhein, wo er wahrscheinlich mit Schongauer, Dürer und Grünewald zusammentraf, durch Schwaben, Franken, wahrscheinlich auch nach Ulm und Augsburg. Die Augsburger Kunst beeinflußte R.s Werk in besonderem Maße. 1499—1502 arbeitete er als Geselle in der Werkstatt des älteren Holbein. Die Stätten seines Wirkens sind hauptsächlich Stuttgart, wo er 1503 das Bürgerrecht erwarb, Frankfurt, Heilbronn und Herrenberg. Wegen seiner Verwicklung in den Bauernkrieg soll er 1526 in Pforzheim hingerichtet worden sein.

Marian. Themen treten in nahezu allen Werken R.s auf. Im Caldenbach-Altar (Mainz, Mittelrhein. Mus., um 1503), der R. zugeschrieben wird, zeigt die Mitteltafel der Feiertagsseite die Verkündigung an M, der linke Flügel eine Anna Selbdritt und die Rückseite den Gekreuzigten mit M und Johannes. Die Werktagsseite des Stalburg-Altars (Frankfurt, Städel, 1504) stellt Schmerzensmann und Schmerzensmutter gegenüber. Um 1505/10 lieferte R. dem Karmeliten-Konvent in Heilbronn wahrscheinlich die Visierung für einen neuen Hochaltar, von der zwei Kopien erhalten sind (Dresden, Staatl. Kunstsammlungen). Das Programm ist mariol. bestimmt, wie dies für die Karmeliten bezeichnend ist und zeigt u. a. die Geburt Ms und Szenen aus dem Mleben. R.s Hauptwerk, die ab 1514 erfolgte Ausmalung des Kreuzgangs und Refektoriums des Frankfurter Karmels, ist nur in Zeichnungen und Aquarellen des 19. Jh.s überliefert. Die Kreuzgangs-Malereien hatten neben einer christol. auch eine marian. Ausrichtung. Im Rahmen des Schöpfungszyklus wurde M als neue Eva gezeigt; die Kindheitsgeschichte Jesu stellte Szenen mit M naturgemäß in den Vordergrund (Verkündigung mit Betonung der UE, Anbetung der Könige, Beschneidung, Darstellung im Tempel, Abschied von den Eltern, Anna Selbdritt). Der Herrenberger Hochaltar (Stuttgart, Staatsgalerie, 1518/19) zeigt auf den Flügeln die Verlobung mit Joseph und die Anbetung der Könige, auf der Mitteltafel steht M mit Johannes beim Gekreuzigten.

Lit.: W. Fraenger, J. R., 1972. — U.-N. Kaiser, J. R. Spurensuche, Ausst.-Kat., 1985 (mit neuem kritischem Werkkatalog und Revision der älteren Lit.). *P. Morsbach*

Rathgeber, Georg, (19.Jh., Daten unbekannt), gehört zur Gruppe der Cäcilianer (→ Cäcilianismus), schrieb Messen, verschieden besetzt (2 oder 3 gleiche Stimmen, 4-stimmiger Männerchor), ferner 2 Requiem für 4-stimmigen Männerchor und 2 Requiem für Sopran, Alt und Orgel sowie einen Cäcilienhymnus und ein »Ave Sancta Caecilia«. Zu marian. Kompositionen zählen Mmessen, 7 Mlieder zu kirchlichem Gebrauche (op. 20) für 4-stimmigen, gemischten Chor und die »Missa in honorem beatissimae Reginae SS. Rosarii« für 3 gleiche Stimmen mit Orgel (op. 17).

Elemente der altklassisch-röm. Vokalpolyphonie — als eine Rückbesinnung auf die Idealform Palestrinas — verschmelzen mit romantischen Audrucksmitteln. R. verwendet in seinen 4-stimmigen Sätzen, die meist homophon komponiert sind, oft Zwischendominanten (Dominantseptakkorde in allen Kadenzen) und chromatische Druchgänge. Die Hauptcharakteristika seiner Mmesse sind imitierende Einsätze, kaum große Sprünge, sanglich und einfach auszuführen. R.s Kompositionen sollten vor allem kleinen und bescheidenen Chorverhältnissen dienen und erschienen um 1900 hauptsächlich in Regensburg und Augsburg.

Lit.: O. Ursprung, Die Kath. Kirchenmusik, 1931, 264ff. — A. Scharnagl, Einführung in die kath. Kirchenmusik, 1980, 144ff. *G. Schönfelder-Wittmann*

Rathgeber, Johann Valentin, OSB, * 3. 4. 1682 in Oberelsbach (Unterfranken), † 2. 6. 1750 in Kloster Banz (Oberfranken), erhielt von seinem Vater, dem Ludiregens und Organisten Valentin, seine erste musikalische Bildung. R.s Jugendzeit bleibt dunkel. Gleichwohl studierte R. Theol. an der Universität in Würzburg, wo er in den Jahren 1704—07 an der Waisenhausschule des Juliusspitals unterrichtete. Nach seiner Entlassung ging er als Kammerdiener und Musikus des Abtes Kilian Düring nach Kloster Banz, wo er in den Benediktinerorden eintrat und 1708 die zeitliche Profeß ablegte. Drei Jahre später zum Priester geweiht, war er als Prediger und Chorregent tätig. Dabei unterhielt er enge Kontakte zum Zisterzienserkloster Ebrach. Eigenmächtig verließ er 1729 das Kloster, nachdem ihm sein Abt eine Geniereise abgeschlagen hatte. R. kam nach Würzburg, Augsburg, Köln, Trier, 1731 über Schloß Montfort (Bodensee), 1732 nach Wettingen (Zisterzienserabtei), Pfäfers (St. Gallen) und 1734 von Habach am Staffelsee nach Kloster Scheyern (Oberbayern). Die folgenden Jahre verbrachte R. überwiegend in München und Augsburg, bis er 1738 in die Abtei Banz zurückkehrte. Nach kurzer Haft und Erneuerung der Ordensprofeß lebte er dort bis zu seinem Tode.

Bekannt machten R. sein Augsburger Tafelkonfekt (»Ohrenvergnügendes und Gemüthergötzendes Tafel-Confect«), eine Sammlung volkstümlicher Scherz- und Quodlibetgesänge, die bis zu Mozart Volks- und Kunstlied, Singspiel und Instrumentalmusik beeinflußt. An weltlichen Werken erschienen 1828 der »Musikalische Zeitvertreib auf dem Klavier«, 150 Schlagarien und 10 Pastorellen. R. war vor allem durch seine geistlichen Vokalwerke in hohem Maße bekannt und 1720—30 als Komponist bedeutsam. Seine Messen, Vespern, Hymnen und Litaneien erschienen in Augsburg.

Eine Vielfalt marian. Werke läßt auf R.s besondere MV schließen, wie z. B. das Vorwort zu op. 5 »Harmonia-Mariano-Musica, der Himmelskönigin geweiht« (1727) bezeugt: »Wenn dieses Werk nicht recht ausgeführt ist, so weißt du, o Herrin, daß wir in diesem Tale mehr seufzen als singen«. Ferner erschienen »Decas Mariano-Musica« (1731), 10 Messen für M feste im Kirchenjahr, »Psalmodia vespertina« (1732), »Antiphonale Marianum« (1736) und »Cultus Marianus« (1736).

R.s KM ist im konzertanten Stil komponiert. Seine Werke setzen sich in der Regel zusammen aus Sopran, Alt, Tenor, Bass 4-stimmigem Chor, 2 Violinen, Basso continuo, Trompeten und Pauken ad libitum. Dabei sind Stimmbücher unvollständig und Partituren überhaupt nicht vorhanden. Einzig das Antiphonale Marianum enthält alle Stimmen. Merkmale des Generalbaßzeitalters und des sog. »galanten Stils« tauchen auf. Tonleiterpassagen, Dreiklangsbrechungen, häufiges Abkadenzieren und sequenzenhafte Modulationen sind Ausdruck wahrhaft volkstümlichen Musizierens. Ohne Zweifel ist R. im Kreise zahlreicher Klosterkomponisten des 18. Jh.s einer der als liebenswürdiger Meister des Spätbarock hervorragt.

Lit.: M.Hellmuth, J.V.R., Diss., Erlangen 1943. — H.Federhofer, Die Musikpflege an der St.Jakobskirche in Leoben, In: Mf 4 (1951) 333—341. — MGG XI 19—22. — Grove XV 598f. *G. Schönfelder-Wittmann*

Ratî ist ursprünglich eine brahmanische Göttin, kommt aber auch im buddhistischen Pantheon vor. Dort erscheint sie als Gottheit in der bildlichen Darstellung von Paramasva, dem Großen Pferd, einer Emanation des Dhyâni Buddha Aksobhya, der mit vier Gesichtern, drei Augen und vier Beinen dargestellt wird. Sein zweites rechtes Beim trampelt auf R. und Prîtî herum, während die anderen Beine andere brahmanische Gottheiten treten. Das zeigt die Unduldsamkeit des tantrischen Buddhismus gegenüber der brahmanischen Glaubens- und Götterwelt.

Von vedischer Zeit bis in die Gegenwart wird die hinduistische Göttin R. (Liebeslust, Wollust) viel verehrt, ebenso ihr Göttergemahl Kâma (Liebe oder Begehren), der als schöner Jüngling auf einem Papagei reitet. Als Waffe trägt er einen Bogen aus Zuckerrohr, mit einer Sehne aus einem Bienenschwarm, seine fünf Pfeile bestehen aus Blumen.

Zusammen mit seinem Freund Vasanta (Frühling) versuchte er Shiva in seiner Askese zu stören; als Pârvatî (Tochter des Berges) ihn verehrte, richtete Kâma seinen Pfeil auf Shiva. Der zornige Shiva verbrannte ihn durch einen Blick aus seinem dritten Auge zu Asche; daher heißt Kâma auch Ananga (der Körperlose). R. wandte sich an Pârvatî, die Gattin Shivas, um Hilfe. Pârvatî tröstete R., Kâma werde als Sohn Krishnas erneut geboren und werde Pradyumna heißen. Er werde aber durch den Dämon Sambara geraubt, ins Meer geschleudert und von einem Riesenfisch verschlungen. Der Fisch werde gefangen und komme in die Küche von Mâyâdevi, der Frau von Sambara. Dort werde das Kind lebend aus dem Fisch befreit. Und Pârvatî befahl R. sich schnellstens im Hause von Sambara zu verdingen, um zugegen zu sein, wenn Pradyumna dorthin komme. Die Frau übergab das Kind dort an R., und als es erwachsen war, tötete es den Dämon. Als Gattin von Kâma wird sie auch Kami genannt und ist die Venus des Hinduismus. Sie gilt als eine personifizierte himmlische Nymphe (apsaras). Sie ist auch noch unter den Namen Mayavati (Täschung), Ragalata (Wein der Liebe) und Kelikila (Übermut) bekannt. Wegen mancher biblischer Ähnlichkeiten wird sie vereinzelt auch in Beziehung zu M gesehen und gedeutet.

Lit.: W.J.Wilkins, Hindu Mythology, Calcutta 1913. — Manoir IV 831—851. — Mulk Raj Anand, Kama Kala, 1960. — J.Dowson, Classical Dictionary of Hindu Mythology, 1968. — R.N.Saletore, Encyclopaedia of Indian Culture IV, 1984. — E.Schleberger, Die indische Götterwelt, 1986. — I.Vempeny, Krsna and Christ. In the Ligth of Some of the Fundamental Concepts and themes of the Bhagavad Gita and the New Testament, 1988. *H.Rzepkowski*

Ratibor (Racibórz), Polen, Diözese Oppeln, vor 1945 Deutschland, Diözese Breslau, an der Oder gelegen, in der 2. Hälfte des 19. Jh.s und im 20. Jh. vergrößert durch Eingemeindung von Vorstädten, u. a. Altendorfs (Stara Wieś) mit der Pfarrkirche zum hl.Nikolaus und der Wallfahrtskirche zur GM, dem ältesten marian. Gnadenort im R.er Land.

Nach der Überlieferung wurde 1432 eine erste hölzerne Kirche als Dankopfer durch einen unbekannten R.er Bürger erbaut. 1613 und 1617 folgten hölzerne Neubauten auf Initiative des Pfarrers von Altendorf, Walentius Caulonius, 1723—36 wurden sie unter dem Pfarrer W.J.Klentz durch die jetzige barocke gemauerte Kirche ersetzt, finanziert mittels der Opfergaben der Bevölkerung und durch den Verkauf von Votivgaben. Am 25.9.1736 konsekrierte Bischof Elias Daniel v. Sommerfeld die Kirche.

Im neobarocken Hochaltar befindet sich eine Kopie der GM von Czenstochau (16./17. Jh. ?]. Gegenüber dem Original zeigt es keine Schnitte im Antlitz Ms, das Gewand ist hellblau und mit Sternen geschmückt. Früher war es mit silbernen Kleider sowie mit Weihegeschenken und Kostbarkeiten verziert. Aus Anlaß des 500-jährigen Jubiläums des Gnadenortes wurde das

Bild am 28.8.1932 im Auftrag Papst Pius' XI. durch Adolf Kardinal Bertram feierlich gekrönt, wozu rund 50000 Pilger aus Oberschlesien, Polen, Deutschland und der Tschechoslowakei nach R. kamen. Nachdem die Kronen während des Zweiten Weltkriegs verschwunden waren, folgte am 30.5.1955 eine erneute Krönung des Gnadenbildes durch Pfarrer Alois Spyrka mit Kronen von Ryszard Szczyjcyński aus Krakau.

Nach der Überlieferung geht der Kult ins 15. Jh. zurück. Die Visitationsberichte aus dem 17. und 18. Jh. bestätigen dies und berichten auch von zahlreichen Weihegeschenken. Die Pfarrer aus Altendorf bemühten sich um die Verbreitung des Kultes. 1683—1715 führte Pfarrer Franz Ottik eine Chronik über die erhaltenen Gnadenerweise. Hauptwallfahrtstage sind Mße Heimsuchung, Mße Aufnahme in den Himmel und Mße Geburt. Wegen der vielen Pilger (ca. 15000) werden die Andachten auf dem Platz vor der Kirche gefeiert. Jährlich kommen 16 ständige Wallfahrten, sowie zahlreiche Einzelpilger. Noch heute ziehen traditionelle Wallfahrtsgruppen aus der R.er Gegend (seit 1698) und aus R.-Ostrog (seit 1831) zum Gnadenbild, die das traditionelle Liedgut der GM von R. pflegen.

Lit.: A. Weltzel, Geschichte der Stadt R. und Herrschaft, Ratibor 1881. — J. Jungnitz, Visitationsberichte der Diözese Breslau II, Archidiakonat Oppeln, Breslau 1904, 13. 140. 470. — E. Grabowski, Bei St. Lieben Frauen in R., 1924. — G. Hyckel, Matka Boza. Die Gnadenkirche der »Mutter Gottes« in R.-Altendorf, 1924. — A. Nowak, Schlesische Wallfahrtsorte älterer und neuerer Zeit im Erzbistum Breslau, 1937, 106—110. — Dt. Städtebuch I, hrsg. von E. Keyser, 1939, 853—856. — W. Urban, Zarys dziegów diecezji wrocławskiej, 1962, 129. — M. Kutzner, Racibórz, Wrocław, Warszawa, Kraków, 1965. — K. Czajka, Obraz matki Bożej opolskiej 29 (1974) 220—222. *A. Witkowska*

Ratisbonne, Alphonse (Père Marie), Bruder des Theodore → Ratisbonne, * 1.5.1814 in Straßburg, † 6.5.1884 in Ein Karem/Jerusalem, empfing am 20.1.1842 in St. Andrea delle Fratte in Rom durch eine Merscheinung die Gnade des christl. Glaubens. Von diesem Moment an nannte er sich »Marie«. Am 31.1.1842 wurde er getauft, trat in die Gesellschaft Jesu ein, die er aber mit Erlaubnis Pius' IX. wieder verließ, um sich seinem Bruder Theodor anzuschließen; am 24.9.1848 empfing er die Priesterweihe.

R.s Mfrömmigkeit ist geprägt durch seine Bekehrungserfahrung: »Sie (Maria) sagte nichts, ich aber habe alles verstanden« (Carmelle, 1977, 13). Seitdem lebte er ununterbrochen unter dem Blick Ms. Sein ganzes Leben wird ein »Gedächtnis« (im biblischen Sinn) dieses Ereignisses. M war ihm immer gegenwärtig. Deshalb war er ungeduldig, sich mit ihr im Reich des Vaters zu vereinen, denn auch für Père Marie hat M nur die eine Aufgabe, die Menschen zu Jesus zu führen. In der Gegenwart Ms fühlte er sich geborgen und in Frieden. Er hatte ein unermeßliches Vertrauen zu ihr. »Mein Vertrauen zu Maria geht bis zur Verwegenheit« (ebd. 107). Deshalb konnte er Schwierigkeiten überwinden, indem er ihr alles anvertraute. Nach ihm ist M Botin der Gnade, die uns die göttliche Barmherzigkeit und Güte verkündigt. In M, dem lebendigen Tempel des Gesetzes, ist Gott Mensch geworden. M liebte Gott mit der ganzen Energie ihres Herzens und sehnte sich nach dem Heil, das Gott ihrem Volk verheißen hatte. Bei seinem letzten Besuch in St. Andrea (1878) bekannte er: »Maria ist da! Sie ist gegenwärtig. Sie ist das Zeichen — man könnte sagen — das Sakrament der Barmherzigkeit und der Liebe Gottes, denn durch sie erfüllte sich, was das Zeichen ausdrückte: nämlich die mütterliche Zärtlichkeit Gottes, die einem Sohne Israels den Glauben schenkte« (ebd. 49). Auf dem Sterbebett sagte er: »Maria ruft mich und ich brauche sie. Nichts als Maria! Für mich ist alles darin Maria!« (ebd. 109). Er bat, daß man auf sein Grab nur die beiden Worte »Père Marie« schreiben möge. »Das erste Wort sagt, welch ein Sünder ich war, und das zweite drückt die Barmherzigkeit Mariens mir gegenüber aus« (ebd.).

QQ: Procès Ratisbonne, enquête menée par le Vicariat de Rome, déposition d'Alphonse, session du 18.2.1842. — Conversion de Marie-Alphonse R. Relation authentique, ed. Th. de Bussières, Paris 1842, 1919.

Lit.: (Th. de Bussières), L' enfant de Marie. Un frère de plus, Avignon 1842. — M. J. Egan, Our Lady's Jew, Father M. A. R., 1953. — J. Guitton, La conversion de R., 1964. — M. Carmelle, L'événement du 20 Janvier 1842 et M.-A.R. (Sources de Sion), 1977. — Dies., A. R., De Rome à Jérusalem, 1984. — R. Laurentin, A. R., 2 Vol., 1986. — Ders., Le 20 janvier 1842, Marie apparait à A. R., 1991. — → Ratisbonne, Th. *H. Wahle (W. Baier)*

Ratisbonne, Théodore, Ordensgründer, * 28.12.1802 in Straßburg, † 10.1.1884 in Paris, entstammte einer jüdischen Familie (Regensburger), wurde am 14.4.1827 getauft und am 18.12.1830 zum Priester geweiht. Bis 1842 war er Mitglied der Priester von St. Louis und ab 1840 in Paris Vizedirektor der Erzbruderschaft von ND des Victoires. Dies entsprach seinem tiefsten Sehnen, ein besonderer Diener Ms zu werden. 1841 wurde er Kaplan des Waisenhauses der Vinzentinerinnen. Die Erscheinung der GM, derer am 20.1.1842 sein Bruder Alphonse → Ratisbonne gewürdigt wurde, deutete er als ein »sichtbares Eingreifen Mariens ..., eine Vorausahnung der baldigen Erfüllung der Verheißungen des AT und NT bezüglich des Volkes Israel ...« (Mes Souvenirs, 181).

Auf Drängen seines Bruders eröffnete Th. R. 1942 in Paris ein Katechumenat, aus dem sich in kurzer Zeit die Schwestern-Kongregation »ULF von Sion« entwickelte. Er wollte die Gemeinschaft M weihen, da er in M die Anregerin und Gründerin des Werkes sah. Die Bezeichnung »Sion«, die in den Psalmen öfters als Synonym für Jerusalem vorkommt, schien dem Anliegen seines Werkes genau zu entsprechen. So heißt es in der ersten Regel von 1863: »Die ganze Kongregation ist der heiligen und unbefleckten Jungfrau Maria unter dem Titel › Unsere Liebe Frau von Sion ‹ geweiht. Die Schwestern ehren sie als › den Ruhm Jerusalems, die Freude Israels und den Stolz ihres Volkes ‹ (Judit 15,9).«

Ähnlich empfehlen die Konstitutionen von 1984, ⒨ zu schätzen als »Tochter Sions«, als die jüdische Frau, die »den Glauben und die Hoffnung ihres Volkes in Fülle lebte ... Sie war gegenwärtig in der Urkirche. Nachdem sie schon an der Fülle der Erlösung teilhat, bestätigt sie uns das Ziel, zu dem wir berufen sind« (Nr. 9). — 1852 gründete R. die Priestergemeinschaft »St. Peter von Sion« (Pères de Sion). 1856 erfolgte eine Niederlassung in Jerusalem.

R.s MV ist von Anfang an christozentrisch. Jesus ist Grund und Quelle seiner MV. »Der Marienkult ist die Fortsetzung und der Ausdruck des kindlichen Kultes, den Jesus Christus selber seiner Mutter widmete« (Prédications, 262). »Je mehr man sich mit Jesus Christus vereinigt, desto mehr empfindet man ein unüberwindliches Bedürfnis, seine Mutter zu ehren« (Rayons de Verité, 126). Aus R.s Liebe zum Wort Gottes in der Bibel fließt sein außerordentliches Vertrauen zu ⒨. Gott spricht, der Mensch muß antworten. Wer hat besser geantwortet als ⒨? Im Hören auf das Wort Gottes glaubt, hofft und liebt sie wie die Patriarchen. In seinen Predigten betont R. die jüdische Abstammung ⒨s: Sie ist Tochter Sions im höchsten Sinne dieses Wortes, Tochter der Patriarchen und der Propheten, Gottes Mutter und unsere Mutter und Erbin der Verheißungen. ⒨ war eine vollkommene Jüdin und beobachtete treu die Gebote Gottes.

WW (Auswahl): In den Archiven von N.-D. de Sion in Rom, der Pères de Sion in Rom und der Pères de Sion in Paris sind hs. über 500 Texte, meist Autographe, und 2000 Briefe erhalten, so u. a.: Instructions dogmatiques faites à N.-D. des Victoires (1840/41). — Elévations sur les Litanies de la très Ste. Vierge (1847). — Constitutions de la Congrégation (1863). — Daraus sind in der Reihe »Sources de Sion« von M. Carmelle ed.: I: Premiers écrits, 1825—1840, 1977; II: Correspondance et documents, 1840—1853, 1979; Prédications et entretiens, 1840—1853, 1979; IV: Vie religieuse à Sion, 1854—1884, 1980; V: Fondations et dernières années, 1854—1884, 1983. — Adéodat, Paris 1835. — Histoire de s. Bernard, 2 Vol., ebd. 1840, [11]1903. — Miettes évangéliques, ebd. 1871, [3]1897. — Rayons de vérité, ebd. 1874. — Mes Souvenirs (Ms. von 1883), ed. von Sr. Marie Alice (Sources de Sion), 1966.

Lit.: Mère Benedicta, Le T. Rev. Père Marie-Théodore R. Fondateur de la Société des Prêtres et de la Congrégation des Religieuses de N.-D. de Sion. D'après sa correspondance et les documents contemperains, 2 Vol., Paris 1903, [2]1905. — M. Aron, Prêtres et Religieuses de N.-D. de Sion, 1936. — M. J. Egan, Christ's conquest. The coming of Grace to Th. R., 1945. — C. Mondésert, Les Religieuses de N.-D. de Sion, 1956. — DIP VII 1214ff. — DSp XIII 144—147 (WW, Lit.). — → Ratisbonne, A.

H. Wahle/W. Baier

Ratramnus, OSB, Mönch von Corbie, † nach 868, Schüler des →Paschasius Radbertus und diesem theol. ebenbürtig, war einer der führenden Theologen des 9. Jh.s, der mit scharfem Geist und streitbarer Feder in alle bewegenden theol. Fragen seiner Zeit eingriff (De praedestinatione, PL 121, 13—80; De corpore et sanguine Domini, PL 121, 125—170; Contra graecorum opposita, PL 121, 223—346), dabei immer eine kritische und eigenständige Einstellung beobachtend.

Für die Mariol. bedeutsam wurde er durch seine Schrift »De eo quod Christus ex Virgine natus est« (PL 121, 81—102), zu der er durch eine in Deutschland auftretende neue Lehrmeinung veranlaßt wurde, wonach Christus nicht auf gewöhnlichem Weg aus dem Schoß der Mutter hervorgegangen sei (»Christi infantiam per virginalis ianuam vulvae, humanae nativitatis verum non habuisse ortum«, PL 121, 83), sondern einen wunderbaren Ausgang aus dem Mutterleib genommen habe. Die in dieser Schrift bekämpfte Irrlehre ist eine zum Doketismus neigende, allzu mirakulöse Auffassung (»monstrose exisse«, PL 121, 83) von der Geburt Christi (»sive per latus, sive per ventrem, sive per renes, sive per superiores inferioresve corporis partes«, ebd. 85). Gegenüber dieser irrigen Meinung, die es für den Gottessohn als schändlich ansieht, »per vulvam processisse« (ebd. 85), verteidigt R. die nativitas Christi »per ianuam vulvae« (ebd. 84), weil ihm nur so die wahre Mutterschaft ⒨s und die wahre Menschheit Christi gewährleistet erscheint. Er will den Erweis dafür auch an dem Modus der Geburt festmachen, der ein gemeinmenschlicher gewesen sein muß. Damit sollen die virginitas in partu und die Unverletztheit des sigillum pudoris keineswegs geleugnet werden (»Ergo virgo parit, non corrumpitur, virgini matri nascens Deus aperuit vulvam, nec violavit pudoris sigillum« (ebd. 102), sondern die Vereinbarkeit der Virginitas mit dem »naturalis virginalis portae progressus« (ebd. 84) aufgewiesen werden. Seine Beweise schöpft R. aus der Schrift und aus reichlich herangezogenen Väterzeugnissen wie auch aus der Vernunft (»secundum consequentiam rationis«, ebd. 102C). Es geht konkret um den Nachweis, daß das, was den Naturgesetzen entspricht, nicht anstössig und entehrend sein kann.

Zur Beurteilung des durch die Gegnerschaft zu Paschasius Radbertus entstandenen Streitfalls ist zu sagen, daß dabei (schon von den Kontrahenten wie danach von den Interpreten) der eigentliche Fragepunkt oft verkannt wurde; denn wie R. die Wahrheit der virginitas in partu nicht leugnen wollte, so Radbert nicht die »communis via« des Geburtsvorganges. Der Unterschied der beiden Auffassungen ist darin angelegt, daß die erste alles Gewicht auf die Beanspruchung des natürlichen Geburtsweges und seiner Organe legt und diesbezüglich von der »lex communis« spricht, die zweite den äußersten Nachdruck auf das Außergewöhnliche des ganzen Geschehens legt (das von R. nicht geleugnet, aber durch die Hervorhebung der »lex communis« geschmälert erscheinen konnte). Die Differenz führt sich dann auf eine je andere Sichtweise zurück, bei der R. das Wunderbare mit den Bedingungen der Natur zusammenhält, Radbert es dagegen gänzlich über die Natur erhebt. Allerdings kommt R. sachlich nicht umhin, bezüglich eines Punktes, nämlich des »uterus clausus«, die Geltung der »lex communis« doch außer Kurs zu setzen. Der Unterschied tritt dann v. a. in der Einstellung zu den

»sordes nativitatis«, den Makeln der Geburt, in Erscheinung, welche für R. die üblichen sind, während sein Kontrahent das Außergewöhnliche der Umstände der Geburt v. a. im schmerzfreien Gebären hervorhebt. R. bezeigt auch diesbezüglich eine nüchternere, naturgemäßere Auffassung, ohne damit die Bedeutung des marian. Gedankens in der →Karolingerzeit zu schmälern.

Ausg.: PL 121, d'Achery, Spicilegium 1,52. — Briefe: MG Ep aevi Carol. IV, 1, 149–158. — Gedichte: MG Poet Lat III 716ff. — De partu Sanctae Mariae, ed. J.M. Cernal, In: Mar. 30 (1968) 84–112.
Lit.: Manitius I 412–417. — Scheffczyk 206–232. — Graef 163. — Delius 153–155. — R. Laurentin, In: RSPT 54 (1970) 323f. — Theotokos 304. — Brunhölzl I 379–383. *L. Scheffczyk*

Ratti, Lorenzo, * um 1590 in Perugia, † 10.8. 1630 in Loreto, ital. Komponist und Organist, erhält seine Ausbildung beim Onkel Vincenzo Ugolino und ist Sängerknabe in der Cappella Giulia in Rom. 1614–16 wirkt er als Organist in Perugia, bevor er 1617 eine Stelle als Kapellmeister am Seminario Romano in Rom annimmt. Nach verschiedenen Arbeitsstätten als Kapellmeister kommt er 1630 an die Casa di Loreto. Berühmt geworden ist der Komponist wegen seiner »Sacrae modulationes« (1628); sein Werk enthält jedoch auch Dramen im klassisch-humanistischen Stil, Madrigale und geistliche Kompositionen. Marian. Werke sind die Litanie della beata virgine zu 8 Stimmen (Venedig 1626) und die Litanie Beatissimae Virginis Mariae zu 12 Stimmen (Venedig 1630).

Lit.: T.D. Culley, Jesuits and Music, In: A study of the musicians connected with the German College in Rome during the 17th century, 1970. — MGG XI 23f. — Grove XV 600. — DMM VI 240. *L. Berger*

Rauden (auch Groß Rauden; poln.: Rudy, Rudy Wielkie, Rudy Raciborskie, Ruda), Polen, Diözese Oppeln, vor 1945 Deutschland, Oberschlesien, Diözese Breslau; Dorf an der Ruda, ehemaliges Zisterzienserkloster, wurde zwischen 1255 und 1258 von Wladislaw, Herzog zu Oppeln, für die Zisterzienser aus Jedrzejów gestiftet, ⒎gnadenstätte unter der Obhut des Diözesanklerus.

Die dreischiffige Kirche wurde 1260–70 erbaut und 1303 der Aufnahme ⒎s in den Himmel geweiht. Nach der Zerstörung (1642) während des schwedischen Krieges begann unter Abt Andrea Emanuel Pospel 1671 der Wiederaufbau durch Melchior Werner aus Neiße; der Kreuzgang wurde von Karl Rath aus Quargkammer erbaut, um 1700 bekam die Kirche ihren barocken Stuck, unter Abt Joseph II. wurden (1723–26) Turm und ⒎kapelle mit Krypta angebaut. Über dem Kapelleneingang befindet sich die Gründungsinschrift,: »Hanc graciosam B. Mariae effigiem perpetuo culto venerandam serenissimi Fundatores Vladislaus Casimirzs obtulere A. MCCXXVIII«. Das Gnadenbild auf dem Altar des 18. Jh.s ist eine Kopie der GM mit Kind aus S. Maria Maggiore (wohl 16. Jh., 1935 von Hugo Hesse aus Breslau gänzlich übermalt und verändert). Nach der Überlieferung wurde es 1228 den Zisterziensern aus Jedrzejów von Herzog Wladislaw geschenkt. Die MV in R. ist seit dem 17. Jh. nachweisbar. Dies bestätigen die Pilgergruppen aus Schlesien, aus Böhmen und Polen, zahlreiche Votivgaben, die Kopien des Gnadenbildes (in Oppau, Arensdorf und Preußisch Krawarn), Legenden von der Gründung des Klosters, von der wundertätigen Quelle, von der Hilfe der GM während der schwedischen Kriege, von der Flucht des Gnadenbildes aus R. und dessen wunderbarer Rückkehr sowie die Bezeichnung des ⒎bildes als »Gnadenbild«. Nach der Aufhebung des Zisterzienserordens (1810) ließ die MV in R. nach. Während des Zweiten Weltkrieges ging die Kirche in Flammen auf (die Kapelle blieb unversehrt); 1947–50 wurde sie wieder aufgebaut (Architekt Zdzisław Kaczmarczyk).

Der Anlaß zur Wiederbelebung des Kultes war 1974 die Vorbereitung für das Hl. Jahr, denn die Kirche in R. gehörte zu den Gnadenstätten des Jubiläumsjahres. Am Kirchweihfest (18. 8. 1974) nahmen 3500 Pilger teil; noch heute kommen zahlreiche Pilgergruppen aus den umliegenden Orten.

Lit.: J. Heimbrod, Das Cistercienser Kloster zu R., In: Schlesisches Provinzialblatt 112 (1840) 28–39. — A. Potthast, Geschichte der ehemaligen Cistercienser Abtei R. in Oberschlesien, Leobschütz 1858. — P. Knötel, Kloster R., In: Oberschlesien 3 (1904/05) 783–795. — A. Morawetz, Das Gnadenbild der Mutter Gottes in der Kirche zu R., Ratibor (um 1928). — A. Hadelt, Oberschlesische Denkmalpflege in Kloster R., In: Die Provinz Oberschlesien 5 (1930). — W. Krause, Grundriß eines Lexikons bildender Künstler und Kunsthandwerker in Oberschlesien I, 1933. — A. Nowack, Die Priester der Zisterzienserabtei R. 1682–1810 (1856), 1935. — T. Konieczny, Die ehemalige Abteikirche in R. in Oberschlesien, 1938. — A. Gessner, Abtei R. in Oberschlesien, 1952. — H. Tintelnot, Die ma. Baukunst in Schlesien, 1961, 54f. — M. Kutzner, Cysterska architektura na Slasku w latach 1200–1330, 1969. — W. F. Kopeć, Historia obrazu Matki Bożej w Rudach, In: Wiadomści Urzedowe Diecezji Opolskiej 30 (1975) 217–220. — St. Rybandt, Sredniowieczne opactwo cystersów w Rudach, 1977. *A. Witkowska*

Rauscher, Wolfgang SJ, * 1641 in Mühldorf am Inn, † 11. 6. 1709 in München. Nach der Ausbildung in Landsberg am Lech, Augsburg und Ingolstadt trat R. am 28. 9. 1658 in den Jesuitenorden ein. Nach dem Theol.studium in Ingolstadt empfing er 1671 die Priesterweihe. Bis 1676 lehrte er Phil. in Landshut und Freiburg i. B. und predigte (ab 1673) in der Freiburger Kollegiatskirche. In den darauffolgenden Jahren hatte er das Predigtamt inne in Landshut (1676–79), Ingolstadt (1679–81), Augsburg (1681–85), München (1685–91) und Amberg (1691–94). Ab 1695 bekleidete er in München das Amt des Hausministers, bis er 1698 Rektor des Luzerner Kollegs wurde. Drei Jahre später kehrte er nach München zurück, wo er als Beichtvater, Präses der Bürgerkongregation und Hauskonsultor tätig war, ab 1707 aus Krankheitsgründen dann nur noch als Hauslehrer.

R. zählt als Dompredigier in Augsburg und München zweifelsohne zu den bedeutendsten

Predigern seiner Zeit. Die von ihm verfaßten Predigten wurden in stattlichen Sammlungen beim Verlag Johann Caspar Bencards in Augsburg und Dillingen veröffentlicht und noch 20 Jahre nach seinem Tod in einer Neuauflage herausgebracht. Die zwei umfangreichsten Predigtsammlungen sind das Dominicale »Oel und Wein Deß Mitleidigen Samaritans Für die Wunden der Sünder« (3 Teile, 1689—98) und das Festivale »Marck Der Cederbäum« (2 Teile, 1689—94). Weiter gab R. einen Zyklus von Passionspredigten »Trauben-Preß Biß auff den letsten Bluts-Tropfen« (1689), in Form eines Anhangs zum zweiten Druck der Sonntagspredigten die Sammlung »Zugab Etwelcher Predigen Von der guten und schlimmen Haußhaltung« (1695) und einen Band mit Fasten- und Passionspredigten »Blutiges und unblutiges Opffer Jesu Christi deß Erlösers« (1698) in Druck. Zudem erschienen in Amberg im Verlag Johann Burgers (1692/93) zwei Einzelpredigten, über den hl. Franz v. Paula. Insgesamt hat R. 449 dt.sprachige Predigten veröffentlicht, in einem auch heute noch sehr lesbaren Predigtstil, der durch Bildhaftigkeit der Sprache, Überredungskraft der Argumente und direkte Anwendbarkeit der vorgebrachten Glaubenslehren auf das tägliche Leben der Gläubigen gekennzeichnet wird. Die vielfach benutzten Exempel, in einigen Fällen als Anhang zu einer Predigt über mehrere Seiten phantasievoll ausgesponnen, erhöhen den sprachlich inhaltlichen Reiz der Predigten. Es ist jedoch v. a. die rhetorische Struktur der Predigten, in der dem heutigen Leser der Prediger R. als gelehrter und gelernter Rhetoriker und Theologe in seinem ganzen Können begegnet: Genaue Analyse läßt jede Predigt als ein sorgfältig konstruiertes rhetorisches Bauwerk erkennen, in dem sowohl die persuasorische als auch die strukturelle Funktion der eingefügten Exempel erst richtig zur Geltung kommt. In R.s Predigten spiegeln sich Intelligenz und Belesenheit, Strenge und Frömmigkeit, sowie Verständnis und Einfühlungsvermögen.

Obgleich der erste Teil des Festivale der GM gewidmet ist, enthält R.s Oeuvre insgesamt nur 38 Mpredigten, die alle für die sieben wichtigsten Mfeste des Kirchenjahres gedacht sind: das Fest der UE (6), Me Lichtmeß (6), Me Verkündigung (6), das Fest der Heimsuchung Me (4), Me Himmelfahrt (6), Me Geburt (4) und das Fest der Opferung Me (6). Wie allen anderen Predigten auch, ist jeder Mpredigt die Perikope mit Incipit, sowie ein »Inhalt« vorangestellt, der in knapper Beschreibung das Thema der Predigt festlegt. Selbstverständlich nimmt jede Mpredigt vom jeweiligen Mfest ihren Ausgang, was aber keinesfalls zu Gleichförmigkeit der Predigten führt: Der behandelte Themenkreis ist schier unerschöpflich. Besieht man beispielsweise die 4 Predigten zum Fest der Geburt, so bietet dieses Fest einmal Gelegenheit, die Umstände und Vorzeichen zur Zeit der Geburt darzulegen, ein andermal nimmt R. die Geburt der Jungfrau zum Anlaß, zu erklären, weshalb manche Kinder vornehmer und frommer Eltern aus der Art schlagen. In der dritten Predigt wird M um Hilfe gebeten beim bevorstehenden Entsatz der von den Türken belagerten Stadt Wien, und die vierte vergleicht M mit einem Buch (→ Liber), in dem alles Wissen der Welt begriffen ist. Die Predigten am Fest der UE weichen von den anderen etwas ab, indem sie die UE bestätigen, erklären und beweisen. Die in den Predigten für M benutzen Metaphern und Vergleiche sind die traditionellen, u. a. die zweite Eva, die Lilie der Täler, die Lilie unter Disteln, die Arche, die Sonne, die Taube. Auch die zitierten Bibelstellen sind die gängigen, wobei das Hohelied — namentlich Hld 2,2 und nicht zuletzt Hld 4,7 — kaum jemals fehlt. Die Mpredigten vermitteln ein von der kirchlichen Tradition geprägtes Bild der GM, der Himmelskönigin, der Mittlerin zwischen Mensch und Gott. R. schildert sie aber auch als ein leuchtendes Vorbild für alle Frauen; keusch, fromm, gehorsam, ehrerbietig, eine Trösterin in schweren Stunden, eine Helferin in der Not, eine tüchtige Hausfrau, eine gute Mutter, stark und bedeutend, denn es »Fehlen also die jenige Weiber=Feind weit; welche (...) die Weiber für untüchtig außruffen/ (...) GOtt hat ihnen eben so wol/ als dem Adam die Verwaltung der gantzen Erden zum Theil anvertraut.«

Lit.: E. Moser-Rath, Predigtmärlein der Barockzeit. Exempel, Sage, Schwank und Fabel in geistlichen Quellen des oberdt. Raumes, 1964, 179—212. — H. Rauscher, Die Barockpredigten des Jesuitenpaters W. R., Diss., München 1973. — P. V. Brady, Realism and the Bavarian »Barockpredigt«: W. R. (1641—1709), In: J. Thunecke (Hrsg.), Formen realistischer Erzählkunst, FS für C. Jolles, 1979, 4—13. — W. Welzig (Hrsg.), Katalog gedruckter dt.sprachiger kath. Predigtsammlungen I, 1984, 123—124; II, 1987, 745—746. — E. Moser-Rath, Lesestoff fürs Kirchenvolk. Lektüreanweisungen in kath. Predigten der Barockzeit, In: Fabula 29 (1988) 48—72. — P. Ophelders-van Neerven, Zum Exempelgebrauch bei W. R. SJ. Prolegomena zur Erforschung seiner Predigten, In: G. van Gemert und H. Ester (Hrsg.), Grenzgänge. Literatur und Kultur im Kontext, 1990, 111—140. — E. Moser-Rath, Dem Kirchenvolk die Leviten gelesen. Alltag im Spiegel süddt. Barockpredigten, 1991. — BB II 241—257. 1285. *P. Ophelders-van Neerven*

Raynaud, Théophil, SJ (seit 1602), * 15. 11. 1587 in Sospello/Nizza, † 31. 10. 1663 in Lyon, war wegen seines vorbildlichen Lebens, seiner Arbeitskraft, seines Arbeitseifers und seiner vielseitigen Gelehrsamkeit zeitlebens gerühmt, doch wegen seines Mangels an Kritik in historischen Fragen, seiner Weitschweifigkeit im Stil, seiner gelegentlichen Heftigkeit und seiner zuweilen verletzenden Sprache von manchen getadelt. Er war ein erfolgreicher Seelsorger, akademischer Lehrer der Phil. und Theol. (Lyon, Rom) sowie ein fruchtbarer Schriftsteller.

Zu seinen Themen gehörten auch die Vorzüge und Verehrung Ms. Solche Arbeiten finden sich in der von ihm selbst vorbereiteten und in Lyon 1665 gedruckten Gesamtausgabe seiner Werke. Im 7. Band stehen »Diptycha Mariana« (1643), worin er die falschen Ehrentitel Ms widerlegt und die wahren verteidigt, »Scapulare Marianum« (1654), worin er die Echtheit des karmelitischen Skapuliers zu erweisen sucht, »Dissertatio de retinendo titulo immaculatae conceptionis« (1651), sowie »Nomenclator Marianus« (1635), der eine Liste der von den Vätern der Kirche ⓜ zugeeigneten Ehrennamen erstellt. Der 8. Band enthält die Abhandlung »Maria immaculate concepta primos in Gallia honores consecuta«.

Lit.: Hurter III 978—984. — DThC 13, 1823—29, table III 3864. — DSp XIII 201f. *H. M. Köster*

Rāzā (Plural: rāzē; westsyr.: rōzō, wörtlich: Geheimnis, Mysterium, Symbol). Im Singular bezeichnet R. ein Sakrament oder — bei den → Malabaren — die feierlichste Form der ostsyr. Eucharistiefeier. Bei den Thomaschristen, die der westsyr. liturg. Überlieferung folgen, meint R. jedoch die in der Kirche stattfindenden Prozessionen an Festtagen. Der Plural bezeichnet entweder die ganze Feier der Eucharistie, die »vollständigen Mysterien mit Konsekration« (raze mšamlāyē 'am qūḏāšā) oder einen unvollständigen eucharistischen Gottesdienst an Wochentagen der ersten, vierten und siebenten Woche sowie an den Freitagen der vorösterlichen Fastenzeit, also wahrscheinlich eine »Liturgie der vorgeweihten Gaben«, die heute nicht mehr bekannt ist. Der sel. Jungfrau ⓜ gedenkt man in jeder Feier der Rāzē zweimal: Während der → 'ōnīṯā d-rāzē, wenn die eucharistischen Gaben zum Altar übertragen und dargebracht werden, singen die Gläubigen: »Auf dem Altar geschehe das Gedächtnis der Jungfrau Maria, der Mutter Gottes« (ursprünglich: Christi), und in der ersten Anaphora, in der 4. Gᵉhantā, in der das heiligende Tun des Hl. Geistes bekannt wird, steht ⓜ an erster Stelle: »Mein Herr, durch deine große und unaussprechliche Barmherzigkeit nimm an das gute und wohlgefällige Gedächtnis der Jungfrau und Gottesmutter Maria und aller gerechten und heiligen Väter, die dir wohlgefallen haben durch die Gedächtnisfeier des Leibes und Blutes deines Christus, die wir auf deinem reinen und heiligen Altar darbringen, wie du uns gelehrt hast«. Am dritten Sonntag des → Subbārā wird in der 'ōnīṯā d-qankē gesungen: »Die Verkündigung, die Maria empfing, enthielt alles Heil, denn sie empfing Christus ohne Samen und Vereinigung. Auf sie allein kam der Heilige Geist herab, und die Kraft des Allerhöchsten überschattete sie; sie ist gesegnet unter den Frauen, weil sie voller Hoffnung war. Dem Schöpfer, der so Erbarmen mit unserer menschlichen Natur zeigte, gebührt Anbetung.« Die Furcht ⓜs wegen ihrer Jungfräulichkeit spiegelt die 'ōnīṯā d-rāzē des 4. Sonntags des Subbārā wider: »Maria war bei dem Gruß des Engels verwirrt, da sie keinen Mann erkannte; sie empfing durch die Kraft des Geistes.« Und am Fest der Beglückwünschung der GM singt die Kirche: »Herr von allem, wir danken dir, weil du Maria aus dem Menschengeschlecht erwählt hast und dein verborgenes Mysterium in ihr wohnen ließest; denn durch die Kraft des Geistes wird Christus, der Retter der Welt, von ihr geboren, und siehe, die Kirche feiert das Gedächtnis der Jungfrau ... Heilige Jungfrau Maria, bete und bitte Christus, daß er mit der Welt Erbarmen habe, die zu deiner Fürbitte Zuflucht nimmt. Die Kirche frohlockt bei der Feier deines Festes. Schütze ihre Kinder vor allen falschen und teuflischen Feinden.«

Lit.: Breviarium iuxta Ritum Syrorum Orientalium id est Chaldaeorum, hrsg. von P. Bedjan, 3 Bde., 1938. — Supplementum mysteriorum sive Proprium Missarum de Tempore et de Sanctis iuxta ritum Ecclesiae Syro-Malabarensis, 1950. — J. Mateos, Lelya-Sapra. Essai d'interprétation des matines chaldéennes, 1959, 496f. — P. J. Podipara, Mariology of the Church of the East, 1980. — V. Pathikulangara, Resurrection, Life and Renewal, 1982. — J. Moolan, The Period of Annunciation-Nativity in the East Syrian Calendar, 1985. — P. Kuruthukulangara, The Feast of the Nativity of our Lord in the Chaldean and Malabar liturgical year, 1989.

V. Pathikulangara

Re, eine kleine Ortschaft in Norditalien, nahe der Schweizer Grenze, ist seit dem Ende des 15. Jh.s ein vielbesuchter ⓜwallfahrtsort, der seinen Ursprung einem gut beglaubigten Wunder verdankt. Danach habe Giovanni Zuccone am 29. 4. 1494 (wohl nicht aus böser Absicht) einen Stein auf die Stirn der GM geschleudert, die eine wenig geübte Hand einige Zeit vorher auf die Außenwand der Dorfkirche gemalt hatte (Maria lactans mit der einstigen Unterschrift »In gremio matris sedet Sapientia Patris«). An den folgenden Tagen sei aus der »Stirnwunde« duftendes Blut hervorgekommen und zwar in solcher Menge, daß es aufgefangen werden konnte und teilweise bis heute als kostbare Reliquie aufbewahrt wird. Daher heißt das Bild »Sancta Maria ad Sanguinem«. Über dieses Wunder existieren zwei Protokolle der weltlichen Obrigkeit von 1494 und 1500 (vgl. Remigio 37—55). Darin ist auch die Rede von anderen Wundern und einer Ablaßbewilligung des Ortsbischofs. Ein Jh. später förderte der heiligmäßige Bischof von Novara Carlo Bescapé mit Eifer den Bau einer Wallfahrtskirche (eingeweiht am 20. 7. 1627), und 1958 wurde eine größere Wallfahrtskirche fertiggestellt, die der Bologneser Architekt Edoardo Collamarini im romanisch-byz. Stil entworfen hatte. Das Wunderbild wurde am 5. 8. 1824 durch Kardinal Giuseppe Marozzo und am 5. 8. 1928 durch Bischof Giuseppe Castelli feierlich gekrönt. 1948 begann die Madonna von Re ihre »Pilgerfahrt« durch alle 381 Pfarreien der Diözese Novara. Seit 1894 besitzt Re auch ein großes Pilgerheim.

Verschiedene und z. T. hochverehrte Kopien der Madonna von Re zählt D. Remigio (100ff.) auf; am berühmtesten ist jene, die der Schornsteinfeger Bartolomeo de Rubeis aus Re im 17. Jh. nach Böhmen (Klattau) brachte, und die am 8. 7. 1685 vor vielen Zeugen gleichfalls geblutet haben soll. Eine vom Prager Erzbischof eingesetzte Untersuchungskommission und der Erzbischof selbst bestätigten bald nachher das Wunder.

Lit.: C. Bescapé, Novaria Sacra, Novara 1612. — P. Giuseppe Antonio d'Ancona Cerri, Nuova e fedele relazione ..., Mailand 1771. — D. Remigio, La Madonna di Re, 1947 (Lit.). — E. Manni, La Madonna di Re, ²1948. — Salvini 78—81. — D. Marcucci, Santuari mariani d'Italia, 1982, 76—78. *C. Henze*

Real Junta de la Inmaculada Concepcion. Die »Königliche Kommission der Unbefleckten Empfängnis« wurde am Vortag des Festes der Immaculata 1616 von König Philipp III. von Spanien im Hause des Kardinals Zapata von Toledo gegründet; dieser übernahm den ersten Vorsitz. Philipp III. berief die Kommission 1617—21 immer wieder ein, um sich bezüglich der theol. Verteidigung und diplomatischer Eingaben beim Papst über den Werdegang der von ihm angestrebten Dogmatisierung der Immaculata zu informieren und Rat einzuholen. Philipp IV. errichtete 1621 eine neue Junta, deren Zusammenstellung er selbst bestimmte. Mit königlichem Dekrekt vom 21.4.1652 wurde der Junta ein endgültiges Statut gegeben, das auch die Zusammensetzung der Mitglieder festlegte: Vorsitzender war stets der Erzbischof von Toledo als Primas von Spanien; das Recht auf einen festen Sitz besaßen zunächst Franziskaner und Jesuiten (später auch die Mercedarier und andere Orden), während die übrigen Mitglieder vom König nach Rücksprache mit der Junta berufen wurden. Der Junta oblag das Recht und die Aufgabe, alles zu überprüfen, was in Spanien über das Geheimnis der UE ᛘs geschrieben wurde. Sie veranstaltete Disputationen, förderte die Vereidigung von Stadträten, Universitäten, Domkapiteln usw. zur Verteidigung der UE ᛘs und schlug dem König die Vergabe von Orden und anderer Auszeichnungen an verdiente »Ritter der Immaculata« vor. In der theol. Frage nach dem »debitum« ᛘs (rechtliches Verhaftetsein in der Erbsünde) spielte die Junta eine wesentliche Rolle. Die dogm. Entscheidung von 1854 hat diese Frage nicht beantwortet, sondern lediglich erklärt, daß ᛘ nie mit der Erbsünde behaftet war. Schon die erste Junta unter Philipp III. war maßgeblich am Dekret der Kongregation der hl. Inquisition beteiligt, das auch Paul V. bestätigte, indem er die früher verhängten Strafen gegen die Widersacher dieser »frommen Meinung« bekräftigte, welche in »Predigten, Vorlesungen, Disputationen und anderen öffentlichen Veranstaltungen« die Behauptung verträten, »die seligste Jungfrau sei in Sünde empfangen worden«.

Lit.: B. Prada, Las Disputas teológicas de Toledo y Alcalá y el decreto de la Inquisición española sobre el débizo. Su infujo en los teólogos de siglo XVII, In: EphMar 3 (1953) 281—304. — Enrique del Sagrado Corazón, La Inmaculada en la tradición teológica española ...: 1595—1660, In: CTom 81 (1954) 513—464. — N. Pérez, La Inmaculada y España, 1954. — O. Casado Fuente, Mariología Clásica Española, 1958. — K. Polo Carrasco, Los juramentos inmaculistas de Zaragoza, 1987. *G. Rovira*

Realino, Bernardino, hl. Priester der SJ, * 1.12. 1530 in Carpi (Ferrara), † 2.7.1616 in Lecce, betrieb in Modena und Bologna zuerst humanistische, dann phil. und medizinische, schließlich juristische Studien, die er 1556 mit dem Dr. utr. iuris abschloß. Anschließend begann er eine Verwaltungslaufbahn und war als Podestà in verschiedenen Städten und als juristischer Berater tätig. 1564 trat er in Neapel in die Gesellschaft Jesu ein, wurde 1567 zum Priester geweiht und bald zum Novizenmeister in Neapel ernannt. Hier war er auch als Prediger, Katechet, Leiter einer MC und als Seelsorger für mohammedanische Sklaven tätig. 1574 wurde er nach Lecce geschickt, wo er ein Kolleg gründete, das er zeitweilig als Rektor leitete. Auch hier wirkte er als Katechet, als Seelsorger für Kranke, Sklaven und Gefangene, vor allem als gesuchter Beichtvater und Seelenführer. Er stand wegen der Heiligkeit seines Wandels, wegen seiner Demut, Geduld und Liebenswürdigkeit in höchstem Ansehen. Als er im Sterben lag, bat ihn eine offizielle Abordnung der Stadt Lecce, im Himmel ihr Patron zu sein. In seiner Jugend hat er eine Reihe philol. und poetischer Arbeiten geschrieben, aber nach seinem Ordenseintritt vernichtete er fast alle Manuskripte. Später benutzte er seine dichterische Begabung, um geistliche Sonette, Distichen und Embleme zu verfassen. R.s Seligsprechung erfolgte 1895 durch Leo XIII., die Heiligsprechung 1947 durch Pius XII.

R. zeichnete sich durch eine intensive ᛘfrömmigkeit aus. Seinen Ordenseintritt führte er u. a. auf eine ᛘerscheinung zurück. Auch später soll ihm oft ᛘ mit dem Kinde erschienen sein. Er predigte gern über die Vorzüge ᛘs und dichtete ihr zu Ehren Epigramme, Sonette, Madrigale und Kanzonen. Besonders pflegte er das Rosenkranzgebet; im Alter betete er den Rosenkranz oft viele Male am Tag. Er starb am Fest ᛘe Heimsuchung.

WW: Ad P. Petrum Antonium Spinellum ... ob librum de Laudibus Virginis, Lecce 1609, ²1610. — Lettere spirituali inedite del ven. P. B. R., ed. dal P. Giuseppe Boero, Neapel 1854. — Andere Briefe sowie lat. und ital. Gedichte finden sich in den Summarien des Seligsprechungsprozesses. — Sommervogel IV 1554 ff.

Lit.: E. Venturi, Storia della vita del beato B. R., Rom 1895. — J. Boero, Leben und Wirken des sel. P. B. R., übers. von M. Gruber, Regensburg 1896. — V. Dente, Un santo educatore e letterato gesuita, In: La CivCatt 82/2 (1931) 21—36. 209—225. — G. Germier, San B. R., 1944. — Baumann 42—46. — Koch 1501. — EC II 1416 f. — BSS II 1322—25 (Lit., Bild). — LThK² VIII 1026 f. — Dizionario Bibliografico degli Italiani IX 210—213. *G. Switek*

Rebekka. I. EXEGESE. *1. AT.* Die Bedeutung des Namens »Rebekka« ist unsicher (vielleicht »Kuh«). R., die zweite in der Reihe der Stammmütter Israels nach Sara, ist nach der biblischen Überlieferung eine Tochter des Aramäers Betuël (Gen 22,23; 24,25; 25,20). Abraham schickte nach Gen 24,1—9 den »Großknecht seines Hauses« — in Gen 24 ohne Namen, in der jüdisch-christl. Tradition wird er Eliëser genannt (vgl. Gen 15,2) — »nach Mesopotamien in die Stadt Nahors« (24,10), Haran bzw. Paddam-Aram, um für seinen Sohn Isaak um eine Frau aus der Verwandtschaft werben zu lassen. Am Quellbrunnen der Stadt beggenet der Großknecht R., die zum Wasserschöpfen kommt (Gen 24,15—27). Es ist eine der Brunnenszenen der Bibel (vgl. Gen 29,2—12; Ex 2,16f.; 1 Sam 9,11—13; Joh 4). R. bietet dem fremden Mann und den Kamelen Wasser und schließlich eine Übernachtungsmöglichkeit an; er übergibt ihr Gastgeschenke (24,17—27). Bei Laban, dem Bruder R.s (Gen 24,29. 30; 1 Sam 1,5; Lk 1,7. 36) tritt der Großknecht als Brautwerber für Isaak auf (24,33—49) und führt schließlich mit dem Einverständnis Labans und Betuëls R. zu Isaak heim (24, 50—66). Lange ist die Ehe zwischen R. und Isaak unfruchtbar, ein Motiv, das auch sonst bei den Stammüttern Israels und bei Müttern hervorragender Gestalten der Heilsgeschichte anzutreffen ist (vgl. Gen 11,30; 29,31; 1 Sam 1,5; Lk 1,7. 36). Erst nach einem Gebet Isaaks zu Gott wird R. schwanger und gebiert nach einer schweren Schwangerschaft die Zwillingsbrüder Esau und Jakob (Gen 25,21—26). R., die eine Vorliebe für ihren jüngeren Sohn Jakob hat, sorgt mit List und durch Überredung Jakobs dafür, daß Isaak statt Esau dem Jakob den Erstgeburtssegen erteilt (27,1—29). Als Esau diesen Betrug merkt und daraufhin Jakob verfolgt, rät R. Jakob, zu ihrem Bruder Laban zu fliehen (27,30—45). Der biblische Tradent betrachtet die Tatsache, daß Jakob fliehen muß und dadurch seiner Mutter R. verloren geht, als Strafe für den gemeinsamen Betrug. Das AT erzählt nichts von ihrem Tod. R.s Grab wird aber »in der Höhle ... von Machpela« bei Hebron gezeigt (49,30f.).

2. NT. Paulus weist in Röm 9,10—13 auf R. hin. Von ihren Zwillingen wurde nur der eine schon im Mutterleib erwählt, ohne daß Gott auf Verdienst oder Schuld der beiden geachtet hätte.

Lit.: O. Kuß, Der Römerbrief, 1978. — C. Westermann, Genesis, 2. Teilbd., 1981. — J. Scharbert, Genesis 12—50, 1986. — G. v. Rad, Das erste Buch Mose (Genesis), ¹²1987. — A. Rofé, An Enquiry into the Betrothal of Rebekah, In: Die Hebräische Bibel und ihre zweifache Nachgeschichte, FS für R. Rendtorff, hrsg. von E. Blum u. a., 1990, 27—39. — H. Dase, Der haesaed der mesopotamischen Frauen für die Heilsgeschichte Israels, In: Dielheimer Blätter für AT 26 (1992) 161—172. — BL 1449.
J. Scharbert

II. IKONOGRAPHIE. Als Typus der → Ekklesia bei → Beda Venerabilis (Comm. in Genesis XXIV [PL 91,246]) und in der Glossa ordinaria (Lib. Gen. XXIV [PL 113,140ff.]) wird R. wie auch andere Frauen des AT (vgl. → Judit, → Sara), im hohen MA auf ᛉ gedeutet. Den Hauptbezug für die marian. Auslegung bieten die Brautwerbung und Begegnung mit dem Großknecht Abrahams am Brunnen. Eine Sequenz der 2. Hälfte des 12. Jh.s nennt R. neben altbekannten ᛉsinnbildern wie → Bundeslade, geschlossener → Pforte u. a.: »Tu Rebecca potum vite/ Da reis ut camelis« (Meersseman II 56). Im → Speculum Humanae Salvationis gilt die Geschichte der Erwählung R.s, zusammen mit den traditionellen Typen des brennenden → Dornbuschs und des Vlieses → Gideons, als Vorbild der Verkündigung ᛉe: Wie Abraham Elieser beauftragte, eine Jungfrau als Braut für seinen Sohn Isaak

Rebekka am Brunnen als Vorbild der »Virgo clemens«, Stich von G. B. Götz und T. Lobeck, 1743, Regensburg, Sammlung Hartig

heimzuführen, so sandte Gottvater Gabriel auf Erden zu ᛉ, die die jungfräuliche Mutter seines Sohnes werden sollte. Wie R. dem weitgereisten Gast Wasser darreichte, so erteilte ᛉ dem Engel ihre Zustimmung. R. tränkte die Kamele am Brunnen, ᛉ erschloß den Menschen die Quelle des Lebens. Die Illustrationen zu den Speculum-Handschriften 2505 der Hessischen Landes- und Hochschulbibl. Darmstadt (um 1360) und clm 146 der Bayer. Staatsbibl., München (um 1330), betonen die Parallelität durch Angleichung R.s, die gegen den biblischen Bericht als höfisch gekleidete, gekrönte Figur erscheint, an die Darstellung ᛉs. Ein 1463 gestifteter Freskenzyklus der → Sieben Freuden ᛉs im Kreuzgang des Domes zu Brixen folgt der Typologie des Speculum bei der Darstellung der Verkündigung als 1. Freude. Auch in nachma. Zeit bleibt der Bezug lebendig. Der Jesuit Vincentius Brunus führt die Begegnung zwischen Abrahams Knecht und R. als »Figura« der Verkündigung an (Meditationes in septem Festa B. Virginis ..., Köln 1617, 119f.). Giuseppe

Ghezzi (1634—1721) stellt die Szene in der Verkündigungskapelle der Chiesa Nuova (S. Maria in Vallicella) in Rom dar (Mâle IV 44).

In marian. Programmen des 18. Jh.s wird R. am Brunnen oft als atl. Vorbild der Mildtätigkeit und Barmherzigkeit ⱲMs gegenüber der Menschheit verstanden (Freskodarstellungen: Matthäus Günther in Pfarr- und Wallfahrtskirche ⱲMe Himmelfahrt in Hohenpeissenberg, 1748; Gottfried Bernhard Göz in St. Kassian, Regensburg, 1754; Gaetano Zompini in der Scuola Grande dei Carmini, Venedig, 1751/53). Zur Illustration der Litaneianrufung »Virgo clemens« wird die Labung am Brunnen in Beziehung zur → Lactatio und zur → Hochzeit zu Kana gesetzt (Stiche: Tobias Lobeck nach Entwurf von G. B. Göz, 1743; Gebrüder Klauber, 1750, Abb.: ML III 219).

R.s listiges Handeln zugunsten Jakobs und zum Nachteil Esaus (Gen 27,5 ff.) wird mit dem aktiven Eintreten ⱲMs gegen das Böse verglichen (Richard v. St. Laurentius, De Laudibus BMV II 3,5). Bei einer achtteiligen Stichfolge des »Salve Regina« von Anton Wierix (1598), der die Darstellungen ⱲMs unter verschiedenen Aspekten (»regina«, »victrix« usw.) jeweils von einem atl. Vorbild begleiten läßt, wird der »advocata«, die den Segen Christi für die Menschheit erfleht, die im Mittelpunkt agierende R. bei der Segnung Jakobs zugeordnet. Im typologischen Programm der Guadalupe-Kapelle im Kloster der Descalzas Reales in Madrid, 1653 von Sebastian Herrera Barnuevo gemalt, trägt die Szene der Täuschung Isaaks die Inschrift »Maledictio abolita« und weist damit auf die Macht ⱲMs hin, Unheil abzuwenden. 1750 nennt Franz Xaver Dornn in seinem Kommentar zur Lauretanischen Litanei R. — »quae pio dolo filio suo Jacobo paternam benedictionem impetravit« — neben Ariadne, Michal und Sara als Präfiguration der »virgo fidelis«.

Auch die Flucht Jakobs zu Laban erfolgt auf Geheiß R.s (Gen 27,42 ff.). Diese Begebenheit dient als → Biblia Pauperum als Typus der → Flucht nach Ägypten; die Illustrationen zeigen R. oft wieder als aktiv handelnden Charakter, sich von Esau abwendend und auf Jakob zutraulich einredend. In späteren Erweiterungen der Biblia Pauperum, die auch nichtbiblische ⱲMszenen einbeziehen, gilt die Hochzeit R.s mit Isaak als Typus der Vermählung ⱲMs mit Joseph (vgl. auch Brunus 100).

Weitere Vergleiche betreffen die Schönheit R.s (»puella decora nimis virgoque pulcherrima«; Gen 24,16), die noch von der Schönheit ⱲMs übertroffen wird (Richard v. St. Laurentius, a. a. O. IV, 22,3; Symeon Mänhard, 1628 in Augsburg herausgegebene Predigtsammlung, vgl. H. Schnell, Die Patrona Boiariae und das Wessobrunner Gnadenbild, In: Mün. 15 [1962] 199). Als Vorbild der »mater amabilis« tritt R. in den Illustrationen zur → Lauretanischen Litanei von den Gebrüdern Klauber (1750) und in Anlehnung daran, von P. A. Varin (1849) neben Rahel, Ester und Judit. Ihr zurückgezogenes Leben vor der Brautwerbung wird mit der Jugendzeit ⱲMs als Tempeljungfrau verglichen (Brunus 86).

Lit.: Salzer 498 f. — Molsdorf 40. 11. 951. — Réau II/1, 139 ff. — Pigler I 51—61. — LCI II 352 ff.; III 503 f. G. Nitz

Rebelo (auch Rebello, Rabelo, Rabello), João Soares Lourenço, * 1610 in Caminha, † 16. 11. 1661 in Apelação bei Lissabon, port. Komponist, seit 1624 Chorknabe in der herzoglichen Kapelle in Vila Viçosa, die auch der spätere König João IV. besucht. João bewundert R. wegen seiner hervorragenden Fähigkeiten, eine Verehrung, die Zeit seines Lebens anhält und dem Komponisten zu einigem Wohlstand verhilft, bevor er in geistiger Umnachtung und erblindet stirbt. R. gilt als einer der bedeutenden port. Dichter der Polyphonie — zu Joãos 39. Geburtstag widmet er ihm eine 39-stimmige Messe —, der v. a. geistliche Werke geschrieben hat, u. a. acht Vesper-Psalmen und ein Magnificat für vier Stimmen.

Lit.: J. A. Alegria, Arquivo das musicas da Sè de Evora, 1973. — MGG XI 88 f. — Grove XV 640. L. Berger

Rèche, Jules, sel. Schulbruder (FSC, Bruder Arnold), * 2. 9. 1838 in Landroff bei Metz/Frankreich, † 23. 10. 1890 in Reims, wurde am 1. 11. 1987 durch Papst Johannes Paul II. in Rom seliggesprochen.

Die bes. MV R.s wurzelte in der Familientradition, wo es selbstverständliche Sitte war, täglich gemeinsam den Rosenkranz zu beten. Der Vater, Vorsitzender der »Bruderschaft vom lebendigen Rosenkranz« im Dorf, führte die Kinder mit Eifer in die Betrachtung der marian. Glaubensgeheimnisse ein. R., von klein auf eifrig am rel. Leben beteiligt, trat am 12. 9. 1861 als Fuhrknecht beim Bau der Stadtpfarrkirche ND in Charleville der Gebetsgemeinschaft »ULF von der Hoffnung« bei und verpflichtete sich zum täglichen »11-Uhr-Gebet« und zum Rosenkranz. Augenzeugen berichteten von der großen Sammlung, mit der er oft mitten auf der Baustelle zwischen Steinquadern kniend den Angelus und abends den Rosenkranz betete. Als Ordensmann intensivierte Br. Arnold seine MV, die ihm nach der Betrachtung des Leidens Christi und der eucharistischen Frömmigkeit am meisten am Herzen lag. Dem Brauch im Institut entsprechend, wurden vor dem Mittagessen drei Rosenkranzgesätze verrichtet, drei weitere danach; das sechste Geheimnis galt der Verehrung der UE ⱲMs. Im Amt des Novizenmeisters führte er die jungen Ordenskandidaten zu einer tiefen ⱲMfrömmigkeit. Von seinen 365 schriftlich ausgearbeiteten Konferenzen und den fast 60 weiteren Exerzitienvorträgen für die Brüder behandeln viele marian. Themen. R. verfaßte einen Kommentar zu den Geheimnissen des Rosenkranzes, den viele Brüder benutzten, um den Aufrufen ⱲMs in Lourdes und La Salette zu entsprechen. Uneingeschränkt ließ er sich von dem Auftrag seines Ordensgründers → Johannes Baptist de la Salle leiten, der fordert: »Ich will, daß Maria Königin und Schützerin der christlichen Schulen sei« (Betrachtungen, Nr. 151/4). Unter den von R. verfaßten Gebeten befindet sich folgendes als Inbegriff seiner MV: »O makellose, heilige Jungfrau! Vor Erschaffung der Welt bist du auserwählt und vorherbestimmt worden. ... O heilige Jungfrau, wie glücklich bin ich, dich mit so vielen Tugenden geschmückt zu sehen, und wie bewundere ich, wie du sie ausübst. Ich anerkenne, daß man von dir sagen kann, daß du die Lilie unter den Dornen bist, denn unsere Sünden sind Dornen, die uns verletzen, uns zerreißen und uns entstellen. Du bist unter uns wie eine Lilie, wunderbar leuchtend, du bestehst aus so vielen Blättern wie du Tugenden hast. Mache, daß ich nichts vor Augen haben als dich und deinen Sohn« (Oeuvre, 49).

WW: Oeuvre du Bienheureux Frère Arnould, 1987.
Lit.: Betrachtungen des hl. Johannes v. La Salle, 1931. — G. Rigault, Un ascète lasallien: Le Frère Arnould, 1956 (Lit., WW). — A. de Lande, Frère Arnould, ami des jeunes, 1981. — L. Salm, Brother Arnold Rèche, Apostolic Ascetic, 1986. — F. Holböck, Die neuen Heiligen der kath. Kirche II, 1992, 199 ff. — AAS 78 (1986) 1183—88; 80 (1988) 1389—94.   *E. Dunkel*

Recht. M kommt zu den hohen Ehren, die einer Königin gebühren, durch die Krönung, wie sie in Kunst und Literatur dargestellt wird und in der politischen Intention der Auftraggeber manchmal Rechts- und Legitimitätsansprüche erkennen läßt, aber auch in der Krönung des Mbildes, bes. an Wallfahrtsorten, erstmals im Abendland in der ersten Hälfte des 8. Jh.s erwähnt. Das Kapitel von St. Peter in Rom arbeitete im 17. Jh. einen Krönungsritus aus mit Vorschriften für die Genehmigung der Krönung. Die röm. Kongregation für die Sakramente und den Gottesdienst erließ 1981 eine neue Ordnung für die Krönung von Mbildern. Die Lilie, königliches Herrschaftssymbol, wurde auch auf M übertragen.

M ist Schutzherrin von Ländern (z. B. Österreich 1647, Polen, Ungarn, Bayern 1916, Luxemburg 1666), Städten, Klöstern und Kirchen, die Msymbole in ihre Siegel und Wappen aufnehmen (→ Patronat). Herrscher fördern ihren Kult (z. B. Habsburger, Wittelsbacher). Mheiligtümer steigen, v. a. in der Barockzeit, zu Staats- und Nationalheiligtümern auf. In Msäulen zeigen Städte ihre Verbundenheit mit M (z. B. Udine 1487, Rom 1614, Schrattenthal 1630, München 1638, Eichstätt, Wien 1713). M wird in der Lauretanischen Litanei als »speculum iustitiae/Spiegel der Gerechtigkeit« verehrt, wobei der Ausdruck »Spiegel« in ma. Rechtsaufzeichnungen geläufig ist. Sie wird als Helferin in Prozeßnot angerufen. Nach einer Legende hindert sie einen bestochenen Richter im Prozeß gegen eine arme Witwe, ein ungerechtes Urteil zu verkünden. In Frankreich pilgerten viele Rechtsuchende zu ND de Verité in Caudan, um in Rechtshändeln zu bestehen. M wird auch bei Eiden angerufen. Nach der Legende hilft sie Schuldigen und Unschuldigen zur Flucht aus dem Kerker, bewahrt sie vor dem Galgen oder hält Gehenkte am Leben, indem sie ihre Füße unterstützt oder verhindert, daß die Schlinge des Strickes sich zuzieht. Zu den Abwehrmitteln gegen Diebe gehört ein seit 1400 bekannter dt. Segen von M mit dem Kind. M ist die Fürbitterin vor dem strafbereiten Richtergott, seit dem 11. Jh. die advocata nostra. In Literatur und Kunst seit dem MA zeigt sie gegenüber Gottvater und Gottsohn fürbittend für die Menschheit ihre entblößte Brust, ein Motiv, das auch im Rechtsritus bekannt ist. M breitet ihren Schutzmantel über Stifter, Beter, Hilflose. Seit dem 13. Jh. treten in Italien die frühesten erhaltenen Schutzmantelbilder auf und seit dem 14. Jh. wurde das Thema Allgemeingut abendländischer Kunst mit verschiedenen ikonographischen Typen (→ Schutzmantelmadonna). Das Schutzmantelbild knüpft an alte Rechtsbräuche an: Mantelflucht und Mantelkindschaft. Flucht unter den Mantel einer hochstehenden Frau, von Königen und Fürsten oder Anfassen dieses Mantels gab Anrecht auf Schutz oder Begnadigung. Bei der Adoption und Legitimation wurden die Kinder unter den Mantel genommen. So wurde Ms Mantel als rechtlicher Schutz gegen die von der erzürnten Gottheit gegen die sündige Welt geschleuderten Pfeile Pest, Hunger und Krieg angesehen (z. B. im 15. Jh. in Schwäbisch Gmünd und am Dom zu Graz). In Kunst und Literatur tritt in vielen Abwandlungen M an die »Seelenwaage« des Jenseits-Vorrichters Michael und in Gegenwart Christi als Richter. Die Seele würde nach dem Waagenanschlag bei Michael eher dem Teufel zufallen, wenn M nicht für sie einträte, ein schon bei → Caesarius v. Heisterbach († 1240) auftretendes Motiv, das in barocker Weiterformung in dt. und slowenischen Legenden und Balladen auftritt und sich im steirisch-kärntnischen und innerösterr. Volksschauspielen als Kulturerbe des MA und der Renaissance fortsetzt. Es galt das Wort, drei Tränen oder der Rosenkranz Ms auf die Waagschale des »Guten« retten die Seele.

M genoß oft strafrechtlichen Schutz, indem ihre Verunehrung durch Taten oder Worte unter Strafe gestellt wurde. Das durch Untat verletzte Mbild (ein Majestätsverbrechen, das mit hoher Strafe geahndet wurde) wurde Gegenstand bes. Verehrung (z. B. Czenstochau, Ré und seine Ausstrahlungen nach Österreich, Böhmen, Ungarn und in den dt. Südwesten). Mheiligtümer und Wallfahrtsorte standen unter dem bes. Frieden, der für das Münster von Aachen formell verkündet wurde. Ferdinand II. von Österreich stellte Plünderungen von Mheiligtümern unter schwere Strafe, während unter Joseph II. obrigkeitliche Einschränkungen des Mkultes erfolgten. Kurfürst → Maximilian von Bayern forderte um 1629, daß jeder seiner Untertanen einen Rosenkranz bei sich tragen und beim Aveläuten niederknien solle.

Stiftungen und Schenkungen an M, ihr Altäre, Kirchen und Klöster erfolgten in rechtlichen Formen. Mbruderschaften (z. B. Stralsunder Schifferkompanie 1488) und Mgilden (z. B. Tongern 1215, Haarlem 1307, Kalkar 1348, Trier 1389, Würzburg) waren rechtlich Genossenschaften, später Vereine und wurden in rechtlicher Form konstituiert und organisiert. Seit dem Beginn des 16. Jh.s gab es in Niedersachsen und am Niederrhein »Mariengroschen«, Scheidemünzen unterschiedlichen Wertes, und »Mariengulden« im Wert von 20 Mgroschen. Als »Marienmann« oder »Marienkind« wurden im 16. Jh. Leibeigene auf Mklöstern gehörenden sog. Mhöfen bezeichnet.

Rechtliche Motive veranlaßten Wallfahrten an Morte: durch geistliche und weltliche Gerichte verhängte Strafen, Testamente, Gelöbnisse, Stellvertretung, Untertanenverhältnis.

Votive oder Weihegaben an M werden auf Grund eines Verlöbnisses erstellt, das eine rechtliche Institution ist. Das Votivbild weist manchmal Beziehungen zum R. auf, in dem es strafrechtliche Tatbestände überliefert. Seltener ist die Darstellung von Rechtsakten. In Mirakelbüchern an Mwallfahrtsorten (z.B. Einsiedeln, Maria-Stern in Taxa, Föching, Maria Stein in Tirol, Mariahilf in Wien, Altötting, Mariazell) finden sich manchmal Tatbestände des Rechtslebens. In Kanonistik, Kunst (schon im Evangeliar Ottos III. 998/1000) und Literatur ist die Vermählung Ms mit Joseph eine Rechtshandlung.

Im geltenden Kirchenrecht wird die Förderung der MV im Seminar und bei den Klerikern vorgeschrieben sowie die Einhaltung der Mfeste als gebotene Feiertage (CIC can. 246 § 3, 276 § 2, 1246 § 1; CICO can. 346 § 2, 369 § 1, 880 § 3, 884).

Lit.: J. H. Schütz, Summa Mariana III, Paderborn 1913. — V. Susmann, Maria mit dem Schutzmantel, In: Marburger Jahrbuch für Kunstwissenschaft 5 (1929) 285 ff. — H. C. Heinerth, Die Heiligen und das R., 1939. — L. Kretzenbacher, Die Seelenwaage, 1958. — C. Schott, Trauung und Jawort, 1969. — A. Thomas, Schutzmantelmaria, In: L. Küppers, Die Gottesmutter I, 1974, 227—242. — P. Leisching, Wege zur kirchlichen Trauung im ma. Tirol, In: FS für N. Grass I, 1974, 258—283. — L. Kretzenbacher, Das verletzte Kultbild, 1977. — P. Verdier, Le couronnement de la vièrge, 1980. — L. Kretzenbacher, Schutz- und Bittgebärden der Gottesmutter, 1981. — Beinert-Petri. — L. Carlen, Wallfahrt und R. im Abendland, 1987. — I. Flor, Staats- und kirchenpolitische Aspekte bei ma. Marienkrönungsdarstellungen, In: Forschungen zur Rechtsarchäologie und Rechtlichen Volkskunde 12 (1990) 59—92. — LCI III 212—233. — Dt. Rechtswörterbuch IX, 1992, 189 f. *L. Carlen*

Redemptoristen (CSSR). Zu Scala im Königreich Neapel gründete → Alfons M. de Liguori 1732 die Kongregation vom Heiligsten Erlöser, um (wie schon Jesus) »den Armen das Evangelium zu verkünden« (Lk 4,18). Im Leben des Stifters, in seiner Kongregation und ihrer apost. Arbeit wie Spiritualität war von Anfang an M gegenwärtig. Alfons setzte einen Akt vollständiger Bekehrung zu Füßen ULF de la Merced, vor dem Bild S. Maria dei Monti (»Mutter der Redemptoristen«). In den Bergen von Scala entschloß er sich, ein Missionsinstitut zu gründen. Die Grotte von Scala wurde die Wiege seiner und der R.-Spiritualität. Hier erfuhr er die spezielle Hilfe Ms, seinem Werk Geist, Leben und Form zu geben. Er war tief davon überzeugt, »daß seine Kongregation unter dem Schutz der seligen Jungfrau Maria eifrig mit der Kirche zusammenarbeiten werde, um die Welt für Christus zu gewinnen« (Konstitutionen und Statuten der CSSR, 1986, 26).

Dieses Bewußtsein drückt auch das Anagramm Ms im Wappen der Kongregation aus. Auch die neuen Konstitutionen (1986) betrachten M als Modell und Hilfe, sie laden ein, sie täglich in Liturgie und Rosenkranz zu verehren und empfehlen eine spezielle Andacht an marian. Festen (Konst. 2 und 32, Stat. 042).

Die Gegenwart Ms in der Spiritualität und Pastoral der R. fußt auf zwei Grundlagen: auf der Rolle Ms im Heilsgeschehen (bei der Bekehrung des Einzelnen), und auf dem Wunsch, die MV bei den Gläubigen zu fördern. Der Gründer hegte die feste Überzeugung, daß »alle Gnaden nur durch Maria gewährt werden, und daß alle, die ihr Heil erlangen, es durch die Gottesmutter erlangen«. Deshalb schließt er: »Auch wir haben in unseren (Volks-)Missionen die feste Regel, nie die Predigt über Maria auszulassen, und wir können versichern, daß unter allen Predigten die Predigt von der Barmherzigkeit Marias bei den Gläubigen gewöhnlich die reichste Frucht und die tiefste Reue erzeugte« (Die Herrlichkeiten Marias, Einleitung). Der Anschuldigung, die R. predigten gegen das mündliche Gebet, den Rosenkranz, das Vaterunser, die Bilder, setzt er das marian. Apostolat entgegen, »das sie seit der Gründung entwickeln«. Wie dieses Apostolat nach Inhalt, Stil und Ausdruck anfänglich aussah, zeigen beispielsweise neben Alfons v. Liguori die Schriftsteller der ersten Generation P. Gennaro M. Sarnelli (1702—44) und Francesco di Paola (1736—1814).

Als die R. in Rom (1865/66) die Ikone »ULF von der immerwährenden Hilfe« und die Förderung ihres Kultes übernahmen, wozu eine über die ganze Welt verbreitete Erzbruderschaft (s. u.) entstand, trat die marian. Frömmigkeit der R. in eine neue Phase. Sie suchte Gegenwart und Bedeutung Ms im Heilsgeschehen zu unterstreichen. Die Immaculata als Erst-Erlöste und die Miterlöserin ist das Hochbild aller, die danach streben »Mitarbeiter, Teilhaber und Diener Jesu Christi im großen Werk der Erlösung zu sein« (Konst. 1). Die bildhafte Darstellung dieser Sendung ist M. So ist M im Heilswerk gegenwärtig: als unbefleckt empfangene GM bei der Menschwerdung, als Schmerzensmutter unter dem Kreuz. Eben das macht sie für die Menschheit zur immerwährenden Hilfe. Dies erlaubt, die GM, Miterlöserin, Mutter des Mitleidens, Mittlerin, Königin der Welt usw. zu nennen. Sie kann uns lehren, »den Weg des Glaubens zu gehen ..., mit ganzem Herzen den göttlichen Heilswillen zu erfüllen, und uns ganz der Person und dem Werk ihres Sohnes zu weihen, mit dem sie mitarbeitete und noch mitarbeitet als immerwährende Hilfe in Christus für das Volk Gottes« (Konst. 32).

Die konziliare und nachkonziliare Lehre über die Bedeutung Ms für das Heilswerk Christi, die Kirche und das gottgeweihte Leben hat auf die marian. Gedanken, die Alfons v. Liguori seinen Söhnen einpflanzte, neues Licht geworfen. Was können sie Besseres tun, als »dankbar die Geheimnisse Christi erwägen und nachahmen, in denen Maria solch eine Rolle spielte« (Konst. 32)?

Die Bruderschaft ULF von der immerwährenden Hilfe sieht ihre Aufgabe im Dienst und in der Verehrung Ms unter dem Titel »Mutter der immerwährenden Hilfe«. Schutzherr ist der hl. Alfons. Sie geht zurück auf die Schenkung der Ikone »von der Schmerzensmutter« (Virgen de la Pasión) an die R. am 11.12.1865, in Rom verehrt unter dem Titel »ULF von der immerwährenden Hilfe« (Beata Maria Virgo de perpetuo succursu), die Erneuerung ihres Kultes in der röm. Kirche des hl. Alfons am 26.4.1866 und auf die Krönung ihres Bildes durch das vatikanische Kapitel am 23.6.1866. Alle diese Tatsachen begründen eine neue Art der MV: ein konkretes Bild, einen eigenen Titel, eine eigene besondere Spiritualität. Zunächst verband man sie mit der allgemeinen Verehrung »ULF von der Hilfe«, von der man das Offizium, die hl. Messe und die ersten Gebete nahm. Danach unterstrich man den Titel »Immerwährende Hilfe« und das Bild, und so kam man zu einer mariol. Interpretation im Einklang mit der Überlieferung des hl. Alfons und der R. In dieser Umgebung haben sich Kult und Verehrung verbreitet und gleichzeitig der Titel und das Datum des liturg. Festes, sowie die eigene Messe und das Offizium geändert.

Die Erzbruderschaft ULF von der immerwährenden Hilfe und des hl. Alfons v. Liguori, kanonisch errichtet in der Kirche vom hl. Alfons in Rom am 31.3.1876, war deshalb nicht mehr als der feierliche Zusammenschluß der frommen Vereinigungen, die sich rings um die erwähnte marian. Frömmigkeit gebildet hatten. Ihr gingen voraus die Bruderschaften unter dem gleichen Titel, gegründet in derselben Kirche am 23.5.1871 und die lokalen Vereinigungen seit 1868 in verschiedenen Ländern Europas. Die Erzbruderschaft erstrebte eine gewisse Einheit und Zentrierung aller dieser Vereinigungen nach dem damals in dieser Materie geltenden Recht.

Ihre Ausbreitung wurde bald weltweit. 1967, bei der Jh.feier dieses marian. Kultes zählte man 4447 Zentren. Nach dem Zweiten Vatikanischen Konzil gerieten sie wie viele andere marian. Vereinigungen in eine Krise. Dennoch hat sich in einigen Gegenden eine fruchtbare Lebendigkeit erhalten. Auch bezeugen die Verbreitung des Bildes und einige Veröffentlichungen das Fortleben dieser Verehrung im Volk.

Die Erzbruderschaft hat im Volk auf der Linie der Laienbruderschaften eine eigene marian. Spiritualität der R. erzeugt. Um sie richtig zu verstehen, muß man die Funktion der Laienvereinigungen bei der ordentlichen und außerordentlichen Seelsorge (Volksmissionen) der R. in Betracht ziehen. Auch sollte man den Einfluß der Verehrung ULF von der immerwährenden Hilfe auf die marian. Spiritualität und auf die aktive Pastoral sowie die Mlehre des hl. Alfons und schließlich die eigenen Formen, die die marian. Frömmigkeit im Laufe des 19. Jh.s annahm, berücksichtigen. Die gegenwärtige Liturgie des Festes nach dem Proprium der R. unterstreicht die Gegenwart Ms in der Geschichte der Erlösung: die unbefleckt empfangene GM, im Einklang mit dem ursprünglichen ikonographischen Titel des Bildes, die Gegenwart Ms als Leidensmutter im eigentlichen Augenblick der Erlösung und die Gegenwart Ms als immerwährende Hilfe im Leben der Kirche. All das macht M zum Vorbild und zur Hilfe der Gläubigen. Deshalb wird »ULF von der immerwährenden Hilfe« als mütterliche Hilfe in allen materiellen wie geistlichen Nöten des Lebens sowie als Patronin oder Haupttitularin von den Institutionen zur Unterstützung Leidender angesehen. Um die Ikone ULF von der immerwährenden Hilfe sammeln sich auch heute noch zahlreiche Gebetsgruppen sowie ökumenische Initiativen.

QQ: M. De Meulemeester, Bibliographie générale des écrivains rédemptoristes, 1933—39, fortgesetzt in den Zeitschriften Analecta CSSR 18—39 (1939—67) und Spicilegium Historicum CSSR 1ff. (1953ff.). — Const. et Stat. CSSR, 1986.
Lit.: G. M. Sarnelli, Le glorie e grandezze della divina Madre, 1739. — A. M. Liguori, Le glorie di Maria, 1750 (über 800 verschiedene Ausgaben). — Fr. de Paola, Grandezze di Maria Santissima, 4 Bde., 1803. — Beata Virgo Maria de Perpetuo Succursu, ²1897. — Dillenschneider. — C. Henze, Das Gnadenbild der Mutter von der immerwährenden Hilfe, 1933. — P. Hitz, Marie Immaculée dans l'apostolat des Rédemptoristes, In: Spicilegium Historicum CSSR 3 (1955) 164—181. — F. Ferrero, Nuestra Señora del Perpetuo Socorro. Proceso historico de una devoción mariana, 1966. — J. García Ortiz, Señora del Mazo y Soberana del Socorro, 1970. — M. Zucchitello, Una devoció mariana: La Madre de Déu del Socors a Tossa (segles XVI—XX), 1986. — A. García Paz, S. María del Perpetuo Socorro, 3 Bde., 1986—90. — F. Ferrero, Nuestra Señora del Perpetuo Socorro: Información bibliográfica y cronología general, In: Spicilegium Historicum C.SS.R. 38 (1990) 455—502.
F. Ferrero

Redemptoristinnen. Die Geschichte der R. (weiblicher Orden mit päpstlicher Klausur) beginnt 1731 in Scala bei Amalfi/Italien. Die Idee der Gründung stammt von Maria Celeste Crostarosa (1696—1755). Seit 1725 erarbeitete sie eine neue Form des Ordenslebens auf Grund einer im Kloster von Scala geltenden Lebensregel: »Institut und Regeln des heiligsten Erlösers, enthalten in den Evangelien«. Herzstück ist die Bildung einer Gemeinschaft als »lebendige Erinnerung« an das Bild der Liebes-Einheit des Göttlichen Vaters mit der ganzen Menschheit, verwirklicht durch die Gabe des Hl. Geistes in Christus, dem Erlöser. Diese Erinnerung verlangt von jeder Schwester die hochherzige Nachfolge Christi, d. h. den Willen, daß Christus in ihr wieder lebt in Geist, Wahl, Einstellung und Werken des Heils, immer lebendig und Quelle des Lebens im Blick auf den Vater.

Der Plan M. C. Crostarosas konnte erst 1731 verwirklicht werden durch die Hilfe und den entscheidenden Einfluß von → Alfons v. Liguori. Die Regeln, zunächst von Thomas Falcoia (1663—1743) und später noch einmal in Rom überarbeitet, wurden 1750 vom Hl. Stuhl approbiert. In Anlehunung an die Missionskongregation der → Redemptoristen übernimmt der Orden den Namen des hlst. Erlösers. Die Ausbreitung in Europa und in der ganzen Welt beginnt 1831 mit einer Gründung in Wien und ist ständig begleitet von einer geschwisterlichen Solidarität mit den Redemptoristenpatres.

In dem ersten Entwurf der R. wird die Beziehung zu M im Anschluß an den Gründer sowohl für die Kommunität als für die einzelne Schwester als wesentlich angesehen. Durch ihr Geheimnis als Mutter Christi und der Kirche läßt M die Erlösung als Communio begreifen, als Teilnahme und Umformung in Christus durch den Hl. Geist: mit einem Wort, als Liebe; nur die einfache und freudige geschwisterliche Eintracht ist fähig, an die Kirche und die Welt zu »erinnern«. Gleichzeitig enthüllt M der Schwester den tieferen Sinn der Nachfolge Christi: ihm sich persönlich hinzugeben, gleichsam zu einer neuen Menschwerdung, in der er sein Erlösungsgeheimnis durch den Hl. Geist fortsetzt. Daraus ergeben sich die Geistlichen Übungen, die den Tag und das Jahr der Kommunität durchdringen mit besonderem Hinblick auf das Geheimnis Ms in der Menschwerdung, Passion, der Sendung des Geistes.

Die Weiterentwicklung der marian. Spiritualität der R. erfolgt in großer Übereinstimmung mit den Redemptoristen. Die apost. und volkstümliche Dimension der marian. Frömmigkeit dieser Kongregation wird aber integriert durch die Betonung des schweigenden Hinhörens und der liebenden Kontemplation im klausurierten Leben. Mit der besonderen Verehrung der Geheimnisse der Unbefleckten und der Schmerzensmutter verbindet sich seit der zweiten Hälfte des 19. Jh.s eine intensive Hinwendung zur Mutter von der Immerwährenden Hilfe. Die MV ist für die R. eine wesentliche Seite der Spiritualität, die zentriert ist auf die Erlösung, auf das Geheimnis der erbarmenden Liebe des Vaters in Christus für alle Menschen, besonders für die Armen und Verzweifelten. Das gibt den Schwestern das Vertrauen auf eine bevorzugte Gnade, die in der demütigen Liebe ihr ganzes Leben zusammenfassen und ihrer Kontemplation das Siegel eines freiwilligen Gedenkens der edelmütigen und historisch bedeutenden Verwirklichung alles dessen aufdrücken will, was der Erlöser gewirkt hat und durch seinen Geist der Liebe unermüdlich für das Heil der Menschen tut.

Die nach dem Zweiten Vatikanischen Konzil angepaßten und erneuerten Satzungen des Ordens bringen einen intensiveren Kontakt mit dem Charisma des Ursprungs und bestehen auf der Ausreifung einer »immer besseren und tieferen« marian. Frömmigkeit, die sich stützt auf eine »ständige Betrachtung der Wunder«, die der Herr in M wirkte (Konst. 8). Sie geben davon folgende Synthese: »Wie Maria und mit Maria setzen wir uns ein, in ständiger Gemeinschaft mit Christus, dem Licht unseres Glaubens, der Kraft unserer Liebe, der Quelle unserer Hoffnung zu leben. Wie sie wollen wir uns dem Wirken des Heiligen Geistes öffnen, damit er in uns das Werk der Erlösung fortsetzt und uns zu Zeichen, zu Zeugen macht als Töchter jenes neuen Himmels und jener neuen Erde, der wir mit Vertrauen entgegenschreiten« (Konst. 16).

Lit.: C. Henze, Die R., 1931. — M. De Meulemeester, Les Rédemptoristines, ²1936. — Ders., Bibliographie des Moniales de l'ordre du T. S. Rédempteur, In: Spicilegium historicum CSSR 3 (1955) 464—498. — O. Gregorio und A. Sampers, Regole e costituzioni primitive delle monache redentoriste (1725—39), 1968. — S. Majorano, L'imitazione per la memoria del Salvatore. Il messaggio spirituale di suor Maria Celeste Crostarosa (1696—1755), 1978. — N.N., Rédemptoristines — Redemptoristinnen, 1981. — D. Capone und S. Majorano, I redentoristi e le redentoriste. Le radici, 1985. — Th. Rey-Mermet, Alfons v. Liguori, 1987, 211—230.   *S. Majorano*

Redemptrix → Miterlöserin

Redi, Tommaso, * um 1675 in Siena, † 20. 7. 1738 in Montelupone (Loreto), ital. Komponist, erhält seinen ersten Unterricht bei seinem Onkel, dem Domorganisten in Siena. Noch vor 1706 erfolgt die Weihe zum Priester, 1706—11 sind Aufenthalte R.s in Spanien und Rom bezeugt. Seine ausschließlich geistlichen Werke, gehalten im klaren rhythmischen Stil des 18. Jh.s, verhelfen ihm schließlich 1731 zur Stelle des Kapellmeisters in Loreto. R., der allerdings noch mehr wegen seiner schriftlichen Kontroverse mit einem Mitgeistlichen bezüglich der Kompositionsweise eines Kanons berühmt wurde, schrieb u. a. ein Magnificat für zwei 4-stimmige Chöre.

Lit.: G. Tebaldini, L' archivio musicale della Cappella lauretana: catalogo storico-critico, 1921. — MGG XI 96. — Grove XV 661. — DMM VI 267.   *L. Berger*

Reduktionen. In den span. Gebieten der Neuen Welt gab es eine besondere Siedlungsform für die Indios, die von den Missionen stark gefördert wurde: die »Reduktionen« (von »reducir« = zusammenführen). Es ging darum in diesen Siedlungen die nomadischen und halbnomadischen Indios an die Lebensweise der anderen Bevölkerung heranzuführen. Dabei hatten die Missionare nicht nur die Aufgabe, die Indios vor Ausbeutung zu schützen und ihnen einen eigenen Weg der Entwicklung zu eröffnen, sondern es waren auch ideologische Einflüsse so etwa von der »Utopia« des Thomas → More und des Erasmus v. Rotterdam bestimmend. V. a. die Franziskaner wollten im Gegensatz zu dem »äußeren« span. Christentum unter den Indios ein innerliches Christsein aufbauen.

In erster Linie wurden die R. durch die Jesuiten-Mission bekannt, die ein viel beachtetes Experiment ihrer Mission darstellen. 1609 gründete Marciel de Lorenzana auf Anordnung des Jesuitengenerals Claudio Aquaviva (1543—[1581]—1615) das erste St. Ignatius-Dorf am Paranafluß, das durch den Provinzial Diego de Torres (ca. 1606 Provinzial einer vereinten Provinz Chile-Paraguay, 1607 Provinzial von Paraguay) sein eigentliches Gepräge erhalten hat.

Gerade die Ⓜfrömmigkeit in Lateinamerika erfuhr in den R. eine ganz besondere Ausprägung. Von den 57 R. der Jesuiten in der Provinz Paraguay zum Zeitpunkt der Vertreibung aus Lateinamerika hatten 20 marian. Namen oder Bezüge. Auf der Plaza in der Mitte jeder Niederlassung vor der Kirche (gewöhnlich ein Quadrat, 120 m x 120 m) steht eine größere Statue der GM, der Patronin der Stadt auf einem Säulenschaft oder Sockel. Der → Rosenkranz war in den R. ein fester Bestandteil der Tagesordnung. Die Schulkinder beteten ihn gewöhnlich am Abend gemeinsam in der Kirche. Die Erwachsenen beteten oder sangen ihn zuhause oder in der Kirche. Er umrahmte alle rel. Übungen. Auf jeden Fall beteten die Neugetauften den Rosenkranz mehrfach am Tage und für die anderen war der Besuch der Messe am Samstag und das Salve Regina verpflichtend. Aus der Reduktion Julí/Peru wird berichtet, die Neugetauften beteten den ganzen Tag den Rosenkranz, besuchten am Samstag die Hl. Messe zu Ehren der GM und sangen das Salve Regina. Diese Reduktion galt als Muster für andere Einrichtungen dieser Art.

Die die vier großen Ⓜfeste (Lichtmeß, Verkündigung, Geburt und Aufnahme Ⓜs) wurden mit Prozessionen und Tänzen auf der Plaza, vielfach auch mit Theaterspielen bes. feierlich begangen. Spätestens von 1614 an wurden an allen Sonntagen in den Guairá-R. Theaterstücke aufgeführt. Bis 1619 hatte man mit verständlichen Symbolen und bildlichen Tänzen eine volle christl. Katechese entwickelt. Die christl. Lehre wurde in Verse gebracht und als eine Präambel zu den Geheimnissen des Rosenkranzes gesungen.

Das Vorbild der marian. Kongregation war vielfach Muster für zahlreiche Bruderschaften in den R. Es gab zwei Kongregationen: eine zu Ehren des Erzengels Michael für männliche Mitglieder von 12 bis 30 Jahren, die andere unter dem Titel der GM für die Frauen.

Für den Ostersonntagmorgen hatte sich ein eigener Brauch herausgebildet, der wohl Vorläufer und Urform des heutigen → Encuentre (Begegnung) am Ostertag in → Paraguay ist. Die Stadt wurde mit Flöten und Zimbeln geweckt. In der festlich geschmückten Kirche ruhten die Statuen des Auferstandenen (oder eine andere Jesusstatue) und die der GM auf zwei Thronen. Sie wurden in Prozession hinausgetragen; die Männer auf der einen Seite trugen die Christusfigur, die Frauen und Mädchen auf der anderen die Statue Ⓜs. Sie wurden von Soldaten angeführt und zogen an verschiedenen Seiten der Plaza entlang, um sich im Stadtzentrum zu treffen. Dies sollte das Wiedersehen der GM mit ihrem Sohn nach der Auferstehung darstellen. Die Ⓜstatue verneigte sich drei Mal vor der Statue Christi. Dabei wurden Glocken und Schellen geläutet, die Soldaten schwenkten Fahnen und es wurde das Regina Coeli mit Musikbegleitung gesungen. Dann wurde vor den Statue getanzt.

Lit.: C. Bayle, S. Maria en Indias. La Devoción á NS y los Descubridores, Conquistadores y Pobladores de América, 1928. — G. Furlong, Misiones y sus Pueblos Guaraníes, 1962. — B. Melià, La création d'un language chrétien dans les Réductions des Guarani au Paraguai, 2 Bde., Diss., Straßburg 1969. — A. Armani, Città di Dio e città del sole. Lo »stato« gesuita dei Guaranì (1609—1768), 1977. — S. Dignath, Die Pädagogik der Jesuiten in den Indio-R. von Paraguay (1606—1767), 1978: — P. Caraman, Ein verlorenes Paradies. Der Jesuitenstaat in Paraguay, 1979. — L. Necker, Indiens Guaranie et Chamanes Francaises: Les Premières Réductions du Paraguay (1580—1800), 1979. — E. Hoornaert (Hrsg.), Das reducões latino-americanas às lutas indíenas actuais, 1982. — P. Frings und J. Übelmesser (Hrsg.), Die Kunstschätze des Jesuitenstaats in Paraguay, 1982. — C. J. McNaspy, Lost Cities of Paraguay. Art and architure of the Jesuit Reductions 1607—1767, 1982. — P. Borges, Misión y civilisación en América, 1987. — B. Melià, As Reduções Guaraníticas: Uma Missão no Paraguai colonial, In: P. Suess (Hrsg.), Queimada e semeadura. Da conquista espiritual ao descobrimento de uma nova evangelizão, 1988, 76—88. — B. Melià, Missão por redução, In: Estudos Leopoldenses 25/110 (1989) 21—36. — B. Melià, Und die Utopie fand ihren Ort... Die jesuitischen Guaraní-R. von Paraguay, In: M. Sievernich u. a. (Hrsg.), Conquista und Evangelisation. 500 Jahre Orden in Lateinamerika, 1992, 413—429.

H. Rzepkowski

Reflexionszitate → Matthäus 3.

Reformation (reformatio, reformare). Der Begriff R. ist mehrdeutig und besagt eigentlich die Wiederherstellung der ursprünglichen Form. Der Ruf nach Reform wird seit den atl. Propheten und im NT verschiedentlich erhoben (vgl. Röm 12,2; Gal 6,15; Offb 21,5), in der Kirchengeschichte wird er seit dem 10. Jh. (→ Cluny, Gregorianische Reform) verstärkt laut. Im SpätMA tagten die Reformkonzilien von Vienne, → Konstanz und → Basel. Die Forderung nach einer »reformatio in capite et in membris« fand starke Verbreitung. Reformforderungen erhoben u. a. Johannes → Gerson, Pierre d' → Ailly, Dietrich v. Niem und → Nikolaus v. Kues. Auf dem 5. → Laterankonzil faßte Egidio da Viterbo sein Programm der R. in dem Satz zusammen: Die Menschen müssen durch die Religion umgewandelt werden, nicht die Religion durch die Menschen. Auch → Luther sprach von R. In seinen »Resolutiones« von 1518 heißt es: Die Kirche bedarf einer R. Die Zeit dieser R. kennt allein der Herr, der Herr der Zeiten (conclusio 89). Aber Luther brachte keine Reform, sondern die Abkehr von zentralen Glaubenswahrheiten und so die Spaltung der Kirche. Trotzdem hat sich in der Geschichtswissenschaft seit L. v. Ranke der Begriff R. als Bezeichnung für die Glaubensspaltung des 16. Jh.s durchgesetzt.

Für die Mariol. und Ⓜfrömmigkeit hatte die R. des 16. Jh.s schwerwiegende Folgen. Luthers Angriffe auf das »Salve Regina« in seiner Predigt vom 8. 9. 1522 wirkten sich für die MV negativ aus, wenn Luther auch an zentralen mariol.

Wahrheiten festhielt. Jedoch ließ sein sola-scriptura-Prinzip für die Lehre von der Aufnahme M᾿s in den Himmel und von der UE M᾿s wenig Platz, obschon sich bei Luther Aussagen finden, die beide Wahrheiten bejahen. Luther wandte sich gegen die Anrufung M᾿s und lehnte marian. Ehrentitel wie »Hoffnung«, »Leben« ab.

Nach → Calvin soll M uns Führerin zu Christus sein, der wir im wahren Lob Gottes und der Demut nachfolgen sollen. Er nannte M unser Vorbild im Glauben. M ist jungfräuliche GM. Darin liegt nach Calvin ihre höchste Würde. Er sah aber die kath. MV als Aberglauben an und kritisierte die Lehre von der UE M᾿s.

Bei → Zwingli zeigt sich ein stärkeres M᾿lob. Unter ihm wird das Fest der Aufnahme M᾿s in den Himmel in Zürich feierlich begangen. Auch → Butzer verteidigte die MV und vertrat die Lehre von der immerwährenden Jungfräulichkeit M᾿s. Ph. Melanchthon, obschon er die Verehrung der Heiligen sehr kritisch beurteilte, fand anerkennende Worte über M. So in seinen »Annotationes in Evangelia«. In seinem Kommentar zu Lk 2,51 verweist er auf das Glaubensbekenntnis M᾿s. Sie habe alle Dinge im Herzen bewahrt und mahne die Kirche, ihrem Zeugnis zu folgen. In seinen Anmerkungen zu Joh 2,4 (Hochzeit zu Kana) erinnert er daran, daß M trotz der Zurückweisung durch Jesus Christus nicht verbittert war. Ihre Weisung an die Diener zeige ihr Vertrauen, daß Jesus ihre Bitte erfülle. M ist für Melanchthon so ein herausragendes Beispiel des vertrauenden Glaubens und Bittens (Corpus Reformatorum = CR 14,193). Er bezeichnete M als Bild und Typus der Kirche. Im Magnifikat handele sie als Person der ganzen Kirche und danke für die Befreiung durch den Messias. Verschiedentlich betont er, daß M die Kirche repräsentiert (CR 14,481; 24,259; 25,152). M habe unter dem Kreuz Schmerzen ertragen wie sie keine andere Frau hätte ertragen können (CR 14,1027). Hier ist M in besonderer Weise ein Bild der Kirche. Die Gläubigen sollten sich deshalb mit M unter dem Kreuz vereinen, um dem Bild ihres Sohnes ähnlich zu werden (CR 14, 1027f.).

Melanchthon verweist auf den Vorbildcharakter M᾿s. Sie ist ganz auf Christus ausgerichtet und gibt uns ein Beispiel, daß wir alles, was wir von Gott erbitten, seinem Willen unterwerfen und nicht nachlassen, seinen Willen zu erfüllen (CR 14, 1077f.). M steht jedoch nach Melanchton wie jeder andere Mensch unter dem Verhängnis der Erbschuld, wenn ihr auch die Folgen der Erbsünde, um ihres Sohnes Willen, nicht angerechnet werden (CR 24, 349). Scharf wendet er sich gegen das Fest der UE M᾿s, das nach seiner Meinung von Mönchen ausgedacht wurde. Das Konzil von Basel habe entschieden, daß M ohne Erbsünde empfangen wurde (CR 25, 898).

Melanchthon kritisiert auch angebliche »Unzulänglichkeiten« bei M. So spricht er von ihrem voreiligen Hinweis bei der Hochzeit zu Kana, daß der Wein ausgegangen sei. Hier habe M ihre Stellung als Mutter des Herrn überschritten. Melanchthon wirft M auch eine Nachlässigkeit in ihrer Sorgfaltspflicht im Zusammenhang mit dem verlorenen Jesus im Tempel vor, wenn er auch einschränkend bemerkt, daß man hier nicht von einer vorsätzlichen Tat wie bei Eva sprechen könne. Vielmehr handele es sich hier um eine Unachtsamkeit, nicht um eine schwere Sünde (CR 24, 259ff.). In der Augsburger Konfession (→ Confessio Augustana) wird im 3. Artikel M als die reine Jungfrau bezeichnet. In der → Confutatio, der kath. Antwort auf die Confessio Augustana, heißt es, daß der Artikel über M nichts enthalte, was zu verwerfen sei. Der hessische Reformator → Lambert v. Avignon wandte sich zwar gegen das Rosenkranzgebet, bezeichnete M aber in seinem Lukas-Kommentar als GM und sprach mit ehrenden Worten von ihr. → J. Oekolampadius verwarf ebenfalls das Rosenkranzgebet, hielt aber am M᾿lob fest, das er in seiner Schrift »De laudando Deo in Maria« formuliert hatte. Auch bei J. → Bugenhagen und H. Bullinger, der an der Aufnahme M᾿s in den Himmel festhielt, finden sich ehrende Worte über M. Da die Anhänger der R. den überlieferten kath. Festkalender benutzten, lebte das M᾿lob weiter, wie das Beispiel von A. → Calov, L. → Osiander, J. → Brenz, M. → Chemnitz, N. → Selnecker, V. → Herberger, J. → Wigand, J. Heerbrand und M. Moller zeigt. Spätere Reformatoren, wie Flacius Illyricus, entfernten sich von der MV. Er beschuldigte die Papisten, die Regierung der Welt unter unzählige Heilige aufzuteilen. Sie schrieben M, der Königin des Himmels, besondere Vollkommenheiten zu. Noch schärfer urteilte 1538 Thomas Naogeorgus. Für ihn ist M Zeuge für kath. Aberglauben. Man erhob den Vorwurf, die Katholiken beteten M an, obschon man nur Christus anbeten dürfe. Das bringe den Verlust der Erlösung und einen Rückfall ins Heidentum. Die kath. Unterscheidung von Anbeten und Anrufen wurde als sophistisch abgelehnt. Eine Anrufung M᾿s stehe im Gegensatz zur Ehre Gottes und dem Mittleramt Christi. So kam es zur Zerstörung von M᾿altären und M᾿darstellungen. Immer mehr trat die MV in die Mitte des konfessionellen Kontroverse. Am Ende des 16. Jh.s ist von einer M᾿frömmigkeit in den aus der R. hervorgegangenen Gemeinschaften nur noch wenig lebendig. Die MV blieb weithin ein Zeichen des Katholizismus.

Eine R. zeigt sich ferner im Zeitalter der → Kath. Reform. Ihr Ursprung liegt in den Erneuerungsbestrebungen des 15. Jh.s, bes. in Spanien und Italien. Hier wiederholt sich, daß innerkirchliche Reformbewegungen in der Geschichte oft mit einer starken MV verbunden sind. Das Bemühen um eine kath. Reform zeigte sich im 16. Jh. in den Orden der Theatiner, → Kapuziner und → Jesuiten. In Rom war das → Oratorium von der Göttlichen Liebe ein Reformzentrum. An der Spitze der Kirche zeigte sich Reformwille in den Regierungszeiten der Päpste

→ Hadrian VI., → Paul III., → Paul IV. und → Pius V. Ihre Pontifikate sind Marksteine der Kath. Reform. Die kath. Theologen des 16. Jh.s haben die M frömmigkeit entschieden verteidigt, so z. B. → Cajetan, → Prierias, → Clichtoveus, J. → Eck, J. → Gropper, A. v. → Alfeld, J. → Cochlaeus, M. → Helding, → Ignatius v. Loyola, P. → Canisius und R. → Bellarmin. Das Konzil von → Trient und der Catechismus Romanus verteidigten die Bedeutung der M frömmigkeit gegen ref. Angriffe. Die Zeit der kath. Reform brachte mit der Neubelebung des rel. Lebens einen Aufschwung der MV und der M wallfahrten. Ein Zeichen der verstärkten MV sind die marian. → Kongregationen. Die Erneuerung der Kirche nach dem Tridentinum stand weithin im Zeichen Ms.

Immer mehr wurde die MV ein Unterscheidungsmerkmal von Katholiken und Protestanten, obschon sich in den Gemeinschaften der R. verschiedentlich Verteidiger der MV (→ Lutherische MV) zu Wort meldeten. Gegensätze zeigen sich auch heute noch, wie die Aussage des Catholica-Arbeitskreises der Ev. Kirche Deutschlands von 1982 dokumentiert: »Anrufung Mariens ist Abgötterei.«

Lit.: J. Lortz, Die Reformation in Deutschland, 1939, [6]1982. — G. B. Ladner, Die ma. Reformidee und ihr Verhältnis zur Idee der Renaissance, In: MIÖG 60 (1952) 31—59. — R. Schimmelpfennig, Die Geschichte der MV im dt. Protestantismus, 1952. — W. Tappolet, Das Marienlob der Reformatoren, 1962. — E. Stakemeier, De B. M. V. eiusque cultu iuxta reformatores: De Mariologia et Oecumenismo, 1962, 423—474. — H. Düfel, Luthers Stellung zur Marienverehrung, 1968. — R. Bäumer, Nachwirkungen des konziliaren Gedankens in der Theologie und Kanonistik des 16. Jh.s, 1971. — H. Düfel, Die Mariologie des 6.—11. Jh.s und ihre Bedeutung für Luthers Stellung zur Marienverehrung, In: De cultu Mariano saeculis VI—XI, vol. II, 1972, 137—167. — H. Jedin und R. Bäumer, Die Erforschung der kirchlichen Reformationsgeschichte, 1975. — S. Gödl, Melanchthons, Stellung zur Heiligenanrufung, 1977. — Reformatio Ecclesiae, FS für E. Iserloh, hrsg. von R. Bäumer, 1980. — F. Courth, Mariens Unbefleckte Empfängnis — Zeugnis der frühen reformatorischen Theologie, In: Im Gewande des Heiles, hrsg. von G. Rovira, 1980, 85—100. — P. Meinhold, Die Marienverehrung im Verständnis der Reformation des 16. Jh.s, In: Saeculum 32 (1981) 43—58. — W. Brandmüller, Causa reformationis, In: AHC 13 (1981) 49—66. — D. Wünsch, Evangelienharmonien im Reformationszeitalter, 1983. — R. Bäumer, Marienfrömmigkeit und Marienwallfahrten im Zeitalter der kath. Reform, In: Der Widerschein des Ewigen Lichtes, hrsg. von G. Rovira, 1984, 69—187. — F. Courth, Die Gestalt Mariens in der frühen reformatorischen Theologie, In: De cultu mariano saec. XVI, vol. III, 1985, 107—160. — G. Müller, Reform und Reformation, In: Jahrbuch der Gesellschaft für niedersächsische Kirchengeschichte 83 (1985) 9—29. — H. Gorski, Die Niedrigkeit seiner Magd. Darstellung und theol. Analyse der Mariologie Luthers, 1987. — T. J. Wengert, Ph. Melanchthons Annotationes in Joannem, 1987. — R. Bäumer, Bildersturm, In: ML I, 1988, 481f. — E. Iserloh, Reform — Reformation, In: Kirche. Ereignis und Institution II, 1988, 1—13. — Ders., Die Verehrung Mariens und der Heiligen in der Sicht Martin Luthers, In: Ecclesia militans. Studien zur Konzilien- und Reformationsgeschichte, R. Bäumer gewidmet, hrsg. von W. Brandmüller, H. Immenkötter und E. Iserloh II, 1988, 109—115. — J. Helmrath, Reform als Thema der Konzilien des SpätMA, In: Christian unity, ed. J. Kirk, G. Alberigo, 1991, 75—152. — G. Müller, Protest. Veneration of Mary. Luthers Interpretation of »Magnificat«, In: Humanism and reform. Studies in Church History, ed. J. Kirk, 1991, 99—111. — R. Bäumer, Die pastorale Bedeutung der Wallfahrt im Zeitalter der kath. Reform, In: Consolatrix afflictorum. Das Marienbild zu Kevelaer, 1991, 173—188. — W. Pötzl, Die Ursprünge der Wallfahrt zur Consolatrix afflictorum in Kevelaer, ebd. 206—225.   R. Bäumer

Reformierte Theologie. Der reformierte Zweig des → Protestantismus hat in Johannes → Calvin (1509—64) seinen Hauptanreger. Der Reformator wollte sich nicht von der kath. Kirche trennen, sie vielmehr reformieren, indem er sie der Norm der Hl. Schrift unterwarf. In seinem Brief an den franz. König Franz I. (1494—1547) vom 1.8.1535 erklärt er: »Unsere Lehre muß über jeden weltlichen Ruhm erhaben sein und unbesiegt über alle irdische Macht; denn sie ist nicht die unsere, sondern die des lebendigen Gottes und seines Christus; ihn hat der Vater eingesetzt, damit er herrsche von Meer zu Meer« (WW III, hrsg. von P. Barth und W. Niesel, 12). Gleichwohl führte die → Reformation zu einer Trennung; denn die Bibel wurde nicht im Sinne der Kirche gelesen; ein jeder interpretierte sie in eigener Sicht.

Calvin betrat die Bühne der Geschichte nach → Luther, Melanchthon, → Zwingli und → Butzer; er ist in gewissem Sinne ihr Schüler. Und doch hat seine Theol. ihren eigenen Charakter: Sie stellt die Souveränität Gottes an die erste Stelle und ordnet ihr alles andere zu. Dieser Grundgedanke findet sich wieder in der »Confessio Helvetica posterior« (CHP), die von den meisten reformierten Kirchen übernommen worden ist. Ihre Anfänge reichen in das Jahr 1561 zurück. Damals hatte Heinrich Bullinger (1504—75), Nachfolger Zwinglis und Antistes (Oberpfarrer) von Zürich, für sich ein Glaubensbekenntnis verfaßt. Als Kurfürst und Pfalzgraf Friedrich III. (1515—76) bei Bullinger und Theodor Beza (1519—1605) um eine Erklärung nachsuchte, daß seine Landeskirche in der authentischen Tradition der christl. Kirche stehe, übersandte Bullinger seinen Text; ihn nahm der Pfalzgraf begeistert auf und veranlaßte seine unverzügliche Drucklegung. Sie erfolgte im März 1566; unterzeichnet hatten die Geistlichen von Zürich, Bern, Schaffhausen, St. Gallen, Chur, Mühlhausen, Biel und Genf. Die Geistlichkeit von Neuchâtel erklärte bald darauf die Absicht zur Unterschrift des Textes; seit Anfang 1568 ist ihr Name aufgeführt. Mitte des folgenden Jh.s signierten auch die Kirchen von Glaris, Basel und Appenzell. Die CHP erwähnt M verschiedene Male. Cap. III zitiert das Wort des Engels an die hl. Jungfrau, um zu erweisen, daß in Gott drei Personen sind: »Der Heilige Geist wird über dich kommen, und die Kraft des Höchsten wird dich überschatten. Deshalb wird auch das Kind heilig und Sohn Gottes genannt werden« (Lk 1,35). Der lat. Text gibt M das Beiwort »diva«; er drückt damit die M schuldige Wertschätzung aus, die sich Gott übereignet hat und von ihm begnadet wurde. Cap. XI ist überschrieben: »Von Jesus Christus, wahrem Gott und wahrem Mensch, dem einzigen Erlöser der Welt«. Dort ist erklärt: »Wir glauben auch, daß er gezeugt worden ist, nicht nur, als er von der Jungfrau Maria Fleisch angenommen hat ...« Präzisiert wird diese Aussage ein wenig später: »Wir glauben auch gegen die Meinung des Hebion (= Ebion), daß dieser ewige Sohn des ewigen Vaters Mensch wurde aus dem Samen Abrahams und Davids ohne die Zeugung eines Mannes, sondern er wurde ganz rein vom heiligen Geist empfangen und geboren von der Jungfrau Maria.« Die Lehre von der immerwährenden Jungfräulichkeit Ms rührt von Calvin her; er folgt damit Luther, der hier mit der alten Kirche übereinstimmt. Die Reformatoren des 16. Jh.s lehrten die bleibende Jungfräulichkeit Ms im Sinne einer virginitas ante partum, in partu, post partum. Sie übernehmen dieselbe Deutung wie gegenüber Helvidius → Hieronymus, der die in der Schrift erwähnten »Brüder« Jesu als dessen nahe Verwandte erläutert.

Die CHP wurde nicht nur Bekenntnisschrift der Schweizer Reformierten; im Ausland haben zahlreiche Kirchen sie übernommen. Auf der Synode von La Rochelle (1571) haben die franz. Reformierten, die schon ihr eigenes Glaubensbekenntnis hatten, feierlich die CHP anerkannt. 1566 wurde sie von den zur Synode von Glasgow/Schottland versammelten Geistlichen gegengezeichnet. Am 24.2.1567 hat die reformierte Synode von Debreczen in Ungarn sie übernommen. Leicht verändert übernimmt sie die Synode von Sandomierz (1570) als »Confessio polonica«. So ist bis zum 18. Jh. die immerwährende Jungfräulichkeit Ms von etlichen reformierten Kirchen Europas offiziell bekannt geworden. Auch wenn dieser Tatbestand bei den Reformierten außergewöhnlich ist, muß man anerkennen, daß diese Ausnahme sich allmählich verbreitet hat.

Zutreffend ist, daß keine der von W. Niesel edierten Konfessionsschriften, außer der CHP, bekennt, daß Jesus von der immerwährenden Jungfrau M geboren wurde. Ohne diesen bes. Inhalt teilen den Glauben an die vom Hl. Geist gewirkte Empfängnis die franz. »Confession de Foy« (1559), die schottische »Confessio fidei et doctrinae« (1560), die »Ecclesiarum Belgicarum Confessio« (1561). Gleiches gilt für den »Genfer« (1542) und den »Heidelberger Katechismus« (1563). Es ist bemerkenswert, daß alle diese Schriften die Empfängnis Christi durch die Kraft des Hl. Geistes und ohne Zutun des Mannes erwähnen. Festgehalten sind damit ebenso auch das Bekenntnis zu Jesus Christus, dem wahren Gott, wie auch das zu seiner vollen Menschheit. So unterstreicht der »Heidelberger Katechismus« die Punkte: 1. die zeitliche Geburt des von Ewigkeit her gezeugten Sohnes; 2. die volle menschliche Natur Christi; 3. seine Zugehörigkeit zum Stamm Davids und damit die Erfüllung der prophetischen Verheißung; 4. seine völlige Freiheit vom Unheilszusammenhang der Sünde, um denen zu helfen, die die Sünde gefangen hält.

In allen reformierten Kirchen erfuhr die CHP hohe Wertschätzung. Die Schweizer Delegierten auf der Synode von Dordrecht/Holland (13.11.1618 – 9.5.1619) waren an sie gebunden; und zur Zeit der konfessionellen Orthodoxie diente sie als Grundlage für die »Formula Consensus«, die 1575 promulgiert und den Kantonen auferlegt wurde. Aber nach und nach geriet mit den Jahren die CHP außer Gebrauch.

Im Unterschied zu den genannten Gemeinsamkeiten wurde die Anrufung Ms nie gebilligt und nie öffentlich praktiziert. In Erinnerung war, daß Calvin sich auf Can. 23 der 3. Synode von Carthago berief, die 397 in Gegenwart des hl. Augustinus stattgefunden hatte. Das Dekret untersagte jedes Gebet vor dem Altar zu den Heiligen (Inst. III 20, 22). Der von der Synode geäußerte Vorbehalt wurde radikalisiert und auf die private Frömmigkeit ausgedehnt. Die Zurückweisung jeden Mgebetes erscheint fortan als charakteristischer Zug des Calvinismus.

Diese restriktive Haltung hat nicht verhindert, daß im 17. Jh. reformierte Theologen und Gläubige eine warmherzige Liebe für M zum Ausdruck gebracht haben. Ihre Empfindung gründete auf der GMschaft. Weil M die Mutter Gottes war, verspürte man die Notwendigkeit, sie in Liedern und der Predigt zu ehren. Zwei Namen verdienen hier festgehalten zu werden: Johann Heinrich Heidegger und Laurent Drelincourt. Beide sind sie Einzelfälle, in keiner Hinsicht repräsentativ für ihre Epoche; und doch haben sie diese beeinflußt.

J.-H. Heidegger (1633—98) bildet »den Gipfelpunkt der Zürcher ref. Spätorthodoxie« (RGG³ III 121). Beachtung verdient sein Buch: »Schriftmäßiger Bericht von der Hochgelobten und Ewigreinen Jungfrauen Maria, der Gebenedeyten Mutter unseres Herrn und Heilands Jesu Christi« (Zürich 1673). Es handelt sich um eine warmherzige rel. bewegte Darstellung der reformierten Mlehre. Das Werk ist bei aller konfessionellen Abgrenzung mit einer spürbaren Liebe für die Mutter Jesu geschrieben. Ihre Verehrung will er nicht nur den Katholiken überlassen. Darum wehrt er sich dagegen, daß seine Korrekturen am kath. Mkult die Mutter Jesu verunehrten. Ihr, der von Gott begnadeten, gebühren Ehre und Würde; nicht die Ehre der Anrufung, welche Gott vorbehalten ist, sondern die Ehre der Lobpreisung ihres Segens, ihres Glaubens und ihrer Tugenden als Ermutigung für unsere Christusnachfolge.

Zusammen mit dem Universitätslehrer Heidegger muß ein anderer Reformierter genannt werden: der Pfarrer L. Drelincourt (1626—80), bekannter Autor der »Sonnets chrétiens« (1677). Eines der Gedichte hat die Jungfrau M zum Thema (Livre III, Sonnet II). Bemerkenswert ist der Reichtum der Sprache und die Klarheit der Theol. Am Ende eines jeden Sonetts gibt Drelincourt in einer Fußnote jene Zeugnisse der Hl. Schrift, der Väter oder auch von Schriftstellern an, auf die er sich bezieht. Im Vergleich mit der 1. sind die erläuternden Angaben der 2. Auflage (1680) beträchtlich reicher geworden. So heißt der überarbeitete Vers 5 zum M-Sonett: »Er (Christus) hat nicht verloren, was er war, sagen einige der Alten; aber er hat begonnen, etwas zu sein, was er nicht war. Das 1. Konzil von Ephesus schließt gerechterweise all jene aus, die für die hl. Jungfrau die Würde der Gottesmutterschaft leugnen. Jesus Christus, so Augustinus, schuf sich eine Mutter, um von ihr geboren zu werden. Sie aber war glücklicher darüber, ihn in ihrem Herzen empfangen zu haben als in ihrem Leib«; Vers 14: »Maria ist das mythische Paradies, das den Baum des Lebens hervorgebracht hat (St. Bernhard)«. Die Methode des Dichter-Theologen berührt die klassische Tradition; so auch sein Bildverständnis.

Im 17. Jh. begegnet eine neue Weise, die Hl. Schrift, bes. die Kindheitsevangelien, zu lesen. Obgleich zwei franz. Protestanten, Jacques und Louis Cappel, 1634 ihre »Critica sacra« veröffentlichten, gilt der Oratorianer Richard Simon als »der Vater der modernen Kritik« mit seinen Büchern »Histoire critique du Vieux Testament« (1678) und »Histoire critique du Nouveau Testament« (1689). Unter Verweis auf die ihm zur Verfügung stehenden Daten der Sprachwissenschaft, Archäologie, Geschichte und Geographie bemüht sich der sachkundige Exeget, den Literalsinn des Textes zu erläutern. Seine Methode erstrebt den Aufweis, daß der hl. Text auf einmal anders erscheint, als es vorher Generationen von Kommentatoren vertraten, die mehr oder weniger der Allegorie folgten. Man hat das Gefühl, zur Realität zurückgekehrt zu sein, nachdem man zuvor Fabeln geglaubt zu haben schien. Die biblische Kritik eroberte zuerst die Kreise der Ungläubigen und Protestanten. In den Kirchen der Reformation verursachte sie eine tiefe, etwa 150 Jahre dauernde Krise. Innerhalb dieses Zeitraums lehrten die wichtigsten Fakultäten reformierter Theol. die kritischen Positionen von Ferdinand Christian Baur (1792—1860), Ernest Renan (1823—92) und der Tübinger Schule. Die Hörer entdeckten mit Verwunderung, daß nichts von dem, was die ersten Kapitel von Mt und Lk enthielten, durch die Geschichtswissenschaft bestätigt wurde. Sie waren nichts anders als Legenden und Mythen.

Die Reaktion ließ nicht lange auf sich warten. Sie trat als großes Erwachen der prot. Frömmigkeit auf. Dies zeigt sich unterschiedlich je nach Ländern und Regionen: Sie ist universitätsbezogen oder pietistisch in Deutschland, gemütsbestimmt und praktisch in den angelsächsischen Ländern, volkstümlich intellektualistisch und gelegentlich auch pietistisch in der Schweiz, Holland und Frankreich. Gleichwohl fehlt es nicht an einem Einheitsband. Ein Kennzeichen findet sich überall: die Betonung der Bibel; sie wurde einmal im Licht der neuen exegetischen Forschung gelesen, zum anderen nach den Grundsätzen der Verbalinspiration. Nach der einen wie nach der anderen Seite verblaßte das Dogma in gleicher Weise. Bei all dem treten einige Persönlichkeiten aus der Gesamtheit heraus. In Frankreich gründete Adolphe Monod (1802—56) in Lyon eine Freikirche, die einen Mittelweg darstellt zwischen einer Massenbewegung und einem Berufsverband. In der Folge wurde er zum Prof. an der reformierten Fakultät in Montpellier ernannt, danach zum Pfarrer in Paris. Die dort gehaltenen Predigten sind publiziert (Sermons, 4 Vol., 1855, ⁴1866), ebenso die geistlichen Reden, die er von seinem Krankenlager aus gehalten hat (Les Adieux, 1856). Monod glaubte fest an die Gottheit Jesu Christi, »empfangen vom Heiligen Geist«. Aber er zeigt einen gewissen Widerstand hinzuzufügen: »geboren von der Jungfrau Maria«. Prot. Bedenken hinderten ihn, den Akzent auf die Person der Jungfrau zu legen.

In unserem Jh. muß man bei der marian. Frage in den Kirchen der Reformation unterscheiden zwischen der Art und Weise, wie sich die kirchliche Institution äußert, und der Haltung, die von einzelnen privat vertreten werden kann. Generell ist die Sprache amtlich akzentuiert. So erklärte seinerzeit (1950) Pasteur Pierre Bourguet, einst Präsident der Reformierten Kirche Frankreichs, mit den Katholiken weder bezüglich der aktuellen noch der dauernden Bedeutung M⟨aria⟩s übereinzustimmen. Die ihr mehr und mehr zugesprochene Macht betrübe, ja empöre die Reformierten. Derart machtvolle Züge widersprächen dem Glauben und der Frömmigkeit M⟨aria⟩s. In dieser Perspektive sei Gemeinschaft nicht möglich. Bei Grundlagengesprächen mit den Katholiken sei es unverzichtbar, diesbezüglich zur Behutsamkeit zu mahnen. Die Reformierten bedrücke das mangelnde Verständnis der röm. Kirche für das Überbordende der marian. Hyperdulie und ihre Meinung, daß diese Hyperdulie christl. sei. Als Christen fühlten sich die Reformierten erneut veranlaßt, die Katholiken von der Tradition zur Hl. Schrift zurückzurufen.

Diese Äußerung liegt vor dem Zweiten Vaticanum. Sie steht im Kontrast zu dessen Ökumenismusdekret (3): »Ebenso sind diese getrennten Kirchen und Gemeinschaften trotz der Mängel, die ihnen nach unserem Glauben anhaften, nicht ohne Bedeutung und Gewicht im Geheimnis des Heiles. Denn der Geist Christi hat sich gewürdigt, sie als Mittel des Heiles zu gebrauchen, deren Wirksamkeit sich von der der katholischen Kirche anvertrauten Fülle der Gnade und Wahrheit herleitet.« Nach der Anerkennung, daß die getrennten Kirchen und Gemeinschaften ungeachtet ihrer Grenzen für das Heilsmysterium Sinn und Bedeutung haben, bekräftigt das Dekret, was von Anfang an Characteristicum und Privileg der Kirche Roms gewesen ist: »... nur durch die katholische Kirche Christi, die das allgemeine Hilfsmittel des Heiles ist, kann man Zutritt zu der ganzen Fülle der Heilsmittel haben« (3). Auf den ersten Blick scheinen die reformierte und die kath. Position einander auszuschließen. Bei näherem Zusehen nimmt man aber wahr, daß der kath. Standpunkt bezüglich der prot. Kirchen und Gemeinschaften nicht so negativ ist wie umgekehrt. Die reformierte Meinung erscheint weniger wirklichkeitsnah als die kath. Erstere bedarf größerer Anstrengung, um sich für die kath. Wahrheit zu öffnen, die sie einschließt.

Diese Feststellung erklärt den beiderseits unterschiedlichen Zugang zur Hl. Schrift. Als Beispiel diene die Auslegung von Joh 19,25—27 durch G. →Roschini und die diesbezügliche Antwort des ital. prot. Theologen Giovanni Miegge (1900—61). Für den einen geht aus den Versen, sofern er sich nicht täuscht, »hinlänglich klar hervor, auf welche Weise in der richtig ausgelegten (rite interpretata) Hl. Schrift des Alten und Neuen Testamentes, die selige Jungfrau sich als unmittelbare Mitarbeiterin am Erlösungswerk oder als Miterlöserin im wahren und wirklichen Sinn erweist« (RoschiniMariol II/1, 298). Dazu Miegge (156): Das Wenigste, was man von all dem sagen kann, ist dies, »daß die Heilige Schrift rite interpretata, wenn man sie nämlich ohne dogmatische Postulate und im Licht alles dessen liest, was uns über die ersten Generationen des Christentums und deren Gedankenwelt bekannt ist, absolut gar nichts von diesen höchst gewagten Spekulationen entfällt.« Daraus läßt sich der Schluß ziehen, daß der prot. Theologe eine Perspektive übernimmt, die nicht die der ersten Christen ist, sondern die der modernen Exegese. Was zusammenfassend gesagt werden kann, verdeutlicht zum einen bei einer großen Anzahl Reformierter Kompromißlosigkeit gegenüber der kath. Mariol.; zum anderen ist es das erfahrene Ungenügen bei einer beträchtlichen Gruppe von Männern und Frauen, die für eine bestimmte Logik des Glaubens sensibel sind. Unter den bewußt Gläubigen, die den Kern der prot. Gemeinschaften bilden, gibt es in den Reformationskirchen eine Reihe von Christen mit einer meditativen Seele, die das Gefühl haben, Opfer einer Amputation zu sein. Oft sind es jene, die die Erneuerung der Liturgie betreiben und zu einer Frömmigkeit anregen, in der ℳ ihren Platz hat. Die franz. Schweiz scheint bes. von dieser Bewegung berührt zu sein. Ihre lit. Exponenten sind der im Raum Neuchâtel wirkende Dichter-Pfarrer Edmond Jeanneret (Matin du monde, 1953) sowie der in Genf und im Kanton Neuchâtel wirkende Pfarrer Jean de Saussure (Folie de Dieu, 1969). Der Kanton Waadt bedarf bes. Erwähnung. Der größte Teil der prot. Lande übernahm das neue Bekenntnis freiwillig durch ihre natürlichen Autoritäten. Das gilt nicht für das Waadtland. Im MA war es ein sehr marian. geprägtes Gebiet und wollte kath. bleiben. Die Reformation wurde ihm durch die Berner auferlegt. Diese hatten es erobert und 1536—1798 besetzt. Die bei Ausgrabungen im Raum von Lausanne gefundenen frühesten christl. Zeugnisse verweisen in die 1. Hälfte des 4. Jh.s. Dort gab es also vor der Ankunft der Burgunder im folgenden Jh. Christen. Die Einwanderer waren Arianer und ließen sich für den kath. Glauben gewinnen. Vom 4—16. Jh haben die Bewohner an Christus geglaubt und seine Mutter verehrt. Eine so lange Periode prägt dauerhaft die rel. Mentalität eines Volkes. Vielleicht wird eines Tages dieses Gebiet bei der Rückkehr der Christen zur Einheit eine wichtige Rolle spielen.

QQ: Bekenntnisschriften und Kirchenordnungen der nach Gottes Wort reformierten Kirche, hrsg. von W. Niesel, ²1938. — L. Drelincourt, Sonnets Chrétiens, ³1948 (Vorwort von A.-M. Schmidt, Théologie et préciosité dans les Sonnets de L. D.).

Lit.: J. Bosc, P. Bourguet, P. Maury und H. Roux, Le protestantisme et la Vierge Marie, 1950. — E. Stakemeier, De BMV eiusque cultu iuxta Reformatores, In: De Mariologia et Oecumenismo, 1962, 423—516. — G. Miegge, Die Jungfrau Maria, ital.: 1950, dt.: 1962. — F. Courth, Die Gestalt Mariens in der frühen reformierten Theol., In: De cultu mariano saec. XVI. Acta congressus mariol.-mariani internat. Caesaraugustae 1979 celebrati, 1985, III 133—160. — Ders., Maria in der reformierten Theol. und Frömmigkeit des 17. und 18. Jh.s, In: De cultu mariano saec. XVII—XVIII. Acta congressus mariol.-mariani internat. in Republica Melitensi 1983 celebrati, 1987, II 255—275. — H. Chavannes, La question mariale dans le Pays de Vaud, In: EtMar 48 (1992) 113—139. — Ders., La méditation de Marie. Est-elle un obstacle au dialogue oecumenique?, 1992.

H. Chavannes

Refugium peccatorum → Lauretanische Litanei

Regenbogen. Die Darstellung des R.s erfolgte in der christl. Kunst auf der Grundlage verschiedener Bibelstellen als Zeugnis des erneuerten Bundes zwischen Gott und den Menschen und als Zeichen des Friedens nach der Sintflut (Gen 9,12—17). So zeigt z. B. ein Fresko Paolo Uccellos im Chiostro Verde von S. Maria Novella in Florenz (um 1445/50) das Dankopfer Noahs unter dem R., der dort als Zeichen Gottes zu verstehen ist, die Erde vor einer neuerlichen Sintflut zu verschonen. Als Trostzeichen ist der R. in den Hintergrund des Kupferstiches »Melencolia I« Dürers (1514) eingefügt und steht dort für den Glauben der Menschen. Beim Weltgericht thront Christus auf dem R. (z. B. Rogier van der Weyden, Jüngstes Gericht, Beaune, Hôtel-Dieu, um 1450) und stellt seine Füße zuweilen auf einen zweiten R. (Stefan Lochner, Weltgerichtsaltar, Köln, Wallraf-Richartz Mus., 1435/40). Auch der den Weltenrichter umgebende Strahlenkranz kann die Farben des R.s haben (Giotto, Padua, Arenakapelle, um 1305) und folgt dann der Auslegung Gregors d. G., Hom. Ezech.; PL 76,815). Der R. unterstreicht so die göttliche Herrlichkeit durch seine prächtigen Farben (Sir 43,12 und 50,7), deren Zahl variiert, meist aber die drei Hauptfarben Blau, Rot und Grün hat (z. B. Tragaltar des Eilbertus, kölnisch, Berlin, Kunstgewerbemus., um 1150). Diese Farben sind dann abgeleitet aus Offb 4,2f., wo vom Thron mit dem Aussehen gleich dem Jaspis (Blau), Karneol (Rot) und Smaragd (Grün) die Rede ist. Sehr getreu zeigt diese Vorstellung das Bild des Christus in der Mandorla der Bamberger Apokalypse (Reichenau, um 1020, Bamberg, Staatsbibl., Ms. 140, fol. 10ᵛ), dessen Thron mit Edelsteinen besetzt ist. Bei der Himmelfahrt des Elias (2 Kön 2,11) kann der R. die Verbindung zwischen Himmel und Erde herstellen, auf dem sein Wagen zu den Wolken auffährt (Emailwerk des Nikolaus v. Verdun, Klosterneuburg, um 1181).

Die Verwendung des R.s als marian. Symbol ist im MA noch selten. Prominentestes Beispiel ist Matthias → Grünewalds ⚜ in der Landschaft (Stuppach, kath. Pfarrkirche, 1519). Vor dem Hintergrund mit Gewitterwolken steht der R., ein Ende hinter einer Kirche verborgen, wie ein Heiligenschein über der Jungfrau. Eine mögliche Quelle für die Darstellung des R.s in diesem Gemälde sind die Offenbarungen der hl. → Birgitta v. Schweden. In einer Vision vom Verfall der Kirche bezeichnet sich die zu Birgitta sprechende GM als R., der über der Welt steht. Als Himmelsbogen versteht sich die Jungfrau selbst, die sich mit ihren Gebeten zu den Menschen herabneigt und zur Beschützerin der Kirche wird. L. Behling fand zudem in Bonaventuras ⚜lob (»laus virginis«) die Deutung der Jungfrau als unüberwindlicher, starker R., dessen Farben er in Bezug auf ⚜ symbolisch auslegt: Blau steht für ihre Jungfräulichkeit, Rot für ihre Liebe und Weiß für ihre Reinheit und Demut. Die Braut Christi aus dem Hohelied Salomonis, die als ⚜ und Ecclesia zugleich verstanden werden kann, ist auf einem Emailtäfelchen eines Vortragekreuzes in Hildesheim (St. Godehard, kurz vor 1300) zu sehen. Vergleichbar dem Weltenrichter, thront sie auf dem R. und ist dort in ein christol. Bildprogramm als Mittlerin zu Gott eingefügt. Der Barock kennt den R. als ⚜emblem, z. B. in Gewölbemalereien in Kirchhaslach, Anzing oder Beilenberg (jeweils 18. Jh.).

Lit.: C. B. Boyer, The Rainbow, 1959. — S. Rösch, Der R. in der Malerei, In: Studium Generale 13 (1960) 418ff. — A. Schimmel, Der R. als Symbol der Religionsgeschichte, In: FS für G. Mensching, 1967, 89ff. — A. Henkel und A. Schöne, Emblemata, 1967, 115f. — L. Behling, Neue Forschungen zu Grünewalds Stuppacher Maria, In: Pantheon 26 (1968) 11ff. — Schiller III 185. 233ff.; IV/2 187. 212f. — E. Harnischfeger, Die Bamberger Apokalypse, 1981, 123. 291f. — LCI III 521f.

K. Falkenau

Regensburg. 1. *Bistum*, 739 kanonisch errichtet, seit 1817 Suffraganbistum von München und Freising, umfaßt Teile der Regierungsbezirke von Niederbayern, Oberbayern, Oberfranken und der Oberpfalz, 1992 1307612 Katholiken und 230381 Nichtkatholiken. Das Bistum wird in 8 Regionen mit 45 Dekanaten und 770 Seelsorgestellen gegliedert. 154 Pfarrkirchen sowie 184 Filial-, Kloster-, Wallfahrts- und Krankenhauskirchen weisen marian. → Patrozinien auf.

a) *Mittelalter.* Die GM nahm schon früh im Bistum R. eine bevorzugte Stellung ein. Die von etwa 520 bis 788 in der Stadt R. residierenden Agilolfingerherzöge weihten, vermutlich im Gegensatz zu den fränkischen Martinskirchen, ihre Hofkapelle, die spätere »Alte Kapelle ULF« und das Frauenstift Niedermünster sowie die Kirchen ihrer Fronhöfe an der Donau, im Isar-, Vils-, Rott- und Laabertal und im damals schwach besiedelten Nordgau ⚜. Die R.er Bischöfe und die ersten Klöster folgten dem Beispiel der Agilolfinger und stellten ihre Kirchen unter den Schutz ⚜s, so das Domstift St. Emmeram sein Frauenstift Obermünster (8. Jh.), die Kirche Zell bei Roding, das Kloster Weltenburg seine Frauenbergkapelle auf dem Arzberg. Zeugen der durch die Reformbewegung des 11. und 12. Jh.s geweckten Blüte der MV, die sich im 13. und 14. Jh. weiterentwickelt hat, sind die ⚜kirchen der alten und neuen Orden wie der adeligen Klostergründer. Hier sind zu nennen: Pielenhofen, das 1068 von Obermünster gegründet und 1287 als »portus s. Mariae« bezeichnet wurde, Geisenfeld (1037), Reichenbach (1118), Biburg (1133) und das zu Rott am Inn gehörige Kötzting (ca. 1179). Die Zisterzienser errichteten ⚜kirchen in Waldsassen (1133) und Walderbach (1143), die Prämonstratenser in Windberg (1125) und Speinshart (1145), die Augustinerchorherren in Rohr (1133) und die Templer in Altmühlmünster (1155?). Der große ⚜verehrer, der hl. Bischof Otto v. Bamberg (1102–39), der an mehreren Klostergründungen im Bistum R. beteiligt war, weihte u. a. 1123 eine Kapelle ULF für kranke Brüder in seiner Stiftung Prüfening. Die 1278 gegründete Deutschordenskommende in Gangkofen errichtete alsbald eine ⚜kirche. Das Zisterzienserinnenstift Seligenthal, heute zu Landshut gehörig, wurde 1232 ursprünglich als ⚜kloster gegründet. Auch das ehemalige Augustinerinnenkloster (heute Dominikanerinnen) Niederviehbach mit dem Gnadenbild »Maria Stifterin« wählte für sein Gotteshaus ein ⚜patrozinium. Das Bürgertum der im SpätMA errichteten oder erweiterten Städte und Märkte im Bistum R. blieb in der MV hinter Geistlichkeit und Adel in keiner Weise zurück. Das beweist die Wahl von ⚜patrozinien in den aufblühenden Orten Amberg (Hofkapelle), Erbendorf, Furth i. W., Grafenwöhr, Kirchenthumbach, Straubing, Tirschenreuth und Vohenstrauß. Die ins Bistum R. strebenden Karmeliter weihten ebenfalls ihre Klosterkirchen ULF, so in Abensberg (um 1390), in Straubing (1368) und Neustadt a. Kulm (1414).

Die liturg. Verehrung der GM wurde im Bistum R. wie in allen bayer. Diözesen bereits 799/800 auf den Synoden in Reisbach-Salzburg festgelegt und ⚜e Reinigung (2. Februar), ⚜e Verkündigung (25. März), ⚜e Himmelfahrt (15. August) und ⚜e Geburt (8. September) zu offiziellen Festen erklärt. Bischof Baturich von R., (817–884) schildert in seinem Martyrologium die Kerzenweihe und Prozession an Lichtmeß, pries in zwei Predigten zu ⚜e Himmelfahrt und ⚜e Geburt in begeisterten Worten die GM und deutete in seinen Gedichten den Namen »Maria« als »Meerstern«, »Bitteres Meer« und »Herrin«. Die auf der Synode von Dingolfing 932 neuerdings vorgeschriebenen ⚜feste begegnen auch im Diözesankalender (994) des hl. Bischofs Wolfgang von R. (972–94), der ⚜e Himmelfahrt und ⚜e Geburt in Goldschrift,

d. h. als Feste ersten Ranges, Me Verkündigung in Silber und Lichtmeß als einfaches Fest eintragen ließ. Nachdem 1150 eine Provinzialsynode zu R. die Oktaven der Mfeste geordnet hatte, beging man im R.er Dom seit 1278 Me Empfängnis, seit 1482 Me Opferung, seit 1392 im ganzen Bistum Me Heimsuchung und seit 1505 Me Empfängnis. Von der Diözesansynode von 1465 wurde das mittägliche Angelusläuten verfügt und daß sich das Rosenkranzgebet allmählich im Bistum R. eingebürgert hat, geht aus Darstellungen auf spätma. Grabdenkmälern hervor. Im Werk des gelehrten Dominikaners Albert d. G. (1260—62 Bischof von R.) finden sich zahlreiche mariol. Schriften, u. a. mehrere Sabbatsequenzen auf M, denen Tiefe, Wohlklang und Innigkeit nachgerühmt werden. Seine Zeitgenossen, die Minoriten → Berthold v. R. († 1272) und David v. Augsburg († 1272) wirkten als gewaltige Volksprediger und mystische Schriftsteller, die die MV im Volk vertieft haben. Auch der bedeutende R.er Domherr → Konrad v. Megenberg († 1374) förderte durch sein Werk »De laudibus BMV« die Verehrung der GM. Der liturg. Mkult und die zunehmende MV blieben nicht ohne Rückwirkung auf die künstlerische Entwicklung des Mbildes, dessen Verehrung wie allgemein auch im Bistum R. erst im Zusammenhang mit der wachsenden Christusfrömmigkeit der Gotik eingesetzt hat. Im 14. Jh. entstanden die ersten marian. Gnadenstätten im Bistum, so v. a. → Bogenberg, anstelle der verfallenen Stammburg der Grafen von Bogen, dessen Gnadenbild, die spätgotische Sandsteinfigur »Maria gravida« M als Gottesgebärerin verherrlicht. Zu ihr pilgern u. a. von 1492 bis heute alljährlich die Dorfbewohner von Holzkirchen/Niederbayern zum Dank für die Befreiung ihrer Wälder und Felder vom Borkenkäfer und von Unwettern. Von den aufblühenden Wallfahrtsstätten des 14. Jh.s sind ferner zu nennen: Adlersberg, Ast, Degerndorf, Fahrenberg, Frauenbiburg, Haindling, Katzdorf, Mariaort, Sossau und Weltenburg. Im 15. Jh. kamen hinzu: Abensberg, Anzenberg, Aufenberg, Dechbetten, Frauenberg, Geiersberg bei → Deggendorf, Kager, Kneiting, Rechberg, Scheuer, Siegenhofen, Stadlern und das berühmte Neukirchen bei hl. Blut, dessen Entstehung auf einen Bericht zurückgeht, in dem die Schändung einer Mstatue durch einen gottlosen Soldaten geschildert wird. Abgesehen von der Stadt R. wurden nun vielerorts zusammen mit den gotischen Hallenkirchen Darstellungen der GM, vorzugsweise als Vesperbild, in Auftrag gegeben. Erst um und nach 1400 schufen einheimische Künstler die beliebten »Schönen Madonnen«. Auch das geistliche Schauspiel wurde in den Dienst der MV gestellt. So führte das R.er Domkapitel 1482 auf Bitten Bischof Heinrichs v. Absberg (1465—92) den Brauch ein, das Fest Me Lichtmeß mit einer »historia«, d. h. mit einer Dramatisierung des Festgeheimnisses, zu begehen. Um dieselbe Zeit führte man in Eggenfelden nach dem Credo des Hochamtes zu Me Verkündigung ein Spiel auf, das Pfarrer Georg Kolberger († 1497) gestiftet hatte.

b) Neuzeit. Das Bistum R. wurde im 16. Jh. durch die Reformation bes. schwer getroffen. Die nicht unter bayer. Landeshoheit stehenden Gebiete nördlich der Donau, etwa die Hälfte des Diözesangebietes, wandten sich 1529—56 dem Luthertum oder dem Calvinismus zu. Infolgedessen erlitt nun die MV großen Schaden, wenngleich sie niemals ganz erloschen ist. Lutherische bzw. calvinische Visitationsberichte bis 1600 führen wiederholt darüber Klage, daß Pilger nach wie vor zu den marian. Gnadenstätten bis nach Maria-Kulm im Egerland wallfahren. Erst nach Jahrzehnten der Mutlosigkeit und tiefer Verstörung gewann die R.er Bistumsleitung Ende des 16. Jh.s wieder neue Kraft. Ausdruck dessen im Hinblick auf M ist die Mahnung des Wittelsbachers Philipp Wilhelm von Bayern als Bischof von R. (1579—98) von 1591 und die des Reichstags von 1594 und 1598, auf das Angelus-Läuten der Mittagsglocke zu achten, nachdem in der Oberpfalz das Gebetläuten längst abgeschafft worden war. 1593 wurde unter Philipp Wilhelm ferner beim Dom eine Salve-Stiftung errichtet. Um die Rekatholisierung bemühten sich damals neben dem Weltklerus v. a. die Jesuiten. Der hl. Petrus → Canisius nahm 1556/57 sowie 1576 als Berater des Kaisers an den Reichstagen zu R. teil. Er hielt in der Kathedrale Mpredigten und begab sich 1558 nach Straubing zur Volksmission. Ihm und seinen Mitbrüdern sind die Niederlassungen der SJ im Bistum zu verdanken, so in R. (1588), in Amberg (1622) und in Straubing (1631). Zur Vertiefung des Glaubens und der MV gründeten sie zugleich marian. Kongregationen, die bis heute als Elite in der Diözese wirken. V. a. die Rekatholisierung der Oberpfalz, 1620 abgeschlossen, ist das Verdienst der Jesuiten, unterstützt von den Wittelsbacher Fürsten. Begünstigt durch die von Kurfürst → Maximilian I. von Bayern geradezu zum Staatsprogramm erhobenen MV entwickelte sich auch das Bistum R. zu einer blühenden barocken Mlandschaft. Des Erzdechanten Gedeon Forster Matrikel der Diözese von 1665 zählt von insgesamt 481 Pfarrkirchen 102, von den Filial-, Kloster- und Wallfahrtskirchen 176 auf, die der GM geweiht sind. Ferner nennt er 381 marian. Nebenaltäre und 21 marian. Bruderschaften, zu denen im 18. Jh. noch 14 hinzukamen. Aus der Not des Dreißigjährigen Krieges und der Pestzeit entstanden, von Passau ausgehend, zahlreiche M-Hilf-Gnadenorte im Bistum, so in Amberg, Beratzhausen, Eitting, Erpfenzell, Fuchsmühl, Greising, Haidstein, Lam, Miltach, Pirkenbrunn, Premenreuth, Pürgl, Rohrbach, Schwandorf und Vilsbiburg. Nachbildungen der ital. Loreto-Kapelle wurden im 17. und 18. Jh. in Amberg, Angerbach, Erbendorf, R.-Stadtamhof, Rohr und v. a. in → Sossau, dem »Bayerischen Loreto«, errichtet. Wallfahrtsorte zu Ehren M-Schnee in Anlehnung an die Darstellung der GM in der röm. Basilika S. Maria Maggiore entwickelten sich in Aufhausen, Saulburg, Schauerstein und Schönferchen. Von den übrigen neuen Gnadenstätten zu Ehren Ms im Bistum sind zu erwähnen: Altrandsberg, Arnbruck, Frauenbründl bei Bad Ab-bach, Frauenzell, Hahnbach, Inkofen, Kelheim-Affeking, Lohwinden, Pempfling, Stettkirchen, Stollnried, Straubing (M zu den Nesseln), Tirschenreuth und Weißenberg. Die alten Klöster der Oberpfalz wurden nach dem Dreißigjährigen Krieg wiederhergestellt und prachtvoll gestaltet. 1734 ließen sich Chorfrauen von Notre Dame in R.-Stadtamhof nieder. Die neuen Mfeste, z. B. Me Heimsuchung und Me Opferung, bürgerten sich seit 1638 im Bistum ein.

Die Aufklärung und v. a. die Säkularisation zu Beginn des 19. Jh.s wirkten sich lähmend auf das rel. Leben allgemein und bes. auf die MV aus. Es ist ein bleibendes Verdienst des frommen Dompfarrers, Regens, Visitators und präkonisierten Bischofs von R. Georg Michael Wittmann († 1833), dem kath. Volk die Liebe zur GM und die MV in Brauchtum, Wallfahrten und Andachten erneut vermittelt zu haben. 1826 führte er z. B. von Obermünster in R. ausgehend, die Stundenbruderschaft, den »Ewigen Rosenkranz«, wieder ein und zusammen mit der sel. Karolina Gerhardinger gründete er 1833 die »Armen Schulschwestern ULF«. In der zweiten Hälfte des 19. Jh.s wurde die MV neu belebt durch Förderung der Marian. Männer Congregationen in R., Amberg, Cham, Landshut und Straubing sowie durch die Errichtung der »Erzbruderschaft der christlichen Mütter« (1871), durch Volksmissionen, in deren Dienst sich neue Kongregationen stellten und durch Gründung kath. Standesvereinigungen. Wissenschaftler, Schriftsteller, bildende Künstler und Komponisten stellten sich in den Dienst der GM und schufen bis ins 20. Jh. hinein beachtliche Werke. Heute weltbekannte Mlieder von im Bistum tätigen Kirchenmusikern, wie z. B. von Aiblinger, Englhart, Griesbacher, Haberl, Haller, Kindsmüller, Mohr und Witt, belebten ebenso die MV wie die R.er Gesangbücher mit marian. Liedgut von Weinzierl (1816 erschienen), Weigl-Emmerig (1817) und Sterr, das ab 1852 in 42 Auflagen erschienen ist. Die Maiandacht, 1844 erstmals in R. gehalten, setzte sich ab 1852 endgültig durch und wurde zur beliebten marian. Andachtsform. Seit 1849 wird das Fest »Sieben Schmerzen Mariä« begangen und seit 1918 das der → »Patrona Bavariae« als landesweites Hochfest, das an das wittelsbachische marian. Vermächtnis an das bayer. Volk gemahnt. Von den Kirchenneubauten mit marian. Patrozinien im 19. und 20. Jh. sind v. a. zu nennen: Arzberg (1875), Weiden-Rothenstadt (1893), Cham (Kloster der Redemptoristen, 1909), Neusorg (1946), »Mater Dolorosa« in R. (1952—54), Kleinschwand, Trisching (1962), Mainburg, Schirmitz, Lixenried, Herz-Marien in R. (1963), Stallwang (1964), Laub, Erkersreuth, Weiden-M-Waldrast (1966), Loizenkirchen, Hohenkemnath (1969), Wiesent (1973), Kirchenthumbach (1974) sowie Teugn (1979). Neue marian. Gnadenstätten entstanden im 19. Jh. in Eitting, Haader, Pilgramsberg und im 20. Jh. in Kolmstein und in Gummelberg bei Waldsassen. Das Erkennen der Bedeutung des vom Bistum geförderten marian. Wallfahrtswesens für die heutige Zeit äußert sich in zahlreichen Pilgerreisen, v. a. nach Altötting, Lourdes und Fatima. Die alljährliche »Fußwallfahrt der Oberpfälzer« nach Altötting von 1685 bis heute ist mit 8000—10000 Teilnehmern nach der poln. Fußwallfahrt nach Czenstochau die größte und bedeutendste in Europa. Wesentliche Impulse erfuhr die MV im Bistum R. durch die kirchlich anerkannten Merscheinungen in Lourdes (Errichtung von Lourdes-Grotten) und Fatima (Rosenkranzgebet, Fatima-Andachten, Sühnenächte, Weihe an des Unbefleckte Herz Ms). In vielen Pfarreien der Diözese finden allmonatlich sog. Fatima-Tage statt. Als besonderer Förderer der MV in neuester Zeit im Bistum R. und darüber hinaus erwies sich Bischof Dr. Rudolf Graber von R. (1962—82; † 1992) als bedeutender Mariologe, marian. Prediger und Schriftsteller. Er hat u. a. die überregionale Zeitschrift »Bote von Fatima« 1962 in das Bistum eingeführt, gründete 1966 das → »Institutum Marianum Regensburg e.V.«, führte 1962 den Rosenkranz-Sühne-Kreuzzug in der Diözese ein und bewahrte die Marian. Männer Congregation vor dem Verfall durch Identitätsverlust. Er ist als »marianischer Bischof« in die Bistumsgeschichte eingegangen.

Lit.: J. Lipf, Oberhirtliche Verordnungen für das Bistum R. 1250 bis 1852, 1853. — F. Janner, Geschichte der Bischöfe von R., 3 Bde., Regensburg 1883—86. — J. B. Götz, Die rel. Bewegung in der Oberpfalz 1520/60, Freiburg i. B. 1914. — Matrikel der Diözese R., 1916. — J. B. Götz, Die Einführung des Kalvinismus in der Oberpfalz, 1933. — Ders., Die rel. Wirren in der Oberpfalz, 1938. — Bischof M. Buchberger (Hrsg.), Zwölfhundert Jahre Bistum R., 1939. — E. Liebl, Studien zum Wallfahrtswesen der Diözese R., Diss. masch., Würzburg 1951. — J. B. Lehner, Marienlob im Bistum R., In: R.er Bistumsblatt 1954, Nr. 4 S. 7f. und Nr. 5 S. 6. — W. Gegenfurtner, Die Wallfahrten zur Gottesmutter im Bistum R., In: Auf den Spuren des hl. Wolfgang, 1973, 113—148. — A. Treiber, Marianische Aktivitäten, In: Dienen in Liebe, R. Graber Bischof von R., hrsg. vom Bischöflichen Ordinariat, 1981, 404—419. — E. H. Ritter, Bibliographie — Bischof Dr. R. Graber 1927—83, 1983, XII—XXV. — H. J. Utz, neubearb. von K. Tyroller, Wallfahrten im Bistum R., 1988. — K. Hausberger, Geschichte des Bistums R., 2 Bde., 1989. — E. H. Ritter, Zeugen des Glaubens, Heilige, Selige und Diener Gottes im Bistum R., 1989, 501—505. — M. Heim, Des Erzdechanten Gedeon Forster Matrikel des Bistums R. vom Jahre 1665, 1990.

2. Stadt. Die Stadt R. wurde 179 n. Chr. als röm. Legionslager (Castra Regina) gegründet; seit dem 6. Jh. war R. Residenz der bayer. Agilolfinger und zugleich Bischofssitz. Als bedeutende Handelsmetropole im MA wurde R. 1245 freie Reichsstadt, was sie mit einer Unterbrechung (1486—92), als sie sich dem Herzogtum Bayern anschloß, bis 1806 blieb. Durch die »Pariser Verträge« ging das vorübergehende Dalberg'sche Fürstentum R. 1810 an das Königreich Bayern über. — Heute ist R. Bezirkshauptstadt der Oberpfalz mit etwa 130000 Einwohnern.

Regensburg, Alte Kapelle, Gnadenbild

Die aus der agilolfingischen Hofkapelle hervorgegangene Kollegiatkirche ULF zur Alten Kapelle, eine Gründung des hl. Bischofs Rupert († 716/718) um 700, wurde bald zum marian. Zentralisationspunkt für die Stadt. Als Gründungsbau wird die spätere M-Vermählungskapelle, 1944 durch Bomben zerstört, vermutet. Die dort befindliche Skulptur »Maria in der Rast«, 1392 erstmals erwähnt, wurde offenbar Vorbild für das Siegel (Thronende GM mit Lilienszepter, ohne Kind) des mit der Kirche verbundenen Kollegiatstiftes, das 875 von König Ludwig dem Deutschen († 876) erneut ULF überantwortet wurde. Der hl. Kaiser Heinrich II. (1002—24) und seine Gattin Kunigunde erwiesen sich nicht nur als große Förderer der Frauenklöster Ober- und Niedermünster — beide wurden königliche Stifte —, sondern v. a. der Alten Kapelle, als deren zweite Gründer sie verehrt werden. 1002—04 ließ Heinrich das Gotteshaus, wohl unter Einbeziehung älterer Teile, neu erbauen und schenkte Stift und Kirche 1009 dem von ihm gegründeten Bistum Bamberg. Ferner habe der Heilige, so besagt die Tradition, das kostbare Lukasbild der GM, das ihm nach seiner Kaiserkrönung in Rom 1014 von Papst Benedikt VIII. (1012—24) übergeben worden sei, kurz danach der Alten Kapelle gestiftet. Dieses Gnadenbild wird in einer Urkunde von 1451 erstmals im Zusammenhang mit einer gestifteten Mprozession als »unser frawen pild in den chor bey den Stuln« erwähnt. Wenngleich von da an immer wieder ein Maltar im Chor der Alten Kapelle genannt wird, so scheint er doch erst 1603 durch prunkvolle Einweihung besondere Bedeutung erlangt zu haben. 1626 wird berichtet, daß sich das → Lukasbild auf diesem Hochaltar befände und drei Jahre später erließ das Kapitel ein Verbot, das Gnadenbild zu kopieren, woraus zu schließen ist, daß dies vordem öfters geschehen sein muß. W. → Gumppenberg SJ bezeichnet in seinem Werk »Atlas Marianus« (München 1672, 991 ff.) die Alte Kapelle zu R. als das älteste Mheiligtum Bayerns. 1694 wurde das Lukasbild vom Hochaltar in die barockisierte heute noch bestehende Gnadenkapelle übertragen, die seit 1351 als Jakobskapelle bezeichnet worden ist.

Bei dem seit 1694 in der Gnadenkapelle des Stiftes ULF zu R. verehrten Lukasbild handelt es sich nicht um das von Heinrich II. gestiftete Original, sondern um eine Kopie. Das auf Buchenholz gemalte Tafelbild Ms mit dem Kind, das auf der Innenseite Christus als Pantokrator zeigt, diente als Bildtüre eines Schreines (»armariolo«), in dem sich das Original, eben das Lukasbild, vermutlich mit gleicher Mdarstellung befand. Es wurde nur zu bes. feierlichen Anlässen dem Volk gezeigt. Als aber diese Ikone, aus welchen Gründen auch immer, für kultische oder private Verehrung nicht mehr zur Verfügung stand, erhob man die Kopie auf der Bildtür zum Gnadenbild. Das R.er Lukasbild geht auf den byz. Prototyp der → Hodegetria zurück, der aber mit einem anderen Prototyp, der → Eleousa, vermischt ist und von einer Anzahl seltener und unabhängiger ikonographischer Motive ergänzt wurde. Die Gesamtkomposition, wie auch wichtige Einzelmotive, z. B. die Füße des Kindes, erinnern auffallend an die Madonna des Portalmosaiks im Dom zu Monreale, das um 1185 vermutlich von griech. Künstlern ausgeführt wurde. Die Entstehung des Lukasbildes der Bildtür ist im ersten Viertel des 13. Jh.s anzusetzen. Als Meister kommt ein Künstler aus Bayern, vielleicht auch aus R. in Frage, der sich der Buchmalerei verpflichtet fühlte und zudem mit der Werkstatt in Verbindung stand, die das Wurzel-Jesse-Fenster (um 1220—30) im R.er Dom angefertigt hat. 1752 wurde das Gnadenbild nochmals gerahmt. Nach der Säkularisierung kam es 1810 nach München in die Galerie des Schlosses Schleißheim. Dann ging es für kurze Zeit in den Besitz des Bayer. Nationalmuseums über. Erst 1862 gelang es dem R.er Bischof Ignatius v. Senestrey (1858—1906) durch eine Tauschaktion das Mbild für R. zurückzugewinnen. Seit 1864 befindet es sich wieder in der Gnadenkapelle des Stiftes ULF zu R., wo es nach wie vor hohe Verehrung genießt.

Bischöfe, Domkapitel und Klöster waren um die MV nicht weniger bemüht als das Stift ULF zur Alten Kapelle. Dabei hat die in den Klöstern von R. eifrig gepflegte Buchmalerei, die in prachtvollen Darstellungen M̃s einen überregionalen Niederschlag fand, künstlerische Ideen vermittelt. Erwähnt werden muß der Nekrolog von Obermünster (1177/83), in dem sich eine Serie von verschiedenartigen M̃darstellungen befindet. Der nach der Jahrtausendwende errichtete romanische Dom St. Peter besaß einen M̃westchor als sinnhaftes Zeichen der Verehrung der GM. Die Innenwelt der heutigen gotischen Kathedrale wird mit Recht »als Marienpsalter aus Glas und Stein« bezeichnet. Zahlreiche Glasmalereien (1310—1990) zeigen Darstellungen M̃s. Von den Werken in Stein sind hervorzuheben: die überlebensgroßen Figuren der Verkündigung — GM und Verkündigungsengel — an den Vierungspfeilern von etwa 1280; der Verkündigungsaltar im Südschiff von 1335/40, der einzige der Baldachinaltäre, der sich noch am ursprünglichen Ort befindet; die GM mit Kind aus dem frühen 14. Jh. hoch über dem Sakramentsaltar; die Zweiergruppe M̃ und Elisabeth, aus derselben Zeit, im Turmjoch des Seitenschiffes. Im Kreuzgang ist ein Türfries mit der Darstellung der Himmelfahrt M̃s zu bewundern, das der Domherr Georg v. Paulstorff († 1500) gestiftet hat. Von den romanischen Wandmalereien in R. ist v. a. das Verkündigungsbild (um 1220) in der Westempore in Prüll zu erwähnen. In Niedermünster befindet sich das Gnadenbild der Schwarzen Madonna, ein Sitzbild der GM vom Typ der → Nikopoia, eine Skulptur des frühen 13. Jh.s. Der Legende nach gilt es als eine aus Palästina stammende Stiftung der bayer. Herzogin Judith († 986) und soll aus Holz aus dem Hausrat M̃s geschnitzt sein. Um 1360 entstand die schöne GM mit Kind in der Schottenkirche St. Jakob, die vermutlich aus der R.er Ulrichskirche stammt. In der Abtei St. Emmeram wurde die sog. R.er Madonna verehrt (jetzt München, Bayer. Nat. Mus.). In R.-Kager schmückt das Gnadenbild »Maria Tannerl« (um 1400) den Hochaltar der romanischen Kirche. Es kam 1818 von der Feldkapelle in Rehberg dorthin. Aus dem 15. Jh. stammen das Gnadenbild in der Wallfahrtskirche R.-Irl und die prächtige Schutzmantelmadonna in der ehemaligen Dominikaner-Kirche St. Blasius, unter deren Mantel sich Vertreter aller Stände flüchten. Auf Grund einer Meistermarke wird sie einem Sohn des 1499 verstorbenen Erhard Paur zugeschrieben. Die MV war auch im Bürgertum von R., zumindest im MA, weit verbreitet, was einige wenige Nachrichten bezeugen: 1375 wird eine Patrizierkapelle »zu ULF hinter der Pfannenschmieden« (Gesandtenstraße) erwähnt; die Ortsbezeichnung »Frauenbergl« unweit des Domes leitet seinen Namen von einer Statue der GM her, die ursprünglich dort in der St. Kilians-Kapelle verehrt wurde und 1495 Anlaß zu einer Ablaßverleihung gab. Von den noch erhaltenen Hausmadonnen sind zu erwähnen die an der Hausfassade der Emmerams-Apotheke und die am Fabriziushaus (Watmarkt-Goliathstraße), beide aus dem 15. Jh. Von 1464 stammt das schöne Steinrelief der GM mit Kind über dem Portal der Dechantei des Kollegiatsstiftes ULF zur Alten Kapelle.

Als gegen Ende des MA die wirtschaftliche Bedeutung R.s schwand, entlud sich schließlich die Verbitterung des Volkes in der unrechtmäßigen Vertreibung der Juden, deren Ghetto 1519 zerstört wurde. An Stelle der Synagoge entfaltete sich der außerordentlich intensive Kult der Wallfahrt zur »Schönen Maria«. Ob und in welcher Weise das Lukasbild der Alten Kapelle dabei eine Rolle gespielt hat, darüber gibt es nur Vermutungen. Tatsache ist aber, daß Albrecht → Altdorfer 1519/22 ein Tafelbild der »Schönen Maria« schuf, das dem Lukasbild nachempfunden ist und 1630 für den M̃altar der Stiftskirche St. Johann beim Dom gestiftet wurde. Im 18. Jh. erlebte der Kult einen neuen Höhepunkt. Die 1747 erfolgte Übertragung der Skulptur der »Schönen Maria« von Hans Leinberger aus dem Minoritenkloster nach der Stiftspfarrkirche St. Kassian löste eine Wiederbelebung aus. Die ursprüngliche Wallfahrt zur »Schönen Maria«, ein Begriff, der auf den fanatisierenden Mitinitiator der Judenpogroms Dr. B. Hubmaier — er endete 1528 in Wien als Irrlehrer auf dem Scheiterhaufen — zurückgeht, entartete schon bald zur hysterischen Massenbewegung. Vom Rat der verarmenden Reichsstadt wegen der Einnahmen begünstigt und im Kampf um die geistliche Oberaufsicht, die sich Bischof Johann III. von R. (1507—38) nicht nehmen lassen wollte, kam es zum Prozeß, durch die die zeitbedingte antiklerikale Stimmung in der Stadt gefördert wurde. Trotzdem die jäh aufgeflammte Wallfahrt bereits 1525 zum Erliegen kam, wurde der Kirchenbau von der Stadt fortgesetzt und 1542, als die Reichsstadt R. zum Prot. übergetreten war, zur ersten prot. Kirche (»Neupfarrkirche«) erklärt. Die nunmehr erfolgte konfessionelle Spaltung war sicher einer der Gründe, daß das ohnehin verarmte R. einem fortschreitenden wirtschaftlichen Niedergang entgegentrieb, der auch durch den »Immerwährenden Reichstag« nicht verhindert werden konnte.

Die MV gelangte in der Zeit der Rekatholisierung in R. relativ spät wieder zur Blüte. Vorübergehende Bedeutung erlangte die 1643 in Stadtamhof errichtete Loretokapelle, die jedoch durch die Beraubung des bekleideten Gnadenbildes an Ansehen verlor und 1731 abgebrochen wurde. Einflußreich für die Wiederbelebung der MV erwies sich Weihbischof Albert Ernst Graf v. Wartenberg (1688—1715), Sproß einer wittelsbachischen Nebenlinie. Auf ihn geht die Errichtung der M̃-Läng-Kapelle unweit des Domes zurück. Der ursprüngliche Kultgegenstand, eine GM mit Kind — jetzt an der Ostwand — wurde 1798 durch die lebensgroße Figur der GM ersetzt. Die Kapelle ist ein vielbesuchter Gnadenort geblieben. Wartenberg hat auch die Aufstellung der Schwarzen Madonna in der Niedermünsterkirche veranlaßt. In R.-Dechbetten entstand 1708 die ℳsäule mit der barocken Steinskulptur der GM (heute gegenüber dem »Dechbettener Hof«). Zugleich wurde die ma. Wallfahrtstradition der ℳ-Himmelfahrtskirche in R.-Dechbetten, zum Stift St. Emmeram gehörig, neu belebt. Nach Abbruch der gotischen Anlage errichtete man eine barocke Kirche, die 1726 konsekriert wurde. Das schöne Gnadenbild, Madonna mit Kind von etwa 1505, wird dem Bildhauer Hans Paur von Eichstätt zugeschrieben. Um 1704 entstand im Kloster Prüfening bei R. das berühmte Gnadenbild von → Wessobrunn »Mutter der Schönen Liebe«. Es geht auf die Darstellung »Maria mit dem geneigten Haupt« in Wien und Landshut zurück. Der begabte Fr. Innozenz Metz († 1724) hatte es gemalt und seinem Mitbruder P. Plazidus Angermeier von Wessobrunn überlassen. 1734 wurde in das kath. Waisenhaus am Prinzenweg in R. eine Kapelle eingebaut, die bei der Konsekration 1789 durch Weihbischof Anton Freiherr v. Schneid (1780—89) das Patrozinium ℳ-Schnee erhielt. In der Kapelle befindet sich heute auch eine Schmerzensmutter aus dem 19. Jh., die an die → Herzogspitalmuttergottes in München erinnert.

In den Stürmen der Aufklärung und Säkularisation versuchte v.a. G.M. Wittmann als Dompfarrer und Seminarregens durch Andachten, Rosenkranzgebet und Vorträge die MV zu beleben und die Marian. Männer Congregation zusammenzuhalten, was ihm tatsächlich gelang. 1844 wurde in der Klosterkirche der Klarissen erstmals eine Maiandacht gehalten, die dann über das Priesterseminar Obermünster bald den ganzen Stadtbereich für diese Andachtsform gewann. Die Definition der UE ℳs (1854) begründete eine neue Blüte der MV. Durch Herausgabe marian. Publikationen stellten sich geistliche Schriftsteller (u.a. Sinzel, Ott, Busl, Ehrensberger und Mehler) wie Verlage in R. (Pustet, Manz, Habbel) in den Dienst der Verbreitung der ℳfrömmigkeit.

R. erlebte nach dem Zweiten Weltkrieg die sicher größte marian. Gebetskundgebung im dt. Sprachraum mit über 100 000 Teilnehmern, als Bischof Dr. R. Graber 1962 den Rosenkranz-Sühnekreuzzug im Bistum einführte. Heute ist R. Sitz folgender marian. Institutionen: Marian. Männer Congregation, Institutum Marianum Regensburg e.V., Lebendiger Rosenkranz. An marian. Gebetsinitiativen sind nebst den allgemein üblichen Andachten im Mai und Oktober zu vermerken: täglicher Rosenkranz vor der Abendmesse in vielen Pfarrkirchen, Fatima-Andachten und öffentlicher Rosenkranz vor dem Peterskirchlein an jedem ersten Samstag des Monats, getragen von der Marian. Männer Congregation.

Lit.: W. Gumppenberg, Atlas Marianus, München 1672, 991ff. — H. Graf v. Walderdorf, R. in seiner Vergangenheit und Gegenwart, Regensburg 1896. — J. Schmid, Die Geschichte des Kollegiatstiftes ULF zur Alten Kapelle in R., 1922. — KDB, Stadt R. I—III, 1933. — Chr. Altgraf zu Salm, Neue Forschungen über das Gnadenbild der Alten Kapelle in R., in: MJbK 3. Folge 13 (1962) 49—62. — K. Bauer, R. Aus Kunst-, Kultur- und Sittengeschichte, ⁴1988 (Lit.). — Dehio-Oberpfalz, 1991, 417—631. *E. H. Ritter*

Reger, Johann Baptist Joseph Max(imilian), * 19.3.1873 in Brand (Oberpfalz), † 11.5.1916 in Leipzig. R.s Vater, Joseph R., Lehrer an der Präparandenschule in Weiden, war in vorzüglicher Weise musikalisch talentiert; er spielte mehrere Instrumente, baute eine Hausorgel und verfaßte eine Harmonielehre für Schulen. Die Mutter, Philomena, unterrichtete den Sohn anfänglich im Klavierspiel, später unterwies ihn Aldalbert Lindner, der als Volksschullehrer auch Organist an der kath. Kirche gewesen ist. Lindner erschloß ihm Bach, Mozart, Beethoven, Schumann, Chopin und Brahms. Mit Hilfe des Vierhändigspiels brachte Lindner seinem Schüler symphonische Literatur nahe. Bald vertrat R. seinen Lehrer in Messen und Vespern; dabei versetzten sein musikalisches Ungestüm und seine harmonischen Kühnheiten Chor und Gemeinde in Erstaunen. Ein Besuch der Bayreuther Festspiele veranlaßte ihn, für das Weidener Liebhaberorchester eine Ouvertüre in h-Moll zu schreiben, die bereits die klassische Form sprengte und bemerkenswerte Qualität des Kontrapunkts zeigte. Hugo Riemann erkannte R.s ungewöhnliches Talent. Im April 1890 wurde er sein Kompositionslehrer. Als Riemanns Nachfolger unterrichtete R. am Konservatorium in Wiesbaden. Nach bewegter Konzerttätigkeit als Pianist und Liedbegleiter überarbeitet und erkrankt, kehrte R. in sein Elternhaus zurück. Er beschäftigte sich mit zeitgenössischer Literatur und komponierte — neben vielen Kammermusik-, Klavierwerken und Liedern — die großen Choralphantasien und andere Orgelmusik; ihr erster großer Interpret war Karl Straube. R. zog 1901 nach München und heiratete dort. In den folgenden Jahren erschienen »Leicht ausführbare Kompositionen zum gottesdienstlichen Gebrauche« (op. 61) und 60 volkstümliche »Schlichte Weisen« (op. 76), die den Liederkomponisten in aller Welt bekannt machten. 1905 wurde R. als Lehrer für Orgel und Komposition an die Akademie der Tonkunst in München berufen. Als Chor- und Orchesterleiter scharte er begeisterte Schüler um sich: Joseph Haas, Richard Würz, Paul Hindemith, Hermann Grabner u.v.a.

Je häufiger R. konzertierend und schaffend hervortrat, desto mehr wuchs der Widerstand der »Neudeutschen Schule« (Thuille, Louis, Schillings). Mit den Verhältnissen in München unzufrieden, nahm R. 1907 den Ruf als Universitäts-Musikdirektor und Kompositionslehrer in Leipzig an, wo Karl Straube zum geistigen Führer des fortschrittlichen Lebens geworden war. 1908 wurde er zum königlich-sächsischen Prof. ernannt. Von seinem Freund

und späteren Biographen, Fritz Stein, veranlaßt, verlieh ihm die Universität Jena die Würde eines Dr. phil. h. c. Für die ihm erwiesenen Ehren vertonte R. den 100. Psalm für Chor und Orchester. Obschon in Leipzig der Widerstand (Walter Niemann, Musikkritiker) wuchs, erschloß sich R. ein künstlerisch reiches und dankbares Wirkungsfeld. 1911 übernahm er die Leitung der Meininger Hofkapelle. Eine vielseitige Dirigententätigkeit hat sein symphonisches Schaffen substantiell gefördert. Am 1.7.1914 trat R. von seinem Posten zurück und zog nach Jena, wo er seine letzten Werke komponierte. Nach einem rastlosen Leben starb R. auf einer Konzertreise. Die Urne mit seiner Asche — sechs Jahre lang in seinem Jenaer Arbeitszimmer aufgestellt — wurde 1922 zu Weimar in einem Ehrengrab beigesetzt, bis sie am 11.5.1930 in München ihre endgültige Ruhestätte fand.

In R.s Schaffen nehmen Chorkompositionen geringen Raum ein. Die Sammlung (op. 61) — »Leicht ausführbare Kompositionen zum gottesdienstlichen Gebrauch« — enthält 16 kürzere Vertonungen des »Tantum ergo«, 16 ⟨M⟩lieder (8 mit Orgelbegleitung) und 8 Trauergesänge. Dabei handelt es sich um sehr einfach gesetzte, choralhafte, harmonisch und melodisch abwechslungsreiche, Lieder; in ihnen vermißt Lindner »die eigentlich Regersche Note«; als einziger Beitrag des Meisters zur kath. KM verdienen sie aber weiter verbreitet zu werden, als dies bisher geschehen ist.

»Mariä Wiegenlied« (für hohe Stimme und Klavierbegleitung, aus »Schlichte Weisen«, op. 76, Nr. 5) basiert auf dem pastoralem Dreiklangsmotiv des alten Weihnachtsliedes: »Joseph, lieber Joseph mein«. Dabei führt R. die Stimmen in schlichtem Habitus sanglich und verwendet sparsam harmonische Ausdrucksmittel (singulär mit enharmonischer Tendenz). Seine durchsichtige Klavierbegleitung stützt den Sänger stets. Auch dadurch behält das Lied dauernden Wert, zumal R. den Volkston glücklich getroffen hat. Das Lied wurde oft bearbeitet und in verschiedene Sprachen übersetzt und ist so in aller Welt berühmt geworden.

Lit.: F. Stein, M. R., 1939, 567—604. — Ders., Thematisches Verzeichnis der im Druck erschienen Werke von M. R. einschließlich seiner Bearbeitungen und Ausgaben, 1953. — K. Laux, M. R. Erinnerungen — Bekenntnis — Aufgaben, In: Musik und Gesellschaft 23 (1973) 129 ff. — MGG XI 119—132. — Grove XV 675—680. *G. Schönfelder-Wittmann*

Regina → Königin, → Königtum.

Weltbund Maria Regina, als Organisation der Bewegung für die gesellschaftliche Anerkennung des Königtums ⟨M⟩s in der Welt am 15.8.1930 durch den Weltpriester Leo → Gommenginger gegründet, am 30.11.1931 durch Erzbischof Caspar Klein von Paderborn gebilligt, am 6.7.1933 im Einvernehmen mit dem Erzbischof von Paderborn und dem Bischof von Roermond, G. Lemmens, von der Kongregation der Heiligsten Herzen (SSCC) als eigenes Werk übernommen und weitergeführt. Mitglieder dieser Gemeinschaft, wie A. Deussen und Cl.-M. Saxowski, hatten L. Gommenginger schon vorher unterstützt. Der offizielle Name lautet: Foederatio universalis Purissimi Cordis Mariae Reginae. 1945 erfolgte für den dt. Sprachraum eine Umbenennung in »Herz-Mariae-Werk«. Der ursprünglich kirchenrechtliche Status einer »Pia Unio« wurde 1983 vom Kirchenrecht in den Canones 289 ff. neu umschrieben.

»Mitglieder« des Werkes können, seiner Zielsetzung entsprechend, nur Gemeinschaften sein; Einzelpersonen, die es aktiv oder durch Gebet und Opfer fördern, werden als »Mitarbeiter« aufgenommen. Ziel des Weltbundes ist es, die milde Herrschaft ⟨M⟩s in den sozialen Strukturen wie in den Individuen auf der ganzen Welt auszubreiten und so die Herrschaft Christi vorzubereiten. Deshalb arbeitet das Herz-Mariae-Werk mit dem »Werk der Thronerhebung des Herzens Jesu« zusammen. Beide betrachten die Verchristlichung und Aktivierung von Ehe und Familie als bes. dringliches Ziel.

QQ: Familienbriefe (monatlich). — Zeitschrift: Apostel der Heiligsten Herzen (Jahresheft). — Sekretariat des Weltbundes: Wien XVII., Dr. Josef-Resch-Platz 12.
Lit.: A. Deussen, Das Geheimnis der Liebe im Weltplan Gottes, 1954. — C. Rademaker, Geroepen om te dienen. De Congregatie van de Heilige Harten (1800—1987), 1987 (QQ und Lit.). *H. M. Köster*

Regina caeli (coeli). I. MUSIKWISSENSCHAFT. R. und → Ave, Regina caelorum, die jüngeren der im MA sehr zahlreichen Marian. → Antiphonen, werden in den Kirchen des Okzidents ursprünglich verschieden und liturg. ungleich verwendet. Spätestens seit Papst Pius V. (1566—72) sind die auf vier beschränkten Marian. Antiphonen → Alma Redemptoris Mater, → Ave Regina caelorum, Regina caeli und → Salve Regina für den Abschluß der Tageshoren bestimmt. Unter den Einfluß des jungen Minoritenordens etabliert sich im 13. Jh. nach und nach diese Form des (Chorgebets-)Abschlusses anfänglich einzig nach dem Completorium. Die vier Marian. Antiphonen sind ursprünglich Antiphonen im engeren Sinne und mit Psalmen oder Cantica verbunden. Alma Redemptoris Mater und Ave, Regina caelorum trafen auf das Fest Assumptio BMV (15. August), Regina caeli, eine Magnificat-Antiphon, auf das Osterfest, und Salve Regina, eine Prozessions- und Magnificat-Antiphon, auf das Fest Annuntiatio BMV (25. März). Seit dem 16. Jh. werden sie aus dem Verband mit Psalmen oder Cantica gelöst und — vielleicht als Ersatz für das mehr und mehr entfallende → Officium marianum (Officium parvum BMV) — am Schluß der Horen gesungen, um ⟨M⟩, Ursache unseres Heiles, zu huldigen und ihrer Fürsprache bei Gott das Gebet der Kirche zu empfehlen.

Verfasser und Komponist des »Ave, Regina caelorum« sind anonym. Die Antiphon hat symmetrische Struktur und Endreim der Verspaare, die auch auf die Melodie — ursprünglich im VIII., nun im VI. Modus — einwirken. Die Antiphon überliefern zahlreiche Handschriften des 12. Jh.s (CAO Nr. 1542; München, Clm 5539; Meersseman I 180; II 215). Das reiche R., das Papst Gregor V. (996—998) zum Verfasser hat, ist Inbegriff eines Mverständnisses, wonach die Mutter Jesu ihre Erwählung verdient (meruisti) habe. Bisher älteste Musikquellen — ein etwa nach 1171 entstandenes Antiphonar von St. Peter im Vatikan (Vat. lat. 476) und ein um 1235 geschriebenes Franziskanerantiphonar aus dem Archiv des St.-Anna-Klosters in München — tradieren Text und Melodie. Sie verläßt ganz den Boden der Antiphon und erhebt sich zu melismatischem Aufschwung v. a. in seinem letzten Alleluja. Als Vorlage für die Melodie des R. dient wohl eine ältere, im 12. Jh. in Seckau und St.-Maur-des-Fossés überlieferte Marian. Weihnachts-Antiphon. Als Marian. Schlußantiphon ist das R. in zahlreichen ital. Manuskripten des 12. Jh.s und Handschriften des 13. Jh.s anderer Provenienz bezeugt und verbreitet. Versikel und Akklamationen sind jüngeren Datums. Sie entstammen Trierer Diurnalien des 15. Jh.s und werden üblicherweise im Terzfall gesungen. Von der Ostervigil bis zum Samstag nach Pfingsten beschließt das R. die Tageshoren.

Die Antiphon des R. gibt — vom hohen MA bis in die Neuzeit — stets von neuem Anlaß zu mehrstimmigen Kompositionen, vgl. etwa die Werke von → Obrecht, → Josquin des Prez, → Palestrina, → Lasso, J. und M. → Haydn und W. A. → Mozart, um von den vielen Meistern bloß wenige zu nennen.

Lit.: Bäumker II 81 ff. — S. Bäumer, Geschichte des Breviers, 1895, 261. — H. Gaisser, Das Ave Regina caelorum, In: Gregorius-Blatt 44 (1919) 29 ff. — J. Lechner, Grundriß der Liturgik des Röm. Ritus, ⁵1950, 327. — P. D. Johner, Wort und Ton im Choral, ²1953, 288. — Meersseman. — P. Salmon, L'office divin au moyen-âge. Histoire de la formation du bréviaire du IXᵉ au XVIᵉ siècle, 1967, passim. — J. Gajard, Les plus belles mélodies grégoriennes, 1985, 260—262. — LThK VIII 712 f. — Grove XV 682. *D. v. Huebner*

II. MITTELHOCHDEUTSCHE LITERATUR. Die lat. Osterantiphon »Regina coeli laetare, alleluia« (Chevalier Nr. 17170, Walther, Initia Nr. 16516; Abdruck: WackernagelKL I, Nr. 301) stammt von einem unbekannten Verfasser (LThK² VIII 1097 f.). Der Text ist erstmals um 1200 in einem röm. Antiphonar als Magnificat-Antiphon der Ostervesper überliefert. Der Vers »Quia quem meruisti portare« weist vielleicht darauf hin, daß hierbei eine Weihnachtsantiphon zur Vorlage gedient hat. Mit dem Vers »Resurrexit sicut dixit« und dem nach jedem Vers eingeschobenen »alleluia« wird die Antiphon eindeutig auf die Osterzeit fixiert. Der schlichte Text endet mit dem Vers »Ora pro nobis deum, alleluia«; er wurde als jüngste der vier marian. → Antiphonen in das Offizium aufgenommen.

Bereits um 1400 findet sich dazu in einem ehemaligen Mainzer Prozessionale das Lied »Frew dich, alle christenheit« als Tropus. Dieses Lied war v. a. in nachref. kath. Gesangbüchern verbreitet (vgl. die Nachweise bei WackernagelKL II, Nr. 963—967 und Bäumker I, Nr. 267).

Erst seit dem 15. Jh. sind dt. Übertragungen der lat. Antiphon bekannt, die später zu mehrstrophigen Liedern erweitert worden sind. Zwischen 1417/21 und 1520/25 lassen sich bislang 9 Überlieferungen nachweisen (s. u.). Danach zeichnen sich zwei Übersetzungsstränge ab: 1. »Kunigin des himels frew dich« (Nürnberg u. a.; bei → Nikolaus v. Kosel: »Du hymmel königen vreü dich«) und 2. (wohl jünger) »Frew dich du königin der himel« (Frankfurt u. a.). Im Blick auf die Überlieferungskontexte liegen dabei offenkundig Gebete vor (vgl. WackernagelKL I, Nr. 971: »Ein trostlich und nützlich gebete für die erschreckliche pflage der pestilentz«). Obwohl in nachref. Zeit als verbreitetes kath. Gemeindelied nachgewiesen (vgl. Bäumker II, Nr. 9 und 10), läßt sich eine Liedfunktion des dt. Textes erst am Ende des 15. Jh.s belegen.

Überlieferungen: Breslau, Universitätsbibl., Hs. I Q 466, 39ʳ, Hs. des Nikolaus v. Kosel, 1417. — Nürnberg, Germ. Nat. Mus., Hs. 25711, 100ʳ⁻ᵛ, 1452/54. — München, Bayer. Staatsbibl., cgm 462, 115ʳ, 2. Hälfte 15. Jh. — Münster, Staatsarchiv, Altertumsverein Msc. 301, 69ʳ, nach 1494; vgl. W. Lipphardt, In: JbLH 14 (1969) 132. — Hannover, Landesbibl., Ms. I 74, p. 56, Ende 15./Anfang 16. Jh. — Dresden, Staatsarchiv, Loc. 10297, 11ʳ—12ᵛ, 15. Jh.; Abdruck: WackernagelKL II, Nr. 971. — Frankfurt, Stadtbibl. und Universitätsbibl., Ms. germ. oct. 45, 45ʳ, 1503 und Ms. germ. oct. 3, 61ʳ, 1508. — Stuttgart, Landesbibl., HB I 87, 114ᵛ, um 1520/25. — Das Lied fand auch Verwendung in geistlichen Spielen des SpätMA; vgl. dazu die Nachweise bei Schuler 301 f. (Nr. 532).
Lit.: J. Kothe, Die dt. Osterlieder des MA, Diss., Breslau 1939, 41—45. — E. A. Schuler, Die Musik der Osterfeiern, Osterspiele und Passionen des MA, 1951. — J. Janota, Studien zu Funktion und Typus des dt. geistlichen Liedes im MA, 1968, 196 f. (Lit.) und passim (vgl. Reg.). *J. Janota*

III. LITURGIEWISSENSCHAFT. Die ma. Zusätze bzw. Erweiterungen (Vorbereitungsgebete, zusätzliche Psalmen, Votivoffizien, Suffragien und Kommemorationen) sind eigentlich ein unerfreuliches Kapitel in der Entwicklungsgeschichte der Stundenliturgie, weil sie — zumal für Priester in der Pfarrseelsorge — den Dienst des Lobes und der Fürbitte zu einer immer schwerer zu tragenden Last machten. Spätere Reformen haben solche Zutaten wieder getilgt. Im Prinzip ist auch die marian. Antiphon nach der Komplet eine solche Hinzufügung, die jedoch glücklicherweise alle Reformen überlebt hat und zu keinem Zeitpunkt in Frage gestellt worden ist. AES 92 sagt: »Zum Schluß (der Komplet) folgt eine der Marianischen Antiphonen, zur Osterzeit immer das Regina caeli. Die Bischofskonferenzen können darüber hinaus andere Antophonen zulassen.« Sie können also den vier bis 1969 gemäß der Ordnung des liturg. Jahres und seiner geprägten Zeiten verwendeten marian. Antiphonen (Alma Redemptoris Mater; Ave, Regina caelorum; Regina caeli und Salve Regina) weitere geeignete marian. Gesänge hinzufügen und so die Auswahlmöglichkeiten vergrößern. Auch dies spricht für die hohe Wertschätzung des marian. Schlusses im Tagesoffizium. Falls die Vesper die letzte gemeinschaftlich gefeierte Hore ist, kann der

Mgruß (laut dt. Studenbuch, z. B. I 137) bereits am Ende der Vesper angestimmt werden. Alternatiav zu »Regina caeli/ O Himmelskönigin, frohlocke« können in den Wochen der Osterzeit die im dt. Stundenbuch (II 566—569) abgedruckten Antiphonen gewählt werden.

Nur in der um 1265 vorbereiteten Legenda aurea wird der Ursprung des R. in die Zeit Papst Gregors des Großen (590—604) zurückverlegt, ein Zeichen der Wertschätzung. In Wirklichkeit dürfte das R. erst im Laufe des 12. Jh.s entstanden sein. Es war der Theatiner-Kardinal Giuseppe Tomasi de Lampedusa († 1713), der die älteste bisher bekannt gewordene Quelle des österlichen Mgrußes entdeckte. Tomasi publizierte 1686 ein Antiphonar aus St. Peter in Rom. Diese Handschrift dürfte erst nach 1171 entstanden sein. In ihr begegnet uns das R. als Gesang nach dem Magnificat am Oktavtag von Ostern. Clemens Blume SJ († 1932) entdeckte kurz vor der Jh.wende eine lit. Vorlage für die österliche Mantiphon. Seitdem ist bekannt, daß die Strophe eines erstmals im 11. Jh. nachzuweisenden Weihnachtshymnus das Modell für den österlichen Mgruß abgegeben hat. Ein Textvergleich zeigt die Verwandtschaft: »Maria Virgo, semper laetare/ quae meruisti Christum portare,/ caeli et terrae conditorem/ quia de tuo utero protulisti/ mundi salvatorem.« — »Regina caeli, laetare, alleluia,/ quia quem meruisti portare, alleluia,/ resurrexit sicut dixit, alleluia;/ ora pro nobis Deum, alleluia.«

Haymo v. Faversham († 1244), bekannter Organisator der franziskanischen Ordensliturgie, hat das R. zum Rahmenvers der ntl. Cantica im kleinen marian. Offizium des franziskanischen Ordensbreviers gemacht: Man sang die Antiphon vom Weißen Sonntag bis Christi Himmelfahrt zum Benedictus der Laudes, zum Magnificat der Vesper und zum Nunc dimittis der Komplet. 1263 bestimmte das unter Bonaventura als Ordnensgeneral in Pisa abgehaltene Generalkapitel der fratres minores, in der ganzen Osterzeit (Quinquagesima) solle nach dem Komplet das R. mit Halleluja-Ruf (oder eine andere marian. Antiphon) angestimmt werden. Die als Wandermönche sehr beweglichen Franziskaner haben das R. seit den sechziger Jahres des 13. Jh.s zur bevorzugten marian. Schlußantiphon der Osterzeit gemacht. Die päpstliche Kapelle übernahm den Brauch 1350, der sich daraufhin rasch fast überall durchsetzte. Das nachtridentinische Breviarium Romanum (1568) brachte die bis heute geltende Regelung, nach welcher das R. die für die österliche Festzeit vorgeschriebene marian. Antiphon am Schluß der Komplet ist.

»Regina caeli« (Königin im Himmel) ist österlicher Ehrentitel und bedeutet: Die Mutter Christi nimmt bereits teil an der himmlischen Osterherrlichkeit ihres Sohnes. Der unbekannte Verfasser des Mgrußes, der das χαῖρε des Verkündigungssengels (Lk 1,18) nicht mit dem üblichen »Ave«, sondern mit »Laetare — Freue dich« wiedergibt, lädt die Verehrer der Mutter des Herrn ein, zu M aufzuschauen, wie sie jetzt lebt: die Magd des Herrn auf Erden ist zur Königin im Himmel geworden. In ihrer Erhöhung ist sie zugleich ein Zeichen für alle, die durch die Taufe mit Christus zu einem Leib verbunden sind. M empfing »als erste ... von Christus die Herrlichkeit, die uns allen verheißen ist, und wurde zum Urbild der Kirche in ihrer ewigen Vollendung« (Präfation vom 15. August). Allen Getauften gelten die Verheißungen von Offb 2,10 und 3,21. Die Antiphon erinnert M, die im Himmel gekrönte Mutter des Erlösers, mit den Worten der Engel (gerichtet an die Frauen vor dem leeren Grab) an die bleibende Ursache ihrer Freude: »Surrexit enim, sicut dixit — Er ist auferstanden, wie er gesagt hat« (Mt 28,6). Die Antiphon schließt mit der Bitte um Fürsprache (Ora pro nobis Deum, alleluia). Wie M auf Erden getan hat (vgl. Joh 2,3), so möge sie auch im Himmel vom Vorrecht der Mutter Gebrauch machen.

Das R. wird in der Osterzeit auch als Begleitgebet zum Angelus-Läuten verwendet. Die dann hinzugefügte Oration spricht die wichtigste Bitte aus: M möge durch ihre Fürbitte helfen, daß auch wir zur Herrlichkeit der Auferstehung gelangen.

Lit.: H. Thurston, Familiar prayers. Their origin and history, 1953, 148f. — A. Adam und R. Berger, Pastoralliturgisches Handlexikon, [5]1990, 333. — A. Heinz, Die marian. Schlußantiphonen im Stundengebet, In: M. Klöckener und H. Rennings (Hrsg.), Lebendiges Stundengebet. Vertiefung und Hilfe, FS für L. Brinkhoff, 1989, 342—367, bes. 351—353. — Ders., »Der Engel des Herrn«. Erlösungsgedächtnis als Volksgebet, In: Heiliger Dienst 33 (1979) 51—58. — LThK[2] VIII 1097.
Th. Maas-Ewerd

Régis, Johannes Franz, hl. Priester der SJ, * 31. 1. 1597 in Fontcouverte (Departement Aude), † 31. 12. 1640 in La Louvesc (Departement Ardèche) besuchte das Jesuitenkolleg von Béziers und trat 1616 in das Noviziat der Gesellschaft Jesu in Toulouse ein. R. studierte in Cahors (Humaniora, 1618—19), Tournon (Phil., 1623—25) und Toulouse (Theol., 1928—30). In den Zwischenzeiten war er Lehrer in verschiedenen Kollegien, 1630 wurde er zum Priester geweiht. Zweimal bat er um Sendung in die Mission nach Kanada, wurde aber abgewiesen. Ab 1632 war er als Volksmissionar, Prediger und Katechet in Südfrankreich tätig: in der Gegend von Montpellier, in den Cevennen, in Le Puy und von dort aus in den Landschaften Vivarais, Forez und Velay, einer armen, klimatisch rauhen und durch die Hugenotten- und Bürgerkriege sehr in Mitleidenschaft gezogenen Gegend. Im Winter übte er das Apostolat in den einsamen und verschneiten Dörfern auf dem Lande und im Gebirge aus, im Sommer wirkte er in den Städten. Seine nicht aufgeschriebenen Predigten waren schlicht und volkstümlich und erreichten unmittelbar die Herzen. R. besaß einen unermüdlichen Seeleneifer und eine unerschöpfliche Geduld, er führte dabei eine erschreckend asketische Lebensweise, erreichte zahllose Bekehrungen, sowohl von lauen Katholiken wie von Kalvinisten, und kümmerte sich mit Vorliebe um die Ärmsten und Verlassensten, ohne auf die Unbilden der Witterung, auf Beschimpfungen oder Lebensgefahr Rücksicht zu nehmen. In den Städten gründete er soziale Einrichtungen, etwa für bekehrte Dirnen und gefährdete Frauen und Mädchen und für die Armen. Für die Stärkung des Glaubens und die rel. Erneuerung unter den Katholiken wirkte er durch die Gründung von Bruderschaften vom Allerheiligsten Sakrament. Sein Eifer wurde nicht von allen verstanden und manchmal als »unklug« und »indiskret« angesehen, was zu gewissen Schwierigkeiten mit seinen Oberen führte.

Sein ganzes Leben hindurch war R. ein glühender Verehrer der GM. Auf dem Jesuitenkolleg wurde er Mitglied der Marian. Kongregation. Seine Schüler lehrte er viele Arten, ⓜ zu verehren, und gab auch jeweils die Gründe dafür an. Er führte bei seinen Schülern den Brauch ein, die Schulstunde beim Klang der Glocke kurz zu unterbrechen, um eine Ave Maria zu beten. Als er im Sterben lag, sagte er: »Ich sehe unsern Herrn und unsere Liebe Frau, sie öffnen mir das Paradies« (Guitton 540).

Das Volk hat ihn schon zu seinen Lebzeiten wie eine Heiligen verehrt; nach seinem Tode wurden sein Sterbeort La Louvesc und sein Grab zu einem Wallfahrtsort. Der hl. J. M. → Vianney, der 1804 R.' Grab besuchte, führte seine eigene Berufung auf R. zurück. R.' Seligsprechung erfolgte 1716, seine Heiligsprechung 1737.

Lit.: L. J. M. Cros, St. Jean François R., Paris 1894. — S. Nachbaur, Der hl. J. F. R., 1924. — G. Guitton, Saint Jean François R., 1937. — Ladame 102—105. — Koch 934f. — EC VI 627f. — LThK² IV 243. — NCE XII 205f. — BSS VI 1002—07 (Lit.).
G. Switek

Regler, Balthasar, OSB, * 1627 in Köschling bei Ingolstadt, † 17. 11. 1694 in Oberaltaich, wo er als Mönch lebte und längere Zeit auch Prior seines Klosters war. Als Wallfahrtspriester auf dem zu Oberaltaich gehörenden →Bogenberg hat er ein Mirakelbuch verfaßt, das zu den besten und schönsten seiner Zeit gehört: »Azwinischer Bogen. / In Ritter-Streit und Frewden-Spil bewehrt. / In dem Fewer Maisterlich gestählt / Auff der Erden Triumphierlich auffgericht. / In dem Lufft zierlich mit seinen Farben scheinet / In dem Wasser natürlich nachgebildet ...« (Straubing 1679). Im ersten Teil beschreibt R. die Geschichte der Wallfahrt. Das Besondere des Buches aber sind die Lieder, die ⓜ als Schäferin besingen oder als himmlische Diana mit dem »Bogen(!)«, als Flora im Sommer oder als Ceres im Herbst. Diese Gedichte sind auch formal von großem Reiz. Der zweite Teil bringt eine Auswahl von hundert Wunderberichten, kunstvoll eingeteilt nach den vier Elementen Wasser, Feuer, Luft und Erde. Selten sind Eigenart und Poesie eines marian. Wallfahrtsortes im 17. Jh. so kongenial in ein Mirakelbuch eingefangen wie hier im »Azwinischen Bogen«.

Lit.: H. Bach, Mirakelbücher bayer. Wallfahrtsorte, Diss., München 1963, 135. 199. — H. Utz, Bogenberger Wallfahrtslieder des Paters B. R., In: Jahres-Bericht des hist. Vereins für Straubing und Umgebung 64 (1961) 99—137. — BB II 1084—89. 1285f.
H. Pörnbacher

Regnart, Jacob, * zwischen 1540 und 1545 in Douai, † 16. 10. 1599 in Prag; niederländischer Komponist. Der begabteste von fünf Musiker-Brüdern begann seine musikalische Karriere 1557 als Sänger in der Prager Hofkapelle Erzherzog Maximilians v. Habsburg. Durch die Wahl seines Dienstherrn zum dt. Kaiser wurde R. Ende 1564 kaiserlicher Kapellsänger in Wien. 1568—70 hielt er sich in Italien auf, dann wird er Ausbilder der Sängerknaben der kaiserlichen Kapelle. 1579 erfolgte unter Rudolf II. seine Beförderung zum Vizekapellmeister in Prag. Orlando di Lasso empfahl R. als Hofkapellmeister nach Dresden, ein Amt, das er selber ausgeschlagen hatte. Doch auch R. blieb in Prag. 1582 wird er Vizekapellmeister in Innsbruck an der Hofkapelle Erzherzog Ferdinands, 1585 Hofkapellmeister. Der zweimal verheiratete R. gelangte zu großem Wohlstand. Nach dem Tode Erzherzog Ferdinands wird die Innsbrucker Hofkapelle aufgelöst und R. kehrt nach Prag zurück, wo er für die letzten beiden Jahre seines Lebens wieder als Vizkapellmeister wirkte.

R.s weltliche Lieder waren zu seiner Zeit und danach äußerst populär, insbesondere die »Teutschen Lieder« für drei Stimmen, die für die Entwicklung des dt. Lieds bahnbrechend waren, weil sie den Übergang von der Vokalpolyphonie zur ital. Liedhaftigkeit vollzogen hatten. Einige dieser Lieder fanden über Bearbeitungen Eingang in heutiges Kirchenliedgut. Die wesentlich kunstvolleren 4- und 5-stimmigen Lieder R.s erlangten bei weitem nicht die Bekanntheit der 3-stimmigen.

Für R.s geistliche Musik, darunter viele Messen und mehrere Magnifikat, gibt es bisher wenig Aufmerksamkeit. 1588 komponierte er eine 8-stimmige Matthäus-Passion. Das Hauptwerk dieses Jahres ist aber das »Mariale«, eine Sammlung von 47 4- bis 8-stimmigen ⓜmotetten, die er als Dank für die Genesung aus schwerer Krankheit verfaßt hat. Diese Motetten zählen zu den wichtigsten musikalischen Werken zur Zeit und im Geist der Gegenreformation. Das einzige geistliche dt. Lied R.s »Maria fein, dein klarer Schein« ähnelt im Aufbau eher einer Motette. Insgesamt ist sein kirchliches Schaffen von brillanter musikalischer Rhetorik gekennzeichnet.

Lit.: W. Pass, J. R. und seine lat. Motetten, Diss., Wien 1967. — Ders., Thematischer Katalog sämtlicher Werke J. R.s, 1969. — Ders., J. R.s »Mariale« und die kath. Reform in Tirol, In: FS für W. Senn, 1975. — Grove XV 691—693.
J. Schießl

Reich Gottes und Kirche. Berühmt ist die Feststellung von A. Loisy, nach der Jesus das Reich Gottes verkündet habe, hingegen dann die Kirche gekommen sei. Zweifellos ist damit tendenziell Richtiges gesehen. Es fragt sich freilich, als was »Kirche« zu verstehen ist. Tendenziell wird Kirche im NT als das fortlebende erneuerte Israel (zunehmend in Polemik gegenüber dem weiterbestehenden Israel), als Gemeinschaft in Erwartung des kommenden Reiches Gottes und vor allem als Gemeinschaft mit (dem fortlebenden, auferstandenen, durch den Hl. Geist wirkenden) Jesus (Christus) betrachtet. Inwieweit diese Wirklichkeit »Kirche« von Jesus gewollt und inauguriert ist, läßt sich auf Grund der Quellenlage und der Problematik historischer Einschätzung nicht mit der notwendigen Wahrscheinlichkeit konsensfähig darstellen. Hingegen können sehr wohl jene Aussagen dargestellt werden, die in der Sicht der Evangelien als Wirken Jesu, das zur Kirche führt, verstanden werden.

Das Vorzugswort für die Wirklichkeit Kirche (ekklesia) begegnet bezeichnenderweise nur in einem einzigen Evangelium (Mt 16,18; 18,17). Diese Gemeinschaft beruht auf jenem Felsen (Petrus), den Jesus wegen der gnadenhaft ergangenen Offenbarung in die Einsicht seiner Wesenheit (Christus, der Sohn des lebendigen Gottes) seliggepriesen. Dieser Kirche wird bleibender Bestand vorausgesagt. Parallelen im Judentum sprechen von Abraham als Fels der Welt. Das zweite Wort (Mt 18,17) hat einen kennzeichnend anderen Begriff von »Kirche«; es handelt sich offenbar um die konkrete Gemeinde, die letztverbindlich schlichtend zwischen einem Sünder und dem von der Sünde Betroffenen eingreifen soll; wer auf sie nicht hört, ist als Sünder und Heide zu betrachten (Mt 18,17). Was der »Fels« Petrus auf Erden bindet und löst, wird auch im Himmel gebunden und gelöst sein (Mt 16,19). Das wird auf eine (aus dem Wort heraus nicht sicher festlegbare) Mehrzahl ausgeweitet (Mt 18,18; beim Evangelisten, vgl. Mt 18,1, die Jünger, ohne daß man sicher sagen könnte, wer unter diesen zur Zeit des Evangelisten und für spätere Zukunft zu verstehen ist).

Jesus wird zugeschrieben, daß das Hereinbrechen des Reiches Gottes mit Macht bzw. das Kommen des Menschensohns (zum Gericht?) erst nach Ablauf einer Generation erfolgen werde (Mk 9,1; Mt 16,27; Lk 9,27). Die Jünger sollen bei Verfolgung fliehen; sie werden mit den Städten Israels nicht fertig werden, bis der Menschensohn kommt (Mt 10,23). In solchen Worten ist eine Zeit vor dem Hereinbrechen des Reiches Gottes bzw. dem Kommen des → Menschensohns vorausgesetzt, in der die Jünger in Jesu Auftrag wirken. Das Matthäusevangelium, das offenbar mit dem weiteren Fortgehen der Zeit vor der Parusie über den Zeitraum einer Generation hinaus rechnet, versteht diese Zeit als das Reich des Menschensohns, das dem Reich des Vaters der Gerechten gegenübergestellt wird (vgl. Mt 13,41. 43). Das Gleichnis vom Sämann, dessen Same auf verschiedenartigen Boden fällt (Mk 4,3—9 Parr.), wird im Jesuswort so ausgelegt, daß die Bedingungen der Zeit unmittelbarer Jesusnachfolge überschritten scheinen, die Situation gewordener Kirche greifbar ist (Mk 4,14—20 Parr.).

Das Matthäusevangelium läßt den auferstandenen Jesus seine Jünger in alle Welt senden, um alle Völker zu Jüngern zu machen (Mt 28,19f.) Der Begriff Jünger nimmt (bes. im lukanischen Doppelwerk) zunehmend den Sinn von »Christ« an (jemand, der Jesus und dem von ihm verkündeten Evangelium glaubt). Wenn Jünger ihr Kreuz auf sich nehmen und Jesus nachfolgen müssen (Mk 8,34 Parr.), so ist durch das Wort nicht ausgemacht, daß die zeitliche Verbundenheit mit dem Kreuz Jesu erforderlich sei. Angesagte Verfolgung (z. B. Mk 13,11—14 Parr.) weist in das Bestehen einer Jüngergruppe auch über den Tod Jesu hinaus. Die Aufgliederung der Verheißung an die Zwölf, die alles verlassen haben, bei Markus (10,28—30) meint offenbar, daß in erstreckter Zeit schon irdischer Lohn in vielfacher Weise denen zugesagt wird, die um Jesu willen alles verlassen haben. Die mehrfach angesagte Zerstörung der hl. Stadt Jerusalem (Mk 14,58 Parr. bzw. Mk 13,2 Parr.: vgl. Mt 22,6f.) wird im Zusammenhang mit weiterbestehender Jüngerschaft gesehen.

Der einschlußweise oder sogar ausdrückliche Wiederholungsbefehl der Gabe von Jesu Leib und Blut (Mk 14,22—24; Mt 26,26—28 bzw. Lk 22,19f.; 1 Kor 11,23—25) setzt das Weiterbestehen einer Jesus verbundenen Gruppe über den Tod Jesu hinaus zwingend voraus.

Die in den Evangelien von Jesus vorausgesagte Auferstehung Jesu (vor allem Mk 8,31; 9,31; 10,32—34 Parr.) setzt — vor allem in der markinischen Auffassung — einen wesentlichen Qualitätssprung der Bezogenheit der mit Jesus Verbundenen.

Was in den Aussendungsreden der Evangelien den Zwölf bzw. den Zweiundsiebzig gegeben und aufgegeben wird (Mk 6,7—13 Parr.), zielt offenbar auf ganz Israel (die Zwölf!) bzw. alle Welt (die Siebzig bzw. Zweiundsiebzig stehen für die siebzig bzw. zweiundsiebzig Völker der Welt; Lk 10,1). Das Zeichen der Erwählung von zwölf Jüngern zielt auf die Totalität eines neuen Israel (Stammväter bzw. Stammführer). Jesus wird als Hirte betrachtet (Mk 9,36; 10,6; 15,24f.; Lk 19,10; Mk 6,34), der nach den verlorenen Schafen sucht (Mt 12,30; Joh 4,36). Die Zwölf werden die zwölf Stämme Israels richten (Mt 19,28); dieses Richten wird freilich erst bei der »Wiedergeburt« zusammen mit dem Menschensohn geschehen.

Für die Evangelisten hat sich die Beziehung zwischen der Jüngerschaft zur Zeit des Lebens Jesu und der entstandenen Kirche »heilsgeschichtlich« verständlich gemacht. Die Suche der »Reform« Israels durch Jesus (Bekehrungspredigt vgl. Mt 4,17 Parr.), Suche der Sünder (vgl. Mk 2,17 Parr.) hat durch Unglauben der Gerechten (vgl. Mt 21,31f. u. ö.) nur bei einem Teil der Hörer der Botschaft zum Ziel geführt.

Im Gleichnis vom Sämann, der auf verschiedenen Ackerboden sät (Mk 4,3—9 Parr.), wird diese Wirklichkeit deutlich angesprochen. Zwar spielt der Gedanke des hl. Restes in der Evangelientraditon kaum eine Rolle, aber die Sammlung der versprengten Herde Israel läßt sich, wie oben erwähnt, sehr wohl belegen. Es zeichnet sich ab, daß »Nicht-Israel« »Israel« wird und umgekehrt (vgl. Mt 8,11 f. Parr.).

Ein gewichtiges Indiz für die Verbindung von Jesuswirksamkeit und späterer Kirche sind die Evangelien in sich. Sie schauen auf Jesus zurück aus bereits bestehender Kirche mit dem Willen, Kirche in Verbindung mit Jesus zu bringen und zu lassen. Die Evangelien sind in sich Tatsachenbeweis des Weiterlebens der Jesusgemeinschaft, der Jesusanliegen auf das kommende Reich Gottes hin. Gerade in der Darstellung des lukanischen Doppelwerkes »ergibt sich« Kirche aus der Gemeinschaft der Jesusjünger heraus. Ganz unvermittelt und ohne jedes spektakuläres Ereignis (wie z. B. die Pfingsterfahrung) begegnet das Wort Kirche eher »zufällig« beim Strafwunder gegenüber Hananias und Saphira (Apg 5,11).

Das Johannesevangelium bestätigt die Schauweise der synoptischen Evangelien. Auch in diesem Evangelium begegnet das Wort »Kirche« in keiner Weise. Ebensowenig begegnet in jener Kirche, die das Johannesevangelium trägt, die Wirklichkeit des kirchlichen »Amtes«. Aber der Paraklet gilt als von Jesus verheißen und offenbar in dieser Kirche als anwesend. Die Gabe dieses Geistes der Wahrheit aber setzt die Verherrlichung Jesu voraus (Joh 7,37—39). Diese (neuerliche) Verherrlichung besteht in der Erhöhung (Kreuz und Heimgang zum Vater, vgl. Joh 12,32f.). Jüngergemeinschaft besteht, obwohl Jesus gegangen ist. Sie ist legitim, kann sich als Jüngergemeinschaft ausweisen, wenn Liebe unter den Jüngern besteht (Joh 13,34f. u. ö.). Die sog. Abschiedsreden (Joh 13—17) setzen voraus, daß die Jünger sehr wohl in dieser Welt bleiben werden, wenn Jesus zum Vater gegangen ist (vgl. dazu auch Joh 20,17). Simon Petrus wird aufgegeben, die Herde Jesu zu weiden (Joh 21,15—17). Der Jünger, den Jesus liebt, könnte bleiben, bis Jesus wiederkommt (Joh 21,20-23). Auf diesen bereits vergangenen Jünger kann die Gruppe derer, denen das Evangelium zu verdanken ist, zurückblicken (Joh 21,24f.)

»Typologischen« Charakter für spätere Kirche hat ⒨ vor allem im Lukasevangelium aber in anderer Weise auch im Johannesevangelium. ⒨ ist die, die geglaubt hat (Lk 1,45). Sie bewahrt in ihrem Herzen, was an Jesus geschehen ist (Lk 2,19. 51). Sie ist selig, weil sie zu denen gehört, die Gottes Wort hören und bewahren (Lk 11,28). Sie ist Mutter Jesu, weil sie das Wort Gottes hört und tut (Lk 8,21 im Gegensatz zu Mk 3,35; Par. Mt). Im Johannesevangelium verweist sie (nach der Absicht des Evangeliums offenbar nicht nur) die Diener darauf, zu tun, was Jesus sagt (Joh 2,5). Die Mutter ist bei den Brüdern und den Jüngern in der Jesusgemeinschaft (Joh 2,12; übrigens kennzeichnend andere Reihenfolge Apg 1,14: nach den Apg 1,13 aufgezählten Zwölf die Frauen, Maria, die Mutter Jesu, und seine Brüder). ⒨ fehlt im Johannesevangelium bei den ungläubigen Brüdern (Joh 7,1—5 als offenbare Parallele zu Mk 3,20f. 31—35 Parr.!). Sie ist parallel zu dem Jünger, den Jesus liebt, und wird ihm von Jesus am Kreuz als Mutter gegeben (Joh 19,25—27). ⒨ hat also im Lukas- wie im Johannesevangelium die Aufgabe, späterer Kirche den rechten glaubenden Menschen zu vermitteln.

Man wird so zusammenfassen können: Nach den Evangelien hat Kirche ihren Anbeginn in der Tätigkeit Jesu. Die Evangelien dienen dazu, die Anliegen Jesu in gewandelter (heilsgeschichtlicher) Zeit möglichst unverkürzt, aber der neuen Situation entsprechend zur Geltung zu bringen, einzumahnen und zu ermöglichen. Die Tätigkeit Jesu in Israel und für Israel soll für jene Menschen als bestimmend erhalten und zur Geltung gebracht werden, die Jesus in späterer Zeit und aus anderer Tradition kommend (Heidenchristen) als Antwort auf Jesus sind. Der eigentliche Grund von Kirche ist Gehorsam gegenüber der Verkündigung Jesu (vgl. Lk 6,46; Mt 7,21). Kirche ist legitimiert und gehalten, Jesus möglichst unverkürzt in dieser Welt so erfahrbar zu machen, wie er erfahrbar war in der Zeit seines irdischen Lebens.

Lit.: TRE XV 196—210; XVIII 201—215. — EWNT I 481—491.
W. Beilner

Reicha, Anton, * 26. 2. 1770 in Prag, † 28. 5. 1836 in Paris, böhmischer Komponist, erhielt bei seinem Onkel Joseph R. erste musikalische Kenntnisse; 1790 trat er in die Kapelle des Kurfürsten Maximilian ein, wo er Beethoven kennenlernte und die Werke der Mannheimer Schule und der Wiener Klassik hörte; 1794 ging er nach Hamburg, 1799 nach Paris. Ab 1802 vervollständigte er seine kompositorische Asubildung bei Albrechtsberger und Salieri in Wien. Seinen Bühnenwerken war kein Erfolg beschieden, bekannt wurde er v. a. durch seine Bläsermusiken. 1818 erhielt er eine Professur am Pariser Konservatorium. R.s musikalischer Stil ist geprägt von der Wechselwirkung klassischer und romantischer Elemente. Als einziges marian. Werk findet sich bei ihm ein doppelchöriges »Regina coeli« mit Basso continuo, komponiert wahrscheinlich vor 1818.

Lit.: E. Bücken, A. R., Diss., München 1912. — V. J. Sykora, Tschechische Musik der Beethovenzeit, In: Internat. Musicological Society Congress Report 10 (1967) 209ff. — O. Sotolová, A. R. (Thematischer Katalog), 1977. — Grove XV 696—702.
F. Maier

Reichel, Bernhard, * 3.8.1901 in Neuchâtel, war Schüler von Charles Faller in Le Locle und erhielt seine weitere musikalische Ausbildung bei Hermann Suter (Komposition), Adolf Hamm (Orgel), Jaques Dalcroze (Rhythmische Gymnastik), William Montillet (Orgel) und Ernst Lévy

(Komposition). Seit 1925 lebt er als Kirchenmusiker und Musikdozent in Genf.

R. schrieb vokal- und kammermusikalische Werke, wobei seine Frühwerke den Einfluß Honeggers und Hindemiths zeigen. Stark beeinflußt wurden seine Kompositionen durch Frank Martin, mit dem R. eng zusammenarbeitete.

Neben Instrumental-, Orchester- und Bühnenwerken (»Jeanne d'Arc«, évocation-mimée, 1938) schrieb er zahlreiche sakrale Kompositionen, so u.a. ein Magnifikat für Doppelchor (1955) sowie die Oratorien »La vision d'Ezechiel«, »Emmaus« und »Récit de Noël« (1970).

Lit.: F. Larese (Hrsg.), 40 Schweizer Komponisten der Gegenwart, 1956. — E.Müller-Moor, Pour le 70ème anniversaire de B.R., In: Revue musicale suisse 111 (1971) 222f. — MGG XI 162f. — Grove XV 708. *E.Löwe*

Reichenau. 724 wurde auf der Insel im Bodensee ein Kloster gegründet. Es entwickelte sich zu einem bedeutenden Kulturzentrum des frühen und hohen MA. Davon zeugen drei noch erhaltene Kirchenbauten: das ℳmünster in Mittelzell, St. Georg in Oberzell und St. Peter und Paul in Niederzell. In der Literatur trat die R. mit der von Abt Heito verfaßten und von Walahfried Strabo in Hexameter gebrachten »Visio Wettini« hervor. Unschätzbare Kenntnisse über die Ereignisse in der ersten Hälfte des 11. Jh.s verdankt die Geschichtsschreibung der Chronik des R.er Mönchs Hermann des Lahmen.

Ein Schreib- und Buchmalereizentrum der 2. Hälfte des 10. und der 1. Hälfte des 11. Jh.s, eine sog. *Reichenauer Schule*, wird — aus historischen und liturg. Gründen jedoch umstritten — seit Beginn dieses Jh.s auf der Bodenseeinsel lokalisiert. Über 40 Handschriften werden von der Forschung mit dieser Schule in Verbindung gebracht. A. Boeckler unterteilte sie in vier Gruppen: eine Frühstufe, nach den Schreibern der Handschriften auch Eburnant- oder Anno-Gruppe genannt, das Evangelistar für Erzbischof Egbert v. Trier, die Ruodprechtgruppe und die Liuthargruppe. Hinzu traten in der späteren Forschung Schulwerke, Filialschulen, die spätottonische Gruppe des sog. Evangelistars Heinrichs IV. und spätere Rezeptionen. Die Übergänge zwischen den einzelnen Gruppen sind fließend. Die Forschung vermutet sogar, daß manche der die einzelnen Gruppen auszeichnenden stilistischen und ikonographischen Besonderheiten zeitlich parallel entwickelt wurden.

So wird eine anfangs karolingische Vorlagen rezipierende pflanzliche Ornamentik bald von der spezifisch R.er Knollenblätterranke abgelöst. Fast alle der R.er Schule zugeschriebenen Illustrationen zeichnen sich durch konzentrierte Linienhaftigkeit aus. Ausgeprägt äußert diese sich in den mächtigen Gestalten mit großen Händen in betonter Gestik, wie sie in den Handschriften der Liuthargruppe erscheinen. Sie gelten als Inbegriff ottonischer Buchkunst. Als eine einzige Aktion Versinnbildlichende, als Gebärdefiguren hat Jantzen sie charakterisiert.

Entsprechend dem Inhalt und der Bestimmung der Handschriften erscheinen Szenen des NT und der Apokalypse, Evangelisten-, Herrscher- und Stifterdarstellungen. Umfangreiche christol. Zyklen, wie sie zuerst der Codex Egberti aufweist, scheinen ein Charakteristikum der R.er Schule zu sein — sie finden sich sonst nur bei in Echternach geschriebenen Handschriften wieder. Für die Ikonographie gelang es, spätantike, karolingische und mittelbyz. Vorlagen nachzuweisen, die häufig mit eigenen Bildvorstellungen überformt wurden. Bei allen Erkenntnissen sollte jedoch der wahrscheinlich äußerst geringe Prozentsatz des Erhaltenen bedacht werden. Die Namen der Illustratoren sind nicht überliefert, vermutlich haben häufig mehrere Maler und Schreiber an einer Handschrift gearbeitet.

Als wichtigstes Werk der Frühstufe gilt der Gero-Codex (Darmstadt, Hess. Landes- und Hochschulbibl.). Auf Grund zweier Dedikationsdarstellungen, die zeigen, wie ein Anno, wohl der Schreiber, ein Buch an einen thronenden Gero und derselbe Gero ein Buch an Petrus überreicht, wurde als Auftraggeber der Handschrift der 969 zum Kölner Erzbischof erhobene Gero benannt. Zur Gruppe zählen weiterhin das Petershausener Sakramentar (Heidelberg, Universitätsbibl.), in dem eine thronende ℳ/Ecclesia in der Art byz. Kaiserinnenbilder dargestellt ist, und das von Eburnant geschriebene sog. Hornbacher Sakramentar (Solothurn, St. Ursen). In das Missale-Fragment aus der Kathedrale von Worms (Paris, Bibl. de l'Arsenal) ist vor den Votivmessen ein Bild ℳs als Fürbitterin neben dem thronenden Christus eingefügt.

Ein besonderer Rang unter den R.er Handschriften wird dem Codex Egberti (Trier, Stadtbibl.) eingeräumt: er gilt als bedeutendstes Evangelistar der Schule. Auf seinem Dedikationsbild überreichen zwei »augigenses« mit Namen Kerald und Heribert Bücher an den thronenden Erzbischof Egbert v.Trier (977—993). Darüberhinaus schmücken den Band Evangelistenbilder, Zierseiten, Initialen und 51 Miniaturen mit Evangelienszenen. Die Forschung unterscheidet bei den Illustrationen des Codex Egberti vier Hände. 17 Miniaturen werden dem in Trier tätigen Meister des Registrum Gregorii (benannt nach zwei Einzelblättern in Chantilly, Musée Condé und Trier, Stadtbibl.) zugeschrieben. Die Szenen sind in historischer Folge angeordnet und schildern das Heilsgeschehen von der Verkündigung bis Pfingsten. Bei der Verkündigung erhebt ℳ abwehrend die linke Hand vor Gabriel mit dem Botenstab. Bei der Anbetung der Könige steht — byz. Vorbildern folgend — Joseph hinter der thronenden ℳ mit dem Kind.

Anlage wie Schmuck der Handschrift orientieren sich in besonderer Weise an der spätantiken Malerei. Die Rahmenformen der Bilder, zarte verschwimmende Hintergründe, das Zu-

Reichenau, Perikopenbuch Heinrichs II., Anbetung der Könige (Ausschnitt)

rücktreten der Initialornamentik und die klare Konzentration der Komposition folgen Vorbildern der klassischen Kunst. Weis vermutete ein oberital. illustriertes Evangeliar des 6. Jh.s als Werkstattvorlage. Mütherich verwies auf den in den kaiserlichen Werkstätten Byzanz entstandenen neuen Lektionar-Typ mit ntl. Szenenfolgen als inspirierende Quelle.

Wiederholt wurde für den Codex Egberti eine Trierer Herkunft in Erwägung gezogen und daran anknüpfend die spätere Liuthargruppe in Trier lokalisiert. Mütherich argumentierte hiergegen mit dem Verweis auf das Widmungsgedicht der Handschrift, welches von der »Augia Fausta« spricht, die Egbert das Buch darbringt.

Ein gewisser Ruodprecht schrieb für Erzbischof Egbert v. Trier einen Psalter (Cividale, Museo Archeologico Nazionale). Nach ihm wurde eine weitere Gruppe R.er Handschriften benannt, zu der noch zwei Sakramentare (St. Paul im Lavanttal; Florenz, Nationalbibl.) und das Evangelistar für Poussay (Paris, Bibl. Nat.) gezählt werden. Letzteres spiegelt eine besondere MV wider: Über die Darstellung M︎s in Szenen zum NT hinaus sind die M︎feste M︎e Lichtmeß, M︎e Himmelfahrt und M︎e Geburt mit eigenen Zier- und Initialseiten hervorgehoben.

Zur Liuthargruppe zählen die bekanntesten der R.er Schule zugewiesenen Handschriften. Benannt ist sie nach dem Mönch Liuthar, der in der doppelseiten Dedikationsdarstellung im Aachener Evangeliar Kaiser Ottos (Aachen, Domschatzkammer) einem Herrscher mit Namen Otto ein Buch überreicht. Die heutige Forschung identifiziert Otto mit Kaiser Otto III. und datiert den Codex auf die Jahrtausendwende. 21 ganzseitige, mit Goldgrund hinterlegte Bilder in Bogenfeldern illustrieren den Evangelientext. M︎ erscheint im Bildschmuck des Lukas-Evangeliums bei der Verkündigung, der Darstellung im Tempel, bei der Szene Jesus bei Maria und Martha und im Johannesevangelium bei der Kreuzigung.

Als künstlerische Leitbilder wurden im Hinblick auf die kompakten Flechtbandknoten der Initialornamentik die Ruodprechtgruppe sowie für die Ikonographie spätantike Quellen in vermutlich östlicher Überformung benannt. So folgen die Evangelistenbilder, bes. das Bild des Johannes, einem alten vorikonoklastischen griech. oder syr., jedoch in karolingischer Tradition abgewandelten Typus.

Als weitere Hauptwerke der Liuthargruppe gelten das Evangeliar Ottos III. (München, Bayer. Staatsbibl.), die Bamberger Apokalypse (Bamberg, Staatl. Bibl.) und das Perikopenbuch Heinrichs II. (München, Bayer. Staatsbibl.). Das Evangeliar Ottos III. wird um die Jahrtausendwende datiert. Seinen Bildschmuck schufen mehrere Maler. Dem bedeutendsten unter ihnen wird das erste Bild der Handschrift zugeschrieben: ein thronender Herrscher, dem die Provinzen seines Reiches huldigen. Berühmt sind die visionären Evangelistendarstellungen des Codex. Er weist zudem 29 Illustrationen des Evangelientextes auf. Wie im Codex Egberti sind sie in historischer Folge angeordnet. M︎ ist im Matthäusevangelium bei der Verkündigung, der Vermählung mit Joseph, der Geburt Christi und der Anbetung der Könige dargestellt. Im Johannesevangelium erscheint sie ausschließlich bei der Kreuzigung.

Die Vermählung M︎s ist im Evangeliar Ottos III. abweichend von älteren erhaltenen Bildzeugnissen entsprechend dem germanischen Recht als Lehensakt dargestellt: M︎ legt ihre Hände zwischen die Josephs. Diese Ikonographie findet sich in der Ottonischen Kunst sonst nur noch im ebenfalls der R.er Schule zugeschriebenen Evangelistar des hl. Bernulphus (Utrecht, Erzbischöfliches Mus.). Wie im Aachener Liutharevangeliar ist die Geburt Christi zusammen mit der Hirtenverkündigung gezeigt. Die gegenseitige Zuwendung von M︎ und ihrem Kind, die Andeutung des Stalls und der Verzicht auf Nebenszenen unterscheiden die Darstellung von byz. Vorbildern. Im Gegensatz zu solchen fehlt Joseph bei der Anbetung der Könige. Allein die thronende M︎ mit Kind empfängt die — sei dem 10. Jh. im Westen wie im Osten als Könige mit Kronen dargestellten — Magier. Bei der umfangreichen Kreuzigungsdarstellung erscheinen neben M︎ und Johannes auch Stephaton, Longinus, die Schächer und die um Christi Rock würfelnden Kriegsknechte.

Die Initialseiten des Evangelistars Ottos III. zeigen die gleichen goldgemusterten Purpurhintergünde und Geflechtsknoten mit reichenauischen Knollenblätterranken wie das Petershausener Sakramentar neben byz. Blatt- und Blütenformen. Wie in der Ikonographie werden spätantike, byz. und karolingische Vorbilder vermischt und überformt. Auf dem der R.er Schule zugeschriebenen Vorderdeckel der Handschrift sind antike, byz. und westliche Edel- und Halbedelsteine neben Perlen mit Glasflüssen und Kegeln aus Golddraht um ein byz. Elfenbein aus dem letzten Viertel des 10. Jh.s angeordnet, welches den Tod M︎s darstellt.

Gemalt findet sich der M︎tod in den erhaltenen Zeugnissen der ottonischen Buchmalerei im Perikopenbuch Heinrichs II. (München, Bayer. Staatsbibl.): die zwölf Apostel stehen zu Seiten des Lagers der toten GM, über der in einer Mandorla der segnende Christus auf dem Thron erscheint. Vor ihm halten zwei Engel eine imago clipeata mit der Maria orans. Die Darstellung folgt im Gegensatz zu späteren, wie etwa im Wolfenbütteler Evangelistar (Wolfenbüttel, Herzog-August-Bibl.) nicht byz. Vorbildern, bei denen Christus hinter dem Totenbett M︎s steht und ihre Seele emporhebt. Insgesamt ist das Perikopenbuch mit 20 ganzseitigen Illustrationen zu den Evangelienlesungen geschmückt, von denen drei — darunter die Anbetung der Könige — doppelseitig angelegt sind. Daneben umfaßt der Bildschmuck Darstellungen des Herrscherpaars Heinrich II. und Kunigunde, der vier Evangelisten sowie zehn ganzseitige Initialen. Die Charakteristika der Liuthargruppe fanden im zwischen 1007 und 1012 entstandenen Perikopenbuch ihre letztmögliche Steigerung: große, vor leeren weiten Goldgründen agierende Gebärdefiguren beherrschen den Bildgrund; tritt Architektur auf, wird diese von den Figuren hierarchisch bestimmt.

Die Spätzeit der Liuthargruppe hängt ab von der Datierung der Bamberger Apokalypse

(Bamberg, Staatsbibl.): neuere Untersuchungen setzen sie bereits in die Zeit Ottos III. und nicht erst in das 2. Jahrzehnt des 11. Jh.s. 49 Seiten der Handschrift sind ganz oder teilweise mit Bildern geschmückt. Fol. 29ᵛ zeigt die von einem Strahlennimbus umgebene → Apokalyptische Frau vor der Bundeslade. Sie faßt mit der Rechten das neben ihr stehende nackte Kind und wehrt mit der Linken den Drachen ab. Auf fol. 31ᵛ ist ihre Flucht vor dem Drachen dargestellt. In beiden Szenen erscheint die Apokalyptische Frau als Verkörperung der Ecclesia, sie ist noch nicht mariol. interpretiert.

Bloch zählt die Bamberger Apokalypse zu den Schulwerken. Als solche gelten auch folgende Handschriften, deren Entstehung auf der R. gesichert ist und die deshalb von besonderer Bedeutung für die Lokalisierung der gesamten Schule sind: das Sakramentar mit Trierer Kalendar (Paris, Bibl. Nat.), die Vita Udalrici (Wien, Österr. Nationalbibl.) und das Widmungsblatt des Tonarius (Cleveland, Mus. of Art).

An Metallarbeiten werden mit der R. der oben beschriebene Buchdeckel des Evangeliars Ottos III., der Deckel des Liutharevangeliars in Aachen, die Reliefdarstellungen am Altarvorsatz im Aachener Münster und das Baseler Antependium (Paris, Musée Cluny) in Verbindung gebracht.

Ottonische Wandmalereien haben sich auf der R. u. a. in der Oberzeller Georgskirche erhalten. Über den Arkaden des Mittelschiffes sind acht Wunder Jesu Christi dargestellt. Die qualitätvollen Fresken stehen hinsichtlich Bildformeln und Ikonographie in Zusammenhang mit den der R. zugeschriebenen Handschriften. Sie werden wie die Wandmalereien in der Kirchenkrypta in die 2. Hälfte des 10. Jh.s datiert.

Lit.: W. Vöge, Eine Dt. Malerschule um die Wende des ersten Jahrtausends (Westdeutsche Zeitschrift für Geschichte und Kunst, Ergänzungsheft VII), Trier 1891. — A. Haselhoff und H. V. Sauerland, Der Psalter Erzbischof Egberts von Trier, Trier 1901. — H. Wölfflin, Die Bamberger Apokalypse, ²1921. — A. Boeckler, Die R.er Buchmalerei, In: K. Beyerle (Hrsg.), Die Kultur der Abtei R., 2. Halbband, 1925, 956—998. — L. Burger, Die Himmelskönigin der Apokalypse in der Kunst des MA, 1937, 30 f. — H. Jantzen, Ottonische Kunst, 1947. — C. R. Dodwell und D. H. Turner, R. reconsidered, 1965. — A. Weis, Die Hauptvorlage der R.er Buchmalerei. Zugleich ein Beitrag zur Lokalisierung der Schule, In: Jahrbuch der Staatl. Kunstsammlungen in Baden-Württemberg 9 (1972) 37—64. — P. Bloch, R.er Evangelistar, Faksimile-Ausg., Kommentarband, 1972. — F. Mütherich, In: L. Grodecki, F. Mütherich, J. Taralon und F. Wormald, Die Zeit der Ottonen und Salier, 1973, 117—127. 135—144. — F. Dressler, F. Mütherich und H. Beumann, Das Evangeliar Ottos III. clm 4453 der Bayer. Staatsbibl. München, Begleitband der Faksimile-Ausg., 1978. — J. Wollasch, Bemerkungen zur Goldenen Altartafel von Basel, In: FS für F. Ohly, Text und Bild: Aspekte des Zusammenwirkens zweier Künste in MA und früher Neuzeit, 1980. — E. Harnischfeger, Die Bamberger Apokalypse, 1981. — W. Erdmann, Die acht ottonischen Wandbilder der Wunder Jesu in St. Georg zu R.-Oberzell, 1983. — Ders., Die R. im Bodensee, ⁷1984. — P. K. Klein, Zum Weltgerichtsbild der R., In: Studien zur ma. Kunst 800—1250, FS für F. Mütherich, 1985, 107—124. — H. F. Reichwald, Die ottonischen Monumentalmalereien an den Hochschiffwänden in der St. Georgskirche Oberzell auf der Insel Reichenau, In: Zeitschrift für Kunsttechnologie und Konservierung 2 (1988) 107—170. — H. Mayr-Harting, Ottonische Buchmalerei, 1991. — Ausst.-Kat., Vor dem Jahr 1000. Abendländische Buchkunst zur Zeit der Kaiserin Theophanu, Köln 1991. *D. Gerstl*

Reichenberger, Maximilian, * 12. 10. 1613 in Prag, † 3. 10. 1673 (oder 2. 10. 1676) ebd., trat 1627 in die Gesellschaft Jesu ein. In Prag wirkte er 8 Jahre als Prof. der Phil. und 28 Jahre als Prof. der scholastischen Theol. Zeitweise hatte er auch das Amt des Dekans inne. Außerdem war er 18 Jahre lang Präses der marian. Kongregation. Sein theol. Hauptwerk war das »Compendium Theologiae circa Deum, Angelos et Hominem« (Prag 1667). Folgende Schriften R.s betreffen mariol. Fragen: Tempe Mariana Montis Sancti in Regno Bohemiae, Prag 1653; Cavillator veri Hyperduliae cultus Magnae Dei Matris deprehensus, et reprehensus, Prag und Leyden 1674; Mariani Cultus vindiciae, seu nonullae Animadversiones in libellum, cui titulus Monita salutaria B. V. Mariae ad Cultores suos indiscretos, Prag 1677. Die beiden letztgenannten Schriften (und einige andere Streitschriften) sind gegen den Kölner Juristen Adam Widenfeldt gerichtet, der zwar die gute Absicht hatte, durch Kritik an Übertreibungen in der MV den Protestanten den Übertritt zur kath. Kirche zu erleichtern, der aber tatsächlich durch seine knappen und zu wenig nuancierten Ausführungen die MV auch bei Katholiken in Mißkredit brachte. R. verfaßte außerdem einige Theaterstücke, die auf der Bühne des Kollegs von Prag aufgeführt wurden.

WW: Sommervogel VI 1616 f.
Lit.: C. v. Wurzbach, Biographisches Lexikon des Kaiserthums Oesterreich, Bd. 25, 179. — ADB 27, 674. — Kosch 3846. — J. de Guibert, La spiritualité de la Compagnie de Jésus, 1953, 381 f. *G. Switek*

Reichlich, Marx, * um 1460, † um 1520, war zuerst Schüler von Friedrich Pacher, wechselt um 1490 in die Werkstatt Michael Pachers über und geht mit diesem nach Salzburg, wo er 1494 Bürger wird. Zeitweise scheint R. nach Tirol zurückgekehrt zu sein, da Aufenthalte in Hall (1500—05), Neustift (1502, 1506) und auf Schloß Runkelstein/Bozen (1508) nachweisbar sind. Das früheste datierte Werk ist die sog. Wiltener Epiphanie von 1489 (Innsbruck, Ferdinandeum). Um 1495 entsteht der Perckhamer-Altar (Privatbesitz), 1499 ein Tafelbild für den Brixener Domherrn Christoph v. Thurn und 1501—05 der Altar des Florian Waldauf v. Waldenstein für dessen Kapelle in der Pfarrkirche in Hall (heute: Solbad Hall, Stadtmus.; Wien, Österr. Galerie), letzterer aus Dank für die Errettung aus Seenot gestiftet, in die er auf der Zuidersee mit Kaiser Maximilian geraten war. Die berühmten Vorderseiten des linken und rechten Altarflügels zeigen den Stifter Florian Waldauf mit Sohn und Namenspatron und den hl. Georg bzw. die Gemahlin des Stifters, Barbara Mitterhoferin v. Freudenthurn mit der hl. Barbara und der hl. Birgitta v. Schweden, umgeben von Mönchen und Nonnen ihres Ordens. Besonders in der Stiftertafel tritt deutlich das Verhältnis von Figuren- und Raumkonzeption als das R.s Oeuvre bestimmende Problem hervor. Der traditio-

M. Reichlich, Geburt Mariens, um 1500, Hall

nelle Typus des Empfehlungsbildes wird mit dem alle Grenzen sprengenden Georg kombiniert. Für die Tafel der Frau des Stifters nimmt R. Anleihen in der gedrängten Formenfülle spätgotischer Reliefkunst, was sich auch bei der Darstellung auf den Rückseiten des rechten und linken Altarflügels in der Darstellung der Anbetung der Könige bzw. Geburt Ms (beide in Hall) zeigt. Die Predellenbilder (Tempelgang und Heimsuchung) befinden sich heute in der Österr. Galerie in Wien. Stilistisch steht er hier in der Tradition der Pacherschen Raumkonzeption mit weit aufgerissenen Räumen. Die Figuren bewegen sich auf einer Bildbühne vor großflächigen Architekturkulissen und werden in die malerische Gesamtstimmung eingebunden. Der Waldauf-Altar ist sicherlich zur oder bald nach der Weihe der Kapelle 1505 geliefert worden. Dies bekräftigt auch die stilistische Beziehung zum Jakobus-Stephanus-Altar (München, Alte Pinakothek, 1506), der nach einer Italienreise (Venedig) entstanden ist. Anregungen für diesen Altar gaben ihm Carpaccio, Mansueti und Bastiani. Die Flügelbilder (Passionsszenen) sind bestimmt von einer dämonischen Leidenschaftlichkeit, die an Wolf Huber erinnert. Die düstere Farbwahl unterstützt dieses dramatische Konzept. R.s permanente Vorliebe für die Einbindung von Architektur bestimmt das Gesamtbild der Tafeln der Disputation und der Steinigung des hl. Stephanus sowie der Geißelung und Dornenkrönung Christi. Im Auftrag Kaiser Maximilians I. restaurierte R. 1508 die Fresken in Schloß Runkelstein. Als Spätwerke sind der Maltar für Neustift (München, Alte Pinakothek, 1511 [1812 aus dem Kloster Neustift/Brixen erworben]) und der Knillenberger-Altar (Laibach, Nationalmus., 1513) anzusprechen. In den Tafeln des Neustifter Maltars (Geburt, Vermählung, Tempelgang und Heimsuchung) ist die Dramatik des Jakobus-Stephanus-Altares überwunden. Die hoheitsvolle Strenge in Me Tempelgang wird noch durch die akzentuierte Bildparallelität unterstützt. Diese Einstellung läßt sich auch am Knillenberger-Altar weiterverfolgen. Hier treten die Figuren fast im Sinne der »Sacra Conversazione« ohne besondere Raum- und Architekturausdeutung auf (E. Egg). Der Akzent hat sich hier eindeutig von der Architekturkulisse auf die Gestaltung der das Geschehen bestimmenden Figuren verlagert. E. Egg hat mit Recht darauf hingewiesen, daß der nach dem Bildnis des Brixener Domherrn Gregor Angrer (Innsbruck, Ferdinandeum, 1519) so bezeichnete »Angrer-Meister« mit R. identisch ist. Eine einprägsame Charakterisierung des Dargestellten ist all seinen Porträts zu eigen. Mit seinem Bildnis eines unbekannten Mannes (Innsbruck, Ferdinandeum, um 1520) präsentiert er sich bereits als der Vertreter des humanistischen Porträts. R. dürfte um 1520 gestorben sein, da in diesem Jahr der von ihm begonnene Hochaltar von Heiligenblut von Wolfgang Maller vollendet wurde.

Lit.: O. Pächt, Österr. Tafelmalerei der Gotik, 1929, 59. — E. Knab, M. R., Diss., Wien 1949. — E. Egg, M. R., der Meister des Angrer Bildnisses, In: ZKW 14 (1960) 1ff. — Ders., Kunst in Tirol — Malerei und Kunstgewerbe, Innsbruck o. J., 92—97. — Ausst.-Kat., Spätgotik in Tirol, Wien 1973, 70—76. *W. Telesko*

Reichwein, Johann Georg, * ca. 1650 in Pressath (Oberpfalz), † 27.9.1691 in Regensburg. Nach dem Besuch des Regensburger Jesuitengymnasiums war R. spätestens seit 1674 Kantor an St. Emmeram, von 1679 bis zu seinem Tod Kapellmeister am Regensburger Dom, wo er besonders die Pflege der konzertanten KM festigte. Neben Vespern, Messen, Sakramentsmotetten und Offertorien (1684—88 in Regensburg, vgl. RISM) erschien 1687 von ihm »Jesum und Mariam lobendes Lerchen-Stimmlein, Oder Etliche Advent- und Weyhnachts-Arien mit einer Sing-Stimm, dann zweyen Violinen (und Basso continuo) Componiert« (RISM: R 994). Das leider unvollständig erhaltene Werk dürfte mit seiner sparsamen Besetzung kaum im Rahmen der Liturgie, sondern eher für private Andachtszwecke Verwendung gefunden haben.

WW und Lit.: Aus R.s Vespersammlung »Philomela Sacra« erschien das Magnificat C-Dur für vierstimmigen Chor und Solisten, zwei Violinen, zwei Trompeten ad libitum und Basso continuo, mit Vorwort hrsg. von E. Kraus, Regensburg 1978. *P. Tenhaef*

Reimmichl → Rieger, Sebastian

Reims, Erzbistum (Marne et Ardennes), ursprünglich Sitz des Stammes der Rèmes, während vier Jh.en Hauptstadt der gallorömischen belgischen Provinz (der Erzbischof trägt den

Titel »Primat de Gaule-Belgique«), Mitte des 3. Jh.s christianisiert, nimmt im nat. Kollektivbewußtsein einen besonderen Platz ein: Mit der Taufe (nicht der Krönung) Chlodwigs durch Bischof St. Rémi an Weihnachten des Jahres 498 verband sich nach der Interpretation seit dem 9. Jh. der Stamm der Franken, (»francs«) offiziell mit den Galloromern als Verbindung der Monarchie mit dem Christentum. Zwar wurde der erste Souverän der Franken, Pippin der Kurze nicht in R. sondern in Soissons gekrönt, aber seit 1223 fanden die Krönungen der franz. Könige in der Kathedrale von R. statt (Ausnahme Heinrich IV., 1594 in Chartres).

Dreimal steht R., »la Ville Royale«, synonym für Patriotismus und Befreiung aus nat. Bedrängnis und Unterdrückung: Der am 8.5.1429 von → Johanna v. Orléans errungene Sieg über die Engländer führte auf Betreiben der Nationalheiligen am 17.7.1429 zur Krönung und Anerkennung von Karl VII. und wurde zum nat. Ausgangspunkt der Vertreibung der Engländer aus Frankreich. Die 1914/18 durch mindestens 400 dt. Brand- und Sprengbomben stark zerstörte Krönungskathedrale (innerhalb von 20 Jahren wiederaufgebaut und 1937 neu konsekriert) galt bis zum Waffenstillstand 1918 in Compiègne als Zeichen nat. Einheit. In R. wurde am 7.5.1945 die bedingungslose Kapitulation des nationalsozialistischen Deutschland vollzogen, hier besuchten den Staatspräsident de Gaulle und Bundeskanzler Adenauer als Zeichen der Versöhnung am 8.7.1962 in der Kathedrale ein Hochamt, gleichsam als Auftakt zum dt.-franz. Freundschaftsvertrag, der am 22.1.1963 unterzeichnet wurde.

Die Kathedrale »ND de Reims« geht auf die im Westen älteste, schon 30 Jahre vor dem Konzil von Ephesos der GM (Marie, Mère de Dieu) gewidmete Kirche zurück, die 401 von Bischof St. Nicaise geweiht wurde; von dieser ersten Kirche blieb die Krypta unter dem Chor erhalten, wo heute eine Madonna mit Jesuskind (Kopie der Pfeilermadonna) verehrt wird. Die zweite, vergrößerte Kathedrale wurde 852 errichtet. Nach dem Brand der Stadt und der Kathedrale am 6.5.1210 wurde bereits am 6.5.1211 von Erzbischof Aubri de Humbert (→ Paris) der Grundstein zum Neubau gelegt; darauf bezieht sich die nach der Franz. Revolution 1802 angebrachte Inschrift über der Pfeilermadonna: »Deo Optimo Maximo — Sub Invocatione Beatae Mariae Deiparae Virginis — Templum XIII° saeculo reaedificatur«. 1241 konnten Chor und Vierung genutzt werden; 1290 folgte der Abschluß des Hauptschiffes. Das große Mittelportal der Hauptfassade im Westen (und nicht wie in der Kathedrale »ND de Paris« die beiden Nebenportale, die in R. der Kreuzigung mit ⓜ und dem Jüngsten Gericht mit ⓜ als Mediatrix gewidmet sind) stellt weithin sichtbar in einer Skulpturengruppe über dem Hauptportal die Patronin der Kathedrale »Notre-Dame-en-son-Assomption«, ihre glorreiche Aufnahme in den Himmel und Krönung zur Himmelskönigin (Reine du Ciel et de la France) in den Mittelpunkt. In der Mitte darunter steht am Hauptportal die Pfeilermadonna »ND de Reims« mit dem Jesuskind. Das Geheimnis der Menschwerdung Christi wird durch Verkündigung, Visitatio, durch Praesentatio Jesu im Tempel und den hl. Joseph verdeutlicht. Das Nordprotal zeigt neben ⓜ als Mediatrix eine »Maria maiestatis« mit dem Jesuskind, im Spitzgiebel darüber die Verkündigungsszene. An der Südfassade wird die gekrönte GM (Strahlenmadonna) verherrlicht. Diese Bilderpredigt setzt sich im Kircheninnern an der Rückseite des Hauptportals fort, u.a. Ankündigung der Geburt ⓜs, Anna und Joachim an der Goldenen Pforte, Christi Geburt, Tötung der Unschuldigen Kinder, Flucht nach Ägypten sowie Symbole marian. Unversehrtheit (Fell Gedeons und brennender Dornbusch).

Das gesamte ⓜleben spiegelt sich auch in den Glasfenstern, von der Geburt Christi bis zur Dormitio ⓜe, ihrer Aufnahme in den Himmel und Krönung, einschließlich lauretanischer Verherrlichungen. Die große Rosette der Hauptfassade (2. Hälfte 13. Jh.; Durchmesser 12,50 m) belegt mit der im Zentralmedaillon dargestellten Dormitio, Aufnahme und Krönung ⓜs das Zentralmotiv der Kathedrale; darüber wartet Christus, um seine Mutter in den Himmel aufzunehmen. In der kleinen Rosette darunter (1936), die die streng gegliederte Skulpturenwand optisch auflöst, sind die marian. Symbole der → Lauretanischen Litanei mit einer Sedes Sapientiae im Zentrum dargestellt. Über dieser Fensterrose wacht eine Schutzmantelmadonna als Zuflucht der Sünder und Trost der Betrübten. Über der Nordrosette befindet sich in einem kleine Medaillon eine ⓜlactans; über der Südrosette die Krönung ⓜs.

Die ältesten erhaltenen Glasfenster befinden sich im Chor (2. Viertel 13. Jh.), im zweigeteilten Fenster links des Altars eine Sedes Sapientiae, rechts die Kreuzigungsgruppe mit ⓜ und Johannes. Die 1974 von Marc → Chagall entworfenen Glasfenster zeigen u.a. den Stamm Jesse mit ⓜ und dem Jesuskind, eine Kreuzigung Christi mit ⓜ. In der südlichen Vierung befindet sich eine ⓜ mit Kind (vor 1235). In der ersten Kapelle nach der Rosenkranzkapelle (Süden), sind drei Glasfenster von 1857 (Stamme Jesse, Szenen aus dem ⓜleben, z.B. Theophilus-Mirakel).

Aus denkmalspflegerischen Gründen werden die Bildteppiche (Tapisserien) aus Flandern oder R. selbst (Schenkung des Kardinal Robert de Lenoncourt von 1530) nicht mehr in der Kathedrale, sondern im angrenzenden Palais du Tau ausgestellt; sie zeigen Szenen aus dem ⓜleben (Visitatio, Geburt ⓜe, Hochzeit ⓜe, Verkündigung, Geburt Christi, Hl. Drei Könige, Praesentatio, Flucht nach Ägypten, Hl. Familie, Tod ⓜe, Assumptio) sowie Symbole der Lauretanischen Litanei und das Einhorn.

Schließlich wird M noch in der »Chapelle du Rosaire« (Pietà mit Renaissancealtar, 1514) und in der »Chapelle de la Vierge« (Madonna mit Kind, 1741) verehrt. Ursprünglich stand dort »ND du Saint-Lait«, eine Reliquienmadonna aus Gold mit einer Sandale Christi, Teilen des Hl. Schweißtuches Christi und des Gewandes Ms sowie einigen Tropfen der Milch. Diese Madonna war eine Schenkung von Blanche de Champagne, Nichte → Ludwigs IX. (1215—70); die Reliquien hatte Papst Hadrian IV. (1154—59), gebürtiger Engländer und ehemals Erzdiakon in R. übermittelt. Die Goldstatue war dann für ein Lösegeld von 2 Millionen Goldécu verkauft worden, um die 1526—30 von Karl V. gefangen gehaltenen Söhne Franz' I. zu befreien.

Lit.: Ch. Ch. Cerf, Historie et description de Notre-Dame de R., 2 Bde., Reims 1861. — Abbé Hamon, ND de France, ou Histoire du Culte de la Sainte Vierge en France, depuis l'origine du christianisme jusqu'à nos jours, V, Paris 1865. — J. E. Drochon, Histoire Illustrée des Pèlerinages Français de la Très Sainte Vierge, Paris 1890, 1205—12. — H. Reinhardt, La Cathédrale de R., 1963. — J. P. Ravaux, Les campagnes de construction de la cathédrale de R., In: Bulletin Monumental 137 (1979) 7—66. — Abbé J. Goy, R., Le Sacre des Rois de France, 1980. — R. Hamann-MacLean, Die Kathedrale von R. In: Marburger Jahrbuch für Kunstwissenschaft 20 (1981) 21—54. — P. Demouy, R., Ville des Sacres, 1984. — Ders., L' Art de visiter Notre-Dame de R., La Cathédrale Royale, 1986. — Abbé J. Goy, La Cathedrale de Reims, 1987 (Auszug von Vitry, 1979). — Ders., Ordre pour oindre et couronne le Roi de France, 1987. — Ders., Reconciliation franco-allemande (Broschüre), 1989. — P. Kurmann, La façade de la Cathédrale de R., 2 Bde., 1987. — P. Demouy, R., Ville Royale (Broschüre), 1988. — Auskünfte des Abbé J. Goy, Archivar des Erzbistums R. *W. Hahn*

Rein (Rain), Conrad, * um 1475 in Arnstadt (Thüringen), †1522 (?) in Erfurt, Komponist nur geistlicher Werke, wurde im September 1502 Schulmeister an der Hl. Geist-Spitalschule in Nürnberg. Namhafte Künstler (u. a. Hans Sachs) waren seine Schüler. 1507 wurde R. zum Priester geweiht und siedelte 1515 nach Erfurt über. Weitere Lebensstationen sind unbekannt.

Die Bedeutung R.s scheint erst in jüngerer Zeit deutlich zu werden. Neben zahlreichen Psalmenkompositionen und der Vertonung des Propriums verschiedener Feste, schrieb er die Transkriptionsmesse Missa super »Accessit« für 4—5 Stimmen, sowie zwei Magnifikat im 8. und 4. Ton.

Lit.: R. Wagner, Wilhelm Breitgraser und die Nürnberger Kirchen- und Schulmusik seiner Zeit, In: Mf 2 (1949) 141—177. — MGG XI 178f. — Grove XV 713. *E. Löwe*

Reiner, Jakob und Ambrosius, dt. Komponisten.

1. Jakob, * vor 1560 in Altdorf bei Weingarten, † 12. 8. 1606 im Kloster Weingarten, erhielt seine erste musikalische Ausbildung im Kloster Weingarten, später in München (1574/75) und kehrte danach als weltlicher Musiklehrer, Kapellmeister und Komponist ins Kloster Weingarten zurück. Er hinterließ fast ausschließlich geistliche Musik, die ihn der dt. Lasso-Schule zurechnen läßt, dazu zählen Missae aliquot sacrae cum officio BMV et Antiphonis ejusdem (1608), drei verschollene Passionen nach Mk, Lk und Joh, mehrere Vertonungen des Magnifikat sowie die Antiphon »Salve Regina«.

2. Ambrosius, getauft am 7. 12. 1604 in Altdorf, † 4. 7. 1672 in Innsbruck, Sohn Jakobs aus zweiter Ehe, war Instruktor der Kapellknaben an der erzherzoglichen Hofkapelle in Innsbruck. Ab 1648 war er dort als Hofkapellmeister in der Nachfolge J. Stadlmayrs tätig, von 1666 bis zu seinem Tod als Kapellmeister der kaiserlichen Hofmusik. R.s noch zu wenig erforschte, ausschließlich geistliche Vokalwerke dürften den Einfluß Stadlmayrs aufweisen; dazu zählen v. a. Meßkompositionen, Vertonungen des Magnifikat sowie die Litaniae BVM für Chor und kleinere Instrumentalbesetzung.

Lit.: A. Kriessmann, Geschichte der kath. Kirchenmusik in Württemberg, 1939. — W. Senn, Musik und Theater am Hof zu Innsbruck, 1954. — E. F. Schmid, Musik an den schwäbischen Zöllnerhöfen der Renaissance, 1962, 717ff. — MGG XI 192—195. — Grove XV 721f. *E. Löwe*

Reiner, Wenzel Lorenz, * 1689 in Prag, † 9. 10. 1743 ebd., entstammte als Sohn des Bildhauers Joseph R. einer oberbayer., seit 1654 in Prag ansässigen Familie und lernte auf Betreiben seines Onkels Wenzel R., eines Kunsthändlers, bei Peter Brandl (1668—1739) und Michael Wenzel Halbax (um 1661—1711), die damals zu den besten Malern der böhmischen Metropole gehörten. Seine Ausbildung schloß er bei dem Handwerksmeister Anton Ferdinand Schweiger ab. 1708 wurde R. zum Zunftmeister ernannt. Eine mehrfach angenommene, doch nicht belegte Studienreise nach Italien könnte in seiner frühesten Schaffensphase zwischen 1708 und 1714 bzw. kurz vor seiner Heirat 1725 stattgefunden haben.

R.s erste Freskenfolge mit Apostelmartyrien entstand 1714 in den Seitenschiffen der Zisterzienserkirche von Osek. Obwohl die Darstellungen bereits eine gewisse künstlerische Reife zeigen, waren sie nur der Auftakt für ein ständiges Suchen und Experimentieren des Malers mit Ausdrucksformen. Dies führte zwangsläufig zu qualitativen Schwankungen nicht nur bei aufeinanderfolgenden Werken, sondern sogar innerhalb vielteiliger Zyklen. Stilistisch ist seine Freskomalerei von zwei parallelen, an sich völlig konträren Tendenzen geprägt: einerseits von einer luftigen Farbgebung, die den Formen Weichheit verleiht und sie nicht selten diffus wirken läßt, andererseits von einer Verfestigung der Konturen, die durch die gezielte Verwendung von kräftigen Lokalfarben gesteigert wird und den Gestalten eine fast statuarische Geschlossenheit gibt. 1728 wandelten sich R.s Ausdrucksmittel mit dem fulminanten Auftritt Cosmas Damian Asams auf der künstlerischen Bühne Böhmens schlagartig. Alles, was bisher subtil, grazil und zart war und auf das Rokoko hinzuführen schien, schlägt unvermittelt in das Pathos scheinbar überholter Zeiten um und spannt den Bogen zurück zum Hochbarock. Das Kolorit verliert seine Duftigkeit, die figuralen Dimensionen werden ins Monumentale gesteigert und in den Darstellungen wechseln sich letargische Ruhe und übersteigerte Expressivität ab. Diese Unausgeglichenheit, die die weitere Entwicklung des experimentierfreudigen Malers in Frage stellte, dauerte glücklicherweise nur eine sehr begrenzte Zeitspanne. Schon bald besitzt sein Pinselduktus wieder den alten Facettenreichtum, und R. skizziert wieder rasch und impulsiv.

Zu R.s charakteristischen Arbeiten nach dieser Zwischenphase gehören die Fresken von 1735 in der von Kilian Ignaz Dientzenhofer errichteten und der Schmerzhaften Muttergottes geweihten Pfarrkirche des südböhmischen Bergorts Dobrá Voda (Gutwasser). Er malte in die Mittelkuppel eine düstere Felsenlandschaft als Szenerium für die lokale Legende von einem Bergmann, der sich in den alten Schächten verirrt hatte und auf die Fürbitte M̄s gerettet wurde. Das Herz der GM schwebt in der Gewölbemitte unter einem von Engeln getragenene Baldachin. Ergänzend dazu wählte R. mit der »Rettung Hagars« und mit »Moses an der Quelle Mara« für die Deckenbilder im Chor und über der Orgel symbolische Darstellungen aus dem AT. Koloristisch Außergewöhnliches leistete er nur wenig später (1736/37) in der Loretokirche auf dem Prager Hradschin mit dem »Darbringung Jesu im Tempel«. Indem er die Farbskala ungemein fein nuanciert und mit der Leuchtkraft einzelner Töne brilliert, entstand ein Werk von seltener Intensität, das sich den Grenzen malerischer Aussagekraft nähert.

R. war hauptsächlich Freskant und konnte sich unter dem Einfluß von Arbeiten Pieter van Bloemens (1657—1720) und Michael Willmanns (1630—1706) auch als Landschaftsmaler profilieren. Seine Altarblätter dagegen waren meist nur Nebenprodukte, an denen seine Werkstatt maßgeblichen Anteil gehabt haben dürfte. Von eigener Hand stammt das Hochaltarblatt in der Pfarrkirche des mährischen Kvasice, deren gesamte malerische Ausstattung R. 1737 übertragen wurde. Es zeigt entsprechend dem Patrozinium die Immaculata mit dem hl. Johann Nepomuk und zählt nicht nur wegen der teils sehr detaillierten, teils skizzenhaften Ausführung, sondern auch wegen der abgeklärten, kühlen Tongebung zu seinen besten Leistungen.

R.s Oeuvre ist v. a. aus der heimischen Tradition zu verstehen. Maßgeblich beeinflußt von Johann Christoph Liska (um 1650—1712) und Peter Brandl, entwickelte er deren Form- und Stilempfinden weiter und wurde dadurch zu einer der wichtigsten Persönlichkeiten böhmischer Malerei im 18. Jh.

<small>Lit.: P. Preiss, W. L. R., In: Wiener Jahrbuch für Kunstgeschichte 21 (1968) 16ff. — Ausst.-Kat., W. L. R. (1689—1743), Ölskizzen, Zeichnungen und Druckgraphik, hrsg. von K. Rossacher, bearb. von P. Preiss, Salzburg 1984. *G. Paula*</small>

Reinigungsopfer bei den Juden. Nach Lev 12,1—8 ist die Frau nach der Geburt eines männlichen Kindes sieben Tage »unrein wie in der Zeit ihrer Regel«, d. h. sie darf gemäß Lev 15,19—24 in diesen Tagen an keiner kultischen Handlung teilnehmen und macht alles, was und wen sie berührt, »unrein«; dann muß sie weitere 33 Tage »zu Hause bleiben«, während deren sie nichts Geweihtes berühren und das Heiligtum nicht betreten darf. Sie hat also insgesamt durch 40 Tage gewisse Tabu-Vorschriften einzuhalten. Bei der Geburt eines Mädchens verlängern sich die beiden Termine um das Doppelte, also auf 14 bzw. 66, insgesamt also auf 80 Tage. Diese Tabuvorschriften erklären sich aus der Furcht Israels, sexuelle Vorgänge und die Geburt eines Kindes könnten zu heidnischen Fruchtbarkeitsriten führen. Nach Abschluß der 40 bzw. 80 Tage hat die Frau ein einjähriges Schaf als Brandopfer und eine Turteltaube oder junge Haustaube als Sündopfer am Eingang des Heiligtums, zur Zeit Jesu am Osttor, dem Nikanortor, des Tempels in Jerusalem einem Priester zu übergeben, der die Tiere opfert und so die Frau »entsühnt« und »reinigt«. Wenn sie für die Ablieferung eines Schafs zu arm ist, kann sie es durch eine Turteltaube oder Haustaube ersetzen. Nach der Auslegung der Rabbinen muß die Frau nicht selbst zum Heiligtum kommen, sondern kann, wenn der Weg nach Jerusalem zu weit ist, die Opfertiere irgendeinem Priester übergeben oder übergeben lassen und ist mit der Übergabe wieder rein. Als jüdische Frau unterzieht sich M̄ selbstverständlich diesem Ritus.

In Lk 2,22—24 ist die »Reinigung« der Mutter zusammen gesehen mit der »Auslösung« des Erstgeborenen. Lukas konnte als Nichtjude die beiden Riten wohl nicht auseinanderhalten. Gemäß Num 18,16 gehört jede männliche Erstgeburt Gott. Da man aber Menschen nicht opfern darf, ist das Kind durch einen Geldbetrag oder ein Opfertier innerhalb von 30 Tagen auszulösen. In der nachexilischen Zeit hat sich der Brauch ausgebildet, daß man zu diesem Zweck, wenn man nicht zu weit vom Tempel entfernt wohnte, nach Jerusalem pilgerte und dabei den Erstgeborenen Gott »darstellte«, ihn also gleichsam zum Opfer anbot. Die Rabbinen legten das Gesetz so aus, daß es bei weiter Entfernung vom Tempel ebenfalls genügte, den Geldbetrag bzw. das Opfertier einem Priester zu übergeben oder übergeben zu lassen. Sie waren aber auch mit der Verlängerung der 30-Tage-Frist auf 40 Tage einverstanden, wenn die Frau zur »Reinigung« nach Jerusalem zog, so daß dann beide Riten zeitlich zusammenfielen, obwohl sie eigentlich streng auseinanderzuhalten waren; die Auslösung war Sache des Vaters.

Joseph und M̄ sind also gemeinsam in den Tempel gegangen, um diese Riten zu erfüllen. Das setzt voraus, daß sie beide noch in Betlehem lebten, wo Joseph wohl Arbeit gefunden hatte. Dann wäre der Besuch der Magier, die Flucht nach Ägypten und der Kindermord des Herodes nach diesen 40 Tagen anzusetzen.

Lit.: Zu Lk 2,22—24, Lev 12,1—8 und Num 18,16 vgl. die entsprechenden Lk-, Lev- und Num-Kommentare, ferner Billerbeck II 119—124. — Zur »Reinigung«: DBS IX 398—554. — ThWNT III 433. — ThWAT II 306—315. 352—366. — W. Paschen, Rein und Unrein, 1970. — J. Neusner, The Idea of Purity in Ancient Judaism, 1973. — Ders., A History of the Mishna Law of Purities, 8 Bde., 1974/75. — D. Wendebourg, Die atl. Reinheitsgesetze in der frühen Kirche, In: ZKG 95 (1984) 149—170. — Zur »Auslösung«: ThWNT VI 872—882. — ThWAT I 643—650. — A. Colunga, La ley de los primogénitos y el Pentateuco, In: Salmanticenses 1 (1954) 450—455. — H. M. Cord, Becor and Prototocos, In: RestQ 10/1 (1967) 40—45.
J. Scharbert

Reinisch, Franz Dionys, * 1. 2. 1903 in Feldkirch-Levis in Vorarlberg, wurde am 21. 8. 1942 in Berlin-Brandenburg wegen Verweigerung des Fahneneids auf Hitler enthauptet. Seine Eltern weihten am Tauftag ihren zweiten Sohn von fünf Kindern der GM. Nach dem Abitur studierte R. Jura in Innsbruck und Kiel, entschloß sich nach 30-tägigen Exerzitien zum Theol.-Studium in Innsbruck und Brixen, wurde 1928 in Innsbruck Priester und trat am 3. 11. 1928 in Untermerzbach/Unterfranken ins Noviziat der Pallottiner ein. Nach dem Weiterstudium in Salzburg übte er in Untermerzbach einen Lehrauftrag für Phil. aus und war Volksmissionar. 1938 begann R. seine Arbeit als Prediger der Weltmission und als Männerseelsorger im Apost. Bund von Schönstatt. Am 12. 9. 1940 erhält er Predigt- und Redeverbot für das Gebiet des Dt. Reiches, am 1. 3. 1941 den ersten Bereitstellungsbefehl. R. äußerte sich dazu: »Auf das deutsche Volk kann ich den Fahneneid leisten, aber auf einen Mann wie Hitler nie« (Kreutzberg 90). Verhaftet wegen Fahneneidverweigerung wird R. zur Verhandlung und Verurteilung nach Berlin-Tegel überstellt.

R. begeisterte sich für den Gedanken des hl. V. → Pallotti von der Apostolatspflicht aller Getauften. Im marian.-apost. Bund von Schönstatt sah er die zeitgemäße Verwirklichung der Idee Pallottis. Die Nazi-Herrschaft erlebte er als eine moralische Herausforderung, der er mutig seine Kritik entgegensetzte.

R. formulierte sein Lebensideal folgendermaßen: »Endlich wird dann so und nur so mein PI (= persönliches Ideal) wahr und wirklich: ein liebensglühender Schönstatt-Liebesapostel, der künden darf die Herrlichkeiten und Wunder der Gnade der mater ter admirabilis« (Im Angesicht, 105; 27. 7. 1942, während R. auf die Bestätigung des Feldurteils wartete).

R., dessen Asche am 17. 10. 1946 bei dem Gnadenkapellchen in Schönstatt beigesetzt worden ist, wird von vielen als Martyrer der Gewissenstreue verehrt.

WW: K. Brantzen (Hrsg.), P. R. — Märtyrer der Gewissenstreue. I: Im Angesicht des Todes. Tagebuch aus dem Gefängnis, ²1987; II: Geheimnis der gekreuzigten Liebe. Meditationen in der Gefängniszelle, 1987.
Lit.: H. Kreutzberg, F. R., ein Martyrer unserer Zeit, ²1953.
W. Weicht

Reinmar v. Zweter, mhd. Leich- und Sangspruchdichter (→ Sangspruchdichtung), * um 1200, † um 1250, wurde nach eigenen Angaben »am Rhein« geboren und hielt sich dann »in Österreich«, wahrscheinlich am Wiener Hof der Babenberger, und »in Böhmen«, am Prager Hof König Wenzels I. (1237—41), auf (Spruch 150 der Ausg. von Roethe: »Von Rîne sô bin ich geborn,/ in Osterrîche erwahsen, Bêheim hân ich mir erkorn/ ...«). Nachdem seine Zugehörigkeit zu den Herren von Zeutern (Craichgau) nicht zu halten ist, können weder Herkunftsort noch Stand R.s näher bestimmt werden. Wahrscheinlich war er ein fahrender Berufsdichter, der nach 1241 ein Wanderleben führte. Er muß um die Jh.mitte gestorben sein und liegt nach einer Angabe im Hausbuch des Michael de Leone in Eßfeld (Franken) begraben.

Auf Grund seiner Spruchgedichte, die als die umfangreichste Sammlung zwischen → Walther von der Vogelweide und Heinrich → Frauenlob gelten kann, zählt R. schon bald nach 1250 zu den klassischen Meistern und fehlt in kaum einem Dichterkatalog. Für die Meistersinger des 15. bis 18. Jh.s ist er einer der Zwölf alten Meister, auf die sich ihre Kunst gründet. Innerhalb der Themenvielfalt der Sprüche und Lieder, der eine eher altertümliche musikalische Beschränkung auf wenige »Töne« (vor allem auf den sog. »Frau-Ehren-Ton«) entspricht, findet ⒨ sowohl im Zusammenhang (Spruch 14—22) als auch sporadisch Beachtung (u. a. Spruch 217f., 226, 259f.).

Hauptthema der stollig aufgebauten marian. Sangsprüche ist neben der Schilderung ⒨s in den traditionellen Bildern für ihre Erhabenheit, Reinheit und Auserwähltheit (Nr. 14: ⒨, die »Königin«; Nr. 17, V. 4f.: »Ir kiusche wîzer liljenglanz/ ist unverwest unt ouch sîn gotelîchiu flamme ganz/ ...«) und der Betonung der mystischen Inkarnation des göttlichen Makrokosmos im Mikrokosmos ihres Leibes (Nr. 14, V. 10f., Nr. 16) ⒨s Bedeutung als Mediatrix für den einzelnen Menschen, die Christenheit und die gesamte Menschheit: Sie ist ihrem Wesen nach nicht durch Zorn, sondern durch Versöhnlichkeit bestimmt (Nr. 14, V. 7). Darum erfüllt sie beim Einzelnen die innere Abgestorbenheit mit neuem Leben (Nr. 14, V.8: »si machet manegen muot vil grüenen«), wie ihre königliche »genâde« vor seiner Todesangst steht (Nr. 22, V. 7f.). Ebenso verpflichtet sie den starken und damit möglicherweise auch zornigen Gott gegenüber der Christenheit zu »genâde«, »vride« und »staeter suone« (Nr. 17). Ihr Schutz umfaßt aber nicht nur die Christen, sondern die gesamte Menschheit (»Cristen, Juden, heiden«) und alle Geschöpfe Gottes (Nr. 21, V. 6f.). — ⒨ ist dabei ebenso die mächtige Himmelskönigin der hymnischen Tradition, wie sie als die Freudenreiche in den Bereich »rehter« weltlicher Sehnsucht (»ger«) rückt. Als fürsorgliche Mutter, die ihr Kind säugt und liebkost (Nr. 16), nimmt sie überraschend konkrete menschliche Züge an. Wie schon bei Walther von der Vogelweide ersetzt und überhöht sie als »Minne«herrin die weltliche »vrouwe«. Die »Minne« zur GM nimmt dabei Züge einer geistlichen Kontrafaktur zur weltlichen »Minne« an, indem ihr Dienst den Menschen nicht vereinzelt, sondern — ohne gegenseitigen Neid zu wecken — alle Christen verbindet (Nr. 19). Hier gelingt R. das originelle Bild vom »sündlosen Minnebett«, in dem die Güte Ms zu »Matratze« und »Decklaken« des Liebenden wird (Nr. 20, V. 11f.: »ir güete wirt sîn materaz,/ sô wirt ob im ir güete sîn declachen.«)

Spätere Sprüche nehmen die erwähnten Themen wieder auf (Nr. 217f., 226, 259), wobei besonders die Bitte an M, das göttliche Gericht und den göttlichen Zorn vom Einzelnen und von der Christenheit abzuwenden, unterstrichen wird. M soll Gott, den sie getragen, geboren und großgezogen hat, geradezu persönlich beschwören (Nr. 260).

Einem schon bei Walther von der Vogelweide vorliegenden Schema folgend, behandelt R.s rel. »Leich« in Anschluß an die göttliche Trinität (Einleitung) und vor Christus (2. Hauptteil) auch M, die nochmals am Ende angerufen wird (V. 229ff., insgesamt 233 Verse). Dieser formal einfache Leich (paarweise gereimte volle und klingende Vierheber, episch rezitative Melodie), dessen Beziehung zum lat. Conductus »O amor deus deitas« von Objartel festgestellt wurde, läßt, verbunden durch das Thema der Minne, die einzelnen marian. Motive in umgekehrter, artifizieller Reihenfolge hervortreten: Voransteht das »wunder« der leiblichen Aufnahme Ms in den Himmel. Dann folgen ihre jungfräuliche Mutterschaft, ihre Schwangerschaft und das Geheimnis der UE (V. 61—110, Abschnitt 12—20). Nachdem Motive wie das »Einfalten« des Weltenherrschers ins Herz Ms (V. 109f., vgl. Sangspruch 217, V. 4f.) zum Leitthema der göttlichen »Minne« zurückführen, wird die Geburt Christi in den vertrauten Bildern des Evangeliums und der Dreikönigslegende dargestellt (V. 147ff.). Daß es sich (so Bertau) um einen »Andachtsleich« handelt, der wie das Andachtsbild jeweils bestimmte Einzelheiten zum Gegenstand der Betrachtung macht, zeigt schließlich besonders eindringlich die anschauliche Schilderung der Compassio M unter dem Kreuz (V. 196ff.: »lêr uns umb sünde riuwe phlegen/ durch dîner sîten bluotes regen,/ Den dû reiner unde guoter/ lieze schouwen dîne muoter/ mit anséhenden ougen:/ Wie daz durch ir sêle wuote/ unt ir ouch ir herze gluote!/ ...«). M in den Strom der göttlichen »Minne«, speziell der »Minne« des Hl. Geistes, einzubeziehen, ist dabei als Grundintention des Leichs zu erkennen. Unüberhörbar sind aber auch hier (wie in Sangspruch Nr. 260) die Hilferufe an die Mediatrix, sich der Christenheit und ihrer Sünden anzunehmen (V. 116ff.). Ob hier eine Beziehung zu den → Geißlerliedern besteht (Bertau, 1964), läßt sich für diese Zeit (1230—50) wegen der fehlenden Quellen nicht entscheiden.

Ausg.: G. Roethe (Hrsg.), Die Gedichte R.s v. Z., 1887, Neudr. 1967. — G. Objartel (vgl. Lit.), In: ZfdPh 90 (1971) 217—231. — Melodie des Leichs: Roethe, Notenbeilage.

Lit.: K. H. Bertau, Über Themenanordnung und Bildung inhaltlicher Zusammenhänge in den rel. Leichdichtungen des 13. Jh.s, In: ZfdPh 76 (1957) 129—149. — Ders., Sangverslyrik (Palaestra 240), 1964. — H. Kuhn, Minnesangs Wende, 1967 (Register). — R. J. Taylor, The Art of the Minnesinger, 2 Bde., 1968. — G. Objartel, Zwei wenig beachtete Fragmente R.s v. Z. und ein lat. Gegenstück seines Leichs, In: ZfdPh 90 (1971 [Sonderheft] 217—231. — B. Wachinger, Sängerkrieg, 1973 (Register). — H. Brunner, Die alten Meister, 1975. — Ch. Huber, Wort sint der dinge zeichen, 1977. — H. Tervooren, Ein neuer Fund zu R. v. Z., In: ZfdPh 102 (1983) 377—391. — J. Heinzle, Wandlungen und Neuansätze im 13. Jh., Geschichte der dt. Lit. von den Anfängen bis zum Beginn der Neuzeit II, 1984 (Register). — F. Schanze, Meisterliche Liedkunst zwischen Heinrich v. Mügeln und Hans Sachs II, 1984. — H. Brunner und B. Wachinger (Hrsg.), Repertorium der Sangsprüche und Meisterlieder des 12. bis 18. Jh.s, 15 Bde., 1986ff.
F. J. Schweitzer

Reinoso, Felix José, * 20.11.1772 in Sevilla, † 27.4.1841 in Madrid. Zunächst Priester in S. Cruz (Sevilla), widmete er sich der Armenfürsorge und richtete sogar in seinem eigenen Haus eine öffentliche und kostenlose Impfstelle ein; später wurde er Dekan in der Metropolitankathedrale von Valencia und erfüllte andere öffentliche Aufgaben in den schwierigen Zeiten der franz. Invasion und der bewegten Epoche Ferdinands VII., so daß er sogar wegen seiner liberalen Ideen verfolgt wurde. In Sevilla begründetete er mit Alberto → Lista und José María Roldán die Academia de letras humanas. Hinweise auf M wären z. B. in »La inocencia perdida« (ein episches Gedicht nach dem Vorbild Miltons) oder in seinem Gedicht zum »Nacimiento de Cristo« zu erwarten; wir finden solche jedoch nur in seiner Ode »A la concepción de Nuestra Señora« (das Mysterium, das alle Dichter der Sevillanischen Schule besingen), welche in der Academia am 8.12.1795 rezitiert wurde. Das Gedicht besteht aus drei Teilen: Im ersten Teil beschreibt R. die Himmelfahrt und Krönung Ms; im zweiten Teil antwortet Gottvater auf die Frage der Seligen, wer diese sei: »Das ist meine hochheilige Gattin,/ durch mich von der Ursünde bewahrt,/ mit der der bittere Tod die Welt betrat:/(...)«.

In Worten, in denen der Liberalismus, das Ideal der gebildetsten Intellektuellen der Zeit, anklingt, beschreibt er die völlige Niederlage des »Tyrannenkönigs« und die Befreiung der Menschheit, die dem »alten Irrtum« entkommt. Im dritten Teil der Ode kündigt Gott die Zeit der Glückseligkeit an, in der das Geheimnis der UE sich den Menschen offenbart, die fröhlich dieses Mysterium verehren werden, das Spanien nun (die Ode wurde ein Jh. vor der Festlegung als Dogma geschrieben) glühend herbeisehnt.

WW: Obras de Don F. J. R., ed. A. Martín Villa, 2 Bde., Sevilla, 1872—79. — »Poesías«, In: Poetas líricos del siglo XVIII, ed. L. Augusto Cueto (Marqués de Valmar) III, 212—231.
Lit.: A. Martín Villa, Noticias de la vida del Sr. Don F. J. R., In: Ders. (Hrsg.), Obras de Don F. J. R., a. a. O. I. — L. A. Cueto (Valmar), Noticia biográfica, a. a. O., 207—208. — Diccionario de literatura española, ³1964. — F. de B. Palomo, Datos biográficos de D. F. J. R. y noticias acerca de sus obras.
L. M. Herrán

Rekapitulationslehre → Eva

Religionsgeschichte. *1. Allgemeine Bemerkungen.* Die christl. Theol. hat sich stets um eine Unterscheidung zwischen legitimer »Marienverehrung« und unangemessener »Marienanbetung« bemüht. M wird als Heilsgestalt verehrt, nicht als Göttin angebetet. In der religionsgeschichtlichen Perspektive sind es aber v.a. Göttinnen, die Parallelen und Bezüge zu M aufweisen. Nicht zufällig beginnt die MV im Osten. Vieles spricht dafür, daß die in christl. Zeit noch lebendigen Göttinnenkulte des Alten Orients und des östlichen Mittelmeerraums für die Entwicklung des Mverständnisses den Boden bereitet haben. So herrscht etwa ein breiter Konsens darüber, daß das ägyptische Motiv der Göttin →Isis, die den Horusknaben stillt, die bildliche Darstellung der stillenden GM (→ Galaktotrophousa) zumindest formal beeinflußt hat. Auffälligerweise wird das Dogma von der GM-schaft Ms in →Ephesos, dem einstigen Kultzentrum der großen Göttin →Artemis Diana, die jungfräuliche und mütterliche Züge harmonisch in sich vereint, verkündet. Viele Mkirchen stehen an der Stelle antiker Göttinnenheiligtümer (weitere Bezüge zwischen M und den Göttinnen der griech.-röm. Antike →Athene Minerva; →Aphrodite Venus; →Demeter). Im allgemeinen ist aber bei der Behauptung direkter Übertragungen religionsgeschichtlicher Vorbilder auf die Mverehrung/das Mbild Vorsicht geboten. Viele Aspekte der Parallelen zu M lassen im jeweiligen rel. Kontext eine ganz spezifische Bedeutung erkennen.

In genereller Hinsicht partizipiert M an der rel. Symbolik des Weiblichen, die religionsgeschichtlich als fundamental gelten muß. Unzählige Funde weiblicher Plastiken aus Wohnstätten, Gräbern und Kultorten der vor- und frühgeschichtlichen Zeit geben Zeugnis von der archaischen rel. Symbolik der Frau. Aus dem breiten Strom der R. werden im folgenden ein paar Stränge vergleichbarer Phänomene ausgewählt und schwerpunktmäßig dargestellt. Als Bezugspunkte des Vergleiches sind v.a. mariol. Kerndogmen der GMschaft, immerwährenden Jungfräulichkeit, UE und Aufnahme Ms in den Himmel mit den unmittelbar dazugehörigen Motiven wie Himmelskönigin und barmherzige →»Schutzmantel-Madonna« im Blick zu behalten.

Lit.: F.Heiler, Die Madonna als rel. Symbol, In: Eranos-Jahrbuch (²1934) 263–303. — E.O.James, The Cult of the Mother-Goddess, 1959. — F.Heiler, Die Frau in den Religionen der Menschheit, 1976. — D.Kinsley, The Goddesses' Mirror. Visions of the Divine from East and West, 1989. — C.Olson, The Book of the Goddess, Past und Present, 1990.

2. Altorientalische Religionen. Die Fülle des erhaltenen Bild- und Textmaterials macht auf die Bedeutung der Göttinnenverehrung in den alten Kulturen Ägyptens und Vorderasiens aufmerksam. Obwohl die großen altorient. Göttinnen eine spezifische historische Gestalt aufweisen, lassen sie auch gemeinsame Grundzüge erkennen. Als »Gottesmutter« werden zahlreiche ägyptische Göttinnen bezeichnet. In der Spätzeit hat sich v.a. →Isis als GM schlechthin herausgebildet. Sie ist es auch, die in den letzten vorchristl. Jh.en einen Siegeszug durch das Röm. Reich antritt und an vielen Orten verehrt wird. Die bedeutende altorient. Göttin →Ischtar (die phönizische →Astarte, die auch im biblischen Israel verehrt wurde, hat mit ihr nicht nur den Namen gemeinsam) wird zwar nie mit einem Kind dargestellt, aber dennoch als »Mutter« bezeichnet. Als Personenname ist z.B. »Ištar-Ummi«, »Ištar ist meine Mutter«, belegt. Das Motiv einer jungfräulichen Muttergöttin ist im Alten Orient bekannt (z.B. wird die sumerische Göttin Baba als »Jungfrau, Mutter Baba« angerufen; Falkenstein/Soden 71. 100. 102), bei den dominanten Göttinnen allerdings kaum ausgeprägt.

Der Name der sumerischen Göttin Inanna bedeutet »Herrin des Himmels«. Für die babylonisch-assyrische Ischtar, die früh mit Inanna gleichgesetzt wurde, ist der Titel »šarrat šamē«, »Königin des Himmels«, überliefert. Inanna/Ischtar ist die Göttin des Morgen- und Abendsterns und wird häufig durch den Stern symbolisiert. Auch Isis steht mit dem Siriusstern in Verbindung und gilt als »Herrin des Himmels«. Wie die ägyptische Himmelsgöttin Nut ist Isis Lebensgeberin und Beschützerin der Lebenden und der Toten. Darstellungen der Göttinnen mit weit ausgebreiteten Flügeln veranschaulichen ihre Rolle als Schutzgöttin. Die sog. Isis-Mysterien zählen zu den populärsten Religionen der hellenistisch-röm. Zeit. Durch die Identifikation mit sämtlichen lokalen Gottheiten der orient. und griech.-röm. Welt wird die »Himmelskönigin« Isis zur Allgöttin (Apuleius).

Die Differenzierung einer Gottheit in lokale Erscheinungsformen mit teilweise spezifischen Funktionen ist ein verbreitetes religionsgeschichtliches Phänomen. Als Parallele zu verschiedenen örtlichen Mgestalten sind bes. die zahlreichen lokalen Varianten der Ischtar (wie Ischtar von Ninive, von Arbela, von Larsa usw.) erwähnenswert.

Die großen altorient. Göttinnen Inanna/Ischtar und Isis wurden von Frauen und Männern verehrt. Die Geschlechtszugehörigkeit scheint allerdings eine bes. Nähe zwischen Göttin und Frauen zu begründen. Ischtar wird als »Herrin der Frauen« gepriesen; sie ist es, in der das ausgesetzte Mädchen eine Mutter findet (Falkenstein/Soden 235f.). Der Beiname »Isis puellarum«, »Isis der Mädchen«, die wichtige Rolle von Frauen im Kult und schriftliche Quellen weisen die hellenistisch-röm. Isis als Patronin der Frauen aus (Heyob).

QQ: Apuleius of Madaurus, The Isis-Book (Metamorphoses, Book XI), ed. J.G. Griffiths, 1975. — A.Falkenstein und W.v.Soden, Sumerische und akkadische Hymnen und Gebete, 1953.
Lit.: S.K.Heyob, The Cult of Isis among Women in the Graeco-Roman World, 1975. — H.Ringgren, Die Religionen des Alten Orients, 1979. — U.Winter, Frau und Göttin. Exegetische und ikonographische Studien zum weiblichen Gottesbild im Alten Israel und dessen Umwelt, 1983.

3. Hindu-Religionen. Neben einer früh entwickelten abstrakten Gottesidee sind die Hauptrichtungen des Hinduismus (der Name ist als Sammelbegriff, nicht als Bezeichnung für eine einheitliche Religion aufzufassen) zutiefst von einer personalen Gottesvorstellung durchdrungen. Das Erscheinungsbild der Hindu-Religionen wird durch vielfältige lebendige Göttinnen-Traditionen stark geprägt. Die Volksreligion kennt eine zumeist »Mutter« genannte Göttin, die als Zentrum des Dorfes verehrt wird. Sie wird für die Entstehung und für die Beseitigung von Krankheiten gleichermaßen verantwortlich gemacht und gilt als Schutzgottheit des Dorfes.

Die großen Göttinnen Durgā, Kālī, Lakṣmī, Rādhā besitzen individuelle Züge. Theol. werden sie als Erscheinungsformen *einer* einzigen großen Göttin betrachtet und einem männlich personifizierten Gott als seine »śakti« (Kraft) zugeordnet oder aber selbst als Symbol des Absoluten aufgefaßt.

Der Aspekt der Mütterlichkeit läßt eine Göttin 100 oder sogar 1000 mal verehrungswürdiger als die männliche Gottheit, auf die sie bezogen ist, erscheinen (Brown 1974). Die Mütterlichkeit der hinduistischen Göttinnen umspannt die beiden Pole Leben und Tod und drückt sich vorzüglich im Schöpfungswirken und in der gnädigen Hilfe zur endgültigen Befreiung des Menschen aus. Besondere Bedeutung kommt der populären Göttin Kālī zu, deren Bilder v.a. durch Todessymbolik gekennzeichnet sind. Der berühmte Mystiker Rāmakrishna (1836—86) erfuhr sie als liebende Mutter, die ihn aus den Fesseln des Daseins befreit. Rāmakrishna wollte alle Frauen als Manifestationen der göttlichen Mutter betrachten. In herausragender Weise verehrte er aber seine eigene Frau, Sāradā Devī, als Verkörperung der Göttin. Die moderne hinduistische Rāmakrishna-Bewegung sieht in Sāradā Devī, die als »Heilige Mutter« bezeichnet wird, eine Offenbarung der göttlichen Mütterlichkeit. Sie gilt als eine »Hindu Madonna«, da sie als perfekte Ehefrau, Nonne, Mutter und Lehrerin in einem die historische Erfüllung der »Madonna-Idee« verkörpert (Tapasyanada).

Die bedeutende Göttin Durgā vereint in sich mütterlich-gütige und jungfräulich-kriegerische Aspekte. Sie ist die mächtige Schutzgottheit mehrerer Herrschergeschlechter und wird in vielen Hymnen als »kumārī (Mädchen, Jungfrau) und Mutter zugleich um ihren Schutz angerufen. Im Mythos setzt Durgā ihre aggressive Kraft zum Heil von Göttern und Menschen ein, indem sie das personifizierte Böse besiegt. Traditionellerweise wird in Nepal ein mit bestimmten Merkmalen ausgestattetes Mädchen zur Inkarnation der Göttin Durgā erklärt und bis zum Eintritt der Pubertät als Kumārī, die den König und das Land schützt, verehrt.

Viele Hymnen preisen eine der großen hinduistischen Göttinnen oder *die* große Göttin schlechthin als barmherzige Weltenmutter und kosmische Königin und beschwören ihren Schutz und Beistand (Avalon).

QQ: Tapasyananda, Sri Sarada Devi. The Holy Mother, [6]1986. — J. Woodroffe (A. Avalon), Hymns to the Goddess and Hymn to Kali, [3]1982.
Lit.: C. Mackenzie Brown, God as Mother: A Feminine Theology in India. An Historical and Theological Study of the Brahmavaivarta Purāṇa, 1974. — Ders., The Triumph of the Goddess. The Canonical Models and Theological Visions of the Devī-Bhāgavata Purāṇa, 1990. — D. Kinsley, Indische Göttinnen, Weibliche Gottheiten im Hinduismus, 1990.

4. Buddhismus und Taoismus. Im Gegensatz zum Theravāda-Buddhismus, dem die Verehrung personaler Gottheiten fremd ist, besitzen transzendente Heilsgestalten und Gottheiten im Mahāyāna-Buddhismus eine große Bedeutung. Charakteristisch für den Mahāyāna-Buddhismus ist das Bodhisattva-Ideal. Unter den transzendenten Bodhisattvas, den Heilsmittlern, deren Hauptziel in der Befreiung aller Lebewesen besteht, nimmt Avalokiteśvara eine überragende Position ein. Der ursprünglich männliche Avalokiteśvara erhielt in Ostasien eine weibliche Identität und wird in China als →Kuan-Yin, in Japan als K(w)annon verehrt. In der Volksfrömmigkeit besitzt diese weibliche Heilsfigur den Stellenwert einer hochverehrten Gottheit und gilt als Inkarnation der Barmherzigkeit, die bes. in ausweglosen Situationen angerufen wird. Darstellungen der Kuan-Yin/K(w)annon mit einem Kind auf dem Arm haben zu der Bezeichnung »Buddhistische Madonna« geführt.

Die rel. Bedeutung des Weiblichen ist auch im chinesischen Taoismus verankert. Als beständiges und einziges Prinzip liegt das Tao den vielfältigen Wesen, die dem Wandel unterworfen sind, zugrunde. Nach dem Tao-tê-ching ist die sichtbare Welt aus einer mütterlichen Macht hervorgegangen; als erster Ursprung ist das Tao die »Mutter der Welt« (Kap. 6; 25; 52). Der Taoismus wird geprägt durch das Gegensatzpaar Yin und Yang, männlich und weiblich. Um zum Tao zurückzukehren, muß der Heilige dem Weiblichen den Vorzug einräumen.

QQ: Laotse, Tao Te King. Das Buch des Alten vom Sinn und Leben, übers. von R. Wilhelm, Neudr. 1978. — Unter dem Lächeln Buddhas. Märchen aus Indien und Japan, übers. von M. v. Borsig, 1988.
Lit.: J. Blofeld, Bodhisattva of Compassion: The Mystical Tradition of Kuan Yin, 1978. — M. Kaltenmark, Lao-tzu und der Taoismus, 1981. — D. Kinsley, The Goddesses' Mirror. Visions of the Divine from East und West, 1989, 25–51.

5. Islam. Neben den beiden Gemahlinnen Muhammads und seiner Tochter Fatima wird ⓜ im Islam als eine der vier besten Frauen, die je gelebt haben, angesehen. Nach dem Koran wird ⓜ bereits vor ihrer Geburt von ihrer Mutter Gott geweiht (3,35). Es ist die Rede von der göttlichen Erwählung ⓜs vor den Frauen der Weltenbewohner (3,42), und ihre Gottergebenheit wird als Beispiel für die Gläubigen hingestellt (66,12). ⓜ wird als Jungfrau und Mutter Jesu verehrt. Da Jesus in der islamischen Tradition nicht als Sohn Gottes betrachtet wird, gilt sie allerdings nicht als GM.

Die Prophetentochter Fatima wird in der gesamten islamischen Welt verehrt. Sie ist die Ehefrau des 4. Kalifen Ali und Mutter der Prophetenenkel Hasan und Husain. Obwohl ihre historische Rolle eher unbedeutend eingeschätzt wird, entwickelte sich Fatima bes. in der schiitischen Frömmigkeit zur herausragenden weiblichen Gestalt. Wie M trägt Fatima den Titel »al-batūl« (Jungfrau). Aus ihrer Nachkommenschaft soll der von den Schiiten erwartete Messias geboren werden. Fatima gilt als edelstes Frauenideal und wird als »Königin der Frauen des Paradieses« verehrt.

Lit.: J.D. McAuliffe, »Chosen of all Women: Mary and Fātimah in Qur'ānic Exegesis«, In: Islamochristiana 7 (1981) 19—28 (Lit.). — Handwörterbuch des Islam, 1976, 127—130 (Lit.). — Islam-Lexikon 1991, I 245f.; II 491—500. B. Heller

Reliquiar → Schrein

Reliquien im engeren Sinne sind Überreste (reliquia) der Körper der Heiligen und Seligen (Primär-R.); im weiteren Sinne alle Dinge, die diese Personen benützt haben oder mit denen ihre toten Leiber berührt wurden (Sekundär-R.); (vgl. CIC, 1983, can. 1190). Da man schon seit Beginn des MA davon überzeugt war, daß M mit Leib und Seele in den Himmel aufgenommen wurde (erst durch das Dogma von 1950 bestätigt), hat man niemals Primär-R. von ihr erwähnt. Von den Sekundär-R., deren Echtheit freilich nicht zu beweisen ist, sind im Verlauf des MA folgende R. Ms in größerer Zahl aufgetaucht: →Gürtel, Haare, Kleider (→Gewandniederlegung), Milch, Ring, Schleier und Schuhe. R. Ms wurden im MA hoch verehrt, weshalb man sie in kostbaren Reliquiaren, Schreinen, silbernen Büsten oder Statuen aufbewahrte. Die Gläubigen erbaten sich von der GM im Zeichen der R. Schutz, Hilfe, Fürbitte in ihren Anliegen.

Ma. R.-Verzeichnisse sprechen von Haaren Ms, die vermutlich aus Rom kamen, wo bereits Papst Gregor d. Gr. (590—604) solche an den Gotenkönig Reccared († 601) sandte. Der hl. Willibrord legte die ihm von Papst Sergius II. (844—847) übergebenen R. Ms, Haare und Kleider, in einen goldenen Schrein zu Emmerich. Von weiteren Haar-R. wird berichtet 1148 in St. Eucharius-Matthias und 1209 in der Kirche »Maria zu den Martyrern« zu Trier, 1170 in der Zisterzienserabtei Himmerode, 1282 in der Benediktinerabtei Prüfening und 1283 im Augustinerchorherrenstift Ranshofen/Oberösterreich. Auch im Dom zu Linköping/Schweden bewahrte man ein Haar Ms auf und im Statens Historiska Museum zu Stockholm befindet sich noch heute eine R. Ms (Inv. Nr. 281). — Eine zumeist geschmähte R. Ms ist die oft vorkommende »Milch« der GM. Es handelt sich in den meisten Fällen um Kreide aus einer Grotte zu Betlehem, in der M das Jesuskind genährt haben soll. Wird diese Kreide mit Wasser vermischt, so entsteht eine milchartige Flüssigkeit (vgl. Ergänzungsheft zu StML [1890] 137f.). Zu Loches/Frankreich befand sich ein Reliquiar, wobei das Jesuskind, von M getragen, ein Fläschchen mit jener M-Milch hält. Die Legende, der hl. Bernhard († 1153) sei von M mit ihrer Milch genährt worden (→Lactatio), hatte zur Folge, daß eine weiße Flüssigkeit aus jenem Bild der GM floß, vor der der Heilige seine Vision hatte. Ähnliches wird vom hl. Bischof Fulbert († 1029) von Chartres berichtet. Auch in der ehemaligen Klosterkirche Münchsmünster/Oberbayern soll 1092 aus einem Mbild »Milch« geflossen sein. J. Trithemius († 1516) erzählt, ein Mbild auf dem Rupertsberg bei Bingen habe Milch und Blut von sich gegeben, als Diebe versuchten, einen kostbaren Stein aus ihrer Brust zu rauben. Über »Milch aus der Jungfrau« aus verstümmelten Mbildern wird häufig berichtet. Als M-Milch wird das Öl einer Lampe vor einem Gnadenbild in einem Zisterzienserkloster bei Messina bezeichnet. Das weiße Öl verteilt man an Gläubige. — Der in Perugia gezeigte Verlobungsring Ms gab im 15. Jh. Anlaß zur Entstehung zahlreicher Darstellungen der Verlobung der GM mit dem hl. Joseph und ebenso für das Fest am 23. Januar, das dem Konzil von Konstanz (1414—18) zu verdanken ist. Der in Weihenlinden/Oberbayern einst hochverehrte »Vermählungsring« Ms, den die Pilger küßten und von dem sie Kopien in Glas anfertigen ließen, ist freilich nicht echt. — Schleier Ms werden vielfach genannt und gezeigt. Es handelt sich dabei um überaus zarte sog. Byssusstücke aus Leinen oder Seide. Karl der Kahle († 877) übergab 876 einen Schleier Ms der Kirche von Chartres, zu dem seit dem 12. Jh. Wallfahrten stattfanden, wodurch Chartres zum ältesten nordfranz. Zentrum der MV wurde. Er stammte aus Konstantinopel, und Karl d. Gr. († 814) hatte ihn seinem R.-Schatz zu Aachen einverleibt. Seine Wirkkraft soll sich der Legende nach bereits im Kampf gegen die Normannen wirksam erprobt haben. Den Schleier (Sainte Chemise) verehrte man in einer kostbaren Truhe auf dem Hochaltar, und es bestand hier der sonst bei Tumuluskulten geübte Brauch, daß die Pilger unter dem Schrein durchkrochen. Schleier-R. befanden sich 1113 in Brixen, später in Kirchen zu Köln, Kornelimünster, Mainz, Andechs und Prag. — Schuhe Ms befanden sich ehedem in einem silbernen Reliquiar im Zisterzienserkloster Maria Ophoven bei Wassenberg im Rheinland, das 1247 nach Dalheim verlegt wurde. Es fiel 1826 Dieben zum Opfer und ist verschollen. Schuhe Ms verehrte man auch an anderen Orten, z. B. in Rodez und Liesse.

Die bedeutendsten Heiltumsorte bezüglich der R. Ms im dt. Sprachraum sind Aachen und Andechs. Hier präsentierte man v. a. Gewandung, Stoffgürtel, Haare und Schleier Ms. An diesen Orten entwickelte sich dann das für den R.-Kult typische Brauchtum der angerührten Nachbildungen und Devotionalien. Zum Andechser R.-Schatz gehören heute noch ein Ostensorium mit R. vom Verkündigungsort Nazareth (1380 erworben) sowie Rahmen-Reliquiare für den Schleier und ein Teil vom Tischtuch Ms.

Seit dem 5. Jh. bildete Byzanz (→Konstantinopel) das bedeutendste Zentrum der MV im MA, wo nicht nur ein →Lukasbild, sondern auch Kleidungsstücke M︎s verehrt wurden. In Kriegsnöten trug man die R. um die Stadt, damit M︎ die Mauern schütze; ebenso tauchte man sie ins Meer, damit M︎ der Flotte beistehe, und nahm sie in die Feldschlacht, damit M︎ Sieg verleihe. Für den Kultbeginn der MV spielten überhaupt die Sekundär-R. M︎s eine besondere Rolle. Man stellte sich im Zeichen der R. unter den Schutz der großen Fürsprecherin in allen Nöten. Seit Ende des 6. Jh.s ließ man R. M︎s in Altäre ein. Zusammen mit R. der Heiligen bildeten R. M︎s den Heiltumsschatz der Bischofs- und Klosterkirchen der sächsischen, salischen und staufischen Zeit. Im SpätMA entartete oftmals der Kult der R., die schließlich zum Sammelobjekt für fürstliche Schatz- und Raritätenkammern wurden. Erst das Konzil von Trient hat den R.-Kult (Sessio XXV vom 3. und 5. 12. 1563) in geordnete Bahnen gelenkt. Durch ein Dekret vom 7. 3. 1678 wurde sogar eine Reihe von Ablässen als falsch erklärt, darunter auch der für das Küssen der Abbildung der Fußsohle M︎s.

Viele M︎-R. sind von Pilgern oder Kreuzzugsteilnehmern als Erinnerungen an ihre Hl.-Land-Reise nach Europa mitgenommen worden. Bereits in Pilgerbüchern des 6. Jh.s ist davon die Rede, so z.B. vom Stein, auf dem M︎ auf der Flucht nach Ägypten geruht haben soll, und vom Baum, der Schatten spendete, vom Sessel, auf dem M︎ bei der Verkündigung saß, vom Krug und Körbchen aus dem Besitz M︎s, vom Weihrauch, den die Drei Könige dem Christkind opferten und den M︎ aufbewahrt hat. Hier wurde die Gutgläubigkeit frommer Pilger eindeutig ausgenützt. Andere R. M︎s kamen durch Legendenbildung zu ihrem Titel, z.B. ein silbernes Kreuz, das Lukas angefertigt und M︎ getragen haben soll — es ist verschollen, wurde aber noch 1677 urkundlich beglaubigt; ferner der aus St. Maximin bei Trier stammende »Kamm« der GM, der vermutlich als liturg. Gerät in der M︎kirche gedient hat, oder jene Porzellanschale, aus der M︎ dem Jesuskind zu trinken gab und die ein Greis der hl. Katharina v. Bologna († 1463) übergeben habe. Zu erwähnen ist noch das M︎-Öl, das Abt Jaricus OPraem († 1242) des Klosters Mariengarten in Friesland in einem Kristallgefäß zu Füßen eines M︎bildes verehrte. Hier handelt es sich sicher um gutgemeinte Verirrungen. — In der »Summa Mariana« (hrsg. von J. H. Schütz, 1908, II 69—79) wie in anderen Werken wird die Echtheit von R. M︎s grundsätzlich bestritten. G.M. → Roschini OSM (RoschiniDiz 439) hält R. M︎s vereinzelt für möglich, wenngleich ihre Echtheit nicht bewiesen werden kann. Richtig dürfte sein, daß es nicht auszuschließen ist, daß die ersten Christen Erinnerungen an M︎ aufbewahrten, obgleich es dafür keine Beweise gibt. Im übrigen wäre es einseitig, alle R. M︎s als unecht zu bezeichnen — auch das ist nicht beweisbar — und als Leichtgläubigkeit hinzustellen, nicht aber die Gesinnung der Ehrfurcht zu betonen; denn die Geschichte der MV hat ja v. a. auf die Gesinnung, auf deren Beweggründe und Früchte zu sehen.

Lit.: BeisselMA. — BeisselD. — St. Beissel, Die Verehrung der Heiligen und ihrer R. in Deutschland im MA, Nachdr. 1976. — M.-M. Gauthier, Straßen des Glaubens, R. und Reliquiare des Abendlandes, 1983. — Beinert-Petri. — A. Legner (Hrsg.), R., Verehrung und Verklärung, 1989. — A. Läpple, R. Verehrung, Geschichte, Kunst, 1990. — H.-G. Kaufmann und O. Lechner, Sehnsucht nach dem Geheimnis. Der hl. Schatz von Andechs, 1992.
E. H. Ritter

Rem (Rhem, Rehm), Jakob, SJ, * im Juni 1546 in Bregenz, † 12. 10. 1618 in Ingolstadt, trat am 20. 9. 1566 in die Gesellschaft Jesu ein. Nach seiner Priesterweihe am 16. 5. 1573 war er bis 1585 als Subregens und Präfekt des Konvikts in Dillingen Erzieher und geistlicher Leiter der Studenten. Hier gründete er 1574 die erste Marian. → Kongregation in Deutschland (außerhalb Österreichs). Von 1586 bis zu seinem Tod arbeitete er im Ignatiuskonvikt in Ingolstadt, zunächst als Subregens und Präfekt der Religiosen, von 1591 bis 1610 als Präfekt. Hier gründete er 1595 das Colloquium Marianum für interne Studenten (am 6. 1. 1612 von Papst Paul V. anerkannt) und 1615 für externe Studenten. Das Colloquium, die Elite der Studentenkongregation, zählte selten über 40 Mitglieder. Um die Mitte des 18. Jh.s sandten durchwegs 600 Mitglieder ihre Weiheformel ein. Es erlosch, nachdem es 1779 der Akademischen Kongregation einverleibt worden war, endgültig mit der Verlegung der Universität nach Landshut im Jahre 1800. Die Directiones Mariani Coloquii umfassen 9 kurze Kapitel und einige Gebete. Zu Beginn steht die Definition des Werkes: »Das Colloquium ist eine Vereinigung frommer Menschen, die zu Ehren der allerseligsten Jungfrau Maria gegründet wurde und seine Grundsätze unverletzt beobachtet.« Wer Mitglied des Colloquiums werden will, muß der marian. Kongregation angehören, sich einer Probezeit von einem Monat unterziehen und eine Generalbeichte ablegen (1). Wichtigstes Ziel ist die Heiligkeit des Lebens; durch eine Todsünde ist man automatisch so lange ausgeschlossen, bis man sich in der Beichte wieder versöhnt hat (2). Vorgeschrieben sind wöchentliche Beichte (3), Gebete, geistliches Gespräch zu Ehren M︎s (4) und bestimmte Gebete für die verstorbenen Mitglieder (5). Vorgesehen sind Zusammenkünfte am Samstag und an Feiertagen mit gemeinsamer geistlicher Lesung, Gebeten und einem geistlichen Vortrag (6). Vorgeschrieben sind auch bestimmte tägliche Gebete für die Kirche, für den Papst und andere Anliegen (7). Auch der Kontakt mit dem Colloquium nach den Studien wird geregelt (8) sowie der Ausschluß nachlässiger Mitglieder (9). Zusammen mit der MV fördern die Directiones das innere Leben und das Vollkommenheitsstreben der Mitglieder durch eine Verbrüderung im Gebet, wie dies im Barockzeitalter häufig geschah.

Mittelpunkt des Colloquiums war die Kapelle der »Dreimal Wunderbaren Mutter« zu Ingolstadt mit dem Gnadenbild, einer Kopie des Bildes »Maria-Schnee« in S. Maria Maggiore in Rom. In einer Privatoffenbarung am 6.4.1604 erkannte R., daß der Titel »mater ter admirabilis« ⓜ bes. wohlgefällig sei und ließ ihn drei Mal beim Beten der lauretanischen Litanei wiederholen. R. war begnadet durch Erscheinungen ⓜs, durch die Gabe der Weissagung und der Herzenskenntnis und durch auffallende Gebetserhörungen. Seine Gebeine wurden in das Ingolstädter Liebfrauenmünster übertragen. Der bischöfliche Informativprozeß zur Seligsprechung fand 1932—49 in Eichstätt statt.

WW: Directiones Mariani Colloquii Deiparae Virginis, Ingolstadt 1623, ⁵1731; dt.: Neueste kurtze Geschichte des Colloquiums der dreymal wunderbarlichen Mutter Gottes Maria in dem wilheminischen Convict von 1594—1779 zu Ingolstatt, Augsburg 1779; s. ferner Sommervogel VI 1704f.
Lit.: F. Hattler, Der ehrwürdige P. J. R. ... und seine Marienkonferenz, Regensburg 1881. — J. B. Metzler, Ein Apostel der Jugend ... J. R., 1936. — A. Höß, P. J. R., Künder der wunderbaren Mutter, 1953 (Lit.; hier auch der Text der Directiones). — B. Schneider, P. J. R., In: G. Schwaiger (Hrsg.), Bavaria Sancta III, 1973, 313—321 (Lit.). — B. Hubensteiner, Vom Geist des Barock, ²1978, 70—78. — Koch 1522f. — LThK² VIII 1221f. — DSp XIII 337f. *C. Becker*

Rembrandt, Harmensz. van Rijn, * 15.7.1606 in Leiden, † 4.10.1669 in Amsterdam, der größte Maler und Kupferstecher Hollands und einer der bedeutendsten Künstler überhaupt. 1613—20 besuchte er die Lateinschule in Leiden, wo er sich anschließend an der Universität für alte Sprachen immatrikulierte. Nach baldigem Abbruch des Studiums ging R. etwa für drei Jahre bei dem in Italien geschulten Maler Jacob Isaaksz. van Swanenburgh († 1638) in die Lehre, die ohne größeren Einfluß blieb.

Ende 1624 kam er für sechs Monate bei dem Caravaggio und Elsheimer verpflichteten und damals renommiertesten Historienmaler Pieter Lastmann († 1633) in Amsterdam in eine weiterführende Ausbildung. Dort lernte R. auch Jan Lievens († 1674) kennen, mit dem er 1625—31 in Leiden eine Werkstattgemeinschaft betrieb, die bald Schüler anzog. Nach den ersten größeren Erfolgen übersiedelte der Künstler endgültig nach Amsterdam, das er bis zu seinem Tod nicht mehr verließ. Sein schneller Aufstieg ließ den Kreis der Schülerschaft auch hier rasch wachsen. Die wichtigsten Lehrlinge dieser Zeit waren Ferdinand Bol († 1680), Carel Fabritius († 1654) und Govaert Flinck († 1660).

In der glücklichen Zeit der dreißiger Jahre mit der Heirat (1634) der wohlhabenden Bürgermeisterstochter Saskia van Uylenburgh († 1642) entstanden neben einer neuen Art des Gruppenbildes v.a. Porträts. Nach einem riskanten Hauskauf 1639, dem aufwendigen Lebensstil und vielzähligen Kunstkäufen begann sich R.s wirtschaftliche Lage zu verschlechtern. Trotz einer reichen Schaffensperiode nahm die Verschuldung dermaßen zu, daß das Haus und die Kunstsammlung 1656 versteigert werden mußten. Unter der offiziellen Leitung seiner Lebensgefährtin (seit 1649) Hendrickje Stoffels arbeitete R. als Angestellter eines Kunsthandels weiter, der 1659 in die Rozengracht umzog. Auch da sammelte er, dessen Ruf weit über die Landesgrenzen gedrungen war, etliche Schüler um sich, deren bedeutendster Aert de Gelder († 1727) war. Die letzten Jahre verbrachte er zunehmend vereinsamt (1663 Tod des Sohnes Titus).

R.s Stilentwicklung erlangt sehr früh das Reifestadium. Die ersten Werke bis zum endgültigen Umzug nach Amsterdam folgen nicht der neuen holländischen Landschafts-, Sittenbild- und Bildnismalerei, sondern gehen von der Historienmalerei Lastmanns aus. Sie zeigen aber mit ihrer gezielten Konzentration der blickmäßigen Beziehungen der dargestellten Personen wesentliche Merkmale des vollentwickelten Künstlers. Gegenüber seinem Lehrer strafft und reduziert er die Begleitmotive, fügt eindringliche Studien der Menschen ein und vertieft die Lichtregie zu dramatischer Direktheit.

Seit der Amsterdamer Zeit tritt eine ungewöhnliche Neuerung hinzu. Hatten die vorausgehenden Künstler noch synoptisch-gleichzeitig komponiert, so sonderte R. aus den umfänglichen Szenenfolgen einen Szenenaugenblick heraus, der das Geschehen auf den dramatischen Punkt momenthaft fixiert. Diese Methode des punktuellen Festhaltens eines Erzählausschnittes, der nicht immer der Geschehenshöhepunkt sein muß — oftmals liegt er kurz davor —, wird das Hauptcharakteristikum R.scher Schilderungsweise.

In den dreißiger Jahren klärt sich der Künstler gegenüber Rubens ab, dessen heldische Glorifizierung und Überladenheit er ablehnt. Seine Vorliebe gilt plebejischen Modellen, die von sozialem Mitempfinden getragen wird. Auch im Gruppenbild schafft er eine neue Art, indem statt einförmiger Abbildung gleichgestellter Einzelner spannende Augenblicksereignisse Thema werden. Der Betrachter ist bei R. zu mitempfindender Reaktion aufgerufen und zu spontaner Anteilnahme an den wesentlichen Affekten angehalten. In den fünfziger Jahren vervollkommnet R. das Gruppenbild. Die in der dramatischen Handlung sich darstellende Gemeinschaft wird durch bestimmte Beleuchtungsakzente betont. Gleichzeitig kommt der sich ab 1640 abzeichnende Stilwandel voll zum Zug, die äußerlichen Aktivitäten in die innerliche Gespanntheit eines Geschehens oder einer Einzelfigur zu verlagern. Dieser Weg zur Verinnerlichung läuft nicht einheitlich ab. In unterschiedlichen Etappen werden die Bilder weiträumiger, wobei sich teilweise auch die Umgrenzungen verlieren. Die Farbe trägt wesentlich dazu bei, den Bildraum zum »psychologischen Raum« werden zu lassen. Manchmal reduziert R. in seinen letzten Jahren die Themen derart radikal, daß nur noch Sinnbildliches übrigbleibt.

ⓜthemen schuf R. nicht allzu zahlreich. Im malerischen Werk sind einige Hl. Familien erhalten, die als einzige ᛞ in den Vordergrund stellen. Bei den Szenen aus dem ᛞleben ist die GM zwangsläufig Mitagierende im Gesamtgeschehen. In den Passionsdarstellungen rückt ᛞ soweit in den Handlungshintergrund, daß sie fast übersehen werden kann.

Eines der frühesten Bilder mit Passionsthematik ist eine »Kreuzabnahme« (München, Alte Pinakothek, um 1633). ᛞ ist hier kaum kenntlich in die linke untere Ecke plaziert. Sie liegt ohnmächtig ausgestreckt in den Armen zweier Frauen vor dem hell erleuchteten Kreuz. In der St. Petersburger Version (Eremitage, 1634; entsprechend in Washington, Nat. Gallery, um 1653) ist sie etwas mehr angeleuchtet rechts hinter dem Kreuz im Begriff in die Arme der sie begleitenden Damen zu sinken. ᛞ wird als ausgemergelte ältere Frau geschildert, der mit dem Tod des Sohnes ebenso die Lebensgeister zu entfliehen scheinen.

ᛞ ist bei der »Grablegung« (München, Alte Pinakothek, um 1639) ähnlich abseits beigegeben. Die Mutter sitzt rechts mit dem Rücken zum Sarkophag und betet stumm vor sich hinsinnend. Eine Frau stützt sie von rechts kniend und spendet Trost. Einzig in der »Beweinung Christi« (London, Nat. Gallery, 1639) hat ᛞ einen engeren Kontakt zum Sohn, dessen Oberkörper sie rechts im Vordergrund sitzend auf dem Schoß trägt. Doch auch hier ist sie ohne Bewußtsein nach hinten gesunken und muß von drei Begleitern gehalten werden. Die »Grablegung« von Glasgow (Hunterian Mus. and University Art Collection, 1639) schließlich zeigt ᛞ bei Bewußtsein und links neben dem Kopf des von Joseph v. Arimathia gehaltenen Christus. Sie ist kniend nach vorne übergebeugt und betet versunken auf den Sohn zu.

Aus der Gruppe der Szenen des ᛞlebens ist eine »Flucht nach Ägypten« (Tours, Mus., 1627) das früheste Beispiel. Die drei in einem Lichtkegel in der Bildmitte konzentrierten Personen befinden sich in einer schräg nach vorne laufenden Bewegung, wobei ᛞ mit dem in den Mantel gehüllten Kind rechts über dem Rücken des Esels sitzt und aus dem Bild herausblickt. Im Bild gleichen Themas in London (Sammlung Lord Wharton, 1634) läßt R. die Fluchtbewegung quer zur Bildfläche nach links gehen und zeigt ᛞ, das Kind jetzt nur mit dem linken Arm einhüllend tragend, frontal zum Betrachter auf dem Reittier sitzend. Das Ganze spielt sich in einer kleinen Wegelichtung ab, die in der Ferne den Blick auf eine Stadtarchitektur freigibt. Im Beispiel von Dublin (»Ruhe auf der Flucht nach Ägypten«, Nat. Gallery, 1647) verlegt R. die um ein Feuer lagernde Familie unter einen Baum, der den Lichtschein nach oben und links begrenzt, sodaß gegenüber der nächtlichen Landschaft das Paar in einer warmen Schutzzone geborgen ruht. Hier ist der Rückgriff des Meisters auf Elsheimers Nachtstücke bes. deutlich.

Beim Thema der »Darstellung im Tempel« (Hamburger Kunsthalle, 1631; Den Haag, Mauritshuis, 1631) gibt R. das Geschehen in einem weiten und hohen gotischen Innenraum mit einer großen Treppe. Die Hauptgruppe ist durch einen Lichtkegel hervorgehoben, allerdings nicht insgesamt, sondern nur den Kern der Handlung ausleuchtend. Den Knaben hält hier Simeon, der rechts kniet und zu einer priesterlichen Gestalt emporblickt. Die GM kniet links nach hinten versetzt, kreuzt ihre Arme über dem Bauch und betrachtet das Kind. Die Methode, durch partielle Ausleuchtung Intimität eines Geschehens zu vermitteln, setzt R. bei allen ᛞszenen ein. Auch in der »Heimsuchung« (Detroit, Institute of Arts, 1640) findet sich das, nur leuchtet er die Mittelgruppe stärker an und schafft so einen offizielleren Charakter der Darstellung. ᛞ und Elisabeth stehen sich hier vor einer großen Steinpforte auf einem Treppenpodest gegenüber und die ältere schließt die erstaunt blickende GM in ihre Arme.

Die »Anbetung der Hirten« (München, Alte Pinakothek, 1646; London, Nat. Gallery, 1646) versetzt R. durch seine Lichtregie wieder vollends ins Private. Im Münchner Bild umstehen die beteiligten Personen in zwei Kreisformationen das hell erleuchtete Kind, das von sich aus zu strahlen scheint. Der innere Kreis mit der sitzenden Hl. Familie und einigen Hirten wird links im Hintergrund seitlich umfaßt von weniger angeleuchteten und stehenden Hirten, die in das Stallgebäude drängen. Die Londoner Variante legt die Zweiteilung der Personen anders an.

Die intimsten Bilder R.s mit ᛞ sind die Hl. Familien. Das früheste dieser Art (München, Alte Pinakothek, um 1635) zeigt ein Nebeneinander von Licht und Schatten, das durch den Kontrast scharfer Schlagschatten und klarer Lichtstellen den Eindruck eines plastisch dargestellte Figuren umgebenden Raumes schafft. Das so hervorgehobene Hauptmotiv wird dadurch geklärt, wogegen das restliche Geschehen vage bleibt. Die zwei großen Figuren mit ᛞ und Joseph beschreiben um eine mittlere Stelle im Bild zwei Bögen, denen schräg liegend das Christuskind eingebettet ist. ᛞ beugt sich leicht nach vorne und umfängt den schlafenden Knaben mit einer Felldecke.

Die Hl. Familie im Louvre (Paris, 1640) schildert R. in einem Innenraum mit der Werkstatt Josephs. Rechts gegenüber dem Fenster erkennt man einen großen steinernen Kamin. ᛞ sitzt in der Raummitte und stillt das Jesuskind, das quer über ihren Schoß liegt. Ein vom Fenster einfallender Lichtstrahl erhellt die Brust und das Kind und hebt es so von der schummrigen Umgebung deutlich ab. Anna sitzt links neben ᛞ und zieht von ihrem Buch aufblickend das Tuch vom Kopf des Knaben, um ihn richtig zu sehen. Joseph zimmert links vor dem Fenster ein Joch und nimmt nicht wahr, was Anna im selben Augenblick zu erkennen glaubt.

Das Bild der Eremitage (St. Petersburg, 1645) bringt die Werkstatt nur ausschnitthaft. Vorne

Rembrandt, Hl. Familie, 1646, Kassel

schlummert das Kind in einer geflochtenen Wiege. M, die eben in der Schrift auf Worte über den Heiland gestoßen ist, vergewissert sich, indem sie ein Tuch vom runden Dach der Wiege hebt. Der Himmel öffnet sich über ihr, himmlisches Licht fällt ein und erleuchtet sie, das Kind und ihr Buch. Engelkinder schweben durch die Himmelsöffnung, von denen eines über der Wiege in Kreuzigungshaltung innehält. Im Hintergrund rechts beugt sich Joseph über ein Joch, das er vom gedämpften irdischen Herdlicht beleuchtet mit einem Beil bearbeitet.

Das letzte Bild dieser Gruppe (Kassel, Gemäldegalerie, 1646; die Hl. Familie in Amsterdam, Rijksmuseum, ist umstritten) ist entsprechend ausschnitthaft aufgebaut. M mit dem Kind sitzt links im Bild auf einer Bank, vor der die Wiege steht. Sie hält den Knaben beidhändig an die Wange gedrückt, wobei Christus auf den Knien der Mutter steht und ihren Hals umgreift. Die Mutter-Kind-Gruppe ist durch einen nicht lokalisierbaren Lichteinfall herausgehoben. Das sonst schummrige Werkstattlicht stammt von einer offenen Feuerstelle mitten im Raum, dessen Schein den rechts über einem Joch arbeitenden Joseph schattenhaft sichtbar macht. R. hat hier ein niederländisches Motiv aufgegriffen und um das Bild einen kostbar geschnitzten Rahmen gemalt, der im rechten Bilddrittel von einem ebenfalls gemalten Vorhang bedeckt wird. Dieser schwingt leicht nach rechts, als sei er eben beiseite geschoben, um die intime Familienszene freizugeben.

Lit.: W. Valentiner, R. und seine Umgebung, Straßburg 1905. — W. Weisbach, R., 1926. — O. Benesch, R., 1935. — K. Bauch, Der frühe R. und seine Zeit, 1960. — J. Gantner, R. und die Verwandlung klassischer Formen, 1964. — J. Rosenberg, R., 1964. — J. Emmens, R. und die Regeln seiner Kunst, 1964. — K. Clark, R. and the Italian Renaissance, 1966. — K. Bauch, R., 1966. — H. Gerson, R., 1969. — R. Hamann, R., 1969. — A. Bredius, R., 1969. — B. Haak, R., 1976. — C. Tümpel, R., 1986. — O. Pächt, R., 1991. — C. Brown u. a., R., 1991
N. Schmuck

Renaldi, Giulio, † Juli oder August 1576 in Padua, ital. Komponist und Organist. Über R.s Leben ist so gut wie nichts überliefert; urkundlich gesichert ist nur, daß er am 11.11.1570 in Padua die Nachfolge Bertoldo Sperindios als Domorganist antrat, ein Amt, das er bis zum Tod innehatte. Einzelne seiner zahlreichen Madrigale, die er v. a. in der Paduaner Zeit komponierte, wurden nach seinem Tod gedruckt, ebenso wie das Magnificat für fünf Stimmen, das wahrscheinlich 1576 entstanden ist.

Lit.: R. Casimiri, Musica e musicisti nella cattedrale di Padova nei secoli XIV—XVI, In: Note d' archivio per la storia musicale 18 (1941) 53 ff. — MGG XI 291. — Grove XV 741. — DMM VI 302.
L. Berger

Renatus v. Köln, berühmter Apologet und Prediger, † 18.3.1730 auf dem Schloß des Grafen v. Globen, seit dem 16.2.1687 Kapuziner der alten Rheinprovinz, zog 1724 auf Wunsch des Grafen v. Globen als Prediger nach Böhmen. Unter seinen zahlreichen geistlichen und apologetischen Werken ist das herausragendste dogm.-apologetische Werk die »Refutatio Jubilaei Lutherani, ibi Lutherana dogmata ut nuova, ideoque a Christi et Ecclesiae doctrinis aberrentia demonstrantur« (Rastatt 1717). Unter seinen geistlichen Werken ist der »Liber precum pro plebe rustica« (Mainz 1715; auch in Deutsch), ein Zeugnis seiner Frömmigkeit, wie auch der »Nemus spirituale« (dt.: ebd. 1714). Marian. Schriften sind die »Historiae de locis ob prodigia insignoribus BMV« (ebd. 1716), sowie ein Bericht über die Verbreitung der MV (mehrere Aufl.: Mainz ²1752, ¹¹1775). Im Auftrag seiner Ordensoberen veröffentlichte R. den Nachlaß des berühmten Kapuziners → Martin v. Cochem in vier Bänden (Dillingen 1715; Bd. IV: Auserlesenes History-Buch, Augsburg 1717).

Lit.: Bernardus v. Bologna, Bibliotheca scriptorum ord. min. capuccinorum, Venedig 1717, 222f. — Hierotheus v. Coblentz, Provincia Rhenana fr. min. capuccinorum a fundatione suae primordiis usque ad an. 1750 in quinque libris fideli narratione vulgata, Heidelberg 1750, 116. 121. — Hurter IV 1048. — Metodio da Nembro, Quattrocento Scrittori Spirituali, 1972, 359. — DThC XIII 2383. — LexCap 1459.   M. Schmidt

Renaudin, Paul, OSB, * 18.4.1864 in Mont-Saint-Jean, † 3.8.1947 in Fribourg; nach Einkleidung 1885, Profeß 1887, feierlichen Gelübden 1890 und Priesterweihe 1891 in der Abtei Solesmes 1894 in die Abtei Saint-Maur-sur-Loire entsandt, wo er 1896 Prior wurde. Mit seiner Kommunität ging er von dort 1901 nach Baronville bei Beauraing (Belgien) ins Exil; als sein Abt zurücktrat, wählte ihn der Konvent 1907 zu dessen Nachfolger. Die augenfälligste Maßnahme seiner Abtszeit war 1910 die Überführung seines Konventes in das Kloster Chervaux (Luxemburg). Als er 1913—17 ohne Hoffnung auf Heilung allmählich erblindete, verzichtete er auf sein Amt und verbrachte den Rest seines Lebens in ND de Bourguillon bei Fribourg.

R. war ein geschätzter theol. Schriftsteller, was ihm das Ehrendoktorat der Universität Fribourg eintrug. Sein besonderes Thema war die Aufnahme Ms in den Himmel. Er behandelte alle Aspekte dieser Aussage: ob sie als Dogma proklamiert werden könne, welche Entwicklung dieser Glaube in der Geschichte genommen habe, welchen Rückhalt er an der Hl. Schrift habe, in welchem Grade diese Auszeichnung Ms angemessen sei und welchen Nutzen es haben könnte, diese Wahrheit feierlich zu verkünden, schließlich, welche Anträge auf Dogmatisierung dem Hl. Stuhl zugegangen waren. Mit seinem letzten Werk zu dieser Frage erleuchtete er die Theol. seiner Zeit, als seine Augen für diese Welt schon 15 Jahre erloschen waren, und 15 Jahre, bevor er jene andere Welt zu sehen bekam.

WW: De la définition dogmatique de l'assomption de la T. Ste Vierge, dissertation théologique, Angers 1900. — La définibilité de l'assomption de la T. Ste Vierge, In: RThom (1902). — L'assomption de la T. Ste Vierge. Exposé et histoire d'une croyance catholique, 1907. — La doctrine de l'assomption de la T. Ste Vierge, sa définibilité comme dogme de foi divine, Paris 1912 (Anhang: Anträge um Dogmatisierung an den Vatikan von Theologen und Bischöfen) — Assumptio BMV matris Dei, disquisitio theologica, 1933.

Lit.: DThC, Tables Generales I 285; III 3892.   H. M. Köster

Rengersbrunn, Lkr. Main-Spessart, Bistum Würzburg, Wallfahrtskirche Me Geburt. Der Ortsname wird oft abgeleitet von Regisbronn (Königsbrunnen), seine Entdeckung Karl d. Gr. oder Friedrich Barbarossa zugeschrieben. Zutreffender ist wohl die Ableitung von Rieneckersbrunn, da 1482 der Ort durch die Benediktinerabtei Neustadt a.M. an die Grafen von Rieneck verkauft wurde.

Die Herrschaft führte 1543 die luth. Reformation ein; nach Aussterben der Rienecker fiel R. an Kurmainz; ab 1603 folgte die Rekatholisierung durch die Jesuiten. Der dortige Brunnen ist sicher alt, ihn schmückte wohl ursprünglich ein Bildstock. Die Barockfassung trägt das Wappen des Mainzer Erzbischofs und Würzburger Bischofs Johann Philipp v. Schönborn (1642—73) sowie eine Mlactans mit Kreuz; seit 1970 befindet sich dort eine Mater dolorosa vom Würzburger Bildhauer Birk. Das Wasser, das im Volksmund »Liebfrauenmilch« heißt, wird als heilkräftig angesehen. Das Gnadenbild, um das sich verschiedene Legenden vom Typus des »wandernden« und »verletzten« Gnadenbildes ranken, ist eine schlichte stehende M mit Kind (um 1460). Mutter und Kind sind gekrönt, waren früher auch bekleidet und stehen, flankiert von den hll. Joachim und Anna, im frühklassizistischen Hochaltar von Johann Peter Wagner. Außerdem besitzt R. eine Tragmadonna von Johann Wolfgang von der Auwera († 1756).

1653 schrieb der Würzburger Generalvikar eine Kollekte für den Altar aus »für das Mirakul-Bildt«. Der steinerne Kirchenneubau wurde 1659 durch den Würzburger Weihbischof Johann Michael Söllner konsekriert. Die 1560 erstmals erwähnte Wallfahrt nach R. hatte zuerst mehr regionale Bedeutung (Orb, Frammersbach, Burgsinn, Lohr, Rieneck), wurde durch einen Ablaß 1770 (Clemens XIV.) kurzzeitig belebt, durch die Aufklärung 1784 eingeschränkt, 1824 sogar verboten, ist aber dennoch nicht erloschen. Seit 1954 hat R. einen eigenen Seelsorger, was ein erneutes Aufblühen der Wallfahrt mit sich brachte (bis zu 90 Pfarrwallfahrten im Jahr, außerdem Heimatvertriebene und regelmäßige Pilgergruppen aus den Bistümern Limburg, Fulda, Bamberg). Die Wallfahrtszeit beginnt am 1. Mai; für R. wurde ein Wallfahrtslied komponiert. Seit 1980 ist R. bes. Gebetsstätte für Priester-, Ordens- und Missionsberufe.

Lit.: A. Amrhein, Realschematismus der Diözese Würzburg, Würzburg 1897, 466. — Ders., Archivinventare der kath. Pfarreien in der Diözese Würzburg, Würzburg 1914, 201. — KDB, Bezirksamt Lohr, 94. — A. A. Weigl, Maria Hilf, 1949, 238f. — J. Dünninger, Die marian. Wallfahrten im Bistum Würzburg, 1960, 111—113. — H. Dünninger, Processio Peregrinationis, In: WDGB 24 (1962) 69 f. — V. Hausmann und J. Schirmer, Marienwallfahrt Rengersbrunn, 1982. — D. A. Chevalley, Unterfranken, 1985, 177. — S. Hansen (Hrsg.), Die dt. Wallfahrtsorte, 1990, 660f. — F. J. Brems, Wir sind unterwegs ..., 1992, 295f.   E. Soder v. Güldenstubbe

Reni, Guido, ital. Maler des Bologneser Barock, * 4.11.1575 in Calvenzano di Vergato bei Bologna, † 18.8.1642 in Bologna, wurde als Neun-

G. Reni, Himmelfahrt Mariae, 1617, Genua

jähriger (1584) Schüler des in Bologna ansässigen Antwerpener Malers Denys Calvaerdt, der ihn an Vorbildern aus der Antike, der ital. Hochrenaissance und der dt. Graphik bis ca. 1593 unterrichtete. Ab 1595 schloß er sich der Accademia degli Incaminati der Carracci an, wurde Schüler Lodovico Carraccis, und folgte ihrem venezianisch, antimanieristisch geprägtem Vorbild. R.s Frühwerk war bestimmt durch den Einfluß der Carracci und Caravaggios. Sein erster größerer Auftrag, die Mitarbeit an einer Festdekoration zum Einzug Papst Clemens VIII., verhalf ihm zu einer großen Karriere. In Bologna entstand ab 1616 eine große Werkstatt unter seiner Leitung. Während seiner Aufenthalte in Rom (1600—03, 1607—10/11) wurde er von der Kunst Caravaggios beeinflußt. Es folgten auch Reisen nach Neapel, Ravenna und Genua. Nach dem Tod Ludovico Carraccis (1618) wurde R. zum führenden Meister der bolognesischen Malerei seiner Zeit. Er arbeitete nicht nur in Bologna, wo er seinen Wohnsitz hatte, sondern führte auch Aufträge in Ravenna und für den Vatikan aus. Die Themen seiner Gemälde waren überwiegend rel. Andachtsbilder. Barocke Rhetorik und Pathos im Gesamtkonzept beherrschen R.s Werk. Motivisch und stilistisch sind seine Gemälde bestimmt von einem einheitlichen Bildrhythmus. Schwungvolle Bewegung, Verklärtheit und betontes Pathos auf dem Gebiet der rel. Malerei bestimmen die Kompositionen. Trotz der Sentimentalität in seinen M-bildern entsteht gerade in dieser Thematik eine außergewöhnlich lebendige Dynamik. Szenenkompositionen mit gespannter Bewegung und Gegenbewegung geben den Bildern energiegeladene Atmosphäre, eine gewisse Ausgeglichenheit. Ausgewogene Gruppenkompositionen und ein einfacher klassischer Bildaufbau, Eleganz und Harmonie bei aller Bewegung bestimmen sein Werk R. vermeidet komplizierte Figurenbewegungen. Die atmosphärische Malerei erreicht bei R. ihren Höhepunkt. Der Maler verwendet die Emotion als Element. Seine lebendige Erzählkunst und Sentimentalität brachten ihm seinen Ruhm bereits zu Lebzeiten ein. Seine Bilder zeichnen sich durch ihre reine Farbigkeit, Ausgleich von Licht und Dunkelheit sowie eine gute Umsetzung seiner Naturbeobachtungsgabe aus.

Folgende Werke entstanden auf dem Höhepunkt seines Schaffens: S. Maria della Pietà, Beweinung Christi (Bologna, 1614) und Himmelfahrt M-s (Genua, S. Ambrogio, 1617) im Auftrag des Kardinallegaten Durazzo: M schwebt sanft empor, umgeben von Engeln, die wie eine Girlande um sie angeordnet sind. Die Apostel stehen in einer kompliziert aufgereihten Figurenkomposition um den leeren Sarkophag der GM. Keine drängenden, ausgreifenden Bewegungen, sondern Ausgeglichenheit und innere Ruhe bestimmen die Komposition. Farblich ist das Bild zweigeteilt. In der irdischen Zone sind Rot, Blau und Ocker vorherrschend, die himmlische Zone ist heller, ausstrahlend vom makellosen Weiß, dem Licht M-s. Für die Olivierikapelle im Dom zu Pesaro schuf R. eine »Madonna in der Glorie mit den hll. Thomas und Hieronymus« (heute Rom, Pinacoteca Vaticana, 1625—30).

In seinem Spätwerk ab ca. 1630 standen Figurenideal und die Anlehnung an die helle Farbigkeit Raffaels im Vordergrund. Eine ruhige, antikische Klassizität kennzeichnet diese Schaffensperiode, sowie ein kompositorisch schematischer Aufbau. Die helle, sinnliche Farbgebung zeigt sich bes. im Bild der Immaculata (München, Alte Pinakothek), das 1631 für die Kirche der Confraternità di S. Maria degli Angioli di Spilamberto in Modena in Auftrag gegeben, 1642 aber erst vollendet wurde. Das Haupt M-s ist umstrahlt von einer nach außen hin dunkler werdenden Glorie, die, abgegrenzt durch einen Rahmen, von aus Wolken blickenden Engelsköpfen gebildet wird. Der zum Himmel gerichtete Blick M-s ist typisch für R.s Werk, ebenso die Klarheit seiner Linienführung.

Lit.: V. Schmidt-Linsenhoff, G. R. im Urteil des 17. Jh.s, Diss., Kiel, 1973. — Kat. der Alten Pinakothek München, 1983. — Ausst.-Kat, G. R. und Europa, Frankfurt 1988. *C. A. Harrer*

Renner, Joseph, sen., * 25. 4. 1832 in Schmatzhausen bei Landshut, † 11. 8. 1895 in Regensburg, Sohn eines Volksschullehrers, studierte in Regensburg KM, absolvierte das Lehrerseminar in Straubing und war einige Jahre im niederbayer. Volksschuldienst tätig. Als Lehrer kam er 1858 an die Aula Scholastica (Lateinschule) und als Choralist an die Alte Kapelle in Regensburg. Später gründete R. eine eigene Privatschule, war Hauslehrer am Hofe des Fürsten v. Thurn und Taxis und unterrichtete Gesang an der Regensburger Kirchenmusikschule. R. erweckte alte Madrigalliteratur wieder und edierte verschiedene Chorliedersammlungen (»Männerquartette von der Donau«, »Regensburger Oberquartette«, »Mutter Donau«). Seine »Wandtafeln zum Unterricht im Gesang«, sowie seine »Gesangsfibel« zählen bis in unsere Tage zu pädagogischen Standardwerken. An KM hinterließ R. Fronleichnamslieder, 2 Messen (op. 2 und op. 86), Ave Maria, 12 Mlieder, 2 Weihnachtsgesänge, 1 Ave Maria für 4-stimmigen Chor (auch für 1 Singstimme und Harmonium eingerichtet), Litania Lauretana für 4 Männerstimmen, Litaniae Lauretanae für 4 Stimmen; 1 Miserere und 2 Stabat mater.

Als Kirchenmusiker zählt R. zu jener Gruppe, die unter dem Einfluß der cäcilianischen Reform steht und einen einfachen kirchenmusikalischen Gebrauchsstil verwirklicht. Die Singstimmen führt R. in ihrer natürlichen Lage und vermeidet zu hohe und zu tiefe Baßlagen sowie solistische Partien. Orgel- und Harmoniumbegleitung sind einfach auszuführen. So sind seine Werke — auch in bescheidenen Chorverhältnissen — weit verbreitet.

Lit.: Nachruf, In: Fliegende Blätter für Kath. Kirchenmusik 30 (1895) 112ff. — M. Sigl, J. R., In: MS 51 (1918) 57—59. — MGG XI 294 f.   *G. Schönfelder-Wittmann*

Renner, Joseph, jun., * 17. 2. 1868 in Regensburg, † 17. 7. 1934 ebd., kam im Alter von 16 Jahren an die Regensburger Kirchenmusikschule. Sein Orgellehrer war Joseph Hanisch. Theorie und Gesang konnte er bei seinem Vater studieren. Hanisch und Michael Haller waren die Mentoren seiner ersten Kompositionen; seine »leichtausführbaren« Werke erschienen auch unter den Pseudonymen Otto Sephner und Otto Lechner. 1885—87 setzte R. sein Studium an der königlichen Akademie der Tonkunst in München fort. Sein Kontakt zu Joseph → Rheinberger (Orgel und Komposition) sowie seine geistige Verbundenheit und persönliche Freundschaft mit Max → Reger hatten zur Folge, daß R. die Bande einer zu engen Tendenz löste, die ihm das cäcilianische Programm angelegt hatte. Im Herbst 1887 trat er nach erfolgreichem Abschluß seiner Studien — den Dienst als Chordirektor in Bludenz (Vorarlberg) an. In den fünf Jahren seines Wirkens orientierte er seine Kompositionen in der Hauptsache an kirchenmusikalischer Praxis. Von Februar 1893 bis zu seinem Tode war R. Domorganist in Regensburg und Orgelsachverständiger. 1896 übernahm er den Lehrauftrag für Orgelspiel an der Regensburger Kirchenmusikschule und wurde 1914 zum königlichen Prof. ernannt.

Aus R.s umfangreichem Schaffen sind seine Orgelwerke besonders weit verbreitet (2 Orgelsonaten op. 29 und op. 45, 3 Suiten, 12 Präludien op. 67, 12 Orgelstücke op. 73, Phantasie über das österliche Alleluja op. 83). Neben vielen Liedern und Gesängen, einer »Romantischen Ouverture« für Orchester (op. 38) und dem »Te Deum« (op. 50) hinterließ R. an marian. Werken »Ave Maria« (op. 12, 1889) zum Vortrag in geistlichen Konzerten und Maiandachten (für Altsolo und Männerchor, oder auch in der Bearbeitung für eine mittlere Singstimme mit Orgelbegleitung; op. 126), »Gebet zu Maria« für eine Singstimme (tief: F-Dur, hoch: B-Dur) mit Orgel oder Harmonium (op. 55, 1901), das Empfindsamkeit und reizvolle Harmonik bestimmen; Lauretanische Litanei (op. 8, 1901) für eine Singstimme und Orgelbegleitung (Otto Sephner); Lauretanische Litanei (op. 64, 1906) für 4-stimmigen, gemischten Chor mit Orgelbegleitung, ein Werk mit höherem Anspruch. Dichte Satzfülle und chromatische Linienführung bewirken eine harmonische Expressivität, die einzig op. 87 (2 Geistliche Lieder: Ave Maria und Benedictus) übertrifft.

Mit gekonnter kontrapunktischer Arbeit verbindet R. die satte Farbenpracht romantischer Harmonik. Viele Vokalkompositionen R.s gehören in hohem Maße zum sog. Standardrepertoire von Kirchenchören. Indes bezeichneten Gutachter des Cäcilienvereins R.s Werke »von krankhaftem Chromatismus und aufdringlich subjektivem Ausdruck durchtränkt« (Musica sacra 35 [1902] 122) und lehnten sie — weil »unkirchlich« — ab, ein Schicksal das R. mit Reger und Bruckner teilte.

Lit.: T. B. Rehmann, J. R. jun., In: Gregoriusbote 53 (1929) 19—30. — MGG XI 294—295. — E. Kraus, J. R. jun., In: MS 104 (1984) 429—447.   *G. Schönfelder-Wittmann*

Renouveau catholique (»Katholische Erneuerung«). Der R. war eine bes. seit den achtziger Jahren des 19. Jh.s bis zum Ersten Weltkrieg und in einzelnen Repräsentanten (z. B. → Claudel, → Mauriac, Maritain) darüberhinaus unter den Intellektuellen in Frankreich wirkende kath. Erneuerungsbewegung, die sich v. a. im lit. Bereich in der Zuwendung zu rel. Themen und rel. Problematiken äußerte, über diesen Rahmen hinaus auch spezifische Nuancen rel. Spiritualität herausbildete und sich durch politische Aussagen oder Stellungnahmen profilierte. Im Roman reagierte der R. gegen Positivismus, Materialismus und Naturalismus, in der Dichtung kam der neuen Bewegung mit ihrem transzendenten Interesse der die zeitgenössische Lyrik dominierende Symbolismus mit seiner Grundkonzeption einer hinter den Dingen liegenden Wirklichkeit, die es darzustellen gelte, entgegen. Nach zwei Jh.en, die im wesentlichen stimmungsmäßig und intellektuell von der Abwendung von der Religion geprägt gewesen waren und in denen der Katholizismus im Bereich der »großen« Literatur zumindest seit Chateaubriands »Génie du christianisme« (1802) und »Les Martirs« (1809) keine künstlerisch oder intellektuell anerkannte dominierende Rolle mehr gespielt hatte, prägt er aufgrund des R. unversehens wieder das Geistesleben der Epoche entscheidend mit.

1. Die Entwicklung des Renouveau catholique. Erste Anzeichen eines erwachenden Interesses bedeutender Autoren für spirituelle Probleme und rel. Thematiken sind schon in der franz. Lit. während des Zweiten Kaiserreichs erkennbar. So können etwa Barbey d'Aurevilly (1808—89; Un Prêtre Marié, 1865; Les Diaboliques, 1874), aber auch Villiers de L'Isle Adam (1840—89; Contes Cruels, 1883; Axel, 1885; Nouveaux Contes Cruels, 1886; L'Eve Future, 1886) als Vorläufer des R. gelten, obwohl bei ihnen rel. Inhalte vorrangig zur Erzielung lit. Effekte im Sinne einer weitergetriebenen Romantik eingesetzt werden. Im Bereich der Lyrik sind erste bedeutendere rel. orientierte Produktionen dieser Art im Werk Paul Verlaines (1844—96) zu finden, so seine Sammlungen »Sagesse« (1880) und »Amour« (1888).

Zweifellos sind die genannten Autoren und auch einige spätere kaum als wirklich gläubig zu bezeichnen. Religion ist für sie der Lieferant exquisiter, oft morbider Gefühle — etwa in der Verbindung von Erotik und Sakrileg und der Wollust der Sünde (extremster Fall Joséphin Péladan) —, der Zugang zu ihr kann ein primär ästhetischer sein (so v. a. zunächst bei J.-K. → Huysmans über die Schönheit von Architektur und Liturgie, bei Germain Nouveau und Louis Le Cardonnel, dann aber auch bei weniger bedeutenden Autoren wie Maurice Brillant, Charles Grolleau, und Guy Chastel, wo Lit. oft der fragwürdigen sakralen Kunst der zweiten Jh.hälfte zu entsprechen scheint), oder Religion figuriert, freilich ausschließlich bei kleineren Dichtern — deren bekanntester wohl noch der bekehrte François Coppée ist — als Folie purer Sentimentalität. Ein Gutteil des R. geht somit auf den Komplex des sog. »romantischen Katholizismus« Chateaubriandscher Prägung zurück, der zumindest lit. die »Frömmigkeit« der ersten Jh.hälfte repräsentiert hatte. So stark er aber initiierend auch auf die bedeutenderen Autoren des eigentlichen R. gewirkt haben mag, so sicher scheint er im Laufe der Entwicklung gerade der letzteren von ernsthafter rel. Substanz ersetzt worden zu sein, wenn auch meist stilistische Spuren des ursprünglichen Interesses erhalten bleiben (vgl. Huysmans, La cathédrale, 1898).

Zur ersten Generation des eigentlichen R. gehören dann Autoren wie Léon → Bloy, J.-K. Huysmans und Paul Bourget. Léon Bloy (1846—1907) schrieb Romane rel.-spiritueller Thematik wie den Columbus-Roman »Le Révélateur du Globe« (1884), »Le Désespéré« (1886) und weiter bis »La Femme Pauvre« (1897). Daneben war er ein wilder Polemiker und Vertreter eines populistischen, mit sozialistischen Zügen unterlegten Katholizismus.

Neue Perspektiven für die Weiterentwicklung des Romans und in dieser Weise auch stützend für die Entwicklung dieser Gattung bei den Vertretern des R. war das Buch »Le Roman Russe« (1886) Eugène-Melchior de Vogüés, das dem franz. naturalistischen Roman einen mystischen oder jedenfalls mit transzentendalen Problemen befaßten Roman entgegenstellte. Huysmans, mit »A Rebours« (1884) aus dem Naturalismus in den Ästhetizismus flüchtend, zeigte Spuren des Einflusses Vogüés in »Là-Bas« (1891), wo Satanismus und Okkultismus thematisiert werden, Ausdruck eines Interesses, das zur Bekehrung Huysmans führte (En route, 1895).

Ursprünglich an Taine orientiert wandte sich Paul Bourget mit den »Essais de psychologie contemporaine« (1883) bereits dem Bereich der Wirkung von Ideen und der psychischen Reaktionen zu. Sein Roman »Le Disciple« (1889) ist eine scharfe Abrechnung mit den persönlichkeitsdeformierenden Wirkungen des zur Weltanschauung gewordenen Positivismus. Ihm folgte eine Reihe von Romanen, die christl.-traditionellem Denken und entsprechenden Problemlösungen Ausdruck gaben (L'étape, 1902; Un divorce, 1904; L'émigré, 1907; Le démon du midi, 1914).

Nicht zuletzt der Kampf gegen eine dem Laizismus und Positivismus angelastete Desorientierung und geistige Entwurzelung der Jugend gibt dem R., dessen Verhältnis zur Dritten Republik wie das des ihm zeitgenössischen franz. Katholizismus grundsätzlich und zudem aufgrund ihrer laizistischen und antiklerikalen Politik durch Abneigung bis Ablehnung gekennzeichnet war, eine stark politische Komponente und unterstreicht die traditionalistische und nationalistische Orientierung der meisten seiner Autoren. Die Dreyfus-Affaire vertieft die Gräben zwischen Katholiken und Republikanern. Mit Maurice Barrès (1862—1923) stößt ein Autor zur R., der den Katholizismus v. a. nat. franz. Erbe wertet, so in »Le roman de l'énergie nationale« (1. Les Déracinés, 1897; 2. L'Appel au soldat, 1900; 3. Leurs figures, 1902), aber auch den geheimen Beziehungen zwischen Land (Lothringen) und Spiritualität nachspürt (La colline inspirée, 1913). In ähnlicher Weise sah Charles Maurras (1868—1952), Führerfigur der »Action Française«, in der kath. Kirche einen der Hauptgaranten der von ihm verfochtenen Werteordnung um Antiindividualismus, Tradition und Patriotismus. — Im Theater ist der R. durch das Werk Paul Claudels (1868—1955) von »Tête d'Or« (1890) bis »Le Soulier de Satin« (1924) vertreten.

Mit der Jh.wende und einer Reihe aufsehenerregender Bekehrungen verstärkt sich neben der künstlerischen Komponente v. a. das intellektuelle Element im R. Neue lit. Größen erscheinen: Neben dem heute weitgehend vergessenen Romancier Émile Baumann (1868—1941; L'immolé, 1908; La fosse aux lions, 1911; Le Baptême de Pauline Ardel, 1914) v. a. die lit. bedeutsameren Francis → Jammes (1868—1938) und Charles → Péguy (1873—1914). Zum Kreis um Péguy gehörten der junge Romancier Ernest Psichari (1885—1914), der seine Religion tief mit soldatischen Idealen verbindet, der Intellektuelle Henri Massis (1886—1970), Jacques Maritain (1882—1973) und Raïssa Maritain (1883—1960). Zu nennen sind auch die Romanciers Adolphe Retté (1863—1930) und Jean Nesmy (*1876) sowie die Dichter Louis Le Cardonnel (1862—1936) und Charles Grolleau (1857—1940). Einer anderen Gruppe um die Zeitschrift »Les Cahiers de l'amitié de France« (1912—14) gehörten Robert Valléry-Radot, André Lafon und der junge François Mauriac an.

2. Tendenzen und Positionen des Renouveau catholique. Als eine wesentlich elitäre Bewegung ist der R. v. a. durch zwei sich ergänzende Tendenzen geprägt: die Tendenz zur Abgrenzung, in der Regel als Rückwendung, und die Tendenz zur Verfechtung extremer Glaubenspositionen.

Erstere entspricht m. E. der Ghetto-Mentalität des franz. Katholizismus in der 2. Hälfte des 19. Jh.s und seinem Gefühl des Bedrohtseins, andererseits aber auch einem unleugbaren Elitismus. Im Unterschied zu vorhergehenden Tendenzen des 19. Jh.s, die in der Regel darauf abzielten, die Religion mit der neuen Zeit und dem modernen Menschen zu versöhnen, stellt der R. eine kompromißlose Rückbesinnung auf das, was man für wirkliche kath. Werte hielt, dar. Man vermied jedes Zugeständnis gegenüber modernem Denken und Empfinden: auch gegenüber der Sentimentalität eines Chateaubriand und des »romantischen Katholizismus«, auch gegenüber dem Rationalismus eines so unbestreitbaren Traditionalisten wie Bonald oder eines — an sich reaktionären — De Maistre, und natürlich gegenüber dem »Liberalismus« Lamennais' und dem Modernismus der Zeitgenossen. Die liberalere Haltung, die unter Leo XIII. die Politik Pius' IX. abzulösen begann, mag dabei mitauslösend gewirkt haben.

Bedroht sah man sich von der Republik mit ihren antiklerikalen und kirchenfeindlichen Maßnahmen und einer Ideologie, die sich die Befreiung des Menschen aus rel. Bindungen überhaupt zum Ziel gesetzt hatte, und die letztlich zu einem extremen Individualismus und einer Freiheit wie Gide sie predigte, führen mußte. Dem stellt der R. die »Religion der Tradition — oder Tradition der Religion« (R. Griffiths) entgegen. Die kath. Dichtung thematisiert betont das Land, die zentrale Stellung von Familienleben, häuslichem Herd, Hierarchie und Ordnung in den verschiedensten Bereichen: in der Politik, im zivilen Bereich und in der Kirche (vgl. dazu auch das phil. Werk Antoine Blanc de Bonnets, 1815—80).

Gefahr sieht man auch in der drohenden Übermacht einer immer hinterfragenden, wertezerstörenden Wissenschaft. Das Werk Bourgets und Claudels bietet zahlreiche Belege für diese Tendenz. Als sichtbare Zeichen und Strafe dafür, daß Frankreich diese Bedrohung bisher nicht ernstgenommen, ja selbst treibende Kraft dieser Entwicklung gewesen war, gilt seine Niederlage gegen Deutschland, das mit seiner Phil., seiner Industrialisierung und seinem Materialismus eben diese negativen Werte vertritt. Auch insofern ist die Abgrenzung gegen den Zeitgeist erforderlich.

Als Einbrüche eines die Autonomie des Menschen und den Individualismus betonenden Denkens in die Religion selbst werden der Prot. mit seinem individualistischen Glaubensverständnis, die Phil. Kants, der rel. Modernismus und der soziale und liberale Katholizismus erkannt, die entweder ignoriert oder heftig attackiert werden. Kritisch ist auch das Verhältnis gegenüber bestimmten Aspekten des »romantischen Katholizismus«, etwa seiner Ästhetik (ästhetische Minderwertigkeit seiner sakralen Kunst etc.), seiner Sentimentalität und seiner offenen oder latenten Ausbeutung morbider Effekte, etwa der Verbindung von Erotik und Sakrileg im Stile Barbey d'Aurevillys oder Joséphin Péladans. Gegen Individualismus und persönliche Intuition und Überformung setzt man Offenbarung und Tradition. Neben dem Gefühl der Bedrohung und kämpferischer Defensive tritt ein eventuelles Gefühl der Befreiung durch den Glauben (vgl. den Bekehrungsbericht Claudels) in den Hintergrund.

Getragen von einer rel. Hochstimmung, die nicht zuletzt durch die zeitweilig erhebliche Zahl von Neubekehrten genährt wurde, wandte man sich gern extremen Positionen in Theol., Dogma und rel. Praxis zu. Man betonte v. a. die harten und strengen Seiten der Religion (vgl. die ständige Trennung der Liebenden in Dramen Claudels, die physischen und mentalen Torturen in Huysmans' »Heiligengalerie« und in den Romanen Baumanns, die Glorifizierung des Leidens bei Bloy, die sehr viel stärker betont werden als sonst im Christentum) und pflegte ein Bewußtsein der Auserwähltheit zum Leiden, unterstrich in jedem Fall auch innerhalb des Katholizismus und gegenüber den weniger eifrigen Glaubensbrüdern das Unterscheidende mehr als das Verbindende (R. Griffiths).

Das Mißtrauen gegen die Wissenschaft und die Furcht vor positivistischen Ideen führten bei den meisten kath. Literaten zu einem ausgeprägten Antirationalismus, der die einfache Wahrheit bei den Einfachen, den Bauern und Kindern fand oder ihre Offenbarung in Momenten äußerster Desorientiertheit und Ratlosigkeit erfuhr. Die Hl. Geschichte bot die Typoi für die Einfachheit einer Jeanne d'Arc und eines hl. Ludwig (so v. a. bei Péguy) und die einfachen Menschen, an die die Botschaften von La Salette und Lourdes ergangen waren. Bezeichnend ist das weitgehende Desinteresse des R. am Thomismus, dessen Studium unter Leo XIII. (Enzyclica Aeterni Patris, 1879) neue Impulse erhalten hatte. — Die jüngere Generation (Maritain, Massis, Valléry-Radot), die schon wieder pro-intellektueller eingestellt war, kam freilich erst nach dem Weltkrieg zum Zug und hatte auf den eigentlichen R. wenig Einfluß.

Ein anderer Reflex auf das Gefühl der Bedrohung durch Individualismus, Wissenschaft und modernes Denken war ein Glaube, der sich ausschließlich auf göttliche Offenbarung und in weitem Maße auf die Offenbarung durch das Wunder stützte und dabei einen gewissen Exklusivismus pflegte und zu Eiferer- und Zelotentum neigte.

Daneben gewann das mystische Element ein ungeheueres Gewicht, und eschatol. Konzepte, die sich am Rande der kath. Orthodoxie bildeten (z. B. die Sekte Vintras', mit dessen Nachfolger, dem Abbé Boullan), beeinflußten und faszinierten viele Autoren des R. Es handelt sich bei all diesen Ansichten um Pointierungen und Überzeichnungen von Gedankengängen, die an sich im kath. Denken, zumindest der Epoche, vorhanden waren, die aber auch in der Kirche selbst kontrovers diskutiert wurden. Interesse für Wunderoffenbarungen und ungewöhnliche Mystik in gelegentlicher Nähe zur Heterodoxie, angeregt bes. durch den Schriftsteller Ernest Hello (1828—85), findet sich u. a. sehr intensiv bei Bloy und Huysmans.

Ein in seiner Betontheit charakteristisches Element der Religion des R. ist das »stellvertretende Leiden« (R. Griffiths), das in verschiedensten Varianten, gelegentlich auch häretischer Ausformung erscheint und wohl nicht zuletzt der Legitimierung und Rationalisierung eines gelegentlichen morbiden Leidensbedürfnisses oder aber elitärer Ansprüche diente. Es gilt vielen Autoren als wesentlichster Bestandteil des christl. Glaubens und erscheint bei Claudel und Péguy intensiv, aber in theol. gereinigter Form, im Kontext des Leidens als des allgemeinen Loses des Christen und Menschen.

Ein weiterer wesentlicher Aspekt des rel. Exklusivismus und Extremismus des R. ist die Neubelebung oder jedenfalls Intensivierung der Vorstellung von Frankreich als der von Gott erwählten christl. und kath. Nation. Exemplarisch findet sich dieser im R. allgemein verbreitete rel. Nationalismus bei Léon Bloy. Für ihn ist Frankreich das Königreich Christi auf Erden, seine Geschichte ist die Fortsetzung des NT. Es ist darüber hinaus das Königreich der Jungfrau ℳ, was die vielen ℳerscheinungen belegen. In Bloys Vorstellung sind all diese Mysterien miteinander verbunden, sie weisen auf ewige Wahrheiten über die Dreifaltigkeit hin. Frankreichs Mission ist eine geistige, nicht eine zeitliche.

In diesem Rahmen sieht der R. auch Frankreichs Niederlage von 1871. Gott braucht Frankreich, weil es eine Mission zu erfüllen hat (R. Griffiths). Deutschland wird mit Prot., geistiger Zersetzung und Relativierung identifiziert und wird damit auch zum rel., fast transzendentalen Gegner. In ähnlichen Koordinaten erscheint die Diskussion um den Fremden in der Nation, die im Antisemitismus Edouard Drumonts eine extreme Pointierung erfährt.

Insgesamt ist der R. eine Bewegung, die sich eher auf die Offenbarung als auf den Intellekt verläßt, eher auf Tradition denn auf Neuerung, eher auf Einfachheit als auf Kompliziertheit baut. Sie steht im Kontext des Auflebens eines vitalistischen Menschenbildes in der Folge des Niedergangs des deterministischen Positivismus, der wesentlich von der Jh.mitte bis in die Achtzigerjahre die geistige Landschaft Frankreichs bestimmt hatte, und setzt, bisher zum letzten Mal (mit Ausnahme etwa von Bernanos), christl. Themen und Sinngebungen in lit. hochwertige und als solche allgemein anerkannte Werke um. Dabei dürfte er doch auch Erbe des von ihm abgelehnten individualistischen und materialistischen Denkens gewesen sein, etwa in seiner Überzeugung von der Wirksamkeit menschlichen Handelns und seiner Fixiertheit auf greifbare Zeichen spiritueller Gegebenheiten.

3. *Das Marienthema* zeigt Affinitäten zu wesentlichen Perspektiven des Ideariums des R.: ℳ ist ein wesentliches Element des traditionellen kath. Glaubens, als Ort der Inkarnation steht sie zentral im Komplex der Berührung des Göttlichen und Menschlichen. ℳ deckt darüberhinaus wesentliche Aspekte des Leidens, v. a. des stellvertretenden und des Mit-Leidens, ab (vgl. Léon Bloys Äußerungen zum Leiden und Mit-Leiden ℳs). Als Mutter und Zuflucht mag ℳ dem Gefühl der Bedrohtheit entgegengekommen sein. ℳ erscheint thematisiert v. a. bei Léon Bloy, Paul Claudel, Charles Péguy, J.-K. Huysmans, Francis Jammes und zahlreichen unbedeutenderen Autoren, etwa Maurice Brillant. Darüberhinaus spielt ℳ in zwei Interessenkomplexen des R. eine zentrale Rolle: in der »Theologie« der Vintras-Sekte und den Erscheinungen und Botschaften von La Salette und Lourdes.

Im Kult der von Eugène Vintras (1807—75), der 1839 in Tilly durch eine Vision des Erzengels Michael auf seinen Weg gewiesen worden war, gegründeten Sekte spielten die Frauen eine wichtige Rolle — sie konnten auch Priesterinnen werden —, denn durch sie würde die Rettung kommen. Eines der Hauptrituale der Sekte war das »sacrifice pro-victimal de Marie«. Im Vintras-Ritus hatte ℳ u. a. die Rolle der Vermittlerin und Erlöserin. Daneben betont Vintras' Bild der Jungfrau ℳ ihre Eigenschaft als geschaffene Weisheit, womit es in die Nähe des Sophia-Glaubens des gnostischen Valentinianismus rückt (R. Griffiths). Vintras vertrat auch die Auffassung von der UE mehrere Jahre bevor das Dogma verkündet wurde, entsprach damit aber einer Zeittendenz.

Dem Bedürfnis des R. nach konkreter Erfahrung des Übernatürlichen, seiner Betonung der Rolle der Kleinen und Einfachen als Träger von Offenbarungen kamen die ℳerscheinungen von → La Salette (1846) und → Lourdes (1858) in hohem Maße entgegen. Die Tendenz zu Rigorismus und Härte im R. erklärt wohl das stärkere Interesse für die kummervolle Jungfrau von La Salette mit ihrer apokalyptischen Botschaft ob einer unwürdigen Priesterschaft gegenüber der lächelnden Jungfrau von Lourdes mit ihrer eher beruhigenden Botschaft. La Salette, das nach Intention von Mélanie »un nouveau Calvaire d'expiation, de réparation, d'immolation, de prière et de pénitence pour le salut de ma chère France et du monde entier« werden sollte (R. Griffiths), war wohl auch einer der Hauptgründe für die Verhärtung dieser Doktrinen des stellvertretenden Leidens und des Bußleidens.

Léon Bloy besuchte 1879 La Salette zusammen mit Abbé Tardif de Moidrey. In »La Femme Pauvre« nennt Bloy La Salette »le Sinaï ‹de la pénitence, le paradis de la douleur‹«. Drei seiner Bücher sind La Salette gewidmet: »Celle qui pleur« (1908), »Vie de Mélanie« (1912) und »Le Symbolisme de l'Apparition« (1925).

Die positiven Aspekte in der Botschaft von Lourdes werden weniger beachtet. Wo man sich für Lourdes interessierte, dort v. a. für das Leiden derer, die nach Lourdes kommen (vgl. Huysmans, Les foules de Lourdes, 1906). Der Schriftsteller Retté wurde Bahrenträger in Lourdes. Andere Autoren situieren im Rahmen ihrer Romane gelegentlich Wunder in Lourdes, z. B. Émile Baumann in »L'Immolé« (1908). Eine gewisse Reserviertheit gegenüber denen, die in Lourdes von Leiden befreit werden möchten, ist bei Huysmans unverkennbar. Es scheint charakteristisch für die Haltung des R., daß man bei Bloy und Péguy sogar die Hoffnung ausgedrückt findet, man möge eines Tages von einem völlig gesunden Christen hören, der nach Lourdes geht um dort die Gnade der Krankheit und des Leidens zu erhalten (R. Griffiths). Abgesehen vom theol. Inhalt von La Salette und Lourdes stellte die Wallfahrt an sich den Nachvollzug einer traditionellen, ins MA zurückreichenden Glaubenspraxis dar, was wiederum auch in der lit. Umsetzung von Péguys Wallfahrten nach Chartres thematisiert wird.

Lit.: Th. Mainage, Les Témoins du R. c. Introduction par le R. P. Sertillanges, 1917. — J. Laurec, Le R. C. dans les lettres, 1917. — J. Calvet, Le R. C. dans la littérature contemporaine, 1927. — M. Garçon, Vintras: hérésiarque et prophète, 1928. — E. Frazer, Le Renouveau religieux d'après le roman français de 1886 à 1914, 1934. — Sr. J. Keeler, Catholic Literary France from Verlaine to the Present Time, 1938. — H. Brémond (Éd.), Manuel de la littérature catholique en France, de 1870 à nos jours, 1939. — M. Hatzfeld, Catholic Spirituality in Recent French Literature, In: Thought 20 (1945) 291–304. — A. Béguin, Léon Bloy: mystique de la douleur, 1948. — A. Dansette, Histoire Religieuse de la France Contemporaine, 1948, ²1965. — Sr. F. E. Riordan, The Concept of Love in the French Catholic Literary Revival, 1952. — R. Baldick, The Life of J.-K. Huysmans, 1955. — A. Blanchet, Le Prêtre dans le roman d'aujourd'hui, 1955. — R. Amadou, Le Sacrifice Provictimal de Marie, In: Tour St. Jacques, (mai-juin 1957). — Ch. Moeller, Littérature du XXe siècle et christianisme III: Espoir des hommes, 1957. — P.-H. Simon, La lit. du péché et de la grâce. Essai sur la constitution d'une littérature chrétienne depuis 1880, 1957. — A. Germain, Les croisés modernes (de Bloy à Bernanos), 1958. — R. Halter, La Vierge Marie dans la vie et l'oeuvre de Paul Claudel, 1958. — K. Wais, Zur kath. Dichtung des neueren Frankreich, In: Ders., Franz. Marksteine, 1958,

328–334. — H. Hatzfeld, A Comparison of the Creative and Critical Achievements of the Catholic Revival in France and Germany, In: PMLA 75 (1960) 293-296. — G. Truc, Histoire de la littérature catholique contemporaine, 1961. — A. Latreille, J.-R. Palanque, E. Dellaruelle und R. Rémond, Histoire du Catholicisme en France, La Période contemporaine, 1962. — L. A. Maugendre, La Renaissance Catholique dans la littérature du XXe siècle, 1962. — Ders., La Renaissance Catholique au début du XXe siècle, 1963–71. — M. Ozouf, L'École, l'Église et la République 1871–1914, 1963. — R. Griffiths, Révolution à rebours. La renaissance catholique dans la littérature en France de 1870 à 1914, 1971 (engl. 1966). — J. O. Lowrie, The Violent Mystique: Thematics of Retribution and Expiation in Balzac, Barbey d'Aurevilly, Bloy and Huysmans, 1974. — A. Sonnenfeld, Crossroads: essays on the catholic novelists, 1980. — M. Scott, The struggle for the Soul of the French Novel. French Catholic and Realist Novelists, 1850–1970, 1989.

W. Kreutzer

Renzi, Elisabetta, sel. Ordensstifterin, * 19. 11. 1786 in Saludecio (Rimini), † 14. 8. 1859 in Coriano während der Vigil von M̃e Himmelfahrt, entstammte einer Familie wohlhabender Grundbesitzer. Die ersten Schuljahre verbrachte sie in einem nahegelegenen Klarissenkloster, wo sie bereits mit neun Jahren das Versprechen der Jungfräulichkeit ablegte. Hier empfing sie auch den Ruf zum kontemplativen Ordensleben. R. trat 1807 zunächst bei den Augustinerinnen ein, die kirchenfeindlichen Dekrete der damaligen Regierung verhinderten jedoch ihre Einkleidung und zwangen sie, in ihre Familie zurückzukehren. Die Zukunft schien dunkel, doch die göttliche Vorsehung gab ihr ein Zeichen. In Coriano bei Rimini lernte R. eine Gruppe großherziger Frauen kennen, die sich der Erziehung armer Mädchen vom Land widmete. Sie schloß sich ihnen an, und bald begann die kleine Gemeinschaft unter R.s Führung zu blühen. Das war die Geburtsstunde einer neuen Ordensfamilie, der »Guten Erzieherinnen von der Schmerzhaften Mutter Gottes« (Magistrae Piae a BMV Perdolente, Maestre Pie dell'Addolorata). Diese aktive Kongregation von Erzieherinnen mit 417 Schwestern war 1992 nicht nur in Italien, sondern auch in den USA, in Brasilien, Mexiko und Bangladesh tätig. Alle, die Mutter R. kannten, hielten sie für eine echte Heilige, doch begann der Seligsprechungsprozeß erst 1965–67. Am 8. 2. 1988 bestätigte Papst Johannes Paul II. die Heroizität ihrer Tugenden und sprach sie am 18. 6. 1989 in St. Peter zu Rom selig.

Das Geheimnis der Spiritualität Mutter R.s enthüllt sich in ihrer tiefen Verehrung der Schmerzhaften Jungfrau M̃. Sie wurde an den Orten und in der Umgebung ihrer Ausbildung eingepflanzt. Das erste Band mit der Frau unter dem Kreuz knüpfte R. in ihrer franziskanisch geprägten Schule bei den Klarissen. Den zweiten Anstoß erhielt sie im Kloster der Augustinerinnen, wo sie lernte, die Schmerzensreiche eng mit dem Erlösungswerk Jesu vereint zu sehen. In M̃, in ihrem durchbohrten Herzen, erkannte sie ihr Glaubensvorbild. Auf dieses Modell ausgerichtet, erfuhr ihr Glaube ein wunderbares Wachstum. So konnte sie sich grenzenlos den Bedürftigsten zuwenden, bes. im Dienst an der weiblichen Jugend, die sie aus Unwissenheit und moralischem Elend befreien wollte.

QQ: Positio super Virtutibus ex officio concinnata, 1985. Lit.: A. Montonati, E. R. e l'imprevisto, 1989. — AAS 80 (1988) 503—507; 81 (1989) 1200—05. — BSS XIV 1125 f. — DIP VII 1687 f.   *C. Lizarraga/G. Lenzen*

Rerum supremo in vertice. Der Hymnus zum Gedenktag M Königin in fünf ambrosianischen Strophen preist die Erhabenheit und Schönheit Ms. Er sagt, wie sie als das vorzüglichste unter den Geschöpfen von Anfang an dazu bestimmt war, ihren Schöpfer zu gebären und wie sie in ihrer Teilnahme am Leiden des gekreuzigten Königs zur Mutter der Lebenden wurde; die Bitte um huldvolle Annahme der Verehrung und eine (neue) Doxologie beschließen die Dichtung. Verfasser ist Vittorio Genovesi SJ († 1967).

Ausg.: Officium divinum ..., Liturgia horarum IV, 1971 ff., 1077. — Te decet hymnus. L'Innario della › Liturgia horarum ‹ a cura di A. Lentini, 1984, 197. — AR, Liber hymnarius, 420. Lit.: V. Genovesi, Carmina, 1959. — A. Cuva, Le dossologie con riferimenti Mariani negli inni della »Liturgia horarum«, In: Salesianum 47 (1985) 833.   *G. Bernt*

Res est admirabilis. Sequenz der zweiten Epoche an Mfesten, fünf Strophenpaare mit gleichem Bau des Textes in erweiterten Vagantenzeilen. Das Wunder der Jungfrauengeburt wird mit Bildern (in den a-Strophen) und Paradoxa betrachtet. Durch ihren Rhythmus und die unumwundene Sprache wirkt die Sequenz lebhaft und fröhlich. Sie ist seit dem 12. Jh. in franz. Handschriften und gedruckten Missalien überliefert.

Ausg.: AHMA 54,397. — Mone II 78. Lit.: Chevalier 17335. — AHMA 54,398.   *G. Bernt*

Reš qālā (westsyr.: Riš qōlō), eine Strophe, die weiteren Kompositionen Maß und Melodie vorgibt. Die Anfänge solcher Musterstrophen werden häufig mit roter Schrift in den Titel eines Strophenliedes eingeschrieben. Auch unter der Bezeichnung rukkābā und → šurrāyā bekannt.

Lit.: J. Mateos, Lelya-Sapra. Essai d'interprétation des matines chaldéennes, 1959, 497.   *J. Madey*

Responsorium. I. LITURGIEWISSENSCHAFT. Unter R. versteht man den Antwortgesang, der in der Stundenliturgie auf die Lesungen folgt. Dabei wird unterschieden zwischen dem R. prolixum nach den Lektionen der Lesehore und dem R. breve nach den Kurzlesungen der übrigen Horen. Naturgemäß wird das R. gesungen (vgl. AES 282), es ist aber so eingerichtet, daß es auch bei der Rezitation des einzelnen Beters der meditativen Aneignung des Gelesenen dienen kann.

Die Responsorien nach der ersten Lesung stammen immer aus der Hl. Schrift und schließen sich innerlich an den voraufgehenden Text an. Das R., das der patristischen oder hagiographischen Lesung folgt, ist frei gestaltet; mit dem gelesenen Text nicht so eng verbunden, gibt es der Meditation freieren Raum (vgl. AES 170), will jedoch immer die Lesung beleuchten und sie in Gebet verwandeln.

In der röm. Tradition gab es das R. breve bis zur Reform der Stundenliturgie (1970) nur in den kleinen Horen (Prim, Terz, Sext, Non, Komplet). Die monastische Tradition hingegen kannte es auch bei Laudes und Vesper. Jetzt findet man sinnvollerweise ein R. breve nach allen Kurzlesungen in allen Horen (mit Ausnahme der Leshore), also auch in Laudes und Vesper.

Die Responsorien lassen den Text der Lesung oder Kurzlesung besser verstehen, fügen letzteren in die Heilsgeschichte ein, stellen die Verbindung zwischen AT und NT her, bieten dem geistlichen Leben eine Grundlage, geben der Frömmigkeit Nahrung, übersetzen die Lesung in Gebet und Betrachtung, bringen durch ihre Poesie Abwechslung und Freude in den Vollzug (vgl. AES 169). Lesen und Hören müssen in der Stundenliturgie stets abwechseln. So gesehen, dienen die Responsorien der dialogischen Struktur des Stundengebets. Sie sind (wie die Versikel) »eine Art Akklamation, die das Wort Gottes tiefer in das Herz ... eindringen läßt« (AES 172; vgl. AES 202). Die auf jede einzelne Lesung bzw. Kurzlesung hin konzipierten Responsorien, aus »überliefertem Gut ausgewählt oder auch neu verfaßt« (AES 169), greifen sowohl Psalmen als auch nichtbiblische Texte auf. Diese interpretieren die Lesung marian., sofern deren Text sowie Fest und Anlaß das nahelegen. So folgt z. B. auf die 1. Lesung (Hebr 2,9—17) am Hochfest der GM (1. Januar) das R.: »Gesegnet bist du, Jungfrau Maria; denn du hast den Herrn getragen, den Schöpfer der Welt; du hast den geboren, der dich erschaffen hat, und bleibst Jungfrau für immer. Sei gegrüßt, Maria, du Begnadete, der Herr ist mit dir. Du hast den geboren ...«.

Lit.: AES 169—172. — J. Gelineau, Musik im christl. Gottesdienst, 1965, 110—129. — A. Bugnini, Die Liturgiereform 1948—75. Zeugnis und Testament, 1988, 586—588. — B. Fischer und H. Hucke, Responsorien und Antiphonen des Offiziums, In: Gottesdienst der Kirche. Handbuch der Liturgiewissenschaft, Teil 3, 1987, 203—207. — A. Adam und R. Berger, Pastoralliturgisches Handlexikon, ⁵1990, 451 f.   *Th. Maas-Ewerd*

II. MUSIKWISSENSCHAFT. R. ist ein liturg.-musikalisches Gebilde eigener Struktur. Bereits vor mehr als 3000 Jahren pflegen die Babylonier den Typus. Auch den Griechen ist er im delphischen Apollohymnus und den Römern in den Versus fescennini bekannt. Juden lernen ihn in babylonischer Gefangenschaft kennen und übernehmen ihn in den Gottesdienst der Synagoge; von da gelangt der Typus über Syrien in christl. Liturgie.

In musikalischem Zusammenhang bedeutet R. bei den Kirchenvätern am Ende des 4. Jh.s einen Rahmenvers, mit dem das Volk auf die vom Vorsänger vorgetragenen Verse antwortet (EnchP 315—319. 1258—63. 1278 f. 1312—24: Ambrosii Hexaëmeron III, 5, 23; Expositio in Ps. 37,58; in Ps. 45,15. — G. Morin, S. Augustini Sermones post Maurinos reperti, 1930, 43,3. — PL 52: Petri Chrysologi Sermo 45).

In monastischer Literatur ist R. nicht nur Rahmenvers, sondern ein ganzer Gesang (ed. R. Hanslik, Benedicti Regula, cap. 11, CSEL LXXV, ²1977. — C. Lawson [Hrsg.], Isidori De officiis ecclesiasticis I, cap. 9, CChrSL, 1989); er folgt stets auf eine Lesung aus der Hl. Schrift oder geht einer Oration voraus, eine Regel, die seither in der Liturgie der gesamten abendländischen Kirche zu beobachten ist. Der Gesang läßt Gedanken und Stimmung der vorausgegangenen Lesung weiterklingen oder will eine etwa darauf folgende Oration vorbereiten und vertiefen. Kanonikale (regular- und säkularkanonikale oder weltpriesterliche) und monastische Tradition lat. Riten der Kirche kennen in Stundengebet und Messopferfeier den Gesang des R. s.

Bis in karolinigische Epochen und seither auch heute bezeichnet der Terminus R. zum einen das R. breve oder Responsoriolum des Tagesofficiums. Es wird im kanonikalen und säkularen Officium zu den kleinen Horen vorkonziliarer Zeit, im monastischen Officium zu Laudes und Vesper vor- und nachkonziliarer Zeit nach der Lesung (Capitulum oder Lectio brevis) gesungen. Zum andern bezeichnet der Terminus das R. prolixum oder magnum des Nachtofficiums, das auf die Lesungen der Matutin folgt. An hohen Feiertagen wird die erste Vesper durch Lesung mit anschließendem R. prolixum ausgezeichnet. Im ambrosianischen oder mailändischen Ritus hat das R. prolixum seinen festen Platz in der Vesper. In der Messe sind Responsoria prolixa die Gesänge von Graduale, Alleluja und →Offertorium mit Versen. Dagegen ignoriert die mozarabische (altspan.) Liturgie den Unterschied von R. breve und R. prolixum. Das R. ist in diesem Zusammenhang mehr an eine folgende Oration gebunden; sie entnimmt ihren Text meist dem vorausgegangenen R. Sacrificium, Sonus, Lauda und zuweilen auch Antiphona haben in mozarabischer Liturgie responsoriale Struktur. Ihre Texte entstammen überwiegend dem AT, selten den Märtyrerakten.

1. Stundengebet (des kanonikalen und monastischen Ritus der Röm. Kirche): *a)* Der Gesang eines R. breve setzt sich zusammen aus dem Corpus oder Chorteil (einem einleitenden Cantus) sowie einem aus einem Psalm ausgewählten Versus und — seit dem 6. Jh. — der (responsorialen) Doxologia minor, d. h. ohne den (antiphonalen) Zusatz der Synode von Vaison (529): »Sicut erat in principio...« (Mansi VIII 727). Der Gebrauch der Doxologie ist im MA uneinheitlich und von lokaler Gewohnheit abhängig. Röm. Art läßt bis zum hohen MA nach dem Vers das Corpus des R.s von Anfang an bis zum Versus wiederholen, fränkische Manier bloß die Repetenda (den zu wiederholenden Teil) des Corpus, und zwar von da an, wo sie dem Inhalt des Versus nahekommt.

Responsoria brevia haben im allgemeinen einen kurzen Text aus der Hl. Schrift und v. a. eine einfache, meist syllabische Melodie, die an der Grenze von Rezitativ und Antiphon steht. Daraus resultiert auch der Name. Responsoria brevia kennen einzig drei Modi (Tonarten): Per annum (im Jahreskreis) und Tempore Paschali (während der Osterzeit) den VI. Modus (Tritus plagalis oder Plagalis auf Fa [F]); Tempore Adventus (Adventszeit) den IV. Modus (Deuterus plagalis oder Plagalis auf Mi [E] und für Laudes und Terz am Sonntag den I. Modus (Protus authenticus oder Authenticus auf Re [D]). Somit bestimmen kirchliche Zeit und Hore die Wahl von Melodie und Modus.

Responsoria brevia mit marian. Bezug oder zu ℳfesten sind im Antiphonale Romanum: (In festis BMV) V(ersus): Qui natus es de Maria Virgine. — (Conceptionis immaculatae BMV) R(esponsorium): Deus omnipotens, V.: Et posuit; R.: In hoc cognovi, V.: Quoniam non gaudebit; R.: Exaltabo te, V.: Nec delectasti. — (Purificationis BMV) R.: Specie tua, V.: Adjuvabit eam; R.: Adjuvabit eam, V.: Elegit eam; R.: Elegit eam, V.: Diffusa est. — (Apparitionis BMV) R.: Quae est ista, V.: Innixa super; R.: Ego Mater, V.: Et timoris; R.: Qui me invenerit, V.: Et hauriet. — (Septem Dolorum BMV Fer. VI p. Dom. Pass.) V.: Qui passus es; R.: Posuit me, V.: Tota die; R.: Facies mea, V.: Et palpebrae; R.: Deus vitam, V.: Posuisti lacrimas. — (Assumptionis BMV) R.: Exaltata est, V.: Super choros; R.: Assumpta est, V.: Laudantes benedicunt; R.: Maria Virgo, V.: In quo Rex. — (Septem Dolorum BMV) R.: O vos omnes, V.: Attendite et videte; R.: Defecerunt Prae lacrimis, V.: Conturbata sunt; R.: Fasciculus myrrhae, V.: Inter ubera mea. — (Sacratissimi Rosarii BMV) R.: Sancta Dei Genitrix, V.: Intercede pro nobis; R.: Post partum, V.: Dei Genitrix; R.: Speciosa facta es, V: In deliciis tuis.

Darüber hinaus im Antiphonale Monasticum (In festis BMV) R.: Ave Maria, V.: Benedicta tu. — (Annuntiationis BMV) R.: Angelus Domini, V.: Et concepit. — (Nativitatis BMV) R.: Beatissimae Virginis, V.: Cum jucunditate.

Überdies im Antiphonale Praemonstratense: (Purificationis BMV et Praesentationis Domini in Templo) R.: Simeon justus, V.: Exspectabat redemptionem. — R.: Responsum accepit, V.: Non visurum; R.: Accipiens Simeon, V.: Gratias agens. — (Annuntiationis BMV) R.: Christe Fili Dei, V.: Qui natus es de Maria; R.: Ave Maria, V.: Dominus tecum; R.: Speciosa facta, V.: Sancta Dei Genitrix; R.: Diffusa est, V.: Propterea benedixit. — (Septem Dolorum BMV Fer. VI p. Dom. Pass.) R.: Christe, Fili Dei, V.: Qui passus es. — (Visitationis BMV) R.: Speciosa facta, V.: Sancta Dei Genitrix; R.: Dignare me, V.: Da mihi; R.: Diffusa est, V.: Propterea benedixit; R.: Felix namque, V.: Ora pro populo. — (Solemnitatis SS. Rosarii BMV) R.: Speciosa facta, V.: Sancta Dei; R.: Dignare me, V.: Da mihi.

b) Responsoria prolixa entnehmen ihre Texte aus Psalmen, aus verschiedenen Büchern der Hl. Schrift und aus Märtyrerakten. Im Hinblick auf seine musikalische Struktur setzt sich der ganze Gesang eines R. prolixum zusammen aus Corpus oder Chorteil sowie einem oder (seit dem 9. Jh.) bis zu drei aus einem Psalm ausgewählten Versen in numerischer Folge und — seit dem 6. Jh. — der (responsorialen) Doxologia minor, wobei — wie im R. breve — ihr Gebrauch im MA uneinheitlich ist und von lokaler Gewohnheit abhängt. Im Vergleich zum R. breve haben Responsoria prolixa nach fränkischer Manier — etwa seit dem 12. Jh. — manchmal bis zu drei Repetenden.

Im allgemeinen hat das R. prolixum eine zumindest oligotonische Melodie, die aber auch Gruppen von Neumen auf Silben legt und reiche Melismatik entfaltet, ohne dabei Syllabik auszuschließen. Die Melodie im responsorialen Stil folgt den Gesetzen des Kontrastes. Zum einen ist der Text der Lesung begrifflich zu erfassen und zum andern drängt die Melodie des R. zu lyrischen Ergüssen. Dabei bleibt die Melismatik kleingliedrig, greift aber auch in Rezitationspartien ein. Manchmal sind Melismen der Responsoria als interpolierte Tropen zu deuten. Die meisten Responsaria bedienen sich eines Vorrats typischer Klauseln, Paraphrasen und Abschnitte, die im Hinblick auf Ambitus und Kadenz für verschiedene Modi signifikant sind und dabei auch Translation und Transposition einschließen. Jüngere Melodien der Responsoria heben sich zuweilen deutlich vom übrigen Repertoire ab.

Vielfachen Anlaß zu polyphoner Vertonung gibt das R. prolixum zunächst in der Ars antiqua, v. a. in der Notre-Dame-Epoche Leonin und Perotin, sodann in den Epochen der Niederländer Ockeghem, Obrecht, Willaert, de Kerle, aber auch später Palestrina, Victoria, Lasso, Animuccia, Alcarotto, Argilliano, Falusi, Cardoso, Bartei, Ingegneri, Gesualdo, A. Scarlatti, Cannicciari, Bononcini, Jomelli, L. Leo, M. Haydn u. a.

Responsaria prolixa marian. Bezugs und zu ꟿfesten sind im Antiphonale Romanum II: (Oct. S. Dei Genitricis Mariae) R.: Sancta et immaculata, V.: Benedicta tu. — (Praesentationis Domini) R.: Postquam impleti, V.: Obtulerunt pro eo. — (Annuntiationis BMV) R.: Missus est Gabriel, V.: Dabit ei. — (Assumptionis BMV) R.: Diffusa est, V.: Myrrha et gutta; R.: Vidi speciosam, V.: Quae est ista. — (Conceptionis immaculatae BMV) R.: Nihil inquinatum, V.: Est enim haec.

Lib. Resp. (In festis BMV per annum) R.: Congratulamini mihi, V.: Beatam me dicent; R.: Beata es, V.: Ave Maria; R.: Beata progenies, V.: Felix namque; R.: Sicut cedrus, V.: Et sicut cinnamomum; R.: Quae est ista, V.: Et sicut die; R.: Ornatam monilibus, V.: Astitit Regina; R.: Diffusa est, V.: Myrrha et gutta; R.: Felix namque, V.: Ora pro populo; R.: Beatam me dicent, V.: Et misericordia; R.: Benedicta et venerabilis, V.: Benedicta tu. — (Immaculatae Conceptionis BMV) R.: Per unum hominem, V.: Eripuit Dominus; R.: Transite ad me, V.: Vivit Dominus; R.: Electa mea, V.: Veni de Libano; R.: Elegit Mariam, V.: Dedit Mariae; R.: Ego ex ore, V.: Deus enim; R.: Signum magnum, V.: Induit eam; R.: Magnificate Dominum, V.: Princeps hujus; R.: Hortus conclusus, V.: Aperi mihi; R.: Magnificat anima, V.: Ecce enim ex hoc; R.: Quis Deus magnus, V.: Exsultavit spiritus; R.: Ostendit mihi, V.: Ornatam monilibus. — (Assumptionis BMV) R.: Sicut cedrus, V.: Et sicut cinnamomum; R.: Quae est ista, V.: Et sicut dies; R.: Super salutem, V.: Sola namque; R.: Ornatam monilibus, V.: Astitit Regina; R.: Beatam me dicent, V.: Et misericordia; R.: Beata es Virgo, V.: Ave Maria; R.: Ista est speciosa, V: Ista est quae; R.: Beata es Virgo, V.: Ave Maria; R.: Hodie Maria, V.: Assumpta est; R.: Felix namque, V.: Ora pro populo.

Proc. Mon.: (Purificationis BMV) R.: Obtulerunt pro eo, V.: Postquam autem. — (Annuntiationis BMV) R: Gaude Maria, V.: Gabrielem Archangelum. — (Visitationis BMV) R.: Repleta est, V.: Ecce enim ut facta. — (SS. Cordis BMV) R.: Confirmatum est, V.: Domus pudici. — (Nativitatis BMV) R.: Solem justitiae, V.: Cernere divinum; R.: Stirps Jesse, V.: Virgo Dei. — (SS. Nominis BMV) R.: Ad nutum, V.: Ut vitium. — (Septem Dolorum BMV) R.: Vadis propitiator, V.: Promittentes tecum. — (Solemnitatis SS. Rosarii BMV) R.: Sumite psalterium, V.: Cantate ei. — (Festorum BMV tempore Adventus) R.: Ave Maria, V.: Quomodo fiet; R.: Suscipe verbum, V.: Paries quidem. — (Ante temp. Pasch.) R.: Nesciens mater, V.: Domus pudici; R.: Videte miraculum, V.: Virgo concepit. — (Temp. Pasch.) R.: Ego sicut vitis, V.: In me omnis. — (Per annum) R.: Pulchra es, V.: Oculi tui; R.: Candida Virginitas, V.: Quae meruit; R.: Salve virginale, V.: Tu gloria; R.: Unam quam petiit, V.: Divinum munus; R.: Sanctas primitias, V.: Non calor; R.: Regina caelestis, V.: Restitui numerum; R.: Porta Sion, V.: Intactae matri; R.: Ecclesiae Sponsum, V.: Sic secum Matrem.

Darüber hinaus Ant. Praem.: (Immaculatae Conceptionis BMV) R.: Sancta Maria, V.: Sentiant omnes. — (Purificationis BMV et Praesentationis Domini in Templo) R.: Videte miraculum, V.: Castae parentis; R.: Hodie Maria, V.: Magnum hereditatis; R.: Adorna thalamum, V.: Accipiens Simeon; R.: Senex puerum, V.: Responsum accepit; R.: Suscipiens Jesum, V.: Quod parasti; R.: Responsum accepit, V.: Cum ergo cognovisset; R.: Simeon justus, V.: Accipiens Simeon. — (Annuntiationis BMV) R: Quomodo fiet, V.: Ideoque ungi; R.: Ingressus Angelus, V.: Benedicta tu; R.: Benedicta tu, V.: Ave Maria; R.: Maria, ut audivit, V.: Benedicta tu; R.: Dixit Angelus, V.: Ecce concipiens; R.: Ecce concipiens, V.: Hic erit magnus; R.: Dabit illi, V.: Et regni ejus; R.: Dixit autem Maria, V.: Spiritus Sanctus. — (Fer. VI p. Dom. Pass.) R.: Cui comparabo, V.: Tuam ipsius; R.: Christi Mater, V.: Quoniam peccatorum. — (Nativitatis BMV) R.: Hodie nata est, V.: Beatissimae Virgnis; R.: Beatissimae Virginis, V.: Dignum namque; R.: Nativitas tua, V.: Ave Maria; R.: Nativitas gloriosae, V.: Nativitas est hodie; R.: Cum jucunditate, V.: Nativitatem hodiernam; R.: Corde et animo, V.: Omnes pariter. — (Septem Dolorum BMV) R.: Simeon vir, V.: Ne vocetis.

Proc. Praem.: (Immaculatae Conceptionis BMV) R.: Sancta Maria succurre, V.: Sentiant omnes. — (Purificationis BMV) R.: Responsum accepit, V.: Hodie beata. — (Annuntiationis BMV) R.: Christi Mater, V.: Quoniam peccatorum.

Überdies Proc. O.S.S. »Birgittenorden« (Festschrift Altomünster): (Dedicationis Ecclesiae) R.: Maria Virgo, V.: Desiderium animae; R.: Ancillari ministerium, V.: Cibavit eam. — (Annae Matris) R.: O Maria, V.: Infer igitur; R.: Maria summae, V.: Respice propicia. — (Festorum BMV) R.: Christi Virgo. V.: Quoniam peccatorum; R.: O ineffabiliter, V.: Hic ad patriam; R.: Beata Mater, V.: Exsulta reverenda; R.: Super salutem, V.: Valde eam. — (Purificationis BMV) R.: Videte miraculum, V.: Haec speciosum. — (Fer. VI) R.: Palluerunt pie Matris, V.: O immensam. — Weitere Responsoria brevia und prolixa (aber ohne Melodien) sind im CAO (I—II) ediert.

2. Messe. a) Der Gesang des Graduale — ursprünglich R. genannt — hat seinen Namen von den Stufen des Ambo; eigentlich von dort ist er in der Feier des Meßopfers zu singen, und zwar nach der Lesung aus dem AT oder auch NT. In mailändischer oder ambrosianischer Liturgie — Psalmellus genannt — folgt das Graduale auf die erste ihrer drei Lesungen. Früh bezeugen Leo d. Gr. (440—461; PL 54, 145) und Augustinus (354—430; PL 38, 950) das Graduale mit einem ganzen Psalm. Seit dem 5. Jh. sind er und das Corpus des Graduale sehr wahrscheinlich rein melismatisch, da man nach dem Corpus nur mehr einen Vers des Psalms singt und darauf sogleich das Corpus wiederholt (PL 78, 971). Zuweilen im 9. und bes. im 12. und 13. Jh. entfällt die Repetition des Corpus (G. Durandus, *Rationale divinorum officiorum* IV, 19, 9) und man gewinnt Zeit für den Vortrag mehr und mehr aufkommender Sequenzen. Dadurch geht die responsoriale Form des Graduale verloren, bis die Editio Vaticana die Repetition des Corpus wieder gestattet. Seinen Text entnimmt das Graduale der Hl. Schrift und vorwiegend den Psalmen. Die Melodien der Gradualien lassen häufig typische Formeln erkennen, wobei die Ausdeutung des Textes ganz in den Hintergrund tritt. Wie stark der Wille zur Form ist, zeigt das Verhältnis von Corpus und Vers; sie heben sich von einander melodisch ab.

In der Geschichte polyphoner Musik verliert das Graduale mehr und mehr eigenen Charakter. Zum Teil oder ganz mehrstimmig vertont, hebt sich der Gesang von Kompositionen anderer Texte stilistisch kaum ab. Einzig der Text verrät das Graduale. Dabei nimmt der Gesang — wie auch die übrigen Proprien-Vertonungen — den Stilcharakter der gerade herrschenden polyphonen Technik an, und zwar vom organalen Stil über die Anfänge des 11. Jh.s bis hin zum Barock, wo v. a. konzertantes Musizieren auch Gradualtexte aufnimmt. M. Haydns Gradualkompositionen schaffen fortan eine volkstümliche Gebrauchskunst von beinahe pastoralem Habitus, die erst Sätze der frühen Cäcilianer ablösen. Die Gradualien A. Bruckners überragen sie weit. Auch im 20. Jh. partizipieren Gradualvertonungen stilistisch an mehrstimmigen Werken der übrigen KM.

Graduale marian. Bezugs und zu ᛗfesten nachkonziliarer Zeit sind: (Graduale Triplex: Communis BMV) G(raduale): Audi filia et vide, V.: Specie tua; G.: Benedicta et venerabilis, V.: Virgo Dei Genitrix; G.: Concepit rex, V.: Audi filia; G.: Diffusa est, V.: Propter veritatem; G.: Exsultabit cor, V.: Memores erunt; G.: Propter veritatem, V.: Audi filia; G.: Specie tua, V.: Propter veritatem. — (Praesentationis Domini) G.: Suscepimus, Deus, V.: Sicut audivimus. — (Annuntiationis Domini) G.: Tollite portas, V.: Quis ascendet. — (Assumptionis BMV) G.: Audi filia, V.: Specie tua. — (BMV Reginae) G.: Posuisti, Domine, V.: Desiderium animae. — (BMV Perdolentis) G.: Deus vitam, V.: Miserere mihi. — (Conceptionis BMV) G.: Benedicta es tu, V.: Tu gloria Jerusalem.

Gradualia zu ᛗfesten vorkonziliarer Zeit sind: (Graduale S.R.E.: Vigiliae Immaculatae Conceptionis BMV) G.: Sapientia aedificavit, V.: Fundamenta ejus. — (Apparitionis immaculatae BMV) G.: Flores apparuerunt, V.: Surge anima. — (Annuntiationis BMV) G.: Diffusa est, V.: Propter veritatem. — (Septem Dolorum BMV) G.: Dolorosa et lacrimabilis, V.: Virgo Dei Genitrix. — (Assumptionis BMV) G.: Audi filia, V.: Tota decora. — (Maternitatis BMV) G.: Egredietur virga, V.: Et requiescet super. — (Festorum BMV) G.: Tollite portas, V.: Quis ascendet; G.: Speciosus forma, V.: Eructavit cor. — (Translationis Almae Domus BMV) G.: Unam petii, V.: Ut videam. — (BMV de Guadalupe) G.: Quae est ista, V.: Quasi arcus. — (BMV de Bono Consilio) G.: Ego sapientia, V.: Beatus homo. — (BMV Omnium Gratiarum Mediatrix) G.: In me gratia, V.: Transite ad me. — (BMV de Perpetuo Succursu) G.: Tota formosa, V.: Benedixit te. — (Puritatis BMV) G.: Sicut lilium, V.: Dilectus meus. — (BMV Immaculatae a Sacro Numismate) G.: Memento te mirabilium, V.: Posuit in ea.

b) Der Gesang des Alleluja (hebr.: Hallelu-jah = Preiset Jahve) ist ein Freudenruf, der zum Lobpreis Gottes auffordert. Das Wort gelangt unverändert aus dem Hebräischen in griech. Psalterübersetzungen und über die Septuaginta ins Lat. Das Alleluja ist im Hinblick auf seine Natur Ausdruck seelischer Kraft und Gefühlstiefe. Gleich bei seinem Eintritt in die Messe des 4. Jh.s hat es solistische Melodik (PL 36, 283), die in der Folgezeit mehr und mehr anhebt (PL 58, 197). Das Alleluja ist der melodisch reiche Meßgesang unmittelbar vor dem Evangelium. Der Gesang, der Glaubensfreude über die Auferstehung Christi vorzüglich während der österlichen Zeit ausdrückt, ist ursprünglich kein R. wie das Graduale und keine Antiphon wie der Introitus, bleibt aber im wesentlichen Sologesang. Responsorialer Psalmodie nahestehend entwickelt das Alleluja eine besondere liturg.-musikalische Form, die in responsoriale Struktur mündet (PL 1, 1194). Ein Cantor intoniert das Alleluja und hält nach der ersten Klausel inne, die der Schlußsilbe des Wortes folgt. Ein anderer Cantor oder eine Schola cantorum schließt an, um das Alleluja fortzusetzen oder zu wiederholen. Dabei verlängert eine ausgedehnte Vokalise (jubilus, melodia longissima, neuma, cauda, sequela) auf der letzten Silbe des Alleluja den Gesang. In dem Zusammenhang ist v. a. der Terminus »Jubilus« seit dem 5. Jh. belegt. Augustinus erwähnt ihn oft in seinen Predigten (Roetzer 233—235). Nach dem Jubilus, der im 9. Jh. zu einer Sonderform des Tropus führt, singt ein Cantor solistisch einen ausgewählten (meist den ersten) Vers (selten zwei Verse) eines Psalms melodisch reich verziert als ein Relikt alter responsorialer Psalmodie. Daraus resultiert die musikalisch vollständige Form: Alleluja, Alleluja mit Jubilus, Vers und Repetition des Alleluja mit Jubilus.

Außerhalb röm. Liturgie ist der Gesang des Alleluja auch im beneventanischen, im mailändischen Ritus und in altgallikanischen Riten der Messe gebräuchlich.

Der Gesang des Alleluja veranlaßte viele Musiker zu mehrstimmigen Allelujakompositionen; solche stammen von Isaak, Gabrieli, Palestrina, de Monte, Vecchi, Allegri, Aiblinger, Fux, Bruckner und Ett, um vom vielen großen Meistern bloß wenige zu nennen, eine Reihe, die sich im 19. und 20. Jh. fortsetzt.

Allelujagesänge marian. Bezugs und zu ᛗfesten sind: (Graduale Triplex: Communis BMV) V.: Ave Maria; V.: Diffusa est; V.: Felix es; V.: Post partum; V.: Propter veritatem; V.: Specie tua; V.: Virga Jesse. — (Praesentationis Domini) V.: Senex puerum. — (Immaculati Cordis BMV) V.: Paratum cor. — (Assumptionis BMV) V.: Assumpta est. — (BMV Reginae) V.: Posuisti Domine. — (Nativitatis BMV) V.: Soleminitas gloriosae. — (Praesentationis BMV) V.: Adorabo ad templum. — (Conceptionis immaculatae BMV) V.: Tota pulchra es.

Überdies Graduale S.R.E.: (Conceptionis immaculatae BMV Temp. Pasch.) V.: Tu gloria Jerusalem. — (Apparitionis BMV) V.: Ostende mihi; V.: Flores apparuerunt; V.: Vox turturis. — (BMV de Monte Carmelo) V.: Per te, Dei Genitrix. — (Immaculati Cordis BMV) V.: Magnificat anima; V.: Beatam me dicent. — (Septem Dolorum BMV) V.: Stabat sancta Maria; V.: O vos omnes. — (Maternitatis BMV) V.: Virgo Dei Genitrix. — (Translationis Almae Domus BMV) V.: Beati qui habitant. — (Exspectationis Partus BMV) V.: Ecce concipiet. — (BMV de Bono Consilio) V.: Qui me invenerit. — (BMV Omnium gratiarum Mediatricis) V.: Salve Mater misericordiae; V.: Leva in circuitu; V.: Filii tui. — (BMV de Perpetuo Succursu) V.: Beatus homo. — (Puritatis BMV) V.: Quae est ista; V.: Tu gloria Jerusalem; V.: Tota pulchra. — (BMV Immaculatae a Sacro Numismate) V.: A summo caelo.

Ausg.: Antiphonale Romanum II, Liber Hymnarius, 1983. — Antiphonale Sacrosanctae Romanae Ecclesiae pro diurnis horis, 1949. — Antiphonale Monasticum pro diurnis horis, 1934. — Processionale Monasticum, 1893, ²1983. — Liber Responsorialis, 1895. — Antiphonarium ad usum sacri et canonici Ordinis Praemonstratensis, 1934. — Processionale ad usum sacri et canonici Ordinis Praemonstratensis, 1932. — Graduale Triplex seu Graduale Romanum, 1979. — Graduale S.R.E. de Tempore et de Sanctis, [1907] 1956. — CAO I—II.
Lit.: G. Eisenring, Zur Geschichte der mehrstimmigen Proprium Missae bis um 1560, 1913, passim. — W. Roetzer, Des hl. Augustinus Schriften als liturgiegeschichtliche Quelle, 1930. — J.R. Hesbert, Antiphonale Missarum Sextuplex, 1935, passim. — O. Strunk, Some Motet-types of the 16th Century, In: Papers of the American Musicological Society, 1939, 155 ff. — J.M. Hanssens, Amalarii episcopi opera omnia liturgica, In: StT 88—90 (1948—50) passim. — W. Lipphardt, Die Geschichte des mehrstimmigen Proprium Missae, 1950, passim. — Jungmann I—II, passim. — K. Schlager, Thematischer Katalog der ältesten Alleluja-Melodien aus Handschriften des 10. und 11. Jh.s, In: Erlanger Arbeiten zur Musikwissenschaft II, 1965, passim. — Ders., Anmerkungen zu den zweiten Alleluja-Versen, In: AMw 24 (1967) 199 ff. — Ders., Ein beneventani-

sches Alleluja und seine Prosula, In: FS für B. Stäblein, 1967, 217ff. — Ders., Alleluja-Melodien I, In: Monumenta monodica medii aevi VII, 1968, passim. — M. Huglo, Les listes allélujatiques dans les temoins du graduel grégorien, In: Speculum musicae artis, FS für H. Husmann, 1970, 219ff. — E. Jammers, Das Alleluja in der Gregorianischen Messe, In: LQF 55 (1973) passim. — R. Steiner, Some Melismas for office Responsories, In: JAMS 26 (1973) 108ff. — D. v. Huebner, Zu Prozessionen und Gesängen eines Processionale des 15. Jh.s aus dem Birgittenorden, In: FS Altomünster, 1973, 83—113. — P. F. Cutter, Oral Transmission of the Old-Roman Responsories?, In: The Musical Quarterly 62 (1976) 182ff. — DACL I/1, 1226—46; IX/1, 344—345. 474—481; XI/1, 701—724; XII/2, 1946—62; XIV/2, 2359—93. — MGG I 331—350; V 632—659. — Grove VII 589—609; XV 759—765.   *D. v. Huebner*

Resurgenti tuo nato. Sequenz der zweiten Epoche in der Osterzeit, aus drei Strophenpaaren (3 Stabat-mater-Strophen) mit Schlußstrophe (1 Zehnsilber). Die Sequenz spricht ⓜ an und fordert sie auf, ihre Trauer abzulegen und nach den Leiden der Passion sich zu freuen; am Schluß steht eine Bitte um Fürsprache. Verbreitungsgebiet der Sequenz war die alte Salzburger Erzdiözese.

Ausg.: AHMA 54,363. — Mone II 202. — Daniel II 160; V 328. — Kehrrein 186.
Lit.: Chevalier 17372.   *G. Bernt*

Retour, Grand Retour. Der vierte Marian. Franz. National-Kongreß (Boulogne, Juli 1938) beschloß, die Statue ULF von Boulogne (ND de Boulogne), mit schließlicher Rückkehr (»retour«) zum Ausgangsort, durch Nordfrankreich auf »Wanderschaft« zu schicken. Die Wirkung war unerwartet groß.

Im September 1938 begann die Pilgerfahrt der Statue. Ihre Ziel sollte → Le Puy sein, wo der nächste Nationalkongreß stattfinden sollte. Krieg und Besatzung bereiteten dieser Fahrt an der Abtei Igny ein vorläufiges Ende. Im Juni 1942 konnte sie fortgesetzt werden. Durch eine Gruppe älterer Pfadfinder gelangte die Statue mit einem Gemüsetransport über die Demarkationslinie. So erreichte sie am 15. 8. 1942 Le Puy und im September Lourdes, wo sie mehrere Monate blieb.

Nach einer am 28. 3. 1943 durch Bischof Choquet an der Grotte von Lourdes gefeierten Eucharistie begann die »große Rückkehr« durch ganz Frankreich. Die Wirkung war derart, daß man sich entschloß, mit drei weiteren Statuen ULF von Boulogne eine Pilgerfahrt durch Frankreich durchzuführen. Es ergaben sich so vier Wege: durch den Norden (Boulogne), den Osten, Mittelfrankreich, und der Küste entlang. Das Kreuz voran, sangen und beteten die Gläubigen mit ausgebreiteten Armen; sie marschierten bloßfüßig und zogen den schweren Holzwagen mit der Barke ULF. Bei der Ankunft in einer Stadt versammelte man sich in nächtlichen Gebets- und Wachestunden mit einer Messe um Mitternacht. Im Juli 1948 fand die große Rückkehr der Statuen nach Boulogne ihren Abschluß. Aber eine dieser Statuen setzte ihre Pilgerfahrt in der Union Française außerhalb Frankreichs fort. 1956 befand sie sich auf Martinique, in einer ULF von Boulogne geweihten Kirche. Eine andere Statue wurde dem Angelus-Haus in der Diözese Bourges anvertraut; die beiden anderen kamen zurück nach Boulogne sur Mer.

Die Pilgerfahrt ULF von Boulogne durch Frankreich bewirkte Eifer und Bekehrungen. Die Beichtväter auf dem Weg des Gnadenbildes reichten für diese Aufgabe nicht aus. Das Wort von der großen Rückkehr, das Pater Ranson im März 1943 auf den langen Heimweg der Statue ULF von Lourdes nach Boulogne gemünzt hatte, hatte einen tieferen Sinn erhalten: den der großen Heimkehr der Menschen zu Gott.

Lit.: Mar. 8 (1946) 303f.; 9 (1947) 223—225. — M. Rolland, Une expérience religieuse: Le Grand Retour, In: NRTh 69 (1947) 412—416.   *R. Laurentin*

Rettenpacher, Simon, * 17. 10. 1636 in Aigen, einem heutigen Stadtteil Salzburgs, † 10. 5. 1706 in Kremsmünster. Der wohl bedeutendste Barockdramatiker des Benediktinerordens besuchte 1648—58 Benediktinergymnasium und -universität in Salzburg (Jurastudium) und trat nach einem Studienaufenthalt in Italien (Siena, Rom, Padua) 1660 in das Kloster Kremsmünster ein. Nach dem Theologiestudium in Salzburg und einem weiteren Romaufenthalt 1666/67 war R. Gymnasialpräfekt in Kremsmünster, Prof. für Ethik und Geschichte in Salzburg (1671—75) und dann Stiftsbibliothekar in seinem Kloster, was er als Krönung seines Lebens empfand. 1688 wurde er, offensichtlich nach einem Zerwürfnis mit Abt Erenbert Schrevogl, als Pfarrer in das kleine Dorf Fischlham geschickt, von wo er erst 1706 ins Stift heimkehren konnte. Doch schon nach zwei Monaten setzte ein Schlaganfall seinem arbeitsreichen und bewegten Leben ein Ende.

R. war ein vielseitiger Schriftsteller. Außer seinen Dramen, die er für das Universitätstheater in Salzburg und das Kremsmünsterer Stiftstheater schrieb und die er als Selecta Dramata 1683 veröffentlichte, verfaßte er u. a. anläßlich des 900-jährigen Klosterjubiläums die vielbeachteten Annales Cremifanenses 1677, ferner zwei Predigtwerke »Meditationes Evangelicae« (für die Sonntage; 1683) und »Tuba Evangelica« (für die Festtage; 1688) und das allegorische Prosawerk Sacrum Connubium 1700. Doch von ebensolcher Bedeutung sind die ungedruckten Werke, die in der Stiftsbibliothek aufbewahrt werden. Neben vielen Übersetzungen aus dem Franz. ins Lat., einer Hebräischgrammatik, einem umfangreichen Briefwechsel, einem unvollendeten dt. Heiligenkalender, einem Konvolut dt. Gedichte u. a. sind es bes. drei Bände eines »poetischen Tagebuchs«, die über 6000 Distichen, Oden, Elegien, Episteln und Satiren enthalten. Aus ihnen hatte R. selbst schon eine Reinschrift für den Druck von vier Büchern Carmina, einem Buch Epoden (nach horazischem Vorbild) und zwölf Büchern Silvae vorbereitet, der aber erst 1893 zustande kam. Dieses lyrische

Hauptwerk stellt den »österreichischen Horaz« R. würdig an die Seite des »deutschen Horaz« Jacob →Balde.

Das Marian. spielt im Schaffen R.s keine unbedeutende Rolle. Er, der Mitglied der Congregatio maior in Salzburg war, widmete der GM vom ersten Romaufenthalt (Hymne auf S. Maria del popolo) bis zu den späten Fischlhamer Jahren lat. Gedichte, wozu ihn bes. die Ⓜfeste des Kirchenjahres inspirierten. Es sind dies meist Distichen oder Doppeldistichen, aber auch Oden im klassischen Versmaß, von denen er fünf in seine Carmina und Silvae aufnahm (Laus Beatae Virginis Mariae. Ad divam Virginem. Peregrinatio ad Beatam Virginem in Plain prope Salisburgum. Breve encomium Beatae Virginis. Turcae victi Beatae Virginis ope). Im Vergleich mit Jacob Balde fällt auf, daß R. viel maßvoller im Gebrauch der horazischen mythologischen Diktion ist und stärker nach dem Vokabular der christl. Tradition und der →Lauretanischen Litanei greift. Im Predigtwerk »Tuba Evangelica« sind je drei Predigten zu den Festen UE, Lichtmeß, Verkündigung, Himmelfahrt und Geburt und je eine zum Rosenkranzfest und für Ⓜe Tempelgang enthalten. Sie zeichnen sich durch große Gelehrsamkeit und einen reichen Zitatenschatz aus der Hl. Schrift, den Kirchenvätern und antiken Autoren aus.

WW: Annales Monasterii Cremifanensis, Salzburg 1677. — Frauen-Treu, Salzburg 1682. — Selecta Dramata, Salzburg 1683. — Meditationes Evangelicae, Salzburg 1685. — Tuba Evangelica, Sulzbach 1688. — Sacrum Connubium, Würzburg 1700. — Lyrische Gedichte, hrsg. von T. Lehner, Wien 1893. — Dt. Gedichte, hrsg. von R. Newald, Augsburg 1930. — Dazu unedierte Mss. in der Stiftsbibliothek Kremsmünster.
Lit.: T. Lehner, S. R., Wien und Leipzig 1905. — G. Übleis, P. S. R., Diss. masch., Wien 1922. — R. Newald, P. S. R.s poetisches Tagebuch, In: Altkremsmünsterer Festschrift, Wels 1949. — H. Pfanner, Das dramatische Werk S. R.s, 1953. — L. Klinglmair, Die Satiren P. S. R.s, Diss. masch., 1967. — B. Wintersteller, S. R. und die dt. Lyrik des 17. Jh.s, In: SMGB 88 (1977). — Ders., S. R.s Briefe — Spiegel seines Lebens und lit. Schaffens, In: Die österr. Literatur. Ihr Profil von den Anfängen im MA bis ins 18. Jh., hrsg. von H. Zemann, 1986.
B. Wintersteller

Retzbach, Lkr. Main-Spessart, Bistum Würzburg, Wallfahrtskirche Ⓜ im grünen Tal, Patrozinium: Dreifaltigkeit und Ⓜ, eine der ältesten, auch heute noch bedeutenden marian. Wallfahrtsstätten des Frankenlandes. Legendarisch ist wohl die kurz nach 1202 erfolgt sein sollende Stiftung der Würzburger Ministerialenfamilie v. Rabensburg, die an der Ermordung des Würzburger Bischofs Konrad v. Querfurt beteiligt war. Ebensowenig ist die Legende belegt, nach der jagende Herren v. Thüngen einen waidwunden Hasen in einer Erdhöhle aufgestöbert und dabei die Ⓜstatue gefunden haben sollen.

Das Gnadenbild der GM mit Kind (Stein, ca. 1,20 m, nach 1310; früher bekrönt und bekleidet) von einem einheimischen Meister zeigt Anklänge an die Madonna aus der Dreikönigsgruppe im Würzburger Dom und an die Madonna von Laub. Es befindet sich seit 1967 in einer 5 m hohen Bronzestele von Otto Sonnleitner, die einer Palme nachempfunden ist und am Fuß die Leiter Davids zeigt mit dem Hinweis »aus Davids Stamm«. Bei der Renovierung von 1968 wurden im ausgehöhlten Rücken der Statue (Berührungs-)Reliquien, wohl aus dem Hl. Land, entdeckt.

1229 wird die erste Wallfahrtskirche urkundlich als »speciosa, spatiosa et famosa« bezeichnet. Gleichzeitig mit dem heute noch erhaltenen Ostchor wurde 1336 in R. eine Propstei der Benediktiner-Abtei Neustadt a. M. errichtet, die bis zur Säkularisation von 1803 auch die Pfarrseelsorge ausübte. 1622—25 wurde das Langhaus erbaut; im 17. oder 18. Jh. kamen an die Westfassade noch zwei Treppentürme mit Zwiebelkuppeln hinzu, im 18. Jh. das Portal mit den Figuren Christi und Ⓜe. Als das baufällig gewordene Langhaus nach einem Gewitter (16./17. 6. 1968) einstürzte, folgte ein Neubau unter den Architekten Hans Schädel und Walter Kuntz, der am 13. 9. 1969 konsekriert werden konnte.

1287 gewährte Bischof Siegfried von Augsburg für die Ⓜkapelle zu R. einen Ablaß; weitere Ablässe stammen von 1327 (Avignon), 1354 bischöflich bestätigt und 1494; päpstliche Ablässe für Kirchenbesucher von 1785 und 1891. Eine in Güntersleben 1417 approbierte Bruderschaft wurde bald danach nach R. verlegt, wo sie 1472 durch Bischof Rudolf v. Scherenberg bestätigt wurde. Die Äbte von Neustadt belebten um 1600 die in der Reformationszeit eingeschlafene Gemeinschaft wieder; neue Statuten wurden 1606 in Würzburg gedruckt. 1646 wallfahrtete Fürsterzbischof Johann Philipp v. Schönborn mit der Würzburger marian. Bürgersodalität nach R. Um 1900 kamen Prozessionen aus 12 Gemeinden nach R. Außerdem war R. Raststätte für viele Walldürnwallfahrer, darunter die aus Fulda und dem Eichsfeld. Am Vorabend der Ⓜfesttage fand eine Lichterprozession statt. Die im 18. Jh schon geübte Schiffswallfahrt aus Würzburg ist heute wieder stark belebt, bes. an Ⓜe Geburt und Ⓜe Namen. Für R. wurden einige Wallfahrtslieder komponiert, z. B. »O Freuden über Freuden, daß ich gekommen an«, »Maria von Retzbach, hellglänzende Sonn'...«, »Maria im grünen Tal ...«. Viele Votivgaben verschwanden im 19. Jh. Die alte Bruderschaft Ⓜe Geburt wird seit 1969 ergänzt durch das Gemeinschaftswerk für die Einheit der Christen, womit das ökumen. Anliegen des Zweiten Vatikanischen Konzils in R. aufgegriffen wurde (durch Kardinal Willebrands bestätigt). Die Kirche steht den Angehörigen aller christl. Konfessionen zur Andacht offen. Seit den 1960er Jahren kommen alljährlich mehrere 10 000 Besucher.

Lit.: I. Gropp, Collectio scriptorum et rerum Wirceburgensium I, Frankfurt 1741, 34 f.; II 1744, 92 f. — G. Höfling, Beschreibung und Geschichte des Marktfleckens R. und der dasigen Wallfahrt Maria im Grünenthale, Würzburg 1837, bes. 51—75. — Kalender für kath. Christen 36, Sulzbach 1876, 91—93. — A. Amrhein, Realschematismus der Diözese Würzburg 1897, 262 f. — KDB, Bezirksamt Karlstadt, 1912, 146—149. — W. Pinder, Ma. Plastik Würzburgs, ²1924, 64 f. — V. Rosel, R., Marktgemeinde und Wallfahrtsort, 1955. — J. Dünninger,

Die marian. Wallfahrten in der Diözese Würzburg 1960, 114—121. — H. Dünninger, Processio Peregrinationis, In: WDGB 24 (1962) 111—113. — J. Julier, Pfarr- und Wallfahrtskirche R., 1978. — K. Kolb, Wallfahrtsland Franken, 1979, 95. — G. Postler, »Maria im Grünen Tal«. Gebetsort um die Einheit der Christen, 1980. — D. A. Chevalley, Unterfranken, 1985, 206. — J. E. Lenssen, Die Verbreitung der R.er Bruderschaft vom 15. bis 17. Jh., In: Hl. Franken, Würzburg 1971, Nr. 1, S. 96. — S. Hansen, Die dt. Wallfahrtsorte, 1990, 668—670. — A. Bichler, Wallfahrten in Bayern, 1990, 200—203. — F. J. Brems, Wir sind unterwegs ..., 1992, 296f.   *E. Soder v. Güldenstubbe*

Reus, Johann Baptist, Priester der SJ, * 10. 7. 1868 in Pottenstein/Erzdiözese Bamberg, † 21. 7. 1947 in São Leopoldo, trat 1890 in das Priesterseminar in Bamberg ein und wurde 1893 zum Priester geweiht. Nach einem Jahr als Kaplan in Neuhaus trat er 1894 in das Noviziat der Gesellschaft Jesu in Blijenbeek (Holland) ein. 1900 wurde er in die Mission nach Brasilien gesandt. Nach verschiedenen apost. Tätigkeiten in Rio Grande, Porto Alegre und São Leopoldo kam er 1914 in das Seminar von São Leopoldo. Hier war er Spiritual, gab im Kleinen Seminar Unterricht in Religion, Latein und Geschichte und las im Großen Seminar Liturgik.

R. führte ein Leben, das von Askese, Gebet und Regeltreue gekennzeichnet war. Auf Befehl seiner Obern verfaßte er eine Autobiographie (bis zum Jahr 1937) und ein geistliches Tagebuch (1937—47): Sie bezeugen R. als einen hochbegnadeten Mystiker. Er hatte häufige Ekstasen und Visionen, vor allem im Zusammenhang mit der Feier der hl. Messe, erlebte die geistige Einprägung der Stigmata (7. 12. 1912), erfuhr die Durchbohrung des Herzens, die mystische Verlobung und Vermählung. Von Jugend an pflegte R. eine bes. Verehrung ⋈s (vgl. Baumann 527—537). Bald nach 1900 machte er das Gelübde, die Verehrung des Unbefleckten Herzens ⋈s zu fördern. Später erschien ⋈ ihm oft als Mutter und Mittlerin aller Gnaden. Sein Grab in São Leopoldo ist Ziel vieler Wallfahrten. Der bischöfliche Informativprozeß fand 1953—58 statt. Der Seligsprechungsprozeß ist eingeleitet.

WW (außer den beiden erwähnten Mss.): Catecismo da Congregação Mariana, ³1920. — Orae. Manual completo de orações e instrucções religiosas, ²1938. — Os três Mártires de Caaró e Ijui no Rio Grande do Sul ..., 1932. — Curso de Liturgia, 1939 u. ö.
Lit.: L. Kohler, Kurzes Lebensbild des P. J. B. R., ²1954. — F. Baumann, Ein Apostel des Heiligsten Jerzens Jesu. Der Diener Gottes P. J. B. R., 1959. — EC X 829. — LThK² VIII 1267. — DSp XIII 436f. (Lit.).   *G. Switek*

Revius, Jacobus (eigentl. Jacobus Reefsen[i]us), * November 1586 in Deventer, † 15. 11. 1658 in Leiden, niederländischer Dichter und reformierter Pastor. Nach dem Studium der Theol. in Leiden, Franeker und an mehreren franz. Universitäten, bes. an der prot. Akademie in Saumur, war R. seit 1612 Pastor, zunächst in Zeddam und Wintersvijk, dann 1614—42 in Deventer. Hier profilierte er sich als energischer Bekämpfer der Arminianer oder Remonstranten, die gemäßigtere Auffassungen hinsichtlich der Prädestination und der Bindung an die niederländisch-reformierte Staatskirche vertraten. R. gehörte zu den Mitbegründern des »Athenaeum illustre« in Deventer (1630) und war als »Revisor« beteiligt an der offiziellen niederländischen prot. Bibelübersetzung, der sog. »Statenbijbel«. Von 1642 bis zu seinem Tode leitete R. in Leiden das Kollegium, in dem die Stipendiaten zu wohnen hatten, die sich mit Unterstützung der Generalstaaten an der Universität auf das geistliche Amt vorbereiteten. In seinen letzten Lebensjahren widersetzte sich R. heftig dem Cartesianismus.

Ein Großteil von R.s Schriften ist aus den Polemiken hervorgegangen, in die er verwickelt war. Der Nachwelt blieb er v. a. bekannt durch seine Geschichte der Stadt Deventer (Daventria illustrata, Leiden 1651) und durch seine Dichtungen, unter denen u. a. seine niederländische Psalmendichtung, eine Überarbeitung der älteren von Petrus Dathenus, hervorzuheben wäre (De C. L. Psalmen Davids, Deventer 1640). Als sein lit. Hauptwerk gilt jedoch die Sammlung »Over-Ysselsche Sangen en Dichten« (Deventer 1630), die weltliche wie geistliche Gedichte enthält, etwa das auch heute noch sehr bekannte Sonett über den leidenden Christus »Hij droech onse smerten« (»T'en zijn de Joden niet, Heer Jesus, die u cruysten«). Zwei Sonette in der Sammlung sind der GM gewidmet. Eines, einfach »Maria« überschrieben, lobt die jungfräuliche Mutter ausgiebig, in einer Weise, wie sie in der niederländischen prot. Dichtung der damaligen Zeit eher unüblich war: sie wird bezeichnet als Krone der Jungfrauen, Tempel von Gottes Sohn und als die Morgenröte, die die Sonne ankündigt. R. wartet mit Funden auf, die sein dichterisches ingenium unter Beweis stellen sollen: ⋈ sei die Schwester ihres Sohnes, ja die Tochter und die Braut desjenigen, den sie geboren habe. Das Gedicht schließt mit der Aufforderung an den Leser, wie ⋈ das eigene Leben ganz in den Dienst Christi zu stellen. Das zweite ⋈-Sonett der Sammlung, »Maria bij t' cruyce«, steht in der Tradition der »Stabat-mater«-Dichtungen. Es eröffnet in etwas befremdlicher Weise mit einem Bild aus der antiken Mythologie, um dann die übergroßen Schmerzen der GM unter dem Kreuz zu schildern. Auch hier bemüht sich R. um eine gesuchte Pointe am Schluß: ihr kräftiger Glaube habe verhütet, daß ⋈ vor Trauer zugleich mit ihrem Sohn gestorben sei, dennoch habe sie mehr gelitten als je ein Märtyrer. Mit seinen einfühlsamen ⋈gedichten nimmt R. unter den niederländischen prot. Dichtern seiner Zeit eine Sonderstellung ein.

WW: Over-Ysselsche Sangen en Dichten, hrsg. von W. A. P. Smit, 2 Bde., 1930—35.
Lit.: E. J. Posthumus Meyjes, J. R., zijn Leven en Werken, Amsterdam 1895. — W. A. P. Smit, De dichter R., 1928. — L. Strengholt, Bloemen in Gethsemané. Verzamelde studies over de dichter R., 1976. — NBW VI 1174—64.   *G. van Gemert*

Rhabanus Maurus, OSB, † um 780 in Mainz, † 4. 2. 856 ebd., Oblate im Kloster Fulda, 814 zum Priester geweiht, Schüler Alkuins, noch vor dessen Tod Lehrer an der Klosterschule in Fulda, seit 822 Abt des Klosters, das er, der »hervorragendste Vertreter der karolingischen Erneuerungsbestrebungen« (Brunhölzl), zur berühmtesten Bildungsstätte des ostfränkischen Reiches machte. Wohl wegen der politischen Veränderungen im Reich, dessen Einheit er mit Ludwig dem Frommen und Lothar verteidigte, resignierte er 841/842 als Abt und zog sich auf den Petersberg bei Fulda zurück, wurde aber 847 von Ludwig dem Deutschen zum Erzbischof von Mainz berufen.

Obgleich sein Hauptinteresse den Wissenschaften galt, bewährte er sich auch als Kirchenmann, sei es in der Praxis (Archivführung und Ausbau der Bibliothek in Fulda, Kirchen- und Kapellenbau), sei es in der geistlichen Leitung (Mainzer Synoden von 847, 848 [mit der Verurteilung Gottschalks v. Orbais] und 852), sei es in der Auseinandersetzung mit Erzbischof Ebo von Mainz und beim Eingreifen in den Abendmahlsstreit zwischen →Paschasius Radbertus und →Ratramnus.

Sein lit. Interesse, das alle Wissensgebiete der damaligen Zeit einbezog (beispielhaft dafür die an →Isidor v. Sevilla anschließende Enzyklopädie »De rerum naturis« [auch zitiert »De universo«], aber auch das Werk »De computo« und die Schrift »De arte grammatica«), richtete sich aber v. a. auf die Theol., und zwar sowohl in seelsorglicher Intention (u. a. »De institutione clericorum« [819] und »De sacris ordinibus« [nach 822]), als auch in lehrhaft-theoretischer Absicht, die jedoch keine gedankliche Tiefe oder spekulative Gründlichkeit erstrebte. Sein theol. Anliegen brachte er in den verschiedensten lit. Formen zum Ausdruck: in Lehrschriften (z. B. »De praedestinatione« oder »De videndo Deum«), Gedichten (z. B. »De laudibus sanctae crucis«), Hymnen, v. a. aber in den Schriftkommentaren, in denen er sich um die Erhebung des historischen Sinnes bemühte, aber weithin auch den allegorischen und typologischen Sinn heranzog.

Aus diesen Bereichen stammen auch seine mariol. Gedanken, die er weithin aus der patristischen Tradition (v. a. aus Ambrosius) erhebt und kompilatorisch zusammenstellt, ohne Originalität zu beanspruchen. Auf dem Hintergrund einer gewissen Christozentrik seines Denkens (vom volkstümlichen Christ-Königs-Gedanken bestimmt) wird auch die Erhebung der M gestalt an die Seite Christi verständlich, wobei die Wahrheit von der GMschaft führend ist. Die Bedeutung dieses Kerngedankens erklärt sich wohl aus der Entgegensetzung zu den nachwirkenden adoptianistischen Tendenzen der Zeit, während die starke Hervorhebung der wahren Menschheit Jesu Christi vermittels der Mutterschaft Ms wohl als Nachklang der Auseinandersetzung mit dem Priszillianismus in Spanien und Südgallien zu verstehen ist. M gebar »den Sohn ihrer Substanz« (Com. in Matth.: PL 107,754). Das Geheimnis Ms versucht R. schon in der Deutung des Namens »Maria« zu verankern, insofern die Bezeichnung »stella maris« M als Mutter des Erlösers und Lichtbringers der gefallenen Menschheit ausweist (Com. in Matth.: PL 107,744). Für sein Interesse am ethischen M bild ist aber die zweite Namensdeutung charakteristisch, die auf das Bild vom »bitteren Meere« (amarum mare) geht und besagen soll, daß M durch ihr Tugendbeispiel (v. a. der Demut) die Welt uns verachten lehrt und sie den Menschen in rechter Weise bitter macht. Mit der GMschaft steht auch die Jungfräulichkeit Ms in wesentlicher Verbindung, insofern sie die Sündenlosigkeit des Erlösers garantiert und die Mutter makellos erscheinen läßt. Ohne sich auf die Polemik zwischen →Paschasius Radbertus und →Ratramnus bezüglich der »virginitas in partu« einzulassen, vertritt R. die wunderbare Geburt des Herrn aus M ohne Schmerzen (Com. in Paralip.: PL 109,303). Ebenso setzt er sich nachdrücklich für die »virginitas post partum« ein, weil M, der »Tempel Gottes«, in keiner Weise mit dem Samen der Verweslichkeit befleckt werden sollte (PL 107,753). Zugleich wird die theol. Begründung durch eine ethische ergänzt, nach welcher die Jungfrau M der Welt als Tugendgröße voranleuchten sollte, was sogar die »Gelübdetheorie« in die Nähe kommen läßt (ebd. 744). Wegen der Reinheit ihres Gebärens hat sich M der Reinigung im Tempel auch nur des Tugendbeispiels wegen unterzogen (Hom 8 in Hypapanti: PL 110,20). Der Tugendgröße Ms entspricht ihre Heiligkeit, so daß sie als »sanctissima Dei virgo« gerühmt zu werden verdient (MGH poet. lat II 217). Vermöge ihrer GMschaft kommt M auch Heilsbedeutung zu, insofern sie der Welt das Heil gebracht hat (Com. in Matth.: PL 107,752; Hom. 28: PL 110,54; Hom. 29 In Assumptione: PL 110,55D). Diese Heilsstellung ist sowohl durch die Eva-M-Parallele als auch durch die M-Kirche-Typologie unterbaut. Die erste Antiparallele zeigt bei R. die von Augustinus herkommende Eigenheit, daß M bes. als Repräsentantin und Vorbild des weiblichen Geschlechts gesehen wird (Hom. zum Osterfest: PL 110,35). Als Typus der Kirche gilt M insofern, als nach R. (wie bei Beda) das »ipsa« von Gen 3, 15 auf die Kirche zu beziehen ist (PL 107,495) und insofern M als Braut Christi die Gestalt und die Art der Kirche präfiguriert (De universo: PL 111,75 B; Com. in Genesim: PL 107,485 D). In einer Abwandlung der Symbolik wird M aber auch als das →Brautgemach gedeutet, in dem sich die Verbindung mit der Kirche vollzog (PL 107,1053). Das entscheidende Vergleichsmoment zwischen der Jungfrau M und der Jungfrau Kirche besteht in der Unversehrtheit des Glaubens (De universo 7,1: PL 111,184). Der einzigartigen Verbindung der Mutter mit dem Sohn, dessen »Blut für das Leben der Welt aus Marias Leib« genommen wurde (Hom. 29 in Assumptione: PL 110,55D), entspricht ihre Aufnahme in den Himmel (ohne daß nach der leiblichen Aufnahme gefragt wird), wo sie über alle Chöre der Engel erhoben neben dem königlichen Sohn als Königin regiert (Hom. 29 in Assumptione: PL 110,35 D; Hom. 149 in Assumptione: PL 110,435). Die von den persönlichen Vorzügen Ms und ihrer interzessorischen Tätigkeit bei Christus bestimmte Zeichnung des Mbildes steht bereits am Übergang zur Mauffassung des MA.

WW. PL 107–112 (mangelhaft). — MG Ep V 379–530. — MG Poetae II 154–214; IV 449f. — AHMA 50, 180–209. — F. Stegmüller, Repertorium biblicum medii aevi V, nr. 7019–87.
Lit.: J. B. Hablitzel, Hrabanus Maurus. Ein Beitrag zur Geschichte der ma. Exegese, 1906. — J. Huhn, Das Marienbild in den Schriften des Rhabanus Maurus, In: Schol. 31 (1956) 515–532. — Scheffczyk 183–186 u. ö. — Delius 152. 154. — Graef 162. — Theotokos 303. — Brunhölzl I 325–337.

L. Scheffczyk

Rhabdos-Kirche (Θεοτόκος τῆς ῾Ράβδου, »Gottesmutter des Stabes, Zweiges, Reises«) in → Konstantinopel, einst vor dem Aemilianstor der Konstantinsmauer im Südwesten des siebten Stadthügels gelegen.

In der Gründungslegende (bei Ps.-Codinus, PG 157,581 C) wird die Gründung der R. auf Konstantin d. Gr. (324—337) zurückgeführt; sie sollte als Aufbewahrungsort der Reliquie des Mosesstabes dienen, welche später jedoch in den Kaiserpalast gebracht wurde. Der Mosesstab war, entsprechend der sakralen Auffassung des byz. Reiches, zunächst Symbol und geistliche Überhöhung des kaiserlichen Szepter, dann auch Emblem des Patriarchen und anderer hierarchischer Würdenträger, welches ursprünglich vom Kaiser verliehen wurde. Die Weihe dieses Reliquienheiligtums an M bedeutete die früheste allegorische Benennung einer Mkirche in Konstantinopel; sie erinnerte an die »Präfiguration« Ms im AT, den → Aaronstab und auch den »Zweig aus der Wurzel Jesse« (Jes 11,1). Dieser Stabmetaphorik entsprach auch der → Akathistoshymnos (E): »Sei gegrüßt, du Zweig des nie verdorrenden Stammes! ... Du leitest zum Leben den, der unser Leben leitet.« Speziell wurde M in der Verbindung mit dem kaiserlichen Szepter und seinem spirituellen Vorbild, dem Mosesstab, seit dem 6. Jh. als Garantin der Herrschaft Konstantinopels als des neuen, christl. Roms gesehen.

QQ: C. F. Du Cange, Constantinopolis Christiana, Paris 1682, IV, II, 40. — J.-P. Richter (Hrsg.), Quellen zur byz. Kunstgeschichte, Wien 1897, 123.
Lit.: R. Janin, La géographie ecclésiastique de empire Byzantin, 1953, ²1969, 239. — TEE X 748f. — → Konstantinopel.

G. A. B. Schneeweiß

Rheinau, ehemalige Benediktinerabtei auf einer Rheininsel unterhalb von Schaffhausen, gegründet gegen Ende des 8. Jh.s. Als Patronin des Klosters wird in Urkunden von 860, 892 und 1130 M genannt. Im 9. Jh. erscheinen als Patrone neben M auch Petrus und Blasius. In der Mitte des 9. Jh.s erhielt die Abtei große Schenkungen. Bei der Weihe der dreischiffigen Klosterkirche (Pfeilerbasilika) im Jahre 1114 werden als Patrone M und Petrus erwähnt. Der Hochaltar war M geweiht.

In R. war eine starke Mfrömmigkeit lebendig. So verehrte man im MA Reliquien von Kleidern der GM. Walther v. R. dichtete um 1300 ein ca. 15000 Verse umfassendes Mleben. Ein R.er Schauspiel aus dem Jahr 1467 zeigt ebenfalls eine große Liebe und starkes Vertrauen zur GM, die für die Verstorbenen Fürbitte einlegt. Das Kloster überstand die Reformation, obschon die Mönche 1524—31 ihr Kloster verlassen mußten und die Klosterkirche verwüstet wurde. Die Zeit der →Katholischen Reform wurde für R. eine Zeit der inneren und äußeren Erneuerung. 1602 trat R. der Schweizerischen Benediktinerkongregation bei. 1704—10 erfolgte der Bau der barocken Klosterkirche. Nach der Franz. Revolution mußten die Mönche fliehen, das Kloster wurde von franz. Truppen besetzt, 1799 aufgehoben und dem Kanton Zürich übergeben. 1803 wurde das Kloster wiederhergestellt. Der Kanton Zürich verbot seit 1836 eine Aufnahme von Novizen. 1862 wurde auf Beschluß des Züricher Großrates das Kloster aufgehoben.

Lit.: R. Henggeler, Das Professbuch der OSB-Abteien R., 1931, 163f. — Ders., Monasticon-Benedictinum Helvetiae II, 1963, 163—402. — H. G. Butz, Die OSB-Abtei R. im Zeitalter der Gegenreformation, 1954. — G. Boesch, Vom Untergang der Abtei R., 1956. — A. Haenggi, Der R.er Liber Ordinarius, 1957. — G. Huerlimann, Das R.er Rituale, 1959. — W. Brack (Hrsg.), Kloster R. zur 1200 Jahrfeier, 1978. — M. Isele (Hrsg.), R., 1978. — Helvetia Sacra III/1. II, 1986, 1101—65. *R. Bäumer*

Rheinauer Predigtsammlung wird ein im Umfang von 82 → Predigten erhaltener Predigtjahrgang mit Sonntags-, Festtags- und Heiligenpredigten (Hs.: Zürich, Zentralbibliothek, C 102 a, 15. Jh., hochalemannisch, ohne Besitzervermerk und nicht aus dem Benediktinerstift Rheinau bei Schaffhausen) bezeichnet. Zehn dieser Predigten finden sich fragmentarisch überliefert ebenfalls in Metten (Benediktinerstift, frgm. cart. 2 [alem.]). Beide Überlieferungsträger verweisen auf unterschiedliche Redaktionsstufen. Während in der Züricher Handschrift den 54 de-tempore-Predigten (1—295, einschließlich der Festtagspredigten) die 28 Heiligenpredigten 297—490, Predigten zu den Hauptheiligen einschließlich einer zu Benedikt, 336—341) folgen, überliefern die Fragmente Kirchenjahrs- und Heiligenpredigten gemischt, was auch nach Ausweis eines in der Züricher Handschrift ins Leere gehenden Rückverweises (49, Zitat bei Schiewer) der ursprünglichen Anlage der Sammlung entspricht. Weitere Unterschiede liegen in der Aufnahme der Bibel- und Autoritätenzitate (in den Mettener Bruchstücken zunächst lat.), in der Züricher Hs. nur dt.); in einem Fall verallgemeinert die Züricher Handschrift eine Quellenangabe (Mettener Bruchstücke nach Huber [351] »Aristotiles«, Zürich [251] »ein heiden«). Insbesondere in der Anlage der Sammlung, aber auch in Stil, Form und Inhalt der Predigten sowie in den überwiegend allgemeinen Höreranreden (»lieben kint, seligen lut«) und Ermahnungen (zu Kirchgang, Predigthören, auch Zahlung des Zehnten, z. B. Zürich 238) ähnelt die Sammlung früheren Musterpredigtsammlungen, so daß eine frühere Entstehung der erst im 15. Jh. überlieferten Sammlung erwogen werden kann.

In formaler und inhaltlicher Hinsicht bleiben die Predigten überschaubar. Die Predigten zum Kirchenjahr enthalten zumeist eine Nacherzählung des zu Grunde gelegten Bibelthemas, das überwiegend dem Tagesevangelium, seltener auch der Epistel entstammt, und dessen allegorische Deutung. Die Heiligenpredigten beschränken sich ausgehend von einem der Tagesperikope oder dem AT entnommenen Thema im wesentlichen auf die Nacherzählung der Legende und auf Wunderberichte. Daneben sind 25 im Text als »bispel« oder »mere« bezeichnete Exempla und Predigtmärlein enthalten (mögliche Quellen für die außerbiblischen Erzählstoffe unter den Exempla bei Werner), unter denen als bekanntere der »Antichrist-Bildertext« (Zürich 11—31, Predigt zum 3. Advent), die »Pelagia«-Legende und die Erzählung vom »König im Bade« (s.u., Abdruck bei Werner 283f. 290f.) zu nennen sind. Die Predigtanliegen betreffen Reue, Beichte, Buße, Enthaltsamkeit, Barmherzigkeit, das Abendmahl, den Gehorsam gegenüber dem Priester, das Wirken des Teufels (bes. in den Fastenpredigten) und das jüngste Gericht (Adventspredigten). Die Predigten nehmen hinsichtlich der Kindererziehung (1. Sonntag nach Epiphanias), der Geschwätzigkeit (Kirchweihe, Ⓜe Himmelfahrt) und des Schwörens (12. Sonnntag nach Pfingsten, Allerheiligen) auf die Lebenswelt des Publikums Bezug.

Im de-sanctis-Teil sind Predigten zu Ⓜe Lichtmeß (Zürich 328—336), Ⓜe Verkündigung (ebd. 341—354), Ⓜe Himmelfahrt (ebd. 421—432) und Ⓜe Geburt (ebd. 444—451) enthalten, wobei die beiden ersten in höherem Maße additiv strukturiert sind als die beiden letzten, die zumindest für größere Abschnitte eine Disposition besitzen. Zu Lichtmeß wird das Tagesevangelium wiedergegeben, das in eine Deutung der Tauben (= reuiges Herz über die Sünde) mündet, es wird die Freude der Witwen (Hanna), Eheleute (Elisabeth) und der Kinder (Johannes) benannt, worauf die Geschichte der Lichtmeßfeier einschließlich der Kerzenallegorese und die auch in der Legenda aurea enthaltene Vision einer Lichtmeßfeier folgen. Die Predigt schließt mit einem → Mirakel, in dem Ⓜ ein Judenkind vor dem Flammentod bewahrt. Die Predigt zu Ⓜe Verkündigung enthält ebenfalls eine Wiedergabe des Tagesevangeliums, an die sich entsprechend der → Legende Ⓜs Besuch bei Elisabeth und Josephs Entdeckung der Schwangerschaft anschließen, außerdem »Tagesbezüge«, die die Verkündigung in einen heilsgeschichtlichen Zusammenhang stellen, und typologische Verweise auf die Empfängnis Christi (brennender Dornbusch nach Ex 3,2, verschlossenes Tor nach Ez 44,1 und die Zerstörung eines Bildes [= irdische Königreiche] durch einen Stein [Christus], der von einem Berg [Ⓜ] herabrollt nach Dan 2,34—35). Im gedanklichen Anschluß daran folgt die Erzählung vom »König im Bade« (Zürich 346—353), der für sein Verbot des »Magnificats« bestraft wird. Die Himmelfahrtpredigt greift nach einem Plädoyer für die leib-seelische Aufnahme Ⓜs in den Himmel die Disposition einer Heiligenpredigt auf (einem Lehrer zugewiesen) und nennt 1. zum (vorbildhaften) Leben der Heiligen Ⓜs Tugenden Demut und Keuschheit (ausgeweitet zu Abgeschiedenheit; die Hinweise auf drei Worte, die Ⓜ sprach, und auf ihre Gesprächspartner werden zur Kritik am Verhalten von Frauen genutzt), 2. ihre Hilfe gegen die Feinde (1. den Teufel, 2. den Leib. 3. fehlt) und 3. als Ausführung dazu, inwiefern ihre Hilfe gebraucht wird, den Hinweis, daß sie sich niemandem versagt, der sie anruft. Der Abschnitt schließt mit einem Bernhard-Zitat; den Abschluß der Predigt bildet die → Theophilus-Legende. Die Predigt zu Ⓜe Geburt setzt emblematisch an, indem sie Ⓜ als Paradies mit vier Wassern (Tugend- und Gnadenfülle), dem Holz des Lebens (Christus), behütet von Engeln (Deutung fehlt) und als von Unwetter (Sünde) unzerstört deutet. Die Deutungen werden z. T. am Verkündigungsbericht belegt. Die Predigt schließt mit Teilen der Legende von Ⓜe Geburt einschließlich der Offenbarung des Geburtstermins.

Die Predigten greifen in ihren Inhalten zwar weiter aus als die übrigen Heiligenpredigten, insgesamt sind jedoch überwiegend traditionelle Bestandteile der Ⓜpredigt enthalten. Es fällt auf, daß eine Vielzahl dieser Elemente (Legenden, Geschichte der Lichtmeß-Feier, entsprechende Vision, die »Tagesbezüge«, drei statt der traditionellen sieben Worte Ⓜs) und z. T. auch die Ausführung der angegebenen Disposition unvollständig und verkürzt auftreten. Dieser Befund und die Vielzahl der aufgenommenen Inhalte lassen für den Urheber der erhaltenen Sammlung an einen Kompilator denken, der vielleicht weniger ambitioniert, weniger mit guten Kontakten ausgestattet oder auch nur weniger geschickt war als beispielsweise → Hermann v. Fritzlar. Darüberhinaus wären das selektive Vorgehen eines vornehmlich an erzählenden Predigtinhalten interessierten Redaktors oder die Beschaffenheit der Vorlage — gegebenenfalls Predigtmuster ohne durchgängige Disposition — weitere Erklärungsmöglichkeiten für das Erscheinungsbild.

Ausg.: M. Huber, Homilienfragmente aus der Benediktinerstiftsbibliothek Metten, In: Müchener Museum 1 (1911/12) 339—355. — F. Werner, Volkskundliches aus einer Rheinauer Predigtsammlung des 15. Jh.s, In: Schweizerisches Archiv für Volkskunde 26 (1926) 280—292 (nicht ganz fehlerfreier Abdruck ausgewählter Exempla). — vgl. Morvay-Grube T 192 und T 193.

Lit.: Salzer. — A. Götze, Das geht auf keine Kuhhaut, In: Zeitschrift für Mundartforschung 11 (1935) 162—168. — VL² VIII 28—31.
M. Costard

Rheinberger, Gabriel Josef, * 17.3.1839 in Vaduz, † 25.11.1901 in München, war ein Sohn des fürstlichen Rentmeisters Johann Peter R. und Elisabeth Carigiets. Als 5-jähriger bekam er ersten Musikunterricht mit solch aufsehenerregendem Erfolg, daß dem 7-jährigen die Organistenstelle in Vaduz anvertraut wurde. Ab 1848 war er Schüler des Feldkircher Musikdirektors Ph. Schmutzer, der ihn neben dem Harmonielehre-, Klavier- und Orgelunterricht auch in die Werke Bachs und der Wiener Klassiker einführte. Nach anfänglichem Zögern erlaubte Vater R. die Übersiedlung seines Sohnes nach München, wo dieser am Conservatorium, u. a. bei J. G. Herzog Orgel studierte; später kamen gelegentliche Privatlektionen bei Franz →Lachner hinzu. Auch hier verblüffte er wieder durch seine enormen Fortschritte gerade in Orgel, Kontrapunkt und Partiturspiel; K. F. E. v. Schafhäutl förderte R.s Entwicklung auch im geistig-personalen Bereich. Schon seit 1853 konnte R. als Organist verschiedener Münchner Kirchen und Privatlehrer seinen Lebensunterhalt verdienen; zugleich entstanden zahlreiche eigene Kompositionen, die aber später selbstkritisch verworfen wurden. 1857 wurde R. königl. baier. Hoforganist an der Theatinerkirche St. Kajetan, 1859 Klavierlehrer am Conservatorium, im Jahr darauf auch für Komposition und Kontrapunkt. 1864 übernahm er die Leitung des Oratorienvereins, die er bis 1877 innehatte, und arbeitete als Solo-Repetitor an der Hofoper. 1867 verheiratete er sich mit Franziska v. Hoffnaas, die wohl durch ihre fast krankhaft anmutende Abneigung gegen Wagner und dessen Musik erheblich dazu beitrug, R. von den neuesten musikalischen Entwicklungen abzuschneiden. Unter dem Einfluß Richard Wagners und dessen von König Ludwig II. unterstützten Vorschlag, »eine neue deutsche Musikschule in München zu errichten«, war das Conservatorium zum 31. 7. 1865 aufgehoben und am 16. 7. 1867 unter H. v. Bülow als »Königliche Musikschule« neu begründet worden, mit R. als Lehrer für Orgelspiel und Theorie. Als Nachfolger von F. Wüllner wurde er 1877 Hofkapellmeister und Leiter der königlichen Vokalkapelle an St. Kajetan, die seit Orlando di Lassos Zeiten hochberühmt war. Hier gewann R. großen Einfluß auf die Entwicklung der KM in München und Süddeutschland. Die Hochschätzung des Komponisten, besonders aber des gesuchten Kontrapunktlehrers fand ihren Ausdruck in manchen Ehrungen.

Nach eigenem Bekunden hatte R. »zu kirchlichen Kompositionen mehr Lust und Talent als zu anderen«. Zwischen 1847 und 1901 schuf er 160 Werke geistlicher Vokalmusik. Zu seinen Lebzeiten wurden seine Oratorien »Christoforus« (op. 120, 1879 f.) und »Der Stern von Bethlehem« (op. 164, 1890) geradezu populär. Sein »Requiem« (op. 60) bezieht seinen Maßstab aus Cherubinis Requiem, was sich im weitgehenden Verzicht auf Soli, der Dominanz des Vokalparts, der reichen Instrumentation (welche die klanglich-farblichen Möglichkeiten der einzelnen Instrumente hervorragend nutzt) zeigt. Die C-Dur-Messe (op. 169) für Soli, Chor und Orchester ist R.s fortschrittlichstes KM-Werk. Die Messe »Reginae sacratissimi rosarii« (op. 155) für 3-stimmigen Frauenchor und Orgel bietet fließende Klänge, elegante harmonische Übergänge, ein zumeist dichtes Satzgewebe mit zahlreichen chromatischen Durchgängen, eine Musik im Gleichmaß, die heute leicht allzu glatt wirken kann. Dreimal hat R. das »Stabat mater« vertont: Das op. 16 (1864) für Chor, 3 Soli und kleines Orchester überzeugt durch seine geschlossene Form. Umrahmt von zwei Chorsätzen mit gleichem thematischen Material (der letzte Satz als Doppelfuge ausgeführt), gruppieren sich eine Sopran-Arie sowie ein Tenor-Baß-Duett um ein Ensemble der 3 Soli und des Chores als Zentrum. Leittonbildungen, Vorhalte und Septakkorde im subdominantischen Bereich geben harmonischen Reiz. Das choralartige »Fac me vere« wirkt klassizistisch und läßt unterschwellig Mozarts »Ave verum« vermuten. Das »Stabat mater« op. 138 (1884) für 4-stimmigen Chor, Orgel und (nicht obligates) Streichorchester ist beeinflußt von den liturg. Reformgedanken J. M. Sailers; es trägt einer angemessenen Wortbehandlung Rechnung, indem die Begriffsinterpretation das Dekorationsprinzip beherrscht, ohne dadurch die in der profanen Musik gewonnene Modernität der Tonsprache zu verlieren. 1877 trat mit dem unveröffentlicht gebliebenen »Stabat mater» zu 8 Stimmen ein Wendepunkt in R.s kirchenmusikalischem Schaffen ein. Strenge 8-stimmige Cantus-firmus-Technik will hier mit modernen harmonischen Mitteln den doppelchörigen A-cappella-Satz des 16. Jh.s wiederbeleben, besonders die Cori-spezzati-Technik. Zukünftig sollte R. dann versuchen, »ausgehend vom gregorianischen Choral und dem A-cappella-Satz die traditionellen Formen der Kirchenmusik mit den harmonischen Mitteln seiner Zeit in Einklang zu bringen« (Irmen). Besonders glücklich gelang ihm dies in dem doppelchörigen »Cantus Missae« (op. 109) von 1878. Hier faszinieren die Einheit von großartigen Klangwirkungen und formaler Kohärenz (z. B. erreicht im Gloria durch Reprisenbildungen sowie eingefügte imitatorische und fugierte Abschnitte, im Credo durch die Unterlegung der wichtigsten Textpassagen mit demselben Thema), oder die Kombination von meisterhaftem Kontrapunkt mit zahlensymbolischen Textausdeutungen (etwa mit dem Ambitus einer None auf das Wort Gott, bei 7 verwendeten Tönen u. ä.).

Marian. Hymnen sind immer wieder Gegenstand der Komposition gewesen. Das »Salve regina. Gruß! Himmelskönigin« (op. 107/4) für 4-stimmigen gemischten Chor a cappella, dem Thomanerchor Leipzig gewidmet, überzeugt durch seine klare Diktion. Ausufernde Chromatik fehlt völlig; streng diatonische Modulationen, wiegender Pastoralrhythmus und fein abgestufte dynamische Wirkungen prägen den Satz. Herrlich klangvoll gibt sich die Motette »Benedicta es tu« (op. 163/5) für 5-stimmigen

Chor a cappella mit lat. und dt. Text. Weitausschwingende Melodien dominieren die Faktur, bei eingestreuten Imitationen und schönen Synkopenwendungen. Ein schlichtes homophones Strophenlied ist »Muttergotteskirchlein« (op. 186/3) für 4-stimmigen gemischten Chor a cappella, das ein wundertätiges Gnadenbild besingt.

Von künstlerischem Rang hingegen sind die »6 Marianischen Hymnen« (op. 171) für 1—3 Solostimmen mit Orgel. Das »Ave Maria« für Sopran oder Tenor und Orgel weist aba-Form auf; im Mittelteil bildet ein sequenzartig fortgeführter gebrochener Nonakkord die Melodie. Im »Alma redemptoris« für Sopran, Alt und Orgel werden die weitgehend rhythmisch synchron geführten Soli von in Achtelbewegungen aufgelösten Akkorden der Orgel (eine typische R.-Begleitung auch als Streicherfigur!) begleitet. Im »Salve regina« für 2 Soprane, Alt und Orgel gibt die Orgel nur Farbe und ergänzt den Vokalpart zum vierstimmigen Satz. — Auch die »Bayernhymne« »Gott mit Dir, Du Land der Bayern« hat R. in mehreren Bearbeitungen vertont, u.a. für 1-stimmigen Chor mit Blechmusik.

R.s KM strahlt einen freudigen Grundzug aus; pessimistische oder gar tragische Elemente finden sich nicht. Die Stimmführung ist sanglich und natürlich; in der Harmonik stehen alle Mittel der Spätromantik zur Verfügung. Impulsive, leidenschaftliche Töne waren allerdings R.s Sache nicht, so daß dem heutigen Hörer manches etwas blaß vorkommen mag — oder klassizistisch geglättet. Überall wirkt aber die unbestechliche Kunstfertigkeit des kompositionstechnischen Könnens beeindruckend. Während das kirchenmusikalische Werk R.s überwiegend noch der Wiederentdeckung bedarf, ist doch R.s ureigenstes Gebiet, die Orgelsonate — welche Gattung er um 20 originelle und ausgezeichnete Schöpfungen bereichert hat — zunehmend im Repertoire der Organisten zu finden. Sein zweites Konzert für Orgel, Hörner, Trompeten, Pauken und Streicher erlangt gar symphonische Größe und tiefromantische Atmosphäre; es zählt zu den besten Werken seiner Art überhaupt.

Lit.: A. Sandberger, J.R., Ausgewählte Aufsätze zur Musikgeschichte, 1921. — M. Weyer, Die Orgelwerke J.R.s, 1966. — H.-J. Irmen, G.J.R. als Antipode des Cäcilianismus, 1970. — MGG XI 378—381. — Grove XV 791 f. *M. Hartmann*

Rheinisches Marienlob. Das R.M. (so die gegenüber »Niederrheinisches Marienlob« korrekte Bezeichnung) wurde in der 1. Hälfte des 13. Jh.s, am ehesten in den 20er oder 30er Jahren, von einem Geistlichen (V. 1476: »Ich unwirdich prîster«) am Mittelrhein oder in seiner näheren Umgebung verfaßt. Der Autor, der bewußt seinen Namen verschweigt (V. 18), gibt an, daß er schon früher ein Werk zum Lobe Ms geschrieben habe (V. 531) und daß es sich bei dem R.M. um seinen »lesten bu« handele (V. 5143 im Schlußgebet an Jesus). Das R.M. ist also ein Spätwerk. R. Wisniewskis Versuch, den Prämonstratenser → Hermann Joseph v. Steinfeld als Autor anzunehmen, hat einiges für sich: außer dem allgemeinen zeitlichen und geographischen Rahmen die in der lat. Vita des Heiligen bezeugte MV und Frauenseelsorge. Ohne weitere Beweise aber bleibt dies eine Vermutung. Nach Fromm ist das Werk (der Verfasser nennt es »bûch«, »bûchen« oder »gedichte«: V. 5099 ff. 1529) »für aristokratische rheinische Nonnenklöster« bestimmt, deren »Zirkel« ein wichtiger »Nährboden« für die Entstehung der dt. Mdichtung überhaupt darstellten. Das Werk ist jedenfalls nicht ohne den Hintergrund der in V. 2382 erwähnten »jungfräulichen Scharen« denkbar, die M nacheifern, d.h. der klösterlichen, aber auch der außerklösterlichen rel. Frauenbewegung zu Beginn des 13. Jh.s. In dieser Hinsicht sind zunächst Überlieferung und Sprache des R.M.s eingehender zu berücksichtigen.

Überliefert ist das R.M. lediglich in einer Handschrift der Landesbibliothek Hannover (Codex I 81, 8°, fol. 1^r—93^v, 2 Hände, 13. Jh.), deren in Frage kommender Teil von K. Schneider zwischen 1225 und 1250 datiert wird (die 1. Hand: fol. 1^r—80^v zudem aus inhaltlichen Gründen: 1220—30). Die Handschrift, in deren zweitem Teil u.a. auch der »pfaffe Wernhere« (der sog. → Werner vom Niederrhein) und die → »Ältere niederrheinische Marienklage« überliefert sind (dieser Teil ist nach K. Schneider »jünger«, nach Honemann dagegen »um 1200 geschrieben«), war im 15. Jh. (1455) im Besitz der Kartause St. Barbara zu Köln. Auf Grund der Sprache sucht der Herausgeber A. Bach die Heimat des R.M.s im ripuarischen Süden. Er läßt sich jedoch nicht auf die schon frühe genaue Lokalisierung Nörrenbergs auf das Augustinerinnenkloster Marienthal bei Dernau an der Ahr ein (u.a. wegen der Umdeutung von dem in Hld 2,14 erwähnten »Felsengestein« in V. 3225 f: »min duf, du wanes inde weines/ in den lochen des schiversteines«) Die schon von A. Bach und zuletzt noch von H. Neumann festgestellte stilistische und inhaltliche Übereinstimmung des R.M.s mit den mystischen Gedichten von der »Lilie« und der »Rede von den fünfzehn Graden« wird neuerdings von B. Garbe sprachgeographisch bewiesen. In bezug auf den jeweiligen Archetypus weist er alle drei Texte derselben Entstehungszeit (1220—50) und Sprache zu: Er erschließt für das Original des R.M.s im Gegensatz zur »ripuarischen Schriftsprache« der Handschrift (K. Schneider), einen südmoselfränkisch-rheinfränkischen Dialekt. Er nimmt sogar für alle drei Texte denselben Entstehungsort bzw. -raum an: »Kamp, Boppard, St. Goar, Kloster Eberbach oder Mainz«. Eine Verfasseridentität, wie sie Garbe zumindest nahelegt, ist wegen der Quellenlage zur »Lilie« (→ Bonaventuras »Vitis Mystica«, um 1250) nicht zu halten. — Vor dem Hintergrund dieser konkreten Daten muß das R.M. verstanden, zugleich aber auch als Ganzes gewürdigt werden.

Nach den Mdichtungen der frühmhd. Zeit (u. a. → Melker Marienlied), dem → Arnsteiner Mariengebet und den wenigen Mdichtungen der höfischen Klassik, bedeutet das R.M. in der 1. Hälfte des 13. Jh.s nicht nur einen Höhepunkt geistlicher Dichtung, sondern von Dichtung überhaupt. Wie die ihm nahestehenden mystischen Gedichte (»Lilie«, »Rede von den fünfzehn Graden«) schöpft es aus der Tradition der zisterziensischen Theol. bzw. der → Mystik des 12. Jh.s (→ Bernhard v. Clairvaux, → Wilhelm v. St. Thierry) und steht damit den übrigen damaligen Zeugnissen der rheinisch-niederländischen Frauenmystik (→ Beatrijs) nahe. Denn M erscheint in ihrer jenseitigen Verklärung über den Engelschören (IV. Buch) im Verhältnis zu Gott als Mystikerin, »Meisterin der mystischen ›starunge‹« (Bach), deren Seele Gott zu »riechen«, »schmecken«, »essen« und zu »trinken« vermag. In dieser körperlichen Auffassung der Seele Ms und des Menschen spiegelt sich im einzelnen nicht nur die genannte lat. Tradition, sondern auch die im Tristanroman Gottfrieds v. Straßburg zum Ausdruck kommende Auffassung von den »edelen herzen« — was jedoch einer eigenen Untersuchung bedürfte. Von diesen unübersehbar mystischen Zügen des R.M.s abgesehen, erscheint M insgesamt durchaus in der distanzierten Erhabenheit, die mit ihrer heilsgeschichtlichen Bedeutung zusammenhängt, wie schon aus dem Aufbau des R.M.s hervorgeht.

Buch I zählt die aus der lat. Hymnologie bekannten traditionellen Msymbole auf und erklärt ihre Bedeutung (M u. a. als »de beslozzene garde«, »de besigelde brunne«), Buch II bietet eine Exegese ihres Namens (der Name Ms: »leidesterre«, »bittercheit«), wobei die Namensbedeutung »bittercheit« Anlaß zu einer umfangreichen, bewegten Mklage (→ Klagen) gibt. Nach Buch III, das in der Schilderung der irdischen Freuden Ms weiter mit dem diesseitigen Leben Ms beschäftigt ist, sind die folgenden drei Bücher ganz auf ihre jenseitige Verklärung konzentriert (Buch IV: ihre Erhabenheit über den neun Engelschören, Buch V: Ms himmlische Schönheit, Buch VI: ihre himmlische Glückseligkeit). Trotz der erwähnten mystischen Identifikationsmöglichkeit des Autors bzw. seiner (weiblichen) Adressaten mit der erhabenen Himmelskönigin schafft dieser thematische Rahmen das Bild einer hoch über den Menschen in himmlischer Schönheit entrückten M. Dieser Gesamteindruck, der durch den ästhetischen Reiz der Schilderung z. B. der Edelsteine am Gewand der himmlischen GM (V) verstärkt wird, erfährt jedoch eine Relativierung im einzelnen, wenn sich die Bestandteile des himmlischen Schmucks Ms z. T. als Symbole ihres irdischen Lebens erweisen (V. 4375 ff.: der rote Sardius auf Ms Gewand bezieht sich auf die Würde, die ihr das Martyrium ihres Sohnes gab; der grüne Jaspis auf ihren vollkommenen Glauben; der nächtlich glänzende Karfunkel auf ihr Erbarmen mit dem Sünder). In unmittelbarer menschlicher Nähe erscheint M in Buch III, in der Darstellung ihrer Freuden über die Geburt ihres Sohnes und sein Erlösungswerk bis zur Himmelfahrt. Ihre eigene Aufnahme in den Himmel (Buch III 5, V. 1912—1953) bildet hier den Übergang zum Lob von Ms Erhabenheit. Den Hauptthemen christl. Kontemplation gemäß, ist die Anteilnahme des Autor-Ichs an den Ereignissen von Jesu Geburt (III 1, V. 1472—1555) und vorher v. a. an dem Mitleiden der Mutter bei der Passion ihres Sohnes (II 3, V. 681—1238) am größten. Mit Ms Klage (V. 897—1239) schließlich wird das sonst regelmäßige, an der Formtechnik Gottfrieds geschulte Versmaß (meist vierhebige Paarreimer mit häufig weiblich-voller Kadenz, bei durchweg reinem und sogar rührendem Reim) durch z. T. nur zweitaktige Verse (mit unregelmäßigen Reimbindungen) unterbrochen. So findet Ms Schmerz in dt. Sprache, wie in der lat. Mklagen der Karfreitagsliturgie (→ Planctus), bewegten Ausdruck (V. 925—930: »O aller lıver lıffste kint, lıff úver al, dıf sint,/ wıf sın ich dich sus hangen!/ Alle stûre/ is dir dûre,/ din vrûnd sint dir engangen!/ ...«). Im vorangehenden Teil des Kapitels über Ms »bittercheit« versetzt sich der Autor in eine Position neben der GM, in deren genau geschilderten schmerzvollen Gesten sich das Leiden ihres Sohnes widerspiegelt (V. 729 ff.). Diese Einstellung ist wohl eher mit entsprechenden Darstellungen der späteren Andachtsbildes (→ Pietà) als mit den diesbezüglichen Szenen im → Passionsspiel zu vergleichen.

Zwar erscheinen die alten Bilder und Symbole für Ms GMschaft, ihre Jungfräulichkeit, ihre Freiheit von der Erbsünde und für ihre Verklärung, M wird als die »jungfräuliche Erde« (»erde reine«), als »versiegelter Quell« (»besigelde brunne«) und »verschlossener Garten« (»de beslozzene garde«) bezeichnet und ausgemalt, aber Wisniewski beschreibt detailliert, wie sich der Akzent von den Partizipien »versiegelt« und »verschlossen« hin zum Substantiv verlagert, und der Dichter jeweils bei der Deutung von »Quell« und »Garten« verweilt. Sein Interesse gilt der Beschreibung der Schönheit dieses »Gartens«, d. h. der Tugendschönheit Ms, wie sie dann auch viel breiter als »Lebensstrom« in seiner die Menschheit belebenden Verzweigung beschrieben wird. Obwohl Stackmann auch schon im »Arnsteiner Marienleich« die persönliche Anteilnahme des Autors unterstreicht, schlägt sich vollends im R.M. eine neue Auffassung von M nieder, die diese Annäherung erlaubt. M erscheint trotz ihrer Entrückung und Aufnahme in den Himmel letztlich nicht in kühler Distanz, sondern in der ganz menschlichen Freude der Mutter, die bei ihrer Aufnahme in den Himmel den Sohn wiederfindet (III 5, V. 1919 ff.). Sie wird bei all ihrer hochpoetisch dargestellten Erhabenheit über die Engelschöre als »vollkommener, vorbildhafter, exemplarischer ... Mensch« (Wisniewski) verstanden.

Zu den nachweislichen Quellen des R.M.s zählen die Rezeption der »Maria Aegyptiaca« und der → »Theophilus« (II 2, V. 596 ff. 618 ff.). Buch III könnte ein »Leben Jesu«, der Schilderung der Edelsteine am Gewand ᛉs neben den biblischen Quellen auch ma. einschlägige Literatur wie Steinbücher (U. Engelen) zugrundeliegen. In der erwähnten breiten Schilderung der Schönheit des »verschlossenen Gartens« (nach Hld 4,12) mit seinen Blumen — der »weißen Lilie der Reinheit«, des »braunen Veilchens der Demut« und der Rose, die »Liebe« und »Geduld« bedeutet (V. 195 ff.) — fällt aber v. a. die Allegorese des Lebensbaumes in der Mitte des Gartens auf (V. 221 ff.): Dieser Baum ist Jesus im Herzen der GM, die Blumen bzw. Blüten, die ewig blühend auf ihm wachsen (erwähnt werden wiederum V. 235: Rosen, Lilien, Veilchen), sind seine und ihre Tugenden, die Blätter seine Lehre, die Früchte das ewige Leben, von dem ᛉ den Menschen geben soll. Dieser Baum, auch als »Weinrebe« bezeichnet, ist mit »sieben Vögeln« besetzt, deren Gesang zusammen den Hl. Geist und einzeln dessen sieben Gaben bedeuten (V. 299—344). — Diese »unter Umständen ... früheste Gartenallegorie im spätmittelalterlichen Sinne in der deutschsprachigen Literatur« (D. Schmidtke) ist »auf irgendeine Weise« mit dem »Traktat vom Palmbaum« verknüpft, obwohl, wie Schmidtke entgegenzuhalten ist, im R.M. weder ausdrücklich von sieben Ästen noch von »Tauben« die Rede ist. Wie diese Verknüpfung zu denken ist — ob etwa das R.M. auf die von N. Palmer schon 1217 angesetzten ältesten Fassungen des »Palmbaums« zurückgreift —, bleibt unklar. Eher könnte sich umgekehrt der »Palmbaumtraktat« nach dem Vorbild des R.M.s entwickelt und seinerseits wiederum eine Gartenallegorie wie dort ausgebildet haben (Schmidtke). Am wahrscheinlichsten ist aber doch seine Annahme, daß »Palmbaum« und R.M. unabhängig voneinander auf die Wurzel-Jesse-Ikonographie zurückgehen.

Ausg.: A. Bach, Das Rheinische Marienlob, 1934.
Lit.: K. Nörrenberg, Die Heimat des niederrheinischen Marienlobs, In: PBB 9 (1884) 412 ff. — B. Garbe, Sprachliche und dialektgeographische Untersuchungen zur Prager Hs. der rheinischen »Rede von den XV Graden«, Diss., Göttingen 1969, 116—121. — K. Kunze, Studien zur Legende der hl. Maria Aegyptiaca im dt. Sprachgebiet, 1969, 60 ff. — U. Engelen, Die Edelsteine im R.M., In: Frühma. Studien 7 (1973) 353—376. — W. Fleischer, Unterschungen zur Palmbaumallegorie im MA, 1976, 107—117, dazu die Rezension von N. Palmer, In: PBB (Tüb.) 100 (1978) 482—486. — R. Wisniewski, Das Niederrheinische Marienlob, In: FS für A. Henkel, 1977, 469—482. — D. Schmidtke, Studien zur dingallegorischen Erbauungsliteratur des späten MA, 1982. — K. Schneider, Gotische Schriften in dt. Sprache I, 1987, 158 ff. — K. Stackmann, Magd und Königin. Dt. Mariendichtung des MA, 1988. — VL III 253—261. — VL² V 828—831; VIII 33—37. — RDL² II 271—291.
F. J. Schweitzer

Rhodes, Alexandre de, * 1593 (15. 3. 1591?) in Avignon, † 5. 11. 1660 in Isfahan, Persien, 1612 SJ, 1618 Ausreise nach Japan, das er aber wegen der ausgebrochenen Verfolgung nicht erreichen konnte. R. gehörte mit Francois → Pallu und dem Kreis um Jean Bagot SJ (1591—1664) der marian. Vereinigung → AA an. Er war auch wesentlich an der Gründung des Pariser Missionsseminars (La Société des Missions Etrangères de Paris [MEP], 1659) beteiligt. Nach dem Sprachstudium in Macao war er seit 1627 Missionar im heutigen Nordvietnam (damals Tonking) und v. a. in der Hauptstadt Hanoi. Er folgte ähnlichen Akkomodationsgrundsätzen wie Matteo → Ricci und Roberto → Nobili (1577—1656). Seine Bedeutung für die Verwurzelung des Christentums auf vietnamesischem Boden und gleichzeitig für die allgemeine Missionsgeschichte liegt darin, daß er sich für eine einheimische Kirche einsetzte.

R. entwickelte eine christl. Form des Lebens, die an einer typisch vietnamesischen Einrichtung anknüpft. Die »Domus Dei« (»Nhà Chua«) bestand bereits seit undenklichen Zeiten und bezeichnet sowohl Pagode wie buddhistisches Kloster (»Nhà« = Haus, Hausgemeinschaft, Familie). Man schloß sich dem Haus der »Lehrer« an, um die Tugend zu lernen und die hll. Bücher zu lesen. Nach diesem Vorbild schlossen sich die Katechisten R. an. So entstand die erste christl. Domus Dei, die im Unterschied zur »Nhà Chua« der Buddhisten häufig »Nhà Duc Chua Troi« (»Haus seiner Herrlichkeit des Herrn des Himmels«) genannt wurde. R. gab ihnen eine mündliche Regel, die später durch seine Nachfolger vervollständigt wurde. Sie offenbart die marian. geprägte Lebensweise der Katechisten, die täglich den Rosenkranz und nach der Messe die Lauretanische Litanei beteten. Als Handbuch für den Unterricht diente R.s Katechismus (Catechismus pro iis, qui volunt suscipere Baptismum, in octo dies divisus), der die Glaubenslehre auf acht Tage verteilte. Am fünften Tag wurden die Geheimnisse der Dreifaltigkeit und der Menschwerdung behandelt. Am Abend sollte man dann den Taufbewerbern ein schönes Bild der GM zeigen. Nach einer weiteren Vorschrift sollten die Katechisten bei ihren regelmäßigen Hausbesuchen darauf achten, daß die Christen das Bild der GM in den Häusern in Ehren halten.

Lit.: Manoir IV 1001—33. — T. Nguyên Hu'u, Le clergé national dans la fondation de l'Église au Viêt-Nam. Les origines du clergé vietnamien, 1959. — A. Marilier, Le catéchisme d' A. de R., In: Bulletin de la Société des Missions Étrangères de Paris (1961) 327-349. — Ders. (Hrsg.), A. de R., Cathecismus pro iis qui volunt suscipere baptismum, in octo dies divisus, 1961. — N. Kowalski, Die Anfänge der »Domus Dei« in Tonking und Cochinchina, In: J. Specker und W. Bühlmann (Hrsg.), Das Laienapostolat in den Missionen, FS für J. Beckmann, 1961, 155—160. — P. Tan-Phat, Méthodes de catéchèse et de conversion de Père A. de R. (Thèse à l'Institute Catholique de Paris), 1963. — P. Nguyen-Chí-Thiêt, Le catéchisme du Père A. de R. et l'âme vietnamienne, Diss., Rom 1970. — J. Dô Quang Chính, Les adaptations culturelles d' A. de R., In: Etudes interdisciplinaires sur le Vietnam 1 (1974) 113—144.
H. Rzepkowski

Rhodes, Georges de, SJ, * 1597 in Avignon, † 17. 5. 1661 in Lyon, Bruder des berühmten Jesuiten-Missionars Alexandre de R. In Lyon veröffentlichte er sein Hauptwerk »Disputationes theologiae scholasticae«, in dessen zweitem

Band er sich mit »Maria Deipara, Disputatio unica« beschäftigt: M übertrifft für ihn in ihrem ursprünglichen Gnadenstand alle Gnaden der Engel und Heiligen zusammen. Auch verteidigt er die UE Me, entsprechend den Ansichten der Jesuiten, mit allem Nachdruck. R. betont die völlige Beseitigung des fomes peccati vom ersten Augenblick der Existenz Ms an und postuliert desgleichen Ms Gebrauch der Vernunft vom Augenblick ihrer Zeugung an. Da sie, zusammen mit ihrem göttlichen Sohn, der Urgrund aller Gnade ist, muß sie diese in vollem Maße besitzen, selbst die »gratiae gratis datae«. Durch ihr Gebet und ihr Mitleiden wirkte sie beim Werk der Erlösung mit. R. nimmt die Unterscheidung von de congruo (M) und de condigno (Christus) auf, wie sie damals üblich war, ja er nennt M sogar Redemptrix, wenn auch mit dem notwendigen Vorbehalt, und nimmt an, daß durch sie Gottes Gnade und Gaben verteilt werden.

Ausg.: Disputationes theologiae scholasticae II, Lyon 1661, 184—275.
Lit.: Hurter III 947,48. — Dillenschneider 178—182. — Theotokos 311. *M. O'Carroll*

Ribadeneira, Marcelo de, * um 1556 in Palencia (?), † 31.7.1637 in Salamanca, trat 1579 in den Orden der Franziskaner-Observanten ein. 1587—92 war er als Prof. an den Ordensschulen zu Villalpando und Santiago de Compostela tätig. Er ging als Missionar auf die Philippinen und von dort nach Japan, wo er 1597 das Kloster von Osaka gründete. Wegen Krankheit nach Nagasaki übersiedelt, wurde er dort Zeuge des Martyriums des hl. Pedro Bautista Blázquez und seiner Gefährten. Als man ihn aus dem Land fortjagte, fand er auf einem port. Schiff Zuflucht. Über Macao, Manila und Mexiko kehrte er nach Spanien zurück und wurde Prokurator des Seligsprechungsprozesses der oben erwähnten Martyrer, deren Seligsprechung er 1627 in Rom miterlebte. Er bekleidete in mehreren span. Klöstern seines Ordens verschiedene Ämter und war für drei Jahre als apost. Pönentiar in Rom.

R.s lit. Werk ist umfangreich und eine gute Quelle für die Missionsarbeiten in Ostasien. Seine Missionsgeschichte führte zu einem Streit mit den Jesuiten, die die Veröffentlichung des Werkes verhindern wollten. Er schrieb auch einige erbauliche Werke, die neben historischen Analysen ein Lob auf die dargestellten Heiligen sind. Sein Werk »Libro de las excelencias admirables de la Corona de la Virgen Santísima, Madre de Dios« (Neapel 1605f., 2 Bde.) stellt in erster Linie den Ursprung des franziskanischen Rosenkranzes dar, dann eine Zusammenfassung zu den Begnadungen Ms sowie zur Wirksamkeit ihrer Fürsprache.

WW: Memoria de las cosas del Japón, Manila 1598. — Historia de las Islas del Archipielago y Reynos de la Gran China, Tartaria, Cuchinchina ..., Barcelona 1601 (Madrid 1947). — Vida y hechos de los Mártires que padecvieron en Japón, Barcelona 1601, u.a.

Lit.: G. Casanova, Compendium historicum provinciae franciscanae S. Gregorii Magni Philippinarum, Madrid 1908, 85f. — J.K. Alvarez, Documentos franciscanos de la cristiandad de Japón, 1973, 296f. *G. Rovira*

Ribadeneyra, Pedro de, * 1.11.1526 in Toledo, † 22.9.1611 ebd., kam mit 14 jahren als Page des Kardinals Farnese nach Rom und schloß Bekanntschaft mit den Gefährten des hl. Ignatius. Von diesem wurde R. geistlich geführt und so einer der wichtigsten Biographen des Gründers der Jesuiten sowie von Laínes, Borja und Salmerón, die für die Entwicklung der SJ von großer Bedeutung waren. Die humanistische Bildung, die R. bereits in Toledo begonnen hatte, wurde durch Studien in Löwen, Padua und Rom vollendet. Er war Prof. für Rhetorik in Ital. (Padua), Lat. (Löwen) und Span. (in Toledo und am Hof Philipps II.). In mehreren Ländern bekleidete er für seinen Orden eine Reihe von Ämtern, so in Paris, Brüssel, London und Rom. 1574 kehrte er nach Spanien zurück, wo er sich dem lit. Schaffen widmete und zu einem Klassiker der span. Lit. jenes Jh.s wurde, das in Spanien so reich an begnadeten Dichtern und geistlichen Schriftstellern war.

R.s Werk hat v. a. historischen und biographischen Wert, auch wenn er als Übesetzer des Augustinus einen Platz in der Geschichte der Lit. inne hat und verschiedene aszetische Werke verfaßte. In seinen Traktaten über den Staat erweist sich R. als Führer der politisch antimacchiavellistischen Lit. und stellt sich gegen die doppelzüngige Staatsräson der Franzosen Bodino, Duplessis etc. Sein vielleicht meistgelesenes Werk ist die bis heute immer wieder gedruckte »Flos Sanctorum«, eine im Spanien des 16. Jh.s verbreitete Gattung in Anlehnung an die Legenda Aurea des → Jacobus de Voragine.

Mit besonderer Zuneigung beschreibt R. die Gestalt Ms im ersten Teil der »Flos Sanctorum«, den »Vidas de Cristo, y de su Santissima Madre«, die er später einzeln veröffentlichte. In diesem Mleben faßt R. nicht nur alle Privilegien, Tugenden und liebenswerten Eigenschaften zusammen, mit denen die Gläubigen die GM lobpreisen, sondern bezeugt gleichzeitig die Verehrung gegenüber dem hl. Joseph. Der Überzeugung seiner Zeit sowie Gerson, Bernardin, Isidoro Isolano etc. folgend, schreibt ihm R. vermittels der »analogia fidei« nahezu die gleichen Eigenschaften zu wie seiner allerseligsten Braut.

WW: Vita Ignatii Loyolae S.I. fundatoris, Neapel 1572. — Historia eclesiástica del cisma de Inglaterra, 2 Bde., Madrid 1588. — Tratado de la tribución, Madrid 1589. — Vidas de S. Francisco de Borja, Madrid 1592, de Diego Laínez, Madrid 1594, und de Alfonso Salmerón mit Anhang desselben. — Tratado de la religión y costumbres que debe tener el principe cristiano, Madrid 1595. — Flos Sanctorum o Libro de la vida de los santos, 2 Bde., Madrid 1599—1601. — Manual de oraciones, Madrid 1605.
Lit.: L. de la Palma, Vida del P.P. de R., Buenos Aires 1859. — Sommervogel VI 1724—58. — J. Simón Díaz, Jesuitas de los siglos XVI y XVII, 1975, 339—360. — V. de la Fuente, Obras escogidas del P.P. de R. con una noticia sobre su vida, Biblioteca Autores Españoles 60. *G. Rovira*

Ribalta, Francisco, am 2.6.1565 in Solsona/Katalonien getauft, am 14.1.1628 in Valencia begraben, einer der Begründer der nationalspan. Barockmalerei des 17. Jh.s und Hauptmeister der neuen Schule von Valencia. Nach einem Aufenthalt in Barcelona ging R. 1582 nach Madrid, wo ein erstes signiertes Werk (Kreuzannagelung, St. Petersburg, Eremitage, 1582) entstand. Er geriet dort in das Umfeld der Künstler des Neubaus des Escorials. Maßgeblich dürften ihn da die Bilder Juan Fernández de Navarretes (»El Mudo«, † 1579), Luis de Carvajals, Alonso Coellos u. a. beeinflußt haben. Auch orientierte er sich an Raffael, Sebastiano del Piombo und Correggio, die er durch Kopien und Stiche in den königlichen Sammlungen kennengelernt haben dürfte. Ein Italienaufenthalt ist nicht sicher belegt.

1598 oder 1599 ging R. nach Valencia. Die meisten Bilder rel. Thematik entstanden hier. Von Valencia aus lenkte er seine Tätigkeiten in Castellón, Carcagente, Algemesí und Madrid. 1607—17 arbeitete er an der Gründung der Malerakademie von Valencia mit. 1600—10 beschäftigte er mit Jusepe → Ribera seinen bedeutendsten Schüler. Anfänglich stand die Werkstatt stark unter der Wirkung der Schule von Juan de → Juanes († 1579). Der enge Kontakt der Stadt zum spanisch beherrschten Neapel brachte aber sehr bald die neue Malweise Caravaggios ins Land, der sich auch R. nicht entziehen konnte. Ab 1610/11 tauchten Arbeiten von ihm auf, die die sog. neue Schule der Barockmalerei Valencias einläuteten und die neben dem 1616 nach Neapel abgewanderten Ribera in R.s Sohn Juan, in Vicente Castelló, Gregorio Bausa und Urbano Fos ihre wichtigsten Vertreter (»Ribaltescos« genannt) hatte.

Der Stil R.s war zunächst vom ital. Manierismus geprägt. In den ersten Jahren des 17. Jh.s begann er konsequenter eine Hell-Dunkel-Malerei zu entwickeln, die ihren Ausgangspunkt im ital. Frühbarock hatte. R. wertete mit seiner Abkehr von Idealisierungen erstmals seit der Spätgotik Abstoßendes, Häßliches, Krankes und Verkrüppeltes als Darstellungsgegenstand wieder auf.

Seine reife Kunst charakterisiert sich durch plastische und naturalistische Zeichnung mit glühenden Farben, die meist aus Brauntönen entwickelt werden. Monumentalität erhalten seine Gestalten vermittels einer dramatischen Hell-Dunkel-Regie, die starke Lichteffekte gegen ein tiefes Dunkel setzt. Diese Stilelemente bleiben auch die Hauptmerkmale der valencianischen Richtung im span. Barock.

Im Gesamtwerk R.s, von dem nur einige Arbeiten sicher datierbar sind und das im Umfang auch sehr umstritten ist, erscheint ᛜ außer einer ihm zugeschriebenen stehenden Madonna mit Kind aus den letzten Jahren ausschließlich im Zusammenhang mit der Passion, einer Heiligenvision, der Hl. Familie sowie einer Evangelistendarstellung.

Als frühestes wird ein Bild in Valencia (Mus., um 1605) mit der Jungfrau, die den Christusknaben dem Br. Franciscus ab Infante Jesu zeigt, zugewiesen. Um 1605/10 entstand eine Kreuzigung/Calvario (Valencia, Diputación Provincial, Palacio de la Generalidad), eine Dreieckskomposition mit Christus als obere Spitze, die in den Farben noch manieristischen Eigenarten verpflichtet bleibt. Einen neuen Anfang macht R. mit dem einzigen in dieser Werkgruppe dokumentarisch festgelegten Bild der Hl. Familie (»Nacimiento«, Valencia, Colegio de Corpus Christi, 1610). Die Lichtflächen sind hier auf wenige Stellen der Körper konzentriert, nur das Kind liegt ganz im gleißenden Licht. Die Grenzen von Licht und Schatten werden durch die pastose Pinselführung unscharf. Es ist das am meisten ausgereifte Beispiel der Tenebroso-Malerei von R., obwohl Details von Schülern stammen dürften.

1611/15 schuf R. die »Begegnung des kreuztragenden Heilands mit Maria« (Valencia, Mus.). Die Gestik ᛜs ist hier verhaltener als bei der Kreuzigung, obzwar einiges im Gesichtsausdruck Jesu und bei der Mutter an manieristische Theatralik erinnert. Die Beweinung Christi (Valencia, Colegio de Corpus Christi) dürfte nach der »Begegnung« und noch vor dem Hauptaltar von Porta Coeli (1625/27) entstanden sein. Die ganze Szene ist in eine rostbraune Nachtlandschaft plaziert, aus der bloß der Leichnam in Gänze und partiell die trauernden Marien hervorleuchten. Die GM ist hinter dem hochgelegten Kopf Christi auf einer Felsbank zusammengesunken und wird von Johannes und einer weiteren Maria gestützt. Hier deutet sich eine Tendenz an, die sich in seinem letzten großen Werk, dem Hauptaltar der ehemaligen Kartause von Porta Coeli bei Bétera (Valencia, Mus., 1625/27) entfaltet. Im zugehörigen Evangelistenporträt (Lukas malt die GM) sitzt ᛜ zurückgezogen im Dämmerlicht, Lukas steht rechts vor der Leinwand und blickt über seine linke Schulter auf den Betrachter. R. hat hier venezianische Motive aufgegriffen und weitergetrieben, indem er an vier Stellen kleine Lichtpunkte malt, die als Glanzlicher (Gesicht und Pinselhand des Lukas) oder wie Glanzlichter (Farbpalette, Buchseiten) sofort ins Auge springen.

Wieder auf die geübte Technik, große Lichtflächen in ein dunkles Umfeld zu komponieren, zurückgeführt, zeigt sich R. in diesem letzten und auch einzigen Werk, das im Altarblatt die GM mit dem Jesusknaben als großes Andachtsbild vorträgt. Beeinträchtigt wird die Originalität der Arbeit durch sehr viel Schülermitwirkung. Details im Gesicht der jungen Mutter verbinden das Bild mit früheren Werken. Als repräsentative Darstellung mußte außerdem das Experimentelle im Spätwerk R.s zurückgenommen werden, so daß sie stilgeschichtlich nicht ganz am Schluß des Oeuvres steht.

Lit.: L.M.Fenollasa, El Pintor F.R., Castellón de la Plana 1901. — A.L.Mayer, Geschichte der span. Malerei, 2 Bde.,

Leipzig 1913. — Ders., Jusepe de Ribera, 1923. — V. v. Loga, Malerei in Spanien, 1923. — D. Fitz-Darby, F. R. and his School, 1938. — J. Ainaud de Lasarte, R. y Caravaggio, 1947. — C. G. Espresati, R., 1954. — J. C. Aznar, Los Ribaltas, 1958. — D. M. Kowal, F. R. and his Followers, 1985. — Ders., R. y los Ribaltescos, 1985. — F. B. Domenech (Hrsg.), Los Ribalta y la pintura valenciana de su tiempo, 1987.   *N. Schmuck*

Ribera, Jusepe de (gen. lo Spagnoletto), getauft am 17. 1. 1591 in Játiva/Provinz Valencia, † 2. 9. 1652 in Neapel, einer der bedeutendsten span. Barockmaler mit großem Einfluß auf die gesamte span. Malerei des 17. und 18. Jh.s, gilt als wichtigster Vorläufer Murillos und Veláquez'. Über seine Jugendzeit ist wenig bekannt, er dürfte aber den ersten Malunterricht beim Begründer der neuen Valencianer Malschule, Francisco → Ribalta, erhalten haben, der auch einen Italienaufenthalt empfohlen haben mag. Die Versetzung des Vaters nach Neapel bringt R. nach Parma, wo er Werke Correggios und Tizians studieren konnte. Ein anschließender längerer Aufenthalt in Venedig und Padua mit Kopierstudien Paolo Veroneses wird berichtet. In Rom muß der Maler sodann Raffaels Fresken und Caravaggios Arbeiten intensiv zur Kenntnis genommen haben

1616 wird er erstmals urkundlich anläßlich seiner Heirat in Neapel erwähnt, das er nicht mehr verläßt. Neapel ist der Ort seiner eigentlichen Werkgeschichte, die ihn sehr schnell zu einem der bekanntesten Maler in Italien und auch seiner Heimat Spanien macht. 1626 wird er Mitglied der Accademia di San Luca in Rom. Die letzten Lebensjahre bringen ein Nachlassen seiner Schaffenskraft, so daß R. auch bedingt durch die politischen Unruhen in der Stadt schnell verarmt.

R. ist durch die Schulung Ribaltas und seine Studien Correggios und Caravaggios der erste konsequente Hell-Dunkel-Maler Spaniens. In seinen Bildern scheint als eine Verschärfung der Licht-Schatten-Experimente Caravaggios alles Licht von der jeweiligen Hauptperson der dargestellten Szene auszugehen. Eine zweite Seite seiner Stileigenheit ist das Beharren auf realistischen Momenten der Darstellung. Dieses span. Erbe läßt, obzwar abgemildert, den Maler sogar zu einem Anreger der Arbeitsweise Gustave Courbets werden.

Generell kann das künstlerische Schaffen in drei Stilphasen aufgegliedert werden: Bis 1635 ringt der Maler mit der Stilhaltung Ribaltas, indem er dessen Tenebrosomanier überakzentuiert und beispielsweise öfters schwere rötliche Karnationen verwendet. Den Vorbildern setzt er intensivere und dunklere Farben entgegen. Die mittlere Zeit des folgenden Jahrzehnts zeigt zunehmend das Abstreifen der durch die dunklen Farbtöne hervorgerufenen schwermütigen Stimmungen, die einer leuchtenderen und glänzenderen Farbgebung weichen. Der virtuose Umgang mit dem Licht, die geringe Modellabhängigkeit und seine bewegten und kraftvollen Kompositionen sind Hauptmerkmale dieser

J. Ribera, Anbetung der Hirten, 1650, Paris, Louvre

auch monumental genannten Stilepoche R.s. Ab 1646 kündigt sich sein reifer Stil an. In ihm legt er endgültig alles Finstere und Dunkle zugunsten einer raffinierteren Lichtwirkung ab, die gleichwohl eine realistische Basis hat, in welcher er manchmal sehr deutlich Mängel und Gebrechen der Gestalten ohne Beschönigung schildert.

Ⓜthemen bearbeitete R. in vier Genres: Bilder der Hl. Familie, Pietádarstellungen, Ⓜ mit dem Kind und bes. die UE.

Die erste Gruppe beginnt mit dem großen Altarbild der Hl. Familie mit den hl. Bruno und anderen Heiligen (Neapel, Palazzo Reale, 1634/35). R. überzieht die Gestalten mit einem Lichtfeld, das nur die vorderen Partien heraushebt, so daß die Komposition als ein Oval beleuchteter Körper gebaut erscheint. In der intimeren Hl. Familie mit dem Johannesknaben (Toledo, Museo de Santa Cruz, 1639) spielt der Maler mit ähnlichen Kompositionsmustern, nur daß hier die Lichtflächenkette aufgebrochen und das Kind auf dem Schoß der Mutter insgesamt angeleuchtet wird und so den eigentlichen Schwerpunkt der Szene abgibt. Ⓜ als ländliche Mutter agiert doppelsinnig: sie wendet sich Joseph und dem Johannesknaben zu, hält aber das Tuch, auf dem das Kind liegt, nach vorne beiseite, um dem Betrachter den Blick freizumachen. Die mystische Vermählung der hl. Katharina mit dem Jesusknaben von 1648 (New York, Met. Mus.) schließlich erweitert die Lichtregie R.s, als nun neben dem Kind auch Ⓜ und Katharina annähernd gesamtkörperlich angeleuchtet werden. Der intime Charakter des Verhältnisses zwischen ℳ und dem Kind ist ein Zug, den R. erst in den 40er Jahren aufgreift und in wenigen Exemplaren der dritten Gruppe durchspielt. In der Anbetung der Hirten (Paris, Louvre, 1650) schafft R. die Verbindung von Vertrautheit der Personen und Erzählung für den Betrachter. Die Lichtkomposition ist verkompliziert und zeigt kein eindeutiges Schema mehr. Das nur noch zu ahnende Grundgerüst des schräg liegenden Ovals ist aufgelöst in die nun von sich heraus leuchtende Partie.

Die zweite Gruppe gestaltete R. in ganz eigentümlicher Weise. Die frühe Pietà von Salamanca (La Purísima, 1634) läßt ℳ den ganzen Bildraum einnehmen, von ihrem Körper jedoch leuchtet nur das leicht aufwärts gerichtete Gesicht vor. Sie hält den halb aufgerichteten Körper des Sohnes, der auf dem Boden kniend schlaff nach hinten sinkt und dessen Kopf zurückfällt. Das zweite erhaltene Bild dieser Art — auch als Grablegung tituliert — von 1637 in Neapel (S. Martino) trägt das Thema gänzlich anders vor. Die Totenklage über den leblosen Körper, der eckig gebrochen auf dem Leichentuch liegt, scheint an Christus vorbeizugehen und nur eine stumme Konversation zwichen ℳ, Johannes und Joseph von Arimathia auszudrücken. Nur Maria Magdalena vollführt schattenhaft am linken Bildrand eine zärtliche Berührung des Fußes. ℳ ihrerseits berührt den Sohn nicht mehr, sondern betet selbstversunken mit verklärtem Blick.

Das privatere Thema der Madonna mit dem Kind hat R. selten gemalt. Nach einem Frühwerk (Weimar, Kunstsammlungen, 1634) gab er nurmehr 1643 (Sarasota, Ringling Mus.) und 1648 (Philadelphia, Mus.) ein Beispiel hiervon. Im Büstenbild von Sarasota neigt sich ℳ als eine Magd mit gewickeltem Kopftuch dem Kind in Dreiviertelwendung zu, das sich gerade von der entblößten Brust abwendet und aus dem Bild herausblickt. Das Bild in Philadelphia verstärkt noch die Innigkeit des Verhältnisses.

Die wichtigste Gruppe R.s ist das span. Lieblingsthema der »Concepción«. Die UE für das ehemalige Augustinerinnenkloster in Salamanca (La Purísima, 1634) legt die Szene schematisch fest, indem ℳ majestätisch von einem Wolkenkranz umzogen erscheint, der mit bewegten Engeln bevölkert ist. Oben hält Gottvater seinen Arm segnend über die Jungfrau, die auf der Mondsichel stehend aufwärts blickt. In einen gleich großzügigen Wolkenkranz hat R. ℳ nur noch 1646 (Madrid, Prado) gestellt. Die Anzahl der umkreisenden Engel ist drastisch erhöht und deren Aufreihung so verdichtet, daß sowohl die Wolken als auch die Rechte Gottes zurückgedrängt werden. Die Szenerie wirkt barock dynamisch, der auch eine fülligere ℳ in identischer Haltung wie zwölf Jahre früher entspricht.

Aus dem Jahr 1637 sind drei Versionen der Inmaculada erhalten (Schloß Rohrau, Sammlung Harrach; Columbia, Mus.; Madrid, Prado). Das österr. Bild zeigt ℳ nach rechts gedreht auf einem die Mondsichel umgebenden Engelspolster. ℳ steht in den anderen Beispielen in der herkömmlichen Position etwas nach links gewendet. Das letzte Bild (Madrid, Prado, 1650) bringt nochmals eine Neuerung. Wieder nach rechts gewendet, steht ℳ auf der rechts höher gezogenen Mondsichel und betet in die andere Richtung. Ihr Blick geht kaum merklich in die Höhe. Der Mantel gibt das ganze Unterkleid frei und wird vom Windstoß hinter ihrem Körper auseinandergezogen, so daß eine Gewandbahn von links unten nach rechts oben die Höhenrichtung unterstreicht. Gerade die Arbeiten der Concepción R.s haben größte Wirkungen auf die span. Malerei des Barock ausgeübt und wurden unzählige Male nachgeahmt.

Lit.: B. de Pantorba, R., Barcelona o. J. — M. Utrillo, J. de R., Barcelona 1907. — J. Mayer, J. de R., Leipzig 1908. — E. Bajard, J.R., Paris 1909. — P. Lafond, R. et Zubarán, Paris 1909. — J. Santamarina, R., 1942. — C. Sarthou Carreres, J. de R., 1947. — E. Tormo y Monzo. R., 1950. — G. Jedlicka, Span. Malerei, 1965. — C. M. Felton, J. de R., 1971. — A. E. Peréz Sánchez, L'opera completa del R., 1981.   N. Schmuck

Ribera, Payo de, OSA (seit 1628), * 1612 in Sevilla als Sohn des span. Vizekönigs von Katalonien, Sizilien und Neapel Ferdinand de Alcalá, † 8. 4. 1684; 1650 ist er als Prior des Augustinerklosters Valladolid bezeugt. 1657 wurde er Bischof von Guatemala und 1668 Erzbischof von Mexiko, gleichzeitig wirkte er seit 1674 als Vizekönig daselbst, 1681 kehrte er nach Spanien zurück.

Von R.s Einsatz für die Lehre der UE ℳs geben folgende gedruckte Schriften Zeugnis: »Acclamación por el principio santo y Concepción Inmaculada de Maria« (Valladolid 1653). Das Werk kam in Spanien auf den Index der sog. theol. »Junta de la Concepción«, weil es eine fromme Meinung mit zu viel Enthusiasmus vertrete, der der Sache selbst nur schaden, nicht aber nützen könne. R. verteidigte sich in »Explicatio apologetica nonnullarum propositionum a theologo quodam non dexter notatarum« (Guatemala 1663). In diesem Werk findet sich auch »Tractatus de probabilitate canonizationis mysterii Conceptionis passivae Matris Dei« (236—616). Ferner schrieb R. »Epistola respondens ... Didaco Andreae Rocha, ... in Limensi Cancelleria criminum Quaestori et Iudici desideranti audire ..., qualiter concilietur nonadmissio opinionis removentis a Virgine Purissima Maria omne debitum ad contrahendum originale peccatum cum doctrina asserente esse scientiae et urbanitatis admittere propositiones quae ad Mariae Puritatis exaltationem conducunt« (Mexiko o. J.). — In der Verteidigung seiner »Acclamación« stützt R. die Lehre von der IC ℳs vor allem auf den »sensus fidei« des ganzen christl. Volkes und schreibt zur Begründung dieses ersten und grundlegenden Argumentes (primum omnium magni ponderis; Explic. apol. 116): »Non sine Spiritus Sancti instinctu, vel ab instinctu et inspiratione Spiritus Sancti, communis fere totius christiani vox docens conceptam fuisse Mariam sine originali peccato emanavit« (l. c. 107).

Lit.: Petrus de Alva, Militia Immaculatae Conceptionis, Löwen 1663, Sp. 1135 (fälschlich genannt: Pablo de R.). — Ossinger 742f. — G. Santiago Vela, Biblioteca Ibero-Americana de la Orden de San Agustin VI, 1922, 516—526. — S. Folgado Florez, La escuela agustiniana y la Mariología, In: CDios 178 (1965) 608—634, hier 630—632. — V. Capanaga, Antología Mariana de Escritores Agustinos, In: Augustinus 29 (1984) 259—459, hier 296. *A. Zumkeller*

Ricci, Luigi, * 8. 7. 1805 in Neapel, † 31. 12. 1859 in Prag, ital. Komponist und Bruder von Federico R., macht sich v. a. als Komponist der Opera Buffa einen Namen (30 Opern, z. B. »La cena frastornata«, 1824; »Crispino e la comare«, 1850). Nach dem Studium am Conservatorio in Neapel und ersten Opernerfolgen, u. a. an der Mailänder Scala, wird R. 1837 Kapellmeister und Direktor der Oper in Triest. 1852 erhält der Komponist, der sich bes. an dt. Meistern, z. B. Beethoven orientiert, den Titel Maestro della musica nazionale. Zu dieser Zeit schreibt er neben Opern auch Vokalmusik, kirchliche Hymnen und Messen. Als marian. Werk ist eine Litania für Sänger und Basso continuo überliefert.

Lit.: L. de Rada, I fratelli Ricci, Florenz 1878. — MGG XI 424ff. — Grove XV 831f. — DMM VI 323. *L. Berger*

Ricci, Matteo, * 6. 10. 1552 in Macerata/Italien, † 11. 5. 1610 in Peking, 1571 SJ, 1578—82 theol. Studium in Goa, ging nach Macao. Michele Ruggieri (1543—1607), der mit R. der Begründer der Jesuiten-Mission in China ist, hatte schon auf seiner Erkundungsfahrt im Frühjahr 1581 von Macao aus ein ⓜbild nach Kanton gebracht. Als sie 1583 die Erlaubnis zur dauerhaften Niederlassung erhielten, stellten sie auf dem Altar der Kapelle der Mission in Chao-king (Hsiu-hsing) in der Provinz Kwangtung ein Bild der GM mit Kind auf. Die Besucher bewunderten das Bild sehr und verehrten es als ideale Frauengestalt und als liebenswerte Göttin. Es entstand die Meinung, der Hauptgott der Christen sei eine weibliche Gottheit. Um der Gefahr einer solchen Verbindung des Christentums mit anderen Religionen, bes. dem Buddhismus zu entgehen, wurde das ⓜbild durch ein Bild des Erlösers ersetzt. Wiederholt hat R. ⓜbilder an die kaiserliche Familie und an hochrangige Personen verschenkt.

Wenigstens drei unterschiedliche Kopien von ⓜbildern sind nach China gekommen: eine Kopie des Bildes aus S. Maria Maggiore in Rom, eine Madonna mit Kind und dem hl. Johannes, das von Spanien über Mexiko auf die Philippinen gekommen war sowie ein weiteres Bild aus Rom. Dazu ein Stich von Hieronymus Wierx »NS de la Antigua« aus Sevilla, die als chinesischer Holzschnitt erhalten ist.

Am 8. 9. 1609 errichtete R. eine Kongregation in Peking für 40 männliche Neuchristen aus der Literatenklasse. Die Regel dafür diktierte er dem Neuchristen Lukas Li.

Lit.: P. A. M. Alves, Congregacoes Marianas na China e em Macau. Noticia historica, Macao 1904. — O. Münsterberg, Chinesische Kunstgeschichte I, Esslingen 1910. — B. Laufer, Christian Art in China, In: Mitteilungen des Seminars für Orient. Sprachen, Abt. I Orient. Studien 13 (1910) 100—118. — P. Pelliot, La peinture el la gravure européennes en Chine au temps de Matthieu R., In: T'oung Pao 20 (1920/21) 1—18. — E. F. Fenollosa, Ursprung und Entwicklung der chinesischen und japanischen Kunst, 2 Bde., 1923. — D. de Gassart, Esquisse historique sur les Congrégations de la Sainte Vierge dans l'ancienne mission de Chine (1609—64), In: Collectanea Commissionis Synodalis 8 (1935) 34—41. — H. Bernard, L'art chrétien en Chine du temps du Matthieu R., In: RHMiss 12 (1935) 199—229. — P. M. D'Elia, Le origini dell'arte cristiana Cinese (1583—1640), 1939. — S. Schüller, Die Geschichte der christl. Kunst in China, 1940. — J. Bettray, Die Akkommodationsmethode des P. M. R. SJ in China, 1955. — Manoir IV 951—963. — F. Margioti, Congregazioni mariane della antica missione cinese, In: J. Specker und W. Bühlmann (Hrsg.), Das Laienapostolat in den Missionen, FS für J. Beckmann, 1961, 131—153. — M. Martini, Faville di arte e di fide (Storia della Madonna di S. Luca in Roma et in Cina alla fine del secolo XVI), 1967. — G. Guadulupi, La Cina. Le arti e la vita quotidiana viste da P. M. R. e altri missionari gesuiti, 1980. *H. Rzepkowski*

Ricci, Sebastiano, getauft am 1. 8. 1659 in Belluno, † 15. 5. 1734 in Venedig, Maler des ital. Spätbarock; Vorbilder für R. waren v. a. Corregio, Guido Reni, die Carracci, dann Pietro da Cortona, Luca Giordano und Paolo Veronese. Er war zunächst Schüler der Venezianer Sebastiano Mazzoni und Federico Cervelli, ab 1678 in Bologna bei Giovanni Giuseppe dal Sole. In seiner Malerei wird das Chiaroscuro des röm. Barock abgelöst durch neues Licht, dekorative Wirkung und einen neuen Malduktus, wodurch R. zu einem Wegbereiter für das Rokoko wird. 1686 reiste er mit Ferdinando Galli Bibiena nach Parma, außerdem arbeitete er in Piacenza für Ranuccio Farnese. Weitere Reisen führten ihn nach Rom, Neapel, Florenz, Bologna, Modena, Parma, Mailand, Wien und London (1712—16). Dynamische fließende Komposition und lockere Pinselführung kennzeichnen seinen Stil. Er verteilt die vielfigurigen Gruppen und vernachlässigt hierbei auch nicht die Raumtiefe. Zarte, lichte, skizzenhafte Malerei des venezianischen Rokoko bestimmen die Oberfläche seiner Gemälde. R.s dünner Pinselstrich trägt hierzu positiv bei. Seine Farbenpalette besteht aus Silber, Blau, Zinnober und Grau-Grün. Die geschickte Staffelung der Personen in einer theatralischen Inszenierung ohne massige, schwere Körper ergibt eine gelöste Formensprache.

WW: Aus R.s reichhaltigem Oeuvre, das vorwiegend antike, mythol. und biblische Themen umfaßt, seien folgende marian. Werke genannt: Immaculata mit Heiligen (Bergamo, Istituto Missionario). — Aufnahme ⓜe in den Himmel (Bergamo, S. Maria Assunta). — Papst Gregor bittet die GM um Hilfe für die Pestkranken (Padua, S. Giustina). — Erscheinung der GM vor den hll. Bruno und Ugo (Vedana). — Hl. Familie und Ignatius v. Loyola (Paris, Privatbesitz). — ⓜ mit Kind und Heiligen (Venedig, S. Giorgio Maggiore). — Hl. Familie mit der hl. Anna (Bologna, Sammlung Molinari Pradelli). — Ruhe auf der Flucht (London). — Flucht nach Ägypten (Chatsworth). — ⓜ in der Glorie mit Engeln und Heiligen (Turin, Universität). — Anbetung der Könige (London). — Papst Paul III. mit einer Statue der Madonna (Piacenza, Museo Civico). — Aufnahme ⓜs in den Himmel (Wien,

S. Ricci, Mariae Himmelfahrt, Budapest, Museum

Karlskirche; Skizze dazu: Budapest, Mus.). — Immaculata (Venedig, S. Vitale). — Madonna mit Engeln (Venedig, Scuola dell' Angelo).
Lit.: J. v. Dorschau, S. R., 1922. — R. Palluccini, Die venezianische Malerei des 18. Jh.s, 1961. — A. Rizzi (Hrsg.), S. R. disegnatore, 1975. — G. M. Pilo, S. R., 1976. — J. Daniels, S. R., 1976.   *C. A. Harrer*

Riccio, Andrea, eigentlich A. Briosco, * April 1470 in Trient, † 8.7.1532 in Padua, ital. Bildhauer. Nach einer vermuteten Goldschmiedelehre beim Vater kam R. früh nach Padua, wo er eine Ausbildung als Bildhauer beim Donatello-Schüler Bartolomeo Bellano absolvierte. Nach dessen Tod 1497 vollendete R. das bronzene Grabmonument des Gelehrten Pietro Roccabonella: wahrscheinlich stammen von R. die drei kleinformatigen »Tugenden«, die schon den Kleinkünstler erkennen lassen, als der er seine herausragende Stellung in der Kunstgeschichte begründet. In großer Zahl sind von ihm und seiner Werkstatt Statuetten und Geräte aus Bronze produziert worden: Mythologisches wie z. B. Satyrn, Nymphen, Kentauren, aber auch Putti, Krieger, Allegorien, sowie Naturabgüsse von Tieren, oder Öllampen, Tintenfässer, Medaillen und Plaketten, diese z. T. mit Heiligendarstellungen. Die Bronzen haben weite Verbreitung und viele Nachahmer gefunden, weshalb nur vage Datierungen möglich sind.

Antik-Paganes und Christliches bilden die Themen nicht nur bei den kleinen, sondern R. vermag sie auch bei monumentalen Werken einzusetzen, so v. a. dem Osterleuchter in Padua (San Antonio, 1506—16), bei dem Reliefs und Statuetten durch die Verbindung von heidnischen Vorstellungen mit christl. Theol. ein kompliziertes, humanistisch-gelehrtes Programm ergeben.

Ⓜdarstellungen sind in R.s Oeuvre eher selten, meist finden sie sich auf Plaketten im Zusammenhang mit Darstellungen der Grablegung Christi (u. a. Paris, Louvre; Venedig, Museo Correr und Tabernakeltüren in der Galleria Franchetti). R. schuf jedoch auch Terrakotten mit rel. Thematik: Zu einer lit. rekonstruierbaren Beweinungsgruppe, deren Reste sich in Padua (S. Canziano) befinden, gehören zwei fragmentierte trauernde Ⓜn (Padua, Museo Civico, um 1520/30). Halbe Lebensgröße erreichen die Ⓜ mit Kind in Lugano (Sammlung Thyssen) und die farbig gefaßte thronende Ⓜ in Padua (Scuola del Santo).

Vorherrschendes Stilmerkmal seiner Arbeiten ist ein von der Antike inspirierter, klassizistischer Zug, bes. im Dekor und den Figurenhaltungen und -gewandungen, sowie eine detailreiche Ausführung. R.s szenische Reliefs sind erzählerisch und oft naturalistisch-elegant. Die größeren Werke lassen außerdem einen tiefen Stimmungsgehalt und klare Kompositionen erkennen.
Lit.: L. Planiscig, A. R., 1927. — R. Enking, A. R. und seine Quellen, In: Jahrbuch der Preußischen Kunstsammlungen 62 (1941) 77 ff. — T. Pignatti, Gli inizi di A. R., In: Arte Veneta 7 (1953) 25 ff. — F. Cessi, A. Briosco detto il R., 1965. — M. Ciardi Dupré, Il R., 1966. — A. Radcliffe, A Forgotten Masterpiece in Terracotta by R., In: Apollo 118 (1983) 40 ff. — Ausst.-Kat., Natur und Antike in der Renaissance, Frankfurt am Main, 1985/86. — Thieme-Becker XXVIII 259 ff.   *K. Falkenau*

Riccio, Teodore, * ca. 1540 in Brescia, † um 1600 in Ansbach, ist einer der ital. Komponisten, die nach 1550 wesentlichen Einfluß auf die dt. Musik ausübten; er verbreitete u. a. den Stil der prima pratica. Nach (wahrscheinlicher) Kapellmeistertätigkeit in Brescia und Ferrara folgt R. 1575 dem Ruf an den Hof des Markgrafen Georg Friedrich v. Brandenburg und geht als Kapellmeister nach Ansbach. 1579—86 hält er sich mit dem Markgrafen in Königsberg/Preußen auf, wo er zum Prot. konvertiert. Bedeutend sind seine Madrigale und die Sacrae Cantiones, aber auch die marian. Werke, ein Magnificat octo tonorum (Königsberg 1579), vier weitere Magnificat cum Litaniis zu acht Stimmen (Venedig 1590).
Lit.: G. Schmidt, Die Musik am Hofe der Markgrafen von Brandenburg-Ansbach, 1956. — MGG XI 430 f. — Grove XV 833 f. — DMM VI 327 f.   *L. Berger*

Richafort, Jean, * um 1480 im Hennegau (?), † um 1547 in Brügge (?), war wohl Schüler von Josquin und 1507 Kapellmeister in St. Rombaud in Mecheln. Seine weiteren Lebensstationen sind unsicher. Gewisse Rückschlüsse sprechen für die Tätigkeit am franz. Hof und später in Rom. Ein letztes Mal wird R. 1542—47 als Kapellmeister an St. Gilles zu Brügge genannt.

Neben zahlreichen Meßkompositionen erweist sich R. als bedeutender Komponist von Motetten, wobei traditionelle und fortschrittliche Techniken — wie die zweiteilige Reprisenmotette — angewendet werden. Zu seinen marian. Kompositionen gehören die Messe »O Dei genitrix« (1532), »Veni sponsa Christi« (1532), mehrere Magnificatvertonungen sowie die Motetten »Ave Maria«, »Ave virgo gloriosa«, »Beata dei genitrix« und »Maria succurre nobis«.

Lit.: M. E. Kabis, The Works of J. R., Diss., New York 1957. — MGG XI 439—443. — Grove XV 839f.   *E. Löwe*

Richard Rolle, * 1305 in Thornton in der Nähe von Pickering/Grafschaft Yorkshire, † 29.9.1349 in Hampole, studierte in Oxford, verließ die Universität aber, ohne seine Studien zu beenden, und wurde Einsiedler. Nach mehreren Ortswechseln wurde er spiritueller Berater der Zisterzienserinnen von Hampole. Es ist nicht geklärt, ob er Kleriker war oder Laie blieb. Im Rahmen der Bemühung um seine Heiligsprechung wurde ein »Office of St. Richard Hermit« (»Offizium des hl. Richard des Einsiedlers«) gegen Ende der 14. Jh.s komponiert; R. wurde jedoch nie heiliggesprochen.

R. war Verfasser spiritueller Werke sowohl in lat. als auch in engl. Sprache. Außer dem pastoraltheol. Werk für Gemeindekleriker »Judica Mariae Deus« schrieb er die lat. Kommentare »Super Orationem Dominicam«, »Super Symbolum Apostolorum«, »Super Mulierem Fortem«, »Super Apocalypsim« (bis Kapitel 6), »Super Psalmum Vicesimum«, »Super Novem Lectiones Mortuorum« und »Super Aliquos Versus Cantici Canticorum«, das schöne ⟨M⟩gedicht »Canticum Amoris« sowie über das kontemplative Leben »Contra Amatores Mundi«, »Incendium Amoris«, das alliterative »Melos Amoris« und »Emendatio Vitae«. In engl. Sprache verfaßte er Kommentare zum »Magnificat« und zum »Psalter«, die sich inhaltlich deutlich von seinen lat. Kommentaren unterschieden, verschiedene Prosastücke, einschließlich »Meditations on the Passion«, »The Commandment, Ego Dormio« und wohl als sein letztes Werk »The Form of Living«, eine Studie über das kontemplative Leben für die Einsiedlerin Margaret Kirkby. Daneben ist er Autor einer Anzahl Gedichte, in denen er Jesus und die Liebe Gottes lobpreist.

Seine Werke spiegeln neben den Gemeinplätzen verschiedener theol. Schulen ein klares Verständnis herkömmlicher monastischer Theol. wider. Er steht in der Tradition von Augustinus, Bernhard und der Zisterzienser, teilweise auch der Viktoriner. R. betont die Bedeutung der körperlich wahrnehmbaren Wärme (fervor) und Süße (dulcor) bei der rel. Andacht, bes. bei der Verehrung des Namens Jesu, die für ihn untrennbar mit der Teilnahme am Gotteslob der Engel verbunden ist.

Große Unnachgiebigkeit gegen habgierige und unzuverlässige Menschen, eine gewisse Furcht vor Frauen und das Beharren auf der Überlegenheit des kontemplativen und bes. des eremitischen Lebens über das aktive kennzeichnen die Geisteshaltung des jungen R., die ihm den Vorwurf vieler Kritiker einbrachte, seine spirituelle Lehre sei weniger ausgereift als die von Autoren wie → Walter Hilton und dem Autor der »Cloud of Unknowing« (→ Wolke). Tatsächlich kritisieren sowohl Hilton als auch der Autor der »Wolke« die Nachfolger R.s — wenn nicht sogar R. persönlich — wegen seiner Lehre, daß rel. Empfindungen mit den körperlichen Sinnen wahrgenommen werden könnten, wobei beide den streng übernatürlichen Charakter christl. Glaubens und christl. Liebe betonen. Neueste Forschungsergebnisse lassen Rückschlüsse auf R.s Entwicklung zu: Zwar hält er zeitlebens an Konzepten wie »Hitze, Süße und Gesang« fest, zeigt allerdings auf der anderen Seite eine wesentliche Mäßigung, zunehmende Demut und wachsendes Mitleid und betrachtet letztendlich wie Hilton die Erfahrung der spirituellen »Öde« und Versuchung als Mittel, Gott immer ähnlicher zu werden.

R.s Verehrung für Christus findet in der zärtlichen Liebe zur hl. Jungfrau ihre natürliche Erweiterung. Im »Melos Amoris« (ed. Arnould 122) spricht er über seine Verehrung für ⟨M⟩, der Mutter der Barmherzigkeit (Misericordiae Mater). ⟨M⟩ hat von ihrem höchstbarmherzigen Sohn erlangt, daß die Seele R.s mit den Umarmungen der Liebe Gottes geziert werde. Sie war seine Helferin (Adiutrix), die zum ewigen Geliebten betete, daß er nicht verworfen werde. Ohne ihre Hilfe hätte R. den Allerhöchsten nicht mit solch inbrünstiger Liebe geliebt, und es wäre ihm auch die Erfahrung der Süße des himmlischen Gesangs versagt geblieben. ⟨M⟩, die Gott mit höchster Inbrust liebte, hat in all ihren Freuden das Feuer der Liebe entzündet. Seit R. sein Leben Gott geweiht hat, hat er ⟨M⟩ seine Jungfräulichkeit dargebracht.

Im »Canticum Amoris«, evokativ rhythmisch und alliterativ, kommt R.s Sehnsucht nach der hl. Jungfrau zum Ausdruck: »Zelo tibi langueo, uirgo speciosa! Sistens in suspirio mens est amorosa.« Auch hier spricht er davon, wie er sich in seiner Jugend zu ⟨M⟩ hingezogem fühlte: »Iuuenem ingenue amor alligauit«. Er spricht von ⟨M⟩s Schönheit, die über das Körperliche hinausgeht: »Splendet eius species supra modum rerum; / Tam formosa facies non est mulierum.« Er sieht ⟨M⟩ in der himmlischen Herrlichkeit, zu der sie erhoben worden ist: »Salue, supra seraphim celo subleuata, / Cum complente cherubin care coronata.« In diesem Gedicht finden wir nicht nur Anklänge an das »Ave Maria«, sondern auch an das »Salve Regina« und das »Memorare«. Gabriel Liegey weist darauf hin, daß Ⓜ in R.s Werken keine nebensächliche Bedeutung einnimmt, und die liturg. Themen des Ⓜlobes mit der Sprache der »amour courtois« durchsetzt sind.

Während R. in seinem lat. Kommentar zum Magnifikat dieses Preislied allgemein auf das moralische und spirituelle Leben der christl. Seele überträgt, bezieht sein engl. Kommentar das Magnifikat auf Ⓜ persönlich als Mutter des Erlösers.

In seiner »Meditation B« über das Leiden Christi (»Herr, da du mich aus dem Nichts erschaffen hast . . .«) meditiert R. über Ⓜ unter dem Kreuz, und bittet darum, an ihrem Leid teilhaben zu dürfen (ed. Ogilvie-Thomson 80). In dem in engl. Sprache verfaßten Gedicht »Wer dies in gutem Willen sagt«, das wiederholt von »Ihesu« spricht, ist Ⓜ gegenwärtig als Königin des Himmels und Mutter der Barmherzigkeit. R. erfreut sich an dem Paradox »Maria Mutter, milde Königin« (ed. Ogilvie-Thomson 52f.)

In »The Form of Living« spricht R. darüber, wie das »Ave Maria« vor der Versuchung bewahrt (ed. Ogilvie-Thomson 7), und nennt es als eines der Gebete, die ganz bes. die Verehrung Jesu vertiefen (ebd. 16).

In »Super Novem Lectiones Mortuorum« behandelt R. bestimmte Aspekte der Kirchenlehre. Er spricht darüber, wie Ⓜ als einzige unter den Geschöpfen Gottes vor der Sünde bewahrt blieb (ed. Moyes II 145), durch ihre Heiligung im Schoß ihrer Mutter (ebd. 206), sagt aber nicht, sie sei unbefleckt empfangen worden. Im gleichen Werk erwähnt er ihre leibliche Aufnahme in den Himmel (ebd. 181f.).

Ausg.: Der wichtige »Latin Psalter« ist nur in der unzuverlässigen Kölner Ausgabe von 1556 abgedruckt; die »Emendatio Vitae« wurde am Ende des »Speculum Spiritualium« (Paris 1510; mit Ergänzungen zum Text, Antwerpen 1533, Köln 1535, 1536) überliefert. Eine moderne kritische Ausgabe beider Texte steht noch aus. — Religious Pieces in Prose and Verse, hrsg. von G. D. Perry, Oxford 1866. — The Psalter . . . with . . . Exposition in English by R. R. of Hampole, hrsg. von H. R. Bramley, Oxford 1884. — Yorkshire Writers: R. R. and his Followers, hrsg. von C. Horstmann, 2 Bde., London 1895/96. — The Incendium Amoris of R. R. of Hampole, hrsg. von M. Deanesley, Manchester 1915. — English Writings of R. R. of Hampole, hrsg. von H. E. Allen, 1931. — The »Canticum Amoris« of R. R., hrsg. von G. M. Liégey, In: Traditio 12 (1956) 369—391. — R. R.s »Carmen Prosaicum«, hrsg. von G. M. Liégey, In: Mediaeval Studies 19 (1957) 15—36. — The Melos Amoris of R. R. of Hampole, hrsg. von E. J. F. Arnould, 1957 (vgl. auch die Ausgabe von F. Vandenbroucke und den Schwestern von Wisques, In: SC 168/169 [1971]). — Super Aliquot Versus Cantici Canticorum, hrsg. von E. M. Murray, Diss. masch., Fordham University 1958. — R. R. de Hampole, Super Apocalypsim, hrsg. von N. Marzac, 1968. — The Contra Amatores Mundi of R. R., hrsg. von P. Theiner, 1968. — An Edition of the Judica Me Deus of R. R., hrsg. von J. P. Daly, 1984. — R. R.s Expositio super Novem Lectiones Mortuorum, hrsg. von M. R. Moyes, 2 Bde., 1988. — R. R., Prose and Verse, hrsg. von S. Ogilvie-Thomson, 1988. — R. R., The English Writings (neuengl. Ausgabe mit Einleitung), hrsg. von R. Allen, 1989. — R. R., Expositio super Psalmum Vicesimum, hrsg. von J. Dolan, 1991. — English Psalter, verschiedene Hrsg., laufende Diss., Fordham University.

Lit.: H. E. Allen, Writings ascribed to R. R, Hermit of Hampole, and Materials for his Biography, 1927. — M. F. Madigan, The Passio Domini Theme in the Works of R. R., 1978. — J. P. H. Clark, R. R.: A Theological Re-Assessment, In: Downside Review 101 (1983) 108—139. — Ders., R. R. as a Biblical Commentator, ebd. 104 (1986) 165—213. — N. Watson, R. R. and the Invention of Authority, 1992.   *J. P. H. Clark*

Richard v. St. Laurentius lebte und wirkte im 13. Jh.; gesicherte Auskünfte über Person und Leben sind spärlich; er war Kanoniker an der Kathedralkirche von Rouen und übte als solcher das Amt eines Pönitentiars aus. Der Beiname »St. Laurentius« weist wahrscheinlich auf R.s Herkunft aus der Gegend von Caux in der Picardie hin, wo sich der Ort Saint-Laurent (de Brèvedent) befindet.

R. hinterließ ein ansehnliches schriftstellerisches Werk, dessen genauer Umfang jedoch nicht eindeutig festgelegt ist (Glorieux, Châtillon). Die Schrift »De laudibus BMV« gelangte als einziges seiner Werke zur Veröffentlichung. R.s Ⓜlob, sein Traktat über die Tugenden (De charitate et aliis virtutibus oder nur De virtutibus) und die diesen beiden Werken angefügten 8 Predigten (über die Geburt [2], das Leiden des Herrn, »De uno martyre vel de cruce« in »De virtutibus«, sowie die Ⓜpredigten über Geburt [2] und Aufnahme in den Himmel [2] in »De laudibus BMV«), deuten auf eine vorwiegend katechetisch-homiletische Absicht des Verfassers hin. Die ständige Bezugnahme auf Schrift und Väter zeugt von R.s solidem theol. Wissen und seiner festen Verwurzelung in der kirchlichen Tradition.

R.s marian. Denken ist in den 12 Büchern »De laudibus BMV« festgehalten. Das Werk hat nicht allein für die Mariol. des 13. Jh.s repräsentative Bedeutung, es ist auch eine Fundgrube für das Verständnis der weltanschaulich-theol. Mentalität der Zeit (Raffin). Es hat eine reiche Wirkungsgeschichte, die vom ps.-albertinischen Mariale (Korošak) über Raimundus Jordanus, Mombaer, Novarinus, Raynaudus und Alphons v. Liguori bis ins 20. Jh. (Terrien, Dillenschneider, Balić, Roschini) reicht. Da vom Verfasser nicht mit Namen beansprucht, wurde es neben Jacobus de Voragine auch Hugo dem Minoriten und Bernhardin v. Busti zugeschrieben. Schließlich setzte sich weitgehend die Meinung durch, es stamme aus der Feder Alberts des Großen, was nicht zuletzt für das Ansehen des Werkes spricht. Erst 1625 gelang es Johannes Bogardus, die Urheberschaft auf R. zurückzuführen.

Der lehrhafte erste Teil beginnt mit einer Erläuterung der Verkündigungsboschaft (I), zeigt dann wie Ⓜ mit allen Körperteilen und Sinnen im Dienst unseres Heiles stand und deshalb unsere Verehrung verdient (II); im weiteren Verlauf werden die zwölf Privilegien (III), die Tugenden (IV), die körperliche und seelische Schönheit Ⓜs (V), sowie ihre zahlreichen Anrufungen erwähnt (z. B. »mater, amica, soror, charissima, filia, sponsa, regina, primas, ancilla, ministra«; IV). Die Bücher VII—XII bestehen aus einer beinah unübersehbaren Fülle von marian. Sinnbildern, die in verschiedene Gattungen eingeteilt sind: Himmelskörper (luna) und Tageszeiten (aurora; VII), topographische Bezeichnungen (campus, desertum, collis; VIII), der Bereich der fließenden und stehenden Wasser (cisterna, puteus, flumen, aquaeductus; IX), in der Bibel erwähnte Bauten und Wohneinrichtungen (domus, thalamus, cella, lectulus, thronus, arca; X) und Bezeichnungen aus Kriegshandwerk (castrum) und Schiffahrt (navis; XI). Im abschließenden und längsten Buch (XII) wird M mit dem »hortus conclusus« des Hohenliedes verglichen.

Die Schrift »De laudibus BMV« steht auf halbem Weg zwischen affektiver und spekulativer Theol. Sie weist eine gewisse Originalität in der Einteilung, nicht jedoch nach den Inhalten auf. Das dichte Bildgewebe von Übernatur, Natur (Bibel, Apokrypha) und Etymologie übt stellenweise einen eigenen, ansprechenden Reiz aus. Im Vergleich zu ähnlichen zeitgenössischen Werken halten sich die Bildassoziationen in meist erträglichen Grenzen (Daunou). R. bezieht sein theol. Wissen — neben der hl. Schrift — zur Hauptsache von theol. Schriftstellern wie Augustinus, Hieronymus, Gregor d. Gr., Ambrosius und Anselm, aber sein eigentliches Vorbild ist Bernhard v. Clairvaux. Von den zahlreichen anderen zitierten Autoren (843) seien erwähnt Isidor v. Sevilla, die Viktoriner und Innozenz III. (Bogardus). Die weite Verbreitung von »De laudibus BMV« läßt sich nicht zuletzt an mindestens sieben verschiedenen und vollständigen Ausgaben (keine davon eine kritische-) ermessen, von der ältesten undatierten (Opus de Laudibus BMV, libri XII) bis zu jener von Borgnet (Colasanti).

Die theol. Inhalte spiegeln zeitgenössischen Wissensstand und rel. Empfinden. Mehr als andere Verfasser vor ihm hebt R. die GMschaft Ms hervor und stellt sie in den Mittelpunkt des marian. Dogmas. Sie legt den Grund für die Auffassung von M, dem »primarium opus Dei« und für alle ihre Vorzüge. Die GMschaft Ms ist unmittelbar die Liebestat des Hl. Geistes und gleichzeitig das Werk der dreieinigen Gottheit (III/1, 140b). Als einzige Frau ist M Mutter und Jungfrau zugleich: »Virgo ante partum, virgo in partu et post partum et virgo assumpta est in coelum« (XII/IV, § XX, 3, 791b—792a). Nach weitverbreiteter damaliger Auffassung wurde M im Mutterschoß von der Erbschuld gereinigt und mit aller Zierde der Tugenden geschmückt (»cito ... post infusionem« — XI/IX, 1, 597a). R. lehnt so die UE Ms ab, tritt aber nicht in die Diskussion über die verschiedenen Lehrmeinungen ein. Von der Wurzel der Sünde befreit, bleibt M dem Leiden und der Sterblichkeit unterworfen. Sie stirbt, wird aber vom Sohn am dritten Tag auferweckt und leibhaft in die unvergängliche Ewigkeit aufgenommen. Sie sitzt zur Rechten des Sohnes als Königin des Himmels und der Erde.

Die Mittlerschaft, Miterlösung und Fürsprache erfährt bei R. eine ausführliche Behandlung und stellt gegenüber der zeitgenössischen Theol. einen beachtlichen Fortschritt dar (Beumer). Diese Rolle setzt M in einen personalexistentialen Bezug zu jedem Menschen. Anders als bei Bernhard ist M unsere Mutter (Koehler) und gleichzeitig Königin der Barmherzigkeit. Dank ihrer Macht und Liebe vermag sie die Rettung des Sünders zu erwirken, tut es aber nicht gegen den Willen und den Gerechtigkeitssinn des Sohnes. Ihre Barmherzigkeit ist jener Christi und der Dreifaltigkeit unterworfen. R.s Mbild trägt damit die typisch menschlichen Züge des MA: M als Leidensgefährtin und Schmerzensmutter des Sohnes (das Sieben-Schwerter-Motiv wird angebahnt), aber auch die zärtlich-liebevolle Mutter aller Menschen und die geistliche Mutter einer Großzahl von Söhnen und Töchtern (Raffin). Der Hinweis auf die Bedeutung des Herzens Me in der Gottbegegnung und im Erlösungsgeschehen — ein eher ungewohntes Thema für R.s Zeit — muß im gleichen theol.-kulturellen Zusammenhang des MA gesehen werden (Bover, Colasanti). In M bezeugt R. nicht zuletzt der Frau allgemein hohe Achtung (Raffin, Colasanti).

Indem M mit Christus im Mittelpunkt der Heilsgeschichte steht (VIII/I, 7, p. 406a), sind die Menschen auch auf sie hin ausgerichtet. Die mariol. Darlegungen führen so für R. notwendig zur MV, die er als erster ordnet und ausbaut (Buch II; Beumer). Die Verehrung der Mutter ist ganz in jener des Sohnes aufgehoben; sie ist vom Sohn und vom Geist gewollt und nimmt stellenweise den Charakter der Heilsnotwendigkeit an (II/I, p. 59a), doch immer verstanden als Lebensweg (M) zum Leben (Christus). Sie baut auf die Liebe des Herzens, äußert sich im Lobpreis des Mundes und manifestiert sich in der Tat und in der Nachahmung von Ms Tugenden. Den besten Zugang zu M verschaffen die Tugenden der Reinheit, der Liebe und der Demut. Die von R. erwähnten Frömmigkeitsübungen umfassen die Vorbereitung und Teilnahme an den Mfesten, das besondere Gedenken an Ms Glaubensstärke am Samstag, das eifrige und innige Beten des Ave Maria (das jedoch keine automatische Heilswirkung besitzt) und weitere Andachtsformen (z. B. Ansätze zum Schutzmantel-Motiv, Herz-Me-Verehrung). M gewährt Schutz und Hilfe in allen Lebenslagen, im Tode, beim persönlichen Gericht und im Fegfeuer. Marian. Spiritualität besteht vorzüglich im Liebes-Dienst gegenüber der Königin, in der kindlichen Liebe zur Mutter und in der Nachahmung von Ms Vollkommenheit (modulus et exemplar omnium virtutum).

Trotz Kompilation, Wiederholungen, Übertreibungen (das Herz Ms dargestellt als »triclinium totius trinitatis«), Ungereimtheiten und Widersprüchen (bezüglich der »impeccabilitas« Ms), trotz skurriler Bilder und Vergleiche (Ms Fleisch wird in der Eucharistie mitgereicht) ist R.s »De Laudibus BMV« für die Entfaltung der MV und für zahlreiche Aspekte der Mariol. ein bahnbrechendes Werk. Gleichzeitig vermittelt es eine wertvolle zeitgenössische Standortbestimmung über Lehre und Verehrung Ms.

WW: J. Bogardus, Domini Richardi a S. Laurentio, qui ante quadringentos annos floruit, De Laudibus B. Mariae Virginis libri XII, mira pietate ac eruditione referti ... Duaci, typis Joannis Bogardi, 1624. — A. Borgnet (Hrsg.), B. Alberti Magni (Ratisbonensis Episcopi, ordinis praedicatorum) Opera omnia, Paris 1898.
Lit.: J. F. La Pommeraye, Histoire de l'Eglise Cathédrale de Rouen, Rouen 1686, t. 2, p. 283. — J. Quétif und J. Echard, Scriptores Ordinis Praedicatorum, Lutetiae Parisiorum 1719. — Dies., Scriptores Ordinis Praedicatorum recensiti I, 1776. — A. Daunou, Richard de Saint-Laurent, In: Histoire littéraire de la France, vol. 19, 1938, 23—27. — H. Raffin, La dévotion mariale au XIIIe siècle. Etude sur le De Laudibus BMV de Richard de Saint-Laurent, Diss., Lyon 1929. — P. Glorieux, Répertoire des maîtres en théologie de Paris au XIIIe s. I, 1933, 330f. — J.M. Bover, Origen y desenvolvimiento de la devoción al corazón de María en los Santos Padres y escritores eclesiasticos, In: EstMar 4 (1945) 81—84. 128—131. — J. Châtillon, L'héritage littéraire de Richard de Saint-Laurent, In: RMAL 2 (1946) 146—166. — C. Dillenschneider, Marie au service de notre rédemption, 1947, 245—247. — F. Clarizio, Mariología di Riccardo da San Lorenzo, Diss., Rom 1948. — G. Quadrio, Il trattato De Assumptione BMV dello pseudo-Agostino e il suo influsso sulla teologia assunzionistica latina, 1951, 254—258. — B. Korošak, Mariologia S. Alberti Magni eiusque coaequalium, 1954. — G.M. Colasanti, La Corredenzione mariana nel »De Laudibus BMV« di Riccardo da San Lorenzo, Diss., Roma 1957. — E. Adamantino, Alcuni aspetti della missione salvifica di Maria in Riccardo da San Lorenzo, Diss., Napoli 1958. — G.M. Colasanti, Maria Maestra di virtù e di verità secondo il »De Laudibus BMV«, In: PalCl 37 (1958) 1224—29. — Ders., Maternità Spirituale, Assunzione e Regalità di Maria SS. secondo Riccardo da San Lorenzo († c. 1260), In: MF 58 (1958), fasc. I—II, 3—35. — E. Adamantino, Il consenso di Maria all' opera della Redenzione secondo Riccardo da San Lorenzo, 1959. — J. Beumer, Die Mariologie R.s v. Saint-Laurent, In: FS 41 (1959) 19—40. — G.M. Colasanti, La Mediatrice di grazie nel »De Laudibus BMV« di Riccardo da San Lorenzo (sec. XIII), In: EphMar 9 (1959) 229—282. — Ders., Il parallelismo Eva-Maria nel »De Laudibus BMV« di Riccardo da San Lorenzo († ca. 1260), In: Mar. 21 (1959) 222f. — Ders., Il »De Laudibus BMV« di Riccardo da San Lorenzo († ca. 1260), ebd. 23 (1961) 1—49. — RoschiniDiz 439f. — J. Beumer, Die Marienpredigten des Johannes v. Rupella OFM und ihr Verhältnis zu dem Sammelwerk R.s v. Saint-Laurent De Laudibus BMV, In: FS 47 (1965) 44—64. — T. Koehler, Tradition and Dramatization: The »Misericordia« vocabulary in the Medieval Marian Devotion of the Occident, In: MLS 10 (1978) 37—65. — DThC XIII/2 2675f. — EC X 861f. — DSp XIII 590—594. *J. Roten*

Richard v. St. Viktor, Can Aug, * in Schottland, † 10.3.1173 in Paris, trat jung in die berühmte Abtei von St. Viktor ein und wurde dort Subprior und Prior. Sein lit. Werk, der Tradition der Viktoriner verhaftet, ist bedeutsam für die mystische Theol. und leistete einen wichtigen Beitrag zur Trinitätslehre, obwohl er fälschlich annahm, das Mysterium könne rational erfaßt werden. Eine kritische Betrachtung seiner Schriften ließ ernste Zweifel an der Authentizität seines einzigen mariol. Werkes »In Cantica Canticorum« (PL 196,405—524) aufkommen. Doch schrieb J. Chatillon (RMAL 4 [1948] 343—366) mit guten Gründen 100 Predigten, darunter 10 marian., R. zu, als deren Autor bisher Hugo v. St. Viktor galt. Außerdem existieren von ihm etliche kleinere Schriften, wie »De differentia sacrificii Abrahae a sacrificio Beatae Mariae« (PL 196,1043—60), »De comparatione Christi ad florem et Mariae ad virgam« (PL 196,1031) und »De Emmanuele libri duo« (PL 196,602—666).

R.s Predigten zeichnen sich zwar weder durch Originalität noch durch tiefe Erkenntnisse aus wie die des hl. Bernhard, den er bewunderte, aber sie bringen eine Fülle atl. Anspielungen und entwickeln in der Predigt zu Me Empfängnis das Thema der sponsa Dei vor dem Hintergrund des Vorbildes von → Ester. In Sermo IX schreibt er: »Tota pulchra es. Pulchra per naturam, pulchrior per gratiam, pulcherrima fies per gloriam« (PL 196,918), und in Sermo LV: »Quam plurima sunt fratres, quae de his omnibus ad laudem sacrae Virginis dici possent immo deberent, sed brevitas temporis et prolixa celebritas divinae laudis diutius his immorari nos prohibent.« (PL 202,1063). R. rühmt Ms Mitleiden, indem er darauf die Prophetie des Simeon anwendet (Sermo XVI, ebd. 1104), und fordert zur Nachahmung der GM auf.

In der Schrift »De differentia sacrificii Abrahae ...« vergleicht er phantasievoll die Gabe Abrahams (Gen 15,9) mit Ms Opfer am Fest der Darbringung des Herrn, wobei er ihre völlige Erhabenheit — außer in Bezug auf Christus — bekräftigt. Der kleine Abschnitt über Jesus als Blume und M als Zweig zeigt den typisch christozentrischen Ansatz von R.s Mystik. In »De Emmanuele ...« weist R. die Fehlinterpretation der berühmten Jesaja-Prophetie (Jes 7,14) zurück, die der Mönch Andreas v. St. Viktor in Anlehnung an die jüdische Auffassung verfaßt hatte, indem er, sich auf den hl. Hieronymus berufend, auf der Ankündigung der jungfräulichen Empfängnis besteht.

WW: PL 177 und 196.
Lit.: J. Chatillon, Le contenu, l'authenticité et la date du liber exceptionum et des sermones centum, In: RMAL 4 (1948) 343—366. — LaurentinKT 152. — M. O'Carroll, Trinitas, 1987, 197f. — DSp XIII 593—654. *M. O'Carroll*

Richer, Edmond, kath. Theologe, * 15.9.1559 in Chesley, † 29.11.1631 in Paris, studierte an der Sorbonne, wo er 1592 zum Dr. theol. promoviert wurde; 1595 wurde er Rektor des Kollegs Kardinal Lemoine. R. zählt zu den führenden gallikanischen Theologen seiner Zeit. 1606 legte er eine Neuausgabe der Werke von Johannes →Gerson, P.→Ailly, J. Almain und J. Major vor. 1611 wandte er sich gegen die Auffassungen von Bellarmin über die weltliche Gewalt des Papstes.

Für die Mariol. ist seine »Historia conciliorum generalium« von Bedeutung. Sie konnte erst nach seinem Tod erscheinen (1681). Abgefaßt wurde sie 1613/14. Darin verteidigte R. eingehend die Entscheidung des Basler Konzils in der Sessio 36 über die UE Ms und berichtete über die Kontroverse zwischen J. de →Maldonado SJ und der Sorbonne über die UE Ms (Historia conciliorum gen. III 118—157).

Lit.: J.I. Tellechea, La Inmaculada Conceptión en la controversia del P. Maldonada con la Sorbona, 1958. — P. Schmitt, La réforme catholique. Le combat de Maldonat, 1985, 421—473. — H.J. Sieben, Die kath. Konzilsidee von der Reformation bis zur Aufklärung, 1988, »257—273. — DThC XIII/2, 2698—2702. *R. Bäumer*

Richter, Ferdinand Tobias, * 22. 7. 1651 in Würzburg, † 3. 11. 1711 in Wien, dt. Komponist. Vermutlich erhielt er ersten Unterricht von seinem Vater Tobias R., der Vize-Kapellmeister am Hof des Kurfürsten zu Mainz war. Am 25. 8. 1675 wurde R. zum Organisten des Zisterzienserstiftes Heiligenkreuz berufen und vom Juni 1676 bis zum 31. 8. 1679 war er Präfekt der Sängerknaben. Am 1. 7. 1683 erhielt R. die Stelle eines Hof- und Kammerorganisten am Wiener Kaiserhof. 1690 wurde er zum Organisten der Hofkapelle ernannt. Zu seinen Aufgaben gehörte ab 1692 der Musikunterricht der Kinder des Kaisers. Neben den späteren Herrschern Joseph I. und Karl VI. zählten auch C. Draghi, J. G. Störl und M. Zeidler zu seinen Schülern.

In Anbetracht seiner Ämter bei Hofe liegt ein Schwerpunkt seines Schaffens in Kompositionen für Tasteninstrumente. Neben mehreren von Oratorien und Opern haben sich ein Requiem, ein Miserere und eine Vertonung des Tenebrae-Textes sowie eine ⚥vesper für die festliche Besetzung von 5 Vokalstimmen, 2 Violinen, 2 Violen, 2 Trompeten und Orgel erhalten. Des weiteren liegt ein Magnifikat vor. Stilistisch steht R. in der Tradition des späten 17. Jh.s, die sich in der Mischung von konzertant deklamatorischen und stile-antico-Elementen ausweist.

Lit.: L. v. Köchel, Die kaiserliche Hof-Musikkapelle in Wien von 1543 bis 1867, Wien 1869. — F. W. Riedel, Quellenkundliche Beiträge zur Geschichte der Musik für Tasteninstrumente in der 2. Hälfte des 17. Jh.s, 1960. — W. Kramer, Die Musik im Wiener Jesuitendrama von 1677—1711, Diss., Wien 1965. — H. Knaus, Die Musiker im Archivbestand des kaiserlichen Obersthofmeisteramtes (1637—1705), 1967. — MGG XI 452—454. — Grove X 845 f.   *H. Faltermeier*

Richter, Franz Xaver, * 1. 12. 1709 wahrscheinlich in Holleschau (Mähren), † 12. 9. 1789 in Straßburg. Bis 1740 fehlen gesicherte Nachrichten über R. Vielleicht war er Schüler von Johann Joseph Fux in Wien, auch ein Italienaufenthalt ist denkbar. 1740 wird R. in Kempten als Vizekapellmeister des Fürstabts angestellt. Vor 1747 war er als Bassist und später als »kurfürstlicher Kammerkompositeur« im Dienst des Kurfürsten Karl Theodor von der Pfalz in Mannheim. Als Kompositionslehrer u. a. von Carl Stamitz verfaßte er 1761—67 einen Traktat über das Komponieren. 1769 folgte der vielgereiste R. einem Ruf als Domkapellmeister nach Straßburg. Bis ins hohe Alter war er musikalisch tätig.

In Mannheim widmete sich R. vorwiegend der Instrumentalmusik, in Straßburg komponierte er v. a. KM. R.s Frühwerke zeugen von seiner Herkunft aus der Wiener Schule. Die frühe KM steht noch Fux nahe, die späten Pastoralmessen sprechen die Sprache der Klassik. In seiner KM stellte R. polyphone A-Capella-Chöre gegen harmonisch reiche Arien und Duette. Kantable Melodik und Beherrschung der Fugentechnik zeichnen sie aus. Neben 39 Messen, 3 Requiem und einigen Oratorien hat R. mehrere Magnifikat, Stabat mater, eine ⚥vesper und weitere kleine marian. Kompositionen geschrieben.

Lit.: W. Barth, Die Messenkompositonen F. X. R.s, Diss., München 1941. — E. Schmitt, Die Kurpfälzische Kirchenmusik im 18. Jh., Diss., Heidelberg 1958. — R. Münster, Vier Musiker der Mannheimer Schule, In: Musica 14 (1960) 488 ff. — MGG XI 455—460. — Grove XV 846 f.   *J. Schießl*

Ricieri, (auch Riccieri, fälschlich Rizzieri), Giovanni Antonio, * 12. 5. 1679 in Venedig, † 15. 5. 1746 in Bologna, ital. Komponist und Sänger, beginnt seine Karriere 1701 als Sopranist an der Cappella San Petronio in Bologna. 1704 wird er in die Accademia Filarmonica aufgenommen, die er jedoch 1716 wegen zu scharfer Kritik an Kollegen verlassen muß. Die Zeit in Bologna wird 1722—26 durch einen Aufenthalt in Polen unterbrochen; R. richtet dort als Kapellmeister des Fürsten Rzewski in Luboml ein kleines Theater ein. Nach der Rückkehr nach Bologna und dem drei Monate dauernden Versuch als Novize in einem Franziskanerkloster wendet sich der als Meister des Kontrapunkts bezeichnete Komponist wieder dem mondänen Musikerleben zu, reist umher und ist die letzten zwei Lebensjahre wahrscheinlich als Kirchenkapellmeister in Cento tätig. R. schreibt zahlreiche Opern, Oratorien (darunter La nascità di Gesú Bambino, 1713 [verschollen]), Psalmen, Motetten und einige Litaneien (darunter ein 8-stimmiges Magnificat, ein Regina coeli für Sopran und Violine, ein 4-stimmiges Salve Regina [1733] für die S. Casa in Loreto und ein Gloria alla pastorale per la Notte di Natale).

Lit.: G. Mantese Storia musicale vicentina, 1956. — MGG XI 862 f. — Grove XV 850 f. — DMM VI 327.   *L. Berger*

Ridruejo, Dionisio, * 12. 10. 1912 in Burgo de Osma/Soria, † 29. 6. 1975 in Madrid, besuchte das Real Colegio de María Cristina in San Lorenzo de El Escorial, studierte Jura an der Universität Madrid, war seit 1936 Journalist und intensiv politisch in der Falange Española tätig, in der er Jefe Provincial in Valladolid wurde. 1942 brach er mit der falangistischen Ideologie. In seinen lit. Werken pflegte er den historisch-politischen Essay, Theater und Journalismus, vor allem aber die Dichtung.

Die Jungfrau ⚥ nimmt dabei einen bedeutenden Platz ein, der die seit seiner Kindheit gepflegte innige MV R.s widerspiegelt. Ein Sonett über die Verkündigung inspiriert sich an einem Gemälde Leonardo da Vincis. R.s sehr persönliches Verhältnis zu ⚥, sein Vertrauen in die GM und Mutter unser aller, an die er sich seit seiner Kindheit im Ave Maria um Hilfe und Trost wendet, offenbart sich jedoch vor allem in seinem Gedicht »Asunta«, geschrieben zur Verkündung der leiblichen Aufnahme ⚥s in den Himmel als Dogma durch Pius XII. (1. 11. 1950). In diesem Gedicht fühlt er sich ganz als Teil des rel. und marienfrommen Volkes, das seit zwei Jahrtausenden die GM in seinen Nöten anruft und an ihre wirkende Hilfe glaubt. Er wohnte persönlich der Verkündigung dieses Dogmas bei und faßte das Erleben der gläubigen Gemeinschaft, durch den Glauben »verbunden wie ein Tuch aus vielen Fäden«, in tiefempfundene Verse, in denen er eine eindrucksvolle existenzialistische Schau des Todes und der Hoffnung auf die Auferstehung entfaltet.

WW: Ciento veintidos poemas (1967).
Lit.: L. M. Herrán, Mariología poética española, 1988, 338. 690f. *M. Garrido Bonaño*

Rieger, Johann, * 1655 in Dinkelscherben/ Schwaben, † 3.3.1730 in Augsburg, Schüler seines Vetters Johann Georg Knappich, bei dem er 1680—83 als Geselle arbeitet, lebt um 1692 in Rom, wo er als Mitglied der niederländischen Schilderbent den Bentnamen »Sauerkraut« führt. R. ist beeinflußt durch den röm. Hochbarock (z. B. Pietro da Cortona); 1696 erhält er das Meisterrecht in Augsburg und 1710 wird er erster kath. Direktor der reichsstädt. Kunstakademie und Ratsmitglied.

R.s Werk ist noch so wenig erforscht, daß ganze, ehemals hochgerühmte Werkgruppen bis vor kurzer Zeit noch gar nicht nachgewiesen werden konnten. So berichtet G. C. Kilian und auf ihm fußend P. v. Stetten, daß er »am stärksten in Seestücken und Stürmen« gewesen sei. Bilder dieser Art hat Karl Kosel erst kürzlich in einem Aufsatz vorstellen können. In einem, diesem Aufsatz (262f.) beigefügten vorläufigen Werkverzeichnis führt Kosel auch eine Reihe teilweise schon im Thieme-Becker-Artikel aufgelistete Werke zur Ⓜthematik auf, darunter die beiden Bilder der Städt. Kunstsammlungen, Augsburg: die poetische »Hl. Familie« mit rosenspendenden Putten und Engeln und dem Feigen pflückenden Joseph, und das ungewöhnliche Andachtsbild mit der das Bild genau beschreibenden Inschrift »Jesum quem genvit adoravit« (beide Bilder aus der Frühzeit). Er erwähnt auch das Altarbild der Stadtpfarrkirche Weissenhorn von 1722, »Rosenkranzbruderschaft«, und das Hochaltargemälde der Pfarrkirche Waidhofen, »Beschneidung Christi«, in dem das meist kleinformatig und genrehaft dargestellte Thema ungewöhnliche Bedeutungsfülle erlangt. In weiteren Altarbildern, die Kosel aufführt und die verschiedenen Heiligen gewidmet sind, sowie in vorbereitenden Zeichnungen hat R. Ⓜ prominent im Himmel thronend ins Bild gesetzt (z. B.: »Martyrium des hl. Georg«, Dillingen, ehem. Priesterseminar; »Glorie des hl. Mauritius«, Zeichnung, Augsburg, Städt. Kunstsammlungen; »Ⓜ und die Trinität als Retter armer Seelen im Fegefeuer«, Zeichnung, Mainz, Landesmus.).

Lit.: K. Kosel, Neuentdeckungen zum Lebenswerk von J. R., In: Jahrbuch des Vereins für Bistumsgeschichte 10 (1976) 245f. — R. Biedermann, Meisterzeichnungen des dt. Barock aus dem Beisitz der Städt. Kunstsammlungen Augsburg, 1987, 112f. *G. Krämer*

Rieger, Sebastian, auch Reimmichl, *28.5.1867 in St. Veit, Defreggen, †1.12.1953 in Heiligkreuz bei Hall (Tirol), wurde 1891 zum Priester geweiht, begann dann bald mit seiner journalistischen Tätigkeit und machte sich als Erzähler und Kalendermann unter dem Pseudonym »Reimmichl« einen Namen. Sein Ziel, die ländliche Bevölkerung in Tirol zum Lesen zu bringen und sie durch seine Erzählungen und Romane seelsorglich zu beeinflussen, hat er tatsächlich erreicht. Man nannte ihn deshalb mit Recht den Pfarrer von Tirol. Das Marian. bei R. ist nicht so sehr lehrhaft-dogm., sondern beschränkt sich auf ein schlichtes Tun: Gebet, Vertrauen, Wallfahrt. Gerade die Wallfahrten bringen in seinen Romanen und Erzählungen — es sind die Wallfahrtsorte Tirols und v. a. Maria Einsiedeln in der Schweiz — Ordnung in das Leben seiner Helden und sind vielfach Wendepunkte, die zu einer Lösung der Konflikte führen. In einem der letzten Kalender, die R. betreut hat (Innsbruck 1952), handelt der erste Artikel von Ⓜ, der Königin der Erde. Er schreibt: »Jede Marienverehrung ist nichts anderes als eine Gottverehrung«; und »in allem, was außerhalb der Anbetung und außerhalb der Vorrechte des Gottmenschen Jesus liegt, können wir Maria nie zuviel und nie genug verehren.« Das ist der schlichte Kern seiner MV, die in fast allen seiner Erzählungen, in jedem seiner Kalender zu finden ist. 1922 veröffentlichte R. im »Marianischen Verlag« ein Ⓜbuch mit dem Titel »Rosengärtlein Unserer Lieben Frau« bestehend aus marian. Texten (»Unsere Mutter«, «Maiandacht«, »Blümlein aus dem marianischen Festkranz«, »Im Rosenmonat U.L.F.«), die er für den »Tiroler Volksboten« geschrieben hatte und die, nach den Worten des Herausgebers, die »Kindesliebe des Verfassers zur Himmelskönigin« erkennen lassen. Der letzte Beitrag (»Im Rosenmonat«) legt die Gebetsform des Rosenkranzes einer breiten Leserschaft ans Herz und erklärt sie in einfachen Bildern und Zitaten, ein Text, der heute noch Gültigkeit hat.

Lit.: Der Pfarrer von Tirol. Reimmichl und seine Geschichten. Mit einem Lebensbild von H. Brugger, 1972. — Reimmichl- Hausbuch. Ernste und heitere Geschichten. Erinnerungen, hrsg. von W. Sackl, 1989. — DLL XII 846f. — LL IX 450f. (mit den wichtigsten bibl. Angaben). *H. Pörnbacher*

Riemenschneider, Tilman, *um 1460 in Heiligenstadt im Eichsfeld, †1531 in Würzburg, zählt zu den führenden Bildhauern Deutschlands im späten MA. Seit 1483 als Geselle in Würzburg nachweisbar, stieg er zu einem geachteten Bürger auf, der wichtige öffentliche Ämter innehatte (1504 Berufung in den Rat der Stadt, 1509 Mitglied des Oberen Rates, 1520/21 Bürgermeister). Nach seiner Verwicklung in die Wirren des Bauernkrieges 1525 schuf er nach Haft, Folterung und Verlust eines Teiles seines Vermögens nur noch wenig.

R. hat, entsprechend der Frömmigkeitsströmung seiner Zeit, häufig Ⓜthemen bearbeitet, die jedoch eher durch ihren künstlerischen Wert als durch besondere ikonographische Neuerungen bedeutend sind. Wichtig im Werk R.s ist die Verwendung der Einfarbigkeit beim

T. Riemenschneider, Marienaltar, 1505/10, Creglingen

Münnerstädter Altar (1490/92), der als eines der frühesten Werke dieser Art gilt und vielleicht durch die Monochromie von Werken aus dem westlichen Bereich (Frankreich, Rhein-Maas-Gebiet) angeregt wurde. Ob die Gründe hierfür ästhetischer Natur waren oder aus frömmigkeitsgeschichtlichen Entwicklungen verstanden werden müssen, ist noch ungeklärt. Von R.s großen Altarwerken ist an erster Stelle der Creglinger Altar zu nennen (Creglingen a.d.T., Herrgottskirche, um 1505—10). Ein älterer Maltar, den er 1496 für St.Jakob in Rothenburg o.T. geschaffen hatte, ist nicht erhalten. Der Creglinger Altar ist frei in der Kirche aufgestellt und zeigt im Schrein die Himmelfahrt Ms; die Flügelinnenseiten tragen je zwei Szenen: Verkündigung und Heimsuchung, Geburt Christi und Darstellung im Tempel. Der wohl aus Rothenburg stammende und in Einzelteilen in verschiedene Sammlungen gekommene Wiblinger Altar (um oder kurz nach 1480) war ein Passionsaltar mit einem großen Kruzifix im Schrein, das von zwei Gruppen von Trauernden flankiert wurde, unter denen sich auch M befindet (Harburg, Fürst Oettingen-Wallerstein'sche Kunstsammlung). Das Predellenbild der Beweinung ist nicht erhalten. Das Thema des Wiblinger Schreins griff R. im Hl.Kreuzaltar in Detwang (um 1510—13) wieder auf. Auf dem Münnerstädter Magdalenenaltar (1490—92) befand sich ein jetzt verschollenes »hubsch Marienbilde« im Gespränge. In einem seiner letzten Werke, der »Beweinung« in Maidbronn (vor 1525, aufgestellt 1526) löste sich R. von der traditionellen Ikonographie: Joseph v.Arimathia stützt den Leichnam Christi, dessen linke Hand die kniende M in stiller Trauer hält. Konventioneller hingegen ist die Beweinung in Großostheim, der Rest eines Altares (nach 1489), wo Joseph die Beine des in steifer Unbeweglichkeit dargebotenen Leichnams auf die Knie stützt, während sein Oberkörper auf dem Schoß der Mutter ruht, die ihn jedoch nicht hält.

Unter einem rund ein Dutzend erhaltener Darstellungen der M mit Kind befinden sich zwei aus Stein (Würzburg, Neumünster, um 1510; ebd., Mainfränkisches Mus., um 1520), die anderen aber sind Holzbildwerke. Eine Reihe davon stammt aus verlorenen Altären, so die Haßfurter Madonna (Haßfurt am Main, Pfarrkirche, um 1490), wo das Kind mit dem Schleier der Mutter spielt. In praktisch allen Fällen befindet sich zu Füßen der GM die Mondsichel. Eine Ausnahme bildet eine Würzburger Statuette (Würzburg, Mainfränkisches Mus., um 1500). Als Werk R.s gilt eine Halbfigur der GM in Würzburg, St.Burkard (um 1490/95), bei der das Kind vor der Mutter sitzt. Aus dem Umkreis R.s existiert noch eine weitere Büste (Würzburg, Mainfränkisches Mus., um 1495—1500).

Die bekannte Doppelmadonna (Würzburg, Mainfränkisches Mus., um 1515—20), deren beide Hälften durch einen Strahlenkranz getrennt waren, schwebte frei im Raum über einer Leuchterkrone. Die Rosenkranzmadonna in der Kirchbergkirche bei Volkach am Main (um 1510/20) wird von einer Rosenmandorla mit fünf Medaillons umgeben, die Verkündigung, Heimsuchung, Geburt Christi, Anbetung der Könige und Mtod zeigen.

Das Bild der Annaselbdritt hat R. nur zweimal geschaffen (Würzburg, Mainfränkisches Mus., um 1500 und um 1520). Im Rothenburger Heiligblutaltar (Rothenburg o.T., St.Jakob, 1499—1504) stellte R. eine Verkündigungsgruppe ins Gespränge, bei der der Engel nicht wie üblich links, sondern rechts von M steht.

Neben den erwähnten Beweinungsaltären in Maidbronn und Großostheim existieren noch zwei kleinere Vesperbilder (Laufach im Spessart, Pfarrkirche, um 1520; Würzburg, Mainfränkisches Mus., um 1510). Als dritte Variante R.s zum Thema der Beweinung ist ein Relief (Würzburg, Martin v.Wagner-Mus., vor 1508) anzusehen, auf dem der Leichnam Christi auf dem Boden liegt und Joseph v.Arimathia (?) den Oberkörper gegen sein Knie stützt, während die trauernde M daneben kniet und ihre verhüllte Hand dem Kopf des Sohnes nähert. Zu einer monumentalen, zerstörten Kreuzgruppe gehört die trauernde M aus Ascholshausen (Würzburg, Mainfränkisches Mus., um 1505). Vollständig ist eine solche in der Pfarrkirche zu Aub bei Würzburg erhalten (um 1520?).

Die Figuren der Stammeltern Adam und Eva am Marktportal der Würzburger Mkapelle (Original im Mainfränkischen Mus., 1490/93) haben ikonographisch nur als Typen Christi und Ms einen Sinn.

Aus der Werkstatt und dem Umkreis R.s blieben etliche Werke mit Mthemen oder der Darstellung Ms erhalten, die zu einem großen Teil im Mainfränkischen Museum in Würzburg aufbewahrt werden. Hier sind Themen zu nennen, derer sich R. nicht angenommen hat, wie das Relief einer Deesis (1507) oder ein Sippenaltar (um 1505).

Bemerkenswert sind zwei Vesperbilder aus Papiermaché (um 1520).

Lit.: J.Bier, T.R., 4 Bde., 1925—78. — K.Gerstenberg, T.R., 1941. — H.Muth und T.Schneider, T.R. und seine Werke, 1978. — M.H. v.Freeden, T.R., Leben und Werk, ^{5}1981. — Ausst.-Kat., T.R., Frühe Werke, Würzburg 1981. — Kataloge des Mainfränkischen Museums, Würzburg I, T.R., 1982. — H.Krohm (Hrsg.), Zum Frühwerk T.R.s. Eine Dokumentation, 1982. *P. Morsbach*

Riffian, Wallfahrtskirche zur Schmerzhaften Muttergottes. Das Gnadenbild der schmerzhaften Madonna (roter gebrannter Ton, um 1420) bildet das Zentrum des 1749 eigens dafür geschaffenen Hochaltars, nachdem es bis dahin in der Friedhofskapelle ausgestellt war. Der Ursprung der Wallfahrt ist wie zumeist auch hier mit Legenden umwoben. Eine der GM geweihte Kapelle ist erst 1310 belegbar. Gleichzeitig dürfte auch die Wallfahrt begonnen haben. Von einer Kirche ist 1368 erstmals die Rede, sodann 1465 anläßlich ihrer Vergrößerung. Bereits 1395 geht die Schloßfrau von Kasten »gen unser vrawen gen Riffian«. 1668—73 entstand der barocke Neu-(Um)bau. Die Blütezeit der Wallfahrt im 18. Jh. führte dazu, daß mehrere Seelsorger gleichzeitig in R. wirkten. In R. befand sich die älteste bekannte, heute verlorene Votivtafel Tirols und des dt. Sprachraums aus dem Jahre 1449. Sie beschrieb den Sieg der Tiroler im Jahre 1449 bei der Schlacht von Calliano gegen die Republik Venedig.

Lit.: P. Stuerz, R. bei Meran. Wallfahrtsmittelpunkt des Burggrafenamtes, 1979. — M. Weger, R. Geschichte des Dorfes und seiner Wallfahrt, 1983. — C. Gufler, Kuens-R., Wiege und Herz Tirols, 1987. *M. Gluderer*

Rigel, Henri-Joseph, * 9. 2. 1741 in Wertheim, † 2. 5. 1799 in Paris, franz. Komponist und Dirigent dt. Herkunft, ging nach Studien in Mannheim und Stuttgart 1768 nach Paris, wo er zunächst Klavierunterricht gab. 1784 erst erhielt eine Stelle als Dirigent der Concert spirituels und der Concerts de la Loge Olympique, und nach der Gründung des Pariser Konservatoriums übernahm er dort die Klavierklasse. R.s Ansehen in der Pariser Musikwelt stützte sich v. a. auf seine Instrumentalmusik (Symphonien, Concerti, Kammermusik). Unter den wenigen geistlichen Werken befindet sich auch ein Regina coeli (1780).

Lit.: C. Pierre, Histoire du Concert spirituel 1725—90, 1975. — MGG XI 508 ff. — Grove XVI 16 ff. *L. Berger*

Righi, Giuseppe Maria, * um 1694, † um 1717, ital. Komponist. Über R.s Leben ist kaum etwas bekannt, er schuf nur wenige Werke und Instrumentierungen, z. B. für das Dramma rusticale per musica »La Bernarda«; 1707 komponierte er für die Aufnahme in die Accademia Filarmonica in Bologna ein Regina coeli für vier Stimmen.

Lit.: G. Gaspari, Catalogo della biblioteca del Liceo musicale Bologna, 1943—70. — Grove XVI 20. *L. Berger*

Rihovsky, Adalbert (Vojtěch), * 2. 4. 1871 in Dub bei Olmütz (Mähren), † 15. 9. 1950 in Prag, studierte in Prag an der Technischen Hochschule und besuchte gleichzeitig die Prager Orgelschule, 1892 wurde er Nachfolger seines Vaters als Chordirektor an der Propsteikirche. 1902 folgte er einem Ruf als Chordirektor und Musiklehrer an der Lehrerinnenbildungsanstalt Chrudim (Böhmen). 1914—36 war er Chordirektor an der Ludmillakirche in Prag-Weinberge, zugleich Lektor bei einem Prager Musikverlag. R. wurde ein weit bekannter und anerkannter Kirchenkomponist seiner Zeit. Unter seinen zahlreichen Werken finden sich auch marian., z. B. seine erfolgreiche Missa Loretto (op. 3) für gemischten Chor, Orgel und Orchester, die Missa Beatae Mariae de Lourdes (op. 92) sowie mehrere Litaneien.

Lit.: C. Russ, R. als Kirchenkomponist, Prag 1913. — J. Dušek, V. R. a jeho životní dílo, 1933. — MGG XII 219 f. — Grove XVI 22 f. *F. Fleckenstein*

Rilke, Rainer Maria (ursprünglich: René Karl Wilhelm Johann Josef Maria), * 4. 12. 1875 in Prag, † 29. 12. 1926 in Val-Mont bei Montreux, dt. Dichter, v. a. Lyriker. Die unglücklichen Erfahrungen der jungen Jahre als Einzelkind, die dominierende Mutter, die sich statt des Knaben eine Tochter gewünscht hatte, der Vater, der dem Sohn die Militärlaufbahn aufdrängen wollte, die ihm selber versagt geblieben war, der Drill an den Militärschulen in St. Pölten und Mährisch-Weißkirchen (1886—91), der Besuch der Handelsakademie in Linz (1892), haben R.s späteres Leben und sein Dichtertum entschieden geprägt. Erst als er 1895 in Wien das Abitur nachgeholt hatte, nach München übersiedelt war und Lou Andreas-Salomé kennengelernt hatte, fand R. zunehmend zu sich. Entscheidende Ereignisse in R.s Leben, die sich auf seine Kunst auswirkten, waren die Reisen nach Rußland (1899—1900), die Zeit in Worpswede, wo er 1901 die Bildhauerin Clara Westhoff heiratete, und die Aufenthalte in Paris (u. a. 1902/03 und 1906—10), wo Rodin, als dessen Sekretär R. einige Zeit auftrat, ihn stark beeinflußte. Die Erfahrung der erdrückenden Großstadt, die ihm Paris vermittelte, veranlaßte mit die »Aufzeichnungen des Malte Laurids Brigge« (Leipzig 1910), aus denen das Bewußtsein einer bevorstehenden Zeitenwende spricht. Der Erste Weltkrieg verstärkte diesen Eindruck. Die letzten anderthalb Jahrzehnte seines Lebens verbrachte R. auf dem Schloß Duino an der Adria, das seiner Gönnerin Fürstin Maria v. Thurn und Taxis gehörte, und im Schlößchen Muzot im Rhônetal.

Nach ersten Anfängen, die durchaus der Tradition verhaftet waren, fand R. im »Stundenbuch« (Leipzig 1905), das u. a. das Rußland-Erlebnis aufarbeitete und um das Problem des Künstlertums als rel. Aufgabe kreist, zu einem eigenen Stil. Das neue Sehen, das ihm Rodin vermittelte, schlägt sich nieder in der zweiten Fassung des »Buches der Bilder« (¹Berlin 1902, ²Leipzig 1906), aber v. a. in den »Neuen Gedichten« (Leipzig 1907/08) mit ihren bekannten Dinggedichten. Den Höhepunkt von R.s lyrischem Schaffen stellen die großen Zyklen der späten Jahre, die »Duineser Elegien« (Leipzig 1923; entstanden 1912—22) und die »Sonette an Orpheus«, dar, in denen mit unterschiedlicher Akzentsetzung Fragen des Seins, der menschlichen Seinserfahrung sowie die Aufgabe der Dichtkunst in diesem Zusammenhang im Mittelpunkt stehen.

In R.s Dichtung gewinnt rel. Symbolik ein eigenes Gewicht. Während in den frühen Gedichten die christl. Begriffe und Namen durchaus noch ihre traditionelle Bedeutung hatten, werden sie deren später nach und nach entkleidet und mit einem eigenen R.schen Sinngehalt besetzt. Das bekannteste Beispiel dafür ist wohl der Engel, dem in den »Duineser Elegien« kaum noch wesentlich christl. Kannotationen eignen. Ähnliches gilt für die GM, die in mehreren Einzelgedichten und Gedichtzyklen R.s erscheint.

Siebzehn kurze Gedichte umfaßt der Zyklus »Gebete der Mädchen zur Maria« in der Sammlung »Mir zur Feier« von 1909. ₥ wird hier von den jungen Mädchen angefleht, ihnen Erfüllung ihrer Sehnsucht nach Liebe zu gewähren: christl. Bildlichkeit ist hier weitgehend ins Profane verkehrt. Ebenfalls profaniert ist die GM in dem Zyklus »Das Marienleben«, der 1912 in Duino etwa gleichzeitig mit den ersten Elegien entstand. R. behält hier zwar die traditionelle Grundmuster bei, indem die einzelnen Stationen von ₥s Leben jeweils in einem eigenen Gedicht besungen werden, alles in allem aber ist der Gegenstand eher das weibliche Wesen schlechthin, wie es sich in seiner einfühlsamen Art von dem spröden männlichen abhebt und wie es von ₥ musterhaft versinnbildlicht wird, als die GM selber. In der vier Gedichte umfassenden »Nonnen-Klage« ist die Profanierung noch auffälliger: die Klosterfrau beklagt sich hier gleichsam wie eine enttäuschte Liebhaberin darüber, daß ₥ »eine Dame im Himmel« geworden sei, während ihr göttlicher Sohn sich kaum noch kümmere um seine erwählten Bräute, die auf Erden den »gekrönten Namen« der GM loben. Eher noch in traditionellen Bahnen bewegen sich die Gedichte »Verkündigung« im »Buch der Bilder« und »Magnificat« in den »Neuen Gedichten«, obwohl auch hier die Aufmerksamkeit eher der erhabenen Weiblichkeit ₥e zu gelten scheint. »Verkündigung« greift mit dem einprägsamen Kehrreim »Du aber bist der Baum« ein traditionelles Motiv (→ Arbor) auf. In »Kreuzigung«, ebenfalls in den »Neuen Gedichten« enthalten, erscheint ₥ am Rande: sie ist hier aber nicht die verhalten Klagende des »Stabat mater«, sondern sie schreit vor ungebändigtem Schmerz. Insgesamt ist die GM bei R. somit eine beliebte Symbolgestalt, die er aber, wie manch anderes Element aus der christl. Tradition auch, auf durchaus eigene Weise in seinen Dichtungen belebt.

WW: Sämtliche Werke, 6 Bde., 1955—66.
Lit.: H. E. Holthusen, R. M. R., 1958 u. ö. — J. Steiner, R. M. R., In: B. v. Wiese, Dt. Dichter der Moderne, 1975, 161—185. — K. Hamburger, R. Eine Einführung, 1976. — W. Leppmann, R. Sein Leben, seine Welt, sein Werk, 1981.
G. van Gemert

Rimonte, Pedro, * um 1570 in Saragossa, † nach 1618, span. Komponist, beginnt seine Karriere wahrscheinlich als Kapellmeister an der Kathedrale in Saragossa und folgt schließlich der Infantin Isabella nach Belgien. 1603 erscheint er als Chorleiter, ein Jahr später als Meister der Kammermusik am Brüsseler Hof. Ein Geschenk über 1500 flandrische Pfund ermöglicht ihm 1614, nach Spanien zurückzukehren. 1618 nennen ihn die Urkunden jedoch abermals als Direktor der Kammermusik in Brüssel. Sein Werk besteht vornehmlich aus Madrigalen, Messen und Gesängen, darunter einer Motette »Sancta Maria, succurre miseris« für acht Stimmen.

Lit.: E. Russel, P. R. in Brussels, 1973. — MGG XI 527. — Grove XVI 26. — DMM VI 356f.
L. Berger

Rinaldi, Filippo (Philipp), sel. Generaloberer der SDB, * 28. 5. 1856 in Lu Monferrato (Piemont), † 5. 12. 1931 in Turin, kam auf Anraten Don → Boscos als Zehnjähriger ins Salesianerkolleg von Mirabello, das er wegen Schulschwierigkeiten bald wieder verlassen mußte. Danach arbeitete er in der elterlichen Landwirtschaft. 1877 nahm er im Spätberufenenseminar in Genua-Sampierdarena das Studium wieder auf, trat zwei Jahre später in die »Kongregation der SDB« ein und wurde 1882 zum Priester geweiht. 1889 kam er nach Spanien, um dort das salesianische Jugendwerk aufzubauen. Als Provinzial von Spanien und Portugal (1892—1901) gründete er über 20 Jugendzentren, förderte die Pastoral der geistlichen Berufe und war bemüht um die Verbreitung kath. Lektüre. Seine tiefe Demut und seine innige Gottesbeziehung verliehen ihm eine gewisse Unerschrockenheit in seinen Unternehmungen: Daraus wurde das salesianische Spanien geboren. 1901 wurde er in die Generalleitung des Ordens nach Turin zurückberufen, wo ihm das Amt des Generalpräfekten übertragen wurde. Obwohl nun für Disziplin und Wirtschaftsfragen zuständig, blieb er ein beliebter Seelsorger und geschätzter Beichtvater. Er wurde zum Wegbereiter für neue Formen der Nachfolge im salesianischen Geist, indem er 1917 den Grundstein für das spätere salesianische Säkularinstitut der »Volontarie Don Boscos« legte, das 1991 über 1000 Mitglieder zählte. 1922 wurde R. zum Generaloberen gewählt. Als solcher leitete er fast 10 Jahre lang die Salesianische Kongregation. Durch Rundbriefe, persönliche Gespräche, Vorträge und Konferenzen vertiefte er den Gründergeist Don Boscos im Orden, den er in der Haltung der pastoralen Liebe grundgelegt sah. Während seiner Amtszeit verdoppelte sich die Zahl der Salesianer auf über 8000, weltweit errichtete R. 240 Salesianerhäuser. 1929 wurde die Seligsprechung Don Boscos in der vom Ordensgründer errichteten ₥-Hilf-Basilika feierlich begangen. Bei der Festpredigt sagte R.: »Mit den eigenen Ohren haben wir gehört, mit Freudentränen in den Augen vernommen: Don Bosco ist selig! Maria, die Helferin der Christen, hat ihn in die Schar der Seligen aufgenommen. Ab nun ist der Name Don Boscos untrennbar und für immer mit der mächtigen Helferin verbunden« (Atti 767).

Die Spiritualität R.s ist geprägt von einem tiefen Leben aus der Kraft des Geistes Gottes. Charakteristisch waren für ihn der Reichtum der in ihm wirkenden Gnadengaben und die Einfachheit seines Lebensstils. Weder lebte noch predigte er eine außergewöhnliche Askese, vielmehr erfüllte er seine Alltagspflichten außergewöhnlich. Zudem war er ein Mann des Gebetes. Täglich war er der erste von allen in der ₥-Hilf-Basilika, verrichtete die Betrachtung auf den Knien und übte anschließend den Seelsorgedienst im Beichtstuhl aus. Er liebte kurze Stoßgebete und unterbrach oft die Alltagsarbeit, um sich zum Gebet in die Basilika zurückzuziehen. Mit kindlichem Herzen verehrte er ⟨M⟩, wie er es in der Familie erfahren hatte. In der Schule Don Boscos und im Geist des hl. Franz v. Sales erzogen, verbreitete er zunächst in Spanien und später in der gesamten salesianischen Welt die Herz-Jesu- und Herz-⟨M⟩e-Verehrung. Angeregt von der Spiritualität von Paray-le-Monial, brachte er diese Frömmigkeitsform Jugendlichen wie Mitbrüdern gleichermaßen bei. Jedes seiner Gebete beendete er mit der Anrufung: »Maria, Helferin der Christen, bitte für uns!« Die Provinziale hielt er an, in allen Salesianerhäusern »die marianischen Feste so feierlich wie nur möglich« zu begehen. Ein Zeitzeuge berichtete: »Die Anrufung ›Maria, Helferin der Christen‹ kam ihm oft spontan über die Lippen« (Positio 975). Alle Schwierigkeiten und Sorgen legte er in dieses Gebet hinein. Begeistert und enthusiastisch sprach er von ⟨M⟩. Besondere Freude hatte er, wenn er an ⟨M⟩festen Mitbrüder und Jugendliche um ihre Statue versammelt sah. Er empfahl, täglich den Rosenkranz zu beten. Seinen Briefen legte er stets ein Bild der GM bei, auf dessen Rückseite er vermerkte: »Ich empfehle Sie der heiligsten Jungfrau.« Hellhörig für die Zeichen der Zeit und offen für das Wirken des Hl. Geistes, lehnte er alle auffälligen Frömmigkeitsformen ab. R. zeichnete sich durch eine grenzenlose väterliche Liebe zu den ihm Anvertrauten aus, die ihre Wurzeln im Beispiel des guten Hirten hatte. R. wurde am 29. 4. 1990 in Rom seliggesprochen.

QQ: Atti del Capitolo Superiore III—XII, 1929. — Positio super causae Introductione. Summarium, 1972.
Lit.: E. Ceria, Vita del Servo di Dio sac. F. R., 1951. — L. Larese-Cella, Il cuore di Don R., 1952. — E. Valentini, Don R., Maestro di Pedagogia e di Spiritualità salesiana, 1959. — L. Càstano, Servo di Dio F. R., Rettor Maggiore della Congregatione, 1966. — P. Schinetti, La spiritualità di Don F. R. e le Volontarie di Don Bosco oggi, 1986. — T. Bosco, Beato Don F. R., vivente immagine di Don Bosco, 1990. — J. Weber, Der sel. Philipp R. Sein Leben — seine Spiritualität, 1990. — AAS 70 (1978) 198 ff; 79 (1987) 488—491; 82 (1990) 1382—86; 83 (1991) 342—345. — DIP VII 1722 f. *J. Weber*

Rinswerger, Wolfgang, OSB, * 7. 4. 1658 in München, † 14. 10. 1721 in Michelfeld (Diözese Bamberg), legte am 25. 4. 1677 in → Tegernsee die Profeß ab und wurde 1682 Priester. Ab 1683 war er in Salzburg, wo die Verehrung der UE bes. gepflegt wurde, als Prof. am Akademischen Gymnasium und am Lyzeum tätig und hatte das Amt des »Pater Comicus« inne. 1698 kam R. an das Lyzeum nach Freising. Dort führte er im selben Jahr die Marian. Kongregation von der UE ein und wurde deren Präses und Prediger. 1703 begründete er die Wallfahrt zur »Freisinger Immaculata« und gab den Anstoß zum »Marianischen Actus«, einem feierlichen Schwur, das Geheimnis der UE zu bekennen und zu verteidigen, den Klerus, Hof und Volk jeweils am 8. Dezember leisteten. Am 3. 8. 1707 wurde R. Abt von Michelfeld, wo er sich wieder bes. um die MV bemühte und 1711 für die Einführung der Rosenkranzbruderschaft an der Stiftskirche sorgte.

R. war eine stark von marian. Frömmigkeit geprägte Persönlichkeit und suchte, für deren Verbreitung zu sorgen. Er hatte ein Gelübde abgelegt, täglich den »Cursus Marianus« oder wenigstens den Rosenkranz zu beten.

Lit.: P. Lindner, Familia S. Quirini in Tegernsee. Die Äbte und Mönche der Benediktiner-Abtei Tegernsee, II. Teil, In: Oberbayerisches Archiv 50 (1898) Ergänzungsheft, 1—318, hier 64—67 (WW). — B. Hubensteiner, Die geistliche Stadt, 1954, 164 f. 171 f. — H. Boberski, Das Theater der Benediktiner an der Universität Salzburg (1617—1778), 1978, 166—168 und passim. — W. Mathäser, Chronik von Tegernsee, 1981, passim. Bosls Bayerische Biographie, 1983, 636. — BB II 538—542. 1287. — St. Schaller, Karl Bader — Benediktiner aus Ettal (1668—1731). Leben und Werke, In: SMGB 30 (1986) Ergänzungsband, 16—18. — E. Beutner, Literatur und Theater vom 16. bis zum 18. Jh., In: H. Dopsch und H. Spatzenegger (Hrsg.), Geschichte Salzburgs II/3, 1991, 1707—32, bes. 1719 f. *St. Haering*

Rioja. La R. ist die kleinste der 17 autonomen Regionen Spaniens, zwischen Ebro und Iberischem Gebirge gelegen und von sieben Tälern geformt, was ihr bei den Arabern den Namen »Weled asikia« (Land der Kanäle) eingetragen hatte. Exzellente Bewässerung lassen eine reiche Landwirtschaft und guten Wein gedeihen.

Bis 1862 umfaßte die Diözese von Calahorra außer dem größten Teil R.s auch weite Teile von Soria und Navarra, sowie fast alle baskischen Provinzen. Seit 1956 beschränkt sich auf das Gebiet von R. Daß sie antiken Ursprungs ist, beweisen das Alter der Hauptstadt Calahorra, die auf das antike Calagurris zurückgeht, und die Namensliste 162 calagurritanischer Bischöfe seit der Frühzeit des Christentums.

Die MV hat eine lange Tradition in R. Aurelius Clemens → Prudentius, der schon dreißig Jahre vor dem Konzil von Ephesos ⟨M⟩ »die Mutter Gottes« genannt hat, stammt aus Calagurris. Gonzalo de → Berceo aus Berceo im R.-Tal von San Millán (* um 1196, † 1264), der »Troubadour ULF«, gilt als der Vater der span. Dichtung. Seine Werke sind grundlegend für die span. MV. Insbesondere in »Milagros de Nuestra Señora« (Die Wunder ULF) und in »Loores de Nuestra Señora« (Loblieder ULF) läßt Berceo die gesamte Menschheit vom Licht »der Glorreichen«, wie ⟨M⟩ von Berceo genannt, erleuchtet werden.

Von 274 Pfarreien der Diözese sind 117 der hl. Jungfrau unter verschiedenen Titeln geweiht, 47 davon unter dem Titel ⟨M⟩e Himmelfahrt. In 379 Kirchen, Kapellen, Wallfahrtsorten und anderen Orten wird die hl. Jungfrau verehrt, bes. aber an drei Wallfahrtsorten:

ULF von Valvanera wird als Patronin von La R. in 1000 m Höhe weitab von der nächsten Ansiedelung in einem Benediktinerkloster verehrt, das seit dem 11. Jh. urkundlich belegt ist. Nach der Überlieferung sei der Räuber und Mörder Nuño Oñez von der Frömmigkeit eines Bauern bekehrt worden, habe auf Weisung eines Engels in dem Tal von Valvanera in einer Eiche eine GMstatue gefunden, für die er eine Kapelle und ein Kloster errichten sollte. Nach den Unterlagen aus dem 11. Jh. soll diese Erscheinung im 8. Jh. stattgefunden haben. Das Gnadenbild, eine sitzende M mit Kind (1,09 m, 11. Jh. [?]), ist westgotisch-byz.-romanisch geprägt.

Um Valvanera ranken sich zahlreiche marian. Legenden. Noch heute kommen jährlich über 300 Omnibusse sowie mehrere tausend Pilger mit dem Auto oder zu Fuß nach Valvanera; ganze Ortschaften besuchen das Kloster in Erfüllung eines Gelübdes; viele Jugendgruppen zelten in unmittelbarer Nähe des Klosters. Zahlreiche Pilger suchen in Valvanera Versöhnung, Gnade und Frieden mit Gott und den Menschen durch die Sakramente der Buße und Eucharistie.

Der Wallfahrtsort ULF von Vico, 3 km von Arnedo, im unteren R., entstand auf Grund einer Erscheinung Ms im 10. Jh. vor einem Mauren-Führer. Die Jungfrau habe ihn dabei ersucht, sich zu bekehren und eine Kapelle zu ihrer Verehrung zu erbauen. Der Mann befolgte die Weisung Ms und bekehrte sich mit all seinen Vasallen. Die Wallfahrtsstätte wurde später zu einem Franziskanerkloster, heute wird sie von Zisterzienserinnen betreut.

Der Wallfahrtsort ULF vom Carmen in Calahorra ist ein Mittelpunkt der MV im Ebrotal bis Navarra. Die Anfänge dieser Verehrung gehen auf die hl. Theresa v. Avila zurück, die zwar nie in R. war, deren Beichtväter aber daher stammten und deren einer, Pedro Manso de Zúñiga, später Bischof von Calahorra wurde.

Lit.: M. de Angujano, Compendio historial de la R., Madrid 1701. — T. Marin, Calahorra, La Calzada y Logroño, In: Diccionario de Historia Eclesiástia de España I, 1972, 305—313. — F. Abad León, Santuarios Marianos de la R., In: Maria en los Pueblos de España IV, 1990.   *J. M. Terrero Torrecilla*

Rios, Bartolomé de los → De los Ríos y Alarcón, Bartolomé

Ristori, Giovanni Alberto, * 1692 (?) in Bologna, † 7.2.1753 in Dresden, ital. Komponist, zieht 1715 mit seinem Vater nach Dresden. Dort wird er 1717 Komponist der Comedie Italienne und Direktor der Königlich Polnischen Hofkapelle, 1733 Kammerorganist, 1746 Kirchenkomponist und 1750 Vizekapellmeister unter J. A. Hasse. Am sächsischen Hof schreibt er zahlreiche Opern und Oratorien, Kantaten, Chor- und Instrumentalmusik. Der Anteil marian. Werke innerhalb seiner geistlichen Kompositionen ist verhältnismäßig groß: 6 Alma Redemptoris Mater für vier Stimmen, 2 Ave Regina coelorum für vier Stimmen, ein 4-stimmiges Regina coeli und 6 Salve regina für vier Stimmen, darüber hinaus Litaneien, 5 Magnificat und 2 Stabat Mater.

Lit.: C. R. Mengelberg, G. A. R., 1916. — R.-A. Moser, Annales de la musique et des musiciens en Russie, 1948. — MGG XI 554ff. — Grove XVI 55f. — DMM VI 370.   *L. Berger*

Ritterorden. Die Frömmigkeit der europäischen Ritterschaft, die im MA, jahrhundertübergreifend, eine Bereitschaft zu bewaffnetem Kampf gegen Un- und Irrgläubige weckte, ließ in der Zeit der Kreuzzüge förmliche R. entstehen, in denen Ritter- und Mönchsideal eine Verschmelzung eingingen. Sie verschrieben sich dem Schutz der Pilger zu hll. Stätten und deren Kranken- und Armendienst, sowie der rel. motivierten Verteidigung christl. Interessen gegen nichtchristl. Machtblöcke (Muslime, Heiden). Sie übernahmen, mit Ausnahme span. und port. Gruppen hinsichtlich der Ehelosigkeit, die drei üblichen Gelübde (Armut, Keuschheit, Gehorsam) und lebten nach einer an bestehende Orden angelehnten Regel. Meist gab es drei Klassen: adelige Ritter, geistliche Ordenskapläne und Brüder für Waffendienst und Handwerk. Viele dieser Orden waren in Patronat, Zielsetzung und Gebet marian. geprägt.

Lit.: J. Fleckenstein und M. Hellmann (Hrsg.), Die geistlichen Ritterorden Europas, 1980. — LThK² VIII 1326. — EC IX 252f. — Cath. X 209ff.   *H. M. Köster*

1. Alcántara-Orden (Orden militar de Alcántara). Nach einer chronikalischen Überlieferung des 17. Jh.s sollen die Brüder Suero und Gomez aus Salamanca mit anderen 1156/57 eine Gemeinschaft gegründet haben, um an der Südgrenze des span. Königreichs Leon gegen die Mauren zu kämpfen. Bei der Kirche S. Julian de Pereiro hätten sie ihre erste Burg errichtet, danach wurden sie zunächst benannt. Vom Bischof von Salamanca, einem Zisterzienser, bekamen sie eine erste Regel. 1176 erhielten sie von König Ferdinand II. von Leon weiteren Besitz und weltlichen Schutz, von Papst Alexander III. die Bestätigung als geistlicher R. Gomez ist der erste urkundlich belegte Meister. Die Brüder kämpften erfolgreich gegen die Mauren, ließen sich jedoch nicht gegen den christl. König von Portugal verwenden. Spätestens seit 1187 war dieser R. dem von Calatrava nachgeordnet. Die 1213 den Mauren abgewonnene Stadt Alcántara am Tajo wurde 1218 von Alfons IX. von Leon den Rittern von S. Julian übergeben, die sich seitdem nach Alcántara benannten, jedoch von Calatrava visitiert wurden. Sie kämpften in Extremadura und Andalusien, wirkten bei der Wiederbesiedelung eroberter Gebiete mit und wurden auch gegen Widersacher im Lande eingesetzt. Mit dem Abklingen der Reconquista in Spanien wandelte sich auch dieser Ritterorden in eine adelige Versorgungseinrichtung. Die Großmeisterwürde wurde mit päpstlicher Genehmigung 1494/1523 mit der span. Krone vereint. Seit 1546 gelobten die Ritter nicht mehr jungfräuliche, sondern eheliche Keuschheit, seit 1652 legten sie das Gelübde ab, die UE Ms zu verteidigen. Bis zur franz. Besetzung (1808) besaß der Orden 37 Komtureien mit 53 Städten und Dörfern. Nach der Restaurierung erhielt er nur geringen Besitz zurück und besteht als militärischer Verdienstorden, der seit 1931 keine neuen Ritter aufnimmt.

Lit.: J. F. O'Callaghan, The Foundation of the Order of Alcántara, 1176—1218, In: The Catholic Historical Review 47 (1962) 471—486; Nachdr. in: Ders., The Spanish Military Order of Calatrava and its Affiliates, 1975, IV. — D. W. Lomax, Las milicias cistercienses en el reino de León, In: Hispania 23 (1963) 29—42. — F. Gutton, La Chevalerie militaire en Espagne (4) L'Ordre d'Alcantara, 1975. — B. Schwenk, Aus der Frühzeit der geistlichen R. Spaniens, In: J. Fleckenstein und M. Hellmann (Hrsg.), Die geistlichen R. Europas, 1980, 120—123. — LThK² I 294. — LexMA I 328f. *B. Jähnig*

2. *Calatrava-Orden* (Orden militar de Calatrava), bedeutendster span. R., von Raimund Serra, Abt des Zisterzienserklosters Fitero in Navarra, gegründet. Als die Feste Calatrava in der Mancha einem moslemischen Gegenangriff zum Opfer zu fallen drohte, übernahm der Abt 1158 die Verteidigung, allerdings ohne seine Ordensoberen wegen dieser ordensfremden Aufgabe zu fragen. Die Fürsprache der Könige von Kastilien und Frankreich konnte das Zisterzienser-Generalkapitel auch zu einer Duldung der Konventsverlagerung von Fitero nach Calatrava bewegen. Raimund gab der kämpfenden Gemeinschaft die Zisterzienserregel. Nach der Wahl seines Nachfolgers Garcia 1164 zogen sich die eigentlichen Mönche nach Fitero zurück, während Papst Alexander III. den geistlichen R. bestätigte. Erst 1187 erfolgte die offizielle Eingliederung in den Zisterzienserorden, und zwar als Filiation von Morimond. Die staatl. Anerkennung durch Alfons VIII. von Kastilien folgte 1188. Die Krone unterstützte Bestrebungen, die Bindung an Cîteaux zu lockern; sie konnte sich dadurch ihren Einfluß auf die Ritterbrüder bewahren. Den Orden kennzeichnete die Spannung zwischen der Wahrnehmung zisterziensisch-geistlicher und kastilisch-ritterlicher Interessen. Im Kampf gegen die Mauren erhielt der Orden einen festen Anteil an der Beute, auch Schenkungen mehrten seinen Besitz. Neben zahlreichen Burgen machten v. a. Dörfer seinen Grundbesitz aus. Außerhalb Spaniens ist sein Einsatz in Thymau/Lkr. Dirschau (Westpreußen) 1224 zu erwähnen. Die Umwandlung des Ordens während des Ausklingens der Reconquista in ein adeliges Versorgungsinstitut führte dazu, daß das Großmeisteramt 1486/1523 mit der span. Krone vereint wurde. Die Ordensmitglieder verehrten bes. die Statue ULF von den Märtyrern, seit 1652 leisteten sie das Gelübde zur Verteidigung der UE. Seit dem 19. Jh. handelt es sich um einen militärischen Verdienstorden, der seit 1931 keine neuen Mitglieder aufnimmt. — Ein weiblicher Ordenszweig in Madrid nimmt noch Einkleidungen vor.

Lit.: F. Gutton, La Chevalerie militaire en Espagne (1) L'Ordre de Calatrava, 1955. — H. Marín, San Raimundo de Fitero, In: Cistercium 15 (1963) 259—274. — J. F. O'Callaghan, The Spanish Military Order of Calatrava and its Affiliates. Collected Studies, 1975. — B. Schwenk, Aus der Frühzeit der geistlichen R. Spaniens, In: J. Fleckenstein und M. Hellmann (Hrsg.), Die geistlichen R. Europas, 1980, 132—139. — LThK² II 878f. — LexMA II 1389—91. *B. Jähnig*

3. *Deutscher Orden* (offizieller Titel: Fratres Domus hospitalis Sanctae Mariae Teutonicorum in Jerusalem = Brüder vom Dt. Haus St. Mariens in Jerusalem). Der Dt. Orden war anfänglich eine Hospitalbruderschaft (1190—98/99), dann ein geistlicher R. (1198/99—1929), ist seither ein rein geistlicher kath. Orden. In allen Phasen dieser Geschichte trug er deutlich marian. Gepräge wie schon der offizielle Ordenstitel ausweist. Die Profeß galt »Gott und St. Marien«. ⋈ wurden (über) 50 Kirchen, viele Altäre und Glocken geweiht. Ihren Namen erhielten Orte (Marienwerder an Weichsel und Memel, Marienhausen in Livland) und Burgen (»Marienburg« in Preußen und Rumänien). Ihr Bild (ein 8 m hohes Mosaik) schmückte die Außenwand der Marienburg in Preußen, es zierte Fahnen und Wappen. ⋈ war und ist bis heute (neben Elisabeth v. Thüringen und St. Georg) Hauptpatronin. Ihre Feste (Lichtmeß, Himmelfahrt, später auch Heimsuchung und UE) waren Hauptfeste im Orden und durch ein Vigilfasten sowie durch die hl. Kommunion aller Mitglieder ausgezeichnet. Diese Verehrung schlug sich auch nieder in der innerhalb des Ordens gepflegten Kunst (Thorner Schöne Madonna; Graudenzer Altar), Literatur (→ Nikolaus v. Jeroschin, Bruder Philipp u. a.) und Theol. (Johannes v. Marienwerder). Die Ordensregel von 1977 (Nr. 52) macht sich diese Tradition zu eigen: »Unsere Ordensgemeinschaft hat sich von Anfang an unter den Schutz der Gottesmutter Maria gestellt. Daher hatte ihr Bild in den Häusern der Brüder und Schwestern einen besonderen Ehrenplatz. Wegen ihrer einzigartigen Aufgabe im geheimnisvollen Leibe Christi bemühen sich alle Brüder um eine echte Marienverehrung. Sie beten daher täglich, gemeinsam oder privat, den Rosenkranz und den Engel des Herrn« (→ Deutscher Orden).

Lit.: Quellen und Studien zur Geschichte des Dt. Ordens (1966ff.). — E. Volgger (Hrsg.), Die Regeln des Dt. Ordens in Geschichte und Gegenwart, 1985. *B. Demel*

4. *Jarra-Orden*, Orden von der Stola und den Kanndeln und dem Greifen, aragonesischer Kannenorden (span.: jarra, dt.: Kanne) oder Mäßigkeitsorden, wurde wohl 1403 — möglich sind auch 1410 und 1413 — an ⋈e Aufnahme in den Himmel von Ferdinand I. von Kastilien und Aragonien als Gesellschaft gestiftet zur Verehrung der GM und zu Ehren des Festes ⋈e Aufnahme in den Himmel, weiter zur Verteidigung der kath. Religion gegen die Mauren und Hilfe für Arme, weswegen später das Ordensfest am 15. August mit gemeinsamen Gottesdiensten und einer Armenspeisung gefeiert wurde. — Wahlspruch war span. »por su amor« (also ihr, der GM, zuliebe), lat. »per bon amor«, deutsch (seit Maximilian I. [1459—1519]) »halt maß« im Sinne der ma. mâze, der Harmonie und Ausgeglichenheit in allen Lebensbereichen. — Der Orden, den außer Dynasten auch einfache Ritter, Bürgerliche und Frauen erhalten konnten, wurde ursprünglich nur vom König von Aragonien, verliehen, allmählich aber erhielten auch die Ordensritter das Recht, die Ordensabzei-

chen weiterzuverleihen. Nachdem das Ansehen des Ordens immer mehr gesunken war, ging er gegen Ende des 16. Jh. ein. — Ordenszeichen waren eine goldene, aus vielen, mit je drei Lilien bestecken Kännchen gebildeten Kette, von der vorne ein goldener Greif herabhing mit dem Wahlspruch auf einem Spruchband in den Krallen. Einfaches Ordenszeichen war zunächst der Greif an einer schlichten Kette, dann später der zierliche Henkelkrug mit den drei Lilien. Maximilian I. ließ der Kollane aus Lilienkännchen ein Medaillon (sitzende gekrönte Madonna mit dem Kinde) hinzufügen, von dem der Greif herabhing. Als Ordenstracht war von den männlichen Ordensangehörigen an Samstagen, von allen aber an M̄e Himmelfahrt weiße Kleidung zu tragen, ersatzweise eine weiße Stola über der linken Schulter.

Lit.: A. Coreth, Der »Orden von der Stola und den Kanndeln und dem Greifen« (Aragonesischer Kannenorden), In: Mitteilungen des Österr. Staatsarchivs 5 (1952) 34—62.

L. Biewer

5. *Johanniter-Orden.* Mitte des 11. Jh.s gründeten Kaufleute aus Amalfi in Jerusalem eine karitative Gemeinschaft zur Pflege und Versorgung von Armen und Kranken, vor allem unter den Pilgern. Sie stifteten zunächst eine Kirche mit Kloster, S. Maria Latina, und vor 1080 daneben ein Nonnenkloster, S. Maria Magdalena, auf dessen Gebiet auch das eigentliche Hospitalgebäude errichtet und Johannes dem Täufer geweiht wurde — in Angleichung an die Kathedrale zu Amalfi, die im 11. Jh. Maria Latina und Johannes dem Täufer geweiht war. — Zur Zeit des 1. Kreuzzuges (1096—99) stand ein Gerardus an der Spitze der Hospitalgemeinschaft, deren Mitglieder schwarze Mäntel mit einem weißen Kreuz trugen, dem im 12. Jh. die bis heute gebräuchliche achtspitzige Form gegeben wurde. Die Ordensregel beruhte auf der Augustinerregel und wurde 1153 von Papst Eugen III. bestätigt, gleichzeitig wurde der Orden exemt. In der Zeit nach 1140 wandelte sich der Hospitalorden allmählich in der Auseinandersetzung mit dem Templer-Orden zu einem R.; diese Entwicklung war um 1180 abgeschlossen. Der Dienst an Armen und Kranken blieb jedoch auch weiterhin verpflichtend und wesentliche Aufgabe des Johanniter-Ordens. Von Anfang an waren in den Ordenskirchen Altäre neben dem Ordenspatron sehr häufig der GM gewidmet, die stets große Verehrung genoß. 1187 fiel Jerusalem, der Orden wich auf die starke Feste Margat aus und nach deren Fall 1285 nach Akkon, das 1291 geräumt werden mußte. Nach einem Zwischenspiel auf Zypern ging der Johanniterorden 1306 nach Rhodos.

Der sehr reiche Orden mit seinem vorbildlichen Hospitalsystem hatte in fast allen christl. Ländern reichen Besitz und war territorial in Ordensnationen, Zungen, gegliedert, von denen es seit 1462 acht gab. Diese Zungen waren in mehrere Großpriorate unterteilt, die aus Balleyen bestanden, die sich wiederum aus Kommenden zusammensetzten. Im Großpriorat Deutschland der dt. Zunge wurde die Balley Brandenburg seit 1382 immer selbständiger und in den Jahren nach 1538 protestantisch. — Auf Rhodos widerstand der Johanniterorden 1479 einer großen Belagerung der Osmanen, mußte aber 1522 die Insel aufgeben. 1530 erhielt er von Karl V. dafür die Insel Malta, deren Belagerung durch die Türken 1538 erfolgreich abgewehrt werden konnte und die bis 1798 Sitz des Ordens blieb. Nach dem Fall Maltas lebte der Orden in Europa wieder auf, und 1852 wurde die ev. Balley Brandenburg, die 1810 aufgelöst worden war, wiedererrichtet. Auf kath. Seite folgte 1859 die Genossenschaft rheinisch-westfälischer Devotionsritter, 1867 der Verein schlesischer Malteserritter. Trotz des Verlustes von Malta, wonach der kath. verbliebene Johanniterorden alsbald benannt worden war, blieb der Orden bei schweren Wirren einer Übergangszeit zu Beginn des 19. Jh.s als souveränes Völkerrechtssubjekt erhalten; nach Zwischenlösungen nahm er seinen Sitz 1834 in Rom, 1879 wurde die Großmeisterwürde vom Papst wiederhergestellt. 1919/21 gab sich der Orden neue Statuten, die 1936 novelliert wurden, und 1961 trat nach der Bestätigung durch Papst Johannes XXIII. eine neue Verfassung in Kraft. Ordenszeichen ist, bei unterschiedlichem Beiwerk der einzelnen Ordenszweige, das weiße achtspitzige Ordenskreuz.

Lit.: B. Graf v. Waldstein-Wartenberg, Rechtsgeschichte des Malteserordens, 1969. — Ders., Die Vasallen Christi. Kulturgeschichte des Johanniterordens im MA, 1988. — A. Wienand (Hrsg.), Der Johanniter-Orden. Der Malteser-Orden, [3]1988. — W. G. Rödel, Der Ritterliche Orden St. Johannes vom Spital zu Jerusalem, [2]1989.

L. Biewer

6. *Orden vom Goldenen Vlies,* wurde von Herzog Philipp dem Guten von Burgund (1396—1467) am Tage seiner dritten Heirat (mit Isabella von Portugal) am 10. 1. 1429 als R. für zunächst 31 Adelige gestiftet. Ziele waren die Verteidigung des rechten Glaubens, Verehrung der Jungfrau M̄, Schutz und Verbreitung des Christentums, Förderung guter ritterlicher Tugenden und Sitten. Die Ordensgründung geschah zur besondern Ehre der Jungfrau M̄ und des Apostels Andreas, des Schutzpatrons des Herzoghauses der Valois; der Andreastag (30. November) wurde zum Ordenstag mit kirchlichem und weltlichem Fest. Der Ordensname erklärt sich aus des Stifters Plan zu einem Kreuzzug gegen die Türken in Syrien, gleichsam auf den Spuren der Argonauten, Eroberer des Goldenen Vlieses der antiken Sage.

Die päpstliche Bestätigung der ersten Ordensstatuten vom 27. 11. 1430 erfolgte 1433 durch Eugen IV. Nach dem Fall Herzog Karls des Kühnen bei Nancy am 2. 1. 1477 erlangte das Haus Habsburg durch die Vermählung (19. 8. 1419) von Erzherzog Maximilian v. Österreich (später Kaiser) mit Karls Tochter Maria v. Burgund die Herrschaft über das Herzogtum und die Souveränität über den Orden. Mit päpstlicher Genehmigung wurde die Ritterzahl 1516 auf 52 erhöht.

Nachdem Kaiser Karl V. 1555 der Krone entsagt hatte, blieb der Orden bei der span.-niederländischen Linie des Hauses Österreich. Nach deren Erlöschen im Mannesstamm (1700) und dem daraus entstandenen Span. Erbfolgekrieg kam der Orden in den Besitz Karls III. (als Kaiser Karl VI.) von Habsburg und Philipps V. von Spanien aus dem Hause Bourbon und ihrer Nachfolger, was im Frieden von Wien 1725 bestätigt wurde. Die letzten Ordensstatuten für das Haus Österreich stammen von 1757. — Die span. Bourbonen verliehen den Orden bis 1931 weiter, mit päpstlicher Dispens auch an Protestanten und schließlich selbst an Bürgerliche; diese Praxis wurde 1975 mit der Rückkehr zur Monarchie in Spanien wieder aufgenommen. Das Ordenszeichen besteht aus einem goldenen Widderfell an einer Kette, die von Gliedern aus je zwei ineinander verschlungenen Feuereisen besteht.

Lit.: R. Graves, The Golden Fleece, 1947, dt.: 1953. *L. Biewer*

7. Orden vom Hl. Grab zu Jerusalem ist eine Folge der Kreuzzüge und entwickelte sich aus dem für 1936 erstmals urkundlich bezeugten Brauch der abendländischen Ritterschaft, sich am Hl. Grab zum Ritter schlagen zu lassen. Das Recht dazu stand ab etwa 1520 ausschließlich dem jeweiligen Guardian der Franziskaner vom Berge Sion in Jerusalem zu und wurde letztmals am 16.1.1848 am neuernannten Lat. Patriarchen von Jerusalem ausgeübt. Die so geschaffene Einzelritterschaft war zum Schutz des Erlösergrabes und zur Verteidigung des rechten Glaubens in der Heimat verpflichtet, eine Organisation und eine Regel bestanden nicht. — Zur Unterstützung des Hl. Landes wurde 1848 von Pius IX. ein R. geschaffen und dem Lat. Patriarchen von Jerusalem unterstellt. 1868 schon erfolgte eine Neukonstitution, ebenfalls durch Pius IX. Der Orden wurde zum päpstlichen Ritterorden. 1907 wurde der Papst selbst Großmeister; diese Würde übertrug er dann 1928 wieder dem Lat. Patriarchen von Jerusalem. 1932, 1949 und 1977 wurden von Pius XI., Pius XII. und Paul VI. jeweils neue Ordensstatuten erlassen. 1949 wurde Rom Sitz des Ordens, an dessen Spitze seither ein vom Papst ernannter Kardinal-Großmeister steht, und neben 12 Collarrittern gibt es 4 Ordensklassen: Großkreuzritter, Komture mit Stern, Komture und Ritter. In den einzelnen Staaten bestehen eine oder mehrere Statthaltereien, darunter Provinzen, die sich aus Komtureien zusammensetzen. Ordenszeichen ist das rote Jerusalemkreuz. Schon im SpätMA finden sich Zeichen der MV, die seit dem 19. Jh. fester Bestandteil des Ordenslebens ist.

Lit.: V. Cramer, Der Ritterorden vom Hl. Grabe von den Kreuzzügen bis zur Gegenwart, 1952. — S. J. Klimek, Im Zeichen des Kreuzes, 1986, 72—80. *L. Biewer*

Rituale, liturg. Buch des Westens für die Hand des Priesters, im 11./12. Jh. in den Klöstern entstanden, dann von den Diözesanpriestern übernommen, auch Agende, Manuale, Obsequiale, Sacerdotale und Pastorale genannt, schließlich von den Bischöfen für ihre Diözesen herausgegeben, »auctoritate propria« auch nach dem 1614 als Modellbuch erschienenen Rituale Romanum. Seit Inkrafttreten des CIC/1918 erschienen die Diözesanritualien nur mehr als Appendix (Anhang) zum verbindlich gewordenen Rituale Romanum mit ausdrücklicher röm. Approbation. In Deutschland wurden die Diözesanritualien 1950 abgelöst durch die »Collectio Rituum ad instar appendicis Ritualis Romani pro omnibus Germaniae Dioecesibus a Sancta Sede approbata«, die der Volkssprache bereits weithin Raum gab und pastorale Weisungen enthielt, deren (vorgesehener) II. Teil aber nie erschienen ist. Die im Sinne von SC 63 entstandene neue Ausgabe des Rituale Romanum besteht bisher nur aus einzelnen Faszikeln, die sich als Editio typica verstehen und deshalb von der zuständigen territorialen Autorität mit Billigung Roms — übersetzt und angepaßt — herausgegeben worden sind. Zu diesen Faszikeln gehören auch der »Ordo coronandi imaginem beatae Mariae virginis« (ed. typ. Rom 1981) sowie das Benediktonale (dt. Studienausg. 1978) und das Faszikel »De Benedictionibus« (ed. typ. Rom 1985), die auch Formulare zur Segnung eines M bildes, eines Rosenkranzes und der Kräuter (→Kräuterweihe) am Hochfest der Aufnahme Ms in den Himmel (15. August) enthalten.

Lit.: B. Fischer, Das Rituale Romanum, In: TThZ 73 (1964) 257—271. — LThK[2] VIII 1327—29. — A. Adam und R. Berger, Pastoralliturgisches Handlexikon, [5]1990, 455f. *Th. Maas-Ewerd*

Ritz, Maria Julitta CSR (Theresia Eleonore), * 24.9.1882 in Uissigheim, † 13.11.1966 in Würzburg, trat 1901 in die Kongregation der Töchter des Allerheiligsten Erlösers in Würzburg ein und wirkte als Lehrerin und Erzieherin. Nachdem sie während des Dritten Reiches ihre Lehrtätigkeit aufgeben mußte, übernahm sie den Pfortendienst (1946—66) im Mutterhaus zu Würzburg. Ihr Leben war geprägt von Zielstrebigkeit und Güte, die aus einem begnadeten Innenleben hervorgingen. Nur wenige wußten um die Geheimnisse ihres mystischen Lebens. Prof. P. Alois Mager OSB stand mit Sr. M. Julitta von 1918 bis zu seinem Tod 1946 in Verbindung und nannte sie eine Therese des 20. Jh.s. Am 26.3.1986 wurde in Würzburg das Seligsprechungsverfahren eröffnet.

Das geistliche Leben Julittas stand in ungewöhnlicher Weise ganz im Zeichen des dreifaltigen Gottes. Das gilt auch für ihr Verhältnis zur GM. Ihr Zeugnis lenkt den Blick auf die trinitarischen Perspektiven der Mariol. und MV. R. weiß sich »mit Maria durch *ein* Interesse verbunden: Gott, der Dreieine« (Geistl. Verm., 110). »Die Konsequenzen, die sie daraus zieht, und die Hilfen, die sie dadurch erhofft und anderen vermitteln will, heißen: sich wie Maria auf den Weg des Glaubens machen, durch Maria voller Hoffnung sein und mit Maria im trinitarischen Geheimnis der Liebe leben« (Unsere Mutter, 15f.). Nach R. muß »die Marienmystik fortschrittlich wirken, sonst verfehlt sie ihren Zweck, fortschrittlich in der Geistessammlung, im Gebetsgeist, in der Selbstverleugnung, in der Tugendübung« (Geistl. Verm., 222). Zu jeder von Gott geschenkten neuen Weise, an seiner Herrlichkeit teilzuhaben, gehört ein innigeres Verhältnis zu ⋔; zu jedem liebenden Verhältnis zu ⋔ gehört die Bereitschaft, wie sie und mit sich mehr und mehr vom dreifaltigen Gott ergreifen, bewegen, beseelen und beseligen zu lassen. R. unterscheidet ⋔-, Christus- und Dreifaltigkeitsmystik. Sie erkennt in ihrer Abfolge eine zielgerichtete Intensivierung und Steigerung des Gnadenlebens. Zugleich ist sie davon durchdrungen, daß diese drei Weisen der Mystik für immer miteinander verbunden sind. »Christusmystik und die mit ihr in Beziehung stehende Marienmystik führen die Seele ihrer Reife entgegen und befähigen sie zur Dreifaltigkeitsmystik: zur ununterbrochenen Vereinigung in Jesus und mit Jesus in Gott Vater und dem Heiligen Geiste mit klarer Unterscheidung der drei göttlichen Personen; zur Besitznahme der Seele und ihrer Kräfte von seiten der drei göttlichen Personen; zum Wirken Gottes in der Seele und durch die Seele und zum Wirken der Seele in Gott und durch Gott« (Geistl. Verm., 221).

QQ: Schwester Julittas Aufzeichnungen von 1924—66 (Julitta-Archiv, CSR-Mutterhaus, Würzburg).
WW: P.A.Back (Hrsg.), Sr. Julitta — ihr geistliches Vermächtnis, 1970, ⁴1985. — P.-W. Scheele (Hrsg.): Schwester M.J.R. — Unser Gebet, 1986; — Unsere Mutter, 1987; — Unser Weg, 1987; — Unser Heil, 1990; — Unsere Mitte, 1991.
Lit.: M. Rößler, Sr. Julitta — Eine Mystikerin unserer Zeit, 1982. — F. Holböck, Ergriffen vom dreieinigen Gott, 1982, 361—369. — P.-W. Scheele, Das marian. Zeugnis von Schwester M.J. (1882—1966): Maria im Geheimnis der Allerheiligsten Dreifaltigkeit, In: Acta Congressus mariol.-mariani internat., Kevelaer 1987, 1991, IV 443—465. — P.-W. Scheele, Die besten Beziehungen — Schwester M. Julittas Weg und Weisung, 1992. — Ders., Ordensfrauen machen Geschichte — Sr. Julitta, In: WDGB 54 (1992) 402—408. — B. Schraut, Eine Mystikerin des 20.Jh.s? Dreifaltigkeits- und Marienmystik der Schwester M.J.R., ebd. 409—436. *V. Stauch*

Rivas, Duque de → Saavedra, Angel de

Rivat, Franziskus (Frère François), erster Generaloberer der Maristen-Schulbrüder (Fratres Maristae a Scholis = FMS), * 12.3.1808 in La Valla/Maisonette (Südfrankreich), † 22.1.1881 in Hermitage bei St. Chamond, Erzdiözese Lyon, schloß sich in jungen Jahren der kleinen Lehrbrüdergemeinschaft des Kaplans Marcellin → Champagnat an. Mit 31 Jahren wurde er zum ersten Generaloberen gewählt. Unter seiner 20-jährigen Amtszeit wuchs die Zahl der »Kleinen Brüder Mariens« von 280 auf 2000 und begann die weltweite Ausbreitung. Die beiden letzten Jahrzehnte seines Lebens widmete er den jungen und den kranken Brüdern. Am 4.7.1968 erklärte Papst Paul VI. den heroischen Grad seiner Tugenden.

R.s MV wurde von seiner Mutter grundgelegt: Sie betete mit ihren Kindern den Rosenkranz; sie machte mit dem jungen R. eine Wallfahrt nach Valfleury, wo er sich in die Bruderschaft ULF eintragen ließ. Sie weihte ihn am Rosenkranzaltar der Pfarrkirche der GM und führte ihn zu Champagnat, der seine Brüdergemeinschaft als einen Zweig der Gesellschaft ⋔s (SM) betrachtete, die die Menschen durch und wie ⋔ zu Jesus führen will. Von ihm lernte er, sich in kindlichem Vertrauen ganz auf ⋔ zu verlassen, sich als ihr Werkzeug zu betrachten, v. a. aber, ihre Tugenden nachzuahmen. Als Lehrer nahm er sich ⋔ als Erzieherin Jesu zum Vorbild und empfahl ihr vor allem die schwierigen Schüler an. Alle führte er zu einer kindlichen Verehrung dieser guten Mutter. Er begann den Unterricht mit einem Gebet zum Hl. Geist und einem Ave Maria und schloß ihn mit dem »Sub tuum«. Die samstägliche ⋔katechese, das Feiern der ⋔feste und des Maimonates waren feste Bestandteile des Schullebens. Als Oberer der Brüder betrachtete er sich als Stellvertreter ⋔s, der ersten Oberin und Patronin der Gemeinschaft. Das Institut und alles Gute, das in ihm geschah, sah er als das Werk ⋔s: »Maria hat alles bei uns getan« (Circulaires I 123). Alle seine Rundschreiben tragen die Spuren seiner tiefen und lebendigen ⋔liebe und -verehrung, mehrere gehören ganz diesem Thema. In den Regeln, die er 1852 redigierte, widmete er der MV ein eigenes Kapitel. Der tägliche Rosenkranz, das marian. Offizium, der Samstag, die ⋔feste und der Maimonat sind darin fest verankert. Selber mit marian. Stoßgebeten vertraut, empfahl er sie auch den Brüdern, u.a.: »O Maria, ohne Sünde empfangen, bitte für uns!« (ebd. 72). Mit beredten Worten hielt er den Brüdern 1855 einen Vortrag über das neue Dogma. Seine Briefe überschrieb er mit den Namen Jesus, ⋔ und Joseph und schloß sie mit Worten wie: »Ich lasse Euch im Schutze dieser liebevollen Mutter; man ruht dort so gut.«

Für R. war ⋔ zuallererst Mutter Gottes. »Alle Ehrentitel und Auszeichnungen, die wir Maria geben können, sind in dem Titel Mutter Gottes enthalten« (Descroix 18). Damit war sie auch die Mutter aller Gläubigen. »Wie Jesus unser erstgeborener Bruder ist, ist Maria die Mutter aller Menschen« (ebd.). Von Champagnat übernahm er das Wort »Maria ist unsere gewöhnliche Hilfsquelle«. Denn »in ihren Händen liegen alle Mittel, die uns helfen, den Himmel zu gewinnen« (ebd. 19). Daraus erwuchs sein kindliches Vertrauen auf ⋔. »Geht zu ihr mit all euren Sorgen, legt ihr einfach eure Not vor, wie ein Kind seiner Mutter, und sie wird euch helfen« (ebd.).

QQ: Circulaires des Supérieurs Généraux de l'Institut des Petits Frères de Marie, 2 Vol., Lyon 1914.
Lit.: L. Ponty, Vie du Frère François, Lyon 1899. — L. Wilmet, Une fleur Mariale, 1946. — G. Chastel, Le Frère François, 1948. — P. Zinad, Avec Jésus et Marie: Conseils spirituels du V. Frère François, 1959. — L. Laurand, L'image vivante, 1965. — B. Descroix, Sa ressource ordinaire, In: Sonder-Nr. der Z. »Voyages et Missions« (magazine mariste) 109, März 1971, Spécial Frère François. — A. Carazo, Découvrir Frère François, In: Zeitschrift »FMS« Nr. 50 und 51, 1982. — AAS 61 (1969) 129—133. — DIP IV 652—665. *O. Grehl*

Rivier, Marie (auch Anne-Marie), sel. Ordensstifterin, * 19. 12. 1768 in Montpezat (Ardèche, Diözese Viviers), † 3. 2. 1838 in Bourg-Saint-Andéol, wurde am 23. 5. 1982 seliggesprochen. Ein unglücklicher Sturz, bei dem sich das 16 Monate alte Mädchen einen irreparablen Hüftschaden zuzieht, bestimmt das Schicksal R.s. Vier Jahre lang trägt die Mutter das gelähmte Kind täglich zur nahen Pietà (»ND de Pieté«). »In der Kapelle — so die Kleine — sah ich eine Frau, die wird mich gesund machen!« (Cros, Vie). Immer wieder betet sie dort voll kindlichen Vertrauens: »Muttergottes, schenke mir die Gesundheit wieder, dann werde ich Mädchen zu dir führen und ihnen sagen, daß sie dich sehr lieb haben« (ebd.). Im Laufe dieser Zwiegespräche schaut sie immer klarer, wozu sie berufen ist, nämlich durch Unterricht und Unterweisung bes. der Jugend »dafür zu sorgen, daß Jesus Christus erkannt und geliebt werde« (Ecrits Spir., 1965, 71). — Endgültig geheilt (1777), zögert sie nicht, ihr Versprechen wahr zu machen. Während die Franz. Revolution in vollem Gang ist, ersteht ihr der christl. Erziehung gewidmetes Werk, die Gemeinschaft der »Schwestern von der Darstellung Mariens« (Soeurs de la Présentation de Marie = PM), zunächst in Thueyts (1796), dann in Bourg-Saint-Andéol (1819). Von hier aus verbreitet sich die Kongregation nach ihrem Tod in 16 Länder und zählte 1992 2075 Schwestern. 1827 gründet R. in der Überzeugung, daß menschliche Anstrengung allein nichts vermag, eine Art »Zweiten Orden« mit der Absicht, durch ein ganz dem betrachtenden Gebet und der ewigen Anbetung geweihtes Leben die erzieherische Arbeit der Schwestern zu stützen und zu befruchten.

»Maria ist es, die alles ins Werk gesetzt hat« (Mémoires II 103). Mit diesen Worten bekennt R., daß sie alles, was ihr von Kind auf im Leben widerfahren ist, in Vereinigung mit M gelebt hat. »Es war die Geschichte einer immerwährenden Kontemplation, aus der die Intimität, ja sogar eine Art heimlicher Komplizenschaft zwischen der kleinen Marie Rivier und der Pietà von Montpezat gewachsen ist« (P. A. Lassus OP in der Homilie am 24. 5. 1982, kopiertes Ms. im Archiv des Mutterhauses und Generalates). Es ist die Unkompliziertheit und Nähe einer lebendigen Beziehung, die Tag für Tag ihren Weg mit M vorzeichnet. Sie unternimmt nichts, ohne M um Rat zu fragen. Ihr legt sie alles in die Hände, ihr sagt sie, was gerade nötig ist, um ihr Werk durchzuführen. Dies tut sie u. a. mit Hilfe von Briefen, die sie an den Gnadenstätten, den Stationen ihrer apost. Reisen, hinterlegt und die Zeugnisse eines echten Dialoges sind. Diese für R. so charakteristische Vertrauenshaltung hat zur Wurzel einen lebendigen Glauben. In ihm geht ihr der Ratschluß Gottes als Plan einer Liebe auf, worin M dem Christusgeheimnis ganz eng verbunden ist. In Erinnerung an die Pietà ihrer Kindheit sagt sie einmal: »Nachdem die Mutter mir den eigentlichen Sinn, der sich in den beiden Figuren Jesu und Mariens verkörpert, nahegebracht hatte, wurde mein Vertrauen noch größer« (Cros, Vie).

R.s Spiritualität ist christozentrisch und marian. Sie wird näher geprägt durch den Geist der Franz. Schule, den Seeleneifer des hl. → Ignatius v. Loyola und die erzieherische Weisheit des hl. → Johannes Baptist de la Salle. All dies aber fügt sich in der persönlichen Glaubenserfahrung, die R. in der Schule Ms zuteil wird, organisch in eins. So wird sie die inspirierende und richtungsweisende Gestalt für ihre geistlichen Töchter. Auch ihnen weist sie M als Oberin und Beschützerin an. Sie rät ihnen, alles mit M und wie M zu tun. Sozusagen als geistliche Waffe vermacht sie ihnen das Rosenkranzgebet. Sie legt ihnen »die Liebe zum täglichen Kreuz« ans Herz, die Nächstenliebe, ohne die »unser Werk nicht zu überstehen vermag«, und ermutigt sie, in Nachahmung Ms demütig das Ja zum Willen Gottes zu sprechen. Worauf es ankommt, ist die marian. Grundhaltung der Ganzhingabe gemäß jenem Opferakt, der das Festgeheimnis von Me Opferung (21. November — dem Tag ihrer ersten Ordensprofeß) und der »Darstellung des Herrn im Tempel« (2. Februar) beherrscht. Durch diesen Bezug möchte sie deutlich machen, daß die Darbringung des eigenen Lebens mit dem von Jesus und M sich in ein einziges Opfer hineinvollenden soll.

WW: Hss.: Im Archiv des Mutterhauses in Bourg-Saint-Andéol liegen u. a. mehr als 1000 Briefe aus der Zeit 1798—1838, davon 16 über die Vollkommenheit, genannt »Briefe über die Demut« (lettres sur l'humilité). — Mémoires, 2 Vol., aufgeschrieben von Sr. Sophie (= Vie de notre Vénérable Mère R.). — Im Archiv des Generalates in Rom: Projet de fondation qui roule dans ma tête et qui me tient fort à coeur depuis de longues années, 24. 7. 1827. — Druckausg.: Instructions familières, Avignon 1827; Neuausg. als: Ecrits Spirituels, 1965. — Vie de Notre Seigneur Jésus Christ (Betrachtungen), 3 Vol., Avignon 1830. — Testament spirituel, Bar-le-Duc o. J. (ca. 1838—62), letzte Aufl. 1980. — Vgl. weiter DSp XIII 694—698 (QQ, WW, Lit.).

Lit.: L. Cros, Vie de la Vén. M. R., 1. Heft ca. 1880 (nichtpaginiertes Ms. im Archiv des Mutterhauses nach Aussagen der Sr. St. Pierre im Kanonisationsprozeß). — F. Mourret, La Vén. M. R., Paris 1897. — L. Chaudouard, Une jeune fille de chez nous. Les enfances de M. R., 1942. — T. Rey-Mermet, Vos filles prophétiseront, 1976, ²1991. — Revue du Rosaire (1991) Nr. 5, 130—159. — G. Couriaud, Esprit et structures des Constitutions primitives ..., 1981. — A. Ch. Pelleschi, Une Parole de feu, M. R., 1983. — Règle de vie de Soeurs de la Présentation de Marie — Constitutions et Directoire, 1984. — I. Bouchard, M. R. Son coeur et sa main, 3 Vol., 1985. — Revue Feu et Lumière, Nr. 52, Mai 1988. — Mère Jean-Théophane (10. Generaloberin), Retour au Coeur. Lettres aux communautés, 2 Vol., 1989. — F. Holböck, Die neuen Heiligen der kath. Kirche I, 1991, 87—90. — AAS 78 (1986) 707—710. — DIP VII 1862.

A. Ch. Pelleschi (W. Baier)

Robbia. Die bedeutendsten Vertreter der ital. Bildhauerfamilie della R. waren:

1. Luca (di Simone di Marco), * 1388/1400 in Florenz, † 20. 2. 1482 ebd., einer der Hauptmeister und neben Ghiberti und Donatello Begründer der Frührenaissance in Florenz, erhielt seine künstlerische Ausbildung bei Nanni di Banco, in den zwanziger Jahren dürfte er bei Ghiberti den Bronzeguß erlernt haben. 1432 erfolgt der Eintritt in die Stein- und Holzbildhau-

Luca della Robbia, Thronende Madonna mit Kind, 1455/60, Florenz, Or San Michele

ergilde. In dieses Jahr fällt auch der Arbeitsbeginn des ersten dokumentarisch gesicherten Werkes, der Sängerkanzel/Cantoria des Florentiner Domes (Florenz, Museo dell'Opera del Duomo, beendet 1438). Der Großauftrag gibt schon das Ansehen wieder, das der Künstler genoß.

Spätestens ab 1441 schuf L. della R., der bis dahin nur Marmor bearbeitet hatte, glasierte Tonplastiken und begründete damit eine Werkstatt, die bis ins 16. Jh. sehr gefragt war. V. a. die Einführung farbig glasierter Fayencen in die Grabeskunst ist hier sein besonderes Verdienst in der Kunstentwicklung. Seit 1446 beschäftigte er sich mit größeren Bronzewerken (z. B. zusammen mit Michelozzo und Maso di Bartolomeo: Türe zur Nordsakristei des Florentiner Domes). Auch einige Arbeiten in Terrakotta und Stuck sind erhalten.

Die künstlerische Entwicklung von L. della R. verläuft nur mit geringen Stilschwankungen, so daß eine Werkchronologie schwierig aufzustellen ist. Sein plastisches Werk läßt sich grob in zwei Kategorien einteilen: in reproduzierbare Werke und Unikate. Außer an Nanni orientiert er sich zunächst an Ghiberti. Die Anmut und Eleganz der Komposition und die Linienführung verraten eindeutig die intensive Schulung an antiken Vorbildern. Bald schon zeigt sich jedoch die Eigenheit L. della R.s, dessen klare harmonische Gestaltungen ohne expressive Spannungen und ohne gesuchten Naturalismus einen Mittelweg einschlagen, der dezente seelische Präsenz der Figuren ausgeglichen neben ihrer edlen Haltung vorführt. Er vermeidet den exzentrisch-realistischen Stil Donatellos wie auch den illustrativen Ästhetizismus Ghibertis und folgt einem gemilderten Klassizismus, der antik kanonische Schönheit mit direkter Naturbeobachtung verbindet.

Die Madonnendarstellungen L. della R.s spielen für die Geschichte der frühneuzeitlichen Skulptur die gleiche Rolle wie die G. Bellinis für die Malerei. Der Typ der halbfigurigen Madonna ist gegenüber den anderen Kunstzentren der Frührenaissance in Florenz bes. beliebt. Er wird ab den zwanziger Jahren des 15. Jh.s kommerziell hergestellt. Die Werkstatt Ghibertis reagierte als erste auf dieses neue Bildbedürfnis, wobei aber die Arbeiten L. della R.s sehr schnell zu den bekanntesten und profundesten Werken dieser Art wurden.

Das Oeuvre umfaßt überwiegend den Florentiner Standardtyp der halbfigurigen Madonna mit Kind, daneben arbeitete er einige ganzfigurige Versionen bzw. mehrfigurige Szenerien des Ⓜlebens (Anbetung des Kindes, Anbetung der Hirten, Anbetung der Magier, Visitatio, Kreuzigung).

Das früheste Beispiel einer szenischen Einbindung Ⓜs ist die freiplastische glasierte Terrakottagruppe der Heimsuchung in San Giovanni Fuorcivitas (Pistoia, 1445). Die seit dem SpätMA öfters übliche Unterordnung Elisabeths wird hier durch das Knien der deutlich älteren Mutter des Johannes aufgegriffen und als flehentliches Emporblicken zur GM emotional verstärkt. Die jugendliche Ⓜ umfängt Elisabeth freundschaftlich, wirkt aber durch ihre Körperdrehung weniger innig der Partnerin zugewandt als Elisabeth der Ⓜ. In der gut zwanzig Jahre später in gleicher Technik entstandenen Kreuzigung aus der Kreuzkapelle der Kollegiatskirche S. Maria dell'Impruneta steht Ⓜ links unter dem Kreuz und blickt verzweifelt zu ihrem Sohn auf. Die Bethaltung unterstreicht L. della R. durch die unter den Ellenbogen vom ganzen Körper zusammenlaufenden Faltenzüge. Die Körperhaltung und die Faltengebung dienen dem Künstler mehr als die Mimik zur Schilderung der Gefühlswelt Ⓜs.

Nach 1470 ist die Anbetung der Magier (glasierte Terrakotta, London, Victoria and Albert Mus.) entstanden, in der die Mutter das segnende Kind dem knienden Anbeter vorhält. Ⓜ ist mit viel zu langem Oberkörper und Unterschenkel aproportional gebildet, um im Kompositionsaufbau als Sitzende die gleiche Größe wie die beiden stehenden Magier aufzuweisen. In der letzten szenischen Darstellung L. della R.s, der Anbetung durch die Hirten (glasierte Terrakotta, London, Victoria and Albert Mus., um 1475) ist das Ganze in einen Tondorahmen eingepaßt und das Mißverhältnis unter den Figuren abgemildert. Ⓜ und Joseph nehmen sitzend die ganze rechte Bildhälfte ein, die beiden Hirten knien schräg vor dem Stall. Als früheste Arbeit einer ganzfigurigen sitzenden Madonna mit Kind gilt das inschriftlich auf 1428 datierte bemalte Stuckrelief in Oxford (Ashmolean Mus.). Der Einfluß Ghibertis ist zwar in der Haltung der anbetenden Engel links und rechts schräg hinter der Mittelgruppe dominant, doch die Dreieckskomposition des Zentrums wie das breite Gesicht Ⓜs zeigen schon deutlich die Arbeitsweise sowie den Frauentyp L. della R.s. Der leicht aus dem oberen Halswirbel horizontal herausgedrehte Kopf ist ein beliebtes Motiv des Meisters, das er immer wieder verwendet. Nicht nur bei frontal gegebenen Madonnen wie der Throngruppe zwischen zwei Engeln auf der bronzenen Nordsakristeitür im Dom von Florenz (um 1464) oder dem glasierten Terrakottabild im rahmenden Rundbogen (Gildenstiftung der Ärzte und Apotheker, Florenz, Or San Michele, 1464/65; u. a.) läßt sich diese Eigenheit feststellen, auch bei Seitenansichten der Anbetung des Kindes (weniger markant in der Pfarrkirche von Nynehead, Somerset, 1465/70; deutlich in Philadelphia, Mus., um 1475) fällt dies auf. Es ist eine Demutshaltung Ⓜs, die bei den halbfigurigen Ⓜbildern, dem hauptsächlichen Betätigungsfeld L. della R.s in dieser Thematik, kaum merklich auftreten kann, aber auch manchmal pointiert vorgetragen wird. Im Stuckrelief von etwa 1430 (Paris, Musée Jacquemart-André) hält Ⓜ das auf dem Bilderrahmen stehende Kind gegen die linke Brust und neigt den Kopf dem Knaben zu. Das Gesicht der GM scheint durch die genannte Art, den Kopf aus dem Halswirbel etwas herauszudrehen, gleichzeitig en face und in geringer Seitenansicht gegeben. Im bemalten Terrakottarelief in Berlin (Bode Mus., vor 1434) ist dieser Zug durch die starke Wendung des Kopfes zur Dreiviertelwendung verdeckt. Beide Figuren sind steil aufgerichtet — eine Haltung, die der Künstler zunehmend abändert und belebter gestaltet.

Das glasierte Terrakottabild von Kopenhagen (Statens Mus., um 1435/37) gibt Ⓜ und das Kind weiter auseinander gezogen, insofern wird eine betontere Kopfzuwendung der Mutter bis fast zum Profil erforderlich. Die zweite Version der verlorenen Friedrichstein-Madonna (glasierte Terrakotta, Buffalo/New York, Albright-Knox Art Gallery, 1438) zeigt die Hinwendung noch intensiver. Christus blickt zur Mutter auf und umfaßt deren Hals mit beiden Händen. Die sog. Corsini-Madonna (bemalter Stuck, Paris, Mus. Jacquemart-André, um 1440) ist ähnlich gebaut, nur daß das Kind aufrechter getragen wird und sich am Kopftuch auf Halshöhe festklammert.

Um 1440/50 schuf L. della R. die meisten seiner Halbfigurreliefs, in denen er die beiden Grundvarianten des auf dem linken Arm getragenen, dem Betrachter zugewandten und des liebkosten Kindes ausarbeitet. Das glasierte Terrakottarelief in Florenz (Galleria dello Spedale degli Innocenti, 1445/50) läßt Ⓜ als Träger des eschatol. Knaben auftreten, der sich als Licht der Welt präsentiert. Das Exemplar in New York (Met. Mus., 1455) schwächt diesen Sinn ab, indem das Schriftband nicht wie im vorigen Bild aufgerollt vorgehalten wird, sondern mehr nebensächlich seitlich herabhängt und Christus verhalten mit angezogener Hand segnet. Auch trägt M das Kind schützender mit beiden Händen.

Im Florentiner Bild (Madonna und Kind mit dem Apfel, Nat. Mus., 1455/60) drückt die Mutter den Knaben eng an sich heran und blickt versonnen schräg nach unten, während Christus über den Betrachter in die Ferne schaut. Noch inniger verbunden erscheinen beide im glasierten Terrakottarelief in New York (M mit Kind in der Nische, Met. Mus., um 1465). Die beiden Köpfe eng aneinandergedrückt in Schrägstellung kontrastieren hier mit der aufrechten Haltung Ms. Die kindliche Umarmung ist so intensiv, daß die rechte Hand hinter dem Nacken der Mutter den Kontakt mit der anderen Hand findet.

In den wenigen Lünettenbildern überträgt L. della R. seinen Mtyp in diese repräsentative Form, ohne die Hauptgruppe maßgeblich zu verändern. Das Beispiel in Urbino (glasierte Terrakotta, Galleria Nazionale, 1450) zeigt M mit dem Kind zwischen vier Heiligen. Das einzige Repräsentative der Darstellung ist die Selbstdarstellung Christi mit dem Schriftband als Licht der Welt. Zwischen die Heiligen gesetzt, stellt die Mutter das Kind mehr zur Schau, als daß sie es beschützend umfängt. Die 1450/55 entstandene Mugello-Lünette (glasierte Terrakotta, Berlin, Bode Mus.) ist entsprechend den Einzelreliefs angelegt. Zwischen zwei verehrenden Engeln plaziert, trägt M das segnende Kind auf dem linken Arm und faßt es mit der Rechten am linken Fuß. Beider Blicke gehen schräg nach links in die Ferne. Das letzte Lünettenbild von 1460 (glasierte Terrakotta, San Pierino Lünette, Florenz, Palazzo di Parte Guelfa) zeigt den gleichen Figurenaufwand. M hält aber hier das Kind schräg im rechten Arm und stützt sein rechtes Knie mit der Linken. Die Blick- wie Segensrichtung bleibt nach links gewendet. Die beiden anbetenden Engel sind nun ganzfigurig und damit kleiner dimensioniert beigegeben.

2. *Andrea*, * 29.10.1435 in Florenz, † 4.8.1525 ebd., Neffe und Schüler L. della R.s, der seit den fünfziger Jahren in der Werkstatt des Onkels tätig war und diese nach dessen Tod übernahm. Das Atelier produzierte sehr rege und die Dokumentenlage ist großteils unsicher, so daß die Händescheidung zwischen ihm und den bald mitarbeitenden fünf Söhnen sowie die Chronologie der Werke oft schwer fällt. Auch A. della R. hielt sich vornehmlich in Florenz auf, wo er 1458 in die Bildhauergilde aufgenommen wurde. Einzig 1506 war er für kurze Zeit in Rom.

Im Gegensatz zu Luca ist A. della R. hauptsächlich Tonbildner und Dekorationskünstler. Er entwickelte die Glasurtechnik weiter und setzte sie neben der Architekturverzierung auch für größere, mehrteilige Altäre mit vielfigurigen Szenen ein. Seine Arbeiten zeichnen sich durch eine starke Farbigkeit aus, die aber manchmal die Grenzlinie zwischen Relief und Malerei verwischt. Die zahlreichen Werke bestehen aus Madonnenreliefs, Lünetten, Büsten, freiplastischen Figuren und breit angelegten Gruppen. Trotz großer handwerklicher Fähigkeiten erreicht A. della R. jedoch nicht die Meisterschaft seines Lehrers. Eigenständig ist die Wandlung des emotionalen Ausdrucks in den Gesichtern der Madonna — sie zeigen eine seelische Spannung und tiefe innere Unruhe im Vergleich zum ruhig heiteren Ausdruck bei Luca. Als Farbgebung seiner Glasuren wählt A. della R. kühle Töne, beim Weiß mit bläulichem Grundton versetzt. Die Kompositionen baut er unkompliziert um eine Zentralfigur mit seitlichen Figuren von gleicher Wertigkeit. Nur gelegentlich fügt er zur Spannungssteigerung asymmetrische Elemente in den Bildaufbau ein.

Neben einer Vielzahl von halbfigurigen Madonnenreliefs arbeitete A. della R. auch etliche szenische Darstellungen aus dem Leben Ms bzw. repräsentative Altarbilder mit der GM als Zentralgestalt. Als frühestes Beispiel der ganzfigurigen Gruppe setzt man den sog. Sassetti-Altar in Berlin an (Bode-Mus., um 1475). M zwischen zwei Heiligen auf einer Wolkenbank sitzend, stützt da das nackte auf ihrem rechten Oberschenkel stehende Kind mit der rechten Hand und drückt die Wange an dessen Kopf. Mit der Rechten greift Christus verspielt an den Saum des Kopftuches in Höhe des Schlüsselbeines. Diese innige Vertrautheit bleibt im etwa zehn Jahre späteren Altarwerk von Gradara Rocca (Capella di Conte Morandi) größtenteils erhalten.

Bei repräsentativen Szenen wie der Krönung Ms (Assisi, S. Maria degli Angeli, um 1476) sitzt M im Profil eng an Christus gedrängt und neigt betend den Kopf unter der darüber gehaltenen Krone. Sie ist jetzt eine reife Frau, die trotz Demutshaltung aristokratische Distanziertheit gegenüber dem Geschehen ausdrückt. Die gleiche Darstellung etwa fünf Jahre später (Siena, Convento dell'Osservanza) zeigt ähnliches, nur daß der Mittelgruppe mehr Platz zur Verfügung steht. Das letzte Beispiel dieses Themas in Aquila (S. Bernardino, um 1505) gibt das Ganze als aufwendige Hofszene.

Von diesen zeremoniellen Darstellungen abgesetzt, schildert A. della R. Verkündigungen und Anbetungen des Kindes idyllisch ruhig. In der frühen Verkündigung in La Verna (Chiesa Maggiore, 1479) sitzt M links auf einer Steinbank und hält kaum erschreckt die linke Hand an die Brust. Ihr Blick fällt auf den Boden wie auch der Gabriels an ihr vorbeizugehen scheint. M reagiert in der Verkündigung von Berlin (Bode-Mus., vor 1490) ähnlich kühl, wogegen Gabriel sie direkt anblickt.

Wie sich das Mütterliche fast ganz in die Bethaltung verliert, stellt A. della R. in der Anbetung des Kindes vor. In La Verna (Chiesa Maggiore, 1479) kniet M aufrecht vor dem schräg auf einem Felsen liegenden Kind und neigt nur den Kopf nach vorne. Christus, isoliert unter der himmlischen Engelschar, blickt versonnen mit dem Finger der linken Hand am Kinn in die Ferne. Auch der Tondo von Paris (Musee Cluny, um 1483) zeigt das selbständige Tun beider. In der wenig späteren Anbetung von Borgo S. Sepolchro (S. Chiara) ist die Szene eine kombinierte Geburtsdarstellung bei der sich ℳ anbetend über die Krippe beugt.

Die stärkste Werkgruppe von ℳdarstellungen A. della R.s bilden Halbfigurenreliefs der Madonna mit dem Kind. Entgegen der sonst aristokratisch kühlen GM, die sich auch durch räumliche Distanz ausdrückt, läßt er den Abstand zwischen Mutter und Kind nie so groß werden wie Luca. Auffällig dabei ist, daß der Künstler fast durchgängig den gleichen Gesichtsausdruck bei ℳ einsetzt, und das unabhängig davon, wie intensiv der Kontakt zwischen beiden Personen ist. Schon das früheste Beispiel (Berlin, Sammlung Dirksen, nach 1470) zeigt den Blick mit halbgeöffneten Augen schräg nach unten gesenkt, obwohl das Kind eng an die Brust geschmiegt beide Arme über Kreuz unter seinen Kopf legt. Auch wenn Christus etwas abrückt (Newport, Sammlung Belmont, um 1473) und frontal sitzend aus dem Bild herausblickt und segnet, bleibt ℳ mit fast geschlossenen Augen auf das Kind konzentriert.

Die Varianten mit dem stehenden nackten Kind (Florenz, S. Egidio, um 1473/74; Berlin, Bode-Mus., um 1474) verharren im selben Muster. Die weiter geöffneten Augen der Mutter und ein Anflug von Lächeln geben der Szene etwas Familiäres. Eine Verbindung von fürsorglicher Mutter und kindlichem Knaben, der am Finger lutscht, bietet die sog. Madonna der Architekten (Florenz, Nat. Mus., 1475). Auf der Türlünette der Badia von Florenz (1480) steht das nackte Kind rechts auf dem Rahmen und legt den rechten Arm um den Hals der Mutter.

Nach 1500 fertigte A. della R. nur noch selten Reliefs mit der Madonna und dem Kind ohne Begleitung. Öfter wird diese Kerngruppe in größere Zusammenhänge wie Portallünetten oder Altarbekränzungen eingepaßt und da dem übergreifenden Stimmungsgehalt einer repräsentativen Zeremonie unterworfen (Arezzo, S. Maria delle Grazie, nach 1500; Pistoia, Domportal, 1505; Viterbo, S. Maria della Quercia, 1507/08). Hier scheint das innige Verhältnis zwischen Mutter und Kind abgekühlt zugunsten einer melancholischen Zurschaustellung des Erlöserkindes, dem ℳ nur noch stützende Beifigur ist.

Die Marien A. della R.s sind alle gleichen Alters, nur bei den wenigen Kreuzigungen (La Verna, um 1489; Fiesole, S. Maria Primerana, nach 1510), Pietàs (Montevarchi, Collegiata di S. Lorenzo, um 1490; Arezzo, S. Maria delle Grazie, nach 1500, u. a.) und Beweinungen (London, Victoria and Albert Mus., vor 1520) ist ℳ eine ältere Frau, die ihren Schmerz durch einen vergrämten Blick und manchmal verkrampfte Haltung zum Ausdruck bringt.

3. *Giovanni,* * 19. 5. 1469 in Florenz, † 1529/30 ebd., Sohn und Schüler des Andrea, in dessen Werkstatt er die Produktion in den letzten Lebensjahren des Vaters bestimmend führte. Obwohl er erst 1525 in die Zunft der Ärzte und Apotheker aufgenommen wurde, arbeitete er schon viel früher als selbständiger Bildhauer. Zeit seines Lebens verließ er seine Vaterstadt nie und exportierte die Arbeiten von hier aus in die umliegenden Auftragsorte.

Die Schule des Vaters brachte es mit sich, daß G. della R. zunächst gänzlich dessen Stil kopierte. Erst allmählich verstärkte er die Polychromie, die weithin den Eklektizismus der Verarbeitung seiner Vorbilder überdeckte. Künstlerisch konnte er das Niveau des Vaters nie erreichen, auch als er das Werkstattgeschehen maßgeblich lenkte. Die Produktion ist da schon längst zur Massenherstellung von Altären, Ziborien, Brunnen, Medaillons, Statuen, Reliefs etc. übergegangen, die die ganze Familie in fabrikmäßiger Arbeitsteilung beschäftigte. Die Wahl effekthaschender Groteskenwesen paßt mit der gezielten Verfremdung natürlicher Farben zusammen, um Überraschungsmotive zu bieten. Handwerkliche Raffinesse ist bei G. della R. wichtiger als die Verwirklichung irgendeines übergeordneten künstlerischen Ideals.

ℳthemen gestaltete er in drei Formen: die wichtigste Gruppe sind stehende oder thronende Madonnen mit dem Kind — halb- oder ganzfigurig, alleine oder zwischen Heiligen, sodann Szenen des Lebens der GM sowie Andachtsbilder der Passion (Pietà, Beweinung, Grablegung). Beweinungen sind erst nach 1510 erhalten. In der Lünette über dem Nordportal von S. Salvatore al Monte in Florenz (um 1512) ist ℳ von einer dicht gedrängten Gruppe, die auf den toten Christus blickt, umstanden. Alle übrigen Darstellungen dieses Themas hat G. della R. mit einer Pietàkomposition kombiniert. Nur die 1521 anzusetzende Lünette in Florenz (Nat. Mus.) gibt die Szene als Trauerdienst der Marien und des Johannes vor der Grabesgrotte. Bes. in diesem Bild ist die fast vollständige Ausblendung emotionsgeladener Gesten zu beobachten, da die Mutter kaum trauert. Sie blickt über den Christuskopf versonnen hinweg und streicht dem Sohn durchs Haar.

In den Beweinungen unter dem Kreuz legt G. della R. den Leichnam dem Pietàmuster folgend quer über die Knie der Mutter. Dabei wechselt die Anteilnahme der GM vom stützenden Halten des Kopfes und dem lockeren Auflegen ihrer Linken auf die Oberschenkel Christi (Florenz, Nat. Mus., nach 1510; La Verna, Chiesa Maggiore, um 1512) mit vergrämtem Blick auf das Gesicht des Toten bis zur distanzierten Anbetung (Boston, Sammlung Gardner, um 1513/14; Berlin, Bode-Mus., um 1514). In der einzigen reinen Pietàdarstellung, bei der ℳ den Leichnam Christi alleine auf den Knien trägt, steht die Zurschaustellung des Gekreuzigten deutlicher im Vordergrund: ℳ dreht den Kopf des Toten zum Betrachter und hebt ihre linke Hand im Gestus des Schweigegebotes (New York, vormals Sammlung Bonaventura, um 1515).

Bei den Szenen aus dem Leben ᛗs hat G. della R. die Verkündigung durch Gabriel am häufigsten gestaltet. Erst nach 1515 entstand das Beispiel in London (Victoria and Albert Mus.,). In einen Architekturrahmen gestellt, kniet der Engel vor der hochaufragenden Frau, die voluminös gekleidet mit dem Buch in der rechten Hand, vor ihrem Bettbaldachin stehend, auf den Sendboten herabblickt. Gänzlich anders schildert G. della R. das Verhältnis beider wenige Jahre später in Florenz (Casa Sorbi). Gabriel von links auf Knien heranrückend, reicht bestimmender die Lilie, und ᛗ, nun vor dem Bettvorhang kniend, verschränkt beide Arme vor der Brust und neigt demütig den Kopf vor ihrer Aufgabe. Die Friedlichkeit des Geschehens verstärkt G. della R. noch in den folgenden Arbeiten, wobei die ruhige Zurückhaltung ᛗs durch den intensiven Farbeinsatz oft unterdrückt erscheint (Florenz, Nat. Mus., um 1521; Casole in Val d'Elsa, Collegiata, um 1524).

Die weitaus stärkste Gruppe bilden thronende oder stehende Madonnen mit dem Kind. Das früheste erhaltene Werk mit diesem Thema ist die Lünette über der Wandbrunnenarchitektur in S. Maria Novella in Florenz (1497). Noch stark Andrea verpflichtet im kompakten Aufbau der Mittelgruppe zwischen den beiden adorierenden Engeln, gibt G. della R. der GM und dem Kind jedoch bereits rundlichere Gesichter. Bei der sitzenden Madonna mit dem nackten Kind in einer Nische (Volterra, S. Michele, um 1500) bleibt der Künstler weiterhin im Schema Andreas.

Die 1513 datierte Plastik in Arcevia (S. Medardo) zeigt eine Madonna-Kind-Gruppe in einer reich dekorierten Altararchitektur, deren Farbigkeit in hellem Kontrast zum beschaulichen Zentrum steht. ᛗ sitzt als reifere Frau in einer Nische und betet mit gefalteten Händen das quer über ihrem Schoß liegende nackte Kind an. Das ganze Altarensemble ist kompositorisch auf die Mitte konzentriert, die selbst durch Faltenführung und symmetrisch gebildete Haltung dem Zentralschema unterworfen ist. Bloß der leicht zum Kind geneigte Kopf der Mutter gewichtet die sonst strenge Architektonik der Komposition etwas.

Ein Jahr später schuf G. della R. den Altar der UE in Poggibonsi (S. Lucchese). In der Lünette gibt er eine ᛗkrönung mit einer jugendlich demütigen GM; in der Zentralnische steht matronenhaft füllig in weitem Faltenspiel des Gewandes die deutlich ältere ᛗ, die symmetrisch das bekrönte Kleinkind vor ihrer Brust hält. Auch hier bestimmt der vereinfachte kompositorische Aufbau des Gesamtwerkes sowie die Überfülle der stark farbigen Dekoration das Erscheinungsbild. Die Mittelgruppe wirkt wie eine effektvolle Zurschaustellung eines mariol. Themas, das als Dogma explizit noch nicht existierte.

Ähnlich gibt G. della R. die Gürtelspende über dem Portal von S. Giovanni Valdarno (S. Maria delle Grazie, um 1514). ᛗ thront innerhalb einer von Engeln getragenen Mandorla und ist gerade dabei ihren Gürtel für den unten wartenden hl. Thomas aufzunehmen; sie ist in festliche Gewänder gehüllt, vor ihrer Brust hängt ein schweres Kreuz, so daß der Eindruck verstärkt wird, die GM sei eher Gegenstand einer Zeremonie als deren Protagonist.

Deutlichere emotionale Reflexe sind bei G. della R. in intimeren Szenen wie der thronenden Madonna mit dem Kind und dem Johannesknaben (Cornocchio, S. Agata, vor 1520) zu spüren. Die Mutter legt ihre rechte Hand an die linke Wange des aufblickenden und links knienden Johannes und schafft so eine Verbindung zum auf ihrem Schoß sitzenden Christusknaben, der auf den Spielgefährten herabsegnet. Der Gesichtsausdruck ᛗs verrät zärtliche Zuneigung, die im Relief von New York (Sammlung Seligmann, um 1520) wieder größerer Distanz weicht.

Die beiden thronenden Madonnen mit dem auf ihrem rechten Knie stehenden Christusknaben von Scandicci (S. Maria a Greva) und Florenz (S. Barnabe, beide nach 1520) zeigen die zunehmende Werkstattroutine. Das Mutter-Kind-Verhältnis erweckt hier den Eindruck einer Zusammenstellung zweier unabhängig voneinander gefertigter Figuren.

In den letzten Jahren scheint G. della R. bei einigen Madonnen und repräsentativen Szenerien manchmal der kompositionellen und emotionalen Verkrustung der Werkstattproduktion entgegengewirkt zu haben. So ist im Altar von Fiesole (Seminario, um 1520) eine versuchte Auflockerung der die thronende Madonna umstehenden Heiligen und v. a. im zartfühlenden Blick der Mutter auf das nackte Kind eine feine Stimmungslage zu spüren, die in sonstigen Großaufträgen (Florenz, Tabernacolo delle Fonticine, 1522; Florenz, S. Croce, um 1523 u. a.) im bunten Kleid der farbigen Fassungen unterzugehen droht.

Die letzten Arbeiten G. della R.s, wie das Relief von 1525 (Lari, Castelo) oder der Altar in Arezzo (SS. Annunziata, 1526) geben die Gestalten wieder kühler und als leicht veränderte Varianten früherer Bildmuster.

Lit.: W. v. Bode, Die Künstlerfamilie della R., Leipzig 1878. — A. Marquand, The Madonnas of L. della R., In: American Journal of Archaeology 9 (1894) 1—12. — M. Reymond, Les della R., Florenz 1897. — M. Cruttwell, L. and A. della R. and their Successors, London 1902. — A. Marquand, Della R. in America, London 1912. — O. Doering-Dachau, Die Künstlerfamilie della R., München 1913. — W. v. Bode, Die Werke der Familie della R., Berlin 1914. — A. Marquand, L. della R., London 1914. — Ders., G. della R., 1920. — P. Schubring, L. della R. und seine Familie, 1921. — A. Marquand, A. della R. and his Atelier, 2 Bde., 1922. — Ders., The Brothers of L. della R., 1928. — L. Planiscig, L. della R., 1940. — R. Salvini, L. della R., 1942. — G. Galassi, La scultura fiorentina del Quattrocento, 1949. — G. Brunetti, L. della R., 1954. — P. Bargellini, I Della R., 1965. — U. Baldini, La bottega dei Della R., 1965. — A. Petrioli, L. della R., 1966. — G. Gaeta Bertelà L., A., G. della R., 1977. — J. Pope-Hennessy, L. della R., 1980. *N. Schmuck*

Robert v. Bourg-Fontaine (v. Parc-en-Charnie, Bruder Robert der Kartäuser), Kartäuser des 14. Jh.s, kann nicht mit Sicherheit weiter identifiziert werden. Er wird zu Beginn des Prologes von »Le Chastel Perilleux« vorgestellt. Es handelt sich dabei um einen asketischen, in 18 Handschriften verbreiteten Traktat, den er vielleicht an seine Kusine, aber sicher an die Benediktinerinnen von Fontevrault, richtete. »Le Tresor de l'âme« schrieb er für seine Mutter, »Conseils pieux à une femme mariée« für seine Schwester.

Le Castel geht offenbar von Lk 10,38b aus und wendet »castellum« auf M an (236): Das 1. Kapitel stellt M als Modell der Gott geweihten Seele und Beispiel der Nachfolge vor: Sie war »ein Kastell, gut versehen vom Graben der Demut, von der Mauer der Jungfräulichkeit, vom Vorzug aller Tugenden und von der Fülle aller Gnaden. Dieses herrliche Kastell zog den König der Herrlichkeit an« (ebd., vgl. Bernhard, Super Missus est). R. setzt die Demut Ms an erste Stelle; er erwähnt ihre Klugheit, Umsicht und Armut, die er mit der ihres Sohnes verbindet. M verdient, geliebt zu werden, hat Macht beim Herrn, ist unsere Fürsprecherin, Kanal der göttlichen Gnaden, nimmt in der Schöpfung einen bevorzugten Platz ein und liebt uns mütterlich: Das alles macht sie geneigt, die zu schützen, die sie anrufen, und ihre Gebete zu erhören. Der Hauptgrund unserer MV ist die reine Gottesliebe: M führt zu Jesus (337).

Wird die Seele durch Versuchungen angegriffen und ist sie im Begriff, wie ein stark angegriffenes Kastell zu kapitulieren, dann ist die Stunde, M anzurufen, v. a. im Augenblick des Todes und des Gerichtes. R. entmutigt nicht, denn Ms Gegenwart versüßt den Tod der ihr treu Ergebenen: »Wer ihr fromm dient, kann nicht schlecht sterben« (252). R. ermutigt den Sünder, im Gebet auszuharren und durch die Fürbitte Ms die Bekehrung zu erlangen. M verschmäht die Gebete dessen, der die gemeinsamen, vom Orden vorgeschriebenen Gebete vernachlässigt. Als private Gebete empfiehlt R. das Ave Maria, das kleine Offizium BMV, das Salve Regina, Maria mater gratiae und Memorare. Ausführlich stellt R. die Passion Christi und die Schmerzen Ms mit ihrem Sohn zur Betrachtung vor, um Mitleid zu erregen (364), um hinzuführen, Gott und M zu lieben und die Liebe Ms zu gewinnen.

WW: A critical Edition and Study of Frère Robert (Chartreux) »Le Chastel Perilleux«, ed. M Brisson, 2 Vol., 1974 (zit.). — Conseils pieux à une Femme mariée, ed. M. Brisson, In: Miscellanea Cartusiana III, 1978, 37—69. — Le Tresor de l'âme, Mss. s. ebd. 38.

Lit.: M. Brisson, Frère Robert, Chartreux du XIVe siècle, In: Romania 87 (1966) 543—550. — Dies., An Unpublished Detail of the Iconography of the Passion in »Le Chastel Perilleux«, In: The Journal of the Warburg and Courtauld Institute 30 (1967) 398—401. — Dies., Notre Dame dans »Le Chastel Perilleux«, XIVe siècle, In: MLS 10 (1978) 65—80.   *M. Brisson/W. Baier*

Robert v. Melun, Engländer von Geburt, * um 1100, † 1167 als Bischof von Hereford, studiert in Oxford und Paris, dort bei → Hugo v. St. Viktor und → Abaelard. Als dessen Nachfolger lehrt er 1137/38 auf dem Genovevaberg Dialektik; hier sind → Johannes v. Salisbury und Johannes v. Cornwall seine Schüler; danach wird er Leiter der Schule von Melun, schließlich Lehrer in St. Viktor. 1148 nimmt er an der Synode von Sens teil, wo die Trinitätslehre des → Gilbert v. Poitiers behandelt wird. 1160 kehrt er nach England zurück und wird Archidiakon in Oxford, 1163 Bischof von Hereford. 1152—60 verfaßt er seine »Sentenzen«, die wahrscheinlich unvollendet sind. In diese Zeit gehören auch seine 125 »Questiones de divina pagina« (ca. 1157), von denen die meisten dem Mt-Evangelium gelten, sowie seine »Questiones de Epistolis Pauli«. Kaum ein Theologe des 12. Jh.s hat die Neuaufbrüche seiner Zeit ähnlich kritisch begleitet wie er; diskutiert werden Abaelard, Gilbert und selbst → Petrus Lombardus. Insgesamt gilt R. als gründlicher und eigenständiger Denker, auch wenn der Einfluß seiner Lehrer nachweisbar ist, so der Abaelards in der Gotteslehre und der Hugos im Schrift- und Traditionsverständnis. In R.s, Mariol. wirkt sich negativ aus, daß er in seiner Schriftauslegung die Kindheitsevanglien nicht berührt. In seinem Kommentar zu den Paulus-Briefen (Ad 1 Kor. 10, ed. Martin II 208) sieht er in der geistgewirkten Empfängnis Ms das Grundgesetz der Erlösung aufscheinen; danach wurde Christus nicht wegen menschlicher Verdienste unser Erlöser, sondern allein aus Gnade. Dieser Gedanke ist in den Sentenzen breit entfaltet. Die Inkarnation bedeutet für M Befreiung von der Konkupiszenz, von der sie als Mutter des Gottessohnes ganz entlastet wurde. So ausgezeichnet, steht sie gleichwohl ihrem Sohn an Heiligkeit nach. Seiner absoluten Heiligkeit gegenüber bleibt jede menschliche Begnadung, auch die Ms, schwacher Abglanz. R.s Erbsündenlehre und Mariol. verdienen weitere Bearbeitung.

QQ: Oeuvres de R. de M., ed. R. M. Martin und R. M. Gallet, 4 Bde., 1932—52 (die Ed. der »Sentenzen« ist noch nicht abgeschlossen).

Lit.: F. Anders, Die Christologie des R. v. M., 1927 (Ed. der christol. und mariol. einschlägigen Texte des 2. Buches der Sentenzen, die die Martin'sche Ausgabe noch nicht hat). — J. de Ghellink, Le mouvement théologique de XIIe siècle, ²1948. — U. Horst, Die Trinitäts- und Gotteslehre des R. v. M., 1964. — DThC XIII 2751—53. — EC X 1040f. — NCE XII 533f.
F. Courth

Roberti, Ercole de, * um 1450 in Ferrara, † 1496 ebd., ferraresischer Maler. Das Geburtsjahr ist auf Grund mangelnder Quellen ungeklärt und beruht lediglich auf einem Zitat in einem Schreiben R.s an den Herzog Ercole d'Este. Irritierende Feststellungen gibt es auch bezüglich der Person R.s auf Grund unterschiedlicher Bezeichnungen — Ercole Grandi (oder de Grandi) sowie Ercole de Roberti. Vasari berichtet von einem Ercole aus Ferrara (II 2) und vermischt seine Angaben mit einem Ercole Grandi, einem Namensvetter aus Bologna. Die

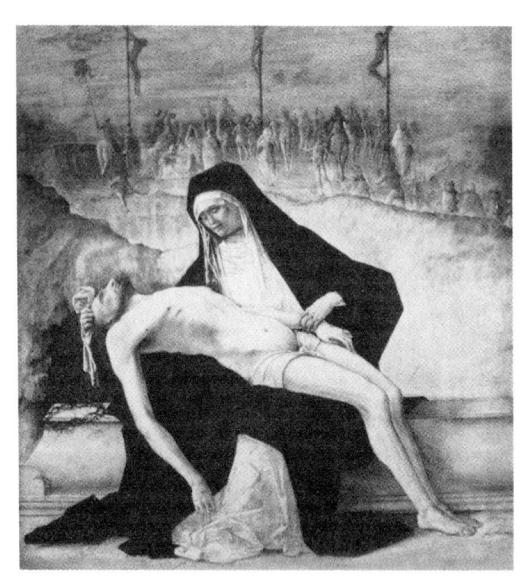

E. de Roberti, Pietà, 1480/86, Liverpool, Walker Art Gallery

darauf basierenden Verwechslungen (Cesare Cittadelle, 1782; Adolfo Venturi, 1889), werden erst durch die Untersuchungen von Filippini (1917) und später Bargellesi (1934) geklärt.

R. gehört neben Cosimo Tura und Francesco del Cossa zu den bedeutendsten Malern der ferraresischen Schule. Die von ihnen geschaffenen allegorischen Fresken im Saale dei Mesi des Palazzo Schifanoia, gehören zu den bedeutendsten profanen Freskenzyklen. R. fertigte im Anschluß an Cossa die Fresken der Monate Juli, August und September an. Er vereinigt in seinem Stil Elemente aus den Arbeiten seiner beiden Künstlerkollegen und ist v. a. durch Künstler wie Andrea Mantegna, Antonello da Messina und Jacopo Bellini sowie Piero della Francesca und dem großen Flamen Rogier von der Weyden beeinflußt. R. überwindet die v. a. für Tura kennzeichnende Zerlegung großer Formate, behält aber die betonte Vertikalität und den abstrakten Bildaufbau bei.

1470-75 entstand die Altartafel für S. Lazzaro, Ferrara (früher Berlin, Kaiser-Friedrich-Mus., 1945 verbrannt). Mit Cossa verbrachte R. einige Zeit in Bologna, dort schuf er für die von Cossa gestaltete Pala Griffoni in S. Petronio sieben kleinformatige Heiligentafeln (Paris, Louvre; Rotterdam, Mus. Boymans-van Beuningen; Ferrara, Pinacoteca Nat.; Venedig, Cini). Durch die Zusammenarbeit der beiden Künstler erscheint eine Trennung ihrer Arbeiten schwierig. 1479 ist R. wieder in Ferrara tätig, wo er mit seinem Bruder Polidoro und dem Goldschmid Guiliano di Piacenza eine Künstlergemeinschaft gründet.

Die »Madonna con il bambino e i santi«, um 1481 für den Altar von S. Maria in Porto, Ravenna angefertigt (Mailand, Brera), verdeutlicht den für R. kennzeichnenden reichen Bildaufbau. Der Thron der Madonna steht auf einem kunstvoll gestalteten Sockel vor einer konchenartigen Nische, die drei vorderen Seiten der Sockelbasis sind mit Darstellungen aus der Kindheit Christi besetzt, zwischen den die Plattform tragenden Säulen erscheint eine Landschaft. R. überwindet die Starrheit und gelangt zu einer mehr organischen Auffassung sowie einer spannungsreichen Malweise, im Unterschied zur Tafel aus S. Lazaro werden die Figuren weicher und belebter.

Um 1482 ist R. erneut in Bologna tätig. Während dieser Zeit entstand die »Predella con storie di Christo« für den Altar in S. Giovanni in Monte, im Mittelteil eine Pietà (Liverpool, Walker Art Gallery). Die Mutter-Sohn-Gruppe ist direkt an den vorderen Rand gerückt, eine harte Linienführung und der Farbkontrast zwischen dem dunklen Manteltuch der GM und der blassen Haut des Sohnes unterstreichen den schmerzvollen Gesichtsausdruck und die intensiv bewegte Dramatik. Die Vereinsamung wird durch ein menschenleeres Gelände und die Golgatha-Darstellung im Hintergrund mit kleinen Figuren in verschwimmenden Farben unterstrichen.

Nach 1486 kehrt R. zurück nach Ferrara, wo er hauptsächlich für den estensischen Herzogshof tätig wird, mit einzelnen Familienmitgliedern unternimmt er Reisen nach Rom, Neapel und Ungarn. Als eines der Hauptwerke R.s gelten die nur noch fragmentarisch erhaltenen Fresken des Domes S. Pietro, Bologna (Kreuzigung Christi, Tod 𝔐e). Neben den rel. Themen (Die Israeliten bei der Mannalese, London, Nat. Gallery) und mythol. Sujets (Argonautensage, Padua) schuf R. auch einzelne Porträts (Giovanni II Bentivoglio, Ginevra Bentivoglio, Washington, Nat. Gallery).

Lit.: S. Ortolani, Cosmè Tura, Francesco del Cossa, E. de R., 1941. — L. Puppi, E. de R., 1966. — R. Molajoli, L' opera completa di Cosmè Tura e i grandi pittori ferraresi del suo tempo: Francesco Cossa e E. de R., 1974. — Thieme-Becker XXVII 426.   *S. Egbers*

Roberto de Lecce → Caracciolo, Roberto

Robledo, Melchor, *um 1520, †1587 in Saragossa, span. Komponist, war 1549 Kapellmeister an der Kathedrale zu Tarragona. Nach kurzem Aufenthalt als Sänger in Rom, kehrte er 1569 nach Saragossa zurück, um dort als Kapellmeister zu wirken. Dort lebte und arbeitete er als angesehener und geschätzter Kirchenmusiker in wirtschaftlich gesicherter Position.

Zeitgenossen stellten seine Kompositionen neben die von Morales und Palestrina. Von seinen marian. Kompositionen seien die »Missa de Beata Virgine« für 4 Stimmen erwähnt sowie die Motette »Salve Regina« und sein Magnifikat im VI. Modus.

Lit.: R. Stevenson, Spanish Cathedral Music in the Golden Age, 1961, 325f. — MGG XI 585f. — Grove XV 77f. *E. Löwe*

Rocamadour, Diözese Cahors, Département Lot, bereits in prähistorischer Zeit besiedelt, war vom 12. bis Ende des 14. Jh.s einer der meist besuchten Ⓜwallfahrtsorte Frankreichs. Über der Ortschaft befindet sich auf einer Felsterrasse (72 x 36 m) eine z. T. in den Fels gebaute »cité religieuse«, gleichsam ein »Himmlisches Jerusalem« mit einem Kranz von Kapellen (Basilika [seit 1913] St. Sauveur mit Kapellen der hll. Anna, Michael, Johannes des Täufers, Blasius und Amadour, eines Eremiten, nach dem der Ort benannt wurde [Rupes Amatori = Roc-Amadour], der die MV im 4. Jh. eingeführt haben soll). Spiritueller Mittelpunkt ist die Kapelle ND de R. mit der Gnadenstatue, einer Schwarzen Madonna (Sedes Sapientiae, 12. Jh.), die 1853 zu Beginn der Wiederbelebung der Wallfahrt gekrönt wurde. Im Gewölbe hängt eine »cloche miraculeuse« (9. Jh.), die der Legende nach immer von selbst zu läuten anfing, wenn ein in Seenot Geratener ND de R. (»Stella Maris«) mit Erfolg angerufen hatte. Schiffe als Exvoto belegen Dankwallfahrten. In Camaret-sur-Mer (Finistère) ist eine Kapelle ND de R. geweiht. ND de R. war auch Patronin der Gefangenen, die z. T. nach Urteilen flandrischer Gerichte ihre Fesseln auf einer Sühnewallfahrt darbringen mußten. Der nach der Wiederbelebung des Wallfahrtsortes im 19. Jh. in der St. Anna-Kapelle stehende Ⓜaltar zeigt links die Verkündigung an Ⓜ, in der Mitte die Aufnahme Ⓜs in den Himmel und rechts die Anbetung der Hirten, die Nische war für die Gnadenstatue vorgesehen. Hohe Fresken an der Wand der St. Michaelskirche neben der Ⓜkapelle stellen die Verkündigung und die Visitatio Ⓜe (12. Jh.) dar. Das über dieser Kapelle im Fels steckende Rolandsschwert »Durandal« soll Roland, dem seit 1170 verbreiteten »chanson de geste« folgend, an seinem Todestag (15. 8. 778) von Roncevaux nach R. geschleudert haben. Seit der ersten Hälfte des 11. Jh.s bis 1317 betreuten Benediktiner R. Während dieser Zeitspanne erlebte der Wallfahrtsort seine Glanzzeit. Für 1112 ist eine Sühnewallfahrt, für 1148 ein erstes Wunder belegt; 1152 bagnn man mit dem Neubau der Klosteranlagen, der nach etwa 100 Jahren abgeschlossen war. Für 1172 belegt der »Livre des Miracles de ND de Rocamadour« (Paris, Bibl. Nat.) Wunderheilungen und erwähnt z. T. noch heute bestehende Bruderschaften sowie Pilger aus England, Deutschland, Italien, Belgien, Spanien und Palästina. Die Pilger rutschten auf den Knien die 216 Stufen zur »cité religieuse« hinauf und beteten auf jeder Stufe ein Ave Maria. Um ihren Hals wurden kleine Ketten gelegt (»Gefangene der Sünde«), die nach der Beichte abgenommen wurden. Auf den Heimweg nahmen sie ein »sigillum Beatae Mariae«, ein Wallfahrtszeichen mit der Ⓜstatue und dem Jesuskind, mit, das einheimische Betriebe aus Blei, Zinn, Kupfer, Silber oder Gold gefertigt hatten.

Der »trouvère« → Gautier de Coincy (1177—1236) schrieb in seiner Mirakelsammlung »Miracles de Nostre-Dame« : »La Douce Mère au Créatour — A s'Eglise Rochemadour — Fait tant miracles ...«. Berühmte Besucher in R. waren: Simon de Montfort (Streiter gegen die Albigenser, im Winter 1212/13), die hll. Dominikus (1219), Antonius v. Padua, Ludwig (1244) und Ludwig IX. (1443 als Dauphin, 1463 als König).

Epidemien und der Beginn des Hundertjährigen Krieges, der ein sicheres Reisen nicht mehr gewährleistete, beeinträchtigten die Wallfahrt erheblich, auch wenn ein »Marienfrieden«, die »trêve de Marie« (nach dem Vorbild des »trêve de Dieu«), den Pilgern freien Durchzug durch das Kriegsgebiet nach R. zusicherte.

Seit 1428 finden die mit besonderen Ablässen versehenen Feierlichkeiten des »Grand Pardon« statt, die dann begangen werden, wenn das Fest Johannes' des Täufers (24. Juni) mit dem Fronleichnamsfest zusammenfällt: 1546 waren 20 000 Pilger anwesend, 1666 etwa 15 000, 1734 blieb ohne Beachtung, der »Grand Pardon« des Jahres 1886 wurde 1899 nachgefeiert, der Zweite Weltkrieg erlaubte 1943 nur eine regional beschränkte Wallfahrt, bei der zwischen dem 1. Mai und dem 31. Oktober für die Befreiung Frankreichs gebetet wurde. Das nächste Zusammentreffen des Johannestags mit Fronleichnam wurde für das Jahr 2083 berechnet.

Außer in der Bretagne und in Belgien breitete sich die Verehrung ULF von R. in Spanien und Kanada aus: Bereits 1181 hatte Alfons VIII. der Gnadenstatue reiche Schenkungen bei Burgos gewidmet, Kapellen wurden »Nuestra Senora de Rocamador« geweiht. Im Verlauf der Reconquista siegte König Alfons VIII. 1212 bei Toledo über die Mauren unter der Fahne mit dem Abbild von ND de R., vor deren Anblick die Mauren geflüchtet sein sollen. Im 14. Jh. war R. so populär, daß Betrüger beachtliche Summen für eine »geplante Wallfahrt« dorthin sammeln konnten, die niemals zustande kam. Jacques Cartier, der Entdecker Kanadas (1545), wiederum beschrieb in seinem Reisebericht, daß ND de R. den unter Skorbut leidenden Seeleuten geholfen habe; in Québec ist die Krypta der Kirche S. François d'Assise ND de R. geweiht.

Zu den spirituellen Erneuerern des Wallfahrtsortes im 19. Jh. gehören Abbé Armand Benjamin Caillou (1794—1850; Priester der »Société des Missions de France«), der 1835 eine Novene und besondere Festlichkeiten zu Ⓜe Geburt einführte, die bis heute unter dem Titel »Semaine Mariale« gefeiert werden, und Abbé Pierre Bonhomme (1803—61, Pfarrer im nahen Gramat), der 1833 nach Einkehrtagen in R. die »Congrégation des Soeurs de Notre-Dame du Calvaire« (1861 bereits 181 Mitglieder, seit 1906 in Brasilien, seit 1907 in Argentinien, seit 1935 im Amazonasgebiet und seit 1959 an der Elfenbeinküste) gründete. Um den Wiederaufbau machte sich ab 1858 Abbé Jean-Baptiste Chevalt (1817—76) verdient.

Im Musée d'Art sacré der »cité religieuse« sind Kelch und Ciborium ausgestellt, die der Komponist Francis → Poulenc (1899—1963) anläßlich seiner Bekehrung in R. gestiftet hat.

Lit.: P.O. Gissey, Discours historique de ND de R. au Pais de Quercy, 1632. — A. B. Caillau, Histoire critique et religieuse de ND de Roc-Amadour suivi d'une neuvaine d'instructions et de prières, 1834. — G. Servois, Notice et extraits du recueil des Miracles de ND de Roc-Amadour, 1857, 21—44. 228—245. — E. Van den Bussche, Roc-Amadour, les pèlerinages dans l'ancien droit pénal, 1887. — M. Bourrières, Les Grands Pardons de Roc-Amadour, 1899. — E. Rupin, R., étude critique, historique et archéologique, 1902. — Ders., Saint-Amadour et le Zachée de l'Evangile, o.J. — E. Albe, Les Miracles de Notre-Dame de Roc-Amadour, 1907. — Ders., Roc-Amadour, Documents pour servir à l'histoire du pèlerinage, 1926. — L. de Vallon, Documents nouveaux sur R., 1928. — Ders., Les pèlerinages expiatoires et judiciares de la Belgique à Roc-Amadour au moyen-âge, 1936. — M. Colinon, Guide de la France religieuse et mystique, 1969, 597—600. — Premier colloque de R., Saint Louis pèlerin et le pèlerinage R., VIIIe centenaire du livre des miracles, 1172—1972, 1973. — J. Rocacher, R. et son pèlerinage, étude historique et archéologique, 2 Bde., 1979. — Ders., Découvrir R., 1980. — J. Godin, R., 1982. — P. Verdier, L'orientation des églises romanes et gothiques de l'occident chrétien, In: Bulletin de la Société de Mythologie Française (SMF) 160 (1991) 12—16. — H. Fromage, R., Qui et (A)madour?, ebd. 161 (1991) 5—14. — P. Verdier, Note complémentaire concernant l'orientation des divers sanctuaires de la cité sainte de R., ebd. 15—17. — V. R. Belot, Les Médailles de Dévotion, In: Le Collectionneur Français, Nr. 302, Juillet-Aout 1992, 25.
W. Hahn

Rocca, Angelo, OSA, * 1545 in Rocca Contrada (heute Arcevia), † 7.4.1620 in Rom, trat 1552 in das Augustinerkloster von Camerino ein, guter Kenner der biblischen Sprachen, war seit 1577 Prof. für Theol. in Padua. Als Direktor der Apost. Druckerei (seit 1585) gab er auch eine Anzahl mariol. Schriften heraus, darunter die Traktate »In Canticum Magnificat«, »De laudibus Virginis gloriosae super evangelium: Missus est«, »In salutationem et annuntiationem angelicam« des → Augustinus v. Ancona (Rom 1590 und 1592) sowie »Stellarium coronae beatae Virginis« des Pelbart v. Temesvar. 1595 wurde er Präfekt der Apost. Sakristei und 1605 Titularbischof von Thagaste. 1614 vermachte er seine durch 40 Jahre gesammelte Bibliothek dem Augustinerkloster San Agostino in Rom; sie trägt noch heute seinen Namen »Angelica«.

Unter seinen zahlreichen liturgiegeschichtlichen Werken befinden sich auch eine Anzahl mariol. Abhandlungen. In dem Traktat »Cur Sanctorum et Sanctarum obitus dies natalis vel dormitio in sancta Dei ecclesia vocitetur« (Op. om. I 212f.) äußert er sich auch über den Tod Ms, ihr mutmaßliches Alter, ferner über die Begründung ihrer Assumptio und die begriffliche Vereinbarkeit von Dormitio und Assumptio. In der Abhandlung »De origine et institutione benedictionis candelarum ... in festivitate Purificationis beatae Mariae semper virginis« (l.c. 214ff.) weist er nach, daß diese Kerzenweihe ein heidnisches Brauchtum verdrängen sollte und zwar nicht das Lupercalium, sondern das Amburbiale. 1587 verfaßte er im Auftrag Sixtus' V. eine Schrift »De Praesentationis B. Mariae semper Virginis Historia et Festivitate eiusdemque Officio recitando«. Infolge des Todes des Papstes († 27.8.1590) wurde das vorbereitete Festoffizium zwar von der Ritenkongregation approbiert, aber noch nicht allgemein in der Kirche verbreitet. R. übersandte seine 1597 gedruckte Abhandlung an Papst Clemens VIII., damit das Offizium nach dem Gutdünken des Papstes für die ganze Kirche vorgeschrieben werde. In seinem Schreiben vom 1.5.1597 an den Papst stellt er fest, daß in der Hl. Schrift über die »praesentatio« Ms, ähnlich wie über andere Geheimnisse des Mlebens, zwar nichts berichtet werde, doch sei dieses Fest »ab antiquissimis usque temporibus« von den hll. Vätern — er beruft sich namentlich auf Gregor v. Nyssa, Johannes v. Damaskos, Hieronymus und Cyrill v. Alexandrien — begangen worden; später — aus ihm selbst unbekannten Gründen — unterdrückt, sei es nun von Sixtus V. als Duplexfest erneut in den liturg. Kalender aufgenommen worden. Dem Druck der Schrift hat R. auch sein Schreiben vom Jahre 1587 beigefügt, mit dem er Sixtus V. um die Wiedereinführung des Festes der Praesentatio bat, »sicut ratio suadebat et christiana pietas postulabat«. Er verstand das Fest als Vorbereitung Ms auf das Geheimnis der Menschwerdung: »(M) hinc templo inanimato Templum animatum sacroque altari Altare sanctum ... sese ... consecravit«. Ein Exemplar der seltenen Schrift, die in R.s Opera omnia (2 Bde., Rom 1719 und 1743) keine Aufnahme fand, besitzt die röm. Bibliothek Angelica (Signatur: H—19—34).

Lit.: Petrus de Alva, Militia Immaculatae Conceptionis, Löwen 1663, Sp. 86f. — Ossinger 754ff. — Cenni Biographici di Angelo Rocca, Fabriano 1881. — D. A. Perini, Bibliographia Augustiniana III, 1935, 126ff. (Lit.). — V. Mori, Saggio biografico sul vescovo bibliofilo A. R., In: Archivi, ser. II 26 (1959) 200—222. — D. Gutiérrez, Die Augustiner vom Beginn der Reformation bis zur kath. Restauration, 1518—1648, 1975, passim. — LThK² VIII 1345f. (Lit.).
A. Zumkeller

Rocha, Joâo da, * 1565 in Santiago de Pisco/Braga, † 23.3.1623 in Hang-tcheou, 1585 SJ, 1586 nach Indien, studierte Phil. in Goa, Theol. in Macao und ging 1598 nach China; 1600 wurde er von Matteo →Ricci zum Oberen der Jesuitenresidenz in Nanking bestimmt; 1609 errichtete er dort eine marian. Kongregation für Männer. R. verfaßte einen Katechismus »T'ientchou cheng-kiao k'i-mong« (Handbuch der kath. Religion), eine angepaßte Übersetzung des Katechismus von Marco Jorge SJ († 1571), der von Portugal durch die Jesuiten eine weltweite Verbreitung fand. Der chinesische Katechismus behandelt im 4. Kapitel das »Ave«, im 5. das »Salve Regina«.

In seinem zweiten Buch »Nienciu Coeiccem« (Methode des Rosenkranzes), erklärt R. in Katechismusform das Rosenkranzgebet und führt in die fünfzehn Geheimnisse des Rosenkranzes ein. Allen Geheimnissen sind Holzschnitte beigefügt. Diese Holzschnitte entstanden nach den europäischen Kupferstichen in Hieronymus →Nadals »Evangelicae historiae imagines« von Anton Wierx (um 1552—1624) und seinen beiden Brüdern Johannes (1549—1615) und Hieronymus (um 1553—1619), die 1562—1618 mehr

Chinesisch, Heimsuchung, um 1620

als 2000 Stiche für die Jesuiten fertigten. Nach P. M. D'Elia schuf Tung Ch'i-Ch'ang (1555—1636) oder ein Schüler, diese Bilder. Bei der Darstellung der Personen, bei Städtebildern, Rüstungen, Säulen etc. hielten sich die asiatischen Künstler stärker an das Original als bei der Landschaft. Jedenfalls sind diese Holzschnitte die ersten Darstellungen der christl. Botschaft, des Mlebens oder des Rosenkranzzyklus' in ihrer Anpassung an die chinesische Malerei.

Lit.: L. Alvin, Les Wierx, Bruxelles 1866. — Ders., La Catalogue raisonné de l'oeuvre des tres frères Jean, Jérome et Antoine Wierix, Bruxelles 1866. — A. Huonder, Die Verdienste der kath. Heidenmission um die Buchdruckerkunst in überseeischen Ländern vom 16.—18. Jh., 1923. — J. Jennes, L'art Chrétien en Chine au début de XVIIe siècle, In: T'oung Pao 33 (1937) 129—133. — P. M. D'Elia, Le origini dell' arte cristiana Cinese (1583—1640), 1939. — Illustrazione del Vangelo (Evangelicae historiae imagines). Centocinquantatre immagini de Girolamo Natale teologo della Compagnia di Gesú dopo circa quattro secoli riproposte con accanto i testi de Renato Portoghese. Anversa 1596, 1940. — M. Nicolau, Jerónimo Nadal SI, 1948. — J. Bettray, Die Akkomodationsmethode des P. Matteo Ricci SJ in China, 1955. — A. R. G. de Ceballos (Hrsg.), P. Jerónimo Nadal SI, Imágenes de la historia evangélica, 1975. — M. Mauquoy-Hendrickx, Les Wierix illustrateurs de la Bible dite de Natalis, In: Quaerendo 6 (1976) 28—63. — Maj-Brit. Wadell, The »Evangelicae historiae imagines«: the designs and their artists, ebd. 10 (1980) 279—291.   *H. Rzepkowski*

Rodat, Emilie de, hl. Ordensgründerin, * 6. 9. 1787 auf Schloß Druelle bei Rodez, † 19. 9. 1852 in Villefranche-de-Rouergue, wurde am 4. 5. 1940 selig- und am 23. 4. 1950 heiliggesprochen (Fest: 19. September). Die Frömmigkeit ihrer Kindheit und Jugend prägten Verwandte, die, in der Franz. Revolution aus den Klöstern vertrieben, auf Druelle Zuflucht fanden: Die Anwendung des Hohenliedes auf M, das Leben des Herrn, Ms und des hl. Joseph wurden seitdem Inhalt ihrer Betrachtung. Schon als Kind trat sie einer Rosenkranzbruderschaft bei. Angerührt durch den rel. Niedergang der nachrevolutionären Zeit und von Müttern um Unterrichtung der Kinder gebeten, errichtete sie mit Gleichgesinnten eine Klasse für arme Kinder. Unter Anleitung ihres Seelenführers Antoine Marty, des späteren Superiors (1757—1835), gründete R. nach diesen grundlegenden Anfängen und nach Überwindung vieler Schwierigkeiten 1816 mit anderen jungen Frauen, die sich ihr angeschlossen hatten, die Kongregation der Hl. Familie, die nach der Regel des hl. Augustinus ausgerichtet war und 1832 vom Bischof von Rodez anerkannt wurde. 1820 legten sie ihre Gelübde ab. Die Gemeinschaft wollte der Jugend-, bes. der Mädchenerziehung dienen. Durch die Not der Zeit kam die Betreuung der Waisen und Kranken hinzu. Als weiterer Zweig ging 1834 aus der Gemeinschaft die Kongregation der Schulschwestern hervor (Soeurs des écoles). Das tätige Apostolat am Erlösungswerk Christi stellte R. unter das Patronat und Vorbild der Familie von Nazaret, deren Tugenden, wie Selbstverleugnung, Armut, Buße, Demut, Gehorsam, in der Abgeschiedenheit der Klausur, die 1985 aufgehoben wurde, nachzuahmen waren, bes. auch der Gehorsam Jesu, die Demut Ms und die Sammlung Josephs. Geistesgeschichtlich ist die Gründung einzuordnen in die Nachwirkung der Ecole Française (→ Berulle) und der Verehrung des hl. Joseph sowie in die von der kath. Restauration im Frankreich des 19. Jh.s bes. gepflegte Verehrung der Hl. Familie. — Im Todesjahr der Heiligen (1852) war die Kongregation in 37 Niederlassungen verbreitet, 1991 mit 869 Schwestern in 137 Häusern. Sie wirkt heute in Belgien, England, Frankreich, Italien, Schweiz, Spanien, Bolivien, Libanon und Ägypten.

Die MV der hl. R. ist in der Autobiographie und in vielen Briefen gut bezeugt: Sie lehrte diese schon die Kinder und Mitschwestern, denen sie das Fest der UE Ms bes. ans Herz legte, da sie an diesem Tag mit dem Werk begonnen hatten, zu dem sie berufen waren. Am 15. 7. 1816 wurde ihr eine Kapelle geweiht. Ihre Hingabe vollzog R. nach dem Vorbild Ms. Von den Worten Ms bei der Erscheinung in La Salette (1846) war sie erschüttert. Sie veranlaßte, daß im Garten des Konvents eine Statue der »Madonna von der guten Hilfe« (Bon-Secours), wohl so benannt, weil M oft in aussichtsloser Not wunderbar geholfen habe, nun als »ULF von La Salette« verehrt werde. Wiederholt wünschte sie, daß ⟨M⟩ verehrt werde als »unsere gute und liebevolle Mutter, die nach Gott unsere ganze Hoffnung ist« (Ladame 235). Oft nennt sie ⟨M⟩ »meine Mutter«. Sie flehte zu ⟨M⟩ als »Mutter der Barmherzigkeit«, um Jesus zu erkennen. In furchtbaren Versuchungen, in Finsternis und Traurigkeit der Seele nahm sie zu ihr unter dem Kreuz ihre Zuflucht, auch zu ⟨M⟩ als »Mutter der Schmerzen«. Sehr originell verehrte R. ⟨M⟩ als »himmlische Hirtin« (Divine Bergère). ⟨M⟩ als solche zu lieben, empfahl sie schon früh den Kindern und wiederholt ihren Mitschwestern. Von ihr stellte sie ein Bild in der Kapelle von Villefranche auf. »Unter den Hirtenstab« ⟨M⟩s stellte sie sich mit den Schwestern nach dem Programm, die besseren »Weiden« zu wählen, mit Liebe und Sorge über der Herde zu wachen, nach Möglichkeit den reißenden Wolf zu vertreiben und den bei den Schafen angerichteten Schaden wiedergutzumachen.

Schon in den Anfängen betete R. mit ihren Gefährtinnen das kleine Officium BMV und mehrmals das Salve Regina. Der Kongregation schrieb sie vor, jeden Samstag das Salve Regina zu rezitieren und eine Stunde des Tages der Ehre ⟨M⟩s zu weihen.

WW: Lettres de la vén. Mère Emilie de R., ed. H. Marty, 2 Vol., Paris 1888. — Autobiographie, 1958.
QQ: L. Aubineau, Vie de la Révérende Mère Emilie, Paris 1855, ⁶1891 (grundlegend, mit nichtedierten Dokumenten). — E. Barthe, L'Esprit de la Rév. Mère Emilie, 2 Vol., ebd., 1863, ³1897 (mit Dokumenten). — H. de Gensac, Histoire des Soeurs de la Sainte-Famille, 1981. — Weitere Dokumente im Archiv in Villefranche de Rouergue.
Lit.: E. Ricard, La Vén. E. de R., Paris 1912. — M. de Savigny-Vesco, La Bienheureuse Marie-Emilie de R., 1940. — R. Plus, Ste. E. de R., 1950. — M. E. Pietromarchi, St. Emilia de R., fondatrice delle suore della Santa Famiglia di Villefranca de Rouergue, 1950. — M. Arnal, L'aimable Sainte de Rouergue, 1951. — G. Bernoville, St. E. de R., 1959. — R. Richome, St. E. de R., 1965. — J. L. Vesco, Vie en Dieu et service des pauvres, 1980. — N. N., La passion de Dieu au service des pauvres, 1983. — AAS 32 (1940) 398—403; 42 (1950) 321—324. — Baumann 73—78. — Ladame 230—239. — DSp IV 610—614; V 84—93. — NCE VII 69; XII 546. — DHGE 15, 404. — DIP III 1127 f. — Zeitschrift: Bulletin de la Sainte-Famille 1 ff. (1916 ff.).   *W. Hahn / W. Baier*

Rode, Christian Bernhard, dt. Maler und Radierer, * 27. 7. 1725 in Berlin, † 24. 6. 1797 ebd., Sohn eines Goldschmiedes. Nachdem R. bei dem Maler N. Müller von Hermannstadt in die Lehre gegangen war, trat er 1741 in die Werkstatt von Antoine Pesne, Hofmaler Friedrichs des Großen, ein. Nach einem Parisaufenthalt 1748—49, bei dem er sich bei Carle Vanloo und Jean Restout weiterbildete, erfolgte 1752—54 eine Reise nach Italien. Wieder in Berlin, arbeitete er als Öl- und Freskomaler, wobei er v. a. weltliche, mythol. und lit. Themen darstellte. Auch fertigte er zahlreiche Radierungen, die sich thematisch meist an seine Gemälde anlehnten. Seine Auftraggeber waren v. a. der preußische Königshof und der Berliner Adel; R. trug somit zur Gestaltung vieler Innenräume der Berliner Paläste bei. 1756 wurde er Mitglied der Berliner Akademie der schönen Künste und ab 1783 deren Direktor.

Angeregt durch seine Lehrer setzte R. die koloristisch-gefällige Tradition im Stile des franz. Rokokos und des Frühklassizismus fort. Dennoch zählt er zu den dt. Malern, die entscheidend vom Denken der Aufklärung geprägt waren. Es gelang ihm aber nicht, die Diskrepanz zwischen geistiger Absicht und künstlerischem Vermögen zu überwinden. Seine Neuerungen bestanden vornehmlich im Entdecken neuer Stoffe; er machte sich somit weitgehend unabhängig von bestehenden Konventionen und Traditionen.

R. widmete sich hauptsächlich der rel. wie auch der weltlichen Historienmalerei. Christl. Themen müssen vor dem Hintergrund des sich im Zeitalter der Aufklärung wandelnden Religionsverständnisses gesehen werden. Bei R. dienten die Bildinhalte zur moralischen Unterweisung des Betrachters und nicht zur Andacht. ⟨M⟩ malt er in ihrer historischen Rolle als Mutter Jesu. Entsprechend der durch Malweise und Lichtregie dramatisch behandelten Themen ist auch die GM sehr ausdrucksbetont dargestellt. Zwar steht sie nie im Mittelpunkt des Geschehens, doch manche Darstellungen lassen ihre Gestalt durchaus zu würdiger Wirkung kommen. So spielt sie eine wichtige Rolle bei der Kreuzabnahme Christi (Altar der Marienkirche, Berlin, 1761), wo sie sich mit schmerzerfülltem Gesicht dem Leichnam ihres Sohnes zuneigt. Durch die Beleuchtung der Szene wird das Auge des Betrachters direkt vom Leichnam auf ihre Person gelenkt.

Weitere ⟨M⟩gestalten zeigte R. in den Gemälden »Christus am Kreuz« (Wernigerode, vor 1768), »Grablegung Christi« (Wernigerode, 1771), »Himmelfahrt Christi« (Rostock, Jakobikirche, 1784), »Darstellung im Tempel« (Babay, Ukraine, 1784) und »Grablegung Christi« (Frankfurt an der Oder, Unterkirche, 1785). Alle diese Werke sowie die »Drei Marien am Grabe Christi« (1760), die »Grablegung Christi« (1769) und die »Auferstehung der Toten und das Jüngste Gericht« (1779) führte R. auch als Radierung aus.

Lit.: E. Berckenhagen, Die Malerei in Berlin vom 13. bis zum ausgehenden 18. Jh., 1964. — R. Widerra, Zum 250. Geburtstag von C. B. R., In: Jahrbuch des Märkischen Museums 1 (1975) 59—62. — Ausst.-Kat., Barock und Klassik: Kunstzentren des 18. Jh.s in der DDR, Wien 1984. — Ausst.-Kat., Kunst im Dienste der Aufklärung. Radierungen von B. R. 1725—97, 1986. — H. Börsch-Supan, Die Dt. Malerei von Anton Graff bis Hans v. Marées. 1760—1870, 1988, 105—107. — R. Jacobs, Das graphische Werk B. R.s, 1990.   *B. Back*

Rode, Hermen, Lübecker Maler, * um 1430 in Lübeck (?), † 1504 ebd. Über R.s Leben sowie über seine Ausbildung ist nur wenig bekannt. Zwischen 1485 und 1504 konnte er in Lübecker Urkunden nachgewiesen werden, doch läßt sich seine Schaffenszeit an Hand seiner Werke bereits in die 60er Jahre zurückverfolgen. Er lieferte einige Tafeln nach Skandinavien und in die baltischen Städte. Mehrmalige Reisen in den Westen — sowohl in die Niederlande, als auch an den Rhein — beeinflußten seinen Stil. Neben Bernt Notke zählt R. zu den wichtigsten Lü-

H. Rode, Inspiration des hl. Lukas, 1481, Lübeck, St. Annen-Museum

becker Malern des 15. Jh.s. Stilistisch wird er im allgemeinen in die Nähe des Meisters von Liesborn gerückt. Seine Werke dokumentieren eine zögernde künstlerische Entwicklung von einer streng dekorativen zu einer realistischeren Auffassung im Sinne der niederländischen Malerei. Er verstand es meisterhaft, die oft festlich anmutende, ornamentale Grundstruktur mit realistischen Details zu verbinden. Somit zählt er zu einem der letzten Vertreter des ma. Realismus.

R.s frühestes erhaltenes Werk ist der Hochaltar der Stockholmer Hauptkirche St. Nikolai (Stockholm, Hist. Mus., 1468), dessen stark beschädigte Flügel eine Verkündigungsszene und eine Epiphanie zeigen. Im Vergleich mit späteren Tafeln fallen hier die schematischen Formen auf; der Gemütszustand ⋒s zeigt sich nur an Handbewegungen. Der kleine Altar aus Salem (Stockholm, Hist. Mus., um 1480), dessen Innenseite die hll. Erik und Birgitta zeigt, trägt auf der Außenseite eine heute fast völlig zerstörte Verkündigungsszene. Anfang der 80er Jahre schuf R. zwei doppelflügelige Altäre: 1482 den Hochaltar für die Nikolaikirche in Reval mit Szenen der Legenden der hll. Nikolaus und Viktor und 1484 den Altar der Lukasbruder-schaft in der Lübecker Katharinenkirche (heute Lübeck, St.-Annen-Mus.) mit Szenen aus der Lukaslegende. Obwohl Farben, Figuren und Kompositionen weiterhin kühl und undramatisch gehandhabt werden, wird doch der Einfluß D. Bouts' und H. Memlings deutlich, der eine Reise in die Niederlande vermuten läßt. Der Revaler Altar, der an die Malweise des Liesborner Meisters erinnert, zeigt unter den Heiligenszenen auch eine Tafel mit ⋒ als Königin, begleitet von den hll. Katharina und Barbara. Die mädchenhaften Züge der GM sind nun wesentlich feiner geworden, doch wiederholen alle drei Frauen ein- und denselben verhaltenen Gesichtsausdruck in geringen Abwandlungen. Dieser ⋒typus zeigt sich auch auf dem Lukasaltar in der Szene, in der ⋒ den Evangelisten beim Schreiben inspiriert. Gegen 1490 entstand der sog. Gadebusch-Altar (Schwerin, Landesmus.) mit der Legende der hll. Joachim und Anna. Seine Mitteltafel präsentiert in einfacher Komposition die zwei Heiligen mit der gekrönten GM in ihrer Mitte vor freier Landschaft. Hier deutet sich nochmals ein großer Wandel an, der dann v. a. im Greverade-Altar sichtbar wird. Neben erneut niederländischen Einflüssen ist die künstlerische Beziehung zu dem niederrheinischen Künstler D. Baegart aus Wesel unverkennbar, dessen Kalvarienbergszenen als direkte Vorläufer für den 1942 verbrannten Greverade-Altar aus der Lübecker St. Marienkirche von 1494 gesehen werden müssen. Dieser außerordentlich fein gemalte Altar zeigte auf der Innenseite den Kalvarienberg und den ⋒tod, außen — in Grisaille — den Gekreuzigten mit ⋒ und Johannes sowie den sich kasteienden Hieronymus.

Neben den großen Altartafeln malte R. auch Bildnisse, wie die Tafel eines betenden jungen Mannes (Mailand, Brera, um 1495). Hier handelt es sich offensichtlich um den rechten Flügel eines Diptychons, dessen zweite, verlorene Hälfte vermutlich eine GM zeigte. Auch die beiden Tafeln der GM mit einem Stifter in Halbfigur (Kreuzlingen, Sammlung H. Kisters, um 1485) und einem Kartäuser (Mährisch-Sternberg, Schloß, um 1485) sind in Kolorit und Ausdruck typische Werke des Lübecker Meisters, wobei die ⋒darstellungen hier vom intimen Charakter der Bildform geprägt sind.

Lit.: H. Wentzel, Der Lütjenburger Altar von 1467, 1951. — N. v. Holst, Riga und Reval, 1952. — A. Stange, Dt. Malerei der Gotik VI, 1954, 95—102. — W. Paatz, Westfalen im hansischen Kunstkreis, In: Westfalen 36 (1958) 41—57. — R. Krüger, Der Gadebuscher Altar in seinem Verhältnis zu H. R., In: Kunstmuseen der dt. demokratischen Republik III, 1961, 47—52. — K. Arndt, Ein Madonnenbildnis des H. R., In: Kunstchronik 17 (1964) 261—263. — M. Hasse, Die Marienkirche zu Lübeck, 1983, 112 f. — W. Tschechne, Lübeck und seine Künstler, 1987, 103 f.
B. Back

Rodinos Neophytos, * um 1576/77 auf Rhodos, † 1659 auf Zypern, bekannter zypriotischer Missionar Roms im Osten, wurde um 1596 Mönch und war Schüler des Margunios. Etwa 1607—10 besuchte er das griech. Kollegium in Rom, anschließend studierte er bis 1616 Theol. und Phil. an der Universität von Salamanca (Spanien), wobei er zugleich Altgriechisch unterrichtete. Nach Beendigung seiner Studien wurde er vom Papst nach Polen (1616—20) gesandt, wo er von einem unierten Bischof zum Priester geweiht wurde, und danach nach Griechenland (1620—22), um unter den orth. Christen für die röm.-kath. Kirche zu werben. 1622—25 lehrte er in Sizilien. Dort wurde er von den Türken gefangen genommen und als Sklave verkauft, nach dem Eingreifen Venedigs aber wieder freigelassen; er wurde Pfarrer der Griech. Kirche in Neapel und dozierte Griech. an der dortigen Universität; von der Propaganda-fide-Kongregation wurde er 1628/29 als Missionar nach Chimara (Nordepeiros/Albanien) zu den Italoalbanern gesandt. Außerdem arbeitete er als Missionar in Apulien (1629/33) und Epeiros (drei Perioden zwischen 1633 und 1648). 1656 kehrte er nach Zypern zurück, wo er im Kykkoukloster starb.

R. war ein erfolgreicher Schriftsteller. Seine volkstümlichen und verständlichen Werke (dogm. und pastorale) waren seiner Missionstätigkeit entsprechend weit verbreitet. Außer einem »Vademecum für Priester« (Σύνοψις τῶν θείων καὶ ἱερῶν τῆς Ἐκκλησίας Μυστηρίων, Rom 1628) schrieb er Περὶ ἐξομολογήσεως (1630), Πανοπλία πνευματική (1630), Ἄσκησις πνευματική (1641), Ἀπόκρισις (1648) u. a. Er übersetzte auch Werke des Augustinus (Ἐγχειρίδιον und Soliloquia). R.' Briefe an verschiedene Gelehrte seiner Zeit zeigen seine humanistischen Interessen. Unter seinen Werken finden sich 12 Homilien über das Magnificat (Ἐξήγησις εἰς τὴν ᾠδὴν τῆς Θεοτόκου, Rom 1639), zu deren Quellen u. a. Bernhard v. Clairvaux zählt. R. unterstützte beharrlich das Dogma über die Jungfräulichkeit der Gottesgebärerin.

Lit.: G. Podskalsky, Griech. Theol. in der Zeit der Türkenherrschaft, 1988, 201—204 (Lit.). *G. Metallinos*

Röllbach, Lkr. Miltenberg, Bistum Würzburg, Wallfahrtskapelle ᴹ Schnee. Vermutlich war der Ausgangspunkt der Wallfahrt ein Bildstock (vgl. →Dettelbach, →Grimmenthal, →Rengersbrunn, →Würzburg), da lange danach hinter dem Altar ein Eichenstrunk gezeigt wurde, in dem das Gnadenbild gewesen sein soll. Als Andenken wurden von dem Stamm oft Holzstücke mitgenommen. Ähnlich wie in Rengersbrunn begegnen wir hier den Legenden, wonach die Figur durch die Herde eines Schäfers entdeckt worden sein soll, außerdem sei das Baumaterial für die Kapelle mehrmals nachts von selber an seinen Fundort zurückgekehrt. Das ᴹ-Schnee-Patrozinium kommt von der Legende, wonach in einer Sommernacht Schneefall den Grundriß des Kirchenbaues angezeigt haben soll. Das Gnadenbild, eine ca. 20 cm hohe Halbfigur der GM mit Kind (wohl noch spätgotisch), steht unter einem Rokokobaldachin im Hochaltar; das Hochaltarblatt zeigt die Himmelfahrt ᴹs. Das Pfarrpatronat besaß aus Adelshand seit 1261 der Dt. Orden. Der heutige Chor war die frühere Wallfahrtskapelle, die zwischen 1484 und 1521 entstand. 1549 werden trotz der Reformation immer noch Opfergaben und Almosen erwähnt; 1686 wurde das Langhaus durch den Mainzer Erzbischof Anselm Franz v. Ingelheim geweiht, 1849/50 erhöht.

Die frühere Anlage von offener Halle, Freialtar und -Kanzel läßt auf einst zahlreiche Besucher in R. schließen, bes. zu Pestzeiten; bis heute wird am Rochustag ein Amt gefeiert und ᴹ-Ritterorden aus Aschaffenburg sowie Prozessionen aus benachbarten Pfarreien ziehen nach R. Bei der Restaurierung von 1906 wurden die Votivgaben, darunter mehrere Hufeisen, entfernt. Ein Wallfahrtslied stammt von F. A. Behr und P. A. Schubinger.

Lit.: A. Amrhein, Realschematismus der Diözese Würzburg, 1897, 318f. — C. E. Reinhardt, Geschichte des Dorfes R., Obernburg 1905. — KDB XXIII, 23, 120f. — A. A. Weigl, Maria Hilf, 1949, 240f. — J. Dünninger, Die marian. Wallfahrten im Bistum Würzburg, 1960, 122—125. — H. Dünninger, Processio Peregrinationis, In: WDGB 24 (1962) 70—72. — K. Kolb, Wallfahrtsland Franken, 1979, 106. — D. A. Chevalley, Unterfranken, 1985, 239. — W. Müller, Ein halbes Jahrtausend Maria-Schnee-Kapelle in R., 1986. — S. Hansen, Die dt. Wallfahrtsorte, 1990, 674. — F. J. Brems, Wir sind unterwegs …, 1992, 297f. *E. Soder v. Güldenstubbe*

Römische Liturgie. Schon sehr früh hoben sich aus der Vielzahl der Bistümer jene Bischofssitze heraus als Koordinierungspunkte für ihre Umgebung, die ihren Ursprung auf einen Apostel oder Apostelschüler zurückführten oder im politischen Leben große Bedeutung besaßen (sog. Patriarchats-Sitze: Jerusalem, Alexandrien, Antiochien, Konstantinopel/Byzanz, Rom). Diese Zentren wirkten vereinheitlichend auf die Gottesdienstfeier in den umliegenden Gebieten und wurden zu Kristallisationskernen für die verschiedenen Liturgiefamilien (→Liturgien).

Im Westen war →Rom, ausgezeichnet durch das Wirken der Apostelfürsten Petrus und Paulus, das einzige große Zentrum. Seine Liturgie hat sich — bedingt durch die geschichtliche Entwicklung — im ganzen Abendland durchgesetzt. Zunächst war die R. — bis in die 2. Hälfte des 4. Jh.s war Griechisch die Liturgiesprache — auf die Stadt Rom selbst und deren unmittelbare Umgebung begrenzt. Unter den Schöpfern liturg. Texte tritt Papst Leo d. Gr. hervor, während Papst Gregor d. Gr. mehr bearbeitenden und ordnenden Einfluß (→Sakramentar) ausübte. Am Ende der Väterzeit hatte die R. Mittel- und Süditalien unter ihren Einfluß gebracht, während der Norden des Landes um die Zentren Mailand (→Ambrosianische Liturgie), Aquileja und Ravenna liturg. weitgehend selbständig blieb.

Im MA beeinflußte die ursprünglich stadtröm. Liturgie überaus stark die übrigen westlichen Liturgietraditionen (→Fränkisch-gallische L.; →Keltische L.; →Mozarabische L.). Bedeutsam wurde der Sieg der R. bei den Angelsachsen und im Frankenreich: Vermehrt um Texte der dortigen liturg. Tradition und versehen mit einem reicher ausgestatteten Kirchenjahr, kehrte die so entstandene Mischliturgie im 10. Jh. nach Rom zurück und wurde unter Gregor VII. und seinen zentralistischen Bestrebungen als vermeintlich ursprüngliche R. im ganzen restlichen Abendland (v. a. Spanien, Irland) durchgesetzt. Trotzdem behielt diese Einheitsliturgie während des gesamten MA örtlich verschiedene Eigenheiten bei. Erst das Konzil von Trient und nachfolgend die Ritenkongregation konnten eine starre Einheit der R. erreichen (teilweise erst im 19. Jh.), die schließlich im Zweiten Vaticanum ansatzweise abgebaut worden ist.

Kennzeichen der ursprünglichen R. sind: die Handlungen sind schlicht ohne symbolische oder allegorische Ausdeutung oder Verfeierlichung; die euchologischen Texte, v. a. die Orationen — sie bilden eine eigenständige literarische Gattung — und →Präfationen, sind gekennzeichnet durch knappe Form und präzisen Inhalt; der →Canon Romanus ist — von den wenigen Präfationen und einzelnen Festeinschüben abgesehen — durchwegs unveränderlich. Der Grundbestand der alten Texte ist im wesentlichen enthalten in der Editio typica der jeweiligen liturg. Bücher: Missale Romanum (Ed. typ. altera 1975) mit Lectionarium (3 Bde., 1970), Liturgia Horarum (4 Bde., 1985—87), →Pontificale Romanum, →Rituale Romanum. Die volkssprachlichen Ausgaben dieser liturg. Bücher dagegen sind — v. a., wo bereits die 2. oder eine spätere Auflage vorliegt — freie und wesentlich erweiterte Übertragungen.

Missale und Liturgia Horarum enthalten die liturg. Texte zu den marian. →Hochfesten, →Festen und →Gedenktagen. Ursprünglich (stadt-)röm. sind dabei nur der Weihetag der Basilika S. Maria Maggiore in Rom (5. August, um 435) und das Hochfest der GM ℳ (Oktavtag von Weihnachten/1. Januar, vor 600). Die übrigen Feiern im Laufe des liturg. Jahres haben in mehreren Wellen Eingang in die R. gefunden: die im 5./6. Jh. im Osten — v. a. in der Jerusalemer Liturgie — entstandenen Feste im 7. Jh. (griech. Päpste in Rom), die später entstandenen im HochMA — teilweise über byz. beeinflußte Länder wie Sizilien und Süditalien (Normannen) oder Gallien, teilweise durch den Franziskanerorden gefördert. Die neueren, durchwegs im Westen entstandenen Feste und Gedenktage, sind im wesentlichen zwischen 1683 und 1727 (Türkenkriege) und in der ersten Hälfte des 20. Jh.s aufgenommen worden.

Im Bereich der →Stundenliturgie bildete der Westen ein eigenes ℳoffizium aus (→Offizium marianum). Im Trienter Reformbrevier wurden die Marian. Schluß-→Antiphonen vorgeschrieben.

Lit.: Beinert-Petri 413—439. — A. Adam und R. Berger, Pastoralliturgisches Handlexikon, ⁵1990, 456—458. *F. Baumeister*

Roermond (lat.: Rur[a]emonda, -munda), Stadt an der Mündung der Roer (Rur) in die Maas in der südniederländischen Provinz Limburg, Bischofssitz der Diözese R., wird erstmals um 1130 in den »Annales Rodenses« erwähnt und war ursprünglich Besitz des Stiftes St. Odilienberg, das 1361 nach R. verlegt wurde. Als 1218 in R. die Münsterabtei, ein Zisterzienserinnenkloster, gegründet wurde, gehörte der Ort bereits den Grafen von Geldern. Um 1230 dürfte R. Stadtrecht erhalten haben. Im 15. Jh. war R. Hansestadt. Damals wurde auch die gotische St. Christophoruskirche, seit 1661 Kathedrale, erbaut, die noch heute die Hauptkirche der Stadt ist. Als 1543 Karl V. Herzog von Geldern wurde, kam auch R. an die Niederlande. 1554 zerstörte ein Großbrand erhebliche Teile der Stadt. R. wurde 1559 Bischofsstadt, als Philipp II. das (alte) Bistum R. gründete, das als Suffraganbistum der Erzdiözese Mecheln bis in die napoleonische Zeit (1794) existieren sollte und dessen erster Bischof der berühmte Gulielmus Lindanus war. In die Wirren des niederländischen Unabhängigkeitskampfes gegen Spanien, des »Achtzigjährigen Krieges« (1568—1648), wurde R. von Anfang an hineingezogen. Nach einer vergeblichen Belagerung durch die Geusen (1568) wurde R. 1572 von Wilhelm v. Oranien eingenommen, wobei dessen Soldaten 23 Geistliche hinrichteten, die als die Martyrer von R. in die Geschichte eingegangen sind. Noch im gleichen Jahr wurde die Stadt von den Spaniern zurückerobert. 1632—37 war sie erneut in den Händen der Generalstaaten, kam dann wieder an die Spanier, denen sie beim Westfälischen Frieden auch zugeschlagen wurde. Während des Span. Erbfolgekrieges (1701—13) war die Stadt von Truppen der Republik der Vereinigten Niederlande besetzt, beim anschließenden Utrechter Frieden wurde sie Österreich zugeteilt. Sie beteiligte sich am brabantischen Aufstand gegen Joseph II., war seit 1794 von napoleonischen Truppen besetzt und wurde beim Wiener Kongreß dem Königreich der Niederlande zugeteilt. Während des Belgischen Aufstandes gegen die Niederlande (1830—39) solidarisierte sie sich allerdings mit den um die staatl. Unabhängigkeit kämpfenden Belgiern, mußte aber weiterhin niederländisch bleiben. Bei der Wiedereinrichtung der bischöflichen Hierarchie in den Niederlanden (1853) wurde ein neues Bistum R. gegründet, das in etwa die heutige niederländische Provinz Limburg umfaßt (Suffraganbistum der Erzdiözese Utrecht).

R. ist als marian. Gnadenstätte bekannt geworden durch die Wallfahrt zu ULF im Sand (»in't Zand«), wobei »Sand« ursprünglich eine Einöde vor der Stadt bezeichnete, heute ist »Kapel in't Zand« ein Viertel R.s. Schon 1418 soll, so ist urkundlich belegt, in der Gegend eine ℳkapelle erbaut worden sein. Die Ursprünge der Gnadenstätte liegen im dunkeln. Der volkstümlichen Überlieferung zufolge, die allerdings erst im 17. Jh. aufgezeichnet wurde, soll ein polnischstämmiger Hirt namens Wendelin (Wenzeslaus) das Gnadenbild 1437 in einem Brunnen gefunden haben. Es sei in die Stadtkirche gebracht worden, aber selbst auf wunderbare Weise an den Fundort zurückgekehrt, woraufhin man dort eine Kapelle errichtet habe, in der dann immer wieder Wunder geschehen seien. Das heutige Gnadenbild dürfte allerdings aus der Zeit um 1500 stammen. Es handelt sich um eine etwa 35 cm hohe, ursprünglich polychromierte Holzplastik. Die stehende GM trägt das Jesuskind mit beiden Händen, das sich liegend an sie schmiegt. Mutter und Kind blicken sich nicht an, sondern sind dem Betrachter zugewandt. Im 17. Jh. erhielten Mutter und Kind je eine silberne Krone; 1877 wurden diese vom R.er Bischof Paredis im Auftrag Papst Pius' IX. durch zwei goldene ersetzt. Im frühen 17. Jh. wird erstmals konkreter von Wundern berichtet: der Jesuit Otto Zylius, Prof. der Rhetorik am 1610 gegründeten Jesuitengymnasium, besingt in seinem Werk »Ruraemunda illustrata« (Löwen 1613) in der 19. Ode die Gnadenstätte und schildert, wie ein kurz nach der Geburt ohne Taufe verstorbenes Kind durch die Fürsprache Ms zum Leben erweckt worden sei. Ende desselben Jh.s wurde erstmals die Entstehungsgeschichte überliefert, und zwar in dem Gedicht »Den Roomschen Pelgrim« (1699) des Pfarrers von Maasniel (bei R.) Johannes Georgius Guilhelmi (Willemsen). Daß sich keine Dokumente über die Gnadenstätte erhalten haben, wird immer wieder zurückgeführt auf die Großbrände, die die Stadt 1554 und 1665 heimsuchten und bei denen die einschlägigen älteren Archivalien verbrannt seien. 1610 wird eine neue Kapelle erbaut, nachdem die alte 1578 bei der Belagerung der Stadt abgerissen worden war. Bereits 1684 mußte sie erweitert werden. Um 1700 werden in den Rechnungsbüchern der Kapelle erstmals größere Wallfahrten erwähnt. 1785 wird die Auffindung des Gnadenbildes in das Jahr 1435 rückdatiert und erstmals eine große Gedenkfeier veranstaltet; aus diesem Anlaß erschien ein Mirakelbuch, »Den verborgen schat door eenen herder gevonden«, das 1835, bei der 400-Jahrfeier, in überarbeiteter Fassung neu aufgelegt wurde. Der erste Bischof der neuen Diözese R., Joannes Augustinus Paredis, übergab die Kapelle 1863 den Redemptoristen, die die Wallfahrt nach R. kräftig propagierten. 1896 wurde die heutige Kirche eingeweiht, die die Kapelle aus dem 17. Jh. ersetzte. Als R. Ende 1944/Anfang 1945 Frontstadt war, wurde das Gnadenbild nach Friesland gebracht, wohin auch viele Einwohner der Stadt evakuiert worden waren. Es stand einige Zeit in der Leeuwarder Dekanatskirche und wurde 1947 erneut in der wiederaufgebauten R.er Wallfahrtskirche aufgestellt. In den sechziger Jahren ließen die Wallfahrten nach; die Stadtprozession mit dem Gnadenbild wurde 1973 neu belebt und 1985 wurde das 550jährige Bestehen der Gnadenstätte feierlich begangen.

Lit.: J.A.F. Kronenberg, Het miraculeus Beeld van Onze Lieve Vrouw in 't Zand te R., Gulpen 1882 u.ö. — Ders., Maria's heerlijkheid in Nederland VI, Amsterdam 1909. — A.F. van Beurden, R.s ontwikkelingsgang. Schetsen uit de stadsgeschiedenis, 1915. — Civitas Ruraemundensis. Gedenkboek ter gelegenheid van het 700-jarig bestaan van R. als stad, 1932. — J.G.F.M. van Hövell tot Westerflier, R. vroeger en nu, 1968. — P. Munnix und R. Roosjen, Onze Lieve Vrouw in 't Zand, een 550 jaar oud bedevaartsoord, 1985. *G. van Gemert*

Rötha, Regierungsbezirk Leipzig/Sachsen, ma. Mwallfahrtsort unter dem Titel »Maria vom Birnbaum«, 1502 entstanden. Die Legende berichtet, daß M unter einem Birnbaum einem Schäfer erschien, der dort eine wundertätige Quelle entdeckte, und daß kranke Schafe vom Benagen des Baumstammes gesund wurden. Die Stätte erhielt großen Zulauf. 1508 erbauten die Benediktinerinnen von St. Georg in Leipzig an der Stelle der Merscheinung eine Kirche, auch als »Kirche zum heiligen Birnbaum« urkundlich genannt. Der um 1520 geschaffene Altar zeigt als Gnadenbild die Darstellung einer Krönung Ms. Über dem Mittelschrein ist in einer Reliefdarstellung die Entstehungsgeschichte der Wallfahrt abgebildet. Mit Einführung der Reformation um 1539 hörten die Wallfahrten auf, die Kirche, die heute noch das Mpatrozinium hat, diente als Friedhofskapelle.

Lit.: M.H. Mathe, Die Parochie R., In: Neue Sächsische Kirchengalerie, die Ephorie Borna, Leipzig o.J., 23ff. — O. Clemen, Zwei ehemalige Wallfahrtsorte in der Nähe Leipzigs, In: Studium Lipsiense — Ehrengabe für K. Lamprecht, Leipzig 1909, 191ff. — H. Helbig, Untersuchungen über die Kirchenpatrozinien in Sachsen auf siedlungsgeschichtlicher Grundlage, 1940, 51. *S. Seifert*

Rötsee bei Kißlegg, Lkr. Ravensburg, Diözese Rottenburg-Stuttgart, Mkapelle.

In der sagenhaften Überlieferung wurde Ratpot, der im 8. Jh. bezeugte Gründer der Cella Kißlegg, mit Ratpero (Ratperonius, 10./11. Jh.), dem Erbauer einer Kapelle in Rötsee, verwechselt. Nach der legendenhaften Lebensbeschreibung in der Chronik des Klosters Petershausen (1150—64) errichtete der Mönch Ratperonius auf einer Insel im ehemaligen Rotsee im 2. Viertel des 11. Jh.s eine »Basilicam magnam«. Bischof Eberhard von Konstanz (1134—46) weihte die dem Bistum Konstanz übergebene Kirche, die Benediktiner des Klosters Petershausen betreuten. 1353 wird »Röcze« erwähnt, 1508 verkaufte das Kloster Petershausen die Probstei »Roetzsi« an die Herrschaft Schellenberg. Die Gebeine des Ratperonius setzte man 1953 in einem Hochgrab bei. In der Nordwand der Kirche befindet sich das Hochrelief des Seligen (16. Jh.).

Heute sind die vermauerten Seitenschiffsarkaden die Seitenwände des Schiffs, die seitlichen Flügelmauern der Westwand die Reste der alten Seitenschiffsenden. Durch den Wegfall der Seitenschiffe wirkt die Mitte des ursprünglich basilikalen Baus als langgestrecktes Rechteckschiff, das 1748 durch ein Querschiff verbreitert wurde. Die Baumaßnahmen im 18. Jh. weisen auf die gesteigerte MV hin. In der Rundbogennische des Hochaltars (Stuckmarmor, J. Liebenstein und H. G. Schmidt, 1718), mit neuem Tabernakel und Figuren (J. W. Hegenauer, 1748) steht, von Engeln umgeben, das Gnadenbild der thronenden Madonna »Maria, Königin der Engel« (Multscher-Werkstätte), 1748 durch eine vergoldete Krone zur Himmelskönigin gekrönt. Die 1449 bezeugte Bruderschaft »zur Leibeigenschaft Mariae um ein seliges Ende«, die nach ihrer Satzung jeden Samstag eine Messe zu Ehren M̂s hielt, förderte den Zulauf zum Gnadenbild. Mehrere Votivtafeln haben sich erhalten. Für die Feier der neun →Goldenen Samstage gewährte 1751 Benedikt XVI. besondere Ablässe. Die Blätter der Nebenaltäre und die Deckenbemalung weiten die marian. Thematik aus. Im südlichen Querschiffarm wird die Seeschlacht von →Lepanto gezeigt, die Anlaß zur Stiftung des Rosenkranzfestes wurde.

Lit.: SchreiberW 432. — A. Schahl, Kunstbrevier Oberschwabens. Mit Hegau und westlichem Allgäu, 1961, 58. — A. Kasper, Kunstwanderungen im Herzen Oberschwabens II, 1962, 83. — Kurzkataloge 5.132. *H. Schopf*

Röttingen, Lkr. und Bistum Würzburg, Gelchsheimer Kapelle St. Maria (Käppele). Der erste Bau geht auf eine Stiftung des Ehepaares Karl Joseph und Maria Susanna Buchinger von 1766 zurück, als der Ratsherr und Bader Buchinger im Schneesturm verirrt, sich an einem Kreuz auf dem Gelchsheimer Berg wieder orientieren konnte. Neubauten folgten 1864 und 1979. Die als Gnadenbild in der M̂kapelle verehrte spätgotische Statue der gekrönten GM mit Kind soll ursprünglich am Rathaus gestanden haben. Mit ihr ist die Legende verknüpft, wonach ein schwedischer Soldat im 30-jährigen Krieg eine Frau verfolgt habe, die sich hinter der M̂statue verbergen wollte. Der Gewalttäter habe erst von seinem Opfer abgelassen, als das Jesuskind den Zeigefinger warnend zum Mund geführt habe. Die historisierenden Seitenaltäre zeigen M̂ mit Kind und Pietà. Eine Votivtafel zeigt die Vierzehn Heiligen und M̂.

1318 wurde eine Frühmesse gestiftet, 1507 erfolgte eine Salve-Stiftung, 1945 gelobte die Bevölkerung von R. unter Kriegsbeschuß alljährlich eine Prozession zur Kapelle. Viele marian. Bildstöcke, eine Rosenkranzbruderschaft sowie Beichtkonkurse zum Skapulierfest, zum Rosenkranzfest und zum 8. Dezember zeugen von der ausgeprägten marian. Frömmigkeit im Umkreis von R.

Lit.: A. Amrhein, Realschematismus der Diözese Würzburg, Würzburg 1897, 484f. — J. Dünninger, Die marian. Wallfahrten im Bistum Würzburg, 1960, 126—128. — D. A. Chevalley, Unterfranken, 1985, 360. — Realschematismus des Bistums Würzburg, Dekanat Ochsenfurt, 1991, 82. — F. J. Brems, Wir sind unterwegs..., 1992, 298. *E. Soder v. Güldenstubbe*

Rogier van der Weyden → Weyden, Rogier van der

Rohr, Lkr. Kehlheim, Bistum Regensburg, Klosterkirche M̂e Himmelfahrt. 1133 übergab Adalbert v. Rohr seinen Besitz an Bischof Heinrich von Regensburg zur Gründung eines Augustinerchorherrenstiftes (1136 von Papst Innozenz II., 1158 von Kaiser Friedrich I. bestätigt). Die ursprünglich romanische Basilika wurde 1438 im Sinne der Gotik umgebaut, 1618/20 barockisiert und 1717—23 entstand im Auftrag von Propst Patritius II. v. Heydon durch Egid Quirin →Asam und Joseph Pader (Baader) aus Wessobrunn die heutige Kirche. Seit 1946 leben und wirken in R. heimatvertriebene Benediktiner aus Braunau in Ostböhmen.

Das — in kunsthistorischer wie marian. Hinsicht — Herausragende in R. ist die plastische Hochaltarkomposition E. Q. Asams, die in Form eines »Theatrum Sacrum« die Himmelfahrt M̂s zeigt: Im Zentrum steht der leere Sarkophag, umgeben von den Aposteln, die das Geschehen mit Gesten der Verwunderung und Verzückung verfolgen. M̂ schwebt, von Engeln getragen, dem göttlichen Licht entgegen, das aus dem gelben, typisch Asam'schen Fenster erstrahlt. Gott-Vater und Christus halten die Krone für M̂ bereit, die Hl.-Geist-Taube trägt im Schnabel den Brautring M̂s, und an der Decke steht als »Willkommensgruß«: »UNA COLUMBA VENI/ CAPE TRINA INSIGNIA NAMQUE/ UNIUS ET TRINI ES/ FILIA SPONSA PARENS«. Die ganze Szene ist so in den Altarraum hineinkomponiert, daß die Besucher der Kirche und bes. die Mönche im Chorgestühl gleichsam als Augenzeugen in das Geschehen mit einbezogen sind.

Lit.: S. Benker, Kunst im Hopfenland Hallertau, In: Bayerland 58 (1955) 290—301. — A. Gürth, Theatrum Sacrum, ebd. 63 (1961) 270f. — Bayerns Assunta — Marienkirche und Kloster in R., hrsg. von der Abtei der Benediktiner zu R., 1973. — J. Zeschick, Benediktinerabtei R., 1974. — A. und H. Bauer, Klöster in Bayern, 1985, 209—213. *F. Trenner*

Rojas, Simón de, hl. Trinitarier, Apostel der Knechtschaft M̂s und der Nächstenliebe, * 28. 10. 1552 in Valladolid, † 29. 9. 1624 in Madrid, wure am 3. 7. 1988 heiliggesprochen. R. war das dritte von vier Kindern von Gregorio Ruiz und Constanza de Rojas. Am 28. 10. 1572 legte er die Profeß als Trinitarier in Valladolid ab. In Salamanca studierte er Phil. (1573—76) und Theol. (1576—80). Vor Beginn der Studien legte er auf dem Weg nach Salamanca in der Wallfahrtskirche NS de los Virtudes (Paradinas de San Juan), die sich in der Hand der Trinitarier befand, eine Weihe als »Sklave Mariens« ab. Er weihte sich damit »todo de Maria« (ganz M̂ angehörig). 1577 wurde er zum Priester geweiht. 1580—87 lehrte er Phil. und Theol. am Trinitarierkolleg in Toledo. In der Folgezeit wurde er mit Leitungsaufgaben innerhalb der kastilischen Provinz seines Ordens betraut: Er war Minister (Oberer) von sieben Klöstern; Visitator für Kastilien und Andalusien, sowie Provinzialminister (1621—24). In seiner Zeit in Cuenca (1591—94) verbrachte er lange Nächte in mystischem Sühnegebet, das seinen Höhepunkt in einer M̂erscheinung erfuhr, während der ihm M̂ einen Gürtel der Tugend der Keuschheit überreicht haben soll. Wo immer sich R. aufhielt, widmete er sich eifrig der Predigt und hielt v. a. marian. Ansprachen.

R. wurde als Ratgeber König Philipps III. berufen und zum Erzieher seiner Kinder ernannt. Ab 1622 war er Beichtvater der Königin Elisabeth v. Bourbon, der Gemahlin Philipps IV.: Die Ämter nahm er unter drei Bedingungen an: Er wollte dafür kein Gehalt, wollte nicht »Hochwürdigster Vater« genannt werden und man durfte ihn nicht daran hindern, sich auch weiterhin um die Armen zu kümmern. R. trat der Eucharistischen Bruderschaft »Caballero de Gracia« bei, in deren Oratorium er während 13 Jahren an den Samstagen marian. Ansprachen hielt. Sein Nachfolger, Jerónimo de Florencia SJ, begann die erste Predigt vor den Gläubigen folgendermaßen: »Ich steige mit Bangen auf diese Kanzel, von der aus der größte Verehrer Unserer Lieben Frau seit dem hl. Bernhard gepredigt hat« (Francisco de Vega, Vida, 1715, 154). Man hat R. den »spanischen hl. Bernhard« und den »feinfühligsten Kaplan Mariens« genannt. Er war ein glühender Verteidiger der UE ᛗs, Pionier und unermüdlicher Apostel der Knechtschaft ᛗs, »institutor Mancipatus Mariani« (B. de los Ríos). Von Gregor XV. erreichte er für seinen Orden die Approbation des liturg. Festes ᛗe Namen (5. 6. 1622), das Innozenz XI. 1683 auf die Weltkirche ausdehnte. R. pflegte jede Nacht das Offizium Parvum der GM zu beten und sich auf ihre Feste mit strengem Fasten vorzubereiten. Er war um die Verbreitung des Rosenkranzgebetes in den Familien bemüht. Dabei empfahl er eine eigene Art des Rosenkranzgebetes mit 72 Ave Maria in Anlehnung an die 72 Lebensjahre der GM und verteilte Tausende dieser Rosenkränze sowie Bildchen mit von ihm bes. geschätzten Darstellungen ᛗs: »La Virgen de la Expectación« und »Santa Maria del Popolo«. Er gewöhnte sich als Grußformel den englischen Gruß »Ave Maria« an und unterzeichnete so auch seine Briefe, was ihm den Namen »Padre Ave Maria« eintrug. Am Ende seines Lebens unterschrieb er gelegentlich mit »Simón de María«.

Wegen seines Dienstes an den Verstoßenen verdiente er sich den Namen »Vater und Trost der Armen«. Um seine apost. Arbeit noch fruchtbarer zu machen, gründete er am 21. 11. 1611 in Madrid die »Kongregation der Knechte des Süßesten Namens Mariens« (Congregación de Esclavos del Dulcísimo Nombre de María), in die sich bald die königliche Familie, Höflinge, Künstler und Literaten einschrieben. Grundideen dieser Laienbruderschaft sind Knechtschaft ᛗs, eucharistisches Leben und Sorge um die Armen. Auf R.' Bitte hin wurde die Kongregation in den Trinitarierklöstern im span. Mutterland und in den Bistümern der Kolonien in Amerika, die von Trinitariern geleitet wurden, eingerichtet. R. erreichte, daß ein enger Freund, B. → De los Rios OSA, von der Infantin Clara Eugenia als Prediger nach Brüssel entsandt wurde, von wo aus er die Kongregation und die Knechtschaft ᛗs in Belgien, den Niederlanden, Deutschland, Frankreich und Polen verbreitete. R. war es auch, der B. De los Rios zu seinem Werk »De Hierarchia Mariana« (1641) veranlaßte.

Erhalten ist von R. eine Sammlung von Ansprachen über das Gebet, die Dreifaltigkeit, die Geheimnisse des Lebens Jesu (vorzugsweise zur Inkarnation und Passion) sowie über das Leben und die Feste ᛗs. Einen Teil der Ansprachen stellte er in dem umfangreichen Werk »Die Erhabenheit des Gebetes« (La oración y sus grandezas) zusammen, in dessen 4. Teil u. a. neun marian. Meditationen enthalten sind.

QQ: Madrid, AHN, Clero, Congr. Ave Mª, legs. 1 y 19. — M. Reynoso, Fundación de los Esclavos del Ave María en la Religión de la SS. Trinidad, Madrid 1623. — B. de los Ríos, De Hierarchia mariana, Antuerpiae 1641 (II 7—9). — Briefe und Dokumente, In: »El Santo Trisagio« 9 (1921) 486f. 514ff.; 10 (1922) 184—187; 11 (1923) 280f; »Trinitarium« 1 (1988) 173—179. WW: »Sermones«, 3 t. (ein guter Teil Autographe), Roma, Archivo de S. Carlino, Mss. 194 (219ff., zu den Herrenfesten), 195 (287ff., zu den Festen ᛗs: 6 über die UE), 196 (291ff., über ᛗ: El 1º, »De devotione Mariae«). — Vier kleine Schriften: Dictámenes de virtud para alcanzar la sabiduría; Sentencias espirituales sobre algunos salmos de David; Instrucciones espirituales y políticas para una reina; Reglas espirituales para un superior, In: F. de Arcos, Vida (s. u.), I 33. 40f. 384—391. 524—527. — La oración y sus grandezas, ed. A. Rodríguez, 1983.

Lit.: F. Mançano, Centellas de amor ... Fr. S. de Roxas, Madrid 1653. — F. de Arcos, Vida del V. S. de Roxas, 2 Vol., ebd. 1670, 1678. — Francisco de Vega y Toraya, Vida del ... P. M. Fr. S. de Roxas, ebd. 1715, 1760, 1772. — R. Ricard, Le Traité de l'oraison de Bh. S. de R., In: RAM 47 (1971) 25—44. — G. Antignani, Il ›San Bernardo spagnolo‹, In: RAMi 50 (1981) 143—153. — A critical Edition of Lope de Vega's ›La Niñez del padre Roxas‹, ed. D. L. Bastianutti, 1988. — M. Fuentes, S. de R., esclavo de María y hermano de los pobres, 1988. — AAS 80 (1988) 344ff.; 81 (1989) 713—718. — OR (dt.) 18 (1988) Nr. 35,19. — Diccionario de Historia Eclesiástica de España III, 1973, 2107f. — DSp XIV 877—883 (Lit.).

J. Pujana

Roland v. Cremona, OP (seit 1219), * Ende 12. Jh. in Italien, † 1259 ebd., Magister artium an der Universität Bologna, geht 1228 mit → Jordan v. Sachsen nach Paris, hält dort 1229/30 als erster Dominikaner theol. Vorlesungen und wird Magister in Theol.; 1230—33 lehrt er in Toulouse; danach wirkt er wieder in Bologna als Prediger und Lehrer. Seine Summa ist nur zum Teil ediert. Sie gilt ihrem Lehrgehalt nach als selbständig, auch wenn lit. Abhängigkeiten zu → Wilhelm v. Auxerre und → Hugo v. St. Cher nachgewiesen sind (Breuning). In R.s Phil. findet die aristotelische Tradition Beachtung, was sich auch in seiner Sicht ᛗs auswirkt. In seiner Christol. veranlaßt ihn das Dogma der GMschaft, die doppelte Sohnschaft Christi zu reflektieren. Er ist Sohn Gottes und Kind seiner Mutter. Mit der Theol. seiner Zeit sieht er beide Sohnschaften als nicht gleiche Größen einander gegenüberstehen. Zu ihrer Verknüpfung geht R. einen eigenständigen Weg. Die Sohnesbeziehung zum Vater macht Christus zur Person; R. spricht von »personaler Sohnschaft«. Die Beziehung zur Mutter nennt er »materielle Sohnschaft«, da M die Materie für den Leib bereitgestellt habe; dieser Bezug bewirkt aber keine neue Personalität. Die Sohnesbeziehung zum Vater ist für das Personsein Christi wesentlich, da zu seiner Mutter akzidentell, denn M bewirkt nicht, daß er Person ist.

Lit.: W. Breuning, Die hypostatische Union in der Theologie Wilhelms v. Auxerre, Hugos v. St. Cher und R.s v. C., 1962 (mit Texten der Summa). — LThK² VIII 1367. — Cath. XIII 69.

F. Courth

Rolevinck, Werner, Kartäuser-Theol., * 1425 in Laer (zwischen Horstmar und Altenberge/Westfalen), † 26. 8. 1502 in Köln, nahm als westfälischer Bauernsohn im Winter 1443/44 an der Universität Köln das juristische Studium auf und trat 1447 in die Kölner Kartause St. Barbara ein, wo er mehr als 50 Jahre zurückgezogen und unauffällig gelebt hat und an der Pest gestorben ist.

R. hat ein umfangreiches und thematisch breit gefächertes Schrifttum hinterlassen, das teils nur hs. überliefert ist, teils schon im 15. Jh. in Frühdrucken weit verbreitet war. Neben exegetischen und theol.-aszetischen Werken stehen pastorale, juristische und historiographische.

Ein beachtlicher Beitrag zur Förderung der MV ist der Sermo de praesentatione BMV, der 1470 erstmals gedruckt worden ist (22 Quartseiten) und anschließend viele Auflagen erlebt hat. Er ist auch hs. überliefert (Köln, Hist. Archiv, GB 4° 60, 200^r—210^v). Anlaß der Veröffentlichung war die Einführung des Festes Me Darstellung (Praesentatio BMV, → Einzug Ms in den Tempel) in der Erzdiözese Köln durch Erzbischof Ruprecht (Urkunde vom 21. 8. 1470; Köln, Hist. Archiv, GB f° 102, 261^r—262^r). Offenbar gab es im Volk und im Klerus Widerstände gegen das neue Mfest. R. will diesen Widerständen entgegenwirken: Sein Sermo soll den in der Seelsorge tätigen Geistlichen Material liefern für volkstümliche Predigten, die die Berechtigung des Festes begründen und den Zuhörern seinen Sinn erschließen. Als Predigtthema wählt R. das Bibelwort »Ponite archam in sanctuarium templi« (2 Chr 35,3); er wendet es an auf M, »die lebendige und heilige Bundeslade, die den Sohn Gottes, das wahre Manna des neuen Bundes, aufnehmen sollte«. Bei der Schilderung des »legendären« Festgeheimnisses, der Übergabe der dreijährigen M durch ihre Eltern Joachim und Anna zu dauerndem Tempeldienst, betont R. mit Nachdruck, daß das Kind die Hingabe an Gott selbständig und freiwillig vollzogen habe und trotz des kindlichen Alters wie eine reife Frau im Tempel gelebt, gebetet und gearbeitet habe.

Seit Hartzheim (1747) wird R. immer wieder eine zweite Mpredigt (»Sermo alius«) zugeschrieben. Tatsächlich handelt es sich dabei nur um eine andere Ausgabe derselben Predigt. Eine um 1475 in Köln erschienene Ausgabe (Voulliéme Nr. 1052) enthält als Anhang Ausführungen über die 72 Namen Ms; es besteht kein Anlaß zu der Annahme, daß R. Verfasser des Anhangs ist.

Im Gegensatz zu seinem Ordensbruder und Hausgenossen → Heinrich v. Dissen, in dessen Schriften marian. Themen auffallend starkes Gewicht haben, kommt R. verhältnismäßig selten auf M zu sprechen. In seinem historiographischen Hauptwerk, dem »Fasciculus temporum«, verzeichnet er unter den Ereignissen der Heils- und Weltgeschichte auch Ms Geburt (ungefähr im Jahr 16 vor Christi Geburt) und ihre Aufnahme in den Himmel (12 Jahre nach der Himmelfahrt Christi). In dem Buch über seine westfälische Heimat »De laude antiquae Saxoniae ...« erwähnt er beiläufig Mheiligtümer in Horstmar, Herford, Eggerode und Münster und referiert mit skeptischer Reserve die Volksmeinung, ein Mbild sei auf wunderbare Weise von Rom nach Horstmar versetzt worden (ed. Bücker 192).

R.s mariol. Auffassungen werden nur in beiläufigen Bemerkungen greifbar. Offenbar vertritt er — anders als Heinrich v. Dissen — in der damals umstrittenen Frage der UE nicht die skotistische Präservationstheorie, sondern nimmt eine der Empfängnis zeitlich folgende Heiligung Ms im Mutterschoße an (Sermo de praes.: concepit sancta Anna ... filiam Mariam, que in utero eius mox sanctificata est). An anderer Stelle (Paradisus conscientiae, pars III, cap. 4) schreibt er, in der gegenwärtigen Heilsordnung seien Jesus und M die einzigen Menschen, die nur »von außen« (foris) in Versuchung geführt werden können, nicht aber »von innen« (intus), d. h. nicht aus innerer Schwäche oder sündhafter Neigung. Damit umschreibt R. auf originelle Weise ein traditionelles Lehrstück: die Freiheit Ms von erbsündlich bedingter Konkupiszenz. In demselben Kapitel schildert R. eindringlich Ms mütterliches Mitleiden (compassio = martyrium mentale) mit ihrem leidenden Sohn, welches ihren Ehrentitel »Regina caeli et terrae« begründet und sie befähigt zum Mitleiden (compati) mit der leidenden Menschheit.

WW: Sermo de praesentatione BMV, Köln 1470 u. ö. — Fasciculus Temporum, Köln 1474, u. ö. — Paradisus conscientiae, Köln 1475. — De laude antiquae Saxoniae nunc Westphaliae dictae, mit dt. Übers., hrsg. von H. Bücker, 1953.
Lit.: J. Hartzheim, Bibliotheca Coloniensis, Köln 1747 = Farnborough 1967, 314—316. — E. Voulliéme, Der Buchdruck Kölns bis zum Ende des 15. Jh.s, 1903, 448—459 (gedruckte WW). — E. Holzapfel, W.R.s Bauernspiegel, 1959 (23—28; WW). — DThC XIII/2, 2763—66. — DSp XIII 894—897. — VL² VIII 153—158 (Lit.).

J. Vennebusch

Rom. Die MV hat in R. im Laufe der Geschichte zahlreiche und vielfältige Spuren hinterlassen. Dabei hat die Vitalität des Christentums und der MV ständig zur Entstehung neuer Kultstätten geführt, während andere wieder untergegangen sind. Wenn man Dejonghe (Roma 44—53) folgt, so betrug die Zahl der marian. Stätten im Jahre 1969 ungefähr 260. Dennoch ist mit der Aufzählung dieser Orte und den dort verehrten Bildern der marian. Charakter dieser Stadt noch nicht erschöpfend behandelt, denn auch kapellenartige Nischen in den Straßen, Anrufungen und Darstellungen Ms in den historischen Gebäuden, die von der GM gewirkten Wunder etc. gehören zu R. als einer marian. Stadt.

1. Maria in den röm. Katakomben. Die MV in R. ist auf ganz natürliche Weise gewachsen. Zu den ersten Zeugnissen dafür gehören v. a. die Bilder der GM, die bis zum Toleranzedikt Konstantins, aber auch danach in den Katakomben angebracht wurden (→ Katakombenmalerei). Sie zeigen häufig M in enger Verbindung mit ihrem Sohn. Manchmal erscheint ihr Name zusammen mit dem Namen Jesu oder auch mit dem Namen des hl. Petrus, z. B. an der Wand »G« unter dem Altar der Vatikanischen Basilika in einer Inschrift des 3. Jh.s (M. Guarducci, Maria nelle epigrafi paleocristiane di Roma, In: Mar. 25 [1963] 248—261). Unter den bemerkenswertesten epigraphischen Äußerungen der vorkonstantinischen Zeit sei auch die → Aberkiosinschrift erwähnt, die 1862 zu Osroum im asiatischen Teil der Türkei entdeckt wurde (heute Rom, Lateranmus.). Sie berichtet von der Romreise des Bischofs von Gerapolis, Aberkios, um die Mitte des 2. Jh.s. Er erklärt, daß er in dieser Stadt den gleichen Glauben fand, und daß die Christen den Fisch aßen, den die Jungfrau M in den reinsten Gewässern gefangen habe.

Die Priscillakatakombe enthält wohl die ältesten marian. Fresken, z. B. die »Mutter Gottes mit dem Propheten«, vermutlich aus der Mitte des 2. Jh.s (vgl. I. Daoust, Marie dans les catacombes, In: EeV 91 [1983] 81). Das Bild schmückt das Gewölbe einer Grabnische und stellt M sitzend mit dem Kind auf dem Schoß dar. Daneben steht ein Mann mit Tunika und Pallium, der in der linken Hand ein Buch hält. Seine rechte Hand weist auf einen Stern über dem Haupt Ms. Diese Gestalt wird als Prophet gedeutet, vielleicht als Bileam, der einen Stern als Zeichen des Messias sah (vgl. Num, 24, 17), vielleicht aber auch als Micha oder Jesaja (vgl. Mi 5, 1—4; Jes 7, 14; 9, 1). Die Verkündigung an M ist in einem Medaillon derselben Katakombe dargestellt. Eine Frau sitzt auf einem Stuhl, das Haupt verhüllt und die Hände auf dem Schoß gefaltet. Vor ihr steht ein junger Mann, der mit einer weiten Tunika bekleidet ist; er streckt mit der Geste eines Redners seine Hand aus und deutet auf die Frau. Der Ernst und die Schlichtheit der Szene lassen in ihr die Verkündigung des Engels Gabriel erkennen. Die Epiphanie in der griech. Kapelle (3. Jh.) ist das älteste Fresko mit einer Anbetung der Hll. Drei Könige. Die GM, angetan mit dem Mantel einer Kaiserin, hält das Kind im Arm, während die Hll. Drei Könige in ihren orient. Gewändern ihre Geschenke darbringen. Ein Motiv für die Nachahmung Ms findet sich wahrscheinlich in einem Fresko des Velatio-Grabes in derselben Katakombe: Ein Greis (der Bischof [?]) zeigt die Madonna mit dem Kind einer jungen Frau, deren Haupt bedeckt ist, also einer Jungfrau. An der Seite des Greises hält ein junger Mann (der Diakon [?]) in der Hand einen weißen Schleier und wartet auf den Augenblick, da er ihn auf das Haupt der jungen Frau legen kann. Die Gebärde des Greises deutet an, daß M das Vorbild der Jungfrauen ist, und zeigt, wie schon vom Beginn des Mönchtums an die Jungfrau M als Bezugspunkt für das gottgeweihte Leben angesehen wurde. Weitere marian. Darstellungen finden sich in den Katakomben Valentino, S. Ermete, Panfilo, Giordani, SS. Marcellino e Pietro, S. Sebastiano, S. Callisto, SS. Marco e Marcelliano, Domitilla, Commodilla, 4 Oranten, im Coemeterium Maius sowie in der Katakombe an der Via Latina (vgl. G. M. Bessutti, Catacombe romane e iconografia mariana, In: Mar. 39 [1977] 532 ff.). Diese Malereien beweisen die Verbreitung der MV im röm. Volk. Die Anbetung der Hll. Drei Könige ist dabei das beliebteste Thema. Möglicherweise ist der Grund dafür in dem Wunsch der Christen zu suchen, sich der Proselytenmacherei gewisser gnostischer Sekten zu widersetzen, indem sie eine Art der Epiphanie Jesu bevorzugen, die geeignet ist, sowohl die göttliche als auch die menschliche Natur des Erlösers zu betonen (Daoust 82).

2. Die Verehrung Mariens nach dem Toleranzedikt Konstantins. Der Sieg, den Konstantin (312—337) im Oktober 312 nördlich von R. an der Milvischen Brücke errang, leitete ein neues Zeitalter in der Kirche ein, die sich nun in der Öffentlichkeit zeigen konnte. Von der bevorzugten Hilfe für die Kirche, die dieser erste christl. Kaiser ihr gewährte, führte der Weg in wenigen Jahrzehnten zu einer ausschließlichen Unterstützung unter Theodosius (379—395). Die neue Haltung der kaiserlichen Macht begünstigte die Entwicklung des christl. Kultes und somit auch die Verehrung und den Lobpreis der GM. Im 4. und 5. Jh. entstanden nun die ersten Basiliken und sonstigen Bauten des Christentums unter den Päpsten Damasus (366—384), Siricius (384—399), Innozenz (401—417) und Bonifaz (418—422). Noch in der Zeit Konstantins wurde die Basilika im Lateran erbaut, in der der röm. Bischof zum ersten Mal alle Gläubigen zur Feier der hll. Mysterien versammeln konnte. Dieser folgten die Bauten bei den Gräbern der röm. Martyrer: S. Pietro in Vaticano, S. Lorenzo alla Tiburtina, S. Sebastiano an der Via Appia u. a. Ungeklärt ist, ob S. Maria in Trastevere, S. Maria Antica oder S. Maria Maggiore die älteste Mkirche R.s ist; auf jeden Fall gehören alle drei Kirchen in die 1. Hälfte des 5. Jh.s. Häufig traten frühchristl. Kultstätten an die Stelle heidnischer Tempel. So wurde etwa S. Maria Antica beim Tempel der Vesta (5. Jh.) errichtet, S. Maria in Ara Coeli auf den Ruinen des Tempels der Juno und S. Maria in Cosmedin über dem Tempel der Ceres, der Göttin der Ernte und der Feldfrüchte.

Der Gewinn der Freiheit für die Kirche im röm. Reich war entscheidend für das Verständnis des Mysteriums M̄s. Es bot sich nun die Möglichkeit zur patristischen Reflexion, die schon mit → Hippolyt († 235) und Novatianus († 258) begann, die aber noch mehr Vertiefung erfuhr durch so außergewöhnliche Persönlichkeiten wie → Ambrosius († 397), → Hieronymus († 420) und → Augustinus († 430). Ambrosius vertiefte in seinen Schriften v. a. die Beziehung M̄s zur Kirche und verstand die hl. Jungfrau als ein Vorbild jungfräulichen Lebens. Nach der Überlieferung gilt sein röm. Haus als die Wiege des ersten Frauenklosters der Stadt (S. Ambrogio della Massima). Am Ende des 4. Jh.s gab es in der Tat viele Frauen, die sich nach dem Vorbild M̄s von der jungfräulichen Berufung angezogen fühlten. Auch Hieronymus stellt M̄ als Vorbild und Beispiel aller Christen, bes. aber aller Jungfrauen dar, und Augustinus, der die GM in enger Verbindung mit ihrem Sohn und der Kirche sieht, preist die Heiligkeit M̄s, indem er auf ihren Glauben und auf ihre besonderen Tugenden hinweist. Diese Betrachtungsweise der Kirchenväter wurde im Westen übernommen und durch die konsequenten Rückwirkungen der großen christl. Konzilien des 5. Jh.s bereichert. Bei diesen Konzilien haben die Bischöfe von R. eine bedeutende Rolle gespielt, ob sie nun persönlich den Glauben der Kirche sichtbar machten oder ob sie mittels ihrer Delegaten auf diesen Einfluß nahmen und über ihn wachten. Manchmal wurden die Päpste aufgefordert, bei den umstrittenen Fragen, die das Wesen des christl. Glaubens berührten, zu intervenieren. Bereits 390 widersetzte sich Papst Siricius entschieden den Lehren des Mönches → Jovianian, der die Sündelosigkeit nach der Taufe lehrte und die Jungfräulichkeit M̄s sowie den Wert der Bußübungen leugnete. Nachdem sich Jovinian in der Hoffnung auf die Unterstützung des Kaisers Theodosius nach Mailand gewandt hatte, schrieb Papst Siricius an Ambrosius, um ihn darüber in Kenntnis zu setzen. Ambrosius vertrieb Jovinian sofort aus der Stadt und berief ein Regionalkonzil ein, um die Jungfräulichkeit M̄s und den Vorrang des jungfräulichen Standes vor der Ehe erneut zu betonen. Jovinian kehrte nach R. zurück und setzte seine öffentlichen Angriffe gegen die Jungfräulichkeit fort, worauf sich auch Hieronymus im selben Geist wie Papst Siricius und Ambrosius einschaltete und die Schrift »Adversus Iovinianum« verfaßte. Von größerer Bedeutung war drei Jahrzehnte später der Streit, in dem Nestorius, Bischof von Konstantinopel dem hl. Cyrill v. Alexandrien gegenüberstand; es handelte sich um die Frage, ob M̄ der Titel »Theotokos« gebühre. Beide wandten sich schriftlich und mit einer ausführlichen Dokumentation an Papst Coelestin (422—432), der dann 430 in R. eine Synode einberief. Nestorius wurde verurteilt, und der Papst gab den Bischöfen der bedeutendsten kirchlichen Zentren, einschließlich Konstantinopel, seine Entscheidung bekannt. Im folgenden Jahr bekräftigten die Abgesandten Coelestins die Haltung des Papstes beim Konzil von Ephesos, das auf Wunsch Kaiser Theodosius' II. abgehalten wurde. Doch stimmten beim Konzil die Vertreter des Ostens unter Vorsitz des → Johannes v. Antiochien nicht mit der Haltung Cyrills überein, auch wenn sie die Meinung des Nestorius nicht teilten. Ein Einvernehmen wurde zwei Jahre später mittels der »Unionsformel« erzielt, die auch vom neuen Papst Sixtus III. (432—440) angenommen wurde, bezeichnet »die heilige Jungfrau als Mutter Gottes ($\Theta\varepsilon o\tau\delta\kappa o\varsigma$), da ja das Wort Gottes Fleisch annahm und Mensch wurde, indem es sich mit dem Tempel verband, den es von ihr im Augenblick der Empfängis angenommen hatte. Zur Erinnerung an diese Lehre ließ Sixtus III. an der Stelle der früheren Basilica Liberiana die Kirche S. Maria Maggiore erbauen. Noch heute zeigen dort die Mosaiken des Triumphbogens einige Szenen aus dem M̄leben, die sich auf das Mysterium der Menschwerdung Christi beziehen (Verkündigung an M̄, Darstellung Jesu im Tempel, Anbetung der Könige und Flucht nach Ägypten, 5. Jh.). Die christol. Lehre wurde mit größerer Genauigkeit auf dem Konzil von Chalkedon (451) festgelegt, das die Versuche des Eutyches, die wahre menschliche Natur des Erlösers zu leugnen, zu Fall brachte. Dieses Konzil nahm einstimmig die Lehrmeinung an, die Papst Leo (440—461) vorher in seinem Brief an Flavianus (449) ausgedrückt hatte; darin bekräftigte er die Verurteilung des Eutyches durch Bischof Flavianus v. Konstantinopel und lieferte ihm auch die christol. Begründungen. Die Erklärungen von Chalkedon erlaubten es, die Jungfrau M̄ als Mutter des wahren Gottes und des wahren Menschen Jesus Christus zu betrachten, und rückten die Würde der Theotokos und ihre menschliche Mutterschaft ins Licht. Die christl. Kunst hat seit dieser Zeit versucht, diese göttlichen und menschlichen Aspekte des Geheimnisses darzustellen. Es sind also die großen christl. Konzilien, die zu einer besonderen Blüte der MV geführt haben.

Nach den schriftlichen Zeugnissen entwickelte sich nun auch die Frömmigkeit in den Kirchen und in der Liturgie, aber die Katakomben blieben weiterhin der Ort des christl. Begräbnisses und der M̄frömmigkeit und nach der Plünderung R.s durch Alarich (410) sind sie häufig besuchte Stätten, an denen die Märtyrer verehrt werden. Unter den bedeutendsten Funden aus den Katakomben der nachkonstantinischen Zeit ist die M̄ orans aus dem Coemeterium Maius bei den Katakomben von S. Agnese zu erwähnen (4. Jh.). Dargestellt ist eine Frau mit Kind in Gebetshaltung. Das Thema »Maria orans« findet sich auch in der → Sarkophagplastik, z. B. im Sarkophag 161 des Lateranmuseums oder im Claudianus des Museo Nazionale Romano, wo es mit der Szene der Hochzeit von Kana verbunden ist. Die Anwesenheit der betenden GM bei den Gräbern erweist die vertrauensvolle Anrufung M̄s zugunsten der Verstorbenen, die auch im 4. Jh. schon in dem altehrwürdigen Gebet »Sub tuum praesidium« zum Ausdruck kommt. Der Beistand M︎s zeigt sich ferner in einem Fresko des 4. Jh.s in der Domitillakatakombe, auf dem die verstorbene Turtura von den hll. Martyrern Felix und Adauctus zum Richterstuhl Gottes geleitet wird. Der Richter ist das Jesuskind in den Armen seiner Mutter M︎, die auf einem hohen, mit Edelsteinen besetzten Thron sitzt. Diese Darstellung weist den Weg zum Thema »Maria Königin«, das in den M︎bildern vom 5. Jh. an häufig vorkommt; dazu tragen politische Umstände ebenso bei wie Beweggründe der Frömmigkeit. Der Zusammenbruch des weström. Reiches mit der Verlegung des Kaiserhofs von Rom nach Ravenna (404) läßt den Gedanken eines christl. Staates aufkommen, und zwar in einer Zeit, in der der Bischof der Stadt gleichzeitig die bedeutendste Persönlichkeit ist. Papst Leo d. G. war schon zu seiner Zeit der erste Bürger R.s; ein deutlicher Beweis hierfür ist die Tatsache, daß er es war, der mit den Vandalen verhandelte, um die Schäden bei der Plünderung R.s im Jahre 455 zu begrenzen. Abgesehen davon trägt die Verkündigung M︎s als Theotokos zum Lobpreis der GM bei und weist ihr den Rang der mächtigsten Fürsprecherin zu. Damit ist auch die bes. im Westen des röm. Reiches bedeutende Entwicklung des ikonographischen Themas der »Maiestas sanctae Mariae« zu erklären, die sich auf breiter Ebene durchsetzt und schließlich dazu führt, daß M︎ sogar als Kaiserin erscheint. M︎ mit königlichen Gewändern, mit Diadem und anderen charakteristischen Attributen der kaiserlichen Würde findet sich z. B. auf einem Bild des 6. Jh.s in S. Maria Antica wie auch in den oben erwähnten Mosaiken des Triumphbogens von S. Maria Maggiore. Dort erscheint sie von Engeln umgeben in den Gewändern einer Königin, die mit Gold durchwirkt und mit Edelsteinen besetzt sind. Wahrscheinlich gab es in dieser Basilika früher ein von Sixtus III. in Auftrag gegebenes Mosaik, das M︎ mit dem Kind auf einem Thron und umgeben von fünf Martyrern, von denen jeder eine Krone in der Hand hielt, gezeigt hatte, wie es dem Modell der kaiserlichen röm. Typologie des »aurum coronarium« entspricht. Diese Thematik findet sich noch im 7. Jh. bei der ersten Weihe eines heidnischen Tempels zur christl. Kirche, als Bonifaz IV. (610—615) das →Pantheon gerettet und es M︎ als der Königin der Martyrer geweiht hat.

Aber schon vor der Weihe des Pantheon gibt es Nachrichten von anderen Kirchen, die der GM geweiht wurden. So weihte etwa Papst Gelasius (492—496) die nicht mehr erhaltene Kirche S. Maria in fundum Crispinis an der Via Laurentina. Auch die Kirche S. Maria in Trivio ist nicht mehr erhalten, die mit der Erinnerung an Justinians General Belisar verbunden ist, dem es 536 gelang, R. den Händen des Ostgotenkönigs Theoderich zu entreißen. Später schickte er Papst Silverius (536—537), da er ihm ein gewisses Einverständnis mit den Goten vorwarf, in die Verbannung. Voll Reue darüber habe Belisar zu Ehren der GM die Kirche erbauen lassen, wie es aus der Inschrift an der Fassade der heutigen Kirche hervorgeht, die an der Stelle der alten im Jubiläumsjahr 1575 geweiht wurde.

Verschiedene M︎kirchen, die etwas später entstanden sind, stehen in Verbindung zu den Diakonien, also Einrichtungen der Armenhilfe, wie sie von der Kirche gefördert wurden. Die Diakonien stellten eine Unterstützung der öffentlichen Verwaltung dar, v. a. seit die sozialen Strukturen des Kaiserreichs allmählich verfielen. Im allgmeinen wurden die Diakonien neben Kirchen oder Oratorien errichtet, um eine gewisse Regelmäßigkeit der Seelsorge für die Betreuten zu sichern. Dies war der Ursprung der Urdiakonie von S. Maria in Cosmedin, die im 6. Jh. an Stelle des Kaiserlichen Versorgungsamtes entstand. Mönche, die nach R. gekommen waren, hatten der alten Diakonie den griech. Namen »Cosmedin« gegeben; sie meinten damit M︎, die Geschmückte, oder M︎ mit den Juwelen. Dieser Name war den Byzantinern teuer, da es ja Gotteshäuser dieses Namens auch in Konstantinopel, Neapel und Ravenna gab. Mit der Einrichtung der Diakonien stehen auch die Anfänge der Kirche S. Maria in Aquiro in Verbindung, die unter Gregor II. (731—749) zur Basilika erhoben wurde, ebenso wie S. Maria in Dominica und S. Maria in Via Lata. Letztere — wohl im Kern aus dem 6. Jh. — barg noch einer alten Überlieferung ein wundertätiges M︎bild, das die Heilung des gelähmten Sohnes des Gouverneurs von Ravenna, des Exarchen Theophilatos, bewirkt haben soll. Das M︎bild, das dort gegenwärtig unter dem Titel »Fürsprecherin« verehrt wird, stammt allerdings vom Anfang des 11. Jh.s (vgl. Dejonghe, Roma 219).

Der Bau dieser Kirchen und Klöster sowie die Erweiterung und Verschönerung der bereits bestehenden waren großenteils der Mitarbeit der Gläubigen zu verdanken, die Gelder aus Erbschaften der Kirche zur Verfügung stellten. Ein bewegendes Zeugnis einer solchen MV bietet eine Inschrift des 7./8. Jh.s: »Auch wenn ich keinen Beitrag leisten kann, der deinen Gaben angemessen erscheint, so nimm doch gern, ich bitte dich darum, o Herrin, die Bitten deines Knechtes an, damit dieses Haus der heiligen und stets jungfräulichen Gottesmutter mit dem Titel › S. Maria in Trastevere ‹ zu ewigem Erbe den ganzen Anteil des pullianischen Gutes besitze, das mir samt den Weinbergen und den Grundstücken in Velletri gehört . . .« (DACL III/1, 903).

Die MV in den ersten Jh.en der Freiheit für die Kirche hat ihre Spuren auch in der röm. Liturgie hinterlassen. Wie in der Ikonographie so ist auch der Einzug M︎s in die Liturgie ganz und gar christologisch. M︎ fand allmählich ihren Platz im christl. Kult wegen ihrer Rolle, die sie beim Mysterium der Menschwerdung spielte. So führte Papst Leo I. wenige Jahre nach dem

Ende des nestorianischen Streites das Gedächtnis ℳs in das Communicantes der Messe ein, wo der Vorrang ℳs — »memoriam venerantes in primis gloriosae semper Virginis Mariae« — dadurch begründet ist, daß sie die »Genetrix Dei et Domini nostri Jesu Christi« ist. Und es ist auch das Geheimnis der Menschwerdung, das den ersten Messen der röm. Kirche in der Zeit des hl. Gregor d. G. (590—604) Leben gab, die bestimmt waren, die jungfräuliche Mutterschaft ℳs am letzten Tag der Weihnachtsoktav (1. Januar) zu feiern. Das Kirchengebet einer dieser Messen, das wohl von Gregor stammt, lautet: »O Gott, der du das ewige Heil dem Menschengeschlechte durch die fruchtbare Jungfräulichkeit der Mutter Gottes geschenkt hast, wir bitten dich, daß sie für uns eintreten möge, von der wir den Urheber des Lebens empfangen haben« (Le sacramentaire grégorien, 1979, 112 Nr. 82; vgl. auch Manoir VI 159—175). Dieses Fest, das mit der ältesten Festfeier von Weihnachten verbunden war, hatte in R. als Vorläufer andere Feiern des Weihnachtszyklus, in denen ℳ im Ereignis der Menschwerdung kommemoriert wurde. Es scheint, daß schon in der Zeit Leos I. (440—461) der jungfräulichen Empfängnis des Erlösers in der Liturgie des Fastenmittwochs vor der Weihnachtszeit gedacht wurde, also zwei Jh.e vor der eigentlichen Einführung des Festes in R. (vgl. Dejonghe, Roma, 80).

Die »Ewige Stadt« übernahm — wie übrigens der ganze Westen — die ℳfeste aus der Tradition des Ostens und festigte sie dann mit ihrem Einfluß. Diese Feste wurden vermutlich von orient. Mönchen in R. eingeführt, die infolge der Angriffe der Perser und Araber zu Beginn des 7. Jh.s aus Palästina, Syrien oder anderen Gebieten Kleinasiens in den Westen gekommen waren. Sie brachten die liturg. Bücher und Gebräuche mit und fanden rasch die Zustimmung der röm. Priesterschaft. Im Verlauf des 7. Jh.s wurden folgende vier ℳfeste eingeführt: Hypapante oder das Fest der Begegnung der Hl. Familie mit Simeon im Tempel (2. Februar), das im Orient seit dem 4. Jh. begangen wurde; Entschlafung oder Himmelfahrt ℳs (15. August), die verbunden war mit der Feier des dies natalis sanctae Mariae und — bereichert mit der Apokryphenliteratur — in Rom auf Befehl des Kaisers Mauritius († 602) eingeführt wurde, der die östliche Feier auf das ganze Reich ausdehnen wollte; die Verkündigung an ℳ (25. März) und ℳe Geburt (8. September). Einige dieser Feste, die ursprünglich eher einen christol. Charakter hatten, nahmen in der Folge eine deutlich marian. Orientierung an. So wurde aus dem Fest »Hypapante« das Fest der Reinigung ℳs, und auch die Verkündigung bezog sich immer mehr auf ℳ. Zur gleichen Zeit wurden alle vier Feste mit neuen liturg. Elementen angereichert, die darauf hinzielten, ihnen eine größere Bedeutung zu verleihen. Sergius I. (687—701), ein Papst syr. Herkunft, ordnete an, daß an diesen Tagen eine feierliche Prozession stattfinde, die von der Hadriansbasilika ausgehen und in S. Maria Maggiore mit einer Eucharistiefeier ihren Abschluß finden sollte (Liber Pontificalis I 376). Es ist überliefert, daß sich diese Feier über Jh.e hinweg erhielt. Besondere Erwähnung verdient die Oration, die bei der von Papst Sergius am Tag ℳe Himmelfahrt vorgeschriebenen Prozession zu Beginn gesungen wurde: »Ehrwürdig ist für uns, Herr, das Fest, das an diesem Tag begangen wird, an dem die heilige Mutter Gottes den irdischen Tod erlitt, ohne jedoch von den Fesseln des Todes gehalten zu werden, sie, die aus ihrem Wesen deinen Sohn, unseren menschgewordenen Herrn, geboren hatte« (Sartor 92). Diese Festfeiern führten zur Verwendung neuer und verschiedenartiger Antiphonen und zu einer Homiletik, freilich von geringerem Wert als die hervorragende und reiche Homiletik des Ostens.

Rom, Ikone, 5 Jh., S. Maria Nova

3. *Die ersten Marienbilder Roms und die Auseinandersetzung mit den Bilderstürmern.* Abgesehen von den Festen übernahm R. aus dem Orient auch die Tradition der Ikonen und deren Verehrung. Ihre Themen sind Christus, die Madonna, Szenen aus dem AT und NT, die Heiligen oder die liturg. Feste. Sie sind in erster Linie ein Mittel, um das Mysterium zu vergegenwärtigen und deshalb Gegenstand der rel. Verehrung. Die ℳikonen haben außerdem eine große Bedeutung, weil einige davon der Überlieferung nach vom Evangelisten Lukas (→ Lukasbild) gemalt worden sein sollen. Diese Tradition hinterließ vom 6. Jh. an deutliche Spuren und erklärt,

warum das Antlitz der GM durch die Jh.e fast unverändert dargestellt wurde; sie erklärt darüber hinaus auch die rasche Entwicklung und Verbreitung der Ikonen. Um die berechtigten Wünsche der Gläubigen, ᛖ zu sehen und zu verehren, erfüllen zu können, schuf man Kopien jener Vorbilder, die man für ursprünglich hielt. Diese Kopien wurden in den Kirchen aufgestellt und trugen zu marian. Pilgerfahrten und Andachten bei. Auch wenn zahlreiche der in R. verehrten marian. Ikonen erst in der Zeit des → Bildersturms (726—842) in die Stadt gekommen sind, so besitzt R. doch einige Ikonen, die zweifellos älter sind. In S. Maria Nova wird eine Ikone vom Typ der Hodegetria aus dem 5. Jh. verehrt, die wohl aus → Palästina oder → Konstantinopel stammte. Sie wurde in der Kirche S. Maria Antica ausgestellt und wie eine echte Reliquie verehrt, da man sie dem hl. Lukas zuschrieb. Möglicherweise wurde diese Ikone zur Zeit des hl. Gregor d. G. (590—604) in feierlicher Prozession durch die Straßen R.s getragen, um von Gott das Ende der Pest zu erflehen, die damals die Stadt heimsuchte. Unter Papst Sergius I. ließ man dann das Bildnis mit reinem Silber verkleiden, wie es der Liber Pontificalis bezeugt. Erst im 9. Jh., als S. Maria Antica durch ein Erdbeben zerstört worden war, wurde das Gemälde nach S. Maria Nova gebracht, wo es noch heute verehrt wird. Wegen des vertrauenerweckenden Antlitzes ᛖs wird es »Maria Trost« genannt (Gharib 109—112).

Die Madonna im Pantheon stammt wohl aus der Zeit der Weihe des Pantheons an die Königin der Martyrer durch Bonifaz IV. im Jahre 609; die Madonna della Clemenza in S. Maria in Trastevere ist als Basilissa (Königin) dargestellt, die dieselben Kleider trägt wie die Kaiserin Theodora auf den Mosaiken von Ravenna. Wahrscheinlich gehört sie in das frühe 8. Jh., denn die Figur daneben wird als Papst → Johannes VII. (705—707) gedeutet, der ein großer ᛖverehrer war. Auf ihn bezieht sich die Inschrift auf dem Ambo von S. Maria Antica, »Sklave der Mutter Gottes«. Eine weitere Ikone ist die berühmte »Salus Populi Romani« (8. Jh.) in der Cappella Paolina von S. Maria Maggiore, die von den Römern vielleicht am meisten geliebt und verehrt wird. Auch hier handelt es sich um eine Hodegetria, mit der Besonderheit, daß die Madonna die rechte Hand in Kreuzesform auf die linke stützt. Sie gilt als die Hauptpatronin der Stadt und verdankt ihren Namen der Sitte, sie in Prozession durch die Straßen der Stadt zu tragen, wenn es galt, ein Unglück abzuwehren.

Im 7. Jh. verlor R. immer mehr an Bedeutung zugunsten von Konstantinopel, das nun schon längere Zeit Mittelpunkt des Reiches war. Der Adel aber mit dem röm. Heer und das röm. Volk waren gefühlsmäßig und tatsächlich mit den Geschicken der Päpste eng verbunden, die ja mit ihnen auch die schweren Wechselfälle der Geschichte teilten. Das R. dieses Jh.s bewahrte in seinem Geist das Erbe des Imperiums. Die Päpste gehörten zwar Familien aus dem Osten an, doch nahmen sie auch Rücksicht auf die Beziehungen zu den Stämmen der Langobarden, die sich nicht weit von R. niedergelassen hatten. Gerade die Anwesenheit der Langobarden in Verbindung mit dem Bilderstreit beeinflußte die politische Entwicklung R.s und führte am Ende zur Entstehung des Kirchenstaates, der auf die ganze Geschichte des Westens großen Einfluß genommen hat. Die Krise begann mit Kaiser Leo III. dem Isaurier († 741), der sich für eine große rel. und politische Reform in der Kirche einsetzte. Er wollte einerseits das Reich von dem »Götzendienst an den Bildern« befreien, andererseits den alten kaiserlichen Glanz erneuern, wie er in den Zeiten Konstantins d. G. erreicht worden war. Während im Osten die Bilderverehrung von den Ikonoklasten als Beleidigung der göttlichen Majestät und des unaussprechlichen Mysteriums Christi (eine einzige Person in zwei Naturen und deshalb etwas, was man nicht abbilden konnte) empfunden wurde, sah man im Westen darin nur eine zweitrangige Frage, die nicht das Interesse verdiente, das man den großen christol. Konzilien in den vorausgehenden Jh.en entgegengebracht hatte. So wurde in R. weiterhin die Rechtmäßigkeit der Bilderverehrung verteidigt. Sowohl das Volk als auch die Bischöfe widersetzten sich den Versuchen des Kaisers, den Bildersturm auf R. auszudehnen. Ein erster Versuch im Jahre 726 wurde von Gregor II. (715—731) zurückgewiesen; er ermahnte alle Christen, sich vor einem solchen Frevel zu hüten, und verstärkte gleichzeitig seine politischen Kontakte mit den Langobarden in der Absicht, ein Bündnis zu schließen. So zwang er den Exarchen des byz. Kaisers, auf die kaiserlichen Anordnungen zu verzichten. Ein zweiter Versuch von Konstantin V., dem Sohn des Isauriers, veranlaßte Papst Stephan II. (752—757), ein Bündnis mit dem Frankenkönig Pippin dem Kurzen zu schließen, um der Bedrohung durch die Langobarden zu begegnen, anstatt vom Kaiser Hilfe zu erbitten. Gerade die Bitte um Hilfe an den Frankenkönig wird marian. untermauert. Papst Stephan wendet sich an »Unsere Herrin, die Mutter Gottes, die Jungfrau Maria, die euch (Pippin) beschwört, euch mahnt und euch befiehlt ..., Mitleid zu haben mit dieser Stadt Rom, die Gott mir anvertraut hat« (Mansi XII 544). Gestärkt durch den Beistand der Franken und begünstigt durch die Umstände, nahm der Papst die Verwaltung der Stadt und der angrenzenden Gebiete, die von Byzanz immer mehr vernachlässigt wurden, endgültig in seine Hände.

Die Treue zur Bilderverehrung im R. des 8. Jh.s wird, abgesehen vom Wunsch, die röm. Tradition zu pflegen, noch dadurch bestärkt, daß in den klösterlichen Zentren R.s ebenso wie anderswo Mönche als Flüchtlinge eintrafen, die als führende Männer in der Auseinandersetzung um die Bilderverehrung, die Treue der Gläubigen zu den Bildern stärkten und gelegentlich auch selbst Ikonen mitbrachten. Nach einer alten Überlieferung erlebten die Bewohner R.s um 750 die Ankunft einer Gemeinschaft orient. Nonnen aus Konstantinopel, die vor Verfolgung geflohen waren und den Leib des hl. Gregor v. Nazianz und ein sog. Lukasbild der GM mitbrachten. Papst Zacharias (741—752) gestattete ihnen, sich auf dem Marsfeld bei einer kleinen Ⓜ️kirche, S. Maria de Minerva, die ein antikes Minervaheiligtum ersetzt hatte, niederzulassen; die heute dort verehrte Madonna vom Marsfeld stammt allerdings aus späterer Zeit (Gharib 129; Dejonghe, Roma, 107).

Auch die öffentliche MV der Päpste intensivierte sich durch den Bilderstreit. So ließ Gregor III. (731—741) ein altehrwürdiges Ⓜ️bild mit einer Silberplatte verkleiden und unter Hadrian I. (772—795) wurde die Jungfrau-Königin von S. Ermete geschaffen, darüber hinaus errichtete dieser Papst eine Diakonie, die zum Bau der Kirche S. Maria in Traspontina führte.

4. *Das Zeitalter der Karolinger und das »dunkle Jahrhundert«.* Die Kaiserkrönung Karls d. G. am Weihnachtsfest des Jahres 800 in St. Peter besiegelte die Erneuerung des röm. Westreiches und verlieh ihm einen neuen und wesentlich christl. Sinn; gleichzeitig bestätigte sie die endgültige Loslösung Italiens und des Papsttums von Byzanz. Die Erneuerung der kaiserlichen Würde entsprach dem augustinisch-gregorianischen Gedanken des Gottesstaates auf Erden, demzufolge R., die »ewige Stadt«, der Papst als Vertreter der geistlichen Macht und der Kaiser als höchster Repräsentant der weltlichen Macht in enger Verbindung und Harmonie zum irdischen und ewigen Heil der Menschheit zusammenarbeiten mußten. Die Freigebigkeit des neuen Kaisers gegenüber dem Papst und die Konzeption des Imperiums erklären den Reichtum der rel. Kunst dieser Epoche, ebenso wie das Fortleben der Verehrung Ⓜ️s als Königin. Ⓜ️ mit dem Sohn auf dem Thron findet man etwa auf einem Mosaik am Triumphbogen der Kirche SS. Nereo et Aquileo, das im Auftrag Papst Leos III. (795—816) geschaffen wurde; sein Nachfolger, Paschalis I. (817—824), ließ ein Mosaik in S. Prassede anbringen, das Ⓜ️ an der Seite Christi zeigt, während die Heiligen in die himmlische Stadt aufgenommen werden. Unter dem gleichen Pontifikat entstand auch ein mit Emaille verziertes Goldkreuz, das mehrere Szenen aus der Kindheit Ⓜ️s und Jesu zeigt (Rom, Vatikanisches Mus.). Im silbernen Kästchen, das dieses Kreuz enthielt, erscheint Ⓜ️ in enger Verbindung zur Eucharistie, bes. in der Szene, in der sie und der Apostel Petrus die Hand ausstrecken, um die Kommunion zu empfangen. Eucharistische und marian. Motive finden sich auch in einer Miniatur des 9. Jh.s (Rom, Vatikanische Bibl., Codex Latinus Nr. 39): Ⓜ️ hält in der rechten Hand das eucharistische Brot, während zu Füßen des Thrones eine kleine Person die Hände in flehender Geste zur Theotokos ausstreckt.

Die karolingische Renaissance spielte eine wichtige Rolle in der marian. Volksfrömmigkeit. Karl d. G. versammelte an seinem Hof große Persönlichkeiten wie Alkuin v. York († 804), → Paulus Diaconus († 799), Petrus v. Pisa († 779) und → Paulinus v. Aquileja († 802); außerdem wollte er, daß die Klöster, die sich damals noch nicht mit Aufgaben der Erziehung und Kultur beschäftigten, wahre Mittelpunkte der Kultur und Stätten des Unterrichts und der Pflege der Wissenschaft würden. Dank dieser Ideale fand die marian. Lehre neuen Auftrieb und regte das Frömmigkeitsstreben der Gläubigen an. Alkuin war ein großer Ⓜ️verehrer, der auch die Samstagsmesse zu Ehren der GM in den liturg. Kalender einführte (vgl. Liber Sacram. 7; PL 101,455 C—D). Sein Schüler → Rhabanus Maurus († 856) verdeutlichte in seinen Schriftkommentaren in Fortsetzung der lat. Tradition Ⓜ️ als Urbild der Kirche. Von Haimo v. Halberstadt († 853), einem anderen Schüler Alkuins, sind marian. Homilien erhalten. Größere Bedeutung und größeren Einfluß in R. hatte Paulus Diaconus, ein Benediktinermönch aus Monte Cassino. In seinen Homilien preist er Ⓜ️s Heiligkeit und beschreibt sie als Königin, die vom himmlischen Heer empfangen und zum Thron des Allerhöchsten geleitet wurde. In diesem Zusammenhang wird Ⓜ️ von Paulus angerufen als treue Fürsprecherin, Mittlerin und Mutter der Barmherzigkeit, die Mitleid hat mit den menschlichen Schwächen (Homilie über die Himmelfahrt Ⓜ️s, PL 95,1490—97). Allmählich gelangten diese neuen marian. Fermente wegen der Verbindung R.s mit dem karolingischen Reich auch in die Ewige Stadt. So spiegelt z. B. der Titel Ⓜ️s »Domina nostra«, den Papst Nikolaus I. (858—867) in seinen Erwiderungen auf die Beratungen der Bulgaren anwendet (vgl. Mansi XV 403), einen königlichen wie auch einen mütterlichen Aspekt wider. Dieser Ehrentitel wird in der Folge zu einem der meistgebrauchten des MA.

Bevor jedoch diese Wiedergeburt reifen kann, gerät R. in eine der schlimmsten Perioden seiner Geschichte, denn im 10. Jh. verschärfen sich die Kämpfe der röm. Familien um den Zugang zum Papsttum, um die Kontrolle der Stadt und um das Patrimonium Petri, so daß es häufig zu Päpsten kommt, die ihrer Aufgabe in keiner Weise gerecht werden. Der starke Einfluß des Hl. Röm. Reiches, die Interessen des ostöm. Reiches sowie die Drohungen der Sarazenen vervollständigen ein verwirrendes politisches und strategisches Bild, das bis in die Mitte des 11. Jh.s bestehen bleibt. Inmitten dieses Verfalls gelang es aber R., das christl. Erbe und den Ⓜ️kult zu erhalten. Die Kirche S. Maria Maggiore blieb die bedeutendste Kultstätte und das Fest der Himmelfahrt Ⓜ️s wahrscheinlich das wichtigtste Ⓜ️fest der Ewigen Stadt in jener Zeit. Es wurde bereits seit Ende des 8. Jh.s mit einer Vigil und Fasten begangen: »Am Nachmittag begab sich der gesamte höhere Klerus des Laterans mit dem Papst nach Santa Maria Maggiore zur Feier der Vesper. Beim Hahnenschrei kehrte der Papst mit seinem Klerus in die Basilika zurück, die prunkvoll beleuchtet und ganz mit Tüchern geschmückt war, um in Gegenwart einer unüberschaubaren Volksmenge, die zum Vigiloffizium herbeigeeilt war, dieses feierlich zu begehen. Es bestand gemäß dem römischen Brauch an den höheren Festen aus einer doppelten Matutin, der die üblichen Psalmen der Laudes folgten, die bei Sonnenaufgang gesungen werden mußten.« (Schuster, Liber Sacramentorum VIII, 1929, 32). Die Darbringung des hl. Meßopfers bildete den Höhepunkt der Feierlichkeit. Unter Leo IV. (847—855) erfuhr das Fest noch eine Bereicherung durch eine eigene Oktav. Einige Jahre später fand auch eine Nachtprozession statt. Man trug das »Erlöserbild« (→ Acheiropoieten) mit, das in der Kapelle Sancta Sanctorum im Lateran aufbewahrt und viel verehrt wurde, da es hieß, daß es in Konstantinopel während der Ikonoklastenverfolgung gerettet worden sei. Die Prozession begab sich nach S. Maria Maggiore, wo das Bild des Erlösers jenes der GM am Tag ihres Triumphes besuchte. Diese Prozession wurde mehrere Jh.e hindurch unter stets wachsender Beteiligung aufrechterhalten. Im 14. und 15. Jh. nahm dann die ganze Stadt daran teil, der Papst, die Kardinäle, der Senat, die Behörden und zahlreiche Zünfte. Zu Beginn des 11. Jh.s sang man dabei: »Gaudeamus omnes in Domino diem festum celebrantes sub honore Beatae Mariae Virginis, de cuius assumptione gaudent angeli et collaudant Filium Dei« (Dejonghe, Roma, 203). Auch die Anerkennung des Slawischen als liturg. Sprache, das die hll. Kyrill und Method entwickelt hatten, wurde in S. Maria Maggiore mit einer feierlichen Messe in dieser Sprache 867 begangen, woran dort 1967 mit einer Feier erinnert wurde.

Die Nöte der Zeit lenkten die marian. Frömmigkeit des Volkes auf die Rolle Ms als Beschützerin und Helferin. Schon von Abt → Odo v. Cluny († 942) war sie »Mutter der Barmherzigkeit« genannt worden, und diese Gedanken erfuhren eine Fortsetzung in der späteren monastischen Theol., in der immer stärker die Mütterlichkeit Ms für die Menschen hervorgehoben wurde. Der Schutz Ms für das röm. Volk kommt in einem Papst Silvester II. (999—1003) zugeschriebenen Gebet zum Ausdruck. Darin wird der Schutz Ms für Kaiser Otto III. und das röm. Volk erfleht, das im Kampf zwischen den Anhängern des Kaisers und denen der mächtigen Familie Crescenzi gespalten war: »O heilige Maria, zu dir seufzt die Menge des Volkes. Heilige Mutter Gottes, schau auf dein Volk, schütze Otto ..., der auf die Hilfe deines Armes vertraut« (Schuster VIII 36—39).

Ins 9. und 10. Jh. fällt der Bau verschiedener Mkirchen in R. Leo IV. ließ, nachdem das Erdbeben von 867 die Kirche S. Maria Antica zerstört hatte, S. Maria Nova errichten, die dann nach einem Brand unter Honorius III. (1216—27) wiederaufbaut werden mußte. Im Dunkeln liegt hingegen der Ursprung von S. Maria in Aracoeli. Bekannt ist nur, daß die erste Kirche an diesem Ort bereits um die Mitte des 10. Jh.s existierte und der GM unter dem Titel S. Maria in Campidoglio geweiht war; die Gründung der Kirche scheint aber auf eine frühere Zeit zurückzugehen. Die Bezeichnung »Aracoeli« kam erst später auf und beruht auf einer ma. Legende, derzufolge Kaiser Augustus an dieser Stelle eine Erscheinung der GM mit dem Jesuskind gehabt habe, das zu ihm sagte: »Das ist der Altar des Himmels, das ist der Altar des Gottessohnes«. Das Gnadenbild »Madonna von Aracoeli« (10. Jh.?) beeindruckt durch seine gütigen und zugleich bitteren Blicke. Weitere Kirchen dieser Epoche entstanden in R. durch den Einfluß der langobardischen Abtei Farfa in Sabina. Kaiser Otto III. († 1002) gewährte dieser Abtei, zu der auch röm. Kirchen gehörten, große Privilegien und ausgedehnte Besitzungen. Bis in unsere Tage bestehen noch die Kirchen S. Maria in Julia, S. Maria in Monticelli und S. Maria de Publico, die heute nach einer Restaurierung des 17. Jh.s einem Kardinal als Titelkirche dient. S. Maria in Via, ebenfalls eine Titelkirche, geht auf dieselbe Zeit zurück, wurde jedoch im 13. Jh. völlig erneuert, um die Madonna del Pozzo aufzunehmen, ein Mbild, das 1256 auf wunderbare Weise ans Tageslicht gekommen war. Es befindet sich noch heute in einer Kapelle der Kirche.

5. Die marianische Erneuerungsbewegung des Mönchtums im 11. und 12. Jh. Die 2. Hälfte des 11. Jh.s erlebte einen bemerkenswerten Prozeß der Erneuerung im Verlangen nach Spiritualität und Rückkehr zu einem dem Evangelium gemäßen Leben. Die Sehnsucht erfaßte alle Bereiche der Christenheit und schlug sich auch in konkreten Regierungsmaßnahmen nieder. Die Päpste suchten für die Wahl der Päpste und Bischöfe nach neuen Normen, um der Kirche gegenüber der staatlichen Gewalt Freiheit und Unabhängigkeit wiederzugeben. Außerdem ermöglichten die Reform der Sitten des Klerus und die den Regularkanonikern gewährte Unterstützung unter Gregor VII. (1073—85) die Entwicklung dieser Fermente der Spiritualität, die von der Erneuerungsbewegung von Cluny und der Entstehung der Kamaldulenser, Kartäuser und Zisterzienser gefördert wurde. Die MV zog aus diesem Reformprozeß Nutzen und fand neue Ausdrucksformen, wie die alltägliche Messe zu Ehren der GM und das »Offizium parvum«. Dieses Offizium wurde in R. vom Konzil von Clermont (1095) unter Urban II. (1088—99) vorgeschrieben, der von der GM den Erfolg im ersten Kreuzzug erflehen wollte (vgl. Manoir II 631). Die MV wurde mit neuen Antiphonen und Hymnen bereichert; Beispiele hierfür sind das »Alma Redemptoris Mater«, das »Ave Regina Coelorum« und das »Salve Regina«. Die Zisterzienser, die sich 1140 in der Abtei Tre Fontane niedergelassen hatten, führten in R. die Sitte ein, den Namen Ms beim Confiteor der

Messe zu nennen (Dejonghe, Roma, 99). Papst Gregor VII. und sein Freund, der hl. → Petrus Damiani († 1072), gaben der MV in R. gewaltigen Auftrieb. Die MV Gregors VII. kommt u. a. in seinen Briefen an die Gräfin Mathilde und an die Königin von Ungarn zum Ausdruck, in denen er diese Frauen anspornt, den Glauben durch die vertrauensvolle Zuflucht zur GM zu stärken (vgl. PL 148,326 und 328). Der Kamaldulenser Petrus Damiani sprach in seinen Predigten und Hymnen über die geistliche Mutterschaft Ms: Als Gegentyp Evas ist sie Miterlöserin des Menschengeschlechts, sie legt dem Erlöser unsere Seufzer und Tränen zu Füßen, tilgt die Sünden, lindert die Schuld, richtet die Gefallenen auf und befreit die Gefangenen. Petrus Damiani ist auch davon überzeugt, daß M mit Leib und Seele in den Himmel aufgenommen worden ist; dies gehört in seiner Gedankenwelt zu ihrer vollkommenen Jungfräulichkeit. M überragt im Himmel alle Engel und Heiligen.

Diese Überzeugung hat in der darstellenden Kunst der folgenden Jh.e ihren Niederschlag gefunden. Bes. zu erwähnen sind die Mosaiken der Apsis und des Apsisbogens der Mkirche in Trastevere, die unter Innozenz II. (1130—43) ausgeführt wurden: In der Mitte hält Christus ein Buch mit den Worten der Liturgie von Me Himmelfahrt: »Komm, du meine Erwählte, und ich werde dich auf meinen Thron setzen«, zu seiner Rechten sitzt M, seitlich führen Petrus und Cornelius eine Schar himmlischer Heiliger an.

Etwa 100 Jahre später entstand das Apsismosaik von S. Maria Maggiore von Iacopo Torriti (1295), eines der durch seine Schönheit und Majestät machtvollsten Kunstwerke des 13. Jh.s. Wieder sitzt M auf dem Thron des Erlösers, doch macht die Tatsache, daß Christus im Begriff ist, die Krone auf Ms Haupt zu setzen, den Gedanken einer Inthronisierung Ms im Himmel hier noch viel lebendiger. Die Chöre der Engel, der Apostel und der Heiligen — unter ihnen die kurz zuvor kanonisierten Mitbrüder des Künstlers Franz v. Assisi und Antonius v. Padua — nehmen jubelnd an der Feierlichkeit teil, während eine Inschrift die Bedeutung erklärt: »Exaltata est Sancta Dei genetrix super choros angelorum ad coelestia regna«. Es ist die jubelnde Proklamation der Himmelfahrt Ms, die hier mit der ganzen Kraft der christl. Seele ausgedrückt ist, und zwar zwei Jh.e nachdem die Veröffentlichung des Buches »De Assumptione BMV« des Ps.-Augustinus den Zweifeln entgegengewirkt hatte, die → Paschasius Ratpertus († 865) im Westen bezüglich der leiblichen Verherrlichung Ms gesät hatte.

Zu Beginn des 2. Jahrtausends entstand eine Madonna, die heute in der Peterskirche unter dem Titel »Auxilium Christianorum« verehrt wird. Es handelt sich dabei um ein altes Fresko, das aus der Kapelle stammt, die in der vorausgehenden Basilika den vier ersten Päpsten mit den Namen Leo gewidmet war. Gregor XIII. (1572—85) ließ dieses Bild an seinen gegenwärtigen Platz bringen, nämlich auf den Altar einer von ihm erbauten Kapelle, wo die Reliquien des hl. Gregor v. Nazianz verehrt werden. Das Bewußtsein, daß M dem christl. Volk zu Hilfe eilt, nahm im 11. und 12. Jh. einen mächtigen Aufschwung. Dazu trug u. a. die Verbreitung von Berichten über wunderbare Begebenheiten bei, die man der Madonna zuschrieb. Seitdem Paulus Diaconus das Leben des → Theophilus ins Lat. übersetzt hat, nimmt die Zahl der marian. Wunderberichte immer mehr zu. In der Theophilus-Legende handelt es sich um einen Mann, der seine Seele an den Teufel verkauft hat, dem es aber durch die Fürbitte Ms gelingt, Verzeihung zu erlangen. Diese Erzählungen wurden v. a. im 11. und 12. Jh. häufig in Wunderbüchern mit dem Titel »Marienwunder« gesammelt. Nach A. Wilmart war es das Ziel dieser Sammlungen, »auf alle mögliche Art und Weise die Macht der Fürbitte Mariens zu beweisen« (Auteurs spirituels et textes dévots du Moyen Age latin, 1932, 325). Eine der Wundererzählungen, der in R. großer Erfolg beschieden war, bezieht sich auf den Ursprung der Basilika S. Maria Maggiore. Ein vornehmer Patrizier soll auf Grund einer Merscheinung Papst Liberius die genaue Stelle für den Bau der Kirche angegeben haben: ein Ort, der mitten im Sommer mit Schnee bedeckt sei. Doch finden sich von dieser Legende vor dem MA keinerlei Spuren.

Die Festigung des Bewußtseins der mütterlichen Mittlerschaft Ms hat mannigfache Formen der Weihe und der Hingabe an M hervorgebracht, die dem Geist jener Zeit entsprechen. Man sah damals in den Klöstern, v. a. in denen der Zisterzienser, ein »Herrschaftsgebiet Mariens« und in den Schenkungen der Gläubigen zu ihrer Erhaltung nicht so sehr den Unterhalt der Mönche als vielmehr die Verherrlichung Gottes und Ms, zu deren Ehre die Klöster entstanden waren. Der Mdienst wurde in R. von Persönlichkeiten wie Petrus Damiani und Anselm v. Lucca († 1086) im Geiste der großen Äbte Berno († 1048) und Odilo v. Cluny († 1049) angeregt. Anselm v. Lucca, Bischof in der Toskana und Neffe Papst Alexanders II. (1061–73), hat in seinen »Orationibus« ein bewegendes Zeugnis des Mdienstes seiner Zeit hinterlassen: »Du weißt, daß meine ganze Hingabe dir gilt; nimm die Beweise meines Sklavendienstes an, denn ich möchte lieber sterben, als dir zu widersprechen, o meine Herrin« (A. Wilmart, Cinq textes de prière par Anselme de Lucques pour la contesse Mathilde, In: RAM 19 [1938] 68).

6. Das marianische Rom in der ersten Zeit der Bettelorden. Für den lat. Westen erscheint das 13. Jh. als eine Zeit der Reife. Die Feudalgesellschaft weicht einer städt. Gesellschaft mit Handel und intensiven wirtschaftlichen Beziehungen zwischen den Städten. R. ist von dieser Entwicklung weitgehend ausgeschlossen. Allzuweit entfernt von den europäischen Handelswegen, hat es keinen großen Exporthandel und auch keine blühende Handwerkerschaft. Es beherbergte weiterhin die zahlreichen Pilger, die zu den Basiliken und Wallfahrtskirchen strömten, ebenso wie die Bischöfe, die ihre Ad-Limina-Besuche abstatteten, doch verfügte es über kein ausgeprägtes kulturelles Leben. Während der langen Periode der babylonischen Gefangenschaft der Päpste im 14. Jh. war die Stadt fast ohne politische Führung den Streitigkeiten der Familien Orsini und Colonna sowie den Befreiungsversuchen des niedrigen Volkes ausgesetzt. Und doch kann man trotz dieser Umstände nicht behaupten, daß R. seine führende Stellung vollkommen eingebüßt hatte. In R. weilten der hl. Franz v. Assisi († 1226) und der hl. Dominikus († 1221), in der Umgebung der Ewigen Stadt lehrte 10 Jahre lang der hl. Thomas v. Aquin († 1274), der sich 1265—67 in R. aufhielt, da er von seinem Orden beauftragt worden war, dort die erste Studienanstalt der Dominikaner zu gründen. In dieser Stadt lebte auch der hl. Bonaventura († 1274), dem die Gründung der »Gesellschaft der Maria Anbefohlenen« (1263) zugeschrieben wird, die als älteste marian. Bruderschaft R.s gilt.

Das Wirken dieser großen Heiligen und Meister auf dem Gebiet der Theol. und der Volksfrömmigkeit trug dazu bei, die Lehrmeinungen der vorausgehenden Jh.e zu ordnen und in ein festes theol. Schema einzufügen, auch im Hinblick auf die MV, deren »Übertreibung Bonaventura kritisierte: »Es ist nicht gut, der Mutter Gottes falsche Ehren zu erweisen; sie, die da ist voller Wahrheit, bedarf nicht unserer Lüge« (In: III Sent. D. 3, p. 1, a. 1, q. 2, ad 3). Die Theologen des 13. Jh.s sprachen vom Kult der Hyperdulia, um einerseits den Vorrang Ms vor den anderen Heiligen und andererseits den Unterschied zur Anbetung der Dreifaltigkeit zu betonen. Gleichzeitig haben sie verschiedene Formen der marian. Frömmigkeit gelebt und empfohlen. Als Bonaventura General des Franziskanerordens war, erteilte er den Mitgliedern des Ordens den Rat, »die Brüder möchten in ihren Predigten das Volk auffordern, die Mutter Gottes zu grüßen, vor allem zur Zeit der Komplet, wenn die Glocke zum Gebet ruft; denn es ist die Meinung einiger berühmter Lehrer, daß in dieser Stunde die Jungfrau Maria vom Engel gegrüßt wurde« (G. M. Roschini, Maria Santissima IV 190). Diese Übung ging der heutigen Praxis des Angelus voraus.

Die wahre Schule der MV in R. des 13. Jh.s sind wohl die Orden, v. a. die Mendikanten. Die Dominikaner ließen sich 1217 bei S. Sisto Veccio nieder, 1222 gründeten sie das Kloster S. Sabina, und schließlich um die Mitte des Jh.s erfolgte die Gründung von S. Maria sopra Minerva. Die Franziskaner hingegen ließen sich 1229 bei S. Francesco di Ripa nieder, sechs Jahre nach der Ankunft der Klarissen in Rom, und wurden dann sofort mit der Kirche Ara Coeli betraut. Dazu kamen dann noch die Augustiner, Karmeliter und Benediktiner, die bereits in den ersten Jahrzehnten des 13. Jh.s Kirchen und Kapellen übernahmen. Sie alle trugen dazu bei, die MV des röm. Volkes zu fördern.

Die Dominikaner widmeten sich z. B. mit Hingabe der Mpredigt sowohl bei den Eucharistiefeiern an den großen Festen als auch vor Gruppen einfacher Gläubiger, die sich manchmal zu eigenen marian. Kongregationen zusammengeschlossen hatten. Der theol. Hintergrund dieser Predigten war die GMschaft in Verbindung mit den Vorzügen Ms. Sodann beschäftigten sie sich mit der Compassio Me, die bes. den → Serviten am Herzen lag (vgl. G. Meersseman, La prédication dominicaine dans les congrégations mariales en Italie au XIII siecle, In: AFP 18 [1948] 131—161).

Neben der Verkündigung der Herrlichkeiten Ms förderten die Dominikaner auch die Verehrung einer altehrwürdigen, byz. beeinflußten Ikone, die — einst in der Kirche S. Maria in Templo — heute in der Dominikanerkirche auf dem Monte Mario verehrt wird. Da die Dominikaner mit den Brüdern Sisto und Ristoro zwei berühmte Architekten in ihrem Orden hatten, erbauten sie nach dem Vorbild von S. Maria Novella in Florenz die ihnen anvertraute Mkirche sopra Minerva um und weihten sie dem Geheimnis der Verkündigung Ms.

Die Orden haben auch dazu beigetragen, daß weitere Mfeste in die röm. Liturgie Aufnahme fanden. In R. wurden seit Jh.en nur die Feste Verkündigung, Himmelfahrt, Geburt und Darstellung im Tempel gefeiert. Erst 1389 führte Urban VI. (1378—89) das Fest der Heimsuchung Ms (2. Juli) ein, womit er der Bitte des Prager Bischofs → Johann v. Jenstein († 1400) folgte, der es aber auf die ganze Kirche ausgedehnt wissen wollte, um von M das Ende des abendländischen Schismas zu erbitten. Urban VI. erfüllte die Bitte, feierte persönlich das Fest in S. Maria Maggiore und rief für das folgende Jahr (1390) ein Jubiläum aus. Außerdem verfügte er, daß der Ablaß in dieser Kirche gewonnen werden konnte und ernannte sie, wie bereits drei andere Kirchen vorher zur Jubiläumsbasilika. Aus derselben Zeit stammt das Fest Me Darstellung (auch Me Opferung oder Tempelgang genannt), das bereits seit dem 9. Jh. in den Klöstern des orient. Ritus in Italien gefeiert wurde. 1371 gestattete Papst Gregor XI. (1370—78) die Feier dieses Festes in der Kirche der Minderen Brüder zu Avignon, da er Nachricht von der Größe und dem Glanz dieses Festes auf Zypern erhalten hatte. Zwei Jahre später fügte er es in den Kalender der Kurie ein, und von dort aus gelangte es nach R. Der Franziskanerorden hielt stets am Fest Me Empfängnis fest. Der hl. Bonaventura hatte es bereits beim Generalkapitel des Jahres 1263 für den ganzen Orden vorgeschrieben, doch nahm die Feier erst im 14. Jh. Gestalt an, als nunmehr der sel. → Duns Scotus († 1308) den Weg für die Erklärung der Lehre von der UE Ms gebahnt hatte. Am 8. 12. 1343 wurde die

Kirche S. Maria in Grottapinta der UE Ms geweiht und das dortige Mbild aus dem 13. Jh. so benannt. 1476 fügte dann → Sixtus IV. (1471—84) das Fest in den röm. Kalender ein. Ein weiteres Fest, das bes. dem R. des 15. Jh.s entsprach, ist »Maria Schnee«; es ist eine Frucht der Verbreitung des alljährlichen Gedächtnisses der Weihe der liberianischen Basilika an die GM unter Sixtus III. Der fromme Glaube an den wunderbaren Schneefall bestimmte in Verbindung mit diesem Ereignis die Ausdehnung des Festes auf die ganze Diözese unter dem Namen »Maria Schnee«. Diese Bezeichnung hat man bei der letzten Liturgiereform fallen lassen (Sartor 151), beibehalten wurde hingegen die Sitte, in Nachahmung des Schneefalls aus der Laterne der Cappella Borghese Blumen herabregnen zu lassen.

Die marian. Kunst dieser Epoche hat ihre Hauptgestalt im Mosaikkünstler und Maler Piero Cavallini (1250—1340/50). Seine Kunst reiht sich ein in die byz. Tradition, der er eine höchst persönliche Interpretation zu geben verstand, weshalb er als einer der größten ital. Meister des 13. und 14. Jh.s gilt. Von ihm und seiner Schule stammen die Mosaiken in der Apsis der Basilika S. Maria in Trastevere mit sieben gut erhaltenen und von feiner Farbigkeit geprägten Szenen aus dem Mleben. Zugrunde gegangen sind dagegen zwei Fresken der Kirche S. Cecilia in Trastevere, die das jüngste Gericht mit Christus, umgeben von M und den Engeln, und eine Verkündigung zeigten.

Neben der Schule Cavallinis gibt es noch andere Mbilder, etwa die »Madonna del Popolo« (Ende 12. Jh.), die sich ursprünglich im Lateran befand, aber von Gregor IX. der Kirche S. Maria del Popolo geschenkt wurde, als er diese Kirche vergrößerte und sie zur Pfarrkirche erhob. Der Schule des Iacopo Torriti gehört die Madonna im Apsismosaik von St. Johannes im Lateran an. M an der Seite anderer Heiliger streckt dort die Hand Christus entgegen, der in der Höhe als Quelle der Gnaden dargestellt ist, zugleich aber hält sie die Hand zum Schutz über die Tiara Papst Nikolaus' IV. (1288—92), des ersten Papstes aus dem Franziskanerorden. Die Inschrift »Nikolaus IV. Knecht der Mutter Gottes« ist ein tiefempfundenes Zeugnis für dessen Liebe zur GM. In der Bildhauerei ist die Krippendarstellung in der Krypta der Cappella Sistina von S. Maria Maggiore bemerkenswert. Sie wurde ursprünglich Arnolfo di Cambio († 1302) zugeschrieben, auch wenn die heutigen Figuren des Jesuskindes und der GM wohl dem späten 16. Jh. angehören. In dieser Kirche hatte die Verehrung der Krippe immer eine große Bedeutung, da dort eine Reliquie der Krippe Jesu aufbewahrt und verehrt wird. Um die Mitte des 17. Jh.s war die Basilika auch unter der Bezeichnung »S. Maria ad Praesepe« bekannt, und man feierte an Weihnachten dort eine nächtliche Messe, um auf diese Tatsache hinzuweisen (Sartor 152). Madonnen aus dem 13. und 14. Jh. gibt es noch in den Kirchen SS. Cosma e Damiano, S. Gregorio, S. Silvestre, S. Paolo fuori le Mura, S. Prassede und S. Maria in Via Lata. Die Basilika im Lateran birgt ein Gemälde, das die Aufnahme Ms in den Himmel zeigt und das ursprünglich den Saal schmückte, in dem die ersten fünf Laterankonzilien abgehalten wurden.

7. Der marianische Eifer auf karitativem Gebiet im Rom des 15. Jh.s. Das Zeitalter des abendländischen Schismas (1378—1417) und der Schwächung des päpstlichen Primats, der durch die Konzilien von Pisa (1409), Konstanz (1414—18) und Basel (1439) erschüttert worden war, ist eine Epoche von Heiligen mit großem rel. Eifer und voller Nächstenliebe. Dabei stärkte gerade die wahre MV den Einsatz und Eifer für die Armen. Ein gutes Beispiel dafür ist das Leben der hl. → Franziska Romana (1384—1439), die sich am 15. 8. 1425 mit einigen vornehmen Damen aus R. der GM geweiht hatte. Ihr Ziel war es, das eigene Leben als Christinnen glaubwürdiger zu leben, indem sie v. a. die Nächstenliebe gegenüber den Armen und Kranken praktizierte. An den Mfesten versammelten sie sich in S. Maria Nova, um die GM zu ehren und die hl. Kommunion zu empfangen. Unter dem Einfluß einer intensiven MV wurde dieser Versuch einer Gemeinschaft mit der Zeit eine wirkliche Ordenskongregation. Am 25. 3. 1433 (Me Verkündigung) traten die Oblatinnen in das Kloster Tor de' Specchi ein. Sie bezeichneten sich als Kongregation der Oblatinnen des hl. Benedikt, sind heute aber eher unter dem Namen »Oblatinnen der hl. Franziska Romana« bekannt (vgl. Francesca Romana segno dei tempi. Monastero Oblate di S. Francesca Romana, 1984).

Zur gleichen Zeit teilte auch der hl. → Bernhardin v. Siena († 1444) mit der hl. Franziska die Hingabe an die Armen und die tiefe Liebe zu M, die er in voller Übereinstimmung mit seiner franziskanischen Spiritualität pflegte. Bernhardin durchwanderte fast ganz Italien und predigte mehr als 30 Jahre, u. a. mehrere Monate auch in R. im Auftrag Papst Martins V. (1417—31). Seine marian. Ansprachen ruhen auf solider theol. Grundlage, wobei die Würde der GM, der Königin des Himmels und der Erde, hervorgehoben wird. Ihre Stellung als Mittlerin der Gnade drückt Bernhardin in den Begriffen seiner Zeit aus: »Alle Gnaden gelangen von Gott zu Christus, von Christus zur Gottesmutter, und schließlich werden sie von ihr in wunderbarer Ordnung an uns verteilt« (Serm. IV De Annunt. 2).

Der florentinische Heilige Antonino Pierozzo aus dem Dominikanerorden († 1459) leitete einige Jahre den Konvent S. Maria sopra Minerva. Auch er sorgte für die Armen, denen er seine ganzen Einkünfte schenkte, v. a. aber war er ein guter Hirte, verständnisvoll und klug, sowie ein unermüdlicher Schriftsteller, der in seiner Summa Theologia den marian. Themen einen breiten Raum gab. Im Kloster S. Maria sopra Minerva lebte auch einige Jahre der sel. Fra → Angelico (um 1400—55). Unter seinen zahlreichen Kunstwerken verehren die Römer bes. das Gemälde ULF vom Rosenkranz in S. Maria sopra Minerva, das zeigt, wie sehr die Verehrung des Rosenkranzes in den Dominikanerklöstern R.s verwurzelt war; und in der Tat hatten die Mönche dieses Klosters 1440 die Bruderschaft der Verkündigung ins Leben gerufen, mit dem Ziel, die GM zu verehren und Mittel zur Unterstützung armer Mädchen zu sammeln (Ceccarelli 26). Die Ziele der Bruderschaft sind in einer Kapelle der Kirche auf einem Gemälde Antoniazzo Romanos († 1508), des fruchtbarsten Madonnenmalers R.s in diesem Jh., dargestellt. Das Werk zeigt die Verkündigung an M, während im Hintergrund Gott den Gründer der Bruderschaft und drei junge Mädchen segnet, die von M einen Beutel mit ihrer Mitgift entgegennehmen. Auf diese Bruderschaft folgte in derselben Kirche die Rosenkranzbruderschaft, die 1481, also nur sieben Jahre nach ihrer Gründung in Köln, dort ihren Anfang nahm. Die Rosenkranzbruderschaften verbreiteten sich im 17. Jh. in der ganzen Welt; ihre Hauptförderer waren die Dominikaner.

8. Maria im Rom der Renaissance und in der Zeit der tridentinischen Erneuerung. Am Ende des 14. Jh.s ist die Renaissance mitten in ihrer Entwicklung. Der Vatikan wird immer mehr ein Hof von Pracht und Weltlichkeit, und die Stadt wird von einer Welle der Bautätigkeit überrollt, der sich ein Papst nach dem anderen widmet. Sixtus IV. (1471—84), Innozenz VIII. (1484—94), Alexander VI. (1492—1503), Julius II. (1503—13) und Leo X. (1513—21) sind damit beschäftigt, aus R. die erste Hauptstadt Europas zu machen. Insgesamt gesehen, haben sie sich ein unvergängliches Verdienst als Förderer der besten Künstler in einer Zeit des ständigen Fortschritts auf dem Gebiet der Kunst und der Wissenschaften erworben. Sie haben sich jedoch nicht mit dem gleichen Elan den eigentlichen kirchlichen und rel. Aufgaben gewidmet, sondern sich von politischen Zielen und einem bedauernswerten Nepotismus leiten lassen. Dennoch war das geistliche Leben nicht völlig aus R. verschwunden. Es äußerte sich in Werken der Frömmigkeit und der Nächstenliebe. So entstanden neben neuen Kranken-, Waisen- und Ordenshäusern auch neue Bruderschaften sowie weitere Mkirchen, und immer mehr Mbilder wurden Gegenstand inniger Verehrung.

R. wird in der Renaissance mit bedeutenden Kunstwerken bereichert, von denen viele das Lob Ms verkünden: In der Architektur verwirklicht Raffaello Santi († 1520) den Bau der Cappella Chigi in S. Maria del Popolo, Bramante († 1514) ist der Schöpfer des Kreuzgangs von S. Maria della Pace, Michelangelo Buonarroti († 1564) errichtet die Kirche S. Maria degli Angeli durch Umwandlung der Thermen des Diokletian und Giacomo della Porta († 1603) baut S. Maria dei Monti in der Mitte des gleichnamigen Stadtviertels. In der Bildhauerei schuf Andrea Sansovino († 1570) die Madonna del Parto in der Kirche des hl. Augustinus. Von Michelangelo stammen mehrere Skulpturen der Pietà; die bekannteste in St. Peter ist ein Meisterwerk der Betrachtung und der unsterblichen Verdichtung der ma. und modernen Verehrung der compassio Ms. Unter den Malern ragt Raffael mit seinen Madonnen von unvergleichlicher Schönheit und voll von ästhetischem Empfinden hervor, Beispiele sind die Himmelfahrt Ms und die Madonna di Foligno im Vatikan sowie die Kreuzabnahme in der Galleria Borghese. Aus dieser Zeit stammt auch das monumentale Jüngste Gericht Michelangelos in der Sixtinischen Kapelle mit M, die für die Sünder Fürbitte einlegt und gleichzeitig die Verwerfung der Verdammten geschehen lassen muß. Schließlich folgt in der KM auf den aus R. stammenden Costanzo Festa († 1545) der geniale Giovanni da → Palestrina († 1594), der lange Zeit Leiter der Cappella Papale in St. Peter war und 35 Mal das Magnificat vertont hat. Von ihm stammen außerdem zwölf Mmessen, ein Stabat Mater und weitere marian. Motetten. Palestrina trug wesentlich dazu bei, der KM bei den kirchlichen Feiern und Andachten einen Platz einzuräumem und sie von aller Künstelei und von profanen Elementen zu reinigen.

Das Wiederaufblühen der Kunst im Dienste Ms wurde aber nicht begleitet von einer entsprechenden Entwicklung auf dem Gebiete der Lehre und der Liturgie, auch wenn es nicht an einigen Elementen in dieser Richtung fehlte. Ganz bes. festigte sich die Lehre von der UE, die von dem Franziskanerpapst Sixtus IV. wirksam vertreten wurde. Abgesehen von der Billigung von zwei Offizien und zwei Meßfeiern zu Ehren dieses Geheimnisses, nahm er das Fest offiziell in den röm. Kalender auf und baute bei der Peterskirche eine Kapelle zu Ehren der UE, eben jene berühmte Sixtinische Kapelle mit Michelangelos Fresken, in der seit Jh.en das Konklave abgehalten wird. Mit diesen Maßnahmen trug Sixtus IV. wesentlich zur Verbreitung des Glaubens an die UE bei, der damals von einigen Theologen, v. a. aus dem Dominikanerorden, bekämpft wurde. Mit Sixtus IV. steht auch das Fest der Schmerzhaften Mutter Gottes in Verbindung, das er 1482 in das Röm. Missale aufnahm. Das Fest hieß damals »ULF von der Barmherzigkeit« und war ganz auf die heilstiftende Tätigkeit Ms unter dem Kreuz gerichtet. Benedikt XIII. (1724—30) wies diesem Fest den schmerzhaften Freitag zu und gab ihm den Namen »von den sieben Schmerzen Mariens«, doch ist dieses Fest wegen der zweiten Feier der sieben Schmerzen Mariens am 15. September bei der letzten Liturgiereform verschwunden.

In der 2. Hälfte des 16. Jh.s und unter dem Einfluß des Konzils von Trient (1545—63) wuchs das Verlangen nach größerer Einheit zwischen Leben und Ausübung der Religion. Im Rahmen dieser umfassenden Bewegung betreffen drei Aspekte in besonderer Weise die MV: das Fest

ULF vom Rosenkranz, das Wirken einiger großer Heiliger und Persönlichkeiten sowie die Verbreitung der Bruderschaften.

Das Rosenkranzfest entstand wenige Jahre nach dem Konzil und wurde vom Volk mit großer Begeisterung angenommen, da es mit den Kämpfen gegen die Türken in Zusammenhang stand. In der Tat hatte während des ganzen 16. Jh.s die expansive Politik der Hohen Pforte das Habsburgerreich in den Grenzgebieten von Österreich und Ungarn zu Verteidigungsmaßnahmen gezwungen; die Überlegenheit der Türken zur See ließ die ital. Halbinsel geradezu zittern, da sie den Angriffen zur See sowie ständigen Akten der Piraterie ausgesetzt war. Der Seesieg bei → Lepanto (1571) mußte in der gesamten Christenheit einen gewaltigen Eindruck hervorrufen. Pius V. hatte die Gläubigen zum Gebet des Rosenkranzes aufgefordert, um den Sieg zu erringen, und als der Sieg errungen war, zögerte er nicht, ihn der Fürbitte M̄s zuzuschreiben.

Nach dem Tod Pius' V. führte Gregor XIII. (1572—85) das Fest zur Erinnerung an die Hilfe M̄s ein. Der Papst wählte für die Festfeier den ersten Sonntag im Oktober, den Tag, an dem zwei Jahre zuvor die Schlacht geschlagen worden war. Bei der jährlichen Wiederkehr des Festes fand eine feierliche Prozession statt, die von S. Maria sopra Minerva ausging. Dabei wurde eine Statue der GM mit dem Jesuskind und mit dem Rosenkranz in der Hand mitgeführt; manchmal nahm auch der Papst selbst an der Prozession teil und folgte mit einer brennenden Kerze der Madonna (Ceccarelli 17). Doch schon vor der Einführung des Rosenkranzfestes hatten sich die Päpste an die GM gewandt, um die Türkengefahr abzuwehren. Leo X. (1513—21) ging barfuß mit dem Kardinalskollegium und der röm. Geistlichkeit in Prozession von St. Peter nach S. Maria di Minerva, begleitet von den marian. Gnadenbildern aus der Kirche Ara Coeli und aus S. Maria in Portico.

Diese Zeugnisse der MV erfuhren noch eine Verstärkung durch das Beispiel und das Wirken bedeutender Heiliger. So flößte etwa → Ignatius v. Loyola († 1556) den Jesuiten eine glühende Liebe zu M̄ ein. Er selbst wollte seine erste hl. Messe in S. Maria Maggiore feiern und empfahl in den Konstitutionen den Rosenkranz und das Offizium der allerseligsten Jungfrau M̄, Andachtsübungen, die er persönlich praktizierte. Wenige Jahre nach seinem Tod gründete der belgische Jesuit Jean → Leunis im röm. Kolleg eine marian. Gruppe, aus der die marian. Kongregationen der Jesuiten hervorgehen sollten; sie breiteten sich bald auf andere Kollegien der SJ in der ganzen Welt aus und wurden mit der Zeit eine Schule christl. Lebens und der Verkündigung des Evangeliums für Gläubige aller Stände. Die Jesuiten begründeten außerdem die röm. Sitte, täglich ein Bild M̄s zu besuchen. Ihre weitere Entwicklung führte in neuerer Zeit zum monatlichen Turnus der röm. M̄kirchen: abwechselnd wird eine berühmte Madonna der Stadt zur Verehrung ausgesetzt.

Ein anderer Heiliger, der in R. viel verehrt wird, ist der hl. Philipp → Neri († 1595), einer der Patrone der Stadt, in der er über 60 Jahre lebte. Durch seine Seelenführung und durch die Verwaltung des Bußsakramentes hatte Philipp Kontakte zu Personen aller Art und zu allen gesellschaftlichen Schichten, und so gründete er das → Oratorium und die Kongregation der Oratorianer. Ihm war eine große MV eigen, die er auch in seiner Kongregation einführte, was die Tatsache beweist, daß sich die Mitglieder der Kongregation nach ihrem Eintritt und nach einer Generalbeichte sofort unter den Schutz M̄s stellen mußten, indem sie sie zu ihrer Fürsprecherin und Mutter erwählten. Er wollte auch die Jungfrau mit dem Jesuskind als Symbol der Kongregation, um auf die zentrale Stellung M̄s im Oratorium hinzuweisen (vgl. A. Venturoli, S. Filippo Neri, 1988, 117). Dem hl. Philipp Neri schreibt man ferner die Verbreitung der → Maiandacht in R. zu, denn er forderte die jungen Leute auf, in diesem Monat täglich der Madonna Blumen zu bringen, Loblieder zu ihrer Ehre zu singen und Akte der Abtötung als geistliche Blumen oder »Blümlein« zu vollbringen (vgl. »Il Rosario e la Nuova Pompei« 18 [1992] n. 3, 14f.).

Schließlich ist die Entstehung zahlreicher Bruderschaften, von denen einige in besonderer Weise der GM geweiht waren als Frucht der Reform durch das Konzil von Trient im marian. Geiste zu betrachten. Aufgabe der M̄bruderschaft vom Gebet und vom guten Tode, die 1583 in R. gegründet wurde, war es, die Toten in geweihter Erde beizusetzen; denn in jener Zeit blieben nicht selten Verstobene wegen äußerster Armut und großer Entfernung von bewohnten Orten ohne Begräbnis. Andere Bruderschaften stehen mit den verschiedensten Berufen in Verbindung: Bäcker, Weber, Metzger und Buchdrucker haben nacheinander eigene Bruderschaften ins Leben gerufen. Dabei war es von großem Nutzen, wenn neben dem Gemeinschaftshaus dieser Berufsgruppen eine Kapelle oder ein Oratorium bestand, um der Betreuung der Kranken, dem Gottesdienst und der Fürbitte für die Verstorbenen zu dienen. Häufig entwickelten sich solche Bruderschaften unter dem Schutz eines bestimmten M̄bildes. Die Madonna von Loreto wurde bes. von den Bäckern verehrt, S. Maria della Quercia von den Metzgern usw. Sehr zahlreich sind die röm. M̄bilder, deren Verehrung in dieser Zeit begonnen hat oder verstärkt wurde, und zwar fast immer im Zusammenhang mit einer wunderbaren Begebenheit: So rettete etwa S. Maria dei Miracoli ein Kind, das in den Tiber gefallen war, vor dem Tod. S. Maria della Purità heilte einen Behinderten und S. Maria del Pianto vergoß Tränen bei einer Mordtat. Die Erinnerung an die Wohltaten M̄s förderte auch die Andacht zu den verschiedenen Bildnissen der Madonna della Grazia in der Stadt. Das bekannteste Bild, das von Albenzio de Rossi, einem Mönch aus Kalabrien, von Jerusalem nach R. gebracht worden war, stammt aus dem 11./12. Jh. Der Ruf der Heiligkeit des Ordensmannes und das ehrwürdige Alter des Gnadenbildes trugen dazu bei, seine Verehrung zu verbreiten. Heute verehrt man es in der Kirche, die Pius XII. 1941 zu diesem Zwecke errichten ließ. Die von M erlangten Gnaden sind nicht nur ein Gegenstand der Frömmigkeit, sondern sie beschäftigen in dieser Zeit der Auseinandersetzung mit den Protestanten auch die Theol. M ist nicht Christus gleich. Nur Christus ist der Mittler, aber M ist die »Wasserleitung«, die Verteilerin der göttlichen Gnaden, die zu uns aus ihren jungfräulichen Händen gelangen.

9. Die Marienverehrung nach dem Konzil von Trient. Die marian. Bewegung des 17. und 18. Jh.s war bestrebt, die Stellung Ms im Leben des Christen nicht so sehr durch mannigfache Andachtsübungen als vielmehr durch eine einheitliche innere Haltung der Hingabe an die GM hervorzuheben. Die neue Orientierung erwies sich als notwendig angesichts der Gefahr des Formalismus in der Frömmigkeit, der manchmal einem echten gelebten Christentum entgegenstand. A. → Widenfeld († 1678) wollte mit seinem Buch »Avvisi salutari della Vergine ai suoi devoti indiscreti« (Gent 1673) den Protestanten die MV verständlicher machen, doch setzte er sich damit dem Vorwurf des Jansenismus aus, worauf das Werk von Clemens X. (1670—76) indiziert wurde. Aber auch dieser Papst sah sich gezwungen, den Übertreibungen und unziemlichen Praktiken der MV entgegenzutreten. So widersetzte er sich z. B. dem Gebrauch von Hand- und Fußketten, mit denen die Mitglieder der Bruderschaft der Sklaven Ms ihren marian. Dienst deutlich machen wollten (vgl. Bullarium Romanum XVIII, Neapel 1882, 440 b). Und ein halbes Jh. später wurde der v. a. in Italien, Spanien und Portugal bekannte Brauch des »Blutgelübdes« verboten, durch das sich einige Verehrer der UE bereit erklärten, ihr Blut für die Verteidigung dieser Wahrheit zu vergießen.

Die MV des röm. Volkes war nicht allzu vielen Auseinandersetzungen dieser Art ausgesetzt. V. a. trugen die Jesuiten in Predigt und Seelenführung dazu bei, eine einfache und nützliche Volksfrömmigkeit zu entwickeln und zugleich Oberflächlichkeit und Aberglauben einzugrenzen (vgl. L. Fiorani, Le edicole nella vita religiosa di Roma fra Cinquecento e Settecento, In: Edicole Sacre Romane, 1990, 96—106). Darüber hinaus wurde die Verehrung der Herzen Jesu und Me gefördert, die vom hl. Johannes → Eudes († 1680), aber auch von Papst Clemens X. empfohlen wurde. Im Laufe der Jahre entstanden einige Bruderschaften zum unbefleckten Herzen Me, wobei die Franziskanerminoriten als erste in R. in ihrer Kirche S. Salvatore in Onda (1753) eine solche Bruderschaft beherbergten. Tief verwurzelt im röm. Volk war damals die Sitte der Krönung von Mbildern, die von den Päpsten und vom kath. Adel gefördert wurde. Clemens VIII. (1592—1605) krönte z. B. das Gnadenbild Salus Populi Romani in S. Maria Maggiore mit einer mit Edelsteinen besetzten Krone. V. a. aber gab Graf Alessandro Sforza Piacentini dieser frommen Übung großen Auftrieb, denn er ließ ab 1631 auf eigene Kosten zahlreiche Mbilder krönen, wobei er die Auswahl dem Kapitel der Peterskirche übertrug. So waren gegen Ende des 17. Jh.s über 100 Mbilder gekrönt, was auch einer testamentarischen Stiftung des Grafen zu verdanken war, die seinem Werk Beständigkeit verleihen sollte.

Eines der ersten so gekrönten Bilder war die Madonna della Vittoria, ursprünglich ein einfacher Druck, der von einem Ordensmann in der Schlacht am Weißen Berg (1620) mitgetragen wurde. Als dort die in Böhmen eingedrungenen kath. Heere König Friedrich V. besiegt hatten, gelangte dieses Bild über München und Wien nach R., wo es Paul V. (1605—21) mit dem Namen S. Maria della Vittoria in die von Carlo Maderno († 1629) kurz vorher vollendete Kirche bringen ließ. Das Original ging bei einem Brand verloren, deswegen wird heute dort nur eine Kopie des Gnadenbildes verehrt. Unter den Kirchen dieser Zeit muß auch S. Maria in Portico in Campitelli erwähnt werden, deren Namen sich auf die Legende der hl. Galla, einer vornehmen Römerin des 6. Jh.s bezieht, die ein Mbild fand, während sie zehn Arme in der Vorhalle ihres Hauses bewirtete. Auf Grund dieser Legende ließ Papst Gregor VII. im 11. Jh. die Kirche S. Maria in Portico erbauen und schenkte ihr ein altehrwürdiges Mbild, dem man das Ende der Pest (1073) und der Cholera (1656) zuschrieb. Wegen dieser Hilfe durch die Madonna beschloß der Senat von R. 1667 den Bau einer neuen Kirche für das Gnadenbild auf der Piazza Campitelli, wo das Bild noch heute verehrt wird.

Der Barock hat zahlreichen röm. Kirchen seinen Stempel aufgedrückt; dies gilt für die »Zwillingskirchen« an der Piazza del Popolo, die beide der GM geweiht sind und berühmte Baumeister haben: S. Maria dei Miracoli stammt von C. Rainaldi († 1691), S. Maria in Montesanto von Rainaldi und Bernini († 1680) sowie von Carlo Fontana († 1714). Pietro da Cortona († 1669) ist der Schöpfer der Fassade von S. Maria in Via Lata und malte das aufsehenerregende Fresko der Vision des hl. Philipp Neri in S. Maria in Vallicella (Chiesa Nuova), das den Traum darstellt, in dem der Heilige sah, wie M einen Teil des Kirchendaches aufrichtete, das wegen eines riesigen falsch angebrachten Balkens einzustürzen drohte. Tags darauf bestätigte sich der Traum und die Katastrophe konnte vermieden werden.

Abgesehen von Werken mit hohem künstlerischem Wert — vgl. die Mbilder von Rubens, Caravaggio, Sassoferrato u. a. — bergen zahlreiche

Nischen in den Häusern und Mauern R.s das Bild der GM. Die Römer setzten so den Brauch des Urchristentums fort, das Geheimnis des Glaubens zur Betrachtung der Gläubigen in die Mauern der Katakomben einzufügen. Noch heute sind Nischen aus dem 14. Jh. erhalten, von denen einige mit berühmten Namen kirchlicher Persönlichkeiten und Künstler in Verbindung stehen: z. B. ist in der Via dei Coronari die berühmte Imago Pontis der Krönung Ms aufgestellt, die A. di Sangallo († 1546) im Auftrag von Kardinal A. Serra geschaffen hat, und an der Piazza dell' Orologio befindet sich die Himmelfahrt Ms in einer Straßenkapelle Borrominis († 1667). Von eingen dieser Madonnen heißt es, sie hätten die Augen bewegt oder in der Zeit vom 9.7.1796 bis zum Januar des folgenden Jahres geweint, als sich in R. die Truppen Napoleons aufhielten. In Anbetracht der Dauer dieses Phänomens führte der Kardinalvikar einen kanonischen Prozeß durch, bei dem etwa 1000 Zeugen vernommen wurden. Dabei wurde die Echtheit der wunderbaren Begebenheit für insgesamt 26 Gnadenbilder anerkannt (Huetter 41). Zur Erinnerung daran führte Papst Pius VI. (1775—79) in der Diözese R. das Fest »Wunder der Jungfrau Maria« ein, das am 9. Juli begangen wurde. Im Laufe des folgenden Jh.s wurden bei der Besetzung des Kirchenstaates durch die Italiener, die zur »Römischen Frage« (1870) führte, einige Straßennischen entweder profaniert oder aber von den Gläubigen entfernt, um sie vor den Übergriffen der Antiklerikalen zu schützen. Unter den erhaltenen Bildern befindet sich die Madonna dell' Archeto, die als erste die Augen bewegt haben soll; sie war damals in einem winzigen Tempel aufbewahrt, der 1851 für die Verehrung durch das Volk errichtet wurde.

Die Zeit der Franz. Revolution brachte weitere Formen der MV. Pius VII. (1800—23) wollte das Fest der Sieben Schmerzen Me, das von den Serviten bereits seit dem 17. Jh. begangen wurde, auf die ganze Kirche ausdehnen. Außerdem führte er in R. zur Erinnerung an seine Rückkehr aus der franz. Gefangenschaft im Mai 1814 das Fest »Maria Hilfe der Christen« ein. Die Verehrung Ms unter diesem Titel nahm beim röm. Volk rasch zu sowohl durch das Wirken des hl. Johannes → Bosco († 1888), dem dieser Ehrentitel ganz bes. am Herzen lag, als auch durch das Verdienst des hl. Vinzenz → Pallotti († 1850), des neuen Apostels der Stadt R., der als einer der Vorläufer der Kath. Aktion gilt. Mit seinem Wirken und seinen Schriften verkündigte er Ms als Beschützerin und Vorbild des kath. Apostolats.

Im Verlauf der ersten Jahrzehnte des 19. Jh.s werden allmählich die letzten Widerstände gegen die Verkündigung des Dogmas von der UE Ms abgebaut. Der Boden wird vorbereitet durch die Merscheinungen der hl. Katharina → Labouré, die 1830 mit dem Auftrag begannen, die Wundertätige → Medaille mit der Inschrift »O Maria, ohne Sünde empfangen, bitte für uns, die wir zu dir unsere Zuflucht nehmen« zu prägen. Die Medaille verbreitete sich rasch im Volk und führte in Frankreich zum Entstehen der ersten Gruppen der Töchter der Unbefleckten Mutter, einer Vereinigung, die in Rom eine zweite Gründerin in der Marchesa Constanza Lepri hatte und sich in der Folgezeit wegen ihres volkstümlichen Charakters und ihres Einsatzes in den Pfarreien in der ganzen Welt verbreitete. Die Wundertätige Medaille stand außerdem am Beginn eines von der Madonna zehn Jahre nach der Erscheinung gewirkten Wunders, als welches man die plötzliche Bekehrung des Juden Alphonse → Ratisbonne ansah. Diese Nachricht verbreitete sich in ganz R., so daß viele Menschen an seiner Tauffeier in der Kirche Il Gesù teilnahmen.

Derartige Begebenheiten trugen dazu bei, ein Klima der Begeisterung für die Glaubenswahrheit der UE zu schaffen, und begünstigten die immer klareren Stellungnahmen der Päpste, bis diese dann mit Pius IX. (1846—78) zur dogm. Definition vom 8.12.1854 führten. Die Stadt reagierte begeistert auf dieses Ereignis und füllte sich mit Lichtern, Fackeln und Feuerwerk. Außerdem plante man ein Denkmal auf der beliebten Piazza di Spagna, das dann anläßlich des dritten Jahrestages der Dogmatisierung eingeweiht wurde. Eine Bronzestatue der Immaculata steht auf einer Säule, die von einem mit vier Propheten geschmückten Sockel gehalten wird. Seit 1929 versammeln sich die Römer — häufig auch unter Leitung des Papstes — auf diesem Platz, um zur Verehrung der UE vor dem Denkmal zu beten und Blumen niederzulegen.

Ein weiteres marian. Ereignis ist die Prozession der Madonna di Noantri, die alljährlich stattfindet und v. a. im Stadtteil Trastevere sehr populär ist. Seit Jh.en wird sie am Fest Maria vom Berge Karmel abgehalten. Ihr geht ein Triduum mit eucharistischen und marian. Andachten in der Kirche S. Agata voraus. Daran beteiligen sich Bruderschaften, Vereinigungen aus den Pfarreien und verschiedene Vertretungen der Bürgerschaft, die manchmal charakteristische alte Trachten tragen. Das Bild der Madonna di Noantri wird anschließend in die Basilika S. Crisogono übertragen, wo acht Tage lang marian. Andachten und Betrachtungen stattfinden. Am letzten Tag kehrt man dann in Prozession in die Kirche der hl. Agatha zurück.

10. Maria im Rom des 20. Jh.s. Neben den alljährlichen Feiern der Mfeste hat R. im 20. Jh. denkwürdige Tage erlebt, an denen in der Feier Ms als GM und Mutter der Kirche beispielhaft der Weg christl. Glaubens durch die Jh.e erkennbar wurde. 1500 Jahre nach dem Konzil von Ephesos (431) feierte Papst Pius XI. (1922—39) die Theotokos am Weihnachtsfest 1931 mit der Enzyklika »Lux Veritatis«, um an den gemeinsamen Glauben an das große christl. Dogma zu erinnern, und kündigte gleichzeitig einen marian. Kongreß an. Damals fand eine feierliche Prozession mit dem Bild

Salus Populi Romani entlang der Via Merulana statt, die die Mkirche mit dem Lateran verbindet. Auf der Piazza S. Giovanni neben der Scala Santa kam es zur Begegnung mit dem »Erlöserbild«, wobei die uralte Tradition der Einheit der beiden Bilder wiederaufgenommen wurde. Die beiden Bilder zogen gemeinsam in die Basilika ein, nachdem das nizäno-konstantinopolitanische Glaubensbekenntnis gesprochen worden war. Dann wurde im Innern der Kirche das Magnifikat gesungen.

Eine weitere marian. Prozession von großer Bedeutung hielt man 16 Jahre später anläßlich der Weihe R.s an das Unbefleckte Herz Ms. Im Gefolge dieser Weihe wurden dann die Kirche und das ganze Menschengeschlecht von Papst Pius XII. (1939—58) am 31. 10. 1942 dem Herzen Me geweiht und 1944 wurde dieses Fest für die ganze Kirche vorgeschrieben. Damals versammelten sich die Römer unterhalb des Kapitols, um an der Weihe teilzunehmen, die vom Bürgermeister der Stadt auf dem Platz der Basilika des Senats und des Volks von R. (Ara Coeli) vollzogen wurde. Vorher war das Mbild dieser Basilika in Prozession durch die Straßen und über die Plätze des Kapitolshügels getragen worden (Ceccarelli 16). Die Weihe der Stadt wurde nach den deutlichen Beweisen des Schutzes beschlossen, die M den Römern im Zweiten Weltkrieg gegeben hatte. Dieser Schutz förderte unter anderem die Andacht zur Madonna del Divino Amore in den Wallfahrtskirchen an der Via Ardeatina (16. Jh.). Während der Bombenangriffe 1943/44 wurde das Gnadenbild in die Kirche S. Ignazio gebracht, wo es im Mai 1944 vom Papst und den Gläubigen häufig aufgesucht wurde. Als sich die amerikanischen Truppen der Stadt näherten und man einen blutigen Kampf befürchten mußte, legten die Römer vor dem Bild das Gelübde ab, ihr christl. Leben zu erneuern und für das Bild ein neues Heiligtum zu erbauen, wenn die Stadt verschont wurde. Nachdem die dt. Truppen kampflos abgezogen waren, wurde die Madonna von Pius XII. zur Retterin der Stadt ausgerufen, und das Versprechen eingelöst. Seitdem ist die Kirche ein beliebtes Ziel marian. Pilgerfahrten geworden.

Ein weiteres Ziel häufiger Pilgerfahrten ist die Vergine della Rivelazione alle Tre Fontane. Im April 1947 soll die GM dem Bruno Cornacchiola, einem eifrigen Propagandisten der Adventisten, erschienen sein, während er in der Nähe von Tre Fontane mit seinen Kindern spazieren ging. Die Erscheinung, die auch die Kinder gesehen haben sollen, und das Gespräch mit der GM veränderten sein Leben; er bekehrte sich und widmete sich von nun an mit großem Eifer dem Apostolat. Auch wenn die kirchlichen Behörden sich noch nicht offiziell über die Begebenheit geäußert haben, so haben doch zahlreiche Meldungen von wunderbaren Heilungen und Bekehrungen am Ort der Erscheinung eine mächtige Bewegung im Volk hervorgerufen. Die Verkündigung des Dogmas von der leiblichen Aufnahme Ms in den Himmel (1950) und die Feier des marian. Jahres 1954 anläßlich der Jh.feier der Verkündigung des Dogmas von der UE Ms sind zwei weitere Meilensteine der MV unter dem Pontifikat Pius' XII. Am Morgen des 1. 11. 1950 verkündete Pius XII. vor einer unüberschaubaren Menge auf dem Petersplatz als letztes marian. Dogma die Aufnahme Ms mit Leib und Seele am Ende ihres irdischen Lebens in die Herrlichkeit des Himmels. Am Vorabend war das Gnadenbild Salus Populi Romani in einer langen Prozession unter Glockengeläut in die Peterskirche getragen worden. Am 8. 12. 1953 begann das erste marian. Jahr der Kirchengeschichte. Dieses Jahr, von Pius XII. mit der Enzyklika »Fulgens Corona« angekündigt, mit der feierlichen Krönung des von den Römern hochverehrten Gnadenbildes in der Peterskirche und der Einführung des Festes M Königin beschlossen, war reich an Initiativen auf sozialem, karitativem und kulturellem Gebiet.

Abgesehen von diesen großen Ereignissen seien der hl. Maximilian → Kolbe († 1941) als Gründer der Miliz der Unbefleckten und der sel. Josemaria → Escrivá († 1975) als Gründer des Opus Dei sowie alle Päpste dieses Jh.s genannt, die die MV intensiv gefördert haben. Ferner sei Maria Desideri erwähnt, die die internat. Bewegung des Königtums Ms ins Leben rief (1933), sowie Luigi Novaresi, der geistige Vater der marian. Priesterliga (1943), und die Diener Gottes Umberto Terenzi († 1974), der Begründer des Werkes der Göttlichen Liebe, und Giacomo Alberione († 1972), der Gründer der »Paolinischen Familie« und Initiator der in R. erscheinenden Zeitschrift »Madre di Dio«. Selbstverständlich gehören auch alle männlichen und weiblichen marian. Kongregationen, Institute und Vereinigungen dazu, die mannigfache Formen der marian. Spiritualität gepflegt haben.

In diesem Klima der lebendigen Präsenz der GM sind verschiedene marian. Studienzentren entstanden. Der schon 1835 gegründeten Pontificia Accademia dell' Immacolata folgte die Pontificia Accademia Mariana Internazionale. Ihr Gründer ist der Mariologe C. → Balić († 1977) aus dem Franziskanerorden, ihr Ziel ist es, die Initiativen der verschiedenen mariol. Gesellschaften zu koordinieren und die wissenschaftlichen Studien über M zu fördern. Anerkannt und ermutigt durch Papst → Johannes XXIII. (1958—63), hat die Akademie elf mariol. und marian. Kongresse organisiert sowie die Veröffentlichung der Berichte und verschiedener mariol. Reihen mit historischem und theol. Charakter besorgt. Anläßlich des ersten dieser Kongresse im Hl. Jahr 1950 in R. entstand die Accademia Mariana Salesiana, die zur päpstlichen Universität der Salesianer Don Boscos gehört. Das Zentrum fördert die wissenschaftlichen Studien bei den Salesianern und setzt sich zum Ziel, die Verehrung Ms, bes. unter dem Titel »Auxilium Christianorum«, im Geiste des hl. Johannes Bosco zu fördern. Vorher war in Bergamo das Centro Mariano Monfortano entstanden, das 1950 nach R. verlegt wurde. Seit seiner Gründung hat es bes. die M.lehre des → Grignion v. Montfort († 1716) verbreitet, indem es verschiedene Werke veröffentlichte und verschiedene Formen marian. Frömmigkeit im Geiste der Spiritualität des Heiligen förderte. Die Zeitschrift des Centro »Madre e Regina« bringt den Lesern allmonatlich den Lebensvorsatz des hl. Grignion nahe, Jesus mit M, in M und durch M zu dienen.

Das aktivste marian. Zentrum R.s ist die theol. Fakultät »Marianum«, die Pius XII. 1950 in Leben gerufen und den Serviten anvertraut hat. Sie kann alle akademischen Grade, also auch das Doktorat, mit der Spezialisierung auf Mariol. verleihen und außerdem verschiedene zweijährige Kurse abhalten, nach deren Abschluß dann die entsprechenden Titel verliehen werden. Seit 1976 hält die Fakultät im Abstand von zwei Jahren internat. mariol. Symposien ab, um moderne Formulierungen zu entwickeln, die den verschiedenen Aspekten des Geheimnisses Ms gerecht werden. Neben der theol. Zeitschrift »Marianum« und den Akten der Symposien werden zahlreiche Essays und Forschungen der Professoren und Studenten veröffentlicht. Bes. die marian. Bibliographie G. M. Besuttis ist ein wertvolles Hilfsmittel. Schließlich verfügt die Fakultät über eine umfangreiche marian. Bibliothek mit über 80 000 Bänden. Eine weitere marian. Initiative, die kurz vor dem Zweiten Vaticanum ihren Anfang nahm, ist das Collegamento Mariano Nazionale. 1958 zur Koordination von Aktivitäten und zum Erfahrungsaustausch der verschiedenen marian. Zentren Italiens ins Leben gerufen, hat das Collegamento am jährlichen Treffen der Leiter der marian. Wallfahrtsstätten Italiens und an einer marian. Studienwoche für Seelsorger festgehalten. Die marian. Jugendtreffen und die Zeitschrift »La Madonna« sind weitere Initiativen des Collegamento.

Das wichtigste marian. Ereignis dieses Jh.s war sicherlich das Zweite Vaticanum, da von ihm marian. Perspektiven für Lehre, Liturgie, Pastoral und Privatfrömmigkeit ausgingen. Das Konzil wollte M wieder an den Ausgangspunkt und in das eigentliche Zentrum des Mysteriums der Erlösung stellen. Die Einfügung Ms in die dogm. Konstitution über die Kirche kann als ein Zeichen der beispielhaften Beziehung betrachtet werden, die zwischen M und der Kirche besteht. M ist Typus und Vollendung der Kirche. Darüber hinaus ist sie Mutter der Kirche, ist sie doch Mutter Christi und des ganzen Volkes Gottes, sowohl der Gläubigen wie auch ihrer Hirten. Paul VI. (1963—78) legte großen Wert darauf, dies zum Abschluß der dritten Sitzung des Konzils feierlich zu verkünden; er bot mit diesem Ehrentitel eine Synthese der Mariol. des Konzils. Zwei Aspekte erschließen v. a. eine erneuerte MV in Übereinstimmung mit dem Konzil: Die Entdeckung Ms in der Betrachtung jener Frau, die sich aus freien Stücken im Glauben den Plänen Gottes hingegeben hat, und die Entdeckung der Mutter, die uns geliebt hat angesichts ihres Sohnes, der sich als Opfergabe für uns hingegeben hat. In diese Richtung zielen auch die marian. Dokumente der letzten Päpste und ganz bes. die apost. Enzykliken »Marialis Cultus« Pauls VI. (1974) und »Redemptoris Mater« Johannes Pauls II. (1987). Im Einklang mit den Zielen des Konzils sind in R. weitere marian. Studienzentren entstanden: das Centro di Cultura Mariana »Mater Ecclesiae«, das unter den Gläubigen gemäß den gegenwärtigen Anordnungen der Kirchenleitung eine tiefere Kenntnis der GM vermitteln will, und die Interdisziplinäre ital. mariol. Gesellschaft, die sich zum Ziel gesetzt hat, die wissenschaftliche Forschung im Hinblick auf M unter besonderer Berücksichtigung der Beziehung zwischen Glaube und Wissen zu fördern. In der vom Konzil gewiesenen Richtung legt R. weiterhin Zeugnis für seine MV ab. Hierzu gehört seit 1981 das Mosaik der Mater Ecclesiae auf dem Petersplatz, einer Kopie der Madonna della Colonna aus dem 15. Jh. (Peterskirche), das Johannes Paul II. auf Anregung eines Studenten anfertigen ließ, der ihn darauf hingewiesen habe, daß der Petersplatz nicht vollkommen sei, solange ein Bild der Madonna fehle, das die Gläubigen während der rel. Feiern dort sehen könnten. Am 25. 3. 1984 weihte Papst Johannes Paul II. die gesamte Welt dem Unbefleckten Herzen Ms, und zwar vor der Gnadenstatue aus Fatima, die er eigens für diesen Weiheakt von Portugal nach R. hatte kommen lassen.

Eine marian. Geste von großer Bedeutung war die Ausrufung des Marian. Jahres 1987, des zweiten in der Kirchengeschichte, das Papst Johannes Paul II. am 1. 1. 1987 angekündigt hatte. Er erklärte dabei, man müsse sich anschicken, die Ankunft des dritten Jahrtausends zu feiern, in dem man das Mysterium Ms vertiefe und gemäß ihrem Vorbild die Zustimmung zum Willen Gottes erneuern. Das Jubeljahr begann am Pfingsttag. Am Vorabend betete der Hl. Vater den Rosenkranz vor dem Gnadenbild Salus Populi Romani, wobei er über das Fernsehen mit 16 M.heiligtümern in aller Welt verbunden war. Einige Stunden später fand die Eröffnungszeremonie im Rahmen der Eucharistiefeier vom Pfingstfest statt. Während des Marian. Jahres wurden zahlreiche Initiativen in Kultur, Liturgie und Seelsorge ergriffen, die von Wallfahrtsorten, Kirchen und Marian. Organisationen ausgingen. Auch die KM leistete mit den Konzerten der Consociatio Internationalis Musicae ihren Beitrag. Unter dem Aspekt der Liturgie und der Ökumene seien einige liturg. Feiern der kath. Kirchen des orient. Ritus zu Ehren Ms erwähnt. So wurde M z. B. im Stundengebet und in den Meßfeiern im armenischen und syro-maronitischen Ritus gepriesen (vgl. J. Castellano, Un monumento di storia e di pietà liturgica, In:

Mar. 53 [1991] 253—258). Das Marian. Jahr schloß am 15.8.1988 mit der Vigil im alexandrinisch-koptischen Ritus in S. Maria Maggiore und der feierlichen Eucharistie in der Peterskirche, die über das Fernsehen in alle Welt übertragen wurde. Dabei richtete der Hl. Vater folgendes Gebet an die GM: »Heilige Maria, Jungfrau aller Anfänge, vertrauensvoll rufen wir zu dir an der unsicheren Schwelle des dritten Jahrtausends des Lebens der heiligen Kirche Christi: Kirche bist du selbst, du demütige Wohnstätte des Wortes, allein durch den Hauch des Heiligen Geistes. Begleite barmherzig unsere Schritte zu den Grenzen einer erlösten und friedvollen Menschheit und mache unser Herz froh und stark in der Sicherheit, daß der Drache nicht stärker ist als deine Schönheit, du schwache und ewige Frau, als erste erlöst und einzigartige Freundin jedweder Kreatur, die noch seufzt und hofft in der Welt. Amen.«

Lit.: P. Bombelli, Raccolta delle immagini della B. V. ornate dalla corona d'oro dal Rev. Cap. di S. Pietro, 4 Bde., Roma 1792. — I. Schuster, Liber sacramentorum VIII, 1927. — G. Venturini, La visita quotidiana ai santuari mariani di Roma, 1928. — CampanaC. — Manoir, bes. IV 51—63. — G. Ceccarelli, Feste, confraternite e tradizioni popolari mariane in Roma, In: ASC IX, 1953, 14—32. — L. Huetter, Cappelle, edicole e immagini mariane in Roma, ebd. 32—50. — R. U. Montini, Iconografia mariana di Roma, 1953. — Graef. — M. Dejonghe, Orbis Marianus I, Les madonnes couronées de Rome, 1968. — Ders. Roma santuario mariano, 1969 (zitiert: Dejonghe, Roma). — G. M. Roschini, Maria Santissima nella storia di salvezza, 1969. — M. Patrassi, Antichissime immagini di devozione del popolo romano, In: Capitolium 46 (1971) 49—57. — Th. Klauser, Rom und der Kult der Gottesmutter Maria, In: JAC 15 (1972) 120—135. — Ente provinziale per il turismo, Edicole mariane a Roma, 1973. — Th. Koehler, Maria nella vita della Chiesa, 5 Bde., 1976. — G. Meaolo, Presenza di Maria nella storia della chiesa italiana, In: Madonna 28 (1980) 46—70. — Theotokos. — J. Bezzina, Le icone della Madonna a Roma fino al secolo X, In: Melita Theologica 34 (1983) 46—56. — D. Marcucci, Santuari mariani d'Italia, 1983. — R. Laurentin, Breve trattato sulla Vergine Maria, 1987. — D. M. Sartor, Le feste della Madonna, 1987. — G. Gharib, Le icone della Madre di Dio, 1987. — G. D'Onofrio, Maria, 1987. — E. M. Jung-Inglessis, Römische Madonnen, 1983. — Zeppegno-Mattonelli, Le chiese di Roma, 1990. — A. Ravaglioni (Hrsg.), Santuari cristiani del Lazio, 1992. — NDMar². — DSp X 409—482. A. Ducay

Romançon, Benildus → Benildus R.

Romanische Kunst. Im Gegensatz zu früheren Epochen bietet die Romanik (etwa Mitte 11. bis frühes 13. Jh.) verstärkt die Möglichkeit, umfassendere Zyklen in Malerei und Skulptur infolge des Auftretens neuer Gattungen darzustellen. Neue formale Aufgaben wie Fassadendekorationen (Frankreich), Portale (Deutschland, Italien), Wandmalerei (Italien, Frankreich, Spanien, Deutschland), v. a. aber umfangreiche Zyklen in der Buchmalerei bilden hierfür den Rahmen. Trotzdem bleibt die Mikonographie immer im größeren Kontext der christol. Verkündigung eingebunden (→ Ottonische Kunst). National gesehen läßt sich zwischen den großen europäischen Kunstnationen differenzieren. In Deutschland dominiert in der Skulptur des 12. Jh.s die Entwicklung der ikonographischen Themen am Einzelobjekt des kirchlichen Mobiliars. Zum einen führt man den frühma. Typ

Ruhpolding, Romanische Madonna, 1220/30

der thronenden Madonna bis in das frühe 13. Jh. weiter (Hannover, Niedersächsische Landesgalerie, um 1160/80; Paderborn, Erzbischöfliches Mus., um 1160/80; Zülpich-Hoven, Kloster Marienborn, um 1160; freieres Verhältnis von M und Kind: Aachen, Suermondt-Mus., um 1170; Dortmund, ev. Marienkirche, um 1230; Ruhpolding, Pfarrkirche, 1220/30; zum anderen bieten sich neue Formgelegenheiten für Darstellungen Ms an in Triumphkreuzgruppen (Wechselburg, Schloßkirche, nach 1230; Freiberg, ev. Pfarrkirche, um 1230; Halberstadt, Dom, um 1220), an Retabeln (Erfurt, Dom, thronende Madonna, um 1160) und an den Tympana (Köln, Schnütgen-Mus., Deesis aus St. Pantaleon, um 1170/75). Die Gustorfer Chorschranken (Bonn, Rhein. Landesmus., um 1170) zeigen die thronende Madonna der Epiphanie, ein Typ, der auch bei den Altarretabeln von Brauweiler (kath. Pfarrkirche, um 1175/80) und Oberpleis (kath. Pfarrkirche, um 1190) nachwirkt. In einer Variation finden sich am Portal des südlichen Querhauses der ev. Pfarrkirche von Gelnhausen (um 1210/20) Maria Magdalena und die hl. Katharina von Alexandrien, welche die thronende Madonna flankieren. An Chorschranken ist in Halberstadt (ev. Pfarrkirche, um 1215/20) die thronende Madonna umgeben von Aposteln, in

Hildesheim (ev. Pfarrkirche, um 1197) die stehende Ⓜ mit Kind dargestellt. Eine komplexe Ikonographie formuliert die steinerne »Siegburger Madonna« (Köln, Schnütgen-Mus., um 1160) als gekrönte Ⓜ mit Jesusknaben und Apfel (Rücklehne eines Abtstuhles [?], Armlehnen eines Throns [?]) und leitet zur Portalikonographie der »Goldenen Pforte« über (Freiberg, ev. Pfarrkirche, um 1230): thronende Ⓜ Regina mit Kind, Hll. Drei Könige, Gabriel und Joseph. Ⓜ ist »Sedes Sapientiae« und neue Eva (Paradiesesapfel). Verschiedene ikonographische Typen (Epiphanie, Verkündigung) sind zu einem heilsgeschichtlichen Gesamtkonzept verschmolzen (vgl. Windberg, ehem. Prämonstratenserkirche, 2. Viertel 13. Jh.; Bamberg, Dom, »Gnadenpforte«, um 1230). In der dt. Elfenbeinskulptur ist in der zweiten Hälfte des 12. Jh.s eine Tendenz zu ausgeprägt narrativen Zyklen zu bemerken (Elfenbein, Köln, Schnütgen-Mus., »gestichelte Gruppe«: Geburt, Kreuzigung, Ostermorgen, Himmelfahrt, Köln, um 1150/70). In der »Vierge de Dom Rupert« (Lüttich, um 1149—58) wird mit der Inschrift (Ez 44,2) auf Ⓜ als Pforte des Himmels angespielt. Die dt. Wandmalerei zeigt verschiedenenorts neue Akzente: Epiphanie (Lambach, Benediktinerstiftskirche, Westchor, um 1089); Ⓜ als »ecclesia« (Regensburg/Prüfening, Benediktinerstiftskirche, Hochchor, 2. Viertel 12. Jh.); thronende Madonna, flankiert von Engeln (Hocheppan/Südtirol, Burgkapelle, um 1200); Brustbild Ⓜ mit Lilie, umgeben von einem Ring mit Engeln und klugen Jungfrauen (Perschen, Friedhofskapelle, 3. Viertel 12. Jh.). Die Ⓜikonographie der Schatzkunst scheint ihren Ausgang an Deckplatten von Tragaltären (Berlin, Stiftung Preuß. Kulturbesitz, um 1150/60; Siegburg, Schatzkammer, Gregoriustragaltar, um 1180) zu nehmen und gipfelt in den komplexen Programmen des Ⓜschreins des → Nikolaus v. Verdun in Tournai (Schatzkammer der Kathedrale, um 1205; linke Längswand: Verkündigung, Heimsuchung, Geburt; rechte Längswand: Flucht nach Ägypten, Darstellung und Taufe; Schmalseiten: Epiphanie und Pantokrator) und des Aachener Ⓜschreins (Münster, 1238). Zentraler Punkt der Ikonographie des Aachener Schreins ist die Querhausstirnseite mit Ⓜ als neuer Eva. Diese übergibt ihrem Sohn den Apfel (= Globus, Reichsapfel), mit dem sich Christus an der Schmalseite als Allherrscher präsentiert. In der Buchmalerei ragt das Stuttgarter Passionale (Stuttgart, Württemberg. Landesbibl., bibl. fol. 56, fol. 15ʳ) mit einer Ⓜ mit Kind und Lilienszepter hervor. Mit der Darstellung der Geburt in der Bibel von Floreffe (London, Brit. Library, Add. 17738, fol. 168ʳ, 1150/60) wird allegorisch das Einhorn (vgl. Physiologus) kombiniert.

Italien entwickelt die Themen in der Skulptur im Norden in größeren Zusammenhängen, in Mittel- und Süditalien am Einzelobjekt. Das Tympanon von S. Giustina in Padua reflektiert den Einfluß der franz. Skulptur (Paris, Notre-Dame, Annenportal). Das Baptisterium in Parma (1196) zeigt in einer Lünette die Darbringung Christi, in einer anderen die thronende Madonna einer Epiphanie mit Joseph und Engel in großer Ähnlichkeit zur Freiberger »Goldenen Pforte«. Die venezianische Skulptur ist traditionell von Byzanz bestimmt. Byz. Ⓜikonographie zeigen ein Triptychon mit stehendem Christus zwischen Ⓜ und Johannes dem Täufer (S. Marco, Ende 10. Jh.) und eine Orantin (13. Jh. [?], S. Marco, Inneres). Narrativ bestimmt ist die Tür der Porta S. Ranieri des Domes zu Pisa (1180 von Bonanus v. Pisa geschaffen). In Rom und Latium entsteht im frühen 13. Jh. eine Gruppe thronender Madonnen (Alatri, Dom; Rom, Pal. Venezia). Die seit jeher durch Mosaike und Kultbildtradition (»Salus Populi Romani«) in Rom prominent vertretene Ⓜikonographie erfährt in der Apsisausstattung von S. Maria in Trastevere (unter Innozenz II., 1130—43) mit Ⓜ als Braut und Christus als Bräutigam (vgl. Hoheslied) ihren Höhepunkt. In der Rezeption des Schemas der streng axialen Madonnen lebt die Kunst des 12. Jh.s (Toscanella, S. Pietro, um 1120/30) vom Rückgriff auf ältere röm. Traditionen (S. Prassede, Zenonkapelle, 9. Jh.). Die »Regina Angelorum« zeigt sowohl eine Exsultetrolle im Kathedralarchiv von Salerno (12. Jh.) als auch die Pala des Patriarchen Pellegrino im Dom zu Cividale (1196—1204). In der Buchmalerei besonders hervorzuheben ist der illustrierte »Libellus de virginitate S. Mariae« des → Ildefons v. Toledo (Parma, Bibl. Palatina, Ms. lat. 1650, um 1100) und in Spanien der »Codex Calixtinus« (Santiago de Compostela, 13. Jh.).

In England finden Ⓜdarstellungen weniger in der Skulptur (Fownhope, St. Mary's Church, Tympanon, um 1140; London, Victoria and Albert Mus., 2. Viertel 12. Jh.; York, um 1155) als vielmehr in der Buchmalerei Eingang. Zum einen sind die Darstellungen an der vorromanischen Kunst orientiert (Oxford, Bodleian Library, Ms. Bodley 269, um 1130/40: Ⓜ in einer zweifachen Mandorla), zum anderen zeigen sie ungewohnte erzählerische Momente (Hildesheim, St. Godehard, Albanipsalter, 1120/30). Über den traditionellen christol. Zyklus hinausgehend stellt der Winchester Psalter (London, British Library, Ms. Nero C IV., 2. Viertel 12. Jh.) die apokryphe Ⓜlegende von der Verkündigung an Anna bis zur Darstellung der Jungfrau dar.

Frankreich ist durch ein reiches Schaffen in der Wandmalerei vertreten. Das Fresko der Darbringung Christi in der Kirche Vicq-sur-St.-Chartrier (2. Viertel 12. Jh.) zeigt den seit ottonischer Zeit gängigen Typ mit rahmender Architektur. Am Ende der romanischen Periode in Frankreich steht ein Fresko der thronenden Ⓜ mit Kind, welches die »ecclesia« krönt (Montmorillon-sur-Gartempe). Wesentlich strengeren Charakter besitzen die thronenden Madonnen in Spanien (z. B. S. Maria de Tahull, um 1123).

Einer italo-byz. Vorlage folgt das Fresko der Verkündigung an ⟨M⟩, die den Spinnfaden in Händen hält (Barcelona, Museo de Arte de Cataluña, Fresko aus Pedro de Sorpe, 2. Viertel 12. Jh.). Mit der ⟨M⟩frömmigkeit des Zisterzienserordens entstehen in der franz. Buchmalerei neue Tendenzen (Cîteaux, Ms. 129, fol. 4^{av}, 1. Hälfte 12. Jh.: ⟨M⟩ mit Kind in der Wurzel Jesse, vgl. hier auch: Dijon, Bibl. municipale, ms. 641, fol. 40^v, 1. Drittel, 12. Jh.). In der franz. Skulptur gibt es neben einer Vielzahl an thronenden Madonnen in frühma. Tradition (s. Forsyth) einen ausgeprägten Hang zur Dekoration von kleinteiligen Bauteilen wie Kapitellen (St. Benôit-sur-Loire, Toulouse, Autun, Saulieu), Leibungen und Friesen (Moissac) sowie Bogenfeldern (Poitiers). Die Tympana der ehemaligen Abteikirche von Ste. Madeleine Vézelay (1125/30) weisen schon auf die kommende Epoche gotischer Portaldekorationen.

Lit.: P. Toesca, Storia dell' arte italiana I, 1927. — R. Sattelmair (Übers.), Romanische Madonnen, 1964. — O. Demus, Romanische Wandmalerei, 1968. — H. Fillitz, Das Mittelalter I, 1969. — I. Forsyth, The Throne of Wisdom, 1972. — B. Rupprecht, Romanische Skulptur in Frankreich, 1975. — R. Budde, Dt. Romanische Skulptur 1050–1250, 1979. — A. Legner, Dt. Kunst der Romanik, 1982. — W. Cahn, Die Bibel in der Romanik, 1982. — X. Barral i Altet, F. Avril und D. Gabarit-Chopin, Romanische Kunst, 2 Bde., 1983 f. — Ausst.-Kat., English Romanesque Art 1066–1200, 1984.

W. Telesko

Romanos Melodos, * im letzten Viertel des 5. Jh.s im syr. Emesa (heute Homs), wird R. Melodos (»der Sänger«) jung zum Diakon der Auferstehungskirche in Berytos (Beirut) geweiht und kommt zur Zeit des Kaisers Anastasios I. (491–518) nach Konstantinopel, wo er sich (als Mönch?) in der ⟨M⟩kirche ἐν τοῖς Κύρου (vielleicht das Kyriotissa-Kloster, heute Kalenderhane-Moschee) niederläßt. Der Legende nach ließ ⟨M⟩ den zuvor unmusikalischen R. am Weihnachtsabend im Traum ein Blatt eines Codex verschlingen, woraufhin er den Ambo seiner Kirche bestieg und höchst melodisch das berühmte erste Kontakion (der Name vielleicht von dem Stab herzuleiten, um welchen die liturg. Rollen gewickelt waren) »Heute gebiert die Jungfrau …« rezitierte. Seitdem — so das Synaxar — habe R. bis zu seinem Tod etwa tausend Kontakia gedichtet und komponiert. R. starb wahrscheinlich vor Ende 562 (da das Kontakion auf die zweite Einweihung der Sophienkirche am 24. 12. 562 nicht von ihm verfaßt wurde). Seine Verehrung (Festtag 1. Oktober) ist in der Orthodoxie seit Kaiser Herakleios (610–641) nachweisbar.

Das Kontakion, künstlerischer Höhepunkt der griech. Kirchendichtung, scheint sich erst kurz vor R. aus wenig faßbaren Vorformen in akzentuierenden Metren entwickelt zu haben, wird aber von R. sogleich in virtuoser Meisterschaft eingesetzt. Im wesentlichen eine metrische Predigt (oft verbunden mit einem Schlußgebet), deren Rezitation bzw. Gesang nach der jeweils spezifischen, in einer vorgeschriebenen Tonart zu singenden Melodie in der Liturgie verankert war, bestand das Kontakion aus metrisch gleich gebauten Strophen (den Oikoi), welche durch eine → Akrostichis verbunden waren, und einer allometrischen Einleitungsstrophe (dem Prooimion), welche mit den Strophen den Refrain gemeinsam hatte. Die Kontakia vermittelten den Gläubigen in eindringlicher dichterischer Form, intensiviert durch den musikalischen Vortrag, Interpretationen heilsgeschichtlicher Ereignisse, speziell des irdischen Wirkens und Leidens Christi, in enger Anlehnung an das Kirchenjahr und seine Hochfeste. Fallweise nahm R. auch auf anderes (aktuelles) Geschehen Bezug, so in Kontakion LIV (Zählung im folgenden, wenn nicht anders angegeben, nach Grosdidier de Matons) »Auf Erdbeben und Feuersbrünste«, in dem R. anläßlich der Einweihung (537) des Neubaus der während des Nika-Aufstandes (532) zerstörten Hagia Sophia vordergründig die göttliche Weisheit (σοφία) und Kraft (δύναμις) feiert, letztlich aber ein Bekenntnis zum christl. Kaisertum (Schlußgebet) ablegt, oder in Kontakion LI, in dem R. auf Erdbeben zwischen 542 und 557 anspielt. Kontakia auf einzelne Heilige gehören hingegen erst der nachklassischen Epoche dieser dichterischen Form an und sind von R. nicht überliefert. Seine Quellen sind neben AT und NT vor allem → Ephräm, → Basilius v. Caesarea, → Johannes Chrysostomus und → Basilius v. Seleukia.

Unter dem Namen des R. sind in spätbyz. Kontakaria etwa 90 Stücke überliefert, von denen heute knapp 60 als echt anerkannt werden. Wenngleich unter seinen Werken — entsprechend dem über Heiligenhymnen Gesagten — keine ⟨M⟩hymnen im eigentlichen Sinne zu finden sind (ausgenommen den → Akathistos-Hymnos, falls er R. zuzuschreiben ist), so wird ⟨M⟩ doch in vielen Kontakia erwähnt und steht — auf Grund des heilsgeschichtlichen Zusammenhanges — insbesondere bei Texten auf diejenigen Kirchenfeste im Mittelpunkt, welche sich auf Christi Geburt und Erdenleben bis zum Beginn seines öffentlichen Wirkens beziehen; die sieben in dieser Hinsicht bedeutsamsten Kontakia seien im folgen kurz charakterisiert.

Kontakion XXXV (Maas) auf ⟨M⟩e Geburt (8. September) referiert das Wunder der Niederkunft Annas (Refrain: »Die Unfruchtbare gebiert die Gottesgebärerin, unsere Lebensspenderin«), gedenkt der diesbezüglichen atl. Vorbilder (Sara) und Prophezeiungen und betont ⟨M⟩s von Anfang an gegebene und niemals verlorene Heiligkeit. — Kontakion IX (25. März) beschreibt in enger Anlehnung an den Evangelientext in der Form lebhafter und einfühlsamer Dialoge zwischen Gabriel (Refrain: »Sei gegrüßt, du unvermählte Braut«), ⟨M⟩ und Joseph die seelische Entwicklung des hl. Paares von ungläubiger Ablehnung und Zweifeln zur inneren Annahme des Empfängniswunders, verbunden mit der Erkenntnis von dessen heilsgeschichtlicher Relevanz. — Kontakion X (25. Dezember), dem Synaxar nach R.' Erstlingswerk, entfaltet die Parabeln des AT um das zentrale Bild Betlehems als des neuen Gartens Eden und vermittelt den Zuhörern den theol. Inhalt der Geburt Christi erneut in Dialogform, wobei 𝓜 gegenüber Christus und den Magiern inhaltlich — als Fragende und die Fragen letztlich auch Beantwortende — und formal dominiert; sie eröffnet den Dialog und beendet ihn wiederum, mit einem Schlußgebet an »das kleine Kind — Gott vor allen Zeiten« (Refrain). — In einem gewissen Gegensatz zu der partienweise fast intimen Atmosphäre von Kontakion X ist der rhetorisch ausgefeilte zweite Weihnachtshymnus XI zu sehen, der das Geschehen aus der Sicht der aus dem Todesschlaf erweckten Stammeltern interpretiert, welche die »Begnadete« (Refrain) um Vermittlung anflehen. Gebet und Gespräch zwischen Adam, Eva, 𝓜 und Christus verdeutlichen den Gläubigen die Größe der Urschuld ebenso wie das Ausmaß des Erlösungswillens Christi, wodurch bei 𝓜 bereits unmittelbar nach Christi Geburt die Sorge um das kommende Leiden des Herrn aufkeimt. — In Kontakion XII (26. Dezember) steht die Empfängnis ähnlich Kontakion IX, aber vornehmlich aus der Sicht Josephs und 𝓜s, im Mittelpunkt, wobei die reiche Dokumentation aus dem AT ebenso deutlich wird wie das unbefangene Fragen 𝓜s, zu welchem der Refrain »Die Jungfrau gebiert und bleibt nach der Geburt doch wiederum Jungfrau« kontrastiert. — Kontakion XIV (2. Februar) beschreibt zunächst 𝓜s Gedanken beim Gang zum Tempel, eine dichterische Formulierung der Frage nach der göttlichen und der menschlichen Natur Christi, »der allein die Menschen liebt« (Refrain). In der Darstellungsszene kommt Simeon nach seinem Dankgebet an Christus auf die Frage zurück, belehrt 𝓜 über die Naturen und über die Bestimmung ihres Sohnes »zum Falle und zur Auferstehung« vieler und prophezeit ihr Kreuzigung und Auferstehung (worauf Christus ihn auf seine Bitte hin ins ewige Leben entläßt). — Schließlich nimmt Kontakion XVIII (Mittwoch der 2. Fastenwoche) die Hochzeit zu Kana zum Anlaß, um erneut auf die jungfräuliche Mutterschaft und die Vermittlerrolle 𝓜s zu Gott, »der alles in Weisheit schuf« (Refrain), einzugehen, und zugleich das Weinwunder als Plädoyer für den »unverfälschten Wein« der Orthodoxie (gegen aktuelle häretische Lehren) zu interpretieren.

Auffallend ist aus heutiger Sicht die »Absenz« 𝓜s in den zahlreichen Kontakia, welche Leiden und Auferstehung Christi zum Inhalt haben (Kontakia XXXII—XLIV). Lediglich in Kontakion XXXV (Karfreitag) stimmt 𝓜 unter dem Kreuz eine bewegende Klage an (Refrain: »Mein Sohn und Gott!«) und erinnert Christus an Kana (vgl. Kontakion XVIII), worauf der Gekreuzigte ihr die Größe seiner Aufgabe vor Augen hält und dadurch ihren Schmerz mildert.

Aus dem vorangegangenen Überblick ergibt sich, daß 𝓜 als Mutter des Herrn in R.' Oeuvre durchaus eine zentrale Bedeutung hat, daß sie aber noch keineswegs in jenem Ausmaß die Rolle der Mittlerin, Fürsprecherin und Beschützerin spielt, die ihr erstmals 626 als Verteidigerin Konstantinopels in Kriegsgefahr zugewiesen wird — damals entstand wohl das berühmte zweite Prooimion »An die im Kampf beistehende Heerführerin« zum Akathistos-Hymnos — und welche sie seitdem einnimmt. Bei R. stehen die christol. Probleme des 5. und 6. Jh.s im Mittelpunkt, und in diesem Zusammenhang ist auch 𝓜 aktiv in seine Verspredigten eingebunden. Konsequent sind es — im Gegensatz zu den zahlreichen Kontakia R.', welche die Leidensgeschichte behandeln — wesentlich Kontakia über Themen, die um die Geburt Christi und den ersten Abschnitt seines irdischen Wirkens kreisen, in welchen 𝓜 als aktive, mitwirkende Gestalt vor uns tritt.

Ausg.: N. B Tomadakes, Ῥομανοῦ τοῦ Μελῳδοῦ Ὕμνοι I—IV, 1952—61. — P. Maas und C. A. Trypanis, Sancti Romani Melodi Cantica I—II, 1963—70. — J. Grosdidier de Matons, Romanos le Mélode, Hymnes I—V (SC 99. 110. 114. 128. 283), 1964—81.
Lit.: Beck 425—428. — E. Wellesz, A History of Byzantine Music and Hymnography, ²1961. — R. J. Schork, Typology in the Kontakia of Romanos, In: Studia patristica 6 (1962) 211—220. — O. Lampsides, Über Romanos den Meloden. Ein unveröffentlichter hagiographischer Text, In: ByZ 61 (1968) 36—39. — J. Grosdidier de Matons, Romanos le Mélode et les origines de la poésie religieuse à Byzance, 1977. — Ders., Liturgie et hymnographie: Kontakion et Kanon, In: DOP 34/35 (1980/81) 31—43. — J. Koder, Kontakion und politischer Vers, In: JÖB 33 (1983) 45—56. — Chr. Hannick, Zur Metrik des Kontakion, In: Byzantios, FS für H. Hunger, 1984, 107—119. — K. Mitsakis, Βυζαντινὴ Ὑμνογραφία, ²1986, 357 ff. — DSp XIII 898—908.
J. Koder

Romantik. I. KUNSTGESCHICHTE. Das seit dem 17. Jh. bezeugte Adjektiv »romantisch« bezeichnete ursprünglich lediglich die geistige Welt der ma. Ritterdichtung. Erst seit dem frühen 18. Jh. erhält der Begriff seine, dem heutigen Sprachgebrauch verwandte, spezifische Wertung, als mit der Ausformung der bürgerlichen Gesellschaft die historische Distanz zu eben dieser ritterlich-feudalen Welt spürbar wird. In Abgrenzung zum Wahren, zur Realität, kennzeichnet das Wort »romantisch« nun auf einer ersten Begriffsebene das »Romanhafte«, im übertragenen Sinne dann einmal das Phantastische, Abenteuerliche, aber auch das Unwirkliche oder Übertriebene.

Als Epochenbegriff wird der Terminus »Romantik« allgemein für die geistige und künstlerische (hier v. a. auch lit.) Bewegung in Europa etwa zwischen 1790 und 1830 gebraucht. V. a. für den Bereich der Kunst spiegelt diese begriffliche Einordnung allerdings eine Einheitlichkeit vor, die keinesfalls existiert hat. Dabei kann nicht nur für die einzelnen europäischen Länder eine sowohl zeitlich verschobene, als auch in ihrer spezifischen Ausprägung durchaus verschiedene Entfaltung konstatiert werden. Auf der gemeinsamen Grundlage einer durchaus verwandten Geisteshaltung entwickeln einzelne Künstler oder Künstlergruppen nicht nur eine individuelle Formensprache, auch ihre jeweilige Einstellung zu Kunst, Phil. und v. a. Religiosität ist höchst unterschiedlich.

Am ehesten läßt sich die romantische Geisteshaltung am Ende des 18. Jh. s einerseits historisch als bewußte Reaktion auf die politische und soziale Situation nach der franz. Revolution und verbunden damit phil. als Auseinandersetzung mit dem Gedankengut der Aufklärung erfassen. Der Betonung der Vernunft als einziger Maxime menschlichen Handelns stellt die romantische Phil. ein System moralischer Werte gegenüber, das zum einen auf den traditionellen Strukturen christl. Religion und zum zweiten auf der Wesenhaftigkeit seelischer Empfindungen beruht. Dem individuellen Erleben wird dabei größere Bedeutung zugemessen als einer a priori aufgestellten, allgemeingültigen Doktrin. Die Auseinandersetzung mit der Natur als Bild der Schöpfung, an der der Mensch u. a. kraft seelischer Empfindungen teilhat, geht dabei über den Rousseau'schen Naturbegriff hinaus.

In der romantischen Zeit übernimmt die Poesie die führende einende und harmonisierende Kraft, wie es u. a. auch Wilhelm Schlegel in einem 1799 erschienenen Aufsatz »Die Gemälde« in der damals führenden Zeitschrift »Athenäum« postulierte: »Das Verhältnis der bildenden Künste zur Poesie hat mich oft beschäftigt. Sie entlehnten Ideen von ihr, um sich über die nähere Wirklichkeit wegzuschwingen, und legen dagegen der umherschweifenden Einbildungskraft bestimmte Erscheinungen unter. Ohne gegenseitigen Einfluß würden sie alltäglich und knechtisch, und die Poesie zu einem unkörperlichen Phantom werden ... Sie (die Poesie) soll immer Führerin der bildenden Künste sein ...«. Aufgrund ihrer besonderen Eignung, Inhalte der lit. Produktion allgemein und der Poesie im besonderen zu gestalten, wurde innerhalb der bildenden Künste die Malerei zur eigentlichen Domäne romantischer Kunst.

In der Auseinandersetzung mit einem neuen Mbild waren es franz., in erster Linie aber Vertreter der dt. Malerei, die hier zu neuen Lösungen gelangten. Die Maler der engl. R. beschäftigten sich dagegen zunächst stärker mit dem Bild der Natur, das Dichter wie Wordsworth, Coleridge oder Shelley poetisch prägten. Erst die engl. Spät-R. bezieht in den Werken der → Präraffaeliten, hier v. a. bei William Dyce, Dante Gabriel Rosetti und John Rogers Herbert, das Bild Ms in enger Anlehnung an die Werke der dt. Nazarener ein.

Das für Frankreich entscheidende lit. Werk bezüglich der Neuorientierung romantischer Denkweise in Ausrichtung auf eine wieder auflebende Religiosität war zweifellos Chateaubriands »Le Génie du Christianism« (1802), das der Autor Napoleon widmete, der in diesem Jahr durch sein Konkordat mit dem Papst auch eine politische Rückwendung zur kath. Kirche vollzieht. In Reaktion auf den Versuch der Franz. Revolution, christl. Glauben und Kirche aus der Gesellschaft vollständig zu verbannen, erstellt Chateaubriand ein geradezu verklärendes Bild der gesamten christl. Weltanschauung, das von einer Beschreibung kirchlicher Einrichtungen und Traditionen bis hin zu christl. Poesie, Musik und Kunst reicht.

1821 entsteht Eugène Delacroix' »La Vierge du Sacré Coeur ou Triomphe de la Religion« (Ajaccio/Korsika, Kathedrale), das die Direktion der franz. Museen ursprünglich bei Théodore Géricault für das Kloster vom Hl. Herzen Jesu in Nantes bestellt hatte. Es handelt sich hierbei nicht im eigentlichsten Sinne um ein Mbild. Die auf einer Wolkenbank thronende Jungfrau, die in ihrer Linken das Kreuz und in ihrer Rechten triumphierend erhoben das strahlende Herz hält, ist zugleich auch eine Verkörperung der Religion, gleichsam Fides als Genius des Glaubens. In der strengen Dreieckskomposition und in der Gestaltung der Putten wird deutlich der Einfluß Raffaels erkennbar, die Figur der M/Fides zeigt Anklänge an die Kunst Michelangelos. Große Ausdrucksstärke zeigen verschiedene Ölskizzen Delacroix', auf denen Szenen aus dem Mleben dargestellt sind, so eine Verkündigung (Paris, Galerie Claude Bernard, 1841), eine Pietà (Oslo, Nasjonalgalleriet, um 1850), eine Beweinung Christi (Zürich, Sammlung Dr. Peter Nathan, um 1853) und v. a. eine Grablegung Christi (Tokyo, The National Mus. of Western Art, 1859), zu der Baudelaire im Salon von 1859 anmerkt: »Um auf die religiöse Malerei zurückzukommen, so dürfte es nicht leicht sein, einen Künstler zu finden, bei dem die Feierlichkeit, die eine Grablegung fordert, besser ausgedrückt wäre als hier bei Delacroix. ... Die Mutter ist der Ohnmacht nahe, kaum hält sie sich noch aufrecht! Im Vorbeigehen sei angemerkt, daß Eugène Delacroix, statt aus der allerheiligsten Mutter ein Albumweibchen zu machen, ihr stets eine tragische Gebärde und Großartigkeit verleiht, wie sie dieser Königin der Mütter durchaus angemessen sind.«

Viel stärker als bei Delacroix sind die Mdarstellungen von Jean Auguste Dominique → Ingres durch das Vorbild der Kunst Raffaels geprägt. 1827 entsteht seine Jungfrau mit dem blauen Schleier (New York, Sammlung Wildenstein). Sowohl hinsichtlich des hochovalen Bildformates, als auch in Bezug auf Komposition, Typologie und formale Gesichtspunkte folgt der Maler den Mdarstellungen Raffaels, die auch für seine weiteren marian. Gemälde ausschlaggebend bleiben werden. Neu ist bei Ingres seit 1840 das Thema der Madonna, die Hostie anbetend (Paris, Louvre), von dem es nachfolgend zahlreiche Variationen gibt. M erscheint darin stets in Halbfigur als Orantin mit seitlich erhobenen Händen, vor ihr zentral die Hostie, seitlich vervollständigt ein Heiligen- oder Engelspaar die Darstellung (→ Priestertum). 1824 malt Ingres »Das Gelübde Ludwigs XIII.« als Altarbild für die Kathedrale Notre-Dame seiner Heimatstadt Montauban. Das Gemälde wird zunächst im Salon von 1824 in Paris ausgestellt, wo es v. a. auch in Hinblick auf seinen rel. Inhalt begeistert aufgenommen wird. Dargestellt ist der Moment, in dem Ludwig XIII. kniend Szepter und Krone der Madonna darbietet. Die Mdarstellung folgt dabei in enger Anlehnung der Sixtinischen Madonna Raffaels.

Auch von Thèodore Géricault gibt es einige Darstellungen aus dem Leben Me, so eine Himmelfahrt (Bremen, Kunsthalle) und zwei Variationen der Grablegung Christi (Lyon, Musée des Beaux-Arts / Schweiz, Privatsammlung), allerdings handelt es sich dabei in erster Linie um formale Auseinandersetzungen mit ital. Malerei, um Kopien nach Tizian, Raffael und Caravaggio.

In Deutschland, wo das Mbild der R. wohl seine eindrucksvollste und nachhaltigste Ausprägung erhielt, waren es in erster Linie zwei lit. Werke, die das Verhältnis der Malerei zu einem neuen Bild des Glaubens prägten. 1797 erschienen die »Herzensergießungen eines kunstliebenden Klosterbruders« von Wilhelm Heinrich Wackenroder. Ausgehend von einer unmittelbaren Verbindung zwischen Religion und Kunst sieht Wackenroder in seiner Schrift, die in erster Linie Musik und Malerei behandelt, neben der unbestrittenen Vorbildrolle der ital. Malerei mit Leonardo, Raffael und Michelangelo auch in Dürer einen der entscheidensten Vertreter christl. Kunst. Diese Ausrichtung auch auf die altdt. Kunst und eine deutliche Orientierung am kath. Glauben wurden in der Folge zur wichtigsten Grundlage für die rel. Malerei der R. in Deutschland. Neben Wackenroder war es v. a. sein Freund Ludwig Tieck, der in seinem 1798 erschienenen Buch »Franz Sternbalds Wanderungen« einen noch stärkeren Bezug zum dt. MA begründete.

Im Bereich der dt. Malerei der R. waren es eigentlich ausschließlich Künstler des seit 1810 in Rom tätigen Künstlerbundes der Nazarener, die sich mit dem Bild Ms auseinandersetzten. Mit Ausnahme einer Darstellung der Ruhe auf der Flucht nach Ägypten von Philipp Otto → Runge (Hamburger Kunsthalle, 1805/06) gibt es weder von ihm noch von Caspar David Friedrich Darstellungen Ms.

Ganz anders als beispielsweise im Barock, spiegelt das Mbild der Nazarener in auffälliger Weise nie ihre Rolle als Himmelskönigin wider. Überhaupt sind separate Darstellungen Ms nicht zu finden. M wird entweder im szenischen Zusammenhang mit Motiven aus dem Mleben abgebildet, wie Verkündigung und Heimsuchung (Overbeck, Verkündigung und Heimsuchung, Basel, Kunstmus.; 1814, Schnorr v. Carolsfeld, Verkündigung, Berlin, Nationalgalerie, 1820) oder in Verbindung mit Motiven aus der Leidensgeschichte Christi, wie z. B. der Grablegung. Ebenfalls aus der Leidensgeschichte Christi stammt der Gang nach Golgatha, den beispielsweise Friedrich Wilhelm Schadow 1817 in einem kleinen Gemälde thematisiert (Kopenhagen, Thorvaldsens Mus.). Nach einer Überlieferung des apokryphen Nikodemusevangeliums wird hier die Begegnung der Mutter Jesu mit ihrem Sohn auf dem Weg zur Richtstätte gezeigt — eine Szene, die durch Passionsspiele und Erbauungsliteratur sehr populär war und in ihrer Betonung des mütterlichen Schmerzes Ms als typische Thematik einer romantisch-nazarenischen Mdarstellung gelten kann. In vergleichbarer Weise stellt auch Peter v. Cornelius in seiner Grablegung Christi in bes. betonter Weise den Schmerz der GM dar: Magdalena und Johannes halten die ohnmächtig zu Boden gesunkene M in ihren Armen (Kopenhagen, Thorvaldsens Mus., um 1820).

Wohl auch der erneuten Hinwendung zur Familie im privaten Bereich folgend, die die romantische Phil. den Erziehungsmodellen der Revolutionszeit entgegenstellte, war das eigentlich beliebteste Thema der Nazarener im Bereich der marian. Ikonographie die Darstellung der Hl. Familie, zu der man im weiteren Sinne hier auch die Darstellungen der Flucht nach Ägypten, der Anbetung der Könige und der M mit Christus- und Johannesknaben zählen kann. Eines der aussagekräftigsten Beispiele für die Transformation des christl.-bürgerlichen Familienideals der R. in den Bereich der rel. Malerei ist sicherlich Friedrich Wilhelm Schadows »Hl. Familie unter dem Portikus« (München, Neue Pinakothek, um 1818). M blickt liebevoll auf das schlafende Kind auf ihrem Schoß, während im Hintergrund der hl. Joseph einen Balken mit dem Beil bearbeitet. Zusätzlich zu dieser Bedeutungsebene klingt aber im Schlaf des Kindes als Bild des Todes schon die Vorahnung der Passion Christi an, worauf auch die Nelke in der Vase hinter der Madonna als traditionelles, der ma. Symbolik entlehntes Sinnbild hinweist.

Die Flucht nach Ägypten zählte in den ersten Jahrzehnten des 19. Jh. s zu den beliebtesten Bildthemen. Einmal sicherlich wegen der gewollten Durchbildung der Landschaft, v. a. aber wohl wegen der Möglichkeit, auch hier die Hl. Familie darzustellen. In der Flucht nach Ägypten von Julius Schnorr v. Carolsfeld (Düsseldorf, Kunstmus., 1828) sitzt M frontal auf dem Esel, das schlafende Kind zärtlich in ihren Mantel gehüllt. Der nebenher schreitende hl. Joseph blickt sorgenvoll auf Frau und Kind, während ein Engel den Esel führt. In ähnlicher Weise zeigt auch eine Vorzeichnung Johann Friedrich → Overbecks von 1811 (Lübeck, Mus. für Kunst und Kulturgeschichte), die die Anbetung der Könige darstellt, einen eher traulich familiären Charakter.

Auch diejenigen Gemälde, auf denen M allein mit dem Kind dargestellt ist, zeigen eine betont innige Beziehung zwischen Mutter und Kind, wie beispielsweise Overbecks »Madonna vor der Mauer« (Lübeck, Mus. für Kunst und Kulturgeschichte, 1811) oder seine »Madonna mit Kind« (Kopenhagen, Thorvaldsens Mus., vor 1819), zu der ein Zeitgenosse bemerkt: »Sie (M) ist daher das Bild der wahren Weiblichkeit selbst, weil in ihr Mutter und Jungfrau Ein Wesen ausmachen; und jedes wahrhaft weibliche Wesen ist der Madonna darin gleich« (Quandt 1819).

Weit verbreitet in der nazarenischen Malerei war auch die Gruppe der Madonna mit dem Christuskind und dem Johannesknaben, ein Thema, das schon Raffael als formales Vorbild in mehreren Variationen gestaltet hatte. Eng an Raffael angelehnt erscheint eine Bleistiftzeichnung der Brüder Riepenhausen (Mannheim, Städt. Kunsthalle, 1807), bei der die Gruppe der M mit Christuskind und Johannesknaben im Hintergrund noch durch den hl. Joseph ergänzt ist. Einem ähnlichen thematischen Kreis entspringt auch ein Gemälde von Peter v. Cornelius, das die hl. Elisabeth und den Johannesknaben vor der Madonna mit dem Kind zeigt (Frankfurt, Städel, 1809/11), im Hintergrund begleitet ein Engel mit einer Harfe die Gruppe. Die Nähe der nazarenischen Malerei zu Raffael wird bes. auch in einer Darstellung von M und Elisabeth mit dem Christuskind und dem Johannesknaben von Overbeck deutlich (München, Neue Pinakothek, 1825). Die Komposition der Gruppe, ihre Einbindung in die Landschaft, ja sogar Details der Körperhaltung einzelner Figuren erinnern an die »Hl. Familie aus dem Hause Canigiani« von Raffael.

Trotz der nun mehrfach erwähnten Orientierung nazarenischer Maler an die ital. Malerei der Hochrenaissance und hier v.a. an Raffael sind ihre Werke keinesfalls bloße Kopien, die in rein eklektizistischer Weise Form und Inhalt übernehmen. Vielmehr entstanden trotz einer bewußten Idealisierung der bewunderten Vorbilder, die bes. in Bezug auf Raffael nicht nur die künstlerische Leistung, sondern in gleicher Weise auch dessen Person und Lebenswandel beinhaltete, neue und durchaus eigenständige Leistungen. Das Thema eines 1834—36 entstandenen Gemäldes, der »Vermählung Mariä«, hat Overbeck beispielsweise auf ausdrücklichen Wunsch des Bestellers, des Grafen Raczynski, von Raffaels »Sposalizio« übernommen. Obgleich die Hauptgruppe, M, Joseph und der Priester, starke Anklänge an das Vorbild Raffaels und dasjenige seines Lehrers Perugino zeigt, hat Overbeck hinsichtlich der Gesamtkomposition ein völlig eigenständiges Werk geschaffen. Im Gegensatz zu den beiden älteren Gemälden verzichtet Overbeck auf die perspektivische Weitung des Bildgrundes und schließt die Handlung nach hinten durch eine strenge architektonische Komposition ab. Zusätzlich ersetzt er die durchaus betont weltlichen Randfiguren der ital. Vorbilder durch musizierende Engel, was der gesamten Szene eine doch sehr veränderte Stimmung verleiht. Der Bruder des Bestellers, Graf Edward Raczynski, schrieb dann auch bezeichnenderweise angesichts des Gemäldes 1836: »Das ist Perugino, das ist Raffael in seiner ersten Manier, aber es ist besser als Perugino und es ist Raffael wert«. Ähnlich verhält es sich auch mit Overbecks Bild »Triumph der Religion in den Künsten« (Hamburger Kunsthalle, vor 1840), das zwar hinsichtlich der Gesamtkomposition unweigerlich den Vergleich mit Raffaels »Disputà« nahelegt, das aber v. a. programmatisch eine der romantischen Geisteshaltung entsprungene Neuschöpfung darstellt. Nach einer zeitgenössischen Erläuterung Overbecks stellt die zentrale Figur Ms gleichzeitig eine göttliche Personifikation der Poesie dar. Zu ihrer linken Seite, als Repräsentanten des AT, König David für die Musik und Salomo mit dem Modell des ehernen Meeres für die Skulptur, zu ihrer Rechten, für das NT, der Evangelist Lukas als Maler und Johannes als Allegorie der Architektur mit dem Grundriß des Himmlischen Jerusalem. In einem unteren Bereich, den Overbeck selbst als irdische Sphäre charakterisiert, sind diejenigen Künstler versammelt, deren Rolle für die christl. Kunst aus romantischer Sicht bes. hervorhebenswert erscheint, so u. a. Dürer, Raffael, Leonardo, Giovanni Bellini aber auch eine kleine Anzahl zeitgenössischer Maler, Cornelius, Phillip Veit und Overbeck selbst.

Nachdem Aufklärung und klassizistische Kunst das Bild Ms zumindest weitestgehend aus ihrem Gesichtskreis gebannt hatten, kehrt in der R. mit der erneuten Hinwendung zur kath. Religion und christl. Kunst auch das Bild der Madonna im Typus rel.-romantischer Andachtsbilder zurück. Die Mdarstellungen der nazarenischen Maler stellen von ihrer Intention her Andachtsbilder im eigentlichsten Sinne des Wortes dar. Die seelische, nicht vorrangig die ästhetische Wirkung auf den Betrachter war unverzichtbarer Bestandteil der künstlerischen Absicht, wie es Overbeck selbst für seine »Grablegung« (Lübeck, St. Marien, 1845) in den Neuen Lübeckischen Blättern 1846 postuliert hat: »Möge das Bild, das die Trauer über den eingeborenen Gottessohn darstellt, zunächst bei den Beschauern gläubige und bußfertige Regungen wecken; ... Das ist es, was ich bei meiner Arbeit mehr vor Augen gehabt habe, als sogenannte Kunstvollendung, weil alle Kunst, die mehr sein will als bloßes Mittel, mich eitel dünkt, ja in einem Fall, wie der vorliegende, sogar frevelhaft«.

Lit.: A. Müller, Kunstanschaung der Frühromantik, 1931. — R. Lister, British Romantic Art, 1973. — La peinture francaise de 1774 a 1830, 1974/75. — W. Vaughan, German Romanticism and English Art, 1979. — E. Kleßmann, Die dt. Romantik, 1979. — W. Vaughan, German Romantic Painting, 1980. — Ausst.-Kat., Die Nazarener in Rom, ein dt. Künstlerbund der Romantik, München, 1981. — H. Schindler, Nazarener, romantischer Geist und christl. Kunst im 19. Jh., 1982. — C. Rosen, Romanticism and Realism, the Mythology of 19th Century Art, 1984. *S. Fischer*

II. LITERATURWISSENSCHAFT. Unter den romantischen Strömungen in den Literaturen der westeuropäischen Kulturbereiche dürfte die dt. Variante am ausgeprägtesten das rel. Moment herauskehren. Die explizite Bezugnahme auf Transzendenz in den theoretischen Unterbauungen romantischen Schreibens von den ersten Anfängen an, wo sie als Ausgleich für eine ausgesprochene Diesseitigkeit aufgeklärten Denkens herhalten mußte, die Rückgriffe auf ein idealisiertes dt. MA als eine Zeit der ungeteilten Christenheit, die zuweilen fast rel. Verklärung des Künstlertums und der katholisierende Grundzug bes. der mittleren und späteren Phase konstituierten insgesamt diesen typischen Wesenszug dt. romantischer Geistigkeit. Aus dem neuen Stellenwert des Religiösen, das zudem weitgehend unter christl.-kath. Vorzeichen erscheint, ergibt sich mehr oder weniger folgerichtig, daß jetzt auch der Anteil der marian. Dichtung, mag sie aus prot. oder kath. Feder stammen, größer ist als in älteren oder gleichzeitigen lit. Epochen wie → Aufklärung oder Klassik.

In der Frühphase der R., die etwa bis zur Mitte des ersten Jahrzehnts des 19. Jh.s reicht, der sog. Jenaer R., war zweifellos → Novalis der bekannteste Mdichter: mehrere geistliche Lieder von ihm sind überschwengliche Lobpreisungen der GM. Von August Wilhelm Schlegel, der mit seinem Bruder Friedrich zu den Grundlegern romantischen Denkens in Deutschland gehörte, sind ebenfalls einige Mgedichte überliefert, »Mater dolorosa« etwa, das die Schmerzensmutter unter dem Kreuz besingt, und »Die Himmelfahrt der Jungfrau«. Die mittlere Phase, die nach einem ihrer Hauptzentren auch Heidelberger R. genannt wird, zählt unter ihren charakteristischen Vertretern in Clemens → Brentano einen bes. begeisterten Sänger der GM, und zwar mit eigenen Liedern, mit den »Romanzen vom Rosenkranz« und als Herausgeber des Mlebens der Anna Katharina → Emmerick. In der von ihm gemeinsam mit Achim v. Arnim herausgegebenen Volksliedersammlung »Des Knaben Wunderhorn« finden sich zahlreiche, auch heute noch bekannte Mlieder. Zeitlich gehört hierher auch Max v. Schenkendorf mit mehreren Gedichten zu Mfesten und einem Lobpreis »An die heilige Jungfrau«. Der große Name unter den marian. Dichtern der Spätphase der R. ist der Joseph v.→ Eichendorffs, der in all seinen Schaffensperioden der GM in Gedichten wie in seinem erzählerischen Werk einen eigenen Platz einräumt, wobei sie gerade in letzterer Kategorie gelegentlich fast mythische Züge annimmt. Mit relativ vielen Mgedichten treten auch die durchweg prot. Autoren der sog. Schwäbischen R. hervor: Ludwig Uhland etwa besingt die GM in seiner Ballade »Der Waller« und in Gedichten wie »Droben stehet die Kapelle« oder »Madonna della Sedia« als Zuflucht der Sünder und Trost der Bedrückten, von Justinus Kerner ist u.a. ein inniges »Marienlied« bekannt geblieben, das M ebenfalls als Trösterin der Traurigen preist, während Gustav Schwab sich in »Maria mit dem toten Jesus« und »Maria bei der Krippe« entscheidenden Ereignissen aus dem Leben Me zuwendet und sie als Pietà bzw. als jungfräuliche Mutter darstellt. In spätromantischer Tradition stehen Dichter wie Emanuel Geibel, von dem ein reizvolles Mgedicht mit dem Titel »Abendfeier« überliefert ist, das das Abendläuten zum Anlaß eines Lobgesangs auf das Ave-Maria nimmt, weiter auch Melchior v.→ Diepenbrock, Luise → Hensel, Guido → Görres, Johann Baptist → Diel und andere. So wirkt die Tradition der romantisch geprägten Mdichtung noch lange über die Grenzen der eigentlichen Epoche hinaus weiter, wobei allerdings Epigonenhaftes überhandnimmt.

Lit.: R. Schimmelpfennig, Die Geschichte der Marienverehrung im dt. Protestantismus, 1952. — B. von Wiese, Dt. Dichter der R., 1971. — G. Hoffmeister, Dt. und europäische R., 1978. — A. H. Korff, Geist der Goethezeit, 4 Bde., 10/111979. — G. Schulz, Die dt. Literatur zwischen Franz. Revolution und Restauration, 2 Bde., 1983/89. — RDL III 578—594.

G. van Gemert

Romero, Mateo, * 1575/76, † 10.5.1647 in Madrid, wurde 1594 Sänger in der flämischen königlichen Kapelle in Madrid und 1598 Kapellmeister. 1606 empfing er die Priesterweihe und wurde Kaplan des Hauses von Burgund, 1624 königlicher Kaplan in Toledo.

Seine Kompositionen weisen ihn als vollendeten Meister der Kontrapunktik aus. Als ein »Musterbeispiel moderner Musik« bezeichnete ihn Herzog Johann IV. von Braganza. Dies machen seine Meß- und Psalmvertonungen sowie ein 8-stimmiges Magnifikat deutlich.

Lit.: P.Pecquart, M.R. ou Mathieu Rosmarin (1575—1647), In: Archives et Bibliothèques de Belgique 24 (1968) 11—47. — MGG XI 860f. — Grove XV 163f.

E. Löwe

Ronse, Bezirk Oudenaarde, Bistum Gent. Im Nordwesten des Stadtzentrums erhebt sich der Scharpenberg, auf dessen Höhe sich eine mächtige Eiche mit einem Mbild in den Zweigen befand, das im Volksmund »Onze-Lieve-Vrouw ten Wittentak« heißt. In der zweiten Hälfte des 19.Jh.s errichtete man dafür eine neugotische Kapelle, die bes. in der Oktav von Me Verkündigung stark besucht wird. Die GM von R. wird v. a. bei Fiebererkrankungen angerufen.

Lit.: H.Maho, La Belgique à Marie, 1927, 445f. *J. Philippen*

Roovere, Anthonis de, * etwa 1430, † 16. 5. 1482 in Brügge (süd)niederländischer Dichter. Über R.s Leben ist wenig bekannt. Er war Maurermeister und bezog seit 1466 einen Ehrensold als Stadtdichter von Brügge. Schon früh scheint er einer der »Rederijkerskamers« der Stadt angehört zu haben. Diese »Kammern«, die vom 15. bis ins frühe 18. Jh. vielerorts in den Niederlanden anzutreffen waren, sind einerseits mit den dt. Meistersängerzünften des 16. Jh.s, andererseits aber teilweise auch mit den späteren Sprachgesellschaften zu vergleichen. Ihre Mitglieder nannten sich »Rederijker« nach dem franz. Wort »rhétoriqueur« und kennzeichneten sich durch eine zumeist recht gekünstelte Art der Dichtung, die zudem häufig auf einen vorgegebenen Formenvorrat zurückgriff. Auffällig ist die Vorliebe für in handwerklich-technischer Hinsicht ausgefallene Dichtarten. R.s Dichtungen sind geistlicher wie weltlicher Natur und weisen die Merkmale der Rederijker-Tradition auf. Allerdings hat er wenig für das Theater, das Hauptbetätigungsfeld der Rederijker, geschrieben. Bekannt geblieben ist R. v. a. durch einen umfangreichen Sakramentshymnus »Lof vanden heilighen sacramente vander Nyeuwervaert« und durch seine Totentanzdichtung »Vander Mollenfeeste«. Zu seinen Lebzeiten wurde kaum etwas von ihm gedruckt; erst 80 Jahre nach seinem Tode erschien eine umfassende Ausgabe seiner Dichtungen (Rethoricale wercken, Antwerpen 1562).

Unter R.s geistlichen Dichtungen finden sich 23 marian. Lobgedichte. Sie verteilen sich insgesamt auf drei Kategorien. Drei sind Nachbildungen bzw. paraphrasierende Erweiterungen des »Salve regina« bzw. des »Ave Maria«. Eine zweite Kategorie umfaßt acht symbolische Mgedichte, in denen weitgehend die traditionellen marian. Sinnbilder aufgegriffen und weitschweifig gedeutet werden, so etwa die Rose, die Lilie oder der Stern. R. vergleicht M hier aber auch mit der Leiter und mit der Erde oder er bezieht einzelne Ortschaften im Hl. Land auf sie. Die übrigen zwölf sind reichlich gekünstelte poetische Spielereien, die in erster Linie R.s dichtungstechnische Fertigkeiten unter Beweis stellen sollen. Hier finden sich etwa Gedichte, in denen alle Wörter einer Strophe mit ein und demselben Buchstaben aus dem Namen »Maria« anfangen, solche, in denen in jeder Strophe ein Teil des »Ave Maria« versteckt ist, oder marian. Alphabete. Handwerkliches Können rangiert hier eindeutig vor dem persönlichen Engagement: eine positive Ausnahme stellt eigentlich nur das eindrucksvolle Gedicht »O Vrouwe dye alle druckighe plaghe dwaet« dar, das weniger Lobgedicht als vielmehr ein inbrünstiges Gebet ist, in dem der Sünder die himmlische Mutter der Barmherzigkeit um ihre Fürbitte anfleht.

WW: De gedichten van A. de R., hrsg. von J. J. Mak, 1955.
Lit.: G. C. van 't Hoog, A. de R., 1918. — Th. de Jager, A. de R., 1927. — G. P. M. Knuvelder, Handboek tot de geschiedenis der Nederlandse letterkunde I, ⁶1976, 372—376. 399f.
G. van Gemert

Rorate- oder Verkündigungsspiele. Diese kleinen Dialoge, später auch in Form von musikalischen Kantaten nach dem biblischen Bericht bei Lk 1,26—38 und nach atl. Prophetien von der Geburt des Erlösers (Jes 7,10—15 mit der Stelle »Siehe, die Jungfrau wird empfangen«; und Jes 45,8 Rorate, »coeli, desuper — Tauet ihr Himmel von oben ...«) sind seit den sechziger Jahren des 13. Jh.s bekannt in Italien, in Frankreich, im dt. Sprachgebiet und in den Niederlanden (Missa aurea am Quatembermittwoch im Advent). Im kath. Teil Süddeutschlands wird die spätma. Tradition in der Neuzeit fortgeführt. Stiftungen sind bekannt aus Mindelheim (1607) und Dillingen (1614) und anderen Orten, z. B. Salzburg. Die Spiele sind in die Liturgie der Engel- oder Rorateämter (nach Jes 45,8) eingebunden und zwar in Form von Dialogen, die sich eng an den biblischen Bericht bei Lukas halten (Dillingen), oder in Form von musikalischen Oratorien (Mindelheim — Text von 1770) oder aber als mechanische Figurenspiele (Salzburg), wie sie auch für Ölbergszenen in der Fastenzeit bekannt sind (Dießen).

Lit.: K. Young, The Drama of the Medieval Church II, 1933, 484. — M. D. Dörflinger, Das barocke Roratespiel, In: LWJ NF 5 (1964) 13—59. — BB III 1991ff.
H. Pörnbacher

Rore, Cypriano de, franko-flämischer Komponist, * 1515/16 in Mecheln, † September 1565 in Parma; über sein Leben liegen keine gesicherten Daten vor. 1542—46 war er Sänger an San Marco in Venedig, sein Kompositionslehrer war A. Willaert, im Dezember 1547 wurde er Kapellmeister in Ferrara, 1559 reiste er nach Antwerpen, 1560 wurde er Hofkapellmeister in Parma. Dort wurden seine Schüler M. A. Ingegneri, G. Wert und P. Pontio. Nach dem Tode Willaerts wurde er im Mai 1563 dessen Nachfolger als Kapellmeister von San Marco in Venedig. 1564 gab er dieses Amt auf und kehrte in seine frühere Stellung nach Parma zurück.

R.s Bedeutung beruht auf seinen Kompositionen, die er als Auftragsarbeiten bedeutender Persönlichkeiten auch diesen widmete (z. B. Karl V.). Hochgeschätzt war R. am Münchner Hof Albrechts I. und von der Familie Fugger, ebenso am Hof Erzherzogs Ferdinands II. zu Innsbruck, für den er auf Bestellung eine Messe schrieb. Viele Komponisten parodierten R.s Werke oder zitierten daraus, so auch O. Lasso und Palestrina. Der Schwerpunkt seines Schaffens liegt auf dem Gebiet des Madrigals. Von seinen übrigen Werken sind bekannt: 5 Messen, 65 Motetten (darunter: Ave regina [7-stimmig], Gaude Maria virgo [5-stimmig], Quae est ista [4-stimmig], Regina coeli [3-stimmig]), 1 Passion, mehrere Magnifikat und Psalmen.

Lit.: J. C. Hol, C. de R., In: FS für K. Nef, 1933, 134ff. — A. H. Johnson, The Liturgical Music of C. de R., 1954. — DMM VI 420—423.
F. Fleckenstein

Rorgenwies, Gemeinde Eigeltingen, Lkr. Konstanz, Erzdiözese Freiburg, Kirche St. Maria (»Ad Assumptionem BMV«). Die Kirche, deren Erbauungs- und Konsekrationsdaten nicht genannt sind, besitzt einen romanischen Turm und ein einfaches, einschiffiges, spätgotisches Langhaus sowie vier spätgotische Figuren und ein Gnadenbild »Beatae Mariae Virginis«.

Lit.: Kunstdenkmäler des Großherzogtums Baden I 474. — Handbuch des Erzbistums Freiburg I, Realschematismus, hrsg. im Auftrag des Erzbischofs, 1939.
S. Tebel

Rosa, Agustín de la. Im 19. Jh. setzte eine heftige Kontroverse über die Geschichtlichkeit der

Erscheinungen und Ereignisse von →Guadalupe ein, desgleichen über die Zuverlässigkeit der span. und der Náhuatl-Quellen, die von den sog. Befürwortern (Aparicionistas) und den Gegnern der Erscheinungen (Antiaparicionistas) geführt wurde. Neben Fortino Hipólito Vera, Esteban Antícoli SJ und Anastasio Nicoselli als Befürworter ist der mexikanische Diözesanpriester R. mit seinen Veröffentlichungen zu nennen. Außer seinen sprachanlytischen Arbeiten zu Ingacio de Paredes SJ (* 1703) seien genannt: Dissertatio Historico-Theologica de Apparitione BMV de Guadalupe, Gudalaxare 1887; Defensa de la Aparición de NS de Gudalupe y refutación de la carta en que la impugna un historiógrafo de México, Guadalajara 1896.

Lit.: R. Ricard, Les Apparitions de ND de Guadalupe, In: RHMiss 8 (1931) 247—262. — A. Alcalá Alvarado, El Milagro del Tepeyac, 1981. — J. M. Rodríguez, El Disfraz de los Antiguadalupanos, 1981. *H. Rzepkowski*

Rosa v. Lima, hl. Dominikanerin, Patronin Amerikas, * 20. 4. 1586 zu Lima, † 24. 8. 1617 ebd., wurde 1606 Tertiarin des Dominikanerordens, lebte als Halbklausnerin im Haus ihrer Eltern und schließlich in der Familie des königlichen Beamten Gundisalvi. Vorbild und Lehrmeisterin war ihr →Katharina v. Siena. R. war heroisch in ihrem Tugendstreben, in ihrer Gottes- und Nächstenliebe, führte ein Leben immerwährenden Gebetes, inniger Gottverbundenheit und harter Buße, litt für die Bekehrung des peruanischen Volkes, erduldete schwere körperliche und seelische Leiden und war reich an außerordentlichen mystischen Gnaden. Sie wurde 1668 selig- und 1671 heiliggesprochen (Fest: 23. August).

R. stellte sich unter den Schutz und die Führung ℳs, die sie innig und kindlich als ihre treusorgende Mutter liebte. In den Kanonisationsakten ist die Rede von ihrer großen Liebe zum Rosenkranz. Gern und oft weilte sie in der Rosenkranzkapelle der Dominikanerkirche zu Lima vor dem Bild ℳs, das sie jeden Samstag mit frischen Blumen aus dem eigenen Garten schmückte. Zweimal im Jahr wob sie für sie ein »geistliches Kleid« aus 3000 Ave Maria und Salve Regina und 180 Rosenkränzen und vielen Fasttagen. Sie führte vertraute Gespräche mit ℳ, die sie liebevoll angeblickt und ihr zugelächelt haben soll. Vom 11. Lebensjahr an bis zum Tod hatte R., wie sie gestand, täglich Umgang mit ℳ. Man wußte allgemein, daß R. von ℳ alles erhalte, worum sie bitte. Deshalb ersuchte man sie in allen Anliegen um ihr Fürbittgebet. Sie betete so lang und so innig, bis sie durch ein gnadenhaftes Zeichen oder ein inneres Licht der Erhörung gewiß war. Von Theol. befragt, wie ℳ mit ihr spreche, antwortete R., es sei eine Sprache ohne Worte. Aus den Strahlen, die von ihrem Antlitz ausgingen, erfahre sie, was ℳ sagen wollte. — Auch in allen persönlichen Schwierigkeiten und Zweifeln wandte sich R. mit kindlichem Vertrauen an ℳ. Als Kind schon eilte sie verängstigt zu ihr. Isabella war ihr Taufname, man nannte sie aber Rosa. Was der richtige Name sei, fragte sie, und ℳ entschied: »Rosa a Santa Maria«. Auch bei der Berufswahl habe ihr ℳ den Weg gewiesen: »Tertiarin des hl. Dominikus« sei für sie Gottes Wille, nicht aber das Leben im Kloster eines anderen Ordens, wozu man sie wohlmeinend drängen wollte. — Vor ihrer tödlichen Erkrankung kniete sie nochmals vor dem Bild der Rosenkranzkönigin, opferte sich Gott auf, bereit, alle Qualen zu erdulden. Dennoch konnte sie lächeln, weil sie sich ℳ ganz nahe wußte. — Als man den Sarg mit der Toten in die Rosenkranzkapelle trug, begann, nach übereinstimmenden Aussagen allen sichtbar, das ℳbild in ungewöhnlichem Lichtglanz zu leuchten. 26 Jahre nach R.s Tod war es gerade dieses Bild, vor dem ℳ feierlich zur Schutzfrau Perus erwählt wurde.

QQ: L. Hansen, Vita mirabilis et mors pretiosa venerabilis sororis R. de S. Maria Limensis . . ., Rom 1664 = ActaSS 39, 892—1028; dt.: G. Ott, Das Leben der lieben hl. Jungfrau R. v. L., den Predigernbrüdern L. Hansen und Anton Gonzales getreulich nachgezählt, Regensburg 1859. — A. F. Giovagnoli, Vita di S. R. da L., Rom 1768.

Lit.: S. Bertolini, Vita di S. R. da L., Rom 1852. — A. Mortier, La vita di S. R. (Memorie dominicane, 34), o. O. 1895. — D. Angulo, La vita di S. R., 1917. — L. Getino, La patrona de America ante los nuevos documentos, 1928. — P. Lo Aysa, Vida de S. R. de L., 1931. — E. Budnowski, R. v. L., 1935. — M. Storm, The life of Saint Rose . . ., 1937. — S. Maynard, Rose of America, 1945. — S. Velasco, R. de L., 1965. — A. Walz, I Santi Domenicani, 1968, 77—81. — BSS XI 396—413 (Lit., Bilder).

M. R. Schneider (W. Baier)

Rosales, Luis, * 1910 in Granada, span. Dichter, studierte Lit. und Phil. und gehörte in Madrid zum Kreis der kath. Kulturzeitschrift »Cruz y Raya«. Aufmerksamkeit erregte sein Gedichtband »Abril« (1935), der starken Einfluß auf die weitere Dichtung seiner Generation ausüben sollte. Nach dem span. Bürgerkrieg gab er zusammen mit Luis Felipe Vivanco eine »Antología de la poesía española« (1942) heraus. Zu den bedeutendsten Werken der span. Nachkriegslyrik gehören »La casa encendida« (1959) sowie die »Rimas« (1951; Nationalpreis für Dichtung). Neben einem umfangreichen, bis in die 80er Jahre fortgeführten lyrischen Werk ist er als Literaturwissenschaftler hervorgetreten (Cervantes y la libertad, 1962; El sentimiento del desengaño en la poesía barroca, 1966). Er ist Mitglied der Academia Real.

R. gehört zusammen mit Leopoldo Panero und L. F. Vivanco zur Kerngruppe der sog. 36er Generation, die ihre dichterische Laufbahn kurz vor Ausbruch des Bürgerkriegs mit Liebeslyrik begann, die sich formal wie in inhaltlichen Topoi an der Renaissance-Tradition orientierte und dabei rel. Obertöne aufweist. R. Lapesa vergleicht sie auch mit dem »dolce stil nuovo«. Den Krieg erlebte die Gruppe auf der Seite Francos, das Kriegsende wurde mit Dankbarkeit und Erleichterung und v. a. der Hoffnung auf weiteren Frieden und nat. Versöhnung empfunden. Man sammelte sich um die neue Kultur- und Literaturzeitschrift »Escorial« (1943—46). R.' Dichtung gewinnt ab »La casa encendida«, einem Gedicht um die Erinnerung, thematisch wie formal auch modernere Züge, vormalig konzeptistische Ansätze werden zu einer gelegentlich surrealistisch anmutenden Bildwelt und Metaphorik weiterentwickelt.

M erscheint in »Retablo sacro del nacimiento del Señor« (1940), einer Folge von 14 Gedichten — möglicherweise in Parallele zu den Stationen des Kreuzwegs — zur Geburt Jesu. In »Callar«, inspiriert durch ein bekanntes »villancico« des Fray Ambrosio de Montesinos (»No la debemos dormir/ la noche santa ...«), erwarten die Welt und M schweigend — um das Kind hören zu können — den vorhergesagten Frieden und die Liebe. »De como fue gozoso el nacimiento de Dios Nuestro Señor« spricht von der Schönheit Ms (»morena por el sol de la alegría«) und vom Miterleben der Natur; es leitet über zu »Nana«, einem Wiegenlied Ms. In »De cuán graciosa y apacible era la belleza de la virgen Nuestra Señora«, wird die Natur aufgefordert, die Schönheit Ms zu bewundern, die selbst wie die Morgenröte ist und »wie ein Fluß, und Gott hielt seine Hand in deine Strömung«. »Como entró por la ventana el primer rayo del sol« greift den traditionellen Vergleich der Empfängnis oder Geburt mit dem Lichtstrahl, der das Glas durchdringt, ohne es zu beschädigen, auf. Im »Diálogo entre Dios Padre y el Angel de la guarda del niño, que regresaba de Belén« berichtet der Engel, daß das Kind leide und die Jungfrau immer noch weine. Gott kommentiert dies als gut und der Engel kehrt zur Krippe zurück. Das letzte Gedicht, »Súplica final, a la Virgen, del alma arrepentida«, bittet M um Befreiung von persönlichem existentiellen Schmerz (»siento volar la arena en el desierto/ del corazón efímero y cautivo«).

»Retablo sacro«, das gelegentlich auch zu weihnachtlichen Feiern öffentlich rezitiert wurde, knüpft an die Tradition der Weihnachtsspiele seit Gómez Manriques »Representación del nacimiento de Nuestro Señor« (15. Jh.) und der »villancicos« an und entwickelt seine Thematik in dem für R. und andere seiner Generation typischen Stil von Anspielung, Suggestion und subjektiv-intimistischer Welt- und Dingerfahrung. Der rel. Hintergrund steht bei R. der Position des christl. Existentialismus nahe. R.' Dichtung ist wesenhaft kontemplativ, die Welthaltung suchend und nach dem Sinn der Existenz in ihrer Einsamkeit fragend. Die Personen der Heilsgeschichte, v. a. M in der Schönheit ihrer Unschuld, erscheinen selbst als Fragende, Staunende, nur halb Begreifende, deren Einsamkeit durch eine mitfühlende oder zum Mitfühlen aufgerufene Natur gemildert wird. Insgesamt zeugt »Retablo sacro« von dem Versuch, sich traditioneller Glaubensinhalte durch subjektiv-intimistisches Nacherleben zu vergewissern, ein Versuch, der angesichts des Weihnachsmysteriums mit seiner intensiv »menschlichen« Komponente gelingt, anderwärtig aber auch zur Erfahrung der grundsätzlichen Fremdheit Gottes führen kann (vgl. »Misericordia« in »Abril«, aber auch den »Diálogo entre Dios Padre y el Angel ...« in »Retablo sacro«).

WW: Abril, 1935. — Retablo Sacro del Nacimiento del Señor, In: Escorial 10 (1940) 247—262. — La casa encendida, 1949. — Rimas, 1951. — El contenido del corazón, 1969. — Poesía reunida 1935—71, 1971. — Segundo Abril, 1972. — Canciones, 1973. — Como el corte hace sangre, 1975. — Las puertas comunicantes, 1976. — Rimas y La casa encendida, 1979. — Verso libre. Antología, 1980. — Antología poética, 1988.
Lit.: J. L. L. Aranguren, Características del pensamiento en la Generación del 36, In: Symposium 22 (1968) 112—117. — I.-M. Gil, Sobre la Generación de 1936, ebd., 107—111. — Homenaje a L. R., In: Cuadernos Hispanoamericanos 257/58 (1971) (Sondernummer). — R. Lapesa, ›Abril‹ y ›La casa encendida‹, ebd. 367—387 (auch: Ders., Poetas y prosistas de ayer y hoy, 1977, 385 f.). — A. M. Raffucci de Lockwood, L. R., ebd. 489—520. — E. Connolly, Una lectura de ›Misericordia‹, ebd. 561—565. — V. de la Concha, La poesía española de posguerra, 1973. — F. Rubio, La poesía española en el marco cultural de los primeros años de posguerra, In: Cuadernos Hispanoamericanos 91/92, 276 (1973) 441—467. — A. M. Raffucci de Lockwood, Cuatro poetas de la »generación del 36«, 1974. — A. Sánchez Zamarreño, La poesía de L. R. (1935—80), 1986 (Bibl.).

W. Kreutzer

Rosaz, Eduard Josef, sel. Bischof von Susa und Ordensgründer, * 15. 2. 1830 in Susa (bei Turin), † 3. 8. 1903 ebd., war der Sohn wohlhabender Eltern, wurde 1854 Priester und unermüdlicher Verkünder des Evangeliums: Er hielt zahlreiche Volksmissionen, Exerzitien und Vorträge und widmete sich bes. der rel. Unterweisung der Jugend. 1855 begegnete er Johannes Maria → Vianney, der ihn in seinem apost. Eifer ermutigte. Am 15. 1. 1878 wurde er zum Bischof von Susa ernannt. Als solcher legte er großen Wert auf eine fundierte spirituelle Aus- und Fortbildung seines Klerus, sorgte für die Armen und Kranken, für die sein Haus immer offen stand, und verteidigte vehement die Rechte der Kirche gegen den fundamentalistischen Liberalismus. Für bedürftige und arme Mädchen gründete er 1856 eine rel. Gemeinschaft, aus der die »Kongregation der Schwestern des heiligen Franziskus« von Susa hervorging, die am 2. 2. 1903 als Ordensgemeinschaft diözesanen Rechts und am 27. 7. 1942 päpstlichen Rechts approbiert wurde. 1991 arbeiteten etwa 250 Schwestern in 40 Niederlassungen in Italien, der Schweiz, in Lybien und Brasilien im Krankendienst und in der Jugenderziehung.

Die Spiritualität von R. war eucharistisch und marian. geprägt. Auf seine Initiative hin wurde 1898 auf dem Berg Rocca Melone eine Statue »zur Ehre der seligsten Jungfrau Maria als Beschützerin Italiens« errichtet. In Susa erbaute er die Kirche »Maria Immaculata«, in der sich heute sein Grab befindet. Am 14. 7. 1991 wurde er seliggesprochen.

Lit.: G. Calabrese, Mons. Edorado Giuseppe R. nella vita e nelle opere, Turin 1914. — F. Rosetti, Istituto delle Suore Terziarie di S. F. di Susa, In: Mater Ecclesiae 4 (1969) 186—191. — AAS 78 (1986) 1178—82. — AnPont 1987, 1368 (Francescane Missionarie di Susa). — DIP VIII 433 f. — OR (dt.) 21 (1991) Nr. 40, 11.

J. Weber

Roscelli, Agostino, Ordensstifter, * 27. 7. 1818 in Bargone/Genua, † 7. 5. 1902 in Genua, wurde am

19. 9. 1846 Priester, war 1846—60 Vizepfarrer zu S. Martino d'Albaro und seit 1860 Mitarbeiter des Institutes der Handwerkerjugend in Genua. 1876 gründete er eine neue rel. Gemeinschaft von Schwestern, der er den Namen »Schwestern von der Unbefleckten Empfängnis der seligen Jungfrau Maria« (Sorores ab Immaculata Conceptione BMV) gab und die 1991 mit 432 Schwestern 68 Häuser führte. Seine heroischen Tugenden wurden 1990 anerkannt.

R. war ein großer M-verehrer. Er hinterließ keine marian. Traktate und Schriften, noch besondere Unterlagen, sondern nur Unterweisungen, die er den Schwestern gehalten hatte, und verschiedene Hinweise, enthalten im Text der ersten Konstitutionen, in der einzigen uns erhaltenen M-predigt und in Zeugnissen von Personen, die ihn gekannt haben. Zu erwähnen ist v. a. die in seinen Manuskripten veröffentlichte Unterweisung »Die Liebe und Demut Mariens beim Besuch der hl. Elisabeth« (Manoscritti II 257—267). In ihr stellt er den Schwestern das große Beispiel der auserlesenen Liebe und tiefen Demut vor Augen, das M gegeben hat, als sie zu ihrer älteren Verwandten ging, um ihr ihre Dienste anzubieten. Diese zwei Tugenden werden als die ersten unter denen angezeigt, die sein geistliches Erbe bilden.

R. hat keine marian. Vereinigungen für Laien gegründet, aber ein Institut ins Leben gerufen, das hauptsächlich der Unbefleckten Jungfrau geweiht und anvertraut ist. Die Absicht, eine rel. Familie unter dem bes. Schutz M-s zu bilden, führte zur Wahl des Namens »Schwestern der Immaculata« und zur anfänglichen Überlegung, die Schwestern ein himmelblaues Kleid tragen zu lassen, das den Mantel der Immaculata in Erinnerung rufen sollte.

Mannigfaltig sind die persönlichen und gemeinschaftsbezogenen Zeugnisse der MV R.s. Bereits in Bargone, seiner Vaterstadt, führte er mit Erfolg die Verehrung der »Jungfrau vom Schutz« (Vergine della Guardia) ein. Noch als Student im Seminar in Genua hatte er den Wunsch, eine Statue von ihr dorthin zu bringen. 1889 ließ er eine Holzfigur der Madonna von Angelo Canepa anfertigen. Sie ist heute noch erhalten in der Kapelle der Niederlassung Piazza Paolo da Novi in Genua. Die Schwestern lehrte er eine kindliche und tiefe MV, indem er ihnen M als Beschützerin und Beispiel vorstellte: Er wollte in der Tat, daß sie die UE M-s nachahmten durch die Reinheit des Gewissens und die Abscheu jeglicher auch der geringsten bewußten Verfehlung, um nach ihrem Beispiel ein Leben mehr engel- als menschenähnlich zu führen. Er unterrichtete die Schwestern, M als die unaufgebbare Stütze des Institutes zu betrachten und ein unbegrenztes Vertrauen in M als ihre Tugend zu pflegen, und zwar in jeder geistlichen und materiellen Notlage. Er wollte, daß sie mit besonderer Festlichkeit und Sorgfalt die marian. Gedenktage feierten. Einige waren ihm besonders teuer. Er bestimmte auch, daß unter den täglichen Frömmigkeitsübungen der Schwestern die marian. einen großen Raum einnahmen. Zu ihnen gehörten und gehören noch: der kleine Rosenkranz der Immaculata, das liturg. Gedenken M-s am Samstag, die Aufopferung des Tages für M, das tägliche Beten des dritten Teiles des Rosenkranzes, eine marian. Frömmigkeitsübung am achten Tag jeden Monats, die Erneuerung einer besonderen Weihe an M an jedem ersten Samstag des Monats und der Ordensgelübde in jedem Jahr anläßlich des Festes der UE M-s sowie die Verehrung der »Einsamkeit« M-s am Karsamstag.

WW: Manoscritti del servo di Dio Don A. R., 2 Vol., 1986.
QQ: Matilde dell' Amore (Sr. M.), Don A. R. nel suo tempo (1818—1902), 1985.
Lit.: D. Ardito, ... la cara e buona immagine paterna, 1926, ²1986. — AAS 82 (1990) 399—402. — DSp XIII 980f. — DIP VII 2028f.
T. Civiero

Roschini, Gabriele Maria, OSM, * 19.12. 1900 in Castel S. Elia/Viterbo, † 12. 9. 1977 in Rom, ist zusammen mit Ippolito → Marracci einer der profiliertesten Mariologen aller Zeiten; die wissenschaftliche Bibliographie von G. M. Besutti zählt über 900 Titel, die meisten mariol. Inhalts. Er gründete »Marianum« als internat. wissenschaftlich-kritische Zeitschrift, worin er zahlreiche Aufsätze veröffentlichte. Nach frühen Veröffentlichungen zur dogm. Theol. konzentrierte er sich seit seiner Bestellung als erster Rektor des »Marianum« als eines päpstlichen Institutes und eines anspruchsvollen Zentrums hoher Wissenschaftlichkeit auf marian. Themen jeglicher Art. 1933 erschien »Il Capolavoro di Dio«, anschließend die vierbändige »Mariologia« (²1948), die R. Laurentin zu Recht als »documentation irremplaceable« würdigte, das umfassendste Werk über M in unserem Jh. Als ital. Gegenstück wurde ebenfalls vierbändig 1953/54 »La madonna secondo la fede e la teologia« veröffentlicht. Die Erkenntnisse des Zweiten Vaticanums fanden ihren Niederschlag in den vier Bänden von »Maria Ss. nella storia della salvezza«. Außerdem veröffentlichte R. ein »Dizionario di Mariologia« und eine »Vita di Maria«. Sein Lebenswerk wird durch Studien über Thomas, Bernhard, Alphons und Laurentius v. Brindisi abgerundet.

Gelegentlich war R. umstritten. So widersprach ihm Fr. C. → Balić in der Einschätzung von Duns Scotus. Nach der Verkündigung des Dogmas von der Leiblichen Aufnahme M-s in den Himmel änderte er seine Meinung bezüglich M-s Tod: nun nahm er an, daß sie nicht starb. Unter dem Pontifikat des marian. Papstes Pius XII. bes. angeregt, stimmte er die Veröffentlichung seiner Arbeiten jeweils mit den päpstlichen Initiativen und Verlautbarungen ab. Neben Diskussionen über M-s Vermittlerrolle und Miterlösung beschäftigte er sich v. a. mit den nachkonziliaren Themen im Umkreis von M und Kirche. So entstand »Il mistero di Maria considerato alle luce del mistero di Christo e della Chiesa« (1973), ein Kompendium zur Mariol. im Lichte des II. Vatikanischen Konzils. In »Il Tuttosanto e la Tuttasanta« befaßte er sich mit ⟨M⟩ und dem Hl. Geist. R. war seinem eigenen Orden ergeben, förderte marian. Frömmigkeit und Wissenschaft und erfaßte im Dienst an wissenschaftlicher und marian. Theol. sowie leidenschaftlicher Erkenntnis der Bestimmung, Mission, Rolle und Privilegien ⟨M⟩s. Sein Grundprinzip war, ⟨M⟩ als die Mutter aller darzustellen; ein typisches Kennzeichen seiner Arbeitsweise war eine erschöpfende Bibliographierung; seine allgemeine Ausrichtung war weithin, aber nicht ausschließlich christozentrisch.

Lit.: G. M. Besutti, Ricordo del P. G. M. R., In: Mar. 39 (1977) 309—320. — Ders., El P. G. M. R., In: EphMar 28 (1978) 105—109. — Ders., Bibliographie, In: Mar. I—IV (1979) 5—63. — DSp XIII 981—984. — Theotokos 314f.   M. O'Carroll

Rose (Rosa mystica; → Geheimnisvolle Rose).
I. DEUTSCHE LITERATUR. Die R. ist wegen ihrer Schönheit, ihres Duftes und ihres Gestaltgeheimnisses eine der am häufigsten begegnenden Symbolpflanzen. Wegen dieser Eigenschaften war sie im Altertum das Sinnbild der Anmut und Liebe. Im Abendland spielt sie eine ähnlich bedeutende Rolle wie die → Lotosblume in Asien. In der Antike war sie der Göttin der Schönheit und Liebe, der → Aphrodite (Venus), geweiht. Es fehlte nicht an Versuchen, den griech. Namen ῥόδον etymologisch mit dem Verb ῥέειν (fließen, strömen) in Verbindung zu bringen mit der Begründung, daß die R. einen wahren Strom von Duft aussendet, wobei sich aber ihre Lebenssubstanz verflüchtigt, sie darum so schnell welkt. Sie ist ferner Symbol des Frühlings, des Sommers und Blume in den Gefilden der Seligen. Von daher wird sie im Christentum zur »himmlischen Rose«. In der Antike war die Bekränzung des Hauptes mit R.n nicht nur Luxus, sondern hatte nach Meinung der Alten auch einen medizinischen Grund: R.n wirkten wie Veilchen kühlend und gehirnstärkend; so glaubte man, übermäßigem Weingenuß entgegenwirken zu können. Ferner wurde die R. bei Gelagen über der Tafel aufgehängt als Zeichen dafür, daß die hier »sub rosa« gehaltenen Gespräche der Schweigepflicht unterliegen. Im Christentum ist später das Bild der 5-blättrigen R. im Nimbus über Beichtstühlen oder an der Decke altdt. Ratssäle dasselbe Zeichen; weil die R. ihr Innerstes durch Blätter verhüllt, wurde sie in dieser Funktion zur Hüterin von Geheimnissen (Mohr 112f.).

Von ihrer Morphologie her erhält die R. eine zweifache Bedeutung: Auf Grund ihrer Blütenblätter wird sie indirekt zum Symbol des Aion, also ein Ewigkeitsbild, aber auch zum Zeichen des Rätselhaften, Geheimnisvollen. Das AT zählt die R. unter jene aromatischen Pflanzen, mit denen sich die ewige → Weisheit vergleicht (Sir 24,28). Der prophetische Blick schaute in diesen Bildern das Geheimnis der Menschwerdung und seine Weiterentfaltung in der Kirche zum mystischen Leib Christi, bes. im Hinblick auf den Wohlgeruch nach Paulus (2 Kor 2,14). Nach Sir 39,17 sollen die Gotteskinder blühen »einer Rose gleich«.

1. Christliche Symbolik. Das Christentum übernahm die Vorstellung von der R. als Paradiesesblume und sah in roten R.n ein Sinnbild des blutigen Martyriums der Heiligen, das bald auf den König der Martyrer, Christus in seiner Passion, übergeht. Die Wundmale Christi werden als R.n verbildlicht, wobei die Fünfzahl der Blütenblätter auf die Zahl der 5 Wunden weist. Auch die Dornen haben ihre Symbolik. Sie bedeuten die Sünde und ihre Folgen, Schmerz und Leid. Aus den Dornen der Verderbnis erstrahlt die dornenlose Jungfräulichkeit. So wird die R. in besonderer Weise zum ⟨M⟩symbol. Die »Lilie unter den Disteln« aus Hld 2,2 wurde als »Rose unter Dornen« aufgefaßt und zum Symbol der UE ⟨M⟩s. Wie die R.n des Paradieses einer Legende nach keine Dornen hatten — diese entstanden erst nach dem Sündenfall —, so ist ⟨M⟩ von Anfang an als Immaculata frei von der Erbsünde. Die dornenlose Pfingstrose ist deshalb bevorzugtes ⟨M⟩attribut. Das Wunder der Menschwerdung in der Jungfrau ⟨M⟩ und ihre Verknüpfung mit der Ewigen Weisheit führt zur Anrufung »rosa mystica« in der → Lauretanischen Litanei. Es ist dies eine marian. Sinnentfaltung ihrer alten allgemeinen Bedeutung des Geheimnisvollen. Auch die alte Bedeutung der R. als Königin der Blumen wird zum Attribut der Himmelskönigin ⟨M⟩. Der → Hortus conclusus, in dem ⟨M⟩ sitzt, ist in seiner künstlerischen Gestaltung oft mit R.n bepflanzt oder von einer Rosenhecke umgeben.

2. Marianische Entfaltungen. a) Mittelalter. In der lat. und mhd. Dichtung wird das Thema der R. unter verschiedenen Aspekten beleuchtet. Die gnadenhafte Herausgehobenheit ⟨M⟩s im Wunder der Menschwerdung wird unter dem Bild der unvergleichlichen R. gepriesen als himmlische und göttliche R. (»rosa speciosa, rosa gratia divina« [Salzer 187,10f.], »rosa delicata ... trans coelos exaltata« [ebd. 187,16ff.]; »coeli rosa, dei rosa, rosa fragrantior, speciosis rosis gratior, rosa sine comparare, haec est rosarum rosa« [ebd. 187,20ff.]; → Petrus Damiani: »Gratia te reddidit cunctis gratiosam, Te vestivit lilio, sparsit in te rosam.« [ebd. 186,19f.]). Die Erhabenheit ⟨M⟩s verdichtet sich im Glauben an die UE, wie bei → Adam v. St. Viktor in der berühmten Sequenz → »Salve mater salvatoris«: »Sei gegrüßt in deinem Sohne, Blum' aus Dorn, doch Dornenohne, du am Dornbusch blühend Reis, die vom Dorn nicht weiß« (Wolters II 120). Desgleichen kommt die Rosensymbolik in der mhd. Dichtung vor, etwa beim → Marner (XIV 5: »rôse in himeltouwe, sunder sünde dorn betaget«; Salzer 183,14f.), oder bei → Konrad v. Würzburg (Die goldene Schmiede: »rôse in süezem touwe« [337]; »rôse in himeltouwe, von gottes geist erfruhtet« [1908]; »du pfingstrôse ân allen stift« [422; vgl. Salzer 183f. mit weiteren Belegen]). Die Menschwerdung als innige Verschmelzung der Gottheit mit der Menschheit Ms veranschaulicht das Bild vom Rosenkleid: »ob allen hymeln ein rôs aufgât und gar in vollem bluede stât, deu leucht in der drivaldichait, got selbst hât sich mit ir bechlait« (Salzer 69,9ff.). Der Mpreis → »Lobgesang auf Maria« besingt die verborgene Einheit von Liebe und Leid Ms: »lachender rôsen spilende bluot«, »rôsen bluot, dû rôsen tal« (ebd. 183,10ff.). — M als Liebende versinnbildlicht die R. als Blume der Liebe: »Ecce rosa, flos amoris, rubet« (ebd. 187,18; → Mystik); Petrus Damiani: »rosa purpura in Jericho« (PL 145,935C). Ein unbekannter lat. Dichter des 11. Jh.s besingt in der Msequenz »Verbum bonum et suave« in M die R. der Liebe: »Ave Mutter höchsten Hauches, Meerstern, Brand des Dornenstrauches, Blume voll des süßen Duftes« (Wolters II 91). Auch → Gertrud v. Helfta nennt M »Rose der Liebe«, die als »leuchtende Rose himmlischer Anmut unsere Seelen mit himmlischer Kraft nährt«; ebenso der Dichter des → Rheinischen Marienlobes (V. 195f.). — Der Duft der R. zieht nicht allein Gott vom Himmel (Bruder → Hans, »Marienlieder« 488,1; »nu sprach ich von der rosen ouch ... Ir suezzer ruch so wol ym rouch, daz er demuetlich nederbouch zu ir« [Salzer 69,13—16]), sondern führt auch zur Vereinigung mit dem Gottessohne (Mone II 589,1): »tu rosa ..., cuius dei filium carnis ad connubium taxit odor« (ebd. 69,19ff.). Ein unbekannter niederrheinischer Dichter des 15. Jh.s steigert in der Sequenz »Rosa gaude salutata« über die Freuden Ms die Rosenmetapher bis zum Ausdruck sel. Gottesvereinigung: »Rose, ganz in Gott versunken, wirst du von dem Tranke trunken übergroßer Seligkeit« (Wolters II 158f.; Mohr 157f.). — Ms Liebesseligkeit verdeutlicht das Bild vom Rosengarten: M, »du himelzvrouw, du vil rosenrîche ouw« (Salzer 319,11f.), oder: »Maria die vil zarte, si ist ein rosengarte, den got selber gezieret mit seiner majestat« (ebd. 16,23f.). Bei → Eberhard v. Sax (I 69 a) wird das Bild vom Rosengarten auch heilsgeschichtlich verwendet: »rose garte dornes âne, dâ der bluome wart gezwiget, der uns alle hat gevriget« (Salzer 15,27—30). Häufig ist M als Rosengarten das Sinnbild ihres geheimnisvollen Schoßes: »Maria, gotz rosen anger« (ebd. 3,41), ebenso bei → Frauenlob: »ich zarter, wolgemuoter rôsengarte« (ebd. 184,34). — M als »lieht prinnendeu rôs« (ebd. 186,6f.) wird in ihrer Heilsmächtigkeit angerufen. Die blühende R., Zeichen von Ms Mutterschaft, verbindet sich mit der Erneuerung und Beseligung des Menschen und des Kosmos. Die mit der Verkündigung aufblühende R. M wird in kunstvoller Klimax von der Menschwerdung bis zur Eschatologie heilsgeschichtlich und mystisch gedeutet (z.B. Hs. des 15. Jh.s, Mainz, Karth. Nr. 570, Bl. 89: »Do diese schone rosen Maria began zu blüehen, do verging der winter unserer betrüebnisz und der sumer der ewigen freuden began zu komen und der meye der ewigen lost zu schynen und mit ir wart uns wider gegeben die grüenede des lustlichen paradises« [Salzer 332, Anm. 2]). In Sir 24,14 wird die Weisheit u.a. mit den Rosenpflanzungen von Jericho verglichen. Dieses Bild wird im MA auf M in ihrer unergründlichen Weisheit übertragen (ebd. 160,13; 18,3; 188,14,31ff.). Eine → Hermann v. Reichenau zugeschriebene M-Antiphon »O florens rosa Domini« (»O du blühende Rose, du Mutter göttlicher Glose« [Wolters II 91]) preist Ms Gotteswissen. — Eine Apotheose der rosa mystica entfaltet → Dante Alighieri im 33. Paradiso-Gesang seiner »Göttlichen Komödie«. Die Himmelsrose als Paradies, die wie in der R. Vielfalt und Einheit einschließt, umfaßt die ganze communio sanctorum, die vollendete familia Dei. Aufgeschlossen jedoch wurde das Paradies durch M, »die Ros, in der das ewige Wort Fleisch ward« (XXIII 71—74). Denn: »In deinem Schoß entflammte neu die Liebe, durch deren Wärme hier im ewigen Frieden sich diese Blume also hat entfaltet« (XXXII 151; XXXIII 1—9). In Dantes rosa mystica spiegelt sich durch M die Verschmelzung der Liebe Gottes und der menschlichen Liebe wider. Die rosa mystica ist sowohl die R. irdischer wie himmlischer Liebe (Mohr-Sommer 174—183).

b) Barock. Den Reichtum barocker Bilderfülle entfaltet der Gelehrte → Cornelius a Lapide (1567—1637) in seiner marian. Bibelauslegung. In bezug auf Sir 24,14 sagt er »im mystischen Textverständnis: Die Rose in Jericho ist die selige Jungfrau ... Christus macht nämlich durch sie in höchstem Maße den Duft seiner Erkenntnis überall offenbar« (Mohr-Sommer 158). Barocken Bilderreichtum kennt auch Jakob → Balde (1604—68), wenn er M im Hymnus »Die Unnennbare« preist: »in Flammen glänzender Rosenbusch ... Rose der Dornen, der Blumen Schönste blühet unsterblich« (ebd. 158f.). Im berühmtesten Hymnus der Ostkirche, dem → Akathistos-Hymnus heißt es: »Sei gegrüßt, du mystische Rose, daraus uns Christus entsrömt«. In gedanklicher und textlicher Beziehung hierzu steht das Werk des griech. Nobelpreisträgers Odysseas Elytis (* 1911). Im dritten Teil seines Versepos »Die Genesis« wird die rosa mystica als persönliche Lebenserfahrung angesprochen im sich wiederholenden Refrain: »Hohe Mutter/ Unverwelkliche Rose« (ebd. 159). Mit dem Einzug der Seele in den »Hortulus animae« und dem Ausufern der Bilder setzen die Privatisierungen in persönlicher Andacht und persönlicher Moral ein. In diese Richtung weisen u.a. aus dem frühen 15. Jh. der »Hortulus rosarum« des Thomas v. Kempen. Hier geht es wesentlich um »viele Tugenden«, die mystische R. ist nur noch Staffage (ebd. 169f.).

In den anonymen geistlichen Liedern des Friedrich v. → Spee bricht das große Staunen über das Wunder der Menschwerdung wieder auf. Im Lied »Virginis ortus admirabilis« wird Ms »Wunderschoß« als »ein seltzam Roß« strophenweise gepriesen. Zu Me Geburt heißt es:

»Maria ist die Roß,/ ist die Sonne groß«. Das Himmelfahrtslied stellt Ms unfaßliche Liebeskraft in den Mittelpunkt: »rot wie ein Roß/ Ihr Glanz, ihr Schönheit Wunder groß«.

c) Dichtung des 20. Jh.s. Bei der etablierten Identität der rosa mystica mit M, als Jungfrau und Mutter Jesu, gilt jedoch, daß die marian. Aussage im Grunde Christol. ist, d. h., die Mutter des Sohnes wird um des Sohnes willen geehrt und gepriesen. Deswegen ist der Deutungsbereich der marian. Rosenmystik mehr oder weniger ausdrücklich von der Bedeutung der Gottmenschheit Christi bestimmt. Diesen Zusammenhang greift auch R. M. → Rilke in seinem »Stundenbuch« auf, in dem es vom Jesusknaben, dem »Ast vom Baume Gott«, heißt: »Und er duftet leis/ als Rose der Rosen.«. Bei Rilke wird das so häufig besungene Sinnbild der R. ein Symbol letzter, ewiger Erlösung, die sich durch Duft uns verkündet, so daß sie zum Symbol mystischer Sehnsucht wird. In der »Sonette an Orpheus« ist die R. »der unerschöpfliche Gegenstand« mit einem Leib »aus nichts als Glanz«. Das Roseninnere wird in den »Neuen Gedichten« zum Symbol des nie versiegenden Reichtums der Gnade: »Welche Himmel spiegeln sich drinnen/ in dem Binnensee/ dieser offenen Rosen/ dieser sorglosen, sieh:/ Wie sie lose im losen/ liegen als könnte nie/ eine zitternde Hand sie verschütten.« Der Liebesakt im Hingerissensein zu Gott eröffnet sich ihm in der Betrachtung hoher Rosetten dunkler Dome: »So griffen einstmals aus dem Dunkelsein/ der Kathedralen große Fensterrosen/ ein Herz und rissen es in Gott hinein.« — Wenn auch der direkte marian. Bezug hier nicht wörtlich ausgesprochen wird, so doch die Ahnung marian. Erfahrung, daß es im Berührtsein der Gnade zu einem ungeheuren Vorgang der Erlösung kommt durch die über alles springende Liebe in Gott hinein. — Als ein Vertreter moderner Lyrik nehmen die ganz ungewohnten 23 Mgedichte des Konrad → Weiß auch in ungewöhnlicher Weise das Bild der rosa mystica auf. K. Weiß, der Sänger Ms, läßt — wie → Ephräm in den ihm zugeschriebenen Mhymnen »De Nativitate« — M aus sich selbst singen. Im langen Gedicht »Die Rose« ist M, die eine unergründliche R., Sinnbild der heilenden Kraft der sich hingebenden Liebe in der Zusammenfassung der Schlußstrophe: »Kein Sinn faßt dies Geheimnis ein,/ doch immer röter wird der Schein,/ bis Ohnmacht bitter/ die Knospe aus der dunklen Gruft/ erbricht, sie schwieg, es sang ihr Duft/ strömend durch das Gitter.« Gegenwartsbezogener versucht das umfangreiche Gedicht »Die Flucht nach Ägypten« die lebentragende Kraft des Mgeheimnisses in der Beziehung von Mann und Frau über Joseph und M zu deuten. Alle Strophen münden in den Refrain: »Kummerlos steht die im Hoffen/ unerschrockene Rose offen« gleich einem Siegel des unergründlichen Mgeheimnisses in seiner unerhörten Spannweite von Liebe und Leid. Ms unbegründbare Zuversicht der Liebe (Holl 215) steht gegen die Unsicherheit und den zersetzenden Zweifel Josephs, des Mannes. Die erlösende Kraft der rosa mystica wurzelt im Gelittenhaben, daher sind ihre Worte leise: »... doch sterbend leise, sang Maria die Weise«, jedoch »unzerbrechlich klang die Weise«, da M aus der Kraft und Gnade Gottes liebt.

Ausg.: Hymnen und Sequenzen. Übertragungen aus den lat. Dichtern der Kirche vom 4.–15. Jh., hrsg. von F. Wolters, 3 Bde., bes. 2. Bd., ²1922. — Nun geht die Lust des Opfers an. Mariengedichte von Konrad Weiß, ausgewählt und eingeleitet von W. Nyssen, 1990.
Lit.: W. Werner, Die Rose bei Rainer Maria Rilke, In: Oberdt. Zeitschrift für Volkskunde (1930) 142–149. — Ch. Joret, La Rose dans l'Antiquité et Moyen âge, 1970. — H. P. Holl, Bild und Wort. Studien zu Konrad Weiß, 1979. — G. Heinz-Mohr und V. Sommer, Die Rose, Entfaltung eines Symbols. 1988. — Salzer (Register). — G. Heinz-Mohr, Lexikon der Symbole. Bilder und Zeichen der christl. Kunst, 1971; Nachdr. ⁶1981. — Herder-Lexikon, Symbole, 1978. *M. Schmidt*

II. IKONOGRAPHIE. Bereits die frühgriech. Kunst kannte die zur Rosette stilisierte R. als ein vielschichtiges Sinnbild. Auf Grund ihrer Schönheit, ihres Duftes und ihrer Vergänglichkeit galt sie seit der Antike als Attribut für Liebe, Jugend und Frühling sowie als Zeichen des Paradieses (Callixtus Katakome, Cubicolo dei 5 Santi, 3. Jh.).

Der mariol. Bezug läßt sich im Abendland seit Caelius Sedulius nachweisen, der M mit einer R. unter Dornen vergleicht (Salzer 189). V. a. das AT war entscheidend für die Zuordnung der R. in ihrer Bedeutungsvielfalt in Hinblick auf M; der Vergleich der Ewigen Weisheit mit der in Jericho gepflanzten R. (Sir 24,14) und die Weissagung des aus der →Wurzel Jesse hervorkommenden Reis' (Jes 11,1) schufen die Grundlage für eine bildliche Zuordnung. In der Gotik entwickelte sich innerhalb der Kathedralplastik ein entsprechender Bildtypus, so die um 1280 entstandene Türpfeilermadonna am Hauptportal des Freiburger Münsters: unter den Füßen Ms der schlafende Jesse, von dem ausgehend Rosenzweige und Akanthus die GMfigur sowie das Tympanonfeld mit Darstellungen aus dem Mleben und der Passion Christi umrahmen. Das Thema wird auch in der sog. Regensburger Madonna (München, Bayer. Nat. Mus., um 1330) behandelt. Vor der bekrönten GM wächst ein Rosenstrauch empor, auf dem das Kind als virga de radice Jesse sitzt.

M wird zur R. unter den Dornen bedingt durch ihre Unberührtheit von der Erbsünde, der Gegensatz von Rosenblüte und Dornen wird Ausdruck für die typologische Gegenüberstellung von Eva und M (Eva spina, Maria rosa, Bernhard v. Clairvaux, PL 184, 837; Illustration im Missale des Salzburger Erzbischofs Bernhard v. Rohr, München, Bayer. Staatsbibl., vor 1481). Die zunächst im Paradies ohne Dornen wachsende R. wird durch den Sündenfall Evas mit Dornen behaftet, die Schuld der Jungfrau Eva durch die neue Jungfrau M gesühnt (»wy seer uns der doren y hat gestochen, wir sint nu al ghenesen, Nu wir den ruch der rosen hant gerochen«, Br. Hans, Marienlieder, 14. Jh.; Salzer 185).

Die Pfingstrose (paeonia officinalis L.), die →Konrad v. Würzburg in seiner »Goldenen Schmiede« schon als mariol. Symbol aufführt (»du pfingstrose an allen stift«, Gold. Schmiede 422; Salzer 184), wird zur inkarnierten R. ohne Dornen. Auf der Tafel der ⓂⒽ im Rosenhag von Martin →Schongauer (Kolmar, Martinskirche, 1473) erscheint eine bes. prächtig ausgearbeitete Pfingstrose; die voll erschlossene Blüte streckt sich mit ihren großen Blattfächern der GM entgegen, ⓂⒽ hat ihren Blick von ihrem Kind abgewendet und auf die Blüte gerichtet. Auch auf dem Genter Altar der Brüder van Eyck findet sich eine Pfingstrose. Neben der Schwertlilie und der Stockrose stellt Dürer auf einer Zeichnung (Wien, Albertina) die Pfingstrose als ⓂⒽpflanze dar.

In Anlehnung an die sich immer stärker herausbildende MV des MA entsteht zunächst eine Vielzahl einzelner Skulpturen. ⓂⒽ trägt das Kind auf ihrem Schoß, in der Hand das Lilienzepter als Zeichen ihrer Jungfräulichkeit und Reinheit, Thron und Sockel sind mit stilisierten R.n besetzt (Thronende Muttergottes, Goch, St. Maria Magdalena, Köln, um 1390; Muttergottes aus Salm, Werkstatt Wederath, Trier, Diözesanmus., nach 1500). Die sog. Madonna Kesselstadt (Trier, Diözesanmus., um 1300), eines der reifsten Werke der gotischen Plastik im Trierer Raum, stellt eine mit Krone und Schleier geschmückte Madonna dar, die auf dem linken Arm das Christuskind hält und diesem mit der rechten Hand eine R. reicht. Die R. in ihrer Hand ist Symbol des ma. Verständnisses und zugleich Wesensbeschreibung ⓂⒽs als → geheimnisvolle Rose (rosa mystica, →Lauretanische Litanei).

Die R. erscheint neben der → Lilie als eine der meist verwendeten ⓂⒽpflanzen mit einer Fülle an Symbolgehalt. Die weiße R. wird gleich der Lilie Sinnbild der Jungfräulichkeit und Reinheit ⓂⒽs, die rote R. Symbol ihres Martyriums und Anteils am Passionsleiden ihres Sohnes (→Compassio), aber auch Sinnbild ihrer vollkommenen Liebe (»bi de rose, di zweiehand varbe hat rot und wiz, ist ouch bezeichnet bi dem wizen ihr reine magetuom, bi dem roten ir vollcumene minne und di vollcumene ganzicheit ihres reinen magetuomes«, Predigt des 13. Jh.s; Salzer 185).

Das immer häufiger auftretende Rosenmotiv verdeutlicht die allgemeine Beliebtheit des Bildthemas. Auf Tafelgemälden mit Darstellungen aus dem ⓂⒽleben tritt die rote R. neben die weiße Lilie, so auf der Verkündigungsszene des Meisters des Barberini-Altares (Washington, Nat. Gallery) oder auf den zwei Flügeln eines nicht mehr vollständig erhaltenen Sippenaltares (Hl. Familie, Anna und Joachim, Jan Baegert, Xanten, St. Viktor, 1520/30); auf beiden Tafeln liegen auf den Stufen einzelne sowohl weiße wie auch rote R.n. V.a. auch in den Stundenbüchern und Andachtsbüchern (Stundenbuch, Gracht, Sammlung Wolff-Metternich, nach 1298; Eidbuch der Gaffel Windeck, Kölner Miniatur, um 1340) erscheint die R. in vielfältiger Form. Rote und weiße R.n, zu einem → Blütenkranz gebunden, werden zum Sinnbild der Auserwählung und Erhöhung sowie Zeichen der Jungfräulichkeit. Der Kranz aus R.n kann stellvertretend für ein Diadem erscheinen (engl. Tafelmalerei, Paris, Musée Cluny, um 1335) oder in der Art eines Gebindes auf dem offenen Haar (Werkstatt Lochner, Köln, Wallraf-Richartz-Mus., um 1450).

Die Verknüpfung des Rosensymbols mit dem Bildthema des →hortus conclusus bildet zu Beginn des 14. Jh.s die Grundlage der Darstellung der ⓂⒽ im Rosenhag. Der Bildtypus des von R.n umgebenen Paradiesgartens, basierend auf dem Gartentyp der Madonna del' umilità (Andrea di Bartolo, Mönchengladbach, Privatsammlung, um 1410/20) wandelt das Motiv der höfischen Gesellschaft im Freien ab. Simone Martini hat mit seiner für S. Francesco in Assisi geschaffenen Gartendarstellung die niedrig sitzende Madonna prägend für die weiteren Darstellungsformen geschaffen. Schon in Italien entwickelt sich daraus das Rosenhagthema (ⓂⒽ im Rosenhag, Veroneser Schule, Wuppertal, Sammlung Herberts, Anfang 15. Jh.; Botticelli, Madonna delle Rose, Tondo, Florenz, Palazzo Pitti, um 1485), das aber eine Blütezeit v. a. in der oberrheinischen Kunst erfährt (ⓂⒽ in den Erdbeeren, Oberrheinischer Meister, Solothurn, Städt. Mus., um 1410/20; Paradiesgärtlein, Oberrheinischer Meister, Frankfurt, Städel, um 1420). Mit der ⓂⒽ im Rosenhag schuf Stefan Lochner (Köln, Wallraf-Richartz-Mus., um 1448) eines der bekanntesten Tafelgemälde dieses Themas, das in seiner ganzen Lieblichkeit und Innigkeit gleichzeitig durch die Vielzahl einzelner Motive mit einem vielschichtigen Symbolgehalt behaftet ist.

Im 16. Jh. löst sich zunächst die verschlossene Rosenhecke auf und gibt den Blick in die Landschaft frei. Die R. wird zunehmend nicht mehr als einzelne Pflanze oder Strauch dargestellt, sondern erscheint in einem Blütenkranz (ⓂⒽ mit Kind im Blütenkranz, Angermund, Hendrik van Balen I., Sammlung Max Freiherr v. Fürstenberg, 17. Jh.), in Anlehnung an den →Rosenkranz in einem Gebinde aus roten und weißen R.n (ⓂⒽ mit Kind im Rosenkranz, Pieter van Avont, Münster, Landesmus., 17. Jh.) oder plastisch mit einem Rosenkranz umgeben (Rosenkranzaltar, Überlingen, Nikolausmünster, 1631 (?).

In Anlehnung an die in der Legenda Aurea des Jacobus de Voragine beschriebene Himmelfahrt ⓂⒽs (»Alsbald waren um sie die roten Rosen, das sind die Chöre der Märtyrer; und die weißen Lilien, das sind die Scharen der Engel und Jungfrauen und Bekenner.« R. Benz, Die Legenda Aurea des Jacobus de Voragine, 1979, 586), entsteht im 14. Jh. die Vision des Blumenwunders der Apostel. In seinem Freskenzyklus (Siena, Palazzo Pubblico, 1407) ordnet Taddeo di Bartolo die Apostel um das mit Lilien und R.n gefüllte Grab an. ⓂⒽ wird, von den Aposteln nicht bemerkt, durch ihren Sohn in den Himmel gehoben. Als ein späteres Beispiel kann hier die von Giambattista Tiepolo dargestellte Himmelfahrt Ms (Deckenfresko, Udine, 1759) genannt werden. M in den Wolken und von Engeln begleitet, schwebt über dem geöffneten Sarg, auf dem einzelne Rosenblüten liegen.

Im 17./18. Jh. bleibt die R. v. a. Sinnbild der Himmelfahrt Ms und Symbol der Immaculata (El Greco/Werkstatt, Lugano-Castagnola, Sammlung Thyssen, um 1605/10; G. Tiepolo, Immaculata, Vicenza, 1734/36; J. M. Schmidt/Werkstatt, Empfang Ms im Himmel, Augsburg, um 1770/80). Die Aufklärung bedingt eine Einschränkung der Darstellung einzelner Mthemen. Die Romantik führt zu einem erneuten Aufleben der Darstellung biblischer Themen. Das in Anlehnung an Raffaels Sposalizio di Maria Vergine (Mailand, Brera, 1504) entstandene Gemälde der Vermählung Me von J. F. →Overbeck (Poznán, Muzeum Narodowe, 1834—36) drückt eine tiefe rel. Haltung des Künstlers aus. Overbeck übernahm die drei Hauptfiguren des Raffael-Bildes und rahmt sie durch musizierende Engel ein, die mit Blütenkränzen aus roten und weißen R.n geschmückt sind. Über dem Brautpaar halten zwei schwebende Engel eine Blütengirlande aus farbigen Rosenblüten, zu Füßen Ms und Josephs liegen einzelne Rosenstiele. Das von J. v.→Führich erstellte Gemälde »Der Gang Mariens über das Gebirge« (Wien, Österr. Galerie, 1841) verdeutlicht das märchenhaft-verklärte und poetische Moment in der Kunst der Nazarener. Die eigentliche biblische Handlung wird unbedeutend. Engel umschweben die Jungfrau auf ihrem Weg zu Elisabeth und werfen R.n auf sie herab. M beachtet in ihrer Bescheidenheit die Blüten nicht, während Joseph sich niederbeugt, um eine R. aufzuheben.

Lit.: Salzer 184—189. — E. Wolffhardt, Beiträge zur Pflanzensymbolik, In: ZfKG 4 (1950) 177—196. — E. M. Vetter, Maria im Rosenhag, 1957. — L. Behling, Die Pflanzen der ma. Kathedralen, 1964. — Dies., Die Pflanzen der ma. Tafelmalerei, ²1967. — Schiller IV. — D. Forstner, Die Welt der christl. Symbole, ⁵1986. — G. Heinz-Mohr und V. Sommer, Die Rose, Entfaltung eines Symbols, 1988.
S. Egbers

Rosello, Maria Giuseppa, hl. Gründerin der Töchter ULF von der Barmherzigkeit, * 27. 5. 1811 in Albissola Marina (Savona), † 7. 12. 1880 in Savona, wurde auf den Namen Benedicta getauft, am 6. 11. 1938 selig- und am 12. 6. 1949 heiliggesprochen (Fest: 7. Dezember). Sie entstammte einer armen Familie und hatte zehn Brüder. Schon als junges Mädchen wurde sie Franziskaner-Terziarin. Als Kind wurde ihr einmal verwehrt, an der Wallfahrt zum Heiligtum ULF von der Barmherzigkeit in Savona teilzunehmen, daraufhin führte sie am Morgen andere Mädchen und Jungen in Prozession zu einer Kapelle auf dem Wege nach Savona. Nach sieben Jahren unentgeltlichen Dienstes beim kranken Herrn Monleone widmete sie sich dem Dienste der Armen. In der Liebe zu ihnen und v. a. in der Verehrung Ms unterschied sie sich von anderen seit ihrer Kindheit. — Verwaist, mußte sie ihren jüngeren Brüdern helfen, bis 1837 die große Wende ihres Lebens, die Geburtsstunde der Kongregation der »Töchter ULF von der Barmherzigkeit«, kam: Sie stellte sich mit drei anderen Mädchen dem Vorhaben des Ortsbischofs zur Verfügung, durch Erziehung der Verwahrlosung der Jugend zu begegnen. Bei der Einkleidung nahm sie den Namen Maria Josepha an, Ausdruck ihrer großen Verehrung der GM, von der ein Bild »ULF von der Barmherzigkeit« die arme Behausung schmückte, und des hl. Joseph, der ihr »teuerster Vater« in vielen Schwierigkeiten war. Nach der Profeß 1840 wurde R. Superiorin und blieb in diesem Amt, auch als Generaloberin, bis zum Tode.

Ihre außerordentliche Aktivität erstreckte sich auf die Ausbreitung der Anliegen ihres Institutes, die berufliche und geistliche Formung der Schwestern und die Hilfe für alle Hilfsbedürftigen. Sie eröffnete 62 Häuser, fast alle in Ligurien, eines in Rom und sechs in Argentinien. Eine absolute Neuheit im westlichen Ligurien war ihre Gründung kostenloser Volksschulen und eines Heimes für bekehrte Jungen. Die Konstitution von 1863 verlangt: Unwissende lehren, Bedrängten und Kranken helfen, Gestrandete auf den rechten Weg führen und Güte v. a. den Ärmeren und Verlassenen erweisen. — Zur Kongregation gehörten 1980 in acht Provinzen 246 Häuser mit 1700 Schwestern.

WW: Gebete zu Maria und zum hl. Joseph, Ermahnungen, Regeln, Briefe sind im Anhang von F. Martinengo ediert.
QQ: Dokumente des Diözesan- (1913—18) und apostolischen Prozesses zur Selig- und Heiligsprechung (1924—38).
Lit.: F. Martinengo, Vita, opere e virtù di suor M. G. R., Bologna 1910. — F. Noberasco, Lo spirito e l'apostolato di suor M. G. R., 1921. — L. Traverso, Vita e virtù di suor M. G. R., 1934. — C. Caminada, La b. M. G. R., 1948. — A. Oddone, Lineamenti biografici di s. M. G. R., 1949. — Pius XII., Omilia »Quod si Cyprianus« (12. 6. 1949) e sermone »Sarebbe difficile« (14. 6. 1949), In: Discorsi e Radiomessaggi, Vol. 11. — AAS 42 (1950) 222—233. — Baumann 70—73. — F. Holböck, Geführt von Maria, 1987, 518ff. — BSS VIII 1069—72.
A. Calufetti

Roselló y Terrà, Joaquím, * 28. 6. 1833 in Palma de Mallorca, † 20. 12. 1909 in La Real (Mallorca), gründete die »Missionare der Heiligen Herzen« (MSSCC, nicht zu verwechseln mit dem gleichnamigen, 1833 in Neapel gegründeten Institut). Nach Studien im Diözesanseminar von Mallorca wurde er 1858 Priester und widmete sich zunächst vornehmlich dem Jugendapostolat, wo er bes. die Verehrung des heiligsten Herzens Jesu zu verbreiten suchte, die er sich selbst als Jugendlicher unter dem Einfluß der Jesuiten zu eigen gemacht hatte. 1864 erfolgte der Eintritt in das Oratorium. R. war bald ein gesuchter Volksmissionar, Prediger und Beichtvater, der die Marian. Kongregation sehr förderte. 1890 zog er sich in die Klause Sant Honorat auf dem Puig de Randa im Zentrum der Insel zurück, wo schon Raimundus → Lullus eine Zeitlang als Eremit gelebt hatte. Mit Ermutigung des Bischofs von Palma de Mallorca, Hyacinto Cervera, gründete er noch im gleichen Jahr an diesem Ort, der durch eine mehrhundertjährige Tradition der MV ausgezeichnet war, mit einigen Priestern, die sich seiner geistlichen Leitung anvertraut hatten, die Kongregation der »Misionarios del los Sagrados Corazones«. Die päpstliche Approbation erfolgte 1932. Der Bischof übertrug ihnen das traditionsreiche ehemalige Zisterzienserkloster Mare de Déu de Lluc bei Palma, das bald wie in früheren Jh.en zu einem lebendigen Zetrum der MV wurde. Noch zu Lebzeiten R.s konnte eine weitere Niederlassung in La Real (nördlich von Palma) eröffnet werden. Heute zählt das Institut mit Generalat in Madrid 30 Niederlassungen, überwiegend in Spanien bei 136 Ordensangehörigen. R. war zeit seines Lebens von einer ausgeprägt kontemplativen Gesinnung. Die Verehrung der heiligsten Herzen Jesu und ⍟s betrachtete er als den geeigneten Ausgangspunkt für eine erfolgreiche Pastoral. Neben den Volksmissionen hielt er Exerzitien für Priester und Laien (für diese in der damals ungewöhnlichen Weise völliger Zurückgezogenheit) und widmete sich intensiv der persönlichen geistlichen Führung. 1934 wurde der Seligsprechungsprozeß eröffnet.

QQ: Reglas, 1891 und 1896. — Notas refrentes a la congregación, 1914. — Die »Piadosas ejecicíos en honor de los SS. Corazones« und ein »Epistolario« sind bislang unveröffentlicht.
Lit.: A. Thomas, Un gran Misionero. Biografía del muy reverendo P. J. R. y T., 1929. — N. Bauza, Un hombre que creyó en el Amor: el P. J. R., 1968. — EC VIII 1092 (Lit.). — Diccionario de Historia Eclesiástica de España III, 1973, 2111. — Gran Enciclopèdia Catalana IX, 1976, 304; XII, 1978, 338. 768; XIII, 1978, 234. — DIP VII 2037f. — AnPont 1990, 1361.   *J. Grohe*

Rosenkranz. I. THEOLOGIEGESCHICHTE.
1. Begriff. R. meint in seiner kirchenamtlich geordneten Form (vgl. MCu 49) eine in Zehnergruppen gegliederte Reihe von 150 → Ave-Maria, wobei jede Dekade von einem Vaterunser eingeleitet und der kleinen trinitarischen Doxologie »Ehre sei dem Vater« beschlossen wird. Wesentlich gehört zu dem so gegliederten Wiederholungsgebet die gleichzeitige Betrachtung des in Jesus Christus ausgeführten Heilsplans Gottes (vgl. Eph 3,11). Gebetspsychologisch hilfreich wird das *eine* Erlösungsmysterium Christi in 15 Einzelgeheimnisse (Gesätze) auseinandergefaltet, die in heilsökonomischer Abfolge nacheinander Gegenstand der Betrachtung in den 15 Ave-Maria-Dekaden sind. Neben dieser Vollgestalt wird auch ein Drittel des gesamten Gebetes, also jeweils fünf Dekaden oder Gesätze, R. genannt, wobei man je nach dem Inhalt der Geheimnisse zwischen dem freudenreichen (Menschwerdung und Kindheit Jesu), dem schmerzhaften (Leiden und Sterben) und dem glorreichen R. (Jesu Erhöhung und die in ⍟ als der Ersterlösten betrachtete Vollendung des Menschen) unterscheidet. Während es beim privaten Gebet genügt, die Geheimnisse der Erlösung im Geist zu betrachten, wird beim gemeinsamen R.-Gebet das jeweilige Gesätz vor jeder Ave-Zehner-Gruppe einmal genannt (beim OP und in den romanischen Ländern) oder an den Namen Jesus in jedem Ave-Maria einer Dekade als jeweils neuer Meditationsimpuls hinzugefügt, was die Betrachtung erleichtert (dt. Art). Der heute übliche, theol. und pastoral sinnvolle »Eingang« des R.es (Apost. Glaubensbekenntnis, Doxologie, Vaterunser, drei Ave-Maria mit den eingefügten Bitten um Glaube, Hoffnung und Liebe, Ehre sei dem Vater) gehört nicht als integrierender Bestandteil zum R. R. heißt auch die zum Zählen der Wiederholungsgebete dienende Perlenschnur (Zählgerät); ihre Benutzung ist freigestellt, ihre Segnung zwar empfohlen, nicht aber vorgeschrieben (vgl. Dt. Benediktionale, 1978, Nr. 45; De Benedictionibus 1984, Cap. 38).

2. Wurzeln und Vorformen. Wiederholung ist Merkmal jeder Meditation. Im orient. und frühma. westlichen Mönchtum diente in der Regel ein Schriftwort, meistens ein prägnanter Psalmvers, etwa 70,2 oder 85,8, als Meditationstext; häufig wiederholt, half er, in unablässigem Gebet Gottes Nähe zu suchen, seine Heilstaten zu erwägen und aus der beständigen Gottzugewandtheit dem Bösen zu widerstehen. Die grundsätzlich freibleibende Anzahl der Wiederholungen orientierte sich tatsächlich häufig an der Zahl der 150 Psalmen, vereinzelt auch an der mit 2606 angegebenen Gesamtzahl der Psalmenverse. Bes. im irischen Mönchtum galt es als asketisches Ideal, täglich die 150 atl. Psalmen auswendig zu rezitieren oder doch wenigstens ein oder zwei Drittel des in drei Dreiergruppen gegliederten Psalteriums (altirisch: na tri cécait — die drei Fünfziger). Im ma. Bußwesen begegnen ein oder mehrere Quinquagenen von Psalmen als den Pönitenten aufzuerlegende Bußleistung, in der privaten Frömmigkeit als freiwillige asketische Übung oder als Gebetsdienst für Verstorbene. Für die des Lesens Unkundigen, die illiterati, ersetzte ein entsprechend oft wiederholter leicht zu behaltender Psalmvers oder ein anderes Kurzgebet als quantitatives Äquivalent das wirkliche Psalmenbeten. Als Ersatz- und Wiederholungsgebet dominierte zunächst das von jedem Getauften auswendig zu wissende Vaterunser nach dem Grundsatz: »Qui non potest psallere debet patere ...«. Die Consuetudines von Cluny aus der Mitte des 11. Jh.s (PL 149,776) ließen z. B. die Laienbrüder anstelle des den Priestermönchen für einen Verstorbenen aufgegebenen Pensums von 50 Psalmen 50 Paternoster beten. Auch die Psalmen der Horen konnten die Konversen und Brüder durch eine entsprechende Anzahl von Vaterunsern ersetzen (vgl. Centenarium bei den Zisterziensern; → Franz v. Assisi, Regula bullata, c. 3). Zur Zählung des Wiederholungsgebets diente die Paternosterschnur. Die im 12./13. Jh. mächtig aufblühende MV ließ das aus dem Osten kommende, in der röm. Liturgie spätestens seit dem 9. Jh. rezipierte Ave-Maria in seiner ursprünglichen Gestalt (Lk 1,28. 42) zu einem immer regelmäßiger dem Vaterunser als »christol.-marian. Ergänzung« angefügten Wiederholungsgebet werden, das als solches sich zunehmend aus der Verknüpfung mit dem Herrengebet löste, so daß eine ununterbrochene Reihe von 150 Ave-Maria entstand: der Ⓜpsalter. Der verbreiteten Dreiteilung des Psalters entsprechend erfolgte häufig eine Einteilung in drei Quinquagenen (Ave-Fünfziger). Die Regel der Beginen zu Gent von 1242 verlangte beispielsweise als tägliches Pflichtgebet dreimal 50 Ave; die Ave-Reihe von zusammen 150 Ⓜgrüßen nennt sie ULF-Psalter. Aus Sorge, die häufige Wiederholung könne zum »Geplapper der Heiden« (Mt 6,7) entarten, haben die das Ave als Wiederholungsgebet an sich fördernden Zisterzienser nicht selten zu einer Beschränkung auf bloß 50 Ave geraten, wofür im 13. Jh. der Name »Rosarium« aufkam. Den Namen erklärte ein legendäres »Exempel«: Einem Zisterzienserkonversen, der vor seinem Ordenseintritt gewohnt war, eine Ⓜstatue oft mit einem Rosarium, d. h. einem Kranz aus wirklichen Rosen, zu schmücken, habe Ⓜ geoffenbart, daß ihr stattdessen ein Kranz aus 50 Ave-Maria als geistlicher R. willkommener sei. Der Gefahr eines zu mechanischen »Abbetens« der Ave-Reihe versuchte man v. a. entgegenzuwirken, indem man diese mit Meditationstexten anreicherte. Inspiriert von den Psalm-Antiphonen, entstanden oft gereimte Ⓜ-Antiphonen, die dem Ave-Maria jeweils vorangestellt oder angehängt wurden. Formal entsprach diese Verbindung von Wiederholungsgebet und wechselnden marian. Zusatztexten schon dem späteren R., nicht aber dem Inhalt nach. Da der R. wesentlich marian. Leben-Jesu-Meditation ist, wurde seine Grundform erst dort verwirklicht, wo man die Ave-Reihe durchgehend mit Betrachtungspunkten aus dem Leben Jesu, den Gesätzen, verknüpfte und so Ⓜdevotion und Jesusfrömmigkeit glücklich miteinander verband. Die Anfänge der letzteren lassen sich im benediktinischen Schrifttum des 11./12. Jh.s ausmachen (→ Johannes v. Fécamp, → Anselm v. Canterbury, → Ekbert und → Elisabeth v. Schönau). Bes. → Bernhard v. Clairvaux und sein Zeit- und Ordensgenosse → Aelred v. Rievaulx sind Repräsentanten einer auch für → Franz v. Assisi und → Dominikus charakteristischen, betont den irdischen Jesus in der Niedrigkeit seines Menschseins und seiner Passion zugewandten Christusfrömmigkeit, deren entfernte Wurzeln sich freilich schon bei Origenes ausmachen lassen (vgl. Baier). Aelred hat in »De institutione inclusarum« als erster aus dem Geist bernhardinischer Christusmystik eine in viele Einzelpunkte gegliederte, dem Gang des Evangeliums folgende Leben-Jesu-Mediation entworfen, die dem Beter helfen soll, sich eindrücklich das jeweils betrachtete Jesus-Ereignis zu vergegenwärtigen, sich davon ergreifen und bewegen zu lassen. Der motivische Bogen spannt sich von der Verkündigung des Erlösers an Ⓜ bis zur Erscheinung des Auferstandenen vor den Frauen. Der Einfluß Aelreds reicht über → Ludolfs v. Sachsen Vita Christi bis zur Leben-Jesu-Betrachtung in den Ignatianischen Exerzitien (2. Woche). Eine systematische Verbindung von stark marian. akzentuierten Betrachtungsgeheimnissen und einer Reihe von 15 Ave-Maria begegnet erstmals in der »Meditation über die Freuden Marias« des Zisterzienserabtes → Stephan v. Sallay († 1252). Voraussetzung dafür, daß sich wohl noch im 13. Jh. die in Einzelgeheimnisse entfaltete Meditation des Christusmysteriums mit der Ave-Reihe des R.es verband, war das wache Gespür für das Christuslob auf dem »Gipfel« des Englischen Grußes, der in seiner ma. Gestalt mit den Worten »benedictus fructus ventris tui« endete. Um den christol. Höhepunkt des Ave-Maria zu verdeutlichen, begann man seit dem ausgehenden 13. Jh. immer häufiger, dem biblischen Wortlaut des Ave den Namen Jesus bzw. Jesus Christus hinzuzufügen. So konnte der Engelsgruß an Ⓜ noch stärker als Anfangsereignis des mit der Inkarnation zur Verwirklichung kommenden Christusmysteriums erfaßt werden. Angesichts des Christuslobs im Ave-Maria schien es nicht abwegig, dieses als Wiederholungsgebet einer Betrachtungsübung zu verwenden, die das Heilswerk des aus Ⓜ Mensch gewordenen Gottessohnes dankbar erwägt. Im Milieu der gleichermaßen christol. und marian. geprägten Spiritualität der Zisterzienser wuchsen die Ave-Reihe und die in Einzelpunkte gegliederte Betrachtungsreihe des Christusereignisses zusammen. Das früheste dafür bisher bekannt gewordene Beispiel ist die Danksagung für die »beneficia incarnationis« in einer Handschrift (um 1300) aus der ehemaligen Zisterzienserinnenabtei St. Thomas bei Trier: In einer Reihe von 100 Ave-Maria wird dem Lobpreis Christi jeweils ein »Geheimnis« angefügt, angefangen von der Erschaffung des Menschen bis zur endzeitlichen Vollendung der Welt, worin erinnernd und begründend ins Wort gebracht wird, weshalb der Sohn Ⓜs lobwürdig ist.

3. Ursprung und Verbreitung. Ausgangspunkt des heutigen R.es in der dt. Art waren aber nicht die zisterziensischen Vor- und Frühformen, sondern der Leben-Jesu-R. des → Dominikus v. Preußen († 1460). Vom Prior der Trierer Kartause, → Adolf v. Essen († 1439), in die der ma. Jesus- und Ⓜfrömmigkeit verpflichtete Geistigkeit des Ordens eingeführt und zum Gebet des Ave-Fünfzigers angeleitet, »erfand« der Novize Dominikus wohl im Advent 1409 seinen R., in dem er dem Namen Jesus am Ende eines jeden Ave-Maria eine Clausula, d. h. einen Relativsatz, als »Schluß« dem damaligen Ave-Maria hinzufügte, der bedachte, was Jesus uns zugute getan, gelehrt und gewirkt hat, und weshalb er folglich »gebenedeit« zu werden verdient. Die Reihe der von Dominikus dem Evangelium entnommenen 50 Betrachtungspunkte (Verkündigung bis zur fortdauernden Herrschaft Christi) wurde rasch, vornehmlich bei Kartäusern und Benediktinern, verbreitet; Adolf v. Essen warb als Begleiter des Reformabtes von St. Matthias,

Johannes Rode OSB, auf dessen Visitationsreisen eifrig für die neue Gebetsform. In der Folgezeit förderten namentlich die Dominikaner, v. a. → Alanus de Rupe († 1475), der in seinem Ordensstifter Dominikus fälschlicherweise auch den Stifter des R.es sah, den mit 150 Geheimnissen ausgestatteten, durch Vaterunser in Zehnergruppen gegliederten Ꝿpsalter sowie den durch die Trierer Kartäuser zum Leben-Jesu-R. umgeformten, in Dekaden unterteilten Ave-Fünfziger. Die Reduktion der 150 bzw. 50 Geheimnisse auf die leicht zu behaltenden 15 (schon 1483 nachweisbar; vgl. Stephan v. Sallay) ließ den R. zum Volksgebet werden, dessen weltweite Verbreitung die Rosenkranzbruderschaften (erste Köln 1475 durch J. → Sprenger OP), Werbeschriften und nicht zuletzt Empfehlungen der Päpste förderten: Sixtus IV. 1478, Leo X., Pius V. (Lepanto), Pius IX., Leo XIII. (16 Rundschreiben; Oktober als R.-Monat; Einfügung der Anrufung »Königin des hl. Rosenkranzes« in die → Lauretanische Litanei), Pius XI., Pius XII., Johannes XXIII., Paul VI. und Johannes Paul II. → Lourdes und → Fatima gaben dem R. neuen Auftrieb.

4. Bleibende Bedeutung. Die Gefährdung des R.es durch eine zu sehr auf quantitative Leistung bedachte Gebetsauffassung und durch einen veräußerlichten Vollzug mindert nicht den bleibenden Wert des am meisten bekannten und verbreiteten kath. Volksgebets, das R.→ Guardini (Der Rosenkranz unserer Lieben Frau, 1940, 25) charakterisiert hat als »das Verweilen in der Lebenssphäre Mariens, deren Inhalt Christus war«. Es leitet an, die Mysterien der Herablassung, des erlösenden Leidens und der Erhöhung des Herrn (Phil 2,6—11) mit den Augen der Mutter Christi zu betrachten, die ihm Wegbegleiterin war und schon voll an seiner Auferstehungsherrlichkeit teilhat. Eine gelegentliche Ergänzung der 15 Gesätze um weitere Geheimnisse (vgl. Gotteslob 33,6) wird hilfreich sein. Den R. zeichnet wegen seines biblischen Charakters, seines christol. Gehalts und seiner Anlage als Gemeinschaftsgebet im Sinne von SC 13 eine gewisse Liturgienähe aus; seine Rezitation während der Messe ist jedoch nicht sinnvoll und deshalb untersagt (MCu 48). Das gemeinschaftliche R.-Gebet ist mit einem vollkommenen Ablaß, das private mit einem Teilablaß ausgezeichnet, wobei als Voraussetzung nur verlangt wird, daß das mündliche Gebet sich mit der Betrachtung der Geheimnisse verbindet (Handbuch der Ablässe, 1989, Nr. 48).

Lit.: F. M. Willam, Die Geschichte und Gebetsschule des R.es, 1948. — Meersemann. — K. J. Klinkhammer, Adolf v. Essen und seine Werke, 1972. — A. Heinz, Die Zisterzienser und die Anfänge des R.es, In: Analecta Cisterciensia 33 (1977) 262—304. — W. Baier, Untersuchungen zu den Passionsbetrachtungen in der Vita Christi des Ludolf v. Sachsen, 1977. — F. Mancini, Da i salmi al rosario, In: Vita monastica 132 (1978) 107—123. — R. Scherschel, Der R. — Das Jesusgebet des Westens, 1979, ²1982. — A. Heinz, Lob der Mysterien Christi, In: H. Becker und R. Kaczynski (Hrsg.), Liturgie und Dichtung I, 1983, 609—639; franz.: Louanges des mystères du Christ, 1990. — A. Enard, Le Rosaire, 1987. — H. Schürmann, R. und Jesusgebet, 1987, ²1988. — Beinert-Petri 379—385. — LThK2 IX 45—48. — DSp XIII 937—980. — NDMar² 1207—15. — Chr. Schütz (Hrsg.), Praktisches Lexikon der Spiritualität, 1988, 1064 f.
A. Heinz

II. VOLKSKUNDE. Der Begriff »Rosenkranz« wurde — nachweisbar seit Beginn des 16. Jh.s — vom gleichnamigen Ꝿgebet auf das zum Abzählen von dessen Strophen verwandte Hilfsmittel übertragen. Es geht zurück auf mit Knoten oder aufgefädelten Materialien markierte Gebetsschnüre, wie sie im Hinduismus, Buddhismus und Islam verbreitet waren. Im Christentum dienten solche wohl zunächst dem Beten einer bestimmten individuell gewählten oder als Bußübung auferlegten Zahl von Paternostern. Daher rührt auch die Bezeichnung des Zählgerätes als Paternoster oder Pater, die noch lange neben dem sich erst im 17. Jh. allgemein durchsetzenden »Rosenkranz« in Gebrauch war. Verschiedenste frühe Ausbildungen des Zählgerätes sind bekannt: schlichte Schnüre und geschlossene Ketten in unterschiedlicher Länge, mit und ohne Unterteilungen, aus verschiedensten Materialien (u. a.: Holz, Bein, Koralle, Lapislazuli, Jaspis, Karneol, Marmor, Kieselstein, Perlmutt, Bernstein, Gagat [polierfähige Braunkohle], Gold, Messing, Zinn, Kupfer, Wachs, Fruchtkerne, Samen) mit An- und Einhängern, je nach Vermögen und Mode. Von ihrer Herstellung lebte ein eigener Handwerkszweig: die Paternostermacher.

Mit der Entwicklung des R.gebetes wurde das Gebetszählgerät auch bei diesem benutzt und schließlich zu dessen Versinnbildlichung. Um 1500 finden sich zwei Hauptformen spezieller R.zählgeräte ausgeprägt: Gebetsketten mit 50, die Ave symbolisierenden Perlen, die von zusätzlichen fünf abweichend gestalteten Perlen in Gruppen von je zehn unterteilt werden, und der »Zehner«, eine kurze Schnur mit nur zehn Perlen, vermehrt um ein oder zwei Paternosterperlen, einem unteren Abschluß und einem am oberen Ende angebrachten Ring, der, nacheinander an den fünf Fingern der Hand befestigt, das Abzählen des kompletten R.gebetes ermöglichte. Landschaftlich, soziologisch und zeitlich bedingt treten Sonderformen auf: etwa der Ring-R., der sog. Birgittinen-R. mit 6 Zehnergruppen und 3 Perlen, der Psalter mit 15 Zehnergruppen und der Fünf-Wunden-R. mit Einhängern der Wundmale Christi. Die Kurzform des Zehners wurde häufig um einen Quastenanhänger bereichert, sie blieb den Männern vorbehalten. Bei Mönchen war sie bis ins 18. Jh. in Gebrauch. Frauen bevorzugten die längere Form, welche durch das Einhängen von Edelsteinen, mit Duftstoffen gefüllten Bisamäpfeln, Figürchen, bildlichen Darstellungen und Agnus Dei variiert wurde. Durch das Anhängen von drei zusätzlichen, Glaube, Liebe und Hoffnung symbolisierenden Ave-Perlen, sowie ein zuerst griech., später lat. Kreuz wurde die Langform zu der heute noch gebräulichen Gestalt des R.es erweitert.

Im Laufe der Jh.e unterlag das Zählgerät bestimmten Moden. Zahlreiche Porträts bezeugen die Beliebtheit von Goldschmiederosenkränzen im 16. Jh. In der Altöttinger Schatzkammer hat sich ein Filigran imitierender, vergoldeter R. aus Silber mit Bisamapfel von etwa 1500 erhalten. Ein um 1560 in Italien entstandener, bes. aufwendiger Zehner ist aus Aprikosenkernen, in die Herrscherdarstellungen geschnitzt wurden, Filigrankugeln und Perlen gebildet und läuft in einer Quaste aus sechs Perlenschnüren aus (München, Schatzkammer der Residenz).

Derartig kostbare, durch Gestalt, Material und künstlerische Bearbeitung ausgezeichnete Einzelstücke stellen jedoch Ausnahmen dar — bereits früh wandten sich die Hersteller von R.en der Massenproduktion zu. Das Material ihrer Erzeugnisse wurde mit Rücksicht auf den Preis von der leichten und schnellen Bearbeitbarkeit bestimmt: Holz, Fruchtkerne, Bein, Gagat und gießfähige Stoffe wie Zinn, Blei oder Glas in einfachen Kugel-, Walzen- oder Spindelformen. Im 18. Jh. konnten bereits Filigran-R.e seriell hergestellt werden. Im 19. Jh. herrschten gekettelte R.e vor; die Paternosterperlen wurden durch gestanzte, die Geheimnisse darstellende Reliefplättchen ersetzt. Die Bevorzugung des Perlen-R.es im 20. Jh. führt zur Verwendung industriell hergestellter verwachster Glasperlen. Heute sind Material und Weihe des Gebetszählgerätes kirchlich geregelt.

Im Lebensbrauchtum spielte der R. bei Geburt, Firmung, Hochzeit und Tod eine besondere Rolle. Als Votivgabe wird er noch heute dargebracht (Amberg, Wallfahrtskirche Maria Hilf), als persönlicher Wertgegenstand seit alters verschenkt und vererbt. Über das private Gebet hinaus, wird er in der Messe, bei der Beichte, bei Bittgängen, Flurumgängen und Wallfahrten mitgeführt. R.e wurden als Amulette eingesetzt, bestimmten Materialien waren magische Wirkungen zugeschrieben.

Lit.: Th. Esser, Zur Archäologie der Paternosterschnur, Fribourg 1898. — BeisselMA 549–551. — H. Grünn, R.e in Oberösterreich, In: Kultur und Volk, FS für G. Gugitz, 1954, 117–128. — G. M. Ritz, Der R., 1962. — L. Kriss-Rettenbeck, Bilder und Zeichen rel. Volksglaubens, 1963, 29. — Ausst.-Kat., 500 Jahre R., Köln 1985. — H. Venzlaff, Der islamische R., 1985. — LThK² IX 45–48. → Rosenkranzbilder. *D. Gerstl*

III. ORTHODOXE THEOLOGIE. Die in der Orthodoxie benutzte und dem R. entsprechende Gebetsschnur ist im griech. Raum unter dem Namen κομβοσχοίνιον oder umgangssprachlich κομποσκοίνι und im slawischen Bereich hauptsächlich unter dem Begriff »ćotki« bekannt; diese verschiedenen Termini bedeuten im großen und ganzen »Knotenseil«. Aus zumeist mönchischen Berichten ist historisch belegt, daß die Gebetsschnur schon während des MA bei den Mönchen und Asketen des byz. Ostens mit der Praxis des Jesus- und darüber hinaus des mystischen Herzensgebets fest verbunden war (→ Hesychasmus). Bei der Profeß des Mönches oder der Nonne wird ihnen eine Gebetsschnur (als das geistliche Schwert beim Kampf gegen den Teufel) überreicht, wobei der Abt folgende Worte ausspricht: »Nimm, Bruder/Schwester, das Schwert des Geistes, welches das Wort Gottes ist, für das immerwährende Jesus-Gebet ...« (K. Ware und E. Jungclaussen, Hinführung zum Herzensgebet, 1982, 125–126, Anm. 52).

Bis in unsere Tage weist die Anfertigung von Gebetsschnüren, die ebenfalls unter andauerndem Gebet ausgeübt wird, verschiedene Traditionen auf. Im griech. geprägten Raum wird eine Gebetsschnur hauptsächlich entweder mit 33, 50, 100 oder mit 300 Knoten, an die ein Kreuz aus demselben Material angeschlossen wird, hergestellt; diese Zahlen werden symbolisch interpretiert: 33 für das Alter Jesu oder 50, 100 und 300 für die den Gebetsanrufungen entsprechenden Kniebeugungen (Metanoiai) der Mönche. Die Knoten können auch aus Perlen oder Holzkugeln gebildet sein; die zumeist angewandte Praxis ist das Flechten der Knoten durch einen speziellen schwarzen Faden. Dieser wird aus Lammfell gewonnen und nach einer alten Tradition, die von einem Engel einem Asketen beigebracht worden sein soll, für jeden Knoten neunmal (der Zahl der Engelscharen entsprechend) kreuzförmig geflochten. Die in der slawischen Welt verbreitete Gebetsschnur hat meistens 107 Knoten, die folgendermaßen unterteilt sind: 1 großer Knoten und 17 kleine, 2 große Knoten und 33 kleine, 1 großer Knoten und 40 kleine, 1 großer Knoten und 12 kleine. Diese Gruppierungen entsprechen den vier Teilen des täglichen Stundengebets: Vesper, Nokturn, Matutin und die »Typika«.

Die orth. Gebetsschnur, die eigentlich nicht nur bei den Mönchen und Nonnen, sondern auch bei vielen Laiengläubigen selbstverständlich im Gebrauch ist, dient zur Aufzählung des bekannten Jesus-Gebets: »Herr Jesus Christus, Sohn Gottes, erbarme dich meiner, des Sünders«, das auch in einer kürzeren Form ausgesprochen werden kann: »Herr Jesus Christus, erbarme dich meiner.« Trotz der starken christol. Gebrauchsorientierung der Gebetsschnur zeigt sich dennoch ein deutlich mariol. Element. Bei den das Herzensgebet anwendenden Mönchen spielt ⋔ eine zentrale Rolle, insofern sie die GM bei der etwas ausgedehnten Form des Gebets anrufen: »Durch die Fürbitten der Allheiligen Gottesgebärerin und aller Heiligen, Herr Jesus Christus, erbarme dich meiner.« Darüber hinaus ist es auch bei den Orthodoxen üblich, daß sie mit Hilfe der Gebetsschnur weitere kurze Gebetsphrasen gebrauchen, mit denen sie sich einem Schutzengel, einem bestimmten Heiligen oder Allen Heiligen zuwenden; einer der beliebtesten Gebetsausdrücke hierbei richtet sich an ⋔: »Allheilige Gottesgebärerin, rette uns« oder »Allheilige Gottesgebärerin, bete für uns«.

Lit.: A. Maltzew, Andachtsbuch der Orth.-Kath. Kirche des Morgenlandes, Berlin 1895, S. CIV–CX. — N. F. Robinson, Monasticism in the Orth. Church, London-Milwaukee 1916. —

L. Gillet, The Jesus Prayer, 1987, bes. 72—73. — Tò Κομποσχοίνι. Σκέψεις ένὸς Ἁγιορείτου μοναχοῦ, In: Ἁγιορείτικη Μαρτυρία. Τριμηνιαία Ἔκδοσις Ἱερᾶς Μονῆς Ξηροποτάμου 3 (1991) 155—159. *K. Nikolakopoulos*

IV. MUSIKWISSENSCHAFT. Das Rosenkranzgebet hat über die Jh.e immer wieder musikalische Gestaltung gefunden. Eine der originellsten und zugleich wertvollsten Arbeiten stammt vom erzbischöflichen Salzburger Kapellmeister H. I. Biber (1644—1704). In seinen 15 Violinsonaten (1676) mit Basso continuo, die aufgrund der autographen Vorrede als »Rosenkranzsonaten« bekannt wurden, schildert er 15 Mysterien aus dem M- und Christusleben, eben die R.-Gesätze. Sie sind nicht Programmusik, sondern eher der Versuch, die durch die Glaubensgeheimnisse evozierten Stimmungen und Gefühle wiederzugeben. Als Gattung handelt es sich um suitenähnliche Gebilde mit einer Vorliebe für Variationen. Später schrieb z. B. J. Brahms 7 Mlieder für Chor a cappella (op. 22) über dt. Texte (darunter »Der englische Gruß«, »Marias Wallfahrt«: M findet ihren Herrn vor Herodes in Erwartung der Kreuzesmarter). Fr. Liszt faßte unter dem Titel »Rosario« (für Chor und Orgel) 3 Ave-Maria-Kompositionen zusammen, die den R.-Geheimnissen zugeordnet sind; die mittlere gilt dem schmerzhaften »Mysterium dolorosa«.

In vielen dt.sprachigen Gemeinden nach wie vor hingebungsvoll gerne gesungene Lieder — zeittypischerweise oft nicht im Gotteslob-Stammteil, sondern in etlichen diözesanen Eigenteilen untergebracht — sind »Rosenkranzkönigin, Jungfrau der Gnade« oder »Meerstern, ich dich grüße« und bes. »Laßt uns erfreuen herzlich sehr« (Fr. Spee, 1623).

Im süddt.-alpenländischen Raum hat die Tradition des Dreigesangs einige volkstümliche Texte und Melodien bis in die Gegenwart lebendig erhalten, wie etwa »Wie schön glänzt die Sonn'« und »Der güldne Rosenkranz«.

Lit.: K. Küppers, Diözesan-Gesang- und Gebetbücher des dt. Sprachgebiets im 19. und 20. Jh., 1987. — MGG X 886—933. — Grove XIV 276—286. *M. Hartmann*

V. DEUTSCHE LITERATUR DER NEUZEIT. Außerhalb der geistlichen Lit. gibt es wenig Beispiele lit. Behandlung des Rosenkranzgebetes in der dt.sprachigen Lit. der Neuzeit. → Brentanos großartige »Romanzen vom Rosenkranz« sind eine Ausnahme. Sebastian → Riegers »Rosengärtlein unserer Lieben Frau« gehört eher zur Andachtsliteratur im engeren Sinne als hierher. Im Jesuitendrama wird das Thema behandelt einmal in Form von Dialogen über das Rosenkranzgebet (z. B. München 1597), dann im Zusammenhang mit dem Sieg über die Türken bei Lepanto (Landsberg 1654 und Eichstätt 1659). Das Volksschauspiel in Süddeutschland und Österreich kennt zahlreiche R.-»Comedien«, z. B. in Weyarn 1646, in Oberammergau 1748, in Saalfelden (Salzkammergut) im 18 Jh., in Kiefersfelden im frühen 19. Jh. — Eine wichtige Rolle spielt die R. in der Barockpredigt, wobei es weniger um fromme Anleitung zum Gebet geht (die gibt es auch), sondern um Geschichten, welche die Wirkung dieser Andachtsform deutlich machen. Solche Exempel bringen alle Predigtanleitungen und Beispielsammlungen (z. B. Tobias Lohner und Martin → Prugger); sie sind in allen marian. Predigtsammlungen, »Mariale« genannt, zu finden, etwa im »Mariale« Marcellinus Dalhovers OFM (München 1695) oder in der Predigtsammlung über den Englischen Gruß von P. Vitus Faber (Würzburg 1681), bes. ausführlich in dem Band »Marianische Schatz-Cammer« (München 1690) von Michael Steinmayr, Abt von Osterhofen mit »Zwölf Monatlichen Abends-Predigen von der Kraft, Verdienst und Nutzbarkeit des allerheiligsten Rosen-Crantzes« (im ganzen fünf Teile, wovon der erste vom Ursprung des Gebetes handelt). Systematisch zusammengestellt wurden bisher die R.-Exempel nicht, doch genügt ein Blick in die Register der Predigtbände des 17. und 18. Jh.s, um die Fülle des Materials zu erfassen.

Lit.: J.-M. Valentin, Le Théâtre des Jésuites dans les Pays de Langue Allemande, 1983f. — H. Moser, Volksschauspiel im Spiegel von Archivalien, 1991. — Zu Dalhover DLL II 951 und BB II 1243. — Zu Lohner: LL VII 340 und BB II 1271. — Zu Stainmayr: L. Goovaerts, Dictionnaire bio-bibliographique des écrivains, artistes et savants de l'ordre de Premontré, 4 Bde., Brüssel 1900—16, hier II 197f. *H. Pörnbacher*

VI. MISSIONSWISSENSCHAFT. Man hat es der kath. Mission oft zum Vorwurf gemacht, daß sie sich an die Weisung von José de Acosta (1540—1600) gehalten hat: »Man muß die Götzen aus den Herzen entfernen; man muß aber auch dafür sorgen, daß sie aus den Augen und aus den Bräuchen verschwinden. Jede Spur muß vernichtet werden. Doch darf man nicht dabei stehenbleiben. Zeremonien müssen durch Zeremonien in Vergessenheit gebracht werden. Weihwasser, Bilder, Rosenkranz, Kerzen, Psalmen und dergleichen sind deshalb für die amerikanische Mission von größter Bedeutung.« In fast allen Missionen wurde der R. bei der Taufe überreicht und vielfach um des Hals getragen, was zu Verwechslungen und Fehldeutungen geführt hat oder führen kann. Gelegentlich (z. B. in der Frühzeit der Kamerun-Mission) wurde der R. zum beliebten und praktischen Ersatzstück für die nichtchristl. Amulette. Pedro → Claver (1580—1654) führte seine Katechumenen in das R.gebet ein und schenkte jedem neuangekommen Sklaven aus Afrika einen R. Sein Vorgänger Alonso de → Sandoval (1576—1652) ließ jedem zur Taufe einen R. um den Hals legen. In den älteren Missionen machten die Dominikaner den R. überall heimisch, namentlich auf den → Philippinen. Die R.königin wurde allgemein als die Große Herrin der Philippinen betrachtet. Die Bevölkerung sah in ihr die Hauptpatronin des Inselreiches. 1588 wurde die erste R.bruderschaft an der Dominikus-Kirche in Manila errichtet, danach wurde sie in fast allen Pfarreien eingeführt. Eine Form des

R.gebetes, die sich am Wallfahrtsort Manaoag/Pangasinan (Luzón), wo die R.königin seit 1605 verehrt wird, herausgebildet hatte, verbreitete sich ab 1872 in fast allen Orten der Provinz Pangasinan: ein ewiger R. (oder Ehrenwache Ms), wobei die Stunden des Tages und der Nacht so aufgeteilt werden, daß ununterbrochen der R. gebetet wird. Starken Zuwachs hatte diese Gebetsart während des Zweiten Weltkrieges. Neuerdings hat sich in einigen Teilen der Philippinen der »Block-Rosenkranz« herausgebildet, der allerdings auch in andern Ländern in dieser Form verbreitet ist. Dabei wird eine Mstatute von Familie zu Familie getragen und dann in der Familie, wo die Statue sich befindet am Abend der R. gemeinsam gebetet. In der Mitte des 20. Jh.s bestanden auf den Philippinen 151 R.bruderschaften sowie 327 Zentren des ewigen R.es mit insgesamt 187 000 Mitgliedern.

Die Dominikaner brachten den R. im 17. Jh. von den Philippinen nach Japan, wo er die Frömmigkeit des Landes zutiefst geprägt hat. So spricht man vom großen Martyrium (1622) in → Nagasaki als »el triumfo del Rosario«, da ein Großteil der Märtyrer Mitglieder der R.bruderschaft war. Von den 168 kanonisierten japanischen Märtyrern waren 78 Mitglieder dieser Bruderschaft. Ähnliches ist auch in der Mitte des 19. Jh.s in Tonking zu beobachten, als unter dem Herrscher Hông Nhâm (Tu-Duc) eine weitere furchtbare Verfolgung ausbrach.

In der China-Mission wurde der R. durch Francisco Fernández de → Capillas eifrig gefördert. Überall wurden die R.bruderschaften eingerichtet, die zu den großen Förderern des R.gebetes wurden. Andrien-Hippolyte Languillat (* 28. 9. 1808 in Chantemerle/Châlons-sur-Marne, 1831 Priester, 1841 SJ, 1844 nach China, 1857 Apost. Vikar, † 29. 11. 1878 in Zikawei) förderte das öffentliche R.gebet in Shanghai, weil dadurch ein Klima und ein Weg der Evangelisierung geschaffen werde. In fast allen Familien wurde in der China-Mission der R. gebetet, oft auch in den Gemeinden, in den Monaten Mai und Oktober mit großer Feierlichkeit.

In der alten Kongo-Mission wurde die R.bruderschaft wohl 1602 durch den Dominikanerbischof António de Santo Estevam († 1605/06) eingeführt. Die Kapuziner, die seit 1643 im Kongo wirkten, sorgten dann rasch für seine Verbreitung. An vielen Kirchen bestand eine R.bruderschaft und der R. wurde täglich oder mehrmals wöchentlich gemeinsam gebetet. In Loanda (Angola) wurde in der Kirche der Kapuziner das Gnadenbild ULF vom R. verehrt. Dort bestand auch seit 1620 je eine R.bruderschaft für die Europäer und eine für die Afrikaner. Die Königin Anna de Sousa v. Singa (Nzinga) betete den R. mit ihren Hofdamen täglich in der Kapelle.

In der neueren Afrikamission gelangte der R. zu außerordentlicher Bedeutung. In der Ugandamission wurde er sogleich mit der ersten Unterweisung in der christl. Botschaft eingeführt und fand allgemein weite Verbreitung.

Bischof Jean-Raoul-Marie Le Bas de Courmant (* 15. 4. 1841 in Carbet/Martinique, 1860 CSSp, 1868 Priester, 1883 Apost. Vikar von Zanguebar, resignierte 1896, † 20. 2. 1925 in Paris) gab 1892 ein Rundschreiben heraus, worin er für die eigentlichen Katechumenen das Tragen des R.es als Standeszeichen verlangte. Die getauften Christen erhielten dazu noch ein Kreuz.

Die Christen gleich mit den R. vertraut zu machen, war überall in der Mission das Bemühen. Vielfach wurde der R. zu einem »Katechismus« der Christen, da sie sich im R.gebet mit den Geheimnissen des Lebens und Leidens Jesu beschäftigen konnten. In dieser Funktion sahen den R. v. a. Peirre-Marie → Bataillon und Pierre-Louis-Marie → Chanel und machten ihn zu einem wichtigen Mittel der Evangelisierung in → Ozeanien. So konnten die Gläubigen langsam tiefer in die Heilsgeheimnisse eindringen; zudem war in den ersten Epochen der Mission der R. die einzige Form des Gebetes und der Begegnung mit dem Gott. Der R. war hier so bestimmend, daß die kath. Kirche als »Religion des Rosenkranzes« bezeichnet wurde. Auf einigen Inseln wird der R. gesungen. Ein Förderer des R.gebetes in Ozeanien war Louis-Catherin → Servant. Auch Joseph → Leray war so sehr von der Verehrung der R.königin bestimmt, daß seine ganze missionarische Tätigkeit davon getragen war. Weil er das R.gebet auf den Gilbertinseln so populär machte, heißen sie auch »Rosenkranzinseln«.

Gilt auch in ganz Lateinamerika die Anrufung »La Virgen del Rosario« im Volk als die Anrufung Ms schlechthin, so ist bes. in → Kolumbien die Verehrung der R.königin und das Beten des R.es verbreitet, was mit dem Heiligtum »NS del Rosario de Chiquinquirá«, dem nat. Mheiligtum des Landes zusammenhängt. Hier wurde 1586 zugleich mit der ersten Wallfahrtskapelle die R.bruderschaft begründet, die sich schnell über das ganze Land ausbreitete. Auch fand in Kolumbien, die in Aragón (Spanien) beheimatete Sitte des R.gebetes vor Sonnenaufgang (»Rosarios de la aurora«) eine weite Verbreitung, bes. während der → Novenen, an Mfesten und im Monat Mai.

Der sog. »gesungene Rosenkranz« (»Rosario cantado«), der in ganz Lateinamerika verbreitet ist, wurde durch Antônio Vieira (1608—97) eingeführt und am Fest Me Verkündigung 1653 erstmals in Maranhâo praktiziert. Diese Praxis und ihre Einführung standen in engem Zusammenhang mit der Errichtung der marian. Kongregationen. Auch auf den Philippinen gibt es den gesungenen R. Eine besondere Form des gesungenen R.es hat sich in → Nicaragua, in der Nähe von Granata herausgebildet: der »atabal« (maurische Kesselpauke) oder »timballo« (kleine Trommel). Dabei werden in den Nächten der Samstage im Oktober kleine Trommeln geschlagen, denen sich sehr kleine Tamburine zugesellen. Dann beginnt die Bevölkerung die Geheimnisse des R.es zu beten.

In → Sri Lanka in der Nähe von Jaffna wurden von Antonius Thomas OMI (1886—1964) die Rosariani (1928) und 1948 die Rosarian Sisters gegründet, die als beschaulicher Orden das ewige R.gebet mit gekreuzten Armen pflegen.

Zum Überleben der Christen während der 200jährigen Verfolgungszeit in → Japan hat wesentlich das R.gebet beigetragen. Als sich die erste Gruppe der Krypto-Christen dem späteren Bischof Bernard-Thadée → Petitjean am 17.3.1865 zu erkennen gab, war der R. das Erkennungszeichen. Ähnliches gilt auch für eine kleine Gruppe von etwa 300 Personen, die auf der vulkanischen Insel Babuyan Claro, nördlich von Luzon/Philippinen 150 Jahre ohne Priester den Glauben bewahrt hatte. Sie betete jeden Sonntag den glorreichen R., die Kenntnis des freudenreichen und schmerzhaften war verloren gegangen.

Auf Flores/→Indonesien hat die R.bruderschaft nicht nur wesentlich zur Evangelisierung beigetragen, sondern garantierte das Überleben der Christen als sich die Missionare wegen der Eroberung der Gebiete durch die Muslime und später die Niederländer (seit 1600) zurückziehen mußten. Der Dominikaner Lucas da Cruz gründete 1660 die R.bruderschaft (Confreria Renya [Renja, Renha, Reinnya, Reinya] Rosari) in Larantuka/Flores, die eng mit der »Capella Maria« verbunden war, einer Kapelle, die der Radja (König) nach seine Taufe neben seinem Palast erbaute und der R.königin weihte. Sie war das Gegenstück zum »Pomali (Pemali)-Haus«, einem Heiligtum neben dem Palast des Radja in vorchristl. Zeit. Der R. spielte eine wichtige Rolle bei der Evangelisierung und beim Aufbau der Gemeinden. Der Confreria kam daher eine wichtige Rolle zu, so daß sie bald »tukang kontas« (R.vorbeter) genannt wurde. Die Bruderschaft übernahm auch die seelsorgliche Versorgung der Bevölkerung als über 2 Jh.e hin keine Priester mehr vorhanden waren. Nach der Zulassung kath. Missionare (20.4.1859 im Vertrag von Lissabon) entdeckte der Diözesanpriester Jan Pieter Sanders im Jahre 1860 Christen auf Flores, die R.bruderschaft und die »Capella Maria«. Schon 1868 wurde die »Confreria Reinya Rosario« als »Kerkbestuur« (Kirchenverwaltung) eingesetzt.

Mit zu den frühesten Zeugnissen einer chinesisch-christl. Kunst gehört eine Darstellung der Geheimnisse des R.es, wobei europäische Vorlagen umgestaltet wurden. Diese waren in dem Meditationsbuch von João da → Rocha (Abb.) abgedruckt. In der neueren Missionsperiode wurde 1946—48 eine Serie der 15 R.bilder von (Georg) Wang Su-ta (* 1911) von der christl. Malerschule der kath. Universität Fu-Jen in → Peking (Ars Sacra Pekinensis) geschaffen (heute in St. Augustin im »Haus der Völker und Kulturen«).

1920 wurden drei Bilder-Zyklen zum R. aus der ersten Missionsperiode von → Japan gefunden, zwei davon in der Nähe von Kyoto. Das eine gruppiert 15 kleine Darstellungen um ein größeres Mittelbild mit der GM in der oberen Hälfte und darunter um die Eucharistie die hll. Ignatius und Franz Xaver. Das zweite hat einen ähnlichen Aufbau, nur in der unteren Hälfte noch dazu Matthias und Luzia. Beide Bilder sind in Wasserfarben gemalt, lassen aber die Ölvorlage klar erkennen. Das dritte wurde in der Provinz Nagasaki gefunden und stellt in drei Streifen je fünf Geheimnisse dar, darunter im vierten Streifen Franziskus v. Assisi, Antonius v. Padua und Johannes den Täufer. Nach dem Krieg malte Takashi Paulo → Nagai die 15 Geheimnisse des R.es als Aquarelle, die 1956 mit Erläuterungen gedruckt wurden.

Seit 1951 wird der → Missions-R. gefördert und verbreitet, bei dem die fünf Gesätze mit je einer Farbe an die fünf Erdteile erinnern (Afrika: grün, Amerika: rot, Europa: weiß, Australien und Ozeanien: blau, Asien: gelb). Er geht auf Bischof Fulton J. Sheen (1895—1979) zurück.

Die Familien-R.-Bewegung (Family Rosary Crusade) wurde in allem Missionsländern unter Patrick J. Peyton CSC eingeführt. Dieser Bewegung schlossen sich in Asien auch viele Nichtchristen an.

Lit.: F. Marnas, La »Religion de Jésus« ressuscitée au Japon dans le secondo moitié du XIXe siècle, 2 Bde., Paris 1896. — P. Chatelus, ND de Fourvière et la Piété lyonnaise, Lyon 1902; B. A. Thomas, The Congregation of the Rosarians, 1930; ⁵1957. — Ders., A Brief Account of the Beginnings and Development of the Rosarians Congregation until February 1946, o.J. — G. Schurhammer, Die Jesuiten-Missionare des 16. und 17. Jh.s und ihr Einfluß auf die japanische Malerei, In: Jubiläumsband hrsg. von der Dt. Gesellschaft für Natur- und Völkerkunde Ostasien I, 1933, 116—220 (auch: G. Schurhammer, Gesammelte Studien II, 1963, 769—779). — P. M. D'Elia, Le origini dell'arte cristiana Cinese (1583—1640), 1939. — J.-M. Martin, The Discoverer of the Urakami Christians, Bishop Petitjean (1828—84), In: The Missionary Bulletin 2 (1948) 67—69. — J. Cuvelier, Le Culte de la Sainte Vierge dans l'Ancien Royaume du Congo, In: Revue du Clergé Africain (1951) 285—306. — H. Cieslik, Kirishitan-Kunst, In: NZM 8 (1952) 96—104. 161—177. — F. Castanon, The Faith survives in Babuyan, In: Worldmission 6 (1955) 34—40. — J. Bettray, Die Akkommodationsmethode des P. Matteo Ricci SJ in China, 1955. — J. M. Quinn, Souvenir Father Peyton's Family Rosary Crusade in India, Burma, Pakistan, Malaysa, Ceylon, Thailand, 1955. — T. P. Nagai, Rozario non Genzi no Inori (Die R.geheimnisse), 1956. — Manoir V 159—180. 675—682. — E. Oggé, La Madonna Missionaria, 1960. — S. Hertlein, Wege christl. Verkündigung. Christl. Verkündigung im Dienste der Grundlegung der Kirche (1860—1920), 1. Teil, 1976. — R. Pesongc, Marian devotion and catechesis in the Philipinne culture, Diss., Rom 1990. — R. R. Silvano, Marian devotion a special gift for India, Diss., Rom 1991.   H. Rzepkowski

Rosenkranzbilder. R. ist eine verallgemeinernde Bezeichnung für ab dem letzten Drittel des 15. Jh.s erhaltene und bis heute entstehende marian. Kunstzeugnisse, die im weitesten Sinne in Zusammenhang mit dem in der 2. Hälfte des 15. Jh.s vereinheitlichten Rosenkranzgebet stehen, indem Kränze aus Rosen, der → Rosenkranz im übertragenen Sinne als Gebetszählgerät oder die 15 Geheimnisse des Rosenkranzgebetes dargestellt sind. Ihre Ikonographie verbindet die marian. Rosensymbolik (→ Rose) mit dem Bedeutungsgehalt des Kranzes als Zeichen der Verehrung, der Minne und der Auszeichnung. Folgende Bildthemen seien unterschieden: 1. das Gebetszählgerät Rosenkranz, attributiv Darstellungen der GM mit dem Kind beigegeben, 2. Kränze aus wirklichen Rosen, 3. stehende M mit Kind, gerahmt von einem Kranz aus wirklichen Rosen oder dem übergroß wiedergegebenen Gebetszählgerät, 4. Darstellungen der Legende vom rosenkranzbetenden Ritter, 5. Spende des Rosenkranzes an den hl. Dominikus oder andere Heilige, 6. die Rolle des Rosenkranzgebetes für die Seeschlacht von Lepanto versinnbildlichende Darstellungen, 7. ein rahmender Kranz von Rosen um Heiligendarstellungen, die um eine Kreuzigungsszene herum angeordnet sind, 7. Darstellungen der Geheimnisse des Rosenkranzes, 9. Gebetszählgeräte oder Kränze aus Rosen als Attribut bestimmter Heiliger, der Beter zu M oder stiftender Rosenkranzbruderschaftsmitglieder, 10. Rosenkranzgebetszählgeräte bei Porträts, 11. Wunder des Rosenkranzes. Misch- und Sonderformen treten auf. R. finden sich in allen kath. Kuturräumen; häufig treten sie im Einflußbereich des Dominikanerordens auf. Auf Grund päpstlicher Empfehlungen werden einzelne Themen im Laufe der Jh.e unterschiedlich bevorzugt. Als Stifter konnten u. a. Einzelpersonen oder Rosenkranzbruderschaften nachgewiesen werden. Bildträger sind Altäre wie Altarbilder, Skulpturen, Glasfenster, Grabplatten, Votivbilder, die Buch-, Ablaß- und Andachtsbildgraphik, Mitgliedsblätter von Rosenkranzbruderschaften sowie Wallfahrtszettel.

1. Das mystisch geprägte, die Geheimnisse des Mlebens und der Passion Christi betrachtende Gebet entsprach den privaten Andachtsbedürfnissen des späten MA. Seine schlichteste Versinnbildlichung und eindeutigste Proklamation fand es im Typus des Andachtsbildes der GM mit dem Kind, auf dem auch das Gebetszählgerät dargestellt ist. Als Beispiel seien genannt: zwei Bilder der Madonna mit dem Kind von Ambrogio Fossano, gen. Il Bergognone (Ende 15. Jh., Amsterdam, Rijksmus., und Mailand, Museo Poldi Pezzoli), eine Gerard David zugeschriebene Darstellung (Madrid, Prado) auf der das Kind die Kugeln abzuzählen scheint, die in Süddeutschland um 1480 entstandene »Muttergottes mit Kind« (Köln, Erzbischöfliches Mus.) und Bernhard Strigels Mater amabilis (München, Alte Pinakothek, um 1490). Attributiv zur Madonna mit dem Kind erscheint das Zählgerät auch bei Matthias Grünewalds Stuppacher Madonna in einer neben M stehenden Schale (Stuppach). Bei Bartolomé Esteban Murillos »Virgen del Rosario« (Madrid, Prado) verbindet das Zählgerät M mit dem Kind. Auf Giandomenico Tiepolos »Madonna del Rosario« (Cape Town, Nat. Gallery, 1735) hält M, auf Carlo Carlonis Altarbild der »Madonna del Rosario« (Laglio, Pfarrkirche, um 1770) das Jesuskind das Zählgerät. Der Engel im Vordergrund von Carlonis Bild hält dem Betrachter ein Tablett mit Rosen und Rosenkranzzählgeräten wie zur Aufforderung, am Gebet teilzunehmen, entgegen. Auch die Rosenkranzmadonna von Philipp Ferdinand de Hamilton (Kremsmünster, Mkapelle, 1677) scheint einem imaginären Betrachter ein Zählgerät anzubieten.

Im 20. Jh. fand der Typus des Rosenkranzandachtsbildes des M mit dem Rosenkranzzählgerät in Gestalt von Darstellungen der Merscheinungen in Lourdes und Fatima weite Verbreitung (marmornes Urbild der ND de Lourdes von Joseph Fabisch, 1864; Mstatue in der Erscheinungskapelle in Fatima, 1920).

Den Bezug der Kartäuser zum Rosenkranzgebet verdeutlichen Altarbilder, auf denen M mit dem Kind mit beigegebenem Zählgerät im Kreis von Heiligen und Mitgliedern des Ordens dargestellt ist, so auf dem im Kölner Raum um 1475–80 entstandenen Bild der GM als Schutzherrin der Kartäuser (Köln, Wallraf-Richartz-Mus.) und auf Francisco Zurbarans »Virgen del Rosario« (Posen, Nat. Mus., um 1633). Im dominikanischen Kunstkreis verbreitete sich die Darstellung der Rosenkranzspende an den hl. Dominikus (s. u.).

2. Als Beispiel für Kränze aus wirklichen Blüten seien genannt: das um 1510 vom Meister von St. Severin geschaffene Altarbild der Kölner Rosenkranzbruderschaft, auf dem zwei Engel Kränze aus weißen und roten Rosenblüten über Ms Haupt halten. Auf einem Geertgen tot Sint Jans zugeschriebenen Bild der M mit Kind (Rotterdam, Mus. Boymans-van Beuningen) ziert ein Kranz aus Rosen Ms Haupt und auch um die Stirn der weinenden GM von La Salette ist ein Kranz wirklicher Rosen gelegt. Auf Hinrik Funhofs Bild der M im Ährenkleid mit betender Stifterin hängt ein Kranz aus 12 roten und 12 weißen Rosen neben M (Hamburg, Kunsthalle, um 1480). Die im Frühbarock in den Niederlanden beliebten Madonnen in prächtigen variationsreichen Blumenkränzen (z.B. Peter Paul Rubens und Jan Brueghel, München, Alte Pinakothek) gehen letztlich auf Darstellungen der GM in einem Kranz von Rosen zurück. Diese Kränze aus Rosenblüten symbolisieren über die allgemein durch sie ausgedrückte Verehrung Ms hinaus häufig Verweise auf das Rosenkranzgebet. Ob dies vom Künstler bewußt gewollt ist oder ob jene Kränze aus der Bildtradition heraus zu erklären sind, muß bei jeder Darstellung einzeln geklärt werden (→ vgl. Blütenkranz).

3. Die stehende GM mit dem Kind, umgeben von einem Kranz aus wirklichen Rosen oder gerahmt von einem übergroß wiedergegebenen Gebetszählgerät, kehrt durch die Jh.e hindurch als Bildthema wieder. In den Schreinen spätgotischer Flügelaltäre sind Skulpturen Ms mit dem Kinde, umgeben von Rosen, aufgestellt. Als Beispiele seien beide Rosenkranzaltäre im Hl.-Geist-Spital in Lübeck und der Altar im Landesmus. Hannover genannt. Bisweilen ist die Rosenkette unterbrochen von den Symbolen der vier Evangelisten (Rosenkranzaltar aus Gettorf)

T. Riemenschneider, Maria im Rosenkranz, 1521/22, Volkach

oder Darstellungen der fünf Wundmale des Herrn (Andachtstafel im Kloster St. Johann in Schleswig; Rosenkranzmadonna aus Odensala, Stockholm, Statens Historiska Mus.). Umgeben vom Zählgerät zeigen zahlreiche um 1500 entstandene Holzschnitte die GM (z. B. Anton Woensam in dem 1531 in Köln erschienenen Thomas v. Kempen zugeschriebenen »Rosarium mysticum animae fidelis«). Rosenblüten bilden eine Gloriole um die Sandsteinmadonna aus der Schule des Meisters von Osnabrück (Osnabrück, Diözesanmus., um 1525).

Frei im Raum hängende oder offen aufgestellte, bisweilen im Altarzusammenhang zu verstehende von einem Kranz aus Rosen umgebene Skulpturen der GM haben sich ab der ausklingenden Spätgotik erhalten: berühmt ist Tilman Riemenschneiders Madonna im Rosenkranz von 1521/22 in der Wallfahrtskapelle auf dem Kirchberg bei Volkach — hier sind in den Kranz Bilder von Rosenkranzgeheimnissen und auf der Rückseite die Wundmale Christi eingefügt. Als Sonderform der schwebenden Rosenkranzmadonna ist Veit Stoß' »Englischer Gruß« (Nürnberg, St. Lorenz, 1517/18) zu betrachten, bei dem das Rosenkranzgeheimnis der Verkündigung als Hauptthema gewählt wurde, über dessen umgebenden Kranz aus Rosen zusätzlich ein übergroßes Gebetszählgerät hängt. Für die Barockzeit seien die Rosenkranzmadonnen in Pettenreuth und Weigersdorf/Oberbayern genannt. Aus diesem Schema entwickeln sich die im süddt. und Tiroler Raum zahlreich erhaltenen barocken → Prozessionsstangen mit Rosenkranzmotiven (z. B. Mindelstetten, um 1720). Auch auf zahlreichen graphischen Blättern umgibt ein Kranz von Rosen ₥ oder Szenen aus ihrem Leben.

4. Die Legende vom Ritter bzw. Mönch erzählt, daß sich dessen Gebete zu ₥ in Rosen verwandeln, welche die GM zu einem Kranz windet und sich aufs Haupt setzt, was die Erscheinung beobachtende Räuber, die den Ritter überfallen und töten wollten, dazu bewegt, von ihm abzulassen. Diese in mehreren Versionen bekannte Legende läßt sich in Deutschland und Spanien bereits für das 13. Jh. nachweisen, nach der Aufnahme in Adolphs v. Essen Rosenkranzschrift fand sie weite Verbreitung. Ein Holzschnitt zeigt die Szene in H. Knoblochtzers 1480 in Straßburg erschienenen »Vnser liebe frowen rosenkrantz«. Reisende und Kaufleute mag diese Legende bes. angesprochen haben. Diesem Stand gehörten vielleicht auch die Stifter zweier, heute in New York (Met. Mus.) befindlicher Tafelbilder an, auf deren einem ein Aragoneser Maler 1483 und auf deren anderem ein flämischer Maler zu Beginn des 16. Jh.s die Legende darstellten. Der Flame malte über ₥ zudem in 15 Einzelbildern die Geheimnisse des Rosenkranzes nach einem 1488 datierten Kupferstich des span. Dominikaners Francisco Doménech (Platte in Brüssel, Chalcographie Royale de Belgique). Gerahmt von einem Kranz aus Rosen findet sich die Wunderszene auf dem ehem. Antependium des ₥altars der Frankfurter Dominikanerkirche (Heidelberg, Kurpfälz. Mus., um 1480)

5. Auf einer Alanus de Rupe unterlaufenen Namensverwechslung beruht die Legende, ₥ habe dem hl. → Dominikus den Rosenkranz als Gebetswaffe gegen die Irrlehre der Albigenser verliehen. Um 1480—1500 in Köln entstandene Drucke zeigen zuerst die Übergabe des Zählgerätes durch die stehende GM mit dem Kind an den links vor ihr knienden Dominikus (Köln, Wallraf-Richartz-Mus.; London, British Mus.). Nachdem Papst Pius V. die Rosenkranzspende institutionalisiert hatte, fand sie als Bildthema zunehmend Verbreitung. Häufig wurden auch andere Heilige, Gläubige und Stifter, die Rosenkranzgeheimnisse oder Andeutungen auf die Seeschlacht von Lepanto der Komposition beigefügt. Mit Putti, die Zählgeräte oder Kränze aus Rosen halten und Rosen streuen, wurde der Erzählcharakter des im Barock sehr verbreiteten Sujets zusätzlich ausgeschmückt. Bekannt sind die »Rosenkranzspenden« von Caravaggio (Wien, Kunsthist. Mus., um 1606) und Guido Reni (Bologna, Santuario della Madonna di S. Luca, um 1597/98). Wie Reni fügt auch Pietro Faccini der Szene die Rosenkranzgeheimnisse hinzu (Quarto Inferiore, Pfarrkirche, Ende 16. Jh.). Als spätere Beispiele für die Gestaltung der Rosenkranzspende an Dominikus seien genannt: Tobias Procks Entwurfszeichnung (Stuttgart, Württemberg. Landesmus., 1668), Gia-

Rosenkranzspende an den hl. Dominikus und die 15 Rosenkranzgeheimnisse, Andachtsbild, 18. Jh.

como Pavias Fresko (Cento, Chiesa del SS. Rosario, Chorgewölbe, um 1728) und Heinrich Klingenbergs Gemälde von 1901 in der Herz-Jesu-Kapelle in Visbek. Giambattista Tiepolo zeigt in seinem Deckenfresko in der venezianischen Chiesa dei Gesuati die thronende GM über der Szene der Verteilung des Rosenkranzes durch Dominikus an die Gläubigen. Häufig erscheint bei der Rosenkranzspende neben Dominikus → Katharina v. Siena, wobei Dominikus bevorzugt rechts und Katharina links von ⋈ dargestellt wurden: Sante Peranda, Madonna del Rosario (Pago, Pfarrkirche, 1627), Sassoferrato, Rosenkranzspende (Rom, S. Sabina, 1643), Egid Quirin Asam, Rosenkranzaltar (Osterhofen, ehem. Prämonstratenserklosterkirche, 1731—35), Matthäus Günther, Chorkuppelfresko (Oberammergau, Pfarrkirche, 1761), Franz Josef Spiegler, Bozetto einer Rosenkranzspende (München, Bayer. Nat. Mus., undatiert) und Beuroner Malschule, Rosenkranzspende (Beuron, 1900). Bisweilen erscheint anstelle der hl. Katharina die hl. → Rosa v. Lima: Cosmas Damian Asam, Rosenkranzmadonna (Freising, Diozesanmus., um 1735) sowie Gian Antonio und Francesco Guardi, Prozessionsbanner (Budapest, Mus. der Schönen Künste, um 1735). Auf Grund von lokalen Patrozinien oder Stifterwünschen treten neben Dominikus auch der hl. → Franziskus (Denjs Calvaert, Madonna del Rosario, Budrio, S. Michele di Mezzolara, 1612; Giulio Cesare Procaccini, Rosenkranzspende, New York, Met. Mus., 1612/13), der hl. → Vincenz Ferrer (Ubaldo Gandolfi, Madonna del Rosario, Bologna, Convento di S. Domenico, um 1773), der Erzengel → Michael (Bartolomeo Passerotti, Madonna del Rosario, Castel San Pietro, Pfarrkirche) oder die hll. Georg und Maurelius (Umkreis Tintorettos, Rosenkranzspende, Ferrara, Pinacoteca Naz.). Neben Dominikus ist Papst Pius V. bei der Spende von Felice Torelli (Fano, S. Domenico, 1703—08) dargestellt. Derselbe Maler schuf ein Bild, auf dem Pius V. im Beisein der Rosa v. Lima selbst das Gebetszählgerät aus ⋈s Händen erhält (Bologna, S. Giovanni in Monte, um 1712). Auch auf einem um 1635 in Flandern entstandenen Bild der Spende ist dieser Papst neben den hll. Petrus Martyr, Ignatius v. Loyola, Thomas v. Aquin u. a. abgebildet. Um 1640 wird das Bild der Rosenkranzspende an Dominikus von Antoon von den Heuvel datiert, auf dem Papst Gregor XIII. und Philipp IV. als Beobachter des Ereignisses knien (Gent, Gerechtshof).

6. Beim Rosenkranzgebet suchten die Menschen bes. auch in Kriegszeiten Zuflucht und Hilfe. Papst Pius V. schrieb den Sieg in der Seeschlacht von → Lepanto der Wirkung des Rosenkranzgebetes zu. Sein Nachfolger, Gregor XIII., führte in Gedenken an diesen Sieg mit der Bulle »Monet Apostolus« (1573) den ersten Sonntag im Oktober als Festtag des Rosenkranzes in Kirchen, in denen Kapellen oder ein Altar der Jungfrau geweiht waren, ein. 1716, nach dem Sieg von Prinz Eugen über die Türken, erklärte Papst Clemens XI. den Rosenkranzsonntag zum allgemeinen Fest der kath. Kirche. Beide päpstliche Verlautbarungen führten zum Wiederaufblühen der Rosenkranzbruderschaften und zogen Neuausstattungen in Kirchen mit R.n verschiedener Art nach sich. Den Bezug des Rosenkranzgebetes zum Seesieg von Lepanto thematisierten unmittelbar Tommaso Dolabella (Krasnik, Pfarrkirche, 1626), ein Stuckrelief Serpottas (Palermo, S. Domenico, Oratorio del Rosario, 1714) und Matthäus Günther 1758 in einem Deckenfresko (Indersdorf, Pfarrkirche, Rosenkranzkapelle), sowie 1759 im Hochaltarbild der Pfarrkirche von Oberammergau. Häufige Gestaltung fand das Thema durch die Jh.e hindurch in der Andachtsgraphik.

7. Ein Kranz aus 50 Rosen, unterbrochen durch fünf zusätzliche bes. gestaltete Rosen umgibt in spätgotischen Schnitzwerken, Tafelbildern und Graphiken aus dem süddt. Raum den Gekreuzigten um den in Reihen von oben nach unten Gottvater, ⋈ mit dem Kind und Engel, Patriarchen, Apostel, Martyrer, Beichtiger, Jungfrauen und Witwen angeordnet sind (Lucas Cranach d. Ä. [?], Rosenkranzbild, Bamberg, Dom). Bisweilen sind diese R. mit Darstellungen des Fegfeuers (Rosenkranzbild aus der Werkstatt des Jan Polack, München, Unterdar-

ching, Pfarrkirche, 1514) sowie um Gregorsmesse und Stigmatisation des Franziskus in oberen Zwickeln erweitert (Rosenkranzablaßdruck von Erhard Schön, um 1515; Rosenkranzbild, Rochuskapelle, Nürnberg, um 1520), oder es kommen die → Nothelfer im Programm dazu (Rosenkranzaltar, Wolframseschenbach, Liebfrauenmünster, um 1470–1510). Die Rosenkranztafel aus der Werkstatt des Veit Stoß (Nürnberg, Germ. Nat. Mus., um 1518/19) zeigt zusätzlich Szenen aus der Kindheits- und Passionsgeschichte Christi sowie das Jüngste Gericht. Die bei diesen Bildtypen thematisierte vom Rosenkranzgebet erwartete Hilfe im Fegfeuer findet sich auch bei Darstellungen wieder, bei denen das Gebetszählgerät als »Rettungsseil« der Armen Seelen dargestellt wird: so auf Michelangelos Jüngstem Gericht (Rom, Sixtinische Kapelle, 1534–41) und auf der Radierung von Johan Caspar Gutwein mit dem Stundengebet der Bozener Ewigen Rosen-Krantz-Bruderschaft von 1721. Sie mögen auf das Rosenkranzaltarprivileg zurückzuführen sein, das dem Verstorbenen, für den an einem solchen Altar eine Messe gelesen wurde, Erlösung aus dem Fegfeuer verhieß.

8. Die 15 Rosenkranzgeheimnisse gehen auf bereits die Frühformen des Rosenkranzgebetes unterbrechende meditative Betrachtungen des Wirkens Christi und/oder des Mlebens, sog. Clausulae, zurück. Im 1483 bei Konrad Dinckmuk in Ulm gedruckten Rosenkranzbuch hat sich die älteste bisher bekannte, sicher datierte Darstellung der Rosenkranzgeheimnisse in ihrer 15er-Zahl erhalten. Fünf, jeweils von einem Kranz aus zehn Rosen umschlossene Szenen sind auf jeder Seite abgebildet: 1. Verkündigung, Heimsuchung, Christi Geburt, Darbringung im Tempel, Jesus unter den Schriftgelehrten; 2. Christus am Ölberg, Geißelung, Dornenkrönung, Kreuztragung, Kreuzigung; 3. Auferstehung, Himmelfahrt, Pfingsten, Mtod, Jüngstes Gericht. Diese drei Gruppen werden auch als (in gleicher Abfolge) der Freudenreiche, der Schmerzensreiche und der Glorreiche Rosenkranz bezeichnet und ihnen die Farben weiß, rot und golden zugeordnet. Ein Ablaßdruck Wolf Trauts von um 1510 zeigt um den mit Krieg, Teuerung und Pest die Menschen bedrohenden Zorn Gottes drei konzentrisch angelegte Kränze aus jeweils 50 Rosen, in die die Bilder der 15 Rosenkranzgeheimnisse eingefügt sind. Auf dem Antependium der Frankfurter Dominikanerkirche von etwa 1480 (Heidelberg, Kurpfälz. Mus.) sind die drei Szenen der Krönung Ms, der Legende vom Ritter und der Verleihung des Rosenkranzes an einen Betenden mit Kränzen aus Rosenblüten, die durch Medaillons mit Darstellungen der Geheimnisse unterbrochen werden, gerahmt. Das letzte Geheimnis symbolisiert hier ein Christusmonogramm.

Mit zunehmender marian. Orientierung tritt bald die Krönung Ms als letztes Geheimnis auf: Kupferstichserie der Rosenkranzgeheimnisse von Francesco Roselli (2. Zustand, London. British Mus., nach 1480), und Lorenzo Lotto, Madonna mit Heiligen (S. Domenico in Cingoli, 1539). Ab dem 16. Jh. wird die Mkrönung als letztes Geheimnis in den Zeugnissen der Bildenden Kunst kanonisch (z. B. Bilder der Geheimnisse um den Altarschrein der thronenden GM, in der Zuschreibung umstritten [L. Carracci, B. Cesi oder G. Reni], Bologna, Dominikanerkirche, zwischen 1599 und 1601; Giovanni Antonio Comarini, Rosenkranzbilder um den Altar, Cento, Chiesa del SS. Rosario, 2. Hälfte 17. Jh.; David Teniers d. J., 15 Einzelbilder der Rosenkranzgeheimnisse, München, Alte Pinakothek, 1660/70; Nachfolger des J. Zürn, 15 Reliefs um die stehende Immaculata am Rosenkranzaltar des Nikolausmünsters in Überlingen, um 1640; Rosenkranzreliefs um die Mfigur in Gerolzhofen/Mittelfranken, Kath. Pfarrkirche, um 1650; 15 Medaillons als Gloriole um die Rosenkranzmadonna der Hl.-Kreuz-Kirche in Donauwörth, 18. Jh.; Melchio Puchner, Kartuschen mit den Rosenkranzgeheimnissen im Gewölbe des südlichen Seitenschiffes der Pfarrkirche von Fischbachau, 1730—40; Philip Helterhof, an der Emporenbrüstung der Georgskirche in München-Bogenhausen, 1767/68). Putti mit Symbolen und Schriftbändern symbolisieren die Geheimnisse auf Domenichinos Bild der Madonna del Rosario (Bologna, Pinacoteca Naz., 1617–22), das die Einführung des Rosenkranzfestes durch Gregor XIII. thematisiert. Jüngere Beispiele für die Wiedergabe der Rosenkranzgeheimnisse in Glasfenstern stammen von Hans Stocker (Solothurn, Mkirche) und Wilhelm Braun (Bogenberg, Wallfahrtskirche, 1958). Häufig sind die Rosenkranzgeheimnisse zusammen mit der Spende dargestellt (vgl. unter 5. die Werke von Asam in Osterhofen, Guido Reni, Sante Peranda). Architektonischen Ausdruck fanden die Rosenkranzgeheimnisse ab 1623 mit 15 Kapellen z. B. auf dem Hl. Berg von Varese.

9. Bisweilen werden Heilige mit dem Gebetszählgerät als Hilfsmittel in der Hand dargestellt, u. a. Antonius Eremita (Rostock, St. Maria, spätgotischer Rochusaltar; Matthias Grünewald, Isenheimer Altar, Colmar, Unterlindenmus., 1512—14) oder der hl. Martin (Matthäus Günther, Überfall auf Martin, Garmisch, Pfarrkirche, Langhausfresko, 1732/33). Ebenso werden die hll. Beatus, Nikolaus von der Flüe und Philipp Neri mit dem Gebetszählgerät als Attribut abgebildet.

Auf zahlreichen Bildzeugnissen ist durch das Zählgerät in den Händen von Gläubigen das Rosenkranzgebet zu M versinnbildlicht (Maria-Hilf-Gnadenbild in der Bergwallfahrtskirche Me Geburt in Maria Eck; Ex-Voto-Hinterglasbild, Karlsruhe, Badisches Landesmus., 1770). Auf folgenden Bildern erscheint dabei der hl. Dominikus rechts von der thronenden M mit Kind stehend: L. Brea, La Vierge du Rosaire, Taggia, 1513; Albrecht Dürer, sog. Rosenkranzfest, Prag, Nationalgalerie, 1506; Meister von St. Severin, Altarbild der Kölner Rosenkranzbruderschaft, Köln, St. Andreas, um 1510). Letzteres zeigt die stiftenden Mitglieder der Rosenkranzbruderschaft mit dem Gebetszählgerät unter dem Schutzmantel ᛖs kniend. Als weitere Beispiele für die Darstellung Rosenkranzbetender unter dem → Schutzmantel ᛖs seien genannt: ein Augsburger Pestblatt (Holzschnitt, Nürnberg, Germ. Nat. Mus., Graphische Sammlung, H. 1270, um 1490/1500), Jan Polacks Schutzmantelmadonna (München-Bogenhausen, St. Georg, 1503), L. Breas Vierge de Misericorde (Briançonnet, Kirche, um 1503), das Triptychon der Rosenkranzbruderschaft (Kölner Maler, Düsseldorf, St. Lambertus, 1528). Bisweilen überreichen die Gläubigen ihre Gebete symbolisch als Kränze aus Blüten an die GM mit dem Kind (z. B. Holzschnitt in Jacob Sprengers »Erneuerte Rosenbruderschaft«, Augsburg 1477). Umgekehrt zeichnen ᛖ und das Kind auf Dürers Rosenkranzbild (Prag, Nationalgalerie, 1506) die vor ihnen knienden Betenden mit Kränzen aus Rosenblüten aus.

10. Zahlreiche Porträts, auf denen die Dargestellten als Zeichen ihrer Gläubigkeit das Gebetszählgerät in Händen halten, haben sich erhalten: eine frühe Form mit Korallenanhänger halten die Brautleute Wilhelm IV. Graf Schenk v. Schenkenstein und Agnes Gräfin v. Werdenberg-Treuchtelfingen (Konstanz [?], Donaueschingen, Fürstenbergische Sammlungen, um 1450). Bürgerlichen Wohlstand dokumentieren die prächtigen Gebetszählgeräte auf den Porträts von Clas und Margret Stalburg (Frankfurt, Städel, 1504) oder auf dem Bildnis der Kunigunde v. Heimbach (Bartholomäus Bruyn, Köln, Wallraf-Richartz-Mus., 1552). Auch auf Grabplatten und -denkmälern wurden die Gläubigen mit dem Zählgerät dargestellt, wie etwa der Passauer Bürgermeister Jakob Endl auf Wolf Hubers Bildepitaph (Kremsmünster, Stift, Kunstsammlungen, 1517), Lettys Terry auf seiner Grabplatte (Norwich, St. John Maddermarket, 1524) und Agnes v. Werdenberg auf ihrem Grabstein (Hessenthal/Unterfranken, Wallfahrtskirche, 1536). Die Überwindung des Todes durch das Rosenkranzgebet ist in einem Kölner Tafelbild von etwa 1485 thematisiert (Allegorie des Todes, Köln, Wallraf-Richartz-Mus.). Den Brauch, Sterbenden einen Rosenkranz in die Hände zu legen illustrieren Cosmas Damian Asams Bild der Rosenkranzspende von 1726/30 in der Benediktinerklosterkirche in Metten und das Deckenbild des Rochus im Kerker in der Votivkapelle St. Rochus in Bad Kohlgrub von Augustin Bernhardt (1733) sowie zahlreiche Votivbilder (z. B. Ex Voto in Sparz bei Traunstein von 1746).

11. Wunder des Rosenkranzes zeigt das 1658 in Antwerpen erschienene Mirakelbuch des Petrus Vloer in nach Erasmus Quellin d. J. gearbeiteten Kupferstichen. Nach diesen entstanden 1657—59 die Wunderreliefs des Eichenholzgestühls der St. Pauluskirche in Antwerpen.

Lit.: BeisselMA 511—567. — Molsdorf 185 f. 247—250. — Künstle I 617. 638—641; II 122. 458. 505. — J. Braun, Der christl. Altar II, 1924, 479. — A. v. Oertzen, Maria, die Königin des Rosenkranzes, 1925. — E. Mâle, L' art religieux après le concile de Triente, 1932. — F. H. A. van den Oudendijk Pieterse, Dürers Rosenkranzfest en de Ikonografie der duitse Rosenkransgroepen van de XVe en het Begin der XVIe Eeuw, 1939. — W. Kirsch, Handbuch des Rosenkranzes, 1950. — E. Simoni di Tomassi, Il rosario nell'arte, 1956. — Pigler I 512—519. — G. M. Ritz, Der Rosenkranz, 1962. — S. Ringbom, Maria in sole and the virgin of the rosary, In: Journal of the Warburg and Courtauld-Institutes 25 (1962) 326—330. — H.-G. Richert, Rosenkranz, In: Zeitschrift für Deutsche Sprache 21 (1965) 153—159. — E. Wilkins, The rose-garden game, the symbolic background to the European prayer-beads, 1969. — K. J. Klinkhammer, Adolf v. Essen und seine Werke, 1972. — Ausst.-Kat., 500 Jahre Rosenkranz, Köln 1975. — G. G. Meersseman, Ordo Fraternitatis. Confraternite e pietà dei laici nel medioevo, 1977, 1144—1232. — R. Scherschel, Der Rosenkranz — das Jesusgebet des Westens, 1979. — Schiller IV/2, 199—204. — Beinert-Petri 184 f. 379—385. — S. Lutze, Die Kapellenanlage des Sacro Monte von Varese, 1984, 157 ff. — H. Hochenegg, Bruderschaften und ähnliche rel. Vereinigungen in Deutschtirol bis zum Beginn des 20. Jh.s, 1984. — M. Jossen, Der Rosenkranz, 1985. — M. Widmann, »De coronis«: zum Bedeutungswandel und zur Bedeutungsvielfalt eines Zeichens im rel. und säkularen Volksleben, 1987. — Ausst.-Kat., La »candida rosa«. Il rosario nell' arte centese ed emiliana dal XVI al XVIII secolo, Cento 1988. — W. L. Barcham, The religious paintings of Giambattista Tiepolo, 1989. — G. C. Baumann, A rosary picture with a view of the part of the Ducal palace in Brussels, possibly by Goswijn van der Weyden, In: Metropolitan Museum Journal 24 (1989) 135—151. — LCI III 568—572. — DSp XIII 937—980.

D. Gerstl

Rosenkranzbruderschaften. Im SpätMA gehören → Bruderschaften, Gilden und Zünfte zum festen Bestandteil kirchlichen und gesellschaftlichen Lebens. Ihre Aufgaben sind geistlicher wie weltlicher Art; neben wirtschaftlichen, sozialen und konkreten kirchlichen Anliegen verfolgen sie nicht zuletzt das geistliche Ziel, sich für dieses Leben wie auch für den Tod durch Gebet und gute Werke geistliche Hilfe zuzuwenden; sie betonen und leben bewußt den solidarischen Charakter christl. Existenz. Bis zum Ende des 14. Jh.s werden die Bezeichnungen Gilde und Bruderschaft überschneidend gebraucht. Wann zu den zahlreichen schon bestehenden ᛖgilden und Salve-Bruderschaften formelle R. treten, bleibt nicht greifbar. Erste Datierungsversuche sind mit dem Namen → Alanus de Rupe verbunden. Er gründete 1468 in Douai, aber wahrscheinlich auch in Lille und Gent, sowie vor 1475 in Rostock R., für die 1479 eine Ablaßurkunde durch Papst Sixtus IV. ausgestellt ist. Gut belegt ist die Gründung der Kölner R. (8. 9. 1475) durch Jakob → Sprenger OP (um 1436—95); er war Prior des Konventes und ein Verehrer des Alanus, wie überhaupt dessen Liebe für den »Marianischen Psalter« bei den dortigen Dominikanern positive Aufnahme gefunden hatte. Die Kölner R. versteht sich ausdrücklich als freiwilliger, geistlicher Zusammenschluß von Gläubigen, einzig geeint durch das wöchentliche Gebet eines ganzen Rosenkranzes (150 Ave) zugunsten der lebenden und toten Mitglieder; auch Verstorbene konnten aufgenommen werden, sofern sich jemand verpflichtete, für sie die Gebete zu verrichten. Die Kölner Bruderschaft breitete sich rasch aus; nach einer

Epoche des Niedergangs im 16. Jh. erlebte sie im 17. und 18. Jh. einen neuen Aufbruch. Ähnlich ist die Entwicklung in vielen anderen Städten, wo zumeist unter der Leitung der Prediger-Brüder R. entstanden waren. Eine interessante Variante ist der 1635 von Timotheus Ricci OP († 1643) in Bologna gegründete »Verein des ewigen Rosenkranzes oder der Ehrenwache Mariä«; er hat das Ziel, ℳ wie auch ihren Sohn durch ununterbrochenes Rosenkranzgebet zu ehren. Vergleichbares erstrebt der 1826 von Marie-Pauline → Jaricot (1799—1862), Mitbegründerin des Lyoner Missionsvereins, ins Leben gerufene »Lebendige Rosenkranz«. Eine Konsolidierung dieser Art → Gebetsvereine erstrebte Papst →Leo XIII. mit verschiedenen Enzykliken. Es ist nicht zuletzt den R. zuzuschreiben, daß der ℳpsalter von einer ursprünglich klösterlichen Gebetsübung zu einem echten Volksgebet wurde. Zudem haben sie in zeitbezogener Form etwas verwirklicht vom Sinne der Kirche als Solidargemeinschaft von noch pilgernden und schon vollendeten Gliedern des einen Gottesvolkes. Den R. des MA ähnlich ist der 1947 von Petrus Pavlicek OFM (1902—82) gegründete »Rosenkranz-Sühnekreuzzug um den Frieden der Welt«. Seine Mitglieder wissen sich durch den täglichen Rosenkranz zu einer lebendigen Gebetsbewegung zusammengeschlossen.

Lit.: BeisselMA 540—567. — BeisselW 87—100. — Beringer II 158—176, Nr. 236—238. — W. Kliem, Die spätma. Frankfurter Rosenkranzbruderschaft als volkstümliche Form der Gebetsverbrüderung, 1963. — K. J. Klinkhammer, Adolf v. Essen und seine Werke, 1972. — G. G. Meerseman, Ordo fraternitatis. Confraternite e pietà dei laici nel medioevo (in Zusammenarbeit mit G. P. Pacini), 3 Bde., 1977. — R. Ebner, Das Bruderschaftswesen im alten Bistum Würzburg, 1978. — LexMA II 737—741 *F. Courth*

Rosenkranzfest. Das R. hat seinen Ursprung in den Rosenkranzbruderschaften, deren erste 1470 von dem Dominikaner →Alanus de Rupe in Douai gegründet worden ist und die im 15./16. Jh. sich weit verbreiteten. Ein eigenes R. wird 1547 erstmals für Spanien bezeugt. Am Jahrestag der Seeschlacht von Lepanto über die Türken (7.10.1571) ordnete Pius V. ein »festum BMV de victoria« an. Sein Nachfolger Gregor XIII. gestattete 1573 ein jeweils am ersten Sonntag im Oktober zu feierndes »Fest des hl. Rosenkranzes« allen Kirchen, die einen eigenen Rosenkranzaltar besaßen. Clemens XI. dehnte dieses Fest 1716 auf die ganze Kirche aus, Pius X. verlegte es wieder auf seinen ursprünglichen Termin. Unter Johannes XXIII. erhielt das Fest durch den Codex Rubricarum (1960) den Titel: »Fest der seligen Jungfrau Maria vom Rosenkranz«. Nach der Reform des liturg. Jahres von 1969 wurde das R. als verpflichtender Gedenktag »Unsere Liebe Frau vom Rosenkranz« (7. Oktober) beibehalten.

Lit.: G. M. Ritz, Der Rosenkranz, 1962. — R. Scherschel, Der Rosenkranz — das Jesusgebet des Westens, 1979. — L. Scheffczyk und G. Voss, Unsere Liebe Frau vom Rosenkranz, In: W. Beinert (Hrsg.), Maria heute ehren, 1977, 209—212. — A. Adam, Das Kirchenjahr mitfeiern, 1979, 181. — Beinert-Petri 430. — LThK² IX 46—48. *Th. Maas-Ewerd*

Rosenkranzkönigin. Die Darstellung ℳs als Königin mit Krone und bisweilen Zepter bei den verschiedenen Ausprägungen des → Rosenkranzbildes. Sie tritt entsprechend den landschafts- und zeitbedingten Äußerungen der Verehrung ℳs als Königin in der bildenden Kunst im allgemeinen auch im Rosenkranzbild auf. Mit der Kanonisierung der Krönung ℳs (letztes Rosenkranzgeheimnis) war die Verehrung der königlichen GM spätestens seit Beginn des 16. Jh.s mit dem Rosenkranzgebet verknüpft. 1883 erfolgte die Erweiterung der → Lauretanischen Litanei um die Anrufung »Königin des heiligen Rosenkranzes«. Im strengen Sinne lassen sich erst ab diesem Jahr entstandene Bildzeugnisse der königlichen GM, die auch den → Rosenkranz thematisieren, mit dem Titel »Rosenkranzkönigin« bezeichnen (→ Königtum).

Lit.: → Rosenkranzbilder. *D. Gerstl*

Rosenmüller, Johann, * um 1619 in Ölsnitz/Vogtland, begraben am 12. 9. 1684 in Wolfenbüttel, studierte an der theol. Fakultät in Leipzig, wo er auch einige Jahre Organist der Nicolaikirche war. Zu seinem weiteren Amt als »Baccalaureus funerum« gehörte die Komposition von Begräbnisgesängen für angesehene Leipziger Bürger. Nach Anstellungen im benachbarten Altenburg und — dokumentarisch nicht gesichert — in Hamburg ging er 1660 für 22 Jahre nach Venedig. Die beiden letzten Lebensjahre verbrachte er als Hofkapellmeister in Wolfenbüttel.

Neben Instrumentalwerken bildet die geistliche Vokalmusik den Schwerpunkt seines Schaffens: »Kernsprüche/Mehrenteils aus heiliger Schrifft Altes/und Neues Testament« (3—7 Stimmen, Streicher- und Basso-continuo-Begleitung), Begräbnisgesänge, Solokantaten, Kleine geistliche Konzerte, Messen, Messensätze, 2 Nunc dimittis und ein Te Deum. Drei marian. Werke lassen sich nachweisen: Magnificat (achtstimmig; Streicher, Bläser, basso continuo), Magnificat (fünfstimmig; Streicher, basso continuo) und »Siehe, eine Jungfrau« (sechsstimmig; Streicher, Bläser, basso continuo).

Lit.: F. Hamel, Die Psalmkompositionen J. R.s, Diss., Straßburg 1933. — K. J. Snyder, J. R.s music for solo voice, 1970. — Grove XVI 201—204. *J. Still*

Rosenplüt, Hans, Nürnberger Handwerksmeister und Dichter (→ Sangspruchdichtung), * um 1400, † wohl 1460, wurde 1426 in Nürnberg eingebürgert und war in der hochentwickelten Rüstungsbranche tätig, zuerst als Panzerhemdenmacher, dann als Messinggießer; zugleich diente er der Stadt seit 1444 als Büchsenmeister und nahm als solcher 1449/50 an mehreren Kriegsunternehmen teil. Daneben aber schuf er ein umfangreiches und vielfältiges dichterisches Werk, mit dem er zu einem der wichtigsten Repräsentanten stadtbürgerlicher Lit. des SpätMA wurde. Es umfaßt kurze Reimsprüche (Priameln), weltliche Spiele (Fastnachtspiele), politische, geistliche und weltliche Reimpaardichtungen (Reden) sowie Reimpaarerzählungen (Mären) und einzelne Lieder (jedoch, im Unterschied zu seinem jüngeren Mitbürger Hans →Folz, keine Meisterlieder). Priamel und Fastnachtspiel scheinen durch ihn zuerst ihre lit. Ausprägung erfahren zu haben, doch ist der Umfang seines Schaffens gerade auf diesem Gebiet schwer zu bestimmen, da er hier, anders als sonst, seine Werke nur höchst selten durch Autorsignatur kennzeichnete.

Zu R.s anspruchsvollsten Werken zählen zwei Reimreden, in denen er, vielleicht nach dem Vorbild des →Harder, unter reichlicher Verwendung der Mittel des geblümten Stils mit gesuchten Wörtern und Bildern M preist. In »Unser Frauen Schöne« (Nr. 5) folgt einer Einleitung, in der er einer Reihe preisender Apostrophierungen die Unzulänglichkeit des eigenen Könnens gegenüberstellt, eine Beschreibung der Schönheit Ms nach Körperteilen von den Beinen bis zum Haar, die eine der zeittypischen Schönen Madonnen in ihrer ganzen Lieblichkeit vor Augen stellt. Den Gipfel bildet der Preis von Ms Hirn, das in seiner Weisheit das Geheimnis der Trinität »ausgeexponiert« hat. Neben den fünf Substanzen Vater, Sohn, Hl. Geist, Mensch und Fleisch ist sie die sechste, so wie Reif, Schnee, Eis, Tau und Hagel (nicht Kieselsteine, wie der Hrsg. zu V. 206 vermerkt) im Wasser ihren Ursprung haben (eigentümliche Variante der traditionellen Eis-Wasser-Schnee-Analogie für die Trinität). Nach weiteren metaphorischen Umschreibungen ihrer Würde schließt das Gedicht mit zahlreichen Bitten an M, die hier auch mit lat. Wendungen (u.a. »principissa angelorum, salvatrix, mater gratiarum«) und durch Präfigurationen gepriesen wird.

In der »Turteltaube« (Nr. 4) — der Titel entspricht einer Titulierung Ms zu Beginn des Textes — erfleht R. zunächst umständlich den Beistand der hl. Jungfrau, um ihr Lob vollbringen zu können, dessen Unmöglichkeit er zugleich in übertreibender Manier hervorhebt: Selbst wenn er über alles nur denkbare Wissen und Können verfügte, würde das zum Preis Ms nicht ausreichen. Dennoch will er, der grobe Bauer und kunstlose Laie, auf dem Weiher der Rhetorik nach geblümten Worten angeln und mit Ms Hilfe den steilen Weg ihres Lobes erklimmen. Die der überdimensionierten Einleitung folgende Lobpreisung gilt Ms Würden als Mutter des Schöpfers und Erlösers und als Helferin des Sünders; sie ist der Zaun, der uns von ewigem Jammer trennt, und die Rüstung, in der ihr Sohn für uns gekämpft hat. Der Schlußteil enthält wieder Bitten an die Fürsprecherin, die ihr Kind an seine Leiden mahnen soll, damit es uns seiner Gnade teilhaftig werden läßt.

Ausg.: J. Reichel (Hrsg.), H. R. Reimpaarsprüche und Lieder, 1990. — Eine Neuausgabe der übrigen Werke fehlt.
Lit.: H. Kiepe, Die Nürnberger Priameldichtung, 1984. — J. Reichel, Der Spruchdichter H. R., 1985. — VL² VIII 195—211.   F. Schanze

Rosenthal, Lkr. Kamenz/Sachsen, im sorbischen Gebiet der Oberlausitz (sorbisch »Rožant«), ist der einzige vorref. Mwallfahrtsort im Bistum Dresden-Meißen, Titel »Maria von der Linde«. Das Gnadenbild, eine weniger als 30 cm hohe Statue der GM, ist aus Lindenholz geschnitzt. Auf dem linken Arm Ms sitzt das Jesuskind und spielt mit einem Apfel. In der rechten Hand hält M eine Birne, ursprünglich vielleicht ein Zepter (um 1460—80; Konsole und Fassung 17. Jh.). Auf dem Haupt tragen M und das Jesuskind goldene, mit Steinen besetzte Kronen. Seit dem 17. Jh. bis 1985 war das Gnadenbild bekleidet.

Die Entstehung der Wallfahrt ist unbekannt. Eine Legende verlegt den Anfang der Gnadenstätte in die Zeit Kaiser Karls des Großen. Ein sorbischer Edler, Luzian v. Sernan, soll das Gnadenbild in der Nähe eines Feldlagers in einer Linde gefunden haben, wo später der Ort R. entstand. Eine andere Überlieferung besagt, daß sich das R.er Gnadenbild ursprünglich in einer hölzernen Kapelle bei Uhyst, an der Nordseite des Taucherwaldes, befand und dort verehrt wurde. Diese Kapelle ist als spätma. Mwallfahrtsort bekannt. 1523 wurde die Kapelle auf Anordnung des Meißner Bischofs Johann VII. v. Schleinitz (1518—37) abgebrochen und vor den Toren der Stadt Bautzen neu errichtet (heute Taucherkirche und Taucherfriedhof). Bezüglich des Mbildes bestimmte der Bischof, daß es in die Kirche zu Uhyst gebracht werde. Als 1551 dort die luth. Reformation durchgeführt wurde, soll es von dem letzten kath. Pfarrer von Uhyst in die Pfarrkirche von Göda bei Bautzen gebracht worden sein. Als auch Göda luth. wurde, kam das Mbild nach Crostwitz/Lkr. Kamenz und wurde in der Filialkirche der Pfarrei in R. aufgestellt. Noch bis 1945 nahmen Wallfahrer aus dem benachbarten Böhmen ihren Weg über Göda und Crostwitz nach R. Es soll der gleiche Weg sein, den damals der Crostwitzer Pfarrer mit dem Gnadenbild gegangen ist. Der Weg hieß bis in das 19. Jh. der »Muttergottessteg«, an dem das Getreide bes. reich wachsen und früh reifen sollte.

Eine Kapelle BMV ist in R. seit Ende des 14. Jh.s nachweisbar. 1516 bestätigt der Meißner Bischof Johann VI. v. Salhausen (1487—1518) einen Maltar in R. 1537 wird die dortige hölzerne Kapelle durch eine steinerne ersetzt. Sie hat ihren Standort neben einer Linde. Der Bezug dieses Baumes zur Entstehung der Wallfahrt wird zum ersten Mal deutlich. Der Bau der steinernen Kapelle geschah auf Veranlassung der Äbtissin Margarethe v. Metzradt (1524—54) der Zisterzienserinnenabtei St. Marienstern als Grundherrschaft von R. Unter der Äbtissin Dorothea Schubert (1623—38) wird 1628 für das Gnadenbild ein eigener Altar errichtet. Von den Schweden 1639 geraubt, wird das Gnadenbild auf wunderbare Weise zurückgebracht. Im 17. Jh. erlebte die R.er Wallfahrt ihre eigentliche Entfaltung. In diesem Zusammenhang wird unter der Äbtissin Katharina Benada (1664—97) die Kirche 1683 erweitert. Bis 1754 wird die Wallfahrtskirche von der Pfarrei Crostwitz betreut. Seitdem stellt die Zisterzienserinnenabtei St. Marienstern Zisterzienserpatres als Administratoren für die Wallfahrtskirche. Für diese Patres wird 1755 die repräsentative Administratur nördlich der Wallfahrtskirche errichtet. Seit 1973 ist die Administratur Sitz des Zisterzienserpriorats Osseg-R. 1766 wird über die seit dem 17. Jh. nachweisbare und als heilkräftig verehrte »Marienquelle« in unmittelbarer Nähe der Kirche eine Kapelle errichtet, die 1909 durch ein Brunnenhaus ersetzt wird. Das »Rosenthaler Wasser« ist bis heute, bes. bei den kath. Sorben der Umgebung, begehrt. 1776—78 errichtet Äbtissin Klara Trautmann (1762—82) von St. Marienstern eine große dreischiffige Hallenkirche. Diese wird am 4.11.1778 zu Ehren ᴍs und des hl. Prokop konsekriert. Titelfest der Wallfahrtskirche ist ᴍe Himmelfahrt (15. August). Ablaßfest ist der 25. Januar. An diesem Tage wurde nach dem Direktorium des Zisterzienserordens die Vermählung ᴍs gefeiert. Die barocke Wallfahrtskirche wurde im Laufe der Zeit mehrfach restauriert und in der Innenausstattung erneuert. In den letzten Kriegstagen 1945 brannte die Kirche bis auf die Umfassungsmauern aus. Das Gnadenbild wurde gerettet. Unmittelbar nach dem Kriege wurde die Kirche in den alten Architekturformen des Barock wieder aufgebaut und am 23.11.1947 durch den Meißner Bischof Petrus Legge (1932—51) konsekriert. Der Gnaden- und zugleich Hochaltar wurde 1952/53 durch Georg Nawroth/Görlitz gestaltet. 1985 wurde der Altar durch einen Barockaltar aus der Zisterzienserinnenabtei St. Marienthal bei Görlitz ersetzt. Eine Reihe von Grabtafeln ehemaliger Administratoren in der Kirche erzählt von der Geschichte der Wallfahrt.

1833 wird unweit der Kirche eine Sühne- oder Waldkapelle errichtet an der Stelle, wo man nach einem in R. verübten Kircheneinbruch die aus dem Ziborium ausgeschütteten Hostien fand. 1867 wurde in dieser Kapelle eine Kopie des Gnadenbildes, die 1668 für den Hochaltar bestimmt war, aufgestellt.

Besondere Wallfahrtstage sind der 3. Oster- und Pfingstfeiertag, die Feste ᴍe Heimsuchung und ᴍe Geburt, letztere bes. für die kath. Sorben. Jede der sorbischen Prozessionen führt eine ᴍfigur mit sich, die von sechs Mädchen in sorbischer Nationaltracht getragen wird. Am 8.9.1928 krönte der Meißner Bischof Christian Schreiber (1921—30) das Gnadenbild. Die neubarocken Kronen sind eine Dresdner Goldschmiedearbeit. Sie wurden von der Herzogin Johann Georg zu Sachsen, Prinzessin Maria Immaculata (1874—1947) gestiftet. Ein weiteres Aufblühen der R.er Wallfahrt folgte nach dem Zweiten Weltkrieg: 1953 kamen 30000 Wallfahrer. Desgleichen entstand damals die Wallfahrt der Jugend des Bistums mit 15000 Jugendlichen im Jahr 1954; ferner entstanden die Diözesanwallfahrten der Kinder, Kolpingsfamilien und Studenten. Eindrucksvoll gestaltete sich die Dankwallfahrt des Bistums →Dresden-Meißen und der Apost. Administratur Görlitz nach der politischen Wende im November 1989.

Das Memorabilienbuch der Wallfahrtskirche, beginnend im 17. Jh., berichtet über zahlreiche Gebetserhörungen in alter und neuer Zeit.

Lit.: J. Ticinus, Epitome Historiae Rosenthalensis, Pragae 1692. — H. Knothe, Geschichte der Pfarrei Göda, In: Archiv für sächsische Geschichte 5 (1867). — A. Hitschfel, Geschichte des Gnadenortes R., 1917. — G. Melzer, Eine wendische Gnadenstätte, der Wallfahrtsort R., In: St. Benno-Kalender 1927, 68. — R. Domaschke, Tausend Jahre Gnadenort R., 1928. — J. Derksen, Wir wallen nach R., 1954. — H. Magirius und S. Seifert, Kloster St. Marienstern, 1974. *S. Seifert*

Roskoványi v. Roskovány, Ágoston, Bischof und theol. Autor und Quelleneditor, *7.12.1807 in Szenna, Komitat Ung (Senné, Slowakei, Diözese Szatmár), † 24.2.1892 in Neutra (Nyitra, Slowakei) entstammte einer alten, seit 1250 nachweisbaren ungarischen Adelsfamilie, studierte 1822—24 im Priesterseminar Erlau und 1824—28 Theol. in Pest; 1827 promovierte er zum Dr. phil. Danach studierte er an der Universität in Wien; 1831 folgte die Priesterweihe in Budapest und 1832 die Promotion zum Dr. theol. in Wien. Nach kurzer Kaplanszeit wurde er Studienpräfekt und Subregens am Erlauer Priesterseminar und Verwalter des Diözesanarchivs, 1835 erzbischöflicher Sekretär, Kanzleidirektor und Synodalrichter, 1836 Mitglied der Pester theol. Fakultät und Domkapitular, 1837 Direktor der Erlauer Komitatsbibliothek, 1839 Titularabt des hl. Andreas zu Saár Monostra, 1841 Rektor des Priesterseminars, 1847 Weihbischof bei Erzbischof L. Pyrker. 1848 habilitierte sich R. an der Universität Prag. 1850 wurde er Kapitularvikar, 1851 durch königliche Nomination Bischof und Reorganisator der jahrelang vakanten Diözese Waitzen (Vác), 1859 Bischof von Neutra/Nyitra. Hier ordnete er die Finanzen, widmete sich der Erziehung der Jugend, stiftete dafür einen Fond, und einen zur Unterstützung armer Seelsorger und Lehrer. Während des Ersten Vatikanischen Konzils wirkte er für den ungarischen Episkopat richtungweisend. Bei bescheidener Lebensweise widmete sich R. wissenschaftlichen Studien. Seine wenn auch nicht immer kritischen Editionen kirchlicher Texte zu Papsttum, Ehe und Zölibat sind auch heute noch wichtige Quellen zur Kirchengeschichte des 19. Jh.s. In einem neunbändigen Werk präsentierte R. neben Texten und Verlautbarungen 24595 Veröffentlichungen vom 1. bis zum 19. Jh. (nach Söll »aus 2. Hand, zu unkritisch, [mit] zu wenig Quellennachweis«) zu mariol. Themen, bes. zur Lehre von der UE ᴍs. Die Quellensammlung beginnt mit drei »Epistulae BMV« aus dem 1. Jh., sie endet mit dem Hirtenbrief Bischof Franz Josef → Rudigiers von Linz an den Klerus seiner Diözese vom 27.11.1880 über die Verehrung der seligen Jungfrau (de cultu B. Virginis). R. erschloß die edierten

Texte durch ein nach Personen, Orten und Sachbetreffen geordnetes »Repertorium« (in Bd. IX). Eigens aufgereiht sind die »Ephemerides, diaria, periodica opera«, aus denen R. Texte abdruckte; umfangreich sind die Angaben zu den Stichworten »Immaculata«, »Literatura Mariana«, »Majus« (Marian. Monat), »Maria Beata Virgo« und »Societas Jesu« und deren marian. Schriftstellern.

WW: De primatu Romani Pontificis, ejusque juribus, Augsburg 1834, Agram ²1841. — Megyei Katekizmus ..., Erlau 1836, dt.: Katechismus oder Unterricht in der kath. Religion. Für die Erlauer Diözese, Erlau 1836. — De matrimonio in ecclesia catholica, 2 Bde., Augsburg 1837; 1840. — De matrimoniis mixtis inter catholicos et protestantes, 7 Bde., Fünfkirchen, Pest, Wien 1842—82. — (Hrsg.): Monumenta catholica pro Independentia Potestatis Ecclesiasticae ab Imperio Civili, 15 Bde., Wien 1847—89. — Coelibatus et Breviarium: duo gravissima Clericorum officia e monumentis omnium saeculorum demonstrata. Accessit completa literatura, 11 Bde., Pest und Neutra 1861—81, Supplementa ad collectiones monumentorum et literaturae, III—IV, Neutra 1888. — Romanus Pontifex tamquam Primas Ecclesiae et Princeps civilis e monumentis omnium saeculorum demonstratus, 20 Bde., Neutra, Wien 1867—90. — Matrimonium in ecclesia catholica potestati ecclisiasticae subjectum. Cum amplissima collectione monumentorum et literatura, 4 Bde., Pest 1870—82. — Beata virgo Maria in suo conceptu immaculata ex monumentis omnium saeculorum demonstrata. Accedit amplissima literatura, 9 Bde., Budapest 1873 — Neutra 1881. — Supplementa ad collectiones monumentorum et literaturae: de matrimonio in ecclesia catholica potestati ecclesiasticae subiecto; matrimoniis mixtis; coelibatu et breviario; independentia potestatis ecclesiasticae ab imperio civili; romano pontifice; beata Maria virgine in suo conceptu immaculata, 10 Bde., Neutra 1887—90.

Lit.: J. Pletz, Excurs, veranlaßt durch die Schrift: De Primatu Romani Pontificis, ejusque Juribus. Scripsit Augustinus de Roskovany, Augsburg 1834, In: Neue theol. Zeitschrift 7 (1834) Heft 6, 349—384. — Katholik 56 (1835) 198—204, 286—292; 57 (1836) 82—91. — Kath. Literatur-Zeitung II (1836) 87—106. — J. Ferenczy und J. Danielik, Magyar írók. Életrajzgyüjtemény I, Pest 1856, 394. — I. Nagy, Magyarország családai IX, Pest 1862, 765. — Zeitgenossen. Almanach für das Jahr 1863, Graz o. J., 247. — Neue Croquis aus Ungarn II, Leipzig 1864, 139. —Á. Mendlik, IX. Pius római Pápa és a magyar püspöki kar, vagyis főpapok és egyházunagyok életrajzgyüjteménye, Pécs 1864, 58. — J. F. Schulte, Die Geschichte der Quellen und Literatur des Canonischen Rechts von der Mitte des 16. Jh.s bis zur Gegenwart III/1, Stuttgart 1880, 788 f. — Cat. bibliothecae Ioannis Cardinalis Simor ..., 1887, 1155. — Schematismus cleri diocesis Nitriansis 1888. — Acta et decreta Sacrosancti Oecumenici Concilii Vaticani ... Collectio Zacensis VII, Freiburg 1870, 1021—24. — M. Wertner, A magyar nemzetségek a 14. század közepéig, Temesvár 1891, 362—364. — M. Tavagnutti, Mariol. Bibliographie, Wien und Leipzig 1891, 14. — Magyar Sion (Uj Sorozat), 1892, 235. — P. Simon, Király és haza IV, Budapest 1899, 165. — D. Gla, Systematisch geordnetes Repertorium der kath.-theol. Literatur, welche in Deutschland, Österreich und der Schweiz seit 1700 bis zur Gegenwart (1900) erschienen ist II, Paderborn 1904 (s. Reg.). — Hurter V 1752f. — F. Chabot, F. Chabot, A váci egyházmegye történeti névtára I, Vác 1915, 652—656. — B. Kempelen, Magyar nemes családok XI, Budapest 1915, 519. — A. Stránsky, Dejiny biscupstva nitrianskeho 1933, 267—269. — A. M. Stickler, Historia Juris Canonici Latini. Institutiones Academiae I, 1950, 360 f. — G. Adriányi, Die Stellung der ungarischen Kirche zum österr. Konkordat von 1855, 1963, 46. — A. Franzen, Die Zölibatsfrage im 19. Jh. Der »Badische Zölibatssturm« (1828) und das Problem der Priesterehe im Urteile Johann Adam Möhlers und Johann Baptist Hirschers, In: HJb 91 (1971) 345—383, hier 379. — G. Denzler, Das Papsttum und der Amtszölibat, 2 Bde., 1973/76. — E. Hermann, A katholikus egyház története Magyarországon 1914ig, 1973. — G. Salacz, Egyház és állam Magyarországon a dualizmus korában 1867—1918, 1974. — A. Adriányi, Ungarn und das I. Vaticanum, 1975. — A. B. Hasler, Pius IX. (1846—78), päpstliche Unfehlbarkeit und 1. Vatikanisches Konzil, 1977. — W. Leinweber, Der Streit um den Zölibat im 19. Jh., 1978, 2. — KL X 1292 f. — LThK VIII 996 f. — LThK² IX 52 f. — DThC, Tables II 3922. — Österr. Lexikon (1815—1950) IX, 1988, 258 f.   *J. Urban*

Rosner, Ferdinand, OSB, * 26. 7. 1709 in Wien, † 14. 1. 1778 in Ettal. R., der 1726 in Ettal Profeß gemacht hat, war ein vielseitiger Literat: Gedichte, Briefe, Predigten, Dramen und v. a. den Text für die Oberammergauer Passion von 1750, eine große Dichtung, hat er verfaßt. Er war in Freising als Prof. am Lyceum tätig und im heimatlichen Ettal. Es gibt von ihm viele Spuren marian. Frömmigkeit in seinen Predigten, eine Reihe von Dramen mit marian. Themen (»Maria peregrinantium salus«, Freising 1737; »Wunder der marianisch-jungfräulichen Andacht«, 1765, und »Cultus Mariano-parthenii certa prodigia«, 1765), lat. Oden etwa an die Frau Stifterin von Ettal (1741), sein Ettaler Mirakelbuch, das zwar nie im Druck erschienen ist, und dann eben sein neuer, großartiger Text für die Oberammergauer Passion mit schönen Passagen über M, von denen am meisten die »Marienklage« zu rühmen ist.

Lit.: S. Schaller, F. R., Benediktiner von Ettal (1709—78). Leben und Werke, 1984. — Ders. (Hrsg.), P. F. R., Lieder, Predigten, Dramen. Eine Auswahl, 1989. — BB III 410—418. 1014—27. 1247 f.   *H. Pörnbacher*

Rosselli, Cosimo, * 1439 in Florenz, † 7. 1. 1507 ebd., ital. Maler der Renaissance aus einer Florentiner Maler- und Architektenfamilie. Sein Bruder Francesco arbeitete 1470 als Miniator für den Dom von Siena und 1480 in Buda am Codex des Matthias Corvinus.

Aus der Werkstatt Neris di Bicci hervorgegangen und beeinflußt von Benozzo Gozzoli und Baldovinetti gehörte R. zu den beliebtesten Künstlern der Frührenaissance. Er malte in der Sixtinischen Kapelle in Rom die Wandfresken mit der Gesetzgebung am Sinai, der Bergpredigt und dem Abendmahl, in Florenz in S. Ambrogio das Sakramentswunder in der Cappella del Miracolo (1498) und im Vorhof der SS. Annunziata den Zyklus aus dem Leben des hl. Filippo Benizzi (um 1475).

Als Jugendwerke R.s gelten einige Mdarstellungen (Florenz, Uffizien; Philadelphia, Mus.), ebenso eine »Anbetung des Kindes« (Washington, Kress Collection) und eine Tafel der »Anna Selbdritt« mit Heiligen (Berlin, Mus.). Weiter werden ihm eine figurenreiche »Anbetung der Könige« (Florenz, Uffizien) und eine »Krönung Me«, umgeben von einer Engelglorie und zahlreichen Heiligen (Florenz, S. Maria Maddalena dei Pazzi, 1505) zugeschrieben, die sich durch edle, ruhige plastisch gemalte Figuren auszeichnen.

Lit.: R. van Marle, The developement of the Italian Schools of Painting XI, 1929, 586—618. — R. Husatti, Catalogo giovanile di C. R., in: Rivista d'Arte 26 (1950) 103—130. — D. A. Covi, A Documented Altarpiece of C. R., In: ArtBull 53 (1971) 236—238. — A. Padoa Rizzo, La Cappella Salutati nel Duomo di Fiesole e l'attività giovanile di C. R., In: Antichità viva 16/3 (1977) 3—12. — Ders., La Cappella della Compagnia di S. Barbara della »Nazione Tedesca« alla SS. Annunziata di Firenze nel secolo XV. C. R. e la sua »Impresa« artistica, ebd. 26/3 (1987) 3—18. — F. Zeri u. a. (Hrsg.), La Pittura in Italia, Il Quattrocento I und II, 1987, bes. 748. — Thieme-Becker XXIX 34—36.   *F. Tschochner*

Rossellino, Antonio, eigentlich A. di Matteo di Giovanni Gamberelli, * 1427 in Settignano, † um 1479 in Florenz, erhielt seine Ausbildung bei seinem älteren Bruder Bernardo →Rossellino, mit dem er vielfach zusammenarbeitete. Nachdem R. 1457 den Sebastiansaltar der Collegiata in Empoli vollendet hatte, wuchs sein Ansehen rasch. 1461—66 arbeitete er an den Skulpturen der Grabkapelle des Kardinals von Portugal in S. Miniato al Monte/Florenz. Ein Relief der Himmelfahrt und → Gürtelspende Ms zeigt die Innenkanzel des Doms in Prato. Neben zahlreichen Portraitbüsten und Gräbern schuf R. vor allem Reliefs mit der Darstellung Ms mit Kind in Marmor, Terracotta und Stuck. Die Beteiligung von Werkstattmitarbeitern an diesen Reliefs bedingt einen unterschiedlichen Stileindruck und erschwert ihre Zuschreibung an R. Auch ihre Chronologie ist, ausgehend vom Mtondo des Kardinalsgrabes von S. Miniato, sehr unsicher. Gewöhnlich aber zeichnet die in Dreiviertelansicht oft thronend bis zu den Knien gezeigten Madonnen eine zurückhaltende Emotionalität aus.

WW: Reliefs Ms mit Kind (auch Repliken und Varianten) in Berlin, Bodemus. (4 WW). — Ferrara, S. Giorgio (Grabmal Roverella). — Florenz, S. Croce (»Madonna del Latte« über Grabmal Nori), S. Miniato (Grabkapelle des Kardinals von Portugal), Bargello. — Lissabon, Sammlung Gulbenkian. — Lugo, Kirche der Madonna del Molino. — London, Victoria and Albert Mus. (3 WW, u. a. sog. »Candelabra-Madonna«). — Neapel, S. Anna dei Lombardi. — New York, Met. Mus. (2 WW, u. a. sog. »Altman-Madonna«), Pierpont Morgan Library (sog. »Barney-Madonna«). — Prato, S. Vicenzo. — Sociano, S. Clemente. — Washington, Nat. Gal. — Wien, Kunsthistorisches Mus. und Minoritenkirche.

Lit.: A. M. Petrioli, A. R., Mailand o. J. — H. Gottschalk, A. R., 1930. — L. Planiscig, B. und A. R., 1942. — F. Hartt, G. Corti und C. Kennedy, The Chapel of the Cardinal of Portugal, 1964. — J. Pope-Hennessy, The Altman Madonna by A. R., In: Metropolitan Mus. Journal 3 (1970) 133 ff. — Thieme-Becker XXIX 40 ff. *K. Falkenau*

Rossellino, Bernardo, eigentlich B. di Matteo di Giovanni Gamberelli, * 1409 in Settignano, † 23. 9. 1464 in Florenz, älterer Bruder und Lehrer des Antonio → Rossellino, Architekt und Bildhauer. Über seine Ausbildung ist nichts bekannt, doch ist der Einfluß Ghibertis, Donatellos und Michelozzos spürbar. Aus den erhaltenen Dokumenten ist die reich verzweigte Arbeitsteilung einer großen Werkstatt zu erkennen, die von R. unternehmerisch geleitet wurde und in Florenz während Donatellos Aufenthalt in Padua (1443—53) die führende Rolle spielte. R.s Zusammenarbeit mit seinen Brüdern Domenico, Giovanni, Tommaso, sowie Desiderio da Settignano u. a. ist oft auch an den Werken selbst erkennbar. Sein baukünstlerisches Hauptwerk ist, neben dem Palazzo Rucellai in Florenz, die Anlage des Domplatzes in der Idealstadt Pius II., Pienza (Kathedrale, Campanile, Bischofspalast, drei weitere Palazzi, seit 1459). Der Tod des Papstes (1464) verhinderte hier jedoch weitere Planungen.

Architektur und Skulptur verband R. 1433—35 an der Fassade des Palazzo della Fraternità in Arezzo. Ein Bogenrelief zeigt die Schutzmantelmadonna mit Christuskind, das Bittsteller segnet. Sie wird seitlich von den kurz darauf nachbestellten Kniefiguren der aretinischen Märtyrer und Schutzheiligen der Bruderschaft, Lorentinus und Pergentinus, flankiert; in den äußeren Fassadennischen die hll. Donatus (Schutzheiliger Arezzos) und Gregor. Ein Terracottarelief in der Pinakothek zu Arezzo gilt als Originalmodell für diese Schutzmantelmadonna.

R. entwickelte die seit der Mitte des 15. Jh.s kanonische Form für Tabernakel (Florenz, S. Egidio, 1450), Portal (Siena, Palazzo Pubblico, Sala del Concistoro, 1446) und Grabmal, denn als Prototyp für alle folgenden Humanistengrabmäler gilt das Wandnischengrabmal des Staatskanzlers und Historikers Leonardo Bruni (Florenz, S. Croce, vollendet 1454), welches das christl. Konzept der Auferstehung (Adler und Löwenfelle als Konsolen des Sarkophags) und humanistische Unsterblichkeitshoffnung (Trauerinschrift am Sakrophag, Lorbeerkranz um das Haupt des Toten, Mtondo mit verehrenden Engeln im Lünettenfeld) miteinander verbindet.

Für das Oratorium von S. Stefano in Empoli schuf R. 1447 die freistehenden Skulpturen einer Verkündigungsgruppe von verhaltenem Ausdruck (jetzt Empoli, Mus. della Collegiata).

Allgemein sind R.s wenig bewegte Skulpturen harmonische Kompositionen mit strengem Aufbau, der durch oft parallele, dem Körper angepaßte Falten betont wird. In den letzten Jahren seines Lebens schuf R. zahlreiche Grabdenkmäler, so z. B. 1451 das der Beata Villana in S. Maria Novella (Florenz), des Orlando de' Medici in SS. Annunziata (Florenz, 1456—57) oder des Giovanni Chellini in S. Domenico in S. Miniato al Tedesco (1462—64).

Lit.: M. Tyskiewicz, B. R., 1928. — L. Planiscig, B. und A. R., 1942. — A. Markham, Desiderio da Settignano and the Workshop of B. R., In: Art Bulletin 45 (1963) 35 ff. — C. R. Mack, Studies in the Architectural Career of Bernardo di Matteo Gamberelli Called R., 1972. — A. Markham-Schulz, The Sculpture of B. R. and his Workshop, 1977. — M. Salmi, B. R. and Arezzo, In: Scritti di storia dell' Arte di Ugo Procacci, 1977, 254 ff. — Thieme-Becker XXIX 42. *K. Falkenau*

Rossi, Francesco de (gen. Salviati), * 1510 in Florenz, † 1563 in Rom, erhält seine erste Ausbildung u. a. bei Bandinelli und ab 1529 bei Andrea del Sarto. Schon ab 1524 hat er engen Kontakt zu G. Vasari, mit dem er 1531 nach Rom ging. Dort steht er in Diensten von Kardinal Salviati, dessen Namen er annimmt. R. wird zum maßgeblichen Vertreter der entwickelten Stufe des florentinisch-röm. Manierismus. 1534—41 war er Mitglied der Accademia di San Luca. Aus der röm. Frühzeit sind keine bedeutenden Werke erhalten außer der Heimsuchung Ms von 1538 (Fresko, Rom, S. Giovanni de Collato). R. schuf dabei eine Synthese aus Einflüssen der Hochrenaissance von Raffael und Michelangelo und den Frühmanieristen der Raffaelnachfolge. Er geht 1539 über Florenz und Bologna nach Venedig und ist dann 1541—44 wieder in Rom. Wichtig ist aus dieser Zeit eine Grablegung Christi (1539/40) für die Kirche Corpus Domini in Venedig (Florenz, Palazzo Pitti). Das Bild zeigt eine starke Diagonalkomposition, wobei der Leichnam Christi den gesamten linken Bildvordergrund beansprucht, während die Gruppe der weinenden Frauen um ⋔ im rechten Bildhintergrund plaziert ist. Maria Magdalena, die die Hand Christi hält, Joseph v. Arimathäa, der Christus auf sein Grabtuch bettet, sowie zwei sich unterhaltende Männer bezeichnen die Bilddiagonale, die allerdings noch dem Bildvordergrund zugeordnet ist. Auffallend an dieser Komposition ist das eindeutige Zurücksetzen der Gruppe der weinenden Frauen um ⋔ in den Bildhintergrund. Damit schafft R. eine spannungsgeladene Ungleichgewichtigkeit seiner Erzählung, die typisch für seine ausgeprägte Stufe des narrativen Manierismus ist. Eines seiner Hauptwerke sind die erst ca. 1557 vollendeten Fresken und das Altarblatt für S. Maria dell' Anima in Rom. Während eines erneuten Aufenthaltes in Florenz (1544/48) malt er dort die »Sala dell' Udienza« im Palazzo Vecchio aus. Zurück in Rom übernimmt er die Ausmalung der Capella del Pallio im Palazzo della Cancelleria und im »Saletto« des Palazzo Farnese. Vor 1553 vollendet er die Davidsfresken im Palazzo Sacchetti.

Sein Oeuvre ist schwer zu datieren und zu ordnen, da ein großer Teil seiner Werke verloren ist. Bedeutung hat R. v. a. für die Freskomalerei auf Grund seines subtilen Kolorismus und des narrativen Elements seiner Kompositionen, das er gekonnt in prächtige Szenen umsetzt. Auch als Porträtist war R. sehr gefragt. Eine direkte Schule ist mit seiner Kunst nicht zu verbinden, obgleich sich Einflüsse auf Zeitgenossen und Nachfahren durchaus zeigen.

Lit.: H. Bussmann, Zeichnungen F. Salviatis, 1966. — L. Mortali, F. Salviati, 1992. — Thieme-Becker XXIX 365—367.
B.-U. Krüger

Rossignoli, Constantino da S. Nicola, OSA (disc.), aus Neapel, angesehener Theologieprofessor, † 1651 in Rom. Von ihm erschien im Druck »Regale Solium BMV in mirabili aula nazarenae domus, vulgo Lauretanae, toti mundo conspicuum, auro charitatis divinarum personarum fabrefactum, gemmis virtutum eius, divinorumque charismatum, quibus abundat rutilans, totius vitae ipsius gloriam exprimens ...« (Rom, 1645). R. benützt für seine mariol. Darlegungen die Anrufungen der Lauretanischen Litanei als »gradus laudum« und gliedert sein umfangreiches Werk in 63 Bücher mit Bezug auf die vermuteten 63 Lebensjahre ⋔s.

Lit.: Ossinger 626 und 777. — D. A. Perini, Bibliographia Augustiniana III, 1935, 139 (Lit.). — F. Luciani, Indice bibliografico degli Agostiniani Scalzi, 1982, 42.
A. Zumkeller

Rossini, Gioacchino, *29.2.1792 in Pesaro, † 13.11.1868 in Passy bei Paris, ital. Komponist, kommt zum ersten Male bei seinem Lehrer Don Giuseppe Malerbi mit Musik in Berührung, in dessen Bibliothek er Werke von Mozart und Haydn findet. Am Liceo Musicale in Bologna beginnt 1804 R.s musikalische Ausbildung. Bereits 1812 komponiert er für die Mailänder Scala; damit schafft er als Opernkomponist den Durchbruch. R. übersiedelt 1815 nach Neapel, um dort für das Theater S. Carlo und del Fondo zu schreiben. In Wien, London und Paris ist R. seit 1820 begehrter Komponist. Seine Berühmtheit resultiert aus dem Esprit seiner Opernmusik. »Barbiere di Sevilla«, »Wilhelm Tell« u. a. sind von den großen Bühnen der Welt auch heute nicht wegzudenken. Ouvertüren zu seinen seltener gespielten Opern haben ihren festen Platz im Konzertrepertoire. Den Typus der opera buffa der Italiener hat R. vollendet.

R.s Orchester klingt stets interessant, auch wenn es kaum die Tiefe der von ihm begleiteten Arien erreicht. Das Farbenspiel der Instrumentation verbindet er mit auffallender harmonischer Wendigkeit. Zu geistvoller Alteration und zuweilen gewagter Chromatik tritt federnde Rhythmik und neuartige Dynamik, die R. v. a. mit Hilfe eines geschickten Nacheinanders der Einsätze erreicht.

Neben Messe-Fragmenten aus seiner Jugend und der Pasticcio-»Messa di Gloria« befindet sich in R.s KM eine Reihe kleiner »Gelegenheitsarbeiten«, v. a. aus späteren Jahren: Werke wie das »Tantum ergo« zur feierlichen Weihe einer Kirche in Bologna (1847), mehrere »Preghiere« und andere Andachtsmusiken sowie drei rel. Frauenchöre mit Klavierbegleitung zu Gedichten über die drei göttlichen Tugenden (Glaube, Liebe, Hoffnung): »La Foi, La Charité, L' Espérance«. Seit 1844 mehrfach herausgegeben und in ganz Europa verbreitet, zählen sie zum Typus frommer Hausmusik, die im späteren 19. Jh. mehr und mehr beliebt wird und ihren populären Ausdruck in der gleichermaßen meisterhaften wie trivialisierten Ave-Maria-»Meditation« von Bach/Gounod finden sollte.

Die in hohem Maße bedeutenden geistlichen Kompositionen, das »Stabat Mater« und die »Petite Messe solennelle«, entstehen erst, als R. bald nach 1830 aufhört, Opern zu schreiben. Obschon sog. »Gelegenheitsarbeiten«, sind beide Werke von hohem künstlerischen Wert. Gleichwohl stoßen bewertende Gegensätze aufeinander: Zum einen steht ihr Rang als große, authentische KM des 19. Jh.s außer Frage und zum andern verkörpern sie extrem alle Unsicherheiten und alle ästhetischen Bedenken einer ohnehin degenerierten Gattung. Vor und nach ihnen teilen R.s kirchenmusikalische Werke das Schicksal vieler ital. Kirchenkompositionen. Mit der »Messa di Gloria« setzt R. 1820 in Neapel und Lucca ein typisches Beispiel für die kirchenmusikalische Praxis der Zeit, indem er neben neukomponierten Teilen auch Opernnummern mit geistlichen Texten unterlegt und im Parodieverfahren in die Komposition aufnimmt. Zur Weihe der Hauskapelle im Palais des befreundeten Grafen Pillet-Will schreibt R. 1864 die »Petite Messe solennelle«, die die Hörer hell begeistert. Der Plan, diese Messe zu orchestrieren und in der Kirche aufzuführen, veranlaßt den Meister 1866 vergebens zu einer grundsätzlichen Anfrage an den Papst mit dem Ziel, auch Frauenstimmen in der kath. KM offiziell und allgemein zuzulassen.

An marian. Werken — ihre Struktur ähnelt grundsätzlich beiden eben erwähnten Kompositionen — hinterläßt R. »Salve o Vergine Maria« für vier Stimmen und Klavier (Florenz 1850), »Ave Maria« für vier Stimmen (London 1873) und »Ave Maria« für Sopran und Orgel (Nr. 4 aus den Morceaux reserves).

R.s marian. Kunst gipfelt indes in seinem »Stabat Mater«. Bei einem Aufenthalt in Madrid beauftragt ihn 1831 Prälat Fernandez Varela, den Text des »Stabat Mater« zu vertonen. Im gleichen Jahre erlebt der Meister eine Nervenkrise und schreibt unter vielen Mühen bloß Teile dieser Komposition. Am Karfreitag des Jahres 1833 erklingt in Madrid das Werk, zu dem sein Schüler Giovanni Tadolini einige Sätze zu komponieren übernommen hatte. Als 1837 — nach dem Tode Varelas — das Manuskript des »Stabat Mater« verkauft wird und vom neuen Besitzer publiziert werden soll, geht R. mit Rechtsmitteln gegen diesen Plan vor, weil das Werk weder für die Öffentlichkeit gedacht noch von ihm vollendet worden war. R. komplettiert 1839 das »Stabat Mater«. Nach langem Rechtsstreit wird die Komposition nun am 7.1.1842 im Théâtre Italien zu Paris uraufgeführt. Das Werk erklingt am 18. März des gleichen Jahres auch in Bologna unter G. Donizettis Leitung.

Den Text — die hochberühmte Sequenz- und Hymnendichtung des umbrischen Mönchs →Jacopone da Todi (J. dei Benedetti [J. de Benedictis]) aus dem 13. Jh. — gliedert R. in zehn Teile, die als Nummern (wechselnd besetzt) von Solisten, Chor und Orchester vorgetragen werden. Anders als früher kann er hier ohne Zeitdruck arbeiten und verzichten, Älteres zu parodieren. Ihm liegt daran, in diesem sakralen Werk die Summe seiner eigenen Ausdrucksmöglichkeiten zu ziehen und dabei auch unterschiedliche Idiomata der KM vorzuführen. So steht Opernhaftes neben Reminiszenzen an den stile antico, den alten Kirchenstil im Sinne Pergolesis, dramatisch malende Schilderungen des Orchesters neben reinen a-cappella-Sätzen, Belcanto neben großangelegten Fugen. Der erste Satz ist beispielsweise eine ganz von der szenischen Situation her konzipierte Introduzione für Chor und Orchester, die in das Geschehen einführt. Die Leiden Ms werden mit scharf punktierten, gleichsam ins Herz schneidenden Tonrepetitionen nachgezeichnet, und in chromatisch abwärts geführten Linien erkennt man die alte Klagefigur des Lamento. Der Ton des Dramas und der Trauer wird in lyrischen Teilen zu innigem Gebet überhöht. So eine Ambivalenz des Ausdrucks und des Stils ist auch in anderen Sätzen des Werkes zu beobachten, wenn die Interpretation des Schmerzes sich — analog zum Gedicht — beinahe zur Heilsgewißheit aufhellt. Dem »Stabat Mater« hat Heinrich Heine eine lange, enthusiastische Laudatio gehalten; sie unterstreicht eine hohe, rel. und musikalisch-kulturelle Effizienz des Werkes v.a. auch außerhalb kirchlichen Bereichs.

Lit.: R. Celletti, Vocalità rossiniana, 1966, passim. — G. Barblan, R. e il suo tempo, In: Chigiana 25 (1968) 143—179. — F. Lippmann, R.s Gedanken über die Musik, In: Mf (1969) 285—298. — J. Harding, Rossini, 1971, passim. — B. Cagli, P. Gosset und A. Zedda, Criteri per l'edizione critica delle opere di G. R., In: Bollettino del Centro rossiniano di studi 1 (1974) 7—34. — H. Weinstock und K. Michaelis, Rossini, 1981, 441f. — L. Kanter, Stilistische Strömungen in der ital. Kirchenmusik 1770—1830, In: AnMus 21 (1982) 380—392. — J. Nagel, Autonomie und Gnade, 1985, 11ff. — A. Camosci, G. R. dai ritratti e dalle scritture, 1985, passim. — R. Osborne und G. Wehmeyer, Rossini, 1988, passim. — U. Prinz, Messa per R., In: Internat. Buchakademie Stuttgart 1 (1988) 70ff. — A. Wendt, Rossini, 1988, 211ff. — V. Scherliess, G. R., 1991, 94—106. 135—140. — W. Keitel und D. Neuner, G. R., 1992. — MGG XI 948—974. — Grove XVI 226—251.

F. Maier / D. v. Huebner

Rosso Fiorentino (eigentlich Giovanni Battista di Jacopo di Guasparre), * 8.3.1494 in Florenz, † 14.11.1540 in Paris, ist neben Bandinelli und Pontormo Wegbereiter des frühen florentinischen Manierismus. Der Florentiner Malerzunft trat er 1516 bei und wirkte bis 1523 in seiner Heimatstadt, unterbrochen nur 1521 durch Aufträge in Volterra. 1524—27 war er in Rom tätig. Während des »Sacco di Roma« (Verwüstung Roms durch die Truppen Karls V. 1527) flüchtete er und hielt sich zwischen 1527 und 1530 nacheinander in Perugia, Borgo San Sepolchro, Citta di Castello, Arezzo und Venedig auf. 1530 erhielt er eine Berufung nach Frankreich, wahrscheinlich auf Empfehlung Michelangelos, in die Dienste Franz I. Er wurde hochgeachtet und 1532 zum Kanonikus der St. Chapelle de Paris ernannt.

Sein Oeuvre ist klein und leicht zu chronologisieren. R.s Kompositionsstil zeichnet sich durch Linearität voll vibrierender Kraft, großer Abstraktionsfähigkeit und eine expressive, zuweilen grelle Farbgebung aus. Er schafft hochkomplizierte Bildgefüge durch gedrängte Figurenkompositonen vor folienhaftem Hintergrund und subtile Verwendung der dissonanten »colori cangianti« (eher altertümlich, 15. Jh.) und steigert somit seine Bildinhalte ins Phantastische.

Das früheste gesicherte Werk ist eine Himmelfahrt Me (Fresko, Florenz, SS. Annunziata, 1517) mit zweizonigem Aufbau, in der die Apostelschar in fast isokephaler Anordnung gezeigt ist. Das Aufwärtsfahren der GM wird nur über die Blickrichtung der Jünger Jesu dem in der Vorhalle der Kirche stehenden Betrachter vermittelt. Blickrichtung und Gestus Ms wirken ihrem »irdischen« Sitzen auf der von Putten eher gestützten denn emporgetragenen Wolkenbank entgegen. Das Tafelbild »Maria und vier Heilige« (Florenz, Uffizien, 1518) gehört

Rosso Fiorentino, Kreuzabnahme, 1521, Volterra, Pinakothek

zum Typus der »Sacra Conversazione«. ⓜ ist nicht erhöht dargestellt, sondern inmitten der vier Heiligen (Hieronymus, Stephanus, Antonius und Johannes d. T.). Zum Betrachter wird keinerlei Kontakt hergestellt, ⓜ blickt vermittelnd zur Rechten, der Jesusknabe zur Linken. Hier wird der direkte Einfluß von Andrea del Sarto deutlich.

Eine »Kreuzabnahme« für den Dom von Volterra (heute: ebd. Pinacoteca, 1521) läßt sich auf Kreuzabnahmen von Fra F. Lippi, Perugino (konzeptionell) und Fra Anglicos Pala di Santa Trinità (koloristisch) zurückführen. Die mit der Abnahme direkt beschäftigten Personen hat R. in ein kompliziertes Gefüge von mobiler Aktion gegeben, die Trauernden in einer fast statischen Reaktion von gebeugten Körpern. Das gesamte Geschehen ist in eine extrem schmale vordere Raumzone komponiert, die keine logische Erweiterung in die bergige Landschaft mit Staffagefiguren erfährt.

Die Tafel der »Sacra Conversazione« (Florenz, Palazzo Pitti, 1522) wurde am Ende des 17. Jh.s vergrößert, wodurch die dicht um ⓜ gedrängte Gruppe von zehn Heiligen ihre bildraumsprengende Wirkung verloren hat. Die Kolorierung ist hier satter und der Kontur nicht so gratig linear wie in der Kreuzabnahme.

In der »Sposalizio« (Florenz, San Lorenzo, 1523) vollziehen ⓜ und Joseph die Handlung auf dem obersten Treppenabsatz in einem nicht näher zu definierenden Innenraum. Im Gegensatz zu Raffaels Verlobung, einer Komposition von klassischem Ideal, setzt R. eine Staffelung von Raumschichten ein, um der eher ruhigen Handlung Spannung zu geben.

In formaler Anlehnung an die Kreuzabnahme schuf R. seine »Beweinung« (San Sepolchro, San Lorenzo Orfanelle, 1528), wobei der Leichnam Christi in seiner Präsenz eine exponierte Stellung einnimmt, doch ⓜ das eigentliche formale und geistige Zentrum der Szene ist.

Ab 1530 schuf R. an der Spitze einer internat. Werkstatt die Innenausstattung im Jagdschloß von Fontainebleau. Darüber hinaus entwarf er Festdekorationen, Triumphbögen, Tafelgerät etc. Sein dekoratives Kunstsystem fand bes. in der franz. und niederländischen Kunst starke Verbreitung.

Weitere WW: Moses verteidigt die Töchter des Jethro (Florenz, Uffizien, 1523). — Toter Christus mit Engeln (Boston, Mus., um 1525). — Verklärung Christi (Città di Castello, 1528).
Lit.: K. Kusenberg, Le R., 1931. — J. Shearman, Mannerism, 1967. — U. Wilens, R. F. und der Manierismus, 1985.
B.-U. Krüger

Rostagnus (Rossagnus). »Frater Rostagnus« wird von C. Blume aufgrund von Akrosticha als Dichtername des → Philippe de Mézières vermutet (AHMA 52, 44f.). Nach der Ausgabe des Reimoffiziums zum Fest ⓜe Opferung, incipit »Fons hortorum redundans gratia« (Coleman 55ff.), liest man zwar »Frate Osragnus« statt »Frater Rostagnus« in AHMA 24, Nr. 25 (»Frater Rostagnus [?] virginem toto corde magnificat«; AHMA 24, Nr. 25 mit 52, Nr. 38 und 4, Nr. 79; Coleman 55ff.; Sequenz: »Ave Maria benedico te Amen«; AHMA 54, Nr. 189; Coleman 80—82), das Akrostichon des Reimoffiziums auf die hl. Ursula gibt jedoch auch den Namen »Rostagnus« (»Fratri Iacobo Frater Rostagnus [?]/ Sacris virginibus sit honor magnus«; AHMA 28, Nr. 88 mit 22, Nr. 467—469), und das Akrostichon des Reimoffiziums auf den hl. Sozomenus (»Generosam Constantiam, reginam Ierosolyme et Cipri, duc ad gloriam«; AHMA 28, Nr. 71 mit 22, Nr. 435—437) weist auf Philippe, den Kanzler des Königs von Zypern und Jerusalem, hin, so daß lediglich eine Prüfung der Handschriften zur Feststellung der richtigen Namensform erforderlich wäre.

Lit.: AHMA 29, S. 7. 8. 9; 52, S. 44—45 (der hier von C. Blume 1909 angekündigte Aufsatz zum Thema ist wohl nicht erschienen); 54, 294. — W. E. Coleman, Philippe de Mézières' Campaign for the Feast of Mary's Presentation edited from Bibliotheque Nationale Mss. Latin 17330 and 14454, 1981, 12.
M. Pörnbacher

Roswitha v. Gandersheim → Hrotswit v. Gandersheim

Rota, Andrea, *um 1553 in Bologna, † 1.6.1597 ebd., ital. Komponist, wurde 1583 als Nachfolger Bartolomeo Spontinis Kapellmeister an S. Petronio in Rom. Sonst sind keine Angaben zu seiner Biographie bekannt, gesichert ist aber die Tatsache, daß er von seinen Zeitgenossen überaus geschätzt wurde und innerhalb der Bologneser Musikgeschichte einen herausragenden Platz einnimmt.

Sein kompositorisches Werk umfaßt sämtliche Gattungen der damals gebräuchlichen polyphonen Musik, u.a. Messen (»Qua è più grand' amore« für 4 Stimmen), Motetten (erschienen in mehreren Bänden), Psalmen (»Dixit Dominus« für 8 Stimmen) und Madrigale. Kennzeichnend für seinen Stil ist der Einfluß der venezianischen Schule: die Praxis der Mehrchörigkeit und die Erweiterung der chorischen und instrumentalen Besetzung. Dies beweisen u.a. mehrere Magnifikatvertonungen, von denen eine für 3 Chöre gesetzt ist.

Lit.: G. Gaspari, Musica e musicisti a Bologna, 1970. — MGG XI 985—987. — Grove 255f. *E. Löwe*

Rothsche Sammlung ist eine Kompilation von Sonn- und Festtagspredigten (→ Predigten) aus Vorstufen der → Oberaltaicher Predigten, der Sammlung des Priesters → Konrad und des → Speculum ecclesiae. Sie entstand wohl um 1200 und wird als eigenständige Sammlung in der ungewöhnlich großformatigen Predigthandschrift München, Bayer. Staatsbibl., cgm 5256 (1. Viertel 13. Jh.) fragmentarisch überliefert (weitere Überlieferung s. VL²). Das Thema der Predigt auf ᛗe Lichtmeß (Lk 2,22; Nr. 8) und wenige Zeilen aus der Predigt auf ᛗe Verkündigung (Nr. 30 mit Zitation von Lk 1,35) sind noch erhalten.

Ausg.: K. Roth, Dt. Predigten des 12. und 13. Jh.s, 1839. — Weitere Ausg. s. Morvay-Grube T 16.
Lit.: R. Cruel, Geschichte der dt. Predigt im MA, 1879; Neudr. 1966, 191—198. — A. Linsenmeyer, Geschichte der Predigt in Deutschland, 1886; Neudr. 1969, 296f. — G. Vollmann-Profe, Geschichte der dt. Literatur von den Anfängen bis zum Beginn der Neuzeit I/2, Wiederbeginn von volkssprachlicher Schriftlichkeit im hohen MA, 1986, 153—160. — K. Schneider, Gotische Schriftarten in dt. Sprache I, 1987, 81—83, Abb. 34. — VL² VIII 286—288 (Lit.). *H.-J. Schiewer*

Rotselaar, Bezirk Löwen, Erzbistum Mechelen-Brüssel. Die Kapelle ULF von der Heide ist seit der Mitte des 17. Jh.s ein Wallfahrtsort, an dem ᛗ unter dem Titel ULF von den sieben Schmerzen oder »Onze-Lieve-Vrouw ter Koorts« verehrt wird. *J. Philippen*

Rottenberg, Bistum Würzburg, Gemeinde Hösbach, Wallfahrtskapelle Mater dolorosa im Wald. An Stelle der Wallfahrtskapelle soll eine Pestkapelle gestanden haben. Während des Dreißigjährigen Krieges soll hier 1632 der Bürgermeister von R. aus der Geiselhaft schwedischer Soldaten freigelassen worden sein. Ab 1730 bis ca. 1800 war R. Eremitage; das Wohnhaus wurde von Anton Juncker erbaut. Eremiten aus R. waren im Schuldienst der Mutterpfarrei Sailauf. Die heutige Kapelle mit einer Pietà, die früher in einem hohlen Baum gewesen sein soll, wurde 1785 erbaut, 1913 neu gestaltet und 1971 renoviert. Ein Holzrelief (um 1970) erinnert an die Schuleremiten. Prozessionen ziehen mehrmals im Jahr zur Kapelle, bes. am 15. August mit feierlichem Gottesdienst; sonst kommen meist nur Einzelbesucher.

Lit.: A. Amrhein, Realschematismus der Diözese Würzburg, 1897, 378. — E. Pfahler, Rottenberg 1978, 124—128. — K. Kolb, Wallfahrtsland Franken, 1979, 48. — J. Göhler, 900 Jahre Sailauf, Festchronik, 1980, 130. — D. A. Chevalley, Unterfranken, 1985, 47. — R. J. Lippert, Die Muttergottespfarrei Sailauf und ihre Pfarrherren, 1989, 144. 147. 149.
E. Soder v. Güldenstubbe

Rottenbuch, ehem. Augustinerchorherrenstift (1073—1803), Lkr. Weilheim-Schongau, Diözese München und Freising. Das ca. 1073 aus einer Eremitenniederlassung durch Unterstützung des Bischofs Altmann von Passau und aufgrund einer Dotierung durch Herzog Welf I. hervorgegangene Augustinerchorherrenstift war ein Reformkloster und hat für diesen Orden in Süddeutschland bis zur Säkularisation viel bedeutet. Von Anfang an war die GM Patronin des Klosters und der Kirche; das Patrozinium wird noch heute am Fest ᛗe Geburt gefeiert. Sehr früh, vielleicht schon bei der Gründung des Klosters, gab es dort ᛗreliquien, die vermutlich beim Brand 1262 zerstört wurden. Welcher Art diese →Reliquien waren, ist nicht bekannt; vermutlich handelte es sich um Berührungsreliquien (J. Mois). Am Stift waren drei marian. Bruderschaften beheimatet: die Rosenkranzbruderschaft seit 1641, die Skapulierbruderschaft seit 1668 und die Maria-Trost-Bruderschaft seit 1737. Noch heute bewahrt die Kirche auf dem östlichen rechten Seitenaltar ein ᛗ-Trost-Gnadenbild. Neben dem Hochaltar, der auf bes. feinsinnige Weise das Geheimnis der Geburt ᛗs darstellt (F. X. Schmädl, um 1750), hatte die Kirche noch einen eigenen ᛗaltar, der UE geweiht; heute Josephsaltar. R. betreute seit dem 16. Jh. bis zur Säkularisation die ᛗwallfahrt auf dem →Hohenpeißenberg. 1688 wurde die heute noch bestehende und gepflegte ᛗkapelle »Frauenbrünnerl« errichtet und in der Folgezeit würdig ausgestattet. Das Chorfresko von Matthäus Günther (1737) stellt ᛗ als Himmelskönigin dar, der von den vier → Erdteilen gehuldigt wird. — Seit 1963 heißt ein Hauptgebäude der Don-Bosco-Schwestern, die von R. aus für die Kindererziehung segensreich wirken, »Maria Auxilium« — Maria Hilfe der Christenheit.

Lit.: J. Mois, Das Stift R. in der Kirchenreform des XI.—XII. Jh.s, 1953. — Ders., Die Stiftskirche zu R. 1953. — H. Pörnbacher (Hrsg.), R. Das Augustinerchorherrenstift im Ammergau, ²1980. — J. Mois, Die ehem. Nebenkirchen und Kapellen, 1992. — H. Pörnbacher, Pfarrkirche R., ³⁷1993.
H. Pörnbacher

Rottenburg-Stuttgart. Rottenburg, seit 1978 Rottenburg-Stuttgart, 1821 als Diözese durch die Bulle »Provida Sollersque« errichtet und

1828 erstmals besetzt, bildet mit Mainz und Freiburg die Oberrheinische Kirchenprovinz. Die Diözese zählt (1992) 2,1 Millionen Katholiken unter 5,246 Millionen Einwohnern in 1049 Pfarreien und Seelsorgebezirken mit 1332 Priestern, davon 701 im Gemeindedienst. Sie setzt sich aus Teilen der ehemaligen Diözesen Konstanz, Augsburg, Würzburg und kleineren Teilen von Speyer und Worms zusammen und umfaßt den Landesteil Württemberg des heutigen Bundeslandes Baden-Württemberg.

1. *Das Erbe der alten Diözesen.* Die Frömmigkeitstraditionen der ehemaligen Diözesen leben in den einzelnen Landesteilen bis in die Gegenwart fort. Der größte Diözesananteil (vom Bodensee bis zum Neckar bei Ludwigsburg) zählte zur 590 gegründeten Diözese Konstanz. Bereits in der Lebensbeschreibung des hl. Gallus (615) wird in Konstanz eine M-kirche angeführt, 780 das Münster als »Die Kirche der hl. Maria in der Stadt Konstanz« urkundlich erwähnt. Zu den prägenden Gestalten marian. Verehrung zählt →Hermann v. Reichenau (1013—54), der universale Gelehrte, Mönch der Reichenau, Sohn des Grafen Wolfradus II. von Altshausen, dem die marian. Antiphonen →»Salve Regina« und →»Alma Redemptoris Mater« zugeschrieben werden. Die Abtei → Reichenau war von deren Gründer Primin (†753) unter den Schutz M-s und der Apostelfürsten gestellt worden. In Mittelzell entstand im 8. Jh. das M-münster. Die Kunstwerke des Konstanzer Münsters, darunter zahlreiche M-darstellungen, wurden im Bildersturm der Reformation zerstört, im Zeitalter der Kath. Reform kamen wieder wertvolle Neuschöpfungen dazu. Bischof Franz Johann v. Praßberg (1649—89) stiftete an der Südseite des Münsters die M-säule und weihte 1683 sein Bistum der »Dreimal wunderbaren Gottesmutter«. Das Siegel des Konstanzer Domkapitels zeigte die thronende GM.

Die Würzburger Tradition (Fränkischer Raum) knüpft an die M-kirche im Hof der Festung Marienberg an, die, unter Herzog Hettan II. 706 erbaut, dem ersten Bischof, dem Angelsachsen Burkhard (742—753), als Kathedrale diente. 752 ließ dieser die Gebeine des um 689 mit seinen Gefährten Kolonat und Totnan ermordeten angelsächsischen Wanderbischofs Kilian dorthin überführen. In der Gegenreformation wirkte, im Geiste des Konzils von Trient und des hl. Ignatius, Bischof Julius Echter v. Mespelbrunn (1553—1617), Gründer von Universität (1582) und Juliusspital (1578), als Restaurator von Hochstift und Diözese, welche im 17. Jh. der »Patrona Franconiae« geweiht wurde, in deren Gefolge der Bildtypus der Madonna mit Zepter und dreigeteilter Herzoginkrone entstand.

Vom Augsburger Diözesangebiet wurde 1812 das Gebiet um Ellwangen, Härstfeld, Jagst-, Kocher- und Remstal zugeschlagen. Als Patronin des Hl.-Kreuz-Münsters zu Schwäbisch-Gmünd (1410 geweiht) wird M verehrt. Eines der zahlreichen Bilder, eine wertvolle Plastik aus Sandstein, stand früher am Mittelpfeiler der Doppeltüre des Westportals (jetzt im Innern). Am südlichen Schiffsportal wird der Tod M-s (unteres Bogenfeld) dargestellt, dessen oberer Teil zeigt deren Krönung. Auch die fünf Obergadenfenster im Chor, Werke von Wilhelm Geyer aus Ulm (1961), beziehen sich auf die Patronin des Gotteshauses. Ellwangen brachte den monumentalen Kirchenbau des Schönenbergs in die Diözese ein. Seit 1639 pilgern die Wallfahrer ununterbrochen dorthin. Dieser Ort nimmt eine herausragende Stellung im schwäbisch-fränkischen Land ein. Das Wallfahrtsbild, eine Nachbildung des Gnadenbildes von Foy in Belgien, stand ursprünglich in der 1639 vollendeten Gnadenkapelle. 1692 wird der Grundstein zur heutigen Kirche, dem ersten großen Kirchenbau im jetzigen Gebiet von Baden-Württemberg nach dem 30-jährigen Krieg, gelegt, den Michael Thumb aus Bezau (1640—90) entworfen hatte. Initiator dieser 1729 geweihten gigantischen Wallfahrtsstätte war der Jesuit P. Philipp →Jeningen (von 1680—1704 in Ellwangen), der von der ignatianischen Frömmigkeit und seinen Ausbildungsstätten Dillingen und Ingolstadt geprägt war und dort die marian. Kongregation (1574 Dillingen, 1577 Ingolstadt) des Jesuiten Jakob →Rem (1546—1618) kennenlernte. Dortiger Mittelpunkt war die Kapelle der »Dreimal wunderbaren Mutter« mit dem Maria-Schnee-Bild (Kopie von S. Maria Maggiore, Rom, die 1571 nach Ingolstadt gelangte), das auch in einem Fresko der Wallfahrtskirche Steinhausen (Schussenried) wiederkehrt. Auch in Ellwangen ist Pater Philipp (wie auch P. Rem in Ingolstadt) mit Muttergotteserscheinungen begnadet. Durch seine Tätigkeit entsteht nicht nur ein großer Andrang zu den Wallfahrten, auch auf den Kirchbau übt der Jesuit wesentlichen Einfluß aus und besteht darauf, die bisherige Wallfahrtskapelle (Loretokapelle) in die Kirche einzubeziehen.

Der kath. gebliebene Anteil der Diözese Speyer stand bis zur Eingliederung in das württembergische Generalvikariat (1817) in Bezug zum M-dom mit dem M-bild aus der Zeit des noch unvollendeten, um 1030 begonnenen Domes, vor dem der Mystiker →Bernhard v. Clairvaux gebetet hatte.

Im Wormser Diözesanteil wurde die Liebfrauenkirche, 1173 erstmals urkundlich erwähnt (Gnadenbild um 1260 »ULF von Worms«), bis zur Zuordnung zum Generalvikariat Rottenburg (1817) besondere Wallfahrtsstätte.

2. *Kreuzverehrung — Maria im Bild der Pietà.* Aus der Romanik sind neben der Thematik des Kruzifixus (Zwiefalten, Schloß Lichtenstein, Dettenhausen, Lorch, Mundelsheim, Maulbronn, Bronnweiler, Nellingen, Blaubeuren) auch kostbare Bildwerke der GM überkommen. Die thronende GM aus der Annakapelle in Ittenhausen bei Riedlingen (Mitte 12. Jh., 1935 entdeckt), wohl vom Kloster Zwiefalten stammend und der Hirsauer Kunst zugeordnet, gilt

als bedeutendstes Holzbildwerk dieser Zeit. Ebenfalls aus Oberschwaben stammt eine »Thronende Muttergottes« (1200/20, Lindenholz, heute Ulm, Mus.) und wie in Ittenhausen dem sog. Hodegetria-Typus zugeordnet. In der Kirche zu Ingelfingen findet sich die hoheitsvoll, in archaischer Ruhe dargestellte Gottesgebärerin (13. Jh.) wieder. Von 1300 bis in die Gegenwart belebt der Topos der Pietà, des Vesperbildes, fast jede Kirche, wobei das gotische und später das barocke M̃bild die Schmerzensmutter keineswegs verdrängt, vielmehr in die neuen Kirchen integriert. Die Wallfahrtskirche St. Maria in Aalen-Unterkochen mit ihrer 1317 gegossenen M̃glocke und dem lebensgroßen Gnadenbild (um 1496) aus der Ulmer Schule steht beispielhaft für die Kontinuität der MV, die dort als Wallfahrt seit 1465 bestätigt, ihre Bedeutung als Wallfahrtsort der Fürstpropstei Ellwangen auch behält, als der Schönenberg hinzukommt. Das Zeitalter des Barock schuf um das Gnadenbild, seit 1674 mit einer Silberkrone geziert, bedingt durch den Zustrom der Pilger von 1764—68 die jetzige, 1980—87 vollständig renovierte Kirche, in der das M̃leben in Fresko und Bild mannigfachen Ausdruck findet, wobei die 1659 gegründete Rosenkranzbruderschaft, wie an zahlreichen anderen Orten dieser Zeit (u.a. Seekirch a.F., Mittelbiberach, in Ulm bereits 1483) die Rosenkranzkönigin zum Vorbild hat. Säkularisation und Aufklärung ließen die Wallfahrt zwar zurückgehen, in der Gegenwart wird sie jedoch wieder neu belebt (seit 1988 neu gestalteter Wallfahrtstag im Mai mit Flur- und Lichterprozession). Im Gefallenendenkmal (1942) wird das Thema Pietà als neue Komponente aufgegriffen. Die ausdrucksstärkste Form dieser Darstellung findet sich in Ignaz → Günthers (1725—75) letztem Werk, der lebensgroßen Figur in der Friedhofskapelle zu Nenningen, eine Stiftung des Freiherrn Max Emanuel v. Rechberg, die viele Nachahmungen fand (z.B. Tiefenbach a.F.). Unter dem Einfluß christol. und mariol. Schriften der dt. Mystik, v.a. des Dominikaners → Heinrich Seuse (1295—1366), von Dominikanerinnen und Zisterziensern, entstand nach 1300 die berühmte Gruppe »Christus und Johannes« im Kloster Heiligkreuztal (1227—1804), durch Jh.e besonderer Ort des M̃lobes, um das sich außergewöhnliche M̃bilder ranken, die vom M̃fenster (um 1320) in der Ostwand des Chores (am südlichen Seitenaltar M̃ im Kranz der Geheimnisse des Rosenkranzes mit Klosterbild von 1619) überragt werden und wodurch Christus- und M̃frömmigkeit zu einer innigen unlöslichen Einheit verschmelzen, was auch in der spätma. M̃klage (Bad Buchau, Stiftsmus., um 1430; Unterweiler-Saulgau, Weggental, Mittelbiberach) zum Ausdruck kommt. Umgeben von den 14 Nothelfern wird die Schmerzensmutter in der Spitalkapelle von Weil der Stadt (1364 geweiht) mit der damals beliebten Darstellung der Marterwerkzeuge Jesu (auch Eriskirch, Schelklingen, Horb, Ravensburg). Der dortige Sippenaltar (um 1500) zeigt die im SpätMA enge Verbindung von M̃- und Annenverehrung.

3. Bekannte Wallfahrtsorte mit Gnadenbildern der Schmerzensmutter. Auf dem »heiligen Berg Oberschwabens«, dem →Bussen, wird seit 1521 das Waldburgsche Votivbild der Schmerzensmutter verehrt, das 1584 wegen eines Brandes durch ein neues ersetzt wurde, gestiftet von Gräfin Eleonora v. Waldburg, deren Familie als Territorialherren (1387—1786) in der Reformationszeit und der Zeit der Kath. Erneuerung mit der M̃wallfahrt den kath. Glauben im Geiste der Marian. Kongregation neu belebte. Das Bild wurde 1960 neu gefaßt. Ununterbrochen pilgern die Menschen der näheren und weiteren Umgebung ganzjährig dorthin. Gelübdewallfahrten kommen seit der Pestzeit aus Oggelshausen, Bad Buchau, Betzenweiler, Altheim/Schemmerhofen, Altheim/Riedlingen, Riedlingen und Dieterskirch. Der Mai, der Schmerzensfreitag vor dem Passionssonntag und das Siebenschmerzenfest im September sind die Hauptwallfahrtszeiten. M̃glocke und barocke Monstranz sind mit dem Gnadenbild geziert. Die Glasfenster von Wilhelm Geyer (1960) stellen die sieben Freuden und die sieben Schmerzen M̃s dar. Die Wallfahrtstradition bewahrten auch zahlreiche Auswanderer. Ein Bussenbild (M̃ mit dem Jesuskind) gelangte 1726 nach Hajos (Ungarn). Die Votivtafeln gingen in der Zeit der Aufklärung mit einer einzigen Ausnahme verloren.

Unweit vom Bussen wird in Friedberg (Saulgau), früher Grafschaft Friedberg und mit der Bussenherrschaft jahrhundertelang verbunden, die Schmerzensmutter in der M̃-Himmelfahrtskirche (1730—32) verehrt.

Rund um den Bussen kehrt die Pietà wieder in Emerkingen (15. Jh.), Untermarchtal (Andreaskirche, um 1700; Klosterkirche, um 1490), Obermarchtal (Klosterkirche, um 1495), Rechtenstein (Georgskirche, um 1400), Erbstetten (um 1420), Bechingen (Nikolauskapelle, um 1535), Daugendorf (um 1713), Riedlingen (Georgskirche, um 1495), Grüningen (Gottesackerkapelle, 17. Jh.), Neufra (um 1485), Uttenweiler (um 1500), Seekirch (um 1450) und Tiefenbach (1775/80). Das spätbarocke Gnadenbild des Riedlinger Künstlers Johann Joseph Christian (1706—77) in der dortigen Weilerkapelle zeigt einen besonderen Höhepunkt künstlerischer Darstellung. Eine ähnliche Vielfalt findet sich in ganz Oberschwaben.

Auf der Höhe der Schwäbischen Alb liegt die Wallfahrtskapelle der hl. Ursula und der schmerzhaften GM in Ensmad (Dürrenwaldstetten), von 1562—1803 Zwiefalter (1089 gegründet) Besitz, in dessen barockem Münster das dortige Gnadenbild (1430 von Meister Erhart aus Ulm als Schutzmantelmadonna geschaffen), verehrt wird. Das Gnadenbild von Ensmad (1. Hälfte 15. Jh.) erlebte in der Blütezeit (18. Jh.) Prozessionen aus 36 Gemeinden und erfuhr in den letzten Jahrzehnten eine Wiederbelebung, nachdem 1972—74 die Kapelle (sie feierte 1978 600 Jahre Wallfahrt) vollständig erneuert wurde. In der St. Anastasius-Kapelle, im Dorf Ittenhausen, ist seit 1497 eine »Kapelle unsere liebe Frau« bekannt; in der heutigen, 1625 erbauten, befindet sich eine sitzende Madonna (Pietà) aus der Ulmer Multscher-Schule (16. Jh.). Seit 1384 sind die Truchsessen von Waldburg Territorialherren von Munderkingen, wo seit 1340 aufgrund einer Legende die schmerzhafte GM verehrt wird. Das heutige Gnadenbild, um 1500, wurde 1721 in die neuerbaute Frauenbergkirche übertragen. Die Schmerzensmutter trägt ein Schwert im Herzen (Lk 2,35). Die Kirche mit zahlreichen Heiligen- und ⋒darstellungen birgt im Schiff das seltene Bild »Maria als Schäferin«. Die Bilder in den Medaillons des Gewölbes deuten die sieben Schmerzen ⋒s. An die 1621 gegründete und 1784 aufgelöste Rosenkranzbruderschaft erinnert das 1698 gemalte Rosenkranzbild. Der Versuch, dieselbe nach dem Zweiten Weltkrieg wieder einzuführen, gelang, wie auch anderswo (z. B. Seekirch a. F.) im nachkonziliaren Sog nur für wenige Jahre.

Im Mittelpunkt der Dächinger Wallfahrt (Ehingen/Donau) stehen zwei Gnadenbilder. Das ursprüngliche ist »Maria auf dem Wochenbett« in der Riedkapelle (um 1465, 1512 nachgewiesen). Weitere Bilder dieses Typs stammen aus Bad Buchau (Stuttgart, Landesmus., um 1400), aus der Frauenzisterze Heggbach (München, Bayer. Nat. Mus., 1347) und eine bekleidete Pietà (17. Jh.), nunmehr in der 1848 geweihten Pfarrkirche. Seit 1982 zeigt sich eine beeindruckende Neubelebung der Wallfahrt (Patrozinium 15. September). Um das Gnadenbild zur »Schmerzhaften Muttergottes auf der Saul« von →Steinhausen bei Schussenried (um 1410) bildete sich eine bis in die Gegenwart währende Tradition. Gelübdewallfahrten, v. a. in der Bittwoche, kommen seit Jh.en (z. B. aus Tiefenbach a. F. am Samstag nach Christi Himmelfahrt). Die »schönste Dorfkirche der Welt« (1728—31), das Werk von Dominikus Zimmermann (1685—1766), wurde durch das Prämonstratenserstift Schussenried als Heiligtum für die Pietà gebaut. In herrlichen Szenen werden ⋒leben und Wirken (u. a. Rosenkranzbruderschaft) gedeutet.

Eine in vielem ähnliche, seit 1392 nachweisbare Wallfahrtstradition bildete sich um die »Schmerzhafte Muttergottes« von Steinhausen an der Rottum, von 1392—1803 dem Benediktinerkloster Ochsenhausen zugehörig (dort 1717 Immaculata-Säule), das 1772/73 die heutige prächtige Wallfahrtskirche erbaute und v. a. an den Schmerzensfreitagen der Fastenzeit und im September von zwölf Pfarreien der Umgebung als Wallfahrtsort aufgesucht wird.

Unweit davon befindet sich die Wallfahrtskirche Maria →Steinbach, 1181—1803 im Besitz des Klosters Rot, bis 1821 Diözese Konstanz, heute Augsburg, einer der bedeutendsten Wallfahrtsorte des 18. Jh.s in Süddeutschland, v. a. für das Westallgäu, Oberschwaben und das Illertal (ähnlich diözesan-überschreitend wie Beuron/Hohenzollern mit dem Gnadenbild der Pietà von 1450). Eine Kopie des Gnadenbildes (⋒ mit dem durchstochenen Herzen) befindet sich in Biberach/Riß, Wolfegg und Kloster Wald. Die ursprüngliche Wallfahrt zum Hl. Kreuz wurde durch das Wunder der →»Augenwende« (1730) der schmerzhaften GM verdrängt. Das markante Kreuz (1620—30) in der 1749—53 erbauten Kirche beherrscht jedoch den Kirchenraum. 1737—39 zelebrierten 7050 Geistliche und 125835 Menschen kommunizierten.

Das »Käppele von Aufhofen« (Schemmerhofen), nachgewiesen seit dem 15. Jh. (Pietà aus dem 18. Jh.), wird seit 1919 von den Oblaten ⋒s (OMI) betreut. In Pfärrich (Amtzell) wird die gotische Pietà »ULF unter dem Kreuz« von Einzelpilgern wie Gruppen seit Jh.en (im 18. Jh. 23 Gemeinden regelmäßig) besucht. Eine erbauliche Ursprungslegende deutet die Wallfahrt »Zur schmerzhaften Muttergottes« im Weggental bei Rottenburg a. N. (Pietà um 1450 und nachgewiesene Wallfahrt seit 1521). 1653—1773 war Weggental in der Obhut der Jesuiten, ab 1919 wird es von Franziskanern betreut wie auch (seit 1822) die Wallfahrtskirche →Palmbühl bei Schömberg in der ehemaligen Grafschaft Hohenberg (Pietà von 1340 in der 1733 erbauten Barockkirche).

Alle Stürme der Zeit (Flucht des Gnadenbildes in der Reformation, 30-jähriger Krieg) überstand die seit dem Ende des 14. Jh.s nachgewiesene, auf einer Legende beruhende Wallfahrt zur schmerzhaften GM in →Heiligenbronn (Schramberg) mit der Pietà von 1442 und dem ehemaligen Gnadenbild (um 1500) aus dem 1803 aufgehobenen Kloster Urspring (bei Schelklingen) in der 1873 erbauten Kirche. Im Nordteil der Diözese liegt Beiswang, Gemeinde Böbingen/Rems, mit dem Bild der Schmerzensmutter (15. Jh.) und dem Gnadenbild »ULF auf dem Beiswang« (Madonna mit Kind, 15. Jh.). Beide Bilder wurden 1978 gestohlen. Kopien wurden angebracht. Nach dem Frevel wurde die Wallfahrt intensiviert.

Die Wallfahrt zum »Matzenbacher Bild« (Gemeinde Fichtenau) geht bis 1746 zurück. Die Dietersbacher Kapelle mit dem Bild der Schmerzensmutter (Röhlingen, Ost-Alb-Kreis) reicht bis ins MA und ist mit zahlreichen Legenden umgeben. Seit 1395 ist in Neusaß (bei Schöntal, 1157—1803 Zisterzienserabtei) die Wallfahrt bezeugt. Das jetzige Gnadenbild (1470/80) steht auf dem Hochaltar der spätgotischen, 1667 erweiterten und 1970 renovierten Kirche. Fromme Legenden erschließen die bis heute beliebte Wallfahrt zur schmerzhaften GM in der Bergkirche ob Laudenbach im Taubertal mit dem Gnadenbild von 1577, die in der besonderen Gunst der Grafen von Hatzfeld, der Fürsten von Hohenlohe-Bartenstein und der Bischöfe von Würzburg gestanden hat. Die Kirche (Grundsteinlegung 1412) hat die etwas ältere Würzburger ⋒kapelle zum Vorbild.

Von Bad Mergentheim, 1525—1809 Sitz des Deutschordenshochmeisters, wird schon 1169 über eine Wallfahrt und ein wundertätiges Gnadenbild berichtet. In der ⓜkirche (Vesperbild, um 1400) befinden sich zahlreiche ⓜbilder, in der Kapuzinerkirche (ⓜ-Hilf-Kapelle) die Kopie des ⓜ-Hilf-Bildes von Lucas Cranach (mit großen Wallfahrten bis zum Ende des 18. Jh.s) und im Münster St. Johann ein Vesperbild aus der Zeit um 1430. Bad Mergentheim, die »Stadt der Madonnen«, und sein Umfeld sind gezeichnet von der fränkischen Tradition, wo heute Wallfahrt und Tourismus sich vielfältig begegnen (Stuppacher Madonna von Matthias Grünewald [1519, seit 1812 dort]; Creglingen, ⓜ-Himmelfahrts-Altar von Tilman Riemenschneider [1502—05]; Frauental, Madonna mit Kind [um 1450]; Niederstetten, Schutzmandelmadonna [14. Jh.]; Mulfinger Sippenaltar [1518]). Über 500 Madonnen in Kirchen und Kapellen, auf Bildstöckchen und an Hauswänden halten die gewachsene Tradition marian. Frömmigkeit bis in unsere Tage wach.

4. Der Einbruch der Reformation. Die Reformation in Württemberg (1534) wurde zur radikalen Zäsur der Frömmigkeitsgeschichte des Landes. Zahlreiche Klöster (Maulbronn, Blaubeuren, Bebenhausen, desgleichen die Reichsstädte Biberach/Riß, Eßlingen, Heilbronn, Giengen, Bopfingen, Aalen, Reutlingen, Schwäbisch Hall, Isny u. a.) nahmen die Reformation an.

Dramatisch waren die Vorgänge in Ulm, der großen Künstlerstadt, in der seit 1229 die Franziskaner, seit 1281 die Dominikaner wirkten. Die Ulmer Künstlerschule war am Ende. Der ⓜaltar des Münsters wurde abgebrochen, und andertags begann der Bildersturm. Einige Gnadenbilder reformierter Städte fanden eine neue Heimat. Das Gnadenbild der Stuttgarter Stiftskirche (Ulmer Schule, um 1500) wurde 1535 nach Hofen (Stuttgart-Hofen) verbracht.

Die »Muttergottes auf der Saul« in Uhlingen (Ende 15. Jh., 18. Jh. neu gefaßt) stand bis ca. 1550 in der Terziarinnenniederlassung Schorndorf und kam über verwandtschaftliche Verbindungen des letzten altgläubigen Pfarrers an den neuen Ort. Bewegt ist auch die Geschichte des Gnadenbildes »Maria von den Nesseln« in Heilbronn (Pietà), heutiges Bild 1550, ursprüngliches verlorengegangen, seit 1447 Wallfahrt nachgewiesen. Als die Karmeliten 1632 Heilbronn verlassen mußten, wurde das wundertätige Gnadenbild dem dortigen Komtur des Deutschordens (seit Mitte des 13. Jh.s bis 1804 dort ansässig) übergeben und kam 1661 in die Karmeliterkirche nach Straubing/Niederbayern. 1991 fand die erste Wallfahrt von Heilbronn nach Straubing statt.

Das Ebinger Gnadenbild (Pietà, um 1440) gelangte unter aufregenden Umständen 1568 nach Laiz bei →Sigmaringen. Die Wallfahrt zum Gnadenbild in Talheim bei Tübingen (Pietà) überdauerte die Reformation 300 Jahre und hörte erst auf, als das Bild der Galerie auf Schloß Lichtenstein einverleibt wurde. In Weiler bei Blaubeuren bestand (1250—1570) ein Klösterle der Franziskanerinnen. Die Schwestern nahmen das Gnadenbild bei ihrer Vertreibung 1570 nach Ehingen/Donau mit und von dort nach Welden bei Augsburg. 1782 wurde auch dort der Konvent aufgelöst.

Ähnlich ging es mit der Wallfahrt in Eschenbach/Lotenberg (Göppingen). Das dortige Wallfahrtsbild (um 1450) wurde auch nach der Reformation durch benachbarte kath. Gemeinden aufgesucht, bis es 1810 die Gemeinde Reichenbach (Geislingen) kaufte und 1940 neu fassen ließ.

Zum wundertätigen Gnadenbild im ev. Weiler Heerberg pilgerten bis 1892 Katholiken und Protestanten. Das eigentliche Gnadenbild (um 1470) erwarb 1846 Justinus Kerner für sein Haus in Weinsberg. Das andere Bild, die GM auf der Mondsichel, gelangte 1892 in die Schloß- und Pfarrkirche Untergröningen (Abtsgmünd) und wird dort seitdem als Wallfahrtsbild verehrt (besondere Frühjahrs- und Herbstwallfahrtstage). An ⓜe Heimsuchung (2. Juli) findet alljährlich eine Wallfahrt zum Gnadenbild (Ulmer Schule, 1492) im Chor der einstigen, seit der Reformation prot. Klosterkirche Blaubeuren statt.

5. Marienverehrung im Zeitalter barocker Frömmigkeit. Zu einem fast unbeschreiblichen Höhepunkt entfaltete sich die MV im Zeitalter des Barock. Neue Kirchen zu Ehren ⓜs wurden gebaut, alte umgestaltet, Wallfahrten entstanden neu oder wurden wiederbelebt. Die seit dem 11. Jh. erwähnte und seit 1424 bezeugte Wallfahrt zur »Schönen Maria vom Rechberg« erhielt durch die Grafen von Rechberg 1686—88 einen Neubau, der die 1488 erstellte Steinkapelle ablöste, die Graf Ulrich II. nach der Rückkehr von seiner Reise ins Hl. Land mit Graf Eberhard im Bart 1468 errichten ließ. An eine Pilgerfahrt nach Jerusalem mit Gelöbnis erinnert auch die Wallfahrt durch den »Ritter von Allmendingen« (Ehingen/Donau) mit dem von dort mitgebrachten kleinen ⓜbild (jetziges Gnadenbild 1608). 1741—46 wurde im Gebiet der Grafen von Wallerstein in Flochberg (Bopfingen) die Wallfahrtskirche »ULF vom Roggenacker« (Wallfahrtsbild, Ende 16. Jh.) mit der Darstellung des »Flochberger Wunders« von 1582 erbaut. Die Wallfahrtskirche »ULF von Höchstberg« (1555—1809 im Deutschordensbesitz, zahlreiche Legenden über den Ursprung) wird erstmals 1328 bezeugt, im 30-jährigen Krieg stark beschädigt, 1698—1700 neu erbaut, 1945 zerstört und bald wieder aufgebaut, ist bis heute ununterbrochen das Ziel vieler Pilger. Ave Maria bei Deggingen (Gnadenbild, 15. Jh.), bereits in vorchristl. Zeit eine Kultstätte, erhielt 1716—18 eine der schönsten Barockkirchen mit dem Deckengemälde von der Aufnahme ⓜs in den Himmel. Die Grafen von Helfenstein wurden 1555 ev., die Kapelle geschändet, das Gnadenbild jedoch gerettet. Die Wallfahrt ging in den Ruinen weiter. 1567 wird Graf Ulrich XVII. wieder kath. und verfügt die Wiederherstellung von Ave Maria, das seit 1929 von Kapuzinern betreut und in dessen Seitenkapelle eine barocke Pietà und das Bild »Maria mit dem durchbohrten Herzen« von Pilgern aus dem ganzen dt. Südwesten aufgesucht wird. Die Auseinandersetzungen der Reformation spalteten das Haus Oettingen, in deren Gebiet das Zisterzienserinnenkloster Kirchheim am Ries liegt, dessen Schwestern sich der Reformation widersetzten und im 30-jährigen Krieg viel erdulden mußten. Die reichgeschmückte Klosterkirche mit einem Vesperbild in der Münsterkapelle, einer spätgotischen Madonna als Mittelpunkt und einer Krönung Ms im Zentrum, wurde ab 1662 barockisiert. Das Gnadenbild (Schmerzensmutter von 1750) befindet sich auf dem Altar der Stiftskapelle.

Nordwestlich von Kirchheim liegt Jagstheim mit einer Wallfahrt seit dem 15. Jh. Als die Grafen von Oettingen 1563 die Reformation einführten, ging die Wallfahrt weiter. 1694 erwarb die Äbtissin die Kapelle, 1706 wurde eine Herz-Jesu-Bruderschaft gegründet. Unweit davon lebte in Zöbingen (Herrschaft Oettingen-Baldern) die seit 1261 erwähnte Wallfahrt nach dem 30-jährigen Krieg (Gnadenbild, Ende 15. Jh.) wieder auf. Unter widrigen Umständen wurde 1718—83 die Kapelle neu erbaut. Im Ölgemälde von 1661 wird die wunderbare Entstehung dargestellt. Um dieselbe Zeit (1746—52) ließen die Grafen von Montfort für das Gnadenbild der gekrönten GM (16. Jh.) in Mariabrunn (Eriskirch) eine neue Kirche bauen, nachdem die Kapelle bei »Unserer Frauen Brunnen« für die seit vor 1480 erwähnte, auf Grund einer Hirtengeschichte entstandene Wallfahrt nicht mehr genügte. In Ehingen (Donau) bauten die Franziskaner (seit 1638 dort tätig) die Liebfrauenkirche mit dem wundertätigen Gnadenbild (um 1490), das früher bekleidet und mit silbernen und goldenen Weihegeschenken geschmückt war.

Die Not des 30-jährigen Krieges und die Heimsuchungen der Pest ließen neue Gnadenorte erstehen. Das »Ave Maria« und der Rosenkranz als Gebet zur Königin des Himmels und der Schmerzen waren beliebte Gebete. Die Feste Sieben Schmerzen Ms (1727), Me Namen (1683) und das Rosenkranzfest (1716) prägten wesentlich das Kirchenjahr. Mannigfache Bruderschaften förderten das Wallfahren.

Die marian. Anrufungen der →Lauretanischen Litanei »Heil der Kranken, Zuflucht der Sünder, Trösterin der Betrübten« werden in der 1757—59 barockisierten Pfarrkirche Me Himmelfahrt in Seitingen (Tuttlingen) und an vielen anderen Orten dargestellt. Maria Buch (Neresheim), die Wallfahrtsstätte des Härtefeldes wurde 1708/09 neu erbaut, beging 1763 die Jh.feier der Wallfahrt, wurde 1796 im Franzosenkrieg abgebrannt, das Gnadenbild in die Klosterkirche übertragen, 1856 neu erstellt, 1929 von Beuroner Künstlern ausgemalt und noch heute viel aufgesucht. → Rötsee (Kisslegg i. A.), Herrschaft Waldburg-Wolfegg, mit dem Gnadenbild M Königin der Engel (15. Jh., von Hans Multscher, im 18. Jh. farbiges Gewand) kam durch die Bruderschaft Me Leibeigenschaft (1751 bestätigt) in Blüte, so daß die Kirche mit dem Grab des Einsiedlers Ratperonius (um 950) 1750/57 erweitert werden mußte.

Die → »Augenwende« von → Rottweil (1643), im Deckengemälde der Dominikanerkircher dargestellt, ereignete sich am Rosenkranzaltar und ließ eine neue Wallfahrt entstehen. Nach Auflösung des Klosters (1802) und der Zuweisung der Kirche an die Protestanten kam das Gnadenbild in die Hl.-Kreuz-Kirche. Ein ähnliches Wunder wird 1632 aus der vorderösterr. Stadt Mengen in der Ölbergkapelle (1479) bezeugt. Das Gnadenbild »zur Schmerzhaften Mutter am Ölberg« befindet sich seit 1971 wieder dort.

Am 13.7.1648 ereignete sich ein Wunder dieser Art in Kloster Kirchberg bei Haigerloch (Pietà). Nach der Säkularisation des Klosters (1806) nahmen zwei aus Wurmlingen bei Rottenburg stammende Dominikanerinnen das Gnadenbild in ihre Heimat Wurmlingen bei Rottenburg. Von dort gelangte das Bild 1850 in das neue Klösterlein der Armen Schulschwestern in Ravensburg. 1750 wird die im 30-jährigen Krieg baufällig gewordene Kirche zu →Aggenhausen (Mahlstetten) neu erbaut, die Wallfahrt gegenwärtig neu belebt. Dasselbe gilt für Taberwasen (Nordstetten/Horb, Gnadenbild, 17. Jh.), dessen Ursprung legendär ist.

6. *Sekundärwallfahrten.* Da weiter entfernte Gnadenorte für die meisten Pilger nicht aufgesucht werden konnten, kam der Brauch der Nachahmung von Gnadenbildern und -stätten auf. Auch wurden Bilder der näheren Umgebung kopiert (Maria Steinbach, Bergatreute). Eine besondere Verehrung erwachte nach dem 30-jährigen Krieg zu »ULF von Loreto«. Die Lauretanische Litanei wurde allgemeines Gebet. Loretokapellen befinden sich in Tettnang, Binsdorf (1626), Scheer (1628), Schönenberg (1639), Kisslegg (1656), Sommersried (1656), Wolfegg (1668), Dürmentingen (1668), Sonderbuch (1671), Waldsee (1680), Kronwinkel (1686), Neutrauchburg (1686), Westerheim (1706), Mochenwangen (1719) und Egesheim (1747). Hauptförderer war der Adel, bes. die Familie der Truchsessen von Waldburg, in deren Kapelle zu Wolfegg heute noch täglich um 15.00 Uhr der Rosenkranz gebetet wird. Loretoglocken, zumeist mit dem Original berührt oder auf Grund eines Gelübdes gestiftet und »hoch geweiht«, gibt es in Wolfegg (1745), Kisslegg (1754), Seitingen (1754), Dunningen (1767), Volkersheim (1779), Eggmansried (1779), Heiligkreuztal (1771), Sießen (Kloster, 1772), Eberhardzell (1777), Söflingen/Klosterpforte (1792, jetzt Ulm, Mus.), Weiler (1794), Wolfegg (1707), Ohmenheim (1760), Tiefenbach a. F. (1757), Seekirch (von einem Pilger 1746 über die Alpen getragen) und Munderkingen (1760, vom Papst geweiht).

Nachbildungen des Gnadenbildes von Maria Einsiedeln stehen in Waldsee (Schloßkapelle),

Zwings (Bad Wurzach), Gwigg (Bergatreute), Wiblingen (Klosterkapelle, 1811 abgebrochen), Stetten ob Lontal, Söflingen (ehem. Klosterkirche, früher Spicker-Kapelle, 1826 abgebrochen), Laupheim (Bildstock von 1880)). Einsiedeln ist seit Jh.en Wallfahrtsziel der Oberschwaben. M-Schnee-Bilder befinden sich in Stetten ob Lontal, Waldsee, Gwigg und Rot a.d. Rot. M, Mutter der immerwährenden Hilfe (Gnadenbild der Redemptoristen in Rom), wird in Schönebürg, Kreis Biberach (gegründet 1873, Kirche von 1899) verehrt, M vom Guten Rat aus Genazzano in Söflingen, Eglofs, Eggmansried, Heudorf, Horb, Meßbach, Mühlhausen i.T., Bieringen, Obermarchtal, Donzdorf, Bissingen (bis 1827 in Lindenau) und Zell (Rot a.d. Rot, 1902 Kreuzbergkapelle). Eine blühende M-Hilf-Wallfahrt ist seit 1634 in Schwendi, M-Hilf-Bilder in Weingarten (1638), Schöntal (1660), Ochsenhausen (1732), Obersulmetingen, Mergentheim, Waldsee (Mkapelle mit weiteren Kopien in der Umgebung), Donzdorf, Weißenstein, Burgrieden mit Oberherrlingen (Bergkapelle, 1708).

Das Gnadenbild von →Bergatreute vom Typ der blutenden Mbilder, eine Kopie des Bildes von Klattau (Westböhmen), kam 1686 über eine Kopie von →Re im Tal von Vegezza (Verbreitung v.a. durch Kaminfeger in Oberitalien und im Habsburger Reich) nach Bergatreute als Geschenk des Bürgermeisters von Klattau an seinen Schwager, Pfarrer Johann Michael Mietinger. Kopien befinden sich in Bad Waldsee, Eintürnenberg, Wolfegg, Bärenweiler, Dietmans, Elmenau (Neukirch), Gaishaus (Wolfegg), Obermöllenbronn (Waldsee), Dillingen a.d. Donau, Nüziders (Bludenz), Damüls (Vorarlberg), Sundhofen/Ochsenfurt (1693; 1980 auf dem Dachboden des Pfarrhauses wieder entdeckt), Ochsenhausen, Reute, Bavendorf und Aichstetten.

7. Von der Aufklärung bis nach dem Ersten Weltkrieg. Das Ende des 18.Jh.s brachte mit dem Josephinismus ein Zurückdrängen der Mfrömmigkeit. Kaiser Joseph II. ließ 20 Klöster aufheben, deren Vermögen, das der Bruderschaften und marian. Kongregationen einziehen und die Wallfahrten beschränken. Solche Ideen unterstützten v.a. die Theologen Benedikt Maria v.Werkmeister (1745—1823), Fridolin Huber (1763—1841), Benedikt Alois Pflanz (1797—1844), Ignaz Jaumann (1778—1862) und Urban Ströbele (1781—1858), letztere aus der Diözesanleitung. Sie wollten mit ihrer Publizistik möglichst weite Kreise des Königreiches Württemberg für ihre Reformideen gewinnen. Die Aufhebung der Jesuiten (1773) schwächte v.a. die Wallfahrt auf den Schönenberg und ins Weggental. Säkularisation und Wallfahrtsverbote führten zum Erlöschen der Wallfahrt, an verschiedenen Orten zum Abbruch von Kirchen. Die Feldkapelle im Pestfriedhof von Mittelbiberach (1585 erbaut) mit dem Gnadenbild (1550) wurde 1810 abgebrochen, das Bild in die Pfarrkirche gebracht. Die Bergkapelle von Dotzburg bei Wiesensteig (1389 nachgewiesen) wurde 1805 abgebrochen, das Mbild (2.Hälfte 15.Jh.) in die Stiftskirche gebracht. Die Barockkirche auf dem Welschenberg (Mühlheim/Donau), 1754—56 erbaut, wurde 1812 auf Abbruch verkauft. Hochaltar und Gnadenbild kamen in die Pfarrkirche Mühlheim. Die Wallfahrt wurde trotz Verbots in den Ruinen bis in die Gegenwart weitergeführt. 1812 wurde auch die Mühlbruckkapelle in Ravensburg geschlossen und zum Abbruch verkauft. Das der Liebfrauenkirche übergebene Gnadenbild (Pietà, um 1475) schmückt neuerdings die Kriegergedächtniskapelle. 1927 wurde eine neue Kapelle mit Kopie des Gnadenbildes errichtet. Um die Mitte des 19.Jh.s konnten, nach Lockerung der staatl. Fesseln, neue Kräfte in der Leitung der Kirche und der Bildung des Klerus die Oberhand gewinnen. Die Tübinger Schule der von Ellwangen/Jagst 1817 an die Landesuniversität verlegten Kath. Theol. Fakultät verdrängte die Aufklärer nach und nach. Wallfahrten wurden wieder gefördert. Die 1849 in der ganzen Diözese erlaubte, im Würzburger Diözesananteil schon im 18.Jh. nachgewiesene Maiandacht (Rottenburg seit 1848) setzte sich v.a. beim jungen Klerus durch, das Rosenkranzgebet kam wieder in Übung. Die Dogmatisierung der Lehre von der UE Ms (1854) durch Papst Pius IX. wurde lebhaft begrüßt. Der Gründer der Kongregation von Bonlanden, Faustin Mennel (1824—89), nennt 1854 sein Werk »Franziskanerinnen von der Unbefleckten Empfängnis Mariens«. Die Marian. Kongregation findet dort und in vielen Gemeinden Eingang. 1864 wird in Engerazhofen (Leutkirch) eine La-Salette-Kapelle erbaut, wodurch die erste La-Salette-Verehrungsstätte auf dt. Boden in Schwanden (1848 entstanden) allmählich verdrängt wurde.

Weite Verbreitung fand ab 1882 die Nachbildung der Lourdesgrotte und des dortigen Gnadenbildes (228 allein in Oberschwaben). Auch in zahlreichen Wohnungen und Privathäusern wurden solche erstellt. Bekannt sind u.a.: Abtsgmünd (1888), Aichelau (vor 1905), Aichhalden (vor 1905), Altheim (vor 1905), Auernheim (vor 1905), Aufhausen (vor 1905), Baisingen (vor 1905), Bach (vor 1905), Baustetten (1888), Beffendorf 1890), Bildechingen, Böhmenkirch (1882), Bopfingen (vor 1905), Bühl (vor 1905), Buggenhausen (vor 1905), Dautmergen, Deggingen (1892), Deißlingen (1887), Diepoldshofen (1887), Dietingen (1887), Donaustetten (1886), Dornstadt (vor 1905), Drackenstein (vor 1905), Durchhausen, Egesheim (1882), Einsingen (vor 1905), Eintürnenberg (1884), Ellwangen (vor 1905), Emerfeld (vor 1905), Epfendorf (1888), Erbach (vor 1905), Erlenbach (1885), Gebrazhofen (vor 1888), Grüningen (1887), Grünkraut (vor 1888), Habratsweiler (1887), Harthausen (1886), Hausen am Bussen (um 1884), Herbertingen (vor 1905) Herbrazhofen, Heudorf, (Stuttgart-)Hofen (1887), Horgenzell (vor 1905), Jagstzell-Bühlhof,

Kirchberg/Iller (1887), Krumensbach (vor 1905), Lauffen ob Rottweil (vor 1905), Lauterbach (vor 1905), Marbach (vor 1905), Marlach-Altdorf (um 1885), Mariazell (vor 1905), Neckarsulm (1885), Neufra (vor 1905), Niedernau, Oberzell (vor 1905), Palmbühl, Pommertsweiler (vor 1905), Reichenbach im Täle (vor 1905), Riedhausen (vor 1905), Röttingen (vor 1905), Rottweil-Altstadt (1880), Salach (1886), Saulgau (1883), Schechingen (vor 1888), Schemmerhofen, Schnürpflingen (vor 1905), Schwendi (vor 1905), Simprechtshausen (1885), Stafflangen, Süßen (nach 1905) Tigerfeld, Treherz (1884), Ummendorf (1882), Villingendorf, Waldburg (vor 1905), Weigheim (vor 1905), Weipoldshofen, Weitingen (1888), Wendelsheim (vor 1905), Wernau (vor 1905), Westernhausen, Wildbad (vor 1905), Wurmlingen, Zogenweiler (vor 1905), Bonlanden (1935), Dintenhofen (1991), Schechingen-Leinweiler (1992).

Die Verehrung der Muttergottes von Fatima fand mit dem Ersten Weltkrieg v. a. durch den Fatimarosenkranz Eingang in die Volksfrömmigkeit (Fatimamadonna auf dem Vorplatz der Liebfrauenkirche in Munderkingen; 60—70 Figuren in Kirchen und Kapellen der Diözese; Neuhausen [Mühlheim] Mittelpunkt).

8. *Vom Ersten Weltkrieg bis zur Gegenwart.* Die Liturg. Bewegung trug zur Vertiefung der MV bei. Romano →Guardini (1885—1968) und Josef Weiger (1883—1966) versuchten die M frömmigkeit und das Rosenkranzgebet zu vertiefen. Maria Elisabeth Stapp (* 1908) faßte neben anderen Künstlern (Gisela Bär, Hilde Broer, Franz Bucher, Gottfried Gruner, Otto Hajek, Josef Hasenmaile, Josef Henger, Josef Henselmann, Wendelin Matt) in ihren M bildern die Vielfalt schwäbischer Darstellungen zusammen (Vesperbild, Schutzmandelmadonna, M säule). Für die M weihe der Diözese am Rosenkranzfest 1943 durch den von den Nationalsozialisten verbannten Bischof J.B. Sproll verfaßte Josef Weiger das Weihegebet. Im Kirchbau tritt das M thema (die Neubauten entstanden fast durchweg in der Diaspora) in den Hintergrund (in Stuttgart: St. Maria 1879, Liebfrauen 1909, Maria Himmelfahrt 1927, nach 1950 M patrozinium in Büsnau und Frauenkopf). In der Konkathedrale St. Eberhard befinden sich eine M statue (gotisch) und eine Ikone (um 1700), die bei der Flucht aus dem Osten gerettet wurde. Von den 63 Kirchbauten von 1950—93 im Kreis Ludwigsburg tragen nur drei ein M patrozinium. Als Neuschöpfung, als Kopie eines alten Bildes oder aus dem Kunsthandel erworben, finden sich jedoch erwähnenswerte M darstellungen in allen Kirchen der nachkonziliaren Jahrzehnte. Alte Wallfahrtstraditionen wurden nach dem Zweiten Weltkrieg neu belebt, z.B. Hofen für die Stuttgarter Katholiken, Welschenberg für das Dekanat Tuttlingen, Aggenhausen für den Heuberg, Taberwasen für Nordstetten und Umgebung, Kapellenberg bei Erolzheim für das Illertal. In Lienzingen (Frauenkirche), im Bereich des reformierten Klosters Maulbronn (Kirchenpatrozinium Maria, Muttergottesstatue um 1300) wurde die Wallfahrt durch das Dekanat Mühlacker belebt. Matzenbach baute 1973 eine neue Wallfahrtskapelle, Dächingen belebte ab 1982 die Wallfahrt neu. Die Männerwallfahrt am Pfingstmontag auf den Bussen entstand nach dem Zweiten Weltkrieg aus der Dankwallfahrt der heimkehrenden Soldaten. Stark verbreitet ist auch die Schönstattbewegung mit dem Zentrum Liebfrauenhöhe (Ergenzingen). Jährlich kommen 40000 Wallfahrer und Tagungsteilnehmer. Die Kapelle wurde 1952, die Krönungskirche 1966 geweiht. Regionale Zentren des Schönstattwerks befinden sich in Stuttgart-Freiberg (1969) und Aulendorf-Marienbühl (1976). Bei der 150-Jahrfeier der Diözese (1978) setzte Bischof Georg Moser marian. Akzente (M gottesdienste in Heiligkreuztal und auf dem Recherg, hier als besonderer Verweis auf die Zeit des Nationalsozialismus, in der Bischof Sproll seine bekannten Predigten gegen das Regime bes. an den großen Wallfahrtsorten abhielt). Seitdem finden jährliche Herbstwallfahrten der Dekanate und Gemeinden zur Erneuerung der M weihe (1943) statt. 1993 gab ein besonderes Hirtenwort von Bischof Walter Kaspar zur 50-Jahr-Feier der M weihe der Diözese auch Impulse für die M weihe der Gemeinden. Seit der Ankunft der Vertriebenen aus dem Osten und Südosten Europas gibt es besondere M wallfahrten aller Gruppierungen auf den Schönenberg (seit 1949) sowie der Rußland-, Karpatendeutschen und Banater Schwaben nach Ave Maria bei Deggingen. Die Gelöbniswallfahrt der Donauschwaben geht zur Gedächtnis-Kapelle in Bad Niedernau (Rottenburg; 1979 geweiht als Einlösung eines Versprechens vom 24.3.1946 in den Lagern Gakovo/Jugoslawien und Rudolfsgnad), desgleichen seit 1959 nach Altötting. Seit Jahren finden gesonderte M wallfahrten der ausländischen Mitbürger zum Schönenberg, nach Zwiefalten und der Portugiesen nach Ottobeuren (Fatimastatue) statt, wobei teilweise Kopien heimatlicher Wallfahrtsbilder mitgetragen werden. 1967 brachten Spätaussiedler aus Deutsch-Proben (Slowakei) ein Wallfahrtsbild (Pietà) in den Westen, welches 1976 in den Gedenkstein bei der Wallfahrtskirche in Stuttgart-Hofen eingelassen wurde. 125 Kirchen und Kapellen der Diözese tragen ein M patrozinium.

Lit. (Auswahl): Schreiber W. — G. Hoffmann, Kirchenheilige in Württemberg, 1932. — F.K. Ingelfinger, Die rel.-kirchlichen Verhältnisse im heutigen Württemberg am Vorabend der Reformation, 1939. — H. Tüchle, Dedicationes Constantienses, 1949. — Ders., Kirchengeschichte Schwabens, 2 Bde., 1950—54. — B. Welser, Wallfahrtsstätten im Schwabenland, 1950. — A. Pfeffer, Geflüchtete Gnadenbilder, In: Hl. Kunst (1953) 35—44. — B. Welser, Heilige Heimat, 1956. — Handbuch der Historischen Stätten VI, Baden-Württemberg, hrsg. von M. Miller und G. Taddey, 1980. — V. Himmelein, Barock in Baden-Württemberg, 1981. — H. Tüchle, Von der Reformation bis zur Säkularisation, 1981. — O. Beck, Maria im Wochenbett, In: Hl. Kunst (1982/83) 11—23. — P.M. Besserer, Unterwegs, Verborgene Schätze im Tauber-Jagst- und Kochertal, 1983. — Die Bischöfe von Konstanz, 2 Bde., hrsg. von E.L. Kuhn, 1988. — H. Hummel, Die Loretokapelle auf dem Schönenberg bei

J. Rottenhammer, Hochzeit zu Kana, 1606, Augsburg, Städt. Kunstsammlungen

Ellwangen und andere nachgeahmte Gnadenorte und Gnadenbilder in der Diözese R.-S., In: H.Pfeifer (Hrsg.), Wallfahrt Schönenberg 1638—1988, 1988, 111—145. — Maria in der Kunst, Ein Wegweiser für das Gebiet der Diözese R.-S., vier Faltblätter, hrsg. vom Bischöflichen Ordinariat R.-S., o.J. ca. 1988. — G.Miller u.a., Maria: Vom Bodensee zum Taubergrund, 1989. — H.Dettmer (Hrsg.), Zu Fuß, zu Pferd ... Wallfahrten im Kreis Ravensburg, 1990. — S.Hansen, Die Dt. Wallfahrtsorte, ²1991. — Raum schaffen für Gott, Kirchenbau und rel. Kunst in der Diözese R.-S., hrsg. vom Bischöflichen Ordinariat R.-S., 1992. *P.Kopf*

Rottenhammer, Johann, * 1564 in München, † 14.8.1625 in Augsburg. Nach seiner Lehrzeit (1582—88) bei Hans Donauer (Thonauer) d.Ä. in München bricht R. wohl bereits 1588 nach Italien auf. Ein Jahr später ist er in Treviso nachweisbar, anschließend in Rom (1592—95) und danach bis 1606 in Venedig, wo er für Adam Elsheimer und andere dt. Künstler Anlaufstation war. Seit 1600 ist er als Maler und Kunstagent in Kontakt zum Kaiserhof Rudolfs II. in Prag. 1606 übersiedelt er nach Augsburg, wo er am 13.1.1607 das Bürgerrecht erhält. R. malt zunächst kleine Kabinettbilder auf Kupfer, aber schon in Venedig und dann verstärkt in Augsburg v. a. Altarbilder. Seine bewunderten Fresken an Augsburger Häusern sind restlos zerstört. Außerdem trat R. als Zeichner und Entwerfer für Kunsthandwerker hervor.

R. hat die M-thematik außerordentlich häufig behandelt. Von den in der Monographie von Harry Schlichtenmaier (zitiert: S.) aufgeführten 83 gesicherten Gemälden ist auf 37 M in verschiedenen Zusammenhängen dargestellt; bei den unsicheren Gemälden ist das Verhältnis 34 zu 15, außerdem wurden R.s M-darstellungen schon zu seinen Lebzeiten und durch das ganze 17. Jh. in zahlreichen Kopien, Varianten und Nachstichen verbreitet. Dabei galt die besondere Beliebtheit den kleinen, v. a. in der ital. Frühzeit entstandenen Kabinetts- und Andachtsbildern auf Kupfer: M mit Engeln, im Kreis der Hl. Familie, auf der Flucht oder rastend, Anbetung der Hirten und Könige, Beweinung Christi und ähnliche Szenen. R. gab diesen Darstellungen eine für die damalige, vom Manierismus geprägte Zeit außerordentliche Lieblichkeit und Natürlichkeit. Die Intimität der Beziehung zwischen M und dem Jesusknaben, verbunden mit den hoheitsvoll adorierenden Engeln (Schutzengeln?) und den fliegenden, Blumen streuenden Putten in frühlingshafter Landschaft, machte die Bilder für die zeitgenössischen Sammler in Italien und nördlich der Alpen interessant, wozu die dokumentierte Zusammenarbeit mit Jan Brueghel d.Ä., der bei einigen Werken R.s die Hintergrundlandschaft gemalt hat, zweifellos beigetragen hat. Die Vielzahl der direkt aus alten, z.T. zeitgenössischen Sammlungen in die berühmtesten Museen der Welt — und andere Sammlungen — gelangten Gemälde R.s dieser Art macht eine Aufzählung unmöglich. Als bes. charakteristische Werke dieser frühen Epoche seien genannt: »Hl. Familie mit Elisabeth, Johannesknaben, Engeln und Putten« (München, Bayer. Staatsgemäldesammlungen, um 1595; S.: G I 8), »Heimsuchung Me« (Nürnberg, Germ. Nat. Mus., 1596; S.: G I 21), »Ruhe auf der Flucht« (Kassel, Staatl. Kunstsammlungen, um 1596/97; S.: G I 23), »Hl. Familie mit Johannesknaben« (Moskau Puschkinmus., um 1600; S.: G I 41), »Hl. Familie mit Johannesknaben und Rosen spendenden Engeln« (Kassel, Staatl. Kunstsammlungen, 1605; S.: G I 58). Neben den Waldlandschaften mit ₥ hat R. v. a. das Thema der »Anbetung der Hirten« durch Gemälde und bes. Zeichnungen behandelt, die durch Stiche und Übernahmen im Kunstgewerbe verbreitet wurden. Nach einer Variation des Themas, die auf einen Stich nach Parmigrianino (um 1596/97) zurückgeht (S.: G I 14), folgen um 1600 mehrere Zeichnungen (S. Z I 53. 57f.), die im Bild des Kunsthist. Museums in Wien (S.: G I 70) von 1608 ihren gestalterischen Höhepunkt finden.

Nach seiner Übersiedlung nach Augsburg 1606 hat R. nach Aussage von Philipp Hainhofer zwar weiterhin Kupfertafeln mit Darstellungen der früheren Art gemalt (z. B. Hochzeit zu Kana, Augsburg, 1606), doch wesentlicher für die ₥thematik sind die großen Altarblätter, die er v. a. für Augsburger Kirchen schuf. Allerdings griff er für die Altarblätter seiner Spätzeit kompositionell und motivisch zurück auf Schöpfungen seiner venezianischen Schaffenszeit. Um 1595 entstand das »Allerheiligenbild mit ₥krönung«, das um 1985 aus der Sammlung des Earl Spencer-Althorp in die Nat. Gallery (London) kam (S.: G I 5), und das nicht nur für R.s eigene spätere themengleiche Bilder sondern für die gesamte dt. Altarblattmalerei vorbildlich wurde. Das gleiche gilt für das »Jüngste Gericht« von 1598 (München, Alte Pinakothek; S.: G I 30). Schon zur Altarweihe am 29. 6. 1606 lieferte R. eine »Krönung ₥e« (jetzt: Freising, Diözesanmus.; S.: G I 68) für den nördlichen Chorseitenaltar der Frauenkirche in München. Nach einem kleineren Altarbild »₥e Verkündigung« für St. Ulrich und Afra in Augsburg 1609 (S.: G I 69) folgte die Reihe der großen Altargemälde für die ehemalige Augustinerkirche Hl. Kreuz in Augsburg von 1611 (1944 zerstört, im Entwurf und Kopie erhalten; S.: G I 71), für die ehemalige Franziskanerklosterkirche zum Hl. Grab, heutige kath. Stadtpfarrkirche St. Maximilian in Augsburg, 1614 von Marx Fugger in Auftrag gegeben (S.: G I 72), für die Augustinerkirche in München um 1620, heute ebendort in der kath. Kirche Allerheiligen am Kreuz (S.: G I 78) und für die nicht mehr existierende Pauluskirche in München von 1622 (S.: G I 81). Darüberhinaus stammen von R. noch weitere Altargemälde, deren Herkunft nicht mehr zu rekonstruieren ist, wie die »Himmelfahrt ₥e« (Donaueschingen, Fürstenbergische Sammlungen; S.: G I 76), zu der sich eine Vorzeichnung in Weimar (S.: Z I 108) erhalten hat, oder die nur in frühen Inventaren nachzuweisen sind, wie das »Jüngste Gericht« (1616) für die Schloßkapelle in Bückeburg gemalt, das heute verschollen, aber auf Grund zweier Zeichnungen in den Kunstsammlungen der Universität Göttingen und dem Hessischen Landesmus. Darmstadt (S.: Z I 112. 113) rekonstruierbar ist.

Lit.: R. A. Peltzer, H. R., In: Jahrbuch der Kunsthistorischen Sammlungen des Allerhöchsten Kaiserhauses 33 (1916) 294f. — H. Schlichtenmaier, Studien zum Werk H. R.s des Älteren (1564—1625), 1988. — G. Krämer, R.s ehemaliges Hochaltarbild der Augustinerchorherrenstiftskirche Hl. Kreuz, In: Zeitschrift des Historischen Vereins für Schwaben 80 (1986/87) 109f.
G. Krämer

Rottmayr, Johann Michael, getauft am 11.12. 1654 in Laufen a. d. Salzach/Oberbayern, † 25. 10. 1730 in Wien, einer der ersten deutschsprachigen Monumentalmaler des Barock, der die Vorherrschaft ital. Künstler bricht, gesuchter Freskant in Mähren, Böhmen, Österreich, Franken und Schlesien; sein Oeuvre umfaßt außerdem Altarblätter und Ölgemälde mit mythol. bzw. historischen Themen.

R.s Vater war Stiftsorganist und Kaufmann in Laufen; seine Mutter Malerin, die jahrelang für die nahe Wallfahrtskirche Maria Bühel (Land Salzburg) tätig und wohl erste Lehrmeisterin R.s war. Für diese ₥kirche malt R. 1674 sein erstes bekanntes Bild. Ab 1675 arbeitet er — wohl mit Unterbrechungen — 13 Jahre in der Werkstatt Johann Carl Loths in Venedig. Nach dem Tod seiner Mutter (1687/88) kehrt er in die Heimat zurück. Erste Aufträge erhält er durch die Bischöfe von Passau und Salzburg. Ab 1690 wohnt er in Salzburg; im Dezember 1695 hält sich R. in Wien auf, wo er Aufträge für Prag und Heiligenkreuz bei Wien bekommt. Seit 1698 sind R. und seine Familie nachweislich in Wien ansässig (sofern umfangreiche Arbeiten nicht anderswo einen längeren Aufenthalt notwendig machen). 1704 wird R. in den Adelsstand »von Rosenbrunn« erhoben.

Wie sich in R.s Oeuvre ein ₥bild wandeln kann, sei exemplarisch am Typus der Immaculata aufgezeigt: Auf einer Stichvorzeichnung (Salzburg, Landesbibl.) und einem Gemälde (Salzburg, Mus. Carolino Augusteum), beide 1697 datiert, erscheint ₥ als Apokalyptische Frau, als strahlende Siegerin inmitten des tobenden Kampfes, mit schwungvoller Bewegung in der Aufwärtsdrehung ihres Körpers und der flatternden Draperie ihres Mantels. Demgegenüber präsentiert R.s Hochaltarblatt in der Pfarrkirche Flachau/Land Salzburg von 1722 die Immaculata als abgeklärte, entrückte Purissima von statuarischer Ruhe und Erhabeneit.

WW: Erhaltene Fresken und Deckengemälde R.s: Salzburg, Residenz (1689 bzw. 1710—14; die älteren Fresken noch unter dem Einfluß der venezianisch-bolognesischen Malerei der Loth-Werkstatt, die jüngeren z. T. nach Vorbildern von Lebrun), Felsenreitschule (1690) und Franziskanerkirche (1693; hier u. a. zwei Mal: ₥ erscheint dem hl. Franziskus). — Frain/Südmähren, Schloß der Grafen Althan (1695; dieses Initialwerk ist ein glänzendes Beispiel der Übertragung von Formen und Kompositionsmotiven der kirchlichen Kunst auf die profane). — Salzburg, Dreifaltigkeitskirche (1697; u. a. Lukas als Madonnenmaler und Krönung ₥e im Himmel). — Breslau, ehem. Universitätskirche (vollendet 1706; u. a. mehrere Szenen aus dem ₥leben der ₥-, Annen- und Josephskapelle: Geburt, ₥ und Mutter Anna, Tempelgang, Verkündigung, Heimsuchung, Vermählung, Geburt Christi, Flucht nach Ägypten, Wiederauffindung Jesu im Tempel, ₥e Himmelfahrt). — Wien, Gartenpalais Liechtenstein (1706—08); helle, kühle Farbtöne, ausgeglichene Gestalten), Altes Rathaus (1712/13 und 1725) und St. Peter (1713/14; Krönung ₥e

J. M. Rottmayr, Maria mit Heiligen, 1700, Anholt, Wasserschloß

in der Kuppel, röm. barocker Einfluß des P. da Cortona). — Pommersfelden, Schloß (1717). — Melk, Stiftskirche (1716—22/23). — Wien, Stadtpalais Harrach (um 1700 oder 1723; Immaculata, Deckenfresko der Kapelle). — Wien, Karlskirche (1725—30; in der Kuppel ⓜ und Karl Borromäus als Fübitter, ein Programmwerk des habsburgischen Kaiserstils und Wendepunkt der österr. Barockmalerei). — Klosterneuburg, Stiftskirche (1729; Himmelfahrt ⓜe).

Sonstige noch vorhandene ⓜbilder R.s: Immaculata (Flachgau, Pfarrkirche; Salzburg, Mus. Carolino Augusteum; Stuttgart, Staatsgalerie; Wien, Franziskanerkirche). — Mater dolorosa (Salzburg, Franziskanerkirche). — ⓜ und (Mitglieder der) Hl. Sippe (Grieskirchen, Pfarrhof; München, Bayer. Staatsgemäldesammlungen; Salzburg, St. Kajetan). — ⓜ und diverse Heilige (Abtsdorf, St. Jakob; Anholt, Wasserschloß; Fridolfing, Pfarrkirche; Heiligenkreuz, Stiftssammlungen; Laufen, Mariä Himmelfahrt; Palling, Pfarrkirche; Salzburg, St. Erhard, Kollegienkirche und Residenz; Schlierbach, Stiftskirche). — ⓜe Geburt (Borgo, Pfarrkirche). — Verkündigung (Salzburg, Franziskanerkloster; Wien, Mariahilfer Kirche). — ⓜ in der Erwartung (Mattsee, Stiftsmus.). — Heimsuchung (Maria Bühel, Wallfahrtskirche). — Anbetung der Hirten (Baumgartenberg, Kloster; Sacramento/California, Crocker Art Gallery). — Anbetung der Könige (Graz, Landesmus.; Melk, Stiftskirche). — 12-jähriger Jesus im Tempel (Salzburg, Mus. Carolino Augusteum). — Kreuzigung Christi (Wien, ehem. Paulanerkirche). — Kreuzabnahme (Baltimore/USA, Walters Art Gallery; Breslau, Mus. Narodowe; Cambridge/USA, Busch-Reisinger Mus.; Kremsmünster, Abtskapelle; Prag, Staatsgalerie; Weißenkirchen, Pfarrkirche). — Beweinung Christi (Heiligenkreuz, Stiftskirche; München, Bayer., Staatsgemäldesammlungen bzw. Passau, St. Paul; Salzburg, Residenzgalerie; Záboří, Mariä Geburt). — Himmelfahrt ⓜs (Heiligenkreuz, Abtskapelle). — ⓜ als Fürbitterin beim Jüngsten Gericht (Heiligenkreuz-Gutenbrunn, Barockmus.).

Lit.: E. Hubala, J. M. R., 1981. — Ausst.-Kat., Handwerk und Genie. Die Arbeitstechniken barocker Freskomaler am Beispiel von R.s Kuppelbild in der Salzburger Dreifaltigkeitskirche, Salzburg 1990. L. Altmann

Rottweil, Lkr. Rottweil, Diözese Rottenburg-Stuttgart.

1. Pfarrkirche zum Hl. Kreuz, »Hl.-Kreuz-Münster«. In der ersten Hälfte des 13. Jh.s wurde eine spätromanische dreischiffige Basilika erstellt, von der sich in der Turmnordwand im Kircheninnern Arkadenbogen erhalten haben. Nach 1250 fügte man im Süden die Untergeschosse des Turms an. Ab dem 15. Jh. wurde im gotischen Stil zur heutigen Kirche umgebaut, wobei man den romanischen Turm mit einbezog. In der ersten Hälfte des 15. Jh.s kam der hochgotische Chor mit der Sakristei dazu, im ersten Drittel des 16. Jh.s das spätgotische Langhaus mit Netzgewölbe. Die Barockisierung nach dem Dreißigjährigen Krieg beseitigte C. v. Heideloff 1840—43 und restaurierte auf gotischen Stil hin. 1900 wurde die Vorhalle an der Südseite erneuert, 1912—14 die Westseite umgestaltet, 1950 die Kirche zum Münster erhoben.

Die Madonna auf dem ⓜaltar im linken Seitenschiff (Skulptur, spätgotisch, wohl aus niederrheinisch-westfälischer Schule) wird als Gnadenbild »ULF von der Augenwende« (auch »ULF vom Rosenkranz«) verehrt. Sie kam aus der ehemaligen Dominikanerkirche, als das Dominikanerkloster 1802 aufgelöst wurde. Nach der Überlieferung, für die bes. Dominikanerpatres sorgten, erhielt die Madonna ihre volkstümliche Bezeichnung, weil ihr Antlitz schmerzlich erbleicht sein soll, als während der Belagerung R.s durch die Franzosen 1643 die Gläubigen sie im Rosenkranzgebet um Hilfe anflehten. Sie wandte ihre Augen zum Jesuskind, gen Himmel und zu den Betenden. Bei erneuten Gebeten nach der Stadtübergabe wechselte der Gesichtsausdruck zur Freude, die → Augenwende wiederholte sich. Diese mirakulösen Ereignisse ließen die Wallfahrt zum Gnadenbild aufblühen. Bei den jährlichen Gedächtnisfeiern im November war der Zulauf groß. Zur Jh.feier 1743 verlieh Benedikt XIV. einen eigenen Ablaß. Trotz des Zweiten Weltkriegs feierte die Gemeinde 1943 das 300-jährige Jubiläum. Noch heute findet allmonatlich für die Gemeinde eine Prozession innerhalb des Münsters statt, am Rosenkranzfest die Dekanatswallfahrt. Aus der Diözese kommen mehrere Gruppen im Jahr.

Lit.: Müller 551. — SchreiberW 433. — Welser 136. — E. Glükher, Die Heilig-Kreuz-Kirche in R., 1931.— A. Steinhauser, Die Hl.-Kreuz-Kirche in R., 1947. — C. Meckseper, R., Untersuchungen zur Stadtgeschichte im HochMA, Diss., Stuttgart 1968, 159—190. — Kurzkataloge 5.137.

2. Liebfrauenkirche, »Kapellenkirche«. Schon seit Bestehen der Ansiedlung gab es eine ⓜkapelle mit einem Heilbrunnen für Augenleiden, zu der nach einem päpstlichen Ablaßbrief von 1333 eine eigene Begräbnisstätte gehörte. Auf dem Platz dieser ⓜkapelle begann nach 1330 der Bau des »Kapellenturms«, dessen Untergeschoß die ⚜kapelle einnahm. Ostwärts an den Kapellenturm wurde ab 1356 die Kapellenkirche angefügt, deren Inneres seit 1408 acht Altäre schmückten. Im letzten Viertel des 14. Jh.s baute man den Turm aus. 1478 erging der Auftrag für einen neuen Chor mit Sakramentshaus und Sakristei. Die Jesuiten gestalteten 1727 die ihnen überlassene Kapellenkirche in barockem Stil um. Joseph Firtmair schuf an marian. Bildwerken das Bild der Himmelfahrt ⚜s für den Hochaltar, die Szenen aus dem ⚜leben an den Chorwänden, das Deckenfresko der Verherrlichung der Immaculata im Chor, die Vermählung, die Verkündigung und die Darstellung im Tempel in den drei Jochen des Mittelschiffs und die Allegorien der marian. Tugenden zwischen den Hauptfresken.

In der ⚜kapelle im Turm wurde als Gnadenbild eine Plastik der Pietà (Holz, um 1400) verehrt. Die Jesuiten trennten 1699 die Gnadenkapelle als selbständiges Heiligtum durch bauliche Maßnahmen von der Kapellenkirche ab. 1930 wurde ein auf die Quader der Südwand gemaltes Votivbild freigelegt: eine freie Nachbildung der Pietà, die ihre Verehrung als Gnadenbild bezeugt.

Lit.: A. Steinhauser, Der Kapellenturm und die Kapellenkirche, 1948. — SchreiberW 433. — W. Beck, Der Kapellenturm in R. und seine Skulpturen aus dem 14 Jh., Diss., Bonn 1959. — Kurzkataloge 5.138. *H. Schopf*

Rouault, Georges Henri, franz. Maler und Graphiker, * 27. 5. 1871 in Paris, † 13. 2. 1958 ebd. Die sozial Schwachen bilden inhaltlich den roten Faden durch R.s Gesamtwerk. Clowns, Prostituierte und Menschen vor Gericht sind in zahlreichen Varianten behandelt. Auch der biblische Themenkreis ist dieser sozialen Haltung verpflichtet: Darstellungen des Gekreuzigten und des Ecce Homo. »Der alte König«, ein Hauptwerk von 1937, läßt im Antlitz die Last des Amtes nachempfinden. Ein Bildnis der hl. Veronika im Spätwerk ist ganz Ausdruck des menschlichen Mitempfindens.

Während Christus vielfach dargestellt wird, ist das Bild ⚜s nur vereinzelt anzutreffen, eingebunden in allgemein menschliche Lebenssituationen wie Flucht und Mutterschaft. 1945 und 1952 wird in der »Flucht nach Ägypten« (beide Öl) ein Motiv des Frühwerks (Flüchtlinge [Exodus], 1911, Pastell und Gouache) wieder aufgenommen. Im Werk von 1945 sind Landschaftsraum und ferne Stadtarchitektur noch erkennbar. 1952 ist der Verzicht auf Raumillusion völlig wirksam: ⚜ in weißem Mantel, vielmehr ganz als leuchtend weißes Wesen unter einem runden Himmelskörper. Farbe und Kontur sind im Spätwerk völlig gleichwertig, der pastose Farbauftrag wirkt lavaartig.

1951 ist unter dem Titel »Vieux Faubourg (mère et enfants)« ein Ölgemälde entstanden, das formal an den Typus der thronenden GM mit Kind angelehnt ist. Die Kinder verschmelzen mit dem Körper der Mutter, Mimik und In-

G. Rouault, Flucht nach Ägypten, um 1945

dividualität sind nicht erkennbar, Pinselstrich und Farbe, dynamisch und pastos aufgetragen, sind selbst ikonographisch.

Die starke Farbigkeit und der selbstwertige Kontur sind in der Glasmalerausbildung begründet, die R. 1885—90 absolviert hat. Bis 1918 sind vorrangig lavierend aufgetragene Öl- und Wasserfarben anzutreffen, der weiße Malgrund wird als Licht wirksam. Später dominieren opake Ölfarben, die aus sich selbst zu leuchten scheinen. An der École des Beaux-Arts war R. Schüler Gustave Moreaus bis zu dessen Tod 1898. Ethische Prägung erfuhr er u. a. durch Léon Bloys Roman »La Femme pauvre« (1897) im Sinne des christl. Humanismus.

In mehreren graphischen Zyklen und Buchillustrationen ist R. als Druckgraphiker hervorgetreten. Sein graphisches Hauptwerk, »Miserere«, eine Folge von 58 Radierungen, wird in der Nachfolge von Goyas »Desastres« gesehen. Unter dem Eindruck des Weltkriegs und seiner sozialen Begleiterscheinungen begonnen, wurden alle Blätter in den Jahren bis 1927 gedruckt, 1948 jedoch erst gebunden und veröffentlicht (dt. 1951, München, mit einem Vorwort des Künstlers und einer Einführung von Maurice Morel). Tod und Auferstehen, Armut, Leiden und Gewalt, aber auch Momente der Hoffnung und der Liebe sind in expressiver Linienführung dargestellt. Zu jedem Blatt sind eine Tuschevorlage und eine Wiederaufnahme als Gemälde erhalten. Ein weiterer graphischer Zyklus trägt den Titel »Passion«. In einer Kreuzigungsszene erscheint ⚜ als leidende Begleitfigur.

Lit.: P. Courthion, G. R. Leben und Werk, 1962. — Ders., G. R., 1971. — F. Chapon und I. Rouault, G. R., 2 Bde., 1978. — B. Dorival und I. Rouault, G. R., 2 Bde., 1988. *M. Ortmeier*

Rousseau, Bernhard, sel. Schulbruder (FSC, Bruder Scubilion), * 21. 3. 1797 in Annay-la-Côte/Burgund, † 13. 4. 1867 in Sainte Marie/Insel La Réunion, trat 1822 in Paris in die Kongregation der Schulbrüder des hl. → Johannes Baptist de La Salle ein, wurde 1833 Missionar auf der Sklaveninsel La Réunion und unterrichtete hier, vorwiegend Katechese, bis zu seinem Tode. Johannes Paul II. sprach ihn am 2. 5. 1987 in Ste. Marie/La Réunion selig.

Der bei der creolischen Inselbevölkerung hochverehrte Ordensbruder trägt den Titel »Apostel der Sklaven und Freund der Armen«. Neben der bes. Verehrung des Leidens Christi, der die Errichtung zahlreicher Kreuzwege und Kreuzigungsgruppen diente, denen er stets eine Statue der Mutter unter dem Kreuz zuordnete, verehrte R. in auffallender Weise die GM ⋒, insbesondere unter den Titeln »Königin des Himmels« und »Zuflucht der Sünder«, wobei die Andacht zu ULF von La Salette im Vordergrund stand. In seinen »Briefen an Maria« erflehte er v. a. die Bekehrung der Sklaven und die Fürbitte für die Sterbenden. Seiner MV sind mehrere wunderbare Heilungen zuzuschreiben, u. a. die Errettung eines todgeweihten Kleinkindes sowie eines an Cholera erkrankten Priesters. Nach seiner wunderbaren Genesung beauftragte der Priester Carrier den Br. Scubilion mit Besuchen bei Schwerkranken und Sterbenden, bes. bei jenen, die ihre rel. Verpflichtungen lange Zeit vernachlässigt hatten. Immer wandte sich R. vertrauensvoll im Gebet an ⋒ und reichte den Sterbenden eine Medaille oder ein Skapulier. Mit dem lauten Beten des Vaterunsers und des Rosenkranzes begleitete er sie. Noch vor der politischen Befreiung hatte er die Herzen zahlloser Sklaven für den Glauben gewonnen. Für die Kinder richtete er Religionsunterricht und für die Erwachsenen die sonntägliche Glaubensunterweisung ein. Durch Bruderschaftsgründungen sorgte er für gegenseitige materielle und rel. Unterstützung. In einem »Brief an Maria« hatte er sich selbst 1863 in seinem Tod der GM mit den Worten anvertraut: »O gute Mutter, wenn meine Seele im Begriffe ist, vor Gott zu erscheinen, sei du in diesem Augenblick, der über mein ewiges Glück oder Unglück entscheiden wird, meine Zuflucht. Bitte deinen Sohn, daß er mein Retter und nicht mein Richter sein wird. ... Sei meine Befreierin und geleite mich in das himmlische Jerusalem, daß ich dort die allerheiligste Dreifaltigkeit in Ewigkeit lobe und preise« (Salm 118).

Lit.: H. Chassagnon, Frère Scubilion de l'Institut des Frères des Ecoles chrétiennes, Paris 1902 (Lit., WW). — M. Olivé, Hermano Escubilión, apóstol de los esclavos, 1978. — A. Ferment, A l'Ile de la Réunion. Un évangile de liberté. Frère Scubilion, Jean-B. R., 1985. — L. Salm, Brother Scubilion R., Apostle of freedom and reconciliation, 1986. — AAS 77 (1985) 171—174. — OR (dt.) 19 (1989) Nr. 18,1. *E. Dunkel*

Rouvier, Louis-Marie, * 28. 2. 1810 in Fabrègues (Hérault), † 2. 11. 1886 in der Kartause von Vauclaire (Dordogne), wurde Diözesanpriester, trat mit 33 Jahren in die Große Kartause ein und wurde bald in wichtige klösterliche Ämter berufen, so wurde er nacheinander Prior in vier Kartausen: Bosserville, mit einem bedeutenden Noviziat; Vauclaire, deren Gründer er war; Mougères und Montrieux. Seine lit. und marian. Tätigkeit entfaltete er unmittelbar vor seinem Priorat in Bosserville und während diesem.

R.s marian. Theol. ist in »Neuvaine Complète« dargestellt. Sie erfuhr einen lebhaften und berechtigten Erfolg während einer ganzen Generation. Sie ist eingebettet in den Rahmen der ignatianischen Spiritualität, aber die 9 Betrachtungen über die Tugenden ⋒s, die dem Exerzitanten zur Nachahmung vorgelegt werden, sind nebensächlich. Viel bedeutender sind die sie begleitenden »Lesungen«. Sie wollen darlegen, »was Gott Großes für Maria getan hat ..., was Maria für Gott, was sie für die Menschen getan hat und was die Menschen für sie tun müssen«.

R. erkannte vollkommen die Eigentümlichkeit für seine Zeit, dargestellt durch die ersten zwei Teile (lectures 1—3): Er betrachtet mehr nebenbei die großen Würden, die sich in ⋒ aus ihrer GMschaft ergeben. Präexistenz im Gedanken Gottes, besondere Beziehungen zu jeder der Personen der Trinität (Tochter des Vaters, Mutter des Sohnes, Braut des hl. Geistes), Fülle der Gnade und UE werden schnell, aber vollständig entwickelt, einschließlich der Beweise aus Schrift, Tradition und Angemessenheit. Der erste Beweis, manchmal überzogen, verbindet sich oft mit dem zweiten durch sehr gut aufgebaute Kommentare der liturg. Dokumente. Die Ausführungen sind von gewissenhafter Genauigkeit, aber nicht von der Art eines Handbuches oder der Scholastik. Mit gleicher Meisterschaft ist die Miterlöserschaft ⋒s und die allgemeine Gnadenvermittlung durch ⋒ aus dem Begriff der GMschaft begründet, nur fehlen die theol. Fachausdrücke. Die patristischen und ma. Zeugnisse sind hier zahlreich, scheinen aber oft aus zweiter Hand zu stammen, den Sammlungen des → Konrad v. Sachsen und → Richard v. St. Laurentius entnommen, die übrigens ausdrücklich zitiert werden. Die Werke Bernhards v. Clairvaux und Bonaventuras hat R. direkt gekannt, → Alfons v. Liguori dagegen führt er wenig an. Die reiche Fülle an Quellen zeigte sich jedoch für gewisse Leser unzureichend, um die Position der »Maximalisten«, die R. übernimmt, zu begründen. Seit der Ausgabe von 1852 hat R. sein Werk erweitert und im Anhang eine patristische Sammlung seines Mitbruders Bernard Faivre (1798—1873), ca. 1000 Aussprüche der Väter zu Ehren ⋒s, abgedruckt.

Es darf nicht verwundern, daß z. Zt. der Veröffentlichung des Werkes R.s die Zitate nicht immer kritisch gesichert sind. Alger v. Lüttich erscheint oft unter Augustinus und Wilhelm v. St. Thierry unter Bernhard v. Clairvaux. Bei den historischen Beispielen, die jede Lesung beschließen und aus denen die letzten drei bestehen, sind sehr viele den Kern treffende Legenden, wie solche über das Konzil von Ephesos und aus dem Leben des hl. Stanislaus → Kostka.

R. bleibt dennoch, wenn es um Frömmigkeitsübungen geht, von der traditionellen Diskretion seines Ordens geprägt: Er warnt vor Illusion, entfaltet drei Eigenschaften wahrer Frömmigkeit (Ehrfurcht, Vertrauen, Liebe) und drei Merkmale wahren Vertrauens (Festigkeit, Allgemeinheit, Ausdauer). Dieser letzte Teil (lectures 7—9) ist jedoch weniger straff, eher im Konversationsstil geschrieben. Der Rahmen der Novene zwang den Autor, den begrenzten Stoff über drei Tage zu verteilen.

QQ: Thomas Huot, Catalogue des Religieux de l'Ordre des Chartreux depuis 1815, Ms. im Archiv der Grande Chartreuse.
WW: Neuvaine complète en l'honneur de la Très Sainte Vierge, Avignon 1848; Nancy ²1852; ³1855; vermehrte Aufl. Paris 1880; span.: Valencia 1853; Burgos ²1855; dt.: Nancy 1855; niederländisch: Herzogenbusch 1858; ital.: Turin 1877; engl.: London 1888. — Dévotion au coeur Compatissant de Marie, Nancy 1854. — Litanie de l'Immaculée Conception, ebd. 1854. — Journal du Mois de Mai (lithographiert), Bosserville 1855. — Le Mois d'Août, contenant le Testament de la Très Sainte Vierge montant au ciel, ebd. 1855. — Nouveau Mois de Marie, ebd. o. J.
Lit.: Bibliographie Catholique IX, Paris 1849—50, 401. — S. Autore, Bibliotheca Cartusiano-mariana, Montreuil-sur-Mer 1898, 10 ff. — A. Gruys, Cartusiana I: Auteurs cartusiens, 1976, 154. — DSp XIII 1020 f. *A. Devaux*

Rouwyzer, François Léonard, * 2. 7. 1737 in Maastricht, † 9. 12. 1827 ebd., niederländischer Komponist, war erster Geiger am Stadttheater von Maastricht und dort an der Kirche St. Servais tätig. Sein Wirken beschränkt sich fast nur auf geistliche Musik. Neben Meßkompositionen finden sich u. a. die Vertonungen der Marian. →Antiphonen »Alma Redemptoris Mater«, »Regina coeli« sowie die »Litaniae Lauretanae«.

Lit.: MGG XI 1019 f. — Grove XV 278 f. *E. Löwe*

Roze, Abbé Nicolas, * 17. 1. 1745 in Bourgneuf, † 30. 9. 1819 in Saint-Mandé, franz. Komponist, war Mitglied der Oratorianer von Beaune. Nach Beendigung seines Theologiestudiums wurde er 1768 als Kapellmeister dort an die Kollegiatskirche verpflichtet. 1769 siedelte er nach Paris über und war, bereits hoch angesehen, an verschiedenen Orten in gleicher Eigenschaft tätig. 1807 wurde R. zum Bibliothekar des Conservatoire de musique berufen, was sein Arbeiten als Komponist unmöglich machte. Seine Musik erfreute sich außerordentlicher Beliebtheit, auch wenn dem Autodidakten der wohl mögliche Durchbruch nie gelang. Zu seinen Werken zählen u. a. die Motetten »Assumpta est Maria«, »Regina coeli«, »Stabat Mater« und »Sub tuum praesidium«.

Lit.: C. Pierre, Histoire du Concert spirituel, 1975. — MGG XI 1027 f. — Grove XV 286. *E. Löwe*

Rua, Michael, * 9. 6. 1837 in Turin, † 6. 4. 1910 ebd., sel. zweiter Generaloberer der SDB, verlor schon früh seine Mutter, mit 7 Jahren begegnete er zum ersten Mal Don → Bosco, der ihn 1850 in sein Oratorium aufnahm. Es kam damals zu einer eigenartigen Begebenheit, die R. über Jahre hinweg rätselhaft blieb. Don Bosco setzte dem kleinen R. seinen großen röm. Priesterhut auf, streckte ihm die linke Hand entgegen und tat mit der rechten, als ob er seine linke Hand entzweischneiden würde. »Hier nimm!« sagte Don Bosco. »Ich werde mit dir halbe-halbe machen.« (A. Amadei, Il servo, I 19). Nach dem Tod des Jugendapostels (1888) wurde R. sein Nachfolger als Generaloberer der SDB.

Am 3. 10. 1852 erhielt R. aus der Hand Don Boscos das geistliche Kleid. Ab 1854 dachte Don Bosco daran, einen eigenen Orden zu gründen, um die Weiterführung seines Jugendwerkes sicherzustellen. Eine Choleraepidemie verzögerte diese Pläne, doch am 25. 3. 1855 legte R. als erster »Salesianer« die Gelübde ab. 1860 zum Priester geweiht, blieb er nun die große Stütze Don Boscos. Er wurde in der 1859 gegründeten Ordensgemeinschaft Generalspiritual, war 1862—64 Direktor des ersten Salesianerhauses außerhalb Turins in Mirabello und wurde 1865 mit dem Amt eines Generalpräfekten in Turin betraut. Papst Leo XIII. erhob ihn 1884 per Dekret zum Generalvikar der SDB mit dem Recht der Nachfolge. 1888—1910 war Don R. zweiter Generaloberer als unmittelbarer Nachfolger Don Boscos. Obwohl er sich vornahm, getreu dessen Auftrag das Jugendwerk weiterzuführen und nicht auszuweiten, vervierfachte sich die Anzahl der SDB während seiner Amtszeit. 1910 arbeiteten in 345 Salesianerhäusern 4372 Mitbrüder. Am 29. 10. 1972 wurde R. seliggesprochen.

R.s Führungsstil war gekennzeichnet durch Geduld und Vertrauen, Familiengeist, Achtung der Person und Liebenswürdigkeit (amorevolezza). In der Ordensregel sah er das große Vermächtnis Don Boscos, der ihn einmal die »lebendige Regel« genannt hatte. Seine Spiritualität war eucharistisch-marian. geprägt. In zahlreichen Rundschreiben erinnerte er daran, daß gemäß dem Wort Don Boscos »Maria, die Helferin der Christen, die eigentliche Gründerin unserer Kongregation« sei. Die M-Hilf-Basilika in Turin war für ihn »ein Ort der Geborgenheit und der Heimat«. In Rom (Testaccio) erbaute er die Kirche »S. Maria Liberatrice«. In großer Festlichkeit ließ er 1903 die Mstatue der M-Hilf-Basilika krönen.

Lit.: A. Amadei, Il servo di Dio Don Michele R., 3 vol., 1931; dt.: Don Michael R. — Ein zweiter Don Bosco, 1936. — E. Ceria, Vita del Servo di Dio Don Michele R., 1946. — E. Pilla, Il venerabile Michele R., 1960. — A. Auffray, Il beato Michele R., 1972. — A. L'Arco, Don R. a servizio dell'amore, 1972. — A. Gentilucci, Don R., 1972. — A. L'Arco und L. Krauth, Don R. — Ein Mann im Schatten, 1972. — AAS 64 (1972) 529 f. *J. Weber*

Rubens, Peter Paul, * 28. 6. 1577 in Siegen/Westfalen, † 30. 5. 1640 in Antwerpen, Maler und

Zeichner, Entwerfer für Tapisserien, Festdekorationen, Skulpturen und Frontispize, seit 1609 Hofmaler der span. Statthalter der Niederlande, in deren Diensten auch ein Diplomat von historischer Bedeutung, Hauptmeister des flämischen Barock mit schulbildender Wirkung.

R.' Vater war Rechtsanwalt und Schöffe der Stadt Antwerpen, bevor er 1568 als Reformierter mit seiner Frau Maria nach Köln emigrieren mußte. Ein Liebesverhältnis zu Anna v. Sachsen endete in der Verbannung nach Siegen, wo R. als sechstes Kind geboren wurde. In Köln fand die Familie später zum alten Glauben zurück, was nach dem Tod des Gatten der Witwe 1589 die Heimkehr in das span. Antwerpen ermöglichte. Hier besuchte R. die Lateinschule der Kathedrale Onze Lieve Vrowe, welche das Fundament seiner umfassenden humanistischen Bildung legte. 1591 begann er eine Malerlehre bei dem Landschafter Tobias Verhaecht, wechselte aber bereits 1592 zu dem Figurenmaler Adam van Noort, 1595 schließlich zu dem bedeutenden Romanisten Otto van Veen. 1598 wurde R. als Freimeister in die St.-Lukas-Gilde der Maler aufgenommen.

Im Mai 1600 trat R. eine Italienreise an, um »die schönsten Werke der Alten und Modernen zu studieren« (de Piles, 1677). In Venedig begegnete er dem Herzog von Mantua, Vincenzo I. Gonzaga, in dessen Gefolge er im gleichen Jahr der Heirat König Heinrichs IV. von Frankreich mit Maria de' Medici in Florenz beiwohnte. Seit Juli 1601 war R. als Kopist für den Herzog in Rom, wo er mit längeren Unterbrechungen bis zum Oktober 1608 verweilen sollte. So begab er sich 1603 im Auftrag Vincenzos nach Spanien, um König Philipp III. und dessen Minister, dem Herzog von Lerma (vgl. R.' Reiterbildnis, Madrid, Prado) Geschenke zu überreichen, und 1604/05 an den Hof von Mantua, um u. a. ein gewaltiges Votivbild der Gonzaga-Familie für die dortige Jesuitenkirche zu malen (als Fragment in Mantua, Museo del Palazzo Ducale). Auch verbrachte R. einige Monate in Genua, wo er Bildnisse des Hochadels anfertigte (Stuttgart, Karlsruhe etc.) und die schönsten Paläste der Stadt zeichnete (1622 unter dem Titel »Palazzi di Genova« publiziert). In Rom selbst erhielt er von Erzherzog Albrecht, dem Regenten der span. Niederlande, einen Auftrag für die Stationskirche St. Croce, der Albrecht als ehemaliger Titularkardinal verbunden war (heute Grasse, Kathedrale, 1601/02). Durch die Vermittlung des päpstlichen Schatzmeisters Jacopo Serra wurde R. außerdem mit der Ausführung des Hochaltars der Oratorianerkirche St. Maria in Vallicella, gen. »Chiesa Nuova«, betraut (1. Version 1606/07, Grenoble, Musée de Peinture et de Sculpture; 2. Version 1608, vor Ort). Auf die Nachricht vom bevorstehenden Tod der Mutter verließ R. fluchtartig Rom.

Wenige Monate nach der Rückkehr in die Heimat ernannten Erzherzog Albrecht und seine Gemahlin Isabella R. zum Hofmaler in Brüssel (vgl. Bildnisse in Wien, Kunsthist. Mus., um 1614), mit dem Privileg, weiterhin in Antwerpen wohnhaft zu bleiben und Steuerfreiheit zu genießen. Kurz darauf heiratete R. die Tochter des Stadtsekretärs von Antwerpen, Isabella Brant (»Die Geißblattlaube«, München, Alte Pinakothek, 1609/10). Es folgte der Bau eines fürstlichen Hauses (Rubenshuis), in dem R. eine riesige Malerwerkstatt betrieb, aus der auch Anton van Dyck hervorging. Die vielen Altartafeln, welche hier in den nächsten Jahren entstanden, fanden über die eigens geschulten Stecher eine europaweite Verbreitung (1619 Stichprivileg für Frankreich und Brabant, 1620 für die span. Niederlande und die Generalstaaten).

Die 1620er Jahre standen ganz im Zeichen diplomatischer Missionen. Während Ambrogio Spinola militärische Erfolge für die Spanier erzielte, führte R. im Auftrag der Infantin Isabella geheime Friedensverhandlungen mit Holland und dessen Verbündeten England. Eine Reise, die R. 1627 in Begleitung des späteren Kunstschriftstellers Joachim v. Sandrart nach Rotterdam, Delft, Amsterdam und Utrecht unternahm, galt offiziell der holländischen Malerei, inoffiziell jedoch der Geheimdiplomatie mit England. Verhandlungspartner war bis zu seiner Ermordung der Herzog von Buckingham, den R. 1625 während der Hochzeit Karls I. von England mit Henriette von Frankreich in Paris kennengelernt hatte und dem er nach dem Tod von Isabella Brant († 1626) seine kostbare Kunstsammlung verkaufte. Bei diesem Paris-Aufenthalt hatte R. einen Gemäldezyklus über das Leben der Maria de' Medici fertiggestellt (Paris, Louvre, 1622—25); die für denselben Palais de Luxembourg geplante Heinrichs-Galerie zerschlug sich aus politischen Gründen. 1628 rief Philipp IV. R. nach Madrid, um sich von ihm über den Stand der Verhandlungen mit England unterrichten zu lassen. Hier fertigte R. zahlreiche Bildnisse des Königs an (Reiterbildnis, zerstört; Kopie in Florenz, Uffizien) und studierte die Gemälde Tizians im Escorial. 1629 wurde er zum Sekretär des Geheimen Staatsrates der Niederlande ernannt (seit 1624 span. Adelstitel, ab 1631 auch span. Ritterwürde), um anschließend als Abgesandter nach England zu reisen. Dort überreichte R. während einer königlichen Audienz Karl I. eine »Allegorie über Krieg und Frieden« (London, Nat. Gallery, 1629/30), künstlerischer Ausdruck seiner diplomatischen Bemühungen, die letztlich auch erfolgreich waren. Kurz vor seiner Abreise im März 1630 schlug ihn der engl. Monarch in Whitehall zum Ritter; wenige Jahre später sollten an diesem Ort seine Deckengemälde mit der Apotheose Jakobs I. hängen (ebd., 1630—34).

Zurück in Antwerpen heiratete R. im Dezember 1630 die erst sechzehnjährige Kaufmannstochter Helene Fourment (»H. F. im Brautkleid«, München, Alte Pinakothek, 1630/31), die Muse seiner letzten Lebensjahre (vgl. »Der Liebesgarten«, Madrid, Prado, 1632/33; »Das Pelzchen«, Wien, Kunsthist. Mus., um 1638). Die Betreuung der in die span. Niederlande flüchtenden Maria de' Medici und die Verhandlungen mit dem Prinzen von Oranien wurden R. weiterhin aufgetragen, bis dieser 1633 seinen diplomatischen Dienst quittierte und kurz darauf die Infantin Isabella verstarb. Kardinal Infant Ferdinand, ihr Nachfolger, hielt 1635 einen feierlichen Einzug in Antwerpen, für den R. imposante Festdekorationen entwarf (Ölskizzen zum »Pompa Introitus Ferdinandi« u.a. in Antwerpen, St. Petersburg und Wien). Im selben Jahr kaufte R. die Herrschaft mit dem Landschloß Steen bei Elewijt/Mechlen, wo er sich wegen eines Gichtleidens oft zurückzog und der Landschaftsmalerei widmete (Gemälde u. a. in Berlin, London, Paris). Seine Werkstatt blieb trotzdem sehr produktiv, so daß für das Jagdschloß »Torre de la Parada« Philipps IV. ein ganzer Gemäldezyklus mit Szenen aus Ovids Metamorphosen entstehen konnte (Madrid, Prado, 1636—38). Weil R. nach eigenem Bekunden eine glückliche Kindheit in Köln verbracht hatte, verdankt ihm die Stadt eines seiner letzten Altargemälde, die »Kreuzigung Petri«, geschaffen für die Pfarrkirche St. Peter (ebd., um 1638), wo R.' Vater begraben lag. Er selbst wurde am 2. 6. 1640 in der St. Jakobskirche in Antwerpen beigesetzt.

In R.' malerischem Oeuvre, das unter Einschluß der Ölskizzen vom Meister nur übergangenen Werkstattarbeiten ca. 1500 Werke zählt, überwiegt das großformatige Figurenbild rel., mythol. und profaner Thematik. Dieses kann erzählerischen, allegorischen oder rein repräsentativen Charakter haben. Daneben nimmt auch die Porträtmalerei einen breiten Raum ein, während das autonome Landschaftsbild erst in nachital. Zeit auftritt und nicht zum Verkauf bestimmt war. Als ein Figurenmaler in der Tradition der großen Italiener erwarb sich R. demzufolge seinen zeitgenössischen Ruhm. In der Praxis konnte das bedeuten, daß R. die Übertragung seiner Ölskizzen auf die große Leinwand ganz der Werkstatt überließ, um nur einige Retuschen eigenhändig auszuführen. Gelegentlich zog er für die Darstellung von Landschaften, Blumen und Tieren auch eigens Fachmaler wie Jan Bruegel d. Ä., Jan Wildens oder Frans Snyders heran. Im Bereich der rel. Malerei ist R.' Leistung v. a. in der Erneuerung des Altarbildes zu sehen. Seine großen Altartafeln aus dem ersten Jahrzehnt nach der Rückkehr in die Scheldestadt sind zum Inbegriff einer gegenref. Malerei geworden, da sie auf künstlerisch überzeugende Weise die im Konzil von Trient festgelegten Glaubenssätze der röm.-kath. Kirche zur Anschauung bringen. Wohl nicht zuletzt wegen der heftigen Angriffe der Reformatoren gegen die MV erhielt R. häufig Aufträge zu Ⓜaltären und solchen, in denen die GM eine wichtige Rolle spielt.

Nur zwei Darstellungen rel. Inhalts sind aus R.' vorital. Zeit überliefert: eine »Beweinung Christi« (Paris, Louvre, um 1598) und ein »Sündenfall« (Antwerpen, Rubenshuis, um 1600), beide bezeichnenderweise nach Werken Raffaels entstanden, die dem jungen Künstler in Stichreproduktionen bekannt waren. An körperlicher Präsenz und seelischem Ausdruck der Figuren, fällt seinem graphischen Vorbild weit überlegen, fällt die bereits dort angelegte Parallelisierung der »passio« Christi mit der »compassio« Ⓜs in der Beweinungsgruppe von R. noch überzeugender aus.

Der Einfluß der toskanisch-röm. Kunsttradition läßt sich auch auf den in Italien gemalten Seitengemälden zum Votivbild der Gonzaga beobachten (Taufe Christi, Antwerpen, Koninklijk Mus. voor Schone Kunsten; Verklärung Christi, Nancy, Musée des Beaux-Arts; beide 1604/05). Gleichzeitig macht sich nun aber die Kenntnis oberital. Malerei in der dramatischen Lichtführung bemerkbar (Tintoretto). Ganz Correggio verpflichtet ist schließlich eine »Beschneidung Christi« für die Jesuitenkirche Genuas (Genua, S. Ambrogio, 1605). Hervorzuheben ist hier die Gestalt Ⓜs, die sich schmerzerfüllt vom Geschehen abgewandt hat und mit der Rechten ihren Schleier vors Gesicht zieht. R. formte sie nach einem antiken Vorbild, der sog. »Pudicitia«-Statue in Rom (Vatikan), die als Prototyp äußerster Demut und Keuschheit auch späterhin oft in seinem Werk anzutreffen ist. Den Anlaß zu dem Auftrag in der Chiesa Nuova bot ein wundertätiges Madonnenbild des Trecento, das von einer Seitenkapelle auf den Hochaltar der Kirche überführt werden sollte. Die erste, auf Betreiben Kardinal Cesare Baronius' zustandegekommene Lösung (heute Grenoble) sah vor, das Gnadenbild den Gläubigen im Sinne der Tridentiner Beschlüsse zur Bilderverehrung nur als Abbild zu präsentieren. R. zeigt daher die sog. »Madonna della Vallicella« als Gemälde im Gemälde über einer Bogenarchitektur angebracht, unter der sich sechs Oratorianerheilige wie bei einer »Sacra Conversazione« versammelt haben. An der definitiven Lösung läßt sich ablesen, daß diese Vorsichtsmaßnahmen wenig später aufgegeben wurden. Hier erscheint das Gnadenbild als Einsatzbild in einem Bildtabernakel, auf dem es gemalte Putten halten und in himmlische Sphären erhöhen, während darunter eine Engelschar verehrungsvoll emporblickt. Im Kirchenalltag verdeckt eine Kopie von R. das Madonnen-Fresko. Die Oratorianerheiligen mußten auf zwei Seitengemälde weichen.

Die Reihe der großen Altäre für Antwerper Kirchen beginnt mit dem Triptychon der »Kreuzaufrichtung« (Antwerpen, Kathedrale, ursprünglich St. Walburga, 1610—12). R.' dramatische, über alle drei Tafeln der Innenseite greifende Komposition der Passionsszene zieht die Summe aus den Italienerfahrungen. Kompositorisches und ideelles Zentrum des Altares ist der edel geformte, aber leidgeprüfte Leib Christi am Kreuz, den muskulöse Schergen mühsam emporstemmen. Seitlich davon steht die still

P. P. Rubens, Anbetung der Könige, 1626, Antwerpen, Koninklijk Museum

trauernde GM in Begleitung des trostspendenden Johannes, darunter eine Gruppe von wehklagenden Frauen. Die Leiden Christi und die darauf bauende Hoffnung auf Erlösung werden so dem Gläubigen auf anschauliche Weise nahegebracht. Das zweite monumentale Triptychon von R. entstand für die Kapelle der Schützengilde in der Kathedrale ULF (ebd., 1612–14). Aus dem Namen des Schutzpatrons der Gilde leitet sich hier das Altarprogramm ab: »Christophorus«, Christusträger sind dargestellt, angefangen beim Heiligen selbst auf der

Außenseite des Triptychons. Innen erscheint links die »Heimsuchung« mit ⓜ, auf deren schwangeren Leib Elisabeth ostentativ hinweist, rechts die »Darbringung im Tempel« mit dem alten Simeon, der das Christkind aus den Armen ⓜs erhält, und in der Mitte die »Kreuzabnahme«, wo eine Vielzahl von Händen, darunter die der GM, die kostbare Last empfängt. So wird der Altar auch dem ⓜpatrozinium der Kirche gerecht. Stilistisch gesehen beginnt hier R.' »klassische« Phase, die durch klare Umrisse der Figuren und ein fahles Licht gekennzeichnet ist.

Von den zahlreichen kleinen Triptychen, die R. als Epitaphien für wohlhabende Antwerpner Bürger schuf, sei nur dasjenige für Jan und Maria Miechelsen erwähnt (Antwerpen, Koninklijk Mus., 1618). Dessen Mittelteil wird von einer »Grablegung Christi« gebildet, die als »Christ à la paille« bekannt ist. Ein Getreidebündel unter dem Leib Jesu sowie die Geste, mit der ⓜ den Körper ihres Sohnes vom Leichentuch entblößt und gleichzeitig ihren Blick nach oben richtet, ist hier als Hinweis auf das eucharistische Abendmahl zu verstehen. Dieser versteckte Symbolismus läßt sich auf Hugo van der Goes zurückführen. In ähnlichen Darstellungen hat R. die Visionen der hl. Birgitta v. Schweden aufgegriffen, wenn er ⓜ beim Schließen der Augen Christi (Antwerpen, Vaduz, Wien) bzw. beim Entfernen der Dornen (Wien) zeigt. Die Seitenflügel des Triptychons sind innen dem Evangelisten Johannes und der GM gewidmet, den Namenspatronen der Stifter. Außen erscheinen gemalte Skulpturen: Christus als Salvator Mundi sowie die Madonna mit dem Kind, das seine Mutter liebevoll umfaßt. Die Grisailletechnik und das Kosemotiv geben dem Werk zusätzlich eine altertümliche, spätgotische Note.

Neben den Antwerpner Altären entstanden viele bedeutende Triptychen für auswärtige Kirchen. Bes. hervorgehoben sei die »Anbetung der Könige« vom Johannesaltar in Mecheln. (St. Jans, 1617–19). R. hatte das Thema schon einmal in einem Gemälde für das Antwerpner Rathaus gestaltet, das kurze Zeit darauf von der Bürgerschaft nach Spanien verschenkt wurde, wo der Künstler es später um ein Selbstporträt zu Pferd erweitern sollte (Madrid, Prado, 1609/29). Die Wahl des Breitformats, welche damals in Anlehnung an venezianische Vorbilder (Tizian, Veronese) eine friesartige Komposition ergeben hatte (ebenso Lyon, 1618/19), war bei einem Altargemälde nicht möglich. So gruppierte R. die Hauptakteure der Handlung in der unteren Bildhälfte, während er das Gefolge der Könige auf einen Treppenabsatz darüber plazierte (vgl. auch Brüssel, um 1619). ⓜ steht gleichsam als »virgo sacerdos« im Bildvordergrund links und stützt das Christuskind auf die Krippe, derweil ein kniender, prächtig gekleideter Magier diesem ein Geschenk reicht. Die Lichtquelle des Nachtstücks ist das Christkind selbst, womit der Vorgang der Epiphanie unmittelbar anschaulich wird. In stilistischer Hinsicht beginnt hier eine neue Phase in R.' Schaffen, die v. a. durch weichere Übergänge zwischen Hell und Dunkel, wärmere Farben und einen freieren Malduktus gekennzeichnet ist. Weitere Stationen dieser Entwicklung werden die Königsaltäre für die Michaelsabtei von Antwerpen (Antwerpen, Koninklijk Mus., 1626) und das Stift der Weißen Damen von Löwen sein (Cambridge, King's College Chapel, 1633/34), wo zuletzt eine ganz malerische, an die Spätwerke Tizians erinnernde Manier vorherrscht.

Herzog Wilhelm von Pfalz-Neuburg bestellte bei R. drei Gemälde für seine Hofkirche in Neuburg a. d. Donau, die wegen seiner Konversion zum kath. Glauben in eine ⓜkirche der Jesuiten umgestaltet werden sollte. Als Hochaltarblatt malte R. das sog. »Große Jüngste Gericht« (München, Alte Pinakothek, 1615/16), in mehrfacher Hinsicht mit Michelangelos berühmtem Sixtina-Fresko vergleichbar. Aufstieg und Fall der Erlösten und Verdammten folgen hier einer Kreisbewegung, die in Christus ihren Ausgang nimmt, während sich ⓜ in demutsvoller Pose zur Rechten ihres Sohnes als Fürsprecherin der Menschheit einsetzt. Für zwei Seitenaltäre waren die »Anbetung der Hirten« und die »Ausgießung des Hl. Geistes« vorgesehen (beide Schleißheim, Schloß, 1619/20). Bereits in Italien hatte R. eine Hirtenanbetung geschaffen (Fermo, Pinacoteca Civica, 1608), die als Nachtstück mit Correggios »Notte« (Dresden) wetteiferte. Anders als auf dem berühmten Vorbild enthüllt dort aber die GM das Christkind, um es den Hirten zu präsentieren. Dieses Motiv ist auf dem Neuburger Gemälde in Anlehnung an Raffaels (Paris) und Caravaggios (Rom) Loreto-Madonna wiederum soweit abgewandelt, daß daraus eine regelrechte Hl. Messe wird: Während ⓜ auf einem Podest wie vor einem Altar steht, knien die Hirten mit gefalteten Händen vor ihr nieder. Darüber verkündet eine Engelschar die frohe Botschaft. Das Pfingstwunder hat R. hingegen nur dieses eine Mal dargestellt. Nach Apg 1, 13–14 zeigt er die stehende GM als »mater ecclesiae« im Kreis der Apostel, die sich im Obergeschoß eines Hauses zum Beten zusammengefunden haben. Auf allen drei Gemälden kommt somit das ⓜpatronat der Kirche deutlich zum Ausdruck.

Den ersten großen Gemäldezyklus entwarf R. zu Beginn der 1620er Jahre für die neuerrichtete Kirche der Jesuiten in Antwerpen, bei deren architektonischer Planung er selbst beteiligt gewesen sein soll. Der dem Ordensgründer geweihte Bau (heute St. Karl Borromäus) besaß bereits einen Wandelaltar von R., auf dem abwechselnd die »Wunder des hl. Ignatius v. Loyola« und die »Wunder des hl. Franz Xaver« gezeigt wurden (beide Wien, Kunsthist. Mus., 1617–19). Nun folgten 39 Deckengemälde, die über Seitenschiffen und Emporen angebracht werden sollten (1718 durch Brand zerstört; Ölskizzen u. a. in London, Oxford, Paris und Wien). Während im Erdgeschoß Darstellungen von griech. und lat. Kirchenvätern mit solchen anderer Heiliger alternierten und in einer »Anbetung des Namens Jesu« bzw. einer »Anbetung des Namens M)s« kulminierten, wählte man für das Obergeschoß eine Abfolge von biblischen Themen, die typologisch aufeinander bezogen waren. Zwischen »Himmelfahrt« und »Krönung M)s« kam so die atl. Szene mit »Ester vor Ahasver« (Est 5,1—2) zu hängen, da Esters erfolgreiches Eintreten für das Volk Israel bei König Ahasver als Präfiguration der Aufnahme M)s in den Himmel und der Fürbitte bei Christus galt. Das Dekorationssystem als solches läßt sich auf venezianische Vorbilder zurückführen, wie auch die extreme Untersicht der R.schen Gemälde von der »di sotto in sù«-Malerei Veroneses geprägt ist.

In der wenig später erbauten M)kapelle der Jesuitenkirche fand eine »Himmelfahrt M)s« (Wien, Kunsthist. Mus., um 1614) Aufstellung, die R. ursprünglich für den Hochaltar der Kathedrale ULF gemalt hatte. Ein Modello zu diesem Gemälde (St. Petersburg, Eremitage, 1611), das dem Domkapitel in Konkurrenz zu einer Arbeit Otto van Veens präsentiert wurde, verdient als früheste Fassung dieser Szene aus R.' Hand besondere Beachtung. Es zeigt neben der Himmelfahrt auch die Krönung M)s durch Christus, der seine Braut im Reigen musizierender Engel empfängt. Unterhalb der von Putten getragenen GM haben drei Apostel mit vereinten Kräften einen Stein, auf dem der Name M)s eingeritzt ist, vom Eingang der Grabeshöhle geschoben, während drei Jungfrauen und eine Alte im Beisein der anderen Apostel das Rosenwunder entdecken. Bes. diese Frauengruppe ist ungewöhnlich und läßt sich nur mit dem Hinweis auf jene Jungfrauen aus der »Legenda aurea« erklären, die den Leichnam der GM wuschen, bevor er zu Grabe getragen wurde. Inhaltliche und kompositorische Anregungen bezog R. v. a. aus einer illustrierten Schrift des Jesuiten Hieronymus → Nadal (1595), doch auch die ital. Malerei (A. Carracci) hinterließ ihre Spuren. Im ausgeführten Altargemälde hat R. die obere Bildhälfte völlig abgeändert: Wie auf allen späteren Himmelfahrtsdarstellungen des Künstlers ist nun allein M) dargestellt, die von Wolken und Putten getragen dem göttlichen Licht entgegenschwebt. Die Gestalt Gottvaters bzw. Christi war jedoch im Gewölbeansatz (wie hier) oder im Giebel der Altarädikulen immer als plastische Figur gegenwärtig, so daß die M)krönung dem Betrachter durch das Zusammenspiel der Gattungen erfahrbar wurde. Für die M)kapelle der Jesuitenkirche hat R. zudem die Stuckdekorationen der Decke entworfen, die in zahlreichen marian. Symbolen wie Lilie und Rosenkranz auf die Altartafel Bezug nahm. Zwei weitere Himmelfahrtsdarstellungen entstanden für Brüssler Kirchen (Brüssel, Mus., um 1616; Düsseldorf, Städt. Kunsthalle, 1618/ 19, vgl. auch Vaduz, Sammlung des Fürsten von Liechtenstein, um 1637), bevor R. das seit langem geplante Hochaltarbild der Antwerpner Kathedrale realisieren konnte (ebd., 1625/26). Nach ital. Vorbild trat nun an die Stelle des Höhlengrabes ein Sarkophag, um den sich die Apostel und Jungfrauen versammelt haben. Vor einem blauen Himmel schwebt M) im Kreis von Engeln, die ihr Palmwedel und Blumenkränze reichen. Allein Tizian (»Assunta«, Venedig) hatte bisher die »assumptio corporis« der GM auf so triumphale Weise darzustellen vermocht.

Auch für einen süddt. Auftraggeber schuf R. eine Himmelfahrt M)s (Augsburg, Hl.-Kreuz-Kirche, 1625—27). Künstlerisch bedeutsamer ist allerdings sein Gemälde für den Hochaltar des M)doms zu Freising (München, Alte Pinakothek, 1624/25), das die GM in der Gestalt des apokalyptischen Weibes zeigt. Im Bildzentrum werden dem »Sonnenweib« hier jene Flügel angesetzt, mit denen es nach Offb 12 vor den Verfolgungen des siebenköpfigen Drachens in die Wüste fliehen konnte. Kreisförmig darum herum sind der Engelsturz des Michael sowie zwei die Jungfrau mit Lorbeer- und Blumenkränzen beehrende Engel gruppiert, während im Zenit der Allmächtige auf Wolken thront. R. berief sich bei dieser Darstellung der Jungfrau mit Adlersflügeln ausdrücklich auf Dürer (»Apokalypse«), doch greift seine Komposition insgesamt v. a. ein Gemälde Tintorettos (Dresden) auf. Neu ist das Motiv der Schlange zu Füßen des Weibes, das nun ebenso als schlangenzertretende Immaculata lesbar wird. Diesen gegenref. Bildtypus hat R. in jenen Jahren auch selbständig gestaltet (1626—28, bis auf Fragmente zerstört, vgl. Stich von S. A. Bolswert; sowie Madrid, Palacio de Lira, Casa Alba, 1628/29). Da M) unter → Maximilian I. von Bayern zur → Patrona Bavariae erklärt worden war, mag sich hinter dieser triumphalen Erscheinung der GM als »Siegbringerin« eine Anspielung auf die jüngsten Erfolge des Kurfürsten verbergen, wofür auch der martialische Drachenkampf des Erzengels Michael sprechen würde.

Noch vor der Abreise nach Spanien vollendete R. einen seiner schönsten M)altäre für die Kirche der Augustiner Eremiten in Antwerpen (ebd., 1628; Ölskizzen in Berlin und Frankfurt a. M.). In Anlehnung an Tizians Pesaro-Madonna (Venedig) thront hier die GM vor den mächtigen Säulen eines schräg ins Bildfeld gerückten Portikus, während sich zahlreiche Heilige zu ihren Füßen auf einer Treppe eingefunden haben. Assistiert vom hl. Joseph und flankiert durch die beiden Apostelfürsten Petrus und Paulus sowie Johannes d. T. hält sie das Jesuskind in den Armen, welches weit vornübergebeugt der knienden hl. Katharina v. Alexandrien als Zeichen beider Verlöbnis einen Ring reicht. Darüber breitet sich eine prunkvolle rote Draperie aus, von der herab Putten das Haupt M)s mit Blumen bekränzen. Trotz dieser vielen Würdeformen wirkt die GM nicht entrückt, da sie vertrauensvoll auf den Betrachter blickt, als wäre dieser selbst ein Teilnehmer an der feierlichen »Sacra Conversazione«.

Bereits 1614/15 hatte R. für das Oratorium Erzherzog Albrechts in Brüssel eine »Hl. Familie mit Elisabeth und dem Johannesknaben« (London, Wallace Collection) gemalt. Das Halbfigurenbild schildert die Begegnung der beiden Mütter mit ihren Kindern als intime Familienszene in der Tradition Raffaels (vgl. auch Florenz, Palazzo Pitti, um 1615). Später sollte eine »Rosenkranzmadonna« für die Kapelle der Spanier in der Brüssler Dominikanerkirche folgen (1621; 1695 zerstört), die das Regentenpaar gemeinsam mit dem jungen span. König Philipp IV. zu Füßen der GM und einer Anzahl Heiliger zeigte. Nach dem Tod des Gatten setzte die Infantin Isabella diese Stiftertätigkeit fort, indem sie bei R. einen Teppichzyklus für das Kloster der Unbeschuhten Karmeliterinnen in Madrid in Auftrag gab (ebd., 1625—28; Ölskizzen u. a. in Bayonne und Cambridge, Kartons in Sarasota/Florida und Valencienne). Als Chorschmuck während der Osterzeit gedacht, handelt es sich hier um eine Reihe grandioser biblischer und allegorischer Darstellungen, die alle auf den »Triumpf der Eucharistie« verweisen, und die nur in Raffaels Apostelfolge (London) künstlerisch Vergleichbares haben. Schließlich bestellt in Infantin nach R.' Rückkehr aus England einen Altar für die Kapelle der von Albrecht gegründeten Bruderschaft des hl. Ildefons in der Brüssler Pfarrkirche St. Jacop op de Coudenberg (Wien, Kunsthist. Mus., 1630/31). Auf der Mitteltafel des Triptychons ist die Vision des hl. Ildefons wiedergegeben, die von der wundersamen Erscheinung der GM auf seinem Bischofsthron in der Kathedrale von Toledo und der Kaselverleihung an den Heiligen im Kreise von Jungfrauen berichtet. Während die Seitenflügel innen der Stifterin und ihrem verstorbenen Gatten gewidmet sind, die sich dem Schutz ihrer Namenspatrone anvertrauen und in ewiger Fürstenandacht vor der Jungfrau M verharren, zeigt der Altar in geschlossenem Zustand (heute als gesondertes Tafelbild montiert) die »Hl. Familie unter dem Apfelbaum«. Hier stattet die Familie des Täufers dem Christuskind, das auf den Armen seiner Mutter ruht, ihren Besuch vor dem Hintergrund einer herbstlichen Landschaft ab, die Züge des heimatlichen Flanderns trägt.

Wenige Tage vor seinem Tod bestimmte R., daß man über seiner Grabstätte in der Antwerpener St. Jakobskirche sein Gemälde »ULF mit dem Kindlein Jesu auf dem Arm, in Gesellschaft mehrerer Heiliger« (ebd., 1638/39) nebst einer M statue aus Marmor anbringen sollte. Das Bild ist von einer Leuchtkraft und atmosphärischen Dichte die dem Spätwerk alle Ehre machen.

Zu folgenden M themen lassen sich außerdem Gemälde von R. aufzählen: »Die Erziehung der Jungfrau: (Vaduz, Sammlung des Fürsten von Liechtenstein, 1609/10); zahlreiche Verkündigungsbilder (Antwerpen, Dublin, Wien); »Die Flucht nach Ägypten« im Stile Elsheimers als Kabinettstück (Kassel, Staatl. Kunstsammlung, 1614); »Die Rückkehr aus Ägypten« (Hartford/Connecticut, Wadsworth Atheneum, um 1614); zahlreiche Madonnenbilder (Antwerpen, Brüssel, Hannover, Potsdam), die auch durch die Zusammenarbeit mit Jan Brueghel d. Ä. von einem Blumenkranz umrahmt sein können (Madrid, München, Paris). Die Präsenz Ms unter den »Drei Frauen am Grabe« (Pasadena, Norten Simon Foundation, 1617) konnte Held (1989) eindeutig nachweisen.

Lit.: C. G. Voorhelm Schneevogt, Catalogue des estampes gravées d'après R., Haarlem 1873. — M. Rooses, L' Oeuvre de P. P. R., 5 Bde., Antwerpen 1886—92. — M. Rooses und Ch. Ruelens, Correspondance de R. et documents épistolaires concernant sa vie et ses Oeuvres, 6 Bde., Antwerpen 1887—1909. — J. Burckhardt, Erinnerungen aus R., Leipzig 1898. — R. Oldenburg, P. P. R. Des Meisters Gemälde, 1921. — H. G. Evers, P.P.R., 1942. — H. G. Evers, R. und sein Werk, neue Forschungen, 1943. — L. Burchard und R.-A. d'Hulst, R. Drawings, 2 Bde., 1963. — J. Müller Hofstede, Zu R.' zweitem Altarwerk für S. Maria in Vallicella, In: Nederlands Kunsthistorisch Jaarboek, 17 (1966) 1ff. — C. Eisler, R.' Use of the Northern Past: The Michiels Triptych and its Sources, In: Bulletin, Musées Royaux des Beaux-Arts de Belgique 16 (1967) 43ff. — J.R. Martin, The Ceiling Paintings for the Jesuit Church in Antwerp, 1968. — H. Vliege, Saints, 2 Bde., 1973. — C. van de Velde, R.' Hemelvaart van Maria in de Kathedraal te Antwerpen, In: Jaarboek, Koninklijk Museum voor Schone Kunsten 1 (1975) 245ff. — Ausst.-Kat., Rubens e la pittura fiamminga del Seicento nelle collezioni pubbliche fiorentine, 1977. — Ausst.-Kat., P.P.R., R. in Italien, Gemälde, Ölskizzen, Zeichnungen, 1977. — Ausst.-Kat., P.P.R., 1577—1640. Ausstellung zur 400. Wiederkehr seines Geburtstages, 1977. — T. L. Glen, R. and the Counter-Reformation, 1977. — F. Baudouin, P.P.R., 1977. — J. Kelch, P.P.R. Kritischer Katalog der Gemälde im Besitz der Gemäldegalerie Berlin, 1978. — D. Freedberg, A Source for R.'s Modello of the Assumption and Coronation of the Virgin: A Case Study in the Response to Images, In: Burlington Magazin 120 (1978) 432ff.— V. Herzner, Honor refertur ad prototypa. Noch einmal zu R.' Altarwerk für die Chiesa Nuova in Rom, In: ZfGK 42 (1979) 117ff. — J. S. Held, The Oil Sketches of P. P. R., A Critical Catalogue, 2 Bde., 1980. — D. Freedberg, The Life of Christ after the Passion, 1984. — O. v. Simson, Das letzte Altarbild von P. P. R., In: ZDVKW 37 (1983) 61ff. — B. Hubensteiner, P. P. R. und Bayern, In: Biographenwege, 1984, 63—82. — J. S. Held R., Selected Drawings, 1986. — U. Söding, Das Grabbild des P. P. R. in der Jakobskirche von Antwerpen, 1986. — M. Jaffé, R., Catalogo completo, 1989. — J. S. rHeld, »The Holy Woman of Christ Sepulchrez« by R., In: Source-Notes in the History of Art 9 (1989) 66f. — K. Renger, P. P. R.: Altäre für Bayern, 1990. — Ausst.-Kat., P. P. R. (1577—1644), Padua/Rom/Mailand 1990. — Ausst.-Kat., Von Bruegel bis R., Köln 1992. *R. v. Braun*

Rubio y Peralta, José Maria, SJ, * 22. 7. 1864 in Dalía (Almeria), † 2. 5. 1929 in Aranjuez (Madrid), trat 1876 in das Seminar von Almeria ein, vervollständigte seine theol. Studien in Granada und Madrid, erwarb den Dr. iur. can. in Toledo und wurde am 24. 9. 1887 in Madrid zum Priester geweiht, wo er einige Jahre als Seelsorger der Diözese und als Prof. im Seminar tätig war. 1906 konnte er endlich seinen Jugendtraum erfüllen und in die Gesellschaft Jesu eintreten. Fast sein gesamtes Ordensleben hat er in Madrid verbracht, wo er eine intensive apost. Tätigkeit entwickelte: Predigtdienst, Spendung des Bußsakramentes, Exerzitien, Verehrung der

Eucharistie, Ausbildung von gläubigen Laien für den Dienst an Bedürftigsten. Am 6.10.1985 wurde er durch Papst Johannes Paul II. seliggesprochen.

Die wichtigsten Ereignisse seines Lebens fallen mit einigen Festen der GM zusammen. Er selbst hat sich diese Daten mit großer Liebe ausgewählt, die Fürbitte ᛞs suchend. Am Fest ULF de la Merced wurde er zum Priester geweiht. Seine Primiz feierte er am Fest S. Maria del Pilar am Altar ULF vom Guten Rat in der Kathedrale zu Madrid. Seine erste Ordensprofeß legte er am gleichen Fest ab. Niemals hat er es unterlassen, den Rosenkranz zu beten, mit großem Eifer alle marian. Feste gefeiert, bes. das der UE. In seinem Umkreis förderte er die Wallfahrten nach Lourdes, die Marian. Kongregation und stellte alle seine apost. Unternehmungen stets unter den Schutz ᛞs, v.a. seine eucharistischen Werke und die Verbreitung der Herz-Jesu-Frömmigkeit. ᛞ war für ihn Vorbild in der Ausübung der Demut, seiner Lieblingstugend. Mit großer Begeisterung sprach er von ᛞ, was seine Zuhörer tief ergreifen konnte. Ein Jugendlicher sagte einmal: »Nachdem ich Padre Rubio gehört habe, kann ich nicht anders, als Unsere Liebe Frau wie ein Sohn zu verehren« (Positio, 97).

QQ: Positio super virtutibus, Summarium, t. 18, 1965.
Lit.: R.C. Eguia, El P.J.M.R. SJ. Datos biográficos, 1930. — C. Staehlin, El Padre R., ³1974. — J.A. de Sobrino, Tres que dijeron sí, 1985, 83—171. — F. Holböck, Die neuen Heiligen der Kath. Kirche II, 1992, 82ff. — AAS 76 (1984) 672—674; 78 (1986) 971—974. — BSS XI 452—453.   E. Anel/M. Palacios

Rublew (Rubljov), Andrej, * um oder kurz nach 1360 in der Nähe Moskaus, † 1427/30 im Moskauer Andronikow-Kloster, wo er auch begraben liegt, bedeutendster Maler der altruss. Kunstgeschichte, dessen Schaffen einen der wichtigsten Wendepunkte in der bildenden Kunst Rußlands markiert. Aus seinem Leben sind nur wenige sichere, dazu manchmal widersprüchliche Daten und Werke bekannt. R. stammte aus einer weltlichen Familie und ist früh in das Dreifaltigkeits-Sergius-Kloster in Sagorsk eingetreten. Dort wird er eine erste Ausbildung als Ikonenmaler vom Mönchskollegen Daniel Tschorny erhalten haben. Tschorny gehörte zum Künstlerkreis um Prochor v. Gorodez und Theophanes dem Griechen (Feofan Grek), die gegen Ende des 14. und Anfang des 15. Jh.s in der Zeit des Aufschwungs des Moskowiter Staates den Höhepunkt der Moskauer Malerschule repräsentierten.

Um 1400 soll R. die gerade fertiggestellte ᛞ-Himmelfahrts-Kirche in Swenigorod mit Fresken versehen haben, was sehr umstritten ist. Die erste gesicherte Nachricht über den Künstler betrifft seine Zusammenarbeit mit Prochor und Theophanes bei Malerarbeiten in der ᛞ-Verkündigungskathedrale im Moskauer Kreml, die 1405 begonnen wurden. Von den Fresken ist nichts erhalten, nur die Ikonostasis überlebte, von der R. einige Heiligen- und erzählende Ikonen fertigte.

A. Rublew, Himmelfahrt Christi, 1408, Moskau, Tretjakow-Galerie

1408/09 malte R. mit seinem Lehrer Tschorny die ᛞe-Himmelfahrtskathedrale in Wladimir aus (teilweise erhalten) und erstellte auch die dortige Bilderwand vor dem Altar. R. dürfte im Moskauer Erlöser-Andronikow-Kloster gelebt und Ikonen sowie Miniaturen gemalt haben. Von da werden er, Tschorny und die Gehilfen andere Klöster besucht und ausgemalt bzw. mit Ikonen versehen haben. Ein Aufenthalt im Kirill-Kloster von Beloosero und in der ᛞe-Himmelfahrtskathedrale in Swenigorod sind überliefert. An Arbeiten aus dieser Zeit haben sich nur fünf nicht allseits anerkannte Ikonen erhalten (Moskau, Tretjakow-Galerie).

Gegen 1420 wird R. sein berühmtestes Werk, die Dreifaltigkeitsikone (Tretjakow-Galerie) für das Troiza-Sergius-Kloster von Sagorsk begonnen haben, die 1422/23 dort aufgestellt und sofort Vorbild für etliche Generationen russ. Ikonenmaler wurde. Um 1425/30 leitete R. zusammen mit Tschorny die Fresken- und Ikonenausstattung des Troiza-Sergius-Klosters in Sagorsk sowie des Erlöser-Andronikow-Klosters in Moskau.

In der Frühzeit ist R.s Stil geprägt durch die kollektiven Werke, die die altruss.-byz. Tradition der in der Nikonschen Chronik genannten Moskauer Hofmaler Goitan (Gaetan), Ssemjon Tschorny und Iwan fortsetzen. Neue Anregungen muß er von Theophanes dem Griechen erhalten haben, der in eigenwilliger Weise paläologische Stilelemente des 14. Jh.s vermittelte.

Theophanes gehörte zu einer Gruppe von griech. Künstlern, die im 14. Jh. nach Rußland berufen worden waren.

Bereits in seinen ersten sicher zuschreibbaren Werken (1405) begann R. sich von seinen Malerkollegen abzusetzen und versuchte Archaismen der russ. Kunst wie byz. Formüberlieferungen (Theophanes) zu überwinden. Die reifen Werke in Wladimir (1408/09), wo er den entscheidenden Schritt zur Findung seines persönlichen Stils tut, zeigen ihn auf dem Höhepunkt seiner Kunst, in der er die unruhige Expressivität der Griechen durch leidenschaftslose verhaltene Bewegung ersetzt, die Figuren in einer harmonisch ausgewogenen Farbskala aufbaut und generell hellere Töne verwendet. Kompositorisch vernetzt R. seine Gestalten diffiziler, indem er räumliche Vorstellungen durch Überschneidungen und sich verjüngende Details der Architektur und Landschaft verwirklicht.

R. scheint aus dem byz. Vorbild das antikhellenistische Erbe herauszufiltern, um ein russ. Ideal sakral-harmonischen Lebens auszudeuten. Allgemein macht ihn sein Stil der Verwendung realistischerer Proportionen, der gegenüber den Zeitgenossen differenzierteren Schilderung der Emotionen im Gesichtsausdruck, den er feiner und auch intensiver vorträgt, zu einer der größten Künstlerpersönlichkeiten Rußlands.

Entsprechend den Nachrichten und den erhaltenen Werken hat R. M-themen nur in erzählerischer Form (Ikonen der Ikonostasis der Verkündigungskathedrale im Moskauer Kreml von 1405 mit Verkündigung, Geburt Christi, Darbringung im Tempel; Verkündigung und Darbringung im Tempel der Bildwand der Himmelfahrtskathedrale von Wladimir von 1408/09 [Moskau, Tretjakow-Galerie]; Ikonostasisikone der Geburt Christi des Klosters in Sagorsk von 1427, mit starker Werkstattbeteiligung) oder auf Bildern mit der GM als begleitende Person dargestellt (Ikonen der Himmelfahrt Christi und einer Deesisgruppe der Ikonostasis in Wladimir, [Tretjakow-Galerie, 1408/09]; Deesisfresko in Wladimir; Himmelfahrt Christi und Kreuzabnahme der Altarwand von Sagorsk [1427/28] und Ikonen gleichen Themas des Andronikow-Klosters von Moskau [Tretjakow-Galerie] überwiegend Werkstattarbeiten). Von isolierten bzw. autonomen M-darstellungen ist nichts erhalten. Die Zuschreibung einer Kopie der traditionsreichen Wladimirskaja-Madonna, um 1409 gearbeitet, ist zweifelhaft.

Lit.: M. Alpatov, A. R., 1943. — Ders., La Trinité dans l'art byzantin et l'icone de Roublew, In: EOr 146 (1947) 150ff. — W. Molè, Ikona Ruska, 1956. — K. Onasch, Der russ. Ikonenmaler A. R. im Lichte der neuesten sowjetischen Forschungen, In: ThLZ 81 (1956) 421ff. — V. Lazarev, La Trinité d'André Roublew, 1959. — Ders., A. R., 1960. — K. Onasch, Das Problem des Lichtes in der Ikonenmalerei R.s, 1962. — J. Lebedewa, A. R. und seine Zeitgenossen, 1962. — D. Lichatschow, Die Kultur Rußlands während der osteuropäischen Frührenaissance, 1962. — R. Mainka, A. R.s Dreifaltigkeitsikone, 1964. — I. György, R., 1973. — V. Plugin, Mirovozzrenie A. R., 1974. *N. Schmuck*

Rudigier, Franz Joseph, Bischof von Linz (1852—84), Diener Gottes, * 7. 4. 1811 in Partenen (Vorarlberg), † 29. 11. 1884 in Linz, wirkte nach seiner Priesterweihe in Brixen (12. 4. 1835) zuerst in der Pfarrseelsorge. Nach höheren Studien in Wien (Frintaneum) war er sechs Jahre als Theol.-Prof. in Brixen (1839—45) tätig, dann als Spiritual am Frintaneum in Wien (1845—48), als Propst und Pfarrer in Innichen (1848—50), schließlich als Regens des Priesterseminars in Brixen (1850—52), bis ihn 1852 Kaiser Franz Joseph zum Bischof von Linz nominierte (19. 12. 1852). Als solcher war er unermüdlich für sein Bistum tätig. Er verteidigte das österr. Konkordat von 1855 gegen die Angriffe des Liberalismus, v. a. in einem Hirtenbrief von 1868, der gegen die sog. »Maigesetze« Stellung nahm und ihm eine Verurteilung zu zwei Wochen Haft einbrachte, worauf ihm aber der Kaiser sofort eine Amnestie erteilte. — 1892—95 wurde in Linz der Seligsprechungsprozeß geführt und 1905 durch Rom offiziell angenommen.

R. förderte das kath. Presse-, Vereins- und Schulwesen, begünstigte die Errichtung von Ordensniederlassungen und bemühte sich um Priesternachwuchs und Priesterbildung.

R. trat als M-verehrer bes. hervor. Das deutlichste Zeichen hierfür ist der Dombau, zu dem er am 13. 4. 1855 aufrief und den er aus Freude über das am 8. 12. 1854 verkündete Dogma unter den Schutz der »unbefleckt empfangenen Gottesmutter« stellen wollte. In den folgenden Jahrzehnten entstand der Linzer M-dom, die größte Kirche Österreichs (1862 Grundsteinlegung, 1869 Weihe der Votivkapelle, 1924 Domweihe), und zwar nach R.s Plan nur aus feiwilligen Spenden der Gläubigen. Er wollte die Kathedrale »so groß bauen, daß auch die bisher getrennten Brüder in demselben Raum haben!«

Die in der Diözese Linz teils vorher schon übliche Maiandacht zu Ehren der GM erfuhr erst durch R. und das Dogma von 1854 eine entsprechende Breitenwirkung. Vom 1. bis 3. 5. 1855 ließ R. im ganzen Bistum ein marian. Triduum abhalten, das als der eigentliche Auftakt zur Verbreitung der Maiandacht gelten kann. In Linz selbst hat der Bischof den Maiandachten im alten Dom (Ignatiuskirche) und in der Stadtpfarrkirche oft beigewohnt und bei der ersten bzw. letzten Maiandacht eines Jahres auch häufig persönlich die Ansprache gehalten.

Die Mariol. R.s läßt sich an seinen Hirtenbriefen und erhaltenen Predigten ablesen. Sie entspricht theol. den für das 19. Jh. üblichen Mustern, zeichnet sich aber aus durch eine gesunde Mitte, die, wenn man von dem absieht, was der Diktion der Zeit entspricht, Übertreibungen meidet. Typisch hierfür ist seine am 7. 12. 1854, also am Vortag der Dogmatisierung der UE, gehaltene Predigt. Er sprach von der »Niedrigkeit« M-s, die »Mensch und nur Mensch« und »eine Erlöste Jesu Christi, nicht unsere Erlöserin oder auch nur Miterlöserin« gewesen sei. Dagegen demonstrierte er ihre »Erhabenheit« durch Verweise darauf, daß sie die »Mutter Gottes«, die »allzeit Jungfräuliche« und die »Sündenlose« gewesen sei. Schließlich ging er auf die bevorstehende Dogmatisierung ein, bezeichnete aber vorsichtig die Lehre der UE Ⓜe noch als »fromme Meinung, die zwar sehr begründet ..., aber von der Kirche bis jetzt nicht als Glaubenswahrheit ausgesprochen ist«. — In seinen schriftlichen und mündlichen Äußerungen stellte der Bischof zu vielen der großen Ereignissen seiner Amtszeit marian. Bezüge her, so daß ihn sein Biograph Konrad Meindl zu Recht als »Mariophilus« bezeichnete.

QQ: Linzer Diözesanblatt 1855—84. — Diözesanarchiv Linz, Bischofsakten R.
WW: (hrsg. von F. S. Doppelbauer) Bischof R.s Geistliche Reden, 2 Bde., Linz 1885—87; I ²1887; II ³1902. — Exercitia Spiritualia, ebd. 1886; ⁴1908. — Exercitiorum spiritualium primae et secundae editionis supplementum, ebd. 1887. — Bischof R.s Hirtenschreiben, ebd. 1888. — Bischof R.s Politische Reden, ebd. 1889. — Vita Beati Petri, Principis Apostolorum, XXXVI Lectionibus Sacerdotibus maxime proposita, ebd. 1890. — Bischof R.s Kirchenpolitische Aktenstücke, ebd. 1890. — Predigten des Dieners Gottes F. J. R., 2 Bde., ebd. 1900—03.
Lit.: K. Meindl, Leben und Wirken des Bischofs F. J. R. von Linz, 2 Bde., Linz 1881—92. — B. Scherndl, Der Ehrw. Diener Gottes F. J. R., Bischof von Linz, Regensburg-Rom 1913; ²1915. — H. Bahr, R., 1916. — H. Slapnicka, Bischof R. Eine Bildbiographie, 1961. — Ders., F. J. R., In: R. Zinnhobler (Hrsg.), Die Bischöfe von Linz, 1985, 105—146. — R. Zinnhobler (Hrsg.), Bischof F. J. R. und seine Zeit, 1987. — F. Holböck, Geführt von Maria, 1987, 524—528. *R. Zinnhobler*

Rudolf v. Langen, * um 1438 in Everswinkel bei Münster, † 25.12.1519 in Münster. R. stammte aus einem adeligen Geschlecht und erhielt seine erste Schulbildung vermutlich in Münster, wo ein Onkel hohe geistliche Würden bekleidete (seit 1471 als Dompropst). Nach Studien in Erfurt (1456—60, Abschluß als Magister) hielt sich R. kurze Zeit in Basel auf, wo er an der Universität über Ciceros Briefe las. Seit 1462 wieder in Münster, wurde er Propst am Kollegiatsstift am Alten Dom und reiste 1466 in offizieller Mission nach Rom. Den größten Teil seines Lebens widmete er den »studia humanitatis« und der Reform des münsterischen Schulwesens aus dem Geist christl.-humanistischer Ideen. R., der mit zahlreichen norddt. Humanisten (Rodolphus Agricola, Alexander Hegius, Wessel Gansfort und → Erasmus v. Rotterdam) in Verbindung stand, war eine der zentralen Gestalten des westfälischen, kirchlich konservativ gesinnten → Humanismus. Seine wertvolle, zahlreiche Ausgaben antiker Klassiker enthaltende Bibliothek wurde zu einem Anziehungspunkt für viele Freunde und Schüler. 1505 trat R. der Bursfelder Kongregation bei.

Unter R.s lat. Gedichten (zuerst »carmina«, 1486) ragen rel. heraus, in denen er ma. Frömmigkeitsübungen mit einer vom ital. Humanismus beeinflußten Orientierung an der Formsprache der Antike zu verbinden suchte. Sein wichtigstes Vorbild war der spätantike christl. Dichter Aurelius Prudentius Clemens (348—nach 405), dessen Hymnen ihn zu eigenen Versuchen inspirierten (u. a. »Hymnus ad coenam«, Münster um 1488; eine Ode auf die drei Weisen aus dem Morgenland »In divos tres magos Ode Sapphica«, Zwolle 1506). Die rel. Lyrik gipfelt in zwei einander ergänzenden Zyklen auf das hl. Kreuz (»Hore de sancta cruce pindaricis versibus ...«, Köln 1496, ²Deventer 1505, mit Kommentar von Petrus Nehemius) und einer Rosenkranzdichtung auf die allerseligste Jungfrau und GM »Rosarium triplicium florum varietate liliorum scilicet rosarum violarumque contextum beatissime Virginis gloriosissimeque Dei matris Marie« (Köln 1493; ²Münster um 1520; vgl. Parmet 215—226).

Der dem Kölner Universitätslehrer Petrus Rinck gewidmete marian. Gedichtzyklus resumiert in drei Gedichten das Leben Ⓜs und ihres Sohnes: Das erste Gedicht »Pro liliis ad virginem« reicht von der IC bis zum Einzug Jesu in Jerusalem und umfaßt 5 Strophen mit je 10 alkäischen Versen, das zweite »Pro rosis ad virginem« hat die Leidensgeschichte Jesu bis zur Grablegung zum Thema (6 Strophen mit je 10 Elfsilbern), das dritte »Pro violis ad virginem« skizziert in 5 Strophen aus je zweimal 5 sapphischen Versen und einem Adoneus die Heilsgeschichte von der Auferstehung des Herrn bis zur Aufnahme Ⓜs in den Himmel. Jeder Teil wird von einem erklärenden elegischen Distichon beschlossen bzw. der letzte von einem »Epigramma Autoris de psalterio et floribus ad virginem« in 5 Distichen. Die letzte Strophe des dritten Gedichtes ruft in zwölf Versen die GM als Mittlerin zwischen den sündigen Menschen und Gott, dem strafenden Richter an: »Gloria iudex veniens ab alto,/ parcat ut nobis, veniam precare ....«

Die drei Gedichte des Zyklus symbolisieren in den »lilia« die reine Jungfräulichkeit, in den »rosae« die blutigen Wunden Christi und seinen Opfertod und in den »violae« die Hoffnung auf die himmlischen Freuden. Die »virgo mater« wird als Herrscherin des Himmels (»regnatrix«) verehrt. Dem Zweck als Rosenkranzdichtung entsprechend werden die einzelnen Stichen durch ein »Ave Maria« beendet, die Strophen durch ein »Pater noster«. R.s Ⓜdichtung hat die gleichgerichtete Dichtung mehrerer norddt. Humanisten wie Judocus Beysselius, Johannes Murmellius und Hermann von dem Busche inauguriert und in Form und Gehalt beeinflußt.

Ausg.: Lat. Gedichte, In: A. Parmet, R. v. L. Leben und gesammelte Gedichte, Münster 1869, 167—247. — Briefe: W. Crecelius, Epistulae Rudolfi Langii sex, Elberfeld 1876.
Lit. (Auswahl): G. Ellinger, Geschichte der neulat. Literatur Deutschlands im 16. Jh. I, 1929; Nachdr. 1969, 388 f. u. ö. — P. G. Bietenholz (Hrsg.), Contemporaries of Erasmus, A Biographical Register of the Renaissance and Reformation II, 1986, 290 f. — VL² V 590—598 (Lit.). *H. Wiegand*

Rütschenhausen, Bistum Würzburg, Gemeinde Wasserlosen, Pfarrei Greßthal, Wallfahrt Ⓜ in der Tannkirche, Ⓜe Geburt. Der Ort wird in fuldischer Tradition bereits im 9. Jh. erwähnt.

1598 wurde die Kirche renoviert und der Turm neu gebaut, 1659 entstand das Langhaus, im 18. Jh. folgte eine Veränderung, 1920 eine Renovierung. Das Gnadenbild (spätgotische Madonna mit Kind, mit Merkmalen der Riemenschneiderschule) steht im barocken Hochaltar. Nach einer Legende ist die Ⓜglocke die Stiftung eines im Tannenwald verirrten Edelfräuleins, das durch ein Glockenzeichen zurückgefunden haben und dafür eine Schürze voll Silber gespendet haben soll. Die Glocken (Umschrift: »Ave Maria ...«) stammen laut Inschrift von 1503 bzw. 1520. R. wird bes. von Einzelpilgern besucht.

Lit.: A. Amrhein, Realschematismus der Diözese Würzburg, 1897, 46f. — KDB, Bezirksamt Karlstadt, 1912, 161. — D. A. Chevalley, Unterfranken, 1985, 310.

E. Soder v. Güldenstubbe

Ruffo, Vincenzo, * um 1510 in Verona, † 9.2.1587 in Sacile, ital. Komponist, war 1521—34 Mitglied er Scuola degli Accoliti in Verona und dort seit 1531 Kathedralsänger. 1542—46 wirkte er als Musiker für Alfonso d'Avalos, den damaligen Gouverneur von Mailand. Bis 1563 bekleidete R. in Verona, u.a. das Amt des Domkapellmeisters. Wahrscheinlich gehörte A. Gabrieli zu seinen Schülern. Anschließend ist eine enge Zusammenarbeit mit Kardinal Carlo Borromeo in Mailand nachgewiesen, dessen Reformeifer für die kath. KM sich auch R. zu eigen machte.

R. war ein vielseitiger und fruchtbarer Komponist, wobei den Schwerpunkt seiner Arbeiten die geistliche Musik bildet. Als Reformer der kath. KM bemühte er sich um jene Grundsätze, die auf dem Tridentinum erarbeitet wurden: Prinzip der Textverständlichkeit und Ausschluß weltlicher Elemente. Das wird bes. in seiner Messe »Alma Redemptoris« von 1542 (als erste Messe eines Italieners in Druck erschienen), in seinen zahlreichen Madrigalen und den 8 Magnifikatvertonungen deutlich.

Lit. A. Einstein, The Italian Madrigal, 1943. — L. Lockwood, The Counter-Reformation and the Masses of V. R., 1970. — MGG XI 1076—80. — Grove XV 320f.

E. Löwe

Ruiz, Juan (»Arcipreste de Hita«), lebte im 14. Jh. Das »Libro de Buen Amor« ist sein einziges erhaltenes Werk und aus ihm wissen wir vom Namen des Verfassers und seiner Stellung als Erzpriester von Hita (Provinz Guadalajara). Die Angaben sind allerdings, wie die zahlreichen Identifizierungsversuche, umstritten.

Das »Libro de Buen Amor«, ein zentrales Werk der span. Lit. des 14. Jh.s, wirft zahlreiche Probleme auf. Die Konstellation der drei vorhandenen Manuskripte (G, T, S) und einiger Fragmente hat einige Kritiker (u. a. Menéndez Pidal, Corominas und Gybbon-Monypenny) zur Vermutung einer doppelten Abfassung des Werkes gebracht: einer ersten Version von 1330 (G, T) und der endgültigen Version von 1343 (S). Ihnen gegenüber vertritt Chiarini in seiner Ausgabe des Werks die Meinung, daß die drei Manuskripte auf eine gemeinsame Fassung zurückgehen.

Neben der Frage einer möglichen doppelten Abfassung steht das Problem von R.' »Gefangenschaft«. Hinweise im Eröffnungsgebet des »Libro de Buen Amor« (»oración«) und in den Lobliedern auf Ⓜ am Ende des Werkes (in S) auf ein Gefängnis, aus dem der Autor durch Ⓜs Fürsprache freizukommen hofft, ebenso wie die Schlußbemerkung des Kopisten Alfonso de Pradinas, der von einer Inhaftierung des Erzpriesters auf Befehl des Erzbischofs von Toledo spricht, haben zur Frage nach der realen oder nur allegorischen Bedeutung der Haft (Gefängnis des Körpers etc., so u. a. L. Spitzer, M. R. Lida und F. Lecoy) geführt. Als Grund für eine reale Einkerkerung wäre etwa die Abfassung des »Libro de Buen Amor« zu vermuten. Der Titel, unter dem dieses Werk gegenwärtig bekannt ist, wurde zu Ende des vergangenen Jh.s von Menéndez Pidal aufgrund von im Text enthaltenen Angaben vorgeschlagen. Im »Libro de Buen Amor« mischen sich Prosa, lyrische Gedichte und die »cuaderna vía«, eine Strophe von vier reimenden, vierzehnsilbigen Versen, in der der größte Teil des Werkes abgefaßt ist und die das Werk innerhalb der Erzählgattung des »mester de clerecía« situiert.

Das Werk präsentiert sich als autobiographische Darstellung von Liebeserlebnissen, zu denen in geschickter Verknüpfung Exempla, moralische Abhandlungen, allegorische Episoden, »glosas« anderer Werke und lyrische Dichtungen treten. Diese Heterogenität, die zur Frage nach einheitlicher Abfassung (M. R. Lida) oder späterer Zusammensetzung (J. Coromionas) des Werks Anlaß gegeben hat, wird durch die starke Persönlichkeit des Verfassers und die strukturelle Anlage als Autobiographie z. T. neutralisiert. Die Frage nach den Ursprüngen der autobiographischen Struktur ist ein weiterer Schwerpunkt der Forschung zum »Libro de Buen Amor«.

Die umstrittenste Frage ist freilich die nach dem Sinn des »Libro de Buen Amor«. L. Spitzer und M. R. Lida sehen eine moralisierende Absicht; für J. Casalduero handelt es sich um eine Allegorie des ma. Menschen mit der charakteristischen Gegenüberstellung negativer und positiver Elemente. Eine andere gewichtige Gruppe von Kritikern glaubt nicht an R.' moralisierende Absicht: Sánchez-Albornoz sieht das Werk als Ausdruck der typischen Vitalität des span. Menschen; Zahareas unterstreicht R.' künstlerisches Bemühen; Pidal sieht das Werk als ironische Nachahmung der moralisierenden Literatur. Eine wesentliche Rolle in dieser Diskussion spielen die rel. Texte. J. Guzmán, der an die moralisierende Intention glaubt, bringt sie in Verbindung mit der Ⓜfrömmigkeit, die R. in seinem Werk zeigt. Alle gestehen jedoch zu, daß die Aussage des Textes nicht eindeutig ist. Neben der plausiblen Wertung der rel. Texte als Ausdruck des aufrichtigen Glaubens des Verfassers darf indessen das unübersehbare Faktum nicht außer Acht gelassen werden, daß die Parodie im Werk allgegenwärtig ist (A. D. Deyermond); sie kann als R.' Welthaltung verstanden werden. Doch das eine und das andere müssen sich nicht widersprechen und R. selbst scheint in seinem Text auf diese Deutungsmöglichkeit seines Werkes hinzuweisen: »De la santidat mucha es bien grand liçionario, / mas de juego e de burla es chico breviario« (copla 1632, AB).

Rel. Inhalte konzentrieren sich bei R. in den lyrischen Texten des »Libro de Buen Amor«. Etwas mehr als die Hälfte seiner erhaltenen lyrischen Texte behandelt rel. Themen, und zwar ausschließlich marian., während der Rest aus parodistischen und satirischen Gedichten sowie aus Liedern für Studenten und Blinde und einem Lied gegen die Fortuna besteht. Seine rel. Texte sind: vier Serien über die Freuden Ms (»gozos«), der »Ditado a Santa María del Vado«, zwei Passionen, eine »glosa« des Ave Maria und vier Loblieder auf die Jungfrau M.

Die Mfreuden wählen aus der Skala der vorgegebenen Möglichkeiten der Gattung die aufzählend-verehrende Form. Die Freuden (Verkündigung, Geburt, Anbetung der Könige, Auferstehung, Himmelfahrt, Herabkunft des Hl. Geistes und Himmelfahrt der Jungfrau) werden aufgezählt und in ein Gebet eingefügt. Die Mfreuden stellen ein markantes Element im allgemeinen Aufbau des »Libro de Buen Amor« dar: die ersten beiden Serien (Strophe 20—43) sind in die lange Einleitung des Werkes (Coplas 1—70) eingefügt; die dritte und vierte Serie schließen das Buch ab (obwohl hinter ihnen in der Regel noch eine Gruppe von Einzelgedichten und die »Cántica de los clérigos de Talavera« plaziert werden, die aber schon nicht mehr zum Werk gehören); sie werden durch die Strophen 1626—34 eingeleitet, in denen R. auf die mehrdeutige Natur des Buches Bezug nimmt und auf die Strophe 19, die zu Beginn der ersten beiden Serien stand. Somit stehen am Anfang und Ende des Werkes Texte, die die Augenblicke der Freude im Leben Ms besingen. Die Serien der sieben Freuden werden von je einem Gebet eingerahmt; in den beiden ersten Texten ist der Beginn des Gebets in der Ich-Form gehalten, während der Schluß in der Wir-Form abgefaßt ist; im dritten Text sind beide Teile des Gebets in der Ich-Form gehalten. Der vierte Text unterscheidet sich von den anderen durch den Einschluß eines kurzen Mlebens, in dem das genaue Alter angegeben wird, das M jeweils zum Zeitpunkt der dargestellten Geschehnisse hatte; das Gebet, das als Rahmen dient, beginnt und endet in der Wir-Form, jeweils verbunden mit einer Aufforderung an die Zuhörer, M zu loben bzw. sich zu freuen. Dies, zusammen mit dem festlichen Charakter der Verse, die die letzte Strophe (1649) bilden, die sehr gut die authentische Schlußstrophe des Buches sein könnte, unterstreicht die Bedeutung, die R. in seinem Leben M als Quelle der Freude beizumessen schien. M erscheint in diesen Texten als »Licht des Tages«, »Heilige Mutter«, »Königin des Himmels«, «Jungfrau«, »Führerin der Christen«, »Medizin der Welt«, »Herrin«, »Weiße Blume«, »Glorreiche Gottesmutter«, »Tochter und wahre Gemahlin deines Sohnes«. An Eigenschaften Ms werden die Demut und die Jungfräulichkeit sowie die Tatsache, daß sie ohne Schmerz geboren hat, hervorgehoben. Im Anrufungsteil wird auf M als Vermittlerin der Gnade, Fürsprecherin vor Christus und Anwältin der Sünder vor dem Gericht Bezug genommen.

Der Text an S. María del Vado folgt direkt auf die vier »Cánticas de Serrana« und steht im Gegensatz zu ihnen: der Protagonist geht zum Heiligtum, um Vergebung zu erbitten und sich für die Fastenzeit vorzubereiten. Dieser Text besteht aus einer Einleitung in der Strophenform der »cuaderna vía« (Strophe 1044 f.) und einigen Strophen in »zejel«-Form (1046—58). Innerhalb des lyrischen Teils sind zwei Teile zu unterscheiden. Die Strophen 1046—48, die sich an M richten und die Einleitung zur Leidensgeschichte darstellen, die R. zur Erinnerung für M verfaßt (1049—58), die immer wieder angesprochen wird; dieser Leidensgeschichte folgt eine andere, die sich nicht mehr an M wendet, sie aber als Jungfrau und GM erwähnt. Die übrigen marian. Texte gehören zu jenem kleinen »cancionero«, der sich am Schluß des Manuskripts S befindet und eigentlich nicht mehr Teil des »Libro De Buen Amor« ist. Die Strophen 1661—67 sind eine »glosa« des Ave Maria. Sie besteht aus einem einleitenden »refrán« und sechs Strophen. Jede Strophe besteht aus einem Fragment des Ave Maria in Latein (»Ave Maria« im »refrán«; dann »gracia plena«, / »dominus tecum«, / »benedicta tu«, etc.), einer Kommentierung des Fragments mit zusätzlichen Lobpreisungen und einer Bitte. Der doxologische Teil ist reich an Epitheta, die sich auf die Jungfrau beziehen: »Glorreiche«, »herrliche und heilige Jungfrau«, »Fromme«, »Fleckenlose«, »Fürsprecherin«, »Schöne«, »strahlender Stern«, »Linderung in Nöten«, »sehr schöne Gestalt«, »Tugendreiche«, »strahlende Rose«, »Hochgeehrte ohnegleichen«, »gesegnete Blume und Rose«, »Schutz der Christenheit«, »unberührte Blume« u. a. Die letzten marian. Texte, die das »Libro de Buen Amor« enthält, sind vier Loblieder auf M (1668—84). Auf die Bedeutsamkeit dieser Texte für das Problem der möglichen Haft des Arcipreste wurde bereits hingewiesen. In ihnen (außer dem vierten, der unvollständig ist), bittet der Dichter M, ihn aus einer unverdienten Schwierigkeit zu befreien (in einigen Versen nennt er diese Kerker). In allen verbindet sich das Lob der Jungfrau, in dem sie v.a. als Befreierin jener Sünder, die ihr dienen, erscheint, mit einer angstvollen Bitte. Im dritten Lied wird das Bild der Jungfrau als Hafen und Rettung ausgeführt.

Die rel. Texte R.' gelten allgemein nicht als die besten. Doch ist ihre Aufrichtigkeit nicht in Zweifel zu ziehen. Unbestreitbar hatte M in R.' Glauben einen Ehrenplatz inne.

WW: Es existieren zahlreiche Ausgaben des Libro de Buen Amor, u.a. Libro de Buen Amor, Facsimile, hrsg. von C. Real de la Riva, 2 Bde., 1975. — Libro de Buen Amor, Facsimile, hrsg. von M. Criado de Val und E. W. Naylor, 3 Bde, 1977. — Libro de Buen Amor, hrsg. von G. Chiarini, 1964. — Libro de Buen Amor, hrsg. von J. Corominas, 1967, ²1973. — Libro de Buen Amor, übers. und eingel. von H. U. Gumbrecht, 1972. — Libro de Buen Amor, hrsg. von J. Cañas Murillo, 1984.
Lit.: L. Spitzer, Zur Auffassung der Kunst des Arcipreste de Hita, In: ZRP 545 (1934) 237—270. — M. R. Lida, Nuevas notas para la interpretación del Libro de Buen Amor, In: NRFH 13 (1959) 17—82. — I. Cesped, Las composiciones líricas en el Libro de Buen Amor, In: Boletín de Filología 23—26 (1972—75) 29—60. — F. Lecoy, Recherches sur le LBA de J. R. Archiprêtre de Hita, con suplemento de A. D. Deyermond, ²1974. — M. Morreale, La glosa del Ave María en el Libro de J. R. (1661—67), In: Boletín de la Biblioteca de Menéndez Pelayo 57 (1981) 5—44. — M. Morreale, Los Gozos de la Virgen en el Libro de J. R., In: Revista de filología espauola 63 (1983) 223—290; 64 (1884) 1—69. — A. D. Deyermond, Historia de la literatura española. La Edad Media, 1985. — J. L. Alborg, Historia de la literatura española. Edad Media y Renacimiento I, 1986.
F. Sánchez Miret

Rumänien. 1. *Rumänische Orth. Kirche.* Der Entstehungsraum des rumänischen Volkes erstreckte sich über eine weitaus größere Fläche als das heutige Territorium R.s, das 237500 km² umfaßt. Das rumänische Volk bildete sich durch die Vermischung der Daker mit den Römern. Nach den ersten Staatsbildungen auf rumänischem Gebiet an der unteren Donau im FrühMA entstanden im 13. und 14. Jh. die Zentralfeudalstaaten Walachei, Moldau und Transsilvanien (Siebenbürgen), die lange unter türkischer Oberhoheit waren und z. T. (Transsilvanien nach 1688; Bukowina nach 1775) dem Habsburger Reich eingegliedert wurden. 1859 vereinigten sich Moldau und die Walachei, am 1.12.1918 kam Transsilvanien hinzu, 1919 auch Bessarabien und Bukowina, und so entstand das Königreich R. Nach dem Zweiten Weltkrieg stand R. unter der Herrschaft der Kommunisten; eine politische Wende folgte im Dezember 1989. Die Gesamtbevölkerung R.s beträgt nach der Volkszählung vom Januar 1992 22760449 Einwohner, von denen 19762135 (86,8%) der Rumänischen Orth. Kirche (ROK) angehören, was sie hinter der russischen zur zweitgrößten orth. Kirche macht. Der christl. Glaube wurde auf dem späteren rumänischen Gebiet möglicherweise schon durch den Apostel Andreas gepredigt, der während seiner Missionsreisen auch das Gebiet an der unteren Donau erreicht haben soll. Nach der Eroberung Dakiens durch die Römer (106 n. Chr.) verstärkte sich diese Missionstätigkeit durch Kolonisten, christl. Soldaten des röm. Heeres, Sklaven, Kaufleute und im 4. Jh. auch durch Gefangene, die die Goten in das Gebiet nördlich der Donau brachten.

Der christl. Glaube war bei den Rumänen auch im MA und in der frühen Neuzeit einer der Faktoren, die ihre nat. Existenz gefördert und unterstützt haben. Dies wird deutlich am Prozeß der Neuorganisation der ROK im Rahmen der Gründung der rumänischen Feudalstaaten. Die Errichtung der rumänischen Metropolitansitze in der Jurisdiktion des Ökumen. Patriarchats — in der Walachei 1359, in Moldau 1401, in Transsilvanien sicher vor 1500 — stellte die Kirchenorganisation auf eine neue Stufe, entsprechend der sozio-politischen Entwicklung dieser Feudalstaaten.

Nach der Vereinigung Moldaus mit der Walachei war das wichtigste Ereignis in der ROK die Gründung der Hl. Synode dieser Kirche auf der Grundlage des »Synodalgesetzes« vom 3.12.1864. Am 11.6.1865 erhielt der Metropolit der Ungro-Walachei (Bukarest) auf Grund eines fürstlichen Erlasses den Titel »Oberhaupt Rumäniens« und wurde Präsident der Synode. Nach der Erlangung der staatl. Unabhängigkeit (1877) stieg zusammen mit dem Ansehen des Landes auch das der ROK, so daß für sie die Gewinnung der formellen Unabhängigkeit bzw. die Eigenständigkeit (Autokephalie) notwendig wurde. Die Kirchengesetzgebung unter dem Fürsten Alexandru Joan Cuza (1859—66), das Organische Gesetz von 1872 und die selbständige Weihe des hl. Myron am 25.3.1882 durch die Hl. Synode der ROK — ohne vorherige Genehmigung des Ökumen. Patriarchats — waren nicht nur Akte, durch die die ROK ihren Anspruch auf Anerkennung ihrer Eigenständigkeit ausdrückte, sondern auch Stufen der Behauptung in Richtung des kanonischen Statuts. Im April 1885 erließ das Ökumen. Patriarchat die Urkunde (Tomos), wodurch die ROK in die Reihe der eigenständigen orth. Kirchen trat und sich ihr neue Perspektiven der Anerkennung im In- und Ausland eröffneten. Nach dem Ersten Weltkrieg vereinigten sich die Hierarchen der ROK, die früher zu verschiedenen Kirchen gehörten, in der Synode in Bukarest. Ab 1920 waren unter dem Vorsitz des Metropoliten von Bukarest Miron Cristea unentwegt Bestrebungen für die effektive und kanonische kirchliche Einheit im Gange. Diese Einheit aller Rumänen wurde noch verstärkt durch die Erhebung der ROK zum Patriarchat gemäß dem Gesetz vom 25.2.1925, das vom Ökumen. Patriarchat mit der Urkunde vom 30.7.1925 anerkannt wurde. In der Hierarchie der orth. Kirchen nimmt das rumänische Patriarchat den Platz nach dem serbischen und vor dem bulgarischen Patriarchat ein. Seit 1925 bis heute hat die ROK fünf Patriarchen an ihrer Spitze gehabt: Miron Cristea (1925—39), Nicodim Munteanu (1939—48), Justinian Marina (1948—77), Justin Moisescu (1977—86) und den jetzigen Patriarchen Teoctist (seit 1986, * 1914). 1992 gehören zur Hl. Synode der ROK 30 Hierarchen; seit 1992 gibt es in R. 12 theol. Fakultäten an den Universitäten und 16 theol. Seminare als kirchliche Gymnasien.

In der kirchlichen Lehre, im Kirchenrecht und im Gottesdienst ist die ROK identisch mit den übrigen orth. autokephalen Kirchen. Als Kultsprache verwendet sie jedoch die rumänische Sprache. Die kirchliche Verehrung der Jungfrau ⋒ entspricht im wesentlichen jener in der ganzen Ostkirche. Sie weist aber doch in Theol., Gottesdienst, Ikonenmalerei und Volksfrömmigkeit lokale Besonderheiten auf.

Die orth. Theologen R.s haben sich seit Jahrzehnten viel mit der Mariol. beschäftigt und immer betont, daß die Verehrung der GM untrennbar in Verbindung mit der Christol. steht. M nimmt auch in der Gottesdienstordnung der orth. Kirche eine wichtige Stelle ein. Die MV in R. bezieht sich v. a. auf M als Θεοτόκος, als ἀειπάρθενος, auf die Hyperdulie und auf M als Vermittlerin unseres Gebetes bei ihrem Sohn.

Bei der Frage der GMschaft Ms haben die rumänischen Theologen entschieden Stellung bezogen gegen alle Behauptungen, die die Eigenschaft der Immerjungfrau M als Gottesgebärerin ablehnen. So wird z. B. die Behauptung, daß M außer Jesus Christus noch andere Kinder geboren hätte, also daß Christus mehrere leibliche Brüder gehabt hätte, entschieden zurückgewiesen.

Eng verbunden mit der Theotokos-Frage ist die immerwährende Jungfräulichkeit Ms. Auf Grund der biblischen und patristischen Aussagen behaupten die orth. Theologen mit Nachdruck, daß M vor, während und auch nach der Geburt Christi Jungfrau geblieben ist. Der jungfräuliche Zustand begleitet die Gottesgebärerin ihr ganzes Leben wie auch in der Ewigkeit. In diesem Zustand hat M die höchste Stufe der Vollkommenheit erreicht, die überhaupt ein menschliches Wesen erreichen kann. Allerdings behaupten die rumänischen orth. Theologen — im Gegensatz zur kath. Lehre über die UE —, daß die Jungfrau M wie alle Menschen mit der Erbsünde behaftet gewesen sei, bis sie im Moment der geheimnisvollen Empfängnis durch den Hl. Geist von der Erbsünde gereinigt worden ist.

Die besondere Verehrung der GM (→ Hyperdulie) im orth. Verständnis, also die Tatsache, daß die Jungfrau M vor allen Heiligen und Engeln verehrt wird, folgt eben aus ihren Eigenschaften als GM und Immerjungfrau. Die Begründung dafür finden die orth. Theologen schon im NT (Lk 1,48f.; 11,27; Joh 14,26f. u. a.) und bei den Kirchenvätern, wie auch in den Entscheidungen der ökumen. Konzilien. M wird von den Menschen verehrt, weil sie zuerst von Gott selbst auserwählt wurde und über alle Geschöpfe hinaus erhoben worden ist.

Die Verehrung der GM steht auch in enger Verbindung mit ihrer Eigenschaft als Vermittlerin unserer Gebete bei ihrem Sohn Jesus Christus. Bezüglich dieses Aspekts meinen die rumänischen Theologen, angefangen mit D. Stăniloae (* 1903) als dem bedeutendsten unter ihnen, daß die Rolle Ms als Vermittlerin in der kath. Theol. und Praxis überbetont wird, bzw. nicht genügend in die Christol. eingebunden ist, als ob M von sich aus das Heil erteilen könnte.

Die MV entfaltet sich in der orth. Kirche v. a. im Gottesdienst, während dessen M als Vermittlerin mit einbezogen wird. So folgt etwa in den meisten orth. Gottesdienstordnungen in einer Gruppe von Troparen nach der Doxologie unmittelbar ein Tropar zu Ehren der Gottesgebärerin, z. B.: »Da du als Gottes Mutter offen sprechen kannst/ zu dem der aus dir geboren wurde,/ dem eingeborenen Wort,/ das mit dem Vater ohne Anfang/ und gleichen Wesens mit dem Geist,/ höre nicht auf zu flehen,/ daß es aus Gefahren jene errette, ganz Tadellose,/ die dich als Gottesgebärerin verehren.« (Tropar am Freitag der 8. Woche nach Pfingsten nach der dt. Übersetzung von L. Heiser, Maria in der Christusverkündigung des orth. Kirchenjahres, 1981, 336f.).

Die Gebete und Kirchengesänge für M in der orth. Kirche gipfeln im berühmten → Akathistos-Hymnos. In der göttlichen Liturgie kommt die Verehrung der GM am konkretesten bei der Vorbereitung der Opfergaben (→ Proskomedie) zum Ausdruck, wo auch ein Teilchen der → Prosphora eigens dem Gedächtnis der GM vorbehalten ist.

Im Laufe des orth. Kirchenjahres sind einige Festtage bes. M gewidmet: Me Geburt (8. September), Gedenken des Hl. Schutzes der Gottesgebärerin (1. Oktober), Eintritt Ms in den Tempel (21. November), Empfängnis der hl. Anna (9. Dezember), Mitfeier der Gottesgebärerin (26. Dezember), Me Verkündigung (25. März), Entschlafung der Gottesgebärerin (15. August). Einige dieser Feste, v. a. der 15. August, gelten als → Patrozinien für viele Gotteshäuser in der ROK. Am 15. August pilgern viele Gläubige zu verschiedenen Klöstern, die der Entschlafung Ms geweiht sind (z. B. Kloster Sîmbăta de Sus in Transsilvanien u. a.). In einigen rumänischen Klöstern (z. B. Sihastria in der Moldau) befinden sich Mikonen, die als wundertätig gelten. In Not und Gefahr wurden solche Ikonen durchs Land getragen und verehrt. Von manchen wird behauptet, daß die GM von Zeit zu Zeit weint, um die Menschen daran zu erinnern, Buße zu tun. In der Volksfrömmigkeit wird M durch Gebete verehrt und es werden ihr fromme Volkslieder gewidmet, bei denen das Leitmotiv lautet: »Mutter Maria, bitte für uns!«.

Lit.: D. Staniloae, Die Lehre über die GM bei den Orthodoxen und bei den Katholiken (rumänisch), In: Ortodoxia 1 (1950). — Ders., Die GM als Vermittlerin (rumänisch), In: Ortodoxia 1 (1952). — C. Pârvu, Die orth. Begründungen für die Verehrung der GM (rumänisch), In: Studii teologice 3—4 (1954). — P. Deheleanu, Die Brüder des Herrn (rumänisch), In: Mitropolia Banatului 4—6 (1964). — Chesarie Gheorghescu, Die Lehre über die GM in der Orthodoxie und im Katholizismus (rumänisch), In: Ortodoxia 3 (1970). — A. Plamadeala, Die Muttergottes in der orth. Theol. (rumänisch), In: Biserica Ortodoxa Româna 9—10 (1978). — E. Braniste, Die Verehrung der GM im orth. Gottesdienst (rumänisch), In: Ortodoxia 3 (1980). — N. Neaga, Die Hl. Schrift des AT und NT über die GM (rumänisch), In: Calendarul Român, Timisoara, 1990. — T. Bodogae, Was sagen die Kirchenväter über die GM? (rumänisch), ebd. V. Jonita

2. Röm.-Kath. und Unierte Kirche. Ein bedeutender marian. Wallfahrtsort der Katholiken des Röm. Ritus in R. ist → Mariaradna. Die Rumänische (mit Rom) Unierte Kirche, die denselben Ritus hat wie die Orth. Kirche, wurde im Jahr 1700 gegründet, zählte bis zum Ausbruch der Verfolgung 1948 mehr als 150 000 Mitglieder und wird seit 1989 auch wieder vom rumänischen Staat anerkannt. Marian. Wallfahrtsstätten die-

Ph. O. Runge, Ruhe auf der Flucht, 1806, Hamburger Kunsthalle

ser Unierten Kirche sind in Bixad, Nicula, Moiseiu, Stramba, Lupsa und Prislop. Zu diesen Stätten, die v. a. in der ersten Hälfte des 20. Jh.s stark besucht waren, pilgern heute orth. und unierte Christen R.s gleichermaßen.

Lit.: O. Barlea, Biserica Română Unită, 1952, bes. 220f.

O. Barlea

Runge, Philipp Otto, Maler, Zeichner und Graphiker, * 23. 8. 1777 in Wolgast / Pommern, † 2. 12. 1810 in Hamburg, neben C. D. Friedrich bedeutendster Vertreter der norddt. Romantik.

Nach Zeichenunterricht in Hamburg folgte 1799—1801 eine Ausbildung an der durch Abilgaard klassizistisch orientierten Akademie in Kopenhagen, die bei R. jedoch antiklassizistische Tendenzen bewirkte. 1801—03 studiert er an der Akademie in Dresden, und lernt dort Ludwig Tieck kennen, der ihn mit Böhme, Wackenroder, Novalis und Schlegel vertraut macht. Noch in dieselbe Zeit fallen Überlegungen zu einer neuen Landschaftskunst und die ersten Zeichnungen zum Thema der »Tageszeiten«, dem wichtigsten seines Gesamtwerks. Aus dem dadurch erweckten Interesse Goethes entsteht eine rege Korrespondenz, in der es bes. um die beiderseitigen Untersuchungen zur Entwicklung einer Farbentheorie geht, die für R. in enger Verbindung mit Gedanken zum Phänomen des Lichtes steht. 1808 erarbeitet er die »Farbenkugel«, die im Todesjahr im Druck erscheint.

Traditionell christl. Motive sind im Werk des prot. im »Geist einer anspruchslosen Frömmigkeit« (der Bruder Daniel) erzogenen und später vom Pantheismus geprägten R. zwar nicht selten zu finden — die zahlreichen Genien der »Tageszeiten« sind zumindest formal mit den barocken Putten verwandt und die Muttergestalt im Blatt »Der Tag« erinnert stark an Darstellungen der sitzenden GM, zumal sie in einer Ausführung als Ölbild auf Goldgrund gemalt ist. Als ausgesprochene Themen rel. Historienmalerei hat er jedoch nur zwei Bilder gemalt, neben einer Darstellung »Christus wandelt auf dem See Genezareth« von 1806 das bekanntere Gemälde »Ruhe auf der Flucht nach Ägypten« (1806), beide — bezeichnenderweise ursprünglich als Altarbilder gedacht — heute in der Hamburger Kunsthalle. In der ganz ähnlich einer »Geburt Christi« komponierten »Ruhe auf der Flucht« rahmen die unmittelbar im Vordergrund lagernde Hl. Familie, der Esel und ein blühender Baum die im Hintergrund aufscheinende, durch Bauwerke ägyptisch gekennzeichnete Nillandschaft — als Ziel und Verheißung voll erleuchtet im Licht der Morgensonne. Kern der Bildaussage ist die Vermittlung des Kontrastes zwischen dieser Lichtfülle und den im Vordergrund noch verschatteten Bereichen durch das im Mittelpunkt der Darstellung am Boden liegende Jesuskind, das die Sonne begrüßt und in der Nacktheit des Neugeborenen in Bezug steht zu deren Aufgang. Das Morgenlicht ist das Gleichnis Gottes und seiner Menschwerdung, die in der Inkarnation gegebene Erleuchtung der Welt ist in der Landschaft sinnfällig dargestellt. M tritt demgegenüber zurück. Sie blickt voll Andacht auf ihr Kind, ihre schlichte Gestalt trifft der Abglanz des Lichtes und zeichnet sie aus gegenüber dem noch abgewandt im Schatten hockenden Joseph. Mehr als diese relative Hervorhebung war nach prot. Verständnis nicht möglich, doch gingen R.s Vorstellungen auf der Suche nach stärkerer Vergeistigung auch darüber hinaus, indem er als adäquates, weil abstrakteres Medium eines neuen rel. Denkens die Landschaft erkennt und durch diese das rel. Historienbild ersetzt.

Lit.: J. Träger, P. O. R. und sein Werk, Monographie und kritischer Kat., 1975 — Ders., P. O. R. oder die Geburt einer neuen Kunst, 1977 — H. Hohl, Abend des Abendlandes und Morgen des Morgenlandes, die »Ruhe auf der Flucht« und das Problem der rel. Landschaft, In: Ausst.-Kat., R. in seiner Zeit, München/Hamburg, 1977 — P. O. Runge, Die Begier nach der Möglichkeit neuer Bilder, Briefwechsel und Schriften zur bildenden Kunst, 1978. N. Leudemann

Rupert v. Deutz, * um 1070, † 1129/30 in Deutz, wurde als Oblate der Abtei St. Laurentius in Lüttich übergeben, legte dort die Gelübde ab und wurde zum Priester geweiht; etwa ab 1116 war er im Kloster zu Siegburg; 1120 wurde er als Abt nach Deutz berufen. R. gilt als führender Vertreter der monastischen Theol. Er schrieb Bibelkommentare, geschichtstheol. Arbeiten, Erklärungen der Regel und der Liturgie. Erwähnenswert ist, daß R. als erster ma. Theologe nach dem »Sigillum beatae Mariae« des Honorius Augustodunensis das Hohelied marian. deutet.

Seiner theol. Eigenart gemäß stellt R. seine mariol. Ausführungen in den Rahmen der Heilsgeschichte, die er als Werk der heiligsten Dreifaltigkeit den göttlichen Personen appropriiert. Die Berufung Ms zur GM ist im Zusammenhang mit der absoluten Prädestination Christi zu betrachten. R. legt (In Cant II 2; cf. Sup. Mt XIII) Spr 8,22—32 auf den ewigen Ratschluß der Menschwerdung hin aus. Von Spr 8,31, »Meine Freude war es, bei den Menschenkindern zu sein«, erschließt er die Prädestination der GM: »Wieviel größer war die Freude der göttlichen Weisheit, bei dieser Magd des Herrn, die das Wunder aller Menschenkinder ist, zu sein.«

In der Folge der biblischen Geschichte versteht R. M als den edelsten Teil der Kirche des Alten Bundes. Um Christi, ihres Sohnes, willen hat Gott Vater sich die Alte Kirche zur Gemahlin erwählt. Moses und den Propheten hat Gott durch den Hauch des Hl. Geistes bereits sein Wort mitgeteilt und so das Heil der Menschen vorbereitet, um es in M durch die Inkarnation zu vollenden (De operibus Spiritus sancti I 7—8). M war vorherbestimmt, die Braut Gottes des Vaters zu werden. Als sie dem Engel mit gläubigem Herzen antwortete: »Siehe, ich bin die Magd des Herrn«, kam der Hl. Geist zuerst in ihr Herz und machte sie zur Prophetin. So wurden in ihr alle Prophetien und alle Gnadenmitteilungen des Alten Bundes erfüllt, und M wurde Tempel des Hl. Geistes. Dann senkte der Hl. Geist in ihren Schoß den göttlichen Samen, das Wort Gottes. Dieses Wirken des Hl. Geistes wird ausdrücklich von dem Begriff generatio unterschieden. Diesen eignet R. Gott Vater zu und stellt damit die Inkarnation an die Seite der innertrinitarischen Zeugung (De operibus Spiritus sancti I 8—10; cf. In Gen I 2; In Is II 31). Wie M der edelste Teil der Kirche des Alten Bundes war, so ist sie Vorbild der Kirche des Neuen Bundes, welche Braut Christi ist (De operibus Spiritus sancti I 8). An anderer Stelle (De glorificatione Trin. VII 18) nennt R. M ausdrücklich Braut des Vaters, Braut und Mutter des Sohnes, Tempel des Hl. Geistes.

Mit der allegorischen Deutung von Ps 19,6 bezeichnet R. M als das Brautgemach, in dem sich der Bräutigam mit seiner Braut, d. h. der Schöpfer mit dem Geschöpf vereint (De operibus Spiritus sancti I 13). Derselbe Gedanke wird auf das Bett Salomons (In Cant III 3) angewandt, ähnlich in der Auslegung der Hochzeit von Kana: Hier erkennt die Kirche ihre Verbindung mit Gott, der ihre Natur angenommen hat (In Joh II). R. vergleicht die Erschaffung der menschlichen Natur Christi mit der Erschaffung Adams aus Erde. M vertritt hier die Stelle dieses Materialprinzips, nun aber gleichsam als beseelte Erde, die durch den Glauben fähig ist, den Hl. Geist und den göttlichen Samen zu empfangen (De operibus Spiritus sancti I 11; cf. in Cant II 2).

M birgt in der Erfüllung der Verheißungen des Alten Bundes allen Segen der Vorzeit in sich. Das Heilsgeschehen an ihr ist auch Vorbild für den Neuen Bund. Der Hl. Geist wirkt in M die Menschwerdung Christi und durch die Kirche die Wiedergeburt der Gotteskinder. Doch wird Ms Anteil an der Inkarnation auch unmittelbar für die Kirche bedeutsam. Alle Tugenden und Gnaden, aller Segen des Himmels gelten als ihre Früchte. Sie ist Lehrmeisterin und Ursprung des Evangeliums, Quell des Gartens, d. h. Mutter der Kirche. Ihr Glaube macht sie zu unser aller Mutter (In Cant IV 4). R. preist sie: »Durch deine Verdienste leben wir« (ebd. III 4).

Die Heilsbedeutung der Mutterschaft Ms wird ergänzt durch ihre Teilnahme am Leiden ihres Sohnes: Ohne Schmerzen wurde sie Mutter Christi; mit Schmerzen hat sie unter dem Kreuz das Heil geboren und wurde hier Mutter des Johannes und auch unsere Mutter (In Joh XIII).

Von der Jungfräulichkeit Ms spricht R. an vielen Stellen. Mit der Tradition lehrt er, daß sie als Jungfrau das göttliche Wort empfangen hat, daß sie als Jungfrau gebar und nach der Geburt

Jungfrau blieb (cf. Spilker 299—301). Mit verschiedenen Gleichnissen aus dem natürlichen Bereich sucht R. das Geheimnis zu veranschaulichen. So weist er darauf hin, wie ein Vogel ein Ei bebrütet und damit neues Leben weckt, ohne daß das Ei verletzt wird (De glorificatione Trin. IX 6). Die Behauptung der Geburt ohne Schmerzen (cf. oben, In Joh XIII) ist auch als Hinweis auf die jungfräuliche Geburt zu verstehen.

Zur Annahme der UE konnte R. noch nicht kommen, da er mit den Theologen seiner Zeit die Empfängnis im aktiven Sinn faßt, d. h. der Makel liegt im Tun der Eltern und wird durch die Zeugung auf die Leibesfrucht übertragen. So läßt R. ᙏ mit Ps 51 sprechen: »Siehe, ich bin in Schuld geboren; in Sünde hat mich meine Mutter empfangen.« Die Befreiung von der Erbsünde zugleich mit der Mitteilung aller Gnadengaben geschah nach R. bei der Inkarnation durch die Überschattung des Hl. Geistes (In Cant I 1). In Gegensatz zu der Auffassung, daß ᙏ im Stande der Erbsünde geboren wurde, steht die Lehre R.s, daß sie in ihrem ganzen Leben von Sünden und auch von jeder ungeordneten Begierlichkeit frei war (Spilker 301 f.). Nach dem Glauben der Kirche äußert sich ja die Erbsünde in der Begierlichkeit (DS 1515). Über das Lebensende ᙏs sagt R., daß ihr Christus mit dem Heer der Engel entgegenkam. Von einer leiblichen Aufnahme sagt er nichts (Spilker 306).

Eine Nachwirkung der Mariol. wie der Christol. R.s finden wir bei → Gerhoh v. Reichersberg, der die wesentlichen Gedanken daraus in sein Werk aufnimmt.

Ausg.: PL 167—170. — In CChr CM sind erschienen: De divinis officiis VII; In Ev. Johannis IX; De S. Trin. et operibus eius XXI—XXIV; In Cant XXVI; Sup. Mt XXIX. — De victoria Verbi, ed. R. Haacke, MGH. QG V, 1970.

Lit.: H. Barré, Marie et l'Eglise, In: EtMar 9 (1951) 59—143. — B. Korosak, Mariologia S. Alberti Magni et coaequalium eius, 1954. — H. Riedlinger, Die Makellosigkeit der Kirche in den lat. Hoheliedkommentaren des MA, 1958. — C. Binder, Thesis in passione Domini fidem Ecclesiae in Maria sola remansisse, In: MeE III, 1959, 389—488. — R. Spilker, Maria und die Kirche nach dem Hoheliedkommentar R.s v. D., ebd. 291—317. — M. Peinador, La mariologia de Ruperto de Deutz, In: EphMar 17 (1967) 121—148. — Ders., La actitud negativa de Ruperto de Deutz ante la Inmaculada Concepcion de la Virgen, In: Mar. 30 (1968) 192—217. — Ders., Maria y la Iglesia en la historia de la Salvación según Ruperto de Deutz, In: EphMar 18 (1968) 337—381. — Ders., Presencia y actuación de Cristo en la historia y economía del antiguo testamento según Ruperto de Deutz, In: Claretinum 8 (1968) 311—359. — Ders., El commentario de Ruperto de Deutz al Cantar de los Cantares, In: Mar. 31 (1969) 1—58. — Ders., La maternidad mesiánica de Maria en el antiguo testamento según Ruperto de Deutz, In: Mar. 34 (1970) 521—550. — W. Beinert, Die Kirche — Gottes Heil in der Welt, 1973. — J. Schneider, Die Mariologie Gerhohs v. Reichersberg, In: FKTh 3 (1987) 203—216.

J. Schneider

Rusanos, Pachomios, * 1508 in Zakynthos, † 1553 in der Gegend von Naupaktos, angesehener orth. Theologe und kirchlicher Schriftsteller des 16. Jh.s, Sohn des späteren Mönchs Joakim R.; orth. Umgebung und seine asketische Natur führten ihn früh zum Mönchstum. In seiner Heimat Zakynthos wurde er Mönch im Kloster des hl. Georg des Krimnos, wo er auch seine erste Schulbildung erhielt. Später, auf vielen Reisen im ganzen historischen griech. Raum von Konstantinopel bis Jerusalem und Venedig, unterwies er das Volk und ergänzte zugleich sein Wissen bei der Durchforschung der reichen Klosterbibliotheken, bis er sich für 10 Jahre auf den Berg Athos zurückzog.

Von dort aus machte R. ausgedehnte Reisen, um zu predigen und dem Volk die Beichte abzunehmen. Daneben fand er noch Zeit, zu den wichtigsten theol. Fragen seiner Epoche mit umfangreichen Schriften Stellung zu nehmen, führte so einen vielseitigen und kraftvollen Kampf gegen die äußeren und inneren Bedrohungen der Tradition und wurde dank seiner hohen Begabung und seines Fleißes zum bedeutendsten Theologen seiner Zeit.

Trotz seines kurzen Lebens hinterließ er viele Schriften dogm. und apologetischen, praktisch-ethischen und grammatikalischen oder allgemeinen Inhalts. Die wichtigsten sind: Σύνταγμα ἤ λόγοι δογματικοί, 6 dogm. Abhandlungen, die fast den ganzen Lehrstoff der Dogmatik enthalten; Ἡ εἰς Ἄδου κάθοδος τοῦ Κυρίου, ein Briefwechsel, in dem die Lehre eines Mönchs Matthäus bekämpft wird; Ἀντικαρτανικά, sechs Kampfschriften gegen die Häresie der Kartaniten; Περί τῆς τῶν Ὀρθοδόξων καί τῶν Σαρακηνῶν πίστεως, ein apologetisches Werk; Κατά Λατίνων, Κατά Μαρτίνου Λουθήρου, Λόγος ὑπεραπολογητικός τε καί ἠθικός und Περί τῆς ἐκ τῶν Γραφῶν ὠφελείας, ein bedeutsames Werk, das von anderen kleineren Studien ergänzt wird und R.' tiefe Kenntnis der Schrift und der patristischen Tradition zeigt. R. schrieb auch verschiedene liturg., hagiologische, musikalische und asketische Werke. Mit einer reichen Argumentation aus den Werken der Väter verteidigt er das monastische Zönobium und fordert idiorhythmisch lebende Mönche auf, Zönobiten zu werden. Zu seinen Werken zählen auch Briefe und grammatikalische Schriften, wie Προθεωρία εἰς τὴν γραμματικήν und Κανόνιον Ῥημάτων.

Auch ᙏ erscheint in den Werken des R. Eine kurze Glosse Περί συλλήψεως τε καί γεννήσεως τῆς τοῦ Κυρίου καί τῆς μητρὸς αὐτοῦ« (Karmiris 273) ist erhalten. 1679 wurde zum ersten Mal R.' Werk Ὑπόμνημα εἰς θαῦμα εἰκόνος τῆς Παναγίας ἐν Κερκύρᾳ anonym herausgegeben.

R.' Beitrag zum Fortleben der kirchlichen Tradition und zur Erhaltung des griech.-orth. Selbstbewußtseins im unterdrückten Volk war bedeutend.

Lit.: Grundlegend bleibt bis heute die Studie des J. N. Karmiris Ὁ Παχώμιος Ρουσάνος καί τά ἀνέκδοτα δογματικά καί ἄλλα ἔργα αὐτοῦ, νῦν τό πρῶτον ἐκδιδόμενα, 1935. — G. Podskalsky, Griech. Theol. in der Zeit der Türkenherrschaft (1453—1821), 1988, 98—101 (Lit.). — TEE X 858—861.

G. Metallinos

Rußland. »Rußland wird sich bekehren« lautete der Inhalt einer der Botschaften von Fatima im Revolutionsjahr 1917. Was niemand mehr für denkbar gehalten hat, ist 1990 nach dem Zusammenbruch des kommunistischen Weltreiches in den Bereich des Möglichen gerückt. Nachdem R. wirklich wieder »Rußland« ist und nicht die andere Völker unterdrückende größte der Sowjetrepubliken, besteht die Chance, daß dieses neue R. wieder zum alten »Hl. Rußland« wird, das die russ. Dichter und Schriftsteller vor der Revolution so gern beschrieben haben.

In einem Beitrag der Monatsschrift »Kirchlicher Bote« vom 1. 8. 1990 wünscht das Moskauer Patriarchat ausdrücklich, daß R. wieder ein »Hl. Rußland« werden möge, denn es sei nach wie vor ein Land mit Tausenden von Kirchen, 1914 seien es in ganz R. rund 54 000 gewesen. Im 20. Jh. seien viele von ihnen dem Erdboden gleichgemacht worden: »Wir wollen nicht glauben, daß dies für immer so sein soll. Es wird eine Zeit kommen, in der unser Land wieder ein heiliges Rußland sein wird.« In der vollständigen Befreiung der Kirche, bes. der russ.-orth., ferner in der Hinwendung unzähliger Menschen zum Glauben und in den vielen Taufen von Jugendlichen und Erwachsenen kann man den Anfang der in Fatima vorausgesagten Bekehrung, die Wiederauferstehung des »Hl. Rußland« sehen.

Die Voraussetzungen für die Hinwendung zur Religion sind in R. günstiger als in irgendeinem anderen Land des ehemaligen Ostblocks, denn rel. gesehen ist der russ. Mensch ein tief gläubiger. Seine Erlösungssehnsucht, seine Hoffnung auf Unvergängliches, läßt ihn irdisches Leiden mit einer unglaublichen Geduld ertragen. Wenn er allerdings Gott vergißt, endet er leicht im Nihilismus. An ethischen Werten liegt ihm dann wenig. Er wird nicht mehr nach erlaubt oder verboten fragen und tatenlos zusehen, wie alles zerfällt. Die letzten siebzig Jahre der russ. Geschichte bestätigen eindrucksvoll diese Aussage. Der russ. Schriftsteller Iwan Kologriwow schreibt dazu: »Dennoch werden selbst in diesem Fall christliche Motive den Grund seines Wesens bestimmen, und die Triebkraft seines Handelns wird im letzten eine religiöse bleiben, da der christliche Glaube im Lauf der Jahrhunderte seine geistige Substanz zutiefst durchdrungen hat. Man hat seinen Sonderfall sehr klar formuliert, als man sagte, der Russe sei immer für oder gegen Gott, aber niemals ohne Gott« (I. Kologriwow, Das andere Rußland, 1958, 13).

Begonnen hatte diese Durchdringung der russ. Seele durch das Christentum mit der Massentaufe im Dnjepr bei Kiew, die Fürst Wladimir (ukrainisch: Volodimir) 988 selbst empfangen und seinen Untertanen geboten hatte. Der politische Grund dafür war, daß Wladimir mit seinem Volk in den Kreis der großen und mächtigen Völker Europas einzutreten gedachte. Er erkannte, daß das nur gelingen würde, wenn er und sein Volk eine der großen Religionen annähm. Nach der berühmten Nestor-Chronik, die den ersten Teil des Sammelwerkes »Paterikon« vom Kiewer Höhlenkloster bildet (12. Jh.), schickte der Fürst Kundschafter aus, die herausfinden sollten, welche Religion die beste für die Russen sei. Das in der Zerstreuung lebende Judentum schied als erstes aus. Nach Abstechern bei den Bulgaren (Islam) und den »Deutschen«, hier stellvertretend für das abendländische Christentum genannt, kamen die Boten nach Konstantinopel, wo der griech. Kaiser für sie einen Gottesdienst mit aller Pracht in der Hagia Sophia feiern ließ, den sie ihrem Fürsten später so schilderten: »Und so kamen wir zu den Griechen und wurden dorthin geführt, wo sie ihrem Gott dienen — und wir wissen nicht, ob wir im Himmel oder auf Erden gewesen sind . . . . Wir haben erfahren, daß Gott dort unter den Menschen weilt.« Nach dem weiteren Bericht der Chronik war diese Erfahrung gerade von der Schönheit des griech. Gottesdienstes der letzte Anstoß für die Taufe von 988.

Damit war die Kiewer Rus, wie man dieses erste Staatsgebilde in jenem Gebiet nennt, von seiner Gründung an ein christl. Staat geworden. Seine ersten Missionare, Priester und Bischöfe bezog der junge slawische Staat ausschließlich aus Byzanz, was zur Folge hatte, daß die späteren Länder R. und die Ukraine bis heute vom griech.-orth. Christentum geprägte Länder geblieben sind.

Mit der Eroberung und Zerstörung Kiews durch die Tataren (1240) verlagerte sich das Zentrum des Reiches immer mehr nach Nordosten. Der neue Mittelpunkt wurde Moskau. Kiew und sein Umland wurden zum »Land am Rande« (Ukraine). Die Moskauer Großfürsten begannen mit dem »Sammeln der russischen Lande«. Durch die Verlegung des Metropolitensitzes von Kiew nach Moskau wurde diese Stadt nun auch Mittelpunkt des kirchlichen Lebens. Nach dem Fall von Konstantinopel (1453) fiel der russ.-orth. Kirche mit dem einzigen christl.-orth. Herrscher in der Welt wie selbstverständlich die Rolle des Beschützers und Bewahrers der gesamten Orthodoxie zu. Der Mönch Filofey schreibt dazu 1524: »Wie wurde das griechische Reich zerstört? . . . Weil sie den orthodoxen Glauben an die Lateiner verrieten ... Einige Worte möchte ich über das heutige orthodoxe Reich unseres allerlichtesten und höchstthronenden Herrschers sagen, der auf der ganzen Erde den Christen der einzige Zar und Zügelhalter der heiligen, göttlichen Altäre der heiligen ökumenischen, apostolischen Kirche ist, welche anstatt der römischen und der konstantinopolitanischen in der gottgesegneten Stadt Moskau ist, die allein in der Ökumene heller als die Sonne leuchtet ... Denn zwei Rom sind zerfallen, aber das dritte steht, ein viertes wird es nicht geben.« — Das Patriarchat Konstantinopel hat diese Stellung Moskaus später fast widerspruchslos hingenommen und Moskau 1589 als völlig unabhängiges Patriarchat nach Rom, Konstantinopel, Alexandrien und Antiochien anerkannt.

Obwohl die Anfänge des christl. R. in die Zeit vor dem großen Schisma von 1054 zurückreichen und die russ. Fürsten noch lange nach der Kirchenspaltung freundschaftliche Beziehungen zum christl. Westen, auch zum röm. Papst, aufrechterhielten, wurde das russ. Christentum kaum vom westlichen Christentum geprägt, sondern entwickelte auf der Grundlage der byz.-griech. Tradition bedeutende Sonderformen.

Solche Sonderformen finden sich z. B. in der Heiligenverehrung. Da die Zeit der großen, altkirchlichen Martyrergestalten längst vorbei war, als R. zum Christentum fand, schuf sich die Volksfrömmigkeit einen Ersatz in den hll. »Gewalterduldern« (Strastoterpzi), das waren Menschen, die freiwillig und ohne sich zu wehren, um Christi willen Gewalt erlitten und dabei den Tod gefunden haben. Die beiden ersten kanonisierten »Gewalterdulder« waren Boris und Gleb, die Söhne des Fürsten Wladimir, die als Opfer eines politischen Verbrechens auf Befehl ihres Bruders Swjatopolk umgebracht worden waren. Der ältere Bruder wollte durch diesen Mord mögliche Rivalen in der Nachfolge des Vaters ausschalten.

Eine weitere typisch russ. Form von Heiligkeit ist das Narrentum um Christi willen (Jurodstwo). Es handelt sich dabei um eine eigenartige Liebe zum freiwilligen Leiden. Ein hl. Narr ist derart bemüht, jegliche Zeichen von innerer Größe und Heiligkeit zu verbergen, daß er sich unter Verzicht auf jede menschliche Würde verrückte Dinge tut, die ihm Spott und Verachtung einbringen sollen. Das einfache Volk hat die hl. Narren meist schnell in ihrem wahren Wesen erkannt und sie, im Gegensatz zu den staatl. und kirchlichen Autoritäten, hoch verehrt. Einer der beliebtesten Narren war der Selige Basilius v. Moskau (16. Jh.), dem die berühmte Kathedrale auf dem Roten Platz gewidmet ist.

Eine dritte Sonderform russ. Heiligkeit sind die Starzen, Mönche (mit und ohne Priesterweihe), die nach einem langen Leben in klösterlicher Gemeinschaft mit Erlaubnis des Abtes in der Einsamkeit der russ. Wälder als Einsiedler hausten, bis der Ruf ihrer Heiligkeit und geistigen Kraft Menschen aus nah und fern anzog, die sich von ihnen Rat und Hilfe holen wollten. In seinen Romanen hat → Dostojewski ihnen ein Denkmal gesetzt (Starez Zosima). Der größte aller hll. Starzen ist Seraphim v. Sarow († 1833). Er verkörpert jene Vorstellung von Heiligkeit, wie das russ. rel. Bewußtsein sie in sich trägt. Er ist das Leitbild des »Hl. Rußland« schlechthin.

Die Lebensgeschichte des Seraphim v. Sarow ist in ganz besonderer Weise mit der GM ⲘⲘ verbunden. Deshalb fehlt sie auf keiner Ikone, auf der er abgebildet ist. Das läßt bereits ahnen, daß die Verehrung der GM in R. ebenfalls einen besonderen Akzent trägt. So hat man etwa ganz R. als das Haus der Gottesgebärerin bezeichnet, so hat man auch stets das Andenken an den großen ⲘⲘverehrer, Fürst Andreij Bogoljubskij (12. Jh.) hochgehalten, der R. durch die Weihe des Landes an die GM zu einem Muttergottesland gemacht hat. Dimitrij v. Rostov (18. Jh.) schrieb: »Wenn mich jemand fragte, was die stärkste Macht im Weltall sei, würde ich antworten: nach unserem Herrn ist niemand mächtiger als unsere reinste Herrin und Gottesmutter, die Immerjungfrau Maria. Denn sie kann durch ihre Bitten selbst Gott überreden. Gott, den sie einst in Windeln hüllte, ihn hüllt sie jetzt in ihre Gebete ein.« Beredter Ausdruck dieser Überzeugung von der schier unbegrenzten Macht ihrer Fürbitte ist eine apokryphe Schrift aus dem 12. Jh. mit dem Titel »Der Gang der Gottesmutter durch die Stätten der Pein«, in welcher ihr Mitleid selbst mit den Verdammten geschildert wird, die sie am liebsten aus der Hölle herausholen möchte.

Zu Ehren der GM haben die besten Prediger und Hymnendichter ihre Loblieder verfaßt. Der beliebteste Hymnus ist der sog. → Akathistos-Hymnus (im Stehen zu singen), dessen Strophen mit den Buchstaben des Alphabets beginnen. Dieser Hymnus stammt zwar nicht aus R., sondern aus Byzanz, aber die russ. Gläubigen singen ihn mit besonderer Inbrunst, wobei oft das ganze Volk die Kehrverse mehrstimmig mitsingt.

Den Höhepunkt russ. ⲘⲘfrömmigkeit bilden jedoch zweifellos die Ikonen der GM. Keine anderen orth. Maler haben die Grundtypen der ⲘⲘdarstellungen so oft wiederholt und variiert wie die russischen. Die wichtigsten Grundtypen sind die GM des Zeichens (Znamenie [→ Platytera], GM mit erhobenen Händen, vor ihrer Brust in einem Kreis das Gotteskind »Immanuel«), → Hodegetria (Weggeleiterin, mit der Rechten auf das Kind zeigend), GM des Erbarmens (→ Eleusa, sich dem Kind zuneigend), GM mit Kind auf dem Königsthron (Symbol der Kirche), GM Fürbitterin (→ Orante, ohne Kind, auf den thronenden Christus zeigend).

Vielen Ikonen schrieb das Volk Wunderkräfte zu. 601 Bildnisse von wundertätigen Ikonen führt ein Verzeichnis der russ.-orth. Kirche an. Diese große Zahl zeugt vom Glauben der russ. Christen an die Fülle der Gnade, die von der GM über R. ausgegossen worden ist, sie wird auch als Zeichen der besonderen Anteilnahme der GM am Schicksal R.s empfunden. So wird verständlich, daß an vielen wichtigen Wendepunkten der russ. Geschichte (feindliche Überfälle, Naturkatastrophen, verheerende Epidemien) wundertätige ⲘⲘikonen stehen: in Novgorod 1170 und 1566 die Ikone der GM des Zeichens; in Smolensk 1812 die »Muttergottes Weggeleiterin«; GM von Kazan; GM vom Don. Die schönste und berühmteste aller russ. ⲘⲘikonen ist zweifellos die GM von Wladimir (Typ der Eleusa). Diese wahrscheinlich aus Byzanz nach R. gelangte Ikone wurde von einer Stadt zur anderen überführt, und diese Überführungen kennzeichnen die wichtigsten Perioden ukrai-

Ikone der Muttergottes von Wladimir

nisch-russ. Geschichte. 1169 hatte Fürst Andrej Bogoljubskij die Ikone von Kiew in die neue Kathedrale von Wladimir bringen lassen, wodurch sie ihren Namen »Wladimirskaja« erhielt. Dort wurde ihr wundertätiger Ruf so groß, daß sie 1395 nach Moskau übertragen wurde, wo sie als der unbesiegbare Schild des Großfürstlichen Moskau galt. Ihr schrieb man die Abwendung der Invasion des Mongolenfürsten Tamerlan zu. Vor wichtigen Staatsakten hielt man vor der Wladimirskaja Andachten, erbat ihren Segen vor Schlachten und legte vor ihr die Lose zur Wahl der Metropoliten und Patriarchen nieder. Die Wladimirskaja wurde zum eigentlichen heiligenden Zeichen der russ.-orth. Kirche. Auch vom Bildinhalt ist sie bemerkenswert: die GM schaut im Gegensatz zum üblichen Eleusa-Typ nicht auf ihr Kind, sondern wendet sich dem Betrachter zu, als ob sie seinen Glauben und die Echtheit seiner Liebe zu ihrem Sohn prüfen wolle. Ihr Blick wirkt traurig, aber wie aus einem liebevollen mütterlichen Herzen kommend.

Neben den berühmten Originalikonen gibt es unzählige Nachbildungen, die in keiner Kirche und in keiner »schönen Ecke« der Häuser der Gläubigen fehlen. Auch jede kleinste Kirche wird gleichsam zum M wallfahrtsort, weil eine ihrer M ikonen in den Rang eines lokalen Gnadenbildes aufrückt, vor dem die M andachten (Moleben) gehalten werden. Die MV in R. ist so sehr unverzichtbarer Bestandteil der Frömmigkeit, daß der russ.-orth. Theologe Sergij → Bulgakov 1927 sagen kann: »Das Christentum allein mit Christus, aber ohne die Gottesmutter, das ist seinem Wesen nach eine andere Religion als die Orthodoxie.« Auf einer Konferenz des Weltkirchenrates in Lausanne forderte er zum Entsetzen der überwiegend prot. Teilnehmer, daß jeder Annäherung der getrennten Kirchen die gemeinsame Verehrung der GM vorangehen müsse. Für den kath. Theologen erstaunlich ist, daß seine orth. Kollegen trotz vieler Übereinstimmungen in Lehre und Verehrung der GM viele Vorbehalte gegen die kath. Mariol. haben. Bes. gilt das für das Dogma von der UE. Zwar besingen viele ostkirchliche Hymnen ihre unvergleichliche Reinheit, aber wann M diese erhalten hat, interessiert nicht bes., nach der Meinung der meisten orth. Theologen jedenfalls nicht schon bei der Empfängnis, wie es das röm. Dogma von 1854 fomuliert. — Was das kath. Dogma von der leiblichen Aufnahme Ms in den Himmel betrifft, so scheinen viele Texte zum Fest der »Entschlafung der Gottesmutter« dasselbe auszusagen wie das Dogma von 1950, aber die Notwendigkeit einer Dogmatisierung — dazu noch im Alleingang durch die röm.-kath. Kirche — wird von allen Orthodoxen bestritten. Alles, was über M zu sagen ist, sollte nach orth. Auffassung nicht Gegenstand einer eigenen Mariol. sein, sondern dem Abschnitt Christol. zugeordnet werden. Aber ohnehin steht nicht die Lehre an erster Stelle, sondern der Lobpreis, das in Hymnen gegossene und mit gläubigem Herzen gesungene Bekenntnis, wie es etwa in einem Theotokion (1. Hore) erklingt: »Wie sollen wir dich nennen, o Gnadenvolle? Himmel, denn du hast aufstrahlen lassen die Sonne der Gerechtigkeit! Paradies, denn du hast ersprießen lassen die Blume der Unvergänglichkeit! Jungfrau, denn auf ewig bist du es ja geblieben! Reine Mutter, denn du hast in deinen heiligen Armen getragen als Sohn den Gott aller! Ihn bitte, daß gerettet werden unsere Seelen!«

Wenn auch viele Texte zu Ehren der GM überschwänglich bis übertrieben klingen, so muß doch betont werden, daß die orth. Theol. stets nüchtern und sachlich bleibt und keinen Zweifel daran läßt, daß M wegen ihres besonderen Platzes im Heilswerk dennoch nicht aus der eigenen Erlösungsbedürftigkeit herausgelöst werden dürfe: sie ist Erlöste wie wir, nicht Erlöserin. — Unumstritten für alle orth. Theologen ist die Lehre von der immerwährenden Jungfrauschaft der GM. Unversehrt hat sie Gott geboren. Unversehrt — einmal, weil ihre Jungfräulichkeit bei der Geburt unversehrt blieb (die Pforte, durch die der Herr gegangen ist, ist ein hl. Tempel und darf nie mehr profaniert werden), zum anderen, weil das »Feuer der Gottheit« ihren Schoß nicht verbrannte. Aus diesem Motiv heraus sind im 18. Jh. in R. die typischen »Dornbusch-Ikonen« entstanden, auf denen die

GM mit dem Kind selbst als der → Dornbusch gedeutet wird, den Mose in der Wüste brennen, aber nicht verbrennen sah.

Eine letzte Erklärung, warum R. seit den Anfängen seiner Christianisierung ein Land der GM ist, bietet die Tatsache, daß die Russen schon immer eine geradezu mystische Beziehung zur mütterlichen russ. Erde gehabt haben. Bei der Liebe zur GM schwingt daher auch immer die Liebe zur Erde, zum »Mütterchen Rußland« und die Liebe zur eigenen, leiblichen Mutter mit. Wenn dieser Mutter etwas passiert, dann fühlt sich die ganze Nation mitbetroffen. So etwa beim Raub der Mikone von Kazan im Jahre 1904. In einem Bericht aus jener Zeit heißt es: »Da schnürten sich Millionen russischer Herzen vor Traurigkeit zusammen und teilten den Schmerz der Bewohner von Kazan. Eine Menschenmenge umgab schon am frühen Morgen (nach der Diebstahlsnacht) das Kloster. Auf allen Gesichtern lag der Ausdruck ungekünstelten Entsetzens. Bittere Tränen flossen aus den Augen derer, die die Einzelheiten erzählten, ebenso aus den Augen derer, die sie hörten.« Dieser Raub war eine nat. Katastrophe, denn R. ist ein Land der GM.

Lit.: I. Kologriwow, Das andere R. Versuch einer Darstellung des Wesens und der Eigenart russ. Heiligkeit, 1958. — Aus dem alten Rußland. Epen, Chroniken und Geschichten, 1963. — H.-D. Döpmann, Die Russ.-Orth. Kirche in Geschichte und Gegenwart, 1977. — Das Hl. R., 1000 Jahre Russ.-Orth. Kirche, 1987. — M. A. Wittig, Glaube in R. Die Russ.-Orth. Kirche, 1987. — Tausend Jahre Marienverehrung in R. und Bayern, hrsg. von der Geistlichen Akademie Sagorsk/Moskau und vom Ostkirchlichen Institut Regensburg, 1988. — K.-C. Felmy, Orth. Theol. — Eine Einführung, 1990. — J. B. Sirota, Ikonographie der Gottesmutter, 1992.

G. Hohmann

Rut. I. EXEGESE. Das Buch R., so genannt nach der Hauptperson der Erzählung, steht im jüdischen Kanon als erstes unter den sog. Festrollen (Megillot) und wird in der Synagoge am Pfingstfest gelesen. Josephus Flavius und einige Kirchenväter kennen es als Anhang zum Buch der Richter; in Septuaginta und Vulgata folgt es als eigenes Buch auf Ri. Der Verfasser ist unbekannt; das Buch muß aber in der Zeit zwischen den Königen Hiskija und Joschija (ca. 700—620) entstanden sein. Anlaß war das Interesse an der Geschichte der davidischen Dynastie; die Erzählung zielt auf den Stammbaum Davids am Schluß des Buches und betrachtet R. als Stammutter und ihren Gemahl Boas als Stammvater Davids. Der Verfasser will darlegen, daß Davids Abstammung von einer moabitischen Frau im göttlichen Heilsplan vorgesehen war, daß Jahwe selbst Fremde seinem Volk zurechnet, wenn sie sich zu ihm bekennen, und daß Jahwe auch Unglück und Armut in seinen Heilsplan einbezieht. Bes. aber betont er die Treue und Solidarität der handelnden Personen gegeneinander als nachahmenswerte Tugend.

Der Inhalt des Buches ist folgender: Während einer Hungersnot wandert Elimelech aus Betlehem mit seiner Frau Noomi und seinen zwei Söhnen nach Moab aus. Dort heiraten die Söhne Moabiterinnen, sterben dann aber kinderlos, wie auch ihr Vater. Da beschließt Noomi, in ihre Heimat zurückzukehren, und fordert die beiden Schwiegertöchter auf, zu ihren Familien heimzukehren. Während die eine dem Rat folgt, geht die andere, R., mit ihrer Schwiegermutter und erklärt: »Wohin du gehst, gehe auch ich; wo du bleibst, bleibe auch ich. Dein Volk ist mein Volk, und dein Gott ist mein Gott!« Beide leben in Betlehem, obwohl Noomi dort von ihrem Mann her ein kleines Grundstück hat, in armseligen Verhältnissen. R. begegnet beim Ährenlesen dem reichen Grundbesitzer Boas, einem Verwandten ihres verstorbenen Mannes, der sie zuvorkommend behandelt und ihr zu einer reichen Lese verhilft. Auf den Rat der Noomi hin legt sie sich eines Abends neben den auf der Tenne schlafenden Boas, der das gedroschene Getreide bewacht; sie deckt seinen Mantel auf, und als er fröstelnd aufwacht, bemerkt er die Frau neben sich. Da mahnt sie ihn an seine »Lösepflicht«, d. h. an die Pflicht, sie nach dem Gesetz der Leviratsehe zu heiraten. Boas erinnert daran, daß noch ein näherer Verwandter ihres Mannes da ist, verspricht aber, die Sache in ihrem Sinne zu regeln. Am nächsten Morgen bewegt er den anderen am Tor in Gegenwart von Zeugen zum Verzicht und heiratet R.; er nimmt auch Noomi und ihr Grundstück an sich. R. gebiert Obed, den Großvater Davids; Noomi wird die Amme des Kindes. So wurde ihr Leid in Glück verwandelt. Der Stammbaum von Boas bis David schließt die Erzählung ab; ein späterer Nachtrag verfolgt den Stammbaum zurück bis Perez, den Sohn des Juda und den Enkel Jakobs.

Im Mt 1,5 wird R. als eine der Ahnfrauen Jesu genannt. Ihr Bekenntnis zum Volk Israel und zum Gott des auserwählten Volkes, obwohl sie eine Fremde war, ihre Anhänglichkeit an ihre Schwiegermutter und Treue zu ihr, ihre Frömmigkeit, ihr Fleiß und ihr Gottvertrauen, insbesondere aber ihre Würde als Ahnfrau des Messias werden in der jüdischen Tradition und von den Kirchenvätern gerühmt; diese und die christl. Theol., Kunst und Frömmigkeit sehen in R. einen Typus, der auf M hindeutet (→ Typologie).

Lit.: Kommentare: W. Rudolph, Das Buch Ruth. Das Hohelied. Die Klagelieder, 1963. — E. Würthwein, R. Das Hohelied. Ester, ²1969. — E. F. Campbell, Ruth, 1975. — G. Gerleman, Ruth. Das Hohelied, ⁶1986. — P. Joüon, Ruth, ²1986. — E. Zenger, Das Buch Ruth, 1986. — J. M. Sasson, Ruth, ²1989. — Ch. Frevel, Das Buch R., 1992. — J. Scharbert, Rut (im Druck). — Weitere Lit.: H. Hajek, Heimkehr nach Israel, 1962. — W. Reiser, Eine Frau wie Ruth, 1972. — H. Witzenrath, Das Buch R., 1975. — A. Meinhold, Theol. Schwerpunkte im Buch Ruth, In: ThZ 32 (1976) 129—137. — W. S. Prinsloo, The Theology of the Book of Ruth, In: VT 30 (1980) 330—341. — R. Veuilleumier, Stellung und Bedeutung des Buches Ruth im atl. Kanon, In: ThZ 44 (1988) 193—210. — R. Bohlen, Die Rutrolle, In: TThZ 101 (1991) 1—19. — Zu R. im Stammbaum Jesu und in der Mariol: SchmausKD V 156—158. J. Scharbert

II. IKONOGRAPHIE. Szenen aus dem Buch R. werden vom 12.—18. Jh. bildlich wiedergegeben, meist jedoch ohne engere Verbindung zu ⓜ. Bes. in der Gegenreformation erfreuen sie sich großer Beliebtheit. Die Szene des Ährenlesens setzt R. in Bezug zur Eucharistie. Nach Picinello ist die Ähren sammelnde R. ein Bild für die schenkende Güte Gottes: »Parva petit ut magna recipiat«, im Sommerrefektorium von Stift Heiligenkreuz tritt sie als Bild der Mäßigung auf.

In der ma. Typologie gilt R.s und Noomis Rückkehr nach Betlehem als Vorbild der Reise Josephs und ⓜs (Pictor in carmine), die Geburt ihres Sohnes Obed ist in Parallele zur Geburt Jesu gesetzt: Wie R. dadurch Noomi Freude brachte, so ⓜ dem ganzen Menschengeschlecht (Biblia Pauperum, München, Bayer. Staatsbibl., clm. 28141, fol. 1ᵛ). Die glückwünschenden Frauen entsprechen den Hirten an der Krippe.

Lit.: Picinello, Mundus symbolicus, 1694, Lib.II, Nr. 281. — H. Cornell, Biblia Pauperum, 1925, 19, Tafeln 51 und 55. — B. Knipping, De iconografie van de Contrareformatie in de Nederlanden I, 1939, 271 ff. — Pigler I 133 f. — W. Sauerländer, Die Jahreszeiten, In: MJbK 3.Folge, 7 (1956) 169—185. — Réau II/1, 249. — H. Röhrig, »Rota in medio rotae« II, 1959, 10 f. - LCI III 574—576; IV 185. *F. Tschochner*

Rute (virga, Reis, Zweig). Die Weissagung des → Jesaia (11,1: »Eine Rute wird aus dem Stamm Isais wachsen...«) wurde seit frühester Zeit auf ⓜ und den Erlöser bezogen. Der ostkirchliche → Akathistos-Hymnus grüßt ⓜ als »Zweig des nie verdorrenden Stammes«. Darstellungen der → Geburt Christi zeigen bisweilen, bes. in spätbyz. Zeit das Symbol der aus dem abgeschlagenen Stamm sprießenden R. Zusätzlich verbindet sich dieser Gedanke mit einem weiteren atl. Bild, dem grünenden und blühenden → Aaronstab als Zeichen göttlicher Erwählung. Die Kirche der GM vom Stab in → Konstantinopel barg eine Reliquie des → Moses-Stabes, wodurch ⓜ mit einer weiteren wundertätigen R. in Verbindung gebracht wurde. Im Westen wurde über das Wortspiel »virga—virgo« die R. zum Bild der jungfräulichen GM. Auf dieser Vorstellung basieren die Bildschöpfungen der → Wurzel Jesse, auf der ⓜ als Zweig des aus dem Stammvater → Isai hervorwachsenden Baumes die Blüte Jesus trägt, ebenso wie die der Madonna mit einer R. oder einem blühenden Zweig in der Hand: Diptychon aus St. Georg in Köln mit der Madonna und dem Kreuz als Lebensbaum, (Berlin, Staatl. Museen, 1330/35). Diese R. kann sich einerseits mit der → Rose, andererseits mit dem königlichen Lilienszepter ⓜs vermischen, so daß ein enges Geflecht symbolischer Andeutungen entsteht. In denselben Zusammenhang gehört wohl auch das Motiv der Rosenstrauch-Madonna (Skulptur aus Straubing, München, Bayer. Nationalmus., um 1320). Auch die → Paradiesessymbolik des → Rosenhags spielt dabei mit hinein. Die nachfolgende Stelle bei Jes 11,2 illustriert die Taube auf der Spitze der R. »Der Geist des Herrn läßt sich darauf nieder«: Stammbaum Christi im Missale des Bernhard v. Rohr (1480/90) von B. Furthmeyr (München, Bayer. Staatsbibl., clm. 14711, Bd. 4, fol. 310).

Der Aaron-Episode nachgebildet ist die apokryphe Legende der Vermählung ⓜe, nach der die Freier auf Geheiß Gottes ihre R.n am Altar des Tempels niederlegen, und die grünende und blühende R. Josephs seine Erwählung zum Bräutigam der GM erweist.

Ein ganzes Rutenbündel hält ⓜ auf dem Legendenbild der Madonna del Soccorso und vertreibt damit den teuflischen Dämon (z. B. Gemälde von Niccolo da Foligno, Rom, Gall. Colonna, Ende 15. Jh.).

Lit.: Molsdorf Nr. 946. — E. Levi, I miracoli della Vergine nell'arte med., In: Bolletino d'Arte 12 (1918) 9 ff. 30 ff. — Trens 331—342. — LCI IV 549 ff. 597. *F. Tschochner*

Rutebeuf, * um 1220 in der Champagne, † nach 1277 bzw. nach 1285 in Paris (?), gilt als erster »poète personnel« der franz. Lit. und wird wegen seiner konkreten, offenen Sprache gar als Vorläufer der »poètes maudits« (G. Cohen) bezeichnet. Obgleich er sehr viel von sich in seinen Werken spricht, sind seine genauen Lebensdaten unbekannt. In 15 seiner 55 (bzw. 56) Texten nennt er sich unter der Bezeichnung R., wie beispielsweise in »La vie de sainte Marie l'Egyptienne« (V. 1301—06), wo er mit der Etymologie des Namens spielt: »Auf daß diese heilige Frau für mich, der den Namen Rutebeuf trägt (der sich zusammensetzt aus *rude* und *buef*), und dieses Heiligenleben in Reime gefaßt hat, bei Dem, dessen Freundin sie ist, darum bitte, daß Er Rutebeuf nicht vergesse«.

Aus R.s Werk kann man schließen, daß er die Bildung eines lateinkundigen Klerikers besaß und vom Ertrag seines Schreibens leben mußte. Seine thematische Vielseitigkeit dokumentiert sich in kirchenpolitischen und kirchenkritischen Schriften, ausgesprochen rel. Dichtungen, Texten, die sein persönliches Mißgeschick ins Zentrum rücken, aber auch komischsatirischen Werken. In den »Poésies personnelles« (wie »Mariage Rutebeuf«, »Complainte Rutebeuf«, »Povreté Rutebeuf«, »Prière Rutebeuf« oder »Repentance Rutebeuf«) werden Ereignisse aus dem Leben des Autors angesprochen: Man erfährt so von seiner Abhängigkeit von verschiedenen Mäzenen, seinen wirtschaftlichen Problemen, von der Heirat mit einer häßlichen, armen Frau, von der Existenz eines Kindes u. ä.

Von besonderem historischen Interesse ist R.s Haltung bei brisanten Streitfragen innerhalb der Kirche. Während er im »Dit des cordeliers«, der den Konflikt zwischen den »Cordeliers« sowie Stadtgeistlichkeit und Äbtissin von ND in Troyes im Juni 1249 thematisiert, noch für die Bettelorden, die sich innerhalb der Stadt ansiedeln wollten, Partei ergriffen hatte, änderte er mit seinem Wohnortwechsel nach Paris und seinen neuen Auftraggebern seine Position. In den Streitigkeiten zwischen »Maîtres séculiers« und Bettelmönchen an der Pariser Universität um die Mitte des 13. Jh.s engagierte sich R. für die Seite um Guillaume de Saint-Amour und griff v. a. die Jakobiner heftig an.

Seine rel. Schriften und Gebete, in denen M verstärkt in Erscheinung tritt und in denen R. seinem Vertrauen in die Macht der GM dichterischen Ausdruck verleiht, fallen in die Zeit nach seiner sog. »Konversion« (Winter 1261/62), nach der er sich ganz Gott zuwandte. In der »Repentance Rutebeuf«, in der er heftig sein früheres Leben beklagt, ruft er die Jungfrau M um Beistand an (V 43—60) und vergleicht sie mit einer Ärztin. In der ganzen Welt gebe es keine Chirurgin, die die Wunden der Seele besser reinigen und heilen könne als sie.

Neben dem »miracle de Théophile« (→ Theophilus) spielt M in »La vie de sainte Marie l'Egyptienne« und »Le miracle du sacristain« (ca. 1262—63/64) eine zentrale Rolle. Am Beispiel einzelner Männer und Frauen zeigt R. mit eindeutig erbaulich-didaktischer Absicht, daß Gott dank des Einschreitens Ms selbst größten Sündern Verzeihung und Erhörung zu schenken vermag. Allen drei Texten ist das Motiv der Bekehrung und die Rehabilitierung des Sünders dank der Fürsprache Ms gemeinsam.

Das »miracle du sacristain«, dessen Stoff R. einem Exemplum von Jacques de Vitry entnahm, erzählt, wie M die Gattin eines Ritters und einen Kanoniker vor dem Zugriff des Teufels rettete. Die beiden Protagonisten werden zunächst als glühende Mverehrer dargestellt (V. 75. 95. 124f.). Durch Einwirkung des Teufels entbrennen die beiden jedoch in heftiger Leidenschaft zueinander und ergreifen gemeinsam die Flucht, nachdem sie vorher Ehemann bzw. Kloster beraubt haben. Der Sakristan und die vornehme Dame werden jedoch schnell ergriffen und ins Gefängnis geworfen, wo sie sich in inständigen Gebeten an M mit der Bitte um Rettung wenden (V. 485—532). Den reuigen Sündern, die, so betont der Autor, freilich noch keine Fleischessünde begangen hatten, die ihnen Gott und seine Mutter vorwerfen könnten, schenkt die glorreiche Jungfrau M Gehör, indem sie ihnen im Gefängnis erscheint und den beiden für das Fehlverhalten von Sakristan und Rittergattin veranwortlichen Teufeln befiehlt, sie zusammen mit dem Diebesgut nach Hause zurückzutragen.

Anders als die lat. Versionen der Heiligenvita, rückt R. in seiner »Vie de Marie l'Egyptienne« die weibliche Gestalt der Ägypterin Marie in den Vordergrund. Der Figur des Zozimas dagegen weist er eine sekundäre Rolle zu. Das ausschweifende Leben der Ägypterin dient R. als Ausgangspunkt für ihren Weg zur Heiligkeit dank der wundertätigen Macht Ms. In Jerusalem, wohin sich Marie von Alexandria aus begeben hatte, indem sie ihren Körper als Entschädigung für die Reisekosten prostituierte, kommt es zu ihrer Konversion: Als sie nämlich an Christi Himmelfahrt mit den anderen Pilgern das Kreuz Christi verehren will, wird sie durch eine übernatürliche Macht daran gehindert, die Kirche zu betreten. Eine Mstatue am Kirchenportal wird für Marie zur entscheidenden Begegnung.

Sie bekennt der Jungfrau M ihr bisheriges sündiges Leben und bittet sie um Hilfe. Die Namensgleichheit der beiden so unterschiedlichen Frauen bietet R. immer wieder Anlaß für vergleichende Gegenüberstellungen (V. 282f.). Marie (und mit ihr R.) ist von der Macht Ms überzeugt, ihre Seele von ihrer gewaltigen Sündenlast befreien zu können (V. 330—332). Nicht Gott, sondern M verspricht die reuige Sünderin, fortan nicht mehr zu sündigen. Sie befolgt die Weisung einer Stimme, die ihr befiehlt, zum Kloster Saint-Jean zu gehen und nach Überquerung des Jordans in einem Wald Buße für ihre Sünden zu üben. Bei der Darstellung des entbehrungsreichen Büßerlebens betont R. stets den Einfluß Ms und ruft das Bekehrungserlebnis vor dem Mbildnis in Erinnerung (V. 408—410). Dem frommen Zozimas aus dem Kloster Saint-Jean, der ihr in ihrer Einsamkeit begegnet, gibt Marie durch eine Reihe von Wunderzeichen Zeugnis von ihrer Heiligkeit. Auf ihr Geheiß hin bringt er ihr am Gründonnerstag des folgenden Jahres Leib und Blut Christi zur Kommunion. Auch in ihrem Gebet zu Gott, in dem sie ihre Sehnsucht, zu sterben und zu Gott einzugehen, bekundet, hat M einen wichtigen Platz: »Sehr würde es mir gefallen, mit deiner süßen Mutter vereint zu sein« (V. 1097f.). Kennzeichnend für R.s Vorliebe für rhetorische Wortspiele, die auch im Kontext seiner Mariol. eingesetzt werden, sind die Verse, mit denen er den Augenblick des Todes der hl. Büßerin beschreibt: »Ohne Angst vor dem Teufel ging Maria mit Maria in die ewige Freude ein. Der Ehemann (mariz), der sie heiratet (marie), ist nicht Ehemann (maris) von Marion: Wahrlich gerettet wird der Mensch von Maria (Marie). (Wer nämlich mit Maria [Marie] verheiratet ist [mariez], ist nicht schlecht verheiratet [mesmariez].)« (V. 1138—46). R. griff die »annominatio« auf M in »C'est de Notre Dame« (V. 19—27) erneut wieder auf. Da R. die Metapher der Ehe in der Heiligenvita jedoch auf zwei Frauen — Marie l'Egyptienne und M — anwendet, erregt sie dort besondere Aufmerksamkeit. Mit dem Bericht über die Auffindung des Leichnams der Heiligen durch Zozimas, der die Büßerin bestattet und nach seiner Rückkehr ins Kloster vom Leben und Sterben der Heiligen erzählt, schließt die Vita. In R.s Schlußworten wird erneut sein didaktisches Anliegen deutlich. Er verknüpft nämlich den Hinweis auf die läuternde Wirkung des Mmirakels bei Zozimas' Zuhörern (V. 1287/88) mit einer Ermahnung an sein Publikum, mit Reue und Besserung nicht bis zum Tode zu warten. Die namensgleichen beiden hll. Frauen, Maria, die Ägypterin, und Jungfrau M, können schließlich kaum mehr voneinander geschieden werden. Das dichterische Ich schließt sich in die Bitte an »iceste dame saintime« ein, sie möge bei Gott »cui ele est amie« für ihn fürsprechen (V. 1301—06), und ist überzeugt, daß M ihm und anderen Sündern in ähnlicher Weise zu helfen vermag.

Drei weitere Mtexte, der »Dit de Notre Dame«, die Ave-Maria-Paraphrase und der zu gesanglichem Vortrag bestimmte Text »C'est de Notre Dame« sind wohl ebenfalls nach R.s »Konversion«, vermutlich um 1265, verfaßt worden. Fälschlich R. zugeschrieben wurde dagegen (Zink 461) der »Dit des propriétés de Notre Dame«, der in eindrucksvoll schöner Sprache die »neun Freuden« Ms besingt. Zwar findet sich der Text in ein- und derselben Handschrift unter R.s Werken überliefert, doch sprechen die unterschiedliche sprachlich-formale Gestalt, v. a. aber der eine profunde exegetische Ausbildung des Dichters verratende theol. Gehalt gegen R. als Autor. Erneut preist R. in »C'est de Notre Dame« M als von Gott und Menschen geliebte Seelenärztin und stellt in Wortspielen die Klage über seine persönliche »folie« der unbefleckten Jungfräulichkeit Ms, die sich keinem Hilferuf verweigert, gegenüber.

Die Ave-Maria-Paraphrase — die lat. Begriffe des Ave Maria werden durch franz. Erläuterungen veranschaulicht — wird von einer eindringlichen Ermahnung des Dichters, die illusionäre, eitle Welt um des Seelenheiles willen aufzugeben, und von einem Anruf an M, bei ihrem Sohn Fürsprache einzulegen, eingerahmt. R. hebt hiermit die Funktion des Mgrußes für den individuellen Bittsteller bes. hervor.

Im »Dit de Notre Dame« artikuliert das dichterische Ich zunächst die Schwierigkeit ob der Abundanz von Ms Qualitäten, sein Lob in wenige Worte zu fassen (V. 12). Der Autor löst dieses Problem mittels eines geschickten Kunstgriffes. Um Ms Größe zu veranschaulichen und gleichzeitig ihre Funktion als mächtige Bittstellerin zu demonstrieren, läßt er M selbst sprechen und sie in einer den Hauptteil des Gedichts einnehmenden Rede an ihren Sohn Jesus Christus, dessen Leben erzählen (V. 35—118). Erst zum Abschluß wendet sich dem Dichter an M mit der Bitte, für sich und seine Zuhörer bzw. Leser Versöhnung bei Gott zu erwirken. Im rhetorischen Spiel mit der Klangähnlichkeit verschiedener Verben und Substantive (V. 119—130) erreicht R. eine enge und wirkungsvolle Verklammerung von hilfesuchendem Sünder, fürsprechender Jungfrau M und barmherzigem Gott, die charakteristisch für seine rel. Schriften nach seiner Bekehrung ist.

WW: Oeuvres complètes de R., hrsg. von E. Faral und J. Bastin, ²1969. — Rutebeuf, Oeuvres complètes, hrsg. von M. Zink, 2 Bde., 1989f.
Lit.: A. T. Baker, La vie de sainte Marie l'Egyptienne, In: Revue des Langues Romanes 59 (1917) 279—379. — H. Lucas, R. — Les poésies personnelles, 1938; Neudr. 1974. — M. Wietzorek, Die Legenden der Thais und der Maria Aegyptiaca in den romanischen Literaturen vornehmlich des MA, Diss., Münster 1939. — J. Merk, Die lit. Gestaltung der altfranz. Heiligenleben, Diss., Zürich 1946. — U. Leo, R. Persönlicher Ausdruck und Wirklichkeit, In: Ders., Romanistische Aufsätze, hrsg. von F. Schalk, 1966, 127—163. — G. Lafeuille, R., 1966. — H. R. Jauss, La littérature didactique, allégorique et satirique, In: Grundriß der romanischen Literaturen des MA VI/1 und 2, 1968. — A. Serper, R. — poète satirique, 1969. — N. F. Regalado, Poetic Patterns in R. A Study in Noncourtly Poetic Modes of the XIIIth Century, 1970. *M. Kleinhans*

Rutten, Felix (Jan Joseph Hubert), * 13. 7. 1882 in Sittard, † 26. 12. 1971 in Rom, niederländischer Dichter, studierte u. a. in Löwen und Lüttich, wo er 1909 zum Dr. phil. promoviert wurde. Seit 1920 war er mit der Schriftstellerin Marie Koenen (1879—1959) verheiratet. 1937 ließ er sich endgültig in Rom nieder.

R. gilt als einer der profiliertesten Autoren der kath. Emanzipation in den Niederlanden im ersten Viertel des 20. Jh.s. Seine Anfänge stehen noch in der Tradition der lit. Erneuerungsbewegung der 80er Jahre des 19. Jh.s, der sog. »Beweging van Tachtig.« In seiner Lyrik, die etwa gleichermaßen weltlichen wie geistlichen Charakters ist, sind die Naturgedichte am bedeutsamsten. Sein Hang zur Formvollendung zeigt sich in seiner Vorliebe für das Sonett (Sonnetten, Amsterdam 1921). Häufiger Gegenstand seiner Dichtungen sind die Ereignisse des Kirchenjahres und christl. Lebensführung, Liebe und eheliches Glück, seine Heimat, die südniederländische Provinz Limburg, und ihre Bewohner und, als Verquickung eben dieser Schwerpunktbereiche, die einfache Volksfrömmigkeit ebendort. In Limburg spielen auch einzelne Prosawerke, etwa die Novelle »Onder den rook der mijn« (Amsterdam 1914). R. verfaßte zudem zahlreiche Reiseberichte, die als lit. Zeitbilder nach wie vor Beachtung verdienen.

In R.s geistlicher Lyrik sind mehrere Mgedichte anzutreffen. Schon die Sammlung »Eerste verzen« (Amsterdam 1905) enthält ein Loblied auf die unbefleckt Empfangene, deren Erhabenheit auch mit dem Dichterwort nicht beizukommen sei, und zwar am 8. 12. 1904, dem 50. Jahrestag der Verkündigung des Dogmas der UE. Ein Gedicht zu Me Heimsuchung, das möglicherweise durch die Betrachtung eines Gemäldes ausgelöst wurde, schildert hier die Reise zu Elisabeth als einen Gang durch eine sich ins idyllische verkehrende Natur und ein Sonett »Biarritz«, mit dem Untertitel »Mariabeeld op een rots aan zee«, stellt die GM als »Meeresfürstin« dar. In dem Zyklus »Goede Vrijdag« (Amsterdam 1914), von R. selber als lyrisches Drama zum Karfreitag charakterisiert, mündet eine poetisch-beschauliche Stabat-Mater-Paraphrase in ein Gebet um Halt in der unsicheren Gegenwart und um ein seliges Sterben. In der Sammlung »Jong leven«, die R. 1920 gemeinsam mit seiner Gattin vorlegte, wird die jungfräuliche Mutter im Gedicht »Madonna« als Maikönigin besungen, während in »Maria ter druive« der GM zu Me Himmelfahrt Trauben als Augustgabe dargeboten werden, die das Herz des Sünders symbolisieren, das ihres besonderen Schutzes bedarf. In »Rosenkrans« schließlich wird hier der Hoffnung des Betenden Ausdruck verliehen, daß seine Seufzer sich zu einem ähnlichen Rosenkranz zusammenfügen mögen, wie der, mit dem die Engel den himmlischen Thron der GM schmücken. Ob alle drei Mgedichte dieser Sammlung von R. stammen oder ob einzelne vielleicht von Marie

Koenen verfaßt wurden, läßt sich nicht mehr ermitteln. R.s bekannteste Leistung im Bereich der ᛖdichtung ist zweifellos seine Dramatisierung der ma. → Beatrijs-Legende zu einem vieraktigen geistlichen Drama (Beatrijs. Mysteriespel in vier tafereelen, Amsterdam 1918). Den Ablauf des Geschehens hat R. gegenüber seiner ma. Vorlage nicht wesentlich geändert, dafür hat er aber die Handlungsträger durchweg psychologisiert und sie damit auch viel stärker individualisiert. Die Zahl der Personen ist gegenüber der ma. Fassung erweitert und einige, die keinen Namen hatten, sind jetzt benannt. Die Nonne Beatrijs verläßt hier das Kloster mit ihrem Jugendfreund Valentijn, weil sie sich ihrer glücklichen Kindheit erinnert und die Einsamkeit nicht aushält. Valentijn ist aber ein oberflächlicher Genußmensch und verstößt Beatrijs mit ihren beiden Kindern nach sieben Jahren. Nachdem sie weitere sieben Jahre in bitterer Armut verlebt und sich, um ihre Kinder ernähren zu können, sogar Fremden hingegeben hat, kommt sie an den Ort, wo ihr Kloster steht. Hier wird sie, weil sie lange zögert, im Traum insgesamt dreimal ermahnt, ins Kloster zurückzukehren. Als sie endlich der Aufforderung folgt, zeigt sich, daß niemand sie vermißt hat, weil die GM, an die sie sich auch in ihrer tiefsten Erniedrigung immer wandte, ihre Stelle vertreten hat. Der Priester, dem sie ihren Fehltritt beichtet, hält ihre Geschichte für erfunden und glaubt, daß sie durch übermäßige Askese von Sinnen sei. Erst, als er durch die Existenz ihrer Kinder ihre Ausführungen bestätigt sieht, erteilt er ihr die Absolution. Das Stück, das mit einem Lobgesang der Beatrijs auf die GM endet, erlangte in der Zeit seines Entstehens, die zum geistlichen Laienspiel als öffentlicher Glaubensbekundung einen neuen Zugang fand, eine große Popularität: es erlebte über 200 Aufführungen. Heute ist es aber, wie R.s Werk insgesamt, weitgehend vergessen.

Lit.: G. Knuvelder, Handboek tot de geschiedenis der Nederlandse letterkunde IV, ⁸1977, 408. 613. — P. Haimon und P. Nissen, F.R., 1982. *G. van Gemert*

Ruusbroec (Ruysbroek), Johannes (Jan) van, flämischer Mystiker, * 1293 in Ruisbroek bei Brüssel, † 2.12.1381 in Groenendaal.
1. Leben und Werk. Mit elf Jahren kommt R. nach Brüssel an die Kapitelschule. Nach ihrem Abschluß scheint er die normale Ausbildung zum Priester gemacht zu haben, 1317 wird er zum Priester geweiht und wirkt bis 1343 als Kaplan an der St. Goedele-Kirche in Brüssel. In dieser Zeit entstehen seine Schriften »Dat rijcke der ghelieve«, »Die geestelike brulocht«, »Vanden blinkenden steen«, »Vanden kerstenen ghelove«, »Vanden vier becoringhen« und — teilweise — »Van den geesteliken tabernakel«. 1343 verläßt er mit zwei anderen Kanonikern Brüssel, um sich nach Groenendaal, einer kleinen Klause im Zoniënwald südöstlich von Brüssel, zurückzuziehen. Jedoch ist nicht ein Rückzug aus der »Welt« als Einsiedler geplant, man wollte auch kein Kloster gründen, sondern es ging darum, in einer kleinen Gemeinschaft modellhaft als Seelsorger — außerhalb der Einflußsphäre des Brüsseler Klerus — für die Gläubigen tätig zu werden. Laien und Priester schließen sich ihnen bald an. Nach Anfeindungen gegen ihre undifferenzierte durch feste Klosterregeln geordnete Gemeinschaft werden sie 1350 gezwungen, die Augustinerregel zu übernehmen. In den beinahe 40 Jahren in Groenendaal führt R. ein Leben des Gebetes und der Seelsorge. In dieser Zeit entstehen seine Bücher »Boecsken der verclaringhe«, »Vanden seven sloten«, »Een spieghel der eeuwigher salicheit«, »Van seven trappen in den graed der gheesteleker Minnen« und »Vanden XII beghinen«. Trotz des zurückgezogenen Lebens bestehen Verbindungen nach Paris, ins Rheinland, nach Straßburg und Basel. Bes. eng sind die Beziehungen zu Geert Grote, dem Begründer der devotio moderna und Stifter der »Brüder vom Gemeinsamen Leben«.

2. Einflüsse. In der Trinitätslehre wird R. beeinflußt von → Augustinus, von ihm hat er die psychische Dreiheit von memoria, intelligentia und voluntas als menschliche Entsprechungen der Dreifaltigkeit übernommen. R. kannte sicher auch Beatrijs van Nazareth und → Hadewijch, seine Vorgängerinnen in der mittelniederländischen → Mystik. Aus dem Zeugnis des Laienbruders Jan van Leeuwen († 1378), des »goeden kok«, geht hervor, daß Hadewijchs Werke in der Bibliothek Groenendaals bereits zu Lebzeiten R.s vorhanden waren. Nicht nur über das Leben in Gott, die Herrschaft der Minne und das Leben der Dreifaltigkeit, sondern auch in manchen Bildern ist R. von Hadewijch beeinflußt: der Baum des Glaubens, der verschlingende Wirbel, die Wüste und der Adler.

3. Lehre. Die Mystik R.s ist Trinitätsmystik. Gott bleibt der große Ungenannte. Sein Wesen ist das undifferenzierte Sein, das aus sich in seiner Vollkommenheit anwesend ist und für das »onghenaemde istegheit« (vgl. → Eckhart, Predigt Q 12: Qui audit me) die treffendste Bezeichnung ist. Gott ist aber nicht nur Ruhe, sondern auch fruchtbare Natur, die sich im Erkennen und in der Liebe offenbart. Die drei göttlichen Personen fließen im Genießen in die Einheit des göttlichen Wesens zurück: Die drei Personen versinken in den namenlosen Abgrund der Gottheit selbst.

Es geht R. nicht nur um eine Beschreibung des innertrinitarischen Lebens, sondern auch um das Verhältnis von Mensch und Gott. Die ontologische Struktur der mystischen Erfahrung ist deshalb deutlich trinitarisch bestimmt: »Was geworden ist, war Leben in Ihm« (Joh 1,3—4). Was die Menschen in der Zeit sind, sind sie von Ewigkeit her in Gott gewesen. Mehr noch: Sie sind von Ewigkeit im Vater, vereinigt ohne Unterschied; sie fließen von Ewigkeit her mit dem Sohn aus Gottes Einheit und kehren mit dem Hl. Geist in die Einheit zurück.

Wie der Sohn als das göttliche Wort der Archetypus ist, durch den alle Menschen von Ewigkeit her als Idee von Gott ausgegangen sind, so bleibt Jesus als in M fleischgewordenes Wort der Erstgeborene, mit dem die Menschen unter Antrieb des Hl. Geistes in Gott zurückkehren werden. Jesus ist so der ältere Bruder und zugleich das Fenster, das dem Menschen die Rückkehr in die transzendente Einheit mit Gott ermöglicht. Die Urbilder der Dinge, die mit dem Wort ausgeflossen sind, leben in Gottes Wesen, so daß die Rückkehr zu Gott die Vereinigung mit dem ewigen Urbild darstellt.

4. *Marianisches.* Trotz starken theozentrischen Denkens erhält M eine Vorbildfunktion in der mystischen Theol. R.s. Demut ist das Fundament des geistlichen Lebens, und M ist Vorbild demütigen Dienstes (De geestelike brulocht, WW I 122f.). Ms Ja überwand Gott, indem er ihre Niedrigkeit mit seiner ewigen Weisheit erfüllte. Gottes Hoheit wurde Niedrigkeit: Gottes Sohn hat sich erniedrigt und die Knechtsgestalt angenommen. Demut ist die Fülle aller Gnaden und Gaben Gottes. Diese Spitze des »inwendigen leven« beschreibt den Übergang zum »scouwenden leven«, das in den letzten beiden Stufen beschrieben wird (»Van seven trappen«, WW III 255—259).

Im »Spieghel der eeuwigher salicheit«, für eine Klarissin im Kloster von Hertogenbosch geschrieben, findet sich ein ausführliches Kapitel über die Rolle und Aufgabe der Eucharistie im geistlichen Leben. Hier führt R. die Lehre Hadewijchs aus dem 29. Strophischen Gedicht weiter. M wird in der Menschwerdung Jesu zum Vorbild des Frommen: Wer die Eucharistie empfangen will, soll wie M, als sie Jesus empfing, vier Tugenden beachten: Reinheit, wahre Gotteserkenntnis, Demut und großes Verlangen nach Gott (WW III 149—152), in all denen M das Vorbild der Menschen war. Ihr demütiges Ja zog den Sohn Gottes aus dem Himmel auf unsere Erde. So gilt es auch für den Mönch, Gott, dem Vorsteher und dem Konvent gehorsam zu sein bis zum Tod (WW III 184f.).

Ausg.: J. van Ruusbroec, Werke, 4 Bde., ²1944—48. — Dies., Opera omnia, bisher 4 Bde., 1981ff. — Ders., Die Zierde der geistlichen Hochzeit, übers. von M. Schaad-Visser, Nachwort von A. M. Haas, 1987.
Lit.: J. van Ruusbroec: Leven. Werken, hrsg. von der Ruusbroec-Gesellschaft, 1931. — S. Axters, Geschiedenis van de vroomheid in de Nederlanden II. De euw van R., 1953. — W. Eichler, J. v. R.s ›Brulocht‹ in oberdt. Überlieferung, 1969. — B. Fraling, Mystik und Geschichte. Das »ghemeyne leven« in der Lehre des J. v. R., 1974. — A. Ampe, Ruusbroec. Traditie en werkelijkheid, 1975. — G. P. M. Knuvelder, Handboek tot de geschiedenis der nederlandse Letterkunde I, ⁷1978. — J. Reynaert, R. en Hadewijch, In: OGE 55 (1981) 193—233. — P. Mommaers und N. de Paepe (Hrsg.), J. v. R.: The sources, content and sequels of his mysticism, 1984. — M. Groot, De termen ›inkeer uitkeer‹ in R.s geschriften, In: OGE 61 (1987) 337—375.   *W. Breuer*

Rwanda. Die Mfrömmigkeit in R. weist eine charakteristische Sonderheit auf. Entsprechend der sozio-politischen Struktur des Landes wird M als Königinmutter betrachtet. Die Königinmutter ist als Mitregentin des Herrschers eine für das sakrale Königtum in Afrika typische Erscheinung. Sie spielt in den meisten Königreichen Schwarzafrikas eine äußerst wichtige Rolle; bisweilen ist sie einflußreicher als der König selbst. Mit dem Tod des Königs verliert sie jedoch ihren Einfluß. Diese Vorstellung findet sich in der Apostelgeschichte, wenn dort von Kandake der Königin der Äthiopier die Rede ist (Apg 8,27). Kandake ist der Amtstitel der Königinmutter in Napata (alte Hauptstadt des Reiches Kusch [Nubien]). Unter den Fresken in der Kathedrale von Faras (dem antiken Pachoras in Nubien) zeigt eine Darstellung die Königinmutter, die von einem Leibwächter begleitet und von M mit dem Jesuskind beschützt wird, wodurch die Königinmutter mit der GM in Verbindung gebracht wird. In R. wird daher von der Bevölkerung spontan M als Mutter von Christus dem König bezeichnet und so die Verbindung direkt vollzogen. Es ist ein Zeichen der Hochachtung und des Vertrauens, das auch von M der Königin(mutter) aller Christen spricht.

Alle Katholiken sind Mitglieder der Rosenkranz- und der Skapulierbruderschaft. Die Erwachsenen werden bei ihrer Taufe aufgenommen die Kinder bei ihrer ersten Kommunion.

Zur Feier des 50jährigen Jubiläums der Mission wurde am Ende der Feierlichkeiten (15. 8. 1950) auf jeder Missionsstation und in jeder Kirche eine Mstatue feierlich gesegnet und öffentlich aufgestellt, so daß man sie als »ND du Cinquantenaire« verehren konnte.

Lit.: J. Kraus, Die Anfänge des Christentums in Nubien, 1931. — Manoir V 159—180. — P. L. und M. Shinnie, New Ligth on Medieval Nubia, In: The Journal of African History 6 (1965) 263—273. — I. Linden, Church and Revolution in R., 1977. — P. Rutayisire, La Christianisation du R. (1900—45), 1987. — R. Kanyarwanda, L' Apostolat des Laics au R. de 1900 a nos Jours, Diss., Rom 1988.   *H. Rzepkowski*

Ryba, Jakub Jan, * 26. 10. 1765 in Przeltitz (Böhmen), † 8. 4. 1815 in Rosenthal (Böhmen). Als Sohn eines Lehrers und Organisten erhielt R. eine gute musikalische Ausbildung in Gesang, Generalbaß, Klavier, Orgel, Geige und Cello. 1781—84 besuchte er das Gymnasiums der Piaristen in Prag, wo er die Musik seiner Zeit kennenlernte. Dann war er Hilfslehrer seines Vaters in Nepomuk, seit 1786 in Mnischek und ab 1788 in Rosenthal. Als aufgeklärter Pädagoge widmete sich R. gewissenhaft der Schule und seiner Familie. Daneben komponierte er noch mehrere hundert Werke. Wegen privater und politischer Probleme beging er Selbstmord.

R. gilt als der bedeutendste böhmische Lehrerkomponist. Der zunächst vor- und frühklassische Stil seiner KM gerät zusehends unter den Einfluß Mozarts; durchgängig ist die Beziehung zum tschechischen Volkslied. Neben 90 Messen komponierte R. zahlreiche Regina coeli, Salve Regina, Stabat mater, Lauretanische Litaneien und andere Werke auf marian. Texte.

Lit.: J. Němeček, J. J. R.: Život a dílo, 1963. — MGG XI 1204f. — Grove XVI 357f.   *J. Schießl*

S

Saal an der Saale, Bistum Würzburg, Wallfahrtskirche ffle Heimsuchung auf dem Findelberg. Die Annahme, der Findelberg sei vorgeschichtliche Kultstätte gewesen, ist bisher nicht belegt. Urkundlich greifbar wird die dortige Kirche durch einen Vertrag zwischen der Benediktinerabtei St. Stephan in Würzburg mit der Mutterpfarrei Wülfershausen über die Opfergaben »In der Ehre Gottes und unßer lieben Frauen« 1438. 1445 wird ein Benefizium errichtet, 1494/95 werden Ablässe durch Alexander VI. für verschiedene Herren- und ffleste gewährt; nach J. Trithemius war um 1510 der Wallfahrtskonkurs zu Ehren BMV schon erloschen, während nach einem Bericht von 1607 die Wallfahrt erst durch die Reformation abgegangen sei. Vom spätma. Kirchenbau ist nur noch der Turm erhalten (Inschrift: 1499). Das hölzerne Gnadenbild der GM mit Kind (Consolatrix Afflictorum; auf 1500 datiert, sicher aber älter) wurde 1891 durch einen Brand zerstört; erhalten blieb die untere Gewandpartie, eingefügt in eine Rekonstruktion des 19. Jh.s. Die verkohlte Statue ist heute auf der Altarrückseite, eine Kopie von 1966 im Mittelteil der Retabel eingefügt.

Nach der Legende habe ein Schäfer beobachtet, wie seine Tiere die Statue aus dem Erdreich gruben; sie sei immer wieder auf geheimnisvolle Weise aus den Pfarrkirchen S. und Wülfershausen zum Findelberg zurückgekehrt. Auf oberhirtlichen Auftrag von 1624 hin wurden unerklärliche Heilungen aufgezeichnet. Im Visitationsbericht von 1629 heißt es: »Die Walfarth zu Findelberg D. Virginis, so 4 Jahr elter als die zu Dettelbach, iterum incipit florere, ibitenus Deipara Virgo multis claret miraculis.« Viele der Votivbilder sind in der Friedhofskapelle (Mirakelkammer) deponiert.

Die Kirche wurde 1595 renoviert, 1672 verlängert und erhöht, 1682 konsekriert, 1891 durch Brand zerstört und 1892 neu geweiht; 1905 wurde eine Lourdesgrotte gestiftet, 1909—34 folgte der Ausbau der Anlagen mit Wallfahrtswegen, Grotten, Kapellen und Figuren von Ludwig Sonnleitner. Noch heute ist S. ein beliebter Gebetsort, der in einer von marian. Devotion geprägten Sakrallandschaft liegt.

Lit.: I. Gropp, Collectio novissima scriptorum et rerum Wirzeburgensium, Frankfurt 1741, I 32. 89; 1744, II 86. — Die Muttergottesswallfahrtskirche Findelberg, In: Kalender für kath. Christen, Sulzbach 1881, 98—104. — A. Amrhein, Realschematismus der Diözese Würzburg, 1897, 338. — A. Schaab, Geschichte und Beschreibung der Pfarrei S. a. d. S. Würzburg 1898. — A. Amrhein, Archinventare der kath. Pfarreien in der Diözese Würzburg, 1914, 408f. — KDB, Bezirksamt Königshofen, 1915, 120—124. — G. Schrötter, Urkundenbuch der Benediktiner-Abtei St. Stephan in Würzburg II, 1932, 357f. 384—386. — H. Dünninger, Processio Peregrinationis, In: WDGB 24 (1962) 113—115. — Beschreibung des Marienwallfahrtsortes Findelberg bei Saal, o. O., o. J. (nach 1967). — K. Kolb, Wallfahrtsland Franken, 1979, 96. — D. A. Chevalley, Unterfranken, 1985, 273. *E. Soder v. Güldenstubbe*

Saavedra, Angel de, Duque de Rivas, * 10. 5. 1791 in Córdoba, † 22.6.1865 in Madrid, span. Dichter, einer der Initiatoren und herausragender Vertreter der span. Romantik. Aus adeliger Familie stammend erhielt der »segundón« Angel de Saavedra eine standesgemäße Erziehung, u. a. auf dem Seminario de Nobles (bis 1806), erbte aber erst nach dem Tod des ältesten Bruders den Titel des Vaters: Duque de Rivas (1834). Er diente in der königlichen Leibwache und nahm an der seit Godoy sehr bewegten Geschichte Spaniens regen Anteil (Teilnahme an Ereignissen von Aranjuez, dann an Kämpfen gegen die Franzosen, u. a. Schlacht bei Talavera, bei anderem Gefecht schwere Verletzungen). Ab 1810 im Amt für Topographie und Militärgeschichte in Cádiz tätig, machte er die Bekanntschaft repräsentativer Geister seiner Zeit, u. a. Nicasio Gallego, Quintana und Martínez de la Rosa. Nach dem Krieg privatisierte er und wandte sich im »Trienio liberal« der Politik zu (1821 Abgeordneter für Córdoba). Nach dem gewaltsamen Ende dieses konstitutionellen Zwischenspiels zum Tode verurteilt (1824) floh er über Gibraltar nach England. Sein Versuch, von dort aus den Kirchenstaat zu erreichen, scheiterte an der Weigerung der Behörden, ihn in Livorno an Land zu lassen. Mit einem Paß ließ er sich auf Malta nieder, wo er die Bekanntschaft des gebildeten Diplomaten und Hispanophilen John Hoockam Frere machte, durch den der ästhetisch bisher dem Neoklassizismus und Ossianismus verbundene S. die span. Literatur des MA und des Siglo de Oro schätzen lernte und mit der europäischen Romantik in Berührung kam. Über Paris kehrte er schließlich zurück nach Madrid (1834, Amnestie). Der bisherige Liberale wendet sich, wohl nicht zuletzt infolge veränderter privater Lebensumstände, einem gemäßigten Konservatismus zu. Er bekämpfte Mendizábals Säkularisierung des Kirchenbesitzes, wird Regierungsmitglied unter Istúriz, flieht im Zusammenhang mit einem Putsch erneut über Lissabon nach Gibraltar und kehrt 1837 nach Spanien zurück. Als Senator für Cádiz übernimmt er weitere bedeutende politische Aufgaben als Minister, Regierungschef und Botschafter in Neapel und Paris. Seit 1846 gehört er der Real Academia an. In den Wirren des Juli 1854 flüchtet er für einige Tage in die franz. Botschaft. 1859 wird er Botschafter am Hof Napoleons III. und enger Freund der Herrscherfamilie. Auch in Spanien erfährt er als Director de la Real Academia und Präsident des Staatsrates bis zu seinem Tod höchste Ehrungen.

Sein Werk entwickelt sich aus neoklassizistischen Anfängen in der Exilzeit bes. im Bereich der Lyrik auf die Romantik zu (Themen:

Schmerz des Verbannten; Haß gegen Tyrannen, etc.). Mit dem Drama »Don Alvaro o la fuerza del sino« (1834) eröffnet er spektakulär die Romantik in Spanien, konnte jedoch diesen großen Wurf im dramatischen Bereich nicht wiederholen. Er lancierte aber mit dem epischen Gedicht »El moro expósito« (1834) die Thematik eines dramatischen und pittoresken span.-maurischen MA und belebte mit seinen Romances históricos (1841) eine traditionelle typisch span. Dichtungsform in romantischem Geist (v. a. durch Hinzunahme »costumbristisch«-pittoresker Beschreibungen) neu.

M erscheint bei S., dessen dichterischer Kosmos v. a. die poetische Transponierung der Welt des alten Spanien seit dem MA ist, als typisches und charakteristisches Element dieses Ambientes, etwa in der Beschreibung von Mstatuen, Andachtsorten etc., in der Sprache der Figuren wiederum in Beteuerungsformeln, Ausrufen und spontanen Anrufungen als Bestandteil authentischer span. Mentalität im Verständnis S. s. In »El Moro Expósito« tröstet eine christl. Sklavin namens María die unglückliche Maurin Kerima, die von ihrem grausamen Vater Giafar einem anderen als ihrem geliebten Mudarra versprochen wurde, unter Hinweis auf die Jungfrau M, deren Bild sie, zusammen mit einem Kreuz, auf einer Medaille trägt, die die Maurin wie einen Talisman betrachtet, und die die Christin ihr für die Zeit ihrer Bedrängnis überläßt (Romance V; OC I 156). Eben diese Medaille ist Anlaß dazu, daß Kerima dem unverhofft gefundenen Großvater Egidio ihre traurige Geschichte und auch von ihrer Liebe zu Mudarra erzählt (Romance XII; OC I 263). Ein von Fackeln beleuchtetes griech. Mbild auf dem Altar einer kleinen Eremitenkapelle erscheint dem Eintretenden wie das Himmelreich; der Schurke Rui-Velázquez verspricht vor dem Mbild für den Fall seines Sieges über Mudarra herrliche Geschenke, wird aber vom Eremiten zurechtgewiesen, der dann auch vor dem Bild für die Seele des Unbußfertigen betet (OC I 237—242). Als populär-komische Auflockerung der Erzählung singt bei einem Festmahl der Dienerschaft von Salas und des Volkes der angetrunkene Taugenichts Vasco Pérez eine »dumme, nichtsnutzige Ballade« (romance), in der auf das Siegesversprechen und den ausdrücklichen Rat Ms hin Pelayo und seine in Covadonga eingeschlossene kleine Christenschar sich mit Weinfässern und Schinken, ein Schwein als Feldzeichen führend, auf das Maurenheer stürzen und es in die Flucht schlagen. (OC I 209).

Eine in der Darstellung betonte, wenn auch von der Handlungsanlage nicht unbedingt erforderte Rolle spielt M in der *leyenda* »La Azucena Milagrosa«, der »Gründungslegende« des in den napoleonischen Kriegen untergegangenen Klosters der »Virgen de la Azucena« (»Jungfrau mit Lilie«) in der Provinz León. In der Erzählung um die Ermordung der unschuldigen Blanca durch ihren von einem falschen Freund getäuschten Gemahl Nuño Garcerán und der Buße Garceráns wirkt M als Fürsprecherin für den reuigen Sünder. Sie erscheint nicht selbst, sondern in Legendenmotiven, also einem Mbild, das nach dem Mord verschwunden ist und sich dem Büßer schließlich wieder zeigt, im Aufblühen einer weißen Lilie (OC I 425—454). In »Don Alvaro o la fuerza del sino«, einem Drama um das hoffnungslose Ausgeliefertsein des Menschen an ein tückisches Schicksal, wird M v. a. von der in einem Kloster Schutz suchenden (und vermeintlich findenden) Leonor wiederholt angerufen (Akt II), Anrufungen, die freilich, wie die Institutionen des Glaubens insgesamt, den Menschen nicht zu schützen vermögen, wie der weitere Verlauf zeigt (OC II 2. 321. 323. 325 u. ö.)

In der historischen Beschreibung der »Sublevación de Nápoles, capitaneada por Masaniello« erfolgen im Zusammenhang mit dem Volksaufstand in Neapel 1647 einige Hinweise auf die Grausamkeit der Volksmassen, obwohl die von ihnen Verfolgten in Mkirchen etc. Schutz gesucht hätten (OC III 159). Insgesamt hat M keine zentrale Stellung im Werk S., sondern ist gewissermaßen »constumbristischer« Bestandteil seines Spanienbildes, wobei er bei zeitgenössischen Lesern freilich mit noch sehr weitgehender, v. a. auch emotionaler Akzeptanz traditioneller Glaubensinhalte rechnen konnte.

WW: Obras completas (OC), Ed. y prólogo de J. Campos, 3 Bde., I: Poesías; II: Teatro; III: Teatro y prosa, 1957.
Lit.: E. A. Peers, A. de S., Duque de Rivas. A Critical Study, In: Revue Hispanique 58 (1923) 1—600. — G. Boussagol, A. de S., duc de Rivas. Sa vie, son oeuvre poétique, 1926. — V. Cerny, Quelques remarques sur les sentiments religieux chez Rivas et Espronceda, In: Bulletin Hispanique 36 (1934) 71—87. — E. A. Peers, Historia del movimiento romántico en España, 1974. — G. Lovett, The Duke of Rivas, 1977. — Ch. Wentzlaff-Eggebert, A. de S., Duque de Rivas: Don Alvaro, In: V. Roloff und H. Wentzlaff-Eggebert, Das span. Theater vom MA bis zur Gegenwart, 1988, 241—249. *W. Kreutzer*

Saavedra, Silvestre, * in Sevilla (?), † 1643 ebd., trat dort ins Kloster der Mercedarier ein und legte am 9. 9. 1599 die Profeß ab. Nach dem Studium in Salamanca kehrte er nach Andalusien zurück, wo er zu einem der großen Prediger seiner Zeit wurde.

Als Mercedarier in Sevilla bedeutete für S. die Förderung des Glaubens an die UE Ms eine Lebensaufgabe. Sein Hauptwerk zur Verteidigung der UE »Sacra Deipara« beschloß er mit den Worten, für die Verteidigung dieser Wahrheit wolle er gern sein Leben lassen und wie ein zweiter Ignatius Samenkorn Christi sein. Das Werk, das erst nach seinem Tode gedruckt wurde, war die Frucht langer Dispute mit den Gegnern, die ihn daran gehindert hatten, seine »14 Thesen zum Beweis der Auserwählung Marias« anzuschlagen. Um die Erlaubnis zur Veröffentlichung dennoch zu erhalten, holte er von mehreren Universitäten und zahlreichen Theologen aller Orden Gutachten ein, so daß die Inquisition schließlich der Veröffentlichung in Malaga und Sevilla zustimmte.

Die Thesen S.s — Duns Scotus folgend und auch gewiß von Quirino de Salazar beeinflußt — enthalten neben neuen Aspekten auch manche Mängel, weil sie nicht bis zum Ende durchdacht waren. So ist S. etwa der Auffasung, daß der göttliche Plan der Menschwerdung dem Sündenfall vorausgegangen sei, so daß ⋈ auch ohne die Sünde der Ureltern existiert hätte. Da ⋈ zur GMschaft vorausbestimmt war, habe sie (de potentia absoluta) die Sünde nicht beflecken können. Die Erhabenheit der GMschaft heilige notwendigerweise das Geschöpf in viel größerem Grad als die Gnade selbst, die ⋈, wenn nicht »de condigno«, in vollkommener Weise »de congruo« verdiene. Auch wenn S. dazu neigt, ⋈ alle möglichen Eigenschaften zuzusprechen, die an sich nicht widersprüchlich seien, bleibt ihm wichtig, nichts anderes über ⋈ auszusagen, als was von der Hl. Schrift, den Kirchenvätern und dem Lehramt der Kirche verkündet wird. S. scheint das Mitwirken ⋈s am objektiven Werk der Erlösung zu bezweifeln, während er doch der festen Überzeugung ist, daß Gott sie für das Werk der Menschwerdung und als Vollendung der Schöpfung von Ewigkeit her vorgesehen habe. Nach → Amor Rubial ist das Werk S.s »das Beste, was zu allen Zeiten in der Mariologie geschrieben wurde«.

WW: De conceptione virginis Mariae discursus, Sevilla 1615. — Razón del pecado original y preservación de él en la Concepción Purísima de la Reina de los Angeles, María, Sevilla 1615. — Sacra Deipara, sive de Omnipotentissima dignitate Dei Genitrix immaculatissima, Lyon 1655, u. a.
Lit.: N. Pérez, La Immaculada en España, 1954. — Menendez-Bejarano, Diccionario de Escritores, maestros ... II, 1923, 343 f. — P. G. Vásquez, El Maestro fray S. S., In: La Merced, 1930, 401—405. 417 ff. *G. Rovira*

Saba → Königin von Saba

Sabellianismus, die Irrlehre des Libyers Sabellios (Anfang 3. Jh.) aus der Pentapolis, der unter Papst Zephyrinos († 217) in Rom das Haupt der monarchianistischen Partei war und unter dem Einfluß des theosophischen Ägypter-Evangeliums (→ Apokryphen) dem Monarchianismus seine gefährlichste, nämlich modalistische, Form gab. Der S. ist nur aus gleichzeitigen (Hippolyt, Novatian, Dionysius) und späteren (Epiphanius, Athanasius, Theodoret) gegenerischen Schriften bekannt. Demnach lehrte er, daß der in sich ruhende einpersönliche, schweigende Gott (θεὸς σιωπῶν) zum θεὸς λαλῶν, zum redenden Gott oder Logos wurde, indem er aus dem beziehungslosen Ansichsein heraustrat und sich zur Welt in Beziehung setzte. Dieser θεὸς λαλῶν ist der Grund der dreifachen Selbstbestimmung der einpersönlichen Gottheit zur Welt, die der Welt gegenüber als Trias auftritt und zwar im πρόσωπον (Maske) des Vaters, soweit es sich um Schöpfung und Gesetzgebung, im πρόσωπον des Sohnes, sofern es sich um die Erlösung, im πρόσωπον des Hl. Geistes, sofern es sich um die Kirche und Heiligung der Seelen handelt. Nicht im realen, metaphysischen, sondern in einem modalen, ökonomischen Sinne, d. h. in seiner dreifachen Erscheinungs- und Wirkungsweise (modus revelationis) in der Schöpfung ist der eine Gott trinitarisch. Vater, Sohn und Hl. Geist sind nicht unterschiedliche Hypostasen, sondern unpersönliche Erscheinungsformen der Gottheit und werden wieder in sie zurückgenommen, sobald die Beziehungen zur Welt aufhören. ⋈ gilt im S. als Jungfrau und Mutter Gottes, aber nicht als Mutter des Sohnes Gottes als der zweiten Person der Trinität, sondern im monarchianistischen Sinne, soweit in dem vom Pantheismus durchhauchten S. überhaupt von einem persönlichen Gott gesprochen werden kann. Der von Calixtus I. (217—223) auf der röm. Synode 262 und dem Konzil von Konstantinopel 381 verworfene S. fand Wiederauferstehung bei Friedrich Schleiermacher († 1834) und rationalistischen prot. Theologen, die z. T. an Schellings und Hegels phil. Lehren anknüpfen.

Lit.: C. Andresen, Zur Enstehung und Geschichte des trinitarischen Personbegriffes, In: ZNW 52 (1961) 1—39. — LThK² IX 193f. — EC XII 783. *K. Algermissen*

Sacchi, Andrea, Maler, * vor dem 30. 11. 1599 in Nettuno bei Rom, † 21. 6. 1661 in Rom, wuchs in Rom auf, war Schüler Francesco Albanis und gilt als Hauptvertreter des »Hochbarocken Klassizismus« Italiens. Sein frühes Bild »Vision des hl. Isidor Agricola« (Rom, S. Isidoro, 1621/22) zeigt ihn noch deutlich von den Werken Lodovico Carraccis († 1619) inspiriert (z. B. Vision des hl. Hyazinth, Paris, Louvre). Die »Madonna von Loreto mit den hll. Bartholomäus, Joseph, Jakob v. Compostela und Franziskus« (Nettuno, S. Francesco, 1623/24) nimmt den Typ der → »Sacra Conversazione« auf und führt damit Traditionen des 15. (z. B. Domenico Veneziano) und 16. Jh.s (z. B. Fra Bartolommeo) weiter. Ähnlich traditionsverbunden zeigt er sich in seiner »Madonna mit Kind, Jesuitenheiligen, Cosmas und Damian« (Rom, Collegio Romano, Alte Pharmazie, 1629), in der »Vision des hl. Bonaventura« (Rom, S. Maria della Concezione, 1635/36), die er zusammen mit Filippo Gagliardi ausführte und in dem für die Malteser auf dem Aventin angefertigten Gemälde »Madonna mit Basilius v. Kappadokien« (Rom, S. Maria del Priorato, späte 30er Jahre). Hochbarocke Erzählkunst beweist S. mit der »Geburt Mariens« (Madrid, Prado, 1628/29), deren Komposition er in der »Geburt Johannes' des Täufers« im Freskenzyklus des Lateranbaptisteriums (1641—49) wörtlich übernimmt. In den Fresken zum Leben des Täufers führt S. seine klassizistischen Prinzipien, die Kompositionen mit wenigen Figuren, Sparsamkeit im Ausdruck und Konzentration auf das »decorum« fordern, gleichsam exemplarisch vor. Dieses an Raffael und Poussin orientierte Konzept stand im Gegensatz zu der ebenfalls in Rom vertretenen »barock-rubenistischen« Richtung eines Pietro da Cortona († 1669). S.s letzte Aufträge sind Themen zur Kindheits- und Jugendgeschichte Jesu gewidmet (Darbringung Jesu, Perugia, Galleria nazionale, 1651; Traum Josephs, Rom, S. Giuseppe a Capo le Case, 1652). Grundsätzlich charakteristisch für die Themenwahl S.s ist das Fehlen dramatisch-expressiver Sujets.

Lit.: H. Posse, Der röm. Maler A. S., 1925. — A. Sutherland Harris, A. S., 1977. — R. Wittkower, Art and Architecture in Italy 1600—1750, ³1985, 261—266. — Thieme-Becker XXIX 289—291.
W. Telesko

Sachs, Hans, *5.11.1494 in Nürnberg, †19. 1. 1576 ebd., Schuhmachermeister, Dichter und Meistersinger, hat ein ungeheuer umfangreiches, kaum überschaubares Werk hinterlassen, das er selbst in über 30 voluminösen Bänden sorgfältig sammelte: Allein seine 4275 Meisterlieder füllen 16, die übrigen Werke nochmals 18 Bände. Fastnachtsspiele, Tragödien, Komödien und Reimpaargedichte (Fabeln, Schwänke, Historien, Streitgespräche) wurden in einer teilweise noch zu seinen Lebzeiten erschienenen großen Sammelausgabe veröffentlicht; die Meisterlieder, für den mündlichen Vortrag in der Meistersingergesellschaft bestimmt, blieben ausgespart. Viele seiner Werke, darunter auch Meisterlieder, waren jedoch zuvor schon in Einzeldrucken herausgekommen und hatten S. zu beachtlichem Ansehen verholfen. Mit seinen ersten gedruckten Werken, der »Wittembergischen Nachtigall« und vier Prosadialogen, trat er 1523/24 als entschiedener Parteigänger der Reformation hervor. Seit 1526 war er auch als Meistersinger in ref. Sinne aktiv. Unter seinem Einfluß erfuhr der Meistergesang (→Sangspruchdichtung und Meistergesang) durch die Einführung des ref. Schriftprinzips eine tiefgreifende Umgestaltung, er wurde zu einer weitgehend prot. dominierten Angelegenheit; das rel. Meisterlied beschränkte sich von da an auf die Versifikation biblischer Textvorlagen.

Vor 1520 jedoch übte S. den Meistergesang, nachdem er ihn bei dem Leineweber Lienhard →Nunnenbeck erlernt hatte, noch ganz in der traditionellen Weise aus und dichtete dementsprechend auch eine Reihe von Mliedern, teils in selbsterfundenen Tönen, teils in Tönen älterer Meister. 1513—19 hat er jedes Jahr mindestens eines, öfter zwei und einmal sogar drei Mlieder verfaßt, insgesamt rund ein Viertel der mehr als 50 Lieder aus dieser Zeit. Die Themen sind unterschiedlich, einige der Lieder sind anläßlich kirchlicher Feste entstanden. Er preist M aus Anlaß der Verkündigung (Nr. 12) und lobt sie zu Weihnachten für die Geburt des Erlösers (Nr. 9 und 10). Den Festtag der Empfängnis Me nutzt er, um zur Propagierung der UE ihre drei »Empfängnisse« darzulegen: ihre Erwählung zur Mutter Gottes, ihre natürliche Empfängnis, der sie ihre leibliche Schönheit verdankt, und die Empfängnis ihrer unbefleckten Seele (Nr. 13). Von der →Compassio Me handelt die »Goldene Klage Unserer Lieben Frau« (Nr. 8). In mehreren Lobliedern glossiert S. das → »Salve regina« und das → »Ave maris stella« (Nr. 14—16), wobei er die lat. Texte vollständig wiedergibt, oder er reiht preisende Titulierungen und Prädikationen aneinander (Nr. 17) und umspielt den Englischen Gruß mit lat. und dt. Apostrophierungen (Nr. 18). Die barmherzige Helferin M erscheint dem armen Sünder in seiner Notlage zwischen Tod, Gericht, Sünden, Himmel und Hölle als Rettung (Nr. 4), ihrem Lob dient die Erzählung eines →Mirakels (Nr. 19). In seinem letzten Mlied (unediert, vgl. Repertorium ²S/71) faßt S. schließlich 1519 die sieben Würden Ms zusammen, die sie von der Trinität erhalten hat: Sie ist Fürsprecherin und Helferin, Königin der Welt und der Barmherzigkeit, Höchste der Seligen, ihr Lobpreis wird nur von dem ihres Sohnes übertroffen, und ihm ist sie ganz nahe. In späteren Meisterliedern erscheint M dann nur noch, wenn der der Versifizierung zugrundeliegende biblische Text von ihr berichtet.

Ausg.: F. H. Ellis (Hrsg.), The early Meisterlieder of H. S., 1974. — Die späteren Meisterlieder sind weitgehend unediert, Inhaltsregesten bietet das Repertorium (s. u.). — A. v. Keller und E. Goetze (Hrsg.), H. S., 26 Bde., 1870—1908 (mit Werkverzeichnis in Bd. 25). — E. Goetze (Hrsg.), Sämtliche Fastnachtspiele von H. S., 7 Bde., 1880—87. — E. Goetze und K. Drescher (Hrsg.), Sämntliche Fabeln und Schwänke von H. S., 6 Bde., 1893—1913.
Lit.: B. Könneker, H. S., 1971. — N. Holzberg, H.-S.-Bibliographie, 1976. — F. Schanze, Meisterliche Liedkunst zwischen Heinrich v. Mügeln und H. S., 2 Bde., 1983/84, I 137—145; II 26—28. — H. Brunner, Meistergesang und Reformation. Die Meistergesangbücher 1 und 2 des H. S., In: L. Grenzmann und K. Stackmann (Hrsg.), Literatur und Laienbildung im SpätMA und in der Reformationszeit, 1984, 732—742. — M. Dutschke, »... was ein singer soll singen«. Untersuchungen zur Reformationsdichtung des Meistersängers H. S., 1985. — Repertorium der Sangsprüche und Meisterlieder, hrsg. von H. Brunner und B. Wachinger, Bde. 9—11, 1986f.
F. Schanze

Sacra (Santa) **Conversazione.** Der kunstwissenschaftliche unhistorische Begriff der S. wurde wohl in der 1. Hälfte des 19. Jh.s eingeführt. Formal versteht man unter einer S. eine Darstellung der thronenden M mit dem Kind als Mittelpunkt einer Gruppe von zwei, häufig vier, aber auch mehr (stehenden) Heiligen, die das Bild der Madonna mit Heiligen im Triptychon oder Polyptychon ablöst. Abzugrenzen ist die S. gegen die auf den sienesischen Bereich beschränkte →Maestà und die Hl. → Sippe. In der hier geschilderten Form ist der Begriff der S. in erster Linie an Bellinis drei frühen und »klassischen« Beispielen in Venedig (S. Zanipolo, S. Zaccaria und S. Giobbe) entwickelt worden. Da er jedoch ohne Unterscheidung von Bildbeispiel und Bildtyp für ganz unterschiedlich gestaltete Bilder benutzt wird, hat man ihn längst als zu eng gefaßt und unbrauchbar erkannt (Passavant, Peters, Alberg). S. wird üblicherweise als »heilige Unterhaltung« übersetzt und dabei kritisiert, die Bildformel stelle ein zumeist stummes Nebeneinander von Heiligen dar und kein Gespräch mit M; dabei übersieht man, daß »conversatio« im ursprünglichen Sinne »(vertrauter) Umgang, Verkehr« bedeutet. Dem älteren und weniger mißverständlichen Begriff der

Domenico Veneziano, Sacra Conversazione, um 1442/48, Florenz, Uffizien

»Madonna con Santi« oder »Madonna mit Heiligen« (→Heilige und ⋔) sollte aus verschiedenen Gründen der Vorrang gegeben werden, denn die S. stellt nur eine Facette dieses weiten Bildthemas dar. Schon ein flüchtiger Überblick zeigt, daß die Grenze zu anderen Themen außerordentlich durchlässig und unscharf ist.

Der ursprüngliche Sinn der S. liegt in einer »zeitlosen Vereinigung von Heiligen zum Zwecke der Anbetung, Verehrung und Meditation« (Alberg) und umfaßt somit die ganze Bandbreite der Madonna-con-Santi-Bilder. Schon die geläufige zeitliche Einordnung der S., die in Florenz an der Wende vom 14. zum 15. Jh. und in Venedig im 2. bzw. 3. Drittel des 15. Jh.s an die Stelle der Tri- oder Polyptychen trat, und von der es Hunderte von Beispielen gibt, erweist sich als problematisch, denn eine ganze Reihe von Bildern sind aus der vorhergehenden Zeit erhalten und stellen eindeutig die S. dar.

Taddeo Gaddi (Madonna con Santi, Bern, Kunstmus., um 1350) verwendet das Bildformat der giebelförmig abgeschlossenen hochrechteckigen Tafel. Später behalten Domenico Veneziano (Florenz, Uffizien, um 1442/48) und Andrea Mantegna (Verona, Pala di San Zeno, 1456/59) die Grundform des Triptychons bei, doch wird der Raum trotz der Unterteilung der Tafeln mit einem perspektivischen Gebälk bereits zu einer Einheit zusammengefügt. Damit ist der Boden für Giovanni Bellinis Bilderfindungen bereitet, in denen die Szenerie in einem hochrechteckigen Bild völlig vereinheitlicht wird. Bellini schuf um 1488 für die Frari-Kirche in Venedig noch eine S. in der älteren Form des (Ps.-)Triptychons. Die unerreichbar thronende ⋔ ist ein singuläres Motiv Bellinis gewesen, das er in seinen drei Altären in S. Zanipolo, S. Zaccaria und S. Giobbe verwendete. Mantegna griff es sogleich in der »Madonna della Vittoria«

(Paris, Louvre, 1496) auf; von ihm stammt auch die »Madonna Trivulzio« (Mailand, Museo del Castello Sforzesco, 1497), eine S., die das übliche Schema durchbricht und unter Verzicht auf den Thron M in einer Engelsgloriole mit vier Heiligen zeigt. Eine S. des Alvise Vivarini (Anfang 16. Jh., ehem. Berlin, 1945 verbrannt) gehörte motivisch zur unmittelbaren Bellini-Nachfolge, die noch bei Tiepolo spürbar sein wird. Die S., die Antonello da Messina für S. Cassiano, Venedig, schuf (fragmentarisch erhalten, z.B. Wien, Kunsthist. Mus.), sieht man — wenig einleuchtend — von der nördlichen Kunst beeinflußt. Bellini hat zu Beginn des 16. Jh.s das Spektrum der S.-Darstellungen durch Halbfigurenbilder erweitert.

Die mögliche Rolle der cisalpinen Kunst für die Entstehung der S. ist bislang kaum hinterfragt worden. Konrad v. Soest hat auf der Nikolai-Tafel in der Nikolai-Kapelle zu Soest im Schema der S. um 1410/20 anstelle der thronenden M den hl. Nikolaus in die Mitte zwischen vier Heilige gestellt. Hier zeigt sich deutlich eine Kenntnis der ital. Kunst, die durch ein importiertes Werk vermittelt worden sein kann. Sehr häufig sind in der dt. Malerei des 15. Jh.s Darstellungen Ms mit dem Kind im Kreise von (meist sitzenden, seltener stehenden) Heiligen. Es ist bezeichnend für die Vermittlerrolle der flämischen Kunst zwischen Norden und Süden, daß die Medici um 1450 eine S. bei Rogier van der Weyden in Auftrag gaben (»Medici-Madonna«, Frankfurt, Städel). Jan van Eycks »Madonna des Kanonikus Georg van der Paele« (Brügge, Gemeindemus., 1436) läßt sich im weiteren Sinne auch der S. zurechnen: Der Stifter wird von seinem Namenspatron der Madonna mit dem Kind und dem stehenden hl. Donatian empfohlen. Darstellungen von Heiligen, die um die thronende GM mit Kind stehen, sind selten (Michael Pacher zugeschrieben, London, Nat. Gallery) und entstehen in der Auseinandersetzung mit der ital. Kunst der Renaissance (H. Holbein d.J., Madonna zwischen den hll. Nikolaus und Urs, Solothurn, Mus., 1522). In der Nachfolge des ital. Halbfigurenbildes der S. des frühen 16. Jh.s stehen die Bilder Lukas Cranachs, die die Madonna mit dem Kind, umgeben von zwei oder vier weiblichen Heiligen zeigen. Doch im großen gesehen, setzte sich die S. in der Kunst nördlich der Alpen nicht durch.

Mit dem Schema der S. eng verwandt sind auch Bilder der Anbetung der Könige, die, symmetrisch angelegt, die thronende GM mit den knienden Königen und stehenden Heiligen bzw. Figuren zeigen. Mit Tizian begann der Wandel von einem mehr oder minder starren Nebeneinander der hll. Personen hin zu einer tatsächlichen »conversazione«, einem Gespräch mit Gesten, Bewegung und Zuwendung. Er nahm sich dieses Themas relativ häufig an. Um 1511 schuf er für die Chiesa Arcidiaconale in Pieve di Cadore zwar noch eine »konventionelle« S., doch auf einem (zugeschriebenen) Halbfigurenbild aus der gleichen Zeit (Rom, Galleria Doria) ist die Szene in Bewegung geraten: M mit dem Kind auf der linken Bildseite unterhält sich mit zwei Heiligen. In Anlehnung an Bellini schuf er um 1511 eine S. (Venedig, S. Maria della Salute, Sakristei), in der der hl. Markus anstelle Ms thront. Enger noch wird das Miteinander der Figuren auf einem Bild in Dresden (Gemäldegalerie, um 1515—18), ermöglicht durch die Darstellung der Gruppe als Kniestück. Auffallend ist hierbei, daß Johannes der Täufer das Kind berührt. Als die grandioseste S. Tizians gilt die Pesaro-Madonna (Venedig, S. Maria Gloriosa dei Frari, 1519—26), mit der der Bruch mit dem herkömmlichen Schema, das M im Mittelpunkt zeigt, endgültig vollzogen wird, wenngleich die venezianische Tradition der hoch Thronenden noch immer mitklingt. Wesentlich für den Bildgehalt ist die Empfehlung der Stifterfamilie an M und Petrus durch den hl. Antonius v. Padua. Eine eigene Gruppe bildet bei Tizian die in der Glorie thronende M mit Heiligen (Serravalle, Dom; Vatikan, Pinakothek; Ancona, Museo Civico), für die es bei Mantegna (s.o.) schon ein frühes Beispiel gibt.

Doch war das alte Schema der in der Mitte erhöht thronenden M nicht vergessen. Die Carracci verwendeten es wieder, Lodovico hat es z.B. 1591 aufgegriffen (Cento, Museo Civico). Letztlich ist auch Carravaggios Rosenkranzmadonna (Wien, Kunsthist. Mus., 1605/07) noch eine S. 1737/38 schuf Tiepolo für S. Salvatore in Venedig eine (bereits 1765/72 zerstörte) S. ganz im traditionellen Stil, jedoch mit einem thronenden Heiligen (Entwurf in London, Nat. Gallery).

Im bayer. Barock verarbeitete Egid Quirin Asam ital. Anregungen der S. für Altäre: Um 1732 schuf er den Rosenkranz-Altar in der ehem. Prämonstratenserabtei-Kirche Osterhofen, der die erhöht thronende Madonna mit Kind sowie die hll. Dominikus und Katharina v. Siena zeigt; 1733 stellte er auf dem Hochaltar von St. Peter in München eine S. mit dem thronenden Petrus und vier Kirchenvätern dar; im Entwurf für den Hochaltar von Maria Dorfen (1740), für den er den Osterhofener Vorwurf verwendete, thront M Immaculata zwischen vier Heiligen. Hinter diesen beiden Werken steht die Cathedra Petri Berninis, die Hubala »als letztes Glied in der Abwandlung dieses Themas« der S. bezeichnete.

Lit.: K. Kaspar, Die ikonographische Entwicklung der S. C., Diss. masch., Tübingen 1954. — G. Passavant, Andrea del Verrocchio als Maler, 1959. — E. Hubala, Giovanni Bellini: Madonna mit Kind. Die Pala di San Giobbe, 1969. — H.A. Peters, Giovanni Bellini oder Antonello da Messina? Zur Entstehung der sog. S. C. in Venedig, 1981. — W. Alberg, Die »Madonna con Santi«. Darstellung der venezianischen und florentinischen Malerei, 1984. — LCI IV 4f. *P. Morsbach*

Sacramentarium (Sakramentar), liturg. Buchtyp des Abendlandes, gebraucht für die Feier der Hl. Eucharistie und der mit ihr verbundenen außerordentlichen liturg. Feiern; das S. enthält die Texte für den zelebrierenden Bischof bzw. den Priester, bisweilen auch eine kurze Darstellung der gesamten Meßfeier. Die Bezeichnung S. leitet sich ab aus den in Worten, Zeichen und Gesten sich äußernden sacramenta. Im ma. Sprachgebrauch kann das Wort Missale, gebildet von Missa, demselben Handschriftentyp zugedacht sein. Seit dem hohen MA wird das S. verdrängt durch das Plenar-Missale, das alle gesprochenen und gesungenen Texte, alles für die Feier der hl. Messe durch den einzelnen Priester (stille Messe) Erforderliche, in einem einzigen Buch vereint.

Das S., in verschiedenen Ausprägungen überliefert, anfangs in sog. Libelli mit einzelnen Texten oder Formularen greifbar, entsteht ca. im 7. Jh. durch Zusammenfassung aller im Laufe des Jahres benötigten priesterlichen Texte (Präsidialgebete). Als Autoren der Sakramentare werden die Päpste Leo d. Gr. (440—461), Gelasius (492—496) und Gregor d. Gr. (590—604) genannt; aber das sind irrtümliche Annahmen oder autoritätssteigernde Zuschreibungen. Die wichtigsten röm. Sakramentare sind das S. Leonianum, nach dem Aufbewahrungsort auch S. Veronense genannt, das Altgelasianum, das S. Gregorianum, das S. Hadrianum, die Junggelasiana (Misch-Sakramentare). Nichtröm. Sakramentare sind das Missale Gothicum, das Gallicanum Vetus, das Missale von Bobbio; es handelt sich dabei um örtliche liturg. Bücher, die inhaltlich wie in der Anordnung erheblich voneinander abweichen. Einen einheitlichen Typ hingegen bilden die ambrosianischen Sakramentare; unter diesen ist das S. von Bergamo bes. wichtig, aber auch das S. Triplex, das für jedes Formular eine dreifache Überlieferung aufweist (gelasianisch, gregorianisch und ambrosianisch). Aus einer altspan. Liturgie erhalten und ediert ist der Liber Mozarabicus sacramentorum. Das bedeutendste keltische S. ist das Stowe-Missale. Der marian. Aspekt ist in der Geschichte des Meßbuches und seiner Vorstufen greifbar.

Lit.: Ausg. der Sacramentare sind v. a. in den folgenden Reihen greifbar: Liturgiegeschichtliche Quellen und Forschungen, Münster. — Spicilegium Friburgense, Freiburg/Schweiz. — Rerum ecclesiarum documenta, Rom. — Texte und Arbeiten, Beuron. — A. Ebner, Quellen und Forschungen zur Geschichte und Kunstgeschichte des Missale Romanum im MA. Iter Italicum, Freiburg i. B. 1896; Nachdr. Graz 1957. — K. Gamber, Codices Liturgici Latini antiquiores, 1963. — C. Vogel, Introduction aux sources de l'histoire du culte chretien au Moyen Age, 1966. — Ausst.-Kat., Bibliotheca Apostolica Vaticana, Liturgie und Andacht im MA, Köln-Stuttgart 1992.
Th. Maas-Ewerd

Sadeler, fläm. Kupferstecher-, Verleger- und Kunsthändlerfamilie des 16./17. Jh.s; im Handel europaweit erfolgreich und vorbildhaft, entstanden in ihren Werkstätten über 2000 selbstgestochene Blätter; die neuere Forschung ist geneigt, nur mit »Sad«. oder »Sadeler« bezeichnete Stiche Aegidius I zuzuschreiben (die H-Angaben im Folgenden beziehen sich auf Hollstein).

1. Aegidius I, Bruder des Johann I und Raphael I, 1570 als Händler in die Antwerpener Lukas-Gilde eingeschrieben, gemeinsam mit Johann I gab er den »Triumphus Martyrum« heraus.

2. Aegidius II, *um 1570 in Antwerpen, †1629 in Prag, Sohn von Aegidius I, Stecher und Maler, Hauptmeister der Familie, Beiname »Phoenix der Kupferstecher«. Erste Kupferstiche wurden 1588 von J. Hofnagel herausgegeben: eine Geburt Christi nach H. v. Aachen (H 32), eine Kreuzaufrichtung (H 50) nach Dürer und eine Kreuzigung (H 53) nach Ch. Schwarz. 1590 folgte unter dem Titel »Salus Generi Humani« eine Serie von 12 Drucken zum NT nach H. v. Aachen (H 18—30). Dieser mag S. in den frühen 90er Jahren zu einer Italienreise bewegt haben. Dort stach er nach Vorzeichnungen H. Speckarts sechs Szenen des Mlebens (Verkündigung, Heimsuchung, Anbetung der Hirten, Anbetung der Könige, Darbringung im Tempel, Himmelfahrt Ms; H 81—86). Seinen Stich einer Hl. Familie mit den hll. Elisabeth und Johannes dem Täufer nach J. Heintz (H 80) edierte Pieter de Jode 1593.

Eine Berufung der Apostel Petrus und Andreas, 1594 von seinen Cousins ediert, stach er nach F. Barocci (H 40). Seine Stichtechnik dieser Zeit läßt in den Plastizität schaffenden, tiefen Schnitten den Einfluß H. Goltzius' erkennen. Nach Arbeiten in München reiste er 1595 mit Johann I nach Venedig und Verona. Während dieses zweiten Italienaufenthaltes entstand u. a. eine Grablegung nach F. Barocci (H 55).

Ab 1597 war S. in Prag als Hofkupferstecher tätig. Dem manierierten Hofgeschmack entsprechend rahmte er Porträts mit allegorischen Gestalten: nach B. Spranger etwa die Bildnisse P. Bruegels (1606; H 279) sowie das berühmte Doppelporträt Sprangers und Christina Mullers (1600; H 332), das allegorische Porträt Rudolfs II. nach H. v. Aachen (1603; H 323) und nach eigenem Entwurf 1614 das Porträt Kaiser Matthias' (H 310). S. selbst edierte: »Vestigi della antiquitá di Roma« (Prag 1606, H 151—201), Tiroler Landschaften nach R. Savery (H 219ff.), böhmische Landschaften nach P. Stevens (H 247—254).

Nach P. Bril stach S. 1615 eine Monatsfolge (H 123—128) und nach P. Stevens 1620 eine Jahreszeitenserie (H 142—145). Der um 1622 entstandenen, Ferdinand II. gewidmeten Serie von 24 Porträts röm. Kaiser und Kaiserinnen fehlt es an der klaren Plastizität und Feinheit früherer Stiche (H 346—370). Möglicherweise gab S. die Stechkunst im Alter völlig auf. Nach J. v. Sandrart widmete er sich der Malerei.

Zahlreiche Mstiche S.s wurden als Andachtsblätter benutzt. Sie dokumentieren den Zeitgeschmack und dienten anderen Künstlern als Vorlage. Genannt seien: Anbetung der Hirten nach Vorlagen J. Bassanos (H 31) und Ch. Schwarz' (H 33), die Ruhe auf der Flucht nach Ägypten nach B. Spranger (H 36), nach J. Rot-

J. Sadeler, Maria mit Kind

tenhammer ⓜ mit Kind und Johannes dem Täufer (H 76), nach A. Dürer ⓜ mit dem Kind in einer Landschaft (H 72) und Anna Selbdritt (H 77), nach Raffael die Madonna della Sedia (H 73), nach →Parmigianino ⓜ mit der Rose (H 74) sowie ⓜ mit Kind und Johannes dem Täufer (H 75). Als Beispiele für die Arbeiten nach H. v. Aachen seien die Hl. Familie mit dem Weihrauchfaß (H 78) und die Hl. Familie mit der hl. Anna und zwei Engeln genannt (H 79).

3. *Johann I*, *1550 in Brüssel, †um 1600 in Venedig (?), Bruder von Aegidius I und Raphael I, Vater des Justus, Kupferstecher, Illustrator und Herausgeber, 1572 Gildemitglied in Antwerpen, 1579 in Köln, 1582 und 1585 in Antwerpen, 1589 am Hof Herzog Wilhelms V. in München, hielt sich in den 90er Jahren in Italien auf.

S. arbeitete an den Illustrationen von B. Arias Montanus' »Humanae Salutis Monumenta« mit, die Christopher Plantin edierte. Mit 12 Stichen nach Marten de Vos illustrierte S. ein Credo. 1585 widmete er die Folge »Planetarum Effectus« Alexander Farnese. Die 14 Blätter der »Bonorum et Malorum Consensio« dedizierte er 1586 Ferdinand von Tirol.

In München stach S. v. a. nach den am Hof geschätzten Malern P. Candid, Ch. Schwarz und H. v. Aachen. Stilistisch zeigt er sich geprägt von H. Goltzius, was etwa in der kraftvollen Linienführung der Passionsserie nach Ch. Schwarz (H 233—241) zum Ausdruck kommt. Die Hl. Familie vor der Michaelskirche in München (H 303) nach F. Sustris stach S. als Frontispiz für J. Gretsers und M. Raders 1585 erschienenes Werk »Trophaea Bavarica«. Nach Entwürfen von F. Sustris gravierte S. auch mythologische Sujets in ein Tableau zierende Elfenbeine (Wien, Kunsthist. Mus.)

Gemeinsam mit Raphael I arbeitete er an vier Eremitenserien (H 377—450), von denen die beiden letzten 1598 und 1600 mit einem Privileg Clemens' VIII. in Venedig erschienen. In Zusammenarbeit beider entstanden nach Zeichnungen J. Stradanus' auch sechs Blätter für das »Schema seu speculum principum« (H 533—535). S. produzierte wiederholt seitenverkehrte Kopien von Stichen C. Corts nach Tizian, Raffael, Caravaggio u. a. 1599 gab er das emblematisch gestaltete satirische Flugblatt »Vindex Belgii« heraus.

Von seinen zahlreichen ⓜ darstellenden Blättern seien genannt: Pietà nach einer Skulptur H. Gerhards (H 280), ⓜ mit Kind (1586; H 283), ⓜ als Königin mit Kind (1595; H 284), ⓜ mit Kind und Johannes dem Täufer, umgeben von sechs Vögeln (H 285) nach H. v. Aachen, thronende ⓜ mit Kind zwischen den hll. Stephan und Laurentius nach P. Candid (H 289), nach A. (?) Caracci ⓜ mit schlafendem Kind (H 290) und den vor der GM mit dem Kind knienden hl. Hyacinthus (H 367), ⓜ mit segnendem Christuskind (H 296) nach F. Barocci, nach L. Orsio Madonna mit Kind von Reggio (H 291 f.), nach M. de Vos ⓜ mit Kind und hl. Anna (H 294), nach einem Holzschnitt F. Vannis ⓜ, das schlafende Kind anbetend (H 297). Das Thema der Hl. Familie stach S. nach H. v. Aachen (H 298), F. Parmigianino (H 299) und B. Spranger (H 300). Nach Ch. Schwarz entstanden die Ruhe auf der Flucht nach Ägypten (H 302) und die Mater dolorosa (H 306). Einen Stich des ⓜtodes schuf er nach M. de Vos (H 307). Die Krönung ⓜs übertrug er nach Formulierungen J. Stradanus' (H 308) und M. de Vos' (H 309) in Kupfer. Er stach Andachtsblätter der ⓜbilder von S. Maria del Popolo (H 310), S. Maria Montisregalis (H 311) und S. Maria de urbe (H 312).

4. *Johann II*, getauft 1588 in Frankfurt, †um 1665 in München, Sohn von Raphael I. Er arbeitete wie sein Bruder Raphael II an der Illustration folgender, von seinem Vater herausgegebener Bücher mit: Zodiacus Christianus (1617), Josephus hoc est (1617), Alphabetum Christi (1618), Elegantes variorum Virgilio, Ovidio Centones (1617). Für J. Drechsels 1620 in München erschienenes Werk »De aeternitate« schuf er das Titelblatt und neun weitere Kupfer (H 113—122). 1624—31 war er in Innsbruck ansässig, wo er laut Auskunft der Archivalien Goldschmiedebeiten für Erzherzog Leopold ausführte. Zurück in München illustrierte er Bücher, z. B. Diego de Saavedra Fajardos 1640 erschienenes Werk »Idea de un principe politico christiano«. 1652—61 arbeitete er in Konstanz.

5. *Justus*, *vor 1579 (?) in Antwerpen, †1620 in Leiden, Sohn von Johann I, wirkte in erster Linie als Herausgeber. Selbst stach er u. a. eine Anbetung der Könige nach F. Zuccaro (H 1), eine Hl. Familie nach J. Rottenhammer (H 2)

und eine der Herzogin von Parma gewidmete Madonna mit Kind (H 9).

6. Philipp, *um 1600 in Venedig, †?, Sohn von Raphael I, heiratete 1624 P. Candids Tochter Regina, illustrierte Andachtsbücher und arbeitete zusammen mit Johann II am 1631 in Innsbruck erschienenen Buch »Heilig Seraphisch Lieb brinendes Herz«. Nach Th. Hoffmann stach er die den Drachen überwindende Ⓜ. Evtl. malte er auch; ein 1647 datiertes männliches Porträt wurde ihm zugeschrieben.

7. Raphael I, *1561 in Antwerpen, †um 1632 in München, Bruder von Aegidius I und Johann I, Vater von Johann II, Philipp und Raphael II, Stecher, 1582 Mitglied der Antwerpener Gilde, ging, wie sein Bruder Johannes, mit dem er häufig zusammenarbeitete, nach Italien. 1591/94 war er in München, 1597 in Venedig, 1604 am Hof Herzog Maximilians von Bayern. Nach M. de Vos und N. de Hoey stach er Szenen des AT (H 1—6). Er edierte eine Serie von Blättern des Lebens Christi, gestochen von ihm und H. Collaert. Gemeinsam mit Johannes arbeitete er an den Eremitenserien (H 118—157), am »Schema seu Speculum principum« (H 203—205), an einer Jahreszeitenserie (H 178f.) und an den Allegorien der europäischen Länder (H 176f.). Bereits 1593 in München verfügten die Brüder über ital. Vorlagen: S. stach eine Madonna mit Kind nach A. Caracci (H 59) und Christus in Emmaus nach J. Bassano (H 43).

In Venedig übertrug er Kompositionen von J. Bassano, J. Ligozzi, P. de Lanciano, F. Brusasorci und Tintoretto in Kupfer. Zurück in München, schuf er u. a. nach Zeichnungen des Augsburgers M. → Kager (Abb.) Illustrationen für die ersten beiden Bände von M. Raders »Bavaria sancta« (H 239ff.). Das Frontispizblatt des ersten Bandes zeigt das von Ⓜ gehaltene Jesuskind, welches das durch eine Landkarte symbolisierte Bayern segnet. Im Alter konzentrierte sich S. auf die Herausgabe von Werken, die seine Söhne Raphael II und Johann II illustriert hatten; ersterer wirkte auch am zweiten Band der »Bavaria sancta« mit.

S. stellte Ⓜ u. a. in folgenden Stichen dar: Verkündigung nach F. Zuccaro (H 12), Geburt Christi nach J. van Winghe (H 13), Beweinung Christi nach J. Stradanus (H 39), Pietà nach A. Ficino (H 40), Ⓜ mit Kind und hl. Anna, die dem Kind eine Birne reicht, nach D. Barendsz (H 54), GM mit Kind zwischen hll. Elisabeth, Johannes und Zacharias nach P. Candid (H 55), Ⓜ mit Kind und hl. Katharina v. Siena in Landschaft nach P. da Lanciano (H 60), gekrönte GM mit Kind nach J. F. Motiliani (H 62), Ⓜ als Königin mit Kind über Halbmond nach M. de Vos (H 68), hl. Lukas malt die GM mit Kind nach B. Spranger (H 65), Hl. Familie mit hll. Katharina und Sebastian nach H. Goltzius (H 78) und Himmelfahrt Ⓜs nach J. Stradanus (H 74).

8. Raphael II, *1584 in Antwerpen, †1632 in München, Sohn von Raphael I, war 1601/04 in Venedig, ab 1604 in München. Während seines Venedigaufenthaltes stach er nach P. Piazza u. a. die Blätter »illustre paupertatis speculum«, auf dem die Hl. Familie in einer Höhle zwischen den hll. Franziskus und Clara gezeigt wird (H 43), und »purissimum castitatis speculum«, auf dem die Hl. Familie mit den hll. Benedikt und Scholastika dargestellt ist (H 44).

In München war er an der Illustrierung des zweiten und dritten Bandes von M. Raders »Bavaria sancta« tätig (H 157—227). An Raders »Bavaria pia« wirkte er ebenso mit (H 228—240). Nach P. Stevens, S. Vrancx, P. Bril u. a. stach er Landschaften. 1620 schuf er eine Allegorie der Glorie Kaiser Ferdinands II. (H 49). Zusammen mit seinem Bruder Johann II arbeitete er 1621 vier Platten für das Werk »Expeditionis in utramque Austriam et Bohemian Ephemeris« (H 152—156).

Nach einer Zeichnung P. Candids stach er eine Allegorie der UE (H 46) und eine Verkündigung (H 1). Von G. B. Pontanus v. Braitenberg stammte die Vorlage für eine Ⓜ mit Kind in der Glorie (H 19). Ein Bild Ch. Schwarz' gibt S.' Stich der Ⓜ mit Kind und hl. Anna wieder (H 20). Nach Raffael stach er die Hl. Familie mit Johannes dem Täufer (H 29), nach M. Kager eine Himmelfahrt Ⓜs (H 33). Den Tagesablauf der Hl. Familie schildert er in drei kleinen Stichen: sie zeigen die Familie vor dem Mahl betend (H 30), bei der Arbeit (H 31) und im Schlaf (H 32).

9. Tobias, *um 1641 (?), †1679 in Wien, Reproduktionsstecher, stach Karten und Pläne und illustrierte Bücher. Er arbeitete u. a. für P. Lambecks »Commentarii de Augustissima Bibliotheca Caesarea Vindobonensis« (Wien 1670/71) und H. Marianus' »Topographia Windhagiana« (Wien 1673) sowie für G. G. Prioratos »Historia di Fernando Terzo Imperatore« (Wien 1672) und G. M. Visschers »Topographia Archiducatus Austriae Inferioris Modernae« (Wien 1672). Für den Franziskanerkonvent in Bechin stach er nach I. R. Sturm die Pietà von Bechin, die kleine Pietà von Bechin und eine Anbetung des Lammes.

Lit.: Hollstein's dutsch and flemish etchings, engravings and woodcuts ca. 1450—1700, XXI und XXII 1980. — P. B. Steiner, Der gottselige Fürst und die Konfessionalisierung Altbayerns, In: H. Glaser (Hrsg.), Wittelsbach und Bayern II, 1980, 255f. — D. Limouze, Aegidius S. (1570—1629): drawings, prints and the development of an art theoretical attitude, In: Prag um 1600, Beiträge zur Kunst und Kultur am Hofe Rudolfs II., 1988, 183—192. — I. de Ramaix, Les S.: De damasquineur à graveur et marchand d'estampes. Quelques documents inédits, In: Le livre et l'estampe 35 (1989) 7—46. — R. M. Edquist, S. Catalogue, 1990. — D. Limouze, Egidius S. (1570—1629): Drawings, Prints and Art Theory, Diss., Princeton 1990. — I. de Ramaix, Tobie S., un graveur à la cour de l'empereur Léopold Iᵉʳ, In: Le livre et l'estampe 36 (1990) 196—243. — Ph. Sénéchal, Justus S.: Print Publisher and Art Dealer in Early Seicento Venice, In: Print Quarterly 7 (1990) 22—35. — Ausst.-Kat., Les S. Graveurs et éditeurs, Brüssel 1992. — A. v. Wurzbach, Niederländisches Künstler-Lexikon II, 1910, 534—544. — Thieme-Becker XXIX 299—302. *D. Gerstl*

Saenz de Aguirre, Jose → Aguirre, Joseph Saenz de

Säule. Viele Schrift- und Bildzeugnisse wie der allgemeine Sprachgebrauch fassen den Begriff

Joseph und Johannes Klauber, Pinacotheca Mariana, Augsburg 1760

S. (columna) sehr weit. So sind neben dem Bezugspaar ᛗ und klassische (nach der Architekturtheorie häufig die ᛗ zugeordnete korinthische) S. hier auch Dienst, Pfeiler, gedrehte und Wolkensäule, sogar Obelisk und Sockelmonument einzubeziehen.

1. Bedeutung und Motive (Ikonographie). Die S. taucht als illustrierendes Attribut oder inhaltsreiche Architekturmetapher für ᛗs außerordentliche Stellung im göttlichen Heilsplan auf. Ausgehend von den »Meditationes« → Ps.-Bonaventuras um 1300 ist das S.-Motiv auf vielen ma. Weihnachtsszenen als Geburts-S. zu deuten, an die gelehnt ᛗ ohne Schmerzen Christus zur Welt gebracht habe. Bei der im 15. Jh. wachsenden Tendenz zu vorausdeutenden Anspielungen auf die Passion mag auch der Gedanke an die Geißel-S. mitschwingen. Das Heidentum und seinen Sturz verkörpern die berstenden Bild-S.n auf ma. Darstellungen der Flucht nach Ägypten. Die S.n in Bildern der Königsanbetung können, etwa in der vorgotischen Buchmalerei, schlichtes topographisches Motiv für »das Haus« (Mt 2,11) sein, in dem die Weisen huldigen, oder, bes. seit dem 16. Jh., Würde- und Ehrenformel, wie sie aus der repräsentativen Portraitmalerei der Zeit geläufig ist. Die Gleichsetzung von Gestalt und S. aus der Architekturallegorese wird auf ᛗ angewandt, um ihre Rolle als Fundament und Stütze zu charakterisieren, wenn die Kirchenväter-, Gebets- und Hymnenliteratur sie als »columna novae legis«, »columna fidei« oder »columna rectitudinis« bezeichnet. Als Fortitudo, die den Tempel des Alten Bundes hat einstürzen läßt, ist ᛗ auf einem Kupferstich nach einer Zeichnung von Marten van Heemskerk aufgefaßt, der sie ohne Kind vor einer niedergebrochenen antiken S. zeigt. Die S., Attribut der Tugend fortitudo, steht in der Emblematik für Gottvertrauen und Glaubensstärke. Diese Bedeutung verbunden mit der Idee der Würdeformel ließ die S. zum wichtigen Gestaltungselement v. a. barocker ᛗ-Gnadenaltäre werden. Der ausdrucksstarke S.-Aufbau konnte sogar namengebendes Kennzeichen einer Wallfahrt werden.

Am häufigsten fußt die marian. S.n-Symbolik auf Ex 13,21, wobei die Feuer- und Wolken-S.n, die das wandernde Volk sicher leiten, auf ᛗ umgedeutet wurden (z. B. Stichkappenfresko in der Wallfahrtskapelle Oberthingau/Lkr. Ostallgäu). Dieses Bild wurde wohl bes. deshalb so populär, weil es in die Legende des vielverehrten Gnadenbildes ᛗ vom Guten Rat in Genazzano eingegangen ist: Feuer- und Wolken-S. weisen den Begleitern des ᛗbildes bei der wunderbaren Übertragung aus dem von den Türken bedrohten Skutari den Weg. Die Szene wurde im Andachtsbild (z. B. Kupferstich, Klauber, Augsburg 1756) verbreitet und fand sogar in die Altarbaukunst Eingang (z. B. Gnadenaltar Johann Baptist Hagenauers, Salzburg/Mülln, 1766). Ein Kupferstich der Münchner ᛗ-S. (Wolfgang Kilian, 1644) deutet sie nach Sir 24,4 und setzt ᛗ mit der hier sprechenden göttlichen Weisheit gleich.

Die barocke Ikonographie gestaltet überdies ᛗerscheinungen zweier Heiliger in Form einer ᛗ-S.: Beim ᛗgruß an St. Bernhard in → Affligem — später auch für Speyer reklamiert — kann die GM auf einer S. stehen (z. B. Mödishofen/Lkr. Augsburg). Dem hl. Jakobus d. Ä. ist häufig das Gnadenbild »Maria del → Pilar« zugeordnet, da diese Wallfahrt nach der Legende auf die Erscheinung der GM auf einer S. vor Jakobus am Ebro zurückgeht (z. B.: Fresko, Innsbrucker Dom, Altarblatt, Jakobskapelle der Stiftskirche Weyarn, Aposteltafel, Pfarrkirche Wessobrunn, kupfergestochenes Andachtsbild auf den 25. Juli in: Joseph und Johann Klauber, Pinacotheca Mariana..., Augsburg 1760).

2. Kult- und Gnadenbilder auf Säulen. Trotz einer Vielzahl von ᛗfiguren auf S.n in und vor Kirchen, die teils europaweite Kultdynamik entwickelten wie Maria del Pilar in Saragossa, fehlen v. a. für das MA Untersuchungen, die Standorte, Gründe für die gewählte S.-Aufstellung und Formen der Verehrung (Ablaßkonkurs, Reliquienverehrung, Wallfahrt) klären und zueinander in Beziehung setzen.

Die Nachrichten beginnen bereits im ausgehenden 10. Jh. mit einem Visionsbericht über die von Goldblech umkleidete M-Majestas-Figur mit eingelegten Reliquien in der Kathedrale von Clermont-Ferrand. Bischof Etienne II. (937—984) gab sie beim Kleriker und Goldschmied Aleaume in Auftrag und stellte die thronende GM mit Kind auf einer Marmorsäule hinter dem Altar zur »heilbringenden« Schau auf. Ähnlich wie diese seit 1793 verschollene Figur war auch die später wallfahrtsmäßig verehrte Silbermadonna von Orcival, eine weitere Vertreterin des Typus »sedes sapientiae«, aufgestellt. Doch sonst wissen wir über die Stellung von M-statuen in ma. Kirchen sehr wenig, nirgends ist die Ausstattung in originaler Aufstellung erhalten. In einem Fall, bei einer wohl in der Säkularisation untergegangenen GM mit Kind in der Frankfurter Liebfrauenkirche hat W. Beeh den Standortwechsel aus Schrift- und Bildquellen exemplarisch zu ermitteln versucht. Die Figur wurde 1393 mit Ablässen bedacht und 1419 wurden ihr Reliquien beigefügt. Sie stand auf einer Säule »in medio templi«. Schon über das Material der S. (Holz, Stein) geben die Quellen unterschiedliche Auskunft und ob die Platzangabe nun als freie Aufstellung auf einer Stütze, vielleicht in einem später hinzugefügten Tabernakelaufbau, zu deuten ist oder doch als Standort an einem Mittelpfeiler beim Chor, wie etwa von der Madonna des Weichen Stils in der Danziger M-kirche bekannt, bleibt letztlich offen. Sicher wurde sie bis mindestens 1518 sehr verehrt, später aber von einer gotischen Pietà als Gnadenbild abgelöst.

Gerade bei den Madonnen des Weichen Stils, die im Barock bes. oft Wallfahrtsziele und auf S.n oder Gnadenaltäre übertragen wurden, wäre zu prüfen, ob sie nicht häufiger bereits im MA an jener Stelle unter dem Chorbogen ihren Platz hatten, an der später die barocken Gnadenaltäre entstanden, und zwar frei auf Pfeilern (oft vollplastische Ausarbeitung), um den Gläubigen das kultische Umschreiten zu ermöglichen. Sicher bezeugt ist, daß etwa das berühmte Ettaler Gnadenbild bereits im gotischen Zentralbau an der Mittel-S. stand und bis zum Abbruch der S. 1752 nach dem Brand dort blieb. Von Wallfahrten des 17. Jh.s auf das MA rückzuschließen ist problematisch. So ist z.B. für die immer wieder als ma. Gnadenbild bezeichnete Figur »Maria Säul« (um 1415/20) in St. Peter/Salzburg, bisher kein Zeugnis wallfahrtsmäßiger Verehrung bekannt und ihr stillschweigend als ma. gedeuteter Beiname bezieht sich nur auf die kurzfristige Aufstellung auf einer S. im 17. Jh. während des Zeitraums zwischen Übertragung des Bildwerks aus der St. Veits- oder M-Kapelle, wo es keine öffentliche Verehrung fand, und seiner Plazierung im 1671 neu geschaffenen »Maria-Säul-Altar«. Das 17. Jh. versetzte mehrfach als Gnadenbilder geschätzte Madonnen auf S.n (z.B. Steinhausen/Schwaben, Pietà, um 1415; Kirchberg am Wagram/Niederösterreich, M mit dem Kind, das einen Vogel hält, um 1420). Oder eine ma. GM auf (an) einer S., einem Pfeiler zog im Barock Gläubige an, so 1635 in der Michaelerkirche/Wien eine Pietà aus der Werkstatt Jakob Kaschauers (um 1435/45). Sie wurde als »Maria am Pfeiler«, die irrtümlich von den betreuenden Barnabiten als Kopie der berühmten Maria del Pilar (eine spätma. stehende GM mit Kind) interpretiert wurde, zur besuchten Lokalwallfahrt in Geburtsnöten. Ebenso setzten die Zeugnisse wallfahrtsmäßen Zuzugs (Mirakelbildzyklus von 1653 und Votivtafeln von 1661—85) bei der Siboto-Madonna von 1297 im Willibaldschor des Eichstätter Doms erst im Barock ein; über eine mögliche Verehrung im MA ist nichts bekannt.

Doch nicht nur gotische Madonnen wie die genannten oder auch »Notre Dame du Pilier« aus dem 15. Jh. in Chartres stehen als Gnadenbilder auf Pfeilern. Die bekannteste aus einer ganzen Reihe wallfahrtsmäßig besuchter Säulenmadonnen, eine gekrönte Himmelskönigin mit Kind vom Beginn des 16. Jh.s, hinterfangen von goldenem Strahlenkranz (also keine Gnadenbildkopie), steht seit 1682 unter der Kuppel zwischen Gnadenkapelle und Hochaltar in Mariazell, ist Mittelpunkt für Bußübungen und Kerzenopfer der Wallfahrer und erlaubt das im Wallfahrtskult wichtige Umschreiten (ähnlich Maria Weinberg bei Gaas und Maria Hain, beide Niederösterreich). Die Verehrungsformen gleichen jenen, die schon Michael → Ostendorfer auf seinem Holzschnitt (1523) des hektischen Wallfahrtsbetriebs bei der GM auf Rundsäule vor der Kapelle der »Schönen Maria« in Regensburg festgehalten hat. Diese Erhard Heydenreich zugeschriebene S. von 1519 wurde später durch eine reichere ersetzt. Bei Einführung der Reformation verschwand die Figur, doch beim Wiederaufleben des Kultes der »Schönen Maria« in St. Kassian im 18. Jh. freskierte Bernhard Götz (1753/58) ganz selbstverständlich im Deckengemälde das Gnadenbild wieder als S.n-Madonna. Die umstrittene Frage nach dem ursprünglichen Gnadenbild der »Schönen Maria« ist im Zusammenhang mit dieser der Münchner M-S. im dt. Raum zeitlich am nächsten stehenden M-S. unwesentlich. Es gibt in der nachfolgenden Wallfahrtsgeschichte beide Arten: M-S.n mit Gnadenbildkopie des jeweiligen Ortes (Kumulation z.B. in Oberberg-Eisenstadt/Burgenland) und solche mit abweichendem M-Typus (Repräsentation durch Variation, z.B. die Treppenanlage mit M-S. von Johann Jakob Michael Küchel, 1740, Marienweiher/Franken).

Der Zeitbogen für solche Versuche mit M-S.n in und vor (Wallfahrts)kirchen das marian. Thema zu gestalten, spannt sich bis ins 20. Jh.: So hat etwa Dominikus Böhm 1928 für die Messe »Pressa« einen Kapellen-Pavillon in Stahlbaukonstruktion mit zentraler M-S. entworfen, das Gnadenbild von Neviges ist heute in der als Kreuzesbaum (Elmar Hillebrand) ausgeführten ℳ-S. geborgen und im Wallfahrtsort Lindenberg im Breisgau stiftete das Männerwerk der Erzdiözese Freiburg 1979 eine ℳ-S. für den Kapellenvorplatz.

3. Marianische Säulenmonumente. Eine Definition der ℳ-S. ist weder von der Form, noch von der Funktion, noch von den Standorten her möglich. Die programmatischen ℳ-S.n v. a. des Barock sind zwar meist ortsbildprägend an zentraler Stelle gesetzt worden — so als Mittelpunkt von Plätzen, Blickfang von Straßenzügen und in fein abgestimmtem Zusammenspiel mit der umgebenden Architektur, v. a. Kirchen — bei kleineren Formen der marian. Bild-S., die sogar an Wegen und markanten Punkten außerhalb von Siedlungen anzutreffen sind, ist aber die Grenze zum →Bildstock fließend. Gleiches gilt für das Verhältnis zum →Brunnen. Die marian. Brunnensymbolik von ℳ als lebensspendender Quelle, versiegeltem Brunnen, Gnadenbrunnen und dem Brunnen als Teil des hortus conclusus legte es nahe, Brunnen-S.n bes. seit der Renaissance mit ℳ-Figuren zu krönen. Nur die Gewichtung der Elemente entscheidet häufig, ob es sich um einen Brunnen mit GM auf der Brunnensäule oder um eine ℳ-S. mit Brunnenanlage handelt, wie bei der eleganten Rokokoschöpfung Maurizio Pedettis mit der in Kupfer getriebenen GM mit Kind des Hofbildhauers Johann Jakob Berg auf dem Eichstätter Residenzplatz (1775/80). Der Typus des spätgotischen »schönen Brunnens« diente zusammen mit Hochkreuzen und Denk-S.n von der Art der Wiener »Spinnerin« als Vorbild für turmartige, neugotische ℳ-S.n des 19. Jh.s (z. B. Köln 1858).

4. Mariensäulen in der Gegenreformation. Die sakralen Säulenmonumente des Barock gehen formal letzlich auf die antike Triumph-, Ehren-, Gedenk- und Votiv-S. zurück. Ab dem 14. Jh. entwickelte sich in Italien die S. mit dem Ortspatron als Markt- und Stadtsymbol. 1487 errichtete Udine auf dem Mercato nuovo eine S. mit dem Bild der GM. Auf diese ursprüngliche Rechtsfunktion griff man noch im 19. Jh. zurück, als die Münchner ℳ-S. als Nullpunkt für die Straßenvermessung diente.

Die erste barocke ℳ-S. ließ Papst Paul V. 1614 unter künstlerischer Leitung Carlo Madernas vor S. Maria Maggiore errichten. Die kannelierte, korinthische S. auf schmalem Vierkantsockel stammt aus der Konstantinsbasilika und trägt die Bronzefigur einer GM mit Kind auf der Mondsichel von Guglielmo Berthélot. Die Inschrift widmet die S. der jungfräulichen Gottesgebärerin, die der Welt den wahren Friedensfürsten gebracht hat.

Nach dem Vorbild dieser röm. S. — so deutet es auch eine Anspielung in einer der drei Oden Jakob Baldes auf die Münchner ℳ-S. 1640/43 an — ließ Kurfürst →Maximilian I. von Bayern mitten auf dem Markt seiner Hauptstadt 1637/38 das »monumentum« der ℳ-S. errichten (→Patrona Bavariae): eine glatte, schlanke Marmor-S., Bronzeschmuckwerk an der Hohlkehle zum hohen Postament, das hier auf einem altarähnlichen, quadratischen Unterbau ruht. Die Marmorbalustrade mit den vier Bronzelaternen, die nach Bildquellen bis Ende des 18. Jh.s die marian. Symbole Sonne, Mond und Sterne trugen, kam 1639 hinzu. Ebenso die rassigen, gewappneten »Heldenputti« (bezeugt ist nur der Gießer Bernhard Ernst) an den vier Ecken des Sockels, die nach dem marian. ausgelegten Ps 90,13 Drachen (Hunger), Löwe (Krieg), Basilisk (Pest) und Schlange (Häresie) bekämpfen. (Das oft zitierte Entstehungsjahr der ℳ-S. in Schrattenthal/Niederösterreich ist 1680, nicht 1630). Maximilian hatte sicher entscheidenden Anteil daran, daß das »gottgefällige Werk«, das er beim Schwedeneinfall 1632 gelobt hatte, wenn die Residenzstädte München und Landshut vor Zerstörung bewahrt blieben, gerade diese antikisierende Form des sakralen S.n-Monuments erhielt. Die zugrundeliegende Frömmigkeitshaltung scheint auch teils ma. Elemente aufzugreifen. Das korinthische Akanthuskapitell der ℳ-S. krönt die überlebensgroße, feuervergoldete Mondsichel-Madonna mit segnendem Kind aus Bronze von Hubert Gerhard (Zuschreibung R. A. Peltzer). Er schuf sie vielleicht schon um 1593 für das geplante Grabmalprojekt Herzog Wilhelms V. in St. Michael; 1606—20 stand sie auf dem Hochaltar der Frauenkirche. Damit verlieh Kurfürst Maximilian I. seinem marian. durchdrungenen gegenref. Staatsprogramm künstlerischen Ausdruck in Form des spätma. ℳtypus der Himmelsherrscherin. Die ebenfalls ma. Tradition der Reliquienrekondierung setzte er fort, als er unter der Kaiserkrone der GM eine Silberkapsel mit Reliquien, darunter solche aus Einsiedeln, bergen ließ. Die Jubiläumspredigt von 1738 deutet überdies eine bei den engen Beziehungen zu Spanien durchaus plausible Vorbildfunktion des Gnadenbildes »Maria del Pilar« an. Die ℳ-S. war kein Siegesmal für die gewonnene Schlacht am Weißen Berg, sondern eine Votiv-S. Die Weihe wurde 1638 allerdings bewußt auf den Vorabend zum Gedenktag dieses Sieges gelegt und die S. zum wichtigen Haltepunkt der bis 1773 jährlich aus diesem Anlaß gehaltenen »Prager Prozession«. Die ins Postament der S. eingemeißelten Inschriften weiteten die Weihe an ℳ über das ursprüngliche Gelöbnis aus zur Anheimstellung des gesamten Landes, des Heeres, des Herrscherhauses und seiner Nachkommen, damit klingt auch der Dank für die Geburt des Erbprinzen an.

Die Münchner ℳ-S. blieb durch die ganze Barockzeit Schauplatz wichtiger Staatsakte, so zog Kurfürst Max Emanuel 1683 demonstrativ von hier in den Türkenkrieg. Nachbildungen der ℳ-S. als kostbare Kunstkammerstücke zu Geschenkzwecken (z. B. 1639 für Kurfürst Karl Albrechts Schwiegermutter, die Kaiserinwitwe) oder Säulen-Uhren (z. B. eine des Münchners Johann Georg Mayr, München, Residenz, 1690), von denen noch Prinzregent Luitpold 1893 eine als Geschenk an Papst Leo XIII. sandte, spiegeln diese Rolle als rel. Staatsmonument. Darüber hinaus war es aber auch eine volkstümliche Andachtsstätte, deren Ruf Stiche rasch verbreiteten.

Die Münchner M-S. entfaltete eine bahnbrechende, weit ausstrahlende Kultdynamik. Kaiser Ferdinand III. ließ nach Münchner Vorbild die M-S. auf dem Platz Am Hof vor dem Profeßhaus der Jesuiten errichten, mit der entscheidenden Änderung, daß Tobias Pock dafür eine Immaculata-Statue entwerfen mußte. Beim feierlichen Weiheakt 1647 devozierte der Kaiser seine Erblande M ausdrücklich unter dem besonderen Titel der UE. 1650 schon folgte die M-S. Johann Georg Bendls auf dem Altstädter Ring in Prag als erste von vielen Immaculata-S.n Böhmens. 1667 ließ Leopold I. die Wiener S. von Stückgießer Balthasar Herold durch eine in Erz mit Bronzefiguren ersetzen und schenkte die marmorne S. Graf Georg Ludwig v. Sinzendorf, der sie in Wernstein am Inn aufstellte. In der Wiener Brechung entpuppte sich die M-S. als volkstümliches künstlerisches Propagandamittel für den staatstragenden Immaculata-Kult. Kräftig von den Habsburgern gefördert, verbreiteten sich die M-S.n in der gesamten Habsburger Monarchie, in Böhmen, Mähren, Schlesien, Ungarn, Slowenien, Galizien, Tirol und im Breisgau. Der Südosten des alten Reiches war Schwerpunkt der M-S.n, nach Westen (Württemberg), Norden (Mitteldeutschland) und Süden (Italien) nahm die Dichte ab. Neben der klassischen Immaculata-Figur taucht auch weiter die GM mit Kind auf, oft begleitet von Attributen der Immaculata wie Sternenkranz, Mondsichel, später auch auf schlangenumwundener Weltkugel. Ebenso wurde die klassische Form des Münchner Säulenmonuments, wie es etwa auch Fürstbischof Albrecht Sigismund allerdings mit Heiligenfiguren auf der Balustrade 1674 in Freising gestalten ließ, seit der Wende zum 18. Jh. nachhaltig unter dem Einfluß der 1692 vollendeten Wiener Dreifaltigkeits-S. abgewandelt. Ausgehend vom dynamischen Aufbau dieses mehrgeschossigen, figurengeschmückten Wolkenmonuments entstanden zahlreiche Mischformen und Varianten, zumal nicht wenige der meist als Pestvotive gelobten Dreifaltigkeits-S.n Mfiguren an herausgehobener Stelle zeigen (z. B. Baden bei Wien, Martino Altomonte 1713/18). Die schlichte Form der Rundsäule mit Mfigur hielt sich aber gerade in kleineren Orten weiter. Unter den begleitenden Heiligenfiguren auf Balustraden oder Sockelunterbauten dominieren die Pestheiligen Rochus, Sebastian, Karl Borromäus und Rosalia (meist in einer Grotte liegend). Hinzu kommen Nothelfer wie Florian oder Franz Xaver, der jeweilige Ortsheilige, Namenspatrone der Stifter oder Ordensheilige wie Augustinus. Mitunter treten auch ganz auf M bezogene Gruppierungen von Anna, Joachim und Joseph auf. Auch zwischen ursprünglich als Sockelmonument gestalteter Nepomuk-S. und M-S. kam es zum fruchtbaren Formenaustausch. So gelangen dann elegante Lösungen wie die Immaculata-S. auf dem Salzburger Domplatz, die mit ihrer bes. subtil und ausgreifenden UE-Programmatik 1766/71 von Wolfgang und Johann Baptist Hagenauer unter gänzlichem Verzicht auf die überleitende S. geschaffen wurde. Neben den verschiedenen Spielarten der stehenden Regina coeli und der Immaculata kommen als Bekrönung der S. auch Sonderformen wie die »Maria de Victoria« vor. Selten sind Gruppen, wenn dann meist die Pietà, Einzelfälle bleiben thronende Madonnen und Gnadenbildkopien. Als Material wurde Stein (Marmor, Sand- oder Tuffstein), für die Figuren nicht selten auch Erz, oft mit Vergoldung gewählt.

Überwiegend sind die barocken M-S.n trotz ihres programmatischen Charakters Votiv-S.n, gelobt in Kriegsgefahr, bes. häufig zur Zeit der Türkenkriege, bei Epidemien, v. a. der Pest, aber auch bei Viehseuchen. Mehr oder weniger ausführliche Inschriften nennen meist Jahr und Anlaß der Errichtung, Votanten und spätere Renovierungen. Als Stifter traten v. a. in der Anfangsphase die Landesfürsten auf, dann auch Adelige, geistliche Gemeinschaften wie Bruderschaften oder Kongregationen, Stifte und Klöster (z. B. Weyarn, 1650/55—1804, Seckau 1717, Ochsenhausen 1717, Vorau 1720), weltliche Korporationen (z. B. stifteten die Breisgauischen Landstände 1719 die M-S., flankiert von S.n mit den Figuren der Stadtpatrone Lambert und Alexander, vor dem Freiburger Münster), Gemeinden, und schließlich (seltener) Einzelpersonen (z. B. die im Unterbau als Prozessionsaltar konzipierte M-S. in Eibelstadt bei Würzburg, testamentarisch gestiftet vom Organist Wilhelm Doles, 1659/61). Teilweise wurden bruderschaftsähnliche Bündnisse zu Erhalt oder besonderer Verehrung gegründet (z. B. München 1680 wegen Pest- und 1854 wegen Choleragefahr); neben den vielen Stiftungen für Andachten und Litaneien bei den M-S.n, war häufig auch ein Legat für ihre Beleuchtung vorhanden. Die M-S.n wurden als Stationen ins Prozessionswesen eingebunden, im 19. Jh. zumindest noch bei der Fronleichnamsprozession, und boten sich als Kristallisationspunkt für frommes Brauchtum an, so umrundeten in München Frauen vor ihrem Klostereintritt die M-S. dreimal.

5. Mariensäulen ab dem 19. Jh. Das denkmalfreudige 19. Jh. stand der Idee der M-S. schon bald nach dem Einbruch der Säkularisation wieder positiv gegenüber, mißbilligte freilich (z. B. Leo v. Klenze, Anweisung zur Architectur des christl. Kultus, München 1834, Tafel 37) ihre barocken Formlösungen. So spielte etwa in Köln die 1696 nach Münchner Typus errichtete und wohl in der Franzosenzeit untergegangene M-S. kaum eine Rolle bei der Planung der Immaculata-S. von 1858, einem neugotischen

Pfeilermonument mit vier Prophetenfiguren des Bildhauers Peter Fuchs nach Entwürfen Eduard v. Steinles. Die Dogmatisierung der UE 1854 regte die Aufstellung zahlreicher M̄monumente an. 1857 weihte Papst Pius IX. vor dem Palazzo di Propaganda fidei in Rom eine S. mit Immaculata-Statue und an der Basis den Figuren der Propheten Jesaja und Ezechiel, des Mose und des David, das noch ganz barocker Tradition verpflichtete Gemeinschaftswerk mehrerer Künstler. In Deutschland kam den M̄-S.n wieder die Rolle des künstlerischen Kampfmittels zu, das den jeweiligen politischen und konfessionellen Standpunkt konzentriert Gestalt werden ließ. So konnten vorhandene S.n zum Streitfall zwischen den politischen Lagern werden, wenn etwa wie in München nach 1869 die Finanzmittel für den herkömmlichen Blumenschmuck der M̄-S. an Festtagen von der nun liberalen Magistratsmehrheit gestrichen wurden. Noch 1855 hatte König Maximilian II. einen Doppelgulden mit dem Bild der S. prägen lassen — Fortwirkung der politisch-rel. Bindung des bayer. Herrscherhauses an dieses Sakralmonument. Andererseits war die Planung neuer M̄-S.n eine willkommene Möglichkeit für den ultramontan und restaurativ gesinnten Katholizismus, mit der auch von den Gegnern hochgeschätzten Kunstform »Denkmal« nach außen Entschlossenheit zu demonstrieren und nach innen beim gemeinsamen Planen und Organisieren der Spendenaktionen und Einweihungsfeierlichkeiten die Gesinnung und Einigkeit zu festigen. So wurde z. B. die Kölner M̄-S. zwar von der Verkündigung des Dogmas der UE angeregt, die Einweihung aber bewußt auf die Zeit der X. Generalversammlung der kath. Vereine Deutschlands 1858 verschoben. Der gewählte Formenkanon, im Rheinland z. B. die Frontstellung »kath.« einheimische Neugotik kontra preußisch-prot. Klassizismus, konnte dabei zum Bekenntnis werden. Die alte Devotionsform der Lichtstiftung klang in »moderner« Kandelaberbeleuchtung nach, statt der Balustraden, die im Barock häufig den hl. Bezirk um die M̄-S. markiert hatten, wurden nun Eisengitter und Blumenparterre üblich. Der zeitgenössischen Frömmigkeitshaltung wie speziell dem Anlaß der Dogmenverkündung der UE entsprach bes. der Figurentypus der Immaculata. Doch lebte etwa in Bayern auch die Patrona Bavariae in Form der Himmelskönigin mit Kind weiter. Gebietsübergreifende Untersuchungen könnten die Verteilung der Figurentypen, mögliche Gründe für die jeweilige Wahl und Gesetzmäßigkeiten bei der Gesamtgestaltung der M̄-S. im 19. Jh. erhellen. Ebenso ist noch ungeklärt, in welchem Verhältnis M̄-S. und Kriegerdenkmal zueinander stehen. Um 1870/71 scheint bei der Errichtung von M̄-S.n der Gedanke des Sieges- und des Ehrenmals mitgespielt zu haben (z. B. Bad Aibling). V. a. nach dem Ersten Weltkrieg scheinen dann gerade in kleineren Orten M̄-S.n oder Teile davon in Kriegerdenkmäler einbezogen worden zu sein (z. B. Gerzen/Niederbayern).

Ihren programmatischen Charakter behielten die M̄-S.n auch im 20. Jh. In Spannungszeiten wurden sie rasch zum Politikum. Paradebeispiele sind die M̄-S. auf dem Altstädter Ring in → Prag, die 1918 als »Siegesmal des verhaßten Habsburger Reiches« zerstört wurde, oder die M̄-S. auf dem Platz Saint-Jacques in Metz. Gelobt vom dt., jedoch streng neutralen Bischof Willibrord Benzler, falls Metz im Ersten Weltkrieg unzerstört bliebe, wurde die S. 1923, als das Elsaß wieder franz. war, mit einer bald sehr verehrten GM mit segnendem Kind von Jacques Martin gekrönt, die aus erbeuteten dt. Geschützen gegossen war. Während der dt. Okkupation im Zweiten Weltkrieg entwickelte sich die traditionelle Versammlung bei der M̄-S. am M̄e-Himmelfahrtstag 1940 durch niedergelegte Blumensträuße mit Trikolorebändern zur stummen Protestversammlung, woraufhin die Nationalsozialisten sofort Tausende auswiesen, an der Spitze Bischof Joseph-Jean Heintz. Selbst in kleinen Orten wurde der Anspruch der M̄-S.n im Dritten Reich als Gefahr empfunden und versucht, sie als »Verkehrshindernisse« zu beseitigen (z. B. Wasserburg 1937, Murnau 1939). Und in München wurde die öffentliche Feier des 300-Jahr-Jubiläums 1938 verboten, 1939 der Abbruch geplant. Oft lange nach dem Zweiten Weltkrieg wurden die abgebrochenen S.n teils wieder aufgestellt. Aber mit dem Wegfall krasser weltanschaulicher Frontstellungen tritt die Idee der monumentalen M̄-S. wohl in den Hintergrund; Entwicklungsmöglichkeiten bietet eher der Bildstock in Form der schlichten Figuralsäule.

Lit.: J. Mayer, Die Saulen Des Bayrlands In der Marianischen Saulen Von Maximiliano I. ... aufgerichtet, Und nunmehro ... In einer Predig vorgestellt, München 1738. — J. Göbl, Die Mariensäule zu Aibling, In: Kalender für kath. Christen 53 (1893) 38f. — J. Kurz, Zur Geschichte der Mariensäule Am Hof und der Andachten vor derselben, Wien 1904. — O. Frhr. Lochner v. Hüttenbach, Die Mariensäule auf dem Residenzplatze zu Eichstätt, In: Sammelblatt des historischen Vereins Eichstätt 23 (1909) 65—89. — H. Karlinger, Kriegsdenkmal und Votivsäule, In: Die Plastik 6 (1916) 57—64. — G. Sobotka und E. Tietze-Conrat, Johann Baptist Hagenauer, In: Jahrbuch des Kunsthistorischen Institutes des Österr. Bundesdenkmalamtes 15 (1920), Wien 1922, 1—56. — L. Baruchsen, Die schlesische Mariensäule, 1931. — W. Haftmann, Das ital. Säulenmonument, 1939. — L. Schmidt, Die burgenländischen Sebastiani-Spiele im Rahmen der barocken Sebastianiverehrung und der Volksschauspiele vom hl. Sebastian, 1951, 18—33. — R. Kriss, Wallfahrtsorte Europas, 1950. — Gugitz. — Salzer (Register S. und columna). — W. Windisch, Die steirischen Votivsäulen, Diss. masch., Graz 1956. — Ch. Beutler, Bildwerke zwischen Antike und MA. Unbekannte Skulpturen aus der Zeit Karls des Großen, 1964. — A. Grünberg, Pestsäulen in Österreich, 1960. — K. M. Swoboda (Hrsg.), Barock in Böhmen, 1964. — W. Beeh, Das gotische Vesperbild in der Frankfurter Liebfrauenkirche, In: Kunst in Hessen und am Mittelrhein 5 (1965) 11—24. — H. Beck. Ma. Skulpturen in Barockaltären, In: Mitteilungen der Gesellschaft für Salzburger Landeskunde 108 (1968) 209—293. — München im Bild aus der Sammlung Carlo Proebst, hrsg. vom Münchner Stadtmus., 1968, 49. — G. Bandmann, Höhle und Säule auf Darstellungen Mariens mit dem Kinde, In: FS für G. v. d. Osten, 1970, 130—148. — M. Schattenhofer, Die Mariensäule in München, ^{2}1971. — I. H. Forsyth, The throne of wisdom. Wood sculptures of the madonna in romanesque France, 1972. —

E. Grabner, Maria vom guten Rat. Ikonographie, Legende und Verehrung eines ital. Kultbildes, In: K. Beitl (Hrsg.), Volkskunde. Fakten und Analyse. Festgabe für L. Schmidt, 1972, 327—338, bes. 328. — A. Hubel, »Die schöne Maria« von Regensburg, In: P. Mai (Hrsg.), 850 Jahre Kollegiatsstift St. Johann in Regensburg 1127—1977, 199—231. — E. Trier, Die Kölner Mariensäule, In: W. Busch, R. Haussherr und E. Trier (Hrsg.), Kunst als Bedeutungsträger, Gedenkschrift für G. Bandmann, 1978, 491—513. — D. Diemer, Quellen und Untersuchungen zum Stiftergrab Herzog Wilhelms V. von Bayern und der Renata von Lothringen in der Münchner Michaelskirche, In: H. Glaser (Hrsg.), Quellen und Studien zur Kunstpolitik der Wittelsbacher vom 16.—18. Jh., 1980, 7—82. — O. Wonisch, Mariazell, ²1980. — C. Kemp, Angewandte Emblematik in südd. Barockkirchen, 1981. — A. Coreth, Pietas Austriaca, ²1982. — W. Posch, Maria im Pfeiler, ein Wiener Gnadenbild, In: Beiträge zur Wiener Diözesangeschichte 23 (1982) Nr. 2, 30 f. — F.-Y. Le Moigne, Histoire de Metz, 1986. — Ausst.-Kat. Salzburgs Wallfahrten in Kult und Brauch, Salzburg 1986, bes. 345. — W. Vetter, Freiburg, ein Führer zu Kunst und Geschichte, 1986, 105. — Ausst.-Kat. Matthäus Günther 1705—1788, München 1988, 321, Nr. 110e. — P. M. Plechl, Wallfahrten in Österreich, 1988. — Ausst.-Kat., St. Michael 1288—1988. Stadtpfarrkirche und Künstlerpfarre von Wien, Wien 1988, Kat.-Nr. 195. — G. Krämer, Die Fresken in Mödishofen von Vitus Felix Rigl, In: W. Pötzl (Hrsg.), Der Landkreis Augsburg, 1989, 214 f. — Dehio-Niederösterreich nördlich der Donau, 1990. — O. Beck und I. M. Buck, Oberschwäbische Barockstraße, ⁵1992. — G. P. Woeckel, Pietas Bavarica, 1992, 58—92. — LCI IV 54—56. *S. John*

Sahagún, Bernardino Ribeira de, * 1500 (oder 1499) in Sahagún de Campos/Léon, † 23. 10. 1590 in Mexiko, trat als Student in den OFM ein und ging 1529 nach Mexiko. Aus seinen zahlreichen Schriften ragt die »Historia general de las cosas de Nueva España« als sein großes Lebenswerk heraus. Er war der Meinung, um ein Volk zu bekehren, das eine das ganze Leben durchdringende Religion hat, bedarf es der gründlichen Erforschung aller seiner rel. und kulturellen Formen und Äußerungen. Er entwarf ein Programm für die Evangelisierung, das in drei Schritten vorgehen sollte. Nach dem gründlichen Studium der Sprache sollte man alle rel. Anschauungen und Riten mit ihrer speziellen Benennung genau aufzeichnen, und als letztes solle die Übersetzung des Evangeliums und die entsprechende Erarbeitung von Büchern wie Katechismen, Predigtwerken usw. erfolgen. In diesem Zusammenhang ist S.s ablehnende Haltung zu den Geschehnissen in → Guadalupe zu sehen. Durch Unkenntnis der Missionare kamen nichtchristl. Vorstellungen und Denkweisen in das Leben der Christen. Nach S.s Bericht setzte nach der Eroberung von Mexiko durch Hernando Cortés (1485—1547) im Jahre 1521 die Verehrung ULF von Guadalupe durch die einheimische Bevölkerung an der Stelle ein, wo zuvor ein wichtiges Heiligtum der Göttin »Tonantzin Cihuacóatl« (Unsere verehrte Mutter Frau-Schlange) gestanden hatte. Die Christen könnten sich dabei auf die Missionare berufen, »die unserer Herrin, der Muttergottes, (fälschlicherweise) die Bezeichnung Tonantzin beilegten. Wo der Ursprung dieser Gründung dieser Tonantzin ist, weiß man nicht genau. Doch das wissen wir sicher, daß das Wort ursprünglich jene alte Tonantzin bedeutet, und diese Sache sollte geklärt werden, denn der eigentliche Name der Mutter Gottes, Unserer Lieben Frau, ist nicht Tonantzin, sondern Gott und Mutter (Dios y Nantzin).« Auch sei die Verehrung an dieser Stelle suspekt, weil es viele ⓜkirchen gebe, aber die Leute weiter wie in alten Zeiten zu dieser Stelle der Verehrung pilgern (Historia General de las Cosas de Nueva España, lib. XI, Apéndice 7)

Um die Polemik von S. richtig zu verstehen, muß man diesen Text, bes. die überlieferten Vorstellungen, in den Zusammenhang mit den Aussagen und Deutungen von S. über »Tonantzin« stellen. In vorspan. Zeit befand sich am Tepeyac nahe der Hauptstadt das aztekische Heiligtum zu Ehren der »Tonantzin-Cichuacóatl«. Sie galt als Göttin und Mutter des Menschengeschlechtes in der Religion der Nahua und wurde im Hochtal von Mexiko als einheimische Form der Erdgöttin verehrt. Für eine biblische und heilsgeschichtliche Deutung dieser Überlieferung meint S.: »Diese Göttin wird Cihuacóatl, das heißt ›Schlangenfrau‹ genannt. Man bezeichnet sie auch Tonantzin, was ›Unsere Mutter‹ heißt. In diesen beiden Punkten scheint diese Göttin unsere Mutter Eva zu sein, die von der Schlage verführt wurde, und anscheinend wußten diese (Indios) von dem Vorfall, der sich zwischen unserer Mutter Eva und der Schlange abgespielt hatte« (Historia general, Lib. I, cap. 6).

Damit wird der Komplex nicht nur unter dem Aspekt gesehen, daß an der Stelle, wo am Tepeyac die Göttin ihr Heiligtum hatte und unter den verschiedenen Namen und Aspekten verehrt wurde, nun ULF von Guadalupe verehrt wird, sondern es wird auch von Erscheinungsformen dieser Göttin gesprochen, die es nahelegen diese Gottheit in ihrer ursprünglichen Gestalt eher Eva zuzuordnen.

Es ist geschichtlich nicht geklärt, ob bei dieser Frage für S. nur der theol. und wissenschaftliche Aspekt bestimmend war, oder auch die Auseinandersetzung zwischen den Franziskanern und Erzbischof Alonso de →Montúfar (1489—[1551]—1572), der ein großer Förderer der Verehrung ULF von Guadalupe war und am 6. 9. 1556 eine Predigt zu Ehren ULF von Guadalupe im Heiligtum von Tepeyac gehalten hatte. Die Missionare der Hauptstadt, bes. die Franziskaner, betrachteten diese Predigt jedoch als eine Art offizieller Billigung des Kultes und protestierten gegen diese Entwicklung, da sie im Verhalten der obersten kirchlichen Autorität einen schweren Fehler und eine Gefährdung der Erfolge ihrer Missionsarbeit sahen. Ihre Beweisführung ist ähnlich der von S. Der Bischof wolle nicht wahrhaben, daß am Tepeyac nichtchristl. Riten im verborgenen weiterhin vollzogen würden. Die Verehrung der ⓜ-Tonantzin als »Jungfrau von Guadalupe« war deshalb bei einem großen Teil der Missionare sehr umstritten. Die an der Mission beteiligten großen Orden ignorierten damals diese Verehrung oder lehnten sie ab. Der Höhepunkt dieses Streites war eine am

8.9.1556 vom Franziskanerprovinzial Francisco de Bustamante (1485—1562) gehaltene Predigt in der berühmten Kapelle S. José de los Naturales des großen Franziskanerkonvents, in der er den Bischof in Gegenwart des Vizekönigs und der Audiencia heftig attackierte und die franziskanische Haltung gegenüber dem M-kult am Tepeyac klarstellte. Die Forderungen und Anklagen sind bis in die Einzelheiten bekannt, da vom Erzbischof ein Verfahren eingeleitet wurde. Aber es zeigte sich, daß dem Zeugnis der neun Befragten, der Provinzial mit seinen Befürchtungen nicht allein war. Die Franziskaner opponierten geschlossen gegen Guadalupe. Das Ergebnis der Untersuchung blieb bis 1888 im Geheimarchiven des Erzbistums verschlossen.

Lit.: D. J. J. Tornel y Mendivil, La Aparición de NS de Guadalupe de México, comprobada con documentos históricos y defendida de las impugnaciones que se le han hecho, 2 tomos, Orizaba 1849. — P. F. Velázquez, La Aparición de S. María de Guadalupe, 1931; Nachdr. 1981. — R. Ricard, La »conquête spirituelle« du Mexique. Essai sur l'apostolat et les méthodes missionnaires des Ordes Mendicants en Nouvelle-Espagne de 1523/24 à 1572, 1933. — A. M. Carreño, Don Fray Alonso de Montúfar. Second Archbishop of México and the Devotion to Our Lady of Guadalupe, In: Americas 2 (1945/46) 280—295. — Ders., Don Fray Alonso de Montúfar. Segundo Arzobispo de México y la Devoción a NS de Guadalupe, In: Abside 11 (1947) 357—382. — W. Lehmann, Sterbende Götter und christl. Heilsbotschaft: Wechselrede indianischer Vornehmer und span. Glaubensapostel in Mexiko 1524. »Coloquios y doctrina cristiana« des B. de S. aus dem Jahre 1564, 1949. — A. Ennis, Fray Alonso de la Vera Cruz OSA (1507—85), 1957. — F. de Jesús Chauvet, El Culto Guadalupano del Tepeyac. Sus Orígenes y sus Críticos en el Siglo XVI. En apéndice: La Información de 1556 sobre el Sermón P. Bustamante, 1978, 209—251. — A. M. Garibay K., B. de S., Historia general de las cosas de Nueva España, 4 Bde., 1956, ⁵1982. — E. de la Torre Villar und R. Navarro de Anda, Testimonios historicos Guadalupanos, 1982, 36—141. — H. Wißmann, Sind doch die Götter auch gestorben. Das Religionsgespräch der Franziskaner mit den Azteken von 1524, 1984. — F. de Jesús Chauvet, De Tenochtitlán al Tepeyac. Entronizacion de NS de Guadalupe 1984. — J. R. Salinas, Precisiones Históricas de la Tradiciones Guadalupanan y Juandieguina, 1986. — R. Nebel, Santa María Tonantzin Virgen de Guadalupe. Rel. Kontinuität und Transformation, 1992. *H. Rzepkowski*

Sailauf, Lkr. Aschaffenburg, Bistum Würzburg, Wallfahrts- und Friedhofskapelle M-e Heimsuchung im Ortsteil Eichenberg. Die alte Pfarrkirche St. Vitus war dem Aschaffenburger Chorherrenstift inkorporiert. Der Überlieferung nach wurde das Gnadenbild in einem hohlen Weidenbaum beim heutigen Friedhofskreuz um 1350 von einem Ortsbewohner gestiftet, der die Pest überlebte. Auf Grund eines Gelübdes soll nach 1648 ein Eichenberger Kaufmann die erste M-kapelle errichtet haben, weil sein Leben gerettet worden sei. Obwohl im Lauf der Jahre die Kapelle feucht und dunkel wurde, kamen viele Beter, die eine große Anzahl von Votivgaben hinterließen. Auf Veranlassung des Ortspfarrers Ruf wurde 1893 die alte Kapelle abgerissen und durch einen Neubau ersetzt, das ca. 400 Jahre alte Gnadenbild restauriert und bei der Benediktion am 2.7.1893 in den Neubau gebracht, z. T. auch die alten Votivgaben. Am 2. Juli findet alljährlich ein Gottesdienst mit dem lang geübten Brauch des Kerzenopfers statt, nachmittags eine Andacht der Eichenberger in ihrer M-kapelle sowie eine Wallfahrt der Obersailaufer zu ihrer gleichfalls von Pfarrer Ruf 1896 errichteten Lourdesgrotte. Die Prozession am 2. Juli geht zurück auf ein Pestgelöbnis vom 19.1.1814, das 1986 neu belebt wurde.

Lit.: A. Amrhein, Realschematismus der Diözese Würzburg, 1897, 377f. — D. A. Chevalley, Unterfranken 52. — J. Göhler (Hrsg.), 900 Jahre S. Festchronik 1980, 103. — R. J. Lippert, Die Muttergottespfarrei S. und ihre Pfarrherren, 1989, 138. 165f. 189—191. 194. — S. Hansen, Die dt. Wallfahrtsorte, 1990, 686. — F. J. Brems, »Wir sind unterwegs ...«, 1991, 298. *E. Soder v. Güldenstubbe*

Sailer, Johann Michael, * 17. 11. 1751 in Aresing bei Schrobenhausen, † 20. 5. 1832 in Regensburg, trat 1770 in den Jesuitenorden (»Noviziat der Gottseligkeit«) in Landsberg am Lech ein. Die Aufhebung seiner Ordensgemeinschaft traf den jungen Mann, als er in Ingolstadt Phil. studierte. Er wechselte zum Augsburger Diözesanklerus und empfing 1775 die Priesterweihe. Mit erzwungenen Unterbrechungen, in denen er sich engagiert pastoralen Tätigkeiten widmete, lehrte und er als Theol.- Prof. v. a. praktische Disziplinen in Ingolstadt, Dillingen und Landshut. Da ihm die kirchlichen Behörden und der »Wiener Kreis« um Klemens Maria →Hofbauer zeitlebens kritisch gegenüberstanden, scheiterten mögliche Ernennungen zum Erzbischof von Köln bzw. Bischof von Augsburg. Schließlich wurde S. am 17. 4. 1822 gegen die Bedenken der Münchener Nuntiatur zum Koadjutor des gebrechlichen Bischofs von Regensburg ernannt. 1829, nach dem Tod von Bischof Wolf, konnte er die Leitung der Diözese übernehmen. Trotz seines Alters und der angeschlagenen Gesundheit wirkte er beherzt und segensreich im Volk.

Die Lebensdaten S.s umspannen tiefgreifende geschichtliche Umbrüche, die eine Zeitenwende markieren: Franz. Revolution, Säkularisation in Deutschland, Untergang des alten Reiches und Verbannung zweier Päpste. In bewegter Zeit erschloß S. — mit einer gewinnenden Persönlichkeit und hoher wissenschaftlicher Begabung ausgestattet — die Quellen der Hl. Schrift, Väterliteratur und Mystik im Dienst einer Erneuerung der Kirche. S.s Offenheit und Dialogbereitschaft gegenüber den geistigen Strömungen seiner Zeit ließen ihn zu einem Vorkämpfer praktizierter Ökumene werden. Schon zu Lebzeiten galt er als »Genie der Freundschaft«. Er war es auch, der durch wichtige Vorarbeiten die Verwendung der dt. Muttersprache in der Liturgie anbahnte.

S.s Spiritualität ist von biblischer Tiefe geprägt. Er entwickelte eine von ihm als »Erfahrungstheologie« bezeichnete Mystik, die im wesentlichen Jesus-Frömmigkeit ist und sich aus der ignatianischen Spiritualität nährt. Alle Frömmigkeit gipfelt in seiner »Kurzformel des Glaubens«: Gott in Christus — das Heil der Welt. Diese »Grundlehre des Christentums« ist auch zur zentralen Perspektive seines theol. Mühens geworden. Er hat ihren Wahrheitsgehalt in schweren Jahren — verdächtigt und von seinem Lehrstuhl verbannt — erfahren müssen.

Da sich S. v. a. praktischen Disziplinen widmete, ist von ihm keine systematische Mariol. zu erwarten. Dennoch lassen sich Grundanliegen in der MV herausfiltrieren. S. spricht über praktische Heiligen- und Mverehrung im Rahmen seiner pastoralliturg. Darlegungen (WW 18, 97; 18, 194; 19, 326—329) und in den Gebetbüchern (WW 24, 139—144 und WW 22, 189—192).

Es beeindruckt, wie er aller isolierten Betrachtungsweise der MV abhold ist: Zunächst wird MV in den Kontext der Heiligenverehrung gestellt. Dieser wird kategorisch abgefordert, daß sie aus dem liturg. Gesamtzusammenhang verstanden werden muß. Für den pastoralen Dienst folgt daraus, »daß der Liturge besonders die Lehre von der Verehrung der Heiligen nie anders als im Zusammenhang mit der Grundlehre des Christentums: Gott in Christus — das Heil der Welt, mit der wesentlichen Anbetung Gottes und mit der heiligen Liebe, die die Seele aller übrigen Tugenden ist, darstelle« (WW 18, 97). Dadurch bekommt auch die MV eine ihr entsprechende Ausrichtung, denn »wenn die Verehrung der Heiligen nichts anderes sein darf als eine Verehrung Gottes, eine Verehrung Christi in den Heiligen: so werden auch die Gedächtnistage der Mutter Jesu durch den belebenden Geist des christlichen Liturgen nichts anderes als so viele Festtage des Herrn sein« (WW 18, 194).

Daraus gewinnt Mfrömmigkeit einen theozentrischen, christol.-heilsgeschichtlichen, ekklesiol.-eschatol. und anthropol. Akzent: »Es werden alle Rügen eines übertriebenen Marianismus ungerecht oder verschwunden sein, sobald Gott in Christus das A und O in allen öffentlichen und Privatandachten geworden« (WW 18, 194) ist. Wollte man daraus auf einen mariol. Minimalismus schließen, so wäre das ein Mißverständnis von S.s durchgehend praktischem Anliegen, das auf die Erneuerung gelebten Christentums abzielte. Auf den ersten Blick fällt S.s Stoffauswahl aus heilsgeschichtlichem Denken auf. Sie ist durchgängig biblisch und liturg. orientiert. In den aszetischen Schriften bilden die biblischen Berichte, die von der Verkündigung bis zum Pfingstereignis ausgefaltet sind, einen strengen Leitfaden. Die Mpredigten schließen sich stets an die Feste des Kirchenjahres an und bringen keine mariol. Gesichtspunkte, die dem jeweiligen Festgeheimnis fremd wären. Wichtiger als die Wahl des Predigtstoffes ist dessen Ausgestaltung: Die Akzente liegen auf der GMschaft (1.), dem Glauben der Mutter des Herrn (2.) und der dankbaren Freude Ms (3.).

1. Das Größte, was nach S.s Überzeugung von M gesagt werden kann und was sie über alle Menschen erhebt, ist, daß sie von Gott selbst »gepflanzt« und »vor allen anderen ihres Geschlechtes auserwählt war, die Mutter des Herrn, des Messias, des Sohnes Gottes zu werden« (WW 24, 145). Deshalb wird durch den Blick auf M der Zugang zu Gott aber nicht verstellt. Er führt vielmehr zur Annahme des erlösenden Wirkens Gottes in der Geschichte. Wer Ms Mutterschaft bejaht, bejaht damit zugleich die Erwählung der gesamten Menschheit in ihrem Sohn und zugleich den absoluten Primat Gottes im Erlösungsgeschehen. In der Annahme ihrer Erwählung kann sich durch ihr Mitwirken die Menschwerdung Gottes vollziehen. Ms Anteil liegt darin, daß sie gehorsam und vertrauensvoll auf den sie treffenden Anruf Gottes antwortet. Daher ist sie Prototyp menschlicher Heilsmitwirkung, weil sie im wörtlichsten Sinn mit Fleisch und Blut an der Menschwerdung des Gottessohnes teilhat. Soll MV nicht zum Marianismus werden, dann muß sie nach S.s Meinung für den Menschen »ins Leben übergehen«: M verkörpert exemplarisch das menschliche Grundverhalten vor Gott: »Wenn jeder seinen Posten, den ihm Geburt, Fleiß, sein Alter, sein Gönner, seine Geschicklichkeit angewiesen, als einen getreuen Wegweiser verehren würde«, dann wäre das die gebührende Frucht der MV.

2. Daraus schält sich der Glaube als entscheidende Haltung heraus. Hier betont S. bes. die meditative Aufnahme des Wortes Gottes als Mitarbeit mit der Gnade: M »ließ die Gabe des Himmels nicht öde liegen — sie arbeitete mit Gott, mit seiner Gabe« (Predigten bei verschiedenen Anlässen 3, 245—258).

3. Neben vorbildhaftem Glauben zeichnet M dankbare Freude aus, die ihren Grund in der Erwählung zur Mutter des Erlösers hat. Was M ihr ganzes Leben hindurch überdachte und in ihrem Beten durchmeditieren durfte, das hat sie im Magnificat hinausgejubelt. Für dieses Lied hat S. eine besondere Vorliebe (WW 18, 194—200; 24, 150—152; 24, 179—182; 33, 205—206), weil es ein Beispiel der Gottesverehrung sei: »Gottes Allmacht, Gottes Erbarmen, Gottes Verheißung, Gottes Treue, Gottes Segnungen — Gott, der segnet und erfreut; Gott, der erhöht und erniedrigt, bereichert und entblößt, auf den Thron setzet und in den Staub hinunterstürzet — Gott war der Inhalt dieses heiligen Gesanges« (WW 24, 182). Es mag überraschen, daß S. nur am Rand auf die Fürbitte Ms eingeht, obwohl er die Frage der fürsprechenden Funktion in seiner systematischen Abhandlung über die Heiligenverehrung ganz im Sinn des Tridentinums abgefaßt hat. Vermutlich geschah dies in der Absicht, den einseitigen und z. T. selbstsüchtig übertriebenen Bittcharakter der Heiligen- und Mverehrung in der Volksfrömmigkeit einzudämmen. Deshalb erweitert er in der von ihm geformten Litanei zur Lebensgeschichte Ms die Antwort auf die einzelnen Anrufungen in: »Heilige Jungfrau! Bitt für uns, daß der Vater im Himmel durch unsern Wandel auf Erden gepriesen werde!« (WW 24, 168—171).

Das läßt den Schluß zu, daß sein Schweigen zum Fürbittgebet sehr bewußt ist und eine unausgesprochene Kritik an einer weit verbreiteten Praxis bedeutet. Bemerkenswert ist auch, daß S. zwar die GMschaft Ⓜs in den Mittelpunkt stellt, aber über andere Glaubenswahrheiten (z.B. UE) schweigt. Hier leuchtet seine ökumen. Grundhaltung auf. Seine Schriften enthalten nichts, was nichtkath. Christen Anstoß geben könnte. Dies brachte ihn von konservativer Seite in den Verdacht eines mariol. Minimalisten. Was für sein ganzes Leben und Wirken gilt, trifft auch für seine Überlegungen zur MV zu: Einer traditionsverhafteten Richtung war er suspekt, der aufbrechenden modernistischen Bewegung erschien er als reaktionär. Sein Ziel aber war es, die Menschen durch seelsorgliches Begleiten und theol. Lehre zur Mitte zu führen: »Wer uns Maria nennt, der bringt uns unseren Christus wieder neu in Aug und Herz, denn sie ist es ja, durch die uns Jesus Christus geboren ward« (WW 18, 199).

Ausg.: Johann Michael Sailer's sämmtliche Werke, unter Anleitung des Verfassers hrsg. von J. Widmer, 40 Bde., Sulzbach 1830—41, Supplementband Sulzbach 1855 (zit.: WW).

Lit.: I. Weilner, Gottselige Innigkeit. Die Grundhaltung der rel. Seele nach J.M. S., 1949. — J.R. Geiselmann, Von lebendiger Religiosität zum Leben der Kirche. J.M. S.s Verständnis der Kirche geistesgeschichtlich gedeutet, 1952. — F.W. Kantzenbach, J.M. S. und der okumen. Gedanke, 1955. — J. Hofmeier, Marienverehrung im pastoraltheol. Denken J.M. S.s, In: GuL 40 (1967) 107—121. — F.G. Friemel, J.M. S. und das Problem der Konfession, 1972. — M.Probst, Gottesdienst in Geist und Wahrheit. Die liturg. Ansichten und Bestrebungen J.M. S.s, 1976. — G. Schwaiger, J.M. S. Der bayer. Kirchenvater, 1982. — J. Müller, »Heil für die Welt«. J.M. S.s Beitrag zur Weiterentwicklung einer theol. Theorie der Pastoral, In: LS 34 (1983) 273—279. — B. Meier, Die Kirche der wahren Christen. J.M. S.s Kirchenverständnis zwischen Unmittelbarkeit und Vermittlung, 1990. *B. Meier*

Sailer, Sebastian, OPraem, * 12.2.1714 in Weißenhorn, † 7.3.1777 in Obermarchtal, ist ein typischer Vertreter des lit. Lebens in den süddt. Prälatenklöstern des 18. Jh.s: als Hausdichter seines Klosters, als Verfasser von Oratorien, Festspielen und Festpredigten, als Meister der geistlichen Beredsamkeit (»Schwäbischer Cicero« und »Schwäbischer Demosthenes« wurde er genannt) hat er einen guten Ruf genossen und wurde an viele und bedeutende Orte wie Ottobeuren, Augsburg, ja bis nach Wien eingeladen. V.a. seine Mundartdichtungen haben sein Andenken lebendig erhalten, ihm selbst aber waren die geistlichen Werke wichtiger, die er in sechs Bänden sammelte, drei Bände »Geistliche Reden« (Augsburg ²1770) und drei Bände »Marianische Orakel« (Augsburg ²1779f.). Im »Marianischen Orakel« antwortet gleichsam Ⓜ vom guten Rate (→Genazzano) auf 120 Schwierigkeiten aller Art, v.a. auf seelische Gebrechen, und macht Vorschläge zu ihrer Überwindung, die manchmal überraschen, immer aber gefallen. Auch in den »Geistlichen Reden« sind marian. Predigten aufgenommen, ja die Sammlung ist Ⓜ gewidmet und möchte der Verteidigung ihrer UE dienen. 1764 veröffentlicht er in Günzburg eine Art »Nachfolge Mariens« mit dem Titel »Kempensis Marianus«, die er seinen Mitbrüdern, welche er »Viri Mariophili« nennt, widmet. An marian. Tugenden stellt er u.a. heraus: Demut, Bescheidenheit, Geduld, Sanftmut und Keuschheit. Mit Anweisungen zur Verehrung des hl. Joseph schließt das Buch. S. ist, wie er selbst verschiedentlich betont, geprägt von der Ⓜfrömmigkeit seines Ordens.

Lit.: L. Goovaerts, Dictionnaire bio-bibliographique des écrivains, artistes et savants de C'ordre de Prémontré, 4 Bde., Brüssel 1900—16, hier: II 122—131. — L. Locher (Hrsg.), S. S. Jubiläumsausgabe zum 250. Geburtstag des Dichters, 1965. — H. Pörnbacher, P.S. S., der schwäbische Cicero. In: E. Dünninger und D. Kiesselbach (Hrsg.), Bayer. Literatur-Geschichte in ausgewählten Beispielen. Neuzeit, 1967, 168—181. — BB III 337—347. 663—667. 1102—13. 1250. — DLL XIII 701 ff. — LL X 113 f. *H. Pörnbacher*

Saint-Saëns, Charles-Camille, *9.10.1835 in Paris, †16.12.1921 in Algier. Sein Vater Jacques-Joseph-Victor war Dichter, Chansonnier und Dramatiker. Als Sekretär (sous-chef de Bureaux) im Innenministerium heiratete er 1834 die Malerin Clémence Collin und starb etwa drei Monate nach der Geburt seines Sohnes Charles-Camille. Die Mutter brachte den Sohn zu seiner Tante Charlotte Manon (Paris), die ihn — im Alter von kaum drei Jahren — im Klavierspiel unterwies. Als Schüler von F. Kalkenbrenner und F. Mendelssohn unterrichtete C. Stamaty später den kleinen Camille weiter. Seine Tonsatzstudien begann S. bei Pierre Maleden und trat in die Orgelklasse von Alexandre-Pierre Boëly ein. Im Alter von zehn Jahren spielte er ungewöhnlich hervorragend Mozart- und Beethoven-Konzerte, womit er die Aufmerksamkeit vieler auf sich lenkte. In das Pariser Conservatoire trat er 1848 ein (Orgel bei F. Benoist und Komposition bei Halévy) und errang 1859 einen zweiten Preis, 1861 einen ersten. Als Organist wirkte S. an verschiedenen Pariser Kirchen: St. Severin, Ste. Merry (1858—56) und an Ste. Madeleine (1857—76).

In diesen Jahren entstehen bedeutende kirchenmusikalische Werke: »Messe solennelle« (1856) und »Psalm XVIII« (24.12.1865). Unter marian. Aspekt sind folgende Kompositionen zu nennen: »Oratorio de Noël« für 5-stimmigen gemischten Chor, Streichquintett, Harfe und Orgel (25.12.1869 in Ste. Madeleine) sowie Ⓜ-Motetten, darunter »Sub tuum« 2-stimmig (1863), »Inviolata« (1867), »Quam dilecta« 4-stimmig (1917), vier »Ave Maria« für eine Singstimme mit Orgelbegleitung (1865, 1866) und ein »Ave Maria« (op. 145) für 4-stimmigen gemischten Chor (1914).

S.s musikalische Sprache ist überwiegend konservativ. Als Neoklassizist verkörpert er traditionelle franz. Eigenschaften, die in früheren Jahren von F. Mendelssohn, R. Schumann und F. Liszt beeinflußt werden. Seine umfassende Kenntnis der Musik beinahe aller Länder und Epochen gründet auf geistiger Selbständigkeit, Originalität und wachem Wissensdrang (S. war humanistisch, phil. und naturwissenschaftlich

[Mathematik, Astronomie und Physik] gebildet). Aus diesem Reichtum schöpft der Meister, ohne jemals nachzuahmen. Persönlicher Ausdruck ist v. a. da zu beobachten, wo S. systematisch Tritonus und Kanonform anwendet. Um 1890 sind zum ersten Male Exotismen und Einflüsse des Volksliedes wahrzunehmen. Gleichermaßen auf Orgel und Klavier versiert, zeigt S. bes. Improvisationstalent, das Widor und Liszt bewundern. Im Alter gebraucht er Ganztonarten v. a. in seinen »7 Improvisations« und trägt in der zweiten Hälfte des 19. Jh.s dazu bei, den harmonischen Satz zu erneuern. Ohne seinen Willen wirkt S. nachhaltend auf beinahe alle zeitgenössischen Musiker, auch auf jüngere wie etwa Debussy und Ravel.

V. a. seine Bühnen-, Vokal- und Orchesterwerke machten R. weltweit bekannt und berühmt. Unter anderem schrieb er für das Victorianische Heer und die Krönung Edwards VII. eine Militärmusik. Die Universitäten Cambridge und Oxford verliehen S. 1893 die Würde eines Dr. h. c., und Kaiser Wilhelm II. zeichnete ihn mit dem Orden Pour le Mérite aus. Neben H. Berlioz war S. der hochbedeutsame franz. Musiker des 19. Jh.s. Zu seinen Schülern zählten G. Fauré, A. Messager und E. Gigout.

Lit.: Catalogue général et thématique des oeuvres de S.-S., ed. Durand et Cie, 1897, ²1908. — J. Bonnerot, C. S.-S.: Sa vie et son oeuvre, 1914, passim. — J. Handschin, C. S.-S., 1930, passim. — MGG XI 1272. — Grove XVI 400—407.

G. Schönfelder-Wittmann

Saint-Sulpice heißen Pfarrkirche und Priesterseminar im 6. Bezirk in → Paris (von Jean-Jacques → Olier am 29. 12. 1641 gegründet), sowie die Bewegung des »esprit sulpicien« im Geiste der Wiedererneuerung des kath. Glaubens nach den Religionskriegen der 2. Hälfte des 16. Jh.s und der Befriedung des Landes unter Heinrich IV. Diese Bewegung sollte die Rekatholisierung mittels einer seit langem nicht mehr vorhandenen Priesterausbildung im Sinne der Spiritualität der »Ecole Française« (→ Frankreich) ermöglichen. Eine dritte Assoziation des Namens »Saint-Sulpice« verbindet sich mit der Kunstgattung des »art saint-sulpice«, auch »art sulpicien« genannt, der, etwa um die Mitte des 19. Jh.s entwickelt, sich auf die industrielle Produktion von Andachtsgraphik und rel. Statuen bezog und eine Konzentration des Devotionalienhandels um dem Platz und die Kirche S. zur Folge hatte.

Die im 13. Jh. von der Abtei Saint-Germain-des-Prés aus erfolgte Gründung der Pfarrkirche S. (Patron war der hl. Sulpicius, Bischof von Bourges, † 647) erhielt nach verschiedenen Umbauten zwischen 1646 und 1745 ihr heutiges Erscheinungsbild. In der Revolutionszeit wurde die Kirche 1793 zum Tempel der Vernunft, 1797 zum Tempel des Sieges umgewidmet. Die Stadt Paris gab hier drei Tage vor dem Staatsstreich des 18. Brumaire des Jahres VIII (9. 11. 1799) ein Essen zu Ehren Bonapartes. — Im Mittelpunkt der Kirche steht die Chapelle de la Vierge, hinter dem der GM geweihten Hochaltar mit einer ⒨statue von Jean-Baptiste Pigalle (1714—85). In der Kuppel befindet sich ein Fresko von François Le Moyne (1731), das ⒨ von Engeln, Kirchenlehrern und Heiligen umgeben darstellt. Die Wände schmücken Gemälde von Charles-André, genannt Carle Van Loo (1705—65), mit Szenen aus dem Leben ⒨s. Am Fuße des ⒨altars (»ad pedes Mariae«) liegt das Herz des Sulpizianers André-Marie Hamon (1851—74 Pfarrer von S. und Verfasser einer siebenbändigen Zusammenstellung marian. Wallfahrtsorte »Notre-Dame de France, ou Historie du culte de la Sainte Vierge en France«, 1861—67), rechts vom ⒨altar verweist eine Inschrift auf Louis Marie → Grignion de Montfort, der von den Sulpizianern ausgebildet, in der ⒨kapelle im Juni 1700 seine erste hl. Messe las. In der Seitenkapelle links vor dem Querschiff wurde zum ersten Mal in Paris eine Kapelle zu Ehren des »Sacré-Coeur de Jésus« mit entsprechender Bruderschaft errichtet und am 1. 9. 1748 geweiht. Im Chor stehen u. a. Skulpturen von E. Bouchardon (1698—1762); erwähnenswert sind Fresken von Eugène Delacroix (1798—1863) in der Engelskapelle. Ein kleiner Obelisk links im Querschiff verweist auf den in der Kirche verlaufenden Meridian von Paris. Dreimal finden sich Abbildungen des Gründers Olier: eine Stele, rechts nahe der Sakristei, eine Abbildung auf einem Glasfenster im Chor seitlich rechts am Fuße des Kreuzes, sowie ein Fresko von Le Moyne in der Kuppel der ⒨kapelle.

Trotz der wechselvollen Geschichte der Gemeinschaft der Prêtres de S. beeinflußten und beeinflussen die → Sulpiziander mittels ihrer Priesterseminare das kath. Leben sowie Kontinuität und Bestand der kath. Kirche in Frankreich. Folgende Daten belegen die Substanz und Widerstandskraft der Institution von S.: 1645 Beginn der Bauarbeiten für ein neues Seminar, das 1651 eingeweiht wurde, 1790 Auflösung der Gemeinschaft, dennoch 1791 Gründung des ersten Priesterseminars in den USA (Baltimore), 1800 Wiederzulassung, 1803 Abbruch des Seminars, 1811 Unterdrückung durch Napoleon, weil der Obere von S. Partei für den gefangenen Papst genommen hatte, 1814 Wiedereinführung, 1816 gesetzliche Verankerung, 1820/30 Neubau des Priesterseminars rechts neben der Kirche (heute Finanzamt). Nach der Trennung von Kirche und Staat wurde das Gebäude aufgegeben, seitdem befinden sich Führung und Verwaltung in der nahegelegenen rue du Regard, das Priesterseminar im nahen Issy-les-Moulineaux, dem ehemaligen Sommersitz der Sulpiziander. Nach wie vor betreuen Sulpiziander die Pfarrei S.; seit 1960 widmen sie sich zusätzlich der Fortbildung des Klerus.

Die sulpizianische Spiritualität beeinflußte die Neugründungen ihrer ehemaligen Schüler, z. B. von → Johann Baptist de La Salle, Louis Marie Grignion de Montfort, Marcelin → Champagnat oder François-Marie → Libermann.

Bereits 1658 hatte S. in Kanada (Montréal) Fuß gefaßt, 1929 in Vietnam, 1933 in Japan, 1934 in China; nach 1950 wurden die Sulpizianer in Lateinamerika und Afrika ansässig. Gemäß den am 25.12.1981 vom Vatikan bestätigten Neuen Konstitutionen besteht die Gemeinschaft aus Diözesanspriestern, die sich der Priesterausbildung widmen. Die 1952 gegründete »Armée bleue de Notre-Dame« (seit 1979 vereinsrechtliche Eintragung unter dem Namen »L' Appell de Notre-Dame«) hat ihren Sitz in der Pfarrei S.

Die Compagnie des Prêtres de Saint-Sulpice, die den Leitlinien ihres Gründers Jean-Jacques Olier gemäß die Menschwerdung Christi in den Mittelpunkt ihrer Spiritualität stellte, verehrte bes. das Sakrament der Eucharistie, Jesus in der Gestalt eines Kindes, sowie ℳ und Joseph. Aus der Verehrung des Kreuzes leitete sie die christl. Tugenden der Demut, Akzeptanz erfahrener Verachtung und Demütigung, Bereitschaft zum Opfer, Askese und Verneinung des eigenen Willens ab. Folgende drei Ziele sollten nach Olier verfolgt werden: ein Leben in Christus, eine Christozentrik, die marian. Frömmigkeit wegen der Menschwerdung Christi durch ℳ einschließt, sowie Selbstentäußerung und apost. Dienst für die Kirche durch die Priesterausbildung. Nach Oliers Tod wurde gegen 1665 ein Fest »Fête de la vie intérieure de la Vierge« eingeführt, das von den Seminaristen feierlich begangen wurde; 1912 im liturg. Kalender gestrichen, wurde es 1947 erneut bestätigt. Zweimal täglich wird in den von Sulpizianern geleiteten Priesterseminaren »O Jésus vivant en Marie, venez et vivez en vos serviteurs...« gebetet. Olier hatte sich ℳ mit Leib, Seele und materiellen Gütern in einem »Voeu de servitude« geweiht. Die Grundsteinlegung des neu zu errichtenden Seminars S. fand in der Oktav des Festes ℳe Geburt statt. Dabei wurden in das Fundament Goldmedaillen mit dem Abbild ℳs und des Gebäudes gelegt, auf deren Rückseite stand: »cum ipsa et in ipsa et per ipsa omnis aedificatio crescit in templum Dei«. Bei der Fertigstellung des Seminars (1651) übergab Olier die Schlüssel symbolisch der GM in Chartres. Im Innenhof des Seminars ließ er eine Statue der »Reine et fondatrice du Séminare« errichten; er erteilte ℳ die Rolle der Präsidentin des Hauses. Bei Charles Le Brun (1619—90) gab Olier ein Bild der »Visitatio« in Auftrag, wo »Jesus vivens in Maria« verehrt wird. Besondere Wertschätzung erfuhr ℳ als Königin des Klerus. Über die Eingangspforte des Priesterseminars stellte Olier eine ℳstatue mit dem Jesuskind, das seiner Mutter eine Krone aufs Haupt setzte; darunter stand »Interveni pro clero«. Heute noch befindet sich in der Kirche S. ein 1674 von der Bruderschaft gleichen Namens gestiftetes Glasfenster »Regina Cleri« im Chor. — In den Priesterseminaren wird täglich der Rosenkranz gebetet.

Das unter dem Begriff »imagerie sulpicienne« klassifizierte kleine Andachtsbild (lange abwertend beurteilt) erhielt seinen Namen von S., wo sich etwa 1840—70 verstärkt und gezielt der Devotionalienhandel niederließ. Die Stanzspitzenbilder, z.T. mit Tinseln und aufgeklebten Chromolithographien verziert, zeigten häufig Inhalte der Spiritualität der »Ecole Française«, wie z.B. das Jesuskind, die Verehrung der Hl.Eucharistie, ℳ, das Herz Jesu und/oder ℳe. Seit zwanzig Jahren wird diese Andachtsgraphik wissenschaftlich erfaßt, verschiedene Ausstellungen und Publikationen weckten das Interesse und treiben die Preise beachtlich in die Höhe. Diese in Gebetbücher einzulegenden Bildchen standen im Dienste der Erneuerung des kath. Glaubens im 19. Jh., so wie in der ersten Hälfte des 17. Jh.s J.-J. Olier die nach den Religionskriegen des 16. Jh.s verlorene Glaubensubstanz mittels des »esprit sulpicien« wiederbeleben wollte.

Lit.: J.-J. Olier, Oeuvres complètes, Paris 1856. — L. Bertrand, Bibliotheque sulpicienne ou histoire littéraire de la Compagnie de Saint-Sulpice, 3 Bde., Paris 1900. — H.J. Icard, Vie intérieure de la T.S. Vierge d'après les écrits de M. Olier, Paris 1875. — L. Letourneau, Pensées choisies de M. Olier sur le culte de la Sainte Vierge, des anges et des saints, Paris 1915. — L. Garrioguet, La Vierge Marie, 1916. — H. Brémond, Histoire littéraire du sentiment religieux III, 1921. — R. Laurentin, Marie, l'Eglise et le Sacerdoce, 1953. — Manoir III 153—162. — P. Boisard, La Compagnie de S., trois siècles d'histoire, 2 Bde., 1959. — W. Brückner, Populäre Druckgraphik Europas, III. Deutschland, 1969, ²1975. — L. Cheronnet, L'église S. de Paris, 1971. — C. Savart, A la recherche de l'art dit de S., In: Revue d'Histoires de la Spiritualité (1976) 265—282. — J. Simard, Une iconographie du Clergé Français au XVIIe siècle, 1976. — M. Albaric, Les images religieuses — une polysémie qui exige l'informatique, In: Bulletin de la Société Archéologique, Historique et Artistique Le Vieux Papier pour l'étude de la vie et des moeurs d'autrefois, fasc. 287 (Jan. 1983) 12—16. — C. Rosenbaum-Dondaine, L'image de pieté en France, 1814—1914, 1984. — M. Albaric, Les petites images de piété: La Spiritualité du Mirliton, In: VS 139 (1985) 658—664. — W. Hahn, Religiöse Druckgraphik des 19. Jh.s in Frankreich, In: JbVk 9 (1986) 215—227. — D. Lerch, Imagerie populaire et Piété populaire en Alsace, 1987. — M. Albaric, Images relgieuses en dentelles mécaniques, In: Le Bulletin de la Société Archéologique, Historique et Artistique Le Vieux Papier pour l'étude de la vie et des moeurs d'autrefois, fasc. 312 (April 1989) 52—58. — DSp XIV 170—181.

W. Hahn

Sakramentalien sind in einer gewissen Nachahmung der → Sakramente hl. Zeichen und Zeichenhandlungen, unter denen die Kirche das Christusgeheimnis vergegenwärtigt und feiert. Durch diese Zeichen, die ihre Wirkkraft durch die Fürbitte der Kirche erlangen, »werden die Menschen bereitet, die eigentliche Wirkung der Sakramente aufzunehmen; zugleich wird durch solche Zeichen das Leben in seinen verschiedenen Gegebenheiten geheiligt« (SC 60; vgl. CIC 1983, can. 1166). Neben besonderen Feiern im Kirchenjahr bilden v. a. die Benediktionen den Kernbereich der S.; auch für den gottesdienstlichen und rel. Gebrauch bestimmte benedizierte Gegenstände (u.a. Kerzen, Weihwasser) werden S. genannt. Obwohl im Deutschen der Begriff Benediktionen als »Segnungen« oder »Weihen« wiedergegeben wird, muß differenziert werden: Jede Segnung ist Lobpreis Gottes und Bitte um seinen Segen. Werden Menschen auf Dauer zum besonderen Dienst vor Gott bestimmt oder Dinge für den gottesdienstlichen

Gebrauch ausgesondert, so spricht man von Weihe (Benediktionale, Pastorale Einführung 11). Das geltende liturg. Buch verwendet im Bereich der marian. Elemente ausschließlich den Begriff »Segnungen«.

S. haben im Leben der Kirche seit jeher ihren Platz, im Laufe der Zeit hat v. a. die Zahl der Sachbenediktionen zugenommen (vgl. Franz); das Rituale Romanum (seit 1614) ordnet und reduziert den Bestand, der in den folgenden Jh.en erneut anwächst und zuletzt 1952 systematisiert wurde. Das Rituale Romanum (1952) enthält 28 marian. ausgerichtete Formulare: für Kräuter und Saaten (2); Kleidungsstücke (darunter → Gürtel) (5); Skapuliere (13); Bilder (1); Stationen zu Ehren der Sieben Schmerzen (1); Rosenkränze (2); weitere → Devotionalien (→ Medaillen, Kerzen, Rosen [3]), Wasser (1), Personensegnung unter Anrufung M̃s als der Hilfe aller Christen (1).

Im Benediktionale (1978) sind folgende Segensformulare vorgesehen, die in Gehalt und Zahl, wenn auch anders zugeordnet, weitgehend mit dem universalkirchlichen Buch De Benedictionibus (1984) übereinstimmen: Kräutersegnung am Hochfest der → Aufnahme M̃s in den Himmel (Benediktionale Nr. 9); Segnung eines M̃bildes (Nr. 42); Segnung eines Rosenkranzes (Nr. 45); Segnung rel. Abzeichen (Nr. 46), Segnung einer Fahne (Nr. 47); Segnung von Kerzen (Nr. 48). Sonstige, nicht einzeln benannte Devotionalien können mit einem allg. Segensgebet benediziert werden (Nr. 50 oder 99). Die erneuerte Liturgie legt Wert auf eine gottesdienstliche Feier auch bei der Spendung der S.; daher sind Benediktionen im Rahmen eines (Wort-)Gottesdienstes zu erteilen.

Der fromme Brauch der M̃-Krönung eines M̃bildes ist in einem eigenen Ritus geordnet.

Ausg.: RitRom, 1614/1952. — Benediktionale (Studienausg.), 1978. — De Benedictionibus, 1984. — Ordo coronandi imaginem BMV 1981 (dt.: Die Feier der Krönung eines M̃bildes (Studienausg.), 1990.
Lit.: Franz I und II. — G. Langgärtner, Die Sakramentalien, 1974. — J. Baumgartner (Hrsg.), Gläubiger Umgang mit der Welt. Die Segnungen der Kirche, 1976. — R. Kaczynski, Die Benediktionen, In: Gottesdienst der Kirche. Handbuch der Liturgiewissenschaft VIII: Sakramentliche Feiern II, 1984, 233—274. — A. Heinz und H. Rennings (Hrsg.), Heute segnen. Werkbuch zum Benediktionale, 1987. *K. Küppers*

Sakramentar → Sacramentarium

Sakramente I. KATH. THEOLOGIE (vgl. → Eucharistie, → Priestertum).
1. *Maria als Empfängerin der Sakramente.* Auf dem Pilgerweg des Glaubens hat M̃ bis zu ihrem Tode an Heiligkeit und Verdiensten zugenommen. Eine wichtige Rolle spielt dabei zweifellos der Empfang der → Eucharistie. Ob M̃ darüber hinaus weitere S. empfangen hat, ist ungewiß. Dies gilt selbst für die Taufe, deren Gnade M̃ als die von Sünden Reine nicht bedurfte. Die Neugeburt der Taufe wird in der alten Kirche mit der Jungfrauengeburt verglichen, bei der M̃ in ähnlicher Weise mitwirkt wie die Gemeinschaft der Kirche bei der Entstehung des göttlichen Lebens in der Taufe (s. u.). M̃ ist Glied der Kirche, aber als »neue Eva« und »Mutter der Kirche« in einer ursprunggebenden Stellung, die mit den übrigen Gliedern der Kirche nicht vergleichbar ist. Die Frage nach der Taufe M̃s stellt sich darum in der Theologiegeschichte erst relativ spät und steht eher am Rande des Interesses. M̃ hat das »Ursakrament« Christus selbst empfangen, das sich erst später in den sieben Einzelsakramenten konkretisiert.

Theologiegeschichtlich früher ist die vergleichbare Frage nach dem Getauftsein der Apostel. Tertullian betont, daß deren Heil auch dann gesichert wäre, wenn sie nicht getauft sein sollten. Das Taufgesetz gelte jedenfalls erst nach der Auferstehung Jesu (De bapt. 12f.: CChr.SL 1/1,286—289). Nach Klemens v. Alexandrien hat Jesus Petrus getauft, mit dem sich die Kette der Taufspendung fortsetzt (GCS 17,196; dazu Stiernon, 1956, 234). Daß die Apostel nicht die christl. Taufe empfangen haben, meinen dagegen Ephräm (In Diat. 5,15: CSCO 145,49) und Severian v. Gabala (In Ascens. 2, 13f.: PG 52, 785—787). Theodor v. Mopsuestia und Photius deuten, wie Tertullian, Joh 13,10 (»Gebadetsein« der Apostel vor der Fußwaschung) auf die Johannestaufe; diese sei nur durch die pfingstliche Geistsendung vervollkommnet worden (Richter 12f. 43). Für eine sakramentale Taufe der Apostel spricht sich dagegen v. a. Augustinus aus: Er weist auf das Herrenwort über die Notwendigkeit der Taufe (Joh 3,5) und auf das Beispiel des Kornelius, der — wie die Apostel am Pfingstfest — den Hl. Geist empfangen habe, aber dennoch im Anschluß daran getauft worden sei (Apg 10,44—48). Auf die Taufe der Apostel deutet er, wie auch einige moderne Exegeten, Joh 13,10 (Ep. 265: PL 33, 1086—89; dazu Richter 32f. 295—298; Schnackenburg III 24).

Entsprechend der augustinischen Lösung der Frage der Aposteltaufe neigt die abendländische Tradition zur Annahme, auch ein Getauftsein M̃s anzunehmen. Das erste Zeugnis dafür, als Vermutung vorgetragen, begegnet aber erst im 13. Jh. bei Albertus Magnus, wonach die Taufe M̃s sinnvoll gewesen sei für die Vermehrung der Gnade und die Einprägung des Taufcharakters (III Sent. d. 3 a. 10; IV Sent. d. 6 a. 9 q. 4 ad 1; vgl. Stiernon, 1956, 239f.; Fries 22f. 71—73. 116). Noch viel ausführlicher äußert sich das einflußreiche »Mariale« des Ps.-Albert, der die Taufe der GM und (mit Ausnahme der Priesterweihe) auch den Empfang der anderen S. aus der Gnadenfülle M̃s ableitet (q. 36—43). Kurz und vorsichtig nimmt Duns Scotus die These von der Taufe M̃s auf (Op. ox., In Sent. IV d. 4 q. 6; Rep. par., In Sent. IV q. 6; vgl. Stiernon, 1956, 241f.). Positiv zur Frage äußert sich die erste Monographie zur Taufe M̃s von L. Wadding (1656), der neben (Ps.-)Albert und Scotus u. a. Petrus Canisius, Suarez und Vazquez für sich anführen kann. In der Folgezeit dominiert die Annahme einer Taufe M̃s, auch wenn der hypothetische Charakter dieser These des öfteren unterstrichen wird. Theol. Gegenstimmen, die seit dem Anfang des 18. Jh.s auftauchen, sind dagegen erheblich schwächer.

Das erste Zeugnis, das die Frage nach einer Taufe ℳs stellt und sie bejaht, ist der Syrer Ephräm im 4. Jh. (Hymni de nativitate 16, 10 f.; Hymni de Epiphania 8,23 f.; CSCO 187,76; 161 f.; dazu Ortiz de Urbina 99 f.). Eine Taufe ℳs durch die Apostel Johannes und Petrus behaupten um 700 Ps.-Dorotheus v. Tyrus (PG 92, 1076 f.) und (mit einer nicht nachprüfbaren Berufung auf Evodius, Nachfolger des Petrus auf dem Bischofssitz von Antiochien) Hippolyt v. Theben (ed. Diekamp 20; vgl. Stiernon, 1956, 234—236). Eine apokryphe Tradition, greifbar bei einem ostsyr. Autor des 9. Jh.s, verlegt Taufe, Firmung und Erstkommunion ℳs auf den 4. Tag nach Pfingsten (Johannes v. Dara, De oblatione: Testi Mariani IV 368 f.). Eine weitere legendäre Überlieferung (Taufe ℳs durch Jesus) referiert Euthymios Zigabenos (Anfang 12. Jh.; C. in Joh. 3: PG 129, 1161 B), während der ebenfalls im Abendland öfters zitierte Kirchenhistoriker Nikephoros Kallistos Xanthopoulos († um 1335) die Überlieferung des Hippolyt v. Theben aufnimmt (Stiernon, 1956, 238 f.). Allgemein akzeptiert wird die Annahme einer Taufe ℳs in der Orth. Kirche freilich nicht (kritische Stimmen bei Stiernon, 1956, 237—239; 1958, 311 f.).

Die Gründe, die zugunsten einer Taufe ℳs angeführt werden, sind nicht zwingend (Gehorsam gegenüber dem Taufauftrag Jesu, eigenes Beispiel und Demut der GM, Einprägung des Taufcharakters, sakramentale Aufnahme in die Kirche, Möglichkeit zum Empfang anderer Sakramente, Vermehrung der Gnade u. a.). Z. T. entspringen sie, wie im »Mariale«, einer allzu isolierten Betrachtung der GM, die der heilsgeschichtlichen Sonderstellung ℳs nicht gerecht wird. Für die Grundlegung der Kirche, wozu auch ℳ gehört, gelten zudem andere Regeln als für die Zeit nach Pfingsten. Eine Taufe der GM (und der Apostel) ist darum nicht nötig, aber möglich.

Unter dem Namen »Taufe« wird in der frühen Kirche auch die geistvermittelnde Handauflegung gefaßt, die vom Wasserbad trennbar ist (Apg 8, 14—17) und dem Sakrament der Firmung gleichkommt. Wenn Ephräm von einer Taufe ℳs spricht, so ist damit (gemäß der syr. Praxis im 4. Jh.: Neunheuser 82 f.; Kleinheyer 91—95) die Ölsalbung inbegriffen, die Entsprechung zur heutigen Firmung. Das gleiche gilt für Johannes v. Dara (s. o.). Daß ℳ die geistvermittelnde Handauflegung (bzw. Ölsalbung) empfangen habe, wird von den abendländischen Autoren mit Blick auf das Pfingstfest im allgemeinen verneint. Von seltenen fragwürdigen Spekulationen (seit dem Mariale Ps.-Alberts, q. 43) abgesehen, die der GM trotz ihrer Sündlosigkeit den Empfang des Bußsakramentes zuschrieben (etwa mit Johannes als Beichtvater), wird dergleichen in der Theol. durchgehend abgelehnt. Umstritten ist dagegen seit dem MA, ob ℳ die Krankensalbung empfangen habe (Doronzo, 1955, 529—532). Da die Krankensalbung als Heilmittel für Seele und Leib in schwerwiegender Krankheit nur sekundär Sündenvergebung wirkt (vgl. Jak 5, 14 f.), ist der Empfang dieses Sakramentes durch die GM nicht völlig ausgeschlossen.

ℳ hat mit Joseph eine wirkliche, wenn auch jungfräuliche → Ehe geführt. Da die sakramentale Ehe die Teilhabe am Lebensaustausch zwischen Christus und der Kirche aufgrund des Erlösungswerkes bedeutet (vgl. Eph 5, 21—32), war die Ehe ℳs mit Joseph noch kein Sakrament. Ebensowenig kommt ℳ das hierarchische → Priestertum zu.

2. Marias Vorbild und Mitwirkung bei der Spendung der Sakramente. Eine Spendung von S.n durch ℳ kommt nicht in Frage. Auch wenn dies bezüglich der Taufe nach dem ma. und modernen Erkenntnisstand theoretisch nicht unmöglich wäre, wurde in der alten Kirche eine Taufe durch Frauen abgelehnt. Nach Epiphanius (Haer. 79, 3.7: Alvarez-Campos II n. 813. 817) und den Apost. Konstitutionen (3, 9, 4: Alvarez-Campos II n. 1123) hätte ansonsten der Herr von ℳ getauft werden müssen und nicht von Johannes dem Täufer (vgl. Hauke 400. 402. 406.—410. 412. 434.—436). Die Aufgabe ℳs liegt nicht auf der hierarchischen Ebene, sondern gehört zum lebensmäßig entscheidenden Bereich des allgemeinen Priestertums, dessen Urbild sie ist (vgl. → Frau).

In dem Bereich der seinsmäßigen und fürbittenden Gnadenvermittlung (→ Mittlerin der Gnade), dem »opus operantis Ecclesiae«, ist die Mitwirkung ℳs freilich grundlegend. Das Wirken der GM betrifft die Vorbereitung auf den Empfang der sakramentalen Gnade sowie deren Verlebendigung. Es bezieht sich nicht auf die Setzung der sakramentalen Wirkung selbst, die »ex opere operato« allein durch Christus geschieht. Da ℳ aber beim Erlösungswerk selbst untrennbar mit Christus verbunden war (→ Miterlöserin), kommt ihr auch eine Teilhabe zu bei der liturg. Erneuerung des Heilsgeschehens (vgl. II Vaticanum, Sacrosanctum Concilium 103). Als Form dieser Mitwirkung ist zunächst die Fürbitte anzusetzen, aber darüber hinaus auch eine seinsmäßige Wirkung aufgrund des Lebensaustausches im Leibe Christi, der Kirche (vgl. 1 Kor 12, 26; Sträter II 267—271; Schmaus-KD 408—410). Die Aufgabe ℳs als »neuer Eva« ist dabei maßgebend.

Schon Hippolyt erwähnt ℳ sowohl im Eucharistischen Hochgebet (Traditio apostolica 4: Fontes Christiani 1, 224) als auch im Taufsymbolum. Die zweite Frage des Glaubensbekenntnisses enthält den Hinweis auf Christus, »der geboren ist vom Hl. Geist aus der Jungfrau Maria« (TA 21: F. Chr. 1, 262). Irenäus stellt die neue Geburt Jesu aus ℳ der todbringenden Herkunft der Menschheit von Adam gegenüber (Adv. haer. IV 33, 4; V 1, 3: SC 100, 812; 153, 26). Dabei sieht er die Jungfrauengeburt und die »Geburt« aus dem »Mutterschoß« der Kirche in der Taufe gleichsam in einer Perspektive (Adv. haer. IV 33, 11: SC 100, 830). In der ganzen Väterzeit dient die Geburt Jesu aus ⍟ der Jungfrau als fundamentaler Typus für die Neugeburt der Taufe, so etwa bei Origenes (Frag. 11 zu Mt 1, 18: GCS 41/1,19f.), Ambrosius (Exp. in Lc. 2, 57: CChr. SL 14,55f.) und Leo d. Gr. (Hom. 24, 3; 25, 5: CChr.SL 138,113; 123; vgl. auch die Angaben bei Paul VI., MCu 19). Den liturg. Ausdruck findet diese Typologie nicht zuletzt in Formularen der Taufwasserweihe (Scheidt 75f.; Rahner 173f.).

Die Exemplarursächlichkeit ⍟s für die Mitwirkung der Kirche bei der Taufe, die auch das II. Vaticanum hervorhebt (LG 64), wird ergänzt durch die Anrufung der Fürsprache ⍟s in der Taufliturgie, wie sie sich im byz. Ritus und nach der Liturgiereform auch in den lat. Taufriten findet (bei der Anrufung der Heiligen; MCu 14). Die Taufe bildet auch den eigentlichen Ausgangspunkt für die ⍟weihe, wie sie in der Neuzeit bes. von → Grignion de Montfort entwickelt wird: die Weihe an die GM als vollkommene Erneuerung der Taufgelübde. Diese Verbindung zwischen ⍟weihe und Taufgelübde beginnt bereits im frühen MA (NDMar 400) und schlägt sich in dem volkstümlichen Brauch nieder, die Kinder nach ihrer Taufe vor ein ⍟bild zu bringen (vgl. die Empfehlung im neuen Ritus der Kindertaufe: Ordo baptismi parvulorum = OBP, 1969, Nr. 71; dt. Nr. 38). Das als Danksagung des Neugetauften empfohlene → Magnifikat (OBP Nr. 106; dt.: Anhang) findet sich erstmals bezeugt in der altröm. Liturgie (Martimort II 100). Die Erwähnung ⍟s im Taufsymbolum, die Anrufung ihrer Fürbitte und die Empfehlung der ⍟weihe bekunden die Überzeugung der Kirche, daß ⍟ bei der »Geburt« der Gläubigen, bei der Taufe, »in mütterlicher Liebe mitwirkt« (LG 63; vgl. RM 44).

Das Sakrament der Firmung »läßt die Pfingstgnade in gewisser Weise fortdauern« (Paul VI., Apost. Konstitution «Divinae consortium naturae«: Die Feier der Firmung, 1973, 13). Wie ⍟ mit ihrer Fürsprache die pfingstliche Herabkunft des Hl. Geistes erflehte Apg 1, 14; LG 59), so bittet sie auch im Blick auf die liturg. Aktualisierung dieses Ereignisses. Schon die Herabkunft des Hl. Geistes bei der Inkarnation ist vom Jawort ⍟s abhängig (Lk 1, 26—38). Eine gewisse Analogie läßt sich herstellen zwischen der Erziehung Jesu durch ⍟, ihrer mütterlichen Unterstützung bei der Erziehung des Getauften (vgl. LG 63) und der Wirkung der Firmung, welche die Taufgnade stärkt und vollendet (Bandera, 1978, 111—137). In der neuen Firmliturgie findet sich, gemäß dem Wunsch des Konzils (Sacrosanctum Concilium 71), eine Erneuerung des Taufversprechens, in dem auch die Rolle ⍟s im Heilswerk erwähnt wird.

Wie Christus die sühnende Mitwirkung ⍟s mit seinem Opfer am Kreuz verband (vgl. LG 58; 61; MCu 20; RM 23), so bezieht er ihre mütterliche Liebe auch dann ein, wenn im Bußsakrament die in der Taufe geschehene Vergebung der Sünden aktualisiert wird. Wie die Sünde des Einzelnen den übrigen Gliedern des mystischen Leibes schadet, so kommt die Heiligkeit eines jeden Gliedes allen anderen zugute (Die Feier der Buße, 1974, Pastorale Einführung Nr. 5; vgl. LG 11). Letzteres gilt bes. für das Wirken der GM, die an mehreren fakultativen Stellen des Bußritus erwähnt wird: im Confiteor (Die Feier der Buße, Nr. 44. 54), in der Anrufung »Deine Mutter, die Zuflucht der Sünder, trete für uns ein« (Nr. 205), in dem als Danksagung empfohlenen Magnifikat (Nr. 56: nach gemeinschaftlicher Bußfeier mit Lossprechung der Einzelnen) und in dem Gebet des Priesters nach der Absolution: »Das Leiden unseres Herrn Jesus Christus, die Fürsprache der seligen Jungfrau Maria und aller Heiligen, alles, was du Gutes getan und Böses ertragen hast, gereiche dir zur Vergebung der Sünden, lasse dich in der Gnade wachsen und schenke dir Anteil am ewigen Leben« (Nr. 93; schon das alte Rituale Romanum III 2: dort statt »intercessio«: »merita« BMV).

Gemäß der ekklesialen Dimension der Krankensalbung, die vom II. Vaticanum betont wird (LG 11: Verbindung mit dem Leiden des Herrn zum Wohle der Kirche, um Aufrichtung und Rettung zu erfahren), ist auch die Mitwirkung ⍟s zu integrieren. Sie kommt ausdrücklich zum Zuge im Confiteor, aber auch in den mit den Sterbe-S.n (Buße, Krankensalbung, Wegzehrung) gegebenenfalls verbundenen Sterbegebeten und im Bekenntnis des Taufglaubens vor der Wegzehrung (Die Feier der Krankensalbung, 1975, Nr. 71. 121; 143. 146f. 150; 108. 123). In der Adaptation des »Rituale Romanum« für die dt. Bistümer von 1950 (»Collectio rituum«) fand sich obendrein eine Anrufung ⍟s (neben der allgemeinen Nennung der Engel und Heiligen im RitRom V 2) bei der Handauflegung vor der Ölsalbung.

Insofern die sakrale Ehe am Bund zwischen Christus und der Kirche teilhaben läßt, ist ⍟ als Urbild und Mutter der Kirche dem ehelichen Leben untrennbar verbunden. Die fürbittende Gegenwart ⍟s kommt in der Trauliturgie v. a. dann zum Ausdruck, wenn das Evangelium von der Hochzeit zu Kana gewählt wird (Joh 2, 1—11). Ihr Vorbild prägt in besonderer Weise die liebende Hingabe der Ehefrau und Mutter (Pius XI., Enzyklika »Lux veritatis«, 1931: Graber Nr. 158; Johannes Paul II., Apost. Schreiben »Familiaris consortio«, 1981, Nr. 86; »Mulieris dignitatem«, 1988). Wie die Ehe zwischen ⍟ und Joseph über sich hinausweist auf die Geburt Jesu Christi, so ist auch die sakramentale Ehe bezogen auf die Geburt von Kindern, die in der Taufe am Leben Gottes Anteil bekommen (Bandera, 1978, 229—247).

Lit.: L. Wadding, De baptismo BMV, Rom 1656. — Scheeben V § 278. — J. B. Heinrich und C. Gutberlet, Dogm. Theol. VII,

1896, 480. — F. J. Connell, Our Lady and the Sacraments, In: American Ecclesiastical Review 62 (1920) 532—539. — N. N., Was Our Lady Baptized? ebd. 91 (1934) 517f. — H. Scheidt, Die Taufwasser-Weihegebete, 1935. — H. Rahner, Eine Theologie der Verkündigung, ²1939; Nachdr. 1970. — H. M. Köster, Die Magd des Herrn, 1946, 285—355. — E. Doronzo, De baptismo et confirmatione, 1947, 128—130. — Ders., De Extrema Unctione II, 1955, 529—532. — Roschini II/2, 141—145. — Manoir I 559—561; III 609. 813; VI 505—510. — P. Hitz, Maria und unser Heil, 1951, 199—204. — Sträter III 259—261. — D. Stiernon, Le baptême de la Sainte Vierge: témoignages orientaux et spéculation latine, In: Euntes docete 9 (1956) 232—249. — Ders., L'annaliste Luc Wadding, OFM (1657). Rappel bibliographique. Oeuvre mariale. Son opinion sur le baptême de la T. S. V., In: EphMar 8 (1958) 291—312. — A. Fries, Die Gedanken des hl. Albertus Magnus über die Gottesmutter, 1958. — F. Diekamp und K. Jüssen, Kath. Dogmatik II ¹¹/¹²1959, 377f. — SchmausKD 408—410. — A. G. Martimort, Handbuch der Liturgiewissenschaft II, 1965. — G. Richter, Die Fußwaschung im Johannesevangelium. Geschichte ihrer Deutung, 1967. — S. Alvarez Campos, Corpus Marianum patristicum I—VII, 1970—85. — J. Ortiz de Urbina, La Vergine nella teologia di S. Ephrem, In: OrChrA 197 (1974) 65—103. — H. J. Schulz, Die Stellung Marias in Sakramentenfeier und Stundengebet, In: W. Beinert (Hrsg.), Maria heute ehren, 1977, 83—91. — A. Bandera, La Virgen María y los sacramentos, 1978. — Ders., Maria en la acción sacramental y en la vida cristiana, In: EstMar 50 (1985) 139—166. — R. Schnackenburg, Das Johannesevangelium III, ³1979. — A. Bossard, Présence de Marie au baptême et au baptisé, In: Cahiers Marials 27 (1982) 15—28. — B. Neunheuser, Taufe und Firmung, ²1983. — J. Castellano, Vergine Maria, In: D. Sartore und A. M. Triacca (Hrsg.), Nuovo dizionario di liturgia, 1984, 1553—80. — NDMar 400. 429. 770f. 1369. — B. Kleinheyer, Sakramentliche Feiern I, 1989. — G. Gharib u. a. (Hrsg.), Testi mariani del primo millennio I—IV, 1988—91. — M. Hauke, Die Problematik um das Frauenpriestertum vor dem Hintergrund der Schöpfungs- und Erlösungsordnung, ³1991.   *M. Hauke*

II. LITURGIE-OST. Das Gedächtnis 𝓜s bei der Spendung der S. in den östlichen Liturgien (mit Ausnahme der Eucharistie; siehe dazu die Artikel über die verschiedenen eucharistischen Liturgien).

1. Byz. Ritus. a) Das Rituale (Agiasmatarion) beginnt mit den Gebeten für Mutter und Kind nach der Geburt. Der GM wird während des Gesangs der Troparien im → Theotokion »Der Barmherzigkeit Pforte öffne uns« gedacht; man kann auch noch das Troparion vom Feste 𝓜e Geburt »Deine Geburt, Gottesmutter, hat dem ganzen Erdkreis Freude beschert« hinzufügen. Weiterhin gedenkt man der GM im Priestergebet vor der Entlassung und im Gebet der Entlassung (→ Apolytikion) selbst. Nach der Überlieferung findet am achten Tag nach der Geburt die Bekreuzigung des Kindes und die Namensgebung statt. Vor der Ikone der GM betet der Priester, das Kind in den Händen haltend, das Theotokion »Freue dich, gnadenerfüllte, jungfräuliche Gottesgebärerin«. Während der Gebete nach 40 Tagen gedenkt er 𝓜s im Segensgebet für das Kind: »Herr, unser Gott, der du nach vierzig Tagen als Kind in den gesetzlichen Tempel von Maria, deiner jungfräulichen und heiligen Mutter, gebracht ... wurdest ...«. In der Ordnung des Taufritus gedenkt man der GM in der Synapte (→ Litaneien) sowie in dem Gebet, das der Weihe des Taufwassers vorausgeht, ohne daß im letzteren 𝓜 namentlich erwähnt wird: »... Die Nachkommenschaft unserer Natur hast du befreit, den jungfräulichen Schoß durch deine Geburt geheiligt. Die ganze Schöpfung preist dich ...«

b) Wenn das Sakrament der Buße gemäß dem vollständigen Text des Agiasmatarions gespendet wird, finden wir das erste Gedächtnis der GM bei den Troparien im 6. Ton. Fügt man Teile eines Bußkanons ein, endet jede Ode mit einem → Theotokion. Nach slawischem Brauch beendet der Beichtende das Bekenntnis folgendermaßen: »Auf die Fürbitten der allheiligen Gottesgebärerin, bitte ich den Herrn um Vergebung der Sünden und Erneuerung im Hl. Geist.«

c) Bei der Spendung des Sakramentes der Krankensalbung findet sich im Teil der Paraklisis oder Tröstung des Kranken bei den Bußtroparien (6. Ton) wieder das Theotokion »Der Barmherzigkeit Pforte öffne uns« und weitere Theotokien im Kanon der Oden. Auf das Theotokion der neunten Ode folgt das → Megalynarion »Wahrhaft würdig ist es, dich seligzupreisen«. Ebenso werden die Troparien zu den Laudespsalmen mit einem Theotokion abgeschlossen. Im Ritus der Segnung des Öls gedenkt man der GM in der Synapte und während des Tropariengesangs im Theotokion »Innige Fürbitte und unerstürmbare Mauer« (2. Ton), ferner im Gebet der ersten Salbung (»Heiliger Vater, Arzt unserer Seelen und Leiber, ... heile auch deine Knechte und Mägde ... auf die Fürbitten unserer über alles gesegneten, ruhmreichen Herrin, der Gottesgebärerin und immerwährenden Jungfrau Maria ...«), sowie im Theotokion vor der Entlassung: »Neige dich den Bitten deiner Knechte, Allreine ... Eile zur Fürbitte für die, welche gläubig zu dir rufen«.

d) Das Gedächtnis der GM im Ritus der Krönung (Eheschließung) findet sich wiederum in der Synapte, dann im ersten Priestergebet (»Du hast aus der Wurzel Jesse dem Fleische nach hervorsprießen lassen die immerwährende Jungfrau, aus der du Fleisch geworden und geboren worden bist zur Erlösung des Menschengeschlechts«), im Evangelium von der Hochzeit zu Kana (Joh 2,1—11) sowie im Schlußsegen.

e) Bei den Weihen finden wir ein Theotokion im Ritus des Schneidens des Haupthaars bei der Chirothesie zum Lektor oder Sänger. Während der Chirotonie zum Diakon wird der GM im Theotokion (5. Ton) »Jesaja tanze! Die Jungfrau hat empfangen im Schoß und geboren den Sohn, Emanuel, den Gott und Menschen ...« sowie in der Synapte gedacht. Bei der Bischofsweihe gedenkt der Weihekandidat ihrer im zweiten und im dritten Glaubensbekenntnis: »Ich bekenne auch, daß das Wort Gottes ... den gänzlich gefallenen Menschen annahm aus dem reinen und jungfräulichen Blute der einzigen allreinen und makellosen Jungfrau ...« und »... Ich glaube auch, daß einer aus der ... Dreieinheit, das einziggezeugte Wort, herabgekommen ist aus den Himmeln und, um uns Menschen und um unserer Erlösung willen, Fleisch geworden ist aus dem heiligen Geiste und aus der Jungfrau Maria«.

Lit.: J. Habert, Ἀρχιερατικόν, 1643. — Μικρόν Εὐχολόγιον, 1872. — Εὐχολόγιον τὸ μέγα, 1873. — Ἁγιασματάριον I: Τὰ μυστήρια, 1954. — Trebnyk' I, 1945. — Malyi Trebnyk', (kirchenslawisch) 1947, (ukrainisch) 1973. — E. Mercenier und F. Paris, La Prière des Eglises de rite byzantin, ²1948, 321—448. — S. Heitz (Hrsg.), Mysterium der Anbetung III. Die Mysterienhandlungen der Orth. Kirche und das tägliche Gebet der Orth. Gläubigen, 1988, 1—233.

2. Ostsyr. Ritus. a) Im Ritus der Taufe wird ℳ in der zweiten diakonalen Verkündigung (→ kārōzūtā) gedacht: »Zum Gedächtnis der seligen Mart̲ (Herrin) Mariam, der heiligen Jungfrau und Mutter Christi, unseres Erlösers und Lebendigmachers, laßt uns beten ... Der Heilige Geist, der in ihr verweilte, heilige uns in seiner Gnade, mache vollkommen in uns seinen Willen und bezeichne uns mit der Wahrheit alle Tage unseres Lebens.« Die Katholiken (→ Chaldäer) haben vor dem → Huttāmā noch ein längeres Gebet eingefügt, in dem um die Hilfe und die Gnade Gottes »auf die Gebete der heiligen Jungfrau Maria« gefleht wird. »Das Gebet, Herr, der gesegneten Mutter, die Gebete und Fürsprachen der seligen und heiligen Maria, voll der Gnaden, die erhabene Macht des triumphierenden Kreuzes ... sei mit uns immerdar ...«.

b) Auch die »Ordnung der Sündenvergebung« des Katholikos Mār Išōʿyabh sieht ein Gedächtnis ℳs in dem Teil der Kārōzūtā vor, wo die Gläubigen auf die einzelnen Bitten mit »Amen« antworten: »Zum Gedächtnis der seligen und gnadenvollen Mart̲ Mariam, der allezeit jungfräulichen Mutter Jesu, unseres Königs und Lebenspenders, laßt uns beten und von Gott, dem Herrn des Alls, wünschen. — Amen. — Daß die gleiche Kraft, die in ihr wohnte, uns würdig mache des Glanzes, der den Heiligen zuteil geworden ist.«.

c) Wie in anderen Ostkirchen besteht der Ritus der Eheschließung aus der Verlobung und der Krönung. Nach dem Austausch der Ringe zum Zeichen des Verlöbnisses im Hause der Braut stimmt der Priester drei ʿOnyāt̲ā (→ ʿOnīt̲ā) an; die erste bittet um den Schutz ℳs; im Ritus der Krönung erbitten die Kehrverse zu Ps 65 (bei den Nestorianern Ps 21) den Segen Gottes, den Schutz ℳs und die Hilfe Gottes. ℳ wird noch einmal erwähnt in der → Tešbohtā der Segnung des Brautgemachs, wo um ihre Fürsprache für die Neuvermählten gebetet wird.

Lit.: Rituel du Sacrement du baptême selon l'usage de la Sainte Eglise Chaldéenne (syr.), 1907. — Ordo celebrationis Matrimonii secundum ritum Ecclesiae Syrorum Orientalium, id est Chaldaeorum, 1907. — K. A. Paul und G. Mooken, The Liturgy of the Holy Apostles Adai and Mari together with the Liturgies of Mar Theodorus and Mar Nestorius and the Order of Baptism, 1967. — J. Madey und G. Vavanikunnel, Taufe, Firmung und Buße in den Kirchen des ostsyr. Ritenkreises, 1971. — P. Yousif, La célébration du mariage dans le rite chaldéen, In: La celebrazione cristiana del matrimonio: simboli e testi, 1985, 41—84.

3. Westsyr. Ritus. a) Wie im byz. Ritus wird der GM bei der Segnung der Mutter und des Kindes 40 Tage nach der Geburt gedacht. Im Einleitungsgebet heißt es: »Christus, ... der um unseres schwachen menschlichen Geschlechts willen ... sich uns zugeneigt hat, vom Himmel herabgestiegen und Mensch geworden ist durch den Heiligen Geist und aus der seligen Jungfrau Maria ... Christus, unser Gott, der nach 40 Tagen mit seiner Mutter Maria zum Tempel gekommen ist ... O unser Herr, Gott, der du am 40. Tage nach deiner Geburt mit deiner Mutter Maria zum Tempel gekommen bist, um das zu erfüllen, was das Gesetz befohlen hatte ...«

b) Bei der Verlobung des Trauungsritus wird der GM im Priestergebet gedacht, das er beim Zusammenlegen der rechten Hände des Brautpaares spricht, ein zweites Mal am Ende im → Quqlyon zu Ehren der GM (nach Ps 45,10—13) und im anschließenden Priestergebet: »Herr, erbarme dich unser auf die Gebete deiner Mutter Maria; auf ihre Gebete und Flehen segne diesen Bräutigam (diese Braut)«. Dabei schwenkt er das Rauchfaß kreuzweise über das Haupt der Brautleute.

Lit.: Liber Ritualis usui Ecclesiae Antiochenae Syrorum (syr.) 1922. — A. Y. Samuel (Hrsg.), The Sacrament of Holy Baptism according to the ancient rite of the Syrian Orthodox Church of Antioch (syr.-engl.), 1974. — Ders., The Order of Solemnization of the Sacrament of matrimony according to the ancient rite of the Syrian Orthodox Church of Antioch (syr.-engl.), 1974. — J. Madey, Der westsyr. Taufritus in der Malankara-Kirche, 1976.

4. Maronitischer Ritus. a) Im Gebet über die Mutter nach der Geburt eines Kindes wird der Menschwerdung des Herrn aus der jungfräulichen GM sowie seiner Beschneidung am achten Tage gedacht: »O Jesus Christus, unser Herr und Gott ... Du nahmst einen menschlichen Leib aus der Jungfrau Maria und erhieltest die Beschneidung am achten Tage ...« Ebenfalls besingt der → Qōlō die GM: »Erhebe, Herr, das Gedächtnis deiner Mutter sowie jenes der Propheten ...« Im Dialog zur Präfation der Taufwasserweihe heißt es ausdrücklich: »Wir gedenken auch unserer Herrin Maria, seiner Mutter, ...« Ohne daß ℳ namentlich genannt wird, betet der Priester still im Konsekrationsgebet: »Als er die Wohnstatt deiner Verborgenheit verließ, stieg er herab und nahm Wohnung in dem jungfräulichen Schoß, um aus dem Fleisch geboren zu werden. Er blieb ganz bei dir, doch wohnte er ganz bei uns.« Und in der Präanaphora der eucharistischen Liturgie, in der der Neugetaufte den Leib und das Blut des Herrn empfängt, betet der Priester, nachdem er die Gaben auf dem Altar niedergelegt hat: »O Gott, wir gedenken unseres Herrn Jesus Christus und seines Heilsplans. Wir rufen in Erinnerung alles, was dir von Anbeginn bis auf die heutige Zeit wohlgefallen hat, insbesondere die ruhmreiche Jungfrau Maria, die Mutter Gottes, den hl. Maron ...«

b) Im Ritus der Eheschließung betet der Priester bei der Verbindung der rechten Hände der Ehebewerber: »... Bereichere sie mit allen deinen Gaben durch die Gebete der Propheten, Apostel und seligen Martyrer, insbesondere durch das der Mutter Gottes Maria, die würdig aller Lobpreisungen ist.« Auf ihre Fürbitte wird Gott im zweiten Teil, der »Krönung« gebeten, die Kronen zu segnen. Die Fürbitte der GM wird auch bei der Krönung der Braut angerufen, ebenso in dem Gebet für die Trauzeugen (Brautführer), bevor diesen die Kronen abgenommen werden. In der Präanaphora der sich anschließenden Feier der Eucharistie wird der GM in demselben Gebet gedacht wie in jener aus Anlaß der Spendung der Taufe und Firmung.

Lit.: Buch der Riten für die Dienste der heiligen Mysterien (syr.-arab.), 1942. — The Mysteries of Crowning According to the Maronite Antiochene Church (engl.), 1985. — Mysteries of Initiation: Baptism, Confirmation, Communion, According to the Maronite Antiochene Church (engl.), 1987.

5. Äthiopischer Ritus. Gleich zu Beginn des Ritus der Krankensalbung wird in der Litanei in allen Bitten die Fürsprache »der Jungfrau Maria, der Mutter des Heiles« angerufen. Ein weiteres Gedächtnis der GM ist in dem Gebet, das bei der Segnung des zweiten Dochtes des Leuchters gesprochen wird, ebenso im Priestergebet vor der Salbung des Kranken: »Gott, ... heile deinen Diener vom Leiden der Seele und des Leibes und schenke ihm den rechten Glauben, daß er deine Größe lobe und deine Gnade preise und deinen Willen erfülle, um Christi, deines Sohnes, deines Gesalbten willen, und durch die Bitten der heiligen Gottesmutter und die Bitten der Heiligen ... O unsere Herrin Maria, heilige Jungfrau, die du Gott ohne Samen empfangen hast, bitte für das Heil unserer Seelen.« In den Bittgebeten nach der Salbung, wenn der ganze Leuchter entzündet ist, wird der Eltern der GM gedacht, denen nach Unfruchtbarkeit »unsere Herrin, die reine und auserlesene Jungfrau Maria, durch die Fleisch ward der König der Könige und Herr der Herrscher zur Erlösung seines menschlichen Ebenbildes« gegeben worden ist. Der gesamte Ritus der Krankensalbung wird abgeschlossen »durch die Bitten der reinen und auserwählten und frommen Mutter, der Jungfrau, der Gottesgebärerin, der allzeit reinen Maria, und aller Chöre der Engel ...«. — Bezüglich der anderen Sakramente sei auf die entsprechenden liturg. Bücher der äthiopischen und der koptischen Kirche verwiesen.

Lit.: E. H(ammerschmidt), Liturgische Bücher IV, In: J. Aßfalg und P. Krüger, Kleines Wörterbuch des christl. Orients, 1975, 230 f. 260. — K. Gamber, Liturg. Texte aus der Kirche Äthiopiens, 1984. *J. Madey*

Sakramentshaus. S. heißt das turmartige, meist überaus kunstvoll gearbeitete Architekturgebilde, das als Kernstück ein durchlichtetes, gleichwohl aber sicher verschließbares Schreingehäuse birgt. Weitere Bezeichnungen wie »Herrgottshäuschen«, »Herrgottshüttchen« oder »Fronwalm« geben Aufschluß über die liturg. Zweckbestimmung, nämlich die Aufbewahrung und sichtbare Ausstellung der konsekrierten Hostien. Bei enger typologischer Eingrenzung ist das S. eine vorwiegend spätma. Erscheinung, die mit einem spezifischen Wandel der Sakramentsverehrung einhergeht. Lange zurück reichen jedoch einige formal wie funktional sehr eng vergleichbare Vorläufertypen. Als Urform dürfen die eucharistischen Türme gelten, wie sie schon das frühe Christentum zur Aufbewahrung des Sanctissimums verwendete. Einem Bericht des Anastasius (Raible 137) zufolge soll Kaiser Konstantin einen solchen Turm aus reinem Gold und Edelsteinen an die Peterskirche gestiftet haben. Auch für das Früh- und HochMA sind zahlreiche diesbezügliche Nachrichten bekannt. Die Turmgestalt ist dabei eine Anspielung auf Worte Davids (Ps 61,4—5) und Salomos (Spr 18,10), welche den Herrn gleichsetzen mit einer sicheren Festung, die Hoffnung und Zuflucht zu spenden vermag. Ein weiterer Sinnbezug ergibt sich aus der altchristl. Überlieferung, wonach das auf Gethsemani in den Fels geschlagene Grab Christi das Aussehen eines Turmes hatte. In Analogie dazu könne somit auch das Verweilen des sakramentalen Leibes im Aufbewahrungsschrein als eine Art Grabesruhe gedeutet werden. Ob das Sanctissimum selbst zusätzlich in einem eigenen Gefäß verwahrt oder allein der Turmschrein die bergende Hülle war, ist nicht immer entschieden. Mit zunehmender Größe dieser Türme verdeutlicht sich aber zusehends auch ihre Funktion als übergreifendes Schutzgehäuse für ein inwendiges Gefäß als dem eigentlichen Repositum für die Hostien. Der vornehmliche Platz der eucharistischen Türme war der Altar, aufgestellt oder aufgehängt, aus Gründen der Sicherheit jedoch nur während der Liturgie. Im übrigen mußte die Verwahrung in einem gut gesicherten Nebenraum, der Sakristei, erfolgen. Aus der Praxis, das Sakrament immer wieder zu transportieren, erwuchs für die eucharistischen Türme überdies die Funktion als tragbarer Tabernakel. Diese allzeit beschirmende Schutzfunktion für den sakramentalen Leib Christi birgt nach Durandus v. Mende auch eine deutliche symbolische Parallele zur leiblichen GMschaft M̄s (G. Durandus, Rationale divinorum officiorum, Lugduni 1560, lib. 1, c. 3, n. 25). Der Schoß M̄s, der den Gottessohn auf Erden geborgen hat, darf als der allererste Tabernakel gelten. Die bildhaften Vergleiche M̄s in der → Lauretanischen Litanei, der »Elfenbeinerne Turm«, das »Goldene Haus« oder die »Arche des Bundes« sind aus dem Sinngehalt der eucharistischen Türme als Nachfolger des allerersten Tabernakels in Gestalt der GM zu verstehen (P. Cahier, Nouveaux Melanges, 1874, 25). Im Sakramentar von Autun (7. Jh.) wird dies unmittelbar ausgesprochen. Christus wird als »der Bewohner des jungfräulichen Hauses, der Bräutigam der seligen Wohnung, der Herr des Tabernakels« bezeichnet. In der Lobpreisung M̄s erscheint sie als »schönes Gemach«, »Gefäß des Lebens«, »Tabernakel der Herrlichkeit« (BeisselMA 16 f.). Dieser Sinnzusammenhang spricht auch aus einer Miniatur des Wyscherader Evangeliars (Prag, Universitätsbibl., Ende 11. Jh.). An den

Sakramentsaltar, Oberndorf, um 1400

Außenplätzen einer Dreierarkadenstellung erscheint die Verkündigung an M, unter der Mittelarkade ein Altar und darauf eine turmartige Pyxis für die Eucharistie. Die eucharistische Gegenwart des Leibes ist dem Geheimnis der Menschwerdung Christi in der Verkündigung komplimentär gegenübergestellt. Die Deutung Ms als Gefäß der Eucharistie spricht deutlich auch aus dem Offizium der Kirche von Sens (13. Jh.). Im Text zum Fest Me Geburt trägt M den Namen der Gotteslade »Theotheca« (C. Du Cange, Glossarium mediae et infimae latinitas, ed. Henschel, VIII, 1887, 97).

Neben den beweglichen Schreinen zählen auch die feststehenden Wandtabernakel zu den Vorformen der Sakramentshäuschen. Es gibt sie verstärkt ab den 12. Jh., von unterschiedlicher Form und an unterschiedlicher Stelle angebracht, an den Wänden zu seiten des Altares oder am Altar selbst. Praktischer Hintergrund war die in Konzilien und Synoden verstärkt geforderte sichere und entsprechend würdige Aufbewahrung der Eucharistie. Früher war dies meist in geeigneten Nebenräumen erfolgt. Die im Laufe des 12. Jh.s verbreitete Transsubstantiationslehre, also die Vorstellung von einer wirklichen, vollständigen und dauernden Gegenwart Christi in der konsekrierten Hostie, führte jedoch zu einem Bedeutungszuwachs, auch was den Aufbewahrungsort betrifft. Zunehmend wird er in die Liturgie des Altarraumes mit einbezogen. Mit den neuen Vorstellungen von der Gegenwart Christi im Tabernakel, die durch das Laterankonzil von 1215 dogm. Verbindlichkeit erhalten hatten, ging naturgemäß ein wachsendes Bedürfnis nach unmittelbarer und allzeit möglicher Anschauung der Eucharistie einher. Die rasch aufblühende Sakramentsverehrung gipfelte schließlich in der Einführung des Fronleichnamsfestes im Jahr 1264. Die einfachen Nischen der Chorwände, wie sie in romanischen und frühgotischen Kirchen noch häufig anzutreffen sind, dürften primär den Sicherheitserfordernissen Rechnung getragen haben. In der Folge wurde jedoch der architektonische Schmuck solcher Nischen zusehends reicher, und es entstanden turmartige Schaufronten, die zum Teil auch plastisch aus der Wand hervortreten und figürlich geziert sind. Bei einigen bes. aufwendigen Wandtabernakeln ist die typologische Abgrenzung zum S. fließend.

Eine spätma. Sonderform integrierte den Wandtabernakel in die Predella oder den Retabelaufbau des Altares. Dieser in nur wenigen Beispielen erhaltene Typus des »Sakramentsaltares« ermöglichte neben der prächtigen architektonischen Ausgestaltung überdies auch eine thematische Akzentuierung durch ein entsprechendes Figuren- oder Bildprogramm des Altares. Bei einem bedeutenden Sakramentsretabel des Schönen Stils um 1400 in Oberndorf bei Regensburg ist der eingangs dargestellte mariol. Kontext vor Augen geführt (KDB IV 7, 264; F. Fuchs, Das Hauptportal des Regensburger Domes, 1990, 69). Das Tabernakelgehäuse im Zentrum des Steinretabels bildet den Sockel für eine thronende Madonna; sie präsentiert den Jesusknaben vor den Hll. Drei Königen, die von beiden Seiten herantreten und ihre Gaben darbringen. Eucharistischer Leib und menschgewordener Gott im Schoß Ms sind hier übereinander vereint, und beiden zugleich wird die Verehrung zuteil. Außerordentlich vielumfassend und durch Figuren mit Spruchbändern erläutert ist die thematische Einflechtung des Tabernakels am bedeutendsten Beispiel unter den erhaltenen Sakramentsaltären, dem Hochaltar der St. Martinskirche in Landshut aus dem Jahr 1424 (A. Ress, Studien zur Plastik der Martinskirche in Landshut, In: Verhandlungen des historischen Vereins von Niederbayern 81 [1955] 11—57). Inhaltliche Kernthemen der Spruchbänder sind das hl. Opfer und die hl. Kommunion. Beim Landshuter Beispiel liegt im Prinzip eine Verschmelzung des bereits als selbständiger Typus ausgebildeten S.es mit einem Altarretabel vor. Ein mehrgeschossiger Tabernakelturm ragt an der Rückseite des Retabels empor. Obgleich in die Gesamtgliederung streng eingebunden, handelt es sich dennoch um ein autarkes Architekturgebilde, und eine separate Treppe führt zum Tabernakelgehäuse hinauf. Die Sakramentshäuser im typologisch eingegrenzteren Sinne zeigen im Grunde dieselben Merkmale, nur mit dem Unterschied, daß sie mehr oder weniger eng mit der Chorwand bzw. einem Pfeiler in Verbindung oder auch völlig frei im Raume stehen. Die erste Version basiert auf dem Typus des Wandtabernakels, die zweite auf den frühen Vorläufern in Gestalt der eucharistischen Türme, welche, ins Riesenhafte gesteigert, sich zu architektonischen Monstranztürmen von teils über zwanzig Metern Höhe auswachsen. Eine strenge typologische Abrenzung ist angesichts vieler Zwischenlösungen nicht möglich. Beispiele finden sich in nahezu allen europäischen Ländern. Nach der Denkmälerdichte geurteilt konzentriert sich das Auftreten der Sakramentshäuschen aber vorwiegend auf Deutschland und bes. auf die Zeit vom 14. bis ins frühe 16. Jh. Ein sehr frühes, wandgebundenes S. um 1270—80 findet sich in der Münsterkirche zu Hameln. Einer der ersten, weitgehend freien Sakramentstürme steht in der ehemaligen Zisterzienserkirche Doberan bei Rostock (um 1368, Ebenholz, ca. 11 Meter hoch). Daß auch der wandgebundene Typus weiter gepflegt wird, zeigt das Beispiel in der Jakobskirche von Rothenburg (um 1390/1400). Mit wachsender Steigerung der architektonischen Form nahm auch die figürliche Bereicherung mehr und mehr zu. Zur Darstellung kommen bevorzugt Themen aus dem Passionszusammenhang, Abendmahlsszenen, Engel mit Leidenswerkzeugen, das Vera-Ikon und der Schmerzensmann, auch Verkündigung, Kreuzigung und Auferstehung; durchwegs allegorische Hinweise auf die Inkarnation und das symbolische Verständnis vom Tabernakel als Grabgemach für die Eucharistie. Den künstlerischen Höhepunkt im ausgehenden 15. Jh. markieren die berühmten Sakramentshäuser im Ulmer Münster und in der Nürnberger Lorenzkirche, Werke von virtuosester Steinmetztechnik. Im Verlauf der Reformation stagniert zunächst die weitere Entwicklung dieses Typus. Vereinzelt setzte auch schon vor dem Tridentiner Konzil die Praxis ein, die Eucharistie wieder in engerem Zusammenhang mit dem Altar aufzubewahren, so daß viele Sakramentshäuser ihre Funktion verloren haben oder gar zerstört wurden, wie dies etwa für den Kölner Dom überliefert ist.

Lit.: F. Raible, Der Tabernakel einst und jetzt, Freiburg 1908. — J. Hertkens, Die ma. Sakramentshäuschen, Frankfurt am Main 1908. — J. Braun, Der christl. Altar II, 1924. — P. Browe, Die Verehrung der Eucharistie im MA, 1933. — H. Caspary, Das Sakramentstabernakel in Italien bis zum Konzil von Trient, ³1969. — V. Frebel, Typologie ma. Sakramentshäuser, Diss., Bonn 1973. F. Fuchs

Salamander. Der Name »Salamander« geht vermutlich auf orient. Ursprung zurück und setzt sich aus dem arabisch/persischen Wort »samandra« (Gift) und der Silbe »al« zusammen (PRE I A, 2, 1821), laut Duden (Herkunftswörterbuch VII 1963) ist die Herleitung jedoch ungeklärt. In den alten Schriften findet sich kein Unterschied zwischen Chamäleon, Gecko und Erdmolch, beschrieben ist allgemein salamandra maculosa L., der gefleckte Erdmolch oder Feuersalamander. Während das Altertum den S. den Eidechsen zuordnete, zählt ihn die neuere Wissenschaft auf Grund fehlender Horn- und Panzerschicht zu den Schwanzlurchen.

Basierend auf den Vorstellungen antiker Autoren (Aristoteles, hist. an. V. 106; Aelian, hist. an. II 31) verbreitet sich die Legende von der Feuerfestigkeit des S.s und der Giftigkeit des Tieres; der S. vermag es, glühende Kohlen zu löschen und unversehrt ein Feuer zu durchschreiten, gleichzeitig ist aber auch alles, wie

Salamander, Holzschnitt, Illustration aus dem Defensorium inviolatae virginitatis, Druck Hurus, Saragossa, spätes 15. Jh.

Plinius schreibt (hist. nat. XXIX 74—76), durch seine Berührung vergiftet. Plinius war es auch, der auf die den Menschen unbekannte Art der Fortpflanzung des S.s verwies (Plinius hist. nat. X).

Das MA sah auf Grund der antiken Überlieferung den S. als einen Elementargeist und Beherrscher des Feuers, mit der Kraft, das Feuer selbst auslöschen zu können und in Anlehnung an Plinius als ein Symbol der Keuschheit. Der Physiologus übernahm die dem S. zugeschriebene Eigenschaft der Feuerfestigkeit und verband sie mit dem Lobgesang der drei jungen Männer im Feuerofen, die das Feuer unbeschadet überstanden (Dan 3,94).

Die Existenz des S.s im Feuer wird auch für die Symbolik innerhalb der christl. Kunst prägend. Der S. wird zunächst zum Sinnbild der Seelen im Fegefeuer; später ein Symbol Christi, der es vermag, schlechte Feuer zu löschen und gute zu entfachen. → Konrad v. Megenberg beschreibt den S. in seinem Buch der Natur als ein Bild der in Liebe zu Gott brennenden Seele, die durch das Feuer rein und klar wird (Scholz 243—236). Gleichzeitig berichtet er von einem Gewand, das aus der Wolle des S.s für Papst Alexander angefertigt wurde und welches nur durch das Feuer gereinigt werden konnte (Konrad v. Megenberg verwechselt das, von ihm als Wolle des S.s bezeichnete Material, mit dem Asbest; Scholz 235).

Der mariol. Bezug findet sich in der lat. Literatur in einem Mariale: ꟽ, die wie der S. nicht nur im Feuer überlebt, sondern dieses gleich Eis zu löschen vermag. Die Jungfrau löscht die Flammen dieser Welt, weil sie nicht nur unverletzt das Feuer übersteht, sondern auch die Flammen der Begierde anderer löschen kann (Salzer 301). Ein Traktat aus dem 15. Jh. vergleicht ⟨M⟩ mit dem S., da auch die Jungfrau im Feuer nicht verdirbt und völlig verbrennt; so hat ihr das Feuer der Erbsünde keinen Schaden zufügen können, sondern sie vervollkommnet und gnadenreicher werden lassen (Salzer 301). Auch im Anhang der erweiterten Fassung des → Speculum humanae salvationis in der mystischen Betrachtung zu den → Sieben Freuden ⟨M⟩s wird im Kapitel zur sechsten Freude ein Bezug zum S. hergestellt (»Tu salamandram tuae caritatis igne allexisti«; Lutz/Perdrizet 95. 170). Ein niederdt. Lied des 15. Jh.s (Handschrift, Cod. Darmstadt 1968 ff., 211ʳ—219ᵛ) von den Sieben Freuden ⟨M⟩s bringt in der Strophe zur sechsten Freude die Allegorie vom S. im Feuer (»De solomandra is tho dy, uth deme vure gan.«; Meersseman 96, VI 143). → Konrad v. Würzburg preist in seiner »Goldenen Schmiede« die GM, die uns durch die jungfräuliche Geburt vor der Hölle bewahrt hat: ». . . wir muesten immer anders des salamanders ordenunge triben, und ane zil beliben in swebel und in fiure; und hat din reiniu stiure der eweclichen not ernert« (Salzer 300).

Innerhalb der darstellenden Kunst erscheint der S. in Bezug zu ⟨M⟩ erstmals in der, in Anlehnung an das →Defensorium inviolate virginitatis beatae Mariae des Franz v. Retz erschienenen, Inkunabel des Georg Reyser (Wien, Nat. Bibl., Inc. 4 ff. 20, um 1475/80). Reyser, der sich an das Blockbuch Fr. Walthers von 1470 anlehnt, bringt den S. als ein neues Gleichnis. In den typographischen Ausgaben von Johann und Conrad Hist (Speyer, zwei Quartausgaben, um 1485) sowie Leonard Ysenhut (Basel, um 1490) findet sich ebenfalls das Sinnbild des S.s. Die Inkunabel der Druckerei Hurus, Saragossa (1485—99), die sich eng an Reyser anlehnt, übernimmt die Analogie des S.s im Feuer. Dargestellt ist ein in der Tracht der ma. Gelehrten gekleideter Mann, der mit seiner rechten Hand auf einen im Feuer stehenden S. verweist, »Eusset der Salamander das fuer/ fur sin spise von nature alleyn/ Mocht dan nit ane mannes stuer/ maria gebern kusche und reyne (Schreiber 7).

Das in seiner Fülle wohl einzigartige mariol. Bildprogramm der Decke der Wallfahrtskirche von Hergiswald (Kaspar Meglinger, 1654) übernimmt das S.-Gleichnis; emblematisch ist der S. in den Flammen dargestellt (IN VANUM FLAMMA LABORAT). In dem frühesten und vermutlich auch umfangreichsten benediktinischen Emblemzyklus um die UE ⟨M⟩s im ersten Stock des ehem. Benediktinerklosters Wessobrunn (Kaspar Scheffler, nach 1712) finden sich im Südgang (26. Feld, nach Kemp 236.26) zwei S. im Feuer, umrahmt von einem Schriftband (KEIN FUER, KEIN GLUT MIR SCHADE THUT). Das S.-Symbol wird v. a. in der sich aus der Imprese (König Franz Ferdinand I. wählte den S. zu seinem Wappentier) entwickelnden Emblematik des 17. Jh.s oft angewendet. Es gilt als Sinnbild der Läuterung und Reinheit (Nucleus Emblematum, Gabriel Rollenhagen, 1611/13; Joachim Camerarius, Symbolorum et emblematum ex aquatilibus et reptilibus, 1605). Das Titelblatt der »Vita Beatae Mariae . . .« des Jaques Callot (Nancy, Musee Lorrain, 1629) zeigt einen S. in den Flammen.

Lit.: Salzer 298—301. — H. Scholz, Das Buch der Natur von Conrad v. Megenberg, 1897. — J. Lutz und P. Perdrizet, Speculum humanae salvationis, 1907/09. — W. L. Schreiber, Defensorium inviolate virginitatis Mariae aus der Druckerei Hurus Saragossa, 1910. — O. Keller, Antike Tierwelt II, 1913, 318—321. — R. Lewinsohn, Eine Geschichte der Tierwelt, 1952. — G. G. Meersseman, Von den Freuden Mariens, In: Lebendiges MA, FS für W. Sammler, 1958. — C. Kemp, Angewandte Emblematik in südtt. Barockkirchen, 1981. — O. Seel, Der Physiologus, 1987. — H. Schöpf, Fabeltiere, 1988, 135—143. — PRE IA,2, 1821 f. — LCI IV 11 f.
S. Egbers

Salawa, Aniela, sel. Franziskaner-Terziarin, * 9. 9. 1881 in Sieprawie bei Krakau, † 12. 3. 1922 in Krakau, ging mit 16 Jahren als Dienstmädchen nach Krakau. Trotz verschiedener Eheangebote blieb sie ledig, um Christus besser nachzufolgen. 1912 wurde sie Mitglied des Dritten Ordens des hl. Franz v. Assisi. Die letzten Lebensjahre, voll von seelischen Qualen und körperlichen Leiden, verbrachte sie in einem Zimmer im Kellergeschoß. Nach ihrem Tode wurde sie bald als »das heilige Mädchen« Vorbild für einen größeren Kreis von Dienstmägden. Ihre Verehrung breitete sich schnell aus, bes. unter den Armen. Am 13. 8. 1991 wurde sie seliggesprochen.

S.s ⟨M⟩frömmigkeit drückte sich in der steten Betrachtung des Lebens ⟨M⟩s aus. Der Rosenkranz war ihre beliebteste Gebetsform, in der sie die Verbindung ⟨M⟩s mit der Heiligsten Dreifaltigkeit entdeckte. Auch in ihrem Bekanntenkreis warb sie bei jeder Gelegenheit für diese Form der MV. Sehr gern und lange betete sie vor dem Muttergottesbild in der Franziskanerkirche und wallfahrtete oft zu den ⟨M⟩heiligtümern der Krakauer Gegend. Jeden Samstag fastete sie.

QQ: Archiwum OO. Franciszkanów w Krakowie: Materiały do poznania życia służebnicy Anieli Salawy, gesammelt von J. F. Bar (masch.), ca. 1970. — Positio super virtutibus Servae Dei Angelae Salawa, 1991. — Beatyfikacja Anieli Salawy, In: OR (poln. Ausg.) 12 (1991) Nr. 8,7—15.
WW: Aniela Sałava, Dziennik, hrsg. von J. R. Bar, 1989.
Lit.: J. R. Bar, A. S., In: R. Gustaw (Hrsg.), Hagiografia polska II, 1972, 294—300. — A. Wojtczak, A. S., 1973. — Z. Storwieyska-Morstinowa, A. S. (1881—1922), In: B. Bejze (Hrsg.), Chrześcijanie I, 1974, 171—211. — A. Wojtczak, Służebnica Boża A. S., In: J. R. Bar (Hrsg.), Polscy święci I, 1983, 147—355. — Ders., A. S., 1983. — A. Pitlok, Duchowy rozwój służebnicy Bożej Anieli Salawy 1983. — E. Twardosz, A. S. wzór życia chrześcijańskiego, 1985. — J. Stabinska, Z nadmiaru miłości. Zycie wewnętrzne Anieli Salawy, 1987. — I. Borkiewicz, A. Sałava, Opowiadania o życiu, 1987. — A. Sanna, Sylwetka duchowa służebnicy Bożej Anieli Salawy, In: Homo Dei 56 (1987) 255—266. — J. Stabinska, Charyzmat służby. Zycie Anieli Sałavy (1881—1922), 1988. — J. R. Bar, Historia procesu do beatyfikacji Służebnicy Bożej Anieli Salawy, In: Prawo Kanoniczne 31 (1988) Nr. 3—4, 283—290. — R. Wierna, Chrześcijański sens cierpienia w świetle życia Służebnicy Bożej Anieli Salawy, 1990. — J. R. Bar, Błogosławiona A. S., 1991. — H. Misztal, Nazywano ja »aniołem«. Cechy duchowości bł. Anieli Salawy, In: Niedziela 40 (1991). — AAS 79 (1987) 1396—99; 84 (1992) 194 ff.
J. Swastek

Salesianer. 1. *Salesianer Don Boscos* (SDB), »Gesellschaft des hl. Franz v. Sales (Societas Salesiana, bis 1947 »S.S.«), gegründet 1859 von Johannes → Bosco, 1874 definitiv approbiert als

»Institutum clericale« (aus Priestern und Brüdern), 1992 mit 17017 Mitgliedern in 95 Ländern mit 84 Provinzen. Seit 1916 sind die S. in Deutschland tätig, heute in zwei Provinzen (München, Köln) in 34 Niederlassungen und 27 Pfarreien mit 440 Ordensangehörigen. Aufgabe der SDB ist die Erziehung und sittlich-rel. Förderung bes. der ärmeren Jugend, Seelsorge vornehmlich in Randpfarreien und Glaubensverbreitung in Missionsgebieten (jetzt bes. in Afrika). Als Erbe und Auftrag des Stifters pflegen die SDB die besondere Verehrung M)s unter dem Titel »Hilfe der Christen« (Hauptfest am 24. Mai) und die Verbreitung dieser Andacht in Wort und Schrift. 1950 wurde die »Accademia Mariana Salesiana« mit Sitz an der Päpstlichen Salesianer-Universität in Rom gegründet (bislang 19 Buch-Publikationen). Die SDB fördern die salesianische »Maria-Hilf-Bruderschaft« in aller Welt.

Lit.: → Bosco, Don Giovanni. — G. Barberis, Il culto di Maria Ausiliatrice, 1920. — E. Ceria, Annali della Società Salesiana (1841—1921), 4 Bde., 1941—51. — F. Giraudi, Il Santuario di Maria Ausiliatrice in Torino, 1948. — Manoir III 447—465. — Presseamt der Salesianer, Don Bosco in aller Welt (aus dem Ital. mit Text, Bild und Statistik), 1959. — K. Mindera, Maria-Hilf. Ein Beitrag zur rel. Volkskunde, 1961. — Presseamt der Salesianer, Dizionario biografico dei Salesiani (bis 1968), 1969. — M. Wirth, Don Bosco et les Salesiens, 1969. — Beiträge von 60 Autoren in den marian. Buchpublikationen der Accademia Mariana Salesiana. — G. Söll, Die Bedeutung der Maria-Hilf-Verehrung und ihre besondere Förderung durch den hl. Johannes Bosco, In: De cultu Mariano saeculis XIX—XX, Kongreßakten, Rom 1991, III 365—378.

2. Salesianische Mitarbeiter, Vereinigung von Laien und Priestern zu aktivem Christenleben, apost. Wirken im Geiste Don Boscos und Förderung der salesianischen Werke, von Don Bosco selbst gegründet und von Pius IX. 1878 als eine Art Dritter Orden unter Verleihung geistlicher Vorteile bestätigt. Die Salesianischen Mitarbeiter sind meist einem bestimmten Salesianerhaus zugeordnet und regional bzw. auf Weltebene organisiert mit den »Salesianischen Nachrichten« (in allen Weltsprachen) als Verbindungsorgan. Als »Don Boscos verlängerter Arm« pflegen und fördern sie bes. die M)hilf-Verehrung und alle Bemühungen um Ordens- und Priesterberufe. Mit den → Salesianern Don Boscos und den Don Bosco-Schwestern »Töchter Mariae Hilfe der Christen« stellen sie den Kern der Salesianischen Familie dar, in die inzwischen andere meist von Salesianern gegründete Ordensgemeinschaften aufgenommen wurden.

Lit.: H. Krämer, Don Boscos wunderbare Legion, 1950. — P. Brocardo und M. Midali (Hrsg.), La Famiglia Salesiana riflette sulla sua vocazione nella Chiesa di oggi, Symposion, 1973. — D. Valentini, Criteri teologici e salesiani di interpretazione della devozione a Maria SS. nella Famiglia Salesiana, In: La Madonna dei tempi difficili, 1980, 243—282. — M. Midali (Hrsg.), Costruire insieme la Famiglia Salesiana (Symposion mit 14 Beiträgen), 1983. — M. Midali (Hrsg.), Don Bosco, Fondatore della Famiglia Salesiana, Symposion, Rom 1989.
G. Söll

Salieri, Antonio, * 18. 8. 1750 in Legnago Veneto, † 7. 5. 1825 in Wien, kam 15-jährig als Vollwaise zur Musikausbildung nach Venedig. Schon ein Jahr später übersiedelte er zu weiteren Studien nach Wien, wo bald Kirchenkompositionen und erste Opern entstanden. Nach einem Italienaufenthalt kehrte S. für immer nach Wien zurück und war dort 1788—90 Hofkapellmeister Josephs II. In der Folgezeit hatte er einflußreiche Ämter im Wiener Musikleben (Tonkünstler-Sozietät, Gesellschaft der Musikfreunde, Konservatorium) inne. Zu seinen zahlreichen Schülern zählen auch Beethoven, Liszt und Schubert.

Sein Werkverzeichnis umfaßt neben etwa 40 Opern einige Orchesterwerke, wenig Kammermusik und vier Oratorien. Unter den vielen Kirchenkompositionen finden sich folgende marian. Werke: Assumpta est Maria (1809), 2 Salve regina (1809), Salve regina in D (1815), Sub tuum praesidium, Litania de BMV, und 2 Magnificat.

Lit.: R. Nützlader, S. als Kirchenmusiker, Diss., Wien, 1924. — R. Angermüller und R. Ofner, Aspekte Salierischer Kirchenmusik, In: Mitteilungen der Internat. Stiftung Mozarteum 21/1—2 (1973) 1ff. — Grove XVI 415—420. *J. Still*

Salisbury (Wiltshire), ma. Wallfahrtstätte zu ULF, die im »Wittenbouc«, einer Handschrift vor 1420 (Gent, Stadtarchiv), erwähnt ist. Das »Wittenbouc« enthält eine lange Liste europäischer Pilgerstätten, deren Besuch Straftätern als Wiedergutmachung für ihre Verbrechen befohlen werden konnte. Außerdem erwähnt die Handschrift auch die Summen, für welche man sich von diesen Pilgerfahrten loskaufen konnte, darunter auch ULF von S. S. entkam nicht den Auswirkungen der rel. Unruhen in England während des 16. und 17. Jh.s: Während des engl. Bürgerkriegs sandte Oberst Middleton dem Parlament im August 1644 viele rel. Gegenstände aus S., darunter ein Bild ULF von S.

Lit.: E. Waterton, Pietas Mariana Britannica, London 1879.
J. M. Blom

Salmantizenser. Im 16. und 17. Jh. prägten die Theologen der Universität von Salamanca entscheidend die Theol. Darunter waren Dominikaner, Augustiner, Karmeliter sowie Weltgeistliche, die den Vorrang dieser Schule begründeten und unter dem Namen S. zusammengefaßt werden.

Die Karmeliter bieten dabei ein herausragendes Beispiel der Einheitlichkeit eines theol. Entwurfes in ihrem »Cursus theologicus Salmanticensis«. Obwohl von 5 Autoren in einem Zeitraum von über 100 Jahren (1619—1722) verfaßt, zeigt er eine methodisch einheitliche Gesamtkonzeption und bildet ein systematisch geschlossenes Werk, zugleich eine Art umfassender Enzyklopädie der zeitgenössischen Theol. — von großem Einfluß auf die späteren Theologen, bes. im Thomismus, bis in die Gegenwart.

Die Mariol. stammt von Johannes ab Annuntiatione (Juan de la Anunciación; Juan Llanes y Campomanes; 1633—1701), dem hervorragendsten der Autoren, der die Bände 5—12 des Cursus verfaßt hat (1652 Ordenseintritt, 1654 Profeß, 1663—66 Lektor in Avila, dann 1676—79 und 1682—88 Dozent in Salamanca, 1679—82 und 1691—94 Prior; für 2 Triennien Rektor von Salamanca). Tractatus 21 enthält viele meisterliche Ausführungen, z. B. auch über die UE und das debitum peccati originalis.

Er erklärt die Bedingungen für eine wahre GMschaft, die aber nicht darin bestehe, daß M aktives Prinzip für das Zustandekommen der hypostatischen Union gewesen sei oder auch aktiv als physisches Instrument beteiligt war, sondern nur durch die ministratio materiae (Thomas q 33 a 4). Unter Berufung auf patristische Texte erklärt er näher, wie M de congruo die Inkarnation verdienen konnte (vgl. Cursus theol. IX tract. 14, De gratia disp. 3 dub. 6 n. 141, Parisiis 1878, 427); doch nimmt er bei ihr auch Würdigkeitsverdienst zumindest für das hohe Maß ihrer Gnade an, durch das sie angemessenerweise GM wurde — mit ausführlichen Belegen aus der zeitgenössischen theol. Diskussion (De incarnatione XIII, tract. 21, Parisiis 1878, 510. 520. 614. 635. 638—641; XIV, tract. 21, Parisiis 1879, 241. 308). Insbesondere wendet sich der »Cursus theologicus« gegen die Auffassung von G. Vasquez SJ, welcher die privilegierte Stellung Ms beim Erwerben von Verdiensten in Frage stellte. Er stützt sich dafür auf viele Autoren des MA und der Barockscholastik (u. a. H. Henriquez, Fr. de Mendoza, Bernardin v. Siena, Fernandez usw.; Cursus theologicus X, tract. 16, de merito disp. 1, dub. 5, Parisiis 1879, 689—690).

Er schließt sich der These an, M stamme väterlicherseits eher aus dem Stamme Juda, mütterlicherseits aus dem Stamme Levi und erklärt einige diesbezügliche Texte von Augustinus und Thomas (De incarnatione, disp. 31, dub. 2, n. 19; Cursus theologicus XVI, Parisiis 1881, 341). Sie stamme nicht durch Salomon, sondern durch Nathan von David ab (disp. 21, n. 1 p. 370). Christus sei in wahren Sinne Sohn der GM, ohne daß dies eine zweite Relatio realis filiationis bedeute (disp. 33, dub. 4, p. 481—493, n. 78—91) — gegen skotistisch-nominalistische Erklärungen, welche die Filiatio auch von seiten Christi als Relatio realis bezeichneten. Er begründet theol. die besondere Verehrung, die der GM gebühre, und wendet sich gegen die Einwände der Reformatoren, welche sich ja auch allgemein gegen die Heiligenverehrung richteten (sein Ausdruck lautet hier »Adoratio«). Die Begründungen werden bes. aus der patristischen, aber auch aus der ma. Theol. gewonnen. Bei der Widerlegung der Schwierigkeiten unterscheidet er genauer zwischen der »Adoratio latriae«, die nur Gott zukomme, und der »Adoratio duliae excellentis« bzw. »Hyperdulia« (disp. 36, dub. 3, p. 645—659, n. 24—39). Die Begründung findet er sowohl in der GMschaft, wie in der Fülle der heiligmachenden Gnade. In der Auseinandersetzung mit → Suarez und → Saavedra vertritt er dabei die Auffassung, daß die Fülle der heiligmachenden Gnade der entscheidende Grund sei (disp. 36, n. 30, p. 651). Die Verehrung der Bilder entspreche derjenigen der Person, ähnlich wie auch bei Christus, so daß bei M von Hyperdulia die Rede sein müsse (De incarn. disp. 37, n. 35, p. 682; disp. 38, n. 4, XVI, Parisiis 1881, p. 721).

WW: Collegii Salmanticensis Fratrum Discalceatorum B. M. de M. Carmelo Cursus theologicus, Summam theologicam angelici doctoris divi Thomae complectens, verfaßt 1620—1712, I, Salamanca 1631; IX, Lugdunis 1687; X Coloniae 1691; XIII, tract. 21, Parisiis 1878, 510. 520. 614. 635. 636—641; XIV, tract. 21, ⁹1879, 241. 308. — Johannes ab Annuntiatione verfaßte auch: La innocencia vindicada, 1693.

Lit.: Bibliotheca Carmelitana II, Orléans 1752, 702. — O. Merl, Theologia Salmanticensis, 1947. — Enrique del S. Corazón (E. Llamas), Los Salmanticenses, su vida y su obra. Ensayo histórico y proceso inquisitional de su doctrina sobre la Inmaculada, 1955. — Ders., Los Salmanticensis y la Inmaculada: su tesis sobre la redención y el debito de la Virgen, In: Salmanticensis 2 (1955) 265—298. — Melchior de S. Marie, La doctrine des Salmanticenses sur L'Immaculé Conception, In: Ephemerides Carmeliticae 10 (1956) 149—228. — Antonio di Maria SS. della Neve Di Gironimo, Il problema de la maternità divina di Maria secondo i Salmanticensi, 1959. — Enrique del S. Corazón (E. Llamas), El colegio Salmanticense OCD y la Universidad de Salamanca, In: Ephemerides Carmeliticae 14 (1960) 127—175. — Antonio di Maria SS. della Neve OCD, Il fondamento ontologico della maternità divina secondo i Salmanticensi, 1962. — P. T. Murphy SVD, The motive of the incarnation according to the Carmelite School of Salamanca, 1962. — J. Alijbe Yeri, La presencia real de Cristo en al Eucaristia en los teólogos de la escuela de Salamanca, 1978. — DThC XIV 1024—34.

J. Stöhr

Salmerón, Alfonso, SJ, * 6. 9. 1515 in Toledo, † 13. 2. 1585 in Neapel, studierte in Alcalá, ging mit D. Laínez nach Paris, um Ignatius persönlich kennenzulernen, und legte mit den ersten Gefährten am 15. 8. 1534 das Gelübde auf dem Montmartre ab; 1536 wurde er Magister artium, 1537 Priester, 1541 legte er die feierliche Profeß ab. Seit 1538 hielt er an der Universität Rom Vorlesungen über die Hl. Schrift, 1541/42 ging er im Auftrag Pauls III. als Legat nach Schottland und Irland, später nach Flandern, Polen, Deutschland und Frankreich. 1545 wurde er Prof. an der Sapientia in Rom, 1549 Dr. theol. in Bologna; 1549/50 lehrte er Theol. in Ingolstadt; 1550 gründete er das Jesuitenkolleg in Neapel und leitete es bis 1555. 1555 war er Theologe des Nuntius L. Lipomano auf dem Reichstag zu Augsburg, 1558—76 Jesuitenprovinzial in Neapel. S. nahm im Auftrag von drei Päpsten mit D. Laínez SJ an allen Perioden des Trienter Konzils teil, wo er auch als Prediger bekannt wurde. Seit 1576 widmete er sich v. a. der Herausgabe seiner Schriftkommentare, die von großer patristischer Bildung zeugen und sich der Tradition verpflichtet fühlen; sie folgen der Anordnung Simóns de Cassia »De gestis Domini Salvatoris in quattuor Evangelistas libri XV« (Köln 1540) und wirkten stark auf J. → Maldonado; bei der Korrektur half ihm der hl. Robert Bellarmin. Die 16 Folio-Bände erschienen aber erst nach seinem Tode.

S.s Biograph Boero hebt eigens dessen MV hervor. S. handelt von M in allen Bänden seiner

Evangelienkommentare, v. a. in Bd. III unter dem Titel »De infantia et pueritia Domini nostri Jesu Christi«: In tract. 3—9 behandelt er die Verkündigung (mit einer bemerkenswerten Erklärung des Engelsgrußes), in tract. 10 den Besuch bei Elisabeth, in tract. 11—15 analysiert er im einzelnen das Magnifikat; tract. 29—31 behandeln Mt 1,18—25 mit der Verlobung M͡s mit Joseph und der jungfräulichen Empfängnis Christi, tract. 41—43 beschäftigen sich mit M͡e Reinigung und tract. 46—47 mit dem zwölfjährigen Jesus im Tempel. Bd. VI »De miraculis Domini nostri Jesu Christi« handelt in tract. 41 über M͡ unter dem Kreuz. Der Erscheinung des Auferstandenen vor seiner Mutter ist ein eigener Traktat gewidmet (XI tract. 11), drei Traktate (37—39) ihrer Auferweckung und Aufnahme in den Himmel.

M͡ sei mehr Mutter Christi als andere Mütter in Bezug auf ihre Söhne. Die Inkarnation stelle eine Art Vermählung Gottes mit der durch M͡ repräsentierten Menschheit dar. Durch ihren Glauben sei sie Mutter der Glaubenden, mehr noch als Abraham. Die UE und absolute Sündenfreiheit wird bereits in den Prolegomena festgestellt (I prol. a. 9 c. 35 [ed. Köln 1602, 121 a]) und im Zusammenhang mit der Geburt Christi und unserer Wiedergeburt durch die Taufe in die Kirche hinein gesehen (I prol. 12 c. 12 [s. o. 233 a]). Im Anschluß an Bernhard wird M͡ Hals der Kirche genannt (prol. 19 c. 11 [348 b]); sie partizipiere irgenwie sogar an der gratia capitis Christi (III, tract. 5). Wie der Hl. Geist aus Vater und Sohn, so gehe die Kirche aus der Seele Christi und seinem von M͡ empfangenen Leib hervor (II, tract. 20). Zum Thema der Miterlösung hat er den in seinem Jh. bedeutendsten Beitag geliefert; als erster verwendet er das Wort corredemptrix und geht weiter als → Suarez: M͡ habe alles durch Christus (X, tract. 41 [430 b]), wirke aber nicht nur durch ihr Erleiden mit, sondern auch weil sie als Repräsentantin der Kirche mitopfere. Die Kraft ihrer Mitwirkung komme weniger daher, daß sie Christus den Leib gab, als vielmehr aus seinem Geiste und weil sie sozusagen aus seiner Seite komme. Als Mutter des mystischen Leibes wirke sie nun in der Herrlichkeit des Himmels. Bei der Lehre von der Gnadenvermittlung bezieht sich S. oft auf Bernhard: Alle Gnaden kommen durch M͡ (III, tract. 5 [49]).

Von seinen Predigten beeinflußt, gehen die Abhandlungen nicht selten über den Wortsinn der Schrift hinaus (u. a. zu Spr 8,22, 24,5. 14. 24). M͡ erhält nicht nur Titel wie »ianua caeli«, »socia angelorum« usw., sondern verkörpert auch die wertvolle Perle schlechthin (Sermones, tract. 11, n. 10 [ed. Coloniae 1612, p. 75]) oder den Sauerteig: Von Christus erhielten Johannes der Täufer und seine Eltern bei ihrem Kommen das Ferment des Hl. Geistes. Mit 14 Jahren habe M͡ Christus empfangen (IV, tract. 11 [431]). Auch das Problem der sog. Brüder Jesu behandelt er näher (ebd. 432).

WW: Commentarii in Evangelicam historiam et in Acta Apostolorum, 12 Bde., Madrid 1597—1602. — Commentarii in omnes epistolas b. Pauli et canonicas. Praeludi in Apocalypsim. Epistolae multae, 4 Bde., ebd. 1602. — Sermones in parabolas Evanglicas, Amberes 1550, ²Coloniae 1612. — Verschiedene Ansprachen, In: Concilium Tridentinum, ed. Görresiana V. VII—IX. XII; Mansi XXXIII 1117—27; RQ 17 (1913) 129—145; Greg. 11 (1930) 410—417; EF 20 (1946) 211—240. — Gesamtausgabe, 16 Bde., Köln 1602—04. — Epistolae P. A. Salmeronis, 2 Bde., ed. F. Cervés, Madrid 1906—07.

Lit.: Sommervogel VII 478—483; IX 835. — G. Boero, Vida del P. A. S., Barcelona 1887. — A. Astraín, Historia de la Compañía de Jesús en la Asistencia de España I—VII, Madrid 1902—25, II 511—568; III 161—196. — Koch 1585. — G. Gutiérrez, Españoles en Trento, 1951, 54—67. — Roschini I 480 f. — M. Andrés, La Compasión de la Virgen al pie de la Cruz, deducida de su triple gracia, según S., In: EstMar 5 (1946) 359—388. — Ders., A. S. y los problemas de la soteriología mariana. Thesis doct. Comillas, unveröffentlicht. — Ders., La teología española en el siglo XVI, 1976 f., I 192; II 458 f. und passim. — I. Riudor, Influencia de S. Bernardo en la Mariología de S. y Suárez, In: EstMar 14 (1953) 329—352. — Severiano Del Párramo, María, Madre de la Iglesia y su influjo en el cuerpo místico de Cristo según el P. A. S. SJ, ebd. 20 (1959) 383—399. — DThC XIV 1040—47. *J. Stöhr*

Salome. Die Geschichte der ungläubigen Magd S. ist im → Jakobusevangelium und im → Ps.-Matthäus-Evangelium überliefert. Jakobus erzählt, daß eine Hebamme nach der Geburt Jesu in der → Höhle der S. das Wunder der Jungfräulichkeit M͡s mitteilt. Da diese daran zweifelte, möchte sie es nachprüfen. Als sie »unter Anlegen des Fingers« den Zustand M͡s untersucht, verdorrt ihr die Hand. Erst durch das Erscheinen eines Engels, der ihr befiehlt, das Kind zu berühren, wird sie geheilt. Ähnlich schildert der Ps.-Matthäus, M͡ habe der S. die Untersuchung erlaubt, der bei der Berührung sofort die Hand verdorrt sei. Erst durch das Berühren der Windeln des Kindes sei diese geheilt worden. Die wesentliche Bedeutung dieser Szene liegt im Zweifel S.s an der Jungfräulichkeit M͡s, für den sie bestraft wird. Die seit dem 2. Jh. lit. belegte Geburtsgrotte zu Betlehem wurde durch die S.-Geschichte in die Kunst eingeführt. Sie steht in der antiken Tradition der Geburtshöhle des Zeus und anderer Gottheiten, obwohl ein direkter Rückgriff nicht nachweisbar ist. Die Höhle, die M͡ nach drei Tagen verließ (Ps.-Mt) entspricht der Grabes- bzw. Hadeshöhle. Sie wird in der byz. Kunst in Anlehnung an Hab 3,34 auch als Symbol der Jungfräulichkeit verstanden.

Im Westen wurde die S.-Geschichte als Beweis der Jungfräulichkeit M͡s abgelehnt, da diese durch biblische Stellen belegt ist. Das Bildmotiv der an der Krippe Heilung suchenden S. kommt daher hauptsächlich im Bereich der byz. Kunst vor, wo es sich im Lauf des 6. Jh.s entwickelte. Monumente sind zahlreich erhalten, in Mosaik, Metall, Malerei und Elfenbein. Beispiele im Westen sind stets von Byzanz beeinflußt (Rom, Valentius-Katakombe oder Alt-St. Peter, Mosaiken des Oratoriums Johannes' VII.). Als motivische Besonderheit gilt die Darstellung auf der Maximianus-Kathedra in Ravenna (6. Jh.), wo sich S. der auf dem Lager liegenden M͡ zuwendet. Sie zieht ihre verdorrte

Hand nach der Berührung zurück oder zeigt sie ihr. Die westliche Kunst hat diesem Motiv immer den Vorrang gegeben. Zwar sind hier Bildbeispiele selten, doch lassen sie sich bis ins späte MA nachweisen. Stellvertretend seien die Geburt Christi auf dem rechten Flügel der Hildesheimer Bernwards-Tür (vollendet 1015) und das Gemälde des Robert Campin (um 1430) in Dijon (Musée des Beaux-Arts) genannt. Außergewöhnlich ist die Schilderung auf dem Aachener M-schrein (um 1220—28), in der S. ihre Hand verbunden hat.

In der byz. Kunst gewann die Szene des Badens des Jesus-Kindes durch die beiden Ammen Zelomi und S., die ein fester Bestandteil des östlichen Geburtsbildes war, eine größere Bedeutung als die der ungläubigen Hebamme. Hier können genrehafte Momente auftreten, wie z. B. auf einem Fresko in Sopoćani (Serbien, um 1265), wo eine Amme mit zwei Fingern die Temperatur des Badewassers prüft. Das Baden des Christuskindes hat jedoch nichts mehr mit der Jungfräulichkeit M̃s zu tun, sondern zielt auf die Schilderung der menschlichen Natur Christi.

Lit.: NT Apo I 309 ff. — E. Benz, Die hl. Höhle in der alten Christenheit und in der östlich-orth. Kirche, In: Eranos-Jahrbuch 22 (1954) 391 ff. — G. Ristow, Die Geburt Christi in der frühchristl. und byz.-ostkirchlichen Kunst, 1963. — Ders., Zur spätantiken Ikonographie der Geburt Christi, In: Ausst.-Kat., Spätantike und frühes Christentum, 1983, 347 ff. — E. Weidinger, Die Apokryphen, 1989, 443. — LCI II 96—101. — Schiller I 74 f. *P. Morsbach*

Salomo, dritter König Gesamtisraels (965—930 v. Chr.), war Sohn Davids aus der Ehe mit Batseba, der Frau des Urija, mit der er Ehebruch begangen und die er nach der Ermordung Urijas geheiratet hatte (vgl. 2 Sam 11 f.). Obwohl noch ein älterer Sohn, Adonija, da war, hatte David auf Betreiben des Propheten Natan und der Batseba S. zum Nachfolger eingesetzt. S. galt als sehr weiser und reicher König. Er sorgte für eine gute Verwaltung des von David gegründeten Großisraelitischen Reichs (1 Kön 3—5; 10). Er war ein großer Bauherr, erbaute u. a. den sog. »ersten« Tempel und brachte darin die Bundeslade unter (1 Kön 5,15—8,66). Außenpolitisch war er nicht erfolgreich und mußte größere Gebiete an feindliche Nachbarn abtreten. Seine Ehe mit einer Pharaonentochter und mit zahlreichen anderen ausländischen Frauen, denen er heidnische Heiligtümer errichten ließ, wurde von dem Verfasser des Deuteronomistischen Geschichtswerks (Dtn bis 2 Kön) als Bundesbruch verurteilt; dieser betrachtete den Zerfall des Reichs nach dem Tode S.s in die beiden Reiche Israel (»Nordreich«) und Juda (»Südreich«) als Folge des Bundesbruchs (1 Kön 3,11; 11). Der Chronist (2 Chr 1—9) verschweigt die Fehler S.s und rühmt seine Weisheit, seinen Reichtum und den Tempelbau. Neh 13,24 f. warnt unter Hinweis auf S. vor Mischehen. Sir 47,12—25 rühmt die Weisheit S.s und seine Verdienste um die israelitische Literatur, rügt ihn aber auch wegen seiner Ehen mit heidnischen Frauen. Die spätere israelitisch-jüdische Literatur schreibt ihm die Abfassung von Psalmen (vgl. Ps 72,1; 127,1), des → Hohenlieds (vgl. 1,1), der Bücher Kohelet (vgl. 1,1. 12) und Weisheit und einen Teil des Buchs der → Sprichwörter zu, die aber alle wesentlich jüngeren Ursprungs sind. Auch Apokryphen bzw. Pseudoepigraphen tragen seinen Namen (→ Oden S.s, Psalmen S.s, Testament S.s).

Das NT erwähnt S. im Stammbaum Jesu (Mt 1,6 f.), rühmt seine Kleiderpracht (Mt 6,29; Lk 12,27), seine Weisheit (Mt 12,42; Lk 11,31) und den Tempelbau (Joh 7,47) und benennt nach ihm eine Halle im Tempelgelände (Joh 10,23; Apg 3,11; 5,12).

Kirchenväter und ma. Theologen erwähnen S. gelegentlich im Zusammenhang mit M. V. a. wird die Braut, die im Hohenlied als Braut S.s erscheint, auf M gedeutet, so auch in der christl. Kunst. Auch der »Weinberg« S.s mit seinen Früchten (Hld 8,11 f.) wird in der christl. Frömmigkeit und Kunst in Verbindung mit M gebracht. Im Hinblick darauf, daß M Jesus in ihrem Schoß oder auf ihrem Arm getragen hat, wird M als »Thron« (1 Kön 10.18) und als »Sänfte« bzw. »Tragsessel« S.s bezeichnet (→ Sedes sapientiae).

Lit.: A. Alt, Die Weisheit S.s, In: THLZ 76 (1951) 139—144. — M. Noth, Die Bewährung von S.s »göttlicher Weisheit«, In: VT S 3 (1955) 225—237; auch in: Ders., Gesammelte Studien zum AT II, 1969, 99—112. — M. A. Beek, De rol van S. in het Hooglied, In: Homiletica et Biblica 22 (1963) 121—125. — J.-M. Fenasse, Salomon dans tout sa Gloire, In: Bible et terre sainte 72 (1965) 6—9. — R. L. Braun, Solomonic Apologetics in Chronicles, In: JBL 92 (1973) 503—516. — F. Langlamet, Pour ou contre Salomon?, In: RB 83 (1976) 321—379. 481—528. — H. E. F. van der Meulen, Das Salomo-Bild im hellenistisch-jüdischen Schrifttum, 1978. — V. Peterca, L'immagine di Salomone nella Bibbia hebraica e greca, 1981. — M. Görg, Die »Sünde« S.s, In: BN 16 (1981) 42—59; auch, In: Ägypten und AT 11 (1991) 235—251. — P. C. Beentjes, The Countries Marvelled at King Solomon, In: Bijdr. 45 (1984) 6—14. — M. Gilbert, La figure de Salomon en Sg 7—9, In: Lectio Divina 119 (1984) 225—249. — J. Bowman, Solomon and Jesus, In: Abr-nahrain 23 (1984) 1—13. — K. Holter, The Serpent in Eden as a Symbol of Israel's Political Enemies, In: Scandinavian Journal of OT (1990/91) 106—112. — Vgl. auch die Handbücher der Geschichte Israels und die Kommentare zu 1 Kön und 2 Chr. *J. Scharbert*

Salutatio → Grüße

Salvator v. Sambuca (Montalbano), Theologe, OFMCap, * 1661 in Sambuca, Sizilien, † 20.6. 1726 ebd., trat 1677 in den Orden ein, in dem er verantwortungsvolle Aufgaben wahrnahm und als skotistischer Theol. hervortrat. In seinem dreibändigen Hauptwerk wird er zum stärksten Verteidiger der UE M̃s im Sinne einer völligen Befreiung von jedem Bezug zur Sünde: eine völlige Reinheit und höchste Unschuld, wie sie dem Wohlgefallen Gottes und der Würde der Mutter Christi entsprechen. Daher verneint er in M das, was die Theol. seiner Zeit als »debitum« nennt, d. h. den Anspruch, der Erbschuld und irgendwelcher Folge derselben zu verfallen.

Nach S. befällt die Erbsünde alle Menschen durch das Fortwirken eines Bündnisses oder göttlichen Gesetzes, das Adam zum moralischen Vertreter der ganzen Menschheit bestellt hat. Doch verlangt jede Sünde persönliche Verantwortung, die ihrerseits notwendig das Mitwirken des freien Willens einschließt. Darum muß ein persönlicher Akt aller Menschen in der sündigen Tat Adams moralisch zugegen sein. Nach S. ist dies das (absolute oder »nächste«) »debitum«, das mit der Tatsache zusammenfällt, in moralischer Verbindung mit dem gesündigt zu haben, der alle vertrat. Demzufolge ist der erste Lebensmoment zugleich der Augenblick, wo dieser Einschluß festgestellt wird. — Die UE schließt das Fehlen von jeglichem »debitum« ein. Deshalb bedeutet, sie in M anzunehmen, in ihr zugleich dieses »debitum« zur Sünde, d. h. den moralischen Einschluß in Adams Sünde, zu verneinen. Auch das sog. »bedingte« oder »entfernte« »debitum« — als Einbezogensein in Adam, sofern er sündigen konnte, oder in irgendeinem anderen Sinn, wie dasselbe verstanden wird —, ist für M ebenfalls auszuschließen. — M ist zusammen mit Christus vorherbestimmt worden. Der entscheidende Beweggrund für S. besteht darin, daß M von Gott — vor der Voraussicht Adams — zur Mutter Christi bestellt worden war. Dies ist der skotische Beweisgang von der absoluten Vorherbestimmung Christi, die die Vorherbestimmung Ms in sich begreift. Folglich gehört M einer transzendenten Gnadenordnung ohne Wesensbezug zur Sünde an.

Ms herausragende Erlösung bedeutet nach S. in keiner Weise ihre Unabhängigkeit von den Erlöserverdiensten Christi, vielmehr — ganz auf der skotischen Linie — ist sie Gegenstand einer bes. vorzüglichen Erlösung. Um dies zu verstehen, muß der Erlösungsbegriff über den Wortsinn einer bloßen Befreiung von Sklaverei hinausgeführt werden. Erlösung kann ja auch als Bewahrung vor einer möglichen Gefangenschaft verstanden werden und erlangt darin einen höheren Rang; denn es ist ja besser vor einem drohenden Übel zu bewahren als von einem bereits zugezogenen Übel zu befreien. — Ms Sündenlosigkeit ist unter den über die natürliche Zeugung von Adam abstammenden Nachkommen die alleinige Vorerlöste, nicht bloß im Sinne des Freiseins von jeder Sünde, erbsündliche oder persönliche, sondern auch von der Möglichkeit, in irgendwelcher Form zu sündigen. In der Betonung von Ms Unabhängigkeit — im Bereich der Moral und der Gnadenordnung — liegt wohl die eigentliche Originalität S.s. M ist unsündlich kraft der unverdienten Gaben Gottes und der ihr zugewandten Verdienste Christi. — M ist erlöst durch die Verdienste aus Tod und Leiden Christi. S. verhehlt sich die Schwierigkeiten nicht, daß die Verdienste Christi durch Gott nicht vorhergesehen wurden, bevor die Menschwerdung in ihrem historischen Verlauf, d. h. im leidensfähigen Leib Christi und seinem Tod am Kreuz, nicht entschieden worden war. S. weiß klar darum, daß es sich um einen ewigen und einfachen Plan Gottes handelt, den der menschliche Geist sich nur vorstellen kann, indem er ihn in seine aufeinanderfolgenden Abschnitte zerlegt. Mit einer subtilen Überlegung unterscheidet S. die Verdienste Christi »in actu primo«, in dessen absoluter Vorherbestimmung, kraft deren M, unmittelbar dazu bestellt, Mutter des menschgewordenen Wortes zu werden, von Gott mit einer ihrer Würde angemessenen Heiligkeit ausgestattet wurde. Weil Gott wollte, daß Christi Erlöserwerk konkret sich in seinem Leiden und Tod vollziehen sollte (»in actu secundo«), sind diese Verdienste »per accidens«, jedoch in ihrer existentiellen Realität, Grund für Ms Vorherbestimmung und Vorerlösung. — Die Anfangsgnade in M war nicht bewahrend, sondern heiligend. Während für andere Theologen die Anfangsgnade der unmittelbare Grund für ihre Bewahrung vor der Erbsünde ist, betont S. deren strikt heiligenden Charakter; denn M blieb bewahrt vor jeder Sünde und dem »debitum«, weil sie sich durch ihre Vorherbestimmung in der Gnadenordnung und außerhalb des in Adam alle übrigen einschließenden Gesetzes befand. — M ist heilig und innerlich völlig geordnet.

Den dritten Band widmet S. der Analyse der Erbsündefolgen in der Menschennatur, der Begierde (»fomes peccati«) und den übrigen Trieben, die zu moralischer Unordnung führen. Das Werk schließt mit der Folgerung, daß M von solchen Beeinträchtigungen völlig frei und sowohl in ihren Gefühlen wie in ihren Werken ganz heilig und geordnet war.

Zwar hält P. de Alcántara (Lit.) in seinem Aufsatz über die Bulle »Ineffabilis« die Leugnung der bewahrenden Auswirkung der Anfangsgnade in M bei S. für unannehmbar, doch bleibt S. offensichtlich innerhalb seiner Voraussetzungen konsequent, die unleugbar an einer zeitgebundenen »verdinglichten« Gnadenauffassung kranken. Es handelt sich um einen anerkennenswerten Versuch, das Geheimnis der Heiligkeit und Reinheit der Mutter des Herrn theol. zu begreifen.

WW: R. Patris Salvatoris Montalbani Sambucensis, ex Ordine Capuccinorum, Opus theologicum tribus distinctum tomis..., t. I: De peccato originali et eius debito; t. II: De eminentissima Deiparae redemptione; t. III: De triplici naturae humanae statu et eius fomite, Panormi 1723.

Lit.: Pedro de Alcántara, La Redención y el débito de María. Siglos XVII—XVIII. P. Salvatore Montalbano, OFMCap, In: Verdad y Vida 12 (1954) 445—478. — Ders., Redención preservativa de María, In: EphMar 4 (1954) 262f. — Ders., La redención de María y los méritos de Cristo, In: EstFr 55 (1954) 229—238. — Rainerio de Nava, La redención de María según el Padre Montalbán, ebd. 255—279. — M. Mückshoff, Die mariol. Prädestination im Denken der franziskanischen Theologie, In: FS 39 (1957) 490—495. — J. B. Carol, A History of the Controversy over the »debitum peccati«, 1978. — LexCap 1531. — DThC XIV 1051f. — LThK² IX 280f. — CFr-BgF 530a.

Bernardino de Armellada

Salvatore, Giovanni, * zu Beginn des 17. Jh.s in Castelvenere, † um 1688 in Neapel (?). Der kath. Priester S. war als Kirchenmusiker, Komponist und Lehrer ausschließlich in Neapel tätig und hatte im dortigen Musikleben eine bedeutende

Stellung inne, dennoch sind seine Kompositionen bis heute noch nicht erforscht. S.s. Werke für Tasteninstrumente lassen sich stilistisch in die Übergangszeit von Frescobaldi zu Scarlatti einordnen. Den Schwerpunkt seines Schaffens bildet die KM. Neben mehreren Vertonungen des Ordinariums und zahlreicher Psalmen finden sich u. a. ein 5-stimmiges »Stabat Mater«, zwei Bearbeitungen des »Salve Regina«, ein Magnifikat für 5 Stimmen, sowie Hymnen, Motetten und Litaneien.

Lit.: W. Apel, Geschichte der Orgel- und Klaviermusik bis 1700, 1967. — MGG XI 1820. — Grove XVI 434f. *E. Löwe*

Salvatorianer, Salvatorianerinnen. Franziskus Maria vom Kreuze → Jordan, geprägt durch Erfahrungen des Kulturkampfes und des erstarkenden Katholizismus in Deutschland, verband mit der Gründung einer apost. Gemeinschaft in Rom (1881) die Absicht, der Gefährdung des Glaubens gegenzusteuern und ihn im gesellschaftlichen Leben wieder stärker präsent zu machen. Bezeichnend für die (nicht auf bestimmte Tätigkeitsfelder begrenzte) apost. Ausrichtung der »Apostolischen Lehrgesellschaft«, später »Katholische Lehrgesellschaft« und seit 1893 »Gesellschaft des Göttlichen Heilandes« genannt, wurden zuerst die geistlich-apost. Schulung von Gläubigen durch Zeitschriften (»Missionär«, »Manna«), die missionarische Tätigkeit (zunächst in Assam), die katechetische Unterweisung (vor allem in Wien) sowie das Bestreben, die Gesellschaft rasch in möglichst vielen Ländern durch Seminarien (»Marienkollegien«) aufzubauen. 1888 gelang es P. Franziskus Jordan, den weiblichen Zweig der Gesellschaft zusammen mit der sel. Maria von den Aposteln (Therese v. Wüllenweber) zu begründen, der ebenso apost. ausgerichtet und eng mit dem männlichen Zweig verbunden sein sollte.

1911 erhielt die Gesellschaft des Göttlichen Heilandes (Societas Divini Salvatoris) und 1926 die Kongregation der Schwestern vom Göttlichen Heiland (Congregatio Sororum Divini Salvatoris) die endgültige päpstliche Approbation (Abkürzung: SDS; SorDS). Heute sind Bemühungen im Gang, im Geist des Gründers eine Laiengemeinschaft neu zu begründen. P. Pankratius Pfeiffer — bekannt durch seinen Einsatz in Rom während des Zweiten Weltkriegs — gelang es, in einer langen Amtszeit (1915—45) die Gesellschaft zu festigen. Wichtige apost. Impulse sind mit dem Namen von Salvatorianern verbunden: P. Gregor Gasser rief 1909 den »Katholischen Volksbund für Österreich« ins Leben. P. Christophorus Becker gründete 1922 das missionsärztliche Institut Würzburg; P. Paschalis Schmid initiierte 1934 den monatlichen »Priestertag«, den P. Pankratius Pfeiffer 1936 mit der Verehrung ⚕s als Königin der Apostel zu verknüpfen suchte.

Zum geistlichen Vermächtnis von P. Franziskus Jordan gehört bes. die apost. Sorge um das Heil aller Menschen und so zugleich (nach Röm 8,19 ff.) des ganzen Kosmos sowie der Geist der Armut, des kühnen Vertrauens auf die mütterlich vorsehende Liebe Gottes. ⚕ ist als Königin der Apostel und Mutter des Heilandes Vorbild und fürbittende Sachwalterin. Franziskus Jordan bezog die Förderung der MV (erstmals in der Regel von 1888) in die apost. Aufgabe der salvatorianischen Gemeinschaften ein. Die frühen Ausgaben des »Missionär« bezeugen ein kraftvolles Bemühen, das geistliche Leben der Gläubigen durch eine marian. Prägung zu befruchten.

QQ und Lit.: → Jordan, Franziskus M. v. Kreuze.
St. O. Horn

Salvatoris mater pia. Sequenz der zweiten Epoche an ⚕festen (Assumptio) aus fünf Strophenpaaren (Stabat-mater-Strophen). Mit vielen Bildern und → Ehrentiteln (darunter »Caecis lumen, claudis via, Nudis Martha et Maria«, Str. 4 = 2b), in gewandten Wortspielen und Sinnfiguren wird ⚕, die ihrem Sohn anhing und jetzt von ihm zur Königin erhöht ist, angerufen und um Fürbitte gebeten. Die seit dem 13. Jh. überlieferte Sequenz wurde von einem Dominikaner nach dem Schema der Sequenz »Hodiernae lux diei« verfaßt. In einer späten Handschrift der königlichen Kapelle von Windsor (15. Jh.) ist sie zu einer dreistimmigen Motette erweitert.

Ausg.: AHMA 54,424. — Mone II 317. — Kehrein 145.
Lit.: Chevalier 17821. — AHMA 54,425. — Moberg, Sequenzen 270 auch über Melodien. *G. Bernt*

Salve-Bruderschaften entstanden im Zusammenhang mit den spätma. marian. Gilden und → Bruderschaften zur Förderung der Salve-Andachten. Im Köln des 15. Jh.s waren S. die Vorläufer der → Rosenkranzbruderschaften. 1418 gibt es eine S. in Brieg/Schweiz, 1422 in → Düren/Rheinland, 1429 in Stuttgart. In diesem Jh. lösten sich Salve-Gottesdienste als eigene Volksandachten mit feierlichem und oft mit Prozession zur ⚕kapelle verbundenen Gesang des → Salve Regina von Vesper oder Komplet in Kloster- und Kapitelkirchen ab. Promotoren und auch Träger dieser besonders in Deutschland, Frankreich und der Schweiz verbreiteten Feiern waren die S. Für die wöchentliche (meist samstägliche) oder auch tägliche Durchführung der ma. Salve-Andachten werden großzügige Stiftungen gemacht; liturg. Regeln, buntes Brauchtum wie auch künstlerisch-musikalische Formen prägen die äußere Gestalt; Ablässe werden den Mitgliedern der S. wie auch den Teilnehmern der Andachten in reichem Maße gewährt. Erschütterungen gab es in der Reformationszeit, weil M. → Luther das Salve Regina mit seinem eigenen ⚕bild für unvereinbar hielt. Gleichwohl haben sich die Salve-Andachten und die sie tragenden S. bis in unsere Zeit gehalten. Verschiedene Orden kennen bis heute die feierliche Salve-Prozession, so die → Dominikaner, die Benediktiner von → Einsiedeln und die → Zisterzienser von Marienstatt.

Lit.: BeisselD 494—505. — J. Meier, Studien zur Geschichte der Marienantiphon »Salve Regina«, 1939. *F. Courth*

Salve, mater misericordiae, mater spei et mater veniae. Reimgebet in 100 Zehnsilberstrophen (die Strophenzahl variiert in der Überlieferung), »Jubilus aureus«. In immer neuer Abwandlung wird ⟨M⟩ mit Gruß und Preisung in → Ehrentiteln angerufen, mit verherrlichender Nennung ihrer Auszeichnung, ihrer Verdienste, und der Taten Gottes an ihr; die Übel dieser schlimmen Welt werden vielfach beklagt und Schutz von ihrer Güte erbeten: »Heu in mundo deficit veritas, Pax et amor, sensus et pietas, Et abundat fraus et iniquitas. Sed apud te est omnis bonitas« (Strophe 53). Schließlich wird ihre Hilfe am Tag des Gerichts erfleht, dessen Schrecken — mit Anklängen an »Dies irae« — beschrieben werden. Die Dichtung ist seit dem 14./15. Jh. verbreitet und vielfach stark abgewandelt worden — schon in der ersten Zeile (»... mater Dei et mater gratiae«). Sie wurde u. a. dem Joseph v. Arimathia zugeschrieben, auch dem hl. Augustinus, dem er im Traum von Joseph eingegeben worden sein soll, ferner dem hl. Bernhard. Die 1., 43. und 4. Strophe dienen als Hymnus an ⟨M⟩e Darstellung (Officium divinum ..., Liturgia horarum IV, 1971 ff., 1279. — Te decet hymnus. L'Innario della ›Liturgia horarum‹ a cura di A. Lentini, 1984, Nr. 231. — AR, Liber hymnarius, 470).

Ausg.: AHMA 32, 176.
Lit.: Chevalier 18031f. — AHMA 32, 187—190. — Cl. Blume, Repertorium repertorii, 1901, 278. — Walther 17116. — Szövérffy II 77. — A. Cuva, Le dossologie con riferimenti Mariani negli inni della »Liturgia horatum«, In: Salesianum 47 (1985) 828. *G. Bernt*

Salve, mater salvatoris, Vas electum, vas honoris.
I. HYMNOLOGIE. Sequenz des → Adam v. St. Viktor auf das Fest ⟨M⟩e Geburt (8. September) aus zehn zum Teil erweiterten Stabat-Mater-Strophen bzw. Strophen aus Siebensilbern (Strophen 4 und 7) mit zweisilbigem Paarreim; die Strophen 4, 5 und 7 sind in zwei Halbstrophen geteilt. — Der Text gilt als eines der schönsten ⟨M⟩lieder des MA. Eine Fülle hochpoetischer Bilder v. a. aus dem AT ist zu einem Lobgesang auf die GM gefügt, die durch ihre UE und ihre unversehrte Jungfräulichkeit (Strophen 6 und 7) vor allen Geschöpfen ausgezeichnet ist. → Thomas v. Cantimpré (1201—63) berichtet in seinem Werk »De apibus seu de bono universali« (II 29, Ausg. Douai 1627, 279), ⟨M⟩ sei Adam erschienen, als er die 8. Strophe dichtete: »Salve, mater pietatis«. — ⟨M⟩, Mutter des Erlösers, ist wie ein kostbares Gefäß, nach dem weisen Heilsplan Gottes von Ewigkeit her gebildet (Anapher: sechs Mal »vas«: z. B. vas electum, cf. Apg 9,15; vas honoris, cf. Röm 9,21; vgl. auch Sir 43,2; Strophe 1). Sie, die Mutter des Wortes (Joh 1,1ff.), ist selbst frei vom Dorn der Sünde: »flos de spina, spina carens« (»Rose aus der Dornenhecke — d. i. das sündige Menschengeschlecht —, selbst aber ohne Dornen«) nach Hld 2,2 als Bild für die UE (Strophe 2). Sie ist die verschlossene Pforte (Ez 44,2), der Brunnen im Garten (Hld 4,15), feiner als alle Wohlgerüche (Ez 44,1; Jes 39,2; Sir 24,20; Strophe 3). Die jungfräuliche Mutter wird mit Myrte (Jes 55,13), Rose (Sir 24,18), Narde (Hld 1,11), Wiesenblume und Lilie (Hld 2,1) verglichen, sie gebiert, wie ein unbestelltes Feld Frucht bringt (Strophe 4), sie ist das himmlische Paradies (nach Hebr 12,22), Harz aus unversehrtem Stamm (Sir 24,21), der Thron Salomons aus Elfenbein und rotem Gold (1 Kön 10,18), Sinnbilder für Reinheit und Liebe (Strophe 5). Als Mutter des fleischgewordenen Wortes (Joh 1,14) war sie auserlesenes Gemach der Dreifaltigkeit (vgl. 1, Kor 3,16; Strophe 8). In den letzten beiden Strophen ergeht die Bitte an ⟨M⟩, sie wolle die Menschheit ihrem Sohn empfehlen, und an Christus selbst, er wolle sie um seiner Mutter willen erretten (kunstreiche Antithesen und Wortspiele: vis — virtus, dolus — providentia; te tuente simus tuti; serva — solve — salva; serva servos).

Die Sequenz ist in zahlreichen Handschriften seit dem 12. Jh. und in gedruckten Missalien (Frankreich und Deutschland) überliefert (Melodie: Misset-Aubry 302—304 und Wellner[2] 378).

Ausg.: AHMA 54,383f. — Dreves-Blume I 269. — PL 196,1501—04. — Kehrein 192f. — Gautier II 189. — Wrangham II 218. — Mone II 309—311. — Daniel II 82. 385; V 131. — Misset-Aubry 213f. — Wellner[2] 262—269.
Lit.: AHMA 54,384—386. — Chevalier 18051 und Add. — F. J. E. Raby, A History of Christian-Latin Poetry from the Beginnings to the Close of the Middle Ages, [2]1953, 348f. 363—375. — Wellner[2] 17. — Szövérffy II 108. 119. — VL[2] VIII 551f. *M. Pörnbacher*

II. DEUTSCHE TRADITION. Die berühmte Sequenz wurde im MA mehrfach ins Dt. übertragen. Zwei Prosaversionen und sechs versgetreue Übertragungen, u. a. vom → Mönch von Salzburg und von → Heinrich Laufenberg werden von B. Wachinger nachgewiesen. Moderne Versübertragungen schufen u. a. R. Zoozmann und F. Wellner (»Heil dir, der das Heil entsprossen: Kelch der Hoheit, ehrumflossen, Himmels reinstes Gnadenpfand, Kelch, ersehnt vor allen Zeiten, Kelch, geformt zu Herrlichkeiten durch des Schöpfers weise Hand«).

Ausg.: Vgl. B. Wachinger, In: VL[2] VIII 551f. — R. Zoozmann, Laudate Dominum — Lobet den Herrn, 1928, 277ff. — Adam v. Sankt Viktor, Sämtliche Sequenzen, Einführung und formgetreue Übertragungen von F. Wellner, [2]1955.
Lit.: VL[2] VIII 55f. *G. Bernt*

Salve, mundi domina, caelorum regina. Matutinhymnus aus einer Folge von Stundenliedern an ⟨M⟩e Empfängnis zum Officium parvum BMV, in Vagantenstrophen, zur Prim: »Salve, sapientiae domus« (»Salve, virgo sapiens«), zur Terz: »Salve, arca foederis«, zur Sext: »Salve, virgo virginum«, zur Non: »Salve, urbs refugii«, zur Vesper: »Salve horologium«, zur Komplet: »Salve, virgo puerpera«, vorausgestellt ein Invitatorium »Eia mea labia«. Die Dichtung ist reich an Bildern, auch zwei ⟨M⟩wunder sind eingeflochten. Der Anklang an den »Kaiserhymnus« des Archipoeta, »Salve, mundi domine, caesar noster ave« ist wohl zufällig. Die Lieder wurden von Alonso Rodriguez geschätzt und täglich gesungen. Sie sind vermutlich im 15. Jh. entstanden.

Ausg.: AHMA 30,93. — ActaSS Oct XIII 656 (abweichend). — Daniel IV 342 (abweichend).
Lit.: Chevalier 18068. 18301. 18828. 18257. 17978. 5307. — ActaSS Oct XIII 593 f. 556. G. Bernt

Salve, mundi spes, Maria. Sequenz des 14. Jh.s an M̄festen in drei Strophen, die erste entspricht → Ave, mundi spes, Maria, die folgenden enthalten abweichende → Ehrentitel.

Ausg.: Mone II 305.
Lit.: Chevalier 18074. G. Bernt

Salve, porta perpetuae lucis fulgida. Sequenz der ersten Epoche für verschiedene M̄feste, auch für Weihnachten, aus vier Strophenpaaren mit Einleitungs- und Schlußstrophe; alle Strophen, innerhalb deren auch die meisten Zeilen, enden auf -a. Inhalt der Sequenz ist das Verkündigungsgeschehen in z. T. wörtlicher Anlehnung an den biblischen Text (Lk 1,27 ff.), dazu eine Bitte um Fürsprache. Melodie: Maris stella. — Die Sequenz ist reich belegt in dt., franz. (vier Martialenser Tropare) und engl. Handschriften des 10. bis 15. Jh.s, in Frankreich auch in gedruckten Missalien.

Ausg.: AHMA 7,123 und 53,188. — Mone II 68 f. — Daniel V 252. — Kehrein 193.
Lit.: Chevalier 18127. — Schaller-Könsgen 14566. — K. Bartsch, Lat. Sequenzen des MA, 1868, 29. — H. Husmann, Tropen- und Sequenzenhandschriften, 1964, 212. B. Gansweidt

Salve, proles Davidis. Sequenz des späten Übergangsstils an M̄festen, sechs Strophenpaare mit Einleitungs- und Schlußstrophe. Grußanrufungen und preisende Apostrophen mit → Ehrentiteln gehen allmählich in Worte des Hld über: »Veni, veni, filia, Intra nostra cubilia; Surge, surge, propera, Fugit hiems, floret vinea. Vox tua vox turturis ..« (Strophe 12 f.); die letzte Strophe bittet M̄ um Beistand. Die Sequenz ist v. a. aus dem österr./süddt. Raum seit dem frühen 12. Jh. überliefert. Die freie Behandlung des Rhythmus und des Reims lassen sie noch etwas älter erscheinen. Sie ist vielleicht in St. Florian oder in Seckau entstanden.

Ausg.: AHMA 54,356. — Kehrein 183. — Mone II 297.
Lit.: Chevalier 18133. — AHMA 54,358. G. Bernt

Salve Regina. I. MUSIKWISSENSCHAFT. Das S., am Ende des 11. Jh.s entstanden, in einer Meditatio Anselms II. (Bischof von Lucca, 1073—86, zuvor Benediktinermönch in St. Gilles a. d. Rhône) erwähnt (PL 184, 1078—80), ist eine salutatio deprecatoria, ein inniger und leuchtender Bittgruß im Wir-Stil. »Das Salve Regina drückt in vollendeter Weise die Stellung des mittelalterlichen Menschen zu Maria aus, sein vollkommenes Vertrauen zu ihr, der Mutter der Barmherzigkeit, in deren Schutz sich die verbannten Kinder empfehlen, und deren Leben, Süßigkeit und Hoffnung sie ist, seinen Glauben an ihre Macht als Fürsprecherin bei Gott und ihre Mittlerschaft zwischen ihm und Christus, den sie ihm zeigen wird, wenn die Verbannung dieses Erdenlebens vorüber ist« (Graef 210).
Im MA — an dem marian. Wallfahrtsort → Le Puy-en-Velay (lat. Podium) sehr gepflegt — wird der Gesang des S. zur Antiphona de Podio. In seiner Chronik (MGHScript. XXIII 674—950, bes. 828) schreibt Alberich v. Trois-Fontaines OCist († nach 1251) die Autorschaft des S. Adhémar v. Monteil, Bischof von Le Puy-en-Velay (1078—98), zu. Die Antiphon — sie schließt früh in der Liturgie von Cluny mit dem Text »O clemens ...« — wird seit 1135 etwa jährlich fünfzigmal als Prozessionslied verwendet (PL 189, 1048). Prämonstratenser singen im Ritus ihrer Ordensliturgie beim Auszug aus dem Kapitelsaal (In exitu Capituli) die Antiphon mit einer eigenen Melodie im V. Modus (Antiphonarium ... ordinis Praemonstratensis 11). In der Liturgie der Zisterzienser erklingt das S. seit 1218 täglich nach dem Completorium (La Tribune de St. Gervais XIII, 1907, 97—110). → Jordan v. Sachsen OP, als Nachfolger des hl. Dominikus zweiter General der Dominikaner, führt 1230 in seinem Orden die Antiphon auch als liturg. Sterbegebet ein (Monumenta ... Praedicatorum I 93 ff., 325 ff.). Papst Gregor IX. (1227—41) ordnet 1239 an, jeden Freitagabend das S. zu beten (Straeter I 260—267). In der Liturgie des Karmeliterordens tritt im 13. Jh. die Antiphon an die Stelle des letzten Evangeliums der Hl. Messe (Zimmermann 110). Um 1340 erscheint in einem Horarium (Codex Oxoniensis Misc. liturg. 104) der heute gebräuchliche Text »mater« (misericordiae) und (o dulcis) »virgo« (Maria), den das Brevier der Röm. Kirche im 14. Jh. verbreitet.
Gegen 1500 wird das S. zunehmend, aber fälschlicherweise, → Hermannus Contractus (1013—54) v. Reichenau zugesprochen (Oesch 148—153). Um die gleiche Zeit etabliert die mozarabische Liturgie die Antiphon vor dem Schluß-Segen der Hl. Messe (Missale mixtum; PL 85,109 f.). Im 16. Jh. nach und nach aus dem Verband der Psalmodie gelöst, stellt Papst Pius V. (1566—72) das S., nach dem Alma Redemptoris die älteste der vier Marian. → Antiphonen — wohl als Ersatz für das mehr und mehr entfallende → Officium marianum (Officium parvum BMV) — an den Schluß der Tageshoren des Stundengebetes; hier wird es in der Zeit vom Vorabend des Dreifaltigkeitsfestes bis zum Mittag des Adventsvorabends gesungen (Antiphonale Sacrosanctae Romanae Ecclesiae und Antiphonale Monasticum). Seit dem SpätMA entstehen zudem volkstümliche S.-Andachten bes. am Samstagabend, die auch heute zuweilen aktuell sind (Sträter I 260—267). Schließlich läßt Papst Leo XIII. (1878—1903) seit 1884 das S. auch nach jeder Stillmesse beten, eine Gewohnheit, an der die Kirche bis zum Zweiten Vaticanum festhielt.

Die Antiphon des S. gibt ihrer Bedeutsamkeit halber vom hohen MA bis in die Neuzeit zahlreichen Komponisten Anlaß zu mehrstimmigen Werken, u. a. → Power, → Dunstable, → Dufay, → Obrecht, → Josquin des Prez, → Isaac, → Palestrina, → Lasso, J. und M. → Haydn, → Mozart, um von vielen großen Meistern bloß wenige zu nennen.

Ausg.: Antiphonale Sacrosanctae Romanae Ecclesiae pro diurnis horis, 1949, 68—69. 69[1]—69[2]. — Antiphonale Monasticum pro diurnis horis, 1934, 176—177. 180. — Antiphonarium ad usum sacri et canonici Ordinis Praemonstratensis, 1934, 11—12.

Lit.: HLF VIII 468—472. — AHMA 50, 318f. — W. Bäumker, Das kath. dt. Kirchenlied II, 1883, 69ff. — W. Brambach, Die Historia der hl. Afra und das S. R. des Hermannus Contractus, 1892. — Monumenta ordinis Fratrum Praedicatorum historica, ed. B. M. Reichert I, 1896, 93ff. — J. R. Dietrich, Streitfragen der Schriften- und Quellenkunde des dt. MA, 1900. — Gregorianische Rundschau 1903, 101—103. — Rassegna Gregoriana 1907, 43ff. — J. de Valois, La »Salve Regina« dans l'Ordre de Cîteaux, In: La tribune de Saint Gervis 13 (1907) 97—110. — B. Zimmermann, Monumenta Carmelitarum, 1907. — BeisselMA 122ff. — BeisselD. cap. 19. — L. Bonvin, Das S. R. in cantu simplici, In: Gregorius-Blatt 44 (1919) 94—96. — J. R. Dietrich, ebd. 784ff. — J. Maier, Studien zur Geschichte der Marien-Antiphon »Salve Regina«, 1939. — P. F. Lefèvre, L'Ordinaire de Prémontré d'après des manuscrits du XIIe et du XIIIe siècle, In: BRHE 22 (1941) 38f. 43. 46. 95. 98. — J. Lechner, Grundriß der Liturgik des Röm. Ritus, [5]1950, 327. — Sträter I. — P. F. Lefèvre, La Liturgie de Prémontré, In: Bibliotheca Praemonstratensium I, 1957, 58. 107. 113. 122. — H. Oesch, Berno und Hermann v. Reichenau als Musiktheoretiker, In: Publications de la Société Suisse de Musicologie, Serie II, vol. 9, 1961, 148—153. — Graef 210. — A. Blaise, Le vocabulaire latin, 1966, 242. — Dom J. Gajard, Les plus belles mélodies grégoriennes, 1985, 261. — DHGE I 552—555.

D. v. Huebner

II. LITURGIEWISSENSCHAFT. Als im 13. Jh. der Brauch aufkam, ℳ mit einer Antiphon nach der Komplet zu grüßen, diente zunächst nur das S. als Begrüßungslied; vermutlich ist das S. die älteste unter den vier klassischen marian. Schlußantiphonen (Alma Redemptoris Mater; Ave, Regina caelorum; Regina caeli; Salve, Regina). Bernhard v. Clairvaux († 1153) wird nach gegenwärtigem Forschungsstand als Verfasser der bei den Zisterziensern von jeher bes. geschätzten Antiphon S. angesehen. In seinem um 1140 redigierten Antiphonar des Zisterzienserordens finden wir das S. erstmals in seinem vollen Wortlaut. Es war schon geraume Zeit als »Antiphona ad Evangelium« an den großen ℳfesten bei den Zisterziensern und als Prozessionsgesang bei verschiedenen Anlässen u.a. in Cluny bekannt, bevor es als marian. Schlußantiphon eine neue Verwendung und weite Verbreitung fand. Die ambrosianische Liturgie, die ursprünglich auch nur das S. als marian. Schlußantiphon vorsah, übernahm 1582 den im Breviarium Romanum (1568) fixierten röm. Brauch der vier, nach den liturg. Zeiten wechselnden Antiphonen. Der ursprüngliche Text des S. hat sich, von zwei Einfügungen (»Mater« vor misericoridae und »virgo« vor ℳ) abgesehen, bis in die Gegenwart hinein erhalten.

An der Textgestalt des S., die geprägt ist von einer Sprache des Herzens und der Liebe, die nach höchsten Prädikationen und Namen greift, wenn es darum geht, grenzenloses Vertrauen und rückhaltlose Liebe auszudrücken, stößt sich verständlicherweise, wer das S. nur mit kühlem Verstand taxiert. Weil der Glaube der Kirche ℳ niemals isoliert sieht, sondern die Mutter Jesu stets in Verbindung mit dem Christus-Mysterium betrachtet, kann sie »Mutter der Barmherzigkeit« genannt werden, hat sie doch den geboren, in dem Gottes Güte und Menschenfreundlichkeit (vgl. Tit 3,4) sichtbar (leibhaftig) unter uns erschienen ist. Sie wird als »unser Leben« angerufen, weil sie den geboren hat, in dem »das Leben« war (Joh 1,4) und der gekommen ist, damit wir das Leben »in Fülle« (vgl. Joh 10,10) haben. Weil ℳ dieses Ziel in der Auferstehungsherrlichkeit ihres Sohnes schon ganz erreicht hat, ist sie dem »pilgernden Volk ein untrügliches Zeichen der Hoffnung« (Präfation vom 15. August).

Vor ℳ breitet der Beter seine Bedürftigkeit aus (»Kinder Evas«, »Tal der Tränen«, »Elend« als Leben in der Fremde, vgl. 2 Kor 5,6). »Ad te clamamus — Zu dir rufen wir« hat im ma. Rechtsbrauchtum seinen Sitz im Leben: An den Gerichtstagen klagen kleine Leute vor den königlichen Beamten ihre Not und »reklamieren« die Hilfe des Herrschers in ausweisloser Lage. Genauso wird ℳ als Anwältin und Fürsprecherin angerufen: »Wende deine barmherzigen Augen uns zu und nach diesem Elend zeige uns Jesus, die gebenedeite Frucht deines Leibes!« Dabei wird im Rückgriff auf Lk 1,42 (»gebenedeite Frucht«) gegenübergestellt: Wie ℳ uns Menschen in der Zeit den Erlöser in der Gestalt des Kindes gezeigt hat, so möge sie uns den Sohn Gottes (nach dieser vergänglichen Zeit) zeigen als gnädigen Richter und Retter. Das S. wird außerhalb der Osterzeit als marian. Schlußantiphon verwendet, ist aber im übrigen nicht mehr bestimmten Zeiten zugeordnet (vgl. AES 92).

Lit.: J. M. Canal, Carmina Mariana, In: SE 10 (1958) 170—185. — Ders., Salve regina misericordiae, 1963. — P. Borella, Il saluto vespertino alla vergine, In: Ambrosius 7 (1931) 128—134. — R. Bauerreiß, Der »Clamor«, eine verschollene ma. Gebetsform, und das Salve regina, In: SMGB 62 (1949/50) 26—33. — A. Heinz, Die marian. Schlußantiphon im Stundengebet, In: M. Klöckener und H. Rennings (Hrsg.), Lebendiges Stundengebet. Vertiefung und Hilfe, FS für L. Brinkhoff, 1989, 342—367, bes. 354—358. — LThK[2] IX 137f. 282f.

Th. Maas-Ewerd

III. DEUTSCHE TRADITION. Seit dem 14. Jh. finden sich dt. Paraphrasen in Prosa — eine von ihnen ist in manchen Handschriften → Johann v. Neumarkt zugeschrieben — und in Versen. Versübertragungen und Glossenlieder wurden in erheblicher Zahl geschaffen, Wachinger nennt mehr als 30 Texte. Viele von ihnen sind allerdings nur in einer einzigen Handschrift überliefert. In mehreren Handschriften findet sich u. a. »Salue. Gegrüsset seystu aller enngel fraw« in verschiedenen Fassungen (Wachinger Nr. 4), »Salve regina. Gegrüsst seystu kunigyn In hymel und aüch in erden« (Nr. 7), »Gegrusset seistu kunigin Der hymel vnd der erden« (Nr. 8). »Fraw von herczen wir dich grüssen« (oder: »O Maria wir dich grüßen«) (Nr. 9). Dieses Lied wurde in nachref. kath. Gesangbücher aufgenommen. Mit Namen bekannte Verfasser sind → Heinrich Laufenberg, Lienhart Peuger, →Valentin Bannholtzer, Hieronymus Schenck v. Siemau und die Meistersinger → Michel Beheim, Caspar Singer, Hans → Sachs.

Ausg.: Vgl. B. Wachinger, In: VL² VIII. — Nr. 9: Mone II 206, WackernagelKL II Nr. 671—673; Melodie: Bäumker II 69 f.
Lit.: VL² VIII 552—559. *G. Bernt*

Salve, sancta Christi parens. Sequenz zweiter Epoche an ⋒festen aus fünf (bzw. sechs) Doppelstrophen (Stabat-mater-Strophen). Ein vierfacher Gruß mit einem → Ehrentitel führt mit seinem viermaligen »Salve« zum Höhepunkt des »Salvatorem salva paris«. Dieser Vers leitet zugleich zum zweiten Tail der Sequenz über, der das Wirken der GM preist. Es wird in einer dichten Reihe von Paradoxa, die das Staunen über das Geschehen ausdrücken, paraphrasiert und gedeutet. Die Sprache ist lebhaft und sehr gewandt: »Tu naturae contra ritum Ex angusto infinitum Ventre profers, parvula, Homo Deum, stella solem, Nata patrem, virgo prolem, Antiquum iuvencula.« Bitten um Huld und Hilfe beschließen die Sequenz. In einem Teil der Überlieferung folgt eine Doppelstrophe mit weiteren Ehrentiteln. Diese unharmonische Fortsetzung ist zwar alt, aber sicher nicht ursprünglich. Die Sequenz ist seit dem 13. Jh. mit mancherlei Varianten v. a. bei Dominikanern verbreitet. Es sind mindestens fünf Melodien überliefert.

Ausg.: AHMA 54, 427. — Mone II 74, 350 abweichend. — Kehrein 238 f.
Lit.: Chevalier 18178 (vgl. auch 18203). — AHMA 54, 428. — Moberg, Sequenzen 270 Index. *G. Bernt*

Salve, sancta parens. Antiphon ad introitum der Meßfeier am Hochfest der GM ⋒ (1. Januar) und des 1. Meßformulars im Commune BMV: »Salve, sancta parens, enixa puerpera Regem, qui caelum terramque regit in saecula saeculorum — Gruß dir, heilige Mutter, du hast den König geboren, der in Ewigkeit herrscht über Himmel und Erde.« Dieser Text ist dem Carmen paschale des kirchlichen lat. Dichters Sedulius († nach der Mitte des 5. Jh.s) entnommen (lib. 2,63—64), der später den Beinamen Caelius erhielt. Das Versmaß des hexametrischen Carmen paschale wurde bei der Änderung des Schlusses unberücksichtigt gelassen; der verwendete Sedulius-Text ist liturgiegeschichtlich als ältestes Beispiel einer lat.-hymnischen ⋒-Anrede bemerkenswert. Als gregoranische Melodie für das S. wird seit dem 11. Jh. die des Epiphanie-Introitus (»Ecce advenit Dominator Dominus«) verwendet.

Lit.: LThK IX 399 f. — LThK² IV 282. 563 f. *Th. Maas-Ewerd*

Salvi, Giovanni Battista, gen. »Sassoferrato«, ital. Maler, * 1605 in Sassoferrato, † 8. 8. 1685 in Rom, erhielt erste Unterweisungen in der Malkunst durch seinen Vater Tarquinio, ging jedoch wohl bereits früh nach Rom, um dort die Werke der Hochrenaissance und des röm. Frühbarock zu studieren. Reges Interesse scheint S. v. a. Raffael und den Carracci entgegengebracht zu haben. S. betrieb seine Studien vermutlich in der Werkstatt Domenichinos und soll seinem Lehrer auch nach Neapel gefolgt sein, wo er wohl auch in künstlerische Beziehung zu Costa und Cerrini trat. Der Zeitpunkt von S.s Rückkehr nach Rom ist unbekannt, muß jedoch deutlich vor 1643 (Datierung der Rosenkranzmadonna für S. Sabina, Rom) angesetzt werden. Weitere Reisen sind für S. nicht dokumentiert, allerdings ist aufgrund stilkritischer Beobachtungen ein Aufenthalt in Venedig in den 60er Jahren zu vermuten. S.s Oeuvre scheint im wesentlichen in Rom entstanden zu sein.

Wenngleich einige Portraits von seiner Hand erhalten sind, so beschränkt sich S. doch fast ausschließlich auf die Darstellung rel. Themen. Berühmtheit erlangte S. v. a. durch seine Madonnendarstellungen, die bereits von den Zeitgenossen sehr geschätzt wurden. Im 18. Jh. hielt man seine Werke aufgrund ihres antiquierten Stils für Arbeiten des 16. Jh.s und zählte S. sogar zu den größten ital. Malern. Noch bis in das 19. Jh. waren seine Werke begehrt und finden sich heute in beinahe allen größeren Sammlungen und Galerien Europas.

Eine kontinuierliche Weiterentwicklung seiner künstlerischen Ausdrucksmittel ist bei S. schwerlich festzustellen, er scheint vielmehr bereits in frühen Jahren einen eigenen, eng an den Hauptmeistern des 16. Jh.s orientierten Stil entwickelt zu haben (z. T. sind deutliche Übernahmen von Raffael und dem frühen G. Reni zu erkennen), der über die gesamte Schaffenszeit des Künstlers mit geringfügigen Variationen beibehalten wurde. Bezeichnend hierfür sind nicht nur die zahlreichen Kopien S.s nach Werken des 16. Jh.s, sondern auch seine Kopien nach eigenen Vorlagen. Bes. in Komposition, Figurenbildung und Raumauffassung zeigt sich S. stark den Vorbildern der Hochrenaissance verpflichtet. Allenfalls zaghafte Veränderungen im Kolorit, zunehmend körperhafte Formen und weiche, fließende Faltenbildung lassen gewisse Wandlungen in seinem Stil erkennen. Da zudem nur wenige Werke des umfangreichen Oeuvres datierbar sind, muß sich die Kunstkritik mit der vorsichtigen Aufstellung einer relativen Chronologie des Werkes S.s begnügen. Der bereits in erster Blüte stehende röm. Barock scheint S. zu keiner Zeit mehr als am Rande berührt zu haben, vielmehr erweist sich S. durch seinen altertümlichen Stil als Vertreter einer ganz und gar konservativen Nebenströmung des 17. Jh.s.

WW: Rosenkranzmadonna, Rom, S. Sabina (dat. 1643). — Beweinung Christi, Berlin, Dahlem (nach einer Zeichnung Raffaels). — Madonna auf der Mondsichel, Rom, Vatikanische Pinakothek (um 1650). — Hl. Familie, Chantilly, Musée Condé. — Betende Madonna, München, Alte Pinakothek u. a. (zahlreiche eigenhändige Kopien). — Madonna mit

dem Christuskind, Wien, Kunsthist. Mus. (nach einer Radierung von G. Reni).
Lit.: G. Vitaletti, Il S., Florenz 1911. — H. Voss, Die Malerei des Barock in Rom, o. J. (1924), 514—518. — Thieme-Becker XXIX 361 ff.
A. C. Braun

Salviati → Rossi, Francesco de

Salzano, Giulia, Ordensstifterin, * 13. 10. 1846 in S. Maria Capua Vetere (Caserta) als viertes Kind von sieben Geschwistern, † 17. 5. 1929 in Casoria bei Neapel, wuchs nach dem frühen Tod ihres Vaters im Waisenhaus S. Maria delle Grazie in S. Nicola la Strada bei Caserta auf, kehrte mit 15 Jahren in die Familie zurück, vollendete ihr Studium und erlangte das Lehrerinnendiplom. 1865—93 unterrichtete sie in der Gemeindegrundschule von Casoria, wo sie ihren Wohnsitz aufschlug. Auf Rat des Erzbischofs von Neapel, Sisto Riario Kardinal Sforza, nahm sie Verbindung mit Catarina Volpicelli auf, um in Casoria das Werk der »Mägde des Hl. Herzens« zu verbreiten. 1882 reifte in ihr das Ideal des geweihten Lebens. 1890 versammelte sie in ihrem privaten Oratorium eine kleine Gruppe von Freundinnen, die sie in eine Kongregation der »Töchter Marias« organisierte, die am 17. 9. 1891 anerkannt wurde. Diese ersten Gefährtinnen, von der MV getragen, bildeten den Anfangskern der Schwestern »Katechistinnen vom Hl. Herzen«. Sie begegneten in der Erzdiözese Neapel zahlreichen Schwierigkeiten durch die Opposition des Kanonikus Luigi Caruso, der unter Zwang S. und ihre Freundinnen in die »Mägde des Hl. Herzens« einfügen wollte, die er leitete. Giuseppe Kardinal Prisco ermutigte das Werk S.s und übertrug die geistliche Leitung anderen Priestern. Schließlich wurden am 21. 11. 1905 mit der Einkleidung von S. und sieben ihrer Gefährtinnen die »Katechetinnen des Hl. Herzens« von Casoria ins Leben gerufen. Der Gruppe des Anfangs schlossen sich bald zahlreiche andere Mädchen an. In der Umgebung von Neapel wurden neue Häuser eröffnet. Das neue Religionsinstitut verlegte sich auf die Katechese, Jugendbildung und Mithilfe bei Werken der Pfarreien und wurde am 19. 3. 1960 endgültig gebilligt. Es zählte 1992 250 Schwestern in Italien und auf den Philippinen. Am 4. 4. 1974 wurde in Rom für S. der Seligsprechungsprozeß eingeleitet.

QQ: Summarium ex officio super scriptis, 1959. — Archivo Storico Diocesano di Napoli, Processi di beatificazione XXXII. 6. 8—9.
Lit.: V. Marseglia, Vita di Suor G. S. fondatrice delle Suore Catechiste (1846—1929), 1934. — A. Ricciardi, Una vita per la catechesi, Madre G. S., 1979. — A. Montagna, Stile di un carisma: catechesi e testimonianza. Madre G. S. (1846—1929), fondatrice Suore Catechiste del S. Cuore, 1992. — AAS 66 (1974) 513—516. — BSS XIV 1219. — DIP II 696f.; VIII 400.
U. Dovere

Salzburg. *1. Geschichte.* Den ersten sicheren Anhaltspunkt, daß das Christentum von Süden her nach S. und Umgebung vorgedrungen war, enthält die Lebensbeschreibung des hl. Severin († 482) von seinem Schüler Eugipp, die »Vita

I. Günther, Hl. Rupert mit der Altöttinger Madonna, um 1770

sancti Severini« (Anfang 6. Jh.). In ihr wird berichtet, daß der Heilige 470 im municipium Iuvavum, der Keimzelle des heutigen S., weilte und sich auch im 26 km entfernten Kuchl (röm.: Cucullis) aufgehalten habe, wo 470 eine ⋔kirche errichtet worden sei (Gugitz). Zwar wurde dies durch archäologische Funde nicht bestätigt, doch erscheint es möglich, da ⋔ von Anfang an als Mutter Jesu zum christl. Glaubensgut gehörte.

Die eigentliche Missionierung von Stadt und Land erfolgte jedoch erst durch den hl. Rupert ab 696. Bayernherzog Theodo (680—715/716) setzte ihn als Bischof ein und übereignete ihm das Oppidum Iuvavum. In der Legende wird Rupert mit der Gründung des bayer. Wallfahrtsortes Altötting in Verbindung gebracht. Eine Statue Ignaz Günthers (1725—75) zeigt ihn mit dem Gnadenbild auf dem Arm; eine ähnliche Darstellung befindet sich am Korbiniansaltar der Klosterkirche Ettal. Um 714 holte Rupert seine Nichte, die hl. Erentrudis, mit einigen Gefährtinnen nach S. und gründete für diese ein Frauenkloster auf dem castellum superius, der nach Osten vorspringenden Terrasse des Festungsberges. Dieses Kloster besteht seitdem ununterbrochen. In den Aufzeichnungen des Bischofs Arno vom Ende des 8. Jh.s, heißt es, daß das Kloster »constructum est in honorē sancte dei genitricis semperque virginis Mariae«. Es dürfte sich um die erste Dokumentation einer M geweihten Stätte in S. handeln. Das Patrozinium der Kirche ist Me Himmelfahrt. Auch die heutige Franziskanerkirche, einst Pfarrkirche von S., gehört zu den ältesten Mkirchen der Stadt, was sich in der Kontinuität der Baustile von der Romanik bis zum Barock verdeutlicht.

Die Missionierung nach Osten hin, bes. unter dem Domerbauer, dem irischen Bischof Virgil (746—784), und seinen Nachfolgern führte im S.er Raum zur Errichtung von christl. Zellen mit Kirchenbauten, die häufig M, aber auch Heiligen geweiht waren. Zwar sind die urkundlichen Nachweise spärlich, doch dürfte ein wesentlicher Teil dieser Kirchen vor dem Jahr 1000 entstanden sein. In einigen sind seit ihrer Gründung bis heute noch marian. Traditionen lebendig, wie in Grödig (788), Irrsdorf (824), Mariapfarr (923) und Hofgastein (um 1000). In den folgenden Jh.en wurden weniger Kirchen als in der Missionierungszeit errichtet. Wichtige marian. Gotteshäuser aus dieser Zeit sind Großgmain (1144), Mülln am Rand der Stadt S. (1147; später Wallfahrtsort der Hohenauer Schiffer), Radstadt (1314), Bischofshofen (1356; vielleicht auch früher), Kitzbühel (1373) u. a. Die aus dem Hoch- und SpätMA erhaltenen S.er Handschriften, bes. von St. Peter und vom Nonnberg, bestätigen, daß M als Leitbild des Lebens galt. In Gottesdienst und rel. Dichtung wurde dies auf unterschiedliche Weise ausgefaltet, z. B. in der spätma. Legenden- und Gebetsliteratur. S. zählte in der 2. Hälfte des 14. Jh.s zu einem der bedeutendsten Zentren dt. Liedkunst. Aus dieser Zeit stammen 20 Mlieder des → »Mönchs von Salzburg«, die man als Perlen früher geistlicher dt. Dichtung bezeichnen kann. Zu Beginn des 16. Jh.s konnte die Reformation im Fürsterzbistum nicht Fuß fassen, so daß es auch nicht den Einbruch in marian. Strukturen erlebte wie andere deutschsprachige Gebiete. Die Einstellung gegen alles Reformatorische führte eine Zeitlang zur Ablehnung deutschsprachigen Liedguts, weil dieses als ref. angesehen wurde. Später entwickelte sich im Umland eine reiche, deutschsprachige, volksnahe Musikkultur, bes. in Verbindung mit marian. Gnadenstätten.

Mit Wolf Dietrich v. Raitenau (1559—1617) erhielt S. einen Fürsterzbischof, der entschieden für die kath. Erneuerung eintrat. In den Mittelpunkt seiner Bemühungen stellte er Glaubensverkündigung und Sakramentenspendung. Kurz vor seinem Amtsantritt waren bereits die Franziskaner nach S. gerufen worden. Wolf Dietrich holte dann die Kapuziner in die Stadt und baute ihnen auf dem Imberg am anderen Salzachufer Kloster und Kirche, die er selbst 1602 weihte. Die beiden volksnahen Orden sind marian. geprägt und unterstützten den Bischof in seinen gegenref. Bemühungen. Auch der Neubau der Mwallfahrtskirche auf dem Dürrnberg diente dazu, den Glauben wiederzubeleben, v. a. den der Knappen in den Salzbergwerken. Wolf Dietrich, eine schillernde Persönlichkeit, gab der Stadt S. die heutige barocke Prägung. Seine Nachfolger bauten an dem weiter, was er begonnen hatte, und führten die Beschlüsse des Trienter Konzils durch. Damit erhielt auch die MV neue Impulse und erlitt im Fürsterzbistum auch keine Unterbrechung während des Dreißigjährigen Krieges, da der »Vater Salzburgs«, Fürsterzbischof Paris Lodron, sich nicht in die Auseinandersetzungen hineinziehen ließ. Bis ins 18. Jh. hinein mehrten sich marian. Wallfahrtsstätten, von denen es zur Zeit Mozarts ungefähr 30 allein im Stadtbereich gab. Insgesamt können in der Erzdiözese S. im Laufe der Zeit 174 marian. Kultstätten nachgewiesen werden, davon 129 Wallfahrtsorte. Unter den Gnadenbildern finden sich auch Filiationen schon bestehender Kultbilder, die in den S.er Raum übertragen und dort ebenso verehrt wurden wie die Originale (vgl. Wallfahrten). Auch die Frömmigkeitsliteratur über M blühte im 17. und 18. Jh. auf, ebenso wie die Verbreitung von Andachtsgegenständen wie Rosenkränzen, Andachtsbildern, Gebets- und Liedzetteln sowie die Volkskunst auf Votivtafeln. Mirakelbücher wurden geführt als Dokumentation, wenn Menschen an einem Gnadenort geholfen wurde. Im barocken Überschwang blieben Übertreibungen nicht aus, die von der rationalistisch orientierten Aufklärung abgelehnt wurden.

Dieser Geistesrichtung gehörte Fürsterzbischof Hieronymus v. Colloredo an, der 1772—1803 im Amt war. Er kämpfte nicht nur gegen Überschwang und Aberglauben, sondern wandte sich gegen rel. Bräuche allgemein, die der menschlichen Vernunft widersprächen. So verbot er Wallfahrten, ließ Kultgegenstände vernichten, z. B. den Palmesel des Klosters Nonnberg, und veranlaßte, daß Kirchen geschlossen und sogar abgerissen wurden (Maria Elend bei Embach). Die Durchsetzung seiner Anordnungen übertrug er Beamten und verhängte bei Übertretungen empfindliche Strafen. Trotzdem konnte er die Volksfrömmigkeit nicht völlig unterbinden. Colloredo war der letzte regierende erzbischöfliche Landesherr S.s. Während der napoleonischen Kriege mußte er nach Wien fliehen und ist dort 1813 gestorben, ohne sein Bistum wiedergesehen zu haben, das 1816 an Österreich angeschlossen wurde.

Das 19. Jh. brachte nach anfänglicher Stagnation eine Erneuerung des rel. Lebens, doch erholten sich nur wenige der einst blühenden Wallfahrtsstätten. Neue Andachtsformen wurden eingeführt, z. B. die Maiandacht, die im gesamten Bistum bis heute gepflegt wird. Eine eigene Form entwickelten die Benediktinerinnen des Klosters Nonnberg, die sie im Ⓜmonat täglich zusammen mit vielen Gläubigen feiern, z. T. umrahmt von alten Liedern aus ihrem Musikarchiv. Die Ⓜerscheinungen von Lourdes (1858) und Fatima (1917) dürften in der Diözese S. nicht so nachhaltig gewirkt haben wie anderswo, Nachbildungen dieser Gnadenbilder sind eher von regionaler Bedeutung. Vielleicht spielte hier der Reichtum an gelebten marian. Traditionen eine Rolle (Gugitz). Wenn es heute auch nicht mehr so viele Wallfahrtsorte im S.er Raum gibt wie einst, so kann man — wie andernorts auch — von einer Belebung marian. Wallfahrten sprechen. Es dürften Zusammenhänge mit den beiden jüngsten Ⓜdogmen von der UE (1854) und der Aufnahme Ⓜs in den Himmel (1950) bestehen. Eines der jüngsten marian. Zeugnisse S.s ist das »Tor der Hoffnung« am Dom von Ewald → Mataré (1959), das die Menschwerdung des Gottessohnes aus Ⓜ darstellt.

2. Marian. Stätten. Bilder weisen auf Traditionen hin, die urkundlich vielleicht nicht erfaßt sind, und führen sie weiter. Das trifft auch auf S. zu, das eine Fülle von marian. Überlieferungen in seinen Kirchen birgt. Das Portal der Nonnbergkirche ist überwölbt von einem romanischen Tympanon, in dessen Mitte Ⓜ mit dem Kind thront. Sie ist umgeben von einem Engel, der knienden Erentrudis, einer Nonne und einer Männergestalt, die Johannes den Evangelisten darstellen könnte. Bei der Renovierung der Kirche (2. Hälfte 19. Jh.) wurde der barocke Ⓜaltar mit dem gotischen der Gemeinde Scheffau getauscht. Die gotische Ⓜstatue, die heute die Mitte des Flügelaltars bildet, stammt aus Nonnberger Kunstbestand, der außerdem noch mehrere kostbare Ⓜdarstellungen enthält.

In der Klosterkirche der Erzabtei St. Peter weist das Altarbild von Johann Martin Schmidt um 1777 auf eine marian. Tradition in bezug auf die hll. Petrus, Paulus und Benedikt hin, die sich nicht in den Briefen des NT bzw. der Benediktinerregel findet, sicher jedoch gepflegt wurde: Die drei für St. Peter bedeutsamen Heiligen wenden sich Ⓜ mit Kind in der Glorie zu. Außerdem befindet sich im linken Querschiff eine Steingußstatue »Maria Säul«, die zum Typ der sog. »schönen Madonnen« um 1400 gehört und verehrt wurde. In der nach Süden gelegenen romanischen Kapelle ist seit 1733 eine Nachbildung des Mariazeller Gnadenaltars aufgestellt. Heute dient sie als Gebetsraum, die allgemein zugänglich ist und eine Oase der Stille inmitten der hektischen Stadt bildet. Mit der Erzabtei St. Peter hängt die Gründung der Universität 1623 zusammen. Die Wissenschaft wurde unter den Schutz Ⓜs gestellt, was der Bildzyklus in der alten Aula bezeugt wie auch die zwischen 1694 und 1707 erbaute Kollegienkirche, die der UE Ⓜs geweiht wurde.

Im heilsgeschichtlichen Bildprogramm des Domes von 1628 schließt ein Ⓜzyklus im südlichen Querraum über dem Altar »Maria Schnee« die Wölbung ab. Dieser Altar war Station einer beliebten Prozession, bei der sieben Altäre besucht wurden, entsprechend den sieben Hauptkirchen Roms. Dieses Beispiel zeigt, daß S.s vielfältige marian. Stätten sich nicht auf die Region beschränkten, sondern Weltkirche in die Diözese hereinholten. Dafür spricht auch die Kopie des Altöttinger Gnadenbildes an diesem Altar. Während des Dreißigjährigen Krieges wurde die »schwarze Madonna« nach S. gerettet und in der Franziskanerkirche zur Verehrung aufgestellt, zeitweise auch zu einzelnen Klöstern getragen. Während dieser Zeit beherbergte die ULF geweihte Franziskanerkirche zwei Kultbilder, denn den Hochaltar schmückte die vom Volk sehr verehrte Madonna von Michael Pacher von 1498, dem Stil der Zeit entsprechend mit ihrem Kind kostbar gekleidet. Sie befindet sich noch heute an der gleichen Stelle. Statt der Taube, die wie das Kind erst bei der Renovierung 1890 dazukam, hielt sie Rosen in der Rechten. Das Originalkind schien verlorengegangen zu sein. Doch 1983 entdeckte ein aufmerksamer Restaurator den Kopf des »Pacher-Kindleins« unter den Engelsköpfen des Barockhimmels; heute ist er im Diözesanmuseum ausgestellt, welches eine Fülle von künstlerisch hochstehenden Ⓜdarstellungen aus diözesanen Kirchen und Klöstern enthält. Außerdem befinden sich in den anderen S.er Kirchen vielfältige Bezüge zu Ⓜ, z. B. in St. Blasius, in der Dreifaltigkeitskirche sowie in den Gotteshäusern der Kapuzinerinnen (Loretokindl) und der Ursulinen, was alles von der großen Vielfalt marian. Theol. und Frömmigkeit in einer verhältnismäßig kleinen Region Zeugnis ablegt.

3. Wallfahrten. Gnadenorte erhalten Leben durch gläubige Menschen, die sich auf dem Weg zu Gott wissen. Vom ausgehenden MA bis zur Barockzeit bildeten sich rel. Bruderschaften, unter denen die marian. ausgerichteten am meisten verbreitet waren. Diese Laienbewegungen wurden in der Diözese S. v. a. von den Dominikanern in Kitzbühel und Mariathal sowie den Kapuzinern in S., Radstadt und Werfen gefördert. Regelmäßige Wallfahrten zu marian. Stätten gehörten zu ihrem rel. Leben. Von den Pfarreien gingen die sog. Kreuzvölker oder Kreuztrachten aus, die jährlich Wallfahrten zu den Mutterkirchen der Stadt wie auch nach Maria Kirchenthal und auf den Dürrnberg unternahmen. Auf ihrem Weg trugen sie ein Kreuz mit sich, das ihnen den Namen gab. Diese Gruppen konzentrierten sich meistens nicht auf einen Wallfahrtsort, sondern besuchten mehrere, wobei die MV verbunden war mit der bestimmter Heiliger. Es gibt eine ganze Anzahl von Kirchen, die der GM und einem Heiligen geweiht sind. Im ländlichen Raum des Bistums erscheint Ⓜ mehrfach zusammen mit dem hl. Leonhard, z. B. in Irrsdorf und Lofer. Aber auch die Diözesanheiligen Rupert, Virgil und Erentrudis verbinden sich mit Ⓜ, ebenso der hl. Martin. Darin äußert sich eine Gesamtschau des Gnadenlebens der Kirche in seinen vielen Ausprägungen.

Im MA wurden an den Wallfahrtsorten ausschließlich Statuen verehrt, z. B. die Pachermadonna in der Franziskanerkirche. Seit der Gegenreformation sind es hauptsächlich Gemälde. Bei beiden Formen findet man Filiationen von Gnadenbildern, die in der Barockzeit wesentlich häufiger anzutreffen sind als im MA. Im Bistum S. dominieren gekrönte M-darstellungen mit ebenfalls gekröntem Kind. Selten werden Vesperbilder verehrt. Seitdem durch Wolf Dietrich intensive Beziehungen zu Italien bestanden, wurden auch von dort Gnadenbilder übernommen wie im Dom und in der Kapuzinerkirche »Maria Schnee« oder in Mülln sowie einer Reihe von anderen Kirchen im Land S. »Maria vom Guten Rat« aus Genazzano. Maria-Hilf-Darstellungen waren weit verbreitet, bes. im Tiroler Raum; dieses M-bild trifft man auch in der Benediktinerabtei Michaelbeuren an, die durch Jh.e hindurch enge Kontakte mit S. pflegte und mehrere Wallfahrtsorte des Bistums seelsorglich betreute. Marian. Impulse wirkten also von S. aus nicht nur in andere Gebiete hinein, sondern im Bistum herrschte Offenheit für Bereicherungen von außen. Es fand ein rel. Austausch statt, der die Landesgrenzen überschritt.

Die meisten der einst zahlreichen Gnadenorte sind heute erloschen, manche werden von einzelnen Pilgern oder kleinen Gruppen noch aufgesucht. Als S.er Wallfahrtsstätte lebendig geblieben ist »Maria Plain« oberhalb der Stadt, der »Hochaltar Salzburgs«, wie der Ort im Volksmund genannt wird. Benediktiner von St. Peter betreuen ihn. Das dort verehrte Gnadenbild, »Maria Trost am Plain«, soll im Dreißigjährigen Krieg unbeschadet einen Brand überstanden haben und wurde 1652 auf dem Plain aufgestellt und verehrt. Es bildete sich schon bald eine Bruderschaft, die das Wallfahrtswesen belebte. Einer hölzernen Kapelle folgte 1671—74 der Bau der heutigen Kirche. 1751 wurde das Bild gekrönt. Zwar war die Familie Mozart eng mit Maria Plain verbunden und suchte immer wieder in schwierigen Situationen dort Hilfe, doch scheint Wolfgang Amadeus → Mozart seine Krönungsmesse (KV 317) nicht zum Krönungsfest des Bildes 1779 komponiert zu haben. Das Gnadenbild, eine liebliche Madonna, vor der in einer von ihr gehaltenen Windel das Jesuskind liegt, ist im S.er Raum weit verbreitet. Nicht nur in Kirchen findet man Nachbildungen, sondern viele der schmiedeeisernen Grabkreuze auf dem Petersfriedhof tragen dieses Bild.

Überblickt man die Geschichte und die rel. Traditionen S.s, so ist die marian. Prägung unverkennbar, doch blieb die vielgestaltige MV eingefügt in eine auf die ganze Heilsgeschichte ausgerichtete Frömmigkeit. Im ganzen gesehen, kann man S. mit seiner reichen rel. Vergangenheit unter die »heiligen Städte« Europas rechnen wie Trier oder Aachen.

Lit.: W. Hauthaler und F. Martin, S.er Urkundenbuch, 4 Bde., Salzburg 1910—33. — R. Kriss, Die rel. Volkskunde Altbayerns, dargestellt an den Wallfahrtsbräuchen, 1933. — J. Schöttl, Kirchliche Reformen des S.er Erzbischofs Hieronymus v. Colloredo im Zeitalter der Aufklärung, 1939. — Gugitz V 147—219. — K. H. Ritschel, S. — Anmut und Macht, 1970. — F. V. Spechtler (Hrsg.), Die geistlichen Lieder des Mönchs von Salzburg, 1972. — Maria Plain 1674—1974, FS, Salzburg 1974. — 1200 Jahre Dom zu S. 774/1974, FS, Salzburg 1974. — F. Martin, Kleine Landesgeschichte S.s, 1979. — Ausst.-Kat., St. Peter in S., Salzburg 1982. — Ausst.-Kat., Severin zwischen Römerzeit und Völkerwanderung, Linz 1982. — J. Neuhardt, Wallfahrten im Erzbistum S., 1982. — Ders., (Hrsg.), 400 Jahre Franziskaner in S., VIII. Sonderschau des Dommuseums zu S., 1983. — H. Dopsch, Geschichte S.s, 5 Bde., 1983ff. — Beinert-Petri. — K. H. Ritschel, Von S. und Salzburgern, 1984. — L. Hüttl, Marian. Wallfahrten im südbt. und österr. Raum, 1985. — J. Neuhardt (Hrsg.), S.s Wallfahrten in Kult und Brauch. Katalog der XI. Sonderschau des Dommuseums zu S., 1986. — Dehio-Salzburg, 1986. — Ausst.-Kat., Fürsterzbischof Wolf Dietrich von Raitenau. Gründer des barocken S., Salzburg 1987. — J. Brettenthaler, S.s SynChronik, 1987. — I. Schmidt-Sommer und T. Bolschwing, Frauen vor Gott. Geschichte und Wirken der Benediktinerinnenabtei St. Erentrudis auf dem Nonnberg in S., 1990.   *I. Schmidt-Sommer*

Samaria, die griech.-lat. Bezeichnung für das hebr. šomᵉrōn, wie es auch im Staat Israel wieder heißt, war die von König Omri um 870 v. Chr. gegründete Hauptstadt des Nordreichs Israel (1 Kön 16,24). S. wurde nach dreijähriger Belagerung 721 vom Assyrer Salmanassar V. erobert; 720 deportierte Sargon II. 30000 Einwohner und siedelte Fremde dort an. Die Assyrer nannten die Stadt und die dazugehörende Provinz Samerīna. Die Stadt blieb unter den Chaldäern und Persern Provinzhauptstadt. Unter dem Namen Sebaste wurde S. eine hellenistisch-röm. und heidnische Stadt. Um 110 zerstörte sie der Hasmonäer Johannes Hyrkanus; Herodes der Große baute sie wieder auf. Zwischen 180 und 230 war S. eine röm. Stadt. Seit dem 4. Jh. wurde in S. das Grab Johannes des Täufers verehrt. Östlich von S. ließ Kaiser Zeno (474—491) auf dem Berg Garizim eine der Theotokos geweihte, oktogonale Gedächtnisstätte errichten (→ Palästina), die heute das Grab eines islamischen Heiligen birgt.

Die von Sargon II. angesiedelte Mischbevölkerung übernahm neben ihren heidnischen Göttern auch die Jahwe-Verehrung, die sich unter den Persern durchsetzte. Die Samaritaner, wie die Bevölkerung der Stadt und ihrer Umgebung genannt wurde, sprachen einen aramäischen Dialekt, entwickelten aus der althebräischen eine eigene Schrift und übernahmen von den Juden allein den Pentateuch als Hl. Schrift, den »Samaritanischen Pentateuch«, den sie in ihre Schrift umschrieben und auch in ihren Dialekt übersetzten. Nach dem Babylonischen Exil der Juden entfremdeten sich immer mehr von diesen. Die Entfremdung wurde seit dem 2. Jh. v. Chr. zur Feindschaft. Nach Sir 50,25 f. verabscheut Jesus ben Sira »das törichte Volk, das in Samaria wohnt«, das eigentlich »gar kein Volk ist« (vgl. auch Lk 9,51—56). Jesus sucht die Feindschaft zwischen ihnen und den Juden zu überwinden (vgl. Lk 10,30—37; Joh 4,4—42). Er fordert seine Jünger auf, seine Zeugen auch in

S. zu sein (Apg 1,8). Der Diakon Philippus verkündet in S. mit großem Erfolg das Evangelium (Apg 8,5—8).

Die Samaritaner übernahmen von den Juden auch den Glauben an den Messias (tā‵ēb = »der Wiederkehrende«), lehnten den Tempel in Jerusalem ab und hatten ihr eigenes Heiligtum auf dem Berg Garizim. Nach der Eroberung S.s durch die Araber übernahmen sie die arabische Sprache, hielten aber an ihrem Glauben fest und bewahren ihren Pentateuch und dessen Übesetzung in alten Handschriften als einen kostbaren Schatz bis heute. Man schätzt heute ihre Zahl auf ca. 1500 Personen.

Lit.: A. Parrot, S., die Hauptstadt des Reiches Israel, 1957. — R. Bach, Die Siedlungsgeschichte des Talkessels von S., In: ZDPV 74 (1958) 41—54. — G. E. Wright, S., In: BA 22 (1959) 67—78. — J. Bowman, Samaritanische Probleme, 1967. — M. T. Petrozzi, S. (Luoghi santi di Palestina), 1973. — G. Kroll, Auf den Spuren Jesu, ⁵1974. — O. Loretz, Das Prophetenwort über das Ende der Königsstadt S. (Jes 28,1—4), In: Ugarit-Forschungen 9 (1977) 361—363. — R. Pummer, The Samaritans, 1987. — J. P. Rothschild und G. D. Sixdenier, Etudes Samaritaines, 1988. — A. D. Crown, The Samaritans, 1989. — N. Schur, History of the Samartians, 1989. — S. Timm, Die Eroberung S.s aus assyrisch-babylonischer Sicht, In: Welt des Orients 20/21 (1989/90) 62—82. — F. Dexinger, Die Taheb-Vorstellung als politische Utopie, In: Numen 37 (1990) 1—23. — O. Margalith, The Political Background of Zerubbabel's Mission and the Samaritan Schisma, In: VT 46 (1991) 312—323.

J. Scharbert

Sameiro → Portugal

Sammarei, Lkr. und Diözese Passau, Pfarrei Rainding,, Wallfahrtskirche Me Himmelfahrt. Seit ca. 1230 ist hier ein dem Zisterzienserkloster Aldersbach gehöriger Hof mit einer Kapelle bekannt (Verballhornung von Sancta Maria — Sankt Marei — Sammarei). Die Wallfahrt entsteht auf Grund eines Brandes 1619, bei welchem der Hof zugrundegeht, die hölzerne Mkapelle aber erhalten bleibt. Auf Betreiben von Kloster Aldersbach, unter Förderung und Anteilnahme von Kurfürstin Elisabeth und Kurfürst Maximilian von Bayern wird 1629—31 eine prachtvolle Kirche errichtet (kurfürstlicher Maurermeister Isaak Bader d. Ä. aus München, eindrucksvolle und singuläre Altarwand durch Jakob Bendl aus Pfarrkirchen). Die Holzkapelle wird durch den Chor völlig umbaut und bleibt durch die Altarwand hindurch zugänglich.

Die Wallfahrt wird durch das Kloster Aldersbach betreut, das 1690 hier ein Priesterhaus errichtet hatte; 1803 folgte der Einbruch der Verehrung durch die Säkularisation, 1860 aber eine teilweise Festigung durch die Übertragung des Pfarrhofes von Rainding in das ehemalige Priesteraus.

Im 17. und 18. Jh. wurden offensichtlich verschiedene Mbildnisse als Gnadenbilder verehrt, bis sich das heutige Bild durchsetzte, die Kopie eines Originals von Hans Holbein d. Ä. (?) in der Pfarrkirche von St. Jakob in Straubing. Der besondere Reiz der Kirche besteht in ihrer ikonostasenartigen Altarwand und der von dem Chor überbauten Holzkapelle mit ca. 1300 Votivbildern (zurückreichend bis zur Erbauungs-

Sammarei, Andachtsbild von G. B. Göz, um 1760

zeit). Seit den 1960er Jahren wird die Kirche v. a. im Zusammenhang mit dem Wallfahrtstourismus aufgesucht, im 17./18. Jh. muß sie große Bedeutung für die gesamte Region gehabt haben.

Lit.: E. Harvolk, Votivtafeln, 1979. — H. Kalhammer, Das Kultbild auf den Sammareier Votivtafeln des 17. Jh.s, In: Ostbairische Grenzmarken 22 (1980) 39—54. — Dehio-Niederbayern, 1988, 631—635. — J. Kalhammer, Wallfahrtskirche S., 1989.

W. Hartinger

Sammartini, Giovanni Battista, * 1700 oder 1701 in Mailand, † 15. 1. 1775 ebd., erhielt den ersten Unterricht bei seinem Vater, dem franz. Oboisten Alexis Saint Martin. Um 1720 ist S. wie sein älterer Bruder Giuseppe (* 6. 1. 1695 in Mailand, † 17./23. 11. 1750 in London) als Oboist im Orchester des Regio Ducal Teatro in Mailand nachweisbar. Johann Joachim Quantz lobte Giuseppe als den besten Bläser der Stadt, Giovanni hingegen als ihren besten Kirchenmusiker. Während S. 1726 Kapellmeister an San Ambrogio wird, taucht sein Bruder 1729 in London auf, wo er als gefeierter Oboist unter anderem mit Georg Friedrich Händel musiziert und »Meister der Kammermusik« bei Frederick, dem Prinzen von Wales, wird. S. bleibt sein ganzes Leben lang Mailand treu, wo er als Komponist geistlicher und weltlicher Musik hoch geschätzt wird. 1728 wird er zum Kapellmeister der Kongregation des Santissimo Entierro an der Jesuitenkirche S. Fedele ernannt, eine Stellung, die er bis kurz vor seinem Lebensende inne hat. Im Lauf der Zeit gehören immer mehr Kirchen zu seinem Aufgabenbereich, darunter auch ab 1768 die königliche Kapelle S. Gottardo.

Seine größte Bedeutung hat S., der auch hervorragende Kammermusik und Opern geschrieben hat, allerdings auf dem Gebiet der Sinfonie. Zwischen Barock und Klassik stehend, gilt er als der Erfinder der Sinfonie im klassischen Sinn. 1738 führte Antonio Vivaldi eine seiner 85 Sinfonien in Amsterdam auf. Sie verbreiteten sich auch in Frankreich, England, Österreich und Böhmen.

Von den geistlichen Werken sind die meisten verloren, so mehrere Messen und das Weihnachtsoratorium »Gesu Bambino adorato dalli pastori«. Es existieren Libretti zu 35 geistlichen Kantaten, Musik jedoch nur zu acht für die Freitage in der Fastenzeit. Die wenigen auf die Nachwelt gekommenen größeren Werke, Meßteile, Vesperpsalmen, ein Magnificat (Prag 1738) und ein Stabat mater (Mailand 1762) stehen im Spannungsverhältnis von galantem Stil und strengem Kontrapunkt. Die lyrischen Arien zeichnen sich durch ein ausgeprägtes Gefühl für die Bedeutung des Wortes aus. Die dramatischen Rezitative sind reich an chromatischen und dissonanten Akkorden.

Der bedeutendste Schüler S.s war 1737—41 Christoph Willibald Gluck. S. war freundschaftlich verbunden mit Johann Christian Bach; Luigi Boccherini spielte unter seiner Leitung, während Joseph Haydn einen außergewöhnlichen Einfluß S.s auf seine Musik heftig bestritten hat.

Lit.: M. Marley, The Sacred Cantata of G. B. S., Diss., Cincinnati 1978. — MGG XI 1334—43. — Grove XVI 452—458.
J. Schießl

Samoa. 1845 entsandte Bischof Pierre-Marie → Bataillon (1810—[1842]—1877) von der nahen Insel Uéa (Wallisinsel) die Maristenpatres Raudaire, der die Station in Apia begründete, und Louis Violette (1811—87), der sich in Lealatele auf Savai'i niederließ. In Lealatele fand die Mission der Maristen von Anfang an große Unterstützung durch die Tuala-Familie, in Apia durch die einflußreiche Chief-Familie Mata'afa. Vermutlich war der Großvater Mata'afas 1835 auf Uéa gestrandet und von den Missionaren freundlich aufgenommen worden. Raudaire brachte eine Empfehlung des Oberhäuptlings der Wallisinsel mit und ein kath. Ehepaar von dort. Der alte Mata'afa nahm ihn freundlich auf, ließ sich aber erst 1859 taufen, während seine Nichte und sein Sprecher schon bald Katholiken wurden.

Der Herrscher selber, sein Sohn und der Onkel waren große Verehrer der GM und Rosenkranzbeter. Als in den achziger Jahren des vorigen Jh.s der König und Held Mata'afa nach einer verlorenen Schlacht seine Armee zu retten bemüht war, ging er dem Feind mit nur dem Rosenkranz in Händen entgegen. Sein Onkel, der alte Mata'afa Tuituia weckte seine Umgebung kurz nach Mitternacht, um den Rosenkranz zu beten. Er teilte sein Tagewerk nach drei Rosenkränzen ein, von denen er einen am Morgen, einen mittags und einen am »Abend betete. Joseph Mata'afa, genannt der »letzte große Samoaner« († 1912) trug ständig den ihm von Papst Pius IX. geschenkten Rosenkranz um den Hals. Täglich hielt er in seinem Hause eine Andacht mit Kreuzweg und Rosenkranzgebet und bezeugte so sein Christentum und seine MV. Die Kathedrale von Apia ist der Immaculata geweiht.

Lit.: F. Albert, Mataafa, der Held von Samoa, Münster 1906. — J. Darnand, Mataafa, Roi de Samoa, In: Annales des Missions de l'Océanie 13 (1911/12) 153—170. — J. Schmidlin, Die kath. Missionen in den dt. Schutzgebieten, Münster 1913. — J. Darnand, La Vérité eucharistique et le témoinage de Samoa. Discours proncé au Congrès de Sydney, In: Anales de Marie 4 (1928/29) 264—274. — J. Darnand, Aux îles Samoa, 1934. — Manoir V 483—493. *H. Rzepkowski*

Samstag, Gedächtnis der seligen Jungfrau 𝔐 am S. (Memoria sanctae Mariae in sabbato); Commune-Messen von der sel. Jungfrau 𝔐 (Commune beatae Mariae Virginis); → Votivmessen von der GM.

San Lorenzo de el Escorial. Die Verehrung 𝔐s in Villa de El Escorial und S. (Unterer und Oberer El Escorial) — in einem breiten Tal unterhalb der Bergkette von Las Machotas, 50 km nordwestlich von Madrid gelegen — , geht wie an zahlreichen Wallfahrtsorten Spaniens auf die Überlieferung zurück, daß ein 𝔐bild, das beim Einfall der Mauren durch Bewohner in einem Versteck in Sicherheit gebracht worden war, nach der Rückeroberung des Landes von Christen wiedergefunden wurde; die Tradition besagt, daß ein solches Bild im Wald von Herrerías nahe der Siedlung Fuentelámparas von Christen, die das Tal wieder besiedelten, gefunden wurde. Der Name der Siedlung, der soviel wie »Lichtquelle« bedeutet, weist darauf hin, daß man durch einen Lichtschimmer auf das Versteck der Statue aufmerksam wurde, insofern liegt eine mit Santiago de Compostela (»Sternenfeld«) vergleichbare Tradition vor.

Aller Wahrscheinlichkeit nach war die Siedlung ein Wehrdorf gegen die Raubzüge der Mauren, das bei der Pest von 1340 verlassen wurde. In Villa de El Escorial, einer Gründung aus dem 14. Jh., wurde das Gnadenbild später aufbewahrt. Das neue Kloster trat an die Stelle der Wallfahrtskapelle von Herrerías; das Gnadenbild kam jedoch in die von Philipp II. gestiftete, von Juan de Herrera (dem Nachfolger des ersten Baumeisters Juan Bautista de Toledo) erbaute Pfarrkirche von Villa de El Escorial, in die Kapelle ULF von Herrerías, der Schutzpatronin der Villa (Fest am ersten Sonntag im September).

Da die Gegend von Las Machotas ein bevorzugter Ort für Einsiedler war, diente auch die

Wallfahrtskapelle Virgen de Gracia (Jungfrau der Gnade) einem Einsiedler als Klause. Dieser Titel weist auf die Besiedelung des Gebietes durch Eroberer aus dem Norden hin, wo die Anrufung »gratia plena« sehr verbreitet war (vgl. die Erzählungen des Raimundus → Lullus), und auf den lebendigen Glauben an die UE ⟨M⟩s im Spanien des 14. Jh.s; in der Kirche befindet sich außer einem Bild der Assumpta auch eine Plastik der Immaculata. Der Hauptwallfahrtstag zur Virgen de Gracia ist der 25. April (Fest des hl. Markus). Wie ULF von Herrerías wird die Kapelle der Virgen de Gracia von einer bis heute bestehenden Bruderschaft betreut.

Mit der Errichtung des Klosters von S. gewann die Gegend an Bedeutung, und durch das Wirken der Mönche erfuhr die MV neue Impulse. 1561 erwarb Philipp II. die Ländereien, auf denen das Klsoter errichtet werden sollte; die Bauarbeiten wurden am 23.4.1563 unter der Leitung des Architekten Juan Bautista de Toledo begonnen und am 13.9.1584 unter Juan de Herrera fertiggestellt; die Mönche, die bereits 1562 nach El Escorial gekommen waren, halfen bei der Durchführung der Arbeiten. Die Zerstörung einer Kirche in der Schlacht von Saint Quentin, am Fest des hl. Laurentius (10.8.1557), mag Anlaß gewesen sein, das neue Kloster dem span. Martyrer zu weihen; die Gründe jedoch, die den König zum Bau dieses »achten Weltwunders« bewegten, gehen aus der Übergabeurkunde des Klosters hervor und spiegeln die geistig-rel. Weltanschauung unter den ersten Habsburgern, im »Goldenen Zeitalter Spaniens«, wider: als Dank für alle Wohltaten, die das Reich und Königshaus vom Dreifaltigen Gott und der Mutter des Erlösers erfahren hatte, als würdige Grabstätte für seine Eltern und um des Gebetes der Mönche willen, mit dem sie für das Wohl des Reiches und das Heil seiner Untertanen eintreten sollten.

In der Basilika des Kloster-Palastes von S. wird ⟨M⟩ besonders als NS del Patrocinio verehrt. Philipp II., der die Statue hatte anfertigen lassen, ließ sie in der Nische einer Treppe aufstellen, die von seinem Zimmer zur Basilika führte. Der Name des Gnadenbildes geht darauf zurück, daß der König täglich vor diesem Bildnis den Schutz seines Reiches der GM anvertraute. Ein besonderes Anliegen war ihm die Dogmatisierung der UE; auf seine Anregung hin gewährte Papst Alexander VII. den Verehrern des Bildes verschiedene Gnadenerweise und genehmigte für die Feier des Patroziniums (5. August) eigene Hymnen und ein eigenes Meßformular.

Heute wird das Bild in der Basilika als die Schutzpatronin des oberen Escorial verehrt. Zahlreiche weitere ⟨M⟩bilder berühmter Maler und Bildhauer befinden sich dort, beispielsweise die beliebten Darstellungen NS de la Consolación und Virgen del Buen Consejo, eine Kopie des röm. Originals.

Den Hieronymus-Eremiten (Jeronimos), die das Kloster von Guadalupe in Estremadura (Spanien) betreuten, wurde auch S. anvertraut; als große ⟨M⟩verehrer förderten sie die marian. Tradition von El Escorial sehr. Nach der Auflösung ihres Ordens übernahmen 1885 Augustiner-Eremiten das Kloster und gründeten die bis heute von ihnen geleitete Schule und Sommeruniversität. Sie stellten in der Kirche das Bild NS de la Consolación auf. Nach der Traditon der Augustiner-Eremiten stellt das Bild dar, wie der Gürtel der GM von ⟨M⟩ und dem Jesuskind gehalten wird — daher auch die Bezeichnung NS de la Correa.

Von großer Bedeutung für Mariol. und Bibliophilie ist die von Philipp II. mit mehr als 4000 Bänden sowie zahlreichen Manuskripten beschenkte Klosterbibliothek. In ihr befindet sich ein Exemplar der Cantigas de S. Maria von → Alfons X. von Kastilien, dem Weisen, das zwar nicht das älteste, wegen seiner herrlichen Illuminationen aber wohl das schönste erhaltene Exemplar ist.

Lit.: M. Mateos Redondo, NS Virgen de la Herrería, El Escorial. — G. Sabau, Historia del culto a la Virgen de Gracia. — A. San Miguel, Hermandad de romeros de la Virgen de Gracia, San Lorenzo del Escorial. — R. Mayorga, La imagen de NS del Patrocinio, In: La Ciudad de Dios XCI, San Lorenzo de El Escorial 1912. — L. Niño Azcona, Felipe II y la villa de El Escorial, 1934. — M. López Serrano, Cantigas de Santa Maria, 1984. — Ders., El Escorial, 1989. — M. T. Ruiz Alcón, Real Monasterio de El Escorial, ²1989. *G. Rovira*

San Pedro, Diego de, span. Dichter und Prosaautor der 2. Hälfte des 15. Jh.s, über dessen Leben nur wenig Sicheres bekannt ist (nicht zuletzt da er gelegentlich mit einem gleichnamigen Dichter aus der Zeit Juans II. und noch einer anderen Persönlichkeit verwechselt wurde). Er gehörte vermutlich dem Kleinadel an; er selbst gibt an, daß er im Dienst des Don Juan Télles-Girón, Graf von Urueña gestanden habe. Über seinen möglichen Stand als Laienbruder existieren keine schriftlichen Zeugnisse. Er widmete fast sein gesamtes Werk der Kommentierung und Analyse der Liebe. Er schrieb zwei Romane, in deren Mittelpunkt die Liebe und das Gefühl stehen: »Tractado de amores de Arnaldo y Lucenda« und »Cárcel de amor«, ein für die Gattung modellhaftes Werk. Er schrieb weiterhin einen »Sermón« in Art einer kurzen »ars amatoria«; »La Pasión trobada«, ein langes Gedicht über einen Teil des Lebens Christi, das sich vier Jh.e lang großer Beliebtheit beim Volk erfreute; etwa 30 kürzere Gedichte, von denen die meisten zum ersten Mal im »Cancionero General« des Herando del Castillo von 1511 veröffentlicht erscheinen. Das Spätwerk »Desprecio de Fortuna« trägt phil. Charakter; es beginnt mit einem Ausdruck der Reue über seine bisherigen Schriften zur Liebe als einem leichtfertigen und unmoralischen Thema.

In »Cárcel de amor« spricht S. zweimal in für die Epoche charakteristischer Vermischung von Heiligem und Profanem von ⟨M⟩: Es gäbe keine größere Sünde als nicht anzuerkennen, welches Heil uns durch M gekommen sei, denn »sie befreite uns von Strafe und ließ uns der himmlischen Herrlichkeit würdig werden, sie rettet, stützt, führt und erleuchtet uns; um ihretwillen, die Frau war, verdienen alle die anderen höchsten Preis«. An anderer Stelle wird die Güte Ms unterstrichen.

Unter marian. Aspekt bedeutender sind die Werke »Pasión trobada« und »Siete angustias de Nuestra Señora«. Im ersten Werk erscheint das zentrale Thema des Leidens Christi unterwoben mit dem Thema der Compassio Me. Der Autor entfernt sich von rel. Strömungen, wie der Devotio moderna, in denen bei der Betrachtung der Passion die Gestalt Christi absolut im Mittelpunkt steht, und folgt der franziskanischen Mtradition. Als Quellen dienen ihm die Evangelien und die Meditationen des → Ps.-Bonaventura. Er schafft so ein Werk von lebhafter Dramatik, voll von Momenten eines tragischen Pathos in einem allgemeinen Klima von Schmerz und Angst, in dem nicht eine einzige Note des Triumphes erscheint. M ist v. a. Mutter, die mit wundem Herzen den Qualen ihres Sohnes folgt. »Traurige Mutter«, »untröstliche«, »schmerzensreiche«, »wird sie nun heißen / die unglücklichste, / die in der Welt geboren ward« (Strophe 84). Als »Frau in Kümmernissen«, »unglückliche« und »schmerzvolle« erhebt sie ihre verzweifelte Stimme und fragt, warum das höchste Gut solche Leiden zu tragen hat. Die »Königin des Himmels« und »glorreiche Jungfrau« sinkt ohnmächtig vor dem Gekreuzigten nieder und fühlt sich »lebend und tot«. Den Hintergrund des langen Gedichtes bildet die Anrufung Ms als Mittlerin: »Oh du, heilige Jungfrau, / die du die Schmerzen erlitten hast, / wollest vor Gott / feste Fürsprecherin sein / für uns Sünder« (Strophe 264 A).

In den »Siete angustias de Nuestra Señora«, einem Werk, das als Teil der ersten bekannten Ausgabe des »Tractado de amores de Arnaldo y Lucenda« (Burgos 1491) erschien, orientiert sich S. an den gelungenen Passagen der »Pasión trobada« und erreicht wie dort höchste Gefühlsintensität. Er verzichtet auf viele realistische Details und konzentriert seine Aufmerksamkeit auf die Kraft der Gefühle. Er ruft die »preiswürdige Jungfrau« und »Führerin der Menschen« an und bittet: »Laß mich dein Leiden fühlen, / laß mich meines vergessen« und behandelt dann die »sieben Schwerter«, die das Herz Ms durchbohrten (die Weissagung des Simeon, den Verlust des Jesusknaben im Tempel etc.). Der Schmerz ohnegleichen der »qualvollen Jungfrau«, »der traurigsten, die in die Welt geboren wurde«, ist der zentrale Kern des Werkes. Wiederum erscheint M v. a. als Mutter.

WW: Obras completas, 3 vols., hrsg. von K. Whinnom, 1979. — Cárcel de amor, hrsg. von E. Moreno Báez, 1974. — Obras, hrsg. von S. Gili Gaya, 1976.
Lit.: M. Menéndez Pelayo, Orígenes de la novela II, 1943. — J. I. Ferreras, La novela en el siglo XVI, 1987.
P. Hernández Mercedes

Sanabria Martínez, Víctor, * 17. 2. 1899 in San Rafael, Oreamuno (Costa Rica), † 9. 6. 1952 in San José, studierte in Rom Theol. und Recht, wurde 1921 Priester, 1938 Bischof von Alajuela und folgte 1940 als zweiter Erzbischof von San José Erzbischof Rafael Otón Castro Jiménez. S. widmete sich dem Ausbau der Diözese und wirkte bes. im Sozialbereich. Er förderte das Laienapostolat in den Familien und Schulen. Er war Mitglied der Akademie für Geschichtsforschung von Costa Rica und ein anerkannter Autor historischer Werke. Sein Hauptwerk ist eine kritische Untersuchung zu den Erscheinungen der »Santíssima Vírgen de los Angeles« (Documenta historica Beatae Mariae Virginis Angelorum, San José 1945). Es behandelt die Geschichte des Gnadenbildes und der Wallfahrten des Heiligtums ULF von den Engeln in Cartago, der Hauptpatronin von Costa Rica, das seit 1635 verehrt wird und 1926 feierlich gekrönt wurde. S. veröffentlichte außerdem eine Reihe von Arbeiten zur Kirchengeschichte von Costa Rica.

Lit.: T. Zúñiga M., Dos sedes vacantes y Monseñor Sanabria, 1953. — R. Blanco S., Monseñor Sanabria, 1962. — Ders., Historia eclesiástica de Costa Rica, 1967. *H. Rzepkowski*

Sances, Giovanni Felice (Sanci, Sanes, Sancies), * ca. 1600 in Rom, † 12. 11. 1679 in Wien, ital. Sänger, Komponist und Lehrer, seit 1636 in Österreich tätig, Sohn des Sängers Lorenzo S., Schüler von Romano Micheli. 1614 tritt S. als Musiker in die Dienste des röm. Kardinals Montalto und ist auch in Bologna und Venedig tätig. 1636 findet in Padua die Uraufführung seiner ersten Oper »Ermiona« statt und noch im gleichen Jahr tritt er als Sänger in die Hofkapelle Kaiser Ferdinands III. in Wien ein, wo er 1649 Vizekapellmeister und 1669 Kapellmeister wird. Zusammen mit Antonio Bertali spielt er eine bedeutende Rolle bei der Etablierung ital. dramatischer Musik am Wiener Hof. Sein Stil ist einerseits geprägt von der Monodie (seine monodische KM verweist auf venezianische Vorbilder), doch finden sich auch polyphone Techniken (die mehrstimmige KM steht in der röm. Tradition). S. gilt als einer der ersten Komponisten, die die Bezeichnung »cantata« benützen. Neben zahlreichen weltlichen Vokalwerken schrieb S. Messen, Motetten und Psalmvertonungen. Seine marian. Kompositionen: Antiphonae e letanie della beata vergine für 2—8 Stimmen und Basso continuo (Venedig 1640), Antiphonae sacrae Beatae Mariae Virginis per totum annum für 1 Stimme und Basso continuo (Venedig 1648), 25 Magnificat-Vertonungen, 92 marian. Antiphone sowie das Sepolcro »Le sette consolazioni di Maria vergine« (Wien 1670).

Lit.: P. Webhofer, G. F. S. (ca. 1600—79): biographisch-bibl. Untersuchung und Studie über sein Motettenwerk, 1965. — MGG XI 1346—48. — Grove XVI 461—463. *P. Böhm*

Sánchez, Miguel, * 1606 (?), † 1674, Oratorianer, Bakkalaureus. Seine Einstellung und Schriften wurden für die Deutung und Einordnung der Ereignisse von →Guadalupe/Mexiko von entscheidender Bedeutung. In den Schriften und Predigten des 17. Jh.s werden sie aus mexikanischer Sicht neu gedeutet, wobei Guadalupe zum Vorboten einer neuen Ordnung wird. An der Spitze dieser Gruppe steht S., der 1648 das erste Buch über Guadalupe veröffentlichte. Dieser erste vollständige Erscheinungsbericht ist eine bewegende bildreich gestaltete Erzählung, in der alle (Indios, Mestizen und Spanier) in der Virgen de Guadalupe »ihre Mutter« finden. S. ist der erste »Guadalupe-Evangelist« (Fr. del la Maza), der zweite ist Lasso de la Vega (1600 [?]—60 [?]), der dritte Luis Becerra Tanco (1603—72) und der vierte Francisco de Florencia (1620 [?]—95)

Die span. Conquista wird in S.' Buch als Voraussetzung dafür gerechtfertigt, daß sich die GM in dem von ihr gewählten Land kundtun konnte, um so in →Mexiko ein neues Paradies zu begründen. So wie Israel auserselhen war Jesus Christus der Welt zu schenken, so ist Mexiko dazu erwählt, die Jungfrau von Guadalupe hervorzubringen. Sie ist die Frau der Apokalypse (Offb 12,1), die dazu bestimmt ist, die Prophetie aus Dtn 8,7—10 zu erfüllen und die Mexikaner ins Gelobte Land zu führen. Wobei das koloniale Mexiko zur Wüste Sinai wird und das unabhängige Mexiko dagegen das Land wird, in dem »Milch und Honig« fließen

S.' theol. Deutung versucht in den Erscheinungen von Guadalupe, die Erfüllung des 12. Kapitels der Apokalypse zu sehen. M erscheint wie das große Zeichen am Himmel; indem sie zur »Mutter aller« wird, werden auch Eigenschaften der Kirche in ihr sichtbar. Diese wird Juan Diego (1474—1548) als dem zweiten Johannes gezeigt. Es werden weitere Parallelen gezogen: der Erzengel Michael ist Hernán Cortés, die Engel sind die Konquistadoren, der Drachen wird als Götzenkult gedeutet, die Sonne ist das ausgetrocknete Hochland, der Mond hingegen die Lagunen von Mexiko und die Sterne ein Hinweis auf Mexiko, das »neue Paradies«. Diese theol. Deutungen überschreiten den Bibeltext, um aber seine Interpretation zu unterbauen, greift S. auch auf patristische Texte, bes. auf Augustinus zurück. So findet er in der Hl. Schrift den Hinweis auf die Jungfrau von Guadalupe und auf die Geschichte des mexikanischen Volkes. Seine Deutung und die Verbindung von Guadalupe mit der Apokalyse wird in zahlreichen Schriften und in der Predigtlitertaur des 18. und 19. Jh.s in Mexiko aufgegriffen.

WW: Imagen de la Virgen María Madre de dios de Gvadalupe, milagrosamente aparecida en la Civdad de México. Celebrada en su historia, con la profecía del capítolo doze del Apocalipsis, México 1648; Neudr.: Cuernavaca 1952.
Lit.: Fr. de la Maza, El Gudalupanismo Mexicano, 1953; Neudr. 1981. — Ders., Los Evangelistas de Guadalupe y el Nacionalismo Mexicano, In: Cuadernos Americanos 8 (1949) 163—188. — E. de la Torre Villar und R. Navarro de Anda (Hrsg.), Testimonios Históricos Guadalupanos, 1982. — R. Nebel, Santa María Tonantzin Virgen de Guadalupe. Rel. Kontinuität und Transformation, 1992. *H. Rzepkowski*

Sancta Maria, quid est. Hymnische Beschreibung der Prozession zu Ms Himmelfahrt in 33 epanaleptischen Distychen, im Jahr 1000 verfaßt. Die bedeutende Dichtung schildert die Pracht des nächtlichen Zuges, die Fackeln und die Kränze, die Freude und das Lärmen des Volkes. Roma wird angerufen, die ihrer ehemaligen Herrlichkeit nachtrauert: Sie wird mit ihrer neuen Würde getröstet. Da klagt sie sich ihrer früheren Verirrungen an und bekennt ihre Reue, die zu neuem, würdigerem Glanz führt. Sie spricht nun ihrerseits von der Prozession, von dem (aus S. Lorenzo) mitgeführten Christusbild, dem Bild Ms und von dem feierlichen Gesang: »Sistitur in solio Domini spectabile signum, Theotocosque suo sistitur in solio ... Dat schola Graeca melos et plebs Romana susurros, Et variis modulis dat schola Graeca melos.« Eine abschließende »Invitatio ad orationem« erfleht den Schutz und Beistand der GM für das röm. Volk und Kaiser Otto III.

Ausg.: MGH Poetae V 2, 466—468. — C. Vogel und R. Elze, Le pontifical romano-germanique du dixième siècle I, 1963, 138—140. — AHMA 23, 74. — Meersseman I 162.
Lit.: Chevalier 18383. — Schaller-Könsgen 14604. — Walther 17208. — Szövérffy I 345—347. — P. E. Schramm, Kaiser, Rom und Renovatio, ²1957, 150—152. — Meersseman I 74f. — M. Garrido Bonaño, Los himnos medievales en la fiesta litúrgica de la asunción, In: Scripta de Maria 9 (1986) 39—58. — P. Riché, Gerbert d'Aurillac, le pape de l'an mil, 1987, 220f.
G. Bernt

Sanctus und Agnus Dei umschließen im weiteren Sinne den Canon Missae. Beide Gesänge erfahren im Laufe der Jh.e einen Wandel hinsichtlich ihres Textes und ihrer Melodie. Ihre Anfänge sind zumindest in Rom dunkel, aber in morgenländischer und abendländischer Liturgie früher Jh.e ist v. a. der Gesang des S. hochangesehen (Brightman-Hanssens).

1. Sanctus (der heute vierte Gesang des seit dem Ende des MA sog. Ordinarium Missae mit gleichbleibendem Text für alle Feste und Zeiten des Kirchenjahres) setzt die vielfältig abgewandelten Präfationstexte fort und gehört zum alten Grundstock der Messe.

Spätestens seit dem 4. Jh. kennt die byz. Liturgie als festen Bestandteil ein doppeltes Trishagion (Dreimalheilig der Seraphim): Zum einen jenes, das dem S. der Messe entspricht und Epinikion (Siegeslied) genannt wird (Euchologion des Serapion v. Thmuis [339—362], ed. J. Quasten, In: Florilegium Patristicum VII, 1935, 48—67) und zum andern jenes, das die Liturgie in den Improperien des Karfreitags lat. und griech. singen läßt. Der Text des Epinikion ist biblischen Ursprungs; er basiert auf Jes 6,3 und Mt 21,9. Das Trishagion entstammt möglicherweise dem jüdischen »Schema« (Dölger 121). Dabei fällt auf: Der Text des Dreimalheilig divergiert von dem biblischen Grundtext und auch von der in Synagoge und Tempel gebräuchlichen Version. In der Vulgata lautet der Text: »Sanctus, sanctus, sanctus Dominus Deus exercituum, plena est omnis terra gloria eius«. Obschon im 3. Jh. die Eucharistia Hippolyts

(EnchP 390) das Gebet beiseite läßt, soll — wie der Liber Pontificalis (Duchesne I 128) behauptet — Papst Sixtus I. (115—125) das S. in die Messe eingeführt haben. Die Eucharistiefeier der Urkirche enthält bereits das von Gläubigen und Zelebranten gesprochene (vielleicht auch schon gesungene) S. Denn zum Urbestand christl. Liturgie gehören Gebete wie die Präfation; an ihrem Schluß fordert sie die Anwesenden auf, zugleich mit den himmlischen Heerscharen die Stimme zum Trishagion zu erheben (Constitutiones Apostolorum VIII, 12,27; ed. C. Kirch).

Im Abendland übernimmt vom 3. bis zum 6. Jh. — in hohem Maße wohl seit der Lateransynode (382) unter Papst Damasus I. (366—384 [Ambrosiaster, PL 17,45—508, bes. 255; Klauser 467ff.; dagegen: Mohrmann]) — das Lat. die Funktion der bisher griech. Kultsprache. Hier wird das S. relativ spät heimisch. Weder Ambrosius noch Augustinus erwähnen es. Erstmals bezeugt die zwischen 400 und 500 entstandene Schrift »De Spiritu Sancto« (PL 17,1005—12) den Gesang des S.

Auch in gallischen Kirchen war das S. zumindest in der feierlichen Messe etabliert; das Konzil von Vaison (can. 3) ordnet 529 das Trishagion sogar für die stille Messe an. In Gallien war das S. Gemeindegesang, wie Caesarius v. Arles (470/471—542) in seiner Predigt bezeugt, in der er die Unsitte bitter beklagt, das Gotteshaus nach den lectiones zu verlassen, und fragt: »Wem soll der Priester das ›Sursum corda‹ zurufen, und wie sollen alle das Trishagion gemeinsam singen, wenn sie sich draußen auf der Straße herumtreiben und zugleich mit Körper und Geist abwesend sind?« (PL 78,271). Dabei wird nirgends der Gesang des S. ausdrücklich der Schola Cantorum zugewiesen; darum fehlt auch 830 ein Hinweis bei Aurelianus Remigiensis (Gerbert, Scriptores I 60ff.). Als Gemeindegesang besteht in Gallien das S. fort, nachdem dort die röm. Liturgie eingeführt worden war. Fränkische Könige verstehen den symbolischen Sinn dieser Gewohnheit sehr wohl und schärfen ihn in ihren Capitularien ein (MGHCap. II, ed. A. Boretius und V. Krause, 1890—97, Cap. I 66; VI 170). Eines davon bestimmt, der Zelebrant solle mit dem »Te igitur« fortfahren, bis der engl. Lobgesang ganz beendet sei. Die Priester waren gehalten, das S. mitzusingen, eine Vorschrift, die Bischof Herardus v. Tours 858 bezeugt (PL 7,272).

Das Benedictus ist — wie Caesarius v. Arles in seinem Sermo 73,3 (PL 39, 2277) bezeugt — zuerst auf gallischem Boden mit dem S. verbunden worden. Es ist auch heute im Munde des Zelebranten kein selbständiger Gesang, sondern — von dem zweimaligen, gegenüber Mt veränderten und formelhaft stilisierten Hos(i)anna-Ruf umrahmt — der Schluß des S. Die von Baumstark vertretene und von Eisenhofer aufgenommene These, die Heimat des Benedictus sei Jerusalem, muß wohl als entkräftet gelten. Aus arianischen Fragmenten geht indes hervor, es gab auch lat. Liturgien, die ohne diesen Gesang im Anschluß an die Präfation unvermittelt fortfuhren: »per quem petimus et rogamus« (Gamber).

Röm. Ordines bestimmen, die subdiaconi regionarii — die dem Papst in der Stationskirche ministrierenden Subdiakone verschiedener Distrikte — sollen das S. singen (PL 78,945). Sobald sie geendet haben, beginnt der Papst den Canon Missae (PL 78,1033). Der Wandel des Gesanges bis zu seiner Gestalt von heute ist weder zufällig noch einem bewußten Plan entsprungen (Peterson 43ff.), sondern organisch gewachsen. Quellen zur lat. Messe in Rom fließen indes bis zum 8./9. Jh. spärlich; sie überliefern kaum einen anderen Text als den heute gebräuchlichen (Jungmann I 63).

Relativ früh, mindestens vom 12. Jh. an, gibt es da und dort zwei- und dreistimmige Vertonungen des S. in mensural notierten Codices. Der Einfluß der Komponisten des ausgehenden MA, die in ihren mehrstimmigen Messen das S. oft so ausdehnen, daß das Benedictus erst nach der Wandlung gesungen werden kann, läßt Sänger mehr und mehr das Bewußtsein verlieren, daß das Benedictus eng mit dem S. verbunden ist. Im 15. und 16. Jh. wird zu Rom das S. in feierlichen Messen nicht mehr choraliter, sondern mehrstimmig gesungen. Die Gewohnheit, das Benedictus nach der Wandlung erst bei der Elevation zu singen, bekommt Gesetzeskraft (PL 78,249). Indes ist der Usus für das einstimmige S. irrelevant.

Der Bestand einstimmiger S.-Melodien des MA kann seit der Publikation eines 231 verschiedene S.-Weisen umfassenden Initien-Katalogs (Thannabaur) zu einem erheblichen Teil als erschlossen gelten. Heute kennt die Praxis der röm. Kirche davon bloß 21 Melodien, wovon der Thematische Katalog eine — das Sanctus der X. Messe der Editio Vaticana — beiseite läßt; sie ist eine Akkomodation oder Adaptation eines ma. → Tropus auf den S.-Text. Das Graduale Sacrosanctae Romanae Ecclesiae (1979) reserviert die X. Messe (Alme Pater) aus dem 11. Jh. ausdrücklich für Feste und Memorien BMV, für Solemnitates et Festa BMV die IX. Messe (Cum jubilo) aus dem 10.—14. Jh. In vor- und nachkonziliarer Zeit erklingt die Missa Hispanica — als VIII. Messe (De Angelis) — aus dem 12.—16. Jh. zuweilen auch an 𝔐festen. Der Initien-Katalog der S.-Melodien umfaßt — ausgenommen engl., irische und nordische Quellen — Manuskripte vom 11. bis 16. Jh. Bis in das 10. Jh., in dem schriftliche Tradition einsetzt, ist die musikhistorische Forschung auf Hypothesen angewiesen. Bis dahin können die Gesänge möglicherweise einen stilistischen Wandel erfahren haben, wie etwa zwischen dem 10. und 16. Jh. So muß die allgemein als ältestes S. bezeichnete Melodie aus der XVIII. Messe der Editio Vaticana — sie wurde erst in neuerer Zeit vom 13. auf das 11. Jh. zurückdatiert — als Spätform einer ursprünglich reicheren Melodie angesehen werden; da ihr Archetypus verlorengegangen ist, entzieht sie sich einer annähernd sicheren Datierung. Im 11. und 12. Jh. erreicht das Neuschaffen einen Höhepunkt, den das 15. Jh. einzig im Hinblick auf Quantität überbietet. Vom 16. Jh. an nimmt das Neuschaffen einstimmiger S.-Melodien mehr und mehr ab und versiegt im 19. Jh. ganz. Der innere Zusammenhang mit der einstimmigen Kunst des hohen MA war völlig verloren gegangen.

Mehr als ein Drittel aller einstimmigen S.-Weisen ist mit — zum Teil auch marian. — Tropen überliefert. Dabei sind S.-Gesänge selten ganz tropiert. Interpolationsstellen sind indes anzusetzen nach jedem der drei S.-Rufe, nach »Sabaoth«, nach »gloria tua«, nach dem ersten »in excelsis« und nach »in nomine Domini«; Hosanna-Interpolationen stehen in der Regel nach dem Wort »Hos(i)anna«, wobei meist das zweite, dem Benedictus folgende tropiert wird, kaum das erste und zweite.

Beispielsweise überliefert ein Engelberger Cantionale von 1372 (Cod. ms. Engelbergensis 314) folgenden marian. S.-Tropus: »Sanctus, Ave, nobilis virga Jesse,/ Ave, auctrix salutis nostrae/, O Maria. Sanctus, Ave, fons misericordiae,/ Ave, spes et vita veniae,/ O Maria. Sanctus, Ave, regina caelestis curiae,/ Nos perduc de hac valle miseriae,/ O Maria. Dominus Deus Sabaoth, Salve, lux mundi, verbum patris,/ Jesu, nos salva/ ob honorem matris. Pleni sunt caeli (et terra. Hosanna) in excelsis. Vera hostia, caro viva,/ Fac, ut laetemur/ cum virgine diva. Benedictus, qui venit in nomine Domini, Integra deitas, verus homo,/ Da nos perfrui caelesti domo. Hosanna in excelsis.«

Zum Fest Purificationis BMV notiert ein Prosarium des Jahres 1507 aus St. Gallen (Cod. ms. Sangallensis 546): »Sanctus, qui prophetizatus, Sanctus Deus incarnatus, Sanctus de Maria natus/ Et in mundo conversatus/ Nos redemit pretio. Dominus Deus (Sabaoth, pleni sunt caeli et terra) gloria tua, Qui a virgine Maria,/ Quae caelorum vere viam/ Nobis nunc aperuit. Hosanna in excelsis. Benedictus Mariae natus/ Qui ad templum deportatus/ Venit in nomine Domini. Hosanna in excelsis.« Weitere S.-Tropen edieren die AHMA (47, vereinzelt auch 1. 20. 21. 48. 50). Die Melodik der S.- und Hosanna-Tropen ist weitgehend unerforscht. Man darf wohl annehmen, daß die textlose Form die ältere ist. Agnus Dei und in geringem Umfang auch das Kyrie benutzen zuweilen gleiche Melodien wie das S.

2. *Agnus Dei* ist der letzte der fünf Gesänge des Ordinarium Missae. Agnus Dei (Lamm Gottes) bezeichnet den in der Eucharistie als Opfergabe gegenwärtigen Christus (Offb 5,6). Der Text setzt sich zusammen aus der zuerst von Johannes dem Täufer gebrauchten Anrufung »Agnus Dei qui tollis peccata mundi« (Joh 1,29) und der daran anschließenden Bitte »Miserere nobis«, dreimal wiederholt, das dritte Mal später »dona nobis pacem«, in der Totenmesse »dona eis requiem« (seit dem 10.—11. Jh. »dona eis requiem sempiternam«). In der Laterankirche schließt auch das dritte Agnus Dei mit »miserere nobis«. Als Gesang zum Brotbrechen ist das Agnus Dei ein Element orient. Liturgie, das dort seit dem 6. Jh. geläufig ist (Bishop 373 f.). Wie auch das Kyrie — zuerst Bestandteil der (Allerheiligen-)Litanei, wo es gegen Ende eine feierliche Steigerung bedeutet — taucht das Agnus Dei als selbständiger Gesang in kirchlicher Gesetzgebung relativ spät, nämlich am Ende des 7. Jh.s, auf. Der auch sonst liturg. interessierte Papst Sergius I. (687—701), selbst syr. Herkunft, führt den Gesang — im Zuge erheblicher Emigration griech. Kleriker aus den vom Islam überfluteten Gebieten des Ostens, v. a. Syriens — in die röm. Messe ein und macht seinen Gebrauch zur Pflicht (PL 1,376). Röm. Ordines lassen nach der Akklamation auf die »Pax Domini« den Archidiakon das Zeichen zum Beginn des Agnus Dei geben, das die Brechung des konsekrierten Hostienbrotes begleitet (PL 78,946 und 975); es wird von Klerus und Volk gesungen (PL 78,984—101. 1270), wohl darum sind die Melodien einfach (Andrieu III 273). Seit dem 10. Jh. und später kommen neue, reichere Gesänge hinzu (Ursprung 57), zumal nun eine Schola Cantorum das Agnus Dei vorträgt. Um diese Zeit verliert der Gesang seine ursprüngliche Funktion, da die Brechung mehr und mehr entfällt (PL 114,950) oder mit dem Agnus Dei kaum noch substantiell verbunden ist (Fischer 48). In Gallien bleibt man dem ursprünglichen Gebrauch länger treu als in Rom, indem alle am Altar dienenden Kleriker, zuweilen auch das ganze Volk, das Agnus Dei singen, nicht bloß die Cantores. Wie Rhabanus Maurus berichtet, begleitet in röm.-fränkischer Liturgie der Gesang nun die Pax Domini (PL 107,324; 119,71) und wird Kommuniongesang (PL 96,1500; 78,990 und 994), wobei nach der Pax Domini bloß ein Agnus Dei gesungen wird, das zweite und dritte erst nach der Kommunion (Fischer 85 f.). Bis 1780 erklingt in Lyon außerhalb pontifikaler Liturgie überhaupt bloß ein Agnus Dei (Buenner 280 f.).

Grundsätzlich sind die zur Messe sich zusammenfügenden fünf Gesänge (Kyrie, Gloria, Credo, Sanctus und Agnus Dei) musikalisch voneinander unabhängig. Gleichwohl ähnelt das Agnus Dei oft dem vorausgehenden S. (selten dem Kyrie), wie auch die schriftliche Tradition seit dem 10. und 11. Jh. zum einen Kyrie und Gloria und zum andern S. und Agnus Dei paarweise zusammen verzeichnet. Auch von anderen Gesängen, wie Cantiones, marian. → Antiphonen, Tropen und → Responsorien mit ihren Versen, entlehnt das Agnus Dei seine Melodien.

Beinahe ebensoviele einstimmige Agnus- wie S.-Melodien sind mit marian. Tropen überliefert. Ein Troparium des 13. Jh.s aus St. Gallen (Cod. ms. Sangallensis 383) notiert beispielsweise: »Agnus Dei, qui tollis peccata mundi, Christe, theos agye, salvator orbis, nate Mariae, miserere nobis./ Agnus Dei, qui tollis peccata mundi, Unica spes veniae, via vitae, nate Mariae, miserere nobis./ Agnus Dei, qui tollis peccata mundi, Pacis primiciae, patris hostia, nate Mariae, dona nobis pacem.« Ein Troparium des 14. Jh.s aus dem Augustiner-Chorherrenstift Dießen (München, Bayer. Staatsbibl., clm. 5539) überliefert: »Agnus Dei, qui tollis peccata mundi, Ave, Maria,/ Fide plena,/ Sponsa Christi, spes serena,/ Frange leti nequam frena,/ Ne daemonis laedamur poena, miserere nobis. Agnus Dei, qui tollis peccata mundi, Ave Maria,/ Verecunda,/ Jesu Christo placens munda,/ Nos absolve de profunda/ Procellosi maris unda, miserere nobis. Agnus Dei, qui tollis peccata mundi, Ave Maria,/ Tu solamen,/ Patrem posce, natum, flamen,/ Ut venturum post examen/ nos cum sanctis locet. Amen, dona nobis pacem.« Darüber hinaus sind andere marian. Agnus-Tropen in AHMA (47) ediert.

Neben die Fülle einstimmiger S.- und Agnus-Melodien treten seit dem 11. Jh. nach und nach mehrstimmige Sätze des Ordinariums. Die Entwicklung zeigt bis zum Ausgang des 13. Jh.s zunächst organale Praxis v.a. an den Schlüssen der Gesänge. Mit Dunstable, Power, Benet und Dufay ergreift mehr und mehr die Polyphonie das Ordinarium Missae. Die Reihe setzen fort, um bloß wenige große Meister polyphoner Kunst zu nennen, Ockeghem, Obrecht, Isaac, Brumel, de la Rue, Josquin, Mouton, Paix, Ciconia, Barbireau, Compère, Morales, Croce, Willaert, Palestrina und Lasso. Mit Hilfe der tridentinischen Beschlüsse führt der polyphone Stil zu den bekannten Palestrina-Renaissancen des 17. und 18. Jh.s. Frische Kräfte wirken von der Klassik über die Romantik bis in die Gegenwart, indes ohne marian. Transparenz im Hinblick auf S.- und Agnus-Sätze.

QQ zu ausgewählten Sanctus- und Agnus-Tropen: Cod. ms. Engelbergensis 102. — Cod. ms. Engelbergensis 314. — Cod. ms. Graecensis 756. — München, Bayer. Staatsbibl., Clm 5539; Cgm 716. — Cod. ms. Parisinus Arsen. 135. — Cod. ms. Sangallensis 383. — Cod. ms. Sangallensis 546. — Cod. ms. Stuttgardiensis HB I Asc. 95.
Lit.: M. Gerbert, Monumenta veteris Liturgiae alemannicae, 2 Bde., 1777—79.. — L. Duchesne, Liber Pontificalis, 2 Bde., 1886—92. — F. E. Brightman, Liturgies eastern and western I, 1896, 323. 403—436. — C. Daux, Deux livres choraux monastiques des Xe et XIe siècles, 1899, 103ff. — F. X. Funk, Didascalia et Constitutiones Apostolorum, 2 Bde., 1905. — J. Fischer, Bernhardi Cardinalis et Lateranensis Ecclesiae Prioris Ordo officiorum Ecclesiae Lateranensis, 1916. — E. Bishop, Liturgica historica, 1918. — A. Baumstark, Trishagion und Qeduscha, In: JLW 3 (1923) 18—32. — F. J. Dölger, Sol salutis, In: LF 4/5 (1925). — W. O. E. Oesterley, The jewish background of the Christian Liturgy, 1925, 144—147. — V. Leroquais, In: EL (1927) 443ff. — H. Koch, Der Ambrosiaster und zeitgenössische Schriftsteller, In: ZKG 47 (1929) 1—10. — E. Caspar, Geschichte des Papsttums I, 1930, 196—256. — J. M. Hanssens, Institutiones Liturgiae de ritibus orientalibus III, 1932, 392ff. 400ff. — O. Ursprung, Die kath. Kirchenmusik, 1931. — M. Andrieu, Les Ordines Romani du haut Moyen-Age, In: Spicilegium Sacrum Lovaniense 24 (1931). — D. Buenner, L'ancienne Liturgie Romaine, Le Rite Lyonnais, 1934, 280ff. — J. Quasten, Expositio antiquae liturgiae Gallicanae Germano Parisiensi ascripta, In: Opuscula et Textus, ser. liturg. 3, 1934. — E. Peterson, Das Buch von den Engeln, 1935, 43ff. — J. Quasten, Monumenta eucharistica et liturgica vetustissima, 1935—37. — C. Kirch, Enchiridion fontium Historiae ecclesiasticae antiquae, 1941, 692—706. — Th. Klauser, Der Übergang der röm. Kirche von der griech. zur lat. Liturgiesprache, In: Miscellanea G. Mercati I, 1946, 467—482. — Chr. Mohrmann, Liturgical latin, 1957, 30ff. — Dies., Etudes sur le latin des chrétiens, 1958, 54ff. — L. Chavoutier, Un libellus ps.-ambrosien, In: SE 11 (1960) 136—192. — K. Gamber, Ein röm. Eucharistiegebet aus dem 4./5. Jh., In: EL 74 (1960) 103—114. — Jungmann II 161ff. 413ff. — P. J. Thannabaur, Das einstimmige S. der röm. Messe in der handschriftlichen Überlieferung des 11. bis 16. Jh.s, 1962. — M. Schildbach, Das einstimmige Agnus Dei und seine handschriftliche Überlieferung vom 10. bis 16. Jh., Diss., Erlangen 1967. — D. v. Huebner, Neue Funde zur Kenntnis der Tropen, In: Musik in Bayern 29 (1984) 13—29. — Ders., Tropen in Handschriften der Bayer. Staatsbibl. in München, In: Münchener Beiträge zur Mediävistik und Renaissance-Forschung 36 (1985) 203—223. — K. Schlager, Miszellen zur Edition und Aufführung eines S.-Tropus, ebd. 151. — MGG I 148—156; XI 1348—55. — Grove I 157f.; XVI 464f.
                                                                      D. v. Huebner

Sandoval, Alonso de, * 7.12.1576 in Sevilla, † 25.12.1652 in Cartagena, kam schon 1577 in die Neue Welt, da sein Vater königlicher Schatzmeister in Lima wurde. Nach dem Studium trat er 1593 der SJ bei. 1607—17 widmete er sich ausschließlich der Sorge um die afrikanischen Sklaven und wurde Lehrer und Wegbereiter von Pedro Claver (1580—1654), dem er 1617 seine Arbeit übergab. Doch blieb er neben anderen Ämtern immer seiner Berufung als Apostel der Afrikaner treu.

S. begründet in seinem Werk »De instauranda aethiopium salute« ausführlich die Mission unter den als Sklaven nach Amerika verschleppten Afrikanern. In seiner Beweisführung beginnt er mit der Hl. Schrift, worin sich ausdrückliche Hinweise auf die Äthiopier bzw. Afrikaner (Neger) finden (Ps 71,9; Hld 1,5f.; Apg 13,2). Das äthiopische Volk stehe und stand zu allen Zeiten bei Gott in hohen Ehren, weshalb es geradezu eine Auszeichnung sei, mit der Rettung dieser Menschen betraut zu werden. Und S. fügt hinzu: was bei Gott und seinem Sohn in so hohen Ehren stehe, das kann bei der GM und ULF nicht weniger Ansehen haben. Zurecht haben ihr Theologen den Namen »Morena« (Dunkelfarbige) zugelegt; denn sie ziehe diese Farbe allen anderen vor, was klar durch die zahlreichen Wunder erwiesen werde, die an Stätten mit einem dunklen Gnadenbild geschehen. Er führt u.a. die Heiligtümer von Lissabon, Tenerifa, Guadalupe, Monserrat, Saragossa und Loreto auf. Schließlich bildet, nach S., die Ankunft der Magier mit einem schwarzen König ein gewichtiges Zeugnis, »um die Hochschätzung, die die Himmelskönigin den Aethiopiern gegenüber bekundet, zu unterstreichen« (Lib. II, cap. VIII). Für den Taufunterricht verlangt S. eine entsprechende Unterweisung, die sich allerdings auf wenige Punkte beschränken muß. In neun Punkten faßt er das minimale Glaubenswissen zusammen. Punkt sechs behandelt dabei die Menschwerdung Christi und die Jungfräulichkeit der GM. Für die Taufe selber, die die Täuflinge mit brennender Kerze in der Hand empfangen, läßt er ihnen einen Rosenkranz um den Hals hängen. Bevor sie sich von der Taufe erheben, erhalten sie eine M-medaille um den Hals zum Zeichen ihres Getauftseins. Als Buße auferlegte S. nach der Beichte, dreimal die heiligsten Namen Jesu und Me auszusprechen, wobei die Gläubigen die Hände, die Augen und das Herz zum Himmel erheben mögen.

Zwei M-bilder wurden von S. und Pedro Claver in Cartagena bes. verehrt. Das eine war im Jesuitenkolleg der Stadt und das zweite soll durch ihn nach Amerika gekommen sein. Beide sind aber in den Wirren der Unabhängigkeitskämpfe verlorengegangen.

WW: Naturaleza, Policia Sagrada i Profana, Costumbres i Ritos, disciplina i Catechismo Evangelico de todos Etiopes, Sevilla 1627; zweite Auflage: De instauranda Aethiopium salute. Historia de Aethiopia, naturaleca, Policia Sagrada y profana, Costumbres, ritos, y Catechismo Evangelico, de todos los Aethiopes con que se restaura la salud de sus almas, Madrid 1647; Neuausgabe der Sevillaausgabe durch A. Valtierra, De instauranda Aethiopium salute. El mundo de la eslavitud negra en América, 1956.

Lit.: J. M. Pacheco, El maestro de Claver, P. A. de S., In: Revista Javeriana 42 (1954) 80—89. 146—155. — A. Valtierra, Peter Claver. Saint of the Slaves, 1960. — G. de Granda, Un Temprano testimonio sobre las hablas »criollas« en Africa y América (P. A. de S., Sevilla 1627), In: Thesaurus 25 (1970) 1—11. — Ders., Léxico sociológico afrorománico en De instauranda aethiopium salute del P. A. de S. (Sevilla 1627), ebd. 87—95. — J. Baumgartner, P. A. de S. SJ und die Negersklaverei. Die Missionspastoral »De instauranda aethiopium salute« von 1627, In: Vermittlung zwischenkirchlicher Gemeinschaft, 1971, 409—448. — J. A. Eguren, Sandoval frente a los esclavos negros (1607—52), In: Montalbán 1 (1972) 405—432. — Ders., Sandoval frente a la raza esclaizada, In: Revista de la Academia colombiana de historia eclesiástica 8 (1973) 57—86. — D. Pavy, The province Colombian Negroes, In: Journal of Negro History 52 (1967) 35—58. — V. P. Franklin, Bibliographical essay: A. de S. and the Jesuit conception of the Negro, ebd. 58 (1973) 349—360.

H. Rzepkowski

Sandrart, Joachim v., Maler und Kunstliterat, * 12.5.1606 in Frankfurt am Main, † 14.10.1688 in Nürnberg. Zu seinen Lebzeiten als bedeutendster Maler Deutschlands gefeiert, ist S. heute v. a. durch seine Künstlergeschichte »Teutsche Academie der Edlen Bau-, Bild- und Mahlerey-Künste« (2 Bde., 1675/79) als wichtigster dt. Kunstschriftsteller zwischen Dürer und Winckelmann, als »Vasari des Nordens« bekannt.

Als Sohn eines aus dem Hennegau emigrierten calvinistischen Kaufmanns erhält S. im Alter von 10 Jahren von Georg Keller, einem Schüler Jost Amanns, Zeichenunterricht. 1620 ist er bei dem Nürnberger Peter Isselburg, einem der besten dt. Kupferstecher seiner Zeit, in der Lehre. 1622 geht S. zu Ägidius Sadeler nach Prag. Spätestens 1625 ist er bei dem von Caravaggio beeinflußten Maler Gerhard van Honthorst in Utrecht. Hier ist die Pflege der »großen Historie« mit christl. und antikischer Thematik ausgeprägter als im übrigen Holland. Er lernt dort Peter Paul Rubens auf der Durchreise kennen. Ein Jahr später nimmt ihn Honthorst mit an den engl. Königshof, um ein monumentales Gruppenbild auszuführen; 25 Jahre später wird S. allein ein ähnliches Gemälde für Kaiser Ferdinand III. in Wien malen.

1629 reist S. nach Venedig, wo er bei Johann Liss wohnt und Bilder von Veronese und Tizian kopiert. Noch im gleichen Jahr begibt er sich nach Rom, wo der Hochbarock Triumphe feiert. Demgegenüber zeigt das erste gesicherte Gemälde S.s »Tod Catos« eine Verschmelzung caravaggesker und klassisch-strenger Elemente, entsprechend dem Einfluß Domenichinos. In Rom pflegt S. Umgang mit den Malern Claude Lorrain, Valentin de Boulogne und Nicolas Poussin sowie dem Bildhauer François Duquesnoy. Als Betreuer der Kunstsammlungen des Marchese Giustiniani zeichnet er antike Skulpturen für die Kupferstiche der mehrbändigen »Galleria Giustiniana«.

Im Frühjahr 1635 kehrt S. nach Deutschland zurück und erwirbt die Hofmark Stockau bei Neuburg/Donau, aber zieht 1637 bereits in die Wirtschaftsmetropole Amsterdam. Jetzt wendet sich S. vornehmlich der Porträtmalerei zu. So konterfeit er 1641 in München den bayer. Kurfürsten Maximilian I. und dessen Gemahlin, von dem er auch den Auftrag zu den Monatsbildern in Schloß Schleißheim erhält. 1644 entstehen seine beiden ersten gesicherten Altarblätter »Pflege des hl. Sebastian« und »Abschied der Apostel« für die Landshuter Jesuitenkirche. Danach ist er in Nürnberg (Friedensmahl, Rathaussaal, 1649), am Kaiserhof in Wien und in Regensburg tätig. Wiederholt malt er für das Kloster Lambach in Oberösterreich. 1670 geht er für drei Jahre nach Augsburg, wo er auch die Bekanntschaft Johann Heinrich Schönfelds macht. 1674 siedelt er nach Nürnberg über, wo er das Grabmal Dürers renovieren läßt. Hier stirbt er und wird »in Ansehung, dass er geadelt, auch Neuburger Rath gewest, durch die Einspenner (= Dragoner) zu Grab« getragen.

Auf fast einem Viertel der rund 150 erhaltenen Gemälde S.s ist M dargestellt: Anläßlich des Westfälischen Friedens 1648 entstand die sog. Friedensmadonna (Münster, Westfäl. Landesmus.); eine Rosenkranz-Madonna ist in Lambach (Stiftskirche, 1656/57) und — in reduzierter Form — in Berchtesgaden (Stiftskirche) zu sehen; eine Immaculata in Lambach (Benediktinerstift) und eine Schutzmantelmadonna in Bamberg (Diözesanmus., 1651, Entwurf in München, Bayer. Staatsbibl.). — Aus dem M-Leben schuf S.: UE (Freising, Dom, 1662/63; Entwurf in Erlangen, Universitätsbibl.), Anna Selbdritt (Salzburg, Dom), Hl. Sippe (Neukirchen bei Lambach, 1678; Ölmodello im Stift Lambach), Hl. Familie (Rennes, Mus. des Beaux-Arts), Verkündigung (für Englischen-Gruß-Altar der Münchner Frauenkirche, 1646, heute Freising, Diözesanmus.), Vermählung, Flucht nach Ägypten und Auffindung des zwölfjährigen Jesus im Tempel (Wien, Kirche am Hof; Vermählung heute verschollen; Wiederholung des zwölfjährigen Jesus im Tempel in Augsburg, Ev. Pfarrkirche St. Anna), M unter dem Kreuz (Wien, Schottenkirche; Wien, Stephansdom, heute Pfarrkirche Neulerchenfeld, 1653; Linz,

Kapuzinerkirche; Lambach, Stiftskirche), ⋔ bei der Kreuzabnahme (bis 1945 Würzburg, Dom, 1646/47; Wiederholung in Lambach, Kreuzgang), ⋔ an Pfingsten im Kreis der Apostel (Ölmodello in Lambach für den Hochaltar in Waldhausen, Stiftskirche 1666—69; Lambach, Stiftskirche), ⋔ beim Tod des hl. Joseph (Lambach, Stiftskirche, 1658—60), Tod ⋔e (Paris, Notre-Dame des Blancs-Manteaux; Replik in München, Bayer. Staatsgemäldesammlungen); Himmelfahrt ⋔e (Rom, S. Francesco a Ripa; Würzburg, Dom 1646/47, 1945 verbrannt; Lambach, Stiftskirche, 1654—56), Glorie mit ⋔ (Wien, Schottenkirche, 1671), ⋔ beim Jüngsten Gericht (Waldhausen, Stiftskirche); ⋔ bei der mystischen Vermählung der hl. Katharina (Wien, Kunsthist. Mus., 1647; Wiederholungen u. a. in München, Bayer. Staatsgemäldesammlungen; Aufhausen, Wallfahrtskirche).

Lit.: Ch. Klemm, J. v. S. Kunst-Werk und Lebens-Lauf, 1986.
L. Altmann

Sangallo, ital. Künstlerfamilie des 15./16. Jh.s mit Haupttätigkeit bes. als Baumeister in Florenz und anderen toskanischen Städten sowie v. a. in Rom. Der Name S. leitet sich ab von einem 1477 durch den Stammvater der Familie, dem Tischler und Intarsiator Francesco Gamberti gekauften Grundstück vor der Porta S. in Florenz.

1. *Antonio d. Ä.*, * 1455 in Florenz, † 27. 12. 1534 ebd., stand bislang zu Unrecht etwas im Schatten seines berühmteren Bruders, mit dem er vielfach zusammenarbeitete. In eigenständigen, betont klassizierenden Bauten, z. B. S. Maria di Monserrato in Rom (1495) oder seinem Hauptwerk, der Kirche Madonna di S. Biago in Montepulciano (1518/29), einem der vollendetsten Zentralbauten der Hochrenaissance, entwickelte er eine spezielle Vorliebe für kräftige plastische Inszenierungen architektonischer Details.

2. *Giuliano*, * 1445 in Florenz, † 20. 10. 1516 ebd., gelernter Holzbildhauer, war v. a. ein hochangesehener Architekt und Militäringenieur mit besten Beziehungen zum Hause Medici und Inhaber zahlreicher öffentlicher Ehrenämter. Als Epigone Brunelleschis führte er die Florentiner Frührenaissance zur Hochrenaissance. Nach meist nicht erhaltenen Arbeiten in Rom und der Toskana entstand als frühes Hauptwerk 1485/91 die Kirche der Madonna delle Carceri in → Prato, der erste Kuppelbau über griech. Kreuz. Die Wahl zum Florentiner Dombaumeister (1488) lehnt er ab, während 1492 als Sachverständiger beim Bau der Mailänder Domkuppel zur Verfügung steht. 1499/1500 entsteht der Kuppelbau von S. Maria di Loreto. Nach seiner Übersiedelung nach Rom (1505) ist er zusammen mit Michelangelo an der Bergung des Laokoon-Fundes beteiligt. Nach erneuten Aufenthalten in der Toskana erreicht S. 1514 den Höhepunkt seiner Karriere, er wird Bauleiter von St. Peter in Rom mit Raffael an seiner Seite. Bereits im Jahr darauf gibt er aber krankheitshalber das Amt wieder auf und kehrt nach Florenz zurück. Zahlreiche Entwürfe zu St. Peter sowie seine Skizzenbücher erweisen ihn auch als begabten Zeichner.

3. *Antonio d. J.*, * 1483 in Florenz, † 3. 8. 1546 in Terni, Giulianos Neffe, war Schüler Bramantes und der führende Architekt und Festungsbaumeister seiner Zeit. Auch er wirkt an St. Peter, zuerst als Mitarbeiter Raffaels und nach dessen Tod (1520) als Bauleiter. Unter ihm erreicht die entwickelte Hochrenaissance erste Ansätze zum Frühbarock, so bei seinem Hauptwerk, dem Palazzo Farnese in Rom (1534 ff.) oder bei der Fassade der Kirche S. Spirito in Sassia in Rom (1538—44).

4. *Francesco*, * 1. 3. 1494 in Florenz, † 17. 2. 1576 ebd., Sohn von Giuliano, wurde v. a. als Bildhauer bekannt und pflegte regen Umgang mit Michelangelo und Sansovino. Sein berühmtestes Werk ist die Marmorgruppe der Anna Selbdritt in der Kirche Or San Michele in Florenz, 1526 eigenhändig signiert. Das betont klassische Schema seines künstlerischen Vorbildes, eine Annagruppe in S. Agostino in Rom von Sansovino, ist hier durch einen vermutlichen Einfluß Leonardos mehr ins Antiklassische, Manieristische abgewandelt, teils in der Forschung auch als Rückwendung zu einem quattrocentesken Realismus apostrophiert. Diese Züge kennzeichnen auch seinen Anteil an der plastischen Ausschmückung der Casa Santa in Loreto um 1533, darunter auch mariol. Themen, z. B. »Darstellung im Tempel« oder »Marientod« (zusammen mit Rafaele da Montelupo). Die Szenen sind in episch breiter Schilderung als dichtgedrängte und in die Fläche gebreitete Reliefs wie Bildtafeln in ein festes Rahmensystem eingepaßt, wodurch z. T. der Eindruck von Guckkastenbildern entsteht. Desweiteren schuf S. auch bedeutende Grabmäler und genoß eine hohen Ruf als Medailleur.

Lit.: G. Clausse, Les San Gallo, Architectes, peintres, sculpteures, médailleurs XV et XVI siècle, Paris 1900—02. — G. Satzinger, Antonio da S. der Ältere und die Madonna di S. Biago bei Montepulciano, 1991 (Lit.). *F. Fuchs*

Sangspruchdichtung und Meistergesang. Die beiden Begriffe bezeichnen einen lit.-musikalischen Gattungszusammenhang, der vom Ende des 12. bis ins 18. Jh. reicht. Er wird konstituiert durch ein ausgeprägtes Traditionsbewußtsein, das sich auf die kanonische Geltung der sog. alten Meister gründet, durch ein primär auf der Formbeherrschung beruhendes spezifisches Kunstbewußtsein sowie konkret durch die z. T. jahrhundertelange Weiterverwendung älterer Strophenformen und Melodien (Töne), die unter dem Namen des Tonerfinders (z. B. Hofweise → Walthers von der Vogelweide) überliefert und immer wieder für neue Texte verwendet wurden. Alte und neugeschaffene Töne unterlagen demselben metrisch-musikalischen Bauprinzip: zwei gleichgebauten Stollen (Aufgesang) folgt ein abweichender dritter Teil (Abgesang), dessen Umfang gewöhnlich größer als der eines Stollens, aber geringer als der des Aufgesangs ist (Kanzonenform).

In der Geschichte der Sangspruchtradition lassen sich drei Entwicklungsphasen unterscheiden, die durch Zäsuren um die Mitte des 14. Jh.s im Gefolge formaler Veränderungen und gravierender um 1520/30 unter dem Einfluß der Reformation gegeneinander abgegrenzt sind.

1. Die Sangspruchdichtung vom späten 12. Jh. bis zur Mitte des 14. Jh.s ist gekennzeichnet durch die Dominanz der in sich geschlossenen pointierten Einzelstrophe, die freilich im Gesangsvortrag mit anderen Strophen gleichen Tons zusammentritt. Die Autoren sind überwiegend fahrende Berufsdichter, die meist nur ihre eigenen Töne verwenden und ihre Strophen vor wechselndem, vorwiegend wohl adeligem Publikum in der Hoffnung auf Lohn selbst vortragen. Umfangreichere Oeuvres, die sich bei manchen Autoren auf den Sangspruch beschränken, bei einigen auch andere lyrische Gattungen (Minnelied, Leich) einschließen, sind erhalten von Walther von der Vogelweide, Bruder Wernher, → Reinmar v. Zweter, → Marner, Friedrich v. Sunnenburg, →Konrad v. Würzburg, → Meißner, Rumelant v. Sachsen und Heinrich → Frauenlob; daneben gibt es eine ganze Reihe kleiner und kleinster Autoren wie Boppe, Hermann Damen, Fegfeuer, Hardegger, Kanzler, Kelin, Stolle und → Sigeher. Die meisten Texte sind in der »Großen Heidelberger Liederhandschrift« und in der auf Sangspruchdichtung spezialisierten »Jenaer Liederhandschrift« (darin auch Melodien) gesammelt. Die Inhalte und Darbietungsformen der Texte sind bei vorherrschend kritisch-didaktischer Tendenz von breiter Vielfalt und betreffen Religion, Moral, Politik, Kunst usw. Weltliche Themen stehen gegenüber den geistlichen im Vordergrund, doch genießen diese besonderen Rang. ⓜ ist dabei neben dem Schöpfer und dem Erlöser, entsprechend der ihr zugemessenen Würde als Himmelskönigin und barmherzige Helferin des Sünders, Gegenstand von Lob- und Gebetssprüchen.

2. Die Meisterlieddichtung des 14. bis frühen 16. Jh.s unterscheidet sich von der vorhergehenden Sangspruchdichtung in formaler Hinsicht durch prinzipielle Mehrstrophigkeit. Seit der Mitte des 14. Jh.s tritt an die Stelle der Einzelstrophe das Meisterlied (Bar) aus drei oder mehr Strophen (doch stets um ungerade Strophenzahl). Früher Repräsentant dieser Phase ist der gelehrte → Heinrich v. Mügeln. Autoren wie → Suchensinn, → Muskatblut und → Michel Beheim betreiben wie zuvor die Sangspruchdichter die Meisterkunst als Beruf und dichten wie diese ausschließlich in ihren eigenen Tönen. Die Thematik ihrer Werke bleibt der Tradition verhaftet, doch tritt bei Muskatblut und Beheim mit unterschiedlichen Akzenten zunehmend Geistliches in den Vordergrund, bei Muskatblut speziell die ⓜthematik.

Außerdem entwickelt sich in dieser Zeit aus unklaren Ansätzen der städtische Meistergesang, der zumeist von Handwerkern, vorwiegend in oberdt. Reichsstädten, in zunehmend stärker institutionalisierten Singergesellschaften (auch Bruderschaften) ausgeübt wird. Diese pflegen nun bewußt die Tradition und bedienen sich z. T. ausschließlich der Töne der alten Meister. Eine besondere Rolle spielt seit dem Anfang des 15. Jh.s der Nürnberger Meistergesang, wo neben dem Gebrauch der alten die Erfindung neuer Töne üblich bleibt. In die Frühphase des Meistergesangs gehören Konrad → Harder und der Münchener Albrecht → Lesch sowie die Nürnberger Fritz Kettner und Michel Nachtigall; Hans → Folz, Lienhard → Nunnenbeck und der junge Hans → Sachs repräsentieren mit ihren umfangreich überlieferten Oeuvres den voll entwickelten Nürnberger Meistergesang. Bei den meisten Liedern aber, die aus dieser Zeit erhalten blieben — Hauptüberlieferungsträger sind Meisterliederhandschriften wie die um 1460 vermutlich in Speyer entstandene »Kolmarer Handschrift« des → Nestler v. Speyer und eine von Hans Sachs 1517/18 eigenhändig angelegte Sammlung von vorwiegend Nürnberger Meisterliedern — handelt es sich um anonymes Gut in kaum überschaubarer Fülle. Bes. umfangreich ist die Textüberlieferung in den Tönen der alten Meister Frauenlob, Regenbogen, Marner, Boppe und Heinrich v. Mügeln. Offensichtlich ist, daß sich hier gegenüber der S. ähnlich wie bei den Berufsdichtern des 15. Jh.s geistliche Themen in den Vordergrund drängen. Es gibt jedoch dabei sowohl zwischen den einzelnen Meisterliederhandschriften als auch zwischen den für die Lieder verwendeten Tönen beträchtliche Unterschiede.

Das ⓜlied gehört bei den Meisterlieddichtern dieser Zeit zweifellos zum Standardrepertoire. Es ist, wie nicht anders zu erwarten, hauptsächlich Lob- und Gebetslied, das mit seiner Technik der Häufung von Titulierungen oft in Stereotypie verfällt. Daneben stehen jedoch vielfältige andere Typen, von der erzählenden oder räsonierenden Darstellung einzelner Episoden aus dem ⓜleben (→ Leben) bis hin zur Erörterung dogm. Probleme. Nicht selten ist dabei ein unmittelbarer Bezug zu bestimmten kirchlichen Festen als Gebrauchssituation wenn nicht ausdrücklich angegeben, so doch als naheliegend zu vermuten. Beliebte Themen sind ⓜs Präexistenz und ihre Erwählung vor der Schöpfung, das Verhältnis zur Trinität, die UE, die Verkündigung des Engels und die Geburt Jesu, die → Compassio, Himmelfahrt und Krönung, Freuden und Schmerzen (→ Sieben Freuden und Schmerzen) usw. Die MV ist in Einzelfällen so weit getrieben, daß ⓜ über ihre Würden als GM, Himmelskönigin, Fürsprecherin und Heilsmittlerin hinaus zur vierten Person der Gottheit deklariert wird.

3. Der nachreformatorische Meistergesang ist entscheidend durch das Vorbild des Hans Sachs geprägt, nicht nur in Nürnberg, sondern auch in den Singergesellschaften vieler anderer Städte. Durch die Befolgung des prot. Schriftprinzips reduzieren sich die inhaltlichen Möglichkeiten des rel. Meisterliedes auf die Wiedergabe biblischer Texte. Damit ist dem übersteigerten Mkult der vorref. Zeit der Boden entzogen, und M erscheint nur noch in ihrer der Schrift entsprechenden Rolle als Mutter Jesu. Der prot. Christozentrismus führt auch dazu, daß der Name Ms in jüngeren Überlieferungen vorref. Texte gelegentlich durch den Namen Christi ersetzt wird.

4. Forschungslage. Durch das »Repertorium der Sangsprüche und Meisterlieder« sind sämtliche einschlägigen Texte, jedoch nach einem groben Raster und nicht bis in alle Details, inhaltlich erschlossen. Die Texte der Sangspruchdichter und die Oeuvres namentlich bekannter Autoren des 14./15. Jh.s sind in gedruckten Ausgaben zugänglich. Von den zahlreich überlieferten anonymen Texten der Meisterliederhandschriften des 15. und frühen 16. Jh.s liegt dagegen nur ein Teil in Handschriftenabdrucken, Sammelwerken und sonstigen Veröffentlichungen vor. Das umfangreichste Sammelbecken meisterlicher Überlieferung, die »Kolmarer Handschrift«, ist im Faksimile benutzbar. Eine eingehende Gesamtuntersuchung aller Mlieder in Meistertönen und der darin vorkommenden Themen und Motive fehlt. Die detailreiche Arbeit von Schroeder betrifft vorwiegend Texte der Nürnberger Überlieferung und behandelt damit nur einen Ausschnitt, der wegen gewisser Besonderheiten nicht für das Ganze repräsentativ ist.

Lit.: B. Nagel (Hrsg.), Der dt. Meistergesang, 1967. — Ders., Meistergesang, ^{2}1971. — H. Moser (Hrsg.), Mhd. Spruchdichtung, 1972. — E. Schumann, Stilwandel und Gestaltveränderung im Meistersang, 1972. — B. Wachinger, Sängerkrieg, 1973. — RDL^2 IV 160—169. — H. Brunner, Die alten Meister, 1975. — Ch. Huber, »Wort sint der dinge zeichen«, 1977. — G. Kornrumpf und B. Wachinger, Alment. Formentlehnung und Tönegebrauch in der mhd. Spruchdichtung, In: Dt. Lit. im MA. Kontakte und Perspektiven, hrsg. von Ch. Cormeau, 1979, 356—411. — F. Schanze, Meisterliche Liedkunst zwischen Heinrich v. Mügeln und Hans Sachs, 2 Bde., 1983f. — Repertorium der Sangsprüche und Meisterlieder, hrsg. von H. Brunner und B. Wachinger, 1986ff., 16 Bde. (bisher Bde. 3—13). — Speziell zur Mdichtung: M. J. Schroeder, Maryverse in Meistergesang, Diss., Washington, The Catholic University of America, 1943. — P. Kern, Trinität, Maria, Inkarnation, 1971. — A. Edelmann-Ginkel, Das Loblied auf Maria im Meistergesang, 1978. *F. Schanze*

Sanguinetti, Carlo Giacinto, OSA (disc.) seit 1674, * 5.9.1658 zu Genua, † 23.4.1721 im Ruf der Heiligkeit, geschätzter Prediger, Freund der Armen und Kranken. Charakteristisch für S.s Frömmigkeit war, neben einer großen Hochschätzung der hl. Eucharistie, seine innige Liebe zu M, deren Verehrung er mit Eifer zu fördern suchte. In M sah er mit Johannes v. Damaskos »una viva e divina immagine di Dio«. Er war überzeugt, daß die Ehre, die Christus empfängt, auch seiner Mutter zuteil wird, und daß, wer M liebt, notwendig auch ihren Sohn liebt.

Von S. erschienen im Druck: »Mater Amabilis, o veri motivi per amare la gran Madre di Dio Maria Santissima Vergine sempre Immaculata« (Genua 1710). Das Werk wurde überarbeitet und gekürzt in zwei Quartbänden neu herausgegeben (Genua 1940). — »Pia pratica per il vero amante della gran Madre di Dio Maria Santissima« (Genua^4 1746). — »Novena in preparazione al parto santissimo di Maria sempre Vergine« (Genua 1752). — Handschriftlich überliefert sind: »Biblia Mariana sive commentaria de Virgine Maria in omnes sacrae Scripturae libros«, 20 Bde. (Rom, Biblioteca Nazionale, Codices 1—20—862—881). — »Novena di nove adorationi ad honore d'altretante solennità della Gran Madre di Dio Maria« (Rom, Archivo di Stato B. 172 fasc. 172). — »Optimae maximae Dei Parentis nomina ac encomia« (ebd. B. 172 fasc. 178).

Das umfangreiche Werk »Mater amabilis« enthält für jeden Tag des Jahres ein »Motivo di amare Maria«. Einleitend legt S. dar, warum es notwendig und förderlich sei, M zu lieben und worin diese Liebe bestehe. Was den Christen zur Mliebe bewegen soll, sind nach S. ihre enge Beziehung zu Gott, ihre Größe und Heiligkeit, ihre mütterliche Zuwendung zu allen Menschen usw. S. hat seine ganze Mariol. in diese »motivi« eingearbeitet. Die Einzelausführungen werden immer wieder mit Worten der Hl. Schrift, der Väter und der Theol. der Vorzeit gestützt. Das Fundament aller M von Gott gewährten Wohltaten und Vorrechte sieht S. in ihrer GMschaft, die er als »la capitale grandezza di Maria« bezeichnet. Die »Bewahrung« Ms vor der Erbsünde, wobei ihr die Verdienste Christi als »remedio preservativo« zugewendet wurden, ist nach ihm eine Wirkung der Liebe Gottes zu seiner »creatura predilecta«, die bereitet werden sollte, GM zu werden. Das Geheimnis der »Assumptio« Ms erscheint ihm dreifach begründet: im Fehlen jeder Art von Verderbnis (corruptio) in Ms Leben, in ihrer unversehrten Jungfräulichkeit und ihrer Ausstattung mit jeder Art gottgeschenkter Privilegien. Auch wenn M nach der Auffassung S.s durch die Gnade und Heiligkeit, die der Hl. Geist in ihr wirkte, alle anderen Geschöpfe weit übertrifft, sei sie doch der ganzen Menschheit aufs engste verbunden und förmlich verpflichtet, allen Menschen Wohltaten zu erweisen. Er sieht in ihr die »Miterlöserin der Menschen« und die »Spenderin aller Gnaden«.

In dem großangelegten »Biblia Mariana«, behandelt S. jene Schriftstellen, die in der Mariol. der Vorzeit eine Rolle spielten, und zeigt wie sie von den einzelnen Vätern und Theologen der Kirche interpretiert wurden. Den Angriffen der Reformatoren auf die kath. MV und den jansenistischen Reserven ihr gegenüber wollte der Autor ein solides Fundament für eine Mariol. schaffen, die in Schrift und Vätern verankert war. Leider blieb das umfassende Werk unvollendet und erschien deshalb nicht im Druck.

Lit.: D. A. Perini, Bibliographia Augustiniana III, 1935, 152 f. — F. Rimassa, Il venerabile P. Carlo Giacinto Agostiniano Scalzo Mariologo, 1953. — Fl. Luciani, Indice bibliografico degli Agostiniani Scalzi, 1982, 42. — DIP I 404—415, bes. 410.

A. Zumkeller

Sanjinés, Fernando de Maria, Franziskanermissionar aus Bolivien, hat eine Reihe linguistischer Arbeiten veröffentlicht, auch mehrere »Doctrinae Christianae« in Aymará (die Aymara-Indios in den Anden reichen bis in die Inkazeit zurück). Außerdem schrieb er einige Bücher als Hilfen für die Missionare in der Aymara-Mission. Für die Seelsorge gab er Gebete für den ℳmonat in Aymará heraus, sein Wallfahrtsbüchlein über →Copacabana hatte zwei Auflagen.

WW: Llumppakka Mariaru Yupaychaña phájgsi Mes de Maria sutini P. Fernando de M. Sanjenés [sic] OFM Cvakichi Taycsa Marián Wawanacapataki Chukiapu marca — Pankkar Phájsi Kimpu kkellkkaña »Comercio de Bolivia«, 1902; Neuaufl. 1907. — P. F. de M. S., Historia Santuario é Imágen de Copacabana, La Paz 1909; 1919.

H. Rzepkowski

Sankt Georgener Predigten. Sammlung von 39 →Predigten (Nr. 36—66 und 68—75) in der Ausgabe von Rieder (1908), der die isolierte Handschrift (Freiburg, Universitätsbibl., cod. 464) zugrundeliegt, in der die Predigten stark überarbeitet und durch weitere Texte ergänzt sind. Der Name der Sammlung beruht auf der Herkunft der ältesten um 1300 entstandenen Handschrift (Karlsruhe, Bad. Landesbibl., cod. St. Georgen 36 [= G]), die jedoch erst in der Mitte des 17. Jh.s in das Benediktinerkloster St. Georgen bei Villingen gelangte und ursprünglich aus einem Frauenkonvent im südbadischen Schwarzwald stammt (Lüders).

Texte unterschiedlicher Prägung — thematische Predigten nach scholastischen Dispositionsverfahren, Traktate, kürzere erbauliche und paränetische Texte — sind von einem Redaktor zusammengefaßt und bearbeitet; benutzt ist dazu sicher z. T. älteres Material, doch hat sich bisher keine Einzelüberlieferung vor und unabhängig von der Corpusüberlieferung nachweisen lassen.

Die S. wurden um 1230/40 am Oberrhein in Zisterzienserkreisen (Frühwald) zusammengestellt, ob ursprünglich für einen Frauen- oder Männerkonvent (Novizen?), ist nicht feststellbar, da die Sammlung meist adressatenspezifisch überarbeitet wird, doch spricht mehr für das erstere.

Bereits um die Mitte des 13. Jh.s gelangt die Sammlung in den rheinfränkischen Raum und dann über das Mainfränkische in die Niederlande, wo sie — ebenfalls in Zisterzienserkreisen — eine eigenständige Bearbeitung erfährt und mit Texten anderer, mnld. Herkunft verbunden wird (Limburger Sermone, ed. Kern, nach der um 1300 entstandenen Handschrift, den Haag, Koninklijke Bibl., cod. 70 E 5). Die Sammlungsüberlieferung setzt um 1300 ein und reicht bis ins späte 15. Jh.; erhalten sind 26 Handschriften mit mindestens 5 Texten der Sammlung, hinzu kommt eine breite Einzelüberlieferung. Die größte Verbreitung fand der Palmbaumtraktat (Rieder Nr. 60; Fleischer). Mit Ausnahme einer Fassung dieses Traktats wurde die Sammlung nicht gedruckt. Verbreitet waren die S. über das ganze dt. und niederländische Sprachgebiet mit Schwerpunkt im Westen entlang des Rheins und in den Niederlanden. Sie wurden zur Tischlesung und zur erbaulichen Lektüre vornehmlich im Kloster, seltener von Laien benutzt.

Die ursprüngliche Sammlung, wie sie »G« bietet, läßt keine planvolle Anordnung der Texte erkennen. Somit konnten die Texte leicht zweckgerichtet umgeordnet und ausgewählt werden, etwa unter inhaltlichen Gesichtspunkten oder in Anlehnung an das Kirchenjahr. Predigten, die sich auf ℳ beziehen, finden sich an verschiedener Stelle, schwerpunktmäßig wird ℳ, in häufiger Bezugnahme auf →Bernhard v. Clairvaux, in Rieder Nr. 38, 47—49, 55, 64 und 69 behandelt, doch gehen auch andere Predigten der Sammlung immer wieder auf ℳ ein. Auffällig ist, daß es sich dabei insbesondere mit Rieder Nr. 50—52, 55—57 um die Texte handelt, die zu einer älteren Textschicht der Sammlung gehören. Im Zuge der Tradierung läßt sich mehrfach das Bedürfnis feststellen, ℳtexte zu geschlossenen Zyklen zusammenzustellen. Eine solche thematische Gruppierung findet sich in der gegen Ende des 15. Jh.s im Augustinerinnenkloster Nazareth in Geldern zusammengestellten Handschrift (Berlin, Staatsbibl. Preuß. Kulturbesitz, ms. germ. 4⁰ 1079) mit Rieder Nr. 64, 69, 48, 47 und 55; in der 1463 im Augustinerinnenkloster St. Luciendal in St. Truiden geschriebenen Handschrift (Brüssel, Bibl. Royale Albert Ier, cod. II 2454, »gheheiten onser liever vrouwen Marien spieghel«) bilden Rieder Nr. 48, 49, 55, 38 (Teil 2), 64 + 69 sowie Kern Nr. 46 einen zusammenhängenden Zyklus von ℳpredigten. In der Amsterdamer Handschrift (Universiteits Bibl., cod. I E 28) sind die ℳtexte nach ℳfesten chronologisch zu einer Art Vita geordnet (Rieder Nr. 49 [Empfängnis], Kern Nr. 46 [Geburt], Rieder Nr. 55 [ℳe Verkündigung], Rieder Nr. 47 [Heimsuchung], eine sonst nicht nachgewiesene Predigt [Himmelfahrt], Rieder Nr. 64 + 69 + Kern Nr. 46 ([Oktav der Himmelfahrt]).

ℳ ist in den Predigten die »mûter gotes«, die »userwelte maget« und »hohgelopte kúnigin«, sie ist der »mâne«, die »rebe«, die Lilie, ein Reis, das auf die Dornen gepfropft ist, »ein beslossen garte«, »ein garte der wollust«, »ein lebendes paradýs« (→Ehrentitel). Hervorgehoben wird ihre Tugendfülle (Hauptthema von Rieder Nr. 55): »scham«, »kiusche«, »zuht«, »demût«, »gedult«, »gehorsam«, »minne«, »staetekeit«, »fride« — ℳ ist »der blûgend maige aller tugend« (154,12 f.). In all dem ist sie Vorbild, bes. — entsprechend der klösterlichen Ausrichtung der Sammlung — für das Zusammenleben in der Klostergemeinschaft (bes. Rieder Nr. 47): »nu sulne wir úns bilden nah ir. sit sie ist ain liehte und ain bilde allir tuginde unde selkait, so suln wir nemin ab ir bilde und sulne ouch wir dienen vor Got, als ouch sie tet« (147, 22—24); »sit wir nu an ir vinden hailkait allis hailigin lebinnis, so sulne wir ir nach volgen mit hailigim lebinne« (148,30 f.). Diese Vorbildlichkeit gilt jedoch nicht nur für geistliches Leben, sondern für alle Menschen (Rieder Nr. 49).

M ist erfüllt mit der göttlichen Gnade, ein Licht der Gnade für den Sünder, sie hat die Gnade zurückgewonnen, die Eva verlor; sie ist »dú nåhste mit ir gnaden den súndern«, »gnådiger und gůter« als alle Heiligen (108, 14 ff.). Als »helferin« und Fürsprecherin für alle, die sie anrufen, leitet sie die Gnade Gottes zu den Menschen und ist ein »stap« auf dem Weg zur Seligkeit (197,18).

Die göttliche Gnade befreit sie von der sündhaften Natur des Menschen; vor der Empfängnis Christi schützte ihre edle Natur sie vor Sünde, nach der Empfängnis konnte sie nicht mehr sündigen (243,18 ff.): »e si noch únsern herren enphiengi, do waz si alz rain daz si nie hobetsúnde getet noch mohte getůn, alz edelr nature waz si. und aber do si únsern herren enphie, do wart si so gar raine daz si weder tötlich noch tåglich súnd moht getun fúr daz me« (240,1 ff.).

M ist »můter und magt vor ir gebúrt und dar nach« (99,32). Im Bild des Sonnenlichts, das durch das Glas scheint, wird das Wunder der Jungfrauengeburt und der Menschwerdung Christi erläutert (Rieder Nr. 57): wie das Licht vom Glas die Farbe annimmt, so erhielt Christus von M die Menschheit, als er in sie hineinleuchtete; M empfing von diesem Licht »luterkait und klarhait« — und das Glas wurde von dem Sonnenlicht nicht beschädigt (243,9 ff.).

Daß Gott Mensch wurde, bewirkte M mit ihrer Tugend und Demut. Ihre Sonderstellung zeigt sich darin, daß nur sie und Christus frei von der zur Sünde hinziehenden »libido« sind (191,3 ff.) und nur sie über so vollkommene Liebe verfügen, daß sie Gott nie vergessen (167,21 ff.); bereits vor der Erschaffung des Menschen war M erwählt (158,19 f.), im Himmel kommt ihr mehr Ehre zu als allen Heiligen (183,4). Ihre Himmelfahrt war eine »ufnemung« »mit libe und mit sele« (288,7 f.).

Die S. bewegen sich im Rahmen marian. Denkens im frühen 13. Jh. Dogm. Streitfragen werden nicht einbezogen, die herausgehobene Stellung Ms, ihre Vorbildhaftigkeit und Gnadenwirkung sind selbstverständlich.

Ausg.: J.H.Kern (Hrsg.), De Limburgsche Sermoenen, 1895. — K.Rieder (Hrsg.), Der sog. St. Georgener Prediger aus der Freiburger und der Karlsruher Handschrift, 1908. — K.O.Seidel (Hrsg.), Die St. Georgener Predigten. Ausgewählte Abbildungen, 1982. — Vgl. Morvay-Grube T 57.
Lit.: E. Lüders, Zur Überlieferung der St. Georgener Predigten, In: Studia Neophilologica 29 (1957) 200—249; 30 (1958) 30—77; 32 (1960) 123—187. — W. Frühwald, Der St. Georgener Prediger, 1963. — E. Lüders, Der Vorderspiegel der Handschrift G, In: Studier i modern Spraekvetenschap N.S. 4 (1972) 163—168. — W. Fleischer, Untersuchungen zur Palmbaumallegorie im MA, 1976. — VL² II 1207—13 (Lit.).
K. O. Seidel

Sankt Märgen, Gnadenbild, Foto: Bild- und Filmstelle der Erzdiözese Freiburg, Chr. Hoppe

Sankt Märgen, Lkr. Breisgau-Hochschwarzwald, Erzdiözese Freiburg, Patrozinium »Mariä Himmelfahrt« (15. August).

Um 1118 wurde das Augustinerchorherrenstift gegründet. Der ersten urkundlichen Erwähnung 1125 zufolge hat der damalige Dompropst von Straßburg (1100—25) und spätere Bischof Bruno aus dem Grafengeschlecht von Hohenberg († 1162 als Domherr von Bamberg) auf eigenem Grund und aus eigenen finanziellen Mitteln die »cella s. Mariae« (»Marienzelle« — heute St. Märgen) erbauen lassen. Die zu diesem Zweck aus dem Bistum Toul (Lothringen) auf die Hochfläche des Schwarzwaldes gekommenen Augustinerchorherren mußte Bischof Ulrich von Konstanz (1111—27, früher selbst Augustinerchorherr) infolge unterschiedlicher Spannungen zu den einheimischen Chorherren und um das Unterstellen des Stiftes von S. unter den Abt des hirsauischen Benediktinerklosters St. Peter zu verhindern, zurückschicken. 1125 bestätigte Papst Honorius II. (1124—30) das Kloster und sicherte ihm freie Vogtswahl zu. Trotz dieser Maßnahme blieb die Entwicklung von S. durch die Bedrückung der Vögte und Brandfälle schwer gehemmt. Bes. harte Auseinandersetzungen führte das Kloster mit den Schnewelin, einer von staufischen Ministerialen abstammenden Freiburger Patrizierfamilie, und später auch mit den Blumeneckern. 1370 erbat S. vom Konstanzer Bischof Heinrich v. Brandis (1357—83) die Union mit der Augustinerchorherren-Propstei Allerheiligen in

Freiburg. Zu den Konflikten mit den Vögten kamen noch Spannungen innerhalb des Klosters, so daß insgesamt drei der Äbte von S. eines gewaltsamen Todes starben. Die infolge der gerichtlichen Konfrontationen mit den Vögten und nach dem Brand der Klosterkirche 1430 stark angewachsene Armut veranlaßte Abt Johannes V. (1461—74) 1462 zum Verkauf des wichtigsten Besitzes S.s an die Stadt Freiburg, von dem nur wenig, u. a. die Kirche von S., ausgenommen wurde. Im selben Jahr übersiedelten die Stiftsherren nach Allerheiligen zu Freiburg. Die 1493 unter Abt Erhart Rotkopf (1474—1502) wieder aufgebaute Pfarrkirche von S. fiel 1560 erneut den Flammen zum Opfer wie auch ihr Nachfolgerbau, der zusammen mit dem Pfarrhaus im Span. Erbfolgekrieg 1704 von franz. Truppen unter Marschall Tallard in Brand gesetzt wurde.

Bessere Zeiten für S. brachen erst 1713 mit der Wahl des Propstes Andreas Dilger (1713—36) an, der 1716—18 für den Neubau der Kirche sorgte, die 1725 vom Konstanzer Weihbischof Franz Johann Anton v. Sirgenstein konsekriert und 1729 erstmals seit fast 270 Jahren wieder als Klosterkirche genutzt wurde. Unter Abt Peter Glunk (1736—66) erfolgte die restliche Ausstattung der Kirche. 1777 wurde die von Johannes Andreas Silbermann (1712—83), dem berühmtesten Orgelbauer am Oberrhein, gefertigte zwölfstimmige Orgel aufgestellt, die den größten Verlust des Brandes der 1806 säkularisierten Klosterkirche 1907 bedeutete. Mit dem Aufbau der Kirche wurde noch im selben Jahr begonnen; die Konsekration erfolgte 1913.

Als Gnadenbild wird eine romanische Sitzmadonna (Holzplastik, um 1100) verehrt, die von den Gründermönchen aus Toul (Lothringen) mitgebracht worden war und durch die wechselvolle Geschichte der Kirche und des Klosters hindurch gerettet werden konnte. Die Madonna hält ihr Kind auf dem linken Knie und einen Apfel in der rechten Hand, was mittlerweile durch die Kleidung in reiche Barockgewänder verhüllt wird. Die Wallfahrt zum Gnadenbild nahm Ende des 19. Jh.s einen Aufschwung und dauert bis heute an.

QQ: Herrlichkeiten der Marienzelle zu S. auf dem Schwarzwald. Ein vollständiges Gebetbuch unter besonderer Berücksichtigung der Andacht zum göttlichen Herzen Jesu, zur allerseligsten Jungfrau Maria, zum hl. Judas Thaddäus und den vierzehn heiligen Nothhelfern, neu hrsg. von L. Löffler, ²1878.

Lit.: J. Bader, Die Schicksale der ehemaligen Abtei S. im breisgauischen Schwarzwalde, In: FDA 2 (1866) 211—278. — W. Müller, Kurze Geschichte des Klosters S., In: St. Märgen, Hochschwarzwald. FS anläßlich der 850-Jahr-Feier, hrsg. vom kath. Pfarramt und der politischen Gemeinde S., 1968, 11—54. — Ders., Studien zur Geschichte der Klöster S. und Allerheiligen, In: FDA 89 (1969) 5—129. — M. Hermann, S. im Schwarzwald, ¹¹1980. — J. Weber, Aus der Geschichte der kath. Pfarrgemeinde S., hrsg. von der Kath. Kirchengemeinde S., 1982. — I. Hecht, St. Märgen. Ein Streifzug durch Geschichte und Gegenwart, 1984, bes. 5—23. — F. Hockenjos, St. Märgener Welt, 1985, 47—72. — J. Weber, Zum 250. Todestag von Abt Andreas Dilger, 1986. — R. Metten, K. Welker und H. Brommer, Wallfahrten im Erzbistum Freiburg, 1990, 129—131 (Lit.). *S. Tebel*

Sankt Pauler Predigten. Die unikal überlieferte Sammlung (St. Paul, Stiftsbibl., 27.5.26) von 54 → Predigten aus dem Temporale und Sanctorale entstand im 2. Viertel des 13. Jh.s, vermutlich für die ⋔kapelle des Pilgerspitals in Pyrhn. Diese entstehungsgeschichtliche Besonderheit begründet die Tatsache, daß ⋔ häufig in den Predigten zur Sprache kommt und die Sammlung nicht nur mit einem Paternoster, sondern auch mit einem Ave Maria (2,15—3,1) eröffnet wird. Eigentliche ⋔predigten gibt es nur zwei auf Lichtmeß (Nr. 20. 21).

Schwerpunkte der Thematisierung ⋔s sind die Predigten 7—12 (3. Advent bis Christi Geburt), 16—21 (Beschneidung bis Lichtmeß) und 43—54 (Himmelfahrt bis »De Virginibus«). Der erste Block konzentriert sich auf die Menschwerdung Christi dank ⋔ bei Betonung der Jungfräulichkeit und Zurückstellung der Mutterschaft; zugleich wird ⋔ als »advocatrix« des sündhaften Christen vorgestellt. Der zweite Block enthält die beiden Lichtmeß-Predigten. Die erste Predigt (Nr. 20; Mt 11,10) kontrastiert ⋔ mit Eva und macht sie zur Hoffnungsträgerin unterschiedlicher Bezugsgruppen (Jungfrauen, Frauen, alte Leute, Kinder, Witwen, Sünder; vgl. dazu Priester → Konrad, Nr. 11; → Speculum ecclesiae, Nr. 41; → Rheinauer Predigtsammlung zu ⋔e Lichtmeß). Das Opfer der Turteltauben weist auf die Treue, die Kerze auf das Feuer göttlicher Liebe hin ausgelegt. In der zweiten Predigt (Nr. 21; Antiphon »Rubum, quem viderat Moyses«) wird die Helferinfunktion ⋔s v. a. beim jüngsten Gericht betont. Der brennende Busch des AT wird in der Auslegung auf den Hl. Geist und dessen Wirkung in ⋔ gedeutet, die selbst mit der Rute Aarons verglichen und als »porta caeli« bezeichnet wird. Die Mutterschaft rückt in diesem Block stärker in den Blick, dominiert aber nie das Thema der Jungfräulichkeit, das immer wieder durch die Hervorhebung der Reinheit ⋔s betont wird. Im dritten Block liegt der Schwerpunkt auf der Rolle ⋔s als »mediatrix« und in der letzten Predigt »De Virginibus« steigt sie zur Himmelskönigin auf. Hinweise auf Himmelfahrt und Geburt fehlen in der gesamten Sammlung.

Ausg.: N. E. Whisnant, The »St. Pauler Predigten« (St. Paul, Ms. 27.5.26). An Edition, Diss., University of North Carolina, Chapel Hill 1978. — Weitere Ausg. s. Morvay-Grube, T 39.

Lit.: N. E. Whisnant (s. o.), III CXL, bes. XC—CII. — VL² VII 366—369 (Lit.). *H.-J. Schiewer*

Sankt Trudperter Hohes Lied. *1. Zu Textgeschichte und Inhalt.* Das sog. »St. Trudperter Hohelied«, eine frühmhd. Hohe-Lied-Auslegung, wurde zunächst als »Hohenburger Hohes Lied, erklärt von Rilindis und Herrat« bezeichnet (Haupt, 1864; Scherer, 1875). Nachdem die These von der Autorinnenschaft der beiden berühmten Äbtissinnen aufgegeben worden ist, wird das Werk ebenfalls zu Unrecht seit Hayner nach der zunächst einzig bekannten Handschrift (A) bezeichnet. Diese enthält einen Besitzvermerk der Benediktinerabtei St. Trudpert bei Freiburg aus dem 14. Jh., was zu der Annahme führte, daß das Werk dort auch entstanden sei. Seit 1576 ist diese Handschrift übrigens in Wien nachweisbar, wo sie sich noch heute befindet. Nach 1876 sind 8 weitere Textzeugnisse aufgefunden worden, von denen keines die These bestätigt, daß St. Trudpert Entstehungsort des Werkes sei. Vielmehr deutet vor allem die Tatsache, daß 7 der Fragmente oder Handschriften in bairischer oder bairisch-österr. Sprache abgefaßt sind, darauf, daß das Werk in Bayern, vielleicht in Regensburg (Menhardt, 1956) anzusiedeln ist. Als Entstehungszeit ergibt sich auf Grund des Alters des ältesten Fragments (um 1130) der Anfang des 12. Jh.s. Für eine spätere Datierung plädiert Spitz, der die Entstehung des S. im Frauenkloster Admont nachzuweisen versucht.

Adressaten bzw. Adressatinnen des S. sind »geistliche Menschen«, v. a. wohl Klosterfrauen. Wegen mancher Bezüge zur Augustinerregel ist das Werk vielleicht für einen Augustinerinnenkonvent verfaßt worden, so daß als Verfasser vornehmlich ein Augustinerchorherr, der einen Frauenkonvent betreute, in Frage kommt.

Die Auslegung benutzt Willirams Übertragung des lat. Bibeltextes, weicht jedoch in der Gesamthaltung und im Inhalt des oft sehr weit ausholenden Kommentars betont von der benediktinischen Tradition der Hohe-Lied-Auslegung ab und ist in die im 11./12. Jh. neu aufkommende Bewegung der Augustinerchorherren im südöstlichen Deutschland einzuordnen (anders Küsters).

Das Buch ist eine Synthese von Hld-Exegese, exkurshafter Betrachtung und pädagogischer Belehrung im Stil der Ordensregeln, weshalb es im Epilog heißt: »An diseme buoche sulin die prute des almahtigen gotis ir spiegel haben« (145,14f.). Wegen seiner vielen mystischen Aussagen gilt das S. als erstes Zeugnis dt.-sprachiger → Mystik. Diese trägt einen stark spekulativen Charakter und stellt sich überwiegend als Trinitätsmystik dar (Wisniewski, 1990). Nach → Rupert v. Deutz und → Honorius Augustodunensis sieht auch das S. in der Braut des Hld v. a. ℳ symbolisiert. Ihr kommt damit eine herausgehobene Stellung innerhalb der Argumentationszusammenhänge des Werkes zu.

Entsprechend der stark spekulativ-phil. Grundhaltung des Werkes unterscheiden sich die mariol. Aussagen deutlich von der etwa zeitgleichen bzw. etwas jüngeren dt.-sprachigen ℳdichtung. Die bekannten ℳsymbole erscheinen nur andeutungsweise (36,18; 100,14—33). Hinweise auf das irdische Leben ℳs als Mutter des Jesuskindes (80,13—25) und des Gekreuzigten (20,16; 24,19—29) sowie auf ihre erhabene Stellung als Himmelskönigin (77,20) sind selten. Das Interesse des Verfassers gilt eindeutig der heilsgeschichtlichen Funktion ℳs als Gottesgebärerin, ihrer Erwählung von Schöpfungsbeginn an, ihrer Sündenlosigkeit als Voraussetzung für die Inkarnation und in all diesem dem Vorbildcharakter ℳs für geistliche Menschen und insbesondere auch für die mystisch Begnadeten unter ihnen.

2. Heilsgeschichtliche Bedeutung Marias. Gleich zu Beginn des Werkes führt der Prolog, der die Verschränkung von Schöpfung — Sündenfall — Erlösung sowie von Inkarnation und unio mystica in heilsgeschichtlicher und individueller Sicht aufzeigt, auf die einmalige Stellung ℳs hin. »ione wart er nie beuangin in himile ioch in erde noch in apgrunde. er wart iedoch etewa enphangin in den reinistin lip der uon gote ie geschaffin wart. daz was magit muotir Maria. diu enphie dic uatir sun heiliger geist« (15,16—21). Durch Glaube, Hoffnung und Liebe glich ℳ das Versagen Adams, Evas und der Engel aus und gebar Christus, der alle sieben Gaben des Hl. Geistes in sich trug (5,21—33). ℳ hat Gott Vater mit seinen Kindern versöhnt (7,14—16), ihre Tugenden ließen es zu, daß Gott sie als Instrument der Versöhnung erwählen konnte (19,30—31), so daß »er wibis val suoende mit wibis urstende« (8,20—30), »wande mit ir ainen so wart diu suone gescaffen undir mir unde mineme chinde« (99,23—25).

Die einzigartige Reinheit ℳs war besondere Gnade Gottes (21,31—32; 40,10—42,5), dargestellt auch als mütterliches Säugen (11,9—13) oder als mystische Heiligung durch die Trinität (40,19—22; 139,28—31) bzw. den Hl. Geist (56,27—57,21), entsprang aber auch intensivster Mitwirkungsbereitschaft ℳs, die der Welt entsagte, Gott ihre Jungfräulichkeit gelobte (11,14—16; 51,15—24) und in vorbildhafter Vollkommenheit lebte »wande si uure brahte den wuocher des hailigen gaistes« (46,18—32; 49, 27—29; 56,27—57,21; 99,21—22; 139,25—140,15). Sie war das Auge, das Christus in diese Welt zog, »wande elliu diemuot an deme gebrouchten halse gemeret wirt« (54,11—55,3).

Die Wiederherstellung der durch den Sündenfall zerstörten Einheit von Himmel und Erde, Gott und Schöpfung, vollzieht sich in der Inkarnation in ℳ. Sie stellt das durch den Sündenfall zerbrochene »insigele« Gottes im Menschen wieder her (8,12—20). Die Inkarnation wird vor allem auch im Kuß, von dem der erste Vers des Hld spricht, symbolisiert (8,29—9,17), so daß das Hld zu Recht zunächst und vornehmlich auf ℳ bezogen wird, »wan siu diu erst unde diu hereste was, div ie allir getrvelikiste gekussit warth« (8,7—9).

Bilder für die Inkarnation in ℳ sind ferner das Bett und das Zelt, in dem Braut und Bräutigam sich vereinen, »wande der fride himels unde erde unde engele unde menniskin der wart gischaffen an deme pette. dc was miner trut frouwen sele unde ir lip was dc gezelt« (19,15—20,4; 41,7—26), die geheime Kammer (»wambe«, 46,12—14) sowie der Stuhl (Seele), »do got fleisk unde bluot« in ℳ nahm (24,8—10). ℳ ist der Hals, der das Haupt (Gott) und den Bauch (die Christenheit) zusammengefügt hat (23,14—24,5; vgl. 54,11—55,3). Sie ist der verschlossene Garten, in dem der Hl. Geist Christus wirkt und Gott Hausherr ist und Vater des Sohnes und der Mutter (56,27—57,21).

3. *Mystische Bedeutung Marias.* M erfährt in ihrem irdischen Dasein als erster Mensch das geheimnisvolle Geschehen der unio mystica als Vorauserleben der ewigen Seligkeit: »ich gesate diniu ougen der getougen mines unermezzenen wistuommes, ich gesate dinu oren des wunneclichen lobesanges der himeliskem erben, ich gesatte dinen waz mit deme oberosten smakche miner herschefte, ich gesatte din herze miner suozzesten minne. die hastu unerdrozzenliche unferwartliche unzerganchliche iemmer ewecliche. wande duz in deme gedingen noch hast mere danne in der warhait, so ist iz uerholn ienoch unz nach deme urtaile« (46,29—47,9).

Im Erleben der unio mystica als Braut Gottes, in der Inkarnation als Akt der Wiederherstellung der Einheit von Himmel und Erde, von Gott und Menschheit, in der Geburt und dem Nähren des Gottessohnes, in ihrer Tugendhaftigkeit und ihrem gesamten Lebenswandel ist M Vorbild für alle geistlichen Menschen und Jungfrauen. Sie ist prima inter pares, zwar dem Grad und der Realität ihrer heilsgeschichtlichen Stellung nach von allen anderen Menschen unterschieden, nicht aber hinsichtlich des geistigen Nachvollzugs der ihr zuteil gewordenen Gnade. Sie hat die Möglichkeit geistiger Nachbildung ihres Erlebens für alle Menschen wieder eröffnet. Jeder kann die Inkarnation in sich erleben: »si hath uns allen hulde geuunin ze kussene« (10,32—11,1). Den Gott geweihten Frauen ist es aufgegeben, Christus geistig zu gebären und mit den hll. Tugenden zu nähren (14,28—15,2). Jedoch auch umgekehrt wird gesagt, daß Gott wie M, so auch die gottgeweihten Frauen säugt und ernährt (14,28—15,15). Der Mensch erlebt in der mystischen Einung das, was M bei der Verkündigung erfuhr: »also luter so din gewizzede denne ist, also raine ist din herze, also wol maht du in gesehen unde erchennen. da bringet dir diu hailige guote aine wirmene unde aine suoze hitze. der neferstuont nie niemmin so rehte so unser gnadigiu urouwe, do ir diu botescaft chom uone himele. diu senfte wermine des hailigen gaistes, diu fuoget denne den zart, da du dinen gemahelen mitte trutest unde umbeuahest« (118, 12—21).

4. *Nachfolge Marias.* Alle Menschen können »uolgare« Ms sein (100,13). Die tugendhaften Frauen streben nach der »nachbildunge« Ms hinsichtlich Keuschheit und geistlicher Zucht (100,2—4) wie aller Tugenden. »also ist uon dir truturouwe gewahsen daz exemplum uile maneger tugende« (46,15—17; 99,10—100,33; 140,10—15). Während dieser Aspekt immer wieder betont wird, erscheint die bekannte Rolle Ms als Trösterin und Helferin aller Bedrückten, die sich um Hilfe an sie wenden, nicht häufig (46,18—27; 79,6—8; 100,5—13).

Entsprechend diesen Gewichtungen der mariol. Aspekte sind im wesentlichen Epitheta vertreten, die M als Jungfrau, GM, Braut und Geliebte Gottes, von den Menschen verehrte »trutvrouwe«, seltener als Trösterin kennzeichnen (vgl. Geppert zu: brut, dirne, friundinne, gemahele, helfaerinne, maget, muoter, trutvrouwe [ein sonst im Mhd. nicht belegtes Wort], wip).

Das Mbild des sog. S. entspricht dem der von Augustinus ausgehenden Tradition (Zumkeller 297 ff.); so dürfte die erstaunliche Nennung Augustins vor Benedikt als Regler des geistlichen Lebens im S. (83,13—14) kein Zufall sein.

Ausg.: Das Hohe Lied, übers. von Williram, erklärt von Rilindis und Herrat, Äbtissinnen zu Hohenburg im Elsaß (1147—96). Aus der einzigen Handschrift der K.K. Hofbibliothek zu Wien hrsg. von J. Haupt, 1864. — Das St. Trudperter Hohe Lied, Krit. Ausg. Text, Wörterverzeichnis und Anmerkungen von H. Menhardt, 1934.

Lit.: T. Hayner, Das St. Trudperter (Hohenburger) hohe lied, In: PBB 3 (1876) 491—523. — W. Scherer, Litteratur des 12. Jh.s, 1. Hohenburger Hohes Lied, In: ZfdA 20 (1876) 198—205. — V. Müller, Studien über das St. Trudperter Hohelied, Diss., Marburg 1901. — M. Landgraf, Das St. Trudperter Hohe Lied, sein theol. Gedankengehalt und seine geschichtliche Stellung, bes. im Vergleich zu Williram v. Ebersberg, 1935. — J. Runte, Das St. Trudperter Hohe Lied und die mystische Lehre Bernhards, Diss. masch., Marburg 1949. — F. Ohly, Der Prolog des St. Trudperter Hohenliedes, In: ZfdA 84 (1952/53) 198—232. — H. Menhardt, Die Vorauer Handschrift kam durch Propst Konrad II. (1282—1300) aus dem Domstift Salzburg nach Vorau, In: PBB 78 (1956) 116—159. 394—452. — F. Ohly, Hoheliedstudien. Grundzüge einer Geschichte der Hoheliedauslegung des Abendlandes bis um 1200, 1958. — H. Menhardt, Zum St. Trudperter Hohen Lied, In: ZfdA 88 (1958) 266—291. — A. Zumkeller, Das Mönchtum des Heiligen Augustinus, ²1968. — I. Sauer-Geppert, Wörterbuch zum St. Trudperter Hohen Lied. Ein Beitrag zur Sprache der ma. Mystik, 1972. — U. Küsters, Der verschlossene Garten. Volkssprachliche Hohelied-Auslegung und monastische Lebensform im 12. Jh., 1985. — R. Wisniewski, Die unio mystica im St. Trudperter Hohen Lied, In: Minnichlichiu gotes erkennusse. Studien zur frühen abendländischen Mystiktradition. Heidelberger Mystiksymposium vom 16. 1. 1989, hrsg. von D. Schmidtke, 1990, 28—42. — H. J. Spitz, Zur Lokalisierung des St. Trudperter Hohenliedes im Frauenkloster Admont, In: ZfdA 121 (1992) 174—177. — R. Wisniewski, Eine frühmhd. Auslegung des Hohen Liedes. Das sog. St. Trudperter Hohe Lied (in Vorbereitung).
R. Wisniewski

Sano di Pietro, * 1406 in Siena, † 1481 ebd., sienesischer Maler und Miniator, als Schüler Sassettas der gotischen Tradition verhaftet.

Seine reiche Produktion umfaßt hauptsächlich Darstellungen der 1450 und 1461 kanonisierten hll. → Bernhardin und → Katharina v. Siena, Polyptypchen mit der thronenden Madonna zwischen Heiligen sowie kleinformatige Mbilder von Anmut und dekorativem Reiz. Engel und Heilige mit kindlichen Gesichtern umdrängen die porzellanhaft liebliche GM.

1444 malt er für die Gesuaten ein M-Polyptychon (Predella in Paris, Louvre); 1445 erhält er den Auftrag zur »Auffrischung« der 1352 von Lippo Vanni gemalten Mkrönung in der Sala della Biccherna des Palazzo Pubblico, wobei als Vorbilder für die Darstellungen in der Predella vertraglich die Fresken von Pietro und Ambrogio Lorenzetti am Scalaspital festgelegt sind (Geburt, Tempelgang und Vermählung Ms, Heimsuchung). Ein weiterer kommunaler Auftrag ist wohl 1456 das Bild der Erscheinung

Me vor Calixt III. (Siena, Pinacoteca Nat.): M auf Wolken schwebend, empfiehlt ihre Stadt Siena dem 1455 neugewählten Papst. Für die Kirche von Massa Maritima schuf S. um 1450 ein Altarbild mit der Darbringung Jesu im Tempel (verloren). Zu den von S. behandelten marian. Themen gehören außerdem die Aufnahme Ms in den Himmel (1479) und ihre Krönung (Siena, Palazzo Pubblico).

Lit.: E. Gaillard, S., 1923. — J. Trübner, Die stilistische Entwicklung des S., 1925. — R. van Marle, The development of the Italian Schools of painting IX, 1927, 466—532. — B. Berenson, Italian pictures of the Renaissance I, 1932, 497—505. — M. Eisenberg, The first altarpiece for the Capella de' Signori, In: Burlington Magazine 123 (1981) 134—148. — F. Zeri u. a. (Hrsg.), La Pittura in Italia, Il Quattrocento I, 1987, 324—327. — Thieme-Becker XXIX 414f. *F. Tschochner*

Sansovino, Andrea, (eigentlich Andrea Contucci), *zwischen 1467 und 1470 in Monte San Savino (Valdichiana), † 1529 ebd., ital. Bildhauer und Architekt, ausgebildet in Florenz bei A. Pollaiuolo, Bertoldo di Giovanni und G. da Sangallo. 1491 wird S. in die dortige Zunft der »Maestri di pietra e legname« aufgenommen, was ihm die Führung einer eigenen Werkstatt ermöglichte. Ein überlieferter Portugalaufenthalt S.s wird in den 90er Jahren angesetzt. 1502 arbeitete S. wieder in Florenz. Papst Julius II. berief ihn 1505 nach Rom. 1513 wurde er von Papst Leo X. zum Kirchenbaumeister in Loreto ernannt; ab 1518 stand S. den Arbeiten an der S. Casa in der Basilika von Loreto vor.

Zu seinem Frühwerk gehören zwei Terracotta-Altäre (Monte San Savino, S. Chiara, zwischen 1489 und 1491): ein Laurentiusretabel und ein glasierter Maltar, auf dem zwei Engel die über Heiligen thronende GM mit dem Kind krönen. Um 1491 begann S. an einem Sakramentsaltar für S. Spirito in Florenz zu arbeiten. Er wurde in der Kapelle der einflußreichen Familie Corbinelli aufgestellt. Über dem Altartisch, auf dessen Stirnseite im Relief den toten Christus im Grab zwischen M und Johannes dargestellt ist, erhebt sich ein hohes fünfzoniges Marmorretabel, in dessen beherrschender Mittelnische das Ziborium steht. Über den rahmenden Figuren der hll. Matthäus und Jakobus sind zwei Tondi der Verkündigung angebracht. Eine reliefierte Lünette mit der Krönung Ms schließt den Altar ab. Die Gestalten mit feinen Gesichtszügen sind — charakteristisch für S. — mit Gewändern aus dickem, sich überlappenden Stoff angetan.

In Ton gestaltete S. eine thronende M mit Kind (Florenz, Bargello). 1502 arbeitete er mit seiner Werkstatt an einem marmornen Taufbrunnen für den Dom von Volterra. Im selben Jahr nahm S. den Auftrag für eine Taufe Christi an. Von Vincenzo Danti vollendet, wurde die Gruppe Christi und Johannes des Täufers 1569 über dem Ostportal des Florentiner Baptisteriums aufgestellt. Für die stehende GM mit Kind und Johannes dem Täufer im Dom von Genua haben sich die Transportdokumente von 1504 erhalten.

Während seines Aufenthaltes in Rom entwickelte S. einen neuen Grabmaltypus der Hochrenaissance: die Wandgrabmäler der Kardinäle Ascanio Sforza († 1505) und Girolamo Basso della Rovere († 1507) im Chor von S. Maria del Popolo gleichen Altarretabeln. In ihren von Triumphbögen überfangenen Mittelnischen stehen Sarkophage auf denen die Verstorbenen ruhend dargestellt sind. Über ihnen ist jeweils ein Mtondo angebracht. Grabmalartiger Charakter wurde auch für den an einem Wandpfeiler der Kirche S. Agostino in Rom angelegten Annen-Altar nachgewiesen. Den Auftrag dazu hatte der Humanist J. Goritz v. Luxemburg 1510 an S. und Raffael erteilt: S. schuf die Marmorgruppe der Annaselbdritt, Raffael malte über deren Nische den Propheten Jesajas. In seiner Annaselbdritt gelang es S. die Inkarnation in einer Darstellung der drei Lebensalter zu versinnbildlichen.

Die von zwei Knienden verehrte thronende GM mit Kind über dem Hauptportal der röm. Kirche S. Maria dell' Anima wird S. zugeschrieben, ebenso die M mit Kind über dem Portal von S. Maria in Porta Paradisi in Rom.

Archivalisch gesichert sind S.s Reliefs der Verkündigung und der Geburt Christi (1524 vollendet) an der S. Casa in der Basilika von Loreto. Die Verkündigung zeigt S. in einem komplizierten Raumgefüge. Das von ihm begonnene Relief der Vermählung Ms vollendete Nicolo Tribolo 1533. Eine Terracotta des hl. Rochus, nach Vasari S.s letzte Arbeit, befindet sich in S. Quirico in Battifolle

S.s architektonisches Schaffen ist mit Planungen in Jesi belegt: Hof des Palazzo del Commune (1519) und Türme der Stadtmauer (1521). Als Baumeister in Loreto verstärkte er einen Vierungspfeiler der Basilika und setzte den Bau des Palazzo Apostolico fort. Mehrere Bauten seines Geburtsortes werden mit S. in Verbindung gebracht.

Lit.: P. Schönfeld, A. S. und seine Schule, Stuttgart 1881. — G. Haydn Huntley, A. S. Sculptor and Architect of the Italian Renaissance, 1935. — C. Girolami, In margine ad una monografia su A. S., In: Atti e memorie della Reale Accademia Petrarca di Lettere, Arti e Scienze NS 30—31, (1941) 107—118. — J. Pope-Hennesy, Italian High Renaissance and Baroque Sculpture, 1970, 344—350. — K. Weil-Garris, The Santa Casa di Loreto, Problems in Cinquecento Sculpture, 1977. — M. Salmi, Un opera giovanile di A. S., In: FS für G. Incisa della Rochetta, 1973, 483—490. — F. Grimaldi, Loreto. Basilica, S. Casa, 1975. — V. A. Bonito, The Saint Anne altar in S. Agostino: restoration and interpretation, In: Burlington Magazin 124 (1982) 268—276. — J. D. Draper, Bertoldo di Giovanni, 1992, 66f. 215f. — Thieme Becker XXIX 418—420. *D. Gerstl*

Sansovino, Jacopo, (eigentlich Jacopo Tatti), ital. Bildhauer und Architekt, * 1486 in Florenz, † 1570 in Venedig, lernte ab 1502 in Florenz bei Andrea → Sansovino, dessen Namen er annahm. Mit ihm ging er 1505 nach Rom, wo er neben der Mitarbeit an Andreas Projekten antike Skulpturen studierte und restaurierte. Ab 1511 ist er wieder in Florenz. Nachdem Michelangelo S.s Beteiligung an der Gestaltung der

J. Sansovino, Maria mit Kind, um 1570, Berlin

Fassade von S. Lorenzo in Florenz verhindert hatte, ging S. 1518 nach Rom. Hier wirkte er bis 1527, dem Jahr, in dem er nach Venedig übersiedelte, wo ihm 1529 das Amt des Obersten Baumeisters übertragen wurde. Als solcher prägte er das venezianische Stadtbild, errichtete Paläste, Kirchen und öffentliche Bauten, schuf zahlreiche Bildwerke und bemühte sich um die Sicherung bereits vorhandener Bauten. Sein architektonisches Schaffen, mit dem er bes. Palladio beeinflußte, folgte den Prinzipien der klassischen Antike. Auch sein bildhauerisches Werk zeigt sich ausgehend von der Florentiner Hochrenaissance antiken Auffassungen verpflichtet.

Frühe Antikenkopien S.s haben sich mit dem Dornauszieher in Terracotta (Paris, Musée Jaquemart-André) und der bronzenen Laokoongruppe (Florenz, Bargello) erhalten. Bei seinem Bacchus (Florenz, Bargello) verarbeitete er 1510—12 Einflüsse mehrerer antiker Statuen und beim Kopf des Apostels Jakobus d. Ä. (Florenz, Dom, Vierungspfeiler) knüpfte er an ein spätantikes Vorbild an. Das Wachsmodell der Kreuzabnahme (London, Victoria & Albert Mus.) soll S. noch während seines Romaufenthalts für Perugino geschaffen haben; zwei Frauen bemühen sich hier um die ohnmächtige GM.

S. schuf zahlreiche M-skulpturen und -plastiken: die stehende M mit Kind aus Holz (Budapest, Szépművészeti Múzeum) entstand vermutlich als Modell für einen Wettbewerb um eine Marmormadonna für die Fassade des Mercato Nuovo in Florenz. Über die »Madonna del Parto« in S. Agostino in Rom schloß S. 1516 einen Vertrag ab. Der Name »del Parto« kommt von der Inschrift im Architrav der die Madonna rahmenden Aedikula. Mit der Linken hält sie das stehende Jesuskind, welches mit seiner Rechten als Hinweis auf die Passion einen Goldfink umklammert. Um 1820 entwickelte sich ein besonderer Kult dieser Madonna.

Am Grabmal des Bischofs Galesio Nichesola im Dom von Verona finden sich neben klassischen Auffassungen noch gotische Elemente. Über der Liegefigur des Verstorbenen steht im Blickkontakt zu ihm eine M mit Kind. Ihre feinen Gesichtszüge und die weiche fließende Behandlung des Stoffes bezeugen S.s Geschick in der Bearbeitung von Marmor. Bei der sog. Arsenalmadonna (Venedig, Arsenal, Vestibül) vermochte S. dem byz. Madonnentypus durch Aufbau über einem runden Sockel Körperlichkeit und Volumen zu verleihen. Das auf Ms linkem Bein sitzende Kind hält mit der Rechten eine Sphaira empor, es verkörpert Christus Logos. Weiter sind zu nennen: die bemalte Terracotta-Gruppe einer Verkündigung mit bes. eindringlich charakterisierten Gesichtszügen (Sammlung Thyssen-Bornemisza, um 1536), eine stehende Madonna mit Kind aus Bronze (Cleveland/Ohio, Cleveland Mus. of Art, frühe 1530er Jahre), die Madonna mit Kind und Johannes dem Täufer von der Logetta in Venedig (Terracotta, beim Einsturz des Campanile zerstört) und die ursprünglich für das Hauptportal von S. Marco bestimmte Gruppe der M mit Kind und Engeln (Venedig, Dogenpalast, Chiesetta, begonnen 1536) Entstehungszeit und ursprünglicher Bestimmungsort des Terracottareliefs einer Sacra Conversazione (Berlin, Bodemus.) sind nicht bekannt.

Als eines der Hauptwerke S.s gilt die Bronzetür der Sakristei von S. Marco (Modell 1546). Zwei Reliefs zeigen in breiter malerischer Auffassung die Grablegung und die Auferstehung Christi. Bei der Grablegung ist das Gesicht der von Frauen gestützten M durch den tief nach vorne gezogenen Umhang völlig verdeckt. Das Relief der Pietà am Grabmonument des Dogen Francesco Vernier († 1556) schuf S.s Schüler Alessandro Vittoria, während die rahmenden Skulpturen der Spes und Caritas vom Meister selbst signiert sind (Venedig, S. Salvatore). Besonderes Lob erntete S. von seinen Zeitgenossen Vasari und Tintoretto für die Kolossalfiguren des Mars und Neptun an der Scala dei Giganti im Dogenpalast (Auftrag 1554). Die von Andrea S. in Rom geschaffenen Grabmäler waren S.s Vorbild für das Grabmal des Erzbischofs Livio Podocatoro (Venedig, S. Sebastiano, vollendet 1565). Der hier angebrachte Tondo einer thronenden M wird einem Mitarbeiter S.s zugeschrieben.

Das gerahmte M-relief im Museo Civico in Vicenza, auf dem sich M und das Kind einander zärtlich zuwenden, wird S. selbst zugerechnet. Verschiedene Typen halbfiguriger Cartapesta-Reliefs der M mit Kind, die von S. selbst stammen oder in seinem Umkreis entstanden, werden unterschieden: Pardelfell-Typus in Berlin-Dahlem und im Szépművészeti Múzeum Budapest; Vittorio Veneto-Typus im Museo del Cenedese in Vittorio Veneto, im Florentiner Bargello, im Kaiser Wilhelm-Mus., Krefeld und in Berlin-Dahlem.

Das architektonische Schaffen S.s läßt sich erstmals im Rahmen der Vorbereitungen für den Einzug Leos X. in Florenz nachweisen: gemeinsam mit Andrea del Sarto schuf er eine Holzfassade für den Dom. In Venedig erlangte S. durch die Sicherung der Kuppeln von S. Marco erste Anerkennung als Baumeister. Mit der Logetta am Fuß des Campanile (1537—46), der Libreria Vecchia (ab 1536) und der Zecca (1536—45) prägte er Markusplatz und Piazetta. Bei der Libreria griff er mit Arkadenhalle und Abfolge der Säulenordnungen, bei der Logetta mit dem Triumphbogenmotiv antik röm. Baugedanken auf. Mit der Loggetta verwirklichte er nach Pope-Hennessy zudem das von Raffael mit den gemalten Skulpturen der Schule von Athen (Vatikan, Stanza della Segnatura, 1509—11) entwickelte ideale Miteinander von Skulptur und Architektur. Zu ihrem reichen Schmuck trug er selbst die die Regierung Venedigs allegorisierenden Bronzefiguren von Pallas, Apollo, Merkur und Pax (Modelle 1542) bei. S. war beteiligt am Neubau der Scuola der Bruderschaft von S. Maria della Misericordia und von S. Francesco della Vigna. Er entwarf u. a. die Fabriche Nuove, das Cagrande der Familie Corner, den Palazzo Dolfin, die Kirchen S. Martino und S. Spirito. 1554 wurde der von ihm und Sammicheli geschaffene Entwurf für die Scala d'Oro des Dogenpalastes angenommen. Nach 1557 erneuerte S. die Fassade von S. Geminiano am Markusplatz, der Kirche in der er bestattet wurde (1807 zerstört). Sein Sohn Francesco erinnerte lit. an das Werk des Künstlers.

Lit.: L. Pittoni, J. S. scultore, Venedig 1909. — H. R. Weihrauch, Studien zum bildnerischen Werke des J. S., 1935. — G. Mariacher, II S., 1962. — W. Lotz, S.s Bibliothek von S. Marco und die Stadtbaukunst der Renaissance, In: Kunst des MA in Sachsen, FS für W. Schubert, 1967, 534—543. — M. Tafuri, J. S. e l'architettura del'500 a Venezia, 1969. — A. Parronchi, Une Madone donatelliene de J. S., In: Revue de l'art 21 (1973), 40—43. — J. Pope-Hennessy, Italian High Renaissance and Baroque Sculpture, 1979, 78—81, 350—353. — W. Timofiewitsch, Die Arsenal Madonna. Anmerkungen zur künstlerischen Entwicklung des J. S., In: FS für L. Dussler, 1972, 223—236, — D. Howard, J. S. Architecture and Patronage in Renaissance Venice, 1975. — Ch. Davis, J. S. »Loggetta di San Marco« and two problems in iconography, In: Mitteilungen des Kunsthist. Instituts Florenz 29 (1985) 396—400. — Th. Hirthe, Die Libreria des J. S., In: MJbK 37 (1986) 131—177. — Ausst.-Kat., J. S. a Vittorio Veneto. Il rilievo in cartapesta della Madonna col Bambino, Vittorio Veneto 1989. — B. Boucher, The sculptures of J. S., 2 Bde., 1991. *D. Gerstl*

Santa Fe (New Mexico) wurde 1610 als dauernde Hauptstadt gegründet. Der Name kam wie auch bei den anderen Stadtgründungen mit dem Namen Santa Fe in Lateinamerika von dem königlichen Militärlager in den Nähe von Granada/Spanien, von dem aus Ferdinand II. (als Herrscher des vereinigten Spaniens Ferdinand V.; 1452—[1479]—1516) und Isabella I. (1451—[1474]—1504) den entscheidenden Schlag gegen die Mauren (1492) in Spanien führten. Ursprünglich war ULF von der Aufnahme in den Himmel die Patronin der Pfarrkirche der Stadt, aber in der zweiten Dekade wurde es die Immaculata. In der Pfarrkirche befand sich auch die Mstatue der Aufnahme Ms in den Himmel, die 1625 von Alonso de Benavides (* auf der Insel San Miguel, 1603 OFM in Mexiko, Novizenmeister in Puebla, dann Kustos der Missionen von Neu-Mexiko, 1630 in Ordensangelegenheiten nach Spanien, erhielt 1634 die Erlaubnis der Krone zur Rückkehr nach Neu-Mexiko, verblieb aber bis 1636 in Spanien, wurde Anfang 1634 zum Weihbischof für die Diözese Goa/Indien ernannt, † 1634 auf der Reise nach Goa) mitgebracht wurde. Allmählich erhielt sie den Namen »La Conquistadora«, die Königin des Königreiches New Mexico und ihrer Stadt S. Für die Indios, die mit den Spaniern aus Mexiko gekommen waren, wurde eine eigene Kirche S. Miguel errichtet. 1680 brach eine furchtbare Revolte aus, die der Mulatten-Pope anführte, der die wachsende Unzufriedenheit ausnützen und die verschiedenen Führer unter sich vereinigen konnte. Bei diesem Aufstand wurden an einen Tag 21 Franzsikanermissionare getötet. S. wurde erobert, die Mkirche völlig und die S. Miguel-Kirche teilweise zerstört. Die Siedler konnten nach Guadalupe del Paso fliehen und verblieben dort 13 Jahre. Sie hatten auch das Bild »La Conquistadora« gerettet und verehrten es sehr. Nach der Unterwerfung von S. durch Antonio de Vargas wurde die Statue in den Palast des Gouverneurs verbracht, wo sie für ein Jahr Aufstellung fand. 1695 wurde eine vorläufige Kirche zu Ehren des hl. Franziskus v. Assisi errichtet. Man gelobte aber, die ursprüngliche Kirche wieder aufzubauen. Diese wurde 1714—17 neben der provisorischen Kirche errichtet, aber das Franziskus-Patrozinium ging nun auf die neue Kirche und die ganze Stadt über. Die heutige Kirche und Kathedrale »St. Francis of Assisi« wurde 1869 eingeweiht. In dieser Kirche befindet sich wie in den alten Kirche das Gnadenbild »La Conquistadora« in einer Kapelle. Dem gekrönten bekleideten Bild ist ein Jesuskind beigegeben. S. ist der älteste Wallfahrtsort ULF in den Vereinigten Staaten.

Lit.: J. B. Salpointe, Soldiers of the Cross, Banning/California 1898. — J. M. Espinosa, The Virgin of the Reconquest of New Mexico, In: Mid-America 18 (1936) 79—87. — E. Espinosa, New Mexico Santos, In: New Mexico Quaterly 6 (1936) 181—189. — A. Chavez, The Old Faith and Old Glory: Story of the Church in New Mexico since the American Occupation, 1846—1946, 1946. — Ders., Our Lady of Conquest. Santa Fe, the Historical Society of New Mexico, 1948. — Ders., Archives of the Archdiocese of S., 1678—1900, 1957. — Vargas Ugarte I. — A. González Dorado, De la Maria Conquistadora a la Maria Liberadora, In: CELAM I 387—520. *H. Rzepkowski*

Santolini, Nazarenus Raphael (Nazareno dell'Immacolata), Passionist, * 23. 10. 1859 in Caldarola (Macerta), † 4. 1. 1930 auf dem Monte Argentario (Grosseto), stammte aus einer wohlhabenden christl. Familie. Nach Besuch des Capranicakollegs und theol. Studien an der Universität Gregoriana in Rom verzichtete er auf eine kirchliche Karriere. Der Anblick eines demütigen Passionistenbruders weckte in ihm vielmehr die Sehnsucht nach einem Leben der Einfachheit und des verborgenen Dienstes. So wurde er 1881 vom sel. Bernhard M. → Silvestrelli in die Kongregation vom Leiden Jesu Christi aufgenommen. Seinem Wunsch, als Laienbruder einzutreten, wurde allerdings nicht entsprochen, doch auch als Priester blieb er seiner kontemplativen Berufung treu. In der Zurückgezogenheit des Klosters wirkte S. — mit kleinen Unterbrechungen — 29 Jahre lang als Novizenmeister. Sein Dienst war gekennzeichnet von Regeltreue und dem lebendigen Bewußtsein der Gegenwart Gottes. Auf diese Weise errichtete er eine wahre Schule des Gebetes. Selbst als seine Kräfte zu verlöschen drohten, vertraute man ihm das Noviziat noch an, in der Überzeugung, daß schon »sein Schatten genügt hätte, die Novizen zu formen und zu heiligen« (Positio 112). 1949 wurde auf diözesaner Ebene der Informativprozeß und 1982 beim Hl. Stuhl der Seligsprechungsprozeß eröffnet, 1989 die Heroizität seiner Tugenden erklärt.

Die Ursache einer solchen geistlichen Fruchtbarkeit ist sicher u. a. in der tiefen M frömmigkeit S.s zu suchen. Seit seiner Kinderzeit erwies er M zärtliche Verehrung. Als junger Seelsorger ließ er für eine Kapelle ohne Darstellung der GM sofort ein M bild malen und lud die Gläubigen dazu ein, die Mutter Christi zu ehren. Wie groß das Vertrauen und die Dankbarkeit S.s gegenüber M waren, beweist ein Briefzitat: »Es lebe die Unbefleckte Jungfrau! Nach Gott schulden wir ihr alles ...« (Mechilli, Maestro, 236). M s Hilfe rief er auch in den Prüfungen und Versuchungen seiner letzten Krankheitstage an, die er mit Ergebung ertrug.

QQ: Positio super virtutibus Servi Dei Nazareni a Maria Immaculata, 1987.
Lit.: A. Verticchio, Sulle Orme del Crocifisso, 1936. — V. Mechilli, Un Asceta dell' Argentario, 1955. — Ders., Il Maestro — p. Nazareno S. Passionista, 1988. — AAS 82 (1990) 102—106.
G. Lenzen

Saphir, → Edelstein, durchscheinend blauer Korund; das griech. Wort S. kann auch den Lapislazuli bezeichnen. Auf Grund seiner blauen Farbe ist der S. in den spätantiken und ma. Edelsteindeutungen meist mit dem Himmel verbunden, auch gilt er als Zeichen der Reinheit und Keuschheit. Seit dem Hohen MA wird er vor allen anderen Edelsteinen vornehmlich zum Stein M s. In der Dichtung und — soweit bestimmbar — in der bildenden Kunst kennzeichnet er häufig die GM.

Im AT wird der S. in allen Edelstein-Aufzählungen erwähnt: im Paradies, am Gewand des Hohen Priesters, an den Grundsteinen Zions (Jes 54,11) sowie des Himmlischen Jerusalem im NT (Offb 21,19—21). In den Visionen des Moses (Ex 24,10) und Ezechiel (Ez 1,26) erscheint Gott über einem leuchtenden S. Das Hohelied beschreibt den Leib des Bräutigams als Elfenbein, besetzt mit S.n (Hld 5,14), ein Bild, das im 13. Jh. die → Bible moralisée für Christus als den himmlischen Bräutigam wieder aufnimmt.

Nach Prokop v. Gaza 5./6. Jh. (PG 87,634) kennzeichnet der S. die sel. Jungfrau M und die Heiligen, das Steinbuch des Marbod rühmt seine heilende Kraft, v. a. für die Augen, und schreibt ihm die Gabe zu, bei Gott und den Menschen beliebt zu machen und den Neid zu überwinden, laut → Hildegard v. Bingen dagegen verleiht er Weisheit. → Albertus Magnus ordnet ihm das Blau des Firmaments zu, → Konrad v. Megenberg sieht im S. die Hoffnung auf die ewige Freude. Allgemein gilt er als Symbol der Himmelsnähe und Heiligkeit. Noch Ende des 16. Jh.s schreibt Andrea Baccio, er mache den Menschen geneigt zum Frieden, zu Gottes- und Menschenliebe. Seit Marbod, der berichtet, der S. könne nur in Keuschheit getragen werden, wird ihm die Dämpfung sinnlicher Leidenschaften zugeschrieben und er gilt als Zeichen der Reinheit.

Vom 12. Jh. an erscheint der S. in der M dichtung unter anderen Edelsteinen als Metapher zur Beschreibung der Vorzüge und Tugenden der GM im M-Lob und in M-Coronen. Das → Rheinische Marienlob vergleicht die Klarheit des himmelblauen S.s mit M s »Lauterkeit«; sie wird selbst als edler S. gepriesen (Thomas Hoccleve) oder als Saphirus spei, sichere Zuflucht beim Gericht (Konrad v. Megenberg). Die hl. Francesca Romana deutet in ihrer Vision den S. in M s Krone als Zeichen ihrer Treue, →Heinrich v. Mügeln verbildlicht in seiner Dichtung im S. die innere Reinheit und Keuschheit M s: »do gôt in dines herzens fach/ den safir diner kûsche sach/ dô nam sîn zornes ouge rast...«. Bis in neuere Zeit hielt sich der Aberglaube, daß ein S.-Ring bei Unkeuschheit und Untreue zerspringe.

Als bedeutungsvoller Schmuckstein tritt der S. im kaiserlichen und bischöflichen Ornat auf. Blaue tropfenförmige Steine — wohl S.e — bekrönen die Diademe byz. Kaiserinnen (z. B. am Mosaik der Kaiserin Theodora in S. Vitale in Ravenna, 6. Jh.) ebenso wie die kaiserlichen Insignien Krone, Szepter und Reichsapfel Rudolfs II. von Österreich (Wien, Schatzkammer, Anfang 17. Jh.). Mit einem S. besetzte Bischofsringe sind wohl ein Hinweis auf das Streben des Trägers nach dem Himmel, nach Reinheit und Heiligkeit.

Wie der rote Karfunkel oder Rubin zu Christus, so gehört von der Farbsymbolik her der blaue S. zu M. Unter anderen Edelsteinen fallen an M darstellungen häufig durch Größe und zentrale Stellung hervorgehobene S.e auf. Blau leuchtet der Mittelstein in der Krone der GM im Chartreser M fenster (12. Jh.). Eine silberne M figur in Walcourt in Belgien (St. Maternus, Schatzkammer, um 1300) trägt einen großen S. auf der Brust (laut Kat. Hinweis auf die Verehrung der Milch M s?), ähnliches beobachtet man an der M des wahrscheinlich von Kaiser Karl IV.

gestifteten Karls-Reliquiars in Aachen (Domschatz, Mitte 14. Jh.). Auch das »Goldene Rössel« in Altötting (franz. Goldschmiedearbeit, Schatzkammer, 1404) ist an hervorragenden Stellen an der Umrahmung und Krone der GM neben Perlen und Rubinen mit S.en besetzt. Stephan Lochner wählt ebenfalls für den Schmuck seiner M neben Perlen und Rubinen mit Vorliebe S.e; ein großer S. ziert die Mantelschließe Ms am Dreikönigsaltar (Köln, Dom), ein ebensolcher sitzt an der Spitze der Krone der Madonna im Rosenhag (Köln, Wallraf-Richartz-Mus.). In der niederländischen Malerei um die Brüder van Eyck, die M reich mit Edelsteinen geschmückt darstellen, läßt sich die Bevorzugung einer bestimmten Steinfarbe nicht feststellen. Ein großer S. hält hier bisweilen den Mantel Christi beim Weltgericht zusammen (Rogier van der Weyden, Beaune, Hôtel-Dieu). Bes. auffallend ist die Wiedergabe großer blauer Steine auf Mdarstellungen der Florentiner Frührenaissance, und bes. im Kreis Leonardos: zwei Madonnen, Verrocchio-Werkstatt und Domenico Ghirlandaio zugeschrieben (Washington, Nat. Gallery); thronende M, D. Ghirlandaio (Florenz, Uffizien); Leonardo da Vinci, Felsgrottenmadonnen (Paris, Louvre und London, Nat. Gallery) und Madonnen in München (Alte Pinakothek) und St. Petersburg (Eremitage). Da sich bei Leonardo aus den in seinen Schriften zitierten Werken die Kenntnis der Lapidarien des Marbod und Albertus Magnus erschließen läßt, kann man annehmen, daß ihm deren Edelsteindeutungen bekannt waren, und er sich bei der Wahl der dargestellten Steine von deren symbolisch-allegorischem Gehalt leiten ließ. Gerade bei der für die Confraternità della Concezione geschaffenen Madonna in Paris läge ein Hinweis auf die Reinheit Ms nahe. Eventuell wäre auch denkbar, daß die seit dem spätantiken Werk des »Physiologus« überlieferte Symbolik des sagenhaften »Gebärsteins« noch nachklingt. Die →Concordantia caritatis (Mitte 14. Jh.) zieht dieses Naturwunder als Bild für die wunderbare Empfängnis Jesu heran. Von diesem Stein — ein S., der einen Karfunkel bzw. Rubin umschließt (nach neuzeitlich chemischem Befund beides Korunde mit Verunreinigungen aus Titanoxid bzw. Chromoxid) berichtet auch Albertus Magnus in seinem bei Leonardo zitierten Steinbuch, so daß eine Anspielung auf den Symbolgehalt im Bereich des Möglichen läge.
Daß im Kreis der genannten Künstler die Darstellung von Edelsteinen über die Schmuckfunktion hinaus bedeutsam war, legt auch Ghirlandaios Altarbild der Heimsuchung (Paris, Louvre) nahe, wo der Blick Elisabeths auf einem von Perlen umgebenen roten Stein an Ms Brust haftet. Der Rubin als Stein Christi, verbunden mit der Perle als Symbol der jungfräulichen Empfängnis durch den Hl. Geist gäbe einen deutlichen Hinweis auf das Kind unter Ms Herzen, auf das sich Elisabeths Gruß bezieht.

Eine präzise Klärung der ikonographischen Aussage des S.-Schmucks auf Mdarstellungen wäre nur mit detaillierter Quellenforschung zu leisten. Wahrscheinlich spielen in den meisten Werken die verschiedenen dem S. in Theol. und Dichtung beigelegten Bedeutungen zusammen.

Lit.: Salzer. — J. und W. Grimm, Dt. Wörterbuch VIII, 1893, 1794 ff. — E. Valère, Marie et le symbolism des pierres précieuses, 1909. — J. Evans, Magical Jewels of the Middle Ages and the Renaissance, 1922. — D. J. Janson, Omega in Alpha: The Christ Child's foreknowledge of his fate, In: Jahrbuch der Hamburger Kunstsammlungen 18 (1973) 33—42. — Ch. Meier, Gemma spiritalis, 1977, bes. 130 f. 157 ff. 430 ff. — Nando de Toni, Libri, codici ed autori elencati negli scritti di Leonardo, In: Notiziario vinciano I, 1977. — U. Engelen, Die Edelsteine in der dt. Dichtung des 12. und 13. Jh.s, 1978. — HWDA VII 940—942. — LCI I 579. *F. Tschochner*

Ṣaprā (westsyr.: ṣaprō) bedeutet wörtlich »früher Morgen« oder »Morgendämmerung«. In den Liturgien der Kirchen syr. Überlieferung bezeichnet S. die Feier des Morgenlobs, die in etwa der Matutin und den Laudes des röm. Ritus entspricht.

1. Ostsyr. Liturgie. Hier enthält der S. hauptsächlich Lobpsalmen; Gebete und Hymnen sind harmonisch ins Ganze eingefügt. An den Festen der sel. Jungfrau M sind besondere Hymnen und Gebete hinzugefügt. Im täglichen S. gibt es einen Hymnus zu Ehren der Martyrer; die Strophe, die der Doxologie vorausgeht, ist stets marian. bestimmt. Am Montag singt man: »Hört und wundert euch, ihr Scharfseher, eine Jungfrau hat das Licht der ganzen Welt in Betlehem geboren. Und siehe, ihr Gedächtnis wird mit Prozessionen in den vier Vieteln der Schöpfung und im Himmel unter den Engeln gefeiert.« Der Martyrerhymnus des Mittwochs enthält folgende Strophe: »O heilige Jungfrau Maria, selige Mutter, alle Nationen nennen dich selig; denn du warst würdig, in deinem Schoße Amānū-El zu tragen, den die Propheten im voraus in ihren Geheimnissen beschrieben haben.« Freitags singt man: »O Jungfrau der Zeitalter, Maria, selige Mutter, flehe zu deinem Sohn, daß er seinen Frieden in diesem Tempel wohnen lasse, in dem der Tag deines Gedächtnisses mit Prozessionen gefeiert wird; er mache, daß die rechte Hand seiner Erbarmungen ihn wie das Haus des Abraham überschatte und daß alle Betrübten und Notleidenden von ihm Hilfe erhalten.«

2. Maronitische Liturgie. Im Eröffnungsgebet des S. an einem Gedächtnistag der Jungfrau M wird diese »Stern des Alls« genannt: »Sohn der Gerechtigkeit, gezeugt vom Vater vor aller Zeit, du wurdest in der Fülle der Zeit im Fleische von Maria geboren. Laß an diesem Tage dein Licht auf unsere Seelen so scheinen, wie die Sonne auf die Welt scheint, damit wir das Gedächtnis deiner Mutter, des Sterns des Alls, feiern und Hymnen der Freude und des Lobpreises dir singen können, der du Wunder gewirkt hast: Dir sei die Ehre auf ewig.« Das zweite Gebet des S. betont gleichfalls denselben Vorzug der GM. Im dritten Gebet wird sie als die »Mutter der Liebe und der Freude der Kirche« bezeichnet. Der → Sedrō desselben Tages ist ein einziger Lobpreis auf ihre Demut: »Maria, der Geist findet sich außerstande, deine Demut und die Würde zu beschreiben, zu der du erhoben worden bist. Der Engel kam, um dich im Namen des Allerhöchsten zu grüßen, und in aller Demut gabst du ihm die Antwort: Ich bin die Magd des Herrn, es geschehe mir gemäß seinem Willen. Wegen deiner Demut und deiner Würde nennen dich alle Geschlechter selig. Der Allmächtige hat dich als Königin des Himmels und der Erde gekrönt, als Königin der Engel und der Menschen ...«. Im Eröffnungsgebet des S. zum Fest ihrer Empfängnis (8. Dezember) wird ihre sündenlose Geburt von Joachim und Anna betont. Der Sedrō bekennt sie als die »Vollendung der Menschheit«: »Herr, Gott, Schöpfer von allem und Bewirker der Wunder, in deiner Erbarmung verlangte es dich, zu uns zu kommen, nachdem wir unsere ursprüngliche Schönheit verloren haben. Darum erschufst du die Jungfrau von Nazaret, die Vollendung der Menschheit. Sie ist jene, die Jesaja vorausgesagt, die Ezechiel beschrieben und die die Bücher der Weisheit und er Sprüche gezeichnet haben. Voll der Gnade und gesegnet unter den Frauen, hat der Heilige Geist sie vom Augenblick ihrer Empfängnis geheiligt. Der heilige Ephräm, die Harfe des Heiligen Geistes, bezog sich auf sie, als er sagte: ›Herr, nur du und deine Mutter sind sündenrein; es gibt keinen Fehler an dir, und deine Mutter ist ohne Makel‹... Gepriesen ist Er, der eine Menschentochter über Engel und Menschen gestellt hat. Gepriesen ist die Fülle der Gnade unter allen Menschen ...«

Lit.: A. J. Maclean, East Syrian Daily Office, 1894. — P. Bedjan (Hrsg.), Breviarium iuxta ritum Syrorum Orientalium id est Chaldaeorum (syr.), 3 Bde., 1938. — Ktābā d-Tešmeštā Qanōnāytā d-Yawmātā d-Edē (Das Buch der kanonischen Gebete für die Feiertage), 1930. — The Prayer of the Faithful according to the Maronite Liturgical Year (engl.), 3 Bde., 1982—85. — V. Pathikulangara, Resurrection, Life and Renewal, 1982. *V. Pathikulangara*

3. *Westsyr. Liturgie.* Der S. gleicht in seinem Aufbau in etwa dem → Ramšō. Strophen zu Ehren der GM finden wir sowohl im → Qōlō vor der Darbringung des Weihrauchs als auch danach. Als Beispiel seien zwei Texte aus dem S. des Dienstags genannt. Vor der Darbringung des Weihrauchs singt man u.a.: »Der Busch, den Mose sah auf dem Berg Sinai, bezeichnete dich, heilige Jungfrau: der Busch stellte deinen heiligen Leib dar, und die Blätter, die nicht verbrannten, waren Bilder deiner Jungfräulichkeit, halleluja und halleluja, und das Feuer im Busch (ein Bild) Gottes, der in dir wohnte.« Danach heißt es: »Maria war voller Furcht und Staunen bei den Worten, die Gabriel sprach. Sie verstand, daß der Allmächtige in ihr wohnen würde, und sie öffnete ihren Mund und sagte: ›Siehe, ich bin eine Magd des Herrn, mir geschehe, wie du gesagt hast.‹ — Ezechiel der Prophet der Verbannung, sah mit prophetischem Auge die Tochter Davids und zeichnete durch göttliche Offenbarung das Bild ihrer Schönheit, das ihm der Herr auf wunderbare Weise gezeigt hatte. — Im März verkündete Gabriel, und im Dezember schauten wir deine Geburt, ruhmreicher Abkömmling des Vaters und liebliche Frucht aus Maria, von der die Schöpfung nimmt und für immer lebt.«

Lit.: → Ramšā (westsyr.). *J. Madey*

Sara, Frau Abrahams. I. EXEGESE. S. wird bis Gen 17,15 Sarai genannt; beide Namensformen bedeuten »Herrin«. Sie soll mit Abraham aus Ur in Chaldäa gekommen sein (Gen 11,29—31). Weil sie sehr schön war, gab sie Abraham aus Furcht, er könnte als ihr Mann von fremden Herrschern, die sie in ihren Harem holen wollen, umgebracht werden, als seine Schwester aus (Gen 12,10—20; 20). Weil sie zunächst als unfruchtbar galt, gibt sie ihre Sklavin Hagar ihrem Mann als Nebenfrau, damit deren Sohn Ismael als ihr Sohn gilt. Als sie in hohem Alter doch noch einen Sohn, Isaak, gebiert, vertreibt sie Hagar (Gen 16; 21,9—21). Sie teilt mit Abraham das Wanderleben und stirbt in Hebron, wo Abraham für sie eine Grabstätte kauft (Gen 23).

Nach Jes 51,2 ist sie die Stammutter Israels, nach Röm 89,9 und Gal 4,21—31 die Muttter der Kinder der Verheißung und der Freiheit. Hebr 11,11 rühmt ihren Glauben, 1 Petr 3,6 ihre gehorsame Unterordnung unter ihren Mann. 1 QGenApocr 20,1—11 rühmt sie wegen ihrer Schönheit; das apokryphe Testamentum Abrahae preist sie als treue Begleiterin und Trösterin Abrahams (4; 6; 12).

Wegen ihrer Unberührtheit im Harem fremder Herrscher, ihres Gehorsams und ihres Glaubens an die Verheißung gilt S. in der christl. Frömmigkeit und Kunst als Typos für ☧ (→ Typologie).

Lit.: P. Bockel, Les deux rires de S., In: Bible et terre sainte 70 (1965) 17f. — L. Rost, Fragen zum Scheidungsrecht in Gen 12,10—20, In: FS für H. W. Hertzberg, 1965, 186—192. — Ch. K. Barrett, The Allegory of Abraham, Sarah and Hagar in the Argument of Galatians, In: FS für E. Käsemann, 1978, 1—16. — F. Manns, Sara, modèle de la femme obéissante, In: BeO 26 (1984) 65—73. — J. S. Teubel, Sarah the Priestesse, 1984. — C. Charlier, Les matriarches. Sara, Rébecca, Rachel et Léa, 1985. — P. Schotsmans, Het herhaal van S., Hanna en Elisabet omgekeerd, In: Tijdschrift voor philosphie 26 (1986) 28—37. — R. Firestone, Difficulties in Keeping a Beautyful Wife: The Legend of Abraham and Sarah in Jewish and Islamic Tradition, In: Journal of Jewish studies 42 (1991) 196—214. — Vgl. auch die Kommentare zu den oben angegebenen Gen-Stellen. *J. Scharbert*

II. IKONOGRAPHIE. Darstellungen S.s in der bildenden Kunst finden sich in unterschiedlichen ikonologischen Zusammenhängen. Als Stammmutter Israels gehört S. zu den Vorfahren Christi (Glasfenster aus St. Ouen, Rouen, um 1340). Auf einem Stich des 17. Jh.s umgeben S. und andere Mütter des AT ☧ als Illustration zu den Worten Elisabeths: »Benedicta tu in mulieribus«. Als Gattin Abrahams erscheint sie in Bildzyklen der Genesis (Mosaiken des 6. Jh.s im Obergaden von S. Maria Maggiore in Rom oder des 13. Jh.s in S. Marco in Venedig). Sie begleitet

Abraham auf dem Zug nach Kanaan und nach Ägypten. Beim Besuch der drei Männer in Mamre wird sie bei der Vorbereitung der Mahlzeit wiedergegeben — daher gehören ihr drei Brote als Attribut zu — oder sie steht lauschend halbverborgen hinter dem Zeltvorhang. Einige Oktateuch-Handschriften des 12. Jh.s zeigen Abraham und S. zusätzlich mit erhobenen Händen zuseiten einer Christuserscheinung, wie sie die Verheißung auf Nachkommenschaft empfangen (Rom, Cod. vat. gr. 746, fol. 73^v; Istanbul, Topkapi Saray, Cod. gr. 8, fol. 78^r).

Die Szene der Verkündigung der Geburt Isaaks durch die drei Männer spielt eine wichtige Rolle in der ma. Typologie. Als Mutter Isaaks, der als Präfiguration Christi gilt, ist S. atl. Abbild der Mutter Jesu. Die Verheißung in Mamre wird der Verkündigung an ⋔, die Geburt Isaaks der Geburt Jesu zugeordnet (Klosterneuburger Altar des Nikolaus v. Verdun; Biblia Pauperum, Bayer. Staatsbibl., clm. 28 141 und cgm. 155). Auch das Triumphbogenmosaik in S. Maria Maggiore (5.Jh.) wurde in diesem Sinne zu deuten versucht. Auf einem Teppich des 12. Jh.s in Halberstadt thront S. mit Brot und Kelch wie ⋔ bei der Verkündigung unter einem Baldachin neben Abraham und den drei Engeln. (Der Besuch der Engel ist in der Biblia Pauperum auch als Typus zur Fußwaschung und zur Verklärung Christi gewählt. Ohne Bezug zu ⋔ auch die Verkündigung an S. auf Tiepolos Fresko im Erzbischöflichen Palast in Udine). Das Fest zur Entwöhnung Isaaks, bei dem S. ihn zu seinem Vater Abraham bringt, entspricht in der → Concordantia caritatis der Darbringung Jesu im Tempel, die Reise Abrahams und S.s nach Ägypten und ihre Rückkehr den gleichen Szenen in der Kindheitsgeschichte Jesu. S.s Tod und Begräbnis in Kedron werden als atl. Parallele dem Tod ⋔e gegenübergestellt (Teppich, Reims, Kathedrale, um 1530).

Vielschichtiger liegen die theol. Deutungen in der Hagar-Geschichte. Der Eadwine-Psalter (Mitte 12. Jh.) illustriert mit der Verstoßung Hagars durch S. Ps 5 »Verstoße sie wegen ihrer Verbrechen...« (Cambridge, Trinity College, Cod. R 17.1, fol. 10) und verbildlicht damit die Scheidung der Gläubigen von den Häretikern. Basierend auf der Gegenüberstellung bei Paulus im Galaterbrief — das AT (Hagar) gebiert Sklaven, das NT (Sara) freie Kinder der Verheißung — verkörpern die beiden Frauen ansonsten im MA die beiden Testamente (z. B. in der → Bible moralisée). Ein Kapitell in St. Pierre in Genf zeigt sie zuseiten der Opferung Isaaks. Baum und Quelle, auf die der Engel Hagar in der Wüste hinweist, können Kreuz und Taufe bedeuten, durch die Rettung kommt. Im Barock gewinnt die Hagar-Episode sehr an Beliebtheit. Dabei wählen die Maler v. a. die Szenen, wie S. ihrem Mann Abraham Hagar zuführt, weil sie selbst die Hoffnung auf Nachkommen aufgegeben hat (J. C. Loth, München, Alte Pinakothek), sowie Hagars spätere Vertreibung (Gemälde von Claude Lorrain, ebd.). Deren Schicksal beschäftigt bes. die niederländischen Maler des Rembrandt-Kreises. Der inhaltliche Schwerpunkt verlagert sich auf die wunderbare Errettung Hagars und Ismaels in der Wüste durch einen Engel. S. tritt selten und nur als Randfigur auf. In diesen Fällen ist ein Verweis auf ⋔ oder das NT wohl nicht intendiert. Rembrandt stellt sogar Hagar in Angleichung an ⋔ (bei der Flucht nach Ägypten) auf einem Esel reitend dar (London, Victoria & Albert-Mus., 1640) und ein bayer. Freskenzyklus des 18. Jh.s (Osterwarngau, 1782) reiht Hagar gar unter die atl. Vorbilder ⋔s ein.

Häufig in barocken Abraham-Zyklen erscheint S.s Rettung durch Gott aus den Händen König Abimelechs oder des Pharaos — Vorbild für ⋔s Bewahrung vor der Erbsünde? (Teppich, Hampton Court, 17. Jh.). Die Bible moralisée verbindet diese Szene mit dem Bild der Ekklesia.

Lit.: Molsdorf Nrr. 39. 58. 83. 102. 110. 127. 770. 970. — M. Sartor, Les tapisseries...de Reims, 1911, 96ff. — R. Hamann, Hagars Abschied bei Rembrandt und im Rembrandt-Kreise, In: Marburger Jahrbuch 8/9 (1936) 471ff. — Réau II/1, 126f. 130—137. 325. — B. Knipping, De iconografie van de Contrareformatie in de Nederlanden I, 1939, Abb. 190. - Pigler I 33f. 37ff. — N. A. Brodsky, L'iconographie oubliée de l'arc Éphésien de Saint-Marie Majeure à Rom, 1966. - S. Spain, »The promised Blessing«: The Iconography of the Mosaics of S. Maria Maggiore, In: ArtBull 61 (1979) 518—540. — LThK² IX 324. — RDK I 92f. — LCI I 20—34. 79f.; II 352; IV 43f.

F. Tschochner

Sara, Tochter Raguëls. I. EXEGESE. S. lebt bei ihren Eltern in Ekbatana. Siebenmal war sie an Männer verheiratet worden, aber diese wurden einer nach dem anderen von einem bösen Geist getötet, bevor sie noch mit S. die Hochzeitsnacht verbracht hatten (Tob 3,7—11; 6,10—15). Der Engel Rafael als Reisebegleiter des jungen Tobias bannt den bösen Geist und überredet Tobias, S. zu heiraten und zu ihren Eltern nach Ninive, wohin sie aus Samaria deportiert worden waren, heimzuführen (6,16—8,19; 11,18f.).

S., die noch unberührte Braut des Tobias, erscheint in der christl. Kunst und Volksfrömmigkeit, auch in alten Tob-Kommentaren, gelegentlich als Typus für ⋔.

Lit.: F. Vattioni, Studi e note sul libro di Tobia, In: Augustinianum 10 (1970) 241—284. — T. Aurelio, La giustizia di Sara e Tobia, In: BeO 18 (1976) 241—284. — P. Deselaers, Jahwe — der Arzt seines Volkes, In: GuL 55 (1982) 294—303. — Ders., Das Buch Tobit. Studien zur Entstehung, Komposition und Theologie, 1982. — E. Drewermann und I. Neuhaus, Voller Erbarmen rettet er uns. Die Tobitlegende tiefenpsycholglgisch gedeutet, 1985. — W. Soll, Misfortune and Exile in Tobit, In: CBQ 51 (1989) 209—231.

J. Scharbert

II. KUNSTGESCHICHTE. Die Vermählung S.s mit Tobias wird bis ins 18. Jh. dargestellt, v. a. in Bildfolgen der → Tobias-Geschichte (z. B. Fresko von F. Guardi, Venedig, S. Raffaello Arcangelo, unter der Orgel). Kennzeichnend für die Szene, deren Ikonographie sehr der → Vermählung ⋔s ähnelt, sind das Räucherbecken zur Austreibung des bösen Geistes und das Gebet in der Hochzeitsnacht. Das → Speculum Humanae Salvationis sieht in der Bewahrung S.s vor den

Freiern, die dem Geist zum Opfer fielen, eine Parallele zu den abgewiesenen Freiern Ⓜs (München, Bayer. Staatsbibl., clm 146 c VI; Mühlhausen, St. Stephan, Fenster, 14. Jh.; Reims, Ⓜteppich, 16. Jh.). Die → Concordantia Caritatis wählt die Austreibung des Geistes als Typus zur Heilung der besessenen Stummen.

Lit.: Molsdorf Nr. 242. 639. 953. — Pigler I 188. — Réau II/1 320. 324f. — LCI IV 321. 325.   *F. Tschochner*

Saragan bezeichnet in der armen. Kirche einen mehrstrophigen, nicht immer metrischen Hymnus, der in der eucharistischen Liturgie oder im Stundengebet gesungen wird, sowie ein Gesangbuch, das die Hymnen für das Stundengebet, aber nicht für die Eucharistiefeier enthält. Letztere befinden sich im Buch → Tebrutiun.

Lit.: P. K. Meagher u. a. (Hrsg.), Encyclopedic Dictionary of Religion, 1979, 3285.   *J. Madey*

Saragossa. *1. Stadt und Diözese.* Der Überlieferung nach ist die Metropolitandiözese von »Caesaraugusta« (heute S.) die älteste Spaniens und apost. Ursprungs. Der Apostel Jakobus soll im Jahre 40 den Bruder des Johannes, als jener in der Stadt weilte, besucht und dabei während eines Gebets am Ufer des Ebro eine Erscheinung der GM gehabt haben, die seit dem 13. Jh. als NS del El → Pilar verehrt wird und S. zum Zentrum span. Ⓜfrömmigkeit werden ließ.

Als erste Bischöfe und Apostel S.s gelten die hll. Athanasius und Theodorus, die vom Apostel Jakobus geweiht worden sein sollen. Eine christl. Gemeinde in S. wird erstmals im 3. Jh. erwähnt, als der hl. Cyprian einem gewissen Felix, wahrscheinlich dem Bischof von S., antwortet, der als »Verteidiger« der Rechtgläubigkeit gelobt wird (Cyprian, Ep. 67,6). Historisch erwiesen ist das Martyrium der hl. Engracia und ihrer Gefährten während der diokletianischen Christenverfolgung (um 304). Danach gibt es immer mehr gesicherte Daten über die Erzdiözese, die auf dem Konzil von Elvira (Iliberis; Anfang 4. Jh.) durch ihren Bischof Valerius vertreten war und im frühen MA eine bedeutende Rolle in der Kirchengeschichte Spaniens spielte; so zählt der hl. Bischof Braulio († um 651) zu den Kirchenvätern Spaniens.

Während der maurischen Herrschaft konnte eine starke christl. Gemeinschaft weiterbestehen, auch wenn die Reihe ihrer Bischöfe erst ab dem 11. Jh. vollständig bezeugt ist. Sie entwickelte ihre eigene → mozarabische Liturgie, die jedoch bei der Rückeroberung der Stadt durch König Alfons I. von Aragonien 1118 und der Wiedererrichtung der Diözese abgeschafft wurde. Zahlreich sind auch die Zeugnisse von Diözesansynoden sowohl in westgotischer wie in mozarabischer Zeit.

Die Erzdiözese S. beherbergt 476 kleinere und größere Wallfahrtsorte, in ihrer Mehrheit Ⓜheiligtümer. Selbstverständlich ist das Ⓜheiligtum NS del El Pilar, mit Repliken in unzähligen Ⓜkirchen in ganz Spanien und Lateinamerika, das Zentrum der marian. Frömmigkeit nicht nur der Gläubigen der Erzdiözese, sondern ganz Spaniens. Aber auch andere Ⓜkirchen genießen besondere Beliebtheit bei den Gläubigen des Bistums, wie die von NS del Portillo, S. Maria de las Santas Masas und NS del Altabás in der Stadt selbst sowie NS de Sancho Abarca in Tauste, NS La Sagrada in Monzalbar und NS del Aguila in Paniza, auf dem Land.

J. Ibañez/F. Mendoza/G. Rovira

2. Zentrum Marianischer Studien in Saragossa. Anläßlich der Zweitausendjahrfeier der Stadtgründung von »Caesaraugusta« wurde Ende 1976 das Zentrum Marian. Studien von den Professoren Javier Ibañez und Fernando Mendoza errichtet und der Bibliothek »José Sinués« angegliedert, damit es »in den Bereichen der Hl. Schrift, Patristik, Dogmatik, Geschichte, Literatur und Kunst die mariologische Forschung fördere«.

Das Zentrum steht unter der Leitung seiner Gründer, deren Arbeit von einem wissenschaftlichen Beirat unterstützt wird, zu dem die führenden Mariologen Spaniens gehören. Seit seiner Gründung hat es eine große Anzahl von Publikationen herausgegeben, wie etwa die Sammlung »Textos Marianos Aragoneses« von Prof. Polo Carrasco mit Faksimili verschiedener alter Manuskripte, und veröffentlicht jährlich ein Jahrbuch der Mariol. »Scripta de Maria« (seit 1978). Daneben besitzt das Zentrum eine reiche Bibliothek mit wertvollen Sammlungen mariol. Schriften und veranstaltet Tagungen zur Förderung der mariol. Studien.   *G. Rovira*

Lit.: D. de Espés, Historia eclesiástica de la ciudad de Zaragoza ... hasta el año 1575, Manuskript mit Kopien im Archiv des Domkapitels von S. und in der Nationalbibliothek von Madrid. — L. B. Martón, Origen y antigüedades del subterraneo y celebérrimo Santuario de Santa María de las Masas ..., Zaragoza 1737. — J. Bernal Soriano, Tradiciones histórico-religiosas de todos los pueblos del Arzobispado de Zaragoza, Zaragoza 1880. — P. Kehr, Papsturkunden in Spanien II: Navarra und Aragón, 1928. — A. Canellas, Zaragoza, diócesis de, In: Diccionario de Historia Eclesiástica de España IV, 1972, 2806—09. — Anuario del Arzobispado de Zaragoza, 1951, 1961 und 1986.   *J. Ibañez/F. Mendoza/G. Rovira*

Sardinien, ital. Insel mit ca. 40 Ⓜheiligtümern, von denen die Hälfte zwischen 1100 und der ersten Hälfte des 14. Jh.s entstanden ist. Ihre Ursprünge lassen sich oft auf das Wiederfinden von Ⓜdarstellungen (bemalte Tafeln oder Statuen) entlang des Küstenstreifens zurückführen, während übernatürliche Phänomene nur selten Gründungsursache sind. Der Großteil der verehrten Bildnisse sind Statuen aus dem MA oder Barock. Die MV hat auf S. spezielle Fomen angenommen. Die zahlreichen, ländlichen Ⓜkirchen im Zentrum der Insel sind von ehemaligen Dörfern umgeben, die sich aus kleinen Häusern, den »cumbessie«, zusammensetzen. Zu Ehren Ⓜs wird eine Novene gefeiert, während der ein Großteil der Gläubigen in diesen Häusern unter z. T. entbehrungsreichen Umständen wohnt. Diese Zeit wird von Bußübungen, Gesängen und Gebeten bestimmt, die ihren Höhepunkt im »gosos«-Gesang findet (rel. Hymnen im Dialekt). Das Fest endet mit Liedern, Volkstänzen und Banketten, während denen es schwer fällt, Geistliches von Weltlichem zu trennen. Die Ursprünge dieser Novene sind unklar; wahrscheinlich stehen sie aber mit der Neuchristianisierung durch Mönche vom Festland im letzten Jh. in Verbindung.

Die bekanntesten sardischen Mheiligtümer sind NS di Bonaria (ca. 1370), NS di Gonare, Orani-Sarule (1147), NS del Rimedio Oristano (13. Jh.), NS delle Grazie, Nuoro (1670), Madonna delle Grazie, Sassari (1427), NS del Regno, Ardara (11. Jh.).

Lit.: G. Piras, Storia del culto mariano in Sardegna, 1961. — D. Marcucci, Santuari mariani d'Italia, 1982. *T. Civiero*

Sarkophagplastik, ein Komplex frühchristl. Kunstübung vom 3. bis 5. Jh., der neben der → Katakombenmalerei die größte Gruppe figuraler Schmückung von Gegenständen des Sepulkralwesens darstellt. Die skulpierten Steintruhen spielen wie die malerische Verzierung von Grabkammern für das Entstehen der christl. Ikonographie eine entscheidende Rolle. Die Mode, Sarkophage mit Themen der Glaubenswelt auszustatten, übernahm das Christentum vom röm. Heidentum und begann ab der Mitte des 3. Jh.s christl. Bildinhalte auszuformen bzw. solche in heidnische Standardthemen einzubringen, die als Symbolbilder schon existierten (z. B. auf Siegelringen).

Vom Heidentum entlehnten die Handwerker auch die Art der Organisation der gestalteten Fronten, um beim Überhandnehmen der christl. Auftraggeber nach der Förderung der Kirche durch Konstantin eigene Kompositionsschemata zu erfinden. Anfänglich arbeitete man sowohl sog. Riefelsarkophage als auch Reliefsarkophage, deren frühestes eindeutig christl. Beispiel der Wannensarkophag von S. Maria Antiqua in Rom ist (um 260/270 n. Chr.). Bei den Riefelsarkophagen besteht die Sarkophagfront größtenteils aus Feldern mit S-förmiger Dekoration, während die Mitte und die Eckfelder mit Figuren versehen sind. Dieser Typ stellt den langlebigsten dar und kommt bis zum Erlöschen der christl. S. (Mitte 5. Jh. — der Nachtrag in Ravenna nicht mitgerechnet) vor, da allerdings vorzugsweise auf Nebenflächen verbannt. Reliefsarkophage sind Särge, deren Fronten mit einem mehr oder weniger einheitlich durchlaufenden Relief verziert sind, dessen Abfolge aber noch keinem strengen Friesschema wie bei dem nachfolgenden sog. Friessarkophag unterworfen ist.

Beim Friessarkophag (etwa 300 bis um 500) ist die Sichtseite mit einem einzigen figurenreichen Bildstreifen geschmückt, der den Sargkasten in der vollen Höhe füllt. Hinzu kommt ein kleiner dimensioniertes Figurenband auf der Deckelfront. Die Szenen sind auf beiden Flächen kaum geschieden und gehen oft ineinander über. Gegenüber diesen »einzonigen« Friessarkophagen tauchen im 2. Viertel des 4. Jh.s auch »zweizonige« Truhen auf, die meistens doppelt so viele Figuren in kleinerem Maßstab aufweisen.

Von etwa 340 an werden Figuren in Paaren oder zu Szenen geordnet in Baumnischen (»Baumsarkophage«) oder Architekturnischen (»Säulensarkophage«) gestellt. Eine Sonderform bilden sodann ab den sechziger Jahren die »Stadttorsarkophage«. Hier sind die beteiligten Figuren einem einzigen Ereignissinn untergeordnet und stehen vor einer Stadtmauerarchitektur. Unter Wegfall der Hintergrundarchitektur und mit der Herrschaft eines einzigen Szenenthemas in der Bildorganisation bilden sich schließlich in der theodosianischen Zeit ab den achtziger Jahren die sog. »Durchzugssarkophage« heraus, die in den »Bethesdasarkophagen« einen Abschluß finden. Der letzte Typ greift erneut die Art der Friessarkophage auf, einzelne Szenen hintereinander zu stellen und die Handlungsgrenzen offen zu gestalten. Im Unterschied zum frühen Typ werden jedoch die Szenen vielfiguriger komponiert und dem Zentralthema in der Mitte, das der Sarkophagart den Typennamen gibt, beigestellt.

Nach dem Absterben der S. Anfang des 5. Jh.s gibt es bis zum ma. Wiederaufleben christl. Sepulkralkunst nur noch im frühbyz. Ravenna des 5./6. Jh.s eine Nachblüte, die einen eigenen Bildtyp hervorbrachte. Dort sind die Fronten der Kästen von einer repräsentativen Szene oder Symboltieren und Zeichen eingenommen, die ihre Herkunft aus der höfischen Bilderwelt in Konstantinopel verraten.

Die Herstellung der Sarkophage ist kostspielig gewesen und wurde als Exportware in wenigen Großzentren organisiert. In Griechenland und Kleinasien entstanden kaum christl. Werke. Man fertigte da noch lange Truhen mit paganen Bildthemen. Das größte Zentrum der Werkstätten war Rom. Hier wurden die meisten Aufträge in Marmor und Kalkstein verarbeitet und die Ergebnisse in die Reichsteile verschickt, auch wenn in den Provinzen eigene Produktionsstätten tätig waren. Als bedeutendste Fabriken neben Rom lassen sich Mailand, Arles-Marseille und Tarragona feststellen.

Die Bildthemen frühchristl. S. entstanden nicht ad hoc, sondern entwickelten sich aus den heidnischen Vorgaben heraus. Sie waren nicht als Schmuck für die Hinterbliebenen gedacht, sondern wandten sich quasi als steinerne Gebete an Gott und sprachen in der stummen Sprache der Szenen, Figuren und Sinnbilder Inhalte aus, die der Verstorbene angesichts des Todes beim Endgericht als Eigenplädoyer vortragen wollte. Die Auswahl der Bilder geschah zu diesem Zweck vor der Mitte des 4. Jh.s nach dem Ideengut, das ein Gebildeter im Katechumenenunterricht und im Gottesdienst hören und sich aneignen konnte. Nach der Mitte des Jh.s dürften die Vorschläge theol. geschulter Berater (Bischöfe) bei der Bildwahl zunehmend bestimmend gewesen sein.

Vor 350 sind als Bildmotive Szenen des AT, des NT und Elemente aus der heidnischen S. wie Gottheiten, Personifikationen, Symbolfiguren oder genrehafte Begebenheiten überliefert, nach 350 drängt eine mehr »prospektive« Bildwelt in den Vordergrund, die auf den ersehnten Endzustand im vollendeten Gottesreich hinweisen soll. Die Themen stammen zwar auch aus der Bibel und sind von der heidnischen Ikonographie abgeleitet, doch treten jetzt figurale und allegorische Ideenbilder hinzu, die als nichthistorische Repräsentationsszenen oder symbolische Zusammenstellungen (Gegenstände, Tiere, Pflanzen) Bildformeln wiedergeben, die als abstrahierende Symbolsprache nur noch von Kundigen klar erfaßt werden können.

Es gibt letztlich nur ein M thema (Huldigung der Magier vor dem Jesuskind), das neben anderen Szenen gleichwertig angebracht wird. Nur gegen Ende der S., im Nachspiel von Ravenna, wird das Ereignis ein die ganze Schaufront dominierendes Bild. Außerdem findet sich hier als Unikat eine weitere M szene (Verkündigung der Geburt Jesu). Bei den erhaltenen Sarkophagen zeigt sich die Magieranbetung v. a. auf Deckeln, daneben auf einigen einzonigen und zweizonigen Friessarkophagen sowie einmal auf der Seitenfront.

Die Ikonographie der frühchristl. S. kennt eine gewisse Variationsbreite bei der Schilderung der genannten Szene, wobei die Auswahl und Anbringung der Figuren oftmals durch das Platzangebot bestimmt gewesen sein dürfte. Zum Grundbestand der Magieranbetung seit dem ersten Auftreten im ersten Viertel des 4. Jh.s gehört die auf einem Steinthron sitzende Madonna mit Kind auf dem Schoß, das eine Tunika trägt. Im Sarkophagdeckelfragment des Vatikan (Museo Pio Cristiano, Wilpert Tafel 223,1 = W 223,1) sitzt M auf einer geflochtenen Kathedra, Christus grüßt von ihrem Schoß aus die herantretenden Magier, die sämtlich mit kurzer Ärmeltunika, Schultermantel, Hosen und phrygischer Mütze gekleidet sind. Diese Gewandung bleibt bei allen Sarkophagdarstellungen gleich und ändert sich nur in der Art der Wiedergabe, wenn etwa die Mäntel dramatisch wehen.

Das Kind kann aber auch als Wickelkind vorgehalten werden (Rom, S. Silvestro, W 222,6; Rom, SS. Nereo e Achilleo, W 105,1; Rom, Grabfeld bei S. Lorenzo o di Novaziano, W 179,2; Barcelona, Museo Marés, W 219,2; Sarkophag von Castiliscar, W 219,3 u. a.). Bei rund der Hälfte der erhaltenen Stücke sind zwischen den Magiern Köpfe von Kamelen angebracht, die den Hintergrundraum ausfüllen (W 223,1; Arles, Musée d' Art Chretien, Sotomayor Fig. 57,1; Katakombe SS. Marco e Marcellino, W 129,2 u. a.).

Manchmal ist der Schilderung als zusätzliches Motiv ein Stern hinzugefügt, der zumeist zwischen dem ersten Magier und der Mutter-Kind-Gruppe schwebt und auf den der erste der Herantretenden hinweist (Rom, Museo Pio Christiano, W 219,1; Rom, S. Lorenzo fuori le mura, W 225,3). So zeigt die Darstellung in der linken unteren Ecke auf dem doppelzonigen Friessarkophag in Arles (Musée d' Art Chretien, Sotomayor 56,1) den ersten Magier vor M, wie er auf den Stern deutet und sich zu den anderen beiden umwendet. Bei diesem Beispiel ist auch links hinter der mit einem Tuch bedeckten geflochtenen Kathedra der Madonna eine männliche bärtige Gestalt in einer Toga zu sehen, die entsprechend anderer Reliefs als Prophet → Bileam gedeutet wird, der den aufgehenden Stern über Israel voraussagt.

Bei den Exemplaren der ersten Hälfte des 4. Jh.s bleiben die Elemente der Darstellung gleich, nur daß die Motive der Kamele, des Sternes, des sich umwendenden Magiers und Jesu als Wickelkind wechseln (Rom, Museo Pio Cristiano, W 96 und 115,2; Rom, S. Agnese fuori le mura, W 22,7; Rom, Katakombe S. Sebastiano, W. 282,4; Rom, Museo Nazionale, W 126,2 u. a.).

Die Magier tragen ihre Gaben meistens auf ihren Händen oder im Gestus der verhüllten Hände. Die Form der Gaben ist ziemlich einheitlich, kann aber manchmal in der Reihenfolge wechseln. Der erste Magier bringt einen Kranz, der zweite ein Gefäß mit Kugeln, der dritte eine Pyxis. Auf einigen Beispielen des zweiten Drittels des 4. Jh.s bringen die Herantretenden ihre Gaben auf runden Tabletts dar (Rom, St. Peter, Deichmann, Repertorium Nr. 690; Rom, Palazzo Doria Pamphili, W 204,2).

Eine weitere ikonographische Neuerung findet sich in der zweiten Hälfte des 4. Jh.s, indem die Magieranbetung mit der Geburtsdarstellung kombiniert wird. Auf dem Deckel in Rom (Museo Pio Cristiano, W 249,11) sieht man links am Rand die Madonna auf der Kathedra in üblicher Tunika und der über den Kopf gezogenen Palla die von rechts heranschreitenden Magier empfangen. Hinter den Gästen trennt eine zwischengestellte Palme die Szene von einem Stallgebäude, in welchem das von Ochs und Esel betrachtete Wickelkind in einer Korbkrippe liegt. Beide Themen können auch miteinander verbunden werden wie auf dem Deckel in Rom (Campo Santo Teutonico, W 201,5), wo die Magier von links herantreten, auf den Stern links oberhalb des Stallgebäudes über dem Ochsen deuten und im Stall die Korbkrippe mit dem Wickelkind steht, hinter der M von einer männlichen Gestalt (Hirte) begleitet sitzt und die Ankommenden begrüßt (ebenso auf dem Deckel des Gorgonius-Sarkophags in Ancona, Museo Diocesano, W 14,1; St. Maximin, Ste. Madelaine, W 39,2).

Ein weiteres Exemplar in Arles (Musée d'Art Chretien, W 198,3) zerlegt die Szene in zwei Register des Mittelfeldes eines Riefelsarkophags. Im oberen Feld sitzt M links frontal zum Betrachter und wendet sich in der rechten Hälfte zur Korbkrippe unter dem Stalldach mit Ochs

Sarkophag des Catervius (Ausschnitt), Tolentino, Dom

und Esel dahinter. Rechts davon steht eine bärtige Gestalt, die auf den Stern in der linken oberen Ecke deutet. Auf eben diesen Stern weist auch der Magier links im unteren Feld und blickt auf seinen rechten Nachbarn, der frontal stehend nach links schaut. Der rechte Magier blickt wieder nach links und hebt seine Rechte in gleicher Richtung nach oben wie der linke.

Der Adelphia-Sarkophag in Syrakus (W 92,2) trägt die Szene gleich zweimal vor. Auf dem Deckel ist rechts neben der von Engelwesen gehaltenen Inschrifttafel die Ankunft der Magier vor dem Stall mit dem Wickelkind in der Krippe und dem Hirten bzw. der Madonna dahinter dargestellt. Der erste Magier weist hier auf den Stern über dem Ochsen vor dem Stall und wendet sich zu seinen Freunden um. Unter dem in die untere Zone des zweizonigen Reliefsarkophages einschneidenden Muscheltondo mit den Reliefbüsten des Paares eingepaßt treten die drei Magier auf das Christuskind zu, das vom Schoß der auf einer behängten Kathedra sitzenden Madonna aus die Ankommenden begrüßt.

Gegen Ende des 4. Jh.s, als die S. allmählich zurückgeht, findet sich eine Magieranbetung auf der linken Seitenfront des Sarkophags des Catervius und der Severina (Tolentino, Dom, W 73), einem Riefelsarkophag mit drei Einzelgestalten in den Feldern der Mitte und den Ecken. Dem Schema eines Stadttorsarkophags entsprechend, dem herrschenden Typ der Zeit, thront Ⓜ auf einen Faltstuhl links vor einer Stadtmaueröffnung und hält den Knaben in Toga auf ihrem Schoß. Die Magier treten, jeder vor einem weiteren Mauerbogen plaziert, an die Sitzgruppe heran.

Die repräsentativsten Darstellungen der Magieranbetung finden sich in der S. und Reliefkunst Ravennas des 5. Jh.s, wovon nur zwei Beispiele bekannt sind. Auf der Hauptfront des Sarkophags des Exarchen Isaak (S. Vitale, Sancta Sanctorum, Kollwitz B 3, um 510) sitzt Ⓜ in einem von Ecksäulen mit nach innen laufenden Spiralkanneluren gerahmten Feld auf einem Faltstuhl mit Kissen und hält den nimbierten Christusknaben in Toga den Magiern entgegen. Die drei Ankömmlinge treten mit wehendem Umhang auf die Sitzgruppe zu und reichen mit weit vorgestreckten Händen die Gaben. Auf dem in die Mitte des 5. Jh.s gehörenden Reliquienkästchen der hll. Quiricus und Giulitta (S. Giovanni Battista) sitzt Ⓜ rechts im einfach gerahmten Bildfeld auf einer geflochtenen Kathedra und hält ähnlich wie auf dem Sarkophag den segnenden Knaben den Magiern entgegen. Diese treten mit wehendem Umhang und weiten Schritten an den Thron heran und strecken die Gaben auf Tabletts vor. Diese repräsentativen Darstellungen verdanken ihre breitflächige und raumgreifende Schilderung Motiven der Triumphalkunst, die die Huldigung gefangener Barbaren zum Thema haben. Bei der Magieranbetung sind es dann die Erstlinge der Heidenwelt, die dem auf Erden erschienenen König huldigen. Die Kombination mit der Geburtsszene als der Inkarnation des Göttlichen in den Beispielen der zweiten Hälfte des 4. Jh.s spiegelt außerdem die zunehmende Diskussion um die Menschheit und Gottheit Christi.

Da die GM theol. erst Anfang des 5. Jh.s in den Vordergrund rückt, ist es nicht verwunderlich, daß kaum andere Szenen mit Ⓜ auftreten. Die beiden einzigen Beispiele anderer Ⓜszenen gehören denn auch in diese Zeit. So ist einmal eine Darbringung im Tempel (Marseille, Musée Borély, W 244,1, Ende 5. Jh.) und zum anderen eine Verkündigung (Pignattasarkophag, Ravenna, Braccioforte, Kollwitz B 1, Anfang 5. Jh.) erhalten. Auf dem südfranz. Säulensarkophag mit Pilastern, die fünf Nischen frei lassen, stehen links von Aposteln um Christus in der Mitte ⓂⓂ und Joseph, der mit verhüllten Händen den Knaben auf die Mitte gerichtet hält. ⓂⓂ steht links am Rand und weist mit ihrer Rechten Joseph den Weg. Im ravennatischen Sarkophag sitzt die GM, die Palla über den Kopf gezogen, links zwischen Eckpilastern auf einem kastenförmigen Sitz und hat in ihrer Linken die Spindel erhoben. Die ungesponnene Wolle quillt aus einem Korb vor ihren Füßen. Von rechts tritt ein Engel heran und grüßt ⓂⓂ mit seiner Rechten. In der Linken hielt er wohl einen Stab.

Lit.: M. Lawrence, City-gate sarcophagi, In: ArtBull 10 (1927) 1—45. — H. v. Campenhausen, Die Passionssarkophage, In: Marburger Jahrbuch für Kunstwissenschaft 5 (1929) 39—85. — G. Wilpert, I sarcofagi cristiani antichi, 3 Bde., 1929—36. — M. Lawrence, Columnar sarcophagi in the latin west, In: ArtBull 14 (1933) 103—185. — F. Gerke, Die christl. Sarkophage der vorkonstantinischen Zeit, 1940. — M. Lawrence, The sarcophagi of Ravenna, 1945. — G. Bovini, I sarcofagi paleocristiani, 1949. — E. Stommel, Beiträge zur Ikonographie der konstantinischen Sarkophagplastik, 1954. — F. Benoit, Sarcophages paléochrétiens d'Arles et de Marseille, 1954. — G. Bovini, Sarcofagi paleocristiani di Ravenna, 1954. — Ders., I sarcofagi paleocristiani della Spagna, 1954. — J. Kollwitz, Die Sarkophage Ravennas, 1956. — T. Klauser, Studien zur Entstehungsgeschichte der christl. Kunst, In: JbAC 1—10 (1958—67). — F. W. Deichmann und T. Klauser, Frühchristl. Sarkophage in Wort und Bild, 1966. — Ders. (Hrsg.), Repertorium der christl. antiken Sarkophage, 1967. — P. Borraccino, I Sarcofagi paleocristiani di Marsiglia, 1973. — M. Sotomayor, Sarcofagos romano-christianos de España, 1975. — D. Stutzinger, Die frühchristl. Sarkophagreliefs aus Rom, 1982. *N. Schmuck*

Saronno, Erzdiözese Mailand, 18 km von Mailand entfernt, Heiligtum »Nostra Signora dei Miracoli«. In der Nacht des 8. 5. 1460 soll die Madonna dem seit Jahren bewegungsunfähigen Pietro Pedretto erschienen sein und ihm verkündet haben: »Wenn du gesund werden willst, geh' zur Varesina-Straße und bete vor meinem Bildnis. Ich will, daß du mir einen Tempel errichtest. An den Mitteln dafür soll es nicht fehlen.« Kaum hatte der arme Mann sich an den besagten Ort tragen lassen und zu beten begonnen, fühlte er sich völlig geheilt. Nach diesem deutlichen Wunderzeichen widmete er sich mehr und mehr seiner Aufgabe, die ihm M aufgetragen hatte. Andere schlossen sich an, die nach kurzer Zeit den mütterlichen Schutz Ms erfuhren und den Bau des Heiligtums mit vorantrieben. Mit dem Einverständnis und der Förderung seitens der Kirche und der großzügigen Unterstützung der Saronneser war er bald fertig. Der Architekt Vincenzo dell'Orto entwarf den Plan im Stil Bramantes, G. Amadeo schuf die Kuppel, Il Luini ca. 20 große Fresken; das reiche Kuppelfresko stammt von G. Ferrari. Weitere Gemälde sind von Lanino, Magni da Sesto und Procacci. Zur Vollendung des Bauwerks wurde Pellegrino Pellegrini aus San Carlo gerufen. Im September 1882 krönte Erzbischof Di Calabiana die Mstatue. Viele kommen auch heute noch, um die GM zu verehren, die noch immer Wunder zum Trost von Seele und Leib vollbringt.

Lit.: I mille santuari mariani d'Italia illustrati, 1960. — G. Radice, Virgini deiparae burgi Saroni. Il Santuario di S., origini costruzione fasti, 1974. — D. Marcucci, Santuari mariani d'Italia, 1982. *T. Civiero*

Sarto, Andrea del, eigentlich Andrea d' Agnolo, ital. Maler, * 17.7.1486 in Florenz, † 29.9.1530 ebd., erhielt seinen Beinamen nach dem Beruf seines Vaters, eines Schneiders. Dem Künstlerbiographen Giorgio Vasari zufolge lernte S. zunächst bei einem Goldschmied und wurde danach bei Piero di Cosimo zum Maler ausgebildet, dessen Gemälde aber keinen Einfluß auf S.s Werke ausübten. 1506—17 betrieb er eine Werkstattgemeinschaft mit Franciabigio. Schon sehr früh hatte S. Schüler, z. B. Jacopo Pontormo und Rosso Fiorentino. Sein künstlerisches Ansehen begründete er mit der Vollendung des von Baldovinetti und Cosimo Rosselli begonnenen Freskenzyklus in der Vorhalle der SS. Annunziata in Florenz (Mleben und Vita des hl. Fillippo Benizzi, 1509—15) und mit der Ausmalung des Chiostro allo Scalzo (in Grisaille-Technik ausgeführte Fresken mit Darstellungen des Lebens Johannes' des Täufers, 1515—26). 1518 folgte er dem Ruf König Franz' I. nach Fontainebleau, jedoch ist über S.s Aufenthalt fast nichts bekannt; das einzige noch bekannte dort entstandene Gemälde ist die Caritas (heute Paris, Louvre). Schon ein Jahr später kehrte er nach Florenz zurück. Seit 1521 malte er den zweigeschossigen Saal in der Medici-Villa in Poggio a Caiano aus (Themen der röm. Geschichte).

S.s Malerei war von Fra Bartolomeo (intensive Farbgebung), Leonardo da Vinci (weiche Auflösung der Umrisse, farbiges Helldunkel, sog. sfumato) und Raffael (Proportionen und Kompositionen) geprägt. Sein hohes künstlerisches Können brachte ihm den Beinamen »senza errori« (ohne Fehler) ein (Vasari). Dezentrierte Kompositionen und voluminöse Gewänder der Figuren sind Merkmale seines Stils, der die Florentiner Malerei seit etwa 1520 entscheidend prägte.

Die von S. gemalten Fresken und Altarbilder zeigen zum größten Teil mariol. Themen. 1513/14 freskierte er ein Wandfeld im Umgang des Vorhofes der SS. Annunziata in Florenz mit der vielfigurigen Darstellung der Geburt Me. Anna liegt im Wochenbett in einem reich ausgestalteten Raum, in dem sich Dienerinnen und Besucherinnen — in einer rhythmischen Kurvenbewegung komponiert — aufhalten. Das Wunderbare des Ereignisses wird zweitrangig: S. aktualisiert die anmutige Szene dadurch, daß er die Figuren in zeitgenössischer Kleidung zeigt und durch Motive wie das des sich am Feuer wärmenden Kindes lebendig gestaltet. Ihm kam es dort auf das Vorführen der Personen in verschiedenen Ansichten an; Vasari, der im Atelier S.s gearbeitet hatte, berichtet, S. hätte sich von seinem Schüler Jacopo Sansovino Tonfiguren anfertigen lassen und sie als Modelle für diese Komposition benutzt, die formale Ähnlichkeiten zu D. Ghirlandaios Fresko der Mgeburt in S. Maria Novella in Florenz (1486—90) aufweist und für die S. auch Motive aus Dürers Holzschnitt des gleichen Themas (1503) übernahm.

Das Thema der Verkündigung an M gibt es im Werk S.s in vier Versionen: 1508 entstand das Fresko für Orsanmichele in Florenz (heute Florenz, S. Salvi), wahrscheinlich sein frühestes erhaltenes Werk. Bei der sog. San Gallo-Verkündigung (Florenz, Palazzo Pitti, 1512) fällt der konzentrierte, innige Blickkontakt zwischen der GM und dem Erzengel Gabriel auf, die sich beide vor einer asymmetrischen Palastarchitektur befinden. Unklar ist noch, welche Bedeutung die in den Bildmittelgrund eingefügte Szene des die Bathseba beim Bade beobachtenden David hat. Die Lunette der Verkündigung an M im Palazzo Pitti in Florenz (1528) gehörte

A. del Sarto, Harpyien-Madonna, 1517, Florenz, Uffizien

ursprünglich über die Altartafel der ℳ mit acht Heiligen (sog. Sarzana-Altar, ehem. Berlin, 1945 zerstört). Beim sog. Godenzo-Altar (Florenz, Palazzo Pitti, 1529/30) stellte S. der Verkündigungsgruppe noch den Servitenheiligen Godenzius und den Erzengel Michael bei.

Die Heimsuchung im Chiostro dello Scalzo in Florenz (1524) zeigt eines der ausgewogensten Kompositionsschemata der ital. Hochrenaissance. Wie bei der Fünf eines Würfels steht die Gruppe der sich umarmenden ℳ und Elisabeth im Zentrum des Freskos; darum geordnet sind Zacharias, Joseph und zwei Staffagefiguren.

Ein Bogenfeld im Großen Kreuzgang von SS. Annunziata schmückte S. 1525 mit einer Ruhe auf der Flucht nach Ägypten, der sog. Madonna del Sacco, die ihren populären Namen nach dem Sack erhielt, auf den sich der die Jungfrau mit Kind betrachtende Joseph lehnt. Eine Inschrift (»Quem genuit adoravit«) fordert den Betrachter zur Anbetung auf. Der hohe Illusionismus der Darstellung mit perspektivischen Verkürzungen macht dieses Fresko zu einem Hauptwerk S.s.

Eine ganze Serie von Versionen existiert vom Thema der Madonna mit Kind, hl. Elisabeth, dem Johannesknaben und Engeln (z. B. St. Petersburg, Eremitage, sog. Tallard-Madonna, 1513), an denen auch vielfach S.s Werkstatt Anteil hatte. Besonders bemerkenswert ist die Fassung in London (Wallace Collection, um 1519), bei der die Personen spannungsvoll diagonal zusammengestellt sind und die im Hintergrund die Verkündigung an Joachim zeigt. Bei der Madonna della Scala (Madrid, Prado, 1522/23) kniet die Jungfrau auf Stufen und hält mit besorgtem Gesichtsausdruck ihren Mantel schützend über den Kopf des Christuskindes, das sich zu einem Engel wendet, der ihm die Prophezeiung seiner Passion aus dem AT vorliest. Verschiedene Heilige können der M mit Kind beigefügt sein, z. B. beim Gambassi-Altar (Florenz, Palazzo Pitti, 1527) u. a. die Pestheiligen Sebastian und Rochus, die auf die Stiftung des Altares nach dem Ende der Pest in Florenz 1526 verweisen.

Viele Rätsel gab die Ikonographie der sog. Harpyien-Madonna auf (geschaffen als Hochaltarbild für S. Francesco dei Macci in Florenz, heute ebd., Uffizien, 1517). In einer Nische steht M mit dem Kind auf einem steinernen Sockel, an dessen acht Ecken halbmenschlich-halbtierische Wesen angebracht sind. Vasari identifizierte sie als Harpyien (vogelähnliche Geschöpfe mit Frauenköpfen), die deshalb als antik-pagane Fabelwesen gedeutet wurden, die durch das Christentum überwunden werden. Vorgeschlagen wurde auch, daß die Harpyien die Seele der Jungfrau ins Jenseits geleiten sollen, da sich die Inschrift an der Vorderseite des Sockels auf ihre Himmelfahrt bezieht (»Ad summum regina tronum defertur in altum«), ein Zitat aus Jacopo Gaetanis »De assumptione beatae virginis« von 1343. Auch Shearman's Deutung der Wesen als Sphingen und somit als Symbole der Weisheit erwies sich als nicht überzeugend, da Sphingen zwar Flügel, doch keine Hufe haben. Natali erkannte in ihnen die heuschreckenartigen Gestalten aus Offb 9,1—11, die den Schlund zur Unterwelt umgeben. Die dort gegebene Beschreibung stimmt mit den im Gemälde gezeigten Wesen überein, und damit erklären sich auch die Rauchwolken über dem Sockel (Offb 9,2).

Wegen ihrer unmittelbaren Wirkung auf den Betrachter ist die Pietà in Wien (Kunsthist. Mus., 1520) bemerkenswert. Über den an der vorderen Bildkante liegenden Christus beugt sich M von hinten hervor und richtet ihr schmerzvolles Gesicht zum Betrachter.

Für den Hochaltar der Kirche S. Maria dei Servi in Cortona malte S. 1526 die Tafel mit der Himmelfahrt Me (sog. Assunta Passerini), deren Bildaufbau er 1535 mit nur wenigen Veränderungen für das Hochaltarbild der Kirche Notre-Dame-de-Comfort in Lyon wieder aufgriff (sog. Assunta Panciatichi), das er jedoch nicht vollendete.

Die oft große Zahl von Kopien nach seinen Werken erschwert eine Zuschreibung an S., zeigt aber auch seine große Bedeutung für die ital. Malerei der Hochrenaissance. Durch diese Kopien sind einige nicht mehr im Original erhaltene Bilder überliefert, so z. B. die Madonna Porta Pinti, deren monumentale Erscheinung Stilmerkmale des Manierismus vorbereitet.

Lit.: A. von Reumont, A. d. S., Leipzig 1835. — F. Knapp, A. d. S., Bielefeld und Leipzig 1907. — J. Fraenckel, A. d. S., 1935. — H. Wagner, A. d. S. — Seine Stellung zu Renaissance und Manierismus, 1951. — L. Becherucci, A. d. S., 1955. — S. J. Freedberg, A. d. S., 1963. — R. Monti, A. d. S., 1965. — J. Shearman, A. d. S., 1965. — J. F. O'Gorman, An Interpretation of A. d. S.s Bogherini Holy Family, In: ArtBull 47 (1965) 502ff. — A. Natali, L'angelo del sesto sigillo e »l'altro amico dello sposo«, In: Gli Uffizi — Studi e Ricerche 1 (1984) 46ff. — A. Petrioli Tofani, A. d. S. — Disegni, 1985. — Ausst.-Kat., A. d. S. 1486—1530 — Dipinti e disegni a Firenze, Florenz 1986. — S. Padovani, A. d. S., 1986. — A. Natali und A. Cecchi, A. d. S., 1989.

K. Falkenau

Sassetta. Datum und Ort der Geburt von Stefano di Giovanni, gen. Sassetta, sind nicht bekannt (bei Perkins in Thieme-Becker ist 1392 als Geburtsjahr angegeben), auch gibt es keinen Hinweis, daß er in Siena vor 1432 lebte. Seine Ausbildung genoß er wahrscheinlich bei Paolo di Giovanni Fei; er heiratete 1440, † 1450 in Siena. Nach dem Ende der großen Zeit sienesischer Malerei im 14. Jh. unter den Brüdern Lorenzetti und Simone Martini beendet S.s Wirken eine eher fruchtlose Periode der Kunst in Siena.

Zu S.s Hauptwerken zählen ausschließlich Altarbilder. Am Beginn steht die »Madonna della Neve« (Florenz, Sammlung Contini, 1430/32), die wie die »Madonna mit den hll. Ambrosius und Hieronymus« (Siena, Osservanza, 1436) durch eine starke Betonung der Zweidimensionalität gekennzeichnet ist. Die »Madonna mit den hll. Nikolaus, Michael, Johannes d. T. und Margarete« (Cortona, S. Domenico, 1433/34) bedeutet in stilistischer (Plastizität) und ikonographischer Hinsicht (Madonna dell'Umiltà statt thronender Madonna) Neuerungen. Das Altarbild der »Geburt Mariens« (Asciano, Collegiata, vor 1436) variiert das Schema von Pietro Lorenzettis berühmter Geburt von 1342 (Siena, Museo dell'Opera del Duomo). Ikonographisch bedeutsam ist der Franziskusaltar (London, Nat. Gall.; Chantilly, Musée Condé, 1437/44), der auf der Vorderseite M mit dem Kind, umgeben von vier ganzfigurigen Heiligen, auf der Rückseite die »Verzückung des hl. Franziskus« (Florenz, Sammlung Berenson), flankiert von acht Tafeln mit Szenen aus seinem Leben, zeigt. Hier verbindet sich Linieneleganz mit klar gebauten Kompositionen. Seine letzte Stilphase erreicht der Künstler mit der wahrscheinlich von Pietro di Domenico vollendeten »Assumptio« (Berlin, ehem. Kaiser-Friedrich-Mus.), in der er ein deutliches Bekenntnis zu einem manieristischen Formalismus ablegt (Pope-Hennessy). S.s Kunst war lange vergessen und erfuhr erst im späten 19. Jh. eine Neubewertung, obwohl er in Siena schulbildend wirkte und zu seinen bekanntesten Schülern und Nachfolgern Giovanni di Paolo, Sano di Pietro und Lorenzo di Pietro (»il Vecchietta«) gehörten.

Lit.: J. Pope-Hennessy, S., 1939. — B. Berenson, S., 1946. — E. Carli, S. e il maestro dell'Osservanza, 1957. — Thieme-Becker XXIX 482f.
W. Telesko

Sassoferrato → Salvi, G. B.

Satan, auch Teufel, Fürst dieser Welt (Joh 12,31; 14,30; 16,11), »der große → Drache, die alte Schlange, die den Namen Teufel und Satan trägt« (Offb 12,9; vgl. Gen, 3,1ff.; Weish 2,24), »Menschenmörder von Anbeginn«, »Vater der Lüge« (Joh 8,44; 1 Joh 2,22), Widersacher (1 Petr 5,), der Ankläger (Offb 12,10; vgl. Job 1,9ff.) und seine Gefolgschaft (Dämonen, Herrschende dieser Welt: 1 Kor 2,6. ; Antichristen und Pseudopropheten: Mt 24,24; Mk 13,22; 1 Joh 2,18; 4,3; 2 Joh 7; Tier: Offb 13,1ff.; der Gesetzlose: 2 Thess 2,8) sind die eigentlichen Gegner Jesu und seiner Jünger. Abgesehen von diesen Namen und Funktionsbezeichnungen S.s zeigte sich die Gegnerschaft u. a. bei der Versuchung Jesu zu Beginn seines Wirkens, nach der der Teufel »bis zur gelegenen Zeit« (Lk 4,13), also bis zur Passion (Judas: 22,3; »Sieben« der Jünger: 22,31) von Jesus abließ, und an den vielen Dämonenaustreibungen zum Zeichen, daß Jesus der Stärkere (Mk 2,27; Lk 11,22) ist. Nach Hebr 2,14f. wollte Jesus durch seinen Tod den »entmachten, der des Todes Gewalt besitzt, nämlich den Teufel«, um alle aus der Sklaverei der Todesfurcht zu befreien. Den Zwölf gab Jesus eine eigene Vollmacht zur Dämonenaustreibung (Mk 3,15; 16,17; Lk 9,1; 10,19; Mt 10,1). Der Teufel sät Unkraut unter den Weizen des Menschensohnes (Mt 13,39) und nimmt den Samen des Wortes aus dem Herzen weg (Mk 4,15; Lk 8,12). Der Kampf des Gläubigen richtet sich vor allem gegen die »Anschläge des Teufels«, den »Weltherrscher dieser Finsternis« (Eph 6,11f.).

Bei dieser Konstellation des Kampfes Jesu und der Gläubigen mit S. kann ⓜ nicht unbeteiligt am Rande stehen. Nach Ignatius v. Antiochien blieben »die Jungfrauschaft Marias und ihre Niederkunft, ebenso auch der Tod des Herrn«, »dem Fürsten dieser Welt« verborgen (Ign. Eph 19,1). So weit die → Apokalyptische Frau zu Recht marian. Assoziationen weckt, ist auch die Messiasmutter in die Verfolgung ihres Kindes durch den Drachen miteinbezogen. In der → Eva-ⓜ-Parallele werden ferner seit → Justin Evas Willfährigkeit gegenüber dem Wort der Schlange, das Sünde und Tod hervorgebracht hat, und der Glaube ⓜs an die Botschaft des Engels gegenübergestellt. In der Definitionsbulle »Ineffabilis Deus« wird im Hinblick auf die UE betont, daß ⓜ dem Wort der Schlange kein Gehör gab wie Eva und mit göttlicher Kraft die Macht der Schlange gebrochen hat. ⓜ, die neue Eva und Immaculata gehörte nie zum Herrschaftsbereich S.s. Vielleicht regte diese Parallele dann an, das → Protoevangelium (Gen 3,15) auf ⓜ hin als Schlangenzertreterin auszulegen. Wenn dort Feindschaft zwischen der Schlange und der Frau gesetzt wird, fragt sich, ob mit der Frau Eva gemeint sein kann; gerade der Nachkomme, der den Kopf zertritt, ließ seit der Väterzeit an ⓜ denken. Das 2. Vaticanum (LG 55) stellt fest: Die Mutter des Erlösers »ist in diesem Licht (der weiteren und vollen Offenbarung) schon prophetisch in der Verheißung vom Sieg über die Schlange, die den in die Sünde gefallenen Stammeltern gegeben wurde (vgl. Gen 3,15), schattenhaft angedeutet.« Die weder vom hebr. Urtext noch von der Septuaginta gestützte, aber in der Vulgata vorliegende Lesart (ipsa — statt ipse — conteret caput tuum) förderte die Vorstellung von der Schlangenzertreterin (in der Kunst: ⓜs Fuß, z. T. von ihrem Sohn beschwert, zertritt den Kopf der Schlange, oder ⓜ steht über der von der Schlange umschlungenen Erdkugel). Tibor Gallus favorisiert — mehr aus theol.-systematischen Gründen — diese Lesart. L. Díez Merino untersucht die jüdische, die zwischentestamentarische und die christl. Interpretation von Gen 3,14f. in Hinblick auf die messianische Deutung, das Schwanken zwischen kollektiver und individueller Auslegung von Frau und Schlange, das Subjekt des Zertretens und den Zusammenhang mit Offb 12. Wenn nach 1 Joh der Antichrist die Menschwerdung leugnet, stellt vor allem Irenäus dieser im 2. Jh. verstärkten gnostischen, die Güte der Schöpfung verneinenden Position die »Geburt aus der Jungfrau« als Ausdruck der Verträglichkeit von Gott und Materie und der guten Qualität der Schöpfung entgegen.

In der Neuzeit wird die Existenz S.s als des Personal-Bösen häufig geleugnet. Dagegen ist anzuführen, daß in diesem Fall das — weithin nicht zu leugnende — Böse als zur Existenz des Menschen oder zur Schöpfung gehörig, d. h. als gottgegeben und nicht mehr dem freien Willen entsprungen, verstanden wird. Aus schöpfungstheol. Gründen muß also gegenüber diesen mehr oder weniger gnostischen Konzeptionen »der Böse« angenommen werden. Aber auch aus christol. Sicht, d. h. aufgrund der Überlegung, daß Jesus und die Jünger sich im eigentlichen Gegner nicht getäuscht haben (vgl. Ziegenaus 285), ist der Teufel aufgrund eines Willensentscheids böse, d. h. als der Böse zu begreifen. Was die Wirkweise des Teufels betrifft, agiert er »von der Atmosphäre her« (H. Schlier), wie ein anonym zersetzendes Gerücht, wie Zeitgeist und Mode oder über ideologische Mächte (vgl. Nazismus, Kommunismus; Ziegenaus 273. 290f.).

In den anläßlich der ⓜerscheinungen der Neuzeit ergangenen marian. → Botschaften nimmt ⓜ in besonderer Weise den Kampf gegen die menschen- und glaubensfeindlichen Mächte auf, indem sie zu Gebet und Buße mahnt und vor den Folgen der Sünde warnt. Der Einsatz gegen die Sünde, gegen Tod und

Unheil und gegen den von der Schlange angeregten Ungehorsam und die Haltung des Seins wie Gott gehört zur bleibenden Aufgabe der zur Mutter des Erlösers erwählten Frau.

Lit.: T. Gallus, Interpretatio mariologica Protoevangelii (Gen 3,15) tempore postpatristico usque ad Concilium Tridentinum, 1949. — Ders., Die »Frau« in Gen 3,15, 1979. — C. Pozo, Maria en la Escritúra y en la Fe de la Iglesia, 1979, 40—49. — A. Ziegenaus, Wirklichkeit und Wirkweise des Bösen, In: MThZ 32 (1981) 271—291. — L. Díez Merino, El Protoevangelio: Promesa del Redentor-Corredentora. Gen 3,14—15 en la interpretación judaica, In: EstMar 48 (1983) 305—365.

A. Ziegenaus

Satellico, Maria Crocifissa, Klarissin, * 9.1.1706 in Venedig, † 8.11.1745 in Monte Novo (heute Ostra Veteral in der Diözese Senigallia), war eine Ordensfrau, in deren Spiritualität mystische Phänomene eine herausragende Rolle spielten, so erfreute sie sich u.a. einer bes. Nähe Ms während ihres Lebens. Charakteristisch ist, wie sie ihre Teilnahme an der Feier der hl. Messe beschrieb: Sie opferte das Opfer Christi »durch die Hände der Allerseligsten Jungfrau« dem Ewigen Vater zur Ehre der Allerheiligsten Dreifaltigkeit auf, die Verdienste Christi, seine Danksagung, seine Fürbitte für die Lebenden und Verstorbenen, seine Sühne für ihre eigenen Sünden und die der ganzen Welt. Einige Tage vor ihrem Tod sagte sie zu einer Mitschwester: »Wenn ich an der Hl. Messe teilnehme, sage ich nur wenige Gebete und, ohne viele Worte zu machen, bringe ich zunächst das heiligste Opfer der Allerheiligsten Dreifaltigkeit dar und sage Dank für alle Gaben, die der heiligsten Menschheit Jesu Christi gewährt wurden; ich opfere sie auch von seiten der Allerseligsten Jungfrau zum Dank dafür, daß sie ohne Erbsünde empfangen worden ist« (Positio II 145). Die Mitschwestern bezeugten, daß sie verschiedene Gebete verfaßt hat, darunter ein längeres an M, das aus Anlaß des Seligsprechungsprozesses gedruckt wurde. In diesem Gebet findet auf fromme und tiefe Weise das Geheimnis der göttlichen Liebe, die sich in der Hingabe Christi für uns geäußert hat, ihren Ausdruck. Zugleich wird darin deutlich, wie M durch ihre Mitwirkung und mächtige Fürbitte in dieses Geheimnis miteinbezogen ist. Bei anderer Gelegenheit bezieht sich S. wiederholt auf die Herzen Jesu und Ms als lebendigen Ausdruck der wunderbaren Wirklichkeit der göttlichen Liebe und Quelle unserer Zuversicht. In einem Gebet an Jesus Christus stellt sie ihm M zur Seite und ruft in Erinnerung, was sie als Mutter getan und für den Herrn gelitten hat. Ihre Mitschwestern sahen sie häufig unter Tränen vor einem Bild ULF von Loreto beten, das sich im Konvent befand. Bei bes. dringlichen Notfällen pflegte sie ihre Gebete aufzuschreiben und vor einem Bild Ms, das sich im Schlafsaal befand, niederzulegen. Sie nannte M »Heiligste Mutter«, und als sie erfuhr, daß ihre leibliche Mutter gestorben war, sagte sie, daß die Allerseligste Jungfrau ihre Mutter sei. Nach ihrer Wahl zur Äbtissin erwählte sie sich M als ihre Vorgesetzte und wandte sich an sie mit der Bitte um Rat. Wenn ein Mfest gefeiert wurde, sprach sie mit leuchtendem Angesicht über die Herrlichkeiten der GM, erhob ihre Arme zum Himmel und rief aus: »Was für ein großes Fest feiert man dort oben!« (ebd. I 360). In bemerkenswerter Weise verstand sie es, marian. Sinngehalt in den Worten der Hl. Schrift zu entdecken. Bei der Betrachtung des Psalmwortes »Qui dat nivem sicut lanam« gab sie etwa die Deutung, daß sich hier das Verhältnis ausdrücke zwischen den schmerzhaften Prüfungen, die Gott den Seelen schickt, und der Kraft, sie zu tragen. Auf M bezogen, sagte sie dann: »Mir scheint, daß hier ausgedrückt ist, wie der Herr, der zugelassen hat, daß seine Mutter so außerordentliche Leiden zu ertragen hatte, sie auch dementsprechend mit herausragenden Tugenden beschenkt hat. Auf andere Weise hätte niemand solchen Schmerz ertragen können« (Scaramelli 316).

S. hatte schwere Prüfungen und Versuchungen zu erleiden. Sie wurde häufig durch körperliche Qualen und geistliche Trostlosigkeit gepeinigt. Auch in diesen Augenblicken war ihr M sichere Zuflucht, um siegreich aus der Prüfung hervorzugehen.

Ihre Loslösung von der Welt drückte sich in einer wirklichen Armut aus. Das bezeugte ein Priester, nach dessen Aussage sie bei ihrem Tod nichts anderes besaß als ein Kreuz und ein kleines Andachtsbildchen der GM. Kurz vor S.s Tod sah man auf ihrem Angesicht ein unerwartetes Leuchten. Auf die Frage ihres Seelenführers, ob sie etwas gesehen habe, antwortete sie: »Ich habe Jesus Christus und die Jungfrau Maria gesehen« (ebd. I 730. 802). Das Dekret über die heroischen Tugenden der M.C.S. wurde 1991 erlassen.

QQ: Positio super virtutibus, 2 Vol., 1985.
Lit.: G.B. Scaramelli, Vita di Suor M.C.S., Venedig 1750. — P. Bussoletti, Sulle orme di s. Chiara: M.C.S. Religiosa del secolo XVIII, 1981. — C. Costa, Precisazioni cronologiche e nota bibliografica sulla serva di Dio Sr. M.C.S. O.S.C. (1706—1745), In: MF 90 (1990) 648—692 (mit einem Mariengebet). — AAS 84 (1992) 88. — BSS XI 663f. (Lit.). *Bernardino de Armellada*

Savelberg, Peter Joseph, Ordensstifter, * 10.2.1827 in Heerlen, † 11.2.1907 ebd., studierte Humaniora und Phil. in Rolduc bei Kerkrade und ab Herbst 1851 Theol. am Priesterseminar in Roermond, wo er am 3.9.1853 zum Priester geweiht wurde. Auf Bitten des Bischofs von Trier wurde er 1856 zum Rektor und Beichtvater des Franziskanerinnenklosters und Mädcheninternats zu Nonnenwerth auf der Liebfraueninsel im Rhein bei Bonn berufen, kehrte 1863 in seine Diözese zurück und wurde Kaplan in Schaesberg, wo er der sozialen Not mit der Errichtung eines Vinzenzvereins und einer Haushaltungsschule entgegentrat. Seit 1865 Kaplan in Heerlen, errichtete er am 4.10.1867 ein Haus für die Pflege von Alten und Waisen. Zwei Frauen und ein Mann, Mitglieder des Dritten Ordens des hl. Franz, übernahmen die Betreuung. Um sie zu sichern, bat S. den Diözesanbischof um dessen Zustimmung für die Errichtung einer Schwesternkongregation, die er »Kleine Schwestern des hl. Joseph« nannte. Sie sollten zu zweit oder zu dritt in Klöstern in den Dörfern leben, sich der Erziehung der Mädchen und Waisen und der Betreuung der alten Leute annehmen. Die Kongregation übernahm die Dritte Regel des hl. → Franz v. Assisi. Am 21. 6. 1872 wurden die ersten sechs Novizinnen eingekleidet. In der von S. gegründeten Brüderkongregation, »Kleine Brüder des hl. Joseph« genannt, empfingen die beiden ersten Mitglieder 1878 das Ordenskleid.

S. war einfach und bescheiden, ein stiller Beter mit einer tiefen eucharistischen und marian. Frömmigkeit. Er pilgerte 33 Jahre lang täglich eine halbe Stunde hin und zurück zur ⋔kapelle in Schaesberg, wo er den Rosenkranz betete. Als seine Gesundheit ihm dieses nicht mehr gestattete, stieg er täglich zum höchsten Punkt des Klosters hinauf, von wo er bis zur Schaesberger ⋔kapelle hinausschauen konnte und wo er den Rosenkranz betete, seine Augen auf die unerreichbare Kapelle gerichtet. In einem Brief schrieb er mit Bezug auf ⋔: »Sie ist der Weg, der zur Liebe Gottes führt« (Delft 26). Am 1. 11. 1988 wurde das Dekret über seine heroischen Tugenden erlassen.

Die von S. gegründeten Kongregationen arbeiten auf dem Gebiet der Caritas, der Pflege von körperlich und seelisch Kranken und der alten Leute, im Unterricht und in der Haushaltspflege. Die Schwesternkongregation wirkte 1992 mit 814 Mitgliedern in den Niederlanden, in Belgien, Indonesien, Kenya und Taiwan. 1922—52 war sie in China mit 10 Klöstern vertreten. Die Brüderkongregation hatte 1992 in den Niederlanden 5 Klöster mit 21 Brüdern.

Lit.: M. van Delft, P. J. S., priester voor mensen in nood, 1965. — AAS 81 (1989) 134—137. — DIP VIII 988.

P. W. F. M. Hamans

Savetta, Antonio, * in der 2. Hälfte des 16. Jh.s in Lodi, † 1641 ebd., war ausschließlich in seiner Heimatstadt als Kirchenmusiker tätig. Seine Werke weisen ihn als Vertreter der spätvenezianischen Schule und des Gabrielischen Konzertstils aus, viele seiner Motetten wurden in dt. Sammelwerke aufgenommen.

Neben mehreren Vertonungen des Ordinariums, Madrigalen und Psalmen finden sich 7—8-stimmige Bearbeitungen des Magnificat per omnes tonos.

Lit.: H. Wessely-Kropik, Mitteilungen aus dem Archiv der arciconfraternità di San Giovanni dei Fiorentini, In: SMw 24 (1960) 52ff. — MGG XI 1442. — Grove XVI 526. *E. Löwe*

Savio, Dominikus, jugendlicher Heiliger der SDB, * 2. 4. 1842 in Riva di Chieri (Piemont), † 9. 3. 1857 in Mondonio, durfte bereits im Alter von 7 Jahren am 8. 4. 1849 die Erste hl. Kommunion empfangen. An diesem Tag faßte er folgende Vorsätze: »1. Ich werde sehr oft beichten und die hl. Kommunion empfangen, so oft es mir mein Beichtvater erlaubt. 2. Ich werde alle Sonn- und Festtage heilig halten. 3. Meine Freunde sollen Jesus und Maria sein. 4. Lieber sterben als sündigen!« (D. Bosco, Mein Schüler, 18). 1854 kam er zu Don → Bosco ins Oratorium nach Turin und wurde sein bester Schüler. Aus Anlaß der Verkündigung des »Dogmas der ohne Erbsünde empfangenen Jungfrau und Gottesmutter Maria« weihte er sich am 8. 12. der GM. Von einer Predigt Don Boscos über die persönliche Heiligung tief berührt, entbrannte in ihm der Wunsch, ein Heiliger zu werden. Der Jugendapostel riet ihm, keine außerordentlichen Bußübungen zu suchen, sondern »die Heiligkeit in der Fröhlichkeit bestehen zu lassen, die Alltagspflichten treu zu erfüllen und Hilfsbereitschaft gegen seine Kameraden zu üben« (ebd. 64). Im Schuljahr 1855/56 gründete S. das »Bündnis der Immaculata«, dessen Leiter er wurde und dem u. a. Michael → Rua angehörte. In den Satzungen, die S. verfaßte, heißt es, die Mitglieder mögen sich um eine echt christl. Haltung bemühen. Sie sollten oft das Bußsakrament und die hl. Kommunion empfangen, eine innige Verehrung zur GM pflegen und sich bemühen, als »kleine Apostel« Don Bosco in seinem Jugendwerk zu unterstützen. Diese Satzungen spiegeln seine ganze Liebe zur GM und seinen apost. Eifer wider. Im 21. Artikel heißt es: »Das Bündnis stellt sich unter den Schutz Maria Immaculatas, von der wir den Titel haben und eine Medaille tragen. Ein ehrliches, kindliches und unbegrenztes Vertrauen zu Maria, eine einzigartige Liebe zu ihr und ihre beständige Verehrung werden uns die Kraft geben, jedes Hindernis zu überwinden, beharrlich in den Vorsätzen, streng gegen uns selbst, jedoch liebevoll unseren Mitmenschen gegenüber zu sein« (ebd. 75). Schon seit seiner Kindheit gesundheitlich geschwächt, erkrankte S. zu Beginn des Schuljahres 1856/57 schwer. Im März mußte er das Oratorium in Turin verlassen und nach Hause zurückkehren. So starb er, kaum 15 Jahre alt, an Lungenentzündung. Nach seinem Tod erschien er Don Bosco und sagte ihm: »Was mich im Anblick des Todes tröstete und stärkte, das war der Beistand der mächtigen und liebenswürdigen Mutter Gottes« (Baumann 174). Unmittelbar nach seinem Tod verfaßte Don Bosco die erste Biographie über S., der am 5. 3. 1950 selig- und am 12. 6. 1954 in Rom heiliggesprochen wurde. Gedenktag ist der 6. Mai. Auf der Röm. Synode 1960 wurde S. zum Patron der Ministranten ernannt.

Lit.: J. Bosco, La vita di Domenico S., Alunno dell' Oratorio di San Francesco di Sales, Turin 1859; dt.: Mein Schüler D. S., 1954. — E. Fritz, Gnade mehr als Leben. Ein Beitrag zur Seligsprechung D. S.s, 1950. — W. Menke, D. S., ein Junge Don Boscos, 1953. — H. Weber, D. S., der junge Gottesbote, 1953. — A. Volpert, D. S., ein Friedenskind über der friedlosen Welt, 1954. — H. Kremer, Don Boscos bester Junge, 1958. — M. Molineris, Nuova vita di Domenico S., 1974. — T. Bosco, S. Domenico S., 1974; dt.: D. S., 1988. — Baumann 169—174. — BSS IV 741 ff. *J. Weber*

Savoldo, Giovanni Gerolamo, ital. Maler, * gegen 1480 vermutlich in Brescia, † nach 1548 vermutlich in Venedig. Über sein Leben ist wenig bekannt, nur durch die gelegentlichen Signaturen seiner Bilder (z.B. der Geburt Christi, Terlizzi, S.Maria la Nuova, um 1540) ist der wahrscheinliche Geburtsort Brescia zu erschließen. 1508 schrieb sich S. in die Zunft der Ärzte und Apotheker in Florenz ein. Aus dieser Zeit sind keine Gemälde mehr bekannt. Ausführlichere Dokumente gibt es erst nach 1520, woraus geschlossen wurde, er habe seine Jugend als wandernder Maler verbracht. Seine wenigen Bilder entstanden überwiegend für private Auftraggeber (Porträts und kleinformatige Gemälde rel. Inhalts). Es gibt nur sehr wenige große Altarbilder, so das der GM mit Kind und Heiligen für San Nicolò in Treviso (1521). S. überarbeitete das von Marco Pensaben begonnene Bild vollkommen und beendete die damals schon etwas antiquierte Darstellung der Sacra conversazione, der thronenden M mit Kind, hier mit den sel. Benedikt XI. und Boccasino sowie den hll. Nikolaus, Dominikus, Thomas, Hieronymus und Liberalis. Der »Pesaro-Altar« von 1524 (ursprünglich für San Domenico in Pesaro, heute Mailand, Brera) zeigt die Jungfrau im Segensgestus und mit Kind — von zwei musizierenden Engeln flankiert — schwebend über Petrus, Dominikus, Paulus und Hieronymus. Unter Auslassung der beiden Engel nimmt S. diese Komposition für den Altar von S.Maria in Organo in Verona (1533) wieder auf (neben Petrus und Paulus diesmal die hll. Zeno und Leonard de Noblac).

Spätestens seit 1521 war S. in Venedig ansässig, wo er vermutlich bis zu seinem Tode blieb. Aus dieser Zeit stammen jene Gemälde, in denen S. sein Interesse an der Landschaft und dem Farbenreichtum venezianischer Maler (G. Bellini, Giorgione, L.Lotto) mit der Plastizität der im Bildraum isolierten, scharf modellierten Figuren lombardischer Maler (V.Foppa) zu verbinden wußte und dennoch stilistisch sehr selbständig arbeitete. Besonders gut lassen dies die Gemälde der »Ruhe auf der Flucht nach Ägypten« erkennen, die er in mehreren Varianten schuf. Z.B. beim Exemplar in Mailänder Privatbesitz (vor 1527) sitzt die Jungfrau mit Kind im verschatteten Vordergrund vor einer genauen Vedute Venedigs. Der den Esel tränkende Joseph und zahlreiche Alltagsszenen beleben die weite Landschaft. Auch in allen anderen Fassungen des Themas erscheint wie hier ein das Bild in zwei Hälften teilender Baum, der die innige Gruppe der M mit Kind vor verfallenden Gebäuden und zerklüfteten Felsen vom bewohnten Land trennt (Fassungen in Dubrovnik, Bischöfliche Sammlungen, sowie mehrmals in ital. Privatbesitz). Dieses in der ital. Malerei seltene Thema zeigt den Einfluß nordalpiner Malerei bes. durch die auch in Venedig gesammelten Werke Joachim Patiniers. Aber auch Kupferstiche Dürers oder des Meisters E.S. waren Anregungsquellen für S., aus denen er wohl Motive wie die in den Stall schauenden Hirten entnommen hat (z.B. Geburt Christi, Venedig, S.Giobbe, 1540). Bes. ungewöhnlich für die ital. Malerei ist die Verkündigung (Pordenone, Museo Civico, 1535/40), die in ihrer Komposition (frontal zum Betrachter gewandter Engel parallel neben M) auf M. Schongauer zurückgehen dürfte. Holländischen Einfluß beweisen die Variationen des Themas der »Geburt Christi«, die S. als Nachtstück gestaltet hat (Mailand, Sammlung Albertini und Rom, Sammlung Crespi, beide um 1535).

Das Gemälde der das Kind anbetenden M mit Hieronymus und Franziskus (Turin, Galleria Sabauda, um 1512/16) greift S. 1530 wieder auf, wobei diesmal ein unbekannter Stifter, statt Hieronymus, das Tuch vom Christuskind hebt (Hampton Court, Royal Collection), eigentlich eine Handlung, die sonst von M vollzogen wird.

Die Varianten der Maria Magdalena (London, Nat. Gallery; Berlin, Gemäldegalerie; Zürich, Privatsammlung; Florenz, Uffizien, alle um 1530) verbildlichen Joh 20,11—16. M.Pardo erkannte in diesen Bildern den Moment, als die das leere Grab vorfindende Magdalena sich umwendet, weil sie von Christus gerufen wird.

Die melancholische Stimmung der Bilder S.s verbindet ihn mit dem Kreis um Giorgione, die Lichteffekte und sein Realismus wirkten stark auf Caravaggio.

Lit.: W.Suida, G.G.S., In: Pantheon 19 (1937) 48ff. — L.Cappuccio, G.S. — La vita e l'opere, 1939. — A.Boschetto, G.G.S., 1963. — A.Ballarin, G.S., 1966. — Ausst.-Kat., The Genius of Venice 1500—1600, London 1983, 202ff. — G.G.S.: —Pittore Bresciano, Atti del Convegno a Brescia 1983, 1985. — C.E. Gilbert, Works of G.S., Diss., New York 1986. — M.Pardo, The Subject of S.s Magdalene, In: ArtBull 71 (1989) 67ff. — Ausst.-Kat., G.G.S. und die Renaissance zwischen Lombardei und Venetien, Frankfurt/Main 1990. — Thieme-Becker XXIX 510ff. *K. Falkenau*

Sayve, Lambert de, * 1549 in Lüttich (?), † 1614 in Linz, war bis zu seinem Tod in den Diensten des Habsburger Kaiserhofes und an dessen verschiedenen Kapellen als Kapellmeister tätig. Seine Werke zeigen die Entwicklung vom polyphonen Kompositionsstil hin zur venezianischen Mehrchörigkeit, wobei er die langsam aus der Mode kommende Immitationstechnik mit der zunehmenden Stimmenzahl verknüpfte.

Neben dem Einfluß G.Gabrielis ist der O. di Lassos zu erkennen, von dem S. das intensive Wort-Ton-Verhältnis übernahm. Zu seinen Werken zählen u.a. die 5-stimmige Motette »Maria rein«, das »Rosetum Marianum« und ein 8-stimmiges Magnifikat.

Lit.: G.Rebscher, L. de S. als Mottettenkomponist, Diss., Frankfurt a.M. 1989. — E.Schenk, Zur Lebens- und Familiengeschichte von L. de S., In: FS für H.Osthoff, 1961, 103ff. — MGG XI 1464. — Grove XVI 540f. *E. Löwe*

Scalabonio, Lorenzo, OSA, * 1565 in Bologna, † 13.6.1649 in Ravenna, Magister der Theol., hervorragender Prediger, seit 1614 Provinzial der

Romandiola, Consultor des hl. Offiziums, Verfasser einer reichen Erbauungsliteratur. Von seiner innigen Mliebe zeugen folgende Schriften: »Lectulus Salomonis, hoc est (opus) de praecipuis BMV doloribus ac gaudiis, in duas partes divisum« (Ravenna 1629), in dessen erstem Teil er Predigten über die sieben Schmerzen Ms für die Samstage der Fastenzeit, im zweiten Teil Predigten für die Mfeste allgemein bietet, »Planctus BMV super natum suum crucifixum, mortuum sepulturaque datum« (Ravenna 1629), »Septem psalmi spirituales et devoti in laudem ac venerationem Beatissimae Deiparae semper Virginis Mariae recitandi« (Ravenna 1640) mit einer reichen Auswahl von Schrifttexten, die S. marian. deutet, sowie »frommen Gebeten« aus den Vätern und älteren Theologen, »Corona spirituale, cioè Sonetti Ducento d'Auttori (!) diversi ... in lode et (!) honore della beatissima Vergine Maria« (Ravenna 1641), die um einzelne Geheimnisse des Mlebens bzw. um Mfeste gruppiert sind, außerdem »Litanie della Madonna Santissima explicate« (Ravenna 1641) und »Supplica del peccatore alla beatissima Vergine Maria, Madre Immaculata di Dio« (Ravenna 1641), eine Sammlung von 170 marian. Gebeten in Form kurzer Gedichte (sonetti).

Ein ausgesprochen mariol. Werk ist S.s »Marianum decus sive epithetorum, laudum et encomiorum, quibus sancti patres Ecclesiaeque catholicae doctores deiparam virginem Mariam honestarunt, enarratio et explicatio« (Ravenna 1640). Aus 15 Autoren bietet er jeweils einen marian. Text und erläutert die einzelnen darin erwähnten Epitheta. So kommen in diesem Werk, das S. als Hilfe für die Prediger, aber auch als geistliche Lektüre gedacht hatte, alle Themen der Mariol., insbesondere auch die Lehren von ihrer IC und ihrer Assumptio zur Sprache. Bei der Erklärung des Titels »humani generis reparatrix«, den S. einem ps.-augustinischen Sermo entnahm, den er selbst für augustinisch hielt, unterstreicht er nachdrücklich: »a Christo solo reparatore optimo redemptum (esse) genus humanum«. Das Epitheton sei zu verstehen »per quandam eius (sc. Mariae) cooperationem et nati compassionem«; es besage nicht, daß M von sich aus den Menschen das Heil schenkt, sondern daß sie für uns bei Gott als Fürsprecherin wirksam eintritt (l. c. 210f.).

Lit.: I. Maracci, Bibliotheca Mariana II, Rom 1648, 21. — Ossinger 808. — J. Lanteri, Postrema saecula sex Religionis Augustinianae II, 1859, 329f. — D. A. Perini, Bibliographia Augustiniana III, 1935, 163f. — A. M. Giacomini, L'Ordine Agostiniano e la devozione alla Madonna, In: S. Augustinus vitae spiritualis magister II, 1959, 77—124, bes. 121.   *A. Zumkeller*

Scandello, Antonio, * 1517 in Bergamo, † 18. 1. 1580 in Dresden, war zunächst Zinkenist in Bergamo, Trient und Dresden, bevor er sich ab 1551 mit eigenen Kompositionen, darunter der »Missa sex v. super Epitaphium illustrissimi principis Mauritii« (1553), einen Namen machte.

S. zählt zu den bedeutendsten ref. Kirchenmusikern. Mit seiner Johannespassion von 1561 findet sich das erste dt. Mischwerk zwischen responsorialer und durchkomponierter Passion, welches die Oratorien des 17. Jh.s vorbereitete. Bedeutend sind seine weltlichen und geistlichen Lieder, welche die ital. Madrigalkunst der Hochrenaissance in Deutschland etablierte.

Von seinem reichen kirchenmusikalischen Schaffen sei das Magnifikat für zwei Chöre angeführt.

Lit.: H. J. Moser, Die ev. Kirchenmusik in Deutschland, 1954. — F. Blume, Geschichte der ev. Kirchenmusik, ²1965. — MGG XI 1472. — Grove XVI 547f.   *E. Löwe*

Scarapsus → Pirmin v. Reichenau

Scarlatti, Alessandro, * 2. 5. 1660 in Palermo, † 22. 10. 1725 in Neapel, ist der älteste Sohn des Pietro Scarlata und der Eleonora d'Amato. Auf Geheiß seines Vaters kommt er 1672 — zusammen mit zwei Schwestern — nach Rom und erhält dort seine musikalische Ausbildung. Wer seine Lehrer waren, ist dunkel. Später nennt sich Scarlata »Scarlati« oder »Scarlatti«. S.s erste Oper »Gli equivoci nel sembiante« wird mit großem Erfolg in Bologna, Neapel, Wien, Ravenna und anderswo aufgeführt. Christine von Schweden begünstigt den jungen Komponisten, indem sie ihn zum Kapellmeister ernennt. S. schreibt in der Hauptsache für Kreise des röm. Adels und für Musikzentren in Neapel und Florenz. Aus seinen röm. Jahren stammen kirchenmusikalische Werke wie Messen, Kantaten und Oratorien. In dieser Zeit hat S. das Amt eines Kapellmeisters inne an der Kirche S. Gerolamo della Carità. 1684—1703 ist er Hofkapellmeister in Neapel, wo er zahlreiche Opern schreibt. Sein Kantaten-, Serenaden- und Oratorienschaffen erreicht um 1704—06 einen Höhepunkt. Viele Werke seines KM-Repertoires komponiert er im Dienste von S. Maria Maggiore. In die Arcadia wird er 1706 aufgenommen. Die Cappella Reale in Neapel leitet er seit 1708. 1721 endet sein reiches Opernschaffen in Rom, wo er sich fünf Jahre aufgehalten hat. Um 1722 wendet er sich wieder nach Neapel; dort entstehen wenige Kantaten und KM.

An marian. Werken hinterläßt S. »Ave maris stella«, »Ave Regina« (für 2 Stimmen und Basso continuo). Das »Salve regina« in a-Moll (für Sopran, Alt, Tenor und Bass, 2 Violinen und Basso continuo) steht an letzter Stelle der 12 geistlichen Kompositionen in der Sammlung »concerti sacri«. Die Satztechnik expressiv-kantabler Kontrapunktik entfaltet sich im letzten Drittel des 17. Jh.s. Imitatorische Polyphonie, deklamatorische Ton- und Motivrepetition sowie affektakzentuierte Wort- und Tonmalerei (Chromatik) verbindet S. mit tonaler Harmonik; sie löst er weitgehend von der Modalität. Obligate Violinen wirken dabei so mit, daß sie musikalisch-stilistische Eigenschaften der Komposition unterstützen. Herausragende Sakralwerke S.s und des Spätbarock sind sein »Salve Regina« und sein »Stabat mater«.

Lit.: A. Bonaventura, El Sabat Mater de A. S., In: Revista de Musica II, 1928, 145 ff. — L. Ronga, Motivi critici su A. S., In: Rivista musicale italiana 56 (1954) 125 ff. — Ders., Ane e gusto nella musica, 1956, 93—126. — J. A. Bank, De kerkenmuziek van Alexandr S., In: Gregoriusblad 80 (1956) passim. — J. E. Shaffer, The Cantus-Firmus in A. S.s Motets, Diss., G. Peabody 1970, passim. — M. Fabbri, Il dolore e la morte nelle voci in solitudine di A. S., In: Scritti in onore di L. Ronga, 1973, 127 ff. — MGG XI 1482—1506. — Grove XVI 549—567.

G. Schönfelder-Wittmann

Scarlatti, Domenico, * 26. 10. 1685 in Neapel, † 23. 7. 1757 in Madrid, ist das sechste der zehn Kinder von Alessandro → Scarlatti und Antonia Anzalone. S. entstammt einer musikalisch vielseitigen Familie. Seine Ausbildung liegt indes im Dunklen. Es ist aber anzunehmen, daß der Vater die Studien seines Sohnes überwacht und gefördert hat. Im Alter von 16 Jahren ist er als Organist und Komponist Mitglied der königlichen Kapelle von Neapel. Sein Vater schickt ihn 1705 nach Venedig, wo er u. a. mit G. F. Händel zusammentrifft; mit ihm verbindet ihn eine enge Freundschaft. 1709—19 lebt er in Rom; dort ist er zunächst als Kapellmeister der Königin Maria Casimira von Polen tätig und später (1715) als Kapellmeister an der Capella Giuglia. In dieser Zeit entstehen sein Miserere in G-Dur und das große 10-stimmige Stabat Mater. 1720—29 leitet er die Kapelle Joãos V. in Lissabon; sie setzt sich aus etwa 40 Sängern und ebensovielen Instrumentalisten zusammen. U. a. unterrichtet er die Tochter des Königs, die Infantin Maria Barbara, für die er seine 555 Cembalosonaten schreibt. Nach ihrer Heirat folgt er dem span. Erbprinzen Ferdinand an den Hof nach Sevilla und geht 1733 mit ihm nach Madrid, wo er bis zu seinem Tod verbleibt. S.s Gesamtwerk setzt sich aus zwei Schaffensperioden zusammen, die in sich gegensätzlich und auch in der musikalischen Praxis unterschiedlich betrachtet werden. Zuerst (bis etwa 1725) entstehen beinahe einzig Vokalwerke, Opern und KM. Sodann begründen S.s Nachruhm seine Cembalosonaten.

Eine Besonderheit unter den Vokalwerken ist S.s »Stabat Mater« für 4 Soprane, 2 Altstimmen, 2 Tenöre, 2 Bässe und Organo continuo. Es zeichnet sich als eigenständiges Werk vor seinen anderen Kirchenkompositionen und Opern aus; sie sind deutlich an alten Traditionen orientiert. Nach zwei 5-stimmigen Chören alternieren in neuartiger Antithese zweier Vokalgruppen (2 Soprane, Alt, Tenor, Bass/2 Soprane, Alt, Tenor, Bass), wobei häufiger Wechsel und Austausch der Stimmenkombination sie verknüpft. Komplizierte Engführung der Stimmen in chorisch behandelten Partien münden in homophone Ruhepunkte und akkordische Klangsichten. Ariose Anmut und beinahe tänzerische Eleganz kennzeichnen solistisch angelegte Teile; die Generalbaßstimme gestaltet sie deklamatorisch durchsichtig. Obschon zeitgebunden, ist S.s Musiksprache in seinem »Salve Regina« in A-Dur für Sopran, 2 Violinen, Viola und Basso continuo zukunftsweisend. Abrupte Moll-Tendenz, enharmonische Verwandschaft und andere harmonische Kühnheiten sind S.s Altersstil eigen; er läßt die Klangelemente der Klassik voraussahnen.

Lit.: A. Longo, D. S. e la sua figura nella storia della musica, 1913, passim. — L. Bauer, Die Tätigkeit D. S. und der ital. Meister in der ersten Hälfte des 18. Jh.s in Spanien, Diss., München 1933, passim. — S. A. Luciani, D. S., 1939, passim. — A. Basso, La formazione storica ed estetica della storia di D. S., Diss., Torino 1957, passim. — MGG XI 1506—18. — Grove XVI 568—578.

G. Schönfelder-Wittmann

Schäffer, Anna, Dienerin Gottes, * 18. 2. 1882 in Mindelstetten (Diözese Regensburg), † 5. 10. 1925 ebd., entstammte einer armen Handwerkerfamilie, wollte sich die für die Aufnahme in einen Missionsorden notwendige Aussteuer als Hausgehilfin verdienen und erlitt mit 18 Jahren einen so schweren Unfall, daß sie zeitlebens ans Bett gefesselt blieb. Von Ortspfarrer Karl Rieger vorbildlich betreut, erkannte sie in ihrem mit größter Geduld ertragenen Leiden den Willen Gottes und nahm es im Geist der Sühne an. Die Kraft dazu schöpfte sie aus der eucharistischen und marian. Frömmigkeit. Hatte sie sich bereits bei ihrer Ersten hl. Kommunion ganz Jesus übergeben, so weihte sich die 16-jährige der GM in der Marian. Kongregation. Ihr Wahlspruch »Jesus und Maria« geht aus folgendem Brief hervor: »O liebe gute Himmelmutter, dir weihen und schenken wir alle Kräfte unserer Seele! Hilf du uns beten und entferne aus unserem Gedächtnis jeden Gedanken, der nicht mit Jesus und dir allein in Beziehung steht. Und lehre uns aus tiefstem Herzen sprechen: ›Ich bin die Magd des Herren, mir geschehe nach deinem Wort!‹ — O hl. Unbefleckte Empfängnis, verbanne und tilge du aus unserem Herzen jede andere Liebe, die nicht nach dem Herzen Jesu hinzielt. Unser einziges Verlangen sei: Jesus und Maria allein!« (Undatiertes Ms.: CAS K 12 Nr. 175). — Als Mitglied der um 1700 in Mindelstetten gegründeten Rosenkranzbruderschaft galt ihre Verehrung vor allem der Königin des Rosenkranzes und der Schmerzensmutter. ℳ ist ihr Vorbild in allen Tugenden: »Nach dem Vorbild unserer Himmelkönigin soll unser Gehorsam stets: fraglos — klaglos — eilig und heilig sein« (Brief vom 12. 8. 1919: CAS K 10 Nr. 69).

Aus ihren Briefen und Gebeten geht deutlich hervor, daß ihre MV ganz christozentrisch war: »Maria, meine gute Mutter, lehre mich eine glühende Andacht zur hl. Eucharistie! — Führe mich hin zu Jesus! Ich freue mich so sehr auf den Herz-Jesu-Freitag ... Mein Gott, ich danke dir! Mein Gott, ich liebe dich!« (Brief vom 12. 3. 1923: CAS K 12 Nr. 153). — Seit 1920 stark beeinflußt von L.-M. → Grignion, wuchs sie immer mehr in der totalen Hingabe an den göttlichen Willen. Durfte sie bereits zu Lebzeiten vielen Menschen durch ihr Gebet und Sühneleiden helfen, so nahmen die Gebetserhörungen aus der ganzen Welt nach ihrem heiligmäßigen Sterben noch zu. 1973 wurde ihr Seligsprechungsprozeß eröffnet. Jährlich kommen Tausende an ihr Grab und zum Gebetstag am 26. Juli nach Mindelstetten.

QQ: Bischöfliches Konsistorium Regensburg/ Abteilung für Seligsprechungsprozesse: Causa A. S. (K 1—81) = CAS.
Lit.: G. Schwaiger, A. S. von Mindelstetten, ²1979. — O. Maurer, A. S. — Werkzeug der Gottesmutter, In: A.-S.-Brief Nr. 8 (1985) 18—24. — V. Guggenberger, A. S.s Marienverehrung und Leidensbereitschaft, ebd. Nr. 10 (1986) 16—21. — J. B. Auer, Die Marienverehrung im Leben der A. S., ebd. Nr. 12 (1987) 10—15. — A. Treiber, Maria im Leben der Dienerin Gottes A. S., ebd. Nr. 13 (1988) 5—11. — E. H. Ritter, Zeugen des Glaubens, 1989, 409—415 (QQ, Lit.). — G. Beaugrand (Hrsg.), Die neuen Heiligen, 1991, 305—309. — Zeitschrift: Anna-Schäffer-Briefe (bisher) 1—22 (1981—92).   *A. Treiber*

Schaepman, Herman(us) Johannes Aloysius Maria, * 2. 3. 1844 in Tubbergen, † 21. 1. 1903 in Rom, niederländischer Politiker, Dichter und Publizist, wurde nach dem Studium am Jesuitenkolleg Kuilenburg und am Priesterseminar Rijsenburg/Driebergen 1867 zum Priester geweiht. 1869 erlangte er in Rom die Doktorwürde der Theol., woraufhin er eine Professur für Kirchengeschichte in Rijsenburg erhielt. 1880 wurde er als erster kath. Priester ins Parlament gewählt, dem er bis zu seinem Tode angehörte. Hier wurde er zum Befürworter einer eigenen kath. Partei. Er setzte sich bes. für ein umfassendes Wahlrecht, für konfessionelle Schulen sowie für eine gerechte Sozialgesetzgebung ein.

Bereits in seiner Studienzeit trat S. als Dichter hervor, so mit einem großen historischen Gedicht über das Papsttum (De paus, Amsterdam 1866), einem Lobpreis Pius' IX., in dem der Papst als der wahre König des Jh.s hingestellt wird (De eeuw en haar koning, Amsterdam 1867), und einer hagiographischen Dichtung über Maria Aegyptica (S. Maria, de zondaresse van Egypte, Amsterdam 1869). Als sein lit. Hauptwerk gilt jedoch das große historische Panorama in Versen »Aya Sofia« (Amsterdam 1886), das ausgelöst wurde durch eine Reise nach Konstantinopel und, ausgehend von den wechselvollen Geschicken der Hagia Sophia, Episoden aus der Geschichte des Christentums dichterisch gestaltet. S. ist als Dichter durchaus traditionell: als seine Vorbilder nennt er neben Joost van den → Vondel die klangvollen Namen aus dem lit. Kanon des 19. Jh.s: Willem Bilderdijk, Isaac da Costa, E. J. Potgieter und Jacob van Lennep. Auf den heutigen Leser wirken L.s Dichtungen einigermaßen bombastisch. Nach der Rückkehr aus Rom (1870) entfaltete S. eine rege publizistische Tätigkeit, hinter der sein Dichtertum allmählich zurücktreten mußte. Seit 1870 gehörte er der Redaktion der kath. Tageszeitung »De Tijd« an, für die er bis 1881 zahlreiche Beiträge verfaßte. Er war Mitbegründer der Zeitschrift »De Wachter« (später: »Onze Wachter«), die 1871—89 erschien. Hier schrieb er bes. über Literatur sowie über rel. und politische Themen. Mit der tagespolitischen Aktualität setzen sich zudem mehrere selbständig erschienene pamphletartige Schriften S.s auseinander.

Der Dichter wie der Publizist S. befaßt sich wiederholt mit der GM. In »S. Maria de zondaresse van Egypte« wendet die Sünderin Maria Aegyptica sich in einem innigen Gebet an ⋒ als Königin der Erbarmung, um durch deren mütterliche Fürsprache Vergebung ihrer Sünden zu erlangen. In »De eeuw en haar koning« läßt S. den Papst in einem überschwenglichen marian. Lobgedicht alle Vorzüge der Himmelskönigin preisen: sie ist hier Fürstin des neuen, d. h. erlösten Menschengeschlechts, die unbefleckt Empfangene, die Satan besiegte, die Tochter der reinsten Liebe, die Braut des Hl. Geistes sowie Trost und Schutz der bedrängten Menschheit. 1870 verfaßte S. in Rom das Gedicht »Madonna«, in dem die jungfräuliche Mutter zum Jesusknaben spricht, den sie in den Armen hält, und seine künftigen Leiden vorhersieht, für ihre Trauer aber mit einem Lächeln des Kindes entschädigt wird. Veranlaßt wurde das Gedicht womöglich durch die Betrachtung eines Gemäldes. Als die Kirche sich am 16. 6. 1875 feierlich dem allerheiligsten Herzen Jesu widmete, verfaßte S. einen Gedichtzyklus »XVI Juni MDCCCLXXV«, in dem am Schluß die GM, die unter dem Kreuz die letzten Schläge des Herzens ihres Sohnes gehört habe, angefleht wird um ihre Fürsprache zugunsten der Menschen, zu deren Mutter sie vom sterbenden Christus eingesetzt wurde. In seinen Prosawerken erweist S. sich ebenfalls als treuer Verehrer der GM und als ihr leidenschaftlicher Verteidiger. So wendet er sich in »Bolland en Petrus« (Utrecht 1899) energisch gegen den Leidener Philosophieprof. G. Bolland, dessen Angriffe gegen die Jungfräulichkeit der GM in seinen Augen der Sünde wider den Hl. Geist gleichkämen. Aus dem Dt. übertrug S. ein Weihnachtsspiel von Wilhelm Molitor (1819—80) unter dem Titel »Kerstnacht. Een Mysteriespel« (Amsterdam 1868), in dem die jungfräuliche Mutter als Mutter aller Menschen und als Königin des Himmels erscheint.

WW: Nieuwe Gedichten, Utrecht 1889. — Verzamelde Dichtwerken, ⁵Amsterdam 1899.
Lit.: J. ten Brink, Geschiedenis der Noord-Nederlandsche Letteren in de XIXe eeuw III, ²Rotterdam o. J. (1904), 33—75. — F. Werner, Dr. Schaepman z. g. als Maria-Vereerder, In: De Rozenkrans 27 (1905) 33—336. 367—411. — J. A. F. Kronenburg, Maria's Heerlijkheid in Nederland VIII, Amsterdam o. J. (1914), 429—439. — NBW VI 1217—19.
G. van Gemert

Schäufelein, Hans, Maler und Graphiker im fränkisch-schwäbischen Grenzgebiet, * 1480/85, † 1539 in Nördlingen; 1503—07 ist er Mitarbeiter in der Werkstatt Albrecht → Dürers in Nürnberg; dabei führt er den Altar von Ober-St.-Veit (heute Dom- und Diözesanmus. in Wien) aus, gleichzeitig fertigt er Holzschnitte für die Erbauungsbücher »Beschlossen Gart des Rosenkranz Mariä« (1505) und »Speculum passionis« (1507), die z. T. zeitgenössischen Künstlern, darunter Dürer selbst, als Vorlagen dienten. 1507/08 ist S. in der Werkstatt Hans → Holbeins d. Ä. in Augsburg tätig, wo er am sog. Frühmeß-Altar beteiligt ist (Geburt Christi, heute Kunsthalle Hamburg, und Tod ⋒e, heute Bad Godesberg). Um

H. Schäufelein, Heimsuchung Mariae, Wien, Sammlung Lichtenstein

1509 malt er in Tirol die Flügelbilder des Schnatterpeck-Altars in Niederlana (erstmals Schaufel-Signet) und ein großes Turnierbild für Schloß Tratzberg. 1510 arbeitet er in Augsburg zusammen mit Hans Burgkmair und Leonhard Beck an Holzschnitten für zahlreiche Buchillustrationen (u. a. Andachtsbücher, Maximilians Theuerdank und Weiskunig). 1513 entsteht unter Mitwirkung des Nördlinger Malers Sebastian Dayg der Hauptaltar der Benediktinerabteikirche Auhausen (bei Oettingen) mit der Krönung Me im Zentrum. 1515 erhält S. für die Ausschmückung der »Bundesstube« des Rathauses in Nördlingen das Bürgerrecht geschenkt. In seiner dortigen Werkstatt entstehen Altäre und Epitaphien für St. Georg in Nördlingen und andere Kirchen des Ries. So zeigt S.s Hauptwerk, der sog. Ziegler-Altar in St. Georg (Nördlingen) von 1521, auf der Mitteltafel die Beweinung Christi durch M u. a., die Dürer-Vorbilder nicht verleugnen kann, und auf den Flügeln Heilige (heute Nördlingen, Stadtmus.), die an die Kunst Holbeins d. Ä. erinnern.

Die besondere Bedeutung des eher konservativen S. liegt, — von seiner reichen, für die 1. Hälfte des 16. Jh.s wegweisenden Holzschnittproduktion einmal abgesehen — darin, das Formenprinzip und Ideengut Dürers persönlich umgesetzt und an seine Schüler (u. a. Martin Schaffner, Meister v. Meßkirch, Matthias Gerung) weitervermittelt zu haben; daneben sollten seine beachtlichen Leistungen als Porträtist nicht übersehen werden, der kritisch seine Mitmenschen zu beobachten wußte.

Weitere Gemälde S.s mit Mthemen: Mehrere Szenen aus dem Mleben zeigen S.s Flügelaltäre für Weiltingen/Ries (Verkündigung, Geburt Christi, Beschneidung, Anbetung der Könige, 1514), Kleinerdlingen/Ries (Verkündigung und Geburt Christi heute in Holheim, Heimsuchung in der Sammlung Liechtenstein, Anbetung der Könige verschollen, um 1520) und Christgarten/Ries (Tod Me, Begräbnis Me, Überreichung der Siegespalme an M, Krönung Me, München, Alte Pinakothek, ca. 1525/30). Auf den beiden Epitaphien des Ehepaars Prigel (heute Nördlingen, Stadtmus.) stellte S. den Abschied Christi von M (1521) bzw. die Krönung Me (1517) dar. Besonders scheint S. das stille, gefühlvolle Andachtsbild der Beweinung Christi gelegen zu haben, wie die Tafeln in Auhausen (1513), Utrecht (Erzbischöfliches Mus., 1515), Nördlingen (Stadtmus., 1516), Tübingen (St. Georg, 1520) und Nördlingen (St. Georg, 1521) zeigen. Gemälde mit der Anbetung der Könige von S.s Hand befinden sich außerdem in Innsbruck (Ferdinandeum) und Stuttgart (Staatsgalerie). Die Kunstsammlung in Basel besitzt von S. ein Mbild (1517) der damals üblichen Prägung.

Lit.: M. Rudolph, Ikonographische Probleme des sog. Christgartner Altars von H. S., 1981. — S. Weih-Krüger, H. S. Ein Beitrag zur künstlerischen Entwicklung des jungen H. S. bis zu seiner Niederlassung in Nördlingen 1515 unter bes. Berücksichtigung des malerischen Werkes, 1986. — J. Genck-Bosch, H. S. Ein Nördlinger Stadtmaler — Ein Kunstreiseführer, 1988. — K. H. Schreyl (Bearb.), H. S. Das druckgraphische Werk, 2 Bde., 1990. — H. S., Vorträge, gehalten anläßlich des Nördlinger Symposiums im Rahmen der 7. Rieser Kulturtage, 1990.

L. Altmann

Schaffgotsch, Gertrud (Gräfin Josephine v.), Ordensstifterin, * 22. 8. 1850 in Bonn, † 27. 5. 1922 in Trier, trat nach kurzer Zugehörigkeit zu den Salesianerinnen in Brüssel (1870—72) 1874 in die »Genossenschaft vom armen Kinde Jesus« in Aachen ein. In deren Auftrag schrieb sie von 1884—87 über deren Direktor, Bischof Johannes Theodor Laurent (1804—84), eine dreibändige Biographie mit Tausenden von Dokumenten. Sie setzte sich darin auch mit der Mariol. des Bischofs auseinander, die ihre eigene Mfrömmigkeit beeinflußte. Dieses Werk konnte wegen des Kulturkampfes in Deutschland nicht unter ihrem Namen erscheinen, weswegen der Kirchenhistoriker Karl Möller aus Löwen die Herausgabe übernahm. 1888 verließ sie zusammen mit einer Verwandten die Genossenschaft und gründete 1891 zusammen mit dem Trierer Bischof, Dr. Michael Felix Korum (1840—1921), die »Schwestern vom hl. Joseph« in Trier, eine Gemeinschaft im apost. Geist, um Werke »geistlicher Barmherzigkeit« zu üben (Schmidt-Sommer 75). Obgleich die Mitgliederzahl klein blieb, eröffnete sie Niederlassungen in den sozialen Ballungszentren Berlin (1898), Wien (1911) und Saarbrücken (1917). Die Ausrichtung, die sie ihren Schwestern gab, war offen für die Nöte der Zeit. 1992 zählten die Josephsschwestern 100 Mitglieder und wirken in Deutschland, Österreich und Bolivien.

S. vereinigte umfassendes theol. Wissen mit mystischer Christusverbundenheit. Das kommt in ihren unveröffentlichten Konferenzen und rel. Gedichten zum Ausdruck. Sie entwickelt darin eine in das Schöpfungs- und Heilswirken Gottes eingefügte Mariol. Vater und Sohn verbinden sich durch die dritte Person, den Hl. Geist, der sich in die Welt verströmt und den Menschen die Liebe des dreifaltigen Gottes erfahrbar macht. M war die »reine Wohnung:«, die der Hl. Geist dem ewigen Wort bereitet hatte. Sie war das Wunderwerk Gottes, in das er seinen ganzen göttlichen Gedanken- und Herzensreichtum hineinsenkte und das ihm denselben ungetrübt zurückstrahlte. »Sie ist vollkommenes Geschöpf, in das der Sohn Gottes herabsteigt«, wie es im Ambrosianischen Lobgesang zum Ausdruck kommt: »Du hast nicht geschaudert vor dem Schoß der Jungfrau« (Konferenz 19.12.1891). Sie wird zur Mutter der »Neuschöpfung« Jesus Christus (Konferenz Pfingsten 1919). So wie Ms Begnadung mit der Verkündigung durch den Hl. Geist begann, so endet sie im Kreis der Jünger mit dem Pfingstereignis. Sie wurde deren Lehrmeisterin, zur »Hüterin des Glaubens« und zur »Mutter der Kirche« (Konferenz Pfingsten 1919). Gott erwählte eine Frau als Vermittlerin seines Erlösungswerkes in Jesus Christus. Durch ihr Ja zu Gott überwand sie das Nein Evas und wurde zum Vorbild für das Leben der Frau in Welt, Kirche und Gesellschaft. Sie ist von Gott dazu bestimmt, Partnerin des Mannes in allen Lebensbereichen zu sein, sein Wirken durch ihr Geschaffensein als Frau zu ergänzen.

Aus dieser geistlichen Grundhaltung heraus entfaltete S. ihre umfangreichen apost., sozialen und karitativen Aktivitäten und wandte sich mit ihren Schwestern den Frauen zu, die damals besonders benachteiligt waren: Arbeiterinnen, Verkäuferinnen, weiblichen Strafgefangenen, Müttern unehelicher Kinder, Lehrerinnen. Sie gründete eine Marian. Kongregation, in der besser gestellte junge Frauen sich nicht nur um ein lebendiges rel. Leben im Geist Ms bemühten, sondern dieses mit sozialem Wirken an Frauen und Kindern verbanden. S. erkannte schon damals die Bedeutung der Laien in der Kirche, ohne deren Mitwirkung sich ihre Gemeinschaft nicht hätte entwickeln können. Ihre Aussagen dazu decken sich mit denen des Vaticanum II. Um den Status der benachteiligten Frauen zu heben, machte sie rel. und allgemeine Bildungsangebote auf vielen Gebieten. Sie ließ die Exerzitienarbeit für Laien, für Frauen und Männer, im Geist von → Ignatius v. Loyola aufleben. Es ging ihr darum, daß der Mensch in seiner Geschöpflichkeit mit seinen rel., geistigen und materiellen Bedürfnissen angesprochen wird, und dies im Hinblick auf die vollkommene Geschöpflichkeit.

QQ: S. G., unveröffentlichte Aufzeichnungen, Briefe und Gedichte liegen im Archiv des St. Josefsstifts, Trier.

WW: Leben und Briefe von Johannes Theodor Laurent, Titularbischof von Chersones, Apost. Vikar von Hamburg und Luxemburg. Als Beitrag zur Kirchengeschichte des 19. Jh.s ... mit einem Vorwort hrsg. von K. Möller, 3 Bde., Trier 1987.

Lit.: H. Faßbinder, Mutter Gertrud — Gründerin der Schwestern vom hl. Joseph von Trier, 1934. — H. Waach, Gerader Weg auf krummen Linien — Weg und Werk der Mutter Gertrud, geb. Gräfin S., 1968. — I. Schmidt-Sommer, Von Liebe geleitet. Leben und Werk von Mutter Gertrud, Gräfin J. v. S., 1991. — Fr. Ronig (Hrsg.), Mitten in der Welt. Schwestern vom hl. Josef von Trier, 1991. — DIP VIII 1032.

I. Schmidt-Sommer

Schaffner, Martin, * 1477 oder 1478, † zwischen 3. 8. 1546 und 6. 2. 1549 (vermutlich 1547 an der Pest), Maler in Ulm. Eine Tätigkeit S.s als Bildschnitzer wird aufgrund stilistischer Ähnlichkeiten von Plastiken und Gemälden in seinen großen Altarkompositionen (Wettenhausen, Ulm) sowie aufgrund zweier Notizen in den Annales sive Chronologia Imperialis Collegii Wettenhusani vereinzelt angenommen, doch ist es wahrscheinlicher, daß S. umfangreiche Altaraufträge als künstlerischer Unternehmer betreute, wobei er die malerischen Aufgaben selbst ausführte, die plastischen Teile aber von Mitgliedern seiner Werkstatt oder von selbständigen Ulmer Künstlern fertigen ließ (die Zusammenarbeit mit D. Mauch ist gesichert, diejenige mit N. Weckmann zu vermuten). S. war seit 1490 Mitglied der Malerbruderschaft »zu den Wengen« und spätestens seit 1526 Stadtmaler; bei der Abstimmung über die Einführung der Reformation in Ulm (1530) stand er auf der Seite der Altgläubigen.

Über die Ausbildung S.s ist wenig bekannt. Im Umkreis der ulmischen Kunst des späten 15. Jh.s stand er unter einem in die lokalen Traditionen eingegangenen niederländischen Einfluß, und über die Vermittlung J. Stockers, bei dem er wahrscheinlich in die Lehre ging, wurde ihm das Formengut M. Schongauers vertraut. Vielleicht lernte er auf der Gesellenwanderung die ober- und mittelrheinische Kunst kennen. Die ersten Spuren eigenen Wirkens zeigen S. in enger Verbindung zur altulmischen Tradition (er gestaltete die Heimsuchungsszene im Hintergrund eines Verkündigungsbildes von Stocker: sog. Ennetacher Altar, Sigmaringen, Fürstl. Hohenzollernsches Mus., 1496), die bes. in der Porträtkunst einige Zeit für ihn bestimmend blieb (z. B. Bildnis des Wolfgang v. Oettingen, München, Bayer. Staatsgemäldesammlungen, 1508). Seit der Jh.wende wurde er mit dem Werk H. Holbeins d. Ä. vertraut, an dem er sich in Raumvorstellung, Figurenkonstellation und Farbgebung zunächst stark (z. B. M mit Kind und zwei Engeln, Béziers, Mus., 1500/03 — vgl. dazu Holbeins Gossenbrot-Madonna, Nürnberg, Germ. Nat. Mus., 1499), dann immer freier orientierte. Eine Weitung des Blicks und des Gestaltungsvermögens trat jedoch erst ein, als S. ab etwa 1510 die Kunst von H. L. Schäufelein und v. a. von dessen Lehrer A. Dürer rezipierte. In einer »Ausgießung des Hl. Geistes« (Stuttgart, Staatsgalerie, 1510) deren Raumverständnis von einzelnen Holzschnitten aus Dürers »Marienleben« angeregt ist, zeigt S. neue, renaissancehafte Auffassungen, die zwar in späteren Bildern (z. B. Pestbild, Nürnberg, Germ. Nat. Mus., 1510/14) nochmals vereinzelt ins Konservative gewendet wurden, aber dennoch fortan den Ton seiner Raum-, Farben- und Figurenwelt bestimmten. In der Gewandgestaltung orientierte sich S. zeitweise an Augsburger Vorbildern (z. B. Anbetung der Könige, Nürnberg, Germ. Nat. Mus., 1510/14). 1515 schuf er für das Augustiner-Chorherrenkloster Wettenhausen bei Günzburg acht Tafelgemälde, die im Banne von Dürers »Kleiner Passion« stehen, darunter eine Darstellung des »Abschieds Christi von seiner Mutter« (sog. erster Wettenhauser Altar, Augsburg, Gemäldegalerie). Auf den Außenseiten des Flügelaltars für die Ulmer Patrizierfamilie Hutz (Ulm, Münster, 1521) fand S. zu einer eigenständigen Verwertung der ihn umgebenden künstlerischen Einflüsse: In einer streng und klar komponierten Architektur steht neben den Humanistengestalten der hll. Erhard, Diepold und Barbara die im spätgotischen Sinne von Gewandfaltenwerk dominierte Figur des hl. Johannes des Täufers. Gotisierende Tendenzen in einer ansonsten vom Geist der Renaissance getragenen Darstellungsweise finden sich auch in S.s späterem (z. B. Altar der Stephanuskirche zu Wasseralfingen, um 1530; Tischplatte für A. Stedelin, Kassel, Gemäldegalerie Wilhelmshöhe, 1533) und bes. in seinem reifsten Werk, dem sog. zweiten Wettenhauser Altar: Wieder war das Formengut Dürers maßgebend, doch wurde es souverän den eigenen gestalterischen Vorstellungen eingepaßt (Abschied Christi von seiner Mutter [auf zwei Tafeln]; Verkündigung; Darstellung im Tempel; Ausgießung des Hl. Geistes; ⱲMtod, München, Alte Pinakothek, 1523/24). Die Stellung S.s zwischen Spätgotik und Renaissance zeigt sich exemplarisch auf einer Tafel aus dem ersten Wettenhauser Altar (1515): In die Szene »Christus vor Pilatus« fügte S. an zentraler Stelle die Figur eines Anklägers ein, die er zu einem Selbstporträt gestaltete und in Haltung und Blick aus dem Handlungsgefüge des Bildes heraustreten ließ. Damit trug er dem auf das Individuum gerichteten Selbstbewußtsein des Humanismus Rechnung, geißelte sich selbst aber auch als ein dem Bösen und der Verdammnis zuzuordnendes Objekt der Heilsgeschichte.

Neben den bereits genannten Werken malte S. zahlreiche Bilder, in denen der GM tragende oder begleitende Funktion zukommt: Das Thema »ⱲM mit dem Kind« gestaltete er auf einer nur fragmentarisch überlieferten Tafel (Stuttgart, Staatsgalerie, nach 1524) sowie als Bestandteil eines Freskos in der Kirche zu Wettenhausen (1532), auf dem die Gründer des Klosters dem Jesuskind, das auf dem Schoß der GM sitzt, ein Architekturmodell darbieten (Kopie des übermalten Freskos [1673] im Kloster Wettenhausen). In der Gruppe der Anna Selbdritt stellte er ⱲM sowohl auf dem Arm der hl. Anna sitzend (linker Flügel des geöffneten Altars, Wasseralfingen, Stephanuskirche, um 1530) als auch neben dieser stehend (Ulm, Mus., nach 1524) dar. Als trauernde Begleitfigur rahmt ⱲM zusammen mit Johannes den Schmerzensmann (1519, ehemals Budapest, 1945 zerstört) bzw. zusammen mit Johannes und Magdalena den gekreuzigten Christus (Stuttgart, Staatsgalerie, 1525/30). Noch vor den an Dürer orientierten Darstellungen des »Abschieds Christi von seiner Mutter« in den beiden Wettenhauser Altären gestaltete S. dieses Thema in Anlehnung an Figurentypen H. Holbeins d. Ä. (München, Bayer. Nat. Mus., 1507); in einer als Epitaphienbild gemalten »Grablegung Christi« (Stuttgart, Staatsgalerie, 1519) wies er der GM einen zentralen Platz zu: Die von Johannes Getröstete hält den rechten Arm ihres getöteten Sohnes, über dessen Körper sich ein Teil ihres Mantels legt. Das Motiv der Schutzmantelmadonna formulierte S. auf einem ehedem im Wengenkloster zu Ulm befindlichen Pestbild (Nürnberg, Germ. Nat. Mus., 1510/14): ⱲM wendet mit ihrem Umhang, noch mehr aber mit ihrem flehenden Blick die Pfeile des göttlichen Zornes von den Vertretern der verschiedenen Stände ab.

Lit.: S. Pückler-Limpurg, M. S., Straßburg 1899. — A. Stange, Dt. Malerei der Gotik VIII, 1957. — K. Feuchtmayr, M. S. und H. Holbein d. Ä., In: M. George (Hrsg.), FS für H. Vollmer, 1957, 131—147. — Ausst. Kat., M. S., Maler zu Ulm (bearbeitet von S. Lustenberger), Ulm 1959. — H. Baumhauer, Der Wasseralfinger Altar von M. S., In: Aalener Jahrbuch (1978) 75—82. — Thieme-Becker XXIX 562—566. G. Luber

Schall v. Bell, Johann Adam, * 1. 5. 1592 in Köln, † 15. 8. 1666 in Peking, trat 1611 in die SJ ein und ging 1618 nach China. 1629 erhielt er den Auftrag zur Reform des chinesischen Kalenders. Die Einführung des neuen Kalenders im ganzen Reich vermehrte sein Ansehen und den Einfluß der Missionare. Er erhielt die Würde eines Mandarins erster Klasse.

Die älteste Kirche von Peking, die Südkirche (Nantang) wurde 1650 von S. in Stein erbaut (25,5 m x 14,5 m). Zur Linken, der Ehrenseite, des Hochaltars war der ⱲMaltar mit einer Kopie des Gnadenbildes in S. Maria Maggiore in Rom. Neben den Hauptstücken des Katechismus waren auf vergoldeten Tafeln auch das Leben Christi und seiner Mutter aufgeschrieben, die die Wände schmückten. Die Kirche war der Immaculata geweiht. S. war ein eifriger Gründer von marian. Kongregationen. Er leitete sechs Kongregationen in Peking. Unter dem Jahr 1609 findet sich sein Name im Mitgliederbuch der Marian. Kongregation im Dt. Kolleg in Rom. Dort ist auch verzeichnet, daß erst 1672 die übliche Totengedächtnisfeier für S. abgehalten wurde.

S. hat wohl auch unmittelbar auf die christl.-chinesische Kunst Einfluß genommen. Zwei chinesische Porzellanfiguren (29 cm) mit der Darstellung der Madonna, nach dem Typus der ⱲM-Kuanyin gehen nach der Familienüberlieferung der Familie S. auf S. zurück. Sie wurden von ihm aus China nach Holland gesandt und kamen in dem Besitz der Familie. Bis zum Zweiten Weltkrieg waren sie auf Schloß Gaussig (Sachsen); heute befinden sie sich in Dresden. Daß es sich um Ⓜbilder handelt wird bei einem Vergleich mit anderen Darstellungen der Kuanyin deutlich. Die im Verhältnis zur Frauengestalt zu kleine und unbeholfene Wiedergabe des Kindes dürfte auf westliche Vorbilder verweisen. Die Formgebung, bes. in Gesichtszügen und Kleidung, läßt europäischen Einfluß vermuten.

Um 1624 veröffentlichte Gaspar Ferreira (* 1571 in Castro-Journâo/Portugal, 1588 SJ, 1593 nach Indien, 1604 nach China, † 27.12.1649 in Peking) das chinesische Büchlein »(Som) Nienciu Coeiccem« (»Die Methode den Rosenkranz zu beten«). Es beschreibt in fortlaufendem Text die einzelnen Geheimnisse und danach einen Akt der Weihe und ein Bittgebet. Dieses Büchlein wurde von S. 1638 erneut herausgegeben und später unter dem Titel »Mei Koei King Che Ou Toan« (»Die 15 Geheimnisse des hl. Rosenkranzes«; 1860, 1902, 1916, 1923 und Peking o. J.) wiederveröffentlicht.

Neben mathematisch-astronomischen Werken schrieb S. einige chinesische Schriften rel. Inhalts. Das vierte Bändchen der Reihe »Chu-kiao-yüan-k'i« (»Über den Ursprung des Christentums«) bringt zwölf Gründe für die Menschwerdung und behandelt auch die jungfräuliche Geburt Christi. Das Bändchen »Über das Bild des Erlösers« (»Tsin-ch'eng-shu-siang«) ist die Schrift, die S. 1640 zusammen mit einem Geschenk des Kurfürsten →Maximilian I. von Bayern (1573—1651), dem illustrierten Christusleben mit 48 Bildern, dem Kaiser von China überreichte. Dazu gehören fünf Bilder der Kindheitsgeschichte Jesu und eine Darstellung des Stammbaumes Ⓜs. 1644 wurde der Text mit kleinen Abänderungen und Verkürzungen auf Anregung der Patres Ináció da Costa (1603—66) und José Estevão d'Almeida (1612—47) in Shensi in einen Gedenkstein eingemeißelt. Der Stein wurde 1925 wiedergefunden.

Lit.: C. Gurlitt, Beschreibende Darstellung der älteren Bau- und Kunstdenkmäler des Königsreiches Sachsen, Dresden 1908, 329—330. — P. M. D'Elia, Le origini dell'arte cristiana Cinese (1583—1640), 1939. — S. Schüller, Die Geschichte der christl. Kunst in China, 1940. — Manoir IV 951—963. — F. Margioti, Congregazioni mariane della antica missione cinese, In: J. Specker und W. Bühlmann (Hrsg.), Das Laienapostolat in den Missionen, FS für J. Beckmann, 1961, 131—153. — A. Väth, J. A. S. v. B. SJ. Missionar in China, kaiserlicher Astronom und Ratgeber am Hofe von Peking 1592—1666. Ein Lebens- und Zeitbild, 1933; 1991. *H. Rzepkowski*

Schankweiler Klause, Lkr. Bitburg-Prüm, Diözese Trier, Wallfahrtskapelle Mariahilf. Auf einem Felsvorsprung am bewaldeten Nordostrand des sog. »Ferschweiler Plateaus« liegt die Wallfahrtskirche Mariahilf, auch S. K. genannt. Zahlreiche Legenden und Sagen ranken sich um die Entstehung der Wallfahrt. Als Gründungsdatum der Klause, bzw. der ersten Kirche wird das Jahr 1648 angenommen, in dem der Eremit Johannes Seelmayer vom Trierer Bischof und vom zuständigen Landesherrn, Baron Wolf Heinrich v. Metternich auf Schloß Bourscheid, die Erlaubnis zur Niederlassung bekam. Eine zweite, größere Kirche wurde 1732/33 errichtet. Die ehemalige Klausnerwohnung ist im Kern vermutlich identisch mit diesem letztgenannten Kirchenbau. Die jetzige Kirche entstand 1760—63 als Stiftung der Marie Therese v. Schmidtburg, Inhaberin der Herrschaft Boerscheid in Luxemburg, zu der Schankweiler gehörte, sowie des Matthias Kersch aus Neuerburg. Die Kirche, ein vierseitiger Saalbau mit dreiseitigem Schluß, Dachreiter und Kreuzgratgewölbe wurde nach Plänen des aus Tirol stammenden Baumeisters Josef Dangel errichtet, dessen Familie auch beim Bau von St. Paulin in Trier mitgewirkt hatte. Das Kircheninnere besitzt eine reiche Rokokoausstattung. Der Hochaltar birgt das Gnadenbild aus dem 17. Jh., eine Madonna mit Kind aus Holz, die vom Typus her gewisse Ähnlichkeit mit der von Lucas Cranach geschaffenen »Mariahilf-Madonna« der St. Jakobskirche in Innsbruck hat.

Lit.: Die Kunstdenkmäler der Rheinprovinz, Kunstdenkmäler des Kreises Bitburg, 1927, 261—265. — W. Laeis, Die S. K., In: Jahrbuch des Kreises Daun, hrsg. vom Eifelverein und Kreis Daun, 1980, 115—136. — »In Gottes Namen unterwegs«, Wallfahrten im Bistum Trier, hrsg. vom Bischöflichen Generalvikariat Trier, 1987, 44f. *B. Daentler*

Schaper, Edzard, deutschsprachiger Schriftsteller und Dichter, * 30.9.1908 in Ostrowo bei Posen, † 29.1.1984 in Bern, lebte mit wechselnder Staatszugehörigkeit in mehreren europäischen Ländern und erlebte Flucht, Verfolgung und Verurteilungen in Deutschland, in den Baltischen Staaten, in Finnland, Schweden, Dänemark, zuletzt in der Schweiz. 1951 konvertierte er zur röm.-kath. Kirche. Mit über 40 Romanen und Erzählungen, Essays, Ansprachen und Hörspielen war S. ein europäischer Dichter von Rang. Er erhielt zahlreiche Auszeichnungen (Dr. h. c. der Schweizer Universität Fribourg, Fontane-Preis [1953], Gottfried-Keller-Preis [1967], Konrad-Adenauer-Preis [1969]).

In seinen Werken überwiegt das Thema Osteuropa, darin vor allem der Niedergang der Baltischen Staaten, die Verfolgung der Christen und der orth. Kirche in einer atheistischen Umwelt; das Leben der Menschen an der Grenze zum und im kommunistischen Rußland.

In einer gottlosen Welt und Gesellschaft ist schon die Nennung von Ⓜkirchen bedeutsam. In S.s Werken ist Ⓜ nie Hauptgestalt oder Thema; Ⓜ ist einfach im Leben der Menschen dabei als Gnadenbild, Ikone, Altar, Kirche, Kloster. So findet in dem Roman »Die letzte Welt« der Bischof in dem verarmten Frauenkloster neben der Kirche, die der GM von Kasan geweiht war, seine Zuflucht; die segensspendende GM von Kasan, Kasanskaja, wird mehrmals genannt. — In »Der Aufruhr der Gerechten« lag die Einsiedelei in einem der GM geweihten Birkenhain, nicht weit entfernt vom Pfarrhaus von St. Marien in Dorpat. — In »Der Mantel der Barmherzigkeit« weist S. darauf hin, daß dieser Landstrich vor Zeiten der Mutter Christi geweiht war. — In »Das Lied der Väter« tritt der Pilger die Wanderung zum Kloster der Himmelfahrt Me an und wird dort bleiben.

In mehr als 12 Werken findet M Erwähnung unter den Namen: Du reine Magd, Mutter M, Mutter Christi, Kreuzwegmutter, Mutter Gottes, Mutter unseres Herrn, himmlische Mutter, allerseligste, allerreinste, erhabene Mutter M, die Reine, die Gnadenreiche, die Unbefleckte, die Fürbittende, die Jungfrau. Oft werden Mfeste zu zeitlichen Fixpunkten: Me Geburt, Me Lichtmeß, der 21. November, Me Tempelgang.

Aufschlußreich ist S.s Essay »Über den Umgang mit Apokryphen«, in dem er aufzeigt, daß diese Schriften manche Züge des Mlebens verdeutlichen und belegen können. Er hält die Apokryphen für wichtige Quellen zum Mleben. Beim Anblick eines Altares (1509) in Münster/Wallis beschreibt und deutet S. die Verkündigung und Heimsuchung sowie die Geburt im Stall als Szenen des Mlebens. Er bemerkt: »Hier beginnt das Reich der Gotteswunder auf der Welt, von denen wir ein Teil sein sollen ... Hier, zu Füßen der Gottesgebärerin Maria, schlummert Jesse den schon in die Ewigkeit geborgenen Schlaf ... Hinter ihm wächst das Holz, an dem der sterben soll, den Maria unter dem Herzen trägt. ...Das Heilsgeschehen ist ein Baum, der in Maria und Christus gipfelt.« (»Auf der Brücke der Hoffnung«).

S. schrieb ein »Leben Jesu« (1935; ²1955; Auszug: »Die Weihnachtsgeschichte«, 1950), in dem M auf poetische Weise beschrieben wird, einfühlsam zart, in Ehrfurcht und Glauben: »Guten Willens voll war Maria im galiläischen Land. Sie war jung, und sie war zart, sie war engelgleich ... Ihre Augen wurden aufgetan für das Überirdische, für die Offenbarung des Geistes ... O Segen der Stille! Stille war um Maria in Nazareth ... Stille fordert ein werdendes Kind.« »Himmlisch war sie und irdisch, ganz die reine Magd Gottes; die Mutterfreude, die schönste im Menschen, war in ihr erwacht, Gnade des Himmels in sie eingekehrt« (»Die Weihnachtsgeschichte«).

Das marian. Symbol ist die geistige Mitte des Romans »Der Gouverneur«, sagt G. Kranz. »Die Welt habe das höchste Vorbild für die Frau ... in Maria, der Mutter des Herrn.«

Ungenannt bleiben die vielfältigen Erwähnungen Ms in den Werken S.s, die von der Verehrung der GM sprechen, vom großen Vertrauen der Menschen auf Ms Fürbitte und Hilfe, von frommen Sitten und vom Mgebet, z.B. bei der Bischofsweihe nach der Allerheiligen-Litanei oder nach der Anrufung des Dreieinigen Gottes. Im Roman »Die sterbende Kirche« zitiert er bei der Beschreibung der Osternachtsfeier den Mhymnus: »Lieblicher noch rufet der Engel: Freue dich, du reine Magd, denn dein Sohn ist aus dem Grabe erstanden am dritten Tage!« Überall, wo S. M nennt, sucht er die Spur der Heilsgeschichte im Leben der Menschen auf Erden.

WW: Doppelromane: Die sterbende Kirche/ Der letzte Advent, 1935; 1951. — Die Freiheit des Gefangenen/ Die Macht der Ohnmächtigen, 1950/51. — Romane: Der Henker, 1940. — Die letzte Welt, 1956. — Der vierte König, 1960. — Sperlingsschlacht, 1972. — Am Abend der Zeit, 1970. — Die Reise unter den Abendstern, 1976. — Erzählungen: Stern über der Grenze, 1937. — Der große offenbare Tag, 1950. — Das Christkind aus den großen Wäldern, 1954, 16 Aufl. — Der Mantel der Barmherzigkeit, 1954. — Die Geisterbahn, 1959. — Die Söhne Hiobs, 1962. — Hörspiele: Der Gefangene der Botschaft, 1964. — Biographische Antworten: Bürger in Zeit und Ewigkeit, 1956. — E. S. und O. Karrer, Altchristl. Erzählungen, 1967 (Apokryphen). Auf der Brücke der Hoffnung. Betrachtungen zur Weihnacht, 1968.
Lit.: W. Büllesbach, Die Gestalt des Priesters ..., Diss., Bonn 1955. — E. Heimgartner, Die Erzählungen E. S.s, Diss., Zürich 1958. — A. Jacoby, Die Gestalt des russ. Priesters, 1960. — W. Grenzmann, E. S., In: Dichtung und Glaube, ⁴1960. — H. Kucera, Das Problem von Macht und Freiheit bei E. S., Diss., Innsbruck 1964. — M. Wehrli, Dank an E. S., 1968. — L. Besch, Gespräche mit E. S., 1968. — G. Kranz, Europas christl. Literatur von 1500 bis heute, 1968. — Ders., Lexikon der christl. Weltliteratur, 1978. — H. Pongs, Lexikon der Weltliteratur, 1984.
H. Bach

Scharten, Oberösterreich, Diözese Linz, Pfarr- und Wallfahrtskirche Me Geburt, wurde 1506 wohl auf den Fundamenten einer älteren Anlage von den Schauenburgern begonnen, konnte aber wegen Behinderungen durch den Protestantismus erst 1632 vollendet werden. Gnadenbild ist die gekrönte Statue der GM mit Kind (um 1510), die als »wunderschöne Maria« bezeichnet wurde, weil sie nicht von Fliegen verunreinigt worden sein soll.

Nach der Legende habe die Statue schon im 14. und 15. Jh. in einer Kirche gestanden, die zur Ruine zu werden drohte. Lichter über vier Bäumen hätten ihr dann den Ort für den Neubau der Kirche gewiesen.

S. wurde bes. während der Türkeninvasion aufgesucht. Kaiser Leopold brachte 1684 eine prachtvolle Monstranz als Dank zum Opfer. Auch in Pestzeiten und bei Überschwemmungsgefahr kamen zahlreiche Pilger. Heilungen seien auch beim Auflegen von Andachtsbildern erfolgt. 1755 sind im Mirakelbuch als Höchstzahl 29 000 Kommunikanten genannt. Das älteste erhaltene Votivbild stammt von 1667; außerdem wurden früher Wachsopfer dargebracht, z. B. im Gewicht eines Kindes oder bei Kopfleiden im Gewicht eines Kopfes; Andachtsbilder gibt es seit dem 17. Jh. Die meisten Wallfahrer kamen aus Oberösterreich, früher auch aus Wien; Hauptwallfahrtszeiten sind der 8. September und der Oktober.

Lit.: J. Reif, Maria-Scharten, Wels 1879. — E. Hainisch, Denkmale der bildenden Kunst im Bezirk Eferding, 1933. — Gugitz V 123—125 (Lit.).
G. Gugitz

Schatzgeyer, Caspar, OFMObs, * 1463/64 in Landshut, † 18. 9. 1527 in München, studierte seit 1480 in Ingolstadt, trat anschließend in den Franziskanerorden ein, 1487 wird er als Lektor in Landshut genannt. 1489—96 war er Lektor in Ingolstadt, 1496 wurde er nach München versetzt, wo er seit 1499 als Guardian wirkte. 1508—14 war er wieder in Ingolstadt und wurde 1514 zum Provinzial der oberdt. observanten

Franziskanerprovinz gewählt. Er wandte sich in zahlreichen Schriften gegen Luther. 29 gedruckte Schriften und Übersetzungen, dazu 16 Handschriften sind nachweisbar. In verschiedenen Werken hat S. die MV verteidigt. So in »De cultu et veneratione sanctorum«. Darin betont er, daß das ewige Wort eine Verbindung mit der hl. Jungfrau eingegangen ist. M ist die Mutter des Erlösers und in höherem Sinne die Mutter des gesamten Menschengeschlechtes. Durch ihren Sohn Jesus Christus wurde sie über die Engel erhöht und Königin des Himmels, Gebieterin über den ganzen Erdkreis. Deshalb ehrt die Kirche M durch einen cultus hyperduliae. S. bezeichnet M als virgo sanctissima. Gott hat uns M als geistliche Mutter gegeben und ihr die Fülle der Gnaden und die Glorie geschenkt.

QQ: Opera omnia, Ingolstadt 1543. — Neuausg.: Scrutinium divinae scripturae, 1922. — Schriften zur Verteidigung der Messe, 1984.

Lit.: N. Paulus, K. S., ein Vorkämpfer der kath. Kirche, 1898. — H. Klomps, Kirche, Freiheit und Gesetz bei dem Franziskanertheologen K. S., 1959. — E. Iserloh, In: Kath. Theologen der Reformationszeit I, ²1991, 56—63. *R. Bäumer*

Schatzverwalterin. Die nicht ganz angemessene, weil die Gnade wie eine Sache vorstellende Bezeichnung Ms als S. oder Depositarin besagt im Zusammenhang mit der Gnadenvermittlung (→ Mittlerin), daß M alle Heilsgnaden für die gesamte Menschheit stellvertretend empfangen habe und sie als universale Gnadenvermittlerin allen Menschen zuleite. In der Tradition werden dafür die Bilder von Hals, Herz, Kanal oder Aquädukt (→Mysterischer Leib; Köster I 116f.) gebraucht. Ms himmlische Mittlertätigkeit wird stark von → Bernhard v. Clairvaux, → Konrad v. Sachsen und → Bernhardin v. Siena betont, in der Neuzeit von M. J. →Scheeben. Er gebraucht die plastischen Ausdrücke, daß »Christus sein ganzes Erlösungsblut in das Herz seiner unter dem Kreuz stehenden Mutter, aus dem (= Herz) er es empfangen, ergossen (hat), um es durch dasselbe wie durch einen Canal über die Menschheit zu ergießen.« Oder: »Maria habe als propitiatrix salutis des Kelch des Heiles zuerst getrunken, um ihn der Menschheit darzureichen.« Ferner sieht Scheeben M als »Depositarin der Opferfrucht«, wenn der Opferleib Christi nach der Kreuzabnahme in ihren Schoß gelegt wurde (Nr. 1811). M werde deshalb »Schatzkammer der Gnade oder der Gnadenthron, sowie die Leiter und die Pforte des Himmels und die Hoffnung der Kinder Evas« genannt (Nr. 1839). Pius X. schreibt: »Maria verwaltet nunmehr auch mit Recht den Schatz seiner Verdienste, wie es einer Mutter zukommt« (Graber, Nr. 144).

Diese Bilder, in der etwa Ms Stellung und Aufgabe innerhalb des Leibes Christi verdeutlicht werden sollen, sind Ausdruck für eine bestimmte mariol. Auffassung (zu der es keine lehramtliche Entscheidung gibt), aber noch keine Begründung. Der Bereitschaft, das theol. Richtige dieser Auffassung anzunehmen, dürfte gerade die starke Plastizität dieser Bilder im Wege stehen; sie erwecken die Vorstellung von einem Instanzenweg. Diese Vorstellung ist unzutreffend. Auch nach Scheeben (Nr. 1836) besagt Ms universale Mittlerschaft nicht, daß jeder jeweils M um ihre Fürsprache bitten müsse, um von Christus erhört zu werden, wohl aber, daß objektiv, in der von Gott festgesetzten Ordnung, die Verdienste Christi niemandem ohne die Fürbitte Ms zuteil werden, so daß nur »ein schuldbarer, positiver Ausschluß der Fürbitte Marias in der Intention des Betenden die Erhörung gefährden muß.« Zur Begründung (mehr dazu → Mittlerin) ist darauf hinzuweisen, daß M keine »Privatperson« ist, deren Verehrung dem individuellen Gutdünken freisteht, sondern in der objektiven und daher für jeden gültigen Heilsgeschichte als Mutter des Erlösers eine Aufgabe hat. M empfing deshalb die Gnade nicht für sich persönlich, sondern damit sie allen nützlich werde. Konrad v. Sachsen bemerkt in diesem Sinn bei der Erklärung von gratia plena, daß die gesamte Kreatur von Ms Gnadenfülle auflebte und diese dem ganzen Menschengeschlecht nützlich wurde (Martinez 587f.). In Fortführung der → Eva-M-Parallele wird ferner M seit dem 4. Jh. als »mater viventium« (Gen 3,20) erkannt, als Mutter der Kirche (→ Mutterschaft; ferner Ziegenaus, Mater Ecclesiae . . .); sie »ist uns in der Ordnung der Gnade Mutter« (LG 61). Wenn M Kirche im Ursprung ist, die sich in vorbehaltlosem Glauben Gott geöffnet hat, und dieser Glauben auch unter dem Kreuz durchgehalten hat (→ Ohnmacht), so ist sie Typus für die Kirche, deren Bestimmung es ist, der Welt das von Christus erwirkte und empfangene Heil zu vermitteln. Scheeben führt schließlich das Argument an, daß der Ordnung der Begründung des Heils, nach welchem der Erlöser durch M in die Welt gekommen sei, auch die Ordnung der Austeilung der Gnade entspreche (Nr. 1839). Wenn es Ms personale Prägung (→ Charakter) war, der Welt den Erlöser, den sie empfangen hatte, zu bringen, so gehört diese Bestimmung (d. h. das Empfangen und Weitergeben) untrennbar zu ihrer Person und besagt ihre bleibende Aufgabe.

Lit.: Scheeben V, Nr. 1810, 1834—43. — Köster I 116f. — P. Pedro de Alcántara Martinez, El culto a María según Conrado de Saxonia, In: Acta Congressus Mariologici-Mariani, in Rom 1975, Rom 1980, 593—603. — A. Ziegenaus, Mater Ecclesiae — Inhalt und Bedeutung des Titels für die nachkonziliare Mariologie (erscheint in: Kongressakten des Internat. Mariol. Kongresses von 1992 in Huelva). *A. Ziegenaus*

Schaumann, Ruth, Dichterin und bildende Künstlerin, * 24. 8. 1899 in Hamburg, † 13. 3. 1975 in München, mit sechs Jahren (Scharlach) ertaubt. Von der Herkunft her (väterlicherseits hannöversche Offiziersfamilie, mütterlicherseits Mühlenbesitzer in Uelzen) prot., wendet sich S. früh zur kath. Glaubenswelt hin. Erste Mgedichte erschienen in »Die Kathedrale« (1920 in Kurt Wolfs Reihe »Der

R. Schaumann, Geburt Christi, aus: »Der Krippenweg«, 1932

jüngste Tag«. Etwa gleichzeitig arbeitete S., noch als Schülerin bei Prof. Wackerle an der Kunstgewerbeschule Riemerschmid in München, an der Großplastik »Die Verkündigung«. Das Thema wird völlig neu gestaltet: Engel und ℳ stehen sich nicht gegenüber; der Engel steht vielmehr hinter der Jungfrau in einer mehr beschützenden als verkündenden Haltung. S.s Verhältnis zu ℳ ist von Anfang an, auch nach der 1924 erfolgten Konversion zur kath. Kirche, individuell und ohne dogm. Ansatz. ℳ wird expressionistisch, nicht als Teil einer Religionsstruktur empfunden, sondern als das Inbild von Reinheit und Vorbild irdischer Mütterlichkeit. Man findet bei S. also keine marian. Frömmigkeit im herkömmlichen Sinn, sondern ℳ ist Synonym für die rel. überhöhten Lebensabschnitte der Frau: »Jungfrau, Mutter, Tochter, Magd, eines birgt alles ...« (Kreuzweg 1972, unveröffentlicht), wobei die eigene Biographie durchaus eine Rolle spielt: 1924 Ehe mit Dr. Friedrich Fuchs (Schriftleiter der Zeitschrift »Hochland« und Brentanoforscher, † 1948) und fünf Kinder.

In der Prosa zeigt sich dies in der »Hochzeit zu Kana«, der Novelle »Das Fresco« aus »Der blühende Stab« (1929), in der ℳ als »Kaiserin aller Engel« beschrieben wird, als Mutter und Jungfrau, »daß jedes Weib des Volkes vertrauend seine Stimme zu ihr erhebe«. Wie allgemein bei den Expressionisten, sind S.s Bilder keine Abbilder, sondern Gleichnisse. Insofern finden Eigenschaften ℳs unausgesprochen Eingang in viele andere Romane und Novellen, so etwa in »Yves« (Mutterschaft) oder in »Die Karlsbader Hochzeit« (»Demut ist Macht«). V. a. in der frühen Lyrik (Knospengrund, Rebenhag) finden sich tiefe Aussagen über ℳ, wobei hier in seltenen Fällen die rel. Erfahrung, gebrochen zwar, begrenzt wird durch die kath. Dogmatik. So in »Erschaffung Mariä« (Der Knospengrund): »Der Himmel schwieg. Zum dunklen Weltenball glitt die Erschaffne zur Geburt hinüber und Gott verhieß sie gläubig seinem Sohn.«

S.s echte Doppelbegabung brachte neben dem umfangreichen dichterischen Werk eine Vielzahl plastischer, malerischer und graphischer ℳdarstellungen hervor. Auch hier liegt das Zentrum in der Abbildung ℳs als sorgender Mutter (wobei vielfach Darstellungen einer Mutter mit Kind später zu einem ℳbild verfälscht wurden) oder als leidender Mutter (Plastiken: Pietà in der Frauenfriedenskirche in Frankfurt am Main, »Die Durchkreuzte« in Kleinwallstadt, Madonna in der Franziskanerkirche in Hagen). Daneben erfolgt die Umsetzung legendenhafter (Plastiken: Einhornmadonna, ℳe Tempelgang), aber auch theol. Stoffe (ℳ und Eva; die gekrönte ℳ umfängt Eva). Viele Andachtsbildchen und Bilder in üblicher Art dienen dem Broterwerb, da S. nach dem Tod von Friedrich Fuchs die Familie alleine ernähren mußte. Daneben schuf sie aber auch Tafelbilder, Glasfenster (Landau/Pfalz), Illustrationen rel. Bücher, so etwa »Die Mutter« von Kardinal Mindszenty, Holzschnitte und Temperabilder, in denen verschiedene ℳmotive kühn zusammenkomponiert werden, so etwa in dem Holzschnitt (1972) »Unterm Herzen«, bei dem ℳ das Christkind auf dem Arm hat und gleichzeitig darunter den vom Kreuz Abgenommenen, also GM und Pietà in einem.

WW: Gedichte: Die Kathedrale, 1920. — Der Knospengrund, 1929. — Der Rebenhag, 1927. — Die Tenne, 1931. — Das Passional, 1926. — Das ländliche Gastgeschenk, 1948. — Holzschnittbücher mit Versen und Geschichten: Die Rose, 1925. — Die Kinder und die Tiere, 1929. — Der blühende Stab, 1929. — Der Krippenweg, 1932. — Der Kreuzweg, 1934. — Die Kinderostern, 1954. — Romane: Amei (Autobiographie) 1932, erweitert 1949. — Yves, 1933. — Der Major, 1935. — Der schwarze Valtin und die weiße Osanna, 1938. — Die Übermacht, 1940. — Die Uhr, 1946. — Der Jagdhund, 1949. — Die Karlsbader Hochzeit, 1953. — Die Taube, 1955. — Elise, 1946 (Neuauflage 1956 unter »Die Geächtete«). — Das Arsenal (Autobiographie), 1968 — Plastische Werke: Verkündigung, St. Louis, City art Mus. — Tulpenmadonna, München, Bayer. Nat.Mus. — Pietà, Frankfurt am Main, Frauenfriedenskirche. — Siehe auch: »Die Werkblätter«, Reproduktionen plastischer Werke mit Einführung von Peter Dörfler, 1925, und »Mensch unter Menschen, ein Ruth Schaumann-Buch«, 1972, Farbtafeln: Seligpreisungen, Gengenbach/Baden, St. Jakobskapelle. — Scherenschnitte: Die kleine Schwarzkunst, 1946. — Leben eines Weibes, das Anna hieß, 1936.

Lit.: F. Fuchs, R. S.: Plastik und Dichtung, In: Hochland 21 (1923) 192—205. — R. Hetsch, R. S.-Buch, Berlin o.J. — R.N. Maier, R. S. Wesen und Wandlung der lyrischen Form, Diss., Frankfurt am Main 1935. — M. L. Herzog, Das Frauenproblem in den Romanen R.S.s, Diss., Innsbruck 1959. — R. M. Wagner, R. S. als Mensch unter Menschen, und U. Ackermann, Das bildhauerische und grafische Werk von R. S., In: L. Bossle und J. Pottier (Hrsg.), Dt. christl. Dichterinnen des 20. Jh.s, 1990. *A. Fuchs*

Scheeben, Matthias Joseph, * 1.3.1835 in Meckenheim, † 21.7.1888 in Köln, Gymnasialausbildung in Münstereifel und Köln, phil. und theol. Studien in Rom (Gregoriana), wo u. a. →Passaglia, →Perrone, Franzelin und →Schrader seine Lehrer waren. Von diesen Vertretern der »Röm. Schule« innerhalb der Neuscholastik übernahm S. die positiv-geschichtliche Ausrichtung der Theol. an Schrift und Kirchenvätern (bes. den griech.), zog aber auch die großen Scholastiker, die Mystiker und die nachtridentinischen Vertreter einer positiven Theol. wie →Petavius und →Thomasin in seinem Werk heran, dessen Eigenart in einer organisch-spekulativen Zusammenschau der Glaubenswahrheiten gelegen war (Mysterien des Christentums, 1865; Kath. Dogmatik [bis zur 2. Abteilung des 3. Bandes 1887 gediehen, fortgesetzt von A. Atzberger]).

Von der Nachwelt als »kostbarste Blüte der Neuscholastik« (K. Eschweiler) anerkannt, verlieh S. auch der Mariol. neue Impulse, die ihm das Ansehen des »größten Mariologen unserer Zeit« (C. Feckes) einbrachten. In den »Marienblüten aus dem Garten der Väter und christl. Dichter zur Verherrlichung der ohne Makel empfangenen Gottesmutter« (1860), noch der marian. Frömmigkeit und Spiritualität verpflichtet (die immer ein Ferment seiner Theol. blieb), erstrebte er doch einen wissenschaftlichen Aufbau der Mariol., der den bislang in den romanischen Ländern erbrachten Leistungen ebenbürtig war, ja sie an Erudition und kritischer Haltung übertreffen sollte.

Obgleich der Autor keinen selbständigen mariol. Traktat verfaßte, entwickelte er doch ein nahezu geschlossenes System in seiner Dogmatik, in die er das M-thema »als Mittelglied zwischen der Lehre vom Erlöser und seinem Werke einerseits und der Lehre von der Gnade des Erlösers und der Vermittlung derselben durch die Kirche andererseits« einordnete (Vorrede zum 3. Bd.: Handbuch der kath. Dogmatik V/1, hrsg. von C. Feckes, Freiburg ²1954, S. X). Der Anschluß an Christi Person und Werk verleiht dem Ganzen ein realistisches Gepräge, in dem das Gestalthafte an M und ihre Prärogativen (GMschaft, immerwährende Jungfräulichkeit, die [bes. emphatisch vorgetragene] UE und Sündenlosigkeit, die leibliche Aufnahme [deren Dogmatisierung S. als möglich erachtet]) ungeschmälert zur Geltung gebracht werden können, er erlaubt aber auch die idealtypisch-heilsgeschichtliche Überschau über das Geheimnis, in dem M als zweite Eva, als Typus der Kirche und als Inbegriff der in das Heil einbezogenen Menschheit in Erscheinung tritt und so dem Glaubensverständnis eindringlich vermittelt werden kann.

Die systematische Grundlegung dieser beiden Aspekte leistet ein eigens herangezogenes und ausgebildetes Formalprinzip oder eine Zentralidee, die S. in der »bräutlichen Gottesmutterschaft« angelegt sieht, welche M sowohl als Mutter des fleischgewordenen Logos als auch als bräutliche Helferin des Erlösers erkennen läßt. Danach bestimmt sich auch die Antwort auf die von S. neu eingeführte Frage nach dem übernatürlichen Personalcharakter Ms den er als »eine Zusammengehörigkeit beider Personen« (des Logos und Ms) als »gegenseitige Angehörigkeit und Investierung beider«, als »allseitige und stetigste Lebensgemeinschaft« beider bestimmt (Handbuch V/2 n. 1588). Da diese Prägung der Person Ms nicht ohne die dauernd einwirkende Kraft des Hl. Geistes gedacht werden kann, gewinnt die Mariol. folgerichtig einen bes. Geistbezug, der in der exzeptionellen Verbindung Ms zur Trinität seine Überhöhung erfährt, die in »Eingliederung in die Familie Gottes« erbringt (V/1, n. 763), eine Grenzaussage, die auf dem Boden eines mystisch organologischen Denkansatzes möglich wird.

Diese Eingliederung führt zu einer vertieften Auffassung der Gnadenfülle Ms, die der »relativ unendlichen Würde« (V/1, n. 1638) entspricht und die M zum »Kanal der Gnade und als mystisches Herz der Kirche« (ebd., n. 1638) erheben läßt. Dem Personalcharakter (oder auch →Fundamentalprinzip) entsprechend, drängen die mariol. Gedanken zur Feststellung einer Mitwirkung der bräutlichen GM am Erlösungswerk Christi, wofür S. sogar den Ausdruck eines »zweiten Prinzips« (V/2, n. 1774) zuläßt, obgleich er die Annahme eines »doppelten Opfers« ablehnt (V/2, n. 1793). Dafür räumt er M in Analogie zum liturg. Dienst die Stellung einer »Diakonin« oder »Opferbringerin« ein (freilich nur in Entsprechung zur »opferbringenden laikalen Funktion« beim mosaischen Opfer [V/2, n. 1798]). Diese Funktion Ms ist mit dem Stellvertretungsgedanken verbunden, kraft dessen M ihren Dienst »in Stellvertretung der Menschheit« leistete (V/2, n. 1796), wodurch sie auch zur »Depositarin des ganzen Erlösungsverdienstes für die ganze Menschheit und für alle Zeiten geworden ist (V/2, n. 1838). In diesem Sinne hält der Autor auch den Titel →»Miterlöserin« für unverfänglich.

Die organisch verbundene, spekulativ durchwirkte und emphatisch überhöhte Zusammenschau der Mgeheimnisse war aber auch um eine gesicherte biblische Fundierung bemüht, die den Literalsinn als grundlegend anerkannte, aber dem sensus spiritualis ein Recht einräumte, was freilich über die Forderungen der modernen historisch-kritischen Exegese hinausgeht. Mit seinem originellen Entwurf hat S. manche Gedanken der späteren mariol. Entwicklung vorweggenommen, aber v. a. die Mariol. auf die Höhe einer dogm.-wissenschaftlichen Disziplin erhoben unter bewußter Einordnung in das Christusgeheimnis.

WW: Gesammelte Schriften, hrsg. von J. Höfer u. a., 7 Bde., 1941—61. — S.s Briefe nach Rom, hrsg. von H. Schauf und A. Eröss, 1939. — Marienblüten, Schaffhausen 1861. — Natur und Gnade, Mainz 1861; neu hrsg. von M. Grabmann, 1935. — Die Herrlichkeit der göttlichen Gnade, Freiburg 1862. — Die Heiligkeit der Kirche im 19. Jh., Frankfurt 1867.

Lit.: M. Schmaus, Die Stellung S.s in der Theol. des 19. Jh.s, In: Kath. Akademikerverband (Hrsg.), M. J. S. Der Erneuerer der kath. Glaubenswissenschaft, 1935. — C. Feckes, Die Stellung der Gottesmutter Maria in der Theol. M. J. S.s, In: FS zum 100. Geburtstag S.s, 1935. — Ders., M. J. S., Die bräutliche Gottesmutter. Aus dem Handbuch der Dogmatik hrsg. und für weitere Kreise bearbeitet, 1936. — A. Keerkvoorde, M. J. S., Le mystère de l' Eglise et de ses sacraments, 1946. — W. Bartz, Das Geschichtsbild M. J. S.s, In: TThZ 56 (1947) 65—74. — J. Tyciak, Der dogmatische Schriftbeweis bei M. J. S., 1948. — E. H. Palmer, S.s Doctrine of Divine Adoption, 1953. — H. Mühlen, Der Personalcharakter Mariens nach M. J. S., In: WiWei 17 (1954) 191—214; 19 (1956) 17—24. — L. Scheffczyk, Die Lehranschauungen J. M. S.s über das ökumenische Konzil, In: ThQ 141 (1961) 129—173. — H. J. Hecker, Chronik der Regenten, Dozenten und Ökonomen im Priesterseminar des Erzbistums Köln 1615—1950, 1962. — K. Wittkemper, Die heilsgeschichtliche Stellvertretung der Menschheit durch Maria bei M. J. S., In: C. Feckes (Hrsg.), Die heilsgeschichtliche Stellvertretung durch Maria, 1954, 308—322. — Ders., Die Verwendung der Hl. Schrift in der Mariol. M. J. S.s, In: Dt. Arbeitsgemeinschaft für Mariol. (Hrsg.), Hl. Schrift und Maria, Mariol. Studien II, 1963, 149—165. — L. Scheffczyk (Hrsg.), Theologie in Aufbruch und Widerstreit. Die dt. kath. Theologie im 19. Jh., 1965, 371—408. — E. Paul, M. J. S., In: H. Fries und G. Schwaiger (Hrsg.), Kath. Theologen Deutschlands im 19. Jh. II, 1975, 386—408. — D. Beretto, La mariologia in M. J. S., In: M. J. S. teologo cattolico d'ispirazione tomista, 1988, 335—349. — M.-J. Nicolas, Le concept de maternité sponsale dans la théologie mariale de S., ebd. 351—359. — J.-M. Salgado, La maternité spirituelle de la Saint Vierge selon M. J. S., ebd. 361—381. — A. Ziegenaus, Maria als Abbild der Person des Hl. Geistes (M. J. S.), In: Ders. (Hrsg.), Maria und der Hl. Geist, 1991, 25—38.

L. Scheffczyk

Scheffer (Schäfer, Schäffer), Johann Wilhelm, aus Koblenz (Kanton Aargau/Schweiz), † 29. 11. 1694 in Meßkirch, war 1672—76 Obervogt bei den Freiherren v. Vöhlin in Illertissen/Bayern, und mindestens seit 1683 gräflich-fürstenbergischer Actuarius in Meßkirch. Er schrieb »Chorus Marianus«, das ist: »Melodyen oder Weisen über den Marianischen Reyen, sambt beygefügten Rittornellen à 2 Violinis« (Überlingen 1694, bei Johann Georg Salomon). Die Texte stammen von Theobaldus (Andreas Hofackher).

Die schlichten Liedmelodien mit Generalbaßbegleitung sind zyklisch in drei Teilen angeordnet. Die 64 Weisen gehören zu der um ca. 1700 im südwestdt. Bereich weitverbreiteten kath. geistlichen Betrachtungsmusik. Theobaldus selbst schrieb ähnliche Lieder und befindet sich damit in der Nachfolge seiner Ordensbrüder →Prokop v. Templin und →Laurentius v. Schnüffis. Von S. stammen außerdem »Missae concertatae duabus et tribus v. absque instr.« (Verlegt bei J. Gerlin, Ulm 1676, Druck von P. Brenner, Überlingen); Singweisen zu »Himmlische Nachtigall« von Joann. Christ. Hainzmann (Druck von Johann Adam Herckner, 1683 Weingarten).

Lit.: ADB XXX 532 f. — MGG XI 1616. — Grove XVI 599.

O. Mittelbach

Scheidt, Samuel, * November 1587 in Halle an der Saale, † 24. 3. 1654 ebd., 1603/04 Organist an der Moritzkirche in Halle, 1607/08 Studienaufenthalt bei Sweelinck in Amsterdam. 1609 wird S. Hoforganist des luth. »postulierten Erzbischofs« (Administrator) des Erzstiftes Magdeburg in Halle, wo er in der Kirche und »bei der Tafel« zu amtieren hatte. Der bald weithin bekannte Komponist genoß auch als Orgelsachverständiger einen hervorragenden Ruf. 1619 wurde er Hofkapellmeister in Halle. Die Flucht des luth. Administrators vor Wallensteins Truppen bedeutete 1625 das Ende der Hofkapelle. Um den seit 1627 verheirateten S. in Halle zu halten, wurde für ihn das Amt des städt. »Director musices« geschaffen. S. organisierte den Musikdienst des gymnasialen Figuralchores und führte den neuen konzertierenden Stil an der Hauptkirche St. Marien ein. Seit einem gegen ihn entschiedenen Kompetenzstreit bezüglich des Gymnasialchores war S. stellungslos. Nach wechselnden Besatzungen kehrte schließlich 1642 mit Herzog August von Sachsen ein neuer Administrator nach Halle zurück und mit ihm S. in sein Amt als Hofkapellmeister.

Von S.s Kompositionen sind etwa 700 Nummern erhalten, die sich je zur Hälfte auf den instrumentalen und vokalen Bereich verteilen, letzterer ausschließlich der geistlichen Musik zugehörig. 1620 erschienen die Cantiones sacrae im Druck, 39 klangprächtige Stücke für 8-stimmigen Chor a cappella mit wechselnden homophonen und imitatorischen Abschnitten und Gegenüberstellungen von Ober- und Unterstimmen. Die Concertus sacri (1622) zeigen deutlich den Einfluß ital. Formen und Aufführungsweisen: einzelne stark figurierte Stimmen dominieren, der Chor singt den Vers- bzw. Satzschluß, dazu kommt der Basso continuo sowie eine bis zu 8-stimmige Instrumentalbegleitung. Diese Sammlung enthält 3 Magnificatbearbeitungen: Concertus IV (knapp im Duktus, 3-stimmig und Basso continuo, lediglich »Esurientes« und »Sicut erat« mit Instrumenten und Chor), Concertus IX (im 8. Ton, doppelchörig und mit Instrumenten sowie einer einleitenden Sinfonia) und Concertus XII (12-stimmig mit einer virtuosen Sinfonia in Vers 5 und einer reicheren Instrumentalbesetzung).

Die 1631—40 veröffentlichten »Geistlichen Konzerte« — deren Originalgestalt wohl der Besetzung der Concertus sacri ähnelte — gelten als S.s vokales Hauptwerk. Unter den 125 Stücken für Solisten und Basso continuo finden sich ein Dt. Magnificat im Stil eines Choralkonzertes sowie zwei lat. Magnificat-Vertonungen zu je 6 Versen (mit eingeschobenen dt. Liedern für Ostern bzw. Pfingsten) über den I. bzw. II. Ton.

1624 erschien die dreiteilige Tabulatura nova für Orgel oder Tasteninstrumente, deren 3. Teil allein liturg. Orgelmusik bietet: ein Kompendium für die luth. Abendmahlsfeier und Vesper, darunter 9 Magnificatkompositionen in den 8 Modi des gregorianischen Oktoëchos. Der musikalische Erfindungsreichtum ist bewundernswert und ragt in der Expressivität der Harmonik, der konstruktiven Logik, im Aufbau der Variationen als zyklischer Gebilde und in der phantasievollen Kontrapunktik über das zeitgenössische Orgelschaffen hinaus. Das »Görlitzer Tabulaturbuch« (1650) enthält 100 Orgelsätze zu Kirchenliedern oder Psalmen, wobei die selbständige, teilweise figurierte Behandlung der Mittelstimmen und Baßlinie auffällt. Diese Sätze dienen nicht der Begleitung des Gemeindegesangs sondern dem Alternatim-Musizieren.

Als Handreichung für den Kirchenmusiker verstand S. seine 70 Sinfonien (1644), die vor Motetten bzw. geistlichen Madrigalen und Konzerten als Praeludien oder ritornellartig zwischen den Konzerten zu spielen waren. Auch hier weisen die Vielfalt der kompositorischen Mittel und die exzellente Technik des Kontrapunktes S. als einen der großen Meister des 17. Jh.s aus.

Ausg.: Gesamtausgabe, hrsg. von G. Harms und C. Mahrenholz, 1923 ff.
Lit.: C. Mahrenholz, S. S., Sein Leben und sein Werk, 1924. — A. Adrio, Zu S. S.s Vokalmusik, In: MuK 24 (1954) 145 ff. — E. Geßner, S. S.s Geistliche Konzerte, 1961. — K. P. Koch, S. S. als Orgelgutachter, In: MuK 62 (1992) 198—208. — MGG XI 1627—38.   *M. Hartmann*

Schein, Johann Hermann, * 30. 1. 1586 in Grünau/Sachsen als fünftes Kind eines luth. Pfarrers, † 19. 11. 1630 in Leipzig, dt. Komponist. 1599 wird S. Kapellknabe in Dresden, 1604 Schüler in Pfirta, 1607 beginnt er sein Jurastudium in Leipzig, 1615 wird er Hofkapellmeister in Weimar und 1616 als Nachfolger S. Calvisios Thomaskantor in Leipzig. Die Bedeutung S.s, der mit Schütz und Scheidt in freundschaftlicher Beziehung stand, liegt gleichermaßen auf dem Gebiet der hohen Motettenkunst wie auf der konzertierenden geistlichen Komposition (Concerto und Madrigal) ital. Herkunft.

Unter S.s zahlreichen Werken finden sich — der prot. Konfession S.s entsprechend — wenige mit marian. Thematik; z. B. »Magnificat« (1626), »O Maria, gebenedeit bist du« (1626) und »Maria, gegrüßet seist du, Holdselige« (1626; 6-stimmig), wobei der grüßende Engel (Tenor) im Stile des gottesdienstlichen, oratorischen Dialogs der GM in ausdrucksvoller Wechselrede gegenübertritt. Schließlich erscheint ⋒ in S.s Oeuvre im Zusammenhang mit den Sieben Worten Jesu am Kreuz und mit Weihnachtsliedern.

WW: Neue Ausgabe sämtlicher Werke, hrsg. von A. Adrio, 1963 ff.
Lit.: A. Prüfer, J. H. S., Leipzig 1895. — I. Hueck, Die künstlerische Entwicklung J. H. S.s, dargestellt an seinen geistlichen Werken, Diss., Freiburg 1945. — H. F. Redlich, S. and the German Madrigal, In: The Listener 53 (1955) 681 ff. — Grove XVI 612—619.   *F. Trenner*

Schell, Hermann, * 28. 2. 1850 in Freiburg i. Br., † 31. 5. 1906 in Würzburg. In Freiburg besuchte S. Gymnasium und Universität (Einflüsse C. Schätzlers und des Philosophen J. Sengler aufnehmend), kam 1870 nach Würzburg, wo ihn bes. F. Brentano anzog und wo er 1873 die Priesterweihe empfing. Nach sechs Seelsorgs-

jahren und einem zweijährigen Studienaufenthalt in Rom wurde er 1884 in der Nachfolge F.→Hettingers außerordentlicher Prof. für Apologetik, (1888 Prof. für Apologetik, vergleichende Religionswissenschaften und christl. Kunstgeschichte). Als solcher entfaltete er eine reiche pädagogische und lit. Tätigkeit, deren herausragende Ergebnisse seine Kath. Dogmatik (6 Bücher = 4 Bde., Paderborn 1889—93) und seine Apologie des Christentums (2 Bde., Paderborn 1901—05) waren. Das originelle Grundanliegen des Erweises der Kraft und Wahrheit des Glaubens aus einem dynamischen Verständnis Gottes als lebendigster (drei)personaler »Selbstwirklichkeit« (»causa sui«) mit dem Ziel des Gewinnes einer neuen Weltgeltung des Christentums (Reformschriften) traf zu seiner Zeit wegen einiger Sonderlehren noch nicht auf allgemeine Anerkennung (1898 Indizierung einiger Werke). Mit der Zentralstellung, die S. Christus als dem Einigungspunkt zwischen Unendlichem und Endlichem in der Geschichte einräumte, war auch die Bedeutung ⋒s erfaßt, die er (zwar nicht in einem eigenen Traktat, aber) an den Nahtstellen der Lehre von »Menschwerdung und Erlösung« (Bd. III, Buch 5) entfaltete, und zwar vorwiegend in positiv-geschichtlicher Begründung, weniger in spekulativer Absicht. Er sieht in der »jungfräulichen Gottesmutter« die »Erfüllung des Urevangeliums« (74) durch die »neue Eva« (80) und die »Gottesbraut« (81), die durch ihre freie und hochherzige Entscheidung ihrem und des ganzen Menschengeschlechtes Erlöser den Weg in diese Welt öffnete (80). So bereitete sie das Werk des Erlösers vor, dessen erste Wirkung die »vollkommene Bewahrung seiner jungfräulichen Mutter vor jeder Makel der Erbsünde« war (81), aus welchem Zusammenhang sich auch die Lehre von ihrer persönlichen Sündenlosigkeit ergibt (91). Gegenüber den spekulativen Fragen nach dem debitum ⋒s bezüglich der erbsündlichen Verschuldung wie nach der Einheit und Selbigkeit des Prädestinationsratschlusses (für Christus und ⋒) bewahrt S. deutliche Reserve (91), verteidigt aber nachdrücklich die leibliche Verherrlichung ⋒s durch Christus, die »wie an seinem Leiden so auch an seiner Verherrlichung« teilhaben sollte (279), gemäß einer »ratio oeconomica«, die für S. allerdings wegen des Mangels der geschichtlichen Tradition nur die Geltung einer »kirchlichen Folgerung aus dem überlieferten Glauben« (282) besitzt. Faktisch tut dies der »königlichen Stellung und Aufgabe« der Mutter des Erlösers, »der nächsten sowie treuesten Teilnehmerin seines Opferlebens und seines Opfertodes ... in der Zuwendung der Erlösungsfrüchte« vermittels ihrer »weihevollen und segensreichen Fürbitte« (282), keinen Abbruch. In diesem Dienst am heiligmachenden Gottesgeist, in der Verbindung mit dem ewigen Vater und als Schmerzensmutter mit dem Erlöser geeint, wird ⋒ zum Typus der Kirche, insofern »Maria und die Kirche in vorzüglicher

Weise die Arche des Bundes sind« (Das Wirken des dreieinigen Gottes, Mainz 1885, 205. 529). Dieser ihrer »unvergleichlichen Stellung ... unter allen geschöpflichen Werkzeugen Gottes« entspricht der ihr zukommende cultus hyperduliae. Allerdings äußert S. auch sein Bedauern über manche Fehlentwicklungen der M frömmigkeit in rhetorischen Übertreibungen, »zweideutigen Vergleichungen mit der Gottheit« und in den die historischen Tatsachen entstellenden Apokryphen. Diese Sorge stimmt mit der auf die Kernbestände des Dogmas konzentrierten M lehre zusammen, die v. a. den personalinstrumentellen Charakter der M gestalt mit Bezug auf Christus wahren möchte, damit jeder Verdacht der Einführung eines »Mittelwesens zwischen Gott und der Kreatur« (88) dahinfällt. In dieser strengen Fassung, in der auch Herztöne der Verehrung mitschwingen, sind zwar nicht alle Wachstumskräfte des Dogmas entfaltet, aber doch wie in den Keimgründen angelegt.

WW: S. o. — Kath. Dogmatik I und II, Kritische Neuausgabe, hrsg. von J. Hasenfuß und P.-W. Scheele, 1968—72. — Über die Einheit des Seelenlebens aus den Principien der aristotelischen Phil. entwickelt, Freiburg 1873. — Die göttliche Wahrheit des Christentums, 2 Bde., Paderborn 1895 f. — Der Katholizismus als Prinzip des Fortschritts, Würzburg ⁷1899. — Das Problem des Geistes mit bes. Würdigung des dreieinigen Gottesbegriffs und der kritischen Schöpfungsidee, Würzburg ²1898. — Apologie des Christentums, 2 Bde., Paderborn ³1907. — Christus. Das Evangelium und seine weltgeschichtliche Bedeutung, Mainz 1903. — Der Gottesglaube und die naturwissenschaftliche Welterkenntnis, Bamberg 1904. — Jahwe und Christus, Paderborn 1905. — Die geschichtliche Bedeutung der großen Weltreligionen, München 1905. — Kleinere Schriften, hrsg. von K. Hennemann, Paderborn 1908. — Kirche und Gottesreich. Aus H. S.s Christusbuch ausgewählt und eingeführt von J. Hasenfuß, 1957. — Verherrlichung und Gemeinschaft. Eine Auswahl aus dem Gesamtwerk, hrsg. von P.-W. Scheele, 1957.
Lit.: J. Hasenfuß, H. S. als existentieller Denker, 1956. — P. Wacker, Glaube und Wissen bei H. S., 1961. — V. Berning, Das Denken H. S.s, 1964. — G. Bleickert, H. S., In: H. Fries und G. Schwaiger (Hrsg.), Kath. Theologen Deutschlands im 19. Jh. III, 1975, 300—327. — V. Berning, Systematisches Philosophieren. Zwischen Idealismus und Neuscholastik um die Jh.wende, 1984. — L. Scheffczyk, H. S., In: A. Wendehorst und G. Pfeiffer (Hrsg.), Fränkische Lebensbilder XII, 1986, 234—250.
L. Scheffczyk

Schemnitz (slowakisch Banská Stiavnica, ungarisch Selmecbánya) im Erzbistum Tyrnau, wegen seiner malerischen Lage als »Slowakisches Betlehem« bekannt. Nach dem verheerenden Tatareneinfall (1241) berief König Béla IV. dt. Bergleute, denen das Iglauer Bergrecht gewährt wurde. Siedler kamen später auch aus Flandern und Niedersachsen. Béla IV. verlieh dieser »uralten königlichen freien Bergstadt« einen Freiheitsbrief, der in dt. Sprache geschrieben war. Das war eine besondere Auszeichnung für die Einwohnerschaft, denn gewöhnlich wurden solche Urkunden zu jener Zeit lat. abgefaßt. S. war wohl die älteste Bergstadt im alten Königreich Ungarn, da der Bergbau noch auf die Zeit der röm. Herrschaft zurückgeht. Es wurden hier Gold, Silber, Blei, Kupfer und andere Erze gefördert.

Von einer lebendigen MV zeugen die Sakralbauten: M e-Himmelfahrtskirche (13. Jh.), St.-Katharina-Kirche (14. Jh.), M-Schnee-Kirche, St.-Elisabeth-Kapelle am Kalvarienberg (1764) und Lazarett-Kapelle. Ein Piaristenkolleg sorgte für die Bildung und Erziehung der Jugend.

Lit.: Die österr.-ungarische Monarchie in Wort und Bild XVIII: Ungarn, Wien 1898, 94. — I. Lasslob, Dt. Ortsnamen in der Slowakei mit den wichtigsten Gebirgs- und Flußnamen, hrsg. von der Arbeitsgemeinschaft der Karpatendeutschen, 1974, 45. — E. Tatarko, Die Bistümer in der Slowakei, 1978, 71.
E. Valasek

Scheppers, Victor Jean Baptist Corneel, Prälat und Ordensstifter, * 25. 4. 1802 in Mecheln (Belgien), † 7. 3. 1872 ebd., verlor mit 13 Jahren die Mutter, besuchte das Gymnasium in Aalst, entschloß sich mit 23 Jahren, gegen den Widerstand des Vaters Priester zu werden, und wurde am 13. 4. 1832 in Mecheln zum Priester geweiht. Als junger Priester lud er arme Kinder ins Elternhaus ein, unterrichtete und verköstigte sie. Um Ruhe zum Arbeiten zu haben, kaufte der Vater seinem Sohn in der Beginenstraße in Mecheln ein Haus, wo S. auch eine Sonntagsschule für 17—18-jährige Jugendliche eröffnete, die er »Schule Mariens« nannte. Bei einem Besuch im Gefängnis von Vilvorde wurde er von der Einsamkeit der Gefangenen tief betroffen. Bei einer Wallfahrt faßte er vor dem wundertätigen Bild ULF in → Scherpenheuvel den Entschluß, eine Brüderkongregation zu gründen, deren Mitglieder bei den Häftlingen wohnen und sie betreuen sollten. Am 25. 1. 1839 kleidete der Kardinal von Mecheln die ersten drei Brüder ein, die als Häftlinge unter Häftlingen Unterricht und Krankenpflege übernahmen. Er nannte sie »Brüder ULF der Barmherzigkeit« (FDM). Als sie von antiklerikalen Ministern aus den Gefängnissen verwiesen wurden, übernahmen sie, wie schon teilweise vorher, Anstalten für Minderjährige, Waisenhäuser und verlegten sich dann bes. auf den Unterricht.

Auf Bitten Pius' IX. sandte S. die Brüder in die röm. Gefängnisse. Es folgten ein Waisenhaus in Perugia, eine Landwirtschaftsschule in Villa Montana bei Bologna und die Pius-Schule an der Engelsburg in Rom. Kardinal Wiseman rief Brüder nach England. Vielen Bitten ausländischer Bischöfe konnte S. nicht nachkommen.

Am 14. 10. 1854 wurden 17 »Schwestern ULF der Barmherzigkeit« eingekleidet, die sich dem Unterricht der Jugendlichen und der Altenpflege widmeten. Die 148 Brüder wirkten 1992 in Belgien, den Niederlanden, Italien, Spanien, England, Kanada, Südamerika und Afrika. Von den Schwestern gab es nur 6 in Mecheln.

Neben der Betreuung der von ihm gegründeten Gemeinschaften entwickelte S. eine reiche seelsorgerliche und karitative Tätigkeit. In Fieber und Ohnmacht flüsterte er am Morgen seines Todestages kaum hörbar: »Unter deinen Schutz nehmen wir unsere Zuflucht, o heilige Mutter Gottes ...« (mündliche Überlieferung). Er ist bestattet in einer Kapelle des Mutterhauses der Brüder in Mecheln. Am 16.3.1987 wurde das Dekret seiner heroischen Tugenden erlassen.

S. war ein großer Verehrer der GM: Er förderte sehr die Wallfahrtskirche ULF von Hanswijk und die Wallfahrt dorthin. Im Alter von 20 Jahren ließ er sich hier in die Rosenkranzbruderschaft einschreiben. Als Priester predigte er hier öfters, v.a. im Mai, zur Förderung der MV. Im Hanswijk-Jubeljahr 1838 schenkte sein Vater dem Gnadenbild aus Holz eine kupferne, mit Silber und Gold verzierte Schürze, die heute noch das M bild bei bes. Gelegenheiten umhüllt. S., seit 1842 Mitglied des Förderverbandes »ULF von Hanswijk«, erbettelte die Mittel und trug selbst dazu bei, daß die Fassade des M heiligtums in weißem Stein vollendet wurde. Im Jubeljahr 1863 schenkte er dieser Kirche ein silbernes Kirchenpult. Vor jeder Aussendung der Brüder erbat er in Hanswijk den Segen ULF.

QQ: Positio super virtutibus, 2 Vol., 1982.
WW: Ca. 2000 hs. Briefe an und von S. sowie Dokumente liegen im Archivo della casa generalizia, Fratelli di NS della Misericordia, Via Bogliasco 34, I-00163 Roma, und im Mutterhaus, Melaan 16, B-2800 Mechelen. — Lettere di mons. S., 1970.
Lit.: E. Rosa, La vita e l'opera di mons. S., 1914. — H. Nimal, Msgr. S., 1918. — St.Debroey, Als een Ceder van de Libanon ..., 1964 (grundlegend); ital.: Come cedro nella Chiesa di Dio, 1966, ²1988. — Broeders van Scheppers (Hrsg.), Een open hart voor iedereen. Kennismaking met Mgr. S., 1987. — Van der Borgh, Msgr. S. et Sa Saintité Pie IX, In: Pio IX 9 (1980) 292—306. — Ders., Msgr. S., 2 Bde., 1991. — AAS 79 (1987) 995—999. — DIP VIII 1033f. (Bild). A. Galmart/W. Baier

Scherer, Georg, Priester der SJ, * 30.11.1539 (nach anderen 1540) in Schwaz/Tirol, † 27.11.1605 in Linz, trat am 15.9.1559 in das Noviziat der SJ in Wien ein und wurde 1565 zum Priester geweiht. Die meiste Zeit seines Lebens war er als Prediger und Katechet tätig. In Wien wirkte er als Domprediger an St. Stephan sowie als Hofbeichtvater und Prediger an der Hofburg. Zeitweise predigte er auch im Zuge der Gegenreformation in Krems, in der Grafschaft Hausseck und in Preßburg. 1589—94 war er Vizerektor des Wiener Kollegs, seit 1600 lebte er in Linz. Seine Predigten (erstmals 1603 und 1605 hrsg. in den 2 Bänden der »Postill«) waren vor allem Kontroverspredigten; auch seine mehr als 40 Schriften (alle in Deutsch, hrsg. in den 2 Bänden der »Schriften«, 1599 und 1600) waren meistens Kontroversschriften zur Verteidigung der Kirche und des Ordens, z.B. gegen Martin Luther, Lukas Osiander, die Augsburger Konfession und den Koran. S. war einer der bedeutendsten Prediger seiner Zeit. Seine Sprache ist bilderreich und volkstümlich, dabei ausgezeichnet durch gründliche theol. Beweisführung. Er zitiert häufig die Hl. Schrift, bringt Beispiele aus der Kirchengeschichte, aus der Welt der dt. Fabel und des dt. Sprichwortes. Er geißelt die sittlichen Fehler seiner Zeit und tritt für die Schwachen und Armen ein. In seiner Polemik war er aber oft überscharf, was seine Wirkung beeinträchtigte und ihm auch Kritik seitens seiner Mitbrüder einbrachte. Er hat keine eigenen Schriften über M verfaßt, aber in der »Postill« hat er eine Reihe von marian. Predigten hinterlassen, z.B. je zwei Predigten anläßlich der Feste Me Verkündigung, Me Heimsuchung (u.a. über das Magnificat), Me Himmelfahrt, Me Geburt (u.a. über die 12 Sterne in der Krone Ms: Glaube, Keuschheit, Armut, Gehorsam, Barmherzigkeit, Klugheit, Starkmut, Unschuld, Demut, Andacht, Schweigsamkeit, Liebe).

WW: Sommervogel VII 746—765. — Alle Schriften, 2 Bde., Bruck (Mähren) 1599—1600; Neuaufl.: Opera, 2 Bde., München 1613—14. — Postill über die Sonntägliche Evangelia durch das gantze Jahr, Bruck 1603. — Christl. Postill von Heyligen und über die Fest, ebd. 1605. — J.N. Brischar, Die Kath. Kanzelredner Deutschlands II, Schaffhausen 1867, 1—136.
Lit.: B. Duhr, Geschichte der Jesuiten in den Ländern dt. Zunge I, Freiburg 1907, 798—820. — P. Müller, Ein Prediger wider die Zeit, G.S., 1933. — F. Loidl, Kontroversprediger P.G.S., In: Mitteilungen der Wiener Kath. Akademie 5/3 (1954) n. 45. — ADB XXXI 102f. — Koch 1602f. — LThK² IX 393. — DSp XIV 413f. G. Switek